杨良宜 杨大明 杨大志 | 著

证据法 国际规管与诉讼中的证据攻防

法律出版社
LAW PRESS · CHINA
——北京——

作 者 简 介

杨良宜 现为全职国际商事仲裁员,在过去四十年中处理了大量国际商事、海事、贸易领域的案件,熟悉亚洲地区及国际的有关实务,曾在中国香港特区、英国、新加坡、马来西亚、澳大利亚、奥地利、美国、韩国以及中国内地的仲裁案件中担任仲裁员,作出超过六百份的仲裁裁决书。

现任中国国际经济贸易仲裁委员会(China International Economic and Trade Arbitration Commission)国际咨询委员会(International Advisory Board)委员、丹麦哥本哈根波罗的国际海事协会(Baltic & International Maritime Council)文件委员会副主席、香港国际仲裁中心(Hong Kong International Arbitration Centre)名誉主席、新加坡海事仲裁员协会(Singapore Chamber of Maritime Arbitration)常务委员会(General Committee)成员、马来西亚吉隆坡仲裁中心(Kuala Lumpur Regional Centre for Arbitration)国际咨询委员会(International Advisory Board)成员以及韩国商事仲裁院(Korean Commercial Arbitration Board)国际仲裁委员会(International Arbitration Committee)成员。曾任香港国际仲裁中心主席、亚太仲裁组织(Asia Pacific Regional Arbitration Group)主席、法国巴黎国际商会国际仲裁庭(ICC International Court of Arbitration)香港代表、英国特许仲裁员学会(Chartered Institute of Arbitrators)东亚分会主席。

联系方式:philipyang@ biznetvigator. com

个人网站:www. yangliangyee. com

杨大明 现为欧华律师事务所香港办事处合伙人以及诉讼与监管业务部负责人,主要业务包括商业诉讼和仲裁。在处理涉及国际贸易和商品、合资企业和股东纠纷、国际投资和离岸项目以及科技相关的国际商业纠纷方面拥有丰富经验。同时,具有在中国香港、新加坡和英国伦敦等各地处理仲裁纠纷的丰富经验,涉及范围广泛的辖区、管辖法律和仲裁机构,包括北京仲裁委员会、中国国际经济贸易仲裁委员会、香港国际仲裁中心、国际商会、伦敦国际仲裁法院、伦敦海事仲裁协会、斯德哥尔摩商会、新加坡国际仲裁中心等。

2013 年,当选为上海市政协委员,并被任命协助上海发展成为国际仲裁中心。2015 年,作为领导小组成员之一向中国(上海)自由贸易试验区提交了有关“打造上海为航空航运融资租赁中心”的方案,并获评 2016 年“年度优秀提案”。2017 年,被《钱伯斯亚洲太平洋》(Chambers Asia Pacific)评为争议解决在华仲裁领域的领先律师。2016/2017 年,被《商法》(China Business Law Journal)杂志评为“The A List 法律精英 100 强”之一。

联系方式:ernest_yang@ hotmail. com

杨大志 现为高伟绅律师事务所香港分所金融市场部门的合伙人。专长于处理场外衍生品交易和各类结构化产品,包括股权和信用挂钩产品、结构型重新组合证券、与基金挂钩的衍生品以及 ISDA 净额结算及套期保值交易。入选《钱伯斯亚洲太平洋》(Chambers Asia Pacific)律师名录,并因其在场外衍生品监管改革方面的丰富经验获得特别肯定与认可。经常为监管机构、行业组织以及各类客户就涉及场外衍生品的报告义务、清算义务和(非清算型产品的)保证金义务等方面提供专业意见与帮助。

2007 年,在英国取得律师资格;2013 年,在中国香港取得律师资格。在加入高伟绅律师事务所香港分所之前,曾在伦敦主流国际律师事务所与美国顶尖律师事务所的结构性金融产品部门工作。

联系方式:terry. yang@ cliffordchance. com

序　言　一

在我时不时地回顾与检讨自己的人生时，我一直认为自己最幸运的事情就是过去40年的时间是中国香港特区的环境相对安稳与经济迅速成长的时间，而这正好也是我自己快速成长与发展的期间。在这个良好的外部环境下，我选择并坚持走了一条现在看来最正确（虽然早期也有摇摆不定的时候）的道路。这条道路就是通过大量地研习法律书籍（主要是国际商法）、写书、教学与处理案件（从早期主要担任当事人的国际商业仲裁案件的代理人、为当事人提供法律意见到后来做全职仲裁员）而成为精通国际商法的人士。这些工作让我每天十几个小时都在学习、磨炼、提升思维和积累在国际商战与争议解决方面的实战经验。

中国香港特区这幸运的40年主要也是依靠与借助了中国内地改革开放后的高速发展。作为最早开始与内地接触的人士之一，中国内地的发展给我大量机会与动力去写书、教学与办案。

回头想，如果没有这些机会与缺少其中任何一种工作，我的国际法律思维的成长都不会这么快，商业争议解决的经验都不会这么多。而且同样重要的是，这40多年来我选择走这条路从没有偏离或中断，否则就很有可能回不了头以及逃脱不了学习不进则退的定律。

可以说，虽然我一生至今有其他看来十分幸运的事情，如自己的生活无忧（虽然不是从能否买得起房子的角度来说）、两个孩子（大明与大志）在专业上取得了不错的成就、生活上能自立自足，精神上积极与愉悦（能够真正感受到“书中自有黄金屋”与从国际层面的工作中获得成就感与满足感）等，但我深信没有上文提及的幸运，也就是40多年持续学习与思维成长的机会与安稳的环境，是不会有其他后续的幸运的。

本书主要针对的是在规管与诉讼（包括仲裁）的证据攻防战中最重要的证据类型——文件证据（documentary evidence）。近年来，英国也有一些权威书籍专门针对文件证据，如 Matthews & Malek 的《Disclosure》（2017 年，第 5 版）与御用大律师 Charles Hollander 的《Documentary Evidence》（2018 年，第 13 版）。至于其他证据类型，如口头证据（oral evidence）与专家证据（expert evidence），笔者将会在下一本针对证据法的书籍中介绍。

本书除了对笔者（杨良宜、杨大明律师）在 2002 年出版的《国际商务游戏规则：英美证据法》的内容进行了重大更新，也对现在中国公司十分关心的规管调查（regulatory investigation）问题进行了重点介绍与针对。本书从第二章到第六章的内容针对获得诉前披露（pre-action disclosure）与审前披露（pre-trail disclosure）的各种不同做法，主要针对的是诉讼与仲裁,但也可能与规管调查有关。例如,公司内部雇员告密导致规管机构开始调查,公司可以通过申请第三方披露令(Norwich Pharmacal Order)找出"内鬼"。特别值得注意的是,第三章介绍的对中国公司影响很大的冻结令(Mareva Injunction/Freezing Order)与发展而来的全球冻结令(Worldwide Freezing Order),表面看来针对的是诉前担保与诉前披露无关。然而由冻结令的辅助命令发展而来,但现在已经独立的资产披露令(Assets Disclosure Order)就与披露有关,在法院频频作出这种命令的情况下就会对全球(包括中国)公司与自然人造成很大的影响。因为在该命令下,有关当事人必须提供自己的所有资产信息,如果有遗漏(无论是刻意还是疏忽)都可能会面对藐视英国法院(Contempt of Court)的刑事后果。例如,在 Mobile Telecommunications Co KSC v. HRH Prince Hussam bin Abdulaziz au Saud (2018) EWHC 3749 (Comm)先例中,英国法院就判违反了禁令的沙特王子有期徒刑 12 个月。另在 La Dolce Vita Fine Dining Co Ltd v. Zhang Lan (2019) HKCFI 618 先例中,原俏江南董事长张兰因为违反香港法院的资产披露命令,一审被判藐视法庭,判监 1 年。

第七章针对的是诉讼与仲裁中的正常相互披露(mutual disclosure)。第八章针对的是近年来很热门的电子文件披露的问题,这也是大势所趋。第九章到第十三章针对的则主要是近年来产生大量诉讼的特免权(privilege)问题,而这些诉讼还在不断地发生与不断产生新的观点。所以很可能在本书出版的过程中已经有新变化。如果读者通过本书掌握了基本精神,理解将来的变化也不在话下。这方面的问题与规管、诉讼(包括仲裁)程序都密切相关。

在本书的撰写过程中,我对英国、美国等采用普通法对抗制诉讼的国家的制度与法律思维有了更深的了解。在对抗制诉讼的法治环境下,商业人士即使不是学习法律出身,他们在日常业务中接触到的规则和训练都能帮助他们培养批判性思维与建立求证理念。这令英、美等国家积累了丰富的利用法律和规则去取巧、论辩与商战的经验,那么将这些经验使用在激烈的国际商业竞争中,马上就看到其优越性与难以抗衡性。我用"攻防"来为本书命名,也正是想告诉大家英美证据法根本就是一套教大家如何在国际商业竞争中进行对抗性商战从而生存并强大的方法。

本书希望献给中国愿意为自己与为下一代而持续学习、提升思维以及加强国际竞争能力的朋友。最后,我要感谢为这本书做出贡献(同时也是高强度的学习、磨炼与提升思维的机会)的团队,包括司嘉、王可心与贡航。为本书做出主要研究贡献的贡航也会简短介绍他作为在中国内地接受法学教育的青年在帮助撰写此书后的感想。

杨良宜

2019 年 9 月于中国香港

序 言 二

"Take nothing on its looks; take everything on evidence. There's no better rule."（不要只看表面；一切都要凭证据。没有一条更好的原则。）

——Charles Dickins（查尔斯·狄更斯）

最近在世界发生的各种重大事情,令本人更感受到证据法的重要。从英国公投作出脱欧的决定到最近在中国香港发生的事情,都反映了绝大部分民众容易忽略基本的原则:理性地分析证据,不要冲动地看表面。

从看一些没有依据的谣言就情绪波动,到因为大数据的广泛使用就只听取自己朋友圈子散播的单方面讯息而拒绝或不主动听取另一边的证据,都反映了理性依靠证据作出判断并不是人类的一个自然反应。在作出重要抉择前,主动及客观地收取和分析证据,是需要通过训练,才能变成习惯。

以上不是一个政治上的表达。本人希望无论读者是何种立场,都可以理性地吸纳多方面的证据,习惯听取各方有理据支持的陈述,尽量意识到及排除自己有意无意的情绪及偏见,作出有证据支撑的判断。只能通过这方面的锻炼和坚持,各方才能减少偏激及分歧,走向真相及体谅。

证据对于法律及诉讼是非常重要的。很多诉讼人命关天,不能出错,所以必须依赖证据来理性处理,不容有感情影响判断。我们希望觉得证据法有帮助的读者,不要只是应用书内的真理在法律层面,而可使用证据法解决平常生活的各种挑战。

杨大明

2019 年 9 月 7 日于中国香港

序　言　三

"汝欲和平,必先备战。"

——拉丁谚语

本书出版之际,我出生的城市——中国香港正面临着严峻的挑战。往返于香港与上海——我选择的定居之处——之间时,我真切感受到了和平与稳定的价值所在,保护并珍惜和平与稳定是如此至关重要。但正如这句拉丁谚语所述,我们越渴望和平,就越需要准备好为和平而战。对于不断向海外扩张并在日益紧张的国际环境中运行的中国公司而言,更是如此。海外规管机构尤为注重涉及中国机构的调查,这不足为奇。那么在这种环境下,我们应当如何着手准备?

"战争90%由信息决定。"

——拿破仑·波拿巴

所有冲突皆基于信息,无论是针对相关信息的收集、使用抑或传播。孙子有云:"兵者,诡道也",道破了控制并操控信息的重要性。本书中,我们希望探讨在诉讼和规管调查所用信息的"攻防"中,涉及哪些最新技法。一方面,我们需要了解我们持有的哪些信息能够享有不同形式的特免权保护;另一方面,我们必须了解如何迫使对方披露信息,以支撑我们对其提出的主张。

这些技法并不仅仅停留在理论层面,其在现实应用中更具有强大的实践性。近年来,我们看到某些中国公司作出的辩护令人印象极为深刻,它们抵抗并反击了美国施加的巨大政治和法律压力。当很多其他公司可能遭受灭顶之灾时,在其数年运营中持续关注法律与规管合规的公司,却能够顽强抵御企图干扰其运营的重重打击。随着越来越多的中国公司迈入世界舞台,我希望他们能够"抱最好的希望,做最坏的打算"。通过为最坏的情况做准备,我们已经见证了一些中国公司在其他中国公司曾经跌倒之处继续蓬勃发展。我希望,本书能够帮助我国的公司为即将到来的战斗做好准备。

杨大志

2019年9月于上海

序　言　四

这是最好的时代,也是最坏的时代。在今天看起来有众多可以获取知识的途径,但我们反而对于如何真正提升自己的水平毫无头绪,对年轻人来说尤其如此。我在大约十年前从中国内地大学法科毕业时也有同样的疑问,尤其是在之后进一步接触了涉外事务而不得不面对较为陌生的国际游戏规则时,当时的感受如果要用两个词来形容的话,用"大海捞针"与"盲人摸象"是很贴切的。经过朋友和师长的介绍,也了解到杨良宜先生的系列书籍,在遇到特定问题的时候就会翻阅,也偶有所得。但反而越发清楚感受到自身水平的局限,以及由于非常急切想要提高的期望而总是惴惴不安。后来得以跟随杨先生,为杨先生在国际仲裁中的实务工作贡献自己微不足道的力量,也非常有幸的是可以协助杨先生近年来书籍的撰写工作,并在此过程中获益良多。

书籍撰写的过程是漫长的,需要占用大量与长期集中的时间。书籍的撰写也是困难与有压力的,尤其是杨先生的书籍有一个可贵与重要的特点,是尽量采用通俗甚至口语化的语言,以及用大量日常生活中的例子来说明复杂法律原则的原理。有很多关于这套国际游戏规则的权威书籍,但很多内容都晦涩难懂,如本书中常常引用的《Phipson on Evidence》一书。这背后的原因有很多,包括书籍涵盖的内容非常丰富,常有大量的信息被汇聚在短短几句话中,还包括书籍主要采用的措辞/文字都是过往权威判决中大法官在判词中的精华,甚至只是采用了权威先例的判词中的几个字就假设读者完全明白,但缺乏该判词中的上下文帮助解读,以及不了解后续先例对该判词的解释与重述,就很容易看得一头雾水,甚至有断章取义的风险。而在杨先生的书籍撰写过程中,就特别需要大量阅读有关的先例,以及对多本针对同一问题的权威书籍进行对比与精读,更要跟进最前沿的进展。在自己对课题有全面与深入理解的基础上,有取舍地针对真正有用的课题展开,摒弃不必要的课题或一笔带过。还要再结合实务经验解释与推测法律原则或法官判决背后的想法,并给出足以让大众都可以理解的例子。最后还要针对可能遇到的有关问题,考虑应对方案以及可以用到的手段。

经过这些年来参与杨先生书籍撰写等工作,尤其是经过一些深度参与的部分(如在本书中有关特免权、电子文件的披露等章节的草拟与帮助撰写工作)后,发现这是一个逐渐让自己心安也是喜悦的过程,回头来看一些曾经很困难的问题与事务完全是迎刃而解,遇到新问题也能有条理地解决而不会在充满疑窦。我也毫不怀疑尽管这套国际游戏规则十分复杂,但只要能够沉下心来,尤其是有这套中文书籍的基础上,一般人士都可以对背后的原理有所理解与掌握。这不仅仅是在学习知识,还是提升自身水平和比拟国际标准的正路,更是“捷径”。

贡 航

2019 年 9 月于中国香港

目 录

第一章 文 件 证 据

1. 文件对公司的重要性和好处/优点

文件对任何一家公司(无论是上市或私人公司、跨国或本土公司)来讲都是至关重要的。相对而言,一位自然人一辈子所制造与保存的文件很有限。[1] 主要有三个原因:第一,他/她有个人的回忆,所以不会保留太多文件。第二,对一般的自然人来说,他们的日常生活中也不多会涉及重要的事情,特别是与其他人有重大经济利益冲突,甚至最后需要以昂贵的诉讼来解决的事情。但如果涉及重大经济利益,自然人也会主动保留文件证据,如房产证、银行存折、股票的股证(share certificate)等。由此可见,不知不觉中大家也都认识到了文件作为证据的重要性。第三,自然人的寿命有限,即使很长寿,参与在社会经济活动的时间也往往不过三四十年。但理论上公司是可以永久存在的,现实中历史超过百年、跨越几代人、业务发展仍然欣欣向荣的公司也不少见。

---

[1] 这个情况在今天的世界已经有了变化。由于电子通讯免费、方便与快捷的优点,自然人之间的交往方式有了很大改变,从以前的口头通讯(不会有文件被保存)为主,变成了现在以电子通讯方式交流为主(如微信、WhatsApp、Line 等),并且会通过电子网络平台(如 Facebook、Twitter、微博等)记录个人生活、发表观点与社交,而这所有都保存了文件记录。即使个人自己不会保存这大量的文件,也会被保存在电子通讯网络供应商,如微软、谷歌与苹果等的中央服务器(central server)中。2013 年发生的斯诺登事件就暴露了这方面的危险。斯诺登向媒体披露了美国有计划地对即时通讯与既存资料进行深度监听的棱镜计划(PRISM)。美国在 2018 年刚刚通过了《Clarifying Lawful Overseas Use of Data Act》(简称《Cloud Act》),以法律强制美国的科技公司(如微软、谷歌、Facebook 等公司)在美国联邦政府的要求下,提供存放在它们的中央服务器的所有资料与数据,无论这个服务器是设置在美国境内或境外。也就是说这些科技公司的服务器是设置在一个并非是《海牙证据公约》的国家或地点,也难免在美国以及其盟友(主要是"五眼国家")的要求下被全部披露。美国政府攻击中国华为的主要理据就是根据中国在 2017 年通过的《国家情报法》第 7 条的规定,任何组织和公民都应当依法支持、协助和配合国家情报工作。在该立法下,华为可能在政府的要求下建立"后门"截取资料,或至少在中国政府的要求下让中国政府了解华为为国外制造的网络设备如何运作,以帮助情报部门工作。在笔者看来,这一危险较低。另一部 2017 年生效的《网络安全法》第 37 条规定:"关键信息基础设施的运营者在中华人民共和国境内运营中收集和产生的个人信息和重要数据应当在境内存储。因业务需要,确需向境外提供的,应当按照国家网信部门会同国务院有关部门制定的办法进行安全评估……"从这一点看来,中国更关心的是保护国内的数据不要任意流出,而不是从其他国家截取数据。而且从现实技术来说,中国政府能通过《国家情报法》获得外国的数据与记录,其数量与美国相比仍然是小巫见大巫。无论是自然人还是一家公司的"法人",都会有黑暗与不想公开为人所知的一面。而即使是一些中立的往事,如果无法(包括因为时间的过去而忘记)全面与进一步的解释也很容易被有敌意第三方断章取义解释为一件坏事或是违法的事情。所以不论是自然人或法人,全面披露过往的文件记录是十分危险的事情。对自然人来说这可能更危险,因为自然人在使用电子通讯方式交流与在网络社交平台上发表观点时,往往不会这么谨慎。这也是为什么现在国际上的人权组织与欧盟国家也在大力反对美国的《Cloud Act》。而到了所有的文件记录被披露的地步,剩下唯一能够避免敌意第三方如美国政府使用有关资料去对付有关的自然人或法人的就只有特免权(privilege)的绝对权利(absolute right)了。

现在商业活动的主体一般不是自然人而是公司(通常是有限责任公司,这也是法律创造出来的对商业活动人士最大的奖赏)。这种虚构出来的"人"或者说法人(legal person)与自然人不同,没有办法自己参与任何商业活动,所有行为都要通过所谓的公司代理人(corporate agent)实施。法人自己也是没有记忆的,所以所有的公司代理人(大公司会有成千上万名雇员)做了任何代表公司的事情都需要留下文件,否则公司法人就没有记忆也就无法正常协调与运行。例如,如果没有文件,公司同事之间就无法知道各自做了什么工作,也就无法合作。更严重的是如果没有完整的文件记录,在公司一些关键位置的雇员(如CEO)离职后,接任的CEO就会无所适从,从而令一个成立了50年的公司一夜之间就回到了婴儿时期。如果上一代掌权人或部门/分公司的主管死亡或退休后,所有第三方都可以拿着欠条找接班人要账,而其实这笔钱早就还了,只是上一代掌权人或上一任主管没有留下文件证据,公司就无法抗辩。甚至还可能发生更严重的情况,让公司无法继续营运下去。可以说,如果没有完整的文件记录,就不会存在百年传承的公司。另一方面,即使是针对普通的雇员,通过文件记录知道他们以公司的名义做了什么也很重要。毕竟对公司以外的第三方来说,雇员有表见授权(ostensible authority)代表公司做出行为与承诺,而后果要公司承担。所以有必要要求雇员把所有事情/公事都用文件记录下来(如提交报告给公司),公司才能采取有效的管理措施。除此之外,雇员也应该被要求与鼓励及时与有关的关键雇员沟通与/或咨询公司法务律师/法律顾问。否则公司的记忆就会有缺失,而这在将来可能会带来问题,例如当公司将来面对诉讼时有关雇员已经离职,公司拿不出任何证据抗辩,甚至不知道发生了什么事情。

公司的活动涉及的金钱也比自然人之间交往所涉及的要更大,很多情况都涉及重大经济利益冲突,因此在这个贪念无穷的商业社会难免有更多表面看不出来的潜在敌人。公司在各种层面都要面对更多的法律问题,如本国与有经营业务的其他国家的规管以及相关法律的约束。在经营中,很多大型公司在任何时候都有大量进行中的诉讼,会需要很多律师作出协助。

众所周知,文件证据是三种认定事实的证据类别(文件证据、口头证据与物证)中的一种。在过往的年代,文件证据并非是重要的一种证据类别。可想象的到当时英国文盲很多,羊皮与纸张曾罕有与昂贵,加上一涉及国际交往,通讯亦困难与昂贵,所以公司与自然人都不会制作很多可留下作为证据的文件,即使制作了文件也不可能全面。而当时英国法院也不相信文件证据,曾经因为没有文件制作人(maker of document)出庭作证并接受盘问,而不允许该传闻证据(hearsay evidence)文件呈堂。这种情况可说是直到《Civil Evidence Act 1969》立法后才有了改变。

在现代的商业社会,文件已被大量制作并完整详细记录了所有与营运/业务/公司管治等有关的事实。换言之,第三方[如信托人、清盘人、其他公司收购的尽职调查人士、新委任的董事(包括上市公司的独立董事)等]只需要看了所有有关文件/档案,就可以知道所有已经发生过的事实真相、营运/业务状况与公司管治情况。特别是随着现代通讯技术的发展,产生了大量各种类型的电子文件,包括电子邮件、语音信息、即时通讯软件中的对话记录、社交网站信息、在服务器与备份系统上储存的文件、被删除的电子文件与元数据、电子邮件、电子日历/日志/待办事项等。鉴于电子文件的重要性与相比于传统书面文件的特殊性,本书将在第八章针对电子文件披露(E-disclosure/E-discovery)作详细介绍。

正如 Mance 大法官在《Disclosure》(2007 年,第 3 版)一书的序言中所说,"Paradoxically, the informality and ease of such electronic communications vastly increases their potential for giving rise to disclosable documentation. As one American judge is quoted saying, 'many informal messages that were previously relayed by telephone or at the water cooler are now sent by e-mail'. Emails may be copied and responses sent, at a click and not always intentionally, to a multitude of others. And, lest it be thought that deletion, or saving a new version on top of an old, ends the trail, the authors explain the existence of embedded data, metadata, replicant data, back up data and residual data, as well as the revisions to CPR Pt 31 made (after the report of a working party chaired by Mr. Justice Cresswell) with a view to constraining within reasonable bounds the disclosure requests of over-diligent or aggressive litigators."

文件证据地位的提升也改变了有关人士对文件证据的态度,特别是有水平与有经验的国际贸易人士对文件证据十分重视,会花费大量的时间与金钱进行内部文件管理(document management)培训。其内容包括避免通过电子邮件或一些即时通讯软件(QQ、微信等)发出一些非正式与未经考虑的邮件/信息;确保公司拥有所有雇员的通讯记录,雇员不能使用个人的电子设备(包括个人电脑、平板电脑、智能手机等)对公事/公务进行通讯;训练雇员制作与保存一份完整、准确、对自己公司有利与自我保护(self-serving)的文件等。

文件在自我保护的同时真实与准确地反映发生过的事实是很重要的,要知道想要伪造一份不准确或虚假的自我保护文件是不太可能与没有用的。主要有以下几方面的原因:第一,保留当场记录(contemporaneous record)文件是各个阶层的雇员的日常工作,一般来说他们当时想不到将来会发生什么争议或面对规管调查时会出现什么问题,所以只会如实记录发生或做了什么事情。第二,不准确或虚假的文件是很危险的,规管机构在调查与审查中很容易发现文件之间的矛盾。一旦被规管机构发现某家公司制作了不准确或虚假的文件,该公司不仅会丧失可信度也可能面对更严苛的惩罚与额外的起诉(包括刑事起诉)。所以只有准确的自我保护文件才有作用,文件中也必须包括对重要事实与行为的全面与完整记录,这样公司才能令查阅文件的人相信,其他雇员才能知道发生了什么。通常,一个人对外讲述时总会更谨慎、圆滑、不直接或使用"外交辞令",表述时也会留有余地或退路并且会选择更被他人接受的说法,也会避免在道德或法律上"自证其罪"(self-incrimination)的可能性。

当然,留下一套自我保护但内容准确的文件需要技巧、知识、智慧与经验。道理很简单,必须是对己方有利(或至少是中性)的事实被准确记录才能自我保护,如果是对己方不利的事实被准确地以文件记录下来反而会将己方置之死地。而由于国际商业社会是法治环境,公司的代理人或雇员必须了解法律/法规才能知道到底事实是对己方有利或不利。例如,在商业活动中对方曾经在电话或会议中做出过合约性(contractual)或会构成禁反言(estoppel)的承诺,就需要尽快以当场文件形式向对方确认或至少在己方内部留下文件记录,万一对方将来抵赖,这些文件就可以作为强有力的反证。除了了解国际商业规则(这方面可参考笔者出版的关于合约法的系列书籍[2]),也涉及个别人士日常的机灵。例如知道商业活动的对方是一个难缠的对手,在与对方交往或制作与保留文件时就要分外谨慎甚至比平时更经常咨询律师。如果对方承认对某件事或某个行为有责任,也应以文件记录下来,防止对方将来反口等。

现在一些跨国公司本土与海外的各个阶层的雇员加起来有上万名甚至上十万名都不算少见,即使有鼓励他们多向公司内部法务咨询的政策,但仍然在很多时候会可能因为疏忽或无知,雇员觉得没有必要而跳过了这一步。这就不可避免地制造出很多不应该存在的文件,公司在权衡利弊后也觉得没有必要作为公司记录或记忆去保留,甚至如果保留会对公司很危险。所以经常听到跨国公司的法务部会定期检查公司(包括分公司或子公司)的文件并销毁其中不应保留的部分。文件属于公司财产,所以公司有权随意处理包括销毁。但这不能太迟,一旦知道有或将有规管调查或是法律行动(包括诉讼)开始,再销毁有关文件就有可能违反法律,甚至被认定为妨碍司法公正。

中国公司在制作与保存全面、完整、准确与自我保护的文件方面是比较薄弱的,例如没有证据或优质证据(如一套完整的当场文件)支持其声称的事实/立场,只是凭空指称(bare allegation)对方违约/毁约或凭空否认(bare denial)作为抗辩等。对这些公司来说,很容易就忽视了文件记录/证据对公司法人的重要性。

2. 文件在规管更加严格以及有大量诉讼环境下的重要性

不论公司规模的大小,是上市公司还是私人公司,是跨国公司或只是本土公司,公司的文件在规管与诉讼(无论是国家法院诉讼或仲裁)这两个主要的方面都有关键性作用。以下会针对这两个方面进一步探讨。

2.1 文件和规管

在现今世界规管越发严格的环境下,近年来大公司因违反法律法规或禁令等而被重罚的事件频出,其中针对中国公司最出名的事件是美国政府对中兴通讯公司的调查与处罚。传统上英美等崇尚经济商业自由主义的国家的政府对商业活动的规管都是有所保留的。社会上普遍不太信任政府的行政规管行为,并认为只有在规管对社会效益带来的提高大大高于规管的成本和造成的麻烦时才能适用规管。例如 1981 年美国里根总统任期时出过一个行政命令说:"Regulatory action shall not be undertaken unless the potential benefits to society from the regulation outweigh the potential costs to society."

但近年来这传统的看法有了重大改变,英美等国家对商业活动的规管越来越多与愈加严格,而且针对的对象不仅是本土公司而是面向全球。这种改变存在很多原因,笔者挑

---

[2] 包括《合约的解释:规则与应用》《合约的履行、弃权与禁反言》《损失赔偿与救济》。

两个重要的说明。一个原因就是大型公司的丑闻频发,公众对公司自我管理/管治与合规的能力产生很大的质疑。例如,英国在20世纪90年代出了一系列大型公司突然倒闭的丑闻,包括Robert Maxwell先生控股的两家上市公司与Bank of Credit and Commerce International(简称BCCI,号称是世界第七大的跨国银行,在开曼群岛注册但主要业务在伦敦)。而美国本土公司的丑闻,则是影响范围很广的2001年安然公司(Enron Corporation)破产案。拥有634亿美元资产的安然的破产也一度成为美国最大的破产案,直到世通公司(WorldCom)也爆出财务丑闻并于2003年宣告破产,才取代安然成为历史上最大的倒闭案。为安然服务的著名五大国际会计师事务所之一的安达信(Arthur Andersen)被诉妨碍司法公正,并因此倒闭。花旗集团、摩根大通、美国银行等因涉嫌财务欺诈,向安然破产的受害者分别支付了20亿美元、22亿美元与6900万美元的赔偿金。这场丑闻之后,美国针对上市公司的财务报告的准确度发布了众多新法规,提高了对销毁、篡改、编造财务记录以试图妨碍联邦调查与欺骗股东的惩罚力度,也对审计公司的公正独立性提出了更高的要求。

而另一个原因是笔者看到部分国家特别是美国的规管行为已经不是成本与社会效益的比较,而是成本与因规管处罚而带来的收益的比较。这主要是指美国通过各种规管机构作出的罚款与通过和解协议产生的收益非常巨大。可以说,规管行为与其产生的诉讼已经推动了一个新兴的产业链的形成,美国的律师也从中获得巨额的收益。目前加强规管的趋势不会扭转,只会越演越烈。

例如,法国最大的银行法国巴黎银行在2014年因曾经往苏丹、伊朗等被美国制裁的国家转移了几十亿美元的财产而被美国罚款89亿美元。据新闻报道当时有七宗同样的诉讼,而法国巴黎银行只是这七宗诉讼中第一个认罪的。另因被指控在2008年金融危机之前销售住房抵押贷款支持证券中误导投资者(导致了之后的次贷危机),德意志银行、瑞信、苏格兰皇家银行等与美国司法部分别达成了罚款金额高达72亿美元、53亿美元和49亿美元的和解协议。汇丰银行因其墨西哥分行与美国分行被指控沦为墨西哥毒贩的洗钱工具,而与美国政府达成了19亿美元的和解协议。与此同时渣打银行、荷兰国际集团等都有不同的被罚款的经历。除了罚款外,和解协议中还经常规定对被罚机构改善合规制度的严苛要求。这动辄以十亿美元计的罚款金额与和解协议中的其他严苛要求令现在各个国际性的大银行或金融机构对合规方面的重视程度甚至超过了业务本身。

另一个与规管有关并为美国政府与律师带来了巨额收益的法律是1977年《Foreign Corrupt Practices Act》(简称FCPA)。这原本是惩罚美国公司在国外付回扣的法案,但从近年来的案件来看,只要能和美国扯上关系,即使是其他国家的公司在任何地方行贿并且贿赂款只涉及几十万美元,公司也要在支付了几亿美元的诉讼费后再用几亿美元"和解"。《经济学人》发表的一篇文章中曾作出统计,自2010年起,美国在FCPA下作出的十单金额最大的罚款中,有六单针对的是欧洲公司,只有两单针对的是美国公司。

这个立法近期与中国有关的案件是香港前民政事务局局长何志平的跨国贿赂案。何志平被指代表中国华信能源向非洲多国政要行贿,并于2018年12月在美国纽约南区联邦法院被判七项罪成,其中包括违反FCPA。而华信能源(董事长是叶简明)本身也遇到经济危机。即使将来华信能源的经济状况好转,只要落入美国的管辖权,仍可能面对美国在FCPA下的天价罚款。例如，如果公司高管入境美国甚至其他与美国有引渡协议的国家，就有被扣押与面临刑事指控的危险。

规管也远远不止针对银行与FCPA，2015年日本本田汽车的美国分公司因其瞒报与其汽车潜在缺陷有关的1700多起车祸伤亡事故被美国政府罚款7000万美元。德国大众汽车公司因为在柴油车排放问题上造假，误导美国规管部门与民众，截至2017年被罚款240亿美元。

与此同时，欧盟等国家也不时听到因违反规管而被处以巨额罚款的事件。因为巨额罚款为这些国家带来的收益还在不断增加，所以得到好处的各国政府不仅不会控制规管，更有加强规管的趋势。而中国公司开始走出去对外投资，如果在这方面不增加警惕，会引致更大的灾难。例如2018年10月，国泰航空与其全资子公司港龙航空爆出涉及940万名乘客资料外泄事件。国泰公司在3月的例行检查中发现电脑资料异常，但没有对外（包括向私隐专员）通报，而是花了5个月时间进行内部调查，确认有个人资料在未获授权下被获取与阅览。在中国香港，资料外泄事件的通报还处于自愿性质，即使不通报也并非违规。但是，因为国泰航空业务与欧盟公民有关，所以可能触犯欧盟条例。根据欧盟在2018年5月生效的《General Data Protection Regulation》（GDPR），新法规适用于所有与欧盟公民或机构有往来的机构，并强制规定有关机构要在发现数据泄露后72小时内通知规管机构，违者可被罚款年度全球营业额的4%。国泰航空的做法显然不符合要求，如果以国泰航空2019年营业额972亿港元计，罚款可高达38亿港元。至于最后的罚款到底是多少，还是要看规管机构的调查（包括查看内部文件看是否有故意隐瞒、延误处理等情况）。

简言之，规管机构（Regulatory Body）要履行立法赋予的责任或义务，就必须获取它觉得有嫌疑的公司的有关文件与信息。只有这样才能抽丝剥茧找出事实真相，并在如果需要进一步采取法律行动时把有关文件作为证据。而只要拿到完整的文件就等于看到了公司的记忆与其过去所有发生的事实和商业行为的记录。即使是一个能将文件记录做到十分自我保护的非常成熟的公司，只要曾经做过一些违规的事，规管机构仍然可以从中发现蛛丝马迹并通过进一步调查（如向有关第三方或离职的雇员调查）挖出真相。规管机构最感兴趣的通常是公司的内部文件，通过这些文件就可以看出公司的管理/管治是否符合法律要求与合规等。另外也有以下原因：(1)公司的代理人（特别是董事与高管）有不同的教育水平、智慧、经验与道德观，对业务涉及的管辖地在合规方面的认识程度也可能是天差地别。(2)公司的代理人是自然人，自然人在个人事业前景、经济与社会压力等诱因下容易犯错。加上很多公司结构会导致公司代理人不考虑长远，而将公司的短期经济利益（往往与个人利益挂钩）放在第一位。(3)相信公司的代理人（如董事或高管）会在有必要时听取正确的法律意见或其他的专业意见与协助，并严格根据这些专业意见行事是自欺欺人。(4)现实中公司的代理人未必总有咨询法律意见（尤其是向外部的律师事务所）的动力。这至少有三方面的考虑：第一，全面与正确的法律意见通常很昂贵，会大幅度增加公司营运成本。第二，会拖慢很多公司业务与决策的执行。第三，风险与收益往往成正比，如果每一步商业行为都涉及律师，会令公司的决定过于保守，甚至在一些艰难时刻寸步难行，这在很多亚洲国家的公司中十分常见。当然，对部分水平不高的公司来说，即使愿意花律师费也找不到适当的律师为其作出全面与正确的法律意见，因为这往往与判断力有关。(5)规管机构对所有的公司来说都是外人,对公司内部操作所知有限。一般是社会上有了一些重大传闻/丑闻才会有警觉并开始调查,例如公司股票不正常地骤升骤降,或是一些公司突然破产影响了很多人,又或是报纸或杂志等媒体报道。也可能是公司申请接管(administration)或清盘(liquidation)时,法院委任的接管人(administrator)或清盘人(liquidator)接手公司文件/档案后发现曾经发生过非法或不合规的情况。另一个规管机构主要的消息来源是公司内部雇员、竞争对手或合作方告密(whistle-blower)。现在美国政府与很多规管机构都给公司"内鬼"丰富的奖金,以鼓励他们提供有用的内幕消息。已经提到,如果规管机构觉得有调查的必要,往往发觉需要从零开始(ground zero)。通常最主要使用的手段就是先想办法拿到公司文件,一般就是向法院申请民事搜查令。在公司毫无防备也来不及毁掉文件时进行突袭检查(dawn raid),对公司搜查并拿走所有文件,特别是电子文件与数据,从中搜寻蛛丝马迹去挖出事实真相与证据。但有时公司文件可能明显不齐全与支离破碎,规管机构就需要强制公司雇员特别是董事与高管接受询问并提供信息。英国有很多相关立法给予规管机构这类权利。例如在《Criminal Justice Act 1987》下成立的主要针对商业不良行为调查的严重欺诈调查署(Serious Fraud Office, SFO)就有权做出书面通知强制个人或公司回答问题与提供信息。如果没有遵循通知书要求且没有合理理由,或是在回答中提供误导与不正确信息,将构成刑事犯罪与面对严厉的惩罚。在掌握事实真相与足够的证据后,规管机构就可以根据立法赋予的权力对该公司或个人(包括公司董事与/或高管)作出惩罚或起诉等相应行动。

2.2　文件和诉讼(法院诉讼或仲裁)

2.2.1　商业诉讼是业务的一部分

中国有句老话说"商场如战场",商业诉讼是商业业务的一部分。与自然人之间的交往不同,商业社会在每时每刻都涉及严重的利益冲突,双赢的机会并不是很高,尤其是在出现一些预想不到的意外事故时。很多公司每天都在订立商业合约(所有的商业关系都是由一个个合约串联起来的),这就埋下了将来可能发生各种利益冲突的伏笔。有经验的人士[通常是更狡猾与水平(特别是商法水平)更高]只会在法律允许的范围内或打擦边球来为自己争取最大利益与/或不留下任何犯错或违约的证据以免在将来带来麻烦。履行合约时,如果有机会或者法律漏洞可以凭借合约条文向对方榨出更多的钱或好处,绝大部分商人会这样做,除非是有更长远的考虑(但本质还是为了经济利益)。如果因为市场或整体经济环境改变,受影响的一方想要从合约中脱身不能鲁莽地违约/毁约。[3] 毕竟法律规定了第二种履行合约的方式,即赔偿无辜方的经济损失,贸然做出违约/毁约的言行可能会给公司带来更大的灾难。狡猾与水平更高的商业人士就会等待甚至制造机会去合法终止合约,既不用继续履行合约也没有任何的恶果。

2.2.2　诉讼中如何向对方取得文件披露

在诉讼中获得对方的文件,特别是内容比较敏感甚至对对方不利的文件是很重要的。毕竟如果一方掌控的文件是中性甚至对自己公司有利的,则即使对方不提出披露的要求也

〔3〕 笔者的《合约的履行、弃权与禁反言》一书第一章对违约/毁约(repudiation)有详论。

会主动提供。但如果公司不愿意向对方(诉讼方或规管机构)提供有关文件,对方即使不知道文件的具体内容也会有兴趣拿到文件。毕竟从人性的角度考虑,一定是文件内容很敏感或对公司不利,公司才不愿意披露并准备花昂贵的律师费以特免权等理由抗拒披露。

在本章稍早已经提到,如果规管机构拿不到公司内部文件就很难建立它自己的案件,也难以采取进一步行动,更不用说获得足够的证据起诉或作出惩罚/罚款。而在诉讼中除了极少数的情况下可以通过第三方披露令(Norwich Pharmacal Order)、[4]民事搜查令(civil search warrant)、[5]诉前披露议定书(pre-action disclosure protocol)、[6]保存与检查物证/实体证据(inspection and preservation of real evidence)、[7]获得其他诉讼的法院文件、[8]在《海牙证据公约》(Hague Evidence Convention)下获得外国管辖的文件[9]等手段获得诉前披露(pre-action disclosure)与审前披露(pre-trial disclosure)外,诉讼方很难提前获得对方不想与不肯披露的文件。

正常的诉讼披露程序必须根据法院规则(仲裁中也类似但更具灵活性),双方会被强制要求全面与坦率地相互披露(mutual disclosure)[10]所有与诉讼争议有关(有利或不利)的文件。在诉讼开始阶段,双方会交换案件陈述(statements of case)或之前被称为文书请求(pleadings),包括索赔请求(statement of claim)、抗辩书(statement of defence)与答辩书(statement of reply)。而当双方在正规的文书案件陈述中表达了各自的立场之后,诉讼双方的争议/争端(issues)就变得肯定与明确。然后双方就会进入到相互披露的阶段,因为这时已经可以明确哪些文件与争议/争端有关(relevant)。

因此,双方在作出任何决定或行为(特别是履行合约)时,必须制作与保留完整的文件证据,因为将来一旦产生任何争议,这些文件就会变为有关证据。大部分的商业诉讼/仲裁涉及的往往不是法律问题(issue of law),而主要争议是事实问题(issue of fact),所以需要优质与有利的证据证明自己主张的事实真相。有说法是打官司是打证据,而商业诉讼/仲裁打的更是文件证据。关于什么属于相关或有关文件,著名的 Compagnie Financiere v. Peruvian Guano (1882) 11 QBD 55 先例曾给出了非常宽泛的解释。但在现在大量制作文件的商业环境下,这么宽泛的定义会导致诉讼双方需要披露的文件太多,带来巨额费用的浪费与诉讼程序的延误。因此英国在 1999 年实行新的《民事诉讼规则》(Civil Procedure Rules, CPR)后,诉讼中披露的范围在理论上大幅度缩减,但由于诉讼习惯与人性难以改变,所以没有什么实效。加上现在被普遍制作的大量电子文件,令披露文件的实际数量倍增。所以相互披露仍然是商业诉讼中最昂贵的程序。英国法院直到现在还在寻找更好的办法解决这方面的问题,包括从 2019 年 1 月 1 日开始适用的为期 2 年的试行披

---

[4] 见本书第二章之 4 段。

[5] 见本书第二章之 3 段。

[6] 见本书第二章之 2 段。

[7] 见本书第五章。

[8] 见本书第四章之 1 段。

[9] 见本书第四章之 2 段。

[10] 见本书第七章。

露规则计划(Disclosure Pilot Scheme)。而国际仲裁的相互披露也有同样的问题,而且面对与法院不完全一样的困难,也在摸索更好的解决方式。例如各个仲裁机构开始针对电子文件披露作出规定与指引。这方面将在本书第七章与第八章详论。

2.2.3 法院强制双方披露所有有关文件的原因和背后的理由

诉讼方自己保留全面与准确的文件与知道对方有什么文件是十分重要,只有这样才能知道事实真相的全貌与双方案件的强弱。对于法院或仲裁庭来说也主要是在阅读与分析双方所有与争议有关的文件后才能知道事实真相,公平公正地作出判决/裁决。正如 Donaldson 大法官在 Davies v. Eli Lilly & Co (1987) 1 WLR 818 先例中说,"The litigation process is not a game. It is designed to do real justice between opposing parties and if the Court does not have all the relevant information it cannot achieve this object."另在 Ventouris v. Mountain (1991) 1 Lloyd's Rep 441 (The "Italia Express")先例中,Bingham 大法官也说:"Justice is better served by candour than by suppression."

如果在诉讼中,一方当事人制作与保存了与争议/争端有关的完整与自我保护的当场文件并做出披露,而另一方当事人却只能提供支离破碎的文件并加上口头证据作为补充与解释,法官或仲裁员采信前者的说法可说是理所当然与人之常情。这也是中国公司与不少亚洲公司在面对重视文件管理(document management)的英美等国家的公司时败诉率高的原因之一。

而如果双方都相互披露了足够与完整的文件,双方代表律师(会较当事人更有这方面的水平与相对客观)在阅读与分析后(这与法院/仲裁庭作出判决/裁决是一样的做法)对事实问题的全貌与争议的强弱有了一定了解并向客户作出建议,很有可能会让双方诉讼方达成和解而无须将诉讼一路推进到底。

最后,看看欧洲大陆有关披露文件的不同做法与制度。欧洲大陆的法律制度很大程度上按照罗马法。针对诉讼程序,只有三个方面的披露做法:(1)双方诉讼方需要披露他/她所依赖的文件给对方。(2)任何一方诉讼方没有责任或义务向对方提供在他/她手中对自己不利或会帮助对方的文件。(3)法院有权命令任何一方向对方披露一些文件,只要对方可以向法院显示这些文件是该披露方所拥有,且对对方的案件重要:可见 Nouveau Code de Procedure Civile, Art. 11(法国); Codice di Procedura Civile, Art. 210(意大利)。另是,一般的违反披露命令也不像英国法院/普通法法院惩罚来得这么严厉,通常法院只会作出不利推断(adverse inference)。

这也导致大陆法与普通法律师之间经常无法相互理解:大陆法律师会觉得奇怪为什么要自动披露给对方一些对自己客户不利的文件与信息(information),这是违反人性的。而普通法律师就觉得奇怪,如果不把所有有关与重要的文件披露,法院(或仲裁庭)怎能作出准确的事实认定与判断/判决?

据知,有一些大陆法国家的制度会给法院委任一位专家对争议所涉及的事实作出调查的权利,该专家有权检查与要求诉讼方提供任何有关的文件与信息。在这样的做法下,就会把普通法与大陆法在这方面的差异拉近。

以上的差异也带来其他经常会听到的说法,例如在大陆法国家的诉讼,费用会廉宜得多。或是在大陆法国家,除非原告自己手中已有了充分与足够的证据支持诉讼中的所有指控(allegations),否则就不要提起诉讼。因为不可依赖对方作出披露让自己完善或补充指控所需要的事实详情(particulars)。对某些类别的国际商业诉讼,如涉及欺诈,受害方作为原告就往往会有困难。因为在这种案件中,往往受害方的手中是不会有充分与足够的证据支持他对对方的严重指控。所以有说法是这一类的案件并不适合在大陆法国家的法院审理。而在今天的国际商业环境,这类案件并非少见。

2.2.4 诉讼程序的对抗性和诉讼特免权背后的理由

对公司来说,管理将来应对诉讼的文件的做法与应对规管的做法其实差不多。首先文件必须是当场文件(contemporaneous documents),因为无论是诉讼或是规管,大家(法院、仲裁庭或规管机构等)都相信当场文件才是最准确的记录。公司在制作这种文件时要在用字上自我保护(self-serving),但必须准确记录事实真相,因为不准确的记录对公司是没有用的。至于制作与保存文件的范围,难以预料将来会在哪方面出争议并导致诉讼,所以只要涉及商业活动,方方面面都要制作与保存一套完整与有利的文件。

稍早已经提到,向对方与法院/仲裁庭披露文件对找出事实真相、公平公正作出判决/裁决是很重要的,除非有关的文件享有特免权(Privilege)才可以免于披露。在几种类型的特免权[11]中,最重要与常见的是诉讼特免权(litigation privilege)。诉讼特免权包括的范围比法律意见特免权(legal advice privilege)更广,后者只保护客户与律师之间的通讯及其内容。因为英国普通法院是对抗制(adversarial)诉讼程序,所有为了诉讼向第三方进行调查取证所制作的文件也受到诉讼特免权的保护。按理说这影响了另一个重要的公共利益/政策,即法院/仲裁庭应追求事实真相,但在权衡(balance)之下,英国法仍然选择了保护诉讼特免权。这背后的理由可节录部分重要先例的判决。

早在 Anderson v. Bank of British Columbia (1876) 2 ChD 644; Southwark and Vauxhall Water Co v. Quick (1878) 3 QBD 315 与 Wheeler v. Le Marchant (1881) 17 ChD 675 这三个上诉庭先例中,就明确了诉讼方与第三方有关诉讼的书信往来无须披露。James 大法官在 Anderson v. Bank of British Columbia 先例中说:"... as you may have no right to see your adversary's belief,[12] you have no right to see that which comes into existence merely as materials for the brief."[13]

换言之,要保护诉讼程序的对抗性就必须让诉讼双方能尽其所能私下准备自己的案件,而不是通过披露看到对方在准备的案件。而要保护律师对案件做出的辩论摘要的策

---

〔11〕 包括将在本书第九章与第十章介绍的法律业务特免权(legal professional privilege),将在本书第十三章介绍的无损害特免权/规则(without prejudice privilege/rule)与自证其罪特免权(self-incrimination privilege)等。

〔12〕 "辩论摘要"(brief)是一份列出了己方事实与法律争辩要点的书面文件,也被称为"legal brief"或"brief of argument"。如果可以看到对方的辩论摘要,也就表示提前知道了对方将在开庭时争辩什么,可以更好地准备自己的回应。在英国对抗制的诉讼程序下,这被视为是十分不公平的审理(unfair trial)。

〔13〕 同样的道理下,也无权看对方辩论摘要的内容所包含的资料与证据,否则从这些资料与证据就可以大概推测出辩论摘要的内容。这些资料与证据通常是律师在调查取证时(包括向第三方)收集的。

略与准备的要点不被对方知道,直到开庭也就是最终决战时才展现出来,就必须同样保护这些有关证据的机密性。

在 Strachan, Re (1895) 1 Ch 439 先例中,Lindley 大法官说:"... our rules of evidence and of discovery are not based upon the theory that it is advantageous to let each side know what the other can prove, but rather the reverse."

在 Waugh v. British Railways Board (1980) AC 521 贵族院先例中,Wilberforce 勋爵形象地说这就像打牌时只有对方出牌时你才能知道他有什么牌,而不能提前偷看他手里的牌:"The exigencies of the adversary system of litigation [require that] a litigant [should be] entitled within limits not to disclose the nature of his case until trial. Thus one may not see the proofs of the other side's witnesses or the opponent's brief or even know what witnesses will be called: he must wait until the card is played and cannot try to see it in the hand."

Simon 勋爵也提道:"This system of adversary forensic procedure with legal professional advice and representation demands that communications between lawyer and client should be confidential, since the lawyer is for the purpose of litigation merely the client's alter ego.〔14〕 So too material which is to go into the lawyer's (i. e. the client's) brief or file for litigation. This is the basis for the privilege against disclosure of material collected by or on behalf of a client for the use of his lawyer in pending or anticipated litigation."

最后在 Three Rivers DC v. Bank of England (No. 6) (2005) 1 AC 610 贵族院先例中,Rodger 勋爵说对抗制的诉讼程序必须保证诉讼方可以尽力准备自己的案件(包括调查取证),而不用担心会被强制披露而变成"为他人(对方诉讼方)作嫁衣裳",让对方坐享其成:"(诉讼特免权是)based on the idea that legal proceedings take the form of a contest in which each of the opposing parties assembles his own body of evidence and uses it to try to defeat the other, with the judge or jury determining the winner. In such a system each party should be free to prepare his case as fully as possible without the risk that his opponent will be able to recover the material generated by his preparations."〔15〕

美国也是同样的理念,在美国最高院的 Hickman v. Taylor, 329 US 495 (1947)先例中,Murphy 大法官说:"that discovery was hardly intended to allow a litigant to conduct their case on the borrowed wits of an adversary."

这种到了开庭才把自己手中的牌亮出来的早期对抗制诉讼的做法在近年来已经有了改变,这是为了避免开庭时一方诉讼方毫无准备被"突击"(ambush)而导致的不公平。所以,今天的 CPR 要求双方诉讼方开庭前就把所有底牌摊开在桌面上(all cards on the table),让双方都有时间针对对方的案件进行准备。这包括双方同时相互交换有关文件、事实证人的证人证言(witness statement)、专家证人的专家报告(expert report)与开庭陈词(opening statement)等。要求同时相互交换就是避免一方诉讼方提前看到对方披露的案件才去

〔14〕 诉讼律师只是当事人/客户的代表或代言人/分身。

〔15〕 所以在律师(也就是客户)的辩论摘要的资料与准备工作,也同样享有诉讼特免权。

准备自己的案件与回应而造成不公平,特别是事实证人的证人证言。这相互交换的时间是在开庭前不久,任何一方诉讼方在看了对方准备的案件后,不能改变己方已经交出的案件,加上在时间与程序上也已是不允许与不可能的。唯一能做的就是好好准备开庭,特别是在准备交叉盘问/反盘问(cross-examination)等方面,或是试图在开庭前与对方庭外和解。需要注意的是,近年诉讼的改变并不影响诉讼特免权,要求在开庭前向对方披露的也只是开庭时准备亮出来的底牌,即己方准备对诉讼特免权弃权的辩论摘要、资料与证据(包括证人证言与专家报告)。己方要保留诉讼特免权的文件或证据(如对己方不是太有利的其他专家报告)是完全不需要披露给对方的。

早在 Lyell v. Kennedy (No. 3) (1884) 27 ChD 1 先例中,上诉庭就判如果律师在调查取证与准备诉讼时,收集了一些与争议有关但原本不享有特免权的文件(一般是从第三方处)并制作了副本(copy),而披露这些文件会泄露律师给客户的建议或诉讼策略,则这些副本就会享有诉讼特免权。在 Ventouris v. Mountain (1991) 1 Lloyd's Rep 441 (The "Italia Express")先例中,也是同样的判法。在美国,这种律师为诉讼所做的准备工作/事情而产生与制作的通讯/文件,一概被称为是"work product",[16] 可享有类似特免权的工作成果豁免权(work product immunity)。

从以上所讲可以看出,一旦发生任何事故或是将来可能带来诉讼的事件,委托律师进行外部调查与联络第三方要安全得多。因为律师的所有工作都会受诉讼特免权的保护,也不会轻易受到质疑。[17] 所以,如果调查中获得了任何对自己不利的证据可以主张诉讼特免权拒绝披露。至于对自己的案件有利的部分,可以对诉讼特免权弃权,将文件披露给对方与法院/仲裁庭。虽然诉讼特免权保护的范围不止局限在律师,但如果诉讼方委托律师进行调查取证,则就不太会被质疑所制作的文件的主要目的(dominant purpose)是为了诉讼或将来可能的诉讼。但如果是诉讼方自己调查取证,往往会被认为有几个不同的原因或目的,[18] 而如果主要目的不是诉讼或将来可能的诉讼,就无法享有诉讼特免权。另外,委托律师调查取证的另一个重要好处是律师向第三方调查取证时,如果发现对自己有利的文件就会制作副本用来支持自己的案件。但是如果发现对自己不利的文件,就可以不制作副本,这等于诉讼方从来没有掌控(control)过有关文件。将来在相互披露时,虽然诉讼方有全面与坦率披露的责任,但由于从未掌控过这些对自己不利文件所以无须披露也不会被认为没有履行对法院的披露责任。至于对方诉讼方能否从第三方处获得这些文

---

〔16〕 在权威的《Black's Law Dictionary》中对"work product"的定义是:"Tangible material or its intangible equivalent, in unwritten or oral form, that was either prepared by or for a lawyer or prepared for litigation, either planned or in progress. Work product is generally exempt from discovery or other compelled disclosure. The term is also used to describe the products of a party's investigation or communications concerning the subject matter of a lawsuit if made (1) to assist in the prosecution or defense of a pending suit, or (2) in reasonable anticipation of litigation."

〔17〕 这方面可参阅本书第十一章之2至3段对 The "Palermo"规则与 Lyell v. Kennedy 例外的介绍。

〔18〕 公司在发生事故后自己进行调查(特别是内部调查),较容易被视为主要目的是其他方面,如公司管理/管治(governance)、知道事实真相后如何改进与防止将来发生同样事故等:见 Waugh v. British Railways Board (1980) AC 521 等先例。

件，就要看对方诉讼方的手段了。而在很多时候，对方诉讼方很可能根本不知道有关的第三方到底是谁与有什么文件。理论上诉讼方自己也可以做这些事，但是由于判断文件是否有利是需要法律专业知识，所以现实中是做不到/做不好的。

在 Alfred Crompton Amusement Machines Ltd v. Commissioners of Customs & Excise (No. 2) (1974) AC 405 先例中，贵族院认为委托律师前制作的文件不该享有诉讼特免权，说："It would seem inconsistent with the decision of the House of Lords, to extend legal privilege to documents coming into existence before a decision to instruct a solicitor to make or resist a claim has been taken by the person upon whom the decision fails ..."

但 Oliver 大法官在之后的 Highgrade Traders, Re (1984) BCLC 151 先例中不同意这个说法："... I am, for my part, unable to agree with that this note accurately summarises the effect of the Crompton case or that to extend privilege to documents coming into existence before the decision to instruct the solicitor actually to make or resist the claim is in anyway inconsistent with it. Such a proposition appears to me to be at variance with the decision of the House of Lords in Waugh's case, from which it is, I think, clear that, if litigation is reasonably in prospect, documents brought into being for the purpose of enabling the solicitors to advise whether a claim shall be made or resisted are protected by privilege, subject only to the caveat that is the dominant purpose for their having been brought into being."

可以说，法律允许当事人在发生任何事故后自己开始调查取证（内部或外部），并在之后委托律师根据调查结果作出是否开始诉讼或抗辩的法律意见。但这种情况下，要依赖诉讼特免权就会困难得多。而如果是委托律师调查取证，调查结果与从第三方处获得的所有文件在将来诉讼中双方相互交换文件阶段，可以在交换的文件清单（list of documents）中含糊与宽泛地描述为"律师与第三方的书信往来"（all correspondence between lawyers and third parties）并依赖诉讼特免权拒绝交出给对方查阅。对方不会也很难在完全不知道这些文件内容的情况下刨根问底查看是不是这些文件中的每一份的主要目的都是为了诉讼，能不能享有诉讼特免权。[19]

而在一些非对抗制的程序，如规管调查的早期阶段，就有可能无法依赖诉讼特免权：见 Three Rivers DC v. Bank of England (No. 6) (2005) 1 AC 610 贵族院先例。这方面将在本书第十章之 3.2 段有详论。

2.2.5　公司保存一套完整、准确和自我保护的当场文件的重要性

公司为了规管与诉讼应制作与保留的文件的做法在很大程度上是一样的，例如在已

---

〔19〕在国际仲裁中，如果一方当事人质疑对方可否在部分文件上享有诉讼特免权，仲裁庭会采用美国法院的做法。这是要求以特免权为由而拒绝披露有关文件的一方制作一份特免权目录（privilege log），列出所有有关文件的文件类别、大致内容（不包括声称特免权部分）、日期、制作人士、收件人、要求享有的特免权类型等。仲裁庭会根据这份目录作出决定，例如把一份文件部分内容遮盖（redact）后披露。如果仍无法作出决定，仲裁庭可以建议双方当事人同意让仲裁庭阅读内容后才决定是要披露还是可以享有特免权，但注意在稍后审理时仲裁庭会把阅读过的内容置之脑后（*de bene esse*）。如果这种方法仍然被当事人反对（估计是怕仲裁庭阅读后会受影响），那就只能让仲裁庭另委任独立专家（一位律师）阅读后向仲裁庭作出建议。

经提到的文件管理与培训雇员等方面。不同的是规管机构会更注重公司内部的文件,而法院诉讼或仲裁会更多涉及第三方的文件(当然还有对方的文件,这会在披露阶段相互交换)。已经多次提到,无论是规管还是诉讼,最看重的都是当场文件,即在出现有关事情或争议事故前或当场或之后不久当事人记忆犹新时所制作的文件,如记录了指责对方有何失误或事故的经过或任何单方/双方承认的事实。有些中国商人常做的事,如为了息事宁人在发生争议或事故后,在事实真相还不清楚时,不咨询有水平的律师就迫不及待向对方认错。或是被对方指控失误或应对事故负责时,也往往为了息事宁人,不以文件形式留下否认的记录。这些行为(或不作为)在法院或仲裁庭事后看来是默认了责任,之后在英美等国家的诉讼/仲裁中很难推翻这种看法,毕竟他们是无法理解亚洲文化这种"忍辱求全"的心态。

当场文件作为证据的分量重的原因是根据常理,不懂法律的外行人在刚发生事故时会警戒心低,想到什么就讲什么并会不加掩饰地如实记录。当然这不是完全正确,更精明或受过更好的法律教育的商业人士即使不是律师也能在事故刚发生时就预见到将来会面对什么法律问题,从而在当时(如在友好地与对方就有关事故进行书信往来时)就制作自我保护的当场文件。这会令他们在将来的诉讼中获得巨大的优势,这也无可厚非,有水平的人永远占优势。而当稍后事故恶化或发现会有重大法律责任时,再制作的文件就不会被法官或仲裁员同样看重了。法官或仲裁员会认为这时候大家讲的只是避重就轻、自我保护的话,或在有律师参与的情况下才留下文书记录了。双方针锋相对且背后很可能由律师指导所制作的文件证据就不再属于当场文件,提供证据的价值(probative value)与分量/重量(weight)也相应低多了。

文件证据的另一个优点是它的内容不能/不易被改变与做手脚,一张文件若被涂改过就很容易被专家觉察。而电子文件这些年随着技术的发展,鉴定手段也逐渐成熟。更不用说伪造文件不仅很难做到天衣无缝(找不出任何文件内部矛盾或与其他已经存在的文件有矛盾之处),还属于刑事犯罪。一般明智与懂得明哲保身的公司代理人(无论是高管或其他雇员)都不会这样做。因此在诉讼或仲裁中,法官或仲裁员通常会将所有文件证据都当作是真实的,无论是原件还是副本。内地的诉讼或仲裁中一定要见到文件原件才承认真实性的做法,笔者不敢苟同。因为如果诉讼方真的要做手脚,也完全可以制造一份假的原件出来。重要的还是要看文件的内容是否有内部矛盾或者与其他已经存在的文件有矛盾。而任何对文件真实性的挑战都需要非常有说服力的证据支持,毕竟欺诈/伪造(fraudulent/deceit)的指控会涉及刑事犯罪,所以要面对很高的举证责任。如果只是随意提出挑战但没有证据支持,在法院诉讼或国际仲裁中会在费用上被惩罚。

综上所述,现在法院或仲裁庭在认定有关争议的事实真相时最看重的就是文件证据。例如英国《Arbitration Act 1996》之 Section 34(2)(h)规定仲裁庭有裁量权(discretion)决定是否需要开庭。开庭主要是处理需要反盘问的事实口头证据与/或专家证据,而对文件证据就不存在反盘问一说。如果文件证据完整与足够,就只需要仲裁庭对文件的内容与/

或有争议的措辞/文字作出解释,[20]并据此作出裁决。

2.2.6 规管和诉讼程序中披露文件的区别

已经在上一小段提到规管与诉讼对文件披露的做法在很大程度上是一样的,但也有一些重大的区别,如:(1)规管机构从被调查的公司拿到文件通常是通过突袭检查(dawn raid)或其他具有强制性的方式(如本章稍早已经提到SFO有权做出书面通知强制个人或公司提供信息)获得,但诉讼中的一方当事人拿到对方的文件一般是通过相互披露。而披露方也通常对披露的文件有一定的主动性,例如明知道披露该文件给对方对自己致命,但被强制下又不得不披露,就趁对方还不知道这份仍未披露的文件的关键性时提前庭外和解,即使和解条件或金额算不上好。(2)规管关注公司管理/管治与合规(governance and compliance)方面,所以重视的是内部文件,而且会将所有文件拿走再从中搜索蛛丝马迹。而诉讼在CPR下涉及的文件必须与争议/争端有关,所以数量相对较少,也更多关注第三方(如涉及争议的其他公司或与诉讼方有关的其他公司、外部代理人等)的当场文件。(3)想要主张法律业务特免权在规管与诉讼两个领域的难易程度有所不同,本段以下会针对这个区别进行介绍。[21]

近年来,关于法律业务特免权的重要先例几乎都来自规管。主要有几方面的原因,例如规管机构有充足的资金、决心(甚至是立法责任)追查到底,而不像商业机构要权衡利弊,考虑花费昂贵的律师费的问题。另一个在笔者看来更重要的原因是规管机构可以通过突袭检查搜查与拿到所有的文件,所以当被规管的公司主张某些文件享有特免权,委托律师向法院申请禁令(Injunction)与下令退还文件时,这些文件已经在规管机构手里,故规管机构有一定的主动权,知道文件的内容是什么或至少对文件的重要性有感觉。[22] 特别在规管机构没有其他的有力证据时,这些潜在特免权文件的内容可能就决定了规管机构能不能成功建立案件,所以一旦公司主张特免权,有关的规管机构就会竭力抵抗以推翻特免权的保护墙。

但商业诉讼则不同,一方当事人主张享有特免权的文件往往在双方相互交换的文件清单里含糊与宽泛地描述为"所有律师与客户或第三方的书信往来"(all correspondence between lawyers and client or third parties)或"律师与客户之间为寻求法律意见的信件"

---

[20] 这课题可参阅笔者的《合约的解释:规则与应用》一书。

[21] 将在本书第九章与第十章有更详细的介绍。

[22] 规管机构对于通过突袭检查获取但潜在享有特免权的文件(无论是电子文件或纸质文件)有指引,例如SFO有《Policy for Handling LPP Material》。如果SFO怀疑有关文件享有特免权,会与其他不享有特免权的文件分开,尽量避免被进行有关调查的SFO调查员或律师看到。如果对有关文件是否享有特免权有争议,在被进行有关调查的SFO调查员或律师看到文件内容前,会由独立律师检查。一般来说这个独立律师也是SFO的内部人员,只是与有关调查无关。在R (on the application of McKenzie) v. Director of the Serious Fraud Office (2016) 1 WLR 1308先例中,原告要求对SFO处理潜在享有特免权的文件的程序进行司法复核(judicial review),认为现在的程序会让SFO的调查组知道文件的内容或至少对文件的重要性有感觉。对文件进行检查的独立律师应是外部律师,而非只是与调查无关的SFO内部人员。但法院拒绝,其中一个原因是考虑到有关文件的数量(可能需要用卡车运输),完全由外部律师检查会产生巨额费用,也不实际。

(letters passing between the solicitor and the client for the purposes of seeking legal advice),从而免于交出给对方查阅。允许当事人泛泛地描述享有特免权的文件,而无须逐份详细描述,主要是为了避免在描述中泄露文件的内容与性质,从而破坏了特免权。加上在英国律师属于法院的官员,帮助法院公平审理的责任应排在保护客户利益之上。所以如果律师主张这些文件享有特免权,法院会予以尊重与信任,不会轻易质疑。这是 RSC 下的做法,但在 CPR 下也没有改变。有人质疑在现在的诉讼环境下对特免权文件的描述是否应该更详尽一些,但 Marsh 大法官在 Astex Therapeutics Limited v. Astrazeneca (2016) EWHC 2759 (Ch)先例中仍判"confidential letters and other communications passing between the Defendant and its legal advisors and patent attorneys for the purposes of giving or obtaining legal advice and assistance, together with drafts and internal memoranda and notes thereof, prepared for the purposes of giving or obtaining legal advice"的描述已经足够。从 2019 年 1 月 1 日起,为了改进民事诉讼证据规则,英国在商业与财产法院(Business and Property Courts)开始实行为期两年的试行披露规则计划。在试行的新规则中,进一步明确了特免权文件可以被当作是一个类别(class),无须每一份单独描述。这样,对方当事人除了知道这些文件是律师与客户或第三方的书信往来以外,对文件的内容一无所知,也就无从知道某些文件对自己的案件是否有用,是否值得质疑该文件能否享有特免权等。在这种情况下,只要表面看来文件享有特免权,对方当事人往往就不会花费律师费继续追究。

一直以来与规管关系最为密切的是法律意见特免权,但在 Three Rivers DC v. Bank of England (No. 5) (2003) QB 1556 上诉庭先例与 Three Rivers DC v. Bank of England (No. 6) (2005) 1 AC 610 贵族院先例等一系列著名先例后,在规管程序中能享有法律意见特免权的文件范围不断缩小与变得不肯定。例如在 Financial Reporting Council Ltd v. Sports Direct International Plc (2018) EWHC 2284 (Ch)先例中,就判只有客户与律师之间的书信往来享有特免权,而其中的附件(附件本身不享有特免权)不享有法律意见特免权。另一个很关键的是律师(内部或外部)为了了解事实真相以回答规管机构刨根问底的问题与配合规管而进行内部(与外部)调查,在调查过程中与第三方(这会包括公司内部并不属于"客户"范畴的雇员)的通讯所产生或制作的文件,在英国法律下是不能享有法律意见特免权的。于是在今天的环境下,公司就更希望能同时或作为替代(alternatively)主张保护范围更广的诉讼特免权。诉讼特免权不仅保护律师与客户之间的书信往来,还包括公司或其代表律师与任何第三方之间的书信往来,只要制作文件的主要目的是诉讼或将来可能存在的诉讼。只要规管程序本身属于对抗制程序,就会属于诉讼特免权中的"诉讼",从而为了规管程序进行的准备与调查取证也受到诉讼特免权保护。而即使规管调查一开始只是例行公事并非对抗制,只要对公司的调查结果显示有问题,规管机构决定针对公司或者是董事、高管采取行动时,就会属于"诉讼"。而这样,在规管调查仍属于例行公事的较早时间就可能已经属于"可能的诉讼"从而受到诉讼特免权保护。但分水岭(watershed)在哪儿还需要进一步确认,在什么情况下才会属于对抗制的程序或"诉讼"?以及在什么情况下法院才会认定是为了"将来可能的诉讼",是 50% 的可能性,还是更多或更少？目前的先例看来是法院以个别案件的不同案情/事实行使裁量权，但这显然不够肯定。

例如，在近期的 SFO v. ENRC（2018）EWCA Civ 2006 先例中，一审法院［（2017）EWHC 1017（QB）］认为制作公司内部调查报告与有关文件的主要目的并非是在诉讼时使用，所以不享有诉讼特免权。Andrew 女大法官判直到被告知道将会发生的诉讼的所有细节或是对方（SFO）已经决定要开始诉讼，才会产生诉讼特免权，而该先例的案情不属于其中任何一种情况。这无疑是一个很高的要求。但上诉庭基于同样的事实证据推翻了一审判决，并认为即使一方预计将会被起诉也往往需要进一步调查才能肯定将来会有诉讼程序。而这种不肯定的时间段不影响调查中制作与产生的文件享有诉讼特免权，只要在这个时间段公司可以合理预计将来可能有诉讼。上诉庭也认为这种相对较低的要求对公众利益而言也有好处，可以鼓励公司尽早开始调查，而不用担心无法享有诉讼特免权。这对公司来说是好消息，但仍不能够说死，仍要等将来最高院（Supreme Court）对同类案件（如果有）的判决。

3. 律师在公司管治、合规和诉讼中扮演的角色

在现代社会，一个公司法人无疑比自然人需要听取更多与更复杂的法律意见（legal advice）与获得法律帮助（legal assistance）。特别是现在复杂的法律/法规下对哪一些是不允许的行为与哪一些是合法的商业行为的区分，并非是公司法人的公司代理人（corporate agent）单凭良好的商业意识与理智就可以理解与作出合规的决定与行为，而是非要咨询法律水平高与专业的律师不可，否则无法做到符合这些法律/法规的要求。在 Upjohn Co v. United States, 449 US 383（1981）先例中，美国最高院说："Corporate are subject to an increasing array of laws and regulations, and in many heavily regulated areas the line between prohibited conduct and legitimate commercial behavior is not always an 'instinctive matter'."

而针对特免权，美国最高院说："（特免权的）purpose is to encourage full and frank communication between attorneys and their clients and thereby promote broader public interests in the observance of law and administration of justice. The privilege recognizes that sound advice or advocacy serves public ends and that such advice or advocacy depends upon the lawyer being fully informed."

简言之，为了让公司自律与自愿遵守法律/法规并有效管理/管治公司法律事务，公司的董事与高管必须被鼓励要经常咨询律师（公司内部或外部律师）与获取法律意见，并根据有关的法律意见行事或作出商业决定。而特免权就是为了鼓励他们可以自由与安心地这样做，而无须担心事后被要求披露咨询的内容与通讯，毕竟其中会包括见不了光的"真心话"。

公司在复杂的商业社会要在寻求法律意见后才能作出正确的商业决定的例子数不胜数，正如 Scott 勋爵在 Three Rivers DC v. Bank of England（No. 6）（2005）1 AC 610 贵族院先例中说："（The authorities） recognize that in the complex world in which we live there are a multitude of reasons why individuals, whether humble or powerful, or corporations whether large or small, may need to seek the advice or assistance of lawyers in connection with their affairs; they recognize that the seeking and giving of this advice so that the clients may achieve an orderly arrangement of their affairs is strongly in the public interest."

所以现在公司管理/管治需要甚至有法律责任要求董事在处理公司事务时要寻求专业意见，特别是法律意见。历史上这种责任很宽松，只需要他/她拥有一定程度的水平与小心谨慎：见 Re City Equitable Fire Insurance Co（1925）Ch 407 先例。而现在对董事的要求严格得多，笔者可举以下几个例子：

1. 英国法院在 Barings, Re（No. 5）（1999）1 BCLC 433 先例中认同了澳大利亚的 Daniels v. Anderson（1995）37 NSWLR 438 先例中对董事的要求。也就是说，英国法律下要求董事：(1)熟悉公司业务；(2)指导与监督公司管理；(3)针对公司重大问题需要获得外部专业意见；(4)了解公司营运的规管环境并采取措施确保公司合规；(5)不对公司的错误行为视而不见。其中第(3)至(5)项都需要专业的法律意见与帮助。在 Daniels v. Anderson 先例中也提到，董事获取法律意见并非只是形式要求或者走个过场，而是要对有关问题获得准确的建议，真正可以指导公司作出合法的决定。

2. 英国在 20 世纪 90 年代出了一系列大型公司突然倒闭的丑闻，包括 Robert Maxwell 先生控股的两家上市公司与 Bank of Credit and Commerce International（简称 BCCI，号称是世界第七大的跨国银行，在开曼群岛注册但主要业务在伦敦）。这些丑闻不但导致了一系列的行业和金融地震，还引发了公众信任危机。因此，由伦敦证券交易所（LSE）牵头，联合审计师、会计师和实业界成立多个委员会。独立规管机构 Financial Reporting Council 在 1998 年制定了《The Combined Code on Corporate Governance》。之后该准则进行了数次修改并改名为《UK Corporate Governance Code》，最新的版本从 2019 年 1 月 1 日起生效。[23] 根据英国上市规则规定，在英国伦敦证券交易所高级上市（premium listing）的公司都必须每年对遵守准则的情况提交报告，如果没有遵守该准则就要提供解释。中国香港也有类似的《企业管治守则》并同样采取所谓的"不遵守就解释"（comply or explain）的制度。无法遵守这种严格规定的上市公司只能私有化，例如本章上一段提到的有俄罗斯背景的 Eurasian Natural Resources Corp Ltd。另也可见澳洲证券交易所公司管理委员会（ASX Corporate Governance Council）发布的《ASX Corporate Governance Principles and Recommendations》（2014）。[24]

3. 如果董事已经寻求并遵循了法律意见，即使之后有了什么问题（毕竟法律意见也可能有错），他/她在面对违反董事责任（breach of duty of the directors）的指控与诉讼时也可以凭此理由抗辩：见 Ortega Associates Ltd（in liquidation）v. Walking（2007）EWHC

---

〔23〕 有兴趣的读者可以通过以下链接下载：https://www.frc.org.uk/getattachment/88bd8c45－50ea－4841－95b0－d2f4f48069a2/2018－UK－Corporate－Governance－Code－FINAL.pdf。

〔24〕 感兴趣的读者可通过以下链接下载：https://www.asx.com.au/documents/asx-compliance/cgc-principles-and-recommendations-3rd-edn.pdf。

2046 (Ch)先例。

至于诉讼方面,只要是涉足复杂的国际贸易领域的公司就不可避免。国际贸易领域的诉讼往往是国际仲裁,这种复杂与本质是对抗制的诉讼无疑需要称职与高水平的律师的帮助。

4. 特免权(法律业务特免权)

特免权(privilege)[25]对文件的保护是远超于机密性的(confidentiality),前者属于公共政策或者说与至高无上的基本人权有关。经常见到有人把特免权与机密性混为一谈,除了刚提到的区别,另一个显著的区别是机密性只针对第三方,例如,仲裁的机密性就是不能向第三方披露仲裁的所有的内容与资料,当然也包括有关的文件证据。但特免权是针对诉讼/仲裁的对方当事人与法院/仲裁庭。主张特免权的一方当事人可拒绝对方(或法院/仲裁庭)披露有关文件的要求,而且法院或仲裁庭不得作出任何不利推断(adverse inference)。特免权的类型很有限,包括法律业务特免权、无损害特免权、自证其罪特免权等。其中最常见与最重要的是法律业务特免权,在英国法下依赖该特免权有拒绝披露文件与资料的绝对权利。

在所有的专业中,只有律师才享有这种特免权。[26] 其他专业人士的意见与相关的书信往来都不受特免权的保护,即使他们作出的是法律方面的意见(与律师作出的意见没有区别)。例如,在 R (on the application of Prudential plc) v. Special Commissioner of Income Tax (2013) UKSC 1 先例中,会计师对税法的意见不享有法律业务特免权。Neuberger勋爵说这主要是历史而非逻辑上的原因。

尽管保证了文件绝对与永久机密的特免权背后有强而有力的理据支持,但这很明显是与现代社会对政府机构与/或公司增加透明度的要求有直接矛盾。今天公司被要求在

---

[25] 特免权是为了合法(legal)保证文件的机密性,现代社会是法治社会,显然特免权作为保持文件机密性不在诉讼中被披露的唯一手段是至关重要的。公司对文件/隐私机密性的重视也可以从对网络安全(cyber-security)的重视体现出来。随着现代科技的发展,大量文件与信息电子化,这在带来便利的同时也增加了不怀好意的人士通过网络攻击的非法(illegal)手段获取机密文件与信息的风险。从本质上来说,这与小偷登门入室没有区别,公司只能通过增强自身的防护手段以降低对方成功的机会。例如,部分公司的中央服务器(central server)从不接入互联网,等于在服务器外增加了一层壁垒。两种做法都是为了保护文件的机密性,只是前者针对的是对方采用合法手段,而后者针对的是对方采用非法手段。在法治社会,显然前者即特免权起到的作用大得多。因为即使通过偷盗或网络攻击这些不登大雅之堂的非法手段获得了特免权文件,也毫无用武之地。在本书第十二章之6.3.2段提到,如果对方是通过偷盗或欺诈等行为获得特免权文件,法院会很愿意作出禁令禁止对方使用。而即使对方取巧并非直接在诉讼中使用有关文件,而是先上传到维基解密(WikiLeaks)等网站,希望通过让特免权文件进入公有领域(public domain)丧失机密性而最终丧失特免权,但法院也不会善待:见本书第十二章之5.4段介绍的 Wee Shuo Woon v. HT SRL (2017) SGCA 23 新加坡先例。另外在正常的商业社会,公司也极少会采用这种非法手段,因为一旦暴露就可能要面对刑事处罚,更不用说本书针对的另一个重点的规管机构了。

[26] 根据《Legal Services Act 2007》立法,法律专业特免权也延伸到了一些特定专业人士提供法律意见的情况,这方面可见本书第九章之3.2.4段。

进行商业活动时要承担社会责任，如环境保护、禁止奴隶与童工、尊重消费者权益、产品责任等。而进行国际商业活动更要承担更多与更复杂的国际社会责任，如禁运禁令、国际反洗钱与反贪污受贿等。另外，现在社会公众也有趋势认为公司只会看重利润与短期利益，是无法自我约束与自我规管的。所以现在世界上的整个商业环境变化得很快也很不肯定，特别是美国与欧盟等，出现越来越多涉及方方面面商业活动的规管机构，对管辖内的公司的管理/管治与营运（无论是本土或全球业务）进行规管。而要有效规管，就必须提高公司的透明度，让见不得光的事不能藏起来永远变成机密，这表示必须推倒特免权的保护墙（wall of privilege）。而公司与董事或高管为了避免民事甚至刑事诉讼，特别是在公司心里有鬼明知道这些文件的内容是见不得光的情况下，会竭尽全力争取特免权的保护，反抗完全透明的要求。所以近年来这方面的诉讼多不胜数，有很多都上诉到了最高院，花费了大量的金钱。其中很多先例是在大量文件中逐份争辩是否应享有特免权，正如 Rix 大法官在 Dubai Aluminium Co Ltd v. Al Alawi（1999）1 All ER 703 先例中中所说："It has to be solved on a case by case basis, and even on a document by document basis, in accordance with principles such as those laid down in Bank of Nova Scotia v. Hellenic Mutual War Risks Association（Bermuda）Ltd.（Note）（No. 2）[1992] 2 Lloyd's Rep. 540 and G. E. Capital Corporate Finance Group Ltd. v. Bankers Trust Co. [1995] 1 W. L. R. 529; see also Hellenic Mutual War Risks Association（Bermuda）Ltd. v. Harrison [1997] 1 Lloyd's Rep. 160."

接下来将会针对这些问题进行进一步的探讨。

4.1 确保当事人与律师（内部或外部）的通讯绝对保密的重要性

如果不能保证公司代理人与律师之间的通讯绝对保密，只是鼓励他们寻求称职律师的法律意见是没有用的。这是因为公司代理人在咨询律师时必须自由、坦白与诚实地告知律师全面的事实（包括已经可能是做错了的事情）与公司或公司代理人有什么困扰，才能取得准确与完整的法律意见。隐瞒事实或提供误导性的事实只能带来不准确的法律意见。

所以法律允许客户与律师之间的通讯享有特免权，美国的 United States v. United Shoe Machinery Corp, 89 F Supp 357（D Mass 1950）先例中说："The privilege applies only (1) the asserted holder of the privilege is or sought to become a client; (2) the person to whom the communication was made (a) is a member of the bar of a court, or is his subordinate and (b) in connection with this communication is acting as a lawyer; (3) the communication relates to a fact of which the attorney was informed (a) by his client (b) without the presence of strangers (c) for the purpose of securing primarily either (i) an opinion of law or (ii) legal services (iii) assistance in some sort of legal proceeding, and not (d) for the purpose of committing a crime or tort; and (4) the privilege has been (a) claimed and (b) not waived by the client."

如果公司或者说公司代理人知道自己私下（没有第三方在场）告诉律师的内容之后会被披露给有敌意的第三方（包括但不限于规管机构、对方诉讼方、商业竞争对手等），他/她在告诉律师全部的事实时就会有犹疑甚至一开始就不会考虑寻求律师意见或协助。例如,公司代理人对将在新市场发布的一款新产品向律师(内部或外部)咨询有关的竞争法或税法问题。如果不能保证双方对话/书信往来保密,一旦被竞争对手或税务部门知道将给公司带来麻烦。或者董事会有意提前解雇一个海外分公司的高管,向当地律师咨询在该国提前终止雇佣合约的后果,特别是当地劳工法的规定。如果咨询的问题与律师的法律意见无法保密,而董事会在咨询后又决定不辞退该高管,场面就会变得很尴尬。又或者一家医药公司向当局(如美国的 FDA)申请批准一种新药,公司自己在研究过程中做了多次测试,结果有好有坏。在申请时不可能全部披露,毕竟文件也太多。这就需要专业律师对披露多少文件与披露什么文件才是合法做法与不涉及隐瞒等方面提供法律意见。但现实中有医药公司会在申请时没有完全按照法律意见披露。所以如果法律意见不享有特免权,该医药公司就有后患了。

其他严重的例子还有公司一个雇员曾经做了错事(可能导致诉讼与/或规管机构的介入),高管或董事在知道了之后咨询律师是否有任何补救措施:见 Barings, Re (No. 5) (1999) 1 BCLC 433 先例。律师可能建议不采取任何行动,或如何做出补救(如果来得及),又或是建议采取某些行动(如自动向规管机构报告与认罪以求减少罚款)以满足合规要求,但公司代理人因为个人原因或是在权衡了支出与收益之后决定不采取行动等。如果被第三方知道公司代理人与律师之间的通讯与律师的建议,可能会给公司带来致命的后果。

从以上例子可以看出,确保公司代理人与律师之间的通讯绝对保密的重要性。一般来说,肯定有一些理由,普通人或公司代理人才会花费昂贵的律师费私下获得法律意见。而一旦这些通讯与/或法律意见将来被公之于众,往往会让个人面临民事诉讼或规管调查(将来有被刑事起诉的风险),破坏公司的经济地位与社会形象或至少让公司陷入尴尬的境地。

为了保证法律的肯定性(这样公司代理人在咨询律师时就能确定会绝对与永久保密),所以普通法国家或地区认为让客户与律师之间的通讯享有特免权(比机密性地位高)属于至高无上的公共政策/利益。在法律意见特免权下,没有任何人(包括法院或仲裁庭)可以命令客户披露享有特免权的文件或信息。

法律意见需要享有特免权的观点在一些古老先例中就已经有所显示,在 Annesley v. Anglesea (1734) 17 How St Trials 1139 先例中,被告律师说:"As to the client, the interest which he has in the privilege, is very obvious. No man can conduct any of his affairs which relate to matters of law, without employing and consulting with an attorney; even if he is capable of doing it in point of skill, the law will not let him; and if he does not fully and candidly disclose everything that is in his mind, which he apprehends may be in the least relative to the affair he consults his attorney upon, it will be impossible for the attorney properly to serve him: therefore to permit an attorney, whenever he thinks fit, to betray that confidence … would be of the most dangerous consequence, not only to the particular client concerned, but to every other man who is or may be a client."另外,也可见对客户与律师之间的通讯享有

特免权十分重要的 Greenough v. Gaskell (1833) 1 My & K 98 先例。

4.2　公司特免权和滥用

正因为法律业务特免权对有关文件与信息保护的绝对性,[27]一直以来只要文件是由律师制作,则无论是法官、仲裁员还是规管机构都会避开这些文件。即使特免权与其他同样重要的公共政策/利益(如诉讼中通过全面与坦率的披露才能找出事实真相)有冲突,但仍然是绝对权利,不允许法官/仲裁员在每个不同的案例中权衡。

精明的公司很快就学会了利用(或滥用)这种特免权的公共政策,毕竟公司特免权(corporate privilege)是唯一可以永久保护秘密的方法,除非公司认为披露文件或信息对自己有利所以主动放弃(waive)了特免权。例如,公司会试图让所有包含敏感信息的文件都由律师制作,这样公司所有的敏感信息就都享有特免权。笔者早期知道一些公司会将所有敏感与高度机密的文件放在律师的办公室或仓库,而不是存放在公司。

一些跨国公司会把所有敏感、保密甚至对公司有害的文件[28]放在非《关于从国外调取民事或商事证据的海牙公约》(Hague Convention on the Taking of Evidence Abroad in Civil or Commercial Matters)(简称《海牙证据公约》)[29]签约国的国家。如果公司需要这些文件,就会委托一个律师飞到该国复印该文件,由于这些副本是由律师制作所以表面看来可以享有法律业务特免权。一些跨国公司甚至可能用法律意见的形式作为掩护:见 USA v. Philip Morris Inc (2004) EWCA Civ 330 先例。

英美等国家一些文件管理良好的跨国公司,都十分警觉。这些大公司不时会作出内部调查/收集证据、报告等。在一些预计会包含不利内容但又无法享有特免权的情况下,它们会故意不留书面记录,只是以口头向公司最高层报告调查/收集证据的结果。即使是作出文书报告,也很快销毁。反正不留下"纸张/文件的痕迹"(paper trail),将来让"敌人"(特别是规管机构)追查。这在美国政府起诉美国烟草公司的 USA v. Philip Morrison 先例中就提到类似做法。

另外,有些公司还通过让所有重要内部通讯都经过律师(一般是公司内部律师)的方式隐藏所有敏感与见不得光的信息。这种所谓"漏斗"(funneling)的做法就是把所有的

---

[27] 见贵族院的 R v. Derby Magistrates (1996) AC 487 与 R (on the application of Morgan Grenfell & Co Ltd) v. Special Commissioners of Income Tax (2002) UKHL 21 先例。

[28] 一种例子就是在本书第十章之 2 段提到一些公司针对公司管治与合规进行常规性的内部调查与审核,甚至会成立一个专门的部门处理这方面的工作。一旦在过程中发现问题就会尽早补救,如果公司觉得问题不大(如一家分公司的一宗交易可能涉及了被制裁的国家),可以掩饰与避免将来再犯,一般就不会向政府机关与规管机构通报。这种内部调查是不会涉及法律意见特免权的,因为根本没有外部律师参与,即使有内部律师参与也不会作出法律意见。同样也不会涉及诉讼特免权,因为制作文件的主要目的显然不是为了诉讼或可能的诉讼,也预期不到会有诉讼。这些文件的内容显然是很敏感,除非被销毁,否则总有被曝光的风险。例如,内部雇员向规管机构告密,公司被规管机构要求披露。而规管机构在拿到这些文件后发现公司知情不报,公司就会面对严厉的惩罚。

[29] 关于《海牙证据公约》的介绍可见本书第四章之 2.3 段。

敏感与不见得光的文件通过律师与外界隔离开。[30] 例如，雇员 A 想要将一些敏感信息告诉雇员 B，但并不直接联络对方，而是先将信息告诉律师，然后再由律师转达给 B。虽然这无法满足政策理由，即主要目的是获得法律意见的要求与支持特免权，但通过律师这个渠道后几乎完全无法区分到底哪些是可以强制披露的文件或信息，而哪些是受特免权保护的文件和信息。除非在一个昂贵的诉讼中严格审查每一次通讯交流内容，否则是很难抗拒这种表面看来是律师与客户之间通讯产生的文件可受法律业务特免权的保护。

当然，还是可以找雇员 A 与/或 B 调查（如传召证人），因为他们知道的信息不受特免权保护，但这会更困难与花费更多。毕竟公司中有成千上万的雇员，很难知道到底哪些才拥有有关的信息。更不用说雇员 A 或 B 可能早就离开公司不知所踪甚至可能已经去世。

这样看来虽然个人/自然人与公司都可以享有特免权，但是个人对特免权的滥用是远远比不上公司的。个人告诉律师的事实与真相，规管机构或公诉机关可以通过其他方式找到，因为这些证据都不享有特免权。唯一享有特免权保护的是律师根据个人告诉他的事实与真相做出的法律意见，而对规管机构或公诉机关来说，知道事实与真相后，根本不需要知道律师做出了怎样的法律意见。而对公司则不同，本章开头就提到公司只能通过代理运作，所以公司这个虚构出来的法人对事实与真相的了解就是文件记录与代理所知。上两段已经提到公司通过这种“漏斗”的做法让哪些是可以强制披露的文件或信息，而哪些是受特免权保护的文件和信息几乎完全无法区分。在这种情况下，想确定谁才是掌握有关信息的代理，从而强制该代理披露有关信息也是十分困难的。所以公司特免权比个人/自然人特免权带来的问题严重得多。

而正因为公司在过去滥用了特免权，令很多秘密都不为外人所知，所谓的公司管理/管治透明变成了一个笑话。要知道就算一间公司的丑闻已经是街知巷闻，规管机构也几乎肯定公司存在违法/违规的行为，只要没有足够的文件证据证明，就不敢采取行动。因为如果不能与公司和解而要作出罚款决定，则有关公司就可以对这个决定向法院申请司法复核（judicial review）。而规管机构如果在司法复核这个公开法院程序[31]中无法提供足够的证据支持自己的决定，就无法获得法院的支持，也会影响自身的公信力。

Alexander 先生 20 世纪 80 年代曾在纽约做过一个名为《The Corporate Attorney - Client Privilege：A study of the Participants》（1989）63 St John's L Rev 191 的研究，其中包括对 182 位曼哈顿的公司高管、内部法务律师、外部律师与法官的访问。该研究的其中一个主要发现就是很多特免权的主张都站不住脚（privilege claims often lack merits）。同时该研究也认为特免权在鼓励坦率开放地与律师沟通方面的作用被过分夸大了。所以近年来的共识是要限制公司特免权。

4.3　近期对公司自我合规态度的改变

近二十年来，政府与社会对公司自我合规（self-compliance）的态度有了极大的转变。

---

[30]　这种做法在 C Wright 与 K Graham 的《Federal Practice and Procedure》（第 24 卷，第 2 版）S 5476；V Alexander 的《The Corporate Attorney0Client Privilege：A study of the Participants》（1989）63 St John's L Rev 191；A Higgins 的《Corporate Abuse of Legal Professional Privilege》（2008）27 CJQ 377 等都有提到。

[31]　见本书第四章之 1.1 段。

对律师来说,可以很明显看到出现了大量被广泛关注与激烈争论的关于能否享有特免权的案件,而其中很多涉及庞大金额的案件都直接或间接涉及规管机构(regulatory body)。在笔者看来,从这些法院案件(很多是普通法国家或地区与国际金融中心)可以看到对法律业务特免权(特别是法律意见特免权)保护的侵蚀。这毫无疑问与这几十年来频发的商业丑闻有关,例如英国的 Three Rivers DC v. Bank of England (No.5) (2003) QB 1556 上诉庭先例与 Three Rivers DC v. Bank of England (No.6) (2005) 1 AC 610 贵族院先例就与 BCCI 破产丑闻有关。Barings, Re (No.5) (1999) 1 BCLC 433 先例与巴林银行倒闭有关。而在美国,也在 2001 年发生安然公司倒闭丑闻,2007 年雷曼兄弟破产更是导致了全球金融危机。在这些丑闻中,很多时候政府不得不拿出纳税人的钱救市。无数的普通人/公司(股票持有人、债权持有人、银行储户、普通商业往来的债主等)血本无归。

这些丑闻摧毁了公众对公司自我合规管理/管治与作出合法的商业决定的信心,所以近年来转为由规管机构介入进行监管与处罚。就笔者个人所见,这与世界贫富越发悬殊的现状是息息相关的。在贪念无穷的人性驱使下,希望公司自我合规管理/管治,就像期待富人自我约束一样是不切实际的。

特免权之争是一场零和游戏(zero sum game),公司要保护自己的敏感信息不被外人(如规管机构)拿到,而规管机构则必须拿到这些信息才能履行自己的立法责任。规管机构的调查往往是由一个"故事"(如新闻报道或内部人士告密)引发,而它们只有在拿到被调查公司的全部文件后才能找出事实的真相,并在适当的情况下有足够的证据向公司或个别公司代理人提起诉讼。而真相明确记录在有特免权保护的文件中,而不是在没有特免权保护的文件中。

侵蚀特免权保护的趋势给公司依赖特免权带来了很多不确定性,这显然不令人满意,正如美国最高院在 Upjohn Co v. United States, 449 US 383 (1981)先例中说的,不肯定的特免权比没有特免权好不了多少。

有人呼吁应该将特免权的绝对保护改为在每个先例中对相互冲突的公共政策作出权衡。更有极端说法认为只有完全取消所有特免权的保护,让公司无法隐藏它的劣迹与违规行为,才能确保公司会严格遵守法律与法规行事。但这种极端做法会完全摧毁商业人士的商业意愿与动力,让他们无法在权衡商业风险与利益后作出决定。关键就是在任何不同的时间与环境中找出一个适当、现实可行、针对方方面面与考虑周全的平衡,并在之后不断调整以配合环境的改变,但又不失肯定性。然而在今天极度分化的世界与社会,找出一个大家都满意与实际的平衡谈何容易。

4.4 特免权法律应用在公司时缺乏一致性和可预测性

虽然特免权已经有超过 500 年的历史,但很多古老的先例与说法都是针对个人而非公司。毕竟在《Limited Lability Act 1855》前,没有有限责任公司的说法,做生意的都是以自然人自己的名义或是通过合伙(partnership)的形式。尽管有有关法律应该同样适用在自然人与公司的说法,但这在实践中并不容易。例如针对个别的自然人,要确定谁是寻求法律意见的"客户"(client)是很容易的。而该客户享有特免权,也只有他/她可以选择弃权。但是针对公司,要确定谁是客户(也就是所谓的"corporate client")就不容易,特别是在现在想要限制公司特免权的心态下。在著名的 Three Rivers DC v. Bank of England (No. 5) (2003) QB 1556 上诉庭先例中,英国法院就必须决定谁才是可以享有特免权的"客户"并给出了一个十分狭窄的定义。

在本书稍后的第九章之 3.3 段会对这个问题进行详细介绍。这个著名的先例对英国普通法地位有如下影响:(1)并非所有公司的雇员都属于客户;(2)资深雇员的身份本身不足以令该雇员属于客户之一;(3)上诉庭只说至少被公司授权寻求或接受内部或外部律师的法律意见的人士应属于客户外,没有给出进一步指引。

因为不属于客户的公司的雇员与律师之间的通讯不受法律意见特免权的保护,所以将谁属于客户的考验收紧是限制公司特免权的范围的最有效方法,但对此仍有很多批评。

例如,如果高管或董事知道他们不属于客户范畴,就没有动力寻求法律意见,因为如果不能坦率与自由地与律师沟通,获得的法律意见也没有太大意义。如果一名行政人员无法被默示为联合委托(joint retainer)[32]律师,他向律师寻求法律意见而把他为公司做出的错误行为坦率地告诉律师时,也会担心公司(特别在公司破产由清盘人接手时)会在没有经过他/她同意的情况下就对特免权弃权并对他/她造成损害。

这对公司一般雇员整体来说也不公平,因为如果他/她针对某次调查(举例)对内部或外部律师坦率承认自己所犯的错误,但这些通讯又没有机密性(或特免权)的保护会对他/她个人有危险,可能会事后导致民事甚至刑事后果。虽然即使该雇员与律师之间的通讯可以享有特免权,也只是公司可以选择对特免权弃权,但也比完全没有机密性或特免权的保护好很多。更不用说如果雇员坦诚的内容会有不良后果,公司往往要承担雇主责任(vicarious liability)有同样的不良后果,所以不太可能弃权。这显然会令一般雇员比较容易接受向公司坦率地交代有关事实的真相,包括自己有没有做错。

对公司特别是跨国或国际公司来说最糟糕的是这方面的法律缺乏一致性与可预测性,即使普通法国家或地区之间也有不同。美国与英国一样,并非所有公司的雇员都属于客户,而哪些雇员才属于客户也同样不肯定。在澳大利亚(《Commonwealth Evidence Act》下)与加拿大,所有雇员都属于客户。在本书第九章之 3.3.3 段也提到中国香港特区与新加坡对客户的定义比英国的 Three Rivers DC v. Bank of England (No. 5) 上诉庭先例广泛。因此在香港的 CITIC Pacific Limited v. Secretary for Justice and Commissioner of Police (2016) 1 HKC 157 先例中,CITIC 的负责人可以依赖特免权免于披露有关文件而逃过一劫。

另一个缺乏一致性与可预测性的例子是对文件复印件与律师对文件的选择的法律地位。在制作文件副本还十分困难的年代,The "Palermo" (1883) 9 PD 6 等先例判律师为了准备诉讼而制作的第三方文件(正本可以被强制披露)的副本享有特免权,可以免予披露。而 Lyell v. Kennedy (No. 3) (1884) 27 ChD 1 先例进一步判如果披露有关文件会泄露律师做出的法律意见,则律师在调查中搜集的文件正本与副本都享有特免权。这可分别被称为"Palermo 规则"与"Lyell v. Kennedy 例外"(或被称为"Selection Rule")。但随

---

〔32〕 见本书第十一章之 4.1.2 段。

着时代改变,在现代科技下公司(与自然人关系不大)会大量与不加考虑地制作复印件。也滋生了一些公司滥用副本的特免权的情况,例如让律师复印所有包含敏感信息的文件并装模作样出一个所谓的法律意见以获得特免权,然后将文件正本销毁。所以,近年来Palermo 规则与 Lyell v. Kennedy 例外在很多先例被加以限制,也许在不久的将来就会被英国最高院彻底废除。

近期很多上诉庭先例都没有跟从 Palermo 规则,如 Buttes Gas and Oil Co v. Hammer (No. 3)(1981) QB 223; Dubai Bank v. Galadari (1990) Ch 98 与 Ventouris v. Mountain (1991) 1 Lloyd's Rep 441 (The "Italia Express")等。但也仍有部分上诉庭先例仍跟从 Palermo 规则,如 Grupo Torras SA v. Al-Sabah (1998) EWCA Civ 828 先例等。看来直到最高院有机会与有心推翻 Palermo 规则的先例,有关副本的特免权地位仍不肯定。

Lyell v. Kennedy 例外也受到攻击,例如律师从 10000 张文件中复印了 1000 张,是否因为律师做了选择(无论多么随机与不加考虑的选择),所以这 1000 张文件都享有特免权?目前的观点可节录《The Law of Privilege》(2018 年,第 3 版)一书之 4.26 段:"It has been suggested that the rule should be overruled or confined to the most exceptional facts. What is clear is that any claim made on the basis of the exception will need to be carefully substantiated and justified by identifying the issues on which advice would be betrayed if the selection were disclosed."

上诉庭的 Sumitomo v. CLR (2001) EWCA Civ 1152 先例也判 Lyell v. Kennedy 例外不适用在律师复印或选择的文件是客户(公司)拥有或曾经拥有的文件的情况。这无疑可以避免公司制作享有特免权的副本并销毁所有它拥有的原件的情况。

另本书第十一章之 4 段会详细介绍的联合委托(joint retainer)、联合利益(joint interest)与共同利益(common interest)等复杂课题,也是主要是针对公司而不是自然人的特免权问题。

第二章　诉前披露命令、搜查令和第三方披露令

在进行庭审之前的披露，可统称为“提前披露”（early discovery）。提前披露有两个不同阶段：一个是诉讼未开始时的披露，可称为“诉前披露”（pre-action discovery）；另一个是诉讼开始后、庭审前的披露，可称为“审前披露”（pre-hearing/pre-trial discovery）。审前披露可以进一步细分为以下两种做法：（1）第一种审前披露，也是正常的做法是在双方交换了“文书请求”（pleadings，或在 CPR 下称为“statement of cases”）后，必须作出“标准披露”（standard disclosure）。[1] 双方会交换“文件清单”（List of Documents），[2] 以明确需要披露的文件，之后再具体查阅（Inspection）文件内容。本章所指的“提前”将不针对这种披露，毕竟在时间上来说，这是诉讼中正常与一贯的正常做法。（2）第二种审前披露，是比正常做法更早时，就由法院作出命令要求披露。往往是在诉讼中，于原告还未提交“索赔请求”（statement of claim）或被告还未提交“答辩书”（statement of defence）时即进行披露。这比正常做法更提前的披露将在本书第六章进行讨论。这种“非正常”的审前披露，在 Gale v. Denman Picture-Houses Ltd（1930）1 KB 588 上诉庭先例中被指出只会发生在“最特殊的情况”（the most exceptional circumstances）。

诉前披露与前述“非正常”的审前披露在作用上有相同的地方，但有不同的侧重点。诉前披露的作用是用以决定是否提起诉讼、向谁提起诉讼等。非正常的审前披露的作用则往往是当事人（尤其是被告）对事实的了解，不足以拟定全面的索赔请求或是答辩书，

---

〔1〕 今天披露的标准对过去的“关联性”（relevance）作出了改变。众所周知，直到 CPR 作出改变之前都是以 Compagnie Financiere v. Peruvian Guano（1882）11 QBD 55 先例建立的“Peruvian Guano 考验”看待关联性。而 Peruvian Guano 考验针对了两方面的关联性，其中一种是直接关联性（direct relevance）。Bingham 大法官在 Taylor v. Anderton（1995）1 WLR 447 先例中说判断有关文件是否有直接关联性的考验是看一方是否会因不知道有关文件内容而在诉讼中不利，或是因为知道有关文件内容而在诉讼中更为有利。另一种是间接关联性（indirect relevance），有关的文件只是有可能会带出有直接关联性的其他文件或内容，也就是 Peruvian Guano 考验中提到的“a train of enquiry”。这一类有间接关联性的文件也要披露的说法如果被滥用，诉讼方实质是希望找出一个新的诉因或漫无目的地找有用证据，就会被视为是钓鱼取证/摸索证明（fishing expidition），这一直都不被英国法律允许。而即使不涉及钓鱼取证/摸索证明，有间接关联性的文件数量也会太多，导致诉讼费用高昂与诉讼时间延误。而在 CPR 后，更是已经不再存在关联性的说法与要求，在 CPR Rule 31.5（1）规定了今天一般情况下的披露将只是“标准披露”（standard disclosure）：“an order to give disclosure is an order to give standard disclosure unless the court directs otherwise.”CPR Rule 31.6 定义与限制了标准披露包括的文件范围，可以节录如下：“Standard disclosure requires a party to disclose **only** —（a）the documents on which he relies；and（b）the documents which —（i）adversely affect his own case；（ii）adversely affect another party's case；or（iii）support another party's case；and（c）the documents which he is required to disclose by a relevant practice direction.”（加黑部分是笔者的强调）有关这个课题将在本书第七章之 7 段详细介绍，包括近期重要的上诉庭 Shah v. HSBC Private Bank（UK）Limited（2011）EWCA Civ 1154 先例。

〔2〕 见本书第七章之 9.3 段。

通过提前作出披露可以避免将来因需要修改文书请求而造成时间与金钱的浪费等。

今天提前披露[3]最重要的考虑是通过了解对方的证据强弱、全面了解有关事实,就能更科学地进行和解谈判。显然越早能够互相摸清底牌,越有希望提早达成和解,避免诉讼带来的高昂费用。

在英美法院诉讼中,在法院的协助下进行提前披露的做法有越来越放松与全面的趋势并受到欢迎,本章会针对提前披露的问题进行讨论。而在仲裁中,显然是不会有仲裁庭协助诉前披露,毕竟只有在送达"仲裁通知书"(notice of arbitration)后才会开始仲裁与组成仲裁庭,在这之前根本谈不上有仲裁庭作出协助。能对诉前披露要求作出协助的也只有法院,例如将在本章之4段详细介绍的向法院申请"第三方披露令"(Norwich Pharmacal Order),或是在本书第三章介绍的"全球冻结令"(Worldwide Freezing Order, WFO,也可称 Worldwide Freezing Injunctions)附上的"资产披露令"(Assets Disclosure Order)。

1. 诉前披露的重要好处

显然如果有方法可以获取对方当事人的文件(主要是对其不利的文件),以证实或反证自己的怀疑,是有莫大好处的。在考虑向对方提出索赔时往往自己已经拥有一些文件或信息(information),代表律师也已经从客户处了解了己方单方面与主观的案件,还会包括对方可能已经作出过的回应。但这些情况并不足够,甚至在极端的情况下是已有的文件或信息都不足以提起诉讼(如客户的案件主要基于"阴谋论"),由于缺乏有关的"重要事实"(material fact)的证据(如疏忽侵权诉讼中,对方是否存在疏忽、构成疏忽的重要事实并不明确时[4]),导致连索赔请求(statement of claim)都无法拟定,无法显示至少表面看来有站得住脚的诉因(cause of action)。这时就需要向对方[将来可能的被告(potential defendant)]或第三方取得有关事实(这些事实可能对自己有利、也可能对自己不利),才能进一步予以分析是否适合提起诉讼的案件(诉讼需要花费大量金钱,而且一旦开始诉讼就相当于向对方宣战,之后往往泥足深陷,很难全身而退),或是应该更努力与对方进行和解谈判。

除了可以依赖这些文件的内容(常见的是专家意见)以决定是否提起诉讼,如是否真正存在疏忽,也对后续诉讼行为有所帮助,例如在诉讼的文书请求(pleadings 或 statements of case)中(在自己本身的文件不齐全时)可以依赖这些文件陈述自己的案件,又或是依

---

[3] 此处主要针对的是"书证"或文件证据(documentary evidence),而不是本书第五章会介绍的"物证"或实体证据。对于物证而言,例如航运人士很熟悉的是发生货损货差时,货方想到的第一件事就是向卸港法院申请上船检查,希望找到与保存有关货损货差发生的原因、船舶不适航的证据等。这种已经有几百年历史的做法也可以理解,因为在早年没有文件证据,再加上物证随着时间流逝会灭失,因此需要及时通过各种方法予以保留(检查、拍照、录像等)。对于书证来说,由于主要针对的是文件的内容(在今天这也是最重要的证据),而文件易于保存也较为稳定,可以通过一般正常的程序进行,也因此本章介绍提前披露主要针对文件证据。

[4] 这在侵权纠纷案件中特别重要,这是由于被侵权人经常无法确认谁是侵权人或共同侵权人。

赖这些文件逼迫对方进行和解谈判等。极端的例子是在法院诉讼中,如果原告的“索赔请求”因没有“重要事实”而未能建立一个说得过去的“诉因”,被告完全可以不呈上/提交“答辩书”(statement of defence)而是申请法院要求撤销诉讼。[5]

但对方当事人也显然不会合作,毕竟明知道将来可能面临诉讼时,也不会愿意交出对自己不利的文件,让一位潜在的原告(potential claimant)有证据向自己提出索赔。但在现实中却时有发生。例如涉及海上运输时,笔者就遇到过中国货方发现从船上卸下的货物存在损坏的情况,但货方怠于主动调查取证,或(更可能的)是没有调查取证的技巧,因此什么都不做,从而导致丧失了保存关键证据的黄金机会。只在事后要求外国船东对货物损坏作出解释,同时要求船东赔偿或问船东船舶是否适航。货方这样的要求,一边是要船东解释货损原因,在原因还不明的情况下就同时要求船东作出赔偿,这是自相矛盾的。再者说,在这种情况下,船东没有面对强制压力(如法院或仲裁庭的披露命令),也就基本不会自承错误、将真相全盘托出。反正说什么货方也不会相信(这毕竟是人性)。

对于法治社会而言,需要提早全面披露证据,主要是因为文件证据的重要性与好处。当事人通过文件披露可以知悉有关的文件证据、尽量了解事实真相,也就容易协商和解。当事人能够友好协商和解是非常值得鼓励的,避免将诉讼进行到底以致劳民伤财。在商事合约纠纷最后的判决中,非黑即白的结果也难以让双方当事人满意。

现实中也有很多庭外和解的案件,但往往已经在诉讼程序的后期,甚至是庭审(hearing)前或庭审中才达成和解。一个原因就是没走到这个地步就无法获取较全面的证据,包括在诉讼披露程序中获取到的对方文件证据,以及庭审前双方交换的“事实证人证言”(factual witness statement)等,有了全面的证据显示双方案件的强弱,双方也才能面对现实,考虑是否和解谈判与可以接受的条件或金额。在对重要事实有争议时,如果不知悉对方的任何证据就盲目地进行庭外和解,纯粹就只是赌博了。这种情况下,律师也往往不愿意建议是否应该和解或是以什么条件进行和解,否则就可能构成“职业疏忽”(professional negligence)。没有称职律师的建议,就往往称不上是“合理”的和解,造成的进一步困难就是,根据和解协议赔付的金钱向保险公司要求理赔(如果有投保责任保险)或向第三方要求“补偿”(indemnity)是存在困难的,见 The “Krapan J” (1999) Lloyd's Rep 688 先例。

要在诉讼中走到所有当事人或一方当事人拥有足够证据,了解事实与各自/自己案件(own case)的强弱,并相应进行谈判的地步,双方当事人往往已经在“中间程序”(interlocutory proceedings)中经历了无数次恶斗,已经花费了大量的金钱与精力。这一方面会造成浪费,另一方面也会增加庭外和解的难度。例如,对于作为原告的债权人来说,原本心理底线可能是愿意本金只要收回一半、利息也可以不予理会,但是在诉讼中花费的金钱费用接近甚至是已经超过了本金金额,这该如何处理呢?这会导致双方只能继续斗争下去,并希望通过最终胜诉将诉讼费用一并取回。

---

〔5〕 例如,可见中国香港《Rule of High Court》之 Order 18 rule 19,这课题在本书第六章之4段有详细介绍。

这也导致了在美国法律下允许所谓的“钓鱼取证”/“摸索证明”(fishing expedition),[6]即允许潜在原告向潜在被告以试探性的、摸索的方式进行调查取证,以冀获取证据支持或反证自己的怀疑,而这在英国法下是不被允许的。美国法下允许潜在原告在诉讼前就要求对方(包括潜在被告与证人)披露(pre-action disclosure)证据[包括书面证据与以“证供”(deposition)形式出现的口头证据],调查取证、查明事实,看能否找到新的诉因或是支持一个泛泛的争端(issue)的详细事实细节(particulars)。而要求披露的文件范围也不限于与潜在诉讼有关的文件,而完全可以是调查与向对方摸底。例如可见 Hickman v. Taylor, 329 US 495 (1947)美国最高院先例中 Murphy 大法官所说,“The deposition-discovery rules are to be accorded a broad and liberal treatment. No longer can the time-honoured cry of ‘fishing expedition’ serve to preclude a party from inquiring into the facts underlying his opponent's case. Mutual knowledge of all the relevant facts gathered by both parties is essential to proper litigation. To that end, either party may compel the other to disgorge whatever facts he has in his possession.”

另在 Radio Corporation of America v. Rauland Corporation and Another (1956) 1 QB 618 先例中,上诉庭的 Devlin 大法官说:“Recent cases in this country ... have shown that discovery of documents may sometimes be obtained not only because they are relevant in the case itself but because they may fairly lead to a line of inquiry which would disclose relevant material,[7] but it is plain that that principle has been carried very much further in the United States of America than it has been carried in this country. In the United States of America it is not restricted merely to obtaining a disclosure of documents from the other party to the suit, but there is a procedure, which might be called a pre-trial procedure, in the courts of the United States which allows interrogation not merely of the parties to the suit but also of persons who may be witnesses in the suit, or whom it may be thought may be witnesses in the suit, and which requires them to answer questions and produce documents. The questions would not necessarily be restricted to matters which were relevant in the suit, nor would the production be necessarily restricted to admissible evidence, but they might be such as would lead to a train of inquiry which might itself lead to relevant material.”

在该先例中,原告以美国法院的调查委托书(letter rogatory)请求英国法院根据 1856

---

[6] 在《Dicey, Morris & Collins, The Conflict of Laws》(2012 年,第 12 版)一书之 8-103 段说:“‘Fishing’ arises where what is sought is not evidence as such, but information which may lead to a line of enquiry which would disclose evidence; it is a search, a roving enquiry, for material in the hope of being able to raise allegations of fact.”在英国发生这种钓鱼取证/摸索证明的一种典型情况是一方当事人在文书请求(pleadings)中提出一个简略与泛泛的争端(issue)但没有足够与详细的细节(particulars)支持。例如只是指称对方疏忽,但无法指出具体是什么行为疏忽。而在文件披露阶段要求对方提供所有可能与这个争端有关的文件类别,也无法指出到底是哪一份或哪几份文件,见 British Leyland Motor Corp Ltd v. Wyatt Interpart Co Ltd (1979) FSR 39 先例。

[7] 在 Radio Corporation of America v. Rauland Corporation and Another (1956) 1 QB 618 先例时还是适用 Peruvian Guano 考验,即允许一定程度的“a train of enquiry”的文件披露,但在 CPR 后情况就不同了。

年《Foreign Tribunals Evidence Act》做出披露命令，但被上诉庭拒绝。Goddard 大法官说：“… this is merely an attempt to get evidence in the course of discovery proceedings which are known to the American courts … which are a sort of pre-trial before the main trial. It is an endeavour to get in evidence by examining people who may be able to put the parties in the way of getting evidence. That is mainly what we should call a ‘fishing’ proceeding which is never allowed in the English courts, and I think that that of itself would be a complete objection and ought to justify this court in refusing to make the order.”

以上美国法律的做法，笔者马上可以想到的弊端是使取证更为容易，间接鼓励诉讼，导致社会上产生过多官司。英国法不是没有在这方面考虑过改革，例如著名的“人身伤害诉前披露程序”(discovery before issue of personal injuries proceedings)正是为了提前证据披露的时间，以便早日开始可能的庭外和解谈判，或让受害方更容易决定是否提起诉讼。[8] 这种成功的做法今天更被接受与更常见，也就是新的民事诉讼规则(Civil Procedure Rules，CPR)中立法允许的一些钓鱼取证/摸索证明做法与扩大到人身伤害以外的其他领域，这将会在本章之 2 段详细介绍。

诉前披露在商事争议中的重要性，可以经常发生争议的海上运输为例。如航行中途发生船舶搁浅、船舶碰撞、船舶沉没所导致的货物灭失，目的地的收货人只知道付运中货物发生全损，但没有办法了解船东在有关立法、1924 年《海牙规则》下是否需要承担责任，因此对是否应当开始对船东的“对人诉讼”(*in personam action*)或对船舶的“对物诉讼”(*in rem action*)是有疑虑的。毕竟一旦开始扣船或开始对船东的诉讼，除了花费时间与费用以外，亦相当于是“宣战”的信号。而有时确实有理由怀疑付运中途事故涉及船东的问题，例如船舶刚刚开航一两天就发生船舶本身的事故而沉没，很可能是船舶不适航所致。如果船舶沉没地水深较浅，还可以派遣潜水员下水前往残骸搜索证据，但如果此时水深很深，就没有类似获取证据的办法了。因此剩下的办法是向船东取得“船舶文件”(ship's paper)，文件中往往可以找到有关的资料或信息，这对货方(提单持有人、代位保险人等)是非常重要的。在 CPR Rule 58.14 下法院可以作出披露命令是在“程序中的任何阶段”(at any stage of the proceedings)，但此时诉讼程序并未开始，货方也正犹豫是否值得开始诉讼程序。也因此货方会遇到这方面的抉择难题，毕竟 1924 年《海牙规则》下的 1 年索赔时效很快逝去，即使船东/承运人本来有责任也可以无须承担了。

可以在此总结诉前披露(以及尽早地审前披露)的好处如下：(1)让当事人决定是否提起诉讼(或是否值得答辩)。(2)让当事人可以知悉有关的事实，较为科学地、“知己知

---

[8] 这源于《Administration of Justice Act 1970》之 Section 21(1)与《Administration of Justice Act 1970》之 Section 31。在《Senior Courts Act 1981》之 Section 33(2)规定：“On the application, in accordance with rules of court, of a person who appears to the High Court to be likely to be a party to subsequent proceedings in that court … the High Court shall, in such circumstances as may be specified in the rules, have power to order a person who appears to the court to be likely to be a party to the proceedings and to be likely to have or to have had in his possession, custody or power any documents which are relevant to an issue arising or likely to arise out of that claim.”

彼”与“面对现实”地尽早在“诉前”或“审前”进行庭外和解。(3)即使要进行诉讼也可帮助程序上的顺利推进与节省时间金钱。例如,简化与促进调查取证工作,向对方要求“更多与更好披露”(further and better discovery)时知道要的是什么特定文件,简化披露程序,缩短开庭审理时间等。

2. CPR 中的诉前披露命令(Pre-action Disclosure Order)

2.1 RSC 下的诉前披露申请

前文已经简单提到“人身伤害之诉前披露程序”(discovery before issue of personal injuries proceedings)。在此程序下在诉前披露的对象是“可能的被告”/“潜在的被告”(potential defendant),但并不包括与诉讼无关的第三方(只有在诉讼开始后才能向第三方要求披露[9])。这看来是为了减少对无辜第三方的干扰。Woolf 勋爵在其“Access to Justice”报告(1996 年 7 月)之第 49 段对有关人身伤害的诉前披露的“最高法院规则”(Rules of the Supreme Court,RSC)之 Order 24, rule 7A 的“成功”之处总结如下:“… In relation to claims for injury or death, it was fairly clear against which categories of potential defendant such applications were likely to be made. When the jurisdiction to make pre-action order was first introduced, applications for medical records tended to be hard-fought and often acrimonious. I understand that it is now rarely necessary even to make such applications, since documents are usually provided directly in response to a reasonable request. I have no doubt that the recent protocol prepared by the Civil Litigation Committee of the Law Society for use in this context will have helped further to simplify the process. This involves the use of standard forms of request and response …”

以上段落是说,“可能的被告”不一定只是医生、医院等,还会包括:向客户处理伤亡案件的律师,见 Paterson v. Chadwick (1974) WLR 890 先例;受伤的雇员(卡车司机)因怀疑卡车维修保养不当,而向雇主要求对卡车的维修保养(尤其是对刹车)的记录,见 Shaw v. Vauxhall Motors (1974) 2 All ER 1185 先例;老师被学生袭击受伤因此向学校委员会要求会议记录、查看让学生留在学校的决定有否错误/不当之处,见 Campbell v. Tameside Metropolitan Borough Council (1982) QB 1065 先例;因公受伤并成功获得对雇主判决的雇员,要求雇主提供投保雇主责任险的保单,以便直接向保险人以立法《Third Parties (Rights against Insurers) Act 1930》提出索赔,见 Burns v. Shuttlehurst Ltd (1999) 1 WLR 1449 先例等。就是在当时的《最高法院规则》(Rules of the Supreme Court,RSC)中增加了 Order 24,Rule 7A 后带来的令人满意的结果。早期时怀疑有疏忽的医疗伤亡受害人或其家属要申请披露医生报告,会导致被申请人(潜在的被告)非常有敌意的抗拒与不

[9] 这涉及“不向证人要求披露原则”(principle of no discovery from a witness)。要求第三方作为证人提供证据,应“传召”(RSC 下的 Subpoenas 或 CPR Rule 34.2 下的 Summons)证人出庭提供特定文件或口头证据,有关课题在本书多处提到,如本章之 4.1 段的证人规则(Mere Witness Rule)。

合作。但后来由于已经确定了法院有权针对这种争议命令“诉前披露”(pre-action disclosure)的规则,因此是被申请披露方“认命”也好,或规则设立的“成功”也好,双方已经不必再麻烦法院,一般都会自行合作。只要通过一封合情合理信函提出要求,被要求披露的一方(通常是潜在被告)就会自动交出文件。英国律师协会也进一步简化,例如草拟标准格式的有关文件要求与回复。而在诉前披露后,双方也可以达成和解,不必提起诉讼。

2.2　CPR 下的诉前披露与诉前披露议定书(pre-action disclosure protocols)

在 1999 年 4 月 26 日开始实施的英国新《民事诉讼规则》(CPR)中设立了“诉前披露议定书”(pre-action disclosure protocols)的做法,其在大精神、大原则与 CPR 下的诉前披露做法上基本类似,但诉前披露不再局限于人身伤害的案件,而是扩大到了所有的民事诉讼。正如 Coulson 大法官在 Travelers Insurance Co Ltd v. Countrywide Surveyors Ltd (2010) EWHC 2455 (TCC)先例中所说:“CPR 31.16 provides a detailed set of rules relating to applications for pre-action disclosure. ... The power to order pre-action disclosure is now wide-ranging and applies to all civil litigation, and is not limited (as once it was) to those claims relating to personal injury or death.”

立法作出改变的目的是增加所有民事争议/诉讼早日庭外和解的机会,最好双方无须麻烦法院。即使双方谈不拢,对以后的诉讼也有好处。例如双方对全部或大部分的事实了解,可以迅速推进诉讼,减少调查取证、文件披露、双方猜疑以至于需要进一步披露等导致的延误与额外的诉讼费用。以下可以节录 CPR Rule 31.16 如下:

“**DISCLOSURE BEFORE PROCEEDINGS START**

31.16

(1) This rule applies where an application is made to the court under any Act for disclosure before proceedings have started.

(2) The application must be supported by evidence.

(3) The court may make an order under this rule only where —

(a) the respondent is likely to be a party to subsequent proceedings;

(b) the applicant is also likely to be party to those proceedings;

(c) if proceedings had started, the respondent's duty by way of standard disclosure, set out in rule 31.6, would extend to the documents or classes of documents of which the applicant seeks disclosure; and

(d) disclosure before proceedings have started is desirable in order to —

(i) dispose fairly of the anticipated proceedings;

(ii) assist the dispute to be resolved without proceedings; or

(iii) save costs.

(4) An order under this rule must—

(a) specify the documents or the classes of documents which the respondent must disclose; and

(b) require him, when making disclosure, to specify any of those documents—

(i) which are no longer in his control; or

(ii) in respect of which he claims a right or duty to withhold inspection.

(5) Such an order may —

(a) require the respondent to indicate what has happened to any documents which are no longer in his control; and

(b) specify the time and place for disclosure and inspection."

笔者只挑几个重点讨论如下:

1. CPR Rule 31.16(3)规定只有满足了以上3(a)至(d)的条件法院才会作出诉前披露命令。

2. 以上条件3(a)是申请人需要说服法院,被申请人很可能在将来诉讼中是当事人(或是被告),而不会是非当事人的无辜第三方。任意对任何第三方作出命令会无端"扰民",所以要有更大的局限,将在稍后本章之4段的"第三方披露令"(Norwich Pharmacal Order)时进行介绍。

3. 3(b)与3(a)的理由是类似的,即申请人自己也可能是将来诉讼的当事人(或是原告),这显示诉前披露申请不是为了开玩笑或是满足好奇心。

4. (3)(d)(ii)是改革的中心思想或核心意图,即协助双方通过披露的文件在了解事实真相后达成和解,无须兴讼。在中国香港《Civil Justice Reform—Interim Report and Consultative Paper》[10]之Paragraph 201就指出:"Pre-action protocols… are guidelines as to reasonable conduct by parties to a dispute before proceedings are commenced. They promote openness between the parties with a view to facilitating early settlement and, if no settlement occurs, making progress of the case in court more efficient and its case management more effective. Failure to observe pre-action protocols may lead to costs sanctions if the case subsequently goes to court."

5. (4)(a)条文,显示英国法下不鼓励钓鱼取证/摸索证明(fishing expedition),采取的办法是要求申请人说明申请披露特定的文件,不能泛泛地要求披露所有或大量的"有关"(relevant)、可能引发"一连串调查"(train of inquiry)的文件。诉讼中正常做法的披露文件范围局限在"标准披露"(standard disclosure),因为即使有了诉讼也是这个程度的披露,唯一的区别是在时间上提前到了诉前(pre-action)。在Burrells v. Galliard (2000) CP Rep 4先例中,Burrells以Galliard可能违反建筑条例为由意图向Galliard提出索赔。为了准备在将来诉讼中会用到的专家报告,Burrells需要一些资料,特别是有关房屋署(Building Control Authorities)的工作人员在执行这些建筑条例时做了什么和要求了什么等。有了这些资料,才可以快捷、准确与节约费用地拟定专家报告。在申请提前披露前,Burrells也试图向房屋署申请文件但无果,白花了2万英镑。Dyson大法官允许了Burrells的诉前披露申请,并强调了要成功申请诉前披露,必须在三方面作出显示与证明:(1)"可能会有诉讼程序"(likelihood of proceedings);(2)"在诉讼程序中这些被申请的文件也迟早需要

---

[10] 中国香港特区也有借鉴了英国做法进行民事诉讼改革的"Civil Justice Reform"。

披露"(documents would be disclosed in any event);[11](3)有利将来诉讼达成和解,与/或节省费用(desirable to dispose fairly of the anticipated proceedings, to assist resolution of the dispute without proceedings and/or to save costs)。

前述内容都是一般性的内容,在今天有一些针对不同类型民事诉讼作为标准做法的议定书,[12]让双方可以参照交换文件与资料,例如针对"人身伤害"(personal injury)、"医疗纠纷"(resolution of clinical disputes)、"房屋失修"(housing disrepair)、"建筑与工程纠纷"(construction and engineering)、"诽谤"(defamation)、"职业疏忽"(professional negligence)、"司法复核"(judicial review)等。但是在"商事法庭"(chancery court)、"商业法庭"(commercial court)、"海事法庭"(admiralty court)等法庭并不适用针对性议定书的标准做法,这些法庭涉及的案件千变万化,而且也更为复杂、涉及文件的数量与类别很多,估计难以设定针对性议定书。加上这些案件的当事人和律师对这种做法表示抗拒,因为即使是可以在诉前达成和解,也会在诉前阶段就产生大量法律费用。也因此在《Jackson Report》(Jackson 大法官在2009 年被委任检讨民事诉讼费用,于2010 年1 月出具报告)中说参与这些法院诉讼的法律界人士强烈反对议定书的设立。

商业案件与人身伤害案件毕竟有所不同。在人身伤害案件中,申请人需要被申请人披露的文件往往是可以想到的,如医疗报告等,文件数量也有限。但是在复杂的商业案件中,如果申请人需要文件用以明确是否提起诉讼,往往会需要被申请人披露大量文件,也就导致可能被法院认为属于钓鱼取证/摸索证明而有抗拒。但申请人如果要求披露的是特定的有限文件,就有可能使得法院认为申请人已有足够信息(information)建立诉因,根本不需要诉前披露,有限文件的披露可留待诉讼程序中的正常的相互披露(mutual discovery/disclosure)。[13] 这也就使商业案件中的申请人难以作出轻重掌握,左右为难。

另一个诉前披露申请的问题是费用昂贵而且对申请人不利。CPR Rule 46.1 规定诉前披露申请费用承担的表面(*prima facie*)规则是,所有费用(包括被申请人搜索文件与作出披露所需的费用)都由申请人承担。[14]

由于商业案件争议复杂、涉及大量文件,费用会非常昂贵。如 Hutchison 3G UK Ltd v. O2 (UK) Ltd (2008) EWHC 55 (Comm)先例中,申请人承担的费用超过100 万英镑(如果诉前披露申请成功,由于还要包括被申请人搜索与披露大量文件的费用,将远远不止这100 万英镑)。因此有说法是如果诉前披露申请的做法确有其好处,费用承担规则最好作出更改。例如只是在申请失败时才要申请人承担全部费用;如果申请成功而且申

---

〔11〕 换言之,这些文件迟早要披露,即使要求提早进行披露,对于 Galliard 而言并没有丧失任何实质权利。

〔12〕 今天有效的议定书可见 CPR PD-Pre-Action Conduct And Protocols 之 Para 18。

〔13〕 这一课题在本书第七章有详细介绍。

〔14〕 部分诉前披露议定书,如医疗疏忽议定书(clinical negligence protocol)会对有关的费用有所规定。但在近期的 Ayton v. RSM Bentley Jenison and Others (2018) EWHC 2851 (QB)先例中,案情涉及的职业疏忽议定书(Professional Negligence Protocol)中不存在对费用的规定。虽然最终法院判原告/申请人可以取回部分诉前披露的费用,但该先例案情特殊,并且涉及 Part 36 和解要约。而在根本不存在诉前披露议定书的商业争议,法院会偏离 CPR Rule 46.1 的表面规则的情况看来不会多,见 SES Contracting Ltd v. UK Coal Plc (2007) EWCA Civ 791 先例。

请得到的文件帮助申请人能够决定提起诉讼,就将费用归到之后的诉讼中,即由最后的败诉方承担。在《Documentary Evidence》(2018 年,第 13 版)之 1 – 31 段建议的做法是在法院诉前披露命令中加上"unless a claim form be served within 90 days of disclosure, in which case the costs are to be costs in the case"的措辞/文字,但据悉目前并没有这样的做法。

在商业案件中,理论上来说有诉前披露议定书的做法是有好处的,但是较低的成功申请概率、高昂的费用问题难以克服。因此实践中较难进行操作,不少律师都建议客户(潜在的原告)在商业案件中不寻求诉前披露申请。除非是在特殊案件中涉及有限、少量的一两份文件,而缺少了这一两份文件就难以建立"诉因"(cause of action),在这样的情况下才值得尝试诉前披露申请。

就如何在 CPR Rule 31.16 下作出申请,在近年有三个上诉庭案件进行了针对:Bermuda International Securities Ltd v. KPMG (2001) 1 Lloyd's Rep 392; Black v. Sumitomo Corp (2001) EWCA Civ 1819 以及 Smith v Secretary of State for Energy and Climate Change (2013) EWCA Civ 1585 上诉庭先例。这些针对 CPR Rule 31.16 如何进行解读的先例,将在之后段落中进行介绍。

2.3 Bermuda International Securities Ltd v. KPMG 上诉庭先例:认定将来的诉讼争议

Bermuda International Securities Ltd v. KPMG (2001) 1 Lloyd's Rep 392 先例中原命令的申请人、也是潜在原告(Bermuda International Securities Ltd,以下简称 Bermuda)指称、怀疑被申请人、目标(intended)被告(KPMG)在投资基金的审计与税务管理工作中存在职业疏忽,并导致 Bermuda 被税局罚款。Bermuda 根据 CPR rule 31.16 向高院申请要求 KPMG 作出披露。KPMG 大力抗拒,指出在诉讼还没有开始、不知道具体的争议细节,而且文件要求范围很广泛的情况下,很可能被要求披露的文件并不属于"标准披露"(standard disclosure)的范围,也因此不应有此诉前披露命令。高院一审作出了诉前披露命令,包括要求披露 KPMG 的内部文件(内部的记录等),这导致 KPMG 提出上诉。

上诉庭指出法院法官对于文件披露的具体范围有裁量权[这要根据具体案件的情况作出裁量,还可以通过类似"案件管理会议"(case management conference, CMC)等方式了解情况后再作出裁量]。只能是在"争端"(issues)被足够清楚确定的情况下,才有诉前披露,而且范围也要限于在诉讼中一般披露义务下需要披露的文件。上诉庭接下来认定此先例中,虽然并没有开始诉讼与交换文书请求,但一审法院的法官已经恰当地确定了具体的争议内容即是否存在职业疏忽。尽管裁量权下作出的诉前披露命令中文件的范围很广泛,但针对的只是 KPMG 作出被指称有疏忽的意见的有关时间段内的文件,并没有足够显示一审法院法官对其裁量权行使存在错误,所以上诉庭不干预。另上诉庭认为立法后的诉前披露的做法刚刚开始发展,所以在此先例中作出指引(guidelines)为时尚早。

2.4 Black v. Sumitomo Corp 上诉庭先例:如何考虑 CPR Rule 31.16 的总结

在 Black v. Sumitomo Corp (2001) EWCA Civ 1819 上诉庭先例对英国法院目前如何处理诉前披露命令的做法进行了总结,并在之后的先例中被引用与依赖。此先例的背景是当时日本著名四大财阀之一、也是全球最大的铜矿贸易商住友集团(Sumitomo Group),于1996年6月13日宣布滨中泰男(Yasuo Hamanaka,又称“铜先生”或“5%先生”,因为他主管的住友有色金属部门控制了全球5%的铜交易量)不再担任自己有色金属部门的一把手。

滨中泰男先生在过去十年中,通过各种融资手段(逆回购、远期协议等)进行杠杆融资并不断囤积现货,加上做多/多头(long)期货的方式,控制全球的铜交易。当时全世界金属铜产量是1000万吨,而有证据显示滨中泰男先生以住友集团的名义持有了超过100万吨的期货铜,还有超过100万吨铜的“看跌期权”(put option)(期权购买者有权在期权有效期内按执行价格卖出一定数量的铜给住友),而主要交易场所是伦敦金属交易所(London Metal Exchange,或称LME,是当时世界上最大的金属铜交易市场,为全世界的现货和期货价格提供报价基准)。也因此滨中泰男先生控制着铜矿价格居高不下。

在1995年年底美国商品期货交易委员会(Commodity Futures Trading Commission, CFTC)与英国的金融服务监管局(Securities and Investment Board,今天已经改为Financial Service Authority,简称FSA)开始调查滨中泰男先生操纵市场的行为,并在1996年5月和LME一起开始对滨中泰男先生采取限制措施。住友集团也在5月先将滨中泰男先生停职处理,滨中泰男先生交代了有关情况。随后就发生了1996年6月前述住友集团将滨中泰男先生调离职位的事件,理由是住友集团只给了滨中泰男先生交易铜的权限(authority),而没有杠杆融资的授权。住友集团随之全力与各大金融监管机构通力合作,以尽力在LME的磋商下维持稳定有序的铜市场(a stable and orderly copper market in consultation with London Metal Exchange)。具体的后续措施包括在CFTC的要求下住友集团声明无论滨中泰男先生的交易是否被授权,都由住友集团承担责任;住友集团也要委任高盛(Goldman Sachs)协助将自己持有的期货数量/头寸(position)变现等。

尽管如此,铜价从5月的2720美元/吨高位一路狂跌至6月的1700美元/吨左右,短短一个多月,跌幅超过1000美元。住友集团因为滨中泰男先生造成的敞口(exposure)巨亏了26亿美元。日本法院判处滨中泰男先生以有期徒刑,要求住友集团缴纳1.25亿美元的罚款与提供2500万美元的针对将来第三方索赔的担保金。

至于在此先例中,则是Black先生及其加拿大公司指称在委任了高盛后,住友集团实际上是继续与高盛一起“非法串谋”(unlawfully conspiracy)、采用了类似滨中泰男先生的策略控制铜市场。虽然市场价格在下降,但实际上是受到了串谋操纵的影响因此仍然实际虚高(Black先生指称预计在1996年下半年市场价应该趋于1400美元/吨,但实际在10月7日的价格已经反弹到了1943美元/吨)。住友集团与高盛通过这样的手段获利,同时所有根据1996年5月、6月的滨中泰男先生的事件制定了做空/空头(short)策略的人士均因此蒙受严重损失:“a conspiracy intentionally to injure the business interests of all market participant who had short positions during the period.”违反的法律则是英国《Financial Service Act 1986》之Section 47(2)(虚假陈述扰乱市场秩序):“any course of conduct which creates a false or misleading impression as to the market... for the purpose of creating that impression and of thereby inducing another.”这属于非法与触犯刑事罪名,以及在欧盟法律下违法扰乱市场竞争。Black 先生指称自己因此蒙受了1.26亿美元的利润损失(基于1996年下半年市场价趋于1400美元/吨的预计)以及其他实际损失等。而要能够证明自己的这些利润损失(尤其是预计的市场价),以及证明高盛与住友集团操纵市场的行为,显然是比较困难的举证责任(burden of proof)。也因此 Black 先生及其公司作为原告开始诉前披露申请,要求非常大量的多种文件。[15]

2.4.1 CPR Rule 31.16(3)下诉前披露申请需要满足的四个条件

上诉庭对于诉前披露申请,分别针对 CPR Rule 31.16(3)的四个条件给出了指引与上诉庭的看法,一一简单阐述如下:

1. 针对条件(a)与(b),再次节录条文内容:"(a) the respondent is **likely** to be a party to subsequent proceedings; (b) the applicant is also **likely** to be party to those proceedings;"(加黑部分是笔者的强调)Rix 大法官的说法是,一方面,目前立法的措辞/文字强调的是不仅仅将来可能(likely)有诉讼程序,而且申请人与被申请人是将来可能的诉讼程序中的诉讼方(parties),而这是为了防止申请人随意向任何第三方申请诉前文件披露,如向政府官员、富豪、电影明星等大众知名人士申请文件披露。Rix 大法官说:"What the current language of the section appears to me to emphasise, as does the rule of court, is that the parties concerned in an application are parties who would be likely to be involved if proceedings ensued. The concern is that pre-action disclosure would be sought against a stranger to any possible proceedings, or by a party who would himself be unlikely to be involved."另一方面,"*likely*"的措辞/文字只是简单说存在可能性,而不需要达到很高可能性的证明标准。这也可以理解,毕竟需要申请诉前披露的原因就是因为不清楚自己的权利,往往是不肯定诉因、无法提起诉讼。太高的要求并不现实,而且最后实际披露的问题总是要经过法院裁量权的考虑,权衡(balance)各种因素,例如申请人、被申请人是否真正可能将来有诉讼或纯粹是无端揣测、披露文件的多少与带来的后果等。Rix 大法官说:"I am inclined to answer it by saying that 'likely' here means no more than 'may well'. **Where the future has to be predicted**, but on an application which is not merely pre-trial but pre-action, **a high test requiring proof on the balance of probability will be both undesirable and unnecessary**: undesirable, because it does not respond to the nature and timing of the application; and unnecessary, because the court has all the power it needs in the overall exercise of its discretion to balance the possible uncertainties of the situation against the specificity or otherwise of the disclosure requested. **Clearly, the narrower the disclosure requested and the more determinative it may be of the dispute in issue between the parties to the application, the easier it is for the court to find the request well-founded**; and vice versa."(加黑部分是笔者的强调)

---

〔15〕 值得注意的是,在被要求披露的文件中,有一系列文件还与中国有关,申请人指称被申请人在有关期间与中国签订了"虚假"(sham)合约,合约条文是"ex LME warehouse",但实际上销售的是本就在中国的住友集团仓库内的货物。但之后在被申请人披露的文件中显示并非虚假。

2. 针对条件(c),也可以先重复节录条文:"(c) if proceedings had started, the respondent's duty by way of standard disclosure, set out in rule 31.6, would extend to the documents or classes of documents of which the applicant seeks disclosure."在此先例中双方都同意即使有诉前披露命令,也应当限制在"标准披露"(standard disclosure)会覆盖的文件范围中,因此并没有就这个先决条件产生争议。简单而言,诉前披露申请的文件范围不会超过诉讼程序中的标准披露。上诉庭的 Rix 大法官肯定了 Bermuda International Securities Ltd v. KPMG (2001) 1 Lloyd's Rep 392 上诉庭先例中的说法,节录如下:"This court touched on the question in Bermuda v. KPMG when Waller LJ there said... that — 'The circumstances spelt out by the rule show that it will 'only' be ordered where the court can say that the documents asked for will be documents that will have to be produced at the standard disclosure stage. It follows from that, that **the court must be clear what the issues in the litigation are likely to be i. e. what case the claimant is likely to be making and what defence is likely to be being run** so as to make sure the documents being asked for are ones which will adversely affect the case of one side or the other, or support the case of one side or the other.' It also seems to me to follow that if there would be considerable doubt as to whether the disclosure stage would ever be reached, that is a matter which the court can and should take into account as a matter of its discretion."(加黑部分是笔者的强调)

即使是在诉讼程序中,当事人的披露也只是标准披露,不会包括钓鱼取证/摸索证明(fishing expedition)的内容。CPR Rule 31.16 下的诉前披露也是不允许钓鱼取证/摸索证明的。正如 BSW Limited v. Balltec Limited (2006) EWHC 822 (Ch)先例中 Patten 大法官所说,"the Court has warned against ordering pre-action disclosure 'to encourage fishing expeditions to enable a prospective plaintiff to discover whether he has in fact got a case at all'."

在商业法院中,如果诉前披露申请的文件广泛、大量,会被认为属于投机性(speculative)的钓鱼取证/摸索证明,被法院拒绝。在诉前阶段连"文书请求"(pleadings)都没有交换过,根本无从判断有关申请文件的关联性(relevance)与重要性(materiality),因此法院也不会愿意命令披露广泛、大量的文件。在 Hutchison 3G UK Ltd v. O2 (UK) Ltd (2008) EWHC 55 (Comm)先例中,就被法院拒绝披露这样的文件。此先例中涉及了中国香港和记(Hutchison)进军英国移动电讯市场,作为和记英国公司的申请人指称在英国现有的"可携移动电话号码"(mobile telephone number portability)系统(使用移动电话的客户如果转换自己的运营商/服务提供商可以保留自己移动电话号码)对任何想加入与想在英国市场发展的运营商/服务提供商造成了严重的壁垒,对于英国移动电讯市场造成不良竞争后果。同时,和记指称此先例中的四个被申请人涉及"经营者集中"(concerted practices)与/或"滥用市场支配地位"(abuse of dominant position),妨碍了建立更有效率的"可携移动电话号码"系统。而看来由于没有足够的文件(被申请人也指出和记的指称纯属凭空猜测),和记向法院申请诉前披露,要求每一个被申请人都披露有关自己对于"可携移动电话号码"系统的这一类别的文件:"group or class of documents entire history of each respondent's attitude to the portability system."

高院的 Steel 大法官拒绝了和记的诉前披露申请。Steel 大法官判在此先例中和记还没有提出诉讼,此时就让多名被申请人自己去找出哪些文件属于"标准披露"(standard disclosure)的范围是不合适的。而诉前披露申请的文件,顶多也只是在标准披露的范围内。因此诉前披露申请的文件必须非常具体或"高度聚焦"(highly focused),不能仅仅是要求披露很多不同类别、但与背景事实有关联的文件("catagories of documents that would simply prove to be relevant… as part of the background"),更不用说是会引发需要进一步进行"一连串调查"(train of inquiry)的文件了。诉前披露的申请人需要证明在之后的诉讼中这些被申请的文件很可能属于标准披露范围。而此先例中 Steel 大法官判和记未能成功在这方面作出证明,而且和记也未能证明要求这么广泛、大量的文件与解决之后在责任或损失方面的争议有太多关联性。

而且与诉讼程序中原告和被告相互会作出书面陈述让法院了解各自的案件(own case),澄清、确认有关争议有很大的不同,在诉前的阶段[尤其是单方面(*ex parte*,或者在今天也被称为"without notice")申请中的被申请人]不会有机会详细陈述被申请人自己的案件与澄清、确认将来会有的争议。为了证明能够满足(a)、(c)与(d)项的先决条件,申请人必须让法院了解情况,并可以估计到将出现的是什么诉因、申请人将会提出什么样的指控、被申请人作为被告可能提出什么抗辩,根据 Hutchison 3G UK Ltd v. O2 先例中的说法是"可能会出现的争端"("issues that are likely to arise")。

而在 Hutchison 3G UK Ltd v. O2 先例中指出有关证明的程度的标准是"more probably than not",换言之要有超过 50% 的可能性申请披露的文件属于标准披露范围。因此要针对每一份文件分别作出证明并不容易,也因此 Hutchison 3G UK Ltd v. O2 先例的判词中要求诉前披露申请针对的文件高度聚焦才行。这看法也在之后被 Hays Specialist Recruitment (Holdings) Ltd v. Ions (2008) EWHC 745 (Ch)先例跟从。

3. 条件(d)的措辞/文字是:"(d) disclosure before proceedings have started is **desirable** in order to — (i) dispose fairly of the anticipated proceedings; (ii) assist the dispute to be resolved without proceedings; or (iii) save costs."(加黑部分是笔者的强调)

Rix 大法官的分析是,这里的三个副标题分别指的是:(1)一旦开始诉讼,诉前披露的文件是可以帮助争议解决的;(2)也可能是通过诉前披露帮助达成和解、避免诉讼的;(3)无论是否有诉讼,诉前披露都能够帮助节省费用。

2.4.2 作出诉前披露命令两步骤分析:管辖权和裁量权

在给出了上述看法后,Rix 大法官接着分析认为在 CPR Rule 31.16(3)下,法院在进行判断时应该进行两个步骤的分析。第一个步骤(也可当作"第一关")是针对条文中的措辞/文字:"(3) The court may make an order under this rule **only where** …"(加黑部分是笔者的强调),即必须满足这些先决条件法院才有权力或"管辖权"(jurisdiction)针对特定申请作出诉前披露命令[或称"管辖权底线"(jurisdiction thresholds)]。而前述分析中提到的"desirable""dispose fairly"等措辞/文字显示在满足管辖权标准的前提下,法院还有在个别不同的申请中进行考虑与调整的裁量权[或称"裁量权底线"(discretion thresholds)]。换言之,并不能由于诉前披露申请能够满足管辖权底线,就直接允许根据"标准披露"(standard disclosure)的范围批准诉前披露申请。满足了并没有很高要求的管辖权底线后(存在可能诉讼而且申请人、被申请人是可能诉讼的诉讼方,而且这些文件能够帮助开始诉讼或达成和解),再根据每一个案件的具体事实考虑对被要求披露的每一份文件行使裁量权是否真的是理想的(desirable)。不能混淆管辖权底线与裁量权底线,毕竟正如前文中已经提到的,诉前披露申请的先决条件、管辖权底线并不难以达到,绝大部分情况下的文件都或多或少地对后续诉讼或和解有所帮助。但法院裁量权与管辖权底线并不相同,要针对每一个案件具体的事实进行具体判断(在下文中会介绍裁量权),因此不能将这两者混为一谈。可以节录 Rix 大法官的说法(部分内容在前文中已有节录)如下:"This court touched on the question in Bermuda v. KPMG when Waller LJ there said... that — 'The circumstances spelt out by the rule show that it will "only" be ordered where the court can say that the documents asked for will be documents that will have to be produced at the standard disclosure stage. It follows from that, that the court must be clear what the issues in the litigation are likely to be i. e. what case the claimant is likely to be making and what defence is likely to be being run so as to make sure the documents being asked for are ones which will adversely affect the case of one side or the other, or support the case of one side or the other.' It also seems to me to follow that if there would be considerable doubt as to whether the disclosure stage would ever be reached, that is a matter which the court can and should take into account as a matter of its discretion...The danger, however, is that a court may be misled by the ease with which the jurisdictional threshold can be passed into thinking that it has thereby decided the question of discretion, when in truth it has not.[16] This is a real danger because first, in very many if not most cases it will be possible to make a case for achieving one or other of the three purposes, and secondly, each of the three possibilities is in itself inherently desirable."

接下来针对法院如何行使裁量权,Rix 大法官也给出了一些看法。在结合每一个案件具体内容的前提下,Rix 大法官详细指出越是"具体"(specific)、有"针对性"/"聚焦"(focused)与将来可能提起诉讼的诉因(责任与损失)有关的文件,越可能获得法院批准。甚至即使这些文件要求可能存在凭空揣测或钓鱼取证/摸索证明(fishing expedition)的嫌疑,只要足够有针对性,在要求透明(transparency)下法院也可能行使裁量权作出诉前披露命令。相反,越是空泛、投机性的指称,以文件"有关"就要求大量与/或钓鱼取证/摸索证明的文件,申请成功的机会就越低。这就要求法院在每一个申请中,在自己的裁量权下作出权衡(balance)看是否成比例(proportionality)。Rix 大法官也指出:"That discretion is not confined and will depend on all the facts of the case. Among the important considerations, however, as it seems to me, are the nature of the injury or loss complained of; the clarity and identification of the issues raised by the complaint; the nature of the documents re-

〔16〕 此先例中的一审法院判决被 Rix 大法官批评存在此错误。

quested; the relevance of any protocol or pre-action inquiries; and the opportunity which the complainant has to make his case without pre-action disclosure. … In my judgment, **the more focused the complaint and the more limited the disclosure sought in that connection**, the easier it is for the court to exercise its discretion in favour of pre-action disclosure, even where the complaint might seem somewhat speculative or the request might be argued to constitute a mere fishing exercise. In appropriate circumstances, **where the jurisdictional thresholds have been crossed, the court might be entitled to take the view that transparency was what the interests of justice and proportionality most required.** The more diffuse the allegations, however, and the wider the disclosure sought, the more sckeptical the court is entitled to be about the merit of the exercise."（加黑部分是笔者的强调）

2.4.3 Hands v. Morrison Construction Services Ltd 先例中的总结

经过 Black v. Sumitomo Corp（2001）EWCA Civ 1819 上诉庭先例后，Briggs 大法官在 Hands v. Morrison Construction Services Ltd（2006）EWHC 2018（Ch）先例中对目前向潜在被告（potential defendant）要求诉前披露的地位总结如下：

"**Firstly**, the applicant must surmount the jurisdictional hurdles[17] in part 31.16(3)(a) to (d). Secondly, the hurdles in (a) and (b) require no evaluation of the likelihood of proceedings. The hurdle in (c) is (on its face) a strict test but cases show that it may usually be surmounted by appropriate drafting, for instance, the inclusion of a limitation to standard disclosure only, or a precise formulation of the issue to which the documents must relate. Both of those drafting techniques have been included by amendment in the order which I am asked to make.

The hurdle at (d) expresses no standard in the language of the rule but Rix LJ, in the Black case… held that the standard is that of a real prospect in principle. It is not, therefore, a steep hurdle requiring anything like a probability to be shown that one or more of the desirable objectives of the rule is going to be achieved.

Secondly, if the applicant shows that there is jurisdiction the matter then, separately and distinctly, becomes a matter of the court's discretion and in that context I can do no better than read the following paragraphs of Rix LJ's judgment in Black …

'That discretion is not confined and will depend on all the facts of the case. Among the important considerations, however, as it seems to me, are the nature of the injury or loss complained of; the clarity and identification of the issues raised by the complaint; the nature of the documents requested; the relevance of any protocol or pre-action inquiries; and the opportunity which the complainant has to make his case without pre-action disclosure.'

---

〔17〕 这是"管辖权底线"（jurisdictional thresholds），Briggs 大法官采用的措辞/文字是"障碍"（hurdles），必须超越此管辖权障碍才能继续下一步，即根据每一个案件的不同案情行使裁量权（discretion）以决定是否批准诉前披露的申请。

Next, the court must consider the discretionary question in detail and that is likely to call for an examination of each of the categories of documents requested in any multiple requests, rather than just an all or nothing approach.[18]

Next, the court must also stand back at some point and look at the matter in the round, in other words, not fail to see the wood for the trees. The question at that level may include the general question: does the request for pre-action disclosure further the over-riding objective in this case, or not.[19]

The desideratum in rule 31.16(3)(d)(1), that is the fair disposal of the proceedings, is addressed to the question whether early disclosure, rather than disclosure at the usual time, will add fairness. That may be achieved not merely to give an opportunity to plead an otherwise unpleadable case but where it enables the Statement of Case to be better focused so avoiding the cost, delay and disruption which may otherwise be caused by amendment after normal disclosure, for example, leading to further consequential amendments and a yet further round of disclosure.[20]

Finally, the court must bear in mind that pre-action disclosure is a departure from the norm and that the norm may be assumed usually to be the fair time for disclosure, not least, because it involves mutuality and is inherently likely to produce a higher degree of co-operation, for example, in agreeing search techniques for searching electronic documents as recommended by CPR, Part 31 Practice Direction paragraph 2(a)(2)."[21]

2.5 Smith v. Secretary of State for Energy and Climate Change 先例申请人是否需要"良好论据的案件"(good arguable case)

在本章之3段介绍的"搜查令"(search order)与本书第三章之1段介绍的"冻结令"(freezing order)的申请中,申请人都需要证明自己有"良好论据的案件"(good arguable case,或 strong arguable case),[22]法院才可能考虑作出有关的"中间禁令"(interlocutory injunction)允许搜查或冻结被申请人"资产"(asset)。但在诉前披露申请中,根据 Smith v. Secretary of State for Energy and Climate Change (2013) EWCA Civ 1585 上诉庭先例

---

〔18〕 对于如何行使裁量权,法院可能需要详细看每一个类别的文件的披露要求。这不是非黑即白的决定(对于申请的文件全部批准或全部拒绝)。

〔19〕 接下来法院要退一步看大局,看个别案件的申请能否满足诉前披露做法的主要政策性目的。

〔20〕 诉前披露也要考虑将来会有的诉讼,与稍后在诉讼中正常相互披露比较合理性与优劣,客观衡量从整体的诉讼程序来看是否诉前披露对双方更加公平。例如"优"是可避免将来正常相互披露后需要修改文书请求所带来的额外工作与费用等,而"劣"是诉前披露申请带来的延误与费用,并且将来仍会有二次披露程序(审前披露与稍后的正常披露等)。

〔21〕 法院要记住诉前披露是脱离正常做法(在本章之2.6段提到"非一般的案件"才会作出诉前披露命令),而正常做法,即在文书请求后进行披露一贯被视为是更公平的时间点。例如要双方相互要求与交换披露文件会带来更大程度的合作与减少抗拒,这在今天对电子文件的搜查尤其重要。有关电子文件的搜查在本书第八章有详论。

〔22〕 有关这个课题可参见本书第三章之1.7.1.3段。

的判法与对 CPR Rule 31.16(3)的解读,对申请人(潜在的原告)的案件(case)强弱、是否"可争论"(arguable)是没有任何要求的。

通过本章上一段介绍的 Black v. Sumitomo Corp (2001) EWCA Civ 1819 上诉庭先例已经可以看到,在 CPR Rule 31.16(3)有关诉前披露申请的先决条件中,是没有明示或默示的文字/措辞要求案件"可争论"的。在 Smith v. Secretary of State for Energy and Climate Change 先例中看来是认可了 Black v. Sumitomo Corp 上诉庭先例的判法,同时针对是否"可争论"的问题,Underhill 大法官指出:"The jurisdictional requirements for the making of an order under CPR 31.16 are expressly set out at heads (a) – (d) in para. (3) of the rule, and they **say nothing about the applicant having to establish some minimum level of arguability. If such a requirement exists it can only be implicit, and I see no basis for making any such implication.** If heads (a) – (b) required an applicant to show that it was likely that proceedings would be commenced I could see an argument that that necessarily involved showing that the putative proceedings had some chance of success (because people are not likely to start hopeless cases). But it is clear from Black v. Sumitomo that there is no such requirement: all that has to be shown is that it is likely that the respondent would be a party to such proceedings if commenced … **I accept of course that it cannot have been the intention of the rule-maker that a party should be entitled to pre-action disclosure in circumstances where there was no prospect of his being able to establish a viable claim; but in such a case disclosure could and no doubt would be refused in the exercise of the discretion which arises at the second stage of the enquiry.**"(加黑部分是笔者的强调)

换言之,在法院考虑是否有"管辖权"(jurisdiction)(见本章之 2.4.2 段)时,不需要考虑申请人提出的案件的"可争论"程度。而且 Underhill 大法官指出案件是否可争论,是在提起诉讼后针对实体问题才需要考虑,对于法院判断是否有管辖权作出诉前披露命令是意义不大、没有帮助(unhelpful)的。即使是搜查令与冻结令的申请,由于是单方面(*ex parte* 或 without notice)申请的现实需要才要求只有在"有良好论据的案件"的情况下才可以成功申请。但到了第二步行使"裁量权"(discretion)时,一些案件如果无法显示是"可争论"或是很弱的案件(weak case),法院就会拒绝诉前披露的申请了。

在《Documentary Evidence》(2018 年,第 13 版)一书之 1 – 13 段对此指出:"… it was inherently better that questions about the likelihood of the applicant being able in due course to establish a viable claim are considered as a part of a flexible exercise of the court's discretion in the context of a particular case."换言之,案件是否"可争论",从本质上来说更适合在法院针对要求披露的文件决定是否行使作出诉前披露命令的裁量权时进行考虑。

这道理也是容易理解的。毕竟诉前披露的重要目的是让申请人能够获取文件证据以肯定与/或建立自己的"诉因"(cause of action),在这种情况下的申请人显然是无法在披露前证明自己的案件到底如何,更无法证明是有良好论据的案件。如果申请人能够做到这点,则在诉讼开始后通过正常程序进行互相披露才更公平与恰当,也几乎肯定法院不会作出诉前披露命令。这也是为什么上诉庭在 Black v. Sumitomo 先例中指出诉前披露的管辖权标准并不高的原因。因此无论申请人自己的案件强弱，都不阻碍申请人提出诉前披露申请、请求法院作出诉前披露命令。

在法院行使裁量权时，会需要考虑根据 CPR Rule 36.16(3)(a)&(b)，申请人是否成功证明了自己与被申请人可能(likely)是后续诉讼中的诉讼方，以及根据 CPR Rule 36.16(3)(d)，申请人申请的文件对于解决争议或达成和解是“理想”(desirable)的。也因此如果法院认为当事人的诉前披露申请对于当事人建立后续诉讼毫无帮助(“to work out whether they had a claim at all”)，应当作出拒绝当事人申请的决定，见 Gwelhayl Ltd v. Midas Construction (2008) EWHC 2316 (TCC)先例。而即使是在法院行使裁量权的过程中，也更为关注的是诉前披露申请是否过于无端揣测(而不是案情是否可争议)，诉前披露申请是否有针对性等，这在本章上一段中已经提到，不在此重复。

XL London Market Ltd v. Zenith Syndicate Management Ltd (2004) EWHC 1182 (Comm)先例就是个很好的例子。此先例中，申请人承认自己都不知道是哪里出了问题，无法针对特定的疏忽作出指控，也无法确定是否提起诉讼。Langley 大法官说：“In this case, Ms Blanchard(申请人代表律师) was entirely straightforward in saying that XL London and Brockbank (申请人) did not know what had gone wrong, were not able to make specific allegations of negligence, and had not determined to sue come what may.”

但是由于申请人提出的诉前披露申请非常有针对性，因此 Langley 大法官仍然作出了诉前披露命令。

2.6　法院裁量权的标准：“非一般的案件”(outside the usual run)

在诉前披露申请中，管辖权底线或障碍的要求是相对比较低的，因此法院对此类申请作出控制的方法是在第二步行使裁量权时加以限制。一个重要的考虑是申请的案件是否属于“非一般的案件”(outside the usual run)，也只有在此时才需要作出这种偏离正常做法即诉前披露的救济。显然，如果是“一般的案件”就没有道理不按照“一般程序”处理，也就是等待诉讼程序中正常的相互披露(mutual discovery/disclosure)。

在 Trouw UK Ltd v. Mitsui & Co (UK) (2006) EWHC 863 (Comm)先例中 Tomlinson 大法官指出只有“非一般的案件”(outside the usual run)中法院才会作出诉前披露命令。同样的说法也可见后来的 Hutchison 3G UK Ltd v. O2 (UK) Ltd (2008) EWHC 55 (Comm)先例。[23]

之后也有不少案件有类似的说法，因此有说法是考虑申请是否“非一般的案件”在今天已经是标准做法，包括：Hays Specialist Recruitment (Holdings) Ltd v. Ions (2008) EWHC 745 (Ch)；Pineway Ltd v. London Mining Co Ltd (2010) EWHC 1143 (Comm)；Kneale v. Barclays Bank Plc (2010) EWHC 1900 (Comm)等先例。

---

〔23〕 在《Documentary Evidence》(2018 年，第 13 版)之 1－29 段提到直到当时为止，在商业法庭有关竞争法案件的先例中只有这两个被报道的申请诉前披露的案件(而且这两个申请均以失败告终)。

2.7 诉前披露命令是可以送达境外外国人的独立程序

强势的英国法院有很多命令都可以针对境外的外国人。现在的 CPR Rule 6.36 与 Rule 6.37 明确规定了可以根据 CPR PD 6B Para 3.1 向法院申请批准,向境外的外国人送达(serve)法院命令。在 CPR 的《White Book》之 Rule 6.37.15 还给出了要获得批准需要满足的一些条件,主要包括:"(1) A serious issue to be tried[24] on the merits of the claim against a foreign defendant; (2) A good arguable case that the claim falls within one or more of the gateways provided under paragraph 3.1 of PD6B(可以允许向境外外国人士送达的一些案件类型) and; (3) England and Wales is clearly and distinctly the appropriate forum for the trial of the dispute and that in all the circumstances the court ought to exercise its discretion to permit service out of the jurisdiction."

对于诉前披露,原本的看法是并不能针对、送达境外的外国人,例如,在《Documentary Evidence》(2015 年,第 12 版)一书之 1-27 段说:"... there is no power to serve a claim for pre-action disclosure out of the jurisdiction."但在新版《Documentary Evidence》(2018 年,第 13 版)一书之 1-10 段就提到这个观点在 Man v. Obex (2017) EWHC 2965 (Ch)先例被明确拒绝。

在 Man v. Obex 先例中,原告(Man)是一家经纪人,与纽约的被告(Obex)签订介绍合约,由 Obex 介绍认识客户。Obex 介绍过一家 Platinum Partners Value Arbitrage Fund LP(Platinum)给 Man,Man 之后作为经纪人帮助 Platinum 进行了数笔"差价合约"(Contract For Difference contract,简称 CFD contract),但之后 Platinum 未能履行合约义务并突然破产(而且 Platinum 的 CEO 据说正在美国因涉嫌欺诈而被调查),致使经纪人 Man 蒙受损失。Man 怀疑 Obex 在介绍 Platinum 时就已经知道 Platinum 存在问题,但向 Man 作出了"欺诈性陈述"(fraudulent representations)。Man 成功向法院申请到了针对居于纽约 Obex 及其集团首席执行官(CEO)的诉前披露命令。之后 Obex 主要以法院无权向境外的外国人作出诉前披露命令为由申请撤销诉前披露命令。

Man 的主要说法是根据 CPR PD 6B 之 Para 3.1 中可以申请法院批准境外送达法院文件的类型中,sub para (20)有一条广泛的兜底条文:"Claims under various enactments (20) A claim is made (a) under an enactment which allows proceedings to be brought..."因此根据《Senior Courts Act 1981》之 Section 33(2)作出的诉前披露命令即属此类。而 Obex 的主要反对意见则是诉前披露命令根本不属于"独立的程序"(proceedings),只不过是附带为了后续诉讼程序(如果有诉讼)所作出的辅助。

高院的判法是认定《Senior Courts Act 1981》之 Section 33(2)下的诉前披露命令是独立(free-standing)程序,不只是辅助性程序。只要能够满足前文中提到的向法院申请批准并满足条件,法院就可以允许向境外的外国人送达。节录部分判词如下:"... In my judgment the enactment which allows proceedings for pre-action disclosure to be brought is s. 33 (2) SCA 1981. All conditions set out by that section and by the rules must of course be satis-

---

[24] 此处"serious issue to be tried"指的是如本章针对的诉前披露命令,而不一定是指案件的实质争议。

fied, but it is that section which provides the court's jurisdiction to make the order. In my judgment if the rules were to be construed as Obex/RK(被告)suggest, the result would be a lacuna... and **would disadvantage litigants who are in dispute with certain classes of foreign defendant because of a restricted application of language not specifically required to be adopted.** It follows that **I accept** the submissions of Man(原告/申请人)to the effect **that an application for pre-action disclosure is itself a free-standing set of proceedings**... and that **the court has jurisdiction to order service of such an application out of the jurisdiction**, provided the rules are satisfied."(加黑部分是笔者的强调)

这样诉前披露命令就成为类似"第三方披露令"(Norwich Phamacal Order)、[25]"冻结令"(Freezing Injunction/Order)与"资产披露令"(Assets Disclosure Order)[26]的独立(independent 或 free-standing)救济手段。从上述节录内容中可以看出英国法院非常积极以及愿意处理也希望吸引国际争议前往英国法院解决的态度。

尤其是经过 Man v. Obex 先例,之后的案件中看来也更可能出现更多针对、送达境外外国人的诉前披露命令申请。如果境外外国人(自然人或法人)不予以遵守,就与不遵守法院其他命令/禁令一样,属于"藐视法院"(contempt of court)。这方面的后果在本书第三章之1.9 段有详细介绍,此处不再赘述。

2.8 英国仲裁与诉前披露

今天绝大多数的国际商业合约约定以仲裁的途径解决双方争议,而伦敦仲裁条文更是经常在国际商业合约中见到。但目前看来,向法院申请诉前披露(pre-action disclosure)的做法不适用于伦敦仲裁,因为已经有先例明确了法院在目前的立法下没有这方面的管辖权,也就是过不了第一步或第一关的"管辖权底线"(jurisdiction threshold)或"障碍"(hurdle),见 EDO Corporation v. Ultra Electronics Limited (2009) EWHC 682 (Ch)先例与 Travelers Insurance Co Ltd v. Countrywide Surveyors Ltd (2010) EWHC 2455 (TCC)先例。

这是有点可惜的,因为在 CPR Rule 31.16 下,英国法院已经有了在所有类别的民事诉讼作出诉前披露命令的十分广泛的权力,远不是只局限在人身伤害的案件。虽然在本章较早前也提到在一些复杂的国际商业案件中申请诉前披露是昂贵与成功机会不大的,但这不表示涉及仲裁解决争议的民事案件都不需要诉前披露。特别是今天以仲裁解决民事争议(远不只是国际商业争议)的做法已经越来越普及,在很大程度上替代了法院的诉讼。Travelers Insurance Co Ltd v. Countrywide Surveyors Ltd 先例就是一个典型的例子,高院的 Coulson 大法官认为他没有在该先例作出诉前披露命令的管辖权是很可惜的,因为这个做法对解决该先例的争议或将来的诉讼大有好处。看来,在将来对《Arbitration Act 1996》的检讨(review)与修改(amendments)中,这一仲裁缺陷的课题需要进一步考虑。

先简单介绍 Travelers Insurance Co Ltd v. Countrywide Surveyors Ltd 先例的案情。

---

[25] 有关第三方披露令的问题将会在本章之4 段进行详细讨论。

[26] 有关冻结令与资产披露令的问题将会在本书第三章进行详细介绍。

Travelers Insurance 是一家英国保险公司并作为带头保险人(lead underwriters)承保了被告(Countrywide)的职业疏忽责任保险(professional negligence insurance)。Countrywide 是一家测量师(surveyors)公司,在英国全国提供这方面的服务。之后 Countrywide 出事,已经离职的测量师 Morley 先生与他两位同事被指称在工作中作出了数以百个虚假的估价(如为考虑贷款的银行对一间准备作为抵押的房产作出估价)。这显然会导致 Countrywide 面对后续的第三方(如贷款银行)的损失索赔,而 Travelers Insurance 作为责任保险人也就难逃要理赔。

Travelers Insurance 根据这个案件的各种蛛丝马迹怀疑在投保时,Countrywide 已经或应该知道员工(Morley 先生)的欺诈行为,但没有向 Travelers Insurance 宣告或披露(disclose),所以考虑能否以保险法下受保人(assured)没有在投保时作出全面披露(full and frank disclosure)与/或误述(misrepresentation)的理由拒绝理赔。但该保单(insurance policy)是有明示规定要求保险人必须证明受保人在投保时没有作出全面披露与/或误述是"欺诈性"(fraudulent)才能拒绝理赔,这显然是为了避免保险人根据保险法下的默示地位,太容易以一些技术性的欠缺全面披露与/或误述为借口拒赔。这样,也表示 Travelers Insurance 有更沉重的举证责任,不能光靠自己的怀疑、臆测或"阴谋论"拒赔。

于是 Travelers Insurance 向 Countrywide 提出披露文件的要求,并威胁将以 CPR rule 31.16 的"诉前披露命令"(pre-action disclosure order)强制披露文件。这些文件包括 Morley 先生的虚假估价行为的程度与发生的时间段、Countrywide 怎么样与在什么时间发现、辞退 Morley 先生原因的文件记录等。显然在这些文件内就会有机会找出在投保时,Countrywide 是否已经知道了 Morley 先生不仅是能力不足(incompetence)而且存在虚假估价与欺诈行为。如果知道,但 Countrywide 在投保时刻意不向 Travelers Insurance 披露这些资料就可以证明 Countrywide 有意图隐瞒或是"视而不见"(turning a blind eye)不顾后果(reckless),并足够构成虚假(fraudulent)了。

Countrywide 起初也交出了不少文件,但接下来就拒绝或推说没有。Travelers Insurance 不认为是足够,且没有办法的情况下就向英国法院提起了申请 CPR Rule 31.16 的诉前披露命令。

在第一步或第一关(first hurdle)的管辖权底线(jurisdiction thresholds),Coulson 大法官考虑了两方面的立法(legislations)。首先考虑的立法就是授权法院可以作出命令/禁令的《Senior Courts Act 1981》,而相应对诉前披露做法的修改是在 section 33(2),可节录如下:"On the application in accordance with rules of court of **a person who appears to the High Court to be likely to be a party to subsequent proceedings in that court** the High Court shall, in such circumstances as may be specified in the rules, have power to order a person who appears to the court to be likely to be a party to the proceedings and to be likely to have, or to have had, in his possession, custody or power any documents which are relevant to an issue arising, or likely to arise, out of that claim: (a) to disclose whether those documents are in his possession, custody or power; and (b) to produce such of those documents as are in his possession, custody or power to the applicant, or on such conditions as may be specified in the order ..."(加黑部分是笔者的强调)

显然在立法文字上是说明诉前披露的申请人是将来可能的法院诉讼程序(subsequent procee dings in that court)的一方诉讼方(通常就是原告),但没有明示包括或针对仲裁。已经有很多重要的先例说明仲裁与法院诉讼是很不同的争议解决办法,法院程序与证据规则也不能套用在仲裁程序,如 Cetelem SA v. Roust Holdings Ltd (2005) 2 Lloyd's Rep 494 上诉庭先例等。这样,CPR Rule 31.16 给法院的管辖权也就不能包括仲裁案件的诉前披露了。Coulson 大法官这样说:"As a matter of statutory construction, it is plain that the power to order pre-action disclosure in accordance with s. 33(2) can only be invoked by an applicant who 'appears to the High Court (to be) likely to be a party to subsequent proceedings in that court'. That must mean litigation in the High Court. If the subsequent proceedings between the parties are to be referred to arbitration, the applicant would not be a party to subsequent proceedings in the High Court. As a matter of construction, therefore, it seems to me that s. 33(2), and thus CPR 31.16, does not apply if the underlying dispute is to be referred to arbitration."

接下来法院针对管辖权考虑的另一个立法就是英国《Arbitration Act 1996》。众所周知该立法在一开始就已经说明除非该仲裁法中明示规定,否则法院不能干预仲裁。而其中有限的规定是在 section 44(3)说明了法院可以协助仲裁作出各种禁令、取证、保全证据等方面,可节录如下:

"(1) Unless otherwise agreed by the parties the court has, for the purposes of and in relation to arbitral proceedings, the same power of making orders about the matters listed below as it has for the purposes of and in relation to legal proceedings.

(2) Those matters are:

(a) the taking of the evidence of witnesses;

(b) the preservation of evidence;

(c) making orders relating to property which is the subject of the proceedings or as to which any question arises in the proceedings: (i) for the inspection, photographing, preservation, custody or detention of the property; or (ii) ordering that samples be taken from or any observation be made or experiment conducted upon the property and for that purpose authorising any person to enter any premises in the possession or control of a party to the arbitration;

(d) the sale of any goods the subject of the proceedings;

(e) the granting of an interim injunction or the appointment of a receiver.

(3) **If the case is one of urgency the court may, on the application of a party or proposed party to the arbitral proceedings, make such orders as it thinks necessary for the purpose of preserving evidence or assets.**"(加黑部分是笔者的强调)

这方面在 Permasteelisa Japan KK v. Bouyhuesstroi (2007) EWHC 3508 先例中, Ramsey大法官也有说到 section 44(3)适用的情况:"What approach should the court take to the granting of injunctions under section 44(3)? It must be remembered that the court is granting an injunction for the purposes of and in relation to arbitration proceedings. There a number of different situations in which the court's powers under section 44(3) may apply. **First** it may be asked to grant an injunction against a third party where the arbitral tribunal would have no power. **Second**, it might be called upon to grant an injunction against a party where the arbitral tribunal cannot act effectively, such as the grant of a search and seizure order. **Third**, ... it may be asked to intervene at a stage before the arbitral tribunal can act to use the powers it would later have ..."

而上述法院对仲裁的各种协助(包括在仲裁庭还没有组成之前)与 CPR Rule 31.16 之诉前披露最接近的是 section 44(3),但这条文在文字上明确说明是紧急(urgency)的情况下法院才有权力保存证据。典型的例子就是搜查令(Search Orders),因为证据可能会被不可信的被告或潜在的被告毁灭,又或是证据会因为时间的逝去而流失。但 CPR Rule 31.16 的诉前披露并非是针对这种时间紧急与例外的情况,只是针对潜在的原告希望通过诉前披露来建立他/她的案件(case),并考虑是否向潜在的被告提起诉讼,而文件证据本身并没有流失的危险与需要保存的必要。如果真有仲裁,完全可以在将来正常的相互披露程序中处理。

所以结论就是法院根据英国《Arbitration Act 1996》也是没有依据或权力作出诉前披露命令。Coulson 大法官说:

"In my judgment, s. 44(3) is intended to be invoked in exceptional circumstances where, for example, the critical evidence is about to be lost forever or there is a risk that it will be destroyed or otherwise tampered with, such as to make it of no probative value. On the face of it, it should not be used in the standard case where, once arbitration proceedings start, the arbitrator can make precisely the same order for disclosure as the court could, in accordance with his express powers under s. 44(2)...

... I note for completeness that, in the case of EDO, to which I have already made reference, Bernard Livesey QC came to the same conclusion on the non-application of s. 44(2) in such circumstances. He said this:

'18. I also take the view that, had it been the intention of the legislature to grant to those who are likely to be parties to arbitral proceedings similar ancillary assistance to that provided by s. 33(2), it would have made express provision to that effect either within the Supreme Court Act or more probably within s. 44(2) of the Arbitration Act 1996 ...

20. ... the powers with which the High Court has been endowed for the purpose of providing ancillary assistance in support of arbitral proceedings are, for present purposes, listed in s. 44(2) of the Arbitration Act 1996, and I note, where the case is one of urgency, include a power "for the purpose of preserving evidence or assets" pursuant to s. 44(3). An application for pre-action disclosure does not come within the powers given to the court by ss. 44(2) and (3), and, as The Tasman Spirit [2005] 1 Lloyd's Rep 525 also shows, where the power is not expressly given by the section, the court does not have a residual power to grant the re-

lief sought…' "

已经提到,Coulson 大法官认为他没有管辖权在该先例作出诉前披露命令是很可惜,因为这个做法对解决该仲裁的争议大有好处,说:"I should say that, had I had the power to order pre-action disclosure in this case under that part of the rules, I probably would have done so. … In particular, it seems to me that the documents now sought, particularly those relating to the decision as to what information to provide to Travelers in May 2008 and what information not to provide, would be disclosable on standard disclosure if and when this dispute comes to be determined in arbitration. The early provision of that documentation would plainly narrow the issues and reduce costs. Indeed, there must be a real chance that, if all the information sought was provided, Travelers would take the view that there had not been fraudulent intent, so that the issue would never even arise. In any event, the early production of information would allow Travelers to make an informed decision as soon as possible, on the basis of the fullest available information. I would have thought that such a result was in everybody's interests. In the exercise of my discretion I would have made the order for those reasons, and because my instinct is, on the basis of the papers that I have seen, that such an order would have been beneficial. …"

3."Anton Piller Order"/搜查令

所谓的"Anton Piller Order",或者在 CPR 下可以称为"搜查令"(Search Order),在笔者 2000 年出版的《禁令》[27]一书第五章中有十分详细的介绍,目前来看内容仍属准确。笔者在此不过多重复,只简单提一些重点以及补充一些新的发展。

"Anton Piller Orders"源于 Anton Piller KG v. Manufacturing Processes Ltd (1976) Ch 55 先例中上诉庭 Denning 勋爵的判决。在今天 CPR 中则是在 Rule 25.1(1)(h)对法院的权力进行立法,在下文中也就简单以 CPR 下的搜查令进行称呼。节录立法条文如下:"(1) The court may grant the following interim remedies—… (h) an order (referred to as a 'search order') under section 7 of the Civil Procedure Act 1997 (order requiring a party to admit another party to premises for the purpose of preserving evidence etc.)."

3.1　搜查令的作用

简单而言,搜查令是法院在民事案件中出具的强制命令,强制要求被告/被申请人同意与邀请原告/申请人前往其住所、办公场所、厂房或其他私人地点获取文件与/或资料等,以便申请人了解是否真正存在"诉因"(cause of action),以及为了潜在的诉讼"保全证据"(preservation of evidence)。搜查令一般属于"诉前披露"(pre-action discovery)中的做法,为的是避免一旦提起诉讼再申请搜查将打草惊蛇,让被申请人提前销毁、隐藏证据,也

---

〔27〕 读者可在 www.yangliangyee.com 上下载《禁令》一书的电子版。

因此搜查令一般都是“单方面”(*ex parte*)[28]申请的。在 Rank Film Distributors v. Video Information Centre (1982) AC 380 先例中将搜查令描述为“单方面申请的即时披露”(“instant discovery[29] granted on ex parte application”)。在获得法院搜查令后会很快地,在被申请人毫无防备的情况下,前往被申请人的住所或其他地方执行搜查令,被申请人在被“突袭”(ambush)之下往往惊慌失措也来不及销毁、隐藏证据。

3.2 搜查令对被告/被申请人的严重不利

表面看来搜查令的做法对申请人非常有帮助,而对被申请人而言则很不利与/或不公平。正如 Scott 大法官在 Columbia Picture Industries Inc v. Robinson (1987) Ch 38 先例中所说如下,“... the practice of the court has allowed the balance to swing much too far in favour of plaintiffs and that Anton Piller orders have been too granted and with insufficient safeguards for respondents. ”也因此在 Lock International v. Beswick (1989) 1 WLR 1268 先例中,Hoffmann 大法官在提到 Columbia Picture Industries Inc v. Robinson 先例时说:“... they (搜查令的做法) potentially involve serious inroads on principles which bulk large in rhetoric of English liberty, such as the presumption of innocence (无罪推定), the right not to be condemned unheard (被申请人‘不会无机会抗辩就受惩罚’),protection against arbitrary searches and seizures (不得任意搜查与强占), the sanctity of the home (私人住宅不受侵犯,著名谚语是‘Englishman's home is his castle’). ”

针对搜查令对被申请人的不利之处,还可以参见笔者《禁令》(2000 年)一书第五章之4.3 段。

有不少搜查令被申请人用来针对、压迫被申请人的例子。例如在一些案件涉及前雇员在从公司离开后,自己独立开展业务并与前雇主进行竞争。而前雇主为了防止有人与自己竞争,往往在前雇员刚刚起步的阶段,就试图通过搜查令的方式(理由是针对前雇员在自己公司工作时获取与私下带走的机密文件)前往前雇员的公司惹是生非,或导致前雇员的支持者(如其他股东、合伙人或银行)失去信心,前雇员自己雄心壮志不再与/或害怕在会持续下去的诉讼中花费太多精力与金钱等情况。在 Lock International v. Beswick 先例中,Hoffmann 大法官就提到这种情况:“Anton Piller orders are frequently sought in actions against former employees who have joined competitors or started competing businesses of their own. I have learned to approach such applications with a certain initial scepticism.

---

[28] 单方面申请的命令的性质在 WEA Records Ltd v. Visions Channel 4 Ltd (1983) 2 All ER 589 先例中有所阐述:“As I have said, ex parte orders are essentially provisional in nature. They are made by the judge on the basis of evidence and submission emanating from one side only. Despite the fact that the applicant is under a duty to make full disclosure of all relevant information in his possession, whether or not its assists his application, this is no basis for making a definitive order and every judge knows this. He expects at a later stage to be given an opportunity to review his provisional order in the light of evidence and argument adduced by the other side, and, in so soing, he is not hearing an appeal from himself and in no way feels inhibited from discharging or varying his original order. ”有关单方面申请的问题将会在本书第三章之 1.6 段进行介绍。

[29] “discovery”与“disclosure”都是意思为“披露”的近义词,在 CPR 中的措辞/文字采纳了“disclosure”。

There is a strong incentive for employers to launch a pre-emptive strike to crush the unhatched competition in the egg by causing severe strains on the financial and management resources of the defendants or even a withdrawal of their financial support. Whether the plaintiff has a good case or not, the execution of the Anton Piller order may leave the defendants without the will or the money to pursue the action to trial in order to enforce the cross-undertaking in damages."

3.3 对被申请人/被告的保障:监督律师

法治社会中,被申请人有寻求律师帮助了解自己法律地位与抗辩的权利。面对申请人的执行搜查令的"突袭"行为,被申请人并没有真正地寻求律师争辩与抗拒搜查令的机会。因此搜查令中一般都会给予一段很短的时间(如几个小时)才生效,这就是给了被申请人一段时间在律师帮助下前往法院申请撤销搜查令。

也有搜查令的措辞/文字中对搜查时间有要求,例如在 Bhimji v. Chatwani (1991) 1 WLR 989 先例中的搜查令是给出强制命令,要求被申请人必须允许申请人在从早上 8 时至晚上 6 时的任何时间("at anytime between 8 o'clock, in the morning and 6 o'clock in the evening")进行搜查,这样被申请人被"突袭"时由于在工作时间,因此可以尽快寻求律师进行协助。而在 Universal Thermosensors Ltd v. Hibben (1992) 1 WLR 840 先例中,申请人于 7 时 15 分前往被申请人住所执行搜查令,住所内的人士(这可能是被申请人或其家人)想要紧急联系自己的律师但未能成功获得回应。另在 Adam Phones v. Goldschmidt (2000) FSR 163 先例中,Jacob 大法官批评了申请人申请在周六执行搜查令的情况,毕竟对于被申请人而言要在周末紧急取得法律意见是比较困难的。

即使在搜查令中给予被申请人一段寻求律师协助的时间,但由于申请人/原告申请搜查令搜查被申请人文件的做法通常是"大鱼吃小鱼",搜查令的被申请人可能是法盲,没有长期委任的律师,也一时之间找不到适合处理有关问题的律师,因此实际上往往是申请人为所欲为,成功获取被申请人的文件(甚至包括一些被申请人在其他方面,如偷税漏税、违法走私等的文件)。这就造成在面对申请人时,被申请人会进一步处于不利地位。虽然理论上申请人即使在搜查中获取了有关被申请人从事了其他犯罪行为的证据[这些文件被申请人本应依赖"特免权"(privilege)拒绝交出,但由于是法盲与没有适合律师的协助而不知道自己的权利],但并不能用于对被申请人施压[30]或威吓将文件交出给警方,[31]见 General Nutrition v. Pradip Patni (1984) FSR 403; EMI Records v. Spillane (1986) 1 WLR 967; Process Developments v. Hogg (1996) FSR 45 等先例。然而实践中的问题是即使申请人如此行事,被申请人也可能并不清楚自己的法律权利地位,或是不知

---

[30] 在搜查令的申请中,一般都需要承诺被搜查到的文件不会被不当使用(improperly used),而且原告律师都要以自己的名义对法院承担责任。

[31] 在 EMI Records v. Spillane (1986) 1 WLR 967 先例中,Brown-Wilkinson 大法官说:"So long as documents are held solely as the result of discovery, particularly discovery under compulsion under an Anton Piller order, in my judgment, it would be quite wrong to authorise their use in criminal proceedings brought under fiscal laws and having no connection with the original cause of action."

道申请人与其代表律师对法院应当承担的责任。

在搜查令中会要求申请人向法院作出一系列的承诺,例如,如果搜查令在被申请人要求下被撤销[如发现申请人申请搜查令时作出的"誓章/誓词"(affidavit/affirmation)并不符合要求,即没有对事实真相作出全面与坦率的陈述],申请人要赔偿相关损失;又例如要将搜查令的内容、范围、被申请人可能会有特免权[特别是"自证其罪特免权"(self-incrimination privilege),[32] 如 O v. Z(2005)EWHC 238(Ch)先例中根据搜查令获取的电子文件中发现涉及了儿童色情图片等涉嫌犯罪的文件,类似的同类先例也可见 C Plc v. P(2007)3 WLR 437 先例]等被申请人在法律下应有的权利向被申请人作出解释。因此申请人在搜查令下的行事也会遇到很多问题,被申请人会事后挑出申请人违反(向法院作出的)承诺之处,指控申请人存在"藐视法院"(contempt of court)的刑事行为等。毕竟搜查令的执行中时间紧迫,申请人未必能够小心地行事、完全符合承诺。

为了解决前述的不妥之处,现在的一般做法是委任独立的"监督律师"(supervising lawyer)作为没有偏私的"法院官员"(officer of the court)监督搜查令的顺利执行。这问题在笔者的《禁令》(2000 年)一书之 7.4.2 段有介绍。

申请人在申请搜查令时需要确定由谁担任监督律师并告知法院。而担任监督律师的往往是有经验的独立律师,也只有有经验的律师才熟悉与了解搜查令执行中的问题,例如注意到个别文件是否会涉及"特免权"(privilege)从而免于披露等。实际上现在搜查令的使用已经大为减少,一个重要原因就是由于需要涉及监督律师,因此增加了非常多的费用。只有在案情较为极端、涉案金额十分庞大时,才会采用搜查令的做法。

现在搜查令的申请也并不容易,一方面是申请要严格地满足一些要件,另一方面是法院在行使裁量权时会采用更为柔和的救济,而不倾向于作出搜查令。例如法院命令可能并不允许申请人进入被申请人住所,而只是命令在申请人前往被申请人门口时,被申请人必须将特定文件交出给申请人律师保管,也有说法是这被叫作"doorstep Piller",见 Adam Phones v. Goldschmidt (2000) FSR 163 先例。也有做法是特定文件只是被交出给申请人律师或作为法院官员的监督律师(如果有委任)保管,除非有进一步法院命令(如经过了申请人与被申请人在法庭争辩搜查令是否恰当后),否则并不允许原告查阅文件内容等。例如,在 L v. L (2007) EWHC 140 (QB)先例中被申请人暗中复制了申请人的一些电子文件、制作了副本,因此申请人要求法院命令被申请人交出这些副本,但法院的命令是要求将这些副本只交给申请人的律师暂时保管。[33]

3.4　申请搜查令的要件

申请搜查令必须满足以下几个要件[通常需要申请人通过"誓章/誓词"(affidavit/affirmation)全面与坦率地陈述有关事实作为证据]:

1. 申请人有证据显示自己权利被侵犯的极强的表面案件(an extremely strong *prima facie* case of infringement of his rights),见 Anton Piller KG v. Manufacturing Processes Ltd

---

〔32〕 见本书第十三章之 10 段。

〔33〕 也可见 Lock International v. Beswick (1989) 1 WLR 1268 先例。

(1976) Ch 55 先例。

2. 申请人实际蒙受或潜在会蒙受的损害是非常严重的,见 Anton Piller KG v. Manufacturing Processes Ltd 先例。

3. 申请人有明确证据证明,被申请人拥有或很可能拥有对自己的案件至关重要的文件/资料,见 Anton Piller KG v. Manufacturing Processes Ltd 先例。

4. 最主要与关键的要件是有表面证据显示文件/资料有被销毁、隐藏的危险,见 Yousif v. Salama (1980) 1 WLR 1540 先例;或无法信任被申请人将会保全证据,或其过去作出行为本质上显示出被申请人有销毁、隐藏证据的倾向,例如证明被申请人不会依照命令行事,即使法院或仲裁庭在诉讼程序中作出提前披露命令,被申请人不会遵守,也不怕藐视法院(contempt of court),见 Dunlop Holding and Dunlop v. Staravia (1982) Com LR 3 先例。需要区分的是无论被申请人的行为有多不恰当(如粗暴的违约/毁约),或即使能够证明在有关争议中被申请人并不诚实都是不足够的。也因此往往难以成功申请搜查出庭律师的办公室,见 Randolph M Fields v. Watts (The Times, 22 November 1984)先例;也难以成功申请搜查名誉良好的大型公司,见 Thermax v. Schott Industrial Glass (1981) FSR 289 先例与 The "Niedersachsen" (1983) 2 Lloyd's Rep 600 先例等。申请人必须根据证据显示的事实尽量丑化或"妖魔化"被申请人,让法院"推断"(infer)被申请人不会按照法律办事,会销毁证据,不怕被指控藐视法院或"妨碍司法"(obstruction of justice)。

5. 除非法院作出搜查令,否则会造成对申请人的"司法不公"(denial of justice)。申请人在商业关系中自己也有错误行为不影响搜查令的作出,见 Lock International v. Beswick (1989) 1 WLR 1268 先例。

3.5 申请搜查令的案件类别

前文已经提到"搜查令"在不同类别的民事案件中被应用,本段下文中会介绍一些作出搜查令的民事案件类别。

法院一般会作出搜查令的主要是针对侵犯知识产权的"海盗",[34] 见笔者的《禁令》(2000 年)一书第二章之 5.3.3 段。由于这些侵犯知识产权案件被英美等国家深恶痛绝,因此通过立法明示在涉及这类案件时,面对搜查令的"海盗"不受"自证其罪特免权"的保护。《Senior Courts Act 1981》之 Section 72 这样规定:"(1) In any proceedings to which this subsection applies a person shall not be excused, by reason that to do so would tend to expose that person ... (b) from complying with any order made in those proceedings ... (2) Subsection (1) applies to the following civil proceedings in the High Court, namely - (a) proceedings for infringement of rights pertaining to any intellectual property or for passing off..."

相对而言,针对在本段前文中提到的指称前雇员在工作时获取的机密(confidential)

---

〔34〕 在 Island Records Ltd v. Corkindale (1978) Ch 122 先例中,Denning 勋爵将这些涉嫌侵犯知识产权,但仍没有实际定罪的嫌疑人称呼为"海盗"("pirate")。

文件的情况，从 Hoffmann 大法官在 Lock International v. Beswick (1989) 1 WLR 1268 先例中的说法也可看出，法院在面对前雇主申请搜查令时是有疑虑与会谨慎对待的。Lock International v. Beswick 先例中，8 个前雇员离职时带走了手上的客户名单与绘制图表，准备成立新公司。Hoffmann 大法官指出雇主虽然认为前雇员不诚实，但即使前雇员行为不妥，不表示前雇员在面对诉讼与被委任的律师告知或收到法院命令应当保留与/或披露文件时还会销毁、隐藏文件，不怕藐视法院，所以未必就需要作出搜查令。Hoffmann 大法官说："People whose commercial morality allows them to take a list of the customers with whom they were in contact while employed will not necessarily disobey an order of the court requiring them to deliver it up. Not everyone who is misusing confidential information will destroy documents in the face of a court order requiring him to preserve them."

而且很多雇主并不了解自己雇员/前雇员对这些机密文件的权利如何。例如著名的 Faccenda Chicken v. Fowler (1987) Ch 117 先例中，将雇员涉及与/或获取的机密资料分成三种：第一种是本质上轻易可以从公开资料找到的；第二种是雇员在职时需要作为机密对待的，但是这些雇员会因此掌握这些机密文件的内容，变成员工的技术与知识或者说工作经验的一部分；第三种是"特定商业秘密"(specific trade secrets)，只能由雇主掌握，雇员即使离职也不得外泄。雇主要保护第二种机密资料，就必须在雇佣合同中加入一条"竞业禁止条文"(non-competition clause)，而且条文的文字/措辞要写得清楚无误与合理。Hoffmann 大法官提到根据前雇员获取了机密文件为由申请搜查令，就需要在"誓章/誓词"(affidavit / affirmation)中写明是什么类别的文件被前雇员拿走，而且要有明确证据用以作证，只是含糊地指称是前雇员带走了商业机密文件是不足够的。

在家事案件中也会适用搜查令，如果诉讼中的一方当事人非常有可能销毁/隐藏文件/资料时，家事法庭也会作出搜查令。尤其是在一些家事案件中当事人往往会选择拒绝遵守法院命令，如拒绝披露自己真正的财务状况等。在家事案件中作出搜查令的先例可见 Emanuel v. Emanuel (1982) 1 WLR 669；K v. K (1983) 13 Fam Law 46 等先例。

商业诈骗案件，如本段前文中提到的 Yousif v. Salama (1980) 1 WLR 1540 先例中，涉及的是被告在支票上假冒签字。另外，笔者也涉及过信用证诈骗案件，试图用假文件结汇[根本没有货物装船，但作出假提单(fraudulent bills of lading)向银行结汇]，需要紧急申请搜查令(同时需要申请冻结令)马上对骗子卖方的办公室进行搜查以保留文件证据。

另外在判决书(或裁决书)的执行(execution)中也会适用搜查令，用在没有这些关键文件[如判决债务人(败诉方)的银行账户或财物资料等文件]就会对判决债权人(胜诉方)造成司法不公的情况，见 Distributori Automatici Italia SpA v. Holford General Trading Co (1985) 1 WLR 1066 先例。这搜查令会针对向判决债务人或被申请人提供服务的英国财务顾问，因为这些财物顾问会有文件能够显示被申请人的资产信息，而如果客户下令这些文件也会很快被销毁，见本书第三章之 1.5.1.3 段介绍的 Arcelor Mittal USA LLC v. Essar Steel Limited (2019) EWHC 724 (Comm)先例。搜查令也会是法院用来支持与协助冻结令(Freezing Orders)的一种辅助命令(ancillary orders)，见本书第三章之 1.3 段。

3.6 中国公司在其他国家/地区面对搜查令如何应对

毋庸置疑,中国跨国公司面对搜查令的风险会越来越高。这不限于在民事诉讼时对方向法院申请的搜查令,也包括当地的规管机构所作出的突击搜查(dawn raids)。

为了避免这种搜查令或突击搜查对一家公司造成“核弹”般的影响,中国跨国公司一般应预先在这方面做好准备,准备事项包括:(1)设计一套员工守则(handbook),当中内容包括解释搜查令或突击搜查的实际过程,遇到搜查令或突击搜查时如何反应等事项。跨国公司一般会希望可以一致地处理他们所在国家/地区的问题,所以这些一般会要求一家跨国律师事务所在各地区的办事处提供当地的知识。(2)给不同办事处的雇员提供培训。他们需要在紧急时知道如何通知有关律师,保持冷静及了解他们在该地区有什么权利(如可以与律师沟通)。此外也需要有关雇员知道不同文件的区别,包括什么文件可享有特免权等。(3)在真正面对搜查令或突击搜查时,有关雇员应该马上与律师联络,之后马上有团队能及时赶到被搜查的办公室或其他地方。

笔者的经验是,目前来看中国的跨国公司并未投放足够资源为在不同国家/地区的办事处做这方面的准备。特别是一些高科技或高风险的中国产业与一些其他国家会特别针对的行业,如果没有做这种准备,当对方诉讼方或外国规管机构“袭击”时,这些中国公司会处于极度被动与无所适从的状态。

4. 第三方披露令(Norwich Pharmacal Order)

“第三方披露令”(Norwich Pharmacal Order)是很久以前衡平法院的“要求披露诉状”(bills of discovery)的现代表现形式,虽然理论上可以用于披露文件,但现在通常是无辜的第三方通过提供文件、做出誓章/誓词(affidavit/affirmation)、回答申请人/原告的质询与在法院作证等方式披露可能侵犯了申请人法律权利而成为被告的人士的身份(identity of the person or persons whom he should proceed),与决定申请人是否有诉因(cause of action)向他/她起诉。披露的对象也有了延伸,不必是做出错误行为的人士(wrongdoer),而只需要与申请人的诉讼有关,可见 CHC Software Care Ltd v. Hopkins & Wood (1993) FSR 241 先例。这个从 1973 年开始发展起来[35]的做法与在同一个时期根据 The “Mareva” (1975) 2 Lloyd's Rep 509 先例发展起来的“冻结令”(Mareva Injunction 或 Freezing Order)一样,在今天十分受欢迎与是法院十分重要的武器或利齿。CPR Rule 31.18 也保证了法院作出第三方披露令的权力。

随着这些年管辖权的不断扩大,这两个命令(冻结令、第三方披露令或同样性质的 Bankers Trust Order)适用在国际商贸活动的方方面面,也常常被法院一并作出,“走出去”的中国公司也常会面对。相比之下第三方披露令适用范围更广,从最初 Norwich Phar-

---

〔35〕 很早前也有类似的案例:Lipmann v. Elkan (1871) 7 Ch App 130 与 Orr v. Diaper (1876) 4 ChD 92 先例。在前一个先例中,案情涉及有关货物破坏了 Upmann 的商标(trademark),法院下令作为货代的 Elkan有责任告诉 Upmann 发货人的身份。

macal v. Commissioners of Custom & Excise (1973) 2 All ER 943 先例的对知识产权的侵权逐渐扩大到了其他法律下的错误行为(wrongdoing),如违反了保密的责任、[36]刑事犯罪、[37]国际阴谋、[38]商业欺诈、[39]违反商业合约、[40]复原、[41]执行判决/裁决书[42]等。例如,可以要求有关当局(海关、警察等)披露掌握的信息以提起民事诉讼(civil litigation),或媒体(报刊、[43]Facebook 与谷歌等网站[44]等)披露消息源以找出公司内部泄密人士(内鬼)或诽谤人士用来起诉与/或以其他办法对付等。而针对的错误行为也从英国本土的错误行为扩大到了发生在外国的错误行为,只要在英国法下属于错误行为,并且英国法院有管辖权,见 Smith Kline and French Laboratories Limited v. Global Pharmaceutics Limited (1986) RPC 394; Jade Engineering (Coventry) Limited v. Antiference Window Systems Limited and Others (1996) FSR 461; United Company Rusal Plc & Ors v. HSBC Bank Plc & Ors (2011) EWHC 404 (QB)等先例。甚至被披露身份或信息的人士可以只

---

〔36〕 见 Ashworth Hospital Authority v. MGN Ltd (2002) 1 WLR 2033 等先例。

〔37〕 见 Interbrew SA v. Financial Times (2002) 2 Lloyd's Rep 542 等先例。

〔38〕 见 Equatorial Guinea v. Royal Bank of Scotland International (2006) UKPC 7 先例。

〔39〕 见 AB Bank Ltd v. Abu Dhabi Commercial Bank PJSC (2016) EWHC 2082 (Comm)等先例。

〔40〕 见 Mitsui v. Nexen Petroleum (2005) 3 All ER 511 等先例。

〔41〕 见 United Company Rusal Plc & Ors v. HSBC Bank Plc & Ors (2011) EWHC 404 (QB)等先例。

〔42〕 见 NML Capital Ltd v. Chapman Freeborn Holdings Ltd (2013) EWCA Civ 589 先例。

〔43〕 涉及报刊的先例很多:较近期的可见 British Steel Corporation v. Granada Television (1981) AC 1096; Secretary of State v. Guardian Newspapers (1985) AC 339; X v. Morgan-Grampian (1991) 1 AC 1; Goodwin v. United Kingdom (1996) 22 EHRR 123; Camelot Group Plc v. Centaur Communications Ltd (1999) QB 124; John (Sir Elton) & Ors v. Express Newspapers & Ors (2000) 1 WLR 1931; Ashworth Hospital Authority v. MGN Ltd (2002) 1 WLR 2033; Interbrew SA v. Financial Times (2002) 2 Lloyd's Rep 542 等先例。英国一直很重视新闻自由,针对这方面也有立法规定,即参照欧盟 1953 年《European Convention for the Protection of Human Rights and Fundamental Freedoms》的《Contempt of Court Act 1981》之 s. 10 规定:"No person may require a person to disclose, nor is any person guilty of contempt of court for refusing to disclose, the source of information contained in a publication for which he is responsible, unless it be established to the satisfaction of the court that disclosure is necessary in the interests of justice or national security or for the prevention of disorder or crime."因此,法院会倾向于不对报刊做出第三方披露令,而报刊也因为知道保护信息源的重要性尽力抗辩,打到最高院甚至欧洲人权法院。在 Charles Hollander QC 的《Documentary Evidence》(2018 年,第 13 版)一书之 4 – 34 段就说:"Those seeking to require journalists to disclose their sources should bear in mind that they should start proceedings armed with a large pot of money to cover appeals and that they may be in for long and frustrating litigation."

〔44〕 Totalise Plc v. The Motley Fool Ltd & Interactive (2001) EWCA Civ 1897(网站提供个人投资者的财务信息); Hays Specialist Recruitment (Holdings) Ltd v. Ions (2008) EWHC 745 (Ch)[涉及的网站是领英(LinkedIn)];Applause Store Production Ltd v. Raphael (2008) EWHC 1781 (QB)(涉及的网站是 Facebook); Lockton Companies International v. Persons Unknown (2009) EWHC 3423 (QB)(谷歌是第二被告); Bacon v. Automattic Inc and others (2011) EWHC 1072 (QB)(涉及的网站是 www.en.wikipedia.org、www.wordpress.com 与 www.denverpost.com); Jane Clift v. Martin Clarke (2011) EWHC 1164 (QB)[涉及的网站是《每日邮报》在线版(Mail Online)]; Patel v. UNITE the Union (2012) EWHC 92 (QB)[涉及的网站是英国航空空乘协会(British Airline Steward and Stewardesses Association,BASSA)的论坛]; The Rugby Football Union v. Consolidated Information Services Ltd (2012) UKSC 55(涉及的网站是网上票务交易平台 Viagogo); Tamiz v. Google Inc (2013) EWCA Civ 68(涉及的网站是谷歌)等先例。

是与针对错误行为的诉讼有关，而不必是做出错误行为的人士，见 Jade Engineering (Coventry) Ltd v. Antiference Window Systems Ltd 等先例。

但如果从对被强制要求执行命令的一方的影响来看，如果说冻结令属于"核武器"，则第三方披露令可能只属于十分有用与经常被使用的"常规武器"。毕竟这种命令表面看来"杀伤力"不大，只涉及披露可能侵犯了申请人权利的人士的身份而对第三方本身的影响有限，甚至不会有什么影响，特别是法院往往会要求申请人承担披露的费用。也有其他立法（如保护报刊言论自由的《Contempt of Court Act 1981》）规定与/或法院考虑是否做出这个衡平法救济时会权衡对双方的影响（包括对第三方的影响），以对被要求披露的第三方做出一定程度的保障。例如第三方是银行，在被要求披露某个客户的身份时，它通常会回应说愿意但必须有一个法院命令，不能自说自话破坏客户的隐私。

另外不像冻结令或民事搜查令（Search Order），第三方披露令一般是知会对方（*inter parte*）的申请而非单方面（*ex parte*）的申请。支持单方面申请（如民事搜查令）的唯一理由是被告在被知会后很有可能销毁证据。但在第三方披露令的情况，被告一般是无辜的第三方，只是碰巧介入（mixed-up）与/或协助（facilitate）了错误行为。这些无辜的第三方是没有什么理由会销毁证据。因此，申请人如果希望单方面申请第三方披露令，必须满足很重的举证责任证明单方面申请是必要，所以只有很少一部分第三方披露令是允许单方面申请。毕竟即使第三方抗拒披露令也不代表他/她敢销毁证据，抗拒披露令的原因往往是披露对第三方有影响。一个典型与常见的例子是稍早提到的报刊不愿意披露消息源/告密人士。另一个例子是专业人士不愿意披露客户名字/身份，因为他们之间有机密关系（confidential relationship）。律师这种专业人士还有可能以法律业务特免权（legal professional privilege）抗拒，但如会计师、财务顾问、私人医生等其他专业人士就只能以其他理由抗拒了。除此之外，商业人士也会抗拒披露，例如申请人指称某种商品有侵犯版权冒充名牌的嫌疑，申请人要求总代理披露该商品的外国制造商与商品分销给了哪些商店。总代理商可能是无辜，进口该商品时并不知道有版权的争议，但他也不愿意披露这种商业机密，"出卖"还有其他千丝万缕业务关系的商业朋友。这就会令该总代理商抗拒法院做出这样的命令，而法院也会在做出决定前权衡双方的地位与面对的问题。第三方披露令毕竟是衡平救济（equitable remedy），法院完全有不做出命令或只同意部分申请的裁量权（discretion），务求只是做出最低程度的救济（remedy）。例如只要求总代理商披露制造商的名字，但不用披露分销的商店，毕竟后者很可能与总代理商一样无辜，不知道出售的可能是冒牌商品。

4.1　证人规则（Mere Witness Rule）

要理解第三方披露令，首先要知道英国法律下强制不愿意协助的第三方在民事诉讼（civil litigation）提供证据的一贯做法。一般第三方如果拥有涉及有关诉讼的证据并愿意协助一方（或双方）诉讼方，他/她的身份只是事实证人（factual witness）。而作为事实证人，他/她要根据诉讼的程序规则提供证据。通常是双方当事人在开庭前交换（exchange）证人证言（witness statement）替代口头证据，在开庭时接受反盘问/交叉盘问（cross-examination）等。其原因是普通法系认为对抗制（adversarial）是更实际与公平的诉讼方式。如果让其中一方比对方先看到对方的证人证据（主要是第三方的事实证人与专家证人），他/她就会处于比对方更优越的地位，会影响公平审理。在 Knapp v. Harvey (1911) 2 KB 725 先例中，Buckley 大法官说："The argument for the defendant really comes to this, that, if he knew in advance whom the plaintiff was going to call as witnesses, he would be in a better position to meet their evidence. That is an inadmissible contention."

在 Saxton, Re (1962) 1 WLR 968 先例中，原告作为死者遗产继承人起诉被告遗产执行人与死者的丈夫错误处置了部分死者的股票。而被告则拿出了一份书面合约声称死者只是为她丈夫代持这些股票。原告要求被告提供合约原件以检查（inspection）真实性，Wilberforce 大法官同意了原告的申请，但前提是原告要在检查后马上将笔迹与科学鉴证的专家报告单方面披露给被告。之后原告上诉，上诉庭推翻了 Wilberforce 大法官的判决。专家在报告中应向委任自己的当事人全面指出对他有利与不利的方面，原告也对该专家报告享有诉讼特免权（litigation privilege），[45] 可以选择不弃权即不在将来的诉讼中披露。所以一开始就强制披露给被告，让对方可以提前看到报告就可以针对报告中对原告不利的方面进行攻击，影响公平审理。Denning 勋爵说："The reason is because, to our way of thinking, the expert should be allowed to give his report fully and frankly to the party who employs him, with all its strength and weakness, and not be made to offer it beforehand as a hostage to the opponent, lest he take unfair advantage of it. In short, it is one of our notions of a fair trial that, except by agreement, you are not entitled to see the proofs of the other side's witnesses."

但针对不愿意配合作为证人的第三方，Hardwicke 勋爵早在 Plummer v. May (1750) 1 Ves Sen 426 先例就提到针对这种不是当事人事实证人的第三方就不存在披露（discovery）的过程，唯一可以强制向他们取证的方式就是通过法院传召出庭提供口头证据（subpoena ad testificandum）或传召出庭提供文件证据（subpoena *duces tecum*）。现在这种做法在 CPR Rule 34.1－34.7 下被称为"传召证人"（witness summons）。在国际仲裁中也有类似的规定，例如，中国香港《仲裁条例》中名为"法院协助取证"的第 55 条就规定："……（2）原讼法庭可命令某人出席在仲裁庭席前进行的程序作证、出示文件或出示其他证据。"

传召证人提供文件与诉讼中的披露程序有一些关键性的不同。首先传召证人是要求他/她交出（produce）特定文件而不是要求他/她列出有什么有关文件并披露，传召证人的一方必须指明要求证人提供的特定文件（specific document）。这涉及了一个重要考虑，即不能要求无辜的第三方证人作出披露，以免增加对他/她的干扰与带来的不便。毕竟他/她要小心与严格地依从法院命令，不能少披露一页半页，否则就是藐视法院（contempt of court）。但他/她不涉及双方的争议，也不会理解什么才是有关（relevant）与重要（material），要求第三方披露有关文件对他/她是不公平与苛刻的。所以只命令他/她提供特定的少量文件就避免了证人的忧虑。这也是很早就有的一个原则，即不允许向非诉讼方的第三方

〔45〕 这课题在本书第十章有详论。

要求披露(non-party disclosure 或 no discovery against a non-party):见 Burchard v. Macfarlane (1891) 2 QB 241 先例。依从这个原则的较近期先例很多,如 The "Lorenzo Halcoussi" (1988) 1 Lloyd's Rep 180;Wakefield v. Outhwaite (1990) 2 Lloyd's Rep 157;Panayiotou v. Sony Music Entertainment (UK) Ltd (1994) Ch 142;American Home Products Corporation & Anor v. Novartis Pharmaceuticals UK Ltd & Anor (2001) EWCA Civ 165;Three Rivers DC v. Bank of England (No. 4) (2002) 4 All ER 881; Constantin Medien AG v. Ecclestone & Ors (2013) EWHC 2674 (Ch)等先例。在 Three Rivers DC v. Bank of England (No 4)先例中,Chadwick 大法官说:"... the threshold condition in (r. 31.17[3][a]) cannot be circumvented by including documents which do not meet that threshold condition in a class which also includes documents which do meet that condition. In particular, the threshold condition cannot be circumvented by an order which puts upon the non-party the task of identifying those documents within a composite class which do, and those which do not, meet the condition."

被传召的证人在开庭阶段才会提供口头或文件证据,而不是在文件披露阶段。证人是提供文件给法院而不是任何一方,所以如果证人不愿意配合告知诉讼方或者因为专业人士的保密义务不能透露有关文件内容,诉讼双方可能直到开庭时才会知道证人提供的文件的内容。因此传召证人很多情况下是商业诉讼方没有办法的办法,毕竟不知道证人在开庭时会做出什么证言或是提供的文件中有什么内容会增加诉讼的不肯定性。因此,商事诉讼中的任何一方都不会轻易传召证人,除非他/她能肯定证人提供的文件/口头证据的内容,并且有关的文件/口头证据对他/她胜诉至关重要或至少能大幅提高胜诉的可能性。例如笔者(杨大明律师)曾经在伦敦仲裁中遇到过经纪人私下告知了笔者代理的原告(经纪人的大客户)有关情况或文件内容,但因为不想得罪被告(也是该经纪人的客户),所以不愿意成为证人。这时原告就可以要求传召经纪人作为证人,而经纪人因为法院命令必须出庭提供口头证据或文件,否则就会违反《Criminal Procedure (Attendance of Witnesses) Act 1965》,法院可以下令逮捕证人。所以该经纪人不必担心会得罪被告,也有好借口向被告解释,因为出庭必须提供正确证据,否则就是作伪证(perjury)。

这可节录权威的《Phipson on Evidence》(2018 年,第 19 版)之 8-02 至 8-03 段,如下:"Where a person has relevant evidence to give or is in possession of relevant documents, his attendance may be compelled by means of a witness summons... The procedure is now set out in CPR Pt 34...In principle a witness summons for the production of documents differs from inter-parties' disclosure of documents in a number of important ways:(1) It requires the production of documents; it does not require the recipient to disclose existence of documents, or to list them;(2) It requires production of documents identified by the summon itself; (3) It requires production at the trial or other hearing in the action, not at the disclosure stage;(4) It requires production to the court, not to either or both parties; if the non-party does not wish to co-operate, the parties will often not know what the specific documents contain until the documents are produced at the trial."

4.2 Norwich Pharmacal v. Commissioners of Custom & Excise 先例:证人规则的例外情况

第三方披露令是这种证人规则(mere evidence rule)的例外情况。在 Norwich Pharmacal v. Commissioners of Custom & Excise (1973) 2 All ER 943 先例中,原告是一种名为"furazolidone"的化合物的专利所有人与授权人,在英国生产有关化合物并制造混合物出售。原告发现有人进口外国生产的该化合物,认为其专利权受到侵害。但因为海关公布的信息只有进口该化合物的数量而没有进口者(importer)的身份,所以原告并不知道进口者的身份也就无法对其提起侵权诉讼。于是原告向英国海关要求提供进口者的身份,但英国海关以有关的信息是机密资料为由拒绝。原告开始向海关提起诉讼,要求作为被告的海关披露进口者的身份。贵族院判是原告可以要求作为第三方的海关披露文件与信息,只要能满足以下前提条件:

1. 该第三方(在该先例就是海关当局)介入(mixed up)了其他人士的侵权行为,而不仅仅只是一个见证人(witness)。该第三方是有意介入或是只是在履行职责时无辜/无意介入并没有区别,而介入的结果通常会对侵权行为做出了协助。如果该第三方无意中协助(facilitate)了其他人士的侵权行为,即使不需要承担任何个人责任,也有义务配合被侵权方(原告)披露全部的信息与侵权方的身份。正如贵族院的 Reid 勋爵所说的名言:"If through no fault of his own a person gets **mixed up in the tortious acts of others** so as to **facilitate their wrongdoing** he may incur no personal liability but he comes under a duty to assist the person who has been wronged by giving him full information and disclosing the identity of the wrongdoers. I do not think that it matters whether he became so mixed up by voluntary action on his part or because it was his duty to do what he did. It may be that if this causes him expense the person seeking the information ought to reimburse him. But **justice requires** him that **he should co-operate in righting the wrong** if he **unwittingly facilitated its perpetration**."(加黑部分是笔者的强调)

换言之,作为申请人的原告不能向任何不愿意协助的第三方索取机密资料,除非能向法官证明第三方有介入。而如果原告能证明第三方介入并且满足了其他要求,法院就会强制第三方披露。

2. 该第三方不属于在开庭时会被强制要求"愿意协助"提供证据的证人,无论是以口头证据的形式或是通过提交特定书面文件。在该先例中,如果不事先披露做出侵权的错误行为人士的身份,原告就根本无法开始诉讼,这就意味着根本不存在开庭时传召海关作为证人提供口头证据或文件的诉讼程序。因此证人规则不会影响第三方披露令的适用,正如 Reid 勋爵所说:"... the purpose of the mere witness rule was not to prevent but to postpone the recovery of information sought."

这表示在 Norwich Pharmacal v. Commissioners of Custom & Excise 先例中,贵族院并没有否定证人规则。这样在申请第三方披露令时都要与证人规则做出区分,例如不能通过第三方披露令摸底对方的事实证人或被法院强制传召的证人在将来开庭时会提供的证据。

3. 没有任何公共政策[如第三方可以享有特免权(privilege)]拒绝披露[46]或法律条文(如已经提到的《Contempt of Court Act 1981》)禁止披露。

这种命令被称为"Norwich Pharmacal Order",并随着先例的不断发展,成为一种强有力的武器,适用范围也已放宽到远不止于侵权行为。另要强调的是,第三方披露令属于衡平救济(equitable remedy),所以法院在行使裁量权(discretion)时必须考虑有关案件的其他情况(circumstances),例如是否必要(necessity)[47]与救济是否成比例(proportionality)。[48]"是否必要"是考虑申请人能否从其他渠道取得同样的披露而不必干扰无辜第三方,令第三方因作为被告必须出庭与被下令披露而对他/她造成不便。"成比例"是要考虑案例的各个方面,尤其是信息对申请人的重要性与命令会给第三方带来的不便与影响,尽可能做出最低限度的救济(minimum equity),如只披露部分信息。[49]

4.3　要件之一:属于介入(mixed up)、协助(assist/facilitate)或参与(participate)错误行为

这是要求法院做出第三方披露令时要满足的最重要的一个前提条件,只有满足了这个前提条件法院才有做出第三方披露令的管辖权。如果第三方没有介入有关的错误行为(wrongdoing),他/她就只是一个旁观者(bystander),最多可以在开庭时作为证人被传召并提供口头证据或文件。一个典型的旁观者或证人就是交通肇事逃逸的目击者,例如行人在路过事故现场时记下了肇事的车牌号码、看到汽车的型号/颜色或恰巧用手机记录了事故发生,又或是附近的商店安装的监控设备刚好可以记录到事故发生等。

在民事诉讼的范畴,第三方如果不愿意配合或提出不合理要求才肯配合,交通事故中的受害者或他的家属无法强迫第三方提供口头证据或文件以披露有关肇事车辆/司机的身份与信息。只有当第三方介入了有关的错误行为时,法院才有做出第三方披露令的管辖权。可以说一个会被强制要求披露有关信息的第三方与最多可以作为证人的旁观者最大的区别就是是否介入了有关的错误行为。Woolf 勋爵在 Ashworth Hospital Authority v. MGN Ltd (2002) 1 WLR 2033 贵族院先例中说:"… what is required is involvement or participation in the wrong doing … although **this requirement of involvement or participation** on the part of the party from whom discovery is sought **is not a stringent requirement, it is still a significant requirement.** It distinguishes that party from a mere onlooker or witness. The need for involvement… is a significant requirement because it ensures that the mere onlooker cannot be subjected to the requirement to give disclosure."(加黑部分是笔者的强调)

但 Norwich Pharmacal v. Commissioners of Custom & Excise (1973) 2 All ER 943 先例对"介入"的定义也不明确。Reid 勋爵明确表示第三方披露令只能针对协助者(facilita-

[46]　例如第三方是律师则可依赖法律业务特免权(legal profession privilege):Saunders v. Punch (1998) 1 All ER 234 先例。又或是第三方如果披露会涉及刑事犯罪可以依赖自证其罪特免权(self-Incriminated privilege)。这些课题将分别在本书第九、十与十三章有详论。

[47]　见本章之4.4段。

[48]　见本章之4.5段。

[49]　但随着第三方披露令使用的扩展,披露范围也变得更广,这可见本章之4.6段。

tor),而不能针对一个纯粹的旁观者,说:"So discovery to find the identity of a wrongdoer is available against anyone against whom the plaintiff has a cause of action in relation to the same wrong. It is not available against a person who has no other connection with the wrong than that he was a spectator or has some document relating to it in his possession. But the respondents are in **an intermediate position**. Their conduct was entirely innocent; it was in execution of their statutory duty. **But without certain action on their part the infringements could never have been committed**."(加黑部分是笔者的强调)

上述判决中加黑的"intermediate position"指的就是处于证人(witness)与共同侵权人(joint-tortfeaser)之间的协助者。一个的简单例子就是Reid勋爵提到的骗子通过银行将钱转走,尽管银行本身没有做出任何错误行为,但是无意中协助了骗子。类似地,在该先例英国海关本身没有做出任何错误行为,但是介入了进口化合物的进口商的侵权行为。直到收货人清关并取走货物前,有关化合物一直处于海关的控制之下。如果不是海关在无辜的情况下采取这一行动,侵权行为就不会发生。

Cross勋爵认为第三方披露令能否适用取决于第三方与被披露身份/地址的有关人士之间的关系。Kilrandon勋爵也有类似但较模糊的说法:"... where the plaintiff does not know the names of the persons against when he intends to bring a suit, and brings a bill against **persons who stand in some relation to them** ... in order to discover who the persons are against whom he may proceed for relief."

Dilhorne子爵说是要与有关的交易有关联(relevant),而不能只是一个单纯的证人(someone involved in the transaction is not a mere witness)。最后Morris勋爵也说不能只是一个旁观者、无关人士,说:"At the very least the person possessing the information would have to have become actually involved (or actively concerned) in some transactions or arrangements as a result of which he has acquired the information."

4.3.1 介入程度减轻为涉及(involve)的Ashworth Hospital Authority v. MGN Ltd先例

随着第三方披露令越来越受欢迎,法院为了应对各种新的情况与不同种类的错误行为(因为知识产权侵权、欺诈、诽谤、阴谋、逃避判决/裁决的执行等情况的案件越来越多),对Norwich Pharmacal v. Commissioners of Custom & Excise (1973) 2 All ER 943先例中提到的必须满足的前提条件,包括介入程度都逐渐放宽。Woolf勋爵在Ashworth Hospital Authority v. MGN Ltd (2002) 1 WLR 2033贵族院先例中说:"The Norwich Pharmacal jurisdiction is an exceptional one and one which is only exercised by the courts when they are satisfied that it is necessary that it should be exercised. New situations are inevitably going to arise where it will be appropriate for the jurisdiction to be exercised where it has not been exercised previously. The limits which applied to its use in its infancy should not be allowed to stultify its use now that it has become a valuable and mature remedy. That new circumstances for its appropriate use will continue to arise ..."

Woolf勋爵在该先例中认为对涉及或参与的要求并非一个严格的要求(this requirement of involvement or participation ... is not a stringent requirement)。而“涉及”(involvement)的介入程度相比“参与”(participate)或“协助”(facilitate)是轻得多。例如,第三方曾经劝阻做出错误行为的人士,这不能说他/她参与或协助做出错误行为,但可以说他/她有涉及。

Mann 大法官在 Various Claimants v. News Group Newspapers (2013) EWHC 2119 (Ch)先例也说:“What it does ... is to allow the court to consider what ‘involvement’ is sufficient, without being trammelled by rigid concepts of participation or facilitation. ... The need for continuing flexibility in the development of Norwich Pharmacal principles...”

4.3.2　弹性对待介入与否的近期先例

笔者可先介绍一些近期先例进行探讨,首先在 X Ltd v. Morgan-Grampian (Publishers) Ltd (1991) 1 AC 1 贵族院先例中,记者 Goodwin 先生被法院命令将他自己关于原告(公司法人)经济状况的机密信息的笔记交还给原告,并披露获取这些泄露文件的信息源。尽管 Goodwin 先生还没有根据这些信息发表任何报道,所以还谈不上有任何协助或参与,但法院判定做出错误行为的一方将文件寄给报纸明显就是计划让报纸做出报道。因此,记者接收泄露文件的行为本身就是协助(或更正确是有涉及)了做出错误行为一方的计划。

在 The Coca-Cola Company and Others v British Telecommunications Plc (1999) FSR 518 先例中,原告可口可乐公司开始了一个商标侵权的诉讼,在诉讼过程中,其中一位被告 M 先生披露了有一位 A 先生也参与了原告声称的侵权行为。这位 A 先生是 M 先生的商业合作伙伴,两人主要通过电话交流。M 先生只知道 A 先生的电话号码,并不知道 A 先生的地址。原告无法通过打电话给 A 先生与其他合理方式获得 A 先生的地址(也就是无法送达诉状),于是要求被告英国电讯公司提供 A 先生的住址。但电讯公司表示该信息属于机密,而 A 先生拒绝自愿向原告披露。于是原告向法院申请第三方披露令,强制电讯公司披露 A 先生的住址。双方同意电讯公司不属于可以被强制要求提供证据的证人,因为与 A 先生的侵权行为毫无关系,而电讯公司认为它没有足够介入有关的侵权行为并拒绝披露 A 先生的登记地址。法院认为电话交流在 M 先生与 A 先生的商业关系中占据重要位置或作用,因此电讯公司足够介入(或涉及)了有关侵权行为,需要提供 A 先生的地址。高院的 Neuberger 大法官说决定是否做出第三方披露令有以下几个考虑,其中第二点就是只要法院认为有实质性的参与就属于介入:“**First**, I must be satisfied that it can be said on the facts of the case that there may be a tort of which the plaintiff has cause to complain ... **it is enough**, in certain cases at any rate, that **the plaintiff has good and honest reason to believe that a tort has been committed. Secondly**, before I can make any order **I must be satisfied that the respondent has in some real way become mixed up in the transaction** concerning which discovery is required. **Thirdly**, the purpose of any order which I may make must be with a view to trying to enable justice to be done. **Fourthly**, I must balance the interests of the plaintiff in pursuing a case ... not to open the floodgates. ”(加黑部分是笔者的强调)

在 R（on the application of Mohamed）v. Secretary of State for Foreign and Commonwealth Affairs（2008）EWHC 2048（Admin）先例,[50] 原告是一名曾在英国居住的埃塞俄比亚公民。原告于 2002 年 4 月在巴基斯坦被逮捕并囚禁,美国探员与英国安全局职员对原告与恐怖主义活动的联系进行了讯问。之后的两年,原告一直在不同的不知名地点被囚禁,英国安全局职员有向美方提交一些问题,但没有参与讯问。原告直到 2004 年 5 月被转移到了位于阿富汗的美国巴格拉姆空军基地。在 2004 年 9 月,原告被转移到了位于古巴的美军关塔那摩湾拘押中心,并被控告恐怖主义罪行(terrorist offences),主要是根据他认罪的证词。

原告声称从他被逮捕期间,直到被转移到美国巴格拉姆空军基地前都与世隔绝,完全没有机会接触律师。而他认罪完全是因为在囚禁期间遭受美国政府实施的酷刑和其他残忍、不人道或有辱人格的待遇,而英国安全局也提供了信息[51] 与讯问的问题。因为原告是在严刑逼供的情况下才认罪,所以这份认罪不能作为证据被采纳。原告律师要求英国外交及联邦事务大臣(Secretary of State for Foreign and Commonwealth Affairs)披露英国政府所知可以支持原告的抗辩的信息,但可以想到是被拒绝,理由是他没有责任披露并且披露可能会导致英国国家安全受损。2008 年 5 月,原告通过英国律师向法院请求司法复核(judicial review),对英国政府做出向美国律师披露有关信息的命令。

最终法院同意了原告的披露申请,要求英国政府披露除享有"公共利益特免权"(public interest immunity)外的所有有关信息/文件。有关的考验并非是英国政府的行为是否导致了原告声称的错误行为发生,而是英国政府是否涉及或参与并协助了有关的错误行为。英国外交及联邦事务大臣同意原告已经证明可能存在的美国政府错误行为,如果英国政府通过安全局与探员涉及或参与并协助了这个可能存在的错误行为,就有责任向原告提供全部信息并披露做出错误行为的人士的身份。在该先例中,英国安全局通过在原告被关押期间向美国提供信息与讯问问题,协助了可能存在的错误行为。而考虑到原告将面临的严重后果(可被判死刑),英国安全局的信息对原告获得公平审理十分重要,加上国际上禁止酷刑的态度,英国安全局已经有了现成的文件等因素,法院最终做出了第三方披露令。

4.3.3 不要求任何介入错误行为的 Various Claimants v. News Group Newspapers 先例

Various Claimants v. News Group Newspapers（2013）EWHC 2119（Ch）先例的案情与英国《世界新闻报》窃听丑闻有关。2005 年,王室职员认定《世界新闻报》窃听了威廉王子(Prince William)等王室成员,要求警方调查。调查结果导致两名为这家报社工作的

---

〔50〕 这种被关在美军关塔那摩湾拘押中心接受军事审判,最高可被判死刑的先例有不少,如 Aamer v. Secretary of State for Foreign and Commonwealth Affairs（2009）EWHC 3316（Admin）; R（on the application of Omar）v. Secretary of State for Foreign and Commonwealth Affairs（2013）EWCA Civ 118 等。但这类案例与商业无关,因此不多介绍。

〔51〕 判决中没有显示提供的是什么信息,但笔者估计原告在英国居住期间显然会在可疑人士名单下被严密监视,而英国政府提供的信息就是原告在此期间的活动信息。

人员在2007年因窃听王室职员手机的信息入狱。之后《世界新闻报》不断受到一系列的电话窃听指控,但大都是被指控窃听名流政要的电话。直到2011年,《卫报》报道揭露《世界新闻报》2002年雇人窃听13岁失踪少女的手机,甚至为了腾出空间而删除部分留言,导致警方与家属误以为她还活着并继续使用手机,干扰了警方调查。报道引起轩然大波,经调查窃听事件的受害者可能多达4000人,包括王室成员,前副首相普雷斯科特勋爵(Lord Prescott)等政界名流,演员裘德·洛(Jude Law)、西耶娜·米勒(Sienna Miller)等公众人物,军人及阵亡英军家属,谋杀案受害人及家属,伦敦地铁爆炸案遇难者家属等。该窃听丑闻直接导致有168年历史的《世界新闻报》停刊,鲁伯特·默多克先生(Rupert Murdoch)的传媒王国受到重创。

在前副首相普雷斯科特勋爵启动的司法程序中,警察局承认在之前针对News Group Newspapers(简称NGN)[52]旗下的《世界新闻报》部分记者窃听的调查中,没有及时通知受害人他们的隐私权被侵犯。在受害人与NGN的同意(警察局不反对)下,法院做出命令要求警察局向部分受害人(也就是潜在诉讼的原告)提供信息。之后警察局针对《世界新闻报》的其他记者开始新的调查,并告知新一批受害人他们的手机被窃听。这些新受害人要面对的困境是,虽然被警察局告知被窃听,但没有足够的文件证据起诉NGN并索赔损失或其他救济。所以新受害人(也就是该先例的原告)向法院申请第三方披露令,要求警察局披露文件。警察局同意披露,但针对这一批新受害人NGN态度改变,反对警察局披露并声称法院没有管辖权做出披露命令。Mann大法官认为法院是否有管辖权做出第三方披露令的考验并非是第三方[53]是否参与或协助错误行为,而是第三方到底是否只是属于证人(mere witness)。[54] 该先例的案情显示作为第三方的警察局并非只是属于证人,也不会被强制传召为证人。[55] Mann大法官说:"**If a participation or facilitation test were the sole test, incapable of expansion**, (NGN代表大律师) would be correct. However, **I do not think that it is the sole test**. It is true that the traditional formulation of the test is in such terms, but that is because those are the usual circumstances in which someone becomes something beyond a mere witness. ... **In my view the answer to the question lies in recognising that what the cases are doing is contrasting two things — the mere witness on the one hand, and the person who is not a mere witness on the other.** On the cases the latter class is generally described in terms of participation/facilitation, as thought that were the opposite of being a mere witness. **But the real analysis lies** in appreciating that the

---

[52] 该集团的老板是鲁伯特·默多克先生。

[53] 该先例的第三方就是警察局,它显然没有介入、协助、参与甚至涉及窃听的丑闻,而只是在这错误行为发生后做出调查。

[54] 如果通过第三方披露令知道警察局掌握了什么证据,就可以通过传召证人(witness summons)强制警察或其他有关人士出庭。

[55] 但本先例的案情与Norwich Pharmacal v. Commissioners of Custom & Excise (1973) 2 All ER 943先例一样,新受害人/申请人在警察局不提供足够文件证据的情况下是不会有诉讼的,警察局也就不会成为诉讼的证人。看来唯一区别是Norwich Pharmacal v. Commissioners of Custom & Excise先例中的英国海关有参与或协助错误行为,而本先例中的警察局没有。

courts are holding not that those factors are indeed the other side of a dichotomy, but that those **factors prevent the respondent from being a mere witness.** Once that is recognised then **it becomes relevant to consider whether there are other facts, short of participation/facilitation, which could prevent a person from being a mere witness**... the real question is the scope of the mere witness rule it is relevant to consider that particular question. It has been made to arise in the present case because of its unusual facts."(加黑部分是笔者的强调)

Mann 大法官也说:"The MPS(警察局)is not like someone who happens to witness an offending act and who thereby acquires relevant information. It is someone whose duty it is to acquire information about the offending act, albeit not for the benefit of victims. That may not by itself be sufficient — I do not have to decide that. What needs to be added is the fact that the MPS has actually provided information which, if a mere witness (bystander) it would not have had to have volunteered. It did so by informing victims that they were victims, and then disclosing a limited amount of information whilst informing them that there was more. It has also indicated that it did so as a result of some sort of unspecified obligation (or feeling that it ought to) and then agreeing, in principle, that it would not resist a formal claim for the information to a greater extent and in a more durable (and reliable) form. All those factors, when combined, mean that the MPS is not a mere witness."

NGN 提出做出第三方披露令会打开"泄洪闸"(floodgate)导致太多案件的抗辩。很多机构都有搜集并获取信息的功能,这包括警察局、检察院、监管部门等公共机构。也包括私人机构,例如律师协会或医学会为了考虑是否对会员采取纪律处分进行调查,又或是个别雇主对雇员的行为进行调查等。如果因为警察局属于调查机构并在错误行为发生后通过调查获得证据,就令法院有管辖权做出第三方披露令,则其他太多的类似机构都可以被法院要求向个别的申请人做出披露。这会导致出现大量第三方披露令的申请,显然是不合适的。但 Mann 大法官并不同意这个抗辩,说:"I do not consider that those matters are a bar to the decision that I have reached for the following reasons:(a) I do not proceed solely on the footing that the police's investigatory activities make them sufficiently involved to get past the relevant threshold question in Norwich Pharmacal. I think that the other factors I have referred to are significant. Those activities may be sufficient, and they are certainly relevant, but I do not decide the point on that footing.[56] (b) Even if the threshold were crossed it does not follow that there would be exposure to vast numbers of applications. It has to be remembered that one of the requirements of the exercise of the Norwich Pharmacal jurisdiction is that the material is necessary to the prosecution of the claim in the sense that the claim cannot be properly prosecuted without it. That is unlikely to be true in a lot of cases. It may be

〔56〕 Mann 大法官并非只是因为警察局是调查机构就认为满足了不仅仅是证人的要求,还有其他相关的重要因素。

that the relevant body has information that is useful, but that is not sufficient.〔57〕(c) The court can control the jurisdiction at the level of discretion. It would be likely to do so if things started to get out of hand."〔58〕

但笔者认为对介入(mixed up)的要求放松到这种程度,甚至可以说是取消了介入的要求是十分危险的。虽然 Mann 大法官认为有"必要"(necessary)〔59〕的前提条件与法院裁量权(discretion)的约束,不会造成第三方披露令被滥用,但对必要的要求与对介入的要求一样也在逐渐放宽。而裁量权本质上也是不肯定,不同的法官之间也会有差异。一审法院行使裁量权做出的决定,只要法律上没有错误,上诉庭一般也不会干预。

4.3.4　单纯与判决债务人进行商业交易的第三方不被视为介入的 NML Capital Ltd v. Chapman Freeborn Holdings Ltd 先例

在近期的 NML Capital Ltd v. Chapman Freeborn Holdings Ltd (2013) EWCA Civ 589 先例中,第三方披露令的管辖权不断扩大的趋势有所终止。这是第一个明确第三方披露令不适用在只是与判决债务人(judgment debtor)进行普通商业交易的第三方的先例。这个先例涉及投资仲裁(investment arbitration),在胜诉后向主权国家(都是一些发展中国家)执行的问题。往往是胜诉的投资方将主权国家债务卖给第三方基金(Third Party Funding),而第三方基金财雄势大与国际律师事务所合作,在全球搜寻主权国家的财产/资产。一旦有任何线索,就会通过第三方披露令向有涉及并有内幕消息的第三方索取进一步的资料。NML Capital Ltd v. Chapman Freeborn Holdings Ltd 先例就是其中一个典型。阿根廷因为在很多投资仲裁中败诉,欠下天文数字的债务,因此十分小心不敢让任何资产越过国境线,否则就会被债权人扣押与执行。该案例的案情涉及阿根廷的总统受邀访问古巴、阿联酋、印尼与越南,但不敢使用阿根廷自己的总统专机,要通过英国著名的飞机租用公司 Chapman Freeborn Holdings Ltd(也就是被告)以 88 万美元租用飞机行走整个访问行程,其中 44 万美元预先支付作为定金,剩下的 44 万美元在行程结束后支付。该先例的原告买下了阿根廷欠下的主权国家债务(sovereign debt),金额约 3 亿美元。原告在知道阿根廷要租用飞机后,申请针对被告的第三方披露令,要求被告披露所有交易信息,特别是支付定金的账户信息。被告则大力抗拒有关命令,认为如果法院做出第三方披露令会对它的生意造成重大影响,因为它有不少类似的业务。一审法院在权衡双方的利益后,认为对被告的生意利益的影响在比例上超过原告可能的利益,因此拒绝做出第三方披露令。于是原告上诉,认为被告的商业利益不应该超过英国法院十分愿意协助执行判决/裁决的公共政策。

但上诉庭驳回了原告的上诉,判被告只是与判决债务人做生意(这种情况很多并且很多时候不会知道对方有欠债)。即使阿根廷逃避判决债务的行为可以说是一个持续的

---

〔57〕　除了第三方必须不仅仅是证人外,要法院做出第三方披露令还必须满足"必要"(necessary)的前提条件。关于"必要"的前提条件,可见本章之 4.4 段。

〔58〕　法院对决定自己是否有管辖权去命令披露有裁量权,所以情况不会失控。

〔59〕　参见本章之 4.4 段。

错误行为,也说不上被告对阿根廷的错误行为有协助或涉及。Tomlinson 大法官说:"I agree … that the provision by Chapman Freeborn of chartering services did not further the failure to discharge the English judgment. In my judgment there was no real connection between Chapman Freeborn's activity as a broker and the failure to discharge the judgement debt."

上诉庭也将第三方披露令、"Bankers Trust Order"与冻结令(Freezing Order)协助执行判决/裁决进行了区分。冻结令与辅助的资产披露令(Assets Disclosure Order)是帮助执行判决/裁决的一种很受欢迎的手段,这可见本书第三章之1.5.1.3段与2段。Tomlinson 大法官说:"The disclosure order there made was ancillary to a Mareva injunction, now known as a freezing injunction, and the court's jurisdiction to grant it was derived from section 37(1) of the Supreme Court Act 1981 and the court's ancillary power to ensure that such an order is effective… I do not need to discuss this further save to observe (i) that the Norwich Pharmacal jurisdiction is an equitable jurisdiction … (2) that the starting point of the exercise of Mareva or freezing injunction relief of enforcement is that the respondent has, or arguably has, within its control assets of the judgment debtor against which the judgment creditor can enforce. The control of such assets raises wholly different considerations from mere trading with a judgment debtor."

Tomlinson 大法官在上述判决中区分了辅助冻结令的资产披露令在本质上与第三方披露令是两码事。前者只是一个附属命令,但后者是一个独立与实质性的法律行动。这微妙的区别可解释本章稍后的4.9.2段介绍的 Kensington International Ltd v. Republic of Congo (2007) EWCA Civ 1128 先例,同样是原告第三方基金就成功要求被告 Vitol 集团做出披露,因为原告同时有一个冻结令。

最后 Tomlinson 大法官提到要法院在这种协助执行的案件做出第三方披露令,第三方对这个错误行为的最低程度介入是有意识地帮助判决债务人逃避债务:"… it seems to me unlikely that the jurisdiction could be engaged short of involvement in something which it itself and necessarily amounts to … 'wilful evasion' by the judgment debtor. Non-satisfaction of a judgment debt is not wilful evasion of it."

笔者看来这判决是十分实际与正确的,否则会对商业社会造成很大的困扰。毕竟现在判决债务人(judgment debtors)很多,第三方与判决债务人做生意时也不一定知道他/她是判决债务人。如果在这种情况下,法院有做出第三方披露令的管辖权,则第三方就要面对在法院抗辩的责任。而如果法院做出了第三方披露令,披露的文件与信息也可多可少,可能给只是为了做生意的无辜第三方带来很多麻烦。正如 Tomlinson 大法官所说:"It would lead to a jurisdiction of absurd width. It is no answer to that objection that the exercise of the jurisdiction would be subject to discretionary considerations. It would be absurd and exorbitant if parties were exposed to the risk of having to defend applications for discovery on the basis of no more than having traded with a person who turns out to have been at the relevant time a judgment debtor. It would encourage speculative litigation."

另在 NML Capital Ltd v. Chapman Freeborn Holdings Ltd 先例中 Chapman Freeborn

只是经纪人,在扣除自己的佣金后将阿根廷支付的租金转交给被租用的私人飞机的所有人。但如果案情是反过来由 Chapman Freeborn 向阿根廷做出支付,则原告可以申请第三债务人命令(Third-party Debt Orders),要求法院下令 Chapman Freeborn 把钱支付给它而不是给阿根廷。这也是国际上执行判决/裁决的一种常见做法,在笔者《仲裁法——从开庭审理到裁决书的作出与执行》(2010 年)一书第十四章之 8.3 段有介绍。原告也可以通过申请冻结令阻止 Chapman Freeborn 把钱支付或转移给阿根廷,并在做出这些行动的同时申请一个附属命令要求 Chapman Freeborn 做出披露。这样看来,这一先例的特殊情况实际上对判决债务人逃避债务帮助不大。

4.3.5 第三方为潜在共同侵权人是明显的介入

最明显的"介入"(mixed up)就是被要求披露的第三方本身是共同侵权人(joint tortfeasor)或是潜在的共同侵权人。表面看来法院应该毫无疑问有做出第三方披露令的管辖权,但其实仍有几个问题。第一个问题是如果已经有针对被告侵权人的诉讼,则应否等到诉讼的文件披露阶段根据有关的程序法(CPR)要求被告披露,只是时间上会推迟?但对原告来说,如果在较后的诉讼程序的披露阶段才知道其他的共同侵权人,会来不及加入作为共同被告。第二个问题是在某些涉及刑事的情况下,例如侵犯知识产权或诈骗等,第三方同时作为被告可以依赖"自证其罪特免权"(self-incrimination privilege)。

但随着第三方披露令的管辖权的扩大,这些问题看来也不会影响法院对同是侵权人的第三方(显然不是无辜)做出披露令。首先是 Loose v. Williammson and Another (1978) 1 WLR 639 先例,该先例的案情涉及非法侵入土地。原告拥有一片渔场,两名被告开着两艘渔船在原告的渔场里偷捕贝类(主要是青口)。原告之前已经单方面(*ex parte*)申请了禁令禁止被告在自己的渔场偷捕,之后知会对方(*inter parte*)申请了第三方披露令,要求被告披露:(1)两艘渔船上其他人士的姓名与地址;(2)除了已知的两艘渔船外应该还有第三艘渔船,渔船的名字与/或注册资料。

被告的抗辩是这应等到准备开庭前的质询(interrogatories)阶段提出,但 Goulding 大法官仍做出了披露令:"In my view, in the present case ... there is justification for making the order at this early stage. The plaintiff's evidence shows that his fishery is in great and imminent danger from, as he alleges, unlawful taking of shellfish, particularly mussels, and that even a few unlawful exercises of the type of fishing known as dredging may inflict irreparable damage on him. Further, the giving of information can, so far as I can see, do no harm to the defendants themselves, particularly if they are innocent of the acts alleged against them."

其他被要求披露的第三方也是共同做出错误行为的人士(wrongdoer),是实质诉讼的被告或潜在被告的还有不少先例,如 CHC Software Care Ltd v. Hopkins & Wood (1993) FSR 241; Jade Engincering (Coventry) Limited v. Antiference Window Systems Limited and Others (1996) FSR 461; Michael O'Mara Books Ltd v. Express Newspapers Plc (1999) FSR 49; Microsoft Corporation v. Plato Technology Ltd (1999) FSR 834; Computershare Ltd v. Perpetual Registrars Ltd (2000) VSC 139 等先例。在此只介绍已经提到的

较近期的 Ashworth Hospital Authority v. MGN Ltd (2002) 1 WLR 2033 先例,[60]在 Ashworth 医院被看押服刑的一位犯人开始绝食并向媒体投诉他的不善待遇。一名 Ashworth 医院的雇员从数据库中偷取了犯人绝食后的病历记录并交给了一名中介,有关的信息比犯人披露给媒体的更详细。中介将记录交给一名 MGN 旗下的调查记者,记者在 MGN 营运的报纸上发布的报道中节录了部分病历记录中的内容。Ashworth 医院向法院申请要求 MGN 归还所有记录,禁止 MGN 继续报道与传播有关信息,披露泄露病历记录的雇员身份与 MGN 获取病历记录过程中涉及的所有其他人士的身份。记者在证人证言中承认支付了中介报酬,并且相信中介也向医院雇员支付了报酬。虽然记者只知道中介的身份而不知道医院雇员的具体身份,但相信如果披露了中介的身份,Ashworth 医院可以顺藤摸瓜找到泄露病历记录的雇员。针对法院是否有做出第三方(MGN 的调查记者)披露令的管辖权,上诉庭[(2001)1 WLR 515]的 Phillips 勋爵说:"I find that the jurisdiction of the court invoked in this cases because: (1) the Norwich Pharmacal principle is not restricted to cases involving tort, or (2) if it is so restricted, the restriction does not apply where the defendant is not merely innocently mix up in the wrongdoing but is a party to it."

上诉庭的 Phillips 勋爵认为法院有做出第三方披露令的管辖权,因为:(1)这种做法原则上不只局限在侵权案件,也可适用在本案中找出医院雇员中谁是"家贼"/"内鬼"的情况;(2)即使管辖权有局限,也不影响本案,因为 MGN 的调查记者不是无辜第三方,而是错误行为中的一分子。

4.4 要件之二:必要(necessary)

介入(mixed up)了有关错误行为只表示法院有做出第三方披露令的管辖权(jurisdiction),但这不表示法院就一定会做出这个衡平救济(equitable remedy),法院仍会行使裁量权。第三方披露令要求第三方(大多数先例中是无辜的第三方)披露所有有关信息(information),因此法院必须小心权衡双方的责任与利益。正如贵族院的 Woolf 勋爵在 Ashworth Hospital Authority v. MGN Ltd (2002) 1 WLR 2033 先例中说第三方披露令是只有法院认为"必要"时才会做出的例外的救济(exceptional remedy)。在 John (Sir Elton) & Ors v. Express Newspapers & Ors (2000) 1 WLR 1931 上诉庭先例中,Woolf 勋爵说:"... this is a discretionary jurisdiction which enables the court to be astute to avoid a third party who has become involved innocently in wrongdoing by another from being subjected to a requirement to give disclosure **unless this is established to be a necessary and proportion-**

---

[60] 这是一个少见的申请人成功获得了针对报纸的第三方披露令的贵族院先例。正如在本章之 4 段的脚注 44 中提到的在《Contempt of Court Act 1981》之 s. 10 的规定下,让法院做出针对报纸的第三方披露令十分困难。但尽管贵族院在该先例中做出了第三方披露令,最后的结果对作为原告的 Ashworth 医院来说仍是不令人满意的。报纸只披露了中介的名字,但中介拒绝披露 Ashworth 医院雇员的身份。在 Charles Hollander QC 的《Documentary Evidence》(2018 年,第 13 版)一书之 4-34 段说:"The attempt to require the journalist to disclose his source has rarely succeeded. In Ashworth, the case went to the House of Lords, which ordered disclosure, but in the event only enabled the name of the intermediary to be known. The intermediary refused to disclose his source, and succeeded (by now years after the event) in his case in the Court of Appeal, so the ultimate source was never disclosed."

ate response in all the circumstances."(加黑部分是笔者的强调)

换言之,第三方披露令与法院诉讼(court litigation)中的披露程序关系很小,甚至可以说没有关系,第三方披露令只关注从第三方处获取必要的信息(necessary information)以满足申请人/原告在做出申请时的特定要求。至于什么才是必要的信息取决于每个案件不同的案情与法官的裁量权。例如在普通侵权或商业案件中,考虑到第三方披露令只应要求披露最为必要的信息,加上申请人/原告通常有其他获取信息的途径,属于第三方应披露的必要的信息应该是很有限的,往往只是做出错误行为人士(wrongdoer)的姓名、身份与地址。但在一些国际诈骗或是涉及反恐或人身安全的案件中,考虑到申请人/原告很难有其他获取信息的途径,加上需要快速行动,不难想到即使也只是最为必要的信息的内容相对来说也会多很多。

4.4.1　被批评太严格要求"必要"的 Mitsui v. Nexen Petroleum 先例

笔者可先介绍近期的 Mitsui v. Nexen Petroleum (2005) 3 All ER 511 先例,该先例的案情有关北海过去几十年发现的最大油田 Buzzard 油田。作为被申请人/被告[61]的加拿大公司 Nexen Petroleum(之前名为 EnCana UK Limited)拥有该油田43.2%的利益。原告 Mitsui 希望购买 Buzzard 油田的利益,于是接触了 EnCana Corp(该公司通过 EnCana UK Limited 控制有关油田利益)。EnCana Corp 给出了正面回应,于是双方高层在加拿大会面并开始谈判,同时订立了机密协议(confidential agreement)。根据机密协议的规定,EnCana Corp 有责任对有关交易、原告身份、要约价格与财务安排保密。原告试图与 EnCana Corp 达成互锁协议(lockout agreement),[62]令 EnCana Corp 在该交易谈判完结前承诺不能与其他也有兴趣收购的人士谈判,然而被 EnCana Corp 拒绝。但原告声称它与 EnCana Corp 有口头协议,EnCana Corp 同意不再主动邀请其他第三方对收购被告做出要约,而如果有第三方善意提出要约也要先通知原告,令原告有时间回应并提出更高的价格让 EnCana Corp 优先考虑。但之后在很短的时间内 Nexen Energy Holdings International Limited 就以21亿美元的价格从 EnCana Corp 的子公司 EnCana UK Holdings Limited 收购了被申请人(与它拥有的油田利益),并将被申请人改名为 Nexen Petroleum。Mitsui 强烈怀疑 EnCana Corp 违反了口头协议,邀请并鼓励 Nexen Energy 做出要约,也没有通知原告。于是 Mitsui 向法院做出申请,要求被申请人 Nexen Petroleum 披露有关文件并要求被申请人与 EnCana UK Holdings Limited 的前任董事总经理(managing director)Booth 先生做出誓章(affidavit),以决定是否对 EnCana Corp 提起诉讼。Lightman 大法官在判决中针对"必要性"说:"it is clear that the exercise of the jurisdiction of the court under Norwich Pharmacal against third parties who are mere witnesses innocent of any participation in the wrongdoing being investigated is a **remedy of last resort**. … The jurisdiction is only to be exercised if the innocent third parties are **the only practicable source of information**. The whole basis

[61]　这是指这个第三方披露令申请的被告,并非实质争议的被告。对 Mitsui 而言,Nexen Petroleum 只是第三方。

[62]　关于互锁协议的介绍可见杨良宜《合约的解释:规则与应用》一书第二章之6.4段。

of the jurisdiction against them is that, unless and until they disclose what they know, there can be no litigation in which they can give evidence."(加黑部分是笔者的强调)

Lightman 大法官认为 Mitsui 在该先例的情况下有其他途径可以获取有关的信息,例如要求 EnCana Corp 诉前披露(pre-action disclosure),[63] 所以拒绝做出第三方披露令,说:"**EnCana Corp is the likely defendant** in the proceedings and not a mere witness. Further EnCana Corp has registered here as a foreign company and accordingly submitted to the jurisdiction, and submission to the jurisdiction must embrace submission to **exercise of the court's powers to order pre-action disclosure**... accordingly this **application should be dismissed because the Claimant can obtain the information sought by other means and in particular by pre-action disclosure from EnCana Corp**..."(加黑部分是笔者的强调)

但在 Campaign Against Arms Trade v. BAE Systems Plc (2007) EWHC 330 (QB) 先例中,King 大法官认为 Lightman 大法官对"必要"的程度要求太高,说:"In my view this is to put the matter too high and to put the discretion of the court into too much of a straight-jacket. Of course as Lightman J. said in the passage cited above, the court must always have in mind the public interest in not involving innocent third parties if this can be avoided and 'a necessity required to justify exercise of this intrusive jurisdiction is the necessity arising from the absence of any other practicable means of obtaining the essential information'. But when determining what is practicable for these purposes the court in my judgment is entitled to have regard to all the circumstances prevailing in the particular case, including for example the size and resources of the Applicant as an organisation, and the urgency of its need to obtain the information it requires, and any public interest in it having its need satisfied."

上述判决是说法官不应严格从是否有其他途径获取有关信息的角度来决定是否"必要",也要考虑其他实际操作方面的问题。例如,申请人/原告没有什么资源(只是一个中小企业),除非通过第三方披露令获得缺失的最后一块拼图,是不会花律师费在国外开始一个昂贵的诉讼。这时拒绝做出第三方披露令,让他必须先开始一个昂贵的诉讼并在花了一大笔金钱后再获得有关的信息显然不合理。另一个例子是申请人/原告紧急需要获得有关的信息,这时拒绝做出披露令,让他等上半年甚至更长时间以别的途径获得信息就不合理。此外由于在本章之2.6段已经提到法院只有在"非一般的案件"中才会作出诉前披露命令,并且十分昂贵,所以在商业案件中很少能成功申请到诉前披露命令。所以笔者从表面看来是认同 King 大法官,认为 Lightman 大法官因为 Mitsui 可以申请诉前披露命令,所以认定没有作出第三方披露令的必要,确实是过于严苛了。这也显示了涉及个别法官的裁量权,难免有一定程度的不肯定。

4.4.2 第三方拒绝披露信息后才能向法院作出申请

另要注意的是,原告通常应先向第三方要求披露有关信息,在第三方拒绝后再向法院提出申请,这是满足"必要"(necessary)最起码的前提条件。毕竟在不少情况下,无辜第

---

[63] 有关这课题可参见本章之2段。

三方在被要求披露信息时,如果没有其他顾虑或后患,再加上考虑到会被原告起诉要求披露,会愿意提供有关信息。另也有情况是无辜第三方根据有关立法必须提供信息,无须求助法院向第三方做出披露命令。例如,涉及自己的个人数据(personal data),可以根据《Data Protection Act 1998》向第三方的数据处理人(data processors)要求披露。涉及英国注册公司的资料/信息可以根据《Companies Act 2006》向公司注册处(Companies House)要求披露/查询。又如,涉及政府机关或公营机构,已经可以在《Freedom of Information Act 2000》下直接要求披露与提供信息,除非是属于 23 项例外情况的信息,如涉及英国国家安全、国防、国际关系/外交、经济、政府审计、政府政策、调查与诉讼等。这方面的相关先例有 Sugar v. British Broadcasting Corporation and another (2009) UKHL 9; R (on the application of Evans) v. AG and Information Commissioner (2014) EWCA Civ 254; Kennedy v Charity Commissioners (2014) UKSC 20 等。

最后可节录 Charles Hollander QC 的《Documentary Evidence》(2018 年,第 13 版)一书之 4-29 段:"It is apparent from Goodwin v United Kingdom (1996) 22 EHRR 123 that an order under s. 10[64] is to be treated as a last resort. It follows that the claimant must demonstrate to the court that all other avenues to identify the wrongdoer have been exhausted. This is not a rule set in stone, but it will be difficult for the claimant to persuade a court that an order under s. 10 is 'necessary' if he has not made all reasonable attempts to identify the wrongdoer by other means. The importance of conducting detailed investigations before seeking a s. 10 order is illustrated by John v. Express Newspapers. A draft opinion in the course of substantial litigation between Elton John and his former accountants was stolen from counsel's chambers and found its way to the newspaper. The newspaper eventually gave undertakings not to publish and destroyed its copy of the opinion. The judge ordered disclosure of the source. Before the Court of Appeal hearing, a copy of opinion appeared on a website with derogatory comments, indicating that someone (not the newspaper) still had a copy who bore ill will toward the claimant. Despite this, the Court of Appeal reversed the trial judge and refused disclosure of the source. Lord Woolf M. R. who relied heavily on the fact that the barristers' chambers had not sought to conduct an internal inquiry in order to try to identify the wrongdoer. The opinion was plainly stolen, was of no public interest, and the perpetrator or someone who had received a copy from him still had a copy and was using it to the potential detriment of the claimant. One would have thought this was a paradigm case for disclosure under the test set out in X Ltd v. Morgan-Grampian (Publishers) Ltd (1991) 1 AC 1 (HL)."

4.4.3 大律师事务所泄密且未先进行内部调查就向法院作出申请被拒绝的 John (Sir Elton) & Ors v. Express Newspapers & Ors 先例

上段节录内容中提到的 John (Sir Elton) & Ors v. Express Newspapers & Ors (2000)

---

[64] 虽然本段是针对在本章之 4 段的脚注 46 提到的《Contempt of Court Act 1981》之 s. 10,但也适用在其他情况。

1 WLR 1931 上诉庭先例,案情有关英国著名摇滚歌星艾尔顿·约翰爵士(Sir Elton John)。当时他与税务局有非常严重的争议,并通过他的律师(solicitor)向 Brick Court Chambers 的大律师(counsel)取得大律师意见(counsel advice)。艾尔顿·约翰爵士委任的大律师在完成最终的大律师意见后将之前的草稿撕成两半扔进了垃圾桶,而没有用碎纸机搅碎。之后这份大律师意见的草稿被发布在了《每日快报》(The Express)上。这导致原告(艾尔顿·约翰爵士与律师)马上向法院申请禁令,禁止被告报纸继续传播并将有关文件送回。原告也向法院申请了一个第三方披露令,要求被告报纸披露是 Brick Court Chambers 中的哪一位人士将草稿泄露/出售给了被告。

一审法院的 Morland 大法官认为保护法律业务特免权(legal professional privilege)[65]的公共政策至关重要,因此做出了第三方披露令。Morland 大法官也接受让 Brick Court Chambers 通过内部调查找出“家贼”是不现实的。Brick Court Chambers 中有 55 位大律师(barrister)成员、4 位实习大律师(pupil)、3~4 位短期实习大律师(mini-pupil)以及 25 位文员(clerk),如果进行内部调查会影响大律师成员之间的信任。更何况泄露文件的人士也很有可能是外聘的 8~13 位保洁员。

但上诉庭对该先例的事实(基本没有争议)有不同的看法,Woolf 勋爵批评 Morland 大法官对另一个公共政策(《Contempt of Court Act 1981》下对报纸信息源的保护)没有给予足够的重量,说:“The decision would be wrongly interpreted as an example of lawyers attaching a disproportionate significance to the danger to their professional privilege while undervaluing the interests of journalists and thus the public. … this is still a one-off infringement of professional legal confidentiality which does not justify making an inroad on the other privilege, the privilege of the journalist.”

而针对“必要”的要求,Woolf 勋爵强调第三方披露令只能是最后的办法(last resort),说:“Before the courts require journalists to break what a journalist regards as a most important professional obligation to protect a source, the minimum requirement is that other avenues should be explored. It cannot be assumed that it will not be possible either to find the culprit or, at least, to narrow down the number of persons who could have been responsible.”

有关证据显示 Brick Court Chambers 并没有进行内部调查,所以上诉庭改变了一审法院的判决。但可以合理猜想,如果被告不是报纸而是其他自然人或机构,法院(上诉庭)很有可能会愿意做出第三方披露令以保护法律业务特免权。

4.5 要件之三:成比例(proportionate)

随着新情况的不断出现,披露的范围不可避免会不断扩大,特别是不再限于帮助申请人/原告找出做出错误行为的人士(wrongdoer)的身份,而是可以用来获取帮助申请人的诉讼或抗辩或主张法律权利的信息。在决定什么是第三方有必要(necessary)披露的信息

---

〔65〕 包括法律意见特免权(legal advice privilege)与诉讼特免权(litigation privilege),具体介绍可见本书第九章与第十章。

或文件时,法院必须考虑是否"成比例"(proportionate)。事实上,"必要"与"成比例"这两个要求往往一起出现而且可以说几乎是同一回事。例如Woolf勋爵在Ashworth Hospital Authority v. MGN Ltd (2002) 1 WLR 2033贵族院先例中说:"necessary and proportionate response in all the circumstances."

决定是否成比例要依赖法官的裁量权(discretion),法官必须考虑所有不同因素并权衡(balance)轻重以做出最后的决定:例如,是做出第三方披露令还是拒绝?如果做出第三方披露令,第三方披露的范围应是多广?是否应附加一些前提条件?[66]而这种法官在裁量权下根据每个先例不同案情与性质做出权衡的情况,无可避免会在一些两可的案件中带来一定程度的不肯定,不同的法官会做出不同的决定。

为帮助读者理解,笔者会在接下来的段节分四种不同性质的案件进行介绍。

4.5.1 不同性质的案件

笔者在本章之4.4段已经提到案件的性质会影响什么属于必要的信息,关于是否成比例也是一样。例如在涉及国际诈骗的案件中,即使要求披露的文件较多也会成比例,涉及人身安全、恐怖行动等的案件也是类似的情况。在《Disclosure》(2017年,第5版)一书之3.12段说:"In deciding the necessary amount of information or documents which ought to be disclosed, the court must always consider what is proportionate, the expense involved, the burden on the respondent and what the information is needed for. Where a person's liberty and life is at stake, the court may be prepared to require a relatively wide range of documents or information to be provided. Thus extensive disclosure was ordered in a case in favour of a detainee abroad who claimed that the prosecution was relying on a confession obtained by torture: R. (on the application of Mohamed) v. Secretary of State for Foreign and Commonwealth Affairs (2008) EWHC 2048 (Admin); Aamer v. Secretary of State for Foreign and Commonwealth Affairs (2009) EWHC 3316 (Admin)..."

在涉及披露个人信息[67]的案件中,特别是要求大量人士的个人信息的案件,成比例的考虑与要求特别重要,法院是不会允许不成比例地侵犯保护个人信息与隐私的权利的。

---

[66] 一些常见的前提条件包括要求申请人/原告负责第三方披露的费用、向法院提供保护第三方的交叉担保(cross-undertakings)、担保披露的信息只能用于特定目的等,而根据不同案件的具体案情也会存在一些特定的前提条件:见Santander UK Plc v. National Westminster Bank Plc (2014) EWHC 2626 (Ch)等先例。

[67] 近年来,随着信息化和网络的发展,个人信息被有意或无意泄露的情况越来越多。举个简单的例子,在批量发送邮件时,如果没有选择密件抄送(BCC),就属于泄露了他人的通讯方式。因此,保护个人信息的权利越来越受到重视。在本章之4.7段提到的Lockton Companies International v. Persons Unknown (2009) EWHC 3423 (QB)先例中,虽然谷歌愿意配合提供信息但仍然要求原告获得有管辖权法院的命令,就是出于这方面的考虑。政府也加强了对有关公司保护个人信息的规管,"走出去"的中国公司必须提高警惕。在2018年年初,Facebook被爆有约8000万名用户的信息被一家名为Cambridge Analytica的机构盗取,并且为美国总统唐纳德·特朗普(Donald Trump)的竞选活动提供了帮助。Facebook有危险因此面对2万亿美元天价罚款的,这约等于意大利2017年的国民生产总值。

4.5.2 对保护个人信息和保护知识产权作出权衡的 Golden Eye v. Telefonica 先例

在近期的 Golden Eye v. Telefonica (2012) EWCA Civ 1740 先例中,原告是电影知识产权所有人,想要向通过 P2P 形式(BT)下载“成人电影”的人士索赔侵犯知识产权的损失。于是原告向法院申请第三方披露令,要求被告网络服务供应商披露这些人士的身份。因此该先例涉及对两个公共政策的权衡:一个是对知识产权的保护;另一个是对私人与家庭生活的保护,特别是欧盟的《Data Protection Directive 》(95/46/EC of 1995)与英国《Data Protection Act 1998》立法之 section 35 下强调的对个人信息的保护。

上诉庭将有关成比例与裁量权的争议总结为:(1)法院是否应该行使裁量权做出命令;(2)考虑到对隐私与个人信息的保护,原告草拟的命令内容是否成比例。针对这两个争议,上诉庭的 Patten 大法官同意一审法院 Arnold 大法官的判决,可节录如下:“If one considers first the claim by Golden Eye and Ben Dover Productions, the claim for a Norwich Pharmacal order is one made by a copyright owner and its exclusive licensee, both of whom have been joined to the claim and will be joined to any infringement claims. Given the commercial background explained above, there is nothing particularly unusual, let alone objectionable, about the Ben Dover Agreement. **The mere fact that the copyright works are pornographic films is no reason to refuse the grant of relief**, since there is no suggestion that they are obscene or otherwise unlawful. Golden Eye and Ben Dover Productions have a good arguable case that many of the relevant Intended Defendants have infringed their copyrights. I am satisfied that they do intend to seek redress for those wrongs and that disclosure is necessary to enable them to do so. In these circumstances, **I conclude that the Claimants' interests in enforcing their copyrights outweigh the Intended Defendants' interest in protecting their privacy and data protection rights, and thus it is proportionate to order disclosure**, provided that the order and the proposed letter of claim are framed so as properly to safeguard the legitimate interests of the Intended Defendants, and in particular the interests of Intended Defendants who have not in fact committed the infringements in question. This will require the draft order and the draft letter to be amended to address the concerns I have set out … above. In addition, it will be a term of the order that any claims against the Intended Defendants be brought in the Patents County Court. ”(加黑部分是笔者的强调)

4.5.3 涉及小金额索赔并对第三方披露令附带条件的 Santander UK Plc v. National Westminster Bank Plc 先例

第二个先例是 Santander UK Plc v. National Westminster Bank Plc (2014) EWHC 2626 (Ch)先例。原告 Santander 是一家银行,与大多数银行一样存在大量的电子转账与汇款。而这个过程难免会出现错误,例如将钱存入了错误的银行账号或是重复转账/汇款等。这可能是银行职员的错误,也可能是客户自己的错误(如提供了错误的账号)。虽然出错的比例很低,但从绝对数字上来说也不少,例如 Santander 在 2014 年 5 月有 850 万次转账,其中有 603 次错误。

一般解决这种问题的办法是委任律师写信给收款银行,由收款银行通知客户返还错给的钱。一般来说对方都会配合,可以解决问题。但也无可避免会有情况是收款银行没有获得客户的批准,所以不能披露任何信息,更不能将错给的钱归还。而收到这笔被错给的钱的客户不回应也会有各种原因,可能是因为客户贪心与不合作,也可能是因为有关的账户是休眠账户等。这样 Santander 就需要要求收款银行告知客户的名字、地址、电话号码、电邮地址与生日以开始法律行动要求复原(restitution)。[68] 一般收款银行都会表示愿意配合(毕竟对收款银行来说没有影响),但考虑到对客户个人信息的保护,除非获得客户允许(这很困难)或有管辖权法院的命令,否则不能披露有关信息。

因此继续推进的唯一办法就是向法院申请第三方披露令。而因为错误转账/汇款的虽然大部分都金额较小,但也会有部分金额较大,所以会涉及不同的法院(高院或区域法院)与不同的法官。而申请的结果也不一致,根据 Santander 的说法,其中有 55% 获得了法院的批准(其中一些要求第三方银行披露所有信息,另一些只要求披露部分信息),8% 被拒绝,剩下的则还在等待结果。

在该先例中,原告申请了针对 National Westminster Bank、HSBC、Barclays、Halifax Plc、Bank of Scotland Plc 等银行的多个第三方披露令。有关错误转账/汇款的金额从 650 英镑到 15000 英镑不等。

Briss 大法官针对成比例与管辖权说:

"... Points against the making of the order include the following:(i) The beneficiaries are not before me. The accounts could be held by anyone from a major cooperation to an individual member of the public. Since there is a real risk that the beneficiary will be an ordinary individual, it is right to consider the application from that perspective ... an order will invade the privacy and data protection rights of the ordinary people. It will expose them to a legal claim. They will receive a letter before action from the claimant's solicitors. (ii) In many cases the sums of money at stake are really very small. The ordinary person may have spent the money many months ago, not realising it was received in error. (iii) In some cases the claim relates to mistakes made two years ago, in 2012.

Considering some ... points in favour of the order in this case are the following:(i) Santander has a good, strongly arguable claim for return of the money. It is not obvious what the beneficiary's defence would be; (ii) There is a strong public interest in allowing an applicant to vindicate his legal rights; (iii) The information cannot be obtained from another source; (iv) The respondent bank has been told about the mistake and knows that it holds the account into which the money was paid. It knows it has (unwittingly) facilitated the wrongdoing; (v) The order will not risk revealing the names of innocent persons. The order is limited to thc name(s) of the holder of the account into which the money was paid; (vi) The underlying legal claim is not factually or legally complex. ... An ordinary member of the public will understand the basis of the claim and, if they wish to take legal advice, will not need a spe-

〔68〕 见笔者《合约的履行、弃权与禁反言》一书第五章之 4 段。

cialist; (vii) The claimant's right to use the information provided is limited to the purpose explain in the application. It can be used to further the claim to recover the money paid by mistake but for no other reason.

Balancing these factors together, one aspect stands out. Even the largest sums at stake are modest and in many cases to sums involved are tiny. The court is entitled to wonder whether it is really appropriate to exercise this exceptional jurisdiction in such circumstances...

In my judgement in this case an order along the lines sought is an appropriate exercise of the court's discretion subject to appropriate safeguards. I turn to the safeguards.

First, I am not satisfied that the beneficiary's date of birth should be provided. That is unduly intrusive and unnecessary. Santander submits this information may be useful to provide to an enquiry agent. That is not a sufficient reason to include it... Bearing in mind the claimant's limited right to use it, the other information sought is proportionate, i. e. name, address, telephone number and email address of the beneficiary.

Second, these applications have rightly been brought in the High Court given the balancing exercise which they raise but that does not mean that the claimant should bring any claim against the beneficiary in this court... Many of the mistaken sums are within the small claims limit (i. e. can bring to the county court) and so even if Santander had to litigate and won its claim against a beneficiary, the beneficiary would not be liable for costs...

Third, there is a question of Santander's costs... Sometimes a claimant who has obtained a Norwich Pharmacal order seeks the costs of obtaining that order from the wrongdoer, once they are identified. However on these applications Santander's position is that it does not seek the recovery of its legal costs of the application for a Norwich Pharmacal order from the beneficiary. Should Santander proceed with legal action against the beneficiary, it seeks only the costs it may be entitled to of those separate legal proceedings, not the costs associated with the application for a Norwich Pharmacal order ...

Fourth, ...The draft order proposed ... includes a suitable undertaking to that effect..."

Briss 大法官同意作出第三方披露令,但对申请人 Santander 提了几个附加条件:(1)作为被申请人的多家银行披露信息时无须披露错误收款又没有退还复原的客户的生日,以尽量减少侵犯隐私;(2)将来 Santander 向这些人士追回错汇的钱时,由于金额可大可小而在不同层次法院(高院、地方法院或小金额裁判庭等)起诉带来的可大可小的诉讼费用,Santander 必须自负;(3)Santander 必须自负申请第三方披露令的法律费用;(4)Santander要提供申请带来的对第三方影响/损失的担保。

4.5.4 对阻止门票被炒卖和保护隐私的人权作出权衡的 The Rugby Football Union v. Consolidated Information Services Ltd 先例

第三个先例是 The Rugby Football Union v. Consolidated Information Services Ltd (2012) UKSC 55 先例,原告 The Rugby Football Union(简称 RFU)是英国橄榄球运动的官方组织,主要任务是筹办国际赛事、培训运动员等,也要负责出售特维克纳姆体育场

(Twickenham Stadium)内进行的所有橄榄球比赛的门票。合并的售票合约中有条文规定,以高于票面价格转售或以广告表示有票待售会构成违约,令门票失效。很明显,RFU是希望以合约条文阻止"黄牛",以达到更好地推广橄榄球运动的目的。被告经营的Viagogo网站是一个线上票券二手交易平台,有需求的人士可以在网站上注册账号以出售与购买体育比赛、演唱会、戏剧演出等活动的门票,Viagogo从中抽取佣金。门票的卖方在Viagogo上注册账户并登记要出售的门票,Viagogo会根据当时的市场信息建议售价。在用户注册账户时,Viagogo通知他们在特定情况下会披露用户的个人与财务信息:"You should be aware that in addition to the circumstances described above, Viagogo may disclose your financial or personal information if required to do so by law, court order, as requested by other government or law enforcement authority, or in the good faith belief that disclosure is otherwise necessary or advisable including, without limitation, to protect the rights or properties of Viagogo or its affiliated companies or when we have reason to believe that disclosing the information is necessary to identify, contact or bring legal action against someone who may be causing interference with our rights or properties, whether intentionally or otherwise, or when anyone else could be harmed by such activities."

RFU试图监视转售网站上的信息,找出是否有门票被以超出票面价格出售以及被谁出售,但是因为网站(包括Viagogo)的匿名系统不成功。在2010年与2011年,RFU发现Viagogo上有数千张关于几场重要赛事的门票待售,而票面价格仅为20~55英镑的门票,最高被开价到1300英镑。RFU要求Viagogo提供卖方与有关票务的信息但被拒绝,于是开始法院程序申请第三方披露令。

高院支持了RFU的申请,要求Viagogo披露门票二手交易中涉及的有关人士的身份。Viagogo向上诉庭上诉并提出了一个新的抗辩,该第三方披露令不必要与不成比例地影响了买卖门票的人士在《Charter of Fundamental Rights of the European Union》之Article 8下的权利(保护个人信息)。上诉庭支持了高院的决定,RFU没有其他的方法可以获得有关的信息。上诉庭在权衡对买卖门票的人士保护个人信息的权利的影响与RFU法律行动的合法目的(更好地向公众推广橄榄球运动需要杜绝"黄牛"活动)后,认为第三方披露令是成比例的救济。于是Viagogo上诉到了英国最高院。

Kerr勋爵首先强调了第三方披露令的目的是公正,法院要考虑与权衡所有有关的因素,说:"The essential purpose of the remedy is to do justice. This involves the exercise of discretion by a careful and fair weighing of all relevant factors. Various factors have been identified in the authorities as relevant. These include: (i) the strength of the possible cause of action contemplated by the applicant for the order ... (ii) the strong public interest in allowing an applicant to vindicate his legal rights ... (iii) whether the making of the order will deter similar wrongdoing in the future ... (iv) whether the information could be obtained from another source ... (v) whether the respondent to the application knew or ought to have known that he was facilitating arguable wrongdoing ... (vi) whether the order might reveal the names of innocent persons as well as wrongdoers, and if so whether such innocent persons will suffer any harm as a result … (vii) the degree of confidentiality of the information sought … (viii) the privacy rights under article 8 of the European Convention for the Protection of Human Rights and Fundamental Freedoms of the individuals whose identity is to be disclosed … (ix) the rights and freedoms under the EU data protection regime of the individuals whose identity is to be disclosed … (x) the public interest in maintaining the confidentiality of journalistic sources, as recognised in section 10 of the Contempt of Court Act 1981 and article 10 ECHR …"

在该先例中,Kerr 勋爵说 RFU 要求披露的只是违反了售票合约条文高价二手买卖的人士的名字。RFU 维持门票价格不超过票面价格不仅有利于向公众推广橄榄球这项运动,而且对所有希望有机会观看比赛的人士都有好处。因此,相比于可能对被披露的买卖双方的个人隐私的影响,Kerr 勋爵认为在该先例他更倾向于做出披露令。但这不代表在所有的案件中,法院都会倾向于做出披露令,还是要权衡所有的因素,看第三方披露令是否是成比例的救济。Kerr 勋爵说:"In suggesting that it would 'generally be proportionate' to make an order where it had been shown that there was arguable wrongdoing and there was no other means of discovering the identity of the arguable wrongdoers, Longmore LJ might be said to have somewhat overstated the position, although it is to be noted that this was not expressed as a presumption in favour of the grant of an order. The particular circumstances affecting the individual whose personal data will be revealed on foot of a Norwich Pharmacal order will always call for close consideration and these may, in some limited instances, displace the interests of the applicant for the disclosure of the information even where there is no immediately feasible alternative way in which the necessary information can be obtained. But, in the present case, the impact that can reasonably be apprehended on the individuals whose personal data are sought is simply not of the type that could possibly offset the interests of the RFU in obtaining that information."

最后可说的是 RFU 的替代争议是即使第三方披露令是不成比例的救济,但因为买卖双方在注册账户时就已经被告知 Viagogo 有可能披露信息,所以已经同意 Viagogo 披露。但这不被法院接受,因为用户最多是同意了 Viagogo 在法律/法院要求下披露信息,但如果披露信息是不成比例的救济,法院就不会做出命令,所以用户没有同意披露个人信息。这只是对有关条文的解释,没有太多巧妙。

4.5.5 与公共政策(如保护媒体自由)有冲突的案件

本章之 4.4.3 段介绍的 John (Sir Elton) & Ors v. Express Newspapers & Ors (2000) 1 WLR 1931 上诉庭先例就是一个典型例子。显然针对同样的事实,上诉庭与一审的 Morland 大法官在行使裁量权决定做出第三方披露令是否成比例时有不同的决定,特别是在权衡保护法律业务特免权(legal profession privilege, LPP)与在《Contempt of Court Act 1981》下保护媒体自由这两个公共政策时有不同的看法。正如 Woolf 勋爵说:"while recognizing that whenever there are conflicting public interests to be balanced there is room for opinions to differ as to where the balance lies …"

4.5.6 要求过多信息/文件导致第三方披露责任过重的案件

法院在考虑要求第三方披露的信息是否成比例时，要考虑披露涉及的费用、给第三方带来的困难、申请人/原告需要的信息、有关案件的性质与/或严重性等。例如，要求一个无辜第三方披露做出大量与昂贵的披露往往会面对不成比例（并且不必要）的问题。在Mitsui v. Nexen Petroleum（2005）3 All ER 511 先例中，案情已经在本章之4.4.1段有过介绍。原告（Mitsui）申请第三方披露令失败，除了因为无法证明披露是必要等原因（虽然笔者认为这过于严苛）外，原告要求第三方 Nexen Petroleum 披露的文件范围太广也被法院认为是不成比例的，Lightman 大法官就说是"onerous disclosure of documents"。原告申请披露的文件列表可节录如下：

"i) disclosure of all documents within the Defendant's control which contain information relating to EnCana Corp's negotiations with Nexen, including but not limited to: a) documents which tend to show how Nexen came to know that the Defendant's interest in the Buzzard Field（北海 Buzzard 油田）was on the market for sale; b) documents which tend to show whether EnCana Corp assisted Nexen in formulating its bid for the Defendant including (but not limited to) documents which indicate that EnCana Corp in breach of its obligations under the Confidentiality Agreement（原告与 EnCana Corp 的机密协议）advised, or in any way notified Nexen of the Claimant's identity as a bidder or the price which the Claimant had offered; c) communications between representatives of EnCana Corp [including but not limited to Mr Ferguson and Mr Booth（他们分别代表 EnCana Corp、EnCana UK Holdings Limited 与原告谈判出售北海油田股权）] in relation to Nexen's bid for EnCana UK; d) communications between representatives of EnCana Corp (including but not limited to Mr Ferguson and Mr Booth) and representatives of Nexen in relation to Nexen's bid for the Defendant; e) communications between representatives of EnCana Corp (including but not limited to Mr Ferguson and Mr Booth) and EnCana Corp's advisors in relation to Nexen's bid for the Defendant; f) communications between representatives of EnCana Corp (including but not limited to Mr Ferguson and Mr Booth) regarding the Protocol and/or the Confidentiality Agreement; g) any board minutes or board documents which refer to Nexen's bid for the Defendant; h) any confidentiality agreement(s) entered into between Nexen and EnCana Corp; i) documents which show which parties were in the Buzzard Field data room, and when they were granted access; and j) a list of contents of the data room set up for the Scott and Telford Fields（其他有股权利益的油田）and/or a list of documents provided to prospective purchasers in that sale process such as Nexen.

ii) Mr Booth to provide the Claimant with an affidavit which sets out and explains in chronological order the stages of negotiations between EnCana Corp and Nexen which identifies: a) how Nexen came to know that the Defendant's interest in the Buzzard Field was on the market for sale; b) when EnCana Corp and Nexen began negotiations in relation to Nexen's purchase of that interest; c) which parties were in the Buzzard Field data room, and when they were granted access; d) when agreement in relation to the purchase price of the entire shareholding in the Defendant was reached during the negotiations between EnCana Corp and Nexen; e) whether EnCana Corp indicated to Nexen that EnCana Corp was in advanced discussions with another party (with or without naming the Claimant) in relation to its interest in the Buzzard Field; f) whether EnCana Corp indicated to Nexen the price which had been offered for its interest in the Buzzard Field (with or without identifying the Claimant as the bidder); g) whether during EnCana Corp's negotiations with Nexen, EnCana Corp's representatives considered and/or referred to the Protocol and/or the Confidentiality Agreement and if so, the nature of the consideration that was given; and h) whether during EnCana Corp's negotiations with Nexen, EnCana Corp discussed with Nexen the Protocol it had entered into with the Claimant and/or its obligations pursuant to the Confidentiality Agreement, and if so, the nature of these discussions."

看来为了提高申请第三方披露令成功的概率,应尽量动脑筋压缩要求第三方披露的信息或文件。毕竟,要求无辜的第三方披露,应尽量减少"扰民"。反正只要有了最重要的信息或文件后,即使将来需要进一步的信息也会容易得多。

4.6 第三方披露令的披露范围

4.6.1 是否披露全部信息

首先可节录 Reid 勋爵在 Norwich Pharmacal v. Commissioners of Custom & Excise (1973) 2 All ER 943 先例的著名判决,这一经典说法也被之后很多先例引用:"If through no fault of his own a person gets mixed up in the tortious acts of others so as to facilitate their wrong-doing he may incur no personal liability but he comes under a duty to assist the person who has been wronged by giving him **full information and disclosing the identity of the wrong-doers.**"(加黑部分是笔者的强调)

在该先例中,披露的范围其实十分有限,只是要求英国海关披露做出了错误行为(侵犯知识产权)的人士的身份。Cross 勋爵说:"In the course of the argument fears were expressed that to order disclosure of names in circumstances such as exist in this case might be the 'thin end of the wedge', that we might be opening the door to 'fishing requests' by would-be plaintiffs who want to collect evidence ... I think that these fears are groundless. In the first place, there is a clear distinction between simply asking for the name of a person who you wish to make a defendant and asking for evidence. This case has nothing to do with the collection of evidence."

这是说有担心第三方披露令会被用作向第三方钓鱼取证/摸索证明(fishing expedition),但 Cross 勋爵认为不必担心,本案例只是为了知道潜在被告的身份,与收集证据无关。

Cross 勋爵也说:"It is clear that courts do not compel discovery from persons who sustain no other relation to the contemplate litigation, or to the subject of the suit, than that of witnesses, and it is also clear that a bill for discovery cannot be used to enable a plaintiff to fish for information of any causes of action he may have against other persons than the defendant ..."

但随着第三方披露令的发展,法院抓住了 Reid 勋爵在 Norwich Pharmacal v. Commissioners of Custom & Excise 先例的判决中“全部信息”(full information)的说法,将第三方披露令的披露范围逐渐扩大。

在 RCA Corporation & Ors v. Reddingtons Rare Records (1974) 1 WLR 1445 先例中,案情涉及被告侵犯了原告的知识产权出售盗版的音乐录音与电影原声。原告要求被告披露提供盗版的供应商的名字与从它手上购买盗版的客户的名字。原告还要求被告披露有关的日期、数量与所有相关文件(copies of all documents in the defendant's possession, power, custody or control relating to such reply to or by the defendants)。在该先例中,被告没有出现进行抗辩。Goff 大法官说:“The question ... is whether such relief can be obtained on motion. There is no authority conclusively dealing with this, but it seems to me ... since the defendants must know the names of people from whom they have obtained the records, it is in my view appropriate to make the order ...”

而该先例的重要之处在于,除了要求被告披露有关的姓名与地址,Goff 大法官还根据 Reid 勋爵的判决中“full information”的说法,基于原告表面看来有很大可能对被披露姓名的人士有诉因,命令被告提供其他的相关文件。如果原告希望尽快从被告的供应商与客户处获得赔偿,则就必须对交易的数量、日期与其他信息知道得越多越好。但这样,就会令第三方披露令扩大到让原告收集证据以证明损失了。

Millet 大法官在 Societe Romanaise de la Chaussure SA v. British Shoe Corporation Ltd (1991) FSR 1 先例也有类似的说法:“The plaintiff of course put their case on the basis of Norwich Pharmacal case, under which a defendant who has prima facie becomes involved, however innocently, in wrongdoing is under a positive duty to assist a plaintiff by giving him full information in disclosing the identity of the wrongdoer. I observe that **it is not sufficient to disclose the identity of the wrongdoer, the obligation extends to give full information. That must include all information necessary to enable the plaintiff to decide whether it is worth suing the wrongdoer or not...** ”(加黑部分是笔者的强调)

4.6.2　披露范围和在诉讼中传召证人是否存在相似性

在 Mackinnon v. Donaldson, Lufkin & Jenrette Securities Corporation (1986) 2 WLR 453 先例中,Hoffmann 大法官针对第三方披露令与传召证人要求披露信息的异同,说:“It seems to me that ... the Norwich Pharmacal case is much more akin to the subpoena directed to a witness than the discovery required of an ordinary defendant. It is a general duty imposed upon persons who become ‘mixed up’ in tortious acts to produce evidence and documents before trial comparable with the general duty upon all persons who have relevant knowledge or documents to give evidence at the trial.”

Hoffmann 大法官在 Arab Monetary Fund v. Hashim (No. 5) (1992) 2 All ER 911 先例对第三方的披露范围或程度有更谨慎的看法,认为要求披露全部信息是不对的,说:“The reference to ‘full information’ has sometimes led to an assumption that any person who has become ‘mixed up’ in a tortious act can be required to disclose the identity of the wrongdoer but to give general discovery and answer questions on all matters relevant to the cause of action. **In my view this is wrong**... The Norwich Pharmacal case is no authority for imposing upon 'mixed up' third parties a general obligation to give discovery or information when the identity of the defendant is already known."（加黑部分是笔者的强调）

这带来的问题就是申请人/原告能否要求第三方/被告提供比传召证人更多的信息（无论是口头证据或文件证据）。在 Chevron Corporation v. Deleon Ltd（Case Number 2012－C－232，31，October 2014）先例中，直布罗陀最高院认为不可以："It is absurd that (the Claimant/Applicant) should obtain, as they are seeking to, much more wide-ranging disclosure against an innocent third party than it could obtain against an actual party to an action."

4.6.3　之后的判决和现在的观点

但在上诉庭的 Marc Rich v. Krasner（unreported, 15 January 1999）先例中，Morritt 大法官有不同的看法（另两位大法官也同意），说："I do not understand Hoffmann J to be stating that a Bankers Trust order must be as specific as a subpoena in all cases, and would respectfully disagree with him if he had. No doubt **the degree of specificity required will differ according to the facts of each case and those facts will include the relationship between the person against whom the order is sought and the other persons against whom the claims are made.** The court must in this, as in all other exercises of its discretionary powers, seek to achieve a just balance between those who seek such orders and those against whom they are sought. **In striking such balance it is necessary to consider the onerousness of compliance with the order sought without being tied down by rules relating to subpoenas. The purpose of the jurisdiction is to enable the applicant to obtain the information needed to trace and protect the assets he claims.**"（加黑部分是笔者的强调）

在接下来的 Mitsui v. Nexen Petroleum（2005）3 All ER 511 先例中，Lightman 大法官认为披露的范围是原告为了获得提起诉讼的最后一块拼图（the claimant requires disclosure of crucial information in order to be able to bring its claim or where the claimant requires a missing piece of the jigsaw）。而在 R（on the application of Mohamed）v. Secretary of State for Foreign and Commonwealth Affairs（2008）EWHC 2048（Admin）先例中，高院要求英国安全局披露所有对保证原告能在美国军事法院获得公平审理重要（essential to a fair trial）的文件。但该先例涉及原告的人身自由与生命安全，至关重要，所以法院才会允许披露范围这么广泛的文件。看来正如上诉庭的 Morritt 大法官所说，披露范围是广泛或狭窄要根据不同案件的情况作出权衡，主要仍是让申请人能够有足够信息保护自己与/或追踪到想索赔的财产。

最后笔者可节录 Charles Hollander QC 的《Documentary Evidence》（2018 年，第 13 版）一书之 4－11 段也认为应有较广泛的披露范围的观点如下："It would indeed be difficult to limit the words of Lord Reid in the way here suggested by Hoffmann J.[69] It is hard to

〔69〕 在本章之4.6.2段已经提到 Hoffmann 大法官在 Arab Monetary Fund v. Hashim（No.5）（1992）2 All ER 911 先例对第三方的披露范围或程度有更谨慎的看法。

imagine Lord Reid's words, cited in every application for a Norwich Phamacal order in the last generation, were Homer nodding.[70] It is suggested that Lord Reid had in mind that the third party should provide full information required for the purpose of enabling the claimant to identify and sue the tortfeasor: names, addresses, and information relating to the involvement of the tortfeasor in the tort.[71] If prompt and effective remedies are to be sought against tortfeasors, it will often be necessary that the claimants are given proper information about quantities, dates and details of the offending supplies."[72]

笔者也是同样的看法,毕竟根据不同的案情,在有些案件中确实只需要披露做出错误行为的人士的身份,而在有些案件就需要更多的信息。总之,是要披露让申请人能达到申请目的的最基本的信息。

4.6.4 第三方披露令不能被用作钓鱼取证/摸索证明

随着第三方披露令对介入(mixed up)程度的放宽与对信息(information)披露范围的扩大,第三方披露令与法院诉讼(court litigation)中的证人规则(mere evidence rule)的界限越来越模糊。而第三方是没有披露责任的(no discovery against a non-party),因此传召证人(Subpoena 或 Witness Summons)提供文件时,传召证人的一方必须明确是哪些特定文件:见 Burchard v. Macfarlane (1891) 2 QB 241 上诉庭先例。这样看来要限制第三方披露令下要求披露的文件数量或提供信息的范围,只能依赖法院根据是否必要(necessary)与成比例(proportionate)恰当行使裁量权。但第三方披露令不能用来钓鱼取证/摸索证明(fishing expedition)[73]这一点早前是很明确的。Cross 勋爵在 Norwich Pharmacal v. Commissioners of Custom & Excise (1973) 2 All ER 943 先例中部分引用了 Post v. Toledo, Cincinnati and St. Louis Railroad Co (1887) 11 NE Rep 540 先例的判决,说:"... it is also clear that a bill for discovery cannot be used to enable a plaintiff to fish for information of any cause of action he may have against other person than the defendant."Rimer 大法官在 Axa Equity and Law Life Assurance Society Plc & Ors v. National Westminster Bank Plc & Ors (1998) PNLR 433 先例中也说:"I interpret Lord Cross as approving the whole of the passage he cited from the Post case, including the statement that bills of discovery could not be used 'to enable a plaintiff to fish for information of any causes of action he may have against other persons than the defendant'."

这也是一贯以来的英国法律,即不能通过披露让一方找出一个新的诉因(cause of ac-

[70] 不能假设 Reid 勋爵说的"full information"是他一时不慎(Homer nodding)没有说清楚。

[71] Charles Hollander QC 认为在 Reid 勋爵在 Norwich Pharmacal v. Commissioners of Custom & Excise (1973) 2 All ER 943 先例中提到的"full information"指的不只是海关提供侵权人的姓名与地址,还包括披露其他信息令原告知道有关错误行为的细节,让他可以采取行动。

[72] 如果原告要尽快与有效地采取行动对付侵犯它法律权利的人士,就难免要海关提供进口化合物的数量、日期与细节。

[73] 这课题在本书多处都有提到,例如在本章之 1 段的脚注 6。另也提到在 CPR 下,这说法已在避免,因为本章之 2 段介绍的诉前披露议定书的做法本身就有钓鱼取证/摸索证明的嫌疑。也可见本段稍后节录的《Disclosure》(2017 年,第 5 版)一书之 5.43 段的说法。

tion)与案件(frame a new case),例如对方有否违反冻结令(freezing order/injunction):见A J Bekhor & Co Ltd v. Bilton (1981) QB 923 上诉庭等先例;也不能漫无目的地找有用证据(fish for evidence):见 Philipps v. Philipps (1870) 40 LT 815; Radio Corporation of America v. Rauland Corporation and Another (1956) 1 QB 618; British Leyland Motor Corp Ltd v. Wyatt Interpart Co Ltd (1979) FSR 39; Somerville v. Australian Securities Commission (1993) 119 ALR 149; British Aerospace v. Green (1995) ICR 1006; Mortgage Express Ltd v. S Newman & Co (unreported, CA, 7 July 1998); Bailey v. Beagle Management Pty (2004) FCA 60; Framus Ltd v. CRH Plc (2004) 2 IR 20; FDR v. Holloway (1995) IRLR 400; M v. L (1997) 3 NZLR 424; Astra Holdings Ltd, Re (1998) 2 BCLC 44 等先例。

所以为了避免导致钓鱼取证/摸索证明,第三方披露令的披露范围的界限应该怎样划分?是提起诉讼的最后一块拼图(the disclosure of crucial information in order to be able to bring its claim or where the claimant requires a missing piece of the jigsaw),[74]还是所有对保证原告获得公平审理重要(essential to a fair trial)的文件?[75]

有说法是应该看原告是否存在特定的诉因。但在 P v. T Ltd (1997) 1 WLR 1309 先例中,原告是被告的高级雇员,主要负责投标的工作。原告突然被董事总经理告知有匿名分包商对他有严重指控,但拒绝披露分包商的身份与指控的具体内容。声称他在与分包商交往的过程中有严重不当行为。之后原告被要求参与一个纪律听证会(disciplinary hearing),在听证会上被告仍然拒绝透露分包商的身份与指控的具体内容,只简单说原告在与分包商交往的过程中有严重不当行为并将原告辞退。而因为业内已经知道原告因严重不当行为被辞退的事件,原告寻找新的工作有困难。这就导致原告非常希望恢复名誉,但在不知道该匿名分包商的身份与指控的具体内容时,原告显然无法为自己辩解。于是原告向法院申请第三方披露令,要求被告披露让原告可以起诉匿名分包商诽谤(defamation)与/或恶意虚假(malicious falsehood)的必要信息。

法院支持了原告的申请,做出了第三方披露令,说:

"… In the present case it is a question whether a tort has been committed against the plaintiff. He believes that it has. The purpose of any order I make, as I suppose of any order that a judge ever makes, is to try to enable justice to be done. It seems to me that in the circumstances of the present case justice demands that the plaintiff should be placed in a position to clear his name if the allegations made against him are without foundation. It seems to me intolerable that an individual in his position should be stained by serious allegations, the content of which he has no means of discovering and which he has no means of meeting otherwise than the assistance of an order of discovery such as he seeks from me.

---

[74] 见 Mitsui v. Nexen Petroleum (2005) 3 All ER 511 先例。

[75] 见 R (on the application of Mohamed) v. Secretary of State for Foreign and Commonwealth Affairs (2008) EWHC 2048 (Admin)先例。

It seems to me that the principles expressed in the Norwich Pharmacal case, although they have not previously been applied so far as I know to a case in which the question whether there has been a tort had not clearly been answered, ought to be applicable in a case such as the present…

For my part, I see no reason whatever why the Norwich Pharmacal principle should be regarded as inapplicable to assist a prospective plaintiff to obtain information and documents necessary for the bringing of an action of libel or malicious falsehood in circumstances such as exists in the present case…"

也就是说在该先例中,法院允许了本质上属于钓鱼取证/摸索证明的申请,因为原告认为他自己并没有做出任何可被称作严重不当的行为,但直到他知道分包商声称的行为前,他除了泛泛指称该分包商诽谤或恶意虚假外,没有任何特定的诉因或支持的细节。

但 Axa Equity and Law Life Assurance Society Plc & Ors v. National Westminster Bank Plc & Ors (1998) PNLR 433 先例有不同的判法。原告在 1991 年认购了约 1900 万英镑的 Resort Hotels plc 发行的抵押债权股票(mortgage debenture stock)。原告声称他们依赖了 Coopers & Lybrand 对 Resort Hotels plc 的审计报告,包括 Resort Hotels plc 的现金流、资产与债务、与银行之间的状况、从账目中提取的上市资料(listing particulars)是否准确等。Resort Hotels plc 没有在 1993 年支付相应的利息并在 1994 年被行政接管(administrative receivership),这导致原告严重亏损。之后原告发现 Resort Hotels plc 发行抵押债权股票完全是当时的董事总经理(managing director) Robert Feld 先生的骗局。

原告在 1997 年针对 Coopers & Lybrand 做出告票,声称它的报告不准确与有疏忽,因此 Coopers & Lybrand 要承担侵权责任与/或《Financial Services Act 1986》之 section 150 下的责任。但是这个告票无法送达给 Coopers & Lybrand,因为当时原告没有足够的信息显示 Coopers & Lybrand 不准确或疏忽做出报告。

在 Axa Equity and Law Life Assurance Society Plc & Ors v. National Westminster Bank Plc & Ors 先例中,原告请求法院对(1) Resort Hotels plc 的银行 National Westminster Bank plc 与 Midland Bank plc;(2) Resort Hotels plc 本身;(3) Robert Feld 先生;(4) Robert Feld 先生的律师 Harkavys 做出第三方披露令。原告要求第三方披露的文件有关:(1)它们在 Coopers & Lybrand 准备年度审计报告时与 Coopers & Lybrand 的关系;(2) Coopers & Lybrand 准备与审计的 Resort Hotels plc 账目;(3)抵押债权股票的发行与配股,准备与批准上市资料;(4) Resort Hotels plc 在 1991 年 10 月与 11 月的财务状况。

Rimer 大法官在参考了 Hoffmann 大法官在 Arab Monetary Fund v. Hashim (No. 5) (1992) 2 All ER 911 先例中对第三方的披露范围或程度的谨慎看法,认为这申请的文件或信息太广泛并且欠缺与传召证人类似的特定性,说:"If that approach is correct, then it appears to me that the orders sought against the five defendants in this case are also too widely drawn and lack the specificity which would be requisite for the drawing of a valid subpoena duces tecum …"

总结以上所讲,在笔者看来随着第三方披露令的应用逐渐广泛并持续扩大、更宽松与有弹性,加上法院十分愿意协助申请人/原告找出做出错误行为的人士的身份或完整争议的态度(只要申请人/原告可以证明有关错误行为可能存在),要区分钓鱼取证/摸索证明与寻找最后一片缺失的拼图是极度困难的。也难怪在 Paul Matthews 与 Hodge M. Malek QC 的《Disclosure》(2017 年,第 5 版)一书之 5.43 段说:"At first sight the CPR are even stricter than the old rules. Disclosure will not be ordered for the purposes of 'fishing'. There must be a proper basis for seeking an order for specific disclosure, and such an application can be dismissed as a fishing expedition where a proper basis is lacking. However it is arguable that the fishing objection has less force than hitherto in cases where there is some basis for disclosure as opposed to a less controlled speculative application. Unlike under the RSC, with the CPR non-party disclosure and pre-action disclosure in all actions is theoretically available. In the context of pre-action disclosure under CPR, r. 31.16 there may be an element of speculation where the purpose of the application is to determine whether there is a case worth pursuing. The Australian cases expressly recognise that the reluctance of the courts to allow a fishing objection is not so great as it once was, given that discovery is no longer automatic and preliminary and non-party disclosure is permitted."

4.7 英国法院对外国公司的管辖权

第三方披露令是对人诉讼(*in personam* action),是实质诉讼,因此英国法院要做出第三方披露令就必须对有关自然人或法人有管辖权(jurisdiction)。也就是说,除非中国公司因为各种原因(最明显的就是在英国有分公司[76])令英国(或中国香港特区、新加坡等

---

〔76〕 但这也不绝对,还要看被告业务的性质,如银行与律师事务所对客户的责任是受当地的立法、法规管辖。Denning 勋爵在 R v. Grossman (1981) 73 Cr App R 302 先例中说:"I think that the branch of Barclays Bank in Douglas, Isle of Man, should be considered in the same way as a branch of the Bank of Ireland or an American bank, or any other bank in the Isle of Man which is not subject to our jurisdiction. The branch of Barclays Bank in Douglas, Isle of Man, should be considered as a different entity separate from the head office in London. It is subject to the laws and regulations of the Isle of Man. It is licensed by the Isle of Man government. It has its customers there who are subject to the Manx laws. It seems to me that the court here ought not in its discretion to make an order against the head office here in respect of the books of the branch in the Isle of Man in regard to the customers of that branch. It would not be right to compel the branch—or its customers—to open their books or to reveal their confidences in support of legal proceedings in Wales. Any order in respect of the production of the books ought to be made by the courts of the Isle of Man—if they will make such an order. It ought not to be made by these courts. Otherwise there would be danger of a conflict of jurisdictions between the High Court here and the courts of the Isle of Man. That is a conflict which we must always avoid. ... It seems to me that, although this court has jurisdiction to order the head office here to produce the books, in our discretion it should not be done."另外,在本章之 4.9.7 段介绍的 United Company Rusal Plc & Ors v. HSBC Bank Plc & Ors (2011) EWHC 404 (QB)先例中,Tugendhat 大法官也说仅仅是国际律师事务所中其他国家的分所的律师介入有关错误行为而该律师事务所在英国有分所,并不足以令英国法院有管辖权:"So in considering whether a respondent law firm has become involved in wrongdoing, it is necessary to consider whether the lawyers in the office in England and Wales have become involved. It will not be enough that the lawyers in some other office have become involved."

其他可以做出第三方披露令的普通法国家或地区）法院有管辖权，英国法院没有管辖权对中国公司做出第三方披露令。随着社会科技的进步、传媒载体与大众获取信息方式的改变，网站等新媒体/网络科技公司会逐渐取代报纸电视等传统媒体成为这种第三方披露令的目标。中国网络科技公司如腾讯、阿里巴巴等，可以不在英国法院的管辖权内作为抗辩而免予披露。

但也有办法避过这方面的问题，其中一个就是通过合并诉讼（joinder action）将原本英国法院没有管辖权的第三方加入作为共同诉讼方。在 Lockton Companies International v. Persons Unknown（2009）EWHC 3423（QB）先例中，原告就以还没有确认身份的侵权人“Persons Unknown”[77]作为第一被告，并提供证据证明英国法院很可能对这些侵权人有管辖权。之后原告通过合并诉讼的形式将美国的谷歌公司加入作为第二被告，理由是谷歌是在对“Persons Unknown”诉讼中“必要与适合的一方”（necessary and proper party）。

但 Lockton Companies International v. Persons Unknown 先例是否是一个可以行得通的正确做法尚且未知。这有几方面的问题，首先是英国一直以来都强调不可以仅以披露为目的将没有诉因的第三方加入一个实质的诉讼。例如，Russell 大法官在 Gould v. National Provincial Bank（1960）Ch 337 先例中说：“If he is not a proper party, I am clearly of opinion that discovery should not be ordered since it would mean this, that he would be being retained as a party for no purpose other than discovery. I consider that the second defendant in this case is not a proper party. … it seems to me that, for a person to be a proper party to an action of this nature, it is essential that he should be legally or equitably interested in some part of the relief claimed. …”

在更近期的 Douihech v. Findlay（1990）1 WLR 269 先例中，Dobry QC 大法官也说：“the right to discovery or inspection must have some foundation and must depend on some other right. …”

而在 Lockton Companies International v. Persons Unknown 先例中，Eady 大法官针对这一点说：“Norwich Pharmacal relief is regarded as substantive relief and therefore the application does not offend against the principle that one cannot assert jurisdiction against a party resident abroad purely for the purposes of disclosure of documents. It seems to me that in those circumstances the submissions should be upheld and the court should exercise its jurisdiction to grant permission to serve out within the provisions to which I have referred.”

更重要的是这个诉讼是单方面申请（*ex parte*），而谷歌也充分配合，向原告承诺只要是有管辖权的法院做出第三方披露令，它就会提供资料。而谷歌需要法院命令的原因是为了让自己将个人信息“泄密”给有关人士的行为合法化。而如果腾讯、阿里巴巴或中资银行等中国公司不希望披露有关信息，在收到法院命令后仍可委任英国律师（在中国香

〔77〕 有关将“Persons Unknown”作为真正的被告并说服英国法院其对该不知名的被告有管辖权的做法将在本书第三章之1.6.5段有详细介绍，此处不再重复。而本段介绍的主要是针对将第三方加入作为共同被告这个性质不同的问题。

港法院就是香港律师,新加坡法院就是新加坡律师)向法院申请撤销命令。

例如在 AB Bank Ltd v. Abu Dhabi Commercial Bank PJSC (2016) EWHC 2082 (Comm)先例中,原告 AB Bank Ltd 是一家孟加拉国的银行,其被骗子(第一被告)通过欺诈手段骗走了约 2000 万美元。原告没有指称第二被告(Abu Dhabi Commercial Bank, ADCB)与欺诈有关(也就是说 ADCB 只是无辜第三方),但认为第二被告知道被骗走的这笔钱的去向。Cooke 大法官在原告的单方面申请下做出了针对第二被告的披露命令(本质上是第三方披露令)。但第二被告向法院申请撤销有关的披露命令。高院的 Teare 大法官针对原告真正目的只是第三方披露令,对把 ADCB 加入对第一被告的欺诈诉讼中一并审理是否必要与适合有所怀疑,说:"The Claimant has a fraud claim against Pinnacle Global Fund Limited(作为第一被告的骗子) which it wishes to serve. The allegation of fraud is a real issue which it is reasonable for the court to try. The next condition is that the claimant wishes to serve the claim form on another person who is a necessary and proper party to that claim. But in the present case the Claimant does not wish to serve the claim form alleging fraud on ADCB Dubai(第二被告); no allegation of fraud is made against that bank. This is not a case where a person outside the jurisdiction is liable to the claimant jointly with a defendant within the jurisdiction which is the typical circumstance in which it is said that the person outside the jurisdiction is a necessary and proper party. In the present case the person outside the jurisdiction is not said to be liable for the fraud alleged against a defendant within the jurisdiction. The Claimant wishes to serve a claim form raising a quite different cause of action, namely, that which establishes a basis for Norwich Pharmacal relief. That claim would be established long before the fraud claim was established. The two claims would never be tried together. I do not consider that ADCB Dubai is either a necessary or a proper party to the action alleging fraud."

Teare 大法官也提到了 Charles Hollander QC 的《Documentary Evidence》(2015 年,第 12 版)一书之 4 - 18 段对这种以"Persons Unknown"避开管辖权问题的做法的批评,认为这种做法与合并诉讼的本意或精神不一致:"Nor does the 'persons unknown' route seem satisfactory. 'Necessary and proper party' involves an action already proceeding in the jurisdiction against a party amenable to the jurisdiction. But the whole point of the Norwich Pharmacal jurisdiction in such cases is to identify the primary defendant in circumstances where the action cannot otherwise take effect. Identifying the defendants as 'persons unknown' is common in claims for possession of land against trespassers where the order can be made effective notwithstanding the claimant not knowing the identity of the trespassers. But in Norwich Pharmacal cases the claim serves no useful purpose in the absence of identification of the primary defendant. So the claim against the primary defendant is something of a fiction until jurisdictions is obtained against the Norwich Pharmacal defendant. Thus, it is not within the spirit of the rule. Moreover, the Norwich Pharmacal defendant is arguably not properly described as a necessary and proper party to the action. Either the action cannot go ahead at all (because the primary defendant cannot be identified) or (because the primary defendant has been identified) it can go on without the assistance of the Norwich Pharmacal defendant. Either way, the Norwich Pharmacal defendant is neither a necessary nor proper party."

简言之,对这种做法有疑问的地方是在原告确定第一被告"Persons Unknown"的身份前,根本无法开始一个真正的诉讼。而加入原本没有管辖权的第二被告,纯粹是为了找出第一被告的身份。而如果找得出第一被告的身份并开始推动诉讼,第二被告实际上与实质争议没有任何关系也提供不了任何帮助。所以在这两种情况下都很难说第二被告是对第一被告的实质诉讼的"必要与适合的一方"。这个做法也与合并诉讼的本意不符。

在《Documentary Evidence》(2018 年,第 13 版)一书认为在 AB Bank Ltd v Abu Dhabi Commercial Bank PJSC 先例后这方面的问题已经清楚,所以就删除了上面节录的这段。

4.8　Bankers Trust Order

Bankers Trust Order 是为追查一笔金钱下落向银行下的命令,其本质是一种更细致/深入的第三方披露令。在 Bankers Trust v. Shapira (1980) 3 All ER 353 先例中,第一与第二被告用假支票向原告银行支取了在当时看来的一大笔金钱(100 万美元),存进自己银行(第三被告)后再转汇去外国。原告成功获得了一个冻结令(Mareva Injunction/Freezing Order),但一审法官拒绝做出要求第三被告的银行提供/披露所有关于支票、其他被告的户口的书信来往与资金去向等文件的命令。上诉庭推翻了一审法院的判决,做出了这个被称为"Bankers Trust Order"的附属命令(ancillary order)。而原告也被要求担保会承担第三被告的银行披露的费用,并保证只会将有关的文件用于追回被骗走的钱。但 Denning 勋爵在该先例也说,法院在做出这种命令时必须小心,原告必须有很强证据显示这笔钱是他的,是被骗子以欺诈或其他不法手段骗走的:"The new jurisdiction must, of course, be carefully exercised. It is one strong thing to order a bank to disclose the state of its customer's account and the documents and correspondences relating to it. It should only be done when there is good ground for thinking the money in the bank is the (原告的) money, as for instance when the customer has got the money by fraud, or other wrong doing, and paid it into his account at the bank. (原告) who has been defrauded, has a right in equity to follow the money."

在之后的 Arab Monetary Fund v. Hashim (No. 5) (1992) 2 All ER 911 先例中,Hoffmann 大法官也说法院做出 Bankers Trust Order 前,原告一定要证明如果有文件/资料,他有很大机会可找出或保存这笔争议的资产/金钱:"On my judgment ... the first principle of the Bankers Trust case is that the (原告) must demonstrate a real prospect that the information may lead to the location or preservation of assets to which he is making a proprietary claim."

Bankers Trust Order 主要是作为冻结令的附属命令,[78]而非一个独立的实质性的法律行动,但一般被认为是第三方披露令的一种。这是因为与第三方披露令一样,如果法院

[78] 有关另一种冻结令主要的辅助命令资产披露令(Assets Disclosure Order),在本书第三章之 2 段有详论。

不做出 Bankers Trust Order,就不会有诉讼至少不会有一个有效的诉讼,因为钱已经被转走再也追不回来,特别是还没有在 Babanaft International Co SA v. Bassatne (1990) Ch 13 先例后才发展起来的全球冻结令(Worldwide Freezing Injunction),伦敦还没有稳固作为国际金融中心,外国银行争相成立分行/代表处的年代。另是银行应属于协助(facilitate)了做出错误行为(欺诈)的人士(wrongdoer)的第三方,有责任提供信息,这也符合第三方披露令的定义。但 Bankers Trust Order 与第三方披露令也有所不同。第三方披露令最开始是为了确定侵权或做出其他错误行为的人士的身份,而 Bankers Trust Order 是已经知道了骗子的身份,只是需要知道金钱的去向以追回这笔钱。所以 Bankers Trust Order 要披露的文件/资料/信息性质与内容与第三方披露令不同,披露范围也很可能广泛得多。

另一个类似的法院命令是在《Bankers' Books Evidence Act 1879》之 section 6 与 section 7 下,诉讼方如果有特殊原因,可以要求银行提供簿册进行检查并复印,但这不包括支票、被告户口的书信往来等。也就是说,相比之下 Bankers Trust Order 的范围更广,再加上民事诉讼法律(包括 CPR 与《Civil Evidence Act 1995》等)的发展,Bankers' Books Order 的使用越来越少,因此本书不再详细针对。

4.9 部分先例介绍

以下笔者挑选少数几个较近期先例进行较为详尽的介绍,它们针对不同的领域与情况,也可显示第三方披露令(Norwich Pharmacal Order)的广泛用途。

4.9.1 找出"内鬼"的 China National Petroleum Corporation and Ors v. Fenwick Elliott and Techint International Construction Co. 先例

在 China National Petroleum Corporation and Ors v. Fenwick Elliott and Techint International Construction Co (2002) EWHC 60 先例中,原告是中国(中石油)、马来西亚、加拿大与苏丹公司,它们共属于一个财团。该财团投资了一个石油项目并在 1997 年 7 月委任 OGP Technical Services Sdn Bhd(简称 OGP)作为项目管理顾问。1998 年 2 月 21 日,财团与第二被告 Techint International Construction Co.(以下简称 Techint)订立了两个合约,由作为承建商的第二被告建造海运码头与一些附属设施。合约中规定(由于工程项目中无可避免会有一些改动,所以这种规定在合约中属于标准条文),如果工程项目有更改(variation),财团需要额外做出支付。之后财团与 Techint 对额外支付部分的金额有争议,Techint 根据合约的仲裁条文在 2000 年下半年开始了 ICC 仲裁。第一被告 Fenwick Elliott(以下简称 FE)是 Techint 在仲裁中的代表律师。

FE 要求财团披露 OGP 针对工程项目更改做出的所有建议,并要求 OGP 提供口头证据。而财团的代表律师 Masons 则回应说怀疑这些文件是否存在,即使存在也与有关的争议无关并且属于不可披露的文件[享有机密性与特免权(privilege)],如果 FE 想要 OGP 的口头证据是他们自己的事。之后仲裁庭做出了要求财团披露 OGP 针对工程项目更改做出的所有建议的程序命令。Masons 在 2001 年 10 月 8 日披露了一份 OGP 的信件,并表示在继续搜寻文件。FE 在 2001 年 10 月 16 日写信给仲裁庭说:"We believe that some of these documents, such as **OGP's recommendation that the Owner pay $40 million in respect of Change Orders** not formalised will be of general background assistance for the Tribunal."

上述加黑部分是 OGP 作为项目管理顾问建议财团的和解金额,这显然应该是财团自己的机密信息,不应该被对方知道。因此财团与 Masons 很惊讶对方代表律师 FE 怎么会知道有关的信息,并且 FE 应该知道有关的信息享有机密性与特免权。在财团看来,应该是有内鬼将信息透露给了 Techint 或 FE,财团有权要求 Techint 或 FE 披露。于是在 2001 年 10 月 17 日,Masons 写信给 FE 与仲裁庭,要求 FE 披露:(1)Techint 是什么时候与怎样获得有关的信息;(2)FE 是什么时候与怎样获得有关的信息;(3)谁允许 FE 披露有关的信息。

在 2001 年 11 月 1 日,Masons 在电话中表示 FE 在 2001 年 10 月 16 日的信件中提到的文件不存在。但 FE 则表示被告知有关的文件一直存在,但拒绝透露信息源。

在 2001 年 11 月 15 日,财团要求仲裁庭的仲裁员辞职并向 ICC 申请赶走仲裁员,原因是 FE 披露了 OGP 建议的和解金额会影响仲裁庭做出的决定,影响仲裁程序的公平。但这两个申请都失败了,ICC 的原因是无论 OGP 做出的和解建议金额是多少,都不会影响仲裁庭最终的结论。

在 2001 年 11 月 27 日,财团开始英国法院程序,声称 OGP 以口头与书面的形式向财团报告,而这些报告中的信息都是机密的,Techint 与 FE 是通过非法方式获得有关的信息的。而 FE 代表 Techint 泄露了 OGP 建议的和解金额是不正当使用这些信息,应被禁止。财团申请法院禁止 FE 与 Techint 继续使用或披露机密信息,将所有机密信息交回,并且披露什么时间、怎样、从谁那里得到有关的机密信息。而 FE 提交的证人证言(witness statement)中表示 FE 与 Techint 不拥有包含有关信息的报告,只是在向潜在证人取证时,其中的一位告诉 FE,OGP 曾经做出过 4000 万美元的和解建议。之后 FE 与 Masons 同意双方都没有见过含有 4000 万美元的和解建议的报告,也就是说不存在将报告或文件归还的问题。于是双方的争议主要是法院是否可以做出第三方披露令。针对这一争议,法院认为虽然第三方披露令不止局限在侵权行为,但第三方仍应该介入(mixed up)了错误行为(wrongdoing)。在该先例中,因为有关信息被法院认定并非机密,所以不存在错误行为。即使属于错误行为也不能证明 FE 足够介入了这个错误行为,所以不应做出第三方披露令。

至于向 FE 透露有关信息的 OGP 潜在证人是否享有特免权的争议,法院认为因为是在仲裁过程中向潜在证人取证,所以双方交流的内容与潜在证人的身份享有"诉讼特免权"(litigation privilege)。因此法院判 Techint 与 FE 胜诉。

4.9.2 执行判决/裁决债务的 Kensington International Ltd v. Republic of Congo 先例

Kensington International Ltd v. Republic of Congo (2007) EWCA Civ 1128 先例的案情只简单说是 Kensington[79] 买了刚果共和国未支付的判决债务(judgmcnt dcbt),在执行了部分后,还有 9200 万美元的债务没有执行或收回。刚果共和国作为国际主要的石油出

〔79〕 Kensington 应该是国际上的第三方基金(Third Party Funder),有关第三方基金购买投资仲裁的判决债权,已经在本章之 4.3.4 段简单提到。

口国之一,与很多国际石油公司有生意往来,其中包括瑞士的 Vitol 集团下的英国子公司 Vitol Broking Ltd(以下简称 VB)与 Vitol Services Ltd(以下简称 VS)。Chautard 先生是 VB 的雇员,Lambroza 先生是 VS 的雇员,他们都参与了 Vitol 集团与刚果共和国之间的交易。该先例涉及刚果共和国、VB、VS、Chautard 先生与 Lambroza 先生向上诉庭上诉,要求撤销三个法院命令。

2006 年 4 月 5 日,Kensington 向法院单方面(*ex parte*/without notice)申请冻结令(Freezing Order)与第三方披露令(Norwich Pharmacal Order),Gloster 大法官做出命令禁止作为第三方的 VB 与 VS 对从 2006 年 1 月 1 日到 4 月 10 日的交易与 4 月 11 日之后的所有交易做出支付,并要披露有关这些交易的信息。2006 年 5 月 26 日,VB 与 VS 向法院申请撤销 Gloster 大法官的命令。之后 Cresswell 大法官保留了冻结令,但撤销了对 2006 年 4 月 11 日之后的所有交易进行披露的命令,原因主要是会对第三方有太严苛的责任。之后的一两个月,Kensington 获得信息刚果共和国与 Vitol 集团订立了两票原油的合约。于是 Kensington 在瑞士日内瓦法院(Vitol 总公司所在地)申请扣押Vitol集团要支付给刚果共和国的货款,另在英国法院针对这两票原油交易的信息向 VB、VS、Chautard 先生与 Lambroza 先生申请第三方披露令。这申请被 Field 大法官支持,VB 与 VS 提出上诉,但上诉庭支持了要求 VB、VS、Chautard 先生与 Lambroza 先生披露两票将在刚果共和国与 Vitol 集团的合约下付运的原油信息的命令。Moore-Bick 大法官针对要求披露之后所有交易与特定两票交易的区别,说:"There is a clear difference between … continuing order for disclosure, which required the appellants to provide without the need for any further intervention by Kensington information about all future shipments from Congo in which companies in the Vitol group were concerned, and orders for disclosure of information relating to specific shipments made on the basis of such evidence as might be placed before the court on each occasion. Not only is the burden on the appellants significantly different, but applications for disclosure of information relating to specific shipments depend on Kensington's obtaining sufficient evidence to support them. They are therefore different orders made in different circumstances on the basis for different evidence."

上诉庭也简单提到了针对两票特定原油交易的披露令的性质相对于实质性的法律行动更倾向于辅助冻结令的披露令。关于这两者的微妙区别,由于不是该先例争议的重点,因此判决中没有详细针对,读者可见本章之 4.3.4 段节录的 Tomlinson 大法官在 NML Capital Ltd v. Chapman Freeborn Holdings Ltd (2013) EWCA Civ 589 先例的判决。

另在 2007 年 7 月 13 日,Gross 大法官在 Kensington 另一个新的申请下做出第三方披露令,要求 VB、VS、Chautard 先生与 Lambroza 先生披露涉及所有 Vitol 集团对刚果共和国的高级官员或他们控制的公司做出支付(Kensington 声称涉及贪污受贿)的所有信息与文件。VB、VS、Chautard 先生与 Lambroza 先生声称这些文件享有"自证其罪特免权"(self-incrimination privilege)的抗辩没有获得法院支持,因为英国在 2007 年年初生效的《Fraud Act 2006》在此先例适用,该立法之 Section 13 明示剥夺了被告以自证其罪特免权作为抗拒披露理由的权利。VB 与 VS 向上诉庭提起上诉,只是上诉庭没有改变 Gross 大法官的命令。关于自证其罪特免权的课题可见本书第十三章之10段,此处不进行详细介绍。

4.9.3 找出密谋政变的外国资助者的 Equatorial Guinea v. Royal Bank of Scotland International 先例

在 Equatorial Guinea v. Royal Bank of Scotland International (2006) UKPC 7 先例中,第一原告是赤道几内亚总统,第二原告是赤道几内亚政府。案情涉及原告声称一位 Mann 先生通过他全部或部分控制的两家在赤道几内亚做生意的外国公司资助试图推翻赤道几内亚政府的行动,包括以雇佣私人军事公司(雇佣兵)武装力量的形式试图刺杀第一原告并将一位现在流亡在西班牙的 Moto 先生推上总统的位置。原告声称这个政变行动是在英国(与其他地区)策划并获得资助的,并希望通过第三方披露令找出这次密谋政变的境外资助者。赤道几内亚一审法院做出了第三方披露令,要求被告银行(RBS)披露可以显示这两家公司的实益所有人(beneficiary owner)的文件与信息,两家公司、Mann 先生与 Moto 先生的账户出入信息。这导致两家外国公司介入,要求一审法院撤销命令并做出禁止 RBS 披露信息的禁令,但被法院拒绝,于是这两家公司向赤道几内亚上诉庭提起上诉。上诉庭认为这两家公司的上诉理由不足,提示这两家公司对某些没有在一审时提到的理由做出陈述,包括 RBS 介入的程度不够、第三方披露令对 RBS 的影响不成比例、原告不应该单方面提起申请、原告提供的证据不足等。之后上诉庭根据这些自己建议的理由撤销了第三方披露令,于是原告上诉到英国枢密院(Privy Council)。

枢密院恢复了一审法院的第三方强制令,但并非是以是否应该做出第三方披露令的理由,而是以上诉庭在上诉中引入了可能涉及没有在一审被认定的事实的新争议的做法不恰当为理由。上诉庭只是接受对下级法院判决的上诉,而并没有初审管辖权(original jurisdiction),例如在不涉及法律问题(如一审法院错误无视了可采纳的证据等)的情况下不能否定或改变一审法院已经认定的事实。

枢密院也说表面看来,一审法院法官在做出第三方披露令时并没有法律方面的错误,这也表示上诉庭不应该推翻一审法院的判决:"Norwich Pharmacal relief exists to assist those who have been wronged but do not know by whom. If they have straightforward and available means of finding out, it will not be reasonable to achieve that end by overriding a duty of confidentiality such as that owed by banker to customer. If, on the other hand, they have no straightforward or available, or any, means of finding out, Norwich Pharmacal relief is in principle available if the other conditions of obtaining relief are met. Whether it is said that it must be just and convenient in the interests of justice to grant relief, or that relief should only be granted if it is necessary in the interests of justice to grant it, makes little or no difference of substance. In the present case the appellants were concerned to identify those who had financed the abortive coup in March 2004. It is not suggested that there was any legal means of doing so open to the appellants other than that which they chose."

枢密院还提到了一个可能影响整个结果的法律问题,即有大量先例显示英国法院不应直接或间接执行外国公法。但由于原告、被告与两家公司都没有提出这个法律问题,所以枢密院不能纳入考虑。在该先例中,可以说原告是在行使主权保护国家与领导人(总统)的安全。而 Campbell 勋爵早在 Emperor of Austria v. Day and Kossuth (1861) 3 De G& F & J 217 先例中判法院不会做出禁令禁止一方在其他国家(匈牙利王国)起义。这种有关其他国家的政治、公共秩序的命令被认为是超出了法院的管辖权与权力。法院是无权决定国家之间的关系的,做出命令很可能会令英国陷入尴尬的境地,这应是外交部门处理的范畴。虽然在一些国际公约,如 1999 年《Convention for the Suppression of the Financing of Terrorism》(UN Doc A/54/49)(Vol. 1)下存在例外情况,但因为双方都没有提出有关争议,所以上诉庭与枢密院都不能自说自话作出考虑。

4.9.4 找出谁在侵犯知识产权的 Roberts v. Jump Knitwear Limited and Another 先例

在 Roberts v. Jump Knitwear Limited and Another (1981) FSR 527 先例中,案情有关侵犯服装设计的知识产权。原告自己原创设计与出售针织服装,并以设计独特与质量好出名。原告发现第一被告进口、第二被告出售抄袭她的一款设计的针织服装,侵犯了她对设计的草图与针织版样的版权。原告向法院要求做出禁止被告继续出售有关服装的禁令,并要求被告提供:(A)所有供应商的名字与地址;(B)所有被告的客户的名字与地址。被告同意披露供应商的信息(A),但拒绝披露客户信息(B)。其中最重要的一个理由是第三方披露令是针对已经存在或至少是原告能合理显示有错误行为(wrongdoing),但原告不知道做出该错误行为的人士(wrongdoer)的身份时,要求第三方披露做出错误行为人士的身份。第三方披露令不能被用来找出并非是做出错误行为的人士的身份,也不能用来产生原本不存在的诉因。根据《Copyright Act 1956》之 s. 5(3),只要客户(可能是分销的商店等)不知道针织服装是侵犯了知识产权,就不属于侵犯知识产权人。所以所有的客户(无论是否转卖了服装)目前为止都不属于做出了错误行为的人士,原告不能以第三方披露令要求披露这些客户的有关信息。更进一步说,如果被告披露了客户的信息,则原告很可能写信给他们告知有关服装违反了知识产权。这样客户就变为知情,之后再转卖服装就会成为做出错误行为的人士,这就表示第三方披露令被用来令原告获得了新的诉因,这是不对的。法院支持了被告抗拒第三方披露令的理由,没有做出要求被告披露客户身份信息的命令。

但正如在下一段的 Jade Engineering (Coventry) Limited v. Antiference Window Systems Limited and Others (1996) FSR 461 先例提到的,随着有关立法的改变,在《Copyright, Design and Patents Act 1988》下,专利所有人对所有占有侵犯知识产权的物品的人士(无论是否无辜/知情)都有诉因。所以如果 Roberts v Jump Knitwear Limited and Another 先例的案情在新的立法下再次发生,原告希望从被告处得到客户身份与信息时就不必再证明这些人士对侵犯知识产权知情。

4.9.5 管辖权不限于找出做出错误行为人士的 Jade Engineering (Coventry) Limited v. Antiference Window Systems Limited and Others 先例

在 Jade Engineering (Coventry) Limited v. Antiference Window Systems Limited and Others (1996) FSR 461 先例中,法院判第三方披露令不局限于披露做出或可能做出了错误行为的人士(wrongdoer)的身份。在该先例中,原告是一种机器的设计产权(design right)所有人,声称被告从意大利进口再分销的机器抄袭、侵犯了它的设计产权并提起诉讼。被告担保在法院做出判决前,不再交易有关的机器。在诉讼的相互披露程序前,原告向法院申请第三方披露令,要求被告披露有关机器的生产商与/或供应商(估计是意大利公司)。但被告拒绝披露,理由是生产商与/或供应商的身份与诉讼争议无关。如果被告披露了供应商的信息,很可能失去供应商的业务,将会对被告的生意有毁灭性的打击。原告做出担保不会把披露的信息作为其他用途,如不会在知悉后借机与被告的供应商直接做生意。除非向供应商提起诉讼时有必要,也不会向其他第三方披露供应商的信息。

Jacob 大法官首先确认了,根据 Smith Kline and French Laboratories Limited v. Global Pharmaceutics Limited (1986) RPC 394 先例,无论做出错误行为的人士是在国内或国外,只要在英国法律下被视为是错误行为,法院就有管辖权要求第三方披露信息。法院也面对另一个管辖权争议,就是生产商/供应商可能做出了英国法律下的错误行为,但也可能是无辜与不知情的。这样第三方披露令能否要求披露不确定是否做出错误行为的人士的信息?但 Jacob 大法官不认为有这方面的障碍,理由如下:虽然 Roberts v. Jump Knitwear Limited and Another (1981) FSR 527 先例中法院拒绝要求被告披露无辜客户的身份,但随着有关立法的改变,在《Copyright, Design and Patents Act 1988》已经不再要求侵权人知情,也就是客户对破坏版权不知情也不算是"无辜"了。所以如果这个先例根据改变后的立法判,结果会有不同。另外,在 CHC Software Care Ltd v. Hopkins & Wood (1993) FSR 241 先例中,Mummery 大法官判第三方披露令不局限于披露做出或可能做出了错误行为的人士的身份与信息,说:

"In my judgment, the court has jurisdiction at this stage [that is to say the interlocutory stage] to order the defendants, against whom a reasonable cause of action is pleaded, to make full discovery of names and addresses of the persons to whom the letters alleged to be actionable were sent.

The recipients of the letters are not wrongdoers, but, in my view, **the jurisdiction of the court is not confined to the case of identifying wrongdoers**. The copies of the letters sent by the defendants and any distribution list of names and addresses of recipients are documents relevant to the issues pleaded in this action. The fact that the immediate purpose for which the plaintiff seeks discovery is to write to the recipients to set straight the record does not oust the jurisdiction of the court to order discovery of relevant documents. The plaintiff's purpose is a legitimate purpose relating to the issues raised in the action. The plaintiff wishes to take reasonable steps to protect itself against the damaging consequences of the alleged tortious document disseminated by the defendants. The plaintiff is not seeking to use the process of discovery against the defendants for some extraneous or improper purpose. It is not seeking to obtain documents on which to found, create or complete a cause of action against persons who are not presently parties to the proceedings. It is not seeking to use the documents for any purpose which is an abuse of the process of discovery. In those circumstances I am satisfied that the court has jurisdiction."(加黑部分是笔者的强调)

根据 Mummery 大法官的判决,Jacob 大法官认为做出第三方披露令时必须满足两个条件:(1)被披露身份的人士要与诉讼有关,但不一定是做出错误行为的人士(wrongdoer);(2)申请人/原告必须有合法目的或理由要求第三方披露。在 Jade Engineering (Coventry) Limited v. Antiference Window Systems Limited and Others 先例中,原告需要知道供应商的身份以阻止供应商将有关机器卖给其他人(包括英国与外国)。加上被告的抗辩之一是他不知情,只是无辜地侵犯了原告的设计产权,原告需要知道供应商的身份以向他取证被告是否不知情。所以原告有合法理由要求被告披露供应商的身份。如果原告要求披露的是客户的信息,法院会更谨慎,因为原告很可能会利用有关的信息对被告造成损害(如告知被告的客户产品是抄袭的),即使申请人/原告最后败诉也难以扭转对被告业务已经造成的损害,见 Sega Enterprises Ltd v. Alca Electronics and Others (1982) FSR 516 先例。但原告要求披露的是供应商的信息,Jacob 大法官并不认为一旦被告在法院命令下披露供应商就会导致失去供应商。即使属于商业机密,因为原告已经做出了不会在法院作出判决前与供应商做生意的担保,所以也不会对被告造成任何损害。

4.9.6 Facebook 或谷歌等网络平台披露在网站作出诽谤的账户信息和平台本身责任的 Patel v. UNITE the Union 先例

除了类似在本章之 4.5.4 段介绍的 The Rugby Football Union v. Consolidated Information Services Ltd (2012) UKSC 55 先例中要求作为交易平台的网站提供用户信息,另一种常见情况是用户在网站上诽谤他人,受害者向法院申请第三方披露令要求网站披露用户的个人信息。[80] 在 Applause Store Productions Ltd v. Raphael (2008) EWHC 1781 (QB)先例中,原告 Firsht 先生是一位成功的商人,经营 Applause Store Productions Ltd 公司。被告 Raphael 先生曾是 Firsht 先生的好友与生意伙伴,但之后两人逐渐疏远了。2007 年 6 月 19 日,有人在 Facebook 上以 Firsht 先生的名字建立了一个假账户并在之后开始发布一些关于 Firsht 先生与 Applause Store Productions Ltd. 公司的不实信息。Firsht 先生在 2007 年 7 月 4 日发现后向 Facebook 要求删除,Facebook 在 7 月 6 日删除了有关文章与信息。Firsht 先生的律师在 8 月 1 日获得了第三方披露令,要求 Facebook 披露注册人的信息,包括注册的邮箱地址、该邮箱地址所有人登陆 Facebook 时的所有 IP 地址。Facebook 披露了注册时的 IP 地址,并且使用同样 IP 地址的有三个 Facebook 账户,这三个账户的名字分别是 Raphael 先生、Raphael 先生的女友与 Firsht 先生(假冒的账号)。Raphael 先生同意 Facebook 披露的 IP 地址是他的住处的 IP 地址,只有他的台式电脑与他的女友的笔记本电脑会连接他的住处的无线网络,而他也经常使用女友的笔记本电脑。Raphael 先生的主要抗辩是 6 月 19 日当晚他在住处举办聚会,有四个陌生人参加并住下,第二天他出门时仍留在他的住处,可能是这四个陌生人建立的假账户。但法院没有接受 Raphael 先生的说法并根据原告从 Facebook 获得的这些证据,判决 Raphael 先生建立了假账户并发布虚假信息,要对 Firsht 先生与 Applause Store Productions Ltd. 做出赔偿。

Patel v. UNITE the Union (2012) EWHC 92 (QB)先例的案情也是有关诽谤的受害

---

〔80〕 关于通过第三方披露令要求社交媒体平台披露信息,在本书第八章之 5.5.3 段也有介绍。

者要求平台提供发布者的信息。英国航空空乘协会(British Airline Steward and Stewardesses Association,BASSA)是作为被告的英国联合工会下的一个分支机构。原告 Patel 先生是英国航空公司的一位机长,声称他与其他飞行员在空乘罢工前同意在罢工期间作为志愿空乘后,在 BASSA 的论坛上受到了诽谤。在 2011 年 1 月 26 日至 3 月 25 日,有人发帖指他飞行不安全、撒谎、不适合做机长、有非法行为、涉及贿赂警察等。而 Patel 先生要开始诉讼,起诉发帖的人士诽谤就必须先知道他们的真实身份与地址。于是 Patel 先生向法院申请要求 BASSA 披露发帖人士的身份、地址、IP 地址等,并成功获得了第三方披露令。但 BASSA 表示他们在 2011 年年中关闭了网站,2011 年 1 月 26 日至 3 月 25 日的信息没有备份,所以无法获得有关的信息。Patel 先生于是向法院申请第二份第三方披露令,要求双方联合委任独立专家(independent expert)搜寻论坛的数据库(包括现存的与已经删除的),披露有关的信息。法院同意第一个第三方披露令因为技术原因并没有被完全依从。考虑到(1)论坛在注册时已经警告过用户如果发布诽谤内容可能会被披露信息;(2)法院已经做出了第一个第三方披露令,如果不再做出第二个第三方披露令会导致第一个失去意义,无法找到发帖人士的真实身份与地址;(3)虽然发帖人士的真实身份与地址不属于最敏感的一类信息,但双方联合委任独立专家可以最低限度减少泄露无辜人士的个人信息,法院认为做出第二个第三方披露令是成比例的救济。

除了提供诽谤他人的用户的个人信息,如果网站没有在被告知用户诽谤后及时删除,也有从一个仅是“介入”(mixed up)的无辜第三方转变为侵权人(tortfeaser)的危险。在 Tamiz v. Google Inc (2013) EWCA Civ 68 先例中,谷歌(Google)营运的博客(blog)网站允许博主(blogger)开立个人博客,原告 Tamiz 先生声称有博主在个人博客上发布了对他的诽谤性评论。原告在博主发布评论 2 个月后向谷歌投诉,谷歌在收到投诉将近 1 个月后告知博主有关原告的投诉并要求博主删除评论,博主在 3 天后删除了评论。原告起诉谷歌诽谤但一审败诉,于是上诉到了上诉庭。双方的其中一个争议是,谷歌能否算是诽谤性评论的发布者(publisher)。上诉庭认为虽然谷歌协助博主开立博客并发布文章与评论(提供平台与编辑工具等),但不足以令它成为诽谤性评论的主要发布人(primary publisher)。但如果是报纸或其他刊物,在发表文章前会由编辑审阅,情况就会有所不同。Richards 大法官说:“By the provision of that service Google Inc plainly facilitates publication of the blogs (including the comments posted on them). Its involvement is not such, however, as to make it a primary publisher of the blogs. It does not create the blogs or have any prior knowledge of, or effective control over, their content. It is not in a position comparable to that of the author or editor of a defamatory article. Nor is it in a position comparable to that of the corporate proprietor of a newspaper in which a defamatory article is printed. Such a corporation may be liable as a primary publisher by reason of the involvement of its employees or agents in the publication. But there is no relationship of employment or agency between Google Inc and the bloggers or those posting comments on the blogs: such people are plainly independent of Google Inc and do not act in any sense on its behalf or in its name. The appellant’s reliance on principles of vicarious liability or agency in this context is misplaced.”

至于谷歌是否属于次要发布人(secondary publisher),上诉庭将时间分为谷歌收到投诉前与收到投诉后两段。在收到投诉前,谷歌不会属于次要发布人,Richards 大法官说:"I am also very doubtful about the argument that Google Inc's role is that of a secondary publisher, facilitating publication in a manner analogous to a distributor. In any event it seems to me that such an argument can get nowhere in relation to the period prior to notification of the complaint. There is a long established line of authority that a person involved only in dissemination is not to be treated as a publisher unless he knew or ought by the exercise of reasonable care to have known that the publication was likely to be defamatory … Since it cannot be said that Google Inc either knew or ought reasonably to have known of the defamatory comments prior to notification of the appellant's complaint, that line of authority tells against viewing Google Inc as a secondary publisher prior to such notification."

但在谷歌被通知之后,如果它没有在合理时间(reasonable time)内删除有关评论就可能属于次要的发布者,什么是合理时间取决于每个先例不同的案情:"If Google Inc allows defamatory material to remain on a Blogger's blog after it has been notified of the presence of that material, it might be inferred to have associated itself with, or to have made itself responsible for, the continued presence of that material on the blog and thereby to have become a publisher of the material. …I do not consider that such an inference could properly be drawn until Google Inc had had a reasonable time within which to act to remove the defamatory comments. … it is in my view open to argument that the time taken was sufficiently long to leave room for an inference adverse to Google Inc on Byrne v Deane principles. The period during which Google Inc might fall to be treated on that basis as a publisher of the defamatory comments would be a very short one, but it means that the claim cannot in my view be dismissed on the ground that Google Inc was clearly not a publisher of the comments at all."

在 Tamiz v Google Inc 先例中,上诉庭最终以对原告的名誉造成的损害微不足道为由判原告败诉。

4.9.7　向代表律师申请披露客户关联或内幕交易信息的 United Company Rusal Plc & Ors v. HSBC Bank Plc & Ors 先例

在 United Company Rusal Plc & Ors v. HSBC Bank Plc & Ors (2011) EWHC 404 (QB)先例中,申请人/原告是俄罗斯一家大型企业,据称是世界最大的铝与矾土(氧化铝)供应商。原告 Rusal 的老板是奥利格·德里帕斯卡(Oleg Djeripaska),他是美国特朗普政府在 2018 年对俄罗斯 38 名个人与公司实施制裁的名单上的一员。与 Rusal 起争议的另一家俄罗斯的大型投资商 Interros International Investments Ltd(简称 Interros)也是俄罗斯的一家大型上市企业。争议是有关一家名为 Mining and Metallurgical Company Norilsk Nickel(简称 Norilsk Nickel)的企业的控制权与将来的管理权,据称 Norilsk Nickel 是世界最大的镍与钯的供应商,同时也是世界前列的铂与铜的供应商,市值超过 400 亿美元,有 5000 名股东。Rusal 在 2008 年以 127 亿美元收购了 25% 加 1 股的 Norilsk Nickel 股份,而 Interros 也拥有 25% 加 1 股的 Norilsk Nickel 股份。Rusal 与 Interros 早期关系良好并签署了一份合作协议,共同尽最大的努力保证在董事会中占有最多的董事席位以控制与将来管理 Norilsk Nickel。在双方的合作下,双方各在董事会中占有 4 个董事席位。

但不久后双方就产生了分歧,在 Norilsk Nickel 的 2010 年年度股东大会上 Interros 仍保有 4 个董事席位,但 Rusal 指定的董事只剩下 3 个。这导致 Rusal 采取了多个法律行动,包括在法院申请禁令与撤销 Norilsk Nickel 的 2010 年年度股东大会决议。鉴于 Norilsk Nickel 是俄罗斯公司,有关的诉讼主要是在俄罗斯法院,但 Rusal 在尼维斯(Nevis)〔81〕与美国法院也开始了诉讼。

接着在 2010 年 12 月下旬,Norlsk Nickel 的一个间接附属公司(indirect subsidiary) Trafigura Beheer NV 收购了 Norlsk Nickel 约 8% 的股份。虽然这种关联或内幕交易在英国法下不被允许,但在俄罗斯法律下是合法的。Trafigura Beheer NV 收购股份的这笔交易的条件与价格(或其他约因/对价)没有披露给董事会与股东,因此 Rusal 无从得知。Norlsk Nickel 只公告说这是一笔好交易:"the sale has enabled Norilsk Nickel to realise a substantial gain on investments in Norlsk Nickel securities. The proceeds from the sale will be used for general corporate purpose…"有两位独立董事显然对这个秘密交易不满意,在博客(blog)中向投资界披露了一些信息。

该先例的被申请人/被告是两间银行(Citibank 与作为 Trafigura Beheer NV 收购股份交易的财务顾问的 HSBC)、Norilsk Nickel 与 Interros 的律师 Debevoise & Plimpton LLP (简称 Debevoise)。之后原告将针对银行的申请撤销,也就是只针对 Debevoise 这家跨国律师所申请第三方披露令。

该先例有一些特别之处,例如第三方披露令是用来辅助外国诉讼而不是伦敦仲裁(Rusal 针对 Interros 开始了一个 LCIA 仲裁)。Rusal 声称的错误行为(wrongdoing)是 Trafigura Beheer NV 收购母公司股份的关联或内幕交易,而这是公司内部管理(internal management)的问题,俄罗斯法院有管辖权,〔82〕所以有关的第三方披露令是为了协助俄罗斯法院与尼维斯法院的禁令。另一个特别之处是该先例的第三方披露令是针对律师,而众所周知律师一直以来都享有特免权,所以针对律师的第三方披露令申请非常少。〔83〕

首先,针对律师是否介入(mixed up)有关的错误行为或是仅仅只是证人(mere wit-

---

〔81〕 加勒比海的一个小岛。

〔82〕 英国(包括其他普通法国家或地区,如中国香港特区)的一般性法律/公司法地位是法院不会通过法院命令干预公司的内部管理,见 Carlen v. Drury (1812) 1 Ves & B 154; Burland v. Earle (1902) AC 85; Kwok Ping Sheung Walter v. Sun Hung Kai Properties Ltd (2009) 2 HKLRD 11 等先例。特别是外国公司,管辖权都应属于公司所在地法院,而非英国法院。

〔83〕 约 20 年前,关于律师是否享有法律业务特免权(legal profession privilege, LPP)的争议很少,无论是法律意见特免权(legal advice privilege)或诉讼特免权(litigation privilege)。但近年来涉及这方面争议的案件很多,其中大多数都涉及规管(毕竟这会涉及巨额金钱与一些严重的刑事后果),例如著名的 Three Rivers DC v. Bank of England (No. 6) (2005) 1 AC 610 等先例。这导致法律业务特免权特别是法律意见特免权的适用范围受到侵蚀。而律师作为拥有客户(无论是公司还是自然人)最机密与最重要的文件的人士,可以预见将来针对律师的第三方披露令申请会越来越多。如果法院认定有关的文件不享有法律业务特免权,就会在适合的特殊案件中做出第三方披露令。关于法律业务特免权将在本书第九章与第十章有详细介绍。

ness),Tugendhat 大法官认为如果律师草拟了涉及错误行为的有关文件,而不只是针对文件做出建议,则就不仅仅只是证人,说:

“Mr Dutton(Debevoise 代表大律师)submits that lawyers must always be regarded as mere witnesses, and not as being involved in a wrongdoing there may be. He submits that this is so on grounds of policy. It is essential that lawyers can be freely instructed by their clients. A person can be subject to a Norwich Pharmacal order only be reason of what he does, not by reason of what he knows.

I accept Mr Dutton's submissions only up to a point. If a lawyer is provided by a client with a copy of a document upon which the lawyer is asked to advise, then it seems to me that he may be no more than a witness. But if the lawyer drafts the documents, then I do not see why he should be regarded as a mere witness, and not involved in any wrongdoing of which (unknown to the lawyer) the document forms a part. As to the reasons of policy, it seems to me that they are best addressed at the stage of discretion. ... the requirement of involvement in wrongdoing is not the only protection for third parties.”

在该先例 Debevoise 的伦敦分所参与草拟了文件,所以属于“介入”了有关错误行为。但 Tugendhat 大法官认为在该先例俄罗斯法院诉讼已经开始且俄罗斯法院已经做出不需要披露交易文件的命令,加上即使将来的诉讼需要披露交易文件 Rusal 也可以向俄罗斯法院申请,所以 Rusal 无法证明申请第三方披露令满足本章之 4.4 段提到的另一个前提条件,即“必要”(necessary)。

最后 Tugendhat 大法官认为,考虑到律师与客户之间的特殊关系,除非客户涉及一些极端的案件,例如欺诈(fraud)才会行使裁量权要求无辜的律师披露信息,这样根据“罪行原则”(iniquity principle)[84]有关的文件也不享有特免权,说:“Norwich Pharmacal orders are always exceptional, because they interfere with the rights of third parties who are not said to have done anything wrong. Where the third parties are lawyers in a professional relationship with the alleged wrongdoer, then the case must be all the more exceptional. The facts of reported cases appear to suggest that an appropriate case for an order against an innocent lawyer will be likely to be a case where fraud is alleged against the client.”

因此在本先例中,Rusal 的第三方披露令的申请被法院拒绝。

[84] 这课题可参见本书第十一章之 1.2 段。

第三章　冻结令和资产披露令

1. 冻结令(Mareva Injunction/Freezing Order)

冻结令是另一种可以向法院[1]“单方面”(*ex parte* 或今天 CPR 中为了减少拉丁文,以浅白的英语称为“without notice”)[2]申请的“中间禁令”(interlocutory injunction/interim injunction)。在笔者的《禁令》(2000 年)一书第四章有详论,内容非常多,此处尽量不重复。“Mareva Injunction”与本书第二章之 3 段提到的“搜查令”(Anton Pillar Orders)是在同一时期在英国法院被设计与发展出来,而“设计师”也正是上诉庭的 Denning 勋爵。这两种禁令分享了同样的历史进程,在今天的做法上也没有原则性的改变,因此笔者的《禁令》一书详细介绍的内容并没有过时,本章主要对其进行补充与介绍一些《禁令》一书中没有提到的近期先例与发展很快的“资产披露令”(Assets Disclosure Order)。加上相比于第二章介绍的诉前披露命令(Pre-action Disclosure Order)或搜查令而言,对中国公司重要得多,[3]需要更详细的讨论。

“Mareva Injunction”名称的来历是因为这种禁令是在 The “Mareva” (1975) 2 Lloyd's Rep 509 先例[4]中所确立,在今天的 CPR 下这种禁令也被称为“冻结令”(Freezing Orders 或 Freezing Injunctions)。[5]

1.1　冻结令的历史

早在《Common Law Procedure Act 1854》之 Section 82 中赋予了英国法院广泛的给出衡平法救济(主要是各式各样的中间禁令或永久禁令)的权力,只要法院认为是合理与公

---

[1] 向仲裁庭申请的不妥或困难可见 Pacific Maritime (Asia) Ltd v. Holystone Overseas Ltd (2008) 1 Lloyd's Rep 371 先例中 Clarke 大法官所说:“The arbitral tribunal lacked the power to act effectively to the preservation of assets with s. 44(5) of the 1996 Act. It would not bind third parties and would not be buttressed by sufficient sanctions.”

[2] 这课题在本章之 1.6 段有详细介绍。

[3] 被搜查令针对的主要是住所、工作场所在法院管辖权范围内即在法院所在地的情况。当然也有一些情况中被申请人处于法院管辖权范围内,法院作出命令要求被申请人“邀请”(invite)申请人前往其处于外国的住所、工作场地等进行搜查,但这种情况不是多数,见 Altertext v. Advanced Data Communications (1985) 1 WLR 456;Cook Industries v. Galliher (1979) Ch 439;Protector Alarms v. Maxim Alarms (1978) FSR 442 先例等。也因此对于中国的公司来说,住所、工作场地都处于国内,也不受到其他有搜查令制度的国家/地区(如英国、中国香港特区等)之管辖,就不会受到搜查令的影响了。

[4] “Mareva”轮是一艘希腊船东的船舶,之后笔者(杨良宜)也涉及与该船舶有关的两个伦敦仲裁(都是租约争议)。也可见航运业(尤其是干散货运输)中的“好勇斗狠”(litigious)。有关 The “Mareva” (1975) 2 Lloyd's Rep 509 先例会在下一段中进行详细介绍。

[5] 在英国《民事诉讼规则》(Civil Procedural Rules, CPR) 1999 年生效后就带来这名称上的改变,见 CPR Rule 25.1(1)(f)。

平(reasonable and just)就可以作出任何形式的禁令。今天的《Senior Courts Act1981》之Section 37 在措辞/文字上仍然类似,只是改为了“just and convenient”。但早期的英国法院并不愿意在此立法下作出冻结令,[6]在当时的环境是认为在诉讼还没结束、不知道双方胜负时,作出冻结被告资产的命令是不公平与不道德的,而胜诉以后申请执行则是另一回事了。

在20世纪60年代末70年代初时,国际商贸活动涉及的主要是航运与货物买卖。笔者(杨良宜)很有感受的是在早年时,船东只愿意将船舶出租给“名声显赫”(reputable)的“一流租家”(first class charterer),绝少愿意将船舶出租给一些不知名或是在巴拿马等地注册的公司。而到了70年代后期,大量发展中国家开始蓬勃发展外贸,但由于自身的知识水平不够也认识不到“名声”(reputation)的价值,容易被一些“皮包公司”骗到生意、签订合约,特别是货物买卖与海上运输合约。这样大量的“皮包公司”作为国际货物买卖的中间商,或海上运输的“船舶经营人”(operators)充斥了市场。针对航运的租船市场,船东也就被迫作出改变与这些“皮包公司”进行交易往来,毕竟他们手中掌握了海上运输的货物。而这些“皮包公司”也带来了大量的“欺诈”(fraud)或“半欺诈”[7]等行为,海上运输合约中典型的骗局是收取货方的运费、货物装上船舶、签发运费预付提单,[8]不支付运费给船东、卷款逃跑的情况。而货物买卖中,尤其是发展中国家在买入货物时由于怕麻烦与不懂复杂的海上运输而希望采用的CIF/CFR买卖,典型的欺诈手法是付运次品或干脆没有任何货物付运,但伪造一套付运单证在银行开出的信用证(Letter of Credit,简称L/C)下结汇。在这样的背景下,早期英国法院认为需要在诉讼中分出胜负才能剥夺被告资产的想法就跟不上时代了,毕竟要等作出判决/裁决才能冻结、执行这些“皮包公司”资产往往没有任何意义,到时候连“皮包公司”背后的骗子都找不到。而且时代的改变使资产的转移十分容易与方便。“皮包公司”很容易通过成立海外公司、设立“虚假信托”(sham trust)、以第三方(包括家人等)名义代持等手段,用来隐藏财产。(当时还不是大法官的)Lawrence Collins 勋爵曾经发表过《The Territorial Reach of Mareva Injunctions》

---

[6] 见 Lister v. Stubbs (1890) 45 ChD 1 先例,此先例中判决不能仅因为原告很可能胜诉就允许原告获得财产保全。在那个年代,不能够通过“对人诉讼”(*in personam* action)进行诉前财产保全,只有通过“对物诉讼”(*in rem* action)。船东对这非常熟悉,即船舶会在世界各地(包括英国港口)被起诉,对船舶起诉的同时也会扣押船舶。被起诉与索赔的类别中的“海事留置权”(maritime lien)是“财产性索赔”(proprietary claim),会带来“优先权”(priority)。即使是在一般“海事争议”(maritime claim)中,申请解除船舶扣押的船东,需要向法院提供担保(bail bond)或者是款项缴存于法院(金额会是索赔金额加上费用、利息等),对扣船的申请人/原告而言就同样达到了保全的目的。早年国际贸易或货物买卖是唯一的国际交往。而由于不存在跨国通讯,一旦船舶与船舶上的货物开航就很难再找回。在英国的原告也难以在英国法院提起一般的“对人诉讼”(*in personam* action),因为无法调查到底谁才是外国船东,更不用说在那个年代难以向外国船东送达告票了。也因此需要对物诉讼来提供诉前保全,以及通过这样的手段让扣船法院获得对实质争议的管辖权,逼迫外国船东前来应诉。

[7] 没有资本的“皮包公司”在最初交易时没有欺诈意图,但是在出现不妥、现金流无法支撑,甚至是无路可走时,这些“皮包公司”才产生欺诈的歹意。

[8] 有关“运费预付”(freight prepaid)提单可见笔者的《提单与其他付运单证》(2016年)一书第六章之7.5段。

(1989) 105 LQR 262 一文,在其中说:"(英国法院以冻结令作为应对)the widespread abolition of exchange controls and the growth of offshore tax havens for cash and securities. These developments, made it easier for defaulters involved in international business to make themselves judgment proof, and for dishonest fiduciaries to enjoy the illegal fruits of breaches of trust."

以上是说在20世纪70年代左右,有很多国家放松或取消外汇管制,加上有越来越多的可以避税与保障机密的国家[可称为"方便旗"(flags of convenience)国家,如巴拿马]允许国际商业人士注册公司。国际社会上出现越来越多的不诚实或欺诈行为,同时容易隐藏不合法手段获取的金钱,或通过方便旗国家注册的"皮包公司"的名义进行商贸活动,他们不怕官司败诉,因为判决难以针对这些"皮包公司"真正执行。这些世界局势的变化也就带来了冻结令的做法。

在英国直到Nippon Yusen Kaisha v. G and J Karageorgis (1975) 2 Lloyd's Rep 137先例中,处理案件的一审法院仍然根据传统看法拒绝提前颁布/作出冻结令以为索赔提供担保,但此先例中上诉庭的Denning勋爵改判,首次改变了英国法院的做法:"We are told that an injunction of this kind has never been granted before. It has never been the practice of the English courts to seize assets of a defendant in advance of judgment or to restrain the disposal of them. We were told that Chapman J(另一案件中的法官) in chambers recently refused such an application. In this case also Donaldson J.(一审法院中作出审理的大法官) refused it. We know, of course, that the practice on the continent of Europe is different. It seems to me that the time has come when we should revise our practice."

英国法院的态度转变很快在英国法律圈中成为热点话题,也引起轩然大波,因为当时的国际商贸环境中,对取得诉前担保的需求是很大的。仅在Nippon Yusen Kaisha v. G and J Karageorgis先例的四周后,就有了The "Mareva" (1975) 2 Lloyd's Rep 509先例,也是由Denning勋爵批准与作出了冻结令。而"The Mareva"先例也是"Mareva Injunction"的得名由来。

前述两个先例都是"单方面"(*ex parte*)申请的冻结令,而第一个涉及"多方"(*inter partes*)[9]程序的冻结令是Rasu v. Pertamina (1977) 2 Lloyd's Rep 397先例。此先例中瑞士公司出售化肥厂设备给印尼国家石油公司,部分设备在利物浦待运前往印尼时,瑞士公司作为申请人要求英国法院冻结被申请人资产,理由是设备一旦离境就有流失风险。但经过双方的激烈争论,在一审法院与上诉庭都拒绝作出冻结令,理由包括了设备的产权

---

[9] 多方程序中,多方当事人都有机会出庭,在法院充分作出陈述与争辩,之后再由法院考虑双方争辩后才决定是否作出中间禁令。显然相比于单方面申请中法院只是听"一面之词",这种情况下法院的考虑会更全面与公平。

(title)究竟属谁都不清楚等。[10] 从这也能看到单方面申请冻结令的危险,毕竟只有单方面的“一面之词”,与多方程序中无论是申请人还是被申请人都可以作出陈述与争辩的情况会有显著不同。有意思的是此先例中被申请人的代表大律师是后来的 Mustill 勋爵,他指出对于冻结令地位的重大政策改变不应该由普通法法院作出,而更适合由立法进行更改,但这被 Denning 大法官拒绝。

经过 Nippon Yusen Kaisha v. G and J Karageorgis 先例与“The Mareva”先例后,已经确认了英国法院在此方面的转变,也导致了大量对冻结令的申请,据悉当时很快发展到 1 个月就有 20 宗的冻结令申请(大多数都成功申请到)。而今天越来越深入的全球化经贸合作与越来越多的国际欺诈或不恰当的商业行为,也带来了越来越多的冻结令申请的需要。冻结令已经是英国法院颁布/作出的主要禁令类别之一。

该普通法地位在之后也有立法的确认。在《Supreme Court Act 1981》(之后被改名为《Senior Courts Act 1981》)就赋予了高院广泛的颁布/作出禁令以及委任接管人的权力,只要高院觉得公平与方便(just and convenient),见 Section 37(1):“The High Court may by order (whether interlocutory or final) grant an injunction or appoint a receiver in all cases in which it appears to the court to be just and convenient to do so.”在 Section 37(3)更是专门针对了颁布/作出冻结令:“The power of the High Court under subsection (1) to grant an interlocutory injunction restraining a party to any proceedings from removing from the jurisdiction of the High Court, or otherwise dealing with, assets located within that jurisdiction shall be exercisable in cases where that party is, as well as in cases where he is not, domiciled, resident or present within that jurisdiction.”

1.2 全球冻结令

传统英国法院的冻结令只是针对英国管辖权内的资产,而对于境外资产英国法院无意作出禁令,也往往存在具体实现上的困难。但现代“全球冻结令”(Worldwide Freezing Orders,简称 WFO,也可称 Worldwide Freezing Injunctions)的做法越来越多,这是因为在越来越国际化的现代,只是冻结英国境内被申请人名下资产往往并不足够,需要将英国境外被申请人直接或间接持有的资产也考虑在内,毕竟今天国际转移或隐藏资产是相对容易的(包括通过第三方或海外公司名义上代持、信托等方式),此时英国法院就可能愿意颁布/作出全球冻结令。这种情况就出现在 Derby v. Weldon (No. 1) (1990) Ch 48 先例中,因此需要英国法院禁止被申请人处置与流失全球任何地方的资产。

---

〔10〕 在英国《Sales of Goods Act 1979》之 Section 17 下,国际货物买卖(无论是 CIF 还是 FOB 买卖)中货物的产权何时转让由买卖双方自由约定,卖方往往在收到货款前不愿意转让货物产权。因此一般做法是在信用证结汇时,由卖方背书与转让、交出提单进行结汇,以转让货物产权。当然还会有很多其他不同约定,例如,在 The “Aliakmon” (1986) 2 Lloyd's Rep 1 先例中,约定买方虽然根据提单提取货物但并不实际获得货物产权,直到转售货物、向卖方付款后产权才会转让。这方面的问题在笔者的《国际货物买卖》与《提单与其他付运单证》(2016 年)等书中有介绍。因此付运中的货物产权由谁所有,货物销售合约以外的第三方(如冻结令的申请人)一般是难以知道的。在 Rasu v. Pertamina (1977) 2 Lloyd's Rep 397 先例中,还有额外的争议是,Pertamina 是否已经将设备的产权转让给了印度尼西亚政府。

全球冻结令的做法最早出现在 Babanaft International Co SA v. Bassatne（1990）Ch 13 先例中，之后在 Derby v. Weldon（No. 1）等先例中确认了英国法院作出全球冻结令的权力。而且由于伦敦是国际金融中心，世界各大银行一般都在英国有分行，这就处于英国法院的管辖范围，且这些银行作为第三方不能协助违反冻结令，否则也会构成"藐视法院"（contempt of court），见 Z Ltd v. A-Z and AA-LL（1982）1 Lloyd's Rep 240 先例。当然有的银行在英国并没有分行，不在英国法院的管辖范围内，就无须理会英国法院的冻结令，但估计这些银行一般是资本与规模较小的地区性银行。

在 1999 年生效的英国《民事诉讼规则》（Civil Procedural Rule，CPR）之 Rule 25.1 针对冻结令作出规定，也明确包括了全球冻结令，可以节录如下：

"PART 25—INTERIM REMEDIES AND SECURITY FOR COSTS

Interim Remedies-Orders for interim remedies

25.1（1）The court may grant the following interim remedies —...

（f）an order（referred to as a 'freezing injunction'）—（i）restraining a party from removing from the jurisdiction assets located there；or（ii）**restraining a party from dealing with any assets whether located within the jurisdiction or not**；

（g）an order directing a party to provide information about the location of relevant property or assets or to provide information about relevant property or assets which are or may be the subject of an application for a freezing injunction；"（加黑部分是笔者的强调，针对的是全球冻结令的内容）

全球冻结令的一个问题是财产所在地法院对财产可能作出相反的法院命令，这就会与全球冻结令有冲突。例如在 SEC v. Wang and Lee（The Times，14 February 1989）先例中，原告在纽约法院起诉被告，索赔金额为 5700 万美元，并成功在美国法院获取冻结令，包括要求银行冻结被告资产。被告在渣打银行（香港）有资产，渣打银行（纽约）在收到法院要求后，不得不支付了 1250 万美元到纽约法院。由于资金是在中国香港，香港法院才是有真正管辖权的法院，不应该听从任何外国法院的命令行事。被告在香港法院申请到命令要求渣打银行（香港）将该笔金额返还给被告，并不得在美国支付给纽约法院。这样渣打银行就面对了尴尬的两难地步，无论如何选择都会有藐视纽约法院或香港法院的罪行的"双重危险"（double jeopardy）。

类似对第三方（如无辜的银行）造成两难情况，也发生在不少其他国家与地区，例如"中国银行股份有限公司北京丽都饭店支行与赵培媛等合同纠纷二审民事判决书"［（2014）高民终字第 585 号）］。美国法院作出全球冻结令/执行命令（Worldwide Turnover Orders），[11] 导致不得不遵守命令的中国银行的纽约分行被迫把北京储户的金钱支付出去。但之后在北京的诉讼，高院命令中国银行必须多支付一次给北京的储户。笔者的观点是，从大局上来看北京高院的判法是有必要的，否则所有外国法院会像美国一样，

〔11〕　这个课题可见笔者《仲裁法——从开庭审理到裁决书的作出与执行》（2010 年）一书第十四章之 8.3.3 段。

向自己能管辖到的中资银行强制命令支付中国债务人(debtors)或败诉方在该银行中的本属于中国境内的存款,就是后患无穷了。至于在个别案件中"牺牲"中资银行,使得中资银行面对"双重危险",也会迫使中资银行在以后面对外国法院(像美国法院一样)颁布/作出全球执行令时有决心进行抗拒,也有更强有力的证据显示这类命令对于无辜的银行来说是不恰当、不合适的。任何外国(包括美国纽约或英国伦敦)想要维持自己国际金融、银行中心的地位都会因此而更谨慎地予以处理。

所以英国法院担心资产所在地法院(这也是真正适合管辖资产的法院)会超越其他命令,也因此在全球冻结令中会有但书条文(proviso)针对外国法院"插手"的情况。这在 Babanaft International Co SA v. Bassatne 先例中就已经出现,也被称为"Babanaft Proviso"。之后这条但书条文经过不少改良,在今天 CPR PD 25A 附上的冻结令范本中的有关措辞/文字如下:"20. Assets located outside England and Wales Nothing in this order shall, in respect of assets located outside England and Wales, prevent any third party from complying with —(1) what it reasonably believes to be its obligations, contractual or otherwise, under the laws and obligations of the country or state in which those assets are situated or under the proper law of any contract between itself and the Respondent; and (2) any orders of the courts of that country or state, provided that reasonable notice of any application for such an order is given to the Applicant's solicitors."

即使有上述考虑,国际社会普遍接受(或被迫接受)在英国法院申请全球冻结令的做法行之有效、肯定与可预期,也节省精力与时间。也因此在英国法院申请全球冻结令更受到国际商贸社会(尤其是英美国家的公司)欢迎。已经提到过,有不少先例中可以看到英国法院将自己视为商业欺诈案件中的"国际警察"(international police)。有关全球冻结令的话题在《禁令》(2000 年)一书第四章之 2.4 段有介绍,此处只着重针对一些近期先例进行介绍。

刚刚已经提到了在 Derby v. Weldon (No. 1)等先例中已经确定了英国法院可以作出全球冻结令,但对于英国法院如何在境外实现自己作出的禁令仍然存在疑问。在Derby v. Weldon (No. 1)先例中建立起来的做法是虽然法院同意作出禁令针对全球资产,但是为了防止在颁布/作出全球冻结令后,"财大气粗"的申请人在全球各地提起对被申请人特定资产的保全(preservation)诉讼,从而导致过度"压迫"(oppress)被申请人(甚至是第三方),因此要求申请人承诺,如果想在境外执行全球冻结令,必须先申请英国法院的"允许"(permission),让英国法院能够有控制全局的能力。

在 CPR PD 25A 附件中的冻结令的范本中,有关此问题申请人对法院的承诺(undertaking)范本条文可以节录如下:"SCHEDULE B UNDERTAKINGS GIVEN TO THE COURT BY THE APPLICANT… (10) The Applicant will not without the permission of the court seek to enforce this order in any country outside England and Wales (or seek an order of a similar nature including orders conferring a charge or other security against the Respondent or the Respondent's assets)."

在过往先例中,都没有详细标准指出在什么情况下英国法院才会允许在国外执行全球冻结令，直到 Dadourian Group International Inc v. Simms（2006）EWCA Civ 399 先例出现。在 Dadourian Group International Inc v. Simms & Others 先例中，成功获得英国法院作出全球冻结令的申请人想要执行被申请人位于瑞士的财产，上诉庭的 Arden 大法官在考虑了 Derby v. Weldon（No. 1）建立的申请人承诺的说法后，给出了所谓的"Dadourian guidelines"，对于法院在行使是否允许的自由裁量权时的考量标准给出指引，节录如下：

"Guideline 1：The principle applying to the grant of permission to enforce a WFO abroad is that the grant of that permission should be just and convenient for the purpose of ensuring the effectiveness of the WFO, and in addition that it is not oppressive to the parties to the English proceedings or to third parties〔12〕who may be joined to the foreign proceedings.

Guideline 2：All the relevant circumstances and options need to be considered. In particular consideration should be given to granting relief on terms, for example terms as to the extension to third parties of the undertaking to compensate for costs incurred as a result of the WFO and as to the type of proceedings that may be commenced abroad. Consideration should also be given to the proportionality of the steps proposed to be taken abroad, and in addition to the form of any order.

Guideline 3：The interests of the applicant should be balanced against the interests of the other parties to the proceedings and any new party likely to be joined to the foreign proceedings.

Guideline 4：Permission should not normally be given in terms that would enable the applicant to obtain relief in the foreign proceedings which is superior to the relief given by the WFO.

Guideline 5：The evidence in support of the application for permission should contain all the information（so far as it can reasonably be obtained in the time available）necessary to make the judge to reach an informed decision, including evidence as to the applicable law and practice in the foreign court, evidence as to the nature of the proposed proceedings to be commenced and evidence as to the assets believed to be located in the jurisdiction of the foreign court and the names of the parties by whom such assets are held.

Guideline 6：The standard of proof as to the existence of assets that are both within the WFO and within the jurisdiction of the foreign court is a real prospect, that is the applicant must show that there is a real prospect that such assets are located within the jurisdiction of the foreign court in question.

Guideline 7：There must be evidence of a risk of dissipation of the assets in question.

Guidelinc 8：Normally the application should be made on notice to the respondent, but in

〔12〕"第三方"（third parties）一般指的是银行。全球冻结令对第三方造成压迫影响可见本段前文中介绍的 SEC v. Wang and Lee（The Times, 14 February 14 1989）先例。此先例就是典型的美国法院在作出冻结令时没有考虑第三方（渣打银行）困难的情况。

cases of urgency, where it is just to do so, the permission may be given without notice to the party against whom relief will be sought in the foreign proceedings but that party should have the earliest practicable opportunity of having the matter reconsidered by the court at a hearing of which he is given notice."

以上"Dadourian guidelines"中这 8 条指引内容太多,不进行一一介绍。不妨举一个较近期的 LMAA Arbitration, Re (2013) EWHC 8950 (Comm)先例来看这指引是如何在个别不同的案件中适用的。

在 LMAA Arbitration, Re 先例中,涉及伦敦海事仲裁协会(LMAA),也显然是一个海事案件。案情是一个期租合约的履行期间,船舶在经过修理后,承租人坚持要求船舶先试航(sea trial)证明船舶的履约能力,否则不支付租金。而船东则认为在租约下承租人没有要求先试航的权利,因此承租人拒绝支付租金是违约/毁约(repudiation)[13]的言行。船东接受了这违约/毁约并终止租约,并根据租约启动伦敦仲裁索赔损失。船东也成功申请并获得英国法院颁布/作出全球冻结令,金额高达 1600 万美元。在全球冻结令中,船东显然也对英国法院作出承诺,在未获得英国法院的允许之前不会在境外执行此全球冻结令。为了辅助全球冻结令,法院也作出了附属的资产披露令(Assets Disclosure Order)。

作为被申请人(承租人,名义上是注册在巴拿马的"皮包公司")并没有按时遵守资产披露令,这被英国法院认定属于藐视法院,而该巴拿马公司的首席执行官被判处 18 个月监禁。被申请人事后被迫作出誓章(affidavit)进行资产披露。虽然该资产披露的具体内容没有在案例报道中显示,但估计让申请人知道了被申请人有其他间接拥有的资产,包括其他单船公司的船舶等。

之后不久,申请人在境外某个港口扣押[14]了被申请人间接拥有的一艘船舶,要求被申请人提供 15728363.06 美元担保才会放船。对于此事,申请人并没有向英国法院申请与获得允许。而这显然对被申请人带来极大的"压迫",毕竟全球冻结令冻结的 1600 万美元,加上扣船能获取的接近相同金额的担保,加起来的总金额远超出申请人所需要的保护。因此,被申请人向英国法院申请撤销全球冻结令,而且还指控申请人在没有获得允许之前在境外扣船,这是违反对法院的承诺与构成藐视法院。被申请人指出申请人只能够满足"Dadourian guidelines"中的第 6 条指引(需要有证据向英国法院证明有真正可能全球冻结令下被针对的资产实际处于外国法院的管辖权内),而且对以下指引有明确违背:(1)第 3 条指引,需要在申请人的利益(interests)与其他当事人(尤其是在外国程序中可能被加入的其他当事人)的利益之间进行平衡。在此先例中,被扣押的船舶名义上属于另一家船公司,扣船会带来的延误、放船要提供担保等带来利益上的损害。(2)第 4 条指引,如果申请人要在境外获取的救济比英国法院的全球冻结令更优越(superior),一般是不会被允许的。在此先例中船东/申请人通过扣船取得的担保就比英国法院的全球冻结令更加优越。通常在

---

〔13〕 关于违约/毁约,可见笔者《合约的履行、弃权与禁反言》一书第一章。

〔14〕 案例报告没有显示什么港口,估计是因为仲裁案件的机密性保护,笔者估计是南非的港口,因为南非法律不仅仅允许扣押直接拥有的船舶,还允许扣押联营船(associated ships)。

申请时,英国法院会在听取外国法的专家证人意见后,才决定是否允许。例如境外资产所在地没有其他保全做法,只有这种更优越的保全,而情况非要这样做才能保障申请人利益。(3)第7条指引,申请人需要提供证据显示资产有流失风险。而此先例中被扣的船舶既非被申请人拥有,而且处于营运中的船舶也不见得能够证明有流失风险。

从表面看来,申请人是违反了对英国法院的承诺,这会构成藐视法院,申请人就有自己被判监禁的风险了。但实际上对船舶的扣押/扣船(arrest of ships)程序虽然也是索赔方(claimants)获取诉前或审前担保的行为,但与全球冻结令在本质上是不同的。这包括扣船已是有数百年历史,直到在1975年有冻结令(Mareva Injunction)做法之前,扣船是唯一能取得诉前、审前担保的做法。在本章之1.1段的脚注6中已经提到,在以前古老的年代,航运/外贸是唯一的国际交往。由于那个年代缺乏通讯手段,英国或任何其他国家的人士蒙受外国船舶造成的损害(包括是由于侵权或合约),要作为原告对外国船东提起诉讼与索赔是非常困难甚至做不到的。作为原告无法知道或查到外国船东的身份与地址,难以送达告票等各类文书,所以无法"诉人"(action *in personam*)。因此只能允许"诉物"(action *in rem*),通过"诉船"以及扣船,迫使外国船东出面抗辩或赔钱。因此本质上全球冻结令是"对人",是法院命令被申请人不得导致资产流失,命令本身没有针对以任何资产提供担保。而扣船是"对物",属于资产保全,特别是海事索赔中会属于"海事留置权"(maritime lien),是十分优越与优先的担保(security),这个差异在本章之1.10段也有进一步的介绍。

所以在LMAA Arbitration, Re先例中,Hamblen大法官认为全球冻结令下申请人的承诺并不是在境外采取任何法律行动都需要申请英国法院的允许,这是不切实际与不必要的。需要申请允许的,只是与冻结令有关的命令(orders of a similar nature)。也因此在此先例中判申请人没有违反承诺,也不构成藐视法院。

1.3 《Senior Courts Act 1981》下为了让冻结令有效可以作出的附属命令

在本章上一段已经谈到,由于冻结令(Freezing Orders或Freezing Injunctions)在1975年被推出后越来越受欢迎、被英国法院频繁颁布/作出,为了确保冻结令能够有效实施,不至于沦为一句空谈,英国法院根据立法《Senior Courts Act 1981》之Section 37(1)下赋予的广泛权力,开发了一些附属命令(ancillary orders)。尤其是针对被申请人,要求被申请人披露在英国或全球资产的资产披露令(Assets Disclosure Order)。毕竟即使是颁布/作出针对被申请人(尤其是外国被申请人)冻结一笔特定金额资产的冻结令,如果根本不知道被申请人有什么资产与/或知道的资产无法被强制执行,这命令是很难被真正履行的,因此往往同时会附属资产披露令。如果没有依照命令披露资产,也会属于藐视法院(Contempt of Court)的行为。[15]

---

〔15〕 藐视法院会带来的后果可见本章之1.9段的介绍。在近期也有著名的Mobile Telecommunications Co KSC v. HRH Prince Hussam bin Abdulaziz au Saud (2018) EWHC 3749 (Comm)先例,认定沙特王子Hussam bin Abdulaziz au Saud行为违背止诉令(anti-suit injunction)藐视法院,判处其有期徒刑12个月。在中国香港也有La Dolce Vita Fine Dining Co Ltd v. Zhang Lan (2019) HKCFI 618先例,原俏江南董事长张兰没有依从法院的资产披露令披露50万港元以上价值的资产,在2019年3月被法院判处1年监禁。

在《Commercial Injunctions》(2016 年,第 6 版)一书之 23 - 001 段列出了八种附属命令:

1. "requiring the defendant to give disclosure of documents or provide information about his assets,[16] where situated"[17]资产披露令是冻结令或全球冻结令的主要附属命令,会在本章之 2 段进行详细介绍。

2. "requiring the defendant not to leave the jurisdiction and to deliver up his passport"[18]限制被申请人出境等课题将在本章之 2.4 段介绍。

3. "requiring the defendant to attend court for immediate cross-examination about his assets",[19]命令被申请人出庭接受有关资产信息的盘问。

4. "requiring the defendant to deliver up forthwith certain of his assets into the custody of the claimant's solicitor;"[20]命令被申请人将特定资产交给申请人代表律师代为托管。

5. "requiring the defendant to sign a document directing his bank to disclose information to the claimant.[21] If the defendant fails to comply with the order, the court could nominate a person to sign the necessary document in the name of the defendant pursuant to s. 39 of the Senior Courts Act 1981. The bank would then be bound to treat the document for all purposes as if it had been signed by the defendant;" 命令被申请人签署文件要求其银行披露信息。如果外国的被申请人不理睬,英国法院可以指示法院官员以被申请人名义代签,而有关银行必须将其视为等同于被申请人签署,见 Astro Exito Navegacion SA v. Chase Manhattan Bank (1983) 2 AC 787 (The "Messiniaki Tolmi")先例。在此先例中涉及"Messiniaki Tolmi"轮的买卖,应当在高雄港交船,但买方拒绝签署准备就绪通知书(notice of readiness),导致卖方无法向开出信用证的美国大通银行结汇与收取卖船的款项。英国法院指示法院官员代为签署,并命令美国大通银行将其视为买方的签署。

6. "requiring the provision of a power of attorney;"[22]命令被申请人提供授权书。在 Ras Al Khaimah Investment Authority v. Bestfort Development LLP (2015) EWHC 3383

---

[16] Maclaine Watson & Co Ltd v. International Tin Council (No. 2) (1989) Ch 286 先例,A v. C (1981) QB 956 先例,Bekhor Ltd v. Bilton (1981) QB 923 先例,CBS United Kingdom v. Lambert (1983) Ch 37 先例。

[17] Babanaft International Co SA v. Bassatne (1990) Ch 13 先例,Republic of Haiti v. Duvalier (1990) 1 QB 202 先例, Derby v. Weldon (No. 1) (1990) Ch 48 先例等。

[18] Bayer v. Winter (No. 1) (1986) 1 WLR 497 先例,Morris v. Murjani (1996) 1 WLR 848 先例,Oriental Credit, Re (1988) Ch 204 先例等。

[19] House of Spring Gardens Ltd v. Waite (1985) FSR 173 先例,Bayer v. Winter (No. 1) (1986) 1 WLR 497 先例。

[20] CBS United Kingdom v. Lambert (1983) Ch 37 先例,Johnson v. L & A Philatelics Ltd (1981) FSR 286 先例。

[21] Bank of Crete v. Koskotas (1991) 2 Lloyd's Rep 587 先例,Bayer v. Winter (No. 3) (1986) FSR 357 先例等。

[22] 命令被申请人提供授权书,见 Huinac Copper Mines, Re (1910) WN 218 先例,Derby v. Weldon (No. 6) (1990) 1 WLR 1139,Ras Al Khaimah Investment Authority v. Bestfort Development LLP (2015) EWHC 3383 (Ch)等先例。

(Ch)先例中,英国法院颁布/作出冻结令的同时委任了接管人(receiver),[23]但估计资产所在地(拉脱维亚)法院不熟悉、也不承认接管人的做法,因此英国法院命令被申请人提供将资产交出给接管人的授权书。

7. "by way of Anton Pillar relief in aid of injunction;"[24]有关搜查令的课题已经在本书第二章之3段有详细介绍。在Arcelor Mittal USA LLC v. Essar Steel Limited (2019) EWHC 724 (Comm)先例中也有这种做法,英国法院针对在伦敦曾经为被申请人提供专业服务的金融业人士颁布/作出搜查令,估计就找到了与被申请人隐藏的资产有关的文件资料。

8. "requiring the solicitors of a defendant to provide information about how to contact the defendant or his location."命令被申请人代表律师提供如何联络被申请人、被申请人的住所地等信息。

1.4　冻结令不带来优先权利

无论是在"诉前"(pre-action)、[25]"诉中"(in the proceedings)还是在判决或裁决书的"执行"(execution)[26]阶段都可以申请冻结令(Freezing Orders)。冻结令的作用表面看来是为了取得"保全"(preservation)、"扣押"(attachment)或担保(security)。但冻结令并不会给申请人带来任何优先权利,不会从"无担保债权人"(unsecured creditor)变成"有担保债权人"(secured creditor)。冻结令也不会产生对被冻结资产的"财产性索赔"(proprietary claim)。正如在本章之1.2段已经介绍过的LMAA Arbitration, Re (2013) EWHC 8950 (Comm)先例中所说,冻结令实际上是对人诉讼(action *in personam*),是法院命令被申请人不得导致资产转移(transfer)与/或流失(dissipate),与财产权(property right)无关。因此冻结令虽然间接地达到担保的效果,但实际上并不是一种担保,纯粹是法院给出命令禁止资产转移与/或流失。正如Cretanor Maritime v. Irish Marine Management (1978) 1 WLR 966上诉庭先例中Buckley大法官所说,"it is, I think, manifest that a Mareva injunction cannot operate as an attachment."

可以在接下来的段落根据不同的情况进行介绍。

1.4.1　被申请人资不抵债的情况

申请人获取胜诉判决或裁决后,可以针对有关资产进行执行,但这需要走程序以及需要时间。所以为了防止在期间资产流失,也要马上或尽快单方面(*ex parte*/without notice)申请冻结令。

如果被申请人仍然是运行中的公司或是未破产的自然人,那自然是没有问题。一旦

---

[23]　这个课题也可见本章之1.8段。

[24]　Distributori Automatici Italia SpA v. Holford General Trading Co (1985) 1 WLR 1066先例,Emanuel v. Emanuel (1982) 1 WLR 669先例,CBS United Kingdom v. Lambert (1983) Ch 37先例。

[25]　但需要已经有诉因(cause of action)。如果没有诉因,是无法成功申请冻结令的,见The "Veracruz 1" (1992) 1 Lloyd's Rep 353先例。

[26]　有关对法院判决(judgment)或仲裁裁决(award)的执行可见《仲裁法——从开庭审理到裁决书的作出与执行》(2010年)一书第十四章之8段。

公司或自然人资不抵债,处于破产状态,而且有无数有担保贷款的债权人(secured creditor)时,即使通过冻结令成功冻结资产对于判决的优先执行也意义不大,见 Cretanor Maritime v. Irish Marine Management (1978) 1 WLR 966; The "Angel Bell" (1980) 1 Lloyd's Rep 632;Flightline v. Edwards (2003) EWCA Civ 63 等先例。加上在很多国家或地区的破产法中都有类似条文,在公司破产清算时禁止对公司采取进一步的诉讼行为,包括已经作出的冻结令也将在"清算人"(liquidator)的申请下被解除/撤销,例如在英国《Insolvency Act 1986》之 Section 130(2)规定:"When a winding up order has been made or a provisional liquidator has been appointed, no action or proceeding shall be proceeded with or commenced against the company or its property, except by the leave of the court and subject to such terms as the court may impose."

在 The "Angel Bell"先例中 Goff 大法官说:"I do not believe that the Mareva jurisdiction was intended to rewrite the English law of insolvency in this way. Indeed it is clear from the authorities that the purpose of the Mareva jurisdiction was not in any way to improve the position of claimants in an insolvency but simply to prevent the injustice of a foreign defendant removing his assets from the jurisdiction which otherwise might have been available to satisfy a judgment..."

所以,申请人不能阻止破产信托人接管被申请人所有的资产,见 Peasegood v. Peasegood (unreported, CA Civ, 9 March 1981)先例。但生效的冻结令可以持续,只是资产被冻结不仅仅是为了申请人的利益,而是为了所有普通债权人的利益,见 Mercantile Group (Europe) AG v. Aiyela (1993) FSR 745;Eco Quest Plc v. GFI Consultants Ltd (2015) BPIR 244 等先例,以及 Lawindi v. Elkatab (2001) NSWSC 865 澳大利亚先例等。

1.4.2 有担保债权人可以自由地对资产实现担保权利

这方面可见近期的 Taylor v. Van Dutch Marine Holding Ltd (2017) EWHC 636 (Ch) 先例。此先例中原告(Taylor)已经获得了针对多个被告的胜诉判决,并成功获得法院针对多个被告的资产作出的冻结令。第三方作为其中第二被告的有"担保债权人"(secured creditor),[27] 希望实现/执行自己对有担保财产的权利。但为了防止自己的行为涉嫌违反冻结令而被判藐视法院,因此向法院申请更改措辞。高院的 Mann 大法官确认了冻结令的作用是防止被申请人/被告导致资产流失,这不妨碍第三方对冻结令针对的资产行使其本享有的权利。换言之,被申请人有资产属于冻结令针对的资产,并不妨碍对该资产的"有担保债权人行使独立权利"("*an exercise of the secured creditor's own independent rights*")。例如有担保债权人对该资产有"押记"(charge)的权利,可以出售该资产以归还欠下的债务,有担保债权人在行使权利时无须提前获得法院的允许:[28] "... a freezing

---

[27] 有关担保债权,可见笔者的《船舶融资与抵押》一书第三章,在其中介绍了担保权益中的"留置权"(lien)、"质押"(pledge)、"押记"(charge)、"抵押"(mortgage)等内容。

[28] 当然作为有担保债权人的第三方的行为,不能名义上是行使自己的独立权利,但实际上是协助、帮助被申请人处置资产(a disposal amount to aiding and abetting a disposal by the defendant),否则就会被冻结令的有关措辞/文字所针对了,有关冻结令的措辞/文字见本章之 1.7.3.8 段的介绍。

order ... did not give security to the judgment creditor or affect the genuine rights of third parties over their assets... that principle therefore did not stand in the way of a secured creditor enforcing its security over charged assets caught by a freezing order, and such a person would not need to obtain permission in order to exercise that security because the exercise of disposal rights under that security was not an act prohibited by the order..."

但 Mann 大法官也对这种第三方想要处置被冻结令针对资产时面对的困境表示理解,毕竟如果不事先向法院申请就可能面临藐视法院的后果。在此先例中,Mann 大法官最后对冻结令的措辞/文字作出更改,明示允许该第三方/有担保债权人行使自己对第二被告资产的权利。

1.4.3 被冻结的资产也允许扣减正常生意上的债务和生活支出

在冻结令(Freezing Orders)下冻结资产(assets)并非保全措施,也不是英国法院协助作为申请人/原告向作为被申请人/被告施加压力。毕竟还没有在实质争议中对"谁是谁非"作出审理与判决或裁决。笔者的经验是很多针对中国公司的冻结令中,申请人其实并没有站得住脚的案件,而是利用这种手段向中国公司敲一笔钱,但也经常成功。因此即使资产被冻结令冻结,也不影响被申请人正常的资金流动,也就是其他"生意上债务"(trade debts)从被冻结的资产中扣减/流失。要知道正常生意上债务通常不是有担保的债务(secured debt)。但作为被申请人的公司在正常营运中需要按时与按需要支付这种生意上债务。一旦资产被冻结后,就无法支付正常生意上债务与开支(包括没钱委任律师代表被申请人抗辩,或支付办公地点的水费或电费等),有了冻结令就让申请人把被申请人"逼死",被申请人由于资产被全面冻结,作为公司而没有办法继续营运下去就此"结业",或作为自然人没有办法生活下去,这是不合理的。

允许在被冻结的资产中扣减正常生意上的债务,也显示了由于申请冻结令的索赔尚待判决或裁决的结果,因此本身被冻结的资产相比已经在日常营运中产生的债务没有什么优先权利,并不是担保(security),而且冻结令的申请人并不会由于冻结令就变成有担保债权人。

正如 The "Angel Bell" (1980) 1 Lloyd's Rep 632 先例中 Goff 大法官所说,"I find it difficult to see why, if a plaintiff has not yet proceeded to judgment against a defendant but is simply a claimant for an unliquidated sum, the defendant should not be free to use his assets to pay his debts. Of course, if the plaintiff should obtain a judgment against a defendant company, and the defendant company should be wound up, its previous payments may thereafter be attacked on the ground of fraudulent preference, but this is an entirely different matter which should be dealt with at the stage of the winding up.[29] It is not to be forgotten that the

---

〔29〕 即使在冻结令申请人已经获得对实质争议的胜诉判决、确定了对被申请人的债权时,如果被申请人将资产支付给其他债权人、其他生意上债务,然后宣布破产清算,这也属于选择性优待个别债权人,破产"清算人"(liquidator)可以向被优待的债权人追讨这笔被支付的金钱(有时还可以要求进入破产清算公司的董事以个人名义承担责任)。

plaintiff's claim may fail, or the damages which he claims may prove to be inflated.[30] Is he in the meanwhile, merely by establishing a prima facie case, to preclude the bona fide payment of the defendant's debts? … It does not make commercial sense that a party claiming unliquidated damages should, without himself proceeding to judgment prevent the defendant from using his assets to satisfy his debts as they fall due and so put him in the position of having to allow his creditors to proceed to judgment with consequent loss of credit and of commercial standing."

类似的情况还有如果被申请人是自然人,正常生活支出(ordinary living expenses)也可以从被冻结的资产中扣减/流失,见 TDK Tape Distributor (UK) Ltd v. Videochoice Ltd (1986) 1 WLR 141 等先例。在 Halifax Plc v. Chandler (2001) EWCA Civ 399 先例中,被申请人支出的律师费用也被认为可以从被冻结的资产中扣除/流失。这些情况甚至可以一步步将被冻结的资产(金额不高的情况)扣除/流失为零价值。

在今天商业案件作出的冻结令中,也一般都会包括一条明示条文针对前述生意上正常债务与开支、正常生活支出的例外(被称为"Angel Bell 例外"),如"EXCEPTIONS TO THIS ORDER a. this Order does not prohibit the respondent from spending up to (金额) a week … towards his individual ordinary living expenses … nor does it prohibit the respondent from spending a reasonable amount on legal advice and representation. But before spending any money on legal advice and representation the respondent must notify the Bank's legal representatives in writing where the money to be spent is to be taken from. b. This Order does not prohibit the respondent from dealing with or disposing of any of his assets in the ordinary and proper course of any business conducted by him personally."

但如果冻结令是为了协助判决或裁决的执行(execution),就没有生意上正常债务与开支、正常生活支出的例外了,见 Camdex International Ltd v. Bank of Zambia (No. 2) (1997) 1 WLR 632 先例。毕竟执行判决或裁决,针对的是已经确定的"判决债务"(judgment debt),在这时已经没有让生意上正常债务与支出、正常生活支出优先成为例外的必要了。这种情况出现在近期的 Michael Wilson & Partners Ltd v. John Forster Emmott (2019) EWCA Civ 219 先例。

在 Michael Wilson & Partners Ltd v. John Forster Emmott 先例中,Emmott 在伦敦仲裁中胜诉,而败诉的前合伙人 Michael Wilson & Partners(简称 MWP)没有根据裁决作出支付,Emmot 就申请并获得英国法院颁布/作出冻结令,在一审高院还成功排除了类似 The "Angel Bell"先例中的这种例外情况。冻结令的措辞/文字如下:"The exception in paragraph 13(2) of the freezing order that formerly did not prohibit the respondent from dealing with or disposing of any assets in the ordinary and proper course of its business is hereby deleted so that MWP is not permitted to deal with or dispose of any of its assets as defined in para-

〔30〕 更何况一般的冻结令中,冻结令的申请人仍然处于对实质争议的诉讼中,还没有确定对被申请人的债权。冻结令的申请人完全可能在诉讼中败诉或成功索赔金额被大幅度减低等。

graph 9 of the freezing order up to the values set out in paragraph 2 hereof."

MWP 就提出上诉,指称即使是在判决或裁决后为了协助执行、防止资产流失而颁布/作出的冻结令,同样需要给仍然在营运中的被申请人提供 Angel Bell 例外,只有在没有任何其他办法作为最后手段时才可以排除。上诉庭的 Gross 大法官对正确的法律地位进行了总结,可以节录如下:

"1. Mareva injunction can no longer be described as rare and, whether they are pre or post-judgment, are not intended to confer a preference in insolvency. They are granted to facilitate execution, by guarding against a risk of dissipation over the period between judgment and the process of execution taking effect.

2. By reason of its nature, a post-judgment Mareva will increase the pressure on a defendant to honour the judgment debt, but the mere increase in such pressure does not make it illegitimate or 'in terrorem'.

3. It cannot be said that (without more) the Angel Bell exception would be inappropriate in a post-judgment Mareva.

4. It can be said, however that it will sometimes and perhaps usually be inappropriate to include the exception in a post-judgment Mareva injunction.

5. Refusal of the exception in a post-judgment Mareva is neither a starting point, a presumption, or a remedy of last resort, the appropriateness or otherwise of the exception should be treated as a question turning on all the facts in the individual case."

换言之,上诉庭指出即使判决或裁决后,也不代表就一定会排除 Angel Bell 例外,是否排除仍是个别法官根据特定案件行使裁量权(discretion)的问题。但在此先例中看来 MWP 并非不能支付(can't pay),而是不愿意支付(won't pay)。一审的 Cooke 大法官认定这是例外情况应该行使裁量权排除 Angel Bell 例外,对此上诉庭不应干预。显然高院与上诉庭也并非是要终止 MWP 的营运而排除 Angel Bell 例外。要解决问题也很容易,只要抗拒支付的 MWP 作出支付,就可以马上解除冻结令了。

1.4.4 无辜买方、受让人或其他判决债权人对冻结令资产的地位

在冻结令之前订立的买卖合约下买方在不知情的情况下,接受货物的交付,即使该货物被包括在冻结令针对的资产中,也不影响买方获得货物的财产权(property)。毕竟已经订立的买卖合约需要履行,而且由于是在冻结令颁布/作出之前就已经订立,也谈不上协助被申请人违反冻结令,不是藐视法院。当然如果买方在货物交付前已经知道冻结令的存在,会向法院申请更改(vary)冻结令的措辞/文字,说明允许交付这批货物,这是较为谨慎的做法。在《Commercial Injunctions》(2016 年,第 6 版)一书之 3 - 005 段中就提到:"However a third party can be in contempt of court even though he has not aided and abetted a breach of the court order. This is under the principle that a third party must not deliberately frustrate the purpose of the order. The purpose of the order is the court's purpose in making the order. That purpose is normally to be defined from the terms of the order. Thus the purpose of the Mareva is to preserve the assets which are caught by the injunction subject to the financial limit and the permitted uses authorised under the order.”

冻结令生效前订立的转让(assignment)、押记(charge)等协议也是与前述买卖合约同样的地位与做法。

而如果在冻结令生效之后,第三方在对被申请人的诉讼中胜诉成为判决债权人(judgment debt creditor),要求执行被冻结的资产,这一般也是被允许的。毕竟冻结令的申请人的索赔仍有待判决或裁决、胜负未分,这没有理由阻碍已经分出胜负的判决/裁决的执行。看来对自己索赔有信心胜诉的申请人,在取得冻结令后要尽快推进诉讼/仲裁以早日获得胜诉判决/裁决,以免被冻结的本就有限的资产再被第三方先一步获得,导致剩余的资产不足以支付申请人最终胜诉的金额。这方面可节录《Commercial Injunctions》(2016 年,第6 版)一书之3 -004 到3 -005 段:

“The injunction can be said to operate as if it had an effect on an asset in rem, in that the defendant is precluded from dealing with the assets, and third parties with knowledge of the other must not aid and abet a breach or defeat the purpose of the order.

Since the Mareva injunction gives the claimant no propriety rights over the defendant's assets, **a bona fide purchaser or assignee for value or charge of the assets without notice of the injunction will obtain good title or good security. Similarly, anyone with an existing charge over the assets is entitled to enforce it.**

In principle, judgment creditors of the defendant who is subject to a Mareva injunction **can execute their judgments against any of his assets.** This is the consequence of the principle that the Mareva creates no security and the principle that prior to insolvency of a defendant a judgment creditor can enforce his judgment as soon as he obtains it.

Execution by a third party under a court order would not normally, in itself, amount to a breach of the terms of the injunction. This is because the dealing with the assets is by order of the court and not by an act of the defendant and because the restraint is a personal restraint on the defendant and does not operate directly against the assets: see further Re Noel Ling Ex p Enrobook Pty Ltd.[31] See also the dicta of Robert Goff J in Iraqi Ministry of Defence v. Arcepey Shipping (The Angel Bell),[32] and of Parker J in A v. B (X intervening),[33] which appear to suggest that a judgment creditor does not need to seek a variation of the Mareva injunction before executing the judgment on the assets.”(加黑部分是笔者的强调)

值得注意的是,法院不一定会允许判决债务人执行被冻结的资产。这主要是在被申请人已经处于破产程序中,或者已经濒临破产时。因为判决债务人并非(也常常不是)有担保债权人时,有了胜诉的判决或裁决并不会改变这个地位。法院一旦允许执行被冻结

〔31〕 Noel Ling Ex p Enrobook Pty Ltd, Re (1996) 142 ALR 87 先例。

〔32〕 The “Angel Bell” (1980) 1 Lloyd's Rep 632 先例。

〔33〕 A v. B (X intervening) (1983) 2 Lloyd's Rep 532 先例。

的资产,就会对破产的公司或自然人的其他债权人不公平。即使是破产前取得支付,事后也可能被清盘人(liquidator)或破产信托人(trustee)以优待支付(preferential payment)为由追回。这方面也可以节录《Commercial Injunctions》(2016年,第6版)一书之3-005段如下:"There can be circumstances when even though a judgment has been obtained by a third party the court will refuse to allow the frozen assets to be taken in satisfaction of that judgment. That the judgment debtor is insolvent would be a powerful reason for refusing to make a final third party debt order. Likewise, if winding-up proceedings or bankruptcy proceedings are about to be commenced or it is clear that the judgment debtor is insolvent, the court should preserve the frozen assets for the benefit of creditors generally pending the commencement of the insolvency proceedings and not permit the judgment creditor to obtain priority over other creditors."

1.4.5 冻结令"转变"为担保和享有优先权的情况

冻结令是法院命令中的"核武器"(nuclear weapon)。对于被申请人来说,在自己的资产被冻结令冻结后,会面对资金链断裂的问题与来自方方面面的商业压力。被申请人会寻求各种方式让申请人尽快撤回冻结令,例如提供替代方式给出金钱上的担保,以换取对特定资产冻结令的解除。做法之一是"款项缴存于法院"(payment into court),这在替代了被冻结资产的同时,会使得申请人对这笔金钱有"押记"(charge),成为有担保债权人。例如在Flightline v. Edwards (2003) EWCA Civ 63先例中,上诉庭的Jonathan Parker大法官的判词中就对此有所陈述:"… the judge(一审法院的法官)referred to the two distinct lines of authority which had been cited to him. One such line of authority [exemplified by In re Ford (1900) 2 QB 211, W A Sherratt Ltd v. John Bromley (Church Stretton) Ltd (1985) 1 QB 1038 CA, Halvanon Co Ltd v. Central Reinsurance Corpn (1988) 1 WLR 1122, and Re Mordant (1996) 1 FLR 334] establishes that where money is paid into court by a defendant as a condition of the grant of permission to defend the action or as an offer of compromise under the relevant procedural rules, or where it is paid into an account out of court but with the intention that the same consequences shall follow as if it had been paid into court, **the claimant has a charge on the money so paid to secure any judgment obtained by him in the action.**"(加黑部分是笔者的强调)

换言之,在款项缴存于法院后,原来申请冻结令的申请人就会变成有担保债权人(secured creditor)了。但是在此先例中的问题是,申请人与被申请人达成协议,由被申请人将金钱支付至代表律师管理的"代管账户"(escrow account),并约定一旦申请人成功获得胜诉判决,申请人就有权从代管账户中取出相应的胜诉金额。而这被上诉庭判是并没有同样效力,无法使得申请人变成有担保债权人。

1.5 冻结令管辖权的扩张

冻结令原有的一些局限在今天也已经逐渐解除,而且冻结令的颁布/作出有所扩大,已经从最早的海事争议,延伸到各式各样的非海事争议,甚至是与商业合约无关的其他类型争议中也会颁布/作出冻结令。例如,在家事案件特别是夫妻离异带来的争产案件中,包括妻子担心丈夫会处置与/或隐藏金钱等"财产"(property),以逃避财产分割或支付赡养费,就会通过申请冻结令并附上资产披露令(Assets Disclosure Order)〔34〕予以应对。在国际化、全球化的环境中,针对各种类型的国际争议,特别是涉及国际欺诈的争议,以及对全球法院判决或仲裁裁决(无论是否英国法院或伦敦仲裁)的执行中,冻结令尤其是全球冻结令(Worldwide Freezing Orders,WFO)的做法已经被广泛使用。

今天也不只是英国法院作出冻结令,也有很多其他国家或地区法院会作出冻结令(以及全球冻结令),包括美国、欧盟国家、澳大利亚、百慕大、巴哈马、英属维尔京群岛、开曼群岛、加拿大、中国香港特区、新加坡、马来西亚、直布罗陀、马恩岛、新西兰、印度、爱尔兰等。但对比英国法院,这些其他国家或地区法院作出的冻结令无论是在数量上还是频率上都远远不及。在此只提几个与中国公司关系较密切的国家或地区(往往是国际上的金融中心)的法律与先例:

1. 欧盟于 2017 年 1 月 18 日适用规章《Regulation (EU) 655/2014 of the European Parliament and of the Council of 15 May 2014》,申请人在所有成员国法院(除了没有选择参与的英国与丹麦)都可以申请"European Account Preservation Order",冻结被申请人在所有成员国内银行之银行账户中的资产。

2. 美国曾经在 Grupo Mexicamo de Desarrollo SA v. Alliance Bond Fund Inc, 527 US 308 (1999)最高院先例中判联邦法院在普通法下没有作出冻结令的权力,有一些地方法院作出类似判法,但也有地方法院有不同判法。之后美国通过《Uniform Asset Freezing Order Act 2013》立法,赋予法院作出冻结令的权力,解决了这个问题。

3. 中国香港特区在 2009 年"民事诉讼改革"(Civil Justice Reform)后由《High Court Ordinance》(Cap 4)之 Section 21M 赋予香港法院颁布/作出全球冻结令的权力,见 Compania Sud Americana De Vapores SA v. Hin-Pro International Logistics Limited (2016) 19 HKCFAR 586 先例;〔35〕Huangpu v. Dry Bulk Services (2016) HKCU 3097 先例等。还可见近期的 Chen Hongqing v. Mi Jingtian, HCMP 962/2017 先例中,香港法院作出了替代冻结令的"接管命令"(Receivership Order)〔36〕对贸仲(CIETAC)的仲裁案件予以支持。

4. 新加坡的相关先例可见 Karaha Bodas Co LLC v. Pertamina Energy Trading Ltd (2006) 1 SLR(R) 112;Seift-Fortune Ltd v. Magnifica Marine SA (2006) 1 SLR(R) 629;Petroval SA v. Stainby Overseas Ltd (2008) 3 SLR(R) 856;Multi-Code Electronics Industries (M) Bhd v. Toh Chun Toh Gordon (2009) 1 SLR(R) 1000 等先例。

过去"判决债务"(judgment debt)的执行(execution)并不需要应用主要是为了获取诉前、诉中担保的冻结令。但是今天冻结令已经被广泛应用在对法院判决、仲裁裁决书的执行的协助中。Phillips 大法官在 Camdex International Ltd v. Bank of Zambia (No. 2)

---

〔34〕 有关资产披露令,可见本章之 2 段的介绍。

〔35〕 这是有关提单争议的案件,英国法院在针对同一争议的案件中作出了针对中国的"止诉禁令"(anti-suit injunction),在《提单与其他付运单证》(2016 年)一书第四章之 2.4.8.1 段有提到。

〔36〕 有关"接管人"(receiver)的课题可见《仲裁法——从开庭审理到裁决书的作出与执行》(2010 年)一书第十四章之 8.6 段的详细介绍。有关接管人与冻结令的关系可见本章之 1.8 段。

(1997) 1 WLR 632 上诉庭先例中,对此的解释是:"A Mareva injunction granted after judgment is a comparatively rare form of such relief. In Deutsche Schachtbau-und Tiefbohrgesellschaft m. b. H v. R'As al-Khaimah National Oil Co. (1990) 1 A. C. 295 ... Sir John Donaldson M. R. said: 'The Mareva innovation, which time has shown to be one of the most imaginative, important and, on the whole, most beneficent of modern times, lay in giving a plaintiff some degree of protection before he became a judgment creditor and in anticipation that he would become one. Judgment creditors had little need of new protection since they were usually adequately protected by their right to levy execution by a writ of fi. fa., attachment of debts or the appointment of a receiver.' **A Mareva can properly be granted after judgment in circumstances... where this is necessary to prevent the removal or dissipation of an asset before the process of execution can realise the value of that asset for the benefit of the judgment creditor.**"(加黑部分是笔者的强调)

以上节录内容说的是,在判决或裁决作出之后,胜负已分的情况下,仍然存在实际执行之前败诉方的资产流失(dissipate)的风险。这就需要冻结令对这风险予以防范。另外执行也会暂时中止(stay of execution),例如败诉方向仲裁所在地的监督法院(supervising court)申请撤销(set aside),此时就需要冻结令来保障胜诉方,见 Goldtron v. Most Investment Ltd (2002) JLR 424,SPL Private Finance (PF1) IC Ltd v. Arch Financial Products LLP (2015) EWHC 1124 (Comm)等先例。

发展到今天,相比于为了获取诉前、诉中担保申请冻结令,为了执行英国或外国裁决书申请冻结令或全球冻结令相对容易,而且成功机会更高。正如 Orwell Steel (Erection and Fabrication) Ltd v. Asphalt and Tarmac (UK) Ltd (1984) 1 WLR 1097 先例中,Farquharson J 大法官所说,"... in one sense it could be said that there is greater justification for restraining a defendant from disposing of his assets after judgment than before any claim has been established against him."

为了执行而单方面申请冻结令也可以免去很多要件。[37] 例如不必向法院显示有"良好论据的案情"(good arguable case);证明资产有流失风险的标准也是很低,甚至根本不需要,因为被申请人不马上支付判决债务本身就表面显示了有流失风险;申请人也不需要提供交叉担保(cross-undertaking),因为判决/裁决已经作出,不存在错误申请导致被申请人损失的风险。英国法院也将协助判决或裁决的执行视为政策性导向。在 Maclaine Watson & Co Ltd v. International Tin Council (No. 2) (1989) Ch 286 先例中 Kerr 大法官说:"... it is, within proper limits, the policy of these courts to prevent a defendant from removing its assets from the jurisdiction or concealing them within it, so as to deny a successful plaintiff the fruits of his judgment."

为了英国本身的庞大经济与政治利益,英国法院也欢迎为了协助执行仲裁裁决书(无论是英国还是外国仲裁)前来申请冻结令或全球冻结令(以及资产披露令),正如 Re-

---

〔37〕 有关申请冻结令的要件指引可见本章之 1.7 段。

public of Haiti v. Duvalier (1990) 1 QB 202 先例中,Staughton 大法官所说,"our courts are more willing to restrain a defendant from dealing with his assets after, than before, judgment has been given against him."

此处可以简单介绍一个近期的 Great Station Properties SA v. UMS Holding Ltd (2017) EWHC 3330 (Comm)先例。在此先例中,就涉及对裁决的执行中法院作出了全球冻结令。此先例涉及乌克兰/俄罗斯的两个富豪,原告是从事石油、天然气等能源产业的 Vladimir Lukyanenko 先生名下的公司,被告是从事钢铁产业的 Konstantin Grigorishin 先生名下的公司,Grigorishin 先生原本是乌克兰人,但后来移民到俄罗斯。原告指称:(1)被告(利用实际由被告控制的公司)从一家双方合资的乌克兰涡轮压缩机企业中非法转移利润;(2)被告未能让原告行使自己对一家双方合资的塞浦路斯企业的"看跌期权"(put option)等。经过 LCIA[38] 仲裁裁决,判被告需要向原告支付共 3.058 亿美元的赔偿。但由于俄罗斯与乌克兰之间的紧张关系,被告很可能无法继续维持已经日渐紧张的经济现状,原告因此寻求法院命令先冻结被告资产用以执行裁决书。高院的 Teare 大法官指出:"... the policy of the law is to enforce judgments (and particularly so where the judgment enforces a London arbitration Award) so that freezing orders can, in an appropriate case, be granted after judgment. They also show that such orders may more readily be made after judgment than before. That may be because it is easier to infer a risk a dissipation."

同时 Teare 大法官经过衡量,指出在面对如此巨额的未执行裁决书,而且有确实证据被告有可能转移资产[39] 的情况下,愿意作出冻结令帮助执行,并指出:"the balance of convenience comes firmly down in favour of the freezing order."

换言之,在今天资产非常容易转移、流失的情况下,冻结令可以有效针对英国或外国仲裁裁决书的败诉方/判决债务人(judgment debtor)在执行前转移资产、导致资产流失的行为。而且今天英国法院作出很多的全球冻结令,这使得对于英国法院本没有管辖权实际执行的资产(如败诉的被告在境外的资产,要执行这些资产需要依赖有管辖权的资产所在地的法院),以及对于无法确定的被申请人在全球范围所有的特定资产,可以通过在全球冻结令泛泛地针对被申请人的"任何资产"(any asset)的方式被包括在内,以及可以通过资产披露令(Assets Disclosure Order)协助胜诉方/判决债权人(judgment creditor)在全球执行债务,有关这方面内容可见本章之 2 段。

1.5.1 英国法院可以作出冻结令辅助外国诉讼程序

1.5.1.1 从针对有实质管辖权的英国诉讼到全球诉讼的"CJJA 1982"与"1997 Order"

原本冻结令与其他"禁令"(injunction)一样,本质上是"中间措施"(interim measure)

---

〔38〕 英国伦敦国际仲裁院("London Court of International Arbitration",LCIA)。

〔39〕 "确实证据"(solid evidence)包括 Grigorishin 先生在仲裁中的证词里说谎,谎称自己不知道从乌克兰合资公司中转移利润的公司属谁所有。而仲裁庭根据证据毫不犹豫地认定该转移利润公司实际是被告通过一个乌克兰人实际控制的,纯粹因为在乌克兰与俄罗斯紧张的政治局势下,被告作为俄罗斯国民如果控制该转移利润公司,会容易被乌克兰政府挑毛病等。这也是法院认定被告"缺乏诚信"("a lack of probity")的原因之一。

与“中间禁令”(interim injunction),只有英国法院(或仲裁)有对实质争议的管辖权(jurisdiction)时才可以作出冻结令,见 The “Siskina” (1978) 1 Lloyd’s Rep 1 贵族院先例。这导致针对很多国际欺诈行为,由于没有约定在英国法院诉讼或伦敦仲裁,英国法院对实体争议并没有管辖权,也因此无权作出冻结令。英国法院认为有必要填补这也被称为“黑洞”(black hole)的局限。Nicholls 勋爵在 Mercedes Benz AG v. Leiduck (1996) AC 284 先例中说:“(被告的) argument comes to this: his assets are in Hong Kong, so the Monaco court cannot reach them; he is in Monaco, so the Hong Kong court cannot reach him. That cannot be right. That is not acceptable today. A person operating internationally cannot so easily defeat the judicial process. There is not a black hole into which a defendant can escape out of sight and become unreachable.”

之后根据欧盟的公约《Brussels Convention 1980》,英国通过了《Civil Jurisdiction and Judgment Act 1982》(简称 CJJA 1982),用立法的方式改变了 The “Siskina”贵族院先例的普通法地位,将管辖权扩大到可以针对与支持其他欧盟国家的实质争议。之后又通过了《Civil Jurisdiction and Judgments Act (Interim Relief) Order 1997》立法(简称 1997 Order)全面针对这个问题,全面扩大英国法院的管辖权到可以针对全球范围。在 1997 Order 中这样规定:“the High Court... shall have power to grant interim relief under Section 25(1) of the CJJA 1982 in relation to proceedings of the following descriptions, namely (a) proceedings commenced or to be commenced otherwise than in a Brussels or Lugano Contracting State;[40] (b) proceedings whose subject matter is not within the scope of the 1968 Convention.”

这样冻结令的申请是“独立”(freestanding)程序,不再只是“附属”(ancilliary)于英国诉讼(法院诉讼或仲裁)的程序,也可以对外国程序进行支持。无论是世界任何地方进行实质争议的诉讼,英国法院都可以予以协助颁布/作出冻结令。由于伦敦是全球的金融、银行、法律、保险与商业中心,加上美国与其他国家“同声同气”,所以在调查、追踪全球资产并加以冻结的能力特别强。

冻结令程序在今天变成独立程序,对世界都会有很大影响,包括对中国。笔者时常遇到中国公司或律师提出问题,涉及在他们与英美等国家的公司打交道、发生争议时,需要在中国法院提起诉讼[或者在中国国际经济贸易仲裁委员会(CIETAC,简称贸仲)仲裁]。但由于在外国公司看来有逃避债务或赔偿的倾向,非常心急地想进行财产保全,但不知道有什么办法可以对这些外国公司不在中国境内的财产进行保全。在中国仲裁中,仲裁庭没有作出此类中间措施(如冻结令等)的权力。这时中国公司或律师大可以考虑在英国法院申请全球冻结令以支持外国程序(中国法院或仲裁程序)。同样也可以在其他有同样做法的国家或地区法院,如中国香港法院等进行申请,见本章之 1.5 段提到的 Chen Hongqing v. Mi Jingtian, HCMP 962/2017 先例。至于中国公司需要去什么国家或地区

[40] 1968 年布鲁塞尔《民商事司法管辖的判决执行公约》以及 1988 年卢加诺《民商事司法管辖权和判决执行公约》。根据此条文也将中间禁令管辖权扩大到非欧盟国家。

法院申请,就要根据具体的事实(如被申请人所在地、财产所在地等)决定,如果是针对欧洲或美国等公司,在英国法院申请就会比在香港法院申请与执行更有效。

1.5.1.2 《Arbitration Act 1996》:赋予支持英国和外国仲裁程序颁布/作出冻结令的权力

法院也可以颁布/作出冻结令等对伦敦仲裁予以支持,这可见《Arbitration Act 1996》之 Section 44:“Unless otherwise agreed by the parties, the court has for the purposes of and in relation to arbitral proceedings the same power of making orders about the matters listed below as it has for the purposes of and in relation to legal proceedings...”,尤其是其中的 Subsection (e):“(e) the granting of an interim injunction or the appointment of a receiver.”

在《Arbitration Act 1996》下,法院在支持仲裁的管辖权方面也已经明示放宽到可以支持外国仲裁,见《Arbitration Act 1996》之 Section 2:“2. Scope of application of provisions (1) The provisions of this Part apply where the seat of the arbitration is in England and Wales or Northern Ireland. ... (3) The powers conferred by the following sections apply **even if the seat of the arbitration is outside England and Wales or Northern Ireland or no seat has been designated or determined** — ... (b) section 44 (court powers exercisable in support of arbitral proceedings); but the court may refuse to exercise any such power if, in the opinion of the court, the fact that the seat of the arbitration is outside England and Wales or Northern Ireland, or that when designated or determined the seat is likely to be outside England or Wales or Northern Ireland, makes it inappropriate to do so.”(加黑部分是笔者的强调)

即无论是本土仲裁还是外国仲裁[但外国仲裁中需要解释为何英国法院的冻结令比寻求仲裁地法院救济更“恰当”(expedient)[41]],英国法院都有权力作出中间禁令支持仲裁。

而如果是伦敦仲裁已经作出了裁决书(award),则仲裁程序已经结束,《Arbitration Act 1996》不再适用。而裁决书的执行(execution),是资产所在地的法院程序。此时如果需要英国法院作出禁令以协助执行,那就是依据《Senior Courts Act 1981》。正如《Russell on Arbitration》(2015 年,第 24 版)之 7-191 段说:“Once an award has been issued and enforcement proceedings are underway, s. 44(《Arbitration Act 1996》之 Section 44) will no longer apply, assuming the arbitral proceedings have concluded. This is because s. 44 is exercisable only ‘for the purpose of and in relation to arbitral proceedings’. The court's jurisdiction to grant injunctions after the arbitration proceedings have concluded is derived from its general powers to grant injunctions rather than s. 44.”

看来在《Senior Courts Act 1981》之 Section 37 以及《Arbitration Act 1996》之 Section

---

[41] 例如英国法院如果是对中国贸仲(CIETAC)仲裁予以支持,会先认定由英国法院作出冻结令比由仲裁地的中国法院作出有关命令更“恰当”,无论是在时间上还是在有效性上。例如,中国没有全球冻结令的做法,但如果一个贸仲仲裁涉及有关国际商业欺诈的案件,没有全球冻结令的支持就难以避免资产流失,这样英国法院就有很大机会认为这是适合与恰当的。

44(2)(e)这两个立法下,英国法院都有权作出冻结令等中间禁令,而后者看来情况较为狭窄与受限(只针对"for the purposes of and in relation to arbitral proceedings",而且需要是已经开始或准备中的仲裁程序〔42〕)。因此有如何对待这两种立法下赋予的权力的分析。

在 Cetelem SA v. Roust Holdings Ltd (2005) 2 Lloyd's Rep 494 上诉庭先例中,Clarke 大法官指出:"The relationship between the powers of the court under section 37 of the SCA and section 44 of the 1996 Act will at some stage require detailed consideration because there is a tension (to put it no higher) between the apparently wide powers conferred on the court by section 37 and the much narrower powers conferred on the court by section 44. The resolution of that tension must await another day."

之后在 Starlight Shipping Co v. Tai Ping Insurance Co Ltd (2008) 1 Lloyd's Rep 230 先例中 Cooke 大法官也给出了同样看法。

而在较近期的 Ust-Kamemogorsk JSC v. AES Ust-Kamemogorsk (2013) UKSC 35 最高院先例中,Mance 勋爵指出:"… the court's powers listed in section 44 are exercisable **only 'for the purposes of and in relation to arbitral proceedings' and depend upon such proceedings being on foot or 'proposed'** … That alone is sufficient in my opinion to lead to a conclusion that section 44 has no bearing on the question whether section 37 empowers the court to restrain the commencement or continuation of foreign proceedings in the light of an arbitration agreement under which neither party wishes to commence an arbitration〔43〕… The better view, in my opinion, is that the reference in section 44(2)(e) to the granting of an interim injunction was **not intended either to exclude the Court's general power to act under section** 37 **of the** 1981 **Act in circumstances outside the scope of section** 44 **of the** 1996 **Act** or to duplicate part of the general power contained in section 37 of the 1981 Act."(加黑部分是笔者的强调)

在实践中,如果是对于仲裁案件的支持,申请人一般都会在《Arbitration Act 1996》之 Section 44 下申请中间禁令,但一般都会同时依赖《Senior Courts Act 1981》之 Section 37。毕竟在特殊的情况下(还没有启动仲裁或存在可能的仲裁时),法院需要在《Senior Courts Act 1981》之 Section 37 下作出中间禁令。正如《Russell on Arbitration》(2015 年,第 24 版)一书之 7 - 188 段说:"When an application is made under s. 44, s. 37 of the Senior Courts Act 1981 is also often relied upon in parallel. However, it would only be in exception-

---

〔42〕 对于诉讼程序或仲裁程序,都要求是已经开始或即将开始,通常是申请冻结令时"誓章/誓词"(affidavit / affirmation)中对情况予以说明。在 Fourice v. Le Roux (2007) UKHL 1 先例中 Bingham 勋爵说:"But he (申请人) must at least point to proceedings already brought, or proceedings about to be brought, so as to show where and on what basis he expects to recover judgment against the defendant."

〔43〕 如果当事人没有开始伦敦仲裁的意愿,则《Arbitration Act 1996》之 Section 44 就无法被适用。此时英国法院就可以根据《Senior Courts Act 1981》之 Section 37 作出中间禁令,例如今天经常作出的"止诉禁令"(anti-suit injunction)。换言之这两个立法是在互补不足。

al cases that the courts would exercise its powers under s. 37 in circumstances where the detailed statutory requirements of s. 44 were not met."

1.5.1.3 支持裁决书的执行

在本章前文中已经提到了,在法院判决(judgment)或仲裁裁决(award)作出之后,胜负已分,一般法院也就不再有作出冻结令的顾虑,申请人如果可以证明财产存在流失(dissipate)风险(这个证明标准也很低,因为败诉后不依据判决或裁决支付表面上来看就很有问题),就会作出冻结令。前文也已经介绍了 Great Station Properties SA v. UMS Holding Ltd (2017) EWHC 3330 (Comm)先例中的有关说法。

类似支持裁决书执行而颁布/作出冻结令(Freezing Orders/Injunctions)或全球冻结令(Worldwide Freezing Orders)的先例还有很多,包括 Rossel NV v. Oriental Commercial Shipping (UK) (1990) 1 WLR 1387;[44] Banco Nacional de Comercio Exterior SNC v. Empresa de Telecommmunicaciones de Cuba SA (2008) 1 WLR 1936;[45] Conocophillips China Inc v. Greka Energy (International) BV (2013) EWHC 2733 (Comm)[46];Taurus Petroleum Ltd v. State Oil Marketing Co of the Ministry of Oil, Republic of Iraq (2018) AC 690;[47] Great Station Properties SA v. UMS Holding Ltd (2017) EWHC 3330 (Comm);[48] Eastern European Engineering Ltd v. Vijay Construction (Pty) Ltd (2018)

---

〔44〕 在此先例中,实质争议由纽约仲裁解决并已经作出裁决书,胜诉方在英国法院申请协助执行,要求向败诉方颁布/作出全球冻结令。一审法院与上诉庭一致只愿意对英国境内的资产颁布/作出冻结令,拒绝颁布/作出全球冻结令。上诉庭的 Donaldson 勋爵说,涉及外国判决或裁决,英国法院要作出协助,例如根据《纽约公约》协助仲裁的执行,此时针对英国境内资产没有问题,这也是英国作为公约成员国的义务。但只有在特殊的"例外"(exceptional)案件,法院才会针对外国判决或裁决颁布/作出全球冻结令。在 Rossel NV v. Oriental Commercial Shipping (UK)先例中,全球冻结令看来由作为仲裁地法院的纽约法院颁布/作出更合适。不妨节录 Donaldson 勋爵所说如下:"Where this court is concerned to determine rights then it will, in an appropriate case, and certainly should, enforce its own judgment by exercising what would be described as a long arm jurisdiction. But, where it is merely being asked under a convention or an Act of Parliament to enforce in support of another jurisdiction, whether in arbitration or litigation, it seems to me that, save in an exceptional case, it should stop short of making orders which extend beyond its own territorial jurisdiction."

〔45〕 在意大利都灵获得法院胜诉判决后,由于被告在英国境内有资产,原告成功申请到英国法院颁布/作出一般冻结令冻结被告在英国的资产。但英国法院拒绝颁布/作出全球冻结令,理由包括一般冻结令已经足够针对英国境内资产,而针对英国境外资产的全球冻结令与英国属地管辖权(territorial jurisdiction)没有连接点(connecting factors),而且有可能与都灵法院的命令不一致的风险等。

〔46〕 在新加坡仲裁胜诉后,胜诉方成功申请到英国法院颁布/作出全球冻结令支持对仲裁裁决的执行。

〔47〕 在巴格达仲裁胜诉后,胜诉方成功申请到英国法院颁布/作出第三方债务命令(third party debt orders)与接管人命令(receivership orders)支持对仲裁裁决的执行。虽然这不是有关冻结令,但原理是一致的。

〔48〕 在伦敦仲裁胜诉后,胜诉方在英国法院申请执行并成功申请到全球冻结令。

EWHC 1539（Comm）;[49] Arcelor Mittal USA LLC v. Essar Steel Limited（2019）EWHC 724（Comm）先例[50]等。

正由于今天英国法院在《Senior Courts Act 1981》之 Section 37 下独立(freestanding)与广泛的权力,法院是否可以作出冻结令的关键在于要考虑行使裁量权(discretion)是否公平(just)与方便(convenient)。也不仅仅是可以针对在英国法院执行的英国或外国仲裁,即使是在外国法院执行英国或外国仲裁,也可能在英国法院申请到针对被申请人的冻结令甚至是全球冻结令。这与《Civil Jurisdiction and Judgment Act 1982》与《Civil Jurisdiction and Judgments Act（Interim Relief）Order 1997》的立法精神也是一致的。

至于什么时候才能满足这公平与方便的要求,在 Conocophillips China Inc v. Greka Energy（International）BV 先例中,Popplewell 大法官对过往先例在这方面的原则总结如下(这总结也在之后先例中被认可):

"Drawing these strands together, I（Popplewell 大法官）derive the following principles as applicable when the court is asked to grant a freezing order in support of relief which has been or is to be granted under s. 101 of Arbitration Act 1996 to enforce a New York Convention arbitration award obtained abroad:

（1）The principles are the same as those applicable where the court is asked to grant freezing order relief in support of foreign proceedings in exercise of its jurisdiction under s. 25 of the Civil Jurisdiction and Judgments Act 1982. The relief is treated as ancillary to the substantive rights contained in the award, which arise at the seat of the arbitration. The relief is not treated as ancillary to an English judgment which is for these purposes to be treated in the same way as a judgment of the English court determining the merits of a substantive dispute between a Claimant and a Defendant over whom it has assumed in personam jurisdiction. There is, in this context, a distinction between the two, which was emphasised by Lord Donaldson MR in the Rosseel case.[51]

（2）In such cases, it will rarely be appropriate to exercise jurisdiction to grant a freezing order where a Defendant has no assets here and owes no allegiance to the English court by the

---

[49] 在法国仲裁胜诉后,胜诉方成功申请到英国法院颁布/作出一般冻结令针对败诉方在英国境内资产。但由于原告被告都是塞舌尔公司,案件与英国没有太多或任何联系(link),也不涉及国际欺诈(international fraud),并非特殊例外(exceptional)。而且被告主要财产所在地塞舌尔法院在对裁决书的执行中刚刚撤销了针对被告的中间措施/禁令,因此除非有很强的原因,否则英国法院在"事不关已"的情况下不会作出相反决定,最后英国法院没有颁布/作出全球冻结令。

[50] 在美国明尼苏达 ICC 仲裁胜诉后,胜诉方成功申请到英国法院颁布/作出全球冻结令。

[51] 此处涉及区分对案件实质争议有管辖权而作出的英国判决或英国仲裁裁决的执行,以及纯粹是支持外国判决或根据《纽约公约》支持外国仲裁的不同。虽然英国法院在 Babanaft International Co SA v. Bassatne（1990）Ch 13 先例后有权颁布/作出全球冻结令,但只有在特殊的"例外"(exceptional)案件,英国法院才会针对外国判决或裁决颁布/作出全球冻结令。也可见本段前文脚注中提到的 Rossel NV v. Oriental Commercial Shipping（UK）（1990）1 WLR 1387 先例与 Eastern European Engineering Ltd v. Vijay Construction（Pty）Ltd（2018）EWHC 1539（Comm）先例。

existence of in personam jurisdiction by domicile, or residence, or some other reason. Protective measures should normally be left to the courts where the assets are to be found or where the Defendant resides.[52]

(3) Where there is reason to believe that the Defendant has assets within the jurisdiction, the English court will often be the appropriate court to grant protective measures by way of a domestic freezing order over such assets. That is so, whether or not the Defendant is resident or, for some other reason, is someone over whom the English court would assume in personam jurisdiction.[53]

(4) Where the Defendant is resident within the jurisdiction or is someone over whom the court has or would assume in personam jurisdiction for some other reason, a worldwide freezing order may be granted applying the same principles as apply to the grant of such an order in aid of foreign substantive proceedings under s. 25 of the Civil Jurisdiction and Judgments Act,[54] as explained in the Cuoghi, Motorola and Banco Nacional cases.

(5) Where the Defendant is neither resident within the jurisdiction nor someone over whom the court has or would assume in personam jurisdiction for some other reason, the court will only grant a freezing order extending to foreign assets in exceptional circumstances. It is likely to be necessary for the Applicant to establish at least three things:[55]

(a) That there is a**real connecting link between the subject matter of the measures sought and the territorial jurisdiction of the English court.**[56]

(b) That the case is one where**it is appropriate within the limits of comity for the English court to act as the international policeman in relation to assets abroad.** That role will not be appropriate unless **it is practical for an order to be made**, and unless **the order can be enforced in practice if it is disobeyed**. The court will not make an order, even if within the limits of comity, if there is no effective sanction it could apply if the order were

〔52〕 一般情况下,除非是被申请人在英国有资产,也就是英国法院有可供执行的财产,所以有对物管辖权(*in rem* jurisdiction),或者是例如被申请人是英国人、在英国注册的公司、居住地在英国等导致英国法院有对人/属人管辖权(*in personam* jurisdiction),否则英国法院不会颁布/作出此类禁令协助外国的法院判决(如欧盟国家的法院判决)或仲裁裁决。这措施更适合由诉讼地或仲裁地的法院颁布/作出。

〔53〕 如果是资产在英国境内,一般是适合与愿意颁布/作出冻结令的,这也无论英国法院是否有对人管辖权。但此时一般的冻结令就已经足够保护,无须全球冻结令。

〔54〕 如果是英国法院对被申请人有对人管辖权,也是合适颁布/作出冻结令的,但要视乎情况作出决定是一般冻结令还是全球冻结令。

〔55〕 如果败诉方或被申请人在英国境内既没有资产,英国法院也没有对人管辖权,则必须至少满足三个条件,英国法院才会认定为了与英国无关的案件或外国判决与裁决书的执行,颁布/作出全球冻结令(看来不会是一般冻结令,毕竟在英国境内没有资产)是公平与方便的,属于特殊例外(exceptional)。

〔56〕 第一个条件是,虽然资产不在英国,英国也没有对被申请人的对人管辖权,但被申请人与被申请的禁令有关的任何事实,与英国法院属地管辖权(territorial jurisdiction,与英国境内任何人、事、物有关联)之间有真实的连接点(real connecting factors)。真实连接点也是 CJJA 之 Section 25 的要求,也不仅仅适用于冻结令与资产披露令,其他任何禁令都是如此。

disobeyed. That may often be the case if the Defendant has no presence or assets within the jurisdiction.〔57〕

(c) The court will only grant worldwide relief if it is just and expedient to do so, taking into account the discretionary factors identified at para 115 of the judgment in the Motorola case. They are:(1) whether the making of the order will interfere with the management of the case in the primary court, eg where the order is inconsistent with an order in the primary court or overlaps with it;(2) whether it is the policy in the primary jurisdiction not itself to make worldwide freezing/disclosure orders;(3) whether there is a danger that the orders made will give rise to disharmony or confusion and/or risk of conflicting, inconsistent or overlapping orders in other jurisdictions, in particular the courts of the state where the person enjoined resides or where the assets affected are located;(4) whether at the time the order is sought there is likely to be a potential conflict as to jurisdiction rendering it inappropriate and inexpedient to make a worldwide order; and (5) whether, in a case where jurisdiction is resisted and disobedience to be expected, the court will be making an order which it cannot enforce."〔58〕

还可以简单总结 Popplewell 大法官对英国法院在不同案件中如何行使有关冻结令的裁量权的说法如下:(1)只要法院相信被申请人在英国境内有资产,则英国法院会有对物管辖权(*in rem* jurisdiction)。此时只要满足其他申请冻结令的要件(如有资产流失风险),法院就会愿意颁布/作出冻结令。(2)如果对被申请人有对人管辖权(*in personam* jurisdiction),在满足其他申请冻结令的要件的情况下,英国法院会视乎情况颁布/作出全球冻结令(如针对英国公司或自然人,但资产都在外国)。(3)如果在英国境内既没有资产,对被申请人也没有对人管辖权,则只有在特殊例外(exceptional)情况中英国法院才会

〔57〕第二个条件是,英国法院这样当"国际警察"的做法是合适的。这包括要尊重外国法院,可以有措施保证禁令被遵守等。例如在 Arcelor Mittal USA LLC v. Essar Steel Limited and others 先例中,法院就考虑了被申请人所在地(毛里求斯)法院也是可以颁布/作出全球冻结令的,因此如果毛里求斯法院已经颁布/作出有关命令,英国法院颁布/作出的全球冻结令就要被重新考虑了。又例如此先例中仲裁地(美国明尼苏达)法院看来不倾向于也无法作出全球冻结令,此时英国法院就会更愿意颁布/作出这类命令,这还可见 Motorola Credit Corp v. Uzan (No. 2) (2004) 1 WLR 113 上诉庭先例。在 Motorola Credit Corp v. Uzan 先例中,作为原告的美国公司在美国诉讼程序中指称四个被告(土耳其家庭)欺诈与串谋。之后美国公司申请英国法院的支持,要求颁布/作出全球冻结令,冻结每个被告各自2亿美元的资产。而实际上只有第一被告与第四被告在英国有资产(也没有证据显示这些资产会与第二被告或第三被告共同拥有),以及有第一被告住所地在英国。第二被告与第三被告与英国没有任何连接点(connecting factors)。再加上当时土耳其还没有加入欧盟,即使是针对第二被告与第三被告颁布/作出冻结令,也没什么办法强制执行。因此上诉庭维持了针对第一被告与第四被告的冻结令与资产披露令,但撤销了针对第二被告与第三被告的全球冻结令。

〔58〕第三个条件是,Popperwell 大法官还谈到了这些例外情况也一样要符合公平与方便的要求,并列举了一些会纳入考虑的因素,例如是否会干涉对实体争议有管辖权的法院的案件管理;是否符合公共政策;是否有会与其他法院(尤其是资产所在地法院以及对被申请人有对人管辖权的法院等)命令重复、不一致、矛盾或导致混乱的风险;颁布/作出全球冻结令是否不适当、不方便;如果不被服从是否有可行的强制措施等。

做“国际警察”。会成为例外情况至少要满足三个条件：其一，案情与英国有真实连接点（connecting link）。其二，英国法院做国际警察行使长臂管辖权不会影响国际友好，以及现实中能够对全球冻结令强制执行。例如全球冻结令会涉及的外国银行在伦敦有分行。[59] 这样即使是英国法院无法强制被申请人本身也不妨碍可以强制对冻结令的执行。其三，各种其他因素让英国法院考虑是否公平与方便。例如，对案件本就有管辖权的法院是否可以颁布/作出类似命令，如果可以就会避免干预外国法院对案件的管理。又如，本有管辖权的法院已经拒绝颁布/作出类似命令，英国法院就不应该再颁布/作出全球冻结令等。

什么是“特殊例外”的好例子之一是涉及国际欺诈（international fraud）的情况。一旦涉及国际欺诈，看来英国法院也会更倾向于颁布/作出冻结令予以支持，见 Republic of Haiti v. Duvalier (1990) 1 QB 202 先例。此先例虽然并非是冻结令支持判决或裁决书的执行，但是很好地显示了什么情况属于可以颁布/作出全球冻结令支持外国诉讼的特殊例外。此先例中实体争议是指称被告涉及国际欺诈，在全球范围频繁转移资产。但是实际上英国法院对实体争议既没有对人也没有属地管辖权，实体争议也是在法国法院解决。但案件本身还涉及了英国律师，就被法院认为是有连接点，是公平与方便颁布/作出全球冻结令。

类似地在 Mobil Cerro Negro Ltd v. Petroleos de Venezuela SA 先例中，Walker 大法官更是明确地说在涉及国际欺诈的案件中，英国法院在认定是否属于特殊例外时会较为宽松。在近期的 Arcelor Mittal USA LLC v. Essar Steel Limited（2019）EWHC 724（Comm）先例中，Jacobs 大法官更是（表面看来）大幅度放宽对“国际诈骗”的定义。此先例涉及一个 10 年的铁矿供应合约，被告违约/毁约后在 ICC 仲裁中败诉，并转让公司资产与准备宣布倒闭。这就被 Jacobs 大法官认为足够属于特殊例外情况，虽然本来案件本身与英国无关，但英国法院更愿意插手并颁布/作出全球冻结令了。

在笔者看来，今天由于伦敦作为世界经济中心之一，虽然很多公司并没有实际财产在伦敦，住所地也不在伦敦，但经营国际业务的公司多少会与伦敦有关系。而但凡有这些关系，甚至只是公司合作的银行在伦敦、有伦敦的专业人士为公司提供服务、与公司有关的文件可以在伦敦被获取，就可能被英国法院认为有连接点，足以公平与方便作出命令，见 Arcelor Mittal USA LLC v. Essar Steel Limited & Others 先例。

在前文中已经简单提到的 Arcelor Mittal USA LLC v. Essar Steel Limited & Others 先例中，涉及的是美国明尼苏达的 ICC 仲裁，裁决书的败诉方也就是债务人是一家毛里求斯公司（背后的老板是印度人），债务人在英国只有两个银行账号，并没有什么实际资产在英国境内，甚至公司的董事也并非英国人。债务人与英国并没有什么关系。申请人已经单方面（*ex parte*/without notice）申请到了针对被申请人资产的全球冻结令（WFO）与资产披露令（Assets Disclosure Orders）、搜查令（Search Orders）以及第三方披露令（Nor-

[59] 明知有禁令但允许违反，例如明知有冻结令，但仍允被申请人提款，会构成藐视法院，见 Z Ltd v. A-Z and AA-LL (1982) 1 Lloyd's Rep 240；Attorney General v. Punch (2002) UKHL 50 等先例。

wich Pharmacal Orders),并通过资产披露令与搜查令了解到了被申请人的资产信息。申请人想要继续延续这些命令的效力,但遭到被申请人的反对。

此先例中,法院显然是考虑到了被申请人有严重的不恰当行为(在仲裁中途,估计是明知败诉机会极高,就暗中转移达 15 亿美元资产),因此法院更倾向于作出禁令的。即使被申请人并非英国公司在英国也实际没什么资产,也会属于例外情况:"There is no precise definition of what is meant by the phrase 'international fraud' found in the case-law, If there is a strong case of serious wrongdoing comprising conduct on a large or repeated scale whereby a company, or the group of which it is a member, is acting in a manner prejudicial to its creditors, and in bad faith, then **I see no reason why the English court should not be willing to intervene rather than to stand by and allow the conduct to continue** and, to put the matter colloquially, to let the wrongdoer get away with it. In the present case, I would regard the attempted dissipation of Essar Steel's US $ 1.5 billion asset, in the face of the commencement of arbitration proceedings, as sufficient in itself potentially to warrant intervention under the 'international fraud' exception, or **as constituting 'exceptional circumstances.**" (加黑部分是笔者的强调)

在此先例中,一个对法官影响很大的事实是通过单方面申请的资产披露令与搜查令确实获取了能够锁定被申请人资产信息的文件。尤其是在此先例中,被申请人看来是在伦敦寻求金融专业人士的服务,因此有不少关键文件被存储在伦敦。换言之,一旦委任过英国伦敦的专业人士[包括律师,见 Republic of Haiti v. Duvalier (No. 2)先例]并在伦敦存储了关键文件,就与英国有了"连接点",可能会被认为属于特殊例外情况的第一个条件。针对这方面,可以节录 Jacobs 大法官所说如下:"It has obtained documentation as a result of the search order and disclosures made pursuant to the court's orders. These have provided, it seems to me, important information which enables AMUSA(申请人,也是仲裁裁决的胜诉方,债权人) to identify and pursue at least one major asset of Essar Steel(被申请人,仲裁裁决的败诉方,债务人), namely the US $ 1.5 billion receivable. The fact that AMUSA has already obtained important information reflects the core reason why AMUSA took proceedings in this jurisdiction. Whilst it appears to be the case that Essar Steel itself does not carry on business in England, and has no substantial assets here, there are nevertheless material connections between Essar Steel and this jurisdiction. For some time, professional services were provided to Essar Steel and its ultimate parent EGFL by Essar Capital Services operating from Lansdowne House in London. Essar Capital Services employed a number of professional staff whose services were provided to other entities pursuant to various service agreements... During the time that these professionals were employed, Essar Capital Services was party to a shared services agreement with another Essar Group company relating to the premises at Lansdowne House, and this is where these professionals worked. There is a server at Lansdowne House, referred to in these proceedings as the 'Oil server', and this holds documents that were generated or saved by employees based at Lansdowne House, which previously included Essar Capital Services employees when it had professional employees."

1.5.2 对投资仲裁的支持和协助

到目前为止,冻结令的管辖权还无法延伸到对"ICSID 仲裁"/投资仲裁程序的支持与协助。众所周知,"ICSID"是1966年生效的《The Convention on the Settlement of Investment Disputes of 18 March 1965》即《华盛顿公约》下,世界银行(World Bank)于华盛顿建立的"International Center for Settlement of Investment Disputes"(ICSID)。ICSID管理的仲裁,即被称为"ICSID仲裁"。具体而言,例如在国家A与国家B之间签订双边或多边协议,而国家A的投资者在国家B投资时遇到国家B违反签订的国际双边协议(Bilateral International Treaty,BIT)对投资者的保障时,即根据《华盛顿公约》与BIT中约定的仲裁协议,于ICSID开始针对国家B的仲裁,因此也常称为"投资仲裁"(investment arbitration)。为了避免受到国家或地区法院管理的问题,投资仲裁与一般国际商业仲裁不同,并没有"仲裁地"(arbitral seat)的概念。也因此可以完全独立,不受制于任何国家的法律。在今天有大量的投资者针对国家的投资仲裁,往往涉案金额巨大,在今天世界各地都有很多高调、针对投资仲裁的胜诉裁决书的执行案件。例如中国香港有提请人大释法的有关刚果(金)与中国中铁案件,见FG Hemisphere Associate LLC v. Democratic Republic of Congo, China Railway Group (Hong Kong) Limited & Ors (2008) HKCFI 1110先例,又例如仍在世界各地作出抗争的俄罗斯败诉了500亿美元的Yokus仲裁裁决。

1.5.2.1 英国法院无权支持投资仲裁颁布/作出冻结令

在本章之1.5.1.2段已经提到,针对一般的仲裁(无论是英国或外国仲裁),英国法院可以根据《Arbitration Act 1996》之Section 44作出冻结令等中间禁令(interim injunction)予以支持。但是对于投资仲裁则并不适用《Arbitration Act 1996》。英国对于《华盛顿公约》与投资仲裁有专门的立法:《Arbitration (International Investment Disputes) Act 1966》,之后经由《Arbitration Act 1996》之Section 107(1)以及Schedule 3的修改了的Section 3(1)有如下规定:"The Lord Chancellor may by order direct that any of the provisions contained in sections 36 and 38 to 44(这是在《Arbitration Act 1996》中赋予法院作出中间禁令支持仲裁的条文) of the Arbitration Act 1996 (provisions concerning the conduct of arbitral proceedings &c.) shall apply to such proceedings pursuant to the Convention as are specified in the order with or without any modifications or exceptions specified in the order."

即"御前大臣"(Lord Chancellor)可以颁布命令。根据命令中的措辞/文字,使《Arbitration Act 1996》之Section 36、Section 38与Section 44适用在投资仲裁,但是御前大臣并没有颁布过这样的命令,见Republic of Ecuador v. Occidental Exploration and Production Company (2005) EWCA Civ 1116上诉庭先例。笔者至今也没有获悉有颁布过此类命令。因此对于投资仲裁来说,目前的英国法院并没有作出冻结令等中间禁令予以支持的权力。

对此也可见《Russell on Arbitration》(2015年,第24版)一书之7-186段:"Section 44 does not apply to ICSID Arbitrations. The nature of ICSID arbitration is that the parties may only seek provisional measures from the ICSID tribunal itself, and not from any national court"。

此说法的有关先例是 ETI Euro Telecom International NV v. Republic of Bolivia (2008) EWCA Civ 880 上诉庭先例，将在本章下一段进行介绍。

1.5.2.2　ETI Euro Telecom International NV v. Republic of Bolivia 上诉庭先例

在 ETI Euro Telecom International NV v. Republic of Bolivia (2008) EWCA Civ 880 上诉庭先例中，涉及英国法院是否有权力作出冻结令针对投资仲裁、外国诉讼程序等的问题。

此先例中的原告(ETI)是一家荷兰公司，1995 年与玻利维亚(Bolivia)政府和玻利维亚的一间电讯公司(Entel)签订了一系列合约，由玻利维亚政府对 Entel 进行私有化(privatisation)，ETI 通过支付 6.1 亿美元的对价，换取 Entel 中 50% 的股权(剩余的股权中，47.5% 由两家玻利维亚社保基金持有，以及 2.5% 由 Entel 员工持有)，以及对 Entel 的管理控制地位。但 2006 年 6 月，玻利维亚政府公布国家发展计划，显示玻利维亚将重新将私有化的公司收归国有。ETI 就指称玻利维亚政府实行了一系列行为旨在影响 ETI 在 Entel 中的投资价值，以及征用(expropriate) ETI 的利益但不支付合理赔偿等。2007 年 10 月，ETI 正式向 ICSID 提交了针对玻利维亚政府的投资仲裁申请书。[60] 而 2008 年，玻利维亚政府颁布命令，将全部的 Entel 股权收归国有，而实际根本没有给予 ETI 任何赔偿，理由是之前 ETI 对 Entel 的管理控制中存在违章、逃税等问题，"compensation 0, due to the irregularities found"。之后玻利维亚警察还控制了 Entel 的总部，并由玻利维亚的电讯监管部门接管了 Entel 公司。

由于 Entel 在美国纽约摩根大通(JP Morgan Chase)有定期存款，因此 ETI 于 2008 年先在美国纽约法院成功单方面申请到"扣押令"(order of attachment)，以对正在进行中的投资仲裁提供协助："an action for an order of attachment in aid of arbitration... without an order of attachment, the arbitral award will be rendered ineffectual..."之后由于 Entel 在伦敦德意志银行(Deutsche Bank)中还有 5000 万美元定期存款，因此 ETI 就想要在英国申请冻结令，冻结这些资产。

在本章上一段中已经提到了在《Arbitration Act 1996》或是没有生效的《Arbitration (International Investment Disputes) Act 1966》下，英国法院没有权力作出冻结令等中间禁令针对投资仲裁予以支持。因此 ETI 看来只能依赖《Senior Courts Act 1981》之 Section 37 下法院一般与广泛的权力了。同时由于此先例中无论是纽约法院程序，还是投资仲裁程序都并非英国本土的诉讼程序，因此 ETI 需要依赖前文中提及的 CJJA 1982 之 Section 25 以及 1997 Order。此处争议焦点就是 CJJA 1982 或 1997 Order 中的外国诉讼"程序"(Pro-

---

〔60〕 在荷兰与玻利维亚的 BIT 中约定的争议解决方式是 ICSID 仲裁："... any disputes that may arise from investment between one of the Contracting Parties and a national of the other Contracting Party shall, in accordance with the provisions of that Convention, be submitted for conciliation or arbitration to the International Center for Settlement of Investment Disputes..."玻利维亚在 2007 年 5 月正式申请退出《华盛顿公约》，根据《华盛顿公约》的要求将在 6 个月后即 2007 年 11 月生效，因此 ETI 要赶在截止日期来临前开始投资仲裁。

ceedings),是否包括投资仲裁或之后的纽约法院程序呢?

首先针对仲裁,上诉庭判法是 CJJA 1982 或 1997 Order 中所指的"程序"不包括仲裁程序,仲裁程序将另行针对:[61]"I am satisfied that it is plain that arbitral proceedings are not 'proceedings' for the purposes of the 1997 Order. The 'proceedings' referred to in sections 25(3)(a) and (b) were not intended to refer and did not refer to arbitration proceedings since these were specifically dealt with in section 25(3)(c). Sections 25(3) (a) and (b) referred to court proceedings which were not then within the ambit of section 25 either because of their forum or their subject matter. It could not have been intended in 1982 to include arbitration in section 25(3)(b) if an entirely separate sub-section [section 25(3)(c)] was devoted expressly to arbitration. In addition, the operation of section 25(5), dealing with the repeal of part of the Arbitration Act 1950, was limited to section 25(3)(c), and it is plain that arbitration was intended to be treated separately under section 25(3)(c) and 25 (5) and not by way of section 25(3)(b) ..."

而对于纽约法院程序,上诉庭也认为不属于 CJJA 1982 或 1997 Order 下的"程序",因为上诉庭总结说 CJJA 1982 或 1997 Order 所指"程序"是实体程序而非扣押令、冻结令等附属程序。正如 Collins 大法官在总结了过往先例与解释有关立法后说:"I am satisfied that the foreign proceedings to which section 25 and the 1997 Order are referring are **proceedings on the substance of the matter**...In my judgment, this ground of appeal fails because on any view the English proceedings are not in aid of, or related to, any substantive proceedings in New York, however liberally those expressions are interpreted. As I have said, the complaint in the SDNY describes the proceedings as an 'an action for an order of attachment in aid of arbitration' and founds jurisdiction and venue on the fact that property belonging to Entel and/or Bolivia was situate in New York. The SDNY attachment proceedings constitute interim relief to protect assets pending the outcome of the ICSID arbitration. **The New York**

---

[61] 在 CJJA 1982 中有 Section 25(3)(c)专门针对仲裁,但被《Arbitration Act 1996》之 Schedule 3"废除"(repeal)。之后在1997 Order 中就没有再加入此条文。在贵族院的判词中也提到:"I have set out above section 25 as originally enacted in 1982. In particular section 25(3) provided that the power to grant interim relief in aid of foreign proceedings could be extended in three ways;... and (3) to arbitration proceedings [section 25(3)(c)]...On 31 January 1997, Schedule 3 of the Arbitration Act 1996 came into force. This repealed section 25(3)(c) so as to remove arbitration proceedings from the description of the proceedings to which the power to extend section 25(1) could be applied by Order in Council... As I have said the 1997 Order was made shortly after the Arbitration Act 1996 was passed, and came into effect on 1 April 1997. Because of the repeal of section 25(3)(c) the 1997 Order provides (as amended) for the application of section 25(1) only to two categories of proceedings (a) proceedings commenced or to be commenced otherwise than in a Brussels or Lugano Contracting State or a Judgments Regulation State; and (b) proceedings whose subject matter is not within the scope of the Judgments Regulation as determined by Article 1 of the Judgments Regulation... The reason for the repeal of section 25(3)(c) was that the Arbitration Act 1996 made provision for the grant of interim relief by a court in support of arbitrations by section 44. By section 2(3) of the 1996 Act, the powers conferred by section 44 applied even if the seat of the arbitration was outside England or if the arbitration had no seat."

proceedings are directed solely at assets in New York, and proceedings in England directed at assets in England cannot be ancillary to the New York attachment."（加黑部分是笔者的强调）

毕竟纽约法院程序只是为了针对在纽约的资产（在摩根大通的存款），而在英国法院的申请针对的是在伦敦的德意志银行中的存款，跟支持纽约法院程序毫无关系。

1.5.2.3　英国法院可以支持投资仲裁裁决书的执行

当然，在本章之1.5.1.3段也已经提到如果是对生效仲裁裁决书的执行（execution）程序，本质上已经是法院程序（伦敦或外国仲裁程序已经结束）。对于这英国或外国法院的执行程序，英国法院是可以作出各种中间禁令［如申请英国法院颁布/作出CPR Part 72中的第三方债务命令（Third Party Debt Orders）〔62〕］予以支持的，这也包括对已生效投资仲裁裁决书的执行程序，见Kensington International Ltd v. Republic of Congo (2007) EWCA Civ 1128先例。

Kensington International Ltd v. Republic of the Congo先例涉及一个典型的投资仲裁，原告（Kensington）是一家对诉讼/仲裁提供第三方资助（third-party unding）的金融机构，作为受让人（assignee）买下了败诉的刚果政府欠下的"主权国家判决债务"（sovereign judgment debts）的债权，金额高达1亿多美元。原告已经成功取回部分金钱，但仍需要继续努力追讨剩下的金钱。其中一个手段是在瑞士日内瓦法院，申请向一家瑞士企业（名为Vitol的能源集团）颁布/作出第三方债务扣押令，扣押Vitol欠下刚果政府的债务（interim attachment of debts owe by Vitol to Congo）。

之后原告从市场上听说了Vitol的伦敦分公司刚与刚果政府有安排，分别通过Vitol租用的"New Vision"轮与"Elizabeth Angelikossi"轮从刚果出口石油。原告就单方面（*ex parte*）在英国法院申请禁止Vitol向刚果政府支付任何有关这两笔货物的金钱，同时申请"第三方披露令"（Norwich Pharmacal Order）要求作为第三方的Vitol提供一些刚果政府资产的信息。Vitol质疑英国法院是否有管辖权颁布/作出这种命令，但被高院与上诉庭否定。

高院与上诉庭均指出，在立法（CJJA 1982与1997 Order）下为了支持与协助欧盟与其他外国法院的实质程序（substantive proceedings），英国法院有权力作出此类命令。而类似英国CPR Part 72下执行判决债务的"第三方判决债务命令"（Third-Party Judgment Debt Orders）是英国法院的实质程序。当然在这一先例中作为对瑞士法院的支持与协助，而不是重复瑞士法院的第三方债务扣押令，就需要两者的救济相配合。只要查明瑞士的法律，英国法院作出的命令并非重复与/或有矛盾，则无论英国法律最终做出的命令是第三方债权命令或是冻结令等形式，都是立法针对的为了支持与协助瑞士法院的实质程序。在上诉庭的判决中，Moore-Bick大法官说："Section 25 of the Civil Jurisdiction and Judgments Act 1982 gives the court power to grant interim relief in support of substantive proceed-

〔62〕有关第三方债务命令的课题可见《仲裁法——从开庭审理到裁决书的作出与执行》（2010年）一书第十四章之8.3段。

ings in other jurisdictions. In deciding the proper scope of any interim relief it is necessary, therefore, to have regard to the nature of the substantive proceedings and their possible outcome if one is to ensure that an order made in this country will be effective to achieve its purpose. ... that the principle which underpins section 25 is that the court should be willing to assist the courts of other jurisdictions by providing such interim relief as would be available if it were itself seised of the substantive proceedings. It follows ... that the first of the two principles proceed on the assumption that substantive proceedings of the same kind leading to the same potential outcome are pending in this country. Mr Gruder's (原告) argument assumes that the substantive proceedings are an application for a third party debt order under CPR Pt 72, but they are not, and it may be the case that the eventual outcome of the proceedings in Geneva will not be the same in all respects as that of an application under Part 72. It may also be the case that the scope of the interim attachment order already made in those proceedings is more extensive than the relief that it would normally be appropriate to grant in support of an application for a third party debt order in this country. ... These and other issues fall to be resolved in the Swiss proceedings. It is sufficient for present purposes, as the judge observed, that it is at least arguable that contracts for the purchase of oil which provide for prepayments of part of the price, even if only at the request of the Congo, are capable of giving rise to obligations which fall within the scope of the interim attachment order and of any final attachment order that may be made in due course. That being so, it is necessary for the interim relief granted in this country to be no less extensive, if it is to provide effective support for the proceedings in Geneva. That was the basis on which the judge reached his decision and in my view he was clearly right."

1.6 "单方面"(*ex parte*/without notice)申请冻结令

1.6.1 申请中间禁令/命令的一般规则

冻结令(Freezing Orders)是一种中间禁令/命令(interlocutory/interim injunctions/orders)。所谓"中间",是指这个命令并非永久性,而是持续到实质争议的最后判决(judgment)或裁决(award)。所谓的"禁令"(injunction)在英国《民事诉讼规则》(Civil Procedure Rules,CPR)之Rule 2.2(1)有解释或定义:"A court order prohibiting a person from doing something or requiring a person to do something."

如果没有严格遵守法院的禁令/命令,就可能带来藐视法院(Contempt of Court)的后果。藐视法院是刑事罪行,在法治社会对一般商业人士有很大的阻吓力。因此法院一旦颁布/作出禁令/命令,也一般会被严格遵守。即使被申请人有了极大困难无法严格遵守命令,也不能自说自话,以是否合理作为自己是否严格遵守命令的判断标准。被申请人必须先向法院作出申请并获得法院的同意更改(或撤销)该禁令/命令的部分或全部内容,否则无论有多不情愿或有多大的困难,被申请人都必须严格遵守,要不然就有藐视法院的危险。

向法院申请禁令/命令的一般规则或做法(general rule)是必须通知(with notice)另

一方当事人(other parties)或被申请人,见 CPR rule 34.1(1),这才是公平合理的做法。只有两种情况下才有例外:(1)在十分紧急的情况中没有时间通知被申请人。此时除非还额外涉及机密性问题,否则仍要向被申请人作出非正式(informal)的临时通知,见 CPR 之 Practice Direction("PD")23A Paragraph 4。(2)通知被申请人会带来禁令/命令的申请失去意义(defeat the purpose of the injunction)的风险。例如在冻结令(或搜查令)生效前,被申请人就可能导致资产流失(或毁灭证据)。

1.6.2 单方面申请的危险和不公平之处

实践做法中的冻结令的申请往往是"单方面"(*ex parte*/without notice)作出。单方面申请禁令对被申请人/被告极为不利,存在严重不公平之处。对法官(或仲裁员)而言,也是极不愿意只听"一面之词"就作出重要决定,这样的决定也有很高的风险是错误的。在 L v. K (2013) EWHC 1735 (Fam)先例中 Mostyn 大法官的说法是这种单方面申请是"violation of the elementary rule of natural justice and alteram partem"[违背基本的自然公正与"兼听原则"(*alteram partem*)],同时 Mostyn 大法官还引用了 Hoffmann 勋爵在 National Commercial Bank Jamaica Ltd v. Olint Corp Ltd (Jamaica) (2009) UKPC 16 先例中的说法,节录如下:"First, there appears to have been no reason why the application for an injunction should have been made ex parte, or at any rate, without some notice to the bank. Although the matter is in the end one for the discretion of the judge, **audi alterem partem is a salutary and important principle**. Their Lordships therefore consider that **a judge should not entertain an application of which no notice has been given unless either giving notice would enable the defendant to take steps to defeat the purpose of the injunction** (as in the case of a Mareva or Anton Piller order) **or there has been literally no time to give notice** before the injunction is required to prevent the threatened wrongful act. These two alternative conditions are reflected in rule 17.4(4) of the Civil Procedure Rules 2002. Their Lordships would expect cases in the latter category to be rare, because **even in cases in which there was no time to give the period of notice** required by the rules, there will usually be no reason why **the applicant should not have given shorter notice or even made a telephone call. Any notice is better than none.**"(加黑部分是笔者的强调)

即一般情况下禁令的申请都不应该是单方面,而应该通知被申请人。毕竟兼听原则是重要的"自然公正"(natural justice)或"正当程序"(due process)的一部分,只有在特殊情况下(如本书第二章之3段介绍的搜查令)才能够给予例外。这些特殊情况就包括一旦给予通知,被申请人就会采取行动,导致禁令即使被成功申请也无法达到目的。例如针对银行账户,被申请人可能一个电话就能将银行账户内的资金转移,还没有成功申请到禁令,就已经没有申请的必要了。另一个特殊情况是在时间过于紧迫只能先向法院申请,但这种情况是很少出现的,毕竟绝大部分情况下往往都会有给予被申请人一个很简短的通知(即使是口头、电话通知)的时间。即使是在紧急申请(如在下班后的申请)中,法院仍然会尽可能要求通知对方,例如通过电话会议兼听双方的观点后再作出决定。[63]

类似的说法也被 Mostyn 大法官在几个家事法(family law)先例中作出陈述,不妨列举如下:

1. 在 EZ v. SZ (2011) 1 FLR 64 先例中说:"It is worth my expressing the view that in the short term that I have been sitting as a full time judge I have been shocked at the volume of spurious ex parte applications that are made in the urgent applications list. **It is an absolutely elementary tenet of English law that save in an emergency a court should hear both sides before giving a ruling.** The only recognised exception to this rule (apart from those instances where an ex parte procedure is specifically authorised by statute) is where there is a well founded belief that the giving of notice would lead to irretrievable prejudice being caused to the applicant for relief. **I have the distinct impression that a sort of lazy, laissez-faire practice or syndrome has grown up which says that provided the return date is soon, and provided that the court is satisfied that no material prejudice will be caused to the respondent, then there is no harm in making the order ex parte. In my opinion this is absolutely wrong and turns principle on its head.**"(加黑部分是笔者的强调)

2. 在 ND v. KP (2011) 2 FLR 662 先例中说:"**As a matter of principle no order should be made in civil proceedings without notice to the other side unless there is very good reason for departing from the general rule that notice must be given**, for example, where to give notice might defeat the ends of justice. To grant an interim remedy in the form of an injunction without notice 'is to grant an exceptional remedy': the authority for that is Moat Housing Group-South Limited v. Harris (2006) QB 606."(加黑部分是笔者的强调)

3. 在 L v. K 先例中所说:"That an application for a freezing injunction might be made without notice **only** where there was exceptional or it was essential to the effectiveness of the order sought that the respondent should not be made aware of the application, or some other circumstance stipulated in paragraph 5.1 of Practice Directions 18A supplementing FPR Pt 18 applied, and that **even in case of exceptional urgency, short informal notice should be given to the respondent unless it was essential that he should not be made aware of the application.**"(加黑部分是笔者的强调)

1.6.3 临时通知

已经多次提到,只有在有限的情况下(尤其是如果事先通知对方就会造成禁令无法实现申请目的时),才允许单方面申请冻结令。在 National Commercial Bank Jamaica Ltd v. Olint Corp Ltd (Jamaica) (2009) UKPC 16 先例中,Hoffmann 勋爵提到了在单方面申请中,除非通知对方会导致冻结令等禁令失去意义(在冻结令中,就要看冻结令针对的资

---

[63] 在 CPR PD 25A Para 4.2 规定:"Urgent applications and applications without notice... 4.2 4.2 These applications are normally dealt with at a court hearing but cases of extreme urgency may be dealt with by telephone."

产包括哪些),否则要尽可能给被申请人以"临时通知"(short notice),以防止单方面申请造成不公平。这在一些近期先例中被Tugendhat大法官强调:

1. 在O'Farrell v. O'Farrell (2013) 1 FLR 77先例中说:"Like Mostyn J, **I too have been shocked at the volume of spurious ex-parte applications that are made in the Queens Bench Division.** The number of occasions on which CPR Part 25.2 and CPR 15.3(1) and (3) and PD 25A para 4(3) are flouted is a matter of real concern. **In these days of mobile phones and emails it is almost always possible to give at least informal notice of an application.** And it is equally almost always possible for the Judge hearing such an application to communicate with the intended defendant or respondent, either in a three way telephone call, or by a series of calls, or exchanges of e-mail. Judges do this routinely, including when on out of hours duty. **Cases where no notice is required for reasons given in PD 25A para 4.3(3) ('where secrecy is essential') are very rare indeed** … The giving of informal notice of an urgent application is not only an elementary requirement of justice. It may also result in a saving of costs. The parties may agree an order, thereby rendering unnecessary a second hearing on a return date."(加黑部分是笔者的强调)

2. 在AB v. Barristers Benevolent Association Ltd (2011) EWHC 3413 (QB)先例中说:"I have prepared this judgment in accordance with what is now the usual practice in such case. It may also serve the purpose of **reminding practitioners of the importance of giving notice, however late, of any application by telephone to the Judge on duty out of hours. In these days of mobile phones and emails it is almost always possible to do this. And it is equally almost always possible for the Judge to communicate with the intended defendant or respondent, either in a three way telephone call, or by a series of calls, or exchanges of e-mail. Cases where no notice is required for reasons given in PD 25A para 4.3(3) are very rare indeed.**"(加黑部分是笔者的强调)

在上述这两个先例中,由于AB v. Barristers Benevolent Association Ltd先例涉及的是保护机密性的禁令而并非冻结令,因此不在此多作介绍。而O'Farrell v. O'Farrell先例涉及的是家事争议中的冻结令,可以作为例子在此简单介绍。一对夫妻(丈夫是英国军人,妻子是德国人)在德国离婚,法院已经作出判决,前夫需要赡养前妻与女儿。但前夫只支付了赡养女儿的费用。因此前妻在英国委任律师要求在英国执行德国的判决,并单方面(ex parte)或无通知(without notice)申请冻结令,要求冻结前夫由于即将退伍而获得的金钱。

英国法院的Tugendhat大法官十分不满意作为申请人的前妻没有通知前夫的做法,因为在申请冻结令时,明知道距离他退伍还有一段时间,他也不大可能之前就先拿到这笔钱,因此没理由不给正式通知让前夫有出庭抗辩的机会。Tugendhat大法官说:

"No reason is given by Mr Reid(前妻的代表律师,申请冻结令的誓章是由他作出)in the affidavit dated 27 July 2011 for the application being without notice. He states that it was on 11 July 2011 that he had learnt that Mr O'Farrell's discharge was due on 31 July, but the application was not made until 27 July. Even if there may have been a reason for that delay, the only reference by Mr Reid to the hearing being without notice is in paragraph 20 of his affidavit. That reads as follows: 'The Applicant believes that this application should be heard in private and without notice because if the Respondent was told that the application was to be made he would do his best to dispose of, conceal or dissipate his assets before being formally notified of or served with an injunction.'

However, the only asset of Mr O'Farrell which is identified in the affidavit is the payment to be made upon discharge from the army. Since he was due to be discharged on 31 July, as stated in the affidavit, and since nothing in the affidavit suggests that there was any likelihood of him being paid that money earlier than 31 July, it is difficult to follow on what basis Mr Reid deposed that there was a real fear of that asset being dissipated or disposed of if Mr O'Farrell was given notice in advance of the application for the Freezing Injunction.

Whether it would have been possible to give informal notice in the present case is not known. No attempt was made."

另外,在本章之1.7.4.3 段会介绍的 Yves Charles Edgar Bouvier v. Accent Delight International Ltd (2015) SGCA 45 新加坡上诉庭先例中,Sundaresh Menan 首席大法官提到了四个撤销(discharge/dismiss/set aside)冻结令与资产披露令的理由,在其中(第二个理由)也批评了申请人在非必须的情况下单方面作出申请,不通知被申请人的做法。

1.6.4 建议严惩对单方面申请冻结令的滥用

但是在现实中,笔者所见过的冻结令申请都是单方面(*ex parte*/without notice)的。毕竟在商贸社会中,大部分冻结令要针对的是很容易被被申请人处置(dispose)与导致流失(dissipate)的资产,例如银行存款、股票,或者针对泛泛的任何资产(any assets)。即使是针对不像银行的存款这么容易处置与流失的资产,例如付运的机器[见 Rasu v. Pertamina(1977)2 Lloyd's Rep 397 先例],保险的赔付[见 The "Siskina"(1978)1 Lloyd's Rep 1; TDK Tape Distributor (UK) Ltd v. Videochoice Ltd (1986) 1 WLR 141 等先例],房产买卖的款项[见 Barclay-Johnson v. Yuill (1980) 1 WLR 1259 先例],汇票[见 Nova (Jersey) Knit Ltd v. Kammgarn Spinneret GmbH (1977) 1 WLR 713; Montecchi v. Shimco (UK) Ltd (1979) 1 WLR 1180 等先例],船舶[涉及并非海事索赔,不能通过扣船进行财产保全,就要依赖冻结令了,见 The "Rena K" (1978) 1 Lloyd's Rep 545 先例],飞机[见 Allen v. Jambo Holdings (1980) 1 WLR 1252 先例]等,冻结令的申请也大都是单方面的。

在 Thane Investments Ltd v. Tomlinson (2003) EWCA Civ 1272 先例中,上诉庭也对这种经常不通知被申请人,也没有根据 CPR PD 25A para. 3.4 对为什么单方面申请作出解释的情况有不满。Evans 大法官说如果这是常见的做法,法院应该推动改变这种做法:"Counsel says that it is normal practice to apply ex parte for an order of this sort, and he said also that it is common for notice to be given. I am sure that may be right—I do not suggest that it is not—because the very nature of a freezing order... is that it may be necessary to apply without notice, hence the importance of paragraph 3.4 of the Practice Directions, which requires an explanation of the reason why no notice has been given in the particular case. I would be very surprised to hear that it is common or normal practice to make an application without notice and at the same time to disregard the rules which expressly cover that very situation. **If that is common, and it appears to have happened here, then I sincerely hope that this judgment will do something to bring that practice to an end.**"(加黑部分是笔者的强调)

Belair LLC v. Basel LLC (2009) EWHC 725 (Comm)先例是比较罕见的在临时通知(short notice)了被申请人的情况下申请的冻结令,冻结令针对的资产是(格鲁吉亚前总统府的)土地,但这看来也没有对采取这种比较公平做法的申请人带来什么好处。Blair 大法官说:"The Claimant suggested in argument that the duty of full and frank disclosure was in some way reduced in this case because notice of the application (albeit short notice) was given to the Respondent. I reject that suggestion. It is true that the duty to make full and frank disclosure when applying for a freezing order arises in part because the application is normally without notice (on the basis that notice would increase the asserted risk of dissipation of assets). But as the authorities show, the duty is also of fundamental importance because of the drastic effect that such an order can have on the party against which it is made. The fact that a few days advance notice may be given does not necessarily make any difference..."

可以说对申请人而言,特别是想对被申请人施加压力并取得好处时,单方面申请冻结令与资产披露令的诱惑(temptation)实在太大。现实中采取这样的行动后,产生引爆"原子弹"的效果,被申请人无条件投降的情况经常有听闻。所以申请人不会想在申请前通知被申请人,由于有被申请人的抗辩导致申请失败的后果。看来如果英国法院将来想减少对冻结令的滥用(abuse),必须更严厉地对待明明可以通知但没有通知的情况,如事后作出严格惩罚与撤销冻结令。

1.6.5　"persons unknown"或不知名被告

由于今天欺诈横行(如电话、网络诈骗),很难知道谁是骗子,一旦金钱被汇出,但事后发现是存在欺诈,最重要的就是如何追回这笔金钱。会想到的一个办法就是通过单方面(*ex parte*)或无通知(without notice)申请冻结令(Freezing Orders),甚至是全球冻结令(WFO)冻结收款银行账户,并希望收款账户内的钱还没有被转走。另一个需要同时进行的就是要求收款银行披露收款账户的具体资料,包括收款人的真实姓名等,这就涉及本书第二章之4段介绍的第三方披露令(Norwich Pharmacal Orders)。另外如果这笔金钱已经从收款账户中转走,还需要要求收款银行提供金钱去向的信息,以便继续追踪(trace)这笔金钱,这就涉及本书第二章之4.8段介绍的"Bankers Trust Order"。

但是刚刚提到的这些一连串行动都会面临的问题是,不知道骗子的真实身份,也就是无法确认谁是真正的被申请人。毕竟即使单方面申请这一独立程序,仍有必要知道与说明针对的被申请人是谁。早在 Iveson v. Harris (1802) 7 Ves 251 先例中,Eldon 勋爵就说禁令只是用来针对诉讼中的(对方)当事人:"... you cannot have an injunction except against a party to the suit"。而刚刚提到的这些命令在今天虽然都是独立(freestanding)程序[冻结令在本章之 1.5.1 段介绍了属于独立程序,第三方披露令(Bankers Trust Order,属于第三方披露令的一种)在今天属于实质诉讼],但也需要知道谁是被告才能开始法院程序[然后再将银行(如果知道是谁)或其他第三方加入作为共同被告]。当然开始这些程序的真正目的都是针对银行账户内的金钱(如在冻结令下,银行无论是否属于被告都不能允许转走这笔金钱),而不是为了针对骗子本身,也不关心谁是骗子。

在 CPR Rule 55.6 中提到,针对"非法侵入土地者"(trespassers),有将"persons unknown"作为被告的做法:"Where, in a possession claim against trespassers, the claim has been issued against 'persons unknown'..."这样土地产权人可以无须明确是谁侵入土地,任何侵入土地的人都会违反法院命令,以广泛地保护自己在土地上的权益,见 Hampshire Waste Service v. Persons Unknown (2003) EWHC 1738 (Ch)与 Jockey Club Racecourses Ltd v. Persons Unknown (2018) EWHC 3234 (Ch)[64]先例。而在今天有做法将这种办法应用在冻结令中,见 CMOC v. Persons Unknown (2017) EWHC 3599 (Comm)先例,[65]以及应用在第三方披露令中,见 Lockton Companies International v. Persons Unknown (2009) EWHC 3423 (QB)先例。

近年来电话诈骗、电子网络犯罪越来越猖獗,如电话冒充公安、海关诈骗,或是入侵电脑系统获得资料后勒索事主并得手等。事后受害人想要在国际上追回这笔钱,就会涉及全球冻结令。由于不知道骗子真正的身份,就只能针对"persons unknwon"。这正因为受害人的需求,这方面的管辖权完善得很快:见 PML v. Person(s) Unknown (2018) EWHC 838 (QB); Clarkson Plc v Person or Persons Unknown (2018) EWHC 417 (QB)等先例。

要对"persons unknwon"开始法院程序并获取冻结令等法院命令,需要满足的一个重要条件就是法院对案件有对人管辖权(*in personam* jurisdiction)。在 CMOC v. Persons Unknown 先例中,由于欺诈行为的损失是在英国伦敦,因此英国法院可以有管辖权。无论欺诈事件是发生在世界上什么地方,一般而言要跨越英国管辖权的门槛,就需要依赖证据证明虽然不明确被告是谁,但结合具体案件的案情来看,法院会对被告有管辖权,例如骗子很可能来自英国。

在成功申请了针对"persons unknwon"的冻结令后,还涉及了怎样送达(service)的问题。虽然可以猜到这些人士不会在法院规定的时间出庭抗拒冻结令,但程序上还是必须送达冻结令。针对这方面的困难,HHJ Waksman QC 大法官在 CMOC v. Persons Unknown (2018) EWHC 2230 (Comm)先例中说可以采用法院根据每一个案件不同情况批准的替代送达方式(如电邮、Facebook 平台、微信平台等),[66]说:

---

〔64〕 在 Jockey Club Racecourses Ltd v. Persons Unknown (2018) EWHC 3234 (Ch)先例中,涉及一个中间禁令。原告赛马会指称在他所拥有的地方进行"黄牛"活动是非法入侵土地,要求法院作出禁令,以打击"黄牛"活动。该中间禁令在 2019 年 4 月变为永久禁令。

〔65〕 有关 CMOC v. Persons Unknown (2017) EWHC 3599 (Comm)先例的案情可见本章之 1.12.5 段介绍的同系列的 CMOC v Persons Unknown (2018) EWHC 2230 (Comm)先例。

〔66〕 这方面也可见本书第八章之 3.3.3.1 段。

"**Service by Facebook Messenger and Whatsapp Messenger platforms**

These days it is not uncommon where alternative modes of service are justified to find examples of service by posting the relevant materials on a public Facebook platform. But here what was used was the Facebook Messenger service, which is a private service channel. In addition, on 11 May 2018, Mr Justice Knowles permitted service by WhatsApp messenger. This has had the particular virtue that the service will show the sender of the message when the message has been sent by the addressee and when it has been read by the addressee. As the judge noted on that occasion, he was not setting any precedent, but the short point, in my view, is that the court will consider proactively different forms of alternative service where they can be justified in the particular case.

Service by access to data room

As the amount of material in this case expanded, but given that alternative service by email had often been granted, the question then arose as to the most convenient way of serving banks, and later named defendants as they were joined, with all the background evidence that had been deployed in obtaining the various interlocutory orders. CMOC proposed a system for the defendants, which I approved, which involved sending the relevant party by a previously approved Court method (e. g. email or hard copy) a link to a data room, and by a separate email, an access code to the data room. If the code was used, it would enable the user to view all of the evidence thus far adduced together with all applications and orders made. Processes were adopted which required CMOC first to serve each defendant by another Court approved method before it could serve by data room. For the banks, CMOC was not required first to serve them by another Court approved method before it could serve by data room. One cannot tell the extent of the access since the named defendants have not engaged substantively with the litigation, but certainly, as reported to me and as set out in the evidence, banks around the world which have been joined as no cause of action defendants, for the purpose of supplying information, have found this a most useful facility and have not required service of all of the underlying documents by hard copy or email only.

That is certainly an innovative feature of this litigation. As with other forms of alternative service, it can clearly be justified and appropriate in such cases."

1.6.6 针对第三方的冻结令

本章上一段中介绍了针对不知名(persons unknown)被申请人的冻结令,也简单提到了有情况需要针对第三方颁布/作出冻结令或加入为共同被告(co-defendants)。这个课题在本章之1.7.3.3段有关"针对第三方名下资产的Chabra Jurisdiction"有详尽介绍,此处只介绍一下一般性的概念。

在仍没有冻结令管辖(Mareva jurisdiction)时,就已有申请人申请禁令阻止第三方(third party)协助原禁令被申请人违反原禁令的做法,见Bullus v. Bullus (1910) 102 LT 399; Hubbard v. Woodfield (1913) 57 SJ 729等先例。当然,两个命令有不同针对,所以措辞/文字会有所不同。

在冻结令中,通常要针对第三方的做法,是在冻结令中将第三方列为共同被申请人,见 SCF Finance Co v. Masri (1985) 1 WLR 876; Allied Arab Bank v. Hajjar (1988) QB 787; TSB Private Bank International SA v. Chabra (1992) 1 WLR 231; Mercantile Group (Europe) AG v. Aiyela (1994) QB 366; C Inc v. L (2001) 2 Lloyd's Rep 459; JSC BTA Bank v. Ablyazov (2014) EWCA Civ 602 等先例。很多先例中,第一被申请人(或被告)涉嫌把资产隐藏在家人(特别是配偶)名下,所以有必要把配偶的资产(中的有关部分)也冻结起来。需要这样做的原因在 Cardile v. LED Builders Pty Ltd (1999) HCA 18 澳大利亚联邦法院先例中有很好的解释:"...although having no vested or accrued cause of action against the third party, may become entitled to have recourse to the third party or his assets to meet his debt, and there is a danger that the third party will send his assets abroad or otherwise dispose of them."

加入第三方作为被申请人的原则与做法在 SCF Finance Co v. Masri 上诉庭先例中,Lloyd 大法官有提到说:"(i) Where a plaintiff invites the court to include within the scope of a Mareva injunction assets which appear on their face to belong to a third party, e. g. a bank account in the name of a third party, the court should not accede to the invitation without good reason for supposing that the assets are in truth the assets of the defendant. (ii) Where the defendant asserts that the assets belong to a third party, the court is not obliged to accept that assertion without inquiry, but may do so depending on the circumstances. The same applies where it is the third party who makes the assertion, on an application to intervene. (iii) In deciding whether to accept the assertion of a defendant or a third party, without further inquiry, the court will be guided by what is just and convenient, not only between the plaintiff and the defendant, but also between the plaintiff, the defendant and the third party. (iv) Where the court decides not to accept the assertion without further inquiry, it may order an issue to be tried between the plaintiff and the third party in advance of the main action, or it may order that the issue await the outcome of the main action, again depending in each case on what is just and convenient. ..."

在 SCF Finance Co v. Masri 先例中,原告在作出令状/告票(writ)时,同时申请冻结令针对被告(一个约旦人)的伦敦银行账户。但不久发觉被告的公司金钱往来是通过被告妻子名下的账户进行,所以申请将妻子列为第二被申请人。妻子出庭抗辩,声称账户的钱是她自己的,并要求撤销针对自己的冻结令。但一审与上诉庭均拒绝撤销,认为需要进一步的调查与证实。

在较早提到的 Cardile v. LED Builders Pty Ltd 澳大利亚先例中,也提到第三方资产会在以下情况中被一并冻结:"(i) the third party holds, is using, or has exercised or is exercising a power of disposition over, or is otherwise in possession of, assets, including 'claims and expectancies', of the judgment debtor or potential judgment debtor; or (ii) some process, ultimately enforceable by the courts, is or may be available to the judgment creditor as a consequence of a judgment against the actual or potential judgment debtor, pursuant to which, whether by appointment of a liquidator, trustee in bankruptcy, receiver or otherwise, the third party may be obliged to disgorge property or otherwise contribute to the funds or property of the judgment debtor to help satisfy the judgment against the judgment debtor."

以上第(ii)段是重点,所以笔者稍作解释。无论是配偶或其他家人或任何第三方,都是独立的个体,如果其资产与被申请人没有关系就不能被包括在冻结令中。这一"关系"是要申请人能够表面说明如果最终胜诉执行债务判决,通过一切法律渠道,例如法院委任的清盘人、破产信托人或接管人,可以将这笔第三方名下的特定资产追回来以支付判决债务。

在 Coxton Pty Ltd v. Milne (unreported, 20 Dec 1985 NSW CA) 澳大利亚上诉庭先例中,也提到了申请将冻结令延伸到针对第三方名下资产的五点重要原则:"Without attempting to define or to limit the extent of the exception, the necessary circumstances will exist when (1) the affairs of a defendant sued by a creditor for an alleged debt and of the third party against whom the injunction is sought are intermingled, (2) the alleged debtor and the disposition of his assets are effectively controlled, de jure or de facto, by the third party, (3) the debtor's assets will be insufficient to meet the debt, (4) the creditor, although having no vested or accrued cause of action against the third party, may become entitled to have recourse to the third party or his assets to meet his debt, and (5) there is a danger that the third party will send his assets abroad or otherwise dispose of them."

Winter v. Marac Australia (1986) 6 NSWLR 11 澳大利亚先例也提到了上述重要原则中的第(4)点,指出作为申请人/原告必须能够说服法院相信[在单方面申请中,通常是调查取证后,在誓章/誓词(affidavit/affirmation)中进行说明]将来被申请人败诉后,会可以(如通过破产信托人或清盘人)直接或间接以该第三方的资产获得支付:"It must be shown that the person against whom judgment may be obtained has some right in respect of or control over or other access direct or indirect, to the relevant assets so that they or the proceeds of their sale or other disposition could be required to be applied in discharge of the judgment debt."

1.7 申请冻结令的要件指引

在 Third Chandris v. Unimarine SA (1979) 3 WLR 122 上诉庭先例中,Denning 勋爵建立了所谓的"Denning Guidelines"以指引法院面对单方面(*ex parte*/without notice)申请,如何决定是否批准作出冻结令:"Much as I am in favour of the Mareva injunction, it must not be stretched too far lest it be endangered. In endeavouring to set out some guidelines... these are the points which those who apply for it should bear in mind..."

指引包括五个要件,可以先节录如下:

1. 申请人必须对法院有必要知悉的重要事实作出"全面与坦率的披露"(full and frank disclosure):"The plaintiff should make full and frank disclosure of all matters in his knowledge which are material for the judge to know: see Negocios Del Mar S. A. v. Doric

Shipping Corporation S. A. (The Assios) [1979] 1 Lloyd's Rep. 331."

2. 申请人要对自己向被申请人索赔的具体情况,包括索赔的理由、实际的金额等作出披露,还要公平地假设被申请人可能存在的抗辩理由与自己的回应:"The plaintiff should give particulars of his claim against the defendant, stating the ground of his claim and the amount thereof, and fairly stating the points made against it by the defendant."

3. 申请人要说服法院相信被申请人有资产在英国境内,例如有一个银行户口,虽然申请人不知道账户内有多少存款。这是要靠冻结令生效后,有关银行向法院披露与被申请人的资产披露才会知道。例如在著名的 The "Mareva" (1975) 2 Lloyd's Rep 509 先例中,在冻结令生效后被银行告知账户只有 3 美元。注意在该先例中 Denning 勋爵作出主要指引时,仍没有全球冻结令(Worldwide Freezing Orders)的做法,全球冻结令是 1990 年的 Babanaft International Co SA v. Bassatne (1990) Ch 13 与 Derby v. Weldon (No. 1) (1990) Ch 48 先例后发展起来的。所以此处的指引要求申请人相信有证据显示被申请人在英国有资产:"The plaintiff should give some grounds for believing that the defendant has assets here... In most cases the plaintiff will not know the extent of the assets. He will only have indications of them. The existence of a bank account in England is enough, whether it is in overdraft or not."

4. 申请人必须显示一些为什么相信被申请人在判决或裁决被作出后但被执行前,资产有被转移(remove)、处置(dispose)或流失(dissipate)的风险的依据。仅仅是被申请人/被告是外国人或身处国外是不足够的,否则一家外国公司无论多声名显赫,都可能面临冻结令的困扰,这是不可以接受的。Denning 勋爵接下来指出了有些情况中被申请人作为一家外国公司法人,在公司结构上(主要在透明度与监管方面)存在严重缺陷,例如公司注册地的法律非常宽松以至于申请人无法获知任何具体信息,公司没有经营活动、没有雇员、没有资产,公司没有成员信息、管理机制、资产、收费等信息,无法对该公司执行判决书,根本就是一个"空壳子"[67],导致即使获得了判决或裁决,也无法真正取得胜诉的钱。这就会让法院愿意作出冻结令。当然也会有很多其他例子或理由,但原理是类似的。这也是非常重要的一个指引:"The plaintiff should give some grounds for believing that there is a risk of the assets being removed before the judgment or award is satisfied. The mere fact that the defendant is abroad is not by itself sufficient. No one would wish any reputable foreign company to be plagued with a Mareva injunction simply because it has agreed to London arbitration.[68] But there are some foreign companies whose structure invites comment. We often see in this court a corporation which is registered in a country where the company law is so loose that nothing is known about it—where it does no work and has no officers and no as-

---

[67] 例如一些 BVI、巴拿马、利比里亚、塞普洛斯等国家注册的公司。

[68] Denning 勋爵还提到了"只要同意了伦敦仲裁"(it had agreed to London Arbitration),但在今天由于本章之 1.5 段介绍的英国法院管辖权扩张,无论是英国还是外国诉讼或仲裁,英国法院现在都可以作出冻结令。

sets. Nothing can be found out about the membership, or its control, or its assets, or the charges on them. Judgment cannot be enforced against it. There is no reciprocal enforcement of judgments. It is nothing more than a name grasped from the air, as elusive as the Cheshire Cat. In such cases the very fact of incorporation there gives some ground for believing there is a risk that, if judgment or an award is obtained, it may go unsatisfied. Such registration of such companies may carry many advantages to the individuals who control them, but they may suffer the disadvantage of having a Mareva injunction granted against them... Other grounds may be shown for believing there is a risk. But some such should be shown."

5. 申请人必须对一旦错误申请(如事后冻结令被撤销或最终败诉)所造成的损失提供交叉担保(cross-undertaking),否则法院不会作出冻结令:"The plaintiff must, of course, give an undertaking in damages—in case he fails in his claim or the injunction turns out to be unjustified... and the injunction only granted on it being given, or undertaken to be given."

在今天来看,Denning 勋爵给出的五点要件的指引中有部分细节已经过时,但在框架上仍然对冻结令的申请、颁布/作出与执行非常有帮助,因此将在以下段落针对这五项指引的内容逐一介绍。

1.7.1 指引一:全面与坦率的披露

1.7.1.1 申请人代表律师对法院的义务

向法院单方面(*ex parte*)或无通知(without notice)申请冻结令时,申请人有义务或责任以绝对善意(utmost good-faith)作出披露。在披露范围上,需要涵盖所有与案件有关的重要(material)事实[69]与法律论据,[70]让法院可以考虑是否适合对(没有抗辩机会的)被申请人颁布/作出冻结令,以及冻结令应是什么内容。

在单方面申请冻结令时,申请人的这个责任显然是必要的。即使申请人向被申请人发出非正式的临时通知(short notice),也仍有这个责任,毕竟临时通知没有给被申请人及其委任的代表律师足够准备对抗的时间,见 Belair LLC v. Basel LLC (2009) EWHC 725 (Comm); CEF Holdings Ltd v. Mundey (2012) EWHC 1524 (QB); Hussain v. Seymour (unreported, 13 March 2014)等先例。

而多方(*inter partes*)或有通知(with notice)的申请中,申请人就没有这个责任。因为双方完全有时间准备各自的案件以及在法院进行争辩,现实中申请人即使不全面与坦率披露,被申请人也会反驳与/或补充。

英国法院是严格对待这披露要求的。作为对法院的义务,英国律师需要小心谨慎地提出有关案件的全面事实与法律论据,绝对不能讲一半、不讲一半,避实就虚、避重就轻,更不能有误述(misrepresentation),因此通常申请的方式是要求申请人代表律师以誓章/

---

〔69〕 申请人代表律师的誓章/誓词中应提供尽量多的文件证据作为附件,如果在时间紧急的情况下无法提供所有文件,申请人会被要求承诺将事后在短时间内呈上/送达所有有关文件。

〔70〕 包括有关先例、立法等,例如时效、责任限制、适用法、双方已经有与会有的争辩等。

誓词(affidavit / affirmation)的方式[71]作出申请与披露有关文件证据。

申请人或他/她的代表律师以誓章/誓词作出披露是因为在单方面的申请下,必须保障被申请人的利益以及让他/她知道是根据什么原因会向他/她颁布/作出冻结令,让他/她考虑怎样回应,如申请撤销(discharge)冻结令。这在 Siporex Trade SA v. Comdel Commodities Ltd (1986) 2 Lloyd's Rep 428 先例有说:"[The applicant] must, for the protection and information of the defendant, summarise his case and the evidence in support of it by an affidavit or affidavits sworn before or immediately after the application."

在 CPR 下,申请冻结令(或搜查令)一定要以誓章/誓词支持,而不可以使用证人证言(witness statement),[72]见 CPR PD 25A para. 3.1 与 Thane Investments Ltd v. Tomlinson (2003) EWCA Civ 1272 先例。在 Thane Investments Ltd v. Tomlinson 先例中,申请人使用证人证言被法院认为是不足够的,等于是没有证据支持这一申请。绝大部分冻结令申请的誓章/誓词都是由申请人的代表律师作出的,因为已经提到冻结令是一种"核武器",律师作为"法院的官员"(officer of the court)作出的誓章/誓词应该能提高被法院取信的机会。但作出誓章/誓词的人士在誓章/誓词中提到的所有内容都必须是他/她知道或相信的,如果是传闻证据,就必须指出信息的来源。曾经有争议是是否可以在誓章/誓词中包括二手传闻证据(second hand hearsay evidence),现在在 Deutsche Ruckversicherung AG v. Walbrook Insurance Co (1995) 1 WLR 1017 先例中已经明确只要写明来源是可以包括二手传闻证据的。但在比较罕见的例子中誓章/誓词是客户自己/公司内知情的人士作出,因为事实真实与否只有他/她知道(如他/她个人的想法)并且富有争议。这可节录 Steven Gee QC 的《Commercial Injunctions》一书之 8-021 段,如下:"Where the evidence lies within the personal knowledge of a party and in contentious it is appropriate that the affidavit is made by that person and not deposed to by a solicitor acting on information and belief based on what he has been told by his client. For example, a defendant to allegations of dishonesty who seeks to persuade the court not to continue freezing relief based on his account of contentious matters should make the affidavit personally.[73] The reason is that the individual should be prepared to take personal responsibility for its accuracy. This goes to the weight which should be given to the evidence."

在冻结令作出后,如果申请人有任何遗漏或讲错的事实需要向法院补充或更改,或者事实上有一些新的发展,也要以誓章/誓词的形式。

已经提到英国律师是法院的官员,所以在法律上他/她有很大的责任(比保护客户利益更大)去作出全面与坦率的披露。正如在 O'Regan v. Iambic Productions (1989) 139

---

[71] 律师作出誓章/誓词,如果在事后发现其中陈述有问题,律师也会被要求承担费用、纪律处分、藐视法院罪名等惩罚,见 TDK Tape Distributor (UK) Ltd v. Videochoice Ltd (1986) 1 WLR 141 等先例。这课题在本章之 1.7.1.7.2 段有详论。

[72] 形式上誓章/誓词一定要在授权人士面前宣誓作出,这就是与一般证人证言的区别,无论证人证言是否公证。

[73] 见 Bracken Partners Ltd v. Gutteridge & Ors (2001) EWHC 568 (Ch)先例。

NLJ 1378 先例中,Sir Peter Pain 大法官说:"I find [the solicitor's] attitude very disappointing coming from a solicitor. I could understand a litigant in person not familiar with the procedure adopting [that altitude] … but [the person in question] is a solicitor and an officer of the court. If the Anton Piller (冻结令也是同样地位) jurisdiction is to work at all, the court must rely on its officers to be very careful and lean over backwards to make sure there is full disclosure, especially if it is to the client's disadvantage … The point is that it is the duty of the solicitor to apprise the court of the facts so that there is full disclosure at the hearing of the application."

要求代表律师以誓章/誓词方式作出全面与坦率的披露,也自然强加给代表律师责任,需要在向法院作出申请前先对案件进行询问(inquires)并掌握案件的全貌,见 Brink's Mat Ltd v. Elcombe (1988) 1 WLR 1350; Kuwait Oil Tanker Co SAK v. Al Bader (No. 1) (unreported, CA, 27 Nov 1995)等先例。

但这也要看现实情况如何,因为正常情况下申请冻结令都是非常紧急的,没有这么多时间让申请人代表律师向客户与有关证人仔细询问,以及取得有关文件证据作为誓章/誓词的附件。所以询问需要到什么程度要看案件的本质(如涉及重大国际欺诈案件就是一个极端,而完全正常的商业争议就是另一个极端)、申请的冻结令与其他附属命令是什么、对被申请人会带来什么影响、紧急的程度与现实容许询问的时间等,见 Tchigirinski v. Orton Oil Co Ltd (2009) EWHC 1739 (Comm)先例。

在冻结令颁布/作出后,被申请人有机会出庭对抗(并试图撤销冻结令)前,代表律师这个绝对善意披露的责任是持续的(continuous duty),一旦发觉在申请时没有全面披露或善意地误述了事实,都必须马上向法院做出补充与/或更正。又例如在法院已经作出了冻结令后,申请人获知了有关的新信息或有了不同的确信(如被申请人还不知道冻结令的情况下向申请人作出和解要约),就仍然有义务及时通知法院,见 O'Regan v. Iambic Productions 先例。同样如果已经提供的信息或确信有所改变,也要及时通知法院,例如申请人的财力发生变动,公司亏本、经济状况变差等,导致提供给法院的交叉担保承诺没有足够的后盾,就要及时通知法院与被申请人,见 Staines v. Walsh (2003) All ER (D) 117 先例。

1.7.1.2　什么才是"重要"事实

重要(material)事实包括方方面面,并且由法院而非申请人自己决定。对于申请人而言,提出的事实与提交有关文件证据越多、越肯定越好。提交的文件证据也不仅仅是针对申请人已知的事实,还要包括根据申请当时的情况,通过合理的询问(inquiries)或调查就能够获得的事实与文件。[74] 正如 Parker 大法官在 The "Tatiangela" (1980) 2 Lloyd's Rep. 193 先例中所说,"I am unable to see how, if he has made no enquirics at all, a cargo-

〔74〕 例如丑化被申请人的指称(如被申请人欠下其他人士的债务拒不偿付等),但事后被申请人指出已经偿清了其他人士的债务,只要申请人合理讯问或调查就可以知悉。这就会导致申请人未尽"全面与坦率披露"的义务。

owner can properly submit that he has a good arguable case. He simply does not know and he has made no attempt to find out. It may be different if he has made inquiries and met with no answers or evasive answers. It may be that in that case it would be right to invite the Court to infer that there was a good arguable case, but it would in my judgment imperil the continued existence of the Mareva injunction if it were granted on loss of cargo without more."

在笔者看来,这与保险法律下"绝对善意"(utmost good-faith)的要求差不多。例如,在保险合约中,要求被保险人(Assured)在投保时有向保险公司作出披露的义务。长期以来在《Marine Insurance Act 1906》之 Section 18 中的规定[75]是:"(1) Subject to the provisions of this section, the assured must disclose to the insurer, before the contract is concluded, every material circumstance which is known to the assured, and the assured is deemed to know every circumstance which, in the ordinary course of business, ought be known by him. If the assured fails to make such disclosure, the insurer may avoid the contract. (2) **Every circumstance is material** which would influence the judgment of a prudent insurer in fixing the premium, or determining whether he will take the risk..."(加黑部分是笔者的强调)

在这个披露义务下,被保险人需要披露可能会影响保险人(insurer)是否愿意承保、保费多少的所有事实,这就与冻结令的申请人的披露义务类似。至于什么是对保险人而言重要或不重要的事实,就要根据要求全面与坦率披露的目的(aim)进行推断(infer)与假设(presume)。如果保险人认为被保险人或其代理人遗漏某个事实没有披露,而这个事实是"重要"的,但被保险人不认为这是重要事实,遗漏也无妨,就会各自找一位中立与有经验的"谨慎保险人"(prudent insurer)作为专家证人给出意见,然后让法院作出决定。这方面法律经常带来争议,也发生了不少被保险人在事故后由于被指称没有全面披露而得不到理赔的情况。所以今天不少类型的保险有不同做法。这方面的课题可见笔者的《海上货物保险》(2010 年)一书第二章。

冻结令的申请中需要全面与坦率披露重要事实,目的是让法院了解整个案件的案情与其他有关的方面,以决定是否颁布/作出冻结令,以及冻结令的内容如何。在这个基础上可以推断与假设申请人需要披露的事实是什么。而披露的范围则是所有对法院权衡(balancing)与掌握轻重(weighing)有影响的事实(以及本章下一段介绍的指引二中提到的双方可能会有的争辩与法律论据),申请人都要披露。

节录一些先例中对何谓"重要事实"的权威说法。首先是很早期的 Boyce v. Gill (1891) 64 LT 824 先例,虽然当时还没有冻结令的做法,但这个说法是普遍适用在其他需要单方面申请禁令/命令:"... the court should be in a position to weigh all matters which might influence it so as to decide whether ... an injunction should be granted."

在 Siporex Trade SA v. Comdel Commodities Ltd (1986) 2 Lloyd's Rep 428 先例中,Bingham 大法官说:"must disclose all the facts which reasonably could or would be taken in-

---

[75] 目前的《Insurance Act 2015》立法取消了 Section 18,因为对被保险人/投保人而言过于苛刻,也容易被保险人滥用以拒绝理赔。

to account by the Judge in deciding whether to grant the application."

另在 Brink's Mat Ltd v. Elcombe（1988）1 WLR 1350 先例中，Ralph Gibson 大法官说："The material facts are those which it is material for the judge to know in dealing with the application as made."

在 Memory Corp v. Sidhu（No. 1）（2000）1 WLR 1443 先例中，上诉庭的 Mummery 大法官说："... high duty to make full, fair and accurate disclosure of material information to the court and to draw the court's attention to significant factual, legal and procedural aspects of the case. It is the particular duty of the advocate to see that the correct legal procedures and forms are used... and that at the hearing the court's attention is drawn by him to unusual features of the evidence adduced, to the applicable law and to the formalities and procedure to be observed."

以上所讲是在冻结令的申请中，要向法院对所有的有关事实作出全面、公平与准确的披露，同时要向法院重点指出与案件有关的重要事实、法律问题（包括有关先例、立法等，如时效、责任限制等课题）以及程序问题（如准备如何与在哪里开始诉讼或仲裁、在境外法院或仲裁庭已经开始等，都是法官应当知道的重要事实，因为法院在作出冻结令时要知道自己是否有管辖权，与/或考虑是否会对被告造成过多压迫）。申请人的代表律师要坦诚协助法官理解有关的重要事实与法律论据，采用正确的法律程序，在进行法官庭审时要指引法官注意在附件的文件证据中的不寻常之处等。

笔者在无数的有关先例中挑一个介绍。在 The "Nicholas M"（2008）2 Lloyd's Rep 602 先例中，Flaux 大法官说："The owners allege that the charterers made a number of misrepresentations to the court on the ex parte application, alternatively failed to make full and frank disclosure to the court on that occasion. **The importance of making full and frank disclosure to the court of all matters material to the court's decision on an ex parte application for relief cannot be emphasised too strongly**, particularly in the case of an application prejudice to the defendant. **The matters which are 'material' are all matters relevant to the Court's assessment of the application, including matters which may be adverse to the application.**"（加黑部分是笔者的强调）

作为申请人的代表律师，有时说服客户对重要事实披露也不容易。笔者（杨大明律师）可以给一个近期的简单例子。在该案件中，笔者代表客户申请冻结令。其中负责提供誓章的公司董事在中国境内涉嫌参与一些有关的不当行为而正在面对诉讼程序。在讨论这些"尴尬事"是否需要披露，以满足申请冻结令要作出全面与坦率披露的要求时，笔者提供的意见是如果对方稍后在申请解除冻结令时，会利用这方面资料作为抗辩的一部分（大致会说这位董事的证供不可靠），而这方面的资料会对法院有影响，就应该披露。

1.7.1.3　全面披露以显示一个有"良好论据的案件"

什么是"全面与坦率披露"视案件案情而各有不同，而披露后是可让法院客观认定被申请人的资产会流失与申请人的索赔实质上是一个良好论据的案件，才会成功申请到冻结令。毕竟如果只是"富争议的案件"/"可争辩的案件"（controversial/arguable case）或者是"无望的案件"(hopeless case),虽然"胜负未分",法院并不愿意颁布/作出冻结令提前对被申请人造成压力、不便与损失。只有在初步与表面看来是"铁一般牢靠的案件"/"不应败诉的案件"(cast-iron case),如欺诈案件,或至少是"良好论据的案件"(good arguable case)法院才会愿意颁布/作出冻结令,见 The "Niedersachsen" (1983) 2 Lloyd's Rep 600 先例。什么是有良好论据案件,在有关冻结令的早期 The "Niedersachsen"先例中,Mustill 大法官说是凭申请人代表律师的誓章/誓词的内容与附件证据(应是包括所有有关案件的全面与重要事实与法律论点),这不仅是一个可严肃争辩的案件,而且是一个对申请人而言更站得住脚的案件。虽然这也不一定需要行使裁量权的法官认为申请人有超过 50% 以上的胜诉机会,才算是过了法院会作出冻结令的分水岭(watershed)。

以大部分读者都熟悉的国际货物买卖为例,以下的案情几乎肯定是一个表面看来良好论据的案件:(1)买方提取了货物,但没有按照买卖合约支付全部或部分的货款。(2)卖方曾经以电文等书面方式向买方认错,说因为市场上涨无法按照合约交货。(3)买方曾经以电文等方式向卖方说:"因为市场下跌,除非你愿意减价,否则我现在不要这批货了。"

而一个表面看来是可争辩的案件(除非有其他的重要事实与证据显示申请人有个更好的案件)可举以下例子:(1)买方在卸货港接收货物有货损货差,而这到底是谁的责任是很难从表面判断。因为这可能是海上运输时造成,这就是买方应承担的风险。但也可能是货物本身质量的问题,这就应由卖方承担。除非买方在申请冻结令时附上了更好的证据,如卸港的共同检验报告证明货物在装船前就已经有这个损坏。(2)买卖双方在卸港船舶延误的滞期费争议。

这同样的说法在后来的案例被重复与跟从,例如在 Alternative Investment Solutions (General) Ltd v. Valle De Uco Resort & Spa SA (2013) EWHC 333 (QB)先例中,Cranston 大法官说:"there must be a good arguable case on the merits of the substantive claim, in other words, 'a case which is more than barely capable of serious argument, and yet not necessarily one which the judge believes to have a better than 50 per cent chance of success': Lakatamia Shipping Company Limited v Nobu SU Limited (2012) EWCA Civ 1195, per Longmore LJ at [19] and [25]–[28] … The 'Niedersachsen' (1983) 2 Lloyd's Rep 600, per Mustill J, at 603, 605 … **the court should not attempt to try the issues but takes into account the apparent strength or weakness of the respective cases to decide whether the claimant's case, on the merits, is sufficiently strong to reach the threshold.**"(加黑部分是笔者的强调)上述加黑部分是说实质索赔必须在强弱或谁对谁错方面显示了申请人有一个良好论据的案件才能是过了可以颁布/作出冻结令的分水岭。但法院不应试图在早期阶段作出争议的定论,而只是看案件表面的强弱决定申请人的索赔是否过了"分水岭"。

即使是单方面申请,只是听从申请人的一面之词,只要申请人在誓章/誓词中尽可能地展示全面的事实与双方的争辩(通过假设)与法律论据,有经验与小心的法官仍可以见微知著地了解案件的强弱与实际情况。因此也有说法是申请人在冻结令的申请中有"坦诚义务”(duty of candour)去帮助法院,见 Arena Corporation Ltd v. Schroeder (2003) EWHC 1089 (Ch);ND v. KP (2011) 2 FLR 662 等先例。

1.7.1.4 传闻证据、特免权证据或非法获取的证据披露

这些课题的内容在本书多处有提及或详细探讨过,不在此重复,只介绍这些课题与申请人必须严格向法院作出全面与坦率披露的责任之间的关系与处理办法。

要全面与坦率的披露有关案件的实质争议(substantive dispute)的所有重要事实(material facts),就不能仅是让申请人“讲故事”,而必须有足够与有说服力的证据支持。显然披露的证据(主要是文件证据)越多越好,加上如果是优质的话,申请人成功取得冻结令的机会就高多了。

讲到优质的证据,首先提的是“传闻证据”(hearsay evidence)。这个课题在本书多处提到,例如第十二章之4.3.2.2段。当然传闻证据并不代表是不可信,只是申请人代表律师需要披露传闻证据的准确来源,可让法院给予该证据恰当的重量(weight)。申请人代表律师需要在誓章/誓词中恰当地确定“信息”(information)与“确信”(belief)的来源。很宽泛地说“根据询问”或者是“根据有关文件”是不够的,而是要能够说出是根据谁的调查(如委任了什么调查机构、人士),根据自己的哪一份文件所作出的推断等。

接下来是可享有特免权的文件(privileged document)。本书有一半内容都是详细针对这一重要课题,特别是“法律业务特免权”(legal professional privilege,LLP)。简言之,可享有法律业务特免权的文件(主要是客户与律师之间的通讯)在普通法的公共政策(public policy)下可享有机密,任何人士包括法院在任何情况下都不能要求与强制享有特免权一方当事人放弃这个权利。这样,就带来一个问题是申请人如果有相关冻结令的重要事实是在一些特免权文件中,申请人是否仍要披露?如果申请人主张(assert)他/她可以享有的特权,因此没有作出全面与坦率的披露,两者之间的冲突怎样处理?

例如,原告有一些资料与证据显示被告不可信,资产会在半年、一年后作出判决/裁决后“流失”(dissipate)。但原告为了小心还是委任了律师,并通过律师再委托私家侦探对被告作出全面的调查与摸底。但事后作出的调查报告显示被告的经济状况与商业上的操守并非是原告片面了解得这么坏。这样,原告如果仍向法院申请冻结令(背后真正的企图可能是为了向被告施压,希望对方作出投降性的和解),可否不披露委任律师作出的调查报告,因为这些文件可以享有特免权?

更多的情况是涉及“无损害特免权”(without prejudice privilege),这主要涉及双方当事人试图和解谈判解决争议的事实与在这个过程中制造的文件。例如,申请人在向法院作出申请冻结令之前不久,被申请人/被告曾经向申请人作出过一个和解要约(settlement offer),说是愿意赔付一半或更高的比例,并会提供银行担保去分两期或三期支付。但这被申请人拒绝了,而这些通信往来也就可享有无损害特免权。问题是,这些事实是否要在申请冻结令时向法院披露?

再如,被申请人/被告曾经向原告做出一个和解要约,但只是很少的一笔钱,与强而有力的索赔完全不成正比。被告同时暗示原告说他如果不接受这个和解要约,就什么钱都拿不到了,因为他不会再给钱,即使原告胜诉也是一场空。这显然是很好的证据让法院看

到被申请人的资产确有流失的风险。但如果文件是可享有"无损害特免权"，对这个特免权作出披露给第三方的法院是需要双方同意弃权（waiver）。[76] 所以，申请人单方面申请冻结令是否可以向法院披露？

显然，这都是有关被申请人的资产将来会否流失以避免败诉时要赔钱的十分重要的信息。如果较早前被申请人/被告作出的和解要约，看来是完全公平合理，充分显示了被告有诚意去尽早和解并作出赔付。反而看来是申请人野心太大，欺人太甚。这样，法院会否颁布/作出冻结令可想而知。

这方面的法律已经明确，就是单方面向法院作出冻结令的申请有责任全面与坦率地披露，包括所有关于双方不成功的和解谈判的事实与/或受特免权保护的信息，见 The "Giovanna"（1999）1 Lloyd's Rep 867；Somatra v. SRT（2000）2 Lloyd's Rep 673；Pearson Education Ltd v. Prentice Hall India Private Ltd（2005）EWHC 636（QB）；Linsen International v. Humpuss Sea Transport（2010）EWHC 303（Comm）等先例。

另要探讨的是支持申请冻结令的证据是通过非法手段获得（illegally obtained）的情况。这种情况经常会在民事诉讼中发生，也在本书多处提及，特别是在本书第五章之2.2.2段。在本段所探讨的课题会带来的问题是这个事实是否在单方面申请冻结令时需要全面与坦率地披露给法院？

虽然证据是通过非法手段获得与其可靠性、可信度不一定有关，这应该看是什么非法手段。如果非法手段是极端的以非法威逼利诱获得的，这会影响取得证据的可靠程度与/或全面性。

此处也可能会涉及"自证其罪特免权"（self-incrimination privilege），就是申请人自己参与非法取证，所以在公开的法院披露是以严重非法手段获得的证据后，会导致申请人将来要面对民事或刑事的诉讼。但申请人如果不想向法院披露，将来就会有取得的冻结令被撤销（discharge）的风险。看来，申请人要自己考虑，并在平衡利弊后选择是否依赖非法获得的证据支持冻结令的申请。从另一个角度来看，也是英国法院在道德上不鼓励当事人以非法手段获得证据，虽然在民事诉讼中，平衡了两方面的公共政策后，这些证据仍可以被采纳（admit）。

这方面可节录较近期的 L v. K（2013）EWHC 1735（Fam）先例，如下："Subject to the point about privilege mentioned above, the solicitor is entitled to give advice on her recollection and can draft an affidavit in support of a freezing application. But if the wife（申请人）elects to go down this route she is bound in that affidavit candidly to reveal that her knowledge derives from illegitimately obtained documents, and must explain how she got them. She must do this even if this leads to a civil suit or criminal proceedings. That is the price that she will（potentially）have to pay for making an application based on illegitimately obtained knowledge. Of course, there is no question of the wife being forced to incriminate herself as she has a free choice whether to go down this route."

---

〔76〕 见本书第十三章之6段。

此先例中,法院指出即使申请人以非法方式获得了文件,并在了解其中信息后想将这些信息加入誓章/誓词,法院是可以接受这些信息的,但是在誓章/誓词中需要作出全面与坦率的陈述,记录申请人获得信息的非法方式(如通过盗窃获得的信息)。

1.7.1.5　申请人其他对被申请人法律行动的披露

如果申请人有涉及与申请冻结令相关的诉讼或法律行动,特别是英国法院不会知道的在外国法院的诉讼(foreign proceedings),是有必要向英国法院作出披露,让法院能够知道申请人作为原告其他对付被告的法律行动,也可考虑如果颁布/作出冻结令会对整体上带来怎样的后果与影响,见 Behbehani v. Salem (1989) 1 WLR 723; Republic of Haiti v. Duvalier (1990) 1 QB 202 等先例。

披露已经开始了的法律行动(如某外国法院经作出过或拒绝过一个冻结令),应该是清楚明了的,就是把相关的事实包括在申请人代表律师的誓章/誓词(affidavit/affirmation)中。但对于仍未开始的法律行动,也需要向法院作出披露。如针对一个外国裁决书的执行,已经在仲裁地点指示律师向法院申请要求承认与批准执行。

但会有情况是被申请人/被告尚不知道原告对付他/她的计划中的所有法律行动。比如申请人刚知悉被告在中国香港有资产(如一批即将付运的货物),但仍在最后确定。而一旦确定后就会马上指示律师在中国香港法院申请冻结令。显然申请人是不想提前让被申请人/被告知道这一意图,否则也不必去单方面申请了。但在英国申请冻结令一旦成功,就需要将有关向法院披露的文件送达给被告。这样,如果在香港的计划仍没有开始行动,就是提前告诉了被告,这不是申请人希望见到的情况。办法之一是把这个机密(confidential)信息在申请时以口头告诉(或披露给)英国法院,并承诺稍后会以文书通知被申请人有关在香港的法律行动。反正这样,就可以多几天的缓冲时间,不必提前告诉被申请人以防他/她在香港做出相应的回避行动。因为被申请人如果有意图对抗冻结令并委任有经验的律师,通常第一步是向法院申请要求提供一份单方面申请时的庭审记录(transcript),这个过程往往需要几天时间。总之,必须保证在被申请人出庭对抗并企图撤销(discharge)冻结令时(这通常是在作出命令后的 7~14 日),他/她是知道申请人在单方面向法院申请时披露与提供的所有资料与信息。

这方面在 Steven Gee QC《Commercial Injunctions》一书之 9-018 段有详论,可节录如下:

"One of the matters which can be material on an application for Mareva ... is whether the applicant intends to commence, or has commenced, proceedings abroad connected with his claim, particularly proceedings in which relief may be sought or has been sought to assist in the prosecution or enforcement of the claim. If the judge is not informed of the applicant's intention to use the order in support of another application abroad the judge is likely to have an inadequate or incomplete appreciation of the likely consequences of making the requested order. If the intention is to launch proceedings, the applicant often commences the overseas proceedings at the same time as the English proceedings; there will then be no difficulty in referring to the intended foreign application in the affidavit made in support of the ex parte application, or recording the information relied on in the application.

It may be, however, that intended foreign proceedings cannot be commenced immediately and that the applicant has good grounds for concealing his intentions from the defendant for the time being. In these circumstances the applicant cannot justify failure to disclose his intentions to the court on the grounds that the defendant might, on obtaining this information, take steps designed to frustrate an order made by the foreign court. The appropriate procedure is to inform the court of the applicant's intentions on the ex parte application. This can be done orally, with the information being set out in a separate document prepared by the applicant, with the intention of serving it on the defendant following commencement of the foreign proceedings. This procedure results in full disclosure to the court on the ex parte application and does not involve disclosing the information prematurely to the defendant. On the other hand, it will not infringe the principle that the defendant is entitled, albeit at a later stage, to full information about what has occurred before the court on the ex parte application. Once the defendant applies to have the order set aside, however, he must be told of all that took place on the ex parte application."

1.7.1.6　案情外的披露:申请人与被申请人的经济状况和相关事实

申请人需要向法院全面披露的远不止有关案件的案情与证据。为了让法院能够掌握全貌与案件的强弱看是否过了冻结令的"分水岭"(watershed),披露还包括法院决定是否颁布/作出冻结令与冻结令内容时应该想知道的其他方面。此处只谈两个方面:

1. 申请人有良好论据质疑被申请人的财力或更准确地说是欠缺财力,加上其他问题如品德与其他相关事实,显示申请人的资产有流失(dissipate)的风险。毕竟,法院作出冻结令的最重要原因就是被申请人的资产会流失,导致将来的法院判决或裁决在作出后胜诉的申请人无法实际执行。

当然申请人必须通过询问(inquiries)与调查(investigate)被申请人的经济状况与公司营运状况,再加上其他很多不同渠道取得有关被申请人的品德、言行等的证据与信息。而这些证据与信息无论是否对冻结令申请有利(如有部分不利),都要向法院作出全面与坦率的披露,见 Thermax v. Schott Industrial Glass (1981) FSR 289; Naf Naf SA v. Dickens (London) Ltd (1993) FRS 424 等先例。

2. 申请人自己的财力或欠缺财力(如申请人已经在破产边缘等)。原因是如果冻结令申请成功,申请人要向法院提供交叉担保(cross-undertaking for damages),作为对如果被申请人将来胜诉,证明冻结令是错误申请与作出,对被申请人所带来的损失作出赔偿的"保护措施"(safeguard)。

所以申请人代表律师最好是在誓章/誓词(affidavit/affirmation)中写明申请人对法院作出的担保承诺,并显示申请人有足够的财产与经济能力(如提供公司账目、年报、银行账户信息等)可面对将来来自被申请人的损失索赔。如果能够显示财务状况良好,可以避免法院的质疑,也可以避免法院要求其他额外的金钱担保。

如果申请人的财政有问题,但在申请冻结令时不向法院披露,这会构成没有向法院作出全面与坦率的披露。一般如果申请人不披露问题,法院是假设申请人的经济与财力是足够将来赔偿被申请人会因为冻结令而蒙受的损失,也就是在 Minor Electronicsv. Dickson (1988) RFC 618 先例所说的"adequate for the purpose of the cross-undertaking"。

如果后来被发觉有问题,但没有披露(这是被申请人后来在调查后告知法院),就会导致成功获取的冻结令因为申请人没有在申请时向法院作出全面与坦率披露有关财政状况而被撤销(discharge 或 dismiss)。例如在 Block v. Nicholson (1986) 4 WLUK 94 先例中,申请人没有向法院披露他曾经被警察因为欺诈拘捕,后来"东窗事发"导致冻结令被撤销。在很多这种情况下,申请人代表律师也应该或可以知道,所以作为"法院官员"(officer of the court)的代表律师也会被惩罚。例如在早期的 Schmitten v. Faulks (1893) WN 64 先例中,因为申请人代表律师在单方面作出申请时,没有或不披露当时客户正在申请破产,Chitty 大法官命令申请人代表律师要代为赔偿被申请人因禁令所蒙受的损失。

1.7.1.7 没有向法院作出全面与坦率披露的后果

已经提到过,一贯以来在任何形式需要单方面(*ex parte* 或 without notice)向法院申请禁令/命令时,都有要向法院作出全面与坦率披露的沉重责任,见早期的 Dalgish v. Jarvie (1850) 2 Mac & G 231 等先例。在有了搜查令(Search Order)与冻结令(Freezing Order)这种法院的"核武器"(nuclear weapons),会对/将对没有机会出庭争辩(因为没有收到通知)的被申请人带来严重的不公平与后果后,有说法是这个加于申请人的全面与坦率披露(full and frank disclosure)的责任变得更加沉重。并且法院不断在提前警告说一旦有违反,会给申请人带来严厉(strict)且可以是不对称/不成比例(disproportional)的后果。其中撤销(discharge 或 dismiss)已经颁布/作出冻结令在所难免。这也带来申请人"劳民伤财",花了不少高昂的律师费用,结果是一场空的严重后果。更严重的是在向法院提供的交叉担保(cross-undertaking)下,还要赔偿被申请人因为冻结令蒙受的损失。虽然,由于这冻结令很快被撤销,应该说是对被申请人造成的损失是比较有限,但根据每一个案件不同的案情,这也难说死。例如虽然是短暂时间被冻结资产,但已经足够令被申请人无法在一个重要与赚钱的交易(transaction)去完成"交割"(closing),导致有重大损失。

这尤其是在一些冻结令早期先例中,估计当时法院也理解到这种禁令/命令威力无穷,而单方面去作出决定在本质上不公平(对被申请人)。加上早期经验不足,英国法院也是要经过"摸着石头过河"的阶段。所以,不断找机会在先例中"恐吓"任何单方面作出冻结令申请的当事人,如果违反向法院作出全面与坦率披露的义务就会受到严惩。显然,如果没有披露的是重要事实,很有可能令原来颁布/作出冻结令的大法官作出不同的决定(通常是指会拒绝作出冻结令),再加上法院能感觉到是有想要误导法院的成分,这种违反肯定会导致冻结令被撤销,见 Behbehani v. Salem (1989) 1 WLR 723 等先例。但也有说法是法院在单方面申请冻结令时有很大的裁量权(discretion),很难知道被遗漏披露的事实或误述(特别是表面看来较次要)会对法院带来怎样的影响或结果。在 Boyce v. Gill (1891) 64 LT 824 先例有说:"what the court would have done if all the facts had been known, I cannot say."

所以,有说法是没有向法院作出全面与坦率的披露,无论是重要或次要,而且可假设在单方面申请时没有这个遗漏与违反,法院仍会颁布/作出同样的冻结令,但仍会撤销该“来路不正”的冻结令,让申请人重新再去申请。但是这样,如果被申请人的资产真有“流失”(dissipate)的风险,短短的半天或一天要去重新申请期间,就已经足够让这些资产流失了。这是笔者较早前称为“不对称/不成比例”的惩罚。但为了阻吓申请人千万不要轻视这一重要责任,也是无可厚非。

对违反这个全面与坦率披露的责任,除了是针对申请人的严惩处,也延伸到申请人的代表律师,这会在接下来的段节介绍。

1.7.1.7.1 对申请人/原告的后果

上段已说到,在冻结令早期的先例中,特别是来自上级法院的先例是主张严厉惩罚违反了向法院作出全面与坦率的披露责任的申请人/原告。其中最出名与经常在后续先例中被提到(特别是“核武器”的描述)的是 Bank Mellat v. Nikpour (1985) FSR 87 的上诉庭先例,Donaldson 大法官说:“The rule requiring full disclosure seems to me to be one of the most fundamental importance, particularly in the context of the Draconian remedy of the Mareva Injunction. It is in effect, together with the Anton Piller order, one of the Law's two ‘**nuclear**’ **weapons**. **If access to such a weapon is obtained without the fullest and frankest disclosure, I have no doubt at all that it should be revoked**.”(加黑部分是笔者的强调)

笔者在比较冻结令后期(也是较近期报道)的先例,感觉法院处理的手法比较有弹性(flexible)与成比例(proportionate)。也看来是对这方面的违反比较宽松,特别是有关申请所遗漏披露的事实是比较次要与/或法院可以接受是申请人无意(innocent)的过错。

主要原因是在很多复杂的商业案件,被申请人在事后如果出庭抗拒,往往很容易可以挑得出一些在单方面申请时,申请人没有向法院披露的事实与/或法律论据。

的确对一个高水平与有经验的申请人代表律师而言,他/她的誓章/誓词(affidavit/affirmation)如何在每一个不同但十分复杂的案件中作出恰当的披露(既不会讲太少而被指控漏未做出全面披露,但也不会讲太多让法院看得不耐烦,甚至会责怪律师故意转移重点和误导法院),是一件很高水平的“艺术品”(work of art)。

另一个笔者看来的原因是英国法院处理的冻结令越来越多,积累了大量的经验,也建立与完善了冻结令管辖权(Mareva jurisdiction)。所以,在早期先例处理的慎重与保留意识也相应降低。部分法官行使裁量权时更加宽松,之后也尽量不轻易允许冻结令被撤销。在笔者看来,这也进一步令向英国法院申请冻结令更受到国际社会的欢迎。Mareva 禁令的起源是针对海事案件,今天已是广泛用在方方面面的商业活动、家事、规管、国际欺诈、贪污腐败等。

这些会比较弹性处理的较近期先例的说法,可稍作介绍如下:

1. 在 OJSC Ank Yugraneft, Re (2008) EWHC 2614 (“Millhouse Capital UK Ltd v. Sibir Energy Plc)先例中, Christopher Clarke 大法官说:

“I regard that as a helpful review of the applicable principles, subject to the overriding principle, reflected in proposition (9), that the question of whether, **in the absence of full**

and fair disclosure, an order should be set aside and, if so, whether it should be renewed either in the same or in an altered form, is pre-eminently a matter for the court's discretion, to which … the facts (if they be such) that the non-disclosure was innocent and that an injunction or other order could properly have been granted if the relevant facts had been disclosed, are relevant. In exercising that discretion the court, like Janus, looks both backwards and forwards.

The court will look back at what has happened and examine whether, and if so, to what extent, it was not fully informed, and why, in order to decide what sanction to impose in consequence. The obligation of full disclosure, an obligation owed to the court itself, exists in order to secure the integrity of the court's process and to protect the interests of those potentially affected by whatever order the court is invited to make. The court's ability to set its order aside, and to refuse to renew it, is the sanction by which that obligation is enforced and others are deterred from breaking it. Such is the importance of the duty that, in the event of any substantial breach, the court strongly inclines towards setting its order aside and not renewing it, so as to deprive the defaulting party of any advantage that the order may have given him. This is particularly so in the case of freezing and seizure orders.

As to the future, the court may well be faced with a situation in which, in the light of all the material to hand after the non-disclosure has become apparent, **there remains a case, possibly a strong case, for continuing or re-granting the relief sought. Whilst a strong case can never justify non disclosure, the court will not be blind to the fact that a refusal to continue or renew an order may work a real injustice, which it may wish to avoid.**

As with all discretionary considerations, much depends on the facts. **The more serious or culpable the non-disclosure, the more likely the court is to set its order aside and not renew it, however prejudicial the consequences. The stronger the case for the order sought and the less serious or culpable the non-disclosure, the more likely it is that the court may be persuaded to continue or re-grant the order originally obtained. In complicated cases it may be just to allow some margin of error. It is often easier to spot what should have been disclosed in retrospect, and after argument from those alleging non-disclosure, than it was at the time when the question of disclosure first arose.**"（加黑部分是笔者的强调）

2. 在 Belair LLC v. Basel LLC（2009）EWHC 725（Comm）先例中，Blair 大法官说："But as I understand it, such non-disclosure is not now said to be a basis for discharge, but to go to the weight to be attached to the Claimant's evidence. In any event, **the outcome remains within the discretion of the court, and overall I am satisfied that these failures are not sufficient to lead to the withholding of relief in this case.**"（加黑部分是笔者的强调）

3. 在 Alternative Investment Solutions（General）Ltd v. Valle De Uco Resort & Spa SA（2013）EWHC 333（QB）先例中，Cranston 大法官说："… Such culpable non-disclosure

could well lead to the order being set aside. However, as Christopher Clarke J explained in Millhouse, **the court cannot be blind to the fact that a refusal to continue or renew an order may work a real injustice. The claimant has apologised for this error** and underlined, correctly, that the defendants do not deny representing that the site had full planning permission which, as I interpret it, means that construction could begin. Taking the circumstances of the case as a whole, **I am persuaded that there are strong reasons to continue the order.**"(加黑部分是笔者的强调)

在各种案件中,笔者可以举一个极端的例子来说明上述的阐述或总结。例如,作为申请人/原告作出的披露存在问题(如遗漏了只要合理调查就能发现的重要事实或遗漏了应当知道的被申请人会提出的争议),但申请人可以合理地解释为何出现此问题,法院也觉得即使没有此问题仍会作出冻结令。同时在另一方面,则有文件强烈显示了申请人胜诉机会很大,被申请人十分不诚实,没有冻结令有绝大可能诉讼或仲裁根本是"一场空"。这样估计有很大机会法院会延续冻结令或作出新的冻结令。

1.7.1.7.2 对申请人代表律师的后果

已经提到过,申请人代表律师除了要为申请人(也是他/她的客户)的利益服务外,在单方面向英国法院申请冻结令并要求申请人承担"全面与坦率披露"(full and frank disclosure)的责任,也是"法院的官员"(officer of the court)。而且两者之间如果发生矛盾,也是后者的责任为先。

但不可避免的是会有律师犯错或乱来。对法院而言,无论是有意或无意(现实中也很难知道)的不披露、误述或误导法院都会带来同样结果,就是在没有准确掌握案件的全部重要事实与法律论据,以及其他相关方面的事实,就对被申请人/被告"引爆核武器",颁布/作出冻结令并造成可能是无法或足够以金钱赔偿作为弥补的损失。所以对于这个至关重要的责任,法院主要依赖申请人的代表律师作为法院的官员去履行这一重要责任。法院对英国律师的阻吓力,其中重要的一种惩罚是"浪费费用命令"(wasted costs order),即法院可以命令有关单方面申请所花的费用要申请人律师自己承担。

法院早在普通法下就已经行使过这样的权力,见 Myers v. Elman (1940) AC 282 先例。但这种案件很少有,也显示了早期法院一般不会惩罚代表律师。毕竟律师是申请人自己选定与委任,律师只是代理人。律师如果专业上有疏忽,作为客户的申请人可以直接向他/她索赔疏忽带来的损失。但第三方(如被申请人)不可以向申请人的代表律师直接索赔损失。这对法院来说,也是同样的道理。如果申请人通过代表律师没有向法院作出全面与坦率的披露,法院对要负责的申请人的惩罚就是撤销冻结令,并要求申请人承担所有的费用以及赔偿被申请人因冻结令带来的损失。看来,没有必要针对申请人代表律师作出惩罚。毕竟,申请人作为委托人是要负责他/她的代理人所犯的过错。所以,没有必要区分没有作出全面与坦率的披露是谁的错,见 Boreh v. Republic of Djibouti (2015) EWHC 769 (Comm)等先例。

但这样,法院无法对代表申请人的英国律师作出阻吓,迫使他们作为法院的官员向法院作出全面与坦率的披露,即使有部分内容会对客户或申请人不利。由于单方面(*ex parte/*

without notice)申请搜查令、冻结令、资产披露令与相关禁令/命令越来越多,虽然在普通法下也有这个权力,但这不足以让法院安心行使这个权力,也不肯定在怎么样的条件下才可以要求代表律师自己承担浪费的费用。所以,在《Senior Courts Act 1981》的立法下,有了 section 51(7)的"针对律师浪费费用命令的管辖权"(wasted costs exercised over solicitors jurisdiction),如下:"… any costs incurred by a party—(a) as a result of any improper, unreasonable or negligent act or omission on the part of any legal or other representative or any employee of such a representative, or (b) which, in the light of any such act or omission occurring after they were incurred, the court considers it is unreasonable to expect that party to pay."

从近年的先例中,可以简单总结这一立法条文的一些重点,如下:

1. 法院会不会行使这个权利去惩罚律师是法官的管辖权与裁量权,见 Udall v. Capri Lighting Ltd (1988) QB 907; John Fox (A Firm) v. Bannister King & Rigbeys (1988) QB 925 等先例。

2. 有说法是律师只是犯了简单的判断错误或是遗漏,是不足以让法院行使这种裁量权(A simple mistake or oversight or a mere error of judgment will not, of itself, be sufficiently serious),见 Harley v. McDonald (2001) 2 AC 678 先例。该先例是新西兰上诉庭的判决被上诉到英国枢密院,Hope 勋爵说:

"the kind of conduct that can be regarded as involving a serious breach of duty to the court. … before the wasted costs jurisdiction under section 51 of the Supreme Court Act 1981 came into effect: … **A simple mistake or oversight or a mere error of judgment will not, of itself, be sufficiently serious to fall into that category**. Something more is required. In Myers v Elman (1940) AC 282 … Viscount Maugham indicated that the test was whether the conduct **amounted to a serious dereliction of duty**, and that negligence could be so described if it was at a sufficiently high level. Lord Atkin described, the kind of negligence that could lead to an exercise of the jurisdiction as **gross negligence**. Lord Wright said, that, while a mere mistake or error of judgment is not generally sufficient, **a gross neglect or inaccuracy in a matter which it was a solicitor's duty to ascertain with accuracy**, such as whether he had a retainer to act, might suffice. **A more precise definition of the level of seriousness is not appropriate.** But where negligence or incompetence is alleged the conduct must be put into its proper context.

The Court of Appeal held that**serious incompetence, resulting in a failure to appreciate that a claim is untenable, is capable of amounting to a serious dereliction of duty to the court**: … They relied for this proposition on Davy-Chiesman v Davy-Chiesman (1984) Fam 48. In that case. … **The solicitor's position was that he had relied on the advice of counsel** who had said that the case should continue, and that account should be taken of the forcefulness of counsel's personality and his experience. **May LJ rejected this argument**…

'making all allowances for that I cannot avoid the conclusion, differing respectfully from the judge, that this solicitor did abdicate responsibility for his proper part and role in the relevant litigation. I think that he relied blindly and with no mind of his own on counsel's views upon which, it must or ought to have been apparent to him, some question should have been raised. In my judgment this failure by the solicitor to question counsel's advice ... was a substantial failure on his part to fulfil his duty to the court to promote in his particular sphere the cause and proper administration of justice.'

Their Lordships agree with the Court of Appeal's conclusion... that a duty rests on officers of the court to achieve and maintain appropriate levels of competence and care and that, if he is in serious dereliction of such duty, the officer is properly amenable to the costs jurisdiction of the court. **But care must be taken not to assume that just because it appears to the court that the case was hopeless there was a failure by the barrister or solicitor to achieve the appropriate level of competence and care**. As Sir Thomas Bingham MR said in Ridehalgh v Horsefield (1994) Ch 205 ...:

'Legal representatives will, of course, whether barristers or solicitors, advise clients of the perceived weakness of their case and of the risk of failure. But clients are free to reject advice and insist that cases be litigated. It is rarely if ever safe for a court to assume that a hopeless case is being litigated on the advice of the lawyers involved. They are there to present the case; it is ... for the judge and not the lawyers to judge it. It is, however, one thing for a legal representative to present, on instructions, a case which he regards as bound to fail; it is quite another to lend his assistance to proceedings which are an abuse of the process of the court ... It is not entirely easy to distinguish by definition between the hopeless case and the case which amounts to an abuse of the process, but in practice it is not hard to say which is which and if there is doubt the legal representative is entitled to the benefit of it.'

The essential point is that it is not errors of judgment that attract the exercise of the jurisdiction, but errors of a duty owed to the court."(加黑部分是笔者的强调,而最后一段是说法院惩罚律师是因为他/她违反的是他/她作为法院的官员对法院的责任,至于他/她与客户之间谁对谁错是否存在职业疏忽,则不是法院要考虑的。)

3. 如果是"不恰当、不合理、疏忽、遗漏……是一般的有合理水平的律师不会犯的过错"(any improper, unreasonable or negligent act or omission ... failure to act with the competence reasonably to be expected of ordinary members of the profession),法院就会行使这个浪费费用的管辖权了,见 Ridehalgh v. Horsefield (1994) Ch 205 先例。另外,在明显的错误下,即便依赖了大律师的意见也不是足够的理由,见 Davy-Chiesman v. Davy-Chiesman (1984) Fam 48 先例。

4. 至于律师能否事后向他的客户要回这一笔被法院惩罚的浪费费用(可能是昂贵),这是要视情况而定了。例如,客户在冻结令被法院撤销(discharge)后,已经不再理会律师,连欠下律师的正常费用也不支付,要求客户补偿这笔浪费费用更加是不可能了。又如,律师没有向法院作出全面与坦率披露的原因是来自客户的坚持。这样,客户是愿意补偿这笔费用给律师。但这只是道德上,如果要通过法律执行就很难。毕竟,律师与作为申请人的客户“串通”瞒骗或误导法院并不是一件光荣的事情。当然也会有情况是律师规规矩矩的询问(inquiries)与调查后才向法院作出全面与坦率的披露(以为是),但被客户从中隐瞒了重要的事实。但法院还是行使裁量权,作出浪费费用命令惩罚律师。这样,律师当然是可以要求客户补偿。

5. 申请人代表律师没有全面与坦率的披露或是误述,是针对向法院提供的交叉担保(cross-undertaking)方面,可能经济后果会更严重。例如,律师没有告知法院申请人是在破产边缘。将来,如果被判是冻结令错误颁布/作出,申请人是赔不起被申请人因为冻结令造成的损失。这样,法院就会惩罚代表律师负责赔偿损失,见 Schmitten v. Faulks (1893) WN 64 先例。这也可去节录 Steven Gees QC 的《Commercial Injunctions》(2016年,第6版)一书之9-015段所说:“... If the court accepts a worthless cross-undertaking in damages, the defendant may in consequence be left uncompensated for losses caused by an injunction. If the worthless cross-undertaking was accepted by reason of non-disclosure or misrepresentation, and the solicitor was responsible for this in breach of his duties to the court, this may be dealt with by the court, under its inherent jurisdiction to order solicitors to pay compensation to the other party.”

1.7.1.8 重要先例的总结

最后针对这个申请人与他的代表律师必须向法院作出全面与坦率披露的重要责任,笔者在很多案例中挑三个不同时间对这方面做出的大同小异的总结。

1. 在 Brink's Mat Ltd. v Elcombe (1988) 1 WLR 1350 先例中,Ralph Gibson 大法官这样说:“In considering whether there has been relevant non-disclosure and what consequence the court should attach to any failure to comply with the duty to make full and frank disclosure, the principles relevant to the issues in these appeals appear to me to include the following.

(1) The duty of the applicant is to make ‘a full and fair disclosure of all the material facts:’ see Rex v. Kensington Income Tax Commissioners, Ex parte Princess Edmond de Polignac (1917) 1 K. B. 486 ...

(2) The material facts are those which it is material for the judge to know in dealing with the application as made: materiality is to be decided by the court and not by the assessment of the applicant or his legal advisers: seeRex v. Kensington Income Tax Commissioners ... citing Dalglish v. Jarvie (1850) 2 Mac. &G. 231 ... and Browne-Wilkinson J. in Thermax Ltd. v. Schott Industrial Glass Ltd. (1981) F. S. R. 289 ...

(3) The applicant must make proper inquiries before making the application: see Bank Mellat v. Nikpour (1985) F. S. R. 87. The duty of disclosure therefore applies not only to material facts known to the applicant but also to any additional facts which he would have known if he had made such inquiries.

(4) The extent of the inquiries which will be held to be proper, and therefore necessary,

must depend on all the circumstances of the case including (a) the nature of the case which the applicant is making when he makes the application; and (b) the order for which application is made and the probable effect of the order on the defendant:... and (c) the degree of legitimate urgency and the time available for the making of inquiries: ...

(5) If material non-disclosure is established the court will be 'astute to ensure that a plaintiff who obtains (an ex parte injunction) without full disclosure ... is deprived of any advantage he may have derived by that breach of duty:' see per Donaldson L. J. in Bank Mellat v. Nikpour ....

(6) Whether the fact not disclosed is of sufficient materiality to justify or require immediate discharge of the order without examination of the merits depends on the importance of the fact to the issues which were to be decided by the judge on the application. The answer to the question whether the non-disclosure was innocent, in the sense that the fact was not known to the applicant or that its relevance was not perceived, is an important consideration but not decisive by reason of the duty on the applicant to make all proper inquiries and to give careful consideration to the case being presented.

(7) Finally, it is not for every omission that the injunction will be automatically discharged. A locus poenitentiae may sometimes be afforded: per Lord Denning M. R. in Bank Mellat v. Nikpour (1985) F. S. R. 87 ... The court has a discretion, notwithstanding proof of material non-disclosure which justifies or requires the immediate discharge of the ex parte order, nevertheless to continue the order, or to make a new order on terms.

when the whole of the facts, including that of the original non-disclosure, are before [the court, it] may well grant ... a second injunction if the original non-disclosure was innocent and if an injunction could properly be granted even had the facts been disclosed: per Glidewell L. J. in Lloyds Bowmaker Ltd. v. Britannia Arrow Holdings Plc. ..."

2. 在 Arena Corporation Ltd v. Schroeder (2003) EWHC 1089 (Ch) 权威的先例(后来经常被引用)对违反这方面责任法院会如何应对的总结,如下:"(1) If the court finds that there have been breaches of the duty of full and fair disclosure on the ex parte application, the general rule is that it should discharge the order obtained in breach and refuse to renew the order until trial.[77] (2) Notwithstanding that general rule, the court has jurisdiction to continue or re-grant the order.[78] (3) That jurisdiction should be exercised sparingly, and should take account of the need to protect the administration of justice and uphold the public interest in requiring full and fair disclosure.[79] (4) The court should assess the degree and ex-

---

[77] 如果法院认为申请人违反了在单方面申请中要全面与坦率披露的义务,一般规则是法院要解除/撤销因单方面申请作出的冻结令并在庭审前拒绝延续、更新此命令。

[78] 法院有权选择拒绝解除/撤销、仍然继续命令的执行,或者是可以选择重新作出新命令。

[79] 但法院不会随意偏离一般规则,在考虑是否继续命令执行等时,要将保护公平正义、保护(要求全面与坦率披露背后的)公共政策/利益都纳入考虑。

tent of the culpability with regard to non-disclosure. It is relevant that the breach was innocent, but there is no general rule that an innocent breach will not attract the sanction of discharge of the order. Equally, there is no general rule that a deliberate breach will attract that sanction.[80] (5) The court should assess the importance and significance to the outcome of the application for an injunction of the matters which were not disclosed to the court. In making this assessment, the fact that the judge might have made the order anyway is of little if any importance.[81] (6) The court can weigh the merits of the plaintiff's claim, but should not conduct a simple balancing exercise in which the strength of the plaintiff's case is allowed to undermine the policy objective of the principle.[82] (7) The application of the principle should not be carried to extreme lengths or be allowed to become the instrument of injustice.[83] (8) The jurisdiction is penal in nature and the court should therefore have regard to the proportionality between the punishment and the offence.[84] (9) There are no hard and fast rules as to whether the discretion to continue or re-grant the order should be exercised, and the court should take into account all relevant circumstances."[85]

3. 也可见近期的 National Bank Trust v. Yurov (2016) EWHC 1913 (Comm)先例中，Males 大法官所说如下：

"a. A fact is material if it is one which the judge would need (or wish) to take into account when deciding whether to make the freezing order.

b. Failure to disclose a material fact will sometimes require immediate discharge of the order. This is likely to be the court's starting point, at least when the failure is substantial or deliberate.

c. Nevertheless the court has a discretion to continue the injunction (or to impose a fresh injunction) despite a failure of disclosure; although it has been said that this discretion should be exercised sparingly, the overriding consideration will always be the interests of justice.

d. In considering where the interests of justice lie, it is necessary to take account of all the circumstances of the case including (without attempting an exhaustive list) (i) the impor-

---

〔80〕 法院要权衡不全面、不坦率披露之错误行为的程度，例如这错误行为不过是无心之失等。但这并不意味着就一定不会解除禁令，同样地即使是故意错误也未必就一定会导致禁令解除。

〔81〕 法院应当权衡未披露的事实对于成功申请到禁令是否重要，例如否无论这些事实被披露法院都会作出禁令，或者说这些未披露事实对于禁令的作出无足轻重？

〔82〕 法院要考虑申请人/原告是否有足够强的案件。但是这并非简单地权衡原告的案件是否足够强而有力，毕竟在单方面申请中，要求申请人/原告作出全面与坦率披露有其背后的公共政策/利益与原则驱使，不能因为原告的案件足够强就无视申请人/原告的披露不全面、不坦率。

〔83〕 但这背后的公共政策/利益与原则也不能被无限放大，导致影响个别案件中的公平正义。

〔84〕 申请人违反全面与坦率披露的行为的后果毕竟是有惩罚性质的，违反的程度与受到惩罚之间要成比例。

〔85〕 对于法院如何行使偏离一般规则（披露有问题，一般情况下都要解除/撤销冻结令等）的裁量权而言，没有明确与简单快捷的原则，法院要根据个案中的所有的有关事实作出决定。

tance of the fact not disclosed to the issues which the judge making the freezing order had to decide; (ii) the need to encourage proper compliance with the need for full and frank disclosure and to deter non-compliance; (iii) whether or to what extent the failure to disclose was culpable; and (iv) the injustice to a claimant which may occur if an order is discharged leaving a defendant free to dissipate assets, although a strong case on the merits will never be a good excuse for a failure to disclose material facts.

e. The interests of justice may sometimes require that a freezing order be continued, but that a failure of disclosure be marked in some other way, for example by a suitable order as to costs."

众所周知,申请冻结令很昂贵,其中最大的原因就是要满足本段针对的作出全面与坦率披露的要件。而申请人的律师因为有这个责任,就必须花费大量的时间与金钱进行询问与调查,然后才能向法院作出披露,否则他/她可能需要承担个人责任。

1.7.2 指引二:申请人要披露索赔的具体情况及被申请人会有的争辩和法律论据

"指引二"实际上是对本章上一段"指引一"的延伸(extension)。在指引一就已经提到了申请人必须做出全面与坦率的披露,这除了案件的重要事实(material facts)外,也要包括法律论据(legal submission)。但法律论据不只是申请人索赔的法律论据,而且要包括被申请人/被告(defendant)可能会提出的法律论据或争辩。这要求的背后理由十分简单,因为这是单方面(*ex parte*)或无通知(without notice)的申请,所以被申请人没有抗拒与争辩的机会,法院只能听取申请人的一面之词。这样法院就没有全面(正反两面)的法律论据去客观判断,是否满足冻结令的申请人必须有一个"良好论据案件"(good arguable case)的要求。

在作出冻结令申请之前,双方已经就有关争议进行过接触,被申请人也会在书信往来中提出过一些争辩。这些书信往来可以作为附件让法院看到被申请人的争辩与法律论据,但也可能没有这些书信往来,即使有也不表示被申请人当时的争辩是准确与全面的(那时被申请人可能还没有委任律师,只是凭自己想当然)。

所以申请人的义务或责任是"假设"(presumption)被申请人如果出庭,全面列出被申请人对每一个争议问题(disputed issues)的争辩与法律论据,并一一答辩(reply)。这样在誓章/誓词(affidavit/affirmation)列出后,法院就可以参考与了解双方案件强弱,不至于被误导(mislead)。

一般而言,申请人的代表律师不需要假设与披露的被申请人的争辩与法律论据是:(1)被申请人在正常情况下不会提出的争辩与法律论据,例如一个非常刁钻或仍没有明确说法与肯定性的法律论据。如果真这样要求,对申请人很不公平,毕竟如果申请人委任的代表律师水平很高,该代表律师想到对方可能以某一很刁钻的角度进行争辩,这如果披露了,这可能是提醒与教会了被申请人,让他/她将来在实际争议(诉讼或仲裁)中使用。(2)被申请人或许会提出,但本质上并不重要的争辩与法律论据,又或者即使提出,将来在法院诉讼或仲裁中也显然会被否定(dismiss)。

至于如何区分(distinguish)或如何找出"分水岭"(watershed),对有经验与有水平的律师、仲裁员与法官而言并不会太困难,在工作中也常会遇到。如仲裁庭在文件披露(disclosure)阶段,双方相互要求提供特定文件,仲裁庭在考虑哪些文件是“有关与重要”(relevant and material)时,就需要看双方当事人已经交换了的文书请求(pleadings / submissions)中双方列出的争议问题。仲裁庭会看到哪些是关键性的争议问题,哪些并不重要甚至可以否定。显然如果一方针对不重要或会被否定的争议问题要求对方披露或提供文件(特别是涉及文件很多时),就会被仲裁庭拒绝或大幅度减少了。

有不少权威先例都提到了“指引二”中的申请人义务或责任,如:(1) Lloyd's Bowmaker Ltd v. Britannia Arrow (1988) 1 WLR 1337 上诉庭先例中,Glidewell 大法官在参考了有关先例后支持申请人的义务或责任是:“must disclose any defence he has reason to anticipate may be advanced.”(2)在 Town & Country Sport Resorts v. Partnership Pacific Ltd (1988) 49 ATPR 783 先例中,澳大利亚联邦法院说:“to place before the court all relevant matters including such matters which would have been raised by the defendant in his defence if he had been present.”(3)在 O'Regan v. Lambic Productions (1989) 139 NLJ 1378 先例中,Peter Pain 大法官说:“It is clearly the duty of Counsel and of the solicitor to point out to the Judge any points which are to their client's disadvantage, which the Judge should take into account in considering whether or not to grant the injunction. It is difficult for a Judge upon an ex parte application at short notice to grasp all the relevant points.”

最后可节录 Steven Gee QC 的《Commercial Injunctions》(2016 年,第 6 版)一书之 9-006 至 9-007 段的详细介绍:

“It is of the utmost importance that the applicant carefully considers the nature of the cause of action and the facts on which it is based before formulating the application. Facts relevant to the strength or weakness of the case on the merits should be put before the court. A thorough check should be made to ensure that all defences actually raised by the defendant are identified and fairly summarized.

Furthermore, on the hearing of the without-notice application it is the duty of counsel to ensure that defences and evidence in support of them are specifically drawn to the attention of the judge. Merely mentioning the existence of such material without showing it to the judge may in itself be misleading, or give the case a different flavour. Counsel has a personal duty to the court to ensure that the judge sees all the relevant material.

It is usual for a skeleton argument to be used on an application of any complexity. If a skeleton argument is used, it will be one of the primary documents used by the judge in hearing the application and it is very important that it is an entirely fair document. It must not, by failing to mention matters, divert the judge's attention away from material which he should have in mind if he is to have a fair view of the case.

The applicant must identify any defences, which, although not yet taken, would have been available to be taken by the defendant had he been present at the application, provided that:(1) the defence is one which can reasonably be expected to be raised in due course by the defendant; (2) the defence is not one which can be dismissed as without substance or importance…"

1.7.3 指引三:冻结令针对的"资产"(asset)[86]

早期的冻结令要求申请人/原告必须提供相信被申请人/被告在英国所有的特定(specific)资产,例如被申请人在英国有银行账户(无论是否透支)。在大多数案件中申请人不会知道什么银行具体有多少资产,例如不会知道银行账户中有多少钱,但只要知道被申请人有银行账号(通过调查与/或被申请人过往的了解才能知道),就是表明被申请人有资产的迹象。因此冻结令会冻结的是特定金额上限的资产,如果银行账户中的余额超出这笔金额上限,则只有这笔金额上限的资产才被冻结。当然对于银行账户中到底有多少余额,会同时通过第三方披露令(Norwich Pharmacal Order)[87]与 Bankers Trust Order[88]的附属命令要求银行提供信息。

因此也会有不少情况中作出冻结令但无法真正冻结到资产。例如在著名的 The "Mareva" (1975) 2 Lloyd's Rep 509 先例中作出的冻结令,作出后才知道被冻结的银行账户中只剩下了 3 美元,涉案金钱已经汇出英国。但今天冻结令(以及资产披露令与第三方披露令)的管辖不断扩大,包括常见的全球冻结令(Worldwide Freezing Order, WFO),因此再出现"The Mareva"先例的案情,由于仍然可以继续追踪从银行账户中汇出的金钱,就不一定会像"The Mareva"先例一样因未能真正冻结到英国的资产而束手无策。

早期的冻结令先例中,所称资产主要针对的是在被申请人名下、可能离开英国的动产(这表示会流失),例如:(1)英国的银行账号,见"The Mareva"先例。(2)飞机,见 Allen v. Jambo Holdings (1980) 1 WLR 1252 先例。(3)船舶,见 The "Rena K" (1978) 1 Lloyd's Rep 545 先例。(4)期租船舶上的燃油,见 The "Span Terza" (1984) 1 Lloyd's Rep 119 先例。(5)船舶上的货物,见 The "Eletherios" (1982) 1 Lloyd's Rep 351 先例。(6)保险收益/保险赔偿(insurance proceeds),见 The "Siskina" (1978) 1 Lloyd's Rep 1 先例,The "Angel Bell" (1980) 1 Lloyd's Rep 632 先例。(7)会被转移的机械设备,见 Rasu v. Pertamina (1977) 2 Lloyd's Rep 397 先例。(8)汽车、珠宝、艺术工艺品(*objets d'arts*)、权利动产(chose in action),[89]见 CBS United Kingdom v. Lambert (1983) Ch 37 先例。(9)汇票(bills of exchange)、股票(shares)、公司债券(bonds),见 Montecchi v. Shimco (UK) Ltd (1979) 1 WLR 1180;Harley Street Capital Ltd v. Tcdhigirinski (No. 1) (2005) EWHC 2471 (Ch)等先例。

---

[86] 此处所称"资产"(asset),是在冻结令的背景下对所针对的近义词"财产"(property)的称呼。

[87] 见 Norwich Pharmacal v. Commissioners of Custom & Excise (1973) 2 All ER 943 先例,这课题已在本书第二章之 4 段详论。

[88] Bankers Trust v. Shapira (1980) 3 All ER 353 先例,这个课题可见本书第二章之 4.8 段。笔者《禁令》(2000 年)一书第 390 页也有涉及。

[89] "权力动产"(chose in action)或也称为"无形动产"、诉讼上的物、无体物等,指可依法占有及处分的权利,如股权、专利权、债权、使用权、收益权、合约权等。

但早期的先例中也明确有一些资产是不可以被冻结的，如信用证（letter of credit）、索即付保函（demand guarantee）、银行担保将要支付的收益（proceeds）。申请对银行担保的冻结令比较困难，因为维持商业人士对此类银行担保的信心是非常重要的，而一旦允许其他人士方便地申请冻结令，就会导致银行无法在这类银行担保下作出支付、打击商贸社会对这类银行担保的信心。因此除非有清楚的证据显示是欺诈，而且银行知悉有关事实，否则都难以成功申请对银行担保的冻结令，见 Practice Note to Bolvinter Oil SA v. Chase Manhattan Bank（1984）1 WLR 392 先例。但对于这类银行担保支付后的收益，由于并不影响银行担保在商贸社会中的运作，因此是可以作出冻结令的，见 Z Ltd v. A – Z and AA – LL（1982）1 Lloyd's Rep 240 先例。但对此类财产会存在的问题是这些收益的受益人（beneficiary）如果在外国，例如在银行担保下作出支付给巴拿马公司，即使法院作出全球冻结令，也难保能真正冻结到这些钱。

而在今天冻结令（特别是全球冻结令）针对的资产有一定的不同，往往不是针对特定目标的资产。[90] 事实上一般会依赖被申请人在附属的资产披露令中对全球资产作出披露，在事前较难以知道被申请人到底在全球会有什么特定资产。例如近期的 JSC BTA Bank v. Ablyazov（2015）UKSC 64 最高院先例中涉及的全球冻结令的措辞/文字如下：

"4. Until judgment or further order … the respondent must not, except with the prior written consent of the Bank's solicitors —

a. Remove from England and Wales any of his assets which are in England and Wales … up to the value of £ 451,130,000 …

b. In any way dispose of, deal with or diminish the value of any of his assets in England and Wales up to the value of … £ 451,130,000 …

c. In any way dispose of, deal with or diminish the value of any of his assets outside England and Wales unless the total unencumbered value … of all his assets in England and Wales … exceeds £ 451,130,000 …

5. Paragraph 4 applies to all the respondents' assets whether or not they are in their own name and whether they are solely or jointly owned and whether or not the respondent asserts a beneficial interest in them. For the purpose of this Order the respondents' assets include any asset which they have power, directly or indirectly, to dispose of, or deal with as if it were their own. The respondents are to be regarded as having such power if a third party holds or controls the assets in accordance with their direct or indirect instructions."

从措辞/文字来看非常广泛，例如第 4 条指出包括"任何资产"（"any of his assets"）。在第 5 条还对任何资产进行一些解释，无论是"在被申请人名下"（"in their own name"）、"独自或与他人共同拥有"（"solely or jointly owned"），或是任何申请人有"实益利益"

---

〔90〕 当然如果明确知道的被申请人部分特定资产，也会在冻结令中明确作出针对。其中一个原因是英国与财产所在地的法律对特定的财产是否属于冻结令针对的"资产"看法可能不同，英国法下的资产看来范围比较广泛，通过明确特定财产属于冻结令针对的资产来避免争议。

(beneficial interest)的资产都被包括在内。还包括被申请人"有权力像是自己的一样可以直接或间接处置的资产"("any asset which they have power, directly or indirectly, to dispose of, or deal with as if it were their own"),"第三方根据被申请人的直接或间接指示持有或控制的资产"("a third party holds or controls the assets in accordance with their direct or indirect instructions")也属于申请人"有权力",即属于冻结令范围内的资产。在这样广泛的措辞/文字下,也有很多先例解释哪些是属于其中所称的"资产"。对此问题并不能轻易对待,毕竟一旦没有严格遵守此处的措辞/文字行事,被申请人就可能被认定藐视法院,甚至受到监禁的惩罚(见本章之1.9段)。所以虽然这对立法经常会玩"擦边球"并带来好处,但针对法院禁令/命令玩"擦边球"就十分危险。这也是为什么很多银行会向法院申请澄清(clarify)到底哪些属于冻结令范围内的"资产",以防不小心触犯刑法。

不妨再多举几个近期先例,显示这些针对任何资产的措辞/文字解释的困难。

1.7.3.1 冻结令作出后获得的资产也属于冻结令下的"资产"

在 TDK Tape Distributor (UK) Ltd v. Videochoice Ltd (1986) 1 WLR 141 先例中,判被申请人在冻结令作出后获得的新资产(如利息、第三方赔付的金钱等)也属于冻结令下所称的"资产",不需要作为申请人/原告在发现后向法院申请对冻结令针对的资产范围进行延伸。可以简单节录 Skinn 大法官所说:"It seems to me that it would be a negation of the purpose of that injunction if, every time the defendant acquired some new asset or property, it was up to the plaintiffs to discover that and make an application to the court that the existing injunction be extended to deal with it. It seems to me that a Mareva injunction is looking to the future and is dealing with the situation between the obtaining of the judgment and its eventual execution, and it will cover any assets which are acquired between the granting of the order and the eventual execution of any judgment obtained in the action in question."

1.7.3.2 公司的"商誉"也是冻结令针对的资产

在 Templeton Insurance Ltd v. Thomas (2013) EWCA Civ 35 上诉庭先例中,涉及公司的"商誉"(goodwill)是否属于冻结令所称的"资产"。在此先例中,Thomas 先生(以下简称 T 先生)在 20 世纪 90 年代创办了 Motorcare Warranties Limited 公司(以下简称 Motorcare),主要通过建立数百个代理人(主要是汽车经销商)的销售网络,向汽车用户销售、推销对汽车"机械故障险"(mechanical breakdown insurance)的投保。2003 年到 2004 年,T 先生将生意交给自己的女婿 Panesar 先生(以下简称 P 先生)打理。从 2004 年前后开始,Motorcare 销售的保单由作为原告的保险公司(Templeton Insurance Ltd,以下简称 Templeton)承保,具体而言是 Motorcare 与 Templeton 签订合约(签订的是一年期限合约,逐年续约),由 Motorcare 作为代理人销售 Templeton 的保单。2007 年,Motorcare 与 Templeton 刚刚续约后不久,Templeton 由于发现存在重大亏损,开始调查与 Motorcare 的合作,进而发现了 Motorcare 存在越权代理,向 Templeton 提供虚假信息,以及侵吞保费的不当行为。因此 Templeton 向法院申请,并获得法院作出的针对 Motorcare、T 先生与 P 先生的冻结令。与此处争议焦点有关的是,在冻结令中冻结了 Motorcare 的所有资产,同时有条文明确规定任何被通知的人士,都不得对会违反冻结令的行为进行协助或允许,否则将被处以藐视法院的相关惩罚:"Effect of this Order: It is a Contempt of Court for any person notified of this Order knowingly to assist in or permit a breach of this Order. Any person doing so may be sent to prison, fined or have his assets seized."

但是向 Motorcare、T 先生与 P 先生通知了冻结令后,T 先生与 P 先生即刻设立了一家名为 Motorcare Elite 2008 Limited(以下简称 Motorcare Elite)的公司,从事与 Motorcare 完全相同的业务。Motorcare Elite 采用了 Motorcare 相同的办公地点,同样的员工,访问 Motorcare 的网站会自动将访问者导向 Motorcare Elite 的网站,在网站上还采用的是相同的内容。T 先生与 P 先生还说服了绝大部分自己销售网络中的人士以建立了 Motorcare Elite 的销售网络,而且还获得了保险公司 AXA 接手 Templeton 的角色。因此 Templeton 向法院指控 T 先生与 P 先生的行为实际上是处置了 Motorcare 的"商誉"资产:"this was a dealing with or disposal of Motorcare's assets inter alia in the form of its goodwill."

上诉庭 Rix 大法官明确指出"商誉"属于冻结令的一般措辞/文字中的"资产",节录判词如下:"... it was submitted that goodwill was not within the freezing order, or at any rate that, without it being explicitly mentioned in the order, there was insufficient particularity or certainty in this respect(这是被告提出的观点). Reference was made to Darashah v. UFAC (UK) Limited (1982) WL 222, where 'goodwill' was explicitly specified ('and in particular from disposing of the goodwill of the...company'). It was there submitted that 'goodwill' was not an asset caught by the injunction, but this court disagreed: 'Every businessman knows that goodwill is a valuable commodity' said Lord Denning MR. It seems obvious that goodwill is among the most important intangible assets of a business. The fact that goodwill is an intangible makes it no less an asset than other intangibles, such as choses in action. There is nothing in this point."

换言之,"商誉"是一早已经被认可属于公司的无形财产的一种类型,在今天跟本章之 1.7.3 段已经提到的"权利动产"(chose in action)一样,属于冻结令下"资产"的一种。

而此先例中还涉及的争议是,T 先生与 P 先生建立的销售网络,是否属于"商誉"的一部分。Rix 大法官就此对什么是"商誉"也进行了简单小结,可以节录如下:"... it was submitted that the network of agents could not count as an asset amounting to goodwill(这是被告提出的观点). Goodwill was a more complex notion, including the 'brand' and products of a company. I would agree that a company's goodwill may obviously extend beyond any single element of it, as in this case it extended to the brand of 'Motorcare' and to Motorcare's physical, postal, telephone, email and website addresses. That does not mean, however, that each element of it does not amount to an asset of the business. Moreover, in Darashah itself[Darashah v. UFAC (UK) Limited (1982) WL 222 先例], Lord Denning cited, as typical examples of goodwill assets, 'a list of customers but also the established connections with them'. This plainly applied to the network of Motorcare's representative agents with their established connections to Motorcare over the years, recognised by the FSA. This, together with the policy product, whether supplied by Templeton or subsequently by

AXA, was the very foundation of Motorcare's business."

换言之,公司商誉包括了非常多的广泛内容。在 Darashah v. UFAC (UK) Limited (1982) WL 222 先例中,Denning 勋爵也曾经指出公司的客户名单、与客户之间建立的关系就属于商誉的一种。

也因此在此先例中最后法院认定 T 先生与 P 先生确实存在协助或允许转移 Motorcare 资产(商誉)的行为,构成了藐视法院,并最后根据 T 先生与 P 先生的行为对他们处以了监禁的惩罚。

1.7.3.3 针对第三方名下财产的 Chabra Jurisdiction

首先,这与本章之 1.6.6 段针对第三方的冻结令是同一个课题。一般而言,申请冻结令需要对被申请人/被告有一个已经存在的"诉因"(cause of action),无论是否已经开始诉讼或仲裁、无论是否管辖地在英国。没有诉因时,确实也不应该冻结其他人士的资产,毕竟连应该冻结多少金额的资产都无法确定。Diplock 勋爵在 The "Siskina" (1978) 1 Lloyd's Rep 1 贵族院先例中说:"A right to obtain an interlocutory injunction is not a cause of action. It cannot stand on its own, It is dependent on there being a pre-existing cause of action against the defendant arising out of an invasion, actual or threatened, by him of a legal or equitable right of the plaintiff for the enforcement of which the defendant is amenable to the jurisdiction of the court. The right to obtain an interlocutory injunction is merely an ancillary and incidental to the pre-existing cause of action."

在本章之 1.5.1.1 段提到了在《Civil Jurisdiction and Judgments Act (Interim Relief) Order 1997》后作出冻结令的管辖权问题,对 The "Siskina"先例的普通法地位(视冻结令为辅助英国有管辖权的诉讼或仲裁的法律行动)已经作出改变。英国法院作出冻结令已经是独立(freestanding)地位,但即使诉讼不是在英国境内,也要求存在外国的诉讼程序。换言之,实际上仍然有申请人/原告对被申请人/被告有诉因的要求,毕竟没有诉因也无法开始外国的诉讼程序。

但之后在 TSB Private Bank International SA v. Chabra (1992) 1 WLR 231 先例建立了所谓"Chabra Jurisdiction",将冻结令的被申请人/被告延伸到了申请人/原告没有诉因针对的第三方。此先例中,原告银行要执行自己对债务人(debtor)的债权,而此先例的被告印度商人 Chabra 先生是该债务的担保人。由于债务人无力偿还,银行即希望要求担保人 Chabra 先生作出偿还,但 Chabra 先生已经离开英国回到印度。由于 Chabra 先生仍然对英国一家公司持有 90% 的股份(Chabra 的妻子持有剩下 10% 的股份),银行即向法院单方面申请冻结令将这间公司列为共同被告/共同被申请人,但被该公司反对,主要的理由就是银行并没有任何针对该公司的"诉因"(cause of action)。Mummery 大法官判如果针对的只是作为第三方的这家公司作为唯一的被申请人,的确在没有良好论据案件/诉因的情况下不能作出中间禁令针对无诉因的第三方。但是类似此先例中,在冻结令只针对 Chabra 先生并不足以保护银行,而证据显示实际上 Chabra 先生拥有对该公司资产的真正"实益利益"(beneficial interest),即一旦将来获得对 Chabra 先生的胜诉判决,公司资产也会属于被执行财产。此时就可以附带性地将公司也列为共同被申请人,冻结公司的资产。

看来,法院相信 Chabra 先生将他的资产"隐藏"(conceal)在该公司中,通过在背后操纵会使得公司资产流失,导致在原告胜诉后执行判决时,该公司已经是"皮包公司",Chabra 先生持有的 90% 股权一文不值。节录 Mummery 大法官的判词如下:"... although the court had no jurisdiction to grant an interlocutory injunction in favour of a plaintiff who had no good arguable cause of action against a sole defendant, it had power to grant the injunction against a co-defendant against whom no cause of action lay, provided that the claim for the injunction was ancillary and incidental to the plaintiff's cause of action against the other co-defendant; and that, accordingly, since the injunction made against the first defendant alone was inadequate to protect the plaintiff, it was appropriate to grant the injunction against the second defendant in support of the existing legal right claimed by the plaintiff against the first defendant... In brief, in the light of the plaintiff's evidence and the absence of any detailed evidence on the part of the defendants, I am of the view that there is a good arguable case that there are assets, apparently vested in the company, which may be **beneficially the property of Mr. Chabra** and therefore **available to satisfy the plaintiff's claims against him if established** at trial. I am also of the view that it is arguable that the company was, **in fact**, at relevant times **the alter ego of Mr. Chabra** and that its assets, or at least some of its assets, may be available to meet the plaintiff's claims against him if established."(加黑部分是笔者的强调)

在较近期的 C Inc v. L (2001) 2 Lloyd's Rep 459 先例中,Aikens 大法官对有关的过往先例进行总结,并将这类做法称为"Chabra type of jurisdiction"。节录判词如下:"**The Court will also grant a freezing order over assets that are held in the name of a third party, against whom no claim for substantive relief is made**, if it is satisfied that there is an arguable case that the assets are, in fact, those of the Defendant to the claim... This type of order has been made in a pending action, and also where a judgment has been obtained against the principal defendant. The rationale for what has been called the "Chabra type of jurisdiction" was explained by Mummery J in the Chabra case... The action is against the principal defendant; the objective of the freezing order is to preserve his assets to ensure that there is a fund to meet the judgment against the principal defendant if it is obtained; **if the Court is satisfied that the third party holds assets that are arguably those of the principal defendant, then the freezing order is 'ancillary and incidental' to the main cause of action against the principal defendant**. That reasoning was approved by the Court of Appeal in the Aiyela case[91]. In that case, as Hoffmann LJ pointed out, the Claimant had more than a substantive claim against the principal defendant, Mr Aiyela. It had a 'substantive right' in the form of a judgment debt owed by Mr Aiyela. The freezing order was made against his

---

[91] Mercantile Group (Europe) AG v. Aiyela (1994) QB 366 先例。此先例中的被告 Aiyela 先生有一些资产在妻子的名下,原告对 Aiyela 的妻子并没有诉因,但法院对申请人/原告没有诉因的妻子也作为共同被申请人/被告作出冻结令。

wife because there was an arguable case that assets in her name were those of Mr Aiyela."(加黑部分是笔者的强调)

换言之,在 Chabra Jurisdiction 下,如果申请人提供证据并说服法院第三方控制、持有的资产"可争论地"(arguably)实际属于被告的资产,则在针对被告的冻结令中可以附带性地冻结第三方的资产。

之后在 Yukong Line Ltd of Korea v Rendsburg Investments Corporation of Liberia (No. 2) (1998) 1 Lloyd's Rep 322 先例中,虽然无法明确确认第三方持有资产中的哪些部分属于将来会被执行的资产,但法院仍然认为可以属于 Chabra Jurisdiction,作出了针对第三方的一般资产的冻结令:"... up to the amount of the principal defendant's assets of which he appears to have possession and control."

C Inc v. L 先例看来对 Chabra Jurisdiction 进行了进一步扩大。在 C Inc v. L 先例中,原告已经获得了针对被告(L 女士)的"判决债务"(judgment debt),同时也获得了针对 L 女士的冻结令,但经过 L 女士披露其实际上并没有什么资产,所有与原告之间的交易往来都是作为 L 先生资产的"信托受托人"(trustee)或"代理人"(agent)进行,持有的资产也是作为 L 先生资产的信托受托人或代理人代为持有。因此原告就希望申请冻结第三方 L 先生的资产。与之前的 Chabra Jurisdiction 有关的系列先例的不同之处在于,此先例中资产看来根本是属于第三方,并非属于被告。

在《Senior Courts Act 1981》之 Section 37(1)下,英国法院有广泛的作出禁令的权力,只要法院认为做法是"公平"(just)与"方便"(convenient)的,在遵循过往先例"已经建立的原则"(established principle)的情况下就可以作出禁令。在是否可以针对此先例中的情况的第三方资产作出冻结令的问题上,Aikens 大法官在过往英国先例中没有找到有关此问题判法的先例["there are no English cases to which Miss Dias(申请人的代表大律师) can point in which the English Court has granted a freezing order over assets of a third party, where the defendant to the action (against whom there is a judgment) claims to hold assets but only as trustee or agent of that third party."]。但法院之后提到了澳大利亚高院的 Cardile v. LED Builders Pty Limited (1999) HCA 18 先例,并总结澳大利亚高院的判法如下:"It seems to me that the High Court of Australia has stated that, in Australia, the assets of a third party can be frozen in aid of enforcing a pending or actual judgment, even where those assets are not beneficially owned by the actual or potential judgment debtor... the High Court of Australia is stating that **there must be some causal link between the fact that the Claimant has obtained a judgment against the principal defendant and thus has a legal right, as a consequence of the liability giving rise to the judgment, to go against the assets of the third party**. I will delay deciding whether English law permits the exercise of the freezing order jurisdiction where there is such a causal link until I have considered the remaining two factors I have identified."(加黑部分是笔者的强调)

换言之,根据澳大利亚高院的判法,在原告对被告获得胜诉判决并执行与被告有针对第三方的权利之间存在"因果连接"(causal link)的情况下,才可以作出冻结令针对没有诉因的第三方资产。之后此先例的判词中对这种判法予以认可，并指出愿意在英国法院予以适用："... critically, the High Court of Australia held that the right of A to a freezing order against C is dependent upon A having a right against B and that right itself giving rise to a right that B can exercise against C and its assets. Therefore the freezing order sought by A against C is 'incidental to' A's substantive right against B and it is also 'dependent upon' that right. In this case the Claimant has a substantive right against Mrs L; it has the default judgment. Because of that right, indeed because of the antecedent liability of Mrs L to the Claimant, Mrs L has (arguably) a right to an indemnity from Mr L. That can either be enforced by her, or if she will not do so, by a Receiver appointed by the Court. That receiver would have the right to claim against Mr L and to satisfy any judgment out of his assets. I have concluded that, upon analysis, the English Court can and should adopt the same approach as the Australian High Court. Therefore the Court does have the legal power to grant a freezing order against Mr L. Such an order is 'incidental to' the substantive right that the Claimant has against Mrs L. The order is also 'dependent upon' the substantive right that the Claimant has against Mrs L."

这样的判法也是有一定道理的。毕竟类似此先例中的情况，冻结L女士的资产是毫无争议的，而即使不能在此冻结令中一并冻结L先生的资产，一旦之后L女士无力支付判决债务，法院在委任资产"接管人"（receiver）〔92〕处理L女士的资产时，接管人也可能要向L先生提起"补偿"（indemnity）之诉（L女士声称自己是作为L先生的信托受托人或代理人行事），与要求冻结L先生的资产。例如 Cruz City 1 Mauritius Holdings v. Unitech Ltd（2014）EWHC 3704（Comm）先例中就对此指出："However, the Chabra jurisdiction has since been extended to cases which are not limited to beneficial ownership of assets. Applying Australian authority [Cardile v LED Builders Pty Ltd（1999）HCA 18], it has been held that a freezing order may be granted to preserve assets which are or may be available to the judgment creditor, if necessary by the appointment of a liquidator or receiver, by exercising the rights of the judgment debtor to compel the third party to disgorge property or otherwise contribute to the funds or property of the judgment debtor."

但毕竟冻结令是会带来严重后果的禁令，违反、未履行冻结令会导致藐视法院、带来罚款、监禁等惩罚。尤其在 Chabra Jurisdiction 下针对的是与本诉无关的第三方，在冻结

〔92〕委任接管人是执行的办法之一。对于较麻烦的判决债务人资产，需要通过管理、监督与控制才能获得金钱以满足债权时，就可以向法院申请委任接管人，接管人会接管判决债务人的资产，包括业务、公司等，见 Derby v. Weldon（No. 3 and 4）（1990）Ch 65 先例等。在笔者的《仲裁法——从开庭审理到裁决书的作出与执行》（2010年）一书第十四章之8.6段有介绍接管人的做法。在《Senior Courts Act 1981》之 Section 37(1)，除了可以作出冻结令外，还赋予了英国法院广泛的委任接管人的权力："The High Court may by order (whether interlocutory or final) grant an injunction or appoint a receiver in all cases in which it appears to the court to be just and convenient to do so."在《Arbitration Act 1996》之 Section 44 (c)也提到的是："... the granting of an interim injunction or the appointment of a receiver..."

令中针对第三方,就使得第三方也面对了前述风险,因此法院指出对此类冻结令需要尤其小心对待。在 ETI Euro Telecom International NV v. Republic of Bolivia (2008) EWCA Civ 880 上诉庭先例中指出:"... Issues as to the grant of a freezing injunction and its scope are always fact-specific. I do not think that the court could or should lay down specific rules as to when such injunctions may be made against parties against whom the claimant has no cause of action, particularly where as in the present case the parties have not made submissions on the point. **However, the grant of such injunctions must be even more exceptional than the grant of freezing injunctions against defendants against whom a claimant has a cause of action. Applications for injunctive relief against a third party must be supported by clear evidence showing exceptional grounds**, even on the initial application made without notice. **The jurisdiction to grant such injunctions must be exercised with great caution.**"(加黑部分是笔者的强调)

以上节录内容提到,法院将无诉因第三方作为共同被申请人/被告作出冻结令完全是例外,只有在特殊情况中才会适用。无论是 TSB Private Bank International SA v. Chabra 与 C Inc v. L 先例,或是提到的澳大利亚先例等,实际上法院都有怀疑被告通过第三方在隐藏资产的味道。

在近期的 PJSC Vseukrainskyi Aktsionernyl Bank v. Maksimov (2013) EWHC 422 (Comm)先例中对"Chabra Jurisdiction"予以认可,确认了只要是有"良好的猜测理由"("good reason to suppose")被申请人(被告名下的公司)的资产会最终在执行程序中被执行,法院就可以作出针对这些第三方(通常是一家公司法人、妻子、子女等)作为共同被申请人的冻结令。节录 PJSC Vseukrainskyi Aktsionernyl Bank v. Maksimov 先例中,Popplewell大法官对 Chabra Jurisdiction 原则的总结如下:

"(1) The Chabra jurisdiction may be exercised where there is good reason to suppose that assets held in the name of a defendant against whom the claimant asserts no cause of action (the NCAD) would be amenable to some process, ultimately enforceable by the courts, by which the assets would be available to satisfy a judgment against a defendant whom the claimant asserts to be liable upon his substantive claim (the CAD).[93]

(2) The test of'good reason to suppose' is to be equated with a good arguable case, that is to say one which is more than barely capable of serious argument, but yet not necessarily one which the Judge believes to have a better than 50% chance of success.[94]

(3) In such cases the jurisdiction will be exercised where it is just and convenient to do

---

[93] Popplewell 大法官将在实质争议中的原告根据有关的诉因起诉的被告简称为 CAD(Cause of Action Defendant),而对于实质案件的第三方、原告没有诉因起诉的、被告拥有的公司简称为 NCAD(Non Cause of Action Defendan)。而"Chabra Jurisdiction"就是只要有"良好的猜测理由"("good reason to suppose"),NCAD 的资产实际会是最终执行的对象,法院就有管辖权针对 NCAD 作出冻结令。

[94] "良好的猜测理由"实际上等同于"良好论据的案件"(good arguable case),即不能仅仅是可以说的过去的论点,但也不必要一定超过 50% 的胜诉机会。

so. The jurisdiction is exceptional and should be exercised with caution, taking care that it should not operate oppressively to innocent third parties who are not substantive defendants and have not acted to frustrate the administration of justice.[95]

(4) A common example of assets falling within the Chabra jurisdiction is where there is good reason to suppose that the assets in the name of the NCAD are in truth the assets of the CAD. Such assets will be treated as in truth the assets of the CAD if they are held as nominee or trustee for the CAD as the ultimate beneficial owner.

(5) Substantial control by the CAD over the assets in the name of the NCAD is often a relevant consideration, but substantial control is not the test for the existence and exercise of the Chabra jurisdiction. Establishing such substantial control will not necessarily justify the freezing of the assets in the hands of the NCAD. Substantial control may be relevant in two ways. First, evidence that the CAD exercises substantial control over the assets may be evidence from which the Court will infer that the assets are held as nominee or trustee for the NCAD as the ultimate beneficial owner. Secondly, such evidence may establish that there is a real risk of dissipation of the assets in the absence of a freezing order, which the claimant will have to establish in order for it to be just and convenient to make the order. But the establishment of substantial control over the assets by the CAD will not necessarily be sufficient: a parent company may exercise substantial control over a wholly owned subsidiary, but the principles of separate corporate personality require the assets to be treated as those of the subsidiary not the parent. The ultimate test is always whether there is good reason to suppose that the assets would be amenable to execution of a judgment obtained against the CAD."[96]

---

〔95〕 "Chabra Jurisdiction"只有在例外案件中,才会被法院非常小心地行使,毕竟要针对的是与案件当事人无关的第三方。

〔96〕 被申请人对第三方名下资产的实际控制通常是有关的考虑因素,但这并不是 Chabra Jurisdiction 存在与运行的测试标准,即使证明了被申请人实际控制了第三方名下的资产,也不因此就肯定能冻结第三方名下的资产。实际控制需要被考虑,原因之一是如果证明了被申请人实际控制了第三方名下资产时,有可能可以让法院就此推断被申请人是资产的实益利益所有人,因此这些资产会在胜诉判决中被执行。实际控制还需要被考虑的原因是,可以通过被申请人的实际控制来显示资产确实有流失风险,因此法院才可以公正与方便地作出冻结令。不妨举例来说,在 TSB Private Bank International SA v. Chabra (1992) 1 WLR 231 先例中,公司的实际控制人 Chabra 先生有 90% 的股份,再加上 10% 的股份由 Chabra 妻子持有等,法院就认定 Chabra 先生是实益利益所有人(但如果该 10% 的股份由完全不相关的第三方,如其他稍有名气与独立的英国公司或是其他美国公司持有,法院就很可能不会作出这样的认定);而 Chabra 先生没有应诉,已经离开英国回到印度,没有想回到英国的迹象,再加上其他因素导致法院认定这笔由 Chabra 先生作为实益利益所有人的资产可能会流失,因此将第三方公司也作为冻结令的共同被申请人。对资产的实际控制并不必然导致针对第三方资产的冻结令,还很显然的例子就是母公司对子公司有实际控制,但母公司与子公司分别都是独立的法人,而且双方的资产也是各自持有,母公司虽然在子公司中有股权,但在母公司作为冻结令被申请人时,子公司的资产并不必然能成为冻结令针对的对象,这在本章之 1.7.3.4 段介绍 Lakatamia Shipping Co Ltd v. Su (2014) EWCA Civ 636 上诉庭先例时还会进一步明确。可以引入 Chabra Jurisdiction 的最终测试,还是要看第三方名下的资产是否属于申请人对被申请人胜诉后的可执行资产(当然具体是否作出冻结令针对第三方还要看法院是否认定诉讼至可执行期间,资产会由于被申请人/被告的控制而流失)。

以上主要是根据《Senior Courts Act 1981》之 Section 37 下作出冻结令的总结,可以看到法院不断提到针对第三方作出冻结令等禁令要小心与谨慎。可以想到,“单方面”(*ex parte* / without notice)申请下,由于法官事实上只是听取“一面之词”,要丑化被申请人与说服法官认可第三方资产实际相当于被申请人所有而且存在流失风险,并不算太困难。在英国法院的部分法官看来,由于部分公司是中资且作出他们不认同的言行(如面对外国原告提起的仲裁不予理睬等),这些公司的子公司(特别是 BVI 公司或甚至是没有什么商业活动的中国香港公司)都有可能成为禁令的被申请人。

在本章之 1.5.1.2 段也提到了在《Arbitration Act 1996》之 Section 44 下,法院还可以帮助仲裁程序颁布/作出包括冻结令在内的中间禁令(interlocutory 或 interim injunction),但在这种情况下作出的冻结令是无法将没有诉因的第三方列为共同被申请人/被告的,正如《Russell on Arbitration》(2015 年,第 24 版)之 7－196 段说:“There is arguably conflicting authority on whether s. 44 relief can be granted against a third party who is not subject to the arbitration agreement. The better view as expressed in Cruz City 1 Mauritus Holdings v. Unitech Ltd[97] is that s. 44 does not allow relief to be granted against a non-party. This view is to be contrasted with Tedcom Finance Ltd v. Vetabet Holdings Ltd[98] where the Court of Appeal found that there was an arguable case that the Court had jurisdiction to grant leave to serve on a non-party out of the jurisdiction under CPR r. 62. 5(1)(b), the service gateway applicable to s. 44. It is submitted that the indications suggesting that s. 44 does not apply to non-parties set out in Cruz City… are correct. **Assuming this is the position, injunctive relief against a third party connected with an arbitration would need to be sought under s. 37 of the Senior Courts Act.**”(加黑部分是笔者的强调)

1.7.3.4　被申请人不得令独资公司资产流失和法人独立地位的矛盾

公司是“独立法人”(legal person),所有资产独立于其股东(即使是独资公司的股东)的资产。在英国法下,这早在 Salomon v. A Salomon & Co Ltd (1897) AC 22 先例中就予以明确,在近期的 Prest v. Petrodel Resources Limited (2013) UKSC 34 最高院先例中还得到了再次确认:“A legally incorporated company must be treated like any other independent person with its rights and liabilities appropriate to itself, whatever may have been the ideas or schemes of those who brought it into existence.”

在近期的 Lakatamia Shipping Co Ltd v. Su (2014) EWCA Civ 636 上诉庭先例中,考虑了被申请人作为控股股东的公司所拥有的资产,是否属于冻结令下所称“资产”(assets),这个与公司法人的独立地位产生一定冲突的问题。

在 Lakatamia Shipping Co Ltd v. Su 先例中,冻结令的申请人/原告(Lakatamia Shipping Co Ltd)在“远期运费协议”(Forward Freight Agreement,FFA)向冻结令的被申请人/

〔97〕 Cruz City 1 Mauritius Holdings v. Unitech Ltd (2014) EWHC 3704 (Comm)先例。

〔98〕 Tedcom Finance Ltd v. Vetabet Holdings Ltd (2011) EWCA Civ 191 先例。

被告(Nobu Su 先生[99])索赔 48824440.24 美元,原告之后向法院申请并成功获得法院作出针对被告的全球冻结令,有关针对的资产的措辞/文字,相比于刚刚提到 JSC BTA Bank v. Ablyazov 先例中的冻结令措辞/文字,只是少了“and whether or not the respondent asserts a beneficial interest in them”或者是“... whether they are solely or jointly owned and whether the respondent is interested in them legally, beneficially or otherwise”。

在此先例中的争议焦点是,被告作为直接或间接的独资股东实际控制了数个独资公司(这些公司是 FFA 争议的第三方,也并非冻结令针对的对象),这些独资公司控制、拥有的资产是否属于针对被告的全球冻结令中的“资产”? 具体而言,被告在这些独资公司之间转移资产,用一家公司的资产帮助另一家公司偿还债务(这与欠债的独资公司支付正常业务上的债务有所不同)。例如一家独资公司出售一艘名下的船舶之后,将金钱通过借贷等方式转移给另一家欠下债务的独资公司,以帮助欠下债务的独资公司偿还债务。

在一审[(2013) EWHC 1814]中,Burton 大法官判被告作为这些公司的独资股东/控股股东,可以通过各种手段实际控制独资公司资产,因此这些独资公司的资产也属于冻结令所针对的资产:“... the owner of a company can, by resolution at the general meeting or otherwise, particularly if he is also the sole or controlling director by reference to decisions at board meetings or otherwise, access and direct the fate of the assets of the companies which he thus owns or controls.”也因此 Burton 大法官作出的命令是,被告如果想要对公司资产采取超出本章之 1.4.3 段介绍的一般生意往来、支付“生意上债务”(trade debts)等行为,也需要先作出通知。

上诉庭则是以不同的理由作出了同样的判决。Tomlinson 大法官首先不同意一审中 Burton 大法官对独资公司资产属于冻结令针对资产的认定,换言之,即使是被告作为独资股东完全控制的独资公司资产,也并非是直接受到冻结令针对的资产,仍然可以照常营运。但是被告毕竟有这些公司完全的股份,由于被告不得采取任何行为使自己的资产贬值、流失,因此被告不能采取在独资公司之间转移资产以偿还债务的行为。节录 Tomlinson 大法官所说:

“I do consider that we should take the opportunity to say that the reasoning in paragraph 16 of the judge's judgment cannot be supported... I agree with Mr Jarvis(被告的代表律师)

---

〔99〕 Nobu Su 先生,中文名为苏信吉,出生于中国台湾地区家庭,妈妈与太太均为日裔,控制有 TMT 集团等公司。苏信吉先生曾经在航运市场“呼风唤雨”,控制运费走势。也因此在 FFA 合约中一度赚取巨额利润。但 2008 年航运市场剧烈波动与下滑后,于 2013 年也陷入严重的经济危机,濒临破产。

that it is not correct to say that the vessel and the shares in Vantage[100]...(独资公司名下的资产) are plainly and intendedly within the definition of assets in paragraph 3 of the Order (有关的全球冻结令). They are not. They are 'covered by' the Order because dealing with them has the potential to diminish the value of the shareholdings of Mr Su in F3, F5, Great Elephant and TMT Energy(F3, F5, Great Elephant, TMT Energy 均为独资公司).

There is therefore no basis upon which it can be asserted that the language of paragraph 6 of the standard form freezing order, whether with or without the Commercial Court words[指的是在《Commercial Court Guide》(2017 年,第 10 版)中可选择加入的有关"beneficial interest"的措辞/文字:见本章之 1.7.3 段],is either intended to have the effect or does have the effect of bringing within the definition of a defendant's assets the assets of a company which he controls, and such assets are not 'directly affected' by such an order. It can no doubt be both surprising and unsettling to be reminded of these first principles. For the reasons I have already given however the assets of such a company will ordinarily be indirectly affected by the Order because of the effect of disposition upon the value of the defendant's assets consisting in his direct or indirect shareholding in the relevant company."

类似地也可见 Rix 大法官所说:"... even under the order's existing wording, a company owner will not be permitted to deplete the assets of his companies, thereby diminishing the value of his own assets in the form of his shareholdings, unless he can bring such dispositions within an order's exception for the ordinary course of business. It is unlikely however to be within the ordinary course of business for a shareholder to act so as to diminish the value of his shareholdings. In case of doubt, the matter can of course be debated before the court."

换言之,在这样的判法下,由于一贯以来公司法人的独立地位,独资公司名下的资产并不属于冻结令针对的资产范畴。但是被申请人/被告在营运独资公司的过程中,除非是正常的生意上债务或正常生活支出,否则不得采取任何会导致独资公司资产流失的行为。如果有任何疑虑看来就需要向法院申请,否则届时如果被法院认定属于违反冻结令,就可能构成藐视法院了。这也从一定程度上来说是绕开了公司法人独立地位的限制[要"揭

---

[100] Vantage Drilling 是一家在开曼群岛注册的公司,它的背后是风投公司。Nobu Su 先生曾经是 Vantage Drilling 的董事之一,他的公司 TMT 在韩国建造了两艘深海钻探船(drilling ship),然后通过 Vantage Drilling 长期租给巴西国家石油公司。但这个宏图计划因为 2008 年"金融海啸"及石油价格大跌而告吹,这也导致 Vantage Drilling 根据它们之间的联营协议起诉 Nobu Su 先生。而 TMT 的倒闭估计导致 Vantage Drilling 将索赔目标转向巴西国家石油公司,因为巴西国家石油公司在 2015 年终止了租约。巴西国家石油公司终止租约的理由是 Vantage Drilling(Nobu Su 先生有参与)是通过贿赂巴西国家石油公司的前董事才获得的合约。双方在美国开始仲裁,仲裁庭的多数意见判巴西石油公司没有足够有说服力的证据证明 Vantage Drilling 知道存在贿赂行为,并且巴西国家石油公司在发现贿赂行为后仍然同意修改原合约等于追认(ratified)了合约的存在。所以仲裁庭的多数意见判巴西国家石油公司因违约/毁约而败诉,要赔偿 Vantage 高达 6.22 亿美元的损失再加上利息。巴西国家石油公司以仲裁庭忽视了有关贿赂的证据与共同仲裁员在开庭时显示出明显敌意为由,要求美国法院撤销裁决书,但被美国法院拒绝。最终巴西国家石油公司还是在 2019 年 6 月底于裁决书下支付了超过 7 亿美元。

开公司面纱”(pierce the veil of incorporation)并不容易[101]],也无须建立“Chabra jurisdiction”将独资公司作为冻结令的共同被申请人,就可以间接对独资公司的管理和营运产生影响。

在笔者看来,一般来说在普通情况下只针对被申请人的冻结令就已经足够了,也不需要依赖“Chabra Jurisdiction”专门针对公司,只要公司资产流失,被申请人就是违反冻结令。说到底此先例中冻结令的措辞/文字并不足以包括这些“资产”在内。当然这在每一个案件中都有不同的案情与变数,此先例中 Nobu Su 先生及其公司都不在英国境内。而在 TSB Private Bank International SA v. Chabra (1992) 1 WLR 231 先例中,在 Chabra 先生已经离开英国、只有公司在英国境内的情况下,用“Chabra Jurisdiction”的措辞/文字针对这家英国公司会使得冻结令更加有效。

1.7.3.5 作为“信托受托人”(trustee)持有的第三方资产根据措辞/文字可能属于冻结令针对的资产

在本章上一段已经提到了,在今天冻结令的标准措辞中,都有如下措辞/文字:“Paragraph 5 applies to all the Freezing Respondent's assets whether or not they are in its own name and whether they are solely or jointly owned and **whether the Respondent is interested in them legally, beneficially or otherwise.**”(加黑部分是笔者的强调)

这措辞/文字也是最新版的《Commercial Court Guide》(2017 年,第 10 版)中提供的冻结令的范本。在 JSC BTA Bank v. Solodchenko (2010) EWCA Civ 1436 上诉庭先例中,就有关于冻结令的被申请人作为信托“受托人”(trustee)[102]持有的第三方资产是否属于有此措辞/文字的冻结令所针对的“资产”的疑问。

在此先例中,JSC BTA Bank 是一家在哈萨克斯坦注册的“合股公司”(joint stock

---

[101] 在 Hashen v. Ali Shayif (2008) EWHC 2380 (Fam)先例中,总结了揭开公司面纱的几个原则:“In the first place, ownership and control of a company are not of themselves sufficient to justify piercing the veil... Secondly, the court cannot pierce the corporate veil, even where there is no unconnected third party involved, merely because it is thought to be necessary in the interests of justice...Thirdly, the corporate veil can be pierced only if there is some ‘impropriety’... Fourthly, the court cannot, on the other hand, pierce the corporate veil merely because the company is involved in some impropriety. The impropriety must be linked to the use of the company structure to avoid or conceal liability...Fifthly, it follows from all this that if the court is to pierce the veil it is necessary to show both control of the company by the wrongdoer(s) and impropriety, that is, (mis)use of the company by them as a device or façade to conceal their wrongdoing... Finally, and flowing from all this, a company can be a façade even though it was not originally incorporated with any deceptive intent.”

[102] “信托”(trust)是持有及管理资产的一种协议,一般指资产所有权人或“信托人”/“委托人”(trustor/settlor)把资产委托他人信托保管,以利第三方,即“受益人”(beneficiary)。信托关系的法律主要是衡平法。信托“受托人”(trustee)的责任重大,权力也大,任务在于尽忠职守为受益人的利益服务。受托人不得依赖信托资产为自己谋利。普通法下的信托可以通过签订信托契约成立,由遗嘱设立,或者由法律本身实施“推定信托”存在。房地产信托必须以书面契约成立,但在特别案件中,法庭也可以推定口头信托有效。在信托关系中,受托人是资产“法律意义上的所有人”(legal owner),受益人是获得信托真正利益的、衡平法的“实益所有人”(beneficialy owner)。我国《信托法》之第 2 条中对信托的定义是:“本法所称信托,是指委托人基于对受托人的信任,将其财产权委托给受托人,由受托人按委托人的意愿以自己的名义,为受益人的利益或者特定目的,进行管理或者处分的行为。”

company),之后由于发现董事、股东存在欺诈银行的行为,导致银行处于经济崩溃边缘,因此哈萨克斯坦政府于2009年通过收购股权等方式将银行收归国有,之后则开始了针对这些董事、股东的诉讼。

此先例中的第一被告Solodchenko先生(以下简称S先生)是银行原管理委员会的主席,也是董事会成员之一。在此诉讼时早已离开祖国哈萨克斯坦,居住于伦敦。银行指称S先生在任职期间策划了一些针对银行的欺诈行为,从银行挪用了3亿美元的资金转入了5家BVI公司(这些公司也被列为第四到第八被告),并在之后被进一步汇出给其他公司(这些公司被列为第九到第十二被告)。第二被告Kythreotis先生(以下简称K先生)是第四被告与第十一被告的董事,第三被告Hercules先生(以下简称H先生)是第八被告的董事。K先生与H先生被银行指称不诚实地与S先生合谋、帮助S先生开展对银行的欺诈行为。

K先生是居住在塞浦路斯的英国公民,拥有与经营名为Starport的集团公司。H先生与K先生共同合作,并在Starport集团公司中任职。

由于在之前第三方披露令(Norwich Pharmacal Order)下披露的文件中,发现第四到第八被告以及第九到第十二被告的公司资产归属非常不明确,有资产可能是为他人代管的信托资产,因此银行向法院申请对K先生、H先生等作出冻结令与附属的资产披露令,并获得法院作出了包括以下标准措辞/文字的冻结令与附属的资产披露令:"… the Freezing Respondent must within 7 working days of service of this order and to the best of its ability after making all reasonable enquiries: (a) inform the Applicant's solicitors in writing of all of its assets worldwide exceeding in value £10,000, whether in its own name or not and whether solely or jointly owned and whether the Respondent is interested in them legally, beneficially or otherwise, giving the value, location and details of all such assets. For the purpose of this order the Freezing Respondent's assets include any asset which it has the power, directly or indirectly, to dispose of or deal with as if it were its own. The Freezing Respondent is to be regarded as having such power if a third party holds or controls the asset in accordance with its direct or indirect instructions …"

但是在对文件披露中,K先生提出他在法院命令下无须披露他作为受托人或"代名人"(nominee)为第三方持有而他自己不是实益所有人的资产("that he was not required by the order to disclose property which he held as a trustee or nominee for a third party and in which he had no beneficial interest"),并拒绝提供有关文件。[103] 之后争议焦点也就变成了被申请人/被告是否对这些资产有法律或实益利益("whether the Respondent is interested in them legally, beneficially or otherwise")。换言之,作为被申请人的K先生只是信托受托人或代名人,为其他人代管的财产中,K先生自己实际上并没有"实益权益"(beneficial interest),最多只是一位作为资产名义上的拥有者的代名人,是否仍然属于"interested

〔103〕 笔者估计此先例中的K先生(第二被告)拒绝披露文件、信息的原因,会是可能披露出来的文件显示了此先例中的S先生(第一被告)其实是信托下的受益人。

in… legally, beneficially or otherwise"？如果答案是肯定的话，则 K 先生拒绝提供文件的行为就显然是违反冻结令，可能被法院处以罚款、监禁等惩罚了。

上诉庭的 Patten 大法官对法院冻结令的措辞/文字演变历史进行了回顾。首先是在曾经的 1997 年版本 CPR PD 25A 附上的冻结令范本中第 5 段（Paragraph 5）与第 6 段（Paragraph 6）的措辞/文字："5 … his assets … 6 … whether in his own name or not and whether solely or jointly owned."在 Federal Bank of the Middle East v. Hadkinson (2000) 1 WLR 1695 先例中，上诉庭判这样的措辞/文字并不足以包括被申请人作为信托受托人持有的第三方资产，Patten 大法官也对此进行简单小结："the decision in Hadkinson settled the construction of the words 'his assets' in the then standard form of freezing order including the phrase 'whether in his own name or not' and recognised that an order in this form would include assets belonging beneficially to the defendant but held in the name of some other entity on his behalf. **The key criterion was beneficial ownership**. The decision is also significant insofar as it recognised the possibility of including trust assets belonging beneficially to a third party as an exceptional form of order subject to the inclusion of additional express words such as 'whether held for his own benefit or for the benefit of others' or the like. The issue on this appeal is whether either of the subsequent changes in the standard form of order contain words…"（加黑部分是笔者的强调）

换言之，在第 5 段的措辞/文字下，即使是被第三方持有，只要被申请人是"实益所有人"（beneficial ownership），也属于被申请人的资产；但是被申请人持有、第三方才是真正实益所有人的资产，并不在这措辞/文字下，因为关键是实益所有。同时上诉庭也指出了如果冻结令有额外的措辞/文字，是可能包括这些被申请人持有的第三方资产的，例如"whether held for his own benefit or for the benefit of others"。

在 2001 年前后，英国法院收到很多针对被申请人"虚假信托"（sham trust）资产的冻结令申请。即资产实际上由被申请人所有与控制，但是通过虚假信托的方式在名义上是代第三方持有。在这些冻结令申请中，有很多不同的向法院建议加入的措辞/文字。但是法院对于这些措辞/文字可能影响到第三方的不良后果表示非常担忧，因为在单方面申请的情况下作出的冻结令可能事后被证明是错误的，即有关信托并非虚假信托而是真正的信托。因此之后 2002 年版本的 CPR PD 25A 附上的冻结令范本在第 6 段中增加了后两句："6. … For the purpose of this order the Respondent's assets include any asset which he has the power, directly or indirectly, to dispose of or deal with **as if it were his own**. The Respondent is to be regarded as having such power if a third party holds or controls the asset in accordance with his direct or indirect instructions."（加黑部分是笔者的强调）

Patten 大法官指出，新的第 6 段仍然没有包括被申请人持有的第三方资产。毕竟受托人、代名人处置资产是依据信托人的指示，并非是当作自己的资产进行处置，也因此并不是冻结令里所指的"资产"。可以部分节录 Patten 大法官的判词："The two following sentences（第六段中新增的两句措辞/文字）are still in terms concerned with 'the Respondent's assets' but go on to include an asset which he has power, directly or indirectly, to dispose of or deal with as if it were his own. That would be both an odd and an inaccurate way in which to describe a trustee's power to deal with trust assets given his fiduciary obligations to the beneficiaries but it also ignores the last sentence of paragraph 6. This makes it clear that the power to deal with or dispose of the asset as if it were his own is a reference to a case where the legal owner is not the defendant but a third party yet it is the defendant who retains the power to direct how the asset should be dealt with. This is not, in my view, a partial definition of the preceding words. It is a comprehensive one. And it makes it clear that 'the Respondent's assets' can include assets held by a foreign trust or a Liechtenstein Anstalt when the defendant retains beneficial ownership or effective control of the asset. It does not extend to assets of which the defendant remains the legal owner but holds for the benefit of someone else… the change was designed to preserve the ruling in Hadkinson but to make it clear that 'his assets' include assets held by a third party in respect of which the defendant retains beneficial ownership or control… the language of paragraph 6 is, as a matter of construction, plain and does not include assets held by a defendant in which he retains no beneficial interest."

也就是第6段实际上是对第5段的进一步解释,并没有扩大到被申请人持有的第三方资产上。尽管如此,由于在前述第5段、新第6段之后,此先例中还有"whether the Respondent is interested in them legally, beneficially or otherwise"的措辞/文字,被上诉庭认定是符合Federal Bank of the Middle East v. Hadkinson先例中指出的额外的措辞/文字,足够将被申请人持有的第三方财产包括在内。主要理由是在这段措辞/文字中,明确区分了法律名义上的利益、实益利益与其他利益。也节录Patten大法官的判词(上诉庭的Aikens大法官与Longmore大法官均同意此判法)如下:"A description of assets held 'legally, beneficially or otherwise' does draw a distinction between assets held legally and those held beneficially. As the judge put it, the words are disjunctive. That is only a meaningful distinction if legal ownership means something different from beneficial ownership. By the same token, there is a meaningful distinction of the same kind between assets held beneficially and those held otherwise than beneficially which are all within the new words. I do not accept Mr Stanley's(被申请人/被告的代表大律师) submission that one can read all three categories as forms of beneficial ownership even though I accept that the inclusion of the words where they are is a potential source of confusion. If the new words were intended only to confirm that the order includes assets held by the defendant legally (and beneficially) as well as only beneficially then they were unnecessary because the opening words of paragraph 6 ('whether or not they are in its own name') have precisely that effect. Any assets owned both legally and beneficially will be held by the defendant in his own name. Therefore, assuming as I do that the new words were added for a purpose, I can only conclude that paragraph 6 effects an expansion of the type of asset which paragraph 5 of the order would otherwise include. **Assets held by the defendant as a trustee or nominee for a third party are included by an order**

which contains the new words."(加黑部分是笔者的强调)

因此,在此先例中由于有这额外的措辞/文字,K 先生名义上持有的所有财产,即使实益利益属于第三方、K 先生也披露了自己只不过是信托受托人等,也仍然属于冻结令所针对的资产。这样的措辞/文字将实际属于第三方的资产也纳入在冻结令针对的资产内,也需要额外的考量与顾虑。因此在今天《Commercial Court Guide》(2017 年,第 10 版)之中,虽然将此措辞/文字加入了冻结令的范本,但只是作为可选择的选项。这方面的顾虑在本章稍后的 1.7.3.8.2 段会进一步介绍。

1.7.3.6 被申请人作为全权信托受益人之一时的全权信托其他资产

在 JSC Mezhdunarodniy Promyshlenniy Bank v. Pugachev (2015) EWCA Civ 139 上诉庭先例中,进一步涉及"全权信托"(discretionary trust)的问题。

此先例中 Pugachev 先生(以下简称 P 先生)在 20 世纪 90 年代于俄罗斯创办了 JSC Mezhdunarodniy Promyshlenniy Bank(以下简称银行),在 2010 年俄罗斯中央银行(Russia Central Bank)取消了银行的经营执照。之后于 2010 年年末,俄罗斯法院宣告银行进入破产程序、临时破产管理,俄罗斯法院委任了 Deposit Insurance Agency(以下简称 DIA,俄罗斯政府机构,向俄罗斯中央银行负责)作为银行的"清算人"/"清盘人"(liquidator)。P 先生在 2011 年年初离开俄罗斯并居住于伦敦,估计不会回到祖国俄罗斯了。

DIA 在俄罗斯向 P 先生提起诉讼,指称在 2008 年年末俄罗斯中央银行向银行注资后,P 先生暗中转移了超过 20 亿美元的资金挪作 P 先生自己以及 P 先生控制的公司所用。这些指称无论是真是假或是有真有假,都被 P 先生否认。

而此先例是破产清算的银行与 DIA 作为申请人/原告向法院申请针对 P 先生的冻结令,以对俄罗斯的诉讼程序予以支援(冻结令在今天是独立的程序,可以对境外诉讼进行支援,这在本章之 1.5.1 段已经介绍过,不在此重复)。之后法院也确实作出全球冻结令(WFO),冻结了 P 先生 10 亿美元上限的资产。对资产的定义包括了本章之 1.7.3.5 段介绍的第 5 段、新第 6 段的全部措辞/文字。同时还特别加入了以下措辞/文字:"7. This prohibition includes the following assets in particular: ... (c) any interest under any trust or similar entity including any interest which may arise by virtue of the exercise of any power of appointment, discretion or otherwise howsoever... "以及有如下的披露要求:"(1) ... the Respondent must ... inform the Applicants' solicitors of his assets worldwide exceeding £10,000 in value as at the time this order is served whether in his own name or not and whether solely or jointly owned, giving the value, location and details of all such assets."

之后 P 先生在前述资产披露令之下,披露了自己是多个新西兰信托的"全权信托受益人"(discretionary benificiaries),但只披露了这些信托的名字,没有进一步的信息。在银行与 DIA 的申请下,法院作出进一步资产披露令,要求 P 先生:"swear... an affidavit setting out to the best of his ability (i) the identity of the trustee(s), settlor(s), any protector(s), and the beneficiaries of, and any other person carrying on some or all of the functions of a protector or trustee under another title in relation to the trusts referred to in paragraphs 43.1 to 43.5 of the schedule of assets ... and (ii) details of the assets which were subject to those trusts at as … 14 July 2014 (including their value and location)."

这被多个信托的“受托人”(trustee)们以及 P 先生反对。因此在此先例中,上诉庭被要求考虑根据原冻结令的措辞/文字,在 P 先生只是全权信托受益人(是否有利益与/或利益有多少由信托受托人来决定)的情况下,是否需要披露所有信托的具体信息的问题。

所谓全权信托,产生于 19 世纪早期,目的是对受益人以及信托资产提供多重保护。信托利益是可以被拥有利益的受益人抵押、出售,或是由于受益人破产导致成为被清算的对象。因此为了保护信托资产,免于受到潜在买家、抵押人、债权人的影响,就可以设定全权信托,由信托受托人根据信托人、委托人的明示意愿,根据事先明示设定的情况分配在不同受益人之间利益的比例与/或选择向某些受益人分配利益。与一般固定分配信托而言,全权信托中,在受托人实际对信托利益进行分配之前,在理论上很难说受益人对多少信托利益拥有产权或实益利益。这样即使某一个受益人要抵押、出售自己在信托下的利益、或者面临破产,可以通过受托人对信托利益的自由分配,避免导致信托利益被交到第三方手中(这是委托人不想见到的情况)。之后曾经在 20 世纪由于遗产税、财产税的高涨,全权信托还被广泛用于合法避税。在今天有不少其他用途,例如用来管教、控制年幼的受益人(子女)的“不争气”行为等。

在此先例中,上诉庭的 Lewison 大法官对全权信托下受益人所拥有的利益也进行简单介绍,节录如下:“A beneficiary under a discretionary trust has a right to be considered as a potential recipient of benefit by the trustees. That is an interest which equity will protect. The trustees must apply some objective criterion in deciding whether or not to exercise their discretion in favour of a particular beneficiary; so that each beneficiary has more than a mere hope. But that right is not a proprietary interest in the assets held by the trustees, although it can be described as an interest of sorts: Gartside v IRC (1968) AC 553… In some areas of the law, such as matrimonial finance, legislation is drawn widely enough to enable the court to take into account the likelihood that trustees will exercise their discretion in favour of a particular beneficiary in deciding what provision to make for a former spouse on divorce: Whaley v Whaley (2011) EWCA Civ 611. But even then the trust assets are not owned by the beneficiary spouse. …On the face of it assets held by the trustees of a discretionary trust would not be amenable to execution if judgment is entered against one of the class of potential beneficiaries at the suit of a third party. The trustees might in such circumstances decide to confer a benefit on the beneficiary to save him from bankruptcy; but that would be a matter for them. If they did exercise their discretion in favour of a particular beneficiary the amount of the benefit would thereupon cease to be a trust asset and would become the asset of the beneficiary. It would then truly be his asset."

回到此先例中的问题,首先需要区分的是此先例中的措辞/文字与本章之 1.7.3.5 段介绍的 2002 年 CPR PD 25A 附上的冻结令的范本的措辞/文字、新增的“whether the Respondent is interested in them legally, beneficially or otherwise”以外,在前文中已经提到还额外添加了第 7 段,针对了特定的资产或利益:“…(c) **any interest under any trust** or similar entity including any interest which may arise **by virtue of the exercise of any power of appointment**, **discretion** or otherwise howsoever..."（加黑部分是笔者的强调，看来是较为明确地针对了全权信托的情况。也因此上诉庭明确指出 P 先生在全权信托下的利益属于此先例中冻结令针对的"资产"。）

但此先例中，P 先生也确实披露了自己属于五个新西兰全权信托的受益人。焦点在于此处的措辞/文字是否会导致在资产披露令下可以更进一步要求披露全权信托资产的具体信息呢？毕竟在全权信托的安排下，受托人才是资产的"法律所有权人"（legal owner），在资产被分配给受益人以前，受益人对全权信托的资产也称不上是"实益所有权人"（beneficiary owner），除非是该信托属于"虚假信托"（sham trust），或者是实际上受托人完全是根据受益人的指示行事。正如 Lewison 大法官所说，"Unless it can be said either that（a）the discretionary trusts are shams or（b）in practice at least the trustees do whatever Mr Pugachev asks them to，he cannot be regarded as the owner，either legally or beneficially，of any of the trust assets themselves."

但上诉庭指出难以根据 P 先生、信托受托人等多方当事人提供的证据（文书证据、证人证言等）等判定此先例中的全权信托实际上是听从 P 先生的命令行事，此先例中的信托也并非是虚假信托。换言之，在这样的判法下，也就是全权信托资产并不属于此先例冻结令的措辞/文字下的"资产"，更不用说是不包括第 7 段的《Commercial Court Guide》（2017 年，第 10 版）中的范本措辞/文字了。

当然这并不意味着冻结令就不能针对这些全权信托的资产。Lewison 大法官指出："So far as judicial precedent is concerned we can say with some confidence that the jurisdiction to make a freezing order also carries with it the power to make whatever ancillary orders are necessary to make the freezing order effective：AJ Bekhor & Co v Bilton（1981）1 QB 923. This power also extends to the making of mandatory orders requiring a defendant to exercise powers，such as a power to revoke trusts：TMSF v Merrill Lynch Bank & Trust Co（Cayman）Ltd（2011）UKPC 17... We were not shown any authority which places explicit limits on that power."

在 CPR Rule 25.1（1）（g）下，法院可以作出附属的资产披露令（Assets Disclosure Order）特定针对有关的全权信托："... an order directing a party to provide information about the location of relevant property or assets or to provide information about relevant property or assets which are or may be the subject of an application for a freezing injunction."

至于在什么时候法院可以作出类似的附属资产披露令，在 Parker v. CS Structured Credit Fund Ltd（2003）EWHC 391（Ch）先例中提到了"一些可信的材料"（"some credible material"）的说法。在 Lichter v. Rubin（2008）EWHC 450（Ch）先例中提到这比本章之 1.7.3.3 段介绍过的 Chabra Jurisdiction 中的"良好的猜测理由"（"good reason to suppose"）的证明程度要低。此先例中的上诉庭也认可了这些判法。这也是可以理解的，毕竟披露信息可能导致的后果，与冻结资产所导致的后果相比要轻微得多，只需要被申请人/被告坦白披露。而且此先例中是要求被申请人/被告 P 先生披露自己所知道的所有有关全权信托资产的信息,而不是要求全权信托的受托人披露信息。这就像是诉讼中,当事人获得的第三方文件,即使第三方声称这些文件有机密性,但这是不足以拒绝披露的。再进一步说,即使有关信息与文件属于第三方,法院也有广泛的权力要求第三方披露信息。

也因此在此先例中,一审法院作出的命令是要求P先生对全权信托资产的信息作出披露,这被上诉庭认为是一审法院行使了自己的裁量,并没有不妥,也因此拒绝改变一审法院的决定。

1.7.3.7 提取贷款的权利和贷款合约下的收益

“权利动产”(chose in action)在早期先例中就被认为属于冻结令的一般措辞/文字中提到的“资产”(assets)。例如,在CBS United Kingdom v. Lambert (1983) Ch 37先例中就指出:“… there are no limitations put upon **the word ‘assets’**, from which it follows that this word **includes** chattels such as motor vehicles, jewellery, objets d’art and other valuables as well as **choses in action**.”(加黑部分是笔者的强调)

在本章之1.7.3.2段提到的Templeton Insurance Ltd v. Thomas (2013) EWCA Civ 35上诉庭先例中,在判“商誉”(goodwill)也属于资产时也提到:“It seems obvious that goodwill is among the most important intangible assets of a business. The fact that goodwill is an intangible makes it **no less an asset than other intangibles, such as choses in action.**”(加黑部分是笔者的强调)

但这也带来了疑问,毕竟权利动产本质上非常广泛,而在这些先例的判法下,是否意味着被申请人所有的权利动产都属于冻结令所针对的“资产”呢?

这个问题在JSC BTA Bank v. Ablyazov (2015) UKSC 64最高院先例中就被考虑,而涉及的权利动产是被申请人/被告从银行借贷的权利。此先例实际上是与本章之1.7.3.5段介绍的JSC BTA Bank v. Solodchenko (2010) EWCA Civ 1436上诉庭先例属于同系列案件,均为原告银行在2009年2月被哈萨克斯坦政府收归国有后,指称过往的高管、董事等涉嫌欺诈等手段将银行的财产挪为己用。此先例中针对的被告(Ablyazov先生,以下简称A先生)曾经在2005年到2009年初期任职原告银行的董事长,也是银行的主要股东。银行指称A先生挪用了超过100亿美元的银行资产,开始了多个针对A先生的诉讼。在此先例时,已经成功获得了其中四个诉讼的胜诉,胜诉金额超过44亿美元。但A先生未能对这些判决债务(judgment debts)进行支付。法院也委任了接管人(receiver),并正在销售A先生的财产以支付判决债务。银行也获得了针对A先生的全球冻结令(WFO),有关冻结令的条文也已经在本章之1.7.3段节录,不在此重复。

此先例中涉及的问题是,A先生与一些BVI注册的公司签订了有效的贷款协议(loan facility agreement),可贷款金额达到4000万英镑。在此先例时,A先生希望提取贷款用以支付自己律师的律师费用、公司的开支、其他系列案件被告的律师费等。但作为申请人/原告的银行对此表示反对,指出如果这些贷款协议确实有效,A先生提取的金钱也只能根据冻结令的措辞/文字使用,包括只能支付自己的“合理律师费用”(reasonable legal expenses),特定上限的“个人生活开支”(individual ordinary living expenses)等,而其他任何开支都要先向法院申请并获得允许才能处置。因此银行向法院作出反对申请,其中与本段课题有关的是,银行要求法院确认A先生在贷款协议下可以提取贷款的权利属于冻结令针对的资产("the respondent's rights thereunder were assets for the purposes of the Freezing Order")。

一审法院的判法[(2012) EWHC 1819 (Comm)]是,虽然完全认同"权力动产"(chose in action)可以属于一般冻结令措辞/文字的"资产",但是此先例中A先生根据贷款协议提取贷款的权利并不属于所谓的"资产"。案件被上诉,上诉庭的判决[(2013) EWCA Civ 928]中仍然没有支持银行的看法。节录最高院的判词中对上诉庭判决的小结,如下:"Beatson LJ(上诉庭给出主要判词的大法官) identified three principles as of particular relevance. They were (i) **the enforcement principle**, namely that 'the purpose of a freezing order is to stop the injuncted defendant dissipating or disposing of property which could be the subject of enforcement if the claimant goes on to win the case it has brought, and not to give the claimant security for his claim' ... (ii) **the flexibility principle**, namely that 'the jurisdiction to make a freezing order should be exercised in a flexible and adaptable manner so as to be able to deal with new situations and new ways used by sophisticated and wily operators to make themselves immune to the courts' orders or deliberately to thwart the effective enforcement of those orders' ... and (iii) **the strict construction principle**, namely that, because the consequences of breach are serious, injunctions must be 'clear and unequivocal' and 'strictly construed' in favour of the addressee... Beatson LJ held that there were tensions between his three principles... he discussed the question whether there was a principled objection to the recognition of the rights under the loan facility agreements as assets for the purposes of a freezing injunction and concluded that the answer was no... he considered (a) whether the terms of the current standard Commercial Court form of freezing order make choses in action such as those under the Loan Agreements 'assets' within the order and (b) if so, whether drawing down a loan amounts to disposing of, dealing with or diminishing the value of the assets. Beatson LJ concluded that the answer to both questions was no and that the appeal should be dismissed."

以上所讲是上诉庭Beatson大法官的判法中对目前冻结令的做法,总结了三点原则:(1)执行原则:冻结令的目的不是帮助申请人/原告为其索赔提供保全,而是防止被申请人/被告处置资产,使得可能将来执行的资产流失;(2)弹性原则:法院作出冻结令需要有弹性,以应对各种不同情况与/或诡计多端的被申请人,防止他们通过各种方式使自己的资产不受制于法院命令,逃避对这些命令的执行;(3)严格解释原则:未履行、违反冻结令后果是十分严重的,因此冻结令的措辞/文字需要是明确无误的,在收到对被申请人[104]未履行、违反冻结令指控时,对冻结令的措辞/文字要作出有利于被申请人的严格解释,这也才是对被申请人公平的对待。

---

[104] 同样包括受到影响的第三方,如被申请人有存款的银行。

银行指称提取贷款的权利属于冻结令针对的“资产”,主要说法是提取贷款的权利显然属于权利动产,也就属于范本冻结令措辞/文字针对的对象。而替代说法是,贷款合约下的“收益”(proceeds)是由 A 先生自己所决定与控制的,因此属于 2002 年版 CPR PD 25A 中范本冻结令措辞/文字(见本章之 1.7.3.5 段)中的“directly or indirectly, to dispose of, or deal with [the proceeds] as if they were his own.”

首先对 Beatson 大法官提出的“弹性原则”,最高院的 Clarke 勋爵指出:“In this appeal both Mr Smith for the Bank (银行的代表大律师) and Mr Crow, as advocate to the court(申请上诉的 A 先生之后缺席审判,Crow 先生受英国政府法务部门委任就此案件中的有关争议提供书面陈述), agree that the Court of Appeal was wrong to have regard to what Beatson LJ described as the flexibility principle. It is agreed that, whatever the position might be if the court were construing a contract, the flexibility principle has no role in the construction of the Freezing Order as an order of the court. As Mr Crow colourfully put it, **the flexibility principle is that the court must be agile in this game of cat and mouse between claimants and defendants to make sure that it is making new orders to meet new avoidance measures, but that is not a justification for the expansive interpretation of an order which has already been made**. I agree.”(加黑部分是笔者的强调)

换言之,尽管在对冻结令措辞/文字的拟定上要进行斟酌以避免被“诡计多端”的被申请人/被告逃避命令的执行,但是在冻结令作出之后,对于冻结令的措辞/文字不能进行扩大解释,毕竟这是法院命令。因此弹性原则实际上与已经生效的冻结令的措辞/文字的解释无关。

其次,对于如何解释的原则或方法,最高院认可了 Beatson 大法官提出的“严格解释原则”,Clarke 勋爵说:“I further agree that orders of this kind are to be restrictively construed in accordance with Beatson LJ's strict construction principle... He added ... that strict construction is also an aspect of the ‘great circumspection’ with which Lord Mustill, in Mercedes Benz AG v Leiduck (1996) AC 284... stated that the jurisdiction should be exercised. I agree. One of the reasons for this principle, as I see it, is the risk of oppression.”

接着 Clarke 勋爵还认可了在 JSC BTA Bank v. Solodchenko (2010) EWCA Civ 1436 上诉庭先例中 Patten 大法官对于类似的问题需要结合措辞/文字的历史演变进行整体解释的说法:“... Thus, as it seems to me, the decision in Hadkinson supports the conclusion that the context of a freezing order has been of particular importance in determining its true construction in a particular case. In my opinion, that is a sensible approach which we should not reverse. It is supported in a number of types of case, as is demonstrated by the judgments in Solodchenko.”

接下来 Clarke 勋爵也指出 Beatson 大法官所说的“执行原则”,确实与冻结令的目的相符合。换言之,冻结令是为了让日后胜诉时,被申请人/被告的资产不会流失殆尽使得判决书/裁决书变成一纸空文。如果 A 先生提取贷款的权力实际上是会使得 A 先生获得更多金钱,即使是因此负上更多债务,但是新产生的债权人如何与被申请人厘清债务的问题毕竟与冻结令无关,冻结令不是为了给申请人提供财产保全(见本章之1.4段),因此这提取贷款的权力看来并不受到冻结令针对。

一些权威书籍中也有类似说法。例如在《Freezing and Search Orders》(2006年,第4版)一书之4.28段,说:"The test must be whether the assets will be available on execution of a judgment and if they are they can be the subject of the order, as its purpose is to aid the court's process. It would otherwise be illogical to include them in the order."

在《Commercial Injunctions》(2004年,第5版)一书之3.015段,说:"A freezing order ... provides a fund from which the applicant's claim may ultimately be paid in competition with other unsecured creditors of the respondent."

此外Clarke勋爵还提到了在《Freezing and Search Orders: Mareva and Anton Piller Orders》(2008年,第2版)一书之1.12(e)段说:"... usual terms do not prevent the respondent borrowing money thereby increasing the total indebtedness."

针对此先例中针对的从银行提取贷款的权利,最高院还考虑了类似的涉及"借款"(borrowings)的先例。看来在过往先例中,例如在Cantor Index Ltd v. Lister (2002) CP Rep 25先例中,冻结令的被申请人的借款行为虽然增加了自己的负债,但是法院判这并非是处置资产、使自己资产贬值,从而违反冻结令的行为:"... the court held that a defendant who borrows money increases his indebtedness but does not dispose of, deal with or diminish the value of his 'assets' within the meaning of the then standard form of freezing order."换言之,被申请人借款后,事实上是使得其控制的财产有所增加的,虽然也同时多增加了债务,但不能说是资产流失。

Clarke勋爵提到《White Book》也是类似地位:"Both the 2013 and the current edition of the White Book say that a freezing order restrains the respondent from dealing with his assets but does not prevent him from borrowing money, thereby increasing his overall indebtedness. They both cite two decisions of Neuberger J at first instance, namely Cantor Index Ltd v Lister (2002) CP Rep 25 and Anglo Eastern Trust Ltd v Kermanshahgi (2002) EWHC 1702 (Ch)."

因此,在此先例中冻结令的措辞/文字[实际上也就是今天《Commercial Court Guide》(2017年,第10版)加上了可选择插入措辞/文字的冻结令范本],最高院在综合了背景文件的前提下,给出的解释是提取贷款的权利本身并不属于冻结令针对的资产:"I would hold that the respondent's right to draw down under the Loan Agreements does not qualify as an 'asset' within the meaning of the Freezing Order if it is construed without reference to the extended definition in the second sentence of paragraph 5..."

但是如果A先生行使了此项权利,即向银行提取贷款,贷款合约下的"收益"(proceeds)就会属于冻结令针对的"资产"。也因此如果A先生要将这笔收益挪作其他用途,只要不是用来支付正常生意上债务或者是日常生活开支等例外,都要向法院先申请。正如Clarke勋爵所判,"I would hold that the proceeds of the Loan Agreements were 'assets' within the meaning of the extended definition in paragraph 5 of the Freezing Order in this case and would allow the appeal on this ground."

在此先例中,A 先生想要提取贷款,直接要求银行支付给第三方,换言之这笔金钱可能从未真正到 A 先生的手中。但仍然会被此先例冻结令措辞/文字中的"For the purpose of this Order the respondents' assets include any asset which they have power, directly or indirectly, to dispose of, or deal with as if it were their own. The respondents are to be regarded as having such power if a third party holds or controls the assets in accordance with their direct or indirect instructions"(此先例中冻结令第 5 段之后两句,在 2002 年版 CPR PD 25A 中则是第 6 段之后两句)所包括。Clarke 勋爵针对冻结令的措辞/文字解释说:

"Assets which the respondent owned beneficially were caught by the original word 'assets'. Assets which the respondent owned legally but not beneficially were caught by the Commercial Court extended definition (but not otherwise, according to the Court of Appeal).[105] **The last two sentences of paragraph 5 are designed to catch assets which are not owned legally or beneficially, but over which the defendant (here the respondent) has control.**[106]

The whole focus of the second and third sentences of the paragraph is the respondent's power to deal with the lender's assets as if they were his own. It follows that**the focus of the second sentence of paragraph 5 is not on assets which the respondent owns (whether legally or beneficially) but on assets which he does not own but which he has power to dispose of or deal with as if he did.** Further, as I see it, the fact that he incurs a liability at some stage to reimburse the lender is immaterial. Finally, I do not read the last sentence of paragraph 5 as a restriction on the scope of the second sentence but (as Lord Hodge[107] suggested in the course of the argument) as expansionary."(加黑部分是笔者的强调)

以上节录段落是说,这两句措辞/文字的意义在于,无论财产是否由被申请人法律名义所有、实益所有,而只要对财产有"控制"(control),都属于被冻结令针对的"资产"。关键就是看被申请人是否可以将这些资产当作自己的资产予以处置。尤其是其中"any asset which they have power, directly or indirectly, to dispose of, or deal with as if it were

---

[105] 被申请人"实益所有"(beneficialy own)的财产,都属于 2002 年版本 CPR PD 25A 之冻结令范本措辞/文字所针对的"资产",而如果加上了《Commercial Court Guide》(2017 年,第 10 版)中可选择加入的措辞/文字("and whether the Respondent is interested in them legally, beneficially or otherwise"),就还会包括被申请人并非实益所有人(beneficial owner),但"法律所有"(legally own)的资产,见本章之 1.7.3.8.3 段介绍的 JSC BTA Bank v. Solodchenko (2010) EWCA Civ 1436 上诉庭先例。

[106] 此先例中冻结令第 5 段后两句即是:"For the purpose of this Order the respondents' assets include any asset which they have power, directly or indirectly, to dispose of, or deal with as if it were their own. The respondents are to be regarded as having such power if a third party holds or controls the assets in accordance with their direct or indirect instructions."根据此措辞/文字,无论被申请人是否法律所有、实益所有,而只要对财产有"控制"(control)就已经被包括在内。

[107] 除了 Clarke 勋爵,此先例中最高院作出审理的其他大法官包括 Neuberger 勋爵、Mance 勋爵、Kerr 勋爵以及 Hodge 勋爵,他们都同意了 Clarke 勋爵的判词。

their own"一句,显示了针对被申请人既非资产的法律所有人,亦非实益所有人的情况下,但有权利直接或间接将资产作为自己的资产一样予以处置。之后的"The respondents are to be regarded as having such power if a third party holds or controls the assets in accordance with their direct or indirect instructions"这一句,也不是对前一句的范围进行限制与限定(即针对第三方持有或控制的资产),而是对前一句范围的进一步扩大。

不妨简单小结此段内容,此最高院先例的判法中有以下几点值得注意:(1)法院在对被申请人的行为进行认定与解释是否符合冻结令的措辞/文字时,会采取"严格解释",以及结合事实背景与冻结令的演变历史进行解释。(2)冻结令的目的与 Beatson 大法官阐述的"执行原则"是一致的,在具体解读某些资产是否属于冻结令的措辞/文字所针对的"资产"时,要结合冻结令的目的进行考虑。(3)权利动产当然可以属于资产的一部分,也因此属于冻结令所针对的"资产"。但是并非所有权利动产均为如此,需要结合前述两点进行解释。而从银行提取贷款的权利本身看来并不属于冻结令针对的"资产",但是贷款合约下的收益会受到冻结令针对。(4)2002 年版 CPR PD 25A 附上的冻结令范本中的措辞文字是:"For the purpose of this Order the respondents' assets include any asset which they have power, directly or indirectly, to dispose of, or deal with as if it were their own. The respondents are to be regarded as having such power if a third party holds or controls the assets in accordance with their direct or indirect instructions."这会延伸到被申请人可以实际作为自己资产一样直接或间接控制的资产。

最高院的这个判法看来进一步扩大了冻结令可以针对的资产范畴,毕竟在过往先例中至少也需要被申请人对财产"所有或拥有"(own),无论是法律所有还是实益所有,才会导致财产属于冻结令针对的资产。

1.7.3.8 冻结令所针对资产的措辞/文字之演变和扩张

在本章之 1.7.3.7 段介绍 JSC BTA Bank v. Ablyazov (2015) UKSC 64 最高院先例时已经提到了,对冻结令措辞/文字的解释要结合有关的历史演变。正如本章之 1.7.3.5 段介绍的 JSC BTA Bank v. Solodchenko (2010) EWCA Civ 1436 上诉庭先例的做法一样,该先例中上诉庭的 Patten 大法官对法院作出冻结令的措辞/文字演变历史作出回顾。尤其是近年来,英国法院作出的冻结令措辞/文字在针对的"资产"(assets)方面整体呈现了扩大/延伸的趋势,正如在 JSC BTA Bank v. Ablyazov 最高院先例中 Clarke 勋爵还指出:"The approach of the courts has thus been to approach the language of the forms of order cautiously but to recognise that the forms have gradually been extended."

总结而言,可以说今天冻结令针对的对象远不止被申请人名下拥有的资产,还可以延伸至任何与被申请人沾得上边的资产。针对非债务人名下的资产,传统的执行判决债务(胜诉的法院判决/仲裁裁决)的做法是通过"揭开公司面纱"(pierce corporate veil)去成功执行。不过这种传统做法相比单方面(*ex parte* / without notice)申请冻结令去针对所有被申请人直接或间接拥有、自己名下与/或第三方持有的资产,更加困难与耗时。看来,冻结令在今天的威力与对被申请人的毁灭性力量(destruction power)比 Donaldson 大法官在 1985 年就称冻结令为"核武器"时又大大增强。

1.7.3.8.1 从 The “Mareva”到 1997 年版 CPR PD 25A

在早期的冻结令申请中,会针对特定的资产(银行账户、汽车、飞机等财产)作出冻结。例如,在 The “Mareva” (1975) 2 Lloyd’s Rep 509 先例中,冻结的是被申请人/被告的银行账户,对银行账户的冻结也往往要求具体到是哪一家银行有账户,法院才会作出冻结令。又如,在 CBS United Kingdom v. Lambert (1983) Ch 37 先例中,要求被申请人将汽车的车钥匙等交出给律师等。也有一些开始针对较为广泛的被告资产。例如 Johnson v. L & A Philatelics Ltd (1981) FSR 286 先例中冻结令针对的资产是如下措辞/文字:“any stamps, cars, furniture, cheques or other property belonging to the defendants or in which the defendants have any interest save insofar as the value of such property exceeds £ 22,000...”

而在近年来的冻结令,往往会针对被申请人的“任何资产”(any assets),尤其是在 1997 年 CPR PD 25A 中就附上冻结令范本,在之后法院出具的冻结令中被广泛适用。其中第 5 段(Paragraph 5)与第 6 段(Paragraph 6)的措辞/文字就针对了哪些资产属于冻结令针对的对象,第 5 段中指出冻结的被申请人的“任何资产”:“5 ... any of his assets ...”[108] 而冻结令范本第 6 段则对第 5 段中的“任何资产”进行阐述:“ 6... whether in his own name or not and whether solely or jointly owned...”这包括被申请人/被告名下非常广泛的资产,即无论是单独所有还是共同所有的任何资产都会属于冻结令针对的资产。[109]

1.7.3.8.2 2002 年版 CPR PD 25A 针对信托财产和《Commercial Court Guide》

针对冻结令的措辞/文字第一次进行解释的是 Federal Bank of the Middle East v. Hadkinson (2000) 1 WLR 1695 先例,争议是第三方名下的资产是否属于冻结令针对的“资产”。上诉庭判关键是看第三方名下资产的“实益所有人”(beneficial ownership)是谁,只有在被申请人是实益所有人时,该资产才会属于冻结令针对的“资产”。上诉庭还指出如果有恰当的“额外措辞/文字”,会可能包括更多的资产,甚至是被申请人持有、第三方才是实益所有人的资产。

2001 年前后,有很多冻结令申请涉及被申请人“虚假信托”(sham trust)资产,为了规范与指引有关冻结令的措辞/文字,防止对第三方造成的不良后果,在 2002 年版本的 CPR PD 25A 附上的冻结令范本,在第 6 段中增加了后两句:“6. ... For the purpose of this order the Respondent’s assets include any asset which he has the power, directly or indirectly, to dispose of or deal with **as if it were his own**. The Respondent is to be regarded as having

---

[108] 当然具体的措辞/文字根据针对的是一般冻结令还是全球冻结令有所不同。针对一般冻结令的是:“Until the return date or further order of the court, the Respondent must not remove from England and Wales or in any way dispose of, deal with or diminish the value of any of his assets which are in England and Wales up to the value of £ (金额上限).”针对全球冻结令的是:“Until the return date or further order of the court, the Respondent must not — (1) remove from England and Wales any of his assets which are in England and Wales up to the value of £ (金额上限); or (2) in any way dispose of, deal with or diminish the value of any of his assets whether they are in or outside England and Wales up to the same value.”

[109] 见 Z Ltd v. A – Z and AA – LL (1982) 1 Lloyd’s Rep 240 先例。

such power if a third party holds or controls the asset in accordance with his direct or indirect instructions."(加黑部分是笔者的强调)这新增部分的主要作用仍然是对前几句进行解释,尤其是对 Federal Bank of the Middle East v. Hadkinson 先例,解释了什么情况下认定实益所有人等。但这不包括被申请人持有的第三方资产。

JSC BTA Bank v. Solodchenko (2010) EWCA Civ 1436 先例中还有"whether the Respondent is interested in them legally, beneficially or otherwise"的措辞/文字,这被上诉庭判是符合 Federal Bank of the Middle East v. Hadkinson 先例中提到的"额外措辞/文字",尤其是区分了法律上的利益、实益利益与其他利益。因此根据 JSC BTA Bank v. Solodchenko 先例的判法,如果加上了这段措辞/文字,即使是被申请人作为信托受托人持有的第三方资产(第三方才是实益所有人)也属于冻结令针对的"资产",要作出披露以及在法院没有更改冻结令之前不能转移与/或流失。

在 JSC BTA Bank v. Solodchenko 先例的判法下,冻结令的措辞/文字看来就会分成两类:一类是 2002 年版 CPR PD 25A 附上的范本的措辞/文字(这不会包括被申请人持有但属于第三方的资产),另一类是额外加上了"whether the Respondent is interested in them legally, beneficially or otherwise"的措辞/文字。

但对于信托来说,由于大量涉及证券等金融产品交易,一旦被冻结令冻结而难以正常操作,例如无法在市场剧烈波动的情况下及时抛售,会导致巨额的损失。因此如果允许被申请人所持有但实益权益属于第三方的资产也被包括在内,届时实际蒙受巨额损失的是第三方。而值得注意的是申请人提供的保护措施、提供的交叉担保(cross-undertaking,见本章之 1.7.5 段)并不能对第三方的损失提供保障。正如 JSC BTA Bank v. Solodchenko 先例中 Patten 大法官提到:"... Where the trust assets include shares and other quoted securities which form part of a managed portfolio the inability of a trustee to dispose of shares at the time of his choosing could have disastrous financial consequences in a changing market. The cross-undertaking in damages gives the beneficiary no direct rights of recovery against the claimant in these circumstances and the ability of the defendant as trustee to obtain compensation on the beneficiary's behalf will depend on the court deciding that the injunction was wrongly granted..."

因此 Patten 大法官强调了是否要加上"whether the Respondent is interested in them legally, beneficially or otherwise"的措辞/文字需要结合个案的具体案件事实进行判断,最关键的就是防止被申请人/被告资产的流失。唯一适合加上这样措辞/文字的情况是申请人提供了恰当证据令法院相信被申请人作为受托人、代名人管理第三方信托实际上只不过是另一层伪装,资产实际上属于被申请人所有的资产,即属于被冻结的资产。同时如果法院决定需要加上这样的措辞/文字,也要在申请人提供的交叉担保的措辞/文字中进行相应变动,以应对在一个真正的信托下可能对无辜第三方造成的严重损失。另是如果被申请人收到的冻结令中包括"whether the Respondent is interested in them legally, beneficially or otherwise"的措辞/文字,并且他/她名下有代第三方持有的真正的信托资产,应立即向法院提供足够的证据以改变冻结令的措辞/文字。

由于信托法律以及冻结令有关法律在近年来发展非常迅速,有不少的变化,因此 Patten 大法官没有给出明确的如何适用的指引,而是只列出了几个原则,可以节录如下:"(1) Nothing in this judgment is intended to cast any doubt upon the established principles which underlie the grant of all freezing orders. I refer in particular to the fact that the only purpose of such an injunction is to prevent the dissipation of assets which would otherwise be available to meet a judgment. **The inclusion of trust assets is therefore only justifiable if there are proper grounds for believing that assets ostensibly held by the defendant on trust or as a nominee for a third party in fact belong to him** (**or to another person whose assets are also frozen**). Absent such circumstances, I can see no possible justification for including in the order assets which belong beneficially to a third party and are not therefore the property of the defendant;[110] (2) A judge who is asked to grant an injunction in this form should be concerned to **minimise the impact of the order on third party beneficiaries under genuine trusts**. This will **require expedition in resolving any issues of title on an application by a defendant or beneficiary to vary the order** and active consideration being given to the form of the cross-undertaking. It will usually be **appropriate for the cross-undertaking to be extended in terms to cover the purported beneficiary for any loss which is caused by an injunction** which is subsequently varied or discharged in respect of the trust assets;[111] (3) The authors of the Commercial Court Guide should make it clear in the Guide that the effect of the current form of order is to include trust assets. There should also be active consideration as to whether it is appropriate for the specimen CPR freezing order and the Commercial Court Guide form of order to remain materially different; (4) I also venture to suggest that if the standard form of Commercial Court order is to continue to include trust assets it should be re-drafted so as to make it absolutely clear to any reader that it does extend to assets held by the defendant as a trustee or nominee for a third party."(加黑部分是笔者的强调)

在最新版的《Commercial Court Guide》(2017 年,第 10 版)中,"and whether the Respondent is interested in them legally, beneficially or otherwise"的措辞/文字是以可选择的形式插入,而且需要根据每个个案的不同情况决定是否应当加入脚注标注措辞/文字。

1.7.3.8.3 JSC BTA Bank v. Ablyazov 最高院先例:无论是否法律所有或实益所有

而在本章之 1.7.3.7 段已经介绍过,在 JSC BTA Bank v. Ablyazov (2015) UKSC 64

---

〔110〕 此先例中,上诉庭的判法并不是想超越现有的有关冻结令的原则。冻结令的目的是防止被申请人的资产流失。唯一可以允许冻结第三方信托资产的情况,是有恰当理由怀疑被申请人作为受托人、代名人管理第三方信托资产实际上只是伪装,最终资产应属于被冻结资产的情况。

〔111〕 在考虑申请人要求在禁令中加上针对第三方信托资产的措辞/文字时,需要尽量减少对真正第三方信托的影响。这包括在收到被申请人/被告,或者是信托受益人(第三方)变更命令的申请时尽快采取行动解决产权到底属谁的问题,以及主动考虑申请人如何提供恰当的交叉担保。要求申请人对受益人就信托资产的损失提供交叉担保往往是恰当的做法。

最高院先例还解释了 2002 年版 CPR PD 25A 附上的冻结令范本与《Commercial Court Guide》(2017 年,第 10 版)的冻结令范本均包括的如下措辞/文字:“For the purpose of this Order the respondents' assets include any asset which they have power, directly or indirectly, to dispose of, or deal with as if it were their own. The respondents are to be regarded as having such power if a third party holds or controls the assets in accordance with their direct or indirect instructions.”

最高院的看法是,根据这措辞/文字,如果被申请人可以将一份资产“当作自己财产一样”(“as if it were their own”),可以“控制”(control)与处置这份资产,则即使被申请人对这些资产既没有“法律所有”(legally own),也没有“实益所有”(beneficially own),这份资产仍然属于冻结令针对的“资产”。

在这样的判法下,冻结令措辞/文字能够针对的资产看来会有所扩大/延伸。但具体能够包括的范围看来还没有太多先例予以针对。在 JSC BTA Bank v. Ablyazov 最高院先例中,涉及的则是被申请人在与第三方的贷款协议下有权提取贷款,被申请人直接向银行指示将这笔可以提取的贷款支付给其他第三方,这就被最高院判属于以上措辞/文字针对的资产。

1.7.3.8.4　针对特定资产的措辞/文字

除了本章前几段提到的冻结令范本措辞/文字外,为了能够更好地、有实际效果地冻结被申请人资产,申请人可以要求对措辞/文字进行一定更改以针对特定资产(specific assets),适应每一个案件的具体案情。例如在 JSC Mezhdunarodniy Promyshlenniy Bank v. Pugachev (2015) EWCA Civ 139 上诉庭先例中,申请人看来是知道被申请人有很多信托资产,因此申请的冻结令在《Commercial Court Guide》(2017 年,第 10 版)的冻结令范本外,还额外有第 7 段:“... (c) any interest under any trust or similar entity including any interest which may arise by virtue of the exercise of any power of appointment, discretion or otherwise howsoever...”这看来就是专门用来针对被申请人所有的信托资产了。

而如果申请人发现被申请人任何特定资产有流失嫌疑,还可以特别针对这些特定的资产。例如在 Lakatamia Shipping Co Ltd v. Su (2014) EWCA Civ 636 上诉庭先例中,在申请人的申请下,法院作出命令冻结 Nobu Su 先生持有的特定船舶与一些公司股份等资产:“...2 MV Iron Monger 3(船舶) may not be disposed of, charged or otherwise dealt with by Iron Monger Three Co Ltd without 14 days' notice being given to the solicitors for the Claimant... 3 The 200,000 shares in Star Bulk Carriers Corporation owned by F5 Capital (and which were pledged to RBS) may not be disposed of, charged or otherwise dealt with by F5 Capital without 14 days' notice being given to the solicitors for the Claimant.”

2002 年版本 CPR PD 25A 附上的冻结令范本(《Commercial Court Guide》也是一样)中也有措辞/文字对此类特定财产进行针对,节录如下:

“7. This prohibition includes the following assets in particular —

(a) the property known as (有关资产的所有权/所在地) or the net sale money after payment of any mortgages if it has been sold;

(b) the property and assets of the Respondent's business (有关业务或公司的名字)(业务或公司地址) or the sale money if any of them have been sold; and

(c) any money standing to the credit of any bank account including the amount of any cheque drawn on such account which has not been cleared.

[For injunction limited to assets in England and Wales](以下针对英国境内的资产)

8. If the total value free of charges or other securities ('unencumbered value') of the Respondent's assets in England and Wales exceeds £ (上限金额), the Respondent may remove any of those assets from England and Wales or may dispose of or deal with them so long as the total unencumbered value of his assets still in England and Wales remains above £ (上限金额).

[For worldwide injunction](以下针对全球冻结令)

8. (1) If the total value free of charges or other securities ('unencumbered value') of the Respondent's assets in England and Wales exceeds £ (上限金额), the Respondent may remove any of those assets from England and Wales or may dispose of or deal with them so long as the total unencumbered value of the Respondent's assets still in England and Wales remains above £ (上限金额).

(2) If the total unencumbered value of the Respondent's assets in England and Wales does not exceed £ (上限金额), the Respondent must not remove any of those assets from England and Wales and must not dispose of or deal with any of them. If the Respondent has other assets outside England and Wales, he may dispose of or deal with those assets outside England and Wales so long as the total unencumbered value of all his assets whether in or outside England and Wales remains above £ (上限金额)."

1.7.4 指引四:资产是否有被转移与/或流失的风险

对财产/资产(property/asset)是否可以成功申请冻结令,关键的要件(fundamental requirement)是这些资产是否会有"转移"(remove)、"处置"(dispose)与/或"流失"(dissipate)的风险,导致诉讼的判决/裁决花费了高昂的费用,但在胜诉后无法实际执行。这类似本书第二章之3段介绍的申请搜查令(Search Orders)需要满足的关键要件(文件/材料有被销毁、隐藏的危险,正常的诉讼程序中无法获得对方披露的这些文件/材料),只有在被申请人有这些倾向时,才能成功申请。针对大型公司,不要说是世界500强公司,就是没有丑闻的上市公司,或者是历史悠久的公司,在面对正常业务上的诉讼、索赔时,也不会有面对冻结令的危险。

1.7.4.1 提供证据"丑化"被申请人以说服法院有此风险

作为冻结令的申请人,需要通过"誓章/誓词"(affidavit / affirmation)作出"全面与坦率的披露"(full and frank disclosure),并提出证据证明资产有"流失"的风险:(1)如The "Niedersachsen" (1983) 2 Lloyd's Rep 600先例中Mustill大法官所采用的措辞/文字是"solid evidence"。(2)较近期的如Thane Investments Ltd v. Tomlinson (2003) EWCA Civ 1272先例中Peter Gibson大法官也说:"…it is important that there be solid evidence adduced to the court of the likelihood of dissipation."(3)在 TTMI Ltd v. ASM Shipping Ltd (2006) 1 Lloyd's Rep 401 先例中引用了 Chitel v. Robart (1982) 39 OR (2d) 513 加拿大上诉庭先例的说法:"The applicant must persuade the court by his material that the defendant is removing or there is a real risk that he is about to remove his assets from the jurisdiction to avoid the possibility of judgment, or that the defendant is otherwise dissipating or disposing of its assets, in a manner clearly distinct from his usual or ordinary course of business or living, so as to render the possibility of future tracing of the assets remote, if not impossible in fact or in law."(4)类似的说法也可见 Alternative Investment Solutions (General) Ltd v. Valle De Uco Resort & Spa SA (2013) EWHC 333 (QB)先例中,Cranston 大法官所说:"... for a freezing injunction to be justified there must be a real risk of the dissipation of assets such that there is a real risk of a judgment in the claimant's favour going unsatisfied if the injunction is not granted."

而申请人提出的证明必须是针对客观事实上的转移与/或流失风险,而且不能只是自己的臆测(speculation):(1)在 Chandris Shipping Corporation v. Unimarine SA (1979) QB 645 先例中,Lawton 大法官说:"affidavits asserting belief in, or the fear of, likely default have no probative value unless the sources and grounds thereof are set out..."(2)在近期的 CEF Holdings Ltd v. City Electrical Factors Ltd (2012) EWHC 1524 (QB) 先例中,Silber 大法官也指出:"Any application for an injunction must be based on facts and as Tugendhat J said in the Caterpillar case (2011) EWHC QB 3154 'mere suspicion is not enough'."

而什么时候才会导致财产有转移与/或流失风险,在近期先例中认为关键是向法院说明被申请人行为不当(unjustified)、足以让法院假设与相信存在此风险(有关如何丑化被申请人,指称有财产流失风险的问题可见《禁令》一书第四章之 4.2.2 段):(1)在 Alternative Investment Solutions (General) Ltd v. Valle De Uco Resort & Spa SA 先例中,Cranston 大法官说:"There is **no need for a claimant to show an intention to dissipate assets, nor dishonesty or fraud.** Where there is a good arguable case of dishonesty or fraud the risk of dissipation may speak for itself. **The conduct giving rise to a real risk of dissipation must not be capable of justification.**"(加黑部分是笔者的强调)(2)L v. K (2013) EWHC 1735 (Fam)先例对 Cranston 大法官的上述说法进行解释说:"This (Cranston 大法官的说法) would suggest that proof of a nefarious intent is not needed, but **that proof of unjustified conduct will suffice**. I consider that there is no real difference between the two. It may be that Cranston J was drawing a distinction between **express and inferred intentions**. In my opinion if someone is doing something unjustified with his assets then it surely follows as night follows day that he must (in a non-innocent way) be intending to do so."(加黑部分是笔者的强调)(3)仅仅是被申请人拥有海外资产本身并没有任何"不当"之处,毕竟将资产故意留在海外会出于一些完全合理合法的理由,如合法避税等。这可见 Wade v. Wade (2003) EWHC 773 (QB)先例所说:"... The fact that the defendant placed his shares in off-shore trusts does not give rise to a suspicion. The claimant's own evidence is that this has been done to minimise his tax liability. There is no evidence or suggestion that the defendant has ever failed to pay a debt due from him … **Given the lack of any evidence of past impropriety on the part of the defendant, I would hold that the evidence does not establish a sufficient risk of dissipation of assets to justify interim relief.**"(加黑部分是笔者的强调)

还可以在此节录 National Bank Trust v. Yurov (2016) EWHC 1913 (Comm)先例中,Males 大法官对如何证明财产有流失风险问题的小结:"(a) The claimant must demonstrate a real risk that a judgment against the defendant may not be satisfied as a result of unjustified dealing with a defendant's assets. (b) That risk can only be demonstrated with solid evidence; mere inference or generalised assertion is not sufficient. (c) It is not enough to rely solely on allegations that a defendant has been dishonest; rather it is necessary to scrutinise the evidence to see whether the dishonesty in question does justify a conclusion that assets are likely to be dissipated. (d) The relevant inquiry is whether there is a current risk of dissipation; past events may be evidentially relevant, but only if they serve to demonstrate a current risk of dissipation of the assets now held. (e) The nature, location and liquidity of the defendant's assets are important considerations. (f) Whether or to what extent the assets are already secured or incapable of being dealt with is also relevant. (g) So too is the defendant's behaviour in response to the claim or anticipated claim."

具体而言,希望"丑化"(并提供证据证明)被申请人,显示资产有转移与/或流失风险时,可以考虑以下因素:

1. 资产的性质。越是容易处置的资产,就越是容易向法院说明有流失风险。例如银行账户内的存款或是现金,就属于非常容易处置的资产,而相比之下土地、房屋等不动产就难以处置得多了。

2. 被申请人生意的性质与经济情况。这是包括被申请人的公司年报、注册等信息,要是发现有年报迟迟未交等问题就很理想了。时间与情况允许,还可以委任调查人员(如私家侦探等)前往被申请人的公司进行调查,发掘一些有关的事实,例如被申请人经营地址常年铁将军把门,或是常年员工只有一两个人等。

3. 被申请人的业务持续时间。一般而言,历史悠久、声名显著的老字号相比于刚刚建立没多久的无名公司而言,更难被丑化,也需要更多、更强的证据才能说服法院。

4. 被申请人的住址、营业地址等。如果被申请人是 BVI、巴拿马等离岸公司,或者是其他"最不发达国家"(least developed country)的公司,更容易让法院相信资产有被转移与/或流失风险。

5. 被申请人过去或现在的信用记录。显然如果找出被申请人在信用记录上有任何严重问题,是资产有被转移与/或流失风险的很好的证明。其中最容易证明信用记录差就是被申请人已经在一个诉讼/仲裁败诉,但拒绝支付判决债务。例如很多国际知名的投资仲裁案件,刚果、阿根廷、委内瑞拉等发展中国家在败诉后不作出支付(估计也没有钱支付)。于是债权人(包括胜诉方或收购了债权的第三方资助基金公司)就在全球寻找这些国家的资产。一找到就会立刻申请冻结令,在这种情况下,估计根本不用花太多心思证明该资产会流失。

6. 被申请人表达过处置资产的意愿。被申请人如果曾经说过要处置资产，或是在电邮、短信中提到将会如何处置，使得申请人即使胜诉也无法取回金钱。这即使是为了威吓作为原告的申请人不要追债追得太紧，也是很好的证明。

7. 被申请人与其他曾经不履行判决书/裁决书公司的关系。例如被申请人有其他关联公司或子公司，曾经对判决书/裁决书拒不支付与严抗执行等。

8. 在此案件中被申请人的过往行为，包括被申请人始终采取回避、不愿意参与诉讼的态度，或者根本是缺席诉讼等。例如在仲裁中被申请人从来不作出任何回复，也不根据仲裁协议委任仲裁员等。

9. 其他方面也各种各样，例如案件本身是一个刚被揭发的国际著名欺诈案件，作为受害人之一的申请人向法院申请冻结令时，估计就不必花太多心思举证以“丑化”表面看来是一个国际骗子的被申请人就足以说服法院了。

接下来会重点针对经常与资产有否流失风险串在一起的两方面说法：(1)申请人延误申请冻结令；(2)之前也已经提到这一点，即涉及欺诈与不诚实的案件，是否可以推定有资产流失的风险？

1.7.4.2　申请人延误申请冻结令是否可以推断资产没有流失风险

如果申请人/原告真的是关心被告的资产会被处置与流失，情况紧迫，就会在第一时间向法院申请冻结令。反之，也表示申请人不是真正关心资产的流失，而会有其他背后不可告人的意图去慢慢申请冻结令，如觉得这样做可以向被申请人/被告施加压力迫使其让步或投降。毕竟，针对中间禁令/命令(interim injunction/order)这种衡平法的救济(equitable relief/remedy)，向法院申请都需要尽量快捷，冻结令更是如此。早在 Milward v. Earl of Thanet (1801) 5 Ves 720n 先例中，就有说到这种申请必须是“准备就绪、希望、动作快捷与渴望”(ready, desirous, prompt and eager)。

当然，尽快向法院申请冻结令防止被告资产的流失也不代表在法院诉讼或仲裁一开始[甚至还没开始但有了诉因(cause of action)]就要行动，毕竟委任懂行的律师去向英国法院(或其他适合的法院)申请冻结令，加上可预计到被申请人在收到通知后会做出的回应，表示会涉及高昂的诉讼费用。所以，原告作为申请人要谨慎行事是说完全说得通。但如果真是有了延误，就需要有合情合理的理由说服法院。在每个案件不同的情况下，有关申请人/原告并非不关心资产的流失或是“怠慢”(laches)。例如一开始时，被告的经济状况不像是太坏，不值得花钱去申请冻结令。但诉讼后期，胜诉在望，被告开始有丑闻或赖债的言行出现，导致申请人/原告下决心申请冻结令等。

以上是笔者简单的解释，也可举一些权威与较近期的先例说明针对这方面(原告作为申请人延误作出冻结令申请)的考虑。首先是在英国的 Madoff Securities International Ltd v. Raven (2011) EWHC 3102 (Comm)先例中，Flaux 大法官说：“It seems to me that the following principles relevant to the present application can be discerned from those two cases: (1) **the mere fact of delay in bringing an application for a freezing injunction or that it has first been heard inter partes, does not, without more, mean there is no risk of dis-**

sipation. If the court is satisfied on other evidence that there is a risk of dissipation, the court should grant the order, despite the delay, even if only limited assets are ultimately frozen by it;(2) the rationale for a freezing injunction is the risk that a judgment will remain unsatisfied or be difficult to enforce by virtue of dissipation or disposal of assets (see further the citation from The 'Nicholas M' [2008] 2 Lloyd's Rep. 602 below). In that context, the order for disclosure of assets normally made as an adjunct to a freezing injunction is an important aspect of the relief sought, in determining whether assets have been dissipated, and, if so, what has become of them, aiding subsequent enforcement of any judgment; (3) **even if delay in bringing the application demonstrates that the claimant does not consider there is a risk of dissipation, that is only one factor to be weighed in the balance in considering whether or not to grant the injunction sought.**"(加黑部分是笔者的强调)

另一个是在本章多处如 1.6.3 段与下一小段介绍 Yves Charles Edgar Bouvier v. Accent Delight International Ltd (2015) SGCA 45 新加坡上诉庭先例中,Sundaresh Menan 首席大法官说:"A plaintiff who is genuinely concerned that the defendant will dissipate his assets would be expected to act with urgency in seeking Mareva relief. Of course, delay by itself will not be dispositive of the plaintiff's application for such relief. The length of the delay and any explanations for it should be considered against all the circumstances of the case."

1.7.4.3　案件涉及不诚实或欺诈行为是否可以推断资产有流失风险

如果已经向法院显示有一个良好论据的案件(good arguable case),其中被申请人涉及不诚实(dishonesty)或欺诈(fraudulent)行为,此时是否不需要其他额外证据就足够推断资产有流失风险?在英国、澳大利亚、新加坡等普通法法院都有不少这类先例,但对这个问题的回答并不肯定。

第一个涉及此问题的英国上诉庭先例是 Grupo Torras SA, Torra Hostench London Limited v. Sheikh Fahad Mohammed Al Sabah and others (unreported, 21 March 1997)先例。此先例中的原告指称被告诈骗导致 3 亿美元损失。Saville 大法官(其他法官也同意)指出由于此先例中指称的国际金融欺诈导致很有理由担心资产有流失风险("a strong fear of dissipation"),也因此支持一审法院颁布/作出冻结令。可以节录 Saville 大法官所说如下:"What is clear from the judgment is that the judge took the view that there was a good arguable case that Mr Dawson was knowingly implicated in the fraud; and that the nature of the allegations was such that there was a strong fear of dissipation. Since it is part of Mr Dawson's own case that he was expert in the sort of intricate, sophisticated and international financial transactions which feature in this case, and since the plaintiffs had established a good arguable case that Mr Dawson had used his expertise for dishonest purposes, I am not in the least surprised that the judge reached the conclusion that he did. In short I remain wholly unpersuaded that the judge so erred in his assessment of the risk of dissipation that it would be right for this court to interfere."

还可见 Peter Gibson 大法官在 Thane Investments Ltd v. Tomlinson (2003) EWCA

Civ 1272 上诉庭先例中弹性处理的说法(Anthony Evans 大法官也同意这个说法):"... I regret that I do not see that the judgment [in the earlier proceedings] does support a conclusion that in the particular circumstances of Mr Tomlinson and Reyall there was a real risk of assets being dissipated.(申请人代表大律师) submitted that it has **now become the practice for parties to bring ex parte applications seeking a freezing order by pointing to some dishonesty, and that ... is sufficient to enable this court to make a freezing order**. I have to say that, if that has become the practice, then the practice should be reconsidered. **It is appropriate in each case for the court to scrutinise with care whether what is alleged to have been the dishonesty of the person against whom the order is sought in itself really justifies the inference that that person has assets which he is likely to dissipate unless restricted.**"(加黑部分是笔者的强调)

在很多英国先例中,还可以再介绍一个上诉庭的 VTB Capital plc v. Nutritek International Corporation and others (2012) 2 Lloyd's Rep 313 先例。此先例中原告(VTB)是一家注册在伦敦的银行,借贷了超过2.2亿美元给一家俄罗斯公司(RAP),让 RAP 得以从一个 BVI 公司(Nutritek)手中收购一个俄罗斯的乳业农场。之后 RAP 未能偿还贷款,VTB 只追回了4000多万美元。事后 VTB 得到爆料或内幕消息,RAP、Nutritek 以及 Nutritek 的母公司(包括一个 BVI 公司"Marcap BVI"以及一个俄罗斯公司 Marcap Moscow)实际上都是同一个人(Konstantin Malofeev 先生)所控制。因此 VTB 以串谋(conspiracy)以及联合欺骗(joint liability for deceit)为由起诉 RAP、Nutritek 、Nutritek 的母公司以及 Malofeev 先生。VTB 也成功申请到法院颁布/作出针对 Malofeev 先生的全球冻结令。

但在英国高院,Arnold 大法官指出虽然 Malofeev 先生是被指称涉及严重欺诈(serious fraud),而且操纵着复杂的公司网络(complex web of companies),但这并不足以显示有真正的资产流失风险。在国际商贸社会中,任何公司采用离岸公司的做法来经营是很常见的,这是为了避税或者其他理由,并没有充分指向财产流失风险(not a strong pointer towards a risk of dissipation)。

但是上诉庭在同样案情下(显示有一个涉及严重欺诈的良好论据案件),针对资产流失风险的问题持有不同看法,认为足够推定与假设被申请人的资产有流失风险。Lloyd 大法官说:"If the question (of the Mareva injunction) had arisen, it would have been on the footing that **VTB has a seriously arguable case for saying that Mr Malofeev had been engaged in a major fraud against VTB**, by which VTB was persuaded to lend RAP US $220 million to fund what was represented as a sale of assets worth substantially more than that amount, whereas in fact, first, the assets were worth a great deal less, and secondly the transaction was not a true sale, and moreover a substantial part of the proceeds of the loan (it can be assumed) disappeared into the complex web of corporate entities in various jurisdictions, including several offshore, for the benefit of Mr Malofeev, and maybe for that of others involved. Furthermore, not only was the use of that web of corporate entities a significant part of the means whereby the fraud was committed, by concealing the true ownership of RAP, but it would also make it difficult for VTB to enforce any judgment that it was able to obtain. ...It seems to us that these propositions would have provided a strong starting point for a case in favour of the grant of a (全球冻结令). **It could be inferred that a wealthy individual who uses such methods to defraud a bank in this way and on this scale might readily resort to similar methods to render his major assets proof against enforcement in response to proceedings being taken against him, at any rate if he had reason to fear that the proceedings might be pursued effectively**...Given that there is (as the judge held) **a good arguable case against Mr Malofeev on an allegation of fraudulent misrepresentation** used to procure a loan of US $220 million against wholly inadequate (and itself misrepresented) security, **on the part of a businessman with international connections and assets, using offshore companies in many parts of the world, it might not be difficult to suppose that, if Mr Malofeev thought he was at risk of having his assets seized to answer a judgment against him, he would dispose of those assets, or move them into a situation in which it would be difficult or impossible for the claimant to reach them.**"(加黑部分是笔者的强调)

也可节录 Yves Charles Edgar Bouvier v. Accent Delight International Ltd (2015) SGCA 45 新加坡上诉庭先例中,Sundaresh Menan 首席大法官所说(也是笔者十分认同的说法/看法):

"In our judgment, if there is **a unifying principle** that can adequately rationalise and explain the circumstances in **which a court may legitimately infer a real risk of dissipation from nothing more than a good arguable case of dishonesty, it is this-the alleged dishonesty must be of such a nature that it has a real and material bearing on the risk of dissipation.**[112] It will be evident from our analysis of the cases that it is in such circumstances that the courts have been willing to draw the necessary inference. This is sensible because whether or not such an inference may be drawn is ultimately a question of fact. In assessing whether the inference is warranted as a matter of fact, it is appropriate, in our judgment, for the court to segregate the two questions (ie, whether there is a good arguable case on the merits of the plaintiff's claim and whether it has been shown that there is a real risk of dissipation) and answer them separately.[113] We accept that the evidence relied on to answer the first question may be the same as that relied on to answer the second. But, once the inquiries are segrega-

---

〔112〕 如果有一个统一的原则是法院可以在一个涉及不诚实指控的良好论据的案件中合法推算(infer)资产无可避免会有真正的流失风险,则该指控的不诚实行为必须是本质上也是难免会带来资产流失的真正与重大的风险。例如,被申请人对配偶有不诚实行为,如果是在家事纠纷中配偶申请冻结令,则就可以说该不诚实行为的本质会带来资产流失的真正与重大风险。但是如果是第三方与他的公司的商业纠纷申请冻结令,这种对配偶的不诚实行为的本质就谈不上会带来资产流失的风险。

〔113〕 Menan 大法官是说法院作出分析时,最好是分开前后两个不同步骤考虑并作出独立的决定。首先考虑申请人对案件本身的指控,是否能够成立是一个有良好论据的案件,并且案情显示有涉及不诚实行为与/或欺诈。其次再考虑这一有良好论据案件中的特定不诚实行为与/或欺诈是否会带来资产流失的风险?

ted, it will be clear that whether the evidence pertinent to the first stage of the inquiry is sufficient also for the purposes of the second stage is an assessment that cannot—and emphatically must not—be made mechanistically;[114] and in that context, if an allegation of dishonesty is all that is relied on, that llegation must be such as to say enough about a real risk of dissipation in the circumstances.

In our judgment, a well-substantiated allegation that a defendant has acted dishonestly can and often will, as we have said, be relevant to whether there is a real risk that the defendant may dissipate his assets. But, we reiterate that in each case, it is incumbent on the court to examine the precise nature of the dishonesty that is alleged and the strength of the evidence relied on in support of the allegation,[115] keeping fully in mind that the proceedings are only at an interlocutory stage and assessing, in that light, whether there is sufficient basis to find a real risk of dissipation. That alone is the justification which lies at the heart of the court's jurisdiction to grant Mareva injunctions. An allegation of dishonesty does not in itself form a substitute for an examination of the degree of risk of dissipation unless, as we have said, that allegation is of a nature or characteristic that sufficiently bears upon the risk of dissipation."[116]

以上可以简单指出一般社会人士根据常识(common sense)会作出的判断,即如果见到一个曾经以不诚实与欺诈性行为牟取利益的人,特别是刚发生不久,就会很容易推算(infer)他/她在往后的行为也是不诚实与欺诈性的。但如果法院这样推算,甚至作出严肃的决定,就会有危险了。

笔者也想到另一种在法治社会经常会发生的、可以相提并论的情况。即在刑事案件,嫌疑人(suspect)在候审期间向法院申请批准让他/她在提供担保的条件下,在家中候审。法院在这种申请与在双方的争辩下会面对同样的犹疑,就是如果批准嫌疑人回家候审,会否有他/她在开庭审判前弃保潜逃的风险?法院显然要综合考虑很多有关的事实与证据并权衡轻重。主要的考虑之一是涉及怎样的刑事案件。如果是杀人放火甚至是叛国罪,定罪后会判的刑罚可以是死刑或至少是长期甚至终身监禁。这显然与一些比较轻微的犯罪,即使定罪的量刑也只是一年或几个月的监禁,有极大的不同。另也会有很多其他方面

---

[114] 虽然考虑这两个前后步骤所依赖的证据(主要是申请人代表律师的誓章/誓词与作为附件的文件证据)是一模一样的,但只要分开考虑与查询,法院就有可能在前后的步骤作出不同的结论与决定。主要还是不要一旦接受是一个会有不诚实行为与/或欺诈的良好论据的案件,就"机械式"地认定被申请人的资产有流失风险。

[115] 虽然如果案件显示被申请人/被告有不诚实行为,与被申请人会事后导致资产流失的风险有关,但法院还是要根据每一个案件的不同案情去考虑。包括到底是怎样的不诚实行为(如"杀人放火"还是"小偷小摸")、支持誓章/誓词的附件文件证据所显示出来的强弱等。也要考虑在申请冻结令时,即使是被申请人有机会出庭对抗,往往也是诉讼或仲裁程序的早期,考量是片面与不太准确的。

[116] 最后一句话是重复说,一个不诚实行为的指控不能用来替代法院对个别案件中资产流失风险的程度的审核,除非是指控本身(而且是满足了"有良好论据案件"的分水岭)的本质与类别是一个非常严重的不诚实行为与/或欺诈,足够去推算有资产流失的风险。

的事实加以考虑,如嫌疑人的年龄、健康状况、社会背景、与可能会潜逃的外国是否有联系、经济状况、家庭状况等。法院最后的决定仍是看审理该嫌疑人申请的法官,行使他/她的裁量权(discretion)作出。

根据个别法官裁量权作出的决定难免会有不肯定。法院在考量个别案件中可能曾经涉及不诚实与欺诈性行为的被申请人/被告,是否会在候审期间使他/她的资产流失时,也是只能让个别法官根据有关的大原则行使裁量权作出决定。但由于法院有严格的制度规定要公开审理,[117]任何说得出理由有利益冲突的法官必须回避,法官在决定前必须先要聆听双方全面的争辩与证据(即使在初步只能是听单方面申请的冻结令),法官的判决必须有全面的原因与必须公开,再加上上诉制度监督(虽然在一审没有原则性错误的情况下,上诉庭是极不愿意干扰一审法官的裁量权),并且一审法官必须跟从不少先例在各方面已经作出的指引或原则等,可以说已经想尽办法将法院在自由裁量权下作出决定的不肯定性减到最低了。

最后,笔者可以介绍与节录一个十分近期的 National Bank Trust v. Yurov (2016) EWHC 1913 (Comm)先例。该先例中,Males 大法官接受了被申请人代表律师所提出的七个观点或原则,说:

"As has been said many times, the purpose of a freezing order is not to provide the claimant with security but to restrain a defendant from evading justice by disposing of assets otherwise than in the ordinary course of business in a way which will have the effect of making itself judgment proof. It is that concept which is referred to by the label 'risk of dissipation'. I was referred to a number of statements of principle to this effect, including Thane Investments Ltd v Tomlinson (2003) EWCA Civ 1272 at (21) and (28); TTMI Ltd v ASM Shipping Ltd (2005) EWHC 2666 (Comm), (2006) 1 Lloyd's Rep 401 at (24) to (27); and Congentra AG v Sixteen Thirteen Marine SA (2008) EWHC 1615 (Comm), (2008) 2 Lloyd's Rep 602 at (49).

Based on these authorities, the defendants advance seven propositions which the bank does not dispute and which I accept. They were as follows:

a. The claimant must demonstrate a real risk that a judgment against the defendant may not be satisfied as a result of unjustified dealing with the defendant's assets.

b. That risk can only be demonstrated with solid evidence; mere inference or generalised assertion is not sufficient.

c. It is not enough to rely solely on allegations that a defendant has been dishonest; rather it is necessary to scrutinise the evidence to see whether the dishonesty in question does justify a conclusion that assets are likely to be dissipated.

d. The relevant inquiry is whether there is a current risk of dissipation; past events may be evidentially relevant, but only if they serve to demonstrate a current risk of dissipation of

---

[117] 见本书第四章。

the assets now held.

e. The nature, location and liquidity of the defendant's assets are important considerations.

f. Whether or to what extent the assets are already secured or incapable of being dealt with is also relevant.

g. So too is the defendant's behaviour in response to the claim or anticipated claim."

也就是:(1)申请人/原告必须显示有一个真正的风险是被告将来不会支付胜诉的判决,因为在期间他已经处理或转移了他的资产。(2)这一风险必须以强而有力的证据支持,只是通过推算或泛泛的指控是不足够的。笔者(杨良宜)在仲裁中会时不时见到这种情况,就是双方或其中一方代表律师"讲故事",凭想象出来的阴谋论相互指控对方有不诚实与欺诈性行为,但没有提供任何证据。(3)只依赖被告有不诚实行为的指控并不足够,而是要根据证据看到底有关的不诚实行为可否合理推算被告的资产会流失。(4)考虑是否颁布/作出冻结令的关键问题是目前会否有资产流失的风险。而过去的事实(有过不诚实与欺诈性行为的指控与证据)是有关联的,但必须也能够同时显示目前资产有流失的风险。(5)/(6)被告资产的本质、所在地与流通性是重要的考虑。另是资产是否有抵押/质押,或不是太容易处置掉也是有关的考虑。(7)被告面对申请人/原告所提起的损失索赔有什么反应与采取的态度也是重要的考虑。如果被告在法院诉讼或仲裁中积极面对原告的索赔,委任有水平的律师抗辩,就容易判断被告即使最后败诉也是赔钱,毕竟花费高昂的律师费也在所不惜。也不用说在一个正常的诉讼,只要有水平的律师在代表被告,在面对有败诉可能性(特别是高的情况下),律师会建议客户在适当机会试图庭外和解。现实中也有不少民事诉讼是在诉讼或仲裁半途和解结案。

但相反如果被告对原告的索赔是不理不睬,就容易判断被告不可能会在败诉后(被告不出庭抗辩就几乎肯定会败诉)赔付"判决债务"(judgment debts)。如果被告真是"认命",也会在原告一开始提起索赔就赔钱,不会要原告花律师费通过诉讼或仲裁后才支付一笔更大的损失金额。所以就很容易得出这个会"扯皮"与资产会流失的结论,也正是冻结令要针对的"完美案件"(perfect case)。

在笔者看来,有一些中国公司就是采取这种反应与态度。这些公司很少会成为原告(或冻结令的申请人),因为它们不知道自己的法律地位,不警觉有了可以向外国公司索赔大量金钱的好机会。它们通常只会成为被告,因为精明的外国公司可不会错过索赔金钱的好机会。而这些中国公司面对索赔,会以不是理由的"理由",例如不想花律师费或肯花也不知道应该相信与委任谁,不去应讯。接下来的法律行动可以想象到,就是外国公司作为申请人向适当的法院(如中国香港特区、新加坡、英国等)申请冻结令,也可以估计到多数会成功。事实上,这些不去应诉的中国公司也的确是在想败诉后不去"认命"赔钱,而是能赖就赖,能拖就拖。它们通常也会想歪了,例如想依赖中国法院在执行外国仲裁裁决时对它们作出"保护",这在今天的现实是完全不可能的。笔者经历过不少的缺席(default)仲裁案件涉及的是国企,在笔者看来这些公司根本没有条件去"赖皮"或"拖时间",因为是赖不掉的。光明正大与长远的道路就是中国公司的从业人员(与律师团队)

应尽快熟悉这套国际商业游戏规则,这样普通法的冻结令(与附属的资产披露令)也就没有什么可怕了,中国公司完全可以大量使用在对付外国不规矩的公司,避免损失。

1.7.5 指引五:申请人要向法院提供交叉担保

作为"核武器"(nuclear weapon)的冻结令一旦引爆后,会对被申请人/被告造成很多方面的不利与损失。另也会对其他无辜第三方造成一定的损失,例如有关的银行就会需要去内部调查被申请人到底有什么资产在银行。如果是全球冻结令(WFO),更是要向全球的银行分支全部小心/仔细做出内部调查。这些工作都会涉及高昂的费用,另加上如果需要,有关银行也会要支付咨询与代表银行出庭的律师费。对无辜的银行而言,任何言行可能与藐视法院的刑事罪行沾上边都要小心。

所以英国法院在颁布/作出冻结令时,都要考虑一些保护措施(safeguards)去降低会对被申请人或无辜第三方造成的损害与/或真的造成了损失,他们(特别是无辜的第三方)会获得申请人的赔偿。在本段介绍的"指引五"下,法院基本上都要求申请人/原告提供担保才会作出冻结令,尤其是单方面(*ex parte* / without notice)的申请。这交叉担保是不需要法院向申请人清楚说明,因为这是一个默示责任(implied obligation)。正如 Cheltenham & Gloucester Building Society v. Rickeets (1993) 1 WLR 1545 先例所说,这是申请人要付出的代价["the price which the person asking for a (Mareva) injunction has to pay for its grant"]。

只有在极少数的案件,让法院认为是申请人"错不了"的情况下,可能不要求申请人提供担保。例如,在 Banco Nacional de Comercio Exterior SNC v. Empresa de Telecommunicaciones de Cuba SA (2008) 1 WLR 1936 先例中,涉及在意大利法院胜诉后在英国法院申请冻结令协助执行(execution of judgment debts),由于胜负已明确,所以法院不要求胜诉方的申请提供担保。

这一担保可能是不需要申请人在申请时承担真正的支出或代价。在本章之 1.7.1.6 段已有提到,申请人代表律师会在誓章/誓词(affidavit/affirmation)中的全面与坦率披露责任下说明了申请人有足够的财政与经济能力面对将来会来自被申请人(与/或无辜第三方)的估计损失索赔。而如果申请人代表律师没有这样做,在这个默示责任下,也会被法院视为没有不利之处需要向法院披露。但如果后来并非是这个事实,例如申请人要做赔偿时显示是"光棍"一名,而申请人代表律师也应该或可以知道,律师就会受到法院的惩罚,见 Schmitten v. Faulks (1893) WN 64 等先例。

如果申请人代表律师一开始就在誓章/誓词中披露了申请人的财力不足,法院就已经会要求申请人为担保"加固"(fortify)。例如,法院在考虑了申请人/原告是一家巴拿马公司,而想冻结被申请人的资产又是造成损失风险特别大的类别,就会要求申请人为担保加固,否则就不会颁布/作出冻结令。但一般情况是在被申请人/被告在收到冻结令的通知后出庭抗拒,在双方或多方(*inter partes*)的争辩与举证中才决定。申请人会提出证据显示申请人的财力不足,法院如果持续冻结令的有效性就要考虑要求申请人/原告为交叉担保加固,那就是将款项存入法院(payment into court)或其他法院可以接受的担保。正如 Hirst 大法官在 The "Mito" (1987) 2 Lloyd's Rep 197 先例说,"If the court considers that the cross-undertaker, usually the（申请人/原告）, might not be worth powder and shot if it be held that he is obliged to fulfil his cross-undertaking, the Court can strengthen the undertaking by requiring some sort of security."

总结而言,向法院申请冻结令就会有自动提供交叉担保的默示责任的三个主要目的是:(1)如果被申请人/被告事后证明这个冻结令本来就不应该作出(wrongly granted),这是在最后的诉讼或仲裁确定原告败诉。法院就可以依赖这个担保下令赔偿被申请人/被告所有因为资产被冻结所导致的损失。(2)无辜第三方的损失无论如何必须要申请人支付或赔偿。(3)这也表示原告在作出冻结令申请"严厉措施"(Draconian measure)之前要小心想清楚与谨慎处事。这方面已在本章之1.7.4.2段在提到延误作出申请的课题时简单提到过。当然合理的延误可以推说是谨慎处事,但过度的延误/怠慢又是另外一个考虑了。

1.7.5.1 针对要为被申请人提供"保护措施"的权威说法

虽然在上一小段已经介绍过英国法律/法院要求申请人提供"交叉担保"(cross-undertaking)的原因与理由,但笔者仍想详尽节录一些权威先例的说法,特别是一些近期先例更是十分详细地提到这方面与法院的一些想法/做法。

首先是在 La Roche & Co AG v. Secretary of State for Trade and Industry (1975) AC 295 先例中,Diplock 勋爵清楚地解释了申请人申请中间禁令需要向法院提供交叉担保的历史,节录判词如下:

"The practice of exacting an undertaking as to damages from a plaintiff to whom an interim injunction is granted originated during the Vice Chancellorship of Sir James Knight Bruce who held that office from 1841 to 1851. At first it applied only to injunctions granted ex parte but after 1860 the practice was extended to all interlocutory injunctions. By the end of the century the insertion of such an undertaking in all orders for interim injunctions granted in litigation between subject and subject had become a matter of course.[118]

The advantages of this practice in any suit for the protection or enforcement of personal or proprietary rights are plain enough. An interim injunction is a temporary and exceptional remedy which is available before the rights of the parties have been finally determined and, in the case of an ex parte injunction, even before the court has been apprised of the nature of the defendant's case.[119] To justify the grant of such a remedy the plaintiff must satisfy the court, first, that there is a strong prima facie case that he will be entitled to a final order restraining the defendant from doing what he is threatening to do,[120] and, secondly, that he will suffer

---

[118] 此段介绍了在单方面申请的中间禁令中,申请人要对可能需要赔偿被申请人的损失提供担保的习惯做法与历史。这个做法在后来被延伸到所有的中间禁令,无论是否单方面申请。

[119] 中间禁令是在当事人之间的权利划分、谁对谁错没有作出最后决定时,临时性与例外性的救济手段。而单方面申请的中间禁令,更是在法院都没有机会了解与考虑被申请人可能有的争辩时作出的。

[120] 要获取这样的救济,申请人就必须向法院证明,首先有很强的表面良好的案件显示申请人将会在最后的命令中也获得同样的永久救济,也就是胜诉。

irreparable injury which cannot be compensated by a subsequent award of damages in the action if the defendant is not prevented from doing it between the date of the application for the interim injunction and the date of the final order made on trial of the action.[121] Nevertheless, at the time of the application it is not possible for the court to be absolutely certain that the plaintiff will succeed at the trial in establishing his legal right to restrain the defendant from doing what he is threatening to do. If he should fail to do so the defendant may have suffered loss as a result of having been prevented from doing it while the interim injunction was in force; and any loss is likely to be damnum absque injuria for which he could not recover damages from the plaintiff at common law.[122] So unless some other means is provided in this event for compensating the defendant for his loss there is a risk that injustice may be done.[123]

It is to mitigate this risk that the court refuses to grant an interim injunction unless the plaintiff is willing to furnish an undertaking by himself or by some other willing and responsible person 'to abide by any order the court may make as to damages in case the court shall hereafter be of opinion that the defendant shall have sustained any damages by reason of this order "(sc., the interim injunction)" which the plaintiff ought to pay.'[124]

The court has no power to compel an applicant for an interim injunction to furnish an undertaking as to damages. All it can do is to refuse the application if he declines to do so.[125] The undertaking is not given to the defendant but to the court itself. Non-performance of it is contempt of court, not breach of contract, and attracts the remedies available for contempts, but the court exacts the undertaking for the defendant's benefit.[126] It retains a discretion not to enforce the undertaking if it considers that the conduct of the defendant in relation to the obtaining or continuing of the injunction or the enforcement of the undertaking makes it ineq-

---

〔121〕 申请人还需要向法院证明,如果中间禁令未获批准,则在申请之日起直到最后有可执行的判决/裁决之日之间会蒙受损害,难以通过金钱弥补。

〔122〕 在申请人提出申请时,法院毕竟无法绝对肯定申请人会在经过全面审理后最终胜诉并被认定有权利禁止被申请人(针对冻结令而言就是禁止处置资产)。一旦在最后审理中申请人败诉,被申请人就会由于在中间禁令生效期间被禁止从而蒙受损害。由于这是"无过错损害"(*damnum absque injuria*),毕竟申请人申请冻结令时完全满足了法院的要求,符合法律要求,因此在普通法下没有赔偿责任,被申请人要想从申请人处直接获得损失赔偿存在难度。

〔123〕 正因此需要额外的手段,在申请人败诉时要对被申请人的损失进行补偿、赔付,以避免被申请人的损害无法获得赔偿的风险。

〔124〕 减少这个风险的做法,是除非申请人对被申请人可能蒙受的损害提供担保,否则法院不予作出中间禁令。

〔125〕 法院并没有权力强制要求申请人提供担保,但是有权力在申请人拒绝为可能的损害提供担保时,根据自己的裁量权拒绝作出中间禁令。

〔126〕 申请人的交叉担保是提供给法院而不是被申请人,与一般的担保合约不同。将来不履行担保可能带来的是藐视法院的刑事责任,而非对被申请人的民事违约责任。例如,在 Emanuel v. Emanuel (1982) 1 WLR 669 先例中,申请人/原告由于没有履行担保而带来了 6 周的牢狱之灾。法院是在为了被申请人的利益根据担保命令申请人作出补偿与赔付。

uitable to do so"[127]...

近期先例中,可见 Laddie 大法官在 The Bank v. A Ltd & Ors (2000) EWHC J0517-13 先例中指出的,法院在谨慎处理冻结令申请时要考虑六个的保护措施(safeguards):

"Even so, Anton Piller and Mareva orders have rightly been described as the nuclear weapons in the court's armoury[128] and as being at the very extremity of the court's powers. To reduce the risk of abuse, stringent safeguards have been put in place to protect, as far as possible, the interests of the absent respondent. It is worth remembering what some of those safeguards are. **First**, an order will not be made unless the applicant produces evidence which shows that he has a very strong case. **Second**, the evidence must be served on the respondent with the order. **Third**, the order always includes a cross-undertaking in damages. **Fourth**, the order includes an express right to the respondent to apply to discharge on short notice. **Fifth**, the order must included a return date so that the issue can be brought back for review inter partes as soon as possible. **Sixth**, in Mareva orders there is an explicit provision allowing the respondent access to sufficient of his funds to pay his reasonable legal expenses—a provision which ensures that he has the financial resources available to fight for the discharge or modification of the order. All of these are intended to offer some, albeit imperfect, protection to the respondent."(加黑部分是笔者的强调)

也可见 Fourice v. Le Roux (2007) UKHL 1 贵族院先例中,Bingham 勋爵所说:"In recognition of the severe effect which such an injunction may have on a defendant, the procedure for seeking and making Mareva injunctions has over the last three decades become closely regulated. I regard that regulation as beneficial and would not wish to weaken it in any way. The procedure incorporates important safeguards for the defendant."

最后以 L v. K (2013) EWHC 1735 (Fam)先例中 Mostyn 大法官针对冻结令申请中对被申请人/被告的保护措施的说法作为总结:"The relevant principles and safeguards may be summarised as follows:

i) The court has a general power to preserve specific tangible assets in specie where they are the subject matter of the claim. Such an order does not necessarily require application of all the freezing order principles and safeguards, although it is open to the court to impose them.[129]

ii) For a freezing order in a sum of money which is capable of embracing all of the respondent's assets up to the specified figure it is essential that all the principles and safeguards

---

[127] 法院在这方面有裁量权。如果法院认为被申请人在抗拒中间禁令的申请、延续或在禁令执行中的行为有问题(如自己犹豫不决才造成主要损失),也可以不执行申请人提供的担保。

[128] 在 Bank Mellat v. Nippour (1985) FSR 87 先例中,Donaldson 大法官首先将这两种禁令称为是法院的"核武器"。

[129] 法院有广泛的作出保全特定有形资产的权力。例如命令将文件交出给律师(order to deliver up),见 CBS United Kingdom v. Lambert (1983) Ch 37 等先例,不必作出冻结令。

are scrupulously applied.[130]

iii) Whether the application is made under the 1981 Act or the 1973 Act the applicant must show, by reference to clear evidence, an unjustified dealing with assets (which would include threats) by the respondent giving rise to the conclusion that there is a solid risk of dissipation of assets to the applicant's prejudice.[131] Such an unjustified dealing will normally give rise to the inference that it is done with the intention to defeat the applicant's claim (and such an intention is presumed in the case of an application under the 1973 Act).

iv) The evidence in support of the application must depose to clear facts. The sources of information and belief must be clearly set out.[132]

v) Where the application for a freezing order is made ex parte the applicant has to show that the matter is one of exceptional urgency. Short informal notice must be given to the respondent unless it is essential that he is not made aware of the application. No notice at all would only be justified where there is powerful evidence that the giving of any notice would likely lead the respondent to take steps to defeat the purpose of the injunction, or where there is literally no time to give any notice before the order is required to prevent the threatened wrongful act. Cases where no notice at all can be justified are very rare indeed. The order of the court should record on its face the reason why it was satisfied that no or short notice was given.[133]

vi) Where no notice, or short informal notice, is given the applicant is fixed with a high duty of candour. Breach of that duty will likely lead to a discharge of the order.[134] The applicable principles on the re-grant of the order after discharge are set out in Arena Corporation v Schroeder at para 213.[135]

vii) Where no notice, or short informal notice, is given the safeguards assume critical importance. The safeguards are set out in the standard examples for freezing and search orders. If an applicant seeks to dis-apply any safeguard the court must be made unambiguously aware of this and the departure must be clearly justified. The giving of an undertaking in dam-

---

〔130〕 如果冻结令针对的是被申请人的所有资产,直至特定的上限金额[通常是索赔金额,但法院会根据具体案件强弱认定公平与方便的金额(实际上会较低)],就需要特别小心,尽可能应用所有的原则与保护措施。商业法院范本措辞/文字针对的就是被申请人的"任何资产"(any asset)。在全球冻结令中,由于无法确定被申请人的特定有形或无形资产,也只能针对所有资产/任何资产。

〔131〕 有关丑化被申请人,指出财产流失风险的问题见本章之1.7.4.1段。

〔132〕 申请人在申请中必须对所有事实提供证据。任何信息与确信(如指称被申请人在另一个判决/裁决中回避支付与执行)必须清楚说明来源,让法院可以衡量其可靠程度。

〔133〕 有关单方面申请的问题见本章之1.6段。法院在作出冻结令时需要在命令中说明为什么允许单方面申请。

〔134〕 在单方面申请(或临时通知)申请中,申请人必须高度坦率(主要是全面披露事实以便法院了解情况),一旦违背就会导致冻结令被解除/撤销。

〔135〕 即使由于申请人没有作出全面与坦率的披露,导致冻结令被解除/撤销,也不代表申请人不能再重新申请,法院也可能重新作出冻结令。

ages, whether to the respondent or to an affected third party, is an almost invariable requirement; release of this must be clearly justified. "[136]

1.7.5.2　对交叉担保的执行

作出冻结令、搜查令等"中间禁令"(interim injunctions)时,申请人必须提供"交叉担保"(cross-undertaking),这已经是标准做法。毕竟冻结令会带来很严重的后果,又常常由申请人单方面(*ex parte*/without notice)作出。正如 Cheltenham & Gloucester Building Society v. Rickeets (1993) 1 WLR 1545 先例与 Hone v. Abbey Forwarding Ltd (2014) EWCA Civ 711 等先例中都提到,冻结令会摧毁一个正在蓬勃发展的业务("ruin a thriving business")。一旦冻结令被解除/撤销(如在被申请人指称申请人的披露不全面与坦率之下被解除/撤销),又或是冻结了大笔资产但申请人在诉讼中最后败诉,就会带来大量损失。正如 Donaldson 大法官在 Bank Mellat v. Nippour (1985) FSR 87 先例中所说这是"核武器",冻结令一旦执行就会带来严重后果。在笔者的《禁令》一书中就建议申请人尽量针对不会造成严重后果的资产进行冻结。一般而言,生产工具、船舶、飞机[137]等资产被冻结往往更可能造成巨大、相对明确与容易证明的损失,而冻结银行账户相对而言造成的损失小一些。在 Rasu v. Pertamina (1977) 2 Lloyd's Rep 397 先例中,Denning 勋爵说:"Money at bank is a very good thing to attach. It can be identified precisely and attached as a rule without doing much damage to the defendant."

但现在很多冻结令再也不是局限在特定资产,而是针对直到特定金额上限的、被申请人的所有资产,因此前述选择并不完全正确,见稍后介绍的 Fiona Trust v. Privalov (2016) EWHC 2163 (Comm)先例与经过上诉后的 SCF Tanker v. Privalov (2017) EWCA Civ 1877 上诉庭先例。

近年来知悉有不少被申请人由于冻结令造成损失,希望法院要申请人作出赔付/补偿的情况,因此哪些损失可以在冻结令的担保下被赔付/补偿也成了热点话题,在近期有了一些重要先例。

在损失计算方面,曾经在 La Roche & Co AG v. Secretary of State for Trade and Indus-

---

[136] 在单方面(或临时通知)申请中,保护措施就显得尤其重要。冻结令与搜查令的范本措辞/文字中都设定了保护措施,如 CPR PD 25A 附上的冻结令范本中提到申请人要向法院提供一定金额的交叉担保,要及时将文书送达被申请人,(如果还没开始诉讼)要已经备妥准备开始诉讼等。如果申请人要对任何保护措施有所偏离(如自己的经济存在问题,有针对自己的破产申请;无法找到被申请人、只能对被申请人的近亲属送达有关文书;需要一定时间后才能开始诉讼等),必须向法院清楚地进行解释说明,与有明确的正当理由。对被申请人或受影响的第三方[如本章之 1.7.3.5 段介绍的信托"受托人"(trustee)持有的第三方资产,这些第三方并非冻结令的被申请人]提供损失担保是一贯的要求,也只有在有明确的正当理由时法院才能准许偏离。

[137] 如在 Allen v. Jambo Holdings (1980) 1 WLR 1252 先例中,原告的丈夫在登机前被飞机螺旋桨绞入致死,因此向作为被告的尼日利亚飞机公司与机师索赔。被告在英国只有这架飞机作为财产,而且即将飞回尼日利亚,因此原告申请冻结了被告的这架飞机。被告就声称这是一架 1978 年美国出口的新飞机,价值50 万英镑,而且一旦这架飞机被冻结在英国,被告在尼日利亚为了营运将每年要额外支付100万英镑的固定成本。在那个年代这是一笔巨大的金额,尤其是冻结时间长的话,这笔金额将会是很可观的。

try (1975) AC 295 先例中,Diplock 勋爵就指出在是否就禁令(此先例中并不是冻结令,而只是一般的中间禁令)要求申请人赔付/补偿损失的问题上,法院有裁量权,需要根据每个案件中的公平合理、申请人的行为是否合理、被申请人的行为是否存在不当等以决定是否要求申请人作出赔付/补偿。显然可以想到的是如果在冻结令的申请中涉及原告的誓章/誓词有不诚实、不全面之处等,法院更容易要求原告作出损失赔付/补偿。同时对于损失的计算方式,与合约法下损失计算方式是一致的。节录 Diplock 勋爵所说如下:"It retains a discretion not to enforce the undertaking if it considers that the conduct of the defendant in relation to the obtaining or continuing of the injunction or the enforcement of the undertaking makes it inequitable to do so,[138] but if the undertaking is enforced the measure of the damages payable under it is not discretionary.[139] It is assessed on an inquiry into damages at which principles to be applied are fixed and clear. The assessment is made upon the same basis as that upon which damages for breach of contract would be assessed if the undertaking had been a contract between the plaintiff and the defendant[140] that the plaintiff would not prevent the defendant from doing that which he was restrained from doing by the terms of the injunction[141] ..."

在近期则有 Fiona Trust v. Privalov/SCF Tanker v. Privalov 先例(SCF Tanker 即为原来的 Fiona Trust,以下只以 Fiona Trust 称呼)。此先例背景是著名的俄罗斯最大的油轮与其他商业船舶的船东(以及其一系列的子公司)作为原告指控作为被告的 Yuri Nikitin 先生(以下简称 N 先生)(及其控制的子公司)有贿赂、欺诈等行为,造成 5.77 亿美元损失的案件。[142]

Fiona Trust 作为申请人先后两次申请并获得法院作出针对被告的冻结令。第一次是在 2005 年冻结 N 先生及其子公司全球共 2.25 亿美元的资产,虽然冻结令中说明不禁止日常业务营运,[143] 但明确写明买卖船舶[144] 不属于正常业务营运的范畴,说:"... This or-

---

〔138〕 如果法院认为被申请人/被告抗拒冻结令的申请、延期或是禁令执行中的行为,导致要求申请人/原告履行向法院作出的担保不公平,法院有裁量权不要求申请人作出赔付/补偿。

〔139〕 但是如果申请人被要求履行担保、作出赔付/补偿,对于损失的具体金额法院并没有裁量权。

〔140〕 损失的具体金额,就类同于将这份交叉担保视作申请人/原告与被申请人/被告之间的合约,按照违约损失计算的原则对损失进行核算。有关损失计算的原则可见笔者的《损失赔偿与救济》一书。

〔141〕 将被申请人的地位恢复到如同没有作出过这个禁令的地位一样。

〔142〕 "Fiona Trust"系列案件有非常多被报道、针对不同问题的先例。例如,在《仲裁法——从开庭审理到裁决书的作出与执行》(2010 年)一书多处(如第六章之 3.1.5.3 段、第十一章之 6 段)以及《提单与其他付运单证》(2016 年)一书 2.7.2 段中都介绍了有关仲裁条文管辖权的 The "Fiona Trust" (2007) UKHL 40 先例,判决虽然有指控与争议合约涉及贿赂等不法行为,合约仲裁条文并不会因此无效与没有约束力。

〔143〕 见本章之 1.4.3 段。

〔144〕 N 先生自己全资拥有的公司在当时从事经纪人与航运有关业务,主要是在航运市场看涨时向船厂订造船舶,并在船舶建造的数年内(交船前)出售船舶,以赚取差价。这可以避免在船舶建造完成后被迫先接收船舶(因为需要雇佣船员与寻求船舶管理人的帮助营运船舶)再转售。造船合约中的订购船舶的人士通常写为"船舶买方或提名人"(buyers or nominee)(在此先例中 N 先生的公司就是船舶买方),如果转售时间早,就干脆向作为卖方的船厂宣告转售的买方作为"提名人",让转售买方与船厂有直接合约关系,这样 N 先生的公司可以就此脱身。如果转售时间晚(这会是由于市场价格不如意、谈判拖延了转售等原因),船舶买方(N 先生的公司)需要自己成立单船公司作为"提名人"接收船舶,之后转售就要将单船公司的所有股份转让给转售的买方,以实际转售船舶。

der does not prohibit Standard Maritime or any of its subsidiaries, from dealing with or disposing of any of its assets in the ordinary and proper course of business. For the avoidance of doubt, for the purpose of this Order, the sale and purchase of vessels (including vessels under construction), the sale and purchase of shares in any company or corporation and the grant of any security over vessels or shares are not in the ordinary and proper course of business."

之后经过N先生及其控制的子公司提供款项(共2.085亿美元)缴存于第三方(实际上是被告的律师)账户、N先生以自己的房屋作为"押记"(charge)作为替代担保的前提下替代了被冻结的资产。N先生及其控制的子公司还要求更改原冻结令中的要求[改为允许被告将资金用于一般与合适的用途(ordinary and proper purpose)],但这被法院拒绝,这笔替代资金也被要求除非向法院申请并获得法院允许,否则不得被用作任何用途(无论是否一般与合适的用途),相应地作为申请人的Fiona Trust也向法院,对被申请人(N先生)会造成的损失提供了"交叉担保"(cross undertakings):"If the court later finds that this order has caused loss to the respondent, and decides that the respondent should be compensated for that loss, the applicants will comply with any order the court may make."

第二次是在2007年,冻结令针对了N先生公司的银行账户内3.77亿美元的资产。在冻结令的申请中,Fiona Trust也向英国法院提供了担保。

2010年,高院作出了有关责任的一审判决。最后经过上诉庭在2013年的判决,Fiona Trust最后的胜诉金额只有1600万美元,这远远低于被冻结的资产(相差几十倍),而且这些资产甚至已经被冻结了很多年。同时法院还认定Fiona Trust在冻结令申请中没有作出全面与坦率的披露(full and frank disclosure),包括在誓章/誓词中遗漏了重要事实没有披露,以及有违法方式获取的证据但没有进行说明(见本章之1.7.1.4段)。

在冻结令方面,2010年责任的一审判决作出后,2005年与2007年作出的冻结令均被解除。在2014年高院还作出命令要求Fiona Trust赔付/补偿因冻结令造成N先生及其控制的公司的损失。Fiona Trust要求高院撤销此命令,也导致了此先例的产生。

高院的Males大法官总结了过往先例的说法,确认了法院会评估N先生及其控制的公司的行为如何,以考虑是否执行Fiona Trust向法院作出的交叉担保,要求Fiona Trust承担冻结令对N先生及其控制的公司造成的损失。而如果决定了要求Fiona Trust承担损失,对于损失的计算则要遵循以下计算原则:"… *the defendants*(N先生及其控制的公司) *are entitled to recover damages for the losses suffered by them as a result of the freezing orders* (*not as a result of the litigation*), *assessed by reference to* **ordinary contractual principles**, including principles of causation, mitigation and remoteness, although these principles may need to be applied with some flexibility to take account of the fact that the analogy with breach of contract is not exact … Thus, in summary, the freezing order need not be the sole or exclusive cause of the loss in question, but must be an **effective cause**;[145] the burden is on

---

〔145〕"effective cause"请见笔者《损失赔偿与救济》一书第四章,其中介绍了因果关系的考验。

the party who obtained the freezing order to demonstrate a failure to **mitigate**;[146] and the type of loss..."(加黑部分是笔者的强调)

换言之，主要是与违约一样的损失计算方式，即考虑冻结令与损失之间的遥远性(remoteness)，包括冻结令与损失之间的因果关系(causation)、损失的可预见性(forseeability)等，还要考虑N先生及其控制的公司是否履行了减损义务(mitigation)等。有关违约的损失计算方式在笔者的《损失赔偿与救济》一书中有详细讨论，不在此赘述。

Males大法官也认可了在计算冻结令的损失时，适用"宽松核算"(liberal assessment)[147]的做法。这并不是说N先生及其控制的公司可以获得虚构与/或与冻结令无关的损失，而是说蒙受损失的N先生及其控制的公司一般都无法准确说明如果资产没有被冻结、将会如何被运用、会带来估计多少的利润等，对于没发生的事实只不过是估计而已不可能有明确证明，最多是像对将来利润损失(loss of profit)的预计一样委任专家证人给出专家报告以冀得出较为专业与客观的估计或预计，因此法院不应当过于严苛地要求N先生及其控制的公司准确地证明自己的损失以及满足各种考验，特别是因果关系，如损失的遥远性、可预见性等。不妨也节录Males大法官在这方面的说法如下："Nevertheless I consider that a **liberal assessment** of the defendants' damages should be adopted, provided that it is clear what this means. It does not mean that a defendant should be treated generously in the sense of being awarded damages which it has not suffered. It does mean, however, that **the court must recognise that the assessment of damages suffered as a result of a freezing order will often be inherently imprecise**, for example because the defendant cannot say precisely what it would have done with its funds but for the freezing order; that this problem has been created by the claimant's obtaining of an injunction to which it was not entitled; that in the light of these factors the kind of over eager scrutiny of a defendant's evidence and minute criticism of its methodology ... will not be appropriate; and that it is not an answer for a claimant (Fiona Trust) to say that damages cannot be awarded because the defendant's (N先生及其控制的公司) business venture was to some extent speculative and might have resulted in a loss. Thus the defendant is not absolved from proving its damages, but these factors must be borne in mind in determining whether it has succeeded in doing so."

N先生及其控制的公司的主要索赔(还有一些其他替代索赔，不在此赘述)，是指称2005年冻结令下的资金(以及一部分2007年冻结令下的资金)，本用来在2005年第四季度订造新船(4艘"Suezmax"型油轮与2艘VLCC)，预计正好能够在2008年春天船价处于最高点时得以转卖这些船舶。即使在2008年年底航运市场崩溃后，之前卖船所得"收

---

[146] "减损"(mitigation)请见笔者《损失赔偿与救济》一书第五章。

[147] 这是在General Tire & Rubber Co Ltd v. Firestone Tyre & Rubber Co Ltd (No. 2) (1975) 1 WLR 819先例中所说："There are two essential principles in valuing the claim: first, that the plaintiffs have the burden of proving their loss; second, that the defendants being wrongdoers, damages should be **liberally assessed** but that the object is to compensate the plaintiffs and not to punish the defendants."(加黑部分是笔者的强调)

益”(proceeds)可以继续进行其他非航运投资,会持续获取更大利润。具体而言,预期收益包括转售新船收益 2.216 亿美元,(直到冻结令被解除前的)后续非航运投资收益 2.2983亿美元。这些预期收益再扣除这些资产实际在账户中产生的利息收益,一共要求 Fiona Trust 赔付/补偿的损失为 3.87 亿美元。

对此,Fiona Trust 就提出强烈抗辩,认为 N 先生及其控制的公司所指称的自己通过投资能够获利,并非是真正的损失计算方式,投资完全可能导致损失而非利润。站在第三方角度也显然可以看到,在 2008 年年底“金融海啸”后全球经济萧条,航运市场崩溃,无数船公司破产。现在 N 先生的指称完全是“事后诸葛亮”,认为自己真正会在 2008 年及时出售船舶而获得巨大收益,为何不是自己期待市场进一步高涨而错过了 2008 年年初的时机,因此蒙受巨大亏损呢?笔者看来,这实在是太过“投机性”(speculative)的说法,毕竟一般损失必须证明特定的损失以及证明超过“平衡的可能性”(balance of probability)才会被法院接受。

有关在大起大落、可赚可亏的市场中投资或投机,“机会损失”(loss of chance/opportunity)能否用来计算损失有一些针对性的先例。在 E Bailey & Co Ltd v. Balholm Securities Ltd (1973) 2 Lloyd’s Rep 404 先例与 Ata v. American Express Bank Ltd (unreported, CA, 17 June 1988)先例中就涉及过这个问题。在有关商品买卖的 Ata v. American Express Bank Ltd 先例中,Kerr 大法官在“附带意见”(*obiter*)就曾经指出:“Mr Staughton (索赔方的代表大律师) contended that they were entitled to substantial damages on the ground that they had lost the chance of making a profit. He relied on cases such as Chaplin v Hicks (1911) 2 KB 786 which deal with the measure of damages for the loss of a chance. But those were all cases in which the plaintiff might or might not have obtained some pecuniary advantage or benefit and lost the chance of doing so as the result of the defendant’s wrongful act. **He therefore lost the chance of being better off than he was, but he was not exposed to the risk of being worse off**. In cases like the present, on the other hand, a person who is prevented from speculating in cocoa or sugar futures may have lost the chance of making money or may have been saved from losing money. **A cynical view would be that there is an equal chance either way**. No doubt experience and skill play a large part, and to this extent there may be a better chance of winning than losing. But in my view this is not the kind of situation which the law should recognize as giving a right to damages for **the loss of a chance. Even though in law trading in commodity futures does not amount to gambling, the loss of a general opportunity to trade—as opposed to the loss of a particular bargain-is in my view much too speculative to be capable of having any monetary value placed upon it**.”(加黑部分是笔者的强调)

也即在商品买卖中由于机会可能造成的是收益但也可能是损失,这与 Chaplin v. Hicks (1911) 2 KB 786 先例中无法参加选美比赛只会丧失利益的情况不同。因此无法参与投资/投机就要索赔金钱损失太过于投机性,法院难以允许对机会损失按比例作出金钱赔偿。

而刚刚提到的著名选美案件 Chaplin v. Hicks 先例,之后在 Allied Maples Group Ltd v. Simmons & Simmons (1995) 1 WLR 1602 上诉庭先例中被引申到其他类型的争议中。例如在 Allied Maples Group Ltd v. Simmons & Simmons 先例中,涉及的是律师的职业疏忽造成客户错过索赔时效。但即使客户没有错过索赔时效,也只有一定的机会得到胜诉判决。因此损失也应按比例进行计算,而法院会根据具体的案情考虑如果没有丧失机会时的成功概率,尽量科学地得出一个比例。这些内容在笔者的《损失赔偿与救济》一书第六章之4段有详细讨论,不在此展开。

在近期的 Parabola Investments Ltd v. Browallia Cal Ltd (2010) EWCA Civ 486 上诉庭先例进一步显示即使是可能造成收益也可能造成损失的机会损失案件中,法院也会愿意给予损失赔偿。该先例中原告指称被告剥夺了其买卖股票的机会,因此造成损失。一审[(2009) EWHC 901 (Comm)]的 Flaux 大法官拒绝适用 E Bailey & Co Ltd v. Balholm Securities Ltd 先例与 Ata v. American Express Bank Ltd 上诉庭先例中机会损失太过投机性的说法,说:"… neither case establishes that as a matter of law, loss of profits from CFD trading which would have taken place but for the tort are not recoverable, on the basis that they are always too speculative. Man's(被告) submission to that effect seems to me to confuse the element of speculation inevitably present in trading of this kind, with the separate question whether the prospects of making a profit trading those derivatives is so speculative that the court should regard that as not a recoverable loss. If, in an appropriate case, the court concludes that, on a balance of probabilities, the alternative trading in which the claimant would have engaged but for the tort would have been profitable overall, I see no reason in principle why the court should not award damages for such lost profits, albeit possibly with a discount for the possibility that some of the trading was loss making or less profitable… I do not see the fact that there is a risk of the claimant being worse off as a complete bar to recovery, if on a balance of probabilities the claimant would have been better off."

在 Fiona Trust v. Privalov 先例中,更是将机会损失引申到冻结令担保的执行中。根据 Parabola Investments Ltd v. Browallia Cal Ltd 先例的说法,Males 大法官在此先例中确认即使是有可能造成损失,也可以对机会损失作出损失赔偿的救济:"The true position is that in principle damages can be awarded for loss of profits even if a claimant might have made a loss. The approach which the court will adopt is to ask whether the claimant has **proved to a sufficient standard** (**which may be the balance of probabilities, or sometimes merely that there was a real and substantial chance as in loss of a chance cases**) that its trading would have been profitable. If so, **the court will make the best assessment** of the damages that it can, **applying if necessary a discount to reflect whatever uncertainty exists**, while recognising that a party seeking to show what might have happened is not required to perform an impossible task with unrealistic precision."(加黑部分是笔者的强调)

因此除非被告的指称达到了纯粹是凭空揣测的程度,否则仅仅说被告指称的损失太过投机性并不能说明什么问题。只要是能够证明估计或预计有"真正与实质的机会"

（“real and substantial chance”）可能产生利润，法院就愿意要求原告赔偿损失。

而对于机会损失中具体如何计算损失，上诉庭给出的看法则是要根据事实，作出尽可能准确的推断与估计。正如 Parabola Investments Ltd v. Browallia Cal Ltd 先例中上诉庭的 Toulson 大法官所说，“The next task is to quantify the loss. Where that involves a hypothetical exercise, the court does not apply the same balance of probability approach as it would to the proof of past facts. Rather, it estimates the loss by making the best attempt it can to evaluate the chances, great or small (unless those chances amount to no more than remote speculation), taking all significant factors into account. ... No method of assessment could be perfect, but the method of measurement accepted by the judge as a basis for estimating the lost profits was rational and supported by the opinion of an expert who impressed him. ...”

在此先例中，Males 大法官在具体损失计算问题上跟从了 Toulson 大法官的判法，并继续说：“There is necessarily a degree of uncertainty in determining what Mr Nikitin would have done with his money if it had not been held in the Lawrence Graham account（这时 N 先生代表律师的账户，用来保存这笔 N 先生提供的高达 2.085 亿美元的担保）as security for the claimants' claims. Even if it can be said with reasonable confidence what he would have done or sought to do, for example that he would have sought to invest in a programme of newbuildings, there remains considerable uncertainty in assessing the financial outcome which would have resulted. However, **these uncertainties are not fatal to the defendants' claims**. What the defendants need to prove is that on the balance of probabilities they would have sought to invest in a way that had a real as distinct from fanciful chance of making a profit. If so, it will be necessary to make the best possible assessment of the profit which the defendants would have made, taking account of the uncertainties inherent in this exercise. In a case such as this where there are a number of such uncertainties, what needs to be assessed is the **'overall chance'** of the defendants making the profits in question. ... Rather it is **necessary to evaluate 'the overall chances' of the defendants achieving the profit claimed**. Inevitably **this is a somewhat impressionistic assessment**, but I must do the best I can. My conclusion, taking account of all the uncertainties which I have mentioned, **is that the defendants had a 50% chance overall of achieving this profit** and that the damages should be calculated accordingly.”（加黑部分是笔者的强调）

即 Males 大法官根据本案的案情（如 N 先生的过往记录中有过类似的船舶买卖，而且 N 先生买卖船舶交易往往是即刻或很快转手、出售船舶，又例如在 2008 年后正常商人都不会再继续于航运市场中投入大量资金等）认定了一个“总概率”（the overall chance），认为被告的投资成功获取利润有 50% 的可能性。当然 Males 大法官也指出这毕竟只是根据证据（包括 N 先生及其他证人声称自己会如何做的口头证据）进行的推测，完全可能更高或更低，因为事实并没有发生过。不同人的推测也会更乐观或是更悲观。Males 大法官说：“I have assessed the chance that the defendants would have achieved the figures claimed as being 50%. That is my best assessment, but if it is wrong it is just as likely to be too low as it is to be too high...They（被告）have been deprived of the opportunity to demonstrate that they could in fact have achieved the profits claimed."

最后法院根据50%的比例，逐项考虑了被告的索赔申请，判原告应当支付约5980万美元的损失[148]以及1.104亿美元的利息。

案件被上诉到上诉庭（SCF Tanker v. Privalov），Fiona Trust的主要指称是N先生及其公司提供替代款项取代2005年冻结令冻结的资产时，法院命令是除非经过法院允许，否则替代款项不能被用于一般商业与合适的用途（包括新建船舶、买卖船舶），但N先生完全可以向法院申请将部分替代款项用于新建船舶、买卖船舶。而N先生从未提出这样的申请，这也就涉及损失的因果关系以及没有合理减损。

Fiona Trust的说法也被上诉庭所拒绝。上诉庭的Beatson大法官指出，N先生的举证责任仅仅是提出初步（*prima facie*）证据以显示损失是由冻结令所造成的。除非是有其他证据显示了不同情况，否则法院就可以由此推断损失满足了建立因果关系的测试："... once a party has established a prima facie case that the damage was caused by the order then, in the absence of other material to displace that prima facie case, the court can draw the inference that the damage would not have been sustained but for the order."

而此先例中虽然法院允许N先生向法院申请使用替代款项，但这并不意味着N先生有责任证明自己如果提出申请会失败、因此才没有提出申请，这已经超出了初步证据的范畴。笔者也理解在当时船舶市场高涨的现实中，N先生如果真的订船，会对签订造船合约增加难度，因为要加上只在成功申请到法院批准使用该笔替代款项合约才能生效的先决或后续条件。

从Fiona Trust v. Privalov先例中就可以看到这个血淋淋的教训。冻结令这种"核武器"不能轻易使用。如果是明显不过的欺诈案件，则多半被申请人也不会作出抗辩。但在可争论的案件，如一般的商业纠纷中，就需要很多谨慎与仔细的考虑（事实上所有禁令的申请都应当如此）。例如，需要非常小心谨慎地考虑案件争议的本质、金额大小，要了解自己案件的强弱、胜诉机会，也要考虑冻结的资产可能对被申请人造成什么样的影响、可能的损失情况等。这包括被申请人从事的是什么业务等，如果是被申请人从来没涉及过的业务就很难说有机会损失。例如JSC Mezhdunarodniy Promyshlenniy Bank v. Pugachev（2015）EWCA Civ 139上诉庭先例就涉及被申请人的惯常生意往来是否由于冻结令而被影响、阻碍的争议[business dealings（had）been stifled, if not brought to a halt,

---

[148] 在2008年航运市场崩溃后，破产的船东不计其数。而N先生是否真正能在2008年及时转售船舶根本是个未知数，例如船厂是否有延误，转售船舶的谈判是否有阻碍，N先生是否会在航运市场高涨时改变主意不选择马上出售船舶而是留待观望等，这些毕竟都是没有发生的事实，最后的概率纯粹是法院根据猜测作出。笔者没有此先例中全面的证据，但是根据笔者个人在此航运市场剧变时期的观察与经验，绝大部分的船东都是损失惨重，真正能够"独善其身"甚至能赚点钱的都要十分的好运气，属于凤毛麟角的情况。也因此只是站在笔者较悲观的角度来看，N先生能够及时转售船舶与远离航运市场的概率有50%是稍微过高了。

by this freezing injunction]。而且同样重要的是要在冻结期间不断留心被申请人的业务与生活上的活动,合情合理地应对被申请人提出改变冻结令的要求,并小心谨慎地全面保留证据。

1.8　冻结令和接管人的关系

有关"接管人"(receiver)的课题可见《仲裁法——从开庭审理到裁决书的作出与执行》(2010年)一书第十四章之8.6段的详细介绍,此处只提有关接管人命令与冻结令(freezing orders)之间的密切关系。毕竟在《Senior Courts Act 1981》立法之Section 37(1)中,有并列提到这两个课题互为替代做法:"The High Court may by order (whether interlocutory or final) grant an injunction or appoint a receiver in all cases in which it appears to the court to be just and convenient to do so." 有关接管人的做法也可见CPR Rule 69,在CPR PD 69 Paragraph 4.1列明了向法院提出申请时需要提交的证据。

简言之,接管人是由法院委任接管某些特定资产、也包括管理与处置这些资产的一位自然人。接管人是法院的"仆人与官员"(servant or officer of the court),并不向双方当事人(申请人或是被申请人)负责。法院有权终止委任,以及在接管期间作出有关资产的决定。

法院委任接管人的做法已经有很长的历史,但在20世纪70年代后期有了冻结令管辖权(Mareva jurisdiction),法院在做法上就有更多的弹性与选择余地。正如前文中节录的立法条文显示,只要法院认为是公平与方便(just and convenient)就可以颁布/作出命令,至于采用哪种做法(冻结令或委任接管人)有裁量权(discretion),可以根据特定案件予以判断。

所以委任接管人在很多特征上与冻结令完全一致,如:(1)委任接管人是一个中间命令(interlocutory order)与中间措施(interim measure)。(2)接管人命令也是对人管辖(*in personam* jurisdiction)。(3)接管人命令的做法也会通过藐视法院(contempt of court)予以保障与给予惩罚,见Masri v. Consolidated Contractors International Co Sal (2007) EWHC 3010 (Comm); Cruz City 1 Mauritius Holdings v. Unitech Ltd (2015) EWHC 718 (Comm)等先例。(4)藐视法院的强制主要是针对被申请人,法院委任的接管人接管特定资产(或是接管一家在营运的公司)后,就像冻结令一样,被申请人不能处置(dispose)或流失(dissipate)该资产,见Masri v. Consolidated Contractors International Co Sal先例。(5)接管人命令像冻结令一样不带来优先权,不影响公司破产法(insolvency laws)中的优先受偿的顺序。例如,申请人并不因为法院委任接管人就由无担保债权人变成有担保债权人(secured creditor)。(6)接管人命令与冻结令一样,可以在任何时间向法院申请,包括诉前、诉讼中或判决/裁决的执行(execution)阶段。

而在以下情况中,接管人命令会比冻结令更合适:(1)在法院或仲裁庭审理与作出判决/裁决前,或成功执行判决/裁决前,资产有被处置或流失的风险,但冻结令看来并不完善与有保证时。例如被申请人/被告有可能不理会冻结令,见JSC BTA Bank v. Ablyazov (2012) EWCA Civ 1411先例;Lee Kuan Yew v. Tang Liang Hong (No.2) (1997) 2 SLR 833新加坡先例(因为被申请人不遵守冻结令的附属披露令,法院委任了接管人)。

(2)针对的特定资产需要管理或需要做一些事情以保障价值。也就是资产的价值需要有人"盯着",而冻结令是无法达到这个效果的。例如,被申请人拥有一项专利权(patent)或一盘生意,必须保值才能满足申请人的索赔金额,见 P (Restraint Order: Sale of Assets), Re (2000) 1 WLR 473 先例。在 Parker v. Camden London Borough Council (1986) Ch 162 先例中,针对的不动产没有人维修保养因此向法院申请委任接管人。在 Masri v. Consolidated Contractors International Co Sal 先例中,针对也门油田开采权的收益,因此委任接管人。在 Ka Wah International Merchant Finance Ltd v. Asean Resources (1986) 8 IPR 241 香港先例中,针对在新加坡公司的股份,由于需要获得投票权(voting rights)去保障资产,因此香港高院颁布/作出委任接管人命令。(3)被申请人的资产十分复杂并涉及海外的公司结构与组织(complex offshore structures),见 International Credit and Investment Co (Overseas) Ltd v. Adham (unreported, 20 Nov 1996)等先例。可想到的一个重要原因是在这种复杂的情况中,往往也搞不清到底有什么资产,以及这些资产在名义上由谁拥有,因此全球冻结令(WFO)很难在措辞/文字上写得足够全面以应对各种变数。但委任接管人,可以由作为法院官员的接管人应对变数(甚至会取得法院的指示),针对性与有变通地颁布/作出命令。

至于针对海外资产(foreign/overseas assets),尤其是被申请人不在英国时,会有疑问是英国法院的接管人命令如何执行?这实际与全球冻结令的资产披露令(Assets Disclosure Order)是否会被严格遵守有同样的问题。有的外国法院可以承认与执行英国法院颁布/作出的接管人命令,例如欧盟国家,见 Derby v. Weldon (No. 3 and 4) (1990) Ch 65 先例。但如果外国法院是不承认与执行英国法院的接管人命令,甚至是不熟悉接管人的做法时,英国法院可以命令被申请人把外国资产授权给接管人管理,见 Ras Al Khaimah Investment Authority v. Bestfort Development LLP (2015) EWHC 3383 (Ch)先例。

相比于冻结令,接管人命令对被申请人的产权(property rights)有更严重的侵犯,而且涉及高昂的费用,接管人的费用由法院厘定,但肯定不会便宜。接管人对接管的资产有留置权(lien),可获得优先支付自己的费用。再加上一旦法院颁布/作出接管人命令后,接管人在接管后是很难"回头"的,这与冻结令一旦撤销(discharge)就"回头"是不同的。

所以除非申请人能够说服法院相信没有其他更好保证被申请人资产不流失的方法,否则英国法院不愿意颁布/作出接管人命令。

而接管人在接管财产后必须理解有关资产的产权仍属于被申请人,应该予以尊重。所以除非是有特别的理由(如有关的资产容易腐烂),否则不能随意处置(包括出售、转让、抵押、质押等)。接管人一旦需要处置资产,还是要先向法院取得指令再行事。

1.9 违反禁令/命令的后果:民事藐视法院

冻结令对被申请人会造成重大压力与伤害的一个原因,是因为很容易导致"民事藐视法院"(civil contempt of court),这甚至会带来刑事处罚的后果。

法院会根据申请人的单方面申请作出冻结令(以及稍后在本章之2段会详细介绍的附属资产披露令),这冻结令(以及附属资产披露令)的措辞/文字是非常广泛的,以至于被申请人甚至可能不小心就会未履行或违反冻结令。而一旦未严格履行或违反冻结令与任何其他法院禁令就会带来藐视法院的后果。

当然藐视法院的后果根据个案的情况与严重程度会有所不同。藐视法院的人士，可能被处以罚款、监禁，[149]在极端情况下法院甚至会作出通缉令（bench warranty）来确保对命令的履行，见 Zakharov v. White（2003）EWHC 2463（Ch）先例。在处理藐视法院后果的时间上，除了在中间程序阶段就进行处理以外，法院也会延期到庭审中进行处理，见 Prest v Marc Rich & Co Investment AG（2006）EWHC 927（Comm）先例。

在 Federal Bank of the Middle East v. Hadkinson（2000）1 WLR 1695 上诉庭先例中，阐述了在民事诉讼中指控藐视法院行为的一般程序，节录如下："The court normally adjudicates on a charge of civil contempt on an application for an order to commit the person alleged to be in breach of the order. The application is made by the person to whom the order was granted. The application is served on the respondent in accordance with the rules. It is supported by affidavit evidence. The defendant is entitled to answer by affidavit evidence denying the contempt or showing that, if there was a contempt, it was not wilful and setting out the circumstances of the alleged breach and any matters relevant to the exercise of the court's discretion on punishment of any contempt which is established. If a wilful breach of the injunction is established beyond reasonable doubt the court has a very wide discretion in deciding how to treat the contempt. Like all judicial discretions it must be exercised fairly and reasonably in a principled way and having regard to all the relevant facts. The powers at the disposal of the court range from making orders as to costs to imprisonment and sequestration."

对于什么时候可以认定属于藐视法院的一般原则，不妨简单列举一些情况如下：（1）指控对方藐视法院的指控人或禁令的申请人，对被申请人藐视法院的行为（或不作为）负有刑事案件的证明责任。（2）必须证明被申请人：其一，知道有关法院命令的措辞/文字；其二，行为（或不作为）违反了有关命令；其三，知道自己的行为构成对命令的违反。（3）根据《欧洲人权公约》之 Article 6，指控藐视法院的程序应属于刑事（criminal）。但同时也有民事程序性质，见 Masri v. Consolidated Contractors International Company SAL（2011）EWHC 1024 先例，也因此传闻证据（hearsay evidence）[150]可以被采纳。

在很多先例中，可以挑选近期的 Gulf Azov Shipping Co Ltd v. Chief Idisi（No. 1）（2001）EWCA Civ 21 先例进行介绍。在此先例中，Chief Idisi 是尼日利亚一间提供石油勘探以及与石油产品有关服务的公司的老板与董事，通过原告（Gulf Azov Shipping Co Ltd）的船舶从印度运输几架钻机前往尼日利亚，但在卸港发现钻机部件在海上运输过程中遗失，因此 Chief Idisi 及其公司在尼日利亚法院向原告（Gulf Azov Shipping Co Ltd）索赔 1700 万美元，但原告投保、也是协助原告参与诉讼的船东互保协会（P&I Club）认为此事件中的货损货差最多不超过 100 万美元，索赔是严重夸大了。反正 Chief Idisi 及其公

---

〔149〕 在《Contempt of court Act 1981》之 Section 12 规定藐视法院可以处以最长 2 年的监禁。

〔150〕 这课题在本书多处如第十二章之 4.3.2.2 段有介绍。

司即在尼日利亚扣船[151]为自己的索赔获得保全。直到21个月以后,原告与其船东互保协会才不得不以向代管账户(escrow account)支付300万美元为前提,换取了对船舶的释放。

船舶一经被释放,原告即刻向英国法院申请了对被告的"止诉禁令"(anti-suit injunction)。同时原告指称自己船舶被错误扣押导致了900万美元的船期等损失以及受Chief Idisi(及其公司)"勒索"向代管账户中支付了300万美元,因此向英国法院申请并获得法院作出了针对Chief Idisi(及其公司)的全球冻结令(Worldwide Freezing Orders),以及附属的资产披露令(Assets Disclosure Order)。之后由于对Chief Idisi(及其公司)披露的信息不满意还成功从法院申请到针对Chief Idisi及一些其他公司高管前往法院接受交叉盘问(cross-examination)的命令。而Chief Idisi之后还被发现从英国境内支付一笔35万美元的金额前往境外,以及支付费用给英国律师,这可以构成违反冻结令。原告之后即在法院申请指称Chief Idisi涉嫌藐视法院(针对了Chief Idisi的一系列行为,包括继续在尼日利亚法院推进诉讼,试图将资产转移到境外,未依从法院命令接受交叉盘问等),要求对其处以监禁的惩罚。

双方争议的焦点在于构成藐视法院的主观意图要件,原告认为Chief Idisi被指控的行为均为"有意识的"(intentional)行为,这已经足够构成藐视法院。而Chief Idisi方则提出要构成藐视法院,必须涉及的是"故意"(deliberate)违反法院命令,即有违反法院命令的主观意图,是"明知故犯"。在案件一审[(2000) EWHC 201 (Comm)]中,Moore-Bick大法官对过往有关藐视法院案件进行了总结:(1)针对Stancombe v. Trowbridge Urban District Council (1910) 2 Ch 190先例与Heatons Transport (St. Helen's) Ltd v. Transport & General Workers Union (1973) AC 15先例,Moore-Bick大法官总结:"a person is liable to process for contempt if he in fact does an act prohibited by the order of the court and that it is no answer to say that the act was not contumacious in the sense that in doing it he did not intend to disobey the order."(2)在Spectravest Inc v. Aperknit Ltd (1988) FSR 161先例中,法院作出中间禁令禁止被告对原告的专利进行侵权,被告之后在做出另一行为前先咨询了专利代理人(patent agent)[152]的意见后认为此行为不会对原告专利造成侵权,继续做出该行为。但事后被原告指控藐视法院。在这样的案情下,就很明显看到"有意识"与"故意"/"明知故犯"的不同。如果被告咨询专利代理人/律师,并被告知采取此行为会构成侵权、违反法院作出的中间禁令,但被告仍然采取此行为,这就是故意/明知故犯。(3)在Spectravest Inc v. Aperknit Ltd先例中,Millett大法官跟从了Heatons Transport (St. Helen's) Ltd v. Transport & General Workers Union先例以及后来的Mileage Conference Group of the Tyre Manufacturers' Conference Ltd's Agreement (1966) 1 WLR 1137先例的

---

[151] 即使是轻微的货损货差案件,在一些人看来是蛮不讲理的港口,会作出扣押船舶的命令,并敲一笔钱,甚至逼迫当事人放弃伦敦仲裁的管辖权、承认当地法院的管辖权。这类案件非常多,可见笔者《提单与其他付运单证》(2016年)一书第四章之2.4.4段介绍的The "Kallang" (No.2) (2009) 1 Lloyd's Rep 124等系列先例中塞内加尔收货人"敲竹杠"的做法等。

[152] 在今天《Legal Service Act 2007》下,专利代理人甚至可以提供有限的有关专利的法律服务。

判法，并指出："to establish a contempt of court it is sufficient to prove that the defendant's conduct was intentional and that he knew of all the facts which made it a breach of the order. It is not necessary to prove that he appreciated that it did breach the order."也因此被告的行为被判足够构成藐视法院。(4)这个判法还在之后被 Director General of Fair Trading v. Pioneer Concrete（UK）Ltd（1995）1 AC 456 先例以及 Adam Phones v. Goldschmidt（2000）FSR 163 先例中确认与跟从。(5)曾经在 Irtelli v. Squatriti（1993）QB 83 先例中，上诉庭考虑了被告是否"明知故犯"的问题，但这并没有改变前述过往先例中建立的规则。因此在之后的 Bird v. Hadkinson（unreported, 4 March 1999）先例以及 Adam Phones Ltd v. Gideon Goldschmidt 先例中，都仍然依赖 Spectravest Inc v. Aperknit Ltd 先例与 Director General of Fair Trading v. Pioneer Concrete 先例等作为此问题的权威先例。

Moore-Bick 大法官也跟从了 Spectravest Inc v. Aperknit Ltd 先例与 Director General of Fair Trading v. Pioneer Concrete 先例等的判法，即是否构成民事藐视法院要看 Chief Idisi 的有意识的行为是否真正违反了包括全球冻结令在内的多项禁令，但无须考虑 Chief Idisi 主观意图上是否明知自己的行为会违反禁令、明知故犯。此看法也在之后被上诉庭支持。

还值得注意的是，此先例中还提到了公司在面对冻结令等禁令时，公司董事(directors)有责任为公司的行为负责，有义务采取合理手段确保公司履行法院作出的禁令。Moore-Bick 大法官说："As a director of Lonestar Chief Idisi also had a responsibility for the actions of the company. In Attorney-General for Tuvalu v. Philatelic Distribution Corporation Ltd（1990）1 W. L. R. 926 the Court of Appeal held that where a company is ordered not to do certain acts and a director of that company is aware of the order he is under a duty to take reasonable steps to ensure that the order is obeyed, and if he wilfully fails to take those steps and the order is breached he can be punished for contempt."

一旦清楚地证明了被申请人构成了藐视法院，法院就会再根据案件的具体情况作出具体的判罚。而在过往的先例中，有不少违反冻结令导致的藐视法院中，被申请人都被处以监禁的处罚。[153] 例如，在 Gulf Azov Shipping Co Ltd v. Chief Idisi（No. 1）先例中，被申请人被处以 3 个月的暂缓监禁(suspended sentence)；Shalson v. Russo（unreported, 9 July 2001）先例中处以 2 年监禁；IFC v. DNSL Offshore（2005）EWHC 534 先例中处以 12 个月监禁；Crystal Mews Limited v. Metterick（2006）EWHC 3087（Ch）先例中处以 8 周监禁；Daniel v. Makki（2006）1 WLR 2704 先例中处以 12 个月监禁；Lexi Holdings plc v. Shaid Luqman（2007）EWHC 1508（Ch）先例中判处 18 个月监禁并之后[（2007）EWHC 2355（Ch）]被延长为 2 年监禁；JSC BTA Bank v. Stepanov（2010）EWHC 794（Ch）先例中处以 2 年监禁；Kythreotis（2011）EWCA Civ 1241 先例中处以 22 个月的监禁；JSC

〔153〕 有关藐视法院的监禁惩罚，还可见近期 Mobile Telecommunications Co KSC v. HRH Prince Hussam bin Abdulaziz au Saud（2018）EWHC 3749（Comm）先例中，认定沙特王子 Hussam bin Abdulaziz au Saud 行为违背禁诉令(anti-suit injunction)，属于藐视法院，判处其监禁 12 个月。

BTA Bank v. Shalabayev (2011) EWHC 2908 (Ch)先例中处以18个月监禁;JSC BTA Bank v. Ablyazov (2012) EWCA Civ 1411先例中处以22个月监禁;在JSC BTA Bank v. Solodchenko (2011) EWCA Civ 1241先例中被申请人被处以21个月的监禁。在香港还可见近期的La Dolce Vita Fine Dining Co Ltd v. Zhang Lan (2019) HKCFI 618先例。

值得注意的是,冻结令的错误申请造成的经济损失,可以通过申请人提供的交叉担保(cross-undertaking)获得补偿或救济,这已经在本章之1.7.5.2段介绍。但是被申请人一开始未能完全履行、遵守冻结令(即使事后证明是错误申请),造成藐视法院就只是被申请人自己的问题,无从获得救济。毕竟法治的精神下,法院作出的命令无论对错,在被更改(vary)、解除/撤销(discharge)之前都必须被严格遵守,即使发现有问题,也应该向法院申请解除/撤销或变更命令。

也因此在《Disclosure》(2017年,第5版)一书之17.31段中就提到最多成功申请与成立藐视法院的案件就是对冻结令(或搜查令)中附属的资产披露令的不履行或违反:"In practice most contempt applications are in relation to failures to comply with disclosure provisions in freezing and search order. In such cases the courts are willing to make findings of contempt and punish non-compliance accordingly. In general in such cases a custodial sentence is likely where there is a substantial breach of a freezing order…"

这是可以理解的,相对来说冻结令因为涉及第三方(通常是金融机构、银行),因此即使被申请人不理会英国法院的冻结令,试图转移或提取存款,知道有冻结令的银行也不会允许与合作,所以资产不会被转移或流失。但资产披露令纯粹是要求被申请人自己披露,对绝大部分商业人士来说,有的资产信息甚至连配偶都要隐瞒,更不用说要全面与坦率披露。因此有很大的诱因(temptation)不严格遵守资产披露令,甚至不予理会。这也是为什么违反禁令藐视法院最常见也是最多发生在对资产披露令的违反。

例如在刚刚提到的La Dolce Vita Fine Dining Co Ltd v. Zhang Lan香港先例中,2008年上市失败后,原俏江南董事长张兰与欧洲私募股权基金CVC"联姻",并向CVC"贱卖"股权以及退出董事会。2015年,张兰与CVC之间关系破裂,开始CIETAC仲裁,CVC就在香港法院申请到冻结令命令张兰不得转移在香港的资产,而且有附属的全球资产披露令要求张兰披露价值超过50万美元的资产清单。据报道,张兰也披露了拥有121.8万美元存款、若干北京房产和两辆汽车等。但事后被发现瞒报资产,比如在拍卖行公开买下昂贵的艺术品(这很容易被查到,如果欺骗的对象是法院,后果就会相当严重了),又未能出庭或通过律师答辩。2019年3月,被裁定藐视法院,处以12个月监禁刑罚,还要向原告CVC支付诉讼费用等。

1.10 冻结令/全球冻结令和财产保全的比较

估计很多读者会觉得这两种做法看起来好像十分接近,而财产保全(attachment of property)的做法已经有很悠久的历史,包括在中国,相反冻结令的历史就短得多。但在本章已经多次提到两者之间有很基本的不同,此处不再重复,只简单总结它们之间主要的不同如下,希望读者会更容易理解本章所介绍的有关冻结令的其他方面。

1.冻结令/全球冻结是一个"对人诉讼"(*in personam* action),但财产保全是一个"对物诉讼”(*in rem* action)。

2. 这就可以解释很多本章其他的内容。例如在对物诉讼,即使法院作出惩罚充其量也是没收有关财产,不会涉及个别在背后的有关自然人或公司法人。但如果是对人诉讼中违反或不严格遵守法院命令,法院就可以判被告(无论是自然人或公司法人)作出了藐视法院的刑事罪行,并判处监禁与/或其他惩罚了。

3. 这样解释了为什么在 Angel Bill exception 下,法院要允许不断在冻结的钱中扣减生活费用与/或日常营业所需要的资金。法院即使同意为了一个可能会胜诉的索赔去颁布/作出冻结令,也不代表可以“逼死”被告。但在成功冻结金额不高的情况下,这些扣减会慢慢地严重腐蚀这笔钱,甚至到零。但对物保全下,即使被扣押的财产背后的有关人士急需财产释放来“救命”,也没有听说过可以因此作出扣减。

4. 对物诉讼通常管辖权是在财产的所在地,例如历史悠久的“诉船”,就必须是有关的船舶到了某一个国家的港口。这样,才是给了该港口的法院管辖权(jurisdiction)处理“诉船”的诉讼行动,即使“诉因”(cause of action)是发生在公海或其他国家的水域。这也是现实,如果有关财产是在其他国家而不在英国,英国法院就是想管也管不到。例如如何对该财产作出扣押或没收?这样,如果只依赖对物诉讼,英国法院恐怕也管不了与插手不了太多其他国家或全球的事情。

5. 但对人诉讼的管辖权,英国法院只要有把握是可以管到并且有阻吓力可获得了执行与遵守,就可以看情况去延伸。例如在很多方面通过立法延伸至一些与英国无关,也不在英国发生的事情,如针对全球贪污的《Bribery Act》。另外已经在本章之 1.5.1.3 段提到,根据法院对《Senior Courts Act 1981》之 Section 37 的解释,在支持仲裁裁决的执行方面,即使仲裁败诉方在英国没有资产,只要案情与英国有真实连接点(connecting factors),就可以作出冻结令帮助执行。这种情况也适用在涉及与英国没有关系的国际欺诈、贪污受贿等重大案件。所以可以说这些年来,英国的长臂管辖权(long-arm jurisdiction)已经是越伸越远,对全球产生很大影响。毕竟属于对物诉讼的财产保全,虽然可能对个人或公司经济造成很大困难,但如果有关人士不理睬,最多就是放弃有关财产。而属于对人诉讼的冻结令,被申请人/被告就非要出面不可并且要应对得好,否则就可能涉及刑事犯罪。如果对有关的冻结令与附属的资产披露令不理不睬或不严格执行,就会导致民事案件演变为刑事犯罪,这是财产保全中不会发生的。

这也是为什么冻结令被称为是诉讼中的“核武器”,而历史悠久的财产保全则没有这种说法。这对发展中国家的人士尤为苛刻,因为他们身处不同的社会环境,遇到这种情况也不容易找到适当(熟悉普通法)的律师指导。即使主观上没有违反法院命令的意图,实际上也做不到。

1.11 冻结令:法院的“核武器”

在本章之 1.7.1.7.1 段已经提到在 Bank Mellat v. Nippour (1985) FSR 87 先例中,Donaldson 大法官首先将搜查令(Search Order)与冻结令(Freezing Order)称为法院的“核武器”(nuclear weapon)。这名称在后来诸多先例中也被提起,从中也可以看到冻结令(以及其他附属命令,如资产披露令)威力无穷,这些命令会对被申请人/被告造成极大的压力与伤害。

较近期的先例则可见 Fourice v. Le Roux (2007) UKHL 1 贵族院先例中,Scott 勋爵指出:"Whenever an interlocutory injunction is applied for, the judge, if otherwise minded to make the order, should, as a matter of good practice, pay careful attention to the substantive relief that is, or will be, sought. The interlocutory injunction in aid of the substantive relief should not place a greater burden on the respondent than is necessary. The yardstick in section 37(1) of the 1981 Act, 'just and convenient', must be applied having regard to the interests not only of the claimant but also of the defendant. This is particularly so in the case of freezing orders applied for without notice. Assets of the defendant to which the claimant has no proprietary claim whatever are to be frozen so as to constitute a source from which the claimant can hope to satisfy the money judgment that, in the substantive proceedings, he hopes to obtain. **The frozen assets are removed for the time being from any beneficial use by their owner, the defendant. This is a draconian remedy and the strict rules relating to full disclosure by the claimant are recognition of the nature of the remedy and its potential for causing injustice to the defendant.**"(加黑部分是笔者的强调)

在以上节录段落中,可以看到冻结令本身就会对被申请人带来严重的影响,Scott 勋爵所采用的措辞/文字是"严厉"(draconian)与"严格"(strict)等。冻结令对被申请人的影响巨大也是完全想得到的。

对于自然人而言,所拥有的资产被冻结后,除非是日常生活开销,[154] 否则任何处置都需要向法院申请。这就会导致很多麻烦,例如为子女上学所存下的金钱无法及时用上等。

对于公司等法人而言,资产被冻结更是会造成同样或更大影响,毕竟在今天公司营运与业务,现金流及可随时支配的资产常常是至关重要的。而且公司的资产被冻结,除了合理生意上正常债务其他行为都要向法院申请,这往往就会破坏进行中的交易,也妨碍公司进一步发展与缔结新的交易,毕竟向法院申请需要时间、能否成功也是未知数,很多交易都无法这样等待。从另一个角度来看,公司营运与经营业务常常会涉及银行融资、贷款。在贷款协议、船舶融资协议等金融合约中有"违约事项条文"(events of default clause),在违约事项条文中有时会针对债务人财产被扣押(attachment)或执行(execution)等情况的措辞/文字,并要求债务人在一定期限内对之予以解除/撤销,否则就可能属于违约。再加上这些金融合约中常见的"交叉违约条文"(cross default clause),[155] 只要在一个类似的金融合约下有此类违约,就会导致大量的金融合约全部违约,即使是在经济上完全健康的公司也会因此被摧毁。不少金融合约会要求债务人及时通知有关事件的发生,债权人(银行)自己也会紧密地跟进法院的信息,了解债务人是否存在违约事项。

---

〔154〕 见本章之 1.4.3 段。申请人在单方面申请冻结令时会填上允许被申请人合理日常开支的金额,但也能想到的是申请人会尽量压低这个金额,而被申请人如果认为该金额太低,就要委任律师向法院申请以对这笔金额作出调整。

〔155〕 交叉违约条文指债务人对其他任何金融合约下的债务违约,也会构成对本债务的违约。这方面课题,可见笔者《船舶融资与抵押》一书的第 378 页。

1.12 面对单方面冻结令申请的中国公司

在本章之1.6段已经简单提到了,相比于多方(*inter parties*)或有通知(with notice)的冻结令申请而言,单方面(*ex parte*)或无通知(without notice)申请更容易成功。现实中主要对商业案件进行审判的高院也确实有很多单方面申请到的冻结令。正如在本章之1.6.3已经节录过的O'Farrell v. O'Farrell (2013) 1 FLR 77先例中,Tugendhat大法官所说:"Like Mostyn J, I too have been shocked at the volume of spurious ex-parte applications that are made in the Queens Bench Division(处理商业案件的后座法庭)."

事实上有不少经由单方面申请作出的冻结令都本不应该作出,对于这些冻结令来说,只要被申请人事后出庭回应/抗辩,就有很大机会解除/撤销冻结令。正如Hope勋爵在Fourice v. Le Roux (2007) UKHL 1贵族院先例中针对单方面申请带来的危险所说:"But litigants do from time to time persuade judges to make orders in their favour ex parte which on more mature reflection have no sound basis in law and must be set aside."

1.12.1 中国公司应对冻结令会遇到的困境

但是对于发展中国家的公司(如要走出去的中国公司)来说就存在很严重的不利之处。虽然这些单方面作出的冻结令会有很大机会可以申请解除/撤销,但是由于不了解有关法律,未找到称职、懂行的律师等,往往在面对冻结令这种"核武器"时手足无措以及延误作出应对而吃大亏。

这种公司在面对外国申请人申请到冻结令后,虚张声势地要求赔钱,也会由于担惊受怕而投降,愿意赔钱(实际上是被敲了一笔钱)。在Camdex International Ltd v. Bank of Zambia (No.2) (1997) 1 WLR 632上诉庭先例中就说:"... the purpose of a Mareva injunction was to prevent the dissipation of assets available for execution and not to pressurise a defendant into paying part of the judgment debt..." 因此申请人成功冻结资产后,向被申请人提出"只要你赔偿一半的金钱,我就放过你",这就显然超出冻结令的本意,被申请人只凭这句话作为证明就可以成功申请对冻结令的解除/撤销。

面对这样的压力,有些公司往往是一路拖延,要不就是干脆投降。笔者遇到有内地律师咨询与抱怨被香港法院不公平地对待其客户(一家深圳的中资公司),冻结了几亿元人民币的资产无法使用。笔者进一步问,才了解这笔资金已经被冻结了一段时间,但并没有委任香港律师,也没有采取任何行动。而且并不是由于资金有非法等问题,而纯粹是外国公司单方面申请并由香港法院作出了针对内地公司的冻结令。在冻结令向内地公司送达后,内地公司没有在法院的规定时间内予以回应。之后内地公司想通过与银行沟通继续使用这笔资金,但被银行拒绝。据悉,期间外国公司也就此向该公司施压要求支付部分金额换取对冻结令的解除。笔者感觉有很大信心是有机会申请撤销冻结令(如可以针对外国公司是否有作出全面与坦率的披露,加上外国公司事后提出支付部分金额换取解除冻结令的要求以及没有启动诉讼/仲裁等),因此建议正式委任香港律师在香港法院申请撤销冻结令。

1.12.2 冻结令的本意是防止资产流失而不是"核敲诈"

冻结令在生效后,等于是"核武器爆炸",对被申请人(包括作为被申请人的中国公司）而言是晴天霹雳。但是在笔者看来，在今天频繁产生诉讼的国际商贸活动来看，这是时常发生的，只要从英国法院以及其他普通法法院申请与颁布/作出的冻结令（包括全球冻结令）的数量就可以知道这是普遍的做法。也有不少有水平、争勇好斗与精明的英美国家公司，很习惯与熟悉采用这种手法逼死对方（尤其是知道对方不懂国际法律，或者宁愿花这"救命钱"也不舍得花钱委任律师，或不知道谁才是可以胜任的律师），并从中获取极大的经济好处，逼迫对方签署城下之盟。

对法院而言，冻结令的本意只是在判决或裁决作出或被实际执行之前，防止资产的流失，并不是为了帮助申请人向被申请人施加压力，并获得经济与其他方面的好处。

虽然并非法律本意，但这往往变成现实的后果。因为冻结令不能被用来针对资本雄厚的公司，例如世界500强公司（如果真的成功申请到针对它们的冻结令，也只会迎来更加严厉与可怕的反击）。冻结令针对的反而通常是一些发展中国家的公司或小公司，它们往往好欺负并且也不知道怎么应对。

可以部分节录 Steven Gee QC 的《Commercial Injunctions》（2016 年，第 6 版）一书之 3.001 段如下："The (Mareva) jurisdiction is not to be used for the purpose of putting pressure on the defendant to secure the claim. A distinction is to be drawn between what is the purpose of the court in granting an injunction, and what may be the consequences of the injunction being granted. It is no purpose of the court granting Mareva relief to put pressure on the defendant to grant security for the claim, or to facilitate the claimant in obtaining a favourable settlement, or to create commercial pressure, but it may be that a result of the injunction will be that the defendant chooses to provide security so as to get the injunction discharged, or even to settle the case. The fact that an injunction may have such consequence does not mean that the court in granting it, or the claimant in seeking it, has thus as an unarticulated and illegitimate aim. Nor does it follow necessarily that because the defendant may be disadvantaged in this foreseeable and undesirable way as a consequence of the granting of the relief, it is unfair to grant it. ..."

在冻结令（包括全球冻结令与资产披露令）生效后，对被申请人肯定会造成很大的压力。但只要合法，这个压力是在所难免的后果。如果申请人的言行"过火"，留下了自己趁机压迫被申请人投降或作出不合理的让步的证据，就会带来问题了。这会构成滥用司法程序（abuse of process），因为申请人取巧并非法院命令的本意，这也间接显示了申请人在申请冻结令的誓章/誓词（affidavit/affirmation）中担心被申请人/被告的资产流失而申请冻结令的理由站不住脚，实际上申请人背后有其他"不可告人"的原因，并没有坦率地作出披露。

这种申请人"过火"向被申请人施加与申请冻结令本意不符的压力，在不同案件会有千变万化的情况。例如在冻结令生效后，申请人马上在通知被申请人的同时，迫不急待通知所有与被申请人有联系的公司（包括被申请人的银行）或自然人进行大力宣扬。这就明显与冻结令的执行无关，只是为了给被申请人带来更大的压力。又或者明言告知被申请人"不光是要你的钱，还要你的命"等。作为被申请人的中国公司，如果遇到这种"穷凶极恶”的申请人,不妨由他/她多放点狠话并保留证据,这对之后向法院申请撤销冻结令是有很大帮助的。

在 Camdex International Ltd v. Bank of Zambia (No. 2) (1997) 1 WLR 632 上诉庭先例中,就显示了冻结令不能被用来向被申请人施压。此先例中原告成功获得了针对被告的判决债务(judgment debt)。由于被告(Bank of Zambia,现名赞比亚国家银行)没有足够资金支付债务[欠下债务总金额超过 70 亿美元,但赞比亚国家银行自己的资产总额只有 1 亿多美元,还包括大量无法直接支配的资产,以及除了此先例原告以外的诸多债权人,还对“国际货币基金组织”(International Monetary Fund)、“世界银行”(World Bank)等负有重大债务],因此原告向法院申请、并成功获得法院作出了针对被告的全球冻结令。被告实际上是赞比亚的国家银行,承担了发行国内货币的权力与职责。当时赞比亚国内由于飞速的通货膨胀,导致需要大量的大额纸币,取代当时赞比亚国内仍然大量流通的小额纸币,否则对国内经济与人民生活都会造成很大影响。因此被告向著名的纸币生产商英国德拉鲁公司(De La Rue Plc)订购了大量纸币,纸币在生产完成后还没有运输出境离开英国。而在此先例中,被告也承认这些纸币应属冻结令针对的资产,但申请法院对这些纸币等资产予以豁免,理由是这些纸币在被发行前事实上对于除了被告以外的其他人而言没有任何价值,而且这些纸币被运输前往赞比亚对于赞比亚的国家经济有重要影响。一审法院的判法是对冻结令严格予以执行,拒绝对这笔纸币进行豁免。但上诉庭推翻了这个判决与撤销了冻结令,上诉庭指出的确在一般情况下,判决债权人有权采取所有手段向判决债务人追讨债务,法院也一般愿意对判决债务的执行提供帮助,但这是法院的裁量权,而且冻结令的本意是防止资产的流失,此先例中的特别情况,这些纸币由于在流通之前没有任何价值,即使是离开英国也谈不上导致资产流失。上诉庭认定原告真正的目的是以冻结这笔纸币为手段,向被告施压以换取对债务的部分支付,这并非冻结令的本意。

而在较近期的 Yves Charles Edgar Bouvier v. Accent Delight International Ltd (2015) SGCA 45 新加坡上诉庭先例中,Sundaresh Menan 首席大法官说:“Mareva injunctions have been discharged where the applicants … used the Mareva injunction concerned to ‘oppress the defendants’ (see Meespierson NV v. Industrial Commercial Bank of Vietnam (1998) 1 SLR (R) 287 at (29) per Judith Prakash J) in the sense of the injunction being ‘calculated to pressurise the defendants and bring them to their knees’ [see Art Trend Ltd v. Blue Dolphin (Pte) Ltd and others (1981 - 1982) SLR(R) 633at (41)].”

在该上诉庭先例中,Sundaresh Menan 首席大法官也是同样的情况把高院颁布/作出的全球冻结令与资产披露令撤销(discharge),说:“In our judgment, the Mareva injunction obtained against Mr Bouvier(被申请人)in this case was an abuse of the court's process. The injunction was not obtained by the respondents to prevent the enforcement of an anticipated judgment from being frustrated. Instead, we are satisfied that it was deployed as an instrument of oppression to inflict commercial prejudice on Mr Bouvier. Four factors lead us to this conclusion: (a) The first is the respondents' (申请人) delay in making their application for a

Mareva injunction and ancillary disclosure orders against Mr Bouvier. The lack of urgency in their application suggests that in fact, the respondents did not genuinely believe there was a real risk that Mr Bouvier would dissipate his assets. (b) This shades into the second factor, which is the respondents' failure to comply with the Supreme Court Practice Directions ('the Practice Directions'). There was, in the present circumstances, no reason for the respondents to make their injunction application ex parte without giving Mr Bouvier notice. (c) The third factor is the unjustifiable breadth of the Mareva injunction against Mr Bouvier. For no apparent reason, the respondents included the assets and bank accounts of 14 companies owned by Mr Bouvier (the 14 'affected companies') in the Mareva injunction as it was worded when it was granted by the Judge on 12 March 2015. (d) The final factor is the respondents' conduct subsequent to their obtaining the Mareva injunction against Mr Bouvier."

1.12.3 冻结令下被申请人如何应对

看来，被申请人只要是案件站得住脚与懂得处理，在很多情况下都可以更改、解除或撤销申请人单方面(*ex parte*)或无通知(without notice)申请取得的冻结令(或全球冻结令)与资产披露令(Assets Disclosure Order)。

现实中这种滥用(abuse)的情况是越来越多的，因为向英国法院单方面申请相对容易，也可以马上为申请人带来很大的优势，甚至是对被申请人予取予求。这种“滥用”的申请也常常没有严格遵守申请冻结令的要件，例如没有对案情作出全面与坦率的披露(full and frank disclosure)。笔者见过不少涉及中国公司的商业争议案件，在有能力的律师手中显示出是可争辩(arguable)，甚至是有良好论据的案件(good arguable case)。而这些论据(无论是责任或赔偿金额)往往是申请人单方面申请时在誓章/誓词中没有披露(无论是无意还是故意)的。中国公司作为冻结令的被申请人，应根据个案情况向法院提出，会有机会更改或撤销冻结令。此外根据个案的情况不同，其他有机会申请更改或撤销的理由包括：(1)申请人不应该以单方面申请；(2)被申请人的资产没有流失(dissipate)风险；(3)申请人冻结令针对的范围太广也不必要；(4)申请人在冻结令生效前后的言行(如向被申请人敲诈施压等)显示申请冻结令是有“不可告人”的理由或者“别有用心”(ulterior motive)。

此时被申请人一方面不要被吓坏，另一方面也要处理得好。申请人单方面取得冻结令固然相对容易，但事后被申请人撤销或更改冻结令也相对容易。毕竟英国法院也知道单方面申请的危险，在法官只能听取一面之词的情况下，有水平的律师很容易说服法官作出冻结令。而即使申请人技术上没有误导或隐瞒法院，他/她的代表律师调查的时间与能调查出来的事实也有限(这可能是借口也可能是事实)。所以被申请人一定要在收到冻结令后在法院规定的时间(return date，一般是 7 ~ 14 天，如果有需要可以申请延长)出庭抗拒冻结令，这是被申请人让法院知道双方的说法与全面真相(申请人不知道和没有向法院披露的部分事实)以及为自己争取公道的唯一机会。而如果冻结令被撤销，申请人就要赔上为申请冻结令花费的昂贵律师费用(legal costs)。这样在接下来的法院诉讼或仲裁以及双方试图和解的谈判中，就变成被申请人占据优势了。

笔者(杨大明律师)可以坦诚地说,在大部分笔者碰到的中国公司被其他外国公司申请了全球冻结令的情况中,对方的誓章证据都是有瑕疵的。如果中国公司愿意投资律师费去尝试撤销冻结令,在有经验与有水平的律师的处理下其实成功机会相当高。但笔者发觉很多中国公司对全球冻结令一无所知(除了听闻过这是外国公司使用的一件非常厉害的"武器"),所以在突然收到冻结令时处于僵硬状态(shell shocked)。这些中国公司一般没有筹备去处理这些突发事件,觉得撤销程序昂贵且没有把握,认为这是外国法院的阴谋或偏见,所以在受委屈的情况下作出赔偿或与对手达成"城下之盟"。这不是健康的处理方法,笔者也建议中国公司在面对外国法院的冻结令时要冷静及要向有经验与有水平的律师咨询可否撤销,否则只会鼓励更多外国公司利用中国公司的这种心理,用这类型的手法逼迫中国公司速战速决。

1.12.4　以仲裁条文防范冻结令的作出

除了在冻结令作出后抗拒外,中国公司也可以考虑从合约订立时就主动防御。除了极少数的法院诉讼,"走出去"的中国公司更多涉及的是国际仲裁(包括英国或其他普通法国家/地区的仲裁)。在订立合约拟定仲裁协议时,就可以考虑主动排除冻结令的做法。中国公司在拟定仲裁协议时可以加上一条所谓的"Scott v. Avery clause",即约定在取得裁决书前,不能在法院进行有关双方争议的任何程序,英文写法可以是:"... neither party would bring proceedings against the other in respect of any such dispute until it had first been heard and determined by the arbitrators, and that obtaining an award was condition precedent to the right of either party to bring any action or other legal proceedings against the other..."

简言之,这个条文在《Arbitration Act 1950》立法有上诉庭先例判是只可以排除对实质争议的法院程序,但不能排除法院作出附属命令的程序,见 Toepfer v. Cargill (1998) 1 Lloyd's Rep 379 等先例。这方面在笔者《仲裁法——从 1996 年英国仲裁法到国际商务仲裁》(2006 年)一书第十章之 2.2.1.1 段有介绍。

《Arbitration Act 1996》生效后,针对法院作出中间命令/禁令协助仲裁的条文是 Section 44,可节录如下:"**Court powers exercisable in support of arbitral proceedings.** (1) Unless otherwise agreed by the parties, the court has for the purposes of and in relation to arbitral proceedings the same power of making orders about the matters listed below as it has for the purposes of and in relation to legal proceedings. (2) Those matters are—.... (e) the granting of an interim injunction or the appointment of a receiver."

可以注意到 Section 44(1)一开始就说明了该立法条文可以双方同意排除,并非强制性适用。这也在笔者《仲裁法——从 1996 年英国仲裁法到国际商务仲裁》(2006 年)一书第四章之 2.2.9.3 段针对。其中提到在 Q's Estate, Re (1999) 1 Lloyd's Rep 931 先例中,法院判必须有清楚无误的文字,才能排除法院在 Section 44 下的权力。而此先例有关仲裁条文中的"to have exclusive jurisdiction"只是排除了法院对实质争议的管辖权,并非排除法院在 Section 44 下作出冻结令的权力。另在 A Meredith Jones & Co Ltd v. JSC Innovatsia (unreported, 17 February 1999)先例中,适用的仲裁规则不准当事人在法院采取行动,除了为了担保(other than to obtain security for a claim)。这样,也明显不足以排除法院在 Section 44 下的权力。

在近期的 B v. S (2011) EWHC 691 (Comm)先例中,法院判 FOSFA 54 标准格式第 29 条,类似上述节录的"Scott v. Avery clause"的写法,是足够排除法院在 Section 44 下的权力。该先例的案情涉及葵花籽油的买卖,买方索赔大约 300 万美元的损失并且单方面向法院申请冻结令,冻结了卖方 340 万美元的资产。卖方根据 FOSFA 54 标准格式第 29 条抗拒冻结令,这被英国高院支持。Flaux 大法官认为 FOSFA 54 标准格式第 29 条的写法足够清楚排除法院在 Section 44 下的权力,说:"Before considering the various authorities, I should say at the outset that, untrammelled by any authorities, I would be of the very firm view that the opening words of the second paragraph of clause 29: 'Neither party hereto, nor any persons claiming under either of them, shall bring any action or other legal proceedings against the other of them in respect of any such dispute until such dispute shall first have been heard and determined by the arbitrators, umpire or Board of Appeal...' were **clearly wide enough and did, on their true construction, exclude all proceedings anywhere, including in England, whether substantive or ancillary or ... supportive of the arbitration in which the substantive dispute will be decided. It seems to me that it is clear that, as a matter of language**, proceedings are 'in respect of a dispute' not just when they seek to determine the substance of the dispute, but also when they are ancillary to the dispute or are seeking security for it."(加黑部分是笔者的强调)

中国公司如果不想面对冻结令与附属的资产披露令,就可以考虑在伦敦仲裁条文中加入类似的条文。笔者也想到如果是其他仲裁地(如北京或斯德哥尔摩)的仲裁条文,为了辅助仲裁在英国法院申请冻结令,这样《Arbitration Act 1996》立法就不适用。现在英国法院申请冻结令是独立(freestanding)的法律行动,法律依据应该是《Senior Courts Act 1981》与 CJJA 1982。但根据 B v. S 先例的判决,关键是"Scott v. Avery clause"的措辞/用字足够清楚排除法院的作出冻结令的权力。所以法院在《Senior Courts Act 1981》下是否会选择漠视明确的明示条文,选择行使裁量权作出冻结令,笔者持怀疑态度。这样看来,如果在本章之 1.9 段提到的 La Dolce Vita Fine Dining Co Ltd v. Zhang Lan (2019) HKCFI 618 先例中,张兰女士与 CVC 的 CIETAC 仲裁条文里包含一条明确的"Scott v. Avery clause",则笔者估计中国香港法院(一般会与英国法保持一致)就不会对张兰女士作出冻结令与资产披露令。

另外,中国香港[156]的仲裁员(包括香港国际仲裁中心委任的紧急仲裁员)在"Scott

---

[156] 中国香港《仲裁条例》(第 609 章)与英国《Arbitration Act 1996》的不同之处之一是,香港是给仲裁员(包括紧急仲裁员)作出中间禁令(interim injunction)的权力,包括第 37 条明示规定是可以接受单方面申请(without notice)。当然与此同时,根据《仲裁条例》第 45 条,法院也依然有辅助仲裁(无论是香港还是外地仲裁)作出中间禁令(包括冻结令)的权力。这是由当事人自己选择向法院或是仲裁员(特别是紧急仲裁员)申请。所以笔者觉得如果法院因为"Scott v. Avery clause"无法作出冻结令,而仲裁员不受影响可以作出冻结令,就有点说不通了。

v. Avery clause”下可否作出冻结令的问题，目前还没看到先例针对，但笔者认为也是同样的答案。虽然理论上来说，申请人/原告没有开始一个新的法律行动，但是根据B v. S先例对“Scott v. Avery clause”的解释，条文明示排除仲裁庭对实质争议作出裁决前，任何支持仲裁的针对实质争议或附属性的其他法律行动。所以笔者认为，这个明示条文对仲裁庭也有同样的约束力，毕竟仲裁员或紧急仲裁员作出的冻结令与资产披露令也需要获得法院的许可才可以强制执行（在中国香港就是根据《仲裁条例》第61条）。

当然“Scott v. Avery clause”对中国公司来说也是“双刃剑”，因为商业合约的相对方在仲裁有了决定之前被禁止申请冻结令的同时，中国公司自己也受到了同样的约束。但目前看来，中国公司相对来说在国际仲裁中是被告的比例更高，即使是作为原告，也普遍没有外国公司这么主动与“穷凶极恶”。所以从总体上来说，有一条“Scott v. Avery clause”对中国公司更有好处。但在一些特殊情况下，订立合约时就对合约相对方的信誉有所怀疑（但又不得不订立合约），担心将来有主动与紧急申请冻结令的必要，就不应该加入“Scott v. Avery clause”，以免作茧自缚。

1.12.5 中国公司主动利用冻结令保护权益

实际上中国公司完全可以利用这套制度保护自己的权益，如笔者的《禁令》一书第四章之3.1.4段就提到了一个20世纪80年代初笔者（杨良宜）处理的案件。多年前，笔者为香港益丰公司（后来与中远合并）向罗马尼亚（当时是尼古拉·齐奥塞斯库统治）国营的Mineralimportexport追付一笔约70万美元的运费/滞期费。要知道，即使在伦敦仲裁胜诉（根据租约的仲裁条款），也无法在罗马尼亚成功执行。故此，能在罗马尼亚境外取得诉前保全十分重要。笔者根据租船市场消息，知悉Mineralimportexport租了一艘船在中国装港运2万多吨谷物回去罗马尼亚。再通过上海外代，知悉是一个FOB买卖（显然租船是买方，不是卖方）以及下一港将停留新加坡加油。笔者就任命新加坡律师向法院申请一个Mareva禁令针对这批货物，并同时要求下令把它卸下以免流失，原告承担费用，以免船东以无辜受损受延误为由插手。这禁令一生效，Mineralimportexport马上付清欠下的约70万美元给益丰公司。

另一个案件发生在20世纪70年代后期。当时英国已经开始有很多冻结令的申请，但据悉笔者处理的这件案件是香港第二或第三个冻结令申请。该案件涉及广州外贸局通过中间商向一家背后是印度人的香港公司以CIF价格购买约1万吨缅甸的一级烟草，价格六七百万美元，以信用证在香港支付。但这家香港公司是骗子，伪造了假提单，实际上是租用了广远的船舶从印度装了一批劣质烟草到广州，广州外贸局在黄埔卸港发现后拒货。香港公司指令广远将烟草运回印度，广远之后要求该香港公司支付这笔约为100万美元的回航运费，但香港公司不予理睬。广远找到笔者要求协助，笔者立刻前往这家香港公司在湾仔熙信大厦的办公地址想要摸底。笔者发现该公司只有2个印度人与1个香港秘书，并且笔者一表明身份就被印度人非常粗暴地赶了出去。但匆忙中笔者在其中一张办公桌上看到了两个银行存折，由于当时英国的冻结令主要与海事争议有关，笔者也涉及其中部分申请冻结令的案件，所以对这种救济方式十分警觉。于是笔者在广远同意或至少不反对的情况下马上委任了一位香港律师一起向香港法院申请冻结令，并提供了大量英国做法以说服法官行使裁量权去冻结这两间银行的户口中上限金额约为100万美元的部分。在成功申请到冻结令后,香港公司马上支付了100万美元的回航运费。估计这个消息很快传到了广州外贸局,几天后广州外贸局就请笔者到广州,笔者这才知道回航运费背后的烟草交易的争议。笔者知道对付骗子或不诚实商人最好的办法是再次申请冻结令而不是启动诉讼。但是笔者同时也提醒广州外贸局,由于笔者已经申请了一次冻结令,香港公司已经有了警觉,很可能已经将存款转移,所以动作要快。果然,虽然笔者再次成功申请到了冻结令,但银行账户中已经只剩下了100万美元以下的存款,最终这也是广州外贸局能追回的金额。当时还没有全球冻结令的做法,如果这个争议发生在今天,在全球冻结令与辅助的资产披露令、搜查令、限制出境命令、第三方披露令(包括Banker Trust Order)下,这笔钱即使被汇去了外国(该案件是瑞士与伦敦)也依然可以追踪到,很有可能除了律师费之外全数追回。

另在近期的CMOC v. Persons Unknown (2018) EWHC 2230 (Comm)先例中,案件涉及中国洛钼集团在美国的分公司CMOC USA。CMOC USA分管英国分公司CMOC,也就是本先例的原告。CMOC USA的负责人陈先生是被授权可以操作CMOC在伦敦的中国银行账户的人士之一。他的邮箱账户被黑客入侵,黑客伪造他的签字冒名向伦敦的中国银行作出虚假指示,将数百万英镑分开转入了全球多个银行账户。虽然CMOC不知道这些银行账户属于谁,但成功向英国法院单方面申请冻结这些"Persons Unknown"[157]的账户。这是英国法院第一次颁布/作出针对"Persons Unknown"的冻结令,有了冻结令的帮助,下一步就是CMOC执行英国法院的胜诉判决,追回这笔高达700万英镑的损失。

2. 资产披露令(Assets Disclosure Order)

2.1 为什么冻结令需要资产披露令的辅助

已经在本章多处提到过,在法院作出冻结令(Mareva Injunction / Freezing Order)冻结被申请人资产时,往往会同时作出附属命令(ancillary order),要求被申请人/被告以誓章/誓词(affadavit / affimation)的方式披露有关资产信息(assets information)。如果事后发现被申请人没有或遗漏了任何资产的披露,被申请人(甚至被申请人的代表律师如果存在错误或疏忽也是一样)会可能被认定为藐视法院(contempt of court)并承担刑事后果。这种案件很多,例如TDK Tape Distributor (UK) Ltd v. Videochoice Ltd (1986) 1 WLR 141先例等。

资产披露令被称为是对冻结令的辅助(in aid),在冻结令(通常一开始会以非常广泛的措辞/文字针对被申请人的各种可能存在的资产以免造成遗漏)之后,根据被申请人在资产披露令下披露的资产信息收窄范围到针对特定资产。例如,可见A v. C (1981) QB 959先例(被告涉嫌欺诈),法院根据单方面(*ex parte*或without notice)申请作出冻结令,Goff大法官就说:

---

[157] 有关针对"Persons Unknown"作出冻结令的课题也可见本章之1.6.5段。

“There is no doubt that this jurisdiction(冻结令的管辖权或权力)is in a process of development; and that it is still in the course of throwing up problems which have yet to be solved. The customary form of order is in a very wide form; it restrains the defendant from removing from the jurisdiction or otherwise disposing of or dealing with any of his assets within the jurisdiction including and in particular (a certain specified asset) save as in so far such assets do not exceed in value the sum of (the plaintiff's claim). …

Now the exercise of this jurisdiction may lead to many problems. The defendant may have more than one asset within the jurisdiction—for example, he may have a number of bank accounts. The plaintiff does not know how much, if anything, is in any of them, nor does each of the defendant's bankers know what is in the other accounts.[158] Without information about the state of each account it is difficult, if not impossible, to operate the Mareva jurisdiction properly; for example, if each banker prevents any drawing from his account to the limit of the sum claimed, the defendant will be treated oppressively, and the plaintiff may be held liable on his undertaking in damages.[159] Again, there may be a single claim against a number of defendants; in that event the same difficulties may arise.[160] Furthermore, the very generality of the order creates difficulty for the defendant's bankers, who may for example be unaware of the existence of other assets of the defendant within the jurisdiction;[161] indeed, if a more specific order is possible, it may give much needed protection for the defendant's bankers, who are after all simply the innocent holders of one form of the defendant's assets.

That the Court has power to order discovery of particular documents and interrogatories[162] at an early stage of proceedings is, I think, not in doubt. I refer in particular to RSC, O. 24,

---

〔158〕 但是冻结令如何实际被执行是有不少问题的。被申请人可能有很多不同的资产,这些资产加起来的总金额会远超出申请人的需求(也就是冻结令所冻结金额的上限),例如被申请人会有很多个不同的银行账户,而申请人一般不会知道被申请人有什么账户、每个账户中有多少资产,即使是被申请人的其中一个银行也不会知道其他银行账户中的情况。

〔159〕 如果缺少了这些被申请人账户信息的情况,是很难恰当地实施、执行冻结令的。反面的例子就会是如果被申请人拥有的银行账户背后的每一个银行都由于知悉冻结令内容但不知道被申请人在其他银行的账户,因此在每一个银行账户中都冻结了被申请人达到冻结令中冻结金额上限的金钱,这就实际上是造成了对被申请人的困难(hardship)以及属于对被申请人的压迫(oppression),过度与不必要地冻结了被申请人的资产。而申请人根据自己对法院作出的交叉担保是需要承担这类损失的。冻结令事后被证明不当时,申请人的担保会被用来保证被申请人的损失得到赔偿,而这笔损失会是十分惊人的,见 Fiona Trust v. Privalov (2016) EWHC 2163 (Comm)先例。被冻结的金额越多,被申请人的损失也就会越大。能够尽快通过资产披露令了解被申请人的资产详情,例如在各个银行账户中各有多少资产,就可以马上更改冻结令如只是一个银行账户内的资产就已经足够满足冻结的金额上限要求,就可以取消冻结被申请人的其他银行账户,从而减少申请人可能会面对的损失赔偿。

〔160〕 除了单个被申请人拥有多项资产(如多个银行账户)外,也会有情况是同一个冻结令针对的是多个被申请人(会在诉讼中是共同被告)的特定金额资产,此时也会遇到同样的问题。

〔161〕 而且冻结令也会针对的是多种不同的资产,除了银行账户外也会有其他各类资产,此时也会由于银行并不知道被申请人有其他什么资产、价值是多少而导致同样问题产生。

〔162〕 法院在这方面的权力将在本书第七章进行讨论。

r. 7[1][163] in relation to discovery of documents, and to the general terms of RSC, O. 26, r. 1[1] in relation to interrogatories. If necessary, however, the Court's power to make an appropriate order in aid of a Mareva injunction can be derived from the power to make mandatory orders conferred on the Court by s. 45 of the Judicature Act 1925, itself, sub-s. (1) of which provides: 'The High Court may grant a mandamus or an injunction or appoint a receicver by an interlocutory order in all cases in which it appears to the court to be just or convenient so to do.'

If the Court were to deny itself the right to exercise this jurisdiction in aid of the Mareva injunction, it could prevent the Mareva jurisdiction from beign effective to achieve its purpose; for a plaintiff, faced with lack of knowledge of the value of a specified asset of a particular defendant, may, in the examples I have given, be deterred from giving his undertaking in damages with the result that he is unable to obtain the relief. In any event, in the examples I have given, the information may be necessary in the interests of justice to ensure that the jurisdiction is properly exercised.

I am not suggesting that it would be right to make general use of this power to enable the plaintiff to discovery whether the defendant has assets here.[164] In order to establish his right to relief at all, the plaintiff has at least to give grounds for believing that the defendant has assets here;[165] but, having established that, it may be necessary of the proper exercise of the jurisdiction that the defendant should be required to give discovery, or provide information, about a particular asset—though, obviously, if the asset is worth more than the plaintiff's claim, he need do no more than establish that fact.[166] But, if the asset is a bank balance, the Court, if it holds that the plaintiff is entitled to discovery in respect of that balance,[167] may exercise its power under s. 7 of the Bankers' Book Evidence Act, 1879, and order that the plaintiff be at liberty to inspect and take copies of any entries in the bankers' books."(加黑部分是笔者的强调)

可以简单总结与重复需要资产披露令辅助冻结令的原因如下:(1)开始的冻结令通常是申请人单方面(*ex parte*)申请,命令本身的措辞/文字并不特别有针对性,会采用最广泛的措辞/文字,以避免遗漏任何被申请人可能会拥有(但申请人并不知悉,否则会写明

[163] 在新的 CPR 下是 CPR rule 18.1(1)与 rule 31.12。

[164] 申请人不能在没有任何证据的情况下要求法院如此行使权力。法院的此项权力不是为了帮助原告向被告的资产"摸底"的"钓鱼取证"/"摸索证明"(fishing expedition)。

[165] 申请人必须至少要指出自己相信被申请人在英国有资产与申请人确信(belief)的理由。在此先例的年代,还没有发展出全球冻结令(Worldwide Freezing Order, WFO)的做法,以及也一般只针对特定的资产[在今天会针对泛泛的、在英国或全球的"任何资产"(any asset),在通过资产披露令了解资产详情后,再更改让全球冻结令收窄于针对特定资产]。

[166] 被申请人只需要披露总价值达到设定标准(冻结金额上限)的足够资产即可,毕竟法院也应该尊重被申请人的隐私。

[167] 如果法院认定被申请人需要披露某银行账户的信息,被申请人就需要披露该账户中有多少存款。

在冻结令中)的资产。(2) 一旦被申请人拥有的特定资产信息被知悉,就可以将冻结令冻结的范围进行限定,针对性地冻结该资产中达到一定金额(这也就是申请冻结令的目的,要求在诉前或审前保证一定金额不会流失)的部分。(3)这可以让被申请人不至于技术上来说所有资产都被冻结。被申请人的银行可以知道在该银行账户中是可以允许被申请人动用多少钱,而不用担心自己可能因协助(in aid of)被申请人违反法院命令而构成涉嫌藐视法院的风险。(4)对申请人而言也有很多方面的好处。首先是申请人在申请冻结令时对法院作出过交叉担保(见本章之 1.7.5 段),如果冻结了过多的资产或对被申请人造成不必要的麻烦与困境,(一旦事后败诉)申请人可能需要承担更多的损失。这种损失是很大的,因此对申请人而言,能减少潜在损失、降低潜在责任的做法显然是好事,见本章之 1.7.5.2 段介绍 Fiona Trust v. Privalov (2016) EWHC 2163 (Comm)先例。其次能够确定被申请人有什么资产并肯定在判决或裁决前不会流失,这效果相等于已经获取足够的诉前或审前"担保"(security),也能使得申请人放心推进诉讼,不至于是"竹篮打水一场空"。

2.2　CPR 中的有关条文

在 CPR 之 Rule 25.1(1)(g)有针对性条文规定如下:"… an order directing a party to provide information about the location of relevant property or assets or to provide information about relevant property or assets which are or may be the subject of an application for a freezing injunction."

由于常在诉前申请冻结令,因此在冻结令中的资产披露令(Assets Disclosure Order)也属于"诉前披露"(pre-action disclosure)的一种做法,只是针对的信息与本书第二章之 2.2 段介绍的"诉前披露议定书"(pre-action disclosure protocols)有不同的目的,即主要是为了获取被申请人资产信息(assets information)。往往只有在获取了被申请人的资产信息后,申请人才会启动诉讼,尤其是在涉及诈骗或向"皮包公司"索赔的商业案件中,贸然提起与推进昂贵的诉讼后才发现面对的是骗子与"光棍",届时才是得不偿失,这也是典型的谚语所说:"to throw good money after bad money"。

资产披露令发展到今天,可节录 2002 年版 CPR PD 25A 附上的冻结令范本之措辞/文字如下:

"PROVISION OF INFORMATION

9. (1) Unless paragraph (2) applies, the Respondent must [immediately] [within hours of service of this order] and to the best of his ability inform the Applicant's solicitors of all his assets [in England and Wales][168] [worldwide][169] [exceeding £ in value] whether in his own name or not and whether solely or jointly owned,[170] giving the value, location and details of all such assets.

---

[168] 针对只涉及英国本土资产的一般冻结令。

[169] 针对全球冻结令。

[170] 在有的资产披露令中,甚至是要求被申请人披露如配偶、家人的有关共同拥有资产信息。

(2) If the provision of any of this information is likely to incriminate the Respondent, he may be entitled to refuse to provide it, but is recommended to take legal advice before refusing to provide the information. Wrongful refusal to provide the information is contempt of court and may render the Respondent liable to be imprisoned, fined or have his assets seized.[171]

10. Within [ ] working days after being served with this order, the Respondent must swear and serve on the Applicant's solicitors an affidavit setting out the above information."

可以从前述措辞/文字之9(1)段看到,被申请人需要在一定时间内披露在英国境内或(全球冻结令的情况下)全球的不超过冻结令要求的资产金额上限的资产信息,包括这些资产的价值、地点与有关的细节。如果针对的是银行账户,一般而言需要提供有关账户的开户人、账户号码、开户分行信息以及账户余额等。[172]

而在范本命令中还写到了有关获取到的资产信息的用途与对申请人的限制,除非事先获得法院的批准:"(9) The Applicant will not without the permission of the court use any information obtained as a result of this order for the purpose of any civil or criminal proceedings, either in England and Wales or in any other jurisdiction, other than this claim. (10) The Applicant will not without the permission of the court seek to enforce this order in any country outside England and Wales [or seek an order of a similar nature including orders conferring a charge or other security against the Respondent or the Respondent's assets]."

这课题在本章之1.2段有详述,背后的原因是避免对被申请人造成压迫。Dadourian Group International Inc v. Simms (2006) EWCA Civ 399 上诉庭先例所带来的"Dadourian Guidelines"要求申请人:(1)不能在获得英国法院批准前,将冻结令行动获取的信息(如被申请人的资产)使用在英国或外国的其他民事或刑事程序;(2)不能在获得英国法院批准前去外国执行被申请人的资产(或对特定资产向外国法院申请另一个冻结令或押记)。

在今天会与资产披露令有关的CPR条文,还包括了CPR Part 18有关诉讼中要求披露更多信息。这也是一般诉讼中的披露做法,但与资产信息会有重合的地方,也就是如果资产信息本就会与争议有关,则披露的文件中也就会需要包括有关资产的信息。另外在今天,Thirwall大法官还在XYZ v. Various Companies (2013) EWHC 3643 (QB)先例中提到了有关案件管理(case management)的CPR Rule 3.12(m),也就是如果被申请人的资产情况会与案件管理有关,也会需要被法院纳入考虑。这方面问题将在本章之2.3.2段再进行讨论。

2.3 《Senior Courts Act 1981》下独立、非附属性的资产披露令

正如本章前文中的介绍,普通法下的资产披露令是辅助(in aid of)冻结令,也是附属

---

[171] 涉及"自证其罪"(self-incrimination)的信息可以不予披露,这课题可见本书第十三章之10段。但是在拒绝披露之前建议先咨询律师意见。同时如果被发现是谎称自证其罪信息拒绝披露,会触犯藐视法院的罪行,并可能受到监禁、罚款、没收资产等处罚。

[172] 在Ausbro Forex Pty Ltd v. Mare (1986) 4 NSWLR 419 澳大利亚先例中就是这样的判法。

(ancillary)于冻结令之下的做法。但是根据《Senior Courts Act 1981》之 Section 37(1)下赋予法院只要认为是公正与方便(just and convenient)的情况就可以颁布/作出禁令的权力,因此法院颁布/作出资产披露令(Assets Disclosure Order)的情况会得到很大扩张。在今天资产披露令也有时被描述为是独立(independent/freestanding)的命令。正如 Fox 大法官在 Bayer v. Winter (No. 3) (1986) FSR 357 先例中所说:"Bearing in mind we are exercising a jurisdiction which is statutory, and which is expressed in terms of considerable width, it seems to me that the court should not shrink, if it is of opinion tht an injunction is necessary for the proper protection of a party to the action, from granting relief, notwithstanding if may, in its terms, be of a novel character."

可以看到在立法下,独立、非附属性质的资产披露令完全可以单独被颁布/作出,而不必要是附属于、辅助冻结令的执行。在今天资产披露令针对的资产范围也未必要跟冻结令针对的金额上限与范围一致,例如冻结的是被申请人在境内特定上限的资产,但资产披露令会要求被申请人披露全球范围内特定上限的资产(如果披露发现被申请人有资产没有被包括在冻结令中,也有机会申请更改冻结令将这些资产包括在内)。也有先例是还没有冻结令时就先申请了资产披露令,之后再申请冻结令的情况,见 JSC Mezhdunarodniy Promyshlenniy Bank v. Pugachev (2015) EWCA Civ 139 先例及 Lichter v. Rubin (2008) EWHC 450 (Ch)先例等,还可见 Australian Copetition & Consumer Commission v. Top Snack Foods Pty Ltd (1997) FCA 380 澳大利亚先例。

也因此资产披露令在今天被用于很多不同的目的,这将在下文中进行一些讨论。

2.3.1 申请资产披露令目的之一:帮助执行法院判决或在世界范围执行仲裁裁决

资产披露令(也是同时申请冻结令)纯粹是为了帮助判决(judgment)或裁决书(award)的执行(enforcement and execution)而颁布/作出,见 Gidrxslme Shipping Co Ltd v. Tantomar Transportes Maritimos Lda (1995) 1 WLR 299 先例。要知道判决与裁决书的执行是一件大事,国际仲裁近几十年来变得这么兴旺,几乎在国际商业争议解决完全取代法院的主要原因之一也是因为有 1958 年的《纽约公约》帮助在全球执行仲裁裁决。

此先例中的原告是"Naftilos LS"轮的船东,而被告是期租了"Naftilos LS"轮的承租人,但欠下了租金未支付。原告因此开始了两个仲裁索赔租金并成功获得裁决书,因此欠下的租金也就变成了判决债务。[173] 为了执行裁决书,原告单方面(*ex parte*/without notice)申请并获得法院颁布/作出冻结令,冻结了被告在境内上限到 72 万美元的资产。同时法院还颁布/作出资产披露令(Assets Disclosure Order),要求被告披露在全球范围(world wide)内拥有、租入、营运的船舶,以及所有与前述船舶有关酬金、收入有关的银行账户信息(the identities of all vessels owned, chartered or operated by them and information relating to any bank accounts into which remuneration in relation to any such vessel was paid)。这显然是要求十分广泛与大范围的资产披露令。

---

[173] 原告之后又开始第三个仲裁索赔进一步欠下的租金以及被告对期租合约违约/毁约(repudiatory breach)的损失,但在此先例时还没有获得裁决。

此先例中的争议就是,冻结令实际上只是针对了境内的资产,资产披露令是否可以有所不同、针对全球资产要求予以披露呢?法院给出的答案是肯定的,可以简单节录案件概要如下:"That although on the facts of a particular case it might be inappropriate to extend a Mareva injunction to assets outside the jurisdiction the court could nevertheless make a disclosure order in respect of worldwide assets;[174] that it was unnecessary when applying for a Mareva injunction in aid of execution of an award or judgment for the originating summons to refer to disclosure even though the injunction might be confined to assets within the jurisdiction and disclosure extended to assets outside the jurisdiction; that information acquired from a worldwide disclosure order was capable of being used in an action in a foreign jurisdiction without the leave of the court but only for the purposes of execution of an existing judgment or award and not to obtain attachment of assets overseas to secure a claim in a pending arbitration;[175] and that, accordingly, the order made on 19 April 1994 was within the court's jurisdiction and would be upheld subject to any minor amendments made necessary by the passage of time..."

看来在做法上可在申请冻结令(尤其是全球冻结令)之前先申请资产披露令,有助于申请人(也是裁决书中的胜诉方)获取被申请人(裁决书中的败诉方)的资产信息,以便在特定的(外国)法院申请针对被申请人的财产保全与执行。例如被申请人披露了有一笔存款,在一家马来西亚或日本的本土银行,则申请人就要考虑去马来西亚或日本法院申请财产保全。但也是这笔存款在(无论是马来西亚、日本或中国的)国际银行,此时申请人就会多了一个选择可以在英国法院申请追加全球冻结令针对该国际银行。在这种情况下,可以说冻结令实际上是附属于资产披露令的了,毕竟相对而言资产披露令对于申请人而言要更重要。

这方面课题在笔者的《仲裁法——从开庭审理到裁决书的作出与执行》(2010 年)一书第十四章之 8.3 段已有涉及。看来在英国发展起来的全球资产披露令(Worldwide Assets Disclosure Orders)与全球冻结令(Worldwide Freezing Orders),加上在 8.3.3 段介绍的美国全球第三债务人命令(worldwide turnover order),已经逐渐代替仲裁裁决书(arbitration award)能够在全球执行所依赖的 1958 年《纽约公约》。

---

〔174〕 即使是由于此先例中的各种原因,冻结令只能针对境内资产,仍然可以颁布/作出全球资产披露令。因为在这案件中资产披露令不是为了辅助冻结令的执行,而是为了裁决书的执行。

〔175〕 根据全球资产披露令(Worldwide Assets Disclosure Order)获悉的信息,无须获得英国法院的进一步批准就以用来帮助执行法院判决或仲裁裁决的,这包括去任何一个被告有资产的地方向外国法院申请承认与执行。但是如果针对的是还没有作出的判决或裁决,法院就不会允许了。毕竟双方胜负未分,如果双方都自信会是胜诉方,申请对方作出全球资产披露,这会带来对隐私权不必要的剥夺。也因此在此先例中针对前两个已经获得裁决书的判决债务(judgment debts),原告可以申请到冻结令以及全球资产披露令,但是对于当时还在进行的第三个仲裁,是不会获得法院颁布/作出有关命令的。

2.3.2　申请资产披露令目的之二:争议本身或案件管理需要了解被申请人的资产情况

也会有情况是为了确定被申请人是否有资产,从而值得向被申请人起诉,不会在推进了一个昂贵的诉讼后才发觉是“竹篮打水一场空”。

在 Nigel Upchurch Associates v. Aldright Estates International Co Ltd (1993) 1 Lloyd's Rep 535 先例中,原告是一名濒临破产的建筑师,已经进入个人自愿债务重组(individual voluntary arrangement)程序,为了债权人的利益向被告提出索赔。但是在诉讼中,被告针对原告提出反索赔(看来是指称原告存在职业疏忽),而且反索赔金额大大超出了索赔金额。被告为了不要最后“竹篮打水一场空”,在真正推进这个耗费时间与金钱的诉讼之前,急于找出原告是否背后有保险人(这是原告投保了职业疏忽保险)的支持,以及有关保单承保金额到底是多少。如果保单承保金额足够赔付反索赔,被告就可以安心推进诉讼争取成功反索赔了。

但在此先例中,被告是根据《Third Parties (Rights Against Insurers) Act 1930》之 Section 2 申请披露,被法院判在此立法下保险人与被保险人之间的保单信息并不满足 Section 2 的条件,法院没有管辖权。[176]

在今天 CPR 之后,是否可以针对被申请人背后是否有投保足够的保险支持赔偿作出资产披露令,也一度并不十分清楚。毕竟被申请人作为受保人的保单也会属于资产的一部分。而一贯以来的大原则,都是在诉讼还没有作出判决/裁决之前,被申请人/被告的资产都是个人的机密信息,除非是与案件实体争议有关否则不需要披露。只有在判决/裁决之后,败诉的被申请人/被告作为判决债务(judgment debt)的债务人(debtor),才会被法院强制披露资产信息。但在今天看来在 CPR 下的这个地位是有偏离的,即使是在判决/裁决作出之前,为了案件管理的目的法院也可以要求被申请人/被告披露资产信息。

CPR 下这类案件的早期先例可见 Harcourt v. FEF Griffin (2007) EWHC 1500 (QB) 先例。该先例涉及的是人身伤害案件而且被告已经在责任问题上作出让步,但是索赔 600 万到 750 万英镑损失以及已经产生了不少费用的原告担心自己胜诉后,被告是否有足够的资产以供执行。但原告依赖的是 CPR Part 18,[177] 在诉讼中要求被告披露是否背后有保险的支持。Irwin 大法官判此 CPR 条文下,只要是有助于当事人之间有效率、公正解决争议有关的信息(the information that the parties needed to deal efficiently and justly with the matters in dispute between them)都可以被命令披露,因此允许与颁布/作出了资产

---

[176] 但是有关此立法条文的判法在今天被 OT Computers Ltd, Re (2004) Ch 317 上诉庭先例改判。但这个问题并非此处要讨论的重点。而且在今天也有《Senior Courts Act 1981》之 Section 37(1)以及 CPR r3.1(m),法院可以有广泛的管辖权作出命令。

[177] 此条文是赋予法院要求当事人披露额外信息的权力。尤其是在 Rule 18.1 规定,法院在任何时候,也无论是否是在书面陈词/诉状(statement of case)中包括或提到的实质争议问题,都有权要求当事人提供额外信息。可以节录 Rule 18.1 如下:“The court may at any time order a party to … give additional information in relation to any such matter, whether or not the matter is contained or referred to in a statement of case.”

披露令。

但 Irwin 大法官的判法在稍后的另一个高院先例中被拒绝跟从,见 West London Pipeline & Storage Ltd v. Total UK Ltd (2008) EWHC 1296 (Comm)先例。West London Pipeline & Storage Ltd v. Total UK Ltd 先例的有关案情也可见本书第十章之7.6.2段,简单而言,是在 Buncefield 油码头爆炸后,作为事故责任人的 Total 试图与第三方分摊责任与损失,因此关心第三方背后是否有保险人的支持,Total 于是也同样依赖 CPR Part 18 申请披露。但是此先例中,David Steel 大法官先认定了第三方背后是否有保险与案件争议(也就是是否要分摊与分摊的责任大小等)没有关联性。接着,David Steel 大法官在综合考虑后,认为不同意 Harcourt v. FEF Griffin 先例中 Irwin 大法官对 CPR Part 18 的解读,David Steel 大法官说如果被申请披露的信息与案件争议没有关联性,法院在 CPR Part 18 下是没有管辖权颁布/作出资产披露令的,即使这些信息的披露会帮助有效率的案件管理。

看来这两个先例的判法就有直接冲突。但需要注意的是,West London Pipeline & Storage Ltd v. Total UK Ltd 先例的判决在更近期作出,而且是完全考虑了 Harcourt v. FEF Griffin 先例以及其他先例后作出的判决,因此除非是有明确理由相信判决有问题或者说不通,否则 West London Pipeline & Storage Ltd v. Total UK Ltd 先例的判法更有说服力。因此在更近期的 XYZ v. Various Companies (2013) EWHC 3643 (QB)先例中,Thirwall 大法官跟从的是 David Steel 大法官的判法,也就是在 CPR Part 18 下,与案件实质争议没有关联性的资产信息并不能以此立法条文命令披露。

但在 XYZ v. Various Companies 先例中,Thirwall 大法官还提到了 CPR Rule 3.1(m)。可以节录 CPR Rule 3.1(m)如下:"(m) take any other step or make any other order for the purpose of managing the case and furthering the overriding objective, including hearing an Early Neutral Evaluation with the aim of helping the parties settle the case."

Thirwall 大法官说为了案件管理,法院是有权力要求披露有关保险的信息的,理由是被申请人是否有足够资金可以参与诉讼直到完成庭审,这对于法院在案件管理之下会作出什么命令以及如何处理诉讼进程是有关系的。毕竟法院要为了节省费用,以更按比例合乎案件标的之方式处理案件。

这个问题还可见更近期的 Dowling v. Bennett Griffin (2014) EWCA Civ 1545 上诉庭先例。在此先例中,Dowling 作为客户(原告)与建筑师签订服务合约,并明示要求建筑师必须投保职业疏忽保险。虽然建筑师向客户索赔未支付的服务费用,客户委任了律师(被告)进行抗辩与反索赔。

在此先例中,虽然建筑师被客户反索赔,但建筑师并没有按照与保险人之间保险合约(insurance contract)的规定及时通知(notify)自己的保险人。这可能会有很多原因,例如通知保险人之后,如果在诉讼中败诉导致保险人需要理赔后,在下一年保险人会提高建筑师需要缴纳的保费(insurance premium),如果建筑师对于诉讼很自信认为自己不太会败诉,或者是被索赔的金额较小时认为不需要/不值得寻求保险人的理赔与/或帮助,就会选择不通知保险人,也就不影响下一年保费的费率了。然而此先例中的建筑师最后在诉讼中败诉,就由于没有通知保险人导致保险人拒绝理赔(当然保险人拒绝理赔还有其他理由，包括是建筑师没有尽披露义务、建筑师有误述等），建筑师因此破产。

此先例中的问题在于建筑师破产，客户这才发现无法实际真正索赔到金钱。本以为建筑师背后怎样都会有保险人支持，但直到建筑师破产才发现这个问题。因此客户开始向律师启动职业疏忽的诉讼，指称在诉讼中律师应当注意到这个问题，在一开始就尽办法确认建筑师背后是否有保险人支持，也没有警示客户有法院判决金额无法实际执行到的风险。与本段要讨论的内容有关的是，客户指称律师应当向法院申请建筑师披露有关保险人与有关保单的命令。

针对这个问题，法院指出在 West London Pipeline & Storage Ltd v. Total UK Ltd 先例与 XYZ v. Various Companies 先例中，高院的法官、出庭律师、事务律师等都只在 CPR Part 18 下申请资产披露令，而且法院的判法都是这种情况下并不能以此条文获得法院颁布/作出的资产披露令。直到 XYZ v. Various Companies 先例中 Thirwall 大法官提出 CPR Rule 3.1(m)下法院有权力的说法前，在 CPR 下并没有其他条文可以依赖。在 West London Pipeline & Storage Ltd v. Total UK Ltd 先例中，David Steel 大法官甚至说 CPR Part 18 是唯一的方式（"the only avenue"）。因此在这个先例中的律师没有在诉讼中向法院申请资产披露令要求建筑师披露背后是否有保险人的支持是可以理解的，并不算是律师的疏忽，因此客户败诉。

此先例中一审的 Thirwall 大法官就指出作为被告的建筑师是否有足够资金支持这场诉讼是案件管理需要考虑的因素，因此建筑师背后是否有保险人支持会与案件管理有关联，法院在 CPR Rule 3.1(m)下可以延伸到在这种案件中也有管辖权。上诉庭的 Lewison 大法官也说："What the claimants wanted to know was whether the defendant in question had sufficient insurance; (1) to fund its participation in litigation to the end of the trial, (2) to meet any order for damages and (3) to meet any order for costs. Thirwall J held that the first question related to case management because it might influence the case management directions that the court would make and made the order sought. However, she refused to order the second and third questions to be answered because they did not relate to case management. This is a very limited extension to the position as it appeared in 2008 following the decision of David Steel J."

不妨简单总结，在今天 CPR 下如果申请的有关资产信息是与当事人之间的实质争议(substantive dispute)有关联性，则可以直接在 CPR Part 18 下申请披露有关资产的信息，但如果资产信息与实质争议本身没有关联性，但会影响针对诉讼程序的案件管理，在 CPR Rule 3.1(m)下法院也会有管辖权。

而法院是否愿意颁布/作出资产披露令的裁量权(discretion)则是根据《Senior Courts Act 1981》之 Section 37(1)中的公正与方便(just and convenient)。这就会需要根据案件事实进行考虑，例如前文中提到的有关被申请人背后是否有保险资金支持的问题，如果是作出资产披露令，显然就会侵犯了这些信息的机密性(confidentiality)，但如果是这信息与争议有关，或者是为了让冻结令真正有效，或者是为了案件管理的目的，机密性与特免权

(privilege)不同,是不足以保护文件信息免于披露的。[178]

这方面内容可以最后节录 Steven Gee QC 的《Commercial Injunctions》(2016 年,第 6 版)一书之 23 - 008 段作为小结:"It seems that court has jurisdiction under CPR r 3.1(m), provided that the assets are relevant to proper case management. It is also considered that the court under s. 37(1) can make a disclosure order so that in an appropriate case the court taking into account information about the defendant's assets or means of satisfying a judgment. Disclosure will not be available under CPR Pt 18 unless there is an issue in the proceedings about those assets. Although the court would have to bear in mind the principle that prior to judgment information about the defendant's assets is confidential and that he is not to be treated as a judgment debtor, the interests of justice [179] could require this to be overridden and that a disclosure order be made. The exercise of the jurisdiction under s. 37(1) should take into account the policy objectives of the CPR."

2.3.3 其他情况下申请资产披露令

当然除了以上提到的适用 CPR 的两种情况(本就与实质争议有关以及与案件管理有关的情况)以外,还有其他时候法院也会颁布/作出资产披露令。在《Commercial Injunction》(2016 年,第 6 版)一书之 23 - 025 段对涉及金钱索赔(proprietary claim)时法院有衡平法管辖权(equitable jurisdiction)可以颁布/作出资产披露令的情况有所小结,节录如下:"(1) an order requiring disclosure of information including documents based on the equitable jurisdiction of the court to safeguard trust assets;[180] (2) an order based on the principle in Norwich Pharmacal v. Customs & Excise Commissioners;[181] (3) an order giving an interim remedy under CPR r. 25.1(1) to which a disclosure order could be granted as ancillary under s. 37(1) of the Senior Courts Act 1981.[182] (4) an order made for the pre-action dis-

---

[178] 有关文件机密性需要保护但不能抗拒披露的问题,在本书第一章与第九章多处提及。

[179] 在《Commercial Injunctions》(2016 年,第 6 版)一书之 23 - 007 段还提到如果被告没有可供被执行的资产(如果败诉),则原告也就不会继续诉讼,这能够节约大量的当事人与法院的时间与金钱,而且能了解被告的资产情况,这也对当事人之间达成理智与公平的和解有帮助。这些都是对公共利益有益的地方。这是在判决还没有结果时,法院针对被告的资产(包括保险赔偿信息)、剥夺隐私时需要作出平衡考虑的。

[180] 在涉及收取贿赂(bribery)、秘密佣金(secret commission)等情况中,在英国法下收取的贿赂、秘密佣金会被认为是委托人的信托财产只是被代理人(收取贿赂、秘密佣金的员工等)持有,此时向代理人有金钱索赔的委托人就可以向法院申请代理人披露资产。这类情况在本章之 2.5.1.1 段还会再做讨论。

[181] 有关 Norwich Pharmacal v. Customs & Excise Commissioners 先例以及带来的第三方披露令的问题会在本书第二章之 4 段讨论,此处不再重复。

[182] CPR Rule 25 是针对法院中间措施的条文,主要有关的会是 Rule 25.1(1)(c)、(d)(i)与(l)。CPR 之 Rule 25.1(1)(c)下法院可以颁布/作出扣押、检验、取样等针对财产的命令,这个课题可见本书第五章。CPR Rule 25.1(1)(d)下法院为了前述命令的执行可以命令允许进入被申请人的土地、房屋等。而 CPR Rule 25.1(1)(l)则是在当事人对某资金有争议时,可以要求该笔资金被存款到法院或以其他方式保全该笔资金不会流失。

closure of documents under CPR r. 31.16[183] and s. 33(2) of the Senior Courts Act 1981."[184]

2.4　确保披露的附属命令

被申请人在收到资产披露令后,需要以"誓章/誓词"(affidavit/affirmation)的方式作出回应。如果对被申请人的回复不满意,例如被申请人披露自己名下的公司信息不全面等,还可以进一步要求"更多更好"(further and better)的誓章/誓词,要求被申请人作出更全面的披露。而如果仍然对被申请人的回复不满意,如被申请人披露自己名下资产只有一家公司,实际上还是一家空壳公司,还可以要求被申请人在法官(或法院的"examiner")面前接受"盘问"(examination)。即使被申请人是外国人士,也可以要求被申请人通过视频连线方式接受盘问。这样如果没有完全遵从资产披露令的被申请人就可能触犯藐视法院(contempt of court)的罪行。这方面问题与自证其罪特免权(self-incrimination privilege)的问题还会稍后在本章之2.5.1.2段讨论。

更严重的情况则是,如果没有遵守资产披露令,甚至可能被扣留护照、限制出境(无论是否为英国居民)。这源于古老的英国《Debtors Act 1869》立法中对于欠下的民事债务可能有监禁的惩罚,[185] 以及有关的"限制出境令状"(writ *ne exeat regno*)做法。在 Al Nahkel for Contracting v. Lowe (1986) QB 235 先例中,重新"复活"(revive)了这个古老做法,由于担心被告离境而且不准备再返回英国而导致法院的资产披露令失去实际意义,法院作出命令在被告履行资产披露令义务前扣押被告的护照。

之后在 Allied Arab Bank v. Hajjar (1988) QB 787 先例中对此有所解读。此先例中,原告银行(Allied Arab)贷款给被告之一的借款人公司,而另一个被告约旦公民 Hajjar 先生是担保人。之后借款人公司破产清盘,Allied Arab 也已经在英国法院取得了针对包括借款人与担保人 Hajjar 先生在内多名被告的"简易判决"(summary judgment),但在执行程序中遇到了找不到资产/财产以供执行的困难。Allied Arab 知悉 Hajjar 先生会短暂前往英国,即成功向法院申请到了"保释金"(bail)金额为3600万英镑的限制出境令状,由于 Hajjar 先生未能筹得此笔款项,因此被逮捕。同时 Allied Arab 还成功说服法院有必要作出资产披露令(Assets Disclosure Order),而且 Hajjar 先生一旦离境返回约旦,就不会再理会此资产披露令了。之后,Hajjar 先生以签保25万英镑并交出自己的护照等担保作为"保释保证"(bail bond)才被从监禁中释放。Hajjar 先生离开监禁后就向法院申请撤销限制出境令状。Leggatt 大法官指出,限制出境令状的古老做法有一些条件需要满足才能适用,其中一条是作出令状目的是"prosecution of the action",但是此先例中的资产披露令只是为了追踪财产(assets tracing)以供简易判决的执行,这实际上与此目的无关因此不能作出限制出境令状。

---

〔183〕 有关 CPR Rule 31.16 与诉前披露的问题以及 Black v. Sumitomo Corp (2001) EWCA Civ 1819 上诉庭先例等已经在本书第二章之2.4段有详细介绍,此处不再重复。

〔184〕 《Senior Courts Act 1981》之 Section 33(2) 与诉前披露命令可见本书第二章之2.7段的介绍。

〔185〕 在今天《Debtor Act 1869》中,绝大部分条文都已经被废除。

在笔者看来,现代社会是越来越重视人权(包括自由出入境等),因此根据古老的立法限制没有犯法的外国自然人出境与现代环境是格格不入的。

但之后在 Bayer v. Winter (No. 1) (1986) 1 WLR 497 上诉庭先例中,申请人/原告(Bayer,即著名的拜耳药厂)是当时非常有名的"Baygon"杀虫剂的生产商,指称被申请人/被告在生产与销售假冒伪造的 Baygon 杀虫剂。之后成功在法院申请到了一系列中间禁令(interim injunctions),包括要求被告披露文件、冻结被告的资产、要求被告披露资产信息等。但是对于 Bayer 要求限制被告出境的禁令,在原审法院被拒绝,因此 Bayer 进行上诉。上诉庭的 Fox 大法官指出,在英国《Senior Courts Act1981》之 Section 37(1)[186]下法院有非常广泛的作出禁令的权力,只要是"公平"(just)与"方便"(convenient),以及要跟从"已有的原则"(established principles)(如"the court would grant injunctive relief if it was necessary to protect the plaintiffs' rights pending the hearing of the action",即法院可以作出保护原告在将来诉讼结果中可能获得的权利所必要的中间禁令),因此法院在情况适合时有作出限制出境命令的权力。而在此先例中,法院认定了如果允许被告出境,就可能导致资产披露令不被履行或遵守,因此会在保证资产披露令会被履行的必要限度(如在期限的长短)上作出禁令禁止被告出境。节录部分判词摘要如下:"... the wide discretion to grant injunctive relief, under section 37(1) of the Supreme Court Act 1981, in circumstances where it was just and convenient to do so had to be exercised in accordance with established principles; that, although **injunctions restraining the first defendant from leaving the country and requiring him to deliver up his passports were novel in character**, it was an established principle that the court would grant injunctive relief if it was necessary to protect the plaintiffs' rights pending the hearing of the action; and that, since there was a risk to the plaintiffs of not being able to obtain the information ordered to be disclosed unless the injunctions sought were granted, whereas any risk of hardship to the first defendant as a result of those injunctions could be remedied by his capacity to apply to the court to vary or discharge them, **the injunctions would be granted as being necessary and reasonable orders ancillary to the due performance of the court's functions but the injunction not to leave the country, being an interference with the liberty of the subject, should run only for so long as it was necessary to give effect to the judge's orders**".(加黑部分是笔者的强调)

换言之,根据 Bayer v. Winter (No. 1)上诉庭先例的判法,由于在《Senior Courts Act1981》之 Section 37(1)下法院有非常广泛的权力作出禁令,因此法院可以作出附属性(ancillary)的限制出境命令。这样就无须根据古老的《Debtor Act 1869》立法,也可以颁布/作出同样效力的禁令,来加强资产披露令的执行。

同时为了必要(necessary)与合理(reasonable),要考虑与权衡被申请人的利益与便

---

[186] 《Senior Courts Act1981》之 Section 37(1):"The High Court may by order (whether interlocutory or final) grant an injunction or appoint a receiver in all cases in which it appears to the court to be **just and convenient** to do so."(加黑部分是笔者的强调)

利,限制出境只是尽可能短的时间,让被申请人/被告履行资产披露令。具体而言,此先例中法院作出了限制出境命令,在命令送达被告后,没有法院的允许被告在两天内不得离开英国本土。另外,还有附属性的“交出护照命令”(passport order),要求被告将护照交出,直到两天时间结束后再予以归还。上诉庭还提到了不希望给作为被申请人/被告的自然人带来过分的困难(hardship)与不便。看来也出于这个原因,在两天时间结束后,Bayer仍然不满意被告披露的资产信息并要求对限制出境命令作出延期,但被法院拒绝,认为这会带来过分的压迫(oppressive):Bayer v. Winter (No. 2) (1986) 1 WLR 540 先例。

这个问题在更近期的 Kuwait Airways Corp v. Iraqi Airways Co (2010) EWCA Civ 741 上诉庭先例中也有涉及,尤其是被限制出境的是并非诉讼当事人的第三方身上。此先例的背景是在 1991 年伊拉克萨达姆政权入侵科威特,并强占、盗取了此先例中申请人/原告(Kuwait Airways Corp,KAC)的所有民用飞机。绝大部分的飞机与备件、零件都被即刻运送回伊拉克(有少部分留存于其他位置,如有一部分在约旦等)交给伊拉克国有的航空公司,即此先例中的被告(Iraqi Airways Co,IAC)。这些飞机与备件、零件在之后美国为首的国际联军的轰炸中被摧毁。之后 KAC 以“侵占”(conversion)等诉因开始了针对 IAC 的诉讼,索赔庞大金额的损失,并在后来获得了一系列针对 IAC 的“判决债权”(judgment debts)。虽然 IAC 已经陆续对部分债务作出支付,但在此禁令申请时仍然欠下 12 亿美元的判决债务及利息(还会随着时间积累而增加)。这也能想得到这段时期伊拉克、IAC 在经济上极度困难,想要“守信用”支付判决债务,也根本是力不从心。

KAC 及其律师团队常年在全球寻求 IAC 的资产以执行债务,包括知悉 IAC 在加拿大将有新建造的飞机,就前往加拿大申请执行等。而此冻结令的申请则是有新闻指出 IAC 可能即将恢复从巴格达往返伦敦的航线。虽然此航线的飞机应是从瑞典的某租赁公司租赁而来,但为了开通航线,IAC 必然在伦敦机场有一定数额的定金、保证金等,而且通过经营这样的航线业务,IAC 也会产生英国境内的现金收入。因此 KAC 经单方面(*ex parte*/ without notice)申请获得法院作出针对 IAC 的“全球冻结令”(Worldwide Freezing Order),包括针对 IAC 及其董事总经理(Captain Kifah)的附属资产披露令(Assets Disclosure Order)(包括但不限于给伦敦机场的定金与保证金有多少、日后经营的现金来往账户等)。之后 KAC 又单方面申请法院作出进一步命令,要求在 Captain Kifah 作出”誓章/誓词”履行资产披露令前限制 Captain Kifah 出境,并附属“交出护照命令”以及“法警主任命令”(Tipstaff order)[187],让“法警主任”(Tipstaff)向 Captain Kifah 取得护照。

Captain Kifah 并非英国居民,前往英国只不过是为了公务短暂停留。虽然 IAC 曾经在过往的诉讼中有过不良行为(如不严格遵守英国法院命令),但与 2006 年才开始担任 IAC 的董事总经理的 Captain Kifah 没有关系。而且此先例与 Bayer v. Winter (No. 1) 上诉庭先例有重要的不同,即 Captain Kifah 实际上并不是此先例中的被告,Captain Kifah 的身份原本最多只是事实证人。换言之,并没有针对类似情况的过往先例可以参考。因此

〔187〕 法警主任命令包括允许法警主任搜索与进入 Captain Kifah 住所,以及在 Captain Kifah 可能违反禁令时进行逮捕的权力。

法院对于是否要作出限制出境命令,限制 Captain Kifah 的人身自由有非常大的疑虑。但尽管如此,上诉庭仍然作出了限制出境命令,同时自圆其说地指出:“I(上诉庭的 Rix 大法官) allow the appeal in large part because of the exceptional nature of the IAC litigation, which is quite unlike most commercial litigation.”因此虽然在 Kuwait Airways Corp v. Iraqi Airways Co 先例中看来是扩大了对于限制出境命令的适用范围,可以包括并非诉讼当事人的第三方,这也只是显示了法院有作出这样广泛命令的权力,但是在具体裁量权的行使上,这毕竟只是特殊的例外案件,在一般商业案件中也不应出现。

违反资产披露令的另一个严重后果是构成“民事藐视法院”(civil contempt of court)。大部分民事藐视法院的案件都是被申请人未履行、未遵守资产披露令,事后被发现与指控,其数量远超违反冻结令等法院命令。毕竟在冻结令下,即使被申请人自己想违反命令转移资产,金融机构也不会配合。但很多人视资产信息为绝对机密,即使连配偶也不会告诉,更不用说在公众面前披露。这在本章之 1.9 段已经介绍,不在此重复。在近期的 Templeton Insurance Ltd v. Thomas (2013) EWCA Civ 35 上诉庭先例中,认可了过去 Light foot v. Light foot (1989) 1 FLR 414 上诉庭先例中 Jackson 大法官的说法,非常明确的是对于不履行、不遵守冻结令附上的资产披露令的后果,除了“罚款”(fine)外,还甚至可能是判处“监禁”(prison sentence)的惩罚。节录 Jackson 大法官的说法如下:“I shall not attempt to catalogue all these first instance decisions. What they **show collectively is that any deliberate and substantial breach of the restraint provisions or the disclosure provisions of a freezing order is a serious matter. Such a breach normally attracts an immediate custodial sentence which is measured in months rather than weeks and may well exceed a year**... From this review of authority I derive the following propositions concerning sentence for civil contempt, when such contempt consists of non-compliance with the disclosure provisions of a freezing order:(i) Freezing orders are made for good reason and in order to prevent the dissipation or spiriting away of assets. Any substantial breach of such an order is a serious matter, which merits condign punishment. (ii) Condign punishment for such contempt normally means a prison sentence. However, there may be circumstances in which a substantial fine is sufficient: for example, if the contempt has been purged and the relevant assets recovered. (iii) **Where there is a continuing failure to disclose relevant information, the court should consider imposing a long sentence, possibly even the maximum of two years**, in order to encourage future co-operation by the contemnor.”(加黑部分是笔者的强调)

最后要重复的是,中国公司或自然人不要以为自己不在英国(或美国)的管辖范围内生活,就可以对英美法院命令置之不理。今天在英美合作下,长臂管辖(long-arm jurisdiction)越来越严格,除非可以肯定余生都不会前往或者是飞机经过英美(以及与他们关系密切的加拿大、澳大利亚、新西兰,也就是所谓的“五眼国家”)。

2.5 资产披露令和自证其罪特免权(self-incrimination privilege)

会有一些情况下,虽然是附属(ancillary)于冻结令,或者是独立(freestanding)并非附属的情况下作出资产披露令,但是会要考虑自证其罪特免权(有关自证其罪特免权的课题会在本书第十三章之10段进行介绍)。此处只重复这重要课题的简单道理/精神。

看过美国电影的都会知道警察在扣押前都要例行公事说:“你有权保持沉默,否则你说的每一句话都可能被作为呈堂证供……”这是著名的米兰达警告(Miranda warning),也是美国宪法的要求。这个法律地位或“沉默的权利”(right to silence)在英国普通法早在1568年就已经存在,见R v. Director of the Serious Fraud Office, Ex p. Smith (1993) AC 1先例。也就是如果对一个问题的回答会被法院认为可能导致该人士自己提供可被刑事起诉、惩罚或罚没的证据,该人士就不能被强制回答这个问题:“No person can be forced to answer a question which would in the opinion of the court have a tendency to expose him to a criminal charge, penalty or forfeiture.”这个道理/精神适用在所有的诉讼程序,不论是文件披露、质询(interrogation)与盘问等,见AT &T Istel Ltd v. Tully (1993) AC 45贵族院先例。在《Civil Evidence Act 1968》之Section 14(1)也有立法规定如下:“(1) The right of a person in any legal proceedings other than criminal proceedings to refuse to answer any question or produce any document or thing if to do so would tend to expose that person to proceedings for an offence or for the recovery of a penalty: (a) shall apply only as regards criminal offences under the law of any part of the United Kingdom and penalties provided for by such law; and (b) shall include a like right to refuse to answer any question or produce any document or thing if to do so would tend to expose the (spouse or civil partner) of that person to proceedings for any such criminal offence or for the recovery of any such penalty.”

看来,在《欧洲人权公约》(European Human Rights Convention, ECHR)生效后,ECHR之Article 6下的人权被视为默示或可以推断包括自证其罪特免权,也可见Heany and McGuiness v. Ireland (2001) EHRR 12欧洲人权法院先例。

由于民事诉讼下的资产披露令(Assets Disclosure Order)针对的只是被申请人的资产(assets),因此会涉及自证其罪特免权的刑事犯罪问题表面看来是有限的。然而如果披露会暴露犯罪行为(无论是在英国还是其他国家),在本质上仍然是与自证其罪有关系的。

首先可以分析一下民事诉讼与刑事诉讼之间的不同。在举证责任(burden of proof)方面,民事诉讼(civil litigation)中即使是涉及罪行或不法行为,仍然是根据平衡的可能性(balance of probability)来决定胜负。但刑事起诉(criminal prosecution)中,检方/检察院的举证责任要高得多,不排除合理可能性就无法成功检控与定罪。这样有很多商业活动中的虚假伪造文件(如倒签提单、阴阳合约等)或欺诈行为等,会有表面证据显示可能确实发生,在民事诉讼中也足以让作为原告的无辜方胜诉,但由于证据仍然存有疑点(即使这疑点也不过是5%或10%的可能性),在刑事指控中仍然不足以保证成功。然而一有了民事诉讼中的资产披露令,就会在部分案件中提供可被依赖在刑事指控中的额外与欠缺的证据(missing piece of evidence)。例如公务员的雇佣合约(employment contract)下的民事诉讼,如果公务员被法院命令强制披露资产,一旦详尽作出回复与披露,会显示该公务员生活与收入不匹配,或者是有大量来源不明的收入。而且在法院命令下作出的披露是连收入来源、后续支出都清清楚楚列明,要进行进一步调查也相对要容易很多。这样就可能在法院被成功指控刑事犯罪，而此时该公务员应有自证其罪特免权的保护，作为民事诉讼的被申请人（该公务员）可以合法拒绝根据法院命令作出披露。即使已经很有可能会有刑事指控，在披露后会给控方提供证据、提高控方胜诉的机会，这也是自证其罪。权威说法可见 Rank Film Distributors v. Video Information Centre（1982）AC 380 先例中的说法："The test is 'a real and appreciable risk of criminal proceedings… being taken against the defendant'…"

很容易想到的就是涉及资产的犯罪，例如有关贿赂、欺骗、侵占、盗窃等犯罪。如果一经资产披露，会显示被申请人有大量来源不明的资产，[188] 这为被申请人的犯罪嫌疑提供了证据。又或者是已经发现被申请人有犯罪嫌疑，但是具体的犯罪涉案金额并不清楚，此时就需要了解被申请人的资产情况来确定涉案金额让原告在民事诉讼中计算所有损失（measure of damage）与追踪（tracing）财产等，但这样也就容易跟进调查获取犯罪证据甚至是其他犯罪（如还涉嫌洗钱等）的证据。另外还会涉及的犯罪则是在本章之 1.9 段介绍过的违反冻结令（Freezing Order）及其附属命令（ancillary orders），可能会导致的藐视法院的罪行。

也因此自证其罪特免权会影响到资产披露令，一方面是如果涉及受到自证其罪特免权保护个人机密的问题，被申请人可以拒绝提供有关资产信息；另一方面则是法院在颁布/作出资产披露令时就要考虑到可能涉及自证其罪特免权的问题，在命令中给予保护或者是有保护机密或沉默的机制，否则还会导致命令被上诉与被撤销等，见 Den Norske Bank ASA v. Antonatos（1999）QB 271 与 Memory Corp v. Sidhu（No. 2）（2000）Ch 645 等先例。

而且还要注意的是，如果涉及的是在外国的犯罪嫌疑（世界各国刑法对于哪些属于刑事犯罪的规定与认定很不一样），虽然在英国法下无法享有自证其罪特免权的保护，[189] 但是法院在行使裁量权考虑是否要颁布/作出资产披露令时，也会考虑是否会对被申请人造成不当影响的因素，见 Credit Suisse Fides Trust v. Cuoghi（1998）QB 818；JSC BTA Bank v. Ablyazov（2016）EWHC 112（QB）等先例。在 JSC BTA Bank v. Ablyazov 先例中，针对被申请人颁布/作出资产披露令时，就考虑到被申请人披露的信息可能会导致被申请人在外国法院被刑事起诉，因此虽然颁布/作出资产披露令，但是允许有机密会（confidential club）的做法保护有关信息，这将在本书第四章之 1.7.7 段与 1.7.8 段进行介绍。

这方面还需要考虑的是《欧洲人权公约》（ECHR）与人权的问题。有说法是如果可能被提起控告的外国法院采用 ECHR 的标准，而且对刑事审理也是公平程序的话，则英国法院也不一定需要按照普通法下自证其罪特免权标准进行保护。节录 Steven Gee QC 的《Commercial Injunctions》（2016 年，第 6 版）一书之 17－045 段对此问题的说法："Where the relevant foreign country gives effect to art. 6 of the European Convention on Human

---

〔188〕 例如 Attorney-General for Gibraltar v. May（1999）1 WLR 998 先例。

〔189〕 见 Westinghouse Uranium Contract, Re（1978）AC 547；Attorney-General for Gibraltar v. May（1999）1 WLR 998 等先例。

Rights this is relevant to the exercise of discretion because the question then becomes whether the English court, basing itself on the scope of the privilege at common law, should give a greater measure of protection to the defendant than is afforded by that convention…[190] There is something unattractive about a court giving a defendant who is at risk of prosecution abroad a lesser protection against self-incrimination than is available to a defendant facing the risk of procecution in UK. On the other hand the common law privilege has been critised at the highest levels, and if the protection afforded by the foreign criminal procedure meets the European standard and is fair, then the English court could conclude that this is sufficient."[191]

笔者将会在下文中再对这些会涉及的罪行与资产披露令进行进一步介绍。

2.5.1 资产披露令和自证其罪直接冲突的例子

2.5.1.1 例子之一:针对不诚实行为诉讼中的资产披露令

民事诉讼(civil action)或商业诉讼可以粗略分成两种不同类型:一类是没有指称不诚实(no dishonesty alleged)行为的诉讼,典型的就是合约的违约/毁约,对合约条文如何解释的争议等;另一类是涉及指称不诚实行为(dishonesty alleged)的诉讼,这包括雇主指称雇员涉嫌接受贿赂、秘密佣金等,又或者涉嫌针对财产(包括知识产权等)的盗窃、侵占、欺诈等行为。英国法下,必须有依据与详情(particulars)才能在文书请求(pleadings 或 statements of case)中提出不诚实行为的严重指称。如果在索赔请求(statement of claim)中泛泛地提出但没有详情,是会被法院撤销(strike-out)的。[192] 此外英国法下,如果原告要通过提前披露才能为索赔请求提供足够详情,相当于指控没有事实的根据或依据,这是不会被允许的。这可见 Black v. Sumitomo Corp (2001) EWCA Civ 1819 先例中,上诉庭的 Rix 大法官所说如下:

"Traditionally at any rate, English law has been cautious about the allegation of dishonesty. Thus … in this context on Hytrac Conveyors Ltd v Conveyors International Ltd (1983) 1 WLR 44, where the plaintiffs, who wished to advance a case of conspiracy to infringe their copyright, applied for an extension of time to serve their statement of claim pending the obtaining of interlocutory injunctions. This court, in refusing the application, said this … 'It has to be remembered by all concerned that we do not have in this country an inquisitorial procedure for civil litigation. **Our procedure is accusatorial. Those who make charges must state right at the beginning what they are and what facts they are based upon. They**

---

[190] 在《欧洲人权公约》(ECHR)下,在特免权的保护方面没有英国法下特免权保护得广泛与细致。例如在 ECHR 下的特免权并没有绝对性权利的地位,在遇到与其他公共政策/利益冲突时需要进行权衡(balance),这方面问题可见本书第九章之 2.3.3.2 段的介绍。而且在英国法下对特免权问题的详细做法与原则,是在 ECHR 下所没有的。

[191] 该书作者提出的说法是,如果在外国法院针对刑事诉讼的做法符合《欧洲人权公约》(ECHR)的标准,而且也是正当公正的程序,英国法院就会认为保护已经足够,会作出资产披露令要求披露。但法院一般也会在命令中给出保护措施(见本章之 2.5.2 段)保护被披露信息的机密性,以及不得在其他法律行动中使用这些信息。届时被申请人在外国法院被指控时就要依赖 ECHR 下的特免权保护。

[192] 见本书第六章之 4 段。

must not use Anton Piller orders as a means of finding out what sort of charges they can make.

In RHM Foods v Bovril Ltd (1982) 1 WLR 661 the plaintiffs, in a passing off action, sought disclosure in advance of pleading their statement of claim. They alleged a deliberate intent to deceive the public. The judge acceded to the application. This court acknowledged the jurisdiction to make such an order, but considered that**the exercise of that jurisdiction would require an exceptional case and that it would be unfair to the defendants to order disclosure against them before the plaintiffs had pleaded their serious allegations.**"(加黑部分是笔者的强调)

以上 Rix 大法官提到的两个先例,适用的都是 CPR 生效前的旧高院规则 RSC。第一个先例就是涉及一个指控说是被告串谋侵犯原告的版权,但原告需要通过搜查令看能找到什么证据才能对他的指控提供详情,所以需要向法院申请延期作出与送达索赔请求。但法院拒绝,说是在英国法院的对抗制诉讼下,任何人士作为原告开始提起诉讼时必须已经对被告有了一个法律权利与明确根据什么事实。

第二个先例是说到法院在特殊的案件下,有要求被告先作出披露的权利。但总体在原告仍未能对这不诚实行为的严重指控与请求提供事实根据或依据时,要求被告先作出披露,对他/她是不公平的。

但在各种各样的案件中,也会有情况是虽然可以证明存在不诚实行为与给出部分详情,但是不能给出所有不诚实行为的全部详情。例如在 Den Norske Bank ASA v. Antonatos (1999) QB 271 先例中,原告是挪威的一家银行,被告则是原告的前经理,管理有关希腊航运金融业务。由于有证据显示被告在任职期间至少从四个银行客户手中收取了 10 笔总金额达到 70 万美元的贿赂,并因此造成 2400 多万美元的坏账,而且被告还额外从中获取了超过 100 万美元的不法利润。因此原告针对被告提起诉讼与索赔损失。此先例中的原告通过内部调查已经获取了足够的表面证据,[193] 因此原告也成功申请与获得法院颁布/作出了针对被告的冻结令与搜查令。

显然在上述这类案件,原告很想查清楚被告在职期间到底收受了哪些、多少贿赂等,这些有关的金钱现在都到了哪里。很简单的道理是,原告手上拿到、在文书请求中已经陈述、指称的 10 笔贿赂,可能只不过是被告非法行为中的一部分而已。而对于尚不知情的非法行为(如根据在职的时间,推断甚至可能有另外 100 笔以上的贿赂),原告最多也只是猜测,无法在文书请求中进行恰当、有详情的指称。这在原告的角度上来看是不公平的,即使是最后成功证明被告的不诚实行为,现有能索赔到的损失,或者更正确的说法是

---

〔193〕 上诉庭在判词中说:"they had a strong prima facie case that D. A. had taken bribes and been a party to a fraud, and utilised front companies to disguise the whereabouts of the spoils..."原告银行已经获取的表面证据,包括个别行贿、给出秘密佣金的希腊船东的证言,被告发出给一位船东的电文(银行每融资 100 万美元,自己要收取 1% 的秘密佣金),以及估计是被告成立的利比里亚公司收取秘密佣金。

能够取回的自己的财产,[194]可能也只是一部分而已(110 笔贿赂中,只成功收回 10 笔)。因此原告能做的只能是申请法院的资产披露令了解被告的资产情况。根据披露的资产情况才能够了解被告非法行为的程度以便修改自己的文书请求、索赔金额等,以及可以及时追踪赃款的去向。简言之,高院一审颁布/作出了针对被告的资产披露令,然而被上诉庭以其他原因(资产披露令被认为并没有提供保护自证其罪特免权的机制)推翻。但从这个先例可以看到申请人/原告是有以资产披露令来找出有不诚实行为的被申请人/被告的全面资产信息的需要,否则就无法在索赔请求中提供所有损失的详情,这显然对这类案件的原告很不公平。

即使是现在英国法院在《Senior Courts Act 1981》下有广泛地作出资产披露令的管辖权,可以想到被告在此时会有两个抗辩。第一个就是这属于钓鱼取证/摸索证明(fishing expedition),毕竟即使是披露,也只是与文书请求(statements of case)中陈述的有关案情(如员工在职期间贪污受贿)才属于有关联性与可以要求披露,也可见本书第七章之7段。而上一段的例子可能存在110 笔贿赂但文中请求中只包括了10 笔,所以其余不可以针对怀疑存在的100 笔贿赂要求披露,因为谈不上有关联性。但这个抗辩在1999 年生效的CPR 下是比较容易绕开的,毕竟引入了诉前披露命令(Pre-action Disclosure Orders),法院可以同样的大道理与理念来处理,见本书第二章之2 段。

更麻烦的,也是第二个抗辩就是自证其罪特免权(self-incrimination privilege)的问题。例如原告掌握了被告有一次不法行为的表面证据,并针对这一次不法行为提起诉讼后向法院申请针对被告的资产披露令。这可以解释说是民事诉讼与刑事诉讼的证明标准不同(如后者疑点利益归被告,所以民事诉讼有足够证据证明平衡的可能性是不够证明刑事犯罪,尤其严重的刑事犯罪),此处也针对的只是民事诉讼中的不法行为(unlawful conduct),未必涉及刑事诉讼犯罪后果。但资产披露令是针对很广泛的内容,如果除了这一次不法行为,被告实际背后还有其他100 次不法行为。这样被告的广泛的资产信息一旦被披露,岂不是把这背后的其他的100 次不法行为的情况都一并暴露出来?而这些广泛的资产信息的内容中有关这100 次不法行为的部分有可能清楚证明了刑事犯罪行为,显然这本应是受到自证其罪特免权保护的。

以下会分段针对这两方面问题进行介绍。

2.5.1.1.1 法院对需要进一步披露才能为不诚实行为案件的受害人索赔全部损失提供足够详情的态度改变

在 International Fund for Agricultural Development v. Jazayeri (unreported, 8 March 2001)先例中,原告已经向法院显示了有良好的表面证据证明被告存在贿赂等问题,想要继续找出被告是否还有其他的贿赂,因此向法院申请资产披露令。但这被 Morison 大法

---

[194] 作为代理人(雇员)违背诚信义务收受贿赂或秘密佣金时,法律地位实际上会认定是代委托人(雇主)信托持有这笔收受的贿赂或秘密佣金,委托人可以寻求救济,要求代理人交还这笔金钱("where an agent received a bribe or secret commission in breach of his fiduciary duty to his principal the bribe or commission was held by him on trust for his principal who accordingly had a proprietary remedy in respect of the bribe or commission."):见 FHR Ventures v. Cedar Capital (2015) AC 250 最高院先例。

官拒绝,理由就是这并非是针对已经在法院诉讼中的争议(没有在文书请求中作出陈述),而是想要找出被告是否有其他犯罪,这就是在钓鱼取证/摸索证明(fishing expedition),也会与自证其罪特免权有冲突。

但在近期的 BDW Trading Ltd v. Fitzpatrick (2015) EWHC 3490 (Ch)先例中,可以说对这个问题有所澄清,得出与 International Fund for Agricultural Development v. Jazayeri 先例的不同结论。此先例中作为原告的雇主属于大型建筑工程集团(英国最大的房屋建筑集团),而被告则是原告的前雇员,曾担任原告的采购部门经理。被告在职期间,还自己偷偷地作为独任董事与唯一股东成立了另一家独立的公司(估计是"皮包公司")。雇主就指称雇员在职期间(自己以及通过其公司)从雇主的分包商(sub-contractor)处收取秘密利益、贿赂,也提供证据显示这秘密利益、贿赂的总金额可能超过 100 万英镑,而且雇员日常开销明显是远大于雇员自己的收入(如购买多辆名贵汽车、给家人提供巨额金钱等)的。雇主成功获得法院颁布/作出的针对雇员及其公司资产的冻结令与附属的资产披露令,要求雇员及其公司披露所拥有的财产与过去 12 个月的银行账单。根据法院命令,雇员披露出来的内容显示他与妻子共同拥有一幢物业,而银行账单虽然曾经收取过一笔分包商汇出的 100 万英镑的汇款,但目前的个人积蓄以及公司账户中的余额都非常有限。雇主就接着进一步申请要求披露过去 5 年的银行账单记录等信息。这被雇员拒绝,指称这完全是雇主在钓鱼取证/摸索证明。

但雇员的说法被法院拒绝,Behrens 大法官指出现有的证据已经显示有很强的表面案件(strong *prima facie* case)显示雇员及其公司的确参与了实施不诚实计划(dishonest scheme),从雇主的分包商处获取秘密利益,而且在银行账户中也已经显示出有一笔雇员无法解释的来自分包商的汇款,因此银行账户与此案件中的争议本身是有关联性的,雇员到底收取了多少秘密利益、不诚实行为到底有多严重在之后必然会需要雇员披露进一步的银行账户信息,这只不过是时间早晚问题。这是因为在此先例中的雇主申请披露过去 5 年的银行账单记录时间尚早,作为原告的雇主仍然没有作出与送达索赔请求(statement of claim)。而且对于雇主来说,只有依赖现在的披露了解详情(particulars),才能进一步采取行动。节录 Behrens 大法官所说如下:

"I do not regard the request for the bank statements as a 'fishing exercise'. The evidence … provides **a strong prima facie case** that Mr Fitzpatrick and TCS (雇员及其公司) have participated in a dishonest scheme to receive secret profits from BDW(雇主)'s subcontractors. Mr Fitzpatrick has chosen not to answer the allegations in any way other than a bare denial. Whilst it is true that there has been no detailed Particulars of Claim, the brief details of the claim are set out in the Claim Form and substantial circumstantial evidence is provided in … evidence. None of this has been answered. Furthermore, the bank statements already disclosed have revealed unexplained payments of over £ 1 million from BDW's subcontractors.

In my view the bank statements will plainly be relevant and thus disclosable and thus the **only question is whether to order disclosure at this early stage or leave the matter until**

after the close of pleadings in the ordinary way.

I agree with Mr Toledano QC(雇主的代表大律师) that it is appropriate to order immediate disclosure of the bank statements. I agree that **BDW has no realistic other practical way of discovering the full extent of the scheme.** I also agree that **the sooner the order is made the more likely it is that BDW will be able to take appropriate action against other persons involved.**"(加黑部分是笔者的强调)

而在是否要行使裁量权(discretion)颁布/作出命令的问题上,法院也指出雇主的披露要求是合乎衡平法(equity)要求的,针对雇员违背诚信义务/忠实勤勉义务(fiduciary duty)的收受贿赂、秘密佣金等行为,雇主也可以获得经济上的救济,因此有必要尽可能早地[195]协助雇主追踪资金、财产去向。由于银行账单是可以简单获得的,因此为了披露所花费的时间与费用也不存在不成比例(disproportionate)的问题。另外,这并不算是钓鱼取证/摸索证明。

因此在此先例中就可以看出,由于已经有强有力的表面证据证明了雇员存在这些不诚实行为,因此要求资产披露并非是钓鱼取证。毕竟雇主指称雇员存在不诚实行为,是已经被纳入诉讼程序的争议,资产信息就是有关联性因此需要披露,根据 CPR 之 Rule 31.12 本就可以要求披露。因此为了调查清楚这些非法行为的程度以及具体贿赂等行为的涉案金额,法院会颁布/作出资产披露令,让作为受害人的原告可以为全部的损失提供足够详情。但如果不诚实行为本身并非诉讼程序要解决的问题,又或者是资产信息与争议无关、并不属于披露内容,就不会颁布/作出资产披露令。

可以简单节录在《Commercial Injunctions》(2016 年,第 6 版)一书之 23－011 段作为此类指控不诚实行为但不知道严重性与/或全部损失的案件,可作出资产披露令的法律地位的小结:"… historically the court has not allowed discovery in relation to allegations of dishonesty which were not pleaded; the court would not allow a plaintiff to fish for material on which to make an allegation of dishonesty because the civil process was accusatory(指对抗制的诉讼程序)and not inquisitorial. But this fails to distinglish between a case in which no allegation of dishonesty has been advanced and one in which the dishonesty is alleged, and is based on evidence. That each bribe or each theft give rise to a separate cause of action is descriptive of the legal mechanics, but it conceals that the real question is about the full extent of the dishonesty, which has been alleged, and quantum. It also overlooks the need for urgency in preserving dishonestly acquired assets; the process there is inquisitorial. Subject to the question of self-incrimination of the defendant, it would not be consistent with the doing of jusitice to allow the thief to keep a part of his ill-gotten gains, and to deny the victim an effective and full remedy. When proceedings are commenced claiming an account of bribes or

---

[195] 在 Bankers Trust v. Shapira (1980) 3 All ER 353 先例中,Waller 大法官就提到说,针对这种情况能够越早追踪到金钱去向越好(the sooner steps are taken to try and trace where it is the better)。

secret profits specific disclosure can be ordered under CPR r. 31.12.[196] It is considered that for these reasons the view of the judge in International Fund for Agricultural Development v. Jazayeri was mistaken."

2.5.1.1.2 不诚实行为民事诉讼的资产披露令针对自证其罪特免权的对应办法

根据BDW Trading Ltd v. Fitzpatrick (2015) EWHC 3490 (Ch)先例的判法，只要是与不诚实行为的指控有关联性，法院都仍然会颁布/作出资产披露令。但法院关心的是，被申请人/被告在面对这类资产披露令时不知道依赖自证其罪特免权拒绝披露信息，或者换言之，被申请人/被告不知道可以拒绝披露受保护文件而不属于违反命令。因此在法院的资产披露令中，一般也会给予特别的机制予以保护，例如会在命令中写明不允许将披露的信息用于此诉讼以外的其他任何用途等，这将在本章后文之2.5.2段进行介绍。被申请人/被告按照资产披露令进行披露时，即使是有部分资产信息在咨询过律师后，律师的法律意见是认为会受到自证其罪特免权保护[这也未必是与当前争议有关，如有一笔金钱的来源非法（如伊朗、朝鲜被制裁期间，金钱来自伊朗、朝鲜）]，则被申请人/被告大可以对这部分资产信息拒绝披露，例如将要披露的银行账单记录中的有关部分内容进行遮盖（redaction）等。

在一些特定类别的案件中，已经专门有立法给予针对。例如涉及的是盗窃案件，根据《Theft Act 1968》之Section 31(1)涉嫌此立法下盗窃犯罪的人不得依赖自证其罪特免权在民事诉讼拒绝向作为原告的受害人披露信息导致原告无法追回赃款与/或索赔所有损失，可节录如下："A person shall not be excused, by reason that to do so may incriminate that person or the wife or husband of that person of an offence under this Act—(a) from answering any question put to that person in proceedings for the recovery or administration of any property, for the execution of any trust or for an account of any property or dealings with property; or (b) from complying with any order made in any such proceedings; **but no statement or admission made by a person in answering a question put or complying with an order made as aforesaid shall, in proceedings for an offence under this Act, be admissible in evidence against that person or (unless they married after the making of the statement or admission) against the wife or husband of that person.**"

以上加黑的这句立法条文显示了对披露被盗窃财产去向的嫌疑人，这披露的信息不能在之后的刑事诉讼中被法院采纳作为证据，所以本质上仍然是尊重不得强制被告自证其罪的大精神。同样的立法也可见《Fraud Act 2006》之Section 13。这些都是英国议会（Parliament）认为应该立法暂时排除自证其罪特免权，否则会对某些类型的民事案件中作为原告的无辜方造成更不公平的情况。

2.5.1.2 例子之二：冻结令和资产披露令下的藐视法院与对被申请人的盘问

在本章之1.9段已经介绍过，在冻结令下会有各种行为可能触犯藐视法院的罪行。这包括违反法院命令擅自处置资产、导致资产流失，而更常见的是违反法院的附属资产披

[196] 这也就是在诉讼中要求对方作出一般披露有关实质争议的信息以及披露额外信息的有关CPR规则。

露令,在向法院提交的誓章/誓词(affidavit / affirmation)中有虚假陈述或刻意遗漏等。

例如,在 Memory Corp v. Sidhu (No.2) (2000) Ch 645 先例中,原告在之前已经成功申请到法院颁布/作出针对被告的冻结令,命令还要求被告披露资产信息。相应地被告也向法院提交誓章/誓词。之后原告就申请命令要求被告在法院接受针对誓章/誓词及披露的资产信息的盘问(cross-examination)。此时被告就指出,自己如果接受盘问,给出的回答可能会被原告用来申请被告藐视法院的罪行。

有关针对被申请人提交的誓章/誓词,申请人可以要求被申请人在法院接受盘问已经在本章之2.4段简单提到。针对资产披露令,是否可以命令被申请人接受盘问的问题也曾经有争议。例如 Bayer v. Winter (No.2) (1986) 1 WLR 540 先例中想要通过盘问显示被申请人没有遵守资产披露令,就被法院拒绝。Scott 大法官在判词中说:"Star Chamber interrogatory procedure has formed no part of the judicial process in this country for several centuries.[197] The proper function of a judge in civil litigation is to decide issues between parties. It is not, in my opinion, to preside over an interrogation. The police, charged with the upholding of the public law, cannot subject a citizen to cross-examination before a judge in order to discover the truth about the citizen's misdeeds.[198] How then, as a matter of discretion, can it be right in a civil case, in aid of rights which, however important, are merely private rights, to subject a citizen to such a cross-examination? [199] A fortiori it cannot be right to do so in a case where the plaintiff seeking the cross-examination of the defendant is holding itself free to use the defendant's answers for the purpose of an application to commit him to prison for contempt."[200]

在这个判法下,看来被申请人/被告对资产披露令的回复无论是否准确,都是没有申请到盘问被申请人的机会的。但后来有了 House of Spring Gardens Ltd v. Waite (1985) FSR 173 上诉庭先例进行澄清,还是可以盘问的(虽然盘问针对的问题是有限的)。

法院在《Senior Courts Act 1981》之 Section 37 下有广泛的权力给出命令,关键仍然是法院根据公平(just)与方便(convenient)如何行使裁量权的问题。对被申请人/被告的盘问不能涉及当事人之间的待法院决定的争议,也不能是为了将来的案件审理提前获取被告的证据。一般案件中都是不会轻易允许提前披露的,毕竟在对抗制(adversial 或 accusatory)诉讼中,让一方提前获取对方证据,是不公平地获得将来审理时的优势。显然也不能针对被告为什么没有严格遵守法院命令,允许这方面的盘问可能会导致被告自证藐视

[197] "星室法庭"(Star Chamber)是英国国王亨利七世在1487年成立的法院,被认为是英国历史上最重要的专制机器,在今天代表了中世纪即抓即判(swift justice)、滥用司法的做法,也是漠视人权做法的代表。

[198] 即使是公法范畴,警察也不可以为了找出普通市民做了哪些错事,强制普通市民在法官面前接受盘问。

[199] 所以在民事诉讼中,原告的私人权力无论多重要,也不会足以说服法院行使裁量权,强制被告在法官面前接受盘问。

[200] 允许原告通过盘问被告以获取与自由使用(如将信息交给检察院/刑事检控机关等)可以指控被告藐视法院的信息的做法是不妥当的。

法院的问题,如质疑誓章/誓词中内容的正确性等。

正如 House of Spring Gardens Ltd v. Waite 先例中 Vos 大法官所说,对资产披露令的盘问是非常例外的情况,只有在说服法院通过盘问能够问出有关资产的细节、金钱流向时,法院才会行使裁量权允许对被申请人的盘问:"Against the background of those authorities and the submissions of the parties which were not much at odds as to the principles to be applied, it seems to me that the requirements for odering cross-examination in circumstances such as these may be summarised as follows: ... (2) generally cross-examination in aid of an asset disclosure order will be very much the exception rather than the rule. (3) it will normally **only** be ordered where it is likely to further the proper purpose of the order by, for example, revealing further assets that might otherwise be dissipated so as to prevent an eventual judgment again the defendants going unsatisfied."

也可以简单解释为什么盘问会有效果。因为以誓章/誓词的方式披露资产信息时,一方面会有时间上的拖延,另一方面靠文书进行这些披露是很难真正说清楚的。即使之后再追加要求更好的资产披露令,对于复杂资产披露的效果也是有限的。但是让被申请人在法官面前接受盘问时,不能不予回答(这是藐视法院),又不能随意给错误答案[这是伪证(perjury)]。而且给出一个回答时,盘问的律师会有进一步的一连串问题,例如回答说"这笔钱交给了我的母亲,我也不知道后续去向",那律师就会继续追问,例如"你母亲的年龄、收入来源、日常开支""你母亲是否和你住在一起""你母亲是否有安排遗产、遗嘱等"等问题。

这也可以从另一个方面进行理解,因为资产披露令的目的是辅助法院命令(冻结令)的执行,又或者是帮助法院判决、仲裁裁决的执行,又或者是了解被申请人的背景有利于案件管理等。而至于被申请人是否在誓章/誓词中涉嫌虚假陈述,属于藐视法院的问题,这并非资产披露令所针对的目标和目的,也因此有说法本就不应当把这两种不同目的混淆在一起(blend together),见 Phillips v. Symes (2003) EWCA Civ 1769 先例。因此在前者的情况中,被申请人是可以依赖自证其罪特免权拒绝披露的。

也可以节录《Commercial Injunction》(2016 年,第 6 版)一书之 23 - 028 段对法院只允许有限度盘问的说法如下:"The proper purpose of such a cross-examination is to reveal further information about assets so that they can be located and preserved. Unless the claimant discharge the burden of showing there is some real prospect of achieving this by cross-examination, the court should decline to make an order. If there are already sufficient assets revealed, to meet the financial limit in a Mareva injunction and which will be available to satisfy a judgment, the court will not order cross-examination to see if there are further assets. An order may be made which is to take effect if a defendant continues not to provide disclosure of assets pursuant to an order."

可以介绍 Access Bank Plc v. Rofos Navigation Ltd (2012) EWHC 4065 (Comm)先例。原告有 4 万吨石油产品在尼日利亚遭到被告(们)非法侵占,由于案件报道并不详细,因此并不清楚具体情况。但这类案件不少,最常见的是无单放货,或者是被告以假提单将货物提走等。原告在英国起诉被告索赔超过1.3亿美元损失(主要是这批石油产品的损失)。原告成功申请并获得法院颁布/作出冻结令与全球资产披露令。在资产披露令中要求(部分)被告披露全球所有超过5万英镑价值的资产信息,也要求被告披露应属原告的石油产品之去向。

被告虽然委托了英国代表律师,但是没有及时作出披露。被告通过律师告知英国法院,自己已经被尼日利亚法院冻结了财产,公司高管等无法回到公司(甚至是住宅),但有关资产资料主要是存放在公司的,因此被告无法披露。被告也提出信息如果披露给英国法院,还会对自己在尼日利亚法院面对的诉讼有不利影响。

由于书面的资产披露令没有获得什么信息,因此原告申请对被告的盘问。英国法院的 Popplewell 大法官允许了盘问,还给出了最后命令(Unless Orders)。针对可能的不利影响,法院给出的保护措施是,命令原告所获得的信息只能用于英国诉讼,而且原告及其律师等都要对此作出个人担保。

在 Jenington International Inc v. Assaubayev (2010) EWHC 2351 (Ch)先例中,法院目前对什么时候适合要求被告接受盘问作出了详细指引,这权威说法也被不少后续先例跟从与认可,节录如下:"(i) The statutory jurisdiction discretion to order cross-examination is broad and unfettered. It may be ordered whenever the court considers it just and convenient to do so.[201] (ii) Generally, an order for cross-examination in aid of asset disclosure will be very much the exception rather than the rule.[202] (iii) It will normally only be ordered where it is likely to further a proper purpose of the order by, for example, revealing further assets that might otherwise be dissipated so as to prevent an eventual judgment against the defendants going unsatisfied.[203] (iv) It must be proportionate and just, in the sense that it must not be undertaken oppressively or for an ulterior purpose. Thus, it will not normally be ordered unless there are significant or serious deficiencies in the existing disclosure.[204] (v) Cross-examination can, in an appropriate case, be ordered where assets have already been disclosed in excess of the value of the claim against the defendants."[205]

上述的英国法律地位很容易会想到的问题是,如果被申请人/被告在誓章/誓词中有

---

[201] 法院在立法下颁布/作出命令,要求被申请人接受盘问的权力是很广泛且没有什么限制的。只要法院认为是公正与方便("just and convenient")就可以。这也就是本章多处都介绍过的《Senior Courts Act 1981》之 Section 37(1)赋予法院的广泛的权力。也可见 Yukong Line Ltd of Korea v Rendsburg Investments Corporation of Liberia (1996) EWCA Civ 759 上诉庭先例中 Phillips 大法官所说,冻结令下的被申请人是否要接受盘问的测试标准就是考虑是否公平与方便:"the test is simply whether, in all the circumstances, it is both just and convenient to make the order."

[202] 但是为了资产披露,要求被申请人接受盘问应该是非常例外的少数情况。

[203] 通常只有当盘问有机会问出更多容易流失的资产,让申请人/原告可以申请将其包括在冻结令中或进行财产保全时,才会要求被申请人接受盘问。

[204] 必须是合比例与公平的,也不能是别有用心对被申请人造成过分压迫。除非是现有的披露中存在重大不妥、瑕疵,否则是不会颁布/作出这样的命令的。

[205] 在有的案件中,即使是被申请人已经披露了超过索赔金额的资产,仍然可以要求被申请人接受盘问,见 Motorola Credit Corp v. Uzan (No.2) (2004) 1 WLR 113 先例。

虚假陈述等内容,并且在接受盘问时不自觉地透露出来,被申请人会有很多麻烦。毕竟哪些可以盘问,哪些不可以盘问,“分水岭”并不十分清楚,是存在灰色地带的。[206] 虽然在法院接受盘问,不论是亲自前往还是通过视频连接,估计被申请人都会有律师陪同。但这也要依赖律师有很高的水平与高度警觉等。大原则仍然是被申请人自己应该警觉,一旦对方的问题可能涉及针对自己违反法院资产披露令导致被认定藐视法院,或针对誓章/誓词中有虚假内容涉及伪证,就要依赖自证其罪特免权拒绝回答。有关先例可见 Memory Corp v. Sidhu（No. 2）（2000）Ch 645;Cobra Golf Inc v. Rata（1998）Ch 109;Bhimji v. Chatwani（No. 2）（1992）1 WLR 1158 等先例。

对于申请人/原告来说,这些盘问也是很麻烦与昂贵的。时常面对被申请人/被告以自证其罪特免权拒绝回答。此时即使是由法官决定被申请人/被告是否要回答,这个决定也会被上诉。因此时常搞到盘问半途而废,草草了事。在 Accident Insurance Mutual Holdings Ltd v. McFadden（1993）31 NSWLR 412 澳大利亚先例中,Kirby 大法官就说:“a point will be reached in questioning where it will be unnecessary to persist with an entire cross-examination which is clearly futile by reason of the invocation of the privilege against self-incrimination. To demand a tedious repetition of questions, rebuffed every time by a claim of privilege which is upheld, would be pointless...”

最后对于盘问中哪些情况可以依赖自证其罪特免权的法律地位,可以节录 Sociedade Nacionale de Combustiveis de Angola UEE v. Lundqvist（1991）2 QB 310 先例中上诉庭的 Staughton 大法官所说如下:“The substance of the test is thus that there must be grounds to apprehend danger to the witness, and those grounds must be reasonable, rather than fanciful. Other points that emerge from the cases are these:（i）the affidavit claiming privilege is not conclusive: see Reg. v. Boyes, 1 B. & S. 311, Ex parte Reynolds, 20 Ch. D. 294 and Khan v. Khan（1982）1 W. L. R. 513;（ii）the deponent is not bound to go into detail, if to do so would itself deprive him of protection: see Short v. Mercier（1851）20 L. J. Ch. 289, 292, and the Westinghouse case（1978）A. C. 547;（iii）‘if the fact of the witness being in danger be once made to appear, great latitude should be allowed to him in judging for himself of the effect of any particular question:’ see Reg. v. Boyes, 1 B. & S. 311, 330; the Westinghouse case（1978）A. C. 547 and Khan v. Khan（1982）1 W. L. R. 513;（iv）the privilege is not available where the witness is already at risk, and the risk would not be increased if he were required to answer: see Brebner v. Perry（1961）S. A. S. R. 117 and the Westinghouse case;（v）‘if it is one step having a tendency to criminate him, he is not to be compelled to answer’［see Paxton v. Douglas（1809）16 Ves. Jun. 239, 242］and ‘as it

---

[206] 例如,被申请人/被告有 40 万美元交给自己的母亲,因此盘问“这笔金钱来源”,被申请人/被告回答“这是借贷得来”,再进一步盘问“是从谁那里借贷来的”,被申请人/被告就依赖自证其罪特免权拒绝回答。这些盘问的例子各种各样,有关分析哪些问题可以问、哪些不能问,或者哪些即使问了也可以拒绝回答的可见 Den Norske Bank ASA v. Antonatos（1999）QB 271 先例,在其中举了很多例子。而该先例一审的判决也有很多被上诉庭改判,因此这方面是不稳定的。

is one link in the chain of proof:' Paxton v. Douglas (1812) 19 Ves. Jun. 225, 227. That last point recurs in other cases (e. g. the Westinghouse case), and may be important. I am inclined to think that it refers to any fact which a prosecutor would wish to prove in order to establish the guilt of the witness on a criminal charge. In the Rank Film Distributors case (1982) A. C. 380, 443, Lord Wilberforce said that disclosure: 'may set in train a process which may lead to incrimination or may lead to the discovery of real evidence of an incriminating character.' That may be thought to go rather further, and to protect a man from having to disclose the names of those who could give evidence against him—assuming that there was otherwise power to require that information: see also Short v. Mercier, 20 L. J. Ch. 289, 292—'how evidence can be got.' I am not presently convinced that the privilege, by virtue of the doctrine of links in a chain, extends as far as that. But the point need not be decided in this case."

2.5.2 在资产披露令中需要提供机制保护自证其罪特免权

在所有的单方面(*ex parte*/without notice)申请中,一般都需要提供保护自证其罪特免权的机制。在本书第二章之3.3段针对搜查令(Search Orders)与本章之1.7.5.1段针对冻结令(Freezing Order)时,都有提到这方面的保护机制。

针对资产披露令而言,如果是单方面申请,由于是听取一面之词,法官也不会知道双方的情况,因此只要是有针对案件本身的强有力的表面证据,能够在法院裁量权下说服法院,法院一般都会给出资产披露令。重要的是由申请人草拟的命令,在内容上需要提醒被申请人有关自证其罪特免权的权利。可以节录 Tate Access Floors Inc v. Boswell (1991) Ch 512 先例中 Nicolas Browne-Wilkinson 大法官所说:"In the ordinary case, it is up to the defendant to put forward the claim to privilege. However the Rank Film case (1982) A. C. 380 establishes that, where an ex parte order is sought which might in practice preclude the defendant from raising the claim to privilege before the order is executed, the judge should not have made the ex parte order at all..."

节录《Commercial Injunctions》(2016年,第6版)一书之17-039段对此问题的说法如下:

"If an order sought ex parte could give rise to a claim of privilege against self-incrimination, the court will consider whether, objectively, there is a risk, and whether the case falls within a statutory exception. If a proposed order is to take effect after a short interval to enable the defendant to take legal advice,[207] and there is the possibility that the defendant might wish to claim privilege, the order should contain an express provision preserving the privilege and requiring the defendant to be informed of his right to take the point if he so chooses.[208] An order which is silent on these matters should not be made. It is not permissible to make a mandatory order for disclosure of the potentially incriminating materials leaving it to the respondent to disobey the order on the ground of self-incriminating.

If a mandatory order for disclosure is to be made on a without notice application, and potentially it could include material for which the privilege might be available. The order itself must enable the respondent to claim the privilege without that being in breach of the order, and an unqualified mandatory order for disclosure can only be made when there is no possibility of the incriminating material being used by a prosecutor. The order must not provide that notwithstanding the claim to privilege the material must be handed over for safe keeping pending determination of the claim to privilege. This is because if the privilege applies the order for handing over the material would itself be inconsistent with the privilege. In Memory v. Sidhu... the order provided that if the defendant claimed to invoke the privilege he had to provide the information to the supervising solicitor '... who will hold such information to the order of the court'. The Court of Appeal had already critised this form of order as inadequate to safeguard the privilege, and the point that this was justifiable was not pursued on the appeal."

另一个机制就是申请人要提供担保(Undertaking)。在本章之2.2段已经提到标准格式资产披露令中的条文。虽然法律默示诉讼方与其代表律师不能将诉讼中获得的文件用在其他用途，也就是所谓的"Raddick 原则"，但因为资产披露令可能产生的严重后果，所以应该在命令中明示说明。例如在上一小段介绍的 Access Bank Plc v. Rofos Navigation Ltd (2012) EWHC 4065 (Comm)先例中，原告及其律师都被命令对所获得的信息只能用于英国诉讼作出个人担保。在本章之1.2段介绍的上诉庭的 Arden 大法官Dadourian

---

[207] 因此在资产披露令中不能要求马上(immediately)、即刻(forthwith)就作出披露的措辞/文字，而是要现实考虑被申请人作出资产信息披露所需要的时间，不至于让被申请人即使想要遵守法院命令也由于实际上做不到而违反命令。在 Oystertec Plc v. Davidson (No.1) (2004) EWHC 627 (Ch)先例中，Patten 大法官说："... judges who are asked to make orders of this kind, particularly where they are made (as in most cases) on a without notice basis, need, in my judgment, to have firmly in mind what is a realistic timetable for compliance, having regard to the scope of the information and the range of documents which the respondent is required to produce. It is not satisfactory to impose an almost impossible deadline simply on the basis that the respondent, if in difficulties, can always apply to the Court for a variation of the order. Some respondents may not have immediate access to legal advice, and a failure to appreciate the implications of not complying within the time limits prescribed by the order may have extremely serious consequences."

[208] 在今天的资产披露令范本(见本章之2.2段)也有条文专门针对："(2) If the provision of any of this information is likely to incriminate the Respondent, he may be entitled to refuse to provide it, but is recommended to take legal advice before refusing to provide the information. Wrongful refusal to provide the information is contempt of court and may render the Respondent liable to be imprisoned, fined or have his assets seized."

Group International Inc v. Simms (2006) EWCA Civ 399 先例中给出的“Dadourian guidelines”中,也针对了同一个课题。

此外,法院提供的另一个保护机制是成立所谓的“机密会”(confidential club),[209]即可能会导致被申请人/被告自证其罪的信息只让申请人/原告律师知道,这样也就没有了自证其罪的危险,见 JSC BTA Bank v. Ablyazov (2016) EWHC 112 (QB)先例。

3. 笔者对冻结令和资产披露令的总结

总体来说,英国这几十年发展起来并延伸到所有普通法国家或地区的这套机制是完善的,站在英国法律的角度上看,在各方面也保证了公正。笔者也觉得这套机制十分有存在的必要,毕竟现在国际商业社会存在大量的诈骗案件,各个国家巨额贪污受贿的情况也屡见不鲜。如果没有这套机制帮助追回这些金钱,国际社会只会更加混乱。这些年来,中国的自然人与公司作为诈骗案件的受害人蒙受了大量损失,[210]外逃的“红通”人员也造成了大量国有资产流失,可以说中国在国际上冻结资产以保护自己利益的需求比很多国家更大。虽然这套制度是由英国建立,但只要善用制度以保护自己的利益又有何妨呢?所以,最关键的还是要让更多商业人士、律师等知道存在这样的救济方式,然后懂得怎样善用。

但从另一个角度看,这套制度也有其对发展中国家非常不利的一面。一个十分现实的问题在于发展中国家并非处于英国的法律环境,自然人或公司法人知道与畏惧藐视法院的严重后果的恐怕也不多。加上在发展中国家的环境下,很多当地律师也不太了解这套复杂而精细的国际游戏规则,把英国这套制度强制适用在这些人士身上是不公平的。

特别是针对资产披露令,即使在相对透明的英美国家,对很多人来说披露资产也是致命的。而且全面的资产信息披露是很困难与耗费时间、金钱的,也容易有错漏。在发展中国家的环境中,资产信息披露的做法更加危险。在实践中,发展中国家的自然人与公司法人在面对这套英国制度时,即使不想犯法(英国刑法),往往也很难避免。因此,发展中国家的被申请人/被告面对英国法院命令,就只能是全面投降,或是被“逼上梁山”(藐视法院)。

笔者认为,无论这套制度对中国是利是弊,都在实际上帮助和稳固英美律师在国际上的垄断地位。另外,在今天英国(与美国的配合与类似做法)的长臂管辖(long-arm jurisdiction)下,这是想要“软性”统治世界。本章之 1.5.1.3 段提到的 Arcelor Mittal USA LLC v. Essar Steel Limited (2019) EWHC 724 (Comm)先例就是例证之一。

今天国际商业规则仍然由英美法律主导,发展中国家的公司如果要“走出去”,就难以避免面对这些困难。看来发展中国家(包括中国)仍然是要尽快提高自己的思维水平与掌握这套国际游戏,等到有大批人才建立同样的法律机制,才能与现在美国、英国的地位进行对抗。

---

[209] 关于成立机密会保证信息的机密性,可见本书第四章之 1.7.7 段与 1.7.8 段。

[210] 可见本章之 1.12.5 段。

第四章　从法院(本地或海外/外国)获得证据

1. 从法院获得其他有关诉讼的法院记录

1.1　公开审理/公开聆讯

英国法院的民事与刑事审理应面向公众是英国法律的一个基本原则,正如法治名言所说,司法公正不仅要做到,而且要以众人能看到的方式做到(Justice not only has to be done, it must be seen to be done.)。在民商事诉讼中,争议双方不能通过协议排除法院公开审理。法院必须考虑公开审理与向公众展示法院程序的公共利益。笔者可先引用一些近期先例的说法。在 Al Rawi and Others v. The Security Service (2011) UKSC 34 先例中,Dyson 勋爵说:"There are certain features of a common law trial which are fundamental to our system of justice (both criminal and civil). First, subject to certain established and limited exceptions, trials should be conducted and judgments given in public. The importance of the open justice principle has been emphasised many times ... The open justice principle is not a mere procedural rule. It is a fundamental common law principle."

在 A v. BBC (2014) UKSC 25 先例中,Reed 勋爵也说公开审理是英国宪法中的大原则,法院必须公开受到公众的监督:"It is a general principle of our constitutional law that justice is administered by the courts in public, and is therefore open to public scrutiny."

最后在与英国法治理念一样的新西兰,其法律委员会在《Access to Court Records》(2006)(Report 93)之 2.2 段作出了非常有针对性的总结,可节录如下:"Open justice is a fundamental tenet of New Zealand's justice system. It requires, as a general rule, that the courts must conduct their business publicly unless this would result in injustice. Open justice is an important safeguard against judicial bias, unfairness and incompetence, ensuring that judges are accountable in the performance of their judicial duties. It maintains public confidence in the impartial administration of justice by ensuring that judicial hearings are subject to public scrutiny, and that 'Justice should not only be done, but should manifestly and undoubtedly be seen to be done'."

关于公开审理的基本原则与少数让英国法院可偏离基本原则的例外情况可见《民事诉讼规则》(Civil Procedural Rule, CPR) Rule 39.2,如下:"39.2　**General rule – hearing to be in public** (1) The general rule is that a hearing is to be in public.

...(3) A hearing, or any part of it, may be in private if—(a) publicity would defeat the object of the hearing;[1] (b) it involves matters relating to national security;[2] (c) it in-

---

[1] 第一个例外就是公开审理会令有关的诉讼失去意义。

[2] 第二个例外是涉及国家安全。

volves confidential information (including information relating to personal financial matters) and publicity would damage that confidentiality;[3] (d) a private hearing is necessary to protect the interests of any child or protected party;[4] (e) It is a hearing of an application made without notice and it would be unjust to any respondent for there to be a public hearing;[5] (f) it involves uncontentious matters arising in the administration of trusts or in the administration of a deceased person's estate;[6] or (g) the court considers this to be necessary, in the interests of justice."[7]

简言之，要申请不公开审理并不容易，但也有成功的先例。例如，在近期的 Eurasian Natural Resources Corporation Ltd v. Dechert LLP (2014) EWHC 3389 (Ch) 先例中，[8]原告 Eurasian Natural Resources Corporation Ltd（以下简称 ENRC）是哈萨克斯坦国企私有化后于 1994 年成立的公司，并于 2006 年在伦敦证券交易所（London Stock Exchange，LSE）上市。ENRC 是国际上著名的铁矿（世界第六大）、矾土（世界第五大）与其他自然资源的出口商。在 2011 年年末，由于举报信泄露与媒体上发布的一些文章，英国主要规管商业犯罪与欺诈的机构严重欺诈调查署（Serious Fraud Office，SFO）对 ENRC 可能存在的违反上市规则的行为开始调查，特别是在刚果共和国对铜矿的收购与其他一些关联交易。SFO 提醒 ENRC 对内部的不法行为存在自愿报告程序（self-reporting process），可以"从轻发落"。因此，ENRC 委任了一家名为 Dechert 的国际律师事务所开始在全球进行调查以决定是否开始自愿报告程序。但之后 Dechert 不断增加的律师费引起了 ENRC 的注意，在约两年的时间里相关律师费用累计高达 1630 万英镑。在 2013 年 3 月 27 日，ENRC 决定终止对 Dechert 的委任，转而委任另一家律师事务所。但为了解除 Dechert 对 ENRC 的文件的留置（lien），必须先决定支付给 Dechert 的合理费用应是多少。这就需要法院在

---

〔3〕 第三个例外与商业案件比较有关系，就是有关的案件本身涉及机密信息，如个人经济状况而公开审理会导致有关信息丧失机密性并会带来严重后果。此处要强调的是，几乎每个商业案件都多少会涉及一些商业机密信息，但法院不会因为个别案件零散的机密信息就偏离公开审理的基本原则/公共政策。毕竟，如果争议方不希望公开商业机密信息，当初在定约时完全可以选择通过仲裁的方式解决争议。而且法院也有机制可以避免零散的商业机密泄露，如可以将文件中的机密内容编辑涂黑等。只有像稍后介绍的 Eurasian Natural Resources Corporation Ltd v. Dechert LLP (2014) EWHC 3389 (Ch) 先例，公开审理的基本原则/公共政策与其他重要的公共政策（如人权、人身安全、重大个人隐私等）发生冲突，法院才可能在权衡后作出不公开审理的命令。

〔4〕 第四个例外是为了保护儿童或其他需要保护隐私的人士。

〔5〕 第五个例外是单方面申请（*ex parte*/without notice）的命令，如冻结令（Freezing Order）或少数的第三方披露令（Norwich Pharmacal Order），公开审理就会导致申请失去意义。

〔6〕 第六个例外是案件本身没有争议性，而只是涉及法院管理信托或去世的人士的遗产。在 Eurasian Natural Resources Corporation Ltd v. Dechert LLP (2014) EWHC 3389 (Ch) 先例中，法院也提到该先例的争议是律师的收费，而律师属于法院的"官员"（officer），所以律师的收费或许可以适用这种例外情况。但该案件是有争议性的。

〔7〕 这属于一个兜底性的说法，这在很多时候也是必要，一些特殊的情况必须要交由审理的法官行使裁量权。而因为存在上诉机制，加上英国法官受统一的法律教育与培训，对裁量权的行使相对一致，不会对法律的肯定性产生太大影响。

〔8〕 同一个系列的 SFO v. ENRC (2018) EWCA Civ 2006 上诉庭先例是一个对法律业务特免权（legal professional privilege）非常重要的先例，在本书第九章与第十章有非常详细的介绍。

《Solicitor Act 1974》之 section 70 下对 Dechert 的收费进行核算(taxation)。

但如果进行公开审理,很有可能 SFO 会派人旁听,则无可避免会有很多机密且非常敏感的材料/文件会被泄露,这会令 ENRC 将来在 SFO 持续进行的调查中处于严重不利的地位,而 SFO 的调查可能会带来刑事后果。这些材料/文件也一定会被 Dechert 披露给法院,以显示 Dechert 在调查中做了哪些工作、有什么收获等。这样就会涉及法律业务特免权(legal professional privilege,LPP)的问题,而根据有关法律,如果客户起诉前律师就应被视为对法律业务特免权弃权(但只是限定弃权并不对无关第三方弃权)。[9] 法院负责核算费用的 Senior Courts Costs Office 最开始的命令是公开审理。这也是 Dechert 坚持的,理由是公众已经知道了 ENRC 声称 Dechert 不合理多收律师费(一些材料被神秘地泄露给了媒体),Dechert 希望通过公开审理维护自己的名誉。于是 ENRC 上诉,要求根据 CPR Rule 39.2(3)(c)与(g)进行不公开审理。

这也获得了高院的支持,Roth 大法官说:

"**Should the hearing be in private**? Although I have found that the waiver of LPP was only limited, so that the material remains protected by LPP as regards third parties, there remains the question whether the court here should therefore order that the costs application be heard in private.[10] CPR rule 39.2(3) gives the court a discretion, which I consider must be exercised in the interests of justice and the parties.

Here, ENRC has a very real concern that a public hearing will expose much of the material to the SFO and thereby prejudice its position. Part of the retainer of Dechert in this case was to assist ENRC in the fraud investigation and its dealings with the SFO, and so some of the privileged documents were created for that very purpose. I consider that there is the potential for very real prejudice to ENRC if the matter were heard in public. That is illustrated by the declared position of ENRC that if the order below stands, it will not proceed with its application.[11] The effective protection of ENRC's rights therefore requires that the matter be heard in private.

By contrast, what legitimate interest has Dechert that the application should be heard in public? This is addressed in a brief witness statement from Mr Richard Harrison … exhibits a bundle of press articles which he says include reports that ENRC is 'suing Dechert for over-

[9] 关于这方面的介绍可见本书第十二章之 2.1 段与笔者《合约的履行、弃权与禁反言》一书第十章之 12.6.2段。

[10] 虽然只是限定弃权(只在这个特定的诉讼中对 Dechert 弃权,有关限定弃权的课题可见本书第十二章之 2 段)但不对第三方弃权,这只代表 SFO 不能在诉讼中直接使用有关的文件。一旦 SFO 知道了存在有关的情况与 Dechert 获得有关文件/信息的途径,就可以通过别的方式进行调查,绕开特免权的问题。也就是说,即使有关文件/信息对 SFO 仍享有特免权的保护令 SFO 不能使用,一旦进行公开审理后 SFO 知道了内容,仍然足够对 ENRC 带来严重的损害。

[11] 从 ENRC 表示如果公开审理是无可避免的,就会放弃要求法院核算律师费的申请,也就是直接支付全数律师费投降,也可以看出其中应有一些不为人知的敏感内容,保持文件/信息的机密性对 ENRC 的重要性。

charging millions of pounds'. ... Nonetheless, I recognise Dechert's understandable concern to vindicate its reputation. But I consider that this concern will be entirely met by a public judgment determining the costs application. There is no question of this court directing that the costs judgment itself should be kept private ... I can see no need for the hearing itself to be in public, which is the issue on this appeal, in order adequately to protect Dechert's interests. Indeed, I would have thought that a public hearing might have a contrary effect since all the allegations advanced by ENRC regarding its overcharging would then be rehearsed before a public audience.〔12〕

Finally, it is not suggested that there is some particular public interest on the facts of this case for holding the hearing in public.〔13〕I also consider it of some relevance that this is not adversarial litigation but the exercise of a supervisory jurisdiction by the court over its officers.〔14〕

Accordingly, the appeal will be allowed and the court will order that the hearing of the application and any subsequent assessment pursuant to sect 70 SA 1974 be heard in private."

上诉庭([2016] EWCA Civ 375)也支持了高院的判决,即如果申请人(在该先例就是 ENRC)还有正在进行的刑事调查,则法院在根据 1974 年《Solicitors Act》之 section 70 对律师费进行核算时就应不公开审理。

1.2 非诉讼方想获得他人诉讼信息和文件的原因

公开审理的原则令公众或非诉讼方(non-litigant/non-party)可以获得他人诉讼的信息与文件。这对希望保持机密不要在媒体上报道〔15〕或被其他商业上的竞争对手知道的诉讼方(litigant)来说是很麻烦的。典型的例子就是涉及一些家庭事务(特别是公众人物的家庭事务)的诉讼;或是一些商业交易的诉讼,作为诉讼方的上市公司很可能因为公开审理时披露的信息被报道出来而股价暴跌(或暴涨)的不理性波动;又或是商业模式或产品细节如果被竞争对手知道会极大地影响将来的生意等。也正是为了保持机密性,越来越多这些类型的争议选择以仲裁的方式解决。

但正如 Shaw 勋爵在 Scott v. Scott (1913) AC 417 先例中所说,公开审理以确保司

〔12〕 Dechert 的证人证言中附上了大量针对 Dechert 不合理收取数百万英镑律师费的媒体报道。法官明白 Dechert 是想通过公开审理来维护自己的名誉,但这个目的完全可以通过最终公开的判决书实现。不公开审理并不代表最终的判决书也不公开,如果最终的判决书对 Dechert 有利,则 Dechert 完全可以维护自己的名誉。而且法官认为公开审理反而可能会对 Dechert 不利,毕竟这样所有 ENRC 声称 Dechert 不合理的收费都会被公开。而即使法院不支持大部分对 Dechert 的指控,只要在其中一两项指控中支持 ENRC 说是 Dechert 的收费过高/不合理就足以对 Dechert 造成更大的不利。可以推断,事实上是否公开审理对 Dechert 的影响不大。Dechert 坚持要求公开审理更多是抓住了 ENRC 不愿意公开审理的心态,希望 ENRC 直接投降。这样做是为了保护自己的最大利益,说不上是对或错,前律师一旦"撕破脸"就可能会变成客户最大的敌人。

〔13〕 Dechert 也没有提出其他特殊的公共利益一定要公开审理。

〔14〕 这就是在稍早的脚注 6 中提到的 CPR Rule 39.2 下第六种不公开审理的例外情况可能在该先例适用。

〔15〕 如 Chan U Seek v. Alvis Vehicles (2004) EWHC 3092 (Ch); Guardian News and Media Ltd v. City of Westminster Magistrates Court (2013) QB 618; Blue v. Ashley (2017) EWHC 1553 (Comm)等先例。

法公正是自由社会最肯定的保证。公开审理最显而易见的好处就是法官在知道有公共监督的压力下,不当或草率作出判决的情况会减少。[16] 从这个角度来说,客观、有水平与健康的媒体的作用就至关重要。正如 John Donaldson 大法官在 Attorney General v. Guardian Newspapers (No. 2) (1990) 1 AC 109 先例里所说,媒体作为公众的耳目(eyes and ears of the general public)监督法院。

另外, Toulson 大法官在 Guardian News and Media Ltd v. City of Westminster Magistrates Court (2013) QB 618 先例说:"at the heart of our system of justice and vital to the rule of law … the transparency of the legal process … not only the individual judge who is open to scrutiny but the process of justice."

言论自由也在《European Convention for the Protection of Human Rights and Fundamental Freedoms》之 article 10 下获得了保证。言论自由不仅包括交流信息的权利也包括搜寻与/或获得信息的权利。公开审理的原则与言论自由的权利要求法院允许公众特别是记者可以接触到法院诉讼的文件。

在众多涉及媒体的先例中,笔者可以 Guardian News and Media Ltd v. City of Westminster Magistrates Court 先例为例做简单介绍。该先例的案情有关美国声称两名英国公民有参与贪污,要求引渡。《卫报》向地方法院(Magistrates' Court)申请复印美国在要求引渡的程序中提到的一些文件。《卫报》的申请一开始被地方法院拒绝但在上诉到上诉庭后成功。上诉庭认为《卫报》申请复印这些文件有严肃的新闻目的,希望刺激社会公众对英国司法系统如何处理国际贪污与引渡被外国声称有犯罪嫌疑的英国公民进行有意义讨论,法院应该支持而非阻碍。法院提供文件就可让《卫报》不只是泛泛与简短地讨论这个议题,而是能够写出更具体的评论让公众理解并深入讨论。Toulson 大法官说:

"The Guardian has a serious journalistic purpose in seeking access to the documents. It wants to be able to refer to them for the purpose of stimulating informed debate about the way in which the justice system deals with suspected international corruption and the system for extradition of British subjects to the USA.

Unless some strong contrary argument can be made out, the courts should assist rather than impede such an exercise. The reasons are not difficult to state. The way in which the justice system addresses international corruption and the operation of the Extradition Act are matters of public interest about which it is right that the public should be informed. The public is more likely to be engaged by an article which focuses on the facts of a particular case than by a more general or abstract discussion."

而对想要开始诉讼的其他案件的潜在诉讼方来说,如果已经有类似或有关联的法院

---

〔16〕 笔者对这符合人性的说法有感受。在小部分笔者参与的伦敦仲裁中,有个别敌视中方或因文化差异而不理解的英美等国家的仲裁员认定与裁决中方公司败诉,感觉如果是在英国法院公开审理会有不同的结果。

诉讼,则自动有权或可以申请获得法院已经存在的诉讼的特定文件(如文书请求[17]或证人证言[18])就十分重要。同一事件导致很多不同的诉讼方开始诉讼的情况很常见,如一个重大事故可能导致很多类似的交易受到影响。如果大家都去仲裁并保持机密,则可能所有受影响的交易最后都要通过仲裁才能解决争议。但如果有一个交易选择法院诉讼,则其他受影响的类似或关联交易就有了权威性的指引与参考,可以帮助进一步的诉讼或双方的和解谈判。目前为止,对非诉讼方来说最普遍与完全合法的做法就是向法院申请有关文件,见 Law Debenture Trust Corp (Channel Islands) Ltd v. Lexington Insurance Co (Application for Disclosure) (2003) EWHC 2297 (Comm); Dian AO v. David Frankel & Mead (2004) EWHC 2662 (Comm); Sayers v. SmithKline Feecham Plc (2007) EWHC 1346 (QB); R (on the application of Taranissi) v. Human Fertilisation and Embyology Authority (2009) EWHC 130 (Admin); HIH Nordbank v. Saad Air (2012) EWHC 3213 (Comm); Cape Intermediate Holdings Ltd v. Dring (2018) EWCA Civ 1795; The Chartered Institute of Arbitrators v. B, C and D (2019) EWHC 460 (Comm)等先例。

另一个常见与合法的例子是有关药品专利的争议,正如 Floyd 大法官在 Pfizer Health AB v. Schwarz Pharma AG (2010) EWHC 3236 (Pat)先例所说:"It is well known that third parties are often keen to inspect the Grounds of Invalidity in a patent action, in order to assist their own actual or intended attack on its validity..."

笔者自己的经验可以多年前的一宗案件为例。一艘船舶在德国不莱梅装货后开往中国,刚要驶出威悉河就撞上了石油码头发生爆炸,导致船舶与码头全损并造成了人员伤亡。船舶上的货物全损并最终由中国人保(PICC)赔付,但中国人保在很多个月后仍然不能确定是否应该代位(subrogate),以船舶可能是不适航(unseaworthy)为由向船东(除了全损的船舶外还拥有姐妹船,加上知道船东有互保协会会承担这方面的责任)索赔。船舶不适航完全是中国人保的猜测,有关的事故可能是由于船舶不适航(如主机或舵在开航时有问题),但也可能是其他免责的原因如航行疏忽(甚至是领航员疏忽),而当时没有任何办法找出真相或做出有一定根据的猜测,更不用说有足够人保开始诉讼的详情(particulars)与实体证据,只能按兵不动。但国际公约《海牙规则》针对货损货差索赔的 1 年时效很快就将届临,笔者能想到的一个办法就是查看德国法院有没有相关的诉讼,于是通过一名德国执业律师知悉死亡人士的家属与石油码头的所有人在德国法院对船东(与船东背后的互保协会)开始了诉讼。于是笔者委任了德国律师在法院搜寻诉讼的文件,虽然当时诉讼仍在进行中。有关文件中的信息显示原告指控船舶的舵发生了故障,导致船舶失去控制并撞上了石油码头,而当时是开航后不久,有很强的不适航的可能,而船东也不像有否认或抗辩。这鼓励了中国人保开始行动,威胁船东会扣船,迫使互保协会做出了保函并最终达成了令人保满意的和解赔偿。

本书针对的是英国法,所以介绍的也是英国法院(与/或其他普通法国家或地区法

---

[17]　这文件是几乎肯定可以获得,可参阅本章之 1.6.1 段。

[18]　关于获得证人证言有点复杂,将在本章稍后的 1.7.1 段有详细介绍。

院）的做法。笔者理解“走出去”的中国公司或律师会遇到很多不同国家的法院与司法系统，难免会面对很多取得各国法院的信息的不同做法。此处主要是针对英国法院（与/或其他普通法国家或地区的法院），包括介绍如何对法院诉讼文件进行提前披露（early discovery）[19]与调查。

1.3 公开审理和诉讼方限制非诉讼方获取信息的需求之间的权衡

传统上法院对民事/商事诉讼的文件或信息经常涉及诉讼方的隐私，不想公开的诉求做出权衡（balance）的方式是看有关的文件或信息是否会在公开审理（open trial）时被读出来。如果会，就属于进入了公有领域（public domain），可以被非诉讼方（non-litigant/non-party）获取。在以前的法院诉讼中，所有诉讼方要提出与依赖的文件、双方的案情与争辩等都要以口头的形式在公开审理时读出来，法官在开庭前不会提前阅读文件。所以记者或任何公众都可以在公开审理时听到所有的细节。而如果有关的诉讼是在内庭（chambers）不公开审理（*in camera* / in private），则公众就不会获得有关的文件或信息。但这属于在本章之1.1段提到的可以不公开审理的例外情况。

如果说早年法院诉讼强调开庭时口头证据与争辩，文件寥寥可数，现在随着法院诉讼实践的改变（这将在本章之1.5段有详细介绍），书面争辩（written advocacy）与证据已经取代了口头争辩（oral advocacy）与证据成为诉讼的惯常做法。审理法官的传统做法是不提前阅读案件有关文件，只是像一张白纸一样去开庭，让双方诉讼方代表律师通过陈述、证据与争辩在这张白纸上填上内容。但现在的做法也变为要求法官在开庭前阅读（pre-reading）大量的文件，而这些文件的内容不再在开庭审理时读出，最多只是会提到一些重点。也就是说，非诉讼方或公众即使旁听了公开审理也不会听到全貌，这导致现在非诉讼方更为关心的是有否检查（inspect）与复印（copy）法院记录的权利，如案情陈述（statement of case）、抗辩书与反索赔请求（statement of defence & counterclaim）、争辩大纲（skeleton arguments）或开庭陈词（opening submissions）、代替主证据/主盘问（evidence-in-chief/examination-in-chief）的证人证言（witness statement）、专家证人报告（expert's report）、文件附件（exhibits）等。

这方面的改变在 GIO Personal Investment Services Ltd. v. Liverpool and London Steamship Protection and Indemnity Association Ltd（1999）1 WLR 984 先例中，首次被提出来并认为非诉讼方应该有权检查代替了主证据/主盘问的证人证言与代替了口头开庭陈词（oral opening）的书面争辩大纲或书面开庭陈词。

一般来说，因为公开审理的基本原则/公共政策（open justice principle），[20]所以法院对让非诉讼方或公众检查与获得在开庭审理时被读出（或可以合理假设审理法官会提前或在审理过程中阅读）的文件采取宽松的态度。但针对其他很多类别的文件，仍要考虑

---

〔19〕 主要是诉前披露（pre-action disclosure），但也可以是审前披露（pre-trial/pre-hearing disclosure）。

〔20〕 Toulson 大法官在 Guardian News and Media Ltd v. City of Westminster Magistrates Court（2013）QB 618 先例针对公开审理原则的目的说：“to ensure the public to understand and scrutinize the justice system of which the courts are the administrators.”

其他互相冲突的公共政策/利益，如诉讼方的隐私（这是十分重要的考虑）、文件的机密性、公平审理的权利等。

CPR Rule 5.4C 对此也已经有了针对，非诉讼方或公众可以向法院申请检查与获得的文件，包括自动获得或申请批准后才能获得两类，这将在稍后本章之 1.6 段进一步介绍。简言之，这方面问题也不是表面看起来这么简单，因为在一个商业诉讼中涉及很多不同类别的文件时，不能简单把所有法院有的文件都向公众开放，让每个人都可以到法院把这些文件一箱箱地拿走。一个商业诉讼，双方诉讼方会给法院很多文件，这些文件有相当一部分也不是披露的诉讼方愿意与自动提供的，而是在强制披露下非要提供所有有关（relevant）甚至关系不大的文件。这些文件可能是在开庭时收集在多个开庭案卷（trial bundles）中，在复杂的诉讼中会有几十个甚至几百个案卷。尤其是现在存在大量的电子文件，[21] 如果全部转换为纸质文件，可能要存放在几个仓库。这些案卷里的文件只会有少数在公开审理时被读出或要求法官查看，这种文件只要能够被识别出来，就可让公众获取。毕竟，如果有关非诉讼方在开庭时作为旁听，也可以获悉这些文件。但大部分的当事方披露的文件根本不会在开庭时被提到。这样，就要考虑被强制披露的诉讼方的个人隐私会更重要。

另外也要考虑其他各种各样的情况，例如还是有相当部分的开庭审理是在内庭（chambers）进行，不向公众公开的［如 Eurasian Natural Resources Corporation Ltd v. Dechert LLP（2014）EWHC 3389（Ch）先例，或针对未成年的案件等］，另不少中间（interlocutory）申请也是在内庭进行。这样，是否代表非诉讼方就一定不能获得与没有机会检查法院的文件？这仍是由法院权衡，在显示了非常重大的公众政策/利益时，仍可以命令向非诉讼方提供文件。法院在做出权衡时，要看非诉讼方的申请是否成比例（proportionality）。考虑的因素包括：非诉讼方要求文件的目的，文件的类型与性质，诉讼方（特别是如果曾经在诉讼的披露过程中反对过披露）是否会因为非诉讼方或公众获得文件而受到损害，是否可以只让非诉讼方获得部分文件或一份文件的一部分而非所有文件等。在权衡了诉讼方保护隐私的权利后，如果法院认为合适，也可以遮盖（redact/blank off/sealed up）部分内容或采取匿名的形式提供给非诉讼方，或是限定非诉讼方使用被提供的文件的目的。

1.4　商业仲裁的机密性

确保非诉讼方或公众不会获得诉讼的有关信息或文件最好的办法就是通过仲裁解决争议。[22] 仲裁的机密性（confidentiality）与有限制的报道（即使是在法院进行撤销裁决书等仲裁相关的法律行动），已经被立法规定。例如，中国香港《仲裁条例》第 16～17 条就规定：

---

〔21〕关于电子文件披露，可见本书第八章的详细介绍。

〔22〕现在随着仲裁的推广，使用仲裁来解决争议的案件越来越多。部分领域的仲裁对透明度的要求越来越高，也需要公众对仲裁庭与仲裁程序进行监督，其中一个最典型的例子就是投资仲裁（investment arbitration）。有学者指出是应修改《仲裁法》，只有特定领域/类别的仲裁才能享有机密性，而其他所有的仲裁都应公开审理让公众进行监督。

“16. 以非公开审理方式进行审理的法律程序

(1) 除第(2)款另有规定外,在法院进行的本条例所指的法律程序的审理,须以非公开审理方式进行。

(2) 如 ——(a) 任何一方提出申请;或(b) 法院在任何个别个案中,信纳上述法律程序应在公开法庭进行审理,法院可命令该法律程序在公开法庭进行审理……

17. 对以非公开审理方式进行审理的法律程序的报道的限制

(1)本条适用于在法院以非公开审理方式进行审理的、本条例所指的法律程序(非公开法院程序)。

(2)法院在审理非公开法院程序时,须应任何一方的申请,作出哪些关乎该程序的资料(如有)可予发表的指示。

(3)除非符合以下条件,否则法院不得作出准许发表资料的指示 ——(a)所有各方均同意该等资料可予发表;或(b)法院信纳如发表该等资料,并不会透露任何一方合理地希望保密的任何事宜(包括任何一方的身份)。

(4)尽管有第(3)款的规定,如法院 ——(a)就非公开法院程序作出判决;及(b)认为该判决具有重大法律意义,法院须指示该判决的报告可于法律汇报及专业刊物发表。

(5)如法院根据第(4)款指示,判决的报告可予发表,但任何一方合理地希望隐藏该等报告中的任何事宜(包括他是该方的事实),则法院须应该方的申请 ——(a)就采取何种行动以隐藏该等报告中的该项事宜,作出指示;及(b)[如法院认为,按照根据(a)段作出的指示而发表的报告,依然相当可能会透露该项事宜] 指示在某段限期内不得发表该报告,该限期由法院指示,但不得超过10年……”

英国的《Arbitration Act 1996》中没有条文针对仲裁的私密性(privacy)或机密性。在Saville勋爵作为主席的Departmental Advisory Committee的报告中解释说是因为机密性有太多的例外情况,如果要在立法中一一针对会有很大困难,而立法条文也会阻碍这个领域的案例法针对一些目前难以预测但将来可能会出现的例外情况的发展。目前这方面的英国普通法地位是Potter大法官在Ali Shipping Corporation v. Shipyard Trogir (1999) 1 WLR 314先例中所说:“While … the boundaries of the obligation of confidence … have yet to be delineated … the manner in which that may best be achieved is by formulating exceptions of broad application to be applied in individual cases, rather than by seeking to reconsider, and if necessary adapt, the general rule on each occasion in the light of the particular circumstances and presumed intentions of the parties at the time of their original agreement.”

因此,仲裁的私密性与机密性是英国法律的默示地位,除非有一些法律规定的例外情况或是双方明示约定,否则是普遍性适用在伦敦仲裁。在英国法院进行的与仲裁有关的诉讼仍可以在内庭不公开审理(heard in chambers),判决书也以编辑或匿名的形式公布,非诉讼方一般也无法获得相关的法院记录。在Glidepath Holding BV v. Thompson (2005) EWHC 818 (Comm)先例中,Glidepath声称Thompson先生等被告欺诈并开始诉讼,但因为双方存在仲裁协议,该法院诉讼程序中止(stay)让双方通过仲裁解决争议。Onwuka先生作为非诉讼方向法院申请获得该诉讼的法院记录。Colman大法官判是如果没有仲裁双方的同意或其他特殊原因(作为对仲裁机密性的例外),法院会支持保护仲裁程序的机密性而拒绝其他第三方/非诉讼方获得有关的法院文件(court documents)。

Ali Shipping Corporation v. Shipyard Trogir 先例也针对了可作为仲裁机密性的例外的特殊情况,其中一个例外情况是"公正利益"(interest of justice)。这个课题在笔者的《仲裁法——从1996年英国仲裁法到国际商务仲裁》(2006年)一书第十三章之2段有详论。

在近期的 The Chartered Institute of Arbitrators v. B, C and D (2019) EWHC 460 (Comm)先例中,案情涉及第一被告B是英国特许仲裁员协会(the Chartered Institute of Arbitrators,CIArb)的一名仲裁员。第二被告C与第三被告D产生合约争议,B被委任为独任仲裁员。C对仲裁庭的公正性持有异议,B作为仲裁员在开庭后认定他在案件中不存在利益冲突关系。C上诉法院,根据《Arbitration Act 1996》之 section 24(1)(a)主张具有正当的依据怀疑该名仲裁员的公正性,请求法院撤换该名仲裁员。高院的 Hamblen 大法官认定,B表面看来存在具有偏见的真正可能性,应将其赶走。之后B辞去仲裁员职务,而 CIArb 决定对其提出纪律指控(disciplinary charges),并将其提交至纪律审裁小组(disciplinary tribunal)。

在2018年6月4日,CIArb 根据 CPR Rule 5.4C 向法院提出申请,请求法院命令允许它检查或获取(或命令C向它提供)下列文件:(1)案件陈述(statements of case);(2)证人证言(witness statements)与附件(exhibits);(3)书面陈述以及争辩大纲(written submissions and skeleton arguments)。

Moulder 大法官行使了他的裁量权(discretion)支持 CIArb 并依赖了 Ali Shipping Corporation v. Shipyard Trogir 先例中提到的公正利益这一仲裁机密的例外情况。仲裁员在提供服务的质量与标准方面能否保持高水平,特别是当仲裁员属于一个被公众认可的专业组织如 CIArb 时,能否保证会员达到明示条例规定的一个最低标准与操守,并让该专业组织能够执行这个标准涉及重大的公众政策/利益。法院应该支持仲裁,也要支持与协助 CIArb 执行其标准。

在做出权衡时,Moulder 大法官也考虑赶走仲裁员B的程序已经走完,而B也已经辞去仲裁员职务。Hamblen 大法官已在其判决中将相关文件的主要内容披露,即使这些文件不是已经进入了公有领域,仍是对D的伤害有限。所以 Moulder 大法官最终命令允许 CIArb 获得案情陈述、证人证言与附件。如果法院已经不再保存这些文件,就命令由C提供副本。

1.5 法院开庭时做法的改变

已经在本章之1.3段提到,近年来法院开庭时的做法有了很大的改变(事实上仲裁的开庭也是同样)。现在口头陈述/争辩(oral advocacy)已经逐渐被书面文件取代/补充,如争辩大纲(skeleton arguments)、开庭陈词(opening submissions)、代替主证据/主盘问(evidence-in-chief/examination-in-chief)的证人证言(witness statements)等。这种改变是为了提高开庭的效率与节省时间(开庭可以非常昂贵)。另外,也可以确保双方在开庭前就已经知道双方的底牌,特别是可以提前对对方证人的传闻证据(hearsay evidence)进行调查,不会在开庭时被对方诉讼方突袭。

在十分近期的 Blue v. Ashley (2017) EWHC 1553 (Comm)先例中,有关的争议是作为非诉讼方的媒体(《泰晤士报》)能否在开庭前获得证人证言。[23] Leggatt 大法官对现在在 CPR 下民事诉讼中开庭时对盘问证人的做法的改变,说:"Historically in civil cases (as it still is today in criminal proceedings) the giving of evidence by witnesses at a trial was an entirely oral process. First, counsel for the party calling the witness would ask questions to elicit evidence from the witness 'in chief'. Then counsel for the opposing party would cross-examine the witness.[24] Traditionally, the parties to the litigation and their counsel would have no notice of what witnesses of fact called by opposing parties were going to say in evidence until they said it.[25] That began to change after provision for written witness statements was first introduced in certain parts of the High Court, including the Commercial Court, in 1986.[26] Under the modern CPR parties are required to serve witness statements in advance of a trial. A witness statement is defined in the Rules as 'a written statement signed by a person which contains the evidence which that person would be allowed to give orally': see CPR r. 32.4.[27] The purpose of requiring such statements to be served is twofold. First, it enables parties to prepare for trial with notice of the evidence which the other side may adduce. This avoids unfair surprise and enables rebuttal evidence to be obtained where necessary and cross-examination to be better prepared. It also allows each party to make a fuller assessment of the strength of the other party's case, which may facilitate settlement.[28] The second purpose of witness statements is to make the trial process more efficient by saving the time that would otherwise be taken up by oral evidence given in chief. Instead of such oral evidence, the witness is simply asked to identify their statement and confirm their belief that its contents are true."[29]

最开始顺应这种做法上的变化的是上诉庭的 GIO Personal Investment Services Ltd v.

---

[23] 关于非诉讼方能否在开庭前获得证人证言可见本章之 1.7.1 段。

[24] 历史上民事诉讼的做法(今天刑事诉讼仍是同样做法)是证人的证据全部以口头做出。先是证人一方的代表大律师向证人提出针对性的开放式问题(specific open question)令证人说出主证据,也就是证人的"故事"或所知道的事实真相。之后对方代表大律师会反盘问/交叉盘问(cross-examination)证人,去丑化或澄清他/她的所谓事实真相。

[25] 传统上做法是双方代表大律师不会被预先通知对方的证人会说什么,直至他/她在法庭上说了出来。

[26] 这历史上或传统上的做法在 1986 年开始在部分高院(特别是一般处理比较复杂的案件的商业法院)有了改变。

[27] CPR 要求双方诉讼方在开庭前交换书面证人证言,内含所有证人要说的主证据并且签名。

[28] 这种做法上的改变主要有两个原因:(1)可以防止一方在开庭时突袭,双方审前都知道对方底牌就可以更好地准备反盘问,如提前调查对方证人的证言,特别是涉及传闻证据(hearsay evidence)的部分(将在本书第十二章之 4.3.2.2 段详述),是否属实或全面。这与传统做法上在开庭时才听到从而来不及调查,只能让对方证人"自说自话"很不一样。(2)更全面知道双方底牌,就有更大的机会在开庭前达成和解。

[29] 节省开庭时间,因为主盘问会很花时间。

Liverpool and London Steamship Protection and Indemnity Association Ltd (1999) 1 WLR 984 先例。当时的《Rules of the Supreme Court》(简称 RSC)不像 CPR 有明示针对,所以法院是根据其有潜在管辖权合理改动自己的程序(inherent jurisdiction to regulate own procedures)与公开审理原则(open justice principle)作出决定。在该先例中,法院判是非诉讼方(non-litigant/non-party)可以获得可被当作在法官面前读出来的文件(can be treated as read out in open court to the judge)。因此,非诉讼方表面(*prima facie*)有权获得取代主证据的证人证言或代替口头开庭陈词的争辩大纲。

在 CPR 下的 SmithKline Beecham Biologicals SA v. Connaught Laboratories Inc (1999) 4 All ER 498 上诉庭先例中,法院判法官提前阅读有关的文件是现代的法院诉讼中非常重要的一部分。法官是在开庭时还是审前在庭外读过有关的文件并没有本质上的区别。

接着在 Barings Plc v. Coopers & Lybrand (2000) 1 WLR 2353 先例中,上诉庭说是鉴于不可能知道法官到底有没有在审前读过有关的一些文件,唯一可行的解决办法就是让反对非诉讼方/公众获得有关文件或信息的诉讼方(litigant)承担证明法官没有读过有关的文件因此文件没有进入公有领域(public domain)的责任。这显然不容易证明,也对诉讼方希望能够保护隐私与机密十分不利。

在稍后的 Eurasian Natural Resources Corporation Ltd v. Dechert LLP (2014) EWHC 3389 (Ch)先例(已在本章之 1.1 段详细介绍),案情涉及原告要求法院核算(tax/assess)前律师 Dechert 高达 1600 多万英镑的律师费。本书第十二章之 2.1.1.1 段在介绍限定弃权(limited waiver)时有提到针对这种法院程序,审理的费用法官(costs judge)要审阅部分当事方/客户的高度机密与敏感的特免权文件(privileged documents)以肯定律师的收费是否合理。问题是这些法官读过的文件是否进入了公有领域,任由非诉讼方或公众申请检查与获得?

Roth 大法官说法官读过或可以假设读过的为公开审理准备的文件,也可以不属于公开文件。正如 Woolf 勋爵在 Barings Plc v. Coopers & Lybrand 先例中所说,"This is subject to any circumstances of the particular case making it **not** in the interests of justice that this should be the position."(加黑部分是笔者的强调)

Roth 大法官说法院为了公正可以限制非诉讼方获得文件:"***I have no doubt that the present case is one where the interests of justice require that the reading by the costs judge of the papers should not have the effect of putting them into the public domain***... Even if I were wrong in that conclusion, **I consider that this court can still issue an order preventing further dissemination of the documents**. Mr Hollander(Dechert 代表大律师)resisted that position, arguing that since the documents had 'entered the public domain' they were effectively out in the open and could no longer be subject to restriction. I regard that submission as misconceived. When I put it to Mr Hollander that in that case once a judge entered court and said to the parties at the start of the hearing that he had read the papers, the documents were thereby in the public domain and could no longer be subject to restriction, he submitted that the court would retain power until the conclusion of the hearing to restrain dissemination. But I do not see any logical reason why a cut-off should come at that point, so as to deprive an appellate court from imposing a restriction if, for example, it considered that the judge below had wrongly decided this very point."(加黑部分是笔者的强调)

1.6 非诉讼方在 CPR Rule 5.4C 下可获得的文件

CPR Rule 5.4C 下公众(public)或非诉讼方(non-litigant/non-party)可检查(inspect)与获得的法院记录比诉讼方在诉讼程序中能够获得的文件更局限,这显然可以理解,毕竟他们不是诉讼的当事方或有关方。非诉讼方可获得的文件可分为两类,将在接下来的段节分别介绍。

1.6.1 第一类

第一类文件是文书请求/案件陈述(pleadings 或 statements of case)与法院的公开命令或判决,除非有法院命令禁止提供给非诉讼方,否则非诉讼方可以随意获得。换言之,非诉讼方自动有权(as a matter of right)获得这一类文件。CPR Rule 5.4C(1)说:"(1) The general rule is that a person who is not a party to proceedings may obtain from the court records a copy of—(a) a statement of case, but **not** any documents filed with or attached to the statement of case, or intended by the party whose statement it is to be served with it... (b) a judgment order given or made in public (whether made at a hearing or without a hearing)."(加黑部分是笔者的强调)

非诉讼方想要获得这一类的两种文件只需要完成行政上的手续,即递交要求获得文件的表格与支付费用。更重要的是这属于单方面申请(*ex parte*),不需要法院批准,也不需要通知任何一方诉讼方,也就是说,诉讼方因为没有被通知,所以不会知道也没有反对的机会。

而如果诉讼方不希望非诉讼方从中获得一些机密或敏感信息,最好的办法就是在文书请求的正文中只提及存在包含这些信息的文件但不节录内容,而将有关文件作为附件(Exhibits)。附件的特殊之处可见本章之1.7.2段的介绍。

对诉讼方来说另一个可行的办法是向法院申请在 CPR Rule 5.4C(4)下限制公众获得文书请求。法院可以拒绝向非诉讼方提供任何文件,或是只提供编辑过的版本,或限制可获得文件的非诉讼方的用途等。但鉴于这偏离了公开审理的基本原则,十分类似不公开审理,申请不会轻易成功。在 G& G v. Wikimedia (2009) EWHC 3148 (QB)先例中,Tugendhat 大法官说:"... hearings in private under CPR r. 39(2)(3) and orders under CPR r. 5.4C(4) were derogations from the principle of open justice, they must be ordered only when it was necessary and proportionate to do so, with a view to protecting the rights which claimants and others were entitled to have protected by such means. When such orders were made, they had to be limited in scope to what was required in the particular circumstances of the case."

1.6.2 第二类

第二类文件包括诉讼方向法院递交(file)并在法院档案记录或者与另一方当事方/法

院之间交流的所有文件,也就是所谓的"法院记录"(records of the court),非诉讼方必须获得法院批准(permission)才能获得这一类文件。CPR Rule 5.4C(2)说:"A non-party may, if the court gives permission, obtain from the **records of the court** a copy of any other document filed by a party."(加黑部分是笔者的强调)

这立法条文所针对的文件看来可以比 Barings Plc v. Coopers & Lybrand (2000) 1 WLR 2353 先例中规定的可被视为在开庭时读出来的文件广泛得多。特别是如果宽松解释"法院记录"是可以包括所有法院拥有的文件,无论是双方当事方自愿、被强制、被对方或法院要求交出等。由于这些文件有很多(相比严格局限的第一类),也有不同类别与性质,所以与第一类文件不同,需要法院在面对非诉讼方(non-litigant/non-party)或公众(public)申请时行使裁量权(discretion),根据不同案件的情况决定哪份或哪几份文件可以批准被获得与容许检查。在 Dian AO v. David Frankel & Mead (2004) EWHC 2662 (Comm)先例中,Moore-Bick 大法官对由于公开审理原则(open court principle)在法院开庭审理时读出来(或可假设在法院读出来)的文件与其他提供给法院存档但不会在开庭审理时针对的大量文件作出了区分。与开庭审理无关的法院记录包括法院为了行政目的要求诉讼方/当事方递交的文件、支持某个中间程序(interlocutory proceedings)申请(但该申请没有开庭)递交的文件等。

Floyd 大法官在 Pfizer Health AB v. Schwarz Pharma AG (2010) EWHC 3236 (Pat)先例将 Dian AO v. David Frankel & Mead 先例对 CPR Rule 5.4C(2)的解释的法律地位总结如下:"I would summarise these principles as follows:i) There is no unfettered right to documents on the court file except where the rules so specify;[30] ii) The requirement for permission is a safety valve to allow access to documents which should in all the circumstances be provided;[31] iii) The principle of open justice is a powerful reason for allowing access to documents where the purpose is to monitor that justice was done, particularly as it takes place;[32] iv) Where the purpose is not to monitor that justice was done, but the documents have nevertheless been read by the court as part of the decision making process, the court should lean in favour of disclosure if a legitimate interest can still be shown for obtaining the documents;[33] v) Where the principle of open justice is not engaged at all, such as where documents have been filed but not read, the court should only give access where there are strong grounds for thinking that it is necessary in the interests of justice to do so."[34]

---

〔30〕 除非立法明确规定,否则非诉讼方没有自由获得法院记录(records of the court)的权利。毕竟很多文件涉及诉讼方的隐私与机密(商业、财务、个人等方面),没有道理作为非诉讼方的第三方可任意获取。

〔31〕 所以第二类文件不像第一类文件,要有非诉讼方需要法院批准才能获得文件这一道安全阀。

〔32〕 让公众监督法院程序是否公正是非诉讼方与公众能获得公开审理案件文件的十分有力的理由,特别是正在进行中的诉讼案件。

〔33〕 非诉讼方必须有合法利益,如是媒体或有其他有关的诉讼,而不能只是多管闲事(busybodies' charter)。

〔34〕 有说法是非诉讼方不能获得没有在公开审理时读出来的文件,因为这与公众监督司法程序没有关系。只有非诉讼方有很强的公共利益的原因时,才会例外。

但在 Slater & Gordon (UK) 1 Limited v. Watchstone Group Plc (2017) EWHC 3187 (Ch)先例中,Prentis 大法官批评了 Pfizer Health AB v. Schwarz Pharma AG 先例,认为该先例只考虑了高院的 Dian AO v. David Frankel & Mead 先例而没有考虑上诉庭的 Barings Plc v. Coopers & Lybrand 先例。而上述节录的(iii)与(iv)都与 Barings Plc v. Coopers & Lybrand 先例的判决有矛盾。Prentis 大法官在 Slater & Gordon (UK) 1 Limited v Watchstone Group Plc 先例支持了 Toulson 大法官在 Guardian News and Media Ltd v. City of Westminster Magistrates Court (2013) QB 618 先例做出的指引,即根据每个案件的不同事实对非诉讼方申请的理由与公开"法院记录"会对诉讼方带来的伤害权衡利弊:"In a case where documents have been placed before a judge and referred to in the course of proceedings, in my judgment the default position should be that access should be permitted on the open justice principle... However, there may be countervailing reasons. In company with the US Court of Appeals, 2nd Circuit, and the Constitutional Court of South Africa, I do not think that it is sensible or practical to look for a standard formula for determining how strong the grounds of opposition need to be in order to outweigh the merits of the application. **The court has to carry out a proportionality exercise which will be fact-specific. Central to the court's evaluation will be the purpose of the open justice principle, the potential value of the material in advancing that purpose and, conversely, any risk of harm which access to the documents may cause to the legitimate interests of others.**"(加黑部分是笔者的强调)

对上述近期先例的一些对 CPR Rule 5.4C(2)的第二类"法院记录"的解读,本章接下来的1.6.2.2 段会进一步针对与介绍更近期的一个权威性上诉庭先例。这也表示以前的先例,特别是针对 RSC 的先例不再是可靠的先例。

1.6.2.1 非诉讼方/公众向法院申请要求检查和获得第二类文件

非诉讼方(non-litigant/non-party)不必通知诉讼方(litigant)而可"单方面"(*ex parte/without notice*)申请第二类文件,但法院一般会要求通知会受法院是否允许非诉讼方检查与获得文件的决定影响的诉讼方,这样诉讼方就可以提出反对。但要说服法院不批准非诉讼方的申请必须有特殊的理由,一方(甚至双方)诉讼方只是泛泛说文件有机密性,向公众公布会带来损失是不足够的。Buxton 大法官在 Lilly Icos Ltd v. Pfizer Ltd (No. 2) (2002) 1 WLR 2253 先例判决中列出了一些需要考虑的因素(其中也针对了知识产权案件的特殊性)作为指导,其中提到了这一点,说:

"It may be convenient to set out a number of considerations that have guided us.

(i) The court should start from the principle that very good reasons are required for departing from the normal rule of publicity. That is the normal rule because, as Lord Diplock put it inHome Office v Harman [1983] 1 AC 280 ... 'Publicity is the very soul of justice. It is the keenest spur to exertion, and the surest of all guards against improbity. It keeps the judge himself, while trying, under trial'. ... The already very strong English jurisprudence to this effect has only been reinforced by the addition to it of this country's obligations under articles 6 and 10 of the Convention(指《欧洲人权公约》).

(ii) When considering an application in respect of a particular document, the court should take into account the role that the document has played or will play in the trial, and thus its relevance to the process of scrutiny referred to by Lord Diplock. The court should start from the assumption that all documents in the case are necessary and relevant for that purpose, and should not accede to general arguments that it would be possible, or substantially possible, to understand the trial and judge the judge without access to a particular document. However, in particular cases the centrality of the document to the trial is a factor to be placed in the balance.

(iii) In dealing with issues of confidentiality between the parties, the court must have in mind any 'chilling' effect of an order upon the interests of third parties ...

(iv) **Simple assertions of confidentiality and of the damage that will be done by publication, even if supported by both parties, should not prevail. The court will require specific reasons why a party would be damaged by the publication of a document.** Those reasons will in appropriate cases be weighed in the light of the considerations referred to in sub-paragraph (ii) above.

(v) It is highly desirable, both in the general public interest and for simple convenience, to avoid the holding of trials in private, or partially in private. In the present case, the manner in which the documents were handled, together with the confidentiality agreement during trial, enabled the whole of the trial to be held in public, even though the judge regarded it as justified to retain confidentiality in respect of a significant number of those documents after the trial was over. The court should bear in mind that, if too demanding a standard is imposed under CPR r. 31.22(2) in respect of documents that have been referred to inferentially or in short at the trial, it may be necessary, in order to protect genuine interests of the parties, for more trials or parts of trials to be held in private, or for instance for parts of witness statements or skeletons to be in closed form.

(vi) **Patent cases are subject to the same general rules as any other cases, but they do present some particular problems and are subject to some particular considerations.** As this court pointed out in SmithKline Beecham Biologicals SA v. Connaught Laboratories Inc [1999] 4 All ER 498, **patent litigation is of peculiar public importance**, as the present case itself shows. That means that the public must be properly informed; but it means at the same time that the issues must be properly explored, in the sense that parties should not feel constrained to hold back from relevant or potentially relevant issues because of (legitimate) fears of the effect of publicity. ...

In our view, the same considerations can legitimately be in the court's mind when deciding whether to withdraw confidentiality from documents that are regarded by a party as damaging to his interests if used outside the confines of the litigation in which they were disclosed."(加黑部分是笔者的强调)

1.6.2.2 法院如何行使裁量权

已经提到过,非诉讼方(non-litigant / non-party)或公众(public)向法院申请要求获得法院记录(records of the court)需要法院批准。这对提供文件的诉讼方(litigant)来说是一道安全阀(safety valve)。

毕竟,第二类文件很大量。例如,在近期的 Cape Intermediate Holdings Ltd v. Dring (2018) EWCA Civ 1795 上诉庭先例中,案情涉及的争议是在笔者其他书籍有详及(如在《损失赔偿与救济》一书第四章之 4.3.3 段)的大量英国退休工人由于在工作期间曾经接触石棉(asbestos)而中毒并患上"间皮瘤"(mesothelioma),会在长达 40 年的潜伏期后病发并很快会死亡。Cape Intermediate Holdings Ltd v. Dring 先例不是身为受害人的工人或其家属向前雇主或承保员工责任险(employees' liability)的保险人索赔损失,而是涉及保险人在赔付工人或其家属后代位求偿(subrogated insurers)向石棉生产商(Cape Intermediate)与有关工人的前雇主要求分摊(contribute)赔付了的钱。有关分摊损失的英国《Civil Liability (Contribution) Act 1978》立法,在笔者《提单与其他付运单证》一书第五章之 17.2.9.4段有介绍。

这一代位保险人的两个民事诉讼与分摊索赔,在推进了一段诉讼程序之后,有关当事方(parties)就达成和解。由于诉讼没有继续下去,所以也不存在有公开审理(open trial)与/或案例报告记录诉讼的详情。而本先例是作为非诉讼方的 Dring 先生向法院申请要求批准获得在诉讼的中间程序(包括在文件披露程序)中诉讼方向法院交出的文件。这些文件数量是非常大的,其中纸质文件有大概 5000 页,共 17 个文件夹,电子文件更是多达了 45000 页。

已经和解了的诉讼方在获得了有关申请的通知后,只有石棉生产商 Cape Intermediate 出来抗拒与反对法院批准。只要知道 Dring 先生的背景,就很容易理解这背后的原因。Dring 先生是一个名为"Asbestos Victims Support Groups Forum UK"(简称 AVSGF)、涉及其他人数众多的石棉中毒受害人的组织代表。显然,就 Cape Intermediate 而言,如果让 Dring 先生获得所有这些在诉讼中全面披露的文件会后患无穷,因为还有很多石棉中毒的受害人士与相关人士等着向 Cape Intermediate 提起损失索赔。所以 Cape Intermediate 不惜花费大量的诉讼费用去抗拒与反对申请与批准,而反对的理由显然就是文件涉及 Cape Intermediate 作为诉讼方的隐私与机密(包括商业机密)。

在该上诉庭先例中,Hamblen 大法官说法院在行使裁量权(discretion)时要考虑与权衡以下五个因素:"As to the principles to be applied when the court is considering whether and how to exercise its discretion to grant permission for copies to be obtained by a non-party of the records of the court under 5.4C(2) the court has to balance the non-party's reasons for seeking copies of the documents against the party to the proceedings' private interest in preserving their confidentiality. Relevant factors are likely to include:(1) The extent to which the open justice principle is engaged; (2) Whether the documents are sought in the interests of open justice; (3) Whether there is a legitimate interest in seeking copies of the documents and, if so, whether that is a public or private interest; (4) The reasons for seeking to preserve confidentiality; (5) The harm, if any, which may be caused by access to the documents to the legitimate interests of other parties."

简短以本先例解读以上的因素。首先是(1)与(2),较早的诉讼是庭外和解,根本没有开庭审理。但在公开审理的大原则(open justice principle)下,是有一些文件可以合理假设会在法院开庭审理(如果有)中被读出来或被法官开庭前后阅读。至于(3)有关Dring先生的申请,显然在此先例是为了公共利益(public interest),也就是为了其他人数众多的石棉中毒受害人,而不是为了私人利益。涉及合法的公共利益时,法院就更加应该宽松考虑申请。

最后是(4)与(5),可以说Cape Intermediate要求法院为它保护机密的原因,以及法院如果批准申请会带来对Cape Intermediate的损害表面看是很说得通的。因为接下来的索赔,在举证方面就可能容易很多,加上这些索赔涉及金额是非常庞大的,在保险可能赔不了或赔不足情况下对Cape Intermediate是致命的,导致破产等。

法院在行使裁量权时需要考虑上诉庭所讲的因素,至于最后的决定是因人(法官)而异。但只要考虑的方向与因素是正确的,就没办法批评是错误行使裁量权的判法了。

1.6.2.3　法院记录包括哪些文件

CPRRule 5.4C(2)规定法院有管辖权(jurisdiction)与裁量权(discretion)决定非诉讼方(non-litigant/non-party)或公众(public)可检查(inspect)与获得法院记录(records of the court)。但CPR没有定义"法院记录"到底包括哪些文件。虽然一些先例有涉及过,但是直到Cape Intermediate Holdings Ltd v. Dring (2018) EWCA Civ 1795上诉庭先例中,才有机会权威性针对这个方面。在上一小段已经提到,该先例涉及大量的文件。如果从字面意思宽松解释,"法院记录"可以包括几乎所有法院拥有或托管的文件,这也是Dring先生作为申请人所主张的解释。但提出抗拒与反对的Cape Intermediate认为"法院记录"只包括为了有关诉讼而必须"正规制作"(formally create)的文件。显然,Cape Intermediate的主张就会大幅度减少非诉讼方可获得的文件,也就是不包括最机密与敏感的"已经存在的文件"(existing documents),其中主要是在法院诉讼的披露程序中被强制要求披露的有关(争议)文件(relevant documents)。笔者随意猜测在这大量披露的已经存在的文件中显然会涉及以前Cape Intermediate的业务与营运的文件记录,其中可能会有10年、20年前已经有关于石棉中毒的危险与怎样减低工人长时间暴露的风险的报告,但Cape Intermediate为了业务或其他原因不向客户提出或跟进。又或是10年、20年前就已经有受害工人威胁提起诉讼,但被Cape Intermediate私下和解掉等。这些文件一旦被披露,在将来的其他同类诉讼中对Cape Intermediate来说是致命的。

该先例的一审支持了Dring先生或AVSGF的主张,就是广泛解释"法院记录",只要是法院在有关案件所拥有的文件都属于"法院记录"。这导致Cape Intermediate马上以紧急为由向高院单方面(*ex parte*/without notice)申请禁令(injunction)阻止法院把这些文件交出给Dring先生。高院的Phillips大法官也作出了临时禁令,直至双方有机会出庭争辩。临时禁令内容也包括了如果Dring先生与他的代表律师已经获得了部分文件(事实也是如此),就不准查阅/检查并必须退还给法院,也要文书告知 Cape Intermediate 的代表律师有关他们已经查阅了什么文件等。

由于这个争议(立法规定的"法院记录"包括了什么文件)的重要性,被批准直接上诉去上诉庭。上诉庭支持 Cape Intermediate 的主张,也就是只局限在法院保存的在诉讼程序中正规制作的文件。Hamblen 大法官说:"The 'records of the court' are essentially documents kept by the court office as a record of the proceedings, many of which will be of a formal nature. The principal documents which are likely to fall within that description are those set out in paragraph 4.2A of Practice Direction 5A, together with 'communication between the court and a party or another person', as CPR r. 5.4C(2) makes clear. In some cases there will be documents held by the court office additional to those listed in paragraph 4.2A of Practice Direction 5A, but they will only be 'records of the court' if they are of an analogous nature."

上述 Hamblen 大法官提到的 CPR PD 5A 是指 CPR 下法院的操作指引的"PRACTICE DIRECTION 5A-COURT DOCUMENTS",其中 para. 4.2A 从(a)至(p)列出了双方诉讼方都可以向法院取得的一系列特定文件。例如,(c)是索赔书(claim form,相当于以前的告票)与双方的文书请求(statements of case,以前被称为 pleadings)。另有(e)是送达证明(certificate of service),(h)是向法院申请各种不同命令的通知(application notice),(j)是法院公开作出的判决或命令,(l)是文件清单(list of documents),[35](m)是存钱入法院通知[notice of payment into court,这是诉讼方(通常是被告)为和解与保护诉讼费用的一种做法[36]]与(p)是上诉通知(Notice of Appeal)等。

Hamblen 大法官也说到了当事方或诉讼方与法院的书信往来也属于法院记录。还会有其他各种文件,但必须是与 CPR PD 5A para. 4.2A 列出的文件本质上类似的文件才可能属于法院记录。

这样,披露程序中的文件清单是法院记录之一,但这不包括清单中双方诉讼方所列出的文件。而用来作为证据去支持向法院作出各种申请(如中间禁令)的证人证言与附件是法院记录,但双方诉讼方在开庭审理前同时交换的证人证言(与专家报告)由于通常是不要求同时递交给法院,就不是法院记录。Hamblen 大法官针对这方面说:"This will include a list of documents, but not the disclosed documents themselves. It may include witness statements and exhibits filed in relation to an application notice or Part 8 proceedings (see CPR r. 8.5), but not usually witness statements or expert reports exchanged by the parties in relation to a trial. Such statements and reports are not generally required to be filed with the court and they will typically be provided to the court only as part of the trial bundles."

而重要的开庭案卷(trial bundles),在此先例估计也是 Cape Intermediate 最为重视与包含大量隐私与机密文件的一项,明确是不被包括在 CPR Rule 5.4C(2)的法院记录中。

---

〔35〕 在本书第七章之9.3段有介绍。

〔36〕 见《仲裁法——从开庭审理到裁决书的作出与执行》(2010年)一书第一章之5.3.3.3.6.1段。

Hamblen 大法官给了多个不包括的原因,可节录如下:"Trial bundles cannot be regarded as being part of the 'records of the court' for a number of reasons … in particular:(1) Trial bundles are provided for the judge. They are for the judge to use, mark, annotate, re-order or edit as he or she thinks fit. In so doing, no judge would consider that they were adulterating 'records of the court'. (2) Trial bundles may pass through the court office en route to the judge, but the court office has no interest in or role in relation to trial bundles, other than acknowledgment of their receipt. (3) Trial bundles are routinely destroyed by the judge or (if applicable) his/her clerk after the conclusion of proceedings. This would not be appropriate if they were "records of the court". But nor, often, would it be appropriate to return the judge's bundles, not least because they are likely to contain comments and annotations. Whilst redaction of comments/annotations might be possible that would probably have to be carried out by the judge or his/her clerk and would in any event reveal the fact of comment/annotation. In many cases there would therefore need to be the creation of a new set of unmarked trial bundles. (4) Trial bundles are not stored in the court office, nor are they only taken out of the office with the permission of the court, as paragraph 5.5 of Practice Direction 5A requires. (5) The administrative burden for the court office storing trial bundles would be enormous, particularly if they had to be retained as 'records of the court' even after the conclusion of proceedings. Trial bundles routinely run to thousands of pages and multiple bundles. In heavy commercial litigation, for example, there will often be over 100 files of trial documents. (6) The procedure for obtaining copies of documents from the 'records of the court' involves the court office taking and providing copies. Such a procedure clearly contemplates a limited copying exercise. It cannot have been intended that court officers would have to copy thousands of documents, as would be the case with many trial bundles. (7) The application for permission for copies to be obtained requires 'the document or class of document' to be identified — paragraph 4.3 of Practice Direction 5A. A trial bundle is not a 'document or class of document'."

这样,不属于法院记录,法院没有管辖权让非诉讼方或公众检查与获得的文件(除非在公开审理时被读出来或可假设被读出来)是:开庭案卷(trial bundles)、开庭审理双方交换的证人证言与专家报告(trial witness statements/trial expert's reports)、[37]争辩大纲(trial skeleton arguments)或开庭陈词或结案陈词(opening or closing submissions)、庭审记录(trial transcripts)。

但法院在普通法下还有一个潜在的管辖权(inherent jurisdiction)去批准非诉讼方或公众检查与获得法院记录以外的文件。Guardian News and Media Ltd v. City of Westmin-

[37] 但没有开庭审理,这证人证言(trial witness statement)也就变不了主证据,更加不会有反盘问。这份文件也就变了是与公开审理原则(open justice principle)无关。在 CPR Rule 32.13(1)下将证人证言提供给非诉讼方或公众检查,将在本章稍后的 1.7.1 段介绍。

ster Magistrates Court (2013) QB 618 先例确认说可根据公开审理原则(open justice principle)在不同案件适用,也就是说,虽然没有立法权力,但只要立法也没有禁止,法院仍有潜在管辖权作出批准。这可节录 Charles Hollander QC 的《Documentary Evidence》(2018年,第13版)一书之6-08段所说如下:

"… **Guardian also confirms that, subject to any statutory provision, the courts have an inherent jurisdiction to determine how the open justice principle should be applied. It follows that, even in the absence of a relevant statutory power, unless they are precluded by statute, the courts have power at common law to grant access to documents if the open justice principle requires this.**

The problem with this, is that CPR 5.4C makes express provision for the circumstances in which in civil cases the court may make documents available. So the jurisdiction is based on the common law, how does it interreact with the specific provisions of CPR 5.4C? This is problematic. Thus in Blue v. Ashley (2017) EWHC 1553 (Comm), in the light of Guardian, Leggatt J said that the court had an inherent jurisdiction to make orders giving effect to the principle of open justice notwithstanding not being covered by any express rule. Previous authorities had looked at the power to make orders depending on whether the case fell within CPR 5.4C. But if the court is not limited by the rule, how can one determine in any given case whether an order should be made? And what is the status of those authorities which rely on the limitations in 5.4C as a reason for not making an order?"(加黑部分是笔者的强调)

1.6.3 在公开审理时读出来或应被当作已经读出来的文件

一般来说,法院会允许非诉讼方(non-litigant/non-party)或公众(public)获得在公开审理时读出来或应被当作已经读出来的文件。根据 Guardian News and Media Ltd v. City of Westminster Magistrates Court (2013) QB 618 上诉庭先例,在公开审理原则(open justice principle)下如果没有特别原因,这类文件理所当然应该提供给非诉讼方或公众,申请人向法院要求批准时看来也不必证明是为了什么合法原因。这可节录 Charles Hollander QC 的《Documentary Evidence》(2018年,第13版)一书之6-09段所说如下:"In the light of Guardian, **if a document has been read out or treated as read out in open court, the default position will be access.** In Slater & Gordon (UK) 1 Ltd v. Watchstone Group Plc Deputy Registrar Prentis held that as a result of Guardian, some previous authorities which suggested that there was a burden on the applicant had to be treated with caution."(加黑部分是笔者的强调)

以上提到的曾经要求作为申请人的非诉讼方提供证据说明获得文件的原因,但现在不再可靠的先例是指 Dian AO v. David Frankel & Mead (2004) EWHC 2662 (Comm)与 Pfizer Health AB v. Schwarz Pharma AG (2010) EWHC 3236 (Pat)等先例。但申请人不提供证据也有危险,在 Blue v. Ashley (2017) EWHC 1553 (Comm)先例中,Leggatt 大法官就在申请人没有提供任何证据的情况下,推定(infer)申请人想要在开庭审理前获得在中间程序开庭时提到的一份证人证言(trial witness statement)的目的,是提前对证人在接下来的开庭审理时会提供的证据作出报道。Leggatt 大法官认为这与公开审理原则无关而拒绝批准。

至于这是针对中间程序的开庭还是针对实体争议的开庭并不重要。在 Cleveland Bridge UK Ltd v. Multiplex Constructions (UK) Ltd (2005) EWHC 2101 (TCC)先例中,媒体在针对实体争议的开庭前要求获得双方的文书请求(statements of case),而这些文书请求在之前的中间程序针对特定披露(specific disclosure)的公开审理中已经被提及。Wilcox 大法官说:"There can be no legitimate distinction drawn between decisions made in interlocutory proceedings and those at final trial when the requirement for open justice is considered. Interlocutory decisions may often be decisive as to the whole or a significant part of a complex case."

另在 Chan U Seek v. Alvis Vehicles (2004) EWHC 3092 (Ch)先例中,案情有关军车制造商 Alvis Vehicles 在20 世纪90 年代将一批军车卖给了外国政府,新加坡商人 Chan U Seek 声称他可以从中抽取佣金,但 Alvis Vehicles 否认。在公开审理时,双方都有证人出庭接受盘问并以证人证言代替主证据(evidence-in-chief)。因为其中一位证人要在几日后才有时间接受盘问,所以开庭暂停推迟几日继续。在期间双方达成了和解(settlement)和解协议机密(至于如何保持机密可见本章之1.7.6 段)。但随后作为非诉讼方的《卫报》认为 Chan U Seek 的争辩大纲中提到的部分内容公众会有兴趣(估计交易背后涉及一些政治敏感信息)。于是《卫报》向法院申请获得证人证言,[38] Chan U Seek 不反对,但 Alvis Vehicle 反对。法院最后判是 Alvis Vehicle 无法证明《卫报》获得有关文件会对它带来什么真正的损害,支持了《卫报》的申请。

1.6.4 在公开审理时没有读出来的文件

这种情况经常遇到。例如,在 Chan U Seek v. Alvis Vehicles (2004) EWHC 3092 (Ch)先例与 Cape Intermediate Holdings Ltd v. Dring (2018) EWCA Civ 1795 上诉庭先例中,双方诉讼方在开庭审理前达成和解。或是类似 Eurasian Natural Resources Corporation Ltd v. Dechert LLP (2014) EWHC 3389 (Ch)先例的情况或是中间程序的命令等,需要在内庭(Chambers)不对外公开审理。在这种案件,非诉讼方(non-litigant/non-party)或公众要检查与获得法院在作出决定时应该查阅过的文件,就有一定的难度与举证责任。主要是此时公开审理原则(open justice principle)不适用,申请人需要显示法院应提供这些特定文件的其他合法理由(legitimate reason)。这可节录 Charles Hollander QC 的《Documentary Evidence》(2018 年,第13 版)一书之6-10 段所说:"Here different principles apply. A starting point in determining when access should be given to documents on the court file which are not treated as read out in open court is to recognise that third parties cannot be in a better position than the parties themselves. If a party wishes to use documents disclosed for a purpose other than for the purpose of the proceedings, an application must be made under CPR 31.22. Such an order requires special circumstances to be shown. So the test must

---

〔38〕 关于证人证言,可见本章稍后的1.7.1 段。

be at least as stiff for a non-party. Moreover, the starting point is that open justice, as Toulson LJ mad clear in Guardian, is to enable the public to understand and scrutinise the justice system of which the courts are the administrators. In a case where the documents have not been read in open court, that principle will not normally be engaged so some special reason needs to be demonstrated. But as with CPR 31.22, there will be cases where it is possible to cross the necessary threshold. The cases will be fact-specific but the court is likely to have in mind the principles set out above as a starting point."

例如,在 Sayers v. SmithKline Feecham Plc (2007) EWHC 1346 (QB)先例中,法院是允许作为申请人的美国卫生及公共服务部部长获得有关疫苗诉讼中被告(生产疫苗的公司)提供的一份专家报告,并在美国的同类诉讼中使用。但原告(受疫苗影响的集体受害人)反对,其中的理由之一是违反 ECHR 之 Article 8 与《Data Protection Act 1998》。法院认为申请涉及重大的公共利益,所以批准了申请。而针对原告的忧虑,法院命令在披露有关的专家报告前,要遮盖所有涉及个人隐私的信息。

另在 Pfizer Health AB v. Schwarz Pharma AG (2010) EWHC 3236 (Pat)先例中,案情涉及一个药品专利(patent)的争议,但原告中途撤案(discontinued)。作为申请人的非诉讼方向法院申请获得该案中的有关文件。法院批准了申请,因为申请人也在这个行业,所以有合法理由知道诉讼方相互指控的原因。

在 Cape Intermediate Holdings Ltd v. Dring 先例中,上诉庭推翻了一审命令后并没有另作出命令批准 Dring 先生在公开审理原则下可以检查与获得什么特定文件(肯定比一审要局限多了)。但看来是 Dring 先生代表石棉受害人组织 AVSGF 申请文件是为了一个合法的公共利益(legitimate public interest),所以鼓励双方当事方合作同意 Cape Intermediate 提供检查的文件。如果不能同意,再向上诉庭申请最后命令。

1.6.5 非诉讼方的申请必须明确特定文件和类别

在 CPR Rule 5.4C(2)下,申请获取法院记录(records of the court)与/或其他开庭审理的大量文件时,必须明确是哪一份特定文件或哪一类特定文件。

在 Dian AO v. David Frankel & Mead (2004) EWHC 2662 (Comm)先例中,非诉讼方要求获得诉讼方递交给法院的所有文件以对其他有关诉讼提供帮助。但 Moore-Bick 大法官拒绝了这个没有明确任何特定文件的申请,认为 CPR Rule 5.4C(2)下不允许非诉讼方检查整个法院的档案或以钓鱼取证/摸索证明(fishing expedition)方式[39]要求法院记录。但针对申请中特定或明确指出的公开审理的文件,Moore-Bick 大法官认为非诉讼方证明了自己利益相关并且有合法理由(但本章之 1.6.3 段已经提到申请人没有举证责任),所以支持了这部分的申请。

---

[39] 在《Dicey, Morris & Collins, The Conflict of Laws》(2012 年,第 12 版)之 Para. 8 – 103 说:"'Fishing' arises where what is sought is not evidence as such, but information which may lead to a line of enquiry which would disclose evidence; it is a search, a roving enquiry, for material in the hope of being able to raise allegations of fact."

在 Pfizer Health AB v. Schwarz Pharma AG (2010) EWHC 3236 (Pat)先例中,非诉讼方泛泛要求所有可被允许(allowable)获得的法院记录。法院判这不是一个适当的申请,于是非诉讼方将申请的文件范围限制在了关于药品专利的有效性的文件,包括:(1)抗辩书;(2)被告有关专利无效的反索赔与修改后的反索赔;(3)被告认为专利无效的理由与修改后的理由;(4)对法院命令的申请;(5)有关专利有效性测试的文件。

因为诉讼双方都没有反对,法院最终允许非诉讼方获得:(1)修改后的专利无效的理由;(2)Stephen Francis Jones 的第二份证人证言(但不包括附件);(3)Robert Wallis 博士的专家报告(但不包括附件);(4)原告要求修改其中一个有关专利规格的程序的原因陈述(statement of grounds);(5)被告针对该申请的反对陈述(statement of opposition)。

Dian AO v. David Frankel & Mead 先例中说相比已经结束的诉讼,法院更愿意让非诉讼方获得进行中的诉讼的有关文件(作为非诉讼方的申请人有合法利益作出申请)。这是因为公开审理原则(open justice principle)最主要的目的是监督进行中的法院诉讼程序。但在 Slater & Gordon (UK) 1 Limited v. Watchstone Group Plc (2017) EWHC 3187 (Ch)先例中,Prentis 大法官批评了这种说法,认为既然公开审理原则是公共政策,就不应该随着时间过去就有所改变。

1.7　特定类型的文件

1.7.1　证人证言(witness statement)

非诉讼方在 CPR Rule 5.4C(2)下只可以获得法院记录(records of the court),这通常不包括开庭审理的证人证言,因为证人证言只是诉讼双方交换而没有递交给法院(即使之后被包括在了开庭案卷中)。在 British Arab Commercial Bank v. Algosaibi Trading Services (2011) EWHC 1817 (Comm)先例中,Flaux 大法官说在商业法院证人证言不属于法院记录的一部分,因此 CPR Rule 5.4C(2)不适用。

但在本章之1.6.2.3 段已经提到,Hamblen 大法官在 Cape Intermediate Holdings Ltd v. Dring (2018) EWCA Civ 1795 上诉庭先例中说,针对 CPR Part 8 程序(适用在部分争议,如不需要法院认定事实的争议),证人证言通常属于法院记录的一部分。在之后的 The Chartered Institute of Arbitrators v. B, C and D (2019) EWHC 460 (Comm)先例中,Moulder 大法官也确认了这个说法。

如果证人证言因为法院在 CPR Rule 3.2(3)(b)下作出的命令或因为双方自愿递交给法院,则情况就会有所不同,如在审理前复核(pre-trial review, PTR)[40]时被递交给法院。另外,诉讼方申请法院作出中间程序命令时也会向法院递交证人证言[或誓章(affidavit)]作为支持申请的证据,从而成为法院记录或法院档案(court file)的一部分。在涉及药品专利的 Pfizer Health AB v. Schwarz Pharma AG (2010) EWHC 3236 (Pat)先例

---

〔40〕 通常法院会在一些复杂案件召开审理前复核,时间会在开庭审理前10周或以上。作用是看双方是否已经履行了法院之前作出的中间命令(如披露特定文件等),并对即将来临的开庭作出程序上的指令。法院也会肯定双方知道对方的说法与立场/地位,以免开庭时被对方突袭或没有准备好出庭。此外,也会看双方会否趁机达成和解等。

中,法院允许非诉讼方获得为了支持对中间命令的申请而做出的证人证言。

如果真的有开庭审理,非诉讼方可以根据 CPR Rule 32.13(1)检查代替主证据的书面证人证言:"A witness statement which stands as evidence in chief is open to inspection during the course of trial unless the court otherwise directs."

表面看来,CPR Rule 32.13(1)没有给非诉讼方在公开审理前或中途和解(因而不会开庭让证人出庭作证)的诉讼中获得证人证言的权利。本段稍后介绍的 Blue v. Ashley (2017) EWHC 1553 (Comm)先例解释了这背后的原因,简言之,代替主证据的书面证人证言的内容会有倾向性(偏袒证人一方当事方)、不真实或乱指控他人(进而是诽谤)等。在开庭审理时,对方诉讼方/当事方可以通过反盘问(cross-examination)丑化主证据,不真实或乱指控之处会被纠正(证人自己也会改口)等。但如果没有开庭只是让公众或非诉讼方看证人证言这份文件,就会带来严重误解与后果(如证人被其他人起诉诽谤)。另根据该立法条文的用字非诉讼方只是有权检查(inspect)证人证言,而不是获得复印件。但在《Documentary Evidence》(2018 年,第 13 版)一书之 6-14 段说 CPR Rule 32.13(1)的目的是让旁听公开审理的非诉讼方能够跟上反盘问的内容。所以法官会倾向于对在证人出庭作证前就向非诉讼方提供证人证言宽松对待。Flaux 大法官在 Arab Commercial Bank v. Algosaibi Trading Services (2011) EWHC 1817 (Comm)先例也支持这种说法:"... in the context of a situation where it is anticipated that the witness will give evidence ... the court would have had **an inherent jurisdiction** to say it is appropriate that(非诉讼方)should have the witness statements now **before the witnesses go into the witness box** so they do not have to be produced on a piecemeal basis."(加黑部分是笔者的强调)

这带来了一个问题,就是非诉讼方在开庭前多久才能获得证人证言?根据刚刚节录的 Flaux 大法官的判词,法院在证人进入证人席前不久,才有潜在管辖权将证人证言提供给非诉讼方。

在近期的 Blue v. Ashley 先例中,高院判非诉讼方不能在开庭前提前获得证人证言。Leggatt 大法官判诉讼方提前递交的证人证言[41]在开庭前都不属于进入了公有领域,因为该证人可能不会在开庭时被传召出庭作证,他提交的证人证言也就不会成为开庭审理的证据。Leggatt 大法官说:

"It is, however, important to notice that it is only when a witness is called to give oral evidence in court that their statement becomes evidence in the case: see CPR r. 32.5. Until then, its status is merely that of a statement of the evidence which the witness may be asked to give. Thus, it quite often happens that a party serves a witness statement from a person who is not in the event called to give oral evidence at the trial. In that event the person's statement

---

〔41〕 在 Blue v. Ashley (2017) EWHC 1553 (Comm)先例中,Ashley 先生逾期申请递交一份专家证人报告(expert evidence)。为了准备针对该申请的开庭,双方制作了一份案卷,其中包括 Ashley 先生与 Blue 先生将在针对实体争议的公开审理上作为主证据的证人证言。法官被要求阅读这两份证人证言,并且双方在针对该申请的争辩时都有提到这两份证人证言。

may be admissible as hearsay evidence and may then be admitted in written form; or the statement may not be put in evidence at all—in which case it never becomes part of the material on which the case is decided.

When a witness statement forms part of the evidence given at a trial, the principle of open justice requires that a member of the public or press who wishes to do so should be able to read the statement—in just the same way as they would have been entitled to hear the evidence if it had been given orally at a public hearing in court. That is the rationale for the right of a member of the public under CPR r. 32.13 to inspect a witness statement once it stands as evidence-in-chief during the trial, unless the court otherwise directs. But there is no corresponding right or reason why a member of the public or press should be entitled to obtain copies of witness statements before they have become evidence in the case."

Leggatt 大法官分析了提前向非诉讼方提供证人证言的利弊,认为带来的损害超过了好处,虽然可以让非诉讼方(在该先例就是《泰晤士报》)在开庭时能跟上反盘问的内容,但损害更明显:

"I also accept the argument ... that there are positive reasons why it is generally undesirable for witness statements to be made public before such statements are put in evidence at a court hearing. A witness statement may contain assertions which are defamatory of another party and the truth of which is disputed.[42] When such assertions are made by a witness in evidence given in court, the witness is protected by immunity from suit.[43] As explained by Lord Wilberforce in Roy v Prior [1971] AC 470: 'The reasons why immunity is traditionally (and for this purpose I accept the tradition) conferred upon witnesses in respect of evidence given in court, are in order that they may give their evidence fearlessly and to avoid a multiplicity of actions in which the value or truth of their evidence would be tried over again. Moreover, the trial process contains in itself, in the subjection to cross-examination and confrontation with other evidence, some safeguard against careless, malicious or untruthful evidence.'

The safeguards referred to by Lord Wilberforce do not apply to statements made by a prospective witness which have not been given in evidence. Yet if such statements were made public pursuant to an order of the court, a person who complained that a statement contained assertions that were untrue and defamatory of him would have no recourse against the author of the statement, who would not be responsible for its publication, nor against the publisher (who would be protected by qualified privilege unless the publication was malicious) and at

---

〔42〕开庭前把证人证言这份文件公开给公众会有不理想的后果。证人证言通常有对其他人的指控,真实性有争议,甚至可能会构成诽谤。

〔43〕证人在开庭时做出这种指控是享有豁免权的保护,Wilberforce 勋爵在 Roy v. Prior (1971) AC 470 先例解释这是为了鼓励证人能无畏无惧地在庭上作证去说出真相,不担心得罪任何其他人。

the same time would also lack the opportunity for rebuttal and correction provided by the trial process.[44] That does not strike a fair balance between the relevant interests. In addition, fair and accurate reporting of proceedings is promoted if a witness statement is put into the public domain only when it becomes evidence and its contents can also be tested and contested in a public trial."

在更近期的 Cape Intermediate Holdings Ltd v. Dring（2018）EWCA Civ 1795 上诉庭先例中,Hamblen 大法官说到法院在开庭审理时与开庭审理后都可以批准非诉讼方或公众检查与获得证人证言(与专家报告),无论是开庭审理结束还是开庭中途和解,重点是看证人证言是否正式已经成为法院证据的一部分。Hamblen 大法官说:

"Under CPR 32.13 non-parties have the right to inspection of witness statements which stand as evidence in chief during the course of the trial. The current rule provides as follows: '(1) A witness statement which stands as evidence in chief is open to inspection during the course of the trial unless the court otherwise directs. (2) Any person may ask for a direction that a witness statement is not open to inspection. (3) The court will not make a direction under paragraph (2) unless it is satisfied that a witness statement should not be open to inspection because of —(a) the interests of justice; (b) the public interest; (c) the nature of any expert medical evidence in the statement; (d) the nature of any confidential information (including information relating to personal financial matters) in the statement; or (e) the need to protect the interests of any child or protected party. (4) The court may exclude from inspection words or passages in the statement.'

Unless a contrary order is made, non-parties accordingly have a right of inspection of such witness statements 'during the course of the trial'. ...

Whilst it is correct that it is only 'during the course of the trial' that a non-party may inspect witness statements as of right, in my judgment it does not follow that the court may not allow such inspection thereafter. There may be just as important reasons for seeking to understand proceedings the day after a trial concludes or settles as during the trial itself. If termination of the trial is a complete cut off point, the working of the rule would often be arbitrary; cases may settle at any time, and the likelihood of settlement will usually be unknown to non-parties. Whilst the fact that the trial has terminated and the passage of time may well be relevant to the exercise of the court's discretion to allow inspection of a witness statement, I consider that it should be recognised that the court has inherent jurisdiction to allow inspection after trial of a witness statement which otherwise falls within the pre-conditions for inspection set out in the rule.

---

〔44〕 如果法院下令把书面证人证言公开给公众,认为自己被诽谤的人士不能起诉证人(因为文件不是证人自己公开或提供的),也不能起诉法院(有特免权),还因为最终没有开庭审理导致没有机会反驳或纠正该不真实的指控。

In my judgment witness statements in this context includes experts' reports ... An expert whose report stands as his evidence in chief is providing witness evidence, for which his report stands as his statement. This is supported by the reference to expert medical evidence in CPR 32.13(3)(c). Even if that be wrong, I consider that the court's inherent jurisdiction to allow non-parties access to experts' reports should mirror that in relation to witness statements."(加黑部分是笔者的强调)

1.7.2 附件(exhibit)

证人证言、专家报告与争辩大纲常常带有附件,且可能数量巨大。也即附件就是一些其他文件(很多是私人文件与在诉讼前已经存在的文件),这些文件并非为诉讼准备而只是为了支持证人证言、专家报告或争辩大纲等,一般只会提及[45]但不会在开庭时被读出。

公众一般可以在开庭后获得证人证言、专家报告与争辩大纲,原因是非诉讼方可以在公开审理时旁听、记录,并在之后引用与复制,这与让公众获得有关文件没有区别,也符合公开审理原则(open justice principle)。但针对附件与其他类似的文件(尽管这些文件被诉讼方自愿披露,可被认为是诉讼方自己令文件丧失机密性),法院要考虑与权衡的因素更多,如:(1)申请的时间;(2)机密性;(3)文件的版权;(4)第三方的权利等。例如,证人证言中提到的文件是否在商业上或其他方面非常敏感?或者文件是否涉及与第三方的机密交流而第三方曾经要求不能泄露?又或是如果作为非诉讼方的申请人如果能获得文件,则文件的全部内容就会被报道或公开?

近期针对这方面的重要先例是 GIO Personal Investment Services Ltd v. Liverpool and London Steamship Protection and Indemnity Association Ltd (1999) 1 WLR 984 先例,尽管当时英国法院仍是旧的《Rules of Supreme Court》(简称 RSC),但道理也是一样。在该先例中非诉讼方在 RSC Ord. 38, r. 2A 下要求检查(inspect)文件并要求获得证人证言中提到的文件。非诉讼方还要求获得争辩大纲、文书请求中提到的所有文件、法官被要求看过的所有文件或需要阅读的清单上的所有文件或在公开审理时提到的所有文件。这申请被法院拒绝,Potter 大法官说:"It should be noted that the authorities I have quoted and other leading statements on the question of public justice (see for instance Scott v. Scott [1913] A.C. 417, per the Earl of Halsbury ... and per Lord Shaw... Rex v. Governor of Lewes Prison, Ex parte Doyle [1917] 2 K.B. 254 ... per Viscount Reading C.J. and Hodgson v. Imperial Tobacco Ltd. [1998] 1 W.L.R. 1056 ... per Lord Woolf M.R.) deal with the matter in broad terms of 'open doors', the right of the press and the public not to be excluded, and the need for public announcement of the court's decision. They do not condescend to greater particularity than that and **they certainly do not seek to suggest that**, in devising and applying its procedures for the expeditious dispatch of judicial business, **the public**

---

〔45〕 这提到的文件在本书第六章之5段有介绍,也提到在 CPR Rule 31.14(1)(b)下需要提供有关文件让对方诉讼方可以查阅,但这不针对非诉讼方或公众。

should be given access to such documentary material as may be before the court by way of evidence...So far as concerns documents which form part of the evidence or court bundles, there has **historically been no right, and there is currently no provision, which enables a member of the public present in court to see, examine or copy a document simply on the basis that it has been referred to in court or read by the judge**. If and in so far as it may be read out, it will 'enter the public domain' in the sense already referred to, and a member of the press or public may quote what is read out, but the right of access to it for purposes of further use or information depends upon that person's ability to obtain a copy of the document from one of the parties or by other lawful means. There is no provision by which the court may, regardless of the wishes of the parties to the litigation, make such a document available to a member of the public. ..."(加黑部分是笔者的强调)

而在 CPR 下的法律地位可见 British Arab Commercial Bank v. Algosaibi Trading Services (2011) EWHC 1817 (Comm)先例,Flaux 大法官说:"**Exhibits are not covered by CPR r.** 32.13 and, correspondingly, they are not covered by 32.12. Although ... the rule is cast very widely, it only refers to witness statements and I am simply not prepared to accept that it covers exhibits to witness statements as well..."(加黑部分是笔者的强调)

在近期的 Nestec SA v. Dualit Ltd (2013) EWHC 2737 (Pat)先例中,Birss 大法官不愿意依赖潜在管辖权的说法,认为如果法院存在所谓的潜在管辖权,在起草 CPR Rule 5.4C(2)时就会这样明示规定。该先例的案情涉及专利争议,非诉讼方要求法院根据 CPR Rule 5.4C(2)与潜在管辖权提供证人证言的附件与在反盘问中向证人提到的证据与文件(图片、视频与电子邮件等)。Birss 大法官针对法院是否拥有允许非诉讼方获得附件的潜在管辖权说:"... an important point is that CPR rule 32.12 and 32.13 does not permit a third party having access to exhibits. This is a key problem. ... The rules could have before drafted to permit access to subject to safeguards to both witness statements and other documents, but the rules are not drafted in that way... that cannot have been accidental ..."

《Documentary Evidence》(2018 年,第 13 版)一书之 6 - 15 段总结说:"In British Arab Commercial Bank v. Algosaibi Trading Services, Flaux J held that the position had not changed from GIO in relation to exhibits to witness statements. In other words, if the documents exhibited did not of itself fall within the ruling in Smith Kline Beecham and Barings (so that they were treated as having been read out in open court, normally because they have been included in the hearing or trial bundles and treated as having been read by the judge), the court may not make an order for access..."

最后在 Cape Intermediate Holdings Ltd v. Dring (2018) EWCA Civ 1795 上诉庭先例中,Hamblen 大法官也同样总结说除非有关附件在公开审理时被读出来,否则法院没有让非诉讼方检查与获得证人证言的附件的潜在管辖权,说:"In my judgment there is no inherent jurisdiction to allow inspection of exhibits to trial witness statements simply because they are or were exhibited. The same would apply to documents referred to or exhibited to experts' reports. It will be different if they are read or treated as being read in open court. Moreover, if it is apparent that, notwithstanding the exercise of a non-party's rights to inspect documents under CPR 5.4C and under the court's inherent jurisdiction and a consideration of the transcript, it is not possible to understand the statement/report without seeing a particular document or documents exhibited, attached or referred to, then I consider that the court would have inherent jurisdiction to allow inspection, as it would be necessary to do so to meet the principle of open justice, as further discussed below."

1.7.3 开庭案卷(hearing/trial bundle)

根据 CPR Rule 39.5(2),原告在开庭前必须准备好包括了双方披露的所有文件的开庭案卷。制作开庭案卷是典型的开庭前的准备工作,主要是为了在开庭时容易寻找(search)与确定(identify)提到的是哪一份文件。而众所周知开庭案卷内的文件大部分(可能高达95%)都不会也没有必要在开庭时提到或与案件真正有关联,在开庭时提到与读出或要求去看的内容只是一小部分。这是因为开庭案卷包含披露程序中披露的大部分文件,其中的很多文件(特别是 CPR 之前在对有关文件的定义非常广泛的"Peruvian Guano 考验"[46]下)根本说不上是诉讼方自愿披露。因此,在 Riddick v. Thames Board Mills Ltd (1977) QB 881 先例中,上诉庭判是另一方诉讼方与他的律师[47]默示保证不会将披露的文件用于诉讼以外的用途,这被称为是"Riddick 原则"(Riddick Principle)。但这个 Riddick 原则不适用于一方主动披露的文件。

Denning 勋爵解释 Riddick 原则背后的原因是:

"Discovery … is a most valuable aid in the doing of justice. The court orders the parties to a suit-both of them-to disclose on oath all documents in their possession or power relating to the matters in issue in the action … The court insists on your producing them so as to do justice in the case.

The reason for compelling discovery of documents in this way lies in the public interest in discovering the truth so that justice may be done between the parties.[48] That public interest is to be put into the scales against the public interest in preserving privacy and protecting confidential information.[49] The balance comes down in the ordinary way in favour of the public

[46] Brett 大法官在 Compagnie Financiere v. Peruvian Guano (1882) 11 QBD 55 著名先例对什么算是需要披露的有关(relevant)文件给出了一个十分广泛的定义。特别是包括了文件表面看来是无关但会带来"一连串质询"(a train of enquiry)的文件,这容易被滥用去钓鱼取证/摸索证明(fishing expedition)。这在 1882 年问题不大,因为当时文件有限,但在大量制作文件的现在就不可行。所以英国 1999 年生效的新的民事诉讼规则 CPR 替代了"Peruvian Guano 考验",CPR Rule 31.6 的标准披露(standard disclosure)是另一种"有帮助或有妨害考验"(help or hinder test)。这方面课题在本书第二章脚注 1 与第七章之 7 段有介绍。

[47] 见 Harman v. Home Office (1983) 1 AC 280 先例。

[48] 强制披露文件是为了在双方的争议中找出事实真相的公共政策/利益。

[49] 但这与另一个保护隐私与个人机密资料的公共政策/利益有冲突。

interest of discovering truth, i. e., in making full disclosure[50]...

Compulsion is an invasion of a private right to keep one's documents to oneself. The public interest in privacy and confidence demands that this compulsion should not be pressed further than the course of justice requires. The court should, therefore, not allow the other party-or anyone else-to use the documents for any ulterior or alien purpose. Otherwise the courts themselves would be doing injustice... In order to encourage openness and fairness, the public interest requires that documents disclosed on discovery are not to be made use of except for the purposes of the action in which they are disclosed."[51]

因此,可以想到作为非诉讼方的第三方想要得到法院允许获得所有开庭案卷中的文件会更加困难。这是因为有保护文件中的隐私与机密信息的公共政策,没有理由另一方诉讼方在 Riddick 原则下必须默示担保不会将文件用于其他用途(这无可避免会泄露给其他第三方,也就破坏了文件的私密性/机密性),但同时法院又可以批准作为非诉讼方的第三方获得文件。从另一个角度看,非诉讼方或公众对披露文件的(会包含高度敏感与机密信息)的权利也不应该比当事方/诉讼方的权利(文件不用于诉讼以外的用途)更大。

Potter 大法官在 GIO Personal Investment Services Ltd v. Liverpool and London Steamship Protection and Indemnity Association Ltd (1999) 1 WLR 984 先例中认为公众无权获得开庭案卷。Flaux 大法官在 British Arab Commercial Bank v. Algosaibi Trading Services (2011) EWHC 1817 (Comm)先例也引用并跟从了 Potter 大法官的判决。其中的原因可见 Davies v. Eli Lilly & Co (1987) 1 All ER 801 先例中,上诉庭的判决如下:"The right is peculiar to the common law jurisdictions. In plain language litigation in this country is conducted 'cards face up on the table'. Some people from other lands regard this as incomprehensible. 'Why, they ask, should I be expected to provide my opponent with the means of defeating me?'[52] The answer, of course, is that litigation is not a war or even a game. It is designed to do real justice between opposing parties and, if the court does not have all the relevant information, it cannot achieve this object.[53] But, that said, there have to be safeguards. **The party who is required to place all or most of his cards face up on the table is entitled to say, 'Some of these cards are highly confidential.** You may see them for the purpose of this litigation but, **unless their contents are disclosed to all the world as part of**

[50] 两者权衡之下仍是找出事实真相的公共利益优先。

[51] 法院必须持平,所以要对强制披露文件的披露方做出保护,即不让这些文件使用在除在本案件中找出真相外的任何其他用途。而保障文件不会流出去被使用在其他会影响披露方的用途,也鼓励披露方坦率与公平合理地做出披露。

[52] 英国诉讼是要求双方把自己的底牌公开给对方,有些人士(如来自大陆法系国家)会难以理解为何要向对方公开与披露会否定自己的文件/信息。

[53] 答案是诉讼并不是战争或一场游戏,不允许"兵不厌诈"或是要通过间谍或反间谍去刺探对方的信息或瞒骗对方等行为。就法院而言,它需要知道双方所有的有关信息与事实才能做出正确与公平的判决。

the evidence given in open court, those contents must be used for no other purpose. '[54] This is only fair, because, as has been well said, **discovery of documents involves a serious invasion of privacy** which can be justified only in so far as it is absolutely necessary for the achievement of justice between the parties."[55] (加黑部分是笔者的强调)

另也有一个实践方面的考虑,一般来说开庭案卷的卷数都很多,如果非诉讼方(人数可以很多)简单就能获得所有的开庭案卷,对法院来说工作负担太重。

总结以上所讲,非诉讼方无权获得所有的开庭案卷。但 Bingham 大法官在 SmithKline Beecham Biologicals SA v. Connaught Laboratories Inc (1999) 4 All ER 498 先例中说仍会有例外情况:"Public access to documents referred to in open court (but not in fact read aloud and comprehensibly in open court) may be necessary, with suitable safeguards, to avoid too wide a gap between what was in theory, and what was in practice, passed into the public domain."

但另在近期 Cape Intermediate Holdings Ltd v. Dring (2018) EWCA Civ 1795 先例中,上诉庭判是:"GIO is clear authority that there is no inherent jurisdiction to allow inspection of trial bundles—see also the decision of Flaux J in the British Arab Commercial Bank case."

要重申的是:(1)在本章之 1.6.2.3 段提到根据 CPR PD 5A para. 4.2A(1),文件清单(list of documents)这一份文件本身属于法院记录(records of the court)。(2)如果开庭案卷中有个别文件在公开审理时被读出来或应被当作已经读出来,在公开审理原则(open justice principle)下法院会批准非诉讼方检查与获得。

1.7.4　争辩大纲/开庭陈词(skeleton arguments/opening submissions)

关于作为非诉讼方的第三方获得争辩大纲/开庭陈词的法律地位,与较早前本章之 1.7.1 段提到的证人证言与专家报告等基本上是一样的。在公开审理原则(open justice principle)下,法院在公开审理开始后就会批准非诉讼方检查与获得这份文件。这可见 Potter 大法官在 GIO Personal Investment Services Ltd v. Liverpool and London Steamship Protection and Indemnity Association Ltd (1999) 1 WLR 984 先例所说,如下:"If, as in the instant case, an opening speech is dispensed with in favour of a written opening (or a skeleton argument treated as such) which is not read out, or even summarized, in open court before the calling of the evidence,[56] it seems to me impossible to avoid the conclusion that an important part of the judicial process, namely the instruction of the judge in the issues of the

---

[54] 诉讼方被要求公开与披露的底牌可能是高度机密,除非有关文件的内容在公开审理时被公开,否则不能被使用在其他方面。

[55] 这也公平,因为强制披露涉及严重侵犯隐私。

[56] 在现在的诉讼,口头开庭陈词通常被开庭前双方交换的书面争辩大纲/开庭陈词所替代。双方代表大律师顶多有短暂的时间(如 1 小时不等)口头总结一下争辩的重点,就马上要向证人取证了。

case, has in fact taken place in the privacy of his room and not in open court.[57] In such a case, I have no doubt that, on application from a member of the press or public in the course of the trial, it is within the inherent jurisdiction of the court to require that there be made available to such applicant a copy of the written opening or skeleton argument submitted to the judge."[58]

在 R (on the application of Davies, James and Gaines-Cooper) v. HMRC (2010) EWCA Civ 83 先例中,上诉庭允许作为非诉讼方的申请人获得 HMRC 的争辩大纲。在该先例中,申请人是一位大律师,申请获得 HMRC 的争辩大纲的理由是帮助他更好地建议他的客户,并且更好地准备他所著的这方面的法律书籍的新版。Ward 大法官批准了申请人的申请,认为既然争辩大纲属于开庭辩论的一部分在开庭时被提到,并且各种法律报告的编写者都可以得到,就没有理由拒绝。

1.7.5 法院命令(Court Order)

非诉讼方(non-litigant/non-party)或公众(public)自动有权获得公开审理后法院作出的命令,这是本章之1.6.1段提到的第一类文件,并且不能在 CPR Rule 5.4C(4)下申请限制公众获得这些命令。但在适当的情况下,诉讼方可在 CPR Rule 39.2(3)下申请不公开审理,这方面在本章之1.1段有详论。这样如果非诉讼方想要获得有关的不公开审理的法院命令,就必须向法院申请。如果诉讼方达成和解并将和解协议转为双方同意的法院命令(Consent Order)的形式,则一般来说非诉讼方或公众可在 CPR Rule 5.4C(1)下获得该双方同意的法院命令。另也可见本章之1.6.2.3段提到 CPR PD 5A para. 4.2A 段的(j)。

1.7.6 和解与汤姆林命令(Tomlin Order)

诉讼双方在诉讼过程中的任何时间都可以达成和解,也经常能够达成和解。和解协议要得到法院的批准并作出相应的法院命令,如中止法院程序、相关的费用命令等。而如果诉讼方违反了双方同意的法院命令(Consent Order)可能会被判藐视法院。

双方同意的法院命令与法院判决中的命令一样,非诉讼方无须法院允许就自动有权(as a matter of right)获得。在很多案件中,诉讼一方或双方不希望和解协议的内容被作为非诉讼方或公众的第三方知道。其中的原因可以有很多,如和解内容可能会导致被告在公众面前被解释为承认责任,而这是被告不想见到的情况。或是被其他同类案件中还没有达成和解的其他诉讼方提前知道了他会做出让步的底线,这显然对他很不利。

与法院诉讼不同,因为仲裁的机密性,所以不存在这方面的问题。即使仲裁庭作出了双方同意的裁决书(consent arbitration award),令双方可以履行和解协议,裁决书仍然保持机密,其他第三方不会知道。

针对法院诉讼,为了避免第三方可以轻易知道和解协议的内容,Tomlin 大法官在 Dashwood v. Dashwood (1927) WN 290 先例创立了 Tomlin Order 的形式。Tomlin Order

〔57〕 所以一个无可争议的结论是这个重要的司法程序,也就是告诉法官双方争辩的争议,发生在法官的私人办公室(也就是开庭前的阅读)而不是在开庭时。

〔58〕 如果报刊/非诉讼方/公众申请这份文件,法院完全有潜在管辖权下令提供。

可以保持和解协议的机密性,并且令诉讼方针对和解协议的履行保持原本的诉讼程序继续存在。例如,如果对方不严格履行和解协议,诉讼方不必重新开始一个新的诉讼就可以向法院申请禁令(injunction)或履约指令(specific performance)。在 CPR Rule 40.6 与 Practice Direction 40B S.3 有针对 Tomlin Order 的规定。

Tomlin Order 在正文部分包括双方希望法院作出的命令,但是和解协议的具体内容被包括在命令的附件中。由于附件不属于 Tomlin Order 的一部分,所以非诉讼方在没有经过法院批准时是没有权利获得的。但实际上法院人员将 Tomlin Order 与附件一起交给申请的非诉讼方的情况并不少见,因此最好只是在 Tomlin Order 中提到和解协议,而和解协议的内容分开制作,另一份文件不递交给法院。

Ramsay 大法官在 Community Care North East v. Durham County Council (2012) EWHC 959 (QB)先例解释了将和解协议内容合并进双方同意的法院命令与作为 Tomlin Order 的附件的区别,说:"… where the terms are contained in a schedule to the Tomlin order the position is different from the terms being incorporated as part of a consent order… a party can settle a case and seek a court order in one of two ways. First it can seek to incorporate the terms of the settlement within the body of the order so that those terms are part of the court order. The alternative way is by way of a Tomlin order under which the parties seek a stay of the proceedings on terms that the parties will comply with the agreement in the schedule, with liberty to apply to enforce those terms. The court approves and orders the consent order in the first case but only approve and orders the terms of the order but not the terms of the schedule in the second case."

正如 Steyn 勋爵在 Sirius International Insurance Co v. FAI General Insurance Ltd (2004) UKHL 54 先例中所说,Tomlin Order 实际上是一份商业合约。因此除非是之后有新证据表示和解协议是通过欺诈的方式获得,否则不能攻击和解协议的有效性,见 Zurich Insurance Co Plc v. Hayward (2011) EWCA Civ 641 先例。[59] 因此,与违反双方同意的法院命令属于藐视法院不同,违反 Tomlin Order(与附件中的和解条文)属于违反合约。在 CPR Part 83 提到的执行法院命令的方式适用于双方同意的命令,不适用于 Tomlin Order。

1.7.7　法院诉讼对文件机密性的保护

现在越来越多的争议涉及一些敏感领域,如国防与安全领域、知识产权、违反竞争法、高尖科技产品(如药物、电子芯片、发动机等)的研发与生产,或是如果被其他竞争对手知道商业机密会对公司产生致命打击等。这样,很多公司就十分担心一些机密或商业敏感资料在法院诉讼的公开审理中被泄露给对方当事方或公众。

首先要明确什么属于商业机密(trade secret),这不能由诉讼方自说自话决定。英国《The Trade Secrets (Enforcement, etc.) Regulations 2018》对商业机密的定义是:"'trade secret' means information which—(a) is secret in the sense that it is not, as a body or in the

---

〔59〕 在 Hayward v. Zurich Insurance Company Plc (2016) UKSC 48 最高院先例中,保险公司胜诉,和解协议无效。

precise configuration and assembly of its components, generally known among, or readily accessible to, persons within the circles that normally deal with the kind of information in question,(不是有关从业人士通常能够获得)(b) has commercial value because it is secret, and (因为是机密而有商业价值)(c) has been subject to reasonable steps under the circumstances, by the person lawfully in control of the information, to keep it secret.(有权合法控制商业机密的人士采取了合理措施以保证其机密性)"

避免在诉讼中泄露商业机密的一种做法是转向由仲裁解决争议,在订立有关商业合约时就加入一条仲裁条文。仲裁一个众所周知的优点是机密性(confidentiality)。仲裁开庭不公开,所以除非双方当事方同意,否则第三方不能参加开庭,也不会留下仲裁程序的公开记录。虽然并非所有国家与地区都默认仲裁的机密性,如澳大利亚、美国与瑞典就都认为仲裁方没有保密的默示责任。但这个问题也容易解决,可以加入明示(express)的仲裁机密条文以填补欠缺的法律默示地位。而英国虽然在 Ali Shipping Corporation v. Shipyard Trogir (1999) 1 WLR 314 先例中认为仲裁双方有默示责任保持仲裁中披露的信息的机密性,包括裁决书的结果与裁决理由,但有一些例外(exceptions)情况,如双方同意、法院命令与批准、合理地有需要、为了公正与公共利益等。这方面可见笔者《仲裁法——从 1996 年英国仲裁法到国际商务仲裁》(2006 年)一书第十三章。

而英国与其他普通法国家也发展出一系列措施确保法院诉讼不会导致商业机密被披露。法院作出命令确保机密性的最著名的先例是 Church of Scientology of California v. Department of Health and Social Security (1979) 1 WLR 723 先例。在该先例中,被告担心一旦原告知道了一些特定文件中的个人的名字,可能会骚扰、威胁甚至敲诈他们,Brandon 大法官说:

"1. A party to litigation has a prima facie right of unrestricted inspection of the documents of which discovery has been made by the other party so far as may be necessary to dispose fairly of the case or for saving costs.

2. A party is not entitled to use his right of inspection for any collateral purpose.

3. If it is shown that there is a real risk of a party using his right for a collateral purpose, the court has power to impose restrictions on such right in order to prevent or discourage him from doing so. I think that this power is derived from the inherent jurisdiction of the court to prevent abuse of its process."

接着在 Roussel Uclaf v. ICI (1990) RPC 45 先例中,上诉庭也确认了以下原则:"Each case has to be decided on its own facts and the broad principle must be that the court has the task of deciding how justice can be achieved taking into account the rights and needs of the parties. The object to be achieved is that the applicant should have as full a degree of disclosure as well be consistent with adequate protection of the secret. In so doing, the court will be careful not to expose a party to any unnecessary risk of its trade secrets leaking to or being used by competitors. What is necessary or unnecessary will depend upon the nature of the secret, the position of the parties and the extent of the disclosure ordered. However, it would be exceptional to prevent a party from access to information which would play a substantial part in the case as such would mean that the party would be unable to hear a substantial part of the case, would be unable to understand the reasons for the advice given to him and, in some cases, the reasons for the judgment. Thus what disclosure necessary entails not only practical matters arising in the conduct of a case but also the general position that a party should know how the case he has to meet, should hear matters given in evidence and understand the reasons for the judgment."

目前英国法院在 CPR 下保护文件机密性的措施有：

1. 密封法院记录(sealing the court file)，这已经在本章之 1.6.1 段与 1.6.2 段介绍，本段不再重复。

2. 成立机密会(confidentiality club 或 confidentiality rings)，就是对谁可以接触到被披露的机密文件，怎样才允许复制文件，文件可以在哪里看与信息可以怎样传播作出各种不同但能与案件要求配套的限制。在 Smith & Nephew Plc v. Convatec Technologies Inc (2014) EWHC 146 (Pat)先例中，Birss 大法官介绍这种做法说：

"At the stage of disclosure it is well established that in a proper case a confidentiality scheme or 'club' can be set up. ... The scheme may be arranged by order of the court but is often arranged by an agreement between the parties, albeit always subject to the Court's jurisdiction. The scheme provides that documents in disclosure which are identified as confidential are identified as being part of the scheme. For the documents in the scheme, access to them and their use by the receiving party and its legal team will be expressly restricted. Commonly the documents will be accessible to the solicitors and counsel and relevant independent experts who are to give evidence in the case. Commonly also the documents will be accessible only to named individuals at the receiving party. The system is flexible and there are many variations. In some cases signed undertakings are required from some or all of the persons to whom the documents are to be disclosed. In some rare cases it is fair to restrict access to the documents even further.

As the case progresses evidence can be prepared which deals with the confidential information covered by the scheme. There may be parts of the witness statements and experts' reports which are kept confidential under the scheme as well."

在一些涉及专利的法院诉讼(特别是美国诉讼[60])与仲裁[61]成立机密会，只有双方律师与专家可以接触有关文件，他/她们往往要向法院做出保证(collateral warranty 或

---

[60] 美国诉讼中所谓的"AEO(Attorneys' Eyes Only)保密令"可见 Hanson v US Airports Air Cargo, 2008 WL 4426909 (D Conn 2008); Gerffert Co Inc v. Dean, 2012 WL 2054243 (EDNY 2012); HSqd v. Morinville, 2013 US Dist LEXIS 37356 (D Conn 2013)等先例。

[61] 在新加坡 China Machine New Energy Corp v. Jaguar Energy Guatemala LLC (2018) SGHC 101 先例中，有关的仲裁中就有仅律师可以参阅(Attorneys' Eyes Only, AEO)的做法。在本章下一段将非常简单地介绍。

undertaking),不会向任何其他人士(包括客户)披露参阅了的机密文件的内容。英国普通法下,IPCom v. HTC Europe (2013) EWHC 52 (Pat)先例与 Unwired Planet International Ltd v. Huawei Technologies Co Ltd (2017) EWHC 3083 (Pat)先例都曾有只允许诉讼双方的外部人士(律师与专家)参阅有关文件(for external eyes only)的做法。

但仅律师可以参阅的做法也有一定的问题,这在新加坡 China Machine New Energy Corp v. Jaguar Energy Guatemala LLC (2018) SGHC 101 先例中可能有显示。在该先例中,双方的争议之一就是仲裁庭作出仅律师可以参阅的披露命令是否违反自然公正。从双方的争辩中可以看出,仅律师可以参阅的做法确实在一定程度上会影响诉讼当事方完整争辩案件的机会。因为律师不能就有关机密文件的内容与客户沟通,而律师毕竟不是有关行业的从业人士,即使有专家的帮助,也无法达到最好的效果。所以是否作出仅律师可以参阅的命令还是要仲裁庭(法院也是同样)根据每个案件不同的事实,在个别机密文件被另一方当事方知道会对希望保持机密的一方造成的损害与对另一方完整争辩案件造成的影响之间作出权衡。在 TQ Delta LLC v. Zyxel Communications UK Limited (2018) EWHC 1515 (Ch)先例中,Carr 大法官首先分析了 IPCom v. HTC Europe 先例与 Unwired Planet 先例,认为前者的有关文件与争议并不十分相关,而后者是双方同意,所以法院作出这样的判决。Carr 大法官认为只有在非常特别的情况下才能批准只允许外部人士参阅文件,并提到法院的考虑说:"An external eyes only tier enables a blanket exclusion of access by one of the parties to the relevant parts of key documents. This is incompatible with the right to a fair hearing under Article 6 of European Convention on Human Rights, and with the principles of natural justice. It is incompatible with the obligations of lawyers to their clients. The principles on which solicitors are obliged to act on behalf of clients instructing them require the sharing of all relevant information of which they are aware."

虽然在成立机密会时,仍然可以限制不允许诉讼方内部管理层成为机密会成员接触有关文件,但仍会增加诉讼方的顾虑。所以在诉讼开始时,双方律师可以考虑约定只有外部律师与专家证人才能接触到有关机密文件。根据 TQ Delta LLC v. Zyxel Communications UK Limited 先例,这样的约定有效。

但英国《The Trade Secrets (Enforcement, etc.) Regulations 2018》生效后,S. 10(6)规定至少要有一位来自诉讼方的人士。

3. 不公开审理(hearing in private),这也已经在本章之 1.1 段介绍[包括著名的 Eurasian Natural Resources Corporation Ltd v. Dechert LLP (2014) EWHC 3389 (Ch)先例],此处只强调申请不公开审理并不容易。在 Global Torch Ltd v. Apex Global Management Ltd (2013) EWHC 223 (Ch)先例中,申请人申请不公开审理的理由之一是如果审理时对方提出一些严重的不实指控会影响两位沙特王子的名誉。但 Mance 大法官不接受这个理由,因为无论是民事还是刑事,事实上大多数诉讼都会影响当事方的名誉,这一般不足以令法院偏离公开审理(open trial)的基本原则。

4. 限制使用披露的文件。根据 CPR Rule 31.22(1),披露的文件只能在有关的诉讼中被使用,除非:(1)文件向法院读过或被法院读过,或在公开审理时被读出来或可被当作已经被读出来;(2)法院允许;(3)披露文件与拥有文件的一方同意。在 CPR Rule 31.22(2)下,法院可以作出命令限制或禁止使用被披露的文件,即使文件被法院读过或在公开审理时被读出来。在 Smith & Nephew Plc v. Convatec Technologies Inc 先例中,争议有关 Smith & Nephew 生产的银离子伤口敷料是否侵犯了 Convatec 的专利。在诉讼过程中,Smith & Nephew 披露的文件中涉及商业机密,包括生产过程、与规管机构的交往、商业策略等,而这些机密与敏感信息因为涉及争议核心,所以不能被遮盖(redact)。双方在披露阶段成立了机密会,并申请了开庭到判决作出前这一阶段在 CPR Rule 31.22(2)下限制使用披露的文件的临时命令。之后 Smith & Nephew 申请在 CPR Rule 31.22(2)下的永久命令禁止使用这些文件。最后法院对涉及生产与检验过程、商业策略的文件作出了永久命令,但与规管机构交往的文件不是商业机密或专有知识,也不会伤害 Smith & Nephew 的利益,所以没有作出命令。

笔者将诉讼程序阶段每一步对泄露商业机密的担心与可能的解决办法总结如下:

诉讼程序阶段	担心的问题	可能的解决办法
诉讼程序的任何阶段	对方诉讼方有将机密信息泄露给第三方的危险	如果有必要,可以向法院申请禁令
对方递交案件陈述	公众可以获得案件陈述	在 CPR Rule 5.4C 下获得法院命令,完全或部分密封法院记录
己方递交案件陈述	公众可以获得案件陈述	在案件陈述或文书请求(statement of case 或 pleadings)中只提及机密文件但不引用内容,而是将机密文件作为案件陈述的附件,并在 CPR Rule 5.4C 下获得法院命令保护机密性
—	对方诉讼方可以获得在案件陈述中提到的机密文件副本	避免在案件陈述中提到机密文件
—	对方诉讼方的所有高管与雇员都可以获得案件陈述中作为附件的机密文件	设置一个机密会,只有机密会内的成员才能接触到作为附件的机密文件
法院记录中的其他文件	在 CPR Rule 5.4C 下,第三方可以向法院申请获得机密文件	在第三方申请时在法院提出反对,如果诉讼方在公开审理阶段就申请了保护机密文件的措施可以最大限度地降低第三方申请成功的机会
文件披露	控制披露的机密文件范围与能接触到机密文件的人员	将文件中与案件无关的机密信息遮盖,并设置机密会,只有机密会成员才能接触到没有被遮盖的机密信息
开庭	希望不公开审理	在 CPR Rule 39.2 下向法院申请
公开审理	公开审理时被读出来的文件不再在默示保证的范围内,所以可以被提供给第三方	在 CPR Rule 31.22(2)下向法院申请限制对方诉讼方对在开庭时被提到的文件的使用

续表

诉讼程序阶段	担心的问题	可能的解决办法
—	公开审理时旁听的人士可以听到机密信息	与对方诉讼方同意在开庭时不把机密信息读出来,或向法院申请允许有针对性地短期不公开审理
—	公开审理时旁听的媒体公开报道	向法院申请报道限制
—	第三方申请获得开庭时被读出来的文件	一般来说法院都会批准,但是如果在开庭阶段申请了以上保护可以最低限度减低对方申请成功的概率
法院判决	法院判决中包含机密信息	向法院提出申请要求遮盖,但最终决定权还是在法院

虽然英国法院对机密的保护看来已经十分完善,商业仲裁相比法院诉讼的一个经常被宣扬的优点好像不再存在,但进一步分析会发现并非如此。因为法院诉讼的基本精神与起点是必须要公开审理,个别案件法院是否愿意作出保护机密的命令与保护的程度,还是要看法院与个别法官的裁量权。这样,就可能出现中国公司认为是高度机密的信息,但英国法官因为文化差异觉得没有必要保护机密的情况。但商业仲裁的基本精神与起点刚好相反,即使是在没有什么机密可言的案件中,仍是一律对第三方保密。这是英国法律的默示地位,不需要提前申请,仲裁员与所有参与的人士都要严格遵守。考虑到即使是与商业或技术机密无关的争议,商业人士通常仍不希望公开被大众知道,所以商业仲裁在这一方面仍有优势。而仲裁双方当事方之间对机密文件(如商业机密)的保护,也有类似"机密会"的做法,如仲裁庭可以作出只允许外部律师接触与查阅(inspect)的命令,见新加坡 China Machine New Energy Corp v. Jaguar Energy Guatemala LLC 先例。唯一比不上法院的就是仲裁庭对双方代表律师的专业操守缺乏像法院一样的阻吓力与约束力。

1.7.8 机密会在国际仲裁中的操作

在国际仲裁中机密会的做法相对法院诉讼没这么常见,但也有实例。这里可以举两个例子。首先是笔者(杨大明律师)最近一次在伦敦仲裁中机密会操作的实际经验。案件涉及的行业业内公司不多,这些公司在某些国家与地区有合作或共同经营关系,而在某些国家与地区又是竞争者。笔者代表的中国公司与外国公司签署了一份长期合作协议。该长期合作协议明示规定如果一方的控制权有了变更,另一方可以终止这份长期合作协议。

结果外方与另一家公司合并,所以中方决定行使权利,终止协议。但外方认为这属于违约/毁约,开始伦敦仲裁向中方提出过亿美元的巨额索赔。在披露过程中,中方提出特定披露,要求外方披露其与最终合并的公司之间的书信来往及其合并的协议。外方声称其合并的协议中有大量有关行业的业内资料,除了高度保密之外,如果中方知道了这些数据,也会协助它的竞争地位,进而影响有关地区的开放竞争与消费者,构成垄断。但笔者代表中方坚持申请,因为这些文件内应该会有一些对外方非常不利的证据。

最终,仲裁庭作出以下命令:(1)这些文件只能披露给笔者一人查阅,不可以披露给任何其他人,包括中方(客户)、任何证人或专家,甚至笔者的团队。(2)笔者收到文件后要在短时间内决定有否与案件有关的内容。如果有,必须尽快向仲裁庭作出书面申请。(3)在决定是否作出申请时,笔者无法向中方(客户)拿指示。因为如果拿指示就会令中方猜到文件的内容。所以,笔者要先拿到客户不可更改的授权容许笔者以自己对内容是否有关与重要的判断替该客户决定是否作出申请,而客户会承认及接受这个决定。(4)收到文件后,笔者把自己隔离,单独查阅有关文件及决定是否作出申请。

通过这过程,外方非常害怕笔者查阅这些机密文件与稍后作出申请会成功获得文件,加上其他原因,结果这仲裁没有继续下去,外方以一个非常低的数目就放弃向中方的索赔并达成和解。

另一个例子是新加坡的 China Machine New Energy Corp v. Jaguar Energy Guatemala LLC (2018) SGHC 101 先例。案情涉及一个危地马拉的工程合约,双方产生争议后,外方在一个仲裁地是新加坡的国际商会(ICC)仲裁,向中方索赔巨额损失。而最后中方被仲裁庭判败诉,赔偿高达1.3亿美元。中方作为败诉方向新加坡法院申请撤销(set aside)裁决书,但被新加坡法院驳回。中方申请撤销裁决书的主要理由之一是仲裁庭曾经命令外方披露的一些文件只准中方的律师查阅(Attorneys' Eyes Only,AEO),但中方自己不准查阅,这属于违反自然公正。新加坡高院判仲裁庭根据 ICC 仲裁规则与潜在的案件管理权力(inherent case management power)可以作出这种命令。特别在该先例,仲裁庭在作出这个披露命令时还有保护措施(safeguard),中方可以稍后申请个别文件让某个特定雇员查阅,但中方从来没有作出申请。所以不能说仲裁庭的命令剥夺了中方表达自己的案件的权利,或不平等对待双方。

最后在该新加坡先例中也提到了这种做法在国际仲裁中相对少见。笔者认为其中的原因可能是国际仲裁中代表当事人的律师来自各个国家与地区,律师的职业操守缺乏统一的标准,仲裁庭的监督与惩罚措施也有限,所以不像法院一样有足够的信心作出这种命令,会有所保留。

2. 向证据地法院求助以获取海外/外国的证据(文件与口头)

2.1　简介

随着国际化的趋势,世界越来越小,从而产生了大量移民及流动人口、国际商业与民间交往与很多跨国公司,这导致诉讼时常常需要面对去外国取证的复杂问题。例如,涉及国际商贸或其他民事争议,常遇上一份关键文件[62]或被要求提供口头证据的主要证人

[62]　这里指的是纸质文件,至于获取外国的电子文件/数据这个复杂与被政治化的问题,在本书第一章之1段的脚注1与本章之2.10段有简单介绍。

的所在地在外国的情况，而他不愿意合作主动提供。这情况也可发生在任何种类的诉讼，如一宗完全是本地的侵权案件，但主要证人较早时移民去了外国并且不愿意在开庭审理时回国到本地法院作证。也可能是居住在外国的主要证人虽然愿意作证但年纪太大或健康状况堪忧，无法去本地法院作证。当然针对这种情况，今天也有一个选择是开庭时让愿意配合的证人通过视频链接（video link）的方式作证与接受盘问，所以研究和制定国际私法条约的专门性政府间国际组织海牙国际私法会议（Hague Conference on Private International Law）作出了在《关于从国外调取民事或商事证据的海牙公约》（Hague Convention on the Taking of Evidence Abroad in Civil or Commercial Matters）（以下简称《海牙证据公约》）下以视频链接的方式取证的指引。但这种变通做法不适用于不愿意配合的证人，另也会有一些少见的情况如证人所在的国家/地区无法进行视频链接，见涉及古巴的 Peer International Corp v. Termidor Music Publishers Ltd（No. 3）（2005）EWHC 1048 先例。而对于有些跨国公司，可能存放了所有重要文件的总部/母公司在美国。如果一家公司与美国总部/母公司在英国或日本或中国的联营公司或总代理等独立法人产生了争议，就会涉及去美国取证的问题。

如果外国的第三方不愿意合作提供文件证据或口头证据，英国〔63〕本土的法院没有管辖权强制他提供。证据本身好像其他实物（*res* 或英文的 a thing，如传统的船舶与货物），有很强的地域性（territorial），是受所在地法院的管辖。即使英国法院对外国的第三方有管辖权，如美国或中国银行在伦敦有分行，但有关的文件存放在海外（如北京总行），诉讼方是不能要求法院传召第三方作为证人（witness summons）出庭提供文件证据（subpoena *duces tecum*）的，见 Mackinnon v. Donaldson, Lufkin & Jenrette Securities Corporation（1986）2 WLR 453；Masri v. Consolidated Contractors International（UK）Ltd（No. 4）（2009）UKHL 43 等先例。原因也可以理解，英国法院强制第三方提供存放在外国的文件可能会令他违反外国法律而要面对惩罚，〔64〕同时也会被外国视为侵犯了它的主权。这显然是十分敏感的事，必须小心对待。所以即使第三方（因为在伦敦有分行）受英国法院的管辖并成功向他送达传召证人的传票，但如果他的有关文件存放在国外，英国法院仍要十分小心处理，只有在例外的案件才会强制要求披露，见 London and Counties Securities Ltd v. Caplan（unreported, 26 May 1978）；R v. Grossman（1981）73 Cr App R 302 等先例。一个典型的例子是美国或中国银行受美国或中国法律管辖，可能对客户有保密的法律责任，不应在外国法院（如英国法院）的命令下被强制要求披露这些文件。因此如果诉讼方想要获得这些文件，必须通过《海牙证据公约》或在本章之 2.1.1 段提到的其他合法方式获得。

---

〔63〕 本章主要针对英国的法律与做法，包括对《海牙证据公约》这一重要的国际公约的解释。这首先是因为本书针对的就是英国法与普通法。此外英国（尤其是伦敦）是金融、银行、贸易、保险/再保等众多商业活动的国际中心和国际诉讼与仲裁中心，所以英国的法律与做法对走出去的中国的公司的重要性超过其他国家/地区。即使是在中国或其他国家的诉讼/仲裁，在英美搜集证据的可能性也超过其他国家/地区。最后英国有更多的案例可以帮助彻底理解课题。

〔64〕 如将在本章之 2.2 段介绍的 The "Heidberg"（1993）2 Lloyd's Rep 324 先例。

口头证据也是同样的地位,Tomlinson 大法官在 Vitol SA v. Capri Marine Ltd (2008) EWHC 378 (Comm)先例中说:"... it is axiomatic that a party cannot compel a witness in a foreign country to attend a trial in England and Wales – see the note to that effect at CPR 34. 13. 1."

唯一的例外情况是《Senior Courts Act 1981》之 section 36 规定在特殊程序下可以传召在英国境内的海外/外国证人。例如,一位通常居住在沙特阿拉伯的人士在爱丁堡参加一个商务会议,可以在苏格兰被送达传召到庭的命令,见 Kuwait Airways Corp v. Iraq Airways Co (2010) EWCA Civ 741 先例。

2.1.1　英国法院在海外/外国的取证的管辖权和权力

在英国本土,即使证人不愿意配合出庭提供文件与口头证据,法院也可以在 CPR Rule 34.2 下传召证人(witness summons)出庭提供特定文件或口头证据。在 Masri v. Consolidated Contractors International (UK) Ltd (No. 4) (2009) UKHL 43 先例中,贵族院确认只对在英国的人士做出传召证人出庭的传票(《Senior Courts Act 1981》之 section 36 下的"subpoena",司法改革后对应的是 CPR 下的"witness summon")。而要强制外国证人,就会涉及他所在地的法律/法院了。即使证人自愿合作,有些国家也会对外国法院前来调查/收集证据并向证人监誓(administer an oath)采取敌意态度。有不少大陆法国家视取证为司法行为(judicial function),外国法院不通过官方途径而私下通过代理人取证是侵犯该国司法主权的。

这一课题有很多复杂的方面与知识,就英国法院而言,它能做到的对企图去海外取证的当事方的协助只是要求外国法院/司法机关行使权力提供帮助。英国法院可以根据以下公约/协议/法规提出要求:

1. 首先也是最重要的是 1954 年与 1970 年的《海牙证据公约》。[65] 英国针对《海牙证据公约》也有《Evidence (Proceedings in Other Jurisdictions) Act 1975》的立法,相应地,协助外国法院向英国法院申请对住在英国的人士取证,见 Rio Tinto Zinc v. Westinghouse Electric (1978) AC 547; State of Minnesota v. Philip Morris Inc (1998) ILPr 170; First American Corp v. Zayed (1999) 1 WLR 1154 等先例。

2. 国家之间的双边协议。在《The White Book Service 2013: Civil Procedure》一书之 34. 13. 7 段有所有双边协议的列表[66]。例如,英国与德国的 1928 年《The Anglo-German Convention》(比 1970 年的《海牙证据公约》操作简单)。此外,英国还有与非《海牙证据公约》的签约国阿尔及利亚(Algeria)的双边协议(11/07/2006, Treaty Series No. 16/2010 Cmd 7919),与阿联酋(United Arab Emirates)的双边协议(7/12/2006, TS 001/2009 Cmd 7535)等。

3. 欧盟针对成员国法院之间协助调取民事或商事证据的法规 Council Regulation

---

〔65〕 读者可在如下网址查看全文:https://www.hcch.net/en/instruments/conventions/full-text/?cid=82。

〔66〕 读者另也可查看网站:http://webarchive.nationalarchives.gov.uk/20130102175004/http://www.fco.gov.uk/en/publications-and-documents/treaties/lists-treaties/bilateral-civil-procedure。

(EC) No. 1206/2001,简称《EU Evidence Regulation》。[67] 英国对应的立法规定就是 CPR Rule 34.23 与 PD 34A paras. 7 - 10。当然在英国退出欧盟后,该法规就不再适用,回到了要根据《海牙证据公约》或与其他国家之间的双边协议规定的地位。

4. 即使没有任何公约/协议/法规,英国法院也有发出请求书(letter of request)的潜在管辖权。在这种情况下,虽然外国法院没有公约/协议/法规责任协助英国法院,但如果认为英国法院的请求适当,也可能提供帮助。类似的《Evidence (Proceedings in Other Jurisdictions) Act 1975》也适用在其他外国法院/裁判庭作出的请求书,无论该国家是否属于《海牙证据公约》的签约国,见《Phipson on EVIDENCE》(2018 年,第 19 版)一书之 Para. 8 - 37。除了国际友好与礼让的原则,这样的立法规定的目的可见 Rio Tinto Zinc v. Westinghouse Electric (1978) AC 547 先例所说:"It is our duty and our pleasure to do all we can to assist that court, just as we would expect the [foreign court] to help us in the circumstances."在 USA v. Philip Morris Inc (2004) EWCA Civ 330 先例中,上诉庭也有类似的说法。

这个潜在管辖权历史悠久,正如 Donald Nicholls 勋爵在 Panayiotou v. Sony Music Entertainment (UK) Ltd (1994) Ch 142 先例中说:"Before 1884, and leaving aside India and British colonies, there were two methods of taking evidence overseas for use at a trial: under a commissioner pursuant to a writ of commission, and before an examiner pursuant to an order to that effect.[68] The governments of several countries objected to the examination of their subjects in their own countries by examiners appointed by the English court.[69] So the letter of request was introduced to meet this difficulty. The English court addresses a request to the foreign court, seeking its assistance by conducting an examination of witness who is within the jurisdiction of the foreign court.[70] To this end RSC Order 37, r. 6A was introduced in 1884: 'If in any case the court or a judge shall so order, there shall be issued a request to examine witnesses in lieu of a commission. …"

这种潜在管辖权在今天被英国法院行使得不多,但在破产程序中不算罕见,见 Nortel Networks SA, Re (2009) EWHC 206 (Ch)先例。

2.1.2 诉讼方主动在海外/外国取证

当然英国法院也任由当事方主动采取行动通过外国法院取证,例如,诉讼方可以根据

---

[67] 读者可在如下网址查看全文:https://eur-lex. europa. eu/legal-content/EN/ALL/? uri = CELEX%3A32001R1206。

[68] 在 1884 年前,除了英国殖民地,英国法院为了审理案件需要去外国取证只有两种办法:一是通过监督令状(writ of commission)由一位特派员(commissioner)取证;二是在类似命令下通过讯问官(examiner)取证。显然,他们这时代替了法院,但最后考虑有关证据并作出判决的仍是法院的审理法官。

[69] 但不少国家政府反对英国法院委任讯问官在自己国家境内取证,已经提到过证据有很强的地域性,尤其是在一些大陆系法国家。例如,中国《民事诉讼法》第277 条就禁止外国机关或个人在中国境内调查取证。

[70] 请求书的做法就是为了解决这个问题,英国法院向外国法院发出请求书,寻求外国法院的帮助以盘问在外国法院管辖权内的证人。

《US Code》Title 28,S. 1782 直接向美国法院申请要求取证。只有在外国取证会导致英国诉讼出现不合情理(unconscionable)的情况时,英国法院才会干预,见 South Carolina Insurance Co v. Assurantie Maatschappij “De Zeven Provincien” (1987) AC 24; Joyce v. Sunland Waterfront (BVI) Ltd (2011) 19 FCR 213 等先例。

例如,在 Benfield Holdings Ltd v. Elliott Richardson (2007) EWHC 171 (QB)先例中,英国法院作出禁令限制英国诉讼程序的原告 Benfield 为了同步进行中的美国诉讼向 Aon 的证人录取口供书(deposition)。该先例涉及的 Benfield(母公司在百慕大)与 Aon (总部在芝加哥)都是在全球营运的主要与有竞争关系的保险与再保公司。在 2006 年秋,大量 Benfield 的专业选择性再保(specialist facultative reinsurance)小组员工跳槽到了 Aon。Benfield 声称是 Aon 与 Richardson 先生(前专业选择性再保小组组长,之后跳槽到 Aon)串谋(conspiracy)策划的。

除了母公司或总部,两个集团企业的其他公司大多是英国公司。毕竟伦敦是世界上最重要的保险与再保险市场,所以业务主要是英国的分公司在操作。因此 Benfield 在英国法院开始了针对 Aon 的诉讼,声称 Aon 串谋并错误影响与诱导欧洲、美国、澳大利亚、新西兰、南美、英国的员工与客户。而 Aon 的抗辩是员工辞职与换工作都是自愿,属于正常的雇佣程序。Benfield 在英国开始诉讼程序后不久,同一集团一间在美国特拉华州注册的公司在纽约开始了针对两位前员工(Talbott 先生与 Garner 先生)、Richardson 先生与两家美国境内的 Aon 分公司的诉讼。也就是说,同时存在了两个针对的几乎是相同诉因的有重叠的诉讼,只是英国诉讼涉及的范围更广,毫无疑问属于主要诉讼(lead action)。英国的诉讼推进的更快,已经确定在 2007 年 3 月 5 日开庭,但美国诉讼的开庭时间还没确定。

在美国诉讼中,Benfield 申请并获得了提前以口供书录取包括 Talbott 先生与 Garner 先生在内的四位 Aon 员工证词的权利。Benfield 也申请录取 Mahoney 先生与 Sisson 先生的证词,理由是他们是两个 Aon 美国分公司的管理代理人(managing agents),但因为证据不足被法院拒绝。除此之外,Benfield 也希望录取 Reynolds 先生与 Fox 先生的证词,但没有提出申请只是说会保留权利。Aon 向英国法院申请禁令,禁止 Benfield 在美国法院为美国诉讼申请录取 Mahoney 先生、Sisson 先生、Reynolds 先生与 Fox 先生的证词。Aon 声称 Benfield 申请录取证词的真正目的不是美国诉讼,而是想影响马上就要进行的英国诉讼开庭并在诉讼过程中单方面提前获取证据方面的优势。

英国法院基于以下考虑作出了限制 Benfield 在美国获得证据/录取口供的禁令:(1)英国诉讼程序属于主要诉讼,双方同意英国是最适合解决双方争议的地点,双方在责任方面的争议在英国法院作出判决后应被解决,应属于一事不再审(*res judicata*)。[71] (2)英国诉讼马上就要开庭,虽然双方都由称职律师代表,但考虑双方律师为了开庭要进行大量准备工作的压力,除非有十分有说服力的原因,否则不应打扰律师的准备工作。(3)毫无疑问有关的四位证人将在开庭时提供证人证言与口头证据,即使证人不愿意出

〔71〕　这课题可参阅《合约的履行、弃权与禁反言》一书第九章。

庭，Benfield也可以向法院申请以传召证人（witness summons）的方式强制他们出庭。(4)英国诉讼程序中披露的文件并不比美国诉讼程序中的少。(5)英国CPR Rule 32.4规定证人证言［加上真实声明（statement of truth）的确认］，除了非常有限的几种例外情况（如特免权），必须包括证人在开庭时希望依赖的所有口头证据。也就是说，Benfield在交换证人证言后就可以知道这四位证人将在开庭时做出的口头证据。(6)之后Benfield就可以根据证人证言准备它认为合适的反盘问（cross-examination）的问题，当然前提是Benfield自己也按照法院命令/立法规定同时做出了文件披露，并交换了它希望在开庭时依赖的证人证言。(7)法官同意Aon的说法，认为Benfield没有为了美国诉讼录取口供书的迫切与真正需要。加上如果之后Benfield有了真正的需要，完全可以向英国法院申请解除在本先例作出的限制或禁令。(8)也就是说，支持Aon的申请，不会对Benfield造成任何损害。(9)相反，如果允许Benfield在开庭前就盘问证人并录取口供书，会给Aon与证人带来真正的不公平与损害，而英国法院不可能允许Aon对Benfield的证人有相同的做法。

最后法官总结说Benfield没有给出好的理由解释既然四位证人会在3月开庭时被反盘问，为什么还要在开庭前提前反盘问并录取口供书。这会扰乱英国诉讼程序，这种单方面扰乱开庭准备与重复反盘问的行为，在程序上与法律上都对Aon来说是不公平与不合情理的。

2.2 外国当事方（原告或被告）的文件

一般来说，外国当事方若是成为英国法院诉讼的原告或被告，披露文件（discovery / disclosure）不应是问题，这包括在英国境内与在外国的文件。其中的原因或逻辑是“你自愿加入这个游戏（诉讼），就要按照游戏规则来玩”（*If you join the game, you play according to the local law*），见Mackinnon v. Donaldson, Lufkin & Jenrette Securities Corporation (1986) 2 WLR 453; South Carolina Insurance Co v. Assurantie Maatschappij “De Zeven Provincien” (1987) AC 24; The “Heidberg” (1993) 2 Lloyd’s Rep 324等先例。正如Hoffmann大法官在Mackinnon v. Donaldson, Lufkin & Jenrette Securities Corporation先例中说：“… the discovery … from ordinary parties to English litigation who happen to be foreigners. If you join the game you must play according to the local rules. This applies not only to plaintiffs but also to defendants who give notice of intention to defend. The recent decision of the Court of Appeal in the South Carolina Insurance case (1986) QB 348 shows that adherence to local rules requires also forbearance from taking advantage of more advantageous rules available elsewhere.[72] Of course, a party may be excused from having to produce a document on the ground

---

〔72〕 否则会对双方当事方（其中一方或双方都在外国）造成不公平。

that this would violate the law of the place where the document is kept[73] … But in principle, there is no reason why he should not have to produce all discoverable documents wherever they are."[74]

Hoffmann大法官的判决虽然只针对了根据英国法院CPR规定要披露的文件证据，但口头证据也是同样的道理。

但如果是针对在外国的第三方(非诉讼方)取证(文件证据或口头证据)就会更加敏感,因为证据的问题有严格的地域限制(strict territorial limited)。而英国法院不应对单纯是为了披露而被加入作为共同被告的外国第三方做出披露令,因为虽然形式上是命令诉讼方披露,但本质上是命令第三方披露,见Mackinnon v. Donaldson, Lufkin & Jenrette Securities Corporation; Fusco v. O'Dea (1994) 2 ILRM 389; Mercantile Group (Europe) AG v. Aiyela (1994) QB 366等先例。

而即使确实是英国法院诉讼程序的当事方,也有可能需要在国外取证。例如,被告不合作与不愿意出庭,虽然一般来说这种情况法院会作出缺席判决(default judgment)或对被告不利的判决(因为他/她不提供证据反驳),但也有情况是非要被告的证词不可。在这种情况下,原告就需要在被告所在的国家取证。又或是虽然被告愿意出庭抗辩,但因为各种原因无法出国,所以不得不在国外取证等。在这种情况下,《海牙证据公约》(针对非诉讼方的第三方[75])不适用。英国法下,CPR Rule 34.8规定了可以在讯问官面前在外国录取口供书,如果需要,还要在盘问前披露有关的文件,见Settebello Ltd v. Banco Totta & Acores (1985) 1 WLR 1050先例。

对外国的证人取证有很多不同的程序,其中最常见的是法院向外国司法机关发出请求书(letter of request)。英国法院在行使该权力时要考虑到在外国取证的敏感性,同时也要避免不必要的花费、延误与不便。因此,英国法院相对来说较不愿意批准原告(是他自己选择在英国诉讼)在外国取证的申请,特别是他自己需要的证据,见Berdan v. Greenwood (1880) 20 ChD 764先例。在News International Plc v. Clinger (unreported, ChD, 16 August 1996)先例中,原告为了支持自己对冻结令(Freezing Order)[76]的申请,向法院要求在外国取证。根据两国有关的双边民事诉讼程序公约,法院同意原告在讯问官(法官自己)面前在以色列反盘问被告,但被告是否接受盘问纯属自愿。

但法院对被告的申请有不同的态度,在有些案件中虽然英国法院是有管辖权的适格(competent)法院,但现实是除非被告可以在外国取证/作证(如被告因为各种原因无法在

---

[73] 当然当事方可以以披露有关文件会违反文件所在地的法律为由拒绝披露。例如,在The "Heidberg" (1993) 2 Lloyd's Rep 324先例中,案情涉及在法国波尔多的一起船舶碰撞事故。作为共同被告的船上货物发货人与保险人都是法国公司,英国法院命令两位被告做出披露并让原告检查文件。但两位共同被告声称这在法国法律下是被禁止的,否则就会构成刑事犯罪,要求法院撤销命令。但Cresswell大法官认为被告提交的证据无法证明如果被告遵守了法院的披露命令会在法国法律下构成刑事犯罪。

[74] 原则上讲,当事方没有理由不全面披露有关的文件,无论文件的所在地是哪里。

[75] 这与本书第二章之4段介绍的第三方披露令(Norwich Pharmacal Order)针对的第三方不同,可以仅仅只是证人(mere witness),无须介入(mixed)了有关错误行为(wrongdoing)。

[76] 这课题可参考本书第三章。

开庭审理时去英国),否则就无法作证支持抗辩。为了避免这种被告无法为自己抗辩的压迫与不公平的情况,法院会更加愿意行使权力让被告可以在外国取证/作证,见 Ross v. Woodford (1894) 1 Ch 38; Debtor (No. 2283 of 1976), Re (1979) 1 All ER 434 先例。法院必须同意证人无法到庭接受盘问是因为健康问题,[77]或在少数情况是要前往英国的花费不成比例,[78]并且证人的证据是重要的。[79] 当然有时也会有其他原因,如签证问题等。

正如在本章之2.1段提到,现在视频链接是一种常见的替代方法。但在涉及古巴的 Peer International Corp v. Termidor Music Publishers Ltd (No. 3) (2005) EWHC 1048 先例中,因为技术问题通过视频链接的方式作证效果不理想,仍需要法院发出请求书并指定一位法官作为特别讯问官(special examiner)去古巴取证。也有一些案件中海外证人的可信度尤为重要,即使在外国取证也需要法官自己作为录取口供书(deposition)的特别讯问官,亲身感受证人作证与被反盘问的过程与他/她的可信度。

如果在外国取证会令原告失去在公开审理时反盘问的机会,法院可能不会作出有关命令,见 Hardie Rubber Co Pty Ltd v. General Tire and Rubber Co (1973) 129 CLR 521 先例(在日本进行反盘问有困难)。这是考虑到这种自说自话的口头证据价值有限,不值得花费大量时间与金钱取证。

另外,有时反而是在国际仲裁中的做法更有弹性与没有那么敏感。笔者有很多香港仲裁需要在内地取证(可能是因为来不及办签证),但完全不需要内地的司法机关介入。笔者也记得在约20年前,有一个有关韩国与美国买卖直升机的香港仲裁,仲裁员要飞到韩国向当时的韩国总统取证。当然他是自愿作证,不存在强制。

2.3 《海牙证据公约》

2.3.1 简介

1970年《关于从国外调取民事或商事证据的海牙公约》(Hague Convention on the Taking of Evidence Abroad in Civil or Commercial Matters,简称《海牙证据公约》)是国与国之间有关协助取证的主要国际公约。在 Mackinnon v. Donaldson, Lufkin & Jenrette Securities Corporation (1986) 2 WLR 453 先例中,《海牙证据公约》被描述为:"… all it sets out to do is to provide an orderly and mutual system for obtaining documents from persons not subject to the jurisdiction of the applicant state but subject to the jurisdiction of the respondent state."

《海牙证据公约》在1976年9月生效,其中 Article 1 提到该公约的目标或目的是:"In civil or commercial matters a judicial authority of a contracting state may, in accordance with the provisions of the law of that state, request the competent authority of another contracting

---

[77] 见 Berdan v. Greenwood (1880) 20 ChD 764; Haynes v. Haynes (1962) 34 DLR (2d) 602 (BC)等先例。

[78] 见 Wong Doo v. Kana Bhana (1973) NZLR 1455 先例。

[79] 见 Hardie Rubber Co Pty Ltd v. General Tire and Rubber Co (1973) 129 CLR 521; Lucas Industries Ltd v. Chloride Batteries Australia Ltd (1978) 45 FLR160 等先例。

state, by means of a letter of request, to obtain evidence,[80] or to perform some other judicial act."

截至2018年6月,《海牙证据公约》有61个签约国,包括澳大利亚、巴巴多斯、巴西、中国、塞浦路斯、捷克、丹麦、芬兰、法国、德国、以色列、意大利、卢森堡、摩纳哥、荷兰、挪威、葡萄牙、俄罗斯、新加坡、韩国、西班牙、瑞典、土耳其、英国与美国等。另《海牙证据公约》在1954年有一个较早的版本,针对的问题与公约内容也是大同小异,签约国有日本、澳大利亚、比利时、埃及、匈牙利、波兰、土耳其、黎巴嫩、摩洛哥、罗马尼亚、瑞士、苏联等。

《海牙证据公约》包括两个部分:第一章针对一个签约国司法机关要求另一签约国的有关机构协助强制取证;第二章针对一个签约国通过大使馆、领事或私人在另一签约国取证,后者的法院不必直接参与。

2.3.2 《海牙证据公约》的第一章

《海牙证据公约》第一章是针对审理案件的国家法院向外国签约国正式提出协助取证的要求,强制在它管辖内的人士提供与披露文件或提供口供书(deposition)或答复质询(interrogatories)。每一签约国应指定一个中央机关(central authority)负责接收来自另一签约国司法机关的请求书/嘱托书(letters of request),并将其转交给执行请求的主管机关。英国是外交部与高院的高级聆案官(Senior Master of the Supreme Court),美国、法国与德国是司法部,中国内地是司法部司法协助交流中心(Ministry of Justice of China, International Legal Cooperation Center, ILCC),中国香港特区是政务司司长(Chief Secretary for Administration)与高等法院司法常务官(Registrar of the High Court)。

这请求书要使用取证国家的语言,会涉及翻译工作。但除非签约国已提出保留,也应接受英文或法文的请求书。根据《海牙证据公约》第3条的规定,请求书应载明:"(1)请求执行的机关,以及如果请求机关知道,被请求执行的机关;(2)诉讼当事方的姓名和地址,以及如有,他们的代理人的姓名和地址;(3)需要证据的诉讼的性质,及有关的一切必要资料;(4)需要取得的证据或需履行的其他司法行为。必要时,请求书还应特别载明:(5)需询问的人的姓名和地址;(6)需向被询问人提出的问题或对需询问的事项的说明;(7)需检查的文书或其他财产,包括不动产或动产;(8)证据需经宣誓或确认的任何要求,以及应使用的任何特殊格式;(9)依公约第九条需采用的任何特殊方式或程序。"

《海牙证据公约》建议与英国法院目前使用的请求书范本将在本章之2.5段介绍。被要求取证国家会把请求转交法院并依照该国的法律与做法处理,包括强制证人,指令一位法官或独立律师去监督取证与反盘问等。申请人(取证方)往往会任命一位在取证国家的称职律师(competent lawyer)以提供协助。例如,律师会建议是以质询还是以宣誓作出的口供书(deposition upon oath)方式取证会令法院较易接受,或协助反盘问。而被强

---

[80] 这包括文件证据与口头证据,在英国对应《海牙证据公约》的《Evidence (Proceedings in Other Jurisdictions) Act 1975》立法之S.2(2)提到这包括对任何实体财产的检验、照相或保存,对实体财产进行实验,对有关人士进行医疗检查与提取血样等,有关实物证据可参阅本书第五章。在Goncharova v. Zalotova (2015) EWHC 3061 (QB)先例中,死因裁判官(coroner)为了协助一个涉及亲子关系的俄罗斯诉讼,提供了死者血样。

制的证人或是争议的敌对方(原告或被告)也可能出面要求取证国家法院拒绝申请。这当然可能会令诉讼变得昂贵,但本来海外取证就是昂贵的做法。

至于取证方对质询或口供形式取证的抉择,前者比较简单与费用低,但后者灵活运用可在盘问中套出证人很多有用的资料,是事前想不到的,全是看证人当场的反应与盘问者的精明。

2.3.2.1 何为民事与商业事件

《海牙证据公约》只针对民事与商业事件(civil or commercial matters)的取证而不针对刑事。但有难以区分到底是否属于民事与商业事件的情况,而在这种情况下应根据什么国家法律或国际习惯等去区分也存在疑问。在英国贵族院的 State of Norway's Application, Re (Nos. 1 and 2) (1990) 1 AC 723 先例中,判是对提出要求的国家与被要求的国家两者的法律与习惯做法都要考虑。所以,英国若是被外国要求取证,它先会考虑提出要求的外国是否把事件列为民事与商业事件。如果是,英国再考虑自己的法律与习惯做法(英国比较宽松)之后再作最后决定。例如,如果涉及税务问题即在很多国家不被接受为民事与商业事件。但在英国法下,税务问题属于民事与商业的范畴。协助外国法院取得有关该国税法(revenue law)的诉讼需要的证据,不属于直接或间接执行了外国的税法。

在 1989 年 4 月,海牙国际私法会议的一个特别委员会认为应对《海牙证据公约》中的"民事与商业"有一个公约自己的定义与解释,而不应只看要求协助的国家或被要求协助的国家的法律,或是把两国法律加在一起考虑。委员会认为现在的国际实践中公法与私法中存在一定的灰色地带,即使破产、保险与雇佣合约逐渐普遍被认为属于民事与商业事件。此外国际商业活动中存在很多商业诈骗的情况,如国际贸易中倒签提单,[81]这应属于民事与商业事件还是刑事案件?

2.3.2.2 拒绝要求的情况

《海牙证据公约》第 12 条规定了被要求的取证国家拒绝请求书要求的情况:"只有在下列情况下,才能拒绝执行请求书:(1)在执行国,该请求书的执行不属于司法机关的职权范围;或(2)被请求国认为,请求书的执行将会损害其主权和安全。执行国不能仅因其国内法已对该项诉讼标的规定专属管辖权或不承认对该事项提起诉讼的权利为理由,拒绝执行请求。"

以英国为例,法院在证人或第三方或争议的敌对方[82]反对下拒绝外国法院要求的情况有不少,如:

1. 取证影响英国国家安全,这不需要详情或证明,只要当局/内阁大臣(Secretary of State)出一封信就是结论性证据。

2. 取证会影响英国主权,见 Rio Tinto Zinc v. Westinghouse Electric (1978) AC 547 先例。在该先例中涉及美国司法局/联邦贸易局调查/收集证据,将来用在美国大陪审团

---

〔81〕 这课题请参阅笔者《提单与其他付运单证》(2016 年)一书第六章之 7.1.6 段。

〔82〕 见 Boeing v. PPG Industries Inc (1988) 3 All ER 839 先例。

调查(Grand Jury investigation),并且是针对英国的商业利益。这被英国法院认为是美国行使过度管辖权(exorbitant jurisdiction)的做法。之后英国也另制定《Protection of Trading Interests Act 1980》的立法防止这种情况。

另外,根据《Evidence (Proceedings in Other Jurisdictions) Act 1975》之 S. 9(4)的规定,法院不会执行针对君主或君主的官员或仆人(即英国政府官员)取证的请求书,见 Pan American World Airways Inc's Application, Re (1992) 1 QB 854 先例。

3. 为了进行诉前披露或取证(pre-trial 或 pre-action discovery)而不是为了审理案件而需要提前披露或取证(early discovery),见 Radio Corporation of America v. Rauland Corporation and Another (1956) 1 QB 618 先例。美国的诉讼方经常根据《Evidence (Proceedings in Other Jurisdictions) Act 1975》在英国申请获取证据。但英国根据《海牙证据公约》第 23 条,在签署与批准《海牙证据公约》时声明不执行旨在进行诉前取证与调查的请求书。

4. 对文件证据的要求需要是已经确定的特定文件,如某次会议的记录(minutes)或某天向主管机构申请批文的信函等。不允许要求的证据(无论是文件证据或是口头证据)是要该海外证人全面披露有关争议/争端的证据,更不用说是钓鱼取证/摸索证明(fishing expedition)。[83] 至于有关请求的真正/主要目的是调查或钓鱼取证/摸索证明,还是为了诉讼获得重要证据,由英国法院决定。

在《Phipson on EVIDENCE》(2018 年,第 19 版)一书之 Para. 8 - 44 说:"... not only must the documents be separately described as individual documents rather than a class ... The requirement for documents to be specified is relaxed in at least two fields. First, in the context of ancillary relief applications in divorce proceedings, and in a line of authority that the requirement is relaxed[84] ... Secondly, so long as the classes of documents are specified, it is not necessary for the Financial Conduct Authority to specify particular documents when seeking documents in aid of a foreign request under s. 171 of the Financial Services and Markets Act 2000."

5. 违反英国法律。例如 Penn-Texas Corporation v. Murat Anstalt (1964) 1 QB 40 先例,法院针对《Foreign Tribunal Evidence Act 1856》立法中的"人士"(person)一词解释说"法人"是法律虚构出来的说法,实际并不存在也不能出庭接受盘问或回答质询(interrogatories)。所以请求书可以要求一个作为第三方的海外有限公司的法人提供文件证据,但不可以要求该公司法人提供口头证据。而如果法人派一位代表或总经理出庭,这也只是该公司代表(proper officer)个人的口头证据,在宣誓下凭他/她的个人记忆与了解作证。所以请求书的要求也应该是针对某些董事或高管,而不只是公司法人。

6. 与必须足够明确是什么特定文件证据一样,要求的证人也应明确是谁与要提出的

---

〔83〕 见本章之 2.3.2.3.3 段。

〔84〕 见 Charman v. Charman (2006) 1 WLR 1053(向外国法院作出的请求书); Jennings v. Jennings (2009) SC (Ber) 62(外国法院向英国作出的请求书)等先例。

问题。例如在较早的 Rio Tinto Zinc v. Westinghouse Electric 先例中,请求书中除了几位列名的证人外也泛泛包括任何知道事实的人士(such other person who has knowledge of the facts),Diplock 勋爵认为要求明显过分(obviously excessive)。另在 Atlanta Gas Light Co v. Aetna Casualty & Surety (unreported, 7 February 1993)先例中,美国法院要求英国的非海险保险人组织(London Non-Marine Association)指定对以下事项最有资格作供(who are most qualified to testify on its behalf on the topics below)的一位或多位证人的请求书也被 Steel 大法官拒绝执行,认为美国法院没有考虑这不知名证人的口供是否有关或可否被接受(admissible)。在 Smith v. Phillip Morris Company Inc (2006) EWHC 916 (QB)先例中,有关的请求书是为了美国的诉讼申请口头证据,但由于范围太宽泛属于调查而不是取证的性质,被法院拒绝执行。

7. 太过于"欺压"(oppressive)证人。例如要求给予专家证据(expert evidence)或需要第三方花费太多的时间与做太多工作,当然这也只是在极例外的情况。

8. 拒绝要求也会发生在程序上。例如,申请人以誓章(affidavit)形式单方面申请(*ex parte*/without notice)取得法院命令。但之后证人或第三方可去抗辩以取消该命令,理由可能在程序上如誓章有不正确之处或没有给予一个全面与坦率的陈述:Overseas Programming v. Cinematographische Commerz-Anstalt and Induna Film (The Times, 16 May 1984)。

2.3.2.3 不能在请求书中要求的证据

2.3.2.3.1 诉前披露(pre-trial discovery)

在本章之 2.3.2.2 段已经提到,《海牙证据公约》第 23 条规定:"签约国可在签署、批准或加入时声明,不执行普通法国家的旨在进行审判前文件调查的请求书。"

除了捷克、以色列与美国外,大部分国家都在这一条文下做出了声明/宣告(declare)。英国声明不接受诉前披露:"not execute Letters of Request issued for the purpose of obtaining pre-trial discovery of documents."(HMSO Cmnd 6727, 1976)

这也体现在《Evidence (Proceedings in Other Jurisdictions) Act 1975》之 section 2(4):"An order under this section shall not require a person — (a) to state what documents relevant to the proceedings to which the application for the order relates are or have been in his possession, custody or power; or (b) to produce any documents other than particular documents specified in the order as being documents appearing to the court making the order to be, or to be likely to be, in his possession, custody or power."

2.3.2.3.2 发现文件/全面披露

在请求书(letter of request)下要求取证(文件证据)只能是为了开庭审理之用,英国不允许:(1)要求证人自动说出他手头有什么有关文件,如给一份文件清单(list of documents)。(2)要求证人像在正式披露中要求诉讼的敌对方(不是第三方)自动列出所有有关文件一样的全面披露(general discovery)。英国要求申请人针对性列明要披露什么特定文件。

文件清单与全面披露的做法在 CPR 之前的 RSC 下也只会在诉讼双方之间正常与相

互披露[85]的程序中使用,不会用在传召第三方出庭(subpoena *duces tecum*)的情况。所以可以理解在同样的立场下,也不会允许用在同样是针对第三方(只不过是在海外的第三方)的请求书上。Diplock 勋爵在 Rio Tinto Zinc v. Westinghouse Electric (1978) AC 547 先例提到请求书中必须每份文件分开描述(individual documents separately described)。当然这样做会很不方便,所以 Fraser 勋爵在 Asbestos Insurance Coverage Cases, Re (1985) 1 WLR 331 先例进一步解释说:"... I do not think that by the words 'separately described' Lord Diplock intended to rule out a compendious description of several documents provided that the exact document in each case is clearly indicated ... an order for production of the respondent's 'monthly bank statements for the year 1984 relating to his current account' with a named bank would satisfy the requirements of the paragraph, provided that the evidence showed that regular monthly statements had been sent to the respondent during the year and were likely to be still in his possession. But the general request for 'all the respondent's bank statements in 1984' would in my view refer to a class of documents and would not be admissible."[86]

另在 Panayiotou v. Sony Music Entertainment (UK) Ltd (1994) Ch 142 先例中,Donald Nicholls 勋爵说:"In accordance with English legal procedures ... discovery of documents is obtainable only from persons who are parties to the action. In the normal way, parties are compelled to produce for inspection all their documents relating to matters in issue in the action. Persons who are not parties are not subject to such a wide, far-reaching obligation. They can be compelled to give evidence at the trial,... But it is established that a subpoena to produce documents cannot be drawn so widely as to amount to requiring the witness to give discovery. The object of the subpoena is to compel the witness to produce of corroborating or challenging a witness, or because they may lead to a train of inquiry which may result in the discovery of evidence or may, in some other way, advance one party's case or damage the other's. Nor is the witness to be required to undertake an unfairly burdensome search through his records to find this or that document or to see if he has any documents relating to a particular subject matter. All this is well established in relation to a subpoena to produce documents at the trial... The English courts apply a similar approach to the production of documents under a letter of request."

2.3.2.3.3　钓鱼取证/摸索证明(fishing expedition)

在上一小段节录的 Donald Nicholls 勋爵的判决中提到,英国法律是明确不允许钓鱼取证/摸索证明(fishing expedition)的情况。在 Asbestos Insurance Coverage Cases, Re

---

[85]　在本书第七章有详细介绍。

[86]　Fraser 勋爵认为请求书中的文件要分开描述,不表示当事方不能只对几份文件简略描述。只要这个描述足够显示是哪几份特定的文件,就可以接受。例如,说明是"1984 年中国银行的月结单"是有足够针对性与清楚显示是中国银行的 12 份月结单,是可以接受的。但如果说"1984 年所有银行的月结单"就太广泛了,也有调查到底有哪些银行账户的嫌疑。

(1985) 1 WLR 331 先例中,Fraser 勋爵针对《Evidence (Proceedings in Other Jurisdictions) Act 1975》之 Section 2(4)也说:"it is to be construed so as not to permit mere 'fishing' expeditions."

什么属于或不属于钓鱼取证/摸索证明,可先节录 Kerr 大法官在 State of Norway's Application, Re (1987) QB 433 先例的判决如下:"although 'fishing' has become a term of art for the purposes of many of our procedural rules dealing with applications for particulars of pleadings, interrogatories and discovery, illustrations of the concept are more easily recognized than defined. It arises in cases where what is sought is not evidence as such, but information which may lead to a line of inquiry which would disclose evidence. It is the search of material in the hope of being able to raise allegations of fact, as opposed to the elicitation of evidence to support allegations of fact, which have been raised bona fide with adequate particularization..."

另外,《Dicey, Morris & Collins on The Conflict of Laws》(2012 年,第 15 版)一书之 8-103段对什么是钓鱼取证/摸索证明有一个很好的定义,即诉讼方要求的不是证据(针对双方的争议/争端)而是为了调查,希望披露的文件会带出其他他/她原本不知道的有关与有用的证据或新的争端/事项:"'Fishing' arises where what is sought is not evidence as such, but information which may lead to a line of enquiry which would disclose evidence; it is a search, a roving enquiry, for material in the hope of being able to raise allegations of fact."

由于请求书中要求的文件证据必须是有足够详细描述的特定文件,所以判断是否属于钓鱼取证/摸索证明相对容易。但如果是口头证据,判断起来就会更困难。正如 Kerr 大法官在 State of Norway's Application, Re 先例举例说如果有足够的细节,则问 X 是否是信托的委托人(settler of a trust)就属于一个合法与有针对性的问题。但如果答案是否定的,则接下来补充的问题就是"则谁是委托人?",这就属于钓鱼取证/摸索证明。在 Charman v. Charman (2006) 1 WLR 1053 先例中,Wilson 大法官建议说:"Thus in my view (a) in so far as they seek production of documents, the orders for the letter of request ... could not lawfully have been made if they represent an attempt to go 'fishing'; and (b) in so far as the letter of request seeks the taking of oral evidence, it may be preferable to conduct its initial appraisal not by reference to 'fishing' but by asking, perhaps in effect only slightly differently, whether the intention is to obtain (witness) evidence for use at trial and there is reason to believe that he has knowledge of matters relevant to issues at trial."

但也有权威说法是面对外国法院作出的请求书,被要求的法院不应该过多考虑有关的争议或争端的细节以决定第三方的口头证据是否有关与可被接纳。在 Asbestos Insurance Coverage Cases, Re (1985) 1 WLR 331 先例中,贵族院说:"... should not be astute to examine issues in the action and the circumstances of the case with excessive particularity for the purpose of determining in advance whether the evidence of that person will be relevant and admissible. That is essentially a matter for the requesting court."

这个问题在 First American Corp v. Zayed (1999) 1 WLR 1154 先例中得到了解决,上诉庭判是如果证据显示有足够理由相信被要求披露的人士可能有对诉讼争议有关的证据,就不能以钓鱼取证/摸索证明的理由拒绝。另可见 Honda v. KJM Superbikes (2007) EWCA Civ 313(向外国法院作出的请求书);Land Rover North America Inc v. Windh (2005) EWHC 432 (QB)(不属于钓鱼取证/摸索证明)等先例。

2.3.2.3.4　Panayiotou v. Sony Music 先例

高院的 Panayiotou v. Sony Music Entertainment (UK) Ltd (1994) Ch 142 先例显示了漫无边际的披露与在《Evidence (Proceedings in Other Jurisdictions) Act 1975》之 Section 2(4)下提供明确的特定文件的区别,前者不被允许而后者被允许。该先例涉及英国著名歌星 George Michael 先生想要求美国法院协助一些文件的披露。在该先例中,原告 George Michael 先生(与他的两间公司)与 CBS UK Ltd 订立了相当长年数的经纪合约,内容包括他作为发片歌手(recording artist)的所有作品(唱片、演出、演唱会等)。之后 CBS UK Ltd 被索尼音乐集团(Sony Music)收购,改名为 Sony Music Entertainment (UK) Ltd,成为索尼音乐集团下的一部分。后来,George Michael 先生开始诉讼要求法院宣告有关合约条文不合理,属于非法限制贸易(unlawful restraint of trade),因此他不受合约约束。但在披露阶段,由于很多文件属于并存放在索尼音乐集团下的其他公司(特别是美国、加拿大、澳大利亚、日本、德国、奥地利与瑞士的公司),而这些公司属于独立的实体(independent entities)不属于诉讼方,所以原告要求这些名义上的"第三方"披露有困难。但这些文件对找出索尼音乐集团在全球到底获取了多少利润至关重要,所以原告向英国法院申请向纽约法院发出请求书,要求纽约法院协助。因为索尼音乐集团在美国营运的 Sony Music Entertainment Inc(SMEI)公司属于对索尼音乐集团其他公司的中心授权机构,被告将 George Michael 先生的作品授权给 SMEI,SMEI 再分授权给其他公司。George Michael 先生希望 SMEI 提供一些特定的文件,如分授权合约等。

Donald Nicholls 大法官考虑了原告要求的每一类文件,如分授权合约、SMEI 与其他著名歌手(如 Michael Jackson 先生)的唱片合约、SMEI 从分被授权方(sub-licensees)获得的版权费、SMEI 针对 George Michael 先生的唱片发出的账单或支付要求等文件被认为可以被列入请求书。但显示 SMEI 在生产、发行、出售、营销、推广 Michael Jackson 先生的唱片的花费的文件(包括有关的交易商的价格列表、折扣记录、股价波动报告等),索尼音乐的内部记录与备忘录等文件被认为是典型的通过漫无边际的披露企图调查与寻找信息,不被允许加入请求书。

2.3.2.4　证人的特免权(privilege)

特免权是一个很大的课题,将在本书第九章至第十三章有详细介绍。特免权除适用在诉讼双方的披露(与开庭)外,也适用在《海牙证据公约》要求证人或第三方提供与披露文件,如他与律师的通讯就受法律业务特免权(legal professional privilege)保护。当然除了英国外,提出要求或被要求取证的外国的法律也会另有其他类别或不同范围的特免权,应顾及两国法律。例如,Rio Tinto Zinc v. Westinghouse Electric (1978) AC 547 先例就涉及美国宪法第五修正案的特免权。另多举两个先例如下:(1)在 Securities and Exchange

Commission v. Stockholders of Santa Fe International (unreported, 23 February 1984)先例中,银行抗拒披露的理由一是这会违反卢森堡对银行守秘的法律,二是银行对客户保密的责任不应破坏,这属于公众利益特免权(public interest privilege),但这两个理由都不被英国法院接受。对第一个理由,英国法院在理解卢森堡法律后,认为这个风险只是乱想出来的(fanciful)。而对第二个理由,法院认为不能以银行与客户之间的机密关系隐藏不当或欺诈的行为是更重要的公众利益:"... there is also clearly a public interest, and a very strong one, in not permitting the confidential relationship between banker and client to be used as a cloak to conceal improper or fraudulent activities."(2)在 Overseas Programming v. Cinematographische Commerz-Anstalt and Induna Film (The Times, 16 May 1984)先例中,在美国的版权诉讼中需要在英国取证,而证人以自证其罪特免权(self-incrimination privilege)抗辩。但英国《Supreme Court Act 1981》之 Section 72 禁止证人在这种涉及知识产权的诉讼中以自证其罪特免权作为抗拒披露(包括以 Anton Piller Order 的方式强制披露)的理由。所以英国法院在该先例中拒绝了证人的抗辩。

2.3.3 《海牙证据公约》的第二章

《海牙证据公约》第二章针对的是另一种在外国签约国取证的方法,即外交官员、领事代表和特派员取证。其第 15 条规定:"在民事或商事案件中,每一签约国的外交官员或领事代表在另一签约国境内其执行职务的区域内,可以向他所代表的国家的国民在不采取强制措施的情况下调取证据,以协助在其代表的国家的法院中进行的诉讼。签约国可以声明,外交官员或领事代表只有在自己或其代表向声明国指定的适当机关递交了申请并获得允许后才能调取证据。"

根据第 15 条的第二段宣告要有批准/批文的国家有丹麦、挪威、葡萄牙与瑞典等,而新加坡则不允许该第二章做法。中国《民事诉讼法》第 277 条第 2 款和第 3 款也有相应规定:"外国驻中华人民共和国的使领馆可以向该国公民送达文书和调查取证,但不得违反中华人民共和国的法律,并不得采取强制措施。除前款规定的情况外,未经中华人民共和国主管机关准许,任何外国机关或者个人不得在中华人民共和国领域内送达文书、调查取证。"

但大使/领事馆官员不一定能胜任取证的工作,如美国在伦敦的大使馆就拒绝提供这种服务。这样,再加上取证方希望有经验与有相关法律知识人士担任讯问官(examiner)与/或特派员(commissioner),因此在《海牙证据公约》第 17 条针对了私人(private person)/特派员取证(他/她一般是由审理案件的外国法院任命):"在民事或商事方面,合法地被指定为此事特派员的人员可以不受约束地在签约国进行有关另一签约国法院所受理诉讼的查证行为,如果:(1)他得到证据调查地国指定的主管机关的概括许可,或对特定案件的个别许可。(2)他遵守主管机关许可时规定的条件。签约国可以声明本条规定的查证行为无须得到预先许可而进行。"

虽然《海牙证据公约》第 17 条最后规定签约国可以声明查证行为无须得到预先许可而进行,但除了芬兰、英国和美国三个国家外,其余都要先有批准/批文。对英美两国来讲,它们对外放松是希望其他国家也会同样回报,因为很多情况国与国之间涉及对等(reciprocity)。所以在英国,有无数为了美国诉讼的取证(证人给予宣誓后口供书)根本无须麻烦英国法院,也不必让后者知悉。取证方只需要简单地送达一份口供书通知(notice of deposition),要求在英国的证人出面。

而外国法院若是向在英国的证人发出传召到庭的命令(subpoena),英国的证人也可以不理会,反正英国证人不在外国法院管辖范围。但他会有所顾忌,如像美国这类国家,如果藐视法院,有机会再踏足美国时会有后患,所以即使美国法院管辖不到,他也不敢漠视这传召到庭的命令。与英美相反的另一极端做法是有国家把外国人在其境内监誓(administer an oath)也当作触犯刑法。故取证方必须小心什么是合法,什么是非法。而非法取得的证据英国法院(如果审理案件)也不一定能用上,所以任命取证当地的一位称职律师给予正确法律意见是十分重要的。再次强调《海牙证据公约》第二章只适用在证人自愿作证(willing witness)的情况,否则就只能根据第一章要求外国法院协助了。但涉及要求取证国家协助强制证人作证除了浪费时间与金钱外,外国国家法院指令的法官或其他人士对取证方来说比不上他自己能控制指令的讯问官与/或特派员更适合。

读者也许会有疑问,证人既然自愿作证,为何不干脆在审理国家的法院于开庭审理时作证?答案十分简单,例如证人身体不好或另有重任/工作,不能或不愿意出国,或是去不了审理的国家,所以只能以这种方法取证。而这种证人在海外的监誓证供(commission evidence)即使是根据英国以前的《Civil Evidence Act 1968》也可以被采纳(admissible)作为呈堂证据,更不用说新的《Civil Evidence Act 1995》更宽松对待传闻证据(hearsay evidence)。但监誓证供有一个缺点是审理的法官本人并未目睹作供的证人,而诉讼敌对方若有高水平证人出庭作供与接受反盘问,只看了口供书的审理法官或会在不知不觉中受到感染或产生潜在偏见(imputed bias)。特别是在一些涉及商业欺诈或不诚实的案件中,审理法官能够目睹与感受双方证人作证时的状态有一定的重要性。克服这个缺点的方法之一是在审理法官同意与取证国家不反对的情况下,把审理法官指令为讯问官亲自去外国取证。另一种现在比较普遍的办法是在开庭时或开庭前,外国的证人以视频链接的方法作供并接受反盘问。最理想的当然是能在开庭审理时出庭作证与接受反盘问,在与对方证人的证词有正面矛盾时,也可防止对方证人看见没有人可以对质/反驳就信口开河。

2.4　海外文件持有人在英国有分行/分支的情况

这方面涉及今天有很多的跨国公司/集团在世界各地开分行/分支,若是有关英国诉讼的文件是由伦敦的分行/分支持有,英国法院显然可在当事方申请后传召证人出庭提供文件证据(subpoena *duces tecum*/witness summons),或给予一个第三方披露令(Norwich Pharmacal Order)要求提供/披露资料。但若是有关文件是在海外,在总行或在其他国家的分行,不属于伦敦分行/分支,英国法院就会犹疑了,一般也不肯作出这种命令。毕竟持有文件的外国总行/分行要遵循它们所在地的法律,如某些文件必须机密。这种命令会被视为侵犯外国的国家主权(sovereignty),除非是紧急追踪一笔被窃的金钱(hot pursuit in an action to trace embezzled funds)等例外情况,见 London and Counties Securities Ltd v. Caplan (unreported, 26 May 1978)先例。这正是作出全球冻结令时会同时作出的资产披露令的原因,这方面在本书第三章有详细介绍。

在 XAG v. A Bank (1983) 2 All ER 464 先例中,案情涉及一家美国银行被美国法院传召到庭提供/披露一些伦敦分行持有的文件。银行以此行为违反英国法律要求为客户保密为由抗拒,并成功在英国申请禁令。

另在英国的 Mackinnon v. Donaldson, Lufkin & Jenrette Securities Corporation (1986) 2 WLR 453 先例中,原告在英国法院获得传召证人出庭提供文件证据的命令,强制一家美国银行(有伦敦分行,故受管辖)让它可以根据《Bankers' Books Evidence Act 1879》之 R. 7查阅被告的银行账目,但这命令后来被法院取消。

2.5 CPR 下有关请求书的条文

在此可先详细介绍针对这种去外国(就英国而言)向海外证人取证做法的 CPR Rule 34.13,如下:

"**Where a person to be examined is out of the jurisdiction—letter of request**〔87〕

34.13—(1) Where a party wishes to take a deposition from a person outside the jurisdiction, the High Court may order the issue of a letter of request to the judicial authorities of the country in which the proposed deponent is.〔88〕

(2) A letter of request to a judicial authority to take the evidence of that person, or arrange for it to be taken.〔89〕

(3) The High Court may make an order under this rule in relation to county court proceedings.〔90〕

(4) If the government of a country allows a person appointed by the High Court to examine a person in that country, the High Court may make an order appointing a special examiner for that purpose.〔91〕

(5) A person may be examined under this rule on oath or affirmation or in accordance with any procedure permitted in the country in which the examination is to take place.〔92〕

(6) If the High Court makes an order for the issue of a letter of request, the party who sought the order must file—(a) the following documents and, except where paragraph (7) applies, a translation of them—(i) a draft letter of request; (ii) a statement of the issues relevant to the proceedings; (iii) a list of questions or the subject matter of questions to be put to the person to be examined; and (b) an undertaking to be responsible for the Secretary of

---

〔87〕 这一条文就是针对请求书的做法。

〔88〕 若当事方想向海外证人取证(口供书),高院可发出请求书给有关证人所在地的司法机关求助。

〔89〕 请求书可以要求外国司法机关取证,或只是容许安排取证(如任由当事方/申请人安排口供书甚至视频链接)。

〔90〕 高院可以协助下级法院(地方法院)发出此请求书。注意该条文没有说协助商事仲裁,这是因为《海牙证据公约》(Hague Convention)并不适用在商事仲裁,这可见本章之2.9段的介绍。

〔91〕 若是外国法院允准英国高院直接指定一位讯问官(examiner),高院会指定。这种讯问官一般是职业律师。

〔92〕 证人可以宣誓或誓言或根据所在地法律的规定进行取证程序。

State's expenses.[93]

(7) There is no need to file a translation if —[94] (a) English is one of the official languages of the country where the examination is to take place; or (b) a practice direction has specified that country as a country where no translation is necessary."

以下也可节录一份请求书的范本:

"To the Competent Judicial Authority[95] of [国家]

I [名字] Senior Master of the Queen's Bench Division of the Supreme Court of England and Wales respectfully request the assistance of your court with regard to the following matters.[96]

1. A claim is now pending in the[法院部门名称] Division of the High Court of Justice in England and Wales entitled as follows (set out full title and claim number) in which [原告名字] of [地址] is the claimant and [被告名字] of [地址] is the defendant.[97]

2. The names and addresses of the representatives or agents of (set out names and addresses of representatives of the parties).[98]

3. The claim by the claimant is for:—[99]

(a) (set out the nature of the claim)[索赔是什么]

(b) (the relief sought, and)[寻求的法律救济]

(c) (a summary of the facts.)[有关事实的纲要]

4. It is necessary for the purposes of justice and for the due determination of the matters in dispute between the parties that you cause the following witnesses, who are resident within your jurisdiction, to be examined. The names and addresses of the witnesses are as follows:—[100]

5. The witnesses should be examined on oath or if that is not possible within your laws or is impossible of performance by reason of the internal practice and procedure of your court or by reason of practical difficulties, they should be examined on accordance with whatever procedure your laws provide for in these matters.[101]

---

[93] 申请人/当事方必须呈交以下文件[除非是 CPR Rule 34.13 (7)规定的例外情况,否则应加上外文翻译本]:(i)草拟的请求书;(ii)诉讼的有关争端与事项的书面陈述;(iii)向海外证人提出的问题列表或纲要;(iv)向政府保证会支付所有的费用。

[94] 不需要外文翻译本的例外情况包括英文也是该国官方语言之一,如澳大利亚、加拿大(除了魁北克省)、荷兰、新西兰与美国。

[95] 收信人的外国司法机关名称。

[96] 英国高院的高级聆案官谨向贵国贵院提出以下要求。

[97] 目前有一个诉讼在英国法院进行(并写明案件名称与法院编号),其中原告是(名字与地址),被告是(名字与地址)。

[98] 当事方在当地代理人(律师)的名字与地址。

[99] 索赔是有关什么(并加上详情)。

[100] 为了公平的审理,需要允许住在贵院管辖范围内的以下证人接受盘问。该证人名字与地址是……

[101] 该证人应在宣誓下或可根据贵国法律的做法或规定接受盘问。

6. Either/

The witnesses should be examined in accordance with the list of questions annexed hereto.[102]

Or/

The witnesses should be examined regarding (set out full details of evidence sought).[103]

N. B. Where the witness is required to produce documents, these should be clearly identified.[104]

7. I would ask that you cause me, or the agents of the parties (if appointed), to be informed of the date and place where the examination is to take place.[105]

8. Finally, I request that you will cause the evidence of the said witnesses to be reduced into writing and all documents produced on such examinations to be duly marked for identification and that you will further be pleased to authenticate such examinations by the seal of your court or in such other way as is in accordance with your procedure and return the written evidence and documents produced to me addressed as follows:—[106]

Senior Master of the Queen's Bench Division Royal Courts of Justice, Strand London WC2A 2LL England."[107]

2.6 英国法院对协助外国审理法院取证的态度

在这方面的起点是为了国际友好(international comity)尽量协助外国法院,在 Rio Tinto Zinc v. Westinghouse Electric (1978) AC 547 先例提到:"It is our duty and our pleasure to do all we can to assist that court, just as we would expect the (foreign) court to help us in the circumstances."[108]

在本章之 2.3.3 段已经提到,这种国与国之间的协助重视对等(reciprocity)。但对英国而言,它垄断了世界上大部分的国际商业诉讼,也因此赚取了巨额收益。而处理这类国际案件都会涉及去外国取证,所以英国法院肯定是友好与宽松了。

首先针对自愿作供的证人(willing witness)或愿意自动披露文件的无辜第三方/非诉

---

〔102〕 该证人应以附件所列出的问题接受盘问。

〔103〕 或该证人应被盘问有关的证据(列明是什么证据)。

〔104〕 若是文件证据,必须列出明确的是什么特定文件,如某一天某一份的检查报告或某一段时间内与某人之间的通讯。

〔105〕 请贵国贵院告诉我(高院的高级聆案官),或告诉当事方代表律师,进行盘问的时间与地点。

〔106〕 也请贵国贵院把取证以书面记录并对有关文件加上标记(容易找有关部分),再加上贵院的盖印,送一份到下列英国地址给我。

〔107〕 英国的政府法务部(Government Legal Department)对请求书有长达 40 页的十分详细与有帮助性的指导,有兴趣的读者可通过以下网址下载:http://webarchive.nationalarchives.gov.uk/20121011232648/http://www.tsol.gov.uk/Publications/Scheme_Publications/letter_of_request.pdf。

〔108〕 英国法院有责任与愿意尽力协助外国法院取证,希望将来外国法院也会在同样情况下"回报"来协助英国法院取证。

讼方(non-party),英国法院完全是放任不去理会。在本章之2.3.3段已经提到,美国诉讼经常在英国取证,证人给予宣誓后作口供并接受反盘问,在口供书(deposition)签字等。这包括了其他细节,如任命一位称职的讯问官(examiner,经常会任命一位英国律师或大律师),安排合适的取证地点、录音录像和记录等,当然这完全是私人的安排。

而针对要强制取证(文件或口头证据)的情况,就要根据《Evidence (Proceedings in Other Jurisdictions) Act 1975》向英国法院提出请求。为了表现友好与宽松,该立法不仅对《海牙证据公约》签约国适用,也对其他任何国家与地区适用。根据该立法的Section 1,向法院/高院提出申请时要说服法官这取证要求来自外国法院与外国诉讼是民事案件。[109] Section 2(2)对可强制披露的证据分类如下:"(a) for the examination of witnesses, either orally or in writing;(b) for the production of documents;(c) for the inspection, photographing, preservation, custody or detention of any property;(d) for the taking of samples of any property and the carrying out of any experiments on or with any property;(e) for the medical examination of any person;(f) without prejudice to paragraph (e) above, for the taking and testing of samples of blood from any person."

至于是否批准请求的裁量权在法官,而可以拒绝请求的各种情况已在本章之2.3.2.2段介绍。

2.7　在外国法院起诉取证

另一个可行办法是索性在取证国家起诉第三方,但这不是要向本是第三方的被告索赔或追求任何救济(relief),而只是为了取证(文件或口头证据)。到底能否合法这样做要看当地的法律,而允许这样做的最重要的一个国家是美国。根据美国《US Code》Title 28,S. 1782的联邦立法(Federal Statute),美国应协助外国法院强制在美国取证:[110] "(a) The district court of the district in which a person resides or is found may order him to give his testimony or statement or to produce a document or other thing **for use in a proceeding in a foreign or international tribunal.** The order may be made pursuant to a letter rogatory issued, or request made, by a foreign or international tribunal or upon the application of any interested person and may direct that the testimony or statement be given, or the document or other thing be produced, before a person appointed by the court. By virtue of his appointment, the person appointed has power to administer any necessary oath and take the testimony or statement. The order may prescribe the practice and procedure, which may be in whole or part the practice and procedure of the foreign country or the international tribunal, for taking the testimony or statement or producing the document or other thing. To the extent that the order does not prescribe otherwise, the testimony or statement shall be taken, and the document or other

---

[109] 英国对外国刑事案件另有《Crown Court Amendment Rules 1991》(SI No. 1288)的立法规定。

[110] 见 Malev Hungarian Airlines v. United Technologies International Inc (1993) I. L. Pr. 422, US Ct. of Appeal; Re Euromepa S. A., 51 F. 3d. 1095 (2d. Cir., 1995); In re Metallgesellschaft A. G., 121 F. 3d 77 (2d. Cir., 1997)等先例。

thing produced, in accordance with the Federal Rules of Civil Procedure. **A person may not be compelled to give his testimony or statement or to produce a document or other thing in violation of any legally applicable privilege.** (b) This chapter does not preclude a person within the United States from **voluntarily** giving his testimony or statement, or producing a document or other thing, for use in a proceeding in a foreign or international tribunal before any person and in any manner acceptable to him."(加黑部分是笔者的强调)

在美国法院作出命令前必须满足三个要求,见 Perez Pallares, Re, 2010 WL 419372 (D Colo, 20 October 2010); Schmitz v. Bernstein Liebhard Lifshitz LPP, 376 F 3d 79 (2d Cir 2004)等先例。这三个要求是:(1)被要求披露的人士[111]住在接受申请的美国地方法院(US District Court)管辖区域或可在管辖区域被找到;(2)是为了在外国裁判庭(foreign tribunal)[112]前进行的司法程序[113]取证;(3)是由外国或国际裁判庭或任何利益相关人士(interested person)做出的申请。

在权威的 Intel Corp v. Advanced Micro Devices Inc, 542 US 24 (2004)先例中,美国最高院做出了以下指引:(1)任何利益相关人士都可以根据 Section 1782 取证,包括非诉讼方,如向欧盟竞争委员会(EU Competition Commission)投诉的人士。(2)"裁判庭"包括案件调查官(investigating magistrates)、行政裁判庭(administrative tribunals)、仲裁庭(arbitral tribunals)、准法律机构(quasi-judicial agencies)与在公约下成立的法院(conventional courts),但有关程序必须有一定的裁决功能。(3)只需要合理预期会有外国裁判庭的程序,而无须待决或即将开始。(4)不要求有关的证据在外国程序中也会被要求披露(discoverable)。[114] (5)地方法院要考虑的因素包括:一是被要求披露的人士是否参与了外国诉讼程序,或已经接受外国法院的管辖权;二是外国诉讼程序的性质与特点;三是外

---

〔111〕 此处的"人士"不包括美国政府,见 Al Fayed v. Central Intelligence Agency, 229 F 3d 272 (DC Cir 1997)先例。

〔112〕 注意,有先例判是包括国际商事仲裁的仲裁庭,见 Application of Technostrogexport, Re, 853 F Supp 695 (SDNY 1994); Republic of Ecuador v. Bjorkman (D Colo, 9 Aug 2011) (UNCITRAL 仲裁); Application of Winning (HK) Shipping Co Ltd, Re (SD Fla, 30 Apr 2010)(在LMAA 规则下进行的伦敦仲裁)等先例。但也有很多地区判不包括国际商事仲裁的仲裁庭,见 National Broadcasting Co v. Bear Stearns & Co, 165 F 3d 184 (2d Cir 1999)(ICC 仲裁);El Paso Corp v. La Comision Ejecutiva Hidroeclectricia Del Rio Lempa, 2009 WL 2407189 (5th Cir, 6 Aug 2009); Application of Operadora DB Mexico, Re, 2009 WL 2423188 (MD Fla, 4 Aug 2009)(ICC 仲裁);Guo, Re, 18 – MC – 561 (JMF) (SDNY, 25 Feb 2019)(CIETAC 仲裁)等先例。在其他领域,进行税务审核的税务机关(tax authorities)会被认为属于裁判庭,见 Minatex Finance SARL v. SI Group Inc, 20087 WL 3884374 (NDNY, 18 Aug 2008)先例。但这不包括外汇管制部门的负责人,见 Fonseca v. Blumenthal, 620 F 2d 322 (2nd Cir 1980)先例。

〔113〕 该程序必须有一定的裁决功能(adjudicative function),见 Letters Rogatory, Re, 385 F2d 1017 (2d Cir 1967)先例。这包括在法院待决的破产程序,见 Lancaster Factoring Company Ld v. Mangone (1998) IL Pr 200 先例。这程序可以是将来而不是待决的程序,见 Request from Ministry of Legal Affairs of Trinidad and Tobago, Re, 848 F2d 1151 (11th Cir 1988)先例。但不包括不再听取证据的上诉:见 Euromepa SA v. R Esmerian Inc (1999) IL Pr 694 (US Ct of Appeals 2nd Cir)先例。

〔114〕 见 Application by Bayer AG, Re (1999) IL Pr786 (US Ct of Appeals, 3rd Cir); United Kingdom v. US, 238 F3d 1312 (11th Cir 2001)先例。

国裁判庭对这种取证做法的接受性;四是有关申请是否为了规避外国取证的限制;[115] 五是有关申请是否对被要求披露的人士(毕竟是第三方)负担过重。

向美国地方法院的申请可以是单方面申请(*ex parte*),见 Letters Rogatory from Tokyo District, Re, 539 F2d 1216 (9th Cir 1976)先例。但诉讼的对方或被要求披露的人士在知悉后也可以申请撤销法院命令。地方法院有命令、限制、拒绝披露的广泛裁量权(discretion),见 Euromepa SA Re, 51 F3d 1095 (2d Cir 1995)先例。要求协助的申请可向美国司法部(Department of Justice)提出,司法部会转交有关地方法院执行,如向证人发出传召到庭以给予口供或提供文件的命令。重要的是如果地方法院愿意协助,披露的范围可能比审理案件的法院所允许的广泛得多,因为美国自己的披露范围十分广泛。例如,美国的诉前披露在英国就会被认为是钓鱼取证/摸索证明(fishing expedition)。[116]

这些区别可能导致审理的法院(如英国法院)认为以该立法在美国法院取证的一方会对被要求披露的一方负担过重、不公平、欺压或困扰(oppressive or vexatious)。在英国贵族院 South Carolina Insurance Co v. Assurantie Maatschappij "De Zeven Provincien" (1987) AC 24 先例中,审理是在英国法院,而其中一方当事方(被告)去美国以此立法取证。已经多次提到美国允许广泛的诉前披露,根本不理会是否为钓鱼取证/摸索证明。这样,对方当事方(原告)可就恼火了,向英国法院申请禁令不准被告这样做。因为案件是由英国法院审理,所以对被告有管辖权,但贵族院判:(1)如何取证是当事方自己的事情,这包括在外国法院起诉,只要是合法英国法院就不理会。这是英国法院的对抗制(adversarial system)下的其中一个大原则,即当事方自己调查取证、举证,法院不理会他是通过什么方法取得证据。Templeman 勋爵在 Tay Bok Choon v. Tahansan Bhd (1987) 1 WLR 413 先例中就说:"In civil proceedings the trial judge has no power to dictate to a litigant what evidence he should tender."(2)只要取证方法在外国是合法与不会造成欺压或困扰。至于怎样会造成欺压或困扰,其中一个考虑是在英国审理的案件已经进行到了什么阶段。例如,在 Bankers Trust International v. PT Dharmala Sakti Sejahtera (1996) CLC 518 先例中,一方当事方也去美国以此立法取证,但 Mance 大法官认为当时已经开庭只等待判决,取证方是为了上诉而作准备,于是就作出禁令不准这样做。其他类似的先例有:Glencore International v. Exeter Shipping (2002) 2 All ER 1; Benfield Holdings Ltd v. Elliott Richardson (2007) EWHC 171 (QB)[117] 等。

在最近的 Kiobel v. Cravath, Swaine & Moore LLP, No. 17 - 424 (2d Cir, 10 July 2018)先例中,美国上诉庭判地方法院滥用了法院在 Section 1782 下的裁量权。该先例案情是 Kiobel 女士与其他 11 位尼日利亚原告于 2002 年在纽约对与著名荷兰石油公司

---

[115] 见 Gianola, Re, 3 F3d 54 (2nd Cir 1993); Metallgesellschaft AG, Re, 121 F3d 77 (2d Cir 1997); Intel Corp v. Advanced Micro Devices Inc, 542 US 24 (2004); Servico Pan Americano de Protection, Re, 354 FSupp 2d 269 (SDNY 2004)等先例。

[116] 见 Radio Corporation of America v. Rauland Corporation and Another (1956) 1 QB 618 先例。

[117] 该先例在本章之 2.1.2 段有详细介绍。

Royal Dutch Shell(简称 Shell)有关联的4位被告提起诉讼[118](简称 Kiobel 诉讼),声称 Shell 协助与教唆尼日利亚政府违反国际法。根据有关的机密令(confidentiality order),大部分 Shell 披露的文件只可以用在 Kiobel 诉讼(及相关诉讼)的用途。最后 Kiobel 女士在 Kiobel 诉讼中的救济请求(relief)被驳回。

多年后,Kiobel 女士在荷兰再次对 Shell 提起诉讼。在 2016 年 10 月,Kiobel 女士的代理律师根据 Section 1782(a)向美国地方法院做出申请,要求法院传召 Shell 在早已是终局的 Kiobel 诉讼中的代表律师事务所 Cravath, Swaine & Moore LLP 到庭,提供 Shell 在 Kiobel 诉讼(及相关诉讼)中披露给原告的文件。地方法院同意了 Kiobel 女士的申请,认为:(1)Kiobel 女士在荷兰的诉讼中需要有关的文件;(2)已经十多年过去了,Shell 很可能已经不再拥有有关的文件;(3)提供文件不会对 Cravath, Swaine & Moore LLP 造成什么负担。地区法院命令双方可以就以什么条件提供有关的文件签订一个新的协议。

但这个判决被上诉庭推翻,上诉庭指出在美国最高院的 Intel Corp v. Advanced Micro Devices Inc. 先例中提到法院作出判决时要考虑的因素之一就是被要求提供文件的人士是否是诉讼方。如果被要求披露的人士是诉讼方,则审理法院(在此先例是荷兰法院)应有管辖权,而无须美国法院介入提供帮助。在 Kiobel v. Cravath, Swaine & Moore LLP 先例中,虽然表面看来是针对作为非诉讼方的律师事务所,但文件实际上是属于 Shell 的,而 Shell 是诉讼方。另一个要考虑的因素是有关申请是否是为了规避外国取证的限制,Kiobel 女士的律师承认在荷兰是不太可能被允许获得诉前披露,因此上诉庭认为 Kiobel 女士的申请是为了避开荷兰的限制。特别是 Kiobel 女士的申请是申请 Shell 的律师披露文件,如果一旦诉讼方将文件交给美国律师,对方诉讼方在别的国家原本无法取得的文件(如特免权的原因)就变为可以取得,这显然会影响客户与律师之间的关系与交流。更重要的是,Shell 在 Kiobel 诉讼中是在机密令下提供的文件,而机密令明示禁止 Kiobel 女士在其他诉讼中使用有关的文件。地区法院作出的命令等于在没有 Shell 同意的情况下更改了机密令,这会降低大众对机密令的信心。

虽然上诉庭推翻了地区法院的判决,但并不代表美国的律师事务所与他们的客户就可以高枕无忧了。Kiobel v. Cravath, Swaine & Moore LLP 先例中一个特殊的情况是 Shell 在 Kiobel 诉讼中是在机密令下披露的文件,对于那些没有机密令保护的文件,仍可能被美国法院强制要求披露。

2.8 美国法院的立场和做法

2.8.1 允许广泛诉讼前/审理前披露的原因

已经多处提及美国法院对诉前(pre-action)或审前(pre-trial)的披露采取十分放任与开明的态度,也没有钓鱼取证/摸索证明(fishing expedition)的顾虑。与英国相反,美国认为双方当事方提前能把对方的证据/底牌知道得越多越好,这可令双方能早日达成庭外和解,或若是需要开庭审理可加快与妥善安排(如开庭时间方面)。英国虽然仍禁止钓鱼取证/摸索证明,但新的 CPR 已经进一步向美国靠拢,把原本只局限在死亡与受伤的案件

[118] Kiobel v. Royal Dutch Petroleum, 456 F Supp 2d 457 (SDNY 2006)先例。

(《The Rules of the Supreme Court 1965》Order 24, Rule 7A)的诉前披露议定书(pre-action protocol)[119]扩大到所有民事案件。美国法律也认为这样做的优点是:(1)一方或双方当事方可以尽早了解全面真相(to get the whole story),而不是片段了解;(2)更有效地收集证据(effective way to gather evidence);(3)找出重要的新证人与/或线索,如讲到某会议时另有第三方在场,他/她是潜在的证人,无论是否愿意协助;(4)可以保留证据,如证人老迈、病重、即将出国或船员随船开航;(5)可以亲自观察证人;(6)可以与对方接触及看对方的和解意图等。

有说法是美国的披露是一个极端,大陆法系的国家根本没有披露文件又是另一个极端,而英国是中间的立场。总体来看,应该是英国、美国对证据的收集与准确认定事实比大陆法系国家强,虽然两种制度也在日益靠拢。美国对诉前或审前的披露尤其广泛,而被要求披露的对象与方法会有多种,如提供文件证据、有反盘问的口供书(deposition)、书面的质询(interrogatories)、要求承认事实通知(notice of request to admit fact)等。

虽然这种做法的本意并不是让当事方乱来,挖出对方一些与争议无关的事实,但这情况经常发生,毕竟任何合理估计会带来一些可采纳证据的披露的事件(all matters reasonably calculated to lead to the discovery of admissible evidence)都包括在内。而即使是传闻证据(hearsay evidence)将来不能被法院采纳(inadmissible),也不是拒绝披露的理由。至于在海外/外国的证人或持有文件的第三方,美国虽然是《海牙证据公约》的成员国,但该公约被美国认为太局限与太受到约束了,如取证国家(如英国)不允许钓鱼取证/摸索证明。因此,美国有做法是将自己的一套强加在外国的证人或第三方身上,如对不在美国法院管辖范围内的外国第三方做出传召到庭(subpoena)命令,这经常带来美国与外国之间的摩擦。

2.8.2　文件证据

而在美国,提前披露主导权是在取证方的律师手中,他/她完全不受法院控制,也无须任何批准就可向任何人提出披露的要求。若涉及文件证据,第一步是向对方提出广泛的有关争议的文件要求,无论是有利或不利的文件都要披露。在查阅文件后,找出有关人士并列为证人,再进一步对他/她做出反盘问或质询。另一方法是先找出并对一个了解对方手中有什么文件的证人做出一份口供书(deposition),然后根据内容向对方要求提供看来有关的文件。

一般文件要原封不动的交出,而如果文件内有敏感资料如商业机密(可能来自无辜第三方),法院会做出保护令(protective order)。例如,取证方只能把文件用在诉讼而不准向外人透露与/或只准什么人查阅,或是下令案件完结后退还或销毁文件等。美国法律也接受一些有特免权(privilege)的文件不必披露,无论是提前披露或是在诉讼中正常的自动披露,例如对方与律师之间的通讯。若涉及海外证人,就要依赖当地法院根据《海牙证据公约》协助强制,例如在香港法院命令下,住在中国香港的证人被迫去美国领事馆做出口供书。

---

[119]　该课题可参阅本书第二章之2段。

2.8.3 证人

若涉及口头证据而且想反盘问证人,就会以口供书(deposition)的方法来取证了。对象可以是争议敌对方,例如可能的被告(potential defendant)或其雇员,也可以是对部分有关事实有了解的无辜第三方等。证人若不自愿作供,可能要求有管辖的地方法院做出传召到庭(subpoena)命令。这些都在美国立法的《Federal Rules of Civil Procedure》(简称FRCP)中有规定。

若是证人有合理理由拒绝作出口供是可向法院申请把传召到庭命令撤销,例如取证地点距离他居住或工作的地点超出100英里,即使在FRCP下原告(申请人)本应承担证人所有费用并预先支付给法院,否则传召到庭命令无效。证人在被传召后常会马上任命律师教导怎样处理,律师会有一系列的标准指引告诉证人在做出口供时应如何应对。有很多指引是与正式开庭作为证人是相同的,例如一定要讲真话,不要发脾气、失控,听清楚问题才好回答,不要多讲题外话,不要带不想披露的文件出席等。

取证会在律师所进行并没有法院官员参与,证人常会有律师陪同并且随时可咨询与协助准备作供。这种在美国的律师训练证人(coaching the witness)的情况在英国是不允许的。证人也可参阅文件/档案以备作供,但若在作供时提及,他/她会被要求披露这些文件,即使这些文件原来未被要求披露。由于法院不参与,整个取证过程可能失控,双方经常吵架。有些地方法院定下了一些规则,例如针对证人的律师应以什么措辞/语言提出反对,不要不恰当地训练证人等,但仍是不太管用。若取证时有争议要记录在案,或是马上要求法院作出决定(如重要之处仍未有答案,非要马上解决不可),或是留待稍后才要求法院作出决定。取证中每一句话都会录音与/或有速记员记录下来,之后准备与打印一份誊本(transcript),这份证据将来可用在法院审理。

2.8.4 优点

美国的广泛提前披露的优点已经在本章之2.8.1段提到,笔者也认为这套做法真能将真相挖出来。典型的例子之一是前总统克林顿丑闻事件,若不是检察官史塔尔(KennethStarr)先生有精明的头脑与法律的知识能充分利用这套做法协助调查/收集证据,就不可能把克林顿逼到死角。对付克林顿绝非易事,他思维敏锐,讲话永远为自己留有余地。最初,史塔尔先生是从零开始,若是民事诉讼,可以说根本无法拟定有详情的文书请求(plead with particulars)。但史塔尔先生把莱温斯基小姐的好友与白宫的雇员传召到庭,要求她们在宣誓后接受反盘问与做出口供书(deposition)并提供文件(这些都是调查/收集证据的程序),结果把真相都挖出来,例如私人电话与内容,有关文件(日记、电话录音带、电子邮箱等)与证物。估计她们原先不想讲,即使讲也不会讲得这么透,但一被精明与技巧高(skillful)的律师反盘问,往往是避无可避。回答中又不敢讲假话,因为涉及犯罪(发假誓),反正这又不涉及自己的重大利益,何必不讲真话呢?最后史塔尔先生连莱温斯基小姐也传召到庭去做出口供书。她并未想说出真相,“出卖”克林顿,但也有犯罪的顾虑,结果又是令真相暴露。

2.8.5 缺点

这套做法的缺点也不少,大致有以下几点:

1. 太昂贵,证人/第三方也会被迫花费律师费用与做大量工作。一些著名的大案件在诉前披露会花费巨大。例如,在亨特两兄弟起诉“七姊妹”(七大石油公司)指后者违反反垄断法(anti-trust violations)的 Nelson Bunker Hunt v. Mobil Oil Corp, 75 Civ 1160 (EW)(SDNY 1987)先例中,就涉及大量诉前披露与调查/收集证据的工作,可以说是用尽了一切方法。最后证人证言加上披露的文件等有成千上万的文件。而亨特两兄弟在仲裁败诉后想以仲裁庭拒绝细看这大量文件为由撤销裁决书,但被法院拒绝:“Fundamental fairness does not require that an arbitrator must hear any and all evidence a party may wish to offer, regardless of its length, repetitiveness or irrelevance.”

2. 有关法律太多太复杂。除了《Federal Rules of Civil Procedure》外,很多地方法院另外订立自己针对披露的规则(据知在 94 个联邦地区共有接近 5000 个不同的本地规则),内容互有矛盾。如洛杉矶法院有 31 条本地规则(local rules),另有 434 条分规则(sub-rules)与 275 个常备命令(standing orders),加起来共三大本。

3. 有不少看法是这套做法被滥用,这在没有法院的监督,只是任由双方各怀不同目的、各为其主的律师一手操纵的情况下是难免的结果。美国法院太忙,诉前披露涉及的工作量太大,法院要管也有心无力,而不同法官也有不同看法。

4. 仲裁条文试图局限美国式的披露,明示披露的范围必须由仲裁庭批准与必须局限在特定文件(specific documents)等。英国《Arbitration Act 1996》之 section 34 明确规定以双方当事方同意为准(subject to the right of the parties to agree any matter),之后才谈及仲裁员有关文件披露等的权力。

2.9　商事仲裁在这方面的困难

2.9.1　在仲裁中强制境内证人出庭作证或提供文件

商事仲裁针对双方当事方之间的披露在强制力与威吓程度上远比不上法院。英国《Arbitration Act 1996》把命令双方当事方披露的权力下放给仲裁庭,但涉及要求不自愿(unwilling)的无辜第三方/非诉讼方(non-party)作供或提供文件就需要法院协助去强制了,即通过法院传召证人出庭提供口头证据(subpoena *ad testificandum*)或文件证据(subpoena *duces tecum*)。在《Arbitration Act 1996》之 S. 43 规定说:“43 (1) A party to arbitral proceedings may use the same court proceedings as are available in relation to legal proceedings to secure the attendance before the tribunal of a witness in order to give oral testimony or to produce documents〔120〕 or other material evidence. (2) This may only be done with the permission of the tribunal or the agreement of the other parties.〔121〕 (3) The court procedures may only be used if—(a) the witness is in the United Kingdom, and (b) the arbitral proceedings are being conducted in England and Wales〔122〕 or, as the case may be, Northern Ireland...”

---

〔120〕 强制在开庭时作证或提供文件。

〔121〕 要先获得仲裁庭批准或双方当事方之间同意(但如果第三方不愿自动作证或谈条件才予合作,就仍需要法院强制)。

〔122〕 法院程序只能用在身在英国的证人与仲裁在英国的情况,即不会强制在英国的证人为外国仲裁作证。

而在美国仲裁,美国的仲裁法(《United States Arbitration Act》, 9 U. S. Code §1)在Section 7明示仲裁庭可以命令第三方出庭作证与/或提供估计是对争议重要的文件。该条文也说明地方法院可以协助执行这个仲裁庭的命令。在Commercial Metals Co v. International Union Marine Corp, 318 F Supp 1334 (SDNY 1970)先例中,仲裁庭在承租人申请下传召船东出庭提供文件证据,交出一些有关它在违反租约时赚取的利润的文件以计算损失。船东向法院申请撤销这个传召到庭命令但被拒绝,法院说:"In the first place we would not be likely to interfere with the arbitrators' exercise of their broad powers with respect to damages, at least as long as the evidence sought could conceivably be relevant to their inquiry ... Since it appears that the records which are the subject of the subpoena might be relevant to the arbitrators' inquiry in this case, defendant's motion is denied."

2.9.2 《海牙证据公约》不适用在商事仲裁

但注意上一段所讲都是针对在境内(仲裁地)的证人与第三方。涉及海外/外国取证,就只好求助仲裁地法院(如果是伦敦仲裁,就是英国法院)通过请求书(letter of request)要求要去取证的国家协助了。但大问题与困难是《海牙证据公约》不适用在商事仲裁,见Commerce & Industry Co of Canada v. Certain Underwriters at Lloyd's of London (2002) 1 WLR 1323先例与《Phipson on EVIDENCE》(2018年,第19版)一书之Para. 8-40。其原因可节录Gary Born先生的《International Commercial Arbitration》一书:

"It is sometimes suggested that the Hague Evidence Convention is available in aid of international arbitral proceedings. The text of the Convention provides little support for such suggestions. Article 1(2) of the Convention provides that 'A Letter [of Request] shall not be used to obtain evidence which is not intended for use in judicial proceedings, commenced or contemplated'.

Despite the arbitrator's adjudicatory powers and responsibilities, it is difficult to describe an arbitral tribunal as 'judicial authority'. It is equally difficult to conceive that the Convention's drafters contemplated that arbitral tribunals would be permitted to send letters of request directly to foreign Central Authorities or courts. It is somewhat more plausible that a tribunal could apply to a national court in the arbitral seat and request that it issues a letter of request, which could be executed pursuant to the Hague Evidence Convention. There is little authority on the question..."

在Commerce & Industry Co of Canada v. Certain Underwriters at Lloyd's of London先例中,案情涉及一个有关再保(re-insurance)合约的纽约仲裁。仲裁的开庭时间已经确定,争议双方与仲裁庭都希望获得两位常驻伦敦的保险经纪人(潜在证人)的证据。证据内容主要有关他们作为争议双方的代理人的言行,但两位潜在证人拒绝作证。于是仲裁庭向英国法院发出请求书,要求英国法院在《Evidence (Proceedings in Other Jurisdictions) Act 1975》之Section 1下协助取证。在本章已经多次提到《Evidence (Proceedings in Other Jurisdictions) Act 1975》是对应《海牙证据公约》的国内立法,其中Section 1规定:"**Application to United Kingdom court for assistance in obtaining evidence for civil proceedings**

in other courts. Where an application is made to the High Court ... for an order for evidence to be obtained in the part of the United Kingdom in which it exercises jurisdiction, and the court is satisfied:—(a) that the application is made in pursuance of a request issued by or on behalf of a court or tribunal ('the requesting court') exercising jurisdiction in any other part of the United Kingdom or in a country or territory outside the United Kingdom, and ..."

一审法院的 Langley 大法官命令两位潜在证人在伦敦接受讯问官的盘问以录取在仲裁审理中会使用的证词。但这个决定被 Moore-Bick 大法官推翻,有关的命令也被撤销。Moore-Bick 大法官说:"... the word 'tribunal' ... is a word capable of covering a wide variety of persons and bodies charged with responsibility for making decisions. It is, of course, the expression normally used when referring to a private arbitral body, but can equally well be used to refer to a court. I think it would be surprising if, in a statute whose primary purpose is to give effect to the Hague Convention, Parliament had intended to put private lay tribunals abroad on the same footing as judicial bodies exercising functions on behalf of other states... In the context of this section I think the word 'exercising jurisdiction ... in a country or territory outside the United Kingdom' are not used in a merely geographical sense. They are used in the sense of exercising control over the relevant country or territory and denote the exercise of a jurisdiction of a public and not a private nature..."

在《联合国国际贸易法委员会国际商事仲裁示范法》(UNCITRAL Model Law,以下简称《示范法》)的工作报告中(可参阅 Howard M. Holtzmann 先生的《A Guide To The UNCITRAL Model Law On International Commercial Arbitration》一书)有大量涉外商事仲裁去外国取证的可行性的讨论,也曾想在《示范法》内特别针对,但最后放弃了并希望对这个问题更有针对性的《海牙证据公约》将来有附件(protocol)针对以协助商事仲裁。这在该书的第 761 页有提及说:"The Commission was also in agreement that the question of international assistance in the taking of evidence in arbitral proceedings should not be governed by the model law. It noted that the Hague Conference on Private International Law was studying the possibility of preparing a protocol to the 1970 'Hague Convention on the Taking of Evidence Abroad in Civil or Commercial Matters' to extend its application to arbitral proceedings and that the Hague Conference would be interested in the views of arbitration experts whether such a protocol would be desirable."

但在《Hague Conference on Private International Law: Special Commission Report on the Operation of the Hague Service Convention and the Hague Evidence Convention》(28 Int'l Legal Mat. 1556, 1566 - 67, 1989)中提到这个问题曾在 1985 年被讨论过,但认为没有将《海牙证据公约》延伸到商事仲裁的足够需求,最后不了了之,说:"the matter had been discussed in 1985 and it was felt there was no demand for making such an extension. The laws of some countries did however provide for judicial assistance in obtaining evidence for arbitration, and the Convention could then possibly be used to obtain evidence located abroad. Although the wording of the English text of Article 1, paragraph 2 of the Convention seemed to exclude this possibility, the French text was more general."

总结以上所讲,目前《海牙证据公约》不适用在商事仲裁中去外国签约国取证的情况。笔者可节录 Alan Redfern 与 Martin Hunter 合著的《Law and Practice of International Commercial Arbitration》(2004 年,第 4 版)一书的第 365 页至第 366 页所说:"**TAKING EVIDENCE OVERSEAS** The Hague Convention of 1970 does not apply to arbitration. Accordingly, there is no method of compelling a witness who is not within the jurisdiction of the court of the place of arbitration to give testimony.[123] However, some states have legislation which enables arbitral tribunal sitting in other countries to obtain evidence from witnesses within their jurisdiction,[124] either at the request of the arbitral tribunal itself, or on the application of a party. The Model Law also envisages this possibility; it is to be hoped that countries adopting new legislation based on the Model Law will add this facility as a feature of court support for the arbitral process."

在《Arbitration in Hong Kong—A Practical Guide》(2017 年,第 4 版)之 Para. 24. 050(笔者杨良宜与刘瑞仪律师合著)说:"Investigation and collection of evidence is often difficult in international trade and shipping as quite often such work has to be conducted internationally or at least in more than two countries or jurisdictions. Subpoenas of witnesses or serving of a witness summons does not apply to witnesses residing outside the jurisdiction. However, it is frequently the case that overseas witnesses are the most important witnesses in shipping and international trade arbitration. The Hague Convention of 1970 on the 'Taking of Evidence Abroad in Civil or Commercial Matters' does not apply to arbitration. A party in the middle of a string of contracts can be left 'high and dry' when being claimed against, without the necessary information and evidence to assist in the defence or grounds on which to consider settlement."

2.9.3 各国本土的法律对仲裁取证的帮助

目前的解决办法还是依靠各国本土的法律,例如在本章之 2.7 段已经提到美国《US Code》Title 28, S. 1782 的联邦立法下,美国应协助外国法院(有部分先例判包括外国仲裁庭)在美国境内强制取证,笔者在此不再重复。

英国是另一个重要的国际经济与金融中心,很多仲裁地是其他国家或地区的国际仲裁会发现一些拥有关键性证据的第三方(如经纪与代理人、保险人、技术顾问、银行等)的所在地都在伦敦,受英国法院的管辖。与美国法院一样,英国法院也可以根据《Arbitration Act 1996》之 S. 44 协助外国仲裁庭取证,但 S. 2(3)也明确说明如果法官认为不适合(inappropriate),英国法院就可以拒绝行使管辖权。而申请人必须有很好的理由才能说服英国法院帮助外国仲裁庭,例如除此之外申请人没有其他获得有关证据的渠道。而如果英国法院认为申请人有其他渠道获得有关证据,例如可以申请仲裁地法院的帮助,就很有可

---

〔123〕 商事仲裁无法强制海外/外国的证人出庭作证,更无法提前取证(文件与/或口头证据)。

〔124〕 例如瑞典,可见 1929 年《The Swedish Act》之 S. 12。

能认为不适合作出任何命令。正如 Morison 大法官在 Econet Wireless Ltd v. Vee Networks Ltd (2006) EWHC 1568 先例中针对是否帮助尼日利亚的仲裁,说:"Absolutely no reason is advanced in support of a proposition that the English court should make an order in support of a Nigerian arbitral process and there is no such reason that can now be advanced. In other words, unless Econet could show a good arguable case for arbitration in London, the court's powers under section 44 could not be invoked. The Judge may well have been misled into thinking that it did not matter who was right about the location of the seat of the arbitration because of the statutory provisions to which counsel had drawn attention. In fact, none of the Respondents had or have any connection with this country and had the long arm reach of section 44 been invoked the first question would have been: 'why are you asking for an order from this court?' ... English Law is not the procedural law of the Nigerian arbitration and nor are there assets here. As Mr Brindle QC(被申请人代表大律师) submitted on behalf of the Respondents, 'The natural court for the granting of interim injunctive relief must be the court of the country of the seat of arbitration, especially where the curial law of the arbitration is that of the same country'. I agree."

另在 U& M Mining Zambia Ltd v. Konkola Copper Mines Plc (2013) EWHC 260 (Comm)先例中,Blair 大法官也说:"Russell on Arbitration (23rd edn)... adding that where the seat of the arbitration is abroad, the court will need a very good reason to exercise its jurisdiction under s. 44. I accept this as a correct statement of the law, noting however that it runs contrary to U&M's case, because it recognises that the power to grant interim relief is not confined to the court of the seat. What it shows, in my view, is that a party may exceptionally be entitled to seek interim relief in some court other than that of the seat, if for practical reasons the application can only sensibly be made there, provided that the proceedings are not a disguised attempt to outflank the arbitration agreement."

至于在《示范法》中针对法院协助取证的条文是第 27 条,可节录如下:"**COURT ASSISTANCE IN TAKING EVIDENCE** The arbitral tribunal or a party with the approval of the arbitral tribunal may request from a competent court of this State assistance in taking evidence. The court may execute the request within its competence and according to its rules on taking evidence."

中国香港《仲裁条例》(第 609 章)第 60 条也规定:"**原讼法庭就仲裁程序所具有的特别权力** (1) 原讼法庭可应任何一方的申请,就已在或将会在香港**或香港以外地方展开的任何仲裁程序**,作出命令——(a) 指示由仲裁庭、仲裁程序的一方或专家检查、拍摄、保存、保管、扣留或出售任何有关财产;或 (b) 指示从任何有关财产检走样本,或对任何有关财产进行观察或试验。(2) ……(3) 本条授予的权力,可由原讼法庭行使,不论仲裁庭是否可根据第 56 条就同一争议行使类似的权力。(4) ……(5) ……(6) 就已在或将会在香港以外地方展开的仲裁程序而言,只有在该仲裁程序能引起一项可根据本条例或任何其他条例在香港强制执行的仲裁裁决(不论是临时裁决或最终裁决)的情况下,原讼法庭方可根据第(1)款作出命令。(7) ……(8) 在根据第(1)款就在香港以外地方进行的仲裁程序而行使权力时,原讼法庭须顾及以下事实 ——(a) 该权力是附属于在香港以外地方进行的仲裁程序的;及(b) 该权力的目的,是为利便在香港以外地方的、并对该仲裁程序具有基本司法管辖权的法院的程序,或具有基本管辖权的仲裁庭的程序。”(加黑部分是笔者的强调)

2.9.4 将仲裁庭的命令/指令转为法院命令执行

针对将仲裁庭的命令与/或指令(order and direction)转为法院命令执行,《Arbitration Act 1996》之 Section 42 规定法院可以执行仲裁庭的最后敦促令(peremptory order):“(1) Unless otherwise agreed by the parties, the court may make an order requiring a party to comply with a peremptory order made by the tribunal. (2) An application for an order under this section may be made—(a) by the tribunal (upon notice to the parties), (b) by a party to the arbitral proceedings with the permission of the tribunal (and upon notice to the other parties), or(c) where the parties have agreed that the powers of the court under this section shall be available. (3) The court shall not act unless it is satisfied that the applicant has exhausted any available arbitral process in respect of failure to comply with the tribunal's order. (4) No order shall be made under this section unless the court is satisfied that the person to whom the tribunal's order was directed has failed to comply with it within the time prescribed in the order or, if no time was prescribed, within a reasonable time. (5) The leave of the court is required for any appeal from a decision of the court under this section.”

而中国香港《仲裁条例》(第 609 章)在这方面走得更远,第 61 条规定香港法院可以协助执行外国仲裁庭的命令/指令:“(1)**仲裁庭就仲裁程序而作出的命令或指示**,不论是在香港**或香港以外地方作出**的,均可犹如具有同等效力的原讼法庭命令或指示般,以同样方式强制执行,**但只有在原讼法庭许可下,方可如此强制执行**。(2)凡任何一方寻求强制执行在香港以外地方作出的命令或指示,则除非该方能显示,该命令或指示属仲裁庭可就仲裁程序而在香港作出的命令或指示的类型或种类,否则原讼法庭不得批予强制执行该命令或指示的许可。(3)原讼法庭如根据第(1)款批予许可,可按有关命令或指示的条款,登录判决。(4)如原讼法庭决定根据第(1)款批予许可,或决定拒绝根据第(1)款批予许可,任何人不得针对该决定提出上诉。(5)本条所提述的命令或指示,包括临时措施。”(加黑部分是笔者的强调)

但以上立法强制不自愿的海外/外国的第三方/非诉讼方作证或提供文件的效果仍不能令人满意。假设一个瑞典或新加坡的仲裁庭针对在中国香港的当事方作出提供文件或口头证据的命令或指示(order or direction),但该当事方不合作,就可以根据上述节录的立法条文向香港原诉法庭(Court of First Instance)申请作出强制令。如果国际上有更多国家/地区有同样的仲裁法立法规定,中国香港(或北京、上海等地)仲裁的仲裁庭作出的命令或指令也可去这些国家/地区的法院寻求协助。但笔者的考虑是,仲裁庭对其他无辜第三方/非诉讼方(non-party)没有管辖权,无法针对这些人作出命令或指令,所以即使海外/外国的仲裁法愿意协助强制执行仲裁庭命令或指示,仍然解决不了问题。

看来,这个问题还是要留待《海牙证据公约》针对商事仲裁作出附件来解决。1985 年国际商事仲裁还处于起步阶段,所以当时的需求不大。但如果今天海牙国际私法会议(Hague Conference on Private International Law)再对这个问题进行讨论,看是否需要通过附件将《海牙证据公约》延伸到在商事仲裁,可能有不一样的结论。

2.10 规管机构获得海外/外国证据的权力

除了诉讼,本书也针对规管(regulatory)。由于规管机构的性质,规管调查的对象常常是一些在全球营运的国际性公司。规管调查的违法违规行为,如行贿、洗钱、使用童工等,也常常发生在其他国家。正如英国严重欺诈调查署(Serious Fraud Office,SFO)前总监 David Green CB QC 在 2014 年所说,SFO 面对的是一些国际上顶级、拥有大量资源与有律师帮助的犯罪:"…the SFO is not a regulator, an educator, an advisor, a confessor, or an apologist…the SFO is a law enforcement agency dealing with top end, well-heeled, well-lawyered crime. We enforce the law in our specialist field."

而且在电子时代将文件转移到外国的"皮包公司"或服务器存储非常容易,所以如果规管机构无法取得海外/外国的证据,将很难全面有效地展开调查找出违法违规的真相与证据。最近的 R (on the application of KBR Inc) v. The Director of the Serious Fraud Office (2018) EWHC 2368 (Admin)先例就涉及这方面的争议。

SFO 怀疑 Unaoil 涉嫌参与了行贿活动,于是在 2016 年开始了对 Unaoil 的调查。而在调查中发现一间名为 KBR Ltd 的公司从 1996 年就开始委任 Unaoil 提供所谓的咨询服务。于是 SFO 在 2017 年开始对 KBR Ltd 的调查,怀疑 KBR Ltd 通过 Unaoil 行贿。

根据《Criminal Justice Act 1987》之 Section 2(3)规定 SFO 有权做出通知(可称为 Section 2 通知书)强制个人或公司回答问题或提供文件:"The Director may by notice in writing require the person under investigation or any other person to produce at [such place as may be specified in the notice and either forthwith or at such time as may be so specified,] any specified documents which appear to the Director to relate to any matter relevant to the investigation or any documents of a specified [description] which appear to him so to relate."

根据 Section 2(13),如果没有遵守通知书要求且没有合理理由,将构成刑事犯罪。

SFO 在 2017 年 4 月对 KBR Ltd 做出了 Section 2 通知书,而 KBR Ltd 一开始也遵守了通知书的要求。但到了 2017 年 6 月,SFO 开始怀疑 KBR Ltd 的母公司,在美国注册的 KBR Inc 在 KBR Ltd 与 Unaoil 的交往中扮演了重要角色,包括向 Unaoil 做出大量付款。在 2017 年 7 月,SFO 与 KBR Inc 安排了在伦敦对调查召开会议,SFO 要求 KBR Inc 派出雇员/要员而不能只是律师参加。估计就是计划要向 KBR Inc 做出 Section 2 通知书,但如果只有律师参加,精明的律师可能会表示没有授权代表客户接受通知书。在会议中,SFO 对 KBR Inc 做出了 Section 2 通知书要求 KBR Inc 提供一些在美国的文件,并将通知书送达给了参加会议的 KBR Inc 的公司秘书(corporate secretary)。

KBR Inc 基于以下三个原因向法院申请对 SFO 在 7 月做出的第二份 Section 2 通知书进行司法复核(judicial review),务求否定该通知书的合法性:(1)SFO 要求美国公司提供在英国境外的文件属于越权(ultra vires);(2)在 SFO 根据有关的相互法律协助协定

(Mutual Legal Assistant Treaty)[125]有权向美国有关机关要求帮助的情况下,SFO 行使《Criminal Justice Act 1987》之 Section 2 下的权利是法律错误;(3)向只是临时出现在英国参加会议的公司秘书送达 Section 2 通知书是错误的。

但这三个理由都被法院拒绝:

1. 这是该先例最重要的争议。KBR Inc 认为《Criminal Justice Act 1987》之 Section 2(3)不能在境外实施(operate extra-territorially),因此 SFO 不能对外国公司做出 Section 2 通知书要求提供存放在海外/外国的文件。而 SFO 则认为《Criminal Justice Act 1987》之 Section 2(3)没有地域限制,相反立法规定了 SFO 有权调查与起诉跨境犯罪。再加上在该先例中 KBR Ltd 作为 KBR Inc 的英国子公司,双方并不独立营运(inter-dependent),而是有足够联系与密切关系。

法院在分析了双方的争论与大量先例后认为,Section 2 必须能在一定的情况下在境外实施,否则英国公司也可以通过将文件放在外国服务器的方式抗拒 Section 2 通知书的要求,这显然会影响 SFO 调查英国有管辖权的复杂跨境犯罪案件的能力。法院认为正确的解释是只要外国公司与英国有足够的联系(sufficient connection),SFO 就可以向该外国公司做出 Section 2 通知书,要求提供存放在海外/外国的文件。有关判决可节录如下:

"Accordingly, I would conclude that the extraterritorial ambit of s. 2(3) is capable of extending to some foreign companies in respect of documents held abroad. For my part, however, I would not go further and say that the reach of s. 2(3) extended to all foreign companies in respect of documents held abroad, subject only to the safeguards or limitations in ss. 1 and 2 of the CJA 1987. As it seems to me, the right answer ... is a 'nuanced answer': s. 2(3) extends extraterritorially to foreign companies in respect of documents held outside the jurisdiction when there is a sufficient connection between the company and the jurisdiction. It may be noted that the potential relevance of the documents to the investigation is not the basis of the challenge.

As it seems to me, a number of considerations strongly support this conclusion:

i) First, the starting point, as already suggested, is that s. 2(3) has at least some extraterritorial reach in respect of UK companies with documents held outside the jurisdiction. That is a matter of subject matter jurisdiction. By contrast with SOCA v Perry (Nos 1 and 2) [2012] UKSC 35, this is not a question of judicial legislation; here, provided only that the

---

[125] 因为本案涉及规管(还没有诉讼)与刑事犯罪调查,所以《海牙证据公约》不适用。这里的相互法律协助协定(Mutual Legal Assistant Treaty)是两个管辖区域或以上互相订立条约,向其他管辖区域索取和获得各种各样的证据,包括银行记录、商业记录、电邮内容、传真文件和证供等,以便进一步侦察在其管辖区域发生的跨国刑事案件和作出检控。英国有相关的《Crime (International Co-operation) Act 2003》立法,与英国订立相互法律协助协定的国家或地区的名单可在 https://www.gov.uk/government/publications/international-mutual-legal-assistance-agreements 下载。中国香港也有相关的《刑事事宜相互法律协助条例》(第 525 章)立法,与中国香港订立相互法律协助协定的国家或地区的名单可在 https://www.doj.gov.hk/sc/laws/table3ti.html 下载。

starting point is well-founded, s. 2(3) already has some extraterritorial application-a feature which any construction of s. 2(3) needs to accommodate. **The question is the extent of the extraterritorial ambit in respect of foreign companies.**

ii) With regard to foreign companies the 'sufficient connection' test strikes a careful balance between facilitating the SFO's investigation of serious fraud with an international dimension and making excessive requirements in respect of a foreign company with regard to documents abroad. The existence of some extraterritorial reach guards against the risk of SFO investigations being frustrated or stymied while **the requirement of a 'sufficient connection' justifies the extraterritorial application of s. 2(3) by reference to the foreign company's own actions linked to the UK. This is, accordingly, a principled balance.**

iii) As demonstrated, **the test is consistent with that adopted in the insolvency area** ... where other important public interests are involved. Here, as there, it avoids the adoption of rigid, extreme and, to my mind, indefensible lines. ...

iv) Furthermore, the SFO accepts that any **s. 2(3) notice must be given to a person (individual or corporate) within the jurisdiction.** There is no question, therefore, of the notice being sprung on some unsuspecting corporate entity out of the jurisdiction without prior warning.

v) The test is easily workable. The Director would be required to apply his mind to the test before exercising his power to issue a s. 2(3) notice. No practical difficulties are involved; instead practicality and common sense justify both the extraterritorial reach and the limit suggested.

vi) The test is necessarily fact specific, thus permitting practical justice in the individual case. There would not be a closed list of factors but it is likely that relevant factors would closely resemble those referred to by Sir Donald Nicholls V-C in Paramount(此先例在接下来介绍)."(加黑部分是笔者的强调)

关于什么是"有足够联系"以满足 Section 2 向外国公司做出通知书的平衡,Gross 大法官引用了 Donald Nicholls 大法官在 Paramount Airways Ltd, Re (1993) Ch 223 先例中列举的应考虑并综合做出权衡的各种因素或情况:"Thus in considering whether there is a sufficient connection with this country the court will look at all the circumstances, including the residence and place of business of the defendant, his connection with the insolvent, the nature and purpose of the transaction being impugned, the nature and locality of the property involved, the circumstances in which the defendant became involved in the transaction or received a benefit from it...whether the defendant acted in good faith. The importance to be attached to these factors will vary from case to case. By taking into account and weighing these and any other relevant circumstances, the court will ensure that it does not seek to exercise oppressively or unreasonably the very wide jurisdiction conferred by the sections."

在此先例中,法院认为 KBR Inc 批准了 KBR Ltd 与 Unaoil 的合约与安排,也批准与处理了所谓的行贿付款(SFO 调查的核心),所以不可能将 KBR Inc 从 SFO 对 KBR Ltd 行贿行为的调查中剥离出来。因此 KBR Inc 与英国有足够联系,SFO 可以在英国境内[126]向 KBR Inc 做出通知书。

2. 法院同意 SFO 的观点,相互法律协助协定与《Criminal Justice Act 1987》是独立的两种权利。SFO 可以自由行使裁量权(discretion)决定是否做出 Section 2 通知书。SFO 也可能有现实的理由选择做出 Section 2 通知书,而不是通过相互法律协助协定要求外国有关机关协助,例如要求可能被外国有关机关无视、怠慢或是操作的时间上有延误等。

3. 双方都同意 Section 2 通知书必须对当时在境内的个人或公司(代理人)做出。法院认为《Criminal Justice Act 1987》中根本没有提到任何关于"送达"(service)的问题,引入 CPR 关于法院文件送达的要求是不恰当的。[127] 公司秘书并非碰巧或因为个人原因出现在英国,而是代表公司参加与规管调查有关的会议。所以当时她可以代表公司接受 Section 2 通知书,而不需要满足其他任何的形式要求。

总结而言,只要外国的公司与被调查的英国公司有足够的联系,并且有代表出现在英国,SFO 就可以做出 Section 2 通知书,强制要求外国的公司提供保存在海外/外国的文件以协助 SFO 调查。而如果外国公司不遵循,就会构成刑事犯罪。

在现在的电子时代,大量电子文件[128]被上传到云端(cloud)。云服务的营运商的服务器可能在海外,这样如果法院做出的搜查令/披露令无法在域外执行,营运商就可以数据存储在海外为由拒绝披露。这对规管机构的调查会非常不利,美国政府与微软公司从 2014 年开始的针对是否应披露被存储在爱尔兰服务器的个人邮箱数据的案件[129]就是很好的例子。为了应对这种情况,美国在 2018 年通过了《Clarifying Lawful Overseas Use of Data Act》(简称《Cloud Act》)。其内容可分为两个部分:一部分是美国的电子服务商应披露其拥有(possess)、托管(custody)或掌控(control)的数据,无论该数据是存储在美国境内还是境外:"A provider of electronic communication service or remote computing service shall comply with the obligations of this chapter to preserve, backup, or disclose the contents of a wire or electronic communication and any record or other information pertaining to a customer or subscriber within such provider's possession, custody, or control, **regardless of whether such communication, record, or other information is located within or outside of the United States**."(加黑部分是笔者的强调)另一部分是《Cloud Act》也允许适格外国政府(qualifying foreign government)在与美国政府签订行政协定(executive agreement)后,向美国境内的组织直接发出要求调取数据的命令。至于什么属于适格外国政府,

---

〔126〕 但 SFO 不能在境外向管辖不到的外国公司做出 Section 2 通知书,所以在此案中,SFO 一定要要求 KBR Inc 派出雇员/要员到英国境内参加会议。

〔127〕 即使是向外国人士送达告票或传票,也有同样的做法或手法,即在外国人士前来英国公干或旅游时向他、她亲自送达。这样,就可让英国法院有了管辖权与可以启动诉讼程序。

〔128〕 本书第八章对电子文件披露有详细介绍。

〔129〕 在《Cloud Act》被通过后,该案件的判决已经没有实际意义,所以司法部请求撤回起诉:United States v. Microsoft Corp, 584 US __ (2018)。

《Cloud Act》规定要考虑外国政府的国内立法与众多其他因素,包括对其国内法的执行,是否提供了对隐私和公民权利足够的实质和程序上的保护等。除此之外,《Cloud Act》也对外国政府直接发出调取数据命令要满足的要求有所规定,由于篇幅有限,此处就不再节录。

在同样的背景下,英国也开始推进《Crime（Overseas Production Orders）Bill》立法。其中一个最重要的原因是现行的相互法律协助程序[130]复杂且缓慢,难以满足英国规管机构的需求。而估计满足《Cloud Act》对适格政府的要求也是英国推进该立法的其中一个考虑,毕竟美国是最大的英国公司境外资料存储地。根据《Crime（Overseas Production Orders）Bill》,在适当人士的申请下,英国法院可以作出境外披露令(Overseas Production Order),要求个人或公司直接交出境外的电子数据:“A judge may, on an application by an appropriate officer, make an overseas production order against a person in respect of electronic data if each of the requirements for the making of the order is fulfilled.”

而有权提出申请的适当人士有警官(constable)、税务及海关官员(officer of Revenue and Customs)、金融市场行为监管局指定人员(person appointed by the Financial Conduct Authority to conduct an investigation)以及国务大臣制定的规管规则中指定的人员(person of a description specified in regulations made by the Secretary of State)。在英格兰、威尔士和北爱尔兰还包括 SFO 成员、经认可的金融调查员(accredited financial investigator)、反恐金融调查员(counter-terrorism financial investigator)。在苏格兰则还包括地方检察官(procurator fiscal)。

最后要强调的是,无论是《Cloud Act》还是《Crime（Overseas Production Orders）Bill》,针对的都是电子数据而非纸质文件。针对纸质文件,SFO 还是需要依赖《Criminal Justice Act 1987》之 Section 2 与相互法律协助协定下的权力与做法。

〔130〕 针对民事诉讼的《海牙证据公约》的做法也同样十分昂贵与复杂。

第五章　申请检查物证/实体证据

1. 简　　介

1.1　诉讼中披露的证据类别

在《Disclosure》(2017年,第5版)一书之1.05段介绍,在今天英国法院诉讼披露(disclosure)的证据可以分成三个大类:(1)文件(document),或文件证据/书证(documentary evidence)。(2)信息(information)。信息包括事实(fact)以及意见(opinion),这包括了证人证言(witness statement)对事实的陈述、专家报告(expert report)中给出的意见等。这些信息以往是以口头证据(oral evidence)的形式提供,即使今天在庭审前以文书形式交换作为主证据(evidence in chief),但直到在庭审接受盘问后,才算是完整的披露过程。(3)物证或实体证据(real evidence)。物证是实体性(material)、有形(tangible)的证据,也因此常被称为是实物证据(physical evidence)。但是在今天这种类型的证据范围到底有多广实际上是不明确的。正如《Phipson on Evidence》(2018年,第19版)一书之1-14段所说,这个措辞本身就是不确定(indefinite)与模糊的(ambiguous)。对于物证或实体证据的最广泛接受的定义是"提交以供法院检验的实体性证据"(material objects produced for the inspection of the court),例如谋杀案件中的凶器。在最佳证据规则(best evidence rule)下可能有物体本身呈上法院并配合代表律师或证人的解释是最理想的,但仍有将物证本身呈上法院是不现实的情况,例如谋杀案件中死者尸体所在地的情况。在这种情况下,通过照片显示就会是很好或者是次好(next best)的证据形式。又或是由于现场情况、有关物体或实物的体积庞大或不能移动等,还可以由法官亲自前往作出观察。正如在Buckingham v. Daily News Ltd (1956) 2 QB 534先例中Birkett大法官所说,"… when a judge goes to see machinery, and sees it in operation when the parties are present and everything is done regularly and in order, it is just the same as though the machine were brought into court and the demonstration made in the well of the court, so that the judge or judges may see it."这种做法能够符合最佳证据规则的要求,而最佳证据规则在刑事案件中仍然非常重要。

在民事案件(特别是商事案件)中,《Civil Evidence Act 1995》立法已基本排除最佳证据规则,所有有关证据都可以呈上给法院,法院在事实认定方面主要考虑的是证据的可靠性(reliability)和分量/重量(weight)。

而在国际商事案件中,很少在庭审中呈上物证(real evidence)。一个最重要的原因是,在刑事或简单民事案件中,只要让法官或陪审团看到(view)有关的物体或实物,可以根据一般常识(ordinary common sense)对事实作出判断。但是国际商事案件常涉及的物体或实物往往要复杂得多,无法凭借一般的常识就作出判断,而是需要律师、事实证人或专家的解释或者是采样、试验等。加上国际商事案件涉及国际各地，法官难以亲自前往某些地点。再加上物体或实物不一定能保存至庭审，因此一般会提前检验物体或实物，之后以文书形式的检验报告交给法院（或仲裁庭）。这样，物证就被检验证据（inspection evidence）所替代了。

本章针对的就是通过对实体财产（physical property）[1]进行检验（inspection）、检查（examination）或试验（experiment）等（这些做法可以简单统称为"检验"）获取证据，以为庭审提供证据。检验可以（也经常）在诉前进行，所以作为诉前披露（pre-action disclosure）的一种在本章进行介绍。当然检验也可以在诉讼中任何时间进行，作为审前披露（pre-trial/pre-hearing disclosure），也会在审理中进行披露与检验，让法官或仲裁员前往现场观察，见 London General Omnibus Company v. Lavell (1901) 1 Ch 135; Tito v. Waddell (1975) 1 WLR 1303 等先例。这样的做法的一个好处是可以让法院或仲裁庭更好地理解有关的争议问题与证据，见 Cole v. United Dairies (1941) 1 KB 100 先例。

通过对物体进行检验以保存证据非常重要，往往需要在事故发生后马上进行。这保存下来的证据除了是最好的证据之外，还是当场（contemporaneous）取得，对法官或仲裁员来说是可靠性很高、分量很重的。毕竟有时不进行检验，无法确定是否有起诉的诉因，或者是不尽快进行检验，就失去了证据，也因此对实体财产的检验常常发生在诉前。

就争议事实的举证而言，物证（包括广义上的对物体进行保存的检验证据）或实体证据与文件证据在效力上未必有太大不同，但是在程序上是有很大区别的，这将在下一段进行解释。

1.2　物证和文件证据的区别

对实体财产与对文件都可以"检验"，而一份文件（尤其是纸质文件）除了可以作为文件也当然属于实体财产。而由于物证与文件证据待遇有很大不同，因此需要对这两者进行区分。主要的不同有：

1. 检验所依赖的立法不同。针对实体财产进行检验的权力来自《Senior Courts Act 1981》之 Section 33(1) 与 CPR Rule 25.1。今天在 CPR 下针对文件进行检验的权力在 CPR Rule 31.3。混淆了物证与文件证据，会在向法院的申请中败诉并承担费用。这些案件时有发生，会在稍后进行介绍。

2. 在证据保存方面，对实体财产的检验常常是当事人自己在机会适当时主动进行，不涉及法院。例如，买卖合约下买方声称货物存在损坏，为了确定事实双方就可能共同或单方面对货物进行检验。在收到买方通知的情况下卖方不参与或不主动取证，在将来买方提出索赔时就很被动了。法院只会在存在困难时根据《Senior Courts Act 1981》之 Section 33(1) 与 CPR Rule 25.1 作出帮助，例如卖方想要主动取证但买方拒绝（如货物处于买方仓库，买方不允许卖方进入等）。

3. 诉讼中针对物证没有一个强制提交/出示（production）的披露程序，毕竟很多物证是当事人没有主动取证的，在庭审时可能这些物证也已经不存在了。或者是正如《Phips-

---

〔1〕 在一些情况中也包括人身（person），例如人身伤害案件中对身体与精神的体格检查。

on on Evidence》(2018 年,第 19 版)一书之 1 - 20 段所说:"The inspection may not reveal any admissible evidence, or at least any evidence which a party wishes to rely upon at trial."

4. 对实体财产的检验要把握机会,因为一旦错过就可能再也没有办法检验了,也因此被称为对证据保存与检验(preservation and inspection)。文件证据不但不会遇到这些问题,对文件证据的检验也有所不同,与诉讼程序中的披露连在一起,因此被称为对文件的披露与检验(disclosure and inspection)。

5. CPR 下对文件的披露很讲究相对性(mutuality),在对抗制诉讼(adversarial litigation)中让一方当事人提前知悉敌对方的证据是不公平的,见 Saxton, Re (1962) 1 WLR 968 先例。因此英国一贯不支持文件证据的提前披露,让一方当事人就可以提前检验对方文件。直到近期才有诉前披露议定书(见本书第二章之 2 段)的做法。但是对于将实体财产的证据保存与检验(甚至是强制一方当事人将物体交给对方当事人检验)提前到诉前已经有很长的历史,一般都是被善待的。对实体财产和文件证据的不同对待将在本章之 3 段进行介绍。

1.3 物证的历史

物证或实体证据的做法有超过 700 年的历史,在古老的庭审中,有一些特定争议或问题[如年龄、身份、记录的真实性、古老的重伤罪行(mayhem)的判断、怀孕等],由法院或陪审团进行检验是很合适的。例如,在针对恶狗伤人的案件中,伤人的狗在法院被呈上以便陪审团观察狗的凶猛状态,见 Line v. Taylor (1862) 3 F&F 731 先例。又如,在商标或印刷制品的盗版案件中,让法官对正品和盗版制品的直接对比,通常是最有效的办法,见 Lucas v. Williams (1892) 2 QB 113 先例。

相比其他诉前披露程序,例如诉前披露议定书(见本书第二章之 2 段)、搜查令(见本书第二章之 3 段)、第三方披露命令(见本书第二章之 4 段)等,对物证的诉前检验有着长久得多的历史。

这也是可以理解的,毕竟在早年几乎没什么文件(当时英国人大部分是文盲)。直到在第二次世界大战前后,文件证据(documentary evidence)才真正被视为一种重要类别的证据。因此在早年的商事争议中,除了事实证人(factual witness)提供的口头证据(oral evidence)之外,让法院或陪审团检验物证或实体证据,才是认定事实最重要与最可靠的方法。正如在 Hennessy v. Keating (1908) 42 ILTR 169 贵族院先例中 Macnaghten 勋爵所说:"The eye no doubt is the best test. Generally, but not always, the comparison is enough."

而对保存不了的实体证据,检验则被作为对于眼见耳闻的替代。物证或实物证据通常是通过检验进行取证,例如作为早年主要商业活动的买卖合约中,如果货物(如商品或机械)在交货后买方声称货物有损坏,卖方甚至是买方自己会希望马上能够取证,以确定是否确实有损坏;如果确实有损坏,是什么原因造成,以及损坏的程度如何;是否可以修复;修复需要多少时间等。这些信息都需要检验,才能了解与预计下一步怎么走。

检验可以由买方或卖方自己分别进行检验,但也普遍是双方同意委任独立的专家进行共同检验(joint survey)。共同检验并不代表将来不会有争议,情况千变万化,例如可能共同检验并没有得出结论或结论不清,也可能是对于结论有其中一方甚至双方都不接受,这就会带来争议，而该共同检验的结论（检验报告与附上的照片、录像等甚至其他文件）都是证据的部分。在近年来，由于争议越来越复杂与非常技术性，或有关的实体财产都会涉及商业机密/秘密，[2]检验常常需要由独立的专家（们）进行。这些专家（们）可以之后作为证人参与诉讼，对所见所闻所知进行作证（口头或是书面报告）。

如果双方都能合作，则双方完全可以自己私下完成取证与保留证据，无须法院参与。但是如果双方产生争议，无法合作，就需要法院的帮助（即使此时诉讼还没开始）。例如，前文中提到的买卖合约情况下，货物已经被交给买方，如果买方不合作，卖方无法对货物进行检验。又或者即使允许检验，但买方不允许卖方雇员参与（声称这是由于作为机械设备的货物已经被安装使用，允许卖方前来检查会导致原告商业机密的泄露等），而要委任独立专家又会涉及费用、委任哪个专家等问题。而买方自己看来是无论如何都会自己完成对货物的检验，将来如果向卖方起诉，会很被动甚至百口莫辩。固然卖方可以向法院或仲裁庭提出当时自己也想参与检验，但由于买方不合作而无法参与，并希望借此要求法院或仲裁庭采取不利推断（adverse inference），但这是不可靠的做法。如果卖方确实对责任与损失方面希望争取有利地位并相信自己出售的货物不应有问题，最好是无论如何都要参与检验，或是进行共同检验。在这种买方不合作的情况下，卖方只有向法院寻求救济（毕竟很多时候虽然买卖合约中有仲裁条文，但仲裁还未开始，并没有组成仲裁庭可去作决定）。

检验也可以由法官（或仲裁庭）自己前往现场进行，也可称为司法检验（judicial inspection）。法官通过自己的观察获得的证据，可能是更容易让自己相信的证据，毕竟"眼见为实"（seeing is believing）。但这种检验往往是诉讼当事人在诉讼审理过程中进行的，因此与本段前文中提到的检验不同，一般也不会发生在诉前。

在"二战"后，越来越多的文件成为（相比口头证据而言）更为重要的证据类别了。在英国《Arbitration Act 1996》Section 34（2）（h）还允许仲裁中只通过文件审理就作出仲裁裁决，无须进行昂贵的庭审程序。但物证与检验证据（inspection evidence）的重要性并不因此就过时或废弃，在绝大多数民事/商事争议中仍然非常重要。对争议有关的实体财产进行检验（拍照、录像等），对证据进行保全，以在将来的诉讼中作为更易被取信的实体证据。也因此在今天被非常广泛地用在很多不同类型的争议中，如人身伤亡、[3]家事纠纷、知识产权[4]［包括侵犯商标权（trademark）、著作权（copyright）、专利权（patent），以及仿

---

〔2〕 见 Format Communications MFG Ltd v. ITT（United Kingdom）Ltd（1983）FSR 473 先例。

〔3〕 见 Cole v. United Dairies（1941）1 KB 120 等先例。

〔4〕 见 Dow Chemical Company and Distrene Limited v. Monsanto Chemicals Limited（1969）FSR 504；Wahl and Simon-Solitec Ltd v. Buhler-Miag（England）Ltd（1979）FSR 183；Monsanto Co v. Stauffer Chemical Co（1985）FSR 55；Unilever Plc v. Pearce（1985）FSR 475；Smith Myers Communications Limited v. Motorola Limited（1991）FSR 262；Dun & Bradstreet Limited v. Typesetting Facilities Limited and Others（1992）FSR 320；SmithKline Beecham Plc v. Apotex Europe Ltd（2005）FSR 23；Synthon BV v. SmithKline Beecham Plc（No. 2）（2006）RPC 10；Mayne Pharma Pty Ltd v. Debiopharm SA（2006）EWHC 164（Pat）等先例。

冒(passing off)[5]]、建造/工程、货物买卖(无论是商品或是机械/设备)、航运、商业欺诈案件(伪造文件等)等。

2. 如何区分物证/实体财产和文件证据

不妨先澄清物证(real evidence)与文件证据(documentary evidence)的区别。表面看来实体财产与文件很难区分,正如 Harman 大法官在 Dun & Bradstreet Limited v. Typesetting Facilities Limited and Others (1992) FSR 320 先例中所说:"No doubt a document is itself a piece of property. Pieces of paper are themselves chattels which may have an owner..."

物证与文件证据的区分是很微妙的,一份文件(document)(尤其是纸质文件)完全属于实体财产,作为物证出现。这个区分与案件的性质、证据证明的目的是有关的。在有些案件中,区分是很明显的,但也有一些案件就存在困难。例如,在伪造文件案件中,被指称伪造的文件(无论是什么内容)被呈上法院作为证据等。在这些情况中,文件是以一件物体(thing)的形式作为证据,也因此属于物证。但是由于在文件上会记载有信息,因此也可以是文件证据。例如,刚刚例子中的那份文件如果有另案是有关文件中内容的争议,其中所记载的是双方当事人约定内容的会议纪要、书面合约等,此时文件并不是物体本身作为证据,而是记载的内容被作为证据,因此属于文件证据。

另以盗窃案件为例,小偷从商店中盗窃了 DVD 光碟,被商店的监控摄像拍到全程(记录在另一张 DVD 光碟中)。开庭时这两张 DVD 光碟都被作为证据呈上,被盗窃的 DVD 光碟是被作为盗窃物体作证,因此属于物证,而监控摄像的 DVD 光碟是以记录的盗窃全过程作证,因此属于文件证据。

2.1 文件的广泛定义

在 CPR Rule 31.4 对文件的定义是"记载了任何信息的任何东西"(anything in which information of any description is recorded)。文件在《Civil Evidence Act 1968》之 Section 10 (10)以及过往先例中被广泛地解释为可以包括现代科技下各种形式的记录,例如可见 Victor Chandler International Ltd v. Commissioners of Customs and Excise (2000) 2 All ER 315 先例。

诉讼(或诉前披露议定书[6])中披露的文件主要是以纸质的形式,但也完全可以是其他任何形式或介质(medium),是什么形式或介质并不重要。正如 Darling 大法官在 R v. Daye (1908) 2 KB 333 先例中所说,"... any written thing capable of being evidence is properly described as a document and ... it is immaterial on what the writing may be inscribed. It might be inscribed on paper, as is the common case now; but the common case once was that it was not on paper but on parchment; and long before that it was on stone, marble, or clay, and it might be, and often was, on metal. So I should desire to guard my-

[5] 见 London General Omnibus Company v. Lavell (1901) 1 Ch 135 等先例。

[6] 在本书第二章之 2 段有详细介绍。

self against being supposed to assent to the argument that a thing is not a document unless it be a paper writing. I should say it is a document no matter upon what material it be, provided it is writing or printing and capable of being evidence."

在 CPR Rule 31.4 下要求文件包含信息,因此一张没有任何信息(information)的白纸是无法成为文件的,见 Hill v. The King (1945) KB 329 先例。在 Alderton and Barry's Application, Re (1941) 59 RPC 56 先例中,一份没有任何信息的工时打卡记录也被质疑不属于文件。

"图表"(plan)或"制表"(drawing)也可以属于文件。在 Hayes v. Brown (1920) 1 KB 250 先例中,被告在公路上撞死了原告的马匹,原告因此委任了测量师绘制了现场的图表用来阐述(illustrate)自己的案情,法院指出很多情况下的图表或制表都会属于文件,但在这个特定先例中,由于现场的图表不过是用来帮助表达案情,而不是对事故时任何事实问题的记录(record)进行作证,也因此这份图表并不是文件证据。Lush 大法官的说法是:"It is contended that the plan was a 'document' within the meaning of that rule, and that as no notice was given to admit it the costs of proving it could not be allowed. In my opinion that contention is not sound. Order 18, r. 6(这是当时适用的 County Court Rules,在之后被 RSC 所取代,在今天则是 CPR), only applies to documents which a party 'desires to give in evidence', and a plan like this which is intended, not as evidence of any facts, but merely to illustrate the party's case, is not such a document … I do not say that no plan can be a document within Order 18, r. 6. There are many plans which are documents in the nature of evidence. But the question is whether this particular plan which was prepared only for the purpose of illustrating the plaintiff's case is such a document. I think it is not."

同样地,照片(photographs)如果是以内容、影像作证,就也可以作为文件证据,见 Lyell v. Kennedy (No.3) (1884) 27 ChD 1 等先例。

影片或胶卷、微缩胶卷等也都会属于文件,见 Glyn v. Western Feature Film Co (1916) 1 Ch 36;Grant v. Southwestern and County Properties Ltd (1975) Ch 185;Senior v. Holdsworth (1976) QB 23;Barker v. Wilson (1980) 1 WLR 884;State Bank of South Australia v. Heinrich (1989) 52 SASR 596 等先例。

录像带也是一样:见 Garcin v. Amerindo Investment Advisors Ltd (1991) 4 All ER 655;Rall v. Hume (2001) 3 All ER 248 等先例。另在 Grant v. Southwestern and County Properties Ltd 先例中涉及的是录音带,Walton 大法官不接受这不是文件的说法:"… the mere interposition of necessity of an instrument for deciphering the information cannot make any difference in principle. A litigant who keeps all his documents in microdot form could not avoid discovery because in order to read the information extremely powerful microscopes or other sophisticated instruments would be required. Nor again, if he kept them by means of microfilm which could [not] be read without the aid of a projector."

但这并不绝对与存在例外情况。即使是包含了信息也未必就一定属于文件,这是需要在每个不同情况中根据程度与常识进行考量的问题。在 Smith v. Harris (1883) 48 LT

869 先例中,印有品牌名称的木桶就判不属于文件。

在今天现代科技下,各种记录与信息越来越多地被电子化、存储在各种不同介质中。原则上来说,只要包含了信息就都可以作为文件。这类电子文件无论是披露[电子文件披露(e-disclosure)]还是检验都会存在不少问题。电子文件披露非常重要,也是今后的趋势所向。但电子文件披露在做法上也非常复杂,将在本书第八章进行讨论。

最后需注意的是,文件的副本也会属于文件(在以内容作证时),见 Dubai Bank v. Galadari (No. 7) (1992) 1 WLR 106 先例。

在本章后续段落中还将针对这个问题较深入介绍一些重要与近期的先例。

2.2 文件属于物证还是文件证据:针对的是介质还是内容或信息

就特定的文件而言,是属于物证或实体财产,还是属于文件证据是要在特定情况中进行判断的。如果在法律程序中针对的是介质(medium)本身就会属于物证或财产(property),见 Saxton, Re (1962) 1 WLR 968 等先例。而如果针对是介质中的信息(information)或内容(content 或 message),就属于文件证据了,见 Taylor v. Anderton (The Times, ChD, 21 October 1986); Huddleston v. Control Risks Information Services Ltd (1987) 1 WLR 701 等先例。

2.2.1 介绍区分物证和文件证据的 Saxton, Re 先例以及其他主要先例

在 Saxton, Re (1962) 1 WLR 968 先例[7]中,对一份书面协议上的签字存在疑问,即由专家对该签字进行检验(对比 6 张曾用支票上的签名笔迹鉴定,曾用墨水的远红外、微生物测试等)。这份书面协议虽然是一份文件,但针对的是介质本身是真实还是伪造的问题,并没有针对介质中的信息,因此在证据属性上来说属于"物证"。

在 Huddleston v. Control Risks Information Services Ltd (1987) 1 WLR 701 先例中,涉及了入狱接近 30 年、被称为反种族隔离代表的纳尔逊·曼德拉。在 1990 年被释放后,纳尔逊·曼德拉积极参与根除种族隔离的活动,之后在 1994 年成为南非首位黑人总统并结束了当地的种族隔离。此先例中的原告是一个反对南非种族隔离协会的成员,而被告是向受到恐怖袭击威胁人士提供收费的安保与信息服务的公司。被告准备出售一份机密文件,针对了反种族隔离运动的行动与反种族隔离组织与恐怖组织联系的详细研究报告。原告怀疑这份研究报告暗示其所在的反种族隔离组织与暴力行动有关,涉及对组织的诽谤。因此原告向高院作出申请,希望在开始诽谤的诉讼(如申请禁令阻止出版/出售)前先对这份报告进行检验。

原告依赖的是《Senior Courts Act 1981》之 Section 33(1):"(a) the inspection, photographing, preservation, custody and detention of property which appears to the court to be property which may become the subject-matter of subsequent proceedings in the High Court, or as to which any question may arise in any such proceedings..."

在当时还没有 CPR 下诉前披露文件的做法,RSC 下有限的诉前披露只针对人身伤亡

[7] Saxton, Re (1962) 1 WLR 968 先例的案情介绍可见本书第二章之 4.1 段(有关第三方披露命令)。

案件。[8] 因此,在此先例中的焦点问题就是这份研究报告是否可以属于物证,从而接受"检验"。Hoffmann 大法官认为,原告的申请显然是为了针对研究报告的内容,针对的是文件证据而非物证,因此法院没有立法权力这么做,也拒绝了要求"检验"物证或财产的申请。节录部分判词如下:

"It seems to me that a written instrument or any other object carrying information such as a photograph, tape recording or computer disc, can be both 'property' ... and a 'document'... Whether for the purposes of a particular case it is the one or the other depends on the nature of the question which it is said may arise. **In my judgment Parliament intended ... to distinguish between the medium and the message. If the question will be concerned with the medium, the actual physical object which carries the information, the application is to inspect 'property' ... If the question will be concerned with the message, the information which the object conveys, the application is for discovery** and can be granted before writ only in the limited classes of proceedings ... Thus in In re Saxton... (1962) 1 WLR 968, there was no question in issue about the message. The meaning of the writing was perfectly clear. The question was whether the medium, the characters written on a particular piece of paper, had been put there by the person purporting to have done so.

In this case the issue in any prospective libel action will be whether the defendants have published words defamatory of the plaintiffs. The plaintiffs are not concerned with the medium by which this is done; whether it is on A4 or foolscap, printed or typewritten, roman or italics. What matters to them is the message. It follows that in my judgment this is not an application for inspection of property but an application for discovery which I have no power to entertain."(加黑部分是笔者的强调)

不妨再介绍另一个 Dun & Bradstreet Limited v. Typesetting Facilities Limited and Others (1992) FSR 320 先例。此先例涉及的是知识产权(著作权)侵权以及违反机密性的争议。原告曾经出售了电子数据库,在递交索赔请求(statement of claim)前申请检验被告的数据库(看来是为了提前获取足够的详细资料,避免在文件披露后还要再修改文书请求的麻烦,或者是为了获得足够信息以免被告以索赔请求中没有显示出站得住脚的诉因为由,申请撤销索赔[9])。双方对于"磁盘"(disk)、"卡带"(cassette)等实体物件是否可以被检验产生争议。Harman 大法官说:

"The application is made ... the court to make an order ... for the inspection of any property in the possession of any party to the cause or matter. It was said that this computer file was property and that it was open therefore to inspection thereunder. In fact I do not believe that it is a computer file to which access is now sought because what was ordered by Ferris

[8] 见本书第二章之2.1段。

[9] 在本书第六章之4段有详细介绍。

J.[10] was that a copy of the data be taken and stored by the solicitors pending the outcome. He made no order about the data itself, which would be, possibly, on tape, whether in cassette or not in cassette, possibly on floppy disks, I believe, though I say this with great trepidation, possibly on hard disk, or in some other form of recording electronic instructions. If materials of those tapes were **the true matter of which inspection were sought under Order** 29, **rule** 2,[11] the difficulty would be that the notes to that Order ... state: '**The rule is limited to physical things.**' There is no doubt that were there a spool or tape, a cassette, or a disk, floppy or hard, any of those would be a physical thing, a chattel. There is no doubt that one would be able to look at the chattel, turn it upside down, see if anything is written upon it, and inspect it in that sense. That, however, would be of practically no value whatever in this case. Thus although **there plainly would be jurisdiction to make an order allowing inspection of what is undoubtedly personal property, a chattel, it would be a fairly useless sort of order to make. What is wanted is not inspection of the chattel but disclosure of the contents, the data imprinted upon, I was going to say the inside of the chattel**, but I am not sure that that is an accurate description, or in some way imprinted within the chattel.

In some ways the contents of the tape, disk, or whatever, seem to me—it was not seriously urged that this view was liable to be wrong in law—much more analogous to a document than to a chattel or piece of property... but**when one has inspection of documents, it is not looking at the pieces of paper as pieces of paper one wants but to read the contents. In substance I believe that is what this motion is really about.** That is made the more clear when one realises that what was ordered to be preserved by Ferris J. was a copy and that copy could well be in documentary form as a printout or could be upon tape, disk or in other forms. If it be upon printout it plainly is a document. **That being so it seems to me probable that Order** 29, **rule** 2 **is not the right route** ..."(加黑部分是笔者的强调)

根据 Harman 大法官以上的阐述,影片、视频等资料在以其中的视听内容作证时并不属于在高院规则(RSC)下可以随时与提前被检验的物证。

另在 Asb v. Buxted Poultry Ltd (1989) (The Times, 29 Nov 1989)先例中,自称"工伤"的原告申请检验被告(雇主)的工厂,并对"工作程序"进行录像,以将来提供给法官看,以帮助了解真正的情况。被告抗拒这个申请,并依赖了古老的 Tudor Accumulator Co Ltd v. China Mutual Steam Navigation Co Ltd (1930) WN 200 上诉庭先例指出工作程序并非"财产"(property),不能被作为实体财产进行检验。但在此先例中,Brooke 大法官认为录像的方式便宜而且便于操作,将来对审理也很有帮助,没有理由不充分利用这种新科技,不应受到前述古老先例(当时也没有录像技术)的约束。因此批准了原告的申请。

〔10〕 Ferris 大法官在一审作出了之前的检验命令。

〔11〕 这是 RSC 下法院作出检验实体财产命令的条文,在今天则可以适用 CPR Rule 25.1 了。

在 The“Mare Del Nord”（1990）1 Lloyd's Rep 40 先例（在本章之 7.4 段还会详细介绍）中，法院作出的命令包括对船舶的“制图”（drawing）进行检验，此先例中并无争议的是将这些图表与制图或模型都作为物证、财产看待。

可以注意到以上都是 CPR 生效前的先例。这是因为 CPR 的重要目的之一就是有效推进诉讼与鼓励双方尽早和解，避免花费不成比例的费用。相比 RSC，CPR 增加了诉前披露的权利。而针对审前披露，在本书第六章之 2.2 段提到 CPR 在本质上与 RSC 的规定没有不同，但估计 CPR 会更宽松对待。毕竟如果能满足 CPR 的重要目的，法院有更大的允许诉前/审前披露的裁量权。所以在 CPR 下，涉及到底是检验文件介质还是内容的争议的案件应该相应减少。但是这也不代表将来就没有区分两者的必要了，毕竟在本书第二章之 2.2 段已经提到，虽然理论上在商业案件中诉前披露的做法是有好处的，但是较低的成功申请概率、高昂的费用问题难以克服，而相比之下，申请对物证的检验就要容易得多。

2.2.2 对非法取得证据是否应被采纳以及其他问题的平衡

影片、视频等资料无论是作为物证还是文件证据，仍然十分重要而且常见（尤其是在特定类型的争议中）。例如，人身伤害案件在今天很常见，而人身伤害可能由于多种事故所导致，例如交通意外与工伤事故等。在这类案件中，责任通常是清楚的，被告（司机，一般背后有责任保险的保险人）也常承认自己的或多或少的疏忽责任，富有争议与需要法院审理的往往是在损失的部分。作为受伤的原告通常会夸大所受到的伤害以获取更高的赔偿（这也是天性），因此责任保险的保险人常委任私家侦探、调查员监视原告直到庭审之前的日常一举一动。影片、视频等如果可以显示原告能够正常健康生活，就常常被用来在庭审中作为证据，以打击原告所声称损害程度的可信度。这些影片、视频是非常重要的证据，例如，在 Ford v. GKR Construction Ltd and Others（2000）1 WLR 1397 先例中，Gaskell 大法官说：“The video evidence has been very influential, in my judgment. It demonstrated that the claimant had a degree of mobility that was not apparent from her evidence… I have to say if I had not had that video evidence, the level of care I would have awarded would have been substantially greater.”

即使影片或视频的获取手段涉嫌非法（illegally obtained），[12] 民事诉讼的诉讼方也可以依赖这些作为证据。在 CPR Rule 32.1(2)下，英国法院有裁量权（discretion）决定证据是否可以被采纳（admissibility）。例如，在 Jones v. University of Warwick（2003）EWCA Civ 151 上诉庭先例中，视频是通过潜入屋内安装隐藏摄像头拍下的，也因此侵犯了《欧洲人权公约》或英国《Human Rights Act 1998》对个人隐私权的保护与涉嫌非法侵入（trespass）。一审因此排除了这些视频证据，但被上诉庭驳回。上诉庭指出在这种情况下，一方面是法院不应当默许、更不应鼓励一方当事人（此先例中实际上是被告的责任保险

---

〔12〕 有关非法取得的证据是否可被法院或仲裁庭采纳（admissible），需要权衡取证的非法程度与证据对了解事实真相的帮助。如果非法程度是严重的，例如通过胁迫（duress）或者其他暴力方式，由于不能鼓励这些行为的发生，加上这样取得的证据可信度也有疑问，此时证据就不会被采纳；但如果只是侵入对方电脑中获得的文件，非法程度相对较低，但是对了解真相有很大帮助，此时就会被采纳。

人）用非法手段获取证据，另一方面则是诉讼中要尽可能找出事实真相，即存在了两个公共政策/利益（public policy/interest）之间的冲突。上诉庭判在特定案件中全面考虑可信的证据，以利更公平地对案件进行裁判是非常重要的，因此允许这些视频被作为证据纳入考虑进行审理，但同时出于对被告非法行为的不认可，有关费用全部都由被告承担。

当然如果是非法取得的影像或视频的真实性受到质疑，则由于是介质本身的问题而不是信息，因此会作为物证被检验。

最后可节录 Steven Gee QC 的《Commercial Injunctions》（2016 年，第 6 版）一书之 8-010段的说法，虽然该段针对的是单方面申请（*ex parte* 或 without notice application），但道理是一样的："Illegally obtained evidence is in general still admissible evidence in civil proceedings.〔13〕 However the fact that evidence has been obtained illegally or improperly may, but not invariably,〔14〕 be information known to or reasonably available to the applicant, which is material to the without notice application and which should have to be revealed to the court if the evidence is relied upon.〔15〕 This could be because it goes to the reliability or weight of the evidence, or the probity of the applicant or his sources, and there will be no litigation or legal professional privilege protecting material which has been obtained by crime, dishonesty or 'iniquity'.〔16〕 In Kuwait Airways Corp v Iraqi Airways Co (No. 6) (2005) 1 WLR 2734,〔17〕 the Court of Appeal held that the principle applied equally to a claim to litigation privilege as to a claim to legal advice privilege. The principle does not apply to mere civil wrongs such as trespass or conversion. This is because the gravity of the wrongdoing must be such as to bring the case outside the purpose of, or outweigh, the public interest underlying litigation or legal professional privilege. In Dubai Aluminium v Al Alawi (1999) 1 WLR 1964,〔18〕 there was a strong case that the plaintiff's inquiry agents had obtained information, including information about bank accounts, by fraud or impersonation, and, applying this principle, it was held that there was no privilege attaching to documents which were generated

〔13〕 在民事诉讼中，即使是非法获取有关证据，也并不一定证据就变得不可被采纳，见 Kuruma v. The Queen (1955) AC 197; R v. Khan (1997) AC 558; Imerman v. Tchenguiz (2010) EWCA Civ 908; Consolidated Contractors International CO SAL v. Masri (2011) EWCA Civ 21 等先例。

〔14〕 见 Memory Corp v. Sidhu (No. 1) (2000) 1 WLR 1443 先例。

〔15〕 申请人一般是知道有关证据是通过非法手段获取的事实，如果申请人在作出单方面（*ex parte*）申请时依赖了有关证据，就应该让法院知道这个事实，让法院能作出权衡，见 St Meryn Meat Ltd v. Hawkins (2001) CP Rep 116; Franses v. Al Assad (2007) EWHC 2442 (Ch); L v. K (2013) EWHC 1735 (Fam)等先例。

〔16〕 因为这会影响证据的可信度或重量，例如申请人或他/她非法消息来源的可靠性，或文件本身能否享有特免权（文件是非法手段获得如偷回来，但文件表面可以看到内容会涉及特免权），见 Gamlen Chemical Co (UK) Ltd v. Rochem Ltd (unreported, Civ Div, 7 December 1979); Barclays Bank Plc v. Eustice (1995) 1 WLR 1238; Kuwait Airways Corp v. Iraqi Airways Co (2005) EWCA Civ 286; C v. C (Privilege) (2006) EWHC 336 (Fam); BBGP v. Babcock (2010) EWHC 2176 (Ch); JSC BTA Bank v. Ablyazov (2014) EWHC 2788 (Comm); Brent LBC v. Kane (2014) EWHC 4564 (Ch)等先例。

〔17〕 在本书第十一章之 1.2.8.6 段有详细介绍。

〔18〕 在本书第十一章之 1.2.8.3 段有详细介绍。

by or resulted from this, including reports by the agents on their inquiries."

在为了保护个人隐私的《Data Protection Act 1984》立法生效后，获得与未经同意披露他人个人信息可能会构成犯罪，例如非法获得对方诉讼方的银行账户资料，并以此作为证据向法院申请冻结令(Freezing Order)。虽然这不会影响文件证据被法院采纳，但可能令处理文件证据的律师、大律师受到调查。所以，英国的大律师公会(Bar Council)在1997年针对在《Data Protection Act 1984》下处理文件证据作出指引。2014年1月，英国的大律师公会发布了民事诉讼与家事诉讼程序中非法获得证据的指引，其中也包括了对遵守《The Computer Misuse Act 1990》与《Data Protection Act 1998》立法的提醒。[19] 而在最新的《Data Protection Act 2018》立法生效后，对于个人信息有了更严格的保护，律师在处理时更应该小心。

最后再次强调，中方商业人士必须对录像或录音的证据特别敏感与警觉。双方以录像或录音方式记录会议或电话通话内容，原则上是没有问题的。就算没有通知对方会作出这记录，或没有先得到对方同意，这些录像或录音都可作为证据。就算录像或录音是通过误导方式取得(如答应对方没有录像、录音但其实是欺骗对方)，都不代表证据一定被采纳。所以，每次与对方开会或通电话时，最安全的是假设对方有作出录像或录音，就算对方答应没有这样做。在表达任何观点时，都要充分考虑自己的法律立场。不要因为是在会议或电话，就感觉可以安全地威胁或恐吓对方，以为口头作出的都没有所谓。如果这个会议或电话有录像录音，这些录像录音都会以全文记录方式(transcript)列入开庭案卷，这些证据的力量不会比一份电邮或微信记录弱。

2.3 对实体财产和对文件的检验

无论是对于实体财产，还是针对文件，法院都有命令检验(inspection)的权力。这两种命令检验权力的行使有较大不同，将在本章后文中进行介绍。

针对实体财产进行检验的立法权力可见：(1)《Senior Courts Act 1981》之 Section 33(1)，法院有权命令检验任何"property which appears to the court to be property which may become the subject-matter of subsequent proceedings in the [court], or as to which any question may arise in any such proceedings"。此处虽然提到的是"财产"，但一般而言，也包括了对人身的检验在内。在《Disclosure》(2017年，第5版)一书之3.33段明确指出英国法院的这个权力针对的只是物证或实物财产，而不是文件证据："Section 33(1) [CPR], in dealing, inter alia, with inspection of 'property which may become the subject matter of subsequent proceedings', is not in itself concerned with disclosure of documents, and it was held in cases under the old rules that the court has no power under that subsection to order such discovery.[20] Of

---

[19] 由于本书篇幅有限，不在此节录，有兴趣的读者(特别是处理国际案件的中国律师)可在 https://www.barcouncil.org.uk/media/440128/evidence_obtained_illegally_in_civil_and_family_proceedings.doc.pdf 下载。

[20] 见 Taylor v. Anderton (The Times, ChD, 21 October 1986); Huddleston v. Control Risks Information Services Ltd (1987) 1 WLR 701; Dun & Bradstreet Limited v. Typesetting Facilities Limited and Others (1992) FSR 320 等先例。

course, if the property concerned is itself a document, then inspection may be obtained under this provision."[21](2)CPR Rule 25.1 说:"(1) The court may grant the following interim remedies— ... (c) an order — (i) for the detention, custody or preservation of relevant property; (ii) for the inspection of relevant property; (iii) for the taking of a sample of relevant property; (iv) for the carrying out of an experiment on or with relevant property... (d) an order authorising a person to enter any land or building in the possession of a party to the proceedings for the purposes of carrying out an order under sub-paragraph (c)..."

针对文件作出检验命令的权力则完全不同:(1)在 CPR 之前的《Rules of the Supreme Court》(RSC)有一条广泛的 Order 24 Rule 12 针对文件披露、提供/出示文件如下:"12. At any stage of the proceedings in any cause or matter the court may, subject to rule 13(1), order any party to produce to the court any document in his possession, custody or power relating to any matter in question in the cause or matter and the court may deal with the document when produced in such manner as it thinks fit."另在 Order 24 Rule 13(1)则针对指出在有必要的情况下才可以对文件进行检验说:"13(1) No order for the production of any documents for inspection or to the court shall be made under any of the foregoing rules unless the court is of opinion that the order is necessary either for the cause or matter or for saving costs."(2)CPR Rule 31.3 说:"31.3 (1) A party to whom a document has been disclosed has a right to inspect that document..."

因此,虽然这两者都统称为"检验"(inspection),但是存在以下区别:(1)对实体财产的检验主要是针对财产的介质(medium)进行,对文件的检验则针对的是文件的内容(content)。(2)对实体财产的"检验"也有很多不同的形式,例如检验、检查、试验等,而对文件的"检验"则通常是查阅文件以及对文件制作副本。(3)这两者进行检验的程序也有所不同。(4)在诉前(pre-action)阶段,相对而言实体财产的检验根据《Senior Courts Act 1981》更容易获得允许与批准。但文件的检验由于诉讼尚未启动,RSC 下法院没有权力作出许可。而在 CPR 下虽然法院有权作出诉前披露命令,但商业案件中不容易获得批准,见本书第二章之 2.2 段。

因此根据本章前文中介绍的 Saxton, Re (1962) 1 WLR 968 先例与 Huddleston v. Control Risks Information Services Ltd (1987) 1 WLR 701 先例等的判法,想要检验一份文件,如果针对的是文件的介质,就要将文件作为实体财产。如果针对的是文件的内容就要将文件作为文件证据,分别在各自不同的立法条文下向法院进行申请。如果虽然依赖 CPR Rule 25.1 申请检验,但实际上是针对文件的信息或内容,看来就不会被法院允许,而且要承担费用了。

---

〔21〕 见 Saxton, Re (1962) 1 WLR 968; Vowell v. Shire of Hastings (1970) VR 764; Snow v. Hawthorn (1969) NZLR 776; Nicholls v. McLevy (1971) 1 SASR 442; Athlete's Foot Australia Pty Ltd v. Divergent Technologies Pty Ltd (1997) 78 FCR 283 等先例。

3. 对物证检验和文件证据检验的不同态度

3.1　对文件的检验

对文件的披露与检验(disclosure and inspection)并非本章主要针对的内容,将在本书其他章节中讨论。但为了与实体证据检验进行比较,不妨进行简单介绍。

在诉前或诉讼中一些不同情况下都会需要让对方检验文件,包括:(1)冻结令(Freezing Orders)与资产披露令(Assets Disclosure Orders);(2)搜查令(Search Orders);(3)第三方披露令(Norwich Pharmacal Orders)等。但是更常见的情况是在法院诉讼中对文件的检验,这通常是在文书请求/案件陈述(pleadings 或 statements of case)交换完毕,有关事实与双方诉讼方的法律关系都已经列出,已经摊牌("the whole story on the table")或者是划定了战线("the battle-line is drawn")时。接下来当事人需要根据 CPR Rule 31.10 向对方提供一份依照标准披露(standard disclosure)[22]制造的文件清单(list of documents),[23]列出所有文件(包括自己所依赖的文件,也包括对自己不利的文件),并附上披露陈述(disclosure statement)。文件清单的一个重要作用就是让对方可以确定哪些文件需要检验,以及提出查阅、制作副本的要求。双方当事人有权查阅对方准备在诉讼中使用的文件,包括:(1)在文件清单中列出的文件;(2)文书请求、证人证言、专家报告等提到的文件等。这些课题将在本书第七章详细介绍。

在国际仲裁中,有关文件披露与检验的程序通常是诉讼方之间都以副本的方式将文件内容交给对方查阅,不需要对正本/原件进行检验(这与中国质证的做法看来有所不同)。因为副本与正本有同样的内容,满足了作为文件证据的目的,毕竟国际仲裁中不存在最佳证据规则(best evidence rule)。但如果双方当事人是对某份文件有特定争议,例如对真实性有怀疑[这时候针对的是这份文件的介质(medium),也就变成物证了],仲裁庭才会要求提供正本/原件进行检验(以及其他的对文件是否真实的证明方式,如要求文件制作者出庭接受盘问等)。如果最终仲裁庭接受这份文件属于真实,质疑文件真实性的诉讼方就要承担有关的费用(这笔费用可能很大),因此除非有充分理由,否则在国际仲裁中很少会质疑文件的真实性。

如果对某份文件的争议只是涉及内容,这就是对措辞/文字解释,以及判断其可靠性[如这是否属于传闻(hearsay)证据]与分量/重量的问题,不存在类似物证的检验。有关合约解释的问题可见笔者的《合约的解释:规则与应用》一书,这些合约的解释规则与对文件证据的解释是一回事。

在诉前阶段(pre-action),在 CPR 之前法院能够作出诉前文件披露与检验的权力是十分受限的[仅根据《Senior Courts Act 1981》之 Section 33(2)在人身伤亡案件中有作出披露文件命令的权力]。即使在 CPR 之后有了诉前披露议定书(Pre-action Disclosure

---

〔22〕　在本书第七章之 7 段有详细介绍。

〔23〕　在本书第七章之 9.3 段有详细介绍。

Protocols)可以适用在所有民事案件,但仍然有诸多限制,在商业案件中也很少适用,这已经在本书第二章之2段有介绍。

当然在搜查令(见本书第二章之3段)、冻结令(见本书第三章之1段)等命令附属的披露与检验命令下,法院也有权力命令检验。[24] 这些附属命令(ancillary orders)可能是在诉讼开始之前,也会在诉讼开始之后。

CPR Rule 31下,诉讼方在诉讼程序中一般都有对文件检验(实际上就是查阅文件内容)的权利,但CPR下对文件的披露很讲究相对性(mutuality)。检验也是同样,双方诉讼方都有权要求对方提供文件让自己检验。纸质文件被对方检验的做法,会由代表律师前往对方的律师事务所(英国诉讼中,往往双方都由英国律师事务所代理)对原件进行检验。而在今天涉及规模较大的诉讼时,通常是由双方当事人以电子的方式交换所有文件副本。在今天文件特别大量与/或内容十分复杂的情况下,对文件的检验可能会非常花费时间与精力。而且在涉及机密或是特免权,[25] 或是存在不想被对方获知的无关(irrelevant)信息或内容时,还需要花费额外的大量时间与精力进行遮盖(redaction)等工作。又或者是需要由独立专家对个别文件进行检验等。至于电子文件披露的做法会更加复杂,将在本书第八章进行介绍。

在Format Communications MFG Ltd v. ITT (United Kingdom) Ltd (1983) FSR 473上诉庭先例中,就涉及在诉讼中对有关文件的检验。此先例的案情是,在1979年以前,原告与被告(ITT,是一家著名的从事电讯服务的美国公司)合作从事开发、生产与营销一种名为"Mark Ⅲ"的信息交换系统(message switch system)的软硬件。ITT指出,在开发Mark Ⅲ时,ITT在技术与经验上都处于领先地位,因此是由ITT对系统的功能与要求进行设计,而这些设计的信息是ITT所独有,专门为了与原告的合作才告知原告,以便原告根据这些设计撰写有关的软件,以及依赖ITT提供的设备开发有关的硬件,最后再由ITT独家收购(或由ITT授权他人收购)由原告完成的软硬件,并由ITT负责进行市场营销等工作。ITT还声称在合作合约中默示了根据前述安排所涉及的机密信息不由任何一方独自拥有。但是到了1979年,原告仍然未能成功完成开发,实际上已经比预计计划迟延了9个月,因此双方终止了合作。之后在原告的帮助下,ITT则继续对未完成的软件进行调试/排错(debug),并在调试完成后发送了一份软件副本给原告。被告指称原告在1982年所销售同样功能的信息交换系统("1982软件")采用了软件副本的源代码。但原告完

---

〔24〕 在冻结令或其他类型的中间禁令中,在中间程序阶段法院有权力命令文件的披露以确保禁令的有效性:见CPR Rule 5.25.1(1)(g)。即使是在诉前法院也可以作出这样的命令:见CPR Rule 25.2(1)(a)、(2)(b)、(3)。在冻结令中,最重要的事实通常就是被申请人到底有些什么资产,而通过附属的资产披露令可以让申请人在知道第三方(典型的情况就是银行)手上持有被申请人财产时,通过向第三人发出通知以"维护"其申请的冻结令的效果。在资产披露令下披露的文件会被原告进行检验,而这会发生在实体争议的诉讼开始前/诉前阶段,但要注意资产披露令只针对资产与诉讼中针对实体争议的文件披露是两回事。

〔25〕 对于在文件清单中列出但拒绝交出给对方查阅(如依赖特免权等)的文件,对于拒绝的理由是否站得住脚会需要单独处理,必要时要由另一位只针对程序问题的法官决定是否存在特免权可以拒绝检验。这可见本书第十二章之7.4段。

全否认了曾经在1979年收到过任何ITT的“软件副本”,因此原告是否拥有“软件副本”就成了争议焦点。在上诉中,ITT要求原告对“1982软件”的源代码作出披露,而原告当然怀疑ITT获取了“1982软件”源代码后会导致其中的机密信息泄露因此拒绝。

上诉庭面对披露(查找文件是否存在)以及检验(对文件查阅与制作副本)的申请时,首先通过对事实进行认定,判“1982软件”的源代码确实与案件争议息息相关(毕竟如果“1982软件”源代码涉及软件副本源代码,就会对ITT说法的支持,而如果无关则就是对原告说法的支持),因此应当进行披露。

但对于是否应当进行检验,法院由于有裁量权,而在此先例中涉及商业机密被竞争对手获悉的情况下,法院指出需要非常小心对待。在此先例中,上诉庭虽然同意进行检验,但要求ITT与其代表律师作出如下担保:“(1) Undertaking would be given by the defendants and their solicitors not to allow the disputed document to leave the offices of the defendants' solicitors without the leave of the court or of the plaintiffs.[26] (2) Inspection, it is proposed, would be carried out by Mr. Wallis(一位非常了解Mark Ⅲ系统的程序员,长期受聘于ITT)and no other person without the leave of the court or of the plaintiffs.[27] (3) The plaintiffs would be offered the opportunity of having a representative present while Mr. Wallis was carrying out the inspection.[28] (4) Undertakings would be given, both by the defendants and by Mr. Wallis himself, on whose behalf Mr. Prescott (ITT的代表大律师)had authority to give an undertaking, that they or he would not, without the leave of the court or the plaintiffs, take any notes or memoranda or copies of the disputed document other than to note page numbers.[29] (5) There would be an undertaking by the defendants and Mr. Wallis that they would keep any information gained by the inspection as confidential and not use it save for the purposes of these proceedings.”[30]

3.2 法院更倾向于在任何时间支持实体财产的检验以保全证据

传统上,法院更愿意以及更倾向于支持实体财产的检验。物证或实体证据与文件证据相比有非常多的不同之处。对特定的财产进行检验必须是在有关事件发生(如事故对财产造成损坏)后尽快进行才更有意义。对动产进行检验的机会很可能就随时逝去,甚至不会再出现。因此对物证进行保全(preservation)是非常重要的。

3.2.1 对实物检验的机会有逝去的可能

对实物进行检验的机会很可能随时逝去,典型的例子就是船舶。例如,运输途中在海上发生事故,或者在卸港发现货损货差而原因可能与船舶不适航/不适货(如舱盖漏水

---

〔26〕 ITT与其律师向法院担保,除非获得法院的允许,否则有争议的文件不会离开被告律师的办公室。

〔27〕 除非获得法院的允许,否则检验只能由Wallis先生进行。

〔28〕 在Wallis先生进行检验的同时,原告可以派遣人员陪同。

〔29〕 ITT与Wallis先生都作出担保,除非获得法院允许,否则在检验的过程中除了对页码进行标记外,不对有争议的文件做笔记、记录或是制作副本。

〔30〕 ITT与Wallis先生还要作出担保,在检验过程中获得的任何信息都必须保证机密性,除了此诉讼外不得用作其他用途。

等)或者是其他原因[31]有关,如果在卸港没有进行检验[由于船舶在卸港靠泊,卸港作为船舶所在地法院一般都会有对物管辖权(*in rem* jurisdiction),可以作出检验命令],很可能就再也没有检验(以取证或保留证据)的机会了。在船舶未经检验开航后,船舶可能在前往下一港口的航次中就沉没,或者是在下一次靠泊可检验的港口前就前往船坞进行维修,任何不适航/不适货的线索或证据(这对希望向船东索赔的中国货方或代位的保险公司来说至关重要)再也无从获取了。在很晚进行检验的情况下,即使船舶上的线索或证据仍然存在,船东也有很好的抗辩理由:检验时间过晚、离开有关事件相隔几个月因此根本不能反映发生货损货差时的情况。因此一般称职法院倾向于作出检验命令,正如Sheen大法官在The "Mare Del Nord" (1990) 1 Lloyd's Rep 40先例中所说,"It is in the interests of justice that, when in doubt, it is better to preserve evidence than to let pass an opportunity of obtaining evidence."

3.2.2 文件证据是"永久"记录

文件证据在这方面有很大不同,一般而言可以算作是"永久"的记录。留待在文书请求程序后再由双方在披露程序中相互交换不会有任何不妥,只要在此期间没人销毁文件。在英国法院诉讼中,一般的做法都需要在诉讼开始时要求在两个方面保留文件证据并不得销毁,这会通过双方代表律师发出以下文件:(1)一个是写给对方当事人的文件,这些也被叫作"preservation letters"或"stop destruction requests"。也可以要求对方当事人披露保存与销毁文件的政策。今天由于存在大量电子文件且很容易销毁,甚至有不少针对电子文件的"preservation letters"的标准格式文本。(2)另一个是对自己的客户,律师一般也有义务告知不得销毁文件,这些也被称为"litigation hold notice",需要发送给所有客户公司内与诉讼有关的人士,告知需要保留证据,不得销毁。[32] 同样地,在今天广泛使用电子文件的情况下,还要包括多种多样形式的电子文件。

事实证人对事实回忆的口头证据也是类似的。当然,回忆虽然会随着时间流逝而逐渐不清晰,但仅是从诉前到庭审,只要诉讼不是过度延误,一般不会有实质性的变化。救济的方式就是推进程序的进行,尽早进行庭审,也因此不积极推进诉讼的原告/申请人可能面临索赔请求因懈怠被撤销(strike out for want of prosecution),[33]而在CPR下延误更加会被严格对待。

3.2.3 销毁、隐瞒、伪造和变造文件证据的后果

律师作为法院的官员(officer of the court),对法院有保证全面与坦率披露的责任,包括不能出现销毁、隐瞒、伪造和变造文件证据的情况,否则就会有严重后果:

1. 最严重的是刑事责任[妨碍司法公正(perversion of the course of justice)],见上诉庭的Arrow Nominees Inc v. Blackledge (2000) EWCA Civ 200等先例。

---

[31] 有关货损货差、不适航/不适货等问题,可见笔者的《提单与其他付运单证》(2016年)一书第五章。

[32] 这在本书第七章之4.2段有详论。

[33] 见笔者的《仲裁法——从1996年英国仲裁法到国际商务仲裁》(2006年)一书第十二章之10.2段,与《国际商务仲裁》(1999年)一书之第八章。

2. 还会有其他的后果。例如，英国法院会撤销索赔（或抗辩），无论对文件证据的销毁是否故意，这主要原因是为了公平审理（Fair Trial），见 Landauer Ltd v. Comins & Co（A Firm）（1991）WL 838018 先例。在今天有了《Human Rights Act 1998》之后，公平审理在立法下明确为重要的人权，要考虑在案件中撤销是否成比例（proportionality）。例如，存放文件的厂房被意外火灾焚毁，此时要撤销索赔或抗辩会显得不成比例，除非是这些文件在诉讼中根本无可替代、诉讼无法继续进行。这可能是重要的直接证据（primary evidence）被销毁，但是仍然有其他间接证据（secondary evidence）存在。

3. 不利推断（adverse/negative inference）。[34] 这对法院，尤其是对仲裁庭很重要，在仲裁庭毕竟不涉及刑事责任，也不存在撤销当事人的索赔（或抗辩）的权力，如果认定了一方当事人曾经销毁、隐瞒、伪造和变造文件证据，作出不利推断就是唯一可行的应对办法。在 IS Innovative Software Ltd v. Howes（2004）EWCA Civ 275 先例中，Neuberger 大法官说："Third, the presumption, as one would expect, is not to be applied in an absolute way. In Malhotra -v- Dhawan［1997］8 Med LR at 319, the principle as laid down by the Court of Appeal was accurately summarised in the head note to this effect: 'If it were found that the destruction of the evidence was carried out deliberately so as to hinder the proof of the plaintiff's claim, then such finding would obviously reflect on the credibility of the destroyer. In such circumstances it would enable the court to disregard the evidence of the destroyer in the application of the principle.'"另在 Scammell v. Farmer（2008）EWHC 1100（Ch）先例中也说："Courts do not look favourably on those who destroy relevant documents. The maxim omnia praesumuntur contra spoliatorem may have fallen out of use, but the premise underlying it, that those who destroy evidence cannot be trusted, remains."

4. 诉前披露命令和检验命令的区别

作为小结，可以罗列 CPR 下的诉前披露命令（Pre-action Disclosure Order）与检验命令（Inspection Order）的区别如下：(1) 诉前披露命令针对的是文件内容，而检验命令针对的是实体财产。(2) 在诉前阶段，相对而言法院或仲裁庭是较为愿意作出检验命令，但较不愿意作出诉前披露命令的。(3) 尽管这两种诉前披露都不要求原告有一个良好论据案件（good arguable case），[35] 但 CPR 下的诉前披露命令更难获取。例如，要证明属于非一般的案件（outside the usual run），见本书第二章之 2.6 段；要说服法官为何要提前在诉前披露而不是在诉讼中正常程序才进行相互披露[36] 等。而且申请诉前披露命令会非常昂贵，也因此在商业案件中诉前披露命令的申请较为少见。(4) 诉前披露命令很可能涉及

---

[34] 在本书第七章之 3.3 段有更详细的介绍。

[35] 见本书第二章之 2.5 段以及介绍的 Smith v. Secretary of State for Energy and Climate Change（2013）EWCA Civ 1585 上诉庭先例。

[36] 见本书第七章。

对于是否属于钓鱼取证/摸索证明(fishing expedition)[37]的争论(虽然今天有说法是诉前披露命令与第三方披露令等对这个问题有所放宽与导致不明朗),但对特定财产(动产或不动产)的检验命令就没有这样的问题。(5)这两种命令的目的也是有所不同的。数百年来检验命令往往是与保存证据(物证)紧密关联,附属(ancillary)于主要诉因(如海上运输中发生的货损货差)。但是诉前披露命令的目的是让产生争议的当事人可以了解互相的地位、在早期达成和解以节约诉讼费用,同时诉前披露命令还属于独立(free-standing)程序,见 Man v. Obex (2017) EWHC 2965 (Ch)先例。(6)这两种程序之间并不存在冲突,各自也是为了各自不同的用途。因此在情况合适时,原告大可以同时申请诉前披露命令与检验命令等,或是依次逐个申请这两种命令。

5. 搜查令和检验命令的区别

也可以在此罗列搜查令(Search Order)[38]与检验命令(Inspection Order)的区别如下:

1. 搜查令的申请较为难以成功,需要满足:(1)证明有极强的表面证据显示存在侵权,见 Anton Piller KG v. Manufacturing Processes Ltd (1976) Ch 55 先例;(2)证明证据存在被销毁、隐瞒或流失的风险,一般的诉讼程序与通常的惩罚措施无法阻止被告毁灭证据,这需要尽量丑化被申请人;(3)其他。

2. 搜查令会非常昂贵,例如涉及"监督律师"(supervising lawyer)等,而检验命令相比之下没有其昂贵与相对简单。

3. 搜查令是禁令(injunction)的一种,但检验命令只是诉讼中的程序命令(procedural order),见 The "Mare Del Nord" (1990) 1 Lloyd's Rep 40 先例。此先例中 Sheen 大法官说:"The order … is mandatory in form but it would not usually be described as an injunction even though in practice its effect may be similar to the effect of an injunction."

4. 作为禁令的搜查令会非常复杂与较为不容易实施,在搜查令下更容易触犯藐视法院(contempt of court)的罪行。Sheen 大法官在 The "Mare Del Nord"先例中说:"… the sanction, or penalty, for failure to comply with an order may depend upon the nature of the order. An injunction carries with it the sanction of committal for breach of the order."可是法院或仲裁庭作出命令要求一方当事人允许自己的财产被检验,而该当事人未能完全遵从予以配合或是阻碍了检验,法院或仲裁庭可能会因此在最后进行判决或裁决时作出不利推断,但这并不会属于藐视法院的罪行。

5. 搜查令是对人(*in personam*)程序。检验命令也是对人程序,但是在很多情况(尤其是航运)下,往往与对物(*in rem*)程序紧密联系。这是因为一般而言,财产所在地法院

---

〔37〕 在《Dicey, Morris & Collins, The Conflict of Laws》(2012 年,第 12 版)之 Para. 8 – 103 说:"'Fishing' arises where what is sought is not evidence as such, but information which may lead to a line of enquiry which would disclose evidence; it is a search, a roving enquiry, for material in the hope of being able to raise allegations of fact."

〔38〕 在本书第二章之 3 段有详细介绍。

都会有对物的管辖权,例如在船舶所在地或损坏的货物所在地会由当地法院作出检验命令,但该法院未必甚至通常是没有对人管辖权(*in personam* jurisdiction),不能对实质案件进行审理。

6. 属于中间程序禁令(interlocutory injunction)的搜查令,在作出时申请人必须向法院就被申请人可能蒙受的损失提供交叉担保(cross-undertaking)。而就检验命令而言,在《Disclosure》(2017 年,第 5 版)一书之 23.03 段这样说:"Formerly the rules [RSC, Ord. 24, r. 7A(5)] expressly provided that any order make under these provisions might be conditional upon security being given for costs, or any other terms. That has now gone, although the court under the CPR has the power to make any order subject to conditions [CPR r. 3.1(3)], and there is specific power to require security for costs [CPR rr. 25.12 - 15]."

7. 搜查令会有一些额外好处,在某些情况中,原告/申请人可以搜查被告/被申请人有关的财产与文件,会意外找到一些有帮助的信息。但是检查命令通常只限定于特定的财产或财产中特定部分,必须是"is or may become the subject matter of subsequent proceedings"。

8. 这两种程序之间并不存在冲突,各自有各自不同的目的。因此在情况合适时,原告可以同时申请搜查令与检查命令,或是逐次单独申请。在 Cook Industries v. Galliher (1979) Ch 439 先例中,涉及在英国执行一个美国判决下的债务(看来英国法院有对人管辖权),单方面(*ex parte*)申请的搜查令要求被申请人允许其在法国的公寓接受搜查,以及允许其中的财产、家具接受检验等并列出清单。

6. 检 验 命 令

大致而言,主要有以下四种类型的检验命令:(1)对财产(包括动产与不动产)的检验;(2)对财产的采样(sampling)与试验(experiments);(3)对人身进行身体或精神状态的检查;(4)对图表、照片与模型的检验。

在本章 7 ~ 10 段将对这些形式的检验命令分别进行介绍。

6.1 立法赋予法院/仲裁员命令检验的权力

在《Senior Courts Act 1981》之 Section 33(1)赋予了高院作出诉前(pre-action)检验、检查或试验命令的权力,可以全面节录如下:"**Powers of High Court exercisable before commencement of action** (1) On the application of any person in accordance with rules of court, the High Court shall, in such circumstances as may be specified in the rules, have power to make an order providing for any one or more of the following matters, that is to say—(a) the inspection, photographing, preservation, custody and detention of **property which appears to the court to be property which may become the subject-matter of subsequent proceedings in the High Court**, or as to which any question may arise in any such proceedings; and (b) the taking of samples of any such property as is mentioned in paragraph (a), and the carrying out of any experiment on or with any such property."(加黑部分是笔者的强调)

CPR下也有类似条文(区别在于CPR针对的是诉讼已经开始后的中间救济),Rule 25.1(1)(i)说:"(1) The court may grant the following **interim remedies** — ...(c) an order—(i) for the detention, custody or preservation of relevant property; (ii) for the inspection of relevant property; (iii) for the taking of a sample of relevant property; (iv) for the carrying out of an experiment on or with relevant property..."(加黑部分是笔者的强调)

英国《Arbitration Act 1996》也赋予了仲裁庭类似的权力(有仲裁庭的存在,显然仲裁已经开始,这不是诉前程序),有关的Section 38(4)可以节录如下:"38 **General powers exercisable by the tribunal**... (4) The tribunal may give directions in relation to any property which is the subject of the proceedings or as to which any question arises in the proceedings, and which is owned by or is in the possession of a party to the proceedings— (a) for the inspection, photographing, preservation, custody or detention of the property by the tribunal, an expert or a party, or (b) ordering that samples be taken from, or any observation be made of or experiment conducted upon, the property."

同时,《Arbitration Act 1996》之Section 44还赋予了高院支持英国仲裁程序的权力:"44. **Court powers exercisable in support of arbitral proceedings**...(2)...(b) the preservation of evidence; (c) making orders relating to property which is the subject of the proceedings or as to which any question arises in the proceedings—(i) for the inspection, photographing, preservation, custody or detention of the property, or (ii) ordering that samples be taken from, or any observation be made of or experiment conducted upon, the property; and for that purpose authorising any person to enter any premises in the possession or control of a party to the arbitration;"

高院对于仲裁庭作出支持的权力在不少情况中都是有必要的:(1) 诉前。这是关键的时期,在此时期潜在的原告可以了解自己的诉因(如有疑问与必要)与保存证据。法院的权力是来自《Senior Courts Act 1981》,而不是CPR或《Arbitration Act 1996》。(2) 在仲裁开始后也有一段空档期间,尤其是在仲裁庭正式成立之前(这常会需要几个月时间)。很多仲裁机构(如HKIAC、SIAC等)的做法是在机构规则中加入"紧急仲裁员"(emergency arbitrator)的制度,这样在当事人约定机构仲裁时,就可以在空档期间采用这个制度与行使有关的权力。但如果约定的是临时仲裁(*ad hoc* arbitration),则在这段空档期间就只有求助法院了。但在笔者看来,紧急仲裁员制度存在不少问题,例如花费不菲,又如仲裁机构难以在强制的一天或两天时间内找到合适的、满足仲裁协议要求或当事人需求的称职紧急仲裁员等。有一些中间措施(interim measures)需要权衡双方当事人的所有情况才能作出,需要一定的时间,笔者不推荐通过紧急仲裁员作出。而检验命令相对简单一些,可以由紧急仲裁员作出。毕竟一方当事人要求检验保留证据,对方当事人很难抗拒,仲裁庭也不会有疑虑。即使最后没能得到有用的证据,也不过是花点钱而已。但在仲裁地法院或财产所在地法院比较熟悉这种做法(如伦敦、香港、新加坡等)时,在仲裁庭正式成立之前直接向法院申请检验命令更为便宜、快捷与方便。(3)仲裁庭的权力只限于仲裁当事人所有或持有的财产,正如《Arbitration Act 1996》之 Section 38(4)中赋予仲裁庭权力限于针对诉讼当事人拥有或持有的财产("which is owned by or is in the possession of a party to the proceedings")。有时这会带来一些麻烦,毕竟有关的财产会变成属于第三方。例如在货物买卖中,买方指称货物存在损坏或质量有问题,开始与卖方的仲裁,但是货物实际上已经被转售给分买方,而分买方并非仲裁的当事人(虽然可能实际上是分买方站在买方背后),因此一旦分买方拒绝卖方检验货物的要求,卖方想要通过没有这种权力的仲裁庭获得对货物的检验就行不通。又或者是如争议涉及买方指称卖方提供的机械存在缺陷导致火灾发生,但具体的有关机械已经在火灾中烧毁,因此需要对同样型号的第三方的机械进行检验,看是否存在指称的缺陷等。

但是《Senior Courts Act 1981》之 Section 33 用立法的方式赋予了高院在诉前或诉讼中命令检验第三方拥有或持有财产的权力,可以节录有关条文如下:"… (2) On the application, in accordance with rules of court, of a party to any proceedings, the High Court shall, in such circumstances as may be specified in the rules, have power to order **a person who is not a party to the proceedings and who appears to the court to be likely to have in his possession, custody or power** … (3) On the application, in accordance with rules of court, of a party to any proceedings, the High Court shall, in such circumstances as may be specified in the rules, have power to make an order providing for any one or more of the following matters, that is to say— (a) the inspection, photographing, preservation, custody and detention of property which is not the property of, or in the possession of, any party to the proceedings but which is the subject-matter of the proceedings or as to which any question arises in the proceedings; (b) the taking of samples of any such property as is mentioned in paragraph (a) and the carrying out of any experiment on or with any such property."(加黑部分是笔者的强调)

至于英国仲裁,在《Arbitration Act 1996》之 Section 44 赋予法院支持仲裁的权力中,没有加上类似 Section 38(4)中针对诉讼当事人拥有或持有的财产的限制,见 Section 44 (2)(c)。所以法院也有权力作出命令,要求检验第三方拥有或持有的财产。

6.2　检验命令的申请

在海事海商案件中,要证明适合作出检验命令并不十分困难。通过誓章/誓词(affidavit/affirmation)或者是文件可以很容易地向法院证明存在货损货差或者是存在船舶碰撞事故等情况。但是在知识产权案件(这些案件中原告/申请人/被侵权人往往需要申请检验)中,就往往存在困难。毕竟仅仅是怀疑被申请人涉嫌侵权,不足以说服法院作出检验命令,见 Germ Milling Co v. Robinson and Robinson (1884) 1 RPC 217; Wahl and Simon-Solitec Ltd v. Buhler-Miag (England) Ltd (1979) FSR 183; Huddleston v. Control

Risks Information Services Ltd (1987) 1 WLR 701[39]等先例。在 Unilever Plc v. Pearce (1985) FSR 475 先例中,Falconer 大法官说:"In the first place, it is clear that mere suspicion on the part of a plaintiff that the defendant may be infringing the plaintiff's patent is not a ground for granting an order for inspection."

在知识产权侵权案件中,由于原告与被告之间往往在特定业务领域有激烈竞争的关系,因此双方利益如何权衡是比较困难的问题,就像搜查令一样,存在原告利用申请检查命令的方式骚扰被告、试图发掘被告的机密信息、了解作为竞争者的被告的所作所为等危险。检验的过程也会对被告造成不便,导致生产的停滞与/或损失。但是原告有时为了了解与确认是否真正存在侵权,又不得不对生产机械甚至是完整的生产过程(manufacturing process)进行检验。对于法院决定是否作出检验命令时的考虑与判断标准可以参考一些过往的先例。

在 American Chain Co Inc v. Hall's Barton Ropery Co Limited (1938) 55 RPC 287 先例中,Simonds 大法官说:"It is common ground between the parties that ... an order for the inspection of the defendants' machine would not have been made unless a **prima facie case was made out of an infringement**."(加黑部分是笔者的强调)

American Chain Co Inc v. Hall's Barton Ropery Co Limited 的判法之后在 British Xylonite Co Limited v. Fibrenyle Limited (1959) RPC 252 上诉庭先例中被考虑。上诉庭推翻了一审法院拒绝作出检验命令的决定,Evershed 勋爵说:"I do not doubt that in the ordinary case ... the answer to the question 'Should there be inspection' may well be: If the plaintiffs show a prima facie case..."

Evershed 勋爵明确指出并不是在每一个案件中都要满足 Simonds 大法官提到的案情表面看来涉及侵权。Romer 大法官也说:"... in my judgment, it is not necessary in all cases for a plaintiff, a patentee, to go as far as that. Provided that the defendants' interests are properly and adequately safeguarded, as the defendants will be under the order[40] ... I think that a plaintiff should be allowed inspection if the court is satisfied that there really is a substantial and genuine issue to be tried.[41] It is, of course, perfectly true that inspection should never be ordered on a mere fishing application,[42] but when, as here, **an experienced and well-known independent expert swears that he believes that there has been infringement and gives reasons of some significance to support that belief, I see no reason why the order should not be made**, even though the defendants' expert gives reasons, also of sub-

---

[39] Huddleston v. Control Risks Information Services Ltd (1987) 1 WLR 701 先例并不是知识产权案件,但是在判决中提到了仅仅是猜测并不足够。

[40] 在命令中会要求原告对检验命令可能对被告造成的损害向法院作出交叉担保。这样的担保命令[可能是同时担保被告(如船东)以及第三方(承租人或其他受影响的人士)]可见 The "Mare Del Nord" (1990) 1 Lloyd's Rep 40 先例等。

[41] 申请检验的条件就是要有实质性与真实的争议(substantial and genuine issue)。

[42] 钓鱼取证/摸索证明(Fishing expedition)是不被允许的。

stance, challenging the views of the plaintiffs' technical adviser. "[43]

Romer 大法官的说法在之后的 Warner-Lambert Co. v. Glaxo Laboratories Limited (1975) RPC 354 先例中被 Buckley 大法官跟从,Buckley 大法官说:"I take the proper test to be that stated by Romer L. J. —an order for inspection will normally go as of course if a prima facie case of infringement is established, but it is not necessary in all cases for a plaintiff to have to go as far as that—the court has to be satisfied that there really is a genuine and substantial issue to be tried."

作为小结,节录《Disclosure》(2017 年,第 5 版)一书之 23.13 段:"Under the old system, case law established that an order for inspection would not be made in the absence of evidence going beyond a mere suspicion of infringement. On the other hand, although it would normally be made as of course if the plaintiff could establish a prima facie case of infringement, it was not necessary for the plaintiff to go that far: the court had merely to be satisfied that there really was a genuine and substantial issue to be tried."

7. 第一种形式:对实体财产的检验

简单而言,财产包括动产与不动产。动产也被称为"movable property"或"私产"(personal property)。私产也可以分为两种主要的类别:有形财产与无形财产。有形财产包括货物、商品以及珠宝等,而无形财产则包括商誉、债权、专利、著作等权利。

不动产也被称为"immovable property"或"房地产"(real property)。不动产包括土地及其上固定附着物(如房屋或庄稼),还包括地面以下的资源(如矿藏、石油)等。

7.1 对船舶以及其他海事财产的检验

作为国际商贸最早形式的海事海商领域,对这些权力与做法是习以为常的。英国海事法院只要有诉人或诉物的管辖权,就有权力对船舶或其他财产给出检验命令。只要这些检验与诉讼争议有关、可能获取的信息或证据是有必要或有帮助的,英国海事法院就会行使这样的权力。在世界上绝大部分重要港口,当地法院作为船舶或财产(如船舶上的货物)所在地,一般也有类似的管辖权与权力作出类似的命令。有一些古老的先例中甚至还有将财产转移去其他方便地方以供检验的做法,见 Chaplin v. Puttick (1898) 2 QB 160 先例(财产被送往国外以供证人辨认);SS New Orleans Co v. London and Provincial Marine and General Insurance Co (1909) 1 KB 943 先例(船舶正处于新加坡,但被命令必须在英国接受检验)等。

一些典型的对实体财产进行检验、检查或试验的例子是:(1)船舶航行途中发生事故,在船舶到达卸港[或者是中途避难港(port of refuge)]时,如果货物受到影响[损毁或

[43] 知识产权案件会涉及大量非常技术性的内容,因此对申请检验的原告/申请人来说,提交专家报告作为支持申请的依据是很重要的。毕竟独立的专家对于被告/被申请人侵权的怀疑属于"证据",而(有相关利益的)原告/申请人自己的怀疑就很可能被认为是"单纯怀疑"了。

船舶已经宣告共同海损(General Average)导致货方/收货人将来不可避免要对共同海损作出分摊],会希望找出真正导致事故的原因,例如否存在船舶不适航(unseaworthy)等情况,以确定事故的责任与最后到底谁要承担这笔损失。(2)船舶碰撞事故发生后,受影响的船舶希望知道对方船舶在航行中突然转向导致碰撞事故,是否因为船舶存在不妥之处如舵机或转向设备存在问题,或者对方船舶上的其他问题导致需要承担全部或主要碰撞责任等,就会即刻希望对对方船舶进行检查。

7.2 《Arbitration Act 1950》下仲裁员命令检验的权力:The "Vasso"先例

在海事海商领域,仲裁是最普遍的争议解决方式,仲裁庭(或者是对仲裁进行支援的法院)颁布的检验命令常常也被称为"Vasso Orders",因为这是来自 The "Vasso" (1983) 2 Lloyd's Rep 346 先例的做法。

在 The "Vasso"先例中,Vasso 轮在运输瓷砖从西班牙瓦伦西亚前往科威特的途中遭遇火灾,Vasso 轮受到严重损坏,接受救助被拖回希腊比雷埃夫斯港口。在救助仲裁中,分摊了救助服务费用的货方申请派遣两个检验员上船,被仲裁员(已经逝世的 Geoffrey Brice QC 先生)允许。船东对此很不满意并向法院提出反对,指称仲裁员在《Arbitration Act 1950》下没有这样的权力。

直到《Arbitration Act 1996》,仲裁庭是没有作出"中间措施"(interim measures)的权力的,而对实体财产的检验、检查或试验就通常被理解属于中间措施的一种。当时中间措施的权力完全属于高院所有。也因此在《Arbitration Act 1950》之 Section 12(6)规定高院有权力支援仲裁作出以下命令:"(a) security for costs; ... (f) securing the amount in dispute in the reference; (g) the detention, preservation or inspection of any property or thing which is the subject of the reference ... and (h) interim injunctions or the appointment of a receiver."

因此在 The "Vasso"先例中,船东的律师提出仲裁员没有作出检验命令的权力,就像仲裁员无权命令原告提供费用担保(在《Arbitration Act 1996》下才赋予仲裁庭此项权力)或者是作出其他中间禁令一样。但是 Lloyd 大法官拒绝了这样的说法,指出 Section 12(6)中的中间措施并非只有高院才能行使,仲裁员也可以通过"中间命令"(interlocutory order)的方式行使权力:

"... It seems to me that the power to order inspection of property is not of a kind 'which only a judge can use.' I say that for two reasons. First, the property in question is the property of one of the parties to the arbitration. If it had been the property of a third party, the result might well have been different, though it is unnecessary so to decide. Where the property, as here, belongs to one of the parties, I see no reason for holding that the power to inspect the property can only be exercised by the court.

Secondly, the property in question is the subject matter of the reference. In order to enable the arbitrator to do his job properly, it is desirable, if not essential, that he should have the benefit of expert evidence on both sides as to the matters in dispute. The power is therefore necessary to enable the arbitrator to discharge his function; in that respect it is to be distinguished from, for instance, the power to order security for costs, which is collateral to the arbitrator's functions.

It is common ground that the tailpiece to section 12(1) of the Act of 1950 does not give the arbitrator all the powers of the court. As already mentioned, an arbitrator cannot make an order for security for costs, or grant an interim injunction. Some limitation must therefore be implied. The question is then, on which side of the line does the present application fall? Having heard the arguments, I am satisfied, for the reasons already mentioned, that it falls within the arbitrator's powers."

7.3 《Arbitration Act 1996》下仲裁员作出检验命令的权力

在《Arbitration Act 1996》下,The "Vasso" (1983) 2 Lloyd's Rep 346 先例中的争论就不再存在了。潮流已经转变为更倾向于由仲裁庭作出中间措施,同时尽可能远离当地法院。因此跟从联合国示范法(UNCITRAL Model Law),英国《Arbitration Act 1996》将中间措施的权力(至少是很大一部分)交给了仲裁庭,有关的 Section 38(4)已经在较早节录,不在此重复。在香港《仲裁条例》(《Hong Kong Arbitration Ordinance》Chapter 609)中 Section 56 (1)(d)也有类似规定如下:"仲裁庭可行使的一般权力 (1)除非各方另有协议,否则仲裁庭在进行仲裁程序时,可作出命令 ——(a)要求申索人就仲裁费用提供保证;(b)指示透露文件或交付质询书;(c)指示以誓章提出证据;或(d)就任何有关财产——(i)指示由仲裁庭、仲裁程序的一方或专家检查、拍摄、保存、保管、扣留或出售该有关财产;或 (ii)指示从该有关财产检走样本,或对该有关财产进行观察或试验。"(加黑部分是笔者的强调)

由于态度上的转变,如果仲裁庭已经组成并且可以作出检验命令,香港高院是不愿意自己出具此类命令的,见 The "Lady Muriel" (1995) 2 HKC 320 139 上诉庭先例。

7.4 检验命令和搜查令的区分:The "Mare Del Nord"先例

涉及对船舶进行检验的案件不计其数,笔者在此只对其中一个重要的海事案件进行介绍,见 The "Mare Del Nord" (1990) 1 Lloyd's Rep 40 先例。

在 The "Mare Del Nord"先例中,明确地判检验命令并非是禁令(针对的是搜查令[44])。因此在此先例中由海事法院的常务主任/登记官(Admiralty Registrar)作出作为程序命令(procedural order)的检验命令完全有效。这与搜查令不同,在 RSC 下规定这种禁令与其他类别的禁令(injunction)必须由高院法官才能作出。

此先例中,"Mare Del Nord"轮装载了一船汽油从利比亚前往突尼斯。在卸货时发现有 170 吨短缺,货方咨询了专家,被告知在这种短航次中出现这种程度的货物短缺是不寻常的,需要船东有所解释才行。专家认为需要从并非存储汽油的货舱中获取船用燃油的样品,以确认是否有货物(汽油)被泄漏或是偷走。因此货方律师要求派遣检验员上船检验以及提取样品,但被船东拒绝。

不久之后,在 1982 年 5 月,"Mare Del Nord"轮即将前往停靠英国斯旺西,货方获取

〔44〕 见本书第二章之 3 段介绍的 Anton Pillar KG v. Manufacturing Processes Ltd (1976) Ch 55 先例。

了针对船舶的对物令状(writ *in rem*),扣押了船舶。同时货方单方面(*ex parte*)或无通知(without notice)地申请了对船舶的检验与采样与参考船舶图纸(特别是船舶结构与管道图表),并获得了法院的同意与作出检验命令。在当年燃油价格高昂时,有很多不择手段的油轮船东盗窃运输的货物(这些货物可能是原油、燃油、汽油等)作为自己的船用燃油使用的丑闻。有一些被报道的先例中,甚至在货舱与船舶燃油舱之间安装了永久性的管道用来盗窃。而此先例看来货方就会怀疑是此类情况,能够上船检验与采样就马上真相大白,因为安装了管道不是马上就能拆除的,而一经化验也就能知道船用燃油是否混杂了盗窃的汽油。

Sheen 大法官针对向常务主任申请检验命令的一般做法说:

"As I am giving this judgment in open Court it may be helpful to practitioners if I set out what seem to me to be the principal matters to which the Court should have regard when exercising its discretion whether or not to order that samples be taken for the purpose of analysis. There is, of course, an infinite variety of circumstances which may arise. The Court should take into account all the circumstances of the particular case. The following matters appear to me to be important.

The evidence on affidavit in support of the plaintiffs' application must show that the plaintiffs have a good arguable case on the merits. The evidence must show prima facie that on delivery there was a shortage of cargo which should not be treated as de minimis. The Admiralty Registrar is not expected to try the question whether or not there was, in fact, a shortage. This is a matter for the trial. Such a question may involve very complicated problems. There need not be an allegation of fraud. Indeed, it would be rare for the plaintiffs to have evidence upon which such an allegation could be made. But if the evidence shows that apparently all the relevant cargo has been discharged and that nevertheless the amount discharged is less than that which was loaded, a question will arise whether or not cargo may have found its way into other parts of the ship. It is hardly necessary for me to say that plating does not necessarily remain oil-tight indefinitely.

Next, the plaintiffs must show that the taking of samples and analysis of, or any other experiment on, those samples may assist the Judge at the trial. The longer the lapse of time between the discharge of the cargo and the moment when samples are taken, the more difficult it will be for the plaintiffs' expert witness to satisfy the Court that the results of such an analysis or experiment are likely to be of assistance to the trial Judge... **It is in the interests of justice that, when in doubt, it is better to preserve evidence than to let pass an opportunity of obtaining evidence.** Shipowners must be protected from unnecessary interference with the running of their ships. But, provided that shipowners are fully protected against any damage which they may suffer, the provision of a sample of oil which may be relevant to the issues in the action is no more burdensome than is discovery of many documents, the disclosure of which puts the shipowners to a great deal of trouble and inconvenience. Both processes **help**

the Court to ascertain the true facts, and thus to reach a decision which is fair and correct.

An order that shipowners must allow an inspection to be made of parts of their ship and samples to be taken of the oil in bunker tanks will probably cause some inconvenience to the owners or charterers of the ship and possibly to others. Accordingly the plaintiffs should be required to give an undertaking in damages should it appear subsequently that the defendants have suffered loss as a result of the order obtained by the plaintiffs. The plaintiffs should also be required to give an undertaking to indemnify any third party adversely affected by the order.

If the Registrar is satisfied that the plaintiffs have a good arguable case and that the evidence to be obtained may assist the trial Judge, then the Registrar should take account of the undertakings given by the plaintiffs and balance the inconvenience which might be caused to the shipowners and others against the possible benefit to the plaintiffs."(加黑部分是笔者的强调)

7.5 司法检验:法官或仲裁员亲自观察与检验

针对在诉讼中出现的事实认定,法官可以亲自对物体或实物进行观察(view)与检验,以便对证据有更好的理解。在 CPR 下没有特别针对司法检验(judicial inspection)进行立法,但也并没有限制司法检验,因此这会属于法院的一般与广泛的案件管理权力(take any other step or make any other order for the purpose of managing the case and furthering the overriding objective)。所以即使是当事人不希望司法检验,法官也可以作出司法检验的决定,见 Tito v. Waddell (1975) 1 WLR 1303 先例。

而仲裁员的权力也是十分类似的。正如 Mustill & Boyd 的《Commercial Arbitration》(1989 年,第 2 版)一书第 333 页所说,"Unless the arbitration agreement otherwise provides,[45] the arbitrator has power to inspect property in respect of which an issue arises in the arbitration. It is for him to decide whether or not to hold an inspection. He will naturally take into account matters such as the expense and delay which will ensue if the property to be inspected is at a distance. The arbitrator is under no obligation to exercise his powers merely because a party asks him to do so[46]... "

笔者(杨良宜)在早年间,就听闻与经历过一些仲裁员前往现场观察与检验的情况,这在建筑工程仲裁中尤其常见。在海事海商领域,早年笔者也经历过一些案件,涉及前往现场(主要是在日本船厂)观察船舶建造中产生的争议。曾有著名的仲裁员 Cedric Barclay 先生前往日本船厂对数百个被指称的造船瑕疵进行观察与检验,并即刻作出决定(Cedric Barclay 先生曾有过在一天的检验与取证后,作出了近 300 份口头裁决书的著名

---

〔45〕 在实践中,几乎不会见到有管辖权条文或仲裁条文中明示约定排除法官或仲裁员前往现场进行司法检验的做法。

〔46〕 见 Mundy v. Black (1861) 30 LJ CP 193 先例。

事迹)。

在商业仲裁中,由于有争议的物体或实物常涉及很强的技术性,这些物体或实物不是作为物证(real evidence)呈上给仲裁庭,或者是申请仲裁庭前往现场亲自观察就可以凭借一般常识(ordinary common sense)作出判断的。因此笔者的经验是,申请仲裁庭前往现场观察往往是为了让仲裁庭更好地理解双方提交的证据如专家意见、技术报告等。笔者印象中就曾经在开庭审理期间,被双方当事人邀请前往新加坡樟宜机场观察一批有争议的安装在机场的机械设备。

在现代的各种技术手段(如视频录像等)的帮助下,已经不太需要进行现场观察与检验了。例如,有一些建造工程合约争议中,在开庭过程中通过无人机在天空拍摄向仲裁庭展示现场情况。在一些战乱地区的建造工程,由于不便前往,为了判断建造进展到什么阶段,就由卫星拍摄的照片等进行展示。在国际商事诉讼与仲裁中,要前往现场检验常常需要进行长途旅行,耗费时间与精力,甚至如果是战乱地区就可能不便前往。但仍然有仲裁中的一方或双方当事人要求这么做。不久前笔者遇到一个仲裁案件,涉及货物买卖纠纷,买卖的货物是几台用于内陆煤矿矿场的重型机械。买方声称机械存在瑕疵,与买卖合约的规格描述不符,无法正常操作,并申请仲裁员前往现场观察该机械的操作后再作出裁决。

7.5.1 司法检验本身也属于实体证据

司法检验本身就是实体证据(real evidence)的说法,早在 Goold v. Evans & Co (1951) 2 TLR 1189 先例中就有出现。在 Buckingham v. Daily News Ltd (1956) 2 QB 534 先例中,Denning 勋爵说:“Speaking for myself, I think that **a view** [法官亲自前往现场观察] **is part of the evidence**, just as much as an exhibit. **It is real evidence.**”(加黑部分是笔者的强调)

在 Tito and Others v. Waddell and Others (1975) 1 WLR 1303 先例中,Megarry 大法官说:“What a judge perceives on a view is itself evidence, in the same way as what he sees and hears in the courtroom. Just as a portable object may be brought into court and, being made an exhibit, become real evidence, so if the judge duly views a place or object which cannot be brought into court that place or object provides real evidence through the medium of the judge's eyes, ears, touch, tongue or, as in one recent case before me, his nose [Penn v. Wilkins (unreported), October 23, 1974]. On this footing the tendering of real evidence no longer depends upon the res being portable.”

在简单的民事诉讼中,法官前往现场观察并根据一般常识作出判断后,会有是否应该再听取其他证据(如专家证人)的争议。这个争议在著名的 London General Omnibus Company v. Lavell (1901) 1 Ch 135 先例中就有涉及。伦敦的旅游巴士是乘客上车后购买车票,原告(一间历史较悠久的巴士公司)指控另一间巴士公司“仿冒”(passing off)自己,如在巴士上作出相同的喷漆、图样等,导致一般旅客无法区分,并抢走了部分生意。一审法官前往现场对不同公司的两辆巴士进行观察,之后也不再接受其他证据就判存在仿冒行为。这也导致案件被上诉,上诉庭判其他证据应当被接受,如由专家来分析旅客的心态与习惯做法等，因此推翻了一审判决。此先例之后受到一些批评，例如在 Payton & Co Ltd v. Snelling Lampard & Co Ltd (1901) AC 308 先例中说"…（法官）looking at the exhibits before him and also paying due attention to the evidence adduced, must not surrender his own independent judgment to any witness."在 Buckingham v. Daily News Ltd (1956) 2 QB 534 上诉庭先例中，Birkett 大法官说："I have seen it with my own eyes, and I am in as good a position as anybody else to determine whether that is or is not a reasonably safe thing to do."在 Buckingham v. Daily News Ltd 先例中，Denning 大法官还指出 London General Omnibus Company v. Lavell 先例中上诉庭的看法太局限，说："It follows from our decision today that the observations of Lord Alverstone C. J. in the London General Omnibus case unduly restrict the function of a view. Everyday practice in these courts shows that, where the matter for decision is one of ordinary common sense, the judge of fact is entitled to form his own judgment on the real evidence of a view, just as much as on the oral evidence of witnesses."

但看来 London General Omnibus Company v. Lavell 先例的判法仍然代表了目前的法律地位。这可见 Mustill & Boyd 的《Commercial Arbitration》(1989 年，第 2 版)一书第 333 页："Personal inspection by the arbitrator constitutes evidence, but it is not exclusive evidence. Unless the arbitration agreement otherwise provides, the arbitrator must also receive any evidence which is tendered by the parties.[47] However, having received it, he is still entitled to prefer his own judgment to that of the witnesses."[48]

在《Disclosure》(2017 年，第 5 版)一书之 23.15 段也说，司法检验或观察本身就是证据，法官（或仲裁庭）完全可以依赖司法检验证据，而不依赖其他证人的证据。当事人申请司法检验实际上就是申请提供证据，因此一般法院都会允许司法检验（仲裁庭也是一样）。要拒绝证据必须十分小心，例如这明显是时间与金钱的浪费、明显起不了作用等。司法检验中必须给予双方当事人同样的陪同检验的机会，如果双方当事人都知悉司法检验的进行，但都不派遣人员陪同，只是法官（或仲裁员）独自前往也是可以的。但一般情况下，当事人会派遣人员陪同前往，这样也方便向法官（或仲裁员）指出物体或实物已经与当时情况发生变化（即使是简单的观察，如现场灯光是否足够的问题，可能在事故后已经更换了灯泡或是增加了照明设备），或者哪里需要重点关注。然而如果只有一方当事人知悉并陪同法官前往进行司法检验是不当的行为，会导致证据不被采纳（inadmissible），见 Goold v. Evans & Co 先例。节录 23.15 段如下："The inspection is evidence in it-

〔47〕 即使仲裁庭已经前往现场观察，但一方或双方当事人提交的专家证据仍然需要被考虑。

〔48〕 对抗性诉讼中有一个基本原则是法官只能根据当事人提供的证据作出判决，不能依赖其他外来信息。换言之，司法检验本身就属于证据，使法官可以依赖自己观察的结果作出判决。在 J Aron & Co v. Miall (1928) 31 Lloyd's Rep 242 先例中，Scrutton 大法官指出有经验的仲裁员会根据自己的观察得到他相信是更可靠的证据，而不仅仅是试图从当事人的（事实或专家）证人给出的不同意见中进行折中或作出选择。也就是法官/仲裁员完全可以根据自己得到的证据作出最后的判决/裁决。

self, which the judge may rely on even in preference to that of other witnesses.[49] Thus an application to the judge that he should inspect is in effect an application to adduce evidence and, except in cases where it is clear that a view would be a waste of time and money, the court should incline in favour of the inspection. The parties must be given an opportunity to be present at an inspection, and normally they both will be. It is undesirable, though not improper, for the judge to make an inspection in the parties' absence,[50] because unknown to him the position may have changed before trial. Where in one case the judge visited the site and took notes, but lost them and revisited to make another, less extensive set, the question was not whether one of the parties had lost confidence in him, but whether a just result had been reached."[51]

7.5.2 裁量权的行使

是否进行司法检验涉及在每个案件中行使裁量权(discretion)。毕竟拒绝当事人对司法检验的申请,也就意味着拒绝接纳物证(real evidence)。

有关司法检验裁量权的行使可见 Tito v. Waddell (1975) 1 WLR 1303 先例。此先例的背景是在西太平洋有一个被称为大洋岛(Ocean Island)的小岛。这个岛屿的面积只有约 1500 公顷,但绝大部分曾经都是被大量、高品质的磷酸盐(phosphate)覆盖的珊瑚石灰化石。这些磷酸盐被露天开采了超过 70 年的时间,最初是一间公司,之后在 1920 年由当时英国磷酸盐委员会(British Phosphate Commissioners)接手开采。在整个开采期间,前后委任过多名负责人,第一个是被澳大利亚政府委任,第二个是被英国政府委任,第三个则是由新西兰政府委任。之后磷酸盐矿产预计在 3 年时间内枯竭,而此时已经有 3/4 的岛屿被开采殆尽。大洋岛长期属于 Gilbert and Ellice Islands Colony 的一部分,在第二次世界大战期间大洋岛曾被日军占领,屠杀与驱逐了几乎所有的原住民,以及摧毁了绝大部分岛上的建筑。在战争结束后,幸存的原住民被集中起来居住在 1600 英里以外的斐济群岛中的一个叫作 Rabi 的小岛上。原住民明确指出自己不会放弃大洋岛,在此先例之前的 15 年中,原住民也非常积极地参与国际政治事务。

此先例中,原住民中有 12 个代表作为原告向英国磷酸盐委员会(British Phosphate Commissioners)提起诉讼,要求包括履行重新种植超过 250 公顷果树(椰树)的合约义务或者赔偿相应损失,以及赔偿未获得采矿权就开采磷酸盐矿所造成的损失。也因此索赔巨额损失。此先例由 Megarry 大法官审理,从 1975 年 4 月 8 日开始的漫长庭审预计要持续几个月的时间。

在庭审的第 9 天,原告的大律师(John Macdonald 先生)申请前往大洋岛进行司法检

---

〔49〕 见 Buckingham v. Daily News Ltd (1956) 2 QB 534; Tameshwar v. R (1957) AC 476 等先例。

〔50〕 见 Hare v. British Transport Commission (1956) 1 WLR 250; Salsbury v. Woodland and Others (1970) 1 QB 324 等先例。但要注意的是,这只是法官前往发生事故的公共地区自己进行观察,例如前往交通事故发生地进行观察,凭借自己的一般常识更好地理解与感觉。而如果比较复杂的情况,例如要看事故为什么会发生的原因等,就不适合这么做了。

〔51〕 见 Memarian v. Ghanadian (unreported, 23 June 2000)上诉庭先例(不存在不当行为,上诉被驳回)。

验。在庭审的第65天,Macdonald大律师再次提出同样申请。被告对此表示反对,主要理由是已经有非常大量的照片、图表以及其他证据能够证明,并没有前去进行司法检验的必要,反而是要进行司法检验会影响诉讼程序以及导致严重的延误,而且会产生大量的额外费用。在这些反对理由下,司法检验在被告看来是明显弊大于利的。

Megarry大法官对法院行使裁量权的原则作出如下陈述:"... there seems to be little in the reported cases which affords much guidance on the principles to be applied in exercising this jurisdiction. However, I think I can properly act on the following propositions. **First**, there seems to be nothing to restrict the rule to cases in which the place or thing to be viewed lies within the jurisdiction; and no suggestion that there has been any such restriction has been made. I see no reason why the rule should not apply in cases in which equity, acting in personam, is concerned with land outside the jurisdiction.〔52〕 **Second**, the rule plainly appears to confer a discretion on the judge. The words 'may inspect' ... seem to me to show that the matter is one for the proper exercise of a judicial discretion. No litigant can compel the judge to hold a view, and no litigant is given the right to prevent him from holding a view. Doubtless if all parties concur in submitting that the judge should, or should not, hold a view, the judge will normally act on the joint submission: for between them the litigants know more about what is involved than the judge. But the discretion is his, and even if the parties are united in opposing a view the judge may still regard a view as being essential to enable him to reach a proper conclusion; and vice versa.〔53〕 **Third**, ... the parties disagree about whether or not a view should be held, the judge should weigh the advantages of holding a view against the disadvantages. The balance may often be hard to strike ... Considerations of time and money will often point against holding a view, whereas considerations of assistance in reaching a proper decision will often point in favour of holding a view: yet the degree of

---

〔52〕 Megarry大法官对司法检验法律地位的第一个假设是,不限于只是在英国有管辖权的地区内进行观察。在以前的先例中虽然都是针对了在英国有管辖权的地区的司法检验,但这些是过去的先例。此先例判既然英国法院有管辖权审理案件,就可以前往有关现场进行检验,而无论是否在海外。但问题是今天有些国家是不允许外国法院前来自己管辖的地区直接进行取证,只能通过当地的司法机构进行,这可见本书第四章之2段。

〔53〕 当时的高院规则RSC中"may inspect"的措辞/文字显示了法官对是否要前往现场检验是被赋予了司法裁量权的。诉讼当事人无法强迫法官前往现场观察,也无法阻止法官要求前往现场观察。当然如果当事人都同意申请法官前往或不前往现场观察,由于当事人对案件的情况更加了解,法官一般都会依从当事人的共同看法(对仲裁庭来说更是如此)。但归根结底裁量权由法官行使,即使当事人都反对法官前往现场观察,如果法官认为前往现场观察对于帮助作出恰当结论非常关键,也可以前往现场观察。仲裁员的地位基本上也是如此。虽然仲裁很强调当事人意思自治,但如果仲裁员认为前往现场观察对作出公正的裁决至关重要,他/她也可以作出前往现场观察的决定。因为作出公正裁决是更重要的公共政策,双方当事人不能通过相互之间的约定超越,但这种情况很少出现。

assistance in reaching a proper decision cannot readily be measured in units of time and money."[54]

因此在此先例中,如果要进行司法检验,要安排 Megarry 大法官前往大洋岛,尤其是还要考虑需要当事人的律师(每个当事人各自派遣一个出庭律师与一个事务律师)与可能还需要的专家证人等人士共同前往,这会花费大量时间与费用。因此 Megarry 大法官需要对前往大洋岛亲自检验对达到恰当与正确的判决有多少帮助进行衡量。

很显然的是前往现场检验肯定是有帮助的,但是具体而言这个帮助有多大?前往现场检验显然可以让 Megarry 大法官了解这个不同寻常岛屿的特性(包括地形险峻的珊瑚岩),以及由于过度开采对岛屿带来的极端改变。Megarry 大法官也需要观察有关合约救济的问题,即平整、开垦被开采过的土地并种植 250 公顷的椰树涉及的工程与难度。在庭审中也提交了很多有关此问题的专家证据,但是 Megarry 大法官需要将这些专家证据结合大洋岛的独特地形以及原告索赔的内容进行判断。

这样的现场检验绝对跟假日旅行有天壤之别,但法官(或仲裁员)是否不方便、不愿意,不应该属于行使裁量权的考量内容。这是职业道德的问题,裁量权的行使只应该针对案件本身。Megarry 大法官接下来陈述了他作出裁量的三个进一步的考量:"**First**, if in a case of considerable complexity an appeal from the judge's decision is brought (and in this case an appeal seems probable, whatever my decision), the Court of Appeal is likely to be assisted more by the findings of fact if they are made by a judge who himself has viewed the locus in quo than if they are made by a judge who has not had a view. A judgment delivered by a judge who has not only heard and seen the witnesses but has also himself seen the complex subject matter of their evidence is, ... likely to be the more explicit and firmly based.[55] **Second**, if the judge refuses a litigant's application for him to view the site, and the litigant then loses the action, there is always the risk of the litigant attributing his defeat to the judge's refusal to permit him to adduce evidence which, however mistakenly, he may have believed to have been capable of turning the scales.[56] **Third**, there are the powers of the court in relation to costs. ... it might be right ... that the costs of the view would be separately considered, so that if in the event the holding of the view seemed to me to have been unjustified, the parties who had obtained the order for a view could be ordered to bear the costs of it, whatever the outcome of the case. ... On that footing, it seems to me that a substantial inroad

---

〔54〕 如果是当事人之间对于是否前往现场观察有不同意见,则法官就要权衡前往观察的优点与缺点,而这并不容易。前往现场观察,就时间与金钱而言肯定是缺点,但一般而言都会有或多或少地帮助了解双方的争辩与证据以及帮助作出正确判决的优点,但问题是这个优点又无法用时间与金钱量化进而与缺点进行比较。

〔55〕 第一点是由于此案件涉及的金额庞大,几乎肯定会上诉。而在上诉庭,基本会依赖一审法官作出的事实认定进行判决。因此一审中法官要尽可能完整地获得可以获得的证据。而前往现场观察肯定能够获得更多的证据,在这一点要优于不前往现场观察。

〔56〕 第二点是当事人申请前往现场观察但被法官拒绝,在事后如果该当事人败诉可能就会归咎于法官未能前往现场观察导致没有获取更好的物证。

is made into the defendants' objections to a view on the score of expense.[57] It is common ground that the arguments in the case cannot, in any event, be concluded before the Long Vacation begins, and so objections on the score of delay and of a view interrupting the flow of the case are also reduced in their force.[58] In the end, for the reasons that I have given, I have reached the conclusion that Mr. Macdonald's application ought to succeed, though at his own risk as regards costs.[59] I therefore hold that, subject to all proper arrangements being made, I will view Ocean Island. I reserve all questions as to the costs of or occasioned by the view."

在本章之7.5段已经说到由于现代科技的帮助,进行现场检验对法官(仲裁员)作出判决(裁决)能额外提供的关键性帮助已经越来越小。所以如果此先例发生在现在,或许法院会有不同的决定。

7.6 司法检验在仲裁中的进行

有关内容在本章之7.5.1段介绍的《Disclosure》(2017年,第5版)一书之23.15段已经提到。针对仲裁也有类似的说法,见 Mustill & Boyd 的《Commercial Arbitration》(1989年,第2版)一书第333页所说:"The arbitrator has a discretion as to the way in which the inspection is conducted.[60] Where the arbitration is of an informal nature, it will often be entirely satisfactory for the arbitrator to make a visit on his own to the place where the property is to be found.[61] On the other hand, where the arbitration has a more formal setting, it will be better for the arbitrator to attend in the company of the parties,[62] so that they can point out to him any features which they wish him to observe. He should, of course, never carry out an inspection in the company of one party alone, unless he has the express prior consent of the other."

在国际仲裁中,仲裁员更加应该避免自己单独前往进行司法检验或观察。一方面是今天国际仲裁很少会以不正式(informal)的形式进行,如双方既没有律师代表也任由仲裁员主导程序,在采取他/她认为恰当的行动后作出裁决。另一方面是国际仲裁涉及的国际商业纠纷与法院审理的简单民事案件不同,难以在现场观察时依赖一般常识作出判断。还有其他方面,是在笔者看来,即使在程序不正式的仲裁中,也不建议仲裁员私下取证,除

---

〔57〕 第三点是被告反对前往现场检验的理由是费用太高。但检验的费用问题法院是有裁量权的,法官可以在前往现场观察后认定对决定有多大帮助。如果帮助不大,即使将来原告胜诉也可以要求原告承担全部或部分的检验费用。

〔58〕 被告反对的另一个理由是时间上的延误,并会阻碍庭审进展。但法官认为反正这个案件无论如何都会受到法院长假期的影响与阻碍,前往现场观察并不会带来这方面的问题。

〔59〕 因此法官决定同意原告的申请,但将来现场检验产生费用可能由原告承担。

〔60〕 见 Heaven and Kesterton Ltd v. Sven Widdaeus A/B (1958) 1 Lloyd's Rep 101 先例。

〔61〕 见 Heaven and Kesterton Ltd v. Sven Widdaeus A/B (1958) 1 Lloyd's Rep 101 先例。也可见在 Naumann v. Edward Nathan & Co Ltd (1930) 37 Lloyd's Rep 249 先例中 Scrutton 大法官的说法。

〔62〕 必须给予当事人参加检验的机会:见 Goold v. Evans & Co (1951) 2 TLR 1189 先例。

非事先告知各方当事人(而这样也就不再是私下或机密证据了[63])。毕竟在今天,国际仲裁的裁决书不仅是在英国,而是要在全球不同的国家与地区申请承认与执行,英国以外的其他法院完全可能对仲裁员私下取证有不同的看法。

8. 第二种形式:采样与试验

8.1 采样(sampling)

第一种对现场的实体财产进行检验,实际上都是对实体财产通过视觉、听觉、嗅觉、触觉以及感知进行检验,很多时候还会对实体财产进行拍照、摄像、录音、出具书面报告记载感知等,并之后在开庭审理、作出判决时作为证据。而采样,显然就是另一种形式。

很多时候,案件同时需要进行一般检验与采样,例如本章之7.4段中提到的The "Mare Del Nord" (1990) 1 Lloyd's Rep 40先例[涉嫌盗窃船舶运输的石油,查看是否在船舶燃油舱与货舱之间连接有管道,以及在船舶上对船用燃油(fuel)采样检测]就是一个例子。通过这样的做法,才能全面调查事实真相、避免遗漏。如果通过一般检验显示没有结构上的改变(燃油舱与货舱之间没有安装管道),但船用燃油的检验显示出有货物(汽油)被添加入内,这同样可以是证明船东盗窃货物的有力证据。

在笔者的经验中,中国购买散货的大型企业往往碰到采样的问题。虽然这些中国企业在国际上购买大量价值高昂与质量达标非常重要的散货,但在装港任由外国卖方或他们常委任的检验公司采样,而不会派自己信任的检验公司在装船前采样,买卖合约内也一般不会保留这个权利。当货物到了中国卸港发现质量有大问题后,会尝试再做检验或声称在装港所取得的样本涉嫌有诈骗成分。但要证明诈骗需要满足很高的举证责任,并不容易,而且也很难排除质量问题是发生在运输过程中的疑点,证明卸港检验结果比装港更准确也不容易。所以如果中国买方没有取得装港的样本,之后要尝试向卖方索赔都会变成困难的事情。

采样还会被用在多种不同的争议中(如家事争议,这会稍后在本章之9段介绍)。

8.2 试验(experiment)

对于作出对实体财产进行试验的命令,笔者只是简单提以下几点:(1)与采样一样,在CPR Rule 25.1下,法院有权力对实体财产作出命令要求进行试验。为了使命令更加有效,法院在《Senior Courts Act 1981》之Section 34(3)下还可以作出命令检验与案件争议有关的第三人拥有或占有的财产。(2)在很多类别的案件中,常常在诉讼过程中需要进行试验(而不是在诉前)。而要向法院申请通过试验证明争议事实,要先向对方发出"要求承认事实通知"(notice to admit facts),如果不这么做,法院就可能不会给予指令,见Monsanto Co v. Stauffer Chemical Co (1985) FSR 55先例。此先例中,Falconer大法官

---

[63] 有关仲裁员依赖自己私下获取的证据、机密证据的问题,可见笔者的《仲裁法——从1996年英国仲裁法到国际商务仲裁》(2006年)一书第九章之3.17段以及第十二章之6.5段。这会带来严重的后果,包括可能导致裁决书被撤销等。

说:"It is, of course, highly desirable that before experiments are embarked upon in a patent action the party proposing experiments should first seek admissions from the other side as to the facts which, in the absence of appropriate admissions, it would be sought to establish by the proposed experiments. Much, if not all, of the very heavy costs of experiments in patent actions and the loss of time occupied by their performance and repetition might thereby be avoided. In requesting such admissions there is, of course, no need to await the issue of the summons under R. S. C., Order 104 rule 10[64] ..."

试验前要先通知对方要求承认有关事实(极端的情况可以是要求对方承认侵犯自己的知识产权),这与其他检验有所不同。这一方面是因为试验不怕"打草惊蛇"的问题,另一方面是试验常常会交给第三方专家进行精密的试验。例如,在专利案件中,会有需要由第三方专家进行试验,以鉴别是对原告的侵权还是属于被告自己的发明创新等问题。因此通过要求承认事实通知的方式,可以尽量减少对事实的争议,进而减少需要进行的试验,节约诉讼成本与时间。

有关要求承认事实通知程序在笔者的《国际商务仲裁》(1997 年)一书第十一章之 3 段有介绍。

在今天 CPR 下有关试验的做法可见 CPR PD 63 Para 7。当事人先要向对方当事人送达通知,在其中陈述所有希望证明的事实以及准备采用的试验手段的具体资料(Para 7.1)。对方当事人则必须作出回应是否对这些事实予以承认(Para 7.2)。对于不被对方当事人承认的事实问题,则可以向法院申请进行试验的指令(Para 7.3)。

9. 第三种形式:人身或医疗检查 (medical examination)

此处可以先介绍 S (An Infant) v. S (1972) AC 24 贵族院先例,该先例中就已经涉及人身或医疗检查的问题(为幼儿做血液测试)。这是一个家事案件,妻子承认出轨(adultery),丈夫因此质疑子女也并非自己所生,因此要对子女进行血液采样以供检验。由于妻子拒绝让子女接受采样与检查(可能是妻子自己知道真相或知道存在问题,害怕在证实后会影响继承权等),因此丈夫向法院作出有关申请。对于是否可以对子女身体进行采样的问题一路被上诉到当时的贵族院,贵族院的 Macdermott 勋爵说:"... There can be no doubt today that samples of blood, when subjected to skilled scientific examination, can often supply helpful, and sometimes cogent, evidence on various issues arising in various types of litigation. But I think it must be accepted that save where Parliament has otherwise ordained, the High Court has no power to direct that a person who is sui juris is to have a blood test taken against his will. ... But this lack of power on the part of the court to enforce

---

〔64〕 这是 RSC 下向法院申请试验的规则,在今天 CPR 下的规则会在后文中介绍。

its order physically without consent does not mean that the question under discussion must be answered in the negative; for much of the jurisdiction of the High Court can only be made effective by indirect means-such as a stay of proceedings, attachment or the treatment of a refusal to comply as evidence against the disobedient party. This is very much the case in one branch of the jurisdiction of the High Court, namely, its inherent jurisdiction to make interlocutory orders for the purpose of promoting a fair and satisfactory trial. I do not think there is now any question about the existence of this jurisdiction, which I shall refer to as the 'ancillary jurisdiction.' It may be procedural in character, but it is much more than that. It is a jurisdiction which confers power, in the exercise of a judicial discretion, to prepare the way by suitable orders or directions for a just and proper trial of the issues joined between the parties. …"

贵族院判对于儿童是否丈夫亲生,与幼儿自己的利益也是息息相关的。所有的可以获取的相关证据都应当让法院获取也是符合公平审理的目的的。这当然就包括在现代科技下进行血液(现在还会有基因的)检测,毕竟这可能可以对争议一锤定音。

出于对人权的尊重,法院没有一般的权力强制要求接受人身检查,只能间接通过法院程序强制原告(母亲)代表未成年子女接受检查,否则中止程序(stay of proceedings)。

正如《Disclosure》(2017 年,第 5 版)一书之 23.24 段说:"However, there is still no general power for the court to order a medical examination in a case where the condition of a party is in issue. Nevertheless, the common law has found a way, in its inherent jurisdiction to stay proceedings for good cause. Thus, where a defendant in a personal injuries case in light of further evidence sought a further medical examination of the plaintiff, but the plaintiff refused to submit voluntarily, the Court of Appeal ordered a stay of the proceedings until the examination was completed."

在该书中对这段说法援引了一些先例作为支持,见上诉庭的 Edmeades v. Thames Board Mills Ltd (1969) 2 QB 67 与 Nicholson v. Halton General Hospital NHS Trust (1999) PIQR 310 先例等。

通过法院程序强制接受人身检查的做法,对于索赔人身伤害损失等案件的原告来说完全是行得通的做法,而且让被告有合理机会对原告的真正情况进行检查是公平合理的。原告不能一边以自己的人身伤害等为由提起诉讼索赔损失,另一边又以人身受隐私权保护为由拒绝接受检查。但是看来这个做法没有办法针对被告了,毕竟作为被迫参与诉讼的被告完全可以有权利拒绝对自己进行检查。但是这至少曾经在一个先例中,法院判不合理拒绝接受人身检查的被告的抗辩被撤销,见 Lacey v. Harrision(The Times, 22 April 1992)先例。

当然对于从事国际业务的中国公司来说,虽然时常签订受英国法管辖的合约,但这种检查关系不大,只有少数情况(如对外国员工的雇佣合约等)才会涉及,因此不过多介绍。另外,在这个领域有很多立法强制医疗检查,例如《Family Law Reform Act 1969》之 Section 20 – 23(血液及其他方式的亲子鉴定),《Social Security Administration Act 1992》之

Section 9 与 Section 55(对原告的人身检查),《Road Traffic Act 1988》之 Section 6 与 Section 7(交通事故中呼吸测试),《Children Act 1989》中有关虐待儿童的检查等。

10. 第四种形式:对图表、照片、模型等的检验

图表、照片、模型等在庭审时主要有三种作用。

第一,作为庭审证据证明双方争议的事实,为了避免在开庭审理时被突袭(ambush)等问题,一般是与文件证据一样需要提前向对方诉讼方披露与交出检验(disclosure and inspection)。在今天的诉讼中,无论是图表、照片还是模型等证据常常是附带在事实证人的书面证人证言(witness statement)或者是专家证人的专家报告(expert report)后,也因此一般与证人证言或专家报告一并提交。而如果要单独提交,就必须提前向对方作出通知,见 CPR Rule 33.6。如果没有给予通知,这类证据就不会被法院所接受,在 CPR Rule 33.6(3)中规定:"Unless the court orders otherwise the evidence shall not be receivable at a trial unless the party intending to put it in evidence has given notice to the other parties in accordance with this rule."

第二,有时在个别案件中,图表、照片、模型并非作为证据证明事实问题,而是为了让法官或仲裁员能够更好地理解案情与所描述的情况,见 Hayes v. Brown (1920) 1 KB 250 先例。但即使是这种情况,也需要在开庭前交给对方审阅与检验,否则可能导致在开庭审理时对方提出反对而最终不被接受。

第三,是为了降低对方证人可信度,这也是唯一一种不需要提前让对方审阅与检验的例外情况。为了达到目的,诉讼当事人可以在向法院申请后、在庭审时才出示这些图表、照片、模型等(可能包括其他各类形式的证据)。而在仲裁庭,则一般都认可由于反盘问(cross-examination)的需要而带出来的新证据,因此无须申请,也无须在审前(pre-trial)披露。

第六章　CPR 的规定、中间程序/措施和简易判决的提前披露等

1. 提前文件披露

在《Rule of Supreme Court》(简称 RSC)下,英国法院接受一方在诉讼开始后向另一方要求提前披露文件的做法。这与本书较早章节所讲的诉前披露(pre-action discovery/disclosure)不同,诉前披露涉及管辖权(jurisdiction),在 RSC 下法院是没有在除人身伤亡案件外的民事案件中命令诉前披露的管辖权。因为当时法院的诉讼程序根本还没开始,一旦诉讼开始了,法院就对该案件有管辖权,也就是与管辖权无关而纯粹由法官根据个别案情是不是适合提前披露而行使裁量权(discretion)。

已经在本书多次提到,英国法律下[RSC Order 24,rule (1)]的做法是双方在文书请求(pleadings)结束后同时交换披露的有关文件。如果要求一方当事人提前向对方披露文件,例如原告要向被告提前披露文件,则会带来不公平,因为被告就可以针对原告手中的文件证据(当然口头证据[1]也是一样)而有针对性地雕琢其抗辩文书请求与证据。例如,本来会承认(admit)的事实就因为原告手中的文件证据不完整而变为不承认,要原告证明。所以,通常是需要很好与很充分的原因与有特殊的案情,才能成功说服英国法院行使裁量权要求一方当事人向对方做出提前披露。

英国法院不轻易行使裁量权要求一方当事人向对方提前做出披露也有其他理由,Hirst 大法官在 Rome v. Punjab National Bank (No. 1) (1989) 2 All ER 136 先例解释说:"I wish to stress that, as counsel for the plaintiffs himself accepts, the court will only exercise its powers under this heading very rarely, and will require the clearest possible demonstration from the party seeking discovery that it is necessary for the fair disposal of the application. I say this for two reasons. In the first place, the court is naturally reluctant to place such a burden on a defendant who disputes the basic jurisdiction of the court, for the reasons put forward by counsel for the defendant. Secondly, applications under Ord 12, r. 8 are a fairly common feature of court business, most particularly in the Commercial Court when dealing with applications to set aside leave granted ex parte under Ord 11 for service out of the jurisdiction, and

---

[1] CPR Rule 34.8 规定了可以通过口供书(deposition)的形式在开庭前提前获得对方证人的口头证据。上诉庭在 Barratt v. Shaw & Ashton (2001) EWCA Civ 137 先例中针对通过口供书提前获得口头证据的标准时说:"... 4. It would be inappropriate for a party to use the procedure for the purpose of obtaining the evidence of a witness in advance simply in order to enable him to re-evaluate the strength of his claim against the present defendants to see whether a trial should now take place."

they are normally dealt with by a hearing on affidavit evidence (see The Supreme Court Practice 1988 Vol. 1, para 12/7 – 8/5). It would be most undesirable, and productive of extra delay and unnecessary expense, if applications for discovery were to become a common feature in such cases."

在《Civil Procedural Rule》(简称 CPR)于 1999 年生效后,David Steel 大法官在 Harris v. Society of Lloyd's (2008) EWHC 1433 (Comm)先例中说:"It is well established under the previous procedural rules that the power to order disclosure for the purpose of interlocutory proceedings should be exercised sparingly and then only for such documents as can be shown to be necessary for the just disposal of the application: Rome v Punjab National Bank … There are good reasons for concluding that the same if not a stricter approach is appropriate under the provisions of CPR."[2]

Steel 大法官在 Fiona Trust Holding Corporation & Others v. Yuri Privalov & Others (2007) EWHC 39 (Comm)先例中也有同样的说法。

总结以上所讲,在一般的案件成功申请提前披露的机会不大。

1.1 提前披露的时间

RSC Order 24, Rule 1 针对正常的双方相互文件披露规定:"1. **Mutual discovery of documents** (1) After the close of pleadings in an action begun by writ there shall, … be discovery by the parties to the action of the documents which are or have been in their possession, custody or power relating to matters in question in the action. …"

从这一程序直到诉讼完毕前,双方都有持续的披露责任,即双方取得了新的有关文件之后必须持续做出披露,这一责任是不需要法院另去作出命令的。

所以提前披露肯定是在双方的文书请求交换完毕(close of pleadings)与双方的正常与相互做出文件披露的程序之前发生的。但通常是不会发生在诉讼刚开始后,也就是原告向被告发出与送达告票但还没有递交索赔请求(statement of claim)之前。原因很简单,因为在还没有索赔请求之前,法院根本不知道双方所争议的问题,特别是原告的索赔或指控(allegations)是什么,没有办法命令被告提前披露与披露什么文件。所以只有在早期的 Speyside Estate and Trust Co Ltd v. Wraymond Freeman (Blenders) Ltd (1949) 2 All ER 796 先例中,法院在原告作出索赔请求之前,就允许原告要求被告提早披露被告在有关期限的银行账单的申请。在该先例中,如果被告提前披露这些文件,就可以令原告的索

---

〔2〕 RSC 已经确立应尽量少为了中间程序命令提前披露,即使作出了提前披露的命令也应限制在处理有关申请必需的文件。例如,法院有时需要下令提前披露部分文件才能公平合理地处理法院管辖权的争议(jurisdiction challenge),但由于这些文件与实质争议有关或是对处理实质争议有重要性,所以法院在决定是否在文书请求刚开始[被告必须在递交抗辩书(statement of defence)前挑战管辖权]就要求一方(如原告)作出提前披露时必须小心。即使需要作出提前披露,法院也应尽量控制在与管辖权争议有密切关系与对法院处理管辖权争议有重要性的文件,而不是命令全面披露整个争议(包括损失计算等)的全部有关文件。这样的做法有很好的原因支持,所以在 CPR 下没有理由不持续甚至应更严格。现在在法院诉讼与仲裁开庭时,常会要求在一位证人作证时,其他证人(包括己方与对方的证人)离开,以免听到证词后可以配合自己的盘问,这也是同样的道理。

赔请求有更完整的事实详情(particulars),特别是可以避免后来大面积修改(amend)原来的索赔请求,从而避免时间延误与浪费金钱。另可注意到在该先例中,法院是不存在不知道原告的索赔与指控是什么。

而在一些特定类型的案件,如知识产权的案件,原告向法院显示根据一些可靠来源的资料可以合理怀疑被告侵犯了他的知识产权并希望向被告索赔与/或寻求其他救济,但缺乏重要事实(material facts)的证据支持,而原告无法合理从其他渠道〔3〕找到更好的证据去作为支持索赔请求的重要事实。这样如果作出空泛的索赔请求并在将来相互披露〔4〕后作出修改会太滞后,因为很可能马上面临被告把索赔请求撤销(strike out)的申请。〔5〕所以这也是一种可以向法院申请在索赔请求作出之前就要求被告提早披露有关的重要文件的情况。

特别是在新的英国民事诉讼规则(CPR)下,法院会更加愿意去作出提早的披露命令,特别是有了诉前披露议定书〔6〕的做法后,心态上不会对钓鱼取证/摸索证明(fishing expedition)〔7〕好像以往在RSC下这么担心与抗拒,见Arsenal Football Club Plc v. Elite Sports Distribution Ltd (2002) EWHC 3057 (Ch)等先例。

1.2 有关提前披露的情况

更常见的提前披露是在索赔请求发出之后,被告发现自己没有足够或任何有关该索赔的信息,进而无法对原告索赔请求中的指讼与重要事实作出实质性且有充分理据支持的抗辩。原因可能是多方面的,一个方面是被告自己的问题。例如自己没有保存文件;或公司在改组之后处理有关争议事件的员工已经离开公司;又可能原告的索赔虽然仍在6年或12年(适用在契约)的时效内但也已过去了很多年,这导致被告都无法记得,可能记得的员工/证人已经流失,更无法找到有用的资料与文件证据协助作出抗辩书(statement of defence)等。这种被告自己的问题会比较难处理,法院会较难被说服作出提前披露的命令。但会有一些是行业特殊性或是外来的原因与被告本人的问题无关,这样法院就会更加愿意去作出提前披露的命令,让被告提前从中找到有关重要事实的文件证据以作出抗辩(如果有的话)。这在英国法院已经有了很久的历史,也就是在RSC Order 72, Rule 10〔8〕下的例外做法,即不必等到双方当事人在文书请求后才相互披露文件,而是允许承

〔3〕 更好的渠道是本书第二章之3段介绍的搜查令,但受限于地域限制等问题并不一定做得到。

〔4〕 关于诉讼的正常相互披露程序,在本书第七章有详细介绍。

〔5〕 这在本章之4段有详细介绍。

〔6〕 这在本书第二章之2段有详细介绍。

〔7〕 在《Dicey, Morris & Collins on The Conflict of Laws》(2012年,第15版)之Para. 8 – 103,说:"'Fishing' arises where what is sought is not evidence as such, but information which may lead to a line of enquiry which would disclose evidence; it is a search, a roving enquiry, for material in the hope of being able to raise allegations of fact."

〔8〕 RSC Order 72, Rule 10规定:"(1) Where in an action in the commercial list relating to a marine insurance policy an application for an order … is made by the insurer, then, … the Court, if satisfied that the circumstances of the case are such that it is necessary or expedition to do so, may make an order, … for the production of such documents … (2) An order under this rule may be made on such terms, if any, as to staying proceedings in the action or otherwise, as the Court thinks fit…"

保海险的保险人[主要是劳合社的承保小组(syndicate)]可以在收到受保人的索赔请求之后向法院提出申请,要求原告提前披露所有的相关索赔的文件与资料,并在查看后再递交抗辩书,见 Boulton v. Houlder Bros (1904) 1 KB 784; Garra v. Eagle Star Insurance Co (1923) 16 Lloyd's Rep 339; Leon v. Casey (1932) 2 KB 576; Keevil v. Borg (1940) 3 All ER 346; The "Sageorge" (1974) 1 Lloyd's Rep 369 等先例。

在几百年前,国与国之间根本无法即时或快捷地通信与交往,而海上保险的业务偏偏又大部分涉及英国国外,导致索赔的意外也会发生在国外。这种情况下,保险人是不会知道也无法通过其他途径调查到有关的意外事故,从而知道有关索赔的重要事实,如发生的事故是否为承保风险(insured peril),或是否涉及欺诈,或涉事的船舶是否适航(seaworthy),或索赔金额是否夸大等。所以如果保险人对索赔有所怀疑,或至少是想要搞清楚有关事实后才作出决定是否赔偿以及赔多少,就只能要求作为受保人的原告披露所有的文件与资料。而原告对造成索赔的意外事故,肯定会有文件与资料,否则他也无法在索赔请求中提出足够的重要事实。相比保险人,他对投保的船舶或货物有掌控,更了解意外事故的发生、经过与善后工作,也拥有其他相关的证据如航海日志、船长报告等有关文件。但到了今天,保险人或保险公司再也不会有同样困难,因为在世界任何地方调查取证都不会太困难。所以,在做法上也有了改变,这方面稍后在本章之7段会有进一步的探讨与介绍。

另一个例子是涉及知识产权的争议,除了上一段提到有原告需要提前披露才能有证据支持索赔请求外,也会有情况是被告在毫不知情的情况下被原告指称产品侵犯他/她的专利或仿冒(passing off)他/她的产品。这样,被告就需要原告提前披露后才能作出抗辩,见 RHM Foods Ltd v. Bovril Ltd (1982) 1 WLR 661; C Shippam Ltd v. Princes-Buitoni Ltd (1983) FSR 427 等先例。

对不知情的被告而言,他/她可能希望通过在抗辩书中对原告所有的指控与重要事实都泛泛说否认(deny)来拖时间,直到文书请求结束双方相互做出披露有了进一步的文件与资料后再修改抗辩书。但这种做法并不是一个理想的做法,在 CPR 下更是被明示禁止。这有以下几个原因:

1. 一个纯否认(bare denial)的抗辩是违反 CPR Rule 16.5(2)的规定,再也不能被接受。其中一个严重的后果是除非法院批准(leave),被告不能事后挑战或质疑(challenge)原告的有关指控(allegation),也不能在开庭审理时针对原告的指控提交任何正面反驳的证据(positive evidence),因为已经被视为承认了对方的指控,见 Mitchell v. News Group Newspapers Ltd (2013) EWCA Civ 1537; DIL v. Commissioner of Police of the Metropolis (2014) EWHC 2184 (QB)等先例。CPR Rule 16.5(3)规定:"3) A defendant who—(a) fails to deal with an allegation; but (b) has set out in his defence the nature of his case in relation to the issue to which that allegation is relevant, shall be taken to require that allegation to be proved."

2. 现在在文书请求/案件陈述后,英国法院很快就会召开案件管理会议(case management conference)。这个会议要求双方代表律师都对自己的案件十分熟悉,这也表示被告要对自己的实质抗辩有所理解才行。另是 CPR Part 3 给了英国法院很大的案件管理的权利,包括撤销(strike out)一个不符合 CPR 对文书请求要求的纯否认。其中 Rule 3.4 针对文书请求说:"**Power to strike out a statement of case**...(2) The court may strike out a statement of case if it appears to the court—(a) that the statement of case discloses no reasonable grounds for bringing or defending the claim...(c) that there has been a failure to comply with a rule, practice direction or court order."

3. 总之,如果被告的文书请求中没有一个可争议的抗辩(arguable defence),原告会很快向法院申请撤销这个抗辩。原告在同时会请求法院根据 CPR Rule 24.2 对索赔作出一个简易判决(summary judgement),这方面的内容会在本章稍后的第 4 段详细介绍。

4. 被告希望拖时间在稍后有了文件证据/资料后再修改抗辩书的做法,既劳民伤财也延误时间。

5. CPR 下的心态是希望双方当事人能够提早谈判并达成庭外和解,以免诉讼进行下去劳民伤财。一个纯否认但不说明原因与事实详情的抗辩书,是无法让原告理解并以为依据谈判的。

所以这些原因加起来,很容易想到为什么在特殊的案件中需要命令原告提前披露以帮助被告作出符合 CPR 要求的抗辩。

2. 提前披露的立法规定

2.1 1999 年前的英国法院规定:RSC

RSC 下针对提前披露的规定主要是在 Order 24, rule 7,可节录如下:"7. **Order for discovery of particular documents** (1) Subject to rule 8, **the Court may at any time**, on the application of any party to a cause or matter, make an order requiring any other party to make an affidavit stating whether any document specified or described in the application or any class of documents so specified or described is, or has at any time been, in his possession, custody or power ...(3) An application for an order under this rule **must be supported by an affidavit** stating the belief of the deponent that the party from whom discovery is sought under this rule has, or at some time had, **in his possession, custody or power** the documents, or class of document, specified or described in the application and that **it relates to one or more of the matters in question in the cause or matter.**"(加黑部分是笔者的强调)

另在 RSC Order 24, Rule 8 针对与强调法院在必要的情况下才能行使裁量权命令提前披露,说:"On the hearing of an application for an order under rule 3, 7 or 7A the Court, if satisfied that discovery is **not necessary**, or **not necessary at that stage** of the cause or matter, may **dismiss or**, as the case may be, **adjourn the application** and shall in any case refuse to make such an order if and so far as it is of opinion that discovery is **not necessary either for disposing fairly of the cause or matter or for saving costs.**"(加黑部分是笔者的强调)

笔者可对上述节录规定中加黑部分稍作解释如下:(1)“法院在任何时候”(the Court may at any time):这指的是在RSC Order 24,Rule 1强制规定双方诉讼方在诉讼开始后与文书请求后的正常相互披露程序之前的提前披露。(2)“必须有誓章支持”(must be supported by an affidavit):诉讼方申请提前披露时必须递交誓章,显示与证明他/她申请提前披露的理由是有正当理由与满足RSC中的两个特定要求。(3)“在他拥有、托管或权力之下”(in his possession, custody or power):这是第一个特定要求,逻辑上对方诉讼方只有拥有、托管或有权获得有关的文件或一类文件才需要披露这些文件。(4)“文件与诉讼争议的一个或几个事件有关”(it relates to one or more of the matters in question in the cause or matter):这是第二个特定要求,即被要求披露的特定文件(particular document or class of documents)必须与诉讼争议的一个或几个事件有关。这也很合理,在旧的RSC下,双方要交换所有有关(什么是有关可根据双方的文书请求中的争议/争端确定)文件,所以针对提前披露也是同样的标准。文件是否有关还会影响到法院作出提前披露命令的管辖权问题。例如在AJ Bekhor & Co Ltd v. Bilton (1981) 2 All ER 565先例中,在有关冻结令(Mareva Injunction/Freezing Order)[9]的程序中,原告申请被告在RSC Order 24,Rule 7下提前披露他的资产状况。一审法院同意了原告的申请,但这决定被上诉庭推翻,上诉庭判决法院没有要求被告提前披露的管辖权,因为这些文件与双方争议的事件无关。但在RHM Foods Ltd v. Bovril Ltd (1982) 1 WLR 661先例中,上诉庭认为对RSC Order 24,Rules 1 &7中“relating to matters in question”的解释不应该太狭窄,所以在该先例被告对管辖权的挑战没有成功。(5)“从公平处置有关争议或节省费用的角度都不需要”(not necessary either for disposing fairly of the cause or matter or for saving costs):如果法院在考虑了誓章证据后认为无论是从公平处置有关争议(如在本章之1.1段介绍的海事与知识产权案件,中间措施或中间程序命令也往往需要一些特定的披露)或节省费用的角度都不需要提前披露,也不会作出命令。

2.2 目前的英国民事诉讼规则(CPR)的规定

CPR Part 31针对了诉讼中的文件披露,其中正常的相互披露通常是在文书请求/案件陈述结束与案件管理会议的程序后。这个重要课题会在本书第七章介绍,此处只节录个别立法条文以显示与本章介绍的提前披露不同。如CPR Rule 31.5(3)规定:“Not less than 14 days before the first case management conference each party must file and serve a report verified by a statement of truth, which—(a) describes briefly what documents exist or may exist that are or may be relevant to the matters in issue in the case;(b) describes where and with whom those documents are or may be located ...”

另在Rule 31.10(1)~(3)规定:“(1) The procedure for standard disclosure is as follows. (2) Each party must make and serve on every other party, a list of documents in the relevant practice form. (3) The list must identify the documents in a convenient order and manner and as concisely as possible.”

---

〔9〕 在本书第三章有详细介绍。

CPR 下针对本章介绍的提前与特定披露的 Rule 31.12 可节录如下:“**Specific disclosure or inspection** (1) The court may make an order for specific disclosure or inspection. (2) An order for specific disclosure is an order that a party must do one or more of the following things —(a) disclose documents or classes of documents specified in the order; (b) carry out a search to the extent stated in the order;(c) disclose any documents located as a result of that search ...”

在《The White Book Service 2013: Civil Procedure》一书之 Para. 31.12.1.1 提到这种特定披露的申请可以在诉讼任何阶段,这当然应该包括提前披露的情况。法院在行使裁量权时应考虑所有的情况与 CPR Part 1 中提到的 CPR 的首要目标,这包括要维持公正与确保双方被平等对待,见 CPR PD 31A Para. 5.4。

除了 Rule 31.12,在 CPR Rule 18.1(1)下一方也有权要求对方当事人提前做出澄清/质询与/或提供进一步的信息(无论是否已在文书请求中提到):“(1) The court may at any time order a party to-clarify any matter which is in dispute in the proceedings; or give additional information in relation to any such matter, whether or not the matter is contained in or referred to in a statement of case.”

在本章一开始就已经提到,新的 CPR 针对提前披露的规定与 RSC 没有本质上的不同,正如 Steel 大法官在 Fiona Trust Holding Corporation & Others v. Yuri Privalov & Others (2007) EWHC 39 (Comm)先例中所说:“It is of course open to the court to order disclosure at any stage of the proceedings, including for the purpose of interlocutory proceedings. But it is well established under the previous procedural rules that such a power should be exercised sparingly and only for such documents as can be shown to be necessary for the fair disposal of the application: see Rome v. Punjab National Bank (1989) 2 All England Reports 136. There are no reasons for concluding that any different approach is appropriate under the provisions of CPR...”在《Disclosure》(2017 年,第 5 版)一书之 2.39 段也说:“A further exception relates to disclosure ordered for the limited purpose of interlocutory proceedings. Under the old rules it was held that, in a dispute as to whether the court should set aside service of a writ for want of jurisdiction, the High Court had power to order discovery to be given going to that issue. However, such discovery would be ordered sparingly and only of such documents as could be shown to be necessary for the fair disposal of the application[10]... Although the CPR are differently worded to the RSC, there seems little doubt that the position under the new rules is the same. Indeed, if anything the argument for the court having such

---

〔10〕 见 Rome v. Punjab National Bank (No. 1) (1989) 2 All ER 136; Nissho Iwai Corporation v. Golf Fisheries Company (unreported, 12 July 1988); Canada Trust Co v. Stolzenberg (1997) 1 WLR 1582 等先例。

power is stronger, for disclosure is no longer tied to relevance to issues in the action,[11] but depends on what is ordered."

3. 有关提前披露的典型案例

3.1 RHM Foods Ltd v. Bovril Ltd 先例

RHM Foods Ltd v. Bovril Ltd (1982) 1 WLR 661 先例是罕见的由原告在作出索赔请求(statement of claim)之前申请法院下令被告做出提前披露的案件。案情涉及知识产权争议中的仿冒(passing off),被告推广的名为 GRAVYMATE 的牛肉汁产品,外表、包装与电视上的广告都与原告在 1910 年已经推出市场并受到消费者欢迎与全球享有盛誉的 BISTO 十分相似。但仅是两种商品外表接近并不足以支持原告仿冒的指控,另一个重要条件是证明被告向潜在的买方(消费者)误述,导致这些买方混淆,分不清原告或被告的商品。这才是仿冒,即被告有意瞒骗。

这样,原告向法院申请要求被告提前披露被告与他的广告代理人之间关于 GRAVYMATE 的市场营销与广告(包括电视广告)的所有的文件与书信往来,包括被告向他们所作出的一些指示与代理人的回应,如怎样推广商品。显然,在这些文件的内容中就有可能找出被告是否指示或要求广告代理人模仿原告的 BISTO 牛肉汁以及是否意图误导消费者。这个申请在一审被接受,但在上诉到上诉庭之后被推翻。

上诉庭认为法院确实有在文书请求还没有开始,也就是原告还没有做出索赔请求之前就命令提前披露的管辖权,但只适用在很罕见与特殊的情况。而在该先例中,由于索赔请求仍未作出,法院无法知道该诉讼的事宜与问题(the matters in question in the action),无法满足 RSC 对提前披露与披露什么文件的要求。另是在当时的 RSC 下,仍是抗拒通过披露调查而不是为了取得审理时要用的文件证据进行提前披露,认为这是钓鱼取证/摸索证明(fishing expedition),是不允许的。上诉庭的 Lawton 大法官这样说:

"I am willing to accept that the affidavits ... have reasonably given the plaintiffs cause for suspicion, but at present there is not, in my judgment, any satisfactory evidence of fraud or, indeed, of disreputable conduct short of fraud. In my judgment, it would be unfair to the defendants to allow the plaintiffs to have discovery before they have set out in a Statement of Claim such allegations of deliberate deception as they feel justified in marking... Until at least a Statement of Claim has been delivered the court can seldom know what are the matters in question in the action.

The need for definition of the issues probably explains why orders of the kind made by

---

〔11〕 在 CPR 后不再存在必须与诉讼争议有关的要求,所以不需要等到文书请求(pleadings)或案情陈述(statements of case)确定争议后,再看被要求披露的文件是否与争议有关。从本书第二章之 2 段介绍的诉前披露议定书(pre-action disclosure protocol)可以看出,CPR 下不再拒绝提前(无论是诉前还是审前)披露,而是更关注提前披露在案件中是否公平。这取决于个别法院对每个不同案情的案件的看法,这也令法院有更大的裁量权(discretion)。

Mr. Justice Warner(一审法院法官)are so rare… this application was, of fishing for evidence to support an allegation which it was submitted could be inferred from conclusions set out in affidavits.

…**if an order for discovery under Order 24, rule 7(1) could be made in this case, it could probably be made in every case in which a deliberate intention to deceive was alleged. The making of such orders would add greatly to the costs of litigation and would probably slow down the doing of justice. In my judgment, save in exceptional circumstances, order of the kind under discussion in this case should not be made until the plaintiffs' case has been fully and properly pleaded in a Statement of Claim.**"(加黑部分是笔者的强调)

3.2 C Shippam Ltd v. Princes-Buitoni Ltd 先例

C Shippam Ltd v. Princes-Buitoni Ltd (1983) FSR 427 先例也涉及知识产权的争议。原告与被告都是生产酱料的商人,原告在索赔请求指称被告出售的酱料仿冒他在多年前让艺术家设计的特有包装(雕有凹槽的罐子),是偷他的版权。被告在提交抗辩书前,向法院申请要求原告提前披露原始设计图的命令。法院支持了被告的申请,命令原告提前披露与提供进一步索赔的详情(further and better particulars)。Walton 大法官认为,在该先例中如果原告不提前披露,被告在抗辩书中就只能对原告仿冒的指控一概/纯否认,等到将来正常与相互披露阶段结束后才能修改并作出新的实质性抗辩,这是不合理与劳民伤财。Walton 大法官说:"Why … should Mr Kitchen(被告代表大律师)have to put in a defence merely denying a large number of things whose truth or falsehood he does not know and then only painfully late come, by means of discovery and so on, to the conclusion that the defence ought to be scrapped and a totally different defence on totally different matters pleaded. That does not seem to me to be sensible."

Walton 大法官还说被告要求披露的文件原告无论如何都要在稍后的相互披露阶段披露,不提前披露对原告来说也没有什么好处:"… all the information which the defendants are now seeking would have to come out at some stage on discovery. It seems to be that, if it would have to come out at some stage, there is nothing more than perhaps some dim forensic advantage to be obtained by withholding it at this stage."

3.3 Vava v. Anglo American South Africa Ltd 先例

Vava v. Anglo American South Africa Ltd (2012) EWHC 1969 (QB)这一近期的重要先例涉及 CPR 生效后针对提前披露的做法,在笔者看来也一定程度上显示了 CPR 对提前披露的心态或理念。

案情涉及一个金额庞大的人身伤亡案件。原告有 19 名,但据知背后有 1100 名以上的受害人,他们可能会根据案件的进展陆续加入成为共同原告。被告是一家可简称为 AASA 的南非公司,它们的主要业务是拥有在南非的金矿与采矿。原告的诉因是他们作为矿工在被告的矿场工作,但因为被告的疏忽,没有为原告采取适当的保护,导致他们患上了尘肺病(silicosis)。而且因为 AASA 的公司医生的疏忽让原告的病情加重,AASA 作为雇主要承担雇员疏忽的雇主责任(vicarious liability)。

被告的所在地或整件事件的发生都是在南非,看来这个案件的审理应该是在南非。但原告却在英国法院提起诉讼,看来是涉及择地行诉(forum shopping)的问题,这可能是原告有其他战略上的原因,例如希望获得更高的赔偿金额或其他原因刻意避开南非法院。但这样,难免要面对被告以英国法院没有管辖权作为第一线的抗辩。而这个昂贵的先例也就是原告为了应对管辖权的争议,申请法院命令南非被告提前披露与澄清约 80 条问题的质询。此处涉及 AASA 是一家位于英国的跨国公司 AA 的下属公司,它们是独立的公司或法人,但 AASA 对 AA 十分重要,占 AA 总资产的 40%。

在此先例中,双方当事人的代表律师同意这个申请原告需要满足两方面的要求。第一个方面,原告要在表面证据显示他关于管辖权至少是有一个可争议的案件(their case on jurisdiction is at least arguable)。否则,如果什么都没有只凭胡思乱想就要求提前披露,就变成钓鱼取证/摸索证明(fishing expedition),而不是要求为了将来的审理取得证据了。第二个方面,原告要满足这个申请要求提前披露对公平审理这个管辖权争议是合理必要的(reasonable necessary for the fair disposal of the issue)。此外在 CPR 下也有利弊成比例(proportionality)的原则性要求,这表示要求的文件不能太多,不能给被告带来不必要的负担与费用。

显然原告希望英国法院有管辖权,就需要被告 AASA 的所在地是在英国,因为被告的所在地法院肯定有管辖权,也不涉及要把告票送达外国(serve out of jurisdiction)的问题。但表面看来,AASA 是一家南非公司,母公司 AA 才是英国公司。

针对公司所在地(place of domicile)的定义,英国适用欧盟的《Brussels Regulation》之 Article 60。它规定了只要满足以下三种情况中的一种,就可以算是公司所在地:(1)法律所在地(statutory seat)。在此先例中,AASA 显然是在南非。(2)中央行政管理地(central administration)。(3)主要业务地(principal place of business)。这也应是在南非,AASA 在英国没有业务。

所以原告只能坚持 AASA 的中央行政管理地是在英国(AA 在真正行政管理 AASA),否则就会败诉,因为英国法院不是被告所在地法院没有管辖权。

首先,什么是中央行政管理地的定义? 这显然与法律所在地或主要业务地有区别。主要业务地显然只是针对经济与商业上的主要活动地点,与公司的主要行政管理地不一定在一起。这虽然是欧洲大陆法的说法,英国也有一些先例。如在 King v. Crown Energy Trading AG (2003) EWHC 163 (Comm)先例中,判公司的法律所在地是瑞士,但主要业务地与中央行政管理地是英国。另在 889457 Alberta Inc v. Katanga Mining Ltd (2008) EWHC 2679 先例中,第一被告 Kaatanga 是加拿大公司(税务目的),被加入的第二被告与第三被告分别在百慕大与巴拿马注册。但根据资料与证据,虽然第一被告的主要业务是在刚果(采矿),但公司主要高管多数是在伦敦与公司主要决定几乎都是在伦敦作出,所以判中央行政管理地是伦敦,英国法院有管辖权。

在 Vava v. Anglo American South Africa Ltd 先例中,针对的应是 AASA 公司的中央行政管理地而不是整个 AA 集团的中央行政管理地。原告提供的资料与证据显示 AASA

与 AA 不仅是集团公司与子公司之间的关系,很多有关 AASA 的行政管理决定都是在伦敦由 AA 作出,包括 AASA 的董事会不经常开,AA 宣告委任 AASA 的首席执行官(CEO)等。

Silber 大法官判原告满足了他们对管辖权方面有一个可争议的案件的要求,但法院也说到原告目前拥有的资料与证据都是一些支离破碎与道听途说的传闻证据,不足以在管辖权争议的审理时胜诉。所以进一步的提前披露是有必要的,否则在原告面对管辖权的争议时会处于不利地位,因为有关这方面的文件都单方面在被告手中,原告也无法从其他渠道取得。

所以,法院作出命令要求被告提前披露,而包括的部分文件有 AASA 过去两年的一些文件,例如年度账目,公司章程(在南非无法公开取得),所有有关 AASA 对作出管理方面的决定的权利下放与保留的文件,AA 对 AASA 下放的权利的政策、指令、手册等文件,AASA 与它的董事之间的协议(包括写明作为董事有什么责任与可以作出什么决定),董事会议的会议记录等。

而对原告同时申请的澄清约 80 个问题的质询,Silber 大法官就认为这可以迟一步再考虑,毕竟在提早披露的文件中会包括了很多问题的答案。如果原告在审阅提前披露的文件后发觉部分问题仍要澄清,可以再次提出申请。

4. 撤销索赔或抗辩

在《Documentary Evidence》(2018 年,第 13 版)一书之 2 - 01 段有说到在一方当事人向法院申请简易与早期决定/处理案件(early disposal of case)的做法将另一方的索赔请求(statement of claim)或抗辩(statement of defence)撤销时,另一方抗拒申请时在适当的情况下可以要求申请人先做出提前披露:"An application for early disclosure may sometimes be appropriate where the other side brings an **application for summary judgment or a strike out** and the respondent is concerned that he is not being given sight of documents which would defeat the application."(加黑部分是笔者的强调)

CPRRule 3.4(2)针对法院撤销索赔或抗辩的权利说:"A court may strike out a statement of case if it appears to the court that: (a) the statement of case discloses no reasonable grounds for bringing or defending the claim; (b) the statement of case is an abuse of the court's process or is otherwise likely to obstruct the just disposal of the proceedings."

撤销索赔或抗辩的逻辑是让对方诉讼方在一开始不必浪费时间与金钱应对完全站不住脚的指控。如果这指控是来自原告,被告就可以直接申请撤销索赔请求,而无须作出抗辩并一路进行到开庭审理,要最终胜诉后才让原告罢手。如果这指控是来自被告,原告也同样可以要求法院撤销被告的抗辩并作出简易判决(summary judgment)。法院在考虑是否撤销(以索赔请求为例)时要考虑两点:(1)索赔请求中是否有一个可以在法律上说得通/站得住脚的诉因(强弱是另一码事,要看后续程序披露的证据);(2)索赔是否太过臆测(speculative)。

而第二个可以撤销索赔或抗辩的理由是滥用司法程序(abuse of the court's process),关于这个课题可见笔者《合约的履行、弃权与禁反言》一书第九章之8段。

4.1　撤销和 CPR 下的提前披露的关系

因为钓鱼取证/摸索证明(fishing expedition)已经不再是反对诉前披露(pre-action disclosure)的理由,同样道理,在 CPR 下申请提前披露也会更容易,这种态度的转变也显示在了法院对撤销索赔或抗辩的申请的处理方式上。

在 Arsenal Football Club Plc v. Elite Sports Distribution Ltd (2002) EWHC 3057 (Ch)先例中,案情涉及原告(英国著名球会)声称被告错误使用球员比赛时的照片制作日历。原告许可(license)一些摄影经纪公司(photographic agency)与它们旗下的摄影师进入比赛场地摄影,但是对照片的使用有严格限制,其中包括不能使用照片制作非官方产品。原告既没有许可被告拍摄照片更没有许可被告使用照片,但问题是原告不知道被告是从什么渠道获得这些照片,所以只能在索赔请求中泛泛地"讲故事",声称被告或者是说服了某家摄影经纪公司/摄影师(原告不知道哪家摄影经纪公司或哪位摄影师)给它照片,或者是故意错误陈述自己对照片的使用目的而从某家被授权的摄影经纪公司偷取/骗取的照片。如果是前者,属于摄影经纪公司违反与原告的合约。如果是后者,则属于被告干扰摄影师的财产权与/或知识产权与/或误述(misrepresentation)或欺诈(deceit)。

被告在抗辩时提出原告在许可中对摄影师作出限制属于反竞争行为(anti-competitive),并以商业机密为由拒绝披露获得照片的途径。同时,被告向法院申请撤销原告的索赔请求,理由是原告的索赔请求完全属于臆测,被告完全有很多不涉及侵权的合法手段可以获得照片,例如有许可的摄影经纪公司将版权转让给了第三方,该第三方再转让给了被告。

被告依赖了 RCA Corp v. Pollard (1982) 3 All ER 771 先例与 Lonrho Plc v. Al-Fayed (No.1) (1990) 2 QB 479 先例,这两个 RSC 下的先例都是法院在类似的情况下撤销了原告的索赔请求。但法院不接受被告的说法,认为这两个先例原告臆测的程度远远超过现在的案件。J Geoffrey Vos QC 大法官也提到了在 CPR 生效后,法院态度的改变:"There is a further reason why I am not inclined to strike out the Statement of Claim at this stage ... It seems to me that the position under the CPR is somewhat different from what it was under the previous rules of the supreme court. This is because under the CPR, Pt 31.16 enables the court to order disclosure in a case like the present to enable a potential claimant to ascertain whether he has a pleadable claim or not."

接着法院跟从了 Black v. Sumitomo Corp (2001) EWCA Civ 1819 上诉庭先例的判决,Rix 大法官在该先例中明确表示如果原告因为缺少信息无法开始诉讼,但原告的推测是合情合理的,法院可以下令作出诉前披露。特别是考虑到 Arsenal Football Club Plc v. Elite Sports Distribution Ltd 先例的被告披露它是通过什么渠道获得的照片很容易但仍拒绝披露,这暗示了被告是瞒着一些信息不让原告/法院知道,背后的原因很有可能是被告确实侵权。因此,在考虑了所有的文件证据(包括原告与被告之间的7封信件,内容包括被告拒绝披露照片来源)后,法院认为原告的索赔请求并非完全没有根据的臆测,并根据

CPR Rule 31.12 要求被告向原告作出提前披露。如果披露的信息显示被告没有做出错误行为(wrongdoing),只是介入(mixed up)了侵权(无授权使用日历中的照片),法院会作出第三方披露令(Norwich Pharmacal Order),[12]要求被告披露真正做出错误行为的人士。

4.2 一概或纯否认的抗辩

这种被告在抗辩书中对所有或大部分的索赔事项与指控都只泛泛地说"否认"(deny)的情况经常发生。背后的原因可能是被告不清楚原告的指控,无法承认(admit)也就回应说不承认(not admit)或干脆说否认。但更多情况是被告不愿意面对这个索赔而选择不合作,希望通过拖时间让原告知难而退(这经常是被告一厢情愿,现实中很少会发生)。也经常有情况是被告或他的代表律师因为水平问题,或是因为自己没有好好保存文件并且在发生争议后又不肯花钱调查取证,而无法根据事实有理有据地提出抗辩,只能泛泛否认所有原告的索赔与指控作出一个"留守抗辩"(holding defence)。但在 CPR 下已经不再允许这样的做法。

不承认与否认的区别在于,不承认是代表"我要你证明你这个指控"[I require you to prove this (allegation/assertion)],而否认是代表"我会向法院提供证据证明你的指控是错误"(I will bring evidence to court to contradict this and prove it wrong)。

CPR 不允许被告在抗辩请求只是说否认但不说明为什么否认,以及不说清楚被告对原告指控有什么不同的说法与事实(将来再提供证据)。CPR Rule 16.5(2)规定:"…(2) Where the defendant denies an allegation—(a) he must state his reasons for doing so; and (b) if he intends to put forward a different version of events from that given by the claimant, he must state his own version."

在较近期的刑事案例 DIL v. Commissioner of Police of the Metropolis (2014) EWHC 2184 (QB)先例中,Bean 大法官说:"One of the most important recommendations made by Lord Woolf in his Access to Justice report in 1996[13] was that pleadings should not be technical documents, and in particular that 'the Defence will set out the defendant's detailed response to the claim and make clear the real issues between the parties'."

所以在 CPR 下,纯否认的抗辩可被视为被告没有针对原告的指控,而根据 CPR Rule 16.5(5)的规定,这会被视为承认原告的指控(a defendant who fails to deal with an allegation shall be taken to admit that allegation)。显然,这会给被告带来严重的后果,即原告会马上向法院申请将被告的抗辩撤销。如果原告的索赔请求中包括一笔金额的索赔,也可同时申请法院作出一个简易判决(summary judgment)。但如果被告不是因为面对一个清楚不过的索赔(如欠下一笔债务)想以否认拖时间与扯皮,而是因为不知道原告的指控只能否认,就会抗拒这个撤销与简易判决的申请并申请一个提前披露的命令,见 Arsenal Football Club Plc v. Elite Sports Distribution Ltd (2002) EWHC 3057 (Ch)先例。

---

〔12〕 本书第二章之 4 段对第三方披露令有详细介绍。

〔13〕 这份民事诉讼改革报告也带来了之后在 1999 年生效的 CPR。

所以,如果原告心里清楚被告在该案件有实质理由可以抗辩,而只是因为其他原因(如水平低,但被告稍后可能换一家高水平的律师代理)才泛泛否认,就会使用其他的办法来应对被告对部分指控的纯否认抗辩。在一些适合的案件,例如肯定需要开庭审理的案件,原告也担心被告在开庭时会节外生枝提出没有在文书请求说明的争端(pleaded issues in dispute),就可向被告作出通知告知他只是对某些争端(如索赔的损失计算与金额)说否认是违反CPR的规定,并要求被告改正说明否认的理由与相关事实详情(particulars)。而如果被告仍是置之不理,在将来开庭审理时就更不可能对有关的争端(如损失计算与金额)提出异议了。以下可节录一个这种通知的例子:

"In paragraphs 3, &7 of the Defence, it is 'denied' that the claimant is or was a bailee of the cargo of 200 metric tons of gold ....

The Defence does not comply with the rules of court, CPR 16.5(2) states that where a defendant denies an allegation 'he must state his reason for doing so'.

Kindly comply with the rules of court and

(i) State, with that particularity that will enable the claimant to know the case he will have to meet at trial, why the defendant denies the claimant was an agent.

(ii) CPR 16.5(2)(b) requires a defendant to 'state its own version' of events if it is to put forward a different version of events. If the defendant is denying the claimant's claim then comply with the rules of court and state, with full particularity, the version of events that the defendant will put forward in support of its assertion that the claimant was not an agent of the defendant at the material time.

In paragraph 12 of the Defence, the defendant 'denies' the claim for losses or damages contained in the claimant's Schedule of Loss in theStatement of Claim

(1) The Defence does not comply with the rules of court again. Kindly

(i) State, with full particularity, why the claimant's claim for losses or damages in the Schedule is denied.

(ii) State whether, if the claimant establishes liability against the defendant, the defendant admits the claim as pleaded in full.

(2) If the claim in the Schedule is not admitted in full, state with full particularity why the defendant has felt it is able to ignore the provisions of the rules, in particular PD 16.12.2 and file a counter schedule.

(For the avoidance of doubt the claimant will argue, at the trial of this action, that the defendant's failure to comply with the rules, to plead the defence fully and to file a counter-schedule, means that the defendant requires relief from sanctions if it is going to seek to challenge the claimant's case on damages. On the defendant's case as pleaded, it is not open to the defendant to adduce any positive case at trial. Further the defendant is not able to challenge the items in the Schedule.)"

4.3 简易判决(summary judgment)

上一小段已经提到,很多情况下被告泛泛地一概或纯否认(bare denial)索赔请求中的指控只是想扯皮,或是不知道怎样抗辩就以这种做法拖时间。如果走正常的诉讼程序,往往会拖上一年半载才会进行到开庭审理的一步,届时被告才会向原告投降。如果法院排期拥挤,开庭审理甚至可能要等上好几年。这不是一种理想的做法,也会严重浪费金钱与时间。

所以,英国法院很早就有了简易判决的做法以对付这种客观看来请求的索赔是明显不过,被告应没有什么可争辩,只想扯皮与拖时间的情况。如 Halsbury 勋爵在 Jones v. Stone (1894) AC 123 枢密院先例中说:"it is inexpedient to allow a defendant to defend for the mere purpose of delay."另 James 勋爵在 Jacobs v. Booth's Distillery (1901) 85 LT 262 贵族院先例也说:"[summary judgment] must never be used unless it is clear that there is no real substantial question to be tried."

RSC 下针对原告申请简易判决的规定是在 Order 14, rule 1(1):"Where in an action to which this rule applies a Statement of Claim has been served on a defendant and that defendant has given notice of intention to defend the action, the plaintiff may, on the ground that that defendant has no defence to a claim included in the writ, or to a particular part of such a claim, or has no defence to such a claim or part except as to the amount of any damages claimed, apply to the Court for judgment against that defendant."

CPR 中针对简易判决的规定是在 Part 24 的 Rule 24.1 到 Rule 24.6。其中 CPR Rule 24.1 说明了简易判决就是不必开庭审理就马上对索赔或一个争议/争端[如责任方面,而损失金额稍后才核算(damages to be assessed)]作出判决:"This Part sets out a procedure by which the court may decide a claim or a particular issue without a trial."

而 CPR Rule 24.2 说明了法院可以作出简易判决的情况:"The court may give summary judgment against a claimant or defendant on the whole of a claim or on a particular issue if —(a) it considers that —(i) that claimant has no real prospect of succeeding on the claim or issue; or (ii) that defendant has no real prospect of successfully defending the claim or issue; and (b) there is no other compelling reason why the case or issue should be disposed of at a trial."

也就是说,法院除了在 CPR Rule 3.4(2)(a)与/或(c)下有可以撤销索赔请求或抗辩的权力外,在 CPR Part 24 下也有作出简易判决的权力。可以说在 CPR 下这两种程序一起提供了早期决定/处理案件(early disposal of case)的做法,以速战速决处理掉一些在文书请求中显示不出有一个在法律或事实上站得住脚、连贯与有条理的说法的案件。例如被告没有准时作出抗辩请求,或是只一概或纯否认原告的所有指控,作出一个拖时间的"留守抗辩",原告就应该考虑申请简易判决。

当然,原告在申请简易判决前先确保已经把索赔请求(statement of claim)送达给被告,并且被告已经作出意图抗辩的通知,即委任的律师去法院登记会代表被告。否则如果是被告缺席,对原告的起诉不理不睬,就不是简易判决而是缺席判决(default judgment)

了。针对前者的规定是 CPR Part 24,而针对后者的规定是 CPR Part 12。

原告在申请简易判决之前,需要小心考虑所有被告存在的抗辩理由是否站得住脚。这时不能自欺欺人,因为即使原告“回避”存在站得住脚的抗辩,不想“等死”的被告也提出存在这个抗辩,从而抗拒简易判决的申请并要求法院允许有关争议留待开庭去全面审理。原告也要考虑有关案件的本质,会有很多情况不适合作出简易判决,也不太可能成功申请简易判决。例如有关的争议复杂,涉及很多事实(facts heavy),或是涉及禁反言(estoppel)等争议对事实如何认定很敏感(facts sensitive)。又或是涉及双方证人矛盾的口头证据,如针对一个被指称有效的口头协议,一方证人说他没有承诺过而另一方不同意,无法明确在将来的开庭审理时谁会被采信。再或是涉及的有关法律仍在发展。也可能是原告估计被告在开庭审理时会提供进一步的证据,如被告是中间商,他抗辩的理由与证据需要合约链的下端(如分卖方或分承建商)提供。如果原告不考虑成功的可能性而随便提出简易判决的申请,只会导致原告承担所有因这个不成功申请所带来的双方浪费的费用。

虽然上述所讲是针对原告主动向法院申请作出简易判决的情况,但在 CPR 下不再只有原告可以主动提出申请,被告也可以主动向法院申请作出简易判决(特别是在被告也有金钱上的反索赔的情况下)。但笔者相信现实中大部分情况下还是像以前 RSC 下的做法一样,仍然由原告主动。

最后笔者可节录一些近期的判决以显示简易判决的总体原则。由于仲裁员也逐渐开始遇到这类申请,[14] 所以了解这个总体原则对中国公司来说很重要。首先在 Easyair Ltd v. Opal Telecom Ltd (2009) EWHC 339 (Ch)先例中,Lewison 大法官说:

“… the court must be careful before giving summary judgment on a claim. The correct approach on applications by defendants is, in my judgment, as follows:[15]

i) The court must consider whether the claimant has a ‘realistic’ as opposed to a ‘fanciful’ prospect of success:[16] Swain v. Hillman [2001] 2 All ER 91;

ii) A ‘realistic’ claim is one that carries some degree of conviction. This means a claim that is more than merely arguable:[17] ED & F Man Liquid Products v Patel [2003] EWCA Civ 472;

iii) In reaching its conclusion the court must not conduct a ‘mini-trial’:[18] Swain v Hillman;

iv) This does not mean that the court must take at face value and without analysis everything that a claimant says in his statements before the court. In some cases it may be clear that there is no real substance in factual assertions made, particularly if contradicted by contempo-

---

〔14〕 请参阅本章之 4.4 段。

〔15〕 法院在作出简易判决时要非常小心,如果被告提出反对,法院正确的应对是考虑如下的几个方面。

〔16〕 法院要考虑原告的索赔有真正成功机会而不是幻想或空想出来的成功机会。

〔17〕 有真正胜诉机会的索赔表面看来有一定程度的说服力,而不只是有得争。

〔18〕 法院针对简易判决申请的开庭也不是一个小型的开庭审理(mini-trial),不应对实质争议与提交的文件证据作出任何实质决定。毕竟在早期阶段,法院没有全面的证据而是只有部分文件证据。

raneous documents:[19] ED & F Man Liquid Products v Patel;

v) However, in reaching its conclusion the court must take into account not only the evidence actually placed before it on the application for summary judgment, but also the evidence that can reasonably be expected to be available at trial:[20] Royal Brompton Hospital NHS Trust v Hammond (No. 5) [2001] EWCA Civ 550;

vi) Although a case may turn out at trial not to be really complicated, it does not follow that it should be decided without the fuller investigation into the facts at trial than is possible or permissible on summary judgment. Thus the court should hesitate about making a final decision without a trial, even where there is no obvious conflict of fact at the time of the application, where reasonable grounds exist for believing that a fuller investigation into the facts of the case would add to or alter the evidence available to a trial judge and so affect the outcome of the case:[21] Doncaster Pharmaceuticals Group Ltd v Bolton Pharmaceutical Co 100 Ltd [2007] FSR 63;

vii) On the other hand it is not uncommon for an application under Part 24 to give rise to a short point of law or construction and, if the court is satisfied that it has before it all the evidence necessary for the proper determination of the question and that the parties have had an adequate opportunity to address it in argument, it should grasp the nettle and decide it.[22] The reason is quite simple: if the respondent's case is bad in law, he will in truth have no real prospect of succeeding on his claim or successfully defending the claim against him, as the case may be. Similarly, if the applicant's case is bad in law, the sooner that is determined, the better.[23] If it is possible to show by evidence that although material in the form of documents or oral evidence that would put the documents in another light is not currently before the court, such material is likely to exist and can be expected to be available at trial, it would be wrong to give summary judgment because there would be a real, as opposed to a fanciful,

---

〔19〕 但这不表示法院只看表面证据而不对原告在索赔请求与誓章/证人证言中的陈述做任何分析。有时根据常识与逻辑分析就可以看出原告的事实指控没有实质性支持,甚至可能与作为附件的当场文件证据有冲突。

〔20〕 法院在作出最后决定之前应该考虑的不只是双方通过附件、誓章/证人证言等提供的文件证据,也要考虑根据案件的本质是否可以合理推断在将来的开庭审理时会有更多证据(无论是文件还是口头证据)。

〔21〕 即使有关的案件看起来并不复杂与当时的文件证据也没有冲突,但这并不表示就不应该允许进一步与全面的调查,而是可以简易判决速战速决处理。特别是如果被告仍在积极进行调查,也显示有合理理由相信如果全面调查可能会有新的证据出现改变案件结果,就不应该轻易剥夺被告抗辩的权利。

〔22〕 如果只是涉及一个简单的法律问题或是解释合约的一条或几条起争议的条文,因为不涉及事实问题,加上法院认为文件证据已经足够对有关问题作出决定并且双方已经有足够机会作出争辩,就应该以简易判决作出决定。

〔23〕 原因很简单,如果被告的抗辩在法律上站不住脚,那他就没有一个真正的胜诉机会。同样,如果原告的索赔请求在法律上站不住脚,也是越早让他知道越好,免得劳民伤财最后还是一场空。

prospect of success.〔24〕 However, it is not enough simply to argue that the case should be allowed to go to trial because something may turn up which would have a bearing on the question of construction:〔25〕 ICI Chemicals & Polymers Ltd v TTE Training Ltd [2007] EWCA Civ 725."

在 Attrill v. Dresdner Kleinwort Ltd, Fahmi Anar v. Dresdner Kleinwort Ltd (2011) EWCA Civ 229 先例中,一审的 Simon 大法官总结了简易判决的总体原则并被上诉庭节录如下:

"The principles to be applied ... were summarised by the judge ... in terms which have not been criticised, as follows:

a. The Court must consider whether the Claimants have a 'realistic' as opposed to a 'fanciful' prospect of success: Swain v Hillman [2001] 1 All ER 91.

b. A realistic claim is one that is more than merely arguable: ED&F Man Liquid Products v. Patel [2003] EWCA Civ 472...

c. In reaching its conclusion the court must not conduct a mini-trial: Swain v. Hillman.

d. This does not mean that a court must take at face value everything that a claimant says in statements before the court. In some cases it may be clear that there is no real substance in factual assertions made, particularly if contradicted by contemporaneous documents: ED& F Man Liquid Products v. Patel [2002] EWCA Civ 1550 ...

e. However, in reaching its conclusion the court must take into account not only the evidence actually placed before it on the application for summary judgment, but the evidence that can reasonably be expected to be available at trial: Royal Brompton Hospital NHS Trust v. Hammond (No. 5) (2001) EWCA Civ 550.

f. Although a case may turn out at trial not to be really complicated, it does not follow that it should be decided without the fuller investigation into the facts at trial than is possible or permissible on a summary judgment hearing. Thus the court should hesitate about making a final decision without a trial, even when there is no obvious conflict of fact at the time of the application, where reasonable grounds exist for believing that a fuller investigation into the facts of the case would add to or alter the evidence available to a trial judge and so affect the outcome of the case:〔26〕 Doncaster Pharmaceuticals Group Ltd v. Bolton Pharmaceutical 100

---

〔24〕 如果有初步证据显示将来开庭时会有新的文件与口头证据证明拟定起争议的文件(如双方的合约)时的背景/语境(factual matrix)会令合约有字面意思以外的解释,法院就不应作出简易判决,因为原告(或被告)是有一个真正而不是幻想或空想的胜诉机会。这方面的课题请参阅笔者的《合约的解释:规则与应用》一书第六章。

〔25〕 但只说开庭时可能出现新证据影响对合约的解释,所以不应作出简易判决是不足够的。这种没有证据与实质性的"可能"只是臆测。

〔26〕 这可参阅在本章稍后的 4.3.4 段会介绍的 The "Heruvim" (unreported, 1989, Hong Kong High Court) 先例。

Ltd (2007) FSR 3."

4.3.1 简易判决和作为战略提前披露/摸底

在有些情况下,原告虽然明知道成功申请简易判决的机会不大,仍会尝试。这是为了战略的一部分(tactical approach)而提前对被告摸底,虽然要付出花费一些诉讼费用的代价,但在个别案件(如涉及庞大金额)中仍值得这样做。一个战略目的当然是虽然成功机会不大,但是如果运气好,法院还是有可能同意作出简易判决。另一个战略目的是迫使被告作出庭外和解,由于在诉讼早期双方尚未花费大量律师费,所以会更容易。当然最重要的战略目的还是提前了解被告到底有什么抗辩理由与事实证据。原告在诉前(pre-action)向被告追讨这些信息与文件/资料时,被告常常不理不睬,或是说一两个言之不详的抗辩理由。在民事诉讼中,原告明知成功申请简易判决的机会不高仍要申请,就是为了这个目的。

因为向法院申请撤销抗辩与作出简易判决以及被申请人抗拒时都需要以誓章(affidavit)或证人证言(witness statement)提供证据,但后者需要加上一个真实声明(statement of truth)。誓章或证人证言通常会附上大量的附件,而即使誓章或证人证言的内容中提及(referred to)的其他文件没有作为附件,对方也可以申请要求披露以供查阅,这稍后在本章之5.1段会详论。如果原告作出的誓章或证人证言的内容全面、清楚明确与详尽,被告在对抗简易判决申请时也需要针对每一点作出回应。这样,被告在誓章或证人证言的内容再加上附件与原告可以进一步申请要求披露被提及的文件,可以让原告了解被告当时的抗辩理由与手中证据的强弱。

因此,即使原告撤销或简易判决的申请不成功,被告提前在誓章或证人证言中写明的抗辩理由与披露的文件证据/资料仍会在接下来的诉讼中对原告有很多帮助。例如,原告将来在庭外和解的谈判中能够知己知彼占有优势;或是用来支持将来双方在文书请求结束后的正常互相披露阶段要求的特定披露(specific disclosure);又或是可以绑定被告令他/她将来在持续的诉讼中不容易改口,否则会被丑化,毕竟他较早前已经向法院作出誓章或证人证言;还可能是之后的诉讼程序会进行得更加顺利与快速,如可能再也无法提出有矛盾的新争议与新事实等。

4.3.2 作出简易判决的情况

CPR Part 3 针对法院案件管理的权利,包括召开案件管理会议(case management conference,简称 CMC)等。其中 Rule 3.4(2)(b)允许法院在没有合理的理由提出这个索赔或抗辩(no reasonable grounds for bringing or defending the claim)时撤销索赔或抗辩。而在针对简易判决的 Part 24 下的 Rule 24.2(a)允许法院在诉讼一方对有关争议/争端没有一个真正的胜诉机会(no real prospect of succeeding)时作出简易判决。看来针对这两个提前决定/处理争议(early disposal)的不同做法的立法措辞有所不同,但已经有先例[如 Balamoody v. UKCC (2001) EWCA Civ 2097 先例]说明它们之间并没有区别,只要从案件陈述(statements of case)加上当时只有部分的文件证据看来这个索赔或抗辩是站不住脚的,不应该允许拖下去劳民伤财。

Woolf 勋爵在 Swain v. Hillman (2001) 1 All ER 91 先例中定义"没有真正机会胜

诉"是说胜诉机会不能是幻想或空想的(fanciful prospect of success),说:"The words 'no real prospect of succeeding' do not need any amplification, they speak for themselves. The word 'real' distinguishes fanciful prospects of success ... they direct the court to the need to see whether there is a 'realistic' as opposed to a 'fanciful' prospect of success."

这被很多先例跟从,例如 Ward 大法官在 Balamoody v. UKCC 先例中说:"The terminology in the CPR is different. CPR r. 3.4(1)(a) allows the court to strike out a statement of case if it appears that the statement of case discloses 'no reasonable grounds for bringing ... the claim'. Part 24.2(a)(i) gives the court a new power to enter summary judgment against a claimant if it considers that 'that claimant has no real prospect of succeeding on the claim or issue'. Under CPR r. 52.3(6)(a) permission to appeal will only be given where the court considers that the appeal would 'have a real prospect of success'. **There is probably very little difference between those three expressions. 'Real' means that the prospects of success must be realistic rather than fanciful. If the grounds are fanciful, they are not likely to be reasonable.**"(加黑部分是笔者的强调)

另是上诉庭涉及简易判决的 The Royal Brompton NHS Trust v. Hammond & Ors (No.5)(2001) EWCA Civ 550 先例中,也是同样判法。

在贵族院的 Three Rivers DC v. Bank of England (No.3)(2001) UKHL 16 先例中, Hobhouse 勋爵说简易判决不是考虑胜诉的概率或可能性有多高,而是考虑是否真正缺乏胜诉机会:"The criterion that the judge has to apply under Part 24 is not one of probability; it is the absence of reality."

Hope 勋爵在同一先例也说幻想或空想代表索赔(或抗辩)没有实质性的事实依据,也会清楚看到与其他文件证据有矛盾。越简单的案件(open and shut case)就越容易决定是否应作出简易判决。当然,案件是否简单要看原告与被告双方的争辩与提供的文件证据。法院要注意原告会尽量把案件说得简单,而被告会尽量把案件说得复杂。撤销与简易判决的目的是提前处理那些完全不值得开庭审理的案件。如果法官认为需要看更多的文件或口头证据甚至小型开庭审理(mini-trial)才能决定是否作出简易判决,那就说明索赔(或抗辩)并非没有真正成功机会,不应作出简易判决。Hope 勋爵说:"In other cases it may be possible to say with confidence before trial that the factual basis for the claim is fanciful because it is entirely without substance. It may be clear beyond question that the statement of facts is contradicted by all the documents or other material on which it is based. The simpler the case the easier it is likely to be to take that view and resort to what is properly called summary judgment. **But more complex cases are unlikely to be capable of being resolved in that way without conducting a mini-trial on the documents**, without discovery and without oral evidence. As Lord Woolf said in Swain v. Hillman ... that is not **the object of the rule. It is designed to deal with cases that are not fit for trial at all.**"(加黑部分是笔者的强调)

接着在 Downtex v. Flatley (2003) EWCA Civ 1282 先例中,Potter 大法官说:"Summary procedure should not involve the conduct of a mini-trial in a case where the defence advanced is ‘fact sensitive’ and there is no reason to think that further facts may emerge or require investigation at trial before a fair and/or final conclusion can be reached. However, where there is sufficient material before the court on the pleadings or in evidence advanced and the case is not fact sensitive in the sense that the essentials have all been deployed and there is no reason to think that the defendant will be in a position to advance his case to any significant extent at trial, then that the court should not shy away from careful consideration and analysis of the facts relied on in order to decide whether the line of defence advanced is indeed no more than fanciful.”

在近期的 Standard Bank Plc v. Via Mat International Ltd (2013) EWCA Civ 490 先例中,上诉庭的 Moore-Bick 大法官对简易判决给了颇为全面的说法,包括 CPR Part 24 的简易判决只是让法院以简易的手段把一些幻想或空想、没有希望或难免会败诉的案件处理掉。Moore-Bick 大法官说:“It is as well to remind oneself at this stage that the court is concerned with an application for summary judgment. It follows that in order for the defendants to succeed it is necessary for them to satisfy the court that the Bank's(原告)claim has no real prospect of success. That inevitably involves a degree of judgment, but it is important to recognise that the purpose of Pt 24 is to enable the court to dispose summarily of cases that are fanciful, hopeless or bound to fail, not to conduct an abbreviated form of trial on the basis of incomplete evidence.[27] When the relationship between the parties involved in or connected to the dispute is contained or reflected in a series of documents, the court may be able to see without further evidence that the claim or defence has no substance.[28] However, documents do not always speak clearly for themselves and it is not at all uncommon to find that it is not possible to appreciate their true significance without a clear understanding of the context in which they were created.[29]”

在各种不同案件中,很难列举法院是否会作出简易判决。例如,原告索赔未支付货价并证明已经交了货,被告也不否认。这样,这就是一笔债务(debt),[30] 被告抗辩欠下的货价就很困难。如果作为买方的被告的抗辩是他已把货物即时转售,分买方还没给钱,这在法律上是完全站不住脚的,因为这是两个不同的合约,法院应可作出简易判决。而如果买方的抗辩是货物严重货不对板,可能的损失足以抵销(set off)欠下的货价,并且分买方提

〔27〕 法院虽然要对案件作出判断,但必须区分这里不是根据不完整证据进行被压缩的开庭审理,而是判断案件的抗辩是否只是幻想/空想,没有真正成功的机会。

〔28〕 如果双方当事人的交往与发生的争议都在文件记录(这种情况在国际商品的货物买卖交易与航运中经常发生,整个交易中双方从来不会见面,也很少会通电话,只通过文书往来通讯),法院在看了这些文件后可以看出索赔或抗辩是否在实质上站得住脚。

〔29〕 当然,有些文件写得不够清楚需要理解背景/语境后才能明确它的重要性,这就代表需要开庭审理而不能以简易判决处理掉。

〔30〕 见本章之 4.3.6.3 段。

供了检验报告等证据显示了一个表面可争议的案件,那就不适合以简易判决解决争议了。但如果买方的抗辩是分买方认为货物严重货不对板,所以不肯支付货价,但没有任何证据或事实详情(particulars),这也不足以成功抗拒原告的简易判决申请。稍后在本章之4.3.6段会介绍一些常见的会作出简易判决的情况。

4.3.3 举证责任

在一个简易判决的申请中,法律的举证责任明确在申请人一方。通常申请人是原告,他要获得一个胜诉的判决并且不允许被告在开庭审理时抗辩,除了要证明自己的索赔请求之外,根据CPR Rule 24.2(a)(ii)的规定也要证明被告的抗辩(如果有作出)没有一个真正的胜诉机会(real prospect of successfully defending the claim or issue)。被告的责任充其量只是对他提出的抗辩是有胜诉机会提供初步证据。Henderson大法官在Apvodedo NV v. Collins (2008) EWHC 755 (Ch)先例中说:"It is well established that in order to defeat an application for summary judgment it is enough for the defendant to show a prospect of success which is real in the sense of not being false, fanciful or imaginary. However the burden on the defendant is at most an evidential one. The overall burden of proof rests on the claimant to establish, if it can ..."

在CPR Rule 13.3(1) 中也同样有"一个真正的胜诉机会"(real prospect of successfully defending the claim)的措辞,但针对的情况是在法院已经作出了一个缺席判决(default judgment)后,因缺席而败诉的判决债务人(judgment debtor)向法院申请撤销该判决,让他有机会作出抗辩。这样法院会要求申请人解释为什么他在较早前会对诉讼置之不理让法院在没有抗辩的情况下作出这个缺席判决。另外,申请人也要有举证责任,证明如果他有机会对这个案件作出抗辩是有真正的胜诉机会。这种情况在中国公司也经常发生,在接收到外国法院的告票后没有尽快委任律师,然后作出抗辩,在一定程度上反而让外国的原告更加容易对付自己。外国原告可能很快与花很少费用取得一个全部胜诉的缺席判决,然后向中国公司执行。中国公司往往到了执行成功时,如被外国公司冻结了一大笔金钱或被申请破产清盘,才不得不出来对抗并委任律师。有水平的律师会马上建议此时最重要的事情就是向法院申请撤销缺席判决使之无效,如果成功,才能进行下一步的实质抗辩。这种情况下,中国公司应该一早就委任高水平的律师作出抗辩,可令外国公司知难而退或败诉。在缺席判决的败诉,根本就是因为处理不当的问题,也不一定能成功申请撤销该判决,因为法院不会善待这种申请。

所以,虽然立法的措辞是一样的文字,在ED & F Man Liquid Products v. Patel (2003) EWCA Civ 472先例中就提到了举证责任是不同的。在申请一个简易判决时,原告有举证责任。但在申请撤销缺席判决时,被告有举证责任,而且这可能是一个沉重的举证责任,因为已经说过法院不会善待这种申请。Potter大法官说:"In my view, the only significant difference between the provisions of CPR 24.2 and 13.3(1), is that under the former the overall burden of proof rests upon the claimant to establish that there are grounds for his belief that the respondent has no real prospect of success whereas, under the latter, the burden rests upon the defendant to satisfy the court that there is good reason why a judgment regularly obtained should be set aside. That being so, although generally the burden of proof is in practice of only marginal importance in relation to the assessment of evidence, it seems almost inevitable that, in particular cases, a defendant applying under CPR 13.3(1) may encounter a court less receptive to applying the test in his favour than if he were a defendant advancing a timely ground of resistance to summary judgment under CPR 24.2."

Potter 大法官在该先例中还强调了有真正胜诉机会要求不能只是一个可争辩/有得争的抗辩,而必须是有一定程度的说服力(carry some degree of conviction)。

在 Korea National Insurance v. Allianz Global Corporate (2007) EWCA Civ 1066 先例中,上诉庭也判最重要的是有现实(realistic)而不是幻想或空想(fanciful)的胜诉机会。但这不表示抗辩要有很高(substantial)的胜诉机会与十分有说服力的证据,[31]只要证明有真正机会胜诉就足够,也不表示只有有关的抗辩绝对不会被法院接受,才能成功申请简易判决。

原告在作出简易判决的申请时无须证明根据平衡的可能性(on a balance of probability),他的索赔与指控更可能是真相,毕竟简易判决的申请不是案件审判,法院只要满意被告没有一个有真正胜诉机会的抗辩就已足够,见 Day v. Royal Automobile Club Motoring Services Ltd (1999) 1 WLR 2150 先例。

Males 大法官在 Sargespace Ltd v. Natasha Anastasia Eustace (2013) EWHC 2944 先例中总结说简易判决中原告的举证责任是说明被告的抗辩没有现实中真正的胜诉机会。至于什么是真正胜诉机会的抗辩,已经有不少先例分析过:

"Summary judgment-the test

In order to obtain summary judgment on one or both of its claims the claimant must show that the defendant has no real prospect of successfully defending the claim, and that there is no other compelling reason why the case should go to trial. Although there have been cases in which this test has been analysed in greater detail, it is sufficient for present purposes to say, as was common ground, that a real prospect of a successful defence is one that is better than merely arguable, and is not fanciful or imaginary, but that the prospect of success need not be as high as 50%. While summary judgment offers a valuable opportunity to prevent inappropriate cases from causing trouble, expense and delay to a claimant and unnecessarily taking up the court's resources for a trial, it must not be used to prevent genuine disputes from being properly investigated and determined."

4.3.4 对简易判决申请的抗辩

被告如果对原告提出申请简易判决有异议(如果是被告申请,就是原告了),他/她最重要也可以说是唯一能成功抗拒的理由就是提供一些证据令法院同意他/她的实质抗辩有一个真正的胜诉机会(a real prospect of success)。简易判决申请的开庭不是一个实质

---

〔31〕 胜诉机会很高与十分有说服力的证据是原告在申请针对被告的冻结令(Freezing Order)时的举证责任,原告要证明自己的索赔是良好论据案件(good arguable case),见本书第三章之1.7.1.3段。

的开庭审理,时间应该短,几个小时甚至最多一天到两天。这开庭也不是一个小型的开庭审理(mini-trial),法院不应对实质争议与提交的文件证据作出任何决定。

被告只要满足与说服法院有关的争议涉及一些事实争端(factual issues)是必须要开庭审理,有真正胜诉机会,就可以成功抗拒简易判决的申请。例如,争议涉及双方对某一个特定事实(如被告是否曾收到一封关键的信函)有不同说法,需要证人作出口头证据并接受反盘问(cross-examination)后才能决定,见 Apvodedo NV v. Collins (2008) EWHC 775 (Ch)先例。

简易判决也是在双方正常的相互披露文件的程序前,所以如果被告指出某方面需要披露某些特定文件后才能肯定有关事实的真相,也是一个抗拒简易判决申请的好理由。如果有这方面的文件,例如曾经向原告要求披露一些账目或报告,但原告没有理会,应将这份文件作为誓章或证人证言的附件呈交给法院。

所以,被告的重点是要在事实方面做文章,显示有争议,有进一步调查取证的必要或需要引入口头证据,而不是在法律方面(legal issue),如合约条文的解释。除非法律方面的争议是复杂与/或仍在发展与没有定论的,否则法院可能针对一个简单明确的法律方面的争议,决定作出简易判决。正如 Henderson 大法官在 Apvodedo NV v. Collins 先例所说,"... The court should not hesitate to give summary judgment in a plain case, and if the case turns on a pure point of law, it may determine that point."

显然,简易判决的开庭不会有证人出庭接受盘问,法院也应知道文件证据只是片面,法院依赖的只是誓章证据(affidavit evidence)或证人证言证据,并加上双方当事人个别挑选与不是全面的文件作为附件。所以一直有判决强调法院在决定是作出简易判决还是允许被告在最后开庭审理时全面抗辩的过程中,不应该对案件的实质争议有任何定论。在 ED & F Man Liquid Products v. Patel (2003) EWCA Civ 472 先例中,一审的大法官在判决中说被告的抗辩不诚实,这被上诉庭的 Potter 大法官批评说是对实质争议有了定论,是不恰当的,说:"It does seem to me unfortunate that the judge felt constrained to make the observation he did as to the likelihood that the defence was dishonest... The observation was unnecessary and collateral to the judge's decision..."

除此之外,被告也可说服法院有关的争议仍在调查取证,有进一步出现重大与跟目前法院看到的有限文件证据很不一样的证据的可能,见 Easyair Ltd v. Opal Telecom Ltd (2009) EWHC 339 (Ch); AC Ward & Son v. Catlin (Five) Ltd (2009) EWCA Civ 1098 等先例。例如,被告正在向法院申请第三方披露令(Norwich Pharmacal Order),又或在这同一个争议下已经启动了诉讼向背靠背合约链(chain contracts)的下一位当事人要求补偿,预计他会抗辩并交出新证据。

笔者仍记得一个早期不愉快的 The "Heruvim" (unreported, Hong Kong High Court, 1989)先例。该先例涉及租约下的滞期费(demurrage)争议,租约中有一条伦敦仲裁条文。当时香港《仲裁条例》是跟从了英国 1950 年/1975 年的《Arbitration Act》,说明如果法院认为双方没有实质争议需要仲裁解决(or that there is not in fact any dispute between the parties with regard to the matter agreed to be referred),就可以拒绝中止(stay)法院程序而

让出管辖权给双方同意的仲裁解决争议,并且会马上作出一个简易判决。这种先例有不少,如 The "Fuohsan Maru" (1978) 1 Lloyd's Rep 24; The "Cleon" (1983) 1 Lloyd's Rep 586 等先例都在笔者的《仲裁法——从 1996 年英国仲裁法到国际商务仲裁》(2006 年)一书第四章之 2. 2. 1. 1 段有介绍。这个问题在 1996 年《Arbitration Act》之后已经有了改变。在 The "Heruvim"先例中,笔者当时的客户是中间商,即他把该船舶从船东租来后以二船东(disponent owner)身份转租给了承租人执行该航次租约。所以,客户对航次中发生的事情也不清楚。后来船东在要求客户支付卸港的一笔滞期费未果后,没有启动伦敦仲裁而是在香港法院提起诉讼。

笔者客户向香港法院要求中止法院程序,让双方去伦敦仲裁解决争议,船东随即向法院提出双方并没有争议,这笔滞期费的欠下清楚无误,客户从未提出过也提不出任何的实质抗辩,所以申请一个简易判决。虽然在笔者客户的誓章中,说明了案件的本质(涉及合约链)与证明这滞期费已经向真正的承租人要求确认与支付,但还在等待承租人的回应。客户也向香港法院指出,滞期费的计算一向很有争议性与复杂,也对事实敏感(fact sensitive)。因为客户不是真正履行租约的航次,所以对卸货作业的事实不了解也不会有证据,例如在卸港到底发生了什么事情,天气好不好或如果不好是否影响卸货作业等。这些证据只能是承租人通过他在卸港代理人或收货人取得,而这些事实真相都会影响滞期费的计算。誓章中希望法院给笔者客户一点时间,让承租人表明立场后才作打算。如果该承租人确实提出异议并提供有关的证据,大家(承租人、船东与作为二船东的客户)如果还是有争议,完全可以去伦敦仲裁并把两个仲裁同步进行,但可惜还是没办法说服香港法院。香港法院马上作出了简易判决,迫使客户只能支付该笔判决债务。不出所料,后来承租人对船东计算的卸港滞期费提出了不少异议,并提供了文件证据显示滞期费的计算不对。可惜为时已晚,最后笔者的客户被夹在合约链当中而无端端蒙受损失。在笔者看来,这种简易判决显然是不正确也不公平的。

4.3.5 法院(与将来的仲裁庭)面对简易判决申请的困难

Mummery 大法官在 Doncaster Pharmaceuticals Group Ltd v. The Bolton Pharmaceutical Co 100 Ltd (2006) EWCA Civ 661 先例中说是否作出简易判决在大道理或原则上是简单与明确的,就是看被告在将来开庭审理时是有真正的胜诉机会还是只是幻想/空想或顶多是有得争辩,这也是法院的裁量权(discretion)。

虽说道理简单,但操作起来并不容易。相比之下,全面开庭作出审理对于法院来说会更容易,因为在看了与聆听了全面的证据后,通常会更好地掌握案件谁是谁非。例如,一方提交的证据也会被对方代表律师通过反盘问等方式质疑,法院也就更能掌握特定证据的可信程度与强弱。再加上不像在简易判决的申请,法院在最后实质争议的开庭审理后也有更宽松的时间考虑清楚再作出判决。而在申请简易判决时,法院面对的只是部分与片面的文件证据,而且要小心作出申请的原告会尽量把案件说成与包装为一个简单(open and shut)与黑白分明的索赔。毕竟,原告难免对自己的索赔抱着乐观的心态,不认为有开庭审理的必要。而抗拒的被告则会尽量把案件包装得复杂与困难,不能草草了事以简易判决处理掉。例如,被告不管有用没用刻意提供大量文件以影响决定申请的大法官。

Mummery 大法官也说到他对有关简易判决的申请应由懂行的专业法官或是一般的“万金油”法官来审理的看法。关于这一点是有争议的,有人认为法官要很快决定是否作出简易判决,专业法官在压力之下会更警觉与敏感。但 Mummery 大法官认为这不重要,因为是否作出简易判决是程序问题而不涉及实质问题,一位有经验的“万金油”法官也可以胜任。另外,该先例的案情涉及知识产权争议,一审的高院大法官作出了简易判决,但在上诉庭被推翻。笔者估计一审大法官是“万金油”法官,所以 Mummery 大法官有感而发。

最后,Mummery 大法官说到简易判决的结果通常比较难以预测(unpredictable),欠缺肯定性(uncertainty),这也是难免让个别法官行使裁量权作出决定的后果。

Mummery 大法官的判词可节录如下:

“Summary judgment procedures, which are designed for the swift disposal of straight forward cases without trial, are only available where the applicant demonstrates that the defence (or the claim, as the case may be) has no ‘real’ prospect of success and if there is no other compelling reason why the case or issue should be disposed of at a trial: CPR Pt 24.2. Thus, without the assistance of pre-trial procedures, such as disclosure of documents, and without the benefit of trial procedures, such as cross examination, the court’s function is to decide whether the defendant’s prospect of successfully establishing the facts relied on by him is ‘real’, that is more than ‘fanciful’ or ‘merely arguable.’ …

Although the test can be stated simply, its application in practice can be difficult. **In my experience there can be more difficulties in applying the ‘no real prospect of success’ test on an application for summary judgment … than in trying the case in its entirety … The decision-maker at trial will usually have a better grasp of the case as a whole, because of the added benefits of hearing the evidence tested, of receiving more developed submissions and of having more time in which to digest and reflect on the materials.**

The outcome of a summary judgment application is more unpredictable than a trial. The result of the application can be influenced more than that of the trial by the degree of professional skill with which it is presented to the court and by the instinctive reaction of the tribunal to the pressured circumstances in which such applications are often made.

I doubt, however, whether the decision to have or not to have a trial of the action is much affected by the fact that it is heard by a specialist judge. I see no objection, for example, to the use of judges or deputy judges, who are not intellectual property specialists, to hear and decide applications for summary judgment in this field. I mention this topic and wish to say a little more about it for two reasons. First, as a result of hearing some recent appeals against the grant of summary judgments in a variety of areas of law, I have some general concerns about the use of the summary judgment procedure. Secondly, I am aware of views recently aired in the profession questioning the ‘efficiency’ of using non-specialist judges for summary judgment applications in intellectual property cases.

In my opinion, the decision whether or not an action should go to trial is more a matter of general procedural law than of knowledge and experience of a specialised area of substantive law. All judges, specialist and non-specialist, are experienced in procedure and practice. Procedural justice is the judicial specialisation par excellence. It may take a little longer for the application to be opened to a non-specialist judge, but that may be no bad thing. I am confident that all judges to whom such applications are likely to be made will have the necessary procedural expertise to sort out those cases that can properly be disposed of without a trial. …

Everyone would agree that the summary disposal of rubbishy defences is in the interests of justice. The court has to be alert to the defendant, who seeks to avoid summary judgment by making a case look more complicated or difficult than it really is.

The court also has to guard against the cocky claimant, who, having decided to go for summary judgment, **confidently presents the factual and legal issues as simpler and easier than they really are** and urges the court to be 'efficient', i. e. produce a rapid result in the claimant's favour. …

Take this case. Although it was described by the claimant's counsel as an open and shut case in which a 'smoke screen' defence was being raised, it was rightly accepted in the court below that **the evidence 'looks quite lengthy.'** It certainly is lengthy for a Pt 24 application. **The papers look to me more like a set of trial bundles rather than interlocutory application bundles. …**

The claimant's counsel supported the application for summary judgment by a 22-**page skeleton argument**, accusing the defendants of 'diversionary tactics designed to try to avoid summary judgment,' … **But already the seeds of doubt have been sown about how open and shut the case really is** and whether the court should set out along summary judgment road at all.

…, **the case may turn out at trial not to be really 'complicated', but it does not follow it should be decided without a fuller investigation into the facts at trial than is possible or permissible on summary judgment. …**

It is well settled by the authorities that the**court should exercise caution in granting summary judgment in certain kinds of case. The classic instance is where there are conflicts of fact on relevant issues**, which have to be resolved before a judgment can be given … A mini-trial on the facts conducted under CPR Pt 24 without having gone through normal pre-trial procedures must be avoided, as it runs a real risk of producing summary injustice.

In my judgment, the court should also hesitate about making a final decision without a trial where, even though there is no obvious conflict of fact at the time of the application, **reasonable grounds exist for believing that a fuller investigation into the facts of the case would add to or alter the evidence available to a trial judge and so affect the outcome of**

the case.”(加黑部分是笔者的强调)

4.3.6　简易判决常见例子

简易判决(summary judgement)在很多类型的案件都会发生,笔者可举几个例子介绍。

4.3.6.1　商标的执行

侵犯商标的救济做法通常是向法院申请向被告作出一个永久禁令(permanent injunction)与一个宣示判决(declaration of infringement),要求被告交出(delivery up)所有侵犯商标的商品,披露这些侵犯商标的商品的供应商等,并赔偿金钱损失。[32]

由于法律严格保护商标,被告不能以对侵犯商标的行为并不知情作为抗辩,所以这种案件一般都是清楚明了,被告通常不会有成功抗辩这个索赔与救济的真正机会(no real prospect of successful defending the claim)。这样,法院针对侵犯商标案件一般就会以简易判决(summary judgment)的形式作出救济。

但会有个别侵犯商标的争议并非是一般的案件,这样,处理的办法就会不一样。在上一段已经提到过的 Doncaster Pharmaceuticals Group Ltd v. The Bolton Pharmaceutical Co 100 Ltd (2006) EWCA Civ 661 先例中,案情涉及用来治疗成人高血压(hypertension)的 KALTEN 药丸。在该先例中,原告声称被告侵犯了他的商标。该药品原本的商标持有人是著名的跨国药厂 AstraZeneca(以下简称 AZ)。AZ 在欧洲的业务很好,而由于欧盟成员国之间容许商品的流通,有约 70% 在英国销售的 KALTEN 药丸从西班牙进口。这在当时完全是合法的平行贸易(parallel trading),背后的原因可能是生产成本便宜或集团公司的结构或是统筹等。但接着 AZ 把该药品的商标,也就是 KALTEN 药丸,转卖与转让(assign)给了欧盟成员国的不同公司,其中在西班牙是转让给了当地的一家名为 Teofarma 的公司,而在英国就把商标转让了给一家名为 Bolton 的英国公司,也就是本先例的原告。但接下来英国销售的药丸仍有 70% 是通过被告 Doncaster 从西班牙进口。这样原告 Bolton 的利益就无可避免地受到影响,而它与 Teofarma 没有任何经济上的关系,也没有同意 Doncaster 在英国使用 KALTEN 的商标,所以是它在英国拥有的商标受到了侵犯。原告在一审法院成功获得了简易判决,法院向被告作出禁令以及其他的救济。但被告上诉,上诉庭推翻与改变了一审判决。

此处涉及一个复杂的商标权利用尽理论(doctrine of exhaustion of rights),就是如果商标权所有人与/或被许可人以合法的方式出售或转让了商标权商品,他们对该特定商品上的商标权就用尽,无权禁止他人在市场上再行销售该产品或直接使用。但这个理论仍在发展之中,并没有最后定论,很大程度上依赖各国国家/地区的法律规定与双边/多边协定。欧盟为了解决欧盟范围内货物自由流动原则与商标权的地域保护之间的冲突,通过立法与判例确立了欧盟范围内的商标权利用尽理论。例如,在 IHT Internationale Heiztechnik GmbH v. Ideal-Standard GmbH (1995) FSR 59 先例中,讨论了商标或专利等在转让

---

〔32〕　由于商标被侵犯造成的损失不容易计算,所以通常是要被告交出赚取的利润(account for profit),这课题在笔者《损失赔偿与救济》一书第一章之 7 段有详论。

给了欧盟不同公司之后,如何处理它们之间的经济联系与管制。由于这与中国公司关系不大,笔者无意在此多作介绍,只说被告以商标权利用尽理论作为抗辩。在一审的法院,Martin Howe QC 大法官认为被告在这一说法下,仍是没有成功抗辩的机会,所以作出了简易判决。但这在上诉庭被推翻,其中主要原因是上诉庭认为商标权利用尽理论是仍在发展中的法律说法,所以不应该作出简易判决。而且该案件并非是一个明确无误的简单案件(open and shut case),不适宜这样速战速决处理掉。Mummery 大法官说:"... this case is not a suitable case for summary judgment. There needs to be more investigation into the circumstances of the assignments of the trade mark by AZ and, in particular, into the facts about the economic links (if any) between AZ and Bolton and the possibility of control and the application of the principles of exhaustion of rights ..."

另外,上诉庭的 Longmore 大法官也说:"... I do not regard it as beyond argument that successive assignment ... were not a 'disguised restriction on trade between Member States' within the concluding words of Art. 30 of the EC Treaty. It would ... be a little surprising if an assignor can, by assignment, convey more rights than he himself has. If the owner of a trade mark could assign his mark successfully to different entities in each EU country, freedom of movement of goods could be said to be more of an inspiration than a reality. **The relevant law is still in the process of formulation ... summary disposition is not appropriate in what is a developing area of law.**"(加黑部分是笔者的强调)

4.3.6.2 银行和金融

简易判决的做法在处理银行和金融行业的争议时经常发生。据悉,由于这个行业认为商业仲裁中不像伦敦、纽约或香港法院,没有同样的简易判决的做法,因此一直对仲裁没有太大兴趣,这与其他商业合约(特别是跨国的商业合约)很不一样。但由于近年来在发展中国家的业务发展,执行国家法院的判决(包括简易判决)毕竟有局限,所以这个行业也开始对仲裁产生兴趣。

银行常用的合约,如最常见的银行贷款协议(loan agreement),在拟定时都会非常清楚明确地全面保护银行的利益。一旦发生事故,由于贷款协议中已经有明确针对,所以贷款人无法争议,属于明确无误的简单案件(open and shut case),完全适合以简易判决处理掉。例如,贷款协议总会有一条详细针对所有贷款人会构成违约的事件(events of default)的条文,其中除了包括贷款人没有准时支付利息或偿还分期债务,也包括很多其他较次要的事件(如没有对抵押品投保或维修保养等危害抵押品价值的行为)。贷款协议也清楚说明一旦发生了违约事件,根据该贷款协议的约定,银行就可以做一连串事情终止贷款协议与提前收回债务/借款,例如可通知贷款人要求马上提前归还所有的债务与利息(accelerated repayment of indebtedness),或同时采取行动把所有作为担保的抵押品[如房子(是贷款人所居住的)、船舶(在船舶融资)、公司股票(作为质押品)]等出售套取现金以还债。

为了平衡,英国法律有默示条文或地位要求银行在行使这些权利时要同时保护贷款人的利益,即银行在处理与出售抵押品时有善意与合理谨慎的责任。例如,贷款人早已还完大部分银行贷款,但由于大环境变差,贷款人无法准时偿还剩下的贷款,于是银行行使权利把抵押品处理变卖。但经常会有抵押品的市场价值超出剩余债务的情况。这样,银行的心态是不关心出售抵押品的价格是否合理,只要足够清还剩余借款,出售的过程与方法越简单快捷越好。反正即使出售价格高了,比欠下债务多的钱仍要退还贷款人。所以,法律需要有这个默示责任加于银行。这个课题在笔者(杨良宜)的《船舶融资与抵押》一书第五章之4.3段有详论,此处不再重复。

这样,如果有这种情况发生(不一定会有,如贷款协议不涉及抵押品或行使权利前抵押品已因事故灭失等),作为被告的贷款人就有了拒绝简易判决的理由。因为银行有否合理履行法律的默示责任是事实敏感(facts sensitive)的问题,要看每一个不同案件的事实而决定,所以不适合以简易判决简单处理。

这种案例有不少,笔者挑两个先例作介绍。第一个是中国香港发生的 China and South Sea Bank Ltd v. Tan Soon Gin (alias George Tan) (1990) 1 AC 536 先例。作为原告的债权人银行向作出个人担保的被告陈松青先生索赔当时香港著名的佳宁集团公司(Carrian Group)的债务/借款欠下的本金与利息,并申请简易判决。这本来是明确无误的案件,但由于涉及一笔作为担保的集团公司股票被质押(pledge)在原告的手中,却没有及时出售,随着佳宁集团公司的丑闻(也是涉及马来西里用来援助马来人土著的资金被贪污受贿而非法挪用)越来越大而变成不值钱,并在最终因为佳宁集团公司的清盘结业而变为废纸。这样,作为担保人的被告面对原告申请简易判决的抗辩理由就是,原告应在违约事件一发生时就赶紧把手中质押的股票在市场出售,而由于当时丑闻还没有扩大,可以顺利出售并取回足够清还债务的金钱。香港的一审法院给予了原告银行一个简易判决,但香港上诉庭推翻了一审法院的判决并认为陈松青先生作为被告有权无条件作出全面抗辩(unconditional leave to defend)。当时香港仍是英国殖民地,所以最后上诉到英国的枢密院(Privy Council)。英国枢密院再度推翻了香港上诉庭的判决,容许原告取得一个简易判决。

第二个是近期涉及两艘船舶融资的 HSBC Bank Plc v. Antaeus Shipping Co SA (2018) EWHC 1733 (Comm)先例。由于航运市场下滑,作为贷款人的希腊船东无法向汇丰银行支付到期的分期债务与利息。这导致汇丰银行向希腊船东作出了通知,要求马上提前归还欠下的债务/借款与利息,并很快把两艘作为抵押品的船舶在市场出售,但在最后结算时仍不够还清希腊船东的所有借款。所以汇丰银行作为原告将贷款人、作为担保人的希腊母公司与作出个人担保的船老板作为共同被告在英国法院提起诉讼。一开始原告申请简易判决,但被告通过代表律师抗拒申请并提出原告是否合理出售抵押的船舶的质疑。这样,有经验的汇丰银行就知道不能通过这一简单与快捷的做法处理,所以撤回了简易判决的申请。最后,被告没有在实质的开庭审理时出庭抗辩,而原告提供给法院的所有的证据(文件、事实与专家证人)有包括了出售的船舶获得了当时合理的市场价格,所以法院最后作出了原告胜诉的判决。

至于银行作为被告时,原告作出简易判决的申请的情况,在信用证(letter of credit)与见索即付担保(demand guarantee)经常发生。如果银行没有向信用证的受益人作出支付,这种案件应是一个明确无误与简单的案件,法院会毫无犹疑地作出简易判决。毕竟这种国际上的支付一向被法院认为是国际贸易的生命线,支付时不能也不容许有任何拖延或扯皮,否则国际贸易就会对这种支付办法失去信心而崩溃。一般而言,银行在面对受益人申请简易判决时很难抗拒。银行如果指称结汇的付运文件有瑕疵与不符点,法院可以马上看到银行已经过了退还付运文件的时限而造成了弃权(UCP 600, Article 14),或是所谓的不符点只是银行吹毛求疵的借口,是不能成立的。唯一会有机会成功抗拒的是银行提供的表面证据指称有关的付运文件有虚假,例如倒签提单[33]或提单陈述的货物是根本不存在的,而且受益人应该知道甚至是参与这一份虚假的文件与欺诈,见 United City Merchants (Investment) Ltd v. Royal Bank of Canada (1983) 1 AC 168 先例。这样就有可能成功抗拒简易判决,让法院在将来开庭全面审理最后决定是否付运文件真有虚假与受益人是否参与。

4.3.6.3　债务或被告承认的欠款

在笔者《损失赔偿与救济》一书第十一章对债务(debt)与损失赔偿(loss or damages)的区别有详细介绍,此处不再重复。只说债务通常是一笔清楚欠下的固定金钱或顶多只需要简单计算就可以确定金额的金钱。所以在一般的情况下,债权人作为原告可以成功申请一个简易判决(summary judgment)。但涉及所谓的非议定金额(unliquidated sum)的损失,就需要通过困难、复杂与富争议性的计算才能确定金额。其中会包括很多事实敏感(facts sensitive)的争议,例如损失的遥远性(remoteness of damage)或受害人是否合理减少损失(mitigation)。这些争议都会涉及大量的事实与证据,所以并不适合作出简易判决。

在商业合约中,通常是通过明示条文或是法律的默示条文产生债务的,即根据债务人作出的合约承诺,只要在一些条件满足后,他就要支付一笔固定金额给债权人。支付这笔钱与债务人有否违约或犯错是毫无关系的。相反,损失赔偿就与违约或犯错有密切的关系。损失赔偿是第二种履行合约承诺的方式,如果其中一方(违约方)没有严格实际履行合约作出的承诺,就有了第二种的履行合约责任的方式,就是赔偿无辜方的损失让他恢复到合约被履行的地位。至于要赔偿多少,就需要通过困难、复杂与富争议性的损失计算。

最常见的债务是在买卖合约,英国《Sale of Goods Act 1979》之 Section 28 下买方有在提取了货物后马上支付货价(price for the goods)的默示责任。当然,如果买卖合约有明示条款改变这个法律的默示地位,是另一回事。但如果案情是买方无理拒绝提取货物令卖方无法交货给买方,属于买方违约,无辜方的卖方只能索赔损失,与欠下债务(货价)无关。

在提供服务的行业,也经常有债务产生。例如,雇佣合约就会涉及雇主明示承诺雇员提供了一个月的服务后就支付一笔固定的工资,这是债务。在航运的期租合约,通常会承诺每 15 天的服务后,承租人需要支付船东一笔租金,这也是债务。另一种在航运常见的提供服务合约是程租合约,合约中有明示或法律默示船东把货物运到目的地港后,承租人

---

[33] 这课题可参阅笔者的《提单与其他付运单证》(2016 年)一书第六章之 7.1.6 段。

必须支付给船东一笔固定或很容易计算出来的运费(freight),这又是一笔债务。笔者已经见过与经历过无数次船东就被欠下的运费向英国法院申请简易判决的情况,而且经常会成功,见 The "Aries"(1977)1 Llody's Rep 334; The "Brede"(1974)QB 233; The "Dominique"(1987)1 Lloyd's Rep 239 等先例。

在上一小段提到的贷款协议也经常涉及债务的问题,即合约规定了贷款人要定期支付给银行一笔到期的利息或分期的还款,这也是债务。银行在贷款人没有支付时,可向法院申请作出一个简易判决。

作为被告的债务人很难抗拒一个对欠下的债务作出简易判决的申请,法律只允许极少的抗拒理由。一种是合约明示可以作出扣减,所谓的合约抵销(contractual set-off)。但在现实中,就很难想象债权人的原告会忽视这个扣减而提起诉讼与申请简易判决。而法律默示的情况是立法与衡平法容许的抵销(legal and equitable set-off)。立法抵销是如果作为原告的债权人在其他不同的合约中对同一被告欠下一笔债务,这两笔债务就可以用来相互抵销。早在《Insolvent Debtors Relief Acts 1729》就有规定说:"mutual debts between the plaintiffs and the defendant ... one debt may be set against the other."在《Senior Courts Act 1981》之 Section 49(2) 与 CPR Rule 16.6 也有相应规定。

至于衡平法抵销,在涉及期租合约(time charter-party)的贵族院 The "Nanfri"(1979)1 Lloyd's Rep 201 先例有详细介绍。背后的道理是有关的债务是债权人提供服务的报酬,而如果提供的服务有瑕疵令债务人没有享有承诺的服务,就没有理由不允许他在欠下的债务作出扣减。例如,在一个期租合约下船东的违约(如不合理饶航或是船舶在海上的航程中不符合租约规定的航速)导致了时间的损失,承租人可以通过衡平法抵销扣减应该支付的租金。显然,扣减的这笔钱还是要通过困难、复杂与富争议性的计算才能固定下来,毕竟要扣减的这笔钱本质上是损失赔偿。法律允许债务人扣减一笔通过合理计算与估计的金额。所以如果债务人作出合理估计的金额完全抵销了欠下的债务,也就可以成功抗拒债权人的简易判决的申请了。但如果扣减只能部分抵销债务,则剩下的部分债务难免在毫无争议的情况下,被法院作出简易判决。

而涉及程租合约(voyage charter-party)的运费就严格不允许衡平法抵销,这是因为欠下的运费由于历史原因被视为要马上支付与神圣不可侵犯(sacrosanct)的债务。如在上述提到的 The "Aries"贵族院先例中,承租人在支付运费时扣下了 3 万美元用来抵销该航次中的货物短缺。船东在该航次的两年后向英国法院起诉并申请简易判决,贵族院同意一审法院与上诉庭的决定,向承租人作出了简易判决。因为英国法下不允许抵销运费,承租人货物短缺的损失需要另外提起诉讼。但在该先例中,因为 1 年的货损货差时效已过,所以承租人已经不可能再提起诉讼。

针对货物买卖也是同样的道理,如果买方在提取货物后发觉货物有瑕疵,甚至在提取货物之前就已经发现有瑕疵,但市场急涨或买方紧急需要这票货物的关系仍要提取货物的情况下,都可以作出扣减或抵销尚未支付的货价,而扣减的金额就是这票货物的瑕疵所带来的合理估计的损失。

另一种情况是如果违约方曾经向无辜方承认或同意过一笔损失金额的赔偿,但之后拖延不支付这笔金钱,也会导致无辜方向法院起诉并申请简易判决。这种情况甚至会发生在仲裁的过程中,被告答应向原告支付一笔金钱,但后来又拖延。而如果被告在抗拒简易判决的申请时向法院解释较早的承诺是因为希望息事宁人,让双方保持良好合作关系等不是理由的理由,法院不会接受并会马上作出简易判决。当然如果被告作为违约方及时委任了一位称职与有水平的律师,可能到时候会想出一个法律上站得住脚的抗辩,这样可以推翻或改变较早时没有对价(consideration)的承诺。在英国法下,大原则是只要没有太迟而导致对方蒙受不能以金钱补救的损害,任何一方当事人都可以在最后判决前将过去错误依赖的理由修改(amend)为他/她认为最正确的理由。如果这站得住脚的抗辩理由是事实敏感,就可以成功抗拒原告对简易判决的申请。在 ED & F Man Liquid Products v. Patel (2003) EWCA Civ 472 先例中,上诉庭的 Potter 大法官说:"I would only add that, where there is a claim or judgment for monies due and issue of fact are raised by a defendant for the first time which, standing alone would demonstrate a triable issue, if it is apparent that, with full knowledge of the facts raised, the defendant has previously admitted the debt and/or made payments on account of it, a judge will be justified in taking such acknowledgements into account as an indication of the likely evidence of the issues raised and the ultimate success of the defence belatedly advanced. ...I would accept, as the judge accepted, that ... in a case where, with knowledge of the material facts, clear admissions in writing are unambiguously made by a sophisticated businessman who has ample opportunity to advance his defence prior to signed, a judge is in my view entitled to look at a case 'in the round', in the sense that, if satisfied of the genuineness of the admissions, issue of fact which might otherwise require to be resolved at trial may fall away."

这种情况也会涉及中国公司,为了息事宁人,经常在没有委任律师的情况下承诺支付一笔钱,但承诺之后又因为其他原因拖延不支付这笔钱。这样在英国法律下就会有严重后果,对方可以此作为证据,说服法院作出简易判决。正如 Potter 大法官说:"I consider the judge was entitled to reject as devoid of substance or conviction such explanation as was advanced for the making of those admissions and in my view he [the judge] was entitled to conclude that the first defendant lacked any real prospect of successfully defending the claim."

4.3.6.4 没有说服力的抗辩

被告的抗辩没有说服力的情况经常发生。例如,原告指称被告没有严格履行合约的承诺,但被告在抗辩中只是泛泛与没有详情(particulars)地声称是大陆法系下的不可抗力或情势变更或不是他的错导致无法履行。但英国法律没有这个概念或说法,而有关的合约也没有这方面的明示条文。另一个典型的例子是在本章之 4.2 段针对的被告在抗辩书中对原告所有的索赔与指控一概否认,但没有说明否认的理由,这也显示被告根本没有站得住脚的抗辩理由。

如果被告一开始就讲不出抗辩理由,通常后来也不会因为原告申请简易判决而有所改变。这样,原告至少在责任方面就会顺利取得法院同意作出的简易判决,只留待核算损失(damages to be assessed)。但有风险是如果被告转而聘用一位高水平的律师,而他在考虑案件后很快想出了一个或多个完全说得通的抗辩理由,原告的申请就会有问题了。例如索赔时效已过(time bar),原告不能一口咬死被告在较早的抗辩书中没有提出这个理由,因为当时时间尚早,没有理由不允许被告修改抗辩书(amendment of defence)。如果不允许被告提出新的与强而有力的理由或观点,显然是不合情理的。原告如果有浪费的金钱,完全可以要求被告补偿。例如,原告的索赔请求显示了被告没有履行合约责任这一非常清楚与简单的违约行为,而被告除了泛泛否认外,一直没有提出过实质的抗辩理由。但到了原告申请简易判决时,被告的代表律师就提出原告曾经有过言行可以构成合约更改、弃权与/或禁反言,[34]并提供了显示了有关言行的表面证据。虽然最终弃权与/或禁反言能否成立还要根据事实看有否满足所有的先决条件,如被告有否改变地位、依赖并蒙受损害等,但这些事实敏感(facts sensitive)的争议都必须在最后开庭审理时处理,不适合以简易判决处理掉。

4.3.6.5　允许被告抗辩会导致滥用司法程序

滥用司法程序(abuse of process)的课题,在笔者《合约的履行、弃权与禁反言》一书第九章之 8 段有介绍,此处不再重复。

一种允许被告抗辩会导致滥用司法程序的情况是被告在刑事起诉中被定罪(convicted)后,再被受害方以民事诉讼去索赔金钱的赔偿。被告在较早的刑事起诉中被定罪是需要满足更严格的举证责任,通常就是证明被告犯了被指控的罪是没有合理疑点的。相对而言,在民事诉讼中平衡的可能性(balance of probability)的举证责任就宽松得多了。这样,如果被告在民事诉讼中不能够提出较早的刑事审理时没有来得及披露的强而有力的新证据,就不允许再次审理(relitigate),[35]而是会在民事诉讼中很快以简易判决处理掉责任方面的争议。在 Brinks v. Abu-Selah (1995) 1 WLR 1478 先例中,案情涉及价值高达 2700 万英镑的黄金在伦敦的希思罗机场被抢劫。之后参与抢劫、接赃与协助洗钱的人士纷纷被捕并被刑事起诉与定罪。失去这批黄金的托管人(bailee)以及他的保险公司向多位被告提起民事诉讼,企图追回部分失去的黄金与已经变卖的钱。部分已经刑事定罪的被告仍提出抗辩,但法院以这属于滥用司法程序为由作出了简易判决。Jacob 大法官说:"To relitigate the matter now they need to show at least that new evidence not called at the criminal trial will be called at the civil trial. Such evidence must not only be new but must 'entirely change the aspect of the case'. That is so is apparent from Hunter v. Chief Constable of the West Midlands Police (1982) AC 529, where convicted criminals were not permitted to relitigate matters determined against them in criminal proceedings … In the case of RSC Order 14 therefore, a defendant cannot show that there is an issue which ought to be tried if he has lost that issue in a criminal trial and is simply seeking its relitigation on essentially the same evidence. His defence would be an abuse of process."

---

[34] 见笔者《合约的履行、弃权与禁反言》一书第三章。

[35] 见笔者《合约的履行、弃权与禁反言》一书第六章,其中 8.6.3 段有详细介绍。

涉及商业犯罪,除了刑事诉讼还会有相关的商业诉讼或仲裁。

4.3.7 延误申请简易判决

一般简易判决的申请都是在诉讼的早期,毕竟这种做法是为了提前处理争议,以免一些无望的案件拖延下去浪费双方当事人的时间与金钱,也浪费宝贵的法院资源。但延误申请简易判决本身并不是拒绝申请的理由,Jacobs 大法官在 Brinks v. Abu-Saleh (1995) 1 WLR 1478 先例说:"What then is the rule as regards delay and Order 14(RSC 下针对简易判决的条文)? It is said that the plaintiffs have delayed so much, and the case is so close to trial, that I should regard the application as an abuse of process. Now it is true that **normally plaintiffs use Order 14 shortly after they commence proceedings, normally, but not always, before a defence is filed.** But there is nothing in the rules precluding an application at a later stage in the proceedings. I do not see why delay, of itself, should be a relevant matter. If there is no 'defence to the claim' or the defendant cannot show that there is an 'issue or question in dispute which ought to be tried or that there ought for some other reason to be a trial of that claim' then delay can make no difference. Of course in some circumstances delay in proceeding summarily, coupled with an adoption of the procedures for full trial, may well suggest a weakness in the plaintiff's case or may even sometimes suggest some other reason for trial. But it would be that weakness or reason, not the delay itself, which led to refusal of the application. Moreover the plaintiff may well, having indicated an intention to go to full trial and then having both incurred his own costs and caused the defendant to incur his in going down that route, have to suffer a penalty in costs if he brings his Order 14 application late. But otherwise **I can see no objection to a late application for judgment under Order 14.** Indeed, in some cases, and I think this is one, its use may be commendable as saving both the extra costs and time involved in a full trial."(加黑部分是笔者的强调)

4.4 仲裁机构提前决定争议的新规定

国际仲裁之前没有撤销索赔请求或抗辩的说法与做法。双方当事人的仲裁协议给予仲裁庭的管辖权只是解决双方的争议,仲裁也没有像法院要防止宝贵与有限的司法资源被滥用的考虑,所以在《联合国示范法》(UNCITRAL Model Law)没有条文针对这个课题。但在英国的《Arbitration Act 1996》之 Section 41 有规定在两种特定的情况下,仲裁庭可以撤销索赔请求。一种情况是 Section 41(3)规定的原告在开始仲裁程序不再担心时效问题后,不合理延误推进诉讼程序,导致证据流失等造成无法公平审理,即所谓的原告懈怠诉讼(want of prosecution)的情况。另一种情况是在 Section 41(6)规定的仲裁庭在向原告作出了费用担保(security for costs)的命令后,原告不提供担保。注意是这两种特定的权力都是针对原告的索赔,撤销被告的抗辩会更加敏感,毕竟从起码的公正考虑,也不应该轻易剥夺被告在面对原告攻击时抗辩的权利。也可以从解释立法的角度来看,如果仲裁庭像法院一样有广泛的撤销索赔与抗辩的权力,就无须明示两种可以撤销索赔的情况,这默示了仲裁庭除了这两种情况外没有权力撤销索赔或抗辩。此外,中国香港《仲裁条例》(第 609 章)也有同样的规定。

但在本章较早前介绍的法院的两种提前处理(early disposal)双方争议的做法,即撤销索赔或抗辩与作出简易判决,在有些案件或情况下(包括对银行与金融行业)确实有吸引人之处,仲裁看来有所不足。所以,现在新加坡仲裁中心(Singapore International Arbitration Centre,SIAC)首先创新,在2016年的规则中加进了允许仲裁庭提前处理双方争议的规定,可节录如下:

"Rule 29: Early Dismissal of Claims and Defences

29.1 A party may apply to the Tribunal for the early dismissal of a claim or defence on the basis that: a. a claim or defence is manifestly without legal merit; or b. a claim or defence is manifestly outside the jurisdiction of the Tribunal.

29.2 An application for the early dismissal of a claim or defence under Rule 29.1 shall state in detail the facts and legal basis supporting the application. The party applying for early dismissal shall, at the same time as it files the application with the Tribunal, send a copy of the application to the other party, and shall notify the Tribunal that it has done so, specifying the mode of service employed and the date of service.

29.3 The Tribunal may, in its discretion, allow the application for the early dismissal of a claim or defence under Rule 29.1 to proceed. If the application is allowed to proceed, the Tribunal shall, after giving the parties the opportunity to be heard, decide whether to grant, in whole or in part, the application for early dismissal under Rule 29.1.

29.4 If the application is allowed to proceed, the Tribunal shall make an order or Award on the application, with reasons, which may be in summary form. The order or Award shall be made within 60 days of the date of filing of the application, unless, in exceptional circumstances, the Registrar extends the time."

SIAC 对这一条新规则的介绍也可节录如下:

"The SIAC Rules 2016 are the first set of arbitration rules published by a major arbitration institution to incorporate an early dismissal procedure. Its introduction appears to be SIAC's answer to the criticism that international arbitration has no equivalent to the summary judgment and striking-out procedures found in litigation, thereby allowing parties to advance unmeritorious claims or defences.

Under the SIAC Rules 2016, a party may request the tribunal to dismiss a claim or defence at an early stage of the proceedings where the claim or defence is either 'manifestly without legal merit' or 'manifestly outside the jurisdiction of the tribunal' (rule 29). The legal test to be satisfied is therefore a stringent one. Only claims and defences which 'manifestly' do not withstand scrutiny, whether on the legal merits or on the jurisdictional basis asserted, may be dismissed.

As a safeguard against unmeritorious applications for early dismissal, the tribunal has the discretion whether to allow the application to proceed. If it does, the tribunal is then required to render its decision on the application, with reasons in summary form, within 60 days of the date of application-unless, in exceptional circumstances, the registrar extends the time. We don't know yet how SIAC tribunals will deal with applications for early dismissal but the imposition of this deadline of 60 days suggests that parties may have relatively limited time to make their submissions on early dismissal, whether in writing or at a hearing.

From a practical perspective, the introduction of the early dismissal procedure may place an increased emphasis on the 'Response to Notice of Arbitration' (Response). A respondent may no longer be able to safely defer setting out its defence until the submission of its Statement of Defence by making bare denials against the claimant's claims in its Response. The risk is that a claimant may apply for early dismissal, which would compel the respondent to assert the prima facie strength of the defence set out (if at all) in the Response against the 'manifestly without legal merit' test. Respondents in any SIAC arbitrations commenced after August 1 should be prepared to include in their Response substantive comments on the defence arguments that are likely to be relied on in the arbitration."

香港国际仲裁中心(HKIAC)也跟从了这一做法,并在2018年的仲裁规则中加入了同样的规定,其他国际仲裁中心应该也会跟从。笔者只简单提出几个方面的问题来分析这个新的规定,或是在哪些方面要注意:

1. 在本章之4.3段有提到法院在CPR下会更加愿意在撤销原告的索赔或被告的抗辩前下令提早披露文件与资料,并且会允许一定程度的钓鱼取证/摸索证明(fishing expedition)。但在仲裁程序,即使仲裁庭愿意以同样的手法应对,相比法院仍有一定的困难与效果成疑。

2. 更加值得关心的是在本章之4.3.5段所提到的Mummery大法官所说的英国法院面对的问题。如决定简易判决比最终全面审理后的判决会更加困难,简易判决比最后判决更不肯定与不可预测。Mummery大法官也提到了到底哪一类的法官(专业或非专业)更适合处理简易判决等。与Mummery法官不同,在笔者看来,由有专业知识的法官决定更有优越性。因为要在有限的证据下很快作出决定,如法院或仲裁员要在紧急情况下对案件的实体方面作出正确决定的即时判决或裁决(instant judgment or award),不内行的法官或仲裁员是做不到的。笔者确实见到不少简易判决的一审决定被上诉庭推翻。如果英国法院在这种程序上遇到了问题与困难,可想象得到同样的问题与困难在国际仲裁会翻倍。例如,常见被委任的国际仲裁员中的绝大多数是英美等国家的商事"万金油"律师(general commercial lawyer),什么类型的案件都接受,谈不上对任何专业熟悉等。而且国际仲裁还要面对法院不会面对的问题(如国际执行),因此笔者对仲裁员在一审终局的仲裁中行使这方面的权力或裁量权的安全程度感觉担心。所以需要建立更多的保护机制,如对撤销或简易裁决建立一个上诉机制,由仲裁机构委任适合与高水平的人士处理。

3. 国际仲裁的费用越来越昂贵与时间延误越来越严重是现在讨论的热门话题,也是事实。笔者认为这在一定程度上与仲裁机构的不断创新有关系,如紧急仲裁员程序(emergency arbitrator procedure)、仲裁庭秘书(tribunal secretary)等都带来新问题与费用及时间延误。笔者对这种容许仲裁庭提前处理双方争议的做法会否带来同样的后果感到有些担忧。

4. 笔者感觉撤销索赔还比较安全,但仲裁庭撤销抗辩并作出简易裁决(summary award)是剥夺了被告进一步要求原告文件披露、通过其他渠道调查取证、最重要的开庭审理(evidential trial)以陈述被告的案件(present case)以及质疑原告的案件与证据等的机会。这在将来会导致更多问题,如原告向被告执行简易裁决时,被告就可以指称简易裁决令被告失去了陈述案件的机会,违反了1958年《纽约公约》。

5. 最后是已经提到过的,法院要关心宝贵与有限的司法资源不要被滥用,所以有严格阻止滥用司法程序的做法,但仲裁庭没有这方面的考虑。

5. 要求文书请求、誓章与/或证人证言提及的文件

5.1 提及的文件需要马上披露给对方查阅的原因

在文书请求中(如原告的索赔请求)如果提及(referred to)一份报告或一封信函或简略提到某类文件(class of documents),但没有把该文件作为附件披露,即使当时被告还没有递交抗辩书也可以提前要求原告作出披露,见 Quilter v. Heatly (1883) 23 ChD 42; Mantaray Pty v. Brookfield Breeding Co Pty Ltd (1992) 1 QdR 91 等先例。即使被告可以估计到原告在索赔请求中提及的文件到底有什么内容甚至自己也可能有一份(如一份验检报告),但最好还是向原告要求披露文件,因为这样就可以明确、肯定以及全面地知道原告在索赔请求中的指控,以免将来出现什么误解。当然也有情况是被告不知道原告在索赔请求中提及的文件的内容,这样就更有必要要求原告作出披露以供查阅后才作出抗辩。毕竟,原告可能提及该文件时有错漏,或只是断章取义。

在 Quilter v. Heatly 先例中,原告在索赔请求中提及他自己的账簿里的部分内容,被告就向法院要求原告披露他的账簿以及在索赔请求中没有提到的两封特定信函以供被告查阅。在一审法院,Chitty 大法官拒绝了被告的申请,原因是不希望容许被告在作出抗辩请求之前就通过披露看到原告的文件证据,然后再针对性地雕琢他的抗辩。但上诉庭推翻了一审判决,支持被告可以要求披露与查阅原告的账簿。原因就是原告在索赔请求中提及了账簿,被告就有权要求披露与查阅。至于另外两封特定的信函,由于在索赔请求中没有提及,所以要到双方的正常互相披露文件证据的程序时才需要披露。上诉庭的 Jessel 大法官说:"(the Defendant may say) Your case depends partly on a set of documents which you may have set out incorrectly. I wish to see them. It may be I have made admissions which will put me out of Court. I wish to see the documents to know whether I have made such admissions, and it is important for me to see them before I put in my defence."

另外,Bowen 大法官也同意,说:"Thus in an action on a policy of marine insurance the underwriter can get it at once,[36] and in some other cases the Courts have said that discovery may be required at an early stage, but as a general rule, discovery is not given before the issues are defined by the delivery of a statement of defence."

中间禁令(interim injunctions)的申请或对方的抗拒通常都是要有誓章(affidavit)作为证明,在同样的道理下,只要在誓章中提及但没有作为附件的文件,都可以要求申请方或抗拒方披露,见 Quilter v. Heatly; Smith v. Harris (1883) 48 LT 869; Marubeni Corporation v. Alafouzos (1986) 11 WLUK 46; Rafidain Bank v. Agom Universal Sugar Trading Co Ltd (1987) 1 WLR 1606; Mantaray Pty v. Brookfield Breeding Co Pty Ltd; Robinson v. Adskead (No. 1) (1995) 12 WAR 574 等先例。

同样,双方为了支持或抗拒对很多中间命令/批文的申请而提供的书面证人证言(witness statement)中提到的文件,如果对方要求也需要马上披露让对方查阅,见 Rubin v. Expandable Ltd and Others (2008) 1 WLR 1099; Barr v. Biffa Waste Services Ltd (2009) EWHC 1033 (TCC); Danisco A/S v. Novozymes A/S (No. 2) (2012) EWHC 389 (Pat); Wm Morrison Supermarkets Plc v. Mastercard Inc (2013) EWHC 2500 (Comm)等先例。注意这里针对的是为了申请或抗拒中间命令而递交的证人证言,不是在正常的诉讼程序中为了最终审理交换的用来替代主盘问(examination-in-chief)的书面证人证言。对于为了最终审理而交换的证人证言,由于往往距离开庭时间很短,来不及再进行一轮披露,加上可以在最终开庭时反盘问(cross-examination)证人(如为什么不披露提及的文件),所以有不同的对待。

事实证人的证人证言常常内容冗长,虽然会有很多附件,但不会把提到的每一份文件都作为附件。尤其是证人为了增强可信度,一般希望每一句话都提到一些文件作为依据。例如会说他是在查询了律师意见后才回应对方,这就提到了律师意见这份文件;或是提到他的朋友告诉他某一件相关的事情,但他无意公开这封朋友的信函或电邮,因为信函中有其他涉及私人机密的内容;又或是在证人证言中提到公司的账簿与发票,如果要披露给对方,除了涉及大量的工作外,也难免透露公司业务的很多隐私。在古老的 Smith v. Harris 先例中,就是因为在证人证言中概略地提及了公司的商务账单、信件等,就要披露大量的公司文件与纪录。因此证人证言提及的文件,会被以各种理由(如特免权、无关、机密、隐私或利弊完全不成比例等)抗拒披露与提供给对方查阅,这会在本章稍后的 5.5 段详论。

5.2 RSC 与 CPR 针对提及文件须提供给对方查阅的立法条文

可先节录有关的立法条文。首先是在 1999 年以前适用的 RSC Order 24, Rule 10,如下:

"10. Inspection of documents referred to in pleadings, affidavits and witness statements

(1) any party to a cause or matter shall be entitled at any time to serve a notice on any other party in whose pleadings, affidavits or witness statements reference is made to any docu-

---

〔36〕 这里以海上保险为例支持提前文件披露,在本章之 1.2 段与 7 段对这个课题有详论。

ment requiring him to produce that document for the inspection of the party giving the notice and to permit him to take copies thereof.

(2) The party on whom a notice is served under paragraph (1) must, within 4 days after service of the notice, serve on the party giving the notice a notice stating a time within 7 days after the service thereof at which the documents, or such of them as he does not object to produce, may be inspected at a place specified in the notice, and stating which (if any) of the documents he objects to produce and on what grounds."

另外,RSC Order 24,Rule 13 要求申请提前披露的诉讼方说服法院为了公平合理地处理这个诉讼程序以及节省诉讼费用有必要提前披露这一份或多份文件,虽然这往往只是一个例行公事的要求:"(1) No order for the production of any documents for inspection … or for the supply of a copy of any documents, shall be made under any of the foregoing rules unless the Court is of opinion that the order is necessary either for disposal fairly of the cause or matter or for saving costs…"

但新的 CPR 的 Rule 31.14 有不同措辞,可节录如下:"**DOCUMENTS REFERRED TO IN STATEMENTS OF CASE ETC.** 31.14 (1) A party may inspect a document mentioned in—(a) a statement of case; (b) a witness statement; (c) a witness summary; (d) an affidavit; or (2) subject to rule 35.10 (4),[37] a party may apply for an order for inspection of any document mentioned in an expert's report which has not already been disclosed in the proceedings. [Rule 35.10 (4) makes provision in relation to instructions referred to in an expert's report]."

除了 Rule 31.14,CPR Part 31 也有其他条文针对文件只要被提及就要在对方要求下披露与提供给对方查阅这个课题,可节录如下:

"**31.1 (1) This Part sets out rules about the disclosure and inspection of documents…**

Right of inspection of a disclosed document

31.3 (1) A party to whom a document has been disclosed has a right to inspect that document except where—

31.4 In this Part—'document' means anything in which information of any description is recorded …

Inspection and copying of documents

31.15 Where a party has a right to inspect a document—(a) that party must give the party who disclosed the document written notice of his wish to inspect it; (b) the party who disclosed the document must permit inspection not more than 7 days after the date on which he

[37] Rule 35.10(4)规定:"(4) The instructions … shall not be privileged against disclosure but the court will not, in relation to those instructions—(a) order disclosure of any specific document; or (b) permit any questioning in court, other than by the party who instructed the expert, unless it is satisfied that there are reasonable grounds to consider the statement of instructions given under paragraph (3) to be inaccurate or incomplete."

received the notice; and (c) that party may request a copy of the document and, if he also undertakes to pay reasonable copying costs, the party who disclosed the document must supply him with a copy not more than 7 days after the date on which he received the request.

(Rule 31.3 and 31.14 deal with the right of a party to inspect a document)"

5.3 什么才算是"提及"

针对以前在 RSC 下什么才算是"提及"(referred to)的文件,有不少有趣与权威性的先例。首先,应该明确的是如果在文书请求或证人证言中明示提到的文件(如某某人在某天寄出的一封信函或是某一个检验机构作出的报告等),毫无疑问应该包括在内。这种文件可称为是"直接提及"(direct allusion)的文件。但有先例表示如果只是"默示提及",就是提到了某件事情并显示或默示很可能会有文件存在,仍不包括在内。在 Dubai Bank v. Galadari (No.3) (1990) 1 WLR 731 先例中,上诉庭的 Slade 大法官说:"It seems to us to involve reading the phrase 'reference is made to any document' as including reference by inference. This we do not regard as the natural and ordinary meaning of the phrase. To our minds, the phrase imports the meaning of a direct allusion to a document or documents."

区分到底有否直接提及并不容易,其中会涉及一些很微妙的区分。例如,在 Marubeni Corporation v. Alafouzos (1986) 11 WLUK 46 先例中,有关的誓章中提到原告曾经取得的日本法律意见中很肯定这份协议并没有令买卖合约的履行变为非法(The plaintiffs have obtained outside Japanese legal advice which categorically states that this agreement does not render performance of the sale contract illegal in any way whatsoever),法院判这份日本法律意见没有被直接提及。

但在 Dubai Bank v. Galadari (No.3)先例中,在有关誓章所提到的是三句话是"instrumental in setting up a discretionary trust""with a guarantee""by virtue of a mandate from the account holders",双方的争议是这几句话是否属于直接提及文件。上诉庭同意"提及"可以只是略及(compendious)而不必特定提出某份文件。Slade 大法官接下来举例说明它们的区别,如果只是提到有一宗交易,如 A 刚把某栋房子转售给了 B,可以说法律要求这个交易肯定是有文件的存在,但是仍是没有在誓章中提及任何文件,而只是提到这个交易。所以,在上述的三句话中,上诉庭判第一句话只是提及成立一个全权信托(discretionary trust,这种信托的受托人具有很大的处理受托财产的自由裁量权),即使这个信托肯定有文件存在,但仍不算提及了某份文件。第二句话提及了担保(guarantee),至于是哪一份担保可以从誓章的上下文确定。第三句话提及了户口持有人的授权书,所以上诉庭命令必须披露这些文件并允许对方查阅。

在较近期的 Rubin v. Expandable Ltd and Others (2008) 1 WLR 1099 先例中,Rix 大法官提到了 Dubai Bank v. Galadari (No.3)先例并总结说:"It appears … that a reference to a conveyance, guarantee, mandate or mortgage … would be a reference to a document, as would reference to the contents of such documents; but that mere reference to the effect of some transaction or document, such as to say that a property was conveyed or that someone had guaranteed a loan would not be sufficient."

以上 Rix 大法官所举的例子显示了是否属于"提及"文件看来有十分微妙的区别。笔者的理解是如果提到"担保",根据《Statute of Frauds 1677》的规定担保一定要有文书与担保人签名,所以是提及了一份文件。但如果提到的是有人为一笔贷款提供了担保,这只是提到有这件事情,即使这件事情或行为很可能有文件,但也只是"默示提及",所以不足够,毕竟会有其他办法提供担保。看来关键区别仍是在文字上提及的是文件本身还是一件事情或交易。

到了 CPR 的时代,可先介绍 Rigg v. Associated Newspapers Ltd (2004) EMLR 52 先例。该先例的案情涉及被告(一家英国报社)在抗辩书(statement of defence)中大篇幅节录了被告的一位记者曾经采访原告时双方见面与交谈的部分内容。这就令原告要求被告披露采访见面所有的记者笔记与记录并允许查阅。笔者估计原告知道该采访与交谈的内容很多,如果能够看到该记者的所有笔记,可能会找到一些对被告不利的内容,甚至有其他意外的发现,例如有诽谤性的内容,让原告可以大做文章。

在 Rigg v. Associated Newspapers Ltd 先例中,Gray 大法官最终判抗辩书中并没有直接提及文件,即记者采访与见面的笔记与记录,所以不需要作出披露与提供查阅。但在后来的 Rubin v. Expandable Ltd and Others 先例中,Rix 大法官曾提到如果有关的抗辩书中的措辞/文字稍有不同如说"该记者写下了采访内容"(written up the interview),结果就会不一样。

Rubin v. Expandable Ltd and Others 先例的案情涉及英国债务人(debtor)经济困难时一种名为"Individual Voluntary Arrangement"的安排,做法上是在75%或以上的债权人(creditors)同意下,债务人会定期把一笔钱交出给监督人(supervisor)。然后监督人就会将这笔钱平均分摊,归还部分债务给所有的债权人。这种做法对债务人的好处是相对由法院宣告破产并委任清盘人(liquidator)或信托人(trustee)接管资产的情况,债务人会对他/她的资产有更好的控制。在该先例中,Rubin 先生被委任为监督人,但几年后法院还是颁布了破产令并指定信托人接管剩下的资产。在之后监督人 Rubin 先生与债权人之间的诉讼中,监督人在证人证言中说:"他写信给我指出一些不符点(he wrote to me ... drawing my attention to ... discrepancies)。"于是债权人要求监督人披露这份有关并被"提及"的文件/信函,但被监督人的代表律师拒绝。一审法院判这句话并没有直接提及任何文件,因为所用的措辞/文字很不清楚,例如没有说明到底是一封信函或是一封电邮,也没有提到日期等。所以,这句话只是在解释一个过程,而不是直接提及一份特定文件。

但上诉庭推翻了一审判决,认为这一句话中的"他写给我"是说明了一个制造文件的行为,所以这封信函有在证人证言中被"提及"(mention,CPR 下对"提及"使用的英文单词有所不同,会在下一小段针对)。Rix 大法官说:"... the expression 'mentioned' is as general as could be. This is not to my mind intended to be a difficult test. The document in question does not have to be relied on, or referred to in any particular way or for any particular purpose, in order to be mentioned. ... I do not see why there should be need for a strict approach to a request for inspection of a specific document mentioned in one of the qualifying documents. The general ethos of the CPR is for a more cards on the table approach to litigation. It a party thinks it worthwhile to mention a document in his pleadings, witness statements or affidavits, I do not see why, … the court should put difficulties in the way of inspection. I look upon the mention of a document in pleadings etc. as a form of disclosure … in my judgment 'he wrote' is not a mere reference to a transaction otherwise to be inferred as effected by a document, as in 'he conveyed' or 'he guaranteed', but is a direct allusion to the act of making the document itself. Suppose the question was whether there had been a direct allusion to a telephone call in the expression 'I telephoned him that day': in my judgment it would make no difference whether the expression was 'I telephoned him' or 'I made a telephone call to him', in either case there would be a direct allusion to the telephone call. Suppose the expression was 'I recorded and transcribed our telephone call that day': there would be a direct allusion to the transcript in question… In all these expressions, the making of the document itself is the direct subject matter of the reference and amounts in my judgment to the document being 'mentioned'. 'Document' is defined as 'anything in which information of any description is recorded'. If one then asks whether the expression 'he wrote me … drawing my attention to the discrepancies' makes mention of 'anything in which information of any description is recorded', I would find it hard to explain why it does not."

笔者可总结如下:(1)RSC 延续下来的区分还是没有变。"直接提及"就是明示说到一份文件或简略/略及的一些文件,而不是"由提及的事件可推断存在一份文件"(a reference permitting an inference of a document)。(2)Rix 大法官也在判词中说明,由于 CPR 的大原则就是增加诉讼透明度,以及要求双方当事人在开庭审理前要把所有自己的底牌摊开在桌面上(all cards on table)让大家看到,不允许在开庭中突袭(ambush)对方,以保证公平审理(fair trial)。在这个大原则下,可以说即使所用的有关措辞/文字并不清楚是否是直接提及,也应该倾向命令作出披露并容许对方查阅。

5.4 "提及"在 CPR 下是否因文字不同而有所改变

在上一小段提到,以前的 RSC 与现在的 CPR 对"提及"使用的英文单词不同。前者是"referred to",后者是"mentioned"。这就在 CPR 生效后带来了一个疑问,即两者是否有不同的解释?否则,立法为什么要把已经有悠久历史与明确先例的"referred to"一词改变为另一个新词。在《Documentary Evidence》(2018 年,第 13 版)一书之 2-02 段就批评说:"What is meant by a document 'mentioned'? The former wording was 'referred to' under RSC Ord. 24 r. 10. A document was referred to only where there was a 'direct allusion' to the document. There was no right to production where there was no specific reference and the existence of the document could merely be inferred,[38] although there could still be room for argument as to what was a direct allusion; references to a 'guarantee' or 'secured by

〔38〕 见 Dubai Bank v. Galadari (No. 3) (1990) 1 WLR 731 先例,也可见英国根西(Guernsey)上诉庭根据 RSC 的措辞做出多数判决的 Klabin v. Technocom Ltd (unreported, 20 September 2002)先例(少数判决中持不同意见的大法官是 Beloff 大法官、Gloster 大法官与 Sumption 大法官)。

mortgage' might be direct allusions to documents.[39] Is 'mentioned' a different test? Why was a different word used?（在原书中以下部分是脚注）This is one of the weaknesses of the drafting of CPR; a word is used in the RSC which has a well-established meaning. A different word but essentially a synonym, is used in the CPR. Is one to assume the draftsman wanted to convey the same or a different meaning? The title of CPR r. 31. 14 supports the view that there is no material difference between the old and new rule: Documents referred to in Statements of Case."

在今天已经明确了两种不同的英文单词的实质意思没有区别，文字改变可能是因为 Slade 大法官在重要的 Dubai Bank v. Galadari（No. 3）先例中，在说到"直接提及"（direct allusion）时，还用了"特定提到"（specifically mention）的说法。Rix 大法官在 Rubin v. Expandable Ltd and Others 先例中就说到在 RSC 与 CPR 中使用的两个不同的英文单词没有本质区别："I am content to assume that there is no effective or substantive difference in the meaning of the previous and the present rule. I am content to adopt the test of direct allusion as an elucidation of the present rule's language which speaks of 'mentioned'..."

在《Documentary Evidence》（2018 年，第 13 版）一书之 2－02 段提到该先例的判决，说："The Court of Appeal considered the point in Expandable Ltd v. Rubin. Jacob LJ[40] said that he was content to assume that there was no effective or substantive difference in the meaning of the previous and the present rule. He said the change in wording confirmed the test of 'direct allusion' or 'specifically mention' used by Slade LJ in Dubai Bank v. Galadari. The reference must be direct or specific: hence 'specifically mention' or 'direct allusion'. However, Jacob LJ then went on to say that this is not intended to be a difficult test to satisfy. Given the 'cards on the table' approach in the CPR, if a party thinks it worthwhile to mention a document in his pleadings, witness statements or affidavits, the court should not (subject to privilege) put difficulties in the way of inspection..."

在 Rubin v. Expandable Ltd and Others 先例中，Rix 大法官说如果在文书请求/案件陈述中提及一份文件，就好像在文书请求结束后双方正常相互披露文件的诉讼程序中把一份文件包括在文件清单（List of Documents）[41]内一样。这两种不同方式都代表了诉讼方自愿披露该份文件，一旦提及就必须准备让该文件被对方查阅。Rix 大法官的判决可节录如下："I look upon the mention of a document in pleadings etc. as a form of disclosure. The document in question has not been disclosed by list, or at any rate not yet, but it has been disclosed by mention in what, for the purposes of litigation, is another important and formal category of documents. If so, then the party deploying that document by its mention

[39] 见 Dubai Bank v. Galadari（No. 3）（1990）1 WLR 731 先例。

[40] 这看来是笔误，Rubin v. Expandable Ltd and Others（2008）1 WLR 1099 先例的判决书中显示是由 Rix 大法官作出的主判决，Jacob 大法官只是说了"同意"这一句话。

[41] 在本书第七章之 9.3 段有介绍。

should in principle be prepared to be required to permit its inspection, and the other party should be entitled to its inspection."

之后的 Wm Morrison Supermarkets Plc v. Mastercard Inc (2013) EWHC 2500 (Comm)等先例也跟从了 Rubin v. Expandable Ltd and Others 先例的判决。

5.5 抗拒对方查阅文件

除了有一些很小的不同之处,合法抗拒对方的提前要求披露与查阅文件基本上与怎么样合法抗拒稍后的正常相互披露与查阅是一样的道理与做法。此处先节录在《Disclosure》(2017 年,第 5 版)一书之 9.04~9.06 段如下:

"DOCUMENTS MENTIONED IN STATEMENTS OF CASE ETC.

This is quite different from inspection of documents disclosed in Lists of Documents. It was said of the equivalent rule under the old RSC that, instead of 'intended to give a party discovery of all documents relating to the case which are in his adversary's possession', the rule applicable here was 'intended to give the opposite party the same advantage as if the document referred to had been fully set out in the pleadings'... The same is true today under the current rule...

... Once it is shown or admitted that a document is mentioned in a statement of case, a witness statement, a witness summons, a witness summary, an affidavit or an expert's report, the onus is on the party against whom the application is made to produce it unless he can show good cause why he should not. As commented in one case, if a party thinks it worthwhile to mention a document in his pleadings, witness statements or affidavits, the court should not put difficulties in the way of inspection, subject to questions of privilege.

Normally a reference to a communication in writing, even in general terms, is sufficient to amount to a document or documents being mentioned within the meaning of the rule.[42] However, the court's power to order production is subject to the overriding objective in CPR r. 1.1[43] ... Where a document has been mentioned, inspection can be resisted not only on grounds of privilege,[44] but also on the more general grounds in CPR r. 31.3, such that the document is not within a party's control[45] or that it would be disproportionate[46] to the issues in the case to permit or order inspection..."

接下来的段节会分别介绍哪些是合法或可以在法院行使裁量权(discretion)时被考虑的抗拒披露与查阅的理由。

---

[42] 即使只是泛泛地提到了文书往来,就已经属于提及一份或几份文件。

[43] 法院在决定是否允许提前披露时,要考虑 CPR Rule 1.1 规定的对双方当事人公正和费用与涉及的工作量是否成比例(权衡利弊比例)的大原则。

[44] 见本章稍后的 5.5.1 段。

[45] 见本章稍后的 5.5.3 段。

[46] 见本章稍后的 5.5.2 段与 Webster v. Ridgeway Foundation School Governors (2009) EWHC 1140 (QB)等先例。

5.5.1 抗拒理由之一：特免权（privilege）

以特免权（privilege）特别是重要的法律业务特免权（legal profession privilege，LPP）抗拒披露文件或资料属于公共政策（public policy），这个抗拒理由是肯定站得住脚的。CPR Rule 31.14(1)就明确说明可以以这个理由抗拒披露与检查/查阅。有关特免权这个非常重要与复杂的课题在本书第九章至第十三章有详论，不在此重复。

但即使是这一非常重要的权利，仍是可以被享有特免权的人士自动放弃（waiver）。例如在一个正常与相互披露文件的过程中，其中一方当事人把享有特免权的文件包括在文件清单中并容许对方查阅该份文件，这显然就构成了弃权。该当事人不能事后反悔，不允许对方或法院在审理过程或判决时依据、参阅或考虑该份文件，因为特免权已经失去。

这首先带来了一个问题就是如果他在文书请求、誓章或证人证言中刻意提及（mentioned）这一份文件，是否也是一个典型的弃权行为？

誓章与证人证言的内容必须符合 CPR 的要求，其中针对誓章的规定是在 CPR PD 32 para.4.2。而针对证人证言的规定是在 CPR PD 32 para. 18.2，可节录如下："A witness statement must indicate：(1) which of the statements in it are made from the witness's own knowledge and which are matters of information or belief, and (2) the source for any matters of information or belief."

法院以这份文件作为对中间申请的文书证据以决定是否申请成功或抗辩成功，所以需要对内容严格要求，包括所有事实陈述的来源，例如证人所拥有的信息或理解是听回来或通过其他文件看回来的。这就难免在誓章或证人证言中大量提到其他文件，包括证人是看过一些享有机密或特免权的文件才拥有的信息或理解。例如经常会有证人在誓章或证人证言中说"我听律师说"（I was told by my lawyer）或"根据我的律师告知"（according to my lawyer's advice ...）等类似的话。在本章之 5.3 段介绍的 Marubeni Corporation v. Alafouzos (1986) 11 WLUK 46 先例正是这种案件。如果只要简单提到这一句话就属于放弃了法律业务特免权会变得十分危险，稍不留神就会失去特免权。当然，如果是另一个极端，即誓章或证人证言中大篇幅节录了律师意见的内容，弃权应是明显。

另外，对法律业务特免权的弃权不能是部分弃权，即只披露与依赖部分对弃权方有利的律师意见。这个"挑选樱桃"（cherry-picking）[47]的做法是不被允许的。一旦对律师意见作出了部分弃权，就可能会被法院命令要全部披露该律师意见，这就会导致很多其他见不了光的内容都会曝光让对方看到，例如律师对自己案件的优劣分析，或建议尽快达成和解，或有哪一些不利与有问题的方面等。

在以前 RSC 的年代，权威性与重要的 Buttes Gas and Oil Co v. Hammer (No. 3) (1981) QB 223 先例的案情涉及原告在文书请求（pleadings）中提及了（referred to）一些文件，被告要求提供查阅，但原告依赖公共利益特免权（public interest privilege）与法律业务特免权抗拒披露与让对方查阅文件。上诉庭判仅仅在文书请求中提及并不构成弃权，但三位大法官有不同的说法。

---

〔47〕 这个课题在本书第十二章之 4 段有详细介绍。

Denning 勋爵认为在文书请求中提及与依赖就必须披露,但如果不想弃权可以修改(amend)文书请求把所有提及之处删除,说:"In general, it is clear that if a party refers in his pleading to a document, the other side are entitled to require it to be produced,... but it is open to the pleader to object to its production... Buttes in their amended reply and defence to counterclaim referred to a number of documents. **By pleading them, Buttes show that they intend to rely on them. They should make them available for production. If and in so far as they contend that those documents are the subject of a privilege, they should amend their pleading by striking out all reference to them.**"(加黑部分是笔者的强调)

Donaldson 大法官认为只在文书请求中提及并不是弃权,否则也不会有 RSC Order 24, Rule 11(1)(b)下抗拒让对方查阅这一步的程序规定了。但如果是另一极端,文书请求中大篇幅节录有关文件内容,令机密性也失去了,就不会再有特免权了。但这两个极端之间的分水线在哪里不好说,要看个别案件中的事实。Donaldson 大法官说:"It must be right that **a bare reference to a document in a pleading does not waive any privilege** attaching to it as otherwise there would be no scope for taking objection under RSC Ord 24, r. 11(i), when a notice was served under rule 10(1). **If, on the other hand, a document is reproduced in full in the pleading, its confidentiality is gone and no question of privilege could arise.** Where the line is drawn between these two extremes may be a matter of some nicety..."(加黑部分是笔者的强调)

最后 Brightman 大法官认为,文书请求中提及或是节录部分内容不是对特免权弃权,但同时如果不弃权就不能依赖这份文件与其中的内容。这样,如果一方坚持既不弃权也不修改文书请求的地位,就有对方在开庭审理时或前后发难的危险,例如申请延迟开庭或撤销部分文书请求。Brightman 大法官说:"So far as waiver by pleading is concerned, I agree with the judge that **reference to a document or to its contents in a pleading does not waive any legal professional privilege attached to it**. It is to my mind **equally clear that a party cannot rely on a privileged document so pleaded without thereby waiving the privilege**. Therefore sooner or later Buttes will have to decide whether to forego privilege in respect of a privileged document which is pleaded, or to abandon reliance on it. If they sit on the fence until the trial (if any) begins or is in actual progress, they will do so at their own risk. Circumstances might arise in which the other side could properly claim to be entitled to an adjournment at Buttes's expense. Whether Occidental could force Buttes to step down from the fence prior to trial by an application to strike out a pleaded document in respect of which privilege is maintained does not arise for decision on this appeal, but I would think that Occidental might be able to do this."(加黑部分是笔者的强调)

这是在 RSC 下的法律地位,而针对 CPR 下的法律地位,在 Lucas v. Barking, Havering and Redbridge Hospitals NHS Trust (2004) 1 WLR 220 上诉庭先例中曾对在 CPR Rule 31.14 下这种情况是否构成对特免权的弃权有过一个不全面与非结论性的探讨。Waller 大法官说:"... it is not absolutely clear whether a party is still entitled to refuse inspection on the grounds of privilege. There is a suggestion in Hollander & Adam's Documentary Evidence, 7th ed (2000), paras 13 – 14 that CPR r. 31.14(1) provides an absolute right to inspection. The suggestion is that CPR r. 31.21 then acts as a sanction disallowing the party who has refused inspection from using the document referred to. I have my doubts as to whether that is right. It seems to me unlikely that the CPR would have intended to abolish privilege at a stroke under CPR r. 31.14(1) without expressly saying so. ... However the question whether there was an absolute right to inspection under CPR r. 31.14(1)(a) –(d) was not fully argued out before us. It is possible that on a proper construction of CPR r 31.14 there is a right to refuse inspection on the grounds of privilege even if documents are referred to in a statement of case, a witness statement, a witness summary or an affidavit.[48] ..."

另 Laws 大法官说:"Although, ... the matter has not been fully argued before us, and thus no doubt it would be wrong to express a concluded view, for my part I would have very great difficulty in accepting that CPR r. 31.14(1)(a) –(d) confer an absolute right to inspect, thus abrogating privilege otherwise inherent in any document there referred to. Such a construction would require very clear words. The sub-paragraphs are not generally concerned with documents which would attract privilege, and so have ample scope to operate without the assumption of any incursion into the law of privilege. It is inconceivable that they abrogate the impact of public interest immunity, which presumably they would if they created absolute rights.[49] And it would be quixotic if documents whose privilege is expressly withdrawn [rule 35.10(4)] were subject only to limited rights of disclosure but those [rule 35.14(1)] whose privilege is only impliedly withdrawn were liable to be inspected without restriction."

但到了 Rubin v. Expandable Ltd and Others (2008) 1 WLR 1099 先例,上诉庭明确判决在该先例的证人证言中提及的一封信函并没有自动与绝对地放弃了特免权,所以没有丧失权利。

最后可节录《Disclosure》(2017 年,第 5 版)一书之 16.23 段对目前针对这一课题的英国法律地位的总结,如下:

"... The general rule is that:

'Where a person is deploying in court material which would otherwise be privileged, the opposite party and the court must have the opportunity of satisfying themselves that what the party has chosen to release from privilege represents the whole of the material relevant to the issue in question. To allow an individual item to be plucked out of context would be to risk

---

〔48〕 Waller 大法官说在该先例中由于这个问题不是争议重点,双方大律师没有全面作出争辩,所以法院不能作出权威性决定。但 Waller 大法官提到对 CPR 立法条文的解释,不像是一旦特免权文件被提及就会失去特免权。

〔49〕 Laws 大法官与 Waller 大法官的看法一致,即特免权是绝对权利与公共政策,所以不能轻易剥夺。虽然可以通过立法剥夺,但立法文字必须清楚无误。而 CPR 并没有明确说明提及(mentioned)的文件就绝对地失去了特免权,所以不应有此后果。

injustice through its real weight or meaning being misunderstood. '[50]

The key word here is ' deploying'. A mere reference to a privileged document in an affidavit does not of itself amount to a waiver of privilege[51] and this is so even if the document referred to is being relied on for some purpose, for reliance in itself is not the test.[52] Instead, the test is whether the contents of the document are being relied on, rather than its effect.[53] The problem is acute in cases where the maker of an affidavit or witness statement has to give details of the source of his information and belief, in order to comply with the rules of admissibility of such affidavit or witness statement.[54] In such a case, provided that the maker does not quote the contents, or summarise them, but simply refers to the document's effect, the older cases hold that there is no waiver of privilege.[55] Perhaps if the maker goes too far, he can be put to his election as to whether to leave in the reference and produce the document or to take it out and retain privilege.[56] At all events there is no automatic waiver."

5.5.2 抗拒理由之二:不成比例(disproportionality)

英国法院在行使裁量权决定是否允许披露与查阅对方的文件时,权衡双方的利弊是否成比例是一个很重要的考虑。成比例(proportionality)是 CPR 的大原则之一,在 CPR

---

〔50〕 见 Nea Karteria Maritime Co Ltd v. Atlantic & Great Lakes Steamship Corporation (No. 2) (1981) Com LR 138 先例中 Mustill 大法官的判决。

〔51〕 仅仅提及一份享有特免权的文件并不是弃权,见 Rubin v. Expandable Ltd and Others (2008) 1 WLR 1099; Brennan v. Sunderland City Council (2009) ICR 479; Digicel (St Lucia) Ltd v. Cable & Wireless Plc (2009) EWHC 1437 (Ch); D (A Child), Re (2011) EWCA Civ 684 等先例。

〔52〕 即使诉讼方提及该享有特免权的文件是想依赖该文件(如显示自己的理解来自一个可靠的渠道或来源),但只要不是依赖该文件的内容,仍不算弃权,见 Marubeni Corporation v. Alafouzos (1986) 11 WLUK 46 上诉庭先例中 Lloyd 大法官的判决。

〔53〕 关键是证人在誓章或证人证言中提及文件时依赖的是文件内容或只是它起的作用(如证人只是说"根据律师建议,我向对方回应说……"),见 Orr v. Crowe (2009) NIQB 17; Donaldson Judicial Review, Re (2010) NIQB 47; 也可见 AXA China Region Insurance Co Ltd v. Pacific Century Insurance Co Ltd (No. 2)(2005) 3 HKC 359; Urban Renewal Authority v. Agrila Ltd (2009) HKCFI 229; Equiticorp Industries Group Ltd v. Hawkins (1990) 2 NZLR 175; Burkle Holdings Ltd v. Laing (No. 2)(2005) EWHC 2022 (TCC); United Capital Corporation v. Bender (2005) JRC 144 等先例。

〔54〕 见 CPR PD 32 Paras. 4.2(2)与 18.2A(2)。之前的 RSC 要求证人提供一份确信理由陈述(statement of grounds of belief),在 CPR 后不再有这方面的要求,但 CPR PD 32 Paras. 4.2(2)与 18.2A(2)起同样的作用。

〔55〕 见 Government Trading Corporation v. Tate & Lyle (The Times, 24 October 1984); Marubeni Corporation v. Alafouzos (1986) 11 WLUK 46; R v. IRC Ex p Taylor (1989) 1 All ER 906 等先例。

〔56〕 当然,如果证人走得太远,如节录或总结了文件内容,就会被法院要求作出选择,是在文书请求、誓章或证人证言中把提及的部分删除,还是披露该文件:见 Marubeni Corporation v. Alafouzos; Government Trading Corporation v. Tate & Lyle; Bourns Inc v. Raychem Corp (1999) 3 All ER 154 等先例。在 Goldstone v. Williams (1899) 1 Ch 47 先例中,在之前的关联诉讼中,证人被提供了一份特免权文件并承认了文件内容正确,但这份文件只是作为口供书的附件,内容没有记录在口供书中,之后也没有被双方依赖,所以法院判文件没有丧失机密性。该先例的判决也在之后被 United Capital Corporation v. Bender 先例跟从。

Part 1 就有说明。当然 Part 1 中规定的成比例的大原则是适用在整个法院诉讼过程,包括当事人正常相互作出披露的程序。特别是在现在电子文件披露(e-discovery)〔57〕越来越重要与披露越来越昂贵的情况下,是否成比例是法院在行使裁量权时的一个主要考虑。

CPR Part 1 的大原则下(特别是针对当事人正常相互披露的程序),总体权衡利弊是否成比例要考虑双方争议的金额。另外也要考虑案件是否重要,例如是否属于对一个新的法律观点的测试案件(test case),在有了这个先例之后,其他同类的案件可以根据确定了的法律地位和解。另也要考虑双方当事人的经济能力、案件的复杂性与如果不命令披露文件(可能大量)会给对方带来什么影响等。

在本段所针对决定是否要求诉讼方提前披露与允许对方查阅在文书请求或誓章/证人证言中提及的文件,也需要权衡利弊是否成比例,见 Danisco A/S v. Novozymes A/S (No. 2) (2012) EWHC 389 (Pat)先例。但不同的是,法院在权衡利弊是否成比例时的考虑只应局限在该文件所涉及的方面或有关争端。例如,一方当事人在一份证人证言中提到了一句"根据公司的电脑记录",而涉及的方面对整体的争议或诉讼看起来也不重要,就不应该下令要求提供这份证人证言的当事人披露过去几年所有与争议有关的公司电脑记录并允许对方查阅,因为这种所谓的电子披露可以非常昂贵与耗时。法院在这种情况也不应该因为整个诉讼涉及很大金额,就宽松对待。再如一个争议金额很大的仲裁只涉及一个纯法律的争议(如合约几条相互矛盾的条文怎样综合解释),当事人要求仲裁庭作出一个宣示裁决(declaratory award)。原告希望"速战速决"并且案件本身在时间上也很紧急,所以申请只以文件处理。但被告持相反意见,而仲裁庭感觉被告只是想拖延。根据英国《Arbitration Act 1996》之 Section 34 (2)(h),在这种双方无法同意的情况下,就由仲裁庭决定是否开庭。仲裁庭不应该觉得反正涉及金额很大,花得起这个开庭的高昂费用,并以此作为主要甚至唯一考虑命令需要开庭审理。仲裁庭对个别案件的考虑不应该是这么大的案件,是一个"可多收费的案件"(juicy case)与花得起钱的案件。仲裁庭决定是否开庭时主要的考虑应是开庭是否为案件本身最适当的程序,如仲裁庭是否可以在几天或几周内就安排时间,有关的成员都在仲裁地,仲裁开庭时间只要半天等。毕竟在今天的仲裁,即使需要开庭审理,主要目的还是证据,即盘问事实证人与/或专家证人。双方当事人代表大律师的开庭陈词(opening submissions)与结案陈词(closing submissions)通常也只是以书面文件的形式相互交换,不涉及口头争辩。

以上所讲可节录《Disclosure》(2017 年,第 5 版)一书之 15. 25 段如下:"The CPR have introduced a new ground of objection to inspection of documents, namely that it would be disproportionate to the issues in the case to permit inspection of them... There is no definition of 'disproportionate' for the purpose of this rule,〔58〕 but it is plainly related to the concept of proportionality used in the overriding objective contained in CPR, Pt 1. However, the overriding objective uses proportionality in relation to the value, importance, and complexity

---

〔57〕 本书第八章对电子文件披露有详细介绍。

〔58〕 见 Real Estate Opportunities Ltd v. Aberdeen Asset Management Jersey Ltd (2007) EWCA Civ 197 先例。

of the case, and the financial positions of the parties, whereas the disclosure rule requires disproportionality only to 'the issues in the case'. Nonetheless, the court will take account of all the circumstances, and indeed is bound in exercising its powers under the rules seek to give effect to the overriding objective.[59] Proportionality can also be used by a party who complains that his opponent is swamping him with excessive disclosure."

5.5.3 抗拒理由之三：提及文件的一方其实不拥有或掌控该份文件

已经在本书第七章提到在文书请求/案件陈述(statements of case)终结后的诉讼程序是双方的正常与相互披露文件。在这一程序中，其中一个很重要的考虑就是要求披露的文件是否在披露方的手中，被他拥有(possession)或是掌控(control，如可从代理人处取得)。如果不是，那就不存在可以作出披露了。而被要求披露的一方如果没有一个可强制执行的法律权利(enforceable legal right)从其他人手中拿到这份文件，仍没有作出披露的责任。在 Dubai Bank v. Galadari (No. 6) (The Times, 14 October 1992) 先例中，一审的 Morritt 大法官下令披露方必须尽一切合理办法取得一些特定的文件并披露(to use all lawful means available to them to obtain possession, custody or power of specific documents)。但这个命令被上诉庭否定与推翻，判披露责任不必走到这么远的地步。

这样在正常相互的披露过程中就会有漏洞。例如，商事案件经常会涉及跨国公司，该公司或集团的一家分公司(法律上是一个独立的法人)需要在诉讼中披露一些十分关键的文件，但这些文件由外国母公司拥有。这样如该分公司不想披露这些文件，就有一个技术性的借口说它不拥有或掌控这些文件，也没有取得这些文件的可强制执行的法律权利。但明眼人都知道，如果该分公司向母公司要求取得这些文件，应该是拿得到的。这方面的复杂问题会在本书第七章之 8.6 段详细讨论。

但在本段所涉及的提前披露与查阅对方在文书请求、誓章与证人证言提及的文件，就会有比较苛刻的要求。有区别的原因也可以理解，正常的相互披露是法院强制程序，对自己不利的文件也要披露，这样如果有一方当事人说某些文件不在他手中或掌控范围内，就不应该强加太大的责任让他设法获得。但在本段所讲的情况不同，一方当事人在文书请求、誓章或证人证言中刻意提及(mentioned)与依赖(relied)一份或多份文件，就应该有更大的责任披露这份文件并提供给对方查阅，而且既然被要求披露的一方可以在文书请求、誓章或证人证言中提及这份或这些文件，就表示他/她可以获得(甚至轻易就可以获得)这些文件。这样法院行使它的裁量权时，就倾向于命令提及文件的一方尽更大的努力取得这些特定的文件，例如向母公司要求取得文件。

以上所讲可见上诉庭的 Nourse 大法官在 Rafidain Bank v. Agom Universal Sugar Trading Co Ltd (1987) 1 WLR 1606 先例所说，如下："... I find it impossible to hold that

〔59〕 见 Simba-Tola (Abena) v. Elizabeth Fry Hostel (Trustees) (2001) EWCA Civ 1371; University of Western Australia v. Gray (No. 8) (2007) FCA 89 等先例。

rule 10(1)[60] applies only to documents which are in the possession, custody or power of the party concerned. It seems to me, both as a matter of construction and as one of common sense, that the omission of such a requirement is deliberate. The party who refers to the documents does so by choice, usually because they are either an essential part of his cause of action or defence or of significant probative value to him. Neither of those functions presupposes that they will be in his possession, custody or power. … the material provisions were evidently intended to give the other party the same advantage as if the documents referred to had been fully set out in the pleadings. Why should that advantage be automatically denied to him because the documents are not in the possession, custody or power of the party who refers to them? Moreover, under rule 11(1)[61] **the court is not bound to make an order for production. It has a discretion to do so or not as it sees fit.** The authorities establish that an order will not be made if good cause to the contrary is shown. Doubtless the absence of possession, custody or power will sometimes amount to a good cause. But why should it invariably do so? **Suppose a case where there was a technical absence of possession, custody or power but nevertheless evidence that the third party who had possession of the document would very likely make it available if only he was asked to do so.** I can see no reason for thinking that it was intended that the court should be powerless to make an order whose practical effect would be to require the request to be made to the third party."

以上加黑部分是说针对在文书请求、誓章或证人证言中提及的文件,是否作出披露命令是法院的裁量权。当一些被提及的文件虽然技术上不为当事人所拥有或掌控,但实际上拥有该文件的第三方很可能在该当事人的要求下就会提供时,法院就没有理由及无权下令该当事人向第三方要求取得文件。

5.5.4 抗拒理由之四:文件无关以及有机密资料

与 RSC 不同,在 CPR 的标准披露(standard disclosure)[62]下文件是否有关(relevant)已经不再是披露与否的准则了。但在 Barr v. Biffa Waste Services Ltd (2009) EWHC 1033 (TCC)先例中,法院仍认为假设被要求披露的文件是无关的,CPR Rule 31.14 就不适用。但由于 CPR 已经没有有关与无关的说法,所以对该先例更好的解释是在成比例的大原则下,下令披露与提供查阅一些无关的文件肯定是不过关的。

在 Wm Morrison Supermarkets Plc v. Mastercard Inc (2013) EWHC 2500 (Comm)先

---

[60] RSC Order 24, Rule. 10(1)规定:"Any party to a cause or matter shall be entitled at any time to serve a notice on any other party in whose pleadings or affidavits reference is made to any document requiring him to produce that document for the inspection of the party giving the notice and to permit him to take copies thereof."

[61] RSC Order 24, Rule. 11(1)的最后一段规定:"… the court may, on the application of the party entitled to inspection, make an order for production of the documents in question for inspection at such time and place, and in such manner, as it thinks fit."

[62] 见本书第七章之 7 段。

例中,原告声称被告违反竞争法并向原告索赔损失,被告向英国法院申请中止(stay)诉讼程序等待欧洲法院(European Court of Justice)的上诉结果,但该申请被法院拒绝。这时还没有进行正常的双方相互交换文件的标准披露程序,原告要求被告提前披露被告为了支持中止诉讼程序的申请而递交的证人证言中提到的一份文件。Popplewell 大法官拒绝作出提前披露的命令,部分原因是在证人证言中提及这些文件并非是为了依赖文件内容,而只是为了说明事件的历史背景(the documents had been mentioned not for the purpose of relying on them, but for setting out the history of events)。更重要的是该证人证言是为了支持中止诉讼程序的一个中间申请(interlocutory application to stay),而这一申请已经被法院拒绝,所以与双方仍有争议的事项无关(the witness statement had been prepared for an application that had been dispensed with and was no longer relevant to an issue or dispute between the parties)。

至于文件内容包括机密性资料(如一些业务/生产的数据),这通常不是一个重要的考虑。毕竟,机密性(confidentiality)并不代表是特免权(privilege),[63]法院也有其他办法可以作出保障。例如,在文件中删除、涂黑或遮盖(redaction/blanked out/sealing up)其他无关但有机密性的内容或资料。而如果机密性内容或资料是有关的,对方需要查阅,法院就可以命令有关文件只允许对方的代表律师或专家证人查阅,但不允许对方当事人查阅。这种保障或保护性命令,在个别类别的争议(如专利权的争议)中经常会出现。[64]

有关机密在这方面的法律地位,Tomlinson 大法官在 Three Rivers DC v. Bank of England (2002) EWHC 2309 (Comm)先例中总结说:

"So far as concerns those few instances where confidentiality issues are raised, I have directed myself by reference to the decisions in Science Research Council v. Nasse (1980) AC 1028 and Wallace Smith Trust v. Deloitte Haskins Sells (1997) 1 WLR 267. Those authorities established:—(i) Where confidentiality is raised, it is not a ground for PII (public interest immunity) in itself, although it may be an ingredient of or relevant to a claim for PII; (ii) If the disclosure of the documents in question is shown to be necessary in the interests of the litigation, then that need overrides confidentiality; (iii) However, in such a case, the court will be concerned to see whether the needs of the litigation can otherwise be satisfied, eg, by considering redactions, disclosure from other sources or other appropriate means.

I do not consider that Article 8 of the European Convention on Human Rights calls for separate treatment. Subject to specific instances where it is agreed that, for example, the identity of informants is irrelevant to the issues in the trial and that their anonymity should be preserved, my conclusions thus far on relevance and necessary demonstrate that any incursion into piracy which may here be involved is necessary for the protection of the rights and freedoms of the parties to the litigation."

---

〔63〕 见本书第九章之1段。

〔64〕 这方面可见本书第四章之1.7.7段与1.7.8段。

5.6　附件(exhibits)中提及的文件

CPR Rule 31.14 没有规定在文书请求、誓章或证人证言的附件中所提及的文件是否要披露与提供查阅。这里的困难也可以想得到,经常见到誓章或证人证言会有好几十份或上百份的附件。毕竟会有情况是一方当事人用来支持一个单方面(*ex parte*/without notice)的申请,如禁令(injunction),所以有一个作出全面与坦率披露的责任。加上有关的案件也可能是特别复杂,需要的披露也变得特别多。这样如果要提供附件所提及的其他文件,是一件很麻烦、沉重与昂贵的事情。申请人也不一定做得到,因为附件不一定来自他自己,甚至确定不了来源。

在 Nissho Iwai Corporation v. Golf Fisheries Company (unreported, 12 July 1988)先例中,Hirst 大法官认为在附件中提及的文件与誓章或证人证言中提及的文件不一样,但法院还是有权可下令披露附件提及的文件与提供给对方查阅。换言之,这仍属于法院的裁量权。而行使裁量权的一个重要的考虑是该附件提及的文件是否可说是属于誓章或证人证言的部分内容,非要让对方查阅后才能去全面理解。当然,也要考虑申请人能否取得这些附件所提及的文件,例如该文件是否源自申请人。

6. 誓章和证人证言

誓章(affidavit)或证人证言(witness statement)是经常被使用的文书证据。例如,为了节省开庭时间与要求双方在案件最后开庭审理前亮出所有底牌,现在通常都是以提前互相交换的书面证人证言替代以前口头主证据(evidence-in-chief)或主讯问(examination-in-chief)的做法。另是誓章与证人证言使用得最多的是在诉讼过程中的中间程序/措施申请(interlocutory/interim application),例如在本章之 4.3 段提到的简易判决或是各种各样的禁令或指令。无论是申请或抗拒这种简易判决或禁令/指令,双方都要通过誓章或证人证言(加上附件)向法院提供文书证据来支持自己的立场(无论是否开庭),不能只是凭空争辩。

笔者不会详细针对 CPR 下对誓章与证人证言的所有规定,只说 CPR Rule 32.6(1)规定一般的中间程序开庭,除非另有规定或法院有特别要求,否则都以证人证言向法院提供证据。CPR Rule 32.6(2)(a)规定当事人可以加上一份案件陈述(statement of case)。在一些比较复杂的案件中,这可以帮助法官更好地理解证人证言的文书证据是怎样支持双方的争辩与立场。CPR Rule 32.15(2)规定当事人可提供一份誓章证据以替代证人证言。但这样,他/她可能无法向对方取回额外的费用。在某些中间措施的申请中会强制使用誓章,如申请一个冻结令(Freezing Order)或搜查令(Search Order)等,见 CPR PD 32 para. 1.4(2)。

在拟定证人证言时要注意以下几个方面:(1)在 Askin v. Absa Bank (The Times, 23 February 1999)先例中,Tuckey 大法官说到证据要针对要点:"... applications of this kind evidence should be focused on the essential points. As was accepted in argument before us the court is concerned with the big picture, not a multitude of issues of detail."(2)申请或抗拒法院命令的目的与要求法院做什么必须要清楚明了。(3)所有的事实证据都要按照时间

表排列。(4)最重要的是必须保证证人证言中声称的事实或任何的承认(admission)与立场正确与一致。这些文件都会在将来会被对方用来反击,如在证人证言中承认了责任,对方随时就会向法院申请一个对他造成损失的中间支付令(interim payments),见 CPR Rule 25.7 与 Revenue & Customs Commissioners v. GKN Group (2012) EWCA Civ 57 等先例。而如果在证人证言声称的事实或立场与后来的开庭审理的说法产生矛盾,就难免被对方利用来丑化证人或质疑为何出尔反尔。(5)不要在誓章或证人证言节录律师意见,这会导致对法律业务特免权(legal professional privilege)弃权。[65] 节录的内容越多,弃权危险就越大。当然总是会有例外的情况,例如在抗拒一个简易判决的申请时,被告就需要在证人证言中写明他的律师告知他在最后开庭审理时会有一个很好与强而有力的抗辩。(6)附件必须与证人证言的内容有直接的关系,而且必须清楚明了。

7. 按合约关系/条文有权要求披露

这种做法的道理很容易理解,如果在一份合约明示说明甲方有权要求乙方披露一些特定文件并允许甲方查阅,乙方就没有任何理由拒绝。毕竟,合约承诺的履行是严格或绝对责任。所以如果乙方拒绝或是延误披露以供查阅,甲方就可以马上以违约(breach of contract)为由向法院(或如果合约有仲裁条文,就向仲裁庭)申请救济。由于这种违约不能以金钱赔偿(损失无法或很难计算)作为补救,因此法院或仲裁庭一般都很愿意作出履约指令(Specific Performance Order),命令违约的乙方马上披露或允许甲方查阅在合约中规定的文件。

在本章之 1.2 段提到海上保险有历史悠久的提前披露做法,在早期无法让保险人去外国调查意外事故与损失程度等的困境下,英国法院的这种做法很有道理。但随着时代发展,这种困难已经不再存在。现在保险人在收到受保人发生意外事故的通知后,很容易马上通过各种渠道进行调查取证。这样早期法院命令受保人(船东或货主)提前披露大量文件以供查阅后,保险人才需要递交抗辩书,而期间船东或货方的索赔请求就要暂时中止(stay)的做法,由于披露与保险人的查阅会需要很长的时间,就会对受保人的船东或货方带来压迫(oppressive)与不公平,因为蒙受损失的受保人需要尽快获得理赔。所以后来就有先例对这种做法作出批评,例如,在 Leon v. Casey (1932) 2 KB 576 先例中,Greer 大法官说:"The order for ship's papers was invented at a time when it was necessary in order to do justice to the case of the insurer: it has now become an unfair and unjust weapon in the hands of the insurer."

另是法院是否作出这种提前披露的命令是法院的裁量权(discretion),而可以想得到的是随着时代发展,法院会逐渐倾向于不行使这个裁量权。这样,对保险人来说就有了很大的不肯定性。现实是在收到作为受保人的船东的事故通知前,保险人根本不会知道发生了有关的意外事故,所以如果没有提前披露,保险人面对受保人的索赔请求就很难抗

---

〔65〕 可见本章之 5.5.1 段。

辩。已经在本章之4.2段提到过在今天的CPR下,保险人不能只在抗辩中对受保人提出的索赔与指控一概或纯否认(bare denial)以拖延时间,加上在文书请求结束后很快法院就要开一个案件管理会议(case management conference),作为被告的保险公司的代理律师需要了解情况,才可以有效地参加这个会议。这都表示在保险人需要作出抗辩之前,保险人必须通过其他渠道获得提前披露。所以,现在的做法就是保险人在保险合约/保单上加上一条明示条文,要求受保人船东遇上意外事故必须马上通知保险人与协助取证/提供证据,让保险人可以考虑是赔付或是抗辩,而如果抗辩以什么理由抗辩(如船舶不适航或意外事故并非由承保风险所引起等法律上站得住脚的原因,这都需要事实证据支持)等。

在《International Hull Clauses》(01/11/03)标准格式中关于对意外事故的赔付部分有一条名为"Duties of the Assured"的非常全面的条文,可节录如下:

"45.1 The Assured shall, upon request and at their own expense, provide the Leading Underwriter(s) with all relevant documents and information that they might reasonably require to consider any claim.

45.2 Upon reasonable request, the Assured shall also assist the Leading Underwriter(s) or their authorised agents in the investigation of any claim, including, but not limited to

45.2.1 interview(s) of any employee, ex-employee or agent of the Assured

45.2.2 interview(s) of any third party whom the Leading Underwriter(s) consider may knowledge of matters relevant to the claim

45.2.3 survey(s) of the subject-matter insured

45.2.4 inspection(s) of the classification records of the vessel.

45.3 It shall be a condition precedent to the liability of the Underwriters that the Assured shall not at any stage prior to the commencement of legal proceedings knowingly or recklessly

45.3.1 mislead or attempt to mislead the Underwriters in the proper consideration of a claim or the settlement thereof by relying on any evidence which is false.

45.3.2 conceal any circumstance or matter from the Underwriters material to the proper consideration of a claim or a defence to such a claim.

45.4 Clause 45.3 does not require the Assured at any stage to disclose to the Underwriters any document or matter which under English law is protected from disclosure by legal advice privilege or by litigation privilege."

在Yasuda Fire v. Orion (1995) 1 Lloyd's Rep 525先例中,涉及的并非保险合约而是海上保险与航空保险代理合约(agency agreement)。合约中有一条文要求被告(作为原告代理人)详细记载与保留所有承保事项/风险的有关文件与来往账目,并供原告在给予合理通知后随时检查:"4.2 ORION will maintain or arrange to be maintained all necessary books accounts records and other usual documentation appertaining to the marine insurance business transacted by it under the terms hereof. All such books accounts records and other usual documentation shall be the property of ORION and the duly authorized representatives of YASUDA (EUROPE) including its accountants shall be entitled to inspect the same at any reasonable time following a written request so to do and to make extracts and copies of any entries therein relating to the underwriting conducted hereunder on behalf of YASUDA (EUROPE)."

之后双方产生争议,被告 Orion 声称原告 Yasuda Fire 违约/毁约(repudiation)而被告接受了违约/毁约。于是原告要求在4.2条文下检查文件但被被告拒绝,被告的理由是双方的合约已经终止,所以被告不再有履行4.2条文的责任。这导致原告向英国法院申请宣示判决,下令被告允许原告检查/查账并随意复印文件。Colman 大法官支持了原告的申请并作出了允许查阅的宣告。

在航运被广泛使用的期租合约(time charter-party)标准格式 NYPE 2013 的 Clause 15 规定:"...the Master shall keep full and correct deck and engine logs of the voyage or voyages, which are to be patent to the Charterers or their agents, and furnish the Charterers, their agents or supercargo, when required, with a true copy of such deck and engine logs, showing the course of the Vessel, distance run and the consumption of bunkers. Any log extracts required by the Charterers shall be in the English language."

因此,如果承租人(charterer)希望提前获得有关船舶航行记录的文件(特别是在一些涉及货损货差或是航程延误的索赔的案件),可以要求船东披露航行日志与轮机日志(包括了最全面的数据与信息),以查看是否可能存在不适航、速度不符合规定或不合理绕航等问题让承租人可以提起索赔,或反过来在船东要求补偿货损货差的损失或声称错误扣减运费时作出抗辩。因为租约有明示规定,所以无须区分是诉前披露或是审前披露。笔者作为海事仲裁员见过很多租约争议中承租人在作出抗辩前要求检查船舶日志,如果船东不配合尽快提供,仲裁庭也会作出履约指令或有类似效果的宣示(declaration)。

再如,许可人(licensor)与被许可人(licensee)之间的许可协议常常包括一条允许许可人检查被许可人的账簿与记录的条文,如:"The (name of Licensee) shall keep and maintain in accordance with sound accounting practices true and complete and accurate books of account and records of its [transactions and businesses] and its receipts. The [name of Licensor] shall be entitled at its own expense to inspect, examine and make copies of such books and records. Such inspection shall be made at the offices of the [Licensee] during office hours by the [Licensor] itself and/or a qualified accountant and/or an authorized representative of the [Licensor]. 15 (fifteen) day's written notice is required by the [Licensor] to the [Licensee] and shall occur not more than once in any period of 12 (twelve) months during the term of this Agreement."

总结而言,履行时一方"蒙在鼓里"而另一方可"只手遮天"的合约关系会倾向于在合约中加上一条这种条文,以在一定程度上保障"蒙在鼓里"的一方,让他可以提前取得证据与了解事实以决定是否开始诉讼或是否作出抗辩。

第七章　诉讼程序中正常的互相披露

1. 简　介

绝大部分的诉讼案件走的是正常程序,往往也只相互披露文件(mutual exchange of documents)一次。虽然进行这个程序时,仍在等待开庭审理,所以依然说是属于一种审前披露(pre-trial disclosure),但就不是一般所说的提前披露(early disclosure)。

正常相互披露文件的程序通常发生在双方诉讼方交换文书请求(pleadings)或 CPR 下的案件陈述(statements of case)后。在这个程序后,如果案件也涉及其他类别的证据,主要是口头证据(oral evidence)与专家意见证据(expert opinion evidence),接下来的诉讼程序就会是双方交换证人证言(witness statements)与专家报告(expert reports)。在这些程序都结束后,可以说所有双方争议的有关事实的证据,已经全部放在桌面上(on the table),也就可以去开庭审理,即诉讼双方在英国对抗制诉讼(adversarial litigation)下的"最后决战"以决定成败。当然不同类型的案件也有不同的重点,例如有些诉讼涉及的文件证据不多(如不涉及合约关系的侵权、家事争议),要在交换完证人证言后双方的证据才清楚。但在商业争议的案件,文件(纸质与电子文件)证据就特别重要,所以格外重视相互披露文件程序。

要求诉讼方同时交换有关争议的文件证据的原因,在本书第一章之 2.2.4 段已经有提到,并引述了一些重要先例说明不能要求其中一方诉讼方将依赖的重要文件证据(也是自己的底牌)先披露给敌对方查阅。要审前披露就必须平等(level plain field),大家相互交换文件,也就是同时把大家的底牌都摊开给敌对方查阅。正如 Anderson v. Bank of British Columbia (1876) 2 ChD 644 上诉庭先例所说,"... as you may have no right to see your adversary's brief, you have no right to see that which comes into existence merely as materials for the brief."

除了文件证据,针对口头证据与专家意见证据的程序也通常是要求双方诉讼方同时相互交换,原因也是一样。但也有人认为专家意见证据可以按次序先后递交,以防双方专家有不同的针对点。毕竟专家意见证据主要是为了帮助法院(或仲裁庭)理解有关的事实,并且专家证人也是专业人士,没有提前知道对方的底牌的考虑。

在本书第一章之 2.2.3 段提到,英国/普通法下的诉讼是要求双方诉讼方披露所有与争议有关的文件,深信只有这样才能让审理的法官(或仲裁庭)查阅所有有关的证据,以准确或相对准确认定争议的事实(finding of facts)。与争议有关的所有文件中,显然是难免会有部分对披露方不利,他/她也就不会愿意全面与坦率地披露给敌对方,这是基本人性。

在 CPR Rule 31.6 下的标准披露(standard disclosure),主要包括两大类有关文件。第一类是披露方自己所依赖的文件(the documents on which he relies)。显然披露这类文件是理所当然的,也不会有什么困难。真正有困难的是第二类,也就是对披露方自己案件不利与/或协助敌对方的文件[the documents which:(i) adversely affect his own case; (ii) adversely affect another party's case; or (iii) support another party's case ...]。这个要求可以说是十分违反基本人性,所以大陆法系国家不采取这种披露的做法。笔者听过一句十分生动的话:"英国律师不披露会被取消执业资格,而法国律师会因披露而被取消执业资格(in England a lawyer is disbarred from practising for not giving discovery; in France he is disbarred for giving discovery)。"

所以英国法院要有机制强迫诉讼方严格遵守,这方面会在下一段详述。

2. 诉讼方为了不披露文件而隐藏或销毁文件的做法

诉讼方不披露文件不外乎两种做法:一种是隐藏(conceal)对自己不利或会帮助对方的文件,另一种是知道有了诉讼后,销毁(destroy)有关的文件。第一种隐藏的做法无须多讲。而由于公司日常也会销毁文件,所以要与第二种在知道有了诉讼后再销毁文件的做法作出区分,此处可以做进一步解释。

一般而言,公司都会有销毁文件的做法或计划。文件是有关公司的资产,它可以随意处置。但有关的当事人(公司法人或自然人)在这样做时,要小心以下几点:

1. 最要小心的是将来出现了诉讼,但自己已经把有关与重要的文件销毁。如果这个将来会出现的诉讼是向其他公司提起索赔,就会因为有关的文件被销毁而难以启动了。但估计这种可能性比较少,因为要主动向其他公司索赔,在销毁文件时通常不会一点都不知道或没有警觉。更大的可能是将来其他公司法人或自然人向自己提起索赔,但由于有关文件已经被销毁而无法抗辩。而且,如果有关的雇员已经离职,自己公司会对被指称的事实(alleged facts)也不知道,更不要说能够作出抗辩了。所以,通常一家公司不应该在索赔时效的期限内有对文件销毁的计划。而涉及国际业务的公司,在有管辖权的不同国家面对各种不同类别的索赔,部分时效会很长,这表示保存文件的时间也要相应拉长。

2. 要注意的是将来真有了诉讼,在双方相互交换的文件清单(list of documents)中要列名与描述在标准披露下应该披露但已经被销毁的文件。在标准披露的文件清单范本Court Form N265(本章附件一)中最后部分的标题是"I have had the documents numbered and listed below, but they are no longer in my control"。另在左边提示说:"List and number here, the documents you once had in your control, but which you no longer have. For each document listed, say when it was last in your control and where it is now."而且,法院有可能要求销毁文件的诉讼方作进一步解释。虽然如果销毁文件是公司既定政策与做法,例如文件保存多少年后就销毁,且是合情合理,就不必害怕向法院作进一步的解释。这也代表即使是有计划地销毁文件,也最好对销毁了什么文件保存一个记录,以便将来有了诉讼时填写文件清单或是向法院解释。

3. 诉讼方在CPR下要在文件清单中向法院作出披露声明(disclosure statement),如果声明并不真实，就会构成藐视法院（contempt of court）。所以一般诉讼方与其代表律师是不敢随意销毁文件而不说明（隐藏文件也是同样的道理的）。

4. 对有关公司有管辖权的国家可能有立法要求，即使不涉及诉讼也不容许销毁某些文件或必须保存一段时间，例如英国《Companies Act 1985》之 Section 450。相比二三十年前主要是纸质文件，今天大部分公司保存的文件是电子文件，可以说是更容易保存、不占空间与经济。

针对在诉讼或可预期诉讼前销毁文件，澳大利亚的 British American Tobacco Services Ltd v. Cowell (2002) VSCA 197 先例在考虑了英国与其他联邦国家的有关先例后，得出的结论是除非销毁文件是试图妨碍司法公正（to pervert the course of justice）或藐视法院，否则没有违反有关责任，说："... nor, in our view, was the defendant shown to be in breach of any relevant obligation not to destroy documents before the commencement of the proceeding, given that the plaintiff did not rest her case on either an attempt to pervert the course of justice or contempt of court."

但妨碍司法公正或藐视法院是很难证明的，因为必须要证明有犯罪意图。所以，只会适用在很极端与例外的案件。举证责任较低（不需要证明犯罪意图）的惩罚是 Douglas v. Hello! Ltd (No. 3) (2003) EWHC 55 (Ch) 先例，Morritt 大法官认为在诉讼开始前销毁文件会影响公平审理（fair trial），法院就有权撤销抗辩。但估计这种情况仍会比较少。毕竟诉讼还没开始，往往对双方到底有什么争议/争端（disputed issues）还没有明确。这样，就比较难说销毁的文件是为了影响公平审理。

但如果在诉讼开始或可预期诉讼后，情况就不一样了。例如在 CPR PD 31B 有明示立法条文针对如下："As soon as litigation is contemplated, the parties' legal representatives must notify their clients of the need to preserve disclosable documents. The documents to be preserved include Electronic Documents which would otherwise be deleted in accordance with a document retention policy or otherwise deleted in the ordinary course of business."

3. 对诉讼当事人作出的惩罚

如果诉讼当事人不作出披露，隐藏文件或是知道会有诉讼后销毁文件，会带来严重的后果，以下阐述各种不同的惩罚。

3.1　CPR 的规定

CPR Rule 31.12 有提到诉讼当事人不作出披露的两种惩罚：(1) 是该当事人再也不能依赖该文件，除非是获得法院的批准（A party may not rely on any document which he fails to disclose or permit inspection of without permission of the court）；(2) 如果该当事人在文件清单（list of documents）中的披露声明（disclosure statement）并不真实，可以向他/她提起民事藐视法院的诉讼。

这两种惩罚看来是两个极端，第一种实在是太宽松也不现实，根本谈不上是一种惩罚。如果该当事人开始不作出披露，通常是因为有关的文件对他/她不利或对敌对方有利。之后他/她会改变主意,想要披露并作出依赖的可能性十分低,甚至是零。而第二种是太严厉,证明是故意的虚假披露声明也不容易,在现实中很少会发生。这种民事藐视法院更多是发生在没有严格遵守法院作出的禁令与命令,不太可能会发生在披露声明不真实的情况下。

3.2 除非命令(Unless Order)

3.2.1 除非命令和正常命令的区别

法院针对程序(保存与披露文件有关的程序)作出的一般命令只是正常命令(ordinary orders)。正常命令如果被违反,法院是不能作出严厉惩罚的。正常命令通常只是一个"纯命令"(bare order)要求原告或被告在一个时间段内作出一些行动,例如交出一份完整的文件清单或是披露一份特定文件。这与一个除非命令(Unless Order)的措辞/文字明确与清楚写明不遵守命令的后果是不一样的。

在 Star News Shop Ltd v. Stafford Refrigeration Ltd & Ors (1998) 1 WLR 536 先例中,虽然适用的是以前的高院规则 RSC,但道理是一样的。案情是原告向被告购买了一套冷冻设备,但在安装之后压缩器(compressor)发生火灾,这导致原告针对被告与向被告供应冷冻设备的两家公司(作为第二被告与第三被告)提起诉讼与索赔损失。在同一个法律行动中,被告申请把负责提供压缩机的公司作为第四被告去一并审理。在诉讼的披露程序,法院向第四被告作出了一个正常命令要求在 14 天内披露一些特定文件,并以誓章/誓词(affidavit/affirmation)说明是否有这些特定文件。但第四被告没有遵守这个命令,这导致第四被告的抗辩被撤销(strike out),法院对它作出了判决(相当于是缺席判决)。但这决定后来被上诉庭推翻,认为高院在没有作出一个除非命令或最后命令前,去这样做是不正确的。

让法院作出除非命令并不容易,这也是最后的命令(an order if the last resort):见 Hytec Information Systems v. Coventry City Council (1996) EWCA Civ 1099 先例。一作出这种命令,法院就显示了它的意图是如果这个除非命令不被严格遵守,就会撤销违反的诉讼方的索赔(如果该诉讼方是原告)或是抗辩(如果是被告)。

3.2.2 除非命令的措辞/文字应包括违令的后果与惩罚

除非命令的措辞/文字上都应对违令的后果与惩罚作出说明或警告。例如,在有关再保合约的 Caribbean General Insurance Ltd v. Frizzell (1994) 2 Lloyd's Rep 32 先例中,案情涉及飓风雨果袭击加勒比海给原告造成巨额损失。作为原告的第一线保险人,指称作为被告的保险经纪人疏忽,没有投保足够的超额损失再保(excess of loss insurance)。诉讼中被告不满意原告的披露,向法院申请下令原告另外送达一份经修改的文件清单,并附以誓章支持。该除非命令的部分内容,可节录如下:

"...a final extension of time for full and proper compliance with the order ... herein dated 15th November 1991 until 4 pm on Wednesday 2nd September 1992 upon the following conditionsbeing complied with before that time ...

(Condition C)

That the Plaintiff, by William Edgecombe(原告公司的负责人), and the Plaintiff's solicitors, by Stephen Simmons, each do prepare, swear and serve a further Affidavit verifying from personal inspection that full disclosure has been given, such inspection to include inspection at the offices of any representative agent of the Plaintiff on the islands of St. Lucia, Grenada, Montserrt and St. Martin. …

That in the event that any of the foregoing conditions is not fully and completely complied with the Defendant shall be at liberty to enter judgment against the Plaintiff without having to make any further application to the Court."

上述除非命令列出了几个要求/条件,其中之一是要求原告公司负责人与原告律师亲自进行查阅,并做出誓章证明。而条件中既然包括了海外公司,就说明原告律师要亲自去该处,而不能任命一位助手前去。理论上这并不一定管用,因为原告可事先隐藏不利的有关文件,不让律师看到。不过实践中有原告并不知道何谓有利与否、有关与否,也不一定知道代表律师的困境与对法院的披露责任。所以原告律师能全部查阅文件的机会颇大。而查阅之后,由于他要发誓并且在披露方面是"法院的官员"(officers of the court),所以不会再争论了。而如果原告与原告律师没有完全遵守命令,被告就可以自动获得对原告的判决。

3.2.3　除非命令一旦被违令惩罚就自动生效

在较近期的 Marcan Shipping (London) Ltd v. Kefalas (2007) EWCA Civ 463 先例中,案情涉及原告(一个船舶经纪人)指称与被告(船东与船舶管理公司)在 20 年前曾经达成一个口头代理协议,而被告否认。在诉讼的披露程序中,因为文书请求/案件陈述的修改(amendments),导致法院下令原告以文件清单进一步披露特定文件。要求披露的特定文件包括与波罗的海交易所(Baltic Exchange)的书信往来,以及在证人证言中提到的较早前在希腊法院诉讼的一些文件。正常命令没有被遵守,于是法院在 2006 年 7 月 21 日作出了一个除非命令,说明除非在 7 月 26 日前严格遵守,否则原告的索赔将会被撤销并要承担所有已产生的诉讼费用(the claimants' claim shall be dismissed and it is ordered and adjudged that the claimants pay the defendants' costs on an indemnity basis, such costs to be assessed if not agreed)。

但在 7 月 26 日,原告只送达了一份严重缺陷的文件清单,不完整地披露与波罗的海交易所的书信往来,也没有披露较早的希腊诉讼的文件。这导致被告在 7 月 28 日根据 CPR Rule 3.5 向法院申请撤销索赔,并要求原告承担被告所有的诉讼费用。作为申请的证据,被告提供了一份其代表律师所作出的证人证言,证明原告违反法院除非命令。

早在 19 世纪就已经开始有除非命令这个做法,一贯被认为是一旦被违反,惩罚就自动生效。这是因为这个后果[虽然只是一个"有条件"(conditional)命令,因为如果命令实质被遵守就不适用了]已经明确在除非命令中写明,不需要法院另颁布/作出一个惩罚命令:见 Whistler v. Hancock (1878) 3 QDB 83 先例。

在针对案件管理的 CPR PD 3A Para. 1.9 也同样说:"where a rule, practice direction or order states 'shall be struck out or dismissed' or 'will be struck out or dismissed' this means that the striking out or dismissal with be automatic and that no further order of the court is required."

在 Marcan Shipping v. Kefalas 先例中,被告向法院申请撤销原告的索赔请求(并提供违反除非命令的证据),而面对被撤销的原告声称这个惩罚是不成比例(disproportionate)的与违反命令并不影响公正审理(fair trial)。上诉庭说在正常的情况下,无辜方是根本不需要再来法院申请,因为除非命令的后果与惩罚已经自动生效。除非无辜方是有其他要求,例如需要法院在违令方的索赔或抗辩被撤销后作出一个简易判决,否则是不必再向法院申请的。上诉庭的 Moore-Bick 大法官说:"In the present case a degree of misunderstanding appears to have arisen ... a party must make an application under Part 23 if he wishes to obtain judgment following the failure by the party to whom it is addressed to comply with a conditional order striking out his statement of case in the event of non-compliance. If it is thought that the party seeking to take advantage of the default must apply to the court in order to render the sanction effective, in my view that is wrong."

3.2.4 CPR 下违令方申请对惩罚的宽限

在《欧洲人权公约》(ECHR)失效后,撤销索赔或抗辩要谨慎以免否定了 Article 6 下获得公平审理的权利。所以,在 CPR Rule 3.8 与 Rule 3.9 明示针对了违反法院命令而面对惩罚时可以向法院申请宽限。其中 Rule 3.8(1)说明除非违令方申请并成功获得宽限(unless the party in default applies for and obtains relief from the sanction),否则除非命令(Unless Order)的惩罚有效。

而 CPR Rule 3.9 是针对法院在考虑是否作出宽限时,必须权衡与考虑有关案件的所有情况(all circumstances of the case),在不会花费不成比例的费用的前提下有效推进诉讼与确保法院的命令被遵守(这也是 CPR 的主要目的)。另外,申请的违令方必须提供证据支持他/她申请宽限的理由。在《Jackson Report》(在 CPR 生效 10 年后,Jackson 大法官在 2009 年被委任检讨民事诉讼费用,并于 2010 年 1 月出具报告)带来修改的 CPR Rule 3.9 是说:"(1) On an application for relief from any sanction imposed for a failure to comply with any rule, practice direction or court order, the court will consider all the circumstances of the case, so as to enable it to deal justly with the application, including the need:—(a) for litigation to be conducted efficiently and at proportionate costs; and (b) to enforce compliance with rules, practice directions and orders. (2) An application for relief must be supported by evidence."

在 Mitchell v. News Group Newspapers Ltd (2013) EWCA Civ 1537 上诉庭先例中,案件涉及被告在报刊诽谤原告。原告获得胜诉判决,但是在针对费用时,原告因违令而被惩罚,于是根据 CPR Rule 3.9 向法院申请对惩罚的宽限,理由是代表律师工作太忙而错过了除非命令的时限(deadline)。上诉庭的 Dyson 勋爵认为 Jackson 改革与修改 Rule 3.9 后,法院应该更加强硬对待违令方的宽限申请。如果违令是真正十分轻微(trivial)的,加上违令方很快申请宽限,通常法院就会作出宽限。但如果不能说是轻微,违令方的申请人仍是可以要求法院作出宽限,但必须显示有一个非常好的违反命令的理由。当然什么是轻微或不轻微违令的分水岭,也不容易区分。反正在该先例中,上诉庭不接受原告代表律师工作繁忙而错过了时限的理由。可以想得到这虽然可能是事实,但是一个很坏的理由。一旦接受这种理由就等于打开了“泄洪闸”(floodgate),以后就很难预期诉讼方会按诉讼程序的时间/时限办事。在该先例中,Dyson 勋爵认为律师如果工作太忙,就不应该接太多的案子。就原告而言,在索赔被撤销后,可以向他的代表律师以职业疏忽(professional negligence)索赔损失。所以,上诉庭拒绝在该先例中作出违令的宽限。

在不久之后的 Denton v. TH White Ltd (2014) EWCA Civ 906 上诉庭先例中,也是 Dyson 勋爵作出判决,其中舍弃了“轻微”违令的说法,而是引入了一个三步的考验(three-stage approach)。第一步是看该特定的违令是否严重(serious)或显著(significant)。一个严重或显著的违令的例子是以前所谓的“故意与侮慢”(intentional and contumelious)违令,但估计在 CPR 下,不需要达到这个程度。

如果违令是不严重或显著的,法院可以作出宽限。而如果是严重或显著的,第二步就要看是什么原因造成违令。如果造成严重违令的原因可以接受,法院就可能作出宽限。例如 Dyson 勋爵在 Mitchell v. News Group Newspapers Ltd 先例中就举了两个例子:一是违令只在形式(form)而不在实质(substance);二是违令的时间很短,违令方很快就已经遵守了除非命令的要求。当然也会有其他各种原因可能会说服审理法官接受,如除非命令的措辞/文字写得模棱两可,导致违令方与其代表律师误解。

第三步是看案件的所有情况。这也会有各种考虑,例如除非命令所针对的要求是什么?违反会否影响公平审理与 CPR Rule 3.9(1)(a)与(b)的基本考虑因素(也是 CPR 的主要目的)?笔者估计争议金额(这不是第一步与第二步考验考虑的问题)在第三步会是一个重要的考虑。例如,如果争议金额很小,不遵守法院的除非命令而导致很多卫星诉讼(satellite litigations),使诉讼费用很高昂与不成比例,就很难获得宽限。但如果争议金额很大加上案件性质影响重大,法院在决定是否撤销索赔或抗辩时就会更谨慎。又或者类似 Mitchell v. News Group Newspapers Ltd 先例的情况,虽然应将诉讼方与其代表律师视为一体,但毕竟是用律师的错误惩罚诉讼方。如果律师事务所不大与没有足够的职业疏忽保险,诉讼方即使向律师索赔也无法获得足额的赔偿,估计法院在决定是否撤销索赔时也会更谨慎。

3.2.5　除非命令大原则的总结

不依从除非命令,最常见的后果是会被撤销(struck out)索赔或抗辩(取决于谁是违令方)。英国法院近年来在 CPR 下对这方面态度转趋强硬,而有关做法的原则也被上诉庭在 Hytec Information Systems v. Coventry City Council (1996) EWCA Civ 1099 先例(虽然针对的是旧的 RSC,但道理一样,现在也依然经常被引用)中总结如下:“(i) An unless order was an order of last resort, not to be made unless there was a history of failure to comply with other orders. It was a party's last chance to put his case in order.[1] (ii) For that reason,

---

〔1〕 除非命令是最后的办法,只有在违令方有违令历史的情况下(不是初次违令)才会下此命令。这是有关诉讼方最后一次做对事情的机会。

failure to comply would normally result in the sanction being imposed.[2] (iii) If a party deliberately flouted the order, he could therefore expect no mercy.[3] (iv) A sufficient explanation would almost invariably require that he satisfy the court something beyond his control had caused the failure.[4] (v) The judge would exercise his judicial discretion whether to excuse the failure in the circumstances of each case. At the heart of issue was service to justice. Any injustice to the defaulting party came well behind both justice to the injured party for procedural inefficiencies causing delay and wasted costs and behind the public interest in the administration of justice to contain those twin blights.[5] (vi) Although in Re Jokai Tea Holdings (1992) 1 WLR 1196 Browne-Wilkinson VC said that in cases of failure to comply with an unless order, the relevant question is whether such failure is intentional and contumelious, that was simply one factor. Prolonged failure to comply through negligence or incompetence might equally qualify for the sanction of striking out."[6]

有关除非命令在 CPR 下的严重后果,可节录 Jackson 大法官在 Oak Cash & Carry Limited v. British Gas Trading Limited (2016) EWCA Civ 153 先例中所说,如下:

"An 'unless' order, however, does not stand on its own. The court usually only makes an 'unless' order against a party which is already in breach. The 'unless' order gives that party additional time for compliance with the original obligation and specifies an automatic sanction in default of compliance. It is not possible to look at an 'unless' order in isolation. A party who fails to comply with an 'unless' order is normally in breach of an original order or rule as well as the 'unless' order.

In order to assess the seriousness and significance of a breach of an 'unless' order, it is necessary also to look at the underlying breach. The court must look at what X failed to do in the first place, when assessing X's failure to take advantage of the second chance which he was given. …

The very fact that X has failed to comply with an 'unless' order (as opposed to an 'ordinary' order) is undoubtedly a pointer towards seriousness and significance. This is for two reasons. First, X is in breach of two successive obligations to do the same thing. Secondly, the court has underlined the importance of doing that thing by specifying an automatic sanction in default (in this case the draconian sanction of strike out)."

---

[2] 所以,一般违令会导致惩罚。

[3] 有关诉讼方若仍对命令不重视,将不会被宽容对待。

[4] 违令方要向法院解释不依从命令是他/她无法控制的原因造成的,例如负责人遇上车祸。

[5] 法官针对每次不同的违令情况行使裁量权决定是否对违令方作出宽限。核心仍是考虑与主持司法公正,在若是对违令方做出严厉惩罚的后果与申请方不断受到的延误与浪费的费用(如几次安排好了查阅文件但被拒之门外)两者之间作出权衡。

[6] 虽然 Browne-Wilkinson 大法官在 Jokai Tea Holdings, Re (1992) 1 WLR 1196 先例讲过最重要的是看违约方是否故意与侮慢,但这只是一个考虑因素。因为违令方的疏忽或违令方无能(如命令是十分清楚的但仍被一次又一次误解)导致漫长延误,法院都可以作出撤销索赔或抗辩的惩罚。

总结以上所讲,节录 Paul Matthews & Hodge Malek QC 的《Disclosure》(2017 年,第 5 版)一书之 17.11 段与 17.13 段如下:"In modern times, the party ordered to give disclosure〔7〕will be given every opportunity to comply with his disclosure obligations,〔8〕but if he fails to comply with an 'unless' order, usually made after serious failure to comply with earlier orders, striking out a party's statement of case is automatic,〔9〕and applications for relief against the consequences are generally unsympathetically received.〔10〕The very fact that a party has failed to comply with an unless order is a pointer towards its seriousness and significance. Where a party deliberately and persistently failed to comply with orders to provide information and deliver up documents made in order to safeguard proprietary claims, it was held that the proper administration of justice requires that, save in very exceptional circumstances, sanctions imposed should take effect.〔11〕In another case a party, who was subject to an order to provide inspection of his computer hard drive, deleted material items and his statement of case was struck out for the deliberate breach.〔12〕However, where failure to comply with an 'unless' order has not been deliberate,〔13〕particularly where the defaulting party can provide a reasonable excuse, the Court may in its discretion be willing to grant him relief against the consequences of such an 'unless' order.〔14〕Thus where the failure to comply is due to a party's solicitors' incompetence, rather than an intentional failure by the defendant himself, the Court has been willing to grant relief from the consequences of an 'unless' order, albeit on the strictest terms as to compliance with the original disclosure order.〔15〕It has also been

〔7〕"披露"的英文是"disclosure"而不是"discovery",是因为 CPR 下使用的新名词是"disclosure"。

〔8〕今天在英国诉讼,法院将尽力给予双方以充分的机会尽披露责任。

〔9〕但若屡次违令,并在法院作出除非命令后仍旧违令,则会自动令违令方的文书请求被撤销。

〔10〕违令方向法院申请宽限时也一般不被同情:见 Owen v. Sepro Building Services Ltd (unreported, CA, 16 April 1991); CIBC Mellon Trust Co v. Stolzenberg (2004) EWCA Civ 827(违令方没有严格遵守冻结令中要求披露资产的除非命令,法院拒绝撤销违令后作出的缺席判决);Raja v. Van Hoogstraten (2004) EWCA Civ 968(上诉庭判虽然违令方没有遵守冻结令下的披露命令,但是没有对公平审理造成影响,所以撤销抗辩不恰当);Barbados Rediffusion v. Asha Mirchandani (No. 1) (2006) CCJ 1 (AJ)(该先例总结了很多没有遵守除非命令的先例); Marine Rescue Technologies Ltd v. Burchill (2007) EWHC 1976 (Ch); Marcan Shipping (London) Ltd v. Kefalas (2007) EWCA Civ 463; Blerim Ethemi v. Robert Shiels (2008) EWCH 291 (QB); Tarn Insurance Services Ltd v. Kirby (2009) EWCA Civ 19; Rybak v. Langbar International Ltd (2010) EWHC 2015 (Ch)等先例。

〔11〕见 Tarn Insurance Services Ltd v. Kirby (2009) EWCA Civ 19 先例。

〔12〕见 Rybak v. Langbar International (2010) EWHC 2015 (Ch)先例。

〔13〕除非能说服法院不是故意违令。即使违令方多次故意违令,在法院作出除非命令后就不敢再乱来了,但此时很可惜的是会有其他意外导致无法完全依从除非命令:见 Artisan Scaffolding Co v. the Antique Hypermarket Ltd (unreported, CA, 10 February 1993)先例。

〔14〕特别是违令方能为违令提供一个合理的借口,法院有裁量权可以作出宽限。

〔15〕例如被告本人无意违令,只因其代表律师无能才造成违令。法院允许被告(换了律师)再延长时间履行除非命令:见 Beeforth v. Beeforth (The Times, 17 September 1998); Pereira v. Beamlands (The Times, 7 March 7 1996)等先例。但在 Hayden v. Charlton (2011) EWCA Civ 791 先例中,即使是因为律师的原因才违令,也依然撤销了索赔。

held that, where the Court has to decide the consequences of a failure to comply with an 'unless order' the relevant question is whether such failure is intentional and contumelious.[16] However, it will not be a good excuse in all cases for a party simply to blame his legal advisors.[17] The general rule is that the Court does not distinguish between the litigant and his advisors[18] and even where the litigant's chosen intermediary for giving instructions was outside England and Wales.[19] However, application for relief from sanction under CPR r. 3.9 have since 2013 been subject to a stricter approach than hitherto. The amendment to CPR r. 3.9 stressing the need to enforce compliance with rules, Practice Directions and orders, coupled with the Court of Appeal decision in Mitchell v News Group Newspapers, has made it a lot harder to obtain relief from sanction where there has been any significant breach of an order. ...In every case where the Court has to consider whether to make an order striking out a statement of case without more or to give effect to an 'unless' order, the Court will look at the circumstances, including whether or not the failure was deliberate or contumelious, the reasons given for non-compliance, the extent of non-compliance and the prejudice caused to the other party.[20] Even in cases short of a deliberate and contumelious failure, it is open to the Court to justify the striking out of a statement of case in appropriate cases."[21]

3.3 不利推断(Adverse Inference)

除了上述违反除非命令(Unless Orders)导致撤销(strike out)索赔(案件的实质索赔或诉讼/律师费用索赔)或抗辩的严厉惩罚外,也经常会有另一种比较轻微的惩罚,就是法院对违令方作出不利推断。对仲裁员来说,这几乎是对违反有关披露/证据方面命令的违令方能作出的唯一与最重要的惩罚,因为仲裁庭除了中国香港《仲裁条例》或英国《Arbitration Act 1996》明示的两种情况外(原告怠慢推进诉讼程序与原告没有提供被告抗辩所需的费用担保),是没有权力撤销当事人的索赔或抗辩的。[22]

不利推断的惩罚历史悠久,早在 R v. Arundel (1617) 80 Eng Rep 258 (KB 1617)先

〔16〕 法院在考虑对除非命令的违令的处理时,其中一个因素是故意与侮慢:Jokai Tea Holdings, Re (1992) 1 WLR 1196 先例。

〔17〕 违令方常指责是代表律师疏忽或未将除非命令说清楚等,这一般也不是好借口:Hytec Information Systems v. Coventry City Council (1996) EWCA Civ 1099 等先例。

〔18〕 原则上法院不予以区分当事人及其代表律师,当事人可以另外控告其代表律师职业疏忽。

〔19〕 当事人另有中间人,例如先委任一位香港律师再转聘英国律师,该香港律师疏忽无能也不予区分:Downes Manor Properties Ltd v. Bank of Namibia (The Times, 18 March 1999)上诉庭先例。

〔20〕 总之,一切视情况而定。例如,是否故意或侮慢?违令的原因是什么?违令的程度,即是完全违令还是大部分已做到,仅有少许违令?违令对对方诉讼方造成了多大的损害?例如,在 Copheus Shipping Corp. v. Guardian Royal Exchange Assurance plc (1995) 1 Lloyd's Rep. 622 中,判原告未披露的文件并不足以令被告的举证受损害。

〔21〕 即使违令方不是故意与侮慢,法院也会撤销案件:见新加坡的 Manilal & Sons (PTE) Ltd. v. Bhupendra FKJShan (1990) 2 MLJ 282 先例与 QPS Consultants Ltd v. Kruger Tissue (Manufacturing) Ltd (unreported, CA, 10 September 1999)先例等。

〔22〕 关于这个课题也可见本书第六章之4.4段。

例已经被法院适用。该先例涉及英王(政府)与被告对土地产权的争议,被告应是产权所有人,但他不披露地契(title deed)。否则根据地契就可以认定有关的土地产权是怎样被转售/转让给了被告的真相。由于法院看不见这份地契的情况十分可疑,法院就命令目前在使用土地的农民可以继续享有与使用,直到被告披露这一份地契为止:"the decree ran, that the King and his heirs, and the said farmer, should hold and enjoy the land till (被告) shall produce the deeds, and the Court thereupon take further consideration and order."

与撤销违令方的索赔或抗辩一样,不少被报道的不利推断惩罚的先例涉及一方诉讼方销毁文件证据(destruction of documents)。但实际上这惩罚可以广泛适用在其他涉及披露与证据的方面,如一方诉讼方不披露一份特定文件但没有合理的解释,或不让一位重要证人出庭接受盘问[见 British Railways Board v. Herrington (1972) 1 All ER 759 先例]等。这道理很浅显,不合理提供可以说明事实真相的重要证据可推断是因为有不可告人与/或对他/她不利的原因,所以法院(或仲裁庭)在认定事实与作出决定时如果有任何疑点或不肯定就可以作出这个不利推断。有一句拉丁语名言(maxim)是:"omnia praesumuntur contra spoliatorem."同义的英文是:"all things are presumed against the wrongdoer."

在涉及损失计算的 Seager v. Copydex (1969) RPC 250 先例中,一方诉讼方销毁部分文件,Winn 大法官说如果法院在认定事实时发现无法排除任何一种可能的版本或计算方法,应该作出对做出错误行为的人士(销毁文件的一方)不利的假设:"where there is insoluble doubt between two possible versions or assessments, when the tribunal of fact is pursuing the factual issues, it should be borne in mind that there is a general principle that omnia praesumuntur contra spoliatorem."

另在 British Railways Board v. Herrington 先例中,Diplock 勋爵说是被告自己选择不让证人出庭作证,从而剥夺了让法院获得支持其立场的一手证据的机会。在英国对抗制的诉讼下,这种策略是完全合法与经常会发生的。诉讼方的代表律师会权衡到底某位证人是出庭作证与接受盘问较佳或是风险太大,例如,证人的重要性与是否有其他人士可以替代?

但被告选择这种策略就不能责怪法院对被告选择隐藏的可以帮助认定事实的证据作出不利推断。Diplock 勋爵说:"The appellants(被告) ... elected to call no witnesses, thus depriving the court of any positive evidence as to ... This is a legitimate tactical move under our adversarial system of litigation. But a defendant who adopts it cannot complain if the court draws from the facts which have been disclosed all reasonable inferences as to what are the facts which the defendant has chosen to withhold."

3.3.1 故意或无意销毁文件

也有不少先例针对销毁或是不保存有关文件可以带来不利推断的不同情况。首先是故意(deliberate)销毁文件,如果能肯定是当事人/诉讼方在诉讼开始有责任保存文件(CPR PD 31B Para. 7)后,仍故意销毁文件,法院作出不利判断可以说是无可厚非的惩罚。但即使是在当事人有保存文件的法律责任之前故意销毁,也会在明显与合理可以预期将来该文件有需要的情况下(看来有妨碍司法公正的嫌疑)而带来同样后果。在

General Tire & Rubber Co Ltd v. Firestone Tyre & Rubber Co Ltd (1975) RPC 203 先例中，Russell 大法官就说到故意销毁文件/记录就毫无疑问要作出不利判断，如下:“... we do not doubt that deliberate destruction of records or, in particular circumstances, a failure to keep records may give rise to unfavourable inferences.”

即使不是故意销毁文件，如果发生在诉讼已经开始，有了保存文件的法律责任后，看来也没有太大区别。但在有保存文件的法律责任之前发生，法院是否有权作出不利推断有点不清楚。如果在一般案件，诉讼前(与可合理预期诉讼前)销毁文件(等同没有保存该文件)就会带来不利推断，就有点说不通了。否则，一般公司的正常保存与销毁文件的政策岂非是危险?但会有特殊的情况与案件，正如 Infabrics v. Jaytex (1985) FSR 75 先例，案情没有涉及故意销毁文件，但法院仍在计算侵占损失(conversion damages)时对被告作出不利判断。该先例的案情是有关被告销售的衬衣仿冒了原告的图案，侵犯了原告的版权(copyright)。计算损失时，需要被告披露这些年来在英国销售的数量与价格的记录。但被告早已持续性销毁，就是在侵犯后随即销毁。该先例适用不利推断，也完全讲得通。正如 Russell 大法官所说，在某些特殊情况(particular circumstances)与案件下，一方当事人/诉讼方不保存记录或文件就可以带来不利推断。已经提到，该先例没有针对被告到底是故意或无意销毁记录，两者也不应有区别。因为销毁发生在该诉讼开始前，所以很难证明是故意或无意。虽然销毁文件的时间与该先例开始诉讼仍隔得远，但被告看来不安好心或心虚，在明显与合理可以预期将来该文件有需要的情况下把侵犯原告版权的收益记录销毁。

另在 Earles v. Barclays Bank Plc (2009) EWHC 2500 (Merc)先例中，案情涉及原告的客户声称被告的银行在没有他允许的情况下私自将钱转入了另一个账户。而银行则声称客户是通过电话口头作出了指示，但双方都没有提供电话记录等关键证据。原告是自然人，他无法提供电话记录是因为他的手机较早前丢了，也无法从服务供应商(service provider)取得备份。这被法官接受是一个合理解释。但被告身为一家大银行，不提供与披露电话记录与其他电子文件被法院视为奇怪与不可接受的。被告的解释是处理这位客户的雇员已离职，但这不被接受。法院相信可能还是被告对这些文件的关联性(relevance)与成比例(proportionality)作出了错误的判断，导致没有披露。

原告要求法院对被告作出不利推断。Simon Brown QC 大法官说在英国对抗制的诉讼下，如果一方诉讼方故意不提供证据，对方可在证据空缺时以此作为理由作为攻击并建立对自己有利的案件。Simon Brown QC 大法官说:“In cases where there is a deliberate void of evidence, such negativity can be used as a weapon in adversarial litigation to fill the evidential gap and so establish a positive case.”

但在该先例中，因为法院不认为银行是故意不提供证据，所以没有作出不利推断。也判是由于英国法律没有责任在开始诉讼前保存文件，所以除非是故意销毁文件，否则法院无权做出不利判断:“under English law there was no duty to preserve documents prior to the commencement of proceedings, therefore, absent deliberate spoliation, the court could not draw adverse inferences from such a failure.”

以上的几个先例，特别是 Earles v. Barclays Bank Plc 先例，带来了不清楚的地方。到底不利推断的原则可以适用或甚至应该适用在什么情况？第一，是否必须是故意销毁文件才适用？第二，是否当事人在销毁文件时是有保存这些文件的法律责任？

这可节录在 Charles Hollander QC 的《Documentary Evidence》（2018 年，第 13 版）一书之 11－26 段与 11－27 段，说：

"**The most important question on which the authorities do not provide a clear answer is: when does the principle apply at all? There are two specific questions relevant to document destruction: first, is it necessary that the destruction was deliberate. Secondly, is it necessary that the person who destroyed the documents was under a legal duty to retain them at the time.**

Where the destruction was deliberate, in the sense that with litigation in reasonable prospect or having commenced, there was a deliberate destruction of documents withintent to prevent those documents from being used in court, there is no difficulty in using the adverse inferences principle. But the principle is not limited to where the destruction was deliberate in this sense. In Infabrics v Jaytex, the judge did not consider the destruction was deliberate but nevertheless applied the principle. ...

So if the court is to apply theprinciple where there is no deliberate destruction, is it necessary that there should be a duty to retain documents, either from the commencement of proceedings or from when the disclosure obligation arises (depending on when the duty arises in law)? The judge in Earles v. Barclays Bank Plc took the view that the principle could only be used when such a duty existed, holding that unless there was deliberate destruction, the destruction needed to have occurred after the commencement of proceedings. But if one compares British Railways Board v. Herrington, the court was willing to draw inferences from the failure to lead evidence notwithstanding that there was no duty to lead evidence, merely because the party in question could reasonably have been expected to do so. This seems clear from the cases where oral evidence is not led. In Infabrics the documents had been destroyed after the date of the infringement, but it was not suggested that the principle was limited to destruction after the commencement of proceedings. However, if the issue is the quantum of damages for copyright infringement, it is hardly surprising that the court should apply the principle against the infringer who fails to retain the records which will show the extent of the infringement.

There is a need for authoritative review of these principles by the Court of Appeal. It is suggested that the correct position is as follows. The maxim can be applied where the court is entitled to expect that the party in question has retained the relevant documents. ..."（加黑部分是笔者的强调）

3.3.2　缺少当场文件/记录（contemporary documentation）

当场文件/记录的重要性以及可以超越口头证据已是常识，在此只简单节录 Pearce

勋爵在 Onassis and Calogeropoulos v. Vergottis (1968) 2 Lloyd's Rep 403 贵族院先例的权威说法:"Credibility covers the following problems. First, is the witness a truthful or untruthful person? Secondly, is he, though a truthful person telling something less than the truth on this issue, or though an untruthful person, telling the truth on this issue? Thirdly, though he is a truthful person telling the truth as he sees it, did he register the intentions of the conversation correctly and, if so, has his memory correctly retained them? Also, has his recollection been subsequently altered by unconscious bias or wishful thinking or by overmuch discussion of it with others? Witnesses, especially those who are emotional, who think that they are morally in the right, tend very easily and unconsciously to conjure up a legal right that did not exist. It is a truism, often used in accident cases, that with every day that passes the memory becomes fainter and the imagination becomes more active. **For that reason a witness, however honest, rarely persuades a judge that his present recollection is preferable to that which was taken down in writing immediately after the accident occurred. Therefore, contemporary documents are always of the utmost importance.**"(加黑部分是笔者的强调)

另 Leggatt 大法官在 Gestmin SGPS SA v. Credit Suisse (UK) Limited and Credit Suisse Securities (Europe) Limited (2013) EWHC 3560 (Comm) 先例中说:"I approach the evidence on the basis that, as in almost every case **where there is a contemporaneous documentary record, the documents provide the best evidence of what happened. Human memory is notoriously unreliable**, and the strong interests and emotions to which disputes resolved through litigation give rise are powerful distorting factors, however honest and well-intentioned the witness. Indeed, the more patently honest and convincing the witness, the greater can often be the risk of placing reliance on their testimony."(加黑部分是笔者的强调)

缺少当场(争议的事实发生时制作)文件,特别是法院或仲裁庭认为应该有这种文件存在但偏偏缺少,也经常会带来不利推断。这与上一小段所讲的早已被销毁文件不同。无意销毁文件相当于没有保存该文件,所以有了诉讼也因此缺少而无法披露,但披露方还是需要在文件清单(list of documents)说明。此处所针对的缺少是指根本没有产生与制作这份当场文件。中国公司尤其需要注意,必须保留自我保护(self-serving)但对事实准确记录的文件证据,以备将来所用。

当场文件有欠缺的情况下会带来不利推断可节录 Charles Hollander QC 的《Documentary Evidence》(2018 年,第 13 版)一书之 11 – 28 段,如下:"Wetton v Ahmed (2011) EWCA Civ 610 was an appeal from another decision of Judge Simon Brown QC. What had impressed the judge most in his task of fact-finding was the absence, rather than the presence, of contemporary documentation or other independent oral evidence to confirm the oral evidence of the respondents to the proceedings.[23] On appeal Arden LJ recognized that an assess-

---

〔23〕 在较近期 Wetton v. Ahmed (2011) EWCA Civ 610 先例中,一审的 Simon Brown QC 大法官对证人没有当场文件支持与确认口头证据十分关注。

ment of the credibility of witnesses is not to be carried out merely by reference to the impression that a witness made giving evidence in the witness box; it is not solely a matter of body language or the tone of voice or other factors that might generally be called the ‘demeanour’ of a witness.〔24〕 The judge should consider what other independent evidence, such as documentary evidence, would be available to support the witness.〔25〕 It was important to take care in cases where the witness was from a culture or way of life with which the judge may not be familiar.〔26〕 She continued: ‘It can also be significant if written documentation is absent. For instance, if the judge is satisfied that certain contemporaneous documentation is likely to have existed were the oral evidence correct, and that the party adducing oral evidence is responsible for its nonproduction, then the documentation may be conspicuous by its absence and the judge may be able to draw inferences from its absence.〔27〕’...”

3.3.3 不利推断原则的总结和对中国公司的建议

最后, Wisniewski v. Central Manchester Health Authority (1998) 1 Lloyd's Rep (Med) 223 先例虽然是一个比较早期的先例,但仍可节录 Brooke 大法官对作出不利推断的原则的总结如下:“(1) In certain circumstances a court may be entitled to draw adverse inferences from the absence or silence of a witness who might be expected to have material evidence to give on an issue in an action. (2) If a court is willing to draw such inferences they may go to strengthen the evidence adduced on that issue by the other party or to weaken the evidence, if any, adduced by the party who might reasonably have been expected to call the witness. (3) There must, however, have been some evidence, however weak, adduced by the former on the matter in question before the court is entitled to draw the desired inference: in another word, there must be a case to answer on that issue. (4) If the reason for the witness's absence or silence satisfies the court then no such adverse inference may be drawn. If, on the other hand, there is some credible explanation given, even if it is not wholly satisfactory, the potentially detrimental effect of his/her absence or silence may be reduced or nullified.”

笔者还可以多补充几点,特别是对中国公司的一些建议如下:

1. 如果主张特免权(无论是任何一种特免权),而且没有被质疑或成功质疑,法院或仲裁庭即使对该文件有怀疑,也不可以作出不利推断。例如,文件涉及自证其罪特免权

〔24〕 在上诉庭,Arden 大法官说对证人的可信性不应只看证人举证的表现(demeanour)。

〔25〕 更应该看是否有文件证据或其他独立证据支持证人的说法。

〔26〕 法院要注意来自不熟悉的不同文化背景的证人,因为更容易会对这些外国证人产生不可信的推断。这就是笔者经常提到的“文化差异”(cultural difference)。这是导致中国公司在国际仲裁败诉概率高的重要原因,而不是外国仲裁员存在专业道德不允许的偏袒(biased)与/或有意图的不公正。

〔27〕 如果法院认为假如证人说得对,就应该有当场文件支持,则会因为缺少当场文件而对证人的说法作出不利推断,也就是不相信。例如,一位原告证人坚持亲自送了一封重要信函给被告,但被告否认。从他们之间的交往来看,双方收到信函或通知通常会以文书确认收到。但偏偏在这次就缺少了这份确认,而原告证人也没有文件证明有向被告查问。法院就会对该证人的说法有不利推断了。

(self-incriminating privilege),就不能对主张的诉讼方在诚信方面有不利推断。

2. Arden 大法官在 Wetton v. Ahmed (2011) EWCA Civ 610 上诉庭先例中说要小心文化差异,也不要太重视证人在举证时的表现(demeanour),而是要多看当场文件。正因如此,中国公司想扭转劣势,就必须注意制作与保存内容尽量完整并且措辞上是西方法官或仲裁员会认同或接受与自我保护的当场文件/记录了。

3. 较早提到的 British Railways Board v. Herrington (1972) 1 All ER 759 先例,涉及一方诉讼方不让一位重要证人出庭接受盘问,法院作出不利推断,这也代表它败诉了。这种情况也经常在中国公司出现,就是关键证人由于繁忙与/或拒绝被盘问等西方仲裁员不会接受的原因而不愿意出庭提供证据。而律师也认为他/她不会是一个好的证人,于是让其他第二线同事出庭作证。这些证人没有一手信息或不是最终作决定的人士,会给法官或仲裁员留下不良印象并作出不利推断。

4. 在国际仲裁中,仲裁庭会明确说明将作出不利推断的惩罚的情况并不多。通常只是在特定文件披露的申请,[28] 仲裁庭不接受被申请人反对或拒绝的原因,并且相信有关文件是在被申请人掌控下,才会说明如果不在 7 天或 10 天不等的期限内提供给申请人查阅,就会作出不利推断。但这不代表在国际仲裁中,仲裁庭很少作出不利推断。而一旦作出,也通常代表不利的一方败诉。而仲裁庭不明示会作出不利推断,双方诉讼方也不会知道并调整策略以回避风险,如在最后一分钟接受庭外和解。大家仍以为仲裁庭会相信与支持他们各自的案件。就连仲裁庭的共同仲裁员,起初也不知道首席或另一位边裁在想什么。例如,首席与另一位西方边裁在合议时对一位中方关键证人通过视频连线[29] 而不是亲自去伦敦接受盘问作出不利推断。这是笔者无法认同的,因为如果是这样的结果,仲裁庭就应该提早告诉双方,特别是中方的代表律师。或可让中方安排该证人飞去伦敦出庭与接受盘问。不应该默许中方这样做,对方也没有反对,但仲裁庭事后却作出不利推断。

3.3.4 与中国公司有关的没有尽披露责任而被不利推断的仲裁案件

对以上所讲可先介绍一个笔者(杨良宜)多年前的伦敦仲裁案件(后来上诉至英国法院)。案件争议涉及一个中国公司经常遇到的问题,就是到底双方有没有达成一个有约

---

〔28〕 见本章之 9.8 段的介绍。

〔29〕 通常事实证人需要出庭接受盘问,但经常会是双方当事人明示或默示(不反对)同意证人可以视频连线的方式接受盘问,特别是在国际仲裁。这样,法院或仲裁庭应该接受而不能与不该私下作出不利推断,这与一方主张特免权而对方不反对的道理一样。如果双方不能同意,就要法院或仲裁庭作出决定是否允许视频连线:见最重要的 Polanski v. Conde Nast Publications Ltd (2005) WLR 637 贵族院先例。之后也有不少先例如 AG of Zambia v. Meer Care & Desal (2006) 1 CLC 436(费用的考虑); K v. K (2005) EWHC 3550 (Fam)(时间上太迟申请批准视频连线); McGlinn v. Waltham Contractors Ltd (2007) EWHC 149 (TCC)(有关申请豁免出庭的证人证供是否重要)等。在国际仲裁中,仲裁庭会根据每一个不同的案件与情况作出决定。一般如果申请视频连线的理由充分,仲裁庭应该会宽松对待与批准。例如,要出庭接受盘问的有关证人是当事人自己或当事人公司高管,申请的理由是自己有一位好朋友结婚,就很难获得批准。但如果证人申请的理由是母亲突然病危,作为独子必须在旁照顾,只能做到短暂的视频连线,这个理由看来获得仲裁庭批准的机会就很大了。一旦批准,仲裁庭也是不应该之后再为此安排作出不利推断。

束性的合约(该争议是一个造船合约)?案情是在双方仍十分友好谈判的后期,中国公司/国企船厂的一行共7人,在公司副职领导的带领下,受对方欧洲船公司的邀请前往欧洲与对方见面。在离开欧洲前,中国公司也在一份文件上签了字。但双方当时仍持续有电邮往来,表面看来是对剩下的一个条件仍在谈判。就是欧洲船公司坚持中国船厂要用韩国制造的主机,并愿意承担有关的费用。但中国公司坚持用中国制造的同一型号主机,因为中国当时刚花了很大一笔许可费取得欧洲主机制造商的许可在中国制造,所以必须充分使用。双方最后不能达成合意,但欧洲船公司很快开始伦敦仲裁,指称中国公司毁约/违约(repudiatory breach),并索赔庞大金额的损失。对发生的事实,欧洲船公司的立场(position)是中国公司在欧洲之行所签署的文件就是一份有约束力的造船合约,之后双方持续的谈判只是企图更改(vary)已经订立了的合约内容。如果不能达成合意,也就是更改不了,不表示原来的造船合约变成无效与无须履行。而中国公司的立场与争辩当然是双方一直是在谈判该造船合约,但在过程中从来没有一个时间点对所有的合约条件条文达成一致。

中国公司的领导作为证人在开庭审理被对方大律师反盘问时,无法回答对方提出的问题或回答的理由在西方仲裁员看来是无法接受的。例如,被盘问如果还没有达成合约,为什么在离开欧洲前会在文件(欧洲船公司草拟的一份造船合约草稿)上签字?回答是欧洲一行花费了国家不少钱,空手回国不好交代。而且这是与双方说清楚并被接受后才签,即签字的文件本质上只是一份暂订合约(provisional contract)或意向书(letter of intent)。但欧洲船公司显然否认中国公司有说清楚。笔者是可以明白中国公司的这种说法,但问题是没有任何文件证据/记录显示在双方签字时有这种意图。而另外两位西方仲裁员(都是著名的退休英国高院大法官)就完全不接受。

在仲裁庭合议阶段,首席仲裁员作出了裁决书草稿,判中方败诉,关键证人不可信等。而另一位英国边裁也很快在电邮中确认首席的草拟裁决书。而笔者在详细比较了开庭案卷(hearing/trial bundles)中的当场文件(contemporaneous documents)后,提出了大约十点与草拟的裁决书有直接与部分严重的矛盾,请两位西方仲裁员解释。其中一点是签字的文件与后来欧洲船公司坚持产生合约关系的电邮对有关承担韩国制造主机的相关金额所用的文字不同。一是说"所有费用"(all costs),二是说"不同价格"(price difference)。笔者问两位共同仲裁员到底双方诉讼方最后同意的是什么?毕竟,"所有费用"是包括把主机运输到中国船厂与保险费等,而"不同价格"只是中国制造与韩国制造主机的差价。仔细分析这些有关文件后,两位英国共同仲裁员最后也同意无法确定诉讼双方在几个方面到底同意了什么。最后首席向包括笔者在内的两位边裁发出了新版本的裁决书,判是根据当场文件无法支持欧洲船公司的主张即双方已经全面对造船合约达成最后协议,改判中国公司胜诉。这个经验可显示仔细分析大量当场文件(如果有)的重要性与威力,这也是Arden大法官在Wetton v. Ahmed上诉庭先例所指出的重点。

另一个例子是笔者(杨大明律师)处理的一个伦敦仲裁案件,最终就是通过对违反披露命令及时做出补救,而在非常恶劣的情况下反败为胜。案件涉及一家中国公司被声称同意从一家欧洲公司购买了多艘邮轮,这些邮轮都是通过一间新加坡中间商购买的。这家中国公司与欧洲公司及新加坡公司签署了一份备忘录,但之后的买卖合约没有谈成。欧洲公司依赖这份备忘录声称已经有一份有效的合约,所以中国公司必须履行买船的义务。显然当时船舶市场价格大跌,欧洲公司按照备忘录内的伦敦仲裁条文向中国公司提出巨额金钱索赔。

中国公司开始聘用的律师对披露责任等事宜不熟悉。结果在开庭前三个月左右,因为欧洲公司履行了披露责任提供了大量文件,相反中国公司只提供了不到10份文件,令仲裁庭非常反感,说如果中国公司继续不披露文件,仲裁庭会考虑作出不利推测。这可解读为仲裁庭应该会判中国公司败诉。后来笔者接手此案,并马上向中国公司解释披露责任及协助找到大量有用的文件,向对方与仲裁庭披露。这马上化解了仲裁庭对中国公司的怀疑及不信任。同时,笔者从欧洲公司提供的大量文件中找到一份有用的电邮。这是一份欧洲公司与新加坡公司的电邮,显示了欧洲公司多方面要求新加坡公司在作出证供时只给出对欧洲公司有利的证据。笔者马上用这份电邮申请进一步有关的披露,而通过这过程令仲裁庭对新加坡公司提供的证供产生高度怀疑,并对欧洲公司的行为感到不满。最终,笔者成功代表中国公司证明备忘录没有足够的肯定性,不构成合约也没有约束力。这案件胜出是非常困难的,因为一份被签署的有仲裁条文的备忘录一般都被视为有合约效力。单从裁决书的原因部分就可以看出,仲裁庭对双方的观点大大影响了最后决定。从这案件能看出,披露在国际仲裁案件中是非常关键的步骤。

3.4 藐视法院

首先节录一个近期贵族院(也是现在英国的最高院)先例有关藐视法院的权威说法。在 Attorney General v. Punch Ltd (2002) UKHL 50 贵族院先例中,Nicholls 勋爵说:"Contempt lies in knowingly subverting the court's purpose in making its interlocutory order by doing acts having some significant and adverse effect on the administration of justice in the action in which the order is made."

对披露与证据方面命令的违令,可以导致藐视法院的刑事罪名的情况不多。在 CPR 下,明示针对藐视法院的条文也只有针对虚假披露声明(Disclosure Statements)的 Rule 31.14,说:"Proceedings for contempt of court may be brought against a person if he makes, or causes to be made, a false disclosure statement, without an honest belief in its truth."

3.4.1 藐视法院情况不多的原因之一:举证责任

举证责任(burden of proof)比根据 CPR Rule 3.4(2)(c)撤销(strike out)索赔或抗辩高得多。违令本身不足以构成藐视法院,还要证明违令方是故意违令(willful disobedience)。也可以说是违令方需要被证明他/她思想上(mentally)有妨碍司法公正(perversion of the course of justice)的意图,而且在行为上也的确对法院的命令与司法管理造成重大与不良的影响。

简言之,藐视法院的法律在所有类别的民事诉讼或刑事诉讼中都基本相同。大原则是案件审理必须满足刑事犯罪的举证标准,也必须遵循《欧洲人权公约》(European Convention on Human Rights,ECHR) Article 6 的公平审理(fair trial)的标准。在民事诉讼,针对藐视法院的规定在 CPR Part 81。而在刑事诉讼,主要的立法是《Contempt of Court Act

1981》与《Criminal Procedure Rules》之 Part 48。

在一个民事诉讼案件中，作出全面审理的法官在开庭聆听了所有有关的证据后，适用两种不同的举证责任不应是困难。在 Daltel（Europe）Limited（In Liquidation）v. Makki（2005）EWHC 749（Ch）先例中，David Richards 大法官说："Allegations that statement of case and witness statements contain deliberately false statements are by no means uncommon and, in a fair number of cases, the allegations are well-founded. ... In general the proper time for determining the truth or falsity of these statements is at trial, when all the relevant issues of fact are before the court and the statements can be considered against the totality of the evidence. Further the court will then decide all the issues according to the civil standard of proof and will not be applying the criminal standard to isolated issues, as must happen on an application under CPR Part 32. 14. It is quite feasible that such an application［藐视法院的指控］would fail because the evidence was not sufficient to remove a reasonable doubt."

针对证明刑法下构成刑事犯罪的要素之一的"犯罪意图"（*mens rea* 或英语的 guilty mind），违反披露与证据命令要比违反搜查令（Search Order）与冻结令的附属资产披露令（Assets Disclosure Order）困难得多。一方诉讼方不披露文件，一般的理由是没有这些特定文件或是找不到这些文件。或是，对法院针对披露与证据的一些规则或命令违令，一般理由是律师工作忙或诉讼方疏忽等。即使法院或仲裁庭客观看来是明显不合作，或是说法有矛盾，仍是不足以证明该诉讼方是故意或有意图妨碍司法公正。

3.4.2　藐视法院情况不多的原因之二：不适合在中间程序处理

如果无辜方在中间程序（interlocutory proceedings）阶段，向法院申请批准他/她提前与独立地对披露与证据方面的违令方提起一个民事藐视法院（civil contempt）的诉讼，通常法院不愿意批准。但无辜方会这样做是有几种不同考虑，如在战略上取巧（tactical advantage）、向违令方施压等。而如果成功在中间程序阶段就将违令方的索赔或抗辩撤销，就避免了案件最后的开庭审理，进而省下很多工作与诉讼费用，也能避免承担败诉的风险：见 British American Tobacco Services Ltd v. Cowell（2002）VSCA 197；Attorney General v. Punch（2002）UKHL 50 先例。

法院针对这方面也有不少先例，可见：Malgar Limited v. RE Leach（Engineering）Limited（2000）FSR 393；Adam Phones v. Goldschmidt（2000）FSR 163；Sony v. Ball（2004）EWHC 1984（Ch）；Daltel（Europe）Limited（In Liquidation）v. Makki（2005）EWHC 749（Ch）；Prest v Marc Rich & Co Investment AG（2006）EWHC 927（Comm）等。

法院一般倾向于不提前对藐视法院作出审理，原因是在中间程序阶段带出另一个卫星诉讼（satellite litigations）是非常昂贵与浪费的，并会对最后审理带来十分严重的干预。因为藐视法院的指控对违令方而言，比最后审理案件的成败更加重要，所以违令方通常会尽力作出抗辩，务求将他/她的违令（无论是销毁文件/电子数据、虚假披露声明等）解释为背后有说得过去的原因。而对只是审理藐视法院的法官，困难是不全面掌握所有的证据与主要证人的反盘问，无法对这个重要的指控做决定。但这样，等于是提前把案件审理一遍。除了浪费大量金钱与导致诉讼方在"大战前夕"要分心处理更严重的另一个诉讼外,也会对最后的案件审理带来不良影响。例如,对藐视法院审理中所认定的事实,最后案件审理的法官应是尽量保持一致或是可以有自己的看法与裁量权?

这方面可节录上述提到的先例的部分判决。如在 Sony v. Ball 先例中,被告已经承认了作出包括了虚假事实的案件陈述,原告也已取得了批准去提前与独立提起民事藐视法院的诉讼。在针对藐视法院的诉讼中,Blackburne 大法官说:"The need for permission where, as here, the proceedings are brought otherwise than by the Attorney General, enables the court to confine the proceedings to cases where there is a real prospect (I do not think it need be a certainty) that the applicant can establish (a) the falsity of the statement in question, (b) that the statement has or, if persisted in, it would be likely to have interfered with the course of justice in some material respect and (c) that at the time it was made the maker of the statement had no honest belief in the truth of the statement and knew of its likelihood to interfere with the course of justice. There may, of course, be other factors which weigh with the court in deciding whether or not to give permission. Proceedings under CPR 34.12 being civil proceedings, the overriding objective set out in CPR rule 1 comes into play... Considerations of proportionality and the like may therefore enter into the equation and weigh against the grant of permission. In Malgar Limited v. R. E. Leach (Engineering) Limited a factor (it was one of several) which weighed with the court when refusing to grant permission was the risk that **a contested committal application would constitute an undesirable and unnecessary interference in the conduct of the proceedings in which the false statements had been made, particularly when measured against the weakness of the case for the two persons who had made the statements in question to be prosecuted for contempt**."(加黑部分是笔者的强调)

另在 Daltel (Europe) Limited (In Liquidation) v. Makki 先例中,David Richards 大法官说:"Mann J(这是批准提起藐视法院诉讼的大法官) was however equally alert to the dangers associated with carving out issues ahead of the trial of an action and seeking to establish, to the criminal standard of proof, the deliberate falsity of certain statements in a defence or other statement of case. He said at paragraph 15 of his judgment: 'One thing which has particularly concerned me is the extent to which there should be allowed to be satellite litigation, particularly at this stage of the proceedings, and particularly where that satellite litigation relates to matters which are serious issues in the proceedings and in the context of which those issues will be dealt with and considered at something short of a full trial. **It is inherently undesirable to have satellite litigation which is time consuming and distracting when it comes to pursuing proceedings to a full trial, and it is capable of occupying and using up an inordinate amount of court resources sometimes to no particular purpose**. ... They will be dealt with in due course in the course of the proceedings and no doubt a trial judge will find for or against the relevant party in relation to the allegations. If the trial judge decides for the party in relation to the allegations, then there never was anything in the contempt claim. If he or she decides against that party at a trial, then a decision can be taken in the light of those findings as to the extent to which it is necessary and appropriate to take the matter further and to raise the matter again in contempt proceedings. **That would seem to me to be the normal and more usual course.** '"(加黑部分是笔者的强调)

最后节录在 Prest v Marc Rich & Co Investment AG 先例中,Gloster 大法官对在中间程序阶段去审理藐视法院指控的困难,说:"... it would simply be impossible, or at the least extremely difficult, for a judge hearing the contempt and strike out applications on an interlocutory basis before trial, to decide whether there was indeed an absence of any such documents or whether their absence rendered the trial of the claim or the various heads of the counterclaim impossible. ... However, in order to identify what documents are likely to have gone missing and to decide whether, in those circumstances, a fair trial of the claim and counterclaims had indeed been rendered impossible ... The exercise of ascertaining whether a fair trial remained possible could not, in my judgment, be done without the judge having available to him the full extent of the documentary evidence and witness statements available at trial. ... I do not see how, realistically, that exercise can be done prior to trial. In my judgment, it would be disproportionate given that I take that view, for there to be a hearing of the contempt applications and any ancillary strike out applications prior to trial. ..."

3.4.3 藐视法院情况不多的原因之三:申请撤销是更合适的救济

至于无辜方留待将藐视法院的指控在最后案件审理时一并提出与审理,估计这种情况也不会太多。原因之一是违令方自己心虚,也怕面对这种刑事指控会带来的严重后果,所以在审前作出和解的机会大增。原因之二是在最后案件的审理,法院面对双方很多不同的争议/争端需要作出决定,往往藐视法院的部分不再重要或对整个案件的胜负无关。即使仍有这个争议,法院也可以简单针对。例如,通常会找得出一个疑点利益应归违令方。

针对披露与证据方面命令的违令,在 CPR 有另一个救济,在藐视法院的案件中也往往被一并提出。在 CPR Rule 3.4(2)(c),有明示规定法院有权撤销索赔或抗辩:"The Court may strike out a Statement of Case if it appears to the Court...(b) that the statement of case is an abuse of the court's process or is otherwise likely to obstruct the just disposal of the proceedings; or (c) that there has been a failure to comply with a Rule, Practice Direction or Court Order."

在较早有讲到如果没有严格遵守"除非命令"(Unless Orders),就会让除非命令中明示的惩罚与后果(通常是撤销索赔或抗辩)自动生效,这是一个典型的适用 CPR Rule 3.4(2)(c)的例子。该立法条文目的主要是阻吓因违反程序规则(rules)、操作指引(practice directions)以及法院命令(orders)造成诉讼程序中的延误与花费不必要的费用。例如,法院作出了一个在 7 天内披露一份特定文件的命令,但没有被违令方遵守。这就会带来延误,也会导致无辜方向法院申请作出除非命令与/或违令方要求延期或抗拒除非命令等的卫星诉讼。而 CPR 背后的民事诉讼改革所追求的主要目的是避免诉讼时间的延误与不必要的诉讼费用。所以CPR在案件管理(case management)方面赋予法院权力,在诉讼方违反程序命令(包括披露与证据程序)时可以撤销索赔或抗辩。例如,在Maqsood v. Mahmood (2012) EWCA Civ 251先例中,上诉庭支持一审法院根据CPR Rule 3.4(2)(c),以原告没有遵守有关的特定披露(specific disclosure)、交换证人证言与提供开庭案卷(trial bundles)的除非命令为由撤销原告索赔的判决。在排期的庭审上,本应已经准备好的原告却向法院要求延期。法院拒绝延期的申请,而且认为原告的案件看来不太站得住脚,所以撤销了原告的申请。上诉庭也确认了一审法院的判决。

但一直的说法是诉讼程序的最终目的是让双方诉讼方被公平审理(fair trial),所以不应该随意因为诉讼一方违反了诉讼程序的规则或命令就撤销索赔或抗辩,令双方不再有一个公平审理的机会。所以除非这披露与证据程序命令的违令是影响公平审理的可能性,法院是不应该本末倒置地轻易作出撤销索赔或抗辩的惩罚:见Arrow Nominees Inc v. Blackledge (2000) EWCA Civ 200先例。但一般来说,在中间阶段是很难看出会影响将来公平审理的可能性,特别是在违令方事后已经补救的情况下:见Douglas v. Hello! Ltd (No. 3)先例。即使是除非命令,如果违令方申请宽限,是否影响公平审理也会是其中一个重要考虑因素。

例如,在Logicrose Ltd v. Southend United Football Club Ltd (1988) 1 WLR 1256先例中,Millett大法官说:"I do not think that it would be right to deprive a litigant from the judgment seat without a determination of the issues as a punishment for his conduct, however deplorable, unless there was a real risk that that conduct would render the further conduct of proceedings unsatisfactory. The court must always guard itself against the temptation of allowing its indignation to lead to a miscarriage of justice."

另在Douglas v. Hello! Ltd (No. 3)先例中,案情涉及美国好莱坞电影明星迈克尔·道格拉斯(Michael Douglas)的新婚,仪式是在高度机密下举行。但这也吸引了"狗仔队"偷拍以及电影杂志高价收购"狗仔队"偷拍的照片。在刊登了这些照片的电影杂志(Hello!)发行时,原告道格拉斯夫妇向英国法院申请禁令阻止该杂志的销售,并将该杂志以及包括偷拍照片的"狗仔队"成员等其他有关人士列为共同被告提起诉讼,诉因包括破坏他们的隐私与违反《Data Protection Act 1998》等。在诉讼期间,原告指称被告作虚假披露声明、隐瞒与销毁文件证据(包括一些照片),向法院申请撤销被告的抗辩。Morritt大法官拒绝了原告的申请,说:"The issues are whether the rules have been transgressed, if so whether a fair trial is achievable and if not what to do about it. See Logicrose Ltd v. Southend United Football Club Ltd (The Times, March 5, 1988) and Arrow Nominees Inc v. Blackledge [2001] B. C. C. 591 … where Chadwick L. J. … said: 'I adopt, as a general principle, the observations of Millett J. in Logicrose Ltd v Southend United football Club Ltd (The Times, March 5, 1988) that **the object of the rules as to discovery is to secure the fair trial of the action in accordance with the due process of the Court; and that, accordingly, a party is not to be deprived of his right to a proper trial as a penalty for disobedience of those rules — even if such disobedience amounts to contempt for or defiance of the court — if that object is ul-**

timately secured by (for example) the late production of a document which has been withheld. But where a litigant's conduct puts the fairness of the trial in jeopardy, where it is such that any judgment in favour of the litigant would have to be regarded as unsafe, or where it amounts to such an abuse of the process of the court as to render further proceedings unsatisfactory and to prevent the court from doing justice, the court is entitled — indeed, I would hold bound — to refuse to allow that litigant to take further part in the proceedings and (where appropriate) to determine the proceedings against him. The reason, as it seems to me, is that it is no part of the court's function to proceed to trial if to do so would give rise to a substantial risk of injustice. The function of the court is to do justice between the parties; not to allow its process to be used as a means of achieving injustice. A litigant who has demonstrated that he is determined to pursue proceedings with the object of preventing a fair trial has forfeited his right to take part in a trial. His object is inimical to the process which he purports to invoke'..."(加黑部分是笔者的强调)

最常见的错误行为就是销毁文件(destruction of documents),这种行为通常也不涉及除非命令。英国普通法下没有在诉讼开始前当事人不能销毁有关文件的要求。毕竟,如果诉讼还没有开始,就无法明确什么才是"有关"(relevant)双方的争议/争端的文件。但在美国,是有先例说明一旦可以合理预见有诉讼,当事人就要马上停止正常销毁文件的做法。这可称为是"litigation hold",可见 Thompson v. US Department of Housing and Urban Development (2003) 219 FRD 93; Zubulake v. USB Warburg, 220 FRD 212 (SDNY, 22 October 2003) ("Zubulake IV")等先例。而现在大量文件都是以电子文件的形式存在,所以常见的情况是诉讼方将电子文件删除后,被对方发现/恢复。英国 CPR PD 31B Para. 7针对电子文件(纸质文件也应一样)也有同样的规定,有关规定已经在本章之2段节录,此处不再重复。

这表示如果违反 CPR PD 31B,理论上法院是可以 CPR Rule 3.4(2)(c)作出撤销索赔或抗辩的惩罚。但问题仍是怎样证明在诉讼开始前销毁文件,是有意图妨碍司法公正(从藐视法院的角度),或是销毁文件(没有也无法事后补救,甚至向第三方获取)会影响公平审理(从撤销索赔或抗辩的角度)?毕竟,诉讼还没开始,双方到底有什么争议也没有明确,怎么能够做出这样的预测?这样,如果不影响公平审理,法院有权力撤销也不代表应该撤销。更重要的是,如果诉讼还没开始,就谈不上有任何索赔或抗辩可被撤销。

但即使在诉讼已经开始后销毁文件仍不容易构成藐视法院,并导致刑事后果。文件可能是意外(如火灾)或疏忽被销毁,即使有怀疑是被故意销毁,成功证明该诉讼方有意图妨碍司法公正仍是不容易。但也不是不会发生,例如,在 Alliance & Leicester Building Society v. Ghahremani (1992) RVR 198 先例中,法院下令要求被告的代表律师披露一些文件,其中一份存在电脑软盘(soft disc,这是当时的存储介质)中。该代表律师故意删除(delete),结果被判藐视法院并被惩罚/罚款。

3.4.4　总结

最后可节录 Charles Hollander QC 的《Documentary Evidence》(2018 年,第 13 版)一

书之 11.29 段作为总结:

"Other than in relation to false disclosure statements, there is no CPR provision relating to contempt relevant to disclosure. Usually contempt proceedings arise from breach of an express order of the court, often in relation to freezing injunctions and search orders, although a failure to comply with a disclosure order can lead to contempt. In Douglas v. Hello! it was argued that a destruction of documents after commencement of proceedings which was not accidental was a contempt. The contrary view, which seems correct, is that for the purpose of establishing a contempt it was necessary to prove a specific intention to impede the due administration of justice. Morritt VC said it was unnecessary to decide the point as the court was trying an application to strike out, not as contempt. The issue was whether a fair trial was possible.

CPR Rule 31.23 provides for a remedy of contempt for false Disclosure Statements. But the permission of the court is required. This may not always be forthcoming. In Prest v. Marc Rich & Co (2006) EWHC 927 (Comm), Gloster J considered the interrelation between contempt proceedings and ongoing litigation. A defendant sought permission to bring contempt proceedings against a claimant whom it was said had deliberately deleted, interfered with, destroyed and concealed documents material to the counterclaim. The application also sought the striking out of the claimant's case. The judge recognized the problems not merely of such satellite litigation, but also the undesirability of cross-examination on a contempt application prior to a trial where the judge hearing the contempt application would not have the benefit of all the documentary material available to the judge at trial. Whilst the application for permission to bring contempt proceedings was granted, all the applications were adjourned to the trial judge."

4. 律师有责任保证诚实披露

在英国的法律与对抗制的诉讼下,保证诉讼方会向法院作出全面与坦率的披露,包括对自己不利或是对敌对方有利的文件,很大程度上就是依赖诉讼方代表律师对法院的责任。一份不利(adverse)的文件是指内容对披露方在文书请求中的争议或声称的事实有反驳或造成重大伤害,或支持敌对方的争议或声称的事实(A document is "adverse" if it or any information it contains contradicts or materially damages the disclosing party's contention or version of events on an issue in dispute, or supports the contention or version of events of an opposite party on an issue in dispute)。

已在本书多处提到,英国律师是"法院的官员"(officers of the court)。代表律师是有诚信责任(fiduciary duty)尽力保护自己客户的合法利益,但针对披露与证据,律师是有更高的责任保证法院可正确认定有关事实,不会在被误导的情况下作出不公平的审理。而如果在这方面的责任与对客户的责任有冲突,律师对法院的责任优先。在 Rockwell Machine Tool Co Ltd v. EP Barrus (Concessionaires) Ltd (1968) 1 WLR 693 先例中,Megarry 大法官说这方面律师的责任是重大与沉重的(great responsibility and a heavy burden)。

4.1 有关律师对法院的披露责任的重要先例

强调这方面的大原则的先例有很多,只节录部分经典的说法。在 Myers v. Elman (1940) AC 282 贵族院先例中,案情涉及一方诉讼方把一份重要的文件部分遮盖(redact)后才作出披露,但代表律师没有查询到底遮盖是否恰当与合法。后来对方诉讼方发觉遮盖的部分与案件的争议十分有关,结果代表律师被法院命令要自己赔付对方诉讼方在这段时间内所浪费/花费的诉讼费用。Atkin 勋爵说:"What is the duty of the solicitor? He is at an early stage of the proceedings engaged in putting before the Court on the oath of his client information which may afford evidence at the trial. Obviously he must explain to his client what is the meaning of relevance; and equally obviously he must not necessarily be satisfied by the statement of his client that he has no documents or no more than he chooses to disclose. If he has reasonable ground for supposing that there are others, he must investigate the matter; but he need not go beyond taking reasonable steps to ascertain the truth. He is not the ultimate judge, and if he reasonably decides to believe his client, criticism cannot be directed to him. But I may add that the duty is specially incumbent on the solicitor where there is a charge of fraud; for a wilful omission to perform his duty in such a case may well amount to conduct which is aiding and abetting a criminal in concealing his crime, and in preventing restitution."

另在 Woods v. Martins Bank (1959) 1 QB 55 先例中,被告银行严重疏忽没有披露公司内部的备忘录(inter-office memoranda),Salmon 大法官批评被告律师说:"No doubt the defendants' solicitors explained to their clients that they must disclose all relevant documents which were or had been in their possession.[30] The solicitors' duty, however, does not stop there.[31] It cannot be too clearly understood that **solicitors owe a duty to the court, as officers of the court**, carefully to go through the documents disclosed by their clients to make sure, as far as possible, that no relevant documents have been omitted from their clients' affidavit.[32] In this case I am regretfully driven to the conclusion that this duty was not performed by the defendants' solicitors."(加黑部分是笔者的强调)

也可节录 Megarry 大法官在 Rockwell Machine Tool Co Ltd v. EP Barrus (Concessionaires) Ltd (1968) 1 WLR 693 先例中说:"It seems to me necessary for solicitors to take positive steps to ensure that their clients appreciate at an early stage of the litigation, promptly after the writ is issued, not only the duty of discovery and it's width but also the importance

---

〔30〕 这是通过给客户的名为"Client's Introduction to Discovery"的信函,将在稍后节录。

〔31〕 但律师责任不是到此为止。

〔32〕 他/她在披露方面是属于英国法院的官员,对法院的责任超越对客户的责任。他/她必须小心检查所有客户的文件/档案,肯定有关的文件不会遗漏。

of not destroying documents which might by possibility have to be disclosed. This burden extends, in my judgment, to taking steps to ensure that in any corporate organization knowledge of this burden is pass down to any who may be affected by it."

在1999年CPR生效后，英国律师在这方面的责任完全没有减轻。CPR PD 31A更是明示要求律师尽力确保自己客户在作出文件披露声明(Disclosure Statement)时明白自己的披露责任，可节录如下："4.4 If the disclosing party has a legal representative acting for him, the legal representative must endeavour to ensure that the person making the disclosure statement ... understands the duty of disclosure under rule 31."

在Hedrick v. Standard Chartered Bank London Ltd (2008) EWCA Civ 905上诉庭先例中，案情涉及被告(渣打银行)向中途撤案(discontinue)的原告代表律师索赔浪费的诉讼费用(wasted costs)。有关浪费费用的惩罚可见本书第三章之1.7.1.7.2段。上诉庭Ward大法官在此先例清楚说明了英国律师作为法院的官员要向法院承担的责任与做法，说：

"We did not have much argument addressed to us with regard to a solicitor's duty on disclosure. CPR 31.6 requires a party to disclose only the documents on which he relies and documents which adversely affect his own case. Adverse affect is normally assessed by reference to the pleadings but there may be no reason to restrict the concept that narrowly.[33] A party is required by CPR 31.7 to make a reasonable search for those documents adversely affecting his case.[34] It seemed to be common ground between the parties that the duties of solicitors was correctly stated in Ch. 14 of the third edition of Matthews and Malek on Disclosure.

'14.02 A solicitor's duty is to investigate the position carefully and to ensure so far as is possible that full and proper disclosure of all relevant documents is made. [Myers v. Elman (1940) A. C. 282] This duty owed to the court is "one on which the administration of justice very greatly [depends], and there [is] no question on which solicitors, in the exercise of their duty to assist the court, ought to search their consciences more"...[35]

14.03 The solicitor's duty extends to explaining to his client the existence and precise scope of the disclosure obligation and the need to preserve documents. ...[36]

14.07 The solicitor has an overall responsibility of careful investigation and supervision in the disclosure process and he cannot simply leave this task to his client [Myers v. Elman

---

〔33〕 CPR Rule 31.6要求诉讼方(也包括代表律师)披露他/她所依赖的对己方有利的文件与对他/她不利的文件。是否为不利的文件一般是以文书请求(pleadings)的内容(正式明确双方诉讼方之间的争议/争端)判断，但会有情况是不受这个局限。

〔34〕 CPR Rule 31.7也要求诉讼方进行合理搜索去找出所有有关的不利文件。换言之，诉讼方与代表律师不能在没有搜查与调查的情况下，就声明自己再也没有有关并对他/她不利的文件可披露了。

〔35〕 律师有责任小心调查以保证对所有有关文件(有利或不利的)作出全面与恰当的披露。律师在这方面的责任是法院能主持司法公正十分依靠的。这里也不存在对不同的英国律师有不同的对待，例如一家跨国的律师所，或只是一家中小型的律师所。

〔36〕 律师有责任要尽早告诉与解释给客户有关他/她的披露责任(主要披露对自己不利的文件)以及需要保存文件留待将来披露之用。这方面在本章之4.2段会进一步介绍。

(1940) A. C. 282 ...] The best way for the solicitor to fulfil his own duty and to ensure that his client's duty is fulfilled too is to take possession of all the original documents as early as possible. The client should not be allowed to decide relevance — or even potential relevance — for himself, so either the client must send all the files to the solicitor or the solicitor must visit the client to review the files or take the relevant documents into his possession. It is then for the solicitor to decide which documents are relevant and disclosable. ... Again where the solicitor knows that his client has concealed relevant documents with a view to their not being disclosed, the solicitor must not act so as to suggest that full disclosure has been or will be given, and this may lead to his ceasing to act. ...[37]

14.09　Once the documents have been produced by the client, the solicitor should carefully go through the documents disclosed to make sure, so far as is possible, that no documents subject to the disclosure obligation are omitted from the list. ... A solicitor must not necessarily be satisfied by the statement of his client that he has no documents or no more documents than he chooses to disclose. If he has reasonable grounds for suspecting that there are others, then he must investigate the matter further, but he need not go beyond taking reasonable steps to ascertain the truth. He is not the ultimate judge and if he has decided on reasonable grounds to believe his client, criticism cannot be directed at him. ...[38]

14.10　If a solicitor is or becomes aware that the list of documents or any verifying affidavit or statement of truth is inadequate and omits relevant documents or is wrong or misleading, he is under a duty to put the matter right at the earliest opportunity and should not wait till a further order of the court. His duty is to notify his client that he must inform the other side of the omitted documents, and if this course is not assented to he must cease to act for the client. If the client is not prepared give full disclosure, then the solicitor's duty to the court is to withdraw from the case.'"[39]

笔者认为英国法律这一招十分精明。对有重大利益冲突的当事方而言,妨碍司法公正(perversion of the course of justice)的刑事犯罪也不一定能让他/她害怕而自动披露不

---

〔37〕 律师对整体的披露程序有小心调查与作出监督的责任,不能把这个责任推卸给客户。最好的做法就是律师在接受委任后尽早从客户手中获取所有正本文件,然后由自己(而不是客户)决定哪些是需要披露的有关文件。律师如果知道客户因为不想向法院与敌对方披露而隐藏了一些文件,就不能假装不知道并伪造真相让法院与敌对方都以为已经作出了全面披露。

〔38〕 客户交出了所有有关的正本文件后,律师要小心查阅看看是否有遗漏。例如,个别文件的内容显示另有一份报告或一封电邮,但不在交出的文件中。又或是,在有关的时间段内,曾经有几天客户没有任何书信往来,看来有点不正常或奇怪。这种情况下,律师需要向客户查询与作进一步调查。律师需要采取合理的行动(做法是否合理将来由法院决定)以找出真相。就律师而言,有可被客观接受的合理理由相信客户已经提供与披露了全面的文件,即使后来被发觉并不是真相,也不会责怪律师与对他/她作出惩罚了。

〔39〕 如果律师知道文件清单、誓章/誓词与/或是真实声明[通常包括在文件清单的披露声明(disclosure statement)中包括]是不全面、有遗漏、错误与误导之处的,就必须尽快纠正。不要留待敌对方发觉后向法院申请命令/除非命令时,才采取补救行动,毕竟这会带来不必要的诉讼费用与利息。

利文件,更何况会有英国法院作出惩罚的管辖权延伸不到外国当事人的情况。但英国法院诉讼总会有英国律师代表,而他们一般都会很快接触到所有的有关文件。这是因为他/她必须了解案情与/或进行调查/收集证据。加上客户起初不会防备自己委任的信赖的律师,所以会毫无保留地把所有档案交出给律师。客户能隐藏有关文件而且能向自己的律师做出解释,令律师不会继续追查的情况绝少。这样,英国法律只要强制规定律师在披露证据方面要效忠的是法院而不是客户,即有了一个现实可行的保证。法院也会要求代表律师宣誓有关披露的责任,例如已经亲自检查(verifying personal inspection)应该披露的文件均已被披露:见 Caribbean General Insurance Ltd v. Frizzell (1994) 2 Lloyd's Rep 32 先例。

4.2 律师做法之一:向客户解释英国诉讼的披露责任及不要销毁有关文件

针对上述所讲有关律师向法院的责任,通常做法是英国律师在被委任时会给客户一份名为"Clients' Introduction to Discovery"的信函。笔者在 2002 年出版的《国际商务游戏规则——英美证据法》一书中提到如下:

"**Clients' Introduction to Discovery**

Now that litigation has become likely, it is appropriate for us to advise you about the obligation on litigants to give discovery of documents. The Rules of the Supreme Court require that after the issue of proceedings we should inform your opponent what relevant documents are now or have ever been in your possession, custody or power. We must allow him to inspect and take copies of any documents that are not privileged from production. Your opponent has to do likewise to us. The obligation is a strict one. The test of relevance is wide ranging and the sanctions for failure to comply are severe. It is accordingly essential that from now on you should not destroy any document[40] which could conceivably be relevant, however unimportant it may appear to you. Furthermore in future you should bear in mind that your opponent will be entitled to inspect any new documents[41] you create which are not privileged; we would therefore wish to be involved in the formulation of anything relevant to this matter which you may wish to commit to writing. [either] When the time comes for you to give discovery, we will discuss with you the mechanics of locating and organising the documents in question. [or] In order to enable us to prepare for exchange of documents, we should be grateful if you would now collect together all documents or records which could conceivably be relevant and send them to us. We will then organise and analyse them and return to you any documents we judge to be irrelevant together, if you wish, with a copy of the relevant originals we retain. [and, in both cases] The obligation to give discovery is complex and our short summary does not do it justice. We suggest that we should speak together as soon as you have had a chance to consider what we have written. We will then explain the matter further. We would like to list to you the issues which in our view are relevant to this

〔40〕 提醒客户不要销毁有关文件。

〔41〕 提醒客户不要再制作不利文件,因为披露是连续性责任,如果制作了新的文件就要披露。

litigation, to explain what qualifies as a document for this purpose and do define categories of new documents which will be protected by privilege."

上述信函针对的是向客户解释有关披露的责任,现在律师在 CPR 下也有同样的责任。这可节录 AXA Life Services plc v. Cannon (2007) EWHC 2466 (QB)先例, Tugendhat大法官说:

"Meanwhile, I recall the passage in the White Book which sets out the obligations of the parties and their solicitors in relation to disclosure, at note 31.10.16. It is follows, and deserves repetition:

Obligations of solicitors in respect of disclosure and of production by their clients

It is necessary for solicitors to take positive steps to ensure that their clients appreciate at an early stage of the litigation, promptly after the claim form is issued, not only the duty of disclosure and to produce for inspection which will arise if disclosure is agreed or ordered by the Court and of the extent of such duty but also the importance of not destroying documents which might possibly have to be disclosed [per Megarry J. in Rockwell Machine Tool Co Ltd v. E. P. Barrus (Concessionaires) Ltd (1968) 2 All E. R. 98 ...]. Moreover it is not enough simply to give instructions that documents be preserved. Steps should be taken to ensure that documents are preserved [Infabrics Ltd v. Jaytex Ltd (1985) F. S. R. 75] where, because a defendant had not preserved documents affecting the quantum of damage, the maxim omnia praesummuntur contra spoliatorem was applied against him).

'It cannot be too clearly understood that solicitors owe a duty to the court, as officers of the court, carefully to go through the documents disclosed by their client to make sure, as far as possible, that no relevant documents have been omitted from their clients' (list)', per Salmon J. (as he then was) inWoods v. Martins Bank Ltd (1959) 1 Q. B. 55.

See too comments on duty to notify court and/or to withdraw in the event of client not complying with proper advice in respect of disclosure inMyers v. Elman (1940) A. C. 282 ...

See also para. 31.11—Duty of disclosure continues during proceedings."

另在 Douglas v. Hello! Ltd (2003) EWHC 55 (Ch)先例中,针对了在 CPR Rule 31.4 下对电子文件的披露。电子文件在现在的诉讼披露的所有文件中已经占据了很高的比例,可以肯定在将来的诉讼中更会是如此。律师要熟悉这种文件与纸质文件的不同,才能更有针对性地向客户解释披露责任与不销毁/删除文件(纸质与电子文件)。Morritt 大法官所说如下:"No criticism is made of Charles Russell(被告代表律师), the solicitors acting Hello! (被告). Accordingly I assume that they complied with their professional responsibility then or now for the, as pointed out by Sir Robert Megarry V. C. in Rockwell Machine Tool Co Ltd v Barrus [1968] 2 All E. R. 97:'to ensure that their clients appreciate at an early stage of the litigation, promptly after writ issued, not only the duty of discovery and its width but also the importance of not destroying documents which might by any possibility have to be disclosed. This burden extends, in my judgment, to taking steps to ensure that in any corporate organisation knowledge of this burden is passed on to any who may be affected by it.' There can be no doubt that that statement applies to electronic messages in the same way as it applies to hard copies ..."

律师要通知客户不要销毁(destroy)已经存在(existing)的文件,即使这些文件对自己不利(adverse)。这些已经存在的不利文件不能被销毁,也必须做出披露,正是法院强加给律师的协助保证全面与坦率披露的重大责任。所以这时客户再想销毁不利文件,代表律师就不会接受。如果客户坚持要做,就等于迫使律师终止委任。这方面可节录《Disclosure》(2017 年,第 5 版)一书之 18.05 段至 18.07 段,如下:

"**In relation to preservation of documents duties are owed both to the client and to the court. First, the solicitor's explanation to his client** must include advice on the preservation of documents, as destruction of relevant documents may lead to adverse inferences being drawn against the client at trial and particularly with organisations which routinely destroy documents after a time, the client ought to be warned to preserve documents as soon as the dispute has arisen, irrespective of whether proceedings have been issued or not. It is expressly provided that as soon as litigation is contemplated, the party's legal representatives must notify their clients of the need to preserve disclosable documents.

In extreme cases where documents have been destroyed after proceedings have been commenced with the result that a fair trial of the issues would not be possible, the court may exercise its powers under CPR r. 3. 4 to strike out the proceedings, and there may also be criminal liability for perverting the course of justice, where destruction is a deliberate attempt to suppress evidence. Similar rules apply to destruction of real evidence, such as tissue samples...

Secondly, if a solicitor knows ... that his client, against advice, either has destroyed or proposes to destroy relevant documents, he must be extremely careful how he conducts the case thereafter, if he continues to act at all. He cannot thereafter conduct the case in any way which suggests to the court, or to his opponent, that full disclosure has been or will be given. He must also (with his client's consent) include full details of any documents destroyed in the List of Documents, or otherwise inform his opponent. **If he cannot do this, he must cease to act**. It is doubtful that he is obliged to go further and, with his client's consent, specifically inform the court or the other side of what he knows, although it may well be that no legal professional privilege attached to that knowledge,[42] and therefore he can be re-

〔42〕 此处指律师与客户之间在诉讼中的通讯,本来应该毫无疑问是可享有诉讼特免权的。但如果通讯的内容是涉及客户要销毁有关文件,律师也不被客户容许在文件清单(list of documents)中披露这一个事实,就会被迫终止委任。但该律师是否仍需要把这个事实告诉法院或敌对方的律师是有争议的,虽然这些与客户之间的通讯或书信往来涉及不合法的事情,所以这方面的信息可能不能享有诉讼特免权。这方面可参阅本书第十一章之 1.2 段的"罪行原则"(iniquity principle)。所以如果在诉讼时发现对方的代表律师在披露程序中终止委任,并且有怀疑,就可以考虑在对方换了新律师之后要求对方披露与上一任律师的通讯。

quired by court order or other legal authority to divulge it without committing a breach of his duty to his client. In one case[43] where a solicitor's clients admitted to him that their affidavit evidence was false, he continued to act for some time before coming off the record, the falsehood not having been mentioned. The opponents were held entitled to a wasted costs order against the solicitor, though it is not clear whether the judge considered that it was the failure to inform the opponents (or the court) or the failure to come off the record sooner which justified the order."

上述节录最后部分的内容提到了 R v. Liverpool City Council Ex p Horn (1997) PNLR 95 先例,案情涉及 Horn 夫妇在法律援助(legal aid)下向法院申请司法复核(judicial review)。在诉讼中,他们的代表律师发觉 Horn 先生的誓章证据有虚假内容。在查询后,Horn 先生也承认了这个事实。这导致代表律师请辞终止委托。但该律师没有马上把事情告知法院与被申请人(Liverpool City Council),也没有告诉客户背后的法律援助处。当时诉讼程序仍在推进,该代表律师也过了一段时间后才成功终止了委托并从法院记录中除名。但这导致被申请人后来向该律师提起了浪费费用命令(wasted costs order)的诉讼,并且胜诉。原因是该律师应在发觉虚假后就马上告知被申请人,与/或律师也不应该在发觉虚假后仍持续作为申请人的代表律师并推进诉讼程序,这导致被申请人多花费了不必要的诉讼费用。

笔者(杨良宜)也可举一个早年的案件。一家上海船公司的船舶在英国法院被扣押与被起诉,争议涉及一船去波兰的货物在卸货时严重腐烂。显然在英国法院的诉讼中双方的主要争议是腐烂的原因,双方的专家意见也有分歧。这导致双方在诉讼过程中,一直在和解谈判。但诉讼期间,上海船东突然收到了装港代理人(load port agent)寄来的一份发货人(shipper)出具的保函(Letter of Indemnity),内容就是针对装船货物虽然是表面有少许腐烂,但要求船长不要批注而签发一套清洁提单(clean bills of lading),发生的后果就由发货人担保会赔偿损失。但这整个做法是欺诈性(fraudulent)行为,意图欺诈的对象是买方与/或信用证(Letter of Credit)下结汇的银行。所以这个保函因非法无效,而船东也要对持有提单的收货人(无论是银行或是买方)负责可以高达全船货物的价值,见 Brown Jenkinson v. Percy Dalton (1957) 2 Lloyd's Rep 1 先例。这方面的课题在笔者的《提单与其他付运单证》(2016 年)一书第六章之 5 段有详尽介绍,不在此重复。上海船东一拿到这一份保函后,很快就以传真(fax)转发给在诉讼中(即将开庭审理)的英国代表律师,并告诉后者不要说出去。英国律师马上就把该封保函交给了法院与原告/买方。原告马上终止了本来非常接近达成协议的和解谈判,并申请修改索赔请求且指控上海船东欺诈与串谋等的新诉因。上海船东本来在英国法院的诉讼是有船东互保协会(P& I club)的支援(包括处理与诉讼费用),但一出了这件事,船东互保协会就撤掉支援。上海船东的英国出庭大律师也建议最好尽快赔钱,因为接下来的开庭审理几乎肯定是败诉。上海船东最终在开庭前无条件向原告投降。事后,上海船东对代表律师把这份保函披露

[43] 见 R v. Liverpool City Council Ex p Horn (1997) PNLR 95 先例。

给法院与敌对方非常不满意，认为违反了他作为代理律师对客户的诚信与效忠责任。上海船东希望向该律师提起职业疏忽的诉讼与索赔。但问了几家英国律师事务所，他们都不肯接受委任，于是上海船东询问笔者是何原因。可想想什么会是诉因：被告律师没有与客户（上海船东）串谋在披露文件上欺骗法院？知悉英国律师的专业守则与作为法院的官员的责任，就知道这是不可行的。

4.3 律师做法之二：不要制作新文件

上述的“Clients’ Introduction to Discovery”信函也有提醒客户不要产生与制作“新”文件，说：“Furthermore in future you should bear in mind that your opponent will be entitled to inspect any new document you create which are not privileged; we would therefore wish to be involved in the formulation of anything relevant to this matter which you may wish to commit to writing.”当然，新文件是指与诉讼或可能的诉讼有关的文件，不是公司客户因为营运需要每天持续制作的大量无关的文件。

此处涉及了几个方面的原则。首先，披露是诉讼方与代表律师的持续性责任（continuous duty），可以说是直到审理完毕才终结。在正常的相互披露（mutual exchange of documents）的程序中没有披露的有关文件，一旦获得也需要披露。这文件在诉讼前就已经存在，但在相互披露时并不在披露方“拥有、托管或控制下”（possession, custody or control）。例如，在持续的调查取证中，无意从第三方获取到一份有关甚至是重要的文件。这需要马上披露，而由于在较早相互披露时还没有这份文件，所以迟延披露也不会被法院责怪与惩罚。另一类没有在较早相互披露程序时披露的文件是在之后的中间程序中产生与制作的有关文件，这也是要作出披露的。在开庭审理与制作开庭案卷前，诉讼双方再次相互交换这些迟来的“新”文件。之后这个持续性披露的责任也一直维持，包括在开庭期间如果有新的有关文件出现，也要披露。目的就是让法院（或仲裁庭）在开庭后合议并作出判决/裁决时，可以查阅与考虑全面的有关证据以对事实真相作出最后的认定。

在本书第十章之7.6.3段，有提到根据CPR PD 31B Para. 7，一旦存在可能的诉讼（如上述信函的第一句话的“Now that litigation has become likely”），英国律师有责任向客户作出警告或提醒不得销毁法律可以强制要求披露的有关文件，并介绍了Starbev GP Ltd v. Interbrew Central European Holding BV (2013) EWHC 4038 (Comm)先例。

而主要目的是诉讼或“可能的诉讼”（litigation in contemplation/in prospect）而新产生与制作的有关文件，可以享有诉讼特免权（litigation privilege），合法保护机密。这一诉讼特免权十分重要。例如，客户与律师或律师与专家之间的通讯，大家可以畅所欲言，相互讨论案件的强弱、采取的战略、与敌对方和解的可能性以及自己的底线等。一旦可以享有诉讼特免权，就不必担心会被强制作出披露。又如必须要做的调查取证，但调查结果是否有利无法预先知道。如果享有诉讼特免权，就能安心进行调查取证。因为如果调查的结果对己方不利，就可以合法不披露有关文件，如调查报告等。这是代表律师绝对不会有异议的，因为客户主张诉讼特免权拒绝披露是完全合法的。

但问题是产生与制作的新文件想享有诉讼特免权，主要目的必须是诉讼或可能的诉讼。如果是律师作为代理人期间所制作的文件，一般能享有特别权不会有问题。但公司内部制造的文件就很难说了，如董事局高管之间对诉讼案件的讨论与备忘录（memo）、公司的告示（notice/circular）、雇员之间的微信通讯等，往往谈不上主要目的是有关诉讼，因为这些文件内容不是为了该诉讼或可能的诉讼调查取证或做相关的工作。这样，律师对法院有披露的责任也就必须要披露这些新文件，即使这些文件的内容会对己方不利。所以需要在诉讼或可能的诉讼的前期，就提醒客户（特别是相关的雇员）不要制造新文件，以免将来令代表律师难做。

4.4　律师做法之三：获取客户所有相关文件

这方面的做法可节录《Disclosure》（2017 年，第 5 版）一书之 18.09 段至 18.12 段，如下：

"**Obtaining the documents**

The solicitor has an overall responsibility of careful investigation and supervision in the disclosure process and he cannot simply leave this task to his client. The best way for the solicitor to fulfil his own duty and to ensure that his client's duty is fulfilled too is to take possession of all the original documents as early as possible. The client should not be allowed to decide relevance—or even potential relevance—for himself, so either the client must send all the files to the solicitor or the solicitor must visit the client to review the files or take the relevant documents into his possession. It is then for the solicitor to decide which documents are relevant and disclosable.

It is sometimes very difficult to remove original documents from the place where they are kept (particularly accounting documents, but also computer records and programs stored in the computer), so the solicitor may have to be satisfied in some cases with copies in the first instance, but he must satisfy himself of the accuracy and completeness of these copies. It must be borne in mind that the relevant issues in dispute may not be clear until statements of case have been filed and it is wise to err on the side of caution, to avoid criticism or adverse consequences later. Again, where the solicitor knows that his client has concealed relevant documents with a view to their not being disclosed, the solicitor must not act so as to suggest that full disclosure has been or will be given, and this may lead to his ceasing to act.

Where the client is a business organization, a visit to its premises will be useful also to gain an insight into the way the business is administered, how and when documents are generated, and the personalities of the people involved. All of this knowledge will assist the solicitor, both in locating documents which may be subject to the disclosure obligation, and in dealing with any queries on, or criticisms of, the client's disclosure once given. This will save time and costs later.

There is an additional reason for obtaining the documents as early as possible. A feature of modern business life is the turnover of employees. Once the documents have been reviewed by the solicitor, the need for witnesses to explain such documents or to fill in gaps in them will be apparent, and statements can be taken before the employees concerned move on, and their evidence becomes more difficult, or even impossible, to obtain. In some cases it may be a good idea to circulate all relevant employees giving general information about the disclosure process, and enquiring whether any relevant files or documents are or have been held by them. It may be necessary later to depose to the enquiries made, and to circulate enquiries of this kind may go some considerable way towards showing that the disclosure obligation has been properly performed."

5. 国际商事仲裁的不同之处

以上主要是在英国法院诉讼的一些做法的简单介绍。涉及国际商事仲裁(包括伦敦或中国香港仲裁)的原则仍是一样,但仍有一些重大不同之处。这主要是因为仲裁对参与人士,无论是仲裁员、当事人代表或其他角色,没有国界的局限。例如,伦敦仲裁中会出现大批的外国律师代表当事人,如美国、加拿大、新加坡、中国及韩国等律师。他们不少来自普通法国家,对文件披露的做法与责任应不陌生,但仍会有所放松,不会对仲裁庭有如同对法院的责任感,如在披露程序中不会被认为是仲裁庭的官员(officer of the arbitral tribunal)。而遇上并非来自普通法国家或受普通法训练的代表律师,如大陆法国家的律师,会对披露没有任何了解或没有责任感甚至是排斥。

此外,还有以下区别:(1) 仲裁庭没有同等法院的权力。例如,法院可以对诉讼方在披露命令后仍销毁文件证据的行为以撤销(strike out 或 dismiss)诉讼方的索赔或抗辩作为惩罚[CPR Rule 3.4(2)],但仲裁庭不存在这种权力。(2) 因为作为监督法院的英国法院对外国律师没有管辖权,所以仲裁庭为了同等与持平对待代表不同当事人的英国本土与外国律师,要小心避免不恰当做法,例如应避免下令双方代表律师给予誓章以保证诚实的披露。

以上都导致英国(中国香港特区、新加坡等也是同样)的国际商事仲裁中针对当事人的文件披露做法上与法院很不一样。除了无法严格监督与惩罚外,也难以保证一个较全面、坦率与对双方平衡的披露,所以索性不理会法院模式的披露做法,而是任由当事人自己提供有利自己的文件证据。这样无可避免对事实的正确与全面认定有困难与局限。商事仲裁对此的补救办法是依赖当事人进一步的行动,主要是要求特定披露(specific discovery)或更多更好的披露(further and better discovery)。当事人与/或代表律师在早期比仲裁庭更了解争议重点,再加上有水平,往往就可以通过请求书中的有争议事实(facts at issue)与对方披露的文件,找到尚未披露的关键性文件,要求对方披露。这被要求披露的文件部分会是被遗漏的,对方会毫不介意予以合作,但也常会是不利或会带出疑问的文件,这样对方当事人就会对特定披露有抗拒了。

如果对方拒绝披露,要求披露的一方会转而向仲裁庭做出申请。仲裁庭会先质询对方拒绝披露的原因。常见的借口会是当事人不拥有这份或这类文件或是干脆说找不到,而没有进一步解释或只是含糊解释为何不拥有或找不到。这种借口一般是不能接受的。

仲裁庭接下来就要考虑是否下令披露,而下令披露要满足的先决条件是:(1)有足够证明说服仲裁庭被要求披露的文件的确存在;(2)有足够证明说服该文件对方应拥有或控制或有权取得;(3)文件与仲裁争议有关(relevant)与重要(material)。仲裁庭还要考虑拒绝披露的诉讼方是否已做出誓章或愿意做出誓章以支持没有该文件,如果已经或将做出宣誓书,仲裁庭就应了解再下令披露无用。是否下令披露完全是仲裁庭的裁量权(discretion)。例如,国际商事仲裁常被批评文件太多与太浪费。所以仲裁庭会拒绝下令披露大量估计作用不大或分量很轻的文件。这与法院在披露时会行使的裁量权类似。例如,在 Panayiotou v. Sony Music Entertainment (UK) Ltd (1994) Ch 142 先例中,法院就说披露清单内成千上万不同项目的文件所强加的重大责任与文件可能会对审理带来的帮助完全不成比例(would impose a burden altogether disproportionate to the extent to which the documents would assist at the trial)。另外,如果一方在特定披露中要求的文件太广泛并且包括无关文件,仲裁庭也应拒绝申请,见 Fuji Photo Film v. Carr's Paper (1989) RPC 713; Molnlyske AB v. Proctor & Gamble (No. 3) (1990) RPC 498 等先例。

如果在仲裁庭作出命令后仍然拒绝披露(这种情况在国际商事仲裁中并不少见),就会涉及制裁或惩罚(sanction)了。在英国《Arbitration Act 1996》之 Section 41(7)详细规定了仲裁员惩罚的权力,其中有关拒绝披露可行的是:(1) 不准依赖有关披露的指控(shall not be entitled to rely upon any allegation or material which was the subject matter of the order);(2) 做出不利推断(draw such adverse inferences from the act of non-compliance)。中国香港的仲裁做法与法律也是一样。一般而言,仲裁员总是只在将来裁决时作出不利推断,这相对法院诉讼的"除非命令"(Unless Orders)与撤销索赔或抗辩、藐视法院的惩罚十分轻微。这导致精明的当事人更加不会在国际商事仲裁中诚实与全面地披露文件证据。确实在笔者经历过的仲裁案件中,很少有一方当事人明知文件对自己不利还自动与自愿披露。

如果拒绝披露的一方在仲裁地法院管辖内,如是一家英国公司,加上被要求披露的文件十分关键,申请披露的当事人可以根据《Arbitration Act 1996》之 Section 42 将仲裁庭的命令转为法院命令。中国香港《仲裁条例》(第 609 章)第 61 条也有类似的规定,并且不仅是香港仲裁的仲裁庭,其他国家与地区仲裁庭的命令也可转为中国香港法院命令执行。这样漠视披露命令就会变成藐视法院(Contempt of Court)的刑事犯罪。

以上所讲只涉及对方的文件披露,若涉及第三方的文件披露会有更大的局限,这方面可见本书第二章之 4 段的介绍。

6. 文书请求(pleadings)/案件陈述(statement of case)

6.1　简介

英国法院在 1999 年 CPR 生效前一般以"告票/令状"(Writ)形式,而在 CPR 后就是以"索赔状"(claim form)形式开始一个民事诉讼(所有民事诉讼如合约或侵权的争议与索赔都以此形式开始)。这正式开始了的诉讼有很重要的影响,其中十分重要的是保护了索赔时效(《Limitation Act 1980》的立法时效或是合约时效)。[44] 在送达(served)被告后,被告委任律师出庭抗辩(与提起反索赔),就要开始走诉讼的程序。而第一步程序就是按顺序交换(sequential exchange)CPR 前所称为的“文书请求”(pleadings)或 CPR 后的“案件陈述”(statements of case)。索赔状与索赔请求(particulars of claim 或 statement of claim)都显示了原告的控诉(complaints)与请求的救济(relief)是什么。但索赔状只显示索赔性质,是在之后的索赔请求才显示原告指称的事实详情(particulars)与双方法律关系(如双方的合约关系或委托人/托管人关系等)。这两份文件就可以让被告清楚看到原告是否有一个真正站得住脚的诉因(cause of action)与/或原告提出的争议/争端(issues)是什么。正如 Warren 大法官在 Biddle v. Tetra Pak (2010) EWHC 54 (Ch)先例说,“… the claim form only sets out the nature of the claim [CPR 16.2(1)(a)] and that the facts on which Tetra Pak (索赔的原告) must rely must be set out in the particulars of claim [CPR 16.4(1)(a)]. It may also be that the claim or cause of action that a party has to meet is found in the particulars of claim. But I disagree that it therefore follows that the claim or cause of action which a party has to meet is not to be found in the claim form.”

这文书请求的程序是原告先递交索赔请求,之后由被告递交抗辩书(statement of defence),再接下来就由原告递交答辩书(statement of reply)。而如果被告有独立的反索赔(counterclaim)提出,也会与抗辩书一并递交。这样就会多走一步程序,原告的答辩书中也要一并递交对反索赔的抗辩书(defence to counterclaim)。在这之后,只剩下被告要单独作出并递交对反索赔抗辩的答辩书(reply to defence to counterclaim)。到了这一步,就可以说文书请求的程序已经走完。

文书请求作为诉讼(无论是法院诉讼或是商事仲裁)第一步的程序主要作用是让双方诉讼方(当然也包括法院或仲裁庭)知道敌对方支持索赔请求或抗辩所指称的事实(allegation of facts)是什么。之后,才能继续推进直到开庭审理前的中间程序(interlocutory proceedings)。这中间程序主要是让双方准备与披露证明他们之间的有关事实争议所需要的证据(主要是文件证据与口头证据)。而确定什么才是“有关”(relevant)并需要证明的争议事实(disputed fact),这就要依赖第一步的文书请求了。在文书请求中,原告与被告对敌对方指称的所有事实都不能回避而必须要回应(rebut)与作出反驳(traverse)。如果不回应,就会被视为是接受/承认对方指称的事实。

这回应可能是“承认”(admit),也可能是反驳的“不承认”(not admitted)或是“否认”(deny)。[45] “承认”的回应应该明了,而“不承认”会是针对一些指控方自己才知道的事实。这样,要反驳的诉讼方(如被告)既不能“承认”,也无法“否认”(因为无法提供否认的理由),就只能是“不承认”,并要求指控方提供证据(strict proof)了。如果是“否

[44] 时效的课题在笔者多本书籍中都有涉及,如《仲裁法——从 1996 年英国仲裁法到国际商务仲裁》(2006 年)第四章之 2.2.12 段,《提单与其他付运单证》第五章之 17.2 段,《合约的解释》第十二章之 3 段等。而最详尽的介绍应是在《损失赔偿与救济》第十七章。

[45] “不承认”与“否认”的区别,在本书第十三章之 3.2.5 段有一个笔者伦敦仲裁的例子。

认”现在在 CPR 下是不允许以一个“纯否认”(bare denial)拖延时间或不亮出底牌,而必须陈述否认的理由与否认的“正面事实/说法”(positive fact/case),否则会被视为没有回应指称的有关事实。

通常诉讼方会对不少对方指称的事实没有异议并作出“承认”。这样,在接下来的诉讼程序中就不再需要理会针对这个双方承认的事实的证据了,也就是将双方的争议收窄(narrow the issues in dispute)以减少工作与诉讼费用。对不少原告(或被告)指称的事实作出“承认”的原因很简单易明。例如,原告在索赔请求中指称的事实是双方在某天签订了一份长达5年的商业合约与该合约有关的事实详情,并将双方签字的合约作为附件。如果明知是事实,被告就应该接受与“承认”。当然,如果被告确实是有证据能证明这份商业合约是无效或虚假,才应“否认”并说明否认的理由与被告自己的事实/说法。

如果原告的文书请求中没有做到基本要求(涉及法院诉讼的 CPR Rule 7.4 要求将索赔的详情送达给被告,另 CPR Rule 16.4 列出了必须包括的内容)送达与作出一个原告“对所依赖事实的精简陈述”(a concise statement of facts relies on),[46] 通常会导致对方指出原告指称的事实太简单或含糊,要求提供更多与更好的详情(request for further and better particulars)。例如,原告指称的事实是双方在某天达成口头协议,被告就会需要更多的详情,如谁跟谁达成这个被指称存在的口头协议、口头协议中的话语、有否其他人士在场等。在提供了详情后才能作出抗辩(或承认)与进一步的调查取证。这种情况在被告的文书请求或抗辩书中也会发生。在 Hague Plant Ltd v. Hague (2014) EWCA Civ 1609 上诉庭先例的形容:“Far from being a concise statement of the primary facts relied upon in support of the claim the ... particulars were a ‘rambling narrative of the supposed twists and turns of the defendants’ case about the matter in issue, serving no apparent purpose and obscuring, rather than clarifying’ the claim.”

需要注意的是,CPR 没有对“详情”(particulars)作出定义,这应是确定足够己方主张的事实的细节/资料(identify in some detail what claim or claims are asserted)。什么是“足够”或“不足够”的细节要根据每一个不同的案件与情况,客观看待是否足够让对方诉讼方清楚理解他/她所面对的指称的事实,并能够作出抗辩或答辩与调查取证。

另外,双方诉讼方有时会在接下来的中间程序发觉有修改(amend)或补充原来的文书请求的必要。需要这样做(并要承担修改带来的浪费的诉讼费用)也有各种原因,常见的原因可能是:(1) 中途更换律师,而不同律师对怎样向法院(或仲裁庭)表达客户的案件最有利有不同的想法。(2) 在进一步的调查取证或是从对方或第三方所披露的文件(包括不利对方的文件)中发觉有对己方有利的重要事实(material facts)[47] 或是新诉因(如除了原来的“疏忽”外,追加“欺诈”)。(3) 其他。一般都会被法院(或仲裁庭)批准,

---

〔46〕 见 McPhilemy v. Times Newspapers Ltd (1999) 3 All ER 775 先例。

〔47〕 “重要事实”是指在开庭审理时要成功举证方能胜诉的事实。正如 Selborne 勋爵在 Millington v. Loring (1880) 6 QBD 190 先例中所说的:“... material facts are to be confined to matters which are material to the cause of action, that is to say, facts which must be proved in order to establish the existence of the cause of action ....”

因为为了公平审理(fair trial),必须尽量允许双方诉讼方全面指称他们自己认为是正确与重要的事实,并在稍后开庭审理时提供支持己方主张的证据。修改原文书请求也不可避免带来要允许对方诉讼方针对修改的部分作出相应的修改。如果双方相互披露文件的程序已经走完,修改文书请求后会带来另一轮只针对修改部分内容的文件披露程序。

6.2 没有可确定的争议/争端的同阵线多方诉讼方之间的披露

另在共同原告(co-claimants)与共同被告(co-defendants)之间不会有文书请求/案件陈述(pleadings/statements of case),这也表示他们之间不一定有可确定(identified)的争议/争端(issue in dispute)。所以在 CPR 前的 RSC,共同原告或共同被告之间没有全面与坦率披露的责任。这对共同原告问题不大,因为他们通常是一并合作向被告提起诉讼与索赔。但针对共同被告,通常他们之间的问题会比较多。因为他们常常是被强制加进来做共同被告,相互之间往往也会产生矛盾与利益冲突。这共同被告之间的特定矛盾会被包括在文书请求内,如被作为索赔对象的第一被告向第二被告寻求补偿(indemnity)。再如,在《提单与其他付运单证》(2016 年)一书第五章之 17.2.9.4 段就提到了在英国《Civil Liability (Contribution) Act 1978》立法下对损失的分摊,显然如果共同被告之间要分摊对原告的责任与损失赔偿,但又不知道会如何分摊,肯定会有严重矛盾。这个争议/争端会包括在第一被告的抗辩书,所以针对这方面在以前的 RSC 下需要自动作出全面的披露。但会有其他方面是共同被告之间谈不上有一个确定的争议/争端,第一被告与第二被告之间就不需要自动披露了。这种例子可稍后介绍 RSC 下的 Manatee Towing v. Oceanbulk Maritime SA (1999) 1 Lloyd's Rep 876 先例。这方面的问题,直至 1999 年 CPR 生效后才解决。可节录 Charles Hollander QC 的《Documentary Evidence》(2018 年,第 13 版)一书之 7-23 段,如下:"**Multiple Parties**. It was long thought that for there to be discovery under the RSC, there had to be an issue between the parties. Thus, it was said, if A had a claim against B and C, B could not seek discovery from C unless the discovery related to an issue between B and C. It was thought insufficient that the documents C had would help B in his defence against A. Shortly before the CPR came into force, there was a first instance decision[48] which suggested that this was incorrect. Under the CPR the wording of r. 31.6 requires standard disclosure to include documents not merely which adversely affect the party's own case but also adversely affect another party's case or support another party's case. Where standard disclosure is ordered, all parties are obliged to serve lists of documents on all the others. So the multiple party situation appears to be covered. ..."

Manatee Towing v. Oceanbulk Maritime SA 先例涉及一个中国公司经常遇到的问题。案情是一艘船舶买卖(其他任何商品或货物的买卖也一样)的卖方声称谈判不成功,买方否认并指称存在有法律约束的合约。当时船舶市场急涨,市场价格与"合约"价格相差约 300 万美元。于是卖方作为原告向法院申请宣示判决(declaration judgment),宣示不存在有效合约。卖方是通过船舶经纪人处理这笔买卖,而买方指称的合约就是由船舶经纪人

〔48〕 见 Manatee Towing v. Oceanbulk Maritime SA (1999) 1 Lloyd's Rep 876 先例。

发出的确认(confirm),卖方反驳的理由之一就是船舶经纪人无权确认。作为第一被告的买方因此把船舶经纪人加入(adding/joinder)作为第二被告。买方的抗辩/反索赔要求法院宣示有效合约。需要注意的是,买方没有向对卖方提出"违约/毁约"(repudiatory breach)的反索赔。因为如果法院宣示合约有效,由于合约中存在仲裁条文,违约/毁约的争议应该以仲裁解决。

作为原告的卖方针对船舶经纪人提出如果法院认定合约有效,由于没有授权船舶经纪人确认合约,因此船舶经纪人越权(breach of warrant of authority),将要求船舶经纪人补偿将来伦敦仲裁中卖方会赔偿给买方的金额。船舶经纪人对卖方的抗辩是卖方有授权,而即使越权,卖方后来的言行也构成了弃权(waiver)与/或禁反言(estoppels)等。

针对船舶经纪人,买方也提出如果法院宣示因为该船舶经纪人没有授权而不存在有效合约,则买方将向船舶经纪人索赔损失(市场价格与合约价格的差价)。船舶经纪人则质疑买方的索赔金额过高(船舶状况没这么好),于是要求卖方披露船舶状况的资料。一审法院指出船舶经纪人是与买方对赔偿金额有争议,但船舶经纪人与卖方没有关于赔偿金额的争议(因为卖方要求的是补偿,而直到伦敦仲裁作出裁决或与买方达成和解前不存在金额问题),所以不能要求卖方为了船舶经纪人与买方之间的争议披露文件。但这被上诉庭推翻,上诉庭判法院有权要求任意诉讼方向另外的任意诉讼方对任意诉讼争议/争端作出披露,披露申请没有必须有关这申请人与被申请人之间争议的限制。

但已经说过,CPR 下这一问题已经解决,这方面与本章之6.4段的课题是相应的。

6.3 针对文书请求/案件陈述的权威先例

综合以上所讲,可节录部分对文书请求/案件陈述(pleadings/statements of case)的权威先例,说明这个诉讼程序所起的作用与重要性。这些先例包括很早期的先例与在 CPR 生效后的近期先例。这显示了针对这方面的看法没有随着时间而改变。

1. 在 Thorp v. Holdsworth (1876) 3 ChD 637 先例中,Jessel 大法官说:"The whole object of pleadings is to bring the parties to an issue, and … to prevent the issue being enlarged, which would prevent either party from knowing when the cause came on for trial, what the real point to be discussed and decided was. In fact, the whole meaning of the system is to narrow the parties to definite issues, and thereby to diminish expense and delay, especially as regards the amount of testimony required on either side at the hearing."[49]

2. 在 Palmer v. Guadagni (1906) 2 Ch 494 先例中,Swinfen Eady 大法官说,不能没有通过文书请求告知对方是什么争议/争端,然后在开庭中突袭对方,杀对方个措手不及:

---

〔49〕 整个文书请求的做法是为了明确争议/争端,并防止之后任何一方任意扩大,令另一方在开庭时不知道面对什么,所以毫无准备而导致不公平。文书请求也可以局限争议/争端,因为双方不是对每一个事实都有不同意见。这样对双方已同意或承认(admitted)的事实,可不必浪费金钱准备在开庭时举证,如提供证人的口头证据。

"… The pleadings must contain fair and proper notice of the issues intended to be raised. This is essential to prevent the other party being taken by surprise."

3. 在 Esso Petroleum Co Ltd v. Southport Corporation (1955) 2 Lloyd's Rep 655 先例中,Normand 勋爵说,对方通过文书请求知悉了争议/争端是什么之后,可调查与准备证据:"The function of pleadings is to give fair notice of the case which has to be met so that the opposing party may direct his evidence to the issue disclosed by them."

4. 在更近期的 McPhilemy v. Times Newspapers Ltd (1999) 3 All ER 775 先例中,Woolf 勋爵说:"**Pleadings are still required to mark out the parameters of the case that is being advanced by each party.** In particular, they are still critical to identify the issues and the extent of the dispute between the parties. What is important is that the parties should make clear the general nature of the case of the pleader. **This is true both under the old rules and the new rules.**"(加黑部分是笔者的强调)

5. 在 Harrods Ltd v. Times Newspaper Ltd (2006) EWCA Civ 294 先例中,Chadwick 大法官说:"In my view the judge was plainly correct to approach the application for further disclosure on the basis that it was essential, **first, to identify the factual issues that would arise for decision at the trial. Disclosure must be limited to documents relevant to those issues. And, in seeking to identify the factual issues which would arise for decision at the trial, the judge was plainly correct to analyse the pleadings. The purpose of the pleadings is to identify those factual issues which are in dispute and in relation to which evidence can properly be adduced.** It is necessary, therefore, to have in mind the issues as they emerge from the pleadings and are relevant in the present context."(加黑部分是笔者的强调)

6. 在 Metcash Trading v. Bunn (2010) FCA 8 先例中,Lander 大法官说:"the extent of a party's obligations to give discovery is above all regulated by the pleadings."

7. 在 Lowe v. W Machell Joinery Ltd (2011) EWCA Civ 794 先例中,Lewison 大法官说:"The formal statements of case or pleadings presented are still of fundamental importance in civil litigation. As Lord Phillips said in Loveridge v. Healey (2004) EWCA Civ 173: '**It is on the basis of the pleadings that the parties decide what evidence they will need to place before the court and what preparations are necessary before the trial. Where one party advances a case that is inconsistent with his pleadings**, it often happens that the other party takes no point on this. **Where the departure from the pleadings causes no prejudice, or where for some other reason it is obvious that the court, if asked, will give permission to amend the pleading**, the other party may be sensible to take no pleading point. Where, **however, departure from a pleading will cause prejudice, it is in the interests of justice that the other party should be entitled to insist that this is not permitted** unless the pleading is appropriately amended. That then introduces, in the proper context, the issue of whether or not the party in question should be permitted to advance a case which has not hith-

erto been pleaded.'"[50]（加黑部分是笔者的强调）

6.4　不准在开庭审理中提出文书请求中没有包括的争议/争端

英国法院的文书请求属于"事实请求"（facts pleadings）。双方当事人应说明所有重要事实，并准备在开庭审理时对有争议的事实举证或反证，务求在成功证明后，所有事实加起来能成立一个法律上完整（legally complete）与可成立（viable）的索赔或抗辩。文书请求不要漏掉重要事实是因为将来开庭只允许对在文书请求提及的事实举证，这一点已多次提及。Brett 大法官在 Philipps v. Philipps（1878）4 QBD 127 先例的权威说法是文书请求应说明主张自己的权利或索赔要依赖的所有事实。Brett 大法官说："If parties were held strictly to their pleadings under the present system they ought not to be allowed to prove at the trial … any facts which is not stated in the pleadings. Therefore, again, in their pleadings they ought to state every fact upon which they must rely to make out their right or claim."

在 Lombard North Central Plc v. Automobile World（UK）Ltd（2010）EWCA Civ 20 先例中，案情涉及一辆名贵奔驰汽车的租购（hire purchase）合约。据报道这是只为国家元首生产的限量名贵汽车，毛主席曾经拥有一辆。长话短说，作为被告的承租方（Automobile World）在支付了有限的几期租金（总共有60 次分期支付）后，就再也没有支付。这导致原告（Lombard）根据双方的合约收回与重新占有（repossession）该车辆，之后以低价把该车辆私下转售（private sale）给第三方。接下来，原告向被告索赔约 20 万英镑差价的损失，而被告在抗辩书（statement of defence）中最主要的抗辩理由是原告没有减少损失（mitigation），在私下把收回的名贵汽车以不合理的低价出售了。

在开庭审理前的程序中，双方诉讼方根据文书请求准备了一份名为"案件大纲"（case summary）的文件，这看来是与仲裁经常会有的双方同意的"争议/争端清单"（list of issues）类似，即向仲裁庭明确文书请求中双方提出的争议/争端。特别是在仲裁的文书请求程序中，双方以陈词（submissions）或请愿书（memorials）形式交换的文书请求经常是十分冗长与太多争辩，往往不正面回应与反驳对方指称的事实，例如到底是承认、不承认或是否认。因此，双方在文书请求中存在的争议/争端并不明确，在开庭审理前要求双方提供一份双方合作拟定的争议/争端清单是有帮助的。

在此先例中，双方拟定的案件大纲中有一条文针对双方保留提出进一步的争议的权利，说："This case summary is agreed with the Defendant on the basis it does not prejudice any further argument he may seek to raise although in that regard the Claimant similarly re-

---

〔50〕 案件陈述/文书请求在民事诉讼中至关重要。正如 Phillips 大法官在 Loveridge v. Healey（2004）EWCA Civ 173 先例中所说，诉讼方在文书请求的基础上决定向法院递交什么证据并在开庭前做出必要的准备。一方诉讼方在推进诉讼时可能出现与文书请求不一致的情况，有时对方诉讼方不会对此发表任何观点。当偏离文书请求不会导致任何不公平时，或者因为种种原因很明显一旦向法院申请就会被允许修改文书请求，对方诉讼方就不会提出与文书请求不一致的问题。但是如果会造成不公平，则司法公正的公共政策要求对方诉讼方可以要求除非法院允许修改文书请求，否则不能偏离文书请求。之后，就是法院（或仲裁庭）是否批准修改文书请求的问题了。

serves its right to argue against any unpleaded grounds for defending the claim being raised at this late stage."

而被告的主要证人在他的第二份证人证言(witness statement)中首次提到了"误述"(misrepresentation),内容如下:"7. It is the defendant's position that if what the Claimants state is correct or to be believed, that the defendant believe that misrepresentation has taken place and that the defendant is entitled to rescind and terminate the agreement and have agreement set aside by the Court. This is not included in the original defence because there had been no disclosure of this and the statement has only come about from the Claimants shortly before the Summary Judgement hearing..."

这指称的误述是有关汽车的生产日期,买卖合约中将生产与注册汽车的日期一并说成2004年,但被告指称汽车实际是2001年在德国生产,2004年在英国注册。

被告在开庭审理时提出这个没有在抗辩书包括的新争议,被法院拒绝。其中上诉庭的Rimer大法官说:"Against this background, Automobile World's failure to advance a misdescription case in defence of Lombard's claim is now translated before us as reflecting a procedural error by the judge in the nature of an omission to ensure that Automobile World could and did make that case. The suggestion is misconceived. The judge could not properly have allowed Automobile World to make an unpleaded case of this nature. In Mensah v. East Hertfordshire NHS Trust [1998] IRLR 531 ... Peter Gibson LJ said ... that there is no duty on a judge trying a civil claim to check with a litigant in person that he has abandoned any claim in his pleadings that he has not taken and proved. There can, in my judgment, equally be no duty on a judge to inquire as to whether such a litigant wishes to apply to amend his pleadings to raise any particular issue that he has not pleaded. It is for the litigant to decide what case he wishes to make and how to make it. It is not for the judge to step into the arena and inquire of him whether he wishes to make some additional case."

针对案件大纲的保留与被告第二份证人证言有提到误述,Rix大法官说:"Once again, it is only perhaps in retrospect that it might appear that Automobile World was saying that there had been a misrepresentation and/or a contractual misdescription of the car's year of manufacture. There is again no positive allegation that the car was a 2001 model, or that the car had been bought on the basis that it was manufactured in 2004. In my judgment, although it might appear from Mr Mulhall's documents(被告第二份证人证言)and from the Case Summary that there was something beyond the pleaded issues which Automobile World might wish to obtain permission to introduce into the trial, it could not easily be said exactly what that something was."

6.5 在国际仲裁文书中请求和请愿书的做法

在《RUSSEL on Arbitration》(2015年,第24版)一书之5-133段至5-136段说:

"**Pleadings**. Pleadings are formal documents in which the parties set out their respective cases. The claimant usually serves Points of Claim setting out the facts and matters upon which he relies. The respondent then responds by serving Points of Defence addressing the allegations made in the Points of Claim, Points of Reply may be served by the claimant, and there may occasionally be further pleadings in response. If allegations in the pleadings of either party are inadequately set out, further details may be sought. **The use of pleadings will enable each party to see the nature of case made against them and to identify the material facts upon which that case is based. Matters of evidence and legal argument do not usually appear in English pleadings**, but in practice it is not uncommon in arbitrations to encounter them in documents purporting to be formal pleadings.

Statement of case procedure. Alternatively the arbitration may proceed by service of a statement of case, followed by a statement of defence or some other document setting out the response. These documents are **generally less formal than traditional pleadings.** The statement of case procedure is becoming increasingly popular in arbitration, as it provides an appropriate method to allow the parties to serve **written submissions which set out their own case and deal with that of the other party** ...Certainly where one or more of the parties are represented by lawyers who are unfamiliar with formal English pleadings, the statement of case procedure will often be adopted.

... At its most informal a statement of case may consist simply of letters from each of the parties. **More usually it will consist of detailed written submissions** ... **Typically the statement of case will set out the relevant facts, refer to evidence (relevant documents are often annexed) and develop arguments, including submissions on the law. Statement of case are often less structured than formal pleadings, and consequently they may be less clear and concise.** A pleading in response to another pleading generally deals with each allegation in turn, setting out the case made in response on each particular point. However if, in response to the claimant's statement of case, the respondent produces a document directed more towards '**telling the story**' **than addressing the matters raised by the other party's case, the precise issues in dispute may be more difficult to ascertain, and it may not be easy to sort out the relevant from the irrelevant.** ... The process of responding to the other party's case can help to narrow, or at least to focus upon, the principal issues in dispute. Nevertheless, when adopting the statement of case procedure, the tribunal will need to structure carefully its analysis and define the issues with clarity. If necessary the tribunal can require the parties to seek to **distil a list of issues in a separate document** from the statements of the parties' case.

Memorials. The document that sets out a party's case is sometimes referred to as a 'memorial. A memorial is a form of statement of case. It will usually be accompanied by all the evidence relied on by the serving party, **including** relevant documents, **factual witness statement and expert reports.** Like a statement of case, a memorial will often contain submissions on the evidence and the law."(加黑部分是笔者的强调)

英国与其他普通法法院的文书请求(pleadings/statements of case)做法与大陆法法院的请愿书(memorials)做法在理念上与程序上均有很大的不同。这种做法上的偏爱或倾向也反映在国际仲裁,是"走出去"的中国公司与律师需要了解的,因为今天的国际商业合约/关系绝大部分是以国际仲裁解决争议的。例如,有说法是总部在巴黎的国际商会仲裁院(ICC International Court of Arbitration)倾向以请愿书的方式,但在伦敦的伦敦国际仲裁院(London Court of International Arbitration)则倾向以文书请求的方式。

但不同仲裁机构的倾向在现实中并不重要,因为一般的仲裁规则与做法都是允许仲裁庭根据不同的案件自由决定仲裁的程序,包括是以文书请求或是以请愿书的方式推进仲裁。换言之,现实中仲裁庭成员与双方当事人代表律师的法律背景才是关键。大部分的仲裁案件(包括 ICC 仲裁案件)仍是以文书请求的做法为主。

已经介绍过文书请求的做法是先明确双方当事人对重要事实(material facts)的争议,即使将来想要修改(amend)也先要申请并获得仲裁庭(法院诉讼就是法院)的批准(leave),并且要承担相关修改带来浪费的费用(wasted costs)。然后下一步程序才是针对这些明确下来的争议事实(identified disputed facts)披露有关的文件证据,再接下来的程序就是以书面证人证言(witness statement)与专家报告(expert report)替代事实证人与专家在开庭时的口头主证据。上述的程序完成后,也就代表所有双方当事人能够找到的有关证据都放在桌面上(all cards on the table),双方当事人才会接下来对各自的法律观点结合披露的证据所显示的事实真相作出陈述与争辩。但这只会是在开庭审理时由双方代表的大律师/律师作出。但今天的国际仲裁(包括英国法院的诉讼)已经很习惯以书面的开庭陈词(opening submissions),甚至在仲裁开庭后的书面结案陈词(closing submissions)替代或辅助对有关案件的事实与法律的口头争辩。

请愿书最大的不同是要把双方当事人的案件全面(包括事实与法律问题)一次过/同时作出并交出所有要依赖的证据。这就表示在第一步的诉讼程序,原告的索赔请愿书(claim memorial)就必须全面陈述他/她索赔的所有有关事实与法律观点。而有关与依赖的文件证据,都必须作为请愿书的附件去同时披露与交出。更重要的是证人证言与/或专家报告,也要同时作为附件披露与交出。在下一步的程序,被告的抗辩请愿书(defence memorial)也是要求同样的做法。

以上的两种不同做法在不同法律背景或有自己偏爱的人士看来各有不同优劣:

1. 在普通法背景与习惯对抗性诉讼的人士看来,请愿书的做法并不公平。因为要原告先把自己所有的底牌放在桌子上让被告针对性准备他/她的抗辩请愿书,这违反英国诉讼公平审理(fair trial)的理念。

所以在国际仲裁中,如果双方当事人的代表律师来自不同的法律背景,会遇上被告要求仲裁程序以请愿书的方式进行,但原告要求以文书请求的方式进行的情况。但这也不一定,笔者(杨良宜)就在一个美国仲裁协会(AAA-ICDR)管理的案件中,遇到了原告的代表律师(一家美国律师所)坚持要以请愿书的方式,但被告的代表律师(一家中国香港律师所)则坚持以文书请求的方式推进仲裁程序的情况。最后被告让步,但先决条件是在先后轮流(sequential)交出请愿书的程序前,先进行相互披露文件程序。原因是不这样做，被告对部分争议事实有疑点或不全面了解，无法作出全面的抗辩请愿书。就笔者（仲裁庭成员之一）而言，诉讼/仲裁的第一步程序就是相互披露文件，是有点奇怪。在双方还没有把争议的事实以文书请求（或任何其他做法）明确下来前，这披露会是无边无际，因为谈不上什么才是“有关”（relevant）的文件。但该仲裁案件是有特殊情况的，双方在开始仲裁之前已经在中国香港法院各自申请与抗拒各种中间措施（interim measures），也获得了一些中间禁令/命令。所以双方当事人对争议所涉及的要点与相关事实十分清楚。在这种特殊的事实背景下，仲裁庭同意并作出第一步仲裁程序是相互披露文件与可向敌对方要求特定文件（specific disclosure 或 request for production of documents）的指令（order for directions）。然后第二步才是原告送达（serve）索赔请愿书与接下来被告的抗辩请愿书（defence memorial）。这个仲裁程序走起来结果是十分顺利与令人满意。

2. 在普通法背景的律师/人士看来，请愿书的方式除了上述提到的疑虑（原告要先向被告显示全部底牌）外，还有很多其他的疑虑。首先是开始诉讼费用（front-loading costs）会更高昂，因为在准备索赔与抗拒请愿书之前或期间就需要全面调查取证、拟定己方目标的事实证人[factual witness(es)]与专家证人[expert witness(es)]的书面证人证言与专家报告等。众所周知，这些都是十分昂贵与耗时的工作。虽然如果诉讼/仲裁要打到底，这种费用迟早要花费，但问题是，即使开始了诉讼/仲裁，现实中双方仍很有机会在中途达成和解。这样，如果开始诉讼的费用太高昂，会导致中小争议金额的案件难以达成和解协议。比如原告已经花了一大笔律师费用拟定索赔请愿书，但该案件索赔的金额并不高。而被告在被送达索赔请愿书后，很快就面对现实做出一个和解要约（settlement offer）。要约的金额十分合理，原告在正常情况下会接受该和解要约。但问题是原告已经花费了一笔庞大的律师费用，如果接受这个和解要约，在扣取律师费用后会所剩无几。这样就会反要求被告承担或至少分摊已经产生的律师费用，这往往可能导致整个原本可以达成的和解协议告吹。

3. 也可能原告在不知道被告会在抗辩请愿书中对什么事实有异议的情况下，过度调查取证与准备证人证言，结果带来浪费。例如，被告在后来的抗辩请愿书中承认（admit）了大部分原告指称的事实（alleged facts），仍有争辩的只是法律问题（issues of law）。也可能是，在抗辩与答辩请愿书中又提出了其他方面的事实争议，这就会带来需要另一个相互披露文件的程序。例如，笔者上述所讲的美国仲裁协会的仲裁案件，在一开始有一轮相互披露文件的程序，而在双方当事人轮流交换请愿书后，还有第二轮的相互披露文件程序。在笔者看来，这种重复的程序浪费时间与金钱。

4. 在制作仲裁程序的时间表（procedural timetable）时，以请愿书的方式进行会需要长得多的时间段，如 2 至 3 个月。如原告有 3 个月的时间准备索赔请愿书，然后被告另有 3 个月时间准备抗辩请愿书等。至于以文书请求的方式，通常时间段会短得多。例如，28 天作出与送达索赔请求（statement of claim 或 claim submissions），接下来被告也有 28 天作出与送达抗辩书（statement of defence 或 defence submissions）。最后一轮是答辩书（statement of reply 或 reply submissions），时间段会更短，只有 14 天或 21 天不等。

5. 有一个说法是普通法下诉讼的文书请求方式会导致双方当事人对各自案件的法律

论据与争辩被放到很后的程序才进行。而较早的程序中只是针对有关的重要事实与证据。这导致本来可以提早达成和解的时机被延误甚至失去。

但笔者相信国际仲裁已经在这方面有了很大程度的改进。在今天的国际仲裁中,文书请求不再像以前"轮廓式文书请求"(skeleton pleadings),只是最简洁(laconic)与简短(brevity)地对案件事实作出大纲(bare outline)。现在英国或中国香港法院也不再允许这种做法。例如,被告不能在抗辩书中只对原告的指控"否认"(deny),而必须对凭什么否认的论据与相关事实作出陈述与提供详情。

在国际仲裁中,更是鼓励或指令双方当事人在前后轮流交换的文书请求中将有关的事实详情与法律观点或论据全面包括在内,并把依赖的文件证据也作为附件(exhibits)。唯一与请愿书不同的是,不附上事实证人与专家证人的书面证人证言与专家报告,因为这会涉及更大与更不成比例的律师费用、时间与工作量。毕竟在大部分的案件中,文书证据是最重要与最可信的。通常如果再加上文书请求程序后的特定披露或相互要求对方提供特定文件后,应该就足够双方相互了解自己与对方的强弱。如果他们肯面对现实,也往往足够达成公平合理的和解协议了。

6.6 对文书请求/案件陈述的总结

可对文书请求/案件陈述(pleadings/statements of case)的作用与重要性总结如下:

1. 最重要的作用是明确(identify)双方诉讼方的争议/争端(issues in dispute),让一方诉讼方不会在不知道(或不全面知道)对方诉讼方指称的事实的情况下前来开庭审理(trial/hearing)而造成不公平,因为如果他/她不知道对方指称的事实也就不会有所准备或调查取证进行反驳。英国/普通法的诉讼是对抗制(adversarial),文书请求也可说是明确双方"战线"(battle-line)。

即使双方在诉讼前已经对有关争议作出了一段时间的谈判并试图达成和解但不成功,对到底是什么争议已经心里有数,还是需要一个正规的文书请求的程序,让双方在称职与专业律师的协助下,明确法律上站得住脚与有证据支持的重要事实(material facts)。

毕竟,CPR Rule 22.1(1)(a)要求案件陈述必须包括一个"真实声明"(statement of truth),这等于是一个向法院作出的宣誓。有关的措辞/文字可以是:"(原告或被告)believe that the facts stated in these particulars of claim are true."

2. 通过承认(admit)对方指称的事实,可收窄双方的争议/争端,进而节省诉讼的工作、时间与费用。笔者经常遇到对文书请求这个程序不了解的仲裁当事人的代表律师不针对性地回应与反驳对方诉讼方指称的事实,达不到收窄双方争议的目的,反而会带来很大混乱,即仲裁庭与双方之间无法通过文书请求/案件陈述知道双方到底有什么争议/争端。

3. 可以鼓励双方诉讼方尽早达成和解。这在《Phipson on Evidence》(2018 年,第 19 版)一书之 2-02 段说:"The intention is that parties should be able to rely on statements of case in reaching settlements.[51]"

---

〔51〕 见 Zurich Insurance Co Plc v. Hayward (2011) EWCA Civ 641 先例。

4. 部分中国律师对这个重要诉讼程序的理解十分有必要。文书请求只是明确与索赔或抗辩有关的重要事实，不应对法律后果（legal consequences）作出争辩。例如，原告指称被告违约（breach of contract），就要明确说明有关合约（买卖合约为例）的日期、有关买卖双方的条文（原告是卖方、被告是买方）、[52]原告向被告提供货物［货物名称（与合约相符）、日期、数量与合约的价格］、被告接收了货物、被告在支付货款的一天没有作出支付、原告催促被告支付的文书、被告不理睬或要求稍后或分期支付等[53]的重要事实。但诉讼方不应对法律后果作出争辩，这是稍后在双方的证据（特别是文件证据）被全面与坦率的相互披露后的程序。正如 Denning 大法官在 Karsales (Harrow) Ltd. v. Wallis (1956) 1 WLR 936 先例中所说，"I have always understood in modern times that it is sufficient for a pleader to plead the material facts. He need not plead the legal consequences which flow from them. Even although he has stated the legal consequences inaccurately or incompletely, that does not shut him out from arguing points of law which arise on the facts pleaded."

5. 如果诉讼方的代表律师在文书请求中过早与不成熟（premature）地对事实与其法律后果（如对合约条文的解释与有关的先例等）作出激烈争辩，会带来很多不良后果。例如后来的文书请求（索赔请求后的抗辩书与抗辩书后的答辩书）与文件披露显示了无须争辩（被告承认了部分事实，甚至承认责任而只对损失计算有争议），就浪费了时间与诉讼费用。过早或不成熟地对对方作出严厉指控（如指称敌对方欺骗或非法串谋）会有在后来全面披露证据后无法证明而导致难以自圆其说或收回以前说法的危险。可以说，越是严厉的指控越要小心，等到条件与环境成熟时才提出会更有效。从另一个角度看，对诉讼方来说最关键的无疑是仲裁庭在裁决书中是否接受这个严厉的指控。过早提出这个指控，恐怕距离仲裁庭草拟裁决书还有很长时间。最好是在有了全面与完整的证据支持这个严厉指控后，在开庭审理时才提出与显示给仲裁庭看。

6. 在英国法院的诉讼中，由于有英国律师作为代表，所以在文书请求中过早作出激烈争辩的情况发生得不多。但在国际仲裁中就经常会发生，因为诉讼方的代表律师会来自全球不同的法律背景，甚至是当事人自我代理。仲裁程序已经比法院诉讼程序有弹性与宽松得多。在英国《Arbitration Act 1996》立法有所显示，Section 34(2)(c)说明仲裁庭有权决定文书请求的形式。仲裁即使不以"请求书"（memorials）的形式而是以文件请求（包括仲裁仍通称为 pleadings，但也有其他常见的名称如"submissions"，即称为"claim submissions""defence submissions""reply submissions"）的形式进行，文书请求中也已经通常任由双方当事人包括事实、法律与法律后果的争辩与提供支持的文件。但毕竟仍有相互披露（在仲裁会是以相互向对方提出要求披露/提供的文件或文件类别的"redfern discovery rrocedure"）的程序要走，将来可在掌握了全面证据后以书面开庭陈词（opening submissions）与结案陈词（closing submissions）进行针对性争辩，但仍不宜在文书请求的程序中过早对法律后果全面争辩。

---

[52] 前述这些有关买卖合约的重要事实是为了显示双方诉讼方之间的合约关系。

[53] 前述列出的这些重要事实显示了被告的违约行为（breach of contract）与损失金额。

7. 如果正确地按照诉讼程序走,文书请求程序会很快走完,即使仲裁会在时间上更宽容与弹性也是如此,通常的时间限制分别是索赔请求 28 天、抗辩书 28 天与答辩书 14 天。答辩书只需要 14 天的原因很简单。原告与被告需要时间准备各自索赔与抗辩的案件与所需要主张的事实和相关证据。但在答辩书中,需要原告答辩的层面大大收窄了,往往只局限在被告在抗辩书中提出的新论据或新争端(new issue),原告需要明确他/她的立场。例如,被告在抗辩书中否认原告的违约指控,另将弃权(waiver)与/或禁反言(estoppels)作为抗辩理由,并提供了相关的事实详情。这样,原告需要明确说明到底是否接受这个抗辩。而如果不接受,就需要在答辩书中说明不接受的论据与相关的事实详情。但一旦双方诉讼方全面争辩,这时间会拖得很长。

8. 原告在答辩书中不要重复或重申已经在索赔请求有提到的论据,更不要提出应该在索赔请求提出的新争议(new issue)。如果发觉需要对原来的索赔请求作出修改与增加新争议,也应该是属于向仲裁庭申请批准允许修改索赔请求的范畴,而不应该在正常程序的文书请求中只为了确定有哪些事实的争议,没完没了地不断相互争辩、攻击与/或增加新内容/新争议。重申双方当事人的文书请求,只是为了明确与肯定双方的事实争议/争端,以利接下来的证据披露程序。文书请求不应该,也没有必要重复已经记录在案的论据或指控,因为重复一遍或多遍不会在诉讼/仲裁带来更加会被接受的结果。

9. 在拟定文书请求/案件陈述时,更需要注意的反而是要包括全面与完整的有关重要事实(all relevant facts),也必须准确并与自己已经拥有的文件(或口头)证据相符(当时仍没有对方的披露)。千万不要不查阅或漏看重要的文件证据,就贸然制作文书请求。因为在案件陈述中有真实声明(虽然仲裁是不需要照 CPR 这样做,但有个别案件的双方代表英国律师会这样做或同样法律背景的仲裁庭这样命令)的情况下,如果后来没有证据证明或只有矛盾证据就很麻烦了。即使是对自己有利的请求(pleaded facts),也需要围绕着文件证据(特别是写得不明确),挑不出破绽地"讲事实"。

10. 文书请求/案件陈述需要包括全面与完整的有关重要事实的重要性,也可以从后期对法律后果争辩的改变与/或文书请求申请修改(amendment)的角度看到。例如,经常会有一方诉讼方的代表律师在开庭陈词与/或甚至开庭审理时提出一些较早没有提出过的法律后果的新争辩(new arguments),并递交一些有关先例(甚至是早几天判决但还没有公开报道的先例)。这样,对方会提出这新观点或论据没有在较早的文书请求中提出,所以不能现在提出来令没有准备的对方受到突袭(ambush)。但通常法院或仲裁庭会对基于已经在文书请求提出的争议/争端的法律后果的新争辩/替代争辩有较宽松的态度。因为有关的重要事实已经在文书请求中提到,双方诉讼方已经有了了解与准备。而双方之间争议的法律后果,本来就不应该在文书请求的程序提出与争辩,即使双方诉讼方这样做了(在国际仲裁中经常发生)。这与修改有关争议的重要事实不同,后者需要对方调查取证才能处理。所以迟延在开庭审理时才提出新的重要事实,就会令对方因为没有时间准备而无法作出对抗。当涉及法律后果时,考虑到双方的代表律师都应该对英国法律熟悉,就不应该因为对方迟延提出这个新法律观点而要抗拒。充其量在开庭审理期间,给对方代表大律师少许时间(如午饭或晚上)研究相关法律,一般称职与有水平律师就可以对抗与反驳,不存在会有损害(prejudice)。换言之,法院或仲裁庭通常不会不允许诉讼方的代表律师在开庭审理时自由临场发挥,即使是提出新的法律观点或论据,除非这是事实与法律混合(mixed law and facts)的新观点。

与上述所讲有紧密相关的是需要对文书请求作出修改。已经在《仲裁法——从1996年英国仲裁法到国际商务仲裁》(2006年)第十二章之7.4段提到,法院或仲裁庭一般都会批准一方诉讼方对文书请求作出修改。这种修改一般会涉及增加一个新诉因(new cause of action)的新索赔(new claim),并且由于是诉讼后期才提出,可能这个新索赔的索赔时效已经逝去。但只要是这个新诉因的新索赔是基于相同与已经包括在文书请求的重要事实,仍不受影响,可以通过修改文书请求增加,在开庭审理时一并处理。这可见Biddle v. Tetra Pak (2010) EWHC 54 (Ch)先例。

7. 标准披露(standard disclosure)

7.1 "有关"文件的定义:Peruvian Guano 先例的测试

在介绍什么文件属于有关并需要披露之前,首先要探讨什么叫有关(relevant)或有关联性(relevance),又或者可以说与什么有关(relevant to what)。根据常识,应该是与双方诉讼方之间的争议有直接或间接的关系。那又应该如何确定(identify)双方的争议/争端(issues or sub-issues)到底是什么?简短的答案就是根据双方的文书请求(pleadings)或CPR下的案件陈述(statements of case),从他们各自不同的事实主张(asserted facts)与指控(allegations),就可以从中找出双方的争议/争端。例如,节录Chadwick大法官在Harrods Ltd v. Times Newspaper Ltd (2006) EWCA Civ 294 先例中的部分判词,如下:"In my view the judge was plainly correct to approach the application for further disclosure on the basis that it was essential, first, to identify the factual issues that would arise for decision at the trial. Disclosure must be limited to documents relevant to those issues. And, in seeking to identify the factual issues which would arise for decision at the trial, the judge was plainly correct to analyse the pleadings. The purpose of the pleadings is to identify those factual issues which are in dispute and in relation to which evidence can properly be adduced. It is necessary, therefore, to have in mind the issues as they emerge from the pleadings and are relevant in the present context."

另在MMI Research Ltd v. Cellxion Ltd (2007) EWHC 2611 (Pat)先例中,Warren大法官说:"The pleadings, of course, play an important part in the disclosure exercise because it is only through the pleadings that the issues in the case to which disclosure is directed can be idcntified. …"

传统上英国法院诉讼(早年伦敦仲裁也是一样)对哪些属于诉讼方必须自动(automatic)披露的有关文件的定义是来自著名的Compagnie Financiere v. Peruvian Guano (1882) 11 QBD 55 上诉庭先例,Brett大法官说:"It seems to me that every document relates to the matters in question in the action, which not only would be evidence upon any issue, but also which, it is reasonable to suppose, contains information which may-not which must-either directly or indirectly enable the party requiring the affidavit either to advance his own case or to damage the case of his adversary. I have put the words ' either directly or indirectly' because, as it seems to me, a document can properly be said to contain information which may enable the party requiring the affidavit either to advance his own case or to damage the case of his adversary, if it is a document which may fairly lead him to a train of enquiry which may have either of these two consequences. "

总结而言,在 Peruvian Guano 测试(Peruvian Guano test)下要披露的文件可分以下四大类:(1)披露方自己要依赖的有利于自己的文件。(2)披露方知悉自己拥有、托管或有权获取的对自己不利或对对方诉讼方有利的文件。(3)与诉讼程序中的争议相关的文件,但由于文件并非明显有利或不利于任何一方,所以不属于以上两个类别。此类"中立"文件只提供事实背景(background facts)资料,并非解决/审理这个争议所必需(may not be necessary for the fair disposal of the dispute)。(4)本身并非对自己不利或对对方有利,但可能带来一连串的询问(a train of enquiry),从而带出这两种可能的结果的文件。

以上四种类别的文件,除非是披露方或代表律师有错漏,否则披露方不会不披露第一类文件。

但从人性角度也可以想到,披露方是十分不愿意自动披露第二类文件的。现实中也经常发生一方在特定披露(specific disclosure)阶段被对方要求才不情愿地拿出来的情况。但为了让法院能够找出事实真相,又非得强制披露不可。所以法院要通过各种手段阻吓,如除非命令(Unless Order)、撤销索赔或抗辩、藐视法院(contempt of court)等。特别重要的是把诉讼方的代表律师捆绑在一起,把他们视为"法院的官员"(officer of the court),有比对客户更高的责任向法院保证全面与坦率的披露,以保证公平审理(fair trial)。这些课题在本章之 3 段与 4 段有详论,不去重复。

至于第三类的中立文件,应该是双方诉讼方都不会反对做出披露。但这涉及时代的改变,在 1882 年是没有太多的文件,Compagnie Financiere v. Peruvian Guano 先例只涉及十几份文件的披露。但到了今天,在一个大型的商业诉讼,这种文件的数量会是数万页、数十万页,这导致的浪费与庞大的诉讼费用,正是英国法院对民事诉讼改革所关注的重点。

第四类的文件可以举一个简单与经常发生的海上货物运输途中的货损货差的例子,船东要披露过去一年与船上的电讯/书信往来,这会是针对方方面面内容的很多文件,绝大部分甚至全部都与案件中海水渗入导致货损的争议无关。但其中可能有一份电文内容中提到船舱盖有关水密的维修与一份维修报告。显然,如果再进一步要求把这份报告披露出来,它会是第二类文件。但这第四类文件比起上述提到的第三类文件会带来更大量的文件披露,从而造成对时间与相应的诉讼费用的更大浪费。

英国在 1999 年以 CPR 替代了 RSC 后,正式推翻或改变了 Peruvian Guano 测试,只保留第一类与第二类文件。但到了 2002 年,发觉 Peruvian Guano 测试对某类别的案件(如涉及欺诈或不诚实)仍是需要,所以通过对 CPR PD 31A para. 5. 5 的修改把这个测试又带回来。这方面的课题在本章多处(如9.9.5段)会进一步详及。

香港特区法院则一贯遵循 Peruvian Guano 测试,2000 年开始民事司法制度改革时曾考虑做出改变,但最后仍决定沿用 Peruvian Guano 测试,[54] 再辅以审慎的案件管理(case management),以制止诉讼方披露过多文件而造成浪费的情况。[55]

7.2 昂贵与耗时的 Peruvian Guano 测试过渡到强调"成比例"的标准披露

由于 Compagnie Financiere v. Peruvian Guano (1882) 11 QBD 55 先例中对"有关"给予极广泛与宽松的定义,只要是会带来一连串的询问(a train of enquiry)的文件都要自动披露。而属于这一类的文件则实在太多,善辩的律师可以几乎将所有文件都说成是这类文件。这也无可避免带来被滥用来钓鱼取证/摸索证明(fishing expedition),另也无可避免导致诉讼费用太高昂与造成时间上的延误。

Woolf 勋爵主导的改革小组在 1996 年介绍 CPR 的《Access to Justice》报告中说:"The test laid down by Brett L. J.[56] is a sophisticated one, more readily applied to the limited number of documents which were being considered by the Court of Appeal in that case than to the vast bulk of documents which have to be considered by parties and their advisers in connection with the complex litigation of the present time."

Steyn 勋爵在《Discovery》(1992 年,第一版)一书的前言说得更明白:"The discovery process often runs rot. It is the experience of commercial judges that usually 95% of the documents contained in the trial bundles are wholly irrelevant and never mentioned by either side. The discovery process adds greatly to the duration and cost of litigation and helps a defendant (or plaintiff) to put off the day of financial reckoning. It contributes to the tyranny of modern civil litigation."[57]

在比较近期的 R v. Olu (2010) EWCA Crim 2975 先例中,Thomas 大法官也说:"In civil litigation, prior to the Woolf reforms which resulted in the Civil Procedure Rules 1999 it had become a practice to send long schedules which dissected the adequacy of disclosure and sought further disclosure; it was sometimes done for tactical reasons in the hope something might turn up given the test in Peruvian Guano or for the purpose of distracting the other party from the conduct of his case or putting him to unacceptable expense."

Woolf 勋爵主导的改革小组成员之一的 Hazel Glenn 教授曾对诉讼费用做出调查/收集证据与进行分析,看看什么是最昂贵与最浪费的部分,例如大律师的收费、专家的收费等,并对结果做出报告。报告分别针对了十种不同性质的诉讼,如公司、商业、人身伤亡、职业疏忽等。结果文件披露有关的费用名列前茅,占所有诉讼费用的 30% ~32%,而在

---

[54] 见 Deak & Co (Far East) Ltd v. NM Rothschild & Sons Ltd (1981) HKC 78 等先例。

[55] 见 EAA Securities Ltd v. Chan Lin Mui (2008) HKDC 205 等先例。

[56] 即是指 Compagnie Financiere v. Peruvian Guano (1882) 11 QBD 55 先例的大法官。

[57] Steyn 勋爵说披露程序非常糟糕,一般商业案件有 95% 的披露文件从来不去提及与完全无关。披露程序大大增加了诉讼时间与费用,也帮助了"扯皮"的一方(原告或被告)延迟付钱(如还债或支付赔偿)。它导致现代民事诉讼的"暴政"。

商业案件中更是比例高达 45%。随着近几十年来社会/商业环境的转变与新科技的发展,诉讼也有了很大改变。其中最重要的就是诉讼费用已经昂贵到一般人士(商业上就是中小型公司)无法提起诉讼了。显然其中最重要的原因是现代社会(特别是商业社会)会产生与制作大量文件,这是现实。宽泛对待有关文件的定义,只要与争议直接或可能间接有关的文件就需要自动披露,难免要披露大量不必要(unnecessary)的文件,这导致披露程序的延误与昂贵的费用。如果社会上大部分的人士因为费用不敢走进法院,又有何公平公义可言。所以 Woolf 勋爵在改革中主力对付披露。Woolf 勋爵也认为文件披露真正会影响最后的判决的案件不多。笔者对此也有同感,很多诉讼涉及的正规公司的内部文件管理(documents management)都做得很好。

7.3 成比例(proportionality)

Woolf 勋爵的民事诉讼改革(Civil Litigation Reform,以下简称 Woolf 改革)主要目的是减低法院的诉讼费用,让更多社会人士能够提起诉讼并主张自己的法律权利(无论是合约或是侵权的权利)。这样,难免要对昂贵(甚至是所有诉讼程序中最昂贵的一项)的自动与全面披露(automatic full discovery)“开刀”。

Woolf 改革引进了“成比例”的概念,是民事诉讼改革带来的 CPR 的主要原则(overriding principle)或主要目的(overriding objective)之一。成比例的概念适用在民事诉讼就是涉及的案件(包括商业案件)会千变万化,如争议金额会有大小,案件本身的重要性、复杂性、性质等方面也不相同,诉讼当事人的财力会有差距等。这表示每一个案件中,诉讼方对诉讼费用的承担能力都不一样,如果所有的案件都是同样处理,如昂贵的披露程序都要按照 Peruvian Guano 测试处理,需要自动与全面披露有关文件,很多人士都会不敢对中小型案件提起诉讼。而法律/法院失去了公平合理审理大量这种案件的机会,这是对社会另一种更严重的不公平。

CPR 一开始就清楚写明了成比例是与公平(just)并列的主要目的之一,在所有诉讼程序中都要考虑在内。可将 CPR Rule 1.1 节录如下:“(1) These Rules are a new procedural code with the overriding objective of enabling the court to deal with cases justly and at proportionate cost. (2) Dealing with a case justly and at proportionate cost includes, so far as is practicable—(a) ensuring that the parties are on an equal footing;(b) saving expense;(c) dealing with the case in ways which are proportionate—(i) to the amount of money involved;(ii) to the importance of the case;(iii) to the complexity of the issues; and (iv) to the financial position of each party…”

在成比例的大原则下,改革后披露程序的做法有了很大不同。再也不是对所有民事诉讼的案件统一适用 Peruvian Guano 测试,而是在一开始就将每一个案件分类。如果根据争议金额认定是一个承担不了太高诉讼费用的案件,就需要简化文件披露程序,而不是在每一个诉讼都不惜代价追求事实真相(Justice at all cost)。

7.4 标准披露(standard disclosure)

早期民事诉讼涉及文件证据普遍以 Peruvian Guano 测试决定什么是强制双方诉讼方自动(automatic)披露的有关(relevant)文件,见 RSC Ord. 24, rr 1–2。1999 年生效的

CPR 对民事诉讼程序作出了重大改革,其中主要是排除了有关文件的自动披露,变为比较局限由法院在案件管理会议(Case Management Conference,CMC)时决定文件披露的程度。其中与国际商业案件最有关的多轨程序(multi-track),披露的默示地位(default position)是标准披露(standard disclosure),见 CPR Rule 31.5。也就是说,在没有另外不同的法院命令或双方同意的情况下,就适用这个默示地位或机制。标准披露也是规定合理搜索(reasonable research)文件的责任的 CPR Rule 31.7 针对的唯一披露做法。所以对商业人士与诉讼律师而言,最熟悉也最常遇到的就是标准披露的做法。可以说,标准披露是一般民商事诉讼案件在 CPR 下披露程序的基准(benchmark)。

CPR Rule 31.6 中说明了标准披露下要披露什么文件,如下:"**STANDARD DISCLOSURE-WHAT DOCUMENTS ARE TO BE DISCLOSED** 31.6 Standard disclosure requires a party to disclose only—(a) the documents on which he relies; and (b) the documents which—(i) adversely affect his own case; (ii) adversely affect another party's case; or (iii) support another party's case; and (c) the documents which he is required to disclose by a relevant practice direction."

上述立法条文可说明如下:

1. "披露"的英文改为"disclosure",不再用"discovery",以显示是不同做法与理念。这令非英国律师的读者更易明白立法条文的措辞/用字是针对什么。

2. 从立法条文中可见,CPR Rule 31.6(a)只限于披露方披露对自己有利与依赖的文件。但 CPR Rule 31.6(b)则要求披露方披露对自己不利或对对方有利的文件。这可称为"有帮助或有妨害测试"(help or hinder test),另也可简称为"有利或不利测试"(support or adversely affect test)。针对有利或不利的文件,标准披露并没有进一步要求实质性(substantiality)或重要性(materiality)。这表示文件只要对披露方自己有一点点不利,仍需要披露。至于什么是有利或不利,显然主要是看文书请求或双方诉讼方的案件陈述。但 CPR 的措辞/用词"相关事宜"(matters in issue)[58]比文书请求显示的争议/争端更广。这在一些特定的争议也带来疑问,例如有不少案件的本质是涉及一方诉讼方是否可信/诚实(credit-worthiness),如争议是指控该诉讼方有否制作一份虚假文件或有否假冒。Favor Easy Management Ltd v. Wu (2010) EWCA Civ 1630 先例就涉及这方面,上诉庭明确这种文件虽然看来与"有利或不利"有关系,因为可以证明该诉讼方是否可信,但不包括在标准披露中。Neuberger 勋爵说:"... when it comes to documents which relate purely to credit, there is a powerful case for saying that they do not fall within the ambit of CPR r. 31.6(b)."

这与 CPR 生效前的 Peruvian Guano 测试的法律地位相同。在 Thorpe v. Chief Constable of Greater Manchester Police (1989) 1 WLR 665 上诉庭先例中,Dillon 大法官说:"The first is that the court should not order discovery, or interrogatories which are a form of discovery, on matters which would go solely to cross-examination as to credit ... It would in-

---

〔58〕 这看来与 CPR 生效前常用的"matters in question"的说法是一回事,这方面也可见本章之 10.1.4.1 段。

deed be an impossible situation in my view if discovery had to be given of every document, not relevant to the actual issues in the action, which might open up a line of inquiry for cross-examination of the litigant solely as to credit."

Neill大法官也说:"At first sight there is some force in the argument that documents which may contain material to impugn the credit of one party might well enable the other party to advance his case … Discovery in an action would become gravely oppressive and time-consuming if there were an obligation on a party to disclose any document which might provide material for cross-examination as to his credit-worthiness as a witness. The present practice is a salutary one which helps to keep discovery within reasonable and sensible bounds."

但这样看来,不下令披露关于是否可信/诚实的争议的文件的原因,不在于文件本质上是否有利或不利,而是因为一旦命令披露这种文件就会没完没了。另也必须避免以不全面的披露去判断某一方诉讼方是否可信。这样看来,在CPR下以不成比例(disproportionality)的理由拒绝下令披露这种文件会更容易理解。

3. 重要的是标准披露剔除了Peruvian Guano测试下第三类的中性但显示争议事实背景(factual background)的文件与第四类的会带来一连串的询问(a train of enquiry)的文件。标准披露剔除了第四类文件没有太多人会反对,除非案情显示是有关严重不诚实的案件,如欺诈。但标准披露也排除了第三类文件的披露就带来了不同的看法。例如,解释一份文件与解释合约条文一样,不是机械式地根据所用文字找出字义。这表示一个好的解释是需要看一份文件在制作时是什么语境(context)与/或当时的事实背景。这就要通过当时的文件去理解,而这些文件大部分甚至是全部都不会是标准披露下的有利或不利文件。

4. 在标准披露下,根本没有提到"有关"(relevance)这两个字。但笔者看到不少先例的判决或权威书籍在CPR生效多年后,仍是说披露"有关"文件。这应是习惯与为了方便,例如还是不少仍叫"文书请求"(pleadings),而不是叫CPR下的"案件陈述"(statements of case),或披露程序仍叫"discovery",但不单独叫CPR下的"disclosure"。要清楚在目前的CPR下,提到"有关"文件,就应该是指标准披露的有利或不利文件。

7.5 披露不再是自动而是由法官下令

不像以前的做法是强制性的不必另向法院申请的自动与全面的披露责任,现在CPR的披露是由英国法院下令,时间上是在做出案件分类的指令(directions)或案件管理会议时。而无论是快速程序(fast track)或是多轨程序(multi-track)案件,一般下令都是标准披露(standard disclosure)。这规定在CPR Rule 31.5:"**DISCLOSURE LIMITED TO STANDARD DISCLOSURE** 31.5(1) …(a) An order to give disclosure is an order to give standard disclosure unless the court directs otherwise. (b) The court may dispense with or limit standard disclosure. (c) The parties may agree in writing to dispense with or to limit disclosure."

其中CPR Rule 31.5(1)(b)又规定法院可在适当案件中进一步限制或完全免除标准披露。针对快速程序案件的CPR Rule 28.3(2)也有这样的说明:"28.3(2) If the court decides not to direct standard disclosure, it may—(a) direct that no disclosure take place; or (b) specify the documents or the classes of documents which the party must disclose."

7.6　CPR的标准披露:理论和实践的差距

在理论上,标准披露(standard disclosure)是应该与1999年前的Peruvian Guano测试在文件披露的数量上有差别,甚至有很大差别。这种差别在有些案例中可以明显看到,例如将在本章之9.7.6段介绍的Shah v. HSBC Private Bank (UK) Limited (2011) EWCA Civ 1154先例。

但在实践上区别不大,这可节录Charles Hollander QC的《Documentary Evidence》(2018年,第13版)一书之7.07段所说:"This book has always expressed the view that whilst standard disclosure was intended to provide a significant reduction in disclosure in civil cases, in fact the profession (and the courts) have largely ignored it and continued much the same as before. Because of electronic disclosure, there has in fact been much more disclosure than before, not less."

另也可节录在Nichia Corporation v. Argos Ltd (2007) EWCA Civ 741先例中,Jacob大法官说:

"It(指Peruvian Guano测试) is manifest that this is a much wider test than that for 'standard disclosure'. I have a feeling that the legal profession has been slow to appreciate this. What is now required is that, following only a 'reasonable search', the disclosing party should, before making disclosure, consider each document to see whether it adversely affects his own or another party's case or support another party's case. **It is wrong just to disclose a mass of background documents** which do not really take the case one way or another. And there **is a real vice in doing so: it compels the mass reading by the lawyers on the other side, and is followed usually by the importation of the documents into the whole case thereafter** – hence trial bundles most of which are never looked at.

Now it might be suggested that it is cheaper to make this sort of mass disclosure than to consider the documents with some care to decide whether they should be disclosed. And at that stage it might be cheaper – just run it all through the photocopier or CD maker – especially since doing so is an allowable cost. But that is not the point. For it is the**downstream costs caused by overdisclosure which so often are so substantial and so pointless**. It can even be said, in case of **massive overdisclosure**, that there is **a real risk that the really important documents will get overlooked.** ..."(加黑部分是笔者的强调)

导致这个理论与实践的差距或者说改革无法落实的原因,笔者认为仍是要归咎于人性(指的是诉讼律师)本质上抗拒改革/改变。其他原因会是:

1. Woolf改革带来的标准披露不是完美的。这可先节录在Digicel (St Lucia) Ltd v. Cable & Wireless Plc (2008) EWHC 2522 (Ch)先例中,Morgan大法官说:"... in litigation ... it may only take one revealing statement in a document, perhaps in an e-mail, to show clearly what people really thought or what people really were intending to achieve, a matter

that might not have been revealed in tens of thousands of other documents in the trial bundles. As against that, it must be remembered that what is generally required by **an order for standard disclosure is a 'reasonable search' for relevant documents. Thus, the rules do not require that no stone should be left unturned.** This may mean that a relevant document, even 'a smoking gun' is not found. This altitude is justified by considerations of proportionality."(加黑部分是笔者的强调)

换言之,较局限的标准披露可能导致可以致对方于死地的确凿证据(smoking gun)被对方隐藏(conceal)。这对不想承担风险(risk averse)与谨慎的律师来说不理想,律师是最怕在败诉后被客户批评,例如没有把一些确凿文件证据拿到手。

2. 有说法是部分律师不知道在标准披露下是不包括 Peruvian Guano 测试下的第三类文件,所以经常造成大规模过度披露(massive over-disclosure 或 document dumping),而这些中立文件的数量也特别多。这里也涉及习惯做法所带来的惯性与惰性,即披露方的代表律师不会在搜索文件(search for documents)时,审阅(review)每一份文件到底内容是有利或不利。这样工作量会很大,干脆把有点关系的文件全部列出给查阅方(inspecting party),让对方慢慢查阅更加简单。

反正是 Woolf 改革在披露方面并没有带来太大改变,在一些大型的复杂商业案件中,披露的文件是以十万份、数十万份计。看来,披露程序作为诉讼最昂贵与耗时的程序丝毫没有改变。这就带来了在下段会介绍的另一次改革,即 2013 年的"Jackson 改革"。

7.7 披露菜单(disclosure menu)替代标准披露

在 CPR 生效与实施了 10 年后,由 Sir Rupert Jackson 大法官主导的对 CPR 初步检讨报告(《Review of Civil Litigation Costs: Preliminary Report, May 2009》)中再次对 CPR 作出了改革("Jackson 改革"),认为标准披露本意是希望大幅度减少民事诉讼的披露文件,但现实的做法是被漠视,与以前的做法没有太大改变。改革通常很难在中短期内被接受,另是在 Woolf 改革的年代,也没有考虑到电子文件带来的影响。

这可节录 Charles Hollander QC 的《Documentary Evidence》(2018 年,第 13 版)一书之 7.17 段所说:"... whilst standard disclosure was intended to provide a significant reduction in disclosure in civil cases, in fact the profession (and the courts) have largely ignored it and continued much the same as before. Because of electronic disclosure, there has in fact been much more disclosure than before, not less."

Jackson 大法官对披露程序的改革就在 2013 年带来了 CPR Rule 31.5(7)的修改。修改后的 CPR Rule 31.5(7)可节录如下:"At the first or any subsequent case management conference, the court will decide, having regard to the overriding objective and the need to limit disclosure to that which is necessary to deal with the case justly, which of the following orders to make in relation to disclosure—(a) an order dispensing with disclosure; (b) an order that a party disclose the documents on which it relies, and at the same time request any specific disclosure it requires from any other party; (c) an order that directs, where practicable, the disclosure to be given by each party on an issue by issue basis; (d) an order that each party disclose any documents which it is reasonable to suppose may contain information which enables that party to advance its own case or to damage that of any other party, or which leads to an enquiry which has either of those consequences;(e) an order that a party give standard disclosure;(f) any other order in relation to disclosure that the court considers appropriate."

以上的所谓"披露菜单"(disclosure menu)提供了更多与更广泛的不同披露做法让法院选择。而"标准披露"(standard disclosure)只是六种不同的披露选择(options)中的一种,不再是披露的默示地位或基准(benchmark)。就法院而言,CPR Rule 31.5 说明法院在一开始的案件管理会议(CMC)考虑选择哪一种的披露,是要同时考虑到主要目的(overriding objective),也就是尽量减少披露以减低诉讼费用并且与案件本身(金额大小与重要性等)成比例(proportionate),将披露只局限在必须披露才能公平处理该特定案件(necessary to deal with the case justly)的文件,见 Positec Power Tools (Europe) Ltd & Ors v Husqvarna AB (2016) EWHC 1061 (Pat)先例。

就当事人的代表律师而言,CPR Rule 31.5 的改变与带来的压力更大。因为在 Rule 31.5(3)与(5)有要求加于律师,可节录如下:"(3) Not less than 14 days before the first case management conference each party must file and serve a report verified by a statement of truth, which—(a) describes briefly what documents exist or may exist that are or may be relevant to the matters in issue in the case;(b) describes where and with whom those documents are or may be located;(c) in the case of electronic documents, describes how those documents are stored;(d) estimates the broad range of costs that could be involved in giving standard disclosure in the case, including the costs of searching for and disclosing any electronically stored documents; and (e) states which of the directions under paragraphs (7) or (8) are to be sought. ...(5) Not less than seven days before the first case management conference, and on any other occasion as the court may direct, the parties must, at a meeting or by telephone, discuss and seek to agree a proposal in relation to disclosure that meets the overriding objective."

这表示双方律师在开始诉讼时必须将披露程序当成一件严重的事情去考虑。双方代表律师也必须在与法院的案件管理会议(CMC)之前,先相互接触讨论有关案件会有什么争议/争端与其他披露会带来的问题。而如果双方同意了一种针对该案件的披露做法,法官在 CMC 也会接受并按此作出命令。在 CMC,双方也被要求提供给法院一份"披露报告"(disclosure report),内容包括披露文件的所在地(包括电子文件怎样存储)与估计根据标准披露会花费多少费用。

而更重要的是,双方律师必须各自根据双方同意的披露做法或标准披露给法院一个费用预算(budgets),如果将来没有很好的理由而超出预算,法院会作出惩罚。可以说,这个费用预算是"Jackson 改革"中另一个重要的措施。在有了这费用的估计或预算后,法院就很容易比较案件争议的金额与其他方面,作出判断到底怎样的披露做法才是成比例(proportionate)。

正如 Jackson 大法官在一次名为"Controlling the costs of disclosure"的讲座中说:"The order made at the first CMC concerning disclosure will have a profound impact on the future course of the case and also upon the final costs of the litigation. Therefore this issue merits careful thought and analysis when the parties initially and the court ultimately are making their selection from the menu of possible disclosure orders."

CPR Rule 31.5(7)的六种选择,如果对披露做法的选择是明智、熟悉案情与有判断水平很管用。因为民事诉讼涉及各种案情与不同争议。所以,有弹性(flexible)地选择不同的披露做法以找出一个对有关案件最适合的确有道理。

例如,在国际货物买卖,买方提取了货物,但不支付货款。作为原告的卖方依赖几份文件,例如双方的买卖合约、货物付运与交货的证明、买方提取货物的收据与/或几份书信往来如卖方向买方追讨这笔货款但买方推三阻四,就已经是足够的文件证据。作为原告的卖方自己就已经会披露与依赖,自动抖出这些文件,根本不需要另一个披露程序。又如,双方的争议只局限在对合约条文的解释,而对有关合约的有效性没有争议,那就根本没有披露文件的必要。或是虽然双方的争议涉及一些事实,但对这些事实没有重要的不同意见,甚至双方同意有关事实(agreed facts),这也根本没有披露文件的必要。在这些案件中,CPR Rule 31.5(7)(a)与(b)的命令,即没有披露程序或是除了双方当事人各自依赖的文件外,作少量的特定披露命令就已经足够。

而如果涉及一个金额庞大与复杂的国际金融欺诈案件,相比损失的金额,多花几千万美元的律师费用根本无所谓,所以不必关心成比例(proportionality)的问题。加上证明欺诈的证据要更完整与明确,因为举证责任(burden of proof)会比较重。这样就会允许更广泛的披露做法,甚至是过时的 Peruvian Guano 测试会带来一连串的询问(lead to a train of enquiry)的文件也需要披露,也就是 CPR Rule 31.5(7)(d)的做法。

另 CPR Rule 31.5(7)(f)的做法实际上是给个别法官在 CMC 中命令他/她认为最适合有关案件的披露做法的裁量权。这样就表示可能的披露做法远不止六种选择。

如果涉及电子文件,这在 CPR Rule 31.5(9)有额外的针对,可节录如下:"To the extent that the documents to be disclosed are electronic, the provisions of Practice Direction 31B-Disclosure of Electronic Documents will apply in addition to paragraphs (3) to (8)."

这个在 2013 年引进的"Jackson 改革",在接下来的四年并没有被充分重视与使用。很少情况会有双方代表律师提出建议选择一种在披露菜单中比较狭窄(也减少诉讼费用)的披露做法。而法院也只有极少数的法官会坚持偏离标准披露。实践上也显示,很多代表双方诉讼方前来参加 CMC 的大律师,事前没有与他的事务律师(solicitors)与/或客户商议过在披露菜单中应该选择哪一种才最适合本案的案情,也更节省费用。

Jackson 大法官(现在已经退休做仲裁员)于 2016 年在英国律师协会商业诉讼会议(Law Society's Commercial Litigation Conference)发言并提到,他对没有太多人选择披露菜单的各种弹性做法表示失望。另外 Jackson 大法官在 2018 年年初退休前在剑桥大学(Cambridge Law Faculty)的讲话,也说到披露菜单替代标准披露并不成功(has not worked well),主要原因是大家并不关注新的规定(take little notice of the new rule)。

Charles Hollander QC 的《Documentary Evidence》(2018 年,第 13 版)一书之 7.08 段

说："Neither the profession, nor the judiciary, has adequately utilized the 'menu' of alternative orders introduced in CPR 31.5(7) in 2013. In practice, standard disclosure has remained the default order for almost all cases."

看来再过几年，可能就又要对披露程序进行另一次改革了，特别是面对电子文件的披露已经势不可挡的现状。

7.8　标准披露(standard disclosure)被试行披露规则计划(disclosure pilot scheme)替代

2016年5月，由于对披露带来的持续甚至在上升的高昂费用、披露程度与复杂性、无可避免的电子文件披露[59]的独特性(如CPR下针对搜索文件的规定是不适用在电子文件)等问题的担忧与关心，成立由Gloster大法官(现在也在做仲裁员)主导的工作小组。Gloster大法官注意到目前披露程序的问题主要是律师与法院没有好好利用CPR Rule 31.5(7)的披露菜单(disclosure menu)。Gloster大法官的工作小组认为主要仍是改变诉讼文化(litigation culture)，虽然这个说法Woolf勋爵早在《Access to Justice》的报告中就已经提到。

这带来了一个针对商业与财产法院(Business and Property Courts)案件的为期两年的"试行披露规则计划"(Disclosure Pilot Scheme)。如果试行成功，估计会替代目前CPR Part 31与相关的操作指引(practice directions)。主要的改变如下：

1. 明示规定双方诉讼方的代表律师有责任必须在文件披露程序中合作与避免大规模过度披露(massive over-disclosure或document dumping)。同时也规定了如果违反责任，法院会作出的惩罚。

2. 明示规定无论选择哪种披露模式(disclosure model)，都必须披露对披露方已知的对自己不利的文件(adverse document)。即使法院不作出披露命令的案件，也仍需要披露不利的文件。

这也符合基本大原则，即在英国的对抗制诉讼(adversarial litigation)下，如果双方诉讼方不披露对己方不利的文件，法院没有办法知道与认定事实真相，也就不会有一个公平审理(fair trial)。

3. 引进一种名为"初步披露"(initial disclosure)或也有称为"基本披露"(basic disclosure)的程序，双方在案件陈述(statements of case)中一并披露与提供一些关键文件(key documents)，让对方能够知道他/她所面对的案件(the case they have to meet)。以下节录有关的立法条文：

"**5. Initial Disclosure**

5.1　Save as provided below, and save in the case of a Part 7 claim form without particulars of claim or a Part 8 claim form, each party must provide to all other parties at the same

---

[59]　在重大的商事诉讼中，已经无法逃避对电子文件的披露。很多公司所有重要文件都是以电子方式记录，根本不存在有纸质文件。但很可能一家公司的电子文件如果转换成为纸质文件，数量大到几个大仓库也放不下。在本书第八章会特别针对电子文件披露所带来的问题。

time as its statement of case an Initial Disclosure List of Documents that lists and is accompanied by copies of—

(1) the key documents on which it has relied (expressly or otherwise) in support of the claims or defences advanced in its statement of case (and including the documents referred to in that statement of case); and

(2) the key documents that are necessary to enable the other parties to understand the claim or defence they have to meet.

5.2 This form of disclosure is known as "Initial Disclosure". ..."

4. 如果需要进一步的披露就要向法院申请"延伸披露"(extended disclosure)。这种披露是依从披露菜单(disclosure menu)的理念,也就是有几个不同选择(options)让法院有弹性地处理与适用在不同的案件。

五种披露模式(disclosure model)从只命令披露已知的对己方不利的文件的 Model A 逐步上升至 Peruvian Guano 测试的 Model E。其中 Model C 是目前国际仲裁的披露做法,这方面可参阅本章之 9.8 段介绍的 Redfern Schedule。另 Model D 的文字上实为标准披露(standard disclosure),但现在已"沦为"五种选择的一种,不再享有默示地位(default position)。为了防止误解,Model D 再也没有使用"标准披露"的说法。

5. 披露方(与他/她的代表律师)针对初步或基本披露没有合理搜索(reasonable search)的法律责任,但到了延伸披露(除了 Model A),就有了这个法律责任。

6. 又多了一份名为"Disclosure Review Document"(简称 DRD)的表格,范本可见本章之附件三。DRD 是希望作为一个框架,让双方当事人/诉讼方在案件管理会议前合作与交流,并对以哪种披露模式来进行披露程序达成一致。毕竟他们最熟悉有关的案件并知道要求对方披露什么文件。另也希望双方诉讼方能够互通信息,如有关文件的储存地、怎样进行搜索与查阅等。

7. 披露的费用预算(budgets),基本还是按照 Jackson 改革。

以下节录有关五种披露模式的立法条文:

"PRACTICE DIRECTION 51U-DISCLOSURE PILOT FOR THE BUSINESS AND PROPERTY COURTS

The Extended Disclosure Models

8.1 Extended Disclosure may take the form of one or more of the Disclosure Models set out below.

8.2 There is no presumption that a party is entitled to Extended Disclosure, and in particular to Model D or Model E disclosure. No Model will apply without the approval of the court.

8.3 The court may order that Extended Disclosure be given using different Disclosure Models for different Issues for Disclosure in the case. In the interests of avoiding undue complexity the court will rarely require different Models for the same set of documents. The court may also order that Extended Disclosure be given by only one party, or that different Models are to apply to each party's Disclosure on a particular Issue for Disclosure.

Model A：Disclosure confined to known adverse documents

The court may order that the only disclosure required in relation to some or all of the Issues for Disclosure is of known adverse documents in accordance with the (continuing) duty under paragraph 3.1(2) above.

Model B：Limited Disclosure

(1) The court may order the parties to disclose (where and to the extent that they have not already done so by way of Initial Disclosure, and without limit as to quantity)—

(a) the key documents on which they have relied (expressly or otherwise) in support of the claims or defences advanced in their statement(s) of case; and

(b) the key documents that are necessary to enable the other parties to understand the claim or defence they have to meet;

and in addition to disclose known adverse documents in accordance with their (continuing) duty under paragraph 3.1(2) above.

(2) A party giving Model B Disclosure is under no obligation to undertake a search for documents beyond any search already conducted for the purposes of obtaining advice on its claim or defence or preparing its statement(s) of case. Where it does undertake a search however then the (continuing) duty under paragraph 3.1(2) will apply.

Model C：Request-led search-based disclosure

(1) The court may order a party to give disclosure of particular documents or narrow classes of documents relating to a particular Issue for Disclosure, by reference to requests set out in or to be set out in Section 1B of the Disclosure Review Document or otherwise defined by the court.

(2) If the parties cannot agree that disclosure should be given, or the disclosure to be given, pursuant to a request, then the requesting party must raise the request at the case management conference. The court will determine whether the request is reasonable and proportionate and may either order the disclosing party to search for the documents requested, refuse the request, or order the disclosing party to search for a narrower class of documents than that requested. Any appropriate limits to the scope of the searches to be undertaken will be determined by the court using the information provided in the Disclosure Review Document.

(3) For the avoidance of doubt, a party giving Model C Disclosure must still comply with the duty under paragraph 3.1(2) above to disclose known adverse documents; these will include any arising from the search directed by the court.

Model D：Narrow search-based disclosure, with or without Narrative Documents

(1) Under Model D, a party shall disclose documents which are likely to support or adversely affect its claim or defence or that of another party in relation to one or more of the Issues for Disclosure.

(2) Each party is required to undertake a reasonable and proportionate search in relation to the Issues for Disclosure for which Model D disclosure has been ordered. Any appropriate limits to the scope of the searches to be undertaken will be determined by the court using the information provided in the Disclosure Review Document.

(3) The order should specify whether a party giving Model D disclosure is to search for and disclose Narrative Documents. If the order does not so specify, Narrative Documents should not be disclosed.

(4) For the avoidance of doubt, a party giving Model D Disclosure must still comply with the duty under paragraph 3.1(2) above to disclose known adverse documents; these will include any arising from the search directed by the court.

Model E: Wide search-based disclosure

(1) Under Model E, a party shall disclose documents which are likely to support or adversely affect its claim or defence or that of another party in relation to one or more of the Issues for Disclosure or which may lead to a train of inquiry which may then result in the identification of other documents for disclosure (because those other documents are likely to support or adversely affect the party's own claim or defence or that of another party in relation to one or more of the Issues for Disclosure).

(2) Model E is only to be ordered in an exceptional case.

(3) Each party is required to undertake a reasonable and proportionate search in relation to the Issues for Disclosure for which Model E Disclosure has been ordered. The scope of the search will be determined by the court using the information provided in the Disclosure Review Document and is likely to be broader than that ordered for Model D Disclosure.

(4) Narrative Documents must also be searched for and disclosed, unless the court otherwise orders.

(5) For the avoidance of doubt, a party giving Model E Disclosure must still comply with the duty under paragraph 3.1(2) above to disclose known adverse documents; these will include any arising from the search directed by the court."

8. 拥有/托管和有权获取的文件到 CPR 下的可掌控文件

双方诉讼方需要披露的“有关”(根据标准披露)的文件,根据以前 RSC 的规定,只局限在披露自己一方所“拥有/托管/有权取得”(possess/custody/power)的文件。在 1999 年生效的英国《Civil Procedure Rules》(简称 CPR)之 Rule 31.8,采用了“掌控”(control)这个类似的表达,并包括了以下三种情况:(1) 实际拥有(physical possession)的文件;(2) 有权拥有(a right to possession)的文件;(3) 有权查阅或制作副本(a right to inspect or take copies)。

以下可节录有关条文:"DUTY OF DISCLOSURE LIMITED TO DOCUMENTS WHICH ARE OR HAVE BEEN IN A PARTY CONTROL 31.8 (1) A party duty to disclose documents is limited to documents which are or have been in his **control**. (2) For this purpose a party has or has had a document in his **control** if:(a)it is or was in his physical possession;(b)he has or has had a right to possession of it; or (c)the has or has had a right to inspect or take copies of it."

进一步探讨上述立法条文前,可先节录在《Disclosure》(2017年,第5版)一书之5.58段,说:"The CPR make fresh provision, requiring disclosure of documents which are or have been in a party's 'control'. But 'control' is defined to cover physical possession, the right to possession, and the right to inspect or take copies … The definition does not state that 'control' **includes** these cases, but instead says that these **are** the cases of 'control'. However, it would appear that there may be control falling outside these three categories. In one case, a settlor and former beneficiary was ordered to produce trust documents as being in his control, as that represented the reality of the situation, even if he had no enforceable legal right to possession.[60] The test is not one of ownership. Thus whilst usually the right to possession and the right to inspect follow ownership, this may not always be the case: Three Rivers DC v. Bank of England (2002) EWHC 1118 (Comm) at [54]; Three Rivers DC v. Bank of England (No.4) (2003) 1 WLR 210 at [49]-[51]."

8.1　拥有(possession)

"拥有"的文件就要自动披露已经有很长的历史了。RSC下著名的B v. B (1978) Fam 181先例中提到"拥有"在1964年前被称为"有形拥有"(corporeal possession)。Dunn大法官说:"Before 1964 the word 'possession' was held to mean 'corporeal possession pursuant to legal possession', but 'corporeal possession' is now embraced by the word 'custody'."

因此"拥有"(possession)一词表示"有法律权利拥有文件"(legal right to the possession of a document)或对有关文件有"所有权"(ownership of the document),而不需要实际拥有(physical possession)。所以,如果属于A所有的文件在他的代理或仆人B处,A有权拥有文件。但如果B是专业人士(如律师或会计师),则就必须区分属于B的工作底稿(working paper)与属于A但在B手上的文件(包括B与第三方的书信往来)。因为法律上有区分,前者属于B,但后者就属于委托人(principal)A,见Chantrey Martin v. Martin (1953) 2 QB 286; Gomba Holdings UK Ltd v. Minories Finance Ltd (1989) BCLC 115; R v. Mid-Glamorgan Family Health Services Ex p Martin (1995) 1 WLR 110; Formica Ltd v. Export Credits Guarantees Department (1995) 1 Lloyd's Rep 692等先例。

如果B(如律师)同时拥有别的委托人的文件,A无权拥有,见Swanston v. Lishman

---

〔60〕 见在本章之8.7段介绍的North Shore Ventures Ltd v. Anstead Holdings Inc (2012) EWCA Civ 11先例,另也可见Bank St Petersburg PJSC v. Arkhangelsky (2015) EWHC 2997 (Ch)先例。

(1881) 45 LT 360; Grupo Torras SA v. Al-Sabah (unreported, 5 June 1997) (Mance 大法官判如果律师同时为两个客户服务,则其中一个无权拥有另一个的文件)等先例。

如果一方诉讼方与他人共同有权拥有(joint possession)文件,[61] 则在 RSC 下必须披露该文件存在,见 Alfred Crompton Amusement Machines Ltd v. Commissioners of Customs & Excise (No. 2) (1974) AC 405 先例。但在 1964 年之前,诉讼方不会被强制要求提供这些文件给对方诉讼方,而在 1964 年 RSC 修改之后,是否要求提供文件取决于法院的裁量权,见 Arab Monetary Fund v. Hashim (No. 5) (1992) 2 All ER 911 先例。CPR 没有明确针对共同拥有的问题,最好还是认为诉讼方仍要披露文件的存在,但是否被命令提供文件取决于法院的裁量权。

若一份有关文件曾一度拥有,但披露时已失去或被销毁(如火灾、搬家、公司定期销毁文件政策等),或交给其他人自己又没留底等,则须在文件清单(list of documents)说明曾经拥有有关文件本应披露,但目前已失去及如何失去。这是为了让对方当事人与/或法院知悉文件去向,如对方考虑是否有必要采取行动取得有关文件,例如向第三方发出传票传召到庭提供文件证据(*subpoena duces tecum* 或 Witness Summons),涉及电子文件法院考虑花钱尝试恢复(retrieve)是否值得与成比例(proportionality)。

8.2 实际拥有(physical possession)

在新的 CPR 下,将实际拥有(原本的托管)与有权拥有(刚介绍的"拥有")做出了区分,见 CPR Rule 31.8 (2) (a)、(b)。所以虽然名称有所改变,但针对拥有的法律地位没有改变。

在 B v. B (1978) Fam 181 先例中,Dunn 大法官针对托管(custody)说:"… 'custody' means 'the actual physical or corporeal holding of a document regardless of the right to possession, for example a holding of a document by a party as servant or agent of the true owner'."

也就是说,如果公司董事实际被托管有关的公司文件就有责任披露,尽管完全因为他是公司雇员才会被托管有关文件,见澳大利亚的 Roux v. Australian Broadcasting Commission (1992) 2 VR 577 先例。这表示诉讼方不应将属于第三方拥有的文件取过来借用。因为这样做,即使该文件虽仍属于第三方,其所有权不变,但诉讼方对它就有了托管,同样有披露责任。即使随后马上退还,也补救不了。因为曾一度托管,但披露时已失去托管,同样要在文件清单中说明去向。

CPR 下的实际拥有(physical possession)与 RSC 下的托管是一回事。但 CPR 中并没有规定要合法(lawful)实际拥有,也就是说,即使诉讼方是从真正的文件所有人那里偷来或者用其他非法手段获得的文件,也需要披露,除非能够主张(assert)文件享有自证其罪特免权(privilege against self-incrimination)。[62] 这与上一段提到的共同拥有(joint pos-

〔61〕 这方面可参阅本书第十一章之 4 段联合委托(joint retainer)、联合利益(joint interest)与共同利益(common interest)。

〔62〕 这方面可参阅本书第十三章之 10 段。

session)的情况类似。

8.3 有权查阅文件或制作副本(a right to inspect or take copies)

在 CPR 下的新词应是替代了 RSC 下的“权力”(power),即如果有关文件是披露方已经有权可以从第三方获取的,就要做出披露。在 B v. B (1978) Fam 181 先例中,Dunn 大法官说:“‘power’ means ‘an enforceable right to inspect the document or to obtain possession or control of the document from the person who ordinarily has it in fact’.”

对“权力”作出权威性定义的是 Lonrho v. Shell Petroleum (1980) 1 WLR 627 先例,Diplock 勋爵说:“The expression ‘power’ must in my view mean **a presently enforceable legal right**[63] to obtain from whoever actually holds the document inspection of it **without the need to obtain the consent of anyone else**.[64] Provided that the right is presently enforceable, the fact that for physical reasons it may not be possible for the person entitled to it to obtain immediate inspection would not prevent the document from being within his power …”

RSC 下,“权力”是重要的一词。在上述提到的贵族院先例中,涉及英国的 Shell 石油公司在披露时是否已经存在可执行的权利去获取在莫桑比克的附属公司(Shell Mozambique Ltd)所拥有的文件?或者说母公司与子公司相互之间是否有获取、查阅与抄本对方(不同法人)的文件(包括最机密文件)的权利?这方面会在稍后详细介绍,在此只说是 CPR 虽然将立法措辞改为“有权查阅文件或制作副本”(a right to inspect or take copies),但目前在 CPR 下这个贵族院先例所设立的“Lonrho 考验”仍是适用。这可节录 Charles Hollander QC 的《Documentary Evidence》(2018 年,第 13 版)一书之 8 - 07 段部分如下:“The important word was ‘power’. This was held to mean a presently enforceable legal right to obtain the document from the holder without the need to obtain the consent of anyone else. In the leading case, Lonrho v. Shell Petroleum, the claimant sought disclosure of the documents of the foreign subsidiaries of Shell and BP. They argued that the documents were in the power of the parent, because the parent could if necessary obtain possession by winding up the subsidiary. The House of Lords held that this did not constitute a presently enforceable legal right, and the application for disclosure failed. The Lonrho test remains good law since the CPR. This has never really been doubted, notwithstanding the different wording, and is apparent from the recent Court of Appeal decision in North Shore Ventures v. Anstead (2012) EWCA Civ 11.”

看来“权力”更强调是诉讼方(自然人或法人)自己可执行的权利。而至于诉讼方会有自己的仆人(servant)或雇员,这些仆人或雇员会有其他身份,此时就要将并非作为诉讼方仆人或雇员的身份所获得的可执行权利,与诉讼方自己可执行的权利进行区分。有关先例可见 Macmillan Inc v. Bishopsgate Investment Trust Plc (No. 2) (1993) ICR 385; Bu-

---

〔63〕 “权力”是指目前能以强制的法律权利获取文件,而不是指将来(如公司清盘后)才会有这种权利。

〔64〕 索取这份文件无须任何人同意。这表示要恳求第三方才能获取的文件不包括在披露中,而披露方也不必这样做。

la Ltd v. Tara Mines Ltd（1994）ILRM 111；Equiticorp Industries Group Ltd v. Hawkins（1994）2 NZLR 738；Henly Cosmosair（1995）CLY 449；Horgan v. Murray（1999）1 IRLM 257 等先例。

在 Macmillan Inc v. Bishopsgate Investment Trust Plc（No. 2）先例中，Haas 先生是第二被告的证人。在对 Haas 先生反盘问的过程中，提到一家名为 B. I. M 的公司的清盘人(liquidator)曾经与他会谈(interview)。原告要求 Haas 先生披露会谈内容的记录(transcript)，但 Haas 先生拒绝披露，除非有法院命令。针对 Haas 先生的雇主是否有可执行的权利(presently enforceable legal right)获得这份记录，Millett 大法官认为，因为 Haas 先生是在法院命令下以个人身份，而不是以他的雇员身份接受会谈，所以即使雇主要求他披露记录，他也可以拒绝。看来如果要向严格来说是第三方的人士获取文件，就需要向法院申请传召证人(*subpoena duces tecum* 或 Witness Summons)，或申请第三方披露令(Norwich Pharmacal Order)。[65]

RSC 下的"权力"与 CPR 下的"有权查阅文件或制作副本"，所指的权力应该是指在英国法律下已经存在的合约与立法权利(existing contractual and statutory rights)。这权利是披露方不必再做任何额外事情或花费就可以查阅有关文件与制作副本。

例如，在 Dubai Bank v. Galadari（No. 6）（The Times，14 October 1992）先例中，Morritt 大法官下令披露方要尽一切合法办法取得一些特定文件(to use all lawful means available to them to obtain possession，custody or power of specific documents)。但这命令被上诉庭否定，判披露责任不必走到这么远的地步。

本书第六章之 7 段介绍了一些双方的合约条文明示可让一方查阅一些另一方的有关文件并制作副本的例子。例如在一个期租合约中，通常都会有条文说明承租人可要求船东允许其查阅航海日志(ship's log book)并制作副本。至于正本的航海日志，显然仍是属于船东的财产与船东拥有所有权。如果承租人在拥有这个合约权力的情况下参与了另一个诉讼或仲裁，如对方是分承租人，在披露程序中承租人是要自动披露他并不拥有或实际拥有的航海日志。毕竟，查阅航海日志并制作副本是承租人目前已经存在的合约权利。

但如果有一份期租合约刚好没有这一条明示条文，即使该承租人与船东的关系非常好，可以说如果承租人向船东要求查阅航海日志与制作副本，船东多数会答应，但法律上仍不会强制要求承租人(如果他是诉讼的披露方)获取航海日志这一份有关与重要的文件并向法院(或仲裁庭)与对方诉讼方披露。

如果根据合约条文，第三方获取文件有条件(conditional)，例如经常会遇到第三方要求保密(甚至是保护特免权[66])的条件，这就完全不一样了。这方面可以节录《Disclosure》(2017 年，第 5 版)一书之 5.69 段，说："Plainly，**a right of inspection of documents**，**pursuant to a contract**，satisfies the test in the CPR. But a 'right' which is in fact discre-

〔65〕 在本书第二章之 4 段有详细介绍。

〔66〕 这方面可参阅本书第十一章之 4.3.7 段。

tionary and not absolute, probably does not.[67] Moreover, under the old rules, it was held that such a right would not make such documents within the 'power' of a party for discovery purposes if the contract expressly or impliedly required the documents or their contents to be kept confidential. It is submitted that the same is true under the CPR."

至于有立法权利查阅第三方文件与制作副本,然后要在诉讼或仲裁中做出披露的情况,可节录《Disclosure》(2017 年,第 5 版)一书之 5. 70 段,说:"Other rights to obtain such inspection or production may flow, not from contract, but from status such as the right of a beneficiary to see documents relating to a deceased estate[68] or trust documents,[69] the right (if any) of a protector or settlor to trust documents,[70] the right of a principal to see his agent's records,[71] and the right of a company director to inspect the company's books.[72] Or they may be based on statute, such as the right of a partner to inspect partnership books,[73] the right of patients to see medical records and reports,[74] the right of subjects of computer or other files to see those files,[75] the right of a local government elector to inspect minutes of proceedings, orders for the payment of money and accounts for local authority,[76] and the right of a union member to inspect the union's accounting records.[77] Another example is the right of a party to litigation to be supplied with copies of court documents relating to the proceedings. Non-parties (i. e. the general public) may inspect claim forms which have been served, and judgments and orders made in public, but require the permission of the court to inspect any other documents on the court file.[78] There are also rights to inspect the register of insolvency proceedings."

---

〔67〕 见 Lombard Shipping and Forwarding Ltd, Re (1993) BCLC 238 先例。

〔68〕 遗产(deceased estate)的受益人(beneficiary)可以查阅遗产有关的文件与制作副本,见 CI v. NS (2004) EWHC 659 (Fam)等先例。

〔69〕 类似的信托(trust)的受益人可以查阅信托文件,见 Londonderry Settlement, Re (1965) Ch 918; O'Rourke v. Darbishire (1920) AC 581; Schmidt v. Rosewood Trust Ltd (2003) UKPC 26; Breakspear v. Auckland (2008) EWHC 220 (Ch)等先例。

〔70〕 见 Davidson v. Seelig (2016) EWHC 549 (Ch); Khan v. RDK International (2015) EWHC 3488 (Ch) 等先例。

〔71〕 见 Yasuda Fire v. Orion (1995) 1 Lloyd's Rep 525; Fairstar Heavy Transport NV v. Adkins (2013) EWCA Civ 886; Amec Foster Wheeler v. Morgan Sindall (2015) EWHC 2012 (TCC) 等先例。

〔72〕 公司董事可以查阅公司账簿,见 Conway v. Petronius Clothing Co (1978) 1 WLR 72 at 89; State of South Australia v. Barrett (1995) 64 SASR 73(但该董事只在任期内才有这种权利)等先例。

〔73〕 根据 1890 年《Partnership Act》之 S. 24(9)的规定,合伙人有权检查合伙簿册(partnership book),这种权利也可以通过合约获得,见 Inversiones Frieira SL v. Colyzeo Investers II LP (2011) EWHC 1762 (Ch) 先例。

〔74〕 见《Access to Medical Reports Act 1988》《Access to Health Records Act 1990》。

〔75〕 见《Data Protection Act 1984》《Access to Personal Files Act 1987》《Data Protection Act 1998》。

〔76〕 见《Local Government Act 1982》。

〔77〕 根据 1992 年《Trade Union and Labour Relations (Consolidation) Act》之 S. 30,工会成员有权检查工会的账目记录。

〔78〕 这方面可参阅本书第四章。

8.4 掌控(control)

有说法是,CPR 下的"掌控"(control)与 RSC 下的"拥有/托管/权力"之间没有太大的实质区别。例如,在 Montpellier Estates Ltd v. Leeds City Council (2012) EWHC 1343 (QB)先例中,Beatson 大法官说:"Although some commentators consider the CPR has not made any significant practical difference to the concept of 'control' and the powers of the court, Matthews and Malek[79] at 5.47 state that the new rules 'have made inroads' on the principles established under the old RSC. ..."

但看来,在 CPR 后"掌控"可包括的情况更广泛与灵活。Toulson 大法官在 North Shore Ventures Ltd v. Anstead Holdings Inc (2012) EWCA Civ 11 先例中说,不同案件的事实(facts)下可以对"掌控"有更广泛的定义,可节录如下:"In determining whether documents in the physical possession of a third party are in a litigant's control for the purposes of CPR r. 31.8, **the court must have regard to the true nature of the relationship between the third party and the litigant.** The concept of 'right to possession' in CPR r. 31.8(2)(b) covers a situation where a third party is **in possession of documents as agent for a litigant. The same would apply in** my view **if the true nature of the relationship was that the litigant was to be the puppet master** in the handling of money entrusted to him for the specific purpose of defeating the claim of a creditor. **The situation would be akin to agency.** But even if there were on a strict legal view no 'right to possession', for example, because the parties to the arrangement caused the **documents to be held in a jurisdiction whose laws would preclude the physical possessor from handing them over** to the party at whose behest he was truly acting, **it would be open to the English court in such circumstances to find that as a matter of fact the documents were nevertheless within the control of that party** within the meaning of CPR r. 31.8(1). CPR r. 31.8(2) states that for the purpose of CPR r. 31.8(1) a party has or has had a document in his control if the case falls within paragraphs (a) to (c). It does not state that a party has or has had a document in his control if but only if the case falls within one of those paragraphs."(加黑部分是笔者的强调)

例如,"权力"看来主要针对在英国法律下有合约与立法权利(contractual and statutory rights)向第三方获取并查阅有关文件与制作副本,并向对方诉讼方作出自动披露。但"掌控"是针对每一个不同案件的情况与事实决定,例如外国公司在英国法院诉讼或伦敦仲裁,但会受到外国法律的限制而导致事实上不能披露有关的文件。这方面可节录 Charles Hollander QC 的《Documentary Evidence》(2018 年,第 13 版)一书之 8-12 段如下:"**Control A Question of Fact.** One point not always appreciated is that the legal analysis as to **whether a document is within the control of a party has to be seen in the light of the factual position, and not merely as a matter of law.** Where **foreign companies** are concerned, it may be necessary **consider what rights are available under the local law**. The

---

[79] 指本章多处节录的《Disclosure》(2017 年,第 5 版)一书作者。

starting point is：as a matter of fact is the document in the control of the party. It is one thing to take the point that you cannot be compelled to produce a document your client does not have on the basis that it is in the control of a subsidiary. It does not however mean that it is permissible for a client to avoid disclosing a document in his possession on the grounds that it is the document of another group company. ...”(加黑部分是笔者的强调)

8.5　全面与坦率披露是持续的责任

需要注意的是,CPR Rule 31.8(1)规定的是“are or have been”掌控的文件,所以除了以前已经掌控的文件,直到诉讼程序结束前,诉讼方都有持续的披露责任(continuous obligation/duty)。所以在诉讼程序开始后甚至在开庭审判时掌控的文件都需要披露,这个法律地位可见 Vernon v. Boslet (No.2) (1999) QB 18; Scott v. Commissioners of Inland Revenue (2004) EWCA Civ 400 等先例。另 CPR Rule 31.11 也明确规定说:“**Duty of disclosure continues during proceedings** 31.11 (1) Any duty of disclosure continues until the proceedings are concluded. (2) If documents to which that duty extends come to a party's notice at any time during the proceedings, he must immediately notify every other party.”

8.6　集团公司/附属公司/一人公司之间可否合法获取或掌控文件

在今天,绝大部分甚至是所有人士都是以“有限公司”(limited liability companies)的形式进行国际商业活动。

简单来说,有限公司是独立法人(legal person),与作为股东(shareholders)的个别自然人或其他公司法人是不同的个体(entities)。英国早在 Salomon v. A Salomon & Co Ltd (1897) AC 22 的贵族院先例中就确立了这个在当时英国《Company Act 1862》下的“公司法人原则”(doctrine of corporate personality)。

在 Salomon v. A Salomon & Co Ltd 先例中,Halsbury 勋爵说:“I observe that the learned judge ... held that the business was Mr. Salomon's business, and no one else's, and that he chose to employ as agent a limited company ... I confess it seems to me that that very learned judge becomes involved by this argument in a very singular contradiction. Either the limited company was a legal entity or it was not. If it was, the business belonged to it and not to Mr. Salomon. If it was not, there was no person and no thing to be an agent at all; and it is impossible to say at the same time that there is a company and there is not.”

但有限责任的好处并不绝对,很多公司法的案件涉及作为受害方的原告试图揭开公司面纱(pierce corporate veil)。这在不少情况下也会成功,例如涉及欺诈(fraud)、滥用(abuse/sham)、利用公司结构的恶行(如逃税、隐藏资产、逃避责任等)违反了基本的公平原则,法院就会适用如“分身”(alter ego)的说法去否定该公司结构,而要求背后有关的自然人(如他/她是一家“一人公司”的 100% 的股东)承担责任与后果。

这方面问题也出现在诉讼中的披露程序。例如,A(一家有限公司 B 的大股东)是否有权力(power)或掌控(control)可以获得、查阅 B 公司的文件与制作副本?可以说,在公司法人的原则下是不会有这种权力或掌控,除非能成功揭开公司面纱。

8.6.1 一人公司

在 Salomon v. A Salomon & Co Ltd (1897) AC 22 先例中,Macnaghten 勋爵说到"一人公司"(one-man companies),如果背后只有一个自然人或另一个法人作为老板完全掌控该有限公司,就不是根据《Company Act 1862》合法成立的公司。但如果是主要控股的大股东可对该有限公司有绝对性的影响力或可取得公司赚取利润的大部分分红,这仍是合法。Macnaghten 勋爵所说可节录如下:"It has become the fashion to call companies of this class 'one man companies'. That is a taking nickname, but it does not help one much in the way of argument. If it is intended to convey the meaning that a company which is under the absolute control of one person is been complied with, it is inaccurate and misleading: not a company legally incorporated, although the requirements of the Act of 1862 may have if it merely means that there is a predominant partner possessing an overwhelming influence and entitled practically to the whole of the profits, there is nothing in that that I can see contrary to the true intention of the Act of 1862, or against public policy, or detrimental to the interests of creditors."

另在著名的 Lonrho v. Shell Petroleum (1980) 1 QB 358 上诉庭先例中,也探讨了一人公司的情况,Shaw 大法官提到了一家有限公司的文件可能属于其他公司法人或自然人控制,说:"… where on the established facts a company is so utterly subservient or subordinated to the will and the wishes of some other person (whether an individual or a parent company) that compliance with that other person's demands can be regarded as assured.[80] Each case must depend upon its own facts and also upon the nature, degree and context of the control it is sought to exercise."[81]

Denning 勋爵也说:"I would like to say at once that, to my mind, **a great deal depends on the facts of each individual case.** For instance, take the case of a one-man company, where one man is the shareholder-perhaps holding 99% of the shares, and his wife holding 1%-where perhaps he is the sole director. In those circumstances, his control over that company may be so complete-his 'power' over it so complete - that it is his alter ego. … But in the case of multi-national companies, it is important to realize that their position with regard to their subsidiaries is very different from the position of one-man companies."(加黑部分是笔者的强调)

Denning 勋爵给了一个简单例子以显示每一个案件不同的事实会导致不同判法。如果是一家一人公司,而背后的"老板"是掌握了 99% 股份的股东,剩下的 1% 的股份是他的妻子所拥有,他也是该一人公司的唯一董事与执行官。在这种情况下,该公司法人是完全在他的控制之下,有完整的权利可随意挪用公司的财产(包括文件),该公司实际上是

---

[80] 如果一间公司(如附属公司)事实上完全听命于一个人(无论是自然人或是母公司),则这个人只要提出要求,就可保证会被依从/听命。

[81] 每一案件都要看事实,如公司结构与一贯的做法。

他的分身(alter ego)。

在近期的North Shore Ventures Ltd v. Anstead Holdings Inc (2012) EWCA Civ 11先例中,Arden大法官也说:"If one asks the question what 'different considerations' may apply in the case of the one-man company, the answer lies in the fact that a person with such domination over a company has or is likely to have the real say whether to produce the document. To obtain the 'consent' of the company require obtaining the consent of himself and no one else."

1999年CPR生效前或后的先例对这方面的判法是一致。如在Tecnion Investments, Re (1988) BCLC 434先例中,Dillon大法官说基本原则是找出另一公司是否完全受被告(披露方)的掌控,实际是后者的分身(whether the other companies are under the unfettered control of the respondents so as to be their alter egos)。这样,"皮包公司"与没有独立生存能力的附属公司就难以逃避披露了。

这种"一人公司"的情况也出现在加拿大的Dallas v. Dallas (1960) 24 DLR (2d) 746先例中,法院判公司是董事与控股股东(controlling shareholder)的分身,所以公司的文件属于他控制。但也有先例判公司并非董事与控股股东的分身,所以还是要根据每个案件的不同事实判断,见Innovisions Ltd v. Chan Sing-Chuk (1992) 2 HKLR 306等先例。

在涉及离婚的B v. B (1978) Fam 181先例中,妻子要求丈夫披露一些B公司拥有的文件。B公司75%的股份由A公司拥有,而余下部分由一家上市公司拥有。A公司51%的股份由丈夫拥有,余下的由丈夫家中成员拥有。法院拒绝了妻子的申请,不认为B公司(独立法人)等同于丈夫(自然人),即丈夫不可以掌控与有权获取属于B公司的文件。

8.6.2　跨国公司、集团公司和附属公司的文件

但如果涉及是一间跨国公司,它会成立很多附属公司(subsidiary companies)。这样就算是它拥有90%或95%,甚至是100%[如一家项目公司(SPV)]的股份,也会与上述的"一人公司"有所不同。今天很多跨国公司与大集团全资拥有很多附属公司,也会是一些附属公司的大股东或小股东。其中大部分附属公司有独立的业务,更会有跨国公司作为主要股东的附属公司是与其他没有特殊关系(arm-length)的公司(如外国当地的另一家公司)合股成立一家"独家经销协议"的附属公司。这样,这种附属公司于情于理都确实与母公司(parent company)是不同的法人。但也会有的附属公司是"皮包公司"(filing cabinet companies),本身没有独立的生存能力(no independent existence)。则如果有关文件在附属公司手中,母公司算是有权力(power)或掌控(control)还是没有呢?看来,前者独立营运的附属公司是一个真正的法人,母公司没有权力或无法掌控该公司的文件,但后者的附属公司就会有不同的对待了。

从现实的角度来看,即使是独立营运的附属公司,仍会在母公司或同一集团的其他关联公司(associated companies)的要求下,交出或允许前来查阅文件与制作副本。但已经在本章之8.3段介绍Diplock勋爵说是披露方不需要披露向第三方的法人或自然人"哀求"与在同意下才能获取的有关文件("without the need to obtain the consent of anyone else”)。另在 Dubai Bank v. Galadari (No. 6) (The Times, 14 October 1992)先例中,上诉庭也确认了不要求披露方尽一切合法办法去获取有关文件。这就表示独立营运的附属公司,即使是愿意协助在诉讼(或仲裁)中的母公司或集团关联公司(仍要看被要求允许查阅与制作副本的文件到底对附属公司自己会否有影响与当地的法律是否会容许),也不表示披露方有法律责任获取这些有关文件以满足对法院作出全面与坦率披露的责任。当然,如果这些文件内容是对诉讼中的母公司或关联公司有利,可以想到现实中会很容易从附属公司取得副本去披露,但这是另一回事。

附属公司独立营运的情况,可介绍重要的 Lonrho v. Shell Petroleum (1980) 1 WLR 627 先例。该先例的案情相对复杂,涉及种族歧视与联合国禁令/禁运的南非与前罗德西亚(Rhodesia)年代的政治事件,本书在这方面不多介绍。本先例的原告(Lonhro,运送去罗德西亚的石油管道的所有权人)向作为共同被告的 Shell 石油公司与英国石油公司(BP)起诉串谋与违反有关石油供应与运输合约的默示承诺等,并申请法院命令被告披露其在南非、罗德西亚与莫桑比克的独立营运的附属公司的有关文件。但贵族院不同意原告的申请,判是在 RSC 下附属公司拥有的文件不在母公司权力下可获取。在该先例中,附属公司如果要允许被告(Shell 与 BP)查阅与制作副本以在英国法院的诉讼向原告作出披露,除非修改附属公司的公司章程(article of association)与获得政府部门批准(否则是违法),即使附属公司愿意也没有其他办法。所以,被告没有可立即行使的法律权利获得文件。可节录部分 Diplock 勋爵判词如下:

“It is unnecessary for present purposes to distinguish between subsidiaries that are incorporated in the United Kingdom and those incorporated in South Africa or Rhodesia. The company law of those two countries is substantially the same as that to be found in the Companies Act 1948 …

The articles of association of all the subsidiaries vest the management of the company in its board of directors. It is the board that has control of the company's documents on its behalf; the shareholders as such have no legal right to inspect or to take copies of them. If requested to allow inspection of the company's documents, whether by a shareholder or by a third party, it is the duty of the board to consider whether to accede to the request would be in the best interests of the company… Needless to say, if the local law of the country in which the company is resident forbids disclosure, the company through its board must comply with that local law.

Such is the case with the subsidiaries that are resident in South Africa or Rhodesia. In each of those countries it would have been a criminal offence for the board of a subsidiary to disclose the company's documents to Shell or B. P. unless they could obtain a ministerial licence permitting them to do so. Shell and B. P. did in fact inquire of the boards of the subsidiary companies resident in South Africa and Rhodesia whether they were willing to disclose their companies' documents of which Lonrho seeks discovery … The boards refused upon the grounds that it would constitute a criminal offence to do so and that, in any event, it would not be in the best interests of the company.

My Lords, in the circumstances it seems to me to be quite unarguable that the documents of subsidiaries resident in South Africa or Rhodesia are or have ever been in the 'power' of Shell or B. P. within the meaning of R. S. C., Ord. 24."

Lonrho v. Shell Petroleum 先例判决（"Lonrho 考验"）在 CPR 后依然适用，如在 Three Rivers DC v. Bank of England（No. 3）（2002）EWCA Civ 1182 先例中被作为参考先例。

另在澳大利亚也有先例判是一方如果要求就很可能获得的文件（但没有法律权利获得）不属于他掌控的文件，见 Taylor v. Santos（1998）71 SASR 434；Psaliodis v. Norwich Union Life Australia Ltd（2009）VSC 417［质疑了 Linfa Pty Ltd v. Citibank Ltd（1995）1 VR 643 先例的部分判决理由］；Bova v. Avati（2009）NSWSC 921 等先例。

8.6.3　母公司的文件

调换角色，是附属公司作为原/被告要作出披露，而有关文件在母公司，也适用同样的原则。但这样，就会困难多了，因为母公司怎会是附属公司的"分身"（alter ego）呢？尤其是在一些涉及专利的纠纷中，当事人都是跨国大集团，就会带来全面与坦率披露的困难。在 Procter & Gamble Ltd v. Peaudouce（UK）Ltd（unreported, 23 November 1984）先例中，证据显示附属公司从法律或道德上都无权从母公司获得文件或信息（母公司是一间法国公司，所以涉及法国法律）。申请披露的一方争辩说母公司对附属公司运作的参与程度，包括实际上代表附属公司控制了它在该诉讼中的行动，令母公司有责任披露有关文件给附属公司。但 Falconer 大法官不支持这个申请，因为母公司的文件不受作为诉讼方的附属公司掌控（control）。

所以在 Unilever plc v. Chefaro（1993）3 WLUK 188 先例中，Hoffman 大法官呼吁专利（patent）案件中，披露以同一集团为单位，而不是在子公司、母公司之间推来推去。这方面的问题也不仅是在专利的案件，现实是有关甚至是十分重要的文件分散在一个跨国公司或大集团的世界各地的附属公司。在目前的英国法律下，就可以把有利的文件披露出来，但不利的文件就依赖公司结构合法推卸披露责任。

8.6.4　集团公司说法（Group of Companies Doctrine）

在 Charles Hollander QC 的《Documentary Evidence》（2018 年，第 13 版）一书之 8－12 段说："... The position may however be different as a matter of EC competition law, which takes a different approach to the issue of group control. Under that law, companies within a group may form part of a single undertaking. The issue is not so much one of control but rather of unity of conduct."

以上提到了欧盟的"一个集团公司被视为一体"的集团公司说法（Group of Companies Doctrine）。但这说法不只是针对披露责任这么简单，而是针对合约责任。理由是，一个集团公司以任何一个附属公司的名义订立一个商业合约，也是为了整个集团的利益。所以一旦违约带来赔偿责任，整个集团公司应被视为一体去承担责任。

已有了好几个 ICC 仲裁适用这个说法，其中最著名的是 Dow Chemical v. Isover Saint Gobain ICC No. 4131/1982。案情涉及跨国公司陶氏化工（Dow Chemical）的一家全

资拥有的附属公司与法国公司签订了供应合约,但有条文说明是可以由陶氏化工名下的任何一家附属公司或关联公司供货与付运。后来法国公司作为买家投诉供应的产品质量有问题,并在法国法院起诉陶氏化工。陶氏化工的反击就是启动了在供应/买卖合约里的 ICC 仲裁条文的仲裁程序。在仲裁中就带来了管辖权的争议,因为好几家参与供应与履行合约的陶氏化工的附属公司都被包括在内作为共同被告。

仲裁庭适用了这个集团公司说法,之后在上诉到法国法院后,巴黎上诉庭在 Societe Isover-Saint-Gobain v. Societe Dow Chemical France et al (1984) Rev Arb 98 先例中也确认了这个说法:"Following an autonomous interpretation of the agreement and the documents exchanged at the time of their negotiation and termination, the arbitrators have, for pertinent and non-contradictory reasons, decided, in accordance with the intention common to all companies involved, that Dow Chemical France and the Dow Chemical Company (USA) have been parties to these arbitration agreements although they did not actually signed them, and that therefore the arbitration clause was also applicable to them."

但在英国,看来是不接受这个说法,见 Caparo Group Ltd v. Fagor Arrastate Sociedad Cooperative (1998) 8 WLUK 75 与 Peterson Farms Inc v. C&M Farming Limited (2004) All ER 50 先例。在后一个先例涉及 ICC 伦敦仲裁,仲裁庭也适用了集团公司说法。但这个裁决书被英国高院撤销,判仲裁庭不能将管辖权延伸至合约以外的其他集团附属公司或关联公司。

集团公司说法也确实有疑问。一个有效合约最重要的是双方有明确的订约意图(contractual intention)与同意(consent)。延伸合约责任至一个跨国公司或大集团所有的附属与关联公司,根据是它们同意,感觉有一点勉强。

但针对文件披露的责任,就没有上述说不通的问题。或许这说法可以解决跨国公司或大集团在类似专利案件要求双方诉讼方全面与坦率披露的困难。

8.7 可疑信托

近期的 North Shore Ventures Limited v. Anstead Holdings Inc (2012) EWCA Civ 11 先例涉及在一个可疑的信托(trust)下有关文件披露与是否掌控的问题,看来也是一样道理。案件涉及 North Shore 向第一被告 Anstead 提供了 5000 万美元的贷款,并由第二被告担保,而 Anstead 是由第二被告拥有与控制的 BVI 公司。之后 Anstead 将营运地改为尼维斯(Nevis),将财产转移给了信托(trusts)并宣布破产。当时 Anstead 还差 2000 万美元的债务没有偿还,于是 North Shore 针对作为债务人的 Anstead 与作为担保人的第二被告开始诉讼程序。法院作出了有利于 North Shore 的判决与针对被告的全球冻结令(Worldwide Freezing Order)与资产披露令(Assets Disclosure Order)。被告表示他们的所有资产都转到了由 Jirehouse Resettlement Foundation 作为受托人(trustee)在尼维斯营运的家庭信托。接着法院作出命令要求被告披露各种他们作为受益人(beneficiary)的信托文件。第二被告抗辩说他们已经不再是信托的受益人,只是原始委托人(original settlers)。另外第二被告也说这些信托文件不被他们拥有或掌控。但这不被法院接受,一审的 Floyd 大法官认为第二被告事实上掌控有关文件,受托人并非独立受托人(independent trustees),

而是会满足所有第二被告的要求。

第二被告上诉但被上诉庭驳回。上诉庭认为在该先例第二被告与受托人的关系很可疑，至于第二被告对受托人有多大的影响是应由一审法官决定的问题。而在一审，Floyd大法官作出了披露命令。Toulson 大法官认为，在该先例中，第二被告与受托人的关系是委托人（principal）与代理人（agents）的关系，受托人是第二被告逃避债务的“提线木偶”：“**In determining whether documents** in the physical possession of a third party are **in a litigant's control** for the purposes of CPR r. 31.8, the court must have regard to **the true nature of the relationship between the third party and the litigant**. The concept of 'right to possession' in CPR r. 31.8(2)(b) covers a situation where a third party is in possession of documents as agent for a litigant. The same would apply in my view if **the true nature of the relationship was that the litigant was to be the puppet master** in the handling of money entrusted to him for the specific purpose of defeating the claim of a creditor. **The situation would be akin to agency**. But even if there were on a strict legal view no 'right to possession', for example, because the parties to the arrangement caused the documents to be held in a jurisdiction whose laws would preclude the physical possessor from handing them over to the party at whose behest he was truly acting, it would be open to the English court in such circumstances to find that as a matter of fact the documents were nevertheless within the control of that party within the meaning of CPR r. 31.8(1). CPR r. 31.8(2) states that for the purpose of CPR r. 31.8(1) a party has or has had a document in his control if the case falls within paragraphs (a) to (c). It does not state that a party has or has had a document in his control if but only if the case falls within one of those paragraphs.”（加黑部分是笔者的强调）

8.8　一贯合作提供文件的附属公司

一家独立营运的附属公司，本来可享有难以质疑的独立法人地位是没有疑问的。但如果它向涉及诉讼的母公司（或集团的关联公司）提供有关文件，就有危险被视为有披露责任的母公司能够掌控（control）该附属公司的文件去作出查阅与制作副本。

如果以前有这种做法，危险还不是很大，毕竟对方诉讼方很难取得这种证据，而附属公司以前这样做也不代表没有裁量权（discretion）可以改变想法，拒绝在有关的诉讼中作出同样的协助。最危险的是作为诉讼方的母公司在双方相互交换文件清单（list of documents）时列出了部分附属公司拥有的文件。这样，如果对方诉讼方要求进一步披露，就难以解释为什么附属公司不久前还自动协助提供有关文件，但很快就改变主意了。所以法院会认定事实上该附属公司的文件是在作为诉讼方的母公司掌控下，并命令作出进一步的披露。

这方面可介绍 Schlumberger Holdings Limited v Electromagnetic Geoservices AS (2008) EWHC 56 (Pat)先例的判决，即使不是附属公司而是曾经配合过诉讼方提供文件的第三方公司也会有危险。在 Schlumberger Holdings Ltd v. Electromagnetic Geoservices 先例中，双方已经交换了文件清单，原告的文件清单中包括同集团下其他公司拥有的文件。被告在特定披露阶段要求披露这些原告同集团下其他公司拥有的特定文件,原告依赖 Lonrho v. Shell Petroleum (1980) 1 WLR 627 先例抗拒披露,认为这些公司的文件并非受它掌控。但 Floyd 大法官判原告要继续搜寻是否有被告要求的文件,但并非因为这些文件是由同一集团下其他公司拥有,而是这些公司已经同意合作提供文件,没有理由会突然撤回同意。Floyd 大法官说:“I accept that the mere fact that a party to litigation may be able to obtain documents by seeking the consent of a third party will not of its own be sufficient because **it is conceivable that the third party may refuse to give consent**. But that happens where the evidence reveals that **the party has already enjoyed, and continues to enjoy, the co-operation and consent of the third party** to inspect his documents and take copies and has already produced a list of documents based on the consent that has been given and where there is no reason to suppose that the position may change? Because that is the factual situation with which I am confronted here. In my judgment, **the evidence** in this case **sufficiently established that relevant documents are and have been within the control of the claimant**.”(加黑部分是笔者的强调)

后续的同类先例包括近期的 Global Energy Horizons Corporation v. Gray (2014) EWHC 2925 (Ch)先例。该先例涉及原告指控被告(Gray 先生)违反诚信责任(fiduciary duty),“偷了”原告的一种油井超声波测量技术。被告抗辩是虽然通过该技术获得了商业机会,但后来证明该技术并没有用也没有商业价值,他没有从中获得任何利益。但原告不同意,看来技术是否有价值至少对损失计算十分重要。原告在通过其他办法调查取证没有结果后,在 CPR Rule 31.17 下向英国法院申请披露令,要求并非诉讼方但参与了帮助 Gray 先生推销该技术的 V 公司与他背后老板 Y 先生披露有关文件。V 公司说实际在推销该技术的是另一家关联的 L 公司。但原告提供的证据显示 Y 先生是 V 与 L 公司的老板,以及两间公司共同使用同一个网站推销该技术等,认为与推断(infer)V 公司与 Y 先生对 L 公司的有关文件有掌控。

Sales 大法官判决的总结可节录如下:“The fair inference to be drawn from the website material and from the absence of denials concerning the control of documents by Y and V was that the test of practical control was satisfied ... Y and V had possession and/or control of relevant documentation. L might hold the bulk of the documentation relating to exploitation of the technology, but L and V were jointly operated under the direction of Y, such that Y and V had control of the documentation ... That documentation was material, of direct relevance and of central importance for the just determination of the proceedings between the company (原告) and G(Gray 先生). The company had made reasonable efforts to obtain the relevant information. The instant application was not a fishing expedition: the company had a case advanced on proper objective grounds in relation to both retention of an interest in the relevant technology by G and the commercial viability of that technology. **It was also clear that the categories of documents sought existed and were in the control of Y, V or L**. The requirements in CPR r. 31.17 were satisfied: the documents concerned were likely to support the company's case or adversely affect G's case. Disclosure was necessary to dispose fairly of the case. **The balance of justice was very strongly in favour of ordering disclosure under r. 31.17 notwithstanding the not inconsiderable burden that might place upon Y and V.** ... Therefore, disclosure should be relatively straightforward. ... **There was nothing in the evidence to dispel the impression, given by the websites, of Y's central role in running investments for V and overseeing them.**"(加黑部分是笔者的强调)

在上述先例下,针对英国民事诉讼规则的《White Book》之 31.8.3 段的说法是:如果第三方与非诉讼方以及其中一方诉讼方之间有一个以往或现存的做法是诉讼方可以自由获取与查阅其拥有与掌控的有关文件并制作副本,则该第三方的文件就会被包括在全面与坦率披露的范围内(that documents in the possession or control of a non-party may fall within "a party's 'control' if there is a prior or current practice of that party having access and inspection rights to the non-party's documents")。

8.9　承诺对其他法院保密的文件是否须披露

这种情况在从另一个较早前的法院诉讼(或仲裁)通过强制获取了对方文件时最常发生。这些文件是副本文件,并且已实际拥有。根据本书第四章之 1.7.3 段提到的 Riddick 原则,诉讼方默示承诺(implied obligation)这些对方披露的文件不会用在其他用途,除非先向法院申请并获得许可。法律默示(implied by law)地位主要是为了保护对方诉讼方的个人隐私,毕竟这些文件不是他/她自愿披露出来,而是在诉讼披露程序中被法院强制要求对有关文件作出全面与坦率的披露。CPR 也将这个普通法下的默示承诺变为了明示规定,这可节录 CPR Rule 31.22 如下:"(1) A party to whom a document has been disclosed may use the document only for the purpose of the proceedings in which it is disclosed, except where—(a) the document has been read to or by the court, or referred to, at a hearing which has been held in public; (b) the court gives permission; or (c) the party who disclosed the document and the person to whom the document belongs agree ..."

这样,在接下来的一个相关诉讼,例如为了寻求补偿(indemnity),如何对待这些在上一个诉讼遗留下来的副本文件就成了困局。在接下来的诉讼中,诉讼方有责任作出全面与坦率的披露,而这些文件是肯定有关,甚至十分有关,需要披露,但这样,就变成违反了上一个诉讼中向法院作出的默示或明示承诺/责任。在这种情况,这些文件也不能严格说是披露方有权力或掌控,见 Unilever Plc v. Gillette (UK) Ltd (1988) RPC 416 先例。

首先在 CPR 生效前的法律默示承诺下不得把这些文件使用在其他用途,看来是比较容易解决。如果在下一个诉讼中的文件清单(list of documents)列出有关文件存在,并且法院命令提供给对方查阅,看来是可以超越在上一个诉讼的默示承诺,而不需要向上一个诉讼的法院申请批准。这可节录 Dolling-Baker v. Merrett (1990) 1 WLR 1205 先例,Parker 大法官说:"When a question arises(在下一个诉讼)as to production of documents or indeed discovery by list or affidavit, the court must, it appears to me, have regard to the existence of the implied obligation, whatever its precise limits may be. **If it is satisfied that despite the implied obligation, disclosure and inspection is necessary for the fair disposal of**

the action, that consideration must prevail. But in reaching a conclusion, the court should consider, amongst other things, whether there are other and possibly less costly ways of obtaining the information which is sought which do not involve any breach of the implied undertaking."(加黑是笔者的强调)

如果上一个诉讼是仲裁,看来问题也不大。虽然仲裁有机密性(confidentiality),显然包括在上一个仲裁对方所披露的文件副本,[82]但这个法律默示的机密责任有例外情况(exceptions)。其中一个是为了仲裁当事人在事后要保护他/她的合法利益,例如最常见的是要执行胜诉的裁决书,见 Hassneh Insurance Co of Israel v. Mew (1993)2 Lloyd's Rep 243; El Jawhary v. BCCI (1993) BCLC 396 等先例。另一个例外情况是法院的命令(下一个相关诉讼),见 Ali Shipping Corporation v. Shipyard Trogir (1999) 1 WLR 314 先例。可以说在这两种例外情况下,一般就可以将上一个仲裁中披露的文件用在下一个法律行动,无论是法院诉讼还是仲裁。以下可节录在《Disclosure》(2017 年,第 5 版)一书之 8.17 段,说:"A similar question arises in relation to arbitrations, although the obligation of confidentiality in relation to the (first) arbitration proceedings is (in English law, at least) founded on contract, not the general law. But the obligation is subject to exceptions, such as where it is subsequently necessary to protect the legitimate interests of an arbitrating party, and also to any order of the court. The latter exception would normally cover the case of an action in court following an arbitration."

但在 CPR Rule 31.22 下,立法明示不允许将上一个诉讼中对方被强制披露的文件用在其他方面,困难就大得多。虽然可向上一个诉讼的法院申请用在下一个诉讼(或仲裁)的披露程序的许可,但问题是不一定能得到许可,时间上也不一定能赶上与可控制。更重要的是,在有了立法规定(CPR Rule 31.22)的情况下,处理下个诉讼披露程序的法院也无法再下令必须提供这些在文件清单中列出的文件了。这方面也可以节录《Disclosure》(2017 年,第 5 版)一书之 8.16 段,说:"A similar problem arises when a party obtains copy documents from his opponent by disclosure in one set of proceedings and subsequently find that they are relevant to a second set of proceedings in which he is now involved. The r. 31.22 obligation (formerly the implied undertaking on discovery) while it lasts means that he cannot make use of those documents in the second proceedings without the permission of his erstwhile opponent and the owner of the documents, or of the court. However, it seems doubtful that the obligation prevents the party from at least disclosing that the documents exist, by listing them in ... the List of Documents."

这方面也可另介绍 HTC Corporation v. Nokia Corporation (2013) EWHC 2917 (Pat) 先例。案情涉及原告(HTC)质疑被告(著名手机制造商诺基亚)两项专利权的有效性,诺基亚则反诉与指称 HTC 的手机晶片侵犯了其专利权,而晶片是美国高通(Qualcomm)供应给 HTC。这也导致诺基亚向美国南加州法院申请第三方披露令,要求高通披露一些有

---

〔82〕见 Ali Shipping Corporation v. Shipyard Trogir (1999) 1 WLR 314 先例。

关文件。诺基亚成功取得了这些文件,但美国法院同时作出了“保护机密令”(Protective Order),[83]只允许一些特定人士查阅这些文件,其中也包括了相关外国诉讼(foreign litigation)的律师(包括诺基亚处理本英国法院诉讼的律师)。于是在本英国法院的诉讼中,HTC 向法院申请诺基亚律师必须披露这些文件给 HTC,否则开庭审理会对 HTC 严重不利。但 Norris 大法官拒绝,说:“I do not think I have jurisdiction because I do not consider that the Qualcomm documents are in the circumstances I have outlined under the ‘control’ of Nokia. Nokia is neither in law nor in fact able to compel anybody to deal with the documents otherwise than in accordance with the protective order of the United States court. That, it seems to me, is the beginning and the end of it.”

事实上,HTC 正在向美国南加州法院申请允许 HTC 的代表律师查阅这些高通的文件,也已经定下了开庭日期。如果成功申请,是来得及在英国法院开庭审理前看到这些文件。但由于高通大力抗拒将这些高度机密的文件披露给 HTC,即使有保护机密令,所以美国法院的申请会否成功也是很难说。

8.10 被前律师或其他代理人留置的文件

律师(或其他人士如会计师、修车师傅等)在提供了服务但客户没有支付部分或全数的约定费用或合理费用时,可以留置(lien)客户(或前客户)的文件或其他仍在他们手中的东西(如果有),也就是合法拒绝归还给客户,直到付清欠下的费用,见 Hughes v. Hughes (1958) P 22; Woodworth v. Conroy (1976) 1 All ER 107 等先例。

例如,公司在律师提供了服务后,私下与诉讼另一方达成和解协议,拒付事后才知情的律师所已经产生的费用。这样做的后果可能是:(1)律师是以诉讼为业,所以如果前客户以粗暴的言行拒付律师费,律师肯定会起诉与采取其他相应的法律行动,如申请本书第三章介绍的冻结令(Freezing Orders)。法院也不会同情被告(前客户),肯定会很快颁布/作出冻结令与判决。可以说,前客户如果还拥有资产,最后的结果还是难免要支付这笔欠下的费用加上后来增加了的诉讼费用才能脱身。(2)严重影响前客户的名誉。如果前客户是一家继续在营运的公司,特别是有规模的公司,一旦被前律师在法院追付欠下的律师费用,再委任其他的律师所恐怕没有那么容易了。

当然也可能是该客户的前律师严重乱收费,或是该律师犯了错(如在一个中间措施中犯错并被法院批评)让客户想反索赔或对冲欠下的费用。这样,该客户仍需要按照法律的做法,即向法院申请对该律师的收费进行核算来解决,而不是干脆与粗暴地拒绝支付:这方面可见本书第十二章之3.2段。

至于前客户必须取回被前律师留置的文件的情况会是前律师在较早前已经把该客户有关的正本文件全部拿走。这是因为前律师是法院的官员,有责任保证在诉讼的披露程序中向法院作出全面与坦率的披露。所以要尽早拿到所有可能有关的正本文件,从中挑出有关与需要在标准披露下披露的文件,制作副本与让对方查阅正本文件后,才会把正本文件归还给客户。如果该客户与前律师因为收费问题闹翻,但诉讼仍在继续推进并需要

[83] 可见本书第四章之1.7.7段介绍的法院会用来保护机密的各种手段。

马上委任替代律师接手该诉讼,新律师就难免需要这套文件。但该客户手中已经不再有这套文件,[84]也肯定是被前律师留置与拒绝退还。这样,唯一可行的就是支付前律师所要求的费用,或更公平与合法的做法是向法院申请协助。法院当然无权剥夺律师的留置权,但有要求律师交出文件让客户查阅的裁量权(即使实际上等于剥夺了留置权)。例如,在 Ismail v. Richards Butler (1996) 2 All ER 506 先例中,Moore-Bick 大法官下令齐伯礼律师所(Richards Butler)把留置的客户文件交给新接手的律师,但要客户先提交一份金额为45 万英镑(齐伯礼律师所要求的费用)的担保(如银行保函),最后应付费用的数字留待法院核算。

8.11 代理人

诉讼方一般向自己代理人(agents)要文件应直截了当,这些有关文件虽然不是诉讼方实际拥有(physical possession),也应该是属于 CPR Rule 31.8(b)下的有权拥有(a right to possession)的文件。但也会有困难,例如与代理人的关系变坏(如因为拒付费用)或时间过得久双方再也没有业务往来,而通过代理人所在地的法院强制代理人交出文件也有实际的困难。

例如,在古老的 Mertens v. Haigh (1863) 3 De GJ & S 528 先例中,原告因为美国内战无法披露在新奥尔良代理人手中的有关文件,也难以取到手。在 Berkeley Administration v. McClelland (1990) FSR 381 先例中,被要求特定披露的文件在巴黎地产代理手中,难以取到手。但 Leggatt 大法官认为仍须下令披露,而若真有困难,披露方需要将来向审理法官详细解释为何拿不到:"the proper course to be adopted in a case where discovery was to be ordered would be to make the order and leave it to the party subject to it to give his explanations to the trial judge… for failing to make the discovery should he prove unable to comply with the order."

8.12 避免拥有和掌控对自己不利的文件

由于这在英国诉讼中严格的披露责任,当事人要学会如何避免让自己掌控(control)太多的有关文件,特别是对己方不利的文件。

当然有一些做法是显然不可行的。例如以集团的一家关联公司 A 订立一个商业合约,然后让另一家关联公司 B 履约,而在履约过程中显然会产生与制作文件。即使这两家关联公司都是独立的法人,但一旦 B 公司在履约过程中犯错,订约方 A 公司作为被索赔的主体(被告),就不能以 B 公司是独立法人为由,拒绝披露有关履约中犯错的文件。因为履约的 B 公司所拥有的文件是 A 公司可以有权拥有与/或掌控的。在这种情况下,即使没有书面的代理合同,也很容易根据事实默示(implied by fact)这两家关联公司是委托人(principal)与代理人(agent)的关系。

但还是有些做法可以避免拥有与掌控不利文件,特别是在发生事故后调查取证阶段。可先节录 Charles Hollander QC 的《Documentary Evidence》(2018 年,第 13 版)一书之

---

〔84〕 如果客户在交出正本文件前自己留下了一套副本,律师留置正本文件就不一定有价值了,但客户很少会这样做。

8-15段部分内容如下：

"Where a third party holds documents to which the party to litigation has no right of access, it may be possible to inspect the documents at the third party's premises on terms that the party is not allowed to take the documents away, thereby avoiding the documents ever coming into the party's control and being disclosable.

In the United States, this can be procured electronically. A document can be uploaded electronically so that the party to litigation can read it online but is not able to download or otherwise access the document and thus the document is never within the control of the party."

这个技巧在本书第十二章之10.6.3段也有涉及。这就是有了诉讼或可能的诉讼后,需要向第三方(包括跨国公司/大集团的独立营运的附属公司或关联公司)调查取证,第三方只让诉讼方必须到第三方处私下查阅,但不准拿走有关文件,也不准制作副本。这样,这些文件就不严格属于诉讼方可掌控的文件,也不属于诉讼方需要披露的文件。电子文件则是更方便地可以由第三方仅开放查阅电子文件的权限给诉讼方(但不开放其他权限,也就是像针对纸质文件一样限制诉讼方,如不允许诉讼方下载、复制该文件)。

9. 披露的做法/步骤

9.1　简介

中国公司会在英国法院诉讼的案件,金额肯定不会太低,所以不会属于CPR下的"小额程序"(small claim's track)或"快速程序"(fast track),而几乎肯定会是"多轨程序"(multi-track)。而一涉及多轨程序,除非有例外,通常在文件披露方面会自动适用标准披露(standard disclosure)。

针对标准披露的立法条文是CPR Rule 31.6,基本要求是诉讼双方各自披露自己一方依赖的文件与对自己不利或是对敌对方有利的文件,可简短称为"有利或不利测试"(support or adversely affect test)或"有帮助或有妨害测试"(help or hinder test)。该CPR Rule 31.6规定可节录如下:"**Standard disclosure — what documents are to be disclosed** Standard disclosure requires a party to disclose only—(a) the documents on which he relies; and (b) the documents which —(i) adversely affect his own case;(ii) adversely affect another party's case; or (iii) support another party's case; and (c) the documents which he is required to disclose by a relevant practice direction."

在本书与本章多处为了方便与习惯,在提到披露的文件时仍称为"有关文件"(relevant document),但判断有关与否再也不是根据在1999年CPR生效前的Compagnie Financiere v. Peruvian Guano Co (1882) 11 QBD 55先例中非常广泛的定义,而是根据CPR的标准披露下是否有利或不利这个狭窄得多的定义。

在CPR标准披露的要求下,诉讼方也就是披露方与他/她的代表律师,要对披露的文件作出一个"合理搜索"(reasonable search)。合理与否要根据每一个不同的案件来决定,其中以下因素会是重要:(1) 会涉及的文件(纸质与电子文件)数量;(2) 诉讼程序的性质与复杂性;(3) 获取特定文件的难易程度以及所需的费用;(4) 可能会搜索到的有关文件对解决双方争议/争端的重要性。

如果披露方认为搜索要求不合理(毕竟搜索要有限度),就需要在披露陈述(disclosure statement)中说明。这可节录有关合理搜索的 CPR Rule 31.7 如下:

"**Duty of search**

(1) When giving standard disclosure, a party is required to make a reasonable search for documents falling within rule 31.6(b) or (c).

(2) The factors relevant in deciding the reasonableness of a search include the following —(a) the number of documents involved;(b) the nature and complexity of the proceedings; (c) the ease and expense of retrieval of any particular document; and (d) the significance of any document which is likely to be located during the search.

(3) Where a party has not searched for a category or class of document on the grounds that to do so would be unreasonable, he must state this in his disclosure statement and identify the category or class of document.

(Rule 31.10 makes provision for a disclosure statement)"

另有关披露陈述的 CPR Rule 31.10(5) - (9)可节录如下:

"(5) The list must include a disclosure statement.

(6) A disclosure statement is a statement made by the party disclosing the documents —(a) setting out the extent of the search that has been made to locate documents which he is required to disclose;(b) certifying that he understands the duty to disclose documents; and (c) certifying that to the best of his knowledge he has carried out that duty.

(7) Where the party making the disclosure statement is a company, firm, association or other organisation, the statement must also—(a) identify the person making the statement; and (b) explain why he is considered an appropriate person to make the statement.

(8) The parties may agree in writing —(a) to disclose documents without making a list; and (b) to disclose documents without the disclosing party making a disclosure statement.

(9) A disclosure statement may be made by a person who is not a party where this is permitted by a relevant practice direction."

披露程序中要作出一份文件清单(list of documents),把每份或每类别在披露方掌控(control)的有关(有利或不利)文件,通过简洁清楚的描述(description)与文件日期去列名作出披露(包括反对查阅),让对方诉讼方通过这份文件清单,就可以推算出是什么具体的文件。

文件清单的主要内容包括三方面:(1) 披露方掌控的在标准披露下有关的文件或文件类别;(2) 披露方掌控的在标准披露下有关的文件或文件类别,但披露方反对交出给对方查阅以及反对的原因;(3) 披露方曾经掌控的在标准披露下有关的文件或文件类别,但现在已经不再掌控,以及失去掌控的有关事实详情与这些文件现在会在哪里找到。

CPR Rule 31.10（1）-（4）的有关文件清单规定可节录如下:"**Procedure for standard disclosure**（1）The procedure for standard disclosure is as follows.（2）Each party must make and serve on every other party, a list of documents in the relevant practice form.（3）The list must identify the documents in a convenient order and manner and as concisely as possible.（4）The list must indicate—（a）those documents in respect of which the party claims a right or duty to withhold inspection; and（b）（i）those documents which are no longer in the party's control; and（ii）what has happened to those documents."

CPR 生效前的 RSC Ord. 24, R. 9 是要求在每份文件清单中加上一个"查阅文件通知"(notice to inspect),说:"a notice stating a time within seven days thereof at which the said documents may be inspected at a place specified in the notice."

但 CPR 对作出文件清单的披露方没有这个要求,变成收到文件清单的对方如果想查阅他/她有权查阅的文件,需要向披露方作出通知。披露方在收到文书通知之后,要在不超过 7 天的时间内容许对方查阅有关文件与制作副本。

有权查阅披露方的文件也带来很多相关的课题/问题。如谁决定查阅的地点?披露方是否不能抗拒谁作为查阅人(inspecting party)?能否重复查阅?能否查阅正本文件,并且复印文件?此外还有外文文件的翻译、对文件真实性存在质疑、披露方披露有关文件但反对交出给对方查阅等问题。

CPR Rule 31.3 的有关"查阅披露文件"规定可节录如下:"**Right of inspection of a disclosed document**（1）A party to whom a document has been disclosed has a right to inspect that document except where —（a）the document is no longer in the control of the party who disclosed it;（b）the party disclosing the document has a right or a duty to withhold inspection of it ..."

如果诉讼方在文件清单与查阅的全面披露后,对对方做出的披露不满意,可以向法院申请要求"特定披露"(specific disclosure)。这方面可节录 CPR Rule 31.12 如下:"**Specific disclosure or inspection**（1）The court may make an order for specific disclosure or specific inspection.（2）An order for specific disclosure is an order that a party must do one or more of the following things —（a）disclose documents or classes of documents specified in the order;（b）carry out a search to the extent stated in the order;（c）disclose any documents located as a result of that search.（3）An order for specific inspection is an order that a party permit inspection of a document referred to in rule 31.3(2)."

Morgan 大法官在 Digicel（St Lucia）Ltd v. Cable & Wireless Plc（2008）EWHC 2522（Ch）先例说:"an order for specific disclosure ... is not confined to a case where the respondent is in breach of an obligation to give standard disclosure. The court can make an order for specific disclosure even where the respondent has properly complied with its obligation to give standard disclosure but the applicant satisfies the court that **such disclosure is 'inadequate' or that the case is one where something more than standard is called for.**"(加黑部分是

笔者的强调)

接下来会针对上述所讲的各方面进一步探讨。

9.2 合理搜索(reasonable search)

9.2.1 CPR 带来与 RSC 不同的做法

在搜索文件以供披露方面,CPR 有了重大改变。以前的 RSC 虽然要求更广泛与更全面的披露“有关”文件[Compagnie Financiere v. Peruvian Guano (1882) 11 QBD 55 先例下的“Peruvian Guano 测试”],但只泛泛要求披露方合理搜索有关文件。虽然在 RSC 下,法院可以命令披露方为文件清单(list of documents)作出一个誓章(affidavit),但由于只是泛泛的搜索要求,应该压力不太大。

但在 CPR 下,虽然对“有关”文件的定义有所收窄(基本只要求对自己有利或不利的文件),但对披露方与代表律师强加了十分具体的合理搜索的责任。其间,披露方与代表律师要慎重考虑与列出怎样搜索有关文件的计划,并在稍后的文件清单内的披露陈述(disclosure statement)中向法院与对方诉讼方说明采取了什么做法,以显示已经进行了一个合理(reasonable)与成比例(proportionality)的全面搜索。并且要有一位对搜索负责与了解披露责任的适当人士(appropriate person)签字甚至作出誓章,以提升披露方个人正视与严肃对待披露责任。这样,可以说在 CPR 的标准披露(standard disclosure)下,披露方的压力、工作量(虽然需要披露的文件有所减少)与费用是增加而不是减少。

有关案件如果只涉及个别自然人或小公司,这方面问题不大,他们自己在一开始就知道有关文件去哪里找。但如果是一家大型的公司,如一家跨国公司或大企业,且案件的标的很大与案情涉及大量雇员/高管、外国分公司/附属公司/关联公司、第三方(但会有诉讼方有权查阅与制作副本的有关文件)等,保证能够把所有有利或不利的有关文件(纸质与电子文件)搜索出来,再向法院与对方诉讼方全面与坦率披露绝非易事。

在上一段已经提到,在 CPR Rule 31.7(2)下针对什么是合理搜索要考虑的(a)到(d)这四个因素,其中包括 CPR 一直强调的要成比例。而搜索计划与做法是否合理,不是任由披露方决定。在之后的文件清单中会有一个披露陈述,负责披露的当事人要在披露陈述中向法院与对方诉讼方说明进行过的搜索、搜索的程度、做了哪些工作等,也要声明在文件清单中所包括的文件是所有在他掌控中有责任作出披露的文件。特别是如果因为成比例的考虑而不进一步搜索,更是要在披露陈述中说明。

如果法院对这合理搜索不满意与/或对方提出异议,就会带来额外的工作与/或费用上的惩罚。例如,被法院下令对不满意的方面作出特定披露(specific disclosure)。

以下先介绍负责民事诉讼改革并带来 CPR 的 Woolf 勋爵在他拟定的对 CPR 的最后报告《Access to Justice》(1996), Ch. 12, para. 41 中说:“It is no use, however, limiting the categories of a document which a party has to disclose if he still has to search through all his documents to identify those in categories (1) and (2) [the parties' own documents, which they rely upon in support of their contentions in the proceedings, and adverse documents of which a party is aware and which to a material extent adversely affect his own case or support another party's case]. I therefore recommended that an initial disclosure should apply only to relevant documents of which a party is aware at the time when the obligation to disclose arises. I recognize that this is the most difficult aspect of my proposals in practice. The test of awareness is particularly problematic where the disclosing party is not an individual; in a company, firm or other organization, it is likely that a number of people will have known about relevant documents. My proposal here is that there should be an obligation for the organization to nominate a supervising officer whose task would be to identify individuals within the organization who were like to recollect relevant documents. On the basis of their combined recollections, documents would be extracted and disclosed (subject to any claim of privilege). When it made its list of documents in accordance with rules of the Court, the company, etc, would also include a statement of the identity and status of the supervising officer and those whose recollections he had canvassed. This would assist the other party to make an appropriate application for specific discovery if he thought that enquiries should reasonably have been made of some additional person or department in the organization."

9.2.2　公司法人如何进行合理搜索

在大型商业诉讼,要披露文件的诉讼方(公司法人)需要指定一位高管(可能但不一定是公司律师或法务部的雇员)负责这个披露程序与搜索文件的任务。他/她必须了解对法院的披露责任(duty of disclosure),包括这是一个持续的责任(continuous duty)、什么是文件(书信往来、文书记录、书籍、地图、图表、绘图、照片、录像、录音等与今天各种电子文件)、什么属于披露方掌控(control)的文件、什么是必须披露的有关(对自己有利或不利)文件等。这是因为他/她稍后在披露陈述中需要向法院声明他/她是知道这个披露责任,而且也已经在他/她所知道的范围内作出披露。

在搜索的第一步,先要考虑、确定(identify)并记录下来计划的搜索期限、[85]搜索的地点、[86]搜索的文件类别等。以上也要延伸至一些在第三方手中的有关文件,例如曾经被委任的代理人、提供专业服务的人士、承包商/分包商,甚至是公司的前雇员等。这些文件也属于在披露方的掌控中,因为它有权拥有(right to possession)或查阅与制作副本。这些文件到底会对披露方有利或不利也不一定能事前知道,反正在披露责任下都需要向法院与对方披露。

另也要确定与案件的有关人士/雇员,如果披露方是公司法人,难免会有不同部门的多位雇员涉及有关的案件。根据案件争议的性质与金额,公司甚至会有成千上万的雇员都或多或少、直接或间接与案件有点关系。常见的做法是负责披露与搜索文件的高管向雇员作出一个通函,解释披露责任与鼓励他们如果拥有有关文件(如在他们手机或私人电脑里的电邮或微信聊天记录等)或信息尽快上报。

---

〔85〕 例如,考虑到太早以前产生的文件关联性不大,加上公司对保留文件的政策导致难以找到等,在成比例的考虑下决定不搜索。

〔86〕 例如,一家跨国公司有成千上万的分公司、附属公司、关联公司等,只搜索最相关的 10 家或 20 家分公司。而即使是总公司也有成千上万的雇员与数十个不同部门,只搜索哪几个最有关的部门或公司其他地方。而电子文件会更复杂,将在本书第八章专门介绍。

以上"确定"在一个大公司并不容易。负责的高管与从旁协助的外部律师通常的起点是从涉案的电邮(e-mail)开始查探与确定有关文件会有什么,在公司什么地点/地方,谁是会拥有有关文件的第三方与公司雇员、公司董事与高管等。

在做出这方面的决定时都必须慎重考虑成比例(proportionality)与合理与否的问题,决定必须尽量客观,否则将来会被法院或对方质疑。例如,公司在全球多处的分公司的多名高管都有涉及或参与有关的知识产权所带来的争议,在他们的个人电脑中都可以搜索到有关的文件。但由于人数众多与费用高昂,加上预期在大多数高管的个人电脑里会搜索到的文件重要性也不会太大,所以只限定在最密切参与有关案件争议的15名高管的个人电脑,也可合理预期绝大部分有关争议的重要文件都可以搜索得到。当然如果搜索出来的结果达不到预期标准,合理搜索的范围就需要扩大,再包括其他的20名高管等。

但稍后在双方相互交换文件清单(lists of documents)与披露陈述(disclosure statement)时,对方诉讼方会提出异议。对方诉讼方也可以根据CPR Rule 31.12以披露方不搜索某类别文件或其他方面是不合理(unreasonable)的申请特定披露(specific disclosure)。例如,对方诉讼方在案件的争议事实背景中说,陆陆续续与作为披露方公司法人的40~50名高管与雇员有接触,其中有20名高管(名字与职位)有密切联系,要把他们的私人电脑也包括在合理搜索内。这样,对不全面了解案件的法院来说,就有很大的可能性增加披露方的搜索范围,并追加命令要求特定披露了。

9.2.3 双方诉讼方尽量先同意各自合理与成比例搜索的计划

所以建议诉讼双方在相互披露文件程序的合理搜索中,尽量先同意计划中搜索的程度与范围,而不仅是凭自己一方主观(即使已经尽量客观)决定是否合理搜索。这在Digicel (St Lucia) Ltd v. Cable &Wireless Plc (2008) EWHC 2522 (Ch)先例中,Morgan大法官有提到说:"It is right that the decision as to what is a reasonable search rests in the first instance with the solicitor in charge of the disclosure exercise. However, the Practice Direction makes clear that some parts at least of the process ought **to be discussed with the opposing solicitor with a view to achieving agreement so as to eliminate, or at any rate reduce, the risk of later dispute.** If a solicitor, whose decision as to what is a reasonable search is later challenged on a specific disclosure application, the Court may well be influenced, in the solicitor's favour, if it sees that the solicitor was very fully informed as to the issues arising in the case, and had made a fully considered decision applying all the factors in Rule 31.7 and paragraph 2A.4 of the Practice Direction. However, even if the Court can, in a proper case, be favourably influenced by the diligence and conscientiousness of an individual solicitor, in my judgment, the task of deciding what is required by a reasonable search is a task given to the Court by the wording of the Rules. This task can be carried out by the Court either in advance of the search being done or with hindsight, where a search has been carried out and its extent is challenged by the other party..."(加黑部分是笔者的强调)

针对电子文件,双方诉讼方的合作尤其重要,这方面会在本书第八章之2.1.2.2段介绍。

9.2.4 在对方或独立专家监察下的搜索

近年来有不少作出这种法院命令的先例,主要是针对越来越重要的电子文件的搜索与披露。2010 年 10 月 1 日新增加的 CPR PD 31B 就是特定针对电子文件的披露以补充 CPR Part 31。其中 Paras. 20 ~24 段专门规定怎样是对针对电子文件的合理搜索,这些方面会在本书第八章详细介绍。

电子文件的搜索也因为涉及文件数量庞大与技术性,带来了很多特殊问题。其中包括本来是诉讼方自己合理与成比例搜索有关文件,但因为某些特殊原因,法院会剥夺这个权利,而下令要在对方或独立专家的监察下搜索。这些特殊原因主要是:(1)法院不信任该诉讼方会全面与坦率披露有关文件(电子文件),甚至怀疑会删除与/或销毁电子文件。看来,涉及不诚实或欺诈类型的案件,原告最有可能说服法院对被告下这样的命令。(2)法院认定该诉讼方自己没有水平与技术做出合理的电子文件搜索,也没有资金聘用第三方专家[IT 专家/电子披露顾问(E-discovery consultant)]协助履行这个合理搜查与披露责任。

当然,因为这对被申请人或被告很不公平,所以法院也不会是轻易作出这样的命令。正如在 CBS Butler Ltd v. Brown (2013) EWHC 3944 (QB)先例中,Tugendhat 大法官指这种命令是具有侵扰性(intrusive)的,说:"In my judgment, an order which would deprive the Defendants of the opportunity of considering whether or not they shall make any disclosure is (in the words of Hoffmann J) an intrusive order, even if it is made on notice to the defendant. It is contrary to normal principles of justice, and can only be done when there is a paramount need to prevent a denial of justice to the claimant. The need to avoid such a denial of justice may be shown after the defendant has failed to comply with his disclosure obligations, having been given the opportunity to do so ... What a claimant must show is substantial reasons for believing that a defendant is intending to conceal or destroy documents in breach of his obligations of disclosure under the CPR."

在很近期的 Vilca v. Xstrata Ltd (2016) EWHC 1824 (QB)先例中,Foskett 大法官也有同样说法。

以下介绍部分近期先例:

1. 在 Nucleus Information Systems v. Palmer (2003) EWHC 2013 (Ch)先例中,原告向法院申请下令被告(是一位自然人)交出所有私人电脑以供原告代表律师与专家搜索有关文件,因为有文件被删除与销毁的危险。但 Lewison 大法官拒绝申请,认为这会违反《欧洲人权公约》(ECHR)与会带来特免权方面的问题。

2. 在 Mueller Europe Ltd v. Central Roofing (South Wales) Ltd (2012) EWHC 3417 (TCC)先例中,被告没有这方面的专业知识与没有财力聘用专家协助电子文件的搜索与披露,法院命令委任一位外部专家代被告搜索与披露电子文件,以保证法院的披露命会得以确实依从与执行。而费用方面,就留待事后看结果如何才决定是由原告或被告承担。Coulson 大法官说:

"Pursuant to CPR Part 31, the court has power to order a search for particular documents; pursuant to new Practice Direction 31B, the court can order such a search in relation to documents held electronically. As a matter of principle, I conclude that, if an order to search for electronic documents can only be complied with if it is undertaken by somebody with expertise in that field, then the court has the jurisdiction to order that the search should be carried out by such a person; otherwise, the court will be making an order with which the party against whom it is made will never be able to comply. That would not be in accordance with the overriding objective.

… I can see no reason why, in principle, an order should not be made against a party requiring a search of electronic documents, to be undertaken by a suitably qualified person on behalf of that party.

For all of those reasons, therefore, it seems to me that I should make an order … adding that the searches should be of 'network drives', as well as the CDs and hard drives. The costs of such an order will be reserved; like all applications relating to disclosure, the costs may turn on whether or not the exercise has led to a concrete result. …"

3. 在 Nolan Family Partnership v. Walsh (2011) EWHC 535 (Comm)先例中,涉及一个新的做法,就是法院命令委任一位监督律师(supervisory lawyer)〔87〕而不是专家代被告搜索与披露有关文件。案情是原告(一个家族的 13 名兄弟姐妹)声称第一被告投资诈骗,造成了大笔金钱损失。其他第二到第五的共同被告被指称是第一被告在背后控制与有关联的公司。在该诉讼中,法院也已对所有被告作出了标准披露命令。但第一被告没有理会,也没有委任律师代表出庭。所以,原告虽然可以马上向法院申请并获得一个缺席判决(default judgment),但即使拿到这个缺席判决也只是一纸空文,因为最重要的还是能找到被告资产并执行。因此原告并没有选择申请缺席判决,而是取得了法院颁布的全球冻结令(Worldwide Freezing Order)〔88〕与资产披露令(Assets Disclosure Order),〔89〕但看来也没有什么成效。其间,其中一名被告 Arkaga Holdings 公司已经被法院委任了 PWC 接管与作为管理人(administrator)。而对原告来说最重要的是诈骗的第一被告拥有的文件据悉是由该公司托管,也等于变为 PWC 托管,其中可能有关的多达 380 盒纸质文件与 6 个服务器(server)内的电子文件。

原告希望的不是对不知所踪的被告取得缺席判决,而是希望通过搜索与披露有关资产下落的文件去追踪赃款(asset tracing)。所以,原告向法院申请,委任一位监督律师代第一被告搜索与披露他的文件。这被法院批准,说:

"The claimants have issued this application, which is designed to enable the first defendant's disclosure obligation to be fulfilled. In essence, the order requires that the respondent (Arkaga) permit a supervisory solicitor to take originals or copies of the documents,

〔87〕 这种做法是借鉴了在本书第二章之 3 段介绍的搜查令(Anton Pillar Order 或 Search Order)。

〔88〕 见本书第三章之 1 段。

〔89〕 见本书第三章之 2 段。

and secondly, that the supervisory solicitor will then carry out the disclosure exercise on behalf of the first defendant. …

There does not appear to be any authority in which a supervisory solicitor has been appointed in circumstances such as those of the present case. A supervising solicitor is used in Anton Piller orders to enable those orders to be executed fairly and justly. Here the first defendant has failed to provide disclosure. The claimant does not wish (at least yet) to proceed to judgment in default. The claimant wishes the first defendant to give disclosure and is particularly interested in where the money has gone. …

It seems to me that the court does have inherent jurisdiction to appoint a supervising solicitor to enable discharge of the first defendant's disclosure obligation, in order to ensure that that obligation is fulfilled. This is a novel order but, in the unusual circumstances of this case, it seems to me an appropriate way of ensuring that the disclosure obligation is complied with."

4. 还有 Patel v. UNITE the Union (2012) EWHC 92 (QB); M3 Property Ltd v. Zwdhomes Ltd (2012) EWHC 780 (TCC);Phaestos v. Ho (2012) EWHC 2756 (QB)等先例。

9.3 文件清单(list of documents)

9.3.1 清单的结构

CPR Rule 31.10(2)规定标准披露(standard disclosure)下诉讼方必须递交文件清单(list of documents)。其作用是保证已经披露了所有有关文件。文件应(通过它的描述与日期等)足够让对方在看后可知道要查阅(inspection)什么文件并提出要求。而法院也可根据清单考虑是否在面对申请时下令特定披露。

Court Form N265(见本章附件一)是 CPR 下文件清单的范本,虽然不要求严格依从,但仍必须大程度依从。如必须包括披露陈述(Disclosure Statement):见 CPR Rule 31.10 (5) ~ (6)。

N265 文件清单将披露方掌控(control)或曾经掌控的有关(有利或不利)文件分为如下三个部分:

1. 掌控的每份或每类别有关文件,并不反对对方诉讼方查阅文件或提供副本(I have control of the documents numbered and listed here. I do not object to you inspecting them/producing copies)。N265 格式的左边有简短提示如何列名,在此节录以方便阅读:"List and number here, in a convenient order, the documents (or bundles of documents if of the same nature, e.g. invoices) in your control, which you do not object to being inspected. Give a short description of each document or bundle so that it can be identified, and say if it is kept elsewhere i.c. with a bank or solicitor."

2. 掌控的每份或每类别有关文件但反对对方诉讼方查阅文件,与说明反对的理由(I have control of the documents numbered and listed here, but I object to you inspecting them. I object to you inspecting these documents because …)。这反对的理由通常就是文件可享有特免权。除了法律业务特免权(legal professional privilege)文件的描述可以含糊其

词,其他种类的特免权文件要有详细的描述,让对方知道是什么特免权,以便进一步澄清与质疑。

3. 曾经掌控过而且应该交出给对方查阅,但现在已经不再掌控的有关文件(I have had the documents numbered and listed below, but they are no longer in my control)。N265格式的左边也有简单提示要求披露方与第一部分披露的文件一样写明这些文件的日期与描述,并要说明自己最后是在什么时间掌控,以及该份文件目前会在哪里可以找到及它/它们的去向(List and number here, the documents you once had in your control, but which you no longer have. For each document listed, say when it was last in your control and where it is now)。

如果在标准披露下与案件有关的只有少量文件,双方诉讼方可以文书同意免予作出文件清单与披露陈述;或是在涉及大量有关文件的情况下,同意不必在文件清单中列名(list)每份或每类文件,而是列名与描述收藏文件的文件夹(file)与/或盒子(box)。当然是除了双方以文书同意外,这种做法也可以由法院下令:见 Abela v. Hammond Suddards (a firm) (2008) 12 WLUK 57 先例。该先例的被告(是一家律师所)在文件清单中列名100 盒案卷,原告向法院申请要求被告在文件清单中列名每一份文件,以方便原告在查阅文件时更容易知道哪些是有关文件,但这被法院拒绝。

9.3.2　列名文件要成比例(proportionality)

"成比例"(proportionality)是 CPR 的大原则,列名文件的工作也是一样。毕竟今天的诉讼要披露的有关文件太多了,如果每一份文件都要独立列名,并按时间次序说明日期与给予一个精简的描述(concise and short description),工作量太大,而相应的律师费用也难免大幅度增加。这也是上述所讲的 Abela v. Hammond Suddards (a firm) (2008) 12 WLUK 57 先例的判法所显示的精神。

虽然只应对披露文件做精简的描述,但还是必须符合以文件清单作出披露的本意,即让对方诉讼方可以从日期与描述确定是一份什么文件。精简的描述并不容易,正如丘吉尔首相曾经说他没有时间写一封精简的信函,所以写了一份冗长信函,因为后者是更容易与更省时间的。

如果文件清单有冗长/啰唆的描述(prolix description),对方诉讼方可向法院申请要求披露方准备另一份新的文件清单,而且浪费的有关费用须披露方自己承担:见 Walker v. Poole (1882) 21 ChD 835; Hill v. Hart-Davis (1884) 26 ChD 470; Bolton v. Natal Land and Colonization Co (1887) WN 143 等先例。法院也会看不同情况,只命令把文件清单不满意部分作出修改后,重新送达给对方。

大量同类别文件也可以一并描述,例如在一个造船合约争议中描述为"2015 年 11 月至 2017 年 8 月的 950 份船舶主机与辅助机器的零件/配件收据"。CPR PD 31A Para. 3.2 有以下操作指引:"3.2 In order to comply with rule 31.10(3) it will normally be necessary to list the documents in date order, to number them consecutively and to give each a concise description (e.g. letter, claimant to defendant). Where there is a large number of documents all falling into a particular category the disclosing party may list those documents as a category rather than individually, e. g. 50 bank statements relating to account number ××× at ××× Bank, ××× to ×××（时间段）; or 35 letters passing between ××× and ××× between ××× and ×××（时间段）."

9.3.3 披露方不能自己不审阅与挑选而披露大量无关文件(overdisclosure)

Charles Hollander QC 的《Documentary Evidence》(2018 年,第 13 版)一书之 7 - 09 段有说到,英国律师在 CPR 已经生效多年的今天,在披露做法上依然像在 CPR 以前一样将大量标准披露下无关的文件披露,而不是在合理搜索(reasonable search)的责任下,审阅(review)每份文件有利与否后才决定是否披露。

不少英国律师的说法是审阅每份文件会花费大量时间与费用,不如将所有与争议有关系的文件(比较容易搜索,也不需要每份文件仔细审阅),无论内容有利与否或只是提供事实背景的文件都披露给对方。

但这样是违反了 CPR 对披露的精神。因为披露方自己有责任按照标准披露的命令以文件清单作出披露。不尽这个责任就无可避免导致对方需要花费同样或更多时间与费用逐份文件由头查阅到底,才能找出哪些是有关文件。所以整体诉讼费用来说,并没有因为披露方少做了工作而有所节省。而且,这大量的无关文件会被制作成开庭案卷(trial/hearing bundles),会导致整体诉讼费用更多。

在 Minories Finance Ltd v. Arthur Young (unreported 31 March 1988)先例中,涉及 100 万份文件,Henry 大法官说:"It does not seem to me to a proper solution simply to give (对方) the task of rummaging through the documents and giving them the key of the warehouse in order to do so. The onus to make discovery is on the party whose documents they are."

另对披露方自己也有不利/不好的地方,例如有更大的危险把可主张特免权(privilege)或商业机密但与争议无关的文件错误披露给了对方。披露方也因为没有提供给了对方什么文件的记录,而不知道给了对方什么并带来问题。如在 Three Rivers DC v. Bank of England (2006) EWHC 816 (Comm)先例中,提到一个被披露的盒子内只有一根烂椅脚。

披露大量无关的文件导致对方需要花大量时间查阅后挑出来,而对方花的时间本来应该是披露方所要做的工作,法院会对这种披露方作出惩罚,包括要承担对方增加的工作量的费用惩罚。电子文件的披露也会面对同样的问题,这可见本书第八章之 2.1.2 段的介绍。

9.4 披露陈述(disclosure statement)

已经多次提到,文件清单(list of documents)中包括一个披露陈述(disclosure statement),并由披露方签字。本章附件一的文件清单范本 N265 中的前两页就是披露陈述,确认与清楚说明针对在较早的案件管理会议(CMC)中法院的标准披露(standard disclosure)命令或根据个别案情做了相应改变的披露命令,披露方在合理搜索(reasonable search)中做了(或未做)什么工作以保证与满足披露责任。

这全面的披露陈述与在 CMC 前递交的披露报告(disclosure report)(披露报告范本 Court Form N263 可见本章附件二)不一样。披露报告是较简单告诉法院本案件根据标准披露会有什么有关文件、在哪里找得到、搜索这些文件估计会花费的金额、针对本案件建议的更适合的披露方法(比标准披露多或少)与估计费用、真实声明(statement of truth)与签字等。这披露报告只是为了让法院了解后针对案件作出一个认为是最合理与成比例(proportionate)的披露命令。

文件清单中的披露陈述内容有:(1)说明他/她为了寻找所需要披露的文件作出的搜索范围与程度。特别要说明这是一个合理与成比例的搜索,并指出面对怎样的限制(limitations)或障碍(obstacles)导致要为了成比例局限搜索。在商业法院,披露陈述必须符合CPR Rules 31.7(3)与31.10(6)的要求,特别是:其一,明示说明披露方相信他/她的文件搜索的程度是在当时的情况下合理;其二,指出为了成比例在搜索的程度上的特定限制与其原因。(2)声明披露方理解披露的责任(disclosure duty)并告知法院会持续披露后来才获得或产生的有关文件直到诉讼程序终结。(3)声明在披露方所了解的情况下,已经尽了对法院全面与坦率披露的责任。(4)声明文件清单完整列名所有披露方掌控与有责任披露的文件。(5)有权反对让法院与对方查阅的文件与反对的依据(主要可能是文件可享有特免权,特别是法律业务特免权)。(6)针对电子文件披露(这在本书第八章会详细介绍)的特定陈述。

如果披露方是一间公司或一个机构(organization),披露陈述中必须确定(identify)是谁作出这个陈述,并解释为什么他/她认为自己是一位作出披露陈述与签字的适当人士(appropriate person):见 Carlco Ltd v. Chief Constable of Dyfed-Powys Police (2002) EWHC Civ 1754 先例。这适当人士通常是公司律师或法务部的雇员,毕竟他/她比公司其他高管/雇员更熟悉法律强加的披露责任,而这是要在披露陈述中作出声明的。法院甚至可能会指令要以一份誓章(affidavit)支持以证明披露陈述的真实性:见《Admiralty and Commercial Court Guide》(2014), para. E3.7。但这通常没有必要,因为虚假的披露陈述就已经是"藐视法院"(contempt of court)。这在 CPR Rule 31.23 有明确说明:"**False disclosure statements** (1) Proceedings for contempt of court may be brought against a person if he makes, or causes to be made, a false disclosure statement, without an honest belief in its truth."

如果不适当的人士作出了披露陈述与签字,例如不是对披露与搜索负责与熟悉的高管/雇员签字,就会带来严重后果。例如在 Global Torch Ltd v. Apex Global Management Ltd (No.2) (2014) UKSC 64 最高院先例中,被告的抗辩书就因此被撤销(struck out)。正如在 Arrow Trading v. Edwardian Group Ltd (No.2) (2004) EWHC 1319 (Ch)先例中,Blackburne 大法官说这些规定不是技术性,而是为了让披露方对披露责任的重要性与严肃性提高警惕:"I do not agree ... non-compliance is a mere technicality ... The purpose of the rule is to bring home to each party his or her individual responsibility for giving standard disclosure. Except to the extent permitted by the rules, it requires the party himself to make the disclosure statement."

9.5 查阅披露的文件(inspection of disclosed documents)

根据 CPR Rule 31.3,诉讼方有权查阅披露的文件。需要查阅(inspect)文件的情况会在诉讼的不同程序中出现,最正常发生的是在:(1)在 CPR Rule 31.10 下交换的文件清单

（list of documents）中披露的文件；（2）CPR Rule 31.12 的特定披露（specific disclosure）的文件；（3）CPR Rule 31.14 下，在誓章（affidavit）、证人证言（witness statement）与专家报告（expert report）中提及（mentioned）的文件。[90]

通常通过一份拟定得清楚与完整的文件清单中对个别文件与/或某类文件的日期与描述（description），就可以知道有哪些文件自己已经拥有（对方已经提供或是共同拥有的文件如双方之间的书信往来），不需要再查阅。只有己方没有掌控（control）的文件（如对方内部文件或第三方提供给对方的文件），才会需要向对方要求允许进行查阅。

CPR Rule 31.15（a）规定有权查阅的诉讼方必须书面通知披露方他/她要求查阅文件，披露方也根据 CPR Rule 31.15（b）在 7 天内允许查阅文件。这样带来了一连串的课题，如查阅的地点与时间、查阅文件的人士、制作披露的文件的副本、成比例（proportionality）下不允许查阅的文件、无关与/或主张特免权、翻译等，以下分段详细介绍。

9.5.1　查阅地点（place of inspection）

19 世纪前披露方将有限的文件交出给法院，以让对方在法院查阅的做法早已过时。今天法院不理会双方诉讼方针对这方面的安排，只会在双方有了异议时才行使裁量权决定与命令在哪里查阅文件才最实际可行、经济与合理。

在国际商业争议，双方诉讼方的文件通常四散在世界各地。但客户会在合理搜索后将所有有关系的文件的正本（这主要是指纸质文件）交出给律师审阅（review），并挑出在标准披露下要向法院与对方披露的文件，所以客户的正本文件都会在代表律师手中。而由于英国法院诉讼一般需要有英国律师作为代理人，而他们都是身在英国。这表示双方之间要想查阅对方披露的文件，只需要去代表对方的英国律师所查阅。

但这也并不一定，例如涉及大量纸质文件（正本文件）从外地运送给英国的代表律师不现实，就会由英国律师飞去外地搜索并在大量的客户文件中，挑出什么是需要披露的有关文件，并制作副本带回英国。例如 Charles Hollander QC 在《Documentary Evidence》（2018 年，第 13 版）一书就有提到他早年飞去印度尼西亚，在他客户的仓库内搜索有关文件。

而涉及电子文件就会相对方便，今天也有不同的做法。例如，可以是简单地将电子文件存储在介质中交出给对方，又或者是将电子文件上传到网络（可以是开放律师事务所服务器中存储的电子文件的查阅权限给对方，又或是云服务器中的文件查阅权限给对方）允许对方查阅等。

9.5.2　查阅的时间（time of inspection）

同查阅的地点一样，CPR 下的做法是查阅方向披露方提出允许查阅文件清单中披露的文件的书面要求，披露方在 7 天内允许。在查阅的时间方面，双方达成协议通常都不会有什么问题。

如果涉及文件量太大，查阅会需要一段时间与分开几次，甚至要去不同地点。在 19 世纪，在 Mertens v. Haigh (1863) 3 De GJ & S 528 先例中，就是长达 3 周时间。但这不

[90]　在本书第六章之 5 段有详细介绍。

表示查阅方可以重复查阅一份文件。理论上,披露方只需要将一份文件让查阅方查阅一次。

9.5.3 谁可查阅披露的文件

在 CPR Rule 31.3 说明诉讼方有权查阅对方披露的文件,但没有进一步针对谁有权。毕竟虚构(fictitious)的公司法人自己是不会查阅,而必须通过雇员与/或代理人。而查阅对方披露的文件的人士,也必须熟悉案件与有关法律。这样虽然没有这样的规定,但往往会是当事人的代表律师作为实际查阅人。披露方也不会反对,毕竟他/她也会由自己的代表律师查阅对方文件。

但这里也会有变化。如在 Davies v. Eli Lilly & Co (1987) 1 WLR 428 先例中,案件涉及一个集体诉讼,约千人在法律援助(legal aid)的支持下起诉被告药厂以及其他相关公司/机构,指称被告生产与销售的一种成药有问题。诉讼程序到了相互披露阶段,原告发觉被告在文件清单中披露的大量文件都涉及技术性与医学方面。估计是原告代表律师查阅会力不从心,于是干脆另外委任了一位顾问作为实际查阅人。该顾问的正职是一位医学刊物/报纸的记者,对药品有十分丰富的知识,他也被发觉对被告药厂经常有不佳的评论。被告药厂对这种人士作为实际查阅人有很大疑虑。毕竟通过查阅,他会有机会看到大量的药厂内部与机密文件。

这样就导致需要法院对双方诉讼方的争议作出决定。一审的 Hirst 大法官在权衡双方的争辩与各自的利益后,认同原告虽然有必要委托该有药品知识的顾问查阅文件,但被告有更大保护机密的必要。该名顾问虽然会有法律默示的承诺,[91] 但 Hirst 大法官认为该顾问作为记者,有更大破坏机密的危险,会在不自觉的情况下为了公共利益泄露机密,所以行使裁量权否定了原告的申请。

但原告上诉成功,上诉庭改变了一审决定。上诉庭不接受该顾问有更大危险破坏机密。但上诉庭也增加了对被告商业与医学技术方面机密的保护,要该原告委托的顾问额外签署一份不会破坏这次查阅的文件与信息的机密性的明示担保。

笔者对该先例有几个方面的看法:(1)从该先例可以看出裁量权(discretion)的不肯定,不同的法官对同样的事实背景行使裁量权会有不同决定。(2)法院对代表律师的保密承诺或担保显然是信心大得多。毕竟他们受过这方面的训练,并且受到法院与律师协会的监管。但其他非法律人士,即使是其他专业人士,就比较难以放心了。(3)在更近期的年代,英国法院会更加重视保护商业机密的重要性,这可从本书第四章之 1.7.7 段介绍的法院会采用的各种保护机密的手段与做法感受到。在同样或类似的案情下,今天法院会对被告药厂作出更好的保护。

9.5.4 制作副本权利(right to copy)

查阅方(inspecting party)如果发觉他/她查阅的正本文件(original document)重要,可以制作副本留待后用,这是一直以来都允许的做法:见 Ormerod, Grierson & Co v.

---

[91] 也就是本书第四章之 1.7.3 段的 Riddick v. Thames Board Mills Ltd (1977) QB 881 先例的"Riddick 原则",即除非获得法院批准,否则不能将有关诉讼中披露与查阅的文件用作任何其他用途。

George's Ironworks Ltd (1905) 1 Ch 505 先例。因为这是为了司法用途,所以也不会侵犯版权(copyright),这可见《Copyright, Designs and Patents Act 1988》立法之 Section 45(1)所说:"Copyright is not infringed by anything done for the purposes of parliamentary or judicial proceedings."

在复印机普及后,复印纸质文件是再容易不过的事情。所以开始有了一个新的做法是披露方(disclosing party)在查阅方的要求下,在查阅正本文件之前或期间提供给查阅方一套被要求查阅的文件副本。当然查阅方是要支付复印的费用,但这一般不是一笔大钱,不会有问题。这个规定在 RSC 下已经存在,在 CPR 生效后,CPR Rule 31. 15(c)也说:"that party may request a copy of the document and, if he also undertakes to pay reasonable copying costs, the party who disclosed the document must supply him with a copy not more than 7 days after the date on which he received the request."

这样也带来了一个矛盾,查阅方在有了全套文件的副本后,是否还有必要再查阅披露方的正本文件(original documents)? 毕竟再查阅,在费用上就会昂贵多了。显然在一个中小型的案件,涉及争议金额不大与有关文件数量不多,也没有特别值得怀疑的地方,再花费时间金钱查阅正本文件没什么意义。

但有时查阅这些正本文件可能有用,特别是涉及不诚实(dishonesty)、欺诈(fraud)、误述(misrepresentation)、串谋(conspiracy)等的案件。正如在 Digicel (St Lucia) Ltd v. Cable & Wireless Plc (2008) EWHC 2522 (Ch)先例中,Morgan 大法官说:"because the tendency of conspirators is to conceal rather than to reveal, proper disclosure is all the more important in a conspiracy claim."

查阅正本文件会有可能带来只看副本预料不到的收获。例如,正本文件有不同颜色的高亮标志(highlighted)、手写文字(特别用铅笔)不一定会在副本中显示、文件背面可能有文字与信息、文件有折角可能有原因、一份重要文件光鲜与不像被人翻阅过可能有重大嫌疑等。这些都会是一位熟悉案情、观察力强的实际查阅人(通常是代表律师)看得出来或能感觉到的。

在今天有很多不同制作副本的做法的情况下,有关费用也会有争议。例如,在 Grupo Torras SA v. Al-Sabah (1997) EWCA Civ 2385 先例中,案情涉及 5 万份纸质文件在扫描后被放进光盘(CD)提供给查阅方。针对费用方面的争议,法院判扫描的费用要披露方自己承担,因为他/她这样做是有其他的用途。但把扫描文件放进光盘与提供光盘给查阅方的费用就要由查阅方支付。扫描 5 万份文件是一件繁重的工作,扫描的费用肯定高昂,但放进光盘与提供光盘就没有多少钱。

至于披露方自己要承担的扫描费用,就会是自己一方要花费的诉讼费用(litigation costs)。只会在案件诉讼完结并且胜诉后,才可以与其他诉讼费用(主要可能是代表律师、专家等费用,但可能有很多其他因为此诉讼带来的花费)一并根据败诉方承担诉讼费用(costs follow the event)的原则向败诉方要回来。

由于查阅方支付了费用取得供应给他/她的副本,所以是属于查阅方的财产。但查阅方同样也有一个不将手上的这些副本使用在其他用途(包括以后的诉讼或仲裁)的承诺,除非向法院作出申请并获得批准:见 CPR Rule 31.22[在 CPR 前只是普通法下的一个默示保证,可见本书第四章之 1.7.3 段的 Riddick v. Thames Board Mills Ltd (1977) QB 881 先例下的"Riddick 原则"]。

同样道理下,披露方也没有权利要求查阅方事后退还这些副本文件或把文件销毁。但如果法院在披露方的申请下,认同查阅方有违反保密承诺的危险,就会下令把这些副本文件销毁或退还。

9.5.5　翻译(translation)

在国际商业诉讼中,难免会面对诉讼方的文件是外语(英国法官的角度),甚至是多国语言的情况。在英国法院诉讼中,这就需要把多国外语的文件翻译为英语。在今天有大量文件的环境下,这会是一项十分昂贵与耗时的工作。

显然,披露方在披露前的搜索与整理时就应该审阅每份外语文件是否与争议/争端有关(有利与否的考验),才决定是否披露。而如果要披露并会在将来加进开庭案卷(trial/hearing bundle),特别在开庭审理时会涉及或提到的文件,就要提供英语翻译。这方面可节录在 Nichia Corporation v. Argos Ltd (2007) EWCA Civ 741 先例中,Rix 大法官说:"There is no need to translate everything in advance, if the cost of such translation is disproportionately high. Indeed, there may be no need to translate anything, other than what requires to be disclosed. I do not see why a reasonable search cannot be conducted without any initial need for translating."

高昂的翻译费用不应由披露方承担,因为这不是他/她自愿披露,而是因为法律强制必须作出全面与坦率的披露:见 Bayer AG v. Harris Pharmaceuticals Ltd (1991) DSR 170 先例。但如果是披露方自己需要依赖的文件(对己方有利),涉及的翻译(如果需要)费用就要披露方承担了。

当然翻译费用只是针对谁先要支付,因为不管是谁先支付,都是为了这场诉讼而要花费的诉讼费用(litigation costs)。将来如果胜诉,就可以向败诉方要回来。

会有情况是披露方在披露程序前就为了自己的原因,将一些外语文件制作与掌控(control)了英语翻译本。这样,翻译本也是必须在文件清单中披露与允许对方诉讼方查阅以及制作副本的有关文件了,不再存在翻译费用由谁先承担的争议:见 Sumitomo v. CLR (2001) EWCA Civ 1152 先例。该先例提到每张日文文件翻译成英文需要 72 英镑(时为 2000 年)。而该先例共 3400 张日文的文件,其中 725 张已被翻译为英文。对方要求披露翻译本,主要目的是省下自己安排翻译的工作与费用。此外,了解对方的一手翻译本也有百利而无一害,有经验的律师不会放过翻译本。

披露方因为自己的原因翻译,有关费用肯定是要自己承担。如果这原因是因为公司有外国老板或高管,这费用就是公司营运的部分成本。而如果原因是有了这个诉讼或可能的诉讼(litigation in contemplation),提前做出翻译为了取得大律师意见(counsel's opinion/advice),则这方面的费用(包括翻译的费用)就会是诉讼费用,将来胜诉后可以向败诉对方取回。

翻译也经常带来诉讼双方对翻译是否准确的争议。所以,翻译本最好就只是一份双方当事人都同意的正确翻译本。在较近期的 Gemstar-TV Guide International Inc v. Virgin Media Ltd（2011）EWCA Civ 302 上诉庭先例中，对减少这方面争议的做法有指引，说："In principle, whenever a party relies on a document in a foreign language. The translation should be sorted out at an early stage. Ideally the party relying on the translation should send it to the other(s) with an express request for agreement within a reasonable time. If the document is quite long the key passages relied on should be identified so that the other side can concentrate on these. If the translation is agreed, well and good. But if not, the Court at the case management stage should normally insist upon agreement or early resolution of the translation dispute, if necessary by a hearing for that purpose."

高昂的翻译费用也十分困扰国际仲裁，在很多问题上要参考英国法院的做法。例如，由于中国公司有大量的文件都是中文，所以一涉及诉讼（法院或仲裁），只是翻译文件就会是一大笔费用，更不说在开庭审理时证人要通过翻译（interpreter）举证，带来额外费用与延误宝贵的开庭时间。所以近年来看到越来越多涉及中方当事人的合约与仲裁协议明示要求仲裁语言（arbitral language）是中文，或如果涉及外商更多是规定中英双语（bilingual）。部分合约更进一步明示将仲裁员需要精通双语作为仲裁员资格的一部分。如果外商或仲裁机构委任了并非精通双语的仲裁员就变成涉及管辖权的严重问题。

英国法院的诉讼不允许这种做法，因为国家法院的程序与做法是不会受到当事人私下约定改变的。这种做法二三十年前在仲裁也不可行，因为当时在国际仲裁的圈子内很难找到一个或多个精通双语与有水平的仲裁员。但今天这种仲裁员已经有相当人数，不愁没有选择。

当然想要真正享受到双语仲裁节省翻译费用等好处，还要求仲裁庭以外的其他参与仲裁的相关人士，特别是双方的代表律师与个别专家也要懂双语，否则还是难免要把中文文件翻译为英语，让他们了解内容。遇到这种在双方同意仲裁以双语进行但其中一方当事人委任的代理律师不懂双语的情况，仲裁庭会命令带来的额外费用由他/她自己承担，无论仲裁的结果谁胜谁负。

9.5.6　真实性（authenticity）

CPR Rule 32.19 规定如果一方当事人在对方诉讼方作出披露后没有异议，则该文件就被视为双方接受其真实性。当然双方完全可以争辩文件的内容，例如怎样才是正确的解释。例如双方对合约条文存在不同解释的争议，这是一个法律问题（issue of law），与对该合约的真实性有异议这个事实问题（issue of fact）并不同。如果是对真实性有异议，就需要在披露后 7 天或相互交换证人证言（witness statement）前提出（以较后时间为准），要求在开庭审理时披露方证明真实性。节录 CPR Rule 32.19 规定如下："**Notice to admit or produce documents** (1) A party shall be deemed to admit the authenticity of a document disclosed to him under Part 31 (disclosure and inspection of documents) unless he serves notice that he wishes the document to be proved at trial. (2) A notice to prove a document must be served —(a) by the latest date for serving witness statements; or (b) within 7 days of disclosure of the document, whichever is later."

证明文件真实性的办法之一是披露方让制作文件的人士在开庭审理时作为证人接受质疑真实性的对方的反盘问(cross-examination)。如果被法院接受真实性没有问题,相关浪费的诉讼费用就要由质疑的诉讼一方承担,这会是一大笔钱。

在国际商业社会,制造虚假/不真实文件的情况很少发生。这是由于制造虚假文件会带来严重的刑事后果。他们只会在制作文件时对内容做手脚,例如不提对自己不利的事情,但对对方不利的事情就清楚地甚至夸大地记录下来。但这又是对该文件解释方面的法律问题,与文件真假的事实方面没有关系。

9.6 反对披露与查阅文件(objection to disclosure and inspection)

披露方如果反对查阅一份或多份的文件,首先要确定(identify)是以什么理由反对。例如,反对在文件清单(list of documents)中披露某份有关文件的存在,但这种情况应是不多,可能是文件涉及公共利益特免权(public interest privilege),[92] 在文件清单列名也会太敏感。更多的情况会是不反对披露文件存在但反对让对方诉讼方查阅。在作为本章附件一的文件清单范本 Court Form N265 第 3 页的中间部分的写法是:"我掌控以下被列名的文件,但我反对让你查阅(I have control of the documents numbered and listed here, but I object to you inspecting them)。"

反对对方诉讼方查阅有关文件会是以下三种情况:

1. 有关文件曾经由披露方掌控(control)过,但因为已经实质失去(physically lost),再也无法允许查阅。这会是各种原因,例如因为搬迁而遗失,火灾或其他天灾人祸导致仓库中的有关文件失去,公司保存与销毁文件的政策等。由于需要把这些失去的文件在文件清单里列名(做法上与不反对对方查阅的披露文件一样,要将每份或每类别的文件的日期与描述写清楚),所以对方诉讼方可以通过这些文件的日期与描述推算是否重要。如果重要,可以从文件描述中知道是否来自第三方。如果是,可争取从第三方处取得另一份副本。如果第三方不合作,对方诉讼方可以考虑其他办法,例如本书第二章之 4 段介绍的第三方披露令(Norwich Pharmacal Order)或是在提前知道文件内容的情况下,传召证人(witness summons)强制在开庭审理时出示这份文件。

2. 在文件清单通过列名披露有关文件后,反对对方诉讼方查阅该文件的最重要与最常见的理由就是主张特免权(assert privilege)。这些特免权有:(1)法律业务特免权(legal professional privilege),包括法律意见特免权(legal advice privilege)与诉讼特免权(litigation privilege);(2)共同利益特免权(common interest privilege);(3)无损害特免权(without prejudice privilege);(4)自证其罪特免权(self-incrimination privilege)。这些课题都在本书第九章至第十三章有详论,不在此重复。

针对经常会是大量的可享有法律业务特免权的文件,做法上是不必像其他反对对方

---

[92] CPR Rule 31.19 规定:"(1) A person may apply, without notice, for an order permitting him to withhold disclosure of a document on the ground that disclosure would damage the public interest. (2) Unless the court orders otherwise, an order of the court under paragraph (1) — (a) must not be served on any other person; and (b) must not be open to inspection by any person."

查阅的文件一样将每份文件列名。这是为了避免泄露披露方与代表律师之间的机密信息,这方面可参阅本书第十二章之7.2-7.3段。

3. 成比例(proportionality)是CPR的主要目的(overriding objective)之一。所以,如果查阅的某些或某类文件数量太大但并非对争议有关键性作用且存放在海外,或是搜索电子文件昂贵与/或查阅会带来困难与不成比例(disproportionate),也会是反对被对方诉讼方作出查阅的理由。

在实务中以不成比例作为理由反对对方查阅的情况不多。这是因为如果有不成比例的问题,早就在合理搜索有关文件时就已经要面对,而不是在后续查阅文件的阶段。但这种案例也不是没有,这方面可以部分节录Charles Hollander QC的《Documentary Evidence》(2018年,第13版)一书之7.61段如下:"In truth, there will logically be very few cases where the party listing the documents is able to say 'it will be disproportionate to permit inspection of all these documents' without some legal right to underlie the point. If there is proportionality point, it will normally arise at the search stage and not thereafter. However, in Webster v. Ridgeway Foundation School (2009) EWHC 1140 (QB), a reference in a witness statement to a database had been set out in the list of documents. Nicol J. said that this was a case where it would be disproportionate for inspection to be required."

以上三种情况在CPR Rule 31.3有明确说明:"**Right of inspection of a disclosed document** (1) A party to whom a document has been disclosed has a right to inspect that document except where —(a) the document is no longer in the control of the party who disclosed it;(b) the party disclosing the document has a right or a duty to withhold inspection of it… (2) Where a party considers that it would be disproportionate to the issues in the case to permit inspection of documents within a category or class of document disclosed under rule 31.6(b)— (a) he is not required to permit inspection of documents within that category or class; but (b) he must state in his disclosure statement that inspection of those documents will not be permitted on the grounds that to do so would be disproportionate."

除此之外,披露方还可以其他理由反对对方查阅文件。如果双方不能同意,就要由法院行使裁量权决定。这方面可以节录Charles Hollander QC的《Documentary Evidence》(2018年,第13版)一书之7-61段所说如下:"It is not necessary that the objection relates to privilege or public interest immunity. It may be on any ground. This is, therefore, the procedure to be followed where the objection is on grounds that the document is held pursuant to an obligation of confidentiality held to another person, such as where the documents were disclosed in a prior and separate arbitration.[93] Another example is where provision of the documents is an offence under a foreign law,[94] which may be a reason for the court to refuse an order for inspection."

---

〔93〕 见本章之8.9段针对的承诺对其他法院(或仲裁)保密的文件的情况。

〔94〕 披露方也可以在外国法下提供文件是违法为由,反对对方查阅。

9.7 遮盖披露文件的部分内容(redaction)

披露方要遮盖(redact,也称 seal up、blank-out)一份有关(有利或不利)文件的部分内容才允许对方诉讼方查阅的情况经常发生。本质上这与上一段披露方反对对方查阅一份有关文件的做法是一样的,区别只在是整份或部分的文件。这个课题在本书第九章之2.5段将有详论与介绍有关先例,不在此重复。

9.7.1 遮盖部分披露文件的原因

需要在对方查阅有关文件前遮盖,通常的理由是遮盖的是无关内容(irrelevant content)与/或可享有特免权的内容(privileged content)。但只是有关文件的内容机密,如涉及敏感的商业或技术上的机密,是不足以被允许遮盖的。披露方如果很想保护机密,就要考虑向法院申请采取在本书第四章之1.7.7段介绍的各种保护机密做法的命令。

这种要遮盖文件部分内容的情况也确实在发生,因为商界人士普遍在制作文件时不警觉,没有区分无关(但敏感与不想见光)或可享有特免权的内容并将其记录在不同的文件中。例如,董事局或公司高管的会议记录中把可享有特免权的内容(如公司律师针对一个对公司重要的诉讼案件报告外部律师与作出自己的法律意见)与其他无关诉讼的内容但涉及公司内部的商业机密/商业决策,都混杂在同一份文件中。或是,双方当事人之间的书信往来中的一份包括有关需要披露与允许查阅的内容,但也包括双方的和解谈判(settlement negotiation)等可享有特免权的内容。

9.7.2 法律允许遮盖文件的做法和管制

在1999年CPR生效前就早已有这种做法,一贯的法律地位是只要遮盖不会导致该文件中其他要披露并让对方查阅的部分受到影响,就可以允许遮盖。正如Hoffmann大法官在GE Capital Corporate Finance v. Bankers Trust Company (1995) 1 WLR 172先例所说:"Relevant and irrelevant information may, as in this case, be contained in the same sentence. Provided that the irrelevant part can be covered without destroying the sense of the rest or making it misleading, a party is permitted to do so."

法律是要求披露方在文件清单中说明遮盖的理由、由谁作出遮盖与作出一个没有有关与不享有特免权的内容被遮盖的声明:见Jones v. Andrews (1888) 58 LT 601先例。这显然是为了让对方诉讼方在文件清单就可以看到有哪些有关文件是被遮盖的。

另外,如果是主张特免权作出遮盖,代表律师是有个人责任审阅整份文件并认同这遮盖部分是恰当与适合的:见Myers v. Elman (1940) AC 282先例。而法院也有权力查看/检查被遮盖部分到底是否与双方的争议/争端无关:见Ehrmannv. Ehrmann (1896) 2 Ch 826先例。另法院也可要求披露方以誓章(affidavit)解释这个遮盖:见Irvin v. Donaghy (1995) 12 WLUK 287先例。有关文件不被遮盖部分,仍需要允许对方诉讼方查阅:见The "Good Luck" (1992) 2 Lloyd's Rep 540先例。

9.7.3 CPR下的遮盖文件

在CPR下,CPR Rule 31.19是针对遮盖与查阅文件的特定条文(specific provision),另有CPR PD 31B para.30针对电子文件。

CPR Rule 31.19(3)与(4)确认了这个做法并需要在文件清单(list of documents)说

明,条文可节录如下:"(3) A person who wishes to claim that he has a right or a duty to withhold inspection of a document, or part of a document, must state in writing—(a) that he has such a right or duty; and (b) the grounds on which he claims that right or duty. (4) The statement referred to in paragraph (3) must be made—(a) in the list in which the document is disclosed; or (b) if there is no list, to the person wishing to inspect the document."

CPR Rule 31.19(5)规定当事人可向法院申请对是否有权遮盖作出决定,可节录如下:"A party may apply to the court to decide whether a claim made under paragraph (3) should be upheld."

9.7.4 法院对申请遮盖文件的考虑与决定

法院为作出决定,可以要求主张遮盖的披露方交出该文件给法院查看/检查,也可以要求有关人士向法院在这方面作进一步陈述或解释。这可见 CPR Rule 31.19(6)的规定如下:"(6) For the purpose of deciding an application under paragraph (1) (application to withhold disclosure) or paragraph (3) (claim to withhold inspection) the court may—(a) require the person seeking to withhold disclosure or inspection of a document to produce that document to the court; and (b) invite any person, whether or not a party, to make representations."

CPR Rule 31.19(7)也说向法院申请,需要有证据支持:"An application ... must be supported by evidence."

通常除非双方当事人邀请,否则法院是不想自己检查文件的。在 Atos Consulting Ltd v. Avis Plc (No 2) (2007) EWHC 323 (TCC)先例中,Ramsey 大法官有提到法院针对这种申请的五步曲或做法,如下:"In my judgment the appropriate course to be adopted in an application under rule 31.19 (5) where the right being relied on is privilege or irrelevance, is for the Court to proceed by way of stages as follows:(1) The Court has to consider the evidence produced on the application. (2) If the Court is satisfied that the right to withhold inspection of a document is established by the evidence and there are no sufficient grounds for challenging the correctness of that asserted right, the Court will uphold the right. (3) If the Court is not satisfied that the right to withhold inspection is established because, for instance, the evidence does not establish a legal right to withhold inspection then the Court will order inspection of the documents. (4) If sufficient grounds are shown for challenging the correctness of the asserted right then the Court may order further evidence to be produced on oath or, if there is no other appropriate method of properly deciding whether the right to withhold inspection should be upheld, it may decide to inspect the documents. (5) If it decides to inspect then having inspected the documents it may invite representations."

这方面的做法一般会比较简单,特别是遮盖的文件数量并不多,双方诉讼方都会愿意邀请法院查看这些文件后作出决定。这通常是更实在、快捷与省钱的做法。

9.7.5 "挑选樱桃规则"与遮盖

遮盖也要小心在本书第十二章之 4 段介绍的"挑选樱桃规则"(cherry-picking rule)。

就是涉及特免权(特别是法律意见特免权)是不能部分遮盖的,因为这会带来误导。换言之,可享有特免权的内容要么就作出全面的遮盖反对对方查阅,要么就要弃权全面让对方查阅,不能遮盖一半。除非作出部分遮盖是因为内容涉及两个完全不同的话题(entirely different subject matter);见 Great Atlantic Insurance Co v. Home Insurance Co (1981) 2 Lloyd's Rep 138 上诉庭先例。

9.7.6 在 CPR 下和"Peruvian Guano 测试"下允许遮盖文件无关部分的不同:Shah v. HSBC Private Bank (UK) Limited 先例

最后可较全面介绍近期涉及如今规管(regulatory)带来的影响与后遗症的 Shah v. HSBC Private Bank (UK) Limited (2011) EWCA Civ 1154 先例。在该先例中,被告汇丰银行的职员在处理一个客户,也就是本先例的原告 Shah 先生的金融交易(financial transactions)时怀疑涉及非法洗钱。根据英国的《Proceeds of Crime Act 2002》,汇丰银行作为立法下知情或怀疑(knows or suspect)的人士应立即向严重及有组织犯罪调查局(Serious Organised Crime Agency,SOCA)作出通报。而怀疑的汇丰银行职员也确实上报给了银行的指定人员(nominated officer),再通报给了 SOCA。

但最后澄清了 Shah 先生没有非法洗钱,而 Shah 先生声称在调查期间因为汇丰银行没有执行他 4 笔共达约 4000 万美元的汇款命令,导致他蒙受 3 亿美元的损失,并向汇丰银行提起索赔。

汇丰银行不执行这 4 笔汇款是因为没有 SFO 同意,它不敢执行汇款,只向 Shah 先生说是为了履行英国立法责任(complying with its UK statutory obligations)不能执行。

Shah 先生在诉讼中指称汇丰银行违反对客户的合约承诺的谨慎责任(duty of care),怀疑他非法洗钱是不理性(irrational)与恶意(bad-faith)、自己想象出来、凭空臆测与错误的。这表示汇丰银行需要证明它有一个真实与合理的怀疑,才能成功抗辩。

汇丰银行通过代表律师的誓章证据在诉讼程序的早期成功通过简易程序撤销(summarily dismissed)Shah 先生的索赔(这方面的课题在本书第六章之 4 段有介绍)。Shah 先生之后上诉,声称此案件的案情并非可简易处理,需要有一个开庭审理与最初怀疑非法洗钱的汇丰银行职员(估计有 3 位以上的前线职员)出庭举证并接受反盘问,而不应把他们的名字在文件证据、汇丰银行指定人员的证人证言以及誓章中全部隐去或遮盖。汇丰银行的回应是为了前线职员的安全,因为这些职员在当地工作与认识客户。

上诉被上诉庭否定。至于遮盖方面,上诉庭认为在标准披露(standard disclosure)下的"有关"只是有利或不利测试。要求前线职员的名字,充其量只是钓鱼取证/摸索证明,也就是 Peruvian Guano 测试下的一连串的询问(a train of enquiry)。

Lewison 大法官说:

"Despite Mr Brindle's(Shah 先生代表大律师)attempt to argue the contrary, it is clear to me that ... the bank would call its nominated officer only, since he is the person who makes the report to SOCA. The nominated officer would be able to take the position of refusing to disclose his sources, or even the information that led him to form the suspicion. The court would then have to decide whether the nominated officer's suspicion was or was not genuine. …

Mr Brindle was pressed to explain what use (if any) the claimants might make of the names of the employees if they were revealed. His answer was: i) Revelation of the names might enable an application for further disclosure to be made; ii) If the name turned out to be … the claimants might be able to allege bad faith…

The more I listened to the explanation of why the claimants wanted the names, the more convinced I became that, to use the familiar cliché, this was a fishing expedition. There is no evidential basis for a positive assertion … bad faith: merely that they**might** be able to do so. …

In my judgment the identification of the individual employees of the bank is at best something that **might** lead to a train of inquiry that **might** adversely affect the bank's case. Disclosure of the information might have been appropriate under the Peruvian Guano test (although I am not saying that it would have been), but in my judgment it does not meet the more stringent requirements of Pt 31.6 of the CPR. "

9.8　国际仲裁的披露与查阅做法

笔者熟悉的国际仲裁,早年主要是以伦敦作为仲裁地的商品买卖(CIF/CFR 与 FOB 买卖)与海事争议为主,参与的仲裁员都熟悉英国法,双方代表律师都是英国律师。在披露的做法上,除非是一些小金额与非正式(informal)的文件裁决(documents-only arbitration),否则通常跟法院的做法一样。例如,双方当事人自动通过文件清单(list of documents)披露所有的有关(Peruvian Guano 测试)的文件,接下来就是双方相互查阅文件(inspection of documents)等。

在 1999 年 CPR 生效与后来一连串对法院诉讼披露做法的改革后,国际仲裁看来有点跟不上了。本来,法律对国际仲裁程序的规定非常宽松与允许弹性处理,本质上是让仲裁庭在每一个不同的仲裁案件中设计配合该案件的程序。其中要考虑的大原则/大精神,也是仲裁庭的责任,就是节省时间与费用以及避免不必要的浪费。这可节录英国《Arbitration Act 1996》之 Sections 1(a)、33(1)(b)与 34(1),如下:

"s. 1. The provisions of this Part are founded on the following principles, and shall be considered accordingly —the object of arbitration is to obtain the fair resolution of disputes by an impartial tribunal without unnecessary delay or expense…

s. 33— (1) The tribunal shall —…adopt procedures suitable to the circumstances of the particular case, avoiding unnecessary delay or expense, so as to provide a fair means for the resolution of the matters falling to be determined…

s. 34 — (1) It shall be for the tribunal to decide all procedural and evidential matters, subject to the right of the parties to agree any matter. …"

香港《仲裁条例》(第 609 章)也有相同的条文,在此不再重复。

这表示仲裁庭不需要像英国法院在案件管理会议(CMC)中将案件归类为不同的程序如小额程序(small claim's track)、快速程序(fast track)或是多轨程序(multi-track)。另也不需要在 CMC 作出披露命令(Disclosure Order),如标准披露(standard disclosure),或选择其他在披露菜单(disclosure menu)中的披露做法。[95] 但在笔者看来,国际仲裁并没有充分利用这个自由度很大的优点去处理披露程序。国际仲裁现在普遍被认为是越来越昂贵与耗时的,甚至比法院诉讼程序更甚的说法就可以显示出这一点。这方面的问题笔者认为是国际仲裁的仲裁员素质、法律背景与所受的训练差异太大,远比不上英国法院的法官。这导致虽然有针对特定仲裁案件情况作出决定的自由,也无法做好。

近十几年来,国际仲裁越来越普遍适用《IBA Rules on the Taking of Evidence in International Arbitration》作为证据规则,[96] 做法上一般是双方当事人相互通过一份名为"雷德芬表格"(Redfern Schedule)的表格向对方提出提供特定文件或某类别文件(request for production of documents)的要求。

雷德芬表格				
申请披露的文件的描述	申请披露的原因	被申请人对披露申请的评述或反对意见	申请人的回复意见	仲裁庭的决定
第一项				
第二项				
第三项				
…				

Redfern Schedule 不是 CPR 下的标准披露,但也不是改变披露的大原则,主要还是为了追求事实真相需要披露方披露有利或不利的文件。可以说,Redfern Schedule 只是对披露如何进行的做法有了新的技巧(new technique)。这个技巧除了受到国际仲裁的欢迎外,据说"Redfern Discovery Procedure"也在澳大利亚联邦法院受到关注。毕竟法院十分关注披露程序的昂贵与耗时,不会放过任何可能是更好的披露做法。

Redfern Schedule 是英国大律师与仲裁员 Alan Redfern 设计的,构思应来自在工程与建筑争议中普遍适用的 Scott Schedule (设计者 Scott 先生是英国高院的大法官)。在这种诉讼或仲裁经常是在工程或房子建筑完成(或半途中止)后提起,争议通常涉及很多不同项目,主要会是雇主指控承建商在方方面面工程/工艺上的缺陷,但也会包括其他如工程延误等。而承建商也会反诉与指控雇主的错误、不合作、工程改变的额外收费等。可能是上百项或几百项不同争议/争端要在同一个诉讼一并处理。Scott Schedule 这份表格将这些争议的项目排列并由原告先在左边第一格填写主张索赔的理由与寻求的救济,再由被告在同一行的左边第二格填写抗辩理由(或承认责任),再由原告对被告提出的抗辩理由作出答辩(reply)。最右边的一格也就是法院或仲裁庭填写的决定了。通过这样的一份表格(可以是几十页或几百页),法院或仲裁庭就可以按表格上次序排列的争议/争端,

〔95〕 看来在披露程序的改革中,法院是在参照仲裁的非常灵活的做法。

〔96〕 关于《IBA Rules on the Taking of Evidence in International Arbitration》可见笔者《仲裁法——从 1996 年英国仲裁法到国际商务仲裁》(2006 年)第十二章。

逐项考虑双方诉讼方的争辩后作出决定。这是处理大量(特别是琐碎、个别金额不大与双方争辩可以几句话总结)的争议/争端的一种有秩序、避免遗漏、省钱与省时的做法。

Redfern Schedule 也是一份同样的表格,只是填写的内容不同了。先是申请人(申请对方提供特定文件)按次序在左边第一格填写对该份或该类别特定文件的描述与日期,然后在同一行左边第二格填写要求对方提供的理由,即要指出它与争议的关联性(relevance)与重要性(materiality)。针对关联性,通常是指出在文书请求(pleadings)的哪里有提及,如抗辩书(statement of defence)的第几段,来显示与双方的争议/争端有关。Redfern Schedule 的做法也没有像法院的标准披露,局限要求提供的文件要对披露方有利或不利。经常会见到要求对方提供的文件是属于中性的事实背景(factual background),但只要仲裁庭认为有足够的关联性与重要性,就会行使裁量权要求对方披露与提供。

而文件是否有重要性是依赖申请人多填写来解释,以让仲裁庭感受到。这个重要性的披露限制在 CPR 的标准披露下并不存在,标准披露是要求披露对披露方有利或不利的文件,没有再进一步说只需要披露重要的文件。

至于被申请人如果是反对披露与提供某项申请人要求的文件,就只要在表格左起第三格填写反对的事实或理由。这事实可能是被申请人没有这份文件或是曾经有掌控(control)但现在已经失去。合作的被申请人也会说虽然没有这份特定文件,但另有其他类似内容的文件愿意提供。而反对理由不外乎几种,如声称要求提供的文件与争议/争端无关(irrelevant)与/或不重要(immaterial)、特免权(privilege)、文件太多(如文件类别的时间段太长)而导致不成比例(disproportionate)与/或压迫性(onerous)等。

Redfern Schedule 下一步也是最后发言的一步是由申请人对被申请人提出的事实或理由作出与填写答辩。这是要求仲裁庭命令声称没有掌控或失去文件的被申请人作出一份证人证言或誓章说明所做过的搜索(Search)与其他方面。仲裁庭也经常会在适当的情况下作出这样的命令。至于其他各种答辩去反驳申请人主张的反对理由,无法逐一列举。

最后一步显然是仲裁庭在考虑了双方的争辩后作出的决定。对作出决定的命令,笔者不喜欢给出原因(reason)。仲裁程序中的中间命令(interim orders)与裁决书(award)的决定不同,法律没有要求给原因。这也可以理解,中间命令不是终局,一旦把决定的原因告知双方,不满意的一方当事人有可能会要求仲裁庭重新考虑,并会提另一些新观点作为支持。这种心态相当于裁决书如果不是一审终局,败诉方也会要求仲裁庭重新考虑或是上诉至法院试图改变仲裁结果。

另外,一个三人的仲裁庭给出全面原因不是一件易事。仲裁庭(尤其是首席仲裁员)最大的工作量是拟定一个有全面原因的裁决书(reasoned award),这也是仲裁员费用的重要部分。但裁决书是没有办法,因为英国与绝大部分国家的法律或仲裁机构的仲裁条文都强制要求有原因的裁决书。如果对没有同样要求的中间命令也这样做,就会带来不必要而且会是严重的延误与耗费。

但笔者也认同在一些中间命令,双方花费了时间与金钱(律师费用)大幅度争辩,也可以给双方当事人一些导致决定的原因以显示仲裁庭有慎重考虑过双方的争辩,并说明为了节省不必要的费用,这只是部分原因。而仲裁庭对 Redfern Schedule 中的各项要求提供(或不必提供)文件这种中间命令是否给予原因应更加小心。因为一旦涉及要求提供的文件是否与争议/争端有关联性或重要性的实质考虑,就会暴露或导致诉讼方臆测仲裁庭对案件实质争议的初步看法。

至于在国际仲裁中查阅(inspection)对方披露的文件,原则与做法和本章之9.5段所讲一致。毕竟,在同样的大原则(通过披露的程序让法院或仲裁庭找出与认定事实真相)下,最好、最高效与实际可行的做法应该只有一种。但即使能够找到一种最好的做法,也不会长久,因为随着客观情况或时代的改变,要不断地调整才能实际可行。

这样,上述介绍的对英国法院实际可行的一套做法,对国际仲裁而言,因为有不同的客观情况,就不是实际可行的了。其中最重要不同的客观情况是仲裁庭没有好法院的权威性与通过刑事惩罚的强制性。往往国际仲裁的双方当事人代表律师在不同国家与城市,不会在同一个地点如伦敦或是香港特区。所以去对方代表律师所查阅正本文件的做法,在国际仲裁中很少见。通常的做法是类似CPR Rule 31.15(c),要求披露方提供文件清单(如果以这种办法披露文件)或Redfern Schedule同意或被仲裁庭命令提供的文件的副本,并同意与保证(由代表律师)支付复印与快递的合理费用。这通常只是一笔小费用,很少会事后有争议。但笔者(杨良宜)也遇过投诉披露方代表律师收取每一页的复印费太高,不是只收了成本的情况。

在国际仲裁中,如果查阅方(inspecting party)想查阅正本文件(original documents),安排上就会有更多的麻烦,其中最重要的就是查阅地点(place of inspection)。笔者(杨良宜)数年前经历的一个案件比较有代表性。在该案件中,文件副本已经被中方披露方提供,但查阅方的一位英国律师对部分文件有怀疑,想查阅正本文件。但他与代表中方的一位律师协商后,双方无法达成如何进行的协议。查阅方就向作为独任仲裁员的笔者作出申请,英国律师要求笔者命令中方律师把正本文件以快递寄去伦敦给他查阅,并以律师所的名义做出保证会在14天内退还所有正本文件,并承担所有有关费用。但中方律师拒绝这样做,客户不想正本文件离身,因为总会有风险。另也不想在没有自己的监督的情况下,让对方自由进行查阅或处理。作为仲裁庭,笔者的命令是要求英国律师到广州查阅文件。后来得知英国律师并没有进一步这样做,估计是因为觉得不值得,因为案件争议金额也不是太高,也可能是对文件的质疑也不是太强,所以就自动放弃了。

9.9　特定披露(specific disclosure)

根据CPR Rule 31.5,在第一个案件管理会议(case management conference,CMC),法院就会在披露菜单(disclosure menu)中选一种做法并作出披露命令,例如一般是标准披露。这样,即使后来有不同想法也不好以另一个披露做法替代。而如果标准披露并不能在该案件提供有关的重要信息,适当的做法就是向法院申请特定披露(specific disclosure)命令,要求披露方提供更多的有关文件。

9.9.1　申请的原因

需要申请特定披露命令的主要原因是对披露方所作出的文件搜索(search for documents)不满意。除了不满意合理搜索外,其他原因会是从文件清单就可以看到某份或某些重要文件并没有被包括在内,或是某类别文件披露方应提供但没有搜索与披露等。

正如在《Disclosure》(2017 年,第 5 版)一书之 6.51 段所说:"... The most common situations in practice are:(1) where it is contended that the extent of the search carried out by the party has been unreasonably limited;(2) where the party believes that there are relevant documents which ought to be disclosed and it is appropriate to require the disclosing party to disclose them."

9.9.2 申请的时间

诉讼方可以在任何时间申请法院作出特定披露命令,无论 CPR Rule 31.5 下的标准披露是否已经作出:见 Dayman v. Canyon Holdings Ltd (2006) 1 WLUK 59 先例。申请特定披露的时间可能会很早,例如在文书请求(pleadings)期间,这种另类的特定披露在本书第六章已有详细介绍,此处不再重复。

但特定披露通常不会在针对法院管辖权(jurisdiction)争议时被允许:见 OJSC TNK-PB Holding v. Beppler (2012) EWHC 2596 (Ch)先例;或是针对中间程序命令(Interlocutory Order)的申请时被允许:见 Chater & Chater Productions Ltd v. Rose (1994) FSR 491 先例。

针对本小段课题的特定披露或加强披露(enhance disclosure),通常最适合提起申请特定披露的时间是等到标准披露(standard disclosure)已经被披露方视为完成后。在 Secretary of State for Health v. Servier Laboratories Ltd (2016) EWHC 366 (Ch)先例中,Henderson 大法官说:

"It is convenient to deal at this stage with ... the Claimants' draft order, which asks that Servier give disclosure by list of documents falling within seven specified categories. This is, in effect, an application for specific disclosure under CPR rule 31.12(2). For the reasons which I have already given in relation to the application for enhanced disclosure, I consider that this application too is premature ... **any such application should await completion of the standard disclosure which will now be given and the disclosure offered** by Servier.

As matters stand, it seems to me that the categories of documents listed in ... the draft order can usefully be taken as giving an indication of particular areas which the Claimants will expect Servier to cover in its standard disclosure, but it would be potentially oppressive and disproportionate to make specific orders in the terms sought before standard disclosure has been given and reviewed by the Claimants."(加黑部分是笔者的强调)

9.9.3 对申请人的要求

申请特定披露时需要:

1. 说明要求特定披露的文件或文件类别。这方面要注意不能把要求的文件写得太广泛与太空泛。因为重视 CPR 下成比例(proportionality)这一主要原则(overriding principle)的法院肯定反感这种要求,尽量不会作出,即使作出也会大幅度缩减:见 David Khan Inc v. Conway Stewart & Co (1972) FSR 174; R v. First Lord of the Treasury Ex p Petch (unreported, 31 January 1994); City of Gotha v. Sotheby's (1998) 1 WLR 114; Portman Building Society v. Royal Insurance Plc (1998) PNLR 672; Australian Competition & Con-

sumer Commission v. Advanced Medical Institute Pty Ltd (2005) FCA 366 等英国与澳大利亚先例。例如,申请特定披露的是一种类别的文件,如要求披露方披露某种商品的总代理(sole agent)与分代理(sub-agents)之间在过去6年半内所有(all)的书信往来。法院想到这会涉及数以十万计的文件(毕竟被要求披露的一方也会指出这一点),也会对"所有"的措辞或描述有抗拒,就会拒绝申请。又或是根据双方的争议(如有关许可费或专利费的支付),只局限在1个年度内有关商品几次付运的文件与双方之间的账目与金钱往来。如在 De Molestina v. Ponto (2002) EWHC 366 (Comm)先例中,特定披露就只局限在股票估价争议所必要的文件。

2. 申请人针对性说明要求对方披露方进一步搜索有关文件的程度。例如,搜索另外两家关联公司 X 与 Y 的纸质文件存档与电脑。

3. 申请人也要解释这要求是合理与成比例,并提供证据支持。证据会证明与显示该特定披露的文件与争议的关联性:见 City of Gotha v. Sotheby's; Portman Building Society v. Royal Insurance Plc 等先例。此外,也要提供证据说明申请人相信要求披露的特定文件是真正存在的理由。

9.9.4 被申请人的反对

被申请人如果反对特定披露,他/她通常会以一份证人证言(witness statement)作为证据质疑文件的关联性(relevance)。在 Shah v. HSBC Private Bank (UK) Limited (2011) EWCA Civ 1154 先例中,Lewison 大法官引用了 Hoffman 大法官在 GE Capital Corporate Finance v. Bankers Trust Company (1995) 1 WLR 172 先例(这是一个 RSC 下的先例,仍适用 Peruvian Guano 测试)说证人证言是结论性(conclusive),除非另有证据显示是一定(must)错误,说:"**The party's oath on the question of relevance is conclusive unless** the court can be satisfied, not on a conflict of affidavits, but either from the documents produced or from anything in the affidavit made by the defendant, or by any admission by him in the pleadings, or necessarily from the circumstances of the case, **that the affidavit does not truly state that which it ought to state**. The ultimate question was: 'Can one in this case see from the documents produced **that the affidavit must be wrong** in claiming that the blanked-out passages do not relate "to any matter in question", in accordance with the Peruvian Guano test?'"(加黑部分是笔者的强调)

但后来的 Paddick v. Associated Newspapers Ltd (2003) EWHC 2991 (QB)先例不同意,认为结论性的说法是走得太远。

在 Charles Hollander QC 的《Documentary Evidence》(2018 年,第 13 版)一书之7-40段,针对 Lewison 大法官上述的话也说到在实务中并非严格地把被申请人反对特定披露的证人证言看作结论性的。而且在 CPR 下,Peruvian Guano 测试一般不再适用,原则上也希望压缩与减少文件的披露,所以如果只是以文件是有关联性的理由申请特定披露,往往是不足够的。通常需要多一点其他的理由,并尽量把要求特定披露的文件或文件类别精准地确定(precisely identified):见 Berkeley Administration v. McClelland (1990) FSR 381;Fuji Photo Film v. Carr's Paper (1989) RPC 713 等先例。

该权威书籍之7－40段部分内容可节录如下：

"… This [指 Lewison 大法官在 Shah v. HSBC Private Bank (UK) Limited 先例的结论性说法] is a more restrictive test than is sometimes applied in practice. It arises where one party seeks disclosure, and the respondent puts in evidence that the document exists and it is not relevant. Often the way in for the applicant is to show that the evidence of the respondent is inadequate, perhaps because it fails to deal with the disputed document adequately. By way of analogy, it is relevant to have in mind the approach of the Court of Appeal on the issue as to whether a claim for litigation privilege has been made good;[97] the court are unlikely so to conclude if the evidence from the respondent does not engage with key issues arising in connection with the disputed document.

The 'less disclosure than under the RSC' policy must feed through to CPR 31.12. That means that it will not be sufficient in order to obtain an order for specific disclosure to show that the document or classes of documents sought are relevant. Something more than that must be shown. Otherwise we would be back to Peruvian GuaNo. It is important that the categories or documents which were required where identified with precision."

9.9.5　法院的考虑

法院在作出决定前，会有如下考虑：

1. 如果法院得出的结论是披露方没有严格执行较早前 CMC 的披露命令(经常会是没有作出一个合理搜索)，就通常会作出特定披露的命令保证较早前的披露命令被严格执行：CPR PD 31A Para. 5.4。

2. 在适当的案件中，典型是有关欺诈(fraud)或不诚实(dishonest)的案件，法院会根据周边情况(surrounding circumstances)要求广泛的特定披露或加强披露，对文件是否有关重新适用 Peruvian Guano 测试[Compagnie Financiere v. Peruvian Guano (1882) 11 QBD 55 先例]。这对欺诈案件来说有必要是因为受害方在一个精密布局的国际或跨境欺诈中往往很难找到证据，因为欺诈方早就已经有了天衣无缝的设计。Peruvian Guano 测试下的披露，会将带来一连串的询问(lead to a train of enquiry)的文件也包括在内，所以在 CPR 生效时被 Woolf 勋爵抛弃。但到了2002年发觉在某些案件中这广泛与一定程度属于钓鱼取证/摸索证明(fishing expedition)的披露仍有必要，所以通过对 CPR 的修改(CPR PD 31A para. 5.5)又把这个测试带了回来，说明法院在一个特定披露的命令中可指令披露方："(1) carry out a search for any documents which it is reasonable to suppose may contain information which may—(a) enable the party applying for disclosure either to advance his own case or to damage that of the party giving disclosure; or (b) **lead to a train**

---

〔97〕 此处提到了与披露方主张文件享有特免权的类比。无论是主张文件享有特免权还是与争议无关，披露方反对披露的证人证言/誓章都不是结论性，要根据情况综合考虑。但是因为在诉讼的披露程序中一般有律师作为法院的官员监督，所以如果唯一知道真相的披露方提供了有关的证人证言/誓章，法院还是愿意相信，除非有其他相反的证据。关于主张特免权反对披露的详细介绍，可见本书第十二章之7.4段。

of enquiry which has either of those consequences; and (2) disclose any documents found as a result of that search."(加黑部分是笔者的强调)这个课题稍后会在下段讲到有关法院会作出的特定披露命令时进一步探讨。

3. 法院其他重要与综合的考虑包括:(1) 是否符合成比例的重要原则;(2) 要求特定披露的文件与文书请求明确的争议/争端(disputed issues)的关联性:见 Harrods Ltd v. Times Newspaper Ltd (2006) EWCA Civ 294 先例;(3) 要求特定披露的文件对有关案件的重要性;(4) 有关案件的性质(如是欺诈、知识产权等争议或只是一般的商业争议)与复杂性(nature and complexity of the case);(5) 有关案件争议金额的高低与案件的重要性;(6)披露方如果严格执行特定披露命令会涉及的费用与承担的责任(costs and burden to disclosing party);(7) 双方诉讼方的经济能力;(8) 申请时间是否太晚,如开庭审理前几天:见 Banwaitt v. Dewji (2013) EWHC 883 (QB); Fox v. Boulter (2013) EWHC 4012 (QB); Monde Petroleum v. Western Zagras Ltd (2016) EWHC 755 (QB)等先例;(9) 在 Chantrey Vellacott v. Convergence Group Plc (unreported, 6 February 2006)先例中,Rimer 大法官说在一个特定案件中,如果看来特定文件对事实真相会是关键性的(likely to turn on particular documents),法院会强烈认为需要作出特定披露命令;(10)其他方面的考虑,如特定披露的文件的机密性(confidentiality)等。例如在 Shah Hadaway v. DB (UK) Bank (2013) EWHC 4538 (Ch)先例中,被告披露的一份文件显示另有一份其他相关的文件没有披露,于是原告向法院申请特定披露。但被告以文件非常商业敏感(commercially sensible)为由反对,并以一份证人证言(witness statement)作为证据解释文件的机密性以及文件与诉讼争议/争端是无关的,其内容对双方都称不上有利或不利。法院认定被告的证人证言是结论性(conclusive)的,最后没有作出特定披露命令。

9.9.6 法院的特定披露命令

可先节录相关的 CPR Rule 31.12(1) - (2)如下:"31.12 (1) The court may make an order for specific disclosure or specific inspection. (2) An order for specific disclosure is an order that a party must do one or more of the following things—(a) disclose documents or classes of documents specified in the order;(b) carry out a search to the extent stated in the order;(c) disclose any documents located as a result of that search."

特定披露命令通常是申请人先拟定一份草稿让法院批准或修改后批准。这份草稿命令(draft Order)的拟定与内容可节录 Charles Hollander QC 的《Documentary Evidence》(2018 年,第 13 版)一书之 7 - 41 段,如下:

"You persuade the court an order should be made for specific disclosure. What form should the order take where classes of documents are to be looked for? If the court orders specific disclosure of a class of documents, what is the obligation under the court? Under the RSC the obligation was to disclose all documents within that class subject to the relevance of individual documents. Does it mean now that all documents in the class must be produced, relevant or not? That would go further than the position under the RSC, so it seems unlikely that such an order would be made. Does it mean produce train of inquiry documents within that class? If so, that would simply bring back the old Peruvian Guano test which is expressly abandoned under the CPR, although that may be what is required, as indicated below. What about category (3) 'background documents'? Does it mean produce documents within the support or adversely affect test? The latter would be fine in a case where the purpose of the order was to remedy a failure to give proper standard disclosure, where there is evidence the search was inadequate or relevant classes were not looked for. But not every application for specific disclosure will be so limited. Some applications for specific disclosure will go further than standard disclosure, in which case the support or adversely affect test will not be what is needed. Care is needed in formulating the order in such cases: there is no straightforward answer. There are at least three possible answers:

All documents in a specified class are to be disclosed (no test of relevance arising).

All documents in a specified class are to be disclosed (on the standard disclosure test).

All documents in a specified class are to be disclosed (on a Peruvian Guano test).

In Order to deal in some measure with this issue CPR PD 31A was amended at para. 5.5 to provide as follows: '5.5 An order for specific disclosure may in appropriate case direct a party to—Carry out a search for any documents which it is reasonable to suppose may contain information which may—(a) enable the party applying for disclosure either to advance his own case or to damage that of the party giving disclosure or; (b) lead to a train of enquiry which has either of those consequences; and disclose any documents found as a result of that search.'"

上述操作指引 CPR PD 31A para. 5.5 在 2002 年的修改,在上段已有涉及。

10. 披露程序完成后的后续行动

在披露程序完成后(包括标准披露或其他披露做法与特定披露),经过不少其他的后续行动才会来到开庭审理。这包括文件证据外的口头证据(oral evidence),现在诉讼双方一般在开庭审理前交换事实证人的书面证人证言(witness statement)以代替主证据(evidence-in-chief)。要在有关(有利或不利)文件全面披露后再拟定证人证言,一是证人可参阅文件帮助回忆;二是可以避免证人在拟定的证人证言中说一些与披露了的当场文件(contemporaneous documents)起矛盾的话。在开庭审理前还有多项其他准备工作。这些课题将会在下一本针对证据法的书籍中介绍,但仍有部分后续行动需要在此简单介绍。

10.1 后续行动之一:要求信息(information requests)/澄清(clarification)

严格地说,这也是本书第二章至第六章(也包括本章较早前所针对的相互文件披露程序)所针对的诉前(pre-action)与审前(pre-trial)的一种披露做法。但由于主要是在相互披露文件(纸质与电子文件)程序后发生,所以仍把它归类为披露程序完成后的后续行动。这是在 CPR Part 18,可节录如下:

"**Obtaining further information**

18.1 (1) The court may at any time order a party to—(a) clarify any matter which is in dispute in the proceedings; or (b) give additional information in relation to any such matter, whether or not the matter is contained or referred to in a statement of case.

(2) Paragraph (1) is subject to any rule of law to the contrary.

(3) Where the court makes an order under paragraph (1), the party against whom it is made must—(a) file his response; and (b) serve it on the other parties, within the time specified by the court.

Restriction on the use of further information

18.2 The court may direct that information provided by a party to another party (whether given voluntarily or following an order made under rule 18.1) must not be used for any purpose except for that of the proceedings in which it is given."

这要求信息(Information Requests)是替代了以前 RSC 下的两种重要与常见的做法:(1)RSC Order 12, r.12 下的"要求更多与更好的详情"(requests for further and better particulars);(2)RSC Order 26 下的质询(interrogatories)。换言之,在 CPR 下再也没有这两种说法。

但在国际仲裁,包括仲裁地(seat)是伦敦的国际仲裁,更不说仲裁地是中国香港特区或新加坡等地的仲裁,由于不受 CPR 的管制,所以还是经常见到这种过时做法的申请,尤其是"要求更多与更好的详情"(以下简称要求 FBP)。所以,仍需要稍做解释。

10.1.1 被替代的 RSC 下"要求更多与更好的详情"和"质询"做法

简言之,常见的要求 FBP 在适用方面是比较局限的,只适用在文书请求(Pleadings)中没有足够的事实详情(particulars)或需要进一步澄清(clarification)的情况。主要是一方诉讼方在收到对方文书请求[无论是索赔请求(points/statement of claim)还是抗辩书(defence)]但无法理解或充分理解指称的事实或理据,只能向法院或仲裁庭申请要对方提供进一步详情的命令,然后才能让他/她调查取证与为开庭审理做准备。

法院或仲裁庭会允许申请的情况也是觉得有关的文书请求的确是不清不楚或信息不足。例如,被告在抗辩书中对原告的一个指控(如声称被告没有支付一笔 10 万美元的租金)的回应只是"否认"(deny)或"不承认"(not admit),并给了一个抗辩理由是"原告曾经有一名雇员告诉被告不需要支付"。但只有在知道了被告指称的原告公司雇员是谁并查问有否这样说过,而如果否认曾经说过就可让他/她准备一份证人证言,准备将来作为事实证人出庭对抗。否则原告没有办法进一步调查取证,并为开庭审理做准备。例如,原告公司有 5 万名雇员,即使是高管也有 150 名。就算原告心里有数日常与被告打交道的高管只有 2~3 位,但还是需要明确下来是谁,也需要把被告指称的事实肯定下来,让对方将来无法改口。

所以原告需要进一步的事实详情,包括各个方面的问题,如被指称说原告不需要支付的雇员是谁?他/她对谁说的这句话?在哪里与何时作出的这个"承诺"?双方以何种形式进行的对话?双方交流所花的时间?有没有其他人士在场?"承诺"所用的完整文字是什么,有没有上下文?

这样,法院或仲裁庭就会作出要求被告提供详情的命令。如果被告提供了部分详情或澄清,但文书请求仍是不清楚,法院或仲裁庭会进一步下令要求提供“进一步更多与更好的详情”(further to further and better particulars)。如果被告不严格按照命令行事,就会面对惩罚。法院的惩罚会更严厉,而仲裁庭一般就会把不清楚的指控或抗辩部分撤销,否则会对无法理解或充分理解的原告不公平。

至于质询的适用会比要求 FBP 宽得多,但在国际仲裁中比较少见,在英国法院也是同样的情况。在《Disclosure》(2017 年,第 5 版)一书之 20.03 段提到有关质询的先例主要是在 1885 年至 1926 年。在 1926 年至 1990 年,虽然法院一直鼓励,但还是很少有被报道的先例,这显示了这种申请与做法并不多。1990 年后改了较简单做法,不需要先向法院申请批准质询。[98]

由于 CPR 下的要求信息仍是参照 RSC 的质询做法,所以在很多方面仍需要掌握以前的做法。例如,什么情况下可以提出申请,什么是提出要求 FBP 或质询的适合时间,法院会怎样考虑等。这在笔者(杨良宜与杨大明律师)在 2002 年的《国际商务游戏规则:英美证据法》一书第二章有详论。

10.1.2　要求信息的目的

在 CPR 下的要求信息(information requests)的目的(objectives)基本上与 RSC 下的要求 FBP 与质询一致,只是将两者联合了起来。这可节录《Disclosure》(2017 年,第 5 版)一书之 20.06 段如下:“The purpose of information requests is to seek information about a party's case. Information requests may be used to fulfil the following objectives:(1) To obtain admissions;(2) To reveal weakness in the other party's case;(3) To obtain information as to material facts which the applicant needs to prove in support of his case;(4) To ascertain details of aspects of the other party's case so as to reduce surprise at the exchange of witness statement stage or at trial;(5) To obtain clarification of the other party's case and to limit the other party's ability to depart from his case as clarified;(6) To narrow the issues between the parties and thus reduce the expense and length of trial, including the expense of earlier stages in litigation such as disclosure of documents and witness statements.”

10.1.3　要求信息的时间

由于 CPR 下的要求信息包括了要求 FBP 与质询,所以申请的时间有很大的不同。

如果要求信息的本质是属于要求 FBP,也就是与文书请求(pleadings)/案件陈述(statements of case)有关,但需要进一步澄清与提供信息,这样要求信息的时间可以很早,会是在案件管理会议(CMC)或是更早:见 Toussaint v. Mattis (2000) EWCA Civ 167 先

---

〔98〕 在 Det Danske v. KDM (1994) 2 Lloyd's Rep 534 先例中,Colman 大法官说:“In the past Interrogatories have not often been ordered in the Commercial Court as there are usually other less formal ways of procuring the appropriate disclosure or admissions. Under the new Order 26 which came into force on February 5, 1990 interrogatories may be served without the necessity for a court order beforehand...”

例。通常在对方送达文书请求后,发觉对方没有提供足够详情或是要进一步澄清,就应该尽快提出要求信息。例如,被告收到索赔请求(statement of claim)但发觉不清楚、没有足够详情或信息,难以反驳(rebut)与/或下一步调查取证,就应该尽快向原告提出要求信息,否则就没有办法针对每一点做出抗辩。同样如果原告收到抗辩书但发觉内容有同样问题,也可以以同样的做法要求被告提供信息以利作出答辩书(statement of reply)或用来准备将要面对的开庭审理。

但如果要求的信息与文书请求/案件陈述的内容无关,是文书请求以外的有关信息,这就表示在本质上类似以前的质询。这样,不少近期先例已明确了要求信息的时间不能太早,否则会被法院拒绝。在面对这种要求信息的申请时,法院会首先考虑是否稍后处理会更恰当。这"稍后"通常就是指在诉讼双方相互文件披露后与/或相互交换事实证人证言后。原因是披露的文件与证人证言中通常会有大量的信息,其中可能包括申请方稍早要求的信息。这样,就没有必要(unnecessary)提前花费大量的时间与金钱处理本质上是质询的要求信息申请。正如 Woolf 勋爵在 McPhilemy v. Times Newspapers Ltd (1999) 3 All ER 775 先例中说:"The need for extensive pleadings including particulars should be reduced by the requirement that witness statements are now exchanged… after disclosure and the exchange of witness statements, pleadings frequently become of only historic interest …"

另 Eady 大法官在 Delos Ltd v. CAE Electronics Ltd (2001) 2 WLUK 584 先例中说:"It is clear that … sometimes a witness statement can supplement a pleaded case by putting flesh on the bones, and that is often a preferable course to ordering further information by way of pleading. …"

另一个原因是太早就提出质询,法院对案件知道得太少,难以以合适的文字作出命令要求被申请人回应。这在 Berezovsky v. Abramovich (2008) EWHC 1138 (Comm)先例中,Mackie 大法官说:"… contested applications about further information should be even rarer before a Defence is served. Quite apart from other considerations it is difficult for a judge to understand a case and make useful Orders without knowing the case which will be in the Defence."

还可列举一些近期的先例,其中包括两个 CPR 生效前的先例:(1) Det Danske v. KDM (1994) 2 Lloyd's Rep 534 先例,判在双方相互交换证人证言前质询几乎总是过早(premature)。(2) Thrombosis Research Institute v. Demoliou-Mason (1996) FSR 785 先例,判在双方相互披露文件与交换证人证言前质询是不恰当的(inappropriate)。(3)在 National Grid Electricity Transmission Plc v. ABB Ltd (2012) EWHC 869 (Ch)先例中,法院在双方交换证人证言之前不下令被申请人回答申请人要求的信息。(4)在 Syngenta Ltd v. Chemsource Ltd (2012) EWHC 1507 (Pat)先例中,法院把要求信息的申请押后至双方交换证人证言后再考虑。(5) Austal Ships v. Incat Australia (No. 3) (2011) 272 ALR 177 澳大利亚先例,判不会批准以质询替代披露文件的程序。

但在千变万化的案件与案情中,总会出现例外情况。例如,要求的特定信息可把双方的争议/争端收窄,从而可以减少披露的文件或证人证言的内容,甚至可以避免证人出庭,法院会批准在披露文件前质询。总之,法院要根据每一个不同案件的不同情况行使裁量权(discretion)看什么做法才是最合理的:见 UCB Bank v. Halifax (SW) (The Times, 17 June 1996); Corporacion Nacional del Cobre de Chile v. Metallgesellshaft AG (The Times, 6 January 1999); Hall v. Sevalco Ltd (1996) PIQR 344 等先例。

这种例外情况也会出现在不同的行业。例如,很早期的海事案件,就有在连索赔请求都没有作出与送达时,就一早批准质询的情况。在 The "Isle of Cyprus" (1890) 15 PD 134 先例中,案情有关船舶碰撞后原告船舶沉没,也没有生还船员可以对此意外事故作为证人。法院允许在作出索赔请求前向对方船员质询。另有案情雷同的 The "Biola" (1876) 34 LT (NS) 185; The "Radnorshire" (1880) 5 PD 172; The "Bernard" (1905) WN 73; The "Lady Philomena" (1941) 70 Lloyd's Rep 133 等先例。

10.1.4 要求信息须满足的条件

这可先节录 CPR PD 18 para. 1.2,如下:"A Request should be concise and strictly confined to matters which are reasonably necessary and proportionate to enable the first party to prepare his own case or to understand the case he has to meet."

简言之,立法条文规定要求的信息必须精简(concise)。这是一贯以来对质询的要求,在 CPR 的要求信息下甚至会更严格。长篇大论地要求大量的信息会被视为压迫(oppressive)、冗长(profix)、滥用(abusive)与丑恶(scandalous),而被法院全盘否定。这是因为在要求的大量信息中,慢慢逐条提问分析是否可以接受要花费法院大量的时间。当然也有个别的先例与/或个别较耐心的法官会花费大量时间在冗长的质询中逐条分析:见 Fisher v. Owen (1878) 8 ChD 645; Allhusen v. Labuchere (1878) 3 QBD 654; Det Danske v. KDM (1994) 2 Lloyd's Rep 534; National Grid Electricity Transmission Plc v. ABB Ltd (2014) EWHC 1555 (Ch) 等先例。

立法条文也说明要求的信息必须是必需(necessary)与成比例(proportionality),并且严格有关特定案件的相关事宜(confined to matters)。

最后,要求信息必须是为了让提问方/申请人准备他/她的案件(如为了开庭审理作准备)或是了解对方诉讼方的案件(这才可以作出回应与反驳)。这是对抗制诉讼对自然公正(Natural Justice)与正当程序(Due Process)的基本要求,必须做到。

这课题非常复杂,也与其他情况下能问什么问题有关联,例如在反盘问(cross-examination)的程序中盘问有敌意与有戒心的对方事实证人要有很高深的技巧。显然,上述简单所讲就已经可以看到对能问什么与怎样问的一些重要的限制,不是任何问题都可以通过要求信息向对方诉讼方提出。

10.1.4.1 要求信息的范围

要求信息如果本质是要求 FBP,范围就应该只能针对文书请求或案件陈述所提及(referred to in pleadings)的范围。但如果本质是属于质询,看来范围就比较宽松或广泛,因为质询是可以提问相关事宜(matters in question)。这可节录《Disclosure》(2017 年,第 5 版)一书之 20.34 段所说如下:"**Matter in question is a fairly broad concept, and the**

right to make Requests is not confined to facts directly in issue, but will extend to any facts the existence of which is relevant to the existence or non-existence of facts directly in issue. However, the relevancy test must not be extended too far and the court will be astute to prevent Requests from becoming an instrument of oppression and from straying away from the real issues between the parties in the action. For the purposes of ascertaining what matters are in dispute, it is the statements of case which should be primarily referred to. Incidental matters not related to matters raised in the statement of case should not ordinarily form part of Requests…"(加黑部分是笔者的强调)

Neill 大法官在 Thorpe v. Chief Constable of Greater Manchester Police (1989) 1 WLR 665 先例也说:"It is clearly established, however, that 'the matters in question' cover wider ground than the issues as disclosed in the pleadings."

在早期的 Marriott v. Chamberlain (1886) 17 QBD 154 权威先例中,Esher 勋爵已有说:"The right to interrogate is not confined to the facts directly in issue, but extends to any facts the existence or non-existence of which is relevant to the existence or non-existence of the facts directly in issue."

另一个 Osram Lamp Works Limited v. Gabriel Lamp Company (1914) 2 Ch 129 上诉庭先例也是判:"Now it is said on behalf of the respondents that the right to interrogate should be limited to that which is directly in issue in the action, and that the plaintiffs cannot go outside that merely to enable them to extract information which may help them to prove, in one particular way, the issue which arises between the parties. In my opinion that is a contention which cannot prevail."

另也可节录一个较近期的 National Grid Electricity Transmission Plc v. ABB Ltd (2014) EWHC 1555 (Ch)先例,针对可否允许通过要求信息问只有对方诉讼方才知道的信息,还是应稍后在开庭审理时反盘问,Roth 大法官说:"The expression in the rule that the information need not relate to a matter contained in a pleading is significant. A Part 18 request is not like the old request for particulars under the RSC. It is to be interpreted in the light of the overriding objective and is part of the more open approach to litigation which the CPR seeks to establish and promote. Information sought must of course relate to 'any matter in dispute'. But if it does, then the rule precisely covers a situation where there is potentially relevant information relating to that matter which is solely within the knowledge of one side. In modern litigation, it is not the position that a party can hold back on relevant information and leave its opponent to take a chance to see if it chooses to put forward a witness from whom that information might be elicited by way of cross-examination during trial."

看来,在 CPR Part 18 的文字下,即使不是直接针对双方的争议/争端(issue),还是可以要求信息,只要该信息与争议有关:可见 RSC 下的 Manatee Towing v. Oceanbulk Maritime SA (1999) 1 Lloyd's Rep 876 先例。

10.1.4.2 与双方争议无关(not relevant to the issues between the parties)

可举些例子说明不能质询与双方争议无关的问题,例如质询有关被告的财政状况(financial position),以权衡被告是否赔得起:Hodsoll v. Taylor (1873–74) LR 9 QB 79先例。毕竟诉讼是有关责任与赔偿,并非是有关执行判决/裁决,所以与被告是否将来赔得起无关。没有钱不代表没有责任,有钱也不代表可以强加责任。另一个例子是保险(insurance),如向对方诉讼方质询是否投保责任险。这被判是无关:见 Bolckow Vaughan & Co v. Young (1880) 42 LT 690;XYZ v. Various Companies (2013) EWHC 3643 (QB)先例。这看来与上述有关被告的财政状况的质询有点相似。

但这并不代表没有其他办法知道对方的财政状况,例如可以通过资产披露令(Assets Disclosure Order)。这方面在本书第三章之 2.3.2 段有详细介绍,包括如 West London Pipeline & Storage Ltd v. Total UK Ltd (2008) EWHC 1296 (Comm)等有关先例,不在此重复。同样也会在其他情况获取这个有关责任保险的信息,如:(1)法院考虑到底分期赔偿是否是合适的救济:见 Harcourt v. FEF Griffin (2007) EWHC 1500 (QB); Senior v. Rock UK Adventure Centres (2015) EWHC 1447 (QB) 等先例。(2)涉及《Unfair Contract Terms Act 1977》:见 Flamar Interocean Ltd v. Denmac Ltd (1990) 1 Lloyd's Rep 434 先例。(3)被告向原告申请费用担保(security for costs),为了知道原告如果败诉是否有财力承担胜诉被告的诉讼费用,需要向法院申请要求披露保险安排看看是否有保险人在支持这个诉讼:见 Thomson v. Berkhamstead School (2009) EWHC 2734 (QB); Germany v. Flatman (2011) EWHC 2945 (QB)等先例。(4)即使无法在 CPR Part 18 的要求信息下问有关责任保险的问题,仍可能会在法院的案件管理权力下获取:见 XYZ v. Various Companies 先例。

再如一个有关质询(今天的要求信息)的 Stanbury v. Ruyton Farm Supplies (unreported, CA, 2 August 1990)先例,该先例的案情是有关一宗有先进设计的挤牛奶房子(sophisticated milking parlour)的买卖与安装。该房子在 1983 年 9 月完成安装,并且买方(一家经营农场的公司)在 1984 年 3 月开始使用挤牛奶,包括接待游客前来参观。但买方在支付了 40% 的买卖价格后不再支付,这导致卖方作为原告提起诉讼。而在同一个诉讼,被告也提起了反索赔,诉因包括:(1)合约有多达 18 条明示(expressed)或默示(implied)的条件条文被违反,原告违约/毁约(repudiation);(2)原告曾经有欺诈性误述(fraudulent misrepresentation)。在 1988 年 2 月,被告向原告提出质询,声称这对理解双方的争议非常重要。被告设计了六个问题,要求卖方回答安装挤牛奶房子的多名员工每位的技术水平、经验、培训等细节。例如单是针对培训,就要提供有关每一位培训的日期、期限、地点、什么内容、谁去培训等大量信息。

但上诉庭拒绝这个质询,认为无关。这是因为这六个问题是针对误述导致合约产生的争议,而在英国的误述法(law of misrepresentation)下,即使是有误述导致该合约产生(以假话骗来一个合约),如果受害方在知道了误述后不尽快终止合约,就会是弃权(waiver)了,再不能以此理由终止合约。所以,到了 1984 年 3 月,被告全面使用挤牛奶的房子,并且至今已有 4 年之久,早已经弃权。这样,误述导致合约产生的争议根本不存在,对这个争议提出质询是无关的。Stocker 大法官说:"… that the parlour has been in operation by the plaintiffs by counterclaim for many years, namely since 4th March 1984, any representations inducing the contract become irrelevant, unless they are incorporated as terms of the contract. The competence of the servants of the defendants by counterclaim became wholly irrelevant … Accordingly in my judgment the Judge was correct in refusing to allow the interrogatories sought."

10.1.4.3 钓鱼取证/摸索证明(fishing expedition)

有关这个钓鱼取证/摸索证明的课题,在本书多处有提及,如在第二章之4.6.4段、第四章之2.3.2.3.3段等。这在英国诉讼适用所有的披露做法(或可以说是除了在第二章之2段介绍的诉前披露命令),也同样适用在以前的质询与现在的要求信息。

这一方面的重要先例很多都是很早期,如:Hennessy v. Wright (No. 2) (1888) 24 QBD 445 先例与 The Shropshire (1922) 127 LT 467 先例(质询是为了证明一个没有在抗辩书提到的诉因); Sebright v. Hanbury (1916) 2 Ch 245 先例(通过质询找出对第三方的诉因); Rockwell Corp v. Serck Industries (1988) FSR 187 先例(质询是为了让原告决定是否放弃部分索赔)等。

再举以下两个先例所提出的具体质询问题:(1) Barham v. Lord Huntingfield (1913) 2 KB 193 先例涉及口头诽谤诉讼,原告指称被告在过去三年中向"不知名人士"对他做出诽谤,为此原告向被告做出的质询是否向谁讲过类似的诽谤语言:"Did you in 1910, 1911 or 1912 utter the said words or words substantially to the same effect to any person or persons other than John William Le Grays? If … Yes… specify the person… and the times…"这被上诉庭判为钓鱼取证/摸索证明的质询。(2) Rofe v. Kevorkian (1936) 2 All ER 1334 先例涉及卖方向买方索赔剩余的未支付货价,而买方的抗辩是货不对板,货物(印第安人的袖珍画)是假货,并指控卖方(原告)欺诈(fraud)。买方向卖方的质询是"什么时候与向谁以及哪一天"(whence and from whom and upon what date)获得这货物。法院判这是钓鱼取证/摸索证明。买方对自己的指控没有证据,希望通过质询找到头绪。

10.1.4.4 没有必要(unnecessary)

如果有其他的程序与办法可获取信息,就没有必要通过这个质询(interrogatories)或要求信息(information requests)的独立与可能昂贵的程序取得同样的信息。

例如,要求的信息是有关对方诉讼方披露文件(disclosure of documents)的真实性与/或完整性。这完全可以通过 CPR Rule 31.12 的特定披露(specific disclosure)处理。所以,质询对方是否有文件清单外的其他有关文件或文件是否在对方拥有或托管下会被法院拒绝:见 Robinson v. Budgett (1884) WN 94; Jacobs v. GW Ry Co (1884) WN 33; Hall v. Truman (1885) 28 ChD 307 等先例。另质询一份存在(existing)的有关文件的内容也不会被允许,毕竟这份文件已经被披露了可以查阅,没有必要通过质询问内容:见 Hershfield v. Clarke (1856) 11 Exch 712 先例[但请注意另有不同判法 Butler v. GKN Foundations Ltd (unreported, 22 May 1992)先例]。

但如果这是一份披露方声称已经失去(lost)的文件,质询该份文件的内容是允许的:

见 Wolverhampton New Water Works v. Hawksford（1859）5 CB（NS）703；Ramsey v. Ramsey（1956）1 WLR 542 等先例。另可以向对方质询第三方是否有一份特定文件：见 Lovell v. Lovell（1970）1 WLR 1451 先例。或是问对方是否收到一份特定文件：见 King v. Commercial Bank of Australia（1920）VLR 218；Jordan v. Sanders（1934）SASR 424 先例。

已经提到过，在双方相互交换证人证言（Witness Statements）前提出质询或要求信息，通常被视为没有必要，因为有可能在书面证人证言中有大量的有关信息。另可看 Berezovsky v. Abramovich（2008）EWHC 1138（Comm）先例，Mackie 大法官说："The Defendant served a Request for Further Information on 23 January dealing with the matters which it contended needed to be answered before the Defence could be prepared. After an initial indication from the Claimant that some information might be provided he at that stage agreed to answer only one of the 50 Requests. The Claimant submits that the Defendant's approach is inconsistent with the procedural rules of the Commercial Court … The Claimant relies upon passages in the report in particular the observation at paragraph 50 that 'parties to Commercial Court litigation frequently forget **the principle that further information can only be ordered if it is really necessary because the other party does not know the case it has to meet**'."（加黑部分是笔者的强调）

10.1.4.5　开庭审理和反盘问会针对

如果会在开庭审理时会提供信息与/或在反盘问（cross-examination）可针对的问题，就没有必要（unnecessary）先去通过质询或今天的要求信息向对方诉讼方提问，除非让申请人在开庭前获得对公平审理重要的有关信息以及可能节省费用。

正如 Colman 大法官在 Det Danske v. KDM（1994）2 Lloyd's Rep 534 先例说："… requests for information ascertainable by cross-examination at the trial are inappropriate unless the party questioning can establish that it is essential for the proper preparation of his case that such information is made available to him before trial, in the sense that if the matter is left until cross-examination at the trial that party will, or probably will be irremediably prejudiced in his conduct of the trial or the trial may be unduly interrupted or otherwise disorganized by the late emergence of the information."

特别是在早期的诉讼，开庭审理时双方提供的证据会各留一手，法院不允许通过质询要求一方诉讼方披露他会在开庭审理时提供的证据：见 Eade v. Jacobs（1877）3 ExD 355；Attorney General v. Gaskill（1882）20 ChD 519 等先例。曾经有案例判是不能质询对方开庭审理时会出庭的证人名字：见 Marriott v. Chamberlain（1886）17 QBD 154 先例。

这种情况在今天的诉讼已有了改变。今天出庭的证人通常都需要提前相互交换证人证言（witness statements），出庭只是为了接受对方代表大律师的反盘问。所以双方诉讼方都会知道对方会出庭的证人名字。加上今天的法院诉讼（也包括国际仲裁）强调透明与把手中的底牌摊开（cards face up on the table）才是公平审理（fair trial），所以是不会有这种古老案件的判法了。正如在 National Grid Electricity Transmission Plc v. ABB Ltd (2012) EWHC 869 (Ch)先例中,Roth 大法官说:"... where there is potentially relevant information relating to that matter which is solely within the knowledge of one side. In modern litigation, it is not the position that a party can hold back on relevant information and leave its opponent to take a chance to see if it chooses to put forward a witness from whom that information might be elicited by way of cross-examination during trial."

虽然不能通过要求信息提前盘问对方诉讼方有关开庭审理时会反盘问证人的问题,但不表示不能为了节省诉讼费用向对方要求信息,只要是这方面的信息能够收窄双方的争议,甚至可以令部分证人不再需要出庭。这种要求往往会是在 CPR Rule 32.18 之要求承认事实通知(notice to admit facts),这课题会稍后在本章之 10.2 段介绍。在此只节录《Disclosure》(2017 年,第 5 版)一书之 20.50 段如下:"The mere fact that the object of a Request is to obtain an admission of fact which can be proved by a witness, who will in any case be called at trial, is not necessarily a valid ground of objection. Where it is clear that answering the Request will not save, but add to, costs, then in principle a party may be entitled to refuse to respond and the court may refuse to make an order on a Part 18 application. The mere fact that a witness can or will in any case be called at trial is therefore not a ground in itself for refusing to respond to a Request. In any event, prior to the exchange of any witness evidence, it will often be uncertain as to precisely which witnesses will be called by the other side at trial and what the content of their evidence will be. Further, admissions of fact can be useful in narrowing the issues prior to trial and can assist the applicant to decide which witnesses he needs to call at trial. Where a party is unlikely to be in a position to call any witnesses at trial, this may be a factor indicating that a response to a Request is reasonably necessary and proportionate."

10.1.4.6　英国法律问题

虽然没有一个大原则是要求信息只能针对事实问题(issue of fact),而不能针对法律问题(issue of law),但针对法律质询或要求信息,例如问对方诉讼方的法律理据或澄清在文书请求/案件陈述中提到的法律问题较少见。原因是:

1. 一般认为向没有受过法律训练的人士质询或盘问法律问题是不恰当的,这是法院(或仲裁庭)的决定。例如在开庭审理时,有时候会在反盘问去问证人对有争议的合约条文的看法或如何解释。这没有任何价值,也没有必要盘问。因为证人自己对合约条文的看法,根本不作准,也不会影响法院(或仲裁庭)的决定。要求信息也是同样道理,即使问了对方的法律理据,对方也回答了,但无论是对是错都不会影响法院的决定。

2. 文书请求虽然只应包括重要事实(material facts),但仍会有不少是事实与法律的混合(mixed fact and law):见 Corporation of Trustees of Roman Catholic Archdiocese of Brisbane v. Discovery Bay Developments Pty Ltd (1995) 2 QdR 121 澳大利亚先例。这样,如果文书请求有提及,看来是可以要求 FBP 或现在的要求信息。这在《Disclosure》(2017 年,第 5 版)一书之 20.45 段有说:"Where matters of law are pleaded it may be open to the

opposing party to require further information or clarification to be provided."

3. 如果没有在文书请求中提及的法律问题,正如在本章之6.6段所说,一般在诉讼程序的后期甚至是在开庭审理期间才提出对法律的新争辩/新观点不罕见。只要这些法律观点是基于已经在文书请求中明确(identified)的争议事实(disputed facts),不涉及额外的事实与新证据,法院(或仲裁庭)一般是不会阻止的。这也显示了开庭审理之前对法律问题质询或要求信息的做法是不恰当的。

10.1.4.7　信用问题

这个课题在本章之7.4段有关标准披露(standard disclosure)时已有针对,说到即使案件的本质有关一方当事人的信用(credit-worthiness),也不能要求披露有关信用方面的文件:见 Thorpe v. Chief Constable of Greater Manchester Police (1989) 1 WLR 665 上诉庭先例。因为一旦命令披露这种文件,会没完没了。另外必须避免以不全面的披露断章取义判断某一方当事人是否可信。

同样的理由甚至更强的理由也适用在质询或要求信息。有关的证人会稍后在开庭审理时被反盘问(cross-examination),让法院(或仲裁庭)认定他/她是否可信。可以说,在开庭前再来一次要求信息的法院程序(如为了希望掌握对方多一点信息,可以在开庭时更有效的反盘问),就明显是浪费并且会分散正在忙碌准备开庭的被申请人的注意力与对其有压迫性(oppressive)。

这方面可节录《Disclosure》(2017年,第5版)一书之20.38段:"The court will generally refuse Requests and applications under Part 18 in respect of questions which go solely as to credit, not least because the request must relate to a matter in dispute in the proceedings. In relation to interrogatories the court applied the principle that interrogatories which go solely as to credit are not permissible, even though the information if obtained could be used for cross-examination of a witness at trial, since it may be oppressive if a party is obliged to disclose any information which might provide material for cross-examination as to his credibility as a witness."

10.1.4.8　其他要求信息会被拒绝的原因

法院(或仲裁庭)在决定接受或拒绝申请时还会考虑其他不少原因:(1)问得不清楚或含糊(request unclear or vague)或是"问了也是白问"(request is futile)。例如知道对方诉讼方是不会知道事实真相但要求对方承认事实:见 Rofe v. Kevorkian (1936) 2 All ER 1334 先例。(2)压迫(oppressive),例如过早提出要求信息就在不少案件被视为压迫,往往也会同时被视为没有必要(unnecessary)。另外,被申请人为了回应要求的信息需要做大量的工作与花费也是另一种压迫的例子。这可节录 Colman 大法官在 Det Danske v. KDM (1994) 2 Lloyd's Rep 534 先例说:"... this interrogatory is oppressive. It is inappropriate that a party should be asked to prepare statistical information which may require a substantial investigatory exercise giving rise to the answer requested. ... particularly ... at the highest, have but a marginal evidential contribution to make to the matters in issue between the parties."(3)不精简(not concise)、冗长(profix)、不成比例(disproportionate)、不重要

(not essential)等。这些原因经常走在一起,例如申请人要求的信息量太大、太啰唆与对准备开庭审理不重要,被申请人也要做大量的工作才能回答。正如 Colman 大法官在 Det Danske v. KDM 先例说:"… unless the answers are essential for the preparation of the requesting party's case for trial … interrogatories will not normally be ordered. … requests for information which, although it may be relevant to matters in issue, can be provided only by means of detailed research or investigation which the party interrogated would not otherwise carry out for the purpose of preparing for trial will hardly ever qualify as being necessary either for disposing fairly of the cause or matter or for saving costs."(4)提的问题并非善意(request is not *bona fide*)。(5)假设的问题(hypothetical questions)一般是不准质询。见 Det Danske v. KDM 先例,Colman 大法官说:"hypothetical questions should not normally be asked."例如"如果这样那样发生了,你会怎么样反应?你会做什么?"这种假设性问题即使是在开庭审理时的反盘问也不应该问。(6)对各种特免权(privileges)的主张。

10.1.4.9 有关先例之一:Det Danske v. KDM 先例

Det Danske v. KDM (1994) 2 Lloyd's Rep 534 先例是有关质询(interrogatories)的一个重要先例,已经在较早段节多次提到。案情涉及一批圣诞树(christmas tree)的货物买卖。卖方(原告)向买方(被告)索取未曾支付的货价,而买方反诉货物质量不妥,指称圣诞树有大量的落叶(needle-drop)。卖方对反索赔的抗辩(defence to counter-claim)是运输延误造成,而付运属于买方的风险。总之,涉及时间性强或易腐货物的买卖,加上远距离的运输,经常产生这种争议。在 Det Danske v. KDM 先例中,当文件披露完毕后,买方向卖方提出了 106 个问题的质询,而在此之前已有过多次质询(卖方质询 6 次,买方质询 4 次)。卖方拒绝回答问题,要求买方撤回,结果双方又向法院要求对这个中间程序作出决定。此处选三个涉及的内容十分具体细致,被 Colman 大法官否定不批准质询的问题介绍:

1. 买方第 8(iii)问题是有关圣诞树如何种植的各项问题,买方指种植人(grower)实际是卖方的代理人,他拥有的资料是卖方所拥有的,所以不能回答"不知道"。但 Colman 大法官不接受这说法,认为卖方与种植人只是买卖关系,卖方实际无法控制他(种植人)。若买方想向第三方(non-party)的种植人索取信息,只能另想办法,例如传召到庭或是第三方披露令(Norwich Pharmacal Order)。类似文件披露一样,卖方没有责任为在质询程序中满足买方向其他人索求文件与信息。一切取决于卖方所掌控的文件或信息,若不掌控,即可说"不知道"。

2. 买方第 21 个问题是关于 1990 年卖方支付各种级别的圣诞树的平均价格的详情:"Supply details of the average price paid by the Plaintiff for different grades of tree in 1990." Colman 大法官判该问题有压迫性,卖方不易回答,而且信息与争议没有太大关系/证据价值不大,说:"… this interrogatory is oppressive. It is inappropriate that a party should be asked to prepare statistical information which may require a substantial investigatory exercise giving rise to the answer requested. Further, it seems to me that the prices, particularly the average price for different grades of tree paid in the course of the current year (i. e. 1990)

would, at the highest, have but a marginal evidential contribution to make to the matters in issue between the parties. Looking at the matter as a whole, it seems to me that this interrogatory ought not to be allowed. It is not, in my judgment, such as is necessary fairly to dispose of any issue between the parties or indeed in the interests of the saving costs."

3. 买方第 34 个问题是:"Reconcile the number of trees delivered to the United Kingdom between 1989 and 1990 to the quantities shipped showing:—(i) the total number of trailers shipped between 1986 and 1990; (ii) the total number of trees shipped between 1986 and 1990; (iii) the names of the vessels on which they were shipped; (iv) the dates of shipment; (v) when the ships were booked and the terms of each booking; (vi) details of any that were short-shipped and the reasons why."

卖方回答买方是"无权获得此信息"(not entitled to that information)。Colman 大法官同意不必回答这项质询,过于冗长,且与圣诞树为何落叶的争议关系不大,说:"... this interrogatory goes far beyond the kind of information and the detailed nature of the information which is properly justifiable in interrogatories before this Court. It represents potentially an enormous factual research exercise on the part of the plaintiffs. It calls for an investigation of information which, if found, could, in my judgement, provide the most minimal evidential contribution to the issue as to the cause of the defects in these Christmas trees. I take the view that, having regard to the general approach of asking whether the interrogatory is necessary for fairly disposing of the matters in issue or for the saving of costs, an interrogatory in this form should not have been served and it is not appropriate that an answer should be ordered in this case."

10.1.4.10　有关先例之二:National Grid Electricity Transmission Plc v. ABB Ltd 先例

National Grid Electricity Transmission Plc v. ABB Ltd (2012) EWHC 869 (Ch)先例是近期在 CPR 下的一个要求信息(information requests)的先例,案情涉及庞大的金额与著名跨国公司,包括德国西门子、法国阿尔斯通与瑞士—瑞典的 ABB。简言之,这三家公司加上其他几家公司被欧盟指控针对供应用在输送电流的 Gas Insulated Switchgear(GIS)设备私下成立了一个卡特尔(cartel)垄断联盟,并向买方收取高价。结果被欧盟法院处以 7.5 亿欧元的罚款,这是当时针对卡特尔的最高罚款。

之后就带来余波的索赔(follow-on claims),英国一家电力公司,也就是原告(NGET),将西门子、阿尔斯通与 ABB 作为共同被告开始诉讼索赔高达 2 亿英镑的损失,声称这是过去被卡特尔多收取了的费用。

在该先例中,原告向三位被告要求信息。看来,原告因为信息不足而出现困难,例如难以计算真正损失并提供详情。这会是因为在这种本质类似高层次的串谋(conspiracy)或欺诈的案件,通常受害方很难找到足够的证据。有关人士会很小心不在文件中留下证据,也不会留下任何可以找到蛛丝马迹的文件。

这个先例也不例外,原告要知道这个针对英国的卡特尔到底是怎样操作,在不同时间段抬高了多少价格,操作了多久等。这些信息只有卡特尔的成员,也就是三位被告才会知道。原告首次在2011年年底申请CPR Part 18的要求信息命令,当时双方还没有相互交换证人证言。被告强烈反对,理由是申请得太早(premature)、不适当(inappropriate)与责任太重(burdensome)等。其中只有西门子同意提供少部分要求的信息,即有关参与英国的卡特尔的高管名字与身份,并确认他们都已经离职。法院也拒绝了申请,认为是时间上太早与在被告身上强加了不成比例的工作与责任。

2011年申请只是问四个方面的问题。其中第一方面是问被告公司有哪些主要人士(高管)在长达16年的英国的卡特尔操作的时间内具体参与什么工作。估计原告有了这些资料就可以针对这批人,如通过私下接触来调查取证、使用第三方披露令(Norwich Pharmacal Orders)等手段。具体问题如下:"(a) please identify who were the main individuals acting on behalf of your company in relation to the agreement and/or implementation of the cartel between 15 April 1988 and 2 March 2004 (the 'relevant periods'); (b) save insofar as covered by (a) above, please identify who were the main individuals acting on behalf of your company in relation to the Agreement and/or implementation of the cartel in the relevant period in the United Kingdom; (c) please set out the roles that were played in the cartel by each individual referred to in (a) and (b) above, in relation to each period of time during which they took part."

第三方面是问这批人是否是在职时与其他有关卡特尔在操作期间抬高的价格。这一方面问题显然是为了让原告可以计算损失。具体问题如下:"Please: (a) identify which of the individuals referred to in paragraph 1 above are still within your employment. (b) state whether, during the relevant period, any of these individuals still within your employment who took part in the cartel in the United Kingdom gave, or were given, an estimate of the amount by which the prices of GIS or GIS projects, or particular descriptions of GIS or GIS projects (such as a 400 kV equivalent bay), were, would be, or may be, raised, or of the extent to which your company or any participant in the cartel would or may benefit, as a result of any of the activities of the cartel (i) generally; or (ii) in the United Kingdom; or (iii) in relation to any of the projects listed in Appendix 2 to the Particulars of Claim. (c) if the answer to (b) above is Yes, please provide details of the estimate."

双方在2013年10月至11月交换了证人证言。但原告在被告的证人证言中找不出太多有关卡特尔或有帮助的信息。所以在2014年4月,原告再次申请要求信息。要求的信息可以分三大类:(1)参与英国卡特尔操作的自然人/高管/雇员与详细个人信息;(2)协助解释在文件披露中的一些内容不清楚与不全面的特定文件与回答一些特定问题;(3)要求被告逐点确认原告根据被告的证人证言与其他渠道的信息所拟定的有关卡特尔在英国如何操作的纲要(20多页纸)。

被告以各种理由反对,例如指称在对抗制的诉讼,应该是原告对它的索赔有举证责任,不是通过向被告要求信息帮助原告完成这个责任等。最后法院是批准了大部分的申请,命令被告要提供信息,因为是必要、成比例与合理。

10.1.5 被要求方的回应(response)

被申请人/被要求方回答提问(answer to requests)需要作出一个真实声明(statement of truth)。这与过往的质询做法,需要以誓章(affidavit)支持,是相同理念。

如果被要求方拒绝回答部分或全部要求的信息,理由不外乎在上一小段已经简单介绍过的与双方争议无关(not relevant to the issues between the parties)、钓鱼取证/摸索证明(fishing expedition)、问了也是白问(the request is futile)、压迫(oppressive)、问得不清楚或含糊(unclear or vague)、不精简或冗长(not concise and prolix)、提的问题并非善意(request is not bona fide)、不成比例(disproportionate)、各种特免权(privileges)的主张等。

被要求方如果拒绝提供被要求的信息,要在法院作出命令前提出。如果在回答时才反对,已经是违反了法院命令。这可节录 Harrison v. Laidlaw (2014) EWHC 35 (Ch)先例所说如下:"... the time for any objection to my order that the relevant information was to be given was the time when the order was made, that is to say at the Case Management Conference on 18 April 2013. No objection was made at that time and, in consequence, the Claimant has been, since that date, under an obligation to provide the requested information and, irrespective of the merits of any objection, is in breach of my order in failing to comply."

被要求方回答要求信息的问题也必须是直接(directly)、有针对性(specifically)、实质性(substantially)与完整(completeness):见 Easey v. Webber (1870) 18 WR 1064; Gray v. Bateman (1872) 21 WR 137 等先例。不能刻意回避(evasive)问题:见 Turner v. Jack (1871) 23 LT 800 先例。像开庭审理时的反盘问(cross-examination)一样,回答问题的证人应该先作出如"是"或"否"的回答,然后再加上对有关问题与回答的进一步解释与/或局限(qualification)。

最后要注意的是,要求信息的命令是由法院作出,所以被要求方如果不理会或更大可能发生的是回答不完整或刻意回避,就会带来法院的惩罚。根据每一个案件违反的程度与不同情况,惩罚包括法院要求进一步的回答/回应(order for further response)、除非命令(Unless Order)、费用方面的惩罚(cost sanction)、撤销索赔请求或抗辩(strike-out claim or defence),甚至是在极端的情况下认定是藐视法院(contempt of court)的刑事罪行。

10.1.6 总结要求信息的做法

对 CPR 下的要求信息(information requests)做法的总结,可节录《Disclosure》(2017年,第5版)一书之 20.05 段:"(1) Information requests have shown themselves to be a useful and practical source of obtaining clarification and information from an opposing party. In most cases on the multi-track they are deployed. (2) There are extremely few reported cases dealing with information requests. This is not through any lack of use, but in practice most requests are answered or their scope reduced between the parties without any court order. (3) Decisions at first instance on an information request are rarely appealed. These are case management decisions best left to the discretion of the first instance judge, rather than interfered with on an appeal. (4) Generally requests are being made and answered within the spirit of the overriding objective, where costs, necessity and proportionality are paramount. The courts have been vigilant to discourage costly and oppressive requests. (5) In practice it is often difficult to predict how the court will deal with a request for further information. Rather than risk the costs of an adverse ruling, parties tend to use an element of give and take in dealing with requests."

以上是说要求信息的做法证明在实践中向对方诉讼方获取重要的澄清与信息非常有用。大部分的多轨程序(multi-track)案件,经常会有这种申请,也通常不需要惊动法院,双方当事人的代表律师往往可以私下协商并同意提供一些被要求的信息。

双方都清楚如果让法院决定,由于这是根据个别法官的裁量权(discretion),所以总难免有较大的不肯定(uncertain)。这样,双方当事人就会面对现实,肯各让一步合理缩减要求的信息范围,并且是局限在被要求的一方能够与愿意回答的提问。

10.2 后续行动之二:要求承认事实通知(notice to admit facts)

双方诉讼方已经承认的事实,法院(或仲裁庭)就不再需要任何证据证明这个没有争议的事实。例如,双方如果明示或默示承认或接受他们之间有一个合约,法院就不再需要有关合约存在的证据。如果争议是有关履行过程中的纯事实问题(issues of fact),但双方提供给法院一份签署的文书合约,这也只会是一份事实背景(factual background)的证据,不是标准披露的有利或不利(help or hinder 或 support or adversely affect)证据。

显然,双方诉讼方能够尽量与尽早对部分争议事实(disputed facts)达成一致看法是好事,因为收窄双方的争议(narrow the disputed issues)就可以减少整个案件的诉讼费用与时间,因为更重要、更有把握胜诉(在查阅了对方披露的文件后的估计)的争议/争端与主张仍在。毕竟在不少案件,真正决定最后判决/裁决胜负的只在于少数的1~2项争议/争端。

在程序中会有鼓励双方当事人收窄争议的做法,要求协商并提供给仲裁庭一份同意事实清单(list of agreed facts)或一致立场清单(list of common grounds)。但现实经常达不到效果,这会是双方或其中一方以为战略上最好一步不让与立场坚定会更有利。另外是双方或其中一方当事人与/或代表律师专业水平有问题。能比较有效收窄争议的是专家证人(expert witness),通常在仲裁程序命令中要求双方专家证人在相互交换专家报告后,面对面探讨可否同意与承认一些事实以收窄争议,并提供仲裁庭一份双方已经达成一致立场与仍是有争议的事实的清单。

如果只是一方诉讼方的态度问题,较理性的对方诉讼方可以采取本段针对的要求承认事实通知(notice to admit facts)的做法对付,至少能够在诉讼费用方面保护自己。

10.2.1 文书请求/案件陈述中的承认事实

在第一步主要的诉讼程序的文书请求(pleadings)或案件陈述(statements of case)中,双方会明示或默示同意或承认大量事实。明示是在文书请求中对对方的指控(allegation)的回应是"承认"(admit)。默示是对对方的指控不针对性反驳(traverse/rebuttal)或只是纯否认(bare denial)但没有说明有什么事实支持。

法院或仲裁庭也必须小心严格跟从双方同意或承认的事实,绝对不要持相反看法,否则会是严重地违反自然公正(natural justice)或正当程序(due process)。仲裁庭如果违反,裁决书会在英国《Arbitration Act 1996》之 Section 68 下被以“严重不正常”(serious irregularity)为由部分或全部撤销。原因是法院或仲裁庭对双方已经同意与承认了的事实或立场作出不同判法,是肯定让双方诉讼方惊讶(surprise),也剥夺了他们如果事前知道就能进一步陈述/争辩的机会,例如举证证明法院或仲裁庭的相反看法是站不住脚的。也可以说这是“超裁”的典型与恶劣例子之一。

这种基本性的违反在英国法院诉讼发生的机会极低。但在国际仲裁中,这种违反就会比较多见,原因从笔者较早的介绍可以理解。如果双方的仲裁案件陈述太混乱与没有针对性,仲裁庭为了小心最好要求双方提供一份同意事实的清单。另在有大量文件(双方陈述与文件证据)但不开庭审理的文件裁决(documents-only arbitration),这方面的风险会更大。因为没有双方代表律师在开庭审理时引导参阅关键性文件的段节,仲裁庭在大量文件中私下挑选自己认为的关键性文件,难免会有更大的错漏风险。正如 Colman 大法官在 Pacol Ltd. v. Joint Stock Co Rossakhar (2000) 1 Lloyd's Rep 109 先例说:“It is particularly important in arbitrations which are conducted on documents alone that arbitrators should be alive to the dangers of introducing into their awards matters which have never been[99] or have ceased to be,[100] matters in issue between the parties.”

10.2.2 文书请求/案件陈述后的要求承认事实

已经提到,能够收窄争议可以节省大量的诉讼或仲裁费用与时间。所以,即使一方诉讼方不合作,另一方也可以通过要求承认事实通知(notice to admit facts)的做法对付。

这发生在很多不同的情况:

1. 诉讼一方认为对方不肯面对现实在文书请求/案件陈述中承认(admit)己方指控的部分事实。但根据“谁主张,谁举证”的原则,诉讼方需要花费诉讼费用去提供大量的文件与/或口头证据以证明指称的事实,所以应尽快要求对方承认这部分的事实。

2. 例如,原告声称双方有合约关系。但被告在抗辩书(statement of defence)中不承认甚至说签署合约的人士没有被告的授权。原告就会想向被告作出要求承认事实通知,例如是否承认签名人士是被告的雇员/高管等“事实”。如果被告被迫承认事实,原告就可以省去对这方面的调查取证,作出文件披露与/或为了出庭的证人准备证人证言的大量工作。这甚至会涉及要向法院申请传召(*subpoena*/witness summons)第三方出庭举证,以证明签署合约人士的身份。显然明确这个事实是为了稍后在法律方面的争议,也就是该人士即使是没有被告的明示授权(express authority),也应有表见授权(ostensible /apparent authority)。

3. 要求承认的事实并非只局限在单独或个别的争议事实,也可以是在一些责任方面一面倒的案件中,要求被告承认整个案件的责任。例如,经常发生的是头脑简单的被告书面通知对方市场下跌了,所以不要双方合约中的这批货了。这是明显的违约/毁约(repu-

[99] 从来不是双方的争议/争端,一般发生在文书请求中承认对方指称的事实。

[100] 不再是双方的争议/争端,一般发生在通过要求承认事实通知或其他方式同意事实。

diatory breach),而在抗辩书中被告对责任只是说不承认或是讲一些不是理由的理由,甚至重复说因为市场下跌。这样,原告就可以考虑作出要求承认事实通知,要求被告承认责任,余下的诉讼程序只有损失金额计算的争议。毕竟在这种责任很清楚的案件中,原告仍会保护诉讼费用。例如,原告无法证明蒙受真正损失,或被告有代表律师在恰当时为赔偿金额作出 Part 36 提议(见本章之 10.3 段)但不被原告接受等。

同样道理下,要求承认事实通知的做法也可以用在其他类似方面。例如,要求被通知方承认对某一特定事故有共同疏忽(contributory negligence)等。

4. 要求承认事实通知的一个重要作用是保护诉讼费用(protect costs)。因为一方诉讼方给了通知后对方仍拒绝承认,导致通知方需要提供证据,例如在开庭审理时有关这方面的争议花了一整天时间,而在这方面的事实(签署合约的人士是被告的高管)被法院(或仲裁庭)接受与认定,费用(可能一天的开庭审理就会超过 100 万元)就要不肯面对现实与拒绝承认的被告承担。

如果原告胜诉,这区别也不大甚至是没有,因为本来就是要败诉的被告承担所有诉讼产生的合理费用。但如果被告胜诉,例如另有其他原因令原告不能依赖表见授权,这区别就大了。胜诉的被告会因为拒绝承认签署合约的人士是它的高管而要承担证明这个事实的费用。

最后简单总结有关要求承认事实通知的要点,如下:

1. 这个做法很重要也很有用,但普遍被认为是较少被使用。背后原因笔者也不清楚,通常在这种情况下一个好的解释是因为诉讼方或他们的代表律师不熟悉或不警觉有这种做法。

2. 这种通知不难作出,在本章之附件四有一个 CPR 下的 Court Form N266 范本可供参考。该范本的后半部分是给被通知方填写作为回应。如果被通知方填写了合理理由解释为什么不承认有关事实,就可以令通知方无法达到保护费用的目的。但如果被通知方不准备解释或承认有关事实,并不需要以一个不承认责任通知(notice of non-admission)回应。

3. 要求承认事实通知可以在文书请求/案件陈述后任何恰当的时间作出。但 CPR Rule 32.18(2)规定必须在开庭审理前的 21 天前作出。显然,太迟作出对被通知方不合理,需要他/她在准备开庭的大量工作压力下要分心处理要求承认事实通知。而且,这么晚作出通知也失去了可以通过收窄争议事实省下不必要的调查取证、文件披露与证人证言等工作的意义。在较近期有关专利侵权的 Kingspan Insulation Ltd v. Xtratherm UK Ltd (2013) EWHC 2335 (Ch)先例中,Mann 大法官说:"In terms of determining the appropriate date for the response for Notice to Admit Facts, I bear in mind the object of such a notice, which is to produce clarity as to issues and, in particular, factual issues at as early a stage as is possible, convenient and proper. I also bear in mind the proportionality of the exercise involved. The Patent Court Guide deals with admissions and the need to make admissions at as early a stage as it is practicable in section 8. …8.2: Parties should also considering serving a notice to admit facts in accordance with the Rule 32.18 for the purpose of identification of

points not in dispute. By asking whether or not the defendant disputes that his article/process has certain features of the claim the real dispute can be narrowed. Thus the ambit of disclosure and of witness and expert … statements will be narrowed. …**It seems to me that it is appropriate that that should be done at an early stage so that subsequent stages of the action, including disclosure, witness statements, and the future contemplation of the action can all be given an appropriate degree of focus. It would also, in my view, help this particular action if an early degree of focus is produced with a view to producing some earlier form of settlement.**"(加黑部分是笔者的强调)

4. 明知道或应知道对方不会承认的争议事实(controversial facts)不能作出通知。否则一方诉讼方可以取巧把每一个重点的争议事实,都作出通知。这样,最后即使败诉也可以针对被法院或仲裁庭接受的个别争议事实(但改变不了败诉的结果)所花费的诉讼费用要胜诉方承担。正如 Peter Gibson 大法官在 Baden v. Societe Generale pour Favoriser le Developpement du Commerce et de l'Industrie en France SA (1992) 4 All ER 161 先例说:"These were obiter remarks, but they reflect what I conceive to be the commonly accepted basis for the proper use of a notice to admit, that is to say that it should relate to matters not really in dispute as distinct from matters the subject of real controversy which the party served may reasonably refuse to admit."

5. 被通知方如果承认了一个事实(admitted a fact),但后来改变主意(如有了新证据显示较早前的承认不正确),这完全可以,除非在时间上太晚令改变一个对事实的承认会对通知方造成损害(prejudice)。这方面的道理与一方诉讼方要求修改文书请求(amendment of pleadings)一样。众所周知,修改文书请求通常都会被允许,毕竟没有理由阻挡申请人修改文书请求,不让他/她在开庭审理前或期间更正到他/她当时认为是正确的事实与立场。这当然会有条件,通常就是承担因修改而令对方诉讼方浪费的诉讼费用(wasted costs attributed to amendments)。而主要不允许修改的理由是修改会带来让对方无法以金钱赔偿弥补的损害。例如,马上要开庭审理,允许修改文书请求非要把开庭延期以让对方有时间对修改部分作出反驳(rebuttal)。而根据仲裁庭成员的时间表,很可能要等上半年或一年,但案件的本质十分紧急。这是对对方造成的其中一类损害与不公平,对方可以此理由反对申请(无论是修改文书请求还是要求承认事实)。

10.2.3　CPR 的有关条文

最后,可节录 CPR 的有关条文如下:

"**Notice to admit facts**

32.18 (1) A party may serve notice on another party requiring him to admit the facts, or the part of the case of the serving party, specified in the notice.

(2) A notice to admit facts must be served no later than 21 days before the trial.

(3) Where the other party makes any admission in response to the notice, the admission may be used against him only —(a) in the proceedings in which the notice to admit is served; and (b) by the party who served the notice.

(4) The court may allow a party to amend or withdraw any admission made by him on such terms as it thinks just."

10.3 后续行动之三:庭外和解谈判和 CPR 下的 Part 36 提议(Part 36 Offer)

为了达成庭外和解(out-of-court settlement)而谈判是一件好事。一旦双方达成了协议,通常是双赢的局面。但如果不能达成协议,双方就要持续诉讼下去,特别是要面对昂贵的开庭审理,诉讼方就要考虑保护费用(protect litigation costs)的问题。

试图和解谈判在大部分的诉讼中并不罕见。如果诉讼双方试图和解,在什么时间作出决定很重要。如果太早,例如原告刚提起诉讼或仲裁,被告随即和解。这通常是:(1)案件简单与责任明确,如欠下了一笔债务。买方提取了卖方一批货物但不按照合约要求支付货价,所以卖方逼不得已为这笔债务起诉。而买方知道无法抗拒索赔,倒不如支付,免得将来还要承担诉讼费用。(2)被告怕事、怕花律师费,但自己又不懂,一旦面对诉讼就支付全部或大部分原告声称的损失金额。这在名义上说是"达成和解",实质上是"投降"。(3)过早达成的和解中常见的结果之一是被告只支付原告索赔金额的一半,也就是双方五五分和解。但这样的和解表面看来是各退一步,但其实通常对被告不利甚至十分不利。原因之一是被告在诉讼威胁下接受和解,另一个原因会是在这种早期阶段,被告往往还没有委任律师提供意见。相反,原告既然已经开始了诉讼,就往往有律师在旁提供意见,包括是否接受和解要约。而笔者认为最重要的原因是没有进一步走完诉讼的披露程序,除了少数例外的案件,被告通常不会知道原告的底牌(有利或不利文件)。可能在全面与坦率的披露后就会发现原告的索赔根本站不住脚。

另一个极端是太晚才达成和解。这种情况也不少,往往是在开庭审理前几天,或开庭的第一天,甚至笔者遇到过开完庭要开始写裁决书时,双方达成和解。这时和解的好处是双方已经全面了解披露的证据(书面与口头),只要客观与有水平地分析就可以掌握双方各自案件的强弱,据此达成的和解也就相对科学。但不好的是该花的诉讼费用都已经产生了,和解根本省不了这笔钱,甚至是这笔花费令双方达成和解的机会降低。

所以有说法是相互披露文件程序走完后,是尝试与达成和解的最好时机。特别是在商业案件,因为大部分关键性的证据都是文件证据,口头证据往往是次要的。所以在文件披露程序完成后,有水平的律师在客观分析后,就会对自己案件的胜负概率等心里有数,并建议客户试图与对方诉讼方达成和解以及以何比例和解。

重要的是如果和解涉及第三方,如被告支付了和解金额(可能会加上部分利息与诉讼费用)可向保险人/保险公司要求理赔,或在另一个关联合约要求补偿(indemnity),或以侵权或合约要求分摊(contribution),和解的金额是否合理(reasonable settlement)就会受到质疑。可以说,上述太早或太晚的和解都会有问题。只有在相互文件披露程序完成后,代表律师建议和解与对有关合理和解的金额与底线等作出意见,而最后的结果也是在律师意见的范围内,才有最大可能会被法院或仲裁庭接受是合理和解金额,可以法律行动强制第三方理赔、分摊或补偿。

即使相互文件披露的程序完成后是尝试庭外和解的最好时机,并不代表就一定可以成功。其中的主要原因会是诉讼双方与代表律师对案件的强弱与胜负概率的分析有不同看法。这样,对方(无论是原告还是被告)可通过 CPR 下的 Part 36 提议(Part 36 offer)作出和解提议,以保护余下诉讼程序(特别是开庭审理)的费用。

这是保护高昂的诉讼/开庭费用的一个十分重要与有用的做法,千万不要失去这良好机会。由于这个复杂的课题在笔者的《仲裁法——从开庭审理到裁决书的作出与执行》(2010 年)一书的第一章有详论,所以不在本书重复。另在本书第四章之 1.7.6 段、第十三章之 3 段等也有涉及诉讼程序中的和解问题。

在国际仲裁中,由于不受 CPR 的管制,所以没有“Part 36 提议”的说法。但仍是有同样的做法,只不过是称为“秘密提议”(sealed offer)或稍有不同的“Calderbank 提议”(Calderbank offer),这也在笔者《仲裁法——从开庭审理到裁决书的作出与执行》(2010 年)一书第一章之 5.3.3.3.6.2 段与 5.3.3.3.6.3 段有详论。

10.4　后续行动之四:修改文书请求/案件陈述(amendments of pleadings)

修改文书请求/案件陈述(可以是索赔或抗辩)对有诉讼/仲裁经验的人士(特别是律师)来说是十分熟悉的课题。在本章较早的 10.2 段介绍的要求承认事实通知(notice to admit facts),也有提到修改文书请求,因为两种做法在本质上接近。

需要修改文书请求是因为如果一方诉讼方在将来开庭审理时提出没有在文书请求或修改过的文书请求中提及的重要事实与立场,会被阻止与否定。原因很简单,因为对方诉讼方不知道有这个新的重要事实与立场,所以没有在开庭审理前做出准备,如果允许提出十分不公平。例如,在文书请求中对一个指控回应是“承认”,但开庭审理时却想提出争议,这是不可以的。

但这并不表示不能修改最早的文书请求,例如虽然一开始“承认”,但后来改变了主意,是完全可以修改为“不承认”,只要在时间上不要太晚(一般会在开庭审理前)。需要修改文书请求(甚至是多次修改)的原因有很多,如换个律师,就可能对怎样较好主张或表达自己的案件有不同看法。但需要修改的最重要的原因还是在文书请求的程序后,己方持续的调查取证与在诉讼程序中获取的新证据显示了原来的文书请求中的重要事实需要修改或补充。

获取对方诉讼方的新证据的诉讼程序,文件证据是相互文件披露程序,而口头证据就是相互交换证人证言程序了。由于商业诉讼中文件证据的重要性往往超越了口头证据,而在相互文件披露程序完成,获得与查阅了大量对对方有利或不利的文件后,往往会发现很多新的重要事实或需要改变原来的立场。例如本来承认的事实要改变为不承认,本来不承认的事实在文件披露后发觉对方有强有力的证据证明(己方则有欠缺)而决定面对现实修改为“承认”等。

也会是新证据显示可增加另外的新争议/争端,所以需要修改原来的文书请求。例如,一个保险拒赔的案件,被告的保险公司原来是以投保时误述(misrepresentation)进行抗辩。但在文件披露后,发觉又多了一项拒赔的理由,是投保时未披露(non-disclosure)某项重要事实。这样,被告为了在开庭审理时可加进新的事实进行抗辩,也可令胜诉更有把握,就要修改较早提交的抗辩书。

在本章之 4.2 段已经详细介绍了笔者一个涉及海上货物运输的案件。船舶到了欧洲卸货时,被收货人指称货物有严重腐烂并拒货。本来这是一个英国法院的正常货损案件,原来的文书请求主要是针对船舶是否适航/适货(seaworthiness/cargo-worthiness)与海上运输途中船长是否小心与恰当照顾货物。但在文件披露阶段,披露了一份中国装港曾经接受了发货人的一份针对签发清洁提单的保函(letter of indemnity)。这就清楚显示了在装货前这一批货物就已经有问题。作为原告的收货人马上向英国法院申请修改文书请求,增加了船东欺诈性行为(签发虚假的清洁提单)的新争议/争端。这样,最后导致船东在该诉讼中一败涂地。

还会有案件是最初的文书请求因为对详情(particulars)掌握不多而有所欠缺,但又不至于被对方诉讼方撤销(strike out)。相互文件披露后,有了对对方有利或不利的有关文件,才修改与补充己方最初粗略的文书请求。在 MMI Research Ltd v. Cellxion Ltd (2007) EWHC 2611 (Pat)先例中,Warren 大法官说:"The pleadings, of course, play an important part in the disclosure exercise because it is only through the pleadings that the issues in the case to which disclosure is directed can be identified. In an ordinary case, a claimant may find that he is unable properly to particularise his case prior to disclosure being given, only being able to specify the nature of his case in broad terms. There is nothing wrong with that, although where the pleadings is not well particularized, the claimant may be more open to accusation of 'fishing' than if he has a focused pleadings."

相互的全面与坦率文件披露对修改文书请求的重要性与关联性,可节录 EDO Technology Ltd v. Hills (2006) EWHC 598 (QB)先例,Walker 大法官所说如下:"**They must be alert to the possibility that this process will lead to new issue of fact or law being identified**. When that happens, the party in question must consider whether the potential new issue is a matter that it should seek to have resolved at trial. It is necessary to bear in mind the principle that multiplicity of legal proceedings is to be avoided. In that regard a broad, merits-based approach is now appropriate, taking account of public and private interests involved and the facts of the case ... **If the conclusion is that the issue should be raised, then in general the appropriate course will be for that party without delay to formulate a proposal to amend its statement of case and to notify other parties of that proposal.** Something less formal may of course be appropriate where the new issue is truly minor, or for other good reason, but a party who proceeds with less formality runs the risk that problems may later emerge."(加黑部分是笔者的强调)

最后,向法院或仲裁庭申请修改文书请求一般都会被批准,通常的条件也只是要承担这个修改文书请求所带来的浪费费用(wasted costs)。浪费费用不是指增加了新争议/争端所带来的额外诉讼费用,这些费用是要根据费用大原则由败诉方承担(costs follow the event)。宽松对待修改文书请求是为了公平审理,也就是没有理由不让双方诉讼方以自己认为是最后与最准确的重要事实与立场准备妥当才去开庭审理。

反对对方申请修改文书请求(对方通常会附上一份修改过的文书请求显示什么需要修改)一般不容易,必须能够说明与证明自己会蒙受的损害(prejudice)对方无法以赔偿浪费费用弥补。通常会被接受的一个理由是对方提出的修改所带来的新争议/争端,需要证据来反驳或抗辩。如果在最早/最初的文书请求就提出,己方可以保留这方面的证据。但现在一年后才提出修改,有关的文件证据在公司正常的保存文件政策下已经销毁,或是有关的证人在期间已经死亡或离职等。

10.5 后续行动之五:加入第三方(third-party proceeding/joinder)

在诉讼程序中加入(adding / joinder)第三方(third party/parties)作为共同(或替代现在的诉讼方)的原告或被告一并审理是会发生在任何时间。例如在近期的 Burton v. Bowdery (2017) EWHC 208 (Ch)先例中,案情涉及房屋买卖合约,原告指控第一被告与第二被告违约。被告在抗辩书(statement of defence)中声称房屋买卖的事宜已经全部授权给了委任的律师。这导致原告赶紧(因为有索赔时效问题)向法院申请加入该律师所作为第三被告(third defendant),诉因是越权(breach of warrant of authority)。这种案件很多,例如在本章之 6.2 段介绍的 Manatee Towing v. Oceanbulk Maritime SA (1999) 1 Lloyd's Rep 876 先例。

这是一个复杂的课题,法院处理民事诉讼时经常会面对,如家事争产或集体诉讼等的案件,此处不进一步探讨。而涉及商事仲裁,由于仲裁管辖权(arbitration jurisdiction)要求双方当事人必须有文书的仲裁协议(arbitration agreement),但与第三方往往没有仲裁协议,所以没有对第三方的管辖权。相比没有这种局限的法院诉讼,仲裁应较少会面对加入第三方的问题。

这课题与文件披露程序的关系是对方诉讼方在披露的有关文件中有信息显示会向第三方提起索赔的诉因(cause of action)与该第三方的名字,可供采取进一步行动。例如,在上一小段介绍的上海船东被欧洲收货人以不适航/不适货与欺诈等诉因在英国法院起诉。但由于担心该被告的上海船东在败诉后赔不起,可惜又错过了扣船(arrest of vessel)以取得诉前担保(pre-action security)的机会。这样,在发觉中国装港签发保函的发货人与船东串谋欺诈,欧洲收货人作为原告就有了诱因把该中国发货人加入同一个诉讼作为第二被告了。

在商业活动中,同一个争议涉及有关联(connected)的第三方的情况也经常发生。例如不少商业交易会涉及合约链(chain contracts),如货物买卖合约就会有卖方、买方、分买方,工程合约会有雇主、承建商、分承建商等。而争议与三方当事人都有密切关系,例如货物质量不符合合约规定(货不对板)。如果是以法院诉讼解决争议,那加入第三方没有问题。同样如果是以仲裁解决争议,加入第三方或合并仲裁(joinder /consolidation arbitration)也有必要,以避免同一个争议需要有几个不同仲裁,带来整体诉讼费用的浪费与不同的仲裁庭成员在不同仲裁裁决中得出不同的结论与决定。所以,今天的仲裁机构(arbitral institutions)都会有合并仲裁与加入第三方的规定,虽然在操作方面仍比不上英国或中国香港法院的做法。例如,贸仲(CIETAC)的 2015 版仲裁规则的第 14 条与第 19 条就是针对这方面。但在没有规则只有法律(立法与案例法)管制的临时仲裁(*ad hoc* arbitration)问题上仍有无法超越的困难。所以有说法是这方面是仲裁相比法院诉讼的其中一种重要缺点。笔者的《仲裁法——从 1999 年英国仲裁法到国际商务仲裁》(2006 年)一书第五章之3.4.5.4段有更详尽介绍,不再重复。

针对英国法院诉讼,对这种做法的规定是在CPR Rule 19.4与Rule 19.5,可节录部分内容如下:

"CPR Rule 19.4 (1) The court's permission is required to remove, add or substitute a party, (2) An application for permission ... may be made by—(a) an existing party, or (b) a person who wishes to become a party.

CPR Rule 19.5...(2) The court may add or substitute a party only if—(a) the relevant limitation period was current when the proceedings were started; and (b) the addition or substitution is necessary."

10.6　后续行动之六:分开审理(split trial/bifurcation)双方争议

把一个诉讼或仲裁中的多项替代(alternate)或关联(connected)争议/争端去分段(in stages)或分开(split)审理并作出部分判决(partial judgment)或裁决(partial award)的情况经常会发生。原因不外乎在一个复杂案件的节省费用/时间、实际可行或必须这样处理等。例如:

1. 双方的多项争议/争端中有一项是有关合约的适用法(governing law)。如果双方不能肯定是什么适用法,就无法推进程序与准备开庭审理。毕竟不同适用法会有很大的差异。所以必须先对这一项争议作出部分判决或裁决。

2. 如果是一个涉及庞大争议金额、复杂与有大量事实争议的案件,通过一次开庭审理把所有上千项争议/争端一次处理不现实。所以可以的话,把它分开来单独每次对部分争议项目去开庭审理。笔者记得在20世纪90年代,新加坡的"Sembawang"船厂在一个著名与被简称为"Solitaire"的伦敦仲裁中,被美国公司起诉索赔巨额损失,指称其在一艘海上铺设电缆管道船舶的改装工程合约中违约/毁约(repudiation)。据知,该仲裁案件是当时英国法院/伦敦仲裁有史以来最昂贵的诉讼。由于争议的项目太多,所以一次性全部处理掉是不现实的。结果是分段/分开开庭审理,多年来总共作出了12个部分裁决书。在要针对损失计算的开庭前,双方总算达成和解。否则还会有第13个、第14个等部分裁决书要作出。

3. 一个涉及多项争议的案件,如果先对其中一项作出最后决定,就有机会令整个诉讼提前终结。这种情况(特别是在仲裁)经常遇到,也是导致分开审理的主要原因。例如,先对仲裁管辖权(jurisdiction)的争议作决定,这在仲裁中经常发生。如果决定是仲裁庭没有管辖权,也就可以令整个仲裁案件提前终结。

或是先对责任(liability)的争议作最后决定。如果决定是原告在责任方面败诉,也就表示不必再审理原告向被告索赔的损失计算(measure of damages),令整个诉讼提前终结。要知道,对责任方面的争议往往在处理上比较简单。因为责任争议经常是对有关双方合约的条文如何解释,即使需要开庭审理,一般开庭时间也不长,不需要事实证人与/或专家证人(除非解释合约条文是适用外国法)。而仲裁庭开完庭后作出的部分裁决,也不会是长篇大论。相反,如果处理损失计算的争议,往往工作量很大,涉及的法律与事实争议更多与更复杂,诉讼费用也难以避免要相应提高。所以这种分开审理有一半的机会可节省整个诉讼或仲裁的一大笔费用。

同样的道理下，个别案件也经常可以先挑出一个争议/争端处理并作出判决或裁决，希望可以提前终结诉讼或仲裁。例如，是否错过了索赔时效（time bar）？如果是，也就表示原告的索赔提前终结了。或另在 U&M Mining Zambia Ltd v. Konkola Copper Mines Plc（2014）EWHC 3250（Comm）先例中，先提前处理双方是否已经达成和解协议的争议，因为如果是，就有机会避免余下对损失计算的昂贵审理。

分段/分开审理，也有其不便利之处，例如同一证人可能要两次出庭，两次聘用的大律师可能不同导致收费重复与昂贵等。所以为了省钱省时，应确定能达成这良好愿望才如此进行诉讼。

最后分段与分开处理/审理双方的多项争议/争端与相互文件披露的完成有一定关系但不是太大，不少分开审理的决定是在披露程序前就已经作出。例如，双方明知损失计算涉及大量昂贵与耗时的文件披露，而先决定责任会简单、省钱与快捷。这种安排在 CPR 下也鼓励，允许按分段披露文件。CPR Rule 31. 13 可节录如下："**Disclosure in stages 31. 13** The parties may agree in writing, or the court may direct, that disclosure or inspection or both shall take place in stages."

但在披露程序完成后的后续行动中决定分段或分开审理的也有，因为法院或仲裁庭在对方披露文件（包括有利或不利）后，会更好地掌握整个案件与相关的证据，可作出应否与可否分开审理的判断。

笔者可以举一个近期的中国香港仲裁案件。本来双方与仲裁庭（包括笔者杨良宜）是一致同意与计划一次过开庭审理，程序时间表（procedural timetable）也早已经作出。但在相互文件披露后，发现中方公司的被告有 3000 份以上的中文文件用来支持反索赔（counterclaim）。这样，由于仲裁语言是英文，被告要依赖这批对被告有利的大量文件，就要自己花钱提供英文翻译本。但给仲裁庭的资料显示翻译费用高昂与需要较长的时间。仲裁庭在合议后决定改变[程序命令可以改变（Liberty to apply），只是不要朝令夕改带来不肯定]原先的程序命令去先审理责任，而已经披露了只针对反索赔的中文文件，暂时无须翻译英文，等待仲裁庭先对责任方面作出裁决。

10.7 后续行动之七：决定是否需要开庭审理（oral hearing or documents-only）

决定不开庭审理，而只是根据双方的文书请求/案件陈述就对双方诉讼方实质争议的是非曲直（merits）作出最后决定很少在法院诉讼发生。虽然在 CPR Part 12 下是允许当被告缺席并满足一定条件时，法院可以就文件作出缺席判决（default judgment），不必开庭。这会是法院对本书第四章之 1.1 段所讲的公开审理/公开聆讯（open justice）与司法公正不仅要做到，而且要以众人能看到的方式做到（justice not only has to be done, it must be seen to be done）等的基本司法精神有密切关系。

中国香港法院跟从英国法院做法，也有案例显示了这种大原则：见 Wong Man-Hung Patrick v. Haruna Co Ltd（1997）Civ App no. 198 of 1996 与 R v. Kwok Chi Kwan（1997）Mag App no. 145 of 1997 先例。在后一个先例中，上诉庭的 Sears 大法官说"不准有沉默的审理"（*silent trials should not be permitted*）。

但国际商事仲裁可以弹性处理。特别是海事仲裁,对不必开庭审理仅凭文件证据就可作出裁决的做法并不陌生,伦敦的海事仲裁中有80%是不开庭审理的所谓文件裁决(documents-only arbitration)。虽然在早期,英国普通法不允许仲裁庭这样做,认为是剥夺了双方当事人或其中一方的提供口头证据(oral evidence)与开庭审理的权利,是违反自然公正:见 Henry Southern Ltd v. Norwich Union Life Assurance Society (unreported, QBD, 13 March 1992)先例。但海事仲裁能够有这么多案件以十分不正规(informal)但诉讼费用很低的文件裁决处理,笔者认为主要是有关人士[包括船东、承租人、海事律师与背后掌控的互保协会(P& I Clubs)等]是一个小圈子,能够客观处理一个诉讼或仲裁,以最合理与最低代价去解决争议。例如,船东与承租人都习惯对每一件将来可能出争议的事保存文件证据。如果对方当事人曾经通过电话作出一些承诺或一些重要说法,己方会马上留下一份电文以文书确认这些电话中的主要内容,特别是对己方有利的内容。另在不需要开庭审理的仲裁案件,双方就会同意以文件裁决。海事律师也习惯对互保协会提前解释为什么某一个案件是需要多花费去开庭审理而不能简单以文件裁决等。

英国《Arbitration Act 1996》之 Section 34(2)(h)更是把决定是否需要开庭审理的权力交给仲裁庭,除非双方当事人另有约定(同意开庭审理)。现实中双方一旦产生争议很难同意任何事情,即使是合理与省钱的做法。所以,在一般的国际仲裁中,现实很难会有双方同意开庭审理或不开庭审理。虽然较早前提到在海事仲裁,双方当事人会同意文件裁决。但这种案件通常是双方当事人(如传统的欧洲船东与承租人)都有丰富的仲裁经验与法律知识,加上通常会有互保协会在背后,所以会就事论事而不因为双方在仲裁中的敌对关系而在有关案件是以文件裁决或开庭审理处理为佳的正确判断与决定方面有了偏差。

但这种海事仲裁的大环境很难在其他的商业仲裁出现与模仿。即使是海事仲裁,近年来大环境也有了改变。所以在英国《Arbitration Act 1996》下,开庭审理与否的决定权或裁量权(discretion)是在客观与有水平/处理争议经验的仲裁庭手中,这应是一个重大与很好的转变。仲裁庭不能没有任何依据就决定开庭审理或不开庭审理。如果错误选择前者,就会对有关的仲裁案件带来延误与花费不必要的诉讼费用。但如果错误选择后者,就会排除了对有关案件可能有帮助的口头证据,进而违反了自然公正与程序不当。

所以,仲裁庭要小心行使这方面的裁量权。例如在一个小金额争议的案件,根据成比例(proportionality)的精神,是应该简单以文件裁决处理。但更重要的是要考虑证据的性质与是否足够让仲裁庭公平审理并作出满意的裁决。毕竟,没有说法是小金额争议就可以乱来/乱判,不需要公平审理。所以如果仲裁庭有足够的文件证据对案件的争议事实(disputed facts)作出认定与裁决,文件裁决就没有问题。但如果文件证据完全不足够甚至是欠缺,仲裁庭就非得要求口头证据来填补,这也表示非要开庭审理不可。

所以为了针对这种例外情况,伦敦海事仲裁员协会(London Maritime Arbitrators Association,LMAA)在2017年的小金额程序(LMAA Small Claim Procedure 2017)中,虽然规定了仲裁程序是严格以非正规(informal)的文件裁决处理,但在(5)(k)条文也说仲裁员(不是一方当事人)在例外案件是可以提出开庭审理的要求,说:"There shall be no hearing unless, in exceptional circumstances, the arbitrator requires this."

这表示在大部分的商业仲裁(较少数的仲裁在一开始就已经可以明确知道是否应该开庭审理),无论是海事还是任何其他商业案件,考虑是文件裁决或要开庭审理的最恰当的时间是在相互文件披露(mutual disclosure of documents)程序完成后。在该时刻,双方可以看到各自在文书请求(Pleadings)中向对方指称的重要事实(material facts)是否站得住脚,文件证据是否足够让仲裁作出认定/决定,文件证据是否有需要以口头证据补充或澄清等方面。这就可以让双方当事人合理判断与决定到底是否需要开庭审理。而即使是需要开庭审理,也通过掌握全面披露的文件证据知道会有多少证人以及盘问需要的时间。这就可以定下开庭审理的日期与明确开庭的时间段(duration)。

附件一:标准披露的文件清单范本 Court Form N265

附件二:披露报告范本 Court Form N263

附件三:Disclosure Review Document 范本

附件四:要求承认事实通知范本 Court Form N266

第八章　电子文件披露

1. 电子文件披露的特点

在本书第七章已经介绍了对证据，尤其是文件证据进行披露(disclosure)的做法。现在的披露往往会需要大量时间、精力以及需要花费大量的金钱，有说法是现在的大型与复杂的诉讼(尤其是商业诉讼)中文件披露就是费用支出最庞大的部分。在 Multiplex Constructions (UK) Ltd v. Cleveland Bridege UK Ltd (2008) EWHC 2220 (TCC)先例中就提到由于涉及大量文件，为了庭审准备了 550 个文件夹，为了复印这些纸质文件的费用接近 100 万英镑。在《Review of Civil Litigation Costs: Prelimianry Report》(Volume 2, May 2009)之 Part 8, Jackson 大法官也指出在今天的大型与复杂诉讼中，文件披露是诉讼中开支的大头："In larger actions, disclosure of documents is one of the principal drivers of costs. It is not only the initial disclosure exercise which can be massively expensive, but also the sequelae."

传统的文件披露针对的是硬拷贝(hard copy)，以纸张作为介质(media)存储的信息(information)，也就是纸质文件。在今天越来越多的、也是将来的诉讼(包括国际仲裁)必然会面对的是软拷贝(soft copy)，针对的是其中的电子数据信息/电子形式存储的信息(electronically stored information, ESI)，也就是电子数据(electronic data)/电子文件(electronic document)。

今天人们的生活中不可避免地大量使用电子文件。例如在商业活动中基本以电子邮件代替过去的信件、传真电报等。还会有大量的网上交易平台为零售商与消费者之间、甚至是贸易商之间提供电子形式的交易。而且由于智能手机、穿戴设备的普及，使得日常生活的通讯有很多都采用了电子形式(如用 QQ、MSN，或者是今天更常用的微信、WhatsApp 等)，而且更是有亿万人的日常生活都常用各类社交媒体(如 Facebook、Twitter、Instagram、微博等)。现在也可以方便地通过各种电子设备进行录音、录像、照相并留下电子文件。

在英国，由 Cresswell 大法官牵头的工作小组在 2004 年 10 月 6 日出具了一份专门针对电子文件披露的报告(因此也被称为"Cresswell Report")，其中提到 2003 年有调查报告显示国际商业社会中，90% 的文件都是以电子形式产生与存储，甚至这些文件中有很大部分都不会特意留下纸质或硬拷贝的存档，尤其是今天还有不少公司为了管理方便、降低费用、环保等理由尽量减少纸质文件的出现，采用"无纸化办公"(paperless office)。可以想到在今天以及将来的披露中一定会涉及大量电子文件。

也因此今天对于文件的管理需要将重点转向电子文件而不再是纸质文件。在今天为了满足合规(regulatory compliance)要求提供文件，或面对规管调查被突袭搜查或被要求交出文件,[1]以及在今天诉讼(尤其是大型与复杂诉讼)的文件披露阶段,实际上主要针对的是电子文件。

随着披露与交出[2]电子文件所占的比例与重要性越来越高,披露与交出电子文件的花费是同样惊人的。在2012年"Rand Institute for Civil Justice"发布的调查报告[3]中,就显示在很多不同种类案件中披露与交出电子文件所花费的金额中位数是180万美元。可以想到在今天披露与交出电子文件的中位数费用肯定已经大幅超过这个数字了。

在本章中将主要针对今天电子文件与传统纸质文件相比在披露上不同与困难之处进行介绍,也将简单讨论一些在电子文件披露中可以用到的技巧与需要了解的知识。

1.1　电子文件与纸质文件

在本书第五章之1.1段已经介绍过英国法下对证据的一种分类方式,是大致将证据分为信息(information)(包括证人证言、专家证据等)、文件/书证(document)以及物证(real evidence)三类。而对"文件"/书证的定义范围是非常广的,在CPR Rule 31.4下的定义是:"'document' means anything in which information of any description is recorded." 也就是说,关键的是要包括信息与有关描述,而无论是什么载体/介质(medium)都是文件。因此电子文件只要包括电子数据信息(electronic stored information),就会属于"文件/书证"。

今天在CPR下对哪些属于电子文件也已经有解释,在CPR PD 31A Para. 2A(1)说:"Rule 31.4 contains a broad definition of a document. This extends to electronic documents, including e-mail and other electronic communications, word processed documents and databases. In addition to documents that are readily accessible from computer systems and other electronic devices and media, the definition covers those documents that are stored on servers and back-up systems and electronic documents that have been 'deleted'. It also extends to additional information stored and associated with electronic documents known as metadata."

在CPR PD 31B, paragraph 5(3)也对电子文件(electronic document)给予定义:"'Electronic Document' means any document held in electronic form. It includes, for example, email and other electronic communications such as text messages and voicemail, word-processed documents and databases, and documents stored on portable devices such as memory sticks and mobile phones. In addition to documents that are readily accessible from computer systems and other electronic devices and media, it includes documents that are stored on servers and back-up systems and documents that have been deleted. It also includes metadata and other embedded data which is not typically visible on screen or a print out."

---

[1] 例如在本书第四章之2.10段提到的SFO有权作出Section 2通知书强制个人或公司回答问题或提供文件。

[2] 在CPR下所说的披露的狭窄定义只是对文件是否存在的陈述。但广泛所说的披露实际上是包括了CPR下的披露(disclosure)与提交(production)。

[3] 名为"where the money goes: understanding litigant expenditures for producing electronic discovery",参见见:https://www.rand.org/content/dam/rand/pubs/monographs/2012/RAND_MG1208.pdf。

2019 年1 月1 日开始在商业与财产法庭(Commercial and Property Court)试行2 年披露规则计划(Disclosure Pilot Scheme),也就是目前的 CPR PD 51U,在 Para. 2. 5 与 Para. 2. 6还对"文件"进行如下定义:

"A 'document' may take any form including but not limited to paper or electronic; it may be held by computer or on portable devices such as memory sticks or mobile phones or within databases; it includes e-mail and other electronic communications such as text messages, webmail, social media and voicemail, audio or visual recordings.

In addition to information that is readily accessible from computer systems and other electronic devices and media, the term 'document' extends to information that is stored on servers and back-up systems and electronic information that has been 'deleted'. It also extends to metadata, and other embedded data which is not typically visible on screen or a print out."

从上述节录条文可以看到,在 CPR 下对文件的定义是十分广泛的。而且以举例的方式进行了一些列举,明确包括了电邮、短信、社交媒体信息、语音留言、录音录像、可用 Word 编辑的文字文件、数据库、[4] 嵌入数据(embedded data)[5]与元数据(metadata)、被删除的数据(deleted data)等类型,而数据介质(media)则包括电脑、移动硬盘、服务器、备份系统以及智能手机等。[6] 显然即使是在这些列举的例子以外,只要符合非常广泛的定义"任何电子形式的文件"(any document held in electronic form),就都属于电子文件。这看来也是考虑到技术的不断发展,新类型的各类电子文件层出不穷。

显然书信往来(correspondence)是需要披露与交出的电子文件的重点内容。这些电

---

〔4〕 数据库(database)是以一定方式存储的数据集合,在 Derby v. Weldon (No. 9) (1991) 1 WLR 652 先例中,Vinelott 大法官就判:"... database... so far as it contained information capable of being retrieved and converted into readable form, and whether stored in the computer itself or recorded in backup files, was a 'document'."。Milligan 勋爵在 Rollo v. HM Advocate (1997) JC 23 先例中所说:"It seems to us that the essential essence of a document is that it is something containing recorded information of some sort. It does not matter if, to be meaningful, the information requires to be processed in some way such as translation, decoding or electronic retrieval."在 Marlton v. Tektronix UK Holdings Plc (2003) EWHC 383 (Ch) 先例中还提到了针对英国民事诉讼规则的《White Book》之 Note 31. 4. 1 专门针对了数据库的问题,也节录如下:"A computer database which forms part of the business records of a company is, in so far as it contains information capable of being received and converted into readable form, a document for the purposes of CPR 31. 4 and is therefore susceptible to disclosure — and attention in that notice is drawn also to the proposition that — word-processing files in computers are within the definition of documents for the purpose of an order preserving documents in connection with the proceedings."

〔5〕 "嵌入数据"也就是嵌入在电子数据中的数据,在简单查看文件内容时会无法直接看到这些数据。嵌入数据会包括元数据(metadata),或者说是有关数据的数据,例如 word 文件会有元数据,内容包括这份文件何时创建、由谁创建、最后修改时间等。又如一份电子邮件中的附件,也会是"嵌入"在这份电子邮件中的数据。如果是将 word 文件或者电子邮件打印出来,在打印出来的纸质文件上就根本看不到嵌入数据的内容。有关嵌入数据还可见本章之 1. 2. 4 段。

〔6〕 尤其是今天有大量与各种类型的智能设备,这些都会是记载了电子数据的介质,例如智能手表、车载系统等。

子书信往来,包括手机 SMS 短信、[7] 电邮、微信、[8] WhatsApp、Skype 信息等,都属于"文件"。今天进行各类书信往来的情况还有很多,例如 Facebook、Twitter、微博等社交网站上的站内信等。尤其是大型公司,今天在内部交流中常常使用各种电子即时通讯工具,例如 Skype 就被不少公司用作工作通讯工具,还有其他即时通讯工具,如常被用在各类金融公司中的 Instant Bloomberg 等。

其次是各类照片(pictures)、录音(audio)、录像(video)文件,以及各种图表(plan)、绘图(drawings),如 CAD(Computer-aided design)、building information management 等。今天这类文件主要是通过电子形式存储。[9]

有些电子文件无法直接阅读其中的内容,需要先处理(process)才能变成可以阅读的格式,典型的例子就是备份磁带(back up tapes)等,这些会在本章之 3.3.2.2 段再介绍。但这不影响这些电子文件需要披露,见 Derby v. Weldon (No. 9) (1991) 1 WLR 652; Rollo v. HM Advocate (1997) JC 23; Marlton v. Tektronix UK Holdings Plc (2003) EWHC 383 (Ch)等先例。

还有很多其他各种电子文件,如社交媒体信息、元数据信息,又或者是智能手机、行车记录仪中记录的 GPS 信息,还包括软件数据的源代码(source code)[10] 等。

1.2　电子文件披露的特别之处

与纸质文件相比,电子文件在披露原则上并没有什么不同,也因此文件证据披露(documents disclosure)的大原则对于电子文件同样适用。但是电子文件相比纸质文件有自己的独特问题,因此在具体的披露策略(strategy)、技巧(technique)与技术(technology)上会有很大不同。例如,无论纸质文件的披露还是电子文件的披露针对的都是文件中所包含的信息,也就是电子文件披露实际上是针对电子数据信息(electronic stored information)的披露。但纸质文件的披露针对虽然也是纸张上记载的信息,但一般仍然是要披露与提供该纸张(或提供与该纸张一样的复印件),而电子文件就是以电子数据信息的披露为目的,未必是披露与交出原本记载了信息的原始电子文件。[11] 也因此与其说是电子文

[7] 见 Noble Resources SA v. Gross (2009) EWHC 1435 (Comm)先例。

[8] 微信在中国有非常广泛的日常应用与商业应用,很多通讯都是通过微信进行。因此在中国对微信上书信往来的披露有不少案例与规定。

[9] 针对这类文件,作为存储介质(media)的 DVD、硬盘(hard disk)等有时也会被针对作为要求披露的对象,见 Phaeston Ltd v. Ho (2012) EWHC 2756 (QB)先例(此先例中,法院以不成比例等理由不允许对硬盘的披露)。在 Prism Hospital Software Ltd v. Hospital Medical Research Institute (1992) 2 WWR 157 加拿大先例中,文件已经从介质(硬盘)中被删除,法院仍然命令披露硬盘来看是否可以取回被删除的文件(deleted data)。

[10] 法院命令要求披露源代码的可见 Format Communications MFG Ltd v. ITT (United Kingdom) Ltd (1983) FSR 473 先例。但值得注意的是,源代码往往是有高度商业机密性的,毕竟通过源代码可以轻易进行对成品软件的仿制等。

[11] 一般而言,电子文件的原始文件与副本之间的区别只能以记载了创建时间、创建人等的元数据(meta data)来区分,因此针对电子文件中记载的电子数据信息而言,原始电子文件与副本是没有区别的。又如备份磁带,或者是经过压缩或归档的电子文件等,这些电子文件就要先恢复(或解压缩)到可以阅读的状态(这实际上变成第二份电子文件)才可以阅读。

件披露,更准确地说应该是电子数据信息的披露。

在 Byers v. Illinois State Police, 53 Fed R Serv 3d 740 美国先例中,就提到电子文件数量巨大与其他多个电子披露面对的特别问题:"Computer files, including e-mails, are discoverable ... However, the Court is not persuaded by the plaintiffs' attempt to equate traditional paper-based discovery with the discovery of e-mail files ... **Chief among these differences is the sheer volume of electronic information.** E-mails have replaced other forms of communication besides just paper-based communication. Many informal messages that were previously relayed by telephone or at the water cooler are now sent by e-mail. Additionally, computers have the ability to capture several copies (or drafts) of the same e-mail, thus multiplying the volume of documents. All of these e-mails must be scanned for both relevance and privilege. **Also, unlike most paper-based discovery, archived e-mails typically lack a coherent filing system. Moreover, dated archival systems commonly store information on magnetic tapes which have become obsolete. Thus, parties incur additional costs in translating the data from the tapes into useable form.**"(加黑部分是笔者的强调)

也可见 Goodale v. Ministry of Justice (2009) EWHC B41 (QB)英国先例中,Whitaker 大法官所说:

"Disclosure is a tripartite exercise of search, disclosure, and inspection, and the problem, when it comes to ESI is often for a party to gauge the scope of a reasonable search for ESI under CPR Rule 31.7 and PD31(2). The problem is how the parties and (if disputed) the court determines what the scope of that search of ESI should be, how it is going to be made proportionate and how it is going to be carried out correctly first time, without the court having to order it to be done again...

By contrast, except in unusual cases, in the case of paper disclosure, parties usually know what paper they have. Often the problem is merely locating it physically and going through it to produce the documents required by the standard disclosure test. The problem with ESI is that, because of the matters mentioned above... parties often do not know how much ESI they have, or where it is. They might havean idea as to which servers it is on or which personal computers it is on, or which back-up tapes it is on, but without a great deal more information, it is very difficult for them to know how much documentation will be revealed by searches of the media on which their ESI is stored and how much it is going to cost to search it and what the end result is going to be. A further issue might be that not all forms of ESI are searchable. Therefore, it has to be accepted that any search is not necessarily conclusive as to whether a particular document exists. Equally often the parties do not know where to begin their searches. In the case, for example, of email, the relevant servers are often not in their possession and sometimes not even in the jurisdiction. An ill considered search for ESI may produce far too few documents for review but more likely will produce such volumes that human review of every document is neither proportionate nor practical. Because of this a substantial industry has developed to handle the identification, collection, reduction and organisation for review of ESI. Often, this is carried out electronically, with technology aiding and supplementing human review. ”〔12〕

1.2.1　电子文件的数量/容量庞大

对纸质文件而言,往往只有重要的才会留档保存,而且也多半只会保存最后的终稿。但是电子文件的制作副本与存档非常方便与容易,在日常的商业、生活中也不会注意,事无巨细都以电子数据的形式留存下来。在 Rowe Entertainment Inc v. William Morris Agency Inc, 205 FRD, 421 (SDNY 2002)美国先例中就提到:“the costs of storage are virtually nil. Information is retained not because it is expected to be used, but because there is no compelling reason to discard it.”

又如一份文件在终稿之前会经过很多次的修改,每一次修改都以电邮方式交给所有有关人士传阅,这样每一次都会在所有有关人士(发件人、收件人、抄送人)的邮箱中留下副本。这副本也不只是一份,会有多份副本分别存在于每一个有关人士的多个电子设备(台式电脑、笔记本电脑、手机等)中,也会存在于各自电子邮箱的服务器中。

而且电子文件数量/容量特别巨大,是人们往往会相对较为随意地发表、记录电子信息的原因。正如 Digicel (St Lucia) Ltd v. Cable & Wireless Plc (2008) EWHC 2522 (Ch)先例中,Morgan 大法官说道:“it is well known that people say things in e-mails which they would not dream of putting into a letter, minute or a formal note… it may only take one revealing statement, perhaps in an e-mail, to show what people really thought.”

相比于传统的纸质文件,电子文件的数量是天文数字的情况是给今天披露文件带来麻烦的主要原因。这看来也是今天强调解决争议时要成比例(proportionality)的原因。

1.2.2　电子文件存储的位置复杂

纸质文件的存档一般也就是分门别类进行归档,会是分文件夹、文件盒存储起来,按存取的需要不同放置于公司、仓库或交给提供文件存储管理服务的公司。当然对于敏感的文件会有一些较复杂的做法,包括将文件运到海外[例如不适用《关于从国外调取民事或商事证据的海牙公约》(Hague Convention on the Taking of Evidence Abroad in Civil or Commercial Matters)〔13〕的地方]。

但是对于电子文件而言,具体被存储在什么位置是有疑问的。毕竟存储的介质会很多,例如存储在 DVD、各类硬盘等(这会是公司与/或个人的电脑、笔记本、平板电脑、各类智能穿戴设备等)中。有些公司会建立自己的服务器(server)以便更好地保护自己的电子数据(如服务器从不与互联网连接,减免被入侵或感染病毒的风险),但也会使用电子邮件服务提供商的服务器,也会用云端(cloud)服务器。在涉及云端时,用户(user)能看

〔12〕　有关电子文件的搜索(search)可见本章之3.3段的介绍,而对电子文件的审阅(review)可见本章之4.2段。

〔13〕　见本书第四章之2.3段。

到的只是虚拟服务器(virtual server),[14]自己也不知道云端上存储的电子文件真正的实体服务器所在。也因此如果一份电子文件全部只留存"云存档",即使通过搜查令(Search Order)[15]拿到被申请人的电脑、手机、服务器等,从中也是找不到这份电子文件的。而且电子文件的存储过程中,数据可能实际被分成多份,分别存储在世界上多个不同国家与地区的服务器中,因此也很难通过搜索特定服务器的办法找出完整的电子文件(毕竟要涉及跨境取证以及不同国家与地区的不同做法等)。

电子文件被存储在什么地方也是很重要的。因为自己要识别/查明(identify)、收集(collect)电子文件以备规管机构的调查或是应对诉讼就需要能够有针对性的搜索。在诉讼中如果从客观来看应当搜索但没有考虑到、没有进行搜索,就有可能被认为没有履行自己的披露义务。[16]

1.2.3 电子文件的格式和编码多种多样以及未必可以直接阅读

对于纸质文件而言,除非是在文字上加密需要解密,或者是以不同语言所写需要翻译,否则文件上的内容是可以直接阅读的。

但电子文件就不一样了。电子文件本身就会有多种格式(如常用的 Word、PDF 等)各自会需要不同的软件来浏览。有的软件并不是一般人平时会用到的,也有的需要支付不菲的费用才可以使用。即使是同一格式,还会有不同的版本,以及各自会有不同的字体与编码。如果想要阅读的人士没有合适的软件,或者是电子文件格式与阅读所使用的软件不兼容,或者是没有合适的字体编码套件,就会导致无法阅读、看到的是乱码等情况。尤其是跨国公司的各个分公司会在世界上的不同角落,而不同国家与地区的人士会有自己习惯使用的不同文件类型与格式。

电子文件也常常进行备份(back up)、归档(archive)等操作。这就会对文件压缩、合并成另一种格式,而被备份、归档的文件会是无法被直接阅读的格式,需要再进行解压缩、恢复(retrieve)成一般可以阅读的格式才能被浏览。而且今天还有很多系统会频繁地(甚至是每天)对所有数据进行备份、归档,因此,如果到时候要找的是特定时间段的文件,就会需要在多个备份中进行查找。

1.2.4 "元数据"(metadata)

元数据,也被称为中介数据、中继数据等,是有关数据的数据(data about data)。以一个简单例子来说,一本出版书籍的元数据会包括这本书的书名、作者、出版社、出版编号等。

电子文件的元数据也是以电子形式存储。有时会与电子文件分开,但通常被嵌入(embedded)在电子文件信息中。例如一份 Word 文档的元数据,会记录这份文档是在何时由谁创建,最后保存或修改是由谁在什么时候作出。又例如一张数码照片,今天的数码

---

〔14〕 也就是用户(user)看到的服务器是"虚拟"的,可能是在一个实体服务器(physical server)上架设多个虚拟服务器,也可能一个虚拟服务器的数据实际上分散在多个实体服务器中。有关云端和虚拟服务器的问题可见本章之 3.1.4 段。

〔15〕 关于搜查令可见本书第二章之 3 段的详细介绍。

〔16〕 例如 CPR 下的标准披露(standard disclosure)中,就有合理搜索(reasonable search)的义务。这会是很繁重的义务,详情可见本书第七章之 9.2 段的介绍。

相机在拍照时大多数情况都会记录相片的EXIF信息,包括图片分辨率,拍摄图片所用的相机信息、拍摄设置(光圈、快门、焦距等),甚至是否已经经过了软件(如Photoshop)的编辑等。

大部分情况下,一般文件的实际内容才会与争议有关联性(relevance)或在CPR下属于对诉讼方有利或不利的文件,元数据一般都由于无关而不需要披露。但如果有争议文件何时被制作、是否有修改,或者有关人士在特定时间是否已经知悉文件内容等,元数据就是很有说服力的证据。

信息以纸质文件的形式保存,还能进行涂改、遮盖,甚至是进行变造,但会留下痕迹。电子文件也是一样,尤其元数据是很敏感的,被嵌入在电子文件中的元数据很容易被故意或不小心地修改。例如文件被使用、阅读、重新存储、制作副本后,都可能导致元数据的修改,甚至无法再了解原始的元数据中的信息。因此对待电子文件(无论是电子文件的管理,还是事后对电子文件的调查取证)都要根据具体情况(如一份什么文件,是否会需要元数据作为证据等)来考虑如何处理文件。正如Goodale v. Ministry of Justice (2009) EWHC B41 (QB)先例中,Whitaker大法官所说:"When ESI is available, metadata (literally data about data) associated with it can easily be unintentionally altered by the very act of collection, which in some circumstances can have a detrimental effect on the document's evidential integrity..."

例如在Hellard v. Money (2008) EWHC 2275 (Ch)先例中,2001年10月1日会议的会议纪要(minutes)被发现有两个版本,因此对哪个版本才是真实的产生疑问。法院命令披露元数据,并发现其中一个版本的制作时间是2005年9月,表面看来这份会议纪要在4年后才制作,这就很可能有问题了。但是对于电子文件来说,这又并不一定就意味着是伪造,毕竟完全可能在2001年10月会议结束后马上就制作了文件内容,只是在2005年这份电子文件被"另存为"(save as)一份新文件,或者是在整理过去文件时将文件内容复制粘贴到这个版本的文件中,又或者是有其他误操作等。但无论如何一旦元数据上的制作信息导致表面疑问的产生后,没有进一步佐证或者令人信服的解释,这份制作时间不妥的文件可信度就是非常低的。

更近期的则可见Liverpool Victoria Insurance Co Ltd v. Khan (2016) EWHC 704 (QB)先例,在此先例中是发生一场交通事故,受害人受到的实际是轻微伤,在被告的协助下找到医生出具的医疗证明原本也显示仅为轻微伤。但被告可能与医生通讯要求医生更改医疗证明内容。因此法院要求披露被告与医生之间的电邮以及所有有关电子文件以及他们的元数据("all correspondence and attendance notes, including any email correspondence, which is related to the alterations in the two reports ... and that any electronic documents are to be disclosed both in hard form and by electronic disclosure, thereby preserving their metadata")。

在CPR PD 31B Paras. 28-29专门针对元数据,节录如下:

"**Disclosure of metadata**

28 Where copies of disclosed documents are provided in Native Format in accordance

with paragraph 33 below, some metadata will be disclosed with each document. A party requesting disclosure of additional metadata or forensic image copies of disclosed documents (for example in relation to a dispute concerning authenticity) must demonstrate that the relevance and materiality of the requested metadata justify the cost and burden of producing that metadata.

29 Parties using document management or litigation support systems should be alert to the possibility that Metadata or other useful information relating to documents may not be stored with the documents."

1.2.5 被删除的电子文件有恢复的可能

如果是敏感或可能有机密的纸质文件需要销毁,会通过碎纸机粉碎或者焚烧销毁。销毁后的纸质文件要想恢复是有难度甚至不可能的。

但是对电子文件进行了删除操作,在操作界面上也看不到有电子文件存在,然而仍然有数据恢复的可能。今天有不少软件,在硬盘被不小心格式化(formatting)后,只要还没有在硬盘上的存储空间重新进行读(read)写(write)操作,就仍然有可能恢复硬盘中被删除的内容(或内容的碎片)。今天也有一些技术公司研究与协助这方面的恢复工作。

在 Zubulake v. UBS Warburg, 217 FRD 309 (SDNY, 13 May 2003) ("Zubulake I") 美国先例中就提到:"The term 'deleted' is sticky in the context of electronic data. 'Deleting' a file does not actually erase that data from the computer's storage devices. Rather, it simply finds the data's entry in the disk directory and changes it to a 'not used' status—thus permitting the computer to write over the 'deleted' data. Until the computer writes over the 'deleted' data, however, it may be recovered by searching the disk itself rather than the disk's directory. Accordingly, many files are recoverable long after they have been deleted—even if neither the computer user nor the computer itself is aware of their existence. Such data is referred to as 'residual data.' ..."

Jackson 大法官在《Review of Civil Litigation Costs: Preliminary Report》(Volume Two, 2009)报告中也说:"embarrassing documents are no longer consigned to the waste paper basket..."

有关被删除信息的恢复问题还会在本章之 3.3.2.2 段进行介绍。

1.2.6 对文件的审阅(review)

对纸质文件而言,一贯做法都是找到所有的文件后由代表律师对文件逐一审阅(review),看是否与案件有关联性(relevance)或属于对诉讼方有利或不利的文件。

但是电子文件要这样审阅,在很多情况下是很困难的。困难的原因就是刚刚提到的电子文件过于庞大的数量、电子文件未必可以直接阅读等特别之处。完全可以想得到在面对数量是天文数字的电子文件时,要人工逐一审阅会花费难以想象的时间与金钱,甚至可以说是几乎不可能的。

因此今天的做法是先用软件将文件转为统一可阅读的格式,以及采用软件过滤重复数据、采用关键词搜索(key word searching)等手段减少需要审阅的数量,而在审阅过程中也要采用技术辅助审阅(technology assisted review)/预测编码(predicative coding)等手段尽量减少人工的审阅。

但在这个方式下,肯定有文件不会经过人工审阅。而万一被遗漏的是关键性证据、确凿证据(smoking gun〔17〕),就会有是否仍然公正的疑问。从今天的角度来看,如果要以事无巨细全部必须进行审阅与披露的办法,以追求完美公正(perfect justice)为理想解决争议,〔18〕看来反而会造成不公正。在 Nichia Corporation v. Argos Ltd (2007) EWCA Civ 741 上诉庭先例中,Jacob 大法官的著名说法可以节录如下:

"There is more to be said about the change to standard disclosure and indeed to the express introduction of proportionality into the rules of procedure. 'Perfect justice' in one sense involves a tribunal examining every conceivable aspect of a dispute. All relevant witness and all relevant documents need to be considered. And each party must be given a full opportunity of considering everything and challenging anything it wishes. No stone, however small, should remain unturned. Even the adversarial system at its most expensive in this country has not gone that far. For instance we do not include the evidence of a potentially material witness if neither side calls him or her. Nor do we allow pre-trial oral disclosure from all potential witnesses as is (or at least was) commonly the practice in the US.

But a system which sought such 'perfect justice' in every case would actually defeat justice. The cost and time involved would make it impossible to decide all but the most vastly funded cases. The cost of nearly every case would be greater than what it is about. Life is too short to investigate everything in that way. So a compromise is made: one makes do with a lesser procedure even though it may result in the justice being rougher. Putting it another way, **better justice is achieved by risking a little bit of injustice**."(加黑部分是笔者的强调)

类似的看法也可见有关电子文件信息披露的 Digicel (St Lucia) Ltd v. Cable & Wireless Plc (2008) EWHC 2522 (Ch)先例中所说:"it must be remembered that what is generally required by an order for standard disclosure is a 'reasonable search' for relevant documents. Thus the rules do not require that no stone be left unturned. This may mean that a relevant document, even a 'smoking gun' is not found."

对电子文件的审阅在本章之 4.2 段还会进行较详细的讨论。

1.2.7　时代的迅速发展和变化

纸质文件在历史上也经历过一些技术上的变革与影响,例如古老时候纸质文件制造不易、也不容易制作副本,但到了今天再容易不过。但总体而言,在今天来看,纸质文件的

---

〔17〕 确凿证据(smoking gun),指的是确凿无误的证据。

〔18〕 以前英国的一贯说法是"不惜一切代价追求公正"(justice at all costs)。但是如果过分追求完美公正,特别是在披露程序要找出所有有关的文件以认定事实真相,会造成费用过于高昂,反而让诉讼当事人/诉讼方不敢追求公正。所以在英国民事诉讼改革的 CPR 强调了成比例的大原则,摒弃了"不惜一切代价追求公正"的说法。

管理、保存、采集、审阅等不会有太大变动。如果真要说有,也是今天无纸化办公越来越普遍,使得本来以纸质文件保存的信息很多都转为了电子文件进行保存。

但是电子文件在技术方面日新月异地在发展。一是有关硬件仍然处在剧烈地变革中,每一年各类电子硬件都有巨大的性能上的提升[如以前的磁带(tape)的使用已经几乎消失,DVD 的使用也越来越有限]。二是软件开发的新想法层出不穷,今天的通讯工具、社交网站放在 10 年前很多都还没有开发成型(如今天在中国广泛使用的微信也是 2011 年才开发出来),而且都还在不断更新。三是大众的生活习惯与使用方式也在不断有所变化[例如今天常用与习惯云服务(cloud service),又或者是各类网上购物、电子支付等]。

电子文件披露在目前本就没有一成不变的做法与规则,而且可以想到的是会随着技术的不断更新与发展出现新的做法。例如文件编码、格式统一的技术、识别图片内容的技术等,又如文件存储介质的变革与更新等。

2. 电子文件披露的现代发展

由于今天绝大部分信息都已经电子化,因此在近年来有关电子文件已有一些发展。

在中国,2013 年 6 月中华全国律师协会就发布过一份《中华全国律师协会律师办理电子数据证据业务操作指引》。在法律法规司法解释中也有很多针对电子文件(在立法中以"电子数据"称呼)的规定。例如,(1)2004 年通过、2019 年修订的《电子签名法》第 7 条规定:"数据电文不得仅因为其是以电子、光学、磁或类似手段生成、发送、接收或者存储的而被拒绝作为证据使用。"(2)《民事诉讼法》经过 2012 年修订后已经在第 63 条将电子数据列为单独一个证据类别。(3)在 2015 年最高人民法院《关于适用〈中华人民共和国民事诉讼法〉的解释》第 116 条第 2 款、第 3 款中对电子数据的概念和范围进行了解释:"电子数据是指通过电子邮件、电子数据交换、网上聊天记录、博客、微博客、手机短信、电子签名、域名等形成或者存储在电子介质中的信息。存储在电子介质中的录音资料和影像资料,适用电子数据的规定。"(4)2016 年最高人民法院、最高人民检察院、公安部印发了《关于办理刑事案件收集提取和审查判断电子数据若干问题的规定》。(5)2018 年最高人民法院《关于互联网法院审理案件若干问题的规定》,针对互联网法院对案件的审理,提到了电子数据在线提交与交换以及真实性的问题。[19] (6)2018 年 7 月广州市南沙区人民法院发布《互联网电子数据证据举证、认证规程(试行)》,[20] 主要针对电子邮件、微信与 QQ、支付宝等被作为电子证据提交给法院时提交、展示、真实性的判定等问题。

在前述法律法规或司法解释中,有关电子数据绝大部分重点都针对的是电子数据的提交与真实性问题,这当然也与中国法律制度中没有证据披露的做法有关。

但这不代表中国的公司就不需要了解这方面问题,毕竟电子文件的披露问题甚至不

---

〔19〕 这部分可见本章之 5.5 段的介绍。

〔20〕 参见 http://nsfy.gzcourt.gov.cn/ssfw/ladj/lazn/2018/07/26100013174.html。

仅仅是为了在争议中要求对方披露文件,也包括如何对属于公司“记忆”的电子文件进行管理、识别、采集、处理与审阅等,以应对主要来自英美等国家的规管机构的合规调查。因此,对有关这方面内容的知识有所了解在规管和诉讼中都是非常重要的。以下段落将针对电子文件的披露问题与一些重要发展进行简单介绍。

2.1 英国

2.1.1 目前英国有关电子披露问题的回顾

为了应对今天商业诉讼中数量特别巨大的电子文件,在英国由 Cresswell 大法官牵头的工作小组在 2004 年 10 月 6 日出具了专门针对电子披露的报告(因此也被称为“Cresswell Report”)。在 Cresswell Report 中对将来如何应对电子文件披露的问题提出了一些建议,包括电子文件披露需要双方诉讼方之间的合作约定以什么样的方式进行电子文件披露,而且针对电子文件披露特别需要对什么才是合理搜索(reasonable search)提供指引等。由于电子文件过于巨大的数量,未必能够审阅每一份文件(或者“把每一块石头都翻起来”),需要考虑采用关键词搜索的方式进行披露。在 Cresswell Report 中,还提出了实践中电子文件披露的各个阶段如何具体进行,其中针对诉讼方披露电子文件的做法有如下指引:“The stages a party to a commercial litigation dispute now has to go through in order to comply with its disclosure obligations in relation to electronic documents are as follows: (1) identify how many of the documents which might be relevant to the case have been created by electronic means; (2) identify whether these electronic documents have been preserved and where they might be stored; (3) retrieve, and search for, any relevant electronic documents; (4) conduct a review of the electronic documents; and (5) then produce the electronic documents, ideally, in an agreed format.”

这因此带来了对 CPR 的更改。针对披露问题的 CPR Part 31 下,在 2005 年新增了 Practice Direction(“PD”)31 之 Para. 2A。在 2010 年 10 月 1 日,新添加 PD 31B 针对大型与复杂案件[21]中的电子披露问题。不妨先节录今天 CPR PD 31A Para. 2A 如下:

“2A. 1 Rule 31.4 contains a broad definition of a document. This extends to electronic documents, including e-mail and other electronic communications, word processed documents and databases. In addition to documents that are readily accessible from computer systems and other electronic devices and media, the definition covers those documents that are stored on servers and back-up systems and electronic documents that have been ‘deleted’. It also extends to additional information stored and associated with electronic documents known as metadata.

2A. 2 Practice Direction 31B contains additional provisions in relation to the disclosure of electronic documents in cases that are likely to be allocated to the multi-track.”

---

〔21〕 在英国 CPR 下将案件分成三种不同类型,小额程序(small claims track)适用在标的价值低(通常低于 1 万英镑)的案件,快速程序(fast track)适用在标的价值 1 万英镑到 2.5 万英镑的案件。而大型与复杂的案件,或多轨程序(multi-track)则适用在标的价值更高、争议更复杂的案件。

而Jackson大法官牵头的"Jackson改革",〔22〕也在2009年作出中期报告,以及在2010年10月14日作出最后报告。"Jackson改革"带来最重要的改变是对CPR主要目的(overriding objective)的改变,除了公正(just)以外,强调CPR下诉讼需要以成比例的费用(proportionate costs)完成诉讼。〔23〕这对披露来说,也就是在考虑披露文件时会更注重需要花费的费用与案件性质与争议金额是否成比例,特别是针对CPR在1999年生效时还没有这么重要的电子披露,见CIP v. Galiford Try (2015) EWHC 481 (TCC)先例。根据"Jackson改革"在报告中的建议,在2013年CPR针对电子披露问题也有相应改变,节录《Electronic Disclosure Law and Practice》(2017年)一书对这方面的小结如下:"With effect from 1 April 2013, wide-reaching changes were made to the CPR. For present purposes, it can be noted that amendments were made to the following rules: first, CPR r. 1. 1, the overriding objective (in introducing the requirement that cases are to be dealt with 'at proportionate cost' as well as justly); second, CPR r. 31. 5 to, among other things, require the parties to engage with each other and the Court at an earlier stage in connection with disclosure (including the disclosure of electronic documents), and for the parties and the Court to consider (paying regard to the overriding objective and a need to limit disclosure to what is necessary to deal with the case justly) whether directions other than standard disclosure would be appropriate..."

但即使经过"Jackson改革",在今天披露仍然被视为英国普通法诉讼下的"阿格硫斯之踵"(Achilles heel)。这是2016年5月成立的由Gloster大法官牵头的"Disclosure Working Group"针对与进行复核与研究的课题,并认为需要对现行的披露方式进行全盘的改进("whosale culture change")。〔24〕也已经有一套试行披露规则计划(disclosure pilot scheme),从2019年1月1日开始在商业与财产法庭(business and property court)开展两年的试行(见CPR PD 51U)。新的披露程序虽然鼓励采用多种不同的技术手段,看来并没有改变现有CPR PD 31B有关电子披露问题的做法,在CPR PD 51U Para. 1. 10就规定:"nothing in this Practice Direction is intended to change the application or working of those provisions of CPR Part 31 that are set out in Section II and the related provisions of Practice Directions 31A and 31B, and CPR Part 31 as a whole should still be used to interpret those provisions."

从以上的简单回顾可以看到,英国在面对今天电子文件披露问题上的做法,是在鼓励诉讼方,尤其是代表诉讼方的律师之间进行更紧密合作的同时,也让法官更多地介入与控制有关披露的程序与对披露上双方无法达成合作的地方在公正的基础上更多地考虑成比例的费用控制。

---

〔22〕 也可见本书第七章之7.7段。

〔23〕 见CPR Rule 1. 1:"These Rules are a new procedural code with the overriding objective of enabling the court to deal with cases justly and at proportionate cost."至于公正与成比例费用具体需要考虑的因素还可见CPR Rule 1. 2。

〔24〕 有关Gloster大法官牵头的改革,也可见本书第七章之7.8段的介绍。

2.1.2 CPR 下的电子文件披露原则

在本书第七章介绍了 CPR 下有关文件披露与对文件的检验/查阅(inspection)问题,不在此重复。在本章前文中也已经简单提到了,今天[25] CPR 下如果是小额与简单的案件会适用 PD 31A,而"多轨程序"(multi-track)案件(如标的金额大、案情复杂的商业案件)会适用 PD 31B 的指引。

因此对标的金额大、案情复杂的商业案件而言,PD 31B Para. 6 列出的针对电子文件披露的原则就很重要了,这些大原则可以节录如下:"(1) Electronic Documents should be managed efficiently in order to minimise the cost incurred;[26] (2) Technology should be used in order to ensure that document management activities are undertaken efficiently and effectively;[27] (3) Disclosure should be given in a manner which gives effect to the overriding objective;[28] (4) Electronic Documents should generally be made available for inspection in a form which allows the party receiving the documents the same ability to access, search, review and display the documents as the party giving disclosure;[29] and (5) Disclosure of Electronic Documents which are of no relevance to the proceedings may place an excessive bur-

---

〔25〕 2010 年 10 月 1 日以前的案件不适用 CPR PD 31A 与 31B。

〔26〕 也就是要以有效率的方式管理电子文件以控制费用。本章之 2.1.2.2.2 段介绍的 Digicel (St Lucia) Ltd v. Cable & Wireless Plc (2008) EWHC 2522 (Ch)先例中被告自己的披露就花费了 200 万英镑。在 Hutchison 3G UK Ltd v. O2 (UK) Ltd (2008) EWHC 55 (Comm)先例中,为了法院的诉前披露命令,4 个被告各自预计分别花费 20 万英镑。但实际上通过更有效率的方式管理,电子披露也未必就一定比纸质文件披露更昂贵,例如在 Zubulake v. UBS Warburg, 217 FRD 309 (SDNY, 13 May 2003) ("Zubulake I")先例中就提到针对披露来说电子文件比纸质文件的披露实际上会更便宜的做法:"Electronic evidence is frequently cheaper and easier to produce than paper evidence because it can be searched automatically, key words can be run for privilege checks, and the production can be made in electronic form obviating the need for mass photocopying."

〔27〕 在电子文件披露中无法避开的一点就是必须对各种技术手段有信心。通过使用各类搜索技术、信息转换技术(将各类电子文件转为可阅读文件,将庭审案卷编制成方便阅读的电子版本等)可以有效地降低费用、提高效率。在 Berezovsky v. Abramovich (2012) EWHC 2463 (Comm)先例中,Gloster 大法官说道:"... the extensive documentation and daily transcripts were presented in a highly organised and easily accessible web-based electronic format... this enabled the trial to be concluded within the allotted timetable, and with the maximum efficiency..."类似说法也可见 Arroyo & Ors v. Equion Energia Ltd (2016) EWHC 1699 (TCC)先例等。

〔28〕 有关 CPR 之主要目的已经在本章之 2.1.1 段简单介绍。简单而言,CPR 下的主要目的是在公平审理的同时让诉讼费用成比例。具体而言,包括程序公正对待双方当事人,快捷与公平地处理案件等。而成比例则需要考虑案件的争议金额、案件性质的重要性、案件复杂性以及要考虑诉讼当事人的经济情况等。针对电子文件披露而言,就尤其需要考虑有关成比例的问题。

〔29〕 在本章开头就已经介绍过,电子文件的一个重要特点就是有各种不同的格式、编码。因此即使进行了昂贵的电子文件披露,如果披露出来的信息,对方诉讼当事人或法院难以查阅,这披露根本就没有意义了。这也是为什么要"准备"(prepare)电子文件(见本章之 4.1.2 段)。

den in time and cost on the party to whom disclosure is given. "[30]

而如果没有遵从这些大原则,很可能诉讼方的披露做法就会被法院拒绝,法院会有一些惩罚(sanction)措施,包括给予费用上的惩罚:见 Earles v. Barclays Bank Plc (2009) EWHC 2500 (Merc); Vector Investments v. Williams (2009) EWHC 3601 (TCC); R (ex parte Al-Seeady & Ors) v. Secretary of State for Defence (2009) EWHC 2387 (Admin) 等先例;作出不利推断(adverse inference):见 Rybak v. Langbar International Ltd (2010) EWHC 2015 (Ch)等先例。部分惩罚措施可见本书第七章之3段与4段。

在以下可以着重介绍其中两个原则:成比例与要求诉讼方合作。

2.1.2.1 成比例

成比例(proportionality)是今天 CPR 的两个主要目的(overriding objectives, CPR Rule 1 说今天的诉讼需要的"公正"与"成比例")之一,在整个诉讼过程中都会贯穿始终,包括在文件披露的各个阶段。今天解决争议不能过于追求完美的正义(perfect justice),必须在时间与金钱成比例的基础上进行考虑,否则反而会造成不公平与不正义的后果。

如果披露涉及的做法不成比例,就会被法院拒绝。针对电子文件,这尤其是最大的问题所在。例如,在 Hands v. Morrison Construction Services Ltd (2006) EWHC 2018 (Ch) 先例中,原告在诉前披露(pre-action disclosure)[31]申请中要求披露多达550个文件夹的纸质文件,以及相当于85万个文件夹的电子文件。虽然原告愿意承担有关费用,而且法院也同意这些披露有助于原告在后续诉讼中针对关键争议,但是这披露带来的繁重责任与延误被认为是不成比例的,法院最后只允许对部分纸质文件进行披露。又如,在 M3 Property Ltd v. Zwdhomes Ltd (2012) EWHC 780 (TCC)先例[32]中,被告案件中的关键证据是曾经发送过一封电子邮件给原告,而原告指称该电子邮件纯粹是伪造以及委托了 IT 专家显示原告从来没收到这封电子邮件,原告也申请对被告存储电子邮件的服务器等进行搜查。法院虽然认可这封电子邮件可能有问题,但是由于被告的服务器已经被销毁即使搜查也很难成功获得什么信息,而且涉案标的又很小,因此在成比例的大原则下拒绝了原告的申请。其他先例还可见 Various v. News Group Newspapers Ltd and Glenn Michael Mulcaire (2012) EWHC 2692 (Ch); Property Alliance Group Ltd v. Royal Bank of Scotland Plc (2015) EWHC 1557 (Ch)先例等。

---

[30] 这也是今天电子披露的主要目标,尽可能地通过各种手段找出在巨量的电子文件中哪些与案件争议有关,既要能够将文件的数量进行大量限制与缩减,又不能过于粗糙地排除大量文件导致确凿证据(smoking gun)被忽略。如果电子文件披露大量与案件争议无关的文件,可能导致被法院惩罚,尤其是费用上的惩罚:见 Vector Investments v. Williams (2009) EWHC 3601 (TCC); West African Gas Pipeline Company Ltd v. Willbros Global Holdings Inc (2012) EWHC 396 (TCC) 等先例。

[31] 见本书第二章之2段。

[32] 在本章之5.5段介绍真实性问题时,还会再提到此先例。此先例中为了显示被告电子邮件是伪造的,原告采取的做法值得参考,也就是 IT 专家证明己方从来没收到过这封电子邮件,以及试图搜索对方的服务器看是否有电子邮件被发出。当然还有其他手段,例如看电子邮件内容是否与其他事实不符(如发送当时根本不可能知道的情况),或者是电子邮件的元数据不妥,又或者是拿到有关人士(包括发件人、收件人、抄送人等)的证人证言表示该邮件的问题等。

而正面的例子则可见 Omni Laboratories Inc v. Eden Energy Ltd（2011）EWHC 2169（TCC）先例，此先例中被告已经通过关键词搜索到了 3.8 万份文件，经过排除重复部分后还剩下 2 万份文件，原告在此时指称使用的关键词过于广泛、在日常商业经营中时常用到（因此会有大量包括这个关键词但与争议无关的文件），因此申请特定披露（specific disclosure），[33] 要求再进一步采用更多关键词搜索等手段缩减文件数量，毕竟要逐一审阅 2 万份文件看来是过于严苛的要求。法院同意了原告的申请，认为这是成比例的合理做法。

针对电子文件而言，在采集/收集（collection）中面对备份数据（back-up data）以及被删除数据（deleted data）时，成比例就是需要着重考虑的因素，这可见本章之 3.3.2.2 段的介绍。

2.1.2.2　针对电子文件要求诉讼方合作

2.1.2.2.1　CPR 中的有关条文

今天鼓励诉讼方之间合作也是 CPR 中的重要原则。在 CPR Rule 31.5(5) 中就要求诉讼方在首次案件管理会议（case management conference，CMC）之前进行讨论，在 CPR Rule 31.5(3) 要求诉讼方提交披露报告（disclosure reports）。[34] 还要求诉讼方完成披露的调查问卷，以便让法院了解诉讼方在哪些问题上可以达成一致，也便于对无法达成一致的部分在合适的阶段作出命令。

在电子披露中诉讼方之间的合作对于节省时间与金钱而言是至关重要的。也已经有了专门针对电子披露的调查问卷（见本章之 2.1.5 段）。在 CPR 中特别针对电子文件披露的条文还有不少。例如 CPR PD 31B Para. 8 与 Para. 9。在 Para. 9 中列出了一整份要求诉讼方予以考虑的清单：

"The parties and their legal representatives must also, before the first case management conference, discuss the disclosure of Electronic Documents. In some cases (for example heavy and complex cases) it may be appropriate to begin discussions before proceedings are commenced. The discussions should include (where appropriate) the following matters —

(1) the categories of Electronic Documents within the parties' control, the computer systems, electronic devices and media on which any relevant documents may be held, storage systems and document retention policies;

(2) the scope of the reasonable search for Electronic Documents required by rule 31.7;

(3) the tools and techniques (if any) which should be considered to reduce the burden and cost of disclosure of Electronic Documents, including—(a) limiting disclosure of documents or certain categories of documents to particular date ranges, to particular custodians of documents, or to particular types of documents; (b) the use of agreed Keyword Searches; (c) the use of agreed software tools; (d) the methods to be used to identify duplicate docu-

---

〔33〕 特定披露的问题可见本书第七章之 9.9 段。

〔34〕 有关 CPR Rule 31.5 下要求诉讼当事人提前接触的问题，还可见本书第七章之 7.7 段。

ments;(e) the use of Data Sampling;(f) the methods to be used to identify privileged documents and other non-disclosable documents, to redact documents (where redaction is appropriate), and for dealing with privileged or other documents which have been inadvertently disclosed; and (g) the use of a staged approach to the disclosure of Electronic Documents;

(4) the preservation of Electronic Documents, with a view to preventing loss of such documents before the trial;

(5) the exchange of data relating to Electronic Documents in an agreed electronic format using agreed fields;

(6) the formats in which Electronic Documents are to be provided on inspection and the methods to be used;

(7) the basis of charging for or sharing the cost of the provision of Electronic Documents, and whether any arrangements for charging or sharing of costs are final or are subject to re-allocation in accordance with any order for costs subsequently made; and

(8) whether it would be appropriate to use the services of a neutral electronic repository for storage of Electronic Documents."

诉讼方之间的合作显然是越早越好,毕竟能够尽早就电子文件披露的做法(刚刚节录清单中的内容,如合理搜索的范围、要采用的技术手段等)达成一致,或者即使无法达成一致也可以尽早交给法院作出命令,就避免了在披露问题上花费"冤枉"的时间与金钱。在 CPR PD 31B Para. 17 就说:"If at any time it becomes apparent that the parties are unable to reach agreement in relation to the disclosure of Electronic Documents, the parties should seek directions from the court **at the earliest practical date**."(加黑部分是笔者的强调)在对文件查阅(inspection of document)上的做法也是类似的,要求诉讼方能够尽早开展讨论:见 CPR PD 31B Para. 32。

而如果一方诉讼方没有与对方采取任何讨论就开始电子文件披露,所采用的策略(strategy)、技巧(technique)与技术(technology)可能会是对方诉讼方完全无法接受的,或者是对方诉讼方有很好的理由可以反对,此时法院就可以命令披露方重新进行一次电子文件披露。这就是不合作所可能带来的潜在后果。在 CPR PD 31B Para. 19 说:"If a party gives disclosure of Electronic Documents without first discussing with other parties how to plan and manage such disclosure, the court may require that party to carry out further searches for documents or to repeat other steps which that party has already carried out."

2.1.2.2.2 Digicel (St Lucia) Ltd v. Cable & Wireless Plc 先例

没有采取合作就进行电子披露的后果,可见著名的 Digicel (St Lucia) Ltd v. Cable & Wireless Plc (2008) EWHC 2522 (Ch)先例。此先例的案情主要是原告(Digicel)想要在加勒比海地区的多个国家开展电讯业务,但是指称被告等多个当地电讯供应商拖延与原告的网络进行“互联互通”(interconnect),[35]因此违反立法并造成原告损失。

由于诉讼方之间并没有对电子文件披露问题进行讨论,因此法院一开始给出的是标准披露(standard disclosure)命令。[36] 被告最初交给其律师的电子文件包括了存储在DVD、硬盘等介质中超过114万份的文件。对这些文件经过电子披露处理公司[37]以及律师的处理[包括整合文件格式、去重(de-duplicate)、关键词搜索(keyword search)][38]后,缩减到19700份。之后再由律师人工进行逐一审阅(review),最后披露了5212份文件(这些文件一共28983页,装订为83个文件夹)。为了这披露工作,被告就花费了200万英镑费用(律师的工作时间达到6700小时)以及17万多英镑的杂费等。

但原告对此表示并不满意,指称被告的披露并不足够。原告尤其要求对一些特定人士的电子邮件账号的归档数据(archived data)与备份数据(back up data)等申请特定披露(specific disclosure),以及认为被告单方面采用的关键词搜索并不足够等。虽然在此先例中被告已经花费了大量时间与金钱进行披露,但Morgan大法官仍然在听取双方争辩后认定并没有满足披露义务进行合理搜索,命令需要额外披露部分特定人士的电子邮件账号下的书信往来,以及需要额外对一些关键词进行搜索。

对特定人士的电子邮件中的书信往来的披露是之前并没有进行一整套处理与审阅过程的,因此在被法院认定需要披露的情况下,本就需要再进行采集(collect)、处理(process)与审阅(review)等工作,这部分还可以说是影响不大。但是要再进行额外的关键词搜索,就意味着原本的披露工作中有绝大部分都需要重新再进行一次了。原本已经花费的大量时间与200万英镑的金钱中很难说还剩下多少。这种对于电子文件披露的程序(如关键词选择)没有进行提前讨论达成一致或交给法院决定带来的损害会非常惊人。

在此先例中,Morgan大法官也指出了双方诉讼方没有合作的问题,说:“This case provides an opportunity for the Court to emphasise something mentioned in Part 31 Practice Direction which the parties in the present case disregarded. Paragraph 2A. 2 of the Practice Direction states that the parties should at an early stage in the litigation discuss issues that may arise regarding searches for electronic documents. Paragraph 2A. 5 of the PD states that where

---

[35] 主要是指在不同电讯网络供应商之间,有立法强制要求必须进行“互联互通”。否则占有市场的A供应商的用户,就无法与想要开拓市场的B供应商的客户互相之间打电话,这是违反竞争法的行为。例如在圣卢西亚(St Lucia,北美岛国,小安地列斯群岛的一部分),有关立法中是这样规定的:“A telecommunications provider who operates a public telecommunications network shall not refuse, obstruct, or in anyway impede another telecommunications provider from making an interconnection with his or her telecommunications network.”

[36] 在当时还没有今天的披露菜单(disclosure menu)或者是试行的披露模式(disclosure model)的做法。此先例中导致的严重时间与金钱浪费看来也是促使英国法院针对电子披露问题进行改革的原因之一。

[37] 此先例中的是LDM Global公司。由于今天电子文件过于庞大的数量(如有案件中电子数据超过60GB),以及由于会是世界各地不同字体、编码、格式的文件,因此在今天有一些专门处理电子披露文件的公司协助进行这方面的技术工作。

[38] 有关这些处理与审阅的方式,可见本章之4段的介绍。

key word searches are used they should be agreed as far as possible between the parties.[39] Neither side paid attention to this advice. In this application the focus is upon the steps taken by the Defendants. They did not discuss the issues that might arise regarding searches for electronic documents and they used key word searches which they had not agreed in advance or attempted to agree in advance with the Claimants. The result is that the unilateral decisions made by the Defendants' solicitors are now under challenge and need to be scrutinised by the Court. If the Court takes the view that the Defendants' solicitors' key word searches were inadequate when they were first carried out and that a wider search should have been carried out, the Defendants' solicitors' **unilateral action has exposed the Defendants to the risk that the Court may require the exercise of searching to be done a second time**, **with the overall cost of two searches being significantly higher than the cost of a wider search carried out on the first occasion.**"(加黑部分是笔者的强调)

类似地,在 Vector Investments v. Williams (2009) EWHC 3601 (TCC)先例中 Ramsey 大法官说:"In case such as this, where there are large volumes of document, I consider it is essential for the parties to discuss the scope and extent of disclosure in advance. It is regrettable that this did not happen in this case..."

在 Earles v. Barclays Bank Plc (2009) EWHC 2500 (Merc)先例中,[40]是原告指称在2006 年开始被告(银行)在没有自己指示的情况下多次将其账号内的资金转出,而被告的抗辩则是原告曾经有电话口头指示。因此重要的事实争议就是原告是否确实给出过电话的口头指示? 非常遗憾的是在 2009 年的诉讼中,双方诉讼方都没有保存有关的当时电话记录(如电话账单或者电话录音等)。法院指出 2 年前就应该讨论,而不是在 2 年后临开庭前才提出披露的问题,从而出现这样的关键性证据无法提供给法院的问题。但原告是自我代理(litigant in person),并不熟悉这方面的法律义务与要求,而有一流律师事务所代理的被告就是责无旁贷了。被告没有及时与原告进行沟通,就被法院纳入最后费用问题的考量。虽然最后被告实际在案件中胜诉,但只能向原告拿回一小部分(25%)诉讼费用了。节录针对这方面的判决内容如下:"... the Bank's litigation lawyers should have 'discussed' with the Claimant well 'prior to the case management conference' the electronic disclosure of ... phone and e-mail records as expressly provided by CPR 31PD. 2A2. It did neither but did rehearse the issue of disclosure with the Claimant two years later in August 2009 shortly before trial. This was far too late with the result that the witnesses and the court have had to deal with a case with critical contemporaneous documents missing. This is contrary to the Overriding Objective of 'ensuring' that the case is 'dealt with expeditiously and fairly.' ... The disclosure of only the key documents in a case is absolutely essential to a

[39] 过去的 CPR PD 31 的条文已经被更改,不少内容是在 PD 31B 中重新进行拟定。例如有关键词搜索可见 CPR PD 31B Para. 9(3)(b),该条文也已经在本章前文中有所节录。

[40] 案情也可见本书第七章之 3.3.1 段。

Court if it is to achieve the accurate and efficient fact finding sought by the parties to civil litigation. In my judgment, the ‘conduct’ of electronic disclosure by the Bank and its lawyers fell far below the standards to be expected of those practicing in the civil courts and I am going to take that into account under CPR 44.3 in the award of costs to the successful party.”

2.1.3　调查问卷和 Disclosure Review Document(DRD)

在 Cresswell Report 之后,很快 Commercial Litigators’ Forum 就提出了采用技术调查问卷(technology questionnaire)的形式帮助诉讼方进行电子披露。调查问卷的形式之后也被法院发展与采用。

例如在 Goodale v. Ministry of Justice (2009) EWHC B41 (QB)先例中,被告(英国法律部)完全拒绝进行电子披露,理由是会产生与案件不成比例的费用,因此显然是没有与原告就如何进行电子文件披露达成一致的。在这种情况下,法院就命令诉讼方先完成调查问卷,之后法院再给有关披露的指引与命令。这份调查问卷将会附在本章最后作为附件一以供参考。

在 2010 年 10 月 1 日 CPR PD 31B 生效后,加入了有关采用电子披露调查问卷的规则。在 CPR PD 31B 中写明,诉讼方自行约定采用(Para. 10),如果诉讼方没有约定法院也可以命令采用(Para. 15 与 Para. 17),或者是法院认为诉讼方约定的电子文件披露方式不合适或不足够的情况下也可以命令诉讼方先完成调查问卷(Para. 18〔41〕)。电子披露调查问卷可以由客户或者由律师签署,但是电子披露调查问卷必须以真实声明(statement of truth)进行确认(Para. 11)。

而在 2019 年 1 月 1 日生效的试行披露规则计划,会有新的“Disclosure Review Document”〔42〕(DRD)的做法。一旦需要或者选择采用“延伸披露”(extended disclosure),〔43〕诉讼方就需要填写 DRD:见 CPR PD 51U Para. 10。有关 DRD 的内容,双方如果能够达成一致就是最理想的情况,而如果有争议也应当在第一次案件管理会议(CMC)以前达成一致,否则一般就会在第一次 CMC 上由法院作出决定:见 CPR PD 51U Para. 10.7。

DRD 并不只针对电子文件,但是在其中多处都有针对电子文件的内容。例如在 Section 2 就是一套新的调查问卷(见本章附件二),可以替代目前的电子披露调查问卷。在这份调查问卷中列举了今天电子文件披露中会涉及的问题,如文件采集(collection)的范

---

〔41〕 CPR PD 31B Para. 18 段规定:“If the court considers that the parties’ agreement in relation to the disclosure of Electronic Documents is inappropriate or insufficient, the court will give directions in relation to disclosure. When doing so, the court will consider making an order that the parties must complete and exchange all or any part of the Electronic Documents Questionnaire within 14 days or such other period as the court may direct.”

〔42〕 目前的 DRD 可见 https://www.judiciary.uk/wp-content/uploads/2017/11/draft-disclosure-review-document.pdf。

〔43〕 有关试行的初步披露(initial disclosure)与延伸披露(extended disclosure)的说法可见本书第七章之 7.8 段。

围(Question 2)、[44]阅读文件是否需要特殊软件(Question 3)、[45]文件类型(Question 4)、保管人(custodian)(Question 5)、日期范围(data range)(Question 7)、[46]关键词搜索(keyword search terms)(Question 9)、[47]技术辅助审阅(technology assisted review)(Question 12)、[48]费用问题等。

2.1.4 英国法院的指引与做法

除了对 CPR 的更改以外,英国高院的一些法庭也专门针对在自己会处理的特定争议类型中对电子文件披露问题分别有自己的指引。包括商事法庭(Commercial Court)与海事法庭(Admiralty Court)的指引(《Admiralty and Commercial Court Guide》[49])之 E.4,巡回商事法庭(Circuit Commercial Courts,即以往的 Mercantile Court)的指引[《Circuit Commercial (Mercantile) Court Guide》[50]]之 Paras. 10.5 至 10.7,科技与建筑法庭(Technology and Construction Court, TCC 法庭)的指引(《Technology and Construction Court Guide》,[51]以下简称"TCC Guide")之 Section 11.2.3 至 Section 11.2.4 等,都是特别针对电子披露问题的。

但是这些指引,在原则上都是希望诉讼方能够对电子披露的问题达成协议。节录 TCC Guide[52]之 Para. 11.2.3 与 Para. 11.2.4:

"Electronic data and documents give rise to particular problems as to searching, preserving, listing, inspecting and other aspects of discovery and inspection. These problems should be considered and, if necessary made the subject of special directions. Furthermore, in many cases disclosure, inspection and the provision of documents in electronic form or electronic copies of hard copies may be undertaken using information technology. Attention is drawn to the relevant provisions in CPR Part 31 and Practice Direction 31B: Disclosure of Electronic Documents A protocol for e-disclosure prepared by TeCSA, TECBAR and the Society for Computers and Law was launched on 1 November 2013 which provides a procedure and guidance in relation to these matters. The protocol was developed in consultation with the judges of the TCC, and is likely to be ordered by the court if the parties have not agreed on any alternative by the time of the first CMC. It is available on the TeCSA website.

---

[44] 可见本章之3.3段。

[45] 可见本章之5.4段。

[46] 有关日期范围、保管人等可见本章之4.1.3.1段。

[47] 可见本章之4.1.3.2段。

[48] 可见本章之4.2.2段。

[49] 目前最新版是2017年第10版,见 https://www.gov.uk/government/publications/admiralty-and-commercial-courts-guide。

[50] 目前最新版是2018年版,见 https://www.gov.uk/government/publications/mercantile-court-guide#history。

[51] 目前最新版是2015年第2版,见 https://www.gov.uk/government/publications/technology-and-construction-court-guide。

[52] 完整指引可见 https://assets.publishing.service.gov.uk/government/uploads/system/uploads/attachment_data/file/448256/technology-and-construction-court-guide.pdf。

All these matters should be agreed between the parties. If it is necessary to raise any of these matters with the court they should be raised, if possible, at the first CMC. If points arise on disclosure after the first CMC, they may well be capable of being dealt with by the court on paper."

在前述节录的 TCC Guide 内容中提到了英国科技与建筑事务律师协会(Technology and Construction Solicitors Association,简称 TeCSA)以及科技与建筑出庭律师协会(Technology and Construction Bar Association,简称 TeCBAR)等共同针对今天英国法院诉讼中电子文件披露问题准备的议定书(Protocol):《TeCSA / SCL / TeCBAR eDisclosure Protocol》。[53] 还对这份议定书制定了一份详细的解释:《Guidelines to the TeCSA/SCL/TeCBAR eDisclosure Protocol》。

这份议定书并不自动对诉讼方有约束力,而是给诉讼方进行参考,作为有关披露问题的协议范本。但值得注意的是,这份议定书看来已经在目前 TCC 法庭被作为惯常的法院指引。甚至是诉讼方如果无法达成约定,还可能被法院命令采用这份指引:见 Amey LG Ltd v. Cumbria County Council (2016) EWHC 2856 (TCC)先例。在近期的 Triumph Controls UK v. Primus International Holding (2018) EWHC 176 (TCC)先例中,Coulsen 大法官还指出今天这份议定书在 TCC 法庭已经基本成为惯常做法了:"With respect, that rather old-fashioned approach(过去法院对此议定书的看法还没有稳定) misunderstands the importance of protocols in the TCC, where the court's overarching requirement is that the parties cooperate and comply with them, unless there is a very good reason why not."在本章后文针对特定问题介绍时也会提到此议定书中的一些做法。

2.2 美国

2.2.1 《Federal Rules of Civil Procedure》

美国诉讼中的电子文件问题在近年来也有大量的实践做法与经验,在《Federal Rules of Civil Procedure》(FRCP)[54]也针对电子文件披露问题进行过多次修改。

例如在 FRCP 之 Rule 26(b)(1)也类似英国立法,对哪些文件(document)需要交出并没有明确定义。但是在 Rule 34(a)有规定:"to produce and permit the party making the request, or someone acting on the requestor's behalf, to inspect and copy, any designated documents (including writings, drawings, graphs, charts, photographs, phone records, and **other data compilations from which information can be obtained, translated, if necessa-**

---

[53] 这份协定是为了针对 CPR PD 31B 等,方便在诉讼中为电子披露问题提供基本讨论的框架。目前的最新版本是 2015 年第 2 版,参见 https://www.tecsa.org.uk/sites/default/files/eDisclosure%20Protocol%20Version%2002%20-%209%20January%202015.pdf。这份协定的目的在其中 Paragraph 1 就有写明,是为了能够记录当事人针对电子披露问题进行的讨论:"This Protocol should be used to record the result of discussion between the parties on disclosure which is required by CPR Rule 31.5(5) and PD31B, and this Protocol should so far as possible be finalised not less than 7 days prior to the first Case Management Conference."

[54] 参见 https://www.federalrulesofcivilprocedure.org/frcp/title-v-disclosures-and-discovery/rule-26-duty-to-disclose-general-provisions-governing-discovery/。

ry, by the respondent through detection devices into reasonably usable form), or to inspect and copy, test or sample any tangible things which constitute or contain matters within the scope of Rule 26(b) and which are in the possession, custody or control of the party upon whom the request is served."(加黑部分是笔者的强调)

在接下来的段落中可以简单对 FRCP 中的一些针对性条文进行介绍。

2.2.1.1 尽早合作和成比例的大原则

与英国不同,美国一贯采用较为宽松的文件披露(discovery)。[55] 但是今天在大原则上与英国有很多一致的地方,尤其是要求诉讼方合作与考虑成比例。这可见 FRCP 之 Rule 1:"They should be construed, administered, and employed by the court and the parties to secure the just, speedy, and inexpensive determination of every action and proceeding."在"Committee Notes on Rules 2015 Amendment"中还进一步解释说:"Most lawyers and parties cooperate to achieve these ends. But discussions of ways to improve the administration of civil justice regularly include pleas to discourage over-use, misuse, and abuse of procedural tools that increase cost and result in delay. Effective advocacy is consistent with—and indeed depends upon—cooperative and proportional use of procedure."

在 FRCP 中鼓励诉讼方尽早展开合作的条文有很多。包括是要求诉讼方在第一次法院会议之前就对电子披露问题开始讨论:见 FCRP 之 Rule 26(f)(1)。[56] 还可见 William A gross Construction Associates v. American Manufacturers Mutual Assurance Co, 256 FRD 134 (SDNY 2009)美国先例中所说:"wake-up call to the Bar... about the need for careful thought, quality control, testing, and cooperation with opposing counsel in designing search terms or 'keywords' to be used to produce e-mails or other electronically stored information ('ESI')... Moreover, where counsel are using keyword searches for retrieval of ESI, they at a minimum must carefully craft the appropriate keywords, with input from the ESI's custodians as to the words and abbreviations they use, and the proposed methodology must be quality control tested to assure accuracy in retrieval and elimination of 'false positives'."

在成比例方面还可见 FRCP 之 Rule 26(b)(1):"Scope in General. Unless otherwise

---

〔55〕 英国在 CPR 下从过去的"Peruvian Guano Rule"到今天标准披露的转变,可见本书第七章之 7 段的介绍。

〔56〕 这类修改还可见 FRCP 之 Rule 16(b)等。可以简单节录"Committee Notes on Rules 2015 Amendment"对 FRCP 之 Rule 16(b)(1)的修改所说:"The provision for consulting at a scheduling conference by 'telephone, mail, or other means' is deleted. A scheduling conference is more effective if the court and parties engage in direct simultaneous communication. The conference may be held in person, by telephone, or by more sophisticated electronic means." 而如果当事人不合作,甚至是没有善意(good faith)进行合作的时候,就可能导致受到法院的费用惩罚,这可见 FRCP 之 Rule 37(f):"Failure to Participate in Framing a Discovery Plan. If a party or its attorney fails to participate in good faith in developing and submitting a proposed discovery plan as required by Rule 26(f), the court may, after giving an opportunity to be heard, require that party or attorney to pay to any other party the reasonable expenses, including attorney's fees, caused by the failure."

limited by court order, the scope of discovery is as follows: Parties may obtain discovery regarding any non privileged matter that is relevant to any party's claim or defense **and proportional to the needs of the case, considering the importance of the issues at stake in the action, the amount in controversy, the parties' relative access to relevant information, the parties' resources, the importance of the discovery in resolving the issues, and whether the burden or expense of the proposed discovery outweighs its likely benefit.** Information within this scope of discovery need not be admissible in evidence to be discoverable."(加黑部分是笔者的强调)

而且在 Rule 26(b)(2)(B)专门针对需要额外工作与费用才能获取的电子文件/电子数据信息的披露进行限制:"(B) Specific Limitations on Electronically Stored Information. A party need not provide discovery of electronically stored information from sources that the party identifies as **not reasonably accessible because of undue burden or cost.** On motion to compel discovery or for a protective order, the party from whom discovery is sought must show that the information is not reasonably accessible because of undue burden or cost. If that showing is made, the court may nonetheless order discovery from such sources if the requesting party shows good cause, considering the limitations of Rule 26(b)(2)(C). The court may specify conditions for the discovery."

同时,在 FRCP 之 Rule 26(c)(1)明确赋予了法院在发现不成比例时可以拒绝披露的权力:"... The court may, for good cause, issue an order to protect a party or person from annoyance, embarrassment, oppression, or **undue burden or expense**, including one or more of the following: (A) forbidding the disclosure or discovery..."(加黑部分是笔者的强调)

2.2.1.2 对电子文件的保存

针对电子文件,还可见有关证据保存(preservation)的做法。一般而言在已经可以合理预料到诉讼将要开始["once a party reasonably anticipates litigation":见 Zubulake v. UBS Warburg, 229 FRD 422 (SDNY, 20 July 2004)("Zubulake V")先例等]时,就会有诉讼保留(litigation hold)的做法。有关这方面问题还可见本章之3.2段的介绍。

但在今天电子文件(尤其是元数据)容易被改动甚至是灭失,也因此要求诉讼方承担合理保存的义务。如果已经采取了合理步骤(reasonable steps)保存,即使确实灭失也不会有惩罚。而即使是没有采取合理保存义务,也只有在造成对方诉讼方损害时才会考虑给惩罚或救济。其他更严格的命令,例如不利推断(adverse inference)、费用惩罚甚至是撤销诉讼,只有故意销毁电子文件时,才可以考虑这类命令。

这方面可以节录 FRCP 之 Rule 37(e):"Failure to Preserve Electronically Stored Information. If electronically stored information that should have been preserved in the anticipation or conduct of litigation is lost because a party failed to **take reasonable steps to preserve it**, and it cannot be restored or replaced through additional discovery, the court: (1) upon finding prejudice to another party from loss of the information, may order measures no greater than necessary to cure the prejudice; or (2) only upon finding that the party acted with the intent to deprive another party of the information's use in the litigation may: (A) presume that the lost information was unfavorable to the party; (B) instruct the jury that it may or must presume the information was unfavorable to the party; or (C) dismiss the action or enter a default judgment."(加黑部分是笔者的强调)

2.2.1.3 费用转移

在美国法中,对于文件披露而言,一般由披露方承担自己披露文件的费用:见 Oppenheimer Fund Inc v. Sanders, 437 US 340 (1978)先例等。[57]

但由于今天电子披露十分昂贵,因此在 FRCP 之 Rule 26(c)(1)明确说明了在情况合适时法院有权命令费用转移(cost shifting):"... The court may, for good cause, issue an order to protect a party or person from annoyance, embarrassment, oppression, or undue burden or expense, including one or more of the following: ... (B) specifying terms, including time and place **or the allocation of expenses**, for the disclosure or discovery..."(加黑部分是笔者的强调)

虽然在 Committee Notes 中指出这并不意味着费用转移将会变成以后电子披露问题的惯常做法:"Rule 26(c)(1)(B) is amended to include an express recognition of protective orders that allocate expenses for disclosure or discovery. Authority to enter such orders is included in the present rule, and courts already exercise this authority. Explicit recognition will forestall the temptation some parties may feel to contest this authority. Recognizing the authority does not imply that cost-shifting should become a common practice. Courts and parties should continue to assume that a responding party ordinarily bears the costs of responding."但是经过立法明确之后,可以想到的是费用转移的申请会显然增多,而且在今天电子文件披露的大背景下,这类情况发生也会越来越普遍。

事实上早在 2003 年就有 Zubulake v. UBS Warburg, 217 FRD 309 (SDNY, 13 May 2003) ("Zubulake I")美国先例,此先例也被称为有关电子文件披露的里程碑式的案件。在 Zubulake I 先例中,原告(Zubulake)是被告(UBS)在美国的一名女性雇员,指称曾经被允诺在上级职位空缺后自己会被升职,但是在上级职位空缺后,实际是另一名男性雇员被升职。因此 Zubulake 向法院提起性别歧视的诉讼,但之后 UBS 解雇了 Zubulake。在诉讼中双方达成一致,UBS 会披露相应期间有关雇佣 Zubulake 的电子邮件。UBS 披露了 100 多页的电子邮件,但拒绝继续在备份系统[当时采用的还是磁带(tape)]搜索与披露,理由是价格过于高昂(当时的预计是 30 万美元)。而 Zubulake 坚持要求对备份系统进行搜索,看来是很确信有很多电子邮件已经被 UBS 从电脑中删除了。

法院指出在电子披露中尤其需要考虑费用转移的问题,毕竟在今天电子披露的费用会十分巨大:"The application of these various discovery rules is particularly complicated where electronic data is sought because otherwise discoverable evidence is often only available

---

[57] 这与英国法下败诉方承担诉讼费用的做法不同,美国法下是自己承担自己的诉讼费用。

from expensive-to-restore back-up media.[58] That being so, courts have devised creative solutions for balancing the broad scope of discovery prescribed in Rule 26(b)(1) with the cost-consciousness of Rule 26(b)(2).[59] By and large, the solution has been to consider cost-shifting: forcing the requesting party, rather than the answering party, to bear the cost of discovery."

至于在考虑费用转移问题时,需要将哪些情况纳入考虑,法院也提到以下几点内容:"(1) The extent to which the request is specifically tailored to discover relevant information; (2) The availability of such information from other sources; (3) The total cost of production, compared to the amount in controversy; (4) The total cost of production, compared to the resources available to each party; (5) The relative ability of each party to control costs and its incentive to do so; (6) The importance of the issues at stake in the litigation; and (7) The relative benefits to the parties of obtaining the information."这些考虑因素在很大程度上也就是成比例大原则,也可见 FCRP 之 Rule 26 (b)(1)。

2.2.2 "The Sedona Principles"

在美国也有大批机构研究有关电子文件披露的问题。在英国的 Cresswell Report 中提到了其中非常重要的"The Sedona Principles"。

The Sedona Principles 由 Sedona Conference[60]在 2004 年 1 月就开始刊发的有关电子文件披露的报告,目前的最新版本是 2018 年第 3 版《The Sedona Principles, Third Edition: Best Practices, Recommendations & Principles for Addressing Electronic Document Production》。[61] 主要目的是帮助填补 FRCP 中针对电子文件披露问题的规定,也因此这报告中的内容难以在世界范围通用。但是其中针对电子文件披露的大原则与精神仍然值得讨论与借鉴。

"The Sedona Principles"一共有 14 条,节录如下:

"1. Electronically stored information is generally subject to the same preservation and discovery requirements as other relevant information.[62]

2. When balancing the cost, burden, and need for electronically stored information, courts and parties should apply the proportionality standard embodied in Fed. R. Civ. P. 26 (b)(1) and its state equivalents, which requires consideration of the importance of the issues at stake in the action, the amount in controversy, the parties' relative access to relevant infor-

---

[58] 有关备份磁带(back-up tapes)的问题可见本章之 3.3.2.2 段。

[59] 有关条文已经有所修改,可见本段前文中的介绍。

[60] Sedona Conference 是研究与教育机构,主要成员包括法官、律师、专家以及学者等人士。有关信息可见 https://thesedonaconference.org/publications。

[61] 参见 https://thesedonaconference.org/sites/default/files/publications/The%20Sedona%20Principles%20Third%20Edition.19TSCJ1.pdf。

[62] 电子文件也是文件证据(document),因此仅仅是对于争议解决的目的而言,与纸质文件并没有什么不同,在大原则上也是一致的。只是由于很多电子文件的特别之处,因此在做法与技巧上有所不同。

mation, the parties' resources, the importance of the discovery in resolving the issues, and whether the burden or expense of the proposed discovery outweighs its likely benefit.[63]

3. As soon as practicable, parties should confer and seek to reach agreement regarding the preservation and production of electronically stored information.[64]

4. Discovery requests for electronically stored information should be as specific as possible; responses and objections to discovery should disclose the scope and limits of the production.[65]

5. The obligation to preserve electronically stored information requires reasonable and good faith efforts to retain information that is expected to be relevant to claims or defenses in reasonably anticipated or pending litigation. However, it is unreasonable to expect parties to take every conceivable step or disproportionate steps to preserve each instance of relevant electronically stored information.[66]

6. Responding parties are best situated to evaluate the procedures, methodologies, and technologies appropriate for preserving and producing their own electronically stored information.[67]

7. The requesting party has the burden on a motion to compel to show that the responding party's steps to preserve and produce relevant electronically stored information were inadequate.[68]

8. The primary sources of electronically stored information to be preserved and produced should be those readily accessible in the ordinary course. Only when electronically stored in-

---

〔63〕 FCRP之Rule 26(b)(1)已经在本章前文中节录,明确规定了成比例的大原则。在有关电子披露程序中的每一个步骤都要结合成比例进行考虑。

〔64〕 这就是鼓励当事人合作的大原则。这包括要尽早开展合作,以及对特定争议有关的部分都进行讨论与达成尽可能多的一致意见。在本章后文中介绍中也可以看到,当事人的合作对于减少时间与金钱的花费是至关重要的。

〔65〕 披露申请必须要有针对性,这已经在本书第七章之9.9.3段有介绍。例如在Montpellier Estates Ltd v. Leeds City Council (2012) EWHC 1343 (QB)先例中,被告针对损失金额申请披露:"... documents relating to the claimant's case on quantum, electronic disclosure in the date range 1 January 2006 - 31 December 2008 of material on the servers, desktops and laptops of twelve named individuals who are the claimant's professional advisers..."除了要尽可能地缩小申请的范围,电子文件还要额外说明是否需要包括文件的元数据,要披露的文件格式等内容。

〔66〕 在本章前文已经介绍了FCRP下文件披露中当事人会有善意(good faith)合作的要求:见FRCP之Rule 37(f)。而且从诉讼已经可以预料到开始就需要采取合理步骤保存(preservation)证据。除了需要与案件争议(索赔与抗辩申请书中的内容)有关联,以及对电子文件保存成比例以外,显然如果电子文件存在多个副本(这也是一般情况),并不需要保存所有的副本,只要有一份电子文件被保存就已经足够了。

〔67〕 面对披露申请,需要考虑什么样的程序、技巧与技术才是最适合对电子文件进行披露的。有关采集/收集(collection)、处理审阅(review)以及提交(production)与文件查阅(inspection)中的程序、技巧与技术的问题可见本章后文中的具体介绍。也是掌控(control)了有关电子数据信息的当事人,才会知道到底是哪些文件,以及什么样的程序、技巧与技术才适合。

〔68〕 指称对方未能采取合理步骤保存电子文件,或者对电子文件的披露不足够,需要向法院说明原因。

formation is not available through such primary sources should parties move down a continuum of less accessible sources until the information requested to be preserved or produced is no longer proportional.〔69〕

9. Absent a showing of special need and relevance, a responding party should not be required to preserve, review, or produce deleted, shadowed, fragmented, or residual electronically stored information.〔70〕

10. Parties should take reasonable steps to safeguard electronically stored information, the disclosure or dissemination of which is subject to privileges, work product protections,〔71〕 privacy obligations, or other legally enforceable restrictions.〔72〕

11. A responding party may satisfy its good faith obligations to preserve and produce relevant electronically stored information by using technology and processes, such as sampling, searching, or the use of selection criteria.〔73〕

12. The production of electronically stored information should be made in the form or forms in which it is ordinarily maintained or that is reasonably usable given the nature of the electronically stored information and the proportional needs of the case.〔74〕

13. The costs of preserving and producing relevant and proportionate electronically stored

---

〔69〕 电子数据信息按照存取(access)的难易程度,可以分为在线(online)数据、近线数据(near-line)与离线(offline)数据,可见本章之3.3.2.2段的简单介绍。如果类似用途的电子数据信息有在线数据,如电脑硬盘中马上可以进行存取的数据,则提供这类数据就是最理想的,毕竟花费最少的时间与金钱。而如果是离线数据(off line),如过去备份磁带(back-up tape)中的数据,要先恢复(restoration)才能存取,也需要花费时间与带来高昂的费用,显然是只有没有其他选择的时候才要提交这些离线数据。

〔70〕 有关被删除的(deleted)数据、残余(residual)数据、碎片(fragmented)数据等可见本章之3.3.2.2.段的介绍。一般而言,要恢复这类数据需要特别的技术,花费时间与金钱。因此在有其他选择的时候,就应当避免需要用到这类数据的情况。

〔71〕 美国法下有关特免权的问题,可见本书第十二章之10.2.2段等。

〔72〕 也是由于电子文件未必每一份都经过仔细的对特免权(privilege)等问题的审阅,因此很可能不小心地犯错,将本可以拒绝提交给对方的电子文件交出。美国法下对这些错误交出文件的对待要看交出文件的当事人是否有采取合理步骤防止这类情况发生,在英国法下也是类似的大原则,否则就会是默示已经对这方面权利作出弃权:见本书第十二章之6.3段。针对电子文件,就会是看在对文件的处理、审阅等步骤中,是否已经采取合理步骤,如搜索或技术辅助审阅排除有特免权保护的文件等。如果已经采取了这类手段,就有机会被允许取回这些文件。

〔73〕 由于电子文件往往有特别巨大的数量,因此难以通过纸质文件一样的方式进行对证据的处理与审阅(以及不再保存一些被排除的文件)等,包括不会每一份文件都进行审阅(review)等。因此需要认可对于电子文件会采用各种技巧与技术来处理与审阅文件[例如采样(sample)、关键词搜索(keyword search)、技术辅助审阅(technology assisted review)等],不至于因此违反了披露义务。

〔74〕 这是对电子文件如何提交(production)的问题。电子文件可以有很多种格式,以解决争议的角度而言应当是按具体情况看什么格式最合适,一般情况下也就是可以阅读、搜索的文字格式等。但是电子文件本身会以各种格式存在,例如可能是扫描而成的电子文件,这实际上就是一张"照片",如果需要转为可以搜索的文字格式就会需要OCR识别(见本章之4.1.2.2段的介绍),但OCR识别就需要额外的时间与费用,再加上还有准确度的问题,如果诉讼方之间无法达成一致,或是由法院或仲裁庭给予命令,就会以电子文件的原始格式进行提交。

information ordinarily should be borne by the responding party.〔75〕

14. The breach of a duty to preserve electronically stored information may be addressed by remedial measures, sanctions, or both: remedial measures are appropriate to cure prejudice; sanctions are appropriate only if a party acted with intent to deprive another party of the use of relevant electronically stored information. "〔76〕

2.3 电子披露参考模型(EDRM)

对于电子文件披露而言,并没有统一做法。但是为了减少电子文件的数量,尽可能多地包括有关联性的电子文件在内,在今天有一个常常被采用的电子披露参考模型(Electronic Discovery Reference Model,EDRM)。这是2006年由Duke大学法学院开始研究与绘制的图表/模型。目前最新版本是2018年7月所发布。〔77〕

在EDRM下将电子文件从信息收集到提供(production)给对方以及向法院(或仲裁庭)展示(presentation)为止分成了多个阶段(stages),包括信息管治(information governance)、识别(identification)、保存(preservation)、收集(collection)、处理(processing)、分析(analysis)、审阅(review)、交出(production)与展示(presentation)。EDRM的这个阶段分类目前得到了不少的认可与支持。

正如同纸质文件一样,对于电子文件而言,对文件信息的管治(governance)很重要。对今天的公司而言,在日常商业活动中的电子文件需要符合规管机构的各类要求,例如在《Data Protection Act 2018》下这会包括能够有效保护电子数据安全、有关客户个人隐私的信息不会泄露,在面对个人信息披露要求时能够及时地找到有关信息等。又或者是在面对规管机构的一般与正常披露要求时能够及时做出反应。在面对诉讼时也能有效地做出反应,及时地搜索到与整理出有需要的信息。这既是风险管理(risk management)的重要部分,也是节省费用的有效做法。而对于电子文件的管治而言,与传统纸质文件相比有一些特别的地方。已经提到过的电子文件往往数量过于庞大。文件的来源与存储也过于广泛。〔78〕 而且同样一份文件会反复大量在不同的地方出现,会在多处存储多个相同的副本。在大型跨国公司内部,还会有公司的各个分公司与联营公司、代表处遍布世界各地,

---

〔75〕 一般而言,电子文件的保存与提交的费用就是披露方自己承担。对于电子文件而言就会有费用转移(cost shifting)的问题,可见本章之2.2.1.3段的介绍。

〔76〕 在FRCP之Rule 37(e)下对于未能采取合理步骤保存证据的后果,见在本章之2.2.1.2段已经有所介绍。简单而言,在未能采取合理步骤保存文件时,也并不一定就导致不利推断、费用惩罚、撤销诉讼等惩罚后果,还会需要诉讼方有故意编造、损毁电子文件的情节。而且只有造成了对方当事人的损害(可能是没有造成什么损害,如这份文件在其他地方还会有副本,或者是这份文件所针对的争议在案件发展后看来并没有什么关系)时,才要考虑是以各种方式对这损害给予救济,尽量恢复到好像这份文件被披露一样的情况。这类方式会包括额外的披露等。需要注意的是与FRCP之Rule 37(e)不同,The Sedona Principles的此条原则并没有造成对方当事人损害的要求,这看来是为了对不合作的当事人给予更多阻吓力,毕竟即使还有其他副本,未能保存也会导致延误、额外披露等各种问题。

〔77〕 有关信息可见www.edrm.net。

〔78〕 还需要注意的是,今天个人电子设备的普及,员工如果采用私人的手机、电脑、平板等设备进行工作,还会导致公司的有关信息被存储在个人的设备上。因此不少做法是建立是否允许使用个人设备从事工作,以及如果是的话如何管理有关数据信息的规则。

采用不同的文字、编码、格式，并非是简单上传到一个数据库就可以被搜索、浏览的问题。

在公司内部大量涉及这些重要数据的包括商业部门的雇员，例如从事日常营运、与外界和内部打交道的雇员，他们会非常熟悉公司的商业往来与交易，也是书信往来、各类记录与报告的制作者，会清楚知道哪些文件对商业上来说有重大价值。还有 IT 部门的雇员，他们往往会负责提供、维护制作与存储文件的系统（包括软件与硬件）。因此大量文件会由他们经手，也熟悉如何在系统中搜索某种类型的文件，哪些类型的文件被存储在什么地方。以及法律部门的雇员，他们会知道哪些文件将来面对规管机构或者是诉讼时有重要性，或者是为了合规义务哪些文件需要保存多长时间。当然在公司中还会有其他重要的涉及文件的雇员，例如有公司会有专门的档案管理部门（records information management），他们会根据公司的规章制度对文件进行分类、归档、销毁等处理，也更清楚地知道文件是如何被分类，要找某个特定文件应当在哪里进行查找的人士。从以上这些可以看到在大型公司中，由于不同类型的雇员会了解文件的不同性质、用途、重要性，因此在涉及文件管理时难免需要互相之间的沟通与配合。例如商业部门的人士对于经手的文件了解其商业用途，而在特定商业活动结束后，这些文件对于他们而言可能就不再有什么价值或意义了，可以说是弃若敝屣甚至就直接删除了事不留下存档。但这份文件在法律部门的雇员眼中十分重要，例如可能事后会需要提供给规管机构接受调查，又或者产生争议导致诉讼，是需要进行保存留档的。而在档案管理部门看来，这些文件已经不再被商业部门使用，根据公司规定应当进行一定年份的保留，应该进行归档处理，而不是简单地删除或者不删除。而在 IT 部门看来，则会对归档（archive）的位置，对原文件的删除、标签（label）等有要求。

对文件的识别/查明则主要有两方面的目标。其一，找出哪些、哪类文件会有关联性。其二，确定这些文件被存储在哪里。律师或者是被委任协助电子文件披露的人士在这个阶段就会需要与公司中的有关人士（如档案管理部门与 IT 部门）共同合作。有关识别/查明的问题还可见本章之 3.1 段。对文件的保存则主要是在诉讼已经开始，或者是可以预料到诉讼将要开始时，诉讼方就会有保存文件的义务：见本章之 3.2 段。在已经知道大致有哪些电子文件以及被存储在什么地方后，就要实际采集/收集这些电子文件。

接下来就要对已经被采集的大量电子文件进行处理。在这个步骤中主要是为接下来的分析与审阅进行准备，包括将文件转化为方便分析与审阅的格式，减少数据的数量。

而与纸质文件披露一样的是，整个披露阶段的核心会是对文件的分析与审阅，这就是对文件内容的阅读，找出其中真正有关的文件（应对诉讼中的争议或者是可以回应规管机构的调查），以及如果涉及特免权等文件可以拒绝披露。针对电子文件而言，最困难的部分仍然是由于数量巨大导致无法逐一审阅，因此需要借助一些特别的方法与手段，例如技术辅助审阅（technology assisted review）等：见本章之 4.2.2 段。

而文件的交出则是实际将文件交给对方诉讼方，对方诉讼方则会查阅（inspect）文件。这就一样需要阅读文件，如果交出的文件数量经过层层删减后已经少到可以接受的程度，那当然是由律师进行逐一阅读最为妥当。但如果文件数量仍然非常庞大，则查阅方（inspecting party）就仍然也要依赖这些策略、技巧与技术了。

最后的步骤就是将电子文件作为证据展示(presentation)给法官或仲裁庭。在一般与小型的案件中,往往就是将数量本就没有这么多的电子文件打印成纸质文件,作为开庭案卷(hearing bundles)的一部分。但在大型与复杂的案件与/或电子文件数量过大时,就会以电子数据的方式展示。在今天来看,目前也已经有了不少以电子数据形式展示证据的做法,而且这也必然会是将来的大趋势。在 Berezovsky v. Abramovich (2012) EWHC 2463 (Comm)先例中,Gloster 大法官就说:"There were also a number of other features which significantly contributed to the smooth running of the trial. Perhaps most importantly, the extensive documentation and daily transcripts were presented in a highly organised and easily accessible web-based electronic format, with the result that, apart from reliance on hardcopy versions of the written arguments, and, to a limited extent, the expert statements, I was able to conduct what, at least so far as I was concerned, was a paperless trial. There can be no doubt that this enabled the trial to be concluded within the allotted timetable, and with the maximum efficiency. It also provided the inestimable advantage, from my perspective, of being able to access my notes made during trial, and the full galaxy of the trial bundles, from wherever I was and at whatever time of day (or night). I am extremely grateful, as, I am sure, are the other lawyers in the case, for all the technical assistance which I and they received in this respect."

今天不少法院[79]都有的做法是,在争议复杂、电子文件数量巨大的案件中,法院的诉讼中可以不以纸质文件的方式提交开庭案卷。例如在英国最高院(Supreme Court)就有专门的电子案卷(eBundling system)系统,在最高院的 Practice Direction 14[80]与 Judicial Committee of the Privy Council 的 Practice Direction 9[81]对电子案卷还有详细指引。又例如中国香港地区法院也有采用电子案卷的方式与相关指引。[82]

2.4 电子文件披露顾问的选择

以前文件的披露往往是由律师以及律师助理等人对客户的文件逐一审阅(review),从中找出与案件有关的内容以及有特免权保护的文件等。对于这些找出的文件,则需要按顺序与逻辑整理成册,同时要整理出一份清单,以供将来在诉讼中披露所用。即使对于纸质文件而言,这些文件的总数量也会是成百上千份,因此也是一个要花费大量时间与精力的过程。而且在过程中也常常会有遗漏。例如 Derby v. Weldon (No. 8) (1991) WLR 73 上诉庭先例中,被列在文件清单中的文件就超过 4200 份,在审阅过程中就出现了错漏,有部分文件没有被仔细审阅导致本受特免权保护的文件被交给了对方。而如果要查阅(inspect)对方诉讼方交出的文件,就要前往对方的办公室(一般会是对方律师的办公室)。

而从 20 世纪 90 年代开始,就逐渐有应用现代科技辅助文件披露的做法。例如,在扫

---

〔79〕 看来中国也有这类做法,例如互联网法院就可以进行在线庭审,证据也可以在线提交与交换。

〔80〕 参见 https://www.supremecourt.uk/docs/practice-direction-14.pdf。

〔81〕 参见 https://www.jcpc.uk/procedures/practice-direction-09.html。

〔82〕 参见 https://www.judiciary.hk/en/court_services_facilities/ebpdf.html。

描技术出现后,将文件扫描到CD或DVD中交给对方律师,从而可以在电脑上审阅文件以及对文件进行分类。而在2000年之后,开始出现一些专业提供此类服务的顾问公司,他们每年年初在纽约也会举行一个名为“Legal Tech”的会议。笔者在此无意介绍这些具体的公司以及它们提供的服务、报价等内容,〔83〕但今天有两份有关这些顾问公司的报告比较有参考价值。一个是偏向针对英国诉讼的顾问公司的Andrew Haslam的“eDisclosure Systems Buyer's Guide”,〔84〕另一个是偏向针对美国诉讼的顾问公司由Gartners进行的调查报告。

3. 对电子文件的识别、保存和收集

3.1　对电子文件的识别

在诉讼披露中,识别(identify)的主要目的是找出有哪些文件存在,以及这些文件在哪里。

针对电子文件而言,首先就是要考虑有哪些类型的电子文件。在本章之1.1段开头就已经介绍了今天CPR下对电子文件的定义,以及今天一些会被作为电子文件进行披露的类型,不再重复。可以额外说的是在CPR下,除了电子文件本身以外,还需要披露文件数据(disclosure data),这定义可见CPR PD 31B Para. 5(2):“‘Disclosure Data’ means data relating to disclosed documents, including for example the type of document, the date of the document, the names of the author or sender and the recipient, and the party disclosing the document ...”也就是伴随电子文件需要另外制作一份单独的文件披露这些电子文件的类型、日期、作者等信息:见CPR PD 31B Para. 31。

其次需要注意这些电子文件在哪里会有存档以及是如何存储的。在本章之1.2.2段也已经介绍了,一般有关的电子文件会常出现的地方包括电子邮件内容,电脑(无论是公司电脑,还是特定人士的个人电脑)中的数据,服务器[公司服务器、第三方的服务器(有的数据会交给第三方存储)以及云服务器]中的数据,公司的备份数据(硬盘、USB、DVD、CD等,甚至是已经不再使用的一些备份数据都要包括在内),个人电子用品(如过去的PDA,今天的手机、平板电脑等)中的数据(尤其是如果公司允许个人用自己的设备工作),个人或公司在社交媒体中的信息等。在之后的文件采集、选择、处理的过程,就会针对这些电子文件进行。同样地,对方诉讼方在申请特定披露时,也就最好能够针对到特定的文件存储位置。

还要考虑的问题就是,谁可以存取(access)这些电子文件。这除了要求可以存取电

---

〔83〕　一般而言,今天的这些服务提供商也是结合具体的数据大小以及前文中介绍的哪个阶段、要进行什么工作来收费的。包括数据收集(collection)、数据处理(processing)、数据审阅(review)等。具体的工作项目如对扫描件、PDF文件进行OCR(Optical Character Recognition)识别、数据归档(archive)、策略咨询、数据存储等。

〔84〕　该报告每年都在更新,目前最新版是在2019年4月更新的,参见https://www.legaltechnology.com/wp-content/uploads/2019/04/eDisclosure-Systems-Buyers-Guide-2019-V7_0.pdf。

子文件的人士(如公司雇员或 IT 部门)提供电子文件,还需要通知所有这些人士需要保存这些电子文件,不得再进行任何变动。还有时即使知道了电子文件会在什么地方,但存取这些电子文件还会存在问题。例如,已经离职的前雇员,电子邮件的信息在前雇员的个人电脑中,公司要存取这些电子文件就需要前雇员的配合。

为了能更好地找出这些信息,在今天的电子披露中会采用“数据地图”/“数据映射”(data mapping)的技术与做法。简单而言这些“地图”就像是仓库的库存清单一样,在其中显示公司甚至是第三方[85]产生、使用与存储了什么类型与格式的数据,数据存储的位置、由谁管理、谁可以存取这些数据,以及数据归档与管理的公司制度。“数据地图”并不需要像地图一样标记“地理位置”,实际上对于电子文件而言,这也是做不到的。反而“数据地图”会以各种方便查阅与修改的方式存在,如一张清单或表格(spreadsheet)能够清晰地列出所有信息就可以用来作为“数据地图”,也会有专业软件用来编辑与制作“数据地图”。这份“数据地图”在整个披露过程中会被作为了解数据有关信息情况的总表,也因此看来会时不时需要进行更新而不是一成不变。

3.1.1 CPR 下哪些文件需要披露

另一个问题就是这些文件到底在谁的手中。这是因为在 CPR[86]下诉讼方的披露义务限于掌控(control)或曾经掌控的文件:见 CPR Rule 31.8(2),这方面的详细介绍可见本书第七章之 8 段。如果并非是掌控或曾经掌控的文件,是根本不需要披露的。

简言之,今天所说的“掌控”,包括诉讼方现有或曾经确实实际拥有(physical possession),或者有权拥有(has the right to possess):见 North Shore Ventures Ltd v. Anstead Holdings Inc (2012) EWCA Civ 11 上诉庭先例。也包括有权检验或制作副本(has a right to inspect or make a copy):见 Lonrho Ltd v. Shell Petrolleum Co Ltd (1980) 1 WLR 627; Procter & Gamble Ltd v. Peaudouce (UK) Ltd (unreported, 23 November 1984); Thunder Air Ltd v. Hilmarsson (2008) EWHC 335 (Ch); Saltri Ⅲ Ltd v. MD Mezzanine SA (2012) EWHC 1270 (Comm)先例等。如果是诉讼方并没有前述的掌控,或者是申请披露的诉讼方没能提供足够证据显示披露方对文件有掌控,法院就可能有疑虑了:见 Montpellier Estates Ltd v. Leeds City Council (2012) EWHC 1343 (QB)先例。[87]

3.1.2 区分承载电子数据信息的介质和电子数据信息本身

一般而言如果纸质文件的所有权(ownership)归属诉讼方,就可以认为诉讼方掌控文

---

[85] 只要是掌控(control)或曾经掌控的文件都属于披露内容,在本章之下一段会介绍此处掌控的含义是较为广泛的。因此第三方包括一些关联公司、子公司以及包括云服务提供商(cloud service provider)等人士(他们本质上可以被看作代理人),见本书第七章之 8.6 段。

[86] 而在美国对于掌控的要求甚至看来更为宽松,只要当事人有实际能力、有合约权利或其他法律权利可以获得有关信息,该文件就应当作为披露文件的一部分。见《Federal Rule of Civil Procedure》之 Rule 34。

[87] 此先例中原告已经披露了与自己委任的一些顾问之间的书信往来,但被告要求进一步对顾问所有在有关期间的文件都进行搜索,而这些电子文件看来是被存储在各个顾问自己所在的事务所的服务器(server)中。因此实际上是要在第三方拥有的介质(media)中搜索。Beatson 大法官就说:“there is the issue of ‘control’. There is little evidence about the access the claimant has had to the material on its advisers’ servers.”也就是认为被告没能提供足够证据显示原告对这些服务器中的文件有“控制”,这看来也是拒绝了被告申请的一个重要理由。

件。毕竟即使诉讼方不是实际拥有,也会是有权拥有。

但是电子文件在这方面有额外的问题,因为纸质文件毕竟有这份承载信息的纸张,而电子文件虽然也有承载电子数据信息(electronic stored information)的载体/介质(media),但是一般情况[88]下信息(information)并非财产(property),[89]不带来财产性权利(propriety right)。[90] 今天也已经有一些针对特定类型的电子数据信息,根据案件事实认定并不是财产的案件,例如有关电子邮件的可见 Fairstar Heavy Transport NV v. Adkins (2013) EWCA Civ 886 先例,有关数据库(database)的可见 Your Response Ltd v. Datateam Business Media Ltd (2014) EWCA Civ 281 上诉庭先例等。

或者换个角度来说,是否"掌控"电子文件或电子数据信息应该与是否将承载了电子数据信息的介质的所有权分开看待:见 St Alban's City & District Council v. International Computers Ltd (1996) 4 All ER 481;Thunder Air Ltd v. Hilmarsson (2008) EWHC 355 (Ch)先例等。

一般情况下如果是诉讼方对承载了电子文件或电子数据信息的介质有所有权,也实际拥有该介质,则认定诉讼方掌控了这些电子文件或电子数据信息也不会有什么问题。但如果介质实际上是第三方所有与实际拥有就会有疑问了。例如在较近期的 CBS Butler Ltd v. Brown (2013) EWHC 3944 (QB)先例中,丈夫作为被申请人一直在使用其妻子所有的电脑,[91]在面对搜查令针对丈夫的搜查时,妻子就指出这部电脑实际上是自己所有因此不属于搜查令范围。Tugendhat 大法官就指出:"... The fact that a wife may permit her husband to use her computer from time to time does not mean that her computer then becomes in his possession or under his control, or, even if it does, that it remains so irrevocably..."换言之,电脑并不属于丈夫所有,但是之前使用电脑上网浏览的内容、存储的资料等就仍然受丈夫的"掌控"。

正如《The Electronic Evidence and E-Disclosure Handbook》(2016 年)一书之 8 - 020 段所说:"... it is submitted that the defendant in CBS Butler would have been in 'control' of

---

〔88〕 但也会有特别的例外情况。正如 Fairstar Heavy Transport NV v. Adkins (2013) EWCA Civ 886 上诉庭先例中所说:"It would be unwise, for example, for this court to endorse the proposition that there can never be property in information without knowing more about the nature of the information in dispute and the circumstances in which a property right was being asserted. Some kinds of information, such as non-patentable know-how, are more akin to property in their specificity and exclusivity than, say, personal information about private life."

〔89〕 信息(information)虽然常常被商业人士当作财产(property),在有的讨论有关违反保密义务的案件中法官也会提到财产这个措辞/文字,但信息本身实际上并不属于财产,侵犯信息的机密性本身并没有什么后果,只有违反保密义务、诚信义务(fiduciay duty)时才带来金钱上的救济:见 Boardman v. Phipps (1967) 2 AC 46;OBG Ltd v. Allan (2008) 1 AC 1;Force India Formula One Team v. 1 Malaysian Racing Team (2012) EWHC 616 (Ch)等先例。

〔90〕 可见本章之 3.1.3 段介绍的 Fairstar Heavy Transport NV v. Adkins (2013) EWCA Civ 886 上诉庭先例。

〔91〕 即使是在婚姻关系存续期间,夫妻也是分别控制各自的财产,在 Miller v. Miller, McFarlane v. McFarlane (2006) 2 AC 618 贵族院先例中 Hale 勋爵就说道:"English law starts from the principle of separate property during marriage. Each spouse is legally in control of his or her property while the marriage lasts."

the data in the sense that, although he was no longer in possession of it, he had previously been in possession of it, or even (arguably) still had a right to possession of the data and thus would have been under a duty to disclose its existence under CPR Pt 31."

电子文件或电子数据信息被存储在"云端"(cloud)也会是类似的情况,虽然实际存储数据的云端服务器会是服务提供商所有,也不能确定存储于什么地方,但一般而言可以认为诉讼方上传到云端的文件仍然属于CPR下应当披露的文件,有关这方面问题稍后还会再进行讨论。但可以想到的是,一份文件被诉讼方存储在云端,则诉讼方显然曾经掌控过这份数据。而且此时也能通过诉讼方的账号从云端下载,也就足以认为诉讼方仍然可以掌控这份数据,至少也是有权拥有,而且要制作、打印副本不会有什么阻碍。

还可以提一下社交媒体(social media)的问题。社交媒体上,一般是由用户(user)在社交媒体平台上接受有关条文后建立账号(account),通过账号上传帖文(post)以及使用其他各种功能。一般在注册时与社交平台的协议中都会将用户发布帖文、信息等权利归属用户自己。[92] 也因此可以说用户自己就会对社交媒体上这些信息有掌控。如果是公司建立的账号,则公司作为用户也显然对账号下的帖文有掌控,毕竟公司才是"用户",一般而言这些账号名与密码也是由公司管理。但如果是个人以自己的名义、也并非作为公司的代理人建立的账号,账号下的帖文[主要是不开放给公众的部分,毕竟公开的帖文会处于公有领域(public domain)不存在需要向对方要求披露的问题]权利就只属于个人,而与公司无关。

3.1.3 有权查阅与制作副本也属于有掌控

刚刚已经提到了如果介质是由第三方而非诉讼方所有、实际拥有,则问题就是诉讼方是否有查阅与制作副本的权利。在Fairstar Heavy Transport NV v. Adkins (2013) EWCA Civ 886上诉庭先例中,原告是一间荷兰公司,在2012年7月前被告都以代理人(agent)的身份[93]担任原告的CEO职务。但2012年7月原告作为公司法人被另一间公司(Dockwise White Martin Limited)恶意收购,被告也离职。被告在职期间,公司IT部门对邮件的设置规则是,如果是公司服务器收到发送给被告的电子邮件会被直接转发到被告的私人邮箱,而且在公司服务器上不会留存副本。因此在被恶意收购后,原告就要求访问/存取(access)被告的私人邮箱中的电子邮件,但遭到被告拒绝。

毫无疑问的是,原告对于被告的电脑、电子邮件服务器没有任何财产性权利。在一审中,原告要求访问/存取的最重要理由是自己对电子邮件中的信息(information)有财产性

[92] 例如《微博使用协议》之1.3:"用户使用微博服务过程中,对自身使用微博服务的行为以及通过微博服务发布、公开的任何信息享有合法权利,承担相应法律责任。"参见https://www.weibo.com/signup/v5/protocol。

[93] 被告与原告没有直接的雇佣关系,而是受第三方雇佣为原告提供服务。因此在被告作为原告CEO行事时,双方之间身份关系实际上是由原告作为委托人(principal)以及被告作为代理人(agent)的代理关系。

权利(proprietary right)。[94] 但在前文已经介绍过,英国法下,一般而言,信息(information)并非财产(property),也可以想到一审就判由于电子邮件中的信息并非财产,因此原告也不会有什么财产性权利(毕竟被告完全合理合法地获取与拥有这些电子邮件),被告并没有任何错误或不合法的行为,从而原告败诉。

但是在上诉中,上诉庭就指出由于双方之间身份是委托人(principal)与代理人(agent),而委托人有权要求对代理人处理委托工作产生的有关文件进行查阅、制作副本。也因此即使电子邮件内容并非财产,原告并没有财产性权利,基于委托代理的关系也可以要求访问/存取被告的电子邮件。节录上诉庭的 Mummery 大法官所说如下:

"... the position is that emails and their content stored and held in the computer are, in my view, either documents or should be treated as documents, for the purposes of determining the scope of the legal incidents of the agency relationship that survive its termination.

In my judgment, the judge ought to have made an order for inspection of the emails on the computer. He was not prevented from doing so by his conclusion that there was no proprietary right in the content of the emails. The absence of a proprietary right would not affect the legal right of the principal to an inspection and copying remedy against a former agent in respect of the emails. It was not necessary to decide the property issue in order to make the order for inspection or copying. To ask in a case like this the questions such as 'Is there property in an email?', or 'Who owns the content of an email?' is not a helpful way of stating the real issue, which is not one of ownership of property claimed against the world. The issue is one of enforcement, as between the parties, of particular rights of access by a remedy of inspection and copying, which is based on rights and duties incidental to the relationship that existed between the parties at the relevant time."

从 Fairstar Heavy Transport NV v. Adkins 先例中就可以看到委托人一般可以要求对代理人从事委托有关行为产生的文件进行查阅与制作副本。这也是委托人与代理人关系的要求,即使没有明示条文约定也有默示,这方面还可见 North Shore Ventures Ltd v. Anstead Holdings Inc (2012) EWCA Civ 11 上诉庭先例。

类似的关系还会存在于雇主(employer)与雇员(employee)之间。雇员从事雇佣工作中产生与制作的文件一般本就被认为是雇主所有的文件:见 Anderson v. Bank of British Columbia (1876) 2 ChD 644 先例。而且今天很多时候工作时使用的设备都是雇主提供,因此电子数据信息存储的介质都是雇主所有。但如果雇员同时还为其他公司工作,则为其他雇主工作所产生的电子数据信息就属于其他雇主,即使例如雇员只有 1 个电子邮件地址同时为雇主与其他雇主工作,并不能认为全都属于雇主的"掌控":见 Saltri Ⅲ Ltd v.

---

〔94〕 双方约定争议被描述为:"Does Fairstar(原告) **have an enforceable proprietary claim** to the content of the emails held by Mr Adkins(被告)[and/or Claranet(向被告提供 IT 技术服务的公司)] in sofar as they were received or sent by Mr Adkins acting on behalf of Fairstar?"(加黑部分是笔者的强调),看来由于这约定争议的措辞/文字也是一审法官拒绝原告要求的一个重要因素。

MD Mezzanine SA (2012) EWHC 1270 (Comm)先例。

3.1.4 对云存储中电子数据信息的掌控

在今天,另一种对电子文件是否有"掌控"疑问的原因,是今天常见的云存储(cloud storage)中的电子文件。今天云存储的服务提供商非常多,包括一些行业巨头,例如海外的Drop Box、谷歌,或者是中国的百度、腾讯等。对个人而言,这些云存储的方便自不用提。对公司而言,有云存储之后就可以减少甚至是无须在本地自己架设服务器,也节省了大量IT部分的费用。一般而言,大型的云服务提供商由于会同时服务很多用户,因此会有大量技术人员在背后支持,也有足够的资源可以根据用户的需要增加存储空间。

对于什么是电子文件中的"云"(cloud),美国的US Department of Commerce's National Institute of Standards and Technology(NIST)这样定义:"... a model enabling ubiquitous, convenient, on-demand network access to a shared pool of configurable computing resources (eg networks, servers, storage, applications, and services) that can be rapidly provisioned and released with minimal management effort or service provider interaction."所谓的"云存储",也就是将本地电子数据信息"迁移"(migration)到云服务提供商的存储空间,这些数据可能被存储在世界上的任何角落[95]的服务器中。用户只要能连接上互联网,登入云服务器的账号,就可以使用云存储的电子数据信息。

看来用云存储的电子数据信息显然也受诉讼方掌控与需要披露。毕竟虽然电子文件实际存储的实体服务器并不属于诉讼方,但诉讼方可以通过自己的用户账号与密码自由对文件存取(access)。

即使云存储的电子数据是否属于诉讼方"现在"掌控存在疑问,又或者是诉讼方遗忘、遗失了自己的账号与密码等信息导致并不能随意存取,这些数据也会由于是诉讼方迁移到云存储的数据,因此属于"曾经"掌控的电子数据。

再者说诉讼方还可以依赖自己与云存储服务提供商的协议,对云存储的数据进行存取,这就是"有权拥有",也会是"有权查阅与制作副本"。毕竟一旦用户要求终止合约、退还数据,云服务提供商没有理由拒绝。在Your Response Ltd v. Datateam Business Media Ltd (2014) EWCA Civ 281 上诉庭先例[96]中,就提到在用户有达到这个效果的明示或者是默示的合约权利。

针对信息的实际存储而言,还需要注意的是虚拟服务器(virtual server)的问题。在采用虚拟服务器时,用户所能看到的是被虚拟架设的服务器,而不是实体服务器(actual/physical server)。在一个实体服务器上能够同时架设多个虚拟服务器,而一个虚拟服务

---

[95] 当然今天很多时候对数据存储有特别要求。例如,欧盟的EU Directive 95/46/EC,EU General Data Protection Regulation就不允许随意将个人信息移到欧盟境外。类似的也有美国的多类立法,包括《Wiretap Act 1968》《Stored Communications Act 1986》《Pen Register Act 1986》《Foreign Intelligence Surveillance Act (1978)》《Communications Assistance for Law Enforcement Act (1994)》《Economic Espionage Act 1996》等。也因此有的云服务提供商允许用户选择数据存储的区域,例如可以选择仅在欧盟("EU only")或者是美国本土等。

[96] 此先例中还指出信息(包括电子数据信息)并非有形财产(intangible property),因此不能被留置(lien)。

器存储空间的实际存储可能是架设在多个不同的实体服务器上。这就导致会出现云存储的数据碎片化(framented),也就是虽然用户看到的是一份完整的电子文件,但实际的存储是被分成多个碎片、分别存储在多个实体服务器上。但即使电子文件的存储碎片化,看来也不应对电子数据信息属于可披露文件带来什么影响,毕竟这就像是被加密了的文件一样,只要能打开与获取其中的信息,都会属于可披露的文件。

3.2 保存电子文件

在今天面对诉讼时,保存文件(preservation of document)是应尽的义务,如果未能完好地保存文件就可能被法院惩罚,有关课题可见本书第七章之3段。即使公司的政策是定期销毁文件,如果对该文件有保存的义务,就不能任意地按照公司政策[97]销毁文件,一旦文件属于应当披露的文件就需要进行保存。在电子文件调查问卷(见本章之2.1.5段)之 Question 14 也提醒了诉讼方与/或代表律师保存文件的义务:"Have you given an instruction to preserve Electronic Documents, and if so, when?"

现代证据制度中有"omnia praesumuntur contra spoliatorem"[拉丁文,意思是会推定对证据销毁人不利("everything is presumed against a destroyer")]的说法:见本书第七章之3.3段。在 India Oil Corporation v. Greenstone Shipping SA (1988) 1 QB 345 先例中,Staughton 大法官也提到说"If the wrongdoer prevents the innocent party proving how much of his property has been taken, then the wrongdoer is liable to the greatest extent possible in the circumstances."这也是美国法中所谓的证据妨碍(spoliation)。

即使并非是诉讼已经开始或者可以预料到,而是面对规管机构的调查,也需要保存文件。尤其是公司需要显示自己的"善意"时,如果被发现有些文件被故意变造或销毁,看来就再难以取信规管机构,规管机构的态度也会发生转变与开始更严格、更全面的调查。

针对文件保存的义务,对于电子文件来说与纸质文件相比在原则上没有什么不同。在 The Sedona Principles[98]第1条也说:"1. Electronically stored information is generally subject to the same preservation and discovery requirements as other relevant information."有关诉讼方保存文件的义务,以及律师的通知义务[99](通知哪些人士,需要保存什么文件等)可见本书第七章之3段与4段的介绍,不在此重复。

相比于纸质文件而言,电子文件有其复杂之处。一方面是因为电子文件的保存有更多的形式与做法。另一方面还需要注意的是电子文件的元数据(metadata)很容易会由于各种操作而导致变更。

3.2.1 什么时候有保存文件的义务

简单重复,过去在英国普通法下一般在诉讼开始以前没有保存文件的义务:见 Douglas v. Hello! Ltd (No.3) (2003) EWHC 55 (Ch);Earles v. Barclays Bank Plc (2009)

---

[97] 在 CPR PD 31B 之 Paragraph 7 中明确提到了公司的文件管理制度不能作为不保存文件的理由。有关条文可见本段后文中的节录。

[98] The Sedona Principles 可见本章之2.2.2段的介绍。

[99] 见 Rockwell Machine Tool Co Ltd v. EP Barrus (Concessionaires) Ltd (1968) 1 WLR 693 先例。

EWHC 2500 (Merc)等先例。除非可以证明诉讼方故意妨碍司法公正(这会是很难证明的),否则一般的情况下诉讼方按自己的公司惯常做法或是有其他说得通的理由销毁文件,是不会有什么惩罚后果的。也可见 McCabe v. British American Tobacco Australia Services Ltd (2002) VSCA 197 澳大利亚上诉庭先例。

但是在 Earles v. Barclays Bank Plc 先例也已经提到,在电子文件披露问题上,即使是在诉讼开始前,只要预见到会有诉讼的发生就需要保存文件:"It might be contended that CPR 31PD 2A and electronic disclosure are little known or practised outside the Admiralty and Commercial Court. If so, such myth needs to be swiftly dispelled when over 90% of business documentation is electronic in form. The Practice Direction is in the CPR and those practising in civil courts are expected to know the rules and practice them; it is gross incompetence not to."

2010 年的 CPR PD 31B Para. 7 还说只要是有可能的诉讼就需要保存文件。有说法是这可以被认为是今天英国法下何时需要保存文件地位的改变,即使在诉前阶段也会有保存文件的义务了。可以节录 CPR PD 31B Para. 7 如下:"**As soon as litigation is contemplated**, the parties' legal representatives must notify their clients of the need to preserve disclosable documents. The documents to be preserved include Electronic Documents which would otherwise be deleted in accordance with a document retention policy or otherwise deleted in the ordinary course of business."(加黑部分是笔者的强调)

美国法下有不少先例判如果已经可以合理预见到可能的诉讼就应当开始保存电子文件,例如可见 Zubulake v. USB Warburg, 220 FRD 212 (SDNY, 22 October 2003) ("Zubulake IV") 先例。

但问题就在于什么时候才有合理预见到可能的诉讼导致需要保存文件。在英国这方面先例并不多,但在美国先例中可以看到,只是在双方之间提出有争议存在看来是不够的:见 Cache La Poudre Feeds LLC v. Land O' Lakes Inc, 244 FRD 614 (2007)先例。但如果发出了正式的诉前通知(letter before action)就会足够:见 Goodman v. Paxair Services Inc, 632 F Supp 2d 494(2009)先例。

3.2.2 需要保存哪些文件

今天的公司,尤其是跨国公司一般都会常年有大大小小的诉讼正在进行,但这并不意味着就因此要保存所有文件,否则这会是过于沉重的负担,也会妨碍公司业务的正常进行。在 Zubulake v. USB Warburg, 220 FRD 212 (SDNY, 22 October 2003) ("Zubulake Ⅳ")先例中 Scheindlin 大法官就指出:"Must a corporation, upon recognizing the threat of litigation preserve every shred of paper, every email or electronic document, and every backup tape? The answer is clearly 'no'. Such all back up tapes even WHEN IT REASONABLY ANTICIPATES litigation... anyone who anticipates being a party... to a lawsuit must not destroy unique relevant evidence that might be useful to an adversary... it is under a duty to preserve what is knows, or reasonably should know, is relevant in the action."

在 CPR PD 31B Para. 7,针对需要保存的文件只是泛泛地说保存需要披露的文件(disclosable document)。而什么文件需要披露也就要看诉讼方之间到底是什么争议,与争议毫无关联性的显然就没有保存的义务。但问题是对于法院诉讼而言，等到文书请求后双方的争议才会较为明确与清晰，而在开始或可能开始诉讼时就已经有保存文件的义务了。此时诉讼方之间争议到底是什么显然不能说是十分清楚的，只能由律师根据单方面的事实进行推测与估计。而且在诉讼方之间再进行磋商、讨论，以及诉讼在被逐步推进之后，争议也会有变动，保存义务的范围也就会随之发生变化。

也因此今天看来更关键的是如何向法院（或仲裁庭）显示自己履行保存文件的义务。例如在发现有可能诉讼或诉讼开始后，当事人以及律师是否实行了合理的保存计划，并随着案件推进在保存文件的范围上随之变更。要能够说服法院这个保存计划是在成比例（proportionality）的前提下的尽量公正（just），就是足够履行了自己保存文件的义务。

在这方面英国与美国看来都是要求采取了合理步骤（reasonable steps）作为标准。在英国这方面先例不多，不妨介绍一个美国的 Concord Boat Corp v. Brunswick Corp, LR-C-95-781（ED Ark 29 August 1997）先例。此先例中涉及一批（数百份）备份磁带（back-up tape）销毁是否恰当的问题，法院就指出由于这些备份磁带每两周都会循环备份（删除过去的数据，录入新的备份数据），导致这些备份磁带中即使存在有关文件数量也是极其有限的，也因此没有保存这些备份磁带并非不合理。

3.2.3　未能妥善保存电子文件的后果

本书第七章之 3 段已经介绍了，如果诉讼方没有履行自己保存文件的义务，法院就有广泛的权力视诉讼方行为的严重程度作出惩罚（sanctions），对于电子文件而言，在原则上是一致的。这些惩罚包括费用惩罚：见 Earles v. Barclays Bank Plc（2009）EWHC 2500（Merc）先例；作出不利推断：见 Rybak v. Langbar International Ltd（2010）EWHC 2015（Ch）先例；撤销诉讼：见 Marine Rescue Technologies Ltd v. Burchill（2007）EWHC 1976（Ch）先例；甚至是藐视法院：见 Alliance & Leicester Building Society v. Ghahremani（1992）RVR 198 先例〔100〕等。

会采取什么样的惩罚措施要视诉讼方的行为情节，如诉讼方仅仅是没有采取足够合理步骤保存文件，并没有主观故意（intentional）损毁文件，也没有造成无法弥补的后果（如删除了电子文件唯一的存档），就看来不会有严重惩罚。

本书多处都已经提到 Earles v. Barclays Bank Plc 先例。此先例中对于原告是否在 3 年前电话中口头给被告（银行）有转账指示产生争议，但原告与被告都没有保存电话记录（如电话账单、通话录音等）。原告由于是自我代理（litigant in person），法院认为并不完全熟悉诉讼中保存文件的义务，因此拒绝针对原告作出不利推断。被告在有一流的律师代理的情况下也没有保存文件就被法院认为属于严重疏漏（grossly omission），但根据其他证据显示被告并没有销毁证据的故意，因此也没有作出不利推断，甚至最后是判被告胜诉（但在费用上给予惩罚）。可以节录法院判决内容如下："However, even though the failure to disclose such critical information to assist the Court is surprising and to be deplored,

---

〔100〕　在此先例中，根据搜查令对律师事务所的办公室进行搜查。但是法院对事实的看法是被申请人在搜查进行时对电子文件进行删除，判被申请人藐视法院。

there is no evidence that it has been done deliberately or constitutes spoliation in order to gain a tactical evidential advantage at the trial... In my judgment this was a decision made by the Bank's legal team on the erroneous grounds of relevance and proportionality, not as part of any tactical move to gain an evidential advantage in the litigation."

针对电子文件的披露还可以简单介绍 Rybak v. Langbar International Ltd 先例。此先例中在法院的披露命令下,原告的披露进行得拖拖拉拉,持续了 6 个多月都仍然进展缓慢,因此法院命令原告交出所有有关的电脑以及各类电子存储设备。这个命令仍然未被遵守,因此法院颁布/作出了除非命令(Unless Order)。在除非命令之下原告的确交出了有关的电脑以及电子存储设备,但是经过 IT 专家的检查,发现在电脑被交出前对其中的内容进行了多次"安全删除"(secure erase)的操作,即对其中存储的内容进行过彻底地删除。IT 专家解释说在每一次"安全删除"操作时,系统都会额外弹出对话框要求用户确认,因此这看来不会是无意行为或误操作,而是故意行为。也因此法院认定原告是故意删除电子文件不让被告与法院了解有关情况,撤销了原告的索赔。并且指出即使诉讼继续下去,对于这些文件内容法院肯定会作出不利推断。而且法院还给予进一步地警告说:"The court will not assist a litigant in destroying data and will not assist a litigant to fight a case on the limited material that that litigant chooses to make available, suppressing other material which would be material to the decision of the court."

3.3 采集/收集(collection)电子文件

对于传统类型的文件而言,证据的采集也会根据证据类型的不同有各种采集方式。例如对实体证据的采样、保存,对人身的医学检查等。还包括与证人的会面了解信息、将信息保存成文件等。纸质文件也会在自己内部搜索、整理资料,外部还会通过各种手段(如请求第三方的合作、向法院申请第三方披露令、甚至是委任专人调查等)采集证据。

对于电子文件而言,文件的采集就可能面临各种难题,尤其是电子文件的动态性(dynamic)。毕竟电子数据的创建与删除非常方便与容易。简单的例子就是在社交媒体(social media)上的帖文(post),时常会在发出后一段时间就被删除甚至是"秒删"。还会由于电子文件会有元数据(metadata)问题,需要元数据来显示有关数据信息的创建、修改、发送时间等,不恰当的采集方法会导致元数据的丢失或变更。

在英国试行披露规则计划中,在 Disclosure Review Document 范本之 Section 2 调查问卷(见本章之 2.1.5 段)的 Question 2 中就让诉讼方在文件采集中考虑如下内容:

"Please set out details on all data sources to be considered at collection including:

(A) Document repositories and/or geographical locations (B) Computer systems or electronic storage devices (C) Document management systems (D) Email servers (E) Cloud based data storage (F) Back-up systems (G) Third parties who may have relevant documents which are under your control (e. g. agents or advisers).

Please also set out details as to sources that are unavailable but may host relevant documents. If a data source is likely only to host documents relevant to particular Issues for Disclosure, that should be noted. Please identify any sources which may raise particular difficulties due to their location, format or any other reason."

另外,与纸质文件一样,在整个诉讼过程中都可能需要对电子文件进行采集:见 CPR Rule 31.5(f)。在 CPR PD 31B Para. 9(3)(g)也提到了为了缓解诉讼方的披露义务与需要花费的费用,在成比例(proportionality)的大原则下,可以考虑以分阶段的方式披露(staged approach)。分阶段披露是由于争议会被分成多个阶段审理,[101] 因此可以在各个审理阶段只针对特定争议进行文件披露。也会是由于处在诉讼的不同阶段(如会是诉前披露、审前披露等),因此文件披露无须达到一般标准披露的程度:见 Nichia Corporation v. Argos Ltd (2007) EWCA Civ 741 先例。又例如在 Goodale v. Ministry of Justice (2009) EWHC B41 (QB)先例中就指出对于4位关键人士保管的电子文件,可以先搜索最有关联的那位,如果已经能够满足需要,也就没有必要再搜索剩下的其他人士保管的电子文件了。

无论是传统的纸质文件(以及其他类型证据),还是电子文件,在今天非常重要甚至可能最重要的采集方面的问题,就是如何搜索(search)获取信息。对于电子文件来说由于过于庞大的数据信息量就尤为如此。

3.3.1 合理搜索

在 CPR 下的标准披露(standard disclosure)[102] 中,诉讼方有合理搜索(reasonable search)的义务:见 CPR Rule 31.6(b)与(c)以及 Rule 31.7。尤其是在披露陈述(disclosure statement)需要对自己如何搜索进行描述。有关标准披露中合理搜索的义务可见本书第七章之9.2段的介绍,[103] 不在此重复。

在此只是简单地说,一般而言什么是"合理"的搜索是由披露方根据自己的客观情况作出决定,但如果是最后对此有争议则是由法院给最终裁判:见 Digicel (St Lucia) Ltd v. Cable & Wireless Plc (2008) EWHC 2522 (Ch)先例等。在 CPR 中对于考虑什么是合理搜索时需要纳入考虑的因素也有指引:[104] 见 CPR Rule 31.7,也可见近期的 Smailes & An-

---

[101] 见本书第七章之10.6段。

[102] 英国诉讼中的披露,从过去的披露(discover)到 CPR 下的标准披露(standard disclosure),再到经过 Jackson 改革之后修改 CPR Rule 31.5(7)与 Rule 31.5(8)引入的披露菜单(disclosure menu,也就是根据案件情况从一系列的披露命令中进行挑选"having regard to the overriding objective and the need to limit disclosure to that which is necessary to deal with the case justly"),可以说是一直在进行缩减与进行限制。但即使在引入披露菜单之后,主要与一般做法仍然是标准披露。2019年1月1日开始在部分法院试行新的 CPR 披露规则计划要根据案件情况的不同采用不同的披露模式(disclosure model),当事人只在"初步披露"与"Model A"中不需要进行搜索、合理搜索。这方面可见本书第七章之7段。

[103] 还包括针对电子文件的搜索,可能会委任专家或监督律师监督搜索。

[104] 还如在知识产权案件中,针对知识产权案件有特别指引,见 CPR PD 63 Para. 6.1:"Standard disclosure does not require the disclosure of documents that relate to—(1) the infringement of a patent by a product or process where—(a) not less than 21 days before the date for service of a list of documents the defendant notifies the claimant and any other party of the defendant's intention to serve—(i) full particulars of the product or process alleged to infringe; and (ii) any necessary drawings or other illustrations; and (b) on or before the date for service the defendant serves on the claimant and any other party the documents referred to in paragraph 6.1(1)(a);"也可见 Omnipharm limited v. Merial (2011) EWHC 396 (Pat)先例与 Positec Power Tools (Europe) Ltd & Ors v Husqvarna AB (2016) EWHC 1061 (Pat)先例等。

other v. McNally & Another (2015) EWHC 1755 (Ch)先例等。什么才是合理需要结合每一个特定的案情,总体来说,需要披露方进行的搜索是善意(good faith)、[105]公平(fair)与成比例(proportionate),这会包括需要考虑有关文件的数量、案件的性质与复杂程度、获取文件是否方便、费用是否高昂等。

在 CPR PD 31B[106] Paras. 20 至 Paras. 24 专门针对了什么是电子文件的合理搜索。在 Para. 20 强调了要成比例的大原则,这就会包括可以未必需要搜索所有的存储介质或可以排除特定日期范围的电子文件等(Para. 22),采取阶段渐进式或迭代的方式进行搜索(Para. 23),原则上只搜索可以方便存取的电子文件而不需要马上恢复备份文件或被删除的文件等(Para. 24)。在此先节录 Para. 21,其中对具体哪些内容需要考虑进行了一些举例:

"The factors that may be relevant in deciding the reasonableness of a search for Electronic Documents include (but are not limited to) the following —

(1) the number of documents involved;

(2) the nature and complexity of the proceedings;

(3) the ease and expense of retrieval of any particular document. This includes: (a) the accessibility of Electronic Documents including e-mail communications on computer systems, servers, back-up systems and other electronic devices or media that may contain such documents taking into account alterations or developments in hardware or software systems used by the disclosing party and/or available to enable access to such documents; (b) the location of relevant Electronic Documents, data, computer systems, servers, back-up systems and other electronic devices or media that may contain such documents; (c) the likelihood of locating relevant data; (d) the cost of recovering any Electronic Documents; (e) the cost of disclosing and providing inspection of any relevant Electronic Documents; and (f) the likelihood that Electronic Documents will be materially altered in the course of recovery, disclosure or inspection;

(4) the availability of documents or contents of documents from other sources; and

(5) the significance of any document which is likely to be located during the search."

针对电子文件而言还需要提及的是,由于会采用各种技术手段,关键证据或确凿证据(smoking gun)仍然可能有所遗漏,但是这不意味着就属于不合理的搜索。正如 Digicel (St Lucia) Ltd v. Cable & Wireless Plc 先例中所说:"it must be remembered that what is generally required by an order for standard disclosure is a 'reasonable search' for relevant documents. Thus the rules do not require that no stone be left unturned. This may mean that

---

[105] 如果是非善意的就不会属于合理了,见 Smailes & Another v. McNally & Another (2014) EWCA Civ 1299 上诉庭先例。

[106] CPR PD 31B 虽然是在电子披露菜单(disclosure menu)以及今天的披露模型(disclosure model)之前所草拟的,而在后两者中不同的情况会有不同的搜索标准与要求,但是有关什么是合理搜索的大原则是一致的。

a relevant document, even a ‘smoking gun’ is not found.”

3.3.2　成比例

3.3.2.1　成比例是法院支持披露的标准之一

成比例(proportionality)是今天披露中的大原则,在整个诉讼过程中都会贯穿始终,包括在文件披露的各个阶段。在 CPR PD 31B Para. 20 就说:“The parties should bear in mind that the overriding objective includes dealing with the case in ways which are proportionate.”

也正是由于成比例的考虑,如果遇到文件数量特别巨大时,可以考虑分阶段进行,例如有 10 位有关人士[或者称为电子文件的保管人(custodian)]的电子邮件信箱中可能存在与争议有关的信息,可以先披露其中较为重要的 5 位的电子邮件中是否已经有足够的信息,如果申请披露方已经满意,也就不需要再披露剩下的 5 位的电子邮件了,能够节省时间与金钱。这也是 CPR PD 31B Para. 23 的要求:“In some cases a staged approach may be appropriate, with disclosure initially being given of limited categories of documents. Those categories may subsequently be extended or limited depending on the results initially obtained.”

3.3.2.2　备份文件和被删除文件

在 CPR PD 31B 中明示一般情况下需要披露的只是可以合理获取的数据,可以节录 PD 31B Para. 24 如下:“The primary source of disclosure of Electronic Documents is normally reasonably accessible data. A party requesting under rule 31.12 specific disclosure of Electronic Documents which are not reasonably accessible must demonstrate that the relevance and materiality justify the cost and burden of retrieving and producing it.”

在这条文中提到了电子文件容易存取的程度(accessibility)的问题。电子文件在今天非常多种多样,各自会有不同的格式、编码。但是针对披露的目的而言,在英国专门针对电子披露问题作出的 Cresswell Report[107] 中,将电子文件/电子数据按容易存取的程度从最容易到最困难大致分成了五种不同的类型。

第一种类型是“活跃”(active)或“在线”(on-line)数据:“this is data which is directly accessible on the desktop computer. On-line storage is used in the very active steps of an electronic record's life, when it is being created or received and processed, as well as when the access frequency is high and the required speed of access of fast. Examples of such data include material held on hard drives, filed documents and inbox and sent items in an e-mail system.”这类数据也就是随时需要读写、正需要使用的数据,如存储在个人电脑的硬盘中的马上可以打开使用的文件。这类文件处在随时可以被调用、被浏览的状态,因此肯定需要披露。

第二种类型是“嵌入”(cmbedded)数据:“this is data which is not normally visible when a document is printed, although can be viewed on the screen. Word programs usually

[107] 这分类与定义最早是来自 Cohasset Associates 作出的报告:“White Paper: Trustworthy Storage and Management of Electronic Records: The Role of Optical Storage Technology 10”(April 2003)。

store information about when data files are created, when edited, by whom, and who has accessed them. Other examples are formulae for spreadsheets and calculations which are programmed into a system, but are not visible on printed out documents."这也就是被嵌入在电子文件中的数据,以电子方式是可以进行浏览的,但如果只是文件本身被转为纸质文件就未必会包括这些嵌入数据了。元数据(metadata)一般就会是嵌入的数据,在Cresswell Report中也提到了Word文档有嵌入数据记载该文档是在什么时候被谁制作(与编辑)等信息。还例如在Excel表格文件中还会包括表格数据之间的计算公式等。又例如电子邮件的附件也可以被认为是嵌入数据。

第三种类型是"副本"(replicant)或临时克隆文件:"this is automatically created by the desktop computer. Many programs have an automatic back up feature which creates and periodically saves copies of a file as the user works on it. These are intended to assist recovery of data caused by computer malfunction, power failure or when the computer is turned-off without the user saving the data. Examples of such data include automatic saves of draft documents, temporary copies of opened e-mail attachments and recovered files automatically available following a computer malfunction."这类数据会是在处理电子文件时,电脑系统自动生成的文件克隆备份(常常是在同一文件夹下的隐藏文件形式),以备万一出现设备、系统故障导致正在处理的文件由于未能及时存取导致无法再读取数据信息时,至少这个临时克隆文件可以减少损失。

第四种类型是"备份"(back-up)数据:"this is data held in a storage system. On the most basic level it can consist of offline storage in the form of a removable optical disk or magnetic tape media, which can be labelled and stored in a shelf (in contrast with near line data which is directly accessible from the computer and is readily accessible). Most organisations use back-up data to preserve information in case of a disaster. This can take various forms ranging from copying information stored on the system to a back-up system in the form of magnetic tapes or by sending files over the internet to a third party's computer (some companies even offer computer users free storage space on their web sites). The disadvantage with back-up systems is that usually the data is compressed and can be difficult and costly to retrieve."这类数据相对于第一种类型而言,可以被称为"离线"(off-line)数据,也就是相对于第一种会是存储在电脑硬盘中、可以随时存取的数据而言,这类数据可以存放在仓库的移动硬盘中,[108]也可以通过软件把电子数据归档(archive)后存储。备份数据会由于电子数据在备份过程中经过压缩等变动,因此无法直接浏览。

第五种也是最后一种类型被称为"残余"(residual)数据:"this is material deleted from

---

〔108〕 主要是区别于"近线"(near line)数据的概念。过去在线数据主要是电脑硬盘存储,优点是读写快捷但价格昂贵;而离线数据是备份磁带存储,价格低廉但读取不易。后来逐渐由于硬件设备的发展,开始有近线存储的数据,也就是价格与读取速度处于在线存储与离线存储之间。可以想到的是将来由于硬件设备的进一步发展,这些概念也可能会有不断地更新。

the user's active data and stored elsewhere on the database. Deleting a file or e-mail removes it from the user's active data, instead the data is stored elsewhere on the database and can become fragmented. The data can usually be retrieved with sufficient expertise and time. "这类数据实际上是在电脑上已经删除,但通过技术手段仍然有可能找回的数据。

一般而言,对于在线数据、嵌入数据、副本数据,由于较为容易存取或者是存取花费较小,因此在合理搜索的责任下需要采集是没有任何问题的。但是一旦涉及备份文件与被删除的文件,由于可能花费大量时间与金钱,因此就要在成比例的大原则下根据特定情况予以考虑。在 CPR PD 31B Para. 22 中对于备份系统中的数据是否要搜索也有指引,可以节录如下:"Depending on the circumstances, it may be reasonable to search all of the parties' electronic storage systems, or to search only some part of those systems. For example, it may be reasonable to decide not to search for documents coming into existence before a particular date, or to limit the search to documents in a particular place or places, or to documents falling into particular categories."

有关对备份系统的搜索,可见著名的 Digicel (St Lucia) Ltd v. Cable & Wireless plc (2008) EWHC 2522 (Ch)先例。此先例的案情已在本章之 2.1.2.2.2 段有介绍,在标准披露后,原告要求被告披露多类电子文件。被告的说法是在一般的标准披露中,律师已经针对一些特定的关键词在电子数据中进行了搜索并作出披露。

被告交给律师的电子数据包括了存储在 DVD、硬盘等介质中的 114 万多份文件。这些文件中包括了在有关期间有关人士的电子邮件(现有的服务器、电脑等中存储的电子邮件)以及通过关键词搜索得到的信息等。对这些文件经过专门的电子文件披露顾问公司以及律师的梳理(包括去除重复文件,对文件进行分类,将所有不同类型、编码、字体的电子文件转为统一可以阅读的版本)后,缩减到 19700 份文件。之后再由律师逐一审阅,最后披露了 5212 份文件(这些文件达到 28983 页,装订成了 83 个文件夹)。仅仅在这方面的工作被告就已经花费了 200 万英镑的费用,以及 17 万多英镑的杂费,律师的工作时间达到 6700 小时。

但原告仍然认为这并不足够,尤其是并没有搜索特定人士电子邮件账号的备份数据,因此申请法院作出特定披露命令。被告的主要说法就是这做法不成比例,包括由证人向法院介绍这些备份系统并不是为了一般情况下的随时查阅文件使用,要花费时间与金钱存取。具体而言,首先是重新归类与排序,费用在 100 英镑/盘,每 100 盘要花费 1 周左右的时间。接着再进行数据的恢复,需要 225 英镑/盘。考虑到这些磁盘都是动辄数百盘甚至上千盘,要花费的金钱与时间会是比较可观的。而且这些磁带中记录了公司的所有信息,绝大部分可能都与此先例没有关系。

但虽然在此先例中被告已经花费了大量时间与金钱进行披露,由于没有对备份磁带的搜索,仍然被法院认为并非是合理搜索。但法院也并没有要求被告对所有的备份磁带进行恢复与搜索,而是要求双方诉讼方重新讨论、尽量缩减需要恢复的备份磁带数量。[109]

---

〔109〕 类似这样的做法还可见 Abela v. Hammond Suddards (2008) EWHC 2999 (Ch)先例。

法院没有允许恢复与搜索备份磁带系统的先例也有很多:见 v. Hammond Suddards (A Firm)(2008)12 WLUK 57;Goodale v. Ministry of Justice(2009)EWHC B41(QB);Earles v. Barclays Bank Plc(2009)EWHC 2500(Merc);Fiddes v. Channel 4 Television Corporation(2010)EWHC Civ 516;Picard(Representative of Bernard L Madoff Investment Securities LLC)v. FIM Advisers LLP(2010)EWHC 1299(Ch)等先例。

需要着重指出的是,今天由于存储设备与技术的发展,在笔者看来在这方面的态度有改变的可能。尤其是硬盘(hard disk)存储设备价格的降低,看来对电子数据存储方式有了不小的改变,毕竟相比于磁带(tape),硬盘的读取速度要快而且容易得多。今天有大量的数据以硬盘为存储介质,这也使只要存储的方式恰当、有适当的分类与归档,对这些硬盘存储设备中数据的采集与搜索会方便与便宜得多。换言之,在将来对于备份数据的采集与搜索未必会有不成比例的困扰。

与备份磁带情况类似的,会是已删除文件。在本章之1.2.5段已经简单介绍过今天的存储设备中,电子文件即使被进行"删除"操作,仍然有可能恢复与找回。因此如果这些被删除的电子文件原本属于需要被披露的内容,问题就只是由于寻求IT专家的帮助恢复被删除的文件是否成比例了。

由于恢复被删除文件一般价格不菲,因此要诉讼方这样做在大部分案件中都是不成比例的:见 Bilta(UK)Ltd(in liquidation)v. Nazir(2010)EWHC 3227(Ch);Montpellier Estates Ltd v. Leeds City Council(2012)EWHC 1343(QB);Phaeston Ltd v. Ho(2012)EWHC 2756(QB)先例等。[110]

3.3.3　社交媒体信息的采集

在今天社交媒体(social media)被广泛使用,在人们的日常生活中占有了不少比重。这些包括是微博、抖音、Facebook、Twitter、Instagram、LinkedIn 等,甚至也会包括微信的朋友圈等内容。

社交媒体的用户人数众多。[111] 在2018年年底新华社报道的微博月活跃人数达到近4.5亿,[112]而同样在2018年年底 Facebook 的月活跃人数是23.2亿。[113] 更有大量信息被上传到社交媒体上,发帖人在发帖时往往也不会特意设防,更不用说这些往往是时机完美的当场文件(contemporaneous documents)。因此毫不奇怪的是在诉讼中也会用到这些社交媒体上的信息。

要参与社交媒体的用户(user)往往需要先建立自己在社交媒体上的账号

---

〔110〕 也可见 O'Leary v. Volkswagen Group Ireland Ltd(2015)IESC 35 爱尔兰先例。

〔111〕 例如 K Rose 的"UK Social Media Statistics for 2014"一文(参见 https://www.socialmediatoday.com/content/uk-social-media-statistics-2014)中介绍了在2013年/2014年,英国 Facebook 的用户数量超过3100多万(接近一半的英国人口);Twitter 有1500多万用户;LinkedIn 每天有超过6000万阅读量。

〔112〕 参见 http://www.xinhuanet.com/info/2018-12/24/c_137694847.htm。

〔113〕 这是 Facebook 自己在2019年1月30日发布的数据。

(account),[114]之后就可以用这个账号上传帖文(post),包括文字、链接、图片与视频等。用户还可以对谁可以浏览这些帖文进行限制,例如可以选择开放给所有人士浏览,又或者只能是自己此社交媒体中的"好友"(friend)[115]才能浏览,又或者是用户对自己的好友也进行了分组(如分成家人、工作伙伴、大学同学等)时选择只有特定组别的好友才能浏览。

在社交媒体平台上,还可以与其他用户进行各类互动。例如 Facebook、Twitter,又或者在微博上,在用户之间可以发送私信,或者是使用社交媒体上的即时通讯工具进行通讯。在用户之间还可以有特别的互动,包括关注,互相添加为"好友",查看别人的帖文以及转发、[116]点赞(like)、评论(comment)、[117]贴标签/标记(tag)或"@"[118]等。而对于自己的账号,用户也可以进行"删除"(delete)操作,包括删除特定的帖文,特定或全部私信内容,也包括对账号信息进行完全删除。[119] 对于账号信息,用户还可以选择将信息导出

---

[114] 用户需要以电子邮件与/或手机号码等信息进行登记,以及要求填写自己的个人信息。还有的时候需要填写进一步的真实个人信息(如身份证号码),或者是寻求社交媒体平台对自己账号进行确属本人的认证。但也有用户会随意填写并不真实的信息,又或者是故意假冒他人的信息。

[115] 社交媒体上的"好友"(friend),有的是用户 A 向用户 B 发送好友申请,用户 B 接受通过后,两人就可以成为社交媒体上的好友。有的用户会很随意地任意添加好友与接受好友申请,但也有很多用户是只会选择特定对象。也有的社交媒体上不采用"好友"的交互方式,而会是"关注"(follow),这会是用户 A 可以单方面地关注用户 B,用户 B 的帖文等内容就会被推送(push)到用户 A 的界面上,方便用户 A 看到。

[116] 转发是将用户 B 的帖文转发到自己(用户 A)的页面上,这样关注或者与用户 A 是好友的用户就可以看到用户 A 对帖文的转发。

[117] 用户 A 看到用户 B 的帖文等内容后,可以对内容进行点赞、评论等,而这些行为也都会留下记录,例如评论内容会显示是用户 A 对用户 B 的内容进行了评论。当然也有的社交媒体网站会允许用户进行匿名评论等。

[118] 例如用户 A 发布一张集体照,用户 A 就可以贴标签/标记(tag)照片中所有在该社交媒体上都有账号的其他所有用户(如用户 B 和用户 C),效果就是用户 B 和用户 C 的账号链接就会被显示在用户 A 这张帖文(集体照)中,用户 B 与用户 C 也会收到通知有这张照片被上传。类似的今天更常见的是各种"@"的功能,通过@其他用户,可以将其他用户的账号主页链接在自己的帖文中,并提醒该其他用户阅读等。

[119] 在不同的社交媒体上,账号删除的功能并不完全相同。例如在 Facebook 上,一般一个月后账号信息会从 Facebook 上永久删除,但 Facebook 会继续保留登录日志等信息 90 天:见 Facebook 的"Data Policy":https://www.facebook.com/about/privacy/your-info。又如在 LinkedIn 上,最后信息保留时间是 30 天。而且如果是雇主付费创建的账号,雇员是无法以个人名义要求删除的,见 https://www.linkedin.com/legal/user-agreement。还如 Twitter 上,在用户要求"关闭"(deactivate)账号后,Twitter 会保存账号信息 30 天后再永久删除,见 https//support. Twitter. com/articles/15358-how-to-deactivate-your-account。但账号删除并不意味着有关此账号的所有痕迹完全消失了,例如该账号发送给其他账号的私信,或者是在某个"群组"(group)中上传过的照片等,又或者是在用户注册账号时使用的电子邮件中曾经收到过的社交媒体发来有关账号的信息。今天微博也已经有可以注销账号的功能。这还有关今天热点的被遗忘权(the right to be forgotten),或者也被称为删除的权利(the right to erasure),也就是公民有权要求第三方删除自己的隐私信息。虽然有关被遗忘权目前也只有部分国家与地区有立法,例如欧盟的《European Union General Data Protection Regulation 2016》(GDPR)之 Article 17,但显然会是很强力的。只要在欧盟有分公司运营业务就会受到该立法的约束,见 Google Spain SL v. Agencia Espanola de Protection de Datos (2014) QB 1022 先例。因此如果用户本来注册了社交网站的账号,在不打算再使用账号时就可以注销账号,以及要求社交媒体删除有关自己的所有隐私信息。

(export)与归档(archive)[120]

现在很多见的是利用社交媒体上的帖文进行媒体宣传功能。美国联邦贸易委员会(Federal Trade Commission)就曾经在2013年发布过有关电子数据广告信息指引,其中就提到如果是社交媒体账号实际在自己的帖文中为某项产品做广告[如Twitter用户在账号下发送的推文(Tweets)中鼓吹某项产品的好处],需要在该帖文中陈述自己的利益关系(如自己与该产品的商家之间是否有合作,商家是否有金钱、产品上的赞助等)。[121] 类似地,在英国Jack Wills Ltd v. House of Fraser (Stores) Ltd (2014) EWHC 110 (Ch)先例也提到了今天社交媒体的这类功能:"An unusual feature of Jack Wills'(原告) promotional efforts from the outset has been its Seasonnaires programme. Seasonnaires are young adults, usually university students, who are contracted by Jack Wills for either a year or a holiday season to wear and promote Jack Wills clothing. They are selected for, among other qualities, their looks and their ability to influence others. They are given weekly missions to promote Jack Wills. Typically, they are involved in producing content for social media (including their Facebook and Twitter pages) and in organising and participating in promotional events, such as late night parties at Jack Wills stores and events at university freshers' fairs and balls. The Seasonnaires programme has evidently been very successful at promoting Jack Wills to its core target market."

也有一些社交媒体针对的是与Facebook、Twitter、微博等不同的对象。例如2008年开发并之后被微软收购的Yammer平台,该平台就面向与针对企业用户,提供企业内部社交功能。虽然今天Yammer看来已经式微,但曾经的Yammer拥有超过800万注册账号,全球500强企业里超过85%的员工都是Yammer的用户。

又例如LinkedIn(中文名为领英)就是面向商业客户的职业社交网站,用户可以制作、管理与分享自己的个人档案信息,展示自己的经历、背景与各种技能,维护在商业社交关系中认识与信任的联系人。其他的主要功能还包括利用这些"人脉"关系,通过他们的帖文分享与了解行业信息以及职业就业机会等。也有大量猎头通过领英平台网罗人才,以及有各类公司针对性地对特定群体人群发布广告、推广信息等。

当然,在此显然无法完全尽述社交媒体上的各种功能。不仅仅是每个社交媒体平台都有自己的特色与特别功能,而且也完全可以预见在将来用户之间的互动类型会越来越多。

---

[120] 在Facebook中是有导出账号信息的功能的,在账号设置界面有一项功能可以直接将账号信息,包括状态更新[或称信息墙(wall)]、私信聊天记录、照片与视频等保存到自己硬盘中的选定位置,但是这并不会将这些账号信息的元数据一并记录(也因此可能有真实性问题)。Twitter也有类似功能,在主页的设置选项里,有一项是"request your archives"。LinkedIn也允许用户将账号联系人的信息导出。但据笔者了解目前微博并没有导出账号信息的功能。而且除了社交平台本身以外,也会有第三方开发的软件,可以将自己的账号信息从社交平台上导出到自己的设备中。

[121] 对这方面有兴趣的读者还可见".com Disclosure: How to Make Effective Disclosures in Digital Advertising"(March 2013)一文,参见https://www.ftc.gov/sites/default/files/attachments/press-releases/ftc-staff-revises-online-advertising-disclosure-guidelines/130312dotcomdisclosures.pdf。

3.3.3.1　社交媒体信息被采纳用于诉讼

诉讼中社交媒体上的信息已经被广泛采纳作为证据。在美国诉讼中尤其如此:见 Offenback v. LM Bowman Inc, 2011 WL 2491371 (MD Pa June 22, 2011)先例,EEOC v. Simply Storage Mgmn LLC, 270 FRD 430 (SD Ind 2010)先例,Romano v. Steelcase Inc, 907 NYS 2d 650 (NY Sup, 21 September 2010)先例等。这包括在法院命令之下披露 Facebook、Myspace 的密码,以供查看账号中的私信、图片等内容。

在英国也有与社交媒体上的信息有关的先例。例如,Hays Specialist Recruitment (Holdings) Ltd v. Ions (2008) EWHC 745 (Ch)先例[122]中,原告申请诉前披露,指称被告违反限制性协议(restrictive covenants)将一些机密的客户信息上传到 LinkedIn,因此法院要求披露被告 LinkedIn 账号中的联系人以及有关的私信。又例如 Sloutsker v. Romanova (2015) EWHC 2053 (QB)先例中,被告以经济条件不好为理由缺席审判,原告呈上的证据之一就是被告在 Facebook 上传的照片,显示被告实际上生活非常奢华,从而被法院纳入考虑。

今天涉及社交媒体信息的争议类型包括劳动合约/雇佣关系的案件,见 Smith v. Trafford Housing Trust (2012) EWHC 3221 (Ch)先例;[123]欺诈案件,见 Locke v. Stuart (2011) EWHC 399 (QB)先例;[124]诽谤案件,例如可见 Lachaux v. Independent Printing Ltd (2015) EWHC 2242 (QB)先例,[125] Stocker v. Stocker (2015) EWHC 1634 (QB)先例,[126] Monroe v. Hopkins (2017) EWHC 433 (QB)先例[127]等;骚扰(harassment),见 Coulson v. Wilby (2014) EWHC 3404 (QB)先例;司法复核(judicial review),见 R (Ex parte Croydon Property Forum Ltd) v. Croydon LBC (2015) EWHC 2403 (Admin)先例;家事争议,见 Kaur v. Randhawa (2015) EWHC 1592 (Fam)先例,D (A Child: Habitual Residence: Consent and Acquiescence), Re (2015) EWHC 1562 (Fam)先例等;甚至是藐视法院的指控:见 Hancock, Re (2015) EWHC 2324 (Fam)先例。

在 Cirencester Friendly Society Ltd v. Parkin (2015) EWHC 1750 (QB)先例中,原告是提供收入保险的保险人(承保由于被保险人生病或意外伤害的风险)。被告作为被保险人指称自己患上慢性疲劳(倦)症候群(chronic fatigue syndrome, 简称 CFS,又称"myalgic encephalomyelitis")要求理赔。原告实际上已经作出一次赔付,但被告再次要求更多

---

〔122〕类似的还可见 British Waterways Board (t/a) Scottish Canals) v. Smith (unreported, EAT, 3 August 2015)先例,GameRetail Laws (unreported, EAT, 3 November 2014)先例。

〔123〕在此先例中,雇员在自己 Facebook 账号上传了帖文,转发了 BBC 有关同性恋婚姻的文章,在转发中评论说这是"过分的同权"("an equality too far")因此被公司辞退。

〔124〕保险人发现有一大批类似的道路交通事故要求理赔的案件可能涉嫌欺诈,而此先例中的原告/保险索赔人的案情也非常类似,因此保险人想要通过在 Facebook 上,此先例中的原告与其他类似道路交通事故受害人都是"好友"(friend)来显示是属于一系列欺诈的一部分。

〔125〕此先例中涉嫌原告指称被告诽谤(defamation),包括在 Facebook 上传播有关文章,法院接受 Facebook 上的点赞("likes")数量显示了原告的受影响程度。

〔126〕此先例原告指称被告在 Facebook 上的帖文(post)诽谤。

〔127〕此先例原告指称被告在 Twitter 上的推文(Tweets)诽谤。

的赔付因而产生争议。原告之后就发现被告虽然指称自己得病，但仍然频繁参与激烈的赛车活动。Youtube（不严格是社交媒体平台，但原则是一致的）上有关该赛车活动的视频就被交给法院作为证据。这看来也是法院认定被告实际上是欺诈，并没有真正受到伤病影响日常工作的原因之一。最后法院还判被告退还原告已经赔付的金钱。

而且社交媒体看来还会被法院作为送达（serve）的平台。在美国就有允许在 Facebook 作为替代送达（substitute service）手段的 In the Matter of a Support Proceeding Noel B v. Anna Maria A, 2014 NY Misc（Fam Ct, 12 September 2014）先例。在英国则可见 Blaney v. Persons（Unknown）（unreported, 1 October 2009）先例，在此先例中在 Twitter 上有不知名人士建立假冒其他 Twitter 用户的账号，被假冒的用户成功申请到法院颁布/作出禁令，并通过 Twitter 送达给该不知名人士/"Persons Unknown"（发送一个链接给该不知名人士，通过这个链接是一个显示了禁令全文的网页），这方面在本书第三章之 1.6.5 段也有介绍。在其他普通法国家还有类似先例，例如澳大利亚可见 MKM Capital Property Ltd v. Corbo（SC 608 of 2008）先例、Byrne & Howard（2010）FMCAfam 509 先例，新西兰则可见 Axe Market Gardens v. Craig Axe（CIV 2008 - 485 - 2676）先例等。

3.3.3.2 采集社交媒体信息和隐私权

个人的隐私权（privacy）在今天是重要的基本人权的一种，今天也有《欧洲人权公约》（ECHR）或者英国相应立法《Human Rights Act 1998》，欧盟还有《European Union General Data Protection Regulation 2016》（GDPR）立法。

对于社交媒体信息而言，很多是处于公有领域（public domain）的。例如微博或 Twitter 上的帖文（post），会是完全公开的，任何人都可以查看。这些内容也就不存在个人隐私的问题，即使原本会有个人隐私保护也可以说在公开发布帖文后已经弃权。

但是有的信息并非如此，例如有帖文是半公开只给特定人士查看，甚至有的帖文完全不公开只有自己能看到，又或者是用户在注册社交媒体账号（account）时输入的个人信息。对于这些信息而言，要求披露看来就可能与用户的隐私权产生冲突，尤其是在申请第三方披露令（Norwich Pharmacal Order）要求社交媒体平台披露用户信息时。有关第三方披露令的问题可见本书第二章之 4 段，针对网络电子平台，尤其可见 4.5.4 段介绍的 The Rugby Football Union v. Consolidated Information Services Ltd（2012）UKSC 55 先例与 4.9.6段介绍的 Patel v. UNITE the Union（2012）EWHC 92（QB）先例等。

各大社交媒体平台在用户建立账号时往往要求用户同意一系列的协议，其中就包括对账号数据的使用、管理条文。往往在这些条文中，社交媒体就保留了自己向第三方披露账号数据信息的权利。例如在 Facebook 的数据政策（Data Policy）[128]中向所有用户明示：

"We access, preserve and share your information with regulators, law enforcement or others: In response to a legal request（e. g. a search warrant, court order or subpoena）if we have a good-faith belief that the law requires us to do so. This may include responding to le-

---

〔128〕 参见 https://www.facebook.com/policy.php。

gal requests from jurisdictions outside of the United States when we have a good-faith belief that the response is required by law in that jurisdiction, affects users in that jurisdiction and is consistent with internationally recognised standards.

When we have a good-faith belief that it is necessary to: detect, prevent and address fraud, unauthorised use of the Products, breaches of our Terms or Policies, or other harmful or illegal activity; to protect ourselves (including our rights, property or Products), you or others, including as part of investigations or regulatory enquiries; or to prevent death or imminent bodily harm. For example, if relevant, we provide information to and receive information from third-party partners about the reliability of your account to prevent fraud, abuse and other harmful activity on and off our Products.

Information we receive about you (including financial transaction data related to purchases made with Facebook) can be accessed and preserved for an extended period when it is the subject of a legal request or obligation, governmental investigation or investigations of possible violations of our terms or policies, or otherwise to prevent harm. We also retain information from accounts disabled for term breaches for at least a year to prevent repeat abuse or other term breaches."

新浪微博的"个人信息保护政策"也有类似条文,[129]也可以节录如下:

"未经你本人允许,微博不会向任何第三方公开(包括共享、转让、公开披露等方式)你的个人信息,下列情形除外:(1)微博已经取得你或你监护人的授权或同意;(2)司法机关或行政机关基于法定程序要求微博披露的;(3)微博为维护自身合法权益而向用户提起诉讼或仲裁时;(4)根据你与微博相关服务条款、应用许可使用协议的约定;(5)在法律允许的范围内,为保障微博、微博用户以及社会公共利益免受损害时;(6)符合你与其他第三人之间有关约定的,你可以向特定的对象发送你的照片、身份信息、位置信息等,也可以基于微博的服务向不特定人共享自己的照片、位置信息、身份信息等。当你因为你的共享行为导致你的信息发生泄露等严重情况时,微博不承担相关法律责任。"

也因此,往往是用户在注册社交媒体平台账号时就已经同意了这些隐私条文,在其中会是已经部分放弃了自己隐私权或者是授权/允许了社交媒体平台使用自己的部分信息。而且在面对第三方披露令时,社交媒体平台一般是愿意协助与遵守法院命令的。

3.3.3.3 如何采集动态的社交媒体信息

与电子邮件或手机短信等内容不同,社交媒体上的信息非常多样化(如语音、图片、视频),也因此如何采集(collect)或"固定"[130]有关信息作为证据呈上会是需要斟酌的。毕竟一个重要问题就是社交媒体是在不断变化的动态(dynamic)之中的。例如帖文上传后被删除的情况还是很常见的。

---

[129] 参见 https://www.weibo.com/signup/v5/privacy。

[130] 在中国法的不少法律条文或解释中都采用了"固定"的说法,如最高人民法院《关于互联网法院审理案件若干问题的规定》第11条第2款。

在一些英国先例中采用的都是非常基本的网页快照/截屏(screenshots)与打印做法。这类是通过在社交媒体平台上搜索到特定页面后，截屏后存储为图片或PDF文件，又或者是直接从网页上进行打印、将当前网页内容打印成纸质文件，又或者是可以将当前网页内容另存为(save as)本地文件。例如在Smith v. Trafford Housing Trust (2012) EWHC 3221 (Ch)先例中，律师是将有关Facebook账号上的内容从网页上直接打印下来呈上给法院。[131] 在Applause Store Productions Ltd v. Raphael (2008) EWHC 1781 (QB)先例中，也有对Facebook账号的内容进行截屏/网页快照等处理。[132]

对于简单直接的案件，尤其是对方不会对这些证据的真实性有任何质疑的情况下，这种做法看来是非常方便与费用低廉的。但是对于复杂案件而言，简单的截屏处理就可能有问题。较重要的就是截屏等方式难以显示或证明自己截取的部分包括了完整的全部事实背景。例如在社交媒体网站上进行搜索时，搜索方式是否恰当，搜索的结果是否的确就是有关内容的全部结果？而且截屏处理的方式也无法获取社交媒体上数据的元数据(meta data)，而缺失元数据会导致证明文件真实性上的困难。

对于动态社交媒体上的信息而言，为了日常备份或者出于安全或文件管理的考虑，可以用社交媒体平台自己的归档(archive)功能，或者是第三方提供的各类程序与软件对自己的数据内容进行归档。据悉今天有大量各类程序或软件针对社交媒体信息的采集(包括进行网页快照的程序或软件)。[133] 这些采集工具可以对社交媒体上的各类信息进行捕获(capture)与采集，有的也会将元数据也一并包括在内。[134]

4. 对电子文件的处理和审阅

对电子文件进行采集/收集(collection)后，就需要对这些电子文件进行处理(processing)与审阅(review)。

简单而言，经过收集的电子文件仍然是原始数据(raw data)。例如特定人士电子邮件账号中的所有电子邮件，又如从备份磁带中恢复的所有文件。这些原始数据数量会特别巨大，尤其是今天动辄数TB的数据容量，包括了数千万份文件。在这数量巨大的原始数据中，往往存在有大量重复内容、数据格式多样化等问题。而对文件的处理(process)就是要将这些原始数据全部转换为尽量统一的可以阅读的格式，以及尽量减少文件数量

---

[131] 英国CPR下除非对方提出异议，否则提交的证据会被视为真实可采纳的证据，见CPR 32.19(1)，这方面内容还会在本章之5.5.3段进行介绍。

[132] 在此先例中，还涉及通过第三方披露令(Norwich Pharmacal Order)从Facebook获取了有关Facebook账号的活动记录(active log，包括何时在何地登录、IP地址是多少等)，这方面内容可见本书第二章之4段。

[133] 《面向Web Archive的社交媒体信息采集工具比较研究》一文就介绍了今天有60多种不同的信息采集工具，参见http://his.cssn.cn/glx_tsqbx/201801/t20180131_3834268_2.shtml。

[134] 例如ArchiveSocial、X1 Social Discovery等程序或软件。这类程序或软件非常多，有的是非常针对性地针对特定网站(如针对Flicker、Youtube、Twitter)，也有的广泛应用与所有网络信息。采用的技术手段也是多种多样。

和下一步审阅的工作量。

普通的纸质文件也需要审阅(review)。例如在发现可能存在争议时,公司法务部门就从公司各部门有关人士处收集、备妥了与此争议有关的文件,委任外部律师后将所有文件交给外部律师审阅。在审阅中需要重点关注文件是否对于争议有关联性(relevance)或是否针对了对方的披露要求,有关文件是否可以披露、是否受到特免权(privilege)保护等。在经过审阅排除无关文件、受特免权保护的文件后,剩下的部分会是在诉讼中提供(production)给对方、让对方查阅的文件证据。对电子文件而言在原则上是一致的,但电子文件即使经过处理之后数量仍然巨大,要人工逐一审阅可能要花费太多时间与金钱并不现实,此时就要依赖传统做法中没有的技术手段,例如通过预测编码(predictive coding)的技术辅助审阅(technology assisted review)等。

在对电子文件的处理与审阅中,目标是能够有效地排除与过滤(filtering)文件。但这其中是有风险的,如果排除的文件过多就可能被认为做法不合理,而如果排除的文件太少会被认为不足够。这就有需要重新处理与审阅的风险,就会造成巨大的时间与金钱上的浪费。典型的例子是 Digicel (St Lucia) Ltd v. Cable & Wireless Plc (2008) EWHC 2522 (Ch)先例中,被告已经在处理与审阅文件上花费了超过 200 万美元,但之后被法院认定并不足以需要重新来过。

更为麻烦的是披露方在披露文件时如果未好好进行处理与审阅,就会导致数量庞大的文件被披露,而其中很大部分可能根本是无用信息,还有很大部分根本无法审阅需要再进一步处理。查阅方就需要额外花费大量的时间与金钱。这不必要的负担被放在查阅方身上也是不公平的(也因此在今天英国诉讼中,如果披露方没有做好一些文件处理与审阅工作可能在费用上被惩罚)。

这也是为什么今天非常强调诉讼方之间尽量合作,毕竟如果诉讼方都达成一个大家都能接受的处理与审阅的标准,就会方便与稳定很多。但如果还没到争议解决的阶段,或者是诉讼方之间无法达成合作,则就要能够有让法院或仲裁庭可以接受与信服的做法。

4.1 EDRM 模型中对处理电子文件的指引

在 EDRM 模型针对处理的指引(processing guide)[135]中,对文件处理(process)阶段的主要目的描述为:"Some primary goals of processing are to discern at an item-level exactly what data is contained in the universe submitted; to record all item-level metadata as it existed prior to processing; and to enable defensible reduction of data by 'selecting' only appropriate items to move forward to review."

刚刚节录内容中提到了数据评估(assess data)、准备(prepare data)、选择(select and normalize data)、对处理结果的确认(validate output / exception handling)这四个步骤。在本段后文中也将详细进行一些讨论。

4.1.1 数据评估

一般而言,在争议过程中都会不断进行案件评估(case assessment)。例如在案件早

---

[135] 参见 https://www.edrm.net/frameworks-and-standards/edrm-model/processing/。

期,律师会对案件进行分析,看这个案件可能的索赔或抗辩理由,支持这个索赔或抗辩理由的事实或反面事实,以及现有的证据是否足以证明前述事实。在这过程中也会开始准备有关人士(*dramatis personae*)的列表、重要事件发生的时间顺序表等。

而此处所说的数据评估(data assessment)则仅仅是针对案件准备阶段或者是案件中披露阶段,针对数量庞大的电子文件,在实际开始处理(process)之前先对处理的策略(strategy)进行整体考虑[136]与计划。一般而言,需要考虑的内容包括需要对哪些内容进行处理(包括要恢复多少备份磁带),用哪些软件、什么方法进行处理,由谁进行处理,最后的结果如何进行确认等。

此时会在一大批文件中拿出小部分样本(sample)进行审阅,用来检测或估计这一大批文件中到底会有多少电子文件真正与争议有关联性。也会以样本等方式来测试特定的方法(如关键词搜索)是否可以达到令人满意的效果。

4.1.2　数据准备

对电子文件的准备,主要是将评估中计划继续处理的文件准备成可以审阅(review)的格式,以及对文件进行基本的索引(index)编制等。

4.1.2.1　数据准备的一般内容

在准备过程中,包括实际恢复备份磁带的内容,恢复已归档(archive)的文件(被归档的文件会以特别的归档文件形式存储,例如“.pst”文件,此时需要将文件重新恢复成普通文件,如电子邮件等),恢复被压缩文件(如“.rar”“.zip”文件)等。还包括文件如果本来被加密,此时就要找到密码将文件解开,如果密码已经遗失,还要考虑是否需要花费额外时间与金钱寻求专业人士解密。[137] 还包括将一些特别格式的文件[如所谓的“遗留数据”(legacy data),或者说是早已经过时不再被使用的数据],或者是付费软件专用的文件,转为一般可阅读的文件。

如果文件并非文字文件会需要考虑其他办法。例如录音文件(audio file),[138] 当然是可以仍然专门对录音文件进行人工审阅,又或者是人工听取并制作录音笔录(audio transcript),但可以想到的是在录音文件数量众多时,就会耗费大量的时间与金钱。今天也已

---

[136] 可以节录 EDRM 指引中对于哪些内容可以纳入考虑的解释:“Issues to examine: What data streams are to be processed. What complexities/trouble spots are typically associated with these data streams, including additional information that may be required for proper processing; What processing methodologies and/or vendors are most likely to be successful. Development of specific agreements re all processing steps including de-dupe methodology, culling (metadata based or other) strategy(有关‘de duplication’与‘culling’的去重技术将在本章之 4.1.3.3 段介绍), search strategy etc. Any risk factors involved (unanticipated data types, source data/media errors, unexpected volumes, etc.) QA methodologies during and post-processing. Exceptions handling. Reporting/audit trails. Acceptability criteria. Target formats and media. Communications/reporting protocols (timing and details). Delivery/production schedules, and hand off protocols, including rolling delivery if feasible. Roles and responsibilities. Exceptions handling protocols. Clear definition of success.”

[137] 如果是简单的密码甚至可能以分钟计算就能被解密。但有特别的加密方式要解密会非常复杂,需要专业人士花费数天甚至是数月时间才能进行解密。这都要在成比例的大原则下考量。

[138] 今天录音是非常常见的,在日常生活中与各类服务机构(如银行)等的电话咨询就通常是被录音的。

经有技术可以根据语音自动识别与制作笔录。甚至可以识别录音中的特定措辞/文字，无须转换成文字形式的录音笔录，就可以直接通过关键词搜索到特定的录音文件。但要注意的是通过这类技术自动转换录音文件为录音笔录，或者是识别录音关键词都有准确率的问题，需要在过程中进行评估（如通过样本测试），如果准确率过低，可能就是不合理的做法。类似的还例如扫描件，由于本身相当于是图片而并非文字，是没办法被一般软件直接搜索、编辑的，此时就要考虑采用 OCR 识别的做法，这将在本章之下一段进行介绍。

如果电子文件中有部分是以不同语言所写，就可以先采样，先翻译其中一部分预测这些文件中到底可能有多少与争议有关联性，以在成比例的原则下进行考虑是否要在数据准备中翻译这些文件。在 2016 年 10 月 10 日，Jackson 大法官就发表过一次讲座提到：

"**Foreign language.**〔139〕In some commercial cases there are many documents in foreign languages. Unless the legal team has the requisite capabilities, it is likely that the documents will need to be translated before any legal analysis can begin. This, of course, adds a new layer of costs. Where predictive coding or other TAR products (such as language detection software) are used successfully, this should (a) identify the material in foreign languages and (b) reduce the number of documents needing to be translated."〔140〕

在整个文件准备过程中，非常重要的是要注意元数据（metadata）不能在此过程中遗漏或被不小心修改，在此阶段可以寻求专家提前对元数据进行保存。〔141〕

4.1.2.2　扫描件的 OCR 识别

今天有不少电子文件都是对纸质文件扫描（scan）得到的。这些扫描件实际上就与照片一样，无法像编辑文本文件一样直接编辑其中的文字。

另外，在今天以及可以预见到的将来，由于绝大部分文件都会是电子文件，纸质文件相对较少。如果纸质确实是很少数，那分开进行人工审阅也无大碍；但如果只是相对较少，本身也有一定数量，看来现在的做法会是一并转为电子文件，与其他电子文件一起处理与审阅。实际上纸质文件通过扫描的方式，是可以方便地转为电子文件的。也有案件中法院的命令就是将所有文件转为电子文件进行披露与交出：见 CIP v. Galiford Try (2015) EWHC 481 (TCC)先例。〔142〕当然需要注意要保留元数据，就需要技术支援，对扫描件进行再次编码以记录原来纸质文件的元数据。

今天有针对扫描件进行文字、数字识别的技术"Optical Character Recognition"（OCR），实际是将图片也转为一般的文本文件，这样就可以与其他电子文件一样进行搜索（search）、编辑等操作了。

但就像通过软件自动转换录音文件为录音笔录，或者是识别录音中的关键词一样，今

---

〔139〕 有关翻译的问题，还可见本书第七章之 9.5.5 段。

〔140〕 参见 https://www.judiciary.uk/wp-content/uploads/2016/10/lj-jackson-speech-disclosure-10102016.pdf。

〔141〕 这会需要依赖技术支持，今天有一些已经发展起来的电子文件披露软件程序、电子文件披露顾问公司。

〔142〕 此先例中，虽然看来大部分文件都实际上是纸质文件，但法官的命令仍然是要求所有文件都以电子文件的形式提交。

天 OCR 软件的识别率会是能否被使用的关键问题。因此对于 OCR 识别的扫描件而言,需要先进行评估识别的准确率(如样本测试)再进行后续行为,否则就面临推倒重来、花费额外时间与金钱的风险:见 Smailes & Another v. McNally & Another (2015) EWHC 1755 (Ch)先例。

在 Smailes & Another v. McNally & Another 先例中,原告有 100 多箱纸质文件,在先大概排除了明显与争议无关的纸质文件后,还剩下超过 18 万份纸质文件。原告也委任了专门的电子文件披露顾问公司(此先例中的顾问公司名为 Unified,今天已经改名为 Inventus),将这些纸质文件交给 Unified,由后者进行扫描与上传。之后再进行 OCR 识别扫描件的内容。原告的说法是,这些文件会先经过负面关键词搜索(negative keyword search 或 exclusionary keyword search),排除明显无关以及排除受特免权保护的文件(如搜索律师的名字等),这就排除了 8 万多份文件。之后再经过正面关键词搜索(positive keyword search),找出可能有关联性的文件(如搜索特定交易经手人的名字、交易的参考编号等),才会进行人工对原始(没有经过 OCR 识别的)扫描件逐一审阅。问题是,被告指出 OCR 识别的扫描件有不少都很不清楚、[143]非常不准确,因此关键词搜索的方式一定会有大量的遗漏,包括经过负面关键词搜索排除的 8 万多份文件中估计有不少都是本来应该披露的。法院支持了被告的看法,基于不准确的 OCR 识别进行关键词搜索方式被法院认定为没有满足 CPR Rule 31.7(2)中合理搜索的责任。

当然需要指出的是,Smailes & Another v. McNally & Another 先例中法院的判法有另一个重要原因,是双方诉讼方事先并没有对 OCR 识别的问题进行约定。如果是已经作出约定,认可通过 OCR 识别扫描件的做法与能够接受有关软件程序的正确率,也就不会有这样的争议。在 CPR PD 31B Para. 34 就说:"A party should provide any available searchable OCR versions of Electronic Documents with the original. A party may however choose not to provide OCR versions of documents which have been redacted. If OCR versions are provided, they are provided on an 'as is' basis, with no assurance to the other party that the OCR versions are complete or accurate."在电子披露问卷调查(见本章之 2.1.5 段)中也有类似条文。

相反的例子可见 West African Gas Pipeline Company Ltd v. Willbros Global Holdings Inc (2012) EWHC 396 (TCC)先例,双方诉讼方同意以 OCR 识别进行文件选择(selection),但原告提供的 OCR 识别准确率很低,难以通过关键词搜索等方式进行过滤与选择,被告就以此作为理由之一申请法院要求原告承担浪费的费用。但针对这些 OCR 识别的文件,法院拒绝命令原告承担浪费费用,毕竟这是双方同意与能预期到 OCR 识别准确

---

〔143〕 可以简单节录在判决中引用的一段 OCR 识别的信件:"ATEIUIV[TRAINT-NG SERVICES LTD ([= a ~ r ~ n[~ tratton) … ~ e ~ A ~ u'm Training ~ e ~ Le ~ (~ e ~ ed ~ aa OE ~ ~ convenient) ~ d remu ~ v]L-'atton syste ~ IS'_In" very general ~ e ~ ns, such syste! na operate. iu. ~ he following. m ~ a ~ men ~ ~ mpany ~ co ~ ora ~ a ~ mp ~ y ~ d: ~ ges ~ r ~ ~ u ~ ~ hold ~ n ~ o ~ mo ~ s ~ cS ~ ~ he ~ mpan ~ (~ he ae ~ ce ~ mp ~ y) ~ ~ e ~ n ~ aet be ~ een the"这个 OCR 识别的版本根本无法读出信件内容到底是什么。

率低,Ramsey 大法官就说:"In the present case I do not consider that the difficulties in respect of searchable OCR copies… sufficient to merit an order for wasted costs. OCR copies of PDF files are never perfect. In this case there were a number that were unintelligible. It is difficult to know precisely how many came into the unintelligible category but I am not persuaded on the evidence that this was due to any error or that the problem was any greater than might be expected with the quality and type of documents on this project."

而且事先进行讨论时,双方诉讼方大可以对采用什么软件程序、由哪个技术顾问进行 OCR 识别达成一致。即使都无法达成一致,也大可以就将扫描件作为纸质文件一样看待,无论如何不会出现像 Smailes & Another v. McNally & Another 先例一样造成时间与金钱上的浪费了。从这个角度也可以看到在今天电子文件披露中诉讼方进行合作的重要性,也难怪要求与鼓励诉讼方合作在今天成为电子文件披露中的重要原则。

4.1.3 数据选择

如何选择(select)合适的电子文件交给后续的审阅(review)步骤是数据处理中的核心步骤。

在完成对数据的准备后,理想状态是所有可以一并处理的文件将被编制索引,一同整合在一起(如上传到电子文件披露顾问公司的平台等)。之后就可以对这大批量的文件选择(selection)其中的部分内容进行审阅。

与律师对文件的审阅不同,此处的选择主要是为了"过滤"(filter)文件,减少收费昂贵的律师所需要真正审阅的文件数量。也有对文件"剔除"(cull)的说法,这会是除了不将文件交给律师审阅以外,甚至会将文件从索引中一并删除。

4.1.3.1 过滤的手段

对大量电子文件进行过滤,除了要避免在这阶段就开始大量审阅以外,要在保留尽量多针对性的有关文件与不遗漏重要文件的基础上,尽量减少之后交给人工审阅的文件数量。

如果是从特定人士的电脑硬盘中拷贝出来的文件,或者是备份中恢复的文件,其中有相当大的部分都会是与案件完全无关的系统文件等。因此一般而言,过滤的第一步都会是排除这些显然无关的文件。今天有一种被称为"DeNISTing"的技术专门用来过滤此类文件。NIST 是美国商务部的一个部门"National Institute of Standards and Technology"的简称。NIST 下设"National Software Reference Library"(NSRL),会收集各种软件产品的信息,例如微软的软件信息。会对每一个文件都通过"哈希"(Hash)算法或生成字符串,有关这方面课题的问题会在本章之 4.1.3.3.1 段再介绍,简单而言是通过哈希算法可以根据文件及其内容计算出一个多位数(32 位、64 位或 128 位等)的散列值/"哈希值"(Hash Value),但凡文件有任何变动,都会导致数值发生变化。由于不同文件会有相同数值的情况非常罕见,因此这也常被称为该文件的电子指纹(electronic fingerprints)。在 NSRL 中,这些软件的电子指纹信息会被总称为"Reference Data Set"(RDS),并且每季度更新与公开一次。[144] 而 DeNISTing 在计算得到电子文件的电子指纹后,一旦与 RDS 中特定类型文件电子指纹(如 Windows 系统文件的电子指纹)一致,就可以进行过滤了。[145] 当然能够过滤的文件仅仅是非常有限的在 RDS 中所列出的几种文件,最常见的也就是电脑系统文件。

在 CPR PD 31B Para. 9 在鼓励诉讼方进行讨论时,也提到了一些过滤文件的手段,节录如下:"The parties and their legal representatives must also, before the first case management conference, discuss the disclosure of Electronic Documents. In some cases (for example heavy and complex cases) it may be appropriate to begin discussions before proceedings are commenced. The discussions should include (where appropriate) the following matters—…(3) the tools and techniques (if any) which should be considered to reduce the burden and cost of disclosure of Electronic Documents, including—(a) limiting disclosure of documents or certain categories of documents to **particular date ranges, to particular custodians of documents, or to particular types of documents**…"(加黑部分是笔者的强调)

在前述节录内容中,提到了一种很常见的文件过滤手段是依赖日期范围(data range)进行过滤。这也很好理解,毕竟只针对特定时间(如有关交易期间)的文件就可以排除大量其他文件。这与纸质文件的做法也是类似的,针对纸质文件的披露中,对日期范围过滤也是一个减少披露的重要手段。

但电子文件的特别之处在于,一份文件的"日期"往往会存在多个。例如一份 Word 文件,就会存在创建日期,最后被修改的日期,如果在文件中有批注、修订等内容还会分别有批注、修订的日期。再例如在表面看来一份电子邮件的发送日期被记载在邮件表面是很明确的,但一份电子邮件除了发送日期还会有这个电子邮件被打开的日期。更麻烦的是,如果不同人士之间存在时差,在不同人士的电脑中这份邮件的日期也会有所不同(被记录的会是本地时间)。另一个重要不同是电子文件的日期信息,除了例如电子邮件一样在文件内容中会写出来以外,更多数量的文件是从元数据(meta data)中进行提取的。在《The Electronic Evidence and E-Disclosure Handbook》(2016 年)一书之 7-006 段就说到这个问题,并指出好的做法是在处理过程中先保存了文件原始的元数据,单独另开文件记录各类文件的时间问题:"It is important to appreciate that generally, when working with electronic documents, the date of a document is taken from the metadata contained within the electronic file-typically the value in the 'Creation date' or 'Last Modified' date field… the Creation date that has been recorded is not always the actual date of a document—it may have been created by amending a much older document or, alternatively, the Creation date may have been inadvertently modified to a later date (copying and pasting files onto a different de-

---

[144] 有关 RDS 的更多信息可见:https://www.cfreds.nist.gov/。例如有关 Windows、Linux 的系统文件的电子指纹可见:https://www.cfreds.nist.gov/winreg/cfreds-2017-winreg/cfreds-2017-winreg.html。

[145] 这实际上与本章之 4.1.3.3.1 段介绍的过滤重复数据的手段有类似之处,不同之处是此时是通过与 RDS 中的文件电子指纹进行比对。

vice and inadvertently resetting the Creation date to the date the copying exercise is done). In the event that a problem with dates is identified, a solution often adopted is to create an additional 'master' date/time field to normalize, or create an agreed date/time for everyone to work from (leaving all the other original dates and time metadata field intact)."

在《Guidelines to the TeCSA/SCL/TeCBAR eDisclosure Protocol》(2015 年,0.2 版)之 Para. 4.3 至 Para. 4.4 段也有对根据日期范围过滤的指引,可以节录如下:

"The parties should set out in Appendix 1 to the eDisclosure Protocol the date range(s) to be applied to the party's disclosable documents. The date ranges may differ depending on the type of document or the custodian of that document (for example, a particular custodian may not have joined a project until a date after commencement on site and therefore his or her potentially disclosable documents will start at a later date than other custodians who started on an earlier date).

In some instances, disclosure may need to continue up to the present date. In this case, consideration should be given to how the parties will need to 'refresh' the documents they have extracted at a certain date with subsequent documents brought into existence after the date of extraction."

但需要注意的是,即使诉讼方之间约定了日期范围并已经完成了披露,仍然是有可以更改的余地,一般不会被认定为最终与有约束力:见 Electrical Waste Recycling Group Ltd v. Philips Electronics UK Ltd (2011) EWHC 3747 (Ch)先例。

在前文节录的 CPR 条文中还提到了电子文件的"保管人"(custodians)。在对文件进行数据评估时就已经列出了与争议有关的关键人士,如实际参与合约谈判的人士或者是交易过程中与对方进行书信往来的人士等。无论是己方为了诉讼准备文件,还是要求对方披露文件,首先针对的都会是这些有关人士所保管的文件,而其他完全无关人士所保管的文件就显然可以排除。即使是很大型的跨国公司,涉及特定交易的人数也只会是有限的,此时通过排除大量无关的保管人就可以排除很多文件。此外,即使是与特定交易有关,在情况适合时也可以再进行进一步限定,例如在 Goodale v. Ministry of Justice (2009) EWHC B41(QB)先例中,就在十几个保管人中找出了四个关键保管人(key custodians),只在这四个关键保管人保管的文件中进行处理与审阅。还需要注意的是,随着案件的发展与推进,在部分争议达成和解或者是不再重要时,还可以进一步排除一部分保管人保管的文件。

在 CPR 条文中还提到了根据文件类型(document type)过滤。在《Electronic Disclosure Law and Practice》(2017 年)一书之 11.48 段就举了一个很好的例子,也就是在一个建筑工地发生的有关工人健康与安全的案件,就与建筑工程图纸完全无关:"... in a health and safety case on a construction site, it may be wholly irrelevant to consider the construction drawing."而此时这些图纸所采用的文件格式(如 CAD 文件会采用的".dwg"格式)就可以完全过滤出去不需要再考虑。

4.1.3.2 关键词搜索

检索/搜索(search)是今天常见与常用的功能。例如在日常生活中,百度、谷歌等搜索引擎就被常常用到。而在电子文件中的关键词搜索(keyword search),简单而言就是在所有文件中找到包括特定关键词,或者某几个关键词的文件。

4.1.3.2.1 关键词搜索不够准确但足够实用

首先可以明确的是,要采用关键词搜索的方式,不可避免地会有文件被遗漏,但这不影响关键词搜索的方式能够满足今天的披露要求。在 Digicel (St Lucia) Ltd v. Cable and Wireless Plc (2008) EWHC 2522 (Ch)先例中,Morgan 大法官就指出:"If one were to adopt the 'leave no stone unturned' approach to disclosure then one would be more ready to add key words to those originally used by the Defendants. However, it will usually be wrong in principle to adopt that approach and, in my judgment, it would be wrong to adopt that approach in the circumstances of this case. One therefore has to consider the proportionality of adding an additional key word. For that purpose one has to form some sort of view as to the possible benefit to the Claimants of adding the key word and the possible burden to the Defendants of doing so. The burden to the Defendants will principally consist of the burden of manually reviewing a large number of irrelevant documents."

也很容易想到的是,即使是恰当的关键词,通过搜索得到的文件内容也未必就会是真正想要的文件。毕竟措辞/文字的使用离不开语境,只是单独出现的词语会有各种各样不同的含义。因此通过关键词搜索几乎不可避免会有假阳性(false positive)也就是包含关键词的文件并非真正想要的,或者假阴性(false negative)也就是不包含关键词的内容实际是想要的等情况。

但这不影响关键词搜索的实用性,在今天也确实是已经被普遍使用的处理电子文件进行过滤的一个重要方法。背后的原因在 Breezeway Overseas Ltd v. UBS AG (2012) SGHC 41 新加坡先例中,李兆坚(Lee Seiu Kin)大法官有很好的解释:

"Keyword searches are potentially both over and under inclusive. As any user of search engines would realise, false positives and false negatives are an inevitable result of attempting to identify relevant material through keyword searches. This should be contrasted with ocular review, which could theoretically ensure zero gaps in the identification of relevant material. However, when a large number of documents have to be reviewed, discrepancies inevitably arise due to fatigue and variances in each reviewer's subjective appreciation of the issues in dispute and threshold for relevance. When the documents to be reviewed exceed a certain volume, accurate ocular review becomes prohibitively costly and impracticable.[146]

---

[146] 所有文件都逐一由人工审阅是最理想的情况,但这也并不完美。一方面是人也难免有疏漏,另一方面在文件数量过于众多的时候,难以确保对每一份文件都有一致的审阅标准(会有各种原因,如这么多文件不会是同一个人审阅,即使是同一个人由于会花费如 1 个星期时间也难以保证在每个阶段都有完全一致的标准,审阅太多文件会疲倦与注意力不足)。也因此面对巨大数量的电子文件,也没有必要必须是逐一人工审阅了。

Imperfect as they are, therefore, keyword searches present a practical trade-off between achieving a theoretically complete set of relevant material and keeping costs proportionate to the value of the claim. As part of the e-discovery process of identifying relevant material, keyword searches provide a pragmatic solution where the costs of ocular review would be way out of proportion to the stakes in the case. "〔147〕

关键词搜索的"不完美"之处,在今天电子文件披露中并非不能接受。毕竟如果是"假阳性"的搜索结果,由于文件会再被交给律师审阅,是可以进一步排除无关文件的。还可以通过设置较为广泛的关键词,或者是设置多种关键词搜索,以减轻"假阴性"的问题。无论如何,在今天强调成比例的大原则下,关键词搜索几乎是每一个案件中,减少文件数量的一个重要方法。

在 CPR PD 31B Para. 9(3)(b)就特别提到诉讼方应当讨论是否采用关键词检索。在 CPR PD 31B Para. 25 也说难以对所有文件逐一审阅时,就可以采用关键词搜索:"It may be reasonable to search for Electronic Documents by means of Keyword Searches or other automated methods of searching if a full review of each and every document would be unreasonable. "

4.1.3.2.2 关键词的选择

在刚刚已经提到了对于关键词搜索而言,如何选择关键词会是至关重要的。在今天诉讼程序中关键词的选择会由诉讼方各自选择自己想要进行搜索的关键词,这样可以分别针对各自要披露的重点。此时仍然需要鼓励诉讼方在这个问题上进行合作,讨论出一个关键词列表进行搜索。需要注意的是关键词的挑选不是挑选一次就一劳永逸,毕竟如果争议焦点有变化时,需要搜索的关键词也就需要逐步进行改进。

但麻烦的地方在于对关键词应该如何进行选择?在 Victor Stanle Inc v. Creative Pipe Inc, 250 FRD 251(DMd, 29 May 2008)美国先例中,Paul Grimm 大法官就提到对于关键词的选择需要非常慎重,而且应当先通过样本测试(sample test)等方式进行确定。可以节录有关说法如下:"While Keyword searches have long been recognized as appropriate and helpful for ESI search and retrieval, there are well-known limitations and risks associated with them, and proper selection and implementation obviously involves technical, if not scientific knowledge... Selection of the appropriate search and information retrieval technique requires careful advance planning by persons qualified to design effective search methodology. The implementation of the methodology selected should be tested for quality assurance; and the party selecting the methodology must be prepared to explain the rationale for the method chosen to the court, demonstrate that it is appropriate for the task, and show that it was properly implemented. "

很显然如果简单地搜索某些常用的措辞/文字是意义不大的。这些常用的措辞/文字也包括公司业务中常用的措辞/文字,如人名等。因为太多这些常见词汇出现在文件中,

〔147〕 关键词搜索有自己的不完美之处,但这是向现实妥协的成比例与务实的做法。

绝大部分文件可能与针对的目的根本无关。类似的情况包括在公司的信件或电子邮件抬头、签名、尾注中的内容,如公司的名称、地址、电话等。还会包括惯用的连接词等,例如英语中的"a""as""that",或者是中文中的"的""等"这些措辞/文字。Digicel (St Lucia) Ltd v. Cable & Wireless Plc (2008) EWHC 2522 (Ch)先例中就提到说:"There is also a problem if one uses an **ordinary English word** as a key word. Such a word will throw up many documents which have got nothing to do with the issues in this case. An example is the word delay… Another difficulty arises with the use of Nortel(人名) as a key word. Nortel were involved in the interconnection process of the Claimants to the Defendants. But Nortel were also in communication with the Defendants in relation to many installations which did not concern Digicel and are not relevant to the issues in this action."(加黑部分是笔者的强调)

Goodale v. Ministry of Justice (2010) EWHC B40 (QB)先例中还提到要先进行样本测试(sample test):"It seems to me that the proper way of going about this in respect of the individuals is that the limited searches that could be run … should be run but without the actual physical review and production of those documents in the first place. We need to know how many documents each of the 31 terms are going to turn up to establish whether any may require a degree of fine-tuning. We also need to know the total number of documents that respond to this collection of search terms (acknowledging that the same documents may respond to more than one search term in many cases). There is probably going to be some question over whether all the 31 key words are necessary, because what little bit of sampling that has been done seems to reveal, that quite a few of them produce nil returns anyway."

在 Global Yellow Pages Ltd v. Promedia Directories Ptd Ltd (2013) SGHC 111 新加坡先例中,李兆坚(Lee Seiu Kin)大法官指出对于关键词的选择而言,不能看这关键词本身与争议是否有关联性(relevance),尤其是有时对关键词的搜索是在为争议解决进行准备或者是准备交出给规管机构的文件,此时也谈不上与争议有关联性。关键词本身可能根本与争议没任何关系而只是书信往来中有关人士的口头习惯。因此更应该关注关键词搜索得出结果的准确度(accuracy),换言之关键是搜索结果中有关文件有足够高的比例:

"Given that any keyword or set of keywords will produce false positives and false negatives, the concept of relevance (as traditionally understood) does not apply directly to the issue of which keywords should be used in searches of the relevant electronic devices. In other words, **it is not fruitful to focus on the concept of relevance in relation to keywords.** It must be remembered that the use of keyword searches can come in at a stage earlier than the traditional discovery process, eg, the use of keywords by a litigant to identify documents which are then reviewed by their solicitors for the purpose of giving general discovery. What a keyword search does is to identify documents containing the keywords—the search creates a subset of documents from the universal set containing all the documents in the relevant electronic devices. Within this subset there will exist relevant and irrelevant documents, just as there will exist relevant and irrelevant documents outside the subset. The best keyword searches are those that maximise the number of relevant documents and minimise the number of irrelevant documents within the subset. Such searches would be said to **have high accuracy**, ie, they **have a low proportion of false negatives and of false positives to the total number of documents within the universal set**. It is this concept of accuracy which is more pertinent in this context than the concept of relevance.

Thus, whenever the question arises as to whether a particular keyword or set of keywords should be used, **one of the salient questions is whether it has high accuracy. All other things being equal, the higher the accuracy of the proposed keyword or set of keywords, the more likely it will be that the court will grant an order that those keywords be used.** The concept of accuracy, in turn, has two facets. The inclusionary facet of accuracy deals with the correspondence between, on the one hand, the keywords, and, on the other hand, the documents sought and the issues in dispute. Generally speaking, the greater the correspondence between the keywords and the issues in dispute, the more likely it is that the keywords will result in relevant documents being included in the subset (and the lower the proportion of false negatives in the subset to the total number of documents in the universal set). Conversely, the exclusionary facet of accuracy deals with the exclusion of irrelevant documents from the subset. Generally speaking, where the keywords are not common words, it is more likely that irrelevant documents will be excluded from the subset (and the lower the proportion of false positives in the subset to the total number of documents in the universal set)."(加黑部分是笔者的强调)

至于如何才可以获得更好的准确度(accuracy),李兆坚大法官在 Breezeway Overseas Ltd v. UBS AG (2012) SGHC 41 新加坡先例中有较为详细的指引,可以节录如下:

"This is the approach which I think ought to be adopted in determining the relevance of keywords and the formulation of search terms. First, commence with the specific before expansion to broader search terms. Specific search terms would include the following:

(a) **Unique reference numbers**. For example, bank account numbers or client account numbers where the context is in a banking relationship. In the context of other commercial transactions, if one party has in place a file reference number or account identification number, these may be used as well. This very closely approximates the traditional paper filing system.[148]

(b) **Names of specific projects.** This can be an important keyword particularly where the dispute arises from a developmental project or commercial transaction which has been as-

[148] 今天各类商业往来,一般每一个特定交易甚至是每一次对话都会有特定的参考编号(reference number)。而如果是要找出与这特定交易有关的文件,通过此参考编号的搜索就会是非常有效的做法。毕竟这参考编号会是一连串数字或字母的组合,不太会在无关的场合被使用。

signed a project name, eg Robin Duane Littau v Astrata (Asia Pacific) Pte Ltd.[149]

(c) **Keywords which identify the key witnesses (or custodians)**. For example, e-mail addresses, contact numbers and names or initials. Search terms may be formulated based on such keywords. For example, e-mail addresses of two key witnesses appearing in the same e-mail in order to identify e-mail conversations between them, eg Robin Duane Littau v Astrata (Asia Pacific) Pte Ltd.[150]

(d) **Significant events and locations.** Depending on the facts, there may have been a significant meeting which took place. It has proven useful in some cases to make use of the meeting location or a short-hand reference to a key meeting as a search term. This may identify correspondence and documents that have been generated surrounding the event. However, care must be taken in selection of locations. In the present case, there were some meetings which took place at the offices of UBS. The search term 'Suntec meeting' did not turn up any hits in the preliminary search. Using 'Suntec' alone would have turned up too many, as the standard email footer from employees of UBS contains their office address, which is located in Suntec. However, locations have been useful as a keyword for some other cases, eg meeting at the lobby of Furama hotel.

Next, we can consider search terms incorporating keywords which are unique to the facts of the case or the context of the dispute. The capabilities of the search engine-viz the search operators available-to be used are particularly important for this stage.[151]

(a) **Product names.** Where the dispute centres around the purchase of certain product, the product may be used. However, one should bear in mind the facts of the case. Product names alone would, for example, be unsuitable if the product is one commonly sold by one of the parties.[152]

(b) **Unique phrases.** For some industries, there may be unique terms or phrases that can

---

[149] 类似地,很多时候特定交易会有自己的名称。例如造船合约下待建造的船名"Hull No.",建筑合约下待建造的大楼名等。

[150] 如果在特定交易中,有某些关键人物,这些人的名字或者是名字的缩写、惯用称呼就也适合作为关键词搜索。此先例中还提到的一个例子,是某交易中双方电邮往来的发件人,通过同时搜索这两个人名进行搜索。

[151] 这是对重要的事件及其地点作为关键词搜索。在今天诉讼中常见的是有的争议焦点涉及特定事件,如某次会议。此时如果可以通过这个会议的时间、地点、会议名称(包括正式名称以搜索到有关的笔录,以及双方对会议的代称、简写以搜索到有关的书信往来等内容)搜索,对于找出这个会议有关的文件会很有帮助。在此先例中也举了一个例子,在一家酒店(Furama hotel)举行会议,通过搜索酒店名称就能在书信往来中获得大量有关信息。而情况稍有不同,例如会议在被告的公司举行,如果再以会议地址(被告的公司地址,"Suntec")搜索就会得到太多文件,毕竟被告公司雇员的电子邮件的签名中都会包括公司地址,这准确率就过于低下了。而在此情况看来就要找寻其他有关的关键词,例如会议时间、会议的正式名称、代称、参会人员的姓名等进行搜索了。

[152] 这是交易中的产品(product)的名字。有的时候会是比较有用的,例如销售的是定制产品。但如果是普通被披露方大量出售的货物,就看来不会有什么帮助了。

be used to identify significant correspondence.

As has been observed elsewhere, we should**avoid words which are commonly used, either in daily usage or in the context of the industry**... Additionally, **words which are legal concepts that may be part of the lawyers' vocabulary and thought process may not always be helpful as keywords**, eg breach of contract, confidential, etc. If such keywords are to be used, the search term will have to be carefully crafted.

The choice of keywords and formulation of search terms depends on the facts of each case and the issues in dispute. The guidelines and approach set out above provides a means to navigate these waters, but cannot be in any way considered definitive or exhaustive. Further, familiarity with the capabilities of the search engine to be used will in almost all cases be particularly helpful.[153] This will assist the court in formulating search terms which could include keywords which are common words, as in this case."(加黑部分是笔者的强调)

从上述节录部分也可以看出,对于关键词的选择而言,非常需要紧密结合每一个案件中的特定情况。而且这也往往需要与最熟悉情况的诉讼方进行沟通,毕竟诉讼方自己才最清楚针对哪些特定问题,哪些关键词才会是最合适的。而且诉讼方会有自己的语言风格,会用到的措辞/文字律师不会知道。

4.1.3.2.3 各种搜索的技巧和技术

在搜索中,也有一些可以被用到的技巧与技术。笔者并非这些技巧与技术的专家,但在此可以对一些常见的搜索技巧与技术进行简单介绍。

一个常见的技术是布尔搜索法(boolean search 或 boolean retrieval),简单而言是在关键词之间添加布尔连接词(boolean connectors),在所有文件中搜索到符合该连接词连接逻辑的文件。常见的布尔连接词有"与"(And)、"或"(Or)以及"非"(Not)等。通过例子来解释,假设有关键词 A 与关键词 B,搜索"A 与 B"("A and B"),意味着必须是同时包含 A 与 B 的文件;搜索"A 或 B"("A or B")意味着包含 A、包含 B 以及包含 A 与 B 的文件;搜索"A 非 B"("A not B")意味着包含 A 同时不包含 B 的文件。还有其他的布尔连接词,例如"between",搜索"C between A and B"意味着同时包含 A、B 与 C 三个关键词,而且 C 出现在 A 后、B 前(会是允许在 A、B、C 中间还有其他措辞/文字)。又如"within X(数字)",即搜索"A B Within 10"意味着同时包含 A、B 这两个关键词,而且这两个关键词相距不超过 10 个字。

通配符搜索法(wildcard search)也是很常见的技术。简单而言,通配符(wildcard)是一系列的字符,星号("*"),[154] 问号("?")、加号("+")、减号("-")双引号("""")等都属于此类。在搜索中,通配符可以用来代替一个单词/字,此时也被称为全词通配符(full-word wildcard);或是一个单词中的部分字母,此时也被称为词间通配符(partial-

[153] 这种针对特定搜索软件可以采用的技巧与方法,可见本章下一段的介绍。

[154] 百度看来暂时不支持"*"搜索。

word wildcard)。有的搜索软件只允许全词通配符的搜索,[155]而有的也支持词间通配符的搜索。[156]不同的通配符有不同的意义。[157]以星号为例,在作为全词通配符时可以代表某个单词或汉字,例如要搜索"meeting with John Doe",但是 John Doe 时常被简写为"J Doe",而一旦被简写后,搜索"John Doe"的结果看来就会略过很多这些简写的情况了。但通过搜索"meeting with * Doe"就能够搜索到所有包含全名与简写名字的结果。又如加上双引号,搜索"提单与其他付运单证",就只会搜索到包含措辞/文字完全一致的文件,相反地如果没有加上双引号,在文件中只要是出现过这些单个汉字,无论是否在一个词组中,也无论前后顺序如何,都会被搜索到。

常见的还有模糊词搜索(fuzzy search)。所谓模糊词,也就是允许与输入的关键词有偏差的单词或汉字也可以被搜索到。而这个允许的偏差程度或者是"模糊"的程度则可根据设定而有所不同。模糊词搜索在特定情况中是比较好用的,例如通过 OCR 识别的扫描件,通过模糊词搜索能够解决一部分由于 OCR 识别可能存在的错误或乱码问题。对于英文的模糊搜索,可以因部分字词的拼写不同而被忽略,例如允许 m 和 n 的模糊,则对"John Doe"的搜索就会将"Johm Doe"被包括在搜索结果中。

还有词干搜索(stemming search),即基于词干进行搜索。例如"searched""searching"等措辞/文字都是基于"search"这个词干,搜索 search 时就都可以搜索到这些。类似的还有基于近义词的近义词搜索(synonym search)。

在今天有一种更先进的搜索方式称为"概念搜索"(concept search)。毕竟即使是同样的措辞/文字也会有不同的含义或"概念",到底是什么含义是需要结合语境(context)综合看待的。因此这类搜索实际上针对的是含义,而不仅仅是传统的关键词的措辞/文字,如 Excite 就是著名的应用了"概念搜索"的公共搜索引擎。

4.1.3.2.4 关键词搜索的缺陷

关键词搜索是有自身缺陷的。很明显无论是以什么关键词检索,也无论是留下包含关键词的内容,还是排除不包含关键词的内容,又或者以两者结合的办法进行搜索,有关文件都可能被遗漏或者被错误排除。CPR PD 31B Paras. 26 &27 就明确指出了由于各种原因导致会遗漏重要文件(可以想到的情况是关键词选择地太狭窄或是有关文件的内容难以通过关键词搜索进行过滤),或经过搜索得到的文件数量仍然太多(可以想到的情况会是关键词选择得太宽松),就不适合关键词搜索。节录有关部分如下:

"26 However, it will often be insufficient to use simple Keyword Searches or other automated methods of searching alone. The injudicious use of Keyword Searches and other automated search techniques—(1) may result in failure to find important documents which ought to be disclosed, and/or (2) may find excessive quantities of irrelevant documents, which if disclosed would place an excessive burden in time and cost on the party to whom disclosure is

---

[155] Google 看来就是只支持全词通配符的搜索,见 http://www.googleguide.com/crafting_queries.html。

[156] 例如,Yahoo 搜索等。

[157] 例如,星号或问号可以指代单词、汉字或者是单个字母,等号("=")有时被用来代指数字。

given.

27 The parties should consider supplementing Keyword Searches and other automated searches with additional techniques such as individually reviewing certain documents or categories of documents (for example important documents generated by key personnel) and taking such other steps as may be required in order to justify the selection to the court."

还会存在的问题是关键词搜索只能是搜索文字信息,对图片信息就会无能为力。而即使是可以转为文字的音频,或者是通过 OCR 识别的扫描件,之后再以模糊搜索等搜索技巧与技术进行搜索,也只能克服一部分问题。

在《The Electronic Evidence and E-Disclosure Handbook》(2016 年)一书之 7-022 段针对关键词搜索时的建议,这些建议包括:(1)进行早期的案件分析以了解具体案件事实。(2)确保准备足够多的措辞/文字作为关键词备选。这需要依赖特定案件的情况进行判断,一般建议需要准备 30~50 个。(3)律师需要与客户进行大量沟通,毕竟只有客户才知道在书信往来等各类文件中,惯用什么样的措辞/文字,又或者是涉及的专业领域的专有名词、特殊用法等。(4)由于可能涉及不同语言,因此要考虑到对文件中可能的其他语言的措辞/文字进行搜索。(5)要对关键词搜索的流程与有关技术有了解,足够向法院或仲裁庭解释为什么这样的文件选择方式是合理与可以被接受的。这就需要有经验的律师与/或顾问公司的参与与配合。这会包括需要采用与了解样本测试(sample test)的做法,以统计学数据的方式来展示特定关键词与搜索技术的合理与有效。也包括对搜索过程留下记录,包括过程中内部以及与对方律师的书信往来以及对关键词、搜索技术的选择等,还需要注意对被排除文件的保存。(6)关键词搜索需要进行多次。一方面是了解更多情况后,就可能需要重新进行关键词的挑选与搜索。另一方面是在通过一些关键词搜索后得到的结果不满意时,会需要重新挑选关键词进行搜索。

4.1.3.3 过滤重复数据/去重

英国科技与建筑事务律师协会(the Technology and Construction Solicitors Association,简称 TeCSA)以及科技与建筑出庭律师协会(Technology and Construction Bar Association,简称 TeCBAR)等共同针对今天英国法院诉讼中电子披露问题准备的议定书(Protocol):《TeCSA / SCL / TeCBAR eDisclosure Protocol》,在对这份议定书的指引《Guidelines to the TeCSA/SCL/TeCBAR eDisclosure Protocol》之 Para. 4.10 针对什么是"过滤重复数据"(filter duplicate data)或"去重"(de-duplicate)这样说:"De-duplication is the process whereby emails and other electronic files are removed from a population of documents if they are deemed to be a duplicate of another document within the same population."

是否去重需要结合案件事实予以考虑。举个例子,如果某位人士在什么时间点掌握了什么文件、何时第一次看到该文件是重要事实,就不能轻易去重。该文件的内容会在多处出现,如果是该人士第一次拿到的电子文件被作为重复的内容而被去重的操作排除,就会带来麻烦。这时候就要考虑将重复文件都"链接"(link)起来的做法,也就是暂时不排除任何文件,但是只要对这些重复文件的其中一份进行标记、分类,所有"链接"的文件就都会被打上同样的标记或被作出同样的分类。毕竟去重是为了减少审阅的文件数量,通过连接的做法只要对一份进行审阅，其他内容一致的地方就无须再次审阅了，但同时仍然在原始位置保存了文件，在搜索或审阅时仍然能够了解有关信息。

但去重是非常重要的减少需要审阅的文件数量的手段。例如 Omni Laboratories Inc v. Eden Energy Ltd（2011）EWHC 2169（TCC）先例中搜索到的3.8万份文件，过滤了重复部分后剩下 2 万份。又例如 Pyrrho Investments Ltd v. MWB Property Ltd（2016）EWHC 256（Ch）先例中原本文件数量超过 1760 万份，经过过滤重复文件就只剩下大约 300 万份。

如果在成比例下应当去重，但诉讼方没有这么做就把大量文件交给对方查阅，[158] 就可能被法院判处费用惩罚：见 West African Gas Pipeline Company Ltd v. Willbros Global Holdings Inc（2012）EWHC 396（TCC）先例。在此先例中原告委任被告的子公司建造西非的天然气管道，由被告作为担保人。在建造过程中由于各种原因原告终止与被告子公司的合约，另找其他人士完成管道建造，并在事后向被告子公司以及被告索赔额外花费的费用作为损失。在诉讼中被告申请到法院命令原告披露相当多各种类型的文件。之后被告就指称原告的文件披露方式存在多个方面的不妥，主要包括以零散（piecemeal）的方式在披露，以及其中有太多的重复文件对自己查阅文件造成了重大麻烦，为此甚至花费了超过 180 万英镑的费用，因此被告申请法院对原告作出费用惩罚。

看来原告委任的电子文件披露顾问确实没能很好地处理重复文件的问题。[159] 原告之后委任了另一家顾问公司，在自己披露的文件中找出了数万份没有被过滤的重复文件。法院在之后判处费用惩罚时的一个重要原因[160] 就是原告在披露中没能做好过滤重复文件。可以简单节录判词中针对原告没能过滤重复文件的部分如下："Disclosure in complex international construction projects is always difficult … particularly in the context of electronic disclosure, mean that time and costs have been wasted as a result of errors made in providing WAPCo's（原告）disclosure. I accept that there must be some give and take between parties and their solicitors in relation to difficulties which inevitably arise in the course of e-disclosure and require to be dealt with by cooperation by the parties and their lawyers. However there will be cases where the court may properly exercise its discretion and make an order for one party to pay costs under CPR 44.3 if, having regard to all the circumstances, the conduct of a party in relation to disclosure justifies that order. It is, in my judgment, only generally in

---

[158] 这种大规模过度披露（massive over-disclosure 或 document dumping）也可见本书第七章之 7.6 段与 7.7 段。

[159] 原告原本委任的是一间名为"Hobs Legal Docs Limited"的公司，事后原告重新委任了另一家顾问公司"Ernst and Young"就批评了自己"前任"的这方面工作："the cause of the issues regarding de-duplication are technically very complex and multi-faceted and whilst Herbert Smith（原告的代表律师）and（原告）sought to address these issues in the shortest possible time, the investigation and provision of reliable solutions has required some time."

[160] 除了未能做好去重以外，还有其他两方面原因。一方面是未能在开始阶段就识别与采集应当采集的文件导致浪费时间与金钱。另一方面是很多应披露的文件都没有披露，被法院认定是披露方对文件的审阅机制有问题。

cases where there had been a mistake or error which has had significant consequences in terms of time and cost that the court will generally make an order for costs which have been wasted. In my judgment the mistakes or errors in disclosure which do sound in terms of wasted costs are essentially because of three problems. The first is the failure properly to de-duplicate documents which has inevitably led to wasted time and costs in reviewing a number of copies of the same document. Whilst I accept that de-duplication of electronic documents has a number of technically complex facets, if appropriate software is properly applied it can remove multiple copies of the same or similar documents. In this case, the extent of the failure of de-duplication… indicates that there was a serious failure in the de-duplication process. Where that happens, I consider that it is a case where the Court should properly exercise its discretion to deal with the costs wasted by that error…"

4.1.3.3.1 过滤重复数据的手段

今天常常采用一种基于哈希算法/函数(Hash Algorithm)〔161〕的技术手段过滤数据。笔者并非这方面专家,但可以简单地理解这种手段,是基于哈希算法根据一份文件的格式与内容可以生成一个字符串,这又被称为散列值/哈希值(Hash Value)。这个字符串会有很长的位数,〔162〕而且一般只有相同的内容才会计算出相同的字符串,不同文件得出相同字符串的概率微乎其微(据说是少于10亿分之一)。因此基于哈希算法根据一份文件计算出的字符串有时被称为这份文件的数据"指纹",如果两份文件的数据指纹相同,就可以肯定这是重复文件。因此只要对所有需要处理的电子文件先用哈希算法得出每一份文件的"指纹",然后对于同样指纹的数据进行排除,就完成了对重复文件的过滤。

但基于哈希算法的过滤也有弊端,因为常常发生的情况是两份文件内容高度重复,但又不完全一模一样,甚至是文件内容完全一样只是文件格式不同,此时计算出的字符串就会有所不同,在哈希算法下就不被认为是重复的文件。但如果站在自然人的角度来看,可能两份文件仅仅是格式不同(如一份是RTF/DOC格式的Word文件,另一份是PDF文件),但内容完全相同,没有理由不被作为重复文件。又或者是今天常见的用各种电脑、手机软件发送电邮时常会在最后加上一句脚注,例如"从ABC的华为手机发送",或者是"sent from Microsoft Outlook"等,一旦加上这句话后,文件的字符串就会不同,无法仅依赖哈希算法计算哈希值来去重,但从内容上来看这显然是重复的。

也因此今天还有一些其他的做法,例如"近似去重"(near de-duplicate)。通过软件程序进行近似去重,并不根据文件计算字符串,而是识别文件的内容,由软件判断两份文件的重复率。如果重复率达到一定程度就被视为同一个文件族(family)。今天的软件程序还可以在识别之后,对两份文件中的不同之处进行比对。找出不同的文件族后,只要审阅了某文件族中的一份文件,该文件族中其他的"近似重复"(near duplicate)文件就不用再

〔161〕 据悉这类算法包括"Secure Hash Algorithm - 1"(SHA - 1),"Message Digest Algorithm 5"(MDA - 5)。

〔162〕 根据哈希算法的不同,字符串会是16位、32位、64位、128位不等,很显然位数越少,之后的过滤就会更高效。但同时位数越少可能就会导致越高的不准确性,或者说是两份不同文件得到同样的字符串。

逐字逐句仔细审阅,而只要注意近似重复文件的不同之处就可以。很多时候文件中的细微差别会对文件的主旨等没什么影响,这时采用这种做法在审阅文件时就能很方便地快速过滤大量文件。但有时会是差之毫厘谬以千里,甚至这细小差别就是关键性的不同。而要采用近似去重的做法就会有风险,因此仍然是有诉讼方的讨论与约定最为保险。在《Guidelines to the TeCSA/SCL/TeCBAR eDisclosure Protocol》(2015 年,第0.2 版)之 Paragraphs 4.12 就说:

"A difficulty lies with documents which are considered to be 'near duplicates', such as a document which exists in its native MS Word format as well as in a scanned PDF or where the same email has been sent to several recipients, all of which have been captured in the extraction process because each recipient has been identified as a key custodian of data (such de-duplication could be done on the basis of comparing the date and time of the email as sent). There are ways to deal with 'near-duplicates' which parties should discuss with each other and with the third party service provider, if they have one.

The following wording might be considered appropriate in relation to de-duplication, though more extensive levels of de-duplication are possible: 'Duplication will be considered at a family group level—i. e. all the documents within a family group (that is, the host or parent document together with the attachments) will be treated as duplicates if the entire family group is duplicated elsewhere within the collection. An attachment will not be treated as a duplicate if it is merely duplicated elsewhere as an individual, stand-alone document.'"

另外,针对电子邮件还有一个常见问题是有太多重复的副本,例如 A 发送给 B 的邮件,B 的回复、转发、抄送等操作都会使得这封邮件被重复。往往是一系列书信往来之后,A 发送给 B 的那封邮件就已经重复了很多次了。今天有所谓的电子邮件线程(email threading)或会话群组(conversation group)技术,将这类实际上属于同一系列书信往来的邮件都集中在一起。今天各类公共电子邮件服务商也都有提供类似服务(如 gmail、hotmail 的会话群组等)事后经过审阅如果是无关内容,则这一系列的书信往来都可以排除。

4.1.3.3.2 先搜索关键词再去重

一般而言,过滤重复数据应当在其他过滤方法(如关键词搜索等)完成之后再进行。在《The Electronic Evidence and E-Disclosure Handbook》(2016 年)一书之 7-012 段也提到了先过滤重复文件,才根据日期范围(date range)过滤文件的危险之处。也就是如果重复文件有的在日期范围内而有的在范围外,则先过滤重复文件就可能导致被留下的文件是日期范围外,此时再根据日期范围过滤,就会把所有这内容的文件(这可能是关键证据)都过滤掉了:"... it is a lottery as to which copies of a file will get stripped out when de-duplicating content. For example, if the de-duplication is done prematurely, and is run prior to running keyword searches, it is entirely possible that the copies of a keyword responsive file that are within the Date Range will be taken out— leaving only a keyword responsive copy that could be outside the Date Range (and will therefore be ignored and not subsequently reviewed)."

在《Electronic Disclosure Law and Practice》(2017 年)一书之 11.81 段给出的建议则是在文件的处理阶段先不过滤这些重复的文件,而只是将他们“链接”(link)在一起。经过各种过滤手段选择了恰当的文件进行审阅时,审阅一份文件后就可以不用再详细审阅同样的重复文件。可以节录有关部分如下:“It is suggested that duplicates and ‘near duplicates’ should not be removed from the dataset before review. Rather, any documents that are identified as being likely duplicates or near duplicates should be tagged as such and linked to their original document families. Near duplicates should be tagged and set aside to be reviewed by a member of the legal team before a decision is made as to whether the individual documents are relevant and disclosable. In this way, problems will not arise as a result of overly ambitious reliance on near de-duplication.”

4.2 对电子文件的审阅

在对电子文件选择(selection)后,接下来就会开始审阅(review)文件。在 EDRM 的“Review Guide”中,针对审阅指出一般而言有以下这些目标:“The review objectives may evolve as a case progresses through the litigation. As it does, it is the responsibility of the review manager to update the review guidelines so that they remain current with the ongoing review. The following represents a few types of review that may be undertaken: Determine the relevancy of the information or documents collected or produced;[163] Use database fields, marks or tags within the application to categorize documents;[164] Determine whether or not any privilege applies to the documents subject to production;[165] Determine to which request(s) for production the documents are responsive;[166] Identify documents that should be marked as ‘confidential’ or have portions redacted;[167] Relate key documents to alleged facts or legal issues previously outlined in the case;[168] Relate key documents to key players who may testify about the documents.”[169]

从刚刚节录的“目标”可以看到,在审阅部分也是真正对文件内容与细节进行仔细判断的阶段。这也就不难理解,对文件的审阅占据了披露过程中费用上的主要部分。

4.2.1 针对电子文件的软件程序

对纸质文件的审阅,也就是由律师对文件逐一审阅,找出其中属于应当披露的文件,以及标记虽属可以披露但可依赖特免权或其他理由拒绝交出给对方的文件或是遮盖文件内容。但是电子文件一旦涉及数据量庞大的情况(在复杂与大型案件中电子文件的数量

---

[163] 对自己采集/收集或对方提交文件的关联性进行判断。

[164] 对文件进行分类与标记。

[165] 对文件是否受到特免权(privilege)保护进行判断。

[166] 对文件是否回应了披露要求进行判断。

[167] 找出应该被标记为机密或者是应该部分遮盖的文件。

[168] 将有关文件与陈述的案件事实联系在一起。

[169] 将有关文件与可能作证的证人联系在一起。

一般都会很大),在今天就必然需要软件[170]的协助,对电子文件进行标记、分类以及遮盖等操作。而且还会涉及通过预测编码(predictive coding)进行技术辅助审阅(technology assisted review)。

4.2.2 技术辅助审阅和预测编码

电子文件披露的重点与核心问题,就是如何在浩若烟海的电子文件中采取最有效率的办法,在尽可能排除杂项的情况下找到确有关联(标准披露中的有利或不利)的部分。而技术辅助审阅(technology assisted review)以及所用到的预测编码(predictive coding)是今天在这方面的重要发展。

简单而言,技术辅助审阅是由律师或其他人士对计算机软件程序进行训练(train),使软件程序"学习"其中的规律和逻辑能够自己审阅数据。也就是由律师先审阅一批文件[这批可以称为种子组(Seed Set)]并对文件内容进行判断(对文件内容进行标记与分类),再让进行预测编码的软件程序分析与"学习"这些判断后对所有电子文件作出判断。当然之后还会在软件的判断中挑选一部分作为样本组(sample set)让律师复核,看是否足够令人满意。之后还涉及让软件程序的再次学习等。而笔者在此所称预测编码,仅仅是狭义地指代在技术辅助审阅过程中软件程序所采用的编码。

可以看到实际上是在人工审阅的基础上由软件程序通过预测编码来进行辅助审阅更多文件的方式,这也是为什么被称为技术"辅助"审阅。这还被称为智能审阅(intelligent review)、电脑辅助审阅(computer assisted review),或者文件内容分析法(content-based analysis)等。正如 Monique Da Silva Moore, et al v. Publicis Groupe & MSL Group, No 11 Civ 1279 (ALC) (AJP) (SDNY, 26 April 2012)先例中,Peck 大法官所说:"The Court recognizes that computer-assisted review is not a magic, Staples-easy-Buttons, solution appropriate for all case. The technology exists and should be used where appropriate, but it is not a case of machine replacing humans: it is the process used and the interaction of man and machine that the court needs to examine."

4.2.2.1 技术辅助审阅和预测编码的发展

在电子文件披露中适用预测编码的做法最早出现在美国联邦法院的司法实践中:见 Monique Da Silva Moore, et al. v. Publicis Groupe & MSL Group, No 11 Civ 1279 (ALC) (AJP) (SDNY, 26 April 2012); National Day Laborer Org Network v. US Immigration & Customs Enforcement Agency, 877 F Supp 2d 87 (SDNY 2012)先例等。

---

[170] 《The Electronic Evdence and E-Disclosure Handbook》(2016 年)一书之 7-029 段介绍了一些今天专门针对审阅与文件分析的软件,包括"Case Logistix (by Carswell)""Equivio Relevance""Merill Lextranet""Relativity (by k Cura)""Ringtail (by FTI Technology)""Web Review and Analysis (by Nuix)""Xera (by iConect)"等。也有一些同时提供数据评估(Data Assessment,见本章之 4.1.1 段)与文件审阅的软件程序,包括"Axcelerate eDiscovery suite (by Recommind)""Consilio Product Suite (by Consilio)""DocuMatrix (by Epiq Systems)""eTrium (by Control Risks)""Ontrack Advancement & Inview (by Kroll Ontrack)""Relativity (by kCura)""Reprise (by cicayda)""Stroz Software (by Stroz Friedberg)""Summation (by AccessData)""Viewpoint (by Lateral Data)""Workstation (by Nuix)""ZyLAB System (by ZyLAB)等。

在首次允许使用预测编码的 Monique Da Silva Moore, et al. v. Publicis Groupe & MSL Group 先例中,涉及了对被告采集的300万份电子邮件如何审阅的问题,对预测编码问题有所研究的 Peck 大法官就说:"... while some lawyers still consider manual review to be the gold standard, that is a myth as statistics clearly show that computerized searches (特指技术辅助审阅) are at least as accurate, if not more so than manual review."

经过几年发展后,在 Rio Tinto Plc v. Vale SA, 1:14 - cv - 3042 (SDNY, 2 Mar 2015) 先例中甚至明确指出采用技术辅助审阅文件的方式已经是完全可以被法院接受的做法:"... where the producing party wants to utilize (technology assisted review) for document review, courts will permit it."

据说英国采用技术辅助审阅也已经有一段时间,[171] 自2016年也开始在一些先例中见到适用技术辅助审阅的做法:见 Pyrrho Investments Ltd v. MWB Property Ltd (2016) EWHC 256 (Ch);Brown v. BCA Trading (2016) EWHC 1464 (Ch)先例等。在 Pyrrho Investments Ltd v. MWB Property Ltd 先例中,Mathews 大法官指出技术辅助审阅正是 CPR PD 31B Para. 27 中所说的额外的技术(additional techniques)的做法。[172] 在澳大利亚也可见 McConnell Dowell Constructors (Aust) Pty Ltd v. Santam Ltd (2016) VSC 734 先例等。

技术辅助审阅的技术手段是在不断更新的,例如早期的预测编码中,软件程序只是对文件是否有关联性进行判断,标记文件为"有"或"没有"关联。也有软件程序会对文件的关联程度进行打分,而诉讼方可以通过样本组的结果,选择将特定分数以上的文件认为有足够关联性。在之后还开始有软件程序的多次"学习"功能,在每一次律师对样本组进行复核或再次审阅后,软件程序还会进行二次学习,以达到每一次审阅都使得更近似律师审阅的效果。

技术辅助审阅也会适用在多种情况中。例如,在争议早期或者是争议还没开始时,公司需要对内部电子文件进行浏览时,也可以通过技术辅助审阅的方法找出大量文件中的有关文件,又或者是在自己电子文件中要排除受特免权保护的文件。再或者是在对方披露后,在对方提供的大量电子文件中尽量找到自己想要的文件等。

技术辅助审阅有几方面的好处。最重要的就是在费用上的节省。在 Pyrrho Investments Ltd v. MWB Property Ltd 先例中,经过被告申请原告恢复了备份磁带上超过1760万份的文件,即使是去重后也有超过300万份电子文件。如果要对这些文件逐一进行人工审阅,预计费用是700万英镑,而技术辅助审阅的预算,则是18万~47万英镑。而且费用问题会是法院考虑成比例的一个重要因素。例如在 Brown v. BCA Trading 先例中,

---

〔171〕 据说是在 TCC 法庭开始逐渐采用这个做法,但早期大家对这个做法的采用大多是在双方同意之下进行,也因此较少见到产生争议从而有被报道的先例。

〔172〕 可以节录 CPR PD 31B Para. 27:"The parties should consider supplementing Keyword Searches and other automated searches with additional techniques such as individually reviewing certain documents or categories of documents (for example important documents generated by key personnel) and taking such other steps as may be required in order to justify the selection to the court."

涉及文件总数量小得多(50 万份文件),传统人工审阅费用在 30 万英镑,而技术辅助审阅费用是 13 万英镑左右,虽然有一方诉讼方反对适用技术辅助审阅,但法院仍然认为采用技术辅助审阅是合理与成比例的。

技术辅助审阅的另一个好处是有较为稳定的判断标准。在一般情况下对文件的审阅,尤其是大量文件的审阅往往不会是同一位人士进行。而是会有几个高级律师与多个初级律师、律师助理甚至是专门委任的其他人士对文件审阅进行合作与分工。而技术辅助审阅则一般会是从特定人士(往往是有经验、熟悉案件的高级律师)的审阅中进行学习,因此反而有更稳定与一致的结果。

4.2.2.2 技术辅助审阅的流程

什么是预测编码以及有关软件程序如何达到"学习"的效果并非本书要讨论的内容,笔者也非这方面专家。但是对于可能涉及争议,以及需要进行的电子文件披露而言,如果要使用技术辅助审阅的做法,就很显然要能够证明在特定的案件争议中,为什么技术辅助审阅可以达到理想效果,以及为什么适合使用。这就需要简单了解技术辅助审阅的流程与做法。

首先需要澄清的是,对预测编码本身一般而言不会有太多质疑。软件系统、预测编码到底是采用了什么样的算法(algorithms)、采用了什么样的技术对于并非这方面专业人士的法官或仲裁庭来说也并不十分关心。正如《Electronic Disclosure Law and Practice》(2017 年)一书之 12.26 段所说:"The algorithms behind each of those processes are complex, and predictive coding systems often use a combination of methods to assess data. Given the complexity and evolution of predictive coding software and given the proprietary nature of such software, it is likely to be rare that challenges to predictive coding will rest on the nature of the software itself."

对于花费了大量时间与金钱开发软件程序与算法的软件商而言,也是不太会愿意将自己的商业机密在公开法院上进行展示与阐述的。对于法院或仲裁庭而言,到底是什么样的算法看来并不能证明什么问题,更重要的是要能够解释为什么采用这软件程序、预测编码能够达到理想效果,节约时间与金钱。

技术辅助审阅并非一成不变的程序,由于目的是在案件争议中成比例地对电子数据文件作出披露,因此非常需要结合每一个不同的案件争议来看如何进行技术辅助审阅比较恰当。而且伴随着技术手段的进步,看来技术辅助审阅的做法也会不断有发展与革新。在此不妨介绍在 Pyrrho Investments Ltd v. MWB Property Ltd (2016) EWHC 256 (Ch)先例中,被 Matthews 大法官提到与在该先例中被认可的一种技术辅助审阅做法:

1. 首先由诉讼方谈妥有关的细节,例如要对哪些电子文件采用技术辅助审阅,如何挑选种子组(seed set)、样本组(sample set),由哪些人士进行种子组中的文件审阅,哪些人士对软件作出的判断通过样本组进行审核或再次审阅,可以接受的置信水平(confidence

level)、[173]错误率[174]是多少等。这也正是在 CPR 下要求双方诉讼方可以尽量合作的大精神。

2. 其次要将选择出来的电子文件[175]输入软件程序。

3. 再次在被输入的电子文件中选出种子组用来"训练"软件。种子组文件的多少要结合总文件数量的多少与类型进行考虑(在 Pyrrho Investments Ltd v. MWB Property Ltd 先例中,申请采用预测编码的被告就建议用 1600 份到 1800 份文件进行训练)。律师会逐一审阅种子组中的文件,对每一份都进行标记、归类,对文件是否与争议有关(relevant)作出判断。软件则对律师的操作进行分析,解析同类操作的共性,同类操作的文件都采用了什么样的措辞/文字等,并据此对所有文件都进行一次判断。

在这个学习过程中,很显然需要保持对审阅文件标准上的一致性,否则对软件的训练是无法得到较好效果的。也因此在此先例中,Matthews 大法官就指出由一位(避免多个律师分别审阅部分的情况)有经验与熟悉案件的高级律师对整个种子组进行审阅。而且在审阅过程中如果发现存在疑问、并不合适作为范例/"种子"的文件要排除出种子组:"… it is essential that the criteria for relevance be consistently applied… So the best practice would be for a single, senior lawyer who has mastered the issues in the case to consider the whole sample."

让单独一位有经验与熟悉案件的律师审阅全部种子组确实是理想的做法,虽然并不是在每一个案件中都必须这样,但如果审阅的人士数量太多可能不被法院接受。反面的例子就可见 Triumph Controls UK v. Primus International Holding (2018) EWHC 176 (TCC)先例,此先例中的审阅由 10 位律师助理、4 位律师进行,这就被法官批评:"There is a further point about the number of people involved in the CAR(技术辅助审阅,computer assisted review) process. The evidence suggested that there were perhaps ten paralegals and four associates involved in the searches. It is not apparent that there was any overseeing senior lawyer, and certainly not one undertaking the role advocated in Pyrrho. So whilst the recommendation in that case may be regarded as a counsel of perfection, I think that Mr Pepperall (不满意原告做法的被告委任的代表律师) is right to say that the sheer volume of those involved with the CAR system in this case may mean that it has not been 'educated' as well as

---

[173] 置信水平是统计学的概念,在此可以简单理解为重复技术辅助审阅能得出的类似结果的可能性。也就是在所有电子文件中挑选特定大小的种子组,是否会得到类似结果的机会。例如总数量是 10 万份文件,通过一次随机抽取 1000 份文件作为种子组,软件程序判断与 2 万份文件有关。如果从 10 万份文件中再重新随机抽取 1000 份文件,同样会得出 2 万份文件属于有关的可能性在 95%,置信水平就是 95%。

[174] 错误率也同样是统计学概念,在此可以简单理解为数据偏差的范围。刚刚已经提到置信水平中是以特定数量提取样本能得到类似结果的概率,而错误率也就是类似结果之间的偏差大小的范围。例如 ±5% 的错误率,意味着如果以 1000 份文件的种子组,经过软件程序判断出 2 万份属于有关的文件,再进行任意挑选 1000 份文件的种子组,软件程序判断出的有关文件数量在 2 万 ±5%。

[175] 数据选择见本章之 4.1.3 段。技术辅助审阅在现在仍然主要针对文字文件,如果是照片、视频、音频等内容,就并不包括在内而需要人工审阅了。

it might have been, particularly in respect of the criteria for relevance."

由于种子组会是软件程序的学习来源(之后律师的复核从功能上来看只是对种子组训练、学习结果的修正),因此种子组如何挑选是至关重要的。在挑选种子组上,可以采用诉讼方事先准备好的一批文件,例如诉讼方为了诉讼已经完成收集的内部文件中的一部分,这会节省时间与金钱,而且挑选出来的文件全都是已经筛选过的"有关"文件;但这个做法也显而易见存在问题,因为没有"无关"的文件以供软件对比与学习,还会涉及是否有诉讼方自己"挑选樱桃"(cherry picking)[176]的风险。

挑选种子组也有采用针对特定争议或事件的办法进行挑选,例如从样本中搜索出有关该特定争议或事件的特定关键词(如人名、项目名)等的文件,选择其中的前 500 份文件作为种子组。这样做的好处是显然不会被大量的无关电子文件所困扰。

还有的办法是以完全随机(random)的方式进行挑选,这样看来可以很好地代表需要审阅文件的整体水平,但相比于已经筛选过的有关文件,就与此先例中一样需要由律师逐份审阅种子组中的所有文件才能够让软件程序进行"学习",在种子组数量也较多时就需要考虑审阅需要额外时间与金钱是否成比例了。

挑选种子组的做法并不限于前述这几种,而且还可以是多种方式的综合,例如其中 2/3 随机挑选,1/3 采用针对性挑选(如让原告和被告各自用关键词搜索出的文件中选择一定数量)。

4. 最后软件作出判断(标记、归类等),判断结果要再由律师复核。这会通过抽取样本组(sample set)进行审核。样本抽取越大,显然可能审核出的错漏就会更多,改正之后软件的判断就会更准确,但这样也就会导致律师对样本组的复核/再次审阅需要花费更多的时间与金钱,这就又是合理与成比例的考虑。

具体而言,会是由一位律师在没有参考软件判断结果的前提下,对样本组中的文件逐一审阅。律师判断与软件判断的不同之处,则可以交给高级律师审阅,对于确属软件判断错误的情况则需要反馈给软件,让软件进一步"学习"。这个过程会反复重复多次,直到软件判断错误的概率低到可以容忍的水平。[177] 此时可以认为再多一轮审核所能找出的软件判断错误的概率,与所花费的时间与金钱之间不成比例,因此可以不再继续就依赖这一份软件判断报告。

例如,在 Pyrrho Investments Ltd v. MWB Property Ltd 先例中,申请技术辅助审阅被告建议让软件采用 8 批次到 12 批次的学习。虽然这样律师要实际审阅的文件也并不少,

---

〔176〕 所谓的"挑选樱桃",可见本书第十二章之 4.2 段的介绍。

〔177〕 这包括软件系统给出文件的准确率(precision)与召回率(recall)的达标。简单的理解是,准确率在这里是软件系统判断属于有关联性的文件中,有多少确实有关联性;而召回率则可以理解为是软件系统判断属于有关联性的文件占所有关联性文件的总数。或者换言之,准确率显示了软件系统的判断是否准确,而召回率显示了软件系统是否可以识别出足够多的有关文件。以简单的例子来显示,假设总文件数量为 10 万份,而其中有 4 万份是真正有关联性的文件。经过软件系统的判断有 2 万份文件有关联性,而其中有 1.5 万份确实属于真正有关联性的文件。则此时的准确率就是 75%(1.5 万/2 万),而召回率就是 37.5%(1.5 万/4 万)。显然对于说服法院或仲裁庭来说,这两个数字越高越好。

但如果与电子文件中的所有文件数量相比就是“小巫见大巫”了(在前述先例中的电子文件超过300万份)。

4.2.2.3　技术辅助审阅面临的问题

技术辅助审阅的一个重要问题是准确性。在实践中适用技术辅助审阅,有很多人都是持有审慎态度的。这也完全可以理解,毕竟对于例如律师来说,要信任预测编码背后自己并不了解的算法与程序的确会有疑问。从表面上来看,人工对文件逐一审阅也是传统做法与理想的情况。

然而人工审阅绝非完美(在人工审阅过程中出现错漏也几乎难以避免),技术辅助审阅在最后结果上也未必更差。在今天来看有不少学者都对人工审阅与技术辅助审阅哪个准确度更高进行调查研究,并认为技术辅助审阅甚至可能取得更好的结果:见2007年的“The Sedona Conference, The Sedona Conference Best Practices Commentary on the Use of Search and Information Retrieval Methods in E-Discovery, 8 SEDONA CONF J 189”,[178] Douglas W Oard等的“Overview of the TREC 2008 Legal Track”[2008年,NIST Special Publication: Sp 500 - 277, The Seventeenth Text Retrieval Conference (Trec 2008) Proceedings 8],[179] Bruce Hedin等人的“Overview of the TREC 2009 Legal Track”[2009年,NIST Special Publication: Sp 500 - 278, The Eighteenth Text Retrieval Conference (Trec 2009) Proceedings 16 & Tbl 5],[180] Maura R Grossman and Gordon V Cormack的“Technology-Assisted Review in E-Discovery Can Be More Effective and More Efficient Than Exahustive Manual Review”(2011年,Richmond Journal of Law and Technology, Vol XVII, Issue 3)一文[181]等。

在一些先例中也已经提到了技术辅助审阅被采用并不会有什么困难,例如在Pyrrho Investments Ltd v. MWB Property Ltd (2016) EWHC 256 (Ch)先例中,Matthews大法官就说:“... there is no evidence to show that the use of predictive coding software leads to less accurate disclosure being given than, say, manual review alone or keyword searches and manual review combined.”

当然技术辅助审阅是否确实有更高的准确性现在仍然有争议。而且技术辅助审阅需要结合案件中的不同细节进行审阅,还会依赖对种子组审阅律师的水平、电子文件是否由很多有不同语言风格的人士制作、电子文件内容是否很复杂等各种因素。例如,种子组审阅律师本身就水平不够,则“训练”出来的预测编码在对文件的审阅上就只会做得更差。

---

[178] 此文第199页说:“... there appears to be a myth that manual review by humans of large amounts of information is as accurate and complete as possible-perhaps even perfect-and constitutes the gold standard by which all searches should be measured. Even assuming that the profession had the time and resources to continue to conduct manual review of massive sets of electronic data sets (which it does not), the relative efficacy of that approach versus utilizing newly developed automated methods of review remains very much open to debate.”

[179] 参见http://trec.nist.gov/pubs/trec17/papers/LEGAL.OVERVIEW08.pdf。

[180] 参见http://treclegal.umiacs.umd.edu/LegalOverview09.pdf。

[181] 参见http://jolt.richmond.edu/jolt-archive/v17i3/article11.pdf。

可以预计到随着技术水平的不断提高,技术辅助审阅的准确性也会随之提高。至少在今天重视成比例的趋势下,只要能够显示出依赖的技术辅助审阅有与人工审阅近似的准确度,加上相比之下费用上的减少,就较容易获得法院或仲裁庭的支持允许使用技术辅助审阅。

因此向法院或仲裁庭提出建议的一方代表律师需要有一定的统计学知识。这当然并不是说律师也要是统计学专家,但至少有足够的基本知识向法院解释。这就包括要解释预测编码结果的置信水平(confidence level)、误差率(margin of error)、准确率(precision)、召回率(recall)等内容。[182] 这也是今天在很多案件中律师所需要的技巧,在很多案件中有关技术性的问题(如知识产权)实际上是依赖专家给出的意见,但问题是专家往往没有经验与技巧向法院展示,而需要律师将专家的意见有技巧地展示给法院。

有不少情况中也并不适合采用技术辅助审阅。技术辅助审阅并不是价格低廉的做法,而是为了针对数量过多的电子文件,所适用的成比例做法。如果文件数量本身就不多,或者是案件争议金额较小,就没必要采用技术辅助审阅。另外,如果是音频、视频、图片等信息,在目前看来还难以与文字信息一同技术辅助审阅,这类信息会被挑选出来单独人工审阅。

技术辅助审阅还有其他存在问题与受到质疑的地方。例如软件程序判断后的大批文件中,会容易有本受特免权(privilege)保护的文件不小心错误地交出给对方(inadvertant disclosure)的情况。尤其是在诉讼程序中将本受特免权保护的文件交给对方可能是对特免权的弃权:见本书第十二章。[183] 但在前文中已经提到了,今天完全可以通过软件程序对特免权的问题也进行判断,单独将有特免权的文件标记与区分出来。除此以外,由于经过软件程序判断后的文件已经大幅减少,因此这也是适合过滤有特免权保护文件的时机。但当然最合适的是双方诉讼方能够合作,预先拟定电子文件的回补协议(clawback agreement)或者是不弃权协议(non-waiver agreement),也就是事先在双方之间约定即使诉讼中将本受特免权保护的文件交给对方,并非对特免权弃权,事后可以回补、取回有关文件。例如在《TeCSA / SCL / TeCBAR eDisclosure Protocol》(2015 年,第 0.2 版)之 Paragraph 7 专门针对这个问题,可以节录该部分如下:

"7.1　The parties [agree/do not agree] that if the whole or part of a document is subject to a claim of privilege or that it is irrelevant but confidential it will be dealt with as follows: (a) It will be allocated a Document ID. (b) If that document is an attachment to another document (referred to as the 'host' or 'parent' document), the document ID of the host/parent document will be identified (unless that fact itself is privileged or confidential). (c) It will be given a document description that does not disclose the information that is the subject of the claim of privilege or confidentiality. (d) If the claim of privilege or confidentiality relates to the whole document, it will be represented by a single placeholder page with

〔182〕　见本章之 4.2.2.2 段脚注中的介绍。

〔183〕　在本书第十二章之 6 段还会提到很多法律上的救济。这对电子文件当然是一样适用的。

the words 'Document subject to claim of privilege/confidentiality' inserted under the Document ID. (e) If the claim of privilege or confidentiality concerns a part of a document, that part will be clearly redacted.

7.2 The parties agree to ask the court to give a direction in the following terms (to apply in place of CPR 31.20[184]): (1) If any party receives material from another party which the receiving party knows or reasonably ought to know was inadvertently produced, or if the producing party notifies the receiving party that it has inadvertently produced to the receiving party a privileged or confidential document, the receiving party will (a) immediately cease to review that material, (b) promptly return that material to the producing party or destroy it, and (c) make no use of that material or its contents for any purpose, unless (i) the Court rejects the asserted ground for withholding production or decides that the disclosure was not inadvertent, or (ii) the claim to be entitled to withhold production is withdrawn by the producing party. (2) The parties have agreed that the inadvertent disclosure of such material will not amount to a waiver of privilege."

回补协议的写法是千变万化与需要结合案情的,但前述议定书会是一个很好的起点。需要注意的是在回补协议中有一些不能遗漏的重点。最重要的就是被不小心错误交给对方的电子文件并非弃权,例如前述议定书之 Para. 7.2(2)就是对这个精神的明示措辞/文字。当然还会有其他特定案件需要针对的问题,例如要保证文件的机密性不能丧失,如果确实出现不小心错误交出的文件如何提出与退回的办法等。[185]

4.2.2.4 对技术辅助审阅的展望

在大型复杂案件中,今天技术辅助审阅虽然相比人工审阅能够节省大量时间与金钱,但只是就本身而言并非便宜的做法。但可以预见到的是随着技术的发展与创新,如果可以能够以更少的种子组、样本组的人工审阅,就能达到更好的效果,则技术辅助审阅看来就可能变成普遍与广泛应用的做法了。毕竟文件数量多的情况下,技术辅助审阅在成比例(proportionality)上是有巨大优势的。

而这当然是离不开律师与技术顾问的积极合作,能够有一系列被国际社会所接受与认可的预测编码软件程序,这样就不至于有预测编码的透明度(transparency)问题,诉讼方、法院、仲裁庭都不用质疑这软件程序所得出的预测,可以直观地通过数字与比例看是否成比例问题以决定电子文件披露如何进行。

这当然也离不开双方诉讼方之间的积极合作。毕竟今天诉讼中披露的趋势是要求双

---

[184] 可以节录 CPR Rule 31.20:"Where a party inadvertently allows a privileged document to be inspected, the party who has inspected the document may use it or its contents only with the permission of the court."

[185] 例如,在美国的回补协议做法中还常见无过错("no fault"或者"irrespective of care")等措辞/文字以针对美国《Federal Rule of Evidence》之 Rule 502 的要求:见"Electronic Discovery & Records Management-Tip of the Month: Best Practices for Preparing a Clawback Agreement"(Mayer Brown Newsletter, 31 October 2012)一文(https://www.mayerbrown.com/en/perspectives-events/publications/2012/10/electronic-discovery--records-management--tip-of-t)。

方诉讼方在程序与步骤问题上采取合作态度,如果能够就技术辅助审阅问题理性地达成一致,显然是更有效率与节省费用的做法。而至少在今天看来,如果确实是能够成比例,即使是一方诉讼方并不同意采用技术辅助审阅,也会被法院命令:见 Pyrrho Investments Ltd v. MWB Property Ltd (2016) EWHC 256 (Ch)先例。

更好的是有一套被大家广泛接受的电子文件披露标准,例如前文中提到的 TeCSA、TeCBAR 等所草拟、已经被 TCC 法庭所广泛采纳的议定书就是一个很好的起点。在诉讼的开始,就让双方诉讼方同意采用一套标准,以及对可能遇到的问题有所预期,这样也可以避免在将来披露真正进行时再开始专门针对电子文件披露的"卫星诉讼"(satellite litigation)。

可以通过一个例子来说明。在近期有 Triumph Controls UK v. Primus International Holding (2018) EWHC 176 (TCC)先例,此先例中双方诉讼方并没有事先讨论过采用技术辅助审阅,[186] 原告对庞大的电子文件中的一部分(22 万份文件),[187] 指称自己通过预测编码对 1% 的文件进行审阅,预测这 22 万份文件中会有关联性的只有 0.38%,因此不再对 22 万份文件进行进一步的审阅。原告也难以解释为什么以如此小(1%)的样本进行预测获得结果,就不再继续审阅。总而言之,法院认定原告对这 22 万份文件的做法不足够,一个重要原因就是这个做法完全出乎被告与法院的意料,而且这批文件审阅的预测编码在披露中没有透明度。考虑到开庭时间较为临近,法院甚至评论可能要求重新进行全面的人工审阅,说:"That is one of the dangers of operating a system without agreement or explanation. Since time is of the essence, only a manual review will do."但在此先例中最后的做法是对 22 万份文件中的 1/4 先进行人工审阅,并看结果如何再作进一步计划。

但如果是双方诉讼方早已进行讨论,或者是在诉讼开始就已经同意适用一套已经建立的标准。这样根据诉讼方之间的协议或者是根据标准,按特定方式选取特定比例的样本(甚至仍然可能是 1%),以特定的软件程序进行预测的结果只要少于 0.5% 就可以不再继续审阅,就不会有这样的争议,也不需要再花费额外的时间与金钱进行审阅这 22 万份文件了。

4.3 采取可辩解的合理步骤进行披露

无论是对文件的选择、关键词搜索,还是在文件审阅中采用技术辅助审阅,如果诉讼方之间可以很好地达成一致,例如能够约定用什么关键词进行搜索,以什么方式进行技术辅助审阅,则也就不会有什么问题。但一旦无法达成一致,诉讼方就需要能够说明自己的做法满足了自己的披露责任、达到了披露的标准。这个披露责任不仅仅是诉讼方,在英国法下更是代理律师也需要承担的责任,这课题可见本书第七章之 4 段。

问题就是这个披露的标准是什么呢?在美国的《Federal Rule of Evidence》就提到诉

---

[186] 包括在电子披露问卷调查(e-disclosure questionnaire)中没有提技术辅助审阅的问题等。

[187] 原告所有电子文件的容量/数量超过 3TB,包含了 86 万多个文件夹中的 2000 多万份文件。经过关键词搜索,已经将文件限制到了 45 万份文件。原告也在技术辅助审阅下对 25 万份文件作出审阅,并披露与提交了 16000 多份文件。问题就是剩下的 22 万份文件中,原告拒绝继续花费时间与金钱审阅,但被告不同意。

讼方在披露文件时需要采取合理的步骤(reasonable steps):见 Section 502(b)。而关键的是,诉讼方是否可以向法院或仲裁庭作出解释,自己的披露做法可辩解(defensible),在特定案件中是恰当与合理的做法。

就做法上而言,主要体现在以统计学数据显示做法的效果足够好。正如在 Monique Da Silva Moore et al v. Publicis Groupe & MSL Group, No 11 Civ 1279 (ALC) (AJP) (SDNY, 26 April 2012)先例中,Peck 大法官所说:"The objective of review in e-disclovery is to identify as many relevant documents as possible, while reviewing as few non-relevant document as possible. Recall is the fraction of relevant documents identified during a review; precision is the fraction of identified documents that are relevant. Thus, recall is a measure of completeness, while precision is a measure of accuracy or correctness. The goal is for the review method to result in higher recall and higher precision than another method, at a cost proportionate to the value of the case..."〔188〕

另一方面是要显示已经对文件披露进行质量控制(quality control),非常重要的就会是样本测试(Sample Test)的做法:见 Goodale v. Ministry of Justice (2009) EWHC B41 (QB)先例等。在 Foster Gibbons 与 Eric Feistel 的"Best Practices in Manages Document Review"(2011 年 2 月)一文〔189〕中有介绍一些质量控制的实际做法,节录如下:

"Any endeavor involving human effort, employing tools designed by humans, is inherently prone to error. Therefore, the standard for discovery, or indeed execution of any legal service, is not perfection. Rather, work product is expected to be correct within tolerances defined at times as consistent with diligent effort and the exercise of reasonable care. **The dividing line between inadvertent error and culpable error or wanton carelessness lies in whether reasonable care was exercised in avoiding and detecting such errors**...

Reasonable care, in this context, equates to what we call 'defensible' — and requires, at a minimum, an intelligently designed suite of quality control measuresmatched to rigorous training, performance measurement, and reporting. A very capable quality control regime includes:

• Intelligent validation of results to ensure the set of reviewable data has been reviewed in its entirety by the appropriate reviewers

• Targeted review to detect potential errors and to identify materials requiring further review

• Targeted review to isolate from the production set all privileged documents

Quality controls should be implemented in at least two key areas: privilege designation and validation of presumptive production sets. Review results should be 'tested' and deter-

〔188〕 有关精准率(precision)、召回率(recall)、置信水平(confidence level)、误差率(margin of error)等统计学概念,可见本章之 4.2.2.2 段脚注中的简单介绍。

〔189〕 参见 http://www.umiacs.umd.edu/~oard/desi4/papers/gibbons.pdf。

mined to be:

- Consistent across the entire data set and team, across multiple phases of a project, and with protocol treatment for families, duplicates, etc.
- Correct in that it meets parameters for relevance, privilege, confidentiality, and issue coding, and that all potential privilege has been identified"(加黑部分是笔者的强调)

5. 电子文件的文件清单、交出和查阅

5.1 CPR 下针对电子文件的文件清单

在本书第七章之9.3段已经详细介绍了诉讼中的文件清单(list of documents),不在此重复。只是简单地说电子文件的披露也会采用文件清单(在 CPR PD 31B para. 30 有专门针对),但是文件清单在做法上会有一些不同之处。

电子文件的文件清单也会采用文件清单范本 Court Form N265(可见本书第七章之附件一),但是具体的做法会灵活很多。这包括可以完全采用电子形式,用表格(spreadsheet)文件(例如".csv"文件)编制与提交清单,或者任何诉讼方可以接受的方便的格式。文件的排序也不是非要以时间顺序,而是可以采用任何在诉讼方看来更方便的顺序。

纸质文件如果数量众多,很多时候可以不用逐份文件列出,而是以某类文件或是一整盒(box)文件的方式列出。但电子文件由于本身就一定是以一份文件的形式存储,再加上经过处理、选择与审阅,以及会用上专业的软件处理披露,相对而言在电子文件的文件清单中所有文件都独立列出[190]是较为方便的,甚至可以用软件自动导出。

5.2 对电子文件的查阅

在过去要查阅(inspection)对方诉讼方的文件需要前往对方或对方代表律师的办公室,对一箱箱的文件进行查阅以及在有必要时制作副本。之后还有扫描文件交给对方等其他做法以更方便交出与查阅,以及节省费用。在本书第七章之9.5段对文件查阅问题有详细介绍。

而在今天则是鼓励诉讼方之间进行合作,尽早约定如何交出、查阅文件,即使约定不成也可以及时交由法院决定:见 CPR PD 31B Para. 32。这也包括交出与查阅电子文件。如果诉讼方之间并没有约定或无法达成约定,会在以电子文件的原格式、保存元数据的情况下交出与查阅:见 CPR PD 31B Para. 33("Save where otherwise agreed or ordered, electronic copies of disclosed documents should be provided in their Native Format, in a manner which preserves Metadata relating to the date of creation of each document.")

具体的做法就更是千变万化。在今天争议金额不大与仍然主要使用纸质文件的交易类型中,查阅纸质文件就已经足够。即使有电子文件,也会是打印出来变成纸质文件进行查阅。

---

[190] 当然"一份"电子文件可能包含很多内容,如可能一份 Excel 文件实际上相当于一整盒的纸质文件内容。

也会有做法是将电子文件复制一份存储在介质(media)中交给对方,例如将 CD、DVD、USB、移动硬盘等交出。也会以网上存档的方式(如常用的 Drop Box、Gmail Drive 或者是国内常用的百度云盘,也有很多公司、律师事务所可以提供自己的服务器开放下载或阅读文件的权限)。还包括是将文件交由第三方(如电子文件披露顾问公司)存储以及交出让对方查阅。

需要额外提及的是对于被扫描的文件而言,今天很多时候还会一并提供对这些文件的 OCR 识别。有关 OCR 识别已经在本章之4.1.2.2 段有介绍,包括 OCR 也并非能完全识别,以及很多时候 OCR 识别不完美不代表诉讼方未能履行披露责任:见 West African Gas Pipeline Company Ltd v. Willbros Global Holdings Inc (2012) EWHC 396 (TCC)先例。但如果案件的披露非常需要依赖关键词搜索(keyword search),提供的 OCR 识别文件过于模糊不清就会被认定披露责任没有被履行:见 Smailes & Another v. McNally & Another (2015) EWHC 1755 (Ch)先例。

5.3　对电子文件的遮盖

在本书第七章之9.7 段有介绍,在文件披露中,很多时候都需要对文件内容进行遮盖。可以合理合法遮盖的内容,包括与案件关联性(relevancy)不大但是涉及商业机密的敏感信息,[191] 以及受特免权(privilege)保护的信息[192] 等。

文件遮盖的问题一般是已经到了需要将文件交给对方查阅,或者是交给法院、仲裁庭的阶段才会有所需要。一般而言对于电子文件的遮盖也不需要向法院提出什么特别的申请:见 CPR PD 31A Para. 6.1。也就是披露方可以直接对文件进行遮盖,查阅方如果认为不应该遮盖才需要与对方协商,以及及时向法院或仲裁庭提出质疑。

纸质文件一般就是在遮盖后才交给对方查阅。对于电子文件也是类似,只不过是依赖软件在电子文件(无论是电子文件本身还是有关的元数据)上的遮盖。但电子文件需要在遮盖前保留无遮盖的版本,以及提前对元数据进行保存。而且由于电子文件是原始文件还是副本几乎无法分辨,因此披露方对文件进行了任何遮盖等变动行为,都需要在文件清单中特别告诉对方。

在 CPR PD 31B Para. 35 针对遮盖的规定可以节录如下:"(1) Subject to sub-paragraph (2) below, if a party is providing in electronic form copies of disclosed documents and wishes to redact or otherwise make alterations to a document or documents, then—(a) the party redacting or altering the document must inform the other party in accordance with rule 31.19 that redacted or altered versions are being supplied; and (b) the party redacting or altering the document must ensure that the original unredacted and unaltered version is preserved, so that it remains available to be inspected if required. (2) Sub-paragraph (1) above

---

[191] 见 Omni Laboratories Inc v. Eden Energy Ltd (2011) EWHC 2169 (TCC);Decura IM Investments LLP v. UBS G London Branch (2014) EWHC 3476 (Comm)等先例。

[192] 对部分文件的遮盖还会带来有关挑选樱桃规则(cherry picking rule),附带弃权(collerатel waiver)等问题,可见本书第十二章之4 段的介绍。

does not apply where the only alteration made to the document is an alteration to the Metadata as a result of the ordinary process of copying and/or accessing the document. Sub-paragraph (1) does apply to the alteration or suppression of Metadata in other situations."

电子文件的遮盖还需要特别注意的是,由于电子文件中会有大量重复,因此如果是对特定信息需要遮盖,在所有重复文件都需要遮盖,否则也就没有意义了。在 West African Gas Pipeline Company Ltd v. Willbros Global Holdings Inc (2012) EWHC 396 (TCC)先例中,披露方就没能妥善完成文件去重(de-duplication),在这些重复文件中,有的有遮盖有的没遮盖,因此查阅方为了分析这些遮盖文件到底是怎么回事就花费了额外的时间与金钱,最后就被法院判需要由披露方承担90%的费用,有关内容见本章之4.1.3.3段。

5.4 付费软件程序/系统

有不少电子文件的格式,是专门用于一些需要额外付费的软件程序/系统。今天很多的付费软件程序,也有自己的免费版本允许用户可以阅读、查看有关文件的内容,只是需要付费才能进行编辑、修改(如常见的 CAD 文件等),但对于披露来说这样已经足够了。即使是有特别格式、需要付费软件才能解码(decode)等,并不会影响这些文件也需要披露。

针对这些特殊软件程序/系统的问题,如果确实有必要采用付费的软件/系统,披露方有"合作"的义务,让对方有办法查阅电子文件。在 CPR PD 31B para. 36 说:"If Electronic Documents are best accessed using technology which is not readily available to the party entitled to disclosure, and that party reasonably requires additional inspection facilities, the party making disclosure **shall co-operate in making available to the other party such reasonable additional inspection facilities as may be appropriate in order to afford inspection** in accordance with rule 31.3."(加黑部分是笔者的强调)

另外,在目前试行披露规则计划中"Disclosure Review Document"(DRD)附上的调查问卷,在 Section 2 Question 3 就要求诉讼方说明有关电子文件是否需要特定的软件:"Please describe the software installed on these devices on which relevant documents may have been created or stored. Please identify any bespoke or licenced software which may not be available to the other party but without which it is not possible to review the relevant data (e.g. Microsoft Project etc.)."这样,对于这方面诉讼方可以尽早约定,最迟也可以在第一次案件管理会议(CMC)时就由法院作出决定。因此在这方面如果将来采用 DRD 做法,实际上一般不会有什么争议与问题。

但查阅电子文件本身以及利用付费软件系统分析电子数据是容易混淆的:见 AB & Ors v. Goldsmith Williams Solicitors (2014) EWHC 4520 (Ch)先例。在此先例中的实质争议是一批曾经委任被告(律师)进行动产买卖的人士(作为原告)事后指称律师职业疏忽要求索赔。原告的说法是如果律师没有疏忽,自己通过贷款经纪人(mortgage broker)申请到的贷款会有更好的条件。因此一个关键问题就是在贷款时到底有哪些可供选择的借贷产品?此先例中的贷款是通过贷款经纪人依赖专业的贷款产品信息系统(此先例中是一个名为 Mortgage Brain 的系统)提供的服务。而贷款产品信息系统,可以说是服务提供商(service provider)从贷款人/出借人(lender)处获取有关贷款产品的信息并罗列出来给用户参考。此先例中的贷款产品信息系统在当时有12000多种贷款产品,曾经最多时单日活跃的贷款产品超过3万种。由于贷款产品会随时变动,因此系统每两天都会更新一次产品信息,一般而言一个贷款产品会刊登11天左右。具体的操作方式是由购买与/或订阅了这系统的贷款经纪人(作为用户),根据自己的经验在系统中输入借款人的有关信息与需求以及相应资质(如收入、信用记录等),用来查询适合的贷款产品。需要输入的信息可以很多与复杂,例如借款人是独自申请还是联合申请,贷款类型是只付息贷款(interest only loan)还是分离组合贷款(split loan)等,在系统上会有超过100个可以由贷款经纪人选择的细分项。

原告看来是为了证明损失,因此向贷款经纪人要求披露,一方面是要获取贷款产品信息系统在有关日期(也就是经纪进行搜索、介绍贷款产品给原告的日期)的已归档(archived)数据库(database)资料。另一方面则是要求对数据库进行"查阅"(inspection),而"查阅"的方式具体就是通过输入特定资料,看系统会找出哪些贷款产品。

但看来Morgan大法官不同意这是"查阅"。Morgan大法官指出对于数据库而言,需要通过特定的软件才能对信息进行浏览,那这会是属于对数据库中数据的查阅。但此先例中实际上并不是对数据库内数据的"查阅",而是通过付费软件系统输入一些资料看能搜索到什么内容,实际上是对数据库内数据进行"挑选"而非查阅。节录Morgan大法官所说如下:"… what the claimants have all the time been seeking, and what they still seek, is not so much inspection of disclosed documents but rather access to the proprietary software of Mortgage Brain to obtain the service which is provided by Mortgage Brain to persons who subscribe to that service, the service being one whereby inputs put in by an operator of the service obtains useful information as to some only of a very large number of mortgage products[193] … I can see that running software which enabled one to read a database certainly could be said to be inspection of the database, but nothing in these authorities goes so far as to say that running a proprietary software system, putting in inputs, using the system to dismiss as irrelevant the majority of the data on the system but to select as relevant a limited amount of data on the system, producing a product of marrying the inputs to the data, is inspection."

当然需要注意的是,这并不意味着系统数据库文件就无法获取了,只是不能借用"查阅"的名义来借用付费软件系统挑选数据库数据。在此先例中,Morgan大法官就指出看来原告已经在委任其他贷款经纪人作为专家提供证据了:"I know that the claimants intend to instruct a mortgage broker expert and that expert evidence, together with published data about available mortgages, may be what the claimants will rely upon."

5.5 电子文件的真实性问题

证据(包括文件证据)要满足真实性(authenticity)的要求,[194]而电子文件的真实性问

[193] 原告的申请实际上就不是对文件的查阅,而是想要访问/存取(access)这个贷款的付费软件系统。

[194] 一般而言,提出证据还有其他要求,例如有说服力(cogency)/关联性(relevance),以及可被采纳(admissibility)。

题并不脱离现有证据规则的大原则,有关内容也已经在本书第七章之9.5.6段介绍。但是针对电子文件有一些特别的技巧与做法。

中国的法院诉讼中也认可电子文件/电子数据作为证据,例如在《人民法院报》2018年7月22日"电子证据来了,法院如何采信"一文〔195〕中就说,在广州市南沙区人民法院2015年和2016年受理的商事案件涉及互联网电子数据证据数量为39件和44件,占同期受理案件总数约5%;2017年此类案件数量已经攀升至101件;2018仅上半年此类案件数量便达98件。在合约类纠纷案件中电子证据案件所占比例达到了21%,且案件数量增长态势明显。

也有法院采取不同的态度接受电子证据,并有一些特别的做法,例如山东省菏泽市中级人民法院的"唐蜀军、刘彪等申请撤销仲裁裁决民事裁定书"[(2016)鲁17民特6号]案件中,争议是特定微信账号到底是属于申请人,还是被申请人所伪造。在庭审中,法院就在被申请人手机的微信中找到该特定微信账号,并拨打该微信账号下所注册的电话号码,确定了该电话号码属于申请人手机号码。由于也没有其他反证,法院就认定该微信号确实属于申请人。

尤其还需要提及的是,广州市南沙区人民法院也在2018年7月发布《互联网电子数据证据举证、认证规程(试行)》。〔196〕就主要针对了电子邮件、微信与QQ、支付宝等被作为电子证据提交给法院时提交(见第4条)与展示(见第6条、第7条、第8条等)的规则。在第15条规定对话记录不能断章取义。〔197〕而针对真实性则在第11条、第12条针对了用户身份真实性如何确认,〔198〕在第13条与第14条则针对了内容真实性如何确认。〔199〕

在2018年9月还有最高人民法院《关于互联网法院审理案件若干问题的规定》,针对的是互联网法院中的做法,其中对于真实性问题在第11条有规定:"当事人对电子数

〔195〕参见 http://rmfyb.chinacourt.org/paper/html/2018-07/22/content_141510.htm? div=-1。

〔196〕参见 http://nsfy.gzcourt.gov.cn/ssfw/ladj/lazn/2018/07/26100013174.html。

〔197〕对于电子数据来说,也不仅仅是要全面显示上下文内容。全面的背景事实,或者说是"完整性",还要包括一些其他内容。例如在微博上发出一个评论,就可能要结合有关的时事新闻才能明白到底说了什么。一个例子可见 Lord McAlpine of West Green v. Bercow (2013) EWHC 1342 (QB)先例,发生的事件是在2012年年底BBC报道不知名的资深英国保守党人士涉嫌恋童癖、性侵,之后在Twitter上就有大量流言说该人士是英国保守党前党魁McAlpine勋爵(此先例原告)。而下议院议长的妻子Bercow太太(此先例中的被告)也发送了一条推文(twitter):"Why is Lord McAlpine trending? * innocent face * "。McAlpine勋爵对Twitter上大量中伤自己的此类推文以诽谤为由提起诉讼,之后同意对于关注人数少于500的Twitter用户以对慈善机构进行捐赠为代价撤销诉讼。但是针对数个社会影响较大的Twitter用户,仍然继续推进诉讼,其中就包括Bercow太太,毕竟Bercow太太在Twitter账号上有56000人关注,而且也有一定的社会影响。如果只是看Bercow太太这条推文,脱离了BBC报道等背景事实,就会显得让人摸不着头绪,但是结合背景事实看待就被法院认定是恶意中伤、暗示McAlpine勋爵恋童癖与性侵了。

〔198〕例如看账号个人信息中的手机号码,支付宝绑定的个人信息等。

〔199〕可以节录第13条与第14条如下:"对当事人主张的对方用户身份,对方予以认可,但否认相关软件是用户本人使用的,应当提供相应证据予以证明。""针对真实性问题当事人出示了电子证据原件,对方认可用户身份,但认为所展示的内容不真实或存在删减、篡改的,应当提供本方持有的电子证据原件作为相反证据,否则可以对原电子证据予以采信。如对方提供的相反证据能够反映当事人提供的原电子证据内容存在删减、篡改的,对原电子证据相应部分内容不予采信。"

据真实性提出异议的,互联网法院应当结合质证情况,审查判断电子数据生成、收集、存储、传输过程的真实性,并着重审查以下内容:(一)电子数据生成、收集、存储、传输所依赖的计算机系统等硬件、软件环境是否安全、可靠;(二)电子数据的生成主体和时间是否明确,表现内容是否清晰、客观、准确;(三)电子数据的存储、保管介质是否明确,保管方式和手段是否妥当;(四)电子数据提取和固定的主体、工具和方式是否可靠,提取过程是否可以重现;(五)电子数据的内容是否存在增加、删除、修改及不完整等情形;(六)电子数据是否可以通过特定形式得到验证。当事人提交的电子数据,通过电子签名、可信时间戳、哈希值〔200〕校验、区块链等证据收集、固定和防篡改的技术手段或者通过电子取证存证平台认证,能够证明其真实性的,互联网法院应当确认。当事人可以申请具有专门知识的人就电子数据技术问题提出意见。互联网法院可以根据当事人申请或者依职权,委托鉴定电子数据的真实性或者调取其他相关证据进行核对。"

在以下段落中则将主要对美国与英国针对电子文件真实性问题的做法进行简单介绍。

5.5.1　美国与英国对证据真实性的不同规则

在美国由于立法对证据真实性的严格规定,因此看来在这方面就有较多的麻烦。在《The Electronic Evidence and E-Disclosure Handbook》(2016 年)一书之 5－050 段就说:

"The problems that arise concerning authentication of this type of data in US civil trials stems from the interaction of various provisions of the Federal Rules of Evidence. Rule 901 establishes that authentication is a pre-condition to the admissibility of non-testimonial evidence, and provides ten examples of how this might be achieved. On matter of authenticity, the proponent must produce evidence sufficient to support a finding that the item is what the proponent claims it is. Rule 104 indicates that authenticity is a matter for preliminary determination by the trial judge, but that if there is a dispute of fact on this issue, then (in non-bench trials) that dispute has to be determined by the civil jury.

It will be readily appreciated that there is therefore a complex apparatus in place in US civil trials for determining the issue of authenticity, which has been further complicated by inconsistent rulings by the courts, ranging at one end of the spectrum with decision to the effect that social media evidence cannot be adduced unless the court has definitively determined that the evidence is authentic, to the other end of the spectrum, that it will be admissible if there is sufficient evidence for a reasonable jury to conclude that it is authentic."

也因此在美国法下有不少案件中对于社交媒体真实性问题都有疑问。这也不奇怪在 Loraine v. Markel American Insurance Co, 241 FRD 534 (D Md 2007)美国先例中,Grimm 大法官说:"The key for lawyers is to think carefully about how they will authenticate social networking evidence well in advance of the trial or hearing, and it would be wise to be prepared to do so in more than a single way."在美国不同法院也有不同的判法:见 Grimm 大

〔200〕　有关哈希值的问题,可见本章之 4.1.3.3.1 段的简单介绍。

法官等的"Authentication of Social Media Evidence"(2013 年,American Journal of Trial Advocacy, 36 AM J Trial Advoc 433)一文。

而在英国 CPR 下有关证据的规则是有所不同的。英国法下的做法是披露方根据文件清单交出文件,除非对方特别通知要求对真实性予以证明,否则都被视为对真实性没有异议,可以采纳作为证据。在 CPR Rule 32.19(1)说:"A party shall be deemed to admit the authenticity of a document disclosed to him under Part 31 (disclosure and inspection of documents) unless he serves notice that he wishes the document to be proved at trial."而且值得注意的是,在 CPR Rule 32.19(2)还明确给出了提出异议的时间限制:"(2) A notice to prove a document must be served (a) by the latest date for serving witness statements; or (b) within 7 days of disclosure of the document, whichever is later."而如果对方没有及时提出异议,事后法院就会不允许再提出异议了:见 Quiet Moments Ltd, Re (2013) EWHC 3806 (Ch);Eco3 Capital Ltd v. Ludsin Overseas Ltd (2013) EWCA Civ 413 等先例,其他有关先例还可见 Energenics Holdings Pte Ltd v. Neuftec Ltd (2014) EWHC 1845 (Ch)先例。

至于怎样才是 CPR 中提到对真实性的证明(prove),看来仍然是基于平衡的可能性(balance of prbobility)。例如,可见 Redstone Motgage Ltd v. B Legal Ltd (2014) EWHC 3398 (Ch)先例中 Norris 大法官所说如下:"Requiring a party to 'prove' a document means that the party relying upon the document must lead apparently credible evidence of sufficient weight that the document is what it purports to be. The question then is whether (in the light of that evidence and in the absence of any evidence to the contrary effect being adduced by the party challenging the document) the party bearing the burden of proof in the action has established its case on the balance of probabilities... The question is therefore whether any evidence as to the provenance of the document has been produced, and if it has then whether (although not countered by any evidence to the contrary) such evidence is on its face so unsatisfactory as to be incapable of belief. It is vital that the process of challenge is fair. Criticism of the evidence about the authenticity of the document cannot amount to a covert and unpleaded case of forgery. If a case of forgery is to be put then the challenge should be set out fairly and squarely on the pleadings (and appropriate directions can be given). If the charge is that a witness has forged a document (or has been party to the forgery of a document) and the grounds of challenge have not been set out in advance, then if the questions are not objected to the response of the witness to the charge must be assessed taking into account the element of ambush and surprise."

在上述节录内容中也提到,如果指称对方有伪造(forge)文件,是需要在文书请求中完整地给出如此指称的理由。因此如果对方没有提前在文书请求中陈述,在开庭时突然提出,己方就有理由以对方完全是突袭(ambush)为理由反对。

看来也是由于与美国在对待证据真实性规则的不同,英国先例中目前并没有很多针对社交媒体信息真实性的先例。一般而言,对证据的更多质疑都针对的是关联性(relevance)与证据的分量(cogency of weight)问题。

5.5.2 电子邮件的真实性问题

近年来,就有一些先例中对电子邮件的真实性产生争议。例如,在 M3 Property Ltd v. Zwdhomes Ltd (2012) EWHC 780 (TCC)先例中,原告曾经向被告提供顾问服务,但事后向被告追讨服务费用。在此先例中,对双方是否已经达成和解协议产生争议,被告认为已经达成和解协议,而且关键证据就是自己曾经发送给原告的一封电子邮件中显示了和解协议的内容。而原告则认为没有达成和解协议,并且指称被告拿出来的电子邮件是伪造的。原告的做法是委任了 IT 专家进行一系列检查后显示这封邮件从来没有出现在原告的任何系统中,再加上被告在诉讼开始后还销毁了一批硬件设备(包括本可以显示存储了前述电子邮件的服务器),看来就有很大可能是被告伪造了这封电子邮件。法院认可了原告的做法,说:"The Claimant already has a substantial armory of points to deploy to seek to demonstrate that the e-mail … were fabrications. If it secures proof positive from its own IT expert that the e-mail was definitely not received, that will in all probability go a long way to establishing the point. Ultimately, the credibility of Mr Schwartz(被告,也是这份电子邮件的发件人) and Mr Mannion(这份电子邮件的收件人) will be important in the decision as to who is right but that will be considered in the light of the points deployed by the Claimant."

此先例中,原告实际上是申请委任独立专家提前对被告的服务器进行搜查,看到底有没有电子邮件被发送。但法院认为已经有很多证据,而且被告的有关设备都已经被损毁,几乎不可能成功搜查出什么信息,争议金额又太小(争议的顾问服务费用金额大约 18 万英镑,而仅是委任独立 IT 顾问就需要 2 万英镑以上),马上也要开始正常的相互披露程序,[201] 因此法院拒绝了原告申请。

又如 McLennan Architects Ltd v. Jones (2014) EWHC 2604 (TCC)先例中,发现一封日期为 2006 年的电子邮件中提到了 2007 年的超级气旋风暴古努,这就看来多半是伪造的电子邮件了。法院就允许委任专家对电子邮件及其元数据(metadata)进行调查。

5.5.3 社交媒体信息等的真实性问题

社交媒体信息的真实性(authenticity)也会存在问题。毕竟今天注册一个社交媒体账号十分容易,因此需要小心的是虽然名字一样但实际上并非同一个人,又或者是假冒账号的情况。而且即使确实属于诉讼方的账号(account),但有关的帖文等是否确实由诉讼方所发也会存在疑问:见 Hancock, Re (2015) EWHC 2324 (Fam)先例等。

在英国的证据规则下,有不少先例中将 Facebook 或者是 LinkedIn 的页面截图作为证据提交,只要对方诉讼方没有提出异议,都会被法院采纳。但在很多争议中,例如对于到底是谁发布的帖文存在疑虑,这就是对真实性的质疑。

显然能够想到的是社交媒体信息的元数据(metadata)会是很重要的一份证据。还可以考虑有关电脑上的上网记录与其他数据,或者是专家证人对这些数据的分析等。也能

[201] 相互披露程序见本书第七章。

考虑的是有关的事实证人(如发帖人的"好友"或者是发帖人自己等人士)的证人证言等。例如A能够作证说出一些本应只有建立账号的用户才会知道的账号内容,例如账号内从没公开过的帖文内容,就有很强的说服力认可A就是该账号的用户。

也可以考虑的是申请第三方披露令(Norwich Pharmacal Order)要求社交媒体平台披露信息,这方面内容已经在本书第二章之4.9.6段有介绍。例如Applause Store Production Ltd v. Raphael (2008) EWHC 1781 (QB)先例中,原告(Mathew Firsht)及其公司(Applaus Stores Productions Ltd)是提供音效制作的公司,为"Top Gear""X Factor"等著名电视节目都提供过音效服务。原告在2007年发现Facebook上有一个名为"Mathew Firsht是否骗了你"(HAS MATHEW FIRSHT LIED TO YOU?)的群组(group),而其中还有一个名为"Mathew Firsht"的账号公开了自己的私人信息。原告就指称这是对自己的诽谤与侵犯了自己的私人隐私。原告因此向法院申请,并成功获得法院颁布/作出第三方披露令,要求Facebook披露"Mathew Firsht"的账号的注册信息,包括电邮地址、注册的IP地址、使用账号的IP地址等(e-mail addresses, and the IP addresses of all computers used to access Facebook by the owner of those email addresses.)。结果披露出来显示IP地址都是在被告的家中。显然Facebook上这个名为"Mathew Firsht"的账号并非原告所有。

还有一些特别的做法,例如在Barnes v. CUS Nashville LLC (MD Tenn, 3 June 2010)先例中,甚至有法官主动提出作为"证人"的做法,法官在Facebook上与诉讼方互相加为"好友"(friend),从而法官也可以浏览诉讼方的Facebook账号上到底有些什么内容。

6. 国际仲裁中的电子文件披露

6.1 对国际仲裁中电子披露的指引

总体来说,除非是有强制性法律规定、有当事人约定或者有仲裁庭的命令,否则当事人并没有类似法院诉讼一样的披露义务。为了对国际仲裁中的当事人及其代表律师、仲裁员等提供协助,在今天有不少针对国际仲裁中如何进行电子披露的指引,如ICC的《ICC Managing E-Document Production》,[202] CIArb的《CIArb Protocol for E-Disclosure in Arbitration》,美国纽约州律师协会出版的《Guidelines for the Arbitrator's Conduct of the Pre-Hearing Phase of International Arbitration》[203]等。

6.1.1 《IBA Rules on the Taking of Evidence in International Arbitration》

在国际仲裁中被普遍接受与采用的证据规则是《IBA Rules on the Taking of Evidence in International Arbitration》。在目前最新的2010年版本中,有专门针对电子文件披露的改动,包括:(1)对文件(document)的定义改为:"'Document' means a writing, communi-

---

[202] 目前是2012年版本,见 https://iccwbo.org/publication/icc-arbitration-commission-report-on-managing-e-document-production/。

[203] 参见 https://www.adr.org/sites/default/files/document_repository/NYSBA%20Guidelines%20for%20the%20Arbitrator's%20Conduct.pdf。

cation, picture, drawing, program or data of any kind, whether recorded or maintained **on paper or by electronic**, audio, visual or any other means;"(加黑部分是笔者的强调)(2)针对电子文件披露请求的提出,在 Article 3.3(a)说:"A Request to Produce shall contain:... in the case of Documents maintained in electronic form, the requesting Party may, or the Arbitral Tribunal may order that it shall be required to, identify specific files, search terms, individuals or other means of searching for such Documents in an efficient and economical manner;"(3)如果反对电子文件披露请求,在 Article 3.5 说:"If the Party to whom the Request to Produce is addressed has an objection to some or all of the Documents requested, it shall state the objection in writing to the Arbitral Tribunal and the other Parties within the time ordered by the Arbitral Tribunal. The reasons for such objection shall be any of those set forth in Article 9.2 or a failure to satisfy any of the requirements of Article 3.3."

在 Article 9.2 则是列出了一系列可以拒绝交出电子文件的理由:"The Arbitral Tribunal shall, at the request of a Party or on its own motion, exclude from evidence or production any Document, statement, oral testimony or inspection for any of the following reasons: (a) lack of **sufficient relevance** to the case or **materiality to its outcome**; (b) **legal impediment or privilege** under the legal or ethical rules determined by the Arbitral Tribunal to be applicable; (c) **unreasonable burden to produce** the requested evidence; (d) loss or destruction of the Document that has been shown with reasonable likelihood to have occurred; (e) grounds of commercial or technical confidentiality that the Arbitral Tribunal determines to be compelling; (f) grounds of special political or institutional sensitivity (including evidence that has been classified as secret by a government or a public international institution) that the Arbitral Tribunal determines to be compelling; or (g) considerations of procedural economy, proportionality, fairness or equality of the Parties that the Arbitral Tribunal determines to be compelling."(加黑部分是笔者的强调)

从前述理由可以看到,并不能仅因为是电子文件披露就反对,毕竟仲裁案件本质上需要电子文件披露。而反对的理由,事实上与今天诉讼中普遍追求的节省费用、时间,以及成比例的大原则是一致的。而在这些大原则下,看来当事人完全可以申请、仲裁庭甚至可以自主作出命令,采用各种技巧与方法帮助电子文件披露,例如可以借鉴本章前文中所介绍的法院诉讼中已经被采用的各类搜索方法、允许遮盖、阶段披露、技术辅助审阅等。

6.1.2 《CIArb's Protocol for E-Disclore in Arbitration》

CIArb 于 2008 年出版的《CIArb's Protocol for E-Disclore in Arbitration》,[204] 目的是提供一套议定书给当事人考虑,例如在前言中就说:"It has been prepared with the intention that parties to an arbitration may adopt it in order to determine how e-disclosure issues should be dealt with. It is intended: i. to encourage early consideration of disclosure of documents in electronic form ('e-disclosure'); ii. to focus the parties and the Tribunal on e-disclosure is-

---

[204] 参见 https://www.ciarb.org/media/1272/e-iscolusureinarbitration.pdf。

sues including the scope and conduct of e-disclosure; and iii. to address any other issues related to e-disclosure."

在具体内容上,《CIArb's Protocol for E-Disclore in Arbitration》看来更像是一份给当事人与仲裁员参考用的清单(checklist)。包含了从程序早期、电子文件披露申请、电子文件披露命令、电子文件的交出以及费用等议题,在每一个议题中都给出了一些值得被考虑的地方。一旦出现电子文件披露问题,就可以在这份详细清单的基础上,当事人约定或由仲裁庭决定仲裁中的电子文件披露如何进行。

出于篇幅的考虑,笔者不准备在此对这"清单"中的内容逐一介绍,有兴趣的读者可以结合本章前文中的内容对照阅读。

6.1.3 《ICC Managing E-Document Production》

在2012年ICC出版的《ICC Managing E-Document Production》就是为了帮助当事人、仲裁庭对电子披露问题可以进行更有效率与节省费用的管理。在1.4段说:"The extent to which a party to court litigation may obtain documents in the possession or control of its opponent differs considerably between jurisdictions. In some jurisdictions in which there is a general right to disclosure or discovery of documentary evidence in the hands of an opponent, the advent of electronic documents, and the increase in the volume of material, have given rise to challenges to the efficiency of the litigation process. This has been well documented in the United States, where document discovery is particularly wide-ranging. Other common law jurisdictions which provide for the disclosure of documents as a standard feature of litigation have also had to consider how to adapt those processes to the advent of electronic documents, and have sought to avoid the problems experienced in the United States. Conversely, most civil law jurisdictions do not consider extensive production of documents by the opponent to be a necessary or even appropriate tool to further procedural fairness. Indeed, for cultural, historic and constitutional reasons, there is a deeply-seated resistance in many such jurisdictions to requiring a party to legal proceedings to assist the other side in gathering information that might be used against the producing party in court."

另在6.2段说:"it is hoped that this Report will offer concrete assistance to tribunals and parties on how to address and manage as efficiently as possible any electronic document issues that arise, and control any costs and delays that may result when electronic document production is permitted or required in international arbitration."

但在内容上与《CIArb's Protocol for E-Disclore in Arbitration》不同,主要是针对了原则性的问题与对电子披露问题的介绍,反而并不建议在国际仲裁中采取划一的规则,对电子文件披露中的实际做法与需要考虑的问题的介绍是相对简单的。节录2.2段如下:"... It does not seem necessary to prescribe specific rules or guidelines applicable specifically to the production of electronic documents. Furthermore, it may be undesirable to do so to the extent that such rules or guidelines may compromise the parties' and arbitrators' flexibility to address issues in light of the particular circumstances of each case. In particular, the production of electronic documents, if any, should not jeopardize the efficient and cost-effective use of arbitration and thus its attractiveness as a method of dispute resolution."

在《ICC Managing E-Document Production》中,对电子文件与纸质文件证据的不同之处进行介绍,也介绍了一些会涉及的技巧。更重要的是指出在大原则上,披露纸质文件与电子文件并不会有什么本质上的差异,都是要看要披露的文件是否特定(specified)、有关(relevant)、重要(materiality)与成比例(proportionality)。只是电子文件披露会很昂贵,所以要额外在成比例方面上给予更多考虑。节录3.11段到3.12段对大原则总结如下:

"There is and there should be no difference in principle between the production of paper documents and the production of electronic documents in arbitration. The mere fact that relevant and material information is or may be stored electronically rather than on paper (or may be stored in both formats) is not, in itself, a reason to grant or deny production of that information. The move from predominantly paper-based to predominantly electronic storage of information within businesses therefore requires no general reconsideration of the principles of document production in international arbitration. **Application**, however, **of the principle of proportionality**—i. e. that the burdens of production be proportionate to, and not outweigh, the likely benefits of production—**may dictate different conclusions in particular cases with respect to the production of paper documents and electronic documents in light of practical challenges and opportunities presented by the way electronic documents are created, stored, searched, retrieved and produced.**

In determining the scope and means of document production (whether it concerns paper or electronic documents), parties and arbitrators should be guided by the basic principles of **specificity, relevance, materiality and proportionality**..."(加黑部分是笔者的强调)

当事人在能够向仲裁庭显示特定文件确实有关与重要之后,仲裁庭就要根据成比例进行权衡,是否会对另一方当事人造成不合理的负担(unreasonable burden)。也就是结合具体案情权衡要求当事人披露特定电子文件带来的好处与披露需要的潜在费用、延误与其他负担(potential costs, delay and other burdens)。

6.2　仲裁庭对裁量权的行使

今天国际仲裁中由于仲裁地法往往没有针对电子文件披露问题的立法规定,而在仲裁之前在双方当事人的仲裁协议(arbitration agreement)中也不常见(也不推荐)有详细针对电子披露问题的约定,因此在仲裁开始后,当事人如何就国际仲裁中的电子文件披露问题进行协商,以及仲裁庭如何行使裁量权(discretion)[205]给予命令,就是一个值得探讨的话题。

在前文中已经提到了《IBA Rules on the Taking of Evidence in International Arbitration》与《ICC Managing E-Document Production》中提纲挈领针对大原则的指引,以及

---

[205]　仲裁庭是仲裁程序的"超级主人"(super-master),可以决定是否批准电子文件披露以及电子文件披露的程序。但这裁量权如何行使要考虑的因素会在稍后介绍。

《CIArb's Protocol for E-Disclore in Arbitration》中详细给予"清单"式的指引。而在《Electronic Disclosure Law and Practice》(2017 年)一书之 8.22 段对于仲裁中当事人与仲裁庭应当考虑的步骤也进行了一系列仔细的分析,在下文中将对这些步骤进行简单讨论。

1. 首先需要考虑当事人的约定。尤其是当事人约定采用的仲裁规则(arbitration rules)中会有对仲裁程序,包括披露问题的规定。而针对电子披露部分的披露也应该在这个框架上进行。

2. 在当事人之间进行早期的合作。包括邀请当事人在仲裁早期就对披露(尤其是电子文件披露)程序如何推进进行协商。一些推荐的问题可以节录如下:"(i) Should there be a disclosure and/or a production process? (ii) Is a disclosure process, and/or are any requests for document production, genuinely useful or necessary for a party to make its case, or can the party rely effectively on the documents in its possession? (iii) What extent of document disclosure and/or production is genuinely useful and necessary? (iv) What is the likely relevance and materiality of documents that might be disclosued, located, and/or produced? (v) When should document disclosure and/or production occur? (vi) What is the estimated cost of searching for, disclosing, and/or producing documents, as well as the cost of reviewing and analzing documents that have been produced? (vii) Is the benefit of document disclosure and/or production worth the cost (when compared with the sums in dispute, and otherwise), and if so, why?"

3. 一旦涉及数量巨大的电子文件的披露,就需要仔细考虑是否需要披露、披露的形式与披露的程度。这当然需要考虑当事人约定的内容中是否有特别针对电子披露问题的内容。在做法上就可以参考一些较多这方面实践的做法,例如美国与英国法院的做法(如英国 CPR 下的改革、TCC 法庭采用的议定书与指引等),也可以参考仲裁中的一些指引(如《ICC Managing E-Document Production》或者是有详细清单的《CIArb Protocol for E-Disclosure in Arbitration》)。在电子文件披露问题上还可以寻求专家的意见,甚至是仲裁庭自己委任专家协助管理电子文件披露。除此以外的一些重要考量因素还可以节录如下:"(i) the preservation/retention of electronic data;[206] (ii) the likely process that will be called for to, and the likely cost of, locating, collecting, reviewing, and producing ESI/electronic documents; (iii) the format in which documents will be provided to the tribunal and (iv) presented ant any hearing(s); and (v) the timeframe(s) over which any eDisclosure/production will be carried out."

而且与法院诉讼不同的是,在仲裁中完全可以避开由于法院诉讼规则中一些繁重的披露责任,尽量减少电子文件披露需要花费的时间与金钱。在这方面需要考虑的因素也可以节录如下:"(i) selecting a document production regime over one of disclosure and in-

---

[206] 值得注意的是,在一些立法中,如英国《Arbitration Act 1996》之 Section 38 (6)赋予仲裁庭命令保存证据的权力:"The tribunal may give directions to a party for the preservation for the purposes of the proceedings of any evidence in his custody or control."

spection/production;[207] (ii) directing that requests for the production of documents are to be raised after statements of case have been exchanged, be limited in number, and relate to particular issues in dispute only;[208] (iii) where an IBA regime is adopted, or in any event otherwise, requiring parties requesting the production of electronic documents to identify specific files, search terms, individuals, or other means of searching for those documents in an efficient and economical manner.[209] (iv) reviewing with the parties the accessibility of potentially relevant ESI/electronic documents and performing an assessment of the value of ordering the disclosure/production of documents as against the time and costs of retrieving and reviewing them. If found to be disproportionate, ways to reduce the ambit (and therefore likely costs burden) of retrieval and review could be explored. By way of example, it may be suitable to limit searches to sources of documents used in the ordinary course of business (such as documents stored on a party's servers, as opposed to those that would have to be recalled from backup storage, deleted files, and/or those which might be found on removable storage devices);[210] (v) placing limits on any requirement to produce hidden (or other) metadata;[211] (vi) encouraging parties to agree to the use of search strategies like technology-assisted review (or 'predictive coding') and keyword searches, to limit the search for relevant materials and/or the manual review of documentation and the review process, generally."[212]

[207] 仲裁相比与法院的优势之一就是在程序上可以有弹性，不必严格遵守法院诉讼中会是很复杂与正规(formal)以及给当事人带来很大负担的程序。

[208] 在文书请求阶段完成后，双方的争议/争端已经明确。此时就可以只针对特定争议/争端，在成比例的大原则下允许有限的电子文件披露。

[209] 此处所说是《IBA Rules on the Taking of Evidence in International Arbitration》之 Article 3.3(a)的要求。披露申请需要有针对性，要求的文件过于广泛没有针对性就会是拒绝披露申请的理由。

[210] 有的电子文件并不方便存取，例如备份磁带(back-up tape)中的文件、已经被删除的文件(delete file)、需要解码(decoding)的文件等。是否要花费时间与金钱将这些文件转为可以存取的文件，就要进行权衡。显然如果日常的电子文件已经足够就不必要再披露这些不易存取的文件。有关数据的采集/收集问题可见本章之3.3段。

[211] 例如在商业欺诈案件中，如果是对于文件的真实性有疑问，又或者例如一封电子邮件的时间存在怀疑，就会需要查看电子文件的元数据(meta data)，有关电子文件真实性可见本章之5.5段。但如果不是这类争议，就大可不必要求当事人花费时间与金钱额外对元数据进行保存与披露。

[212] 电子文件披露会花费大量时间与金钱的关键之一就是过多的文件数量。因此需要一些技巧与方法来尽量减少需要审阅的文件(如关键词搜索、去重等)：见本章之4.1.3段。也需要类似技术辅助审阅(technology assisted review)等方式来帮助审阅：见本章之4.2.2段。

附件一:电子文件披露调查问卷

附件二: CPR PD 51U 附上的 Disclosure Review Document 中的调查问卷

第九章　法律业务特免权之一

1. 机密性和特免权的区别

什么是机密文件(confidential documents)应该是常识,包括个人隐私、公司商务、财务状况等方面,总之是不想让外人知道的信息。针对此类文件,法院可以裁量是否要求披露[包括允许对其中与争议无关的机密内容作出遮盖(redact)]。因此即使一份文件是机密文件[无论是在商业、科技或个人/家庭隐私等方面],也仍然可以被要求披露[以及接受查阅(inspection)等]。

但如果是公共政策/利益(public policy/interest)的原因认为一份文件有必要在机密性的基础上更妥善与更绝对的被保护,则就会赋予这份文件以特免权(privilege)。而如果一份文件享有特免权的保护,就可以在法律上安全地主张(assert)特免权与拒绝披露这份文件或任何其他人使用这份文件中的信息,任何人(包括法院)都不能要求披露。而且主张文件享有特免权的当事人拒绝披露或提供信息完全可以光明正大、理直气壮而不必遮遮掩掩,也无须承担不利的后果。特免权在 B v. Auckland District Law Society (2003) 2 AC 736 枢密院先例中被 Millett 勋爵描述为"a right to resist the compulsory disclosure of information"。

看来机密性纯粹是对私人利益(private interest)的保护,在面对披露要求时,也就会变成私人利益与公共利益的竞争(compete)。以机密性保护有关(relevant)争议的文件背后依赖的是衡平(equitable)的考量,而披露则是因为公平审理(pair trial)这个重要的公共政策/利益。而一旦文件确实与公平审理息息相关,私人利益一般就会让步,也因此机密性无法成为在诉讼中合法拒绝披露的理由。

而特免权的背后也涉及对公共政策/利益的保护,因此在面对披露时实际上就是公共利益之间的竞争了。[1] 在英国对抗制的诉讼下,法律业务特免权(legal professional privilege,LPP)在 16 世纪就有无数先例[2]作出确认,旨在保护律师与当事人之间自由通讯(communication),可以畅所欲言而无须担心通讯内容将来被强制要求披露的公共政策/

---

〔1〕 节录 B v. Auckland District Law Society (2003) 2 AC 736 枢密院先例中,Millett 勋爵对此时两种公共政策/利益竞争的描述:"the public interest in the maintenance of the integrity of the legal profession and the public interest in the administration of justice. The former interest may be said to require that all relevant information be made available to those charged with the investigation and determination of complaints against legal practitioners. The latter requires that a lawyer must be able to give his client an absolute and unqualified assurance that whatever the client tells him in confidence will never be disclosed without his consent."

〔2〕 在本书第一章之 4.1 段已经提到了早期的一些重要先例,如 Annesley v. Anglesea (1734) 17 How St Trials 1139 先例;Greenough v. Gaskell (1833) 1 My & K 98 先例等。

利益。相比所有与案件争议有关的文件都要被提交至法院以达到公平审理的公共政策/利益,保护法律业务特免权的公共政策/利益是优先的,也因此今天法律业务特免权被称为绝对性(absolute)权利。

从另一个角度来看,机密性是一份文件能够享有特免权的必要非充分条件,没有机密性的文件是无论如何也不会享有特免权的,例如在公开研讨会(seminar)上律师给听众的法律意见就与特免权毫无关系。而一份原本享有特免权的文件如果被公开而丧失了机密性,则也就不再受特免权保护了。这方面在本书第十二章之5段有详论。

特免权的类别也是多种多样。本书详细介绍的都是商业领域中比较常见的,如(1)"法律业务特免权"(legal professional privilege);[3](2)"无损害特免权"(without prejudice privilege);[4](3)"自证其罪特免权"(self-incrimination privilege);[5](4)"公共利益特免权"(public interest privilege)。[6]

2. 法律业务特免权(legal professional privilege)

2.1 什么是法律业务特免权

刚刚已经谈到一般的机密文件是无法拒绝披露的。只有在公共政策/利益下有特别保护的必要,才会上升为一种特免权(privilege)。而在今天非常重要的一种特免权就是法律业务特免权,这是典型的根植于公共政策/利益的:见 Buttes Gas and Oil Co v. Hammer (No. 3) (1981) QB 223 与 Ventouris v. Mountain (1991) 1 Lloyd's Rep 441 先例等。在 Ventouris v. Mountain 先例中,Bingham 勋爵说:"The doctrine of legal professional privilege is rooted in the public interest."

可节录《Phipson on Evidence》(2018 年,第 19 版)一书之 23 - 03 段来说明法律业务特免权保护的内容:"The right created can be described as a right not to be required to disclose materials which fall within the protection of legal professional privilege. The right is not to be required to disclose:(a) communications passing between lawyer and client in relation to the seeking or obtaining of legal advice; (b) documents which were created for the domi-

---

[3] 保护律师与客户之间的通讯及其内容或是为了诉讼或可能的诉讼进行的通讯及其内容(包括为了诉讼进行的调查取证等文件)免予被披露。该种类的特免权将在接下来被详细介绍。

[4] 当事人之间为了解决争议、有关和解(但不成功)的谈判内容(无论是口头还是书面通讯),在诉讼中不能被作为证据采纳(inadmissible)。

[5] 即不能强迫被告或犯罪嫌疑人自证其罪。

[6] 公共利益特免权,是指为了公共利益着想要排除一些文件与/或资料的披露与公开。例如英国政府内阁的会议记录(cabinet minutes)就几乎不会在任何情况下被迫披露与公开。另也包括涉及国家安全(national security)的文件,见 Duncan v. Cammell Laird (1942) AC 62 先例;涉及中央政府的运行/运作的文件,见 Conway v. Rimmer (1968) AC 910 先例;法律援助处与罪犯的会谈:R v. Umoh (1987) 84 Cr App R 138 先例;外交事务,如国家之间的信函,见 Buttes Gas and Oil Co v. Hammer (No. 3) (1981) QB 223 先例等。对公共利益特免权有兴趣的读者可参阅笔者《国际商务游戏规则:英美证据法》(2002 年)一书第二章之 6.7.7 段。例如,如果与外国政府订立合约承建项目并产生争议,外国政府就可能主张(assert)部分文件享有公共利益特免权并拒绝披露。

nant purpose of gathering evidence for use in proceedings."[7]

2.1.1 要上升到法律业务特免权的原因

法律业务特免权有着悠久的历史。早在 Berd v. Lovelace (1577) Cary 62 先例中就有涉及法律业务特免权的问题。到了 19 世纪早期,已经普遍认可了这种类别的特免权,甚至是已经有了针对客户与律师之间的特免权何时产生的争议:见 Greenough v. Gaskell (1833) 1 My & K 98 先例。又如在 Reece v. Trye (1846) 9 Beav 316 先例中,Langdale 勋爵也对律师与客户之间的通讯及其内容受特免权保护作出了认可与说明:"... The unrestricted communication between parties and their professional advisers, has been considered to be of such importance as to make it advisable to protect it even by the concealment of matter without the discovery of which the truth of the case cannot be ascertained."

在这些早期先例中已经确立了律师与客户之间的通讯(communication)可以享有法律业务特免权的说法,也已经明确了无论是诉讼程序开始前还是开始后,都可以享有法律业务特免权。Anderson v. Bank of British Columbia (1876) 2 ChD 644 先例对这法律业务特免权[8]的目的和意义总结说,由于法律十分复杂与困难,诉讼必须依赖专业人士才能够恰当地进行。任何人士想要通过诉讼维护自己的权利,或是抗辩针对自己的索赔,都需要寻求专业律师的帮助。该寻求律师帮助的人士在与律师商讨自己面对的麻烦以及应该如何补救与应对时,需要可以畅所欲言与完全地将所有情况展示给律师。而要确保能够做到这一点,只有是当事人知道自己与律师之间的通讯有着绝对与不受限制的机密,除非经过自己同意才能被公开。Jessel 大法官说:"The object and meaning of the rule is that: that as, by reason of the complexity and difficulty of our law, litigation can only be properly conducted by professional men, it is absolutely necessary that a man, in order to prosecute his rights or to defend himself from an improper claim, should have resource to the assistance of professional lawyers, and it being so absolutely necessary, it is equally necessary, to use a vulgar phrase, that he should be able to make a clean breast of it to the gentleman whom he consults with a view to the prosecution of his claim, or the substantiating of his defence against the claim of others; that he should be able to place unrestricted and unbounded confidence in the professional agent, and that the communications he so makes to him should be kept secret, unless with his consent (for it is his privilege and not the privilege of the confidential agent), and he should be enabled properly to conduct his litigation. That is the mean-

[7] 可以拒绝披露律师与客户之间有关客户寻求或获取法律意见的通讯以及为了诉讼调查取证制作的文件。

[8] 此处其实主要是针对诉讼特免权(litigation privilege),因为当时的商业环境简单,通常需要律师与遇到法律问题时就是要打官司了,所以说到法律业务特免权通常是指诉讼特免权,而不会再细分出法律意见特免权与诉讼特免权。而在今天复杂的商业社会,英美等国家的公司几乎每一个重要的商业决定都会需要咨询律师意见,更不要说跨国公司的运营甚至每天都有律师的参与与面对法律或规管问题。这种情况与诉讼毫无关系,再也扯不上诉讼特免权了,所以法律业务特免权也发展出了法律意见特免权(legal advice privilege)。笔者建议在商业环境复杂的今天,中国公司不要停留在一找律师就是要打官司的阶段,要养成即使不涉及诉讼而只是针对业务的决策也要咨询法律意见的习惯。

ing of the rule."

同样或类似的定义也可见 Wheeler v. Le Marchant（1881）17 ChD 675 先例中所说："It is a rule established and maintained solely for the purpose of enabling a man to obtain legal advice with safety."或较近期的 Ventouris v. Mountain（1991）1 Lloyd's Rep 441 先例中所说："The doctrine of legal professional privilege is rooted in the public interest, which requires that hopeless and exaggerated claims and unsound and spurious defences be so far as possible discouraged, and civil disputes so far as possible settled without resort to judicial decision. To this end it is necessary that actual and potential litigants, be they claimants or respondents, should be free to unburden themselves without reserve to their legal adviser, and their legal advisers be free to give honest and candid advice on a sound factual basis, without fear that these communications may be relied on by an opposing party if the dispute comes before the court for decision."

但需要注意的是，由于法律业务特免权是为了保护客户能够自由与坦白地与律师沟通而设立的特免权，因此如果是已经存在与并不受特免权保护的文件，即使事后交给律师也并不会因此受到法律业务特免权保护；[9] 见 Pearce v. Foster（1885）15 QBD 114；R v. Peterborough Justices Exp Hicks（1977）1 WLR 1371；Ventouris v. Mountain 等先例。近期先例可见 Imerman v. Tchenguiz（2009）EWHC 2902（QB）先例中，Eady 大法官说："It is well settled that pre-existing documents do not become privileged just because they are submitted to lawyers for the purposes of advice or litigation."也可见作出类似判法的 The Financial Reporting Council v. Sports Direct International Plc（2018）EWHC 2284（Ch）先例等。

2.1.2　拒绝披露不会带来不利推断或惩罚等不利后果

如果主张（assert）法律业务特免权而拒绝披露，完全可以理直气壮地拒绝，不需要遮遮掩掩，重要的理由是法院（或仲裁庭）不能因此而作出不利推断（adverse inference）。如 Sayers v. Clarke Walker（2002）EWCA Civ 910 上诉庭先例中说："Ever since Wentworth v. Lloyd（1864）10 HLC 589 the court have refused to permit a party to draw adverse inference from the refusal by the other party to waive privilege in respect of the legal advice he has received."

在更近期的 K/S Lincoln v. CB Richard Ellis Hotels Limited（No. 2）（2010）EWHC 1156 先例中也重申："I acknowledge at once that no adverse inferences may be drawn as a result of the Claimant's assertion of legal professional privilege: see Sayers v. Clarke Walker（2002）EWCA Civ 910 and China National Petroleum v Fenwick Elliott（2002）EWHC（Ch）60..."

有敌意的对方[如规管机构（regulatory body）或诉讼中的对方]会通过突袭检查

---

[9] 这方面曾经有一种特殊的例外，涉及文件正本不受特免权保护，但选择性的副本（copy）可能受到特免权保护的问题。这可见本书第十一章之 3 段。

(dawn raid),已方公司法务律师或"内鬼"通风报信(美国政府或不少规管机构会给提供了有价值情报的"内鬼"丰厚的酬金作为引诱与鼓励),或以各种方式从第三方手中获取到已方受法律业务特免权保护的文件或信息。这时候已方就要尽快向法院申请禁令(injunction)阻止对方使用、依赖与继续传播这些文件与信息。在成功申请到禁令后,有敌意的对方也不能再使用与依赖这些文件作为犯错或违规的证据了。这也是另外一种拒绝披露的方式,不仅不会有不利后果,还会得到法院的支持。

2.1.3 除非当事人弃权否则永远受到特免权保护

虽然一份享有特免权的文件(当事人作为客户与委任的律师之间的通讯)是双方一并制作,但由于法律业务特免权的目的与宗旨是保护客户(client)的权益,因此这项特免权属于客户。即使弃权(waiver)也只能是客户作出,律师并不能私下或自作主张弃权并披露享有法律业务特免权的文件:见 Wilson v. Rastall (1792) 4 Durn & E 753 先例;R v. Derby Magistrates (1996) AC 487 贵族院先例等。有关特免权弃权的问题将在本书第十二章进行介绍。

一份文件一旦受到特免权保护,则除非是当事人作出弃权,否则可以"永远"享有特免权的保护并依赖特免权拒绝披露,也因此有说法是"once privileged always privileged":见 The "Aegis Blaze" (1986) 1 Lloyd's Rep 203; B v. Auckland District Law Society (2003) 2 AC 736 等先例。Calcraft v. Guest (1898) 1 QB 759 先例中,在1787年一个与原告先祖名下的渔业地区/权利有关的刑事案件中,原告先祖制作了一些受法律业务特免权保护的文件。100多年后,被告涉嫌侵犯(trespass)原告经继承得来的渔业地区/权利,被告希望依赖的文件就涉及这些受法律特免权保护的文件。法院拒绝了被告的申请并确认无论过了多久,法律业务特免权仍然可以继续存在:"I take it that, as a general rule, one may say **once privileged always privileged**. I do not mean to say that privilege cannot be waived, but that the mere fact that documents used in a previous litigation are held and have not been destroyed does not amount to a waiver of the privilege."(加黑部分是笔者的强调)

2.1.4 其他普通法国家同样有对法律业务特免权的保护

其他普通法(common law)国家或地区也有类似说法,例如美国的 Upjohn Co v. United States, 449 US 383 (1981)最高院先例中,Rehnquist 大法官说法律业务特免权的意义在于:"... to encourage full and frank communication between attorneys and their clients and thereby promote broader public interests in the observance of law and administration of justice... The privilege recognises that sound legal advice or advocacy serves public ends and that such advice or advocacy depends upon the lawyer being fully informed by the client."

加拿大最高院的 Jones v. Smith (1999) 1 SCR 455 先例,澳大利亚高院的 Baker v. Campbell (1983) 153 CLR 52 先例,新西兰上诉庭的 Commissioner of Inland Revenue v. West-Walker (1954) NZLR 191 先例等也都有类似的说法。

2.2 无论是否在诉讼程序中都可以依赖法律业务特免权拒绝披露

特免权不仅仅是程序性权利(procedural right)或证据规则(evidence rule),在英国法下也是实体性权利(substantive right)。无论是否为在诉讼程序中,当事人对任何来自外界的披露要求，如来自规管机构（包括各类交易所、律师协会、医生学会等），都可以主张（assert）与依赖特免权予以拒绝。

例如，在 Price Waterhouse v. BCCI Holdings（1992）BCLC 583 先例中，原告（普华永道）被英国中央银行委任去调查被告一笔有问题的贷款，在调查过程中被告就依赖特免权拒绝披露文件（此先例中的文件最后被法院认定并不享有法律业务特免权而因此需要披露）。

在早期很长一段时间，有关法律业务特免权是属于程序性权利还是实体性权利是有争议的。例如，在早期 Parry-Jones v. Law Society（1969）1 Ch 1 先例中，律师协会（law society）要求一位律师 Parry-Jones 先生披露其与客户之间的文件（包括委任合约等），以确认律师的操守是否符合立法规定。Parry-Jones 先生拒绝披露，理由是文件中包含没有客户授权就不得披露的机密信息。此先例中上诉庭支持了律师协会的要求，Diplock 勋爵给出的理由是法律业务特免权仅仅是适用在法院诉讼程序中证据是否可以被采纳（admissible）的问题，而此案件不涉及法院程序，所以不存在特免权保护："... strictly speaking, privilege refers to a right to withhold from a court, or a tribunal exercising judicial functions, material which would otherwise be admissible in evidence."〔10〕

但是在今天，英国法下的法律业务特免权是属于实体性权利，无论是否在诉讼程序中当事人都可以用来拒绝披露的地位已经毫无疑问。在这种情况下，Parry-Jones v. Law Society 先例中 Diplock 勋爵的看法就站不住脚了。例如可见 R（on the application of Morgan Grenfell & Co Ltd）v. Special Commissioners of Income Tax（2003）1 AC 563 贵族院先例中，Hoffmann 勋爵对法律业务特免权的描述是："It is not the case that LPP does no more than entitle the client to require his lawyer to withhold privileged documents in judicial or quasi-judicial proceedings, leaving the question of whether he may disclose them on other occasions to the implied duty of confidence. The policy of LPP requires that the client should be secure in the knowledge that protected documents and information will not be disclosed at all."还可见 Three Rivers DC v. Bank of England（No. 6）（2005）1 AC 610 贵族院先例等。

可以作为比较的是另一种类别的特免权，即无损害规则/特免权（without prejudice rule/privilege），它虽然也是一种特免权，但是并非针对实体性权利，而只是考虑证据是否可以被依赖与采纳（admissible）的民事诉讼（civil litigation）中的证据规则：见本书第十三章。〔11〕

---

〔10〕 Denning 勋爵同意判决的结果，但是与 Diplock 勋爵给出的理由不同。Denning 勋爵认为是赋予律师协会权力的立法条文中有必要的默示（necessary implication）超越特免权。这方面的课题在本章之 2.3.2 段有详论。

〔11〕 当然根据 Property Alliance Group Ltd v. Royal Bank of Scotland Plc（2015）EWHC 1557（Ch）先例的判法，即使是在规管（regulatory）程序中，也有类似于无损害规则的保护，相关内容可见本书第十三章之 1.2 段。

2.3　法律业务特免权不会被其他立法权力或公共政策/利益所超越

法律业务特免权有绝对性(absolute)权利的特征,除非是另有立法(通过议会的立法超越普通法的地位)中明示(express)或必要的默示(necessary implication)去刻意(intentionally)超越特免权,否则即使涉及其他立法赋予的权力(如为了公共安全或者是其他的公共政策/利益而要求进行披露,但没有说明可以超越法律业务特免权)也不能超越法律业务特免权的保护,[12]甚至是根本无须与这些立法赋予的权力进行权衡(balance)就可以确定要支持特免权。

但是无损害特免权与适用在民事诉讼的自证其罪特免权(self-incrimination privilege)相对来说就没有这么绝对性的地位,它们的存在与确立的原则也会受到质疑,这方面见本书第十三章。

2.3.1　R v. Derby Magistrates 贵族院先例

著名的英国 R v. Derby Magistrates (1996) AC 487 贵族院先例将法律业务特免权确认为公共政策/利益保护下的绝对性权利,不需要与其他公共政策/利益进行权衡(balance)。有说法是此先例是现代法律业务特免权的里程碑。虽然这是个刑事案件,但是贵族院明确在法律业务特免权问题上,刑事案件与民事案件的适用没有区别。

此先例中,犯罪嫌疑人 A 被指控谋杀了一名女子。A 一开始对罪行供认不讳,但在开庭前突然改口,指其继父才是真正的凶手,法院最后判对 A 指控的罪名不成立。[13] 之后 A 的继父被捕并被检控,为继父辩护的律师要求 A 披露他与其律师之间的通讯。显然这些通讯对于继父来说是非常重要的,因为会显示出 A 之前认罪与后来突然改口的背后原因。尤其是这些文件有可能是可以被质疑与攻击以让继父对谋杀的指控脱罪的。

一审法院认为,在这种情况下需要在不同利益之间作出权衡,并认为"人命关天",应当要求披露。但是贵族院驳回了这个说法。贵族院的 Taylor 勋爵说:"The principle that runs through all the authorities is that a man must be able to consult his lawyer in confidence, since otherwise he might hold back half the truth. The client must be sure that what he tells his lawyer in confidence will never be revealed without his consent. Legal professional privilege is thus much more than an ordinary rule of evidence, limited in its application to the facts of a particular case. It is a fundamental condition on which the administration of justice as a whole rests."[14]

也即 R v. Derby Magistrates 先例中明确了法律业务特免权属于是绝对性权利。无论

---

〔12〕 加拿大 Jones v. Smith (1999) 1 SCR 455 先例判在特定情况下法律业务特免权会被其他公共政策/利益所超越。但是在英国法下是将法律业务特免权作为绝对性权利,无须与其他公共利益进行权衡。

〔13〕 由于严重刑事案件的举证责任极高,要定罪一定要求证据达到毫无合理怀疑(beyond reasonable doubt)的标准,一旦无法达到就会无法定罪。

〔14〕 过往先例中的原则都支持当事人必须能安心地与律师说话,而且说话内容必须保持机密与不被泄露,否则当事人根本难以坦诚地向律师说出事实。当事人必须能够确认所有告诉律师的内容都会是绝对机密,不经过自己同意不会在任何情况下被披露。法律业务特免权不仅仅是一般的证据规则,而且是涉及公共政策/利益的司法大原则,这实际上也是法律业务特免权区别于无损害特免权等的重要不同。

其他的权利涉及的公共利益有多重要,即使是涉及谋杀这样的严重刑事犯罪需要披露文件找出真相而避免冤枉无辜,也仍然不能超越法律业务特免权。法律业务特免权也不会被其他的公共政策/利益所超越。之后的 B v. Auckland District Law Society (2003) 2 AC 736 枢密院先例也跟从了 R v. Derby Magistrates 先例的判法,并指出特免权与其他公共政策/利益有冲突时,根本无须进行权衡。

有说法是所有公共政策/利益在发生冲突时都要权衡先后或优劣,只不过是法律业务特免权早在几百年前就已经与其他公共政策/利益(如应当将所有有关文件都交给法院以达到公平审理的公共政策/利益)进行过权衡。正如 R v. Derby Magistrates 先例中,Taylor 勋爵所说:"… if a balance exercise was ever required in the case of legal professional privilege, it was performed once and for all in the 16th century, and since then has applied across the board in every case, irrespective of the client's individual merits…"也可见 Lloyd 勋爵所说:"the courts have for very many years regarded legal professional privilege as the predominant public interest. A balancing exercise is not required in individual cases, because the balance must always come down in favour of upholding the privilege …"

在不少普通法地区都有一致的判法,如在新西兰可见 R v. Uljee (1982) 1 NZLR 561 先例中,在澳大利亚可见 Waterford v. Commonwealth of Australia (1987) 163 CLR 54〔15〕与 Carter v. Northmore Hale Davy & Leake (1995) 183 CLR 121 等先例。但在另外一些普通法国家与地区也见到不同判法。典型的是在加拿大有 Jones v. Smith (1999) 1 SCR 455 加拿大最高院先例中,该先例明确判即使是法律业务特免权,在特定情况(如面对国家安全、恐怖袭击等)中也是需要权衡的。这也表示在加拿大,被指控进行恐怖活动的被告在咨询律师(如抗辩的对策、是否认罪以交换轻判等)时,可能就无法坦率地承认自己有参与恐怖活动,因为如果在权衡之下法律业务特免权可以被超越,则在法院命令之下律师就必须作出披露了。

2.3.2 立法中明示或必要的默示(express or necessary implication)

刚刚提到了只有在立法有明示条文或者有必要的默示时,才可以超越普通法下的法律业务特免权。相比立法明示条文明确与清楚说明可以超越法律业务特免权,什么时候才有必要的默示呢? 例如在上一段提到的 Parry-Jones v. Law Society (1969) 1 Ch 1 先例,Denning 勋爵说立法赋予律师协会调查律师行为是否合规的权力时,可以要求律师披露其与客户之间的文件就是必要的默示。否则律师协会根本获取不到任何有关文件,而如果看不到文件的内容,要调查律师在执业过程中的行为是否合规就是一句空话了。

在之后的 R (on the application of Morgan Grenfell & Co Ltd) v. Special Commissioners of Income Tax (2003) 1 AC 563 贵族院先例中,涉及 Morgan Grenfell & Co Ltd(一家商业银行)推出一种理财计划。有税务人员进行调查,并要求银行披露文件,银行依赖法

---

〔15〕 此先例的判词中说:"Legal professional privilege is itself the product of a balancing exercise between competing public interests whereby, subject to the well-recognised crime or fraud exception … the public interest in 'the perfect administration of justice' … is accorded paramountcy over the public interest that requires, in the interests of a fair trial, the admission in evidence of all relevant documentary evidence. Given its application, no further balancing exercise is required."

律业务特免权拒绝。贵族院认定在税法下没有明示也没有必要的默示。针对必要的默示,Hobhouse 勋爵给予了一个权威性的说法可以节录如下:"A necessary implication is one which necessarily follows from the express provisions of the statute construed in their context. It distinguishes between what it would have been sensible or reasonable for Parliament to have included or what Parliament would, if it had thought about it, probably have included and **what it is clear that the express language of the statute shows that the statute must have included. A necessary implication is a matter of express language and logic not interpretation.**"(加黑部分是笔者的强调)

Hobhouse 勋爵指出,必要的默示实际上是立法的明示条文显示本就一定会包括的内容,而不仅仅是从合理与明智的角度看议会应该立法的内容或者在立法时如果议会想到就会被加入的内容。[16] 在看待是否存在必要默示时,实际上是通过对已经存在的立法明示条文进行逻辑推断,看有关内容是否本就一定会包括在内,否则就令立法明示条文难以操作或者导致已经存在的明示条文不完整。

在之后的 B v. Auckland District Law Society (2003) 2 AC 736 枢密院先例中,Millett 勋爵还对什么时候能满足 Hobhouse 勋爵提到的标准提出了更明确的测试方法:"A useful test is to write in the words 'not being privileged documents' and ask, not 'does that produce a reasonable result?' or 'does it impede the statutory purpose for which production may be required?' but 'does that produce an inconsistency?' or 'does it stultify the statutory purpose?' The circumstances in which such a question would receive an affirmative answer would be rare. But a statutory right to require production of correspondence between a person and his solicitor for the purpose of obtaining legal advice, for example, would obviously be inconsistent with the existence of a right to withhold documents on the ground of legal professional privilege. And unless a taxing master could require the production of privileged documents it would be impossible for him to perform his function of taxing a solicitor's bill of costs: see Goldman v Hesper (1988) 1 WLR 1238."

Millett 勋爵指一个测试方法是在要求提供信息与交出文件的有关立法明示条文中假设额外加上"除了受特免权保护的文件才可以免予披露"等措辞/文字,是否会反而产生矛盾或令整个立法失去意义。如果是才足够达到 Hobhouse 勋爵给出的判断标准,构成有必要的默示。接下来 Millett 勋爵举了一个十分好的例子,如果当事人与前律师对律师费

〔16〕 也因此这里所说的默示与合约解释中条文的默示(法律或事实的默示)并不相同。合约解释中的默示条文请见笔者《合约的解释:规则与应用》一书第七章。在此简单说的是,针对事实默示(implied by fact),有说法是必须通过好事第三方(*officio bystander*)的测试,即如果有好事第三方在双方对合约进行谈判时提出一个在合约中并没有涉及的问题,可以假设(presume)合约双方会异口同声地给出同样的答案,则这个答案就是在合约中通过事实默示的条文,属于合约的一部分。而在此所说的必要的默示,Hobhouse 勋爵说无须假设好事第三方,也不考虑如果当时好事第三方提出一个立法没有涉及的问题议会会如何回答,而应该只是根据立法明示条文与逻辑推断看是否有必要默示以符合立法本意与令其他明示立法条文可以顺利操作。

用产生争议(当事人认为前律师的收费不合理的争议经常发生,如认为过于昂贵或声称的工作根本不合理或没有必要等),立法允许法院核算合理的律师费用,法律虽然没有明示提到不适用特免权的措辞/文字,但显然是一定默示超越了特免权。因为诉讼费用评定官(tax master)或费用法官(costs judge)在有争议的情况下不看文件就无法履行审核费用的职责,[17]这种情况就属于必要的默示。又如法律援助之下接受委任的律师,有立法义务将有关通讯披露给法律援助机构,以显示自己完成了法律援助下的义务:见《The Legal Aid (Disclosure of Information) Regulations 2013》(SI 2013/457)之规章3-4。

立法必要默示不容易认定,因为不是"必要"就不会也不应该作出默示。还可以以刚提到的诉讼费用评定官或费用法官需要审核律师的费用的问题作为例子。如果涉及的不是客户与律师之间的纠纷,而是诉讼中一方当事人胜诉后要求对方当事人支付自己合理的诉讼费用,此时也同样是如果没有有关文件,例如胜诉方律师发出的账单,没有胜诉方律师与客户之间的大量通讯等用来衡量到底针对有关诉讼进行了什么工作,在发生争议或有疑点时诉讼费用评定根本无法进行。对CPR是否有立法超越法律业务特免权保护可允许法院的费用法官强制披露是有质疑的:见General Mediterranean Holdings v. Patel (2000) 1 WLR 272先例(Toulson大法官);R (on the application of Morgan Grenfell & Co Ltd) v. Special Commissioners of Income Tax先例(Hobhouse勋爵);Medcalf v. Mardell (2003) 1 AC 120先例(Bingham勋爵与Hobhouse勋爵)等。

费用评定官或费用法官,在涉及审核胜诉方的费用是否合理时,是否有立法必要默示超越法律业务特免权保护是存在疑问的。这在实践做法中,例如败诉方质疑胜诉方某些工作的费用没有真正发生,此时胜诉方就需要提出证据证明这些工作的发生与产生的费用,但是除非胜诉方同意并选择(elect)弃权,否则费用法官也没有权力要求将受特免权保护的文件披露给败诉方(也就是要支付费用的一方)。毕竟会有情况是胜诉方即使在胜诉后仍然不希望败诉方知道己方与律师曾经讨论的内容、诉讼的策略等,这会是不光彩的内容或者与败诉方仍然有业务关系。也因此Taylor大法官在Goldman v. Hesper (1988) 1 WLR 1238先例中说:"There may be instances in which a [costs judge] may need to disclose part, if not all, of the contents of a privileged document in striking the appropriate balance. He will no doubt use all his expertise and tact in seeking to avoid the situation whenever he can. I do not envisage it occurring, except very rarely."这也可见CPR PD 47 para. 13.13:"the court may ask the receiving part **to elect whether to disclose the particular document** to the paying party in order to rely on the contents of the document, **or whether to decline disclosure** and instead rely on other evidence."(加黑部分是笔者的强调)

从另一个角度来看,胜诉方或者获得费用支付的一方可以自由选择是否披露受到特

---

〔17〕 这主要是看该律师为当事人也就是前客户做了多少工作,合理会花费多少时间。要进行这样的审核,就需要看他们之间的书信往来(correspondence)。而这些书信往来受到法律业务特免权保护,如果当事人不弃权,岂不是律师就无法通过这些文件证明自己为客户做了哪些合理必需的工作与收取合理费用?再者说,费用评定官或费用法官在立法规定下的审核律师费用的职责也无法履行。有关这方面的课题,在本书第十二章之3.1段也有涉及。

免权保护的文件,也可以拒绝披露给费用法官,但这就要承担本可获取的部分费用不能获得审核与批准的风险。在 Pamplin v. Express Newspapers Ltd (1985) 1 WLR 689 先例中,Hobhouse 大法官说:"[The costs judge] then has to decide the issue of fact on the evidence. In considering whether he is satisfied by the evidence, the costs judge will no doubt take into account that the claimant may have a legitimate interest in not adducing the most obvious or complete evidence, and may prefer to rely on oral evidence rather than producing privileged legal documents."

另在 Avonwick Holdings v. Shlosberg (2016) EWCA Civ 1138 上诉庭先例中,案情可见本书第十一章之 1.3 段。在该先例中,上诉庭在对《Insolvency Act 1986》之 Section 436 (1) 与 Section 283(4) 作出解释后说,这些条文中的财产并不会将法律业务特免权也包括在内,立法并没有明示或必要默示超越法律业务特免权。

2.3.3 《欧洲人权公约》和《Human Rights Act 1998》下的立法保护

在今天英国有了人权的立法《Human Rights Act 1998》(HRA),该立法引入了《欧洲人权公约》(European Convention on Human Rights, ECHR)后,法律业务特免权除了普通法下的地位以外,还通过立法被作为一种基本人权来进行保护。类似的,在中国香港法律业务特免权也被认为是基本人权:见 CITIC Pacific Limited v. Secretary for Justice and Commissioner of Police (2016) 1 HKC 157 中国香港先例。此先例判法律业务特免权是《基本法》之 35 条[18]下的基本人权。

根据国际公约的要求,如果人权立法与本国其他法律产生冲突时,国际公约会有超越性的地位。因此这也带来了 HRA 立法是否会对普通法下法律业务特免权的绝对性产生冲击的问题。在 HRA 下不同人权代表的公共利益产生冲突时需要进行权衡(balance),这带来的疑问就是法律业务特免权背后的公共利益在与其他公共利益产生冲突时,是否要进行权衡,从而动摇法律业务特免权在普通法下的绝对性权利地位呢?

如果要进行权衡,看来会给法律业务特免权带来很大的不肯定,因为在公共政策/利益之间作出权衡并不是很容易,不同法官也会有不同看法。Nicholls 勋爵在 R v. Derby Magistrates (1996) AC 487 先例提到权衡的困难与不肯定时说:"There are real difficulties here. In exercising this discretion the court would be faced with an essentially impossible task. One man's meat is another man's poison. How does one equate exposure to a comparatively minor civil claim or criminal charge against prejudicing a defence to a serious criminal charge? How does one balance a client's risk of loss of reputation, or exposure to public opprobrium, against prejudicing another person's possible defence to a murder charge? But the difficulties go much further. Could disclosure also be sought by the prosecution, on the

---

[18] 有关的条文内容是:"Article 35 Hong Kong residents shall have the right to confidential legal advice, access to the courts, choice of lawyers for timely protection of their lawful rights and interests or for representation in the courts, and to judicial remedies. Hong Kong residents shall have the right to institute legal proceedings in the courts against the acts of the executive authorities and their personnel."

ground that there is a public interest in the guilty being convicted? If not, why not? If so, what about disclosure in support of serious claims in civil proceedings, say, where a defendant is alleged to have defrauded hundreds of people of their pensions or life savings? Or in aid of family proceedings, where the shape of the whole of a child's future may be under consideration? There is no evident stopping place short of the balancing exercise being potentially available in support of all parties in all forms of court proceedings. This highlights the impossibility of the exercise. What is the measure by which judges are to ascribe an appropriate weight, on each side of the scale, to the diverse multitude of different claims, civil and criminal, and other interests of the client on the one hand and the person seeking disclosure on the other hand? In the absence of principled answers to these and similar questions, and I can see none, there is no escaping the conclusion that the prospect of a judicial balancing exercise in this field is illusory, a veritable will-o'the-wisp."

以上这些问题将在本章后文中逐一讨论。

2.3.3.1 ECHR 之 Article 6 和 Article 8

ECHR 中并没有明示写明有关法律业务特免权的内容。但是欧洲人权法院(ECtHR; Cour européenne des droits de l'homme)通过一系列判决认定法律业务特免权被包括在一些 ECHR 的条文中,这主要有关的是 Article 6 有关公平审理(fair trial)的条文以及 Article 8 有关个人隐私(privacy)的条文。

ECHR 之 Article 6 主要的内容是受到欧洲人权法院管辖的人士都有权受到公平审理。此条文针对的是诉讼程序中人权的内涵是什么,虽然没有明确提及法律业务特免权,[19]但是在过往法院判例中在此条文下默示了一系列的权利,其中就包括法律业务特免权。这也是合理的,否则明示条文说明自由委任律师是人权,而如果不能跟律师在私下讨论对策时畅所欲言,岂不是一句没有意义的空话?所以可见欧洲人权法院的 S v. Switzerland (1992) 14 EHRR 670 先例中对此问题的确认:"The Court considers that an accused's right to communicate with his advocate out of hearing of a third person is part of the basic requirements of a fair trial in a democratic society and follows from Article 6 para. 3 (c) (art. 6-3-c) of the Convention. If a lawyer were unable to confer with his client and receive confidential instructions from him without such surveillance, his assistance would lose much of its usefulness, whereas the Convention is intended to guarantee rights that are practical and effective."

类似的说法也可见 Brennan v. United Kingdom (2001) 34 EHRR 507;Öcalan v. Turkey (2005) 41 EHRR 985 等欧洲人权法院的先例。

---

〔19〕 虽然其中有关于与律师之间自由通讯的条文,例如第 6.3(c)说:"Everyone charged with a criminal offence has the following minimum rights: ... (c) to defend himself in person or through legal assistance of his own choosing or, if he has not sufficient means to pay for legal assistance, to be given it free where the interests of justice so require."

ECHR 之 Article 8 是有关个人隐私与家庭生活的条文，同样也有先例明确了如果破坏了某人与律师之间的私下往来的机密性就会违反 Article 8。例如，在 Campbell v. UK（1992）15 EHRR 137 先例中就说："... the Court sees no reason to distinguish between the different categories of correspondence with lawyers which, whatever their purpose, concern matters of a private and confidential character. In principle such letters are privileged under article 8."

2.3.3.2　ECHR 下的基本人权需要进行权衡和可能被超越

值得注意的是，ECHR 的这些先例中在案情有需要时，法律业务特免权是需要与其他公共利益进行权衡与可能被超越的：见 Brennan v. United Kingdom（2001）34 EHRR 507；Öcalan v. Turkey（2005）41 EHRR 985 先例等。例如，在 Niemietz v. Germany（1993）16 EHRR 97 先例中，法院在考虑是否允许搜查律师办公室[20]时，就先对案件的事实背景进行了考虑看是否有绝对的必要。在 Foxley v. UK（2001）35 EHRR 637 先例中，破产信托人成功申请到法院命令查看破产人士的邮件，但在法院命令中没有将涉及法律业务特免权的邮件作为例外。欧洲人权法院虽然判该法院命令不恰当，但是指出了如果涉及对法律业务特免权的滥用（abuse）或者是其他特殊情况，是可以排除法律业务特免权的："The Court can see no justification for this procedure and considers that the action taken was not in keeping with the principles of confidentiality and professional privilege attaching to relations between a lawyer and his client. It notes in this connection that the Government have not sought to argue that **the privileged channel of communication was being abused; nor have they invoked any other exceptional circumstances which would serve to justify the interference with reference to their margin of appreciation**."（加黑部分是笔者的强调）

2.3.3.3　法律业务特免权在普通法下仍然是绝对性的地位

由于 R v. Derby Magistrates（1996）AC 487 贵族院权威先例是在 HRA 的立法之前作出的判决，因此也有说法是英国在今天 HRA 生效之后，由于 ECHR 的公约、HRA 的立法与上一段提到的欧洲人权法院的说法，法律业务特免权不可动摇的是绝对性权利的地位也会有所改变。

在 Medcalf v. Mardell（2002）3 WLR 172 贵族院先例中，贵族院认可了 R v. Derby Magistrates 先例的判法在今天仍然是法律业务特免权的主要权威先例。但是贵族院同时指出，在 HRA 立法出台后的今天可能会需要重新考虑。Hobhouse 勋爵说："It may be that, as in the context of Articles 6 and 8 of European Convention on Human Rights, the privilege may not always be absolute and a balancing exercise may sometimes be necessary."

但在《Phipson on Evidence》（2018 年，第 19 版）一书之 23－09 段指出 R v. Derby Matistrates 先例中的原则看来不会受到 HRA 立法的改变："The English courts have not had an opportunity to rule specifically on the compatibility of Derby Magistrates with Arts 6

[20] 在很长一段时间，法院针对律师作出搜查令（search warranty）都会有迟疑，因为难免有很多搜查到的文件都会受到法律意见特免权保护。

and 8. However, authorities which have made reference to Derby Magistrates since Lord Hobhouse's comment in Morgan Grenfell indicate that reconsideration of the Derby Magistrates principle looks highly unlikely. Derby Magistrates is consistently referred to in cases involving legal professional privilege as being the leading case."

也确实至少在今天来看,仍然没有偏离 R v. Derby Magistrates 先例的判法,这些后续先例中比较重要的包括 B v. Auckland District Law Society (2003) 2 AC 736 枢密院先例,Three Rivers DC v. Bank of England (No. 6) (2005) 1 AC 610 贵族院先例等。

在 B v. Auckland District Law Society 先例中,案件本身发生在新西兰[直到2004 年,新西兰的案件终审仍然是交给英国枢密院(Privy Council)审理]。奥克兰律师协会在接到对律师的投诉后,根据新西兰的立法《Law Practitioners Act 1982》对律师开展调查并要求律师披露文件。律师在限定弃权(limited waiver)[21]的前提下将部分文件交给律师协会。因此在该案中产生了律师是否有理由拒绝披露其他相关文件以及已经披露的文件是否可以再主张(assert)特免权并要求退还的问题。枢密院在判词中确认了英国法下的地位仍然是依照 R v. Derby Magistrates 先例。但同时 Millett 勋爵指出:"In saying that the balance was struck once for all in the 16th century, Lord Taylor CJ(R v. Derby Magistrates 先例中作出判决的贵族院大法官)had in mind the case where the right to compel production of documents is a common law right. Where the right is statutory, as in the present case, the balance is struck by Parliament when enacting the statute in question. In such a case the task of the court is not to decide where the balance should be struck in the particular case, but where Parliament has struck it."

也就是法律业务特免权绝对性地位是在 16 世纪的先例中与其他公共政策/利益权衡后确立的,当时主要是与普通法的对抗制(adversarial)诉讼程序中要求全面披露有关文件(将所有文件交给法院让法院掌握所有的事实,以达到公平审理)的公共政策/利益进行的权衡。因此只是在普通法下的地位而言,法律业务特免权仍然是绝对性权利的地位没有变动。但是在普通法以外涉及具体立法(不少涉及规管)时,这就与单纯普通法地位不同了,显然仍需要在不同的公共利益之间进行权衡,但这权衡不是由法院作出,而是在立法时就已经由议会(parliament)作出决定。而法院在审理立法已经针对的情况时,就要严格跟从立法作出的决定与权衡。

这说法也能与一贯的做法相配合,也就是除非通过立法明示或有必要的默示,否则法律业务特免权在普通法下的地位仍然是绝对性的。立法者在立法时的"权衡"才决定可否超越特免权(包括法律业务特免权)保护。

在 McE v. Prison Service of Northern Ireland (2009) 1 AC 908 贵族院先例也涉及了类似的问题。此先例的背景是在英国立法《Regulation of Investigatory Power Act 2000》(RIPA)下,为了反恐与反严重犯罪的目的,警方可以隐秘地进行电子监听。在该先例中,律师与客户在警察局的谈话被隐藏的电子设备录音,警方想要依赖该录音以煽动谋杀

[21] 有关限定弃权的问题,请见本书第十二章之2段。

(incitement to murder)的罪名指控该律师。因此该录音是否可受法律业务特免权保护成了焦点争议(如果受保护,指控就会没有证据支持),而且在 ECHR 以及 HRA 下法律业务特免权地位是否有变化也被一并考虑。贵族院的一致意见也是维持 R v. Derby Magistrates 先例的判法,例如贵族院的 Carswell 勋爵说:"It is to be noted that these and other authorities dealing with privilege were all concerned with the use of evidence consisting of what was said between legal advisers and clients. **The rule preventing that remains absolute**, even if that evidence would exculpate another person accused of a criminal offence (the position in R v Derby Magistrates' Court, Ex p B). The only exceptions, which may not be true exceptions, are when the privilege is spent[22] or when the communication has been made to a solicitor by his client for the purpose of being guided or helped in the commission of a crime[23] [R v Cox and Railton (1884) 14 QBD 153], since the privilege does not attach at all to communications made for such a purpose."(加黑部分是笔者的强调)

而在此先例中,贵族院判 RIPA 是通过立法条文超越了普通法下法律业务特免权,也因此允许根据 RIPA 对有关通讯进行监听。这也是符合本章之 2.3.2 段所介绍的,普通法给予的法律业务特免权保护只有立法的明示条文或必要默示才能超越。

McE v. Prison Service of Northern Ireland 贵族院先例中还提到了另一方面的问题,即贵族院对案情进行了区分,认为监听法律咨询未必就侵犯了法律业务特免权,Carswell 勋爵说:"None of these decisions(过去有关法律业务特免权的先例) concerned covert surveillance of legal consultations. Although the privilege is described in terms of a legal right, it

---

〔22〕 这是 Nicholls 勋爵在 R v. Derby Magistrates (1996) AC 487 先例中的说法。所谓的已用(spent)指的是对客户或者诉讼与将来可能的诉讼中的当事人而言,已经没有必要再依赖文件的特免权了。Nicholls 勋爵说:"In many cases, once the transaction or proceedings have been concluded there is no conceivable reason why the lawyer-client communications should remain confidential... Non-availablity of the privilege where the client no longer has an interest to protect ... would depend on proof that **no rational person would regard himself as having any continuing interest in protecting the privilege of confidentiality in the originally privileged material. In other words, the privilege has become spent**... I would not expect a law, based explicitly on considerations of the public interest, to protect the right of a client when he has no interest in asserting the right and the enforcement of the right would be seriously prejudicial to another in defending a criminal charge or in some other way."(加黑部分是笔者的强调)但对什么时候才算是当事人真正对有关文件不再有利益(no interest),Nicholls 勋爵提到了 Reg v. Craig (1975) 1 NZLR 597 先例中的说法,即如在诉讼中败诉一方的律师曾经从某个证人处取得证人证言,事后该证人被以伪证(perjury)罪起诉,控方希望从律师处获取有关证人曾经说过什么的证据,此时就认为当事人对这些内容已经没有依赖特免权保护的利益了。在笔者看来这很显然是需要结合具体事实看待的,而 Nicholls 勋爵的说法看来并没有英国法下的先例予以支持。尤其是在这种情况下,如何判断当事人是否有利益是很困难的事情,还涉及额外对事实的证明,这样的做法可能会带来不少问题。反而是在这种情况下,如果当事人确实没有任何利益,在控方要求下当事人也没什么理由不作出弃权(waiver)。而如果当事人拒绝弃权,此时控方如果仍然坚持当事人已经没有利益,那只有让法院认定是否已经不再有利益从而不受到特免权保护。这看来并不容易成功,所以这种特免权"已用"的情况应该是绝少的。笔者倒是想到自证其罪特免权(self-incriminating privlege)的"已用"情况,也就是刑事案件审理终结后(无论是定罪还是无罪),在接下来的民事诉讼中当事人就不得依赖自证其罪特免权而拒绝披露文件了。

〔23〕 这是罪行原则(iniquity principle)的说法,见本书第十一章之 1.2 段。

is not clear from the decisions whether such surveillance is to be regarded as unlawful per se or whether the principle extends only to the protection of the product of legal consultations. I incline to the latter view… but I do not find it necessary to reach a definite decision on the point…"

即使是法律咨询内容被监听,法律咨询的内容仍然受到法律业务特免权保护,而当事人可以不允许这些内容在诉讼中被使用也是没有疑问的。在刑事案件中会存在的麻烦之处是,非法证据(也就是非法的秘密监听,这也无论是否为对法律咨询的监听)很可能导致判决有问题而被否决。但民事诉讼尤其是国际仲裁更为关心的则是文件的分量(weight),非法获取的证据不一定就不被采纳(inadmissible),有关内容可见本书第五章之2.2.2段与Jones v. University of Warwick (2003) EWCA Civ 151先例等。

2.3.3.4 R v. Brown先例

在更近期的R v. Brown (2016) 1 WLR 1141上诉庭先例中,犯罪嫌疑人曾经因谋杀罪名被判处两个无期徒刑(life sentence)。而在警戒森严的医院(secure hospital)服刑期间,该嫌疑人又被指控试图谋杀医院里的其他病人,而且嫌疑人还与医护人员提到准备杀害自己的律师。因此在庭审开始前嫌疑人提出与律师单独会面时,法院认定嫌疑人有很大可能借这个机会伤害自己或自己的律师,因此要求必须在两名医院雇员的看护之下才允许嫌疑人与律师进行会谈。之后,一审判决嫌疑人罪名成立,嫌疑人以自己与律师单独交谈的权利被剥夺为由提出上诉。

上诉庭的Fulford大法官也认可了在普通法下要突破特免权的绝对性地位,只有两种例外:一种是罪行原则(iniquity principle),另一种是通过立法明示或必要默示超越特免权,说:"Currently there are, therefore, two generally recognised common law qualifications to the inviolable nature of legal professions privilege. First, the privilege does not apply if the communications are intended to further a criminal purpose (the 'iniquity exception'). Second, statute can defeat the privilege if express words are used or necessary implication indicates, as demonstrated in McE v. Prison Service of Northern Ireland: the privilege was overridden by the Regulation of Investigatory Powers Act 2000."

但是接下来,Fulford大法官针对此先例的案情给出了另一个特别的例外,指出在针对人权的HRA立法下,法院有立法义务保护生命权(right to live),而这立法义务会超越普通法下对特免权的保护:"… that **the usually inviolable or absolute nature of the rule of privilege attaching to consultation with lawyers was capable of qualification at common law**, even in circumstances outside the situation where the meeting between the individual and his lawyer was being misused in order to commit a crime;[24] **that the court, as a public authority within the meaning of section** 6(1) **of the Human Rights Act** 1998, **had a statutory duty to protect human life, and the obligation created by statute overrode the com-**

〔24〕 这里是罪行原则的例外,即如果与律师谈话是讨论如何实施犯罪,有关的谈话根本不受到法律业务特免权保护。罪行原则在本书第十一章之1.2段有详细讨论。

mon law;[25] that, therefore, it would be appropriate to impose a requirement that particular individuals could be present at discussions between the individual and his lawyers if there were a real possibility that **the meeting would be misused** for a purpose, or in a manner, which **involved impropriety amounting to an abuse of the privilege which justified interference**; that, in any event, the course of the trial would not have been materially different had the discussion taken place in the absence of the nurses;[26] and that, accordingly, the judge had been justified in his conclusion that there was a real risk of the defendant using the consultation with his counsel at the Crown Court to cause himself serious injuries or to kill himself, and the defendant's **trial had not been unfair** nor was his conviction unsafe. ... In our judgment, by way of an additional common law qualification or exception to the inviolable nature of legal professional privilege, and **in what is likely to be an extremely narrow band of cases**, it will be appropriate to impose a requirement that particular individuals can be present at discussions between an individual and his lawyers if there is a real possibility that the meeting is to be misused for a purpose, or in a manner, that involves impropriety amounting to an **abuse of the privilege** that justifies interference.[27] This case exemplifies the rare circumstances in which it will be necessary to take this step."(加黑部分是笔者的强调)

该先例看来又给法律业务特免权的保护范围确立了另一种例外,也就是在 HRA 立法下法院有权力突破特免权的绝对性。但在笔者看来,R v. Derby Magistrates (1996) 1 AC 487 贵族院先例的判法虽然是在 HRA 立法之前作出,但是在今天仍然被作为权威先例反复引用与跟从。这可以反映出两方面的立场:(1)普通法确立的法律业务特免权的绝对性地位看来并没有被撼动;(2)即使是需要在 HRA 下进行权衡,[28] 在同样与人命相关的 R v. Derby Magistrates 先例中,贵族院的看法是,即使要在保护法律业务特免权与可能澄清谋杀罪名、不至于造成冤假错案之间进行权衡,贵族院仍然认为保护法律业务特免权背后的公共政策/利益更为重要。这看来很难成功超越法律业务特免权,而 R v. Brown 先例更多的是针对特定案情作出的例外判法,并不能被普遍适用。

在更近期还有 Holyoake v. Candy (2017) EWHC 52 (QB) 高院先例也考虑了 R v. Brown 先例中的权衡问题。此先例中要求披露的一方以人权(主要是隐私权)受侵犯为

---

〔25〕 上诉庭的说法是在 HRA 立法下法院有权令普通法下的法律业务特免权被超越。当然普通法下的法律业务特免权仍是绝对性的。

〔26〕 当然,从另一个方面来看,只要不导致机密性丧失,有医院雇员陪同参与会谈事实上并不影响法律业务特免权与公平审理。因此,上诉庭建议遇到这种情况可以更明确地在法院命令中明示押送的医院雇员不得泄露任何听到的内容,以保护会面时当事人与其律师之间交谈与咨询的机密性:"In future cases they would need to be instructed in the clearest terms that they must treat anything they overhear in confidence, and that they should not disclose the contents of the discussion save in wholly exceptional circumstances."

〔27〕 Foxley v. UK (2001) 35 EHRR 637 等先例中提到的对法律业务特免权的滥用(abuse)。

〔28〕 也就是在权衡之下法院是否有保护特定人权的立法义务(the obligation created by statute)以至于超越普通法下法律业务特免权的绝对性。

由要求超越法律业务特免权保护而令对方作出披露。此先例的背景是英国《Data Protection Act 1998》立法之第 7 条允许自然人向拥有其个人资料或数据的一方(可以是另一个自然人,但通常是公司法人或是社会团体、机构等)提出准入要求(Subject Access Request,简称 SAR)。拥有个人资料或数据的一方在面对 SAR 时则必须作出披露,但同时该立法第 37 条明示可以依赖法律业务特免权拒绝披露。此先例中原告指称被告监视与调查自己,因此以 SAR 要求被告披露所有有关文件,但被告主张诉讼特免权并拒绝披露。

此先例中争论的焦点之一就是,要求披露的原告为了否定被告以诉讼特免权拒绝披露的抗辩,提出了被告进行的监视与调查侵犯了他的基本人权之中的隐私权,法院有义务令当事人可以保护自己的隐私权不被侵犯。就像 R v. Brown 先例中保护生命权一样,法院有立法明示的义务去超越普通法下法律业务特免权的保护。

但这个说法被 Warby 大法官否定,Warby 大法官明确指出 R v. Brown 先例拥有非常例外的案情,不能被用来当作蚕食法律业务特免权范围的跳板,而让任何人权(人权有很广泛的内容)都能超越法律业务特免权保护。他是这样说:

"Brown was concerned with legal advice privilege not litigation privilege, and establishes a qualification of narrow scope based on quite exceptional facts (the point at issue was whether staff should be allowed to attend a conference between a convicted murderer and his lawyers to prevent the applicant committing suicide). It is true that the exception was rooted in a Convention right — the right to life. But I think it would be going much too far to treat this decision as a springboard for the much broader submission that the court is duty bound to allow an incursion into LPP whenever the documents for which protection is sought may evidence a breach of any human right....[29]

Ms Proops (申请披露一方的代表大律师) has argued in the alternative, that the court should adopt a balancing approach, weighing one competing right against another. Such an approach would limit the extent to which this human rights argument would involve an incursion into LPP. But it would create a new exception of uncertain ambit. It would also appear to be inconsistent with House of Lords authority. In R v Derby Magistrates Court, ex parte B [1996] 1 AC 487 the House rejected the notion that the availability of legal advice privilege

---

[29] R v. Brown (2016) 1 WLR 1141 先例涉及法律意见特免权[这相比 Holyoake v. Candy (2017) EWHC 52 (QB)涉及的诉讼特免权要狭窄得多],该先例是基于特别的案情,并不意味着 ECHR 或 HRA 下的其他人权都享有同等地位。在笔者看来,Warby 大法官把法律意见特免权与诉讼特免权作为两个先例不同判法的区分(distinguish)没有必要,也没有说服力的。笔者也没有听过其他先例有说法是同属于法律业务特免权的法律意见特免权是不太"绝对"或是更容易被立法(如 HRA)超越。笔者认同 Warby 大法官的判决,但认为多这个"区分"没有必要。

might admit of exceptions, to be identified using a balancing approach...[30]

Of course, the court is familiar with the process of striking a balance between competing fundamental rights. There is no inherent difficulty in the process, which has become a regular feature of judicial decision-making over the 16 years that have passed since the passage of the HRA. But the HRA has not abrogated the doctrine of precedent, which continues to apply subject to certain exceptions: Kay v Lambeth LBC [2006] UKHL 10 [2006] 2 AC 465, R (RJM) v. Secretary of State for Work and Pensions [2008] UKHL 63 [2009] 1 AC 311. It is not submitted that the exceptions apply here."[31]

换言之,R v. Brown 先例可以无须被考虑。一般而言,即使是在"至高无上"的人权法 HRA 立法下,也可以认为法律业务特免权仍然享有一贯先例中绝对性权利的地位,拥有不被其他公共政策/利益所超越的特性(除非是立法的明示条文或必要默示),也不存在起冲突时需要权衡轻重的问题。

2.4　不以损害当事人利益为目的的披露是否可以是特免权的例外

还有一个会遇到困难与麻烦的课题是,如果要求披露一份受到法律业务特免权保护的文件的目的不是给可享有特免权的当事人造成损害,而是使用其他目的,则是否就可以强制要求对这份文件作出披露呢?法律业务特免权的永存性以及绝对性已经重复过很多次:见 R v. Derby Magistrates (1996) AC 487 先例。如果当事人愿意把文件披露出来,则大可以对法律业务特免权弃权并披露文件。即使这披露只是为了特定目的,在今天可以依赖限定弃权[32]的说法,而不会一般性地丧失特免权。但如果当事人不愿意弃权,则无论对方要求披露的目的是否会对当事人造成损害,都不能强制披露,这也就是绝对性的意义。但在过去有先例看来是根据披露的目的不是使当事人利益受损作为理由,认为当事人不能依赖法律业务特免权而拒绝披露,这说法给特免权作为实体性(substantive)权利的保护范围带来了混乱,也是本段要介绍的内容。

该问题的来源看来正是出自多次提到的 Parry-Jones v. Law Society (1969) 1 Ch 1 上诉庭先例。此先例是由上诉庭的 Denning 勋爵、Diplock 勋爵以及 Salmon 大法官所审理,三位大法官给出了一致的判决,但是判决的理由并不相同。在前几段中也已经分别提到了 Diplock 勋爵的说法(特免权只是在诉讼程序中令享有特免权的文件不被采纳为证据,因此面对律师协会的调查,特免权根本不适用)与 Denning 勋爵的说法(《Solicitor Act

〔30〕 申请披露方的主要争辩是这侵犯隐私因此属于罪行原则例外。同时申请披露方也有替代争议,指出法院应当在 HRA 下作出权衡。但这争议没有被法院认同,Warby 大法官指出这与过往的贵族院先例判法不一致。例如 R v. Derby Magistrates (1996) AC 487 先例与 R (Morgan Grenfell & Co Ltd) v. Special Commissioner of Income Tax (2003) 1 AC 563 贵族院先例(Hobhouse 勋爵的附带意见)等。而且一旦有了这个例外,会给法律业务特免权带来极大的不肯定性。

〔31〕 Warby 大法官说,在基本权利之间进行权衡对法院来说并不陌生,自 HRA 立法生效 16 年来,法院也常常进行这样的权衡。但是除了少数例外情况(与法律业务特免权无关,不在此赘述),HRA 的存在并没有令过去先例中建立的原则废除,也就是 R v. Derby Magistrates (1996) AC 487 先例即使在 HRA 生效后也仍然是这方面的权威先例,法律地位并没有受影响。

〔32〕 这可见本书第十二章之 2 段。

1957》立法赋予律师协会的调查权是立法中必要默示超越了特免权的保护）。因此在之后的R（on the application of Morgan Grenfell & Co Ltd）v. Special Commissioners of Income Tax（2003）1 AC 563 贵族院先例中，Hoffmann 勋爵在附带意见中援引 Parry-Jones v. Law Society 先例时，他自己对三位上诉庭大法官给出的不同理由做出了一个备受争议的解读。Hoffmann 勋爵指出无论是什么理由，该先例的一致判法都是正确的，因为该先例在做法上（把文件交给律师协会调查）并没有侵犯特免权。Hoffmann 勋爵说："One could hardly imagine a stronger Court of Appeal, but I am bound to say that I have difficulty with the reasoning... This is not to say that on its facts the Parry-Jones case was wrongly decided.〔33〕But I think that the true justification for the decision was not that Mr Parry-Jones's clients had no LPP,〔34〕or that their LPP had been overridden by the Law Society's rules,〔35〕but that the clients' LPP was not being infringed. The Law Society were not entitled to use information disclosed by the solicitor for any purpose other than the investigation. Otherwise the confidentiality of the clients had to be maintained. In my opinion, this limited disclosure did not breach the clients' LPP or, to the extent that it technically did, was authorised by the Law Society's statutory powers.〔36〕It does not seem to me to fall within the same principle as a case in which disclosure is sought for a use which involves the information being made public or used against the person entitled to the privilege."〔37〕

根据这样的解读，虽然一般而言律师作为代理人可以依赖客户的法律业务特免权拒绝披露任何文件，但是当披露目的不同（不影响客户本人）时，法律业务特免权是可以有例外的。这样的解读也受到不少的批评。在《Phipson on Evidence》（2018 年，第 19 版）一书之 23－10 段到 23－11 段就提出了 Hoffmann 勋爵的解读是有问题的，Parry-Jones v. Law Society 先例正确的解读仍然是如同 Denning 勋爵所说，是立法超越了普通法的法律业务特免权保护。节录部分有关内容如下："However, to suggest that the effect of privilege is to protect the use of the document for purpose inconsistent with the policy of the privi-

---

〔33〕 Hoffmann 勋爵指出，在 Parry-Jones v. Law Society（1969）1 Ch 1 先例中，上诉庭由三位享有盛名的大法官组成，案件判决的结果也是正确的。但是 Hoffmann 勋爵对于上诉庭大法官给出的理由是有疑问的。

〔34〕 这是 Diplock 勋爵的说法，他认为法律业务特免权只是在诉讼程序中使得文件不被采纳为证据。但在今天法律业务特免权被认为属于实体性权利的情况下，这个说法是不正确的。无论是否为在诉讼中都可以主张与依赖法律业务特免权拒绝披露文件。

〔35〕 这是 Denning 勋爵的说法，他认为立法赋予律师协会调查的权力时，有必要默示可以超越法律业务特免权。法律业务特免权除非是立法明示或有必要默示，否则不得被超越。

〔36〕 Hoffmann 勋爵给出的解释是律师将文件保有机密性的前提下交给律师协会属于限定弃权（limited waiver），律师协会对于在披露中获取的文件只能用以调查律师的执业行为是否合规、合乎专业操守，而不能作其他用途，因此客户自己可享有的法律业务特免权并没有被侵犯。即使是技术上被侵犯，立法也有超越。

〔37〕 Hoffmann 勋爵同时作出了区分，毕竟律师将文件机密地交给律师协会进行调查，文件并不会被公之于众［否则文件会因为进入公有领域（Public Domain）而丧失法律业务特免权］。所以只要机密性有保障，就不会影响客户自己可享有特免权的保护。

lege but not for other purpose is a radical view, which, it is submitted, is objectionable on a number of grounds...First... Lord Hoffmann affirms the modern view that the privilege is in fact 'a substantive right founded on an important public policy'. But the effect of the above passage is surely to adopt the very approach that he had just rejected.〔38〕Secondly, to say that whether a claim for privilege can be made depends on the purpose for which the document is required is novel and dangerous...〔39〕Thirdly, trying to base the principle on the use to which the document is put is dangerous because the use to which a document is put is often not black and white but a shade of grey.〔40〕Fourthly, focusing on whether the document is made public or 'used against the person entitled to the privilege' sits ill with a variety of existing principles. For example, in wasted costs proceedings it appears to be settled that a solicitor or barrister is obliged to refuse to waive his client's privilege even if that restricts him in the explanation he may give to the court for his conduct. But the use of privileged documents is not 'against' his client.〔41〕Fifthly, it appears to water down the principle 'once privileged always privileged'.〔42〕Sixthly, a witness served with a summons to produce documents at a trial can claim his own privilege even though he is not the defendant and the document is not

---

〔38〕 但 Hoffmann 勋爵的解读不被接受的原因,第一点是 Hoffmann 勋爵肯定与认同了法律业务特免权是基于公共政策/利益而确立的实体性权利与绝对性权利。这也就是 R v. Derby Magistrates (1996) AC 487 贵族院先例中的判法,即法律业务特免权是绝对性权利。但这与他对 Parry-Jones v. Law Society (1969) 1 Ch 1 先例的解读(披露目的不同就会是例外)有矛盾之处。

〔39〕 第二点是根据披露的目的是什么再决定是否属于法律业务特免权保护的例外是毫无先例可循(novel)与危险的解读。

〔40〕 第三点是披露的目在绝大部分时候不是绝对,无法清楚地说对享有特免权的当事人是否有影响以及有多大的影响。毕竟在笔者看来这影响不止在法律方面,还会在商业或道德方面。例如,如果把文件交给律师协会调查真的对客户没有任何影响,客户也就会通过作为代理人的律师作出弃权(waiver),何必麻烦法院对这个绝对性权利开一个缺口?

〔41〕 第四点就是 Hoffmann 勋爵的说法(要区分是否将文件披露给公众或将来会被用来对付可享有法律业务特免权的人士)与一些现有的原则有矛盾。例如,在律师做出一些不当或者浪费诉讼费用/虚耗讼费(wasted costs)的行为时,法院命令该代表律师要自己承担有关费用,而不是让客户承担。早期见过不少案件中,合约有仲裁条文或协议,但提出索赔的原告仍然向法院提起诉讼。这样被告如果依赖合约的仲裁条文向法院要求中止(stay)程序,在《纽约公约》下毫无疑问可以成功的。而在部分案件中就见过法院命令(在法院看来该代表律师不了解仲裁法与误导了客户并且忽视了仲裁条文的存在)律师自己承担诉讼费用,毕竟该律师的客户也是受害人,损失不应该由客户承担。但也可能律师并非不懂,实际曾经警告了客户法院诉讼会被中止,但客户仍然坚持开始法院诉讼(试图避开仲裁条文的约定)。此时如果代表律师能够向法院披露有关文件,法院就不会惩罚律师与迫使律师自己承担费用。可是这些文件会受到法律业务特免权保护,只有客户才能弃权,因此律师不能主动向法院披露这些文件,只能"哑巴吃黄连"。但在这种情况下律师披露特免权文件只是为自己对浪费诉讼费用的指控作出抗辩,不是对客户不利或用来对付客户。但显然目前并没有针对这种情况对法律业务特免权作出一个例外。虽然将来客户与律师之间清算费用时,由于法律默示弃权(见本书第十二章之 3 段),这些文件会被披露出来,客户难免要承担这笔费用。但对律师来说即使有客户的补偿也有一定风险,而且浪费费用命令(Wasted Costs Order)对律师声誉也有影响。

〔42〕 第五点是这也与"once privileged always privileged"的原则不符。此项原则已经在本章之 2.1.3 段介绍。

used against him.[43] ...**It is submitted that Lord Hoffmann's dicta as to the scope of legal professional privilege are not correct. The Parry-Jones case can best be seen as a case where the privilege was treated as implied overridden by statue.**"(加黑部分是笔者的强调)

但在 McE v. Prison Service of Northern Ireland (2009) 1 AC 908 贵族院先例中,给出部分不同意见(partial dissent)的 Phillips 勋爵在附带意见(dicta)中明确支持了 Hoffmann 勋爵的解读。此先例在本章之 2.3.3.3 段已经介绍过,涉及警方秘密电子监听的问题,节录 Phillips 勋爵部分说法如下:"For myself I find that Lord Hoffmann's approach illuminates the issues that arise in the present case. The rationale underlying LPP is the fundamental requirement that a man should not be inhibited in speaking freely and frankly to his lawyer by concern that what he says may subsequently be disclosed to his prejudice. This appeal involves the tension between the importance of covert surveillance in the fight against terrorism and serious crime and the importance of LPP. In this context it is necessary to consider not merely whether and in what circumstances surveillance of communications subject to LPP should be permitted but the use that should be permitted of communications subject to LPP that are disclosed by such surveillance...The rationale for LPP is not that it is in the interests of justice in the individual case that what has passed between a lawyer and his client should not be made public and, where appropriate, admitted in evidence. Often it would be in the interests of justice in the individual case that this should occur: see, for instance, the facts of R v. Derby Magistrates' Court, Ex p B [1996] AC 487. The rationale for LPP is that it is necessary if clients are not to be inhibited from being frank with their lawyers. As Lord Hoffmann pointed out in Morgan Grenfell [2003] 1 AC 563, **the concern that may inhibit frank communication by a client to his lawyer is not so much that the matter communicated may be disclosed but that the matter may then be used to the detriment of the client. If regulations are to be made that authorise surveillance that may disclose communications which are subject to LPP, those regulations must address not merely the circumstances in which such surveillance is to be authorised, and by whom, but also the use that may be made of such communications if disclosed.**"(加黑部分是笔者的强调)

也就是 Phillips 勋爵认为 Hoffmann 勋爵的解读能够解释此先例中披露电子监听内容的合法性。法律业务特免权的宗旨是使任何人可以自由与坦率地与自己委任的律师通讯、咨询等,而无须担忧这些内容会被强制要求披露而对自己造成损害。看来 Phillips 勋爵的看法是此先例中对于客户来说,电子监听内容被披露用来针对的是律师(用来指控煽动谋杀),这对客户本身事实上并没有影响,也不会给客户造成损害,因此事实上不会导致客户无法自由与坦率地与自己的律师沟通。在这样的理由下,Phillips 勋爵认为此先

〔43〕 第六点是收到传票(summons)出庭作证的证人可以依赖自己的法律业务特免权拒绝回答盘问,即使在这庭审中该证人并非是被告而文件披露或盘问的目的,也并非是对该证人不利。

例中是反恐与反严重犯罪的公共政策/利益与法律业务特免权的公共政策/利益有潜在的冲突,此时不仅要考虑电子监控内容涉及的法律业务特免权在什么情况下被超越,还需要考虑的是披露电子监控的目的(在该先例是对付律师而不是客户自己)是什么。

对此,在《Phipson on Evidence》(2018 年,第 19 版)一书之 23 – 13 段对 Phillips 勋爵的附带意见同样提出了质疑与批评:"Lord Phillips… stating that the concern that may inhibit frank communication by a client to his lawyer is not so much that the matter communicated may be disclosed but that the matter may then be used to the detriment of the client. This is the only passage in Lord Philip's speech which seeks to explain the basis on which he appears to agree with the passage from Lord Hoffmann. None of the other law lords expressed agreement with this part of Lord Phillips' speech… to date the question whether a document is subject to legal professional privilege has not depended on the use to which it is to be put, and, **with great respect to Lord Phillips, it is not easy to understand the rationale behind his dicta**."(加黑部分是笔者的强调)

但是近期英国高院的 The Financial Reporting Council v. Sports Direct International Plc (2018) EWHC 2284 (Ch)先例的判决认同了 Hoffmann 勋爵的解读。此先例中在整个欧洲开展业务的被告 Sports Direct International(简称 SDI)新设立了一套税务计划,使得自己只在英国(而无须在其他欧洲国家)缴纳增值税(VAT)。但 SDI 预期这个计划可能要面对各个国家税务部门的调查与诉讼,因此在操作时分外小心,一直委任律师并产生与制作了很多受法律业务特免权保护的文件。此先例中的原告是英国财务报告委员会(The Financial Reporting Council,FRC),在《Statutory Auditors and Third Country Auditors Regulations 2016》立法下有义务监管审计工作。FRC 正在调查一家审计事务所(Grant Thornton UK LLP)对 SDI 在 2016 年度的审计工作。FRC 根据立法权力要求 SDI 披露很多的有关文件,但被 SDI 以法律业务特免权为由拒绝。FRC 其中一个否定特免权保护的理由就是,根据 Hoffmann 勋爵的解读,规管机构要求当事人披露文件并非是要超越特免权保护,而目的最多不过是要求当事人作出类似限定弃权(limited waiver)以供调查,并没有侵犯 SDI 可享有的特免权,所以不需要有关立法明示或必要默示(express or necessary implication)超越特免权。节录 Arnold 大法官的说法如下:"In my judgment counsel for SDI is correct in his submission that Lord Hoffmann's primary reason in Morgan Grenfell for supporting the decision in Parry-Jones was strictly obiter. Nevertheless, it was an important step in his reasoning in that case, and it has the persuasive force of a unanimous House of Lords. Moreover, it receives support from the subsequent case law. Notwithstanding the criticisms of it, there is no authority to the contrary. Accordingly, I consider that it must be taken to represent the current state of the law.[44] Thus the production of documents to a regulator by a reg-

---

〔44〕 Arnold 大法官也同意 Hoffmann 勋爵的说法只不过是附带意见,但是这个说法是很有说服力的。而且尽管这个说法倍受批评,在一些后续先例中也有所应用。因此 Arnold 大法官认定这个说法就是今天的法律地位了。

ulated person solely for the purposes of a confidential investigation by the regulator into the conduct of the regulated person is not an infringement of any legal professional privilege of clients of the regulated person in respect of those documents. That being so, in my judgment the same must be true of the production of documents to the regulator by a client.〔45〕... Applying that principle to the present case, it follows that the production of the 40 Additional Documents to the FRC for the purposes of the Investigation would not infringe any legal advice privilege of SDI in respect of those documents."〔46〕

在此先例中,Arnold 大法官还考虑了有关立法是否有明示或必要默示超越特免权保护的问题。FRC 提出根据 Hoffmann 勋爵的说法可将对法律业务特免权的侵犯分为技术性侵犯(technical infringement)与非技术性侵犯(non-technical infringement)。前者如在 Parry-Jones v. Law Society 先例中,律师把有关文件披露给律师协会纯粹是为了调查自己的专业行为是否存在问题,并不会影响享有特免权的客户的利益;而非技术性侵犯,FRC 给出的例子是如果 SDI 考虑对审计师提起职业疏忽的索赔并寻求律师获取了律师意见("where the infringement was not a technical one... where a client such as SDI was contemplating a claim for negligence against the auditor, and obtained legal advice as to the merits of that claim"),特免权保护才不能泛泛超越。而如果是技术性侵犯,立法中一般与泛泛的(general)要求披露的措辞文字就足够使得文件必须被披露了,无须达到必要默示的严格程度。

比较令人惊讶的是,Arnold 大法官尽管说是有所犹豫(with some hesitation),但仍然认可了 FRC 的说法:"Counsel for SDI advanced two answers to this submission. His first was that it had not been shown by the FRC that the relevant statute contained wording which either expressly or by necessary implication abrogated or overrode legal professional privilege. I do not accept this argument. Lord Hoffmann did not point to any wording in the Solicitors Act 1957 that either expressly or by necessary implication abrogated or overrode legal professional privilege. Rather, his reasoning was that, because the infringement (if infringement there was) was a technical one, then the **general words** contained in section 29(1) **were sufficient**. In my judgment the same approach is applicable here..."(加黑部分是笔者的强调)

在笔者看来,Arnold 大法官这样的判法是存在问题的,硬将侵犯法律业务特免权区分为技术性侵犯以及非技术性侵犯。非技术性侵犯就适用一般对法律业务特免权的保护,但是针对技术性侵犯,一般与泛泛的立法文字就可以超越对于法律业务特免权的保护。但是这样的区分很难说真正有意义,也过于烦琐,而且分水岭也实在过于模糊了。这

〔45〕 因此像在 Parry-Jones v. Law Society (1969) 1 Ch 1 先例中,被规管人(如律师)向规管机构(律师协会)提交文件,而目的纯粹是在保持机密性前提下配合规管机构的调查,则律师配合调查是没有侵犯客户享有的法律业务特免权的。在这样的说法下,也可以类比客户在面对规管机构调查时,为了配合调查,在保持机密性的前提下非自愿地披露文件,也不会侵犯文件本身会受到的法律业务特免权保护。

〔46〕 在此先例的案情中来看,也就是 SDI 面对 FRC 的披露申请时,如果能够保证机密性,就看来没办法拒绝,因为并不会侵犯 SDI 可享有的法律业务特免权。

也从一定程度上绕过与打击了法律业务特免权的"绝对性"权利属性。

而实际上,即使是在 McE v. Prison Service of Northern Ireland 贵族院先例中,Phillips 勋爵也只是在附带意见中提到了这一点。尤其是刚刚节录 Phillips 勋爵的说法中的加黑部分也可以看到,即使他同意了 Hoffmann 勋爵的看法,他仍然是认为在《Investigatory Power Act 2000》立法下这些电子监控的录音可以被披露出来,也就需要立法下有明示或必要的默示可以超越法律业务特免权时,才可以要求披露这些享有特免权的文件。这判决的关键仍然是对有关立法进行解读看是否有明示或必要的默示,没有必要增加其他例外情况导致法律业务特免权的绝对性被逐步蚕食。

但是 The Financial Reporting Council v. Sports Direct International Plc 高院先例不仅明确支持了 Hoffmann 勋爵的说法,并且予以适用与据此作出判决。除非之后有后续先例对这个问题作出澄清与否定 Arnold 大法官的判法,否则在之后的案例中,这都是障碍。Hoffmann 勋爵的解读与 The Financial Reporting Council v. Sports Direct International Plc 先例如果被作为权威先例与说法,无疑会给法律业务特免权是否绝对可以被依赖去保护文件机密加上了不确定性。在今天规管越来越多与越来越严厉的局面下,这也给公司带来了严重阴影。

2.5　文件可以遮盖受法律业务特免权保护的部分

先要区分两种不同的文件:一种是整份文件只有部分内容可以获得法律业务特免权(legal professional privilege)保护,另一种是整份文件都可以获得法律业务特免权的保护。针对前者,这份文件可能只是关于同一个主题(subject)也可能是关于不同的主题。这常因为一般商业人士对法律不警觉,没有将受保护和不受保护的文件内容分开制作。例如公司高管与公司律师(in-house counsel)会谈时,由于大家都是同事,也不涉及外部律师,就会随意将所有会谈内容记录在同一份文件中。此时这份文件中有内容是涉及公司正在进行的诉讼或者是向公司律师咨询法律意见,这部分就受到保护无须披露;但还有部分内容针对的是公司的商业决策或公司管理或管治,就不会受到法律业务特免权保护。再如公司董事会或高层的定期会议,在会议记录(minutes)中也难免出现这种情况,而且此时要将会议部分内容分开单独制作记录也不一定现实。这样如果披露这份文件,就需要遮盖(redact、blank out 或 seal up)受法律业务特免权保护的部分,这也是正常与被接受的做法。

针对整份都可以获得法律业务特免权保护的文件,通常无论是为了诉讼还是获取法律意见,公司与律师之间的书信往来都属于此类文件。此时公司遮盖部分内容后进行披露就可能会弄巧成拙。好的做法是要么整份文件都不作出披露,要么公司对整份文件(甚至是相关文件)弃权(waiver),但不允许公司在披露时遮盖该份文件的部分内容。

在 Great Atlantic Insurance Co v. Home Insurance Co (1981) 2 Lloyd's Rep 138 先例中,原告律师在庭审的开庭陈述时读出了一份备忘录的前两段,被告因此要求原告披露该备忘录的全文。但原告以法律业务特免权为由拒绝披露该备忘录的剩余部分。上诉庭判除非备忘录前后两部分内容完全针对不同主题(完全可以拆分成两份文件来制作),否则原告应当披露完整的备忘录,不得只披露一部分而不披露另一部分。

需要注意的是,在 Great Atlantic Insurance Co v. Home Insurance Co 先例中,整份文件都受到法律业务特免权保护,原告律师读出该文件的一部分之后,就不得对剩余部分作出遮盖。这实际上是判断对特免权的部分弃权(partial waiver)是否导致了对全部特免权弃权的问题。这也是“挑选樱桃”规则(cherry picking rule)或附带弃权(collateral waiver)的说法,主要是一方当事人对特免权文件中的一部分内容弃权后,会导致所有文件或该份文件的全部内容都被弃权(见本书第十二章之 4 段),以防止断章取义或误导。

而针对同一个主题的一份文件,也会有情况是部分受到法律业务特免权保护而部分不受到保护。此时在面对披露要求时,看来是可以遮盖受特免权保护的部分,因为没有披露任何受特免权保护的部分,就不存在弃权甚至是附带弃权的问题。这个区分在 GE Capital Corporate Finance v. Bankers Trust Company (1995) 1 WLR 172 先例中就有涉及。原告(GE Capital Corporate Finance)的律师在文件披露程序中提交给对方查阅(inspect)的文件,有部分内容进行了遮盖。被告依赖 Great Atlantic Insurance Co v. Home Insurance Co 先例,提出这些内容针对的是相同的主题,因此原告不能对部分内容进行遮盖。Hoffmann 勋爵说,在披露程序中文件是否可以遮盖的问题并不需要看内容是否针对相同的主题,而是看被遮盖部分是否符合受特免权保护的标准:“On its facts the Great Atlantic case was not about discovery at all... The test for whether part can be withheld on grounds of privilege is simply whether that part is privileged. There is no additional requirement that the part must deal with an entirely different subject matter from the rest.”

GE Capital Corporate Finance v. Bankers Trust Company 先例的判法被后来的 The “Sagheera” (1997) 1 Lloyd’s Rep 160 先例所支持。在 The “Sagheera”先例中,Rix 大法官明确地阐述了 GE Capital Corporate Finance v. Bankers Trust Company 先例与 Great Atlantic Insurance Co v. Home Insurance Co 先例的不同。Great Atlantic Insurance Co v. Home Insurance Co 先例中是一整份文件都受到特免权保护而且是针对相同的主题,这就不允许对部分内容的特免权作出选择性的弃权。而在 GE Capital Corporate Finance v. Bankers Trust Company 先例中,则是商业中经常遇到的情况,也就是一份文件中既有受到特免权保护的内容(如引用律师给出的法律意见的内容),也有不受到特免权保护的内容(如有关公司经营的内容)。此时法律是允许遮盖受特免权保护的内容,也无须考虑是否针对相同主题的问题,因为这根本不涉及对特免权的内容弃权或部分弃权的问题。Rix 大法官说:“It seems to me, however, that Mr. Justice Saville was right to say that the Great Atlantic case was concerned with waiver of privilege and not with the issue before him. In Great Atlantic the document was expressly held to be privileged as a whole and to deal with a single subject matter: it could not therefore be disclosable in part and privileged in part, and waiver of the privilege in part was held to amount to waiver of privilege in the whole. In these circumstances it seems to me that Lord Justice Hoffmann was also right in G E Capital to regard Great Atlantic as no bar to the approval he expressly gave to the Good Luck in the case of a document only partly privilege, albeit the unprivileged part dealt with the same subject matter...Once therefore it becomes acceptable to cover up privileged parts of a document which must otherwise be produced for inspection, it becomes in my judgment impossible to say that a document which is in whole and not merely must nevertheless be produced because it may not have been brought into existence for the primary purpose of disseminating the advice but for the purpose of taking a business decision in the light of such advice."

总结而言,在文件披露程序中是可以披露一份文件不受特免权保护的部分而对受到特免权保护的部分进行遮盖的。而如果是整份文件都受到保护,又只想披露其中一部分内容,这就要小心谨慎了。如果想要披露的部分与其他部分内容属于不同主题,则仍然可以遮盖部分内容。但如果属于同一主题,则披露一部分就可能导致附带弃权而需要披露整份文件,包括被遮盖的部分。这样不外乎就是权衡文件内容,如果对自己而言是利大于弊,不妨就整份都披露出来;而如果弊大于利,就应当完全不予披露,千万不能只是披露一份特免权文件的有利部分而遮盖不利部分。而且对一份受特免权保护的文件部分刻意(intentionally)弃权可能导致所有其他同一主题受特免权保护的文件都被强制弃权,这也是"挑选樱桃"规则/附带弃权的规则。

最后可取介绍近期的 WH Holding v. E 20 Stadium LLP (2018) EWCA Civ 2652 先例,显示过度遮盖的危险。该先例的被告是伦敦为了举办 2012 年奥林匹克运动会而建造运动场的所有人,被告在 2013 年与原告西汉姆联足球俱乐部订立了一个长达 99 年的租约,让原告可以在足球季使用该运动场。双方之后有了争议,原告指控被告在租约下违约,并提起英国法院的诉讼。在诉讼程序中的相互披露阶段,被告披露了约 79500 份文件,但其中有 413 份文件是被部分遮盖,理由是内容无关(irrelevance)、商业敏感(commercial sensitive)与主张特免权(assert privilege)。

原告根据 CPR Rule 31.19(5)向法院申请要求被告为其中 323 份被遮盖的文件做出进一步解释。这导致被告的律师在再度审阅(review)下接受其中 95 份文件不需要遮盖,可以整份披露。但原告还是不满意,担心被告对一些所谓"无关"的文件可能是看法太窄。

法院不愿意亲自在中间程序中查阅有这方面争议的文件,[47] 认为是最后的救济手段(inspection by court should be a last resort),不能轻易进行。主要是在中间程序中,法院在对案情不了解与没有看到有关案件的所有其他证据的情况下,容易断章取义。所以除非有可信的证据显示当事人有误解或是作出的决定不可信,或是没有其他合理可行的解决办法,否则法院不应该这样做。但在该先例中,高院将受原告质疑的文件中抽样了几份看遮盖是否合理,并认为是"合理与可接受"。高院警告说诉讼的当事人大量遮盖文件时,要特别小心是否是正确做法,否则如果后来受到质疑并被认定遮盖不合理,要承担相关的诉讼费用,说:"given the difficulties and suspicions to which extensive redaction inevitably gives rise, parties who decide to adopt such an approach in disclosure must take enhanced care to ensure that such redactions are accurately made, and must be prepared to suffer costs consequences if they are not."

---

〔47〕 可见本书十二章之 7.4 段。

2.6 两种不同类别的法律业务特免权:法律意见特免权(legal advice privilege)和诉讼特免权(litigation privilege)

早期先例中,法律业务特免权并没有被进一步的区分,只是笼统地说不能将法律业务特免权限制在已有诉讼程序(on-going litigation)或是可能/合理预期的诉讼程序(litigation in contemplation)。[48] 后来开始有先例将法律业务特免权延伸到律师与客户(client)之间的通讯(communication)在非诉讼的情况也可以保有机密性。看来直到 Anderson v. Bank of British Columbia (1876) 2 ChD 644 先例,上诉庭的判决才将法律业务特免权明确区分为两种不同的情况。

2.6.1 将法律业务特免权区分为两种不同类别的主要先例

在 Anderson v. Bank of British Columbia (1876) 2 ChD 644 先例中,被告(银行)注意到可能有针对银行在美国俄勒冈(Oregon)分行的诉讼,因此伦敦总部的经理发电报(cable)给俄勒冈分行的经理 Russel 先生,要求他提供账户内的所有交易细节以了解有关的事实。Russel 先生也按照指示将该账户所有的交易细节通过电报回复。在之后的诉讼中,原告要求披露这些电报内容,但被银行拒绝。

当时的一审与上诉庭均判这份回复并不享有法律业务特免权,理由是该份回复的目的只是回应银行内部的事实调查或搜索,也没有在获取后交给律师以作诉讼之用,因此并不享有法律业务特免权。有关公司一般性的内部调查取证的问题会在本书第十章之 7 段再作介绍。上诉庭的 Mellish 大法官区分了两种不同情况所带来的两种不同类别的法律业务特免权说:"I am clearly of opinion that such a communication is not privileged. To be privileged it must come within one of two classes of privilege, namely, **that a man is not bound to disclose confidential communications made between him and his solicitor, directly, or through an agent who is to communicate them to the solicitor**; or, **secondly, that he is not bound to communicate evidence which he has obtained for the purpose of litigation**."(加黑部分是笔者的强调)

这两种不同类别的法律业务特免权,第一种是客户(或客户的代理人)与法律意见提供者(legal adviser,一般也就是律师)之间为了获取法律意见而产生与制作的通讯与文件,这又被称为法律意见特免权(legal advice privilege)。法律意见特免权与已经开始或可能开始的诉讼程序无关,而只是与获取法律意见有关。在该 Anderson v. Bank of British Columbia 早期先例中,银行的内部调查看来本质上仍可能与诉讼有关系。但 Mellish 大法官所区分的两种不同情况与类别在今天会更加明显。在今天的商业环境中,各种规管(regulatory)的规则越来越多也越来越严苛。另外,公司在作出任何商业、公司管治的决定前,几乎都会先问问律师(无论是外部律师还是公司法务律师)。在这种情况下,获取的法律意见往往与诉讼或可能的诉讼没有关系,可是这法律意见同样需要特免权去保护机密。例如,律师一般都不会给出绝对性的说法,甚至给的意见也不一定准确,公司

---

〔48〕 例如,可见 Greenough v. Gaskell (1833) 1 My & K 98 先例。在本章之 2.1.1 段的脚注 8 已经提到早期的特免权主要涉及诉讼。

只是参考,也往往不会严格听从或依从。这样如果公司在后来被规管机构要求披露文件时,这些法律意见就不能披露了,否则公司会被指称是恶意违规。但面对规管机构的披露要求时,公司往往是依赖法律意见特免权的保护,因为在这些涉及法律意见的文件制作之时,可能根本还没有诉讼或可能的诉讼。

第二种则是在诉讼程序已经开始或可能开始时,当事人进行调查与证据收集、律师与客户商讨面对诉讼的对策、律师向客户分析案件强弱等所产生或制作的通讯与大量文件。这部分文件享有的特免权被称为诉讼特免权(litigation privilege),该特免权可以被当事人主张(assert)与依赖以拒绝向对方与法院作出披露。这样看来在 Anderson v. Bank of British Columbia 先例中,如果是律师为了可能的诉讼向分行经理要求提供所有有关账户的交易细节,判决结果可能会有不同。

这两种不同类别的法律业务特免权也可见 Buttes Gas and Oil Co v. Hammer (No. 3) (1981) QB 223 先例中,Denning 勋爵给出的说明[49]如下:"Privilege in aid of litigation can be divided into two distinct classes: The first is legal professional privilege properly so called. It extends to all communications between the client and his legal adviser for the purpose of obtaining advice. It exists whether litigation is anticipated or not. The second only attaches to communications which at their inception come into existence with the dominant purpose of being used in aid of pending or contemplated litigation. That was settled by the House of Lords in Waugh v. British Railways Board [1980] A. C. 521. It is not necessary that they should have come into existence at the instance of the lawyer.[50] It is sufficient if they have come into existence at the instance of the party himself — with the dominant purpose of being used in the anticipated litigation."

在 ISTIL Group Inc v. Zahoor (2003) 2 All ER 252 先例中,Lawrence Collins 大法官也说:"Although there are obvious cases of overlap, a distinction is normally drawn between legal advice privilege (sometimes called simply legal professional privilege) and litigation privilege. The former extends to all communications between the client and the client's legal adviser for the purpose of obtaining or giving legal advice. The privilege exists whether litigation is anticipated or not. Litigation privilege attaches to communications which come into existence with the dominant purpose of being used in aid of pending or contemplated litigation. See Buttes Gas & Oil Co v. Hammer (No. 3) [1981] QB 223, 243, per Lord Denning MR... The second category, litigation privilege, was classically described as documents which come into existence for obtaining evidence to be used in litigation, or for obtaining information which might lead to the obtaining of evidence: see Wheeler v. Le Marchant (1881) 17 Ch.

[49] 这说法在 Ventouris v. Mountain (1991) 1 Lloyd's Rep 441 先例中得到 Bingham 大法官的肯定。

[50] 这也是诉讼特免权与法律意见特免权的重要不同,即使没有律师参与,只要文件的"主要目的"是诉讼或可能的诉讼,就会受到特免权保护。但是在本书第十章之 1 段与 2 段会介绍,在没有律师参与的情况下进行调查取证,即使是为了诉讼,文件的"主要目的"是什么也会受到质疑。

D 675, 681 (Sir George Jessel MR), 684-5 (Cotton LJ). But information obtained by the legal adviser for litigation may also be information to be used to advise the client whether he ought to defend or prosecute the action: Anderson v. Bank of British Columbia (1876) 2 Ch. D 644, 649 – 650, per Sir George Jessel MR."

近期的 Three Rivers DC v. Bank of England (No. 6) (2005) 1 AC 610 贵族院权威先例再次确定了法律意见特免权不同于诉讼特免权的地位。这两种特免权虽然都属法律业务特免权,但是在性质与适用范围(scope)上均不同。例如,只有律师与客户之间为了寻求法律意见的机密通讯才可以受到法律意见特免权保护,但诉讼特免权较为广泛地适用在各种文件,只要是文件制作的主要目的与诉讼或可能的诉讼有关,无论是律师与客户之间的通讯,还是律师为了诉讼向第三方(如专家)调查取证的通讯与文件都包括在内。Carswell 勋爵的说法可以节录如下:"... so far from legal advice privilege being an outgrowth and extension of litigation privilege, legal professional privilege is a single integral privilege, whose sub-heads are legal advice privilege and litigation privilege, and that it is litigation privilege which is restricted to proceedings in a court of law in the manner which the authorities show."

可以说,在法律意见特免权保护的范围在 Three Rivers DC v. Bank of England (No. 5) (2003) QB 1556 上诉庭先例被大幅度收窄后,与诉讼特免权的不同或区分也变得十分显著,并导致有分别了解与掌握这两种不同类别的法律业务特免权的必要。所以本书会在本章与第十章分别详细针对这两种法律业务特免权。

2.6.2 区分两种不同类别法律业务特免权的意义

这两种不同类别的法律业务特免权最主要的区别是在与第三方的通讯,这可节录 The "Sagheera" (1997) 1 Lloyd's Rep 160 先例中,Rix 大法官的权威说法如下:"It is, however, established law that third party documents, such as statements or expert reports, are only protected by litigation privilege, and not by legal advice privilege: see Wheeler v. Le Marchant (1881) 17 Ch D 675 per Sir George Jessel MR... cited in Ventouris v. Mountain..."

在有些情况下是不容易明确区分到底依赖哪一种法律业务特免权更适合。对于诉讼特免权来说,诉讼程序是否已经开始是相对比较明确的,但是否有可能/合理预期的诉讼(litigation in contemplation)不容易判断。例如规管机构开始调查公司时,公司很难知道规管机构的意图。是否有可能的诉讼都非常依赖每一个案件的不同事实,而事实情况稍有不同就会带来不同的结果(可见本书第十章之 4 段介绍的一些近期先例)。但相比于法律意见特免权,诉讼特免权包括的范围又会较为宽广,因此除非是与诉讼毫无关系,否则公司在依赖法律意见特免权时一般也会同时依赖诉讼特免权。

2.7 实例一:公司利用法律业务特免权终止造船合约的伦敦仲裁

在本章前文中已经介绍了什么是法律业务特免权(legal professional privilege)。为了让读者能理解为什么这个课题如此重要,在此不妨先介绍一些实际发生的仲裁案件从而看到法律业务特免权到底可以为公司带来何种好处。

笔者(杨大明律师)经手过一中国大型私人船厂(现已倒闭)被德国船东以违约/毁约

(repudiation)为由弃船的案件。很多涉及中国船厂败诉的造船案件都是以船舶建造存在延误、错过交船期与已经超过销约期/死亡日期为由弃船,但此案件有所不同的是,距离建造完毕的交船期实际上仍然有很长一段时间。但是船价在2008年“金融海啸”后跌掉2/3,船东看来是希望造一个“局”以便能从造船合约中合法脱身。船东派至船厂监督造船的总管团队中包括了一名德国律师,船厂对此人的身份没有任何警觉。在建造期间,每天船东都会发出多个不符合建造标准的“不符通知”(non-conformity notice)给船厂,累积总共发送了近两千个此类通知。显然通知中的信息都是来自在船厂监督的总管,但总管与船东之间所有的通讯都是通过该德国律师进行。估计船东给船厂的通知会是基于总管反馈的信息,但也存在夸大事实以及与事实有偏差的情况。船厂则不习惯对付这种场面,也不警觉,面对船东发出的不符通知,要么只作出了部分回应,要么就根本没有回应。对于船东夸大事实等的陈述也不进行反驳与据理力争,而有些船厂认为存在不妥的地方就会自己进行修理,但又没有将修妥结果告知船东。在接近交船之日时,船东以船舶存在大量瑕疵与不妥之处为由,[51]声称自己接受船厂的违约/毁约并合法取消造船合约。

在之后双方的仲裁中,船厂要求船东披露与总管之间所有的书信往来,希望可以找到船东给出的不符通知并不准确的证明,也希望在书信往来中找到总管向船东报告船厂后来对哪些部分作出补救的内容,因为船厂自己没有书面告知船东有关的瑕疵已经被修理妥善,但总管是完全知道的。船东就主张与依赖法律业务特免权拒绝披露,法律业务特免权既包括法律意见特免权也包括诉讼特免权,这获得了仲裁庭的支持。在此案件中,确实很难说船东到底要依赖哪种法律业务特免权拒绝披露。因为这些书信往来中除了可能包括德国律师提供法律意见而符合法律意见特免权的保护范围,要说将来针对这些建造瑕疵会带来可能的诉讼也未尝不可。而这两种类别的法律业务特免权也并非互相冲突,因此完全可以既依赖法律意见特免权也依赖诉讼特免权。

可以说在笔者参与案件前,德国船东已经建立了大好形势。笔者在后期参与案件后,马上与船厂的雇员就已经产生的大量不符通知去一一研究船厂已经如何处理了缺陷及找书面证据证明,包括委任独立检验师上船检查并将船舶建造的情况与不符通知的内容逐个比较。最终经过这些努力后,笔者成功协助船厂证明大部分的不符通知都已经被处理掉,仲裁庭判船东指控的船舶不适航不成立。但这过程非常漫长、费时及昂贵,笔者也要多次向船厂解释为何要这样做。但如果是德国船东不能依赖特免权,并在披露后让仲裁庭发现德国船东“弄虚作假”想做局取消合约,相比之下更便宜、有效与安全。

2.8 实例二:The “Sagheera”先例

在The “Sagheera”(1997) 1 Lloyd’s Rep 160先例中,“Sagheera”轮在中东海域爆炸

〔51〕 有关“不重要的违约或拒绝履行重复发生累积变为重要违约”的问题,可见笔者《合约的解释:规则与应用》一书第一章之3.5.5段。

并沉没。该轮分别在船东互保协会[52]投保了针对船壳(hull and machinery)的战争险(war risk),以及另外投保了针对船壳的水险(marine risks)。因此在船舶全损时,船东分别通知了船东互保协会与承保了一般船壳水险的保险人。

由于船舶爆炸原因未知,因此由谁理赔还不能确定。如果是由于该水域中的水雷导致爆炸,则应该由承保战争险的船东互保协会理赔。但如果爆炸是船舶自身的原因造成,如锅炉压力太大导致爆炸,则应向承保水险的保险人索赔。在这样的背景下,船东获得索赔前就必须先调查取证。有时调查结果会很清楚(如爆炸是水雷导致,属于战争险),也不会产生争议与诉讼。但在调查结果不清楚时,不同保险人(与/或被保险人)之间就可能发生争议与产生诉讼了。

在 The "Sagheera" 先例中,船东与船东互保协会联合委托(joint retain)了一家英国律师事务所(A 所)对爆炸沉船事故进行调查取证。[53] A 所与船东及船东互保协会之间有大量的通讯,也从生还的船员处取证,获取专家报告等。之后 A 所根据调查取证结果作出法律意见,船东互保协会决定向船东做出无损害(without prejudice)[54]的暂时性理赔。船东互保协会有这样的做法估计是调查取证的结果有不清楚之处,不能确定事故的原因到底是战争险还是水险的理赔范围。在做出暂时性理赔后,船东互保协会要求水险保险人理赔,在水险保险人拒绝后就开始了法院诉讼。船东互保协会为此诉讼委托了另一间律师事务所(B 所),另需要船东向船东互保协会转让(assign)向水险保险人索赔的权利,这才可以让船东互保协会以受让人(assignee)的名义提起诉讼。对船东而言,既然获得了暂时性理赔,也愿意配合船东互保协会,毕竟对船东而言他根本不想参与,最好完全由船东互保协会处理与支付律师费用。因此,A 所与 B 所分别协助船东与船东互保协会完成权利转让。

在向水险保险人索赔的诉讼程序中,水险保险人的抗辩包括质疑造成船舶全损的事实真相,暗示这根本是战争险所造成。同时水险保险人也有技术性的抗辩包括:权利转让是否有效,作为第二原告的船东在获得船东互保协会的理赔后是否已经没有损失,船东以及船东互保协会隐瞒了一些调查结果违反了保险的最大诚信原则等。

在诉讼程序中,水险保险人的律师(C 所)在披露阶段,要求原告披露九大类的文件,包括 A 所在联合委托下调查取证获取的有关文件(特别是船员的陈述和专家报告等)、船

---

〔52〕 此先例中的互保协会是 Hellenic Mutual War Risk Association,与绝大部分的船东互保协会承保责任险(liability insurance)不同,该互保协会承保的是针对船壳的战争险。

〔53〕 这种做法也常见,一方面的原因是事实或真相毕竟只会有一个,从节省开支的角度来看,无须分别委任多家律师事务所对同一个事故进行调查。另一方面的原因则是船东与互保协会一般关系友好,在事故刚发生时一般不会有明显的利益冲突。而事实上,如果之后调查取证的结果不会带来船东要向互保协会索赔的结果,则二者之间也不会再有进一步的行动。只有在实际开始发生争议,例如船东希望根据调查取证向船东互保协会要求理赔,而船东互保协会又拒绝作出理赔时(如对事实或证据的解释或看法不同),双方才会各自指定不同的律师事务所代表自己。

〔54〕 这是为了保留权利,将来如果发觉赔偿错误而需要向船东要回这笔理赔款,届时船东不能以做出理赔构成弃权(waiver)或者禁反言(estoppel)进行抗辩。这可见笔者《合约的履行、弃权与禁反言》一书第四章之 6.5.1.1 段。

东与船东互保协会之间的书信往来(correspondence)及A所与第三方之间的书信往来、船东互保协会与再保险人(reinsurer)之间的书信往来、船东与船东互保协会之间有关权利转让的文件等。原告同时主张与依赖法律意见特免权与诉讼特免权拒绝披露,因此本案的一个重要争议是这些文件是否可以依赖这两种法律业务特免权而拒绝披露。

针对法律意见特免权,水险保险人提出质疑的主要原因是在委任A所时,在船东与船东互保协会之间已经有潜在的利益冲突(毕竟船东在要求理赔时,一定有被拒绝的可能性,一旦被拒绝就会带来诉讼),此时A所是无法在对其中一方保密(in confidence)的情况下向另一方提供只是对该方有利与有用的法律意见。也因此所谓的联合委托(joint retainer)[55]与法律意见无关,纯粹是要调查事实真相。但水险保险人的看法被Rix大法官否定,Rix大法官指出这是船舶保险的惯常做法,从来没听说过这种联合委托下的律师提供法律意见会有困难。也不同意太过强调船东与船东互保协会之间的潜在利益冲突,毕竟如果调查结果清楚,船东互保协会就会赔付,也不会有实际的利益冲突。Rix大法官说此先例中涉及对沉船事故的原因属于两种承保风险中哪一种并不清楚,A所根据调查结果一定会给出是否应由船东互保协会承担责任的法律意见,因此说联合委托不涉及法律意见是说不通的。

针对诉讼特免权,水险保险人提出两个理由:一个是在委任A所时,仅仅存在诉讼的可能性;另一个是与第三方(船员、检验员等)通讯的主要目的并非是诉讼或可能的诉讼。水险保险人的说法也被Rix大法官否定,有关理由包括在此先例中这种理赔金额如此巨大,而承担责任方完全是非此即彼的情况下,可能的诉讼是完全可以预料到的。虽然同样涉及保险事故的调查取证,但这与普通的摩托车交通事故涉及金额不大与通常不会有诉讼的情况是不一样的。[56]

这样此先例中除了A所与B所之间有关船东与船东互保协会之间为了权利转让而产生与制作的文件以外,其他有关文件都得以成功依赖法律意见特免权与/或诉讼特免权拒绝披露。而且在转让权利之时,船东与船东互保协会已经不再是联合委托A所,后者也另外委任了B所,他们之间再也谈不上是有机密的书信往来,加上他们之间潜在的利益冲突,他们的关系就像是签订买卖合约的双方当事人,书信往来不受到特免权保护。

2.9 英国的新发展:《Legal Service Act 2007》

英国的《Legal Service Act 2007》立法重新整合与规定了在英国可以提供法律服务的行业。其中该立法之Section 190是专门针对法律业务特免权订立的一系列条文。该立法不少其他的条文也对法律业务特免权带来一定的影响。节录《Phipson on Evidence》(2018年,第19版)一书之23-40段对此立法的阐述:

"The Legal Services Act 2007 changes the way legal services are provided in this jurisdiction. It gives rise to issues as to the availability of privilege.

Firstly, it introduces the concept of 'reserved legal services'. Reserved legal services

---

〔55〕 见本书第十一章之4.1段。

〔56〕 见本书第十章之4.1段。

can only be provided by solicitors, barristers or registered foreign lawyers or persons authorised to provide such services working under their supervision. Persons authorized to provide advocacy services, litigation services, conveyancing services or probate services or a person through whom an authorized body provides those services and acts at the direction and under the supervision of a barrister, solicitor or registered foreign lawyer will be able to claim privilege pursuant to Legal Service Act 2007 S. 190. Thus, persons who provide non-reserved legal services will fall outside the protection of privilege when they do not have practicing certificates.〔57〕

Secondly, the Legal Services Act allows legal disciplinary practices, known as LDPs, with up to 25 per cent non-lawyers as members as well as Alternative Business Structures, known as ABSs, which permit external ownership of legal practices (sometimes referred to as "Tesco Law" because it has been suggested supermarkets would provide legal service)〔58〕 and multi-disciplinary practices involving lawyers and other professional such as accountants. This looks like a fertile ground for arguments about privilege, and it is presumably in the light of this that the Legal Service Board intervened in Pandolfo.〔59〕 Where a law firm is retained, there will be a presumption in favour of communications with the client being privileged. But where a variety of services are provided to the client, no such presumption is likely to arise."

受限制的法律服务(reserved legal services)〔60〕只能由被授权人士(authorized person)或者是被豁免人士(exempt person)提供。被豁免人士是在立法之 Schedule 3 与 Schedule 5 中涉及一些特别的例外人士,包括被法院特别许可有出庭代理权利的人士等。更重要的被授权人士在 Section 18(1)中被定义为两类:一类是被有权规管机构(approved regulator)授权从事有关行为的人士;另一类是被有权颁发执照的机构(licensing authority)颁发相关"执照",得以从事有关行为的可被颁发执照的组织(licensable body)。Section 18(1)条文的规定可节录如下:"(a) a person who is authorised to carry on the relevant activity by a relevant approved regulator in relation to the relevant activity … or (b) a licens-

〔57〕《Legal Service Act 2007》对于法律服务行业有两个方面的重大改变。一方面是此立法引入了受限制的法律服务(reserved legal services)的概念,只有此立法中规定的特定人士才可以提供这些受限制的法律服务。另一方面是根据此立法会设立法律服务委员会(Legal Service Board),规管所有在英国提供的法律服务。

〔58〕也因此有时被称为"乐购法"(Tesco Law),因为在这样的立法下哪怕是一间乐购(Tesco)超市,只要组成比例符合要求也可以提供法律服务。

〔59〕见 Prudential v. Pandolfo (2013) UKSC 1 先例与本章之 3.2.4 段的介绍。

〔60〕受限制的法律服务在立法之 Section 12(1)中罗列,包括出庭代理权利(right of audience)、诉讼行为(conduct of litigation)、票据活动(reserved instrument activities)、遗嘱行为(probate activities)、公证服务(notarial services)、监察宣誓(administration of oaths)。而相对的无限制的法律行为可见立法之 Section 12(3):"(b) any other activity which consists of one or both of the following—(i) the provision of legal advice or assistance in connection with the application of the law or with any form of resolution of legal disputes; (ii) the provision of representation in connection with any matter concerning the application of the law or any form of resolution of legal disputes."

able body which, by virtue of such a licence, is authorised to carry on the relevant activity by a licensing authority in relation to the reserved legal activity."

Section 27 要求"有权规管机构"分开成立独立的代表机构(representative function)与规管机构(regulatory functions),由代表机构代表所有其行业的专业人士对外宣传,由规管机构订立该专业的执业规则。根据法律服务委员会公布的信息显示,[61]目前有权规管机构包括:律师协会(Law Society)、大律师公会(Bar Council)、特许法律行政人员(Chartered Institute of Legal Executives)、房地产买卖代理人公会(Council for Licensed Conveyances)、特许专利代理人协会(Chartered Institute of Patent Attorneys)、商标代理人协会(Institute of Trade Mark Attorneys)、费用律师组织(Association of Costs Lawyers)、特许会计师协会(Institute of Chartered Accountants in England and Wales)[62]等。其中各有权规管机构都至少负责对一项有限制的法律行为作出规管与监督,例如律师协会负责监督出庭代理权利、诉讼行为、票据活动、遗嘱行为、监察宣誓,而又如特许会计师协会只负责遗嘱检验(probate)。

而目前的有权颁发执照的机构则包括了律师协会、房地产买卖代理人公会、特许专利代理人协会、商标代理人协会、特许会计师协会。有权颁发执照的机构会可以颁发执照,允许某些组织从事自己可以授权的有限制的法律服务。

第二个重大改变就是"可被颁发执照的组织",在《Legal Service Act 2007》尤其重要的是在立法中增加了两种新形式的组织。第一种是"Legal Disciplinary Practices"(简称LDP),提供法律服务的 LDP 内最多可以有 25% 非律师作为合伙人。第二种是"Alternative Business Structures"(简称 ABS),ABS 则是没有律师资格的人士或是公司可以持股(但是需要满足一些持股要求)。也因此有人戏称有关 ABS 的立法是"乐购法"(Tesco Law),因为根据这样的立法,即使是乐购这样的超市也可以对提供法律服务的 ABS 持股。近年来是一些著名的英国律师事务所考虑上市。[63]

立法在 Section 190 有了明确针对法律业务特免权的立法,节录如下:

"(1) Subsection (2) applies where an individual ("P") who is not a barrister or solicitor—(a) provides advocacy services as an authorised person in relation to the exercise of rights of audience (b) provides litigation services as an authorised person in relation to the conduct of litigation, (c) provides conveyancing services as an authorised person in relation to reserved instrument activities, or (d) provides probate services as an authorised person in relation to probate activities.

(2) Any communication, document, material or information relating to the provision of

---

[61] 法律服务委员会的官方网站为:http://www.legalservicesboard.org.uk/can_we_help/approved_regulators/index.htm。

[62] 还包括的苏格兰特许会计师协会(Institute of Chartered Accountants of Scotland)、注册会计师组织(Association of Chartered Certified Accountants),但截至 2016 年这两个组织并未作出任何授权。

[63] 英国 Gordon Dadds Group PLC 律师事务所已经上市,该律师事务所收购了著名的海事律师事务所——英士律师事务所(Ince & Co.)。

the services in question is privileged from disclosure in like manner as if P had at all material times been acting as P's client's solicitor.

(3) Subsection (4) applies where — (a) a licensed body provides services to a client, and (b) the individual ("E") through whom the body provides those services—(i) is a relevant lawyer, or (ii) acts at the direction and under the supervision of a relevant lawyer ("the supervisor").

(4) Any communication, document, material or information relating to the provision of the services in question is privileged from disclosure only if, and to the extent that, it would have been privileged from disclosure if—(a) the services had been provided by E or, if E is not a relevant lawyer, by the supervisor, and (b) at all material times the client had been the client of E or, if E is not a relevant lawyer, of the supervisor."

在立法下与两类人士产生的通讯与文件,在与授权的法律行为有关时可以享有法律业务特免权。第一类就是上文节录内容中的(1)与(2),针对的是被授权的个人,包括被授权出庭代理权利的人士提供有关的出庭代理服务,被授权从事诉讼行为的人士提供有关的诉讼服务,被授权从事房地产买卖活动的人士提供有关的房地产买卖服务,以及被授权从事遗嘱行为的人士提供有关遗嘱的服务。

第二类是上文节录内容中的(3)与(4),针对的是在律师参与或监督(supervise)之下,持有执照的组织(律师事务所、LDP、ABS)就提供法律服务产生的通讯也可以享有法律业务特免权。因此除了律师事务所以外,一个组织是否可以被算作为 LDP 或 ABS 看来就非常重要了。

这在一定程度上扩大了法律业务特免权的适用范围,看来会是配合在近年来在仲裁业务中大量出现的索赔顾问(claims consultants)等人士,只要是符合立法的要求,与客户之间产生的通讯与文件也可以享有法律业务特免权了。但这也导致了相当多的新争议。毕竟一直以来有不少的不同专业人士都希望能像律师一样享有这项特免权,也因此借机在立法生效后试图以法律业务特免权为名拒绝披露自己与其客户的通讯。但是在近期的 Prudential v. Pandolfo (2013) UKSC 1 最高院先例对这方面适用范围进行了阐明与限定,这在本章之 3.2.4.1 段讨论法律业务特免权的适用范围时进一步进行讨论。

3. 法律业务特免权之一:法律意见特免权 (legal advice privilege)

在本章之 2 段中已经简单介绍了来自普通法(common law)的法律意见特免权,包括在 Anderson v. Bank of British Columbia (1876) 2 ChD 644 先例中对法律意见特免权的定义,也简单介绍了英国《Legal Service Act 2007》立法对法律意见特免权的影响。节录 Prudential v. Pandolfo (2013) UKSC 1 最高院先例中对确立法律意见特免权原因的阐述:"The principle is based on three policy judgments made by the courts: (1) clients must be able to seek and receive legal advice if the proper administration of justice is to be maintained; (2) sound legal advice can only be given if the client is candid with the legal adviser; and (3) to ensure candour, the law must guarantee that the communications between client and legal adviser remain confidential unless the client consents to disclosure."

3.1　大幅度收窄法律意见特免权的 Three Rivers DC v. Bank of England (No.5) 先例

在本章之2.6段已经介绍过法律意见特免权与诉讼特免权的重要区别之一是它只保护法律意见提供者(legal adviser)与客户(client)之间的通讯(communication)及其内容(content),而诉讼特免权并不局限于两者之间的通讯与文件,也包括与第三方的通讯。

较近期至关重要的 Three Rivers DC v. Bank of England 系列案件中对法律意见特免权有详细解读。此系列案件的源头是在1991年 BCCI(国际商业信贷银行)[64]严重亏损、资不抵债。根据当时的法律,英国的中央银行即英格兰银行(或称英伦银行,Bank of England)有对英国境内银行业从业机构进行监管的职责。在1991年 BCCI 倒闭后,当时的英国财政大臣(Chancellor of the Exchequer)宣布开始针对英格兰银行是否履行了其监管职责的独立询问(independent inquiry),并委任 Bingham 大法官作为该独立询问的负责人。[65]

为了应对询问工作,英格兰银行也专门成立了由少数几位雇员组成的名为"Bingham Inquiry Unit"(简称 BIU)的工作小组。并通过 BIU 委任了律师事务所(Freshfields)协助回应询问。BIU 的工作主要是准备文件,作为英格兰银行的唯一代表在这件事情上对外沟通(如与报刊、民众等沟通)以及向 Freshfields 发出指示。Freshfields 与大律师则主要负责协助 BIU 准备文件与将证据呈交给 Bingham 大法官领导的询问委员会,代表英格兰银行向询问委员会提交书面陈词以及对 BIU 的对外沟通提出建议。在此过程中,有大量文件被收集整理,之后 Bingham 大法官在1992年作出了有关询问报告。

---

〔64〕 国际商业信贷银行(BCCI)是由巴基斯坦银行家阿贝迪在1972年创办,在1990年时就拥有超过200亿美元资产、128家分支机构的大型银行集团。BCCI 注册在卢森堡与开曼群岛,但主要由英国的分行管理全球业务。在这样的内部结构下,英国的英格兰银行将 BCCI 认定为外国银行,因此英国不承担主要的规管责任。可以想得到的是,BCCI 既利用伦敦金融中心的便利地位,同时又通过自己并非是英国注册银行的地位逃避英格兰银行的规管。其在注册地很少有营运行为,并且选择一个规管薄弱只是收取注册费的注册地。在这样的背景下,BCCI 肆意开展各种国际社会不允许或不认同的业务,例如涉嫌"长期以来蓄意隐瞒在借贷和金融交易上的亏损,并借贷出明知不能收回的款项",以及洗钱(包括帮助南美著名毒贩洗钱)、支持恐怖主义等罪行。BCCI 在卢森堡的总部于1991年7月5日被查封,并在之后短短几天内崩溃,各分支机构纷纷倒闭。本书第一章也已经介绍,在笔者看来这是导致现代英美等国家对公司规管在态度上从自我合规(self-compliance)转为由政府规管机构(针对本土业务与全球业务)进行规管的重要事件之一。

〔65〕 具体的委任条款是:"To enquire into the supervision of BCCI under the Banking Acts; to consider whether the action taken by all the UK authorities was appropriate and timely; and to make recommendations."Bingham 大法官的工作内容包括以下五个方面:"(1) What did the United Kingdom authorities know about BCCI at all relevant times? (2) Should they have known more? (3) What action did the United Kingdom authorities take in relation to BCCI at all relevant times? (4) Should they have acted differently? (5) What should be done to prevent or minimise the risk of such an event recurring in the future?"

在 1993 年，6231 个在 BCCI 英国分行有储蓄的储户以及 BCCI 的破产清算人/清盘人（liquidator）开始向英格兰银行提出诉讼，指称英格兰银行未能履行职责与索赔 BCCI 倒闭给他们造成的损失。根据当时的立法（《Banking Act 1987》），英格兰银行在监管中的作为或不作为除非是有恶意（bad faith），否则无须承担责任（for anything done or omitted in the discharge or purported discharge of the functions of the Bank under this Act unless it is shown that the act or omission was in bad faith）。即使英格兰银行有疏忽（negligence），也无须承担责任。因此这些索赔人想尽一切办法要求英格兰银行披露尽可能多的文件，试图从中找到可以证明英格兰银行的雇员在对 BCCI 的监管中曾经出现过"恶意"行为（如明显的例子是曾经有雇员贪污，而英格兰银行作为雇主应为雇员的恶行负责，而贪污也不是一般的疏忽）。

2002 年开始，原告要求披露英格兰银行的雇员或前雇员制作与交出给 Freshfields 的文件（证言或陈述），英格兰银行主张法律业务特免权并拒绝披露，这带来了 Three Rivers DC v. Bank of England（No. 5）（2003）QB 1556 先例。值得注意的是，原告没有要求披露 BIU 与 Freshfields 之间的书信往来（correspondence），暂时让步同意 BIU 可以作为法律意见特免权下与法律意见提供者进行通讯的客户来对待。

但对于其他哪些文件可以享有法律意见特免权以保护机密产生了几方面的争议。其中一个争议是律师要给出一个全面、正确与有针对性的法律意见（legal advice）就难免需要由客户给出大量的事实背景（background facts）与文件资料才能进行综合考虑，而这些已经存在（existing）的信息与内部文件的机密性并不是拒绝披露的理由。因此客户在自己对事实真相进行调查取证之后，把文件交给律师，这些文件是否就能够获得法律意见特免权保护呢？其关键之处可以一个例子简单说明。英格兰银行的雇员 A 知道雇员 B 或前雇员 C 与 BCCI 之间曾经有贪污受贿的行为，这信息已经存在了好几年，不享有特免权。但问题是作为外人的原告怎么会知道英格兰银行成千上万的员工中的雇员 A 有关键信息，可以向法院申请传召证人（witness summons）强制雇员 A 出庭作证？但英格兰银行的 BIU 通过内部调查取证取得雇员 A 的证言或陈述后，会把这些有关事实背景的文件资料交给 Freshfields 以获取法律意见。如果特免权保护只局限在 BIU 与 Freshfields 的通讯，但不包括雇员 A 的证言或陈述，原告就可知道雇员 A 是必须传召的证人。这样，针对英格兰银行的诉讼的胜算就会高多了。

在 Three Rivers DC v. Bank of England（No. 5）先例的一审［（2002）EWHC 2730］中，Tomlinson 大法官判此先例中由 BIU 以外的英格兰银行雇员制作的文件（也是提供事实背景的文件资料），只要有机密性以及目的是获取 Freshfields 的法律意见（无论是否真正交给 Freshfields），都可以受到法律业务特免权的保护："… an internal confidential document, not being a communication with a third party, which was produced or brought into existence with the dominant purpose that it or its contents be used to obtain legal advice is privileged from production."

此先例上诉到上诉庭［（2003）QB 1556］，Longmore 大法官给出了不同的意见与观点，他拒绝了一审中 Tomlinson 大法官提出的根据制作有关通讯与文件（笔者举的例子里就是雇员 A 的证言或陈述)的主要目的(dominant purpose)的考量方法。Longmore 大法官通过分析 19 世纪直到当时的案例,例如 Waugh v. British Railways Board (1980) AC 521 贵族院先例等,主要目的的说法实际上针对的是诉讼特免权(通讯与文件产生或制作的主要目的是诉讼或可能的诉讼)而非法律意见特免权。Longmore 大法官也拒绝了 The "Sagheera" (1997) 1 Lloyd's Rep 160 先例中 Rix 大法官认为对于法律业务特免权(包括法律意见特免权与诉讼特免权)中重点应该放在文件的目的(the practical emphasis is upon the purpose of the retainer)的看法。反而根据对过往先例的总结,Longmore 大法官给出了目前英国法下有关这方面问题的权威说法,即法律意见特免权只局限保护客户与法律意见提供者之间的通讯与文件及其内容,节录如下:"We, therefore, conclude that the nineteenth century authorities established that legal advice privilege was a well-established category of legal professional privilege, but that such privilege could not be claimed for **documents** other than those **passing between the client and his legal advisers** and **evidence of the contents of such communications**..."(加黑部分是笔者的强调)

因此即使是律师为了出具法律意见而与客户以外的第三方就调查取证了解事实真相而进行的通讯与文件及其内容也不会受到法律意见特免权的保护。同时 Longmore 大法官还指出"客户"并非是泛泛的公司(英格兰银行)的雇员。公司的一般雇员(笔者举的例子里就是雇员 A)与独立第三方在身份上并没有不同。在此先例中,只有被专门设立与律师进行沟通与发出指示的 BIU 才被认为是"客户":"... on the evidence before the court, the BIU, which was established to deal with inquiries and to seek and receive Freshfields' advice, is for the purpose of this application, the client rather than any single officer however eminent he or she may be."

这等于对"客户"的定义收紧得十分厉害,因为英格兰银行的 BIU 人数很少。这比以前的"代理人考验"(agency test),即只要是公司法人授权与律师接触的雇员或其他人士就被视为公司的一部分,也包括在"客户"的定义下,又或是美国的"控制小组考验"(control group test),即只局限在公司的高管与董事局成员才可以被视为公司法人的"客户",都要狭窄。如果客户只局限在 BIU,就表示英格兰银行的行长与律师之间为了这一件事情(Bingham 大法官的询问)的直接通讯也不能享有特免权。

这样收窄"客户"的定义所带来的影响就是即使法律意见只局限在客户与律师之间的通讯与书信往来,如果客户的定义是广泛甚至可以包括所有的雇员,公司在进行内部调查时知道了有关键性的证据(信息/内幕消息)掌握在雇员 A 的手里,就可以授权给雇员 A 直接把信息/内幕消息传达给 Freshfields,甚至干脆委托 Freshfields 进行内部调查。这样所有雇员直接与 Freshfields 的通讯与书信往来都可享有特免权。这会导致内部调查取证过程中所制作的所有文件都属于客户(诸多不同人士,但都有该公司的授权)与律师之间的特免权文件(privileged documents),除非是在内部调查时涉及公司雇员以外的真正第三方(real outsiders)所作出的证言或陈述。对"客户"定义这样收紧,对一家有数以十万计员工的庞大跨国公司而言,如果只有十分有限的人数可以主张(assert)特免权,的确将带来很多不便,公司机密信息会被强制曝光的危险也大大增加。

这判法也引发了后续的诸多讨论与批评,也有其他普通法国家或地区(如新加坡、中国香港等)拒绝跟从这个判法,[66]这将在本章之3.3.3段介绍。

3.1.1 法律意见在内部文件中传阅仍然可以享有特免权

一些大公司常会在取得法律意见后在董事会或高管会议中讨论,并在会议记录(minutes)中提及,更加会将该法律意见交给全公司各部门或有关部门传阅。以船公司为例,这份法律意见可能会分发到各艘船舶。如果一份本来享有法律意见特免权保护的文件被复制或节录在公司内部的新文件或作为新文件中的一部分被传阅,则这份不再是为了取得法律意见,也不再是律师与客户之间通讯的地位如何?

在 The "Good Luck" (1992) 2 Lloyd's Rep 540 先例中,原告(银行)披露了一份记录了是否继续贷款给船公司内容的内部备忘录。但由于该内部备忘录中有部分内容涉及银行律师出具的意见,因此银行单独对这部分内容作出遮盖(对文件中部分内容受到特免权保护可以被遮盖的问题请见本章之2.5段)。问题是,这份文件实际上是内部流传的文件,而不是客户与律师之间的通讯。Saville 大法官判银行律师出具的意见或资料即使是被引用在内部其他通讯仍然可以享有特免权:"If a lawyer-client communication falls within the principles set out in Balabel[67]...then internal documents or parts of documents of the client (or indeed the lawyer) reproducing or otherwise revealing those communications are also covered by the same privilege, whatever the purpose or motive (short of fraud) for which the documents come into existence.[68]"

The "Good Luck"先例的判法与 British & Commonwealth Holdings v. Quadrex Holdings Inc (1989) 1 QB 842 先例一致。可以节录 Gatehouse 大法官说:"If, as it is accepted, the original lawyer/client communication was plainly privileged, why should that privilege be lost because the advice is recorded or revealed in a document, the very purpose of which was to make use of that advice in reaching a commercial decision?"

这事实上与 Three Rivers DC v. Bank of England (No.5) (2003) QB 1556 上诉庭先例中 Longmore 大法官给出的目前权威说法也是一致的,毕竟法律意见特免权保护的不仅仅是通讯与文件,而更关键的是通讯(与文件)的内容("the contents of such communications")。为了作出商业上的或者是公司管理/管治的决定(往往也是需要获取法律意见的原因),同样的内容为了内部讨论在另一份文件中被引用,只要不丧失机密性(如明示要求保持机密,甚至要求阅读后销毁文件或者是退还给公司法务部等,而不是没有注明

---

〔66〕 在澳大利亚有不同做法,Pratt Holdings Pty Ltd v. Commissioner of Taxation (2004) FCAFC 122 先例判不应当如此严苛地限制法律意见特免权范围。中国香港也有 CITIC Pacific Limited v. Secretary for Justice and Commissioner of Police (2016) 1 HKC 157 先例指出澳大利亚先例的判法是偏离了英国法下法律意见特免权的。

〔67〕 Balabel v. Air India (1988) Ch 317 先例中对什么才属于法律意见作出了解释:见本章之3.4.2段。

〔68〕 如果银行律师出具的意见或资料符合 Balabel v. Air India (1988) Ch 317 先例确立的规则,则引用或者是部分节录银行律师意见与资料的这些新文件引用或节录的部分也可以受到法律业务特免权的保护,而无须考虑这份新文件的主题或是制作目的。

机密性、泛泛地在一般雇员之间流传），仍然可以受到特免权保护。

当然，涉及引用文件的情况，还与如何引用有关。例如，另一份文件中对原来的文件是节录（excerpt）或复制（reproduce），还是总结与重述（summary and paraphrase），或者甚至是仅仅能够从文件中推断（infer）出受特免权保护的通讯内容？现实中经常发生的情况是一份大律师的建议/意见（counsel's advice/opinion）长达数十页，公司的董事局成员是没有耐心仔细阅读以理解与吸收的。此时就需要公司法务进行精简总结或者转述要点以便向董事局报告。显然，如果是原文节录或者复制，就保留了律师法律意见的原貌，而如果是总结或转述，甚至只是能够推断，就可能实际上改变了原法律意见的真正含义或对法律意见的曲解，甚至是加入了另一份公司文件制作人（如法务部的公司律师[69]或一位其他雇员）自己的意见或建议。有关这个问题将在本章之3.4.4段进行讨论。

3.1.2 法律意见被机密地交给第三方传阅仍然可以享有特免权

在更近期的USP Strategies Plc v. London General Holdings Ltd（2004）EWHC 373（Ch）先例中，在认可了The "Good Luck"（1992）2 Lloyd's Rep 540先例判法的基础上，还将法律意见特免权延伸到了交给第三方（并非是公司内部雇员）传阅的文件上。

在此先例中，由于英国税制改革，零售业公司需要开发新的保修计划（warranty scheme）。原告就是一间为各大公司设计并向他们出售保修计划的公司。该公司实际上是把资金放在海外（此先例中涉及的是Isle of Man）以信托的方式减少税务。1998年，原告为Scottish Power（这是一家英国著名能源供应商，同时也有部分电器产品出售）设计了名为CAA（Collections Account Agreement）的计划并出售给它供其用作保修计划。被告当时是Scottish Power的管理人（administrator），因此在承诺保密的前提下也获得了CAA文件。原告之后向另一家公司Powerhouse（英国著名的电子产品零售商，但已于2006年倒闭）销售类似的保修计划时，发现被告参与直接竞争，并且将CAA文件作为其产品参与投标。原告因此向被告提起侵犯知识产权（intellectual property right）的诉讼。

被告为了投标曾经向律师咨询有关的保修计划是否适合Powerhouse与是否违法的问题并获取了法律意见。被告与Powerhouse的书信往来中也节录了这份法律意见中的内容用以参考。原告就要求被告披露这些书信往来，但被告想要对其中涉及法律意见的部分进行遮盖，于是产生争议。问题就是，本来受到法律意见特免权保护的内容，如果被节录在与第三方的通讯中，是否仍然可以受到保护呢？Mann大法官认为只要仍然没有丧失机密性（如不是广泛流传，只是少数的几个第三方，而且要求保密），也不影响仍然可以受到特免权保护：

"Where privileged advice is disclosed to a third party the privilege is capable of attaching to the third party communication because that communication is evidence of the privileged advice within the formulation in Three Rivers. It does not matter whether that third party communication is of the whole of the advice... or a paraphrase of or extract from the advice.

---

[69] 若是公司律师（corporate counsel）的法律意见，也仍有机会享有特免权。但如果只是公司另一位雇员转述原法律意见时加上了自己的意见或建议，不论对错都可能会失去特免权保护。

'...a passage from Style & Hollander on Documentary Evidence:"If A shows a privileged document to his six best friends, he will not be able to assert privilege if one of the friends sues him because the document is not confidential as between him and the friend. But the fact six other people have seen it does not prevent him claiming privilege as against the rest of the world."〔70〕

I think that it follows from that that A would be able to restrain each of the friends from disclosing to the outside world what they were told on the basis that it remained privileged. The friends could not give secondary evidence of the privileged material - it would be'evidence of [privileged] communications', or their evidence would be 'evidencing such communications' within the formulation in Three Rivers. By the same token, if a client summarises or extracts advice in a letter to a third party, that written communication is capable of retaining or attracting the privilege which attached to the original advice, subject to waiver. It, too, is something which evidences a privileged communication"

类似的,如果被告在发给第三方的信件中总结或是转述了律师出具的法律意见,该信件也会受到特免权的保护[只要不存在弃权(waiver)],因为属于 Three Rivers v. Bank of England (No. 5) (2003) QB 1556 上诉庭先例中 Longmore 大法官提到的"evidence of the content of such communication"。

但法律意见特免权的文件显然并不会因为 The "Good Luck"先例的判法而被无限扩张。毕竟法律意见的机密性(confidentiality)是特免权存在的基础,这也在 The "Good Luck"先例中被 Saville 大法官所认可,他总结道:"... The principle justifying legal professional privilege is (as Lord Justice Taylor pointed out)[这是指 Balabel v. Air India (1988) Ch 317 先例中的判决]... that a client should be able to obtain legal advice in confidence."而如果这机密性不再存在,也就不会再受到法律意见特免权的保护。

总结而言,这份新文件被传播的范围越广(无论是公司内部雇员还是外部第三方,甚至在传阅中再加上各主管阅读文件后几句个人看法或决定),就越不像是可以受到原法律意见可享有的特免权的保护。因此对于不希望披露的高度机密与/或敏感的文件,公司需要小心地保护法律意见特免权,即使是需要传阅也要小范围地、保有机密性地传阅。

3.2 谁是法律意见提供者(legal adviser)

早在 Slade v. Tucker (1880) 14 ChD 824 先例与 Wheeler v. Le Marchant (1881) 17 ChD 675 先例中,George Jessel 大法官就对可以出具法律意见并因此享有法律意见特免权的人士作出了限制,他们只能是事务律师(solicitor)或是出庭律师(barrister):"... con-

〔70〕 在旧版本的《Style & Hollander on Documentary Evidence》一书中就举过一个很好的例子。如果 A 将受保护的文件交给 6 名好友传阅,在他们之间这份文件就再也没有机密性,任何一个好友如果之后起诉 A 都无法依赖特免权拒绝披露。但这不影响 A 对第三方可以依赖特免权。同时 A 也可以要求 6 名好友不得向任何人士披露该文件内容。毕竟这些会属于 Three Rivers DC v. Bank of England (No. 5) (2003) QB 1556 先例中 Longmore 大法官所说的"evidence of the content of such communication"的说法,受到特免权保护的。这方面可参阅本书第十二章之 2 段的限定弃权(limited waiver)。

fined to communications between a client and his legal adviser, that is, between solicitor and client or barrister and client."在 Minter v. Priest (1930) AC 558 先例中 Atkin 勋爵也同样指出:"[professional] communication pass[ing] for the purpose of getting legal advice … must be deemed confidential… understood that the profession is the legal profession."之后 Denning 勋爵在 Attorney General v. Mulholland (1963) 2 QB 477 先例中以及 Edmund-Davies 勋爵在 D v. National Society for the Prevention of Cruelty to Children (1978) AC 171 先例中也表达了同样看法,即不是任何专业人士或受过法律训练的人士都可以出具法律意见并受到特免权保护。

不少先例中也明确了不是提供法律意见的专业人士所给出的意见是不受特免权保护。这包括在 Attorney General v. Clough (1963) 1 QB 773 先例中的记者(journalists);D v. NSPCC (1978) AC 171 先例中的医生(doctor);Dormeuil Trade Mark (1983) RPC 131 先例中的商标代理人(trademark agent);Wilden Pump Engineering Co v. Fusfeld (1985) FSR 159 先例中的专利代理人(patent agent);New Victoria Hospital v. Ryan (1993) ICR 201 先例中的人事顾问(personnel consultants)[71]等。

较近期的 Prudential v. Pandolfo (2013) UKSC 1 先例一审[(2011) QB 669]中,Charles 大法官对这方面问题总结说,权威书籍的一致看法是法律业务特免权只适用在律师与客户的通讯中,而不适用在其他专业人士与客户的通讯,但有少数立法给予的例外和诉讼特免权涉及的例外:[72]"The textbooks speak with a common voice that LPP applies to communications with lawyers and not other professionals apart from certain statutory exceptions and some exceptions relating to litigation privilege… The authorities cited, and to which I was referred, suffer from the lack of a detailed analysis that focuses on advice on law being given by professionals other than lawyers mentioned earlier, but in my view the common voice of the authors accurately reflects the overall thrust of those authorities."

3.2.1 本土(英国)律师和律师事务所雇员

节录 Prudential v. Pandolfo (2013) UKSC 1 最高院先例中的有关说法如下:"… members of the legal profession, which, in modern English and Welsh terms, includes members of the Bar, the Law Society, and the Chartered Institute of Legal Executives ("CILEX") (and, by extension, foreign lawyers)."

也即英国的律师包括执业的事务律师(solicitor)、出庭律师(barrister)、实习律师

---

〔71〕 在 New Victoria Hospital v. Ryan (1993) ICR 201 先例中,雇主不公平解雇(unfair dismissal)雇员。在披露程序中雇主被要求披露与人事顾问之间的有关通讯,雇主就主张特免权并拒绝披露。但工业审裁庭(industrial tribunal)否定并说:"… the privilege should be strictly confined to legal advisors such as solicitors and counsel, who are professionally qualified, who are members of professional bodies, who are subject to the rules and etiquette of their professions, and who owe a duty to the court."

〔72〕 这里提到的两种例外:一种是立法允许的特免权,这会在本章之 3.2.4 段介绍。另一种则是针对诉讼特免权,当事人在没有委任律师时与第三方之间的通讯(这主要会在发生事故后为了可能会面对的诉讼进行调查取证),有时也可以享有法律业务特免权/诉讼特免权的保护,这会在本书第十章介绍。

(trainees)以及特许法律行政人员协会(CILEX)的会员。

律师事务所(solicitors firms)也会雇用不少没有律师资格的人士作为律师助理(paralegal)。在以律师事务所的名义给客户出具法律意见时,即使实际工作是律师助理作出,理论上也会受到法律意见特免权的保护。毕竟律师助理也是在律师的监督(supervise)下工作,出具的意见事实上属于律师的意见。

即使是律师以朋友的身份(不签订委任合约也不收取费用)出具的法律意见,也可享有特免权,但一定是要在其专业范畴内给出的意见(in the course of his professional duty)。如果律师给出的并不是法律专业意见,而只是像"商人"(man of business)一样对一般事务发表的看法,就不会受到法律意见特免权保护:见 Smith v. Daniell (1874) 18 Eq 649; Kelly v. Denman (unreported, 21 February 1996)等先例。

值得注意的是,在正式委任律师前,很多公司或自然人常常会向多家不同律师事务所的律师在不收取费用的情况下寻求对有关事情/事故初步的意见或看法,这也是为了在律师之间作出选择。这种情况下律师提供的意见也受到特免权的保护:见 Minter v. Priest (1930) AC 558 先例。

合资格的执业律师在之后不再执业或失去执业资格的情况就会稍微复杂。在 Calley v. Richards (1854) 19 Beav 401 先例中,Mullings 先生原本是合资格的执业律师,但之后停止执业。客户对此并不知情。John Romilly 大法官认为此时 Mullings 先生与客户之间的通讯仍然受到特免权保护。而如果客户知道或应当知道 Mullings 先生停止执业的情况,他们之间的通讯就不再受特免权保护了。这也是 John Romilly 大法官接下来所说:"If indeed a client knows that the person with whom he communicates is not and cannot act as solicitor, of course the communications do not fall within the reason of the rule and are not privileged..."

看来 Calley v. Richards 先例的判法有政策上与现实中的考虑,毕竟如果客户与律师每一次通讯都要反复检查律师是否仍然是合资格,可能过于麻烦与不现实。再就是法律业务特免权是由客户享有,如果是律师自己失去了资格但并没有告诉客户,看来不应该惩罚客户与剥夺客户对特免权的合理预期(reasonable expectation)。

Dadourian Group International Inc v. Simms (2008) EWHC 1784 (Ch)先例也涉及类似的问题。原本合资格的执业律师被律师协会取消执业资格,之后该律师通过信托实际控制了一间索赔顾问(claims consultants)公司并向客户出具意见。Patten 大法官重申律师只能是合资格的执业律师:"In my judgment... to conclude that legal professional privilege did not attach to communications between the employers and a firm of unqualified consultants even if the latter were in fact relied on to give legal advice. The privilege is conferred to ensure that qualified lawyers are protected in their dealings with their clients. The corollary to this form of protection is that the lawyers in question should be subject to the control of their professional bodies and the rules of practice which govern them."

Patten 大法官认为索赔顾问与客户之间的通讯并不享有法律业务特免权,即使索赔顾问事实上出具的是法律意见。特免权是为了保护合资格的律师与客户之间的通讯。之所以要求合资格的律师,是为了确保律师必须是受到专业机构的管理与执业规则的制约。在此先例中,Patten 大法官认定客户应当知道该律师被除名的事实,因此依赖 Calley v. Richards 先例判通讯不受特免权保护。

3.2.2　外国(英国以外的国家)律师

在全球化的今天,如果只有本土(英国)律师出具的法律意见才被认可与享有特免权,那未免太过不足。早在 Lawrence v. Campbell (1859) 4 Drew 485 先例就有了关于苏格兰执业律师对客户出具的法律意见在英国诉讼程序中是否可以享有法律业务特免权的争议。此先例判苏格兰执业律师与客户的通讯也可以享有法律业务特免权。理由是特免权的问题会适用法院地法(*lex fori*),因此无须考虑在律师执业地是否可以享有特免权,而是看英国法下的规则如何。

在英国现代的特免权原则中,已经明确了与外国律师的通讯也会受到法律业务特免权保护。也明确了外国法院审理的案件中所产生或制作的受法律业务特免权保护的文件,在其后的英国法院诉讼中也可享有特免权:见 Duncan, Re (1968) P 306 先例。此先例中 Ormrod 大法官说:"In Anderson v. Bank of British Columbia, Jessel M. R. adopted this statement of principle with the gloss that by 'professional men'. Lord Cottenham meant members of the legal profession, a phrase which he uses interchangeably with 'professional lawyers.' There is nothing in these judgments to suggest that either judge intended to limit the rule to legal advisers whose names appear on the roll of Solicitors to the Supreme Court or who are members of the English bar. The basis of the privilege is just as apt to cover foreign legal advisers as English lawyers, provided only that the relationship of lawyer and client subsists between them."[73]

因此只要是通讯满足了英国法下关于法律业务特免权的要求,客户就对该通讯享有特免权,而无须考虑客户与律师是在本土还是国外。也无论该外国律师是根据哪个国家的法律给出法律意见:见 IBM v. Phoenix International (Computers) Ltd (1995) 1 All ER 413 先例等。

之后的先例中也有与 Duncan, Re 先例类似判法,例如 Macfarlan v. Rolt (1872) LR 14 Eq 580;Great Atlantic Insurance Co v. Home Insurance Co (1981) 2 Lloyd's Rep 138;Minnesota Mining & Manufacturing Co v. Rennicks (UK) Ltd (1991) FSR 97;International Business Machines v. Phoenix International (Computers) (1995) 1 All ER 413 等先例。

看来在适用法院地法时,也不再需要担忧与外国律师的通讯与其文件在本国法下是否受到特免权保护了。这对中国律师也会有关。在中国法下,没有法律业务特免权(法律意见特免权与诉讼特免权)的制度与说法(见本书第十章之 6.4 段)。也因此在中国内

---

〔73〕 在 Anderson v. Bank of British Columbia (1876) 2 ChD 644 先例中,法官采用的是"专业人士"(professional men)这个笼统的词汇。Cottenham 勋爵想指的是法律专业而不是其他专业(professions),因此 Cottenham 勋爵常常将"专业人士"一词与"专业律师"一词互相替换。在这些先例中从来没有限制在英国的事务律师或是出庭律师的意思。无论是外国律师还是英国律师,只要向客户提供法律意见,通讯就可以享有法律意见特免权。

地,中国律师给出法律意见是没有特免权保护的,但是这不影响中国律师给出的法律意见在英国以及其他普通法国家或地区的诉讼或仲裁中(如中国香港诉讼或仲裁中)可以受到特免权保护。很常见的是外国或中国内地的公司在香港的诉讼或仲裁中需要咨询中国律师的法律意见。当然这法律意见特免权一样是由作为客户的外国或中国内地的公司享有,而非由中国律师享有。而中国香港仲裁可能更进一步是中国内地的公司从头到尾都是委托中国律师代理,其中显然也会包括调查取证。总之,所有为了诉讼/仲裁产生与制作的文件都应该享有将在本书第十章详细介绍的诉讼特免权的保护。

3.2.3 公司法务律师(in-house lawyer or corporate counsel)

公司法务律师出具的法律意见也可享有法律业务特免权:见 Alfred Crompton Amusement Machines Ltd v. Commissioners of Customs & Excise (No.2) (1974) AC 405 贵族院先例。在该先例上诉庭的判决[(1972) 2 QB 102,该判决也得到了贵族院的肯定]中,Denning 勋爵解释了背后的理由说:"The law relating to discovery was developed by the Chancery Courts in the first half of the 19th century. At that time nearly all legal advisers were in independent practice on their own account. Nowadays it is very different. Many barristers and solicitors are employed as legal advisers, whole time, by a single employer. Sometimes the employer is a great commercial concern. At other times it is a government department or a local authority. It may even be the government itself, like the Treasury Solicitor and his staff. In every case these legal advisers do legal work for their employer and for no one else. They are paid, not by fees for each piece of work, but by a fixed annual salary. They are, no doubt, servants or agents of the employer. For that reason Forbes J. thought they were in a different position from other legal advisers who are in private practice. I do not think this is correct. They are regarded by the law as in every respect in the same position as those who practise on their own account. The only difference is that they act for one client only, and not for several clients. They must uphold the same standards of honour and of etiquette. They are subject to the same duties to their client and to the court. They must respect the same confidences. They and their clients have the same privileges. I have myself in my early days settled scores of affidavits of documents for the employers of such legal advisers. I have always proceeded on the footing that the communications between the legal advisers and their employer (who is their clients) are the subject of legal professional privilege; and I have never known it questioned. There are many cases in the books of actions against railway companies where privilege has been claimed in this way. The validity of it has never been doubted."

但需要注意的是,公司法务律师可以享有法律意见特免权(legal advice privilege)的前提是正式拥有律师执业资格。如果一家公司的法律部门只是聘用没有正式律师资格的雇员,他们所提供的意见不会享有法律意见特免权。如果被这样判定,公司其他雇员向他们资询法律意见的书信来往及一些没有得到正式执业资格的"律师"所提供的"法律意见",有可能不会享有法律意见特免权。

此外,能够享有法律意见特免权的另一个前提是通讯与文件是为了出具法律意见。而对于参与以及讨论公司商业业务等内容,由于此时公司法务律师的身份像“商人”(man of business),这些通讯就不受到特免权保护。这也是现实的,因为今天英美等国家的公司不少(据说有过半)的首席执行官(CEO)或总经理都有法律背景或者律师资格。

在 USA v. Philip Morris Inc (2003) EWHC 3028 Comm 先例中,Moore-Bick 大法官说:“Lawyers do not cease to be regarded as professional legal advisers simply because they are employed by their clients, for example in a company's legal department, but in the nature of things those who are employed in that capacity are more likely than independent practitioners to become involved in aspects of the business that are essentially managerial or administrative in nature.[74]”

今天所有跨国公司都有庞大的法务部门,其中不乏具有不同国家律师资格的律师。而公司的法务部门不仅仅是针对法律问题提供意见,公司各方面的决策都可能让法务部门过目或者向法务部门咨询。不少大公司也会十分依赖法务部门的法律意见,尤其是在专利法(patent law)、版权法(copyright law)以及竞争法(competition law)等领域。这些法律领域或其他涉及规管(regulatory)问题的难度在于,各个国家都会有各自的不同法律与法规,而一旦涉及跨国业务则会更加复杂。

同时,即使不是在法务部门工作,有律师身份的公司雇员也可以提供受特免权保护的法律意见。毕竟头衔不重要,实质内容才重要:见 Blackpool Corporation v. Locker (1948) 1 ALL ER 85。

能享有法律意见特免权的“意见”只局限在律师(无论其头衔)发挥作为律师的专业技能而出具的意见(exercising professional skill by acting as a lawyer)。判断公司内部法务律师的意见能否享有特免权的简单测试是,如果公司在业务或公司管理/管治上面对一个法律问题,但发现内部没有这种人才需要聘请外部律师出具意见时,是否也会进行类似的通讯与产生书信往来。

而澳大利亚法院有判法稍稍不同的先例:见 Waterford v. Commonwealth of Australia (1987) 163 CLR 54 先例。这个先例中的测试标准在于律师是否不把自己视为公司雇员,而是以“独立地位”(independent character)作出专业法律意见。

需要特别注意的是,欧盟[75]针对反垄断法、反不正当竞争法下对法律意见特免权的保护与英国法有重大不同。欧盟的法律对“独立地位”的理解或要求是必须没有雇佣关系。这也就表示公司法务律师不会被视为有“独立地位”,也就不受法律业务特免权保护了。早在 AM & S Europe v. Commission of the European Communities (1983) QB 878 先例中,公司被调查是否违反《罗马公约》(Treaty of Rome)下的反垄断(anti-trust)要求。欧

〔74〕 律师并不会因为被客户雇佣,例如被雇佣成为公司法务部门的人员,就不再是提供法律意见的专业人士。当然法务律师常常参与提供管理与行政方面的意见而不是法律意见。

〔75〕 事实上,欧盟各个成员国对法律业务特免权的认定也并不一致。在此只讨论欧洲法院(European Court of Justice)的判法。这方面的课题,会在本书第十二章之 10.6 段详细讨论。

洲法院(European Court of Justice)就公司律师与公司之间的通讯是否受到特免权保护这一问题指出:虽然欧盟法律保护律师与客户之间的通讯的机密性,但是前提是该律师不能是公司雇员。在更近期的 Akzo Nobel Chemicals Ltd v. Commission (2011) 2 AC 338 先例中,欧洲法院再次考虑了 AM & S Europe v. Commission of the European Communities 先例并支持了其中的判法。欧洲法院在判决中这样说:

"... the court observed, in para 24 of the judgment in the AM & S case, that the requirement as to the position and status as an independent lawyer, which must be fulfilled by the legal adviser from whom the written communications which may be protected emanate, is based on a conception of the lawyer's role as collaborating in the administration of justice and as being required to provide, in full independence and in the overriding interests of that cause, such legal assistance as the client needs. The counterpart to that protection lies in the rules of professional ethics and discipline which are laid down and enforced in the general interest. The court also held, in para 24, that such a conception reflects the legal traditions common to the member states and is also to be found in the legal order of the European Union, as is demonstrated by the provisions of article 19 of the Protocol on the Statute of the Court of Justice of the European Union.[76] The court repeated those findings in para 27 of that judgment, according to which written communications which may be protected by legal professional privilege must be exchanged with 'an independent lawyer, that is to say one who is not bound to his client by a relationship of employment'.[77] **It follows that the requirement of independence means the absence of any employment relationship between the lawyer and his client, so that legal professional privilege does not cover exchanges within a company or group with in-house lawyers.**[78]

As the Advocate General observed in points 60 and 61 of her opinion, **the concept of the independence of lawyers is determined not only positively, that is by reference to professional ethical obligations, but also negatively**, by the absence of an employment relationship. **An in-house lawyer, despite his enrolment with a bar or law society and the professional ethical obligations to which he is, as a result, subject, does not enjoy the same degree of independence from his employer as a lawyer working in an external law firm** does in relation to his client. Consequently, an in-house lawyer is less able to deal effectively with

---

〔76〕 在 AM & S Europe v. Commission of the European Communities (1983) QB 878 先例中,欧洲法院指出律师为客户提供法律协助是为了实现公平正义,所以律师要有自己的独立地位与应遵循职业道德与纪律。

〔77〕 也因此欧洲法院判只有律师处于独立地位时才会有特免权保护,律师不能是客户的雇员。

〔78〕 公司法务律师在公司内部进行的沟通,并不受到法律业务特免权的保护。

any conflicts between his professional obligations and the aims of his client."[79]（加黑部分是笔者的强调）

现实中，欧盟的有关部门［如竞争法委员会（Directorate-General for Competition）］也常常会在突袭检查（dawn raid）中没收公司法务部门调查取证的档案文件。故此不少公司在遇到有关欧盟竞争法的法律问题时，要么让公司内部法务律师向管理层口述，不留任何形式的文件记录，要么就干脆向外部律师寻求法律意见，即使是昂贵、不方便与自己的公司法务律师完全可以胜任。这方面在本书第十二章之 10.6 段会有更详尽的应对做法。

这是欧盟与以英国为代表的普通法国家或地区[80]在对待公司律师提供法律意见是否享有特免权方面重要不同之处，也是商业人士包括在英美等国家有业务的中国公司必须小心的地方。

3.2.4　除非立法规定，否则与其他专业人士的通讯不享有特免权

英国法院在过往先例中将法律业务特免权严格限制在法律专业人士与客户之间的通讯及其内容。这也是完全可以理解的。因为在早年也只有律师才会给予法律意见，而且律师与法院有着密切与独特的联系。例如，律师被视为法院的官员（officer of the court）。他们在保障客户的合法利益之余也有协助法院主持司法公正的责任。因此律师不应该也不会为维护客户的利益而误导法院或隐瞒证据，更不要说作出欺骗法院的行为，否则他们要承担非常严重的后果。而其他专业人士是没有这些法律责任的。

在本章之 3.2 段已经节录过 Prudential v. Pandolfo（2013）UKSC 1 先例一审［（2011）QB 669］中，Charles 大法官提到了两种例外。一种例外是法律业务特免权中的诉讼特免权，该种特免权下只要制作文件的主要目的（dominant purpose）是诉讼或可能/合理预期的诉讼（litigation in contemplation/potential litigation），无论该文件是否与法律意见提供者/律师有关，都受特免权的保护。而另一种例外就是立法授权一些特定人士也可以提供法律意见并受特免权保护。

这些立法授权的特定人士包括：《Administration of Justice Act 1985》之 Section 33 中的持牌地产买卖代理人（licensed conveyancers）；《Trade Marks Act 1994》之 Section 87 中的商标代理人（trademark agent/trade mark attorney）；《Copyright，Designs and Patents Act 1998》之 Section 280 中的专利代理人（patent agent/patent attorney）。以专利代理人为例，相关条文说："Where a patent attorney acts for a client in relation to a matter mentioned in subsection（1），any communication，document，material or information to which this section applies is privileged from disclosure in like manner as if the patent attorney had at all material times been acting as the client's solicitor."这赋予了专利代理人与客户之间就有关专利问题的通讯特免权保护。

---

〔79〕 公司雇员即使有律师身份与要遵守相应的职业道德，但对公司而言其并不具有外部律师一样的独立性。有时公司的商业目的会与律师的职业道德起冲突，此时公司律师难以像外部独立律师一样有超然的地位。

〔80〕 这方面资料可参阅 Lex Mundi 网站上的《In-house Counsel and the Attorney-Client Privilege》（2012）一文。

这些由立法特别赋予的保护要比一般律师能够获得的保护窄得多。这些立法授权的特定人士只有在特定领域内给出的意见才享有特免权保护。但就律师而言,即使针对他完全不了解的领域的法律问题给出意见,也不影响客户享有特免权,可以免予披露他/她与律师之间的通讯与文件。换言之,律师不受特定领域的法律问题的局限。如果律师因为能力不足给出的法律意见不全面与/或不正确,客户可以职业疏忽(professional negligence)为由向律师索赔,并对有关的特免权文件弃权,但主动权在客户手中。

3.2.4.1 会计师一般不提供法律意见

今天除了律师之外,不少其他专业人士,也会对客户出具有关法律的意见。例如,建筑师会出具有关建筑法律方面的意见,会计师会出具有关税法的意见等。事实上,会计师会在律师事务所受雇工作,现在甚至有跨国会计师事务所"入侵"律师行业。不少会计师也在一直试图将法律业务特免权的范围延伸到会计师出具的法律意见。例如,2001 年英国公平贸易局局长(cirector general of fair trading)就向政府提议应当将会计师出具的法律意见同样列入特免权的保护范围,但这提议在 2003 年被拒绝。据悉,跨国会计师事务所现有的做法是如果出具的意见希望将来受到保护,则即使该意见实际是由会计师拟定,也会以事务所内律师的名义出具,以便将来更有可能获得特免权保护。

在本章之 2.9 段介绍的《Legal Service Act 2007》生效之后,除了律师与律师事务所外也有其他的人士或组织与客户之间的通讯可以享有特免权。会计师行业也再次尝试想延伸法律业务特免权的范围:见近期的 Prudential v. Pandolfo (2013) UKSC 1 最高院先例。Prudential v. Pandolfo 先例中的事件虽然发生在《Legal Service Act 2007》生效之前,但是双方不断将争议诉至最高院,并同时有注册会计师协会、大律师公会等的介入,最终的判决显然是受到了《Legal Service Act 2007》的影响。

在 Prudential v. Pandolfo 先例中,案情涉及会计师事务所普华永道(Price Waterhouse Coopers,PWC)向保诚(Prudential)提供了一套税务计划,税务检查人员(Pandolfo)根据《Tax Management Act 1970》的条文要求保诚披露有关税务责任的文件,保诚主张法律业务特免权并拒绝披露其中部分文件。

一审法院判法律业务特免权只能适用在法律专业人士与客户之间的通讯,因此该先例中与会计师之间的通讯并不受法律业务特免权的保护。二审的上诉庭也作出同样的判决。最高院的最终决定也同样认为客户与会计师之间的通讯不受法律业务特免权的保护。节录最高院的多数意见(包括 Neuberger 勋爵、Hope 勋爵、Walker 勋爵与 Mance 勋爵)的摘要:"... at common law, legal advice privilege was universally understood as applying only to communications between a client and its lawyers, acting in their professional capacity, in connection with the provision of legal advice; that, so understood, the ambit of the privilege was clear, consistent and certain and was accepted and allowed for by the rules and practice of the courts and in legislation; that it would therefore be an extension beyond the long-established, and current, limits of the privilege if it were to apply to legal advice given by professional persons other than lawyers; that, since there was no evidence establishing a pressing need for such an extension, the consequences of which were difficult to assess but it would be likely to lead to lack of clarity and uncertainty, and since the question whether the privilege should be extended raised issues of policy which should be left to Parliament, and since Parliament had enacted legislation which had extended the privilege but not in respect of tax advice given by accountants, on the basis that it was otherwise limited to members of the legal profession, it would be inappropriate for the court to extend the law as the claimants sought; and that, accordingly, legal advice privilege would not be extended to communications in connection with advice given by professional persons other than lawyers, even where that advice was legal advice which the professional person was qualified to give..."〔81〕

值得注意的是,最高院的 Clarke 勋爵与 Sumption 勋爵给出了不同于多数看法的少数意见,Sumption 勋爵说:"In my opinion the law is that legal professional privilege attaches to any communication between a client and his legal adviser which is made (i) for the purpose of enabling the adviser to give or the client to receive legal advice, (ii) in the course of a professional relationship, and (iii) in the exercise by the adviser of a profession which has as an ordinary part of its function the giving of skilled legal advice on the subject in question. **The privilege is a substantive right of the client, whose availability depends on the character of the advice** which he is seeking and the circumstances in which it is given. **It does not depend on the adviser's status, provided that the advice is given in a professional context.** It follows, on the uncontested evidence before us, that **advice on tax law from a chartered accountant will attract the privilege in circumstances where it would have done so had it been given by a barrister or a solicitor. They are performing the same function, to which the same legal incidents attach.** "〔82〕(加黑部分是笔者的强调)

根据 Sumption 勋爵的说法,法律意见特免权的范围将会被大量扩张,毕竟只要日常会接触到法律问题的专业人士(今天很难说有什么行业会与法律完全无关),都可以出具受法律意见特免权保护的文件。但这毕竟只是少数看法,也被最高院中的多数意见所否决。

3.2.4.2　索赔顾问

另一个会带来疑问的身份是索赔顾问(claims consultants)。在 New Victoria Hospital

---

〔81〕 普通法下法律意见特免权只能够适用在履行专业职责提供法律意见的律师与客户之间的通讯。这地位在一贯以来的法院先例以及立法中都是清楚与一致的。如果要将法律意见特免权的范围适用在律师以外的专业人士就会扩大特免权范围,但目前并没有这种迫切需要,扩大的后果也不容易准确权衡,也会带来不肯定。由于扩大特免权的范围是涉及公共政策/利益,这更适合通过英国议会立法来达到,而不是通过法院在判例上进行改变。事实上议会也的确通过了有关的立法(今天的《Legal Service Act 2007》),但并没有给会计师像律师一样的特免权。

〔82〕 Sumption 勋爵的意见是满足以下三种情况的通讯就可以受到法律业务特免权的保护:(1)双方是作出与接收法律意见;(2)双方处于专业关系;(3)出具法律意见是专业人士惯常工作的一部分并且他也有能力与技能作出该意见。特免权是客户的实体性权利,该权利的实现取决于客户寻求的是什么意见以及意见是在什么情况下被出具。是否可以享有特免权不依赖于谁是出具意见的人士,而是看该意见是否属于法律意见。因此,Sumption 勋爵认为此先例中会计师出具的有关税法的意见也应当受到特免权的保护。

v. Ryan (1993) ICR 201 先例中,索赔顾问出具的显然是法律意见,但由于该索赔顾问并非是律师,因此并不产生法律业务特免权。在今天越来越多的国际仲裁中,问题则又稍微复杂。毕竟英国《Arbitration Act 1996》之 Section 36[83]规定任何人都可以在英国仲裁案件中代表当事人,而不必是(当地)律师。[84] 因此在国际仲裁中时常遇到索赔顾问。

笔者(杨良宜)在20世纪70年代至80年代涉足国际仲裁时即从事此类工作,即在自己懂行的国际外贸与航运领域的商务仲裁案件中代理一方当事人或出具意见。笔者(杨良宜)曾有两次被对方代表律师(英国律师)刁难的经历,对方代表律师向仲裁庭要求披露笔者与客户之间的书信往来。笔者都在特免权问题上获得了仲裁庭[85]的支持,书信往来得以免予披露。估计背后的原因是如果仲裁庭支持了披露要求,就等于否决了笔者这种索赔顾问参与英国仲裁的机会。而在这两次经验中,对方的代表律师都没有再更进一步向法院要求澄清这方面的问题。

差不多同一时期,建筑工程领域也开始有不少此类索赔顾问公司出现。随着业务的扩展,索赔顾问公司开始雇用各种各样的专业人士(包括律师、工程师、测量师、建筑师等)出具意见以及在建筑工程仲裁中代理当事人。从支持国际仲裁的立场来看,给予索赔顾问以"法律意见提供者"的地位与进而让其出具的法律意见受特免权保护会是更现实与对仲裁发展更有利的做法。对索赔顾问提供法律服务的保护已经有所发展,例如早已有先例支持胜诉方可以向败诉方取回支付给索赔顾问的合理诉讼费用:见 Piper Double Glazing Ltd v. D C Contracts (1994) 1 WLR 777 先例。

在近期的 Walter Lilly & Co v. Mackay (2012) EWHC 649 (TCC)先例中也涉及这个问题。业主委任建造商在伦敦建造一幢楼房,但后来双方因为工程严重延误开始诉讼。诉讼中,建造商发现业主披露的文件显示在建造过程中业主就已经委任了著名的索赔顾问公司"Knowles"(这家有限公司经过20年的发展已经成为拥有上千雇员的跨国索赔顾问公司)。因此建造商指称 Knowles 向业主提供了一定的"策略"或"阴谋诡计",例如过度吹毛求疵地监督建筑师的工作、设计与准备好证据把工程的延误归责于建造商等。[86] 建造商因此向法院申请要求业主披露与 Knowles 之间的书信往来。但这披露要求被业主依赖法律意见特免权拒绝。此先例中,由于业主对 Knowles 的委托范围写明是"contractual and adjudication advice",英国高院的 Akenhead 大法官认为这并不属于法律意见,因此无论如何并不会受到法律意见特免权保护。

但 Walter Lilly & Co v. Mackay 先例只是高院的判法,同时法官并没有实质与正面回答如果此先例中 Knowles 出具的确实是法律意见,则这些文件是否能够享有特免权的问题。在笔者看来,如果根据 Prudential v. Pandolfo 先例中的多数意见,由于 Knowles 看来

---

[83] 中国香港也有类似立法,见《仲裁条例》/《Arbitration Ordinance》(Cap 609)之 Section 63。

[84] 因此,国际仲裁中经常见到外国律师作为当事人的代表律师并出庭。

[85] 当时伦敦的海事仲裁员多数是商业人士,有不少早期的仲裁是在波罗的海交易所(Baltic Exchange)进行。

[86] 这看来与本章之2.7段提到的伦敦仲裁中德国船东在造船过程中的做法是"异曲同工"。

当时并没有法律专业资格,因此并不会因为是索赔顾问就受法律意见特免权保护。[87] 即使是在英国《Legal Service Act 2007》生效后,如果 Knowles 不是以一个持有牌照的 LDP 或 ABS 组织的名义出具法律意见,或者不是在律师监督下出具意见,这意见也不会受到特免权保护。

英国这个《Legal Service Act 2007》立法就带来了相当复杂的情况,在本章之 2.9 段也已经提到,因为组织的结构会影响出具的法律意见是否可以享有法律意见特免权保护。在《Phipson on Evidence》(2018 年,第 19 版)一书之 23 - 40 段说:"... in claiming privilege the structure of the department or firm is crucial, the way it is set out, the extent and nature of the supervision, the identity and qualifications of the persons doing the supervision, and the relevant regulatory framework. So it will be important for those setting up these new business structures to provide a clear and transparent structure which will enable a claim for privilege to be readily justified... The Alternate business structures problems should be capable of ready resolution so long as there are proper structures in place..."

总结而言,英国《Legal Service Act 2007》立法生效后,客户向某组织(索赔顾问公司或其他类型的咨询公司)索取意见,如果该组织是持有执照的 LDP 或 ABS,则在律师的监督下作出的法律意见也可以享有特免权的保护。但是这组织如果不是持有执照的 LDP 或 ABS,又或是该法律意见并不是在律师的监督下作出,则仍然不会享有特免权的保护。法律意见提供者可以包括持有牌照的 LDP 和 ABS 组织,这既有好处,也有坏处。好处显然就是扩大了法律意见特免权保护的范围,符合现实社会情况对该法律发展变化的需求。而坏处就是法律清楚写明了规定之后,让普通法下的法官在个别案件中再也难以根据特别的案情行使裁量权以弹性处理案件。

笔者想到目前依然会存在的问题是,今天常常有索赔顾问公司(这尤其是在仲裁业务中)或是其他类型的咨询公司(有限公司或合伙)聘请的雇员(或成员、合伙人)包括律师、会计师、建筑师、索赔顾问等人士,则如果客户进行咨询时是针对性地向律师索取法律意见,根据前文所述,客户与律师之间的通讯确实会受特免权的保护。但普通法下如果客户是向该索赔顾问公司索取意见,即使是由同一个律师(作为索赔顾问公司的雇员或成员、合伙人)针对同样的问题作出的法律意见,但如果意见是以索赔顾问公司的名义作出而该索赔顾问公司又不是立法下认可的 LDP 或 ABS 组织,那该意见仍然不能享有法律意见特免权。目前的立法地位就要求客户非常小心,如果是向索赔顾问公司或咨询公司等寻求意见,则先要明确该组织是否为 LDP 或 ABS,并要求对方出示有关的执照。这才可以确保将来与该公司的通讯受到特免权的保护。

另一个尚没有答案的问题是,今天仍有不少外国的索赔顾问公司参与在伦敦的国际仲裁。这些外国索赔顾问公司不会也没有道理符合英国立法对 LDP 或 ABS 在设立结构与注册牌照方面的要求。这样,如果客户与外国索赔顾问公司之间的通讯不能受到特免

---

〔87〕 但是如果是本身有律师资格的雇员以自己的名义实际出具法律意见,又会导致文件受到法律意见特免权保护了。

权保护,是否会严重影响伦敦作为国际仲裁中心的地位?

3.2.5 传话的代理人

在本章之2.6.1段提到的 Anderson v. Bank of British Columbia (1876) 2 ChD 644先例中,上诉庭的Mellish大法官在提到法律意见特免权时说:"I am clearly of opinion that such a communication is not privileged. To be privileged it must come within one of two classes of privilege, namely, that a man is not bound to disclose confidential communications made between him and his solicitor, directly, **or through an agent who is to communicate them to the solicitor**..."(加黑部分是笔者的强调)

上述加黑部分是说除了律师以外,如果客户与律师之间是通过代理人(agent)进行通讯,则通过代理人进行的通讯也受法律意见特免权的保护。航运业务中经常可见这种情况,例如船东通过索赔代理(claims agent)或国际船东互保协会(P & I Clubs)向律师取得法律意见。

需要留意的是,通讯指的是为了与律师交流而产生的通讯,因此如果是代理人自己出具的文件,例如另出一份报告,就不享有特免权了:见 Highgrade Traders, Re (1984) BCLC 151与 Price Waterhouse v. BCCI Holdings (1992) BCLC 583先例等。

3.3 谁是"客户"(client):Three Rivers DC v. Bank of England (No. 5)先例带来的问题

在本章之3.1段已经介绍了 Three Rivers DC v. Bank of England (No. 5) (2003) QB 1556上诉庭先例的详情。Longmore大法官严格限制"客户"范围,指出"客户"不能是泛泛的一般雇员,因为一般雇员与独立第三方在身份上并没有不同。

一贯的法律(trite law)是对已经存在的事实(如公司曾经不久前发生违规事件或贪污受贿)没有特免权,规管机构(regulatory body)或任何有敌意的第三方都可以通过法院强制要求被调查的公司作出披露,这包括书面文件与有关的口头证据。例如,知道谁是涉及违规事件与贪污受贿事件与传召(subpoena/summons)他/她出庭作证。所以大原则是法律意见特免权只能局限在客户与律师之间的通讯(communications)。否则已经存在的事实本来是毫无疑问不享有特免权,但一旦为了获取法律意见提供给了律师,变成可享有特免权就说不通了。这也令发生的违规或不当行为变了永远不会被暴露,也没有办法合法作出调查。这在美国"律师与客户特免权"(attorney-client privilege)也有同样的说法,可节录美国最高院在 Upjohn Co v. United States, 449 US 383 (1981)先例中所说如下:"The client cannot be compelled to answer the question, 'What did you say or write to the attorney?' but may not refuse to disclose any relevant fact within his knowledge merely because he incorporated a statement of such fact into his communication to his attorney."

这带来了一个"knowledge/communication 区分",也就是客户与律师之间哪些是属于客户对已经存在事实的知识(knowledge)与哪些只是为了获取法律意见而进行的通讯。前者是需要披露并可以强制披露,后者才可享有特免权。

经常有情况是一个"公司客户"(corporate client)为了获取更好与更完整的法律意见,就需要把所有发生了的有关事实真相全盘告诉律师,让律师在考虑后才作出法律意见。毕竟如果不将事实真相告诉律师,律师也很难给出意见。但很多情况是与律师直接通讯的公司高管(特别是大公司)不会知道事实真相,因为很多事实是发生在较低层次或海外公司的员工。这就表示高管需要进行内部调查后,才能转告律师让他/她提供法律意见。内部调查往往是要高管或公司律师向有关或知情的员工会谈(interview)与录取口供(statement)。有关员工可能会有文件,但估计大部分只是员工本人的口头证言把他/她所经历与知道的事实说出来。这些文件或信息(information)是要被强制披露的。

这就带来了"客户"定义的重要性,因为如果公司客户可以包括所有的员工,无论是董事、高管或是任何层次的员工,而客户与律师之间的书信往来是可享有法律意见特免权,就可以让每一个知道事实真相的有关员工直接(directly)与委任的律师进行通讯,而不经过公司的高管或法务部。现实中,让所有这些通讯都可享有特免权,就难免造成上述不理想的情况,令一件事故的事实真相可以永远被隐瞒起来。固然规管机构或有敌意的第三方可以通过法院传召知道事实真相的有关雇员出庭作证,但是针对一间拥有上万人甚至十万人的公司,规管机构或有敌意的第三方对于如何找出这雇员根本无从下手。

所以法律有必要对"客户"定义作出局限。而局限的严格与否对一家小公司影响不大,但对一家大公司甚至跨国公司而言,这个影响就会很大。一个极端是只有公司董事甚至只有公司的执行董事一个人可被认同为"公司客户",只有他/她与委任律师的通讯才可享有特别权。这就对公司十分不利了,因为很多发生的事实真相根本不会是他/她参与或知道的,进行内部调查与个别有关员工会谈的也不会是他/她,甚至与律师的通讯也不是他/她处理而是公司法务部的工作。这样,公司恐怕没有一份文件或任何信息可享有法律意见特免权了。

看来比较合理的是包括公司的所有董事会成员与高管作为对特免权方面的"公司客户"。但这仍会带来很多在不同情况与不同公司架构下的争议。例如,集团公司的经理可算是高管,但其他分公司或部门经理又如何?或是高管只局限在董事会成员加上少数一两位高管以及外部律师有密切关系的法务部经理与副经理?

显然,通过对"客户"做出十分狭窄的定义去局限公司的特免权是很有效的办法。现在一个大问题是国际上重要的商业中心在这方面的法律在近年来都有不同的说法,定义宽窄都不一样,令商业人士与涉及国际业务的公司无所适从。

3.3.1　一般雇员和律师的通讯不受法律意见特免权保护

在笔者看来,这有可以类比的情况。也就是在过去缺乏通讯办法或技术的年代,船东无法与海上航行的船舶进行通讯以及作出有效管理,但为了鼓励船东在风险很大的航运业务中以个人/自然人名义投资,[88]产生了历史悠久的责任限制做法,在这方面有不少法律[不论是英美等国家的立法还是国际公约(如目前版本的《Convention on Limitation of Liability for Maritime Claims,1976》,简称"伦敦公约")]。在发生大灾难时,除非是船东

〔88〕　在当时,任何商业活动(无论是海上还是岸上),都要以自然人的个人名义进行。典型的是劳合社的承保辛迪加(Syndicate),小组成员都是自然人。这带来的危险是如果不幸碰上大灾难,损失或赔偿上不封顶,该投资与承保的自然人就会因此破产。

自己的过错(如明知船舶严重不适航需要修理,在船舶仍在港内船东可以管理时拒绝修理并执意要求船舶开航),否则船东需要承担的责任是有上限(该船舶的价值)的,哪怕是船东雇员在海上航行中犯下船东要负责的严重过错,船东也会受到责任上限的保护。由于在过去也缺乏有限责任公司(limited company)的做法,因此这个责任限制对船东而言是非常重要的。遇上大灾难,最坏的情况是船东对该艘船舶的投资泡汤,但不会有更大的损失与责任导致船东破产。但是自从19世纪中期开始出现有限责任公司的做法,船东就纷纷以有限责任公司(而不是以自己个人)的名义拥有船舶。这带来的问题就是有限公司作为船东时,有限公司雇员的过错是否属于有限公司的过错(相对而言,自然人作为船东时,是否有过错就清楚多了)?但公司法人(legal person)是虚构的人格,即使有过错也只会是代理人(无论职位高低)的过错。毕竟如果是公司雇员没有过错,那根本谈不上需要限制责任,因为根本没有责任问题。有大量先例都涉及这方面问题,在笔者《海事法》一书第二章之3.2段有介绍,在此不进行重复,仅仅节录权威的HL Bolton (Engineering) Co Ltd v. TJ Graham & Sons Ltd (1957) 1 QB 159先例中Denning勋爵所说:"A company may in many ways be likened to a human body. It has a brain and nerve centre which controls what it does. It also has hands which hold the tools and act in accordance with directions from the centre. Some of the people in the company are mere servants and agents who are nothing more than hands to do the work and cannot be said to represent the mind or will. Others are directors and managers who represent **the directing mind and will** of the company, and control what it does. The state of mind of these managers is the state of mind of the company and is treated by the law as such."[89](加黑部分是笔者的强调)

另有一个原则性的问题是,法律意见特免权背后的公共政策/利益是公司可以坦率地向律师坦诚有关的背景事实。但是对一般雇员而言,被查问他/她所知道的有关事实,是不会由于担心自己所说将来需要被强制披露会对本人造成损害或不利,因此可以说真话,毕竟将来会受到直接影响的是公司而不是雇员个人。当然除非是涉及个人问题,例如欺骗了公司等,但这些毕竟是极少数情况。而一般情况下,即使雇员在执行公司事务中有个人疏忽或过错,但公司如果保证"坦白从宽"或者是保证所有谈话会保持机密,也足以让雇员愿意坦率地说话,而可以说是不需要公共政策/利益予以鼓励的问题。

而如果让一般雇员与律师通讯也受到法律业务特免权保护,在弃权(waiver)[90]方面也可能存在问题。例如公司对于特免权想要弃权时,如果一般雇员也属于"客户"的行列,岂不是需要同时获得雇员的同意才能弃权?而如果一般雇员已经离职或者是与公司已经产生争议,岂不是难以弃权了?

还会有其他问题。例如,公司法人是需要有自然人作为代理人来处理所有公司事务

---

〔89〕 如果将公司法人比作一个人体,它有大脑与神经中枢控制自己的行为,也有手脚听从大脑与神经中枢的指令与使用工具,则公司中的董事或经理就是公司的大脑与神经中枢,代表了主导意志(directing mind and will)与控制公司如何行动。而公司中其他的雇员只是作为手脚的角色去执行主导意志。这样公司这些董事或经理的意志也就被视为公司法人的意志,他们的过错也就是公司法人的过错。

〔90〕 对特免权弃权的课题,可参阅本书第十二章。

的,但代公司处理事务的人会有很多,甚至还有被公司临时委任的外部代理人,这些是否都会是公司委托律师时可以被纳入法律意见特免权中"客户"范畴,让他们与律师的通讯及其内容都可以受法律意见特免权保护呢?这可能是不理想的,而分水岭是过于模糊而难以区分的。

3.3.2 Three Rivers DC v. Bank of England (No.5)上诉庭先例:客户的狭窄定义

在 Three Rivers DC v. Bank of England (No. 5) (2003) QB 1556 上诉庭先例中,Longmore 大法官认定只有英格兰银行专门设立的与外部律师(Freshfields)进行沟通、向律师发出指示(instructions)与接收法律意见的 BIU 才是"客户"。不妨再次节录 Longmore 大法官的说法如下:"... on the evidence before the court, the BIU, which was established to deal with inquiries and to seek and receive Freshfields' advice, is for the purpose of this application, the client rather than any single officer however eminent he or she may be."

法律意见特免权保护的只是客户与法律意见提供者之间的通讯(当然之后客户在内部保有机密性的前提下传阅法律意见的内容,或者是向有限第三方传阅不影响特免权保护是另一回事)。一般情况下,如果是自然人作为客户委任律师获取法律意见时,很明显该自然人自己应是"客户"。也只有自然人与律师之间有关法律意见的通讯会受到法律意见特免权保护,如果是第三方与律师之间的来往一般而言是无法受到法律意见特免权保护的(这与将在本书第十章介绍的在这方面相对宽松的诉讼特免权不同)。

而如果是公司(或其他主体)委任外部律师时,公司必然需要通过个别自然人(通常是高管、雇员、合伙人或者是法务部的公司律师)与律师进行通讯。律师没办法凭空出具法律意见,需要代表公司法人的自然人提供多方面的信息与资料。对于大型跨国公司来说,有关的信息与资料是来自公司内部的各个部门,涉及不同级别的雇员,甚至还会来自不同的子公司或是附属公司。这样即使是通过外部律师进行内部调查,总不会是所有持续或直接与律师通讯的雇员(这会是人数众多)都是"客户"。这样根据 Three Rivers DC v. Bank of England (No.5)上诉庭先例的判法,只要是公司授权的人士与律师通讯都假设能获得保护的说法就不再正确了。

但问题在于在 Three Rivers DC v. Bank of England (No.5)先例中,看来即使是以公司的董事或高管的看法,也并不准确,因为上诉庭判只有 BIU 才是代表公司作为"客户",其他任何人士,即使是职位高到英格兰银行行长(governor),[91] 也不属于法律意见特免权中的"客户"范畴。例如,即使是英格兰银行的行长把自己记得与知道的事实,如曾经怎样对 BCCI 进行监管的相关内容写成备忘录并通过 BIU 交给 Freshfields,那也会因为行

〔91〕 Longmore 大法官说:"Mr Stadlen (英格兰银行代表大律师) asked what the position would be if the Governor himself had noted down what he remembered in relation to the supervision of BCCI with the intention of giving it to the BIU for transmission to Freshfields. No privilege has been claimed for any such specific document but, as it seems to us, Mr Pollock (Three Rivers 等的代表大律师) was right to say that on the evidence before the court, the BIU, which was established to deal with inquiries and to seek and receive Freshfields' advice, is for the purpose of this application, the client rather than any single officer however eminent he or she may be."

长不在“客户”的定义内,从而该备忘录不会受法律意见特免权的保护。这就进一步让人担忧法律意见特免权的保护范围变得十分狭窄了。在上诉庭作出判决后,英格兰银行也试图把这个重要的问题上诉到贵族院(现在的最高院),但没有获得上诉批文(leave to appeal)。

Three Rivers DC v. Bank of England 系列先例中原告的披露申请没有就此完结,之后的 Three Rivers DC v. Bank of England (No. 6)先例中 BIU 与 Freshfields 之间的通讯被要求披露。该先例也受到广泛关注,尤其是上诉到贵族院时,英国司法部部长(Attorney General)、律师协会(Law Society)与大律师公会(Bar Council)均介入(intervene)此案并针对 Three Rivers DC v. Bank of England (No. 5)先例中对“客户”作出狭窄定义的做法向法院发表自己的看法,他们同时也申请贵族院对此问题作出解释与澄清。但贵族院拒绝对此问题作出权威与最终的判决。这样上诉庭在 Three Rivers DC v. Bank of England (No. 5)先例中对“客户”作出的狭窄定义就仍然是目前英国法下的法律地位。

Three Rivers DC v. Bank of England (No. 5)先例的判法中仍然存在疑问。一方面的疑问是此先例有特殊的案情。英格兰银行专门设立了 BIU 作为应对 Bingham 大法官询问的唯一沟通渠道,这在其他案件中是不太会发生的。一般遇到问题公司都是交给法务部派公司法务律师来负责,而不会专门成立一个特别小组。因此是否可以通过对事实区分将这个先例的判法作为例外看待?这看来是新加坡的做法:见本章之 3.3.3 段。不过根据英国一些后续先例的判法来看,目前 Three Rivers DC v. Bank of England (No. 5)先例的判法仍是作为法律意见特免权下对“客户”的判断标准:见本章之 3.3.4 段。

另一方面的疑问是有关具体的判断标准。此先例中 Longmore 大法官也提到了 BIU 的任务是“deal with the inquiries”以及“seek and receive... advice”,但是否肩负此任务的人士就可以被视为“客户”呢?在 Three Rivers DC v. Bank of England (No. 5)先例中,由于原告并没有针对 BIU 与 Freshfields 之间的通讯要求披露,因此 Longmore 大法官也没有必要针对什么是客户作出更明确的定义与解释。一些后续先例则对如何判断什么是“客户”作出了进一步阐述,这将在本章之 3.3.5 段进行更详细的讨论。

还有一个附带的问题是,Three Rivers DC v. Bank of England (No. 5)先例涉及的也只是外部律师。但在本章之 3.2.3 段已经提到还有其他类型的法律意见提供者,例如公司的法务律师,甚至是在《Legal Service Act 2007》下其他多种类型的专业人士等。因此在涉及其他类型法律意见提供者时,是否也有相应的对“客户”狭窄的定义?简单的例子是面对公司法务律师时,是否如同面对外部律师一样,公司内部雇员并不能都算作“客户”,而只是局限在董事会成员或少数高管?万一遇到某些突发重大事件,公司成立类似 BIU 的小组,是否只能与小组成员谈机密的法律意见?

3.3.3 其他普通法国家与地区的判法

不妨先介绍一些其他普通法国家与地区对此问题的判法。[92]

在美国类似于英国法下的法律业务特免权,有所谓的“律师与客户特免权”(attorney-

---

〔92〕 同一课题在本书第十二章之 10.3 段也有介绍。

client privilege)。而美国有不少早期的案件都试图设定一个被称为控制小组(control group)的测试标准,即只有公司内控制小组中的人士才属于"客户"。但这个测试标准在 Upjohn Co v. United States, 449 US 383 (1981)美国最高院先例中已经被明确否定,原因是它与过往先例的判法不同,也会带来反效果,使得保护特免权的意义受阻:"frustrates the very purpose of the attorney-client privilege by discouraging the communication of relevant information by employees of the client corporation to attorneys seeking to render legal advice to the client."美国最高院还指出这测试标准中的不肯定性,包括需要在案情不同的案件中确定哪些董事会成员、公司雇员才是控制小组中的人士,同时也有危险将公司中担任非常重要职务的董事会成员、雇员排除在外:"The very terms of the test adopted by the court below suggest the unpredictability of its application. The test restricts the availability of the privilege to those officers who play a 'substantial role' in deciding and directing a corporation's legal response. Disparate decisions in cases applying this test illustrate its unpredictability."

澳大利亚在法律意见特免权的问题上看来与英国的发展趋势不同。有澳大利亚先例将文件制作的主要目的(dominant purpose)是否为获取法律意见[93]作为判断是否适用法律意见特免权的标准,这看来是在扩大法律意见特免权的适用范围。该判断标准类似于英国法下诉讼特免权(litigation privilege)的一个测试(见本书第十章之1段),相对而言是较为宽松的。例如,可见 Pratt Holdings Pty Ltd v. Commissioner of Taxation (2004) FCAFC 122 先例中,Finn 大法官说:"The important consideration... is not the nature of the third party's legal relationship with the party that engaged it but, rather, the nature of the function it performed for that party. If that function was to enable the principal to make the communication necessary to obtain legal advice it required, I can see no reason for withholding the privilege from the documentary communication authored by the third party."

在中国香港,CITIC Pacific Limited v. Secretary for Justice and Commissioner of Police (2016) 1 HKC 157 上诉庭先例中也涉及这个问题,法院作出以主要目的作为能否享有法律意见特免权的判断标准的判决。此先例的背景是在2008年金融危机时,中信泰富(CITIC Pacific)于2008年9月7日意识到自己签订的一些远期外汇合约(foreign currency forward contract)可能导致巨大亏损,因此采用向银行借贷与向国内公司寻求财政支援等方式度过危机。根据中国香港股票交易市场的交易规则,上市公司一旦发现任何会对股票价值产生影响的情况就需要尽可能快地(as soon as is reasonably practicable)披露。但在2008年9月16日,中信泰富子公司在关联交易公告中还提到中信泰富董事并不知悉集团经济情况有重大改变。直到2008年10月20日中信泰富才公布利润亏损预警公告,公告指出远期外汇合约可能导致147亿港元以上的损失。信息一经发布就在市场上掀起轩然大波,中信泰富的股票市值跌幅超过50%。香港证券交易委员会(Securities and Fu-

---

[93] 这以主要目的作为法律意见特免权的测试已被英国上诉庭在 Three Rivers DC v. Bank of England (No.5) (2003) QB 1556 先例中否定:见本章之3.1段。

tures Commission,SFC)立即根据法规的要求对中信泰富展开调查。在SFC要求下,中信泰富也愿意配合将一些文件交给了SFC。警察商业犯罪组也申请到法院命令对中信泰富进行突击搜查并控制了数百箱文件与一百多个硬盘中的电子文档。在此先例中,针对被警方控制的文件(书面与电子文件),中信泰富以法律业务特免权为由马上向香港法院提出申请要求限制警方对文件的使用以及要求退还部分文件。香港一审法院[(2012) 3 HKLRD G1]跟从了Three Rivers DC v. Bank of England (No.5) (2003) QB 1556先例确立的原则并判决只有集团法务部门以及特定的几个高管与外部律师(Clifford Chance)之间的书信往来才受到特免权保护,而其他雇员与Clifford Chance之间的书信往来就不受法律意见特免权保护。秘书部某雇员(虽然也有律师资格)与Clifford Chance之间的书信往来是一个争议焦点,一审法院判这些书信往来不受特免权保护。而这些书信往来看来对中信泰富至关重要(可能包括律师建议在未符合交易规则与未能及时向公众作出披露时如何草拟对股东与公众的公告等的法律意见)。如果这些文件不受特免权保护,中信泰富与其高管在面对SFC和香港警方调查时会有严重后患。对中信泰富而言非常幸运的是香港上诉庭推翻了一审判决。上诉庭给了"客户"一个十分宽松的定义并认为该公司整体都被视为"客户"。同时上诉庭还更进一步指出正确的考量方法是看文件制作的主要目的,只要公司内部的机密文件在产生与制作时的主要目的是获取法律意见("internal confidential documents of the client organisation which are produced for the dominant purpose that they or their contents be used to obtain legal advice")就都可以受到法律意见特免权的保护[这看来是认可了Three Rivers DC v. Bank of England (No.5)先例一审中Tomlinson大法官的看法(该看法在英国上诉庭被否定)与The "Sagheera" (1997) 1 Lloyd's Rep 160先例中Rix大法官的看法]。也因此在香港法下,有关"客户"的定义相对英国法就宽松得多了。显然中国香港的公司在机密方面的保护会比英国要更好。

但这样宽松的判法也同样会遗留问题,即对于并非公司雇员的独立第三方(real outsider)与律师之间的沟通如何判断,毕竟在诉讼特免权下会根据主要目的的判断标准,独立第三方与律师之间的通讯(律师进行调查有关事实以便对有关诉讼作出准确法律意见与帮助)是可以受到诉讼特免权保护的。但是根据法律意见特免权一贯的原则与先例,都没有将法律意见特免权延伸到独立第三方与律师之间的通讯与文件上。在香港上诉庭的看法中,则是由于此先例并未涉及独立第三方,只涉及什么是"客户",因而避开了这个看来有不一致与矛盾的问题,留待以后有针对性先例出现时再予以解决。另一个大问题是在近年的环境下,多国政府规管机构与法院都倾向于缩减法律意见特免权的保护范围,使公司的运作更透明,更严格地跟从越来越多的法规等要求。香港要延伸法律意见特免权保护的范围会与这个世界潮流背道而驰。

在新加坡则是已经有先例明确反对Three Rivers DC v. Bank of England (No.5)先例的判法:见Skandanavia Enskilda Banken AB (Publ), Singapore Branch v. Asia Pacific Breweries (Singapore) Pte Ltd and others (2007) 2 SLR 367先例。鉴于Three Rivers DC v. Bank of England (No.5)先例受到大量的尖锐批评,新加坡上诉庭指出该先例的判法完全是在特定案情下(英格兰银行为了应对询问专门成立BIU并作出特别授权)作出的

特别判法,并非是一般案件都适用的原则:“[Three Rivers (No.5)] does not lay down a general principle that all communications between a company and its legal advisers must be made by a specially appointed committee or that no communication made by an employee to the company's legal adviser is privileged. In that case, the English Court of Appeal held… that ‘the BIU, which was established to deal with inquiries and to seek and receive Freshfields' advice, is for the purpose of this application, the client rather than any single officer however eminent he or she may be (including presumably, the Governor of the Bank of England)'. Implicit in this finding would be that only the BIU was authorised to communicate with the Bank of England's lawyers. No other employee was authorised, including the Governor. The principle is that if an employee is not authorised to communicate with the company's solicitors for the purpose of obtaining legal advice, then that communication is not protected by legal advice privilege. We do not find this principle exceptional. When a company retains solicitors for legal advice, the client must be the company. But since a company can only act through its employees, communications made by employees who are authorised to do so would be communications made ‘on behalf of his client'. The only relevant issue is whether the communication is made for the purpose of obtaining legal advice, and if so, the communication falls within the privilege, provided that other requirements of the privilege are present, viz, that the communications are confidential in nature, and the purpose of the communication is for the purpose of seeking legal advice. Authorisation need not be express: it may be implied, if that function is related to or arises out of relevant employee's work. In our view, Three Rivers (No.5) should be read in the context of the court's finding that the BIU (and no one else) was authorised to communicate with the bank's solicitors.”

上述节录的内容是说虽然实际上 Three Rivers DC v. Bank of England (No.5)先例的事实是只有 BIU 被授权与外部律师进行通讯,而其他雇员都没有此授权,但该先例并没有确立公司都必须通过设立特别小组与法律意见提供者进行通讯,而其他雇员与法律意见提供者之间的通讯就不享有特免权保护这样一个一般性的原则。当然如果公司雇员没有被授权与律师进行有关提供法律意见的通讯,则这些通讯不会受到法律意见特免权的保护。公司委任律师要求提供法律意见,显然公司是“客户”。问题在于作为法人的公司只能通过作为自然人的雇员与律师进行通讯,因此被授权与律师进行通讯的雇员可以说是客户(公司)的代表。关键问题还是在于被授权与代表公司的通讯主要目的是否为获取法律意见以及能够满足特免权的其他要求(如机密性等)。此授权也无须明示授权,如果其他有关公司雇员在调查时或其他情况下(例如参加与律师会谈的会议)也可以有默示授权(implied authority)。

3.3.4　Three Rivers DC v. Bank of England (No.5)先例在英国法下是具有普适性的权威先例

回到英国法下的地位,由于 Three Rivers DC v. Bank of England (No.5) (2003) QB 1556 先例是上诉庭的先例,因此除非上诉庭或更高级别法院(最高院)在其他案件中作出相反判决,否则该权威先例都应当被下级法院跟从,因为这是目前英国普通法的地位。而且 Three Rivers DC v. Bank of England (No. 6) (2005) 1 AC 610 贵族院先例也对 Three Rivers DC v. Bank of England (No. 5)上诉庭先例的权威性法律地位予以确定,贵族院说:"The guiding precedent on the issue will continue to be the Court of Appeal judgment in Three Rivers (No. 5)."

一些后续的英国先例就通过在案件事实上与 Three Rivers DC v. Bank of England (No. 5)先例进行区分(distinguish)的方式回避了这方面问题。例如在 BBGP Managing General Partner Ltd and others v. Babcock & Brown Global Partners (2010) EWHC 2176 (Ch)(BBGP v. Babock)先例中,法院认为与律师签订委托合约(retainer)的才是"客户"。但是从近期的一些其他先例中可以看出,在一般情况下只要是针对法律意见特免权中谁是"客户"的问题都会适用 Three Rivers DC v. Bank of England (No. 5)先例:见 Astex Therapeutics Limited v. Astrazeneca (2016) EWHC 2759 (Ch)与 The RBS Rights Issue Litigation, Re (2016) EWHC 3161 (Ch)先例等。

The RBS Rights Issue Litigation, Re 先例中的被告 RBS 提出 Three Rivers DC v. Bank of England (No. 5)先例的判法完全是针对该先例中的特殊案情与事实作出的判决,因此不能在其他案件中被作为一般情况广泛适用。一般而言,公司是不会为了一宗案件或事件特别成立一个明确给予授权的专门小组,从而只有小组内的几个成员才能代表公司与外界联络,包括与律师进行通讯。反而公司都是由更多的一般雇员根据明示或默示的授权与律师(无论是内部还是外部的)通讯,此时需要有更宽泛的法律意见特免权来保护所有的通讯,也代表应该对"客户"作出更宽松的定义。但与新加坡上诉庭判法不同,英国高院的 Hildyard 大法官否定了 RBS 的说法,他认为虽然这个问题确实适合由最高院重新考虑,但是在没有作出重新考虑之前,目前 Three Rivers DC v. Bank of England (No. 5)先例的判法仍然属于在这个问题上的权威说法。也因此在此先例中,Hildyard 大法官判不得依赖法律意见特免权拒绝披露内部调查的笔记等内容(详细的案情介绍可见本章之3.3.5.2.1段)。节录部分 Hildyard 大法官的说法如下:"It is true that the facts in Three Rivers (No. 5) were out of the ordinary, especially in that the BIU was designated as the sole body to be treated as the 'client', and it is a truism that cases are decided on their own facts. However, in my view, **the decision in Three Rivers (No. 5) is not confined to its own facts but is based on principles of general application, which (despite considerable criticism in some quarters) remain binding law in England**... There is, to my mind, force in these criticisms and attempts to confine the application of the decision in Three Rivers (No. 5). It may be that in a suitable case the Supreme Court will have to revisit the decision, and perhaps the fundamental question as to whether and to what extent the distinction between legal advice and litigation privilege on which Three Rivers (No. 5) ultimately rests is really justified and appropriate... But, especially given the clear direction of the House of Lords (in Three Rivers No. 6) and as Simon J also noted in the Rabobank case, there can be no real doubt as to the present state of the law in this context in England: Three Rivers (No. 5) confines legal advice privilege to communications between lawyer and client, and **the fact that an employee may be authorised to communicate with the corporation's lawyer does not constitute that employee the client or a recognised emanation of the client.**"（加黑部分是笔者的强调）

在本章之3.3.5.2.2段与第十章之2.2段与4.1段有更详尽介绍的SFO v. ENRC（2018）EWCA Civ 2006重要上诉庭先例也明确指出，虽然Three Rivers DC v. Bank of England（No.5）中的判决与确定的法律地位有一些问题，但是在没有更高级别的法院推翻这个判法时，它仍然是代表英国普通法的地位。上诉庭Brian Leveson大法官也指出这个目前的法律地位带来的问题。包括局限"客户"的范围对于自然人或者是小型的公司而言，并没有什么不妥。但是今天国际上更多商业争议涉及的都是跨国的大型公司，而对这些大型公司而言有关的文件资料不会仅仅是掌握在公司主要股东、董事或是少数被授权的人士手中。此时如果公司的一般雇员同样是提供文件资料给律师，但由于不属于"客户"的范围，因此不能获得法律意见特免权保护，这样就会使这些跨国大型公司反而得不到与自然人或者小型公司对公司机密同样程度的保护。可以节录Brian Leveson大法官所说如下："... large corporations need, as much as small corporations and individuals, to seek and obtain legal advice without fear of intrusion. If legal advice privilege is confined to communications passing between the lawyer and the 'client'(in the sense of the instructing individual or those employees of a company authorised to seek and receive legal advice on its behalf), this presents no problem for individuals and many small businesses, since the information about the case will normally be obtained by the lawyer from the individual or board members of the small corporation. That was the position in most of the 19th century cases. In the modern world, however, we have to cater for legal advice sought by large national corporations and indeed multinational ones. In such cases, the information upon which legal advice is sought is unlikely to be in the hands of the main board or those it appoints to seek and receive legal advice. If a multi-national corporation cannot ask its lawyers to obtain the information it needs to advise that corporation from the corporation's employees with relevant first-hand knowledge under the protection of legal advice privilege, that corporation will be in a less advantageous position than a smaller entity seeking such advice. In our view, at least, whatever the rule is, it should be equally applicable to all clients, whatever their size or reach. Moreover, it is not always an answer to say that the relevant subsidiary can seek the necessary legal advice and, therefore, ask its own lawyers to secure the necessary information with the protection of legal advice privilege. In a case such as the present, there may be issues between group companies that make it desirable for the parent company to be able to procure the information necessary to obtain its own legal advice."

3.3.5　客户的判断标准

在Three Rivers DC v. Bank of England（No.5）（2003）QB 1556先例中，Longmore大法官虽然陈述了诸如BIU是被特别设立回应Bingham大法官领导的询问委员会的询

问并与律师进行通讯("...the BIU, which was established to deal with inquiries and to seek and receive Freshfields' advice, is for the purpose of this application...")等说法,但并没有具体针对一家公司在没有设立类似 BIU 的情况下哪些雇员才属于"客户"。近期一些先例对该问题进行了进一步的解读。

3.3.5.1 谁是被授权的雇员

在 Astex Therapeutics Limited v. Astrazeneca (2016) EWHC 2759 (Ch)先例中,Marsh 大法官对 Three Rivers DC v. Bank of England (No.5) (2003) QB 1556 先例中针对谁是"客户"问题的判决作出梳理与回顾并指出实际上分为两个单独的问题来看待:(1)谁是客户?(2)哪些雇员是被公司或企业授权可以与律师进行通讯的人士?

第一个问题相对简单,如果是公司或企业寻求法律意见,公司或企业作为法人(legal person)就是客户。但第二个问题就会存在疑问,毕竟公司或企业必须通过自然人(雇员)与外界(主要指外部律师)通讯,但并不是所有通讯都代表了公司[如公司食堂中的厨师与律师谈了两句,厨师显然并不是代表客户(公司)与法律意见提供者之间沟通],只有"被授权"的公司董事会成员、雇员(authorized person)与律师的沟通才能算作是客户与法律意见提供者之间的通讯。Marsh 大法官说:

"... the Court of Appeal conflated two separate questions: i) Who is the client? When a corporation seeks legal advice, it is suggested that the client is obviously the corporation. ii) Where a corporation is concerned, there is a secondary question. Which officers or employees are authorised by the corporation to communicate with its lawyers on behalf of the corporation?

In my judgment there is considerable force in the analysis put forward by Mr Thanki QC[94] that the decision of the Court of Appeal in Three Rivers No. 5 is a decision which concentrates upon the second part of the test, namely **which officers or employees are authorised to communicate with the corporation's lawyers rather than upon who is the client**. It appears to me from the judgment of the Court of Appeal it was acknowledged that the Bank, not the BIU, instructed Freshfields, but that the Bank in giving instructions to Freshfields nominated the BIU as its exclusive conduit for communications with Freshfields. As Mr Thanki QC notes, the fact of being an employee alone cannot be sufficient to give an employee authority to seek legal advice. He instances the perhaps unlikely scenario of a cleaner employed by the Bank of England with information of interest to the inquiry communicating with Freshfields. Such a communication could not be privileged."(加黑部分是笔者的强调)

这看来也就是说,Three Rviers DC v. Bank of England (No.5)先例这样的判法实际上是在认定哪些公司的雇员属于被授权的人士,而不是真正在描述谁是"客户"。因为英格兰银行是委任律师(Freshfields)与寻求法律意见的"客户",而 BIU 则是英格兰银行授

---

[94] 指的是 Bankim Thanki QC 的《The Law of Privilege》(2011 年,第 2 版)一书。目前该书已经在 2018 年出版了第 3 版。

权的特定与唯一可以代表自己的雇员。因此在 Astex Therapeutics Limited v. Astrazeneca 先例中,法院认为要具体到个别雇员来分析与判断他们是否被公司授权给律师指示(authorised to give instructions)以及与律师进行通讯。

3.3.5.2　被授权提供信息并不足够及须是被授权给出指示或接收法律意见的董事会成员和雇员

3.3.5.2.1　The RBS Rights Issue Litigation, Re 先例

有关到底哪些人士是被"授权"人士的问题之后在 The RBS Rights Issue Litigation, Re (2016) EWHC 3161 (Ch)先例中被更详细地进行分析。此先例的背景是在 2008 年 4 月苏格兰皇家银行(Royal Bank of England,RBS)增发新股,有不少股东都根据 RBS 发布的招股信息收购新股。之后 RBS 的股价一落千丈,[95]股东们于是以 RBS 发布的新股招股信息存在不准确或不完整(not accurate or complete)的情况为由,在《Financial Services and Markets Act 2000》(FSMA)立法下要求 RBS 赔偿投资损失。这些案件有的是针对 RBS,有的则是针对 RBS 的主要负责人、董事长与其他董事等,也有的同时将他们与 RBS 列为共同被告,法院后来发出"集体诉讼命令"(GLO),将这些原告人数众多的索赔与其他归类为类似案件进行集中处理。由于 RBS 的新股当时几乎一文不值,不少股东都索赔了绝大部分的投资额,这也导致此案件的涉案金额高达数十亿英镑。

此先例中具体针对披露的文件是 RBS 对雇员(或前雇员)进行内部调查的文件(主要是询问或审查记录)。这些文件有的是公司的法务律师与个别雇员(或前雇员)在会谈(interview)时所作的笔记或记录,有些是外部的律师在会谈时的笔记或记录,还有一些则是公司秘书所作的笔记或记录等。RBS 方只披露了公司秘书记录的文件,但对其他文件拒绝披露,主要就是主张(assert)法律意见特免权。

看来是为了应对 Three Rivers DC v. Bank of England (No. 5) (2003) QB 1556 先例的判法,此先例中 RBS 拒绝披露的理由是,这些文件都是公司授权给个别雇员(或前雇员)与律师(或公司法务律师)进行通讯,因此应当受到法律意见特免权的保护。RBS 方提出的判断标准是,只要是董事会成员、公司雇员是被授权(可以是明示或默示授权)与律师进行通讯,就可以被认为是属于"客户"。这样的判断标准下,是否就与 Three Rivers DC v. Bank of England (No. 5)上诉庭先例的判法有所区分而因此不受约束?因为根据公司指示提供信息给律师的董事会成员、公司雇员,就与一般意义上的第三方有所不同。

而在此先例中,Hildyard 大法官对 Three Rivers DC v. Bank of England (No. 5)上诉

[95] 案件的背景简单而言,2007 年 10 月,RBS 参与的财团以天价(490 亿英镑)收购荷兰银行(ABN AMRO),这是当时来看历史上最大的金融市场收购。2008 年 4 月,RBS 为了增加流动资金,增发达到 120 亿英镑新股,并出售银行的保险业务。2008 年 8 月,RBS 在过去 40 年首次宣布亏损,在半年内亏损达到 7 亿英镑。2008 年 9 月发生"金融海啸"(financial tsunami),雷曼兄弟(Lehman Brothers)倒闭,波及多家银行,需要政府(美国)出手挽救。2008 年 10 月,英国政府宣告以 450 亿英镑挽救 RBS 以及另一家较小的英国银行。2011 年 12 月,政府调查后的报告中,指称 RBS 是由于一连串错误的重大决策才导致当时的困境。其间,在 2008 年 4 月招股后的新股东就以招股信息有误导为由起诉 RBS 及其董事长与其他董事。2016 年 12 月,RBS 宣告以 8 亿英镑与所有原告达成和解,但针对董事长与其他董事的诉讼不包括在内。

庭先例判决的解读是在两个方面有所限制,一方面是“客户”只包括被公司授权寻求与接收法律意见的董事会成员、雇员,另一方面则是法律意见特免权不保护由雇员(或前雇员)向律师提供过去的信息。而在此先例中,则是根据事实认定无论这些雇员(或前雇员)是否有 RBS 的授权(或何种授权),实际上仅仅是提供信息,也并非为了给出指示或者接收法律意见,因此与独立第三方向律师提供信息并无不同,本就不会有法律意见特免权的保护:“... this conclusion must follow logically from the two facets of the decision in Three Rivers (No. 5), namely (1) that the client for the purposes of privilege consists only of those employees authorised to seek and receive legal advice from the lawyer and (2) that legal advice privilege does not extend to information provided by employees and ex-employees to or for the purpose of being placed before a lawyer. ... In summary, I consider and hold that the Interview Notes, albeit that they record direct communications with RBS's lawyers, comprise information gathering from employees or former employees preparatory to and for the purpose of enabling RBS, through its directors or other persons authorised to do so on its behalf, to seek and receive legal advice. It is clear from the judgment in Three Rivers (No. 5) that ‘information from an employee stands in the same position as information from an independent agent’ ... The individuals interviewed were providers of information as employees and not clients; and the Interview Notes were not communications between client and legal adviser. I do not consider that any sufficient basis has been demonstrated for not applying Three Rivers (No. 5). Further, I agree with the analysis in Astex Therapeutic.”

因此,在此先例中也就无须再进一步考虑被授权的公司雇员(或前雇员)无论职位高低是否可以属于“客户”的问题,但是 Hildyard 大法官仍然表达了自己的看法。Hildyard 大法官给出的判断标准是只有像是被授权的公司部门一样,有资格代表公司寻求与接受法律意见的人士(an individual capable in law of seeking and receiving legal advice as a duly authorised organ of the corporation)与律师之间的通讯才能受到法律意见特免权的保护。也就是要看是否有公司授权发出指示(instruction)与/或接收法律意见,这其中也当然包括公司明示授权代表公司的部门(如 Three Rivers DC v. Bank of England 系列案件中的 BIU)。

3.3.5.2.2 SFO v. ENRC 先例

在更近期的英国严重欺诈调查署(Serious Fruad Office, SFO)[96]对 Eurasian Natural Resources Corporation (ENRC)进行调查的 The Director of the Serious Fraud Office v. Eurasian Natural Resources Corporation Ltd (2018) EWCA Civ 2006 上诉庭先例(以下简称 SFO v. ENRC 先例)中也再次考虑了这个问题。

此先例中的 ENRC 是一间注册在英国的公司,从属于一个从事矿产资源开发的跨国集团。在 2009 ~ 2010 年,ENRC 主要从事的是通过子公司在哈萨克斯坦进行矿产开发,并同时通过收购等各种手段开发在非洲各不同地区的业务(而其中部分国家与地区存在

---

〔96〕 关于 SFO 的介绍,可见本书第十三章之 10.3 段等处。

广泛的行贿受贿、贪污腐败等违法以及被国际所不容的行为,在这些国家与地区开展业务难免有被卷入的危险[97])。英国的《Bribery Act 2010》立法在 2011 年生效,这立法与美国立法《Foreign Corrupt Practices Act of 1977》一样,不只是针对本国的贪污受贿,而是在全球任何国家或地区的贪污受贿等不法行为,都会受到管辖与制裁/惩罚,一般说法是英国的立法是最严格的。SFO 在 2009 年(与其他有关机构一起)公布了相关政策,包括要求各大跨国公司主动申报自己公司雇员可能存在的行贿受贿、贪污腐败等行为,而 SFO 则会酌情以民事和解的方式替代刑事指控,或者是在认罪的前提下酌情减轻指控的罪行。

看来是有告密者(whistle-blower)放风说 ENRC 在海外涉及了欺诈等不法行为,因此从 2011 年开始 SFO 就已经盯上了 ENRC。而 ENRC 也进行了内部调查,由委任的律师(Dechert)[98]对自己的雇员(特别是非洲地区的分公司雇员)进行资料收集、会谈等,并留下了备忘录等文件。

2013 年,SFO 正式针对 ENRC 及其子公司、雇员等,以他们在哈萨克斯坦以及某非洲国家涉嫌欺诈、贪污受贿等犯罪为由,要求 ENRC 披露多类文件。很显然如果被 SFO 查证确实存在犯罪事实,就会开始刑事诉讼了。ENRC 则是主张(assert)法律业务特免权(同时包括法律意见特免权与诉讼特免权,有关诉讼特免权的问题将在本书第十章进行讨论)并拒绝披露很多文件,包括例如:(1)Dechert 接受委任时进行内部调查制作的备忘录等;(2)Dechert 的调查所收集到的事实资料;(3)一些法务会计发送给 SFO 的电邮(主要是一些电邮往来中附上了法务会计出具的有关文件,因此主张特免权并拒绝披露);(4)公司内部雇员的电邮(主要是其中一位雇员有律师资格,因此主张特免权并拒绝披露)等。

案件一审[(2017)EWHC 1017 (QB)]中, Andrews 大法官针对法律意见特免权认可了 The RBS Rights Issue Litigation, Re (2016) EWHC 3161 (Ch)先例中 Hildyard 大法官的判法。Andrews 大法官还进一步解释说,如果是自然人向律师寻求法律意见,律师向自然人雇佣的第三方调查取证进行的询问是不受到法律意见特免权保护的(这与诉讼特免权的情况不同)。而如果将自然人变为公司,理论上也不应该有所变化。

---

〔97〕 R (on the application of Soma Oil and Gas Ltd) v. Director of the Serious Fraud Office (2016) EWHC 2471 (Admin)先例中,Gross 大法官就提到说:"International business operates in challenging parts of the world, geographically, politically, commercially and in terms of corporate governance. Those are the realities for a good part of the oil and gas industry… Cognisant of those realities, Parliament has, however, prioritised combating corruption. By the Bribery Act 2010 ('the Bribery Act'), Parliament has legislated, with extra-territorial effect (s. 12), making it an offence (under s. 6) where a person (P) bribes a foreign public official (F) and P's intention is to influence F in his capacity as a foreign public official and obtain or retain business or an advantage in the conduct of business. s. 7 of the Bribery Act provides that a commercial organisation may incur criminal liability if a person who performs services for it commits bribery on its behalf and the commercial organisation cannot prove that it had adopted adequate procedures that were designed to prevent such conduct. Both ss. 6 and 7 supplement the two main general offences of bribery under the Bribery Act, namely, bribery of another person (s. 1) and being bribed (s. 2)."

〔98〕 在本书第四章之 1.1 段还会介绍,之后 ENRC 不再继续委任 Dechert,并且互相之间为了昂贵的律师费用产生争议。

在此先例中,对于公司中哪些雇员可以被认为属于符合公司授权有资格寻求法律意见的人士,除了认可需要根据每一个案件的具体事实进行认定外,还进行了阐述。节录部分一审 Andrews 大法官所说:

"In a case where the client is a corporate body, one would expect the requisite authority to obtain legal advice on the company's behalf to be vested in the Board of Directors, although they might well delegate authority to another group or person. It might also be persuasively argued that the company's in-house lawyers or general counsel would have the necessary authority, by virtue of their office, to seek and obtain legal advice from external lawyers on behalf of the company. Whether they, or any other individual employee or group of employees had such authority in a given case, is a question of fact to be determined on the evidence.

On the current state of the law, the decision in The RBS Rights Issue Litigation is plainly right, and there is no justification for my departing from it. Given the tenor of the authorities, including Three Rivers (No. 5), if there is to be any change of approach to bring the law in this jurisdiction into line with the more liberal approach adopted in other jurisdictions, it will have to be made by the Supreme Court or by Parliament."

以上第一段是说在客户是公司法人的情况下,一般来看公司董事会是代表公司作为"客户",向律师寻求法律意见。但董事会通常会授权给其他个别雇员或部门来做这件事,例如,公司的法务部被授权与外部律师进行这样的通讯就是很有说服力与符合现实做法的说法,毕竟是董事会将法务部的公司律师放在这个职位上。至于法务部或任何其他公司雇员是否被授权归根结底是事实问题,要在每个不同案件中根据证据进行认定。

前述节录内容中第二段,Andrews 大法官也说到其他国家或地区(美国、新加坡、中国香港特别行政区等)在这方面比较宽松,英国法律地位[Three Rivers DC v. Bank of England (No.5)(2003) QB 1556 上诉庭先例]如果要改变,是需要最高院或议会立法作出改变了。

案件被上诉后,上诉庭在法律意见特免权方面也给出类似的看法,[99] 除非有关的雇员被授权代表公司给出指示或接收有关法律意见,否则一般雇员与律师之间的通讯不会受到法律意见特免权的保护。Brian Leveson 大法官的说法可以节录如下:"... we would have determined that Three Rivers (No. 5) decided that communications between an employee of a corporation and the corporation's lawyers could not attract legal advice privilege unless that employee was tasked with seeking and receiving such advice on behalf of the client, as the BIU was in Three Rivers (No.5)."

上诉庭也考虑了本章之 3.3.3 段中提到的新加坡的 Skandanavia Enskilda Banken AB (Publ), Singapore Branch v. Asia Pacific Breweries (Singapore) Pte Ltd and others (2007) 2

---

[99] 但上诉庭在诉讼特免权(litigation privilege)方面给出了不同的判法,也因此推翻了一审判决。有关内容可见本书第十章之 2.2 段与 4.1 段。

SLR 367 先例与中国香港的 CITIC Pacific Limited v. Secretary for Justice and Commissioner of Police（2016）1 HKC 157 上诉庭先例，同意了此先例中律师协会[100]提出目前英国法的地位与国际上普通法的普遍做法存在差异的说法（"... it seems to us, as Ms Rose（代表律师协会）submitted on behalf of the Law Society, that English law is out of step with the international common law on this issue"）。但这毕竟是目前英国法律的地位，如果要改动，会需要议会或最高院对这个问题进行改变或澄清。而在此上诉庭先例中败诉（并不是在法律意见特免权方面，而是在保护范围广得多的诉讼特免权上败诉）的 SFO 估计未必就会轻易罢手，可能向最高院提出上诉。而如果确实发生，估计 ENRC 也会一并要求最高院对法律意见特免权也作出最后的解读与判决，此案目前仍没有进一步信息。

3.3.5.3　公司主导意志是否应当纳入考虑的疑问

本章之 3.3.1 段提到 Denning 勋爵在 HL Bolton（Engineering）Co Ltd v. TJ Graham & Sons Ltd（1957）1 QB 159 权威先例中解释了公司的主导意志（directing mind and will）才能代表公司。

也有一些先例看来是想以这个途径来解释 Three Rivers DC v. Bank of England（No. 5）（2003）QB 1556 先例的判法。例如，在 Winterthur Swiss Insurance Company v. AG（Manchester）Ltd（2006）EWHC 839（Comm）先例中，Aikens 大法官对 Three Rivers DC v. Bank of England（No. 5）先例的解释是："In Three Rivers（No. 5）the Court of Appeal held that, in the case of a corporate client, in relation to 'legal advice privilege' the privilege could not attach to communications to the legal adviser by either employees who were not part of the directing mind and will of 'the client' or by others who were not 'the client'."

在 The RBS Rights Issue Litigation, Re（2016）EWHC 3161（Ch）先例中（见本章之 3.3.5.2.1 段），原告（们）也提出只有属于主导意志[101]的公司董事会成员、雇员才会是客户范围。Hildyard 大法官并没有针对这点作出判决，但是倾向性地指出公司不太可能授权一个并非其主导意志的一般或低职位雇员代表自己寻求法律意见。而且公司有很好的理由不这样做，也不适合将法律意见特免权的适用延伸到这些并非主导意志的雇员。Hildyard 大法官说："... for the reasons I have given, I have concluded that the nature of the authorised communications and the purpose for which they took place combine to preclude the availability of legal advice privilege in this case, I do not think it is necessary for me to determine whether a further corollary or implication of the decision in Three Rivers（No. 5）is to

---

[100] 在此上诉庭先例中，由于涉及的有关争议是法律意见特免权的问题，律师协会也介入了案件陈述自己的看法。笔者估计是英国有不少人关心这个相比其他普通法国家或地区对"客户"作出非常狭窄定义的法律地位会影响伦敦作为跨国公司的业务中心的地位。例如汇丰银行就可能会把总部搬回中国香港，虽然这种重大与长远的决定也不仅会受 Three Rivers DC v. Bank of England（No. 5）（2003）QB 1556 先例的影响，而是要考虑很多不同方面的利弊问题，但这完全可能作为考虑因素之一。

[101] 在笔者看来，这也是与本章之 3.3.1 段提到的 Denning 勋爵在 HL Bolton（Engineering）Co Ltd v. TJ Graham & Sons Ltd（1957）1 QB 159 先例中的说法配合，作为公司主导意志的雇员实际上也就是公司法人的"大脑"与"神经中枢"，而不是公司法人"身体"的其他次要与并非决定性的部位，例如"手脚"等。

restrict the meaning of 'client' in the manner suggested by Aikens J. However, I suspect that such a restriction will often reflect reality: **a corporation is unlikely to authorise an individual to seek and receive legal advice on its behalf to an individual or body which is not its directing mind and will. Further, in my view, there are good reasons for it not doing so, and for the law not extending privilege if it does.** So I do incline to the view that **only communications with an individual capable in law of seeking and receiving legal advice as a duly authorised organ of the corporation should be given the protection of legal advice privilege.** (I appreciate that a different view has been taken in US law, where the 'control group' restriction, which is probably analogous, has been rejected as being 'unpredictable' and as tending to 'frustrate the very purpose of the privilege': but then the US rules are different, as later discussed.)"(加黑部分是笔者的强调)

但是,在本章前文中也已经提到了,Three Rivers DC v. Bank of England (No.5)上诉庭先例对法律意见特免权中"客户"的限制是针对在有关董事会成员、雇员是否有授权的问题上。而即使是公司的主导意志,如果没有授权向律师给出指示或者是接收法律意见,与律师的通讯与文件也不会享有法律意见特免权的保护。极端的例子就是在 Three Rivers DC v. Bank of England (No.5)上诉庭先例中所举的英格兰银行行长(governor),毕竟英格兰银行行长可能正式签署授权书给 BIU 的人士,肯定属于英格兰银行的主导意志,但是也会由于没有授权(因为已经专门设立 BIU 作为唯一授权的代言人),从而与律师的通讯与文件不受到法律意见特免权保护。

这就也可以理解为什么在《The Law of Privilege》(2018 年,第 3 版)一书之 2.16 段,指出公司主导意志的说法与 Three Rivers DC v. Bank of England (No.5)先例判法是有冲突的:"It is submitted that the argument is plainly incorrect-it was no part of the reasoning in Three Rivers 5 and is inconsistent with later cases such as AB v. Ministry of Justice[102] and Menon v. Herefordshire Council[103] and can not be reconciled with the Court of Appeal's view that the Governor of the Bank of England was not the client."

---

[102] AB v. Ministry of Justice (2014) EWHC 1847 先例涉及的是死因裁判官(coronor)部门的负责人与部门内律师的通讯与文件。Jeremy Baker 大法官根据事实认定部门负责人有默示的授权代表部门向律师咨询法律意见,说:"Robert Clifford was the head of the Coroners' Section of the Department, such that in the absence of any evidential challenge during the course of the hearing that he lacked such authority, of which there was none, I consider that in that capacity it is implicit that he had authority to seek legal advice of the nature and extent that he did from the Department's in-house lawyer."

[103] 在 Menon v. Herefordshire Council (2015) EWHC 2165 先例中,原告经营一家养老院/看护院,而被告(当地市政府)有雇员在养老院声称这里即将关闭、大家更换前往另一家养老院等,因此原告向被告提起不当行为(misfeasance)的诉讼。而当地市政府就雇员行为是否合法获取了内部律师的法律意见。原告要求披露这些法律意见,否定特免权保护的理由之一就是这些法律意见有关的通讯与文件并不是经由获得市政府授权人士,一般也是有权作出决定(decision making)的人士给出指示与收取意见的。而 Lewis 大法官拒绝了这样的说法,根据事实认定实际与律师通讯的有关人士,是有市政府的默示授权的。

3.3.6　对目前有关公司中谁是“客户”的总结

可以节录Bankim Thanki QC 的《The Law of Privilege》(2018 年,第3 版)一书之2.05 段对此问题的总结如下:“In summary as regards corporations and other legal presons the law in this jurisdiction is:(1)The ‘client’ is the legal person seeking legal advice;(2)Only those communications involving the individuals expressly or impliedly authorised by or on behalf of a client entity to give instructions (in the sense of being tasked with obtaining the advice) to the lawyer and the individuals expressly or impliedly authorized on behalf of the client entity to receive the legal advice will attract legal advice privilege. The person(s) authorized to give such instructions need not be the same person(s) authorized to receive and/or act on advice.”

至少在目前看来,在这个重要问题上,特别是大型公司进行内部调查获取文件能否获得保护仍然存在混乱。对于大型公司来说,如果需要依赖法律意见特免权保护不能披露的文件与其内容,最好是委任独立的外部律师,同时尽量使得“客户”的定义扩大并留下证据。例如在委托律师时把所有或尽量多涉及有关事件的董事会成员或雇员名字作为被授权人写明在委托书(retainer letter)中,以保证将来这些人士与律师会谈(interview)与提供资料被记录下来时,可以获得法律意见特免权保护概率的提高。又如所有与律师进行通讯的董事会成员、雇员都必须事先获得公司的授权,甚至是书面明示授权(express authority)。尽量不要让所有雇员都与律师通讯。另外,这些文件及其内容都尽可能在形式上标记为发送给律师的信件或是备忘录等,而尽量避免制作纯粹内部沟通的文件。

3.4　什么是法律意见特免权保护的文件

可以享有特免权保护的文件载体形式或介质(medium)[104]本身可以十分广泛,无论是草稿、工作文件(working papers),还是会议记录等。只要是涉及律师与客户之间提供法律意见的机密文件,即享有特免权。这不仅包括律师出具的意见,还包括客户要求律师出具有关意见的指示等文件及其内容。

但需要注意的是,并非所有的文件都可以享有特免权的保护。正如 Minter v. Priest (1930) AC 558 先例中 Buckmaster 勋爵就说在建立了客户与律师的关系后,并不意味着他们之间所有的通讯都可以拒绝披露。能够受到特免权保护的通讯范围,会是根据双方基于法律专业而产生的关系所得出尽量宽松的解释(construed broadly),但是任何超出一定范围的就不能再享有保护。Buckmaster 勋爵说:“The relationship of solicitor and client being once established, it is not a necessary conclusion that whatever conversation ensued was protected from disclosure. The conversation to secure this privilege must be such as, within a very wide and generous ambit of interpretation, must be fairly referable to the relationship, but outside that boundary the mere fact that a person speaking is a solicitor, and the person to whom he speaks is his client affords no protection.”

---

[104]　有关“文件”的定义,可见本书第五章之2.1段。

3.4.1 律师业务的扩张对法律意见特免权的影响

近年来律师的业务有不少变化与扩张。例如,一些超级富豪会长期委任一位或多位律师,任何事情都由这些“私人律师”处理。这样做有不少好处,主要是保密性会更好。这样,如果私人律师代“客户”支付租金或者是“摆平”以前做过的丑事(如支付“封口费”),这些有关的文件以及与客户的通讯,本质上与公共政策/利益要保护的法律意见(legal advice)并无关系,没有理由适用特免权进行保护。对于这个问题,上诉庭在 Balabel v. Air India (1988) Ch 317 先例就针对律师业务扩张的发展说:“It may be that the broad terms used in the earlier cases reflect the restricted range of solicitors activities at the time. Their role then would have been confined for the most part to that of lawyer and would not have extended to business adviser or man of affairs. To speak therefore of matters ‘within the ordinary business of a solicitor’ would in practice usually have meant the giving of advice and assistance of a specifically legal nature. But the range of assistance given by solicitors to their clients and of activities carried out on their behalf has greatly broadened in recent times and is still developing. Hence the need to re-examine the scope of legal professional privilege and keep it within justifiable bounds.”

3.4.2 Balabel v. Air India 先例:可以享有特免权保护的文件范围

在 Balabel v. Air India (1998) Ch 317 先例中,上诉庭重述了 Minter v. Priest (1930) AC 558 先例中对法律意见特免权所保护文件的范围的界定,同时澄清与列出了在大量的通讯中,哪些内容可享有特免权保护的原则:“**The test is whether the communication or other document was made confidentially for the purposes of legal advice.** Those purposes have to be construed broadly. Privilege obviously attaches to a document conveying legal advice from solicitor to client and to a specific request from the client for such advice. But it does not follow that all other communications between them lack privilege. In most solicitor and client relationships, especially where a transaction involves protracted dealings, advice may be required or appropriate on matters great or small at various stages. There will be a continuum of communication and meetings between the solicitor and client. The negotiations for a lease such as occurred in the present case are only one example. Where information is passed by the solicitor or client to the other as part of the continuum aimed at keeping both informed so that advice may be sought and given as required, privilege will attach. **A letter from the client containing information may end with such words as ‘please advise me what I should do’. But, even if it does not, there will usually be implied in the relationship an overall expectation that the solicitor will at each stage, whether asked specifically or not, tender appropriate advice. Moreover, legal advice is not confined to telling the client the law, it must include advice as to what should prudently and sensibly be done in the relevant legal context.** It may be that applying this test to any series of communications might isolate occasional letters or notes which could not be said to enjoy privilege. But to be disclosable such documents must be not only privilege-free but also material and relevant.

Usually a letter which does no more than acknowledge receipt of a document or suggest a date for a meeting will be irrelevant and so non-disclosable. **In effect, therefore, the 'purpose of legal advice' test will result in most communications between solicitor and client in, for example, a conveyancing transaction being exempt from disclosure, either because they are privileged or because they are immaterial or irrelevant.**"(加黑部分是笔者的强调)

上述节录的主要内容是说法律意见特免权保护的是机密地以获取法律意见为目的(purposes)而产生与制作的文件。此处的"目的"应被宽泛地解释。显然律师给客户作出的法律意见,以及客户为了获取此意见而向律师发出的要求(与提供事实背景与信息给律师的通讯内容)当然可以享有特免权的保护而免予披露。但这并不意味着其他所有的相关文件都不受特免权保护。在大型/漫长的交易谈判中,律师与客户之间会有非常多的通讯,会不断地与律师有通讯及开会商议,事无巨细都要问律师的意见等。此先例中的房屋租赁交易就是一个例子,律师与客户之间不断将信息资料互通,即使在过程中并非每一次通讯都是针对法律意见,但最终目的是让律师提供法律意见,因此可以受到特免权保护。客户发出的信件中也常会有一句话:"请你告诉我应怎样做。"但即使没有这句话,也会根据双方的关系可以合理默示律师会在每一个阶段,无论是否被客户直接咨询,都给出恰当的专业法律意见。法律意见也不是仅仅意味着向客户告知法律地位与内容,而是针对特定的情况,结合法律地位建议客户谨慎与明智的下一步做法是什么。在一系列频密的交往中总会可以区分一些不受法律意见特免权保护的通讯或文件,例如,客户与律师之间相约什么时间见面或吃饭,或确认收到信函等。把这文件或部分内容挑出来披露,显然是没有必要的。即使是这些不受到特免权保护的通讯或文件,也常常因为无关与不重要而无须披露。

Balabel v. Air India 先例在后来的 Nederlandse Reassurantie Groep Holding v. Bacon & Woodrow (1995) 2 Lloyd's Rep 77 先例中被适用。此先例涉及原告(NRG,一家荷兰公司)收购一家保险公司旗下的两家再保险业务的分公司。按照惯常做法,为了妥善进行这次大型收购,原告雇用了三个不同专业的顾问,针对例如公司结构、保险公司的财物与账户状况等进行评估尽职调查(due diligence investigation/search)。在收购完成后,原告才发现该保险公司的再保险业务存在重大风险与潜在的赔付责任,因此分别以职业疏忽为由,将这三个顾问一一列为被告提起诉讼,该先例的第一被告是作为精算师的 Bacon & Woodrow,第二被告是安永会计师事务所,第三被告是作为财务顾问的瑞士银行。由于原告在收购时也有委任律师事务所(荷兰律师与英国律师)提供意见,因此被告要求原告披露与律师之间的通讯及文件,毕竟这些文件可能对原告作出收购决定也有至关重要的作用。例如可能显示出律师的意见存在过错,导致原告自己对收购决定有混合过失/与有过失/可以归责与自己的过失(contributory negligence),而需要分摊损失。或者显示出原告早就已经决定要收购,与尽职调查结果关系不大等,这代表了尽职调查可有可无,即使有疏忽与错误也不会带来影响,更不会导致原告的损失。在 Balabel v. Air India 先例的原则下,NRG 自愿披露了有被告参与的收购行动会议记录,但拒绝披露单独与律师之间的通讯与文件,这做法被法院所支持。

在 Balabel v. Air India 先例原则下,律师与客户之间的通讯与文件并非都受到特免权保护。今天不少自然人与他们控制的公司法人什么事情都找律师代办:代付款、代发通告、代发言、代办移民手续等,不涉及咨询法律意见,或主要不是为了咨询法律意见,或者是没有机密性的意图,就可能不受特免权保护了。这已经在本章上一段进行介绍,不在此重复。

在 The "Sagheera" (1997) 1 Lloyd's Rep 160 先例〔105〕中,Rix 大法官提出要看委任律师的主要目的是咨询法律意见还是业务。如果目的主要是获取法律意见,除了理论上可能存在不能受到特免权保护的个别文件[例如本书第十一章之 1.2 段介绍的罪行原则(iniquity principle)的例外],否则客户与律师之间的通讯或文件一般都会受特免权保护。如果主要是为了商业目的,则一般产生与制作的通讯或文件就不会受特免权保护,即使期间会涉及提供法律意见的几份文件,也只会是特定的几份文件能够受到特免权保护。这种情况在作为公司的主导意志成员,例如,董事会成员在与公司法务律师之间的通讯中是很常见的。Rix 大法官说:"I would suggest, the practical emphasis is upon the purpose of the retainer. If the dominant purpose of the retainer is the obtaining and giving of legal advice, then, although it is in theory possible that individual documents may fall outside that purpose, in practice it is unlikely. If, however, the dominant purpose of the retainer is some business purpose, then the documents will not be privileged, unless exceptionally even in that context advice is required or given, in which case the relevant documents probably are privileged."

3.4.3 对客户与律师通讯的判断标准:从狭窄排除"presentation purpose"到宽松解释只需要有"legal context"

在 Three Rivers DC v. Bank of England 系列案件中还进一步解读了什么是"为了获取法律意见"。此系列案件的背景已经在本章之 3.3.4 段介绍。简单而言,该案其中一项争议就是英格兰银行的雇员提供给委任律师(Freshfields)的一批文件是否为了获取法律意见从而可以受法律意见特免权保护而免予披露给原告。

Freshfields 向法院提供了证人证言并描述了自己被委任的工作是在银行应对 Bingham 大法官的询问时向银行提供建议与帮助。在此过程中,通常是通过 BIU 或者是指派给特定公司雇员进行资料收集整理、研究等,并将大量银行的事实信息提供给律师,让律师给出建议与帮助。而这些事实信息提供给律师的特定目的是:"prepare submissions and/or advise on the nature, presentation and/or content of the Bank's submissions to, evidence for and responses to requests from, the Inquiry."

在 Three Rivers DC v. Bank of England (No. 5) (2002) EWHC 2730 先例中,一审高院的 Tomlinson 大法官认为关键是看这些文件是否机密性以及主要目的是否为获取法律意见。而 Tomlinson 大法官认为,由于这些文件的目的是让律师可以准备书面陈述,以及

---

〔105〕 此先例事实上针对的是诉讼特免权而非法律意见特免权,但道理同样适用。

向银行提供何时、如何向 Bingham 大法官的询问提供陈述与相关证据等，因此可以受保护。但上诉庭[(2003) QB 1556]对此作出改判，上诉庭的 Longmore 大法官区分了主要目的是更好地组织与提供有关事实材料回复 Bingham 大法官的询问(for the dominant purpose of putting relevant factual material before the inquiry in an orderly and attractive fashion)与主要目的是根据准备的事实材料获取法律意见(for the dominant purpose of taking legal advice upon such material)的情况，并将前一种情况称为"演示"(presentational)目的，即为了在没有讲错话的情况下把完整事实材料有条理、有组织、没有遗漏地"演示"。一旦文件是为了"演示"，就不属于法律业务特免权保护的范围。[106] 也因此在此先例中，最后 Tomlinson 大法官判英格兰银行可以拒绝披露的文件只是为了获取法律意见的通讯与文件及其内容。[107] 由于在此先例中未能获得上诉批文，Three Rivers DC v. Bank of England (No. 5)先例就此审结。

英格兰银行根据上诉庭判决只披露了 BIU 以外的雇员与 Freshfields 之间的文件，但仍然拒绝披露任何 BIU 与 Freshfields 之间的文件，或是有关回应 Bingham 大法官的询问的内部备忘录等。英格兰银行提出的理由之一是上诉庭的宣示判词中的"法律意见"(legal advice)这一措辞/文字，应当被广泛解释为包括所有将被提供/呈上的证据，以及所有代表英格兰银行提供/呈上的书面陈述，包括 Freshfields 及大律师给予的帮助与建议。这也表示 BIU 与 Freshfields 之间的通讯与文件应当宽松地解释，也包括了只涉及演示目的的文件(the expression "legal advice" in the Court of Appeal's declaration should be interpreted widely so as to cover all advice and assistance from Freshfields or counsel relating to the evidence to be submitted and the submissions to be made to the Inquiry on behalf of the Bank ie. so as to cover advice given for presentational purposes)。这导致在 Three Rivers DC v. Bank of England (No. 5)先例宣示判决作出后，继续开始了下一个 Three Rivers DC v. Bank of England (No. 6) (2005) 1 AC 610 先例的有关文件披露诉讼。

Three Rivers DC v. Bank of England (No. 6)先例一审中 Tomlinson 大法官解读了 Three Rivers DC v. Bank of England (No. 5)先例中上诉庭的有约束力的判法，定义了对此先例中"演示"目的包括哪些文件，同时只允许英格兰银行不予披露有关银行权利与义务的法律意见(advice concerning the Bank's rights and obligations)的文件。案件被上诉到

---

〔106〕 笔者可以举一个简单的例子说明这个区别。例如 BIU 给 Freshfields 几份文件，说"你整理一下交给 Bingham 大法官领导的询问委员会"，这就可能与获取法律意见没有关系，因此会争议这些通讯与文件不受到法律意见特免权保护。但是如果说"你整理一下这些文件并给我一个针对性的法律意见，之后我再考虑如何回复与交出文件给 Bingham 大法官领导的询问委员会"，这就会属于目的是获取法律意见，而不仅是演示目的了。

〔107〕 判决中说："... the only documents or parts of documents coming into the Bank's possession between the closure of BCCI on 5th July 1991 and the issue of the present proceedings in May 1993 which the Bank is entitled to withhold from inspection on the ground of legal advice privilege are: 1) communications passing between the Bank and its legal advisers (including any solicitor seconded to the Bank) for the purposes of seeking or obtaining 'legal advice'; 2) any part of a document which evidences the substance of such a communication."

上诉庭,Phillips 勋爵同意一审 Tomlinson 大法官的看法,并指出“法律意见”必须是针对权利与义务,而只涉及帮助如何回复 Bingham 大法官的询问以获得对英格兰银行更好结果(如在询问中不进行谴责等)并不是“法律意见”,也就不会受到法律意见特免权保护:“... for legal advice privilege purposes the advice being sought from the lawyers must be advice as to legal rights or liabilities. Advice as to how the Bank should present its case to the Inquiry so as to lead to a conclusion as favourable to the Bank as possible did not qualify for privilege.”

但是案件被上诉到贵族院,而贵族院给出了不同看法,认为“法律意见”不能被狭隘地解释,这也是不现实的。贵族院的 Scott 勋爵说:“In my opinion, the impossibility of a principled exclusion from legal advice privilege of communications between lawyer and client relating to the client's public law rights, liabilities and obligations is conclusive of the narrow issue in this appeal... Presentational advice or assistance given by lawyers to parties whose conduct may be the subject of criticism by the inquiry is advice or assistance that may serve to avoid the need to invoke public law remedies... It makes no sense at all, in my opinion, to withhold the protection of that privilege from presentational advice given by the lawyers for the purpose of preventing that criticism from being made in the first place.”

也就是说,由于在现实中难以系统性地区分律师与客户之间有关公法[108]权利与义务的通讯,因此即使律师的建议或帮助是演示目的,例如此先例中 Freshfields 给 BIU 的建议或帮助是为了更好地回应 Bingham 大法官的询问,Freshfields 的建议或帮助也是为了避免询问最后产生不良结果,以及万一在询问中有不利批评[109]时,之后不得不引用其他公法可以有的救济手段,如司法复核(Judicial Review)等。[110]

因此 Scott 勋爵重新回到了 Balabel v. Air India (1998) Ch 317 先例的说法,尤其是针对本章上一段中节录的内容中加黑部分:“legal advice is not confined to telling the client the law; it must include **advice as to what should prudently and sensibly be done in the**

---

〔108〕 英格兰银行是根据立法授权对 BCCI 有监督义务。

〔109〕 这会有危险在询问结束后作出的报告正式公开后,带来一连串的影响。例如询问报告中认定英格兰银行有过错或疏忽、并提出批评与谴责,这就会是一般民事主体纷纷启动民事诉讼索赔损失的诉因。

〔110〕 贵族院(在今天已经变为最高院)的判决影响很大。以中国香港为例,这种类型的询问几乎天天发生,无论是对政府的询问、对香港立法会的询问,还是对专业组织(如医学会、律师协会等)的询问等。在这种询问中,都会像开庭一样提供文件证据,由证人进行口头作证与接受盘问、反盘问等。“开庭”后也会像作出判决一样作出询问报告。在询问过程中,几乎每一位被询问的对象或有关人士(包括证人)都会委任代表律师,以避免讲错话或做错事而带来严重后患。这样律师在应对这种询问的工作中,都实际上是为了“演示”的工作,此时客户的法律权利、义务通常仍然不明确,也很难区分。这样如果特免权完全排除所有演示目的的通讯与文件,就会带来混乱与无所适从,也失去了律师与客户之间探讨问题与对策的私人空间(private zone)。笔者看来,幸亏是贵族院的判决将判断标准改为强调律师意见只要是有法律背景(legal context),就会享有法律意见特免权保护,这就要好得多了。毕竟这种询问看起来不像是一个对抗性诉讼(adversarial litigation),根据情况的不同可能并不会有诉讼或可能的诉讼,导致客户不能依赖更广泛的诉讼特免权,只能依赖法律意见特免权。但这些询问会带来法律后果、有法律背景会是无可争议的。在笔者看来 Three Rivers DC v. Bank of England (No. 6) (2005) 1 AC 610 贵族院先例的判法是现实与合理得多了。

relevant legal context."(加黑部分是笔者的强调)

Scott 勋爵强调法律意见特免权保护的内容应当包括律师在法律背景下给出如何理智与精明行事的建议,而不仅是局限在有关法律权利与义务的意见。Scott 勋爵给出的一个例子是,如果律师变成了客户的"man of business",对客户的商业决策(如投资战略、金融措施等)提供意见,就缺乏法律背景了。具体而言,Scott 勋爵也给出判断的标准是存在疑虑时,应当考量出具的意见是否与客户无论是公法还是私法下的权利、责任、义务以及救济手段有关。如果无关,则显然就不会有法律意见特免权的产生。Scott 勋爵说:"In cases of doubt the judge called upon to make the decision should ask whether the advice relates to the rights, liabilities, obligations or remedies of the client either under private law or under public law. If it does not, then, in my opinion, legal advice privilege would not apply. If it does so relate then, in my opinion, the judge should ask himself whether the communication falls within the policy underlying the justification for legal advice privilege in our law. Is the occasion on which the communication takes place and is the purpose for which it takes place such as to make it reasonable to expect the privilege to apply? The criterion must, in my opinion, be an objective one."

换言之,这样的情况下很多时候就不能简单地回答律师给出的意见或建议是否能够享有法律意见特免权的保护,而是必须从客观的角度,结合事实背景来看了。例如 Three Rivers DC v. Bank of England (No.6)先例中原告的代表大律师(Gordon Pollock 先生)提到了一个例子,如果客户希望申请入会某俱乐部(club),而律师向客户就如何申请给出意见或建议。这从表面看来显然不会涉及任何法律意见特免权的,毕竟申请入会不一定与客户的法律权利、责任等有关系。但是如果结合事实背景来看,例如客户曾经申请入会但被拒绝,而客户实际上完全符合入会标准,因此希望再一次重新申请,准备一旦再次被拒绝时就要质疑拒绝的合法性,甚至是考虑是否存在歧视等问题。在结合了这些背景的情况下,就有可能令本不受法律特免权保护的地位有了改变,因为此时律师出具的意见或建议就会与客户在法律下的权利、责任、义务或救济手段有关了。

笔者也可以用本章之 3.4.1 段提到的私人律师代客户每个月交租金的例子来进行说明有关结合事实背景的问题。一般而言,如果是正常的租金交收,那是没有"法律背景"的行为。但是如果结合事实背景,房东一直在考虑根据租约加收租金,此时律师为了不让房东有借口终止租约或加租而代客户交租金,就可能导致涉及法律意见特免权的保护(这还可能涉及更广泛的诉讼特免权的保护)。

虽然在这样的判断标准下,仍然会存在一定的不肯定,会有一些边缘性或模棱两可的案件。但是以此分析此先例中的情况看来是已经足够了,因为对有关如何呈上或演示案件事实与整理好的相关文件材料给 Bingham 大法官领导的询问委员会,Freshfields 给 BIU 提供建议或帮助,完全可以符合 Balabel v. Air India 先例提到的"as to what should prudently and sensibly be done in the relevant legal context"的情况(这也是此先例中 Scott 勋爵所认可的)。

在贵族院 Rodger 勋爵的判词中还提到,此时 BIU 可能还向其他会计师、精算师等对于回复 Bingham 大法官的询问进行过咨询,这些人士显然就会根据他们的专业知识与职业道德出具意见。而针对 Freshfields 及大律师出具的意见,显然是要站在法律的角度进行咨询:"Either expressly or impliedly, the BIU was asking them to put on legal spectacles when reading, considering and commenting on the drafts. In other words it was asking them to consider, as lawyers, how the Bank's evidence could be most effectively presented to Bingham LJ, given that he was inquiring into the Bank's discharge of their legal responsibilities under the Banking Acts."

针对什么时候涉及法律背景,以及如何判断"Man of Business"的问题还可以参考近期的 Kerman v. Akhmedova (2018) EWCA Civ 307 上诉庭先例。此先例中涉及的是俄罗斯石油和天然气寡头阿赫迈多夫(Farkhad Akhmedov)与阿赫迈多娃(Tatiana Akhmedova)夫妻的离婚案件,涉及了近 11 亿英镑的财产分割。对于财产的判法是,要求丈夫转移一共价值 4.5 亿英镑的财产给妻子,其中包括了一辆价值 350 万英镑的阿斯顿马丁名车,以及价值 9000 多万英镑的现代艺术品珍藏。由于法院发现丈夫在离婚案件开始前存在转移财产的可能,因此允许传召丈夫的律师(Kerman 先生)出庭作证。在作为证人接受盘问时,由于 Kerman 先生参与了前述现代艺术品的保险安排,而且 Kerman 还知悉一些有关丈夫公司的银行业务以及资金转移的安排,因此针对这两个问题有详细盘问,问题包括"Did you deal with arranging the insurance? Who were the insurance brokers? On the policy, where is the art said to be located, and where is the art now?"等。

Kerman 想要依赖法律意见特免权拒绝回答。而妻子的代表大律师提出一个重要反对理由,对于丈夫来说 Kerman 的身份一定程度上存在"man of business"的性质,因此给出的意见很难说是法律意见,也就不会享有法律意见特免权了。在一审中,认定 Kerman 帮助丈夫安排现代艺术品的保险等行为时纯粹属于"man of business",并没有涉及法律意见。在上诉庭也对这个看法作出了支持,着重指出了对于 Kerman 被盘问的问题,并没有涉及法律问题,而纯粹是关于财产去向的事实问题,也因此没有法律背景,不受到法律意见特免权保护。上诉庭还提到了如果这些问题是向丈夫本人而不是向 Kerman 作出盘问(如盘问丈夫是否有转移财产),丈夫看来是无法依赖法律意见特免权拒绝回答的。则既然客户无法依赖法律意见特免权,律师也无从依赖了。当然换另一个角度来看,这些都是客户或律师与第三方的通讯,也就难以享有法律意见特免权的保护。

3.4.4 引用(节录、复制、总结和重述)受特免权保护的文件

在本章之 3.1 段已经介绍过,受特免权保护的文件包括客户与法律意见提供者/律师之间的通讯及其内容("documents… passing between the client and his legal advisers and evidence of the contents of such communications…"),也介绍了 The "Good Luck" (1992) 2 Lloyd's Rep 540 先例(客户自己内部文件)以及 USP Strategies Plc v. London General Holdings Ltd (2004) EWHC 373 (Ch)先例(客户与第三方之间的保有机密性的通讯)。

而在本章之 3.1.1 段的最后也留下了一个疑问,即如果并非是客户与律师之间的直接通讯,而是在其他文件(如公司的法务部把获得的法律意见转发给董事会),如果是完全原文复制,看来显然是能够继续享有特免权的保护的。但是如果因为该法律意见过于

详尽与冗长,不适宜原文全篇逐字复制,否则董事会成员也不会看,这就会迫使法务部不进行原文全篇逐字复制而是部分节录,或是总结与重述(summary and paraphrase),或者甚至是仅仅能够推断(infer)出受特免权保护通讯的内容。这种情况也是十分常见的,相比于原文全篇逐字复制,在转发中也更可能是部分节录或总结与重述。这样就带来了问题,部分节录或总结与重述能否仍然受到特免权的保护?毕竟如果引用或转发的并非是通讯原文,转达方就可能在总结与重述中掺杂自己的想法与理解。转达方自己总结与重述也会有不准确的可能性。固然转达方如果是公司的法务律师,这也会属于法律意见因此受到特免权保护,但转达方显然也会有不是内部律师的情况。

这问题在 Financial Service Compensation Scheme v. Abbey National Treasury Services (2007) EWHC 2868 (Ch)先例中涉及。此先例中申请披露的文件中有大部分都是引用了客户与律师之间的通讯,但有问题的是其中一部分文件并非原文全篇逐字复制,而是对律师出具的法律意见进行了总结与重述,甚至还有一部分只是可以推断出法律意见的实质内容。

首先针对是否应当区分原文全篇逐字复制与部分节录以及总结与重述等,David Richards 大法官说:"To be fair to Mr Watson(申请披露方/被告的代表大律师), he conceded that privilege would be maintained in relation to actual full copies of written advice obtained, so that in the present case he did not press for inspection of one document, or part of a document, which (on the evidence) is a straight reproduction, or forwarding, of the Manx legal advice(这是原法律意见) verbatim. However, he sought to distinguish between the complete advice and summaries, extracts or paraphrases. Those, he said, were not privileged. The only justifications he was able to advance for this distinction were **first that the paraphrases were not the original communication**, and **second that there was a potential for inaccuracy in any summary or paraphrase**. Any inaccurate summary would not be the original advice. These submissions are not convincing. If it is right that the original verbatim advice remains privileged, then it is illogical to exclude paraphrases or parts of it. If 100% is privileged, then would communicating 99% of it remain privileged? — it is hard to see why not. But if that is right, then why not 90%, or 75%, or 50%? There is no reason to draw a line anywhere, and every reason not to Mr Watson's demarcation would also, **in practice, mean that any passing on of oral advice would be likely to be unprivileged, because it is most unlikely that it would be passed on in whole and verbatim**. That, again, is an unmeritorious distinction. **The proper analysis, consistent with Three Rivers, is to continue to afford privilege to material which evidences or reveals the substance of legal advice (subject, of course, to waiver)**. The possibility of inaccuracy is not a reason for departing from this principle. If the passed on 'advice' were so inaccurate that it could no longer be properly described as a summary of the advice, then it might be that that communication would not be privileged (though even then it might attract privilege if it tended to reveal instructions given, which it might well)... Short of that, I do not see why some degree of inaccuracy, even if it exists, should necessarily destroy the privilege; so there is all the more reason for saying that the possibility of inaccuracy should not destroy the privilege which would otherwise exist in paraphrases or summaries."(加黑部分是笔者的强调)

以上节录部分是说申请披露的被告也认同如果是直接原文全篇逐字复制或者是转发律师出具的意见,则仍然可以享有特免权的保护。但是被告希望区分完整的原文复制或转发与部分节录、总结及重述的情况。被告大律师说这两种不同的引用有很大不同:(1)后者已经不再是律师出具的意见;(2)后者会有不准确的情况。但 David Richards 大法官不同意这样的说法。原因是很难说从 100% 原文减少到什么程度的节录就不再受特免权保护作出划分。而如果根据被告说法,只有完整原文复制或转发才受到特免权保护,则就会导致口头转达的叙述(如法务部的公司律师向董事会对收到的外部法律意见进行口头汇报)基本上无论如何不会受到特免权保护了。因为口头叙述几乎不可能是完整原文。也因此这样进行区分没有实际意义,也会失去肯定性。而正确的也是与 Three Rivers DC v. Bank of England (No. 5) (2003) QB 1556 先例说法一致的考量方式,应当是在不涉及弃权(waiver)的情况下,只要能够体现或显现原法律意见的实质内容的文件,都应当继续受到特免权保护。

另外针对只是可以"推断"出原法律意见的引用,David Richards 大法官则认为,除非推断是非常明显、肯定看得出原法律意见的内容是什么,否则这份新文件不能使文件受到法律意见特免权的保护:"... unless perhaps the inference is obvious and inevitable in which case the document is in substance a statement of the advice or communication, privilege does not attach to such documents."

这样的判法也是合乎情理的。加上由于法律意见与后来公司作出的商业决策、行为息息相关,不难想到的是从大量不同公司内部文件中都可以多少"推断"法律意见的内容或痕迹。但显然这些大量文件中的绝大部分都是无法享有法律意见特免权的。如果只是能推断出法律意见的内容就一样享有特免权,就不可避免地会带来不肯定,这并不是好事。正如 David Richards 大法官所说:"There are in any case many documents which are clearly not privileged but from which the substance of legal advice may be inferred. A common example is a minute of a board meeting recording the directors' decision on a particular matter."

另在 Three Rivers DC v Bank of England (No. 5) 先例中 Longmore 大法官判:"... such privilege could not be claimed for **documents** other than **those passing between the client and his legal advisers** and **evidence of the contents of such communications**..."(加黑部分是笔者的强调)

因此,在此先例中就有争论所谓的引用仅仅是可以"推断"出法律意见内容的情况,是否属于上诉庭 Longmore 大法官所说的内容的证据("evidence of the contents")?毕竟宽松解释之下,只要或多或少能显示原法律意见的内容,就属于内容的证据了,在这样的解释下,高院就应当受上诉庭 Longmore 大法官判法的约束。因此 David Richards 大法官作出区分,真正受到法律意见特免权保护的是客户与律师之间的通讯及其内容。无论该通讯的内容是被总结还是改变措辞/文字的方式重述,都可以享有特免权。但如果文件中既没有摘录原本的语句,也不是总结或重述通讯的内容,就不会受到法律意见特免权的保护。可以节录 David Richards 大法官的说法如下:"... it is the communication between the client and lawyer which is privileged either in its original form or in a summarised or paraphrased form. A document which does not contain the communication in any form contains nothing to which privilege attaches. Mr Railton(原告的代表大律师)'s submission that a document from which the substance of the communication may be inferred 'evidences' the privileged communication treats 'evidences' as carrying its fact-finding meaning of 'providing an evidential basis'. I do not think that this is the sense in which the word is used in Three Rivers DC v Bank of England (No. 5) and other authorities. It is used, I believe, in the narrower sense, consistent with The Good Luck and other cases, of reproducing, summarising or paraphrasing the communication."

换言之,在 Three Rivers DC v. Bank of England (No. 5)先例中,Longmore 大法官所使用的"evidence"措辞/文字,并非只是泛泛地能够证明一份新文件中有法律意见的"痕迹",这是不足够的。该部分内容仍然需要严格地节录、总结或重述法律意见的内容,也就是并没有因此扩大 The "Good Luck"先例等建立的需要复制(reproducing)法律意见才能同样被保护机密性并免予披露的原则。

3.5 法律意见特免权在商业生活的各个方面都有适用

以上所讲的法律知识不仅用于法院诉讼(court litigation)、仲裁(arbitration)、政府/公共询问(public inquiry)或规管(regulatory procedure),在国际商业法治环境中所做的每一件事都会用得上。在本章多处都已经重复提到,法律业务特免权是一旦受保护永远受保护(once privileged, always privileged)的绝对性(absolute)权利,也同时是实体性权利(substantive right)。想保持有关文件内容机密性的人士,在任何情况下都可以对任何其他人士主张法律业务特免权保护这些文件不被强制披露或使用。

3.6 Three Rivers DC v. Bank of England (No. 6)贵族院先例对法律意见特免权特性的总结

节录 Three Rivers DC v. Bank of England (No. 6) (2005) 1 AC 610 贵族院先例中,Carswell 勋爵针对法律意见特免权的特性(features)的总结如下:

"**First**, legal advice privilege arises out of a relationship of confidence between lawyer and client. Unless the communication or document for which privilege is sought is a confidential one, there can be no question of legal advice privilege arising. The confidential character of the communication or document is not by itself enough to enable privilege to be claimed but is an essential requirement.[111]

Second, if a communication or document qualifies for legal professional privilege, the

[111] 第一,法律意见特免权的来源是律师与客户之间的机密关系。除非双方通讯或文件是机密的,否则也谈不上有法律意见特免权。机密性是构成法律意见特免权的必要非充分条件。

privilege is absolute. It cannot be overridden by some supposedly greater public interest. It can be waived by the person, the client, entitled to it and it can be overridden by statute (c/f R (Morgan Grenfell Ltd) v. Special Commissioner of Income Tax [2003] 1 AC 563), but it is otherwise absolute. There is no balancing exercise that has to be carried out (see B v. Auckland District Law Society [2003] 2 AC 736 paras. 46 to 54). The Supreme Court of Canada has held that legal professional privilege although of great importance is not absolute and can be set aside if a sufficiently compelling public interest for doing so, such as public safety, can be shown (see Jones v. Smith [1999] 1 SCR 455). But no other common law jurisdiction has, so far as I am aware, developed the law of privilege in this way. Certainly in this country legal professional privilege, if it is attracted by a particular communication between lawyer and client or attaches to a particular document, cannot be set aside on the ground that some other higher public interest requires that to be done.[112]

Third, legal advice privilege gives the person entitled to it the right to decline to disclose or to allow to be disclosed the confidential communication or document in question. There has been some debate as to whether this right is a procedural right or a substantive right. In my respectful opinion the debate is sterile. Legal advice privilege is both. It may be used in legal proceedings to justify the refusal to answer certain questions or to produce for inspection certain documents. Its characterisation as procedural or substantive neither adds to nor detracts from its features.[113]

Fourth, legal advice privilege has an undoubted relationship with litigation privilege. Legal advice is frequently sought or given in connection with current or contemplated litigation. But it may equally well be sought or given in circumstances and for purposes that have nothing to do with litigation. If it is sought or given in connection with litigation, then the advice would fall into both of the two categories. But it is long settled that a connection with litigation is not a necessary condition for privilege to be attracted (see eg. Greenough v. Gaskell (1833) 1 My & K 98 per Lord Brougham at 102/3 and Minet v Morgan (1873) 8 Ch.

---

[112] 第二,法律意见特免权是绝对性权利,即使是其他理应更重要的公共政策/利益,也无法超越特免权。特免权只可以被享有该特免权的客户弃权,或是被立法所超越,无须权衡有冲突的公共政策/利益之间谁更重要。加拿大最高法院有先例认为法律业务特免权虽然拥有极高的重要性,但并不绝对,在有必要时会被其他公共政策/利益所超越,例如 Jones v. Smith (1999) 1 SCR 455 先例中的公共安全。但是其他普通法国家或地区到目前为止并没有采纳这样的判法。在英国,法律业务特免权如果适用在特定的律师与客户之间的通讯或文件,是不会被其他即使是更重要的公共政策/利益所超越的。

[113] 第三,享有法律意见特免权的人士可以拒绝披露,或不允许他人使用已经被披露但没有弃权的机密与受到特免权保护的通讯或文件。特免权是属于程序权利还是实体权利一度有争论,在 Carswell 勋爵看来这个争论是无意义的,因为法律意见特免权同时都包括程序权利与实体权利的特性。可以在法院诉讼或仲裁程序中主张法律意见特免权拒绝回应对方律师的特定盘问。也可以在面对规管机构调查时拒绝披露文件,或者是要求规管机构退回、不得使用通过突袭检查取得的文件。无论将法律意见特免权归类为程序性还是实体性,都不影响从法律意见特免权的特性上来考虑问题。

App. 361). On the other hand it has been held that litigation privilege can extend to communications between a lawyer or the lawyer's client and a third party or to any document brought into existence for the dominant purpose of being used in litigation. The connection between legal advice sought or given and the affording of privilege to the communication has thereby been cut.[114]

So I must now come to policy. Why is it that the law has afforded this special privilege to communications between lawyers and their clients that it has denied to all other confidential communications? In relation to all other confidential communications, whether between doctor and patient, accountant and client, husband and wife, parent and child, priest and penitent, the common law recognises the confidentiality of the communication, will protect the confidentiality up to a point, but declines to allow the communication the absolute protection allowed to communications between lawyer and client giving or seeking legal advice. In relation to all these other confidential communications the law requires the public interest in the preservation of confidences and the private interest of the parties in maintaining the confidentiality of their communications to be balanced against the administration of justice reasons for requiring disclosure of the confidential material. There is a strong public interest that in criminal cases the innocent should be acquitted and the guilty convicted, that in civil cases the claimant should succeed if he is entitled to do so and should fail if he is not, that every trial should be a fair trial and that to provide the best chance of these desiderata being achieved all relevant material should be available to be taken into account. These are the administration of justice reasons to be placed in the balance. They will usually prevail."[115]

---

〔114〕 第四,法律意见特免权与诉讼特免权毫无疑问是有关联的。常常在涉及现有的诉讼或可能的诉讼时会寻求法律意见,例如向大律师取得有关实体与证据的大律师意见(counsel's opinion/advice)。但是也常常在事实背景与目的都不涉及诉讼的情况下也需要寻求法律意见,例如公司在作出重大决定(如重大投资决定)前都会向律师(及其他专业人士)咨询包括法律意见在内的各种意见。如果是与诉讼有关的情况下,则这法律意见将会同时属于法律意见特免权与诉讼特免权。长期的先例已经确定了与诉讼有关并非法律意见特免权的必要条件,非诉讼的法律意见也受到特免权保护。另外,长期先例也已经确定了诉讼特免权可以更广泛地用来保护律师、客户以及与第三方之间主要目的是诉讼的通讯与文件,这也是与非诉讼的法律意见特免权的切割点(cut off point),或者更直白地说诉讼特免权可以享有更广泛的保护。

〔115〕 第五,Carswell 勋爵就政策问题进行解释。同样是机密文件,为什么法律要给予律师与客户之间的通讯与文件以特别的特免权保护?其他的机密通讯,无论是医生与病人、会计师与客户、丈夫与妻子、父母与子女之间还是神父与信徒之间,尽管都受到法律认可机密性,但都没有像律师与客户之间寻求法律意见的通讯与文件一样被提升到绝对性保护的地位。对于这些其他的机密通讯与文件来说,保护这些文件的机密性属于公共利益的一部分也是当事人之间的私人利益(private interest),这是需要在维护公平正义从而要披露所有文件的公共利益作出权衡的。维护公平正义需要披露文件,在刑事诉讼案件中是因为这些文件披露可能会使得无辜者脱罪与使得有罪者定罪;在民事诉讼案件中,则是使得理应获胜的当事人胜诉。这是公平正义的社会至关重要的公共政策/利益。归根结底是要进行权衡(balance),而通过文件披露达到公开透明、公平审理、有更大可能满足公平正义的公共利益要求,使得所有有关的事实真相、文件与信息被纳入让法院考虑,这是会超越一般机密性下可以合法隐瞒事实真相的公共利益(但本质上是私人利益)。

3.7 对法律意见特免权的小结

商场如战场,而近年来有关特免权的法律"战争"频发,无论是在诉讼中还是在规管程序中要求披露,本质上是对商业机密信息的抢夺。在商业"战争"中,诉讼或仲裁双方当事人需要千方百计地刺探"敌方"的情报。这种刺探可能不择手段甚至不合法,但也有合法的游戏规则,通过法院或仲裁庭的强制迫使(否则就会受到惩罚)敌方披露[116]有关情况。而敌方可以合法拒绝披露的唯一办法就是依赖19世纪或更早以前在英国法下建立与完善的特免权(privilege)说法。受到特免权保护的情报(通讯及其内容),即使是非情愿的情况下落在对方手中,也可以有合法手段,也就是尽快向法院申请禁令(injunction)[117]要求退还与阻止对方使用、依赖与进一步传播这些情报。

这一套相对完善与稳定的游戏规则运行了颇长的时间,公司法人(与自然人)也习惯一遇上法律问题或诉讼就会委托律师,在与律师的通讯中无论是对抗商业"战争"中敌方的策略、自己的顾虑/疑虑、曾经犯下的错误、自己的底牌还是自己的经济状况等,都可以畅所欲言。客户与律师都清楚地知道这些都是在私人空间(private zone)中进行,产生与制作的通讯与文件及其内容都永远有机密。而且客户也知道作为倾诉对象的律师有保持机密性的专业操守与守则,否则要面对律师协会的严惩甚至因此失去执业资格。可以说相比其他专业而言,在这方面律师的专业操守会更严谨。万一律师有危险会"泄露天机",也可以向法院申请禁令阻止,毕竟特免权属于客户的权利:见 Koch Shipping Inc v. Richards Butler (2002) EWCA Civ 1280; Stiedl v. Enyo Law LLP (2011) EWHC 2649 (Comm); Shlosberg v. Avonwick Holdings Limited (2016) EWHC 416 (Ch)等先例。

在近20年到30年来,英美等国家民众对放任的商业活动中,让公司自我合规(self compliance)的做法有了怀疑,加上对自由化、全球化的质疑,这个相对稳定的游戏规则也受到了冲击,迎来越来越严格与全面规管的时代(regulatory era)。规管机构(regulatory body)有无限的能力与财力,也有决心推倒公司赖以合法遮掩的特免权保护墙(wall of privilege)。这方面问题在本书第一章已经有讨论,不在此重复。

---

[116] 见本书第二章至第八章有关各种披露做法的介绍。

[117] 这种救济手段在本书第十二章之6段有详论。

第十章　法律业务特免权之二

在本书第一章与本书第九章多处已经简单介绍了法律意见特免权（legal advice privilege）与诉讼特免权（litigation privilege）的区别，简单来说诉讼特免权针对的是诉讼或可能/合理预期的诉讼（litigation in contemplation/litigation in reasonable prospect）的情况；也不局限于客户与法律意见提供者（律师）之间的通讯与其内容，而是只要为了诉讼或可能诉讼的目的与第三方的通讯及其内容也会受到诉讼特免权保护。

例如律师为了诉讼代表客户寻找合适的专家证人（expert witness），会分别咨询 3 位甚至以上的有关专家，但最后只找了 1 位合适并且持有的观点对自己客户有利的专家。由于找专家证人的工作是为了诉讼进行准备，所以与所有专家之间的通讯都享有诉讼特免权保护。例如虽然其中两位专家持有的观点对客户不利，但仍然可以合法不予披露。[1] 而当事人在找到满意的专家证人、获取了专家报告（expert report）后，将专家报告交给法院时实际上可以算作是对诉讼特免权的弃权（waiver）行为。

针对诉讼特免权的重要性，以及需要将其从机密性保护提升到特免权保护的原因，在本书第九章之 2.1.1 段有介绍。Lee v. South West Thames Regional Health Authority（1985）1 WLR 845 上诉庭先例中说大原则是被告或可能的被告可以自由调查取证，不论结果好坏与否、满意与否，都不必把所得结果告诉对方："The principle is that a defendant or potential defendant shall be free to seek evidence without being obliged to disclose the result of his researches to his opponent."

也因此对诉讼特免权作出保护，是为了诉讼方（party in litigation）的利益，换言之诉讼特免权是由诉讼方享有。即使有的案件中并非诉讼方实际参与诉讼（如实际是代位的保险公司与其委任的律师），特免权仍然是诉讼方享有：见 Minera Las Bambas SA v. Glencore Queensland Ltd（2018）EWHC 286（Comm）先例。

可以节录较近期的 Three Rivers DC v. Bank of England（No. 6）（2005）1 AC 610 先例中 Rodger 勋爵的说法作为对抗制诉讼特免权产生的原因或背后的公共利益的总结：

---

〔1〕 包括根本不需要披露其他专家的姓名、地址等具体信息。但需要注意的是今天不鼓励挑选专家（expert shopping）的做法，正如 Vasiliou v. Hajigeorgiou（2005）EWCA Civ 236 上诉庭先例中所说："Expert Shopping is undesirable and, wherever possible, the court will use its power to prevent it."类似的看法也可见更近期的 Edwards-Tubb v. JD Wetherspoon plc（2011）1 WLR 1373；Alen Tod Architecture Ltd（in liquidation）v. Capital Property and Infrastructure Ltd（2016）BLR 592 先例等。此处提到的法院权力包括由于在 CPR 下会需要先向法院申请才能依赖专家证据：见 CPR Rule 35.4。因此如果本已经向法院申请并获得允许由 A 作为专家证人，但事后想换 B 作为专家证人时，法院会给出只有披露了 A 的专家报告才会允许让 B 作为替代的专家证人的条件。也就是法院行使裁量权（discretion）迫使有关诉讼方对 A 的专家报告可享有的特免权弃权。本书第十二章之 10.5 段会针对这个方面介绍几个普通法国家（英国、美国与澳大利亚）的不同做法。

"Litigation privilege relates to communications at the stage when litigation is pending or in contemplation. It is based on the idea that legal proceedings take the form of a contest in which each of the opposing parties assembles his own body of evidence and uses it to try to defeat the other, with the judge or jury determining the winner. In such a system each party should be free to prepare his case as fully as possible without the risk that his opponent will be able to recover the material generated by his preparations. In the words of Justice Jackson in Hickman v. Taylor (1947) 329 US 495, 516, 'Discovery was hardly intended to enable a learned profession to perform its functions either without wits or on wits borrowed from the adversary.'"

1. 文件的主要目的是诉讼或可能的诉讼

与法律意见特免权只是非常局限地保护客户与律师之间的通讯与其内容(也就延伸不到与第三方的通讯:见本书第九章之3.1段)的情况不同,诉讼特免权主要是为了保护主要目的是对诉讼或可能诉讼进行准备与作出协助(如调查取证)而产生与制作的文件。在 Societe Francaise Hoechst v. Allied Colloids Ltd (1992) FSR 66 先例中指出诉讼特免权所保护的文件是:"for the purpose of the proceedings, that is to say for deciding whether the proccedings should be defended, whether evidence should be submitted, or advice sought from legal advisors."这保护的范畴会包括与第三方的通讯,即使完全不涉及律师(如当事人为诉讼做准备而自己调查取证)也一样可以享有诉讼特免权:见 Ventouris v. Mountain (1991) 1 Lloyd's Rep 441 等先例。

在诉讼中,诉讼方互相之间要求披露时,就需要主张(assert)诉讼特免权以抗拒披露。CPR Rule 31.10(4)针对诉讼方之间交换文件清单(list of documents),[2]文件清单将披露方掌控(control)或曾经掌控的有关(有利或不利)文件分为两个部分。第一部分是掌控与不反对对方查阅(inspection)的文件。第二部分是掌控但反对对方诉讼方查阅的文件与说明反对的理由。其中最主要的反对理由就是主张诉讼特免权:"Correspondence and other document(s) passing between the defendants and their solicitors for the purpose of obtaining legal advice and in contemplation of proceedings; communications between the defendants' solicitors and third parties made in contemplation of litigation; correspondence, memoranda, instructions and statements passing between the defendants' solicitors and counsel; and all other documents brought into being and arising from and in connection with the proceedings."[3]

而有关什么文件可以享有诉讼特免权保护的问题,Three Rivers DC v. Bank of England (No.6) (2005) 1 AC 610 贵族院先例也谈到判断标准是"主要目的测试"

---

〔2〕 关于文件清单可见本书第七章之9.3段。

〔3〕 这方面在本书第十二章之7段有详论。

(dominant purpose test),也就是制作文件的主要目的是否为“诉讼”或“可能的诉讼”。这也是诉讼特免权与法律意见特免权重要的不同点,前者比后者在保护的范围上要广得多。

这个说法最早是在 Grant v. Downs (1976) 135 CLR 674 澳大利亚高院先例中,由给出少数意见的 Barwick 大法官提出,说:“Having considered the decisions, the writings and the various aspects of the public interest which claim attention, I have come to the conclusion that the court should state the relevant principle as follows: a document which was produced or brought into existence either with the **dominant purpose** of its author, or of the person or authority under whose direction, whether particular or general, it was produced or brought into existence, of using it or its contents in order to obtain legal advice or **to conduct or aid in the conduct of litigation, at the time of its production in reasonable prospect, should be privileged and excluded from inspection.**”(加黑部分是笔者的强调)

根据 Barwick 大法官的判断标准,一份文件要受诉讼特免权保护机密必须满足两方面的要求,一方面是必须已经有诉讼(litigation)或可能/合理预期的诉讼(litigation in contemplation/litigation in reasonable prospect);另一方面是文件的主要目的是进行或协助诉讼或可能的诉讼。但是在该澳大利亚高院先例中,多数意见并不认可此判断标准,而是采纳了唯一目的(sole purpose)的标准,即认为只有制作这份文件的唯一目的是诉讼或可能的诉讼时才会获得保护。

1.1　从“唯一目的”到“主要目的”:Waugh v. British Railways Board 贵族院先例

直到后来的 Waugh v. British Railways Board (1980) AC 521 贵族院先例才确认了主要目的测试。此先例涉及一桩两列火车碰撞的事故,其中一列火车的驾驶员同时也是英国铁路局(British Railways Board)雇员在该碰撞中死亡。事故发生后,英国铁路局在内部进行了共同询问(joint inquiry),并在调查之后也出具了机密的共同询问报告。死亡雇员的家属后来向英国铁路局提出诉讼,指称英国铁路局有疏忽的责任。但原告显然没有太多或优质的证据支持指控,因此很快就在程序中向法院申请要求英国铁路局披露这份共同询问报告。估计是这份报告会指出英国铁路局在事故中有哪些疏忽与不足之处需要改进,以防止同样的事故再次发生。因此原告在取得这份报告之后,在责任方面会有明确的证据,甚至不需要再进一步的调查取证了,因为作为被告的英国铁路局已经承认了自己有疏忽与不足。显然,英国铁路局主张文件享有诉讼特免权并拒绝披露。

在考虑了过往先例与 Grant v. Downs (1976) 135 CLR 674 先例后,贵族院的三位大法官(Wilberforce 勋爵、Simon 勋爵与 Edmund-Davies 勋爵)一致同意采纳 Barwick 大法官的“文件主要目的是诉讼或可能的诉讼”作为判断标准与“分水岭”(watershed),认为以“唯一目的”进行判断是过于严格了。例如 Wilberforce 勋爵说:“It appears to me that unless the purpose of submission to the legal adviser in view of litigation is at least the dominant purpose for which the relevant document was prepared, the reasons which require privilege to be extended to it cannot apply. On the other hand to hold that the purpose, as above, must be the sole purpose would, apart from difficulties of proof, in my opinion, be too strict a requirement, and would confine the privilege too narrowly: as to this I agree with Barwick C. J. in Grant v. Downs, 135 C. L. R. 674, and in substance with Lord Denning M. R. While fully respecting the necessity for the Lords Justices to follow previous decisions of their court, I find myself in the result."

而在此先例中,贵族院认定这份共同询问报告的制作未能符合主要目的是诉讼或可能诉讼的标准,反而主要目的会是今后如何改进以防止意外再发生等问题,因此需要披露共同询问报告。有关此决定的原因会在本章之2.1段介绍。

这个判断标准之后被后续先例认可与遵从:见 Neilson v. Laugharne (1981) 1 QB 736;Highgrade Traders, Re (1984) BCLC 151;Plummers Ltd v. Debenhams Plc (1986) BCLC 447;Lask v. Gloucester Health Authority (1991) 2 Med LR 379;Price Waterhouse v. BCCI Holdings (1992) BCLC 583;The "Sagheera" (1997) 1 Lloyd's Rep 160 等先例。而在澳大利亚,也在 Esso Australia v. Federal Commissioner of Taxation (1999) HCA 67 先例中采纳了同样的判断标准。

而对于主要目的测试的证明,也自然是由主张诉讼特免权的人士提供证据来证明他当时的想法与目的。Beatson 大法官在 West London Pipeline & Storage Ltd v. Total UK Ltd (2008) EWHC 1729 (Comm)先例中,说:"The burden of establishing that a communication is privileged lies on the party claiming privilege. This is implicit in Lord Edmund Davies's words in Waugh's case... and is also implicit in the other speeches in Waugh's case."类似的说法也可见 Highgrade Traders, Re;LFEPA v. Halcrow Gilbert & Co Ltd (2004) EWHC 2340 (QB);National Westminster Bank plc v. Rabobank Nederland (2006) EWHC 2332 (Comm);Westminster International BV v. Dornoch Ltd (2009) EWCA Civ 1323 等先例。

也可以节录较近期的 Three Rivers DC v. Bank of England (No.6) (2005) 1 AC 610 贵族院权威先例中对这个判断标准的重复与确认,Carswell 勋爵说:"The conclusion to be drawn from the trilogy of nineteenth century cases to which I have referred and the qualifications expressed in the modern case-law is that communications between parties or their solicitors and third parties for the purpose of obtaining information or advice in connection with existing or contemplated litigation are privileged, but only when the following conditions are satisfied:(a) litigation must be in progress or in contemplation;(b) the communications must have been made for the sole or dominant purpose of conducting that litigation;(c) the litigation must be adversarial, not investigative or inquisitorial."

另外,本书第九章中已经提到了法律意见特免权(legal advice privilege)在应对规管(regulation)问题时是有重要作用的,但问题是法律意见特免权在保护范围上要比诉讼特免权狭窄得多,因此在规管程序中公司会同时希望能够依赖或替代性地(alternatively)依赖这两种法律业务特免权来拒绝披露。[4]

至于主要目的是诉讼或可能诉讼的判断标准的细节，尤其是什么是文件的“主要目的”以及什么是“诉讼”或“可能的诉讼”，将在本章下列段节中分段讨论。

1.2　什么是“主要目的”

本章上一段中介绍了 Waugh v. British Railways Board (1980) AC 521 贵族院先例的基本案情，与根据此权威先例建立的主要目的测试。根据主要目的测试，制作享有诉讼特免权保护的文件的主要目的(dominant purpose)是诉讼或可能的诉讼。可以说，这是主张诉讼特免权保护文件机密的当事人要面对的第一个主要关卡(obstacle)。

如果一份文件的唯一目的(sole purpose)是诉讼或可能的诉讼，当然这份文件能够享有诉讼特免权的保护是清楚与肯定的。同样的，如果文件的制作显然并非是为了诉讼或可能的诉讼，也往往可以肯定的是难以享有诉讼特免权。但大部分案件的情况不是这两种极端，文件的制作往往会存在两个(dual purposes)或多个目的(multiple purposes)，所以判断并不是这么容易。

ISM Code 要求的文件举例说明。为了海上船舶航行安全，联合国国际海事组织(International Maritime Organization, IMO)在 1993 年制定了《The International Management Code for the Safe Operation of Ships and for Pollution Prevention (International Safety Management)》(以下简称 ISM Code)，以期适用在几乎所有的在海上从事商业营运的船舶中。之后 ISM Code 在 1994 年被正式加入《海上人命安全公约》(SOLAS Convention)的第九章，只要是 SOLAS 的成员国就会自动承认 ISM Code，而现在 SOLAS 已经有了 162 个签约国，也占据了全球船舶吨位的绝大多数。[5] ISM Code 针对船舶安全措施进行系统整理并尽量全面地整合成一套程序。根据 ISM Code 之 Section 1.4，几乎所有的海上商船都需要有自己的安全管理系统(safety management system)，运营船舶的公司必须要获发一份安全符合证书或船/港保安符合证书(document of compliance)，每一艘船舶都需要获发一份船舶安全管理证书(safety management certificate)，以确认符合 ISM Code 的要求。安全管理系统下的安全指示和程序往往会在一本程序手册(procedures manual)中列出。在这套管理程序下会产生与制作大量文件，包括各种检查、调查是否符合要求等。这些文件在发生意外事故与在接下来难免产生诉讼时非常重要，因为往往涉及证明出事的船舶是否适航(seaworthiness)等重要因素，也会是争议的焦点：见 The “Eurasian Dream” (2002) 1 Lloyd's Rep 719 先例。但这些文件由于产生与制作时的目的纯粹是船舶安全

---

[4] 在 The Director of the Serious Fraud Office v. Eurasian Natural Resources Corporation Ltd (2018) EWCA Civ 2006(“SFO v. ENRC”)上诉庭先例的一审中，Andrews 大法官判有关内部调查的文件由于并非针对诉讼或可能的诉讼，从而不受到诉讼特免权保护。但这在上诉庭被推翻，判在规管机构与被规管公司之间，尤其是面对 SFO 时，被告没有理由在被调查时不会想到将来可能(即使这不一定是很大可能性)被 SFO 起诉。因此有关文件会受到诉讼特免权保护。此先例在目前被视为对 SFO(以及其他规管机构)的沉重打击。对此先例在诉讼特免权方面的介绍可见本章之 2.2 段与 4.1 段。

[5] 对航运与付运买卖合约(shipment sale cotract)有兴趣的读者也可以在以下网址关注 ISM Code 的内容与更新信息：http://www.imo.org/en/OurWork/HumanElement/SafetyManagement/Pages/ISMCode.aspx。

与符合立法要求，因此往往是难以受到诉讼特免权的保护的，也难免在接下来的诉讼（如意外事故导致的货损货差索赔）中被法院（或仲裁庭）命令作出披露。

例如，船舶在发生意外事故之后，导致严重货损货差与其他损失（如人命伤亡、油污等），明显接下来难免有一连串诉讼，或者是甚至有个别诉讼已经开始，船东通过自己的责任保险人（船东互保协会）即刻委任律师前往出事的船舶上调查取证，特别针对出事的原因、船舶是否适航等重要问题。产生与制作这些文件的主要目的都是针对诉讼或可能的诉讼，如果当事人不想披露就可以主张诉讼特免权的保护并拒绝披露。

这些调查取证的文件、报告等不能被披露给有敌意的对方诉讼方或第三方也是完全可以理解的。调查取证肯定要全面与准确地找出意外事故的真相，正常情况下产生与制作的调查报告也不会只是有利于船东的。再说这个调查报告也不一定完全准确与将来一定不会有更改。例如律师的调查取证包括向船长、大副会谈（interview）与取证，但他们后来有不同说法（这说法也不一定是对船东不利），这样调查报告就会需要更改。但如果调查报告在被披露了之后，再要进行更改（特别是改为对船东有利的说法），就很难做出解释了。

又如，在本章之 1.3 段会介绍的 Highgrade Traders, Re (1984) BCLC 151 先例中，保险人调查报告的结论坦率地指出作为被保险人的工厂确实有自己纵火的嫌疑与可能性，但暂时仍然缺乏足够证据肯定。这阻止不了保险人拒绝理赔，并在诉讼中以作为被保险人的工厂纵火骗保作为抗辩。显然保险人不想向工厂披露这份调查报告从而暴露自己的弱点（缺乏足够证据），否则在接下来的诉讼中会有很多不利与被动之处。如这会使工厂考虑向法院申请简易判决（summary judgment），[6] 保险人就会没有更多时间与机会寻找更多的证据支持工厂纵火的指控。又如在和解谈判中，本来作为被保险人的工厂会心虚或急需保险人作出金钱赔偿以缓解现金流周转的问题，从而愿意大幅度让步，但在知晓调查报告的内容后就反而是保险人处于弱势地位了。

但很多文件特别是调查报告常会有两个或两个以上的目的，例如发生事故后，由于考虑到会被起诉，事故责任人会需要向律师征求意见看自己需要承担什么样的责任，而律师的意见必须基于发生的事实真相，因此必须先调查取证。但同时涉事的公司还会寻求对于如何改善和以后如何减免责任等问题的建议，这又离不开必须要清楚了解发生事故的事实真相，以及同样需要调查取证，但这并非是针对诉讼或可能即将开始的诉讼了。

Waugh v. British Railways Board 贵族院先例中英国铁路局内部的共同询问或调查报告就是典型的有多种目的的情况。贵族院在阅读这份报告之后，认定此询问报告有两种难分轻重的目的，其一当然是为了应对之后可能发生的针对英国铁路局的诉讼；其二则是英国铁路局自己也希望弄清楚事故发生的原因，以便为之后的铁路安全运行作出改善与提供保障。而这两种目的则是共同存在，也难以分轻重的。正如贵族院的 Wilberforce 勋爵说："… the report was prepared for a dual purpose: for what may be called railway operation and safety purposes and for the purpose of obtaining legal advice in anticipation of litiga-

〔6〕 有关简易判决可见本书第六章之 4.3 段。

tion, the first being more immediate than the second, but both being described as of equal rank or weight. ”正由于难分轻重,为了诉讼或可能的诉讼就并不是所谓的主要目的,因此共同询问报告就难以享有诉讼特免权保护,也需要被披露了。

1.3　需要从客观角度判断全部案件事实

事实上,什么是制作文件的主要目的判断起来并不容易,也不肯定。在 Waugh v. British Railway Board (1980) AC 521 贵族院先例中也没有给出如何判断的详细标准,只是凭几位大法官在阅读后的感觉与印象。也因此在后续不少案例中都针对这个问题进行了讨论。

不妨先介绍成功以诉讼特免权拒绝披露的 Highgrade Traders, Re (1984) BCLC 151 先例,此先例中火灾导致工厂的厂房被焚毁。工厂有投保火灾险,因此保险人(Phoenix)介入进行了调查取证并取得了有关的报告。之后保险人以有可能是受保人自己故意纵火为由拒绝理赔,因此导致诉讼发生。在程序中作为被保险人的工厂要求披露该报告。高院一审认定该报告的目的有两个:一是使得保险人得以决定火灾是否是由受保风险(insured perils)导致,并在认定后作出理赔(也就是该赔就赔);二是如果调查结果是有可能是被保险人故意纵火,则要将有关火灾发生原因的证据交给律师,准备拒赔后带来的一连串问题。高院的 Mervyn Davies 大法官说:“The reports were commissioned for two purposes:(a) to enable Phoenix to make up its mind about whether to resist the insurance claim on the grounds that the fire was or was probably caused by the insured and (b) to place evidence of the cause of the fire in the hands of the solicitors if the reports should suggest with some probability that the fire was caused by the insured. ”

Mervyn Davies 大法官认为,只有第二个目的与诉讼或可能的诉讼有关,但第二个目的并非是“主要目的”,因此应当披露调查报告。但一审判决被上诉庭推翻。上诉庭认为事实上这份文件难以区分这两个目的,而只有一个目的就是查清楚是否纵火,如果是,就拒绝赔付并准备诉讼,所以整份报告可以享有特免权。上诉庭的 Oliver 大法官说:“What, then, was the purpose of the reports? The learned judge found a duality of purpose because, he said, the insurers wanted not only to obtain the advice of their solicitors, but also wanted to ascertain the cause of the fire. Now, for my part, I find these two quite inseparable. The insurers were not seeking the cause of the fire as a matter of academic interest in spontaneous combustion. Their purpose in investigating the enquiries can only be determined by asking why they needed to find out the cause of the fire… It was entirely clear that, if the claim was persisted in and if it was resisted, litigation would inevitably follow…He (Mervyn Davies 大法官) seems here, as I read his judgment, at this point to have been of the opinion that Waugh's case established that it was only if the documents were brought into existence for the dominant purpose of actually being used as evidence in the anticipated proceedings that privilege could attach and that **the purpose of taking advice on whether or not to litigate (which is, in substance, what the decision to resist the claim amounted to) was some separate purpose which did not qualify for privilege. That, in my judgment, is to con-**

fine litigation privilege within too narrow bounds..."(加黑部分是笔者的强调)

高院的 Mervyn Davies 大法官认定了此先例中的调查报告存在双重目的,即保险人不仅是要获取律师对于诉讼的建议,还要能够确认火灾的原因。在上诉庭的 Oliver 大法官看来,这两个目的是不可分割的。保险人需要知道火灾原因的目的就是需要认定是否存在被保险人纵火的情形,并应对后续可能的诉讼。

总结而言,也就是在判断文件的唯一目的或主要目的是否为诉讼时,应当结合案件的整体事实作出客观上的判断。在笔者看来,虽然理论上是结合整体案件事实进行客观判断,但实际上作出判决或裁决的法官或仲裁员的看法还是会有偏差。例如 Waugh v. British Railways Board 贵族院先例中的事故调查报告被认定为具有两种不同的而且是难分主次的目的,而 Highgrade Traders, Re 先例中同样是对事故的调查报告,由于案情稍有不同就被上诉庭认定主要目的是诉讼。

Waugh v. British Railways Board 先例中的贵族院与 Highgrade Traders, Re 先例中的上诉庭针对各自的案情都给出了合情合理的解释。例如前者的事故调查报告除了诉讼外还紧密地关系英国铁路局后续火车的安全运行,正如 The "Sagheera" (1997) 1 Lloyd's Rep 160 先例中 Rix 大法官解释说:"... Waugh v. British Railways Board... in that case the other purpose with which the report in question had been prepared had nothing to do with legal advice, but the operation and safety of the railways..."而在 Highgrade Traders, Re 先例中,看来保险人只会关心此次火灾发生的原因是否会导致可以拒绝理赔,而拒绝理赔就难免会面对诉讼,因此整个调查的目的是可能的诉讼。

这样看来,在有了意外事故或争议后,由被保险人自己调查取证是很危险的。被保险人作为一家在营运的公司,总会容易被认为调查报告有其他重要目的,客观推理之下也需要从意外事故中吸取教训改善自己的营运与公司管治,甚至这会是比诉讼更重要的目的,毕竟有了意外保险,诉讼的胜负结果对公司的实际影响会是轻微的。但如果做法上是由保险人(或通过委任律师)调查取证,目的就会单纯得多了。

1.4 制作文件时的主观看法需要被考虑

在 Grant v. Downs (1976) 135 CLR 674 澳大利亚高院先例中,Barwick 大法官提出的"主要目的测试"(dominant purpose test)的原始说法中,Barwick 大法官提到的"主要目的"是"the dominant purpose of its author, or of the person or authority under whose direction",也就是针对文件制作人或授权制作的人士的目的,难免会考虑他/她的主观目的(subjective purpose),例如在委任律师或其他专业人士的指示中有所显示。然而在确立"主要目的测试"的 Waugh v. British Railway Board (1980) AC 521 贵族院先例中,看来没有针对这一点进行阐述。

这带来的问题是,是否可以说"主要目的测试"标准下,所谓的目的只是考虑文件制作人的主观目的?至少在目前的先例中,看来答案是否定的,并不应该局限在制作人主观上制作文件的目的:见 Guinness Peat Properties Ltd v. Fitzroy Robinson Partnership (1987) 1 WLR 1027 先例。此先例中,一位建筑师因职业疏忽(professional negligence)被索赔损失,而该建筑师之前已经投保了职业疏忽险。因此建筑师一出了事故就向保险经纪人写了一封信件,以通知保险人此事故与带来的索赔,其中也谈到了事故的详情。在诉讼中原告申请要求披露该封信件。上诉庭判此信件可享有特免权,因为保险人显然会依赖该信件中陈述的事故详情(包括建筑师会承认自己有疏忽等)向律师咨询如何在诉讼中抗辩。上诉庭指出要认定此信件是否享有诉讼特免权的保护,需要判断此信件的主要目的。而主要目的的判断并不仅看作为信件作者的建筑师在制作信件时的主观心态(按照保险合约的要求向保险人及时通知情况,这也是他制作信件的唯一或主要目的),而需要以客观的标准根据所有的事实背景进行整体看待,在此先例中尤其是保险人的意图。在这样的判断标准下,此先例中作为被保险人的建筑师用来通知保险人的信件毫无疑问是会被保险人用在后续向律师咨询法律意见,或是用在诉讼或可能的诉讼中,这份文件就会受特免权保护。上诉庭说:"... that in order to decide whether the letter qualified for legal privilege its dominant purpose had to be ascertained and that dominant purpose did not necessarily fall to be ascertained by reference only to the intention of the actual composer of the letter but by an objective view of the whole of the evidence, particularly by reference to the intention of the insurers who procured its genesis; that so viewed the dominant purpose was to produce a letter of notification which would be used in order to obtain legal advice or to conduct or aid in the conduct of litigation which was at the time of its production in reasonable prospect; and that accordingly the letter was originally privileged in the hands of the defendants."

类似看法的先例也可见较为近期的 Tchenguiz v. Director of the SFO (2013) EWHC 2297 先例,Eder 大法官说:"The Court will look at the 'purpose' from an objective standard, looking at all relevant evidence including evidence of subjective purpose..."

不妨再介绍一个极端例外的情况。在近期的 Property Alliance Group Ltd v. Royal Bank of Scotland Plc (2015) EWHC 3341 (Ch)先例中,原告希望向被告的前雇员获取证人证言,但并没有通过正常的手段,而是以叙旧与约谈商业合作的名义,约见了该前雇员,企图要套取证据。在约见期间,原告偷偷对双方的谈话进行了录音。法院判尽管一般情况下文件作者(此先例中也就是进行谈话录音的律师)的主观意图确实占了非常重大的分量,但是此先例中是极端例外,即以欺瞒(deception)〔7〕手段诱使被告前雇员进行谈话,使 Birss 大法官拒绝以原告律师的主观目的(诉讼调查取证)为标准。Birss 大法官说:"In my judgment the critical point is that Mr Russell (原告的负责人) actively deceived Mr Jones and Mr Goldrick(被告的前雇员). Mr Russell induced them to attend and speak freely by representing to Mr Jones and Mr Goldrick that the meeting was a catch up and was concerned with possible future business. Mr Russell knew or it was obvious to him that they were only likely to attend and speak on that basis. It is the existence of this deception which distin-

---

〔7〕 用这种不正常与不值得鼓励的手法取证,在民事诉讼与刑事诉讼中有不同的对待与可采纳(admissibility)作为证据的标准。这方面问题在本书多处提到,包括第十一章之 1.2.8.3 段与第十二章之 6.3.2.1 段等,不在此重复。有关先例有 Lord Ashburton v. Pape (1913) 2 Ch 469; Kuruma v. The Queen (1955) AC 197; Dubai Aluminium Co Ltd v. Al Alawi (1999) 1 All ER 703 等。

guishes the circumstances from the example of the solicitor taking a proof of evidence relied on by PAG. In this case Mr Russell cannot complain if the court concludes that the fair and correct way of assessing what the dominant purpose of the meeting was, is to look at it from Mr Jones and Mr Goldrick's point of view. If Mr Russell had not misled these two gentlemen then things might be different but that is not what happened."

Birss 大法官认为此先例中原告欺瞒了被告的前雇员是非常关键的情况,原告以叙旧与约谈商业合作的名义"诱导"被告的前雇员前来自由地交谈。也是因为有此"欺瞒",使得此先例中的情况与一般情况下律师为了诉讼准备而调查取证约见潜在证人的情况要区别对待。在此先例中,法院认定原告与被告前雇员约见交谈的主要目的,也应当考虑被告前雇员的主观目的。固然原告的主要目的是诉讼调查取证,但被告前雇员的主观目的显然不是作证,而只是商业合作等。在笔者看来,该前雇员在交谈中说话的准确性也有问题,前雇员如果知道是为了作证,由于知道将来需要在法院通过宣誓(oath)确认准确性、真实性而且要接受反盘问(cross-examination),所说的话很可能就不一样了。

1.5 近年来严格对待主要目的的先例

近年来有不少涉及法律业务特免权或诉讼特免权的先例都针对文件的主要目的进行了大量的争论。而近期的一些先例都显示了对于文件主要目的的认定较为严格的趋势。

例如在 AXA Seguros v. Allianz (2011) EWHC 268 (Comm)先例中,墨西哥的高速公路由于飓风而受损,需要在"一线"作出赔付的保险人(AXA)希望向再保险人(reinsurer)要求理赔。再保险人委任了工程师对高速公路进行调查,在获得了调查报告后,再保险人拒绝作出赔付。因此 AXA 开始了对再保险人的诉讼,要求进行理赔。诉讼程序中,AXA 要求再保险人披露前述工程师出具的调查报告,但被再保险人以诉讼特免权拒绝。高院的 Christopher Clarke 大法官虽然认定了在工程师进行调查与出具调查报告时,存在"可能的诉讼"(这会在本章之 4 段进行介绍)。但是对于该文件的目的,Christopher Clarke 大法官同意与支持了 AXA 的说法,他认为此先例中的调查报告存在两个难分主次的目的:"They (工程师) were instructed for the dual purpose of (i) assessing whether the highway had been constructed to internationally acceptable standards and (ii) determining to what extent any damage had been caused by the hurricane and verifying the correctness of Grupo Mexicano's quantum figures for remedial work…The Defendants have not, however, established to my satisfaction that Halcrow(作出调查报告的工程师) were instructed to produce and produced their reports (and that the other material was generated) for the predominant purpose of anticipated litigation between the Claimant and the Defendants; rather than, as seems to me to be the case, for the dual purposes identified… above."

Christopher Clarke 大法官认同工程师报告的目的之一,即权衡所有有关的事实后,向再保险人报告公路的建造是否符合国际可接受的标准[这会是"一线"保单的承诺保证(Promissory Warranty)或前提条件,如果不符合标准,再保险人可以争辩 AXA 根本不该在"一线"保单下作出理赔],这是为了诉讼的目的进行调查取证。但目的之二,即确定飓风造成的损失是多少与审核修理费用是否合理,则被认定是保险人与再保险人的共同利益(避免将来在赔付金额上产生争议),并非是为了诉讼或可能的诉讼。

而这样的认定看来是非常严格甚至是苛刻的,笔者也认为与 Highgrade Traders, Re (1984) BCLC 151 先例的判法有不一致的地方。毕竟在这种情况下,有关具体损失金额合理与否的问题与制作的调查报告很有可能将来会被用在保险人 AXA 与被保险人之间的诉讼中的索赔与计算赔偿金额(quantum)部分。如果再保险人先委托律师,再让律师委托工程师调查取证可能就有不同后果,至少有了律师的参与可能会更倾向于是为了诉讼或可能的诉讼做准备,提高可享有诉讼特免权的可能性。

后续也有其他先例适用了同样严格的标准。例如 Starbev GP Ltd v. Interbrew Central European Holding BV (2013) EWHC 4038 (Comm)先例涉及委任会计师从事会计工作,法院认定在会计师实际工作时并没有诉讼或想到可能有诉讼。即使后来确实产生诉讼,会计师在后来被指示将之前会计工作的结论以书面方式记录(以用在诉讼中),这不影响之前进行的会计工作以及产生的文件不是以诉讼或可能诉讼为主要目的。

又如在 Rawlinson and Hunter Trustees SA & Orthers v. Akers & Anothers (2014) EW-CA Civ 136 上诉庭先例中,一家公司的破产清算人(liquidator)委任了会计师事务所,并由会计师出具了多份报告。在另一案件的诉讼程序中,有证人证言(witness statements)提到前述报告,导致另一案件中的当事人向法院申请披露这些报告,[8]破产清算人依赖诉讼特免权(作为其中一个重要理由)拒绝披露。

在此先例中,诉讼双方对于如何认定是否享有诉讼特免权并无争议,尤其是在判断有关文件的主要目的上,双方也都认可了本章前述段落中有关如何判断的标准,例如必须以客观的眼光全面地看待整体的事实背景,不仅考虑但需要考虑文件制作人的主观意图等。

但对于事实上如何认定文件的主要目的,还是有较大的分歧。毕竟对于破产清算人来说,要收集破产人的资产与清理破产人的应收债务、欠下的债务与责任是其法定职责,一审的 Eder 大法官说:"In the first instance at least, the proper performance of such duties may require the liquidators to obtain information simply to identify what (if any) assets or liabilities exist or perhaps what legal proceedings might possibly be brought against any third parties. Ultimately, once obtained, such information may well be important to enable liquidators to decide what if any legal proceedings might possibly be pursued; and, further down the line, such information may in fact be used for or in connection with pending or contemplated litigation or of conducting or aiding in the conduct of such litigation. However, unless such documents were originally produced for the 'dominant purpose' as stated above, they can-

[8] 有关证人证言或誓章中提及的文件,双方有权马上要求披露与查阅的课题请见本书第六章之5段。

not, in my view, be the subject of a proper claim for litigation privilege."[9]

上诉庭的 Tomlinson 大法官基本上支持了 Eder 大法官的意见,同时指出在此先例中破产清算人如果希望依赖诉讼特免权的保护就需要清楚与准确(clarity and precision)地证明这份特定文件主要是为了什么诉讼或可能的诉讼,而未能证明的后果就是不能享有诉讼特免权的保护。但是在此先例中,关键的证人证言没有说明哪个目的才是主要的("made no effort to grapple with the obvious need to establish which of dual or even multiple purposes was dominant")。

2. 公司内部调查"主要目的"的重要先例

对绝大多数的公司(特别是一些大型与跨国公司)而言,内部调查与审核(auditing)是经常会发生的,也是十分重要与花费高昂的。恰当、称职的公司管治(corporate governance)与合规(compliance)都离不开[无论是否有律师(如内部律师)参与,甚至会有专门负责这些合规工作的部门或员工]进行内部调查与全方位审核。一旦发现在公司管治与合规方面存在偏差或违规,就尽早补救。如果只是一件小事或可以不惊动任何外部人士很快补救,公司就不一定向规管机构或有关当局通报。在这过程中,产生与制作的文件显然不会享有特免权。因为没有律师参与,即使有内部律师参与也不涉及法律意见,所以文件不涉及法律意见特免权(legal advice privilege)。因为制作文件的公司雇员从来没有预期过(anticipate)可能的诉讼,所以也不会享有诉讼特免权(litigation privilege)。但在正常的内部调查与审核发现问题后为做出补救而产生与制作的文件,虽然被视为公司管治与/或业务的文件,本质上仍会是敏感甚至高度敏感。因为虽然是仍没有准备向外界(如规管机构或当局)通报,也不表示有关的情况将来不会泄露,如公司有不满的员工向当局告密(whistle-blower)。所以,跨国公司会使用一些手段保护机密,这可见本书第一章之4.2段。

而一旦出现事故,更需要内部调查,以搞清事故成因、责任承担等问题,也只有这样公司才能有方向地开展后续法律行动。而既然发生了事故,进行内部调查时可能会发现或多或少的问题。发生事故后的内部调查也显然是找出问题原因以及考虑有什么可以改进的地方,例如要对事故负责的员工采取纪律行动等。也因此这些内部调查的文件肯定是敏感与需要依赖特免权保护的,否则面对将来有敌意的第三方,例如诉讼的敌对方或是规

---

[9] 至少从表面来看,破产清算人要履行自己的法定职责,就必须要了解与获取有关破产人还剩下多少财产、还有什么尚欠第三方的债务或责任以及有什么是第三方尚欠破产人的债务或责任。在了解与获取了这些信息后,破产清算人才能决定与第三方之间的相互债务或责任需要采取什么行动(如第三方拒绝支付未清偿的债务或拒绝承担责任),包括委任律师推进针对第三方的诉讼程序。当然这些信息最后可能会被用在诉讼或可能的诉讼中,但除非这些信息的获取在最初制作文件时已是有此主要目的,否则就不会受到诉讼特免权的保护。破产清算人最初为了获取这些信息产生与制作的文件,通常只是厘清与第三方之间的债务与责任,将来会有部分可能涉及诉讼,但大部分都会与第三方的追讨、和解或清偿有关,不涉及诉讼。而从此先例中的情况来看,Eder 大法官认定并没有这样的主要目的。

管机构,这些文件要披露,根本是"自证其罪"(虽然不一定涉及刑事问题)的证据,而对方可以什么都不用做,坐等证据上门之后针对公司采取行动。这对今天面对大量的诉讼/仲裁与英美等国家越来越严格规管的中国公司来说,是一个至关重要的课题。稍后在本章之7段会更详尽地针对公司内部调查与诉讼特免权,在此只先介绍几个有关的重要先例。

有说法是在 Highgrade Traders, Re (1984) BCLC 151 先例与 Waugh v. British Railways Board (1980) AC 521 贵族院先例中,对待调查取证产生与制作的文件的主要目的的标准不太一致。Highgrade Traders, Re 先例的判法在本章之1.3段已经有所介绍,保险人对火灾进行事实调查时尽管会针对火灾的起因等方方面面的问题,但对于保险人而言,这被认定主要目的是诉讼。而相比 Waugh v. British Railways Board 贵族院先例,判英国铁路局的询问报告的主要目的并不是诉讼,在结果上看来是有所不同的。也因此有说法是 Highgrade Traders, Re 先例代表了较为宽松的判法,而 Waugh v. British Railways Board 先例则是较为严格的判法。

紧接着在与 Waugh v. British Railways Board 先例也有不太一样判法的 McAvan v. London Transport Executive (1982) 11 WLUK 236 上诉庭先例中,在交通事故发生后,被告(London Transport Executive)下令进行调查被认定主要目的是衡量将来会否被索赔,所以可以享有诉讼特免权。上诉庭也说这个主要目的是看给出指示的被告的目的,而不是实际作出报告人士的目的。在笔者看来,这就表示法院不仅仅是像 Waugh v. British Railways Board 先例一样只靠阅读报告的文字来看文件的目的,而是根据案情与事实背景整体来看什么是这份报告的主要目的。

2.1　Bilta (UK) Ltd (in liquidation) v. Royal Bank of Scotland 先例

但在本章之1.3段已经有所介绍,并且近期的 The Director of the Serious Fraud Office v. Eurasian Natural Resources Corporation Ltd (2018) EWCA Civ 2006 ("SFO v. ENRC")上诉庭先例已经明确指出,Highgrade Traders, Re (1984) BCLC 151 先例与 Waugh v. British Railways Board (1980) AC 521 贵族院先例并非是法院在判法上有所不同:都是需要结合事实背景在客观甚至是商业角度上来认定主要目的是否为诉讼。而这两个判决的结果不同是由于案件事实背景不同。正如 SFO v. ENRC 上诉庭先例中所说:"We do not accept that the decisions are irreconcilable: they follow an identical principle, reaching different conclusions for fact specific reasons."

问题在于针对特定案情来看,如果事实背景实际上是没有 Highgrade Traders, Re 先例中这么明显,应该如何进行判断?在笔者看来,根据 Highgrade Traders, Re 先例的判法,在显然会面对诉讼时,一份调查报告(内部调查报告也是一样)即使有其他不同目的,诉讼目的多半会被认定为主要目的,因为其他目的会被重要的诉讼目的"吸收"。这在规管越来越复杂、繁多与严格的今天尤其如此。这些压力会包括各类行政措施以及诉讼,尤其是可能的刑事检控(criminal prosecution)。因此在笔者看来,在面对诉讼或可能诉讼时,把内部调查(尤其是委任律师进行的内部调查)的主要目的判为其他(或者认为其他目的同等重要),会有点不现实或者是吹毛求疵了。

Bilta (UK) Ltd (in liquidation) v. Royal Bank of Scotland (2017) EWHC 3535 (Ch)

先例就是针对内部调查的先例。此先例中,被告 Royal Bank of Scotland(RBS)通过子公司在 2009 年间大量参与碳排放信用(European Union Allowances,俗称 Carbon Credit)交易。当时的欧盟政策是由碳排放信用的卖方向国家政府缴纳 VAT(Value Added Tax,也就是增值税)。如果买方与卖方是欧盟不同国家,买方按照不计算 VAT 的价格进行购买;如果属于同一个国家,买方先按照附加 VAT 的价格买入,之后再向国家政府要求退税。在这个政策下产生了大量的消失贸易商欺诈(Missing Trader Intra-Community Fraud, MTIC)或"旋转木马"避税法(Carousel Fraud)犯罪行为。简单而言,例如 B 公司从另一欧盟成员国的 A 公司买入,此时跨国购买的 B 不用支付 VAT。之后 B 在本国销售碳排放信用给 C 公司,C 向 B 支付附加 VAT 的价格后可以向政府申请退税,而 B 则应向政府缴纳 VAT。但实际上 B 销售给 C 后就此消失不见,结果就变成没人向国家缴纳 VAT,国家反而需要向 C 退 VAT。甚至是之后 C 会再销售给他人,自己再消失,循环往复。2010 年有报道说欧洲刑事警察在欧盟 11 个国家破获了大约 116 宗此类案件,其中 30 宗发生在英国。欺诈贸易商在过去的 18 个月中,造成了约 50 亿欧元的损失。这类欺诈犯罪非常猖獗,甚至有说法是一些国家碳排放交易的 90% 都是骗局,尤其是英国、法国、西班牙、丹麦以及荷兰等。之后欧盟国家也开始采用由买方缴纳 VAT 等方式来遏制这些欺诈行为。

RBS 作为买方向原告(一共涉及 5 家英国公司)购买了大量的欧洲碳排放信用,占有了近 40% 的市场份额。RBS 之后向英国税务局申请并获得了近 9000 万英镑的 VAT 退税。2009 年下半年,由于注意到在碳排放交易市场的严重欺诈问题,英国税务与海关总署(HMRC)开始针对碳排放交易市场进行调查(并非单独针对 RBS)。2010 年年初,HMRC 开始与 RBS 进行接触与讨论有关事宜,并希望与要求 RBS 予以配合和支持。当时 HMRC 明确指出:"This is not a criminal investigation and we are not presently alleging dishonesty, rather, we are seeking to establish any culpability in respect of all the parties in the supply chain. There is no predetermined outcome to these enquiries and any measures subsequently applied by HMRC to RBS will be dependent on the result. Please be aware that if appropriate, penalties could apply ..."而 RBS 基本给予了全面配合,将大量有关的文件、账目以及内部有关防范欺诈的规章、记录都交给了 HMRC 进行调查。

之后在 2011 年年底到 2012 年年初,RBS 与 HMRC 之间的矛盾或争议始现端倪,主要是 HMRC 可能认定这些碳排放交易属于欺诈,而依赖欧盟法院的判法,[10] 如果买方知道或应当知道自己参与的交易涉嫌 VAT 欺诈时,买方不得就有关 VAT 退税。2012 年 3 月底,HMRC 正式发出信件告知 RBS,已经基本确定有关交易涉嫌欺诈,因此在 RBS 知道或应当知道该欺诈事实的情况下,可能会重新评估对 VAT 的退税。

在这样的背景下,RBS 委任了外部律师(McGrigors LLP,该所之后与另一家英国律师事务所 Pinsent Masons 合并),由外部律师提供"与 HMRC 之间就 RBS 购买碳排放信用退税问题的法律意见"(legal advice in respect of a dispute with HMRC regarding the recov-

---

〔10〕 见 Axel Kittel v. The Belgian State (CE-439/04) 先例。

erability of income tax relating to the purchases of carbon credits by RBS)。之后外部律师对有关事项进行调查,包括收集资料与对雇员(以及前雇员)进行调查等,并于 2014 年年初作出 66 页的最终报告。这份最终报告也交给 HMRC 查阅(但是具体的对雇员等的调查记录并没有附带在内),并在其中明确指出 RBS 不对有关文件的法律业务特免权弃权:"Pinsent Masons … have been instructed by [RBS] to assist with an investigation into the factual circumstances surrounding the onboarding of and trading relationship with … five emissions trading counterparties… [**RBS**] **does not waive any legal professional privilege in providing this report to** [**HMRC**]."[11](加黑部分是笔者的强调)

这份报告得出的结果是 RBS 并不知道也不会知道这些交易涉嫌欺诈,而且无论如何这些指称都会由于时效届满而无法再被追究。但之后 HMRC 仍然作出决定对 RBS 的 VAT 退税重新评估,而 RBS 也因此提出上诉。

在此先例中,作为卖方的原告等公司破产后由清算人(liquidator)代表,指称公司的董事在位期间涉嫌碳排放欺诈,而 RBS 及其子公司等知道或应当知道这些欺诈行为,因此向 RBS 索赔 7000 多万英镑的衡平法赔偿[equitable compensation,主要是针对不诚实协助(dishonest assistance)]以及《Insolvency Act 1986》下的赔偿等。RBS 提供了一份授权 Pinsent Mason 制作的最终报告给原告,但以诉讼特免权为由拒绝披露 2012 年 3 月 HMRC 要求的所有文件(包括调查多名雇员的笔录以及其他文件)。而争议焦点就在这批文件的主要目的。原告主要提出这些报告与调查的目的都是说服 HMRC 不重新评估 RBS 的退税,以及 RBS 为了自己也需要了解事实(毕竟很多涉事的雇员已经离职)与履行 RBS 作为纳税人的责任等。所以文件的主要目的并非诉讼或可能的诉讼。

此先例中 Vos 大法官指出对于文件主要目的的判断需要根据每个案件的案情具体分析,过往的严格态度并不能生搬硬套。根据此先例的事实,Vos 大法官认定了文件的主要目的确属诉讼。主要的原因在于 HMRC 正式通知 RBS 可能会重新评估退税问题的信件是分水岭,这就像索赔函(letter of claim)一样,在这之后双方之间的通讯性质就有所变化与有了"敌意"。而 HMRC 经过两年多的调查之后正式通知 RBS 将有可能重新评估 VAT 退税,这显然是根据多方面综合考虑之后的决定。而这个时候 RBS 想要依赖一份律师给出的调查报告就让 HMRC 改变主意,可能性是非常小的。RBS 也不会为了这个非常小的可能性而让律师进行调查与出具报告。就像 Highgrade Traders, Re 先例中保险人不会是出于对火灾起因的学术兴趣而进行调查研究一样,此先例中的律师出具的调查报告的主要目的就是后续的诉讼(包括对 HMRC 的决定进行上诉等)。

2.2 上诉庭针对公司内部调查的 SFO v. ENRC 重要先例

在更近期的 SFO v. ENRC (2018) EWCA Civ 2006 上诉庭先例中也考虑了类似的问题。有关严重欺诈调查署(Serious Fraud Office, SFO)[12]与 Eurasian Natural Resources

---

[11] 因此没有对这些报告作出一般的特免权弃权,有关这类限定弃权(limited waiver)的问题请见本书第十二章之 2.1 段。

[12] 有关这英国重要与涉及近年无数重要案例的规管机构的历史,在本书第一章之 2.1 段有简单介绍。

Corporation(ENRC)的争议与案情已经在本书第九章之3.3.5.2.2段有所介绍。主要是在2013年SFO根据针对英国管辖下的跨国公司在英国本土或全球贿赂行为的《Bribery Act 2010》,以其涉嫌在哈萨克斯坦以及某非洲国家做出欺诈、行贿等刑事犯罪行为为由针ENRC及其子公司、雇员等进行调查。很显然如果被SFO查证确实存在犯罪事实,就会开始针对涉案的有关人士(如执行董事、高管等)的刑事诉讼了。而根据SFO在2009年与其他有关机构一起公布的一项政策,各大跨国公司要主动申报自己雇员(包括海外公司的雇员)可能存在的行贿受贿、贪污腐败等行为。之后SFO会,酌情以民事和解的方式替代刑事指控,或者是在认罪的前提下酌情减轻指控的罪行。

由于有人告密指出ENRC的业务存在不法行为,因此从2011年开始,SFO就与ENRC一直进行接洽。ENRC委任的律师也对ENRC的一些雇员的情况进行内部调查取证等行为,并制作了备忘录等文件。SFO要求披露多类文件但有不少都被ENRC拒绝,包括:(1)Dechert在接受委任时记录的备忘录等;(2)在2011年到2013年委任法务会计(forensic accountant)对公司系统管理与潜在漏洞提出的建议与记录等;(3)Dechert调查取证所得到的事实资料;(4)一些法务会计发送给ENRC的电邮(主要是电邮往来中附上了法务会计出具的有关文件,因此依赖特免权拒绝披露)、公司内部人士的电邮(主要是其中一位人士有律师身份,因此依赖特免权拒绝披露)等。拒绝的一个理由就是这些文件受到诉讼特免权保护,这也就带来了本段所针对的问题,这些文件中很多是在"坦白从宽"政策下为了与SFO达成和解避免刑事诉讼而制作的,此时的主要目的是否是诉讼或可能的诉讼呢?

一审的Andrews大法官详细考虑了Bailey v. Beagle Management Pty (2001) FCA 185澳大利亚先例的判法。在该澳大利亚先例中,一份用来进行和解谈判的文件,被判主要目的是说服对方达成庭外和解,而不是诉讼或可能的诉讼,不会受诉讼特免权保护。有关判词可以节录如下:"One has to be careful about the use of the phrase 'brought into existence for the purpose of the conduct of the litigation,' as a distinction should be drawn between bringing a document into existence for the purpose of conducting litigation by a party on the basis that the document will not be shown to the other party, unless there be an express waiver, and a document brought into existence during the course of litigation for the purpose of settling the litigation, which is intended to be shown to the other party. Properly characterised, it is not correct to say that a document is brought into existence for the purpose of conduct of litigation, and so is privileged from production, if it is brought into existence, albeit to try and settle the litigation, but for the purpose of being shown to the other side."

一审的Andrews大法官对这个澳大利亚先例判法表示同意,并且给出自己的解读说如果存在诉讼或可能的诉讼,制作的一份针对和解的文件,根据不同的案情与事实背景[13]完

[13] 与其他案件一样,有关和解谈判而制作的文件能否享有特免权,要根据不同的案情与事实背景显示的其在制作时的主要目的决定。这在本章之2.4段介绍的WH Holding v. E 20 Stadium LLP (2018) EWCA Civ 2652先例会有更详细的针对。

全是可能受到诉讼特免权的保护的。简单的例子是如果对方给出了和解要约(settlement offer),己方就准备一份会计报表提供给自己的律师,让律师用来考虑是否要接受对方的要约,这份会计报表就会受到特免权保护。但同样一份会计报表,如果制作的目的是尽可能避免诉讼产生,又或者是交给对方查阅(如前述澳大利亚先例中涉及的文件),就难说这些文件的主要目的是使用在诉讼之中,也就无法受到诉讼特免权的保护了。可以节录 Andrews 大法官说法如下:

"As that case(前述澳大利亚先例)illustrates, advice given in connection with the conduct of actual or contemplated litigation may include advice relating to settlement of that litigation once it is in train. The conduct of ongoing proceedings embraces litigation tactics, and must include bringing them to an end by agreement short of trial. It would make no sense to deny litigation privilege to, for example, a report of an actuary or accountant dealing with quantum which is intended to assist solicitors to advise their client whether to accept or reject an offer made under CPR Part 36.

However, **I reject** ENRC's submission **that by parity of reasoning, litigation privilege extends to third party documents created in order to obtain legal advice as to how best to avoid contemplated litigation** (even if that entails seeking to settle the dispute before proceedings are issued). There is no authority cited in support of that proposition, and it self-evidently contradicts the **underlying rationale for the privilege. Equipping yourself with evidence to enable you to conduct your defence free from the risk that your opponent will discover how you are preparing yourself, and to decide what evidence you are planning to call if the case goes to court, and what tactics to employ**, is something entirely different from equipping yourself with evidence that you hope may enable you (or your legal advisers) to persuade him not to commence proceedings against you in the first place."(加黑部分是笔者的强调)

即在此先例中,一方面 ENRC 的部分调查文件可能是为了配合 SFO,从而无须通过刑事诉讼而是通过民事和解的方式解决争议;另一方面又或者是此先例中 ENRC 的调查文件本就为了交给 SFO 配合调查,与一般对抗制诉讼(adversarial litigation)中文件制作出来是不能让对方知悉的情况有所不同。

但这看来就进一步严格限制了诉讼特免权的保护范围,是十分严格的判断标准,也受到不少质疑。[14] 因为今天很多情况下面对诉讼或可能的诉讼,此时进行事实调查很难说同时没有和解意图。而对于此时进行事实调查的文件而言,如果由于可能涉及和解目的

〔14〕 例如在 Bilta (UK) Ltd (in liquidation) v. Royal Bank of Scotland (2017) EWHC 3535 (Ch)先例中,Vos 大法官就说这与 Highgrade Traders, Re (1984) BCLC 151 先例存在"紧张关系"(tension),即判断标准"一紧一松":"there is something of a tension between Andrews J's decision and the decision of the Court of Appeal in Highgrade..."这严格的一审判决被公布后,笔者见到一些评论是诉讼特免权已经好像法律业务特免权在 Three Rivers DC v. Bank of England (No. 5) (2003) QB 1556 上诉庭先例一样被大幅度收紧。所以公司今后在事故后进行内部调查要小心,因为每一个细节与结果都无法保护机密。

就无法受到诉讼特免权保护,这会是对诉讼特免权保护范围的极大限制。而且这也不仅仅是客户与律师是否还能毫无保留地积极调查事实真相的问题,也会涉及在规管方面的一个重要问题,就是在今天规管机构鼓励主动申报的机制下,这些调查文件如果完全不受到保护,这种主动申报的机制可能就会大受打击了。

一审的 Andrews 大法官也认定在 ENRC 进行内部调查并制作文件时,SFO 没有足够证据提起一个对抗性的刑事诉讼,也向 ENRC 指出目前仍不是刑事调查,只要求 ENRC 合作与"坦白从宽"。而在当时,ENRC 自己对事实真相也不了解,不知道内部是否确实存在贪污腐败的问题。直到 2011 年 8 月 SFO 正式发出的信函才可以认为有"可能的诉讼"。

这个看来过于严格与不实际的判决后来被上诉庭明确驳回也是可以理解的。上诉庭判即使是为了阻止、避免或者和解掉可能的诉讼,希望对方将来不会提起诉讼,也是一样应当受到诉讼特免权保护,说:"Andrews J(一审的大法官) began her treatment of this issue at paragraph 59 by approving Goldberg J's dictum in Bailey v. Beagle(澳大利亚先例). That, as it seems to us, was the wrong starting point. The fact that solicitors prepare a document with the ultimate intention of showing that document to the opposing party does not, in our judgment, automatically deprive the preparatory legal work that they have undertaken of litigation privilege. We can imagine many circumstances where solicitors may spend much time fine-tuning a response to a claim in order to give their client the best chance of reaching an early settlement. The discussions surrounding the drafting of such a letter would be as much covered by litigation privilege as any other work done in preparing to defend the claim. We doubt, therefore, the correctness of the legal principles that the judge stated... and the way that she applied them... In both the civil and the criminal context, legal advice given so as to **head off, avoid or even settle reasonably contemplated proceedings is as much protected by litigation privilege as advice given for the purpose of resisting or defending such contemplated proceedings.**"(加黑部分是笔者的强调)

接下来针对结合此先例的事实如何判断,上诉庭指出在 2010 年有告密者消息出现时,SFO 在与 ENRC 的通讯中暗示了坦白从宽的政策,也同时提到要跟 ENRC 讨论有关公司管治和内部合规程序的做法等问题:"The SFO's letter of 10th August 2011 urged careful consideration of its Guidelines, impliedly identifying the benefits of self-reporting, but also said expressly that it wanted to discuss 'ENRC's governance and compliance programme and its response to the allegations as reported'."因此,ENRC 之后进行内部调查会有各种不同的目的,包括调查内部管治与如何通过内部的规则进行合规等问题。但是在面对可能的诉讼(甚至是刑事诉讼)时,看来这些内部调查的主要目的都会是可能面对诉讼这个更为迫切与严重的问题。可以节录上诉庭所说如下:"Although a reputable company will wish to ensure high ethical standards in the conduct of its business for its own sake, it is undeniable that the 'stick' used to enforce appropriate standards is the criminal law and, in some measure, the civil law also. Thus, where there is a clear threat of a criminal investigation, even at one remove from the specific risks posed by the SFO should it start an investigation, the reason for the investigation of whistle-blower allegations must be brought into the zone where the dominant purpose may be to prevent or deal with litigation. ... It is, however, obviously in the public interest that companies should be prepared to investigate allegations from whistle-blowers or investigative journalists, prior to going to a prosecutor such as the SFO, without losing the benefit of legal professional privilege for the work product and consequences of their investigation. Were they to do so, the temptation might well be not to investigate at all, for fear of being forced to reveal what had been uncovered whatever might be agreed (or not agreed) with a prosecuting authority. The remedy for the SFO is not to allow prevarication and delay (which might be said to have occurred in this case) to prevent a timeous investigation, when it becomes clear that the company is not wholeheartedly reporting its own conduct and making appropriate waivers of privilege. Whether the fact that an investigation has been formally commenced should ultimately deprive a prosecutor of the opportunity of agreeing a DPA will be for the prosecutor to decide in the light of all the circumstances."

类似的说法也可见 FM Capital Partners v. Marino (2017) EWHC 3700 (Comm)先例,此先例中作为原告的资产管理公司被客户指称资产管理的方式不当,原告就委任了会计师事务所调查自己公司的 CEO(首席执行官),也就是本案的被告。在会计师事务所给出调查报告后原告解雇了该 CEO,之后更是针对该 CEO 开始了此先例中的诉讼。Leggatt 大法官就判这调查报告虽然会有多个不同目的,但看来准备诉讼(包括对客户提起的诉讼进行抗辩,以及针对该 CEO 提起诉讼)是主要目的:"For what it is worth, I would have thought it inherently less likely that a company faced with serious allegations and a serious potential claim against it from one of its clients would be predominantly or even equally concerned with disciplining its own employee as opposed to preparing to defend litigation being threatened against it and to pursue a claim potentially against its employee."

回到 SFO v. ENRC 先例,从当时 ENRC 与 SFO 之间的对话来看,ENRC 从没有答应要把调查文件全部交给 SFO,实际上也是有相当一部分调查文件都没有交出,因此在做法上与对抗制诉讼中为了诉讼制作的文件并没有不同。

在上诉庭改判了一审判决之后,公司在面对规管机构调查时目前也可进行内部调查,而不会由于回应规管机构的内部调查是为了避免诉讼,就导致内部调查不享有诉讼特免权保护。而至于之后将调查报告与内部文件交给规管机构,则会是限定弃权[15]的问题,这不应当影响在实际交出文件给规管机构(或同意交出文件以换取特定好处)之前,文件享有诉讼特免权保护,可以拒绝披露。当然这个前提是存在诉讼或可能存在的诉讼。

接下来的段节会介绍后续的先例,看看这重要的 SFO v. ENRC 上诉庭先例对"主要目的"的判断标准是否有方向性的改变。

---

〔15〕 这课题可参见本书第十二章之 2.1 段。

2.3 SFO v. ENRC 上诉庭先例后没有放松判断标准的先例之一:Sotheby's v. Mark Weiss Ltd

SFO v. ENRC (2018) EWCA Civ 2006 上诉庭先例的判法在更近期的 Sotheby's v. Mark Weiss Ltd (2018) EWHC 3179 (Comm)先例中被考虑。在此先例中原告是著名的苏富比拍卖行(Sotheby's),在 2011 年接受被告(Mark Weiss Ltd)作为卖家的委托拍卖一副名画,并在 2011 年 6 月成功卖给买家。在拍卖合约中约定,如果买家有书面证据能够证明这幅拍卖品名画的真实性存在疑问,可以解除合约。2016 年 5 月,买家的专家 A (Martin 先生)出具专家报告提出这幅名画的真实性存疑,于是 2016 年 7 月苏富比委任了专家 B(Twilley 先生)进行查验,最后认定这幅"名画"属于赝品,因此解除了合约。苏富比在退还了买家的付款后开始向卖家索赔,也就是开始了此诉讼。卖家要求披露苏富比和专家 A 与专家 B 之间的所有通讯,但苏富比依赖诉讼特免权拒绝披露。双方的争议就是苏富比与专家 A、专家 B 的通讯是否都是以诉讼或可能诉讼为主要目的。

高院显然会跟从 SFO v. ENRC 上诉庭先例的判法,也就是主要目的的判断是事实问题(issues of fact),需要法官在每个案件中根据证据作出认定,这个认定需要符合现实与商业性的期待。虽然 SFO v. ENRC 先例中说,在出现两种不同目的(dual purposes)而其中有一种是诉讼时,一般诉讼对于公司来说会是更重要的。但高院的 Teare 大法官给出解读说,这并不意味着 SFO v. ENRC 改变了过去法律的地位,尤其是 Waugh v. British Railways Board (1980) AC 521 贵族院先例的判法。

而在此先例中 Teare 大法官认定,在专家 A 与专家 B 制作有关名画真实性报告的整个有关阶段中,看来很可能已经预料到需要在法院通过诉讼解决问题。但是同时由于与买家签订的合约,苏富比也需要判断这幅拍卖品是否属于赝品,以及作出是否取消合约并退还拍卖款项的决定。因此与专家们的书信往来使这两个目的同时存在。

苏富比就提出在苏富比作出商业决定之后,几乎就无可避免要开始诉讼了,也因此这是像 SFO v. ENRC 上诉庭先例中一样被可能的诉讼逼迫着前进与专家进行书信往来,因此诉讼目的应属主要目的。但这也被 Teare 大法官拒绝,明确指出对事实的认定是非常依赖案件的具体情况,也是非常敏感的,一个先例中被用来认定主要目的的判断不能在另一个案件中被轻易套用。而在 SFO v. ENRC 上诉庭先例中是规管下刑事责任驱赶着 ENRC 调查取证,与此先例中民事诉讼是有很大不同的。Teare 大法官说:"The assessment of dominant purpose is fact sensitive and so **it is unsafe to use the determination of dominant purpose in one case to assist in identifying the dominant purpose in another**. That is particularly so where the facts of the two cases are so very different, as they are here. The 'stick' analogy was no doubt appropriate in SFO v. ENRC where criminal proceedings were used to enforce appropriate standards of corporate governance. But in the present case whilst civil proceedings were in contemplation they were not a 'stick' in the sense used in SFO v. ENRC. I do not read the ENRC case as deciding that whenever litigation is the 'inevitable' consequence of taking a particular commercial decision, the dominant purpose of documents produced for the making of that decision is necessarily their use in the contemplated litigation."(加黑部分是笔者的强调)

而且在此先例中,Teare 大法官也认为与本章之 1.3 段介绍的 Highgrade Traders, Re (1984) BCLC 151 先例(表面看来有两种目的但实际属于不可分割的同一目的)不同,此先例中这两种目的从商业角度或者是从实践上来看都不属于同一个目的。

从苏富比拍卖行案件能看出,在处理内部调查时或当未来诉讼或仲裁会否发生仍有变数时,调查取证是必需的。但是因为不一定能证明这些证据产生的主要目的是诉讼或可能的诉讼,而不一定可以依赖诉讼特免权。但在笔者看来,Teare 大法官为了避开 SFO v. ENRC 的上诉庭先例的约束而对案件的事实作出区分,即一个是刑事诉讼一个是民事诉讼,不是很有说服力。虽然要根据不同的案件事实综合考虑主要目的是什么,但这个刑事诉讼与民事诉讼(两者都可大可小)的区分会带来更大的不肯定。

2.4　SFO v. ENRC 上诉庭先例后没有放松判断标准的先例之二: WH Holding Ltd v. E 20 Stadium LLP

另一个更近期的有关先例是 WH Holding v. E 20 Stadium LLP (2018) EWCA Civ 2652 上诉庭先例。原告英国西汉姆足球联队(West Ham United Football Club Limited,以下简称西汉姆联)与被告签订合约使用伦敦奥林匹克球场(London Olympic Stadium)作为自己的主场并对部分球场座位有使用权,但双方对于西汉姆联可以使用的球场座位数量产生争议。此先例中的争议是原告要求被告披露 6 封董事、高管之间的电子邮件,而被告主张诉讼特免权遮盖(拒绝披露)部分内容。被告指称这几封邮件都是在已经可能发生前述争议的情况下,讨论商业上是否存在和解可能的内部通讯:"… with the dominant purpose of discussing a commercial settlement of the dispute when litigation … was in contemplation."被告指称在这种情况下,很显然是有可能的诉讼,而且文件像 SFO v. ENRC (2018) EWCA Civ 2006 上诉庭先例一样主要目的是和解以避免可能的诉讼,因此会受到诉讼特免权的保护。在 SFO v. ENRC 先例上诉庭说:"In both the civil and the criminal context, legal advice given so as to head off, avoid, or **even settle reasonably contemplated proceedings** is as much protected by litigation privilege as advice given for the purpose of resisting or defending such contemplated proceedings."(加黑部分是笔者的强调)

一审高院的 Norris 大法官是支持被告,认为 SFO v. ENRC 上诉庭先例已经确认是宽松对待这些机密文件,判这些电子邮件会受到诉讼特免权保护可以拒绝披露,说:"He (原告代表大律师) said the documents which concern strategy or potential settlement offers fall outside the ambit of litigation privilege. I do not accept that this narrow formulation is now correct. In SFO v. ENRC … the Court of Appeal made clear (a) … that legal advice given to head off, avoid or settle reasonably contemplated proceedings is as much protected by litigation privilege as advice given for the purpose of defending those proceedings … and (b) … that documents prepared for the purpose … of settling or avoiding a claim are created for the purpose of defending litigation. At a time when there is so much emphasis (by means of pre-action protocols and otherwise) on discouraging the commencement of proceedings and encouraging compromise this is entirely understandable. The pre-action gathering of evidence for potential deployment in reasonably contemplated proceedings is plainly within the scope of litigation privilege: and so, in my judgment, is the pre- action gathering of information and material created for the purpose of settling or avoiding a claim (whether or not it might be deployed in evidence if litigation started), and the analysis of that material for the purpose of considering a settlement offer ..."

但上诉庭推翻了这一判决,认为 SFO v. ENRC 上诉庭先例并没有改变过去严格对待主要目的的地位,说:"(原告代表大律师) submitted that it is well established that litigation privilege covers communications which are directed at obtaining advice or evidence, including information or documents which might lead to evidence and that that is the meaning of the phrase 'conducting litigation'. He said that the Judge erred in concluding that such a 'narrow formulation' was no longer correct in the light of the decision of the Court of Appeal in SFO v. ENRC ... (原告代表大律师) submits that in ENRC the Court of Appeal did not remove the requirement that for a communication to be for the dominant purpose of conducting litigation it must be concerned with obtaining advice or evidence. ...

We were not shown any authority which would extend the**scope of litigation privilege to purely commercial discussions**. In particular **we do not consider that ENRC extended the scope of the documents covered by litigation privilege**. The disputed documents in that case all fell within the recognised categories of advice or information going to the merits of the contemplated litigation. **The only possible change attributable to the decision in ENRC was the confirmation that the conduct of litigation includes its avoidance or compromise.** In our judgment the Judge was wrong in thinking that ENRC had gone any further.

We do not consider that there is any justification for extending the scope of litigation privilege in that respect. ... In summary, our conclusions are as follows:

i) Litigation privilege is engaged when litigation is in reasonable contemplation.

ii) Once litigation privilege is engaged it covers communications between parties or their solicitors and third parties for the purpose of obtaining information or advice in connection with the conduct of the litigation, provided it is for the sole or dominant purpose of the conduct of the litigation.

iii) **Conducting the litigation includes deciding whether to litigate and also includes whether to settle the dispute giving rise to the litigation**.

iv) Documents in which such information or advice cannot be disentangled or which would otherwise reveal such information or advice are covered by the privilege.

v) There is no separate head of privilege which covers internal communications falling outside the ambit of litigation privilege as described above."(加黑部分是笔者的强调)

笔者认同上诉庭在本先例的判法。在面对诉讼或可能的诉讼时试图和解谈判解决争议是经常发生也是值得鼓励的事情。对任何一方当事人来说,和解谈判的策略与底线等方面的机密性是非常重要的。而且,试图和解谈判还经常会涉及对昂贵的诉讼费用(litigation costs)作出保护的手段:见本书第十二章之8.5段提到的Calderbank v. Calderbank (1976) Fam 93与Cutts v. Head (1984) Ch 290先例。例如律师建议客户主动向对方作出一个Calderbank Offer,或接受对方作出的和解要约(settlement offer),或要求客户授权和解谈判的金额与底线等方面是必须保证机密。但还有不少情况是考虑和解主要为了商业原因或其他考虑,例如为了公司上市或集资,所以不想有诉讼缠身或可能的诉讼出现,带来困难与变数,或是纯粹是保持友好关系等商业考虑。正如一审的Norris大法官所说如下:"In my judgment documents prepared for the dominant purpose of formulating and proposing the settlement of litigation that is in reasonable contemplation (or in existence) are protected by litigation privilege. The principle must be carefully applied. Documents may, of course, be generated about the settlement of a claim for other purposes, such as the general management of the business ('We must dispose of this claim because its continuation is harming our fund-raising'). Litigation privilege would not apply. Documents may be generated which are relevant to a settlement e. g. a projected cashflow which has a bearing on the terms of an offer. But litigation privilege does not apply because if you ask the question 'Why was this document created?' the answer is not 'Because of the litigation' but 'Because prudent management of the business requires cash flow projections'. The document is created in connection with the litigation; but not for the sole or dominant purpose of the litigation."

看来一审与上诉庭的不同决定只是因为一审的Norris大法官认为SFO v. ENRC上诉庭先例后应该宽松对待当事人享有诉讼特免权的主张,毕竟法院只能看当事人对该文件的描述(description),不能也不愿意亲自查阅(inspection)该文件内容。但上诉庭看来只对该文件的描述,也不愿意宽松解释。

笔者认为,如果这个先例的处理手法高明一点,可能会有不同的判决结果,包括:(1)被告主张享有特免权的描述"... with the dominant purpose of discussing a commercial settlement of the dispute when litigation with(原告)was in contemplation"看来有问题。如果多加几句话,例如"and/or considering taking measures to protect future litigation costs",可能更能提升上诉庭支持特免权的概率。(2)被告公司内部的董事与高管之间在讨论和解谈判以解决争议与可能的诉讼时,是否应该有律师参与甚至通过律师所谓"漏斗"(funneling)的做法(见本书第一章之4.2段)以增加法院支持特免权的概率?至少这样,会更令人相信是在讨论法律方面的问题,而不是纯粹在商谈业务(pure commercial discussions)。

3. 什么是"诉讼"(litigation)

想要享有诉讼特免权的保护,除了较早前已经提到产生与制作文件时是否存在"唯一目的"(sole purpose)或"主要目的"(dominant purpose)的问题,这目的还必须是针对"诉讼或可能/合理预期的诉讼"(litigation or litigation in contemplation/litigation in reasonable prospect)。

可以说如果“主要目的测试”是主张诉讼特免权以保护文件机密的第一个主要关卡(first obstacle),“诉讼或可能的诉讼”就是第二个关卡(second obstacle)了。在判断文件的制作是否是针对一个诉讼这一点上来说是比较明确的,如果一个对抗制(adversarial)的诉讼已经开始,公司制作的有关文件都会受保护。但在制作有关文件是否针对一个“可能的诉讼”这个问题上,判断起来就变得困难与不肯定。毕竟什么才是“可能”或是“不可能”的诉讼?分水岭在哪里?应该宽松或严格地解释?如果太宽松,就会令所有参与国际贸易与航运的公司所制作的大部分文件都可享有特免权的保护。这些方面都会带来不肯定,比如规管机构(regulatory body)要求提供信息导致公司需要先进行内部调查,希望在掌握了事实真相后再与规管机构合作的常见情况。如果一开始,规管机构的要求就充满了对抗性/敌意与威胁(threatening),公司之后调查取证而产生与制作的文件就会有较大的机会说是主要目的是“可能的诉讼”。但如果规管机构只是非常平和(peaceful)或一般行政性质(administrative)的要求,甚至是有法律规定公司是要调查取证,在这种没有明显敌意的情况下,主张诉讼特免权就会有困难了。很明显这又要看个别案件的不同案情,也因此带来不肯定。这方面复杂的问题会在稍后的本章之7段进一步探讨。

3.1 对抗制(adversarial)程序才是诉讼(litigation)

“诉讼”指的是对抗制程序,这也是英国与其他普通法国家的诉讼模式。在本书第一章之2.2.4段已经介绍了只有对抗制的诉讼才有诉讼特免权(litigation privilege)的必要原因,并介绍了不少权威先例的说法,这包括早期的Anderson v. Bank of British Columbia (1876) 2 ChD 644;Southwark and Vauxhall Water Co v. Quick (1878) 3 QBD 315;Wheeler v. Le Marchant (1881) 17 ChD 675等先例。在此不重复有关内容,只介绍一个有关《欧洲人权公约》(European Convention on Human Rights,ECHR)生效后,对传统说法(只有对抗制程序才属于诉讼)有冲击的L (A Minor) (Police Investigation: Privilege), Re (1997) AC 16贵族院先例。此先例涉及的是家事案件,一个家庭中的父母均为吸毒成瘾人士,而作为儿童的女儿在某次摄取了一定量的美沙酮(methadone)后有严重反应,但万幸的是在送往医院后获得了救治。对于此次事故,母亲声称女儿是意外地在某一时间摄入了美沙酮。当地市议会之后采取行动介入此事,法院在《Children Act 1989》立法下出具紧急保护命令(Emergency Protection Order)与暂时照料命令(Interim Care Order)等来保护该儿童。之后法院允许父母就女儿摄入美沙酮的频率寻求医学专家的意见与出具报告,并告知法院有关报告的内容。母亲通过律师委任了医学专家出具报告,得出的结论是女儿并没有对美沙酮成瘾,但造成事故的美沙酮摄入时间与母亲声称的时间有较大出入。向法院告知这医学报告内容的程序中,警方也有人士参与列席旁听,这导致后来警方希望介入调查母亲可能的刑事犯罪,并要求披露该份报告的全部内容。母亲拒绝披露这份报告的全部内容给警方,一个重要理由就是法律业务特免权。

在本书第九章之2.3.1段已经介绍过根据R v. Derby Magistrates (1996) AC 487贵族院先例,即使是涉及犯罪(谋杀)也不会超越法律业务特免权对文件的保护。因此双方对这份报告是否可以享有法律业务特免权开始激烈的争论。其中一个争议就是这份根据法院命令获取的报告是针对被保护儿童,涉及儿童监护权的程序,没有任何对抗的因素。在当时也没有警方介入,母亲也没有涉嫌犯罪。这份报告能否享有诉讼特免权的关键,就是在《Children Act 1989》下的保护儿童与儿童监护权程序(care proceedings)是否是"诉讼"?

L(A Minor)(Police Investigation: Privilege), Re 先例中的贵族院在考虑了过往的诸多先例后多数意见(Jauncey 勋爵、Lloyd 勋爵与 Steyn 勋爵)的结论是,对于诉讼特免权来说,所称的"诉讼"指的是对抗制的诉讼。而结合此先例中的事实背景与程序进行的情况,此先例中的医学报告针对的程序并非对抗制,因此根据这一点已经足以认定医学报告不享有诉讼特免权保护,母亲不可以拒绝作出披露:"Litigation privilege, as it has been called, is an essential component of adversarial procedure. ... care proceedings are essentially non-adversarial. Having reached that conclusion, and also that litigation privilege is essentially a creature of adversarial proceedings, it follows that the matter is at large for this House to determine what if any role it has to play in care proceedings."

值得注意的是,在 L (A Minor) (Police Investigation: Privilege), Re 贵族院先例的少数意见(Mustill 勋爵与 Nicholls 勋爵)中,Nicholls 勋爵认为不能简单地用"对抗制"的标签去认定"诉讼"的含义,说:"These descriptions are contrasted with the adversarial nature of ordinary civil and criminal proceedings. These descriptions, and this contrast, do not in themselves provide an answer to the question raised by this appeal. Attaching the bewitching label of inquisitorial to family proceedings says nothing about whether legal professional privilege should or should not be available to a person who is a party to the proceedings...In this context the contrast between inquisitorial and adversarial needs handling with care...The crucial question is not whether, and to what extent, the proceedings are inquisitorial rather than adversarial. The question to be addressed is what is required if the proceedings are to be conducted fairly."

Nicholls 勋爵强调程序的公平或公平审理(fair trial)才是真正应当考虑的问题,而不仅仅是程序的标签是不是"对抗制"。在 ECHR 之 Article 6(1)("In the determination of his civil rights and obligations ... everyone is entitled to a fair and public hearing within a reasonable time by an independent and impartial tribunal ...")的要求之下,程序的公平被提到了人权的高度。而根据欧洲人权法院(ECtHR; Cour européenne des droits de l'homme)的 Lobo Machado v. Portugal (1996) 23 EHRR 79 先例对 ECHR 之 Article 6(1)的权威解释,"right to adversarial proceedings"也只是"公平"程序的一个部分或类别而已。

但毕竟目前 L (A Minor) (Police Investigation: Privilege), Re 贵族院先例(虽然是

多数判决)仍然被视为权威先例,因为在这方面对 ECHR 的解释仍是欠缺与/或混乱。[16] 因此,是否属于"对抗制"仍然是判断程序是否属于诉讼的标准。或者换言之,ECHR 要求下的程序公平标准是能够享有诉讼特免权的必要非充分条件,也就是程序必须是公平否则不会享有诉讼特免权;但是即使是程序公平,如果不被认为是"对抗制",这个程序仍然无法被称为"诉讼",为这个程序所制作的文件也不会受到诉讼特免权的保护。

3.2 什么是对抗制的不明确

根据刚刚的讨论,只有"对抗制"程序才能属于诉讼特免权所指的"诉讼"。也因此有必要认定哪些才是对抗制的程序。所谓的对抗制是相对于大陆法系下的询问制/纠问制(inquisitorial)来说的。在 Three Rivers DC v. Bank of England (No.6) (2005) 1 AC 610 先例中 Rodger 勋爵说程序必须涉及双方的对抗(confrontation),各自取证与提供证据以试图"击败"对方,法官或陪审团只是根据双方的争辩与提供的证据决定谁是胜诉方:"Litigation privilege relates to communications at the stage when litigation is pending or in contemplation. It is based on the idea that legal proceedings take the form of a contest in which each of the opposing parties assembles his own body of evidence and uses it to try to defeat the other, with the judge or jury determining the winner."

在 L (A Minor) (Police Investigation: Privilege), Re (1997) AC 16 贵族院先例中,Nicholls 勋爵则将对抗制程序描述为双方有对抗与冲突的程序:"the expression adversarial carries with it a connotation of confrontation and conflict."

在一般的商业争议中,法院诉讼程序、仲裁程序[17] 都会被认为是对抗制的程序。但是对抗制和纠问制的分界线(borderline)处于何处,事实上并非一定清晰的,尤其是经常发生的调查性质、行政性质的程序。

---

[16] 这可节录 Bankim Thanki QC 的《The Law of Privilege》(2018 年,第 3 版)一书之 8.04 段,如下:"The (欧洲人权法院) has failed to provide a clear line of authority in relation to self-incrimination and appears disinclined to do so. The consequent uncertainty allows it enormous freedom in deciding each case before it as it wishes, but is deeply unsatisfactory for those seeking to apply its judgments as binding authorities. As academic commentators have recently put it: 'Where legal doctrine is being developed judicially, uncertainties are not unusual. The difficulty here is that the(欧洲人权法院) appears to cite different authorities on different occasions, and has avoided opportunities to review the subject and to take some steps towards greater clarity.' 'The result is a mass of conflicting case-law driven by the factual basis of each case, stressing, and sometimes rejecting, different factors.' Another commentator has put it more bluntly: 'The(欧洲人权法院)jurisprudence is utterly unsatisfactory and has caused great confusion in this area of the law, as the decisions are obviously inconsistent with each other and there has been no serious attempt to rationalise them. Indeed, the lamentable state of the(欧洲人权法院) jurisprudence in this area of law is a disgrace and a serious criticism of that court.'"

[17] 英国对于仲裁的传统要求是必须以对抗制程序进行,否则会构成仲裁员的行为不当(misconduct),进而被法院干涉:见权威的 Mustill & Boyd 之《Commercial Arbitration》(1989 年,第 2 版)一书第 2.2 章之一句话所说:"Unless the parties have agreed to the contrary... the arbitrator is required to adopt an 'adversary' rather an 'inquisitorial' procedure."到了《Arbitration Act 1996》,在 Section 34(2)(g) 允许仲裁员以其他程序(也就是纠问制)程序进行。这样,英国仲裁不再是完全的对抗制了。但绝大部分英国仲裁,仍然主要是以对抗制程序进行。因此很少有诉讼特免权(litigation privilege)能否适用在仲裁程序中的质疑,估计即使是有质疑也不会成功。中国香港、新加坡仲裁也是如此。

3.2.1 政府与规管的公开询问和调查程序

特别是涉及规管(regulatory)时,不少情况下都会开始调查性质(investigatory)或行政性质(administrative)的程序,如税务法下的调查、公司法下的调查、反垄断调查等。如果一个调查程序只是针对公共利益(如中国香港政府在2018年成立独立小组调查有关土地供应问题以应付房屋严重短缺的社会问题)对事实进行调查取证(facts gathering),大部分是采用询问与回答的模式,看来这明显属于纠问制。但如果调查程序不仅仅是单方面对事实进行调查取证,在某一重大事故发生后的调查程序中(如2012年香港南丫岛撞船事故涉及多方当事人,包括香港海事处、船厂、中国船级社等,需要找出谁对这起撞船导致多人伤亡的事故负有责任),各方各自提出保护自己的证据,就可能会变成了对抗制的程序。

从过往一些先例的判法中也可以看出,什么时候处于对抗制并不容易判断。同样是针对儿童的利益与监护抚养问题的程序(但是针对的内容有所不同),LM v. London Borough of Lewisham (2009) UKUT 204 先例就因与 L (A Minor) (Police Investigation: Privilege), Re (1997) AC 16 贵族院先例(案情已在本章之3.1段介绍)有不同事实而进行区分,从而得出不同判决。此先例中一个女孩由于身体原因需要特殊教育,而当地的教育机构指定了一所小学给该女孩就读。但女孩的母亲不满意因而向行政裁判服务局(Tribunal Service)提出申请,试图要求对教育机构的决定进行复核。在行政裁判服务局的初级裁判所(First-tier Tribunal)程序中,初级裁判所命令披露一些有关女孩身体状况的专家报告,但女孩的母亲以法律业务特免权为由拒绝披露。这问题因此被提交到行政裁判服务局的上级裁判所(Upper Tribunal)作决定,上级裁判所的 Mark Rowland 法官就指出在目前的司法复核(judicial review)做法,虽然欠缺对抗制诉讼中的一些元素与做法,但没有理由不给予诉讼特免权的保护,说:"Litigation privilege was available for the old prerogative order proceedings and applies to modern judicial review proceedings, although many of the features of a fully contested adversarial contest would be absent in such cases. We see no basis for not regarding proceedings before the First-tier Tribunal as litigation for the purposes of legal professional privilege in both of its aspects."

又如 Tesco Stores Limited & Ors v. Office of Fair Trading (2012) CAT 6 先例是有关竞争法(competition law)调查的程序。此先例中英国公平交易事务处(Office of Fair Trading)对乐购(Tesco)进行反不正当竞争法调查,主要涉及的是有关乐购针对车打芝士(cheddar cheese)与英国传统芝士(English territorial cheese)涉嫌协同交易(concerted action)。乐购通过某些加工商(processors)或供应商(suppliers)与其他零售商一起交换信息,统一该类芝士的市场零售价格,以便逐步提高这类芝士的市场售价。具体而言,芝士的生产是由农场生产生牛奶后,交给加工商(英国当时的加工商主要是 Dairy Crest、Glanbia 与 Lactalis McLelland 等)加工成芝士等奶制品,再交给各大零售商(英国当时的主要零售商是 Asda、Safeway、Sainsbury 与 Tesco)出售给消费者。2003年一个加工商(Arla)向公平交易事务处告密,揭发存在协同交易的情况。于是2004年公平交易事务处开展了对此事的调查,并在2007年针对10家有关公司(Asda、Morrisons、Safeway、Sainsbury、

Tesco、Arla、Dairy Crest、Lactalis McLelland、The Cheese Company 与 Wiseman)出具了违反《Competition Act 1998》的异议声明(statement of objection),要求这十家公司作出回应。其中大部分公司都以减轻对自己的罚款为条件承认了责任。而少数公司则提出反对,其中就包括乐购。公平交易事务处也进一步向芝士供应各个环节的公司与操作人士进行调查取证。并向乐购发出了进一步异议声明(further statement of objection)。乐购也要求提交证人证言,并在询问了大量潜在证人,包括 Dairy Crest、Lactalis McLelland 公司的雇员或前雇员后,提交了多份证人证言,以证明自己对芝士的定价纯粹是自己单方面的商业行为,并没有与其他公司进行"协同"哄抬价格、损害消费者利益。最后公平交易事务处仍然作出了对乐购的罚款决定。乐购随即向英国竞争上诉法庭(Competition Appeal Tribunal)提出申请,反对此项决定。在竞争上诉法庭的程序中,公平交易事务处就要求乐购披露在罚款决定前为了获取潜在证人的证言接触过的所有人士的名单以及与这些人士之间的通讯等。乐购则反对了这个披露要求,其中一个重要的反对理由就是这些内容均受到诉讼特免权的保护。

但问题是此先例中对于涉嫌违反竞争法行为的调查程序是否符合"诉讼"的标准呢?竞争上诉法庭的 Carlile 勋爵在考虑了 L (A Minor) (Police Investigation: Privilege), Re 贵族院先例,也考虑了 ECHR/《Human Rights Act 1998》的程序公平或公平审理要求后,先确认了此先例中的调查程序是能够符合"公平"的标准的。在进一步认定此先例中的调查程序是否"对抗制"时,Carlile 勋爵强调了对于一个程序是否对抗制的认定需要结合每一个案件中特定的事实背景进行考虑,而不少诉讼也不是全部或纯粹的对抗制或纠问制,说:"Proceedings may not be wholly adversarial or wholly inquisitorial. In LM v London Borough of Lewisham the Upper Tribunal referred to judicial review proceedings as being sufficiently adversarial in nature to attract litigation privilege. This is so even though judicial review proceedings do not, in theory, involve a lis inter partes (涉及多方的诉讼) and are issued in the name of the Crown to request the High Court to exercise its supervisory jurisdiction."

在考虑了此先例的具体案情后,尤其是结合了在反不正当竞争法调查中,公平交易事务处反复发出异议声明,乐购也多次提出反对,双方也都各自针对性地寻找有关的证人证据等,显示了双方的对抗性(confrontational)与冲突(conflict)。因此最后竞争上诉法庭认定此次竞争法调查应当是属于"对抗制",也就属于诉讼特免权适用范围。

在 Three Rivers DC v. Bank of England 系列先例中,Bingham 大法官负责的询问工作只是对英格兰银行是否履行了法定职责进行的事实调查,主要的工作重点是由英格兰银行回应 Bingham 大法官的各项询问,没有任何对抗的内容,也因此不属于对抗制程序。Scott 勋爵[18]说:"The Bingham Inquiry could not have been described as adversarial. It was, as inquiries invariably are, an inquisitorial proceeding."也因此在该著名与重要的先

---

〔18〕 Scott 勋爵是著名的对诉讼特免权提出质疑与反对的大法官,甚至有学者专门撰写了"Lord Scotts's private war against litigation privilege"(2005) 24 CJQ 185 一文。在本章之 5.3 段会再讨论这个问题。

例中当事人并没有主张诉讼特免权拒绝披露，而是将重心放在了法律意见特免权上，因此该著名先例是在针对法律意见特免权的本书第九章中探讨。

3.2.2　CPR带来对不同程序做法的疑问

英国法院自1999年民事诉讼改革带来的CPR生效后，由于法院程序上的大量变动与细分，对于哪些程序属于对抗制带来了不少疑问。在Three Rivers DC v. Bank of England（No.6）（2005）1 AC 610贵族院先例中，Scott勋爵说："Civil litigation conducted pursuant to the current Civil Procedure Rules is in many respects no longer adversarial. The decision in In re L[L（A Minor）(Police Investigation：Privilege)，Re贵族院先例]warrants，in my opinion，a new look at the justification for litigation privilege. But that is for another day."

也可见Rodger勋爵所说："The ethos of the new system of civil procedure in England and Wales，and of the more limited changes in civil procedure in Scotland，may also have a bearing on the question. Consideration of the issue must，however，await a case where the matter arises for decision."

但也有看法是CPR对英国诉讼属于对抗制并没有带来什么冲击，正如《The Law of Privilege》(2018年，第3版)一书之3.155段说："However，it is wrong to suggest the civil or criminal litigation is no longer adversarial. This would require a fundamental change to our system of justice which the CPR has not brought about…"

看来这个问题仍然有待发展，尤其是由于目前一些先例看来都非常局限于受到特定案例的不同案情的影响。当然除非将来有权威先例对原则性的判断标准进一步总结与明确，否则对于是否是对抗制的判法仍然很依赖于案件的案情与审判法官的看法。可以说这也给对保护机密十分重要的诉讼特免权的适用带来不肯定性。加上英国法院这些年来采取的倾向都是鼓励公开/透明的诉讼，收紧特免权的适用。正如Donaldson大法官在Davies v. Eli Lilly & Co（1987）1 All ER 801先例中所说，英国诉讼应当是"双方所有的底牌都摊在桌上"(cards face up on the table)。另外在CPR，法院也鼓励诉讼的双方当事人尽早向对方作出披露，以利尽早地和解谈判，这些倾向与想法都带来对诉讼特免权前景的质疑。

当然一般的法院刑事与民事诉讼程序、国际商事仲裁等案件都可以被认定为"对抗制"程序，主要会带来疑问的就是这些规管调查程序、行政程序。例如，目前越来越常见的反不正当竞争法调查会涉及十分庞大的罚款金额[如可以是有关产品销售额的10%，Tesco Stores Limited & Ors v. Office of Fair Trading（2012）CAT 6先例中就是如此]，但此时如果要主张诉讼特免权的保护就往往不肯定。在这种情况下，更稳妥的还是同时主张法律意见特免权作为替代理由(alternate reason)拒绝披露，以降低可能的风险。

最后可以节录Charles Hollander QC的《Documentary Evidence》(2018年，第13版)一书之18－16段作为小结："Tribunals and inquires under the Companies Act 2006 or the Financial Services and Markets Act 2000 may present difficulties. The issue will usually be whether the proceedings were merely fact-gathering. Where a tribunal is administrative，it is unlikely that it will be possible to claim litigation privilege.[19] On the non-adversarial side of the line would appear to be inquests, tax investigations, and many types of proceedings involving children[20] ... The position with respect to inquires may vary. In the past, it would have been difficult to claim litigation privilege for inquires on the basis that their functions are investigatory. Perhaps the Bingham Inquiry, even if held now, would not be of such a nature as to give rise to ECHR art. 6 rights at all.[21] But the position will not always be the same for inquires. It is for consideration whether a DTI inquiry or an inquiry into a train crash, each of which is likely to lead to a flurry of claims if findings are made hostile to an individual or company, attracts litigation privilege. It may depend on the nature of the inquiry. There is no doubt that as matters presently stand, there is a good deal of uncertainty as to what proceedings are 'adversarial'.[22]"

4. 什么是"可能/合理预期的诉讼"(litigation in contemplation/litigation in reasonable prospect)

除了已经发生并在进行中的诉讼,现实中还有不少情况是诉讼还未开始,甚至是未必会有诉讼发生,此时怎样才能构成诉讼特免权中"可能/合理预期的诉讼"呢? Charles Hollander QC 的《Documentary Evidence》(2018 年,第 13 版)一书之 18.17 – 18.18 段说:

"The classic formulation requires both the dominant purpose of the communication to be for use in litigation and also that litigation is in reasonable prospect. It has been held that it does not matter whether a cause of action has arisen nor whether the other party was aware that litigation was in reasonable prospect.

Different expressions have from time to time been used as the test for the level of certainty as to whether litigation would follow. In Wheeler v. Le Merchant (1881) LR 17 Ch. D 675, all three members of the court used the expression 'contemplated' or 'in contempla-

---

[19] 今天在《Companies Act 2006》或《Financial Services and Markets Act 2000》等立法下规管机构对公司的规管程序是否会属于对抗制的诉讼是不容易判断的。常常涉及的问题是规管程序是否仅仅是收集证据以了解事实真相。如果规管程序设立的调查庭仅仅是行政性质,那很可能就不涉及诉讼的问题。

[20] 此处提到了死因调查[Coroner Inquest,如可见 AB v. Ministry of Justice (2014) EWHC 1847 先例]、税务调查以及很多涉及儿童的程序[如 L (A Minor) (Police Investigation: Privilege), Re (1997) AC 16 贵族院先例]等。

[21] 如果仅仅是调查事实真相,也可能不涉及诉讼,例如 Three Rivers DC v. Bank of England 系列先例中 Bingham 大法官的询问,即使在今天来看可能也会并不属于诉讼。

[22] 但是如果这些事实背景稍有不同,例如调查显示出敌意,就属于诉讼了。尤其是针对 DTI(Department of Trade and Industry,过去的英国贸工部)对公司的调查,或者是对火车撞车事件的调查[如 Waugh v. British Railways Board (1980) AC 521 贵族院先例]就会处在灰色地带(grey area),毕竟此类调查的结果一旦对公司或个人不利,就显然会带来诉讼了。

tion' when speaking of litigation not actually pending. In Collins v. London General Omnibus Co (1893) 68 L. T. N. S. 831, the court adopted a higher test, Wills J postulating circumstances such as 'no reasonable person could doubt that an action would follow' and Charles J defining reasonable apprehension of litigation as 'when there is a high probability, amounting to certainty that an action will ensue'. In Jarman v. Lambert & Cooke, Contractors (1951) 2 KB 937, Denning LJ said that '... the privilege only obtains if litigation is 'pending or anticipated' and in that connection it is well settled that a mere vague anticipation of litigation generally is not sufficient. '...

The modern expression '**if litigation is reasonably in prospect**' was used by Oliver LJ in Highgrade Traders, Re (1984) BCLC 151. Modern authorities generally apply this as the test for claiming litigation privilege.... "(加黑部分是笔者的强调)

这本权威书籍的上述节录部分是说有没有诉因与对方知道是否有权控告你都不重要,以往先例法官说法所用的文字都不一致,可以肯定的是只有一个含糊的诉讼可能性(如根本说不出具体诉讼的理由)是肯定不足够的。

另可以节录 Axa Seguros v. Allianz (2011) EWHC 268 (Comm)先例中 Christopher Clarke 大法官所说:"The dividing line between circumstances which afford a reasonable prospect of litigation (but not necessarily that litigation is more probable than not), on the one hand, and a (mere) possibility of litigation on the other, **is not entire clear**. The fact that one or more conditions have to be fulfilled in order for a dispute to arise which requires the commencement of litigation in order to resolve it does not necessarily mean that litigation is only a possibility. Much may depend on what, at the relevant time, is the prospect that the conditions will be fulfilled."(加黑部分是笔者的强调)

此处是说合理预期中的诉讼与仅有诉讼可能的分水岭并不十分清楚,即使符合一些可以提起诉讼的条件(如有合法诉因),也不足以判断是否有一个可能的诉讼,而是要根据每一个案件不同的案情来决定。例如,即使有诉因,但是根据双方的关系来看(如同一集团下不存在任何敌意的不同公司)是不太可能发生对抗性诉讼的。

以下会介绍一些著名先例进一步说明。

4.1 是否有"可能的诉讼"与案情有关

事实上在 Waugh v. British Railways Board (1980) AC 521 先例确立了一份调查报告或文件何时受到诉讼特免权保护的标准后,已经有先例涉及"可能的诉讼"到底是什么含义的问题。在第九章之 2.7 段讨论文件部分受到特免权保护如何处理时,介绍了重要的 The "Sagheera" (1997) 1 Lloyd's Rep 160 先例。此先例还确立了另一个有重要意义的问题是认为"可能的诉讼"与涉及的争议的实际内容息息相关。

案情是"Sagheera"轮在中东海域爆炸并沉没。由于战争险(war risks)与船壳险(hull and machinery risks)分开投保,因此面对这个全损事件,船东分别通知了承保战争险的保险人(船东互保协会)与承保了船壳险的保险人。但是爆炸原因还未知,如果是由于该水域中可能存在的水雷导致爆炸,应该由承保战争险的保险人作出理赔。但如果爆炸是由于船舶的原因,例如锅炉压力太大导致爆炸,则应向承保船壳险的保险人索赔。船东与船东互保协会联合委任了一家英国律师事务所(A所)进行事实真相调查与收集取证,这期间产生大量的通讯与文件,也与生还的船员会谈(interview)并签下书面证言(crew statements),另获取了专家报告。之后船东互保协会在获得船东转让(assign)了向船壳险保险人索赔的权利下,向船东作出了无损害(without prejudice)的暂时理赔,至此对A所的联合委任终止。而船东互保协会之后开始了向船壳险保险人的索赔诉讼。船壳险保险人要求船东互保协会披露A所获取的有关文件,而船东互保协会显然拒绝,主要理由就是主张法律业务特免权。

针对诉讼特免权产生了一个重要争议是此先例中船东与船东互保协会联合委任的律师在调查取证时,显然是还没有发生诉讼,问题就是在该情况下是否有可能诉讼呢?在当时的情况下,是否会发生诉讼看来将完全取决于调查取证的结果。如果调查结果是水雷导致爆炸,承保战争险的船东互保协会可能就直接赔付而不会有诉讼。而如果是船舶原因导致爆炸,才至少可以争论是否预期有诉讼的可能性。因此船壳险的保险人指出由于并没有可能的诉讼,不能享有诉讼特免权。但这个看法被Rix大法官否定,Rix大法官说:

"... it seems to me that litigation was reasonably in prospect from the beginning. It is true that an insured who suffers (say) a motor accident does not therefore contemplate or anticipate litigation: he assumes his claim will be met in the ordinary way, possibly with a bit of give and take. That may be typical of the great majority of insurance claims. The situation is, however, different where a major casualty occurs at sea, with the loss of the subject matter insured beneath the waves, in an area at any rate adjacent to a war zone where mines are sown, in circumstances where the question immediately arises whether the cause of loss is something for which one but not the other of two separate underwriters are responsible...

As regards that potential conflict between the two sets of underwriters, do they fight it out among themselves at their own expense, or is it for the Member to use for example his Defence cover to pursue one or either of the underwriters. I presume the answer is the former.

It seems to me that litigation involving or between the underwriters was always in reasonable prospect, to which the owners may well have had to be a party...

It may well have been, of course, that in the first instance the hope would be that litigation would be unnecessary: but I do not think that it is possible to distinguish between the purpose of taking legal advice concerning one's rights or obligations, where that necessitates acquiring information from third parties, and the additional purpose of using that information in aid of litigation, should litigation be necessary, as long as litigation is reasonably in prospect. That is not in my judgment an example of a dual purpose which prevents the purpose of using information in aid of litigation from being dominant as required by the test formulated in Waugh v. British Railways Board..."

至于可能的诉讼是在两个保险人之间进行,还是由船东依赖自己的诉讼抗辩险(defence cover)(一般船东都会投保抗辩险)向其中一个保险人索赔(根据调查取证的结果选取一个看来较有可能要承担赔付责任的保险人),Rix 大法官认为一般都会是在两个保险人之间进行诉讼。换言之,在 Rix 大法官看来,此先例中的诉讼几乎是不可避免的,区别只是由哪一个愿意先暂时赔付给船东的保险人代位(subrogated)向另一个保险人索赔而已。因此两个保险人之间的诉讼就是"可能的诉讼"或"可预期的诉讼"。

而根据 Rix 大法官的判法,只是简单的摩托车事故就可能不会有"可能的诉讼"。所以笔者再次强调,判断什么时候才有"可能的诉讼"必须结合每一个案件的事实背景本身来看待。一个案件的案情是否复杂(complexity)、涉及的金额有多少(amount in dispute)、与第三方之间对抗性程度的高低(degree of adversity)等因素都会被纳入考虑。类似地考虑案件的事实背景认定是否有"可能的诉讼"的案例也可见近期的 Westminster International BV v. Dornoch Ltd (2009) EWCA Civ 1323 先例(此先例会在本章之4.3.1 段进行讨论)等。

SFO v. ENRC (2018) EWCA Civ 2006 上诉庭先例也针对了"可能的诉讼的考验"(litigation in contemplation test)。有关的案情可见本章之2.2 段,此处不再重复。在该先例中,上诉庭认为在这种调查的早期阶段,虽然 SFO 自己确定不了将来是否会提起诉讼,但从整体事实背景看,ENRC 显然是害怕与担心。SFO 也一早就在信函中说明配合"坦白从宽"政策不保证将来不会提起刑事诉讼,而是要看调查的结果与严重性。所以 ENRC 才不惜代价委任了外部律师,花费高昂的律师费[23]进行内部调查取证。这一切的事实加在一起,就很难说 ENRC 没有合理预期有"可能的诉讼"。上诉庭在这方面的判决是:"... we are not sure that every SFO manifestation of concern would properly be regarded as adversarial litigation, but when the SFO specifically makes clear to the company the prospect of its criminal prosecution (over and above the general principles set out in the Guidelines[24]), and legal advisers are engaged to deal with that situation, as in the present case, there is a clear ground for contending that criminal prosecution is in reasonable contemplation."

笔者另一个看法是,涉及的事故性质的严重性也会是上诉庭作出不同判决的一个因素。涉嫌欺诈与行贿的刑事指控对任何商业人士(法人或自然人)来说都十分可怕,所以 ENRC 将其当成一件大事情处理并愿意委任外部律师与支付高昂律师费用进行全球调查取证,就很难说其制作有关文件时没有预期到可能的刑事诉讼,而是像一审的 Andrew 大法官认为的仅仅存在刑事诉讼的可能性(mere possibility)。

4.2　判预期的可能性无须超过 50%的 USA v. Philip Morris Inc 先例

从文字/措辞本身可以看到,要满足诉讼特免权的适用标准,制作文件的主要目的针对的至少是"可能的诉讼"。但问题是事实上"可能"的情况非常广泛,即使是身边的点滴琐事也可能会导致诉讼的产生,正所谓"nothing is impossible"。能够获得诉讼特免权保

---

[23] 高昂的律师费也带来了另一个诉讼,可见本书第四章之1.1 段介绍的 Eurasian Natural Resources Corporation Ltd v. Dechert LLP (2014) EWHC 3389 (Ch)先例。

[24] 这是指"坦白从宽"的政策。

护的“可能的诉讼”的分水岭到底在哪儿呢?

Denning 勋爵在 Alfred Crompton Amusement Machines Ltd v. Commissioners of Customs & Excise (No. 2) (1972) 2 QB 102 先例就曾经提到不能仅仅是空泛的臆测:“There must be some definite prospect of litigation and not a mere vague speculation of it.”

这也在较近期被 USA v. Philip Morris Inc (2004) EWCA Civ 330 上诉庭权威先例所认可。此先例的背景是美国政府在《反有组织犯罪及腐化组织法案》(Racketeer Influenced and Corrupt Organizations, 18 USC §1962,简称 RICO)[25]下,于哥伦比亚地区法院起诉多个烟草(tobacco)公司。起诉理由是自 1953 年起,这些烟草公司有组织地故意欺骗美国政府与公众(烟草消费者),隐瞒烟草对人体健康的危害,包括隐瞒了烟草的成瘾性,操纵烟草中的尼古丁(nicotine)含量,以及对研究得出的结果隐瞒不报等。而在此先例中最重要的问题是,美国政府指称这些烟草公司为了避免披露某些内部的敏感(sensitive)文件,定期对文件进行销毁,将需要保留的文件送到境外以避开美国法院的管辖,或是故意所有通讯(内部以及外部)都通过律师进行并在文件上标注机密(confidential)等字样以希望依赖法律业务特免权。美国政府还指称这些烟草公司通过律师直接或间接地控制或影响科学研究机构就烟草对人体影响的研究。美国政府的索赔金额超过 2890 亿美元,在披露程序中已经涉及了超过 4000 万份文件。

而英美烟草公司(British American Tobacco)旗下的一家美国公司(Brown & Williamson Tobacco Corporation)与一家英国公司[British American Tobacco (Investments) Ltd,简称 BATCo]均是在美国法院程序中的被告。美国政府在美国法院的诉讼程序希望传召(witness summons)一些烟草公司的有关人士或前雇员出庭作证,其中就包括了英美烟草公司的前代表律师 Andrew Foyle 先生(曾经在 1985 年到 1994 年作为 Lovells 律师事务所的律师代理了多个英美烟草公司的案件)与 Martin Broughton 先生(英美烟草公司的前雇员)。当时 Foyle 先生与 Broughton 先生的住所地均在英国,不在美国法院的管辖下。由于 Foyle 先生与 Broughton 先生拒绝前往美国法院作证,因此美国政府向美国法院提出申请,要求美国法院向英国(也是 Foyle 先生与 Broughton 先生的住所地)法院发出请求书(letter of request),[26]并获得美国法院的同意。请求书中要求披露的文件包括当时 Foyle 先生对烟草公司文件管理政策的建议、制度与实施,对文件的销毁,送往美国境外的文件的运输、存储等事宜的所有通讯等。

英国法院针对请求书的倾向与态度不是本章的重点,不在此详论。但可以看出在 Refco Capital Markets Ltd v. Credit Suisse (First Boston) Ltd (2001) EWCA Civ 1733 上诉庭先例中已经有所明确:“it is the duty and pleasure of the court to give all such assistance as it can to the requesting court within the limits imposed by the Evidence (Proceedings in

---

〔25〕 RICO 立法原本是用来针对黑手党(mafia)这种有组织犯罪的,后来 RICO 被用来大量针对商业活动并作出惩罚性赔偿(punitive damages)。

〔26〕 根据《海牙证据公约》(Hague Convention on the Taking of Evidence Abroad in Civil or Commercial Matters 1970)通过请求书的做法请求外国法院协助取证,可见本书第四章之 2.3 段。

other Jurisdictions) Act 1975."而根据英国立法《Evidence (Proceedings in other Jurisdiction) Act 1975》[27]之 section 3(1)(a),英国法院不得强制要求披露英国法下不被允许披露的文件。例如,一个没有特免权说法的外国法院(这种国家也不少)请求英国法院根据《海牙证据公约》协助在英国取证,包括该人士与律师之间的通讯,这就显然会被英国法院拒绝协助。同时在早前的 State of Minnesota v. Philip Morris Inc (1997) ILPr 170 上诉庭先例中,Woolf 勋爵也指出在这方面应当公平合理地权衡申请协助取证的外国法院的利益与本国(英国)证人的利益。

回到此先例,请求书中的披露要求被反对的一个主要原因就是法律业务特免权。针对诉讼特免权是否能够适用,一审的 Moore-Bick 大法官认定针对请求书的程序应当属于本章之3.1 段介绍的 L (A Minor) (Police Investigation: Privilege), Re (1997) AC 16 贵族院先例中所指出的对抗制,也即可以属于"诉讼"。但双方的另一个关键问题是在 1985 年 Folye 先生被委任与作出文件管理建议时是否有"可能的诉讼"或"可预期的诉讼"。

事实上,在 1985 年左右已经开始有越来越多针对烟草公司的诉讼,Brown & Williamson Tobacco Corporation 这家美国公司就已经面对了好几个诉讼案件,但直到 20 世纪 90 年代末期才开始在海外针对英美烟草公司旗下其他公司进行诉讼。根据这个事实,一审法院的 Moore-Bick 大法官认定虽然在当时于美国法院已经有诉讼针对烟草公司,但是针对 BATCo 这家英国公司来说,并没有任何开始的诉讼或威胁要开始的诉讼,即使是在公司的角度来看可以合理采取一些一般性措施进行预防,这并不足以构成"可能的诉讼",或者说仅存在诉讼的可能性(mere possibility)是不足够的。Moore-Bick 大法官说:"I am unable to accept that litigation against BATCo itself was reasonably in prospect in 1985 and 1986 when Lovells (Folye 先生当时的律师事务所) were first instructed. I quite accept that at that time Mr Cannar (当时的公司秘书与法务部负责人) thought it a distinct possibility that sooner or later someone might make a claim against BATCo for smoking-related illness, if only because the burgeoning litigation in the US could be expected to provide an example to claimants in other countries, but at that stage no claim had been made or even threatened. The fact that Mr Cannar considered it desirable for BATCo to put its house in order because of a general apprehension of future litigation is not in my view sufficient to entitle it to claim litigation privilege in respect of communications made for that purpose.... The requirement that litigation be 'reasonably in prospect' is not in my view satisfied unless the party seeking to claim privilege can show that he was aware of circumstances which rendered litigation between himself and a particular person or class of persons a real likelihood rather than a mere possibility."

以上节录是说委任外部律师 Folye 先生时,仍没有任何第三方威胁会在外国(美国以外)提起诉讼。但公司法务部负责人 Cannar 先生想得长远,觉得迟早会有吸烟人士向烟草公司提起诉讼,所以提早委任外部律师做出准备。这样,Moore-Bick 大法官认为仅有将来被第三方(吸烟人士)提起诉讼的可能性,是不足以构成一个真正(real)"可预期的

[27]　这是英国对《海牙证据公约》的立法。

诉讼"。

之后案件被上诉到上诉庭,被告上诉的原因之一是 Foyle 先生认为 Moore-Bick 大法官在上一段节录的内容中,所给出的什么才算是"可能的诉讼"设定了太高的标准。这毕竟关系 Foyle 先生与烟草公司的书信往来(correspondence)与其他相关文件能否受到诉讼特免权保护,如果不受到诉讼特免权保护而被强制要求披露,文件内容可能会带来美国政府继续对 Foyle 先生穷追猛打甚至直接向 Foyle 先生提起刑事或民事诉讼,也会对烟草公司在美国的诉讼严重不利。

上诉庭首先考虑了过往的诸多先例对"可能的诉讼"的不同说法,[28] 认为 Moore-Bick 大法官的认定并没有错。Brooke 大法官说:"In the present case it is quite clear that the judge correctly considered that a 'mere possibility' of litigation did not suffice. He was also correct to conclude that the fact that there was 'a distinct possibility that sooner or later someone might make a claim' was insufficient. So was 'a general apprehension of future litigation'. He repeated three times that the appropriate test was that litigation must have been reasonably in prospect. The expression 'real likelihood' seems to have been used as a counterpoise to 'a mere possibility', and I do not consider that any more can properly be read into this phrase. **The judge was certainly not saying that there must have been a greater than 50% chance of litigation.**"(加黑部分是笔者的强调)

上述节录内容是说,此先例一审的 Moore-Bick 大法官认为仅仅存在可能性(mere possibility)不足以达到"可能的诉讼"的标准,而显然早晚第三方可能提出索赔(a distinct possibility that sooner or later someone might make a claim),或是对将来诉讼的一般性预期(a general apprehension of future litigation)也是不足够的。上诉庭的 Brooke 大法官也认为这标准是正确的,"reasonably in prospect"仍然是合适的标准。Moore-Bick 大法官用的"真正有可能"(real likelihood)的措辞/文字是针对"仅仅存在可能性"而言的,并非需要超过 50% 可能性才能够达到"可能的诉讼"的标准。

经过 USA v. Philip Morris Inc 上诉庭先例的总结与认定,什么是"可能的诉讼"或"可预期的诉讼"的范围在一定程度上得到了缩小与限定。国际商业活动中,每一个交易与关系都涉及利益冲突,所以难免事无巨细会涉及各类诉讼。这样,公司只是采取对诉讼的防范措施,而在文件被制作时如果是"仅仅存在可能性",没有任何迹象或证据显示第三方的"敌意",实际上诉讼看来过于遥远,是不会被认为是"可能的诉讼",这也就是"可能的诉讼"的下限。同时虽然上诉庭没有明确说明,但从上一段节录内容最后一句可以看到,"可能的诉讼"并不意味着一定要超过 50% 的可能性。

类似的看法也可见 Tchenguiz v. Director of the SFO (2013) EWHC 2297 先例中 Eder 大法官所说:"Where litigation has not been commenced at the time of the communication, it has to be 'reasonably in prospect'; this does not require the prospect of litigation to be grea-

---

〔28〕 可见本章之 4 段节录的 Charles Hollander QC 的《Documentary Evidence》(2018 年,第 13 版)一书之 18.17 段至 18.18 段中提到的各种不同说法。

ter than 50% but it must be more than a mere possibility."

虽然范围有所缩小，但仍然是一个并非十分清楚与明确的措辞/文字，也因此仍然导致了不少后来各有不同案情的先例都针对这个问题有所争论。

4.3　有关"变数条件"说法的先例

以下会逐一介绍几个其他的近期重要先例，其中针对了要根据"变数条件"(contingency)决定是否有"可能的诉讼"。这变数条件通常是指是否有可能的诉讼取决于调查的结果。在很多情况下(特别是第三方的敌意十分明显的情况)，开始调查时已经存在可能的诉讼，调查结果不应影响文件享有诉讼特免权。毕竟在上一段介绍的 USA v. Philip Morris Inc (2004) EWCA Civ 330 上诉庭权威先例中已经提及诉讼的可能性不必超过50%。相反，如果调查只是例行公事，即使真的调查出了问题，在开始调查时也不会预期有可能的诉讼，不影响文件不能享有诉讼特免权。另一种情况是出了严重与复杂的事故后开始调查，可以预期调查结果不可能绝对，也不会被有关人士平和地接受与解决争议。这样，几乎可以肯定将来会产生诉讼，调查结果的变数不会对此带来任何改变。这样看来，这"变数条件"的说法仍是如本章之4.1段的总结所说，要看每一个案件的不同案情，如是否复杂(包括对调查结果这个变数的预期)、争议金额大小、第三方的敌意等情况。

4.3.1　Westminster International BV v. Dornoch Ltd 先例

在 Westminster International BV v. Dornoch Ltd (2009) EWCA Civ 1323 先例中，"WD Fairway"轮卷入了一起船舶碰撞事故。"WD Fairway"轮有投保总保额(total insured sum)为1.45亿欧元的海上事故保险。在总保额下，包括了7360万欧元的船壳险(hull and machinery cover)以及其他基本风险的投保(如船舶的使费等)。在发生船舶碰撞事故后，船东委任检验员(surveyor) Van Woerkom, Nobles & Ten Veen BV(WNV)进行检验，得出的报告是预计修理费用达到了9100万欧元。由于维修费用超出了7360万欧元的船壳险总保额，使船舶属于推定全损(constructive total loss)。根据保单条文，保险人在这种情况下有责任赔付总保额1.45亿欧元。船东据此向保险人发出了弃船通知(notice of abandonment)。保险人则通过律师事务所委任了自己的检验员(Noble Denton)调查预计修理费用是否有夸大，得出的检验报告中预计的维修费用远远低于船东的检验员的预计。如果这份保险人的检验报告准确，那就不构成推定全损，只是需要赔付维修费用而不需要赔付总保额了。因此保险人暂时拒绝船东的弃船，要求进一步调查并评估修理费用。但船东不同意，并开始在英国法院诉讼。

在诉讼程序中，船东要求披露一系列在此诉讼开始前的文件，包括保险人与检验员 Noble Denton 之间的通讯与文件等。保险人则拒绝披露这一系列的文件，理由就是这些文件都享有诉讼特免权。而船东则提出该诉讼仅仅是有可能性，需要依赖变数条件(mere possible and contingent)。

这与 The "Sagheera" (1997) 1 Lloyd's Rep 160 先例的类似之处在于两个案件都会因为调查报告的结论不同而导致案件走向有巨大变化。但重要的不同之处在于，在 the "Sagheera" 先例中 Rix 大法官根据案情认定诉讼是非常可能发生的，只是由哪一个保险人(船壳险或战争险，见本章之4.1段)赔付存在不肯定的情况与需要依赖于调查报告的结论。但无论调查报告的结论是倾向船舶保险人还是战争保险人,由于金额庞大与通常这种结论不会绝对被大家接受,Rix 大法官认为很有可能产生争议与导致诉讼。但是在 Westminster International BV v. Dornoch Ltd 先例中,在保险人委任与要求检验员调查时,可以说实际上连诉讼是否会出现都有疑问,毕竟如果 Noble Denton 出具的报告中预计的修理费用与 WNV 的报告类似(如果不是特别的案情,两个独立与专业检验公司对修理费用的预计不应该有太大差别),船东与保险人之间也许根本不会有任何争议与/或诉讼发生。

但一审法院(Cooke 大法官)与上诉庭(Etherton 勋爵)都否定了船东的看法,换言之是支持了在这种情况下也属于"可能的诉讼",保险人可以拒绝披露。理由是此先例中这份报告中对修理费用的预计,影响了保险人是否需要赔付金额庞大的总保额(1.45 亿欧元),而如果只是赔付修理费用,则要少得多了。作为保险人来说,在收到了船东提供的由 WNV 出具的报告后,由于不满意、有很大的顾虑与认为需要进一步调查,因此不惜花费金钱通过律师委任了 Noble Denton。在当时从保险人的角度看(在考虑诉讼特免权时大原则是根据客观的标准,从案件的整体事实背景看待,但是仍然需要考虑有关当事人的主观意图,这可见本章之 1.4 段),这样的行为很显然是希望 Noble Denton 出具的报告有不同结果,让保险人可以质疑船东提供的 WNV 报告以及推定全损的索赔。但这样难免会导致双方之间的冲突与敌意,就很容易与可预期会在将来产生诉讼。正如 Cooke 大法官所说:"The reasons are ultimately very simple. At 27th March underwriters had the WNV report. On reading it, it became clear to them that the surveyors who had been instructed on their behalf, and would be referred to, and are referred to, as 'their surveyors', were saying that there was a constructive total loss. That was something which the insurers were not prepared to accept at that stage because they thought the report was manifestly inadequate. They certainly required more investigation and, for that purpose, they wanted to instruct Noble Denton and wanted to do so through solicitors. At that stage it must have been obvious to them that so doing was very likely to lead to trouble and likely to lead to aggravation, hostility and could well give rise to litigation in the future. Because their own surveyors had already said that it was a constructive total loss, to then require further material to be supplied, with a view to cross-checking that and with a view to perhaps defending any claim which might later emerge, it must have seemed to them that this could give rise to litigation on the part of the assured..."

而 Etherton 勋爵也对此表示了认同:"On the other hand, I do consider that the Judge was both entitled and right to reach the conclusion which he did. This was a huge claim. The consequence of the cost of repairs exceeding euro 73.5 million triggered the right to the payment of euro 145 million under the Policy. It would inevitably give rise to complexities in relation to subrogation and many other legal issues of one kind or another. When the defendants received the WNV Report, they had concerns, which were serious ones, about the reliability of the figures for the reasons set out in Mr Davis's witness statement. It was as likely as not that Noble Denton would disagree with the WNV figures and that their own would be less than them. If they were less, there would be a real prospect of litigation. In my judgment, it was entirely understandable that in those circumstances the defendants would instruct solicitors, very much with a view to such possible litigation…"

这样的判法是在 the "Sagheera" 先例的基础上更进一步,虽然在笔者看来区别不大。总之在调查取证的阶段,即使是后续诉讼是否会发生依赖于一份调查报告的结果如何,这样的变数条件不影响在保险人委任 Noble Denton 制作这份调查报告时已经有了"可能的诉讼"。笔者认为,保险人通过律师委任 Noble Denton 也是一个重要事实,正如笔者在本章之 1.3 段的结尾所说,做法上通过律师委任其他专业人士,可以提高被认定存在"可能的诉讼"的概率。换言之,只要是根据具体案件的情况,在文件制作之时很有可能(但不必达到 50% 的可能性)会面临诉讼就可以认为有"可能的诉讼",变数条件不会成为障碍。

4.3.2 AXA Seguros v. Allianz 先例

类似的判法还可见本章之 1.5 段已经介绍过的 AXA Seguros v. Allianz (2011) EWHC 268 (Comm) 先例,即墨西哥的高速公路由于飓风而受损,需要在一线保单向受保人(assured)理赔的保险人(AXA)希望向再保险人(reinsurer)要求理赔。由于高速公路的保险有几个承诺保证(promissory warranty)或前提条件(condition precedent),例如高速公路的建造需要达到国际标准,建设完成之后也需要继续进行一定的维修保养等,因此再保险人委任了工程师对高速公路进行调查。调查的内容包括建造情况、维修情况等,同时也针对损坏的程度与损失的估计。这与 Westminster International BV v. Dornoch Ltd (2009) EWCA Civ 1323 先例类似的是,是否可能有诉讼将依赖于该调查报告的结果如何。而在本章之 1.5 段已经提到,此先例中被认定为是有"可能的诉讼"从而可以享有诉讼特免权保护。

这个判断与认定显然仍不容易作出,尤其是分水岭并不清楚。因此在遇到模棱两可的案情时就完全依赖法官的个人看法,正如此先例中 Clarke 大法官说:"**The dividing line** between circumstances which afford a reasonable prospect of litigation (but not necessarily that litigation is more probable than not), on the one hand, and a (mere) possibility of litigation on the other, **is not entirely clear**. The fact that one or more conditions have to be fulfilled in order for a dispute to arise which requires the commencement of litigation in order to resolve it does not necessarily mean that litigation is only a possibility. **Much may depend on what, at the relevant time, is the prospect that the conditions will be fulfilled.** Thus in Highgrade itself, there was a real prospect of litigation because, if the expert advice supported the allegation of arson by someone for whom the insured was responsible, cover would be denied and litigation would almost inevitably follow. There was a reasonable prospect of such advice being given in the light of the reports which had already been made."(加黑部分是笔者的强调)

以上节录是说符合"可能的诉讼"的标准(虽然不需要达到 50% 的可能性)与"仅仅存在可能性"(mere possibility)的分水岭并不清楚。即使争议(与之后的诉讼)的出现依赖于某些变数条件(如必须根据调查报告的结果才会决定是否真正开始诉讼),但这并不意味着诉讼就变为“仅仅存在可能性”。很大程度上这依赖于在当时的环境下,这些变数条件有多大可能能够导致诉讼。在本章多处提到的 Highgrade Traders, Re (1984) BCLC 151 先例(案情介绍可见本章之 1.3 段)中,如果专家报告的结论是被保险人有故意纵火的嫌疑,保险人必然会拒绝理赔并导致诉讼,结合当时的情况来看,保险人委任专家进行调查会有合理预期可能得出这样的结果与会导致可能的诉讼。

4.3.3 Starbev GP Ltd v. Interbrew Central European Holding BV

另一个较近期的先例是 Starbev GP Ltd v. Interbrew Central European Holding BV (2013) EWHC 4038 (Comm)先例,原告(简称 ICEH)怀疑被告(简称 Starbev)为了逃避支付递延对价(deferred consideration)而在转售中做手脚,于是 ICEH 委任两位金融/财务专家(Barclays Capital 与 KPMG)分别进行调查取证并制作专家报告。在诉讼中,Starbev 申请法院要求强制 ICEH 披露有关的两份专家报告与相关文件。但 ICEH 主张诉讼特免权而拒绝披露。可再次重复这种斗争的背后原因是 ICEH 花费高昂的诉讼费抗拒披露,显然自己已经知道有关的两份专家报告内容有对它不利之处。另外,Starbev 花费同样的诉讼费用坚持要求披露,也是因为猜想如果 ICEH 的专家报告对它有利,一开始就会自动弃权并作出披露。

案情涉及 2009 年的一宗酿酒产业(涉及中/东欧国家)买卖,卖方是原告 ICEH,买方是被告 Starbev。约 3 年后即 2012 年,Starbev 把酿酒产业转售给了一家名为 Molson Coors 的公司。转售的价格是高达 15 亿欧元,另加 5 亿欧元在 2012 年 12 月之后才可以兑现的不可转让期票(Non-Transferrable Note),可见这是一宗金额很大的买卖。

ICEH 与 Starbev 之间的买卖协议(Contingent Value Right Agreement,CVR)涉及部分递延对价,是留待 Starbev 把酿酒产业转售后将收益按比例计算支付给 ICEH。此处协议显然是有条文针对一些复杂的计算,包括转售时间的早晚、在这期间 Starbev 注资多少需要扣减(Starbev 声称是 7.2 亿欧元)等。显然,涉及这么大的金额与复杂的计算,都是会带来争议的因素。

ICEH 主张诉讼特免权提供的证据是一位 Golden 先生的证言,他是与 Barclays Capital 联络的 ICEH 合并与收购部门的副总裁。他说是在 2012 年 4 月 21 日一知悉 Starbev 转售的消息就感觉到 Starbev 做了手脚,也怀疑 Starvev 的注资最多只有 5 亿欧元等,知道难免会与 Starbev 有争议。Golden 先生说委任 Barclays Capital 对转售与注资作出调查的主要目的是可预期的诉讼。但 Hamblen 大法官不同意 ICEH 的说法,认为 Golden 先生只是怀疑,Barclays Capital 扮演的是调查者的角色,直到 Barclays Capital 的调查结果确认 Golden 先生的怀疑站得住脚,否则没有理由预期会有诉讼,所以有关报告不享有诉讼特免权。Hamblen 大法官说:

“I am not satisfied that Mr Golden's evidence goes this far. I consider the effect of his evidence to be that he had a suspicion concerning the sale of the Business by Starbev and instructed Barclays to investigate in order to see if there was substance to his suspicion. Barclays role was investigatory. Unless and until they confirmed that there was substance to Mr.

Golden's suspicion there was no real reason to anticipate litigation.

This is borne out by his statement that ' it occurred to me that ICEH would end up in another dispute with Starbev'. This suggests no more than that such a dispute was a possibility. It does not connote that it was reasonably anticipated both that there would be such a dispute and that it would result in litigation. Whether or not it would do so was unlikely to be known until Barclays investigated and reported...

For all these reasons I am not satisfied that it has been shown that litigation was reasonably anticipated at the time that Barclays was instructed to provide advice, still less that such litigation was the dominant purpose of so instructing them. The claim for litigation privilege relating to the advice is accordingly not made out."

对另一份财务专家(KPMG)报告,ICEH 与 KPMG 联络的是一位 Caton 先生,他是合并与收购部门的总裁。他的证言是说:

"KPMG were originally appointed in early July 2012 in order (amongst other tasks) to conduct an ' audit' (under clause 3.3 of the CVR) of the various notices that Starbev had sent to ICEH under the terms of the CVR. That audit included auditing the Investment Amount, which Starbev alleges to be Euro 720m as adjusted...

... That on 20 July 2012: (a) It became clear to me that ICEH was likely to dispute Starbev's quantification of the Investment Amount ... I anticipated that it might well end up in litigation; and (b) I therefore instructed KPMG to prepare a written report of its conclusions and the arguments that might be available to ICEH to challenge Starbev's analysis, for the purposes of that prospective litigation."

这也被 Hamblen 大法官质疑 ICEH 同意在开始委任 KPMG 时并没有可能的诉讼存在,但短短的几个星期就情况变化。ICEH 对此没有证据或很好的解释,如提供一份将 KPMG 要做的工作扩大的新委托书,或是证明(笔者的看法)在 KPMG 审计期间意外发现了严重的欺诈,使本来没有敌意的情况急转直下。因此 Hamblen 大法官判 KPMG 的财务专家报告与相关文件不享有特免权,说:

"At the date of retainer on 4 July 2012 litigation was not reasonably anticipated and the primary purpose for instructing KPMG was to carry out a clause 3.3 audit. By 20 July 2012, however, it is asserted that not only had litigation become a purpose for instructing KPMG, but that it had become the dominant purpose for so doing. Within a couple of weeks the original purpose of instructing KPMG had been relegated to a purely subsidiary role. Further, there is no explanation in the evidence as to why and how the original purpose became so diminished.

In addition, there is no record of the KPMG retainer being changed or extended. On ICEH's evidence KPMG was now being asked to fulfil a very different role, yet its retainer remained the same."

Hamblen 大法官在结论中也提到了在诉讼即将开始前,可能会有另一个较后的时间点令之后制作的文件可享有诉讼特免权。在两份财务专家报告披露后,这个时间点可能会更明确。Hamblen 大法官说:"For the reasons outlined above **I do not consider that the claim for litigation privilege has been made out as claimed by ICEH**. The Barclays advice and the KPMG report, together with documents relating thereto up to the time of the production of the advice/report respectively, should therefore be disclosed. **As to when the curtain of litigation privilege came down, it may be that there is an alternative date which ICEH wishes to put forward in the light of my ruling.** The latest date would be likely to be 28 September 2012 when the letter before action was sent. ICEH may, however, wish to contend for an earlier date such as at or around the time of its letter of 21 August 2012. The advice and report are likely to shed light on the appropriate date to be taken. I would hope that this be capable of agreement. If not, then the parties may seek a further ruling."(加黑部分是笔者的强调)

看来,该先例也是"变数条件"影响是否有"可能的诉讼"或"可预期的诉讼"。另外,只看案例的简单报告感觉是倾向严格。该先例在时间上是早于在本章之 2.2 段介绍的 SFO v. ENRC (2018) EWCA Civ 2006 上诉庭先例,这带来的疑问是法院是否放松了在这方面(事故后的调查取证制作文件的机密性)的标准?根据在本章之 2.3 段介绍的 Sotheby's v. Mark Weiss Ltd (2018) EWHC 3179 (Comm)先例与 2.4 段介绍的 WH Holding v. E 20 Stadium LLP (2018) EWCA Civ 2652 先例,看来答案是否定的。诉讼特免权的大原则与先决条件(制作文件时的"主要目的"与"可能的诉讼/可预期的诉讼")仍未变,只是不同法官根据不同案件的不同案情与事实背景并通过有限的当场文件,估计与决定是支持或否定特免权的主张。所以,难免有一定程度的不肯定。

5. 诉讼特免权的前景

在本书第一章以及第九章介绍法律意见特免权(legal profession privilege)时已经谈到,由于今天英美等国家的规管机构试图在规管中推倒公司依赖的特免权这面保护墙(wall of privilege),以便合法"夺取"公司的敏感、无法披露的文件与信息。从整个大局与趋势上来看,逐渐从公司的自我合规体系(self-compliance regime)转变为严格规管体系(regulatory regime),因此目前有关特免权的法律仍处于发展与变化的状态。

与法律意见特免权相比,诉讼特免权(litigation privilege)与规管的联系没紧密,也相对比较稳定,保护的机密范围更广。只要法院能对诉讼特免权中主要目的是"可能的诉讼"作出宽松解释[近期的重要先例可见 SFO v. ENRC (2018) EWCA Civ 2006 上诉庭先例,这也是受到商业人士欢迎的判法],公司也可以较为安全,不必只是依赖不"可靠"与狭窄的法律意见特免权,而是可以同时(或作为替代)依赖诉讼特免权来令敏感文件能免予被披露。

由于诉讼特免权背后的公共政策/利益(public policy/interest)更主要针对的是自 16 世纪以来被广泛认可与接受的对抗制(adversarial)诉讼中的保护,即双方当事人都有私人空间各自准备自己案件(case)的辩论摘要(brief)以及调查取证产生与制作的文件不需要披露给对方,而可以留待最后开庭时挑选其中对自己有利的部分作出披露(这也是对这部分文件享有的特免权的弃权)。诉讼特免权在规管中得到适用不过是附带性,诉讼特免权主要针对的对象是诉讼程序而并非规管程序。规管程序也可能并不属于对抗制程序,规管机构的调查可能并没有敌意,调查结果也不会带来诉讼。因此,诉讼特免权也更不容易由于规管就被弱化或推倒。在今天商业诉讼与仲裁越来越多与对抗性越来越激烈的趋势下,规管机构也很难像削弱法律意见特免权保护一样削弱诉讼特免权保护。

但诉讼特免权也受到批评与有自己的问题。这在以下段落中进行讨论。

5.1　鼓励公开透明的公共政策和特免权之间的直接冲突

毫无疑问今天有重要的公共政策/利益鼓励公司的管治以及诉讼都要公开透明,而诉讼特免权背后要保护文件机密性与免予披露的公共政策/利益也是非常重要与有悠久历史,但看来这两者之间存在直接冲突。

Bingham 勋爵在 Ventouris v. Mountain (1991) 1 Lloyd's Rep 441 先例中说披露通常是好事,只有在公共政策/利益特许的例外才能免予披露:"Disclosure being generally regarded as beneficial, any exception has to be justified as serving the public interest which gives rise to the exception."而法律业务特免权就是这样的极少数例外。

在不少诉讼案件中,双方当事人或诉讼方都会在特免权问题上展开苦战,这往往是一方当事人相信对方主张特免权将无法披露的文件保护起来。事实上也有不少案件中,享有特免权保护的文件被披露的确对揭露事实真相有至关重要的作用。

因此在今天世界变化异常快速,法律业务特免权不断受到冲击的现状下,诉讼特免权的前景究竟如何也不好说。

5.2　态度和诉讼实践的改变

在 Naylor v. Preston Area Health Authority (1987) 1 WLR 958 先例中,Donaldson 大法官针对新的民事诉讼规则(CPR)说到在过去的 25 年里诉讼程序的立法与司法态度都有巨大转变,公共政策/利益鼓励双方当事人公开透明,能够尽早了解互相之间的真正案件强弱,说:"anything which enables the parties to appreciate the true strength or weakness of their positions at the earliest possible moment … is very much in the public interest; over the last quarter of a century there has been a sea change in legislative and judicial attitudes towards the conduct of litigation … to enable each party to assess the relative strengths and weaknesses of his own and his opponent's case at the earlier moment."

在 CPR 下要求民事诉讼以不"对抗"(confrontational)并且尽量合作的态度进行,双方当事人在开庭前都要尽早把"底牌摊在桌上"(cards face up on the table):见 B v. John Wyeth & Brother Ltd (1992) 1 WLR 168 先例。这样的改变也被认为可以帮助双方当事人了解自己与对方案件强弱后,尽早达成和解。

5.3　对诉讼特免权的批评

由于前述态度上的转变,不可避免地导致了对诉讼特免权的质疑与批评。在不少先例中法官都发表了一些个人的意见,可以在本段进行一些介绍。

首先在 Secretary of State for Trade and Industry v. Baker and Others (1998) 1 All ER 673 ("Barings Plc, Re")先例中,英国的老牌银行巴林银行倒闭后,破产管理人(administrator)根据《Company Directors Disqualification Act 1986》之 Section 7(3)的要求委任律师出具报告,用来呈上给英国内阁大臣(Secretary of State)。Scott 勋爵判破产管理人无论如何都有立法义务作出报告,主要目的就不是诉讼或可能的诉讼,因此出具的报告与相关文件不会受到诉讼特免权保护。Scott 勋爵同时评论说诉讼特免权也应该是局限在保护客户与法律意见提供者(legal advisor)的关系,说:"... documents brought into being by solicitors for the purposes of litigation were afforded privilege because of the light they might cast on the client's instructions to the solicitor or the solicitor's advice to the client regarding the conduct of the case or on the client's prospects. There was no general privilege that attached to the documents brought into existence for the purpose of litigation independent of the need to keep inviolate communications between client and legal adviser. If documents for which privilege was sought did not relate in some fashion to communications between the client and legal advisor, there was no element of public interest that could override the ordinary rights of discovery and no privilege. So for example, an unsolicited communication from a third party, a potential witness, about the facts of the case would not, on this view have been privileged. And why should it be? What public interest is to be served by according the privilege to such a communication?"

另一个则是在后来的 Visx v. Nidex (1999) FSR 91 上诉庭先例。此先例涉及的是专利(patent)纠纷,双方曾经在美国开始诉讼程序,但达成和解。之后在英国诉讼中,对于美国诉讼程序中的一份证人口供书(deposition)是否会受到特免权保护产生争议。毕竟美国诉讼程序中的口供书,是在庭审前由证人宣誓后通过盘问/讯问的方式进行取证,之后在庭审时也会作为证据呈给法院。由于口供书在取证与盘问时双方当事人(或代表律师)都到场,因此这就被质疑在双方当事人之间不存在机密性(confidentiality)也就没有特免权问题。[29] Aldous 大法官同意这说法,说:"The depositions for which privilege is claimed do not fall within the rule ... They are not communications made by a party to his lawyer and they are not part of the confidential preparations by a party of his case. Further, they are not the type of document that it is necessary in the public interest to exclude from the normal rule that justice is best served by disclosure. That public interest must, I believe, be a basic consideration before any decision on privilege is made as Sir Richard Scott V. C. made

---

〔29〕 这个课题可见本书第十二章之5段。诉讼特免权是为了让诉讼双方当事人自由地私下准备对抗性的诉讼,不能事前让对方看到自己的辩论摘要(brief)与相关证据,从而提前了解己方的案件(case)与战备/策略。但对于口供书来说,双方都在场,也就都知道其中的内容。因此虽然这份口供书属于辩论摘要的一部分,但实际上是没有必要以特免权保护与不让对方提前知道。这样,虽然双方都知道与了解口供书的内容,关键问题是能否在英国诉讼中呈上给法院让法官一并进行考虑。而因为该口供书的制作不享有特免权,也就不适用一旦受特免权保护就永远受保护(once privileged, always privileged)的原则,所以之后在英国诉讼中也无法拒绝披露该口供书。

clear in Re Barings Plc and Secretary of State for Trade and Industry v. Baker [1998] 1 All E. R. 673. In that case privilege was claimed for reports prepared by solicitors on behalf of administrators in compliance with their duty under section 7 of the Company Directors' Disqualification Act 1986. The Vice-Chancellor held the reports were not privileged as the public interest did not require protection from disclosure. ...No doubt **the depositions came into existence for the purposes of litigation and perhaps can be seen as documents obtained for the purpose of preparing for a trial, but that does not mean that they are privileged from disclosure. They came into existence in the presence of both parties for the use in the interference proceedings. It was not in the public interest to prevent them from being disclosed. The claim for privilege therefore fails.**"(加黑部分是笔者的强调)

Rouch 大法官也批评诉讼特免权不再适用于当今的诉讼,节录如下:"The view of the judges in the Victorian cases that a party to litigation is not entitled to review the contents of his opponent's brief and is not entitled to know before the hearing how his opponent proposes to establish his case or attack the first party's case is no longer thought to be the proper approach to litigation."

前述 Barings Plc, Re 先例中 Scott 勋爵的说法在较近期在 ISTIL Group Inc v. Zahoor (2003) 2 All ER 252 先例中得到肯定。Lawrence Collins 大法官认为在今天诉讼程序改革下,不再像以前的对抗性诉讼底牌是最后一刻(开庭审理时)才摊开让对方看见,所以已经是时候对诉讼特免权予以重新考虑了。节录部分 Lawrence Collins 大法官所说如下:

"**The rationale for litigation privilege was said to be that '... the solicitor is preparing for the defence or for bringing the action, and all communications he makes for that purpose, and the communications made to him for the purpose of giving him the information, are, in fact, the brief in the action, and ought to be protected'** [Wheeler v. Le Marchant (1881) 17 Ch. D 675, 684–5, per Cotton LJ] or '... as you have no right to see your adversary's brief, you have no right to see that which comes into existence merely as materials for the brief ...' [Anderson v. Bank of British Columbia (1876) 2 Ch. D 644 at 656, per James LJ, cited with approval by Lord Simon of Glaisdale in Waugh v. British Railways Board (1980) AC 521, 537].

That rationale is not very attractive, and is perhaps ripe for reconsideration in the light of reforms which are designed to make litigation more open and less like a game of poker. More attractive as a rationale is the consideration that preparation of a case is inextricably linked with the advice to the client on whether to fight or to settle, and if so, on what terms. As Sir Richard Scott V-C said in Re Barings Plc [1998] 1 All ER 673 ..."(加黑部分是笔者的强调)

在较近期重要的 Three Rivers DC v. Bank of England (No. 6) (2005) 1 AC 610 贵族院先例中,Rodger 勋爵说:"The ethos of the new system of civil procedure in England and Wales, and of the more limited changes in civil procedure in Scotland, may also have a bearing on the question. Consideration of the issue must, however, await a case where the matter arises for decision."

Scott 勋爵也提到在 CPR 下有很多程序不再是对抗性,诉讼特免权不应该延伸到与第三方的通讯,即使这些通讯是为了准备诉讼的调查取证,可以节录如下:"As to the justification for litigation privilege, I would respectfully agree that the need to afford privilege to the seeking or giving of legal advice for the purposes of actual or contemplated litigation is easy to understand. I do not, however, agree that that is so in relation to those documents or communications which although having the requisite connection with litigation neither constitute nor disclose the seeking or giving of legal advice. Communications between litigant and third parties are the obvious example. This House in In Re L (A Minor) (Police Investigation: Privilege) [1997] AC 16 restricted litigation privilege to communications or documents with the requisite connection to adversarial proceedings. **Civil litigation conducted pursuant to the current Civil Procedure Rules is in many respects no longer adversarial. The decision in In re L warrants, in my opinion, a new look at the justification for litigation privilege.** But that is for another day."(加黑部分是笔者的强调)

5.4 对批评的回应

上一段介绍的这些先例中法官发表的个人意见(dictum),看来对诉讼特免权提出了三个方面的批评与疑问:(1)诉讼特免权是否只是像法律意见特免权一样,只应该局限在保护律师与客户之间的关系?(2)在诉讼程序的做法有转变的今天(尤其是在 1999 年生效的 CPR 带来民事诉讼程序改革之后),诉讼特免权是否已经变得冗赘与过时?(3)在今天诉讼特免权是否需要重新权衡保护诉讼方通讯或文件机密的私人利益的公共利益与诉讼(与其他方面如规管)要求公开透明、全面披露的公共利益?

但同时对这些批评与疑问也是有反对看法的,可以在以下段落进行介绍。

5.4.1 诉讼特免权是否应该和法律意见特免权保护范围一致

针对这一点,笔者可以节录 Bankim Thanki QC 的《The Law of Privilege》(2018 年,第 3 版)一书之 3.152 – 3.153 段的说法如下:"To state that litigation privilege is only justified to the extent to which it upholds the sanctity of lawyer-client communications is to collapse litigation privilege into legal advice privilege. The authors of this work suggest that there is too great a body of existing case law recognising litigation privilege as a separate head of privilege for this to be possible, short of legislative change. ... the usual (and it is submitted best) rationale of litigation privilege is that it is an essential requirement of adversarial litigation, providing what might be described as a 'zone of privacy' around preparation for litigation. However, the more litigation privilege is subject to circumstances-specific limitations (such as the need for litigation to be 'adversarial') the harder it will be for those making and receiving relevant communications to know whether they will in fact be privileged, and hence the harder it will be to justify litigation on the basis that they were made in a 'zone of privacy'. It is suggested, however, that such circumstance-specific limitations are inappropriate... "

《The Law of Privilege》这本权威书籍的作者提出了两方面观点:(1)诉讼特免权已经有了很长的历史与无数权威先例的确认,所以否定也是不容易的,需要针对性以及明确立场才能有所改变或作出否定。更好的做法看来是由立法在全面考虑后再作出政策上的改变。(2)诉讼特免权主要是给诉讼当事人以"私人空间"(zone of privacy),用来准备诉讼、调查取证,以便在庭审时向法院呈上对自己最有利的案件。越多的案例根据不同的案情与事实背景质疑与否定诉讼特免权(如有关程序是否属于对抗制),当事人就越是难以肯定自己的通讯是否处于私人空间与受到保护。在一些先例中,针对不同的案件事实而否定某一份在准备诉讼时制作的文件享有特免权的敌意态度也不是好事。当事人由于不肯定处于私人空间时,显然就会有犹豫与迟疑。正如在 Upjohn Co v. United States, 449 US 383 (1981)美国最高院先例中的说法,不肯定的特免权并不比没有特免权好。而针对诉讼(法院诉讼或仲裁),在笔者看来这个私人空间的范围也需要比法律意见特免权更大。

5.4.2 诉讼特免权是否已经变得冗赘和过时

在 CPR 下的确鼓励尽早披露与公开透明,一般做法中都要求开庭前"将底牌摊在桌上"。在本书第二章至第六章也介绍了提前披露的做法,这包括 CPR Rule 31.16 下的诉前披露议定书(Pre-Action Disclosure Protocols)等。

但即使在 CPR 下(从理论上来说),诉讼方需要披露文件的程度也是有减少的。例如过去英国《Rules of Supreme Court》(RSC)中的披露程序"discovery",强制要求双方诉讼方披露"所有"(广泛解释之下)与争议有关(relevant)的文件:见 Compagnie Financiere v. Peruvian Guano (1882) 11 QBD 55 先例。但在 CPR 下改为由法院主导以及理论上披露文件会减少很多的标准披露(standard disclosure),[30] 这部分问题可见本书第七章之 7 段。而法院也认可在整体上来说限制披露对实现公平处理争议也会是有利的,在诉讼的费用与时间上都有减少。

针对 CPR 下英国诉讼是否变为不再属于对抗制的争论,可以重复节录《The Law of Privilege》(2018 年,第 3 版)一书之 3.155 段:"... **it is wrong to suggest that civil or criminal litigation is no longer adversarial. That would require a fundamental change to our system of justice which the CPR has not brought about. Such changes as have occurred certainly require more openness**, and rule of court have encroached upon litigation privilege. As a consequence, some of the nineteenth century statements about what the interests of justice require are now not applicable in the modern age, such as Lindley LJ's comments in Re Strachan (1895) 1 Ch 439 that the system of justice in England is based upon parties not revealing to the other side the nature of their case as early as possible. **However this still only generally requires a party to reveal their case as that party wishes to present it...**"(加黑

〔30〕 从 2019 年 1 月 1 日开始,英国商业法院又有改革,引进了一个为期两年的试行披露规则计划(disclosure pilot scheme),将不同标准或程度的文件披露根据不同案件类型分得更细。这也的确是在文件(特别是电子文件)越来越多的今天要面对的困难。有关试行披露规则计划,可见本书第七章之 7.8 段。

部分是笔者的强调)

在笔者看来,在商业诉讼中,传统的对抗制诉讼是符合人性的。要期待他们坦率与真诚地对话,把在庭审中绝对不会拿出来的自己案件(case)不利之处与弱点披露给对方是不现实的。因此鼓励提前披露、公开透明、底牌摊在桌上等,只是为了避免在庭审时的突击(ambush)以达到公平审理(fair trial)的效果而已。一旦没有诉讼特免权保护,在笔者看来只会迫使精明的诉讼方在诉讼中减少与律师的书面通讯。在通讯中也会减少或根本不提有关律师的调查取证以及与第三方的通讯,本来会通过书面记录的改为口头会议等。

在《The Law of Privilege》(2018 年,第 3 版)一书之 3.159 段也对在整体上看诉讼特免权的存废利弊如何举了一个例子。对于诉讼中来自第三方的证人证言,除了提交证人签署的最后版本以外,如果本来可以享有诉讼特免权的草拟版本的证人证言也需要被披露,在交叉盘问/反盘问(cross-examination)中,"无情的"对方律师显然会大量针对草拟证人证言中的内容盘问证人,希望显示草拟版本中的内容才是证人的真实看法。但是要知道在大型与复杂的诉讼中,诉讼方、律师与第三方需要花费大量时间与精力来拟定一份证人证言,可能对每一句话的措辞都要精雕细琢(也因此会有多份草拟证人证言,不断改进之后最终定稿)。在这种情况下如果仍由草拟版本被作为盘问证人时主要针对的内容,会是巨大的时间与金钱上的浪费,更重要的是证明效力(probative value)也有疑问。因此这反而是阻挠且不有利于公平审理。节录 3.159 段如下:"… for example, draft witness statements from third parties … should all be disclosed? One can imagine inexorable cross-examinations focusing on sentences in earlier drafts of witness statements which the cross-examiner considers to be more useful than the signed version, in order to suggest that some earlier draft represents the witness' 'true' opinion. Given that the finalization of a witness statement, especially in a complex action, is often a lengthy process, one doubts that this sort of cross-examination is like to have much probative value and is more likely to frustrate rather than promote the interests of justice."

针对这个例子,笔者想到很多其他问题。例如,在这些额外文件披露要求之下,文件就变得更多,庭审与反盘问花费的时间更长,这就导致诉讼费用更加昂贵。而且,精明的诉讼方也能取巧。例如与证人的谈话只是口头进行,不作出任何书面记录,只是完全谈妥后才写下唯一版本的证人证言。

而且无论是对抗制还是纠问制(或者同时包括这两者的混合制)的诉讼程序,当事人都需要自己的私人空间,以便能在律师的帮助下对于如何向法院(或仲裁庭)陈述与展示对自己最有利的案件进行准备。正如在 R (on the application of Morgan Grenfell & Co Ltd) v. Special Commissioners of Income Tax (2003) 1 AC 563 贵族院先例中,Hoffmann 勋爵说:"… legal professional privilege is absolute, not only because of a general right to privacy but because of the right of access to justice, applies just as much to litigation privilege as to legal advice privilege. Parties (whether represented or not) should be permitted to prepare their cases in privacy, subject to overriding rules of law which require particular matters to be disclosed at certain times."

5.4.3　诉讼特免权是否要与全面披露的公共利益进行权衡

在本书第九章之2.3.1段已经介绍的R v. Derby Magistrates (1996) AC 487贵族院先例中,Nicholls勋爵所说已经显示了在这类相互矛盾或对立的公共政策/利益之间的权衡是不容易作出的。

在本书第九章之2.3段已经提到现在已经明确与肯定的是法律业务特免权(包括诉讼特免权)是绝对性权利,不需要与其他公共政策/利益进行权衡:见R v. Derby Magistrates先例与The "Aegis Blaze" (1986) 1 Lloyd's Rep 203等先例。如果要与全面披露进行权衡,显然与这个说法有冲突。

毕竟对于公开透明而言,全面披露固然有其好处但并不绝对。在Home Office v. Harman (1983) 1 AC 280先例中,Keith勋爵就说披露会严重影响当事人从事业务的机密性与隐私(这会涉及人权):"Discovery constitutes a very serious invasion of the privacy and confidentiality of a litigant's affairs ... the process should not be allowed to place upon the litigant any harsher or more oppressive burden than is strictly required for the purpose of securing that justice is done." 因此即使是披露本身,也并非一定是一面倒有利的,是需要在不同的公共政策/利益之间进行权衡,并不能简单地要求全面披露以更好地找出事实真相。

同时今天的诉讼程序改革也并不全面偏向于披露。法院也认可限制披露对于实现公平正义是有利的。在CPR下对披露也并非没有限制,成比例(proportionality)就是一个典型的例子。

而在笔者看来,还有一个非常重要的原因,那就是如果需要在每一个案件中进行权衡,就给诉讼特免权带来很大的不肯定性。正如Upjohn Co v. United States 449 US 383 (1981)美国最高院先例中所说,相比没有特免权,不肯定的特免权保护也并不见得好:"... if the purpose of the attorney-client privilege is to be served, the attorney and client must be able to predict with some degree of certainty whether particular discussions will be protected. An uncertain privilege, or one which purports to be certain but results in widely varying applications by the courts, is little better than no privilege at all."

5.5　诉讼特免权将来可能的改变

在《The Law of Privilege》(2018年,第3版)一书之3.161段中建议对诉讼特免权可以有几个方面的改变:[31] (1)诉讼不应该再有对抗制的要求;(2)"一旦受特免权保护就永远受保护"应该改变为有时间性,限制在诉讼特免权有关的诉讼程序中才可享有保护。

针对改变(1)而言,笔者完全同意这个建议。也就是不要在每一个不同案件、不同类别的程序中区分是否属于对抗制来决定诉讼特免权是否适用,这会带来不肯定性。而对于法律业务特免权而言,肯定性是至关重要的。诉讼当事人在向律师咨询建议或者指示要求进行调查取证时,需要能够确保通讯、文件及其内容受保护。毕竟只要存在将来会被强制披露的可能性,当事人与律师的态度就会完全不同了,再也不会是畅所欲言地商讨诉

〔31〕　在此书中还谈到了有关自然人自我代理(litigant in person)没有委任律师出庭争辩的问题,但这部分建议的改变与中国公司关系不大,因此在本书中也不对这部分改变进行讨论。

讼策略与利弊。在笔者看来,无论程序是对抗制、纠问制还是混合制(今天的国际仲裁程序多半是混合制),只要是认同当事人委任律师在按规则办事的前提下保护自己利益,就应当给当事人与律师一个私人空间。

对于改变(2)来说,笔者也同意对于法律意见特免权而言,"一旦受保护就永远受保护"是很重要的,但是对于诉讼特免权来说并非如此。毕竟一旦有关诉讼已经结束,也就没什么必要再依赖诉讼特免权了。在《The Law of Privilege》(2018 年,第 3 版)一书也给出了一个很有说服力的例子:"For instance, a communication between an insured and their insurance company may attract litigation privilege because of anticipated being brought against the insured. However, if subsequently a claim is denied and the insured commences proceedings against the insurance company, the original communication between insured and insurance company cannot be privileged from disclosure in the action between those two parties…"

上述的例子会是在发生意外事故后,被保险人(assured)马上按保单要求及时通知责任险保险人(liability insurer)。在这个通知中,被保险人详细描述了在刚刚发生的意外事故中自己可能的过错与疏忽。而这份通知显然会受到诉讼特免权的保护:见 Guinness Peat Properties Ltd v. Fitzroy Robinson Partnership (1987) 1 WLR 1027 上诉庭先例。在意外事故的受害方向被保险人开始的诉讼中,是不必做出披露的。但是如果后来一线保险人与再保险人(reinsurer)之间就理赔问题产生争议与诉讼,这份通知会是十分重要的文件证据。因为这会涉及被保险人是否根据保单及时通知了保险人等。而在此时这份通知本受到的诉讼特免权保护就不应该再持续了。

笔者同意这个说法,但是需要指出很容易就想到其他不同的情况,需要小心对待其中的细微区别。例如在长期合约中,类似或近乎相同的问题会反复出现争议(如长期买卖合约中价格的调整),之前争议中受诉讼特免权保护的文件(如客户与律师之间的通讯),看来仍然是不适合在后续争议中被强制要求披露。

6. 国际仲裁中的诉讼特免权

仲裁也属于诉讼(Litigation)的一种,在国际仲裁中由于有大量普通法(common law)背景的仲裁员与律师,仲裁地也常见伦敦、新加坡、中国香港特区等普通法国家/地区,合约适用法也常常被约定为英国法,这种情况下的国际仲裁程序也属于对抗制(adversarial)。因此法院诉讼的原理也一样在国际仲裁中适用,也就是公司可以有私人空间(zone of privacy)去坦率地寻求法律意见以及寻求对仲裁案件的帮助,而无须担心事后有关通讯与文件及其内容被要求披露。

但相比法院诉讼,国际仲裁的问题更为复杂,因为会涉及不同的国家/地区,有多种不同的法律背景与文化。例如一个国际仲裁案件中,虽然仲裁员、律师是普通法背景,但是(根据当事人在合约中的约定)仲裁地是中国(北京)、法国(巴黎)或瑞士(苏黎世)等大陆法系(civil law)国家。又或者仲裁地约定在新加坡或中国香港等普通法国家/地区,但一方当事人的代表律师或者有一个或多个仲裁员是大陆法系背景。又或者是中国当事人与对方约定仲裁地是伦敦或中国香港,但程序法(procedural law)是中国仲裁法。除此之外,当事人自己也是来自各个不同法律文化背景的国家/地区。

法院(无论是普通法系还是大陆法系)一般只适用法院地的规则与做法,包括特免权方面的法律。但在不同的国际仲裁案件中应该使用哪一套规则与做法并没有固定的说法,有很大的弹性空间。由于世界上各个国家/地区对于特免权的规则与做法都会不完全一致(甚至有的差异很大,即使同是普通法国家〔32〕),而特免权(尤其是诉讼特免权)在国际仲裁中与在法院诉讼中都无可置疑的一样重要,但具体如何适用需要结合每一个案件进行看待。〔33〕

这是一个复杂的课题,在这方面也有很多讨论,但目前看来还没看到良好与被广泛接受的解决办法。笔者在此主要介绍问题的棘手之处。

6.1 国际上认可法律业务特免权但细节不一致

法律业务特免权的概念几乎在绝大部分国家与地区都被认可:见 Smit and Sheppard, "Evidential Privileges in International Arbitration; Introduction"(2000) 5/3 Arbitration and ADR, the Newsletter of Committee D of the International Bar Association Section on Business Law 12;Ginsburg and Mosk, "Evidentiary Privileges in International Arbitration"(2001) 50 ICLQ 345, 351;Gallagher, "Legal Privilege in International Arbitration"(2003) 6(2) Int ALR 45 等文。〔34〕

但需要特别注意的是,认可法律业务特免权的概念或者背后的原理,并不表示在细节尤其是性质与范围上完全一致。事实上,各个国家与地区在这些方面都会有重要不同。这方面可见本书第十二章之 10 段,包括美国、其他主要普通法国家或地区与欧盟之间的不同。

一般而言,在普通法国家/地区(英国、美国等),由于诉讼是对抗制程序,有大量先例针对律师与客户之间的特免权保护问题。但是在大陆法系国家或地区,诉讼当事人只需要呈上支持与证明自己索赔或抗辩的有关文件,没有义务向对方当事人披露可能对自己案件不利的文件证据,也因此不需要像普通法一样发展出精细与复杂的法律业务特免权法律。一个重要与具体的例子则可见有关公司法务律师(in-house lawyer)的问题。在一些普通法国家与地区,与公司法务律师的通讯也会受到法律业务特免权保护,但在一些大陆法系国家与地区则并不一定会这样。

还有一些其他的不同点(也无论是普通法还是大陆法系国家或地区)。例如:(1)德

---

〔32〕 这在本书第十二章之 10 段有介绍。

〔33〕 这就像国际仲裁中比较棘手的一事不再审/一事不再理(*res judicata*)问题一样(国际仲裁中一事不再审的问题可见笔者《合约的履行、弃权与禁反言》一书第九章之 9.2 段)。

〔34〕 值得注意的是,中国在这方面存在不同,在 Ning and Huawei 刊登于 Greenwald and Russenberger (eds), 《Privilege and Confidentiality》(International Bar Association 2012,第 2 版)一书第 85 页《Legal Privilege and Confidentiality in China》一文就说中国没有这方面的法律与说法。

国法、[35]瑞士法[36]以及日本法[37]等,将特免权保护范围从律师与客户之间的通讯延伸到律师与第三方之间的通讯,只要这通讯是在客户的指示下进行。但是在英国法下,律师与第三方的通讯是不会在法律意见特免权(legal advice privilege)下被保护的,但可以受到诉讼特免权(litigation privilege)保护。美国法的地位与英国法大致相同但保护机密的范围(scope)会是更广,律师与第三方的通讯会受到律师—客户特免权(attorney-client privilege)或律师工作成果(attorney work product)[38]的保护。(2)针对特免权的弃权(waiver)而言,在英国法(美国法、德国法、日本法或巴西法也是一样)下,只有当事人或客户才可以对法律业务特免权作出弃权。但在法国法下,律师可以对客户的特免权作出弃权。

在很多其他的方面,各个国家/地区针对特免权的问题都会存在不同,例如:(1)谁可以属于特免权下的客户(client)? 新加坡、美国、英国、中国香港特区等国家/地区都会有不同看法,见本书第十二章之10.3段。(2)特免权保护的是通讯、文件还是有关的事实真相?(3)特免权是实体性法律,还是程序性法律?(4)在不小心或刻意[39]的情况下文件被披露,[40]是否会导致特免权的丧失?(5)其他。

因为不同国家/地区特免权的地位各有不同,有些规模较大的国际律师事务所会以理解不同国家对于特免权的规定作为推销给客户的特别知识。这些律师事务所会认为在全球多个国家营运的公司非常需要这方面的知识才能有效安全地营运与管治(包括文件管理)。

笔者(杨大志律师)所在的高伟绅律师事务所(Clifford Chance)在2016年11月6日总结与制作了一份部分国家与地区这方面的区别:

---

[35] 见 Henssler, in Henssler and Pruitting (eds), BRAO (4th edn, CH Beck 2014); Trager, in Feuerich and Weyland (eds), Bundesrechtsanwaltsordnung (9th ed, Franz Vahlen 2016) #43a BRAO Para. 16 等。

[36] 见《Privilege and Confidentiality》(International Bar Association 2012,第2版)一书第279页Burckhardt的《Legal Privilege and Confidentiality in Switzerland》一文。

[37] 见 Tezuka and Yajima, "Legal Privilege and Confidentiality in Japan" in Greenwalk and Russsenberger (eds), Privilege and Confidentiality (2nd edn, International Bar Association 2012) 183, 188。

[38] 在《Black's Law Dictionary》(2014年,第10版)一书对律师工作成果的定义是:"Tangible material or its intangible equivalent, in unwritten or oral form, that was either prepared by or for a lawyer or prepared for litigation, either planned or in progress. Work product is generally exempt from discovery or other compelled disclosure. The term is also used to describe the products of a party's investigation or communications concerning the subject matter of a lawsuit if made (1) to assist in the prosecution or defense of a pending suit, or (2) in reasonable anticipation of litigation. Fed. R. Evid. 26—Also termed attorney work product."也可见对于工作成果规则(Work Product Rule)的定义:"The rule providing for qualified immunity of an attorney's work product from discovery or other compelled disclosure. Fed. R. Civ. P. 26(b)(3). The exemption was primarily established to protect an attorney's litigation strategy. Hickman v. Taylor, 329 US 495, 67 S Ct 385 (1947)—Also termed work-product immunity; work product privilege; work product exemption; attorney work product privilege..."这看来类似于英国法下诉讼特免权的保护的。

[39] 见第十二章之2段的限定弃权(limited waiver)与第4段的附带弃权(collateral waiver)。

[40] 例如可见 Briamore Manufacturing Ltd, Re (1986) 1 WLR 1429; Guinness Peat Properties Ltd v. Fitzroy Robinson Partnership (1987) 1 WLR 1027 等先例。

	是否有法律业务特免权？	是否区分法律意见特免权与诉讼特免权？	公司法务律师是否也可以有保护？	有无损害特免权？〔41〕
新加坡	√	√	√ （enshrined in statute）	√
中国香港特别行政区	√	√	√ Provided they are acting in that capacity	√
澳大利亚	√	√	√ Provided they are acting in that capacity	√
新西兰	√	√	√ Only available to those with a valid practicing certificate	√
印度	√	Unclear；third party communications should go through attorney and be labelled “advice”	Unclear	√ Ensure that intention is expressly clear in document
马来西亚	√	√	√ Only available to those with a valid practicing certificates	√
中国	× But lawyers owe a duty of confidentiality	×	Unlikely	√
印度尼西亚	√	×	×	√
日本	× But lawyers owe a duty of confidentiality	×	√ Only available to those qualified to practice locally or overseas	×

〔41〕　这个课题可参阅本书第十三章。

续表

	是否有法律业务特免权?	是否区分法律意见特免权与诉讼特免权?	公司法务律师是否也可以有保护?	有无损害特免权?
韩国	× But lawyers owe a duty of confidentiality	×	Unlikely	√
越南	× But lawyers owe a duty of confidentiality	×	√	—
泰国	× But lawyers owe a duty of confidentiality	×	√ Only available to those with valid practicing certificates, and acting in the capacity of counsel	×
中国台湾地区	× But lawyers owe a duty of confidentiality	×	√ Likely in civil proceedings, but not criminal proceedings	×
菲律宾	√	√	√	√

6.2 国际仲裁中对特免权的适用法的不肯定

由于不同国家与地区的特免权存在区别,因此在国际仲裁中需要先解决的第一个问题是,在特定案件中应当适用哪一套有关特免权的法律?

诉讼特免权是绝对性权利(absolute right),也属于基本人权(fundamental human right),是国际公共政策/利益(international public policy/interest)保护的对象。例如,在本书第九章之2.3.3.1段提到,根据欧洲人权法院(ECtHR; Cour européenne des droits de l'homme)的判法,法律业务特免权属于《欧洲人权公约》(European Convention on Human Rights,ECHR)之Article 6有关公平审理(fair trial)与Article 8有关个人隐私(privacy)的一部分。这导致仲裁庭不能随意否定有关诉讼特免权的问题,否则就存在裁决书无法被承认与执行的风险。

问题就是在一方当事人要求对方披露或提交文件但被对方当事人主张特免权拒绝时。例如,一份董事会会议纪要中有部分内容涉及公司法务律师向董事会提供的法律意见,披露方主张特免权遮盖这部分内容,而申请披露方不认同公司法务律师也受到法律业务特免权保护,此时仲裁庭应该如何作出决定呢?

国际仲裁中在这方面并没有可以遵循的指引。与仲裁有关的立法(如英国《Arbitration Act 1996》或者中国香港《仲裁条例》)、仲裁机构规则[42]或者是《UNCITRAL Model Rules》等,都没有针对特免权的问题。

近年来兴起的国际投资协议中反而有一些对这类问题的讨论。例如,在2016年2月签署的跨太平洋伙伴关系协定(Trans-Pacific Partnership,TPP)中就包括了针对限制披露的条文:

"Article 29.2　Security Exceptions

Nothing in this Agreement shall be construed to ... require a Party to furnish or allow access to any information the disclosure of which it determines to be**contrary to its essential security interests.** ...

Article 29.7　Disclosure of Information

Nothing in this Agreement shall be construed to require a Party to furnish or allow access to information, the disclosure of which would be**contrary to its law** or would impede law enforcement, or otherwise be **contrary to the public interests**, or which would **prejudice the legitimate commercial interest of particular enterprises, public or private.**"(加黑部分是笔者的强调)

在国际仲裁中被广泛适用的《IBA Rules on the Taking of Evidence in International Arbitration 2010》之Article 9.2(b)也提到仲裁庭应当排除受特免权保护的文件:"the Arbitral Tribunal shall ... exclude from evidence or production any document, statement, oral testimony or inspection for ... legal impediment or privilege under the legal or ethical rules determined by the Arbitral Tribunal to be applicable."

在Article 9.3中对此问题规定更多细节内容,不妨一并节录:"In considering issues of legal impediment or privilege under Article 9.2(b), and insofar as permitted by any mandatory legal or ethical rules that are determined by it to be applicable, the Arbitral Tribunal may take into account: (a) any need to protect the confidentiality of a Document created or statement or oral communication made in connection with and for the purpose of providing or ob-

---

[42] 但也有少数机构,例如ICDR[International Centre for Dispute Resolution,是美国仲裁协会(American Arbitration Association,AAA)的下属机构]在其《International Arbitration Rules》(2014年)中有明确的条文写明:"**Article 22: Privilege** The arbitral tribunal shall take into account applicable principles of privilege, such as those involving the confidentiality of communications between a lawyer and client. When the parties, their counsel, or their documents would be subject under applicable law to different rules, the tribunal should, to the extent possible, apply the same rule to all parties, giving preference to the rule that provides the highest level of protection."一些其他的美国仲裁机构也有类似的规则:见The International Institute for Conflict Prevention and Resolution (CPR Institute) Rules for Administered Arbitration of International Disputes of 2014,以及Commercial Arbitration and Mediation Centre for the Americas (CAMCA) Arbitration Rules of 1996。看来,还是美国对这方面比较敏感。

taining legal advice;[43] (b) any need to protect the confidentiality of a Document created or statement or oral communication made in connection with and for the purpose of settlement negotiations;[44] (c) the expectations of the Parties and their advisors at the time the legal impediment or privilege is said to have arisen;[45] (d) any possible waiver of any applicable legal impediment or privilege by virtue of consent, earlier disclosure, affirmative use of the Document, statement, oral communication or advice contained therein, or otherwise;[46] and (e) the need to maintain fairness and equality as between the Parties, particularly if they are subject to different legal or ethical rules.[47]"

6.3 由当事人同意是最佳的解决方案

解决这个问题或不肯定性的最佳方案看来是由当事人之间达成一致意见(这要求双方当事人与代表律师都有水平与熟悉这个课题),毕竟在仲裁中尊重当事人的自主决定(party autonomy)是被全世界都认可的基本原则。

在《The IBA Guidelines for Drafting International Arbitration Clauses of 2010》之 Para 57 就指出如果当事人在合约草拟阶段预见到将来如果发生争议,需要以仲裁方式解决争议时可能产生特免权的问题且会产生后果的情况下(can foresee at the contract drafting stage that issues of privilege may arise and be of consequence),可以考虑专门在合约的仲裁条文加上针对特免权的内容。[48] 在《IBA Rules on the Taking of Evidence in International Arbitration》之 Article 9 也有条文针对如何考虑特免权问题的内容。

也有一些被建议使用的标准条文。例如,Marghitola 的《Document Production in International Arbitration》(2015 年)一书第 166 页建议以下这条标准条文:"The Arbitral Tribu-

---

〔43〕 是否有需要保护与获取法律意见有关的通讯与文件及其内容的机密性? IBA 证据规则针对国际仲裁,因此虽然此处仅仅提到法律意见,但也应包括类似英国法下诉讼特免权会保护的通讯与文件及其内容。在国际仲裁中,也不必仅以特免权(privilege)的措辞/文字来简单指称,更好的是以清楚的文字说明仲裁庭应当考虑什么,例如要求仲裁庭考虑有关通讯与文件及其内容是否有机密性,是否有必要给予特别保护。这样即使是没有特免权制度的国家(中国、韩国等)的律师或仲裁员也不会有疑问或不明白。

〔44〕 这针对了和解谈判的无损害特免权(without prejudice privilege),为了和解谈判的通讯与文件及其内容的机密性是否需要特别保护?

〔45〕 仲裁庭需要考虑到当事人与律师的合理预期如何,也就是在进行通讯、制作文件之时是否合理以为会受到特免权保护,可以畅所欲言? 如果有这个合理预期,就应该要考虑保护、不要求披露,把机密性上升到特免权,给予机密性特别的保护。

〔46〕 这针对的是是否已经对特免权弃权的问题。

〔47〕 也要考虑公平对待双方当事人,也就是双方当事人及其律师会由于各自法律背景的不同而有不同做法与预期,要避免采纳一方当事人的做法而导致对有不同做法与预期的另一方当事人造成不公平。也因此会考虑采用最广的保护。

〔48〕 范例条文是明示适用《IBA Rules on the Taking of Evidence in International Arbitration》之 Article 9,节录《The IBA Guidelines for Drafting International Arbitration Clauses of 2010》之 Para 59:"The following clause can be used if the parties wish to specify the principles that will govern issues of privilege with respect to document disclosure: All contentions that a document or communication is privileged and, as such, exempt from production in the arbitration, shall be resolved by the arbitral tribunal in accordance with Article 9 of the IBA Rules on the Taking of Evidence in International Arbitration."

nal shall use the IBA Rules on the Taking of Evidence in International Arbitration (2010) ('IBA Rules') with the following modifications as guidelines, but shall be bound neither by the IBA Rules nor by the following modifications: 1. As a minimum standard, the Arbitral Tribunal shall take into account the following principles (a) Legal professional privilege … 2. The legal professional privilege also extends to in-house counsel. 3. All employees of a party are considered to be clients in the attorney-client relationship. 4. At request of a party, the arbitral tribunal may apply more favourable privilege rules under national laws to one of the parties' or their advisors' home jurisdictions to all parties. The Arbitral Tribunal can apply more favourable privilege rules also at its own motion, but is not obliged to do so."

另一个例子是在国家/地区之间的双边投资协议(Bilateral Investment Treaty, BIT)。在签订BIT时,显然可以预见会有不少文件及其内容涉及公共政策/利益、公共安全等因素,在将来发生争议与投资仲裁时,作为一方当事人(通常是被申请人)的主权国家不会希望让仲裁庭可以强制要求披露这些有高度机密性与敏感的文件及其内容。这样不妨在BIT的争议解决或仲裁条文中进行针对。

笔者虽然有大量商业仲裁经验,也见过不少仲裁条文/协议,但是还从未在实践中遇到过专门针对特免权问题的仲裁条文。要期待一般的当事人在拟定商业合约时,考虑到如此精细与特定的法律问题是根本不现实的。更好的办法看来还是在标准合约,尤其是会涉及仲裁的贸易与商业的标准合约中,加上一条针对特免权问题的标准仲裁条文。又或者是仲裁机构(如贸仲、北仲、SIAC、HKIAC等)的仲裁规则中加上类似ICDR的《International Arbitration Rules》(2014年)之Article 22的内容。

如果在当事人之间已经产生争议,也已经委任律师进行协助,此时也是一个很好的可以考虑特免权问题的机会。但是在这种情况下看来很不幸的是,互相对立的当事人很可能没办法同意任何事情了。但也是有一些例外的,有报道[49]说在一个ICC仲裁中,当事人在制作审理范围书(terms of reference)的阶段,双方约定在特免权的问题上适用英国法(尽管当事人与他们的律师都并非来自英国)。

正是由于当事人自主决定解决有关问题不现实,因此笔者在接下来的讨论中会针对如果双方当事人对该问题有争议,仲裁庭应该如何在没有指引的情况下进行考虑的问题。

6.4　特免权:作为实体问题看待

曾经在英国法下对于特免权是属于程序(procedural)问题还是实体(substantive)问题(或同时属于两者)是存在争议的。这也可以理解,因为早期法律业务特免权被视为程序或证据规则的问题:见Lawrence v. Campbell (1859) 4 Drew 485先例。但在R v. Derby Magistrates (1996) AC 487先例后,法律业务特免权被提升至绝对与实体性权利,就产生这到底属于实体还是程序问题的争议。例如在Three Rivers DC v. Bank of England (No.6) (2005) 1 AC 610贵族院先例中,Scott勋爵就说:"there has been some debate as to whether this right is procedural right or a substantive right. In my respectful opinion the debate is ster-

[49] 见Nathan O'Malley的《Rules of Evidence in International Arbitration: An Annotated Guide》一书。

ile. Legal advice privilege is both. It may be used in legal proceedings to justify the refusal to answer certain questions or to produce for inspection certain documents. Its characterization as procedural or substantive neither adds to nor detracts from its features."

较近期的英国先例 The RBS Rights Issue Litigation, Re (2016) EWHC 3161 (Ch)明确重申特免权问题是根据诉讼地法律(*lex fori*),这在本书第十二章之8.1段有详论。

但这个问题在国际仲裁中看来仍然争议重重,诸多学者也有不同看法。例如,认为属于程序问题的,可见 O'Malley 的《Rules of Evidence in International Arbitration: An Annotated Guide》(2012 年);Marghitola 的《Document Production in International Arbitration》。认为属于实体问题的,可见 K-P Berger 的《Evidentiary Privileges: Best Practice Standards versus/and Arbitral Discretion》(2006) 22 Arb Int'1 501。认为同时属于两者的,可见 Kaufmann-Kohler 与 Bartsch 的《Discovery in international arbitration: How much is too much?》Schieds VZ 2004。认为目前没有肯定答案的,可见 Lew 的《Document Production and Legal Privilege in International Commercial Arbitration》in Caron Practising Virtue (OUP 2015) 347。

如果特免权作为实体法问题,会与合约的适用法(governing law/proper law)一致。这样的好处在于针对特免权问题无须考虑双方当事人各自法律背景的不同[这会带来双方的"合理预期"(reasonable expectation)问题],总之统一适用合约的适用法。如果当事人明示约定了合约适用法时,尤其会带来肯定性。但这并不一定是令人满意的,例如如果明示适用英国法,由于英国法在特免权问题上有详细的规范与明确的保护,就可能比较令人满意。但如果明示适用的是中国法,由于中国法没有针对特免权的问题,适用起来仍然会是困难重重。

更大的问题是,如果当事人并没有明确选定合约适用法,仲裁庭需要根据法律冲突规则(conflict of law rule)来选定合约的适用法。此时仲裁庭常会采用最密切联系规则/测试(the closest connection test)。

最密切联系测试有两种主要类型:一种类型是纯粹最密切联系测试(bare test),需要在客观的角度,尽可能找出与衡量所有有关当事人之间合约关系的连接点(connection factors)。而这个做法需要结合十几、二十几个或更多的连接点进行衡量。普通法下这是一般地位。不如意之处是不肯定,很大程度上依赖于进行审理与认定的法官或仲裁员如何衡量。由于连接点太多,很难说一定要给每一个连接点多少权重,因此法官或仲裁庭在这方面的裁量权(discretion)是很大的。

另一种类型是在纯粹最密切联系测试基础上发展而来的所谓特征性履行(characteristic performance)测试,在英国这是自 1991 年《罗马公约》生效后的地位:见《Contract (Applicable Law) Act 1990》。[50] 这相对会肯定一些,例如在 CIF 或 FOB 的国际货物买卖合约,这种付运合约(shipment contract)的履行主要是卖方或发货人在装港将货物装船付运,之后货物风险就会转移给买方。也因此这类合约中特征性履行方(characteristic

〔50〕 中国香港特区与英国不同,仍然采用普通法下的纯粹最密切联系测试。

performer）是卖方而不是买方。

总结而言，将特免权作为实体问题看待，适用合约的适用法（无论明示或默示）是存在问题的。可以重复已经提过的例子，即很常见的约定中国香港为仲裁地，但同时适用中国法（HK arbitration, PRC law to govern）的仲裁条文。合约的适用法是中国法，而由于中国法不认可或者没有发展有关特免权的法律，[51]就可以在该仲裁中完全不考虑特免权，所有文件都要全面披露是有不妥之处的，因为法律业务特免权是根据公共政策（完全不理会法律业务特免权的不妥，可见本章之6.5.2段）。

同样重要的问题是，当事人在商业合约中约定适用法（以及仲裁地）条文时，常常与作为订约方的当事人的所在地与法律背景并无联系。例如，当事人常常约定英国法作为适用法，但商业合约的当事人就可能与英国并无联系（如一方是中国当事人而另一方是马来西亚当事人）。在特免权问题上当事人及其律师往往主要中于惯性考虑本国法，制作与保存文件时也是依从本国的法律与实践做法。这也是他们的合理预期，也就是当事人与律师都认为是理所当然的权利，这在他们的所在地也确实如此。但是，如果在特免权问题上适用约定的合约适用法（特别是约定的适用法在特免权问题上范围十分狭窄时），很容易就会发现这与自己当地的法律与实践有很大不同，导致完全出乎一方甚至是双方当事人意料，无法满足他们的合理预期。例如，一方当事人被仲裁庭强制下令披露有关通讯与文件，否则就会作出不利推断（adverse inference）。毕竟如果当事人及其律师知道将来在国际仲裁中无法保护机密性，本来是可以不制作这些文件的。

还有其他的问题，例如将当事人对合约适用法的约定解释为也是默示约定特免权的适用法看来是过于武断、有所歪曲甚至是不合理的。在现实中，这也一般不会是双方当事人订立仲裁协议时的订约意图。

6.5　特免权：作为程序问题看待

6.5.1　仲裁庭通常对程序（与证据）问题有广泛裁量权

如果国际仲裁中特免权被视为程序（或证据）问题看待（看来这也是目前更多人倾向的看法），那就与所有其他程序问题一样受仲裁地（seat）的法律管辖。但与国家/地区法院都有详尽与严格的法院规则（如英国的CPR）不同，大多数有关仲裁的国内立法都是在程序方面泛泛地赋予仲裁庭裁量权，比较少见有直接针对特免权作出规定的。例如，在英国《Arbitration Act 1996》之Section 34赋予仲裁庭在程序与证据方面的裁量权：

---

〔51〕在本章之6.1段的图表中可以看到，中国法或实践中，律师有保护客户案件机密性的义务，但没有特免权的说法。但是机密性与特免权并不同。这些不同包括机密性义务针对的是第三方，而特免权并不是单纯针对第三方，而是广泛地可以对任何人士（包括法官或对方当事人）拒绝披露。例如，仲裁有机密性，这意味着仲裁的所有内容都不能透露给第三方知道，但是在仲裁内部，包括仲裁庭、当事人之间就没有机密性可言。在仲裁中拿出来的文件如果涉及商业机密允许当事人遮盖，这纯粹是公平合理的做法，遮盖的内容是与争议无关等原因才无须披露。但如果是与争议息息相关的通讯、文件及其内容，就不能仅仅以机密性拒绝拿出来，必须是特免权才能有所保护。中国法下虽然目前也有律师保护机密性的原则，不表示一方当事人有权利拒绝披露给法官或仲裁员或对方当事人。

“34 **Procedural and evidential matters.**

(1) It shall be for the tribunal to decide all procedural and evidential matters, subject to the right of the parties to agree any matter.

(2) Procedural and evidential matters include— …

(d) whether any and if so which documents or classes of documents should be disclosed between and produced by the parties and at what stage …

(f) whether to apply strict rules of evidence (or any other rules) as to the admissibility, relevance or weight of any material (oral, written or other) sought to be tendered on any matters of fact or opinion, and the time, manner and form in which such material should be exchanged and presented …”

在中国香港《仲裁条例》(第609章)之Section 47(采用了UNCITRAL Model Law/《贸法委示范法》之Article 19)赋予仲裁庭同样的裁量权:“(1)《贸法委示范法》第19(1)条具有效力,其文本列出如下‘第19条. 程序规则的确定(1)在不违背本法规定的情况下,当事人可以自由约定仲裁庭进行仲裁时所应当遵循的程序。(2)[不适用。]。’(2)除本条例的条文另有规定外,如各方没有任何上述协议,或在各方没有任何上述协议的范围内,仲裁庭可用它认为适当的方式,进行仲裁。(3)仲裁庭在进行仲裁程序时,不受证据规则所约束,并可收取该仲裁庭认为有关该仲裁程序的任何证据,但对于在该仲裁程序中援引的证据,该仲裁庭须给予它认为适当的分量。”

简单而言,就是在仲裁的程序方面,这些立法条文赋予仲裁庭以广泛裁量权。当然仲裁庭在程序与证据方面的裁量权不会完全没有限制,必须时刻谨记在仲裁地法律中是否有有关的强制性(mandatory)法律,这会是各种公共政策/利益的要求,如包括公平对待双方当事人等的自然公正(natural justice)、正当程序(due process)等。除此之外,仲裁庭也要考虑到仲裁裁决书的可执行问题,这就需要留意《纽约公约》(《New York Convention 1958》)以及其中的Article V下的几个著名的可以被执行地法院拒绝承认、执行裁决书的理由。

6.5.2 仲裁庭选择之一:完全不理会诉讼特免权

如果仲裁地是伦敦,虽然仲裁庭对仲裁程序与证据的可采纳性(admissibility)有裁量权,但是在仲裁中完全不理会特免权(包括诉讼特免权)是不安全也是不明智的。在本书第九章之2.3.1段也已经介绍过根据R v. Derby Magistrates (1996) AC 487贵族院先例的判法,诉讼特免权在今天属于绝对性权利,而且也会属于《欧洲人权公约》(ECHR)/英国《人权法》(HRA)下的基本人权。

尽管是针对不同做法,值得注意的是,在英国《Arbitration Act 1996》之Section 43规定英国法院通过传召证人(witness summons或以前的subpoena)也即强制第三方作为证人向仲裁庭呈上特定文件(或特定类别的文件)或口头作证时对仲裁作出支持,就必须与法院程序的做法一致。这就包括被法院强制在仲裁庭提供证据的第三方可以依赖特免权拒绝披露文件或口头就有关问题进行回答。有关条文可以节录如下:“**Securing the attendance of witnesses.** (1) A party to arbitral proceedings may use the same court procedures as are available in relation to legal proceedings to secure the attendance before the tribunal of a witness in order to give oral testimony or to produce documents or other material evidence…."

这样如果仲裁庭完全不理会特免权问题,岂不是在仲裁中被法院强制提供证据的证人可以(在交叉盘问/反盘问中)主张特免权拒绝披露、回答问题,但其他由当事人提供的证人就反而没有任何保护了？这不一致是说不过去,也没有道理的。

6.5.3　仲裁庭选择之二:仲裁地法

如果是在商业合约中约定了某地法院有专属管辖权(exclusive jurisdiction),在程序问题上就会适用法院地法。在国际仲裁中,针对特免权问题是否可以直接适用仲裁地法律呢？也就是如果选择在伦敦、新加坡或中国香港仲裁,在特免权问题上也就要适用英国、新加坡或中国香港的法律。如果可以,肯定性方面会有很大提升。再加上这些热门仲裁地点在针对特免权问题的法律上比较宽松,一般不会令当事人失去合理预期。

正如本章之6.4段所说,外国当事人与其外国律师之间的通讯、文件及其内容往往是根据他们熟悉的外国法进行制作与保存。但是商业合约对仲裁地的选择,更关注的是仲裁地的名声(如该地有没有知名与可信赖的仲裁员)、是否有公正的形象、有关仲裁的法律与实践如何、对当事人而言是否方便等因素。因此在特免权问题上适用仲裁地法(无论相比外国当事人及其律师熟悉的外国法是宽松还是严格)都可能超出当事人合理预期与带来不公平。

其他不妥善之处的例子,还有:(1)即使当事人同意仲裁地在中国,例如北京或上海,仲裁庭就认为可以完全不理会特免权是不妥当的。(2)一个ICC仲裁中一方或双方当事人都是美国人,在仲裁条文中对仲裁地约定不明确时被ICC指定巴黎作为仲裁地。此时如果仲裁庭选择根据法国有关特免权的法律认为公司法务律师不受到特免权保护,这就与美方当事人在美国进行通讯制作文件之时的预期、理解与实践完全不同。对公司而言,保护不了机密会是大问题。(3)对仲裁地的约定,通常是双方当事人在多个不同地点中通过谈判得出的选择。例如,中国公司与印度尼西亚公司在商业合约谈判中,各自建议北京与雅加达作为仲裁地,但都被对方拒绝。因此只能选择第三方国家中的地点(如伦敦、日内瓦等),最后双方同意以新加坡作为仲裁地。在这个过程中,双方都会考虑这些地点的仲裁法律与所处地区是否方便/可信,但很少会考虑这个仲裁地点有关特免权法律的问题。(4)同样重要的是,国际仲裁中的仲裁庭成员很多都不会来自仲裁地,[52]这些外国仲裁员有与仲裁地不同的法律背景与文化。仲裁员也与仲裁地的法官不同,对于严格贯彻当地的法律与实践(包括特免权有关的法律)并无兴趣,并且他们也并不熟悉。

6.5.4　仲裁庭选择之三:将来裁决书执行地法

对特免权问题适用将来仲裁裁决书(award)执行地的法律看起来能够避免裁决书在承认与执行上遇到麻烦,但存在的问题也不少。大部分案件中,仲裁庭很难确定到底哪里才是将来裁决书的执行地。这是因为首先在行使裁量权判断特免权适用什么法律时,很

---

〔52〕　例如,HKIAC近年来委任的仲裁员大多数来自中国香港以外其他国家/地区(主要是英美等国家的仲裁员)。2017年的统计显示,只有8%委任了中国香港居民(包括居住在中国香港的外籍人士)。

难说案件最后会是谁赢谁输。其次是将来裁决书在哪里执行很大程度上要看败诉方的财产所在地,这也是仲裁庭在需要行使裁量权时不会知道的。而且很可能败诉方在多处都有财产,裁决书需要在多个国家与地区被承认与执行。也因此,对于仲裁员行使裁量权决定特免权的适用法与实践看来,裁决书执行地的法律是不适合的。

6.5.5 仲裁庭选择之四:最密切联系测试

仲裁庭在行使裁量权时,采用最密切联系测试找出针对特免权问题的适用法是相对更合适的。最密切联系测试作为法律冲突规则在国际仲裁中的适用并不少见。在本章之6.4段已经简单提到过在当事人没有明示约定实体问题/合约的适用法时,仲裁庭会采用最密切联系测试作出裁定。

针对特免权来说,在国际仲裁中需要考虑的连接点是同样难以穷尽的,可以列出很多。但与考虑实体问题/合约的适用法相比,连接点的内容与各自权重应是不同的。例如可能的(也难以穷尽的)连接点包括:仲裁地在A国;合约适用法是B国法;主张特免权保护的一方当事人的公司注册在C国、实际经营在D国;代表该当事人的律师在E国与F国都获得执业资格,主要在G国开展业务;律师与当事人(客户)在H国进行通讯;多名对方当事人分别来自I国与J国;有关合约在K国签订,实际履行地在L国等。还会有一些潜在的附属连接点,例如有关文件在哪里被制作、当事人在哪里收到有关文件、文件被存储在哪里、律师与当事人委托合约受哪里的法律管辖等。

已经讨论过一些连接点(如仲裁地法、合约适用法等)的分量是十分有限的。而在笔者看来,更有分量的会是与律师有关的连接点,如律师在哪里取得执业资格、一般在哪里开展业务。毕竟法律业务特免权的来源主要是在律师与当事人(客户)的委托合约,即由律师给出法律意见与/或由律师对诉讼进行帮助。而从特征性履行(characteristic performace)测试的角度来考虑,与律师有关的连接点更重要。

6.5.6 肯定性与平等地对待双方当事人:最广的保护

虽然最密切联系测试(纯粹最密切联系或特征性履行测试)有不少好处,但仍然有很大不肯定性。而对于特免权来说,肯定性会是至关重要的:见 Upjohn Co v. United States, 449 US 383 (1981)美国最高院先例。

无论是法院地还是将来执行地都会强制性要求自然公正与正当程序,这其中非常重要的就是要平等对待(equal treatment)双方当事人。而由于当事人各自会遵从自己所在地不同的特免权法律或规则,因此需要同时考虑各个连接点可能涉及的多套不同的法律或规则,采用其中保护范围最广的那套会是最安全与不会有悖于双方当事人的合理预期。笔者看来,这是目前来说最好的做法。

重复在本章之6.2段提到的ICDR的《International Arbitration Rules》(2014年)之Article 22中明确写明类似规则:"…. Documents would be subject under applicable law to different rules, the tribunal should, to the extent possible, apply the same rule to all parties, giving preference to the rule that provides the highest level of protection."

7. 公司内部调查取证和诉讼特免权

本章较早前介绍的不少重要先例都涉及了公司发生的内部调查取证被有敌意的第三方(特别是规管机构)要求披露而带来的针对公司能否享有诉讼特免权(litigation privilege)的昂贵诉讼。

7.1 Three Rivers DC v. Bank of England (No. 5)先例带来的问题

已经多次提到,法律意见特免权(legal advice privilege)只是委任律师的客户所享有,所以简单的逻辑也就是只有客户才能够对自己的权利弃权(waiver)。而对"客户"的定义,已在本书第九章之3.3段有详及,特别是在英国 Three Rivers DC v. Bank of England (No. 5) (2003) QB 1556 上诉庭先例中,对法律意见特免权中谁是"客户"进行了狭窄的解释。在本书第九章之3.3.3段与第十二章之10.3段,也有提到其他普通法国家与地区对这方面的判法,看来都比英国要宽松得多。

这也带来不少的批评与希望最高院推翻 Three Rivers DC v. Bank of England (No. 5)上诉庭先例判法的呼声。例如,在 Bankim Thanki QC 的《The Law of Privilege》(2018年,第3版)一书之2.25段说:"… it is suggested that the client test summarized above is too narrow, and that any employee or former employee of the client who is expressly or implicitly authorized by the client to provide information to the lawyer should be treated as an emanation of the client for the purpose of legal advice privilege. It is suggested that the decisions in Three Rivers 5 … were wrongly decided and should be overturned."

另近期的 SFO v. ENRC (2018) EWCA Civ 2006 上诉庭先例的判决与相关权威评论也有说到 Three Rivers DC v. Bank of England (No. 5)上诉庭先例判法带来的问题:

"Three Rivers (No. 5) determines that communications between an employee of a corporation and the corporation's lawyers cannot attract legal advice privilege unless that employee is tasked with seeking and receiving such advice on behalf of the client. Large corporations need, as much as small corporations and individuals, to seek and obtain legal advice without fear of intrusion and, in the modern world, the information upon which legal advice is sought is unlikely to be in the hands of the main board or those it appoints to seek and receive legal advice. **If a multi-national corporation cannot ask its lawyers to obtain information needed to advise that corporation from the corporation's employees with relevant first-hand knowledge under the protection of legal advice privilege, that corporation will be in a less advantageous position than a smaller entity seeking such advice.** Whatever the rule is, it should be equally applicable to all clients, whatever their size or reach. Moreover, it is not always an answer to say that the relevant subsidiary can seek the necessary information with the protection of legal advice. There may be issues between group companies that make it desirable for the parent company to be able to procure the information necessary to obtain its own legal advice. **English law is out of step with the international common law on legal**

professional privilege and it is an area where one might expect to see commonality, particularly when so many multinational companies operate across borders and have subsidiaries in numerous common law countries. If it had been open to the court to depart from Three Rivers (No. 5), it would have been in favour of doing so, but **it is a matter that would have to be considered again by the Supreme Court**.

Per curiam: Information obtained from ex-employees falls into the same category as that obtained from third parties and is not covered by legal advice privilege. An ex-employee is in all respects equivalent to a third party and, however desirable it might be that information obtained from such a person should be covered by legal advice privilege, that is not the current law."(加黑部分是笔者的强调)

综上所述，看来目前在英国的法律地位是公司(特别是大公司或跨国公司)难以依赖法律意见特免权保护内部调查所制作的文件与信息的机密性的。这对英国希望保持其国际贸易与金融中心的地位也不是好事，所以有不少人士呼吁一旦有机会，最高院(Supreme Court)就应该推翻 Three Rivers DC v. Bank of England (No. 5)上诉庭先例的判法。

7.2　总结英国目前法律地位不妥之处

总结一下 Three Rivers DC v. Bank of England (No. 5) (2003) QB 1556 先例的不妥与不现实方面如下：

1. 对"客户"进行严格/狭窄定义与解释，受影响最主要的是一些大型的公司，特别是跨国公司。毕竟对小型公司而言，高管与雇员的人数有限。公司的各项业务，包括要调查某些业务是否出问题，也往往是有限的高管亲力亲为，或者说取证的对象就会是自己。如果需要委任外部律师(估计小型公司没有内部律师)，也会是由这几个高管进行，即使在"客户"的狭窄定义下，仍应该能被包括在内，所以高管提供给外部律师的证言与信息的机密性都可以受到特免权保护。

但对大型与跨国公司而言问题就严重了，一旦出了事故，要委任外部律师作出内部调查，通常委托合约(retainer)中明示说明是代表客户的人数肯定有限，例如只是法务部的首席律师与其他几位高管。但外部(或内部)律师进行调查取证的对象往往不是他们几位，因为他们不会对公司的各种业务(包括出事故与要调查的业务)都亲力亲为，甚至是知悉。真正参与出事故业务的往往是其他雇员与前雇员，正如 Rehnquist 大法官在 Upjohn Co v. United States, 449 US 383 (1981)美国最高院先例中说："In the case of the individual client the provider of information and the person who acts on the lawyer's advice are one and the same. In the corporate context, however, it will frequently be employees beyond the control group … who will possess the information needed by the corporation's lawyers." 但这些人士都不属于"客户"的狭窄定义，所以无法保护这些人士提供给外部(或内部)律师信息的机密。

2. 另一个问题就是在内部调查取证中，想要找出事实真相，就需要鼓励有关雇员(包括前雇员)讲真话。但既然是事故的调查，显然难免真相会涉及雇员(或前雇员)曾经做过的不正当行为。例如,知情不报、有意或无心的疏忽、违章违规,甚至是贪污受贿。这些行为即使是公司不追究以鼓励"坦白从宽",但难以避免第三方(如规管机构)会对个别雇员(或前雇员)提起民事或刑事诉讼。对这些雇员(或前雇员)而言,除非法律能够使信息的机密性有绝对保证,不会被用来对自己不利,否则他们是不愿意讲真话的。正如 Wilberforce 勋爵在 Waugh v. British Railways Board (1980) AC 521 先例所说如下:"... everything should be done in order to encourage anyone who knows the facts to state them fully and candidly - as Sir George Jessel MR said, to bare his breast to his lawyer ... This he may not do unless he knows that his communication is privileged."

3. 相比其他普通法国家或地区"客户"有更宽松的定义,目前英国法下的地位对作为商业与金融中心的伦敦是不利的。毕竟有很多地方(如亚洲的新加坡与中国香港)都希望吸引更多大型与跨国公司来设立总部。在这重要的法律地位上,如果对大型与跨国公司不利(无法保障机密),就会带来不良的影响。目前英国的法律也延伸去所有英国公司(包括在英国有分支机构的外国公司)在全球的业务作出监管与规管,例如《Bribery Act 2010》这种立法与严重欺诈调查署(Serious Fraud Office,SFO)这种规管机构,所以这不良影响会严重。

在目前英国法律地位下,任何会受到影响的公司都要特别小心,特别是针对公司的内部调查。对一家拥有良好管治的公司来说,这种内部调查或例行审核是经常要做的事。而产生与制作的有关文件与法律业务特免权没有关系,不能拒绝披露。因为在内部调查与审核这种例行工作,除非发觉出了问题,否则不会涉及外部律师。而公司内部律师即使参与也是例行公事,不涉及提供法律意见与法律行动。但一旦发生了事故并被规管机构要求提供文件与信息,甚至知道自己已经被规管机构盯上,更要尽快了解有关事故的事实真相,这就往往要作出内部调查。但是,调查的结果难以预先知道。所以公司都会希望自己能够主动保护调查结果的机密性,将来在权衡利弊后才决定是否要作出披露、什么时候才适合披露、披露多少信息以及向谁披露等方面。但想依赖法律意见特免权很难成功,唯一希望是依赖另一种保护范围较广的法律业务特免权,也就是诉讼特免权。正如 Charles Hollander QC 的《Documentary Evidence》(2018 年,第 13 版)一书之 18.20 段说:"Problems have particularly arisen where regulatory investigations take place and the company carries out some form of internal investigation, often using external lawyers. **These documents will not be covered by legal advice privilege, so it is either litigation privilege or nothing.**"

这也解释了在 Three Rivers DC v. Bank of England (No.5)先例后,几乎所有被报道的重要先例,案情涉及规管机构调查带来的公司的内部调查取证中所制作或获取的文件稍后被要求作出披露(如与雇员或前雇员的会谈所获得的信息或制作的文件)时,双方争议的再不是法律意见特免权,而是针对到底诉讼特免权能否在该先例的案情中适用。

7.3 调查取证中所制作的文件只能依赖诉讼特免权才能保护机密

再次重复,法律意见特免权已经与保护事故后调查取证所制作的文件没有关系。律师与雇员(除非是属于"客户"的定义)、前雇员或其他第三方的会谈、他们自愿作出的口供与证言也不再受保护,受保护的只局限在客户与律师之间的通讯(communications)。

所以,事故后的调查取证需要诉讼特免权的保护。这种特免权作出的保护是宽泛得多,如在 Winterthur Swiss Insurance Company v. AG (Manchester) Ltd (2006) EWHC 839 (Comm)先例中,Aikens 大法官说:"The privilege obviously covers legal advice given by a lawyer to his client for the purposes of such existing or contemplated litigation. It also extends to communications between the lawyer and his client and the lawyer and third parties, provided that this communications are made for the sole or dominant purpose of obtaining legal advice or conducting that litigation… the court has to consider objectively the purpose of the person or authority that directed the creation of the communication…"

显然,诉讼特免权是可以包括事故后调查取证,为了准备诉讼或可能的诉讼所制作的文件。这种文件的数量会十分惊人,例如 SFO v. ENRC (2018) EWCA Civ 2006 上诉庭先例涉及被 SFO 要求披露但 ENRC 拒绝披露的调查取证文件包括 184 份外部律师与雇员、前雇员以及第三方会谈后所制作的有关文件。可以说律师与分散在全球的有关人士或潜在证人见面与调查取证,所花的费用巨大,一旦被披露,SFO 不费吹灰之力就能掌握整个事故的事实真相与证据。所以对 ENRC 而言,如果知道这些文件中有足以置自己于死地的证据,就根本不会计较要再花费巨额的律师费打这场特免权官司,务求能够成功主张特免权以保护文件的机密。

7.4 事故后调查取证能保护机密的重要性

对于事故调查所产生与制作的大量文件来说,法律业务特免权的保护是至关重要的。这种事故经常是实体性(physical)的意外事故,造成了人身伤亡与财产损失。但也可以是非实体性的事故,例如公司甚至是跨国公司的分公司在内部出现了重大业务、经济或政治上的丑闻/不正常的事情,导致被(或将会被)调查、惩罚或诉讼等的。这样,公司的正常反应就是作出调查,全面调查有关事故后对事实真相进行认定。这对公司本身而言也是有积极意义与必要的。需要对这些大量制作的文件作出机密保护的原因有以下几个方面:

1. 重大事故后一定会进行调查事实真相的行动,毕竟公司法人或自然人都想知道事故的真相,通常公司也会需要向其他人士交代(如上市公司将来要向股东解释,国企将来要跟上级部门汇报等),这就要求必须自己先要了解事故发生的来龙去脉。

2. 即时进行调查取证可以获得最可信与分量最重的当场证据(contemporaneous evidence)。[53]

3. 问题是调查取证的结果很少会完全对进行调查的公司完全有利。例如,所有证据都显示公司无辜,不需要承担任何道德与法律的责任,造成不幸的事故完全是天意(act of god)。即使事故是由于雇员的问题造成,例如疏忽或贪污受贿,公司仍需要承担雇主责任(vicarious liability)。

4. 疏忽或过错是不需要 100% 甚至不要求超过 50% 才需要负责任的。一般侵权只要有错,逃避不了要承担后果,甚至是全部后果(民事诉讼的全额损失赔偿)。

---

[53] 当场证据的重要性可见本书第七章之 3.3.2 段。

5. 公司的内部调查，往往需要与个别雇员或前雇员会谈，并取得其口供与证言。为了找出事故的真相，公司希望与鼓励这些雇员或前雇员坦白，并且会奖励或从宽对待而令部分雇员或前雇员愿意坦白。但这样，如果坦白在将来会令这些雇员或前雇员负上刑事责任，而这些口供与证言又没有办法保证机密，这对坦白的雇员或前雇员是很不公平的。因为他们在自愿而不是强制的情况下作出的坦白，是不能依赖自证其罪特免权（self-incrimination privilege）[54]来保护自己：见 V v. C（2001）EWCA Civ 1509；R v. SFA（ex p Fleurose）（2001）EWCA Civ 2015 等先例。

6. 这些调查取证中制作或获取的文件能够被保护机密非常有必要，而唯一能够合法保证机密的途径就是法律业务特免权中的诉讼特免权。

7.5　享有诉讼特免权的条件：满足"可能的诉讼"和"主要目的"测试

在本章较早段落中已经介绍过这两个有关联但不同的测试，要满足这两个测试并非易事。这方面的举证责任无可置疑地由主张特免权以保护文件机密的公司承担，这就涉及对证据的准备。另外这两个测试在每一个案件中都是根据不同的事实背景作出认定，正如在本章之4.1段总结的要看不同案件的案情是否复杂、涉及的金额有多少、在制作文件时与第三方之间的潜在敌意与对抗性程度高低等的因素。

针对规管调查（regulatory investigation），满足这两个测试都会有困难。相反，一个实体性事故（如一个严重人命伤亡的海上事故或货损货差）后相对明确的调查取证有很大可能将会面对有敌意的第三方诉讼与/或其他法律行动。但在 Waugh v. British Railways Board（1980）AC 521 贵族院先例中，针对的也是一宗严重事故后作出的调查取证。虽然对"可能/合理预期的诉讼"的存在没有质疑，但英国贵族院仍是认定这不是调查取证的"主要目的"而不能受特免权保护。这当然也是因为 Waugh v. British Railways Board 贵族院先例的特定案情，所以其确立的原则并不能被普遍适用。

而涉及规管调查要满足这两个测试都是不容易且富争议性的，主要有以下几个重要的原因：(1)有不少规管调查在开始时，规管机构与公司之间没有显示敌意。例如，只是有一些惯常的投诉或是需要了解一些行业的操作是否合规。规管机构在一开始也没有计划在了解之后采取行动，特别是针对个别公司的民事或刑事诉讼。这样，很难说是会有"可能的诉讼"而需要调查取证作准备。(2)即使是一个在开始时已经有了明显敌意/对抗性（hostile/confrontational）的规管调查，例如调查机构对公司说明这是一个刑事调查（criminal investigation），"主要目的"测试又是另一个障碍（hurdle/obstacle）。这是因为在规管调查，主观或客观看来有关的公司制作文件时往往会有多于一个目的，仍是不容易证明主要目的是可能的诉讼。这方面已经在本章较早的1.3段有介绍，著名的 Waugh v. British Railways Board 贵族院先例正是典型。在此只多介绍一种规管特有的困难，就是经常会有立法（legislations）明示要求被盯上的公司进行内部调查并提交报告。已有 Secretary of State for Trade and Industry v. Baker and Others（1998）1 All ER 673（"Barings Plc，Re"）先例（见本章之5.3段的介绍）说这种立法报告（Statutory Report）唯一有关的

---

〔54〕 该重要课题在本书第十三章之10段有介绍。

目的就是满足立法强制要求，与制作人（有关公司）任何其他目的（如诉讼或可能的诉讼作准备）无关或顶多是次要。

这可节录 Charles Hollander QC 的《Documentary Evidence》(2018 年，第 13 版）一书之 18.23 段如下："The ground for the decision in Re Baring (1998) 1 All ER 673 was that the report was a statutory report. Scott VC distinguished cases such as Highgrade Traders and Guinness Peat on the basis that those cases did not involve a statutory report. **In the case of a statutory report the maker has no choice and is obliged by law to make a report; thus the 'only relevant purpose … is a statutory purpose.'** He held that whether such statutory reports are privileged depended on whether there is a public interest requiring protection from disclosure to be afforded to them which overrides the administration of justice reasons that are reflected in the discovery rights given to litigants. In West London Pipeline and Storage v. Total UK (2008) EWHC 1729 (Comm), Bateson J. held that **where a report was prepared pursuant to a statutory or regulatory obligation, the purpose of the investigator of the report was irrelevant: it could not be said to be prepared for the dominant purpose of litigation.** But where there was no duty to report, the position might be more nuanced. It can readily be seen that **it would be inappropriate to argue 'I was under a statutory obligation to prepare this report but my dominant purpose was to prepare materials for the litigations'**, although it is possible to conceive that a person might commission a report into an accident for the anticipated litigation without appreciating that he had a statutory duty to procure such a report. Even in such circumstances, it would not be problematic if such a report was held to be disclosable."（加黑部分是笔者的强调）

在本章稍后的 7.6.3 段会针对这方面的困难探讨可能（只是可能）的应对办法。

7.6 针对两个测试的证据准备

7.6.1 测试一：可能的诉讼

针对"可能/合理预期的诉讼"的测试，应根据每一个案件的不同案情与事实背景客观看在开始调查取证时，是否有可能的诉讼。这是根据当时的证据对事实作出认定（finding of facts），所以有关公司准备充分的当场文件证据（contemporaneous documentary evidence）是重要的，例如第三方显示有敌意的信函、委任律师的委托书等。

在 L (A Minor) (Police Investigation: Privilege), Re (1997) AC 16 贵族院先例中，已经权威（虽然是多数意见）说明只有针对真正（actual）或合理预期（anticipated）将有对抗制法律程序所制作的文件才能享有诉讼特免权。

针对规管调查，是否有对抗性要看每一个不同案件的案情与事实背景。例如，著名的 Three Rivers DC v. Bank of England 系列先例认为 Bingham 大法官的询问并不是一个有敌意的调查，而只是希望从该对伦敦作为国际金融中心有重大影响的事件中找出问题的真相，并对英国政府作出相应建议。所以该系列先例主要针对的只是英格兰银行能否享有法律意见特免权，而不是诉讼特免权。但另在 Tesco Stores Limited & Ors v. Office of Fair Trading (2012) CAT 6 先例中，法院认为乐购（Tesco）在开始调查取证时，规管机构

（作为被申请人的英国公平交易事务处）已经做出了一份异议声明（statement of objection），提出说 Tesco 违反竞争法，而 Tesco 也作出反对，所以当时已有足够的对抗性与冲突。这样，Tesco 调查取证所产生与制作的文件可享有诉讼特免权。

但有很多涉及规管的调查取证是在早期，甚至有关规管机构还没有开始，公司自己就开始进行内部调查。这样，所制作的文件能否享有诉讼特免权还要进一步看是否预期规管机构的行动有"敌意"。这取决于公司是为了什么事故而调查取证与预计调查会发现的问题的性质，例如明知是发生了严重事故，会带来刑事后果，调查发现的问题恐怕有不利后果，就可以预期规管机构的行动难免存在敌意。这方面可节录《Law of Privilege》（2018 年，第 3 版）一书之 3.69 段部分如下："… Where the investigation has not even commenced, the answer must depend upon the nature …"

而即使是规管机构已经开始行动，向有关的公司根据不同的情况与涉及不同的有关人士等作出通知，内容会有敌意或只是中性。例如，作出一个有敌意的指控或说明这是刑事调查，或是另一个极端，就是说明这不是一个刑事调查而只是一个希望把有关事情真相弄清楚的调查或只是一个行政调查等。又或是规管机构在还没有向有关公司作出通知前就已经突袭（raid）办公楼，把公司的文件取走，这明显是有敌意的行动。反正在这种有敌意的言行后，有关公司委任律师（如果还没有委任）所制作的文件，包括调查取证，就应可享有诉讼特免权了。这方面也可节录《The Law of Privilege》（2018 年，第 3 版）一书之 3.70段如下："A criminal investigation by the Serious Fraud Office or similar prosecuting or regulatory body would seem, on **first principles, to be sufficiently 'adversarial'**. In Property Alliance Group Ltd v. Royal Bank of Scotland plc Snowden J described the regulatory investigations which RBS was facing (from the FCA and various regulators in different jurisdictions) as giving rise to potentially very large regulatory penalties and private actions. Snowden J remarked that '[d]ealing with, and co-ordinating the communications and responses to such regulators was a serious and complex matter upon which RBS naturally wished to have the advice and assistance of specialist lawyers'. Although these remarks were made in the context of legal advice privilege, the acknowledgement that a regulatory investigation is a serious and complex matter upon which a party under investigation will naturally wish to seek legal advice supports the proposition that **a criminal or regulatory investigation is sufficiently 'adversicial', with the consequence that a party is entitled to a private sphere in which to prepare for it.** The case would seem to be a fortiori where the prosecuting body obtains **a search warrant and conducts a 'raid' of the party's premises, which should be sufficient to indicate that any subsequent investigation was sufficiently adversarial**."（加黑部分是笔者的强调）

如果一个规管调查在开始时没有太大敌意，但在调查推进中规管机构因获得更多的证据与了解事件而在态度上有所改变，进而对调查的公司发出显示存有敌意指控的信函，这就会出现一个分水岭（watershed）。后果会是在之前调查取证所制作的文件不受诉讼特免权保护，但之后有不同的对待。这方面的例子可见 Bilta（UK）Ltd（in liquidation）

v. Royal Bank of Scotland (2017) EWHC 3535 (Ch)先例。所以,如果需要制作高度敏感或是不能披露的文件,最好是在过了这个分水岭之后。

7.6.2 测试二:主要目的

针对调查取证而制作文件的"主要目的",会涉及命令进行调查并制作文件人士的主观看法。这通常涉及公司的高管。例如在 West London Pipeline & Storage Ltd v. Total UK Ltd (2008) EWHC 1729 (Comm)先例中,岸上油仓发生严重的爆炸事故,作为被告的石油公司(Total)的董事总经理下令调查爆炸原因,这样该董事总经理当时认为的调查的主要目的就是制作文件的主要目的。

但这看似简单的问题,在不同的案情下仍会有不同结论。在本章之 1.4 段已经提到过这方面的问题。例如在 Property Alliance Group Ltd v. Royal Bank of Scotland Plc (2015) EWHC 3341 (Ch)先例中,原告希望向作为被告的苏格兰银行的两位前雇员取得对自己抗辩有利的信息,在与前雇员会面的过程中私自偷偷录音,这就带来了不同的判法。

由于第二个测试涉及有关人士的主观看法,因此该有关人士提供的证据需要被考虑。这通常会是一份誓章证据(affidavit evidence)。但只是根据该位人士(一般会是有关公司的高管)单方面的说法是危险的,所以对誓章(无论是当事人自己还是代表律师)是否会被考虑在内是有要求的。West London Pipeline & Storage Ltd v. Total UK Ltd 先例中就提到誓章内容要有足够的详细说明(specification),最好有当场文件(contemporaneous document)作为证据支持(这在本章下一小段有详述)的说法。Bateson 大法官说:"Thus, affidavits claiming privilege whether sworn by the legal advisers to the party claiming privilege as is often the case, or, as in this case, by a Director of the party, should be specific enough to show something of the deponent's analysis of the documents or, in the case of a claim to litigation privilege, the purpose for which they were created. It is desirable that they should refer to such contemporary material as it is possible to do so without making disclosure of the very matters that the claim for privilege is designed to protect."

怎样才算是有足够的详细说明,笔者可以援引 Sumitomo v. CLR (2001) EWCA Civ 1152 先例一审[(2001) CP Rep 72]中 Andrew Smith 大法官对原告代表律师誓章的看法来显示。Andrew Smith 大法官说:"Reading the affidavit of Mr. Vigrass (原告代表律师) as a whole, I am left with the impression that he has not addressed his mind with precision to whether a claim for privilege in respect of each of the 700 translations is justified. Certainly, the explanation as to how the translations came into existence is appropriately detailed. However, **Mr Vigrass is wholly unspecific as to the issues about which advice might be betrayed, whether the concerns of PW to which he refers were about regulatory investigation, about actual litigation, about anticipated litigation which in fact materialised, or about anticipated litigation which in fact never came about. No indication is given even in the broadest terms as to the categories of documents which have been translated.** I readily appreciate that any such evidence might have to be couched in cautious terms so as not to make disclosure of the very confidentialities that the claim for privilege is designed to protect. However, **an affidavit of this kind should be specific enough to show something of the deponent's analysis of the documents and the claim for privilege.** "(加黑部分是笔者的强调)

以上加黑部分是 Andrew Smith 大法官说原告律师的誓章内容中没有详细说明主张特免权的700份翻译文件到底翻译的是哪些文件或文件类别,也没有提到主张特免权而拒绝披露是因为泄露针对规管调查、已经存在的诉讼、当时预期并且之后的确发生的诉讼或是当时预期但之后没有发生的诉讼的应对或策略。Andrew Smith 大法官接下来说,虽然不应披露有关文件的机密内容,但是誓章中仍需要有足够的详细说明向法院显示是有过对文件的分析才主张享有特免权。至于每一个不同案件中的誓章如何能做到这个平衡,就需要有水平与有经验的律师协助了。

7.6.3 支持特免权主张的证据策略

总结上述所讲,笔者可以提以下几点:

1. 在调查取证中尽量留待第三方(规管机构或其他第三方)出现了明显的敌意后才制作敏感与可能对自己不利的文件。在没有出现敌意前,即使公司作出初步的内部调查取证,也最好不制作文件,而是尽量停留在口头。

2. 虽然公司自己(无论是否有公司律师)进行调查取证不影响是否可享有诉讼特免权,但委任外部律师更可显示严肃性:见本章之4.3.1段介绍的 Westminster International BV v. Dornoch Ltd (2009) EWCA Civ 1323 先例。无论是否有律师(内部或外部)参与,只要文件明确是与准备可能的诉讼有关,就可享有诉讼特免权。例如,自然人在诉讼中不委任律师的自我代理(litigant in person),如果他/她为诉讼准备证据而进行调查取证,应是同样可以享有诉讼特免权。正如 Bingham 大法官在 Ventouris v. Mountain (1991) 1 Lloyd's Rep 441 先例所说如下:"The expression 'legal professional privilege' ... also suggests, surely wrongly, that a litigation in person is denied, in preparing his litigation, the protection of secrecy which is enjoyed by a litigant who instructs a lawyer."

Charles Hollander QC 的《Documentary Evidence》(2018年,第3版)一书之第18段至第25段在提到这方面也有同样的说法:"...it would be anomalous and unfair if a litigant in person could not claim such a privilege. It would involve an inequality of arms. Although the point has never been definitively decided, it is suggested that the answer is not seriously in doubt."

3. 在本章之7.5段已经提到 Secretary of State for Trade and Industry v. Baker and Others (1998) 1 All ER 673 ("Barings Plc, Re")先例显示了立法报告(statutory reports)无法享有诉讼特免权。因为调查取证的主要目的是立法强制要求,所以无论如何主要目的都不会是诉讼或可能诉讼做准备。而如果调查取证中多做了并非是立法要求的工作,就可以争辩多做的工作的主要目的是诉讼或可能的诉讼。另外在案情适合(如立法并不明确)的案件中,也可以争辩公司的调查取证是为了可能的诉讼,而当时并不知道有立法下的要求。

4. 可作为支持主张特免权的誓章的证据的有分量的当场文件有:(1)来自规管机构的有敌意与/或作出威吓的信函。(2)委任外部律师的委托合约中,写明律师提供的服务范围包括了哪些可能的诉讼。[55] 如果原来的委托只是很初步的调查取证,客观看来当时没有什么来自第三方的敌意,而是在调查后发觉有大问题会导致诉讼或本段稍早提到的过了分水岭,可另追加一份委托合约记录下要求律师(或其他专家)做的工作(如主要为可能的诉讼做准备)。(3)根据 CPR PD 31B Para. 7,一旦存在可能的诉讼,英国律师有责任向客户作出警告或提醒,不得销毁法律可以强制要求披露的有关文件。但在 Starbev GP Ltd v. Interbrew Central European Holding BV (2013) EWHC 4038 (Comm)先例中(见本章之 4.3.3 段),Starbev 委任的律师一开始没有发函给 Starbev 要求保存所有在诉讼中要披露的有关文件,直到后期才发出这份函件。看来被委任的律师应当尽早向客户的公司发出这份函件,最好是能早过调查取证并开始制作可能不利于敏感的机密文件的时间,这就会更有机会与更早显示已经有可能的诉讼,从而使调查取证的文件能受到诉讼特免权保护。在《Documentary Evidence》(2018 年,第 13 版)一书之第 18 段至第 20 段最后一句提到过这方面并说这一招可能会很有帮助:"This point needs a bit of setting up in correspondence but might be forensically quite effective."

5. 由于这两个测试("可能的诉讼"与"主要目的")都不肯定能够满足,所以公司在内部调查制作文件时都要有警惕,因为不一定能依赖诉讼特免权保护机密与可以抗拒披露。所以这些文件的内容以及措辞/文字都要相对小心,要以预计需要被披露给第三方(包括规管机构)查阅的心态进行拟定。而最敏感的内容则最好是在肯定或几乎肯定会受诉讼特免权保护时才进行制作,例如等到诉讼已经开始,而且毫无疑问这些文件是为了针对诉讼获取的法律意见或调查取证而准备的。

6. 当场文件如果想享有诉讼特免权,记录的文字也需要是有足够的详细说明(specification),否则一般也不会被法院认可。例如在 Rawlinson and Hunter Trustees SA & Orthers v. Akers & Anothers (2014) EWCA Civ 136 先例中,5 份报告的其中一份有如下看来很清楚的字样:"... to obtain information and advice in connection with litigation which was, and remains, contemplated against various potential defendants."但上诉庭的 Tomlinson 大法官就认为这样泛泛与一般的措辞/文字是"entirely vague and lacks specificity"。在文件中的记载不妨写明是针对哪些特定的诉讼或是特定的可能/合理预期的诉讼。

---

[55] 根据英国律师协会(Law Society)对《Services Regulation 2009》立法作出的操作指引中附带的委托合约的范本,律师的委托合约中除了应包括收费、资料收集、职业责任保险(professional indemnity insurance)、投诉的渠道与途径等,还应包括:(1)客户寻求法律帮助或建议的问题或争议的细节;(2)确认律师同意提供的法律帮助或建议的类型;(3)确认律师真正提供了的法律帮助或建议;(4)客户提供给律师的文件或其他证据清单。所以律师的委托合约会是证明有诉讼或可能的诉讼的有力证明。另外,英国 Bar Standards Board 向大律师提供的示范合约也有类似的要求。

第十一章　法律业务特免权之三

1. 法律业务特免权的例外

在之前两章提到的法律业务特免权(legal professional privilege)保护机密的对象包括法律意见特免权(legal advice privilege)下客户与律师的通讯(communication)及其内容以及诉讼特免权(litigation privilege)下以诉讼或可能的诉讼为主要目的(dominant purpose)所制作的文件内容。Calcraft v. Guest (1898) 1 QB 759;The "Aegis Blaze" (1986) 1 Lloyd's Rep 203;B v. Auckland District Law Society (2003) 2 AC 736 等先例建立的一旦受特免权保护就永久受保护(once privileged, always privileged)的原则时,也同时会提到即使是原本受法律业务特免权保护的文件,也会由于发生一些极少数的例外情况而导致该文件不再受到保护。不妨在以下段节中逐一讨论这些例外情况。

1.1　已经存在的文件证据(pre-existing documents)

已经存在的文件证据显然不会受到法律业务特免权的保护的,这些文件是公司在平时业务操作与公司管理中产生与制作的。换言之,如果早已经有一份文件被制作,而在制作时它并不享有法律业务特免权,即使之后这份文件被交给律师,也不会使这份文件从不受保护变为受保护。或者更进一步说,这份文件被交给律师用以帮助他们了解情况从而出具法律意见或是准备诉讼或可能的诉讼,即使给律师的"指示"(instruction)或律师出具的意见或报告等这些后来制作的文件可以受到法律意见特免权的保护,但这份文件本身仍然不能免予披露。

简单的例子可见 R v. King (1983) 1 WLR 411 先例。此先例中,嫌疑人/被告涉嫌"串谋诈骗罪"(conspiracy to defraud)被检察院起诉,被告要求对一批文件的笔迹作出鉴定。因此,检方、被告的律师各自向笔迹鉴定专家提交了一批文件。在此基础上,检方后来成功申请到传召出庭提供口头证据(subpoena *ad testificandum*)或传召出庭提供文件证据(subpoena *duces tecum*)的法院命令,要求笔迹鉴定专家携带双方交给他的文件出庭作证。但被告认为笔迹鉴定专家从被告处所获得的文件不能作为证据提交,原因是这些文件构成被告与被告律师之间提供法律意见或代理诉讼的通讯内容(a communication for the purpose of the defendant's solicitors to advise or act in the proceedings)受法律业务特免权的保护。一审与上诉庭均认定这些文件并不属于法律业务特免权保护的范围。

近期也有不少类似先例,例如在 The Financial Reporting Council v. Sports Direct International Plc (2018) EWHC 2284 (Ch)先例(基本案情可见本书第九章之2.4段)中,英国财务报告委员会(The Financial Reporting Council,简称 FRC)调查一间审计师事务所(Grant Thornton UK LLP)与有关审计师对 Sports Direct International Plc 公司(简称 SDI)的审计工作。FRC 要求 SDI 披露有关文件协助其对审计师事务所的规管调查,但 SDI 拒

绝。因此 FRC 向法院申请强制 SDI 披露文件。SDI 提出如果一份文件被交给律师协助他出具法律意见,即使这份文件是时代周刊封面的扫描件[因众人皆知而属于公有领域(public domain)]也会可以受到法律业务特免权保护。但这被高院拒绝,Arnold 大法官就很明确说本不受特免权保护的文件并不会因为交给律师就受到保护了:"In my view, there is a more fundamental reason why the press cuttings would not attract legal advice privilege, which is that they are pre-existing non-privileged documents and therefore could not be the subject of legal advice privilege merely because the law firm sent them to its client."

但值得注意的是,如果律师在文件上写下自己的笔记,而这些笔记又可以享有特免权保护(有关律师工作文件的问题见本章之 3.4 段),是可以对这些笔记内容作出遮盖(redaction)再予以披露的:见 Imerman v. Tchenguiz (2009) EWHC 2902 (QB) 等先例。

1.2 "罪行原则"(iniquity principle)

法律业务特免权作为绝对权利,即使与其他重要的公共政策/利益(public policy/interests)发生冲突,只要没有立法明示或必要的默示(necessary implication),[1]其他公共利益也不得超越法律业务特免权,无须进行权衡(balance)。例如涉及刑事犯罪,即使有关的公共利益是公共安全,也不能超越法律业务特免权。[2]

但如果向律师寻求意见或是(即使是为了诉讼或可能的诉讼)制作文件是为了犯罪目的,例如涉及欺诈(Fraud),会由于不当行为本身没有真正法律效果(如与律师之间的委托合约属于犯罪目的或欺诈而无效),导致根本没有产生法律业务特免权的保护。正如在 Crescent Farm (Sidcup) Sports v. Sterling Offices (1972) Ch 553 先例中,Goff 大法官所说:"The principle of the exception is that the communication in such circumstances is not in truth within the scope of professional privilege at all..."

毕竟法律不会保护罪行的机密性,在 Banque Keyser Ullmann SA v. Skandia (UK) Insurance Co Ltd (1986) 1 Lloyd's Rep 336 先例中,Parker 大法官说:"... it would be monstrous for the court to offer protection from production in respect of communications which are made for the purpose of fraud or crime."

这就是已经有悠久历史的可以令法律业务特免权不适用的罪行原则(iniquity principle)或犯罪/欺诈例外(crime/fraud exception)。

1.2.1 权威说法

早在 R v. Cox and Railton (1884) 14 QBD 153 先例就确认了现代罪行原则,该先例援引了 Brougham 勋爵在 Greenough v. Gaskell (1833) 1 My & K 98 先例中的说法,针对罪行原则指出:"The question, therefore is, whether, if a client applies to a **legal adviser for advice intended to facilitate or to guide the client in the commission of a crime or fraud**, the legal adviser being ignorant of the purpose for which his advice is wanted, the communication between the two is privileged? We expressed our opinion at the end of the argument

---

〔1〕 该课题在本书第九章之 2.3.2 段有详论。

〔2〕 这与本书第九章之 2.3.1 段介绍的加拿大先例的地位不同。

that no such privilege existed... The reason on which the rule is said to rest cannot include the case of communications, criminal in themselves, or intended to further any criminal purpose, for the protection of such communications cannot possibly be otherwise than injurious to the interests of justice, and to those of the administration of justice. Nor do such communications fall within the terms of the rule. A communication in furtherance of a criminal purpose does not 'come into the ordinary scope of professional employment'."(加黑部分是笔者的强调)。

之后在 O'Rourke v. Darbishire (1920) AC 581 先例中,Sumner 勋爵也明确了罪行原则适用的情况:"No one doubts that the claim for professional privilege does not apply to documents which have been brought into existence in the course of or in furtherance of a fraud to which both solicitor and client are parties.〔3〕 To consult a solicitor about an intended course of action, in order to be advised whether it is legitimate or not, or to lay before a solicitor the facts relating to a charge of fraud, actually made or anticipated, and make a clean breast of it with the object of being advised about the best way to meet it,〔4〕 is a very different thing from consulting him in order to learn how to plan, execute, or stifle an actual fraud."〔5〕

前述权威判法也之后被大量的先例所跟从:见 Banque Keyser Ullmann SA v. Skandia (UK) Insurance Co Ltd (1986) 1 Lloyd's Rep 336;Crescent Farm (Sidcup) Sports v. Sterling Offices (1972) Ch 553;Barclays Bank Plc v. Eustice (1995) 1 WLR 1238(将在本章之1.2.8.2段进行介绍)等先例。在 Banque Keyser Ullmann v. Skandia (UK) Insurance Co 先例(案情可见本章之1.2.7段)中,上诉庭的 Parker 大法官说:"The rationale appears to be perfectly plain, namely, first, that a fraudulent party who communicates with his solicitor for the purposes of the furtherance of a fraud or crime is both communicating with his solicitor otherwise than in the ordinary course of professional communications, and secondly that in any event it would be monstrous for the court to afford protection from production in respect of communications which are made for the purpose of fraud or crime."

在较近期的 Ventouris v. Mountain (1991) 1 Lloyd's Rep 441 (The "Italia Express") 先例中,Bingham 勋爵也提到了罪行原则:"Without the consent of the client, and **in the**

〔3〕 毫无疑问,法律业务特免权不会适用在涉及欺诈而产生的客户与律师之间的通讯或其内容。即使律师是对欺诈不知情的情况下,为(意图欺诈的)客户提供法律意见,也是同样后果:见 Walsh Automation v. Bridgeman (2002) EWHC 1344 (QB)先例。

〔4〕 咨询律师一个计划中的行动是否合法或者已经面对欺诈指控时咨询律师如何应对也没有问题,不会无法受到法律业务特免权保护。

〔5〕 这与咨询律师怎样计划、执行或藏匿(stifle)/掩盖(cover-up)真正的欺诈是有重大区别的。藏匿/掩盖欺诈可见 Derby v. Weldon (No. 7) (1990) 1 WLR 1156 先例,被指控违反对公司/雇主诚信责任(fiduciary duty)的(前)高管,把利用公司名义赚取的利润据为己有,并通过利比里亚、巴拿马公司把金钱隐藏(conceal)。Vinelott 大法官在此先例中下令披露表面看来受法律业务特免权保护的文件。

absence of iniquity or dispute between client and solicitor,[6] **no inquiry may be made into or disclosure made of any instructions which the client gave the solicitor or any advice the solicitor gave the client**, whether in writing or orally."(加黑部分是笔者的强调)

当然需要注意的是,被罪行原则排除在法律业务特免权之外的只是涉及罪行的部分。因此即使法院认定了罪行原则适用与要求强制披露,也只是局限在有罪行的部分。而其他不涉及罪行的与律师之间的通讯及其内容,或者是其他涉及诉讼策略、战术的内容,都仍然可以受到法律业务特免权保护。例如在 Banque Keyser Ullmann v. Skandia (UK) Insurance Co 先例中,涉及的罪行是转让人(assignor)的欺诈,因此法院只命令作为受让人(assignee)的银行披露与该欺诈有关的文件:"Where the fraud exception applies to an assignee it is open to the Judge to limit discovery of the documents covered by legal professional privilege to those documents which touch upon the fraud of the assignor."

1.2.2 罪行原则在法律意见特免权和诉讼特免权中的适用

法律业务特免权有两种不同类型,法律意见特免权只保护客户与律师之间的通讯及其内容,而诉讼特免权涉及范围会广泛些,包括律师与第三方之间的通讯及其内容。第三方还包括事实证人、专家证人(也无论他们是否出庭作证)以及调查取证中涉及的所有第三方等。虽然法律清楚肯定罪行原则在两种法律业务特免权中都会适用:见 Chandler v. Church (1987) 13 NLJ 451; Dubai Bank v. Galadari (1990) Ch 98; Dubai Aluminium Co Ltd v. Al Alawi (1999) 1 All ER 703; Kuwait Airways Corp v. Iraqi Airways Co (2005) EWCA Civ 286 等先例。但显然罪行原则最主要会针对法律意见特免权。正如《The Law of Privilege》(2018 年,第 3 版)一书之 4.60 段说:"... the crime/fraud exception will arise more frequently in the context of legal advice privilege, than in case where litigation privilege is being claimed."

1.2.3 客户涉及罪行以及客户与律师之间通讯协助实施罪行的微妙区分

需要小心区分的是,针对犯罪或欺诈行为寻求法律意见或是准备诉讼并无不妥,咨询律师如何作出抗辩或置身事外。因此即使案件本身涉及严重的罪行与欺诈[见《The Law of Privilege》(2018 年,第 3 版)一书之 4.64 段],而如果诈骗者(fraudster)咨询律师、委托了律师代理自己,也并不会导致排除法律业务特免权保护。正如 Banque Keyser Ullmann SA v. Skandia (UK) Insurance Co Ltd (1986) 1 Lloyd's Rep 336 先例中 Parker 大法官所说:"To do so would involve the consequence that once there was a fraud, the party who was complaining could obtain discovery of a document otherwise covered by professional privilege ... against the fraud himself, ... because were he suing the fraud he could subpoena the solicitors ... and say, 'No privilege exists because there is here a fraud and you are concerned in it, ... Such a proposition appears to me to be wholly unsustainable."

罪行原则针对的是向律师索取的法律意见或为了诉讼的通讯或文件,本身属于罪行

---

[6] 这是客户与律师产生争议(对应收取的费用等),会不适用法律业务特免权,或者算是客户对法律业务特免权默示弃权(implied waiver)。有关内容见本书第十二章之 3.2 段。

或为了协助实施罪行(in furtherance of crime)的一部分,律师与客户都会串联在这种行为中。这不必然真正在最后实质全面审判中能成功获判存在犯罪/欺诈,但要有强有力的表面证据(“strong prima facie evidence”)证明存在罪行。

要作出区分也并不容易,因为这种争议通常出现在诉讼中有关文件披露的中间程序,诉讼一方要求披露但被另一方主张(assert)特免权拒绝披露。在提出该披露要求时会仍然处在诉讼程序的早期,即使案件涉嫌罪行,最后审理中是否能够成立仍然是未知数。但法院已经根据表面与片面的证据决定文件是否享有法律业务特免权保护。要知道一旦下令披露,就无法逆转,也因此需要十分小心。

这个微妙的区别,笔者可以用倒签提单(anti-date bills of lading)的情况来举例。倒签提单属于欺诈毫无疑问,也就是用记载虚假货物装船日期的假文件欺骗买方与/或信用证的结汇银行。如果发货人/卖方向律师咨询问:“货物装船已过了付运日期,我该如何才能成功结汇”,而律师回答说:“你可以考虑倒签提单,反正银行不会知道/察觉”,或者回复说:“你试试能否买通船长,让他签发一套倒签提单”。这种通讯都会由于罪行原则而无论如何不会受到法律业务特免权保护。相反,如果发货人/卖方只向律师咨询倒签提单的后果,或者已经签发了倒签提单(但不知道后果),再咨询律师已经出了这种事情如何应对才是保护自己与减免责任最好的做法,这类通讯完全合法,产生与制作的通讯及其内容也会受到特免权保护。

在 Barclays Bank Plc v. Eustice (1995) 1 WLR 1238 上诉庭先例中(有关先例的案情见本章之1.2.8.2段,将罪行从犯罪与欺诈变成卑鄙狡诈的行为),上诉庭的 Schiemann 大法官说:“One of the factors which the court will often find relevant and which may be decisive in a particular case is the purpose for which the advice is sought. Is it sought to explain the legal effect of what has already been done and is now the subject of existing or imminent litigation? Or is it sought in order to structure a transaction which has yet to be carried out. In the former class of case the court will be more hesitant to lift the cloak of privilege than in the latter. As Lord Wrenbury said in O'Rourke v. Darbishire [1920] A. C. 581, 632: ‘Not every document relevant to the issue of fraud but documents which are not upon some other ground privileged, are exposed to production. For the present purpose **it is sufficiently accurate to say that documents relating to the conception and carrying out of the alleged fraud are not, but documents arising in professional confidence as to defence against the alleged fraud are protected.**’ Thus the court would be reluctant — it is not presently necessary to decide the point — to force a legal adviser to give evidence or produce documents as to what a client had said when seeking advice as to how to respond to a criminal charge which had been preferred against him. That, normally at any rate, would be unjustifiably to invade the defendant's rights to silence and would be against the public interest.”(加黑部分是笔者的强调)

客户向律师咨询有关诈骗行为的法律后果,或者是已经开始诉讼时寻求律师帮助,所产生与制作的通讯及其内容完全是受到特免权保护的。但如果律师帮助客户设计欺诈银行,法院会以罪行原则排除法律业务特免权适用。但问题是法院在排除法律业务特免权适用之前,并不知道文件内容是什么,无法凭空强制要求披露客户与律师之间的通讯及其内容。除非是规管机构凌晨突袭(dawn raid)已经获取、阅读了文件内容,否则一般情况下由于文件表面看来受法律业务特免权保护,法院是倾向于不“触碰”的。

这就需要结合每个案件的案情来看了。例如 Barclays Bank Plc v. Eustice 先例中是耕作农田的农民涉嫌欺诈银行等,由于该农民不会有金融、法律方面的知识,因此从时间的先后来看,多半是由律师先出主意帮助设计欺诈,也因此看来高院与上诉庭都认定由于罪行原则排除法律业务特免权适用。而如果同样的情况,但涉嫌欺诈的客户是个非常精明的商人,咨询律师、与律师的通讯就很可能并非涉及罪行或为了协助实施罪行的一部分了,因为客户自己就有本事去欺诈银行。

1.2.4 什么是罪行:犯罪与欺诈

首先需要分清的问题是什么才是罪行(iniquity)。在本章之 1.2.1 段中提到的 R v. Cox and Railton (1884) 14 QBD 153 先例与其他先例中常常提到犯罪与欺诈(crime and fraud),这措辞看来是很严重的事情,特别是“犯罪”应该属于刑事范畴,在一般正常商业争议中也不会涉及太多。“欺诈”虽然严重时也会属于犯罪,但在商业活动中并不罕见。例如,在外贸与航运中,仅是在提单问题上,就经常见到或听到倒签提单、不正确的清洁提单、各种不同形式的假提单等。在所有其他的商贸活动,也经常见到与听到各种不同的欺诈行为。当然这只会涉及当事人,不太会涉及他们与律师之间串通的计划或如何执行这些欺诈行为,因此也不至于影响法律业务特免权的适用。但随着对“欺诈”有了越来越宽松的解释,罪行原则在近年来对法律业务特免权(尤其是对法律意见特免权)的例外开了大门,对绝对性权利带来了不肯定。

1.2.4.1 从“犯罪与欺诈”到“欺诈与不诚实”

在 Crescent Farm (Sidcup) Sports v. Sterling Offices (1972) Ch 553 先例中(此先例的具体案情可见本章之 1.2.8.1 段),Goff 大法官认为过往先例对“罪行”都是如同 R v. Cox and Railton (1884) 14 QBD 153 先例(涉嫌倒签一份文件以逃避判决的执行)一样限制在犯罪与欺诈。但 Goff 大法官指出该罪行原则包括的范围应该更广,会包括各种不诚实(dishonesty)的情况。节录 Goff 大法官说法如下:“I agree that fraud in this connection is not limited to the tort of deceit and includes all forms of fraud and dishonesty such as fraudulent breach of trust, fraudulent conspiracy, trickery and sham contrivances, but I cannot feel that the tort of inducing a breach of contract or the narrow form of conspiracy pleaded in this case comes within that ambit.”[7]

在笔者看来,Goff 大法官在此先例中的说法并无帮助。首先,Goff 大法官用的措辞/文字是“欺诈与不诚实”(fraud and dishonesty),看来是对“犯罪与欺诈”(crime and fraud)的说法有所放宽。但实际上 Goff 大法官在此先例的判决中也并没有适用罪行原则而否

---

[7] 罪行原则中的“欺诈”不限于欺骗(deceit)(属于严重罪行、属于刑事范畴),也包括所有类型的欺诈与不诚实。例如欺诈性违反信托、串谋欺诈、诈骗、虚假诡计。但不包括“诱使毁约”这种经济侵权或“串谋”这种狭义的经济侵权。

定法律业务特免权的适用,而且 Goff 大法官还强调罪行原则是非常特殊的例外情况:"I do not consider the principle requires an extension. On the contrary, I think the wide submission of the plaintiffs would endanger the whole basis of legal professional privilege. It is clear that parties must be at liberty to take advice as to the ambit of their contractual obligations and liabilities in tort and what liability they will incur whether in contract or tort without thereby in every case losing professional privilege...(接下来是上文中节录内容)"

虽然中文一般会翻译为欺诈或欺骗,但"fraud"的含义要比"deceit"宽广得多。"fraud"可以理解为欺诈、欺骗、不诚实行为等。而英国衡平法的欺诈(equitable fraud)不仅仅是指存心骗人的行为,也包括对人施以不当的压迫或不正当影响。所以当一方以不合理的行为影响对方赠送财产或达成不公平的交易,法庭也会认为是衡平法的欺诈而判交易无效。这种情况常发生在信托受托人和受益人之间,例如医生影响自己的病人立遗嘱赠送遗产给自己;律师影响客户以过低价格出售财产给自己;教友受其他教友的影响,把家产赠送给教会等。这也就是上述节录段落中 Goff 大法官所提到的欺诈性违反信托(fraudulent breach of trust)。看来在这些情况中都不一定涉及存心不良的欺诈,但赠送者受到不正当影响也被认为是欺诈。

Goff 大法官还提到欺诈性串谋(fraudulent conspiracy)属于罪行原则中的罪行,但狭窄解释下的"串谋"并不属于罪行。因此需要知道什么是串谋(conspiracy)以试图了解这个分水岭(watershed)到底是什么。串谋属于经济侵权(cconomic tort)的一种,而且在商业社会中也经常发生。其他经常见到的经济侵权包括"滋扰"(nuisance)、"侵入"(trespass)、"诱使违约"(induce breach of contract)、"诽谤"(defamation)、侵犯版权、"骗卖"/"假冒经营"(passing off)、"破坏机密"(breach of confidence)等。可参见笔者《禁令》(2000 年)一书第二章之 3.2.3.1 段。

这样看来 Goff 大法官所说的欺诈性串谋,是串谋者自己无合法利益的人士,纯粹以伤害他人为目的、以不合法、不诚实手段所实施的串谋行为。毕竟串谋的定义实在是太广,正如中国香港 Law Reform Commission 在 1994 年的报告《Codification: the preliminary offenses of incitement, conspiracy and attempt》之 3.10 段提到"Conspiracy to defraud is commonly employed as a means of charging commercial dishonesty, it is a potentially wide ranging offence." Goff 大法官也不得不区分出一部分严重的串谋(欺诈性串谋)才是罪行原则中的"罪行"。串谋也是很难举证的,而现在可以作为法律业务特免权的例外,举证会更加困难。即使是串谋者留下了实施欺诈性串谋的蛛丝马迹,也不代表他与律师之间的通讯也是欺诈性串谋的一部分。更有可能的是律师劝告欺诈者不能实施此行为并告知会带来的法律后果,但欺诈者仍然一意孤行,而在这种情况下实际并不属于罪行原则,通讯仍然会受法律业务特免权保护。

尽管 Goff 大法官将串谋区分为欺诈性串谋与一般串谋,但是他也提到诱使违约(induce breach of contract)并不属于"罪行"。这与后来的某些案件中认为某些经济侵权也属于罪行的情况看来并不容易区分。因此在笔者看来,此先例并没有对什么才属于罪行划下清楚的分水岭。

接下来在 Gamlen Chemical Co (UK) Ltd v. Rochem Ltd and Others (No 2) (1980) 124 Sol Jo 276 先例中,还提出“罪行”不能仅仅是未能保持良好道德标准(good ethical standards),而必须涉及不诚实(dishonest)等问题。

1.2.4.2 将罪行原则扩大到包括“卑鄙狡诈的行为”(reprehensive conduct/sharp practice)

在上一段中介绍了罪行会被扩大到包括“不诚实”行为,但是在一些近期先例中这个模糊的范围仍然会带来问题。首先可见 Barclays Bank Plc v. Eustice (1995) 1 WLR 1238 先例,此先例在本章之 1.2.8.2 段会有较详细介绍,被告(Eustice 先生)想要保护家族世代耕种的农田,因此要阻碍原告(银行)实现对农田的担保权益(security Interest)。毫无疑问(可能是在律师的建议、指导下)被告实施了一些卑鄙狡诈的行为,但技术上来说并没有涉及犯罪或者是法律上的不诚实。[8] 被告就指出只有犯罪或不诚实才能排除法律业务特免权适用,但这被上诉庭否定。上诉庭的 Schiemann 大法官说:“... we start here from a position in which, on a prima facie view, the client was seeking to enter into transactions at an undervalue the purpose of which was to prejudice the bank. I regard this purpose as being sufficiently iniquitous for public policy to require that communications between him and his solicitor in relation to the setting up of these transactions be discoverable.”

在差不多或稍早之前,也有另一个案件试图扩大“罪行”的范围:见 Skuse v. Granada Television Ltd (1994) 1 WLR 1156 先例。原告的律师涉嫌以风险代理的方式接受委托,

---

[8] 此先例的附带意见看来与一些澳大利亚先例的判法是一致的,也就是即使不涉及真正的犯罪或欺诈,如果行为“妨碍法律程序”(frustrate the process of the law)就会排除法律业务特免权适用。在 R v. Bell; Ex parte Lees (1980) HCA 26 先例中,法院判子女由丈夫抚养,但妻子带着子女消失,而在夫妻之间对于一间房产的离婚财产诉讼中,妻子委托律师出面并要求律师对自己的行踪保密。在丈夫申请之下,法院强制要求律师披露与妻子的通讯,理由就是妻子在藐视法院命令、漠视儿童利益,正在实施罪行,如果允许律师继续依赖法律业务特免权保护与妻子通讯内容,就会是协助实施罪行。因此法院给出权威说法:“... legal professional privilege will be denied to a communication which is made for **the purpose of frustrating the processes of the law** itself, even though no crime or fraud is contemplated”(加黑部分是笔者的强调)。但在 Hamden v. Minister for Immigration and Multicultural and Indigenous Affairs (2004) FCA 1267 先例中,巴勒斯坦难民前往澳大利亚,但还没能申请到庇护性签证,因此在澳大利亚《Migration Act 1958》下被视为非法移民而被移民局扣留,之后根据法院中间程序命令可以暂时不予扣留。看来可能担心出庭会被重新扣留,因此某次开庭前该难民就此失踪。该难民的代表律师依赖法律业务特免权拒绝披露该难民的联系方式(电话、地址)等信息,这被法院支持。因为该难民不依照法院命令出庭是为了不被(可能的)扣留,这并非违法犯罪行为,目的也实际上只是逃避扣留而不是逃避法院程序:“Even if it be assumed that his purpose in requiring that his number be kept confidential was to avoid detention, can it properly be said he thereby forfeited his right to have that confidence maintained? It is important to emphasise that the client did not escape from custody. It would have been an offence for him to have done so: see 197A of the Act. He was released from detention pursuant to a court order. Neither was he committing or proposing to commit an offence simply because he was taking steps to avoid being detained... the current Migration Act, unlike its precursors, does not make it an offence for an unlawful non-citizen to enter or to be within Australia in contravention of, or in evasion of, the Act.”但新西兰先例中有不同判法,认为罪行必须包括真正的法律上的不诚实行为,见 Gemini Personnel Ltd v. Morgan and Banks Ltd (2001) 1 NLLR 14 先例。

这在英国法下属于揽讼(maintenance & champerty)的非法行为。Drake 大法官判“不正当行为”(improper conduct)即使不涉及欺诈,也会适用罪行原则。但是在此先例中,Drake 大法官认为证据不足以证明存在“不正当行为”,也因此这并非判决而只是附带意见(obiter),并不需要太多关注。

之后有一系列的案件适用了 Barclays Bank plc v. Eustice 先例中的判断标准。在 The “David Agmashenebeli”(2001)CLC 942 先例(见本章之 1.2.8.4 段)中,虽然有强而有力的证据显示诉讼程序中存在不诚实行为(前后两份专家报告中,后一份可能有问题),Colman 大法官指出自己完全愿意扩大罪行的范围来包括这些虽然并非狭义的犯罪或欺诈但是与公共利益相冲突的行为:“The essence of the principle is that there are three interacting lines of public policy. First, there is the principle that in the interests of justice, documentary evidence in the hands of one party relevant to a matter in issue should be disclosed in full to the other party. Second, there is the principle that documents directed to the obtaining and provision of legal advice and the obtaining and provision of evidence which may be used at the trial should be treated as confidential and therefore privileged. Thirdly, there is the public policy of discouraging conduct amounting to **a commission of crime or fraud or attempts to pervert the course of justice or otherwise intrinsically contrary to public policy**. What the party resisting disclosure is not entitled to do is to deploy the second principle for the purpose of concealing conduct against which the third principle is directed. **In a sufficiently clear case, the public policy underlying the second principle must yield to that underlying the third principle**.”(加黑部分是笔者的强调)

在 C v. C(Privilege)(2006)EWHC 336(Fam)先例中,法院认定离婚财产分割案件中丈夫已经或可能实施导致己方财产减少与流失以阻碍与妻子分产的行为属于罪行,虽然这并不严格是罪行与不诚实。Mumby 大法官在跟从了 Barclays Bank v. Eustice 先例的说法时并没有提到“罪行”中有任何有关“不诚实”的要求:“Section 37 of the Matrimonial Causes Act 1973 catches transactions where the court is satisfied [see section 37(2)] that a spouse is about to make, or has made, a disposition ‘with the intention of defeating the [other spouse's] claim for financial relief’, that is [see section 37(1)], with the intention of ‘preventing financial relief from being granted … or reducing the amount of any financial relief which might be … granted, or frustrating or impeding the enforcement of any order which might be or has been made’… **a transaction within section 37 is, in my judgment, one to which legal professional privilege does not attach**.”(加黑部分是笔者的强调)

另外,在较近期的 BBGP v. Babcock(2010)EWHC 2176(Ch)先例中,涉及董事违反诚信义务(fiduciary duty)未能向董事会披露一系列事项,法院判这并不构成“罪行”。而 Norris 大法官对什么是罪行进行了小结,但没有提到“不诚实”:“So a scheme to effect transactions at an under value was sufficient (Eustice); as was deliberate misrepresentation for the purpose of securing a mortgage advance Nationwide Building Society v. Various Solicitors (1999) PNLR 52 at 72; or making a disposition with the intention of defeating a spouse's claim for financial relief [C v. C (2008) 1 FLR 115]; or the establishment by employees, in breach of a duty of fidelity to their employer, of a rival business [Gamlen v. Rochem (1983) RPC 1 and Walsh Automation v Bridgeman (2002) EWHC 1344 (QB)]. The enumeration of examples is useful only insofar as it enables some underlying theme or connectedness to be identified. **In each of these cases the wrongdoer has gone beyond conduct which merely amounts to a civil wrong; he has indulged in sharp practice, something of an underhand nature where the circumstances required good faith, something which commercial men would say was a fraud or which the law treats as entirely contrary to public policy.**"(加黑部分是笔者的强调)

在稍后段落中会介绍一些有关的先例。Norris 大法官也同时指出对这些欺诈的列举只是便于找出属于“欺诈”行为的共同特点,并指出这些案件中的错误行为人的行为早已超出一般民事错误(如侵权、违约)的范畴,而是已经属于过度地偏离正确做法,在应当有善意诚信时反而实施卑鄙狡诈行为(sharp practice/underhand)的情况下,在商业人士(而非法律的角度)看来属于“欺诈”。这也就显然扩大了“罪行”的范围,尤其是在商业领域中,毕竟这类行为是比较常见的。

还可以介绍一下 JSC BTA Bank v. Ablyazov (2014) EWHC 2788 (Comm)先例,Popplewell 大法官判是否属于“罪行”,要看律师的建议或行为是否超出一般的律师与客户关系下的建议或行为,或属于滥用(abuse)律师与客户关系,说:“I would conclude, therefore, that the touchstone is whether the communication is made for the purposes of giving or receiving legal advice, or for the purposes of the conduct of actual or contemplated litigation, which is advice or conduct in which the solicitor is acting in the ordinary course of the professional engagement of a solicitor. If the iniquity puts the advice or conduct outside the normal scope of such professional engagement, or renders it an abuse of the relationship which properly falls within the ordinary course of such an engagement, a communication for such purpose cannot attract legal professional privilege. In cases where a lawyer is engaged to put forward a false case supported by false evidence, it will be a question of fact and degree whether it involves an abuse of the ordinary professional engagement of a solicitor in the circumstances in question. In the 'ordinary run' of criminal cases the solicitor will be acting in the ordinary course of professional engagement, and the client doing no more than using him to provide the services inherent in the proper fulfilment of such engagement, even where in denying the crime the defendant puts forward what the jury finds to be a bogus defence. But where in civil proceedings there is deception of the solicitors in order to use them as an instrument to perpetrate a substantial fraud on the other party and the court, that may well be indicative of a lack of confidentiality which is the essential prerequisite for the attachment of legal professional privilege. **The deception of the solicitors, and therefore the abuse of the normal solicitor/client relationship, will often be the hallmark of iniquity which negates the privilege.**”(加黑部分是笔者的强调)

更近期的 X v. Y（2018）UKEAT 0261_17_0908 先例跟从 BBGP v. Babcock 先例的判法。该先例中，原告在 1990 年就受被告雇佣。原告患有Ⅱ型糖尿病以及阻塞性睡眠呼吸暂停（obstructive sleep apnoea），因此对雇主对他工作的调整不满，于 2015 年开始向劳资审裁处（Employment Tribunal）投诉雇主歧视残疾（disability discrimination）。自 2016 年开始，雇主在收购了另一间大型公司后由于人员过剩开始系统性裁员（dismissal redundancy），雇员在此期间申请多个职位均未能成功，2016 年年末，雇主提前三个月通知雇员雇佣将在 2017 年 1 月 31 日终止。

雇员之后收到一封匿名信，信件中的内容是一封 2016 年 4 月 29 日雇主与公司内部律师的电邮。雇员指称这封电邮实际上是公司内部律师与雇主在讨论如何以人员过剩系统性裁员的手法来掩盖实际上是歧视残疾的解雇，并要求依赖作为证据。但雇主以法律意见特免权为由拒绝。雇员提出的说法就是，这封信件是（内部）律师在向雇主建议，如何用合法手段来掩盖非法目的，因此属于“罪行”。

此先例中的信件内容被交给劳资裁审裁处进行考虑，由于信件内容并没有公开，笔者也无从猜测。但至少劳资上诉审裁处（Employment Appeal Tribunal）认定信件内容确实是律师建议雇主如何用系统性裁员的方式作为“幌子”（cloak）以避免解雇雇员的行为遭到有关残疾歧视的投诉（recording legal advice that the genuine redundancy exercise could be used as a cloak to dismiss the Claimant to avoid his continuing complaints and difficulties with his employment which were said by him to be related to his disability）。因此问题的焦点就在于，这做法是否属于“罪行”呢？

Slade 大法官跟从了 BBGP v. Babcock 先例中 Norris 大法官的说法，说卑鄙狡诈、违背公共政策的行为会被认为是罪行。而在此先例中，有强有力的表面证据证明律师意见是帮助雇主欺瞒（deception）雇员以及在诉讼中欺瞒审理的法院，也因此认定这属于“罪行”，Slade 大法官说：“Advising that taking a certain course of action runs a risk of being held unlawful whether the illegality be breach of contract, discrimination or even breach of fiduciary duty is not in itself iniquitous… in my judgment advice which could be construed as advice to commit the tort of discrimination（这也就是雇员指称的歧视性解雇）, depending on the facts, may be different in degree from advice on how commit fraud or breach of fiduciary duty. However, **depending on the facts the discrimination advised may be so unconscionable as to bring it into the category of conduct which is entirely contrary to public policy.**〔9〕In this respect I differ from the decision of the EJ（劳资裁审处进行审理的大法官）in which he held … that it goes too far to elevate the tort of discrimination ‘to the status required to disapply legal advice privilege’. That may be an appropriate view in many cases but the facts of some discrimination may take advice on how to commit it into the category of advice which is contrary to public policy. If the advice in the email of 29 April 2016 had gone

---

〔9〕这也就是 BBGP v. Babcock 先例中 Norris 大法官所说与公共政策有冲突的（contrary to public policy）的卑鄙狡诈的行为。

no further than ‘you may select the Claimant, an employee with a disability, for redundancy but you run the risk of a claim by him’ in my judgment it would not have reached the high threshold required to disapply legal advice privilege... In my judgment, properly interpreted, the email of 29 April 2016 records advice on how to cloak as dismissal for redundancy dismissal of the Claimant for making complaints of disability discrimination and for asking for reasonable adjustments which will continue if there is ‘ongoing employment’. In my judgment **a strong prima facie case has been established that what is advised is not only an attempted deception of the Claimant but also, if persisted in, deception of an Employment Tribunal in likely and anticipated legal proceedings.**〔10〕 The email does not record any advice on neutral selection criteria for redundancy. It concentrates exclusively on how the redundancy can be used to rid the Respondent of ongoing allegations of discrimination by the Claimant and of underperformance which he stated are related to his disability and failure to make reasonable adjustments. Whether the legal advice given was in fact to perpetrate or in furtherance of iniquity will be for the Employment Tribunal hearing the claim to which it relates to decide.〔11〕”(加黑部分是笔者的强调)

1.2.4.3 罪行在 ECHR 或 HRA 后是否得到范围扩大

在本书第九章之2.3.3段已经提到了在英国引入《欧洲人权公约》(ECHR)的立法《Human Right Acts 1998》(HRA)生效后,一些先例中有说法是试图将作为法律业务特免权例外的“罪行原则”扩大到包括 ECHR 下的滥用法律业务特免权的情况:见 McE v. Prison Service of Northern Ireland (2009) 1 AC 908;R v. Brown (2016) 1 WLR 1141;Holyoake v. Candy (2017) EWHC 52 (QB)等先例。如果这说法能够成立,罪行原则的适用会进一步大幅度的扩大,从而令法律业务特免权保护机密的范围缩减,毕竟 ECHR/HRA 下的人权范围非常广泛。

由于这个课题在第九章有详细介绍,所以在此不再重复,只针对罪行原则下导致本来享有特免权的文件(主要就是客户与律师之间的通讯)会因为涉及“罪行”而需要被披露的问题。近期的 Holyoake v. Candy 高院先例则是涉及要求披露的一方提出以人权(隐私权)超越法律业务特免权的保护。此先例的背景是英国《Data Protection Act 1998》第7条,允许个人向持有其个人资料的其他人士(通常会是公司、各类组织或机构)提出“Subject Access Request”(SAR),而持有个人资料的人士在面对个人提出 SAR 时应当披露手中持有的有关信息与文件。该立法中也有第37条,明示了法律业务特免权是可以拒绝披露的例外情况。

〔10〕 有关这方面的举证责任,强有力的表面证据(strong *prima facie*)的问题可见本章稍后的1.2.9.1段。

〔11〕 至于这封信件是否确实属于向客户建议以合法手段掩盖非法目的的做法,这本就属于诉讼的实质主争议,因此实质上是否真正如此需要留待法院(此先例中是劳资审裁处与劳资上诉审裁处)通过全面衡量证据、开庭盘问证人等之后作出判决。而目前的程序只是对是否能够以罪行原则排除法律业务特免权的适用,因此需要的是强有力的表面证据。看来,这“罪行”如果并非实质主争议需要最后审理,而是独立争议,提出该原则适用一方的举证责任较轻,这稍后在本章之1.2.9.1段有详论。

在 Holyoake v. Candy 先例中，被告被指称对原告进行了监视与调查并获得了有关的文件等，原告发出 SAR 要求被告披露有关文件，被告主张诉讼特免权拒绝。争议的焦点之一就是原告提出被告的监视、调查等行为侵犯了个人隐私权，也就类似于 Rix 大法官在 Dubai Aluminium Co Ltd v. Al Alawi (1999) 1 All ER 703 先例中所提到的以犯罪或欺诈手段获取证据或以犯罪或欺诈为目的的通讯或文件。

如果这样的说法成立，意味着"罪行"是否有一定程度的扩大就存在疑问。在 ECHR 或 HRA 下涉及各种不同类型的人权，如果所有涉及侵犯这些人权的行为都属于"罪行"而从法律业务特免权的保护中被否定，看来就可能推翻法律意见特免权在过往先例中建立的绝对性权利的地位（见第九章之 2.3 段的介绍）。在此先例中 Warby 大法官拒绝了这样的说法，并同时指出 R v. Brown 先例中的判法纯粹是因为特殊案情导致的，说："Acknowledging that there is no authority that breach of a human right is to be equated with crime or fraud for the purposes of the iniquity principle, Ms Proops（申请披露一方的代表大律师）submits that this extension of the existing law is required by principle and that the authorities 'create an environment that is highly conducive to accepting the claimant's case.' ... This is a novel, but ingenious argument, which has been skillfully developed at the hearing. But in my judgment it cannot prevail[12] ... Brown was concerned with legal advice privilege not litigation privilege, and establishes a qualification of narrow scope based on quite exceptional facts (the point at issue was whether staff should be allowed to attend a conference between a convicted murderer and his lawyers to prevent the applicant committing suicide). It is true that the exception was rooted in a Convention right - the right to life. But I think it would be going much too far to treat this decision as a springboard for the much broader submission that the court is duty bound to allow an incursion into LPP whenever the documents for which protection is sought may evidence a breach of any human right."

Warby 大法官简短地就法律问题进行探讨，认为过去没有先例支持这个论点、帮助"罪行"的延伸。申请披露方依赖的几个先例中最接近的 R v. Brown 先例只针对法律意见特免权，而不是更大范围保护机密的诉讼特免权，加上该先例非常特殊的案情（有关案情与判法见本书第九章之 2.3.3.4 段中的介绍，即有第三方在场不影响客户与律师的通讯享有法律意见特免权）。虽然这所谓的例外确实是由于 ECHR 或 HRA 下的生命权保护所导致，但如果借此就认为在之后的案件中对方方面面的人权的侵犯也可属于法律业务特免权的例外情况是过于宽泛与不能被接受的。

可以总结英国法目前在 Holyoake v. Candy 先例的判法下，仅仅是违反 ECHR 或 HRA 所保护的人权的情况不会被自动纳入"罪行"的范畴，当然如果该违反人权的行为同时严重到"犯罪或欺诈"行为或者是普通法下的"罪行"那就不必说了。

---

〔12〕　申请披露一方的代表大律师也认可在过往先例中，罪行原则下的犯罪或欺诈并不包括侵犯人权的情况，但认为可以将范围进行延伸。Warby 大法官说这是一个有新意与巧妙的论点，但是并没有接受这个说法。

而在一般民商事诉讼中看来更不会有类似 R v. Brown 先例的情况,反而更多的是通过"特殊"途径获得证据时会涉及违反 ECHR/HRA,例如侵犯个人隐私等。不少案件中都涉及一方当事人委托私家侦探等获取对方(甚至还有在仲裁中获取对方委托的仲裁员)的信息或文件的情况。而需要注意的是,一旦这些手段属于"罪行",所获取的证据或文件有可能并不享有法律业务特免权的保护,例如本章之 1.2.8.3 段介绍的 Dubai Aluminium Co Ltd v. Al Alawi (1999) 1 All ER 703 先例。

1.2.5 困难之处:如何认定存在罪行

以上提到了很多不同的有关"罪行"的定义。但笔者仍然觉得分水岭很不清楚。例如在 Crescent Farm (Sidcup) Sports v. Sterling Offices (1972) Ch 553 先例中,Goff 勋爵提到说罪行原则中的"罪行"不包括诱使违约,在 Dubai Aluminium Co Ltd v. Al Alawi (1999) 1 All ER 703 先例中 Rix 大法官说同样属于经济侵权的侵入与侵占他人财产也不包括在"罪行"中。因此什么时候与什么程度的行为才属于卑鄙狡诈的行为或"罪行",需要在每一个不同的案件中根据案情作出认定。正如在 Gamlen Chemical Co (UK) Ltd v. Rochem Ltd and Others (No 2) (1980) 124 Sol Jo 276 先例中,Schiemann 大法官所说:"...the court must in every case, of course, be satisfied that what is prima facie proved really is dishonest, and not merely disreputable or a failure to maintain good ethical standards, and bear in mind that legal professional privilege is a necessary thing and is not lightly to be overthrown, but on the other hand, the interests of victims of fraud must not be overlooked. **Each case depends on its own facts.**"(加黑部分是笔者的强调)

确实要排除法律业务特免权的适用是有很大危险的,毕竟确立法律业务特免权的绝对性就是为了肯定性与确认其至高地位。如果法律业务特免权会轻易被中间程序中存在罪行的表面证据(*prima facie* evidence)所超越,而事后披露出来的文件又显示不存在任何罪行时,此诉讼程序就很大可能对被强制披露方造成难以补救的不公正:见 Chandler v. Church (1987) 13 NLJ 451;Derby v. Weldon (No. 7)(1990) 1 WLR 1156;AAZ v. BBZ (2017) 4 QWLR 84 等先例。这是支持扩张罪行原则的人士所要警惕的问题。

1.2.6 罪行原则的其他扩张之一:无辜律师卷入客户的欺诈

律师被卷入客户实施的欺诈也并不是新出现的事情。在早年就有 R v. Cox and Railton (1884) 14 QBD 153 先例认定律师并没有值得批评的行为,但有关通讯与文件也适用罪行原则的例外。另也可见 Williams v. Quebrada Railway, Land and Copper Company (1895) 2 Ch 751 等先例。

关键是看客户咨询律师的目的,即使律师是无辜的,没有欺诈或协助欺诈的意图,但与客户的通讯也会由于罪行原则而不受到法律业务特免权的保护,例如可见较近期的 Banque Keyser Ullmann SA v. Skandia (UK) Insurance Co Ltd (1986) 1 Lloyd's Rep 336 上诉庭先例中,Parker 大法官所说:"... legal professional privilege does not exist in respect of documents which are in themselves part of a criminal or unlawful fraudulent proceeding or, if it be different, communications made in order **to get advice for the purpose of carrying out a fraud, and that this is so whether the solicitor was or is ignorant of the fact that he**

is being used for that purpose."（加黑部分是笔者的强调）

也可见 Walsh Automation v. Bridgeman（2002）EWHC 1344（QB）先例中，Eday 大法官所说："In this context，'fraud' tends to be used in a sense that will embrace broad iniquity and would cover allegations of the kind made by the Claimant here. **It is by no means necessary to demonstrate that the legal adviser was aware of the illegal purpose**."（加黑部分是笔者的强调）

这样看来，法律业务特免权在这方面是有很多风险的。如果客户向律师咨询法律意见时并不肯定自己的目的是否会涉及罪行，要尽量避免留下文字记录而以口头方式进行咨询。毕竟相比于披露文件，传召律师作为证人出庭作证会更麻烦，法院相对更不愿意这么做。

如果碰到了类似于 The"David Agmashenebeli"（2001）CLC 942 先例（见本章之 1.2.8.4段）以及 JSC BTA Bank v. Ablyazov（2014）EWHC 2788（Comm）先例中的情况，即文件被法院强制命令披露后，内容显示律师涉及对罪行提供建议，例如伪证（perjury）或变造、销毁、隐瞒不利的文件证据妨碍司法公正（obstruction of justice）等，这会给作为法院的官员（officer of the court）的律师带来灾难性的后果，包括律师协会的纪律处分以及刑事指控等。因此，律师需要时常将自己"法院的官员"的职责铭记于心并作为第一要务，这超越保护客户利益的义务（见本书第七章之 4 段）。当然在实践中，如果客户对律师否认曾经涉及犯罪或欺诈，或者指称自己有不在场证明，或者对律师撒谎，导致律师给出了不真实的辩护与向法院披露虚假文件证据，这实际上未必会属于罪行原则。[13] 但即使是属于罪行原则、文件被强制命令披露，也不会对律师造成不良影响，毕竟律师是无辜的，而且律师并没有涉及任何对法院的误导。在《The Law of Privilege》（2018 年，第 3 版）一书之 4. 54 段说："The apparent widening of the exception（crime/fraud exception）presents challenges for practitioners… In a case where a client is seeking advice about arrangements to avoid certain consequences of the law, it may be necessary to warn the client that communications may be liable to be disclosed in the event that the court takes a different view of the law."

最后可以提一下的是，如果反过来客户完全无辜，而是律师欺诈，这并不影响客户本可享有的法律业务特免权：见 Randolph M Fields v. Watts（1986）1 WLUK 866 上诉庭先例。显然这只是罕见的情况。

1.2.7 罪行原则的其他扩张之二：无辜客户卷入第三方欺诈

如果客户是无辜的，而第三方（并不是指委托的律师）才是真正的诈骗者（fraudster），但客户被第三方利用而卷入第三方欺诈，客户与律师的通讯及其内容也可能属于罪行原

---

〔13〕 见 Kuwait Airways Corp v. Iraqi Airways Co（2005）EWCA Civ 286 上诉庭先例。

则。[14] 这也是近年来对罪行原则的扩张。

在 R v. Central Criminal Court, ex p Francis & Francis (a firm) (1989) AC 346 贵族院先例中,律师的某个客户被警方怀疑涉嫌贩毒并用部分贩毒的收益购买某产业,因此根据《Drug Trafficking Offences Act 1986》要求帮助该客户购买产业的律师提供大量有关文件。案件被该律师提交到法院进行司法复核(judicial review),法院面对的问题是律师持有的这些文件是否属于《Police and Criminal Evidence Act 1984》之 Section 10(2)下为了协助实施刑事犯罪目的所持有的文件(items held with the intention of furthering a criminal purpose),从而不受到法律业务特免权的保护。由于此先例中客户并没有被起诉与定罪,所以法院被要求假设客户对贩毒并不知情,属于无辜人士。这也完全有可能,例如客户是毒贩的亲戚或代理人,被委托购买产业,但对贩毒与金钱来源并不知情。

贵族院的多数(Brandon 勋爵、Griffiths 勋爵以及 Goff 勋爵,而少数意见则是 Bridge 勋爵与 Oliver 勋爵)认为《Police and Criminal Evidence Act 1984》之 Section 10(2)中的要求与普通法下罪行原则的说法并没有实质区别。可以节录 Goff 勋爵所说如下:"… when I have regard both to the purpose which has long been understood to underline the principle of legal professional privilege, and to the reason why communications passing between a client with a criminal purpose **and a solicitor who is innocent** of any such purpose **are held not to be protected by such privilege, it appears to me to be immaterial to that exception whether it is the client himself, or a third party who is using the client as his tool, who has the criminal intention** … I would **hold that the criminal intention of the third party will, in the circumstances under consideration, exclude the application of the principle of legal professional privilege at common law, even though the privilege, if it attached, would be the privilege of the client and not of the third party**."(加黑部分是笔者的强调)

Goff 勋爵也注意到这样的判法可能因为打开了一扇排除法律意见特免权适用的大门而受到批评,因此 Goff 勋爵强调案件的判法是基于特殊的案情。而且被排除法律业务特免权适用的只是可以证明第三方意图实施犯罪目的的通讯与文件。再说客户是无辜的,即使披露了这些通讯,对客户也没有损害。

R v. Central Criminal Court, ex p Francis & Francis (a firm)贵族院先例的判法被后续先例跟从。Owners and/or Demise Charterers of the Kamal XXVI and Kamal XXIV v. Owners of the Ariela (2010) EWHC 2531 (Comm)先例涉及海上发生船舶碰撞(轻微事故),事故发生在印度 Goa 港,"Ariela"轮撞上名为"Kamal XXIV"的拖轮,而后者再撞上了邻近靠泊的属于同一个船东的挖泥船/疏浚船"Kamal XXVI"轮。原告[从拖轮与挖泥船船东手中获得代位求偿权(subrogation right)的保险人]委托律师(Ince & Co)起诉"Ar-

[14] 需要注意的是,在美国这个地位是不同的。法院要求客户要对罪行知情:见"Developments-Privileged Communications"[(1985)98 Harv L Rev 1501]一文以及其中引用的 Clark v. United States 289 US 1 (1933)先例等。

iela”轮船东索赔两艘船的损失(维修费以及无法使用造成的损失),为挖泥船索赔约 130 万美元,为拖轮索赔约1.2 万美元。

法院判这是欺诈性索赔(fraudulent claim),而且还涉及了挖泥船、拖轮船东提供的欺诈性陈述文件。法院认定挖泥船根本是破旧不堪,也并不适航。而原告所指称的拖轮损失在证据上看也站不住脚,经不起“Ariela”轮船东委托的大律师与专家的交叉盘问/反盘问等。因此只判给了原告最低的(“Ariela”轮船东所同意的)一笔维修费用——6254 美元。

但问题是“Ariela”轮船东因为此诉讼产生了超过 120 万美元的法律费用,这笔费用难以真正从身在印度的挖泥船与拖轮船东处取回,所以“Ariela”轮船东根据《Senior Courts Act 1981》之 Section 51(3)〔15〕向代位求偿的英国保险人〔16〕要求偿还这笔法律费用。而实际上这在 Chapman Ltd v. Christopher and Another (1998) 1 WLR 13 先例中 Philips 大法官就指出根据立法之 Section 51 对背后的保险人追偿胜诉后的法律费用有五点要求,节录如下:“The features … to justify seeking a costs order against the insurers include the following: (1) the insurers determined that the claim would be fought; (2) the insurers funded the defence of the claims; (3) the insurers had the conduct of the litigation; (4) the insurers fought the claim exclusively alternatively predominantly to defend their own interests; (5) the defence failed in its entirety.”

在此先例中,双方都同意保险人是行使自己对船东索赔的代位求偿权并且委托 Ince & Co 针对“Ariela”轮船东开始诉讼。没有争议的是,保险人因为向挖泥船与拖轮船东支付了大笔难以取回的保险赔偿金,因此也是此欺诈性索赔的受害人。至于保险人是否应当提前发现被保险人存在欺诈,则是另外一回事了。

“Ariela”轮船东要求保险人披露与 Ince & Co 的有关通讯,但保险人主张法律意见特免权与诉讼特免权拒绝披露。Burton 大法官判应当披露,节录部分判词如下:“… in this case the innocent underwriters and the innocent solicitors (instructed in part by the innocent underwriters and in part by the fraudulent client) were used as the mechanism for achieving the client's fraud, the fraud exception applies and there is neither legal advice nor litigation privilege available to the underwriters or the solicitors. The disclosure sought should be ordered…”

较近期的 BBGP v. Babcock (2010) EWHC 2176 (Ch)先例也跟从了 R v. Central Criminal Court, ex p Francis & Francis (a firm)贵族院先例的判法。

另外还可见 Group Seven Limited v. Allied Investments Corporation Limited (2013) EWHC 1423 (Ch)先例,在此先例中,Norris 大法官判即使联合委托合约(joint retainer)中

---

〔15〕 此条文赋予法院对于由谁(包括没出面的诉讼方背后的第三方)承担法律费用以裁量权:“…(3) The court shall have full power to determine by whom and to what extent the costs are to be paid.”

〔16〕 在英国保险法下,代位求偿的保险人(subrogated insurers)是必须以被保险人(assured)的名义作为原告向第三人提起索赔。保险人只是躲在背后控制有关的诉讼,因为只有被保险人才与作为被告的第三方有关系(无论是合约还是侵权)。这法律地位看来与中国法有所不同。

的一个联合委托人是无辜的,但由于其他联合委托人的行为导致适用罪行原则,仍然会导致有关通讯及其内容不受法律业务特免权保护。Norris 大法官就提到说虽然该联合委托人无辜但文件是属于协助实施犯罪[engaged in furtherance of the fraud (albeit innocently)]。

但同样是无辜的情况下,在 Banque Keyser Ullmann SA v. Skandia (UK) Insurance Co Ltd (1986) 1 Lloyd's Rep 336 先例中,法院愿意保护无辜的客户与律师之间的通讯。这看来与 R v. Central Criminal Court, ex p Francis & Francis (a firm)贵族院先例的判法就有矛盾了。

在 Banque Keyser Ullmann SA v. Skandia (UK) Insurance Co Ltd 先例中,几家公司作为借贷人(porrower)以一批有证书认证的宝石(证书认证总价超过借贷金额)为质押(pledge)从银行借贷了 8000 万瑞士法郎。在借贷合约(lending agreement)下,借贷人有义务投保坏账保险,而在投保后,保单被借贷人转让(assign)给银行。借贷人之后未能按时偿还贷款,银行在此时发现宝石的认证证书虚假,质押的宝石实际价值要低得多,因此银行只能在保单下向保险公司索偿坏账。在诉讼程序中,保险公司要求披露在借贷合约签订期间银行与其律师之间的有关通讯,但银行主张法律业务特免权拒绝披露。高院与上诉庭都判银行是欺诈的受害人之一,因此无辜的银行与律师之间的通讯仍然受到法律业务特免权保护,高院的态度是强硬地保护无辜银行,认为银行是无辜的,因此与罪行原则并无关系。节录高院 Staughton 大法官所说:"It is one thing to say that a party who has consulted his solicitor in the course of preparation or furtherance of crime or fraud ought not to be able to claim privilege for such communications. It is quite another to say that, because a party claims as assignee of a fraudsman, or because he has been the victim of fraud, he loses privilege, not for the fraudsman's communications with the fraudsman's solicitor, but for his own wholly innocent communications with his own solicitor."

高院的态度得到了上诉庭的支持,上诉庭的 Parker 大法官说:"I for my part can see no ground upon which it could possibly be extended. To do so would involve the consequence that once there was a fraud, the party who was complaining could obtain discovery of documents otherwise covered by professional privilege not only against the fraud himself, but against anybody else who might be in a position to give evidence, because were he suing the fraud, he could subpoena the solicitors and other parties and say, 'No privilege exists because there is here a fraud and you were concerned in it, albeit as a victim.' Such a proposition appears to me to be wholly unsustainable."

在 R v. Central Criminal Court, ex p Francis & Francis (a firm)贵族院先例中,"无辜"的客户可能是毒贩的亲戚或代理人,但无法避免要披露文件。而在 Banque Keyser Ullmann SA v. Skandia (UK) Insurance Co Ltd 先例中,无辜的银行是欺诈者的保单受让人(assignee),法院就以很强硬的态度表示保护特免权不允许披露。从法律的肯定性与政策的角度来看,法院并没有区别对待这两种情况的理由。如果无辜的客户只不过是欺诈者利用的工具,揭露欺诈者罪行是为了维护公共政策/利益,这与无辜受让人的情况看来并无不同。在时间上这两个案件又比较接近，无法以法院态度转变进行解释。只能说 R v. Central Criminal Court, ex p Francis & Francis（a firm）先例由于是贵族院先例，而 Banque Keyser Ullmann SA v. Skandia（UK）Insurance Co Ltd 先例只是上诉庭先例，因此涉及无辜客户卷入第三方欺诈的情况时，仍然是 R v. Central Criminal Court, ex p Francis & Francis（a firm）贵族院先例更可靠一些。

1.2.8 有关先例介绍

1.2.8.1 Crescent Farm（Sidcup）Sports v. Sterling Offices 先例

Crescent Farm（Sidcup）Sports v. Sterling Offices（1972）Ch 553 先例的案情是土地买卖的卖方在买卖合约中“留一手”，约定如果在土地交易后的 20 年内，买方准备出售标的土地，卖方享有优先回购的权利，而回购的价格如果无法谈妥，由测量师（surveyor）进行估价。交易完成 6 年之后，买方想把土地转卖给分买方（一个开发商），分买方开出了很高的价格。买方与分买方也知道卖方有优先回购的权利，所以他们希望先解决这个问题。于是买方向卖方发出要约询问是否以一定市场价格回购，这看来是希冀卖方没有回购的意思或财力。按照买卖合约的约定，在要约发出一个月后还得不到卖方回应，可认定卖方放弃优先回购的合约权利，买方也就可以任意将土地出售给分买方了。但没想到卖方想要进行优先回购，只是在价格问题上不同意。在这种情况下，按照买卖合约的约定，双方需要委托测量师对土地进行估价。但买方私下与分买方仍然继续他们之间的土地买卖并完成将土地转卖给分买方的交易。卖方在知悉后就作为原告，以买方为第一被告、分买方为第二被告提起诉讼。起诉买方的理由是违反原买卖合约的约定，起诉分买方的理由是诱使违约（induce breach of contract），也以串谋（conspiracy）的诉因同时起诉买方与分买方。

买方一直有委托律师帮助，包括与卖方律师就原合约的优先回购权进行书信往来、咨询大律师意见（counsel's opinion/advice）、找测量师估价等。卖方怀疑买方与律师的通讯中（包括在咨询大律师获取法律意见时）讨论过有关转卖土地的“猫腻”，因此也要求买方披露所有与律师之间的通讯。但卖方的披露申请被 Goff 大法官拒绝，这在本章之 1.2.4.1段中也有详及。Goff 大法官区分了欺诈性串谋与一般串谋，只有欺诈性串谋才会属于“罪行”。笔者也认为此先例中的情况很难说是欺诈性串谋，毕竟土地买卖与买方自己的利益是休戚相关的。要构成串谋，也需要证明分买方是合谋与知情，但此先例中也没有证据可以说明分买方知道买方与卖方是怎么就原土地买卖合约中卖方的优先回购权交涉与作出的决定。而且律师很可能是建议买方不要作出这样的行为，以及出售给分买方会有产权（title）问题等。在此先例中，Goff 大法官也指出卖方没能提供足够证据证明排除特免权的保护，Goff 大法官说：“I do not find in the papers before me sufficient justification for going behind thc ground on which privilege is claimed.”

在买方和卖方之间，看来买方更像只是对原土地买卖合约的普通违约（breach of contract），如果这也可以作为“罪行”从而排除法律业务特免权保护，很大程度上就会令法律业务特免权失去意义了。正如 Goff 大法官说：“I think the wide submission of the plaintiffs would endanger the whole basis of legal professional privilege. It is clear that parties must be at liberty to take advice as to the ambit of their contractual obligations and liabilities in tort and what liability they will incur whether in contract or tort by a proposed course of action without thereby in every case losing professional privilege. ”

1.2.8.2 Barclays Bank Plc v. Eustice 先例

在 Barclays Bank Plc v. Eustice (1995) 1 WLR 1238 上诉庭先例中,第一被告与第二被告是通过土地租赁合约(tenancy agreement)与土地永赁权(freeholder)而长期在一片300 英亩的土地上从事农业生产的农民。被告的家族已经在这片土地上耕作了 170 年。第一被告想要购买另一片 200 英亩的土地开发草莓种植,为了获取资金将租赁权益(后来还加上了所有的农业产品)押记(charge)给原告的银行(barclays bank)获得贷款。但后来由于税务问题,税务局扣押(distrained)了农田里的作物以抵销应缴税款。显然这是贷款合约下的违约事项(events of default),因此银行可以终止贷款合约(loan agreement)并实现自己对土地的押记权利。[17]

之后在没有通知银行的情况下,第一被告与律师沟通和咨询后将租赁合约以 1 英镑的对价(consideration)转让(assign)给了第三被告与第四被告(第一被告的儿子),将自己有土地永赁权的土地以长期转租并延期付款的方式也租给第三被告与第四被告,将自己土地上的作物也以延期付款的方式出售给了第三被告与第四被告。这一连串交易显然是第一被告与家族成员希望保住已经耕种了 170 年的土地而进行的,但同时是实际剥夺了银行对土地押记的担保权益。

因此在诉讼过程中,银行要求被告披露与律师之间有关转让租赁合约与出租拥有土地永赁权的土地交易的通讯,而被告(们)主张法律业务特免权拒绝披露。这样就产生了被告与律师的沟通是否涉及"罪行"或是为了欺诈银行以至于要排除法律业务特免权保护的争议。上诉庭指出要认定客户与律师之间的通讯涉及罪行是困难的,同时也提到针对具体行为的法律咨询,如果该行为已经完成后再向律师咨询,法院倾向是一般情况下不认为罪行原则适用。然而在此先例中,被告向律师的咨询恰恰是在进行有关以低价(或近乎无价)转移资产给自己儿子的行为之前,这在时间上是值得怀疑的。特别是结合案情来看,被告是普通的农民,一般不会知道如何以这样技术性的方式来逃避银行实现担保权益(security interest)。因此,高院与上诉庭都认定罪行原则适用。上诉庭的 Schiemann 大法官说:"'Iniquity' is I believe, without having done any research on the point... The case law indicates that 'fraud' is in this context used in a relatively wide sense...That in deciding whether legal professional privilege attached to documents containing or evidencing communications between the transferor (财产的转让人,也是此先例中的被告) and his legal advisers on how to structure a transaction a relevant, and possibly decisive, factor was whether the purpose for which the advice was sought was to explain the legal effect of what had already been done and had subsequently become the subject of existing or imminent litigation or to

---

〔17〕 例如,把土地卖给第三方用来偿还贷款等。有关贷款合约违约的情况可见笔者《船舶融资与抵押》一书第五章之 4.2 段。

structure a transaction which had yet to be carried out; that, since it must have been obvious to the defendants that once it learnt of the challenged transactions the bank might start proceedings, it was clear that the dominant purpose of the advice sought by them was not use in contemplated proceedings but to stop the bank from interfering with their use of what they regarded as family assets; and that, accordingly, the purpose of seeking the advice was sufficiently iniquitous for public policy to require that the communications between the defendants and their legal advisers in relation to the setting up of the transactions should be discoverable."

在 C v. C (Privilege) (2006) EWHC 336 (Fam)先例中,法官对 Barclays Bank plc v. Eustice 先例做了小结,也谈到类似私下试图让债权人(creditors)无法实现担保权益的案件都会属于"罪行"。但要说明在公司或自然人破产清算之前,经常会存在有意或无意地将资产转让给其他人士的行为,这些一般也并非"罪行",在有其他优先受偿款项(preferencial payments)时,破产管理人或清算人事后也可以追回这些资产。"罪行"针对的是律师帮助客户设计计划使资产逃避破产清算的行为,此时律师与客户的通讯不享有特免权保护。节录部分如下:

"There are two cases involving situations not altogether different from that which I am here concerned with, in each of which it was held that the 'fraud' exception applied.

In Williams v Quebrada Railway Land and Copper Co [1895] 2 Ch 751, Kekewich J had to consider a transaction involving... the execution by a failing company of a charge. The charge had been created when the cesser of business by the company was inevitable and in order to remove the assets from the scope of a pre-existing floating charge before it crystallised, in other words to defeat or delay the rights of the company's debenture holders under the floating charge.[18] The claim, which for technical reasons could not be brought as a statutory claim under the fraudulent preference provisions then contained in section 164 of the Companies Act 1862 (compare now section 239 of the Insolvency Act 1986), was, however, analogous to a claim to set aside a transaction for fraudulent preference. Kekewich J, expressing himself in trenchant terms, held that there was no legal professional privilege. His decision has often been cited and never been doubted.

---

[18] Williams v. Quebrada Rallway, Land and Copper Company (1895) 2 Ch 751 先例涉及公司发行债据(debenture)时提供浮动押记(floating charge)作为担保,但接近破产时,把贵重财产固定押记(fixed charge)给自己的代理人。有关浮动押记与固定押记的课题,可参见笔者《船舶的融资与抵押》(2003年)一书第三章之6.1段。而一旦之后债据到期公司无法清偿,或者是约定的其他事项发生,浮动押记会具现/封押/结晶(crystallise)为固定押记,变成对当时公司财产的固定押记。此时债权人可以再向法院申请任命接管人(receiver)占有、管理、出售固定押记的财产等。有的公司在发觉可能面临这种危险时,会通过各种手段流失、转移公司财产,以避免债权人向法院申请委任接管人把公司财产接管,Williams v. Quebrada Rallway, Land and Copper Company 先例中公司面临破产前把贵重财产固定押记给代理人的做法,就导致债据债权人的浮动押记权利受到损害。这被 Kekewich 大法官称为是最恶劣的商业不诚实行为(commercial dishonesty of the very worst type),明确是欺诈行为。

In Barclays Bank PLC and others v Eustice and others [1995] 1 WLR 1238 the Court of Appeal held that there was no privilege in the case of a transaction caught by section 423 of the Insolvency Act 1986. Section 423 invalidates a transaction by someone 'at an undervalue' [see section 423(1)] if the court is satisfied [see section 423(3)] that it was entered into by him: 'for the purpose — (a) of putting assets beyond the reach of a person who is making, or may at some time make, a claim against him, or (b) of otherwise prejudicing the interests of such a person in relation to the claim which he is making or may make.'"

1.2.8.3 Dubai Aluminium Co Ltd v. Al Alawi 先例

Dubai Aluminium Co Ltd v. Al Alawi (1999) 1 All ER 703 先例的案情与前文中介绍的情况有所不同,并非当事人与律师之间的通讯是"罪行"或协助实施罪行的一部分,而是律师调查取证的手段涉嫌非法(当然原告也知情,并非无辜)。原告是铝产品的生产商,而被告担任原告在迪拜的销售经理职位超过10年。原告指称被告在职期间涉嫌不法行为,包括以不合理低价把铝产品出售给第三方以赚取私下回扣、秘密佣金等。原告通过律师委托私家侦探调查被告的账户,发现的确有不明来源的资金收入且远超被告的薪水。原告也获取法院颁布的对被告的搜查令(Search Order)与全球冻结令(Worldwide Freezing Order)。[19] 被告抗辩与试图撤销这些命令,并申请原告披露所有调查取证获得的有关文件。原告主张法律业务特免权(特别是诉讼特免权)拒绝披露这些文件。被告提出罪行原则适用,要求原告披露,理由是私家侦探取得的调查报告资料涉嫌虚假陈述(false representation)、冒名顶替(impersonation),以及违反了英国《Data Protection Act 1984》侵犯个人隐私权与违反瑞士的银行法,而且私家侦探还从被告的垃圾桶等处拿走文件涉嫌侵入与侵占他人财产(tort of trespass and conversion)。

看来这类行为是第一次被提出与罪行原则挂钩,Rix 大法官认为即使是为了诉讼的目的,但以犯罪或欺诈手段(如非法监视、监听、非法入室搜查等)获取的证据,与对客户还未实施的犯罪或欺诈行为给予协助的建议或咨询的结果是一样的,即所产生的通讯及其内容不会受到法律业务特免权保护。可以节录 Rix 大法官所说如下:"...that criminal or fraudulent conduct for the purposes of acquiring evidence in or for litigation fell into the same category as advising on or setting up criminal or fraudulent transactions yet to be undertaken, as distinct from the legitimate professional business of advising and assisting clients on their past conduct however iniquitous; that any documents which were generated by or reported on such conduct and were relevant to the issues in the case were discoverable and fell outside the legitimate area of legal professional privilege; that there was a strong prima facie case of criminal or fraudulent conduct in the obtaining of information relating to the defendant's finances by the investigative agents; and that, accordingly, disclosure of the documents sought by the plaintiff would be granted."

一般民事诉讼中不会理会文件证据是否通过不当行为获取,在 Kuruma v. The Queen

〔19〕 分别可见本书第二章之3段与第三章之1段的详细介绍。

(1955) AC 197 先例中,Goddard 勋爵说:"It matters not how you get it; if you steal it even, it would be admissible."本书多处提到这个问题,如第五章之 2.2.2 段也介绍过有关非法取得的证据是否应被采纳以及如何与其他公共政策/利益进行权衡,例如潜入屋内实际是非法侵入取证,以这种非法手段取得的证据仍然被上诉庭采纳的 Jones v. University of Warwick (2003) EWCA Civ 151 先例等。虽然这是针对在最后审理中这种以不合法手段获取的证据是否可以被采纳的证据规则(rule of evidence)或程序性问题,而本案针对的是通过律师委托私家侦探调查取证而非法获取的证据中客户与律师的通讯能否受到法律业务特免权保护从而可以免于被披露的问题。这两方面虽然有关,但法律业务特免权不仅是证据规则,而且涉及更重要的公共政策/利益。

最后,Rix 大法官仍然以罪行原则否定了法律业务特免权的适用。Rix 大法官的理由是法院应该看通讯及其内容的全部,才能对这些以犯罪或欺诈手段获取的证据的重量(weight)作出恰当的推断,Rix 大法官说:"Otherwise the position would be that the party employing the criminal or fraudulent agent would have it entirely within his own power to decide which of the criminally or fraudulently acquired information he was willing to rely on and disclose and which he was not. Where such a party will be asking the court to make inferences from such material, it is only fair that such material should be seen as a whole."

但值得注意的是,虽然对判决结果没有影响,Rix 大法官不认为仅仅针对侵入或侵占财产(从被告的垃圾桶捡走没有被粉碎的文件)而言会足够严重到可以适用罪行原则。

1.2.8.4　The "David Agmashenebeli"先例

在 The "David Agmashenebeli" (2001) CLC 942 先例中,船东在芬兰装港坚持在提单(bills of lading)加上运输的货物(化肥)有变色与杂质的批注。而作为希望签发清洁提单[20]的货方或承租人(charterer),由于提单上有批注导致无法在信用证(letter of credit)下结汇,因此与买方(中间还隔了几位中间商)进行了漫长的谈判才解决问题,最终在中国卸港把货物卸下。事后,货方向船东索赔因船长拒绝签发清洁提单所带来的损失(包括延误)。披露的证据显示,装货时货方作为发货人(shipper)曾经委托检验员(inspectorate suisse)对货物进行检查。装货完成后出具了一份日期为5月19日的报告(以下简称5月报告),显示货物的情况大致与提单上的批注是一致的。这显然对船东十分有利,证明当时拒绝签发清洁提单并坚持要在提单加上批注是正确的做法。

但在文件清单(关于文件清单的课题请见本书第七章之 9.3 段)中除了 5 月报告外,还有另一份由检验员出具的报告,这份报告虽然记载日期也为 5 月 19 日,但实际于 9 月 19 日才出具给货方(以下简称 9 月报告)。9 月报告显示化肥在变色或杂质方面与 5 月报告有同样的批注,但另有一些内容与 5 月报告、提单等的记载不同,确认化肥的状况完全正常。

货方披露了这两份存在直接矛盾与可疑的报告,很直接的疑问就是为何仅仅披露 9 月报告而不披露 5 月报告呢?看来可能是货方自己不警觉,所有文件都交给自己的律师,

[20]　有关清洁提单的课题,请见笔者 2016 年版《提单与其他付运单证》一书第六章之 5 段。

而律师作为法院的官员(officer of the court)有义务披露这些有关文件(见本书第七章之4段)。但单凭5月报告,货方的案件就很弱了(毕竟当场文件的证明效力很高,而且检验员也是相对独立与称职的专家等)。因此看来是为了推进诉讼或迫使船东庭外和解,货方才不得已弄了这份9月报告,并让检验员作为证人出庭作证。在这样的背景下,船东要求货方特定披露(specific disclosure)[21]或更多与更好的详情(further and better particulars),[22]包括披露所有货方与检验员的通讯、备忘录、会议记录等,尤其是与制作这两份报告有关的部分。这要求遭到货方的拒绝,理由包括在准备9月报告时已估计有诉讼,所以这些文件享有诉讼特免权保护。

但在此先例中,Colman 大法官根据前述 Barclays Bank Plc v. Eustice (1995) 1 WLR 1238 先例以及 Dubai Aluminium Co Ltd v. Al Alawi (1999) 1 All ER 703 先例的判法,根据事实认定这些文件的产生很可能涉及伪造虚假或误导性证据,这属于"罪行",会排除法律业务特免权的适用,也因此这些通讯或文件不受到诉讼特免权保护。Colman 大法官说:"there is strong prima facie evidence that the claimants procured the issue of the September report by Inspectorate for the purpose of creating false evidence. There is strong prima facie evidence that the claimants procured the issue of the September report by Inspectorate for the purpose of creating false evidence."

1.2.8.5 Walsh Automation v. Bridgeman 先例

在 Walsh Automation v. Bridgeman (2002) EWHC 1344 (QB)先例中,原告是从事自动化技术业务的公司。第一被告曾经是原告的董事总经理,第二被告是第一被告的儿子并且也曾经担任原告的顾问工程师。有证据显示第一被告在原告公司任职时,第三被告与第四被告这两家公司(第二被告是这两家公司的主要股东)已经成立。第一被告也并不否认在第三被告成立时,在没有任何担保的情况下从原告处借出5万英镑给第三被告。而在业务上第三被告与原告有直接竞争关系。原告就指称第一被告在职期间,利用职务便利将一些业务交给第三被告与/或第四被告。原告在诉讼中就要求被告(们)披露大量与成立第三被告、第四被告以及给第三被告借贷等有关的文件,包括有关的法律意见:"a) all documents relating to the incorporation of the Third and Fourth Defendants; b) all documents relating to legal advice sought or received in relation to the incorporation or the commencement or carrying on of the business carried on by the Third and Fourth Defendants or their corporate governance; c) all documents relating to any dealing with any interest in the shares of the Third and Fourth Defendants; d) all documents relating to any legal advice sought or received by the Defendants in relation to any loans by the First Defendant to the Third and Fourth Defendants and/or to any interest (whether as security or otherwise) that the First Defendant might have in the shares of the Third and Fourth Defendants; e) all documents relating to any legal advice sought or received in relation to the declaration of trust..."

---

〔21〕 见本书第七章之9.9段。

〔22〕 见本书第七章之10.1段。

被告主张法律业务特免权拒绝披露,指称这些都会属于被告作为客户与律师之间有关法律意见的通讯及其内容。表面看来此案件中的“罪行”是很明显的,对第一被告与第二被告的指控显然是根据商业社会中雇员对公司/雇主的严重不诚实与没有尽忠诚义务的行为。这早在 Gamlen Chemical Co (UK) Ltd v. Rochem Ltd and Others (No 2) (1980) 124 Sol Jo 276 先例中,上诉庭的 Goff 大法官就同意一审[(1983) RPC 1]高院的 Goulding 大法官所说:“For servants during their employment and in breach of their contractual duty of fidelity to their master to engage in a scheme, secretly using the master's time and money, to take the master's customers and employees and make profit from them in a competing business built up to receive themselves on leaving the master's service, I would have thought that commercial men and lawyers alike would say that that is fraud.”

如果确实是第一被告在原告任职期间就另外成立与雇主有直接竞争关系的公司,这显然是有严重问题的。时间上也显示了第一被告与第二被告与委托的律师之间的通讯及其内容有问题。当然有可能被委托的律师实际上对第一被告与第二被告的行为并不知情,但只要第一被告与第二被告委托律师提供服务的目的实际上是计划与协助实施欺诈或不诚实(furtherance of fraud or dishonesty),Eady 大法官也会判其是“罪行”,[23]不能享有法律业务特免权。

而且在此先例中,原告也拿到一份第一被告写给第四被告的邮件作为证据,在这封邮件中就说到成立公司分享业务成功的利润与好处:“The bottom line is that we have a company where everyone is well rewarded by sharing in the success that we jointly create.”因此 Eady 大法官排除了法律业务特免权的适用,要求被告披露这些机密文件。

一方面来看,这也是可以理解的,毕竟特免权保护的是客户的权利,如果客户委托律师从事的工作是为了实施罪行,那显然公共政策没有理由继续保护客户。但是从另一方面来看,客户即使是将要实施罪行,此时向律师咨询法律意见也并非就一定不受到法律业务特免权保护,这纯粹要看让律师从事的工作与是否属于“罪行”的一部分。此时也就不可避免地带来了不肯定。更重要的是,在今天罪行的范围变得宽泛时,客户如果咨询律师时都无法完全确定是否会受到法律业务特免权保护机密,法律业务特免权的保护在一定程度上来说就失去意义了。

1.2.8.6 Kuwait Airways Corp v. Iraqi Airways Co (No.6)先例

Kuwait Airways Corp v. Iraqi Airways Co (2005) EWCA Civ 286 上诉庭先例的背景在笔者《损失赔偿与救济》一书第四章之 4.3.1 段介绍 Kuwait Airways Corp v. Iraqi Airways Co (2002) UKHL 19 先例时有所介绍。简言之,在 1990 年 8 月伊拉克萨达姆政权入侵并占领科威特,占领期间有一批科威特航空的飞机与零部件落入萨达姆政权手中,其中有 10 架飞机与大量零部件被交给伊拉克航空。1990 年 9 月 17 日,萨达姆政权通过决议把飞机所有权转让(assign)给伊拉克航空。在 1991 年 1 月 17 日联军军事行动开始后,这 10 架飞机中有 4 架在伊拉克北部城市摩苏尔被毁于战火中。

---

[23] 见本章之 1.2.2 段到 1.2.7 段的介绍。

之后科威特航空在英国开始诉讼,向伊拉克航空与伊拉克政府索赔 10 架飞机被侵占的损失。在此先例之前的诉讼中,法院(贵族院)根据事实证据作出决定,伊拉克航空公司在 1990 年 9 月 17 日政府决议作出之前并没有把科威特航空的飞机编入自己的航队,只不过是根据伊拉克萨达姆政权的指示行事。而伊拉克萨达姆政权在当时有主权/国家豁免权(state immunity)的保护,科威特航空能向伊拉克航空索赔的只是决议之后的损失。经历了长达 13 年的系列诉讼后,科威特航空对未损毁的 6 架飞机与零部件的诉讼获得胜诉。而对于已损毁的 4 架飞机,无论它们是否被伊拉克航空侵占,不过是应萨达姆政权的要求飞往摩苏尔才会被损毁,所以无法满足损失计算中的"要不是"(but for)测试,[24] 所以威特航空对于已损毁的 4 架飞机科的索赔败诉。

但是在 2000 年后,科威特航空根据新发现的证据,指称伊拉克航空涉嫌在之前的诉讼中制作虚假文件、欺诈与提供伪证,要求撤销法院将索赔限定在 1990 年 9 月 17 日决议之后的判决。2003 年法院作出认定[(2003) 1 Lloyd's Rep 448]伊拉克航空确实涉嫌提供伪证,实际上伊拉克航空在 1990 年 8 月 9 日就已经获得对飞机的实际控制权并将它们编入航队进行营运,并非是完全根据萨达姆政权的指示行事。于是法院撤销了早前贵族院对于只能索赔决议以后损失的判决。

此先例则是针对已损毁的 4 架飞机,科威特航空指出从新证据来看,伊拉克航空对该 4 架飞机明显有更多与更强的控制,不能全部推给受到主权/国家豁免保护的萨达姆政权。早先针对该 4 架飞机的索赔失败的判决也要被重新考虑。在诉讼中,科威特航空要求伊拉克航空披露在早先诉讼中与律师之间的通讯,理由是这些通讯涉及虚假文件、欺诈、伪证,所以适用罪行原则排除法律业务特免权的保护。

在此先例中,高院与上诉庭都判由于罪行原则排除法律业务特免权。上诉庭的 Longmore 大法官总结了过往先例的原则说:"I would therefore summarise the position thus: (1) the fraud exception can apply where there is a claim to litigation privilege as much as where there is a claim to legal advice privilege; (2) nevertheless it can only be used in cases in which the issue of fraud is one of the issues in the action where there is a strong (I would myself use the words 'very strong') prima facie case of fraud... (3) where the issue of fraud is not one of the issues in the action, a prima facie case of fraud may be enough..."

由于在 2003 年法院已经认定了早先诉讼中伊拉克航空存在制作虚假文件、欺诈、提供伪证的行为,这看来是以欺诈手段获取法院对事实的认定。而且此先例中伊拉克航空也并没有就虚假文件、欺诈、伪证等行为作出否认与抗辩,而只是争辩说这并不会影响早先诉讼中的判法。因此,高院与上诉庭认为这足够达到存在强有力的表面证据的标准排除特免权并强制要求披露。节录法院判决如下:"**In the present case there is more even than a 'strong prima facie case'.** It has actually been established in the Perjury I trial that in the earlier proceedings there was forgery and perjury by important witnesses and that there was a conspiracy to deceive the English court which successfully brought about a decision that

---

[24] 有关"要不是"测试,可见笔者《损失赔偿与救济》一书中介绍因果关系(causation)的第四章之 4 段。

IAC(伊拉克航空) were entitled to claim state immunity for all their pre-17th September 1990 conduct. That successful deception must, very arguably, mean that the subsequent trials... were conducted on a false basis. Although the result of the Perjury I trial was 'only' to set aside the decision of the House of Lords on state immunity and the final judgment on liability in the main action in respect of the Mosul Four aircraft(在摩苏尔损毁的4架飞机) is presently binding, it is difficult to imagine that there will be much contest in relation to the allegation that the judgments were, indeed, induced by fraud... In these circumstances it seems to me that the **fraud exception is established and no privilege can exist in communications between IAC and their previous English solicitors (let alone IAC's internal documentation) in relation to the tactics of and the evidence given in the main action or in the Perjury I action where the fraud was established.**"(加黑部分是笔者的强调)

1.2.9　如何证明存在罪行

罪行原则(iniquity principle)所针对的客户与律师计划、实施卑鄙狡诈行为的情况实际上不会经常发生,毕竟律师一般都有专业操守。一般在诉讼中,一方也不会知道对方与律师之间的通讯及其内容是否涉及"罪行",而只能根据案情估计是否有这个可能。至于到底通讯是否存在罪行也不容易确认,即使是完全客观的法官阅读通讯内容,同样一句话可能被认为涉及罪行,也有可能被认为不涉及罪行。例如,客户咨询律师有关的行为是否导致银行无法实现对自己财产的担保权益,这可能是客户想要逃避自己的财产被银行执行,但也可能是客户更希望避免违法、非法行为,但律师可能无从知悉客户的意图到底是什么,仅从客户与律师的不多的通讯来看,也难以作出分辨。

在前文中已经谈到,即使律师是无辜的,只要客户意图计划与实施罪行,那他们之间的通讯也会适用罪行原则而排除法律业务特免权。在笔者看来这是危险的,可以说只要一旦涉及卑鄙狡诈的行为,而且是在委托律师之后所实施,客户与律师之间通讯就有可能因罪行原则而不受法律业务特免权的保护。有很大可能己方律师根本不会参与任何罪行,但这不妨碍适用罪行原则。即使通讯实际上与罪行没有真正关系,但一旦被认定不受法律业务特免权保护而被对方当事人查阅,也会对己方造成严重打击,因为这些与律师的通讯中会包括对案件的计划和战略战术等。

如果进一步发展下去,法律业务特免权也就逐渐失去意义了。这样,客户与律师的通讯会尽量避免涉及任何机密内容。在敏感情况下,客户与律师之间也尽量以口头方式通讯,毕竟披露口头证据要比披露书面文件麻烦得多。

仲裁庭也同样会遇到通讯内容是否适用罪行原则的问题,即使是确实涉及罪行,看来更好的做法不是简单命令一方披露与律师之间的通讯,而是另找中立人士阅读有关通讯的内容,挑出其中与卑鄙狡诈行为有关的部分内容予以披露。这比较接近本章之1.2.9.2段介绍的由法院自己查阅文件的做法,只是在仲裁中出现这种争议可以更主动地以此办法解决。

法院对举证责任的标准更严格。一方要指控对方的行为涉及"罪行",显然需要提供充分的证明,不能仅仅是在文书请求或誓章(affidavit)中作出泛泛的指控与臆测。法院在早期案件中就指出,对罪行的指控仅靠誓章作为证据并不足够。民事诉讼中对"罪行"的证明并不要求达到刑事案件的举证责任标准。虽然相比于疏忽(negligence),欺诈与不诚实这样的行为并不是通常发生的,因此尽管仍然是以民事诉讼中平衡的可能性(balance of probability)作为标准,但是证明要求实际上是更高的。虽然罪行原则是否适用只是中间程序的申请,并非是最后审理指称的罪行是否真正存在,但是这类案件中法官都强调需要有一个强而有力的表面案件(strong *prima facie* case)证明存在罪行。以下可以节录一些先例中的权威说法。

在 O'Rourke v. Darbishire (1920) AC 581 先例中,Finlay 勋爵就说:"The statement must be made in clear and definite terms, and there must further be **some prima facie evidence** that it has some foundation in fact."(加黑部分是笔者的强调)

也可见此同一先例中 Wrenburg 勋爵所说:"... the plaintiff must ... go at any rate so far as to satisfy the Court that his allegations of fraud are not merely the bold assertions of a reckless pleader, but are such as to be regarded **seriously as constituting prima facie a case of fraud resting on solid grounds**... to obtain discovery on the ground of fraud the plaintiff must show to the satisfaction of the court good ground for saying that prima facie a state of things exist which, if not displaced at the trial, will support a charge of fraud. This may be done in various ways-admissions on the pleadings of facts which go to show fraud-affidavits in some interlocutory proceeding which go to show fraud-possibly even without admission or affidavit allegations of facts which, if not disputed or met by other facts, would lead to a reasonable person to see, at any rate, a strong probability that there was a fraud, may be taken by the court to be sufficient.[25]"(加黑部分是笔者的强调)

类似说法也可见 Buttes Gas and Oil Co v. Hammer (No 3) (1981) QB 223 先例中 Denning 勋爵所说:"No privilege can be invoked so as to cover up fraud or iniquity. But this principle must not be carried too far. No person faced with an allegation of fraud could safely ask for legal advice. **To do away with the privilege at the discovery stage there must be strong evidence of fraud such that the court can say: 'This is such an obvious fraud that he should not be allowed to shelter behind the cloak of privilege.'**"(加黑部分是笔者的强调)

在较近期的 C v. C (Privilege) (2006) EWHC 336 (Fam)先例中,Munby 大法官就提到说仅仅有指控(bare allegation)是不够的,必须满足很高的证明标准。节录部分判词如下:"The **mere assertion of conduct which would bring the exception into play is not, of course, enough**. In Bullivant v A-G for Victoria [1901] AC 196 ... made it clear that 'mere surmise or conjecture' was not enough; there had to be 'some definite charge'."(加黑部

---

[25] 当事人向法院申请要求对方披露表面看来享有特免权的文件,需要提出足够的理由并能够证明表面看来曾发生过这种欺诈行为。证明可以有不同的方式,例如文书请求中曾经承认的事实,中间程序中的誓章内提及的事实,或者虽然对方没有承认但通过客观或合理考察一连串的事实得出可能存在欺诈的结论。

分是笔者的强调)

在 Derby v. Weldon (No. 7) (1990) 1 WLR 1156 先例中,Vinelott 大法官给出了明确的说法,法院对于一般情况下颁布/作出中间禁令(interlocutory injunctions)时考虑的是权衡双方当事人之间的便利(balance of convenience):见 American Cyanamid v. Ethicon (1975) AC 396 贵族院先例。而如果涉及的是冻结令、搜查令或资产披露令[26]等通常是由单方面申请的强制性禁令时,当事人需要达到更高的证明标准。而如果涉及的是针对绝对性权利的法律业务特免权时,要否定它所需要达到的证明标准是最高要求的。节录法官的说法如下:

"In any given case, the court must weigh, on the one hand, the important considerations of public policy on which legal professional privilege is founded … and, on the other, the gravity of the charge of fraud or dishonesty[27] that is made. There are many contexts in which the court similarly has to strike a balance between the need to do justice to the plaintiff, on the one hand, and, on the other, the extent to which interlocutory relief may result in an unjustified interference with the defendant's property and his right to privacy. The point at which the balance is struck must depend on the extent to which the relief sought may unjustifiably invade the defendant's rights. So if a plaintiff can show that he has a fairly arguable case and if the defendant can be fully protected by a cross-undertaking in damages, **the court in granting or refusing a purely negative injunction will be primarily concerned with a balance of convenience. More is required (in ascending order of importance) if the plaintiff seeks a mandatory injunction or … or if the plaintiff seeks Mareva relief or an Anton Piller order or the disclosure of confidential banking documents.**

There is a continuous spectrum and it is impossible to, as it were, calibrate or express in any simple formula the strength of the case that the plaintiff must show in each of these categories. **An order to disclose documents for which legal professional privilege is claimed lies at the extreme end of the spectrum.** Such an order will only be made in very exceptional circumstances but it is, I think, too restrictive to say that the plaintiff's case must always be founded on an admission or supported by affidavit evidence or that the court must carry out the preliminary exercise of deciding on the material before it whether the plaintiff's case will probably succeed, **a task which may well present insurmountable difficulties in a case where fraud is alleged and the court has no more than affidavit evidence.**

…**no clear line can be drawn. All that can be said is that all the circumstances must be taken into account and that the court will be very slow to deprive a defendant of the**

---

[26] 有关搜查令(Search Order)见本书第二章之 3 段的介绍,冻结令(Freezing Order)与资产披露令(Assets Disclosure Order)见本书第三章的介绍。

[27] 罪行原则的"罪行"从犯罪与欺诈,到欺诈或不诚实,再到卑鄙狡诈的行为等,可见本章之 1.2.4 段的介绍。

important protection of legal professional privilege on an interlocutory application."(加黑部分是笔者的强调)

笔者觉得此先例中的指引是最好的。

此处不妨也介绍一下中间措施(interim measure)中申请禁令的做法。首先是对于一般的中间禁令(如在审理有结果前暂时不允许对方出售货物或者是暂时保留某人的董事席位等),著名的 American Cyanamid v. Ethicon Ltd 先例就指出不要太注意表面与早期的案情优劣,申请中间措施也不能仅靠誓章证据,而是根据对双方便利的权衡,这是指对双方会分别造成什么损失与不方便、事后是否可以通过以金钱补救等进行权衡后决定是否作出禁令。

而另一些中间禁令,主要是搜查令、冻结令等,由于威力无穷甚至被称为"核武器",因此在申请时要求更高的举证责任。双方在誓章中要尽量多提供证据、列举资料等,以显示给法院看有一个表面良好论据的案件(good arguable case)。而且这些中间禁令还各自有特别的要求,例如,申请冻结令要证明资产有流失风险,这就显然需要调查取证,而不是只靠誓章中的"空口白话"。笔者《禁令》(2000 年)一书第四章之第 4 段中就介绍了几种不同的情况,按等级分可以分为无望的案件(hopeless case)、可争议的案件(arguable case),最后上升到表面良好论据的案件(good arguable case)。无望的案件指的是从法律上来看很明显是站不住脚的案件。而绝大部分争议实际上都会属于可争议的案件,例如要争辩违约损失是多少,这就多半是有得争辩的,需要考虑大量的根据证据显示的事实与双方的争辩。而要达到表面良好论据,标准会在可争议的案件上再进一步,例如国际货物买卖中显示买方收取货物但没有支付全部或部分货款,又或者是卖方书面承认(由于市场价格上涨等原因)没法按合约约定交货,此时在誓章中附上这份承认的信件就是向法官显示了一个有表面良好论据的案件。

而在 Derby v. Weldon (No 7)先例中,法院就提到申请这些禁令的证明标准互相之间并没有明确的界限划分,也没有明确说一定要超过多少比例。只是排除法律业务特免权适用的命令,会要求有最高的证明标准才行,毕竟这会令一个历史悠久的、绝对性与实体性的基本人权被否定与剥夺。

Rix 大法官的说法在之后还被 Kuwait Airways Corp v. Iraqi Airways Co (2005) EWCA Civ 286 上诉庭先例认可。

1.2.9.1 罪行属于案件争议的一部分还是独立于案件争议

需要注意的是,罪行(犯罪与欺诈以及不诚实、卑鄙狡诈行为)的证明标准高低与对罪行的指称是否本就是主争议或实质争议(substantive dispute)的一部分有关。如果对罪行的指称与主争议本身没有关系[如 Dubai Aluminium Co Ltd v. Al Alawi (1999) 1 All ER 703 先例涉及以不法手段调查取证],只是为了披露申请而自主独立(freestanding and independent)的作出,在证明标准上是会有所不同的。要这样区分,是因为如果属于主争议的一部分,反正要在最后审理中根据所有证据进行全面审理,因此更适合一并留待最后审理,而相比不适合在中间程序中处理。而如果是与主争议无关,反正在最后审理中也不会涉及,那就较适合在中间程序中单独处理。

不妨以案例来进行阐述，罪行独立于主争议的情况可见 C v. C（Privilege）（2006）EWHC 336（Fam）先例。主争议是关于离婚，与罪行没有关系。只不过妻子要求披露文件时，指称丈夫处置财产（昂贵的房产）的不当行为属于“罪行”，这就是罪行独立于主争议的情况。此先例中，妻子在成功申请到冻结令后，又向法院申请协助房产交易的律师披露看来受特免权保护的有关房产交易的文件。Munby 大法官判在妻子没能满足这个证明标准的情况下，因此没有允许否定法律业务特免权适用而强制丈夫披露文件。虽然法官也提到是强有力的表面证据，但实际上独立于主争议时，看来证明标准的要求会稍低一些。但在该先例妻子连这个较低的证明标准也达不到。

而在 Kuwait Airways Corp v. Iraqi Airways Co（2005）EWCA Civ 286 上诉庭先例中，上诉庭就对两种情况进行了区分。如果罪行属于主争议的一部分而本就要在此诉讼中进行最后审理与判决，证明标准要达到表面看来是非常强有力的案件（a very strong prima facie case）。而如果是自主独立而并非主争议的一部分，那只要能简单证明表面看来有一个案件（*a prima facie* case）就已经足够了。法院对于只能看案件的表面证据（*prima facie* evidence）也是无可奈何，因为只有在最后的审理中才有机会把所有能提供与披露的证据（文书、口头、专家意见等）一并进行考虑与测试（test），然后再作出结论。而表面案件仍然要再区分出非常强有力的表面案件，是因为中间程序的申请与主争议都涉及对同样“罪行”的指控，但在中间程序只能依靠片面的表面证据作出决定，而主争议可以开庭审理以全面考虑所有证据。所以在中间程序中必须更加谨慎，尽量避免与最终的审理结果产生矛盾与/或在中间程序中排除了一方诉讼方的文件应受到的法律业务特免权保护造成不公平。

也可见 Dadourian Group International Inc v Paul Francis Simms & Ors（2008）EWHC 1784（Ch）先例中 Patten 大法官所说如下：“It seems to me that the **effect of the fraud** exception must as a matter of principle be to remove privilege as an objection to the disclosure of any documents **which are relevant to the issues in respect of which the fraud has been committed**. This will inevitably create grey areas in some cases and **the Court is likely to err in favour of disclosure** rather than against it in marginal cases.”（加黑部分是笔者的强调）

在刑事案件中这方面会比民事案件中更重要，毕竟在最后法院审判前（审理全盘案件与证据）并不能决定嫌疑人有罪或无罪，而且在刑事案件中这些事实问题还会需要陪审团（jury）对事实的判断。在 McE v. Prison Service of Northern Ireland（2009）1 AC 908 贵族院先例中，Phillips 勋爵指出，在中间程序中适用罪行原则实际上是作出了临时性的决定，认定有关特免权的通讯是为了协助实施罪行、不能受法律业务特免权保护机密。但法院要作出这种认定实际上可以说是提前篡夺（usurp）了陪审团在全面审理时的功能。

R［on the application of Hallinan Blackburn-Gittings & Nott（A Firm）］v. Middlesex Guildhall Crown Court（2004）EWHC 2726（Admin）先例中，检方（prosecutor）指控嫌疑人贩毒、持有武器等罪名，要求律师（Hallinan，Blackburn-Gittings & Nott，简称 HBG）交出与嫌疑人之间的通讯，理由是这些通讯构成妨碍司法公正（因此无法受到法律业务特免权保护）。Rose 大法官判在这个披露问题上 HBG 方面胜诉，因为所指的罪行也是在主争

议中需要审理的犯罪。Rose 大法官举了一个例子,例如嫌疑人提出自己有不在场证明(可能有人教唆),但不在场证明的真伪反正要在最后开庭审理中才会进行判断。可以节录部分 Rose 大法官所说如下:"In order to defeat a claim to legal professional privilege, it will not be appropriate, for example in a case where an alibi has been raised, to seek to analyse the issues which are likely to arise in the criminlal investigation or trial which gives rise to the initial privilege. To do so, as it seems to me, would be to put the cart, in the form of analysis of the issues, before the horse, that is the trial."

Rose 大法官也明确说到,如果针对的"罪行"是自主独立于主争议,如有证据显示双方(客户与律师)计划妨碍司法公正,这"罪行"就与主争议中被指控的犯罪无关,法院就可以衡量目前的证据来决定法律业务特免权是否适用:"Where... there is evidence of specific agreement to prevent the course of justice, which is freestanding and independent, in the sense that it does not require any judgment to be reached in relation to the issues to be tried, the court may well be in a position to evaluate whether what has occurred falls within or outwith the protection of legal professional privilege as explained in R v. Cox and Railton 14 QBD 153..."

1.2.9.2　法院自己查阅文件

为了决定享有特免权的文件是否由于罪行原则而不能享有法律业务特免权,法院有权力自己查阅文件:见 R v. Governor of Pentonville Prison, ex p Osman (1990) 1 WLR 277;R v. Gibbins (2004) EWCA Crim 311 等先例。

如果法院愿意查阅,看来证明标准就可以相应不高了。毕竟只要显示出表面看来受特免权保护的文件里会有问题,引起法院足够重视并决定行使裁量权(discretion)亲自查阅可能涉及罪行的文件就已经足够解决问题了。一查阅,马上就能看出是否真的涉及罪行了。

1.2.9.2.1　传统上法院一般不愿意亲自查阅

但法院传统上的做法是并不轻易行使裁量权查阅文件。在 Westminster Airways Ltd v. Kuwait Oil Co Ltd (1951) 1 KB 134 先例中,Jenkins 大法官说:"But there is nothing in the rule, or in the authorities, to constrain the court to hold that, in every case where a claim to privilege is made and disputed, the party seeking production is entitled to come to the court and demand as of right that the court should go behind the oath of the opposite party and itself inspect the documents. The question whether the court should inspect the documents is one which is a matter for the discretion of the court, and primarily for the judge of first instance. Each case must depend on its own circumstances; but if, looking at the affidavit, the court finds that the claim to privilege is formally correct, and that the documents in respect of which it is made are sufficiently identified and are such that, prima facie, the claim to privilege would appear to be properly made in respect of them, then, **in my judgement, the court should, generally speaking, accept the affidavit as sufficiently justify the claim without going further and inspecting the documents.**"(加黑部分是笔者的强调)

在较近期的 BBGP v. Babcock (2010) EWHC 2176 (Ch)先例中,也显示出法院不愿意行使这个裁量权的倾向,只有在特殊而有足够重量的事实背景下(some exceptional factor of real weight)法院才会这样做。Norris 大法官说:"As a rule the court should not look at the closed material. There must be some exceptional factor of real weight (the nature of which has yet to be ascertained) before the court can examine the closed material to see if the test for disclosing the closed material is itself satisfied. The mere fact that the test is not satisfied on the open material is not such an exceptional factor of real weight. No exceptional factor was identified in argument. I therefore confine my attention to the open material."这说法也在 Holyoake v. Candy (2017) EWHC 52 (QB)先例中被跟从。

另在 West London Pipeline & Storage Ltd v. Total UK Ltd (2008) EWHC 1729 (Comm)先例中,Beatson 大法官判法院根据 CPR Rule 31.19(6)行使权力查阅文件应当是最后的手段。在 Property Alliance Group Ltd v. Royal Bank of Scotland Plc (2015) EWHC 1557 (Ch)先例中,也同意了这样的说法(但是此先例中被认为是实际与恰当的做法,因此很特殊的,法院愿意自己检查有关文件)。

1.2.9.2.2 法院一般不愿意亲自查阅的理由

在一方当事人主张(assert)法律业务特免权拒绝披露时,法院一般不愿意亲自查阅是有不少理由的。一般而言,会是律师为了客户在文件清单中提出主张法律业务特免权拒绝对方查阅文件,而律师是法院的官员(officer of the court),法院也会给予信任与尊重。在律师提出文件应受法律业务特免权保护,尤其是向法院以誓章方式保证这是经过深思熟虑后的结论时,一般会被法院视为结论。这是法院与律师的相互尊重,如果律师已经宣誓说文件是受特免权保护的,法院还要查阅文件,这就是对双方互相尊重的巨大打击。

另外,在中间程序中没有全部事实背景的前提下查阅与质疑文件内容是否受特免权保护也是危险的事,很容易片面或断章取义的:见 West London Pipeline & Storage Ltd v. Total UK Ltd (2008) EWHC 1729 (Comm)先例。

C v. C (Privilege) (2006) EWHC 336 (Fam)先例也很好地解释了这背后另一个重要的原因之一,也就是法院动辄自己查阅文件会减低大家对法律业务特免权绝对性保护机密的信心。Munby 大法官说:"I think that the power the court undoubtedly has to examine the documents should be exercised very sparingly. I am prepared to assume that people may feel it less worrying if their solicitor's file is being examined by a judge rather than by a policeman, but if the papers are indeed privileged then the privilege will have been invaded just the same. **Privilege is, in principle, absolute. Too ready a judicial willingness to exercise the power to inspect might well have a seriously chilling effect on people's confidence that what they say to their lawyers will not be disclosed** and a seriously chilling effect, therefore, on their willingness to speak frankly and without reserve to their lawyers. In short, **too ready a judicial willingness to exercise the power to inspect would put at risk the vitally important public policy on which the very principle of the privilege is founded.** Moreover, too ready a judicial willingness to exercise the power to inspect would tend to water down the salutary protections against the too ready ousting of privilege which are afforded by the stringent requirements set out in Bullivant v. A - G for Victoria [1901] AC 196, O'Rourke v Darbishire [1920] AC 581 and Derby & Co Ltd and others v Weldon and others (No 7) [1990] 1 WLR 1156. **Those who cannot meet that demanding test should not be allowed to go on a fishing expedition - and it makes no difference for this purpose that it is the judge rather than the litigant who is casting the net and inspecting the catch.**"(加黑部分是笔者的强调)

也可见《Documentary Evidence》(2018 年,第 13 版)一书之 15 – 12 段的说法,其中另外提到了两个理由:一是法院查阅个别有争议的文件会有断章取义的危险;二是由于法院查阅文件无法让申请披露方了解文件内容(因为尚未决定是否排除法律业务特免权的适用),因此如果只听取了主张特免权并拒绝披露的一方对提交文件的陈述与解释(申请披露的一方也根本不知道文件内容而无法争辩),这是不公平的做法。可以节录该段如下:"Whilst the court has power to inspect documents and may do so in order to determine a disputed claim for privilege, this is now regarded as a solution of last resort. First, there is a real danger in the court looking at documents out of context. Secondly, if it is suggested that the side whose documents are in question may make submissions but the other side may not see the documents, which will usually be the case in relation to inspection by the court, there is a danger of inequality of arms and this will rarely be a satisfactory solution..."

简言之,法院只会在对主张特免权的当事人与/或其律师有怀疑、不信任律师的决定时,才考虑采用这种最后的救济手段。在《The Law of Privilege》(2018 年,第 3 版)一书之 4.132 段说:"Thus, in West London Pipeline & Storage Ltd and another v. Total UK and others... Beatson J held that inspection by the court of documents under CPR 31.19(6) should be **a solution of last resort**, in part because of the danger of looking at documents out of context at the interlocturoy stages. **Inspection should not be undertaken unless there is credible evidence that those claiming privilege have either misunderstood theiry duty, or are not to be trusted with the decision making, or there is no reasonably practical alternative.**"(加黑部分是笔者的强调)

法院会产生怀疑或不信任,是因为文件清单中对主张特免权保护的文件的描述(description)不令人满意,又或者在法院要求披露方以更好的誓章说明特免权保护[28]时,在誓章中有说错的地方,甚至是在进一步反盘问作出誓章的人士时,显示当事人与/或其律师不太懂或没有完全坦白。在《Documentary Evidence》(2018 年,第 13 版)一书之 7 – 64 段提到了在这样的情况法院会考虑自己查阅文件:"... it is illogical for the court to be asked to intervene other than in a case where there is reason to believe on evidence that the lawyers have either misunderstood their duty or are not to be trusted with the decision-making

〔28〕 这种做法可见 Bank Austria AG v. Price Waterhouse (1997) CLY 464、National Westminster Bank plc v. Rabobank Nederland (2006) EWHC 2332 (Comm) 等先例。

(of client's right to privilege). These will be very exceptional cases."

法院如果要查阅文件也是由审理主争议法官以外的另一个法官查阅,可以避免在看了特免权文件的内容后受影响而不再适合审理主争议,可见 Property Alliance Group Ltd v. Royal Bank of Scotland Plc (2015) EWHC 3187 (Ch)先例等。

最后,在其他涉及文件是否享有特免权、能否作出遮盖(redaction)、是否被附带弃权(collateral waiver)等争议时,也是同样的做法。即使采取了法院自己查阅文件这最后的做法,也会另选法官而不是由审理主争议的法官查阅。

1.2.9.2.3　法院不满意律师的誓章时如何处理

在 West London Pipeline & Storage Ltd v. Total UK Ltd (2008) EWHC 1729 (Comm)先例中,也介绍了如果在特殊情况下,法院不满意当事人代表律师主张特免权而作出的誓章中的内容,或者认为证据不足,法院可以有以下一些选择:

"(a) It may conclude that the evidence does not establish a legal right to withhold inspection and order inspection: Neilson v. Laugharne;[29] Lask v. Gloucester Health Authority.[30]

(b) It may order **a further affidavit** to deal with matters which the earlier affidavit does not cover or on which it is unsatisfactory: Birmingham and Midland Motor Omnibus Co Ltd v. London and North Western Railway Co;[31] National Westminster Bank plc v. Rabobank Nederland.[32]

(c) It may **inspect the documents**: see CPR 31.19(6) and the discussion in National Westminster Bank plc v. Rabobank Nederland and Atos Consulting Ltd v. Avis plc (No. 2).[33] Inspection should be **a solution of last resort**, in part because of the danger of looking at documents out of context at the interlocutory stage. It should not be undertaken unless there is credible evidence that those claiming privilege have either misunderstood their duty, or are not to be trusted with the decision making, or there is no reasonably practical alternative.

(d) At an interlocutory stage a court may, in certain circumstances, **order cross examination of a person who has sworn an affidavit**, for example, an affidavit sworn as a result of the order of the court that a defendant to a freezing injunction should disclose his assets:[34] House of Spring Gardens Ltd v. Waite;[35] Yukong Lines v. Rensburg;[36] Motorola Credit

---

[29] Neilson v. Laugharne (1981) 1 QB 736 先例。

[30] Lask v. Gloucester Health Authority (1985) 12 WLUK 68 先例。

[31] Birmingham and Midland Motor Omnibus Co Ltd v. London and North Western Railway Co (1913) 3 KB 850 先例。

[32] National Westminster Bank Plc v. Rabobank Nederland (2006) EWHC 2332 (Comm)先例。

[33] Atos Consulting Ltd v. Avis Plc (No 2) (2007) EWHC 323 (TCC)先例。

[34] 有关资产披露令的课题,在第三章第2段有详论。

[35] House of Spring Gardens Ltd v. Waite (1985) FSR 173 先例。

[36] Yukong Line Ltd of Korea v. Rendsburg Investments Corporation of Liberia (1996) EWCA Civ 759 先例。

Corp v. Uzan.〔37〕 However, the weight of authority is that cross-examination may not be ordered in the case of an affidavit of documents: Frankenstein's case;〔38〕 Birmingham and Midland Motor Omnibus Co Ltd v. London and North Western Railway Co and Fayed v. Lonrho.〔39〕 In cases where the issue is whether the documents exist (as it was in Frankenstein's case and Fayed v. Lonrho) the existence of the documents is **likely to be an issue at the trial and there is a particular risk of a court at an interlocutory stage impinging on that issue.**"

1.3 立法明示或必要默示超越法律业务特免权

法律业务特免权虽然是普通法下的绝对性权利，但是如果有立法条文明示(express)或必要的默示(necessary implication)时，是可以被超越的。有关内容也已经在本书第九章之2.3.2段进行介绍，包括R (on the application of Morgan Grenfell & Co Ltd) v. Special Commissioners of Income Tax (2003) 1 AC 563贵族院先例等，不在此处重复。

也因此可以说立法条文的明示或必要的默示就是对法律业务特免权的一种例外(exception)情况。在《The Law of Privilege》(2018年，第3版)一书之4.90段对目前英国法下哪些立法有明示或必要默示超越特免权进行了很好的总结，可以在本段挑选其中少数有趣或与中国公司有关的内容介绍。

1.《Regulation of Investigatory Powers Act 2000》，这也就是本书第九章之2.3.3.3段介绍的McE v. Prison Service of Northern Ireland (2009) 1 AC 908贵族院先例，在此立法下，警方可以对律师与客户之间的谈话进行秘密监听。

2.《Insolvency Act 1986》之Section 29(1)(b)以及Section 311 (1)，破产人(公司法人、自然人)无法主张特免权并拒绝把文件交给破产财产管理人(receiver)，破产受托人(trustee)可以接管与控制破产人的财产或有关事务而不受到特免权限制。值得注意的是，这两处条文都是明示与/或必要的默示超越特免权，在条文中采用的措辞/文字是："including any which would be privileged from disclosure in any proceedings"。但这只是立法明示针对破产人与破产管理人或受托人之间的有关文件的披露。

进一步的问题是《Insolvency Act 1986》下破产管理人/受托人实际上有广泛处置破产人财产的权利：见Section 283与Section 306，〔40〕也因此就有法律业务特免权是否属于

---

〔37〕 Motorola Credit Corp v. Uzan (No 2) (2004) 1 WLR 113先例。

〔38〕 Frankenstein v. Gavin's House-to-House Cycle Cleaning and Insurance Co (1897) 2 QB 62先例。

〔39〕 Lonrho Plc v. Al-Fayed (No. 3) (1993) 6 WLUK 97先例。

〔40〕 Section 306(1)中立法规定在破产受托人委托生效后，破产人的财产即时被转移给由破产受托人处置："The bankrupt's estate shall vest in the trustee immediately on his appointment taking effect or, in the case of the official receiver, on his becoming trustee."

《Insolvency Act 1986》之 Section 436 (1)[41]与 Section 283(4)[42]所说的"财产",从而管理人/受托人也可以任意处置,甚至是向破产人、管理人/受托人以外的第三方(如规管机构)弃权,把本受特免权保护的文件交出给第三方的问题:见 Avonwick Holdings v. Shlosberg (2016) EWCA Civ 1138 上诉庭先例。此先例的案情可见笔者《合约的履行、弃权与禁反言》一书第十章之 12.3.4 段,不在此处重复。但可以简言之是自然人(Shlosberg 先生)控制的公司被债权人(avonwick holdings)申请破产接管,自然人也宣告破产、法院委任了破产受托人。而破产公司作为债务人、自然人作为担保人欠下一笔对债权人的债务未偿还(债权人也已经获得法院判决,债务成为判决债务)。债权人就起诉了破产公司、破产的自然人以及其他可能涉及串谋(conspiracy,怀疑他们串谋故意转移财产逃避债务)的由自然人控制的公司。在此先例中的问题,就是被委托作为自然人破产的受托人,是否可以将文件处置、交出给债权人,这样债权人可以在以串谋作为诉因提起的诉讼中依赖与使用这些文件。上诉庭对《Insolvency Act 1986》之 Section 436(1)与 Section 283(4)作出解释后说这些条文中的财产并不会将法律业务特免权也包括在内,立法并没有明示或必要的默示超越法律业务特免权。[43] 可以节录 Terence Etherton 勋爵所说如下:"I consider it is clear that, on the proper interpretation of the relevant provisions of IA 1986, privilege is not property of a bankrupt which automatically vests in the trustee in bankruptcy. … **the bankrupt can only be deprived of privilege if IA 1986 expressly so provides or it is a necessary implication of the express language of its provisions. The only provisions relied upon by the Trustees in the present case on this aspect are the definition of 'property'** in section 436 (1) and the treatment of a 'power over or in respect of property' in section 382(4), in conjunction with the general provisions in sections 283 and 306 for the automatic vesting in the trustee of the bankrupt's property comprised in his estate. **All those provisions are in general terms. They do not expressly treat privilege as property of the bankrupt which automatically transfers from the bankrupt to the trustee. Nor is that a necessary implication of the provisions.**"

---

〔41〕 Section 436(1)中针对财产作出定义:"'property' includes money, goods, things in action, land and every description of property wherever situated and also obligations and every description of interest, whether present or future or vested or contingent, arising out of, or incidental to, property;"在 Bristol Airport plc v. Powdrill (1990) 1 Ch 744 先例中,法官一致认可说立法中这对于"财产"的定义包括最广泛的内容("… it is hard to think of a wider definition of property")。对这定义在后来的先例中只给出了一种例外,也就是独属个人的财产(peculiarly personal)不受破产受托人处置。

〔42〕 Section 283(4)赋予受托人广泛的处置"财产"的权利:"References in any of this Group of Parts to property, in relation to a bankrupt, include references to any power exercisable by him over or in respect of property except in so far as the power is exercisable over or in respect of property not for the time being comprised in the bankrupt's estate…"

〔43〕 这与普通法国家的立法与判决也是一致,如加拿大的 Bre-X Minerals, Re; Deloitte & Touche Inc v. Bennett Jones Verchere (2001) 206 DLR (4th) 280 等先例。又如澳大利亚的 R v. Dunwoody (2004) 212 ALR 103 先例。现实中破产管理人/受托人或破产清算人与有关当局、规管机构(regulatory body)或债权人(creditors)合作并对手中享有特免权的文件弃权,破产公司也不大理会他们是否有权这样做。

同时在此先例中,上诉庭也谈到了尽管根据 Section 311(1)自然人无法抗拒把受特免权保护的文件(如有关破产人可以向特定第三方索赔损失责任与金额的律师意见等)交出给破产受托人,以便破产受托人履行作为受托人的职责。但是只要自然人不弃权,破产受托人不能将法律业务特免权作为受托的财产,代表自然人向第三方弃权。在 West Law 上对此先例判决的梗概(abstract)中有如下阐述:"Under s. 311(1), a trustee could use privileged documentation and the information contained in it for the statutory purpose of realising the bankrupt's estate. However, it had to be used in a way that would not amount to waiver of privilege. The express terms of s. 311(1) described the trustee's duty to take possession of the documents mentioned. It said nothing about their use by the trustee. It was necessarily implicit in s. 311(1) that the trustee was to take possession of the documents for the overriding function of getting in, realising and distributing the estate. It followed that the trustee must, at least, be entitled to look at the documents to obtain information relevant to those matters. It was not, however, necessarily implicit that the trustee could waive the bankrupt's legal professional privilege in taking steps against third parties for the benefit of the bankrupt's estate. The fact that it would have been sensible or reasonable for Parliament to have included such a power did not mean that it was necessarily implicit having regard to the express language of the statute."

在 Three Rivers DC v. Bank of England (No. 5) (2003) QB 1556 先例中,对客户的狭窄解释与这近期先例的判法会带来的问题,就是公司破产后,管理人或清算人想要把文件交给规管机构,但这些文件内容对公司的董事、高管会有严重不利(甚至是刑事责任)后果,董事、高管是否可以在此时阻止管理人或清算人的弃权行为?在笔者看来这是很困难的,在委任管理人或清算人之后,公司或企业的决定应由管理人或清算人作出,原董事、高管无法再参与决定了。在这种情况下,董事、高管可以依赖的只能是自己对文件享有联合特免权(joint privilege),此时才可以用自己的名义阻止管理人或清算人的弃权行为。最可靠的就是在委托律师时属于联合委托(joint retain),如果只是依赖联合利益(joint interest)可能会不够:见 Ford v. FSA (2011) EWHC 2583 (Admin)先例。而如果只是想要依赖共同利益(common interest),很难达到阻止的目标。有关联合特免权、联合委托、联合利益与共同利益的问题可见本章之 4 段。

3.《Criminal Justice Act 1988》之 Section 93A 与 Section 93B 以及《Drug Trafficking Act 1994》之 Section 50 与 Section 51,如果有理由怀疑或者相信特定资金或资产是来自犯罪(与/或贩毒)或者将被使用于犯罪(与/或贩毒)目的,或者是资金或资产属于犯罪(与/或贩毒)所获非法收益,可以将信息透露给警方而不受法律业务特免权限制。这会鼓励律师在客户的资金或资产是来自贩毒或犯罪时向警方举报有关情况。

4.《Limitation Act 1980》之 Section 33,人身伤亡案件的索赔时效会需要考虑受害人知道或应当知道自己有诉因(cause of action)的时间点(从这个时间点起就会开始计算索赔时效),而这个时间的考量需要参考受害人受到的医疗专家建议与/或法律专家建议,因此在过去就有先例判使被告可以查阅原告本受特免权保护的法律专家建议:见 Jones v. G D Searle & Co Ltd (1979) 1 WLR 101 上诉庭先例。但在今天看来更好的解释是立法并没有必要的默示让当事人必须被强制披露受特免权保护的法律专家意见，而只是如果当事人自己需要依赖《Limitation Act 1980》之 Section 33 证明自己的索赔时效并未届满时主动弃权将本受特免权保护的文件呈上给法院与交给对方当事人：见 Tatlock v. G P Worsley & Co Ltd（unreported，CA，22 June 1989）上诉庭先例。

5.《Criminal Justice and Police Act 2001》之 Section 50 与 Schedule 1，警方有广泛权力可以扣押（seizure）各类财产。

6.《Matrimonial Causes Act 1973》之 Section 37 下，在夫妻之间对财产产生争议时，夫妻一方意图以转移资产方式减少夫妻共同财产的行为，会被类似于罪行原则（iniquity principle）一样不得依赖法律业务特免权拒绝披露有关文件：见 C v. C（Privilege）（2006）EWHC 336（Fam）先例。

7.《Children Act 1989》之 Part Ⅳ，在此立法下提起的有关儿童照顾程序（care proceedings）并非诉讼特免权针对的诉讼，这可见本书第十章之 3.1 段介绍的 L（A Minor）（Police Investigation：Privilege），Re（1997）AC 16 贵族院先例，属于必要的默示。

还有一些其他类型的立法，例如中国香港特区防止贿赂条例（《Prevention of Bribery Ordinance》），赋予香港特区廉政公署（ICAC）广泛而强大的调查取证权力。曾经就有先例判 Section 14（1）（d）［ICAC 有权要求并非嫌疑人的第三方向 ICAC 调查专员提供口头或书面（包括誓章/誓词）形式提供知悉的有关信息］超越了第三方的自证其罪特免权（self-incrimination privilege）：见 A v. The Commissioner of the Independant Commission Against Corruption（2012）HKCFA 79 香港特区上诉庭先例。看来能提供有关信息的第三方通常是涉嫌贿赂的人士，面对 ICAC 调查专员的盘问本可以依赖自证其罪特免权行使沉默权（right to silence），因此判此立法也会超越自证其罪特免权。但需要注意的是，此条例并没有立法超越法律业务特免权（legal professional privlege），Section 15 是专门针对法律业务特免权保护的内容，Section 15（1）明示规定只有在本条中明示的才可以超越法律业务特免权（Save as is provided in this section，nothing in this Ordinance shall require the disclosure by a legal adviser of any privileged information，communication，book，document or other article.），包括 Section 14（1）（d）在内，只有不涉及法律业务特免权保护的内容时，才可以要求律师向调查专员提供特定的信息。可节录 Section 15（4）："（4）Nothing in subsection（2）or（3）shall require a legal adviser to comply with any such requirement as is specified therein to the extent to which such compliance would disclose any privileged information or communication which came to his knowledge for the purpose of any proceedings，begun or in contemplation，before a court or to enable him to give legal advice to his client."

2. 文件正本和副本的问题

过去由于技术的限制制造副本（copy）是不容易的事，早期的副本都是对正本/原件（original）的手抄本，或者将正本的内容在另一份文件中节录。对正本在不同语言之间的翻译，也会算成是副本：见 Sumitomo v. CLR（2001）EWCA Civ 1152 先例。但是近年来随着技术的快速发展,办公设备有各种飞跃式的革新,即使制作大量的副本也是非常容易与廉价的。也因此四五十年前将正本/原件与副本视为不同文件的做法在今天遇到了新问题,尤其副本的制作如果与原件的制作在时间上、目的上都有不同,并且副本的制作能够满足法律业务特免权的要求,副本是否一律会受到法律业务特免权的保护受到质疑。

2.1 正本受到法律业务特免权保护时副本也受到保护

简言之,如果文件的正本/原件能够受到法律业务特免权保护,副本也受到法律业务特免权的保护是很合理,也从来没有被质疑过。毕竟法律业务特免权保护的是内容,副本的内容与正本的内容一样,因此也要保护机密。

法律意见特免权主要适用在客户与法律意见提供者(一般是律师)之间有关提供法律意见的通讯及其内容:"documents... passing between the client and his legal advisers and evidence of the contents of such communications."即使内部通讯(如向董事局报告)或是与第三方的保有机密性的通讯中有节录、重述了前述的法律意见也可以享有法律意见特免权,[44]因为这些文件是可以显示通讯内容的证据(evidence of the content),这种特免权能够保护的文件毕竟还是有限的。

而如果是在其他文件(如会议记录)中部分节录或重述了受特免权保护的内容,这份文件就是部分受特免权保护的文件(partly privileged documents),有关文件部分受特免权保护的疑难问题已经在本书第九章之2.5段讨论,如果文件部分受特免权保护部分不受特免权保护,可以把受特免权保护的部分遮盖(redact)后再进行披露:见 GE Capital Corporate Finance v. Bankers Trust Company (1995) 1 WLR 172;The "Sagheera" (1997) 1 Lloyd's Rep 160;R v. Secretary of State for Transport Ex p Factortame (1997) 9 Admin LR 591 等先例。而如果是这份文件中哪些部分是否受特免权保护界限并不清楚,此时由于一旦披露部分特免权的内容可能导致产生附带弃权(collateral waiver)或引入挑选樱桃规则(cherry-picking rule)[45]争议,最好是全部不予以披露,不要披露一部分而遮盖其他部分。在《The Law of Privilege》(2018年,第3版)一书之4.06段说:"In other case the legal advice and non-privielged information may be so inter-twined that redacting privileged parts becomes impracticable and unfeasible, in which case the balance will necessarily have to be struck in favour of maintaining the privilege. This is clearly an area where the legal adviser will need to exercise careful judgement in advising his client what he should or should not disclose."

针对诉讼特免权,它保护的文件范围相对法律意见特免权来说要广泛,只要文件的主要目的是诉讼或可能的诉讼。因此无论一份文件是否正本,也无论是由谁(公司自己、委托的外部律师以及专家证人等任何第三方)制作,只要满足前述要求就可以受到诉讼特免权的保护。

2.2 正本不受法律业务特免权保护时副本能否受保护的质疑

如果文件正本并不受到法律业务特免权保护,例如正本本身是没有机密性的公开资料;

---

[44] 有关节录、重述内容也可受保护,可见本书第九章之3.4.4段。有关与第三方机密通讯的问题,可见本书第十二章之2.2段的选定对象弃权(selected waiver)与本章之4.3段的共同利益(common interest)。

[45] 该课题在本书第十二章之4段有详论。

或正本的产生与制作不涉及律师或不针对法律意见因此不受到法律意见特免权保护;又或正本的产生与制作根本不是为了针对诉讼或可能的诉讼,或者不存在这样的主要目的等,而对这些正本制作另一份副本,副本是否可以作为一份新文件,在满足法律业务特免权保护的要求(如副本是由外部律师制作并为了提供法律意见或为了诉讼与可能的诉讼做准备)时受到法律业务特免权保护呢?早期的先例就对此提出过质疑:见 Chadwick v. Bowman (1886) 16 QBD 561 先例。但在当时副本制作不易,也没有过多副本,加上当时也没这么多国际案件,大部分情况都可以通过其他渠道(如向管辖权内的第三方要求披露,包括通过法院传召出庭提供文件证据等)获取不受保护的正本,因此案件并不太受到关注。

直到 Watson v. Cammell Laird & Co (Shipbuilders and Engineers) (1959) 2 Lloyd's Rep 175 上诉庭先例,这个问题被重新提出。法院在此先例中就说,正本不受保护并不一定就代表副本也不受保护(显然当时副本仍然不容易制作)。此先例中工人在工作中受伤,因此作为原告向雇主(船厂)索赔。雇主要求医院披露一份有关原告受伤情况的医疗报告,但被医院拒绝。由于原告律师持有一份副本,于是雇主的律师转而向原告律师要求披露。这显然是简单的做法,因为雇主律师本来也可以向法院申请传召医院出庭提供医疗报告。问题是文件正本不会受到法律业务特免权保护,因为只是医院出具的医疗报告。但是原告律师手中的副本文件是为了准备可能的诉讼于调查取证后所制作的,因此上诉庭认为正本是否会受到特免权保护与是否可以主张特免权拒绝披露副本无关,即原告与其律师可以拒绝披露。Evershed 勋爵说:"Since (says he) the actual case notes would be liable to be produced at the trial, on service on the appropriate hospital officer of a subpoena duces tecum(传召出庭提供文件证据), and **since therefore the original would never be privileged, in any proper sense, so a mere verbatim copy can be in no better position. I am unable to accept that view.** The question of privilege does not really have any significance in regard to the original: that is a document which is not, and never has been, in the possession or power of the plaintiff. It is a document which is in the possession of a third party; and undoubtedly by the appropriate means it can be produced at the trial."(加黑部分是笔者的强调)

现实中这种正本文件也是最大量的。一家公司每时每刻产生与制作正本文件,例如与公司有业务关系的外部公司之间的通讯,订立各种不同类别的合约(买卖、租赁、代理、服务等),对合约履行的记录等,又如公司内部的文件(如董事会会议记录、公司高管的通告、市场调查科研记录、同事之间的合作通讯)等。这些都是与律师(无论内部还是外部)提供法律意见无关,也与诉讼无关,所以与法律业务特免权毫无关系。

但对于这些正本文件的副本却有保护其机密性的必要。例如,律师向客户出具的法律意见,或是针对诉讼或可能的诉讼给客户出具各类报告,附上了这些通过调查取证制作或取得的副本作为附件(exhibits),如果只有法律意见本身或是律师报告内容本身才受到保护,这些作为附件的副本不能受到法律业务特免权的保护,一旦披露给对方,可能会带来诸多不妥之处,例如:(1)有敌意的对方从披露的附件中也能推测出一些法律意见以及各类报告原本的内容:见 Lyell v. Kennedy (No.3) (1884) 27 Ch D 1 先例。这样仅是法律意见以及律师报告的内容受到保护就令保护机密变成一纸空谈。(2)这些附件内容或文件正本不少是第三方制作的文件，甚至有时候属于商业机密文件。即使己方当事人或己方律师也可能是花费了大量精力与时间调查取证，或是通过海内外的特殊合作关系才有可能从有业务关系的公司手中取得。而对诉讼中怀有敌意的对方来说，可能根本不知道这些文件的存在，或是难以调查或收集到的。如果第三方是英国境内公司，对方还可以较为方便地通过向法院申请传召出庭提供文件证据的方式向与己方有业务关系的公司取证。但如果第三方是没有关联（只是与当事人有业务关系）的海外公司，第三方一旦拒绝协助提供文件，有敌意的对方想要取得文件就会变得非常困难。但如果副本不受保护可以要求披露，己方委托律师辛苦调查取证的成果就会被对方轻易获取了。这岂非是鼓励双方代表律师只要在诉讼中的披露程序要求对方披露所有在调查取证中获取的有关不受法律业务特免权保护的正本所制作的副本，并希望对方代表律师会比自己更勤奋地调查取证并取得成果。

以上这些就是支持由律师为了给法律意见或准备诉讼制作副本时，无论正本是否受法律业务特免权保护，副本都应一律受到法律业务特免权保护的理由。这也是英国法过去的一贯规则，在本章下一段也会具体介绍 Palermo 规则等内容。

但这也会带来其他问题，例如正本文件不受法律业务特免权保护，毫无疑问正本是需要披露的。加上这份文件可能对诉讼十分重要，在调查取证过程中律师也制作了副本让文件受法律业务特免权保护。但是不久后发生火灾，第三人手中的正本被毁掉。此时如果副本不能披露（除非是弃权），那么这份十分重要、可能严重影响判决正确性的文件证据可能永远无法披露。这显然是无法令人满意的，将这份副本视为正本的替代（replacement）而不是一份新文件是否更恰当？

还会有更令人不满的情况，就是公司滥用（abuse）这个法律地位。也就是公司把所有敏感、不能披露的正本文件，在委托律师后由律师制作副本，让律师给出可有可无的法律意见后，同时销毁所有的正本，只保留副本。这样通过法律对副本的保护（法律业务特免权绝对性权利的保护），也就可以永久保存敏感的文件。

2.3　Palermo 规则

副本是否可以一律享有特免权保护的问题，早在 The “Palermo” (1883) 9 PD 6 上诉庭先例中就得到确定。此先例中“Palermo”轮与“Rivoli”轮发生碰撞事故后，“Rivoli”轮的船长与船员向英国当局作出口供，[46] 这份口供也被提供给“Rivoli”轮船东的代表律师。之后“Palermo”轮船东希望获取这份口供，但被英国当局以口供的提供人并非“Palermo”轮的船员为由拒绝。因此“Palermo”轮船东在向“Rivoli”轮船东索赔碰撞损失的诉讼中，申请查阅与复制“Rivoli”轮船东所拥有的这批船长与船员口供文件的副本。但“Rivoli”轮船东主张特免权拒绝披露。上诉庭的 Butt 大法官同意“Rivoli”轮船东的看法：“Here discovery is sought of copies of certain depositions, and **these were obtained for the purposes of this ac-**

---

〔46〕　这是很多国家的做法，也就是在管辖权内（如水域内的船舶或针对本国国籍的船舶），如果发生海难事故，政府当局会立即调查取证。其中最重要的是向涉事船舶上的船员录取口供。这种当场（contemporaneous）证据会在将来的行动（包括正式责任调查、作出行政处分、提出指控、后续的民事诉讼）中是至关重要的证据。

tion, and as the phrase is, to form part of the brief'（这句加黑部分是节录了 Anderson v. Bank of British Columbia [1876] 2 ChD 644 先例的判决）. Therefore I think that they are privileged and I shall not enquire for what purpose the original depositions were taken, since it is the copies of which discovery is sought and which were obtained for the purposes I have stated."

由于这份口供副本是"Rivoli"轮船东的律师为了诉讼（或可能的诉讼）目的所制作，因此这份口供是可以获得特免权保护的。而此先例短短的判决中并没有清楚记载这份口供的正本是在什么情况下如何作出以及作出的目的等，但有简单提到口供会有的目的是有关英国当局的数据统计（statistical purposes）。换言之，看来根据 The "Palermo"先例的判法，虽然制作这份口供正本的主要目的不是诉讼，不受到法律业务特免权的保护，但是口供的副本仍然可以受到特免权保护。

在当时的环境与情况下，这样的判法也是可以理解的，也并不因此带来不公正。毕竟不应让"Palermo"轮船东的律师轻易获取"Rivoli"轮船东搜集与整理的证据。而另一方面对"Palermo"轮船东而言，即使是确实有获得文件内容的迫切需要，也可以向法院申请传召正本持有人（英国当局）出庭提供文件证据。

但此先例并没有深入考虑这个问题，例如英国当局如果将正本也同时交给了"Rivoli"轮船东的律师，对这份正本，是否可以享有特免权？答案应该是否定的。一方面，是特免权保护的对象不是已经存在的文件（pre-existing documents），这可见本章之 1.1 段的介绍。另一方面，如果第三方（如此先例中的英国当局并非诉讼方，充其量是潜在的证人）持有的正本不受到特免权保护，但是交给诉讼方（此先例中的"Rivoli"轮船东）后会受到保护，其他人再也无法知悉该文件内容，事实的真相（如口供显示了"Rivoli"轮对船舶碰撞有全部责任，船长自己在盘问下承认疏忽与失职）看来就会被永远隐藏，毕竟无法再通过申请传召出庭提供文件证据等方式要求英国当局提供这份已经被实际交给了"Rivoli"轮船东的正本。又如"Palermo"轮船东接触英国当局只是比"Rivoli"轮船东慢了半步，但正本已经被交给"Rivoli"轮船东，导致英国当局爱莫能助。这样英国法院与"Palermo"轮船东就永远失去了解与曝光事实真相的机会，这看来会造成严重的不合理与不公平。

2.4 拥有或曾经拥有正本不适用 Palermo 规则

The "Palermo" (1883) 9 PD 6 上诉庭先例建立的规则也带来了不少后续问题，也就是在该先例中文件正本看来是在英国当局手中，也因此在诉讼程序中并未要求查阅正本。但是如果情况发生改变，这份正本也恰恰在不想披露的诉讼方手中，副本是否还能同样受到特免权保护？由于正本是不受到特免权保护的，如果对方要求披露与交出正本，看来就无法以特免权为由拒绝，这样文件的内容（contents）与信息（information）将全部被对方获取，即使是可以以特免权为由拒绝披露副本，看来也没有任何意义。因此，也有说法是同时持有正本和副本的情况应当属于 Palermo 规则的例外。

这种情况的例子，是己方委托的律师在调查取证中，部分是从自己客户的内部文件中挑选出来并制作了副本附加在法律意见。这样己方的客户也就会同时拥有这内部文件的正本与（律师制作的）副本，在这种情况下，副本也不会受到特免权保护，即使受到保护也没什么意义。因此，Palermo 规则在现实中只适用在律师进行调查取证从第三方/外部不受特免权保护的文件中为了给出法律意见与/或准备诉讼挑选制作了副本的情况。这也不会造成对对方诉讼方的不公平，只要对方知道第三方手中拥有有关的文件，就可以向法院申请传召第三方或申请第三方披露令（Norwich Pharmacal Order）。如果对方及其律师没能想到第三方拥有有关文件，那在对抗制诉讼（adversarial litigation）中这就不是法律所能保护的情况了。

而另一种已经提到的情况则会更复杂与有考虑的必要，也就是己方当事人如果曾经拥有，但后来不再拥有正本。例如，既然是敏感与不能披露的正本不受特免权保护，是不是可以复印一份副本用以律师出具法律意见，或是用以诉讼或可能的诉讼，然后将正本交给境外第三方，或干脆将正本销毁，这样副本受特免权保护可以免予披露，而正本则根本不再存在也不用披露？

曾经拥有的正本是需要在文件清单（list of documents）[47]中注明以便让对方知悉文件去向。而律师在制作文件清单时也肯定会坦白记录有关情况，毕竟律师是法院的官员，对法院承担比保护客户利益更高的法律责任，而且会有需要对文件清单作出誓章。

也有先例是有关这种情况：见 Chadwick v. Bowman（1886）16 QBD 561 先例。此先例中，多名被告以及第三方之间有一些与争议有关联与重要的书信往来，但被告们自己并没有保留正本，反而是在诉讼开始后，被告代表律师从第三方获取与制作了副本。法院判此时的副本是正本的替代（replacement），不能受法律业务特免权的保护。在后来的 Watson v. Cammell Laird & Co（Shipbuilders and Engineers）（1959）2 Lloyd's Rep 175 先例中，Evershed 勋爵对 Chadwick v. Bowman 先例评论说："... there（Chadwick v. Bowman 先例）the essential fact was that certain letters which the defendant had received, and copies of letters which he had written, had been at some stage destroyed by the defendant, and in order to replace them the defendant obtained from the third party, from and to whom they had been written, copies, which therefore would be available as secondary evidence of the original documents which he himself had lost or destroyed. The court said, accordingly, that these copies, **the mere replacements of something which he would have had to produce himself, must be produced...**"（加黑部分是笔者的强调）

早期的 Chadwick v. Bowman 先例与 Watson v. Cammell Laird & Co（Shipbuilders and Engineers）先例的判法在 Dubai Bank v. Galadari（1990）Ch 98 上诉庭先例以及 Ventouris v. Mountain（1991）1 Lloyd's Rep 441（The "Italia Express"）先例中被认可。这个问题将在下一段进行详细讨论。

较近期的 Sumitomo v. CLR（2001）EWCA Civ 1152 先例虽然针对的并非是文件的副本，而是对正本的翻译件（translation），但翻译件在性质上与副本类似，即没有对正本的内容进行任何的增减。上诉庭又重新提到这方面的原则，判只有同时满足副本是为了诉讼目的而制造，以及想要依赖特免权保护的诉讼方从来没有掌控、拥有过正本的情况下，副本才会受到法律业务特免权保护。可以节录法院判词如下："A copy of an original doc-

---

〔47〕 有关 CPR 下文件清单的问题，可见本书第七章之 9.3 段。

ument which is not itself privileged is privileged only if (a) the copy came into existence for the purpose of litigation, and (b) the original document is not and has not at any time been in the control of the party claiming privilege."

2.5 对 Palermo 规则的批评

在 Palermo 规则之下,看来是否能够受法律业务特免权保护的分水岭完全是简单地看这份文件是正本还是副本,二者被视为两份不同文件。

在 The "Palermo" (1883) 9 PD 6 先例或是 Chadwick v. Bowman (1886) 16 QBD 561 先例的年代,一份副本的制作并不简单。但是近年来,轻易地将文件制作为电子文件与制作副本。此时再继续依赖正本还是副本的差别,来区分在特定情况下是否可以受到法律业务特免权保护,不免在一定程度上受到质疑。

在 Buttes Gas and Oil Co v. Hammer (No. 3) (1981) QB 223 上诉庭先例中,Denning 勋爵就提到在 Waugh v. British Railways Board (1980) AC 521 贵族院权威先例后可以开始重新考虑之前的 The "Palermo"先例、Chadwick v. Bowman 先例与 Watson v. Cammell Laird & Co (Shipbuilders and Engineers) (1959) 2 Lloyd's Rep 175 先例建立起来的规则是否在时代改变后还应当适用的问题了,Palermo 规则应该要考虑被予以否定或大幅度修改了。可以节录部分 Denning 勋爵所说如下:"In applying this principle, a word is necessary about copies. If the original document is privileged (as having come originally into existence with the dominant purpose aforesaid), so also is any copy made by the solicitor. But, if the original is not privileged, a copy of it also is not privileged-even though it was made by a solicitor for the purpose of the litigation: see Chadwick v. Bowman (1886) 16 Q. B. D. 561. **There are some cases which appear to give a privilege to copies on their own account, even when the originals are not privileged. They range from The Palermo** (1883) 9 **P. D.** 6 **down to Watson v. Cammell Laird & Co.** (**Shipbuilders and Engineers**) **Ltd.** [1959] 1 **W. L. R.** 702. **But those cases are suspect.** They were adversely commented on in the Sixteenth Report of the Law Reform Committee on Privilege in Civil Proceedings (1967) (Cmnd. 3472). Since Waugh's case [1980] A. C. 521 it is open to us to reconsider them. **In my opinion, if the original is not privileged, neither is a copy made by the solicitor privileged. For this simple reason, that the original** (**not being privileged**) **can be brought into court under a subpoena duces tecum and put in evidence at the trial. By making the copy discoverable, we only give accelerated production to the document itself.** That was pointed out by Winn L. J.'s committee in the Report of the Committee on Personal Injuries Litigation in July 1968 (Cmnd. 3691), para. 304."(加黑部分是笔者的强调)

但是这个看法在 Dubai Bank v. Galadari (1990) Ch 98 上诉庭先例中被否定,一审的 Watkins 大法官与上诉庭的大法官们均持同样看法,他们认为 Waugh v. British Railway Board 先例针对的是法律业务特免权适用的"条件",而不是针对适用法律业务特免权的"文件类型"。例如,可见 Dillon 大法官所说:"... some views of Lord Denning M. R. in

Buttes Gas and Oil Co. v. Hammer (No. 3) (1981) Q. B. 223, which he regarded as not warranted by Waugh v. British Railways Board (1980) A. C. 521. Lord Denning M. R. had felt free to reconsider earlier decisions of this court because of Waugh v. British Railways Board. For my part I would respectfully agree with Watkins L. J. that Waugh does not really bear on the scope of the privilege. What Waugh actually decided was that the privilege only applied if obtaining the legal advice was the dominant purpose for the document coming into being and that was a separate issue not relevant to the earlier cases."

2.5.1 Ventouris v. Mountain (The "Italia Express") 先例

之后一个海事保险领域著名的 Ventouris v. Mountain (1991) 1 Lloyd's Rep 441 (The "Italia Express") 上诉庭先例再次考虑了这一问题。此先例的案情是 1988 年"Italia Express"轮在希腊附近由于爆炸导致全损,船东向承保战争险(war risks)的保险人要求理赔。但保险人拒绝理赔,因此开始此诉讼。保险人拒赔的理由是船东的表弟(匿名为 GDV)曾经向保险人"爆料",说是曾经参与船东的计划故意毁掉这艘"Italia Express"轮用来骗取保险金。但是后来被船东排除在计划之外,表弟因此不满,进而作为告密者(whistle-blower)向保险人爆料。船东对此坚决予以否认,并在保险人提交了抗辩书(statement of defence)[以船东的蓄意恶行与违反《Marine Insurance Act 1906》之 Section 55(2)的规定为由拒赔]后,要求披露有关爆料的文件。对于其中的一些文件(如 GDV 的笔记等),保险人同意私下机密性地将部分文件(如 GDV 曾经提供的笔记等)交给船东看。但是不愿意放弃特免权并拒绝在诉讼程序中披露与提供所有从 GDV 处收到的文件。而此先例中虽然要求披露的是正本,但在上诉庭审理过程中,Bingham 大法官等也考虑了 The "Palermo" 等先例的判法。

上诉庭的意见首先是肯定了特免权保护的不是已经存在的文件或证据,在此可以简单重复 Bingham 大法官所说:"non-privileged documents do not, without more, acquire privilege simply because they are copied by a solicitor for purposes of an action."因此一份不受到特免权保护的正本不会因被交给律师去制作副本而自动变为受特免权保护。接着,在对过往先例进行总结与梳理后,Bingham 大法官说需要由权威(最高院)重新考虑 Palermo规则的地位:"The fact that no privilege attached to the original was held to have very little to do with the question whether privilege attached to the copy... The court held itself bound by The Palermo... and certainly the decision was consistent with that authority... and seems to me ripe for authoritative reconsideration..."

确实在当时有不少先例仍然支持了 Palermo 规则或受到 The "Palermo" (1883) 9 PD 6 上诉庭先例的约束,没有按照 Buttes Gas and Oil Co v. Hammer (No. 3) 中 Denning 勋爵的分析与质疑作出重新考虑。

Bingham 大法官结论是律师为了准备诉讼从第三方/外部获取的不受特免权保护正本文件所制作的副本,也不应该一律受法律业务特免权保护。Bingham 大法官说:"I can see no reason in principle why a pre-existing document obtained by a solicitor for purposes of litigation should be privileged from production and inspection, save perhaps in the Lyell v.

Kennedy (No. 3) 27 Ch. D. 1 situation[48] which, in an age of indiscriminate photocopying, cannot often occur. I find nothing in anything of the cases which suggests, let alone justifies, such a result. Such a rule would in my view pose a threat to the administration of justice."

2.5.2　判法相同的 Lubrizol Corp v. Esso Petroleum Ltd 先例

Lubrizol Corp v. Esso Petroleum Ltd (1992) 1 WLR 957 先例与 Ventouris v. Mountain (The "Italia Express") 先例判法相同。在该先例中，法官就批评被律师过度滥用(abuse)的 Palermo 规则。此先例原告是某种石油添加剂的专利权利人(patent holder)，在加拿大针对该专利权利的主张与保护向被告(Esso，这是一家美国公司，也是目前世界最大的石油、天然气公司)在加拿大的关联公司提起诉讼。在加拿大的诉讼虽然是公开的，但成功申请到了加拿大法院作出保护命令(Protective Order)。[49] 具体的做法是对于一份受到保护的文件，会制作删减/遮盖版本开放给公众，以及未删减/遮盖版本用以保密只有特定人士才能查阅。根据该保护命令，原告不得向任何第三方披露未删减/遮盖版本(但被告在加拿大的关联公司没有包括在这个限制中)。这些受保护的文件中有一份是原告专家证人签署的誓章。[50]

原告之后在英国针对被告侵犯专利权另行开始诉讼。在文件清单中，原告将删减/遮盖版本的誓章列入第一部分(允许对方查阅的文件)；未删减/遮盖版则归类于第二部分(一般是主张法律业务特免权拒绝让对方查阅，但在此先例中的理由是因为受到加拿大法院保护命令的限制)。原告向加拿大法院保证不向任何第三方(也包括英国律师与法官)披露，因此原告的英国律师也无从获悉该专家证人的誓章内容。但被告的律师则是通过被告加拿大关联公司获得了未删减/遮盖版本的副本而获悉内容。Aldous 大法官针对这个案情指出："The factual basis to the first and second defendants' claim to privilege is remarkable. They and their solicitors, patent agents and counsel are able to have copies of the unexpurgated affidavits of the plaintiffs' Canadian witnesses, but claim that such unexpurgat-

---

〔48〕 Bingham 大法官说副本仍可受特免权保护的唯一例外是 Lyell v. Kennedy (No. 3) (1884) 27 Ch D 1 先例的情况，这 Lyell v. Kennedy 例外将会在本章之 3 段进行介绍。

〔49〕 法院公开审理/公开聆讯(open justice)是一般做法，所有人士无论是否诉讼当事人都可以自由获得诉讼信息与文件的原因与做法已经在本书第四章有详细讨论(这样在保密方面就不如仲裁)。而特定类别的商业案件又非常需要保密(如知识产权、专利权、竞争法争议)，否则技术上、商业上的机密会由于一次诉讼，就让对方诉讼方以及所有其他竞争对手合法获知。因此加拿大法院安排作出部分保密。也有保护做法是采用"机密会"(confidential club)的做法，披露出来的文件只允许特定几个机密会中的人士查阅，有关内容可见本书第四章之 1.7.7 段与 1.7.8 段。英国法院在专利、竞争法问题等敏感商业机密问题时也会经常在披露程序中采用机密会的做法，限制可以查阅披露文件的人士。例如，对方律师、对方的专家证人，或者少数几个特定对方公司雇员等：见 Church of Scientology of California v. Department of Health and Social Security (1979) 1 WLR 723；Cranway v. Payttech (2009) EWHC 101 (Pat)；BMI Healthcare v. Competition Commission (2013) CAT 24；IPCom v. HTC Europe (2013) EWHC 52 (Pat)；Smith & Nephew Plc v. Convatec Technologies Inc (2014) EWHC 146 (Pat)；Libyan Investment Authority v. Societe General SA (2015) EWHC 550 (QB) 等先例。

〔50〕 这份专家的誓章会由于其中有很多技术性的机密内容，属于被限制只允许机密会的成员才能查看的文件。

ed affidavits are privileged from production to the plaintiffs themselves and, of course, their legal advisers. The plaintiffs have copies of the unexpurgated affidavits, as I expect have the deponents. The plaintiffs do not claim privilege but are precluded from producing them for inspection by the order of the Canadian Court. Thus the unexpurgated versions of the affidavits are available to everybody in the United Kingdom who may need to see them, except solicitors and counsel for the plaintiffs ... and, of course, the English judge. "[51]

原告因此试图通过披露程序要求被告披露这份无删减/遮盖的誓章。被告宣称受到法律业务特免权保护的理由或基础是本章前文中介绍的The"Palermo"先例的判法。即如果从来没有持有或保管过正本,而在只获得过副本的情况下,如果这份副本能够符合享有特免权的其他要求(主要为了此诉讼而获取与复制),就可以获得特免权的保护。

看来Aldous大法官非常不满意也否定了被告的说法,Aldous大法官认为以特免权为由拒绝披露是披露的例外(exception to discovery),是为了保护更重要的特免权的公共政策/利益。而在此先例中的情况是,被告声称所依赖的特免权并不存在对这种公共利益的保护,而看来纯粹是律师技术性地滥用特免权。Aldous大法官接着说:"The first and second defendants' propositions seek to draw a distinction between originals and copies. A similar distinction was sought to be drawn in Dubai Bank Ltd. v. Galadari [1990] Ch. 98. Dillon L. J. said...: 'It seems to me incredible that the line of privilege should depend on such a fine distinction.' I also find it incredible, in these days of the photocopier, the computer and the fax, that any distinction concerning privilege can be drawn between a copy and the original... I believe that the issue of principle between the parties can be considered upon the assumption that it was the expurgated affidavits that were sent to the defendants' solicitors. If so, the defendants' submissions would apply and those copies, according to the defendants, would be privileged from production as they fell within the fourth proposition (这指的是被告所希望依赖特免权的理由或基础). Upon the defendants' submissions, privilege could, therefore, be invoked despite the fact that (a) the originals would not be covered by privilege, (b) the expurgated affidavits are listed by the plaintiffs; and (c) the plaintiffs could not claim privilege in respect of the originals, expurgated copies or unexpurgated copies. The law could not lead to such a stupid result. I cannot believe that legal professional privilege attaches to documents which are in the possession of both parties unless the documents would tend to indicate either the advice that might be sought or the advice that was given."

---

〔51〕 此先例中被告主张法律业务特免权保护的事实是异乎寻常的。被告与其事务律师、专利代理人、出庭律师等都获得了原告证人未删减/遮盖版本的誓章,但以特免权为由拒绝披露。原告则也有这些未删减/遮盖版本的誓章,也可以直接接触誓章的宣誓人,但由于加拿大法院的保护命令无法披露。这样,事实上在英国只有原告在英国的律师与英国的法官(也是在案件事实真相认定中最重要、做决定的人士)被蒙在鼓里,其他所有有关人士(特别是被告与代表律师)都已经知道与了解该未删减/遮盖版本的誓章内容。但被告主张特免权并拒绝披露,可能的原因是该专家誓章内容对他不利,所以不"弃权"让法官查阅。

Aldous 大法官认为，如果假设被告的律师获得的是删减/遮盖版誓章，根据被告的说法，这些删减/遮盖版誓章的副本也将会受到特免权的保护。而在同一时间，这些删减/遮盖版誓章的正本并不受到特免权保护，而且这些删减/遮盖版誓章已经被原告在文件清单第一部分披露。这样的后果在 Aldous 大法官看来是愚蠢的。法律业务特免权不能适用在双方当事人都拥有或托管有关文件（正本或副本）的情况，除非是披露这些文件会透露法律意见（betray the trend of legal advice）的内容（如这些文件被作为附件附在法律意见，或是被附在寻求法律意见的指示中，这就会是 Lyell v. Kennedy 例外，见本章之 3 段的介绍）。

2.5.3　对 Palermo 规则目前法律地位的总结

虽然近期先例对 Palermo 规则作出不少批评，认为这规则已经无法与现代社会大量制作副本的现实进行配合。其中也有三个上诉庭先例：Buttes Gas and Oil Co v. Hammer (No. 3) (1981) QB 223；Dubai Bank v. Galadari (1990) Ch 98 与 Ventouris v. Mountain (1991) 1 Lloyd's Rep 441 (The "Italia Express")先例都不认同在现代环境中 Palermo 规则的适用，认为这已经不再正确与可行。但由于 The "Palermo" (1883) 9 PD 6 先例也是上诉庭先例，而且在较早很多高院先例中都被适用与跟从，在较近期也仍有 Grupo Torras SA v. Al-Sabah (1998) EWCA Civ 828 上诉庭先例的认同。所以这方面法律有点混乱与让人无所适从。

2.5.3.1　英国法院的因循前例原则

众所周知英国采用司法判例（judicial precedent）制度。司法判例要适用因循前例（*stare decisis*）原则，也就是要跟从已经作出的判决。在实践中这就意味着下级法院（inferior courts）要跟从上级法院（superior courts）曾经作出的"有约束力"（binding）判决中建立的法律原则，用这样的方式来维持法律的一致性（consistency）与可预测性（predictability）。

针对判决约束力的问题，可以将法院判决内容分为"判决依据"（*ratio decidendi*）部分与"附带意见"（*obiter dictum*）部分，判决依据也就是法官根据认定的案件事实作出判决背后的原理与原因，而附带意见则是法官假设案件事实不同，自己会如何作出判决。而实际上法院判决中有约束力的只是"判决依据"部分，而附带意见严格来说与认定的案件事实并无关系，因此只是"有说服力"（persuasive），但没有约束力。

而针对法院的等级制度，法院判决的约束力按等级高低分为：[52]（1）除了针对欧盟法律要跟从欧洲法院（European Court of Justice）以外，英国等级最高的是最高院[Supreme Court，以前则是贵族院（House of Lords）]。最高院的判决对自己也有约束力，除非有特殊原因，否则不会偏离。（2）下一级别是上诉庭（court of appeal）。上诉庭即使认为最高院判决有误或并不同意，也需要跟从最高院的判决。在民事诉讼中，根据 Young v. Bristol Acroplanc Co Ltd (1944) KB 718 上诉庭先例，过去的上诉庭先例对上诉庭自己也

---

〔52〕 除了以下介绍的最高院、上诉庭与高院外，在高院以下还有更下一级的法院，例如王座法院（Crown Courts）以及郡法院（County Courts）、治安法院（Magistrates Courts）等，但这些法院的判决是没有约束力的。

有约束力,除非是以下三种例外:过去上诉庭判决之间有冲突,需要决定跟从哪个判决、拒绝跟从哪个判决;过去上诉庭判决(虽然没有被最高院明确推翻)与最高院判决之间有冲突;过去上诉庭判决是粗心大意、缺乏谨慎(*per incuriam*)等情况下错误作出的。(3)再下一级是高院(high court)。高院需要跟从所有最高院与上诉庭的判法。但是过去高院的先例对高院自己并没有约束力,只有很强的说服力,当然一般情况下愿意跟从。而在发现最高院、上诉庭这些上级法院,在同级法院的判法之间有矛盾时,高院会跟从自己认为正确的上级法院判法。而针对上级法院判法互相之间有矛盾的情况,如果后一个判法是考虑了前一个判法后作出的改变,这对高院而言会是更有说服力,高院会愿意跟从后一个判法。

2.5.3.2 废除或改变 Palermo 规则的现况和前景

因此能够权威性推翻上诉庭建立的 Palermo 规则的,只能靠英国最高院(Supreme Court)判决,毕竟立法不会专门针对这种"小事"。但要双方当事人愿意花钱上诉到最高院明确这方面法律地位,还是要等待机会。只能说现在法律混乱的局面下要依赖 Palermo 规则拒绝披露副本(copy)要小心了,毕竟高院或上诉庭会根据不同的案情拒绝跟从。作为小结可见《The Law of Privilege》(2018 年,第 3 版)一书之 4.19 – 20 段:

"The authors' view is that the rule in The Palermo should be overturned on the grounds that it is anomalous and hard to justify. It is also out of line with the CPR's emphasis on pre-action disclosure and ability to seek disclosure from non-parties. As a matter of principle, it is very difficult to see why copies of documents should be treated any differently to originals except possibly in the Lyell v. Kennedy type of case… Despite the extensive criticism to which it has been subject, for the moment the rule remains the law unless and until it is overruled by the House of Lords. For example, the rule in The Palermo was applied by the Court of Appeal in Grupo Torras SA v. Al-Sabah.

However in view of the extensive judicial criticism of the rule it may be unwise for clients or their lawyers to place significant reliance upon the rule in order to withhold disclosure of copy documents. It is clear in any event that the rule has been restricted in scope by the cases referred to above and is unlikely to have any application other than in exceptional circumstances. In particular:(1) It will not apply where the party claiming privilege has the original document in his possession or control. (2) It will not apply where the party previously had possession or control of the document. This is because the copy, even though created for a privileged purpose, is merely a replacement of an original which the party would have otherwise been required to disclose."

也可以节录《Phipson on Evidence》(2018 年,第 19 版)一书之 23 – 53 段说到目前不明朗的法律地位下律师在文件披露与草拟文件清单时的困难:"The rules on copies are confusing and in consequence not well understood. For solicitors preparing lists of documents, it is important that the rules for disclosure and privilege are clear and straightforward. There is a danger that the Palermo rule leads to fine points being taken without obvious justification."

在该段也有针对正本与副本文件在目前英国法下地位的小结，也可以一并节录如下："The Palermo rule is subject to one exception. It does not apply where the litigant has the original in his possession, because in such circumstances the litigant will be obliged to disclose the unprivileged original. It has also been held not to apply where the litigant formerly had, but does not now have the unprivileged original in his possession: privilege cannot attach to a copy created for a privileged purpose when that copy is merely a replacement of an original which the party would have been bound to produce on disclosure."

3. Lyell v. Kennedy 例外/选择规则（selection rule）

3.1 会透露律师法律意见的"选择"

所谓"Lyell v. Kennedy 例外"，是在古老的 Lyell v. Kennedy（No. 3）（1884）27 Ch D 1 先例中建立的说法，即律师若"选择性"地收集或复印文件，这些被收集或复印的文件如果事后被要求强制披露，就会透露律师所给出的法律意见的大致内容（betray the trend of legal advice），此时这些律师对文件作出的选择（selection）也是可以受到特免权保护的。节录此先例中 Cotton 大法官所说："... they were obtained for the purpose of his defence, and it would be to deprive a solicitor of the means afforded for enabling him to fully investigate a case for the purpose of instructing counsel if we required documents, although perhaps publici juris in themselves, to be produced, because the very fact of the solicitor having got copies of certain burial certificates, and having made copies of the inscription on certain tombstones and obtained photographs of certain houses, might show what his view was as to the case of his client as regards the claim made against him."

也可见 Bowen 大法官所说，律师的精心选择涉及专业知识的运用、研究的结果与技巧的展示，一旦暴露就透露律师的工作内容了："A collection of records may be the result of professional knowledge, research, and skill, just as a collection of curiosities is the result of the skill and knowledge of the antiquarian ... and you cannot have disclosure of them without asking for the key to the labour which the solicitor has bestowed in obtaining them."

在 Ventouris v. Mountain（1991）1 Lloyd's Rep 441（The "Italia Express"）上诉庭先例中，Bingham 大法官也给出了类似的说法："The ratio of the decision（Lyell v. Kennedy 先例的判法）is, I think, that where the selection of document which a solicitor has copied or assembled **betrays the trend of the advice** which he is giving the client the documents are privileged."（加黑部分是笔者的强调）

因此做法上好的建议是，例如代表律师在调查取证时不要简单与不加考虑（indiscriminately）地把所有文件都复印带回去慢慢研究，而应该只选择有用的进行复印为副本，再在这些副本上记录自己的笔记，写上各类评注。这样才更能显示出律师存在精心"选择"与挑选的过程。

3.2 Sumitomo v. CLR 先例:Lyell v. Kennedy 例外只适用从第三方处选择文件的情况

较近期的 Sumitomo v. CLR (2001) EWCA Civ 1152 上诉庭先例还对 Lyell v. Kennedy 先例作出了限制,只有从第三方处获取文件才能适用此例外,律师在客户的文件中进行选择并不适用这种例外。

此先例的背景可见本书第二章之 2.4 段介绍的 Black v. Sumitomo Corp (2001) EWCA Civ 1819 上诉庭先例,即 Sumitomo 指称前雇员滨中泰男(绰号铜先生、5% 先生)未经授权私自以公司名义交易铜矿的现货与期货,导致公司蒙受重大损失。也因此公司在美国与英国被规管机构调查,以及卷入多个民事诉讼中。而此先例实际上是该先例的后续,是 Sumitomo 作为原告起诉铜矿交易的结算代理人(clearing broker),指称被告在协助滨中泰男进行铜矿交易时有不诚实(dishonest)行为,因此索赔衡平性赔偿。

原告的英国律师为了协助原告,需要阅读大量原告的文件,这些已经存在的文件也不享有特免权。由于这些文件绝大部分都是以日文写的,因此原告提出是律师"选择"了部分文件翻译成英文,在面对被告要求披露英文翻译件时,主张法律业务特免权拒绝披露。

在此先例中,上诉庭拒绝适用 Lyell v. Kennedy 先例。上诉庭区分了两种不同的选择:一种是从己方客户手中的文件进行选择;另一种是从第三方的文件中进行选择。Lyell v. Kennedy 例外的判法以及后来 Ventouris v. Mountain (1991) 1 Lloyd's Rep 441 (The "Italia Express")先例的解读,针对的都是律师从第三方处选择了文件,而如果这些文件披露会透露(betray)律师的法律意见的内容。但是在此先例中,律师是从客户的文件中进行选择,是可以区分为不同事实,也就不适用 Lyell v. Kennedy 例外。这与本章之 2.4 段介绍的,对拥有或曾经拥有正本的文件不适用 Palermo 规则背后的道理是类似的。

节录 Jonathan Parker 大法官所说如下:"We think that the question can be tested in this way. Imagine that a solicitor made a selection from his client's disclosable documents in order to obtain the advice of counsel on a point of particular concern. And imagine that the remainder of the disclosable documents were destroyed in a fire. We do not believe that it would be right to extend the principle in Lyell v Kennedy to cloak with privilege the remaining documents. What if the selection was effected by copying the original documents and then all the originals were destroyed by fire? Should the principle in Lyell v Kennedy be extended to cloak with privilege the copies which, as Morritt J. recognised, would otherwise be disclosable? We do not believe that it should. **A gloss on the principle that a lawyer's advice is privileged from discovery should not result in the right of a party to refuse discovery of documentary evidence that was in the possession of that party before the selection was made, or copies or translations of such evidence.** In our judgment, therefore, the Lyell v. Kennedy principle does not and should not extend to copies-or translations-which represent the fruits of a selection made for litigious purposes from own client documents."(加黑部分是笔者的强调)

3.3 对 Lyell v. Kennedy 例外的批评和总结

在今天适用 Lyell v. Kennedy 例外是否还有真正意义,看来会有很大疑问。毕竟今天与过去的情况已经不同,今天的有关文件数量非常庞大,而且制作副本的手段多种多样而且非常方便与廉价。在 Ventouris v. Mountain (1991) 1 Lloyd's Rep 441 (The "Italia Express")先例中,Bingham 大法官就说在现代基本上是广泛与不加考虑地进行复印(indiscriminate photocopying)。在 10000 张正本中选择复印了 1000 张是否属于选择?或者在其中几百页中做了高亮处理是否属于精心选择呢?在 Imerman v. Tchenguiz (2009) EWHC 2902 (QB)先例中,Eady 大法官就说对文件部分内容高亮,虽然表面看来是选择,但通常并不会受到法律业务特免权保护,这些内容将在本章下一段介绍该先例时再介绍。

也因此在今天 Lyell v. Kennedy 例外或选择规则的适用也在被不断限制与缩小,甚至有说法要进一步废除。[53] 在《Phipson on Evidence》(2018 年,第 18 版)一书之 23-54 段到 23-55 段内容中说:"In Lyell v. Kennedy, one of the landmark cases on privilege in the late nineteenth century, it was held that where a selection of documents selected or copied by the solicitor betrays the trend of the advice given, all the documents comprising the selection are privileged...This applies whether the documents forming part of the selection are copies or originals...But now, what if the solicitor picks 100 documents out of 1000? He may pick the most relevant documents, or, perhaps, the documents relevant to a limitation issue. In one sense this may reveal his thinking, but surely this is no reason for the documents to be protected by privilege when otherwise they would not. It is submitted that the rule should be overruled or confined to the most exceptional facts."

在另一本权威书籍《The Law of Privilege》(2018 年,第 3 版)之 4.26 段至 4.27 段中也提到 Lyell v. Kennedy 例外应该被废除,或严格被限制只适用在明确能够证明制作的副本是进行过刻意选择而披露给对方会透露法律意见内容的情况:

"It has been suggested that the rule should be overruled or confined to the most exceptional facts. What is clear is that any claim made on the basis of the exception will need to be carefully substantiated and justified by identifying the issues on which advice would be betrayed of the selection were disclosed.

Notwithstanding that the application of the rule is likely to be very rare, it seems that the 'trend of advice' requirement to substantiate a claim for privilege on Lyell v. Kennedy grounds has been imported (albeit without any explanation) in two recent cases[54] concern-

---

〔53〕 看来 Lyell v. Kennedy 例外完全被废除仍有难度,在稍后段落中介绍的近期先例中对是否受法律业务特免权保护有争议的个别文件,例如被律师做过高亮处理或添加了评注(annotated)的文件、律师工作文件(lawyer's working papers)、律师收费记录(lawyer's fee notes)等,仍然根据文件的内容或部分内容是否透露(betray)了法律意见内容或诉讼策略等因素来决定文件是否部分或全部受到保护。

〔54〕 这是指 The RBS Rights Issue Litigation, Re (2016) EWHC 3161 (Ch)先例与 The Director of the Serious Fraud Office v. Eurasian Natural Resources Corporation Ltd (2017) EWHC 1971 (QB) ("SFO v. ENRC")先例,这些先例将在本章之 3.5.2 段进行介绍。

ing the claim to legal advice privilege over lawyers' working papers."

3.4 律师在文件中画线以及高亮与/或添加评注是否为对文件进行"选择"

在 Imerman v. Tchenguiz (2009) EWHC 2902 (QB)先例中,被告获得了原告一些本受特免权保护的文件,原告已经在另案中获得法院颁布/作出简易判决(Summary Judgment),[55]禁止被告使用与依赖这些文件,并且被告需要退回较早前取得的文件。

被告律师拒绝退回所有文件主要依赖的一个理由,[56]是被告律师已经在不少文件中进行了画线(underline)、高亮(highlight)部分段落与/或添加评注(annotation)等操作,这使得这些文件一旦被披露出来就会透露律师的法律意见的内容,因此要受到特免权保护。

但这个说法也被法院否定,Eady 大法官指出这些画线、高亮与/或评注本身并不受到法律业务特免权保护。真正的测试是这些操作是否会透露出律师的法律意见。毕竟在一份文件上进行各类操作的原因会是很多的,而且每个人会有不同的阅读习惯,可能是在阅读文件时律师看到认为事后需要回头关注,也可能是律师认为与他关注的问题有关,因此需要作出画线、高亮与/或评注等操作。由此甚至可以说,绝大部分的操作都与律师会给出的法律意见并无关系,也因此不存在透露(betray)的危险。正如 Eady 大法官所说:"First, it is a matter simply of common sense that an unmarked page cannot reveal anything to a reader apart from its contents. It is far-fetched to suggest that advice has been given by counsel or solicitors to their clients to the effect (say) that a page should be regarded as of no significance, merely by reason of the fact that it has not been annotated. ...The only relevant justification would be in respect of any actual annotations made by lawyers or any expert consulted by them, which would clearly fall within the proviso contemplated in the order."

最后 Eady 大法官说,只有在极少数特定情况下,才会透露法律意见的内容,在这种情况下会适用 Lyell v. Kennedy 例外或选择规则。需要针对特定的评注进行分析,而不能一概主张特免权拒绝披露。Eady 大法官说:"the 'selection' doctrine addressed in Lyell v. Kennedy does not assist the defendants in relation to the documents in question here, since they did not come into their possession by a process of selection...The appropriate test to apply is that of whether or not the markings in question would 'give a clue' to the trend of advice being proffered to the clients by the lawyers: see eg Lyell v. Kennedy (No. 3)... There

---

〔55〕 Imerman v. Tchenguiz (2009) EWHC 2024 (QB)先例。此先例中,原告的妻子与被告是姐妹,在婚姻存续期间原告与被告有商业上的往来,被告也允许原告在自己的办公室中办公,同时共享办公室中的电脑等办公设备。后来原告与妻子开始闹离婚,被告也就不再允许原告与自己共享办公室。被告声称自己怀疑原告有在离婚程序中隐瞒资产的嫌疑,因此搜查了原共享办公室的电脑中本属于原告的文件。在这个背景下原告就向法院申请禁止被告使用、依赖获得的文件,以及不得向第三方(包括原告的妻子及妻子的律师)披露、传播文件及其内容。

〔56〕 被告律师还依赖了其他的理由拒绝将文件交还,例如还有一个理由是这些被交给律师的文件是为了获取律师的法律意见(因此会受到法律意见特免权与/或诉讼特免权的保护)。但在本章之 1.1 段已经介绍,已经存在的事实、文件,并不会仅仅因为被交给律师就受到特免权保护。在此先例中也是一样,电子文件本身、电子方式传送给律师的电子版副本或者是打印出来的纸质版副本,即使是为了向律师获取意见,这些文件本身并不会受到法律业务特免权保护。

are all sorts of reasons why solicitors or counsel might underline or highlight a document and, save in very specific circumstances, one would not be able to draw any inference as to the trend of advice being proffered."

3.5　律师的工作文件

一般而言,律师的工作文件(working papers)显然会受到法律业务特免权的保护,例如在 The RBS Rights Issue Litigation, Re (2016) EWHC 3161 (Ch)先例中,Hildyard 大法官说:"It is common ground that in English law, lawyers' working papers are privileged under the legal professional privilege doctrine: see the Court of Appeal in Balabel and Three Rivers (No. 5)..."此处提到了 Balabel v. Air India (1988) Ch 317 与 Three Rivers DC v. Bank of England (No. 5) (2003) QB 1556 先例,对律师工作文件的机密性可以受保护根本没有争议。

这些工作文件也会有多种多样的形式,如无论是法律意见的草稿(draft)、备忘录(memoradum)还是笔记(note)等都属此类。在 E Bray《Principle and Practive of Discovery》(1885 年)一书就提到工作文件包括:"... all memoranda or writings of any kind made by the solicitor, whether for his own use in his client's business, or for the client's use..."

但问题是在今天法律业务特免权已经被明确区分为法律意见特免权(legal advice privilege)与诉讼特免权(litigation privielge)的情况下,在诉讼特免权方面看能够包括律师的工作文件也不会存在疑问,只要主要目的是诉讼或可能的诉讼准备的工作文件能够受到诉讼特免权的保护。

但对于法律意见特免权来说,在今天 Three Rivers DC v. Bank of England (No. 5)上诉庭先例等之后,已经明确了保护的只是在客户[client,包括公司客户(corporate client)]与法律意见提供者(legal adviser)之间有关法律意见的通讯(communication)及其内容(evidence of its contents)。而对于律师的工作文件(会是多种多样不同类别的文件)而言,是否能构成通讯或可以证明通讯的内容是存在疑问的。

重要的是,在目前仍然是权威先例的 Three Rivers DC v. Bank of England (No. 5)先例中,上诉庭 Longmore 大法官说:"... privilege was being sought for (2) 'draft, working papers and memoranda' which were not, of course, communications..."

这样除非是有诉讼特免权的保护,否则就会有律师工作文件不涉及与客户通讯,也并非是通讯内容,能否受到法律意见特免权保护的疑问了。可以挑几种律师的工作文件进行举例分析。

3.5.1　法律研究

如果律师的工作文件,例如律师自己的法律研究(legal research),事后被作为法律意见的一部分交给客户,这也就成为通讯的一部分,此时机密性也应受保护问题不大。

即使是法律研究根本没有被作为与客户通讯的一部分。也可能律师进行法律研究的是由于自己的问题(虽然也与案件有关),例如针对的是有没有利益冲突或费用等问题。此时这些能否受到法律意见特免权保护是有疑问的。

在《The Law of Privilege》(2018 年,第 3 版)一书之 2. 58 段就说:"… a lawyer's working paper may, for example, simply consists of legal research which is not fact specific and does not provide any secondary evidence of actual lawyer-client communications. This may or may not turned into material for a communication sent to the client, but it cannot be seriously suggested that their privileged status turns on the use to which they are subsequently put… This category should therefore be treated as being logically distinct from lawyer-client communications or secondary evidence of them, although there may be a degree of overlap."

这本权威书籍的看法是律师的工作文件只要是机密的、为了向客户提供法律意见而制作就应可以受到法律意见特免权保护,作为通讯内容本身、通讯内容的证据以外的第三种类型。

3.5.2 会议笔记和会谈笔记

律师自己制作的会议笔记(attendance note)是很常见的。有些会议笔记是不会受到法律意见特免权(与/或诉讼特免权)保护的,如与对方以及律师会面时制作的会议笔记。又或者是在双方都参与的法院程序与开庭审理中律师自己的记录。因为这些会议或者是开庭都是与对方共同参与的,在双方之间并没有机密性(confidentiality)可言,也就没有法律业务特免权的保护。而如果是并没有对方的参与,例如与潜在证人的会谈,就会满足机密性要求。[57]

但即使是在双方都参与的情况下律师的会议笔记,如果不是逐字逐句记录,而是律师挑选重点记录准备用作法律意见的一部分,这就可能仍然受到法律意见特免权保护。律师可能就可以依赖 Lyell v. Kennedy 例外或选择规则,正如《Phipson on Evidence》(2018 年,第 19 版)一书之 23.56 段所说:"One might have thought that attendance notes made by solicitors of proceedings in court or inter partes conversation would be subject to legal professional privilege. The dominant purpose behind the preparation of such notes is … to enable the solicitor to give legal advice and to enable him to conduct the proceedings on the client's behalf…It probably makes little difference if the lawyer does not seek to make a verbatim note but simply take note of those points of particular interest to his client in the litigation. Even here the note is unlikely to be confidential. If the lawyer has inserted his comments on the note, the document probably remains unprivileged but the legal comments can be blanked out. If there are more than one or two comments, the note probably ceases to be a note and becomes a confidential document prepared for litigation."

可以介绍一个近期重要的以及与这方面有关的 The RBS Rights Issue Litigation, Re (2016) EWHC 3161 (Ch)先例。此先例的案情已经在本书第九章之 3.3.5.2.1 段有介绍。可以简单介绍与本段内容有关的案情是,RBS 委托的律师为了向 RBS 出具法律意

〔57〕 由于 Three Rivers DC v. Bank of England (No.5) (2003) QB 1556 先例对客户(client)的狭窄解释,潜在证人如果是客户定义以外的其他雇员或者是其他第三方,虽然会谈会是有机密性的,但并不会受到法律意见特免权的保护。如果是有诉讼或可能的诉讼,受诉讼特免权保护就没有疑问了。

见,与 RBS 的雇员以及前雇员进行会谈,律师也相应记录了会谈笔记(interview notes)。问题就是在事后被对方要求披露时,这些会谈笔记能否受到法律意见特免权的保护呢?显然在本书第九章之 3.3.1 段已经介绍过,由于这些雇员与前雇员向律师提供信息并不属于客户与律师之间的通讯,这些会谈内容本就不会受到法律意见特免权的保护。而律师的会谈笔记如果是对会谈内容逐字逐句的忠实记录,也不会由于是律师写下就会自动受保护。

但是在此先例中,RBS 提出的一个争论就是这些会谈笔记属于律师的工作文件。RBS 方面给出的理由包括这些会谈笔记会显示律师在会谈中对雇员或前雇员的"一连串询问"(train of inquiry),[58]这就会透露(betray)律师后来给客户(RBS)出具的法律意见的内容。另外则是会谈笔记并非是逐字逐句地记录,因此涉及了律师的"选择"等。[59]

实际上在 Parry v. News Group Newspapers (1990) 141 NLJ 1719 上诉庭先例中,Bingham 大法官就说律师与第三方的会谈笔记显然涉及律师的提炼和选择,但是仅仅对对话内容的记录无论其是什么形式看来都不会受到法律业务特免权保护:"… a bare record of what passed is in my view entitled to no legal professional privilege, whether it is a solicitors' memorandum, a transcript, or an exchange of letters."这当然是 Bingham 大法官 20 世纪 90 年代的说法,而在今天已经明确区分诉讼特免权与法律意见特免权,如果是为了诉讼向第三方调查取证,[60]会受到诉讼特免权保护,但就法律意见特免权而言,如果是调查取证、进行会谈,如果对象客户以外的第三方而导致会谈内容本不会受到特免权保护,也并不仅仅因为有律师参与就变为受到特免权保护。

但值得注意的是,在 The RBS Rights Issue Litigation, Re 先例中,Hildyard 大法官提到这类争辩是有可能成功的,问题的关键是文件内容是否会真正透露律师的法律意见:"In my view, the question is ultimately an evidential one: has the likelihood sufficiently been demonstrated that the Internal Notes would by reason of the legal input they reflect give a clue as to legal advice (or some aspect of the legal advice) given to RBS?"而此时的证明责任在 RBS 身上,看来 RBS 如果想要依赖 Lyell v. Kennedy 例外/选择规则,必须能够证明律师在会谈笔记中有进行"选择",而这选择一旦被披露会透露法律意见的大致内容。

针对笔记会显示出律师的一连串询问,就可以属于此类例外的测试标准被 Hildyard 大法官否定。这也是完全可以理解的,毕竟通过会谈笔记会显示出在会谈时一连串询问,这并不意味着会透露法律意见,必须要求是会谈笔记内容与法律意见内容能联系起来。

---

〔58〕 在 CPR 前的披露程序中,所有可能会带出一连串询问的文件(documents which may lead to a train of inquiry)都属于有关(relevant)文件。有关"一连串询问文件"以及 Compagnie Financiere v. Preuvian Guano (1882) 11 QBD 55 先例已经过时的披露标准,可见本书第七章之 7.1 段的介绍。

〔59〕 RBS 还有一些其他说法也都被否定。包括 RBS 提出在部分笔记上甚至有写明这是律师的主观看法(notes state on their face that they reflect external counsel's"mental impressions"),但毕竟一份文件的内涵不仅仅是看文件的标题,还要看文件的内容。即使在文件上有这样的措辞/文字也并非决定性因素。而且看来这是美国的一些常见的固定做法,也就是律师在笔记上写明这属于外部律师的主观看法:见 Upjohn Co v. United States, 449 US 383 (1981)最高院先例。

〔60〕 该课题在本书第九章之 2.6.2 段有详论。

Hilyard 大法官说:"there is a real difference between reflecting 'a train of inquiry' and reflecting or giving a clue as to the trend of legal advice."这就像是在 Sumitomo v. CLR (2001) EWCA Civ 1152 先例中一样,对文件中哪些内容作出翻译虽然也会透露律师关注的重点以及询问的方向,但这与律师之后给出的法律意见是没有必然关联性的。

而在此先例中,Hilyard 大法官认为也显然不能仅仅说笔记并非是逐字逐句记录就足够属于律师的"选择"。虽然"选择"这个措辞/文字的含义是非常宽泛的,但显然不会是什么选择都会包括在 Lyell v. Kennedy 例外中。关键的问题仍然是要看是否会"透露"出律师给的法律意见。[61] Hilyard 大法官说:"It does not address the objection that it cannot be that the mere fact that a note is not verbatim, and therefore may betray some selection or line of enquiry (as recognised above), suffices. Something more is required to distinguish the case from the norm; and nothing beyond mere conclusory assertion is offered... For example, RBS's evidence does not show anything **substantial of its legal team's 'analysis of the documents' nor even in the most general and careful terms give examples of the sort of legal input said to justify and be capable of justifying the claim of privilege**..."(加黑部分是笔者的强调)

而对于什么能够满足透露法律意见,Hilyard 大法官认可了 Upjohn Co v. United States, 449 US 383 (1981)美国最高院先例中所提到的情况,不妨将有关段落节录如下:"Thomas(律师) described his notes of the interviews as containing 'what I considered to be the important questions, the substance of the responses to them, my beliefs as to the importance of these, my beliefs as to how they related to the inquiry, my thoughts as to how they related to other questions. In some instances they might even suggest other questions that I would have to ask or things that I needed to find elsewhere'."

也就是看来如果想要依赖 Lyell v. Kennedy 例外来保护文件免予披露,需要能够证明在文件内容中包括律师的选择,而且主要是要有律师的想法与分析。其实换言之,这也实际上就像律师草拟法律意见的稿件一样,只不过是与会谈笔记的内容结合在一起。

类似的说法还可见 Stax Claimants v. Bank of Nova Scotia Channel Islands Ltd (2007) EWHC 1153 (Ch)先例中 Warren 大法官所说:"...if a note of a conversation were also to contain the note-taker's own thoughts and comments on what he is recording with a view to advising his client, the position would almost certainly be different; it is difficult to see why such a note should not attract litigation privilege."

The RBS Rights Issue Litigation, Re 先例与 Stax Claimants v. Bank of Nova Scotia Channel Islands Ltd 先例的判法之后被 The Director of the Serious Fraud Office v. Eurasian

---

〔61〕 在 Sumitomo v. CLR (2001) EWCA Civ 1152 先例中,原告的律师提出一个有意思的说法,例如哪怕正常披露时,律师要制作文件清单,其中肯定难免要对各类文件作出分拣与选择(如看是否有关联性),而且在这个过程中显然也无法避免律师要应用自己的专业知识与经验,如果这也是 Lyell v. Kennedy 例外,岂不是文件清单也受到特免权保护?

Natural Resources Corporation Ltd (2017) EWHC 1971 (QB) (SFO v. ENRC)先例所认可(有关先例的案情可见本书第十章之2.2段)。在此先例中,想要保护文件的机密性ENRC提出判断标准应该是会谈笔记是有律师参与制作就会透露法律意见的内容,但这个测试标准被Andrews大法官所否定。证人与律师会谈,律师写下的会谈笔记仅涉及律师选择向证人提出的问题是并不足以属于Lyell v. Kennedy例外,而必须会透露出法律意见的内容才能享有特免权。

Andrews大法官看来是跟从The RBS Litigation Issue先例中Hilyard大法官的说法,Andrews大法官说:"... In my judgment, the approach taken by Warren J and Hildyard J is right, and **the protection afforded to lawyers' working papers is justified if, and only if, they would betray the tenor of the legal advice.** A verbatim note of what the solicitor was told by a prospective witness is not, without more, a privileged document just because the solicitor has interviewed the witness with a view to using the information that the witness provides as a basis for advising his client. In other words, the client cannot obtain the protection of legal advice privilege over interview notes that would not be privileged if he interviewed the witness himself, or got a third party to do so, simply because he procured his lawyer to interview the witness instead... A similar claim for privilege over documents of this type was made and rejected in (RBS Litigation Issue先例), albeit that it appears from the report of that case that the evidence before Hildyard J was of a better quality than the evidence in this case. **As he put it, the fact that a selection of information is made is not sufficient to 'cloak' the selected information with privilege.**"(加黑部分是笔者的强调)

接着,Andrews大法官也是根据案情与证据认定了ENRC未能满足证明标准,因此ENRC律师的会谈笔记也同样不属于律师工作文件被保护的范畴。

3.5.3 律师的收费记录

律师给客户的收费记录(fee notes),一般会详细逐页写明自己从事了哪些工作与花费了多少时间等。可以说看了一份详尽的律师收费记录,就可以知悉律师在被委托时期为客户做了哪些工作。

律师给客户的收费记录一直都有先例判受到法律业务特免权保护:见Chant v. Brown (1852) 9 Hare 790;Daily Express (1908) Ltd v. Mountain (1916) 32 TLR 592;IBM v. Phoenix International (Computers) Ltd (1995) 1 All ER 413;John Dickinson v. Duncan Rushmer (unreported, 21 December 2001)等先例。

很多情况中,律师的收费记录与案件争议本身并无关系的,也因此在诉讼中也不需要披露这些文件。但在收费记录有关的情况下,例如需要核算律师收费(无论是出现在中间程序还是在诉讼的后期)时,往往律师的收费记录中会详尽列出律师做了哪些工作,这会透露律师曾经作出的法律意见或为诉讼作出的工作,因此适用Lyell v. Kennedy例外。

与刚刚罗列的过去的先例中认为收费记录这类文件一律都会受特免权保护不同,现在的看法应该是律师的收费记录中会透露法律意见或其他可享有特免权的部分内容,可以允许遮盖(redact)。可以节录《Phipson on Evidence》(2018年,第19版)之23.57段如下:"It is suggested that a blanket rule is neither necessary nor consistent with modern principles of privilege. The way in which bills are submitted is a matter of practice and will vary with time and there is no reason why the court should be hidebound by old authorities. If a bill of costs does not reveal anything as to the contents of the communications between lawyer and client, why should it attract privilege? An approach which has much to commend it is that taken in New Zealand where it has been held that bills of costs and statements of account are not privileged by their nature but that they may be privilege, or may be blanked out, if disclosure would in respect of the particular bill tend to reveal privileged matters."

3.5.4 第三方基金和诉讼费用事后保险

与前几种文件不同,题述的两种文件并非是律师的工作文件(lawyers' working Papers)。第三方基金(Third Party Funding)与诉讼费用事后保险(After The Event Insurance,以下简称 ATE 保险)[62]是现在很热门的做法,这是由于今天诉讼费用昂贵,[63]因此诉讼方无论是否能给得起昂贵的费用,都倾向于购买 ATE 保险来减少风险或转移风险给保险人(当然这要以支付保费作为对价),这风险就是哪怕自己认为是很好的索赔案件因此而推进诉讼,但万一输掉就要承担被告的费用(对方成功抗辩的律师费用)。ATE 保险可以投保己方可能需要承担的对方法律费用,甚至是加保己方自己的法律费用。

近期有不少先例都有关 ATE 保险的保单与相关文件是否受到诉讼特免权保护的问题。Barr v. Biffa Waste Services Ltd (2009) EWHC 1033 (TCC)先例判保单可以强制披露,而 Arroyo v. BP Exploration Co (Columbia) (2010) EWHC 1643 (QB)先例作出不可以强制披露的相反判法。而 ATE 保单即使原本不受特免权保护,但由于保单中可能有内容显示有关人士对诉讼策略的选择以及对案件的看法与信心程度,[64]这看来也是可以属于广义上的 Lyell v. Kennedy 例外,此时 ATE 保单就会根据 Lyell v. Kennedy 先例受到保护。

在近期有关费用担保(Security for Costs)申请的 The RBS Rights Issue Litigation, Re (2017) EWHC 463 (Ch)先例中,法院就根据 CPR Rule 25.14 要求诉讼方披露有关 ATE 保险的情况。Hildyard 大法官不认同 Arroyo v. BP Exploration Co (Columbia)先例的判法,认为这些文件不会受到法律业务特免权保护,即使有部分内容由于 Lyell v. Kennedy 例外而受到保护,也可以部分遮盖后予以披露。Hildyard 大法官说:

"... in my view the Senior Master's (Arroyo v. BP Exploration Co [Columbia]先例中作出判决的法官) general proposition that such a policy also attracts legal advice privilege because

[62] 有关诉讼费用事后保险还可见 Winterthur Swiss Insurance Company v. AG (Manchester) Ltd (2006) EWHC 839 (Comm)先例,此先例会在本章之 4.2.5 段进行介绍。

[63] 例如,有关费用担保申请的 The RBS Rights Issue Litigation, Re (2017) EWHC 463 (Ch)先例中就有提到集体诉讼(class action)中多位被告的律师费用估计超过 1 亿英镑。

[64] 例如,保险人不是盲目承保,而是通过委托律师查阅投保文件中关于案件的文件与档案,进而评估该案件胜诉的可能性如何,解决争议与索赔的方法是否恰当与争议解决的地点在哪里等情况。如果保险人的律师认为案件的胜诉机会不高,诉讼会面对困难与估计费用高昂等,保险人就会拒绝承保或即使接受承保,也要求收取高昂的保费(premium)或在 ATE 保单中加上其他特别要求等。这些内容都会透露出诉讼策略(如希望速战速决)或底线等。

'it is likely to reflect legal advice given as to prospects and tactics' … is too broadly stated.

In my view, it is unlikely that privilege attaches to an ATE policy as such on either ground (litigation or advice), except to the extent (as conceded by leading counsel for the applicant in Barr v Biffa) that parts of a policy (such as, possibly, the amount of premium, as in Barr v Biffa) may attract legal advice privilege and require redaction on the basis that the relevant part might allow the reader to work out what legal advice had been given (see Barr v Biffa…)."

4. 联合委托(joint retainer)、联合利益(joint interest)和共同利益(common interest)

如果在文件产生(create)与制作(fabricate)之时当事人之间有联合利益(joint interest),即使在面对第三方时这份文件可以享有特免权保护而免予披露,但在当事人之间仍然可以互相要求披露。在今天这与很多主体之间的关系都息息相关。这会是公司法人与公司代理人(corporate agent)、董事、高管之间的关系,又或者是保险人(insurers)与被保险人(assured)之间的关系等。显然如果当事人之间关系和睦,就不会有文件披露或拒绝文件披露的问题。但问题就在一旦之后关系不和睦,甚至是互相之间开始诉讼,想要打破特免权的保护或者不希望丧失特免权保护,当事人各方之间就需要想尽各种办法。例如,对于中国公司参与投资的合资公司(joint venture),如果与实际控制经营的外国公司有利益冲突并导致诉讼,在要求合资公司披露关系破裂前有关与重要文件时就可能需要主张联合利益,以对抗文件本受到的特免权保护。

联合委托(joint retainer)在当事人间相互要求披露文件方面与联合利益是一致的。同时联合委托也带来联合特免权(joint privilege),简言之,有关当事人既然是联合委托律师,也就都是"客户"(client)。既然都是客户,也就对后来与律师之间的通讯都享有特免权保护。这还可以进一步保护文件免予向第三方披露,而这权利是非常重要的。一种经常发生的情况是,一旦公司法人出事(如破产清算、面对有关当局的调查等),公司法人的问题(曾经涉及欺诈行为、向有关当局隐瞒、违反法规等)常常也是大股东、个别或全体董事与高管的问题。毕竟公司法人是通过作为代理人的董事、高管才能行事,有不少法律、法规(regulations)中特定类型的民事或刑事责任(如涉及欺诈、违反法律、法规、规章等)针对公司法人的同时,也针对公司的个别或全体董事、高管等人士。公司破产清算后,有破产管理人(administrator)或破产清算人(liquidator)被法院委任或指派管理公司,这些人士作为局外人在面对有关当局的要求时往往会予以配合,不会理会公司文件本可以享有的特免权保护。又或者是在债权人申请破产清算时,破产清算人也时常会配合债权人(creditors),对文件本享有的特免权作出弃权(waiver)[65]等行为。在有的情况中,还会

〔65〕 有关对特免权弃权的问题,见本书第十二章。

是个别控制公司的董事或高管执意对文件作出弃权以配合有关当局或债权人,罔顾其他董事、高管或公司利益等。但这些文件对其他大股东、董事或高管会有严重影响,如一份会议纪要显示律师建议某欺诈行为属于违法应立即停止并向当局汇报,但大股东、董事或高管仍然坚持为了谋利或避免罚款必须继续行为以及隐瞒不报等。此时如果可以根据事实背景认定大股东、董事或高管是联合委托了律师,由于联合特免权的弃权必须由所有联合委托人共同弃权,任何一个联合委托人都可以拒绝弃权,并且(如果文件已经被个别公司董事或高管交给了规管机构)向法院申请禁令阻止这些文件被依赖与被使用。如果能够成功,即使是有关当局明知这些文件内容足以制裁有关的大股东、董事或高管,或者同时严惩公司法人,也不能合法依赖该文件作为证据。

与刚刚提到的联合利益与联合委托相比,共同利益(common interest)就不同了。共同利益针对的是受特免权保护的文件在事后被交给有共同利益的人士,该共同利益人也可以拒绝向有敌意的第三方披露文件。过去这方面问题在有共同目标的人士(如在同一幢楼宇与类似的租约下被大业主起诉的多位租客)之间互相传阅文件、互通信息时非常重要。这文件会是其中一位租客委托律师并获取大律师意见,或是少数几位租客与律师开会后向其他租客转告有关内容。这些受到特免权保护的文件及其内容是不会因为在保有机密性的前提下被交给其他有共同利益的人士(其他租客)而丧失特免权的保护。关键是不要让文件进入公有领域(public domain)从而失去机密性这一法律业务特免权保护的基础。而在今天有了选定对象弃权(selected waiver)、限定弃权(limited waiver)的说法[66]后,由于实际能达到的效果与共同利益的说法是类似的,因此对共同利益的依赖看来不重要了。

4.1 联合委托和联合特免权(joint privilege)

特免权的基础是文件的机密性(confidentiality)。因此一份文件如果在制作时,在有关当事人之间没有机密性,即使这份文件享有的特免权可以对抗所有第三方,在有关当事人之间也会由于没有机密性而相互之间无法拒绝披露。

因此在多方当事人作为"客户"联合委托律师(共同对律师费承担责任)时,无论是寻求法律意见还是为了诉讼或可能的诉讼产生与制作的通讯,此时他们之间没有机密性,可以相互要求披露而没有特免权保护的问题。但面对第三方时任何一方当事人都可以主张联合特免权并拒绝披露,与此同时要对特免权弃权(waiver),也需要所有当事人一起同意。[67]

4.1.1 联合委托下互相不能拒绝披露

联合委托下产生的特免权,当事人之间的关系在 The "Sagheera" (1997) 1 Lloyd's

---

〔66〕 需要注意在美国的主流说法是,一旦受到特免权保护的文件及其内容被披露给任何第三方(即使是第三方在外国,如认可限定弃权、可选定对象弃权说法的英国)也是丧失了特免权保护。

〔67〕 联合特免权弃权需要所有联合委托人共同弃权才行:见 Rochefoucauld v. Boustead (1896) 65 LJ Ch 794;Konigsberg, Re (1989) 1 WLR 1257;The "Sagheera" (1997) 1 Lloyd's Rep 160 等先例。

Rep 160 先例[68]中 Rix 大法官作出了很好的描述："Parties who grant a joint retainer to solicitors of course retain no confidence as against one another: if they subsequently fall out and sue one another, they cannot claim privilege. But against all the rest of the world, they can maintain a claim for privilege for documents otherwise within the ambit of legal professional privilege; and because their privilege is a joint one, it can only be waived jointly, and not by one party alone. These principles are, I believe, well established: see for instance Rochefoucauld v. Boustead (1896) 65 L. J. Ch. 794, Cia Barca de Panama S. A. v. George Wimpey Y Co. Ltd., [1980] 1 Lloyd's Rep. 598, In Re Koninsberg (A Bankrupt), [1989] 1 W. L. R. 1257."

也就是说,联合委托律师的当事人之间不存在机密性的问题。如果当事人之间之后分道扬镳互相之间开始诉讼,不能对联合委托期间的文件以特免权为由拒绝披露。但是面对其他任何第三方仍然可以依赖特免权拒绝披露。由于此时的特免权是联合的,也只能被联合弃权,不能任由一个当事人单独弃权。

对上述节录的 Rix 大法官的说法,还可以实际情况来说明,也就是在联合委托后,律师主要与船东互保协会进行通讯,只有部分文件被同时提供或抄本给船东。但后来如果船东与船东互保协会之间产生分歧(如船东互保协会正式将拒绝理赔的决定告知船东),这样双方会再另行委托其他律师代表并开始诉讼。此时代表船东的律师自然希望取得船东互保协会与之前联合委托律师之间的所有通讯,因为其中可能有文件显示拒赔的真正原因。而由于这是联合委托,船东互保协会与船东之间是没办法主张特免权并拒绝披露的。

会有疑问的是什么情况才属于联合委托?如果是在委托合约中明确写明了多方当事人作为联合委托人看来是较为明确与肯定的做法。而在委托合约中没有明示,或只有一方当事人与律师沟通,又或只有一方当事人负责律师费等事实都不是判断是否是联合委托的决定性因素,而要结合具体案件的不同事实进行判断与认定。这将在本章之 4.1.2.1 段再进行介绍。

但需要注意区分的是,如果各方当事人,各自对律师进行委托,即使委托的是同一个律师(当然更有可能是不同律师),也并不属于联合委托,当事人各自与律师的通讯可以拒绝披露给其他当事人:见 Nationwide Building Society v. Various Solicitors (1999) PNLR 52先例。简单的例子就是针对某幢楼宇,在房东/业主与多名租客之间产生争议,租客各自委托了同一个律师开始向房东的诉讼,此时在这多名租客之间并没有联合特免权,每一个租客自己与律师之间的通讯都受到特免权保护,可以不予披露给其他租客。当然由于针对的对象是业主,租客之间出于其他原因会愿意分享这些文件,这涉及共同利益(common interest)与/或选定对象弃权(selected waiver)的问题,这些将分别在本章之4.3

[68] 此先例中,船东(shipowner)与船东互保协会(P& I Club)共同委托了律师事务所对"Sagheera"轮的爆炸沉没事故进行调查取证,显然就存在船东与船东互保协会这两个"客户"对律师进行的联合委托。详细的案情介绍可见第九章之 2.7 段。

段与本书第十二章之2.2 段进行介绍,不在此处重复。

同样的,即使有联合委托合约,联合特免权的产生也只是针对联合委托合约下的事项。如果一方当事人向律师就其他单独、个人事项进行咨询,就不会受到联合特免权的保护:见 Perry v. Smith (1842) 9 M&W 681;Rochefoucauld v. Boustead (1896) 65 LJ Ch 794;Harris v. Harris (1931) P 10;Goddard v. National Building Society (1987) QB 670;Doran Constructions Pty Ltd, Re (2003) 194 ALR 101 等先例。

在 TSB Bank v. Robert Irving and Burns (2000) 2 All ER 826 上诉庭先例中,有说法是在联合委托合约下,实际上是当事人之间对特免权弃权。此先例有关弃权的说法受到广泛的批评,也因此这个弃权的说法可以被视为例外或异类的先例,也就不在此进行详细介绍。

4.1.2 明示或默示认定联合委托

4.1.2.1 根据包括委托合约在内的全面事实进行认定

在笔者看来,今天的法律业务特免权,无论是法律意见特免权还是诉讼特免权,都不是简单地看有没有签订委托合约或委托合约是如何签订,而是根据具体案件的不同事实分析是否属于"客户"与法律意见提供者之间有关法律意见的通讯及其内容,或文件的主要目的是诉讼或可能的诉讼。

因此,如果联合委托合约明示(express)所有当事人都是"客户",或者委托的目的是所有当事人的诉讼或可能的诉讼时,这是属于较为明确能够获得联合特免权保护的情况。但即使没有明示联合委托合约,如果根据事实能够默示(imply)[69]作出前述认定,也能获得联合特免权的保护。

例如,在较近期的 R (on the application of Ford) v. Financial Services Authority (defendant) and Johnson and another (interested parties) (2011) EWHC 2583 (Admin) ("Ford v. FSA")先例中,公司(Keydata)委托律师事务所(Irwin Mitchell)应对当时的英国金融服务规管局(Financial Services Authority, FSA[70])的调查。调查 9 个月后,FSA 将调查范围扩大至针对 Keydata 的两位公司董事与一位合规主任(compliance officer)。

真正的问题出在后来公司进入破产管理(administration)程序,管理人(administrator)普华永道(Price Waterhouse Coopers, PWC)为了配合 FSA 调查,将公司之前与律师之间的通讯交给 FSA。FSA 依赖这些通讯,向公司董事与合规主任发出调查报告与警告通知(warning notice)(下一步可能是刑事起诉了)。董事与合规主任提出这些通讯受到法律意见特免权保护, FSA 不得依赖或使用这些文件。因此产生了公司董事与合规主任是否对文件有联合特免权的问题。

FSA 提到了美国最高院的 Commodity Futures Trading Commission v. Weintraub, 471

---

〔69〕 有关事实的默示(imply by fact)这一课题,在笔者《合约的解释:规则与应用》一书第七章之 4 段有详论。

〔70〕 2013 年以后,FSA 已经被"Financial Conduct Authority"与英格兰银行的"Prudential Regulation Authority"取代。

US 345 (1985)先例中,法官判不允许在没有联合委托的情况下产生联合特免权。因为支持这样的说法会阻碍美国破产法下要调查破产公司并试图揭开可能的内部欺诈行为的目标,也阻碍了对可能的内部不当行为的调查,因此是违反美国公共政策/利益的。美国最高院判:"... important policy considerations to circumscribe the availability of joint advice privilege which might result in corporate officers being able to prevent a corporation (or its successor) from waiving privilege. It would 'defeat the Bankruptcy Code's goal of uncovering insider fraud' and prevent the investigation of possible misconduct by officers."

FSA 指出这种美国法下的说法也应当被英国法采纳,即由于委托合约只是公司签订,因此法律意见特免权的客户只是公司,作为公司代理人的内部人士无论与该法律意见的关系有多密切,或律师是否事实上也是向该内部人士个人提供意见,都不得享有同样的特免权。

但这个说法被 Burnett 大法官明确拒绝,毕竟这不符合法律业务特免权在英国法下公共政策/利益。反而是根据本书第九章之2.3.1段介绍的 R v. Derby Magistrates (1996) AC 487 贵族院先例等,在没有立法明示或必要的默示〔71〕的情况下,即使是对公司内部不正当行为的调查与找出事实真相需要获得有关的通讯及其内容,也必须对特免权让步。对于联合特免权,Burnett 大法官继续说:

"From this summary [Three Rivers District Council & others v. Bank of England (No. 6)先例的小结] it is clear that for legal advice privilege to be established the person claiming privilege must have the relationship of client with the lawyer concerned. The communications claimed as privileged must be confidential. The question of privilege must be determined by reference to the circumstances which obtained at the time of the communication. Assuming the relationship to be confidential, **the question is whether the person concerned was the client of the lawyer at the time**. If the relationship of lawyer and client is established, **the legal advice given will be privileged and inviolate from disclosure in the absence of waiver, or attenuation by statute. The common law of England recognises no balancing exercise of competing public interests** in the determination of whether such communications remain privileged.

The same principles apply to joint legal privilege but because the interests of persons other than the individual claiming privilege are in play their position must be taken into account when determining whether the joint privilege exists."(加黑部分是笔者的强调)

在笔者看来,这也是因为今天法律业务特免权经过 Three Rivers DC v. Bank of England (No.6) (2005) 1 AC 610 等权威先例带来的发展后,判断特免权是否存在也必须是分析特定的当事人与受特免权保护的文件之间的情况。例如,法律意见特免权就必须是客户与律师之间有关法律意见的通讯,当事人虽然不是委托合约的当事人,但是可以根据事实认定或默示有"客户"一样的地位,享有联合的法律意见特免权。

---

〔71〕 这课题在本书第九章之2.3.2段有详及。

在此先例中,Burnett 大法官也提到说:"In searching for the true factual position at the time that the contentious communication was made it is necessary **to distinguish between advice being given to an individual as client from advice which is being given to another, but in which the first individual is interested because it impacts upon his personal position. It is the former that supports a claim for joint privilege, not the latter.**"(加黑部分是笔者的强调)

以上所说也与本章之 1.3 段提到的《Insolvency Act 1986》与 Avonwick Holdings v. Shlosberg (2016) EWCA Civ 1138 上诉庭先例等可以一并参考。它们都是有关公司破产后破产管理人、破产清算人在处置公司"财产"时,是否可以放弃对董事、高管有影响的文件的法律业务特免权的问题。

4.1.2.2 Ford v. FSA 先例中对默示联合委托的判断标准

在 R (on the application of Ford) v. Financial Services Authority (defendant) and Johnson and another (interested parties) (2011) EWHC 2583 (Admin) ("Ford v. FSA") 先例中,Burnett 大法官不同意以公司的个别人士(成员或雇员)合理相信自己是"客户"(而不仅仅是代表公司向律师咨询意见)的主观意愿作为判断标准。而是根据事实判断该人士是否属于"客户"给出了一系列的要求或依据,节录如下:"I do not accept that the test whether the individual concerned 'reasonably believed' that he was the client of the lawyer provides a satisfactory test for joint interest privilege…Joint privilege should not arise casually or accidentally. For joint privilege to arise it is necessary for the facts to demonstrate that all those sharing the privilege and the lawyers concerned knew, or from the objective evidence ought to have known, that they enjoyed legal professional privilege with the others. Evidence of an understanding by the lawyer of potential conflicts of interest may provide some evidential support for joint privilege, but it is not a necessary ingredient. It is not unknown for conflicts of interest to arise but those advising to be slow to appreciate their significance. In my judgment, apart from those cases in which there is no legal distinction between those claiming joint privilege… an individual claiming joint privilege with others in a communication with a lawyer, when there is no joint retainer, will need to establish the following facts by evidence: **i**) That he communicated with the lawyer for the purpose of seeking advice in an individual capacity; **ii**) That he made clear to the lawyer that he was seeking legal advice in an individual capacity, rather than only as a representative of a corporate body; **iii**) That those with whom the joint privilege was claimed knew or ought to have appreciated the legal position; **iv**) That the lawyer knew or ought to have appreciated that he was communicating with the individual in that individual capacity; **v**) That the communication with the lawyer was confidential."

以上节录的内容说得是,由于联合特免权影响所有分享联合特免权的人士,也会影响有关的律师,因此希望依赖联合特免权保护的人士对自己主观意图的陈述并不能完全说明问题。联合特免权不会随便或偶然地产生,而需要有事实显示分享联合特免权的人士以及有关的律师都知道或应当知道这个情况的存在。Burnett 大法官举了一个例子是，有证据显示律师在提供法律意见时，曾经考虑过公司董事与公司法人之间是否存在利益冲突或潜在利益冲突，这会显示公司法人与董事均是“客户”，享有联合特免权。因为只有在同一事件中“共事两主”时，律师才需要关心他们之间是否存在利益冲突或潜在利益冲突。[72]

Burnett 大法官对如何证明个别人士并非委托合约中明示的联合委托人但通过事实默示可以享有联合特免权作出了以下方面的指引：(1)该人士与律师通讯是以个人身份寻求法律意见；(2)该人士也向律师表明了自己是以个人的身份而非只是公司代理人(corporate agent)的身份寻求法律意见；(3)公司应该也知道或应当知道此法律地位；(4)律师知道或应当知道该人士是以个人的身份与律师通讯的；(5)该人士与律师的通讯有机密性。

显然要满足这五个默示要求并不容易，也不太现实，所以这受到一些权威书籍的批评，例如《Phipson on Evidence》(2018 年，第 19 版)，有关内容可见本章下一段。因此相比于明示的联合委托，要通过事实的默示证明联合委托从而享有联合特免权则困难得多。在此先例中，双方都提供了大量的文件证据，包括非常多当场文件(通讯、会议记录、委托合约)以及证人证言等。Burnett 大法官在综合考虑之后认为前述几项要求能够从提供的证据的字里行间显示出来，认为公司董事、合规主任都是律师提供法律意见的对象或者说是法律意见的“客户”之一。因此 FSA 不能使用这些文件，警告通知无效，也不得使用这些特免权文件进行后续行动。

此先例也从另一个方面显示了今天联合委托或联合特免权对有关公司成员或雇员的重要性，对这些自然人的大股东、董事、高管而言，有时能否享有明示或默示的联合委托下产生的联合特免权而拒绝披露文件会有天壤之别。

4.1.2.3　根据事实认定默示联合委托存在难度和不确定性

上一段介绍的 Ford v. FSA (2011) EWHC 2583 (Admin)先例对在现代特免权制度下如何认定联合特免权进行了小结，而且还列出了五个具体的判断标准。一些权威书籍也对此有所评论并指出这个要求不太现实。例如在《Phipson on Evidence》(2018 年，第 19 版)一书之 24－03 段说：“... seeking to apply these criteria will often beg as many questions as they answer and they need to be treated with some caution. In most cases, the executive or director will not be able to claim that the lawyer was instructed on his behalf or for his benefit. There may be a conflict of interest between the position of the individual and the position of the company. The lawyer will not usually consider the position of the individual when advising the company unless specifically instructed to do so. If one takes the matter to its logical conclusion, if the lawyer is acting for the individual he would be capable of being sued by the individual for giving advice which is in the interests of the company rather than

[72]　此处要注意现实情况很可能是，客户(们)并不一定能够在一出现利益冲突或潜在利益冲突时，就马上告知律师，所以律师也可能很迟才发现与关心。

the individual. But most importantly, joint privilege cannot normally be waived by one of two joint clients so it would mean that the company would be unable to waive privilege without the consent of the individuals...[73] Once these principles are recognized, then the decision in any particular case should be fact specific and it seems dangerous to try to establish a check-list of criteria."

的确,正如上述节录内容所说,在大多数情况下作为公司代理人的董事与高管代表公司以"客户"身份咨询律师,他们在事后都很难确实证明该公司委托的律师也同时为他们个人服务。毕竟很多时候公司的利益与董事高管之间会有潜在利益冲突,而被委托的律师显然会根据委托合约行事,向委托合约下的客户(公司法人)提供意见时也是以客户的利益为第一位,而不会特意考虑与保护公司个别董事、高管的利益。这样如果很容易就形成联合委托,受影响的董事或高管岂不是动辄就可以起诉律师,指称律师没有尽最大努力保护他本人作为客户的利益?因此,在实践中要满足 Burnett 大法官提出的五个要求认定存在默示的联合委托是很不容易的,法院也不会轻易进行这样的认定。[74]

因此,如果在委托合约或当场文件(contemporaneous documents)中并没有将这些董事、高管的名字记录为客户之一时,虽然也可以通过事实背景来说服法官或仲裁员事实上董事、高管也是"客户"或潜在的诉讼当事人之一,但这样做存在很大的难度与不确定性,要证明当时的事实背景也会是非常耗费时间、精力与金钱的行为。更危险的是,如果在法院就特免权问题作出判决前,有关当局、规管机构已经根据相关的文件出具了报告,受特免权保护的文件一旦公开就丧失了机密性这一特免权的基础,从而也就再也不能享有特免权保护了。这完全有可能,因为本受特免权保护的公司文件会被公司破产管理人或清盘人等交出给规管机构,而规管机构在公开声明中将这些文件披露或者是作为证据用在法院公开的诉讼中,此时较晚才知晓有关文件被披露的个别董事或高管即使发觉这些文件会影响他们个人而马上向法院申请阻止这些文件被使用,也可能为时已晚。因此为了保险,最好还是在委托律师时明示需要受保护的人士(如列明董事、高管的姓名或职位等)的名字,[75]或者是在有需要时在各方之间的通讯中以书面记录予以澄清"客户"的范围。

4.2 联合利益(joint interest)

即使没有联合委托(joint retainer),如果在文件制作时,当事人之间对文件的内容存在联合利益,当事人之间也不得依赖特免权而拒绝在相互之间披露。

有说法是联合特免权(joint privilege)有两个来源:(1)联合委托;(2)联合利益。例如在《The Law of Privilege》(2018 年,第 3 版)一书之 6.01 段说:"Joint Privilege can arise

---

[73] 有关对特免权弃权(waiver)的问题,请见本书第十二章之 2 段至 4 段。

[74] 也正是因此,如果是由于存在潜在利益冲突而导致难以通过事实认定存在联合委托,那就需要让个别或所有董事、高管作为"客户"或者诉讼当事人之一,而不只是作为公司代理人身份委托与咨询律师。

[75] 例如常见的通过"client care letter"的方式,详细记载到底客户是哪些人。所谓的"client care letter"会是律师在接受委托后发给客户的第一封信函,写明接受委托承担什么法律工作、收费标准、如果对提供的服务不满意如何投诉等内容。

in two circumstances：Joint retainer：Where two（or more）parties jointly retain the same lawyer. Joint interest：Where，even though the Parties have not jointly retained a lawyer，they have a joint interest in the subject matter of the communication at the time that it comes into existence”这个说法也可见 Ford v. FSA（2011）EWHC 2583（Admin），Dawson-Damer v. Taylor-Wessing LLP（2015）WHC 2366（Ch）先例等。无论是有联合委托还是联合利益，当事人之间都可以相互要求披露，不能依赖特免权拒绝。也即在要求对方披露的问题上，联合委托与联合利益是没什么区别的。

4.2.1　联合利益不同于联合委托

在对特免权弃权方面，联合利益不同于联合委托。但针对是否可以拒绝第三方的披露要求以及谁可以弃权的问题上，在近期先例来看，联合委托与联合利益是不同的。联合委托中的所有联合委托人都可以合法拒绝向第三方（如规管机构或诉讼敌对方）披露文件，要对特免权弃权（waiver of privilege），则必须所有联合委托人都一致同意才行。但如果是联合利益，关于弃权问题会存在疑问。在《The Law of Privilege》（2018 年，第 3 版）一书之 6.08 段就说：“Nor have the courts worked through all the consequences of the existence of a joint interest. The concept is less well developed or defined in the case law than joint retainer. It is questionable，for example，whether a client is necessary precluded from waiving privilege in advice he has obtained simply because someone else（of necessity a stranger to the relevant lawyer-client relationship）can assert a joint interest in the advice. For instance，while companies and shareholders might have a joint interest in legal advice，it is doubtful whether the courts would say privilege in legal advice obtained by the company could not be waived by the company unless all its shareholders consented. Would a large multinational corporation be required to obtain the consent of all its shareholders before waving privilege in advice the company had obtained? This seems highly unlikely.”

在笔者看来，过往先例中联合利益的效果主要发挥的是“宝剑”（sword）功能，也就是可以以联合利益人的身份从原享有特免权的当事人手中获取文件披露而不受特免权保护的掣肘。如果把联合利益的效果扩大到“盾牌”（shield）功能，也就是针对弃权问题，联合利益人也有与（无论是明示还是默示）联合委托人同样的权利，必须联合利益人也同意才能弃权，这看来正如《Law of Privilege》一书之 6.08 段提到的例子一样，会是不现实的。公司或企业要作出弃权行为也难以一一获得所有潜在可能有联合利益的所有股东、董事与高管的一致同意。另外，如果联合利益也能达到这样的效果，看来就完全没有必要再有默示的联合委托存在了（见本章之 4.1 段）。毕竟认定联合利益虽然也不是一件容易的事（见下文中的介绍），但相比于认定默示的联合委托而言，还是简单得多。也因此看来更好的做法还是令联合利益与联合委托有所不同，即联合利益人在弃权问题上并没有话语权。这也与《Phipson on Evidence》（2018 年，第 19 版）一书之 24 - 02 段相印证：“A joint privilege involves the right to claim privilege being held jointly more than one person. A joint interest is something short of that but may prevent one person claiming privileging against another. Where there is a joint privilege，it cannot be waived against third parties unilaterally by only one joint client. However, where there is merely a joint interest, the better view is that no such issue arises."

读者也应当注意的是，现在权威书籍中都提到的说法是目前英国这方面的法律仍然处于发展阶段，并没有清楚地作出定义与区分。《Phipson on Evidence》一书中的说法也只是一家之言，在法律上并没有定论。

4.2.2 联合利益的效果：CIA Barca de Panama SA v. George Wimpey & Co Ltd 先例

对于联合利益的效果的权威先例是 CIA Barca de Panama SA v. George Wimpey & Co Ltd (1980) 1 Lloyd's Rep 598 上诉庭先例。在此先例中，原告（Barca）与被告（Wimpey）联合投资了一家合资公司（DLW），[76] DLW 的业务是为中东的各大石油公司提供服务。之后双方达成协议由 Wimpey 从 Barca 手中购买所有 DLW 的股份。但由于当时发现 DLW 与一些公司（第三方）存在可能的争议[主要是与沙美石油集团（Aramco）]，因此约定虽然股份已经全部由 Barca 转让给 Wimpey，但是对于可能存在的争议将在争议解决与损失金额确定之后，由 Barca 根据其原股份份额按比例承担损失。

之后，DLW 在 Wimpey 的控制与管理下与 Aramco 开始诉讼并在期间通过代表律师进行谈判试图和解，并最终达成和解协议。但 Barca 从未参与此过程，在和解问题上 Wimpey 也从未咨询过 Barca 的意见与获取 Barca 的同意。因此 Barca 对此和解协议提出反对，并要求 Wimpey 披露所有有关的文件以确认真正的损失以及达成的和解金额与条文是否合理。显然这些文件会包括双方在诉讼中交换的文件请求，特别是 Aramco 的索赔请求（statement of claim）与答辩书（statement of reply）等。从这些文件中 Barca 可知道 Aramco 的索赔详情与金额，也包括 Aramco 披露的文件证据。最重要的是 Wimpey 的事务律师（solicitor）与大律师（barrister）给出的法律意见等。毕竟难以想象 Wimpey 是自作主张与 Aramco 达成和解协议，无论如何都会有委托律师问问是否应该和解、应该以多少金额和解等。但 Barca 的这些披露要求被 Wimpey 拒绝，一个重要理由就是这些文件受到法律业务特免权保护。

法院判 Wimpey 控制与管理 DLW 与 Aramco 就有关争议解决的文件应获得法律业务特免权的保护，在针对任何第三方时都可以拒绝披露。但由于 Barca 与 DLW/Wimpey 在针对 Aramco 争议的问题上存在联合利益，因此在他们之间是不能主张特免权并拒绝披露的。Stephenson 大法官这样说："In the ordinary way, of course, a third party cannot

---

[76] 在 Yunghanns v. Elfic Pty Ltd (2000) 1 VR 92 澳大利亚最高院先例中，Warren 大法官就判合资公司的股东之间存在联合利益（joint interest），他们之间可以互相要求披露，不得以特免权为由拒绝披露，他说："A joint venture is in the nature of a partnership in some respects. It involves the sharing of profits and the division of responsibilities within a relationship. The nature of the arrangement of a joint venture also involves special characteristics of trust and good faith analogous to that of a trust. If privilege does not attach to communications against a person having a joint interest where the relationship is one of partnership or trust then logically the attachment cannot arise where the relationship constitutes a joint venture. Where a joint venture exists the joint venturers have duties and obligations towards one another of a contractual and fiduciary type. It is the nature of the joint venture relationship that give rise to the right of each joint ventureer to obtain access to documents that are otherwise privileged against the world."

possibly claim to have disclosed to him in an action against a second party documents which are relevant to that second party's claim against somebody else, a first party, or to a defence to a claim brought against him by that first party. But if the so-called third party is not a total stranger but is a person who has a joint or common interest with the defendants whom he has sued in claims which they have made or which had been made against them in other proceedings, then he is not a stranger to those proceeding and if his interest is sufficient, I would have thought it must follow in fairness and common sense, unless there is some authority against, that he would be entitled to see those documents, and the plaintiffs in this case would be in the same position as the defendants as regards their right to have disclosed to them Counsel's opinion, pleadings and so on, all relating to the claim or claims in which they had this shared interest."

Bridge 大法官在附带意见中指出,过往先例的判法实际上有如下效果:"If A and B have a common interest[77] in litigation against C and if at that point there is no dispute between A and B then if subsequently A and B fall out and litigate between themselves and the litigation against C is relevant to the disputes between A and B then in the litigation between A and B neither A nor B can claim legal professional privilege for documents which came into existence in relation to the earlier litigation against C."

也就是说,在 A 与 B 之间还没有争议的情况下, A 与 B 对于针对 C 的诉讼有联合利益,如果后来 A 与 B 关系破裂产生后续争议,A 与 B 在较早针对 C 的诉讼中受特免权保护的文件,在 A 与 B 之间的这争议中是可以披露的,因为 A 与 B 相互之间无法主张法律业务特免权拒绝披露。

4.2.3 什么情况存在联合利益

虽然早已经有联合利益(joint interest)的说法,但是在什么情况下能够算作存在联合利益?这个问题的回答看来也并不容易,因为案件会千变万化。

联合利益常见于公司与股东之间,也有一系列的案件针对这种关系。早在 Gouraud v. Edison (1888) 57 LJ Ch 498 先例中,Chitty 大法官指出股东与公司之间存在类似合伙人(partner)之间或信托人(trustee)与受益人(beneficiary)之间的联合利益,因此他们相互之间不得主张特免权并拒绝披露文件。之后的先例还可见 Woodhouse & Co Ltd v. Woodhouse (1914) 30 TLR 559;W Dennis & Sons Ltd v. West Norfolk Farmers Mature and Chemical Cooperative Company Ltd (1943) 1 ChD 220;CAS (Nominees) Ltd v. Nottingham Forest Plc (The Times, 5 Spetember 2000);Hydrosan, Re (1991) BCLC 418 等先例。在 W Dennis & Sons Ltd v. West Norfolk Farmers Mature and Chemical Cooperative Compa-

〔77〕 此处虽然用的措辞/文字是"common interest"(共同利益),但实际上指的是在文件产生与制作时当事人之间的关系,因此结合上下文应当实际上是指联合利益(joint interest)。由于联合委托(joint retain)、联合利益、共同利益等问题在近期先例中才有大量针对与作出细分,因此在早期先例中并没有严格区分这些措辞/文字,需要结合语境与案情分析到底是哪一种。

ny Ltd 先例中,Simonds 大法官与 Gouraud v. Edison 先例中 Chitty 大法官的判法类似:"Two points have been raised. First, whether having regard to the circumstances in which and the date on which the accountant's report was made, these are privileged documents and, secondly, whether even if it were otherwise a privileged documents, it is privileged having regard to the fact that the plaintiffs are themselves shareholders in the defendant company. I have formed a clear opinion on the second point which disposes of the case, **The general rule, which applies equally as between a company and its shareholders and as between a trustee and his beneficiaries … A cestui que trust… is entitled to see cases and opinions submitted and taken by the trustee for the purpose of administration of the trust**; but where stated and taken by the trustees not for that purpose but for the purpose of their own defence in litigation against themselves by the cestui que trust they are protected."(加黑部分是笔者的强调)

换言之,受益人有权查看信托人为了信托财产而制作的受特免权保护的文件(当然他们之间存在利益冲突,可能发生诉讼的情况除外),如果股东与公司之间存在类似关系,股东也可以查看有关的文件。近期的 MD Mezzanine SA SICA v. Servus Holdco SARL (2012) EWHC 1270 (Comm)先例也认可这个看法。

但即使早就有这个说法,什么时候可以认定为存在联合利益是比较模糊的,例如较近期的 Ford v. FSA (2011) EWHC 2583 (Admin)先例中,高院的 Burnett 大法官先总结了《The Law of Privilege》(当时是 2010 年的第 2 版)一书与《Phipson on Evidence》(当时是 2010 年的第 17 版)一书的说法,Burnett 大法官指出这方面双方的代表大律师都没有提出什么针对性的先例,都认同《The Law of Privilege》一书所说的,联合利益要求文件产生与制作时就是为了联合的目的与利益。可以节录 Burnett 大法官所说如下:"… even though there is no joint retainer, the parties have a joint interest in the subject matter of the communication in issue at the time that it comes into existence. As Mr Thanki puts it in his book: '… **the document must have come into being for the furtherance of the joint purpose or interest.**' It is common ground that such an interest may arise between a company and its directors. Whilst the broad principle there articulated was not in issue, it is striking that neither counsel has cited any English authority which establishes the criteria against which this second aspect of joint interest privilege should be considered."(加黑部分是笔者的强调)

也就是文件实际上是为了联合利益而产生与制作,而且在文件产生之时联合利益是存在的,这样才能达至联合利益人互相之间不得主张法律业务特免权并拒绝披露的效果。正如 Commercial Union v. Mander (1996) 2 Lloyd's Rep 640 先例中 Moore-Bick 大法官所说:"… it is not enough that the person seeking disclosure of confidential documents can show that he has an interest in the subject matter which would be sufficient to give rise to common interest privilege if the documents had been disclosed to him; he must be able to establish a right to obtain access to them **by reason of a common interest in their subject matter which existed at the time the advice was sought or the document were obtained.**"(加

黑部分是笔者的强调)

4.2.4 存在联合利益的常见情况与例子

在笔者看来,联合利益的存在一般涉及两种情况:

第一种情况是当事人之间的关系以及文件产生与制作当时的事实背景显示联合利益的存在。典型的例子就是刚才提到的股东与公司的情况,在《The Law of Privilege》(2018年,第3版)一书之6.09段还总结了过往先例中判存在联合利益的情况,节录如下:"... examples of situations where such a joint interest has been held to arise are between:1) a trustee... and beneficiary;[78] 2) a parent company and its wholly-owned subsidiary;[79] 3) a company and its shareholders;[80] 4) A limited liability partnership and its member;[81] 5) a company and its director;[82] 6) partners[83] ..."

第二种情况则是在当事人之间的合约中通过明示条文说明对特定文件没有机密性,在对方提出要求时应当披露或提供。典型的例子是在保险人(insurer)和被保险人(assured)之间,部分保单条文会被解释为明示被保险人有义务向保险人全面披露文件(包括受法律业务特免权保护的文件)。本来保险合约或保单就有立法[84]规定相互之间要求善意(good faith),保险人合理要求披露与提供文件时,被保险人也难以拒绝。但这个法律地位既不表示也没有明示,更无法推断或默示在面对保险人披露要求时,被保险人不能

[78] 信托人(trustee)与受益人(beneficiary):见 O' Rourke v. Darbishire (1920) AC 581; Schmidt v. Rosewood Trust Ltd (2003) UKPC 26; Breakspear v. Auckland (2008) EWHC 220 (Ch)等先例。但注意要是真正的信托关系,在 Saltri III Limited v. MD Mezzanine SA SICA (2012) EWHC 1270 (Comm)先例中就判虽然名义上说的是信托,但并非真正的信托关系。

[79] 母公司与全资子公司之间:见 Surface Technology Plc v. Young (2002) FSR 387 先例。

[80] 公司与股东之间,除了刚刚已经提到的 Gouraud v. Edison; W Dennis & Sons v. West Norfolk Farmers Mature and Chemical Cooperative Company Ltd; Woodhouse v. Woodhouse 等先例以外,还可见 Crossmore Electronical and Civil Engineering Ltd, Re (1989) BCLC 137; Hydrosan, Re (1991) BCLC 418; Arrow Trading v. Edwardian Group Ltd (No. 2) (2004) EWHC 1319 (Ch); Harley Street Capital Ltd v. Tchigirinksky (No. 2) (2005) EWHC 1897 (Ch); BBGP v. Barbock (2010) EWHC 2176 (Ch); Penny v. Montagu Private Equity LLP(2010EWHC 2354 (Ch); CadoganPetroleum plc v. Tolley (2011) EWHC 2286 (Ch); Sharp v. Blank (2015) EWHC 2681 (Ch)等先例。

[81] 这是近年来发展起来的有限责任合伙(limited liability partnership)中的"合伙人"或成员之间:见 Hilton v. D IV LLP (2015) EWHC 2 (Ch)先例。

[82] 公司与其董事之间:见 Sonic Tape Plc's Patent (1987) RPC 251; Ford v. FSA (2011) EWHC 2583 (Admin); Kubik v. Addleshaw Goddard LLP (17 February 2012)等先例。但是在《The Law of Privilege》(2018年,第3版)一书之6.12段说:"... Whether a joint interest is capable of arising should depend on the capacity in which the individual director receives the privilege information which accords with the approach that has been adopted by the courts in the United States. A joint interest is unlikely to arise where the lawyer is retained by the company, and the director has no personal interest in the matter, as opposed to the interest which he would have had as a director (or shareholder) of the company. Hence, a joint interest between a company and its directors should not lightly be inferred since to do so as a matter of course would risk subverting the separate legal personality of the company and its logical distinct interests."

[83] 合伙人之间:见 Pearse v. Pearse (1846) 1 De G & Sm 12; Pickering, Re (1884) 25 ChD 247; BBGP v. Babcock (2010) EWHC 2176 (Ch)等先例。

[84] 例如英国《Marine Insurance Act 1906》。

拒绝披露受特免权保护的文件。也就是该立法没有明示或必要的默示超越属于绝对性权利(absolute right)的法律业务特免权。[85] 这样,如果在保险合约中有明示条文强制披露,就要看对条文如何解释了,保险人对获得被保险人的特免权文件进行调查可能会更有保障与更容易。例如在 Brown v. Guardian Royal Exchange Assurance Plc (1994) 2 Lloyd's Rep 325 先例中,保单明示约定:"…(c) Except in case of urgency the Brokers will not instruct solicitors or other expert advisers without first obtaining the Insurers' authority, it being understood that the Insurers will not unreasonably withhold such approval in any case where the Insured or the Brokers consider this step to be advisable. Where solicitors or other expert advisers are so employed their fees and expenses will be for the account of the Insurers who may require the solicitors' reports to be submitted directly to them."显然在这个条文下,名义上仍然是被保险人(毕竟被保险人才是事故的当事人)委托律师或专家,但需要获得保险人授权,并且给出的意见或报告也要直接寄给保险人一份。显然这法律意见与有关的通讯及其内容在保险人和被保险人之间不存在机密性问题。保险人也不会是律师的客户之一(否则在还未决定赔付前就对律师费用有了共同责任)。但根据保险合约的条文,显示了在保险人与被保险人之间的联合利益,被保险人无法主张法律业务特免权并拒绝披露。

还有一些其他条文也产生类似效果。例如在 Winterthur Swiss Insurance Company v. AG (Manchester) Ltd (2006) EWHC 839 (Comm) 先例中的保单条文明示:"In this regard, the Assured shall do and concur in doing and permit to be done all such acts and things as may be necessary or required by [保险人] for the purpose of enforcing any rights and remedies or of obtaining relief or indemnity from other parties to which [保险人] shall be or would become entitled or subrogated upon their paying for any case or loss under the Policy, whether such acts and things shall be or become necessary or required before or after the Assured's indemnification by [保险人]."这条文的作用被 Aikens 大法官判是被保险人不能再享有特免权的保护而对保险人拒绝披露。

又如在 Commercial Union v. Mander (1996) 2 Lloyd's Rep 640 先例中,再保险合约(reinsurance contract)中有一条"follow settlements clause"。该条文经常用在两种情况,第一种是一线的保险人与再保险人(re-insurer)之间的再保险合约中,条文会说保险人在赔付(如达成和解)被保险人后,再保险人就不得提出异议,而是必须跟从这个结果,并向保险人作出补偿与赔付。第二种是一线的保险人会有多个,各自对承保金额承担一定比例(这也是伦敦保险市场的惯常做法)。在多位保险人中,会有一个是带头保险人(leader)。带头保险人会是劳合社的一个辛迪加(Syndicate)。劳合社(Lloyd's)有约 75 个辛迪加,他们针对不同险种进行承保。如果某一个辛迪加作为带头保险人承保了 20%,毕竟投保的标的价值有时非常高昂,如 5 亿美元或 10 亿美元的海上钻井平台,即使这是笔好生意(保费收入可观,但相应的风险并不高),带头保险人也难以承保 100%,考虑到财力与愿

[85] 该课题在本书第九章之 2.3.2 段有详论。

意承担的风险20%已经会是承保的极限。之后经纪人再找其他的辛迪加与/或劳合社以外的(包括全球其他地区的)保险人承保剩下的80%。这些保险人在有了专业与被信任的带头保险人承保了20%的鼓舞下,各自对一定比例的承保金额作出承保。这种保单中就会有一条跟从带头保险人的明示条文,在带头保险人(如通过和解)赔付了被保险人(如海上钻井平台的船东)后,其他保险人就必须按照各自承担的百分比作出赔付。这是正常与一般的做法,但会有罕见的情况,个别保险人怀疑带头保险人的赔付存在问题,导致向带头保险人要求披露文件,特别是委托的律师对和解百分比的建议或其他法律意见等。在这样的情况下,投保了再保险的一线保险人或带头保险人如果主张法律业务特免权并拒绝向再保险人或其他跟从的保险人披露有关文件就会产生争议。而法院判这种情况下可以认定存在联合利益,法官说:"In my judgment a contract of reinsurance which contains a 'follow settlements' clause does create a community of interest between insurer and reinsurer in the original claim of a kind similar to that which was recognized in CIA Barca v. Wimpey. That being so, the insurers cannot withhold from the reinsurers on the ground of privilege documents brought into being for the purpose of handling the original claim, even if they would be subject to legal professional privilege as against a third party."

而即使没有"follow settlement clause"的保单条文,在保险人和再保险人之间也可能有联合利益,他们相互之间不得主张法律业务特免权与拒绝披露有关文件:见 Svenska Handelsbanken v. Sun Alliance and London Insurance plc (1995) 2 Lloyd's Rep 84;AXA Seguros v. Allianz (2011) EWHC 268 (Comm)等先例。

4.2.5 联合利益须在文件被制作时已存在:Winterthur Swiss Insurance Company v. AG (Manchester) Ltd 先例

在笔者看来,联合利益与本章之4.3段将要介绍的共同利益仅仅就"利益"本身而言并无不同,也经常被混在一起。对一般人而言,对两位或以上的当事人之间的利益是"联合"还是"共同"也很难作出区分。

但事实上联合利益与共同利益之间是有区别与需要被区分的。因为虽然都是当事人之间共享的(mutual)利益,但是联合利益和共同利益在内容上有所不同:联合利益针对的是当事人之间相互要求披露文件而不得主张特免权拒绝;共同利益则是共同利益人在面对外界或有敌意的第三方(对方诉讼方、规管机构等)时主张特免权并拒绝披露文件。

这两者之间在时间点上也有一个重要不同。联合利益要求在文件产生与制作时已经有联合利益。而共同利益是指文件已经产生与被制作并受到法律业务特免权保护,之后可以享有特免权保护的当事人自动/自愿把文件交给对同一事件有共同利益的人士,但对第三方而言该文件仍然受到特免权保护。

例如,可以介绍近期的 Winterthur Swiss Insurance Company v. AG (Manchester) Ltd (2006) EWHC 839 (Comm)先例。该先例涉及当时一个影响了数百位律师的重大事件。事情的起因是英国法院民事诉讼改革后制定的《民事诉讼规则》(Civil Procedure Rules, CPR)在1999年生效后,英国开始允许英国律师可以不再严格按照工作量根据花费的合理时间按正常的费率收费,而是可以有限制地(根据与客户的协议)按条件根据诉讼结果收费(conditional fee),[86] 同时英国政府的法律援助处(Legal Aid Department)也收紧了民事诉讼法律援助的条件。

简单而言,以上介绍的CPR带来的重大改革与变化影响了大批需要通过法院诉讼主张自己权利、寻求救济的人士,如受到损害的被侵权人或无辜方。这些人士自己负担不起昂贵的诉讼费用/律师费,更加无法支付一旦败诉要补偿胜诉方的律师费。在CPR之后,他们(即使属于有资格的贫穷人士)再申请法律援助就不再容易成功。但另一方面CPR的生效也给这些人士甚至是其他人士(包括与法律援助无关的公司)带来了更容易提起诉讼的转机。这转机是由在本章之3.5.4段有详论的第三方基金(third party funder)与律师约定风险代理/按条件收费协议(conditional fee agreement,简称CFA)所带来。其中CFA会约定败诉后当事人只需要支付非常低的诉讼费用/律师费(如一旦败诉律师不收费或者是在败诉时收取比正常费用低得多的费率)。而对于败诉后要承担胜诉方的诉讼或律师费用,这些人士则可以通过投保有关诉讼费用的事后保险[87](after the event insurance,以下简称ATE保险),以保费为对价将风险转移给保险人。而如果胜诉,投保ATE保险的原告可以向败诉的被告取回[88] 投保ATE保险的保费(premium)。这样,一些新兴的、为诉讼费用提供支援服务的私人公司应运而生。

Winterthur Swiss Insurance Company v. AG (Manchester) Ltd 先例中的原告就是一家从事ATE保险的保险公司(The National Insurance & Guarantee Corporation Limited,或称NIG, Winterthur Swiss Insurance Company 是NIG的母公司)。原告委托被告之一[AG (Manchester) Ltd 或 The Accident Group Limited,或称TAG]作为自己的代理人,并授权TAG承保(underwriting)或保险理赔,向公众推销与提供"不胜诉不收费"(no win no fee)的法律费用保险服务,主要销售对象是侵权造成人身伤害案件(如交通意外事故)中的受害人。简单来说,由受害人将案件交给TAG及律师进行评估,律师对有关案件的事实与证据进行评估后认定胜诉概率高的,TAG就会与受害人签署事后保险保单(或称ATE Policy),另由NIG提供资金资助诉讼,在索赔成功后,NIG再从胜诉金额中分得一部分利益。参与每一个具体案件进行评估的人士包括TAG、与TAG有关的其他公司、一家专门从事此类诉讼的律师事务所(名为Rowe Cohen)以及从TAG搜罗的总数为800人左右的

---

〔86〕 有关此课题可见笔者的《仲裁法——从开庭审理到裁决书的作出与执行》(2010年)一书第一章之5.4.3.4.3.1.4.5段。根据与客户的协议,胜诉收费的上限可比正常费率高出一倍,而败诉则可以完全不收费。

〔87〕 该课题也在本章之3.5.4段有详及。

〔88〕 CPR的主要目标就是要降低原本高昂的诉讼费用。但是上述CPR带来的改革在操作10年后,经检讨发觉有问题与被滥用。原告可以在不需要花钱也不承担风险的情况下动辄就提起诉讼,而被告则会在败诉后承担比以往更高的诉讼费用。这甚至可以达到以前的4倍,因为他要承担:(1)自己的律师费与抗辩费用;(2)胜诉方的律师费与一般费用;(3)胜诉方律师按条件收费的额外(甚至高达1倍)费用;(4)ATE保险的高昂保费。这导致英国法院诉讼的诉讼费用在CPR后不仅没有降下来,反而更加高昂。因此在2013年4月1日,原告(以及少数情况中的被告)可以在胜诉后向败诉的对方取回律师额外(甚至高达1倍)的费用与ATE保费的做法被废除。换言之,无论诉讼胜负,这笔金钱都要原告自己承担了。

律师列表中挑选出的一名律师。2005年,使用此服务的索赔共有64741起。但由于对败诉率的估计不足,该生意发生严重亏损。毕竟如果败诉太多,NIG不仅没有分红,还要支付律师费。律师虽然按条件协议/CFA收费,但不是所有律师都愿意败诉时零收费。因此即使败诉,律师仍然会收取一笔相对低廉的收费。但是在案件数量如此众多的情况下,仍然是一大笔钱。NIG认为是做出评估的TAG、Rowe Cohen以及在律师列表中委托过的626名律师在评估中存在疏忽,并以此为由向他们提出损失索赔(NIG之后将诉权转让给了母公司Winterthur)。作为原告的Winterthur要求TAG、Rowe Cohen以及有关律师披露有关人身伤害案件的文件时,TAG与Rowe Cohen主张法律业务特免权(主张的实际上是人身伤害案件受害人的法律业务特免权)予以拒绝。显然如果原告能够获得这些文件,就可以从中"挑刺",看在案件评估中是否存在疏忽之处。

原告提出的一项争议就是自己对这些文件有(联合)利益。针对这一点,Aikens大法官依赖CIA Barca de Panama SA v. George Wimpey & Co Ltd (1980) 1 Lloyd's Rep 598先例判作为保险人的NIG以及作为被保险人的人身伤害案件受害人之间有相同的利益与目标(索赔人身伤害案件的损失)。Aikens大法官在判词中还说:"The second question is whether there is a sufficient 'common interest'[89] as between the insurer and the insured **at the time that the relevant documents were created**."(加黑部分是笔者的强调)

在判断受特免权保护的文件是否要被披露时,要看的是文件被制作之时当事人之间对文件的内容是否有同样的利益。这也正是联合利益所要求双方[保险人与被保险人(与委托的律师)]有共享利益的时间点。在此先例中,Aikens大法官认定在被保险人和保险人之间有足够的联合利益,因此被保险人及其律师以及此先例中的被告都不能主张法律业务特免权并拒绝NIG的披露要求。

4.2.6 联合利益的终止:双方产生利益冲突

显然如果当事人之间的联合利益(joint interest)已经丧失,后续产生与制作的文件仍然可以受到特免权保护免予披露:见Talbot v. Marshfield (1865) 2 Dr & Sm 549;Mayor and Corporation of Bristol v. Cox (1884) 26 ChD 678先例等。正如在本章之4段一开始所举的例子,由外方控制与管理的合资公司中,如果中方公司与外方公司事后关系破裂、产生争议,中方公司作为合资公司股东可以要求外方公司(与/或合资公司)披露在关系破裂前合资公司营运与管治的有关文件,即使文件有机密性与受到法律业务特免权保护,也无法拒绝。但在关系破裂后,中方公司与外方公司之间再产生与制作的机密文件时就不会如此了。

所以一旦在多方当事人之间出现了利益冲突或潜在的利益冲突时,一方当事人秘密地与自己委托的律师进行沟通、商讨对策,这些沟通是可以主张特免权并拒绝披露给对方当事人的:见Harris v. Harris (1931) P 10;Goddard v. National Building Society (1987)

---

〔89〕 在判词中提到的虽然是"共同利益",但是显然此先例所针对的应该是联合利益。毕竟从案件事实上来看,针对的是有联合利益的当事人之间想要披露文件。而且文件从没有交出给被保险人,也谈不上有所谓的"共同利益"存在,有关共同利益的问题将在本章后文中介绍,不在此处重复。

QB 670;Kousouros v. O'Halloran (2014) EWHC 2294 (Ch)先例等。有关利益冲突或潜在的利益冲突在本章之4.3段介绍共同利益(common interest)时还会详细介绍。

4.3 共同利益(common interest)

共同利益特免权的说法最早出现在 Buttes Gas and Oil Co v. Hammer (No. 3) (1981) QB 223 上诉庭先例中。[90] 节录此先例中 Denning 勋爵的说法如下:"There is a privilege which may be called a 'common interest' privilege. That is a privilege in aid of anticipated litigation in which several persons have a common interest. It often happens in litigation that a plaintiff or defendant has other persons standing alongside him-who have the self-same interest as he-and who have consulted lawyers on the self-same points as he-but these others have not been made parties to the action. Maybe for economy or for simplicity or what you will. All exchange counsel's opinions. All collect information for the purpose of litigation. All make copies. All await the outcome with the same anxious anticipation-because it affects each as much as it does the others. Instances come readily to mind... **In all such cases I think the courts should-for the purposes of discovery-treat all the persons interested as if they were partners in a single firm or departments in a single company.** Each can avail himself of the privilege in aid of litigation."(加黑部分是笔者的强调)

简单而言,在文件已经享有特免权保护的基础上,[91] 原可以依赖特免权拒绝披露的 A 在后来将文件交给有共同利益的 B,B 在面对第三方 C 提出的文件披露要求[92] 时可以主张共同利益特免权并拒绝向 C 作出披露。显然 A 也不会随便就把文件交给并无关系的第三方 D。而如果真的交给没有共同利益的 D,C 在要求 D 披露文件时,D 就无法主张共同利益特免权拒绝披露了。而且如果是交给第三方的行为导致文件丧失机密性,那就连法律业务特免权本身也会受到质疑了。

4.3.1 共同利益的例子

在 Buttes Gas and Oil Co v. Hammer (No. 3) (1981) QB 223 上诉庭先例中,Denning 勋爵还给了一些例子:"Owners of adjoining houses complain of a nuisance which affects them both equally. Both take legal advice. Both exchange relevant documents. But only one is a plaintiff. An author writes a book and gets it published. It is said to contain a libel or to be an infringement of copyright. Both author and publisher take legal advice. Both exchange documents. But only one is made a defendant."

Denning 勋爵给的例子是,相邻房屋的业主受到同一来源的滋扰,业主都各自获取了

---

[90] 此先例还被上诉到当时的贵族院[(1982) AC 888],但并不涉及有关共同利益特免权的部分。所以上诉庭的判决就是目前英国的法律地位。

[91] 如果文件本不享有特免权保护,也就不会产生共同利益特免权:见 Dadourian Group International Inc v. Simms (2008) EWHC 1784 (Ch)先例。

[92] 这会是在与 B 的诉讼中,直接对 B 的披露要求。这也会是 C 在针对 A 的诉讼中把 B 加入作为额外的被告,或者是通过在本书第二章之4段有详论的第三方披露令(Norwich Pharmacal Order),又或是要求或试图要求传召 B 出庭作证(witness summons)等。

法律意见并交换传阅,但只有其中一个业主开始起诉。或者是某出版的书籍涉及诽谤或侵犯著作权的问题,作者与出版社都各自获取了法律意见并交换传阅,但只有作者被实际作为被告起诉。提起诉讼的业主或者被起诉的作者对自己获取的法律意见可以享有法律业务特免权拒绝向对方诉讼方或任何第三方作出披露,而对于收到的法律意见(可能是其他业主或出版社咨询律师得到的法律意见)则可以主张共同利益特免权(common interest privilege)并同样拒绝披露。毕竟对于收到的法律意见,提起诉讼的业主或者被起诉的作者自己并非是有关法律意见中的"客户"(clients)之一或是诉讼当事人之一,因此才需要主张共同利益特免权。

Donaldson 大法官也给如下的例子:"I think that some such proposition must be correct. Take the case of a block of flats. The landlord takes proceedings against a particular tenant and the dispute concerns a term of the lease which is common to all the tenancies. The tenant might well circulate all other tenants in confidence with a copy of counsel's opinion which he had obtained. If the landlord were then to join another tenant as an additional defendant, could he obtain production of the copy of the opinion? I think not."

Donaldson 给出的例子是以公寓楼为例,业主针对租客 A 就有关的租赁合约条文开始诉讼,而这份租赁合约实际上被广泛用于业主与其他租客(如租客 B 与 C)的租赁。被起诉的租客 A 可能将自己获取的大律师意见(counsel's opinion)在保有机密性的前提下交给租客 B 与 C 传阅,毕竟大家都受到或将会受到同样的影响。如果业主之后将租客 B 与 C 加入作为第二被告、第三被告,并在诉讼程序中向租客 B 与 C 要求披露这些文件,租客 B 与 C 可以主张共同利益特免权并拒绝披露租客 A 机密交给自己传阅的大律师意见。

在《Documentary Evidence》(2018 年,第 13 版)一书之 19－13 段举了另一个简单的例子,如果在诉讼中的 A 与 B 各自制作了不少法律文件(法律意见或是与诉讼或可能的诉讼有关的文件),但之后 A 与 B 达成和解并一致起诉 C,为了此目的双方共享了之前制作的法律文件。这看来本应该是很典型的共同利益特免权会产生的情况。但如果是要根据文件制作时间进行判断,显然当时 A 与 B 之间处于诉讼中的直接对抗关系,只有敌意,不会有共同利益。但双方和解后联手对付 C,并相互交换特免权文件,显然是典型的共同利益的例子。

笔者也可以多提一种情况,也就是在集体诉讼(class action)中,会有人士自己委托律师寻求法律意见,并且后来在原告之间流传、交换与互通消息。他们有共同利益看来也没有疑问,但这些文件不论在谁的手中(无论是否为集体诉讼的原告),在面对被告的披露要求时,都可以主张共同利益特免权并拒绝披露。

4.3.2　共同利益特免权的本质

与法律意见特免权、诉讼特免权不同,有时被称为"共同利益特免权"(common interest privilege)的共同利益并不是单独的特免权类型。正如 Nauru Phosphate Royalties Trust v. Allen Allen & Hemsley (1997) 13 PN 64 先例中所说:"…common interest privilege… is essentially no more than a variety of legal professional privilege."也可见 R v. Trutch (2001) EWCA Crim 1750 上诉庭先例中说:"It is a type of legal professional privilege whereby those with a common interest in litigation, just as a litigant and his legal advisers, can make candid communications without fear that they may be relied upon by an opposing party."更近期说法,则可见 Dadourian Group International Inc v. Simms (2008) EWHC 1784 (Ch)先例中 Patten 大法官说:"This is not a separate type or category of legal professional privilege. It is simply a convenient way of describing the principle under which communications between parties with a common interest may be entitled to protection from disclosure."

如果当事人可以依赖自己享有的特免权(包括联合特免权),是没有必要依赖共同利益特免权拒绝披露的。例如当事人自己就是"客户"(也就享有法律意见特免权),或者是为了自己的诉讼或可能诉讼制作的文件(也就享有诉讼特免权),不需要再依赖共同利益特免权的说法了。毕竟要证明之后这些法律文件在被交给自己时自己有共同利益是有难度而且不肯定的。正如 The "Sagheera" (1997) 1 Lloyd's Rep 160 先例中 Rix 大法官所说:"This may well because she regarded an invocation of common interest privilege unnecessary in circumstances where both plaintiffs shared a joint retainer of common solicitors and where they could jointly rely on legal advice and litigation privilege in that context... I believe it to be correct. It may be that common interest privilege would be necessary where, **for instance, common solicitors were separately retained, or where the parties might have been, but were not in fact, advised by the same solicitors, or where only one of the plaintiffs sued**[93]..."(加黑部分是笔者的强调)

也因此在《The Law of Privilege》(2011 年,第 2 版)一书中,将共同利益称为"residual in nature",也就是共同利益特免权实际上并不是特免权类型,本质上只是剩余(residual)部分。

4.3.3 共同利益人可以主张共同利益特免权而拒绝向第三方披露

在 Buttes Gas and Oil Co v. Hammer (No. 3) (1981) QB 223 上诉庭先例中,Denning 大法官的说法已经在本章之 4.3.1 段节录,不在此重复。上诉庭判从享有特免权的人士手中机密地接收了文件的当事人(共同利益人)可以依赖共同利益拒绝将文件披露给第三方。

虽然 Denning 大法官的说法中只提到了针对可能的诉讼(in aid of anticipated litigation),也就是指诉讼特免权(litigation privilege)。但是针对法律意见特免权(legal advice privilege)同样适用:见 The "Svenska" (1995) 2 Lloyd's Rep 84 先例。也可见 The "Sagheera" (1997) 1 Lloyd's Rep 160 先例中,Rix 大法官所说:"It seems to me that if legal advice obtained by one person is passed on to another person for the sake of informing that other person in confidence of legal advice which that person needs to know by reason of a suf-

---

〔93〕 Rix 大法官指出了一些常见需要主张共同利益特免权的情况。例如虽然委托的是同一律师,但是各自通过不同委托合约进行委托;又如当事人本会委托同一律师但事实上没有这么做;又或者是暂时只有一个当事人提起诉讼等。

ficient common interest between them, then it would be contrary to the principle upon which all legal professional privilege is granted to say that the legal advice which was privileged in the hands of the first party should be lost when passed over in confidence to the second party, merely because it was not done in the context of pending or contemplated litigation."[94]

Rix大法官说当事人在获取法律意见后,由于共同利益人有知悉的需要,因此将文件在保有机密性的前提下交给共同利益人阅读,只是由于没有诉讼或可能的诉讼,在当事人手中本可以受特免权保护的文件就会因这个行为失去特免权保护,是与法律业务特免权的大原则相悖的。

另外,共同利益特免权保护的,显然只是与共同利益有关的文件:见The "World Era" (No.2) (1993) 1 Lloyd's Rep 363先例。

值得注意的一个重要区分是,无论是法律意见特免权还是诉讼特免权,都要看在文件被制作之时的情况,例如在制作时是否为了诉讼或可能的诉讼。而联合委托(joint retainer)或联合利益(joint interest)也是一样,重点在文件被制作之时,(两位或以上)当事人之间是否有联合委托与/或联合利益。但是对共同利益特免权(common interest privilege)而言,一般看法是重点不在文件被制作的那个时间点,而是看文件在后来被交出的时间点上是否存在共同利益。而如果在共同利益还没有存在时,就已经将文件交出,该文件是无法依赖共同利益拒绝披露的:见J Sainsbury Plc v. WSP Consulting Engineers Plc (2004) EWHC 2610 (TCC)先例。[95] 同样的,在共同利益已经结束、关系破裂、产生利益冲突后,将文件交出给曾经的共同利益人也不会有共同利益特免权的保护。

最后节录The "Svenska"先例中成功获得法院批准的,可以依赖共同利益拒绝披露特免权文件的措辞/文字如下:"Confidential communications passing between the Defendants and Third Parties with whom the Defendant had a common interest in the subject matter and the action and which are by their very nature privileged."

4.3.4 共同利益的判断标准

4.3.4.1 Buttes Gas and Oil Co v. Hammer (No.3)先例

Buttes Gas and Oil Co v. Hammer (No.3) (1981) QB 223上诉庭先例中提到的共同利益是在当事人之间的关系像合伙人或者是同一公司部门之间的关系一样:"...as if they were partners in a single firm or departments in a single company."

显然会产生共同利益的情况不少,在后续案件中对于如何判断共同利益不断有所发展。例如在The "Good Luck" (1992) 2 Lloyd's Rep 540先例中,Saville大法官给出判断标准可以节录如下:"What to my mind is required, however, is **an identity of interest so close that the parties concerned could (had they chosen to do so) have used the same so-**

[94] 在其他普通法国家也有类似的判法。见Unilateral Investments Ltd v. VNZ Acquisitions Ltd (1993) 1 NZLR 468新西兰先例,Pitney Bowes of Canada Ltd v. The Queen (2003) 225 DLR (4th) 747加拿大先例等。

[95] 还可见Patrick v. Capital Finance Corporation (Australiasia) pty Ltd (2004) 211 ALR 272澳大利亚先例等。

licitor or other lawyer. It seems to me that such a limitation provides not only a relatively simple rule which lawyers can apply when seeking to discharge their duty regarding discovery…”(加黑部分是笔者的强调)

这判断标准就是,(两位或以上)当事人之间的利益接近到可以委托同一位律师也不会导致律师有客户之间利益冲突的疑虑。虽然在现实中,往往有共同利益的当事人,也通常会在不同的时间点委托他们自己心仪与信任的不同律师,就是连集体诉讼也无法避免这种情况。但由于他们之间有共同的利益与目的,因此即使委托了不同律师,在诉讼中也会频繁互通消息。这些与争议密切相关的机密文件与信息显然需要能够抗拒有敌意的对方或第三方的披露要求,因此法律上需要依赖共同利益或共同利益特免权的说法。

4.3.4.2　其他先例中共同利益的标准

还可见 Formica Ltd v. Export Credits Guarantees Department (1995) 1 Lloyd's Rep 692 先例中,Colman 大法官说:“…the essential question in each case is whether the nature of their mutual interest in the context of their relationship is such that the party to whom the documents are passed received them subject to a duty of confidence which the law will protect in the interests of justice.”但这说法受到一定批评,例如在《Phipson on Evidence》(2018 年,第 19 版)一书之 24-06 段说这完全是“兜圈子”(“circular test”),说了等于没说。

但无论如何,看来共同利益情况的出现比 Buttes Gas and Oil Co v. Hammer (No. 3) 先例中给出的例子是有所扩张的,正如 Rix 大法官在 The “Sagheera” (1997) 1 Lloyd's Rep 160 先例中说:“…The boundaries of this doctrine are widening…”但是具体而言如何判断是否有共同利益,又是比较模糊的。在 Gotha City v. Sotheby's (1998) 1 WLR 114 上诉庭先例中,Staughton 大法官就说共同利益特免权目前并没有被精确与完善地定义(was not defined as well as one might hope)。

在笔者看来,在目前主要需要结合过去先例,针对具体的事实情况进行判断。例如一般而言,在母公司与子公司之间往往会有共同利益,典型的情况是子公司面临诉讼,将受特免权保护的文件上报给母公司:见 USP Strategies Plc v. London General Holdings Ltd (2004) EWHC 373 (Ch)先例等。这样任何规管机构都不能向母公司或子公司要求交出该份文件。对方诉讼方也不能通过诸如申请法院传召(subpoena 或 witness summons)母公司负责人出庭对这文件内容作证。又如与联合利益所类似的情况(见本章之 4.2.4 段),当事人之间有合约关系的情况下有义务将文件交出给对方。[96]

《Phipson on Evidence》(2018 年,第 19 版)一书之 24-07 段介绍了在过往先例曾经出现过的判会存在共同利益的情况,节录如下:“…there have been certain types of relationship where it has been clearly recognised that common interest privilege may apply: insurers

---

〔96〕 有关这一点,在过往先例中常被用来支持的是 CIA Barca de Panama SA v. George Wimpey & Co Ltd (1980) 1 Lloyd's Rep 598 先例。但值得注意的是,CIA Barca de Panama SA v. George Wimpey & Co Ltd 先例实际上是有关联合利益(joint interest)的先例。

and assured,[97] reinsurer and reinsured,[98] agent and principal,[99] and any parties who do or might use the same solicitor."[100]

以上介绍的这些情况都不能生搬硬套,毕竟关键是看在交出特免权文件时是否存在共同利益。即使是有以上的关系(relationship)存在,也只是对证明共同利益存在有帮助。而很多时候在有如上关系时也会没有共同利益。一个常见的情况就是在当事人之间存在利益冲突,这将会在下一段进行介绍。

4.3.4.3 当事人之间的利益冲突或意见不合

早期曾经有 Lee v. South West Thames Regional Health Authority (1985) 1 WLR 845 上诉庭先例,[101] 判在当事人之间有利益冲突时就没有共同利益。之后也有类似的判法,例如 Commercial Union v. Mander (1996) 2 Lloyd's Rep 640 先例涉及保险人与再保险人之间的再保险合约。再保险人打算以保险人没有履行应尽的义务作出宣告(declaration)为由撤销(avoid)再保险合约,因此 Moore-Bick 大法官的看法是,这种情况下的共同利益是来源于双方之间的再保险合约,如果再保险人成功撤销合约,在再保险人与保险人之间是不会有任何共同利益可言的。

问题是 Commercial Union v. Mander 先例中,再保险人一旦撤销合约共同利益就完全丧失。但是如果并不是如此严重与明显的利益冲突,而只是潜在的、部分利益冲突时,是否就导致共同利益无法存在?

毕竟,现实中即使在有共同利益的当事人之间也难免有利益冲突。例如,两位共同被告(co-defendants),他们有击退原告索赔的共同利益与目的,但也有利益冲突。例如,在两位共同被告之间是替代责任(alternative liability),原告成功向其中一位索赔,另一位被告就可以脱身。或者两位共同被告都有疏忽或过错造成原告损失,在向原告作出赔偿后需要根据他们之间各自的疏忽或过错程度,在两位共同被告之间分摊损失,[102] 这会带来他们之间的争议或诉讼。可以说通常而言在共同被告之间,无可置疑地会有实质或潜在的利益冲突。

有时是有共同利益的当事人之间有不同意见。例如,两位共同被告内部的意见不同,包括委托谁作为代表律师,或者对付原告的策略(如是否和解、多少金额和解)等,现实中

---

[97] 保险人与被保险人之间:见 Guinness Peat Properties Ltd v. Fitzroy Robinson Partnership (1987) 1 WLR 1027 先例。

[98] 保险人与再保险人之间:见 Svenska Handelsbanken v. Sun Alliance and London Insurance plc (1995) 2 Lloyd's Rep 84; Fomica v. Export Credit Guarantee Department (1995) 1 Lloyd's Rep 692; Commercial Union v. Mander (1996) 2 Lloyd's Rep 640 等先例。

[99] 委托人与代理人之间:见 The "World Era" (No.2) (1993) 1 Lloyd's Rep 363 等先例。

[100] 会委托同一律师的当事人之间:见 The "Good Luck" (1992) 2 Lloyd's Rep 540 等先例。

[101] 在《Phipson on Evidence》(2018 年,第 19 版)一书之 24-07 段评论与质疑这个上诉庭先例说:"There is a Court of Appeal authority that a claim for common interest privilege cannot be maintained in the case of a conflict. However, at that time the law was less well developed and it is not clear whether the court would take the same view today."

[102] 这方面英国有立法针对民事责任(包括合约与侵权关系)下的分摊:见《Civil Liability (Contribution) Act 1978》,也可见笔者《提单与其他付运单证》一书第五章之 17.2.9.4 段。

就更加难以避免。如果这些潜在利益冲突或不同意见都影响双方有共同利益的认定,就会使共同利益或共同利益特免权(common interest privilege)能保护的机密性范围非常狭隘,几乎只有极少数情况才能成功。

在 The "World Era" (No. 2) (1993) 1 Lloyd's Rep 363 先例中,就提到过即使当事人之间意见并不完全统一不影响共同利益:"That common interest did not not come to an end simply because a dispute arose between them as to who should have the conduct of the proceedings. I would endorse the comment of the arbitrator on this point: 'The relationship between the parties with a common interest in proceedings is not always harmonious: they may quite legitimately hold different views about who is to conduct the litigation and how. Such views may be strongly held and vigorously expressed. But the mere existence of such disagreements does not necessarily entail the conclusion that the parties no longer have a 'common interest' in the proceedings themselves'."

毕竟也很容易可以想到的情况是,不会是所有的利益冲突、意见不合都影响双方之间的共同利益。例如在 Nauru Phosphate Royalties Trust v. Allen Allen & Hemsley (1997) 13 PN 64 先例中,作为被保险人的律师被第三方索赔,因此与承保专业责任险(professional liability insurance)的保险人共同应对索赔。看来保险人对于被索赔的行为是否属于保险合约的承保范围存在疑问。但是 Walker 大法官判这并不影响能够成功抗辩第三方的索赔对他们来说是属于共同利益的。节录 Walker 大法官的判词如下:"... so long as this action is still on foot and the extent of the cover has not been finally determined, the defendant and its insurers have a common interest in defending the action successfully, relying on all possible defences, including the issue which is agreed to be very close to, but not identical to, the issue which determines the extent of the professional indemnity insurance cover..."

当然由于此先例中在被保险人与保险人之间潜在的利益冲突,会导致部分文件内容不涉及共同利益的情况。例如,被保险人自己也担心保险人会拒绝理赔,因此咨询律师与商讨对策。当然这部分文件只是与保险合约有关,与第三方在此先例中的索赔没有关系。总之,Walker 大法官认为在此先例中的这种情况,作为被告的被保险人在披露时要对文件内容作出区分(哪些是涉及共同利益与哪些是由于利益冲突导致不存在共同利益)是过于沉重的工作负担,也因此没有允许(作为原告提出索赔的)第三方的披露申请。可以节录 Walker 大法官所说如下:"Any professional firm which finds itself in the position of the defendant (被保险人) may have to have discussions of great sensitivity with its insurers. There are two issues, on one of which the firm and the insurers have a common interest (... 'are facing the same way') and the other on which they are facing diametrically different ways. I think that **it would be burdensome to the defendant** to attempt to identify what part, if any, of this material is directed solely or mainly to the furtherance of a potential dispute with the excess insurers, a dispute that is, in principle, on a different issue."(加黑部分是笔者的强调)

《Phipson on Evidence》(2018 年,第 19 版)一书之 24 - 07 段也说把共同利益特免权

与共同利益当事人之间有潜在利益冲突、意见不合或有矛盾相关联并不令人满意。即使他们之间有完全对立的利益冲突，仍不会影响他们之间在另一条阵线有共同利益并对抗诉讼对方："The suggestion that common interest privilege cannot be deployed where there is a potential conflict is unsatisfactory. Two defendants likely to be sued in the same proceedings may have diametrically opposed interests in that they may be alternative defendants. Yet they may have a common interest in attacking the quantum of the claimant's claim or in seeking to make good a limitation defence which would provide a defence to both. There seems no good reason why common interest privilege should not apply."

4.3.5　共同利益和联合利益的比较

笔者的看法是联合利益（joint interest）与共同利益（common interest）虽然在定义上分为两种，并且有所区别。但就当事人之间的关系与利益本身而言，联合利益与共同利益实际上是非常类似的。

这也能解释为什么很多时候法院的判决中会同时针对联合利益与共同利益进行讨论，而有时也混为一谈，根本不区分联合利益与共同利益：见 CIA Barca de Panama SA v. George Wimpey & Co Ltd（1980）1 Lloyd's Rep 598 先例、Commercial Union v. Mander（1996）2 Lloyd's Rep 640 先例，甚至是较近期的 Winterthur Swiss Insurance Company v. AG（Manchester）Ltd（2006）EWHC 839（Comm）先例等。

已经提到过需要区分联合利益与共同利益是因为在一些方面有所不同。可以重复强调以下三方面内容：

1. 关注的时间点不同。联合利益关注的是在文件制作时是否有利益存在，而共同利益则关注的是在文件被交出时是否有利益存在。

2. 作用不同。联合利益的作用在于（两位或多位）当事人之间相互有权要求披露文件。而共同利益的作用在于共同利益人不能依赖法律业务特免权时，可以主张共同利益拒绝第三方（如规管机构等）的披露要求。但共同利益不能用来要求共同利益人披露受特免权保护的文件，除非是在文件制作之时这共同利益已经存在，但这也就实际上变成联合利益。也因此有说法是互相之间要求披露的作用是"宝剑"（sword）功能，但共同利益只不过带来的是"盾牌"（sheild）功能。这将在下一段进行介绍。

3. 罪行原则的适用不同。在本章之 1.2 段已经介绍过罪行原则（iniquity principle）的判断标准，是文件产生与制作时是否为了协助实施罪行（犯罪或欺诈、商业不诚实、卑鄙狡诈行为）或属于罪行的一部分。如果是，文件就由于罪行原则而不会受到法律业务特免权的保护。因此只有同样是关注文件产生与制作这个时间点的联合利益，才会受罪行原则的影响。正如在 JSC BTA Bank v. Ablyazov（2014）EWHC 2788（Comm）先例中，Popplewell 大法官说："The relevant question the companies were quilty of the iniquity which would prevent their legal professional privilege attaching to communications in which they had a joint interest with Mr. Ablyazou（被告）. My conclusion is that there is a strong prima facie case that they were, because it appears that there was no one other than Mr Ablyazov who was ultimately responsible for instructing the solicitors on their behalf and it is to be inferred

that in doing so his intention was that which informed his iniquitous strategy, so that his state of mind is to be attributed to the companies."

但对于共同利益而言,是没有这方面问题的,毕竟文件被产生与制作时是"干净"的,文件也就会受到法律业务特免权保护。即使收到文件的共同利益人有不法目的,也不应该影响早已经被产生与制作的文件,在当时是不涉及"罪行"的。

4.3.6 共同利益难以强制要求共同利益人披露文件

在本章之4.1段与4.2.2段已经介绍,在联合委托以及联合利益下,联合委托人或者联合利益人之间有权互相要求披露文件,不受到特免权的限制与影响。

而在本章前几段介绍的共同利益人可以主张共同利益并拒绝向第三方披露文件,这有时被称为共同利益的"盾牌"(shield)作用。过去有说法是共同利益还可以有"宝剑"(sword)的作用,可以用来强制要求共同利益人之间披露文件,包括机密性的、受特免权保护的文件(如法律意见、内部调查报告等)。[103] 这样的说法还可见 London Underground Limited v. Transport for London (2002) EWHC 1620 (Ch)先例中,Neuberger 大法官对共同利益作为"宝剑"的如下阐述:"...common interest privilege can exist in circumstances where the Court is satisfied that in the light of the fact of the particular case, more than one party has a privilege in the document, not just the party to whom it was supplied, or who supplied it. If it exists, common interest privilege normally will arise when the document comes into existence, but it seems that it can come in at a later stage. Common interest privilege can be invoked **as a shield**, ie, to avoid the document being produced, or to prevent its use by another party. **It can also be used as a sword, ie, to obtain the document from a person who has it, or to justify using it in evidence.**"(加黑部分是笔者的强调)

但是将共同利益作为"宝剑"的说法,在今天看来受到了不少批评。在《The Law of Privilege》(2018年,第3版)一书之6.21段说:"It is worth noting at the outset that common privilege properly so calls does not give party B the right to obtain disclosure of otherwise privileged documents from party A and, ... **it is misconceived to refer to common interest privilege as a 'sword'** ..."(加黑部分是笔者的强调)

另在《Documentary Evidence》(2018年,第13版)一书之19-07段说:"But there are a number of circumstances where a party may rely on rights of access to documents both privileged and unprivileged. This has sometimes been described as using common iterest privilege 'as a sword' but in truth the cases are too varied for it to be treated as a unified principle. In such cases A obtains from B document for which B can withhold on grounds of privilege against the rest of the world because it is inconsistent with the relationship or common interest between A and B, for B to claim privilege against A in relation to those documents. The principle here is far from homogenous, and involves the grouping together of a number of differ-

[103] 例如,在旧版本的《Documentary Evidence》(2009年,第10版)一书之15.06段等,还可见《English Civil Procedure》(2003年)一书之Para 27.61。

ent situations giving rise to the same ultimate result… and it is difficult to find a common thread…To speak of all these cases as being based on ‘common interest privilege’ can be a misnomer, because they are a disparate crew.”

这也是可以理解的,本章前文中也已经提到 Buttes Gas and Oil Co v. Hammer (No.3) (1981) QB 223 等先例中所谈到的共同利益,都涉及特免权在原享有人 A 手中被自动/自愿(voluntarily)交出特免权文件给当时有共同利益的 B,在面对第三方的文件披露要求时依赖特免权拒绝披露这些文件。常常涉及的情况是跨国公司中的不同部门之间,或者是保险人、被保险人之间应对诉讼或规管时相互传阅文件。如果是有“宝剑”功能,意味着 B 在文件被交给自己之前,都可以要求 A 披露文件。如果 A 不愿意,B 就可以通过法院强制。从根本上来看这并不属于本段所讨论的共同利益,而实际上是联合利益。

常被引用以及被认为是共同利益特免权可以作为“宝剑”的先例是 CIA Barca de Panama SA v. George Wimpey & Co Ltd (1980) 1 Lloyd’s Rep 598 先例与 Formica Ltd v. Export Credits Guarantee Department (1995) 1 Lloyd’s Rep 692 先例。在本章之 4.2.2 段已经介绍过,CIA Barca de Panama SA v. George Wimpey & Co Ltd 先例实际上涉及的是联合利益的问题,不应与共同利益混淆。

而 Formaica Ltd v. Export Credit Guarantee Department 先例中,原告(Formica)向一家瑞典企业(Lamett AB)供应商品,而被告则向原告提供一种保险产品(comprehensive short term guarantee),担保对原告在该供应合约下(90% 的)损失承保,包括合约相对方在破产等情况中供应的商品的货价无法获得清偿等情况。从 1991 年下半年开始,该瑞典企业经济出现问题,并欠下了巨额的供应合约债务。1991 年 10 月,瑞典企业正式宣告破产清算/清盘。因此原告要求被告对其蒙受的损失进行理赔。被告的抗辩是,根据保单条文,被告进行理赔有先决条件,即原告在保险合约存续期间即仍然在不断向瑞典企业供应商品的期间,有责任向作为保险人的被告持续披露与告知与供应合约下的风险有关的所有情况以及主动提交所有文件,而且在保险人的要求下还有义务提交额外的有关信息与文件,部分条文可以节录如下:“Without prejudice to any rule of law… the INSURED has disclosed and will at times during the operation… **promptly disclose**[104] **all facts in anyway af-**

---

〔104〕 在 The “Star Sea” (2001) 1 Lloyd’s Rep 399 贵族院先例中,确认了被保险人披露的法律责任只是针对保险合约订立之前的情况,而对于保险合约订立之后的情况,即使欠缺持续的披露,也不会导致保险合约无效;见笔者的《海上货物保险》一书第二章之 4.1.1 段。而通过此处的明示条文,使得被保险人有持续不断披露文件与信息的合约责任与义务。

fecting the risks[105]... the INSURED shall upon request provide all such other information as the insurer may require."(加黑部分是笔者的强调)

此先例中,被告指称原告在1991年下半年已经知道该瑞典企业的经营出现严重问题,但是没有及时告知被告。被告要求原告披露所有向瑞典企业索赔的有关文件,理由一方面是根据保单条文中原告有明示的披露义务;另一方面就是指出在当时原告与被告之间存在共同利益。

Colman大法官判在合约条文下的确有披露义务,而且通过解释条文认定在此条文下披露包括了受特免权保护的文件:"... there is no basis for construing the disclosure obligation in art. 4(前述节录条文)... as confined to non-privilege information and documents."

而针对共同利益,Colman大法官的说法则是:"... where... as in this case, the applicant for discovery seeks to rely on the existence of a common interest, he is really saying that his relationship with the other party was such with regard to the particular transaction upon which advice was given that he, the applicant, would have fallen within the ambit of confidence in relation to that legal advice **if it had been passed on to him by the other party at the time**."(加黑部分是笔者的强调)

这也就意味着认为在原告与被告之间的共同利益,在双方关系还没有变坏而需要提起诉讼前,如果当时特免权文件被交出给被告,被告可以依赖共同利益特免权拒绝披露给第三方。在关系变坏后的诉讼中,被告也应有权要求原告披露这些文件。这看来是认同共同利益作为"宝剑"。但这先例的说法之后在Commercial Union v. Mander (1996) 2 Lloyd's Rep 640先例中被Moore-Bick大法官所否定。

Commercial Union v. Mander先例的案情涉及的是保险人与再保险人(re-insurer)之间的争议。再保险人打算在再保险合约(reinsurance contract)下拒绝理赔,要求保险人披露在一线保险合约下理赔与谈判的情况与所有文件。再保险人的代表大律师提出,根据Colman大法官在Formaica Ltd v. Export Credit Guarantee Department先例中的说法,即使保险人没有自动/自愿将文件交给再保险人,再保险人在共同利益的说法下也有权要求保险人作出披露。Moore-Bick大法官说:"If the principle for which Mr. Howard (再保险人的代表大律师) contended were correct it would in my judgment involve a significant extension of the grounds on which a party could claim access to documents otherwise covered by legal professional privilege. However, in my judgment it does not represent the law. Al-

[105] 英国法下在保险合约生效后,只要不涉及恶意、欺诈的情况,被保险人可以自由行为,即使这行为会导致承保风险变动与增加。英国曾经有先例说在火灾险订立后,被保险人完全可以在房屋内自由地多插上一些蜡烛,即使这样做会导致火灾风险变高。因此英国法下,有做法是靠合约中的承诺性保证(promissory warranty),让被保险人向保险人承诺与保证在保险期间会采取或不采取一定行为,以不增加承保风险为目的。例如海上保险中要保证直航,游艇的船舶保险中保证24小时都有人员在船上,又如盗窃险中保证保养防盗门等。这类明示条文都是对被保险人十分苛刻的、一旦不严格按照承诺性保证履行,就会导致保险人拒绝理赔。因此这明示条文也改变了英国法的默示地位。有关课题见笔者的《海上货物保险》一书第四章之2段。

thought in many cases a relationship between two parties which support common interest privilege will be one which also gives each of them a right to obtain disclosure of confidential documents relating to the matter in which they are both interested, one can readily think of situations in which that would not be so… Both as a matter of principle and authority I think Mr. Gaisman(保险人的代表大律师)**is right in saying that it is not enough** that the person seeking disclosure of confidential documents can show that **he has an interest in the subject matter which would be sufficient to give rise to common interest privilege if the documents had been disclosed to him; he must be able to establish a right to obtain access to them by reason of a common interest in their subject matter which existed at the time the advice was sought or the documents were obtained.** "(加黑部分是笔者的强调)

值得注意的是,Moore-Bick 大法官说法的最后一句指出能够要求披露,需要在获取法律意见时以及获取有关法律意见的文件时(指特免权文件被制作时),在当事人之间有"共同利益",但这实际上所说的是联合利益(joint interest),而不是共同利益。

而且 Moore-Bick 大法官区分了依赖共同利益拒绝披露文件以及在要求披露时依赖共同利益的情况。在 Buttes Gas and Oil Co v. Hammer (No. 3)先例中,Denning 勋爵提到的业主起诉租客的例子中,虽然业主与多个租客之间签订的都是类似租赁合约,但只有在持有文件的租客 A 主动与机密地(如写明"Private and Confidential")披露给其他租客(租客 B 与 C)时,这份法律意见或者是为了诉讼所准备的文件在租客 B 与 C 手中可以拒绝披露给任何其他第三方。而如果持有文件的租客 A 没有主动披露给其他租客,租客 B 与 C 无法强制要求获取文件,不能否定持有文件的租客 A 可以依赖法律业务特免权保护文件免予披露给任何人(包括 B 与 C)。Moore-Bick 大法官指出法律业务特免权是绝对性权利,不能让一方当事人以有或多或少的共同利益,就超越法律业务特免权的保护。当然租客 A 如果主动交出文件,是对特免权的弃权(waiver of privilege)。而交出文件给有共同利益的租客 B 与 C,带来的权利只是租客 B 与 C 也可以依赖共同利益拒绝对任何其他第三方披露文件而已。

看来共同利益所谓的"宝剑"功能并不真正存在。前述先例中,CIA Barca de Panama v. George Wimpey & Co 先例实际上是依赖联合利益要求披露,而在 Formaica Ltd v. Export Credit Guarantee Department 先例中则实际上是强制履行了合约下明示条文对文件的披露义务。

在近期 Singla v. Stockler & Brunton (2012) EWHC 117 (Ch)先例中,Briggs 大法官则是说在过往所谓根据共同利益特免权要求披露的先例,实际上案情都是由于当事人之间不再存在机密性,也因此在当事人之间不能以特免权为由拒绝披露,但不影响该文件在面对其他第三方时仍然受特免权保护:"In my judgment **the concept of using common interest privilege as a sword is less than ideal for present purposes**. First, the question at issue is not privilege but confidence. A party may be entitled to require the recipient of confidential information to keep it confidential although this confidence may be overridden by the obligation to give disclosure in legal proceedings. In those circumstances **the existence of the**

requisite common interest may disable the litigant otherwise obliged to give disclosure **from refusing inspection on the grounds of privilege**…”(加黑部分是笔者的强调)

Briggs 大法官的说法从丧失机密性的角度解释了过去先例中共同利益的特性。但是在前文中也已经介绍过,共同利益会发生在不同的情况与背景中。因此在 Briggs 大法官的说法以外,还需要考虑如双方之间的合约关系下是否有披露义务等情况。此时即使文件本来保有机密性,但是只要有合约披露义务,仍然是需要披露的。而上述这些情况都是与普通法下不能以共同利益作为“宝剑”主动要求共同利益人披露特免权文件没有矛盾的。

最后节录《Phipson on Evidence》(2018 年,第 19 版)一书之 24 – 11 段的说法如下:“It is suggested that the true rationalization of these cases is to consider whether a claim for privilege between the relevant parties in relation to the documents in question is consistent with the underlying relationship. Whether the parties could maintain a claim for privilege against one another… will depend on the terms of the contract or relationship between the parties. Where there are express access rights, it may be inconsistent with those rights for a claim to privilege to be maintained. That will be the case even though the claim to obtain the documents goes beyond the express rights granted in the contract or policy. Whilst it may be appropriate to treat these rights as giving rise to the common interest… it may be sufficient simple to say without reference to common interest or joint privilege that the existence of those rights makes it inappropriate to claim privilege, which is the analysis in Brown.[106] It is only where there are no relevant access rights that the court will need to look more closely at the common or joint interest, although even here what the court is really holding is that the relationship between the parties is such that if during the course of the relationship one party had asked to see the privileged documents of the other, the latter could not have refused.”

总结而言,区分联合利益与共同利益的必要性是明显的。一方面,当事人之间有互通信息与受特免权保护文件的需要,但可以不用担心因此失去对机密性的保护。另一方面,在发生一件大事时,有联合利益或之后会有共同利益的人士会有很多,如集体诉讼。如果每一位共同利益人都有权要求披露,相互之间不得依赖法律业务特免权拒绝,就会带来沉重的工作量与巨大费用。再者,享有特免权的当事人也不见得想交给所有人,即使他们有共同利益与目的。虽然联合利益人也有同样顾虑,但时间点是在特免权文件被制作时,这在人数上就有大量减少了。

4.3.7 共同利益和限定弃权、选定对象弃权

有说法是,共同利益(common interest)下 A 将文件交给 B 后仍然可以继续对其他人享有特免权的说法,是由于 A 没有完全弃权(total waiver),只是在保持机密性的前提下十分局限地主动交给了 B。例如在 State of South Australia v. Peat Markwick Mitchell

[106] Brown v. Guardian Royal Exchange Assurance Plc (1994) 2 Lloyd’s Rep 325 先例,在保单中有条文明示要求披露文件,见本章之 4.2.4 段。

(1995) 65 SASR 72 澳大利亚先例中说:“It is to be borne in mind that the concept of common interest privilege is involved so as to counter a suggestion that privilege has been waived by the deliberate release or publication of privileged material, by the party entitled to claim privilege, to a third party.”类似的看法也可见《Legal Professional Privilege in Australia》(2005 年,第 2 版)等。这看来就与今天逐渐成熟的选定对象弃权(selected waiver)或限定弃权(limited waiver)[107]是同样的道理。

这也能很好地解释了 Buttes Gas and Oil Co v. Hammer (No. 3) (1981) QB 223 先例中建立共同利益特免权说法的一个重要作用,即租客为了自己的诉讼所获取的受特免权保护的文件或法律意见,在交出给其他租客查阅后,不会就此丧失特免权保护。这也与早期选定对象弃权或限定弃权的说法还没有发展起来与完善有关。在今天已经有了明确选定对象弃权或限定弃权的说法后,已经能够比较明确与肯定地保护特免权,不至于机密地交给有限的对象或者是为了特定目的交给特定人士就轻易地完全失去特免权保护。相比之下,要证明共同利益的存在、潜在冲突(的严重程度)不至于影响共同利益,很容易就会在各个案件的不同事实下产生各种各样的争议。而且在今天国际环境特别是规管越来越严厉的现状下,对文件的保护越来越重视,尤其是重视来之不易的特免权。在文件交给其他人查阅时,以选定对象弃权或限定弃权的方式进行,相比之下更为稳妥。看来也正是这个原因,近年来英国法律下虽然特免权的发展非常迅速,但针对共同利益特免权的案件并不太多。

另外共同利益只是属于对特免权弃权的说法,也有不少质疑。例如在《The Law of Privilege》(2018 年,第 3 版)一书之 6.43 段说,这样的说法无法解释共同利益人可以在自己的名义下拒绝披露,作为对比的例子,律师需要依赖客户的特免权拒绝向第三方披露:“This analysis might help to explain why the primary privilege holder can still claim privilege in the document when faced with a disclosure application; but it is less helpful in explaining why the incidental party should also be able to claim privilege in the document. That party can only assert privilege over the document once it has been disclosed to them, so it is difficult to see how categorizing common interest privilege as a mere defence to waiver can explain how or why they have acquired privilege. Rather, the effect of common interest allows either party to assert privilege in its own right when faced with a request for disclosure.”

上述节录段落中最后一句提到,共同利益人可以用自己的权利或名义依赖共同利益或共同利益特免权拒绝第三方的披露要求。但在笔者看来这说法是存在疑问的。毕竟如果(像代表律师一样)以原享有特免权人士的名义拒绝披露,共同利益人自己无法对特免权弃权。而如果是共同利益人自己的特免权(所谓的共同利益特免权),就没有理由说共同利益人不能选择弃权,因为大原则是任何权利,无论是法律专业特免权还是共同利益特免权,享有权利的当事人都可以主动与自愿放弃权利。一旦共同利益人可以主动弃权,就会带来另一类难以解决的问题。例如在 Buttes Gas and Oil Co v. Hammer (No. 3)先例中

[107] 该课题可见本书第十二章之 2.1 段与 2.2 段。

的业主起诉租客的例子,作为被告的租客 A 如果获取一份大律师意见,之后将这份意见交给其他租客传阅。在面对业主的披露要求时,其他租客一般情况下会拒绝,无论是依赖共同利益,还是依赖今天的选定对象弃权或限定弃权。但是如果有个别租客自愿披露文件,是否就可以使文件被披露呢?但可以想到的是,作为被告的租客 A 仍然可以根据选定对象弃权或限定弃权的说法,指出并没有对特免权作出完全弃权,因此无论文件在谁的手中,都可以拒绝披露,或申请法院作出衡平性救济(equitable remedy)[108]颁布/作出禁令(injunction)阻止文件被个别租客披露给业主或不得被使用、依赖与继续传播等。

因此笔者认为,如果客户或诉讼当事人 A 将特免权文件在保有机密性的前提下交给 B 查阅时,B 是否有单独的、以自己名义拒绝披露的权利并不重要。反而是要证明共同利益的存在需要花费额外的金钱与精力,还会存在严重的不肯定性。反观选定对象弃权与限定弃权,在保护特免权不丧失的目的上能够达到相同的效果,而且由于并不要求当事人之间存在共同利益,相对而言是较为肯定与简单的。

《Phipson on Evidence》(2018 年,第 19 版)一书也提到这个问题,并看来有类似的看法,在此节录 24-09 段:"The purpose of legal advice privilege(此处应是作者的笔误,应为 common interest privilege) is to enable the recipient of the document to make a separate claim for privilege rather than to rely upon the holder of the document to claim based on his own privilege… However if it is the right that A can decide whether to waive the privilege by permitting the disclosure to C (which is surely correct) there will only be limited circumstances where there is any advantage in B being able to assert the right in his own capacity. It is notable that, after a spate of cases in the 1980s and 1990s, there has been no recent authority on common interest privilege used as shield and although often invoked, analysis will usually indicate that there is another route by which privilege can be claimed. So the circumstances in which in future it is likely to be relevant are probably limited. Common interest privilege is seen as important in the US and US lawyers will often insist on common interest privilege agreements before allowing allied parties to see documents."[109]

---

〔108〕 该课题在本书第十二章之 6 段有详及。

〔109〕 在美国仍然非常普遍的做法是在将受特免权保护的文件交给其他人(如集体诉讼的其他原告)时,通过合约形式明确约定持续时间、范围以及结束形式等。

第十二章　法律业务特免权之四

1. 失去法律业务特免权保护

众所周知,法律业务特免权(legal professional privilege)背后的公共政策是让客户可以坦率与自由地向法律意见提供者咨询法律意见的权利,以及诉讼当事人有私人空间可以自由地采取行动保护自己的诉讼利益,而不用担心有敌意的对方或第三方会通过披露知道自己为诉讼所做的准备工作。

但特免权这种一旦存在就永久享有(once privileged, always privileged)的绝对与重要的权利,会由于两种方式失去:(1)享有特免权的人士弃权(waiver);(2)失去机密性(confidentiality)。而在这两种方式中更常见与复杂的是对特免权弃权。笔者的《合约的履行、弃权与禁反言》一书第十章之12段已经对这个课题有所针对,此处尽量不再重复,而是只补充一些没有提到的内容,读者可以将两本书对照起来阅读。

简单来说,特免权与其他权利一样,可以被享有权利(特免权)的人士放弃,也就是所谓的"弃权"。[1] 真正的弃权要求享有权利的人士知道有关的事实与自己的地位,有意识地故意弃权,所以也叫"主动意图弃权"(intentional waiver)。但在英国法下,对特免权的弃权会更广泛,无论是故意还是不小心,只要让敌意的对方诉讼方或规管机构等第三方获得原本享有特免权的文件,表面看来(*prima facie*)就失去了特免权:见 Briamore Manufacturing Ltd, Re (1986) 1 WLR 1429; Guinness Peat Properties Ltd v. Fitzroy Robinson Partnership (1987) 1 WLR 1027; Great Atlantic Insurance Co v. Home Insurance Co (1981) 2 Lloyd's Rep 138; Birdseye v. Roythorne & Co (2015) EWHC 1003 (Ch)等先例。

在 Birdseye v. Roythorne 先例中,Neway 大法官说:"...I do not accept that privilege can be waived only where the person entitled to it is aware of his rights. Thanki,[2] 'The Law of Privilege', is correct, I think, that the 'basic position in England is that once the substance of privileged material is divulged to one's opponent, even by accident and even where there is no implication of an intention to waive, privilege is prima facie lost'. Thanki goes on to observe that, if the terminology of 'waiver' is to continue to be used, 'it must be with the caveat that in this area the term can bear a rather different connotation than elsewhere in the law'. Thus, in Guinness Peat Properties Ltd v Fitzroy Robinson Partnership [1987] 1 WLR 1027, Slade LJ noted ... that 'privilege may be lost by inadvertence', referring by way

〔1〕 见《合约的履行、弃权与禁反言》一书第三章之3段。

〔2〕 Bankim Thanki QC,权威书籍《The Law of Privilege》的作者。

of authority to Great Atlantic Insurance Co v Home Insurance Co [1981] 1 WLR 529. In the Great Atlantic case, privilege in the whole of a memorandum was held to have been waived as a result of the plaintiffs' counsel reading out part of it during his opening, notwithstanding that, as Templeman LJ said, 'the plaintiffs and all their legal advisers never intended to waive any privilege.'"

这可能与历史原因有关，直到贵族院在 The "Kanchenjunga" (1990) 1 Lloyd's Rep 391 先例将弃权与禁反言(estoppel)、合约的更改(variation)进行区分前，很多古老的先例中都将这几个概念混为一谈，将所有客观看来会造成不公平与不合情理的出尔反尔的情况都笼统地叫作弃权。

另外，对特免权的弃权也有情况是虽然享有特免权的人士没有意图放弃特免权，但法律会强制要求披露一些享有特免权的文件。所以在一些被报道的先例中，法官为了更准确地描述不同案件的事实情况，会将这种情况或行为分别称为"默示弃权"(implied waiver)、"推定弃权"(imputed waiver)、"非主动弃权"(involuntary waiver)或"强制性弃权"(compulsory waiver)。

在 Mohammed v. Ministry of Defence (2013) EWHC 4478 (QB)先例中，Leggatt 大法官总结了五种在诉讼前或诉讼中对特免权弃权的类别，说：

"The term 'waiver of privilege' is an imprecise one, which is capable of referring to at least five legally distinct ways in which a right to assert privilege may be lost:

i) What might be called a 'true' waiver occurs if one party either expressly consents to the use of privileged material by another party or chooses to disclose the information to the other party in circumstances which imply consent to its use. Such a waiver may be either general or limited in scope.

ii) Where a party waives privilege in the above sense by deliberately deploying material in court proceedings, the party also loses the right to assert privilege in relation to other material relating to the same subject matter: see e. g. Great Atlantic Insurance Co. v. Home Insurance Co. [1981] 1 WLR 529. The underlying principle is one of fairness to prevent 'cherry picking': see e. g. Brennan v. Sunderland City Council [2009] ICR 479...

iii) Similarly, a party who by suing its legal advisor puts their confidential relationship in issue cannot claim privilege in relation to information relevant to the determination of that issue. Again the governing principle is one of fairness: see e. g. Paragon Finance v Freshfields [1999] 1 WLR 1183.

iv) Because privilege only protects information which is confidential, if the information concerned ceases to be confidential, privilege cannot be claimed. Where a party does an act which has the effect of making information public, this has sometimes been described as a waiver of privilege [see e. g. Goldstone v. Williams (1899) 1 Ch 47], but it is more accurate to say that privilege cannot be claimed because confidentiality has been lost.

v) Where a party comes into possession of privileged material by any means, and even if without the knowledge or consent of the other party, the receiving party is free to use such material subject to the equitable jurisdiction of the court to restrain a breach of confidence."

第一类就是主动意图弃权或真正弃权(true waiver)。但这种类别的弃权也会带来第二类更具争议的弃权,即附带弃权(collateral waiver)或所谓的"挑选樱桃"(cherry-picking rule)。

第三类弃权与第二类类似,是法律默示强制要求放弃特免权,即强制性弃权。背后的逻辑很简单,例如一种经常出现的情况是当事人以职业疏忽(professional negligence)起诉他的前律师,那么被告(前律师)就必须被允许抗辩。但所有的证据都存在于双方的书信往来中,而只有前客户即原告享有特免权。如果原告不对特免权弃权,被告就没有任何证据支持自己的抗辩。但同时原告可以披露对前律师不利的部分文件作为证据证明前律师疏忽,因为作为原告的客户可以弃权。所以为了避免这种完全无法作出公平与公正的判决的情况发生,法律会强制要求作为原告的前客户对所有被告(前律师)需要依赖的特免权文件作出弃权。

第四类准确来说不是对特免权弃权,而是文件失去了机密性,原本享有特免权的文件进入了公有领域(public domain)。这样,考虑到特免权的本意就是为了保护机密,所以失去了机密性也就一定同时失去了特免权。

第五类混合了弃权与禁反言(estoppel)或其他的防止产生不公平情况的考虑。例如对方(对方诉讼方或规管机构)从第三方获得享有特免权的文件,或者享有特免权的人士或他/她的律师不小心把文件错误或疏忽地给了对方,而对方也不会意识到或能够确定这些文件是否被主动意图弃权。但推进诉讼程序的时间宝贵,不能在对方("无辜方")强加一个查阅(inspect)披露文件前先澄清享有特免权的人士的真正意图的责任。相反,无辜方有权查阅与考虑所有与争议有关的文件或资料,并据此做开庭审理的准备。享有特免权的人士有责任立即采取行动向法院申请禁令(injunction),不允许对方查阅文件并立即将有关文件销毁或退回,特别在是他/她的代表律师错误或疏忽将文件交给对方的情况下。一旦享有特免权的人士延误行动就会构成对特免权弃权(本质上看来更像禁反言),因为无辜方可能花费了时间与根据这些被披露的原本享有特免权的文件做了工作,也就是因为依赖(reliance)而蒙受了损害。

本章接下来的段节会逐个针对这五类弃权。

2. 主动意图弃权

稍早已经提到,主动意图弃权这一类特免权弃权不太有争议。如果享有特免权的人士主动意图弃权,对方没有办法也没有理由反对。享有特免权的人士唯一要考虑的是是否会导致附带弃权(collateral waiver)或适用挑选樱桃规则(cherry-picking rule)。所以在决定对个别特免权文件主动弃权时,必须全面考虑会有危险被强制要求披露更多享有特免权的文件,而其中有一些是享有特免权的人士不愿意披露的。

简言之,享有特免权的人士从众多享有特免权的文件中挑出可以支持他/她的案件的部分披露,但如果法院只断章取义地考虑这一部分文件是无法公平地作出判决,就会要求披露更多与更全面的有关文件。而这些被进一步要求披露的文件,可能对享有特免权的人士不利。例如,一位外国律师对外国法律作出的法律意见是对享有特免权的人士有利,但如果披露了双方的所有书信往来可能会发现事实上外国律师之后作出了新的法律意见,或是对之前的意见进行了实质性地修改,而之后或修改后的法律意见对享有特免权的人士不利。

2.1 限定弃权(limited waiver)

英国法承认限定弃权的说法,也就是说,在之前的规管调查或诉讼程序中披露了原本享有特免权的文件,并不表示这些文件就一定不能在之后其他的规管调查或诉讼程序中享有特免权。

常常在这方面被引用的先例是上诉庭的 British Coal Corp v. Dennis Rye (1988) 1 WLR 1113 先例。在该先例中,British Coal Corp 聘用 Dennis Rye 先生做一些修理工作,但之后声称 Dennis Rye 先生过度收费与诈骗。该先例的前一个诉讼是刑事案件,British Coal Corp 在刑事案件中向检察机关提供了有关的本受诉讼特免权(litigation privilege)保护的文件(British Coal Corp 主要为了将来对 Dennis Rye 先生的民事诉讼所准备的专家报告与证人证言)用以对 Dennis Rye 先生的刑事控告,其中有部分被依赖。[3] Dennis Rye 先生在刑事控告中最终被判无罪。

而在后一个 British Coal Corp 与 Dennis Rye 先生的民事诉讼中,Dennis Rye 先生就想依赖前述 British Coal Corp 提供的文件。上诉庭 Neill 大法官指出,British Coal Corp 在前一个诉讼中向检察机关披露的文件完全可以只是限定弃权,不用在后一个诉讼中进行披露,说:

"In my judgment the answer to this question is plainly 'No.' Let it be assumed that all the documents have come into the possession of the defendants with the implied consent of the plaintiff and that it could be established that they would have supplied the Category B[4] documents even without an order of the court. Nevertheless it is clear that the plaintiff made the documents available for a limited purpose only, namely to assist in the conduct first of a criminal investigation and then of a criminal trial. This action of the plaintiff, looked at objectively as it must be, cannot be construed as a waiver of any rights available to them in the present civil action for the purpose of which the privilege exists.

In my judgment the action of the plaintiff in making documents available for the purpose of the criminal trial did not constitute a waiver of the privilege to which it was entitled in the present civil proceedings. Its action in regard to both the Category A and the Category B.

---

〔3〕 如果是在前一个刑事案件中将受特免权保护的文件交给检察机关,但没有被依赖,毫无疑问在后一个诉讼案件中仍然是受到特免权保护的:见 Taylor v. Serious Fraud Office (1999) 2 AC 177 先例。

〔4〕 在文件披露程序中,文件清单(list of documents)中的第二类表示诉讼方披露文件存在,但因为享有特免权而不让对方诉讼方查阅,这可见本书第七章之 9.3 段。

documents was in accordance with its duty to assist in the conduct of the criminal proceedings, and could not properly be construed as an express or implied waiver of its rights in its own civil litigation. Indeed, it would in my view be contrary to public policy if the plaintiff's action in making the documents available in the criminal proceedings had the effect of automatically removing the cloak of privilege which would otherwise be available to it in the civil litigation for which the cloak was designed."

现在已经很明确特免权可以被限定目的弃权,而不是在交出后就被完全弃权。只有在一些特定的情况下,享有特免权的人士才完全放弃了以特免权抗拒披露的权利。例如在 B v. Auckland District Law Society (2003) 2 AC 736 先例中,枢密院的 Millett 勋爵就对完全弃权与限定弃权做出了区分,说:"It does not follow that privilege is waived generally because a privileged document has been disclosed for a limited purpose only."

2.1.1 支持限定弃权说法的理由

有多个理由支持限定弃权的说法,一些情况与/或主要说法可简单介绍如下。

2.1.1.1 法院核算胜诉方律师费用的一贯做法显示有限定弃权的必要

在较早前的另一个诉讼或其他的程序所作出的披露,特别是在强制要披露的情况下,法律一般会默示(implied by law)披露的特免权文件只是被用在这个目的(purpose)。常见的例子就是法院核算(tax 或 assess)律师费用,有不少的有关先例都显示了这个法律地位,如 Goldman v. Hesper (1988) 1 WLR 1238 先例与 Bourns Inc v. Raychem Corp (1999) 3 All ER 154 先例。根据英国分摊诉讼费用的大原则,一方当事人在胜诉后可以向败诉方取回所花费的合理律师费(reasonable costs)作为补偿。但败诉方会质疑胜诉方律师的收费太高,毕竟为了诉讼所花费的合理费用有弹性空间,如果金额很大,就值得再多花费用让法院作出客观与权威性的核算。但核算费用的法官(taxing master 或 cost judge[5])有时需要看(虽然已经尽量避免)享有特免权的文件,才能知道该律师为胜诉方做的工作与是否合理。这些文件可以说是"强制"要披露给费用法官,也可以说是胜诉方自愿披露。因为"强制"是有条件的,即必须让胜诉方有不披露并愿意承担无法取回有关费用的风险的选择权(election)。但无论是怎么样的说法,英国法律地位都很清楚这个披露并非是针对特免权的全面弃权,而只是为了核算费用目的的限定弃权。将来如果双方诉讼方还有其他诉讼,仍然可以主张这些披露的文件享有特免权以保护机密。

2.1.1.1.1 Goldman v. Hesper 先例

在介绍 Goldman v. Hesper (1988) 1 WLR 1238 先例前,可先简单介绍英国法院的费用法官是怎样对待要求取回律师费用的胜诉方交出的特免权文件的。首先,费用法官在核算费用时会尽量减少披露享有特免权的文件的要求,而尽量依赖律师有详细时间记录的收费记录与在有疑问时让律师进一步解释。毕竟这些文件的内容与核算费用(主要关心律师合理费率、人数与工作量等方面)无关,但会有少数情况费用法官需要提出披露要求,而败诉方也会提出披露申请,声称没有看到有关的文件证明所做的合理与有关的工

---

[5] 英国 CPR 之前叫作 Taxing Master,CPR 之后叫作 Cost Judge。

作,就无法对收费记录中某些“可疑”的收费项目提出质疑。

这样,费用法官就会考虑胜诉方不披露是否会对败诉方严重不公平,并与保护特免权的考虑做出权衡。大原则还是费用法官完全可以拒绝败诉方的申请以尽量保护特免权文件,而且费用法官也无权强制胜诉方披露特免权文件。如果费用法官根据不同的案情认为败诉方有很强的理由应该查阅有关的特免权文件,也会考虑加上恰当条件。例如只允许败诉方的代表律师查阅,但不允许给败诉方看。很重要的就是这披露要求必须让胜诉方有一个选择权,即胜诉方可以为了取回有关的费用选择弃权让费用法官或败诉方查阅,也可以选择不弃权而以其他的办法证明有关费用是合理产生,也愿意承担不能取回这笔费用或只能取回部分的一定风险。这样,如果胜诉方不愿意让败诉方知道一些本质上是非常机密的文件,就可以选择不披露或不让费用法官与败诉方查阅,这样做的代价就是要承担取不回针对这方面工作的部分费用的风险。

Goldman v. Hesper 先例针对限定弃权方面明确说明向败诉方披露特免权文件只是针对核算费用这个目的的限定弃权。上诉庭的 Taylor 大法官(Donaldson 大法官与 Woolf 大法官也同意)说:“That it is possible to waive privilege for a specific purpose and in a specific context only is well illustrated by the decision of this court in British Coal Corpn v Dennis Rye Ltd (No 2) (1988) 1 WLR 1113 … By the same token voluntary waiver or disclosure by a taxing officer on a taxation would not in my view prevent the owner of the document from reasserting his privilege in any subsequent context.”

2.1.1.1.2 Bourns Inc v. Raychem Corp 先例

在 Bourns Inc v. Raychem Corp (1999) 3 All ER 154 先例中,案情有关这两家知名美国电子组件公司在美国相互指控对方不适当使用商业机密(misuse of trade secret),部分产品是通过欺诈获取的美国版权(procured US patents fraudulently)以及违反美国竞争法(US Anti-trust Law)垄断美国市场。Bourns 在有陪审团(jury)的一审胜诉。于是 Bourns 向英国高院申请撤销 Raychem 有关电子组件在英国的专利权,并在英国高院与上诉庭成功,于是英国法院要核算 Bourns 作为胜诉方可以向 Raychem 取回的律师费用。核算过程中,Bourns 需要向费用法官与 Raychem 披露部分特免权文件。在此期间,Raychem 决定在美国上诉以撤销一审陪审团的判决,而美国律师认为在英国核算费用时所披露的部分特免权文件对他们的上诉有帮助,想在美国法院依赖这些文件作为证据。这导致 Bourns 向英国法院主张这些披露的文件仍是属于特免权文件,不能使用在美国诉讼,并要求英国法院作出禁令阻止 Raychem 披露。上诉庭的 Aldous 大法官(其他大法官也同意),说:“The documents were privileged and were disclosed on taxation only for the purposes of the taxation. It did not matter that they were disclosed voluntarily and not by order of the taxing master. They were relevant to an issue and should have been disclosed in the interests of justice and an order for disclosure would have been made if sought. The privilege in them was waived only for the purposes of taxation. (Goldman v Hesper [1988] 1 WLR 1238 applied.)”

2.1.1.2 确定限定弃权说法的 B v. Auckland District Law Society 先例

这个理由对分析限定弃权是否能说得通十分重要,就是如果把特免权文件向第三方披露,是否就丧失(lost)了特免权?这种说法符合常理与现实,A 无条件把一份享有特免权的文件披露给了 B,就可以估计到 B 会把这份文件有意或无意地传出去给其他人士看,甚至是传到了公有领域(public domain)。这样,在今后的诉讼或任何其他的程序,A 再也不可能主张该份文件的特免权。这与特免权文件丧失机密性(confidentiality)是一样的道理。有关的文件不论是什么原因被披露(自愿、疏忽、强制或甚至是被偷走)传到了公有领域,例如在一个公开法院的审理中被读出或是文件的内容在一份广泛被阅读的报刊里被刊登等,就失去了机密性。特免权正是为了保护机密,所以一旦无可挽回地丧失了机密性,就也相当于丧失了特免权,A 不能在持续的诉讼或其他程序中主张这个再也不存在的权利。

但问题是在主动意图弃权的情况下,A 是否可在向 B 披露一份特免权文件时说明是机密,只允许 B 个人参阅,甚至说明 A 自己仍保留有关文件的特免权?毕竟如果 B 不同意这种有条件的披露,可以反对甚至不接受 A 的披露。这样,A 可能会回心转意无条件向 B 披露这份文件,当然也可以坚持除非 B 答应条件否则就不披露。这种做法应是完全说得通,也是经常发生的。当然即使是在有这种附加条件的情况下披露了文件给 B,因为对 B 而言这些文件已经失去了机密性,所以在 A 与 B 之间的诉讼中,有关文件就不再享有特免权。如在 Black & Decker Inc v. Flymo Ltd (1991) 1 WLR 753 先例中,Hoffmann 勋爵说:"It is not possible to assert a right to refuse to disclose in respect of a document which has already been disclosed. Once the document has passed into the hands of the other party the question is no longer one of privilege but of admissibility."

但对其他第三方而言,A 仍然可以主张文件的机密性与特免权。

在同样的道理下,上述的说法与做法可以更进一步,即 A 在向 B 披露时说明只是为了特定目的(specific purpose)向 B 披露,即使是在与 B 之间的后续诉讼或其他程序中也依然保留特免权,而 B 也明示或默示地同意了 A 的条件。这样,虽然有关的文件在 A 与 B 之间已经失去了机密性,但 A 能否仍在后续的诉讼或其他程序中向 B 主张特免权?这方面的争议在重要的英国枢密院 B v. Auckland District Law Society (2003) 2 AC 736 先例中有针对并给出了肯定的答案。在该先例中,奥克兰律师协会在争辩中举了个例子说特免权可以让一方拒绝把猫从袋子里放出来,但一旦猫被放了出来,特免权没法帮助把猫再放回去。但是枢密院最后的判决中拒绝了这种说法,说猫从袋子里被放了出来仍然是一只猫,没有理由放不回去(The cat is still a cat. It can be put back in the bag)。

该先例的案情涉及新西兰奥克兰的律师协会由于接到对某律师(B)的投诉,从而根据当地法律对 B 律师开展调查。B 律师在接受调查过程中为了合作自愿披露了一部分受到特免权保护的文件,但是在提供文件的当时就明确通过文字记载了愿意这样做并不对特免权完全弃权:"on the express basis that, in doing so, privilege is not waived."

之后律师协会开始了对律师的诉讼,并要依赖这些文件。问题就是律师是否有权以特免权为由限制律师协会对文件的使用呢?律师协会认为在文件被交出以后,他们之间不再有机密也就不再存在特免权的问题了，或者用枢密院总结的说法："The society's argument, put colloquially, is that privilege entitles one to refuse to let the cat out of the bag; once it is out of the bag, however, privilege cannot help to put it back."

枢密院的看法是，这说法并没有针对特免权"弃权"的问题，实际上是针对特免权"丧失"的问题，而弃权与丧失是有区别的。限定弃权的人士应当是在认为弃权行为并不会造成特免权丧失的前提下作出限定弃权，当前的法律也尽量在这个基础上予以保护：见 British Coal Corp v. Dennis Rye (1988) 1 WLR 1113; Pamplin v. Express Newspapers Ltd (1985) 1 WLR 689; Goldman v. Hesper (1988) 1 WLR 1238; Bourns Inc v. Raychem Corp (1999) 3 All ER 154 等先例。在枢密院看来律师协会的说法混淆了文件本身的属性与律师向律师协会有条件交出文件所带来的权利。此先例中的文件享有特免权的保护，是由于该文件涉及了法律意见。在律师将文件交给律师协会后，律师就难以再对律师协会就该文件行使拒绝披露的权利，但这不改变该份文件仍然涉及法律意见与应当受到特免权保护的属性。该文件应当享有的特免权并不因为这些后续有条件的安排而丧失，仍然可以继续保护文件免予在其他情况中披露。枢密院的 Millett 勋爵说："The society argued that, once the documents were produced to Mr Ennor（律师协会在调查过程中委任的代表大律师）, they ceased to be privileged. Their Lordships consider that this is playing with words. It confuses the nature of the documents with the rights to which the arrangements with Mr Ennor gave rise. The documents are privileged because they were created for the purpose of giving or receiving legal advice. If they are not produced voluntarily, production cannot be compelled. If they are produced voluntarily, the right to withhold production no longer attaches to them. In that sense the privilege may be said to be lost. But they are the same documents, and it is not inappropriate to describe them as privileged. Their inherent characteristics are the same. The policy which protected them from unauthorised disclosure is the same. The cat is still a cat. It can be put back in the bag."

2.1.1.3 限定弃权对公共利益的好处

法院也认为在政策上承认限定弃权有好处。如果法律地位一旦做出披露，就会导致全面弃权丧失特免权的保护，不能有任何明示或默示条件，这并非好事。除了较早前提到的核算胜诉方律师费用的诉讼程序外，还有很多其他情况可以显示限定弃权的必要性。

例如，有不少规管机构（regulatory body）在刚开始调查时，通常不会有太多证据在手，也不会对调查的个别或多家企业有敌意（hostility）。规管机构在给有关公司的信函中也通常说明还没有任何定论，完全要看调查结果，要求涉及的有关个人或公司合作交出有关文件。而被调查的有关公司，可能自己也不知道公司内部发生的问题（如海外雇员或前雇员做出的不合法行为），或即使知道也希望通过合作能让规管机构不采取进一步行动或被从轻发落。但合作交出部分特免权文件后，调查的进一步发展难以预料。当来到一个时间点或分水岭（watershed）是有关公司知道需要面对去法院诉讼或申请司法复核（judicial review），为了不让规管机构使用与依赖在合作时曾经限定披露过的特免权文件，有关公司就有主张这些文件的特免权的必要了。

所以,如果个人或公司想配合调查交出特免权文件,但为了预防将来情况变坏与失控,希望保留将来文件受特免权保护的权利,这对规管机构与当事人都是好事。总比调查一开始还不知结果时,当事人就因为有所顾虑而坚决不与有关规管机构合作要强得多。所以在 B v. Auckland District Law Society (2003) 2 AC 736 先例中,枢密院的 Millett 勋爵说:"The question is not whether privilege has been waived, but whether it has been lost. It would be unfortunate if it were. It must often be in the interests of the administration of justice that a partial or limited waiver of privilege should be made by a party who would not contemplate anything which might cause privilege to be lost, and it would be most undesirable if the law could not accommodate it."

2.1.1.4　权威书籍对限定弃权的总结

在《Documentary Evidence》(2018 年,第 13 版)一书之 24 – 10 段对限定弃权的说法总结说:"Where privileged documents are disclosed to third parties, the question arises whether there is a restriction on their use so that the recipient cannot use them for other than the contemplated purpose. Here the principles can be stated with a measure of certainty ... Where there is an express restriction on the use of the privileged documents, the court will normally honour it. Where there is no express restriction, the court will have to determine on a case by case basis whether there was an implied restriction on the use of the privileged documents. However, Berezowsky v. Hine & Ors (2011) EWCA Civ 1089 suggests that they are likely to protect the person supplying the privileged documents and strive to prevent use not contemplated. Increasingly the courts are willing to protect the privilege and to hold that the disclosure was for a limited purpose and the receiving party should not be entitled to use the documents against the party who disclosed them. Citic Pacific Ltd v. Secretary for Justice (2012) HKCA 153, the decision of the Hong Kong Court of Appeal, seems to go even further than Berezowsky."

2.1.2　披露时必须向对方要求保持机密与/或声明保留特免权才能享有限定弃权

稍早已经提到在向任何第三方[包括或不包括共同利益(Common Interest)[6]人士]披露特免权文件时,如果不同时要求收件人(recipient)保持机密,就难以避免收件人会自由使用特免权文件,包括转发给其他人士。所以在披露时如果不明示或默示要求收件人必须保持披露文件的机密性,甚至说明自己仍保留特免权(通常如果有谨慎的律师参与就会写明),就不会也不能享有限定弃权。

在《Documentary Evidence》(2018 年,第 13 版)一书之 24 – 10 段说:"All will depend on the circumstances of the disclosure. But if A discloses privileged documents to B without an expressed or implied obligation of confidentiality, it must follow that B would be free to disclose those documents to a third party. It must equally follow that B would be obliged to disclose the documents when served with a witness summons by another party. It seems un-

[6] 该课题可参阅本书第十一章之 4 段。

likely that the courts will hold that there has been a limited waiver where the documents have been disclosed without an express or implied obligation of confidentiality, but in most cases where privileged documents are disclosed outside litigation it will not be difficult for the court to infer an obligation of confidentiality on the recipient."

以下可举一些案例的有关措辞以供参考:

1. 在 B v. Auckland District Law Society (2003) 2 AC 736 先例中,律师在接受调查过程中自愿披露一部分受到特免权保护的文件时的附函中说:"May we assure you of the firm's willingness to assist and co-operate in the society's(律师协会)investigation in respect of ... There are, however, preliminary issues which need to be dealt with, which we outline in this letter ... there is still litigation on foot against the firm in respect of ... For this reason, the confidentiality of all of the information held by the firm is very important. A number of the documents which the firm can produce are privileged in this litigation. We understand that the society has appointed Mr. Ennor(律师协会在调查过程中委任的代表大律师)to investigation the complaint. We propose that we should make the privileged documents available to Mr. Ennor on the express basis that, in doing so, privilege is not waived, and that the documents will not be further copied by Mr. Ennor. Could you please advise whether the society is prepared to deal with the privileged documents in that way?"Ennor 大律师对上述信函简单回复说:"我愿意在目前这样进行。"在本章之 2.1.1.2 段已经介绍过,最终英国枢密院判发出上述信函的律师对披露的特免权文件只是限定弃权。

2. 在 R (on the application of Belhaj) v. Director of Public Prosecutions (No. 2) (2018) EWHC 513 (Admin)先例中,英国政府部门之间在传阅法律意见(legal advise)时明确写明是保留在将来的诉讼中主张特免权的权利,说:"Legal professional privilege There are some documents provided to the investigation that may be subject to legal professional privilege. The FCO (英国外交部)provides these papers for the sole purpose of assisting with this investigation and do not consider to have waived legal privilege for any other purpose, including any future prosecution or civil claim."英国行政法院(The Administrative Court)判这是限定弃权,有关文字清楚无误地显示了只是为了特定目的有条件地在政府部门之间弃权,不能被看作完全弃权。所以判英国政府部门没有在之后的司法复核程序中弃权。

3. 相比明示(express)要求第三方对披露的特免权文件保密,或披露方自己说明保留特免权,依赖默示限定弃权(implied limited waiver)(事实的默示〔7〕)就会比较不肯定。毕竟这要根据每一个案件的不同案情,看根据披露时的环境与披露方的言行能否推断(infer)是对第三方(收件人)有要求或保留,而客观看收件人也应合理知道有这个要求或保留。可能是因为英国法院倾向于支持限定弃权,所以有说法是如果是在与诉讼无关的情况下披露特免权文件,即使没有明示,一般法院也会支持是限定弃权。

---

〔7〕 有关事实默示(implied by fact)的课题,请参见《合约的解释:规则与应用》第七章之 4 段。

有关法律承认可以根据披露方的言行与披露时的环境默示限定弃权的课题，在笔者的《合约的履行、弃权与禁反言》一书第十章之12.5.3.3段有介绍，包括重要的Berezovsky v. Hine（2011）EWCA Civ 1089先例与香港CITIC Pacific Limited v. Secretary for Justice and Commissioner of Police（2016）1 HKC 157先例，读者可一并阅读，不再重复。

此处只介绍另一个没有在该书提及的近期的Shepherd v. Fox Williams（2014）EWHC 1224（QB）先例，也可显示在各种不同案情下，宽松分析披露方在披露时是否默示限定弃权，只希望收件人自己参阅与保密。案情涉及Shepherd先生（以下简称S先生）与一位L女士是合伙人，双方经常以电邮交流。其间，S先生通过电邮向L女士发送了一些他个人的高度机密与享有特免权的文件。电邮是发给L女士的个人电子邮箱，但L女士为了在上班时阅读，在S先生不知情的情况下转发给Fox Williams公司（以下简称F公司）的电子邮箱。这导致这些高度机密与享有特免权的文件被存储在了F公司的电邮服务器内。之后，L女士离开了F公司，双方也有争议并导致L女士向F公司提起诉讼。在该诉讼中，F公司作为被告向法院交出了一些S先生的高度机密与享有特免权的文件。于是S先生紧急向法院申请一个简易判决（summary judgment），要求F公司把这些机密与特免权文件退还给S先生或摧毁与不能使用。

F公司认为S先生已经对F公司弃权，毕竟电邮是发到了F公司的电邮信箱。但法院判从S先生披露机密与享有特免权的文件给L女士的情况来看，明显只是想让她个人参阅，并且也期望L女士会保密，也不会是想放弃特免权的保护。如果说S先生把这些特免权文件交给L女士，对她弃权的同时也对她的雇主F公司弃权，就说不通与太遥远了。所以，法院判S先生胜诉。

2.1.3　相同当事人和不同当事人的问题

显然对不同的当事人来说，即使在前一个法院诉讼（如A v. B）中当事人披露了受特免权保护的文件，只要这份文件并没有丧失特免权[如A v. B是不公开聆讯（在公开聆讯时读出来的文件就失去了原本的机密性）〔8〕或是法院发出限制该文件被使用与披露的命令等〔9〕]，在后一个法院诉讼（如A v. C）中就仍然可以享有特免权的保护：见Goldstone v. Williams（1899）1 Ch 47；Minnesota Mining & Manufacturing v. Remnicks（UK）（1991）FSR 97；Bourns Inc v. Raychem Corp（1999）3 All ER 154等先例。Neill大法官在British Coal Corp v. Dennis Rye（1988）1 WLR 1113上诉庭先例中说："These authorities show that where discovery is made in civil proceedings the party to whom disclosure is made is bound by an implied undertaking not to use the documents disclosed for any collateral purpose. Such a collateral purpose would include the use of the disclosed documents in other proceedings."

---

〔8〕 例如，在本书第四章之1.1段介绍的Dechert LLP v. Eurasian Natural Resources Corporation Limited（2016）EWCA Civ 375先例就被允许不公开聆讯。

〔9〕 关于在法院诉讼中保护机密文件的课题，可见本章之6段。

但对于相同当事人的诉讼,即两个诉讼都是 A v. B,就会有一定的麻烦。毕竟一个很难解释的问题是享有特免权的文件在前一个诉讼中已经被披露给 B,这表示在当事人之间就已经没有机密性的问题,也就谈不上依赖特免权拒绝披露了。但这样对披露的 A 来说,实在是不公平。因此法院通过一些先例建立的判法是即使是相同的当事人,在前一个诉讼中限定弃权的受特免权保护的文件,未必能在下一个诉讼中被对方当事人依赖与使用。例如已经在本章之 2.1.1.1 段介绍的有关诉讼费用的 Pamplin v. Express Newspapers Ltd (1985) 1 WLR 689;Goldman v. Hesper (1988) 1 WLR 1238;Bourns Inc v. Raychem Corp (1999) 3 All ER 154 等先例,事实上涉及的都是完全相同的双方当事人。

在《Documentary Evidence》(2018 年,第 13 版)一书之 24 – 12 段提到这个问题时说:

"The difficulty issue, where the law is developing, relates to how far the principle extends as between the same parties when the documents are disclosed. Where documents are disclosed in one set of litigation, there will usually be a collateral undertaking which prevents the other party using them outside the litigation, and unless the documents have been read out or treated as read out in court, that will provide a restriction on what the other party can do with them. But in most circumstances the issue is not whether the other party can use the documents but whether the disclosing party can claim privilege for them in subsequent proceedings.

In the past, the cases on limited waiver involving the same parties have mostly been assessment of costs cases, where special issues arise. Outside assessment of costs, British Coal again can be seen as a special case, where a party provided documents for use in criminal proceedings. But recently ENRC v Dechert (2016) EWCA Civ 375, discussed below has suggested that the limited waiver principle may be rather broader."

根据前述说法,在目前看来,披露特免权文件时明示或默示限制了使用目的,限定弃权的说法仍然是肯定的,无论是相同当事人还是不同当事人,都仍然可以在后续案件中继续依赖特免权拒绝披露与使用。尤其是在 B v. Auckland District Law Society (2003) 2 AC 736 枢密院先例中,涉及法院诉讼外对特免权文件的限定目的披露问题,枢密院看来是支持了这样的说法。

2.1.4 其他普通法国家/地区对限定弃权的法律地位

并非所有普通法国家/地区都接受限定弃权(limited waiver)的说法,在美国的 Permian Corporation v. United States, 665 F 2d 1214 (DC Cir 1981)先例中,公司为了应对调查向美国证券交易委员会披露了部分受特免权保护的文件,法院认定这样的披露会导致对特免权的完全放弃。这在美国法下也被称为"Premian 规则"。

澳大利亚的普通法地位不肯定,例如在 Nework Ten Ltd v. Capital Television Holdings Ltd (1995) 35 NSWLR 275 先例中曾经认可了限定弃权的说法。但是之后在 Goldberg v. Ng (1995) 185 CLR 83 先例中,案情也是涉及客户向律师协会投诉前律师,该律师面对律协的调查披露了一些受到特免权保护的文件。客户之后在法院开始对律师的民事诉讼,并想要依赖前述受特免权保护的文件。律师指自己是限定弃权,但这被澳大利亚高院否定,理由是律师协会的调查程序与之后的民事诉讼程序是有非常紧密联系的,如果允许律师自己在调查中依赖这些文件进行抗辩,但在民事诉讼中又以特免权为由不允许客户依赖这些文件是不公平(unfair)的。这也与澳大利亚有关特免权的问题中非常强调公平有关,与英国法的地位存在一定程度的不同。在《The Law of Privilege》(2018 年)之 5.23 段的脚注 39 中说:"It is very doubtful whether an English Court would apply a general test of fairness such as this, as opposed to the test of limited waiver for a particular purpose."[10]

稍后在本章之 10.4.3 段会简单谈到澳大利亚的《Evidence Act 1995》下的地位。

其他承认限定弃权的普通法国家/地区还有中国香港特区[如 CITIC Pacific Ltd v. Secretary for Justice (2012) HKCA 153 先例]与爱尔兰[如 Fyffes v. DVV (2005) IESC 3 先例]等。

2.1.5　同一个(single)或复合(composite)的诉讼或其他程序

对限定弃权的一个批评是享有特免权的人士(privilege holder)可以在对他/她有利时作出限定弃权,但不利时就躲在特免权的保护伞下。Charles Hollander QC 的《Documentary Evidence》(2018 年,第 13 版)一书之 24-11 段说:"... the principle may be said to favour the disclosing party. Using the 'cat' (in or out of the bag) metaphor from B v. Auckland District Law Society it has been argued: 'The Privy Council appears to be saying that a privilege holder is free to use his privileged information to this own advantage whilst maintaining an immunity against the unfavourable use of that information. ... the privilege 'cat' has now acquired ... power of being able to reveal itself when a client wishes to use the material, and yet disappear under the privilege cloak when its use does not suit him. This is the very vice that the rule against selective waiver is designed to avoid, which is why the decision has been criticized by several commentators.'"

这会造成不公平的情况,在上一小段提到的澳大利亚高院 Goldberg v. Ng (1995) 185 CLR 83 先例正是一个例子。

英国近期也有这方面的先例。首先是在针对一审判决后败诉方的上诉,就不可以主张在一审时披露的特免权文件只是在一审中限定弃权,而在上诉庭要受保护。因为一审与上诉被视为同一个(single)诉讼与持续性(continuous)的程序,不能将证据分开从而不同对待,在其中一个审理中披露,但在另一个审理中拒绝披露。在 Balu v. Dudley Primary Care Trust (2010) EWHC 1208 (Admin)先例中,判在上诉时不能根据限定弃权撤回在一审中披露的特免权文件,说:"...as a separate matter of fairness, it would be wholly wrong to test privileged evidence at the PLP hearing and then withdraw it on an appeal under a claim of privilege."

另也可节录权威书籍《The Law of Privilege》(2018 年,第 3 版)一书之 5.25 段说:

---

[10] 但看来现在英国法对于同一或有紧密联系的诉讼或持续性程序也是类似的判法:见近期的 R (on the application of Belhaj) v. Director of Public Prosecutions (No.2) (2018) EWHC 513 (Admin)先例与本章下一段的介绍。

"The position will be different, however where the subsequent proceedings are properly seen as a continuation of, or appeal from, the earlier ones, or documents are provided as part of a process which is ultimately considered to be part of a single court procedure."

但如果不是上诉而只是一个相对独立的程序与后续有关联(nexus)的程序,是否在同样的道理下也不能适用限定弃权的说法?即只要在较早的程序中有弃权与披露特免权文件,之后在有关联的程序中就不能主张特免权拒绝披露或使用特免权文件。如果是这样,恐怕限定弃权的说法会严重萎缩,因为前后的诉讼或其他程序总会有关联。在很近期的R (on the application of Belhaj) v. Director of Public Prosecutions (No. 2) (2018) EWHC 513 (Admin)先例就涉及这种争议,并提到针对这方面没有权威性的先例,说:"...we were told that there was no direct authority on point."

该先例的案情涉及原告Abdelhakim Belhaj投诉他曾经在2004年3月被非法从泰国绑架去利比亚,并在利比亚被监禁、折磨与用刑,而英国的情报组织与个别人士(特工)在此非法事件中作出了协助。英国的外交部(FCO)就这个投诉做出调查,并在调查的期间产生与制作了一些享有特免权的文件(如法律意见),这些文件也在英国政府的其他部门传阅(如检察部门)。检察长(Director of Public Prosecution, DPP)最后得出的结论是针对原告的投诉,没有足够证据成功起诉有关政府部门与个别人士(特工)。于是原告向英国法院申请对DPP的决定作出司法复核(judicial review),这就带来了是否已对特免权弃权的一个初步争议。

在本章之2.1.2段节录了英国政府部门在传阅这些特免权文件时,十分小心与完整地明示说明只是为了调查这个目的并且对后续的诉讼保留特免权。但原告指称这种限定弃权无效,因为它们在部门之间的传阅、内部讨论以及最后作出不检控的决定与现在原告提出的司法复核,根本是同一个与复合的程序或事件。所以一开始的弃权,即把特免权文件交给英国政府其他部门参阅,就是在整个同一事件或有关联的后续程序或诉讼中对这些文件享有的特免权永久性与完全弃权,限定弃权的说法不适用。原告在该先例中提到唯一的一个比较接近的案例是苏格兰的The Scottish Lion Insurance Company Limited (2010) CSOH 87先例。

The Scottish Lion Insurance Company Limited先例的案情涉及一家倒闭的公司需要根据2006年《公司法》进行重整程序。这有三个关系非常紧密的程序或步骤:一是向破产法院申请下令召开债权人大会;二是债权人在大会中对提出的重整计划做出支持与否的投票;三是法院对在债权人大会中通过的重整计划作出认可与批准。在该先例中,部分债权人在第二步中应大会主席的要求提供了一些特免权文件,问题是他们可否在第三步中拒绝将这些文件提供给法院参阅?苏格兰最高民事法院判是这三个步骤,虽然各自有不同的目标,但属于同一个不可分割的程序的不同部分(form part of a single process)。所以,债权人不能再主张特免权的保护,也就是限定弃权的说法不适用。

在R (on the application of Belhaj) v. Director of Public Prosecutions (No. 2)先例中,行政法院认为案情与The Scottish Lion Insurance Company Limited先例明显有区分。在R (on the application Belhaj) v. Director of Public Prosecutions (No. 2)先例中,政府部门之

间传阅文件、内部讨论以及 DPP 作出不检控的决定等的程序与后续的司法复核是两个独立的程序，它们之间没有必然与不可避免的关联（inevitable or necessary nexus）。政府的检察部门决定不在个别的案件中提起检控非常常见，在该先例并非是作出决定的程序中有特定或特殊的情况发生而导致之后的司法复核程序，所以两者不是一个复合程序。另外，如果将作出不检控决定的程序与司法复核程序当作有足够紧密的关联，从而影响限定弃权说法的适用，会带来十分严重的后果。因为这表示，几乎所有政府部门之间传阅享有特免权的文件以互通消息与相互帮助的行为，都可能会影响政府部门在之后的司法复核程序中主张特免权保护。这显然对公共利益有不良影响。有关法院判决可节录如下：

"The existence of judicial review is a generic remedy available to supervise all decisions of the executive. It is not in any way particular or special to the procedures which led to the instant decision being challenged. The decision in issue (to prosecute or not) is one taken on countless occasions in any given month or year. Challenges in the courts to such decisions are rare. The process leading to the decision and the legal challenge are quite different and reflect a fundamental separation of function and responsibility. The latter is not a 'composite' part of the former. The 'nexus' between the two is limited.

Moreover, if judicial review and the earlier decision to prosecute were treated as having a sufficiently close connection as to lead to an inferred extension of waiver, the consequences would be profound. It would indicate that in almost any case where one government department waived privilege to assist another government body, then that limited waiver might inferentially be extended to cover subsequent judicial reviews. That would be a remarkable consequence, and strongly against the public interest."

2.2　选定对象弃权（selected waiver）

在笔者《合约的履行、弃权与禁反言》一书第十章之 12.5.2 段已经简单介绍了选定对象弃权的课题，并详细分析了有关的 USP Strategies Plc v. London General Holdings Ltd (2004) EWHC 373 (Ch) 先例。但笔者在该处并没有太清楚地区分限定弃权（limited waiver）与选定对象弃权（selected waiver）。毕竟，两种类别的弃权重要的共同特点是披露方只是有局限［前者针对"目的"（purpose），后者针对"对象"（entity）］地披露特免权文件，不影响他/她将来针对其他目的或不同对象主张特免权以保护机密的权利。

在很多先例中，这两种类别的弃权都会同时作为替代存在。例如在 B v. Auckland District Law Society (2005) 2 AC 736 先例中，B 律师为了合作自动把享有特免权的文件交给律师协会调查。这是限定弃权，只在调查中放弃了文件的特免权，而这不影响 B 律师在后续的诉讼或其他程序中对这些已经披露并且已经在律师协会手中的文件主张特免权的保护。而如果律师协会把这些特免权文件转交给了第三方（如检察院），之后检察院根据这些证据向该律师提起刑事诉讼，就会涉及选定对象弃权作为替代理由。因为 B 律师只选定律师协会而非其他任何第三方披露特免权文件，所以仍然可以对其他第三方主张特免权的保护。

看来这两种类别的弃权所起的作用是一样的，只是根据个别案件稍有不同的案情去称呼。近年来也比较少听到选定对象弃权的说法,重点还是放在限定弃权的说法,其中的原因可以节录《Documentary Evidence》(2018 年,第 13 版)一书之 24 -01 段:

"Limited waiver involves showing privileged documents to a person or persons for one purpose and then claiming that they remain privileged against the same person for other purposes. There is an important distinction between, on the one hand, disclosure to third parties, where the issue is whether notwithstanding that selective disclosure (referred to for convenience as 'disclosure to third parties'), the holder is still entitled to claim privilege against the rest of the world and, on the other hand, disclosure to a particular individual, where the issue is, notwithstanding the lawful possession of the privileged document by that person, a claim for privilege can nevertheless continue to be made against that same person subsequently (referred to for convenience as 'disclosure to the opposing party'). The first of those two situations is analytically much easier than the second.

In the last edition the principle where there is disclosure of privileged documents to third parties in confidence was referred to as 'selective waiver'. But the expression 'selective waiver' does not seem to have caught on. So it is better to refer to it as a facet of the broader principle of limited waiver ..."

3. 非主动弃权/默示弃权 (involuntary waiver/implied waiver)

对享有法律业务特免权(legal professional privilege)的文件非主动弃权或默示弃权的说法听起来有点奇怪。毕竟真正弃权(true waiver)必须是享有权利的当事人在知情的情况下自动与自愿做出的。而对特免权的非主动弃权是指在一些情况下享有权利的当事人即使不情愿也被迫要对特免权文件弃权,否则就无法主张或保护他/她的利益。至于默示弃权也是与非主动弃权类似的情况。在英国法律下无论是事实的默示(implied by fact)还是法律的默示(implied by law),一个最重要的考虑就是必须客观看来是公平合理,而法律默示更加是政策性的考虑。

3.1 法院核算胜诉方律师费

如果胜诉方不愿意对特免权文件弃权,就要面对可能没有证据支持他/她主张与要求对方败诉方赔偿的有关部分律师费用的危险。由于这课题已经在本章之 2.1.1.1 段介绍过,所以不在此重复。

3.2 客户起诉前律师职业疏忽或律师向前客户追讨欠下的费用

客户起诉前律师的诉因(cause of action)通常是职业疏忽(professional negligence),或反过来是律师向前客户追讨欠下的费用,这种案件在今天十分常见。这个课题在笔者的《合约的履行、弃权与禁反言》一书第十章之 12.6 段有介绍,不在此重复。只多介绍一个近期的 Hellard v. Irwin Mitchell (2012) EWHC 2656 (Ch)先例。

在 Hellard v. Irwin Mitchell 先例中，Shore 先生［Hellard 先生是 Shore 先生的破产受托人（Trustee）］曾经针对金融服务专业人士的职业疏忽提起过诉讼，并委任了事务律师（Irwin Mitchell）与出庭律师/大律师（Michael Soole QC 与 Ben Elkington QC）。但是由于索赔时效（limitation period）的问题败诉，导致 Shore 先生需要承担自己与对方的诉讼费用。之后 Hellard 先生以事务律师有职业疏忽（指称事务律师对索赔时效给了错误意见）为由，向事务律师提起诉讼并索赔 130 万英镑的损失（这主要是前一个败诉诉讼中的诉讼费用），但要注意的是出庭律师并没有被起诉。

Hellard 先生作为 Shore 先生的破产受托人是否可以对属于 Shore 先生的特免权弃权是有疑问的。在 Avonwick Holdings v. Shlosberg (2016) EWCA Civ 1138 上诉庭先例的判法下，至少自然人的破产受托人是不能作出这样的弃权的。但在此先例中，双方都并没有争议的是在英国法律地位下，Hellard 先生向事务律师开始诉讼会导致他们之间的特免权文件因为默示弃权（implied waiver）而需要披露。但带来争议的是，这法律默示弃权的范围是否包括没有被起诉的出庭律师的特免权文件（特别是事务律师没有掌控的文件）？如果将事务律师与出庭律师视为不同对象，那么 Shore 先生不起诉出庭律师，他们之间为了前一个诉讼而产生与制作的文件就都应享有诉讼特免权，也不存在法律默示弃权，所以拥有特免权的 Shore 先生完全有权主张保护机密。有这个争议的原因是作为被告的事务律师想依赖两位出庭律师当时的意见作为对 Shore 先生的职业疏忽指控的抗辩（defence），而看来两位出庭律师也愿意协助，甚至作出证人证言。所以 Shore 先生（或严格来说作为破产受托人的 Hellard 先生）提出这个争议，希望强制两位出庭律师“闭嘴”。

但 Purle QC 大法官的判决中认为对事务律师开始诉讼，也会同时导致对客户与出庭律师之间的通讯弃权。Purle QC 大法官举了一个例子，假设一份事务律师手上的由客户、事务律师、出庭律师参加的会议记录是关键证据之一，但客户与事务律师双方对这份会议记录的内容存在争议，如果根据 Hellard 先生一方的说法，那么因为没有被起诉的出庭律师与客户有关的交流都属于特免权保护的内容，出庭律师不能出庭作证或提供任何证据。在此先例中，客户、事务律师、出庭律师之间是共同为客户工作。这与 Paragon Finance v. Freshfields (1999) 1 WLR 1183 先例中前后两家律师事务所与客户分别有委托合约，并非是一起为客户工作，也并非一家是另一家的代理不同。也因此一旦有关出庭律师的特免权文件（如此先例中事务律师掌控的涉及出庭律师的特免权文件）被弃权，就会导致允许事务律师依赖任何与出庭律师有关的通讯。节录有关判决如下：“In my judgment, Mr. Khangure's (Hellard 先生的代表大律师) approach is, with respect to him, erroneous. Privilege attaches to confidential communications between solicitors, counsel and their clients. Once there has been a waiver in relation to those communications, any evidence as to those communications can be adduced, including the evidence of anyone who was privy to the giving of the advice in question. The actual decision in Paragon does not cover this situation, as the new solicitors were not acting jointly with, or as agents of, the former solicitors. There was a new and separate retainer … Fairness requires the avoidance of cherry-picking in circumstances such as the present, and justifies Mr. Flenley's（被告事务律师的代表大律师）

submission that the confidentiality and privileged nature of the relationship between the client, solicitors and counsel has (at least as between these parties) gone in its entirety. I will therefore, subject to any argument as to wording, make the declaration sought by Mr. Flenley ..."

虽然此先例涉及的是事务律师与出庭律师,但是如果客户同时委托了两间律师事务所(如一间上海律师事务所,一间香港律师事务所)共同为一个香港仲裁案件服务,事后客户起诉香港律师事务所职业疏忽,那么与上海律师事务所有关的特免权文件也要披露,以防止客户"挑选樱桃"。

另外,一直以来,为了鼓励专家证人(expert witness)在开庭时对法院讲真话,真诚地帮助法院了解有关事实争议的专业知识以加强理解,即使这与较早前向客户所讲的有所偏差或是不同,专家证人可以享有职业疏忽的豁免权(immunity),不必担心客户在败诉后怪罪专家证人。但在最高院的 Jones v. Kaney (2011) 2 WLR 823 先例后,这个豁免权被剥夺了。这样专家证人是否也像律师一样需要经常面对前客户职业疏忽的诉讼?如果是,恐怕法律的默示地位要延伸到专家证人,因为他们一样需要法律强制前客户弃权(诉讼特免权)才可以在抗辩(或索赔前客户欠下的专家费用)时依赖特免权文件,例如此专家证人与代表律师与/或前客户的书信往来、曾经作出的专家意见初稿(draft)等。

3.3 庭外和解金额(settlement sums)

现在,双方当事人经常会在诉讼或仲裁程序的中途达成和解,这也是今天的公共政策或利益(public policy/interest)所鼓励的做法。但是带来的问题之一是和解之后作出支付的一方需要向第三方要求补偿(indemnity)、赔偿或甚至作出交代。例如,需要向保险人(特别是承保第三方责任险的保险人)要求理赔,或在一个合约链(chains of contracts)下向下一个合约方要求补偿。例如在一个最常见的买卖合约,卖方因为供应货物的质量有缺陷被买方起诉,在程序中途达成和解并赔了一笔钱,该卖方就会向上一手卖方/货物的供应商要求补偿/赔偿这笔钱。也会有很多情况是要作出一个合理交代,例如一家上市公司要向股东交待为什么与第三方达成和解与作出金钱赔付。

但赔付的和解金额容易带来质疑。虽然诉讼或仲裁裁定的败诉金额也谈不上完全准确,但和解达成的支付金额会存在更多疑问,毕竟这涉及支付方的自愿性(voluntariness),而其他人并不会知道自愿背后打的想法。所以 Biggin v. Permanite (1951) 2 KB 314 上诉庭先例的一审[(1951) 1 KB 422]就判上一个诉讼中原告(中间商)与分买方在和解协议所支付的金额,不能在对被告(卖方)的补偿/赔偿行动中作为真正损失的计算(measure of damage)。原告还是需要按照法律确认的损失计算方法与原则[11]证明由于货物质量有缺陷直接导致的真正损失。而和解所支付的金额只能是作为赔偿的封顶金额,也就是原告即使能够证明更高的真正损失,也不会要求被告赔偿更高的金额。这看来是非常不鼓励和解谈判去解决争议,要知道原告证明真正损失的能力与手头有的证据远远比不上分买方。但在支付了和解金额后,分买方通常不会再愿意帮助中间商接下来的补偿/赔偿行动。

---

[11] 该复杂的课题可参阅笔者的《损失赔偿与救济》一书。

但幸亏上诉庭推翻了一审先例的判决,上诉庭的判决中也提到了双方当事人能够在诉讼达成和解协议去解决双方的争议是值得鼓励的。所以只要达成的和解是合理的(reasonable),和解协议支付的金额就可以作为原告的真正损失。原告(中间商)有证明合理与否的举证责任,其中一方面的证明是原告与分买方是如何达成和解的,这方面的证据主要是双方谈判和解的通讯,这显然属于无损害特免权(without prejudice privilege)文件。但更重要的是,这和解协议的支付金额是根据外部律师的建议/意见(legal advice)。当然也另有情况要看是否合理,例如该原告与委托的律师是否有严重疏忽,如看漏或看错了重要之处。这方面的证据主要是原告与律师之间的通讯。这些文件显然是享有绝对权力的法律业务特免权。而原告为了证明和解协议下要支付的金额是合理,就需要对享有特免权的文件弃权。即使原告不愿意披露这些文件,但为了支持与证明他/她的主张与索赔也非要这样做不可。在十分特殊的情况下,法院甚至会要求原先委任的律师出庭接受反盘问(cross-examination),这显然也是原告被迫弃权。

3.4 时效问题(limitation issues/time bar)

《Limitation Act 1980》之 Section 33 规定对涉及人身伤亡(personal injuries and death)的起诉法院有裁量权(discretion)宽限时效的问题。根据 Section 33(3),法院在行使裁量权时考虑的因素包括:"(e) The extent to which the plaintiff acted promptly and reasonably once he knew whether or not the act for omission of the defendant, to which the injury was attributable, might be capable at that time of giving rise to an action for damages; (f) the steps, if any, taken by the plaintiff to obtain medical, **legal or other expert advice and the nature of any advice he may have received.**"(加黑部分是笔者的强调)

简言之,如果原告(也是受害人)的索赔时效已逝,需要申请法院行使裁量权去宽限时效,根据上述立法条文,原告就必须证明他/她准备提起法律的行动并没有怠慢与/或不合理。这就需要原告证明有尽快与合理询问律师与医疗等专家,以及按照这些意见行事。因此,原告如果希望法院宽限时效,就非要对这些可享有特免权的文件与内容作出弃权,披露给法院。

在一些人身伤亡的案件中,很久之后才会暴露出伤亡的后果,所以需要宽限时效。例如在笔者的《损失赔偿与救济》一书第四章之 4.3.3 段提到了英国曾经有大量工人因为在工作中接触石棉(asbestos)而患上了间皮瘤(mesothelionma)。比损害要经过很长的时间后才会暴露出来,所以受害人发觉不妥后,还需要律师与医疗专家根据受害人以往的工作经历明确索赔对象、诉因与救济(包括索赔的项目与金额)等后,才会向前雇主提起诉讼。因为这时往往距离被雇用的时间已经有几年甚至十几年,就需要向法院申请宽限时效。法院也要肯定原告受害人在知道与发觉不妥后,接下来的行动都没有怠慢或不合理,才会行使裁量权。而如果受害人在发觉不妥后,犹疑不决又拖延了好几年才起诉,在申请宽限时效时就会有麻烦。

另外《Limitation Act 1980》之 Section 32(1)也规定针对诉因涉及欺诈、故意隐瞒事实与错误(mistake)导致的损失的情况,时效从无辜方发现欺诈、隐瞒与错误的一刻才开始计算:"... where in the case of any action for which a period of limitation is prescribed by this

Act, either—(a) the action is based upon the fraud of the defendant; or (b) any fact relevant to the plaintiff's right of action has been deliberately concealed from him by the defendant; or (c) the action is for relief from the consequences of a mistake; the period of limitation shall not begin to run until the plaintiff has discovered the fraud, concealment or mistake (as the case may be) or could with reasonable diligence have discovered it."

欺诈、故意隐瞒事实与错误本质上不是马上或是很快就产生后果并导致原告蒙受损失。所以,原告很难很快发现并主张法律权利向被告提起诉讼与保护时效。很明显欺诈与故意隐瞒事实会造成这种情况。至于错误造成损失的情况经常发生在工程合约的争议,如因为设计、物料或施工的错误,导致建筑有潜在缺陷(latent defects),这错误带来的后果也是在多年后才会暴露。这样,作为受害人的雇主在发觉有关问题后,也通常需要尽快委托律师与其他各方面的专家对暴露的问题作出调查,否则没办法找出与肯定到底错误是出在哪个环节与应向谁提出索赔。律师通常也要调查主要的索赔对象的经济状况或有没有投保责任险等。而当雇主决定提起诉讼时,就会面对要延长时效的问题。根据立法的条文说明是雇主需要证明自己没有怠慢,也没有不合理让时效逝去,这就不能是雇主自说自话,而往往需要披露与律师之间的书信往来,即对这些享有特免权文件作出弃权,否则就没有办法或把握说服法院延长时效。在《The Law of Privilege》(2018 年,第 3 版)一书之 5.114 段说:"A claimant's plea that he could not with reasonable diligence have discovered the relevant matter will not itself entail a waiver of privilege; however a claimant may find it hard to maintain that the limitation period should not begin to run from a period in which he was in receipt of legal advice, unless he is prepared to waive privilege in that advice."

在 MAC Hotels Limited v. Rider Levett Bucknall UK Limited (2010) EWHC 767 (TCC)先例中,原告 MAC 想将一座庄园改建为豪华酒店,并委任了第一被告 Citex 进行项目管理(project management),第二被告 Hills 作为造价咨询顾问(quantity surveyor),工程的承建商(contractor)是 Midas。工程最初预计于 2003 年 7 月完工,费用约为 750 万英镑。但最终工程延误,造价也大大超出了原先的预估,达到了 2180 万英镑。

2003 年 5 月至 8 月,不甘心蒙受损失的 MAC 开始了对 Midas 的调查,但结果是虽然怀疑 Midas 的雇员与分包商(sub-contractor)有特殊关系,却没有证据证明 Midas 与分包商存在不当行为。

2004 年 4 月,MAC 委任了 Goughs 律师事务所调查是否有起诉 Citex 或 Hills 或 Midas 的诉因。MAC 在 2004 年 9 月收到了两份根据现有资料作出的报告,其中严重批评了 Citex 与 Hills,但没有任何证据证明 Midas 有任何不当行为。

2006 年 1 月,MAC 委任了 Gleeds 测量师事务所进一步调查工程造价,Hills 自愿向 Gleeds 披露了一些文件,其中明显缺少分包商的收费记录。于是在 2006 年 10 月,MAC 针对 Midas 申请了第三方披露令(Third Party Disclosure Order/ Norwich Pharmacal Order)。[12] Midas 在第三方披露令下披露了部分文件,但其中没有关于分包商的文件,Midas 声称这些文件已经遗失或被销毁。Gleeds 与 MAC 委任的另一家专业人士 Haymarket 开始查阅这些新披露的文件,并进行进一步的调查。

2007 年 6 月,MAC 开始诉讼指控 Citex 与 Hills 疏忽与违反合约,索赔 MAC 实际支付给 Midas 的金额以及如果 MAC 获得了更好的建议与更好的工程管理会需要支付给 Midas 的金额之间的差价。

2009 年 3 月,MAC 根据 Gleeds 与 Haymarket 的调查结果开始了对 Midas 的诉讼,主要的诉因就是 Midas 与分包商串谋欺诈,即分包商的账单(invoice)中写的是一个相对高的价格,但实际给 Midas 一个秘密折扣,Midas 就私吞其中的差价。

MAC 认为 Midas 没有在第三方披露令下披露所有文件,如关于分包商的文件,还有一些与工程有关的文件。MAC 在 2009 年 4 月获得了法院颁布的针对 Midas 的搜查令(Search Order),[13] 并发现与取得了很多 Midas 在三年前就应该披露的文件。

在获得这些文件之后,MAC 申请修改对 Citex 与 Hills 诉讼的索赔请求,指称 Citex 与 Hills 因为疏忽才没有发现 Midas 的欺诈与没能及时阻止其后果。双方的争议之一是 MAC 新提出的关于疏忽侵权的索赔是否时效已过(time barred),能否适用《Limitation Act 1980》之 Section 14A。首先可节录 Section 14A 的有关规定,如下:

"**14A Special time limit for negligence actions where facts relevant to cause of action are not known at date of accrual**

… (3) An action to which this section applies shall not be brought after the expiration of the period applicable in accordance with subsection (4) below.

(4) That period is either—(a) six years from the date on which the cause of action accrued; or (b) **three years** from the starting date as defined by subsection (5) below, if that period expires later than the period mentioned in paragraph (a) above.

(5) For the purposes of this section, the starting date for reckoning the period of limitation under subsection (4)(b) above is the earliest date on which the plaintiff or any person in whom the cause of action was vested before him first had both the knowledge required for bringing an action for damages in respect of the relevant damage and a right to bring such an action.

(6) In subsection (5) above "the knowledge required for bringing an action for damages in respect of the relevant damage" means knowledge both—(a) of the material facts about the damage in respect of which damages are claimed; and (b) of the other facts relevant to the current action mentioned in subsection (8) below."(加黑部分是笔者的强调)

双方同意 MAC 在 2009 年 12 月 6 日已经递交了新的诉讼请求,所以根据 Section 14A 的规定,MAC 必须证明它在 2006 年 12 月 6 日以后才知道可以起诉 Midas 欺诈,否

---

〔12〕 关于第三方披露令的介绍,可见本书第二章之 4 段。

〔13〕 关于搜查令,可见本书第二章之 3 段。

则就是时效已过。而此先例针对的争议就是为了证明这一点,MAC 是否会被默示/强制披露部分享有特免权的文件?

Havelock-Allan QC 大法官不同意这个说法,说:"As a general rule, except in cases where a former legal adviser is sued, the privilege is paramount, unless it can be said to have been expressly waived because privileged documents or written communications have been deployed in a manner which indicates that the privilege has been abandoned. Therefore it is up to the claimant to decide what evidence to adduce. If he discloses nothing at all, and relies on mere assertion, he may fail to establish his case to the satisfaction of the court. The same result may follow if it becomes apparent that the disclosure that is provided by the claimant is selective and obviously the product of 'cherry picking'."

在此先例中,MAC 认为它已经披露了所有的原始文件(primary documentation),且披露到了 2003 年 9 月,虽然有怀疑,但是没有一位专家认为有足够的基础与证据起诉 Midas 欺诈。至于 2003 年 9 月到 2006 年 12 月 6 日,MAC 已经提交了关于时效的证人证言,这些证人可以根据披露的文件被交叉盘问,没有再进一步披露任何享有特免权的报告或记录的必要。Havelock-Allan QC 大法官接受了这个说法,但也提醒 MAC 如果不进一步披露享有特免权的文件,就有危险最后无法成功说服法院它在 2006 年 12 月 6 日以后才知道可以起诉 Midas 欺诈,最终被判时效已过,无法索赔新提出的指控疏忽的争议。

3.5 对律师作出的浪费费用命令(wasted costs order)

对律师作出的浪费费用命令这种情况发生在一个当事人的代表律师在法院的诉讼程序中行为不恰当、不合理与/或疏忽与错漏。根据《Senior Courts Act 1981》之 section 51(6),法院有权作出这种惩罚性的命令,要求该律师(事务律师或出庭的大律师)承担这笔由于该行为或错漏所导致的浪费费用。[14]

只有在两种情况下,才可以申请法院行使这种权力:(1)委托该律师的当事人或前客户作为原告针对代表律师或前律师的行为或错漏申请法院行使这种权利,例如该律师错过了时效。这样,前客户对律师的申请也不只是要求后者承担浪费费用,而是要求赔偿所有职业疏忽带来的损失。在这种情况下,已经在较早前提到英国法的默示地位是客户面对律师的披露要求时不能拒绝与必须允许使用披露特免权文件。(2)一方当事人作为原告向对方诉讼方的代表律师申请法院行使这种权利,而申请的依据是对方代表律师的行为或专业操守不妥当或有错。例如在 Medcalf v. Mardell (2003) 1 AC 120 贵族院先例中,就是指称对方的大律师违反大律师公会专业操守的守则,包括在没有可信证据的情况下,不应该贸然提出对方欺诈与不诚实的指控。这毕竟是一个严重的指控,要有强而有力的证据支持,诉讼期间也会给对方带来不安与一定程度的名誉受损。至于为什么向对方律师提出支付的要求而不是向对方当事人要,显然好处之一就是执行容易与快捷,特别是如果对方当事人是一个在外国的公司或自然人。

在这种情况下,麻烦的是律师要直接面对对方诉讼方作为原告的起诉,而律师作为被

---

〔14〕 这个课题也可见本书第三章之 1.7.1.7.2 段。

告要抗辩他/她的行为并非不恰当、不合理或是疏忽。但这样就需要律师的客户或前客户愿意对特免权文件弃权，让律师作为被告向原告与法院作出披露，例如显示不恰当、不合理的行为是来自客户的坚持，而律师已是尽力劝阻。但可以想到客户或前客户不一定愿意这样做来协助他的律师或前律师。这样就会导致律师根本无法对被指控的不妥当与不合理的行为进行抗辩。而法院也因为特免权文件没有被弃权，不会知道整件事情的全部真相。

CPR 生效时曾经针对这种浪费费用的申请加入 CPR Rule 48.7(7)让法院有权命令特免权文件的披露。但后来发觉这一条文越权(ultra vires)，因为除非立法清楚写明或是必要的默示(necessary implication)，否则法律业务特免权的绝对性与重要性不能随意超越：见 General Mediterranean Holdings v. Patel (2000) 1 WLR 272 先例。也可参阅本书第九章之 2.3.2 段。

这样，一旦律师要面对对方诉讼方的起诉与申请对他/她作出浪费费用命令，仍是难以抗辩。法院作出的支持就是尽量将任何疑点利益归于作为被告的律师。除非确实是律师自己的不妥当与不合理行为，否则法院通常不肯作出浪费费用命令惩罚律师。

在 Ridehalgh v. Horsefield (1994) Ch 205 上诉庭先例中，Bingham 勋爵说："Any judge who is invited to make or contemplates making an order arising out of an advocate's conduct of court proceedings must make full allowance for the fact that an advocate in court, like a commander in battle, often has to make decisions quickly and under pressure, in the fog of war and ignorant of developments on the other side of the hill. Mistakes will inevitably be made, things done which the outcome shows to have been unwise. But advocacy is more an art than a science. It cannot be conducted according to formulae. Individuals differ in their style and approach. It is only when, with all allowances made, an advocate's conduct of court proceedings is quite plainly unjustifiable that it can be appropriate to make a wasted costs order against him."

另在 Medcalf v. Mardell 先例中，贵族院改变了上诉庭判决，不对被告的大律师作出浪费费用命令。Bingham 勋爵强调说："... Only rarely will the court be able to make 'full allowance' for the inability of the practitioner to tell the whole story or to conclude that there is no room for doubt in a situation in which, of necessity, the court is deprived of access to the full facts on which, in the ordinary way, any sound judicial decision must be based. ... Where a wasted costs order is sought against a practitioner precluded by legal professional privilege from giving his full answer to the application, the court should not make an order unless, proceeding with extreme care, it is (a) satisfied that there is nothing the practitioner could say, if unconstrained, to resist the order and (b) that it is in all the circumstances fair to make the order."

另外也可以参见同样判法的 Majdabadi v. Trustees of London Clinic (2008) EWHC 3664 (QB)先例。

4. 附带弃权(collateral waiver)/挑选樱桃规则(cherry-picking rule)

附带弃权/挑选樱桃规则这个课题在笔者的《合约的履行、弃权与禁反言》一书第十章之12.7段已经有了介绍。所以尽量不重复,只在此小段增加与补充部分内容。

简言之,附带弃权与挑选樱桃规则是同一道理或说法。在早期的案例,估计是在文件不多的情况下,多是针对一份文件中的部分享有特免权的内容被披露(disclosed),但其余享有特免权的部分被遮盖(redacted),而在挑选樱桃规则下需要全面披露。现在的案例比较多的是涉及一系列同一主题的特免权文件,披露方只挑选部分文件作出披露。披露方这样做显然是因为披露的文件中的内容对他/她有利,而刻意不披露并主张享有特免权的其他文件则对披露方不利。这种情况现在更多被称为附带弃权。本段接下来的内容,会把挑选樱桃规则与附带弃权当作同义进行论述。

首先要澄清的是,刻意与选择性披露部分文件内容或同一主题的个别文件是经常会发生的。例如一份董事会的会议记录(minutes)的内容会包括多项不同的主题。其中一项是有关公司面对法院诉讼或仲裁的报告与探讨,这部分内容显然可享有诉讼特免权(litigation privilege)。这样,在需要披露这份会议记录时,可以只披露其他不享有特免权并且与诉讼有关的内容,但将享有特免权的部分做出遮盖。这种情况经常会发生,也不会造成附带弃权。

会涉及附带弃权的情况是披露方选择性披露部分本来可以享有诉讼特免权的文件或内容。这种部分弃权(partial waiver)的做法并非是禁止或不允许的,但允许披露方这样选择性与可能是断章取义地作出部分披露会有危险带来误导(misleading),所以有说法是要求披露方要披露同一主题(issue in question)或同一事件(transaction)的全套或整份文件的内容,而不能选择性挑选部分他单方面认为有利的文件与内容披露。但不同主题或事件的特免权文件不受影响。

部分弃权会是披露方想依赖有关内容作出部分披露,但也可能披露方无意这样做,例如被强制披露有关文件的过程中错误或意外地把享有特免权的文件给了诉讼对方,却没有及时做出补救,向法院申请禁令阻止对方查阅与使用。但即使如此,这部分披露仍会导致附带弃权的适用,与披露方自己刻意部分披露的唯一区别是披露方刻意部分披露会更危险与更有可能带来误导与不公平审理。所以,在适用附带弃权的同时,强制披露的其他特免权文件的范围也会更多与更广:见 MMI Research Ltd v. Cellxion Ltd (2007) EWHC 2456 (Ch)先例。

4.1 享有特免权人士有权作出部分或选择性披露

原则上来说,享有特免权的人士(privilege holder)应该有权这样做。这与限定弃权(limited waiver)的道理一样,既然享有特免权的人士有权作出限定目的(purpose)或是对象(entity)的披露,就没有道理不能作出部分与选择性的披露。这种情况也在现实中有出现,例如向争议中的对方节录或披露一份支持自己法律地位的有利的律师意见,以向对方施加压力尽快作出赔付或同意和解。对方可能会被说服,当然也可能不为所动,认为披露的律师意见有错漏或律师没有被告知整件案件的事实。对方也会怀疑这选择性的披露并不代表所有的法律意见,例如该律师意见中提到的另一份较早的其他律师作出的意见就没有一起被披露。这样,对方可以向披露方要求更多的披露。披露方当然可以拒绝,但显然就会带来对方对部分披露的律师意见更加怀疑与不为所动的后果。

针对享有特免权人士有作出部分与选择性披露并拒绝全面披露的自由,早在 Lyell v. Kennedy (No. 3) (1884) 27 ChD 1 上诉庭先例中,Cotton 大法官就提到了所谓的"the cardinal quotation"的说法:"There was this contention raised, which I have not forgotten, that the defendant had waived his privilege, and therefore could not claim it at all. That, in my opinion, was entirely fallacious. He had done this, he had said 'Whether I am entitled to protect them or not I will produce certain of the documents for which I had previously claimed privilege—I will waive that and I will produce them' but that did not prevent him relying on such protection with regard to others which he did not like to produce. It is not like the case of a man who discloses part of a conversation and then claims protection for the remainder, and we think there is no ground for the contention that there has been here a waiver of privilege."

类似的说法也可见 Bingham 勋爵在 Paragon Finance v. Freshfields (1999) 1 WLR 1183 上诉庭先例中所说:"While there is no rule that a party who waives privilege in relation to one communication is taken to waive privilege in relation to all…"

但如果对法院,披露方就不能部分与选择性地披露特免权文件或内容。因为法院是要根据双方提供的证据,无论是强制还是自愿披露的有关文件作出判决。如果允许一方诉讼方刻意披露部分享有特免权的文件或内容,但同时拒绝披露同一主题/事件的其他特免权文件或内容,诉讼对方就会因为不知道全部的事实证据而无法或不能有效作出争辩,法院也会在无法知道事实真相全貌的情况下作出判决,可能会被误导与导致不公平。这样,法律就有必要强制披露部分享有特免权文件或内容的披露方,披露有关与同一主题/事件的其余特免权文件与内容。而如果他/她不愿意这样做,就不能选择性作出部分的披露。这就是本段要针对的附带弃权的道理与大精神。正如 Bingham 勋爵在 Paragon Finance v. Freshfields 上诉庭先例中所说:"A client expressly waives his legal privilege when he elects to disclose communications which the privilege would entitle him not to disclose. Where the disclosure is partial, issues may arise on the scope of the waiver … While there is no rule that a party who waives privilege in relation to one communication is taken to waive privilege in relation to all, a party may not waive privilege in such a partial and selective manner that unfairness or misunderstanding may result."

4.2　适用附带弃权的权威说法

对于附带弃权(collateral waiver)最著名的说法是 Nea Karteria Maritime Co Ltd v. Atlantic & Great Lakes Steamship Corporation (No. 2) (1981) Com LR 138 先例中,Mustill 大法官所说:"Where a person is **deploying in court** material which would otherwise be privileged, the opposite party and the court must have the opportunity of satisfying themselves that what the party has chosen to release from privilege **represents the whole of the material relevant to the issue in question**. To allow an individual item to be plucked out of context would be to risk injustice through its real weight or meaning being misunderstood."(加黑部分是笔者的强调)

而所谓的挑选樱桃规则(cherry-picking rule)的说法,则可见 Waller 大法官在 Dunlop Slazenger International Ltd v. Joe Bloggs Sports Ltd (2003) EWCA Civ 901 上诉庭先例中对 Mustill 大法官以上说法的理解与描述,如下:"... Mustill J (as he then was) in Nea Karteria Maritime Co Ltd v Atlantic & Great Lakes Steamship Corporation (No. 2) ... I would describe that as the cherry picking aspect. ...To answer the question whether waiver of part of a privileged communication waives the complete information, it is that dictum of Mustill J (as he then was) which applies. A party is not entitled to cherry pick, and a party to whom privileged information is provided is entitled to have the full contents of what has been supplied in order to see that cherry picking is not taking place. If this material ... had been evidence given at a trial, there really would be no answer to the point that the full information should be provided in order to make certain that cherry picking is not taking place."

换言之,在公平审理的要求下,对一份特免权文件中的部分内容放弃特免权,可能会造成对这份文件的全部内容弃权。而对于同一有关主题或事件的一套文件来说也是如此,对部分文件的特免权弃权会导致对全套文件的特免权弃权。

但问题是什么时候才能够真正达到此先例中要强制披露其他特免权文件或内容的标准?此处涉及另一个大原则,就是法律业务特免权是一个至高无上的绝对权力(absolute right)。所以法院应该十分谨慎,不能随意强制披露特免权文件。适用附带弃权的情况或分水岭(watershed)主要是本小段一开始节录的 Mustill 大法官的说法中的两处加黑部分,即只有文件被置于法院(deploying in court),或者说文件在诉讼中被依赖(reliance)才会导致附带弃权的适用。另一方面则是只有在对方诉讼方需要考虑如何针对性抗辩与法院作出判决时,才需要披露同一主题的所有有关资料(whole of the material relevant to the issue in question),以免误导与带来不公平。可以说前者是针对引发附带弃权的时间点(timeline),而后者针对的是在引发了附带弃权适用后需要强制披露特免权文件或内容的范围(scope)。

这两个重要方面将在本章接下来的段节进行讨论。

4.3 已置于法院(deploying in court)/ 被依赖(reliance)

已经较早前解释过享有特免权的人士有权作出特定目的的弃权或是选定对特定对象的弃权,就没有道理无权作出对部分特免权文件或内容的披露与弃权,并依赖作为证据支持他/她的主张,如指称对方对外国法律[15]的理解是不对或片面的。而对对方而言,也没

---

〔15〕 只针对外国法律是因为:(1)外国律师意见也享有法律业务特免权;(2)外国法律在英国诉讼中只被视为是对事实的认定(finding of facts),所以外国律师意见是属于证据,外国律师也需要出庭作为专家证人接受盘问。而英国法官不懂外国法,也容易被误导。但英国法律就完全不同,法官本身就是专家,诉讼的法律决定(holding of law)不是凭证据,而是双方当事人代表律师根据先例、权威书籍与说理去辩论,然后由法官分析后作出判决,不存在披露的环节,更不会有部分披露会导致有误导与不公平的危险。

有什么不公平。对方应该知道只部分披露肯定会带来误导,完全可以说:"除非你把有关主题的特免权文件全面披露与弃权,否则我不考虑你的部分披露。"

真正会造成不公平的还是在法院要根据双方提供的证据作出审理与判决时。在对抗制(adversarial)的英国诉讼程序,如果双方没有任何争议,法院是不会在开庭前了解双方诉讼方的案情或是交给法院的文件证据是否完整。诉讼一方披露部分特免权文件以支持他/她的主张(assertion)或案件(case),在对方没有异议的情况下会被视为完整的披露,或至少是对方认为可以接受与没有造成任何不公平。但这样,在法院后来考虑证据与对判决作出合议(deliberation)时,就会被部分披露误导并造成不公平审理的后果。这也是为什么有附带弃权的说法。

由于附带弃权冲击了另外一个至关重要的大原则,剥夺了享有特免权的一方当事人的绝对权利,强制他/她必须进一步弃权并作出更多与更全面的披露。所以时间点要掌握得很好,即要在已经"无法回头",审理的法官难免会考虑部分披露的特免权文件或内容时就过了分水岭,可要求部分披露的一方当事人作出更多与更全面的披露。

Mustill 大法官在 Nea Karteria Maritime Co Ltd v. Atlantic & Great Lakes Steamship Corporation (No. 2) (1981) Com LR 138 先例中说,这个时间点的分水岭是有关部分披露已经被披露方依赖以支持他/她的主张以及案件和文件已置于法院。正如《The Law of Privilege》(2018 年,第 3 版)一书之 5. 35 段所说:"Many reported cases about privilege involve a situation where one party has introduced some privileged material, or otherwise referred to or relied on privileged information in the course of proceedings, and the other side argues that other privileged material must be produced as a result. It is, however, clear from the authorities that privilege is only waived where the original 'anchor' material **is both relied on by the privilege holder in support of its case and deployed in court**, although these two concepts are not always clearly articulated by the courts"(加黑部分是笔者的强调)

只从文字来看,就已经可以很肯定如果还没有开始诉讼,就不会有这个分水岭的出现。在 Ramac Holdings Limited v. Brachers (2002) EWHC (Ch) 1683 先例中,一方当事人在与对方的书信往来中提到了部分特免权文件的内容,当时双方仍没有诉讼。Etherton 大法官说从来没有过先例支持附带弃权的说法可适用在法院诉讼程序以外(outside legal proceedings)。

另一个极端的时间点就是像 Nea Karteria Maritime Co Ltd v. Atlantic & Great Lakes Steamship Corporation (No. 2)先例一样,事实证人在交叉盘问时提到了部分特免权文件的内容。又或是像在 Holyoake V. Candy (2017) EWHC 387 (Ch)先例一样,证人一方的律师在再盘问(re-examination)时披露部分特免权文件以协助或补救证人较早前被对方交叉盘问时的回答。这肯定是过了分水岭,因为法官是在听审,事实证人所讲的话已经听到,也在庭审记录内包括。这样正如 Mustill 大法官所讲,必须适用附带弃权。另也有不少先例是事实证人在证人证言(witness statement)中提及了部分特免权文件或内容以支持他/她的主张,也是过了分水岭而被强制附带弃权:见 MAC Hotels Limited v. Rider Levett Bucknall UK Limited (2010) EWHC 767 (TCC);Holyoake v. Candy (2017) EWHC 387 (Ch)等先例。

但在诉讼中千变万化的中间程序与不同的案情下,什么才是过了分水岭也经常会有争议。不妨接下来节录一些权威说法与进一步解释。

4.3.1 “已置于法院”和“被依赖”的权威说法

“已置于法院”与“被依赖”可以说是一回事,即部分特免权文件或内容被披露方用来支持他/她向法院作出的指称/指控与案件。在 MAC Hotels Limited v. Rider Levett Bucknall UK Limited (2010) EWHC 767 (TCC)先例中,双方为了有关时效的问题已经各自在中间程序中提交了证人证言,双方的争议是在证人证言中提到的涉及特免权保护的内容是否会导致附带弃权。高院在判决中针对什么时候才构成已置于法院的判断标准,说:“If a party deploys, as part of his case, a document or written communication which is privileged, he may be held to have waived the privilege. Deployment to my mind involves two elements: first, **a clear reference being made to the existence of the privileged documentation**; second, **reliance on the content of that documentation for the purpose of making a particular point**.”(加黑部分是笔者的强调)

也就是说,“已置于法院”必须满足两点:(1)一方诉讼方在呈交法院的文件中清楚提及可享有特免权的文件;(2)依赖了该文件内容支持披露方的主张或指控。在这两点下,“已置于法院”与“被依赖”事实上是一回事。在《The Law of Privilege》(2018 年,第3 版)一书之5.44 段也指出:“In MAC Hotels Limited v. Rider Levett Bucknall UK Limited witness statements had been served in an interlocutory application (which had not yet been heard) relating to a limitation issue. HHJ Havelock-Allan QC said that ‘deployment’ involved two elements: a clear reference to the existence of the privileged documentation and also reliance on the content of that documentation for the purpose of making particular point.”

4.3.2 只提及(referred to)特免权文件或内容并非被依赖

4.3.2.1 怎样才算是“只提及”

怎样才算是“只提及”是可以理解的常识,例如事实证人在交叉盘问时漏嘴说“我已经问了律师”,并不代表要被强制披露所有律师给的法律意见与相关文件。凭常识就可以估计到当事人在诉讼时每件事情都会问问律师,所以证人讲了这句话根本不会带来任何影响,没有必要强制要求当事人放弃法律业务特定权这个绝对权力。但如果该证人说漏嘴多讲了一句:“我问了律师,律师叫我不要讲这句话。”这样就是披露与依赖了部分法律意见的内容,就会适用附带弃权(collateral waiver)并要求全面披露有关的律师意见与相关对话。例如证人是怎样向律师提问的?律师怎样回答让他不要说这句话?律师还提供了什么其他有关意见?显然,必须找出律师讲这句话与作出这个意见的上下文(context),才能考虑这句话的重量(weight)。这些都属于享有特免权的内容,但在附带弃权的说法下需要披露。如果没有文件记录,也可以盘问证人。所以,笔者(杨大明律师)每次在客户,特别是主要从律师所接收法律意见的有关人员被盘问时,特别注意盘问内容。如果对方律师问到有特免权的内容,笔者需要马上提出抗议,让仲裁庭确认不需要证人回答。

这可节录在《Documentary Evidence》(2018 年,第13 版)一书之23 -13 段所说如下:

"Thus, to state that before serving a witness statement A had taken legal advice is not a waiver of privilege. But to say that A omitted certain facts from his witness statements because his solicitor advised him to do so does rely on the contents of the legal advice: here the point of the reliance on the privileged advice is to provide an explanation or justification for the omission. What is important here is not whether legal advice was taken, but what was the content."

另在《Disclosure》(2017 年,第 5 版)之 16.23 段也说:"The key word here is 'deploying'. A mere reference to a privileged document an affidavit does not of itself amount to a waiver of privilege, and this is so even if the document referred to is being relied on for some purpose, for reliance in itself is said not to be the test. Instead, **the test is whether the contents of the document are being relied on, rather than its effect.** The problem is acute in case where the maker of an affidavit or witness statement has to give details of the source of his information and belief, in order to comply with the rules of admissibility of such affidavit or witness statement. Provided that the maker does not quote the contents, or summarise them, but simply refers to the document's effect, there is apparently no waiver of privilege."(加黑部分是笔者的强调)

最后,"提及"这个课题在本书第六章之 5.3 段有介绍,但针对的是不同但类似的情况。

4.3.2.2　对传闻证据(hearsay evidence)的改革带来的影响

上一段节录的《Disclosure》(2017 年,第 5 版)之 16.23 段中提到了采纳(admissibility),这是针对传闻证据的问题。现在的民事诉讼规则(CPR)下要求誓章或证人证言要说明传闻证据的消息来源与所针对的详情(particulars)。这与英国《Civil Evidence Act 1995》对传闻证据的处理方法有了根本性改变有关。简言之,以前英国法院诉讼的传闻证据规则(rule of hearsay evidence)很复杂与昂贵。例如,如果一方诉讼方在开庭时向法院提供任何传闻证据,就必须提前给对方诉讼方一个正式的传闻通知(hearsay notice),否则这传闻证据不会被法院采纳。开庭前合理时间给对方通知是让对方可以准备怎样回应与反击,例如要求真正作出陈述的人士出庭接受盘问。而如果己方反对,例如说有关人士已经死亡或身在海外,就需要再给对方诉讼方一个通知等。代表律师需要提前把所有要在开庭时提供给法院的证据内容(无论是文件证据还是口头证据)检验清楚,确定有无传闻证据。如果有就要及时向对方诉讼方作出传闻通知,以免证据不被采纳。由于涉及大量证据,产生的工作量与相应的律师费用可想而知。此外,传闻证据规则下的大量例外情况(exceptions)也十分复杂。

传闻证据是指诉讼中向法院提供证据的证人以外的其他人士所作的陈述,且陈述是为了支持证人所主张的事实。例如,证人 A 在开庭时说 B 曾经告诉他 C 做过这件事,以支持 A 声称 C 曾经做过这件事的指控。这就是传闻证据,不会被法院采纳作为证明 C 是否做过这件事的证据。

法律抗拒传闻证据,认为不可采纳主要有以下三个原因:(1)真正作出有关事实陈述的人士(B)并非是在法院宣誓下作出陈述,也没有接受交叉盘问,其可信度往往大打折扣。(2)传闻证据不是最佳证据(best evidence),而且容易被捏造,在转述中又有可能出现错漏等。(3)一个人每天真正根据自己的亲身经历、自己听到或见到的事实而可以作出的陈述,相比他听来的陈述是很有限的。所以如果法院诉讼采纳传闻证据,甚至是多重传闻证据,就需要漫长的开庭。

虽然现在刑事诉讼中依然适用传闻证据规则,但在民事诉讼中就进行了改革。除了传闻证据规则实在太昂贵与复杂外,还有其他方面的考虑:(1)在民商事诉讼中,如果大量证据只因为是传闻证据就被排除,例如一份重要的当场文件证据(contemporaneous document),只因为找不到制作这份文件的人士出庭接受盘问,就被法院认为不可采纳,不利于找出事实真相。不如采纳所有有关的传闻证据,并在分析后根据证据的可信度而给予不同的权重。(2)传闻证据规则适用在对抗制诉讼程序,而在询问制/纠问制(inquisitorial)的诉讼程序就没有这种说法。可能是法院在询问制的程序下,不会因为证据属于传闻证据就即使对找出事实真相有帮助也不采纳,所以传闻证据规则不适用。虽然大多数英国诉讼还是对抗制的诉讼程序,但也有部分的民事诉讼,如针对儿童的利益与监护抚养问题的诉讼,到底属于对抗制还是询问制/纠问制会比较模糊。在仲裁中虽然大多数还是采用对抗制,但立法允许仲裁员采取询问制/纠问制的程序。(3)大量电子文件的产生且这些文件数量过于庞大,无法确定每份文件是由谁制作的。也很可能经过多人共同编辑,根本无法确定谁才是真正制作的人。正如前面提到的,如果将这些电子文件都当作传闻证据而不采纳作为证据,显然不利于找出事实真相。

在现在的做法下,如果证人证言或誓章/誓词中有传闻证据(无论是文件证据或口头证据),应给出详情,这等于提前通知了诉讼对方,让对方可以准备,例如作出调查与/或要求真正作出陈述的人士出庭接受盘问。但对方在衡量轻重后可能觉得不重要或这样做反而有危险变得更不利,就不一定提出这样的要求。而且即使提出要求也需要合理与实际可行,法院也不一定批准。而换一个情况,真正作出陈述的人士是一位外国律师而不是一般商业人士,并且证人证言中给的详情仅仅是提及“我在做这件事前问了外国某律师事务所的某个律师”,这样做不涉及弃权,因为如果该律师不准备出庭作证,他/她的意见内容就是传闻证据,证人这样做只是为了满足必须提供该外国律师详情的要求。但如果证人证言中进一步提到或节录了该外国律师的法律意见的具体内容,由于外国律师也可享有特免权,这就涉及部分披露与部分弃权的问题,会导致附带弃权的适用。

如果证人没有在证人证言中提到,而是在开庭接受盘问时才提到传闻证据,就是另一回事了,因为对方等于是被突袭(ambush),完全没有准备而无法回应或反驳。如果对方诉讼方认为这个传闻证据不重要,可能只会向法院指出这种情况,并要求法官在考虑判决时不给予该传闻证据权重。但也可能该传闻证据十分重要,对方就会向法院申请不采纳传闻证据,或是暂时中止开庭,直到对方可以盘问真正作出陈述的人士,并要求引入传闻证据的诉讼方承担浪费的诉讼费用。

4.3.2.3 “只提及”和“依赖”的分水岭

总结以上所讲,只要证人证言或誓章/誓词只提及享有特免权的文件(如外国律师意见)造成的效果与来源,而不要提及文件的内容,就不会导致附带弃权的适用。但在很多案件的不同案情中区分什么只算是“提及”特免权文件的存在与来源的详情以及怎样才能算是被诉讼方“依赖”特免权文件的实质内容(substance/content)还是不容易,但这个区分至关重要,因为这决定了是否适用附带弃权的说法。例如 Simpkin v. Berkely Group (2017) EWHC 1472 (QB)先例就判被告说律师的法律意见是原告可索赔约 8 万英镑,不只是“提到”将来可能有一个诉讼,而是律师对可能的诉讼的具体金额的法律意见,所以附带弃权适用。

在较近期的 Brennan v. Sunderland City Council (2009) ICR 479 先例中,Elias 大法官也给出了有关的指引,看来依赖了越多的文件内容,就越有可能构成对文件的弃权并导致附带弃权:

“Typically, as we have seen, the cases attempt to determine the question whether waiver has occurred by focusing on two related matters. The first is the nature of what has been revealed; is it the substance, the gist, content or merely the effect of the advice? The second is the circumstances in which it is revealed; has it simply been referred to, used, deployed or relied upon in order to advance the party’s case? … the principles are not altogether easy to discern, partly perhaps because of the vagueness of the language adopted — for example, sometimes reliance and deployment are used as separate terms and sometimes they appear to mean much the same thing — and partly because the cases are necessarily fact sensitive.

In our judgment, it is an error to treat the earlier authorities as if the words falling from judicial lips had the sanctity of statute. We would not, therefore, adopt in quite such stark terms the contents/effects distinction…**Plainly the fuller the information provided about the legal advice, the greater the risk that waiver will have occurred.** But we do not think that the application of the waiver principle can be made to depend on a labelling exercise, particularly where the categories are so imprecise. The concepts shade into each other, and do not have the precision required to justify their employment as rigid tests for defining the scope of waiver.”(加黑部分是笔者的强调)

以上 Elias 大法官是说是否构成附带弃权要考虑两个方面,首先是到底暴露(reveal)了部分特免权文件的什么?是文件的实质内容、大意、梗概、具体文字内容或仅仅是这份法律意见造成的效果?其次是要考虑到底这部分特免权文件或内容是如何暴露的?是被提及、被使用、被置于法院或是在诉讼中被依赖?Elias 大法官也说,根据过往的先例中建立的原则并不容易进行甄别。部分原因是所使用的措辞/文字都相对比较含糊,例如有时候把置于法院与对部分文件/内容的依赖当作针对不同的方面,但有时候也认为是代表了同一件事。还有原因是这方面的判断非常依赖每一个案件的不同事实与情况,所以没办法“一刀切”,Elias 大法官只是说在文件披露、证人证言、开庭陈词、交叉盘问、再盘问等诉讼过程中依赖越多特免权文件的内容,就越有适用附带弃权的危险。

笔者同意这与很多其他的法律地位一样,要看个别案件的案情,然后客观与总体考虑已经暴露的部分特免权文件或内容是否会造成对法院与/或对方诉讼方的误导,并因此带来不公平。

4.3.3 “已置于法院”和“无法回头”的权威说法

什么时候才属于已置于法院和无法回头(too late to turn the clock back),在 Great Atlantic Insurance Co v. Home Insurance Co (1981) 2 Lloyd’s Rep 138 上诉庭先例中有针对。在该先例中,文件的特免权内容被当事人的代表大律师在公开审理时读出。在这种情况下,法院判是已经不可避免地要适用附带弃权的说法。上诉庭的 Templeman 大法官说:“**In interlocutory proceedings and before trial it is possible to allow a party who discloses a document or part of a document by mistake to correct the error in certain circumstances**. Where a document has been disclosed as a result of misconduct by the defendants, against the will of the plaintiffs and in any event not by the deliberate act of the plaintiffs, then remedial action both before and during the trial may be possible. But in my judgment the plaintiffs deliberately chose to read part of a document which dealt with one subject matter to the trial judge, and must disclose the whole. The deliberate introduction by the plaintiffs of part of the memorandum into the trial record as a result of a mistake made by the plaintiffs waives privilege with regard to the whole document. I can see no principle whereby the court could claim to exercise or could fairly and effectively exercise any discretion designed **to put the clock back and to undo what has been done**.”(加黑部分是笔者的强调)

Templeman 大法官上述的最后一句话是强调特免权文件或内容已经是“无法回头”地被暴露,才会引发附带弃权的适用。这表示只要还没有到这个时间点,就还可以做出补救,以避免适用附带弃权。例如诉讼方只是不小心把可以享有法律业务特免权的文件加进文件清单(list of documents)中允许对方查阅的部分。这是不会引发附带弃权的,而是会允许该诉讼方修改文件清单。又如诉讼方部分遮盖了一份文件,但同时披露了该文件的部分特免权内容。这也可以让该诉讼方选择是全面披露(不遮盖)还是把部分披露了的特免权内容一并遮盖。再如在 R v. Secretary of State for Transport Ex p Factortame (1997) 9 Admin LR 591 先例中,英国政府作为被申请人向法院承诺不在诉讼中依赖部分已经披露的特免权文件或内容以支持他的主张与案件,被法院接受不必再适用附带弃权的说法。

《The Law of Privilege》(2018 年,第 3 版)与《Documentary Evidence》(2018 年,第 13 版)等权威书籍都重视与认为 Great Atlantic Insurance Co v. Home Insurance Co 先例中提到的“无法回头”的说法很关键。否则如果能够回头,特别是对并非刻意部分披露的披露方,就应该允许回头而不是强制进一步弃权与披露。这可节录《The Law of Privilege》(2018 年,第 3 版)一书之 5.47 段所说如下:“The key issue is whether the clock can be turned back. Once the document has been relied on in opening, deployed in evidence, or (in most case) relied on at an interlocutory hearing, it will be too late to resist the effects of collateral waiver. From a practical point of view there is much to be said for the parties knowing in advance of trial whether privileged documents will be relied upon so that any contentious issues of waiver of privilege can be resolved.”

4.4　所有同一主题(issue in question)或同一事件(transaction)的有关资料

所有同一主题或同一事件的有关资料的重要性是,即使要命令适用附带弃权(collateral waiver),也应尽量减少强制披露的范围(scope)与后果(effect)。这是因为要尽量尊重法律业务特免权的绝对权力的性质,只要做到能够避免对方当事人(因为不知道有关主题与事件的全貌而无法争辩)与法院会被暴露或披露部分误导造成不公平,就已经足够。

例如在较早前举的简单例子,一位事实证人在交叉盘问时说漏嘴说:"我问了律师,律师叫我不要讲这句话。"即使这引发附带弃权的适用,也不代表他/她要被强制披露代表律师这些年来曾经为这个诉讼作出的各方面的法律意见。即使是要强制披露,也只应该局限在与交叉盘问所针对的同一主题(issue 或 subject-matter)或同一事件(transaction),因为这应已足够避免法院与对方诉讼方在该主题被误导的危险。但在每一个不同案情的先例中,这个范围到底应该有多广,是一个十分有争议的课题。

4.4.1　所有同一主题的有关资料的权威说法

在 Great Atlantic Insurance Co v. Home Insurance Co (1981) 2 Lloyd's Rep 138 先例中,上诉庭认定需要强制披露的有关特免权文件针对的只是同一主题,而此时一旦允许当事人只披露其中一部分而以特免权为由拒绝披露剩余部分,就会造成误导与不公平。

权威的说法是如果不是同一主题的特免权文件或内容,就不适用附带弃权的原则。这节录 Great Atlantic Insurance Co v. Home Insurance Co 先例中,上诉庭的 Templeman 大法官所说如下:

"The second question is whether, the whole of the memorandum being a privileged communication between legal adviser and client, the plaintiffs may waive the privilege with regard to the first two paragraphs of the memorandum but assert privilege over the additional matter. In my judgment, severance would be possible if the memorandum dealt with entirely different subject matters or different incidents and could in effect be divided into two separate memoranda each dealing with a separate subject matter. The judge, with the experience of 14 days of the trial and after reading the whole of the memorandum, came to the conclusion that the first two paragraphs of the memorandum and the additional matter dealt with the same subject matter.[16] Knowing far less about the circumstances, I would be slow to come to a different conclusion. Having read the whole memorandum, I agree with him…

… once it is decided that the memorandum deals with only one subject matter, it seems to me that it might be or appear dangerous or misleading to allow the plaintiffs to disclose part of the memorandum and to assert privilege over the remainder[17]… In my judgment, the

---

〔16〕 整份备忘录(memorandum)是美国律师与客户(原告)之间的机密与特免权文件。原告不能对备忘录的前面两段作出部分的弃权与披露,但主张该备忘录的其余段节享有特免权。除非是该备忘录的前两段与后面完全针对的是不同的主题,事实上可以被分成两份备忘录。一审法官在开庭审理了 14 天并阅读了整份备忘录后,认为被披露的前两段与备忘录其余被遮盖(redacted)的部分是针对同一个主题。

〔17〕 一旦决定了整份备忘录针对的是同一主题,允许原告作出部分披露就会是危险与有误导性的。

simplest, safest and most straightforward rule is that if a document is privileged then privilege must be asserted, if at all, to the whole document unless the document deals with separate subject matters so that the document can in effect be divided into two separate and distinct documents each of which is complete.[18]

In my judgment, however, the rule that privilege relating to a document which deals with one subject matter cannot be waived as to part and asserted as to the remainder is based on the possibility that any use of part of a document may be unfair or misleading,[19] that the party who possesses the document is clearly not the person who can decide whether a partial disclosure is misleading or not, nor can the judge decide without hearing argument, nor can he hear argument unless the document is disclosed as a whole to the other side.[20] Once disclosure has taken place by introducing part of the document into evidence or using it in court it cannot be erased.[21]"

可总结 Templeman 大法官在 Great Atlantic Insurance Co v. Home Insurance Co 先例中所说,要区分一份文件被遮盖的部分与被披露的部分是否虽然同属于特免权内容但针对的是不同主题,肯定会带来昂贵的诉讼(因为关于特免权的诉讼经常要逐一针对每一份文件或每一部分内容)与不肯定的结果。毕竟说服法院认同一份文件内容是属于不一样与可分开的主题不容易,特别是在诉讼对方与法官都不能先阅读与考虑被遮盖部分内容的情况下。

所以,最恰当的做法依然是在源头上进行控制,即当事人与代表律师在制作可享有特免权的文件时,不妨分开制作两份文件去针对两个不同的主题。这与分开制作可享有特免权的文件(privileged document)与不能享有特免权的文件(unprivileged document)是同一个道理,因为一旦一份文件有部分遮盖,诉讼对方就难免有怀疑。

4.4.2 "证据指向同一个事件"是否为不同的强制披露范围

在 Great Atlantic Insurance Co v. Home Insurance Co (1981) 2 Lloyd's Rep 138 先例中,Hobhouse 大法官用了"证据指向同一个事件"(transaction to which the evidence goes)的措辞/文字替代了"同一主题"(same issue/subject-matter),说:"... if evidence is adduced then the extent of the waiver relates to the transaction to which the evidence goes ... it does not extend to all the matters relating to the subject matter of those conversations."

---

[18] 在 Templeman 大法官看来,最安全与直接的做法就是如果一份文件可以享有特免权,就有必要主张整份文件都享有特免权与拒绝披露。除非能够清楚区分这份文件针对了两个完全不同的主题,像本来就可以针对两个主题独立制作两份文件,而两份文件仍会视为独立与完整针对个别不同的主题。

[19] Templeman 大法官认为只部分披露与弃权是不公平与有误导性的。

[20] 是否会造成误导显然不能让作出部分披露的当事人解释,而是要由法院决定。但问题是除非对方诉讼方能看到包括被遮盖部分的完整的特免权文件,否则无法有理有据地争辩。而除非能够让双方诉讼方充分争辩,否则法官没有办法作出决定。

[21] 这样看来就表示一旦作出部分披露与弃权,导致附带弃权并被要求披露更多的特免权文件与内容就是在所难免。正如 Holyoake v. Candy (2017) EWHC 387 (Ch)先例所说,在作出部分披露与弃权后适用附带弃权的说法并非是法院的裁量权(discretion),法院只是决定进一步披露与弃权的后果与范围。

Hobhouse 大法官在评论 Nea Karteria Maritime Co Ltd v. Atlantic & Great Lakes Steamship Corporation（No. 2）（1981）Com LR 138 先例[22]时，也提出了所谓的“single transaction test”，虽然 Mustill 大法官原本使用的措辞/文字是“所有同一主题的有关资料”（“the whole of the material relevant to the issue in question”）。Hobhouse 大法官认为“主题”太广，会被认为是针对部分披露的内容，而“事件”则更恰当，说：“Furthermore he（指 Nea Karteria Maritime Co Ltd v Atlantic & Great Lakes Steamship Corporation 先例的 Mustill 大法官）applies what for convenience can be called a single transaction test. He looks to see what is the issue in relation to which the material has been deployed. He held that the issue was what was said at the meeting between the lawyer and the Greek seaman, and the correct evaluation of that meeting. But he did not accept that it extended to other matters which did not form part of that conversation. He did not treat the transaction as being the facts of the subject matter of the conversation at the meeting.”

也就是说，先判断被部分披露文件或内容所针对的相关主题的事件，即律师与客户之间的某一次对话（可称为单一事件）。那么这一次对话的有关文件会被强制弃权与进一步披露，例如会议记录、客户自己或律师的备忘录等。这不是针对这次对话内容本身的主题，因为会有其他事件的文件内容也是有关同一个主题，但并不包括在附带弃权的范围内。可以想得到律师与客户之间有无数次的对话与交流，这一次对话的内容可能是涉及整个诉讼的一个或几个重要与关键的主题。这次对话只是一次事件，如果所有其他的对话、交流或书信往来，只要涉及这次对话内容的同一主题都要全部披露，就会造成附带弃权的适用范围太广。

另在 R v. Secretary of State for Transport Ex p Factortame（1997）9 Admin LR 591 先例中，Auld 大法官说：“Much depends on whether the party making partial disclosure seeks to represent by so doing that the disclosed documents go to part or the whole of an ‘issue in question’, the expression used by Mustill J in the passage from his judgment in Nea Karteria that I have cited. The issue may be confined to what was said or done in a single transaction or it may be more complex than that and extend over a series of connected events or transactions. In each case the question for the court is whether the matters in issue and the document or documents in respect of which partial disclosure has been made are respectively severable so that the partially disclosed material clearly does not bear on matters in issue in respect of which material is withheld. The more confined the issue, for example as to the content of a single document or conversation, the more difficult it is likely to be to withhold, by severance, part of the document or other documents relevant to the document or conversation.”

但有说法是这两个不同的措辞/文字是同义与没有实质区别，如 Mann 大法官在 Fulham Leisure Holdings v. Nicholson Graham & Jones（2006）2 All ER 599 先例中提到 Auld 大法官在 R v. Secretary of State for Transport Ex p Factortame 先例中的判决时，说：“In

---

〔22〕 案情可见本章之 4.6.1 段。

that passage, Auld LJ refers to the 'transaction' but he also uses the expression 'issue', which was the word used by Mustill J in Nea Kareria. He is apparently using the same concept as that deployed by Hobhouse J."

另在更近期的 Holyoake v. Candy (2017) EWHC 387 (Ch)先例中,Nugee 大法官也小结说两个不同的措辞/文字其实是同一个意思。Mustill 大法官在 Nea Karteria Maritime Co Ltd v. Atlantic & Great Lakes Steamship Corporation (No. 2)先例虽然用的是"主题"一词,但这"主题"只是原告的希腊律师与船员(被告的主要证人)在会谈时到底交流了什么与当时的总体气氛,而不是他们交流的实质内容与有关事实:"That review of those authorities explains how the same concept can be described as both 'the relevant issue' by Mustill J and 'the relevant transaction' by Hobhouse J. What Mustill J refers to as 'the issue' is what was said at the meeting between the seaman and the Greek lawyer, and the atmosphere at the meeting. It is not the underlying facts about which the seaman was interviewed. What Hobhouse J refers to as 'the transaction' is the same concept of what somebody said on a particular occasion. It is not the subject matter of those conversations."

接着 Nugee 大法官看来是认可了 Fulham Leisure Holdings v. Nicholson Graham & Jones 先例中 Mann 大法官给出的指引并解释说:"I can return to what Mann J meant in Fulham... when he said that you first have to identify the transaction in respect of which disclosure has been made. Unless he is consciously taking a different view to Hobhouse J, he means the actual communication in which privilege is waived. I do not read him as taking any different view from Hobhouse J. When, therefore ... he says, 'First of all there is the actual transaction or act in respect of which disclosure is made', he means the same as Hobhouse J does when he says it is what somebody said on a particular occasion."

4.5 附带弃权和人权法

在本章上一段已经提到,在对附带弃权(collateral waiver)的范围(scope)进行判断时(包括认定有关主题/事件等),需要由法院从客观的角度来看待。这样,无论是当事人是否有真正弃权的意图,[23] 都会被法院从客观的角度看待与进行判断,结果可能与作出部分披露的当事人的主观意愿相左。而且该当事人即使是希望仅仅对一份文件弃权,也可能由于挑选樱桃规则(cherry-picking rule)或是附带弃权的适用被法院命令作出范围广得多的披露,这是他/她原先作出部分披露时预见不到的。

4.5.1 人权公约和人权法对附带弃权的要求

法律业务特免权(legal professional privilege)在今天有着不同一般的地位,除了公共

---

〔23〕 部分披露特免权文件的情况有很多种,可能是诉讼方刻意(intentionally)在文件披露阶段披露以支持自己的指控/案件,也可能是不小心误将文件交出给了对方又来不及申请禁令。例如在 MMI Research Ltd v. Cellxion Ltd (2007) EWHC 2456 (Ch)先例中,原告的律师就误将一份享有特免权的英文文件当作一份不享有特免权的德文文件的翻译稿披露给了对方。部分披露特免权文件的情况在交换证人证言阶段也经常发生,这属于当事人刻意披露。而在开庭审理时,就可能是事实证人在交叉盘问或再盘问时不小心说漏嘴,或是为了应对对方诉讼方的问题不得不披露:见 Holyoake v. Candy (2017) EWHC 387 (Ch)等先例。

政策的支持以及诸多先例中建立的绝对性权利地位外,还属于基本人权。在今天保护人权的基调下,英国已经加入了《欧洲人权公约》(European Convention on Human Rights, ECHR),以及颁布了引入该公约的本土立法《Human Rights Act 1998》(HRA)。在 ECHR 或是 HRA 下并没有明示针对特免权的条文,但是欧洲人权法院(ECtHR; Cour européenne des droits de l'homme)的不少先例都明确了在 ECHR 下对特免权的保护:见 S v. Switzerland (1992) 14 EHRR 670;Brennan v. United Kingdom (2001) 34 EHRR 507; Öcalan v. Turkey (2005) 41 EHRR 985 等欧洲人权法院先例。有关人权与特免权的问题并非本书重点,不再赘述。此处主要针对的是在 ECHR 或 HRA 下,欧洲人权法院的很多先例都有判法是虽然允许弃权(waiver),但是对弃权有特别的要求,例如欧洲人权法院在 Hakansson and Stureson v. Sweden (1990) 13 EHRR 1 先例中指出:"... admittedly neither the letter nor the spirit of this provision(指的有关公平裁判的条文,也是被刚提到的诸多欧洲人权法院先例依赖以支持特免权保护的条文之一) prevents a person from waiving of his own free will, either expressly or tacitly, the entitlement to have his case heard in public... However, a waiver must be made in an unequivocal manner and must not run counter to any important public interest."(加黑部分是笔者的强调)

如上述节录中类似的判法还可见 Deweer v. Belgium (1980) 2 EHRR 439;Le Compte Can Leuven and De Meyere v. Belgium (1981) 4 EHRR 1;Pfeifer and Plankl v. Austria (1992) 14 EHRR 692;Bulut v. Austria (1996) 24 EHRR 84 等欧洲人权法院的先例。

因此有说法是英国法过分严格对待特免权部分弃权(partial waiver of privilege)的先例与理论会受到欧洲人权法院先例判法的冲击,如果需要清楚无误的言行(unequivocal manner)才能对特免权作出弃权,类似 Great Atlantic Insurance Co v. Home Insurance Co (1981) 2 Lloyd's Rep 138 先例或 Digicel (St Lucia) Ltd v. Cable & Wireless Plc (2009) EWHC 1437 (Ch)先例等的判法包括附带弃权下强制披露是否还正确,就有疑问了。毕竟,强制更多的披露与弃权就很难说是"自愿"(own free will)了。

但从目前来看还没有先例针对这个问题。

4.5.2　灵活对待附带弃权以符合人权法的要求

对于将来的发展,Charles Holllander QC 提出在部分披露没有造成对方诉讼方损害时,就尽量不要让对方趁机取巧要求披露更多的机密文件。法院不妨采用比较灵活的手段进行处理,以符合 ECHR 的要求。可以节录 Charles Holllander QC 的《Documentary Evidence》(2018 年,第 13 版)一书之 23 - 23 段的内容如下:

"However, where the matter can be resolved without prejudice to the other party, a softer and more flexible approach can and perhaps should be adopted which is easier to reconcile with the ECtHR authorities. ...there have been sign of such an approach. For example, in R. v. Secretary of State for Transport Ex p. Fortortame the court would have been minded to regard the waiver as going beyond the issue on which the Secretary of State intended to waive privileges. The court limited the disclosure of collateral documents to those relating to the issue which was intended to be the subject of the waiver upon an undertaking from the Secretary of State not to rely upon the documents voluntarily disclosed for a wider purpose… Where the clock can be turned back, in the sense that the privileged material has not yet been deployed in court, the range of options available to the court is rather greater. But even if the documents have been relied upon for the purpose of an application, or even at trial, the court may still in many cases be able to deal with the matter in a way which does not cause prejudice to the other party but prevents the party who is held to have waived privilege from losing his shield in a manner which was not anticipated.

It is suggested that the courts are likely in future to be sympathetic to a more flexible approach along these lines. Where a waiver of privilege occurs accidentally, perhaps in the course of evidence where a witness answers a question in a way not expected, or even if it occurs accidentally in the sense that the consequences of a particular line of questioning are not appreciated until too late, it is unattractive for the other party to try to jump on the error unless he has suffered prejudice…”

4.6 有关附带弃权的重要先例

4.6.1 Nea Karteria Maritime Co Ltd v. Atlantic & Great Lakes Steamship Corporation (No.2)先例

有关附带弃权(collateral waiver)说法的 Nea Karteria Maritime Co Ltd v. Atlantic & Great Lakes Steamship Corporation (No.2) (1981) Com LR 138 重要先例是一个海事案件。该先例的原告是船东,因为装载的一船煤炭在运输过程中发生爆炸与火灾,所以向第一被告期租承租人(charterer)与第二被告发货人(shipper)索赔事故带来的损失。在期租合约(time charterparty)中,通常都会有明示条文规定承租人在营运租用的船舶时不能装运危险品,即使没有明示规定,这也是英国法律的默示地位(implied position)。同样的法律默示地位也适用于发货人,因为是发货人把危险的煤炭装上船舶,所以也有法律责任。有关课题可参阅笔者的《提单与其他付运单证》(2016 年)一书第三章之 13.2.1 段与第五章之 12.9.2 段与《期租合约》(2007 年)一书第十篇之 10.5 段至 10.13 段。

被告的抗辩之一是造成船舶的爆炸与火灾的原因是有船员明知船舶装载了挥发易燃气体的货物,却在不安全的地方非法抽烟。作为第二被告的发货人甚至在事故后不久通过律师与调查员取得了其中一名船员的证言说明是有人非法抽烟导致爆炸。但差不多在同一个时间,有另一位船员(水手长)通过原告船东的律师给了一份证言,证明当时根本没有看到任何船员或其他人士在非法抽烟。

看来这个案件涉及当场(contemporaneous)与关键证据的直接冲突。所以,在距离事故发生约两三年后,原告于准备诉讼的期间在希腊私下找到了曾经给过第二被告一份证言的船员,并通过一位希腊律师与该船员会谈(interview)与质询(interrogatory),其中向该船员问话的一系列问题是由英国律师拟定的。该船员看来是十分配合地回答,并且给的答案与原来给第二被告的证言有不符。其中最重要的一点是说他原先给第二被告的证言只是为了应付并希望摆脱调查员与律师的干扰。另外,该船员也提到了水手长给了一份口供。

在后来的开庭审理,该船员在交叉盘问时也是同样回答。这样看来,本来依赖的证人变成了敌意证人(hostile witness),令案情变得对被告很不利。另外,原告的希腊律师也出庭对他与该船员会面与质询的事实举证。这样,被告为了扭转局势就要求法院命令原告提供特定文件证据,即水手长的证言和记录了希腊律师与该船员会面时一连串问题的文件。开庭时才提出披露特定文件的要求与诉讼的披露程序无关,因为时间上已经太晚。一般接受的做法是一方当事人有权要求对方对在盘问时提到与带出来的新文件作出特定披露。

要求原告披露的另一份文件是希腊律师在会面时向船员所提问的一连串问题,这显然也是一份可享有诉讼特免权的文件。Mustill 大法官批准了被告对这份文件的申请并下令作出披露,也不接受原告以诉讼特免权作为"盾牌"拒绝披露。Mustill 大法官认为这与反口船员的口供属于同一主题,原告只是以希腊律师作为证人向法院提供部分他希望提供的证据,会有误导与不公平审理的危险。

4.6.2　R v. Secretary of State for Transport Ex p Factortame 先例

R v. Secretary of State for Transport Ex p Factortame (1997) 9 Admin LR 591 先例涉及在 20 世纪 70 年代至 80 年代有关欧洲捕鱼权的事件。当时的欧盟一方面要求开放水域给所有成员国用以捕鱼;另一方面则是通过限制每个国家的总捕鱼数量进行控制以防止渔业市场以及水域鱼群数量出现问题。当时拥有欧洲最庞大捕鱼船队的西班牙,虽然直到 1985 年才加入欧盟,但是在 1980 年就已经与欧盟签订协议可以参与前述欧盟的捕鱼计划。由于对总捕鱼数量的限制,不少西班牙渔民开始寻求其他方式突破西班牙的总捕鱼数量限制,他们在英国的船舶拥有与登记制度下找到了机会。

在英国《Merchant Shipping Act 1894》立法下,虽然不允许非英国国民拥有与登记英国船旗的船舶,但允许在英国注册的公司拥有与登记船舶。因此很多西班牙渔民先注册与成立一家英国公司,然后再拥有与登记英国船舶。这样通过英国船舶进行捕鱼,就算在英国的总捕鱼数量限制内。Factortame 公司就是这样一家由上百个西班牙股东组成的英国公司,拥有与登记了上百条英国船舶进行捕鱼。

英国显然对这个情况很不满意,之后就通过了《Merchant Shipping Act 1988》立法,其中第 14 条对有权拥有与登记船舶的英国公司进行了限制,主要包括限制特定的英国股东比例、资本比例等。简单来说造成的实质效果是 Factortame 等公司都将不再被允许拥有与登记英国船舶,也就不能利用英国的总捕鱼数量限制进行捕鱼了。

Factortame 公司的股东遭受了重大损失,于是在英国法院申请对《Merchant Shipping Act 1988》进行司法复核(judicial review)。另外,在欧洲法院(European Court of Justice)也有一系列程序开始审查《Merchant Shipping Act 1988》立法是否违反欧盟有关法律规定。值得注意的是,在 Factortame Ⅰ [Case C－213/89;(1990) ECR I－2433]先例中,欧洲法院就已经要求英国暂停对英国股东比例等要求。在 1991 年 7 月的 Factortame Ⅱ [Case C－221/89;(1991) ECR 1－3905]先例中,也明确确认了英国此立法违反欧盟有关规定。之后在 Factortame Ⅲ [Case C－48/93;(1996) ECR 1－1029]先例中更是指出英国此立法如果明显与严重忽视了作为成员国的裁量权的界限(manifestly and gravely disregarded the limits on its discretion),就要对立法造成的个人损失承担责任。

这也成为 Factortame 公司的股东能否成功向英国政府索赔损失的一个争议焦点,但有关问题并非本书重点,不在此赘述。Factortame 公司为了在向英国政府索赔的诉讼程序中证明英国政府明显与严重忽视了裁量权的界限,在披露程序中要求披露相当多的文件,包括英国政府草拟这个法案、交给议会(Parliament)审议等过程中的多类文件。英国政府以特免权为由拒绝披露这些文件中的一部分,例如政府律师与政府之间的书信往来等文件。但披露了一些在立法草案被交给议会审议之前,英国政府与政府律师之间的书信往来,即对特免权文件作部分披露与弃权。

Factortame 公司的股东就指称英国政府此行为会造成附带弃权,令政府与政府律师之间的所有书信往来都被弃权。因为在立法草案被交给议会审议之后,政府仍然有可能改变意图,因此如果要证明从立法草拟直到通过期间,政府的心态与意愿究竟如何,仅片面披露目前弃权的部分法律意见会造成不公平或误导的情况。

此先例中,英国政府还没有依赖这些文件进行陈述或证明任何观点或主张(assertion),反而是为了避免需要披露更多其他文件,向法院作出了额外承诺不会依赖这些部分披露的文件用以证明草案被递交后政府的心态与意愿:"The Secretary of State argues that fairness does not require him to extend the waiver because he will not suggest at trial that the legal advice he received before the introduction of the Bill to Parliament is representative of later advice or guided his approach thereafter to the enactment and implementation of Section 14."

高院 Auld 大法官对过往有关附带弃权的先例进行了总结,认为披露方在开庭审理前说明是否会依赖与/或使用部分披露的特免权文件的立场是好事。否则在开庭时才提出这个问题,再加上带来的附带弃权的适用问题就会导致延误开庭。Auld 大法官说:"Much will depend, of course, on the indication given by the party waiving privilege before trial whether he intends to rely upon the privileged material at the trial and, if so, for what purpose. If he does intend to put it in evidence, there is an obvious advantage in both parties knowing where they stand before trial. It enables each of them to determine whether and how to proceed with the litigation and to avoid costly adjournments for further discovery and consequential work which otherwise would occur if the point had to be determined at trial. Where, however, there is uncertainty as to the use, if any, a party intends to make at trial of disclosed privileged material, the resolution of the opposing party's claim to further and associated discovery may have to await the trial, with all the tactical and costly disadvantage that that may be to the party concealing his hand."

同时由于英国政府的前述承诺,因此法院认为不会造成不公平,可以灵活处理,暂时不要求也没有必要适用附带弃权去强制对更多的特免权文件的披露与弃权,说:"If the Secretary of State keeps to Mr Richards'(英国政府的代表大律师) word I can see no unfairness to the applicants. The applicants and the Court know his stance, that of a party prepared to reveal the legal advice that he received as to his conduct over one period but not over another, with all the suspicion and adverse inference that that may engender. If the Secretary of

State does seek to take an unfair advantage of his partial discovery at the trial, whether as a matter of evidence or argument, the applicants would be entitled to invite the trial judge to re-open the matter and determine whether there should be further disclosure."

4.6.3 Fortress Value Recovery Fund Ⅰ LLC & Ors v. Blue Skye Special Opportunities Fund LP (A Firm) & Ors 先例

经常有投资者(investor)指控不诚实策划的基金投资(dishonest scheme of fund investment)。这种不诚实的基金投资,通常属于一种"庞氏骗局"。

Fortress Value Recovery Fund I LLC v. Blue Skye Special Opportunities Fund LP (A Firm) (2014) EWHC 1052 (Comm)先例就是类似的指控,包括了有关的基金公司、其他联营公司与背后的有关人士的多名(20 个以上)共同被告被作为原告的投资者指控不诚实重组(restructure)基金公司与转移其在意大利的资产、串谋(conspiracy)与不合法干预(unlawful interference)。

被告对这个特定指控的抗辩是这样重组基金公司并将在意大利的财产转移到另一位被告 Blue Skye Management SArl SCS 是为了满足意大利银行法的法规(Article 107)要求,与帮助它成功向意大利银行申请成为在意大利合法与被批准的金融中介人(financial intermediary)。

为了支持被告的抗辩,被告递交的有关人士的证人证言中声称只是为了这个原因,与不诚实策划没有关系。其中也提到了这样做是根据意大利律师与会计师的法律意见,并将该法律意见披露给了原告。同时被告的代表律师也说明这披露只是限定弃权(limited waiver),只为了支持客户(被告)的证言,显示在转移意大利财产时对法律的理解。被告律师说:"For the avoidance of doubt, lists of whole of the privileged material relevant to our client's contemporaneous understanding of the matters to which we have referred above. Our clients do not waive privilege in any other material."

原告认为附带弃权的说法在这种情况适用,申请法院要求被告做出更多的披露。但被告抗辩说:"The transaction in question here where privilege was expressly waived was the Italian legal advice given about the detrimental structure of the group as it then stood for an Article 107 application and the relevant powers and practices of the Bank of Italy in dealing with such an application. The purpose for which the advice was disclosed was said to be to demonstrate the defendants' contemporaneous understanding of those matters. That, it was said, was the point in the action to which the disclosure of the privileged material was said to go."

Cooke 大法官针对什么才算是"事件"(transaction)说,他认为在一个复杂的商业案件什么算是"同一事件"应该更宽泛地看待,否则会造成不公平的审理。所以,Cooke 大法官判"事件"并非只是局限在被告去意大利银行申请时对基金公司结构的理解,而应该延伸到所有有关为什么被告要重组与转移财产的文件。这样就包括了很多其他特免权的文件,如从其他渠道获取的法律意见(在证人证言里提到)等。Cooke 大法官说:

"The difficulty with that approach is the limited definition that is being given to the 'transaction' in question and the unfairness which would result from such restricted disclosure. The point to which the evidence really goes is not just the understanding of the defendants of the difficulties presented by the existing structure for an Article 107 application, but the view taken and the decision reached on the basis of that advice as to the necessity for a restructuring of the group.[24]

The undesirability of an application with that structure in place is said to be the reasons for the view taken and the decision reached as to the particular way of tailoring the reorganisation of the structure to achieve the desired result. The belief of the defendants in the necessity of reorganisation and the weighing up of the different options and the contribution of the legal advice for which privilege was waived to come to that view, and the decision taken are all put firmly in issue and justified by reference to the disclosure of the privileged material in question.[25]

Thus, the ambit of the transaction is much more than the contemporary understanding of the structure of the group in the context of the Article 107 application. The width of the transaction extends to the reasons for adopting a reorganisation at all. Fairness requires the disclosure of all privileged instructions and legal advice about improving the prospects of the Article 107 application by some form of reorganisation and about the reasons for reorganising at all.[26] ...

It is, of course, not merely the legal advice given on the topic of the reorganisation that is disclosable as a result of this collateral waiver, but the instructions and materials which went with such instructions. The ambit of the collateral waiver extends to the privileged material relating to the desirability or undesirability of all the reorganisational steps referred to by the claimants as being part of the alleged scheme, and the different ways in which such reorganisation could be done. In short, all material which goes to what other instructions were given and advice received by the defendants about the aims, purposes, reasons for, advantages and disadvantages of any part of the reorganisation of which the claimants complain.[27]"

---

〔24〕 如果限制"事件"的定义也就是限制附带弃权导致的披露的范围会造成不公平。有关证据的重点不仅在被告对原有公司结构很难满足意大利银行法 Article 107 申请的要求的理解,也在被告是如何在意大利律师的法律意见的基础上得出必须重组的观点与作出决定。

〔25〕 被告声称原有公司结构很难满足 Article 107 申请的要求是被告决定按照特定方式重组公司的理由。被告相信有必要重组的观点、对不同选择的衡量、被放弃特免权披露的法律意见对被告得出这个观点的影响力、最终的决定等都是针对同一主题。

〔26〕 "事件"的范围远不止被告去意大利银行申请时对基金公司结构的理解,而应该延伸到所有有关为什么被告要重组与转移财产。所以为了公平审理(原告以及法官在诉讼与审理时都需要对有关事实全盘知悉),被告应进一步弃权与披露有关重组与 Article 107 申请的特免权的文件。

〔27〕 附带弃权下要披露的不仅仅是对重组的法律意见,还包括被告的指示以及令被告做出这样的指示的所有文件。附带弃权的范围应被拓展到包括所有涉及重组过程中的每一步的取舍、重组的不同方式的特免权文件。简言之,就是所有有关被告针对重组的目标、目的、原因、优势与劣势作出的指示与收到的法律意见的特免权文件。在这个先例中,附带弃权带来的大量额外披露估计就是被告在作出部分弃权与披露时想不到的。

这个先例中附带弃权的范围比较广泛，似乎与 ECHR 下应谨慎对待附带弃权的说法不符。笔者觉得这与法官在行使裁量权时考虑到案件的实质争议涉及欺诈有关。

4.6.4　Holyoake v. Candy 先例

近期的 Holyoake v. Candy（2017）EWHC 387（Ch）先例涉及原告在指控与证言中声称被告曾经多次非法威胁他与他的家人。开庭时在被告代表大律师的交叉盘问中针对这个指控提问说：有没有任何文件，如电邮可以证明你对被告曾在这段时间威胁你的指控？这些所谓的威胁到底是否是你无中生有的指控？（"There is no record, is there, in any email of any calls of this sort between 6 February and 10 February 2012, for example? No reference in an email from you to one of your associates saying that you have had these threats made. That is right, isn't it? ... I'm suggesting to you that what you are saying, you are making up those calls, aren't you?"）

在接下来的再盘问（re-examination），原告的代表大律师就出示了一些电邮，请原告作为证人确认是否是他制作的。这些电邮是原告写给他当时的代表律师，指称被告对他作出威胁的记录与详情。原告代表大律师这样做是因为《Civil Evidence Act 1995》之 Section 6(2)(b)允许诉讼方为反驳在对方盘问时带出的问题，在开庭审理时提供一些新证据。这些电邮作为当场证据证明了这并非是没有任何文件证明的口头指控。但问题是这些文件是原告与律师之间的书信往来受到特免权保护，而这样做显然是部分披露与弃权。此外，在开庭审理时作出的部分弃权，时间上已经是"无法回头"，法院肯定要加以考虑。

于是被告代表大律师认为附带弃权的说法适用，申请原告披露更多与更广泛的有关特免权文件。这包括原告向他的前代表律师与后来的代表律师作出的所有有关索赔事件的事实的说法，因为被告对原告的威胁到底是否存在也是事实认定的问题。

被告代表大律师首先引用了 R v. Seaton（2010）EWCA Crim 1980 上诉庭先例中的说法："However, the defendant is perfectly entitled to open up his communication with his lawyer, and it may sometimes be in his interest to do so. One example of when he may wish to do so is to rebut a suggestion of recent fabrication. Another may be to adduce in evidence the reasons he was advised not to answer questions. If he does so, there is no question of breach of his own privilege. What is happening is that he is waiving privilege. If the defendant does give evidence of what passed between him and his solicitor, he is not thereby waiving privilege entirely and generally, that is to say he does not automatically make available to all other parties everything that he said to his solicitor, or his solicitor to him, on every occasion. He may well not even be opening up everything said on the occasion of which he gives evidence, and not on topics unrelated to that of which he gives evidence. The test is fairness and/or the avoidance of a misleading impression. It is that the defendant should not, as it has been put in some of the cases, be able to both 'have his cake and eat it'. If a defendant says that he gave his solicitor the account now offered at trial, that will ordinarily mean that he can be cross-examined about exactly what he told the solicitor on that topic."

被告说附带弃权的范围无论是叫“事件”(transaction)、“主题”(issue)还是“题目”(topic),在本案件都应该包括原告告诉其代表律师的有关被告威胁他与他的家人并做出非法行为的指控,与这些行为带来的后果的文件(“... in the present case as to which waiver had been given was the claimants' or their representatives' account to their lawyers of the defendants' allegedly threatening and unlawful behaviour towards the claimant and his family, together with the alleged effects”)。

Nugee 大法官分析了以前的重要先例,首先针对 Nea Karteria Maritime Co Ltd v. Atlantic & Great Lakes Steamship Corporation (No. 2) (1981) Com LR 138 先例的“主题”,说:

“In Nea Karteria ... privilege was waived in an interview between a witness, a seaman, and the plaintiff's Greek lawyer. The account given by the seaman in that interview was different from his evidence at trial. Mustill J said that the issues in relation to which the material had been deployed were as follows: ‘the prime issue is whether and, if so in what circumstances, the seaman accepted the truth of an account of events different from one which on two other occasions he has put forward. This involves the question whether he did give the answers recorded in document P35(这是指英国律师为希腊律师与船员会谈的问题清单是什么并导致呈堂文件第 35 页记录了船员不一致的回答,其中说到较早给第二被告发货人的证言是为了避免调查员与律师的干扰), whether that document represents a complete record of what happened and of what might be termed the general atmosphere of the meeting, having regard to the seaman's evidence that he signed the statement to get rid of the lawyers.’

On that basis Mustill J held that there had been a collateral waiver of a list of questions prepared by the plaintiff's(原告/船东)solicitors for their Greek lawyer to use at the meeting on the basis that that formed the agenda, as it were, of the meeting.”

在同样道理下,如果在开庭的交叉盘问中,证人回答问题时脱口而出:“我当时的律师是这样给我建议的。”那么在同一“主题”或“事件”下的附带弃权只包括通过进一步盘问证人并强制该证人回答他/她是说了或问了什么才导致律师有这样的建议。但不应延伸到建议的内容,否则就有危险与可能要强制披露所有或大量的特免权文件了。当然根据证人不同的回答,如果法院觉得仍是对有关的“事件”(律师的建议)的情况不够了解,可进一步强制要求回答。但重要的是尊重特免权的绝对权利,尽量只限制在部分暴露或披露不会造成误导不公平的范围。

Nugee 大法官接着针对有关再保险(re-insurance)争议的 General Accident Fire and Life Assurance Corporation Limited v. Tanter (1984) 1 WLR 100 先例中的“事件”说:“... privilege was waived in a memorandum between a firm of brokers and its solicitors, which reported on a number of matters, including, in particular, a conversation said to have taken place that day between a director of the brokers and an underwriter, Mr Posgate. Hobhouse J held that it had not in fact been put in evidence yet, although it had been put in cross-examination of Mr Posgate, but that if and when it was put in evidence, **it would waive privilege in that communication, not in other communications.**”(加黑部分是笔者的强调)

最终,Nugee 大法官判附带弃权的范围只是额外的几份电邮,说:“I hold that the transaction in question is the communication made in the emails of 29 March and 15 and 16 April(这是在再盘问时原告代表大律师要证人确认有告知当时律师有关被告威胁并读出段节的电邮), including email … on 16 April, which is part of the same transaction. It is not the treats or all communications made by Mr Holyoake(原告)to his lawyers about the threat.”

Nugee 大法官也强调了附带弃权只针对这“事件”而不延伸至“威胁”的主题,说:“… ‘the issue’ is what was said at the meeting between the seaman and the Greek lawyer, and the atmosphere at the meeting. It is not the underlying facts about which the seaman was interviewed. What Hobhouse J refers to as ‘the transaction’ is the same concept of what somebody said on a particular occasion. It is not the subject matter of those conversations.”

除非有一些特殊的情况发生,例如发现 Holyoake 先生曾经在后来又发了一封邮件说“我重新看了一遍之前的邮件,发现说得不是很对,这才是正确的版本”,那之后的邮件显然就属于附带披露的范围。但这不表示 Holyoake 先生要披露所有之后关于“威胁”这一主题或事件的书信往来。

5. 由于丧失机密性而不再受到法律业务特免权保护

在本书第九章之1段与本章一开始就已经介绍了机密性(confidentiality)是特免权的基础与前提,只有公共政策/利益(public policy/interest)给予特别保护的机密性才能上升到特免权的高度。因此,并非所有的机密文件(如只涉及个人或商业机密,但与公共利益无关)都享有特免权,但是所有享有特免权的都有机密性。所以如果丧失机密性,就不存在特免权的保护了。

机密性并不会随便丧失(lost),例如一份机密文件掉在马路上被路人捡到,并不会导致文件丧失机密性,因为此时路人会有衡平法(equity)义务保持信件机密性。

5.1　选择性披露不会丧失机密性

如果一份文件被分享给了另一位人士,那么在他们之间就不再存在机密性,也就不能继续享有特免权[除了在本章之2.1段介绍的说明对特定目的(purpose)或用途限定弃权(Limited Waiver)的情况]。但对于除了他们之外的任何第三方,文件依然享有机密性与特免权。在《Documentary Evidence》(2018年,第13版)一书之24-01段引用了 Gotha City v Sotheby's(No. 1)(1998)1 WLR 114 先例的判决,说:“If A shows a privileged document to his six best friends, he will not be able to assert privilege if one of those friends sues him, because the document is not confidential as between him and the friend. But the fact six other people have seen it does not prevent him claiming privilege as against the rest of the world.”

测试是否存在机密性的“试金石”是有关人士是否有对保持私密(privacy)的合理期待(reasonable expectation)。例如,一封机密或享有特免权的邮件被发到雇员的公司电子信箱,公司就可以说自己有权查阅该邮件。因为雇员不能合理期待该邮件可以保持私密,特别是在雇员明知公司有关的电子通讯政策时:见 Simpkin v. Berkely Group (2017) EWHC 1472 (QB)先例。另一个例子是公司在雇员之间保持机密性。如果公司限制部分雇员才能接触到有关文件,并且在文件上表明是"机密"(confidential)等,那就可以显示公司对保持私密是有合理期待。同样对限定弃权或选定对象弃权(selective waiver)或向共同利益方(parties of common interest)披露享有特免权的文件时,也需要有类似的说明,这会提醒收到享有特免权文件的一方有关他/她有责任保持文件私密,也同时显示披露方对该份文件保持机密有合理期待。

5.2 文件进入了公有领域可以被大量人士获取而无可挽回地失去机密性

如果文件进入了公有领域(public domain),任何人都可以获得该文件,即文件失去了机密性,也就对任何人士不再享有特免权,除非享有特免权的人士及时在文件进入公有领域前采取了行动(向法院申请禁令与返还文件)。

在著名的 Attorney General v. Guardian Newspapers (No 2) (1990) 1 AC 109 贵族院先例中,前英国情报机关军情五处(MI5)助理局长作为作者撰写了一本名为《Spycatcher》的书籍并最早在澳大利亚出版。他在书籍中透露任职期间受命抓出双面间谍的事情及很多 MI5 中的内幕、间谍技术与手段等。他在工作期间获得的这些信息显然属于高度机密性的内容,英国政府极力要向英国法院申请禁令,阻止这本书籍的传播。案件一路诉到贵族院,贵族院判由于书籍已经在海外出版而且大量销售,即使在英国境内也已经大量存在。这种情况下对于这些机密信息的损害已经造成,也因此不再有保持机密性的意义了,再要作出禁令是愚蠢与毫无价值的(futile and just plain silly)。

这也是可以理解的,毕竟要保护的是机密信息,如果一份文件已经可以被公众随意获取,实际上就丧失了保护的意义。正如在 Saltman Engineering Co v. Campbell Engineering Co Ltd (1948) 65 RPC 203 先例中,Greene 勋爵说:"the information, to be confidential, must, I apprehend, apart from contract, have the necessary quality of confidence about it, namely, it must not be something which is public property and public knowledge."

5.3 什么程度才算是进入公有领域

在 Stephens v. Avery (1988) 1 Ch 449 先例中,Browne-Winkinson 勋爵说如果大量人士知道这个信息就会失去机密性:"Information only ceases to be capable of protection as confidential when it is in fact known to a substantial number of people."

在 Attorney General v. Guardian Newspapers (No. 2) (1990) 1 AC 109 贵族院先例中,上诉庭[(1988) 2 WLR 805]的 Donaldson 大法官对有关机密性法律进行总结时说关键是程度问题:"As a general proposition, that which has no character of confidentiality because it has already been communicated to the world, i. e., made generally available to the relevant public, cannot thereafter be subjected to a right of confidentiality: O. Mustad & Son v. Dosen (Note) [1964] 1 WLR 109. However, this will not necessarily be the case if the information has previously been disclosed to a limited part of the public. **It is a question of degree**..."(加黑部分是笔者的强调)

贵族院也肯定了上诉庭的判法,Goff 勋爵同时指出:"…once it (the information) has entered what is usually called the public domain (which means no more than that the information in question is so generally accessible that, in all the circumstances, it cannot be regarded as confidential,) then, **as a general rule**,[28] the principle of confidentiality can have no application to it."(加黑部分是笔者的强调)

在更近期的 Campbell v. MGN Ltd (2004) 2 AC 457 先例中,Nicholls 勋爵也说关键在于根据每一个先例的案情进行判断,一般人可以获取文件的程度,如果这个程度很高,一般人都可以获取文件内容的话,就不会有机密性了:"Thus, the question for the court in each case is whether the **degree of accessibility** of the information is such that, in all the circumstances, it would not be just to require the party against whom a duty of confidentiality is alleged to treat it as confidential."(加黑部分是笔者的强调)

而到底什么时候程度才会达到 Attorney General v. Guardian Newspapers (No. 2) 贵族院先例所说的公有领域是存在疑问的。简单而言,英国法下目前判断是否属于公有领域的标准是任何感兴趣的一般人士都实际(realistically)可以方便获取文件,而不能仅仅是理论上(in theory)可以取得。所以这需要结合每个案件的具体事实与情况进行判断,而由于情况会千变万化,所以在大部分案件中就存在一定的不肯定性。

例如,有关信息即使被刊登在专业的小众期刊并收录在公共图书馆中较隐蔽的地方,也可能由于一般普通市民实际上难以找到有关期刊中的特定内容,从而并不一定属于被置于公有领域,这是个程度问题:见 Attorney General v. Greater Manchester Newspapers (2001) EWHC 451 (QB) 先例。作为对比,则可见 Mosley v. News Group Newspapers Ltd (2008) EWHC 687(QB)先例中,一段视频被上传到被告自己的网站,就会被认为属于公有领域。重点是需要结合具体事实进行判断,尤其是要考虑获取这些文件与信息是否需要一定的技能或知识。

5.4　上传到维基解密是否进入公有领域

在近期的 Wee Shuo Woon v. HT SRL (2017) SGCA 23 新加坡先例中,HT SRL(简称 HT)是一家专门为执法与情报机构提供安全技术的意大利公司。HT 曾经雇用了 Wee Shuo Woon 先生(简称 Wee)作为自己的安全系统专家,但 Wee 在 2015 年年初主动辞职。之后双方开始诉讼,HT 指称 Wee 违反雇佣协议,在雇佣期间参与设立了一家名为"ReaQta"的公司从事与 HT 有直接竞争关系的业务,因此要求根据雇佣协议中的竞业禁

---

[28] 因此这只是一般而言的地位,也会存在例外情况。类似的说法也可见 Douglas v. Hello! Ltd (No. 3) (2003) EWHC 55 (Ch)先例中说:"… in general, once information is in the public domain, it will no longer be confidential or entitled to the protection of the law of confidence, though this may not always be true."例如在 Creation Records Ltd and others v. News Group Newspapers Ltd (1997) 39 IPR 1 先例中,被告报社的"狗仔"偷拍了著名的英国摇滚乐队绿洲乐队(Oasis)新拍摄的海报,并且抢先在报纸上予以刊登。但是虽然报纸有上百万的发行量,法院仍认为此时有作出禁令的价值,毕竟正版海报也即将正式发行,如果不作出禁令任由报社继续使用照片会严重损害海报发行方的利益(would seriously impair the ability of the group to exploit the image either by way of an authorised Oasis poster or its use with marketing and merchandising at a later stage)。

止条文(non-competition clause)禁止 Wee 继续从事相关业务,以及要求 Wee 赔偿损失。而 Wee 否认了指称并反诉 HT 欠下没有支付的薪水。

2015 年 7 月,HT 的电脑系统被不明黑客入侵,有约 500GB 的数据被窃取并被上传到了维基解密(wikiLeaks)网站(https://wikileaks. org/)。[29] 在这些被上传的数据中,包括了一些 HT 与其律师针对 HT 与 Wee 之间雇佣关系诉讼的电邮书信往来,这些电邮书信往来在标题上都写明会受机密性与特免权保护,无关人士不得查阅。这在与律师的书信往来中也是惯常做法,例如该先例中的措辞/文字是“这封邮件会包括受特免权保护以及机密性的信息,如果你不是此电邮的收件对象,请从电脑系统中删除所有此电邮副本,也不得传播或转发、回复此电邮,并请及时通过退回电邮或者是上述电话或传真号码通知我们”(This email may contain privileged and confidential information. If you are not the intended recipient of this message, please delete all copies from your computer system and do not circulate or reply to it. Please notify us immediately by return e-mail or at the above telephone or fax number)。这也基本上是律师的电子邮件中的标准措辞。

之后,Wee 声称自己通过维基解密获取得了这些电邮书信往来,并以誓章(affidavit)的方式向法院请求撤销 HT 的指称,理由是根据这些电邮的内容可以看到 HT 开始诉讼的目的纯粹是获取向第三方(看来可能会向对手公司,如 ReaQta 等)诉讼需要的信息,因此属于滥用司法程序等。HT 立即申请法院限制 Wee 使用任何 HT 与律师之间的书信往来。显然如果这些电邮内容不能被使用,Wee 的撤销申请就没有任何依据,也就不会被法院支持了。

这些 HT 与律师之间的电邮是为了与 Wee 之间的诉讼而产生与制作是没有任何争议的,因此会受到法律业务特免权保护。但是由于电邮在 Wee 的誓章中被多处引用,而且还被附在誓章中,所以一个重要问题是文件是否还有机密性?

如果仅仅是 Wee 获取了 HT 与律师的电邮,看来并不足以导致机密性的丧失。因为在 HT 与律师之间的每一封电邮中,都写明了这封电邮的机密性以及要求如果查阅电邮的并非收件人应当删除所有副本与通知律师。因此,假设电邮被错误发送给第三方时,第三方就有衡平法义务保持电邮的机密性。

但是问题在于文件已经被上传到维基解密,而维基解密公布在网上的消息是所有人士都能够获得的。因此,在新加坡先例中 Wee 的一个主要争辩就是电邮被上传到了维基解密,这是所有人都可以上网查阅的内容,因此属于公有领域,也就不再有机密性问题了。

新加坡上诉庭指出 Attorney General v. Guardian Newspapers (No. 2)先例中判文件进入公有领域就丧失机密性,关键问题仍然要看公众可以获取文件的程度如何,如果这个程度非常有限,看来当事人仍然可以依赖机密性与特免权保护:“First, it(这是指 Attorney

〔29〕 维基解密成立于 2006 年,声称自己是为了让组织、企业、政府“在阳光下”运作的无国界非营利互联网媒体,专门公开来自匿名/不明渠道泄露的文件,如 2011 年公布美国关塔那摩监狱囚犯文件等。知名运营人物阿桑奇为了防止被引渡,多年来一直藏身在伦敦的厄瓜多尔驻英国大使馆,但在 2019 年 4 月 11 日厄瓜多尔取消了对阿桑奇的庇护,英国警察进入使馆将阿桑奇逮捕。

General v. Guardian Newspapers［No 2］先例中）is expressed as a general and not an absolute rule. This is reflected in the statement of the English Court of Appeal in Douglas v. Hello! Ltd（No 3）［2006］1 QB 125 … that '［i］n general, once information is in the public domain, it will no longer be confidential or entitled to the protection of the law of confidence, though this may not always be true'. Secondly, the 'public domain' principle is merely an aspect of the scope of the duty of confidentiality. In other words, it is but one factor to be considered when determining whether a person's conscience ought to require him to treat information as confidential. Thus, the question for the court in each case is **whether the degree of accessibility of the information is such that, in all the circumstances, it would not be just to require the party against whom a duty of confidentiality is alleged to treat it as confidential.** … Further, it is important to focus not only on the extent to which the information in question has become accessible but also on **the extent to which it has in fact been accessed by the general public.** As we have said, the essence of a confidence or secret is that it is not publicly known. Potential, abstract accessibility is vastly different from access in fact. This is particularly so, given the proliferation of information in the globalised Internet age of today. Paradoxically, **much of the information on the Internet, although accessible, is not in fact accessed by the public, whether from lack of interest or time or even ignorance.**"（加黑部分是笔者的强调）

在如今社会交流与商业往来都和网络密不可分的现状下，文件被上传是很常见的情况。而且现在文件电子化，对电子文件的窃取也会导致文件最后以电子的方式保存在网上。这带来的问题就是文件一旦被上传到网络，是否就意味着进入公有领域而无法受到保护了？网络上充斥了数量极其庞大的内容，因此一份文件被上传到网络，看来也未必就一定会属于进入了公有领域。例如，文件被上传到某个论坛，但是该论坛只有注册用户才能查看帖文的内容，而注册协议中写明所有论坛内容都不得外传，此时可能就并不属于进入了公有领域。又或者是文件其实被上传到某个非常冷门的网站，而通过一般搜索引擎关键字的方式并不能找到有关文件，此时是否属于进入了公有领域也会有疑问。

在今天网络通讯发达而产生与制作了大量文件但安全性难以保证的情况下，Wee Shuo Woon v. HT SRL 先例也是一个非常好的例子。被上传的文件内容高达500G，即使是一般人士明知或怀疑这个大型的文件包中有特定电邮，要找出这封特定电邮也需要花费大量的时间与精力。更不要说这批文件是被黑客从 HT 系统中"偷走"，照理说外人/一般人也不会知道这批文件包里到底有什么内容，所以也根本不会有兴趣花费时间在这些文件包里搜索文件。也正因如此，新加坡上诉庭最后判 HT 与律师之间电邮并没有丧失机密性，HT 可以申请依赖特免权拒绝披露以及限制 Wee 对有关电邮的使用。

6. 没有弃权但文件被对方获取时如何向法院申请禁令退还文件与/或禁止使用

如果一份特免权文件在保持了机密性的前提下被交给他人(如由公司交给自己的董事、关联公司查看或在事故发生后被保险人将事故调查报告交给保险人查看等),或者是由被规管的公司/企业交给规管机构,此时没有丧失特免权,而不过是对文件的限定弃权(limited waiver)或者是选定对象弃权(selected waiver)。如果是在诉讼中将文件交给对方当事人查阅,就属于弃权行为,甚至可能由于挑选樱桃规则(cherry-picking rule)/附带弃权(collateral waiver)导致事实上对更多特免权文件弃权。

以上这些都涉及当事人将本受法律业务特免权保护的文件有意识地交出情况。但也会发生在并非是当事人有意识的行为、也不涉及当事人任何弃权的情况下,对方当事人从第三方处获得了本受特免权保护的文件。这会是第三方违反自己的保密义务,又或者是对方当事人采取不法手段(偷窃、侵入电脑等)获得了文件。还会发生的是,在诉讼中当事人的律师不小心将有关文件交给了对方当事人。这些情况并不少见,尤其是在今天披露的文件数量与类型越来越多的情况下,可以预料到的是在今后也不会少见。这两种不同的情况下,法院是否作出救济在事后保护特免权有很大差别。从第三方或通过不法手段获取特免权文件,对方可以肯定享有特免权的一方当事人(己方)没有弃权,法院更愿意作出救济以保护这绝对权利。但对方是从己方/己方代表律师获取(通常是不小心或疏忽所导致),对方的起点就是把己方这个言行视为弃权,可以立即(因为诉讼程序时间通常十分紧迫)查阅与使用该文件的内容。法院只会在两种例外情况(欺诈与明显错误)下才愿意作出救济。正如 Mann 大法官在 Pizzey v. Ford Motor Co Ltd (1994) PIQR P15 先例中说:"... It is of the utmost important in the context of litigation that a party should be able to rely on the discovery of his adversary. Exceptions to that ability must not extend beyond fraud and mistake. Cases of mistake are stringently confined to those which are obvious..."

这两个严格的例外也可以理解,如果对方是通过欺诈把己方的特免权文件骗到手,这虽然是己方主动交出,但对方可以知道己方并非是有意识地弃权。而在己方错误而不是有意识地交出特免权文件给对方的情况,怎么会知道己方是有意识的弃权还是没有意识的疏忽?所以,这错误必须是明显的,让对方一看这份特免权文件就知道不是弃权,再继续查阅文件就是刻意取巧了。

在国际仲裁中,虽然不会采用英国法院诉讼程序,但显然也会有不少一方当事人或代表律师错误地把特免权文件交给对方的情况。但是由于仲裁的机密性,被报道的类似案件相对较少。《Stories from the Hearing Room: Experience from Arbitral Practice-Essays in Honour of Michael E Schneider》(2015 年版)一书之 Chapter 28 就介绍了两个发生在国际仲裁中的真实案件。一个案件涉及的是 1000 多万美元的建筑工程案件,由于各种原因导致工期延误了三年,并产生了大量的额外费用。这导致承建商(某国际财团)与雇主(某国家的国有企业)之间就工期延误是谁的责任产生争议。在建造过程中,双方会定期根据建造进度进行会议,而会议记录是由承建商一方草拟,之后复制到U盘〔30〕中交给雇主,雇主修改、审核通过后再交还给承建商。而在这过程中,看来就有一份承建商自己内部讨论工程进度以及延误产生原因归责的文件被错误地复制在U盘里并交给雇主,而雇主也就将这份文件复制到了自己的电脑中(可能是有意,但也完全可能是无意既然是承建商交到雇主手上,雇主完全有可能认为是草拟会议记录的附件)。而在后来进行的仲裁中,这份文件也就被雇主依赖作为核心证据对抗承建商。第二个案件中,则是在一个本应是大量发票的附件中,被夹入了一份电子邮件。这显然不是有意提供的,而很大可能是在办公室复印装订之时,不小心将打印机中打印出来的其他文件也夹杂在了证据材料之中。

在以下段落中,就主要将针对民事案件〔31〕中对方当事人获得了本受特免权保护的文件时,如何寻求法院救济的问题进行讨论。

6.1　英国法院有权颁布/作出禁令作为救济

在一些古老先例中,对本受特免权保护的文件被对方获取,而己方并未对特免权弃权时,是否仍然可以受到保护、如何保护的判法并不一致。

这个课题涉及的问题是如果文件本受到法律业务特免权保护,由于法律业务特免权是绝对性权利,所以在涉及可能侵犯法律业务特免权时,法院应当予以保护而没有裁量权否定或与其他利益进行权衡,因此法院会作出禁令进行针对。虽然禁令是衡平法下的救济(equitable remedy),但大原则是"equity follows the law"。问题是如果对方已经意外(无论是无辜或以不良手法)获取了特免权文件,阅读之后记住了内容,制作了证人证言或者副本,这些新制作的是另一份文件,此时对方能否把这些获悉的文件内容作为次等证据(secondary evidence)〔32〕或传闻证据(hearsay evidence)〔33〕使用?毕竟这个时候问题已经不再是保护特免权文件免予披露的问题,而是文件机密性的问题。法院通过衡平法救济对机密内容作出保护也并不少见,例如在医生与病人之间、神父与信徒之间等。正如Morison v. Moat (1851) 9 Hare 241先例中所说:"Then the judgment goes on to give sev-

〔30〕　在今天国际仲裁中,采用U盘的方式来传输数据是非常常见的。这有不少原因,如今天文件证据的数量过于繁多,经常有纸质文件证据就能够整理出几十箱的情况。而且今天还会有不少不同形式的证据,如图片、视频、音频证据等。再加上当事人、各自律师、仲裁庭的各个仲裁员会是在世界上的各个国家或地区,这就使得不少情况中选择以U盘的方式送达(serve)有关文件。

〔31〕　刑事案件会与民事案件有不同之处。这是因为如果检方/检察院错误地将文件交给了犯罪嫌疑人的律师查阅,此时法院再颁布/作出命令要求律师不得将信息透露给犯罪嫌疑人知道,被认为会对犯罪嫌疑人与律师之间的信任与机密关系产生重大打击。而且如果有多名嫌疑人的情况下,只有一名嫌疑人的律师查阅了有关信息,这对其他犯罪嫌疑人来说会认为自己蒙受了不公平对待。这方面在刑事案件被视为尤其重要,但并非本书重点,所以不准备进行更多详细介绍,可见R v. G (2004) 1 WLR 2932等有关先例。

〔32〕　所谓次等证据,是区别于最佳证据(primary/best evidence)的证据,如文件原件已经丢失、损毁,证人对文件内容作出的陈述或是一份副本就是次等证据。

〔33〕　传闻证据已在本章之4.3.2.2段有涉及。

eral instances, and many of them are of cases where a man, being in the employment of another, has discovered the secrets of the manufacture of that other person, or has surreptitiously copied something which came under his hands while he was in the possession of that trust and confidence, and he has been restrained from communicating that secret to anybody else, and anybody who has obtained that secret from him has also been restrained from using it."

在 Calcraft v. Guest (1898) 1 QB 759 上诉庭先例中,被告查阅了本受特免权保护的文件与制作了副本,之后虽然原告重新拿回了原件,但被告将获悉的文件内容作为次等证据呈上法庭,这被法院认为是可以采纳的证据。但之后在 Lord Ashburton v. Pape (1913) 2 Ch. 469 上诉庭先例中,被告与原告律师的书记/律师助理(clerk)串通,通过不当手段获取了原告与其律师之间的书信往来。显然原告申请禁令要求退还所有文件,但被告只同意退还所有的原件/正本,而提出根据 Calcraft v. Guest 先例可以将副本等文件用作次等证据呈上法庭。这被上诉庭拒绝,在命令退还之外,同时命令不得公布、使用任何复制的副本以及获悉的内容等。这也是合理的,如果原件/正本可以受到特免权保护,但副本不受到保护,这样的保护就毫无意义了。

这方面的权威先例现在已经明确了在民事诉讼中,英国法院有给予衡平法救济的权力,只要特免权并未失去(当事人没有弃权,也没有丧失机密性),可以颁布/作出(issue)禁令(injunction),禁止获得文件的人士继续使用、依赖,阻止文件被进一步传播与要求退还文件等:见 Goddard v. National Building Society (1987) QB 670 上诉庭先例。[34] 而在禁令作出之后,也无论是正本还是副本都不能再被使用与依赖,也显然不再有次等证据的问题了。

在今天 CPR 下,也有 Rule 31.20[35] 明确规定在文件被疏忽大意或错误披露时,已经查阅了文件的当事人如果想要依赖有关文件中的内容,需要先向法院获得批准。这与以前疏忽向对方披露了特免权文件要马上向法院申请禁令的做法相比有了改动。

6.1.1 衡平法救济中法院的裁量权

正由于法院给予的是衡平法救济,法官在颁布/作出禁令时就在权衡后行使裁量权。需要注意的是,法律业务特免权属于绝对性权利,法院不会权衡特免权与其他公共利益的轻重。

但是在要求法院颁布/作出禁令时,由于这是法院的裁量权(discretion),即使在考虑到特免权是绝对性权利的前提下,法院仍然可以权衡是否应当颁布/作出禁令(根据公平合理看是否满足衡平法救济的要求)。在《The Law of Privilege》(2018 年,第 3 版)一书

---

[34] 在 Goddard v. National Building Society (1987) QB 670 先例中,上诉庭指出 Lord Ashburton v. Pape (1913) 2 Ch. 469 上诉庭先例明确给出衡平法救济,即法院在这方面是可以颁布/作出禁令的。对于古老先例中表面的冲突,上诉庭的观点是 Calcraft v. Guest (1898) 1 QB 759 先例中只考虑了证据规则(Rule of Evidence)问题,即当事人的争议焦点在于有关文件是否可以被采纳作为证据。

[35] 有关条文是"**Restriction on use of a privileged document inspection of which has been inadvertently allowed** 31.20 Where a party inadvertently allows a privileged document to be inspected, the party who has inspected the document may use it or its contents only with the permission of the court."

之5.139段脚注中就说:"In other words, the court does not have discretion to determine the application of the substantive right (i. e. the privilege), although it does have a discretion to determine, given the presence of the right, whether relief should be granted."

或者换言之,无论本受特免权保护的有关文件对揭开事实真相、公平合理解决争议有多重要,都并非法院衡量是否要颁布/作出禁令时需要考虑的因素:见 Derby v. Weldon (No. 8) (1991) 1 WLR 73; Pizzey v. Ford Motor Co Ltd (1994) PIQR P15; Bruno Lachaux v. Independent Print Limited (2017) EWCA Civ 1327 等先例。这涉及特免权是绝对性权利,因此法院一般会倾向于愿意介入来保障特免权:见 Guinness Peat Properties Ltd v. Fitzroy Robinson Partnership (1987) 1 WLR 1027 上诉庭先例。

但针对特免权保护是否颁布/作出禁令,法院仍是有一定裁量权的。法院在行使裁量权时,考虑的只是一般情况中会给予衡平法救济的原则与要求是否得到满足。例如 Goddard v. National Building Society (1987) QB 670 先例中提到了申请人有过分的延误(inordinate delay),[36] 这就导致不满足要求。可以说任何禁令的申请都不能延误,越快越好,否则法院就会拒绝颁布/作出禁令了。又如净手原则/清白原则(clean-hand doctrine/principle),正如 ISTIL Group Inc v. Zahoor (2003) 2 All ER 252 先例中所说:"It must also follow that other equitable principles on the grant of injunctions apply, such as consideration of the conduct of the party seeking the injunction, including the clean hands principle."这也是衡平法救济的一个重要与基本要求,如果申请人自己手脚都不干净,就没有办法在为了伸张公平合理的衡平法下申请到救济。

但至于针对已经获得受特免权保护文件的人士是存在不当行为还是完全无辜,并非法院的考量因素。这方面在 English and American Insurance Company v. Herbert Smith (1988) FSR 232 先例有针对,该先例的案情涉及保险人与被保险人之间产生保险理赔纠纷。保险人的大律师把处理好的文件交给律师助理/书记要交给保险人的事务律师,但是律师助理/书记的工作有疏漏,反而是错误地通知了被保险人的律师(Herbert Smith)前来领取文件。Herbert Smith 的律师在看到文件后,看来是注意到其中有会受特免权保护的文件,而且明显是错误地让自己看到。因此根据当时英国律师协会的指引,Herbert Smith 在客户的指示与要求之下仅仅是阅读了所有文件,没有复印、制作文件的副本,就把所有

[36] 在 Guinness Peat Properties Ltd v. Fitzroy Robinson Partnership (1987) 1 WLR 1027 先例中也有同样说法。

文件退还与通知了保险人。[37] 这时保险人才发现问题,马上就向法院申请禁止被保险人使用、依赖这些文件。Herbert Smith 提出的一个争辩是,法院给出的是衡平法救济,而在 Lord Ashburton v. Pape (1913) 2 Ch 469 先例涉及的是当事人在获取文件时有不当行为,但是在此先例中纯粹是保险人自己的错误把本受特免权保护的文件送到 Herbert Smith 手中,Herbert Smith 在行为上没有任何不当之处,完全是无辜的。但这个说法被法院拒绝,并颁布/作出禁令禁止 Herbert Smith 使用与依赖所阅读的文件内容。上诉庭指出包括 Lord Ashburton v. Pape 先例等过往先例中,并没有对当事人是否善意有要求。而即使是在此先例中也难以说是完全无辜的,毕竟是在明知文件可能受特免权保护、有机密性的前提下,被保险人仍然执意继续要求 Herbert Smith 阅读有关文件。节录部分法院判决如下:“I can see no ground for distinguishing the earlier Court of Appeal decisions on that ground. The judgment of May L. J. in Goddard v. Nationwide Building Society [1986] 3 W. L. R. 734 in no way suggests that the right to restrain the use of confidential information by a third party depends on the third party being improperly implicated in the leakage of the information. Nourse L. J. in fact deals expressly with the point… In this case there was a deliberate decision(也就是被保险人要求 Herbert Smith 继续阅读有关文件的内容), no doubt taken in good faith, to obtain the confidential information. That decision was taken before reading the document but after it was known that the document was confidential.”

最后可以介绍较近期的 ISTIL Group Inc v. Zahoor 先例,[38] 此先例中原告针对被告申请了全球冻结令(Worldwide Freezing Order),[39] 并依赖了一些来自匿名人士(自称

〔37〕 这背后的主要原因是文件可能会受到特免权保护,在对方申请禁令之下会限制对文件的使用,而如果律师已经阅读了文件的内容与信息,禁令的内容甚至可能包括不允许该律师继续参与有关的诉讼程序。因此在面对这种情况时,律师一旦发现很可能是对方错误披露,就应该马上停止阅读,让客户决定是否要该律师继续阅读。如果客户要求律师继续阅读,那么律师可以进行阅读,但是也要避免制作副本、记录笔记,或者是与其他人讨论文件内容等(否则之后如果被禁令限制,会需要禁令里写上越来越多的有关内容针对这更复杂的情况以保护特免权,稍不注意就会有疏漏了)。而在该律师阅读了文件后,如果对方事后确认这是主动弃权行为而不是明显错误,那么也就没有问题。但如果对方认为这纯粹是明显错误,并且成功说服法院应当限制文件使用,那么律师在此时也应当主动、自愿地退出有关的诉讼程序,否则法院也会同意在禁令中加入限制律师参与有关诉讼的内容。在经过此先例后,英格兰律师协会给出了《Guide to Professional Conduct of Solicitors》对此进行专门指引,在 16.07 章中有关内容可以节录如下:“Where it is obvious that privileged documents have been mistakenly disclosed to a solicitor on discovery or otherwise, the solicitor should immediately cease to read the documents, inform the other side and return the documents. Before informing the other side, the solicitor should consider whether to obtain instructions from the client and, if deciding to do so, should advise the client that a court will probably grant an injunction to prevent the overt use of any information gleaned and that both client and the solicitor might find costs awarded against them in respect of such an injunction. See English and American Insurance Co. Ltd. v. Herbert Smith (1988) FSR 232.”

〔38〕 此先例是 ISTIL 的一部分董事/股东代表 ISTIL 集团起诉 ISTIL 的另一个董事/股东(Zahoor 先生),指称本来 ISTIL 的子公司与乌克兰工厂签订合约,可以从工厂向巴基斯坦政府销售坦克(及其部件)的买卖中赚取大量佣金,但是这合约实际被 Zahoor 先生转给了 Zahoor 先生自己的公司,因此 Zahoor 先生违背了自己作为董事/股东的诚信义务/信托义务(fiduciary duty),从而要求 Zahoor 先生作出赔偿。

〔39〕 有关全球冻结令的问题,可见本书第三章之1段。

ISTIL Friend)提供的信息(包括被告在全球的各类资产信息)。被告要求原告披露所有与 ISTIL Friend 的通讯及其内容但被拒绝,理由是说 ISTIL Friend 是潜在的证人,[40]因此所有通讯及其内容受到诉讼特免权保护。但原告向法院和被告提供了 ISTIL Friend 用来发送电邮的邮箱地址,因此被告的代表律师得以试图直接联系 ISTIL Friend。之后ISTIL Friend 将其与原告之间的通讯都发送给了被告的律师。被告指出这些文件中有可以证明原告在冻结令申请中伪造文件的证据,但原告以诉讼特免权为由向法院申请禁令,禁止被告继续依赖与使用这些本受到特免权保护的文件。法院权衡后拒绝给出禁止被告依赖与使用文件的禁令,理由是原告可能伪造证据或者误导法院,因此衡平法救济之下法院是不会颁布/作出禁令阻止被告使用与依赖这些文件,例如为了撤销已经针对被告颁布/作出的全球冻结令等。Lawrence Collins 大法官说:"In my judgment the combination of forgery and misleading evidence make this a case where the equitable jurisdiction to restrain breach of confidence gives way to the public interest in the proper administration of justice."也就是原告自己"手脚不干净",法院是不会以衡平法救济予以协助的。

6.1.2　禁令的内容

针对特免权文件或其内容的保护,具体而言法院作出的禁令内容会根据案情需要而有所不同,主要的目的都是阻止获取文件的人士继续使用、依赖文件以及阻止文件被进一步传播。但同时法院也要对双方当事人持平,毕竟这是衡平法救济(equitable remedy)。通常法院在作出判决后会要求双方代表律师对有关禁令的内容达成一致后交给法院确认,毕竟每个案件的情况不同,只有代表律师(特别是申请人律师)才知道需要以禁令作出怎样的保护。在本段下文中也会介绍一些禁令中措辞/文字的例子。

在《The Law of Privilege》(2018 年,第 3 版)一书之 5.151 段对英国法院会作出禁令的内容进行了小结。看来主要包括以下一些内容:

1. 要求退还原件(demand the return of the original document)。这会是基本的要求:见 Al Fayed v. Commissioner of Police for the Metropolis (2002) EWCA Civ 780 上诉庭先例。如果文件难以退还,也可以要求销毁文件:见 Price Albert v. Srange (1849) 1 Mac & G 25 先例。

2. 不得将文件继续散布、传播,在对方已经将文件散布、传播给第三方时,可以要求对方尽可能地做出补救(require the recipient to approach third parties and ask them to retrieve or destroy copies and/or ask the third parties to provide assurances that they will not use the material, and to share such communications with the privilege holder so that he can if necessary take steps against others to enforce his privilege)。例如在 Stewart Ford v. Financial Services Authority (2012) EWHC 997 (Admin)先例(有关 Ford v. FSA 系列先例的背景事实介绍可见本书第十一章之 4.1.2.1 段)中,法院就判将特免权文件传播出去的 FSA 需要要求第三方(如雇员、代理人等)退还或销毁受特免权保护的文件,让第三方保证不得使用与再传播有关文件等,并将第三方给予的反馈(如文件已经被销毁)告知享有特免权的

[40] 不能向潜在的证人在开庭前要求披露的问题,在本书第二章之 4.1 段有介绍。

人士。部分禁令内容可以节录如下:"(i) to retrieve from its employees all hard copies of the two LLP documents(与其他列明文件)and destroy them,(ii) to search for, identify and delete all electronic copies of the two LLP documents,(iii) to search for, identify and either delete or redact all electronic copies of(其他列明文件),(iv) to require all its employees to destroy or redact all hard copy documents which quote from the two LLP documents or refer to their substance,(v) to search for, identify and either delete or redact all electronic documents which quote from the two LLP documents or refer to their substance."

另一个早期的 Lord Ashburton v. Pape (1913) 2 Ch 469 先例中,禁止把受特免权保护的文件刊登,措辞是:"... restraining the defendants and each of them from publishing, circulating, disclosing, divulging, or parting with, otherwise than to the plaintiff or by deposit in Court, and from allowing to be published, circulated, disclosed, or divulged any correspondence, letters or other documents received by or communicated to the defendant Nocton as solicitor of the plaintiff, or the effect thereof, or copies thereof, or extracts therefrom, and from informing any person or persons of their or any of their contents."

英国法院也可向第三方作出禁令:见 Printers v. Finishers Ltd v. Holloway (1965) 1 WLR 1; Butter v. Board of Trade (1971) Ch 680; Attorney General v. Guardian Newspapers (No. 2) (1990) 1 AC 109 等先例。原因是第三方无权使用文件中的内容与信息。第三方不当使用这些机密的私人信息也会是侵权:见 Douglas v. Hello! Ltd (No. 3) (2003) EWHC 55 (Ch)先例。

3. 限制使用与依赖从文件中获得的信息用作证据(restrain the use of the documents or information contained therein and to prevent the document being used in evidence):见 British Coal Corp v. Dennis Rye (1988) 1 WLR 1113 先例与 Goddard v. National Building Society (1987) QB 670 上诉庭先例等。节录 British Coal Corporation v. Dennisn Rye Ltd 先例的部分措辞/文字,如下:"... restraining the defendants whether by themselves, their servant or agents or otherwise however from making any use of the said documents, notes or copies or any information derived therefrom for the purpose of pleading, evidence, cross-evidence, or otherwise for the purpose of or in connection with these or any other legal proceedings between the plaintiff and the defendants or either of them."

4. 如果获取文件一方的律师已经查阅了有关文件,禁令中可以限制已经查阅过有关文件的律师继续参与诉讼程序(prevent the recipent's solicitors from acting in the proceedings if they have seen the material in question.)。[41] 原因是已经了解或知悉对方当事人的机密诉讼策略与底牌后,即使法院颁布/作出禁令不允许使用与依赖有关文件及其内容,也难保该律师由于知道有关内容会下意识地利用。如果知悉情况的律师继续代理,对方

---

〔41〕 如果曾经代表一方当事人的律师在诉讼中途换工作到了另一家代表对方当事人的律所,法院是有权不允许这另一家律所继续代表对方当事人:见 Koch Shipping Inc v. Richards Butler (2002) EWCA Civ 1280 上诉庭先例。

当事人也会不放心,不信任律师真的完全不受影响。所以为了公平审理(fair trial),最好与最安全的办法是不允许该律师继续参与诉讼。例如在 Ablitt v. Mills & Reeve (The Times, 25 October 1995)先例中,原告作为被保险人起诉保险人要求理赔,原告大律师的书记员/律师助理在想要把文件退还给事务律师时,错误地寄送给了对方(保险人)的事务律师,也就是此先例中的被告 Mills & Reeve 律师事务所。[42] 这批文件中包括大量受法律业务特免权保护的文件(包括大律师出具的针对实体问题的意见、超过 20 页针对证据的法律意见、超过 20 多位潜在证人出具的草拟证人证言以及大量原告与律师/大律师之间的书信往来)。Mills & Reeve 律师事务所中有两名律师根据保险人的指示阅读了文件内容,之后把文件退还给了被保险人的事务律师,此时被保险人的律师才发现问题,马上向法院申请禁令,要求限制 Mills & Reeve 律师事务所在有关案件中继续作为保险人在该诉讼中的代表律师。法院就指出自己是有权作出这样的禁令的,同时需要衡量对双方的利弊,一边是保险人更换律师的时间与金钱浪费,另一边是此先例中已经阅读了有关文件(法院要看文件的内容)的 Mills & Reeve 律师事务所非常精准地知晓了被保险人律师对实质问题的看法、策略等(have a very accurate perception of just how those who act for the plaintiff view the merits of the plaintiff's claim and of the steps, tactically and otherwise),这就对被保险人严重不利了,也因此 Mills & Reeve 律师事务所被禁止继续参与诉讼程序。

值得注意的是,在 Stewart Ford v. Financial Services Authority 先例中,原告也申请要求禁止 FSA 内部已经阅读了受特免权保护文件的人士继续参与调查,法院的判法是私法(private law)程序中限制律师参与的原则在公法(public law)领域(这也就会包括各类规管程序)是很好的指引,但是根据该先例中的不同事实,法院经过衡量行使裁量权没有作出要求有关人士退出规管程序的禁令。

6.1.3 不同禁令内容考虑的部分因素

在 Stiedl v. Enyo Law LLP (2011) EWHC 2649 (Comm)先例中,Benson 大法官就区分了两种不同的情况:一种是对方当事人的律师曾经被己方委托(甚至是曾经长期接受委托)因此阅读过特免权与机密文件,另一种则是对方当事人的律师与己方在过往并没有联系,只是在此诉讼中的文件不小心被对方获取。Benson 大法官指出在前者的情况下,根据过往的先例,一般是可以颁布/作出禁令禁止律师继续参与有关诉讼以及帮助与代表对方当事人,否则就会对己方造成极大的不利与威胁。但是在后者的情况,一般做法就只是禁止律师继续使用、依赖或传播有关信息。归根结底是法院根据每一件个别案件与不同案情行使裁量权,Benson 大法官就提到法院作出衡平法救济要考虑是否成比例(proportionate)与是否有必要(necessary)。

有关裁量权的问题还可见 Shlosberg v. Avonwick Holdings Limited (2016) EWCA Civ 1138 先例中,高院[(2016) EWHC 416 (Ch)]在判决时列出了一系列会进行考量的

---

[42] 这种错误行为经常发生,在本章之 6.1.1 段介绍的 English and American Insurance Company v. Herbert Smith (1988) FSR 232 先例中也是犯了同样的错误。

因素(高院的判法被上诉庭支持)。这包括律师看过多少有关文件、[43]是否仔细阅读过大量有关文件、[44]律师现在的客户是否想要依赖律师就对方机密文件的了解来采取针对性的行动、现在诉讼程序的进程(如否仍然在诉讼早期律师刚刚被委托等[45])、是否存在其他有效措施防止有关文件内容被依赖[46]等。之后才设计禁令的内容,务求能够达到保护目的的最低衡平法救济。读者或许会有疑问,法院如何知道如律师已看过或仔细阅读了多少文件之类的信息与保证准确? 显然这是有关律师向法院提供的,律师是“法院的官员”(officer of the court),由于双方已经建立了有悠长历史的互信关系,法院一般相信英国律师的事实陈述。重要的是律师不会也不敢瞒骗法院,因为这十分愚蠢与短视,也容易事后被拆穿。

值得注意的是,对方当事人是如何获得有关文件也对法院如何行使裁量权有影响,例如对方当事人是从第三方(如己方公司的前雇员、己方的内鬼或本应当履行保密义务的第三方等)手中取得受特免权保护的文件时,法院就会更倾向于颁布/作出禁令(只要文件内容还没被依赖作为次等证据呈上给法院)。毕竟这种情况下己方明显没有任何对特免权弃权(waiver)的言行,应当尽量保护绝对性权利。

而如果是在诉讼中,己方不小心把受特免权保护的文件交给对方当事人查阅(inspection),法院看来会对己方的申请略为严格对待。毕竟除了己方有犯错以外,这个言行也完全可以客观被对方当事人解读或理解为弃权了。例如此时对方当事人已经查阅了文件,此时法院再作出禁令,如为了有效保护,命令误以为披露方已经弃权所以迫不及待查阅了大量特免权文件的对方代表律师不得继续参与诉讼,就会是对对方当事人的不公平。正如 Slade 大法官在 Guinness Peat Properties Ltd v. Fitzroy Robinson Partnership (1987) 1 WLR 1027 上诉庭先例中所说,诉讼方在诉讼程序中采取的每一步行动都需要慎重与谨慎,并且要对自己的行为承担责任:“Care must be taken by parties to litigation in the preparation of their lists of documents and no less great care must be taken in offering inspection of the documents disclosed.”

6.2 需要在文件内容被提交法院作为证据前申请禁令

较早已经提到,在本受特免权保护的文件(并非己方弃权自愿披露)被对方当事人获取后,一个很关键的问题就是对方当事人能否依赖有关文件的内容,作为可被采纳(admissible)的证据呈给法院。而在古老的 Calcraft v. Guest (1898) 1 QB 759 上诉庭先例中,明确允许采纳这些内容被作为次等证据(secondary evidence)。

在没有弃权的前提下文件被披露或被对方获取后,对文件是否可以被采纳就会成为焦点争议也是可以理解的。毕竟特免权可以保护通讯、文件及其内容免予披露,因此在文件确实已经披露或被对方获取之后,看来关键就变成能否阻止对方使用、依赖已经知道的文件内

[43] 如果只看过少量、内容不重要的文件,就不必小题大做,甚至是连禁令也不一定有必要。

[44] 这就是另一个极端,需要更全面更严厉的禁令,甚至包括禁止该律师继续参与诉讼。

[45] 显然越是早期替换代表律师会更容易,更少浪费费用。如果太晚,在一些复杂或非常专业的案件中,要求更换律师会是不现实与难以做到的。

[46] 衡平法救济追求以最低代价或程度(minimum equity)达到保护目的。

容，这在诉讼中就会是这些对己方不利的内容能否被采纳作为证据。也因此有说法是文件一旦被披露或被对方获取后，在当事人之间就不再是特免权问题而是文件内容可否被法院采纳的机密性问题：见 Guinness Peat Properties Ltd v. Fitzroy Robinson Partnership (1987) 1 WLR 1027；Black & Decker Inc v. Flymo Ltd (1991) 1 WLR 753 等先例。

这个问题在 Goddard v. National Building Society (1987) QB 670 上诉庭先例中有仔细考虑。在此先例中，原告依靠被告的借贷购买一处不动产，共同委托了一家律师事务所处理该不动产交易以及借贷事项。在正式购买之前，被告的检验师曾经对不动产进行检验并出具检验报告。原告指称自己是依赖这份检验报告与/或被告的陈述才正式购买该不动产的。事后原告指称不动产实际比检验报告里指出的问题要严重得多，因此指称被告（检验师）有疏忽与/或被告的陈述有错误误导而提出索赔。在获悉诉讼程序开始后，曾经被共同委托的律师写了一封信件给被告，并附上了曾经记录过的一份笔录，在笔录中记载了在房屋购买过程中律师与原告之间的对话。看来这份笔录中记载了对原告极其不利的内容，[47] 被告马上就依赖这份笔录内容修改了自己的抗辩书（statement of defence）。而原告也是即刻采取行动，向法院申请禁令禁止被告使用、依赖以及要求退还笔录等。

在这份笔录确实本受到法律业务特免权保护的前提下，要求被告退还笔录应当也不存在疑问。但问题是被告能否将自己了解到的笔录内容作为次等证据依赖，例如由看过笔录内容的人士作出一份证人证言或是在专家报告中节录部分内容？这毕竟是制造一份新的文件，与特免权并无关系。

上诉庭解释说，如果诉讼方获得了对方诉讼方本受特免权保护的文件，诉讼当事人是可以依赖这份文件内容呈上另一份新制作的文件作为次等证据的。理由看来是此时涉及的问题是有关证据是否可以被采纳的程序法（procedural）上的证据规则（rule of evidence），而在民事诉讼中看来即使有关文件获取手段非法，也并不一定文件就变得不可被采纳。[48] 如果被告只是有意图向法院呈上次等证据，但在真的这样做之前，原告就申请禁令要求退还文件以及限制使用、依赖文件内容，被告对此是没有抗辩理由的。而在禁令作出之后，被告也会受限于禁令，不得再依赖文件内容在抗辩书中呈上作为次等证据了。这样看来，申请禁令必须要尽快行动才行。节录 May 大法官所说如下，这在今天也仍然是这方面法律的权威说法："Nevertheless I think that it (Lord Ashburton v. Pape [1913] 2 Ch 469 先例) and Calcraft v. Guest [1898] 1 Q. B. 759 are good authority for the following proposition. If a litigant has in his possession copies of documents to which legal professional

---

〔47〕 在这类先例中，有关机密内容通常不会在判决中被引述。否则有关内容就会变成公开资料进入公有领域（public domain），毕竟判决是公开的，法院再颁布/作出某些禁令保护文件及其内容也没有作用了。所以只能以常识猜测文件中的有关内容是对原告不利，甚至是极其不利，这才值得原告花费律师费向法院申请颁布/作出禁令。

〔48〕 这方面已经在本书多处提到，如第五章之 2.2.2 段与第十一章之 1.2.8.3 段介绍的 Dubai Aluminium Co Ltd v. Al Alawi (1999) 1 All ER 703 先例。此外本书针对这方面提到的先例还有 Lord Ashburthon v. Pape (1913) 2 Ch 469；Kuruma v. The Queen (1955) AC 197；Jones v University of Warwick (2003) EWCA Civ 151 等。

privilege attaches he may nevertheless use such copies as secondary evidence in his litigation; however, if he has not yet used the documents in that way, the mere fact that he intends to do so is no answer to a claim against him by the person in whom the privilege is vested for delivery up of the copies or to restrain him from disclosing or making any use of any information contained in them."

这个判法在之后还被 English and American Insurance Company v. Herbert Smith (1988) FSR 232 等先例跟从。

总而言之,如果文件内容已经被依赖作为证据在诉讼中呈上与使用,就很难再申请禁令了。例如在 Great Atlantic Insurance Co v. Home Insurance Co (1981) 2 Lloyd's Rep 138 先例中,当事人的大律师在开庭时读出了一份本受特免权保护的文件中的内容,事后才发现问题,但已经无法保护文件的特免权或机密性。在 ITC Film Distributors v. Video Exchange Ltd (1982) Ch 431 先例中,证人在面对交叉盘问/反盘问时透露了本受特免权保护的信息,也无法再作出保护。在开庭中遇到这种情况,一般需要靠证人一方的大律师警觉,马上阻止证人回应,不让证人继续讲下去。因为证人不熟悉法律,不知道不应该讲出本受特免权保护的信息(如律师曾经对自己说过什么话)。

可以看到,如果是发现文件及其内容在各种渠道中被泄露,这时候己方当事人需要尽快向法院采取行动,申请禁令来保护文件。否则一旦获取了文件的对方当事人使用、依赖文件内容作为证据呈给法院,就会变得难以挽回了。

6.3 受特免权保护的文件在诉讼中被交给对方代表弃权

在诉讼程序中有不少情况都会将文件交给对方。例如在文书请求(pleadings)、事实证人证言(factual witness statements)、专家证人报告(expert reports)及其附件中将文件交给对方。更重要的程序是通过诉讼中的文件披露程序(disclosure),根据文件清单(list of documents)将大量文件交出给对方等。

在前文中已经提到了,法院在对待诉讼程序中诉讼方自己将文件交给对方诉讼方查阅,与对待对方从第三方处获取了本受特免权保护的文件的态度是不同的。从弃权的角度,前者有弃权的言行,但后者就会不涉及弃权的言行。而发生在诉讼程序中,更会涉及一些其他考虑因素,例如时间上来说原本合理与恰当的救济是否也已经为时过晚,程序上对双方当事人是否都有了公平对待等。

在 Guinness Peat Properties Ltd v. Fitzroy Robinson Partnership (1987) 1 WLR 1027 上诉庭先例中,也区分说 Goddard v. National Building Society (1987) QB 670 上诉庭先例与 English and American Insurance Company v. Herbert Smith (1988) FSR 232 先例等,并不涉及当事人在诉讼中采取了特定行为导致特免权可能丧失的问题(occurring as a result of a step taken in the litigation by the party entitled to the privilege)。

在笔者看来,这样的态度也是可以理解的。毕竟在诉讼中,收到诉讼对方在文件清单下交出的文件以供查阅之后,如果此时己方还需要担心可能诉讼对方会向法院申请要求保护清单中因为疏忽整理而包括的个别特免权文件而不敢查阅,会带来很大的不肯定,诉讼程序紧迫的时间表也不一定允许。但是在现实的诉讼中,当事人自己将特免权保护的文件交给对方查阅的情况也并不是不会发生。这会是由于不小心,或是没有注意到文件本受到特免权保护,又或者是送错了本受特免权保护的文件等。如果发现得早,此时仍然有一线机会可以依赖特免权对文件进行保护,向法院申请禁令。

6.3.1　文件被实际查阅之前可以补救

在 Briamore Manufacturing Ltd, Re (1986) 1 WLR 1429 先例中,原告在文件清单的整理中不小心包括了本受到特免权保护的文件,并且也将文件交给对方查阅。第二天原告发现这个错误,明确提出要依赖特免权保护文件,同时也提交了一份修改过的文件清单(显然在其中已经把这份文件从第一部分挪到了第二部分)。[49] 原告也向法院提出申请,要求退还所有文件以及被告已经制作的副本。Hoffmann 大法官判在有关文件被真正查阅之前,当事人都还可以修改文件清单:"... at any rate until inspection has taken place, common sense would suggest that there must be a right to correct the list, even if only by notifying the other side that there are documents which the litigant objects to produce."

但是此先例中,双方当事人看来并没有争议的是,就像本章之 6.2 段介绍的诸多先例中的判法中所说,只要是并没有确实被禁令禁止之前,收到文件的当事人可以将自已所了解到的文件内容制作另一份新文件作为次等证据呈上法庭。而在此先例中,被告已经在专家报告(expert report)中进行引用与依赖这份已经被查阅的文件内容作为证据。因此 Hoffmann 大法官说此时申请禁令时已经太迟了,错误已经没办法再被纠正了。Hoffmann 大法官也在最后提到如果次等证据被采纳,此时再不允许法官阅读本受特免权保护的文件看来有欠缺逻辑之处。可以节录 Hoffmann 大法官所说如下:"The solicitor had acquired knowledge of their contents and had made some notes of what they said. It is accepted that he could give secondary evidence of the contents of those documents, that he could produce the photocopy which he had made and that the liquidator could be cross-examined on them. That, on the face of it, suggests that unless an order for the production of copies is made, the court will be in the position of receiving evidence about the contents of the documents, and being able to act upon that evidence but not have access to the best evidence, which is the documents themselves. That seems to me to be an illogical position. If the policy of the conduct of litigation requires that the privilege relating to those documents should be preserved, then it would seem that it should be right that nothing at all about the documents should be put before the court. On the other hand, if, as is conceded, secondary evidence is going to be admissible, there seems to me to be no logic in the court not seeing the documents themselves."

类似的只要文件还没有被真正查阅,即使是在文书请求、事实证人证言或者是专家报告中提到(refer)有关文件,对方当事人就有理由要求披露与查阅这份文件。[50] 此时如果文件还没有被交给对方查阅,但已经及时发觉文件本受到特免权保护、己方当事人也并不想做出弃权,也可以拒绝披露文件,但需要相应地将提及有关文件的内容从文书请求、事

[49] 关于文件清单,可见本书第七章之 9.3 段的介绍。

[50] 这方面课题可见本书第六章之 5 段。

实证人证言或专家报告中予以删除。

6.3.2 文件被实际交出和查阅后除非涉及欺诈或明显错误否则法院不会给予衡平法救济

Briamore Manufacturing Ltd, Re (1986) 1 WLR 1429 先例的判法被 Guinness Peat Properties Ltd v. Fitzroy Robinson Partnership (1987) 1 WLR 1027 上诉庭先例跟从。在先例中,原告要开发一处伦敦的地产,因此委任被告作为建筑师协助开发。被告设计了房产的绘图(drawings),原告也根据绘图进行建造。但事后发现在这个绘图的设计下,建筑内的采光达不到标准,因此原告指称被告的设计有职业疏忽从而要求索赔。在诉讼中,被告的律师在补充文件清单(supplemental list of documents)下交给原告的文件中,不小心(inadvertently)加入了一份本受到特免权保护的文件,之后原告也查阅了该文件。在发现问题后,被告就向法院申请要求禁止原告使用这份文件。

上诉庭指出在诉讼中如果收到对方交出的文件清单中第一部分(愿意交给对方查阅与不主张特免权保护)的文件,就应该可以假设这份文件不会受到特免权保护,即使本受保护,也已经被对方当事人弃权。在这种情况下,法院虽然仍然有权介入,但只有在极少数情况如欺诈(fraud)或明显错误(obvious error/mistake)下时,才会行使这样的权力。节录 Slade 大法官的小结如下:

"(1) Where solicitors for one party to litigation have, on discovery, mistakenly included a document for which they could properly have claimed privilege in Part 1 of Schedule 1 of a list of documents without claiming privilege, the court will ordinarily permit them to amend the list under R. S. C., Ord. 20, r. 8, at any time before inspection of the document has taken place.

(2) However, once in such circumstances **the other party has inspected the document** in pursuance of the rights conferred on him by R. S. C., Ord. 24, r. 9, **the general rule is that it is too late for the party who seeks to claim privilege to attempt to correct the mistake by applying for injunctive relief**. Subject to what is said in (3) below, the Briamore decision [1986] 1 W. L. R. 1429 is good law.

(3) If, however, in such a last mentioned case the other party or his solicitor either (a) has procured inspection of the relevant document **by fraud**, or (b) on inspection, realises that he has been permitted to see the document only **by reason of an obvious mistake**, the court has the power to intervene for the protection of the mistaken party by the grant of an injunction in exercise of the equitable jurisdiction … Furthermore, in my view it should ordinarily intervene in such cases, unless the case is one where the injunction can properly be refused on the general principles affecting the grant of a discretionary remedy, for example, on the ground of inordinate delay: see Goddard's case [1986] 3 W. L. R. 734 …"(加黑部分是笔者的强调)

6.3.2.1 少数例外之一:"欺诈"

在文件披露中涉及对方"欺诈"才会主动把受特免权保护的文件交给对方,针对的是非常狭窄的情况，这一般被认为属于弃权的例外。现实中看来发生的机会并不会太多，毕竟在诉讼中己方也有律师代表，律师疏忽或有误解把受保护的文件交给对方是有可能，也时常有发生的。但是在己方律师把关之下，因为对方采用“欺诈”手法而将特免权保护的文件披露出去就不太可能发生了。

显然如果是涉及对方欺诈或类似不当行为，导致在文件披露中文件被错误地交到对方手上，这就与在文件披露中文件交给对方就被认为属于弃权，再也难以成功申请禁令的一般情况有所不同。这是由于欺诈的存在，导致即使在诉讼中交出文件也可以认定并不存在当事人对特免权的弃权。因为构成弃权的要件之一是弃权方在知情的情况下在两个对立的选项中作出选择，而如果对方涉及欺诈或不当行为，就难以满足己方是清楚了解所有事实后自愿放弃特免权保护，也因此法院仍然可以以各种仍然可行与有效的方法予以保护：见 ITC Film Distributors v. Video Exchange Ltd (1982) Ch 431 先例。

不妨简单重温在涉及“欺诈”或以不当行为获取对方文件时，例如（触犯刑法）偷窃文件，在民事诉讼中这种不当手段获取的文件证据仍然会被法院认为可采纳（admissible）。法院需要考虑的另一个重要的公共政策，就是不得隐瞒证据使得法院难以全面知道事实真相。但是特免权是绝对性权利，机密性被上升到特免权高度后，就会被作为例外以保护文件免予披露。只要文件还没有被呈给法院，即使已经交给对方，法院也更愿意作出禁令保护，以显示不鼓励这种“欺诈”或不当行为。这也是“欺诈”能作为极少数例外之一的原因，但笔者需要再次强调这种情况并不太可能发生，证明对方“欺诈”而不是自己愚蠢或意外也不容易。

早在 Lord Ashburton v. Pape (1913) 2 Ch 469 先例[案情涉及以诡计（trick）获取文件]中，就显示了法院会作出禁令禁止文件内容被使用与依赖的态度。Lord Ashburton v. Pape 上诉庭先例确定英国法律涉及欺诈或不当行为获取特免权保护的文件（包括已经查阅文件后）的一般规则与地位是：“where A has improperly obtained possession of a document belonging to B, the court will, at the suit of B, order A to return the document to B and to deliver up any copies of it that A has made, and will restrain A from making any use of any such copies or of the information contained in the document.”

已经解释过由于不涉及弃权问题，对方当事人以“欺诈”手段获取文件，可以说能够得到法院的保护应该是毫无疑问的，毕竟法院不会认同这种做法。例如在 ITC Film Distributors v. Video Exchange Ltd 先例中，本受特免权保护的文件内容已经被呈上列为一份誓章（affidavit）的附件让法官阅读与看到（也因此 Lord Ashburton v. Pape 先例的判法对这种案情不适用，时间上也太晚，让法院无法进一步作出禁令针对）。由于文件是原告的快递员领取原告的代表大律师留在法院的几箱文件时，被告以欺诈手段获取，因此 Warner 大法官仍然行使证据规则下的裁量权，以被告的“欺诈”行为为依据，除了已经被呈上的文件（由于已经被 Warner 大法官阅读），被命令只能被用作当前申请中间禁令的目的以外，在将来的开庭审理中，任何根据此特免权文件的内容呈上的证据（不论是原件、副本或其他次等证据）都不予采纳。可以节录 Warner 大法官所说：“... balancing the public interest that the truth should be ascertained against the public interest that litigants should be able to bring their documents into court without the fear that they might be filched by their opponents and used in evidence, the interests of the proper administration of justice required that such of the plaintiffs' documents or copies thereof as had not yet been referred to on the hearing of C.'s motions should be excluded from forensic scrutiny and that, **to obtain the other party's documents by stealth or a trick within the precincts of the court was probably a contempt of court which the court should not countenance by admitting the documents in evidence**; but that such of the documents or copies as **had already been used as evidence could not be thus excluded**, and that C. should be entitled to retain and **use them in evidence for the purposes of the present action only.**"(加黑部分是笔者的强调)

6.3.2.2 少数例外之二:"明显错误"

会构成"明显错误"(obvious mistake)并不是一个能够轻易证明的情况。首当其冲的问题就是这必须是在查阅文件的一方(通常指对方当事人的代表律师/事务律师)马上或很快能看出或应当看出是明显错误:见 Pizzey v. Ford Motor Co Ltd (1994) PIQR P15 先例。[51] 这种情况下,对方律师明知交出文件的一方并没有在清楚了解自己的地位的情况下放弃权利,并不满足弃权的要件。对方律师也明知在这种情况下不应该进一步查阅这份文件,否则就是侵犯披露方依赖特免权保持文件机密的绝对权利。这也实际上是法院能在文件被查阅后还给予衡平法救济、颁布/作出禁令的理由。一般而言,什么属于明显错误,需要考虑以下内容:

1. 这是一份什么文件。例如一份完全没有必要披露给对方当事人的大律师意见(counsel's opinion)就会是很明显的错误,但一份很长的文件中只有短短几句话受到特免权保护,看来是否属于明显错误就有疑问了。又或者是被披露的文件(如一系列当事人与律师的通讯)基本上全都是本受特免权保护的,事后再要说其中有一小部分是明显错误就比较困难了,因为有嫌疑是披露方自愿弃权(因为这些文件内容对披露方有利),但后来发觉自己披露太多,反而弄巧成拙。当然,以所有被披露的文件都是明显错误作为理由看来也是难以成功的,大量的披露不像是明显错误而更像是在决定弃权后改变主意,已经选择作出弃权就"无法回头"了。

2. 对方查阅文件的理解。这涉及对方查阅文件的人士的实际想法。例如,在 Derby v. Weldon (No. 8) (1991) 1 WLR 73 先例中,查阅文件的事务律师向大律师咨询意见,而大律师建议询问对方当事人是否确实要对文件弃权,这就属于明显错误。毕竟事务律师在表面看了文件马上就对对方律师怎么会无端披露这份机密文件有疑问,需要花费时间与金钱向大律师咨询意见后才敢进一步行动(深入查阅文件)。而大律师也建议在询

---

〔51〕 在此先例中,Mann 大法官说:"Cases of mistake are stringently confined to those which are obvious, that is to say those which evident. This excites the question: Evident to whom? The answer must be to the recipient of the discovery. If the mistake was evident to that person then the exception applies, but what of the case where it was not evident but would have been evident to a reasonable person with the qualities of the recipient? In this context the law ought not to give an advantage to obtusity, and if the recipient ought to have realised that a mistake was evident then the exception applies".

问对方律师有了肯定答案后再进一步查阅,以防将来法院插手禁止事务律师继续参与案件诉讼。这一连串行动就显示了这份文件表面上已经看得出披露方的披露是“明显错误”。

需要注意的是,即使没有证据显示查阅文件的律师发现了这是个错误,也要从客观角度来看待,也就是一位合理的律师在综合仔细考虑了有关情况后是否应当认为属于明显错误。又如在近期的 Altantisrealm Limited v. Intelligent Land Investments (Renewable Energy) Limited (2017) EWCA Civ 1029 先例[52]中,收到对方交出电子文件的原告一方,首先由初级(junior)律师查阅文件,在查阅了被告交出的近 5000 份电子文件后,发现有 1 份文件本可受特免权保护,但初级律师认为被告是弃权后的披露。为了小心该初级律师把文件交给高级(senior)律师,高级律师为了肯定向被告查询,这才让被告警觉不小心把本受特免权保护的文件交给了原告。一审判这并非明显错误,而在上诉庭推翻了一审判决,上诉庭认为这也应是明显错误。看来是认为文件表面如果没有看得见的疑问,高级律师是不会向对方当事人(此先例中被告)查询的。上诉庭说:“If the inspecting solicitor does not spot the mistake, but refers the document to a more percipient colleague who does spot the mistake before use is made of the document, then the court may grant relief. That becomes a case of obvious mistake.”

另外,刚刚提到的 Pizzey v. Ford Motor Co Ltd 先例中仅仅提到要从查阅方的角度来看是否发现或应当发现有明显错误。而在一般情况下,查阅文件一方有代表律师,那么也就是以有正常专业水平的代表律师的角度与标准来看,这是没什么疑问的。但如果诉讼当事人是自然人自我代理(litigant in person)的情况,看来就会有疑问,应该用什么标准来看待?比较不同人士的看法会有天壤之别。英国律师可能一看就完全肯定对方律师搞错,不可能披露这份对自己客户严重不利的文件。但对一个一般的自然人来说,很可能连“特免权”一词都没有听说过,就更不可能看得出是“明显错误”了。在笔者看来由于法院给出的是衡平法救济,没有硬性规定,而是法院根据每个不同案件的案情作出衡量,这会导致如果是对于(没有专业水平的)查阅方来说并不会发现、也不应该能够发现这是明显错误时,查阅方的标准要求也会相应降低。虽然在 IBM v. Phoenix International (Computers) Ltd (1995) 1 All ER 413 先例中,Aldous 大法官说到判断的标准也应该是以合理

---

〔52〕 不妨先简单说此先例中的披露方法,这也是今天文件电子化后的一种做法。由于客户的大量文件全都电子化并且会存储在自己的服务器中,因此无须律师前往公司,也无须公司雇员自己重新复印有关文件,只要开放服务器中有关此交易的所有文件的访问(access)权限给律师,就可以让律师对文件进行查阅。在此先例中就是如此,客户开放有关交易的所有文件(包括 7389 份电子邮件)的访问权限给律师事务所,律师事务所就会派遣律师进行逐一审阅,并将文件标记、归类为可披露(disclose)、受特免权保护(privileged)与无关(not relevant)这三种类型。之后就将所有被标记的电邮生成(generate)一份披露列表。具体在此先例中,律师事务所是先由初级律师进行第一遍审阅,有近 1500 份被认为存在疑问(如不确定是否有特免权保护或者不确定是否有关联性)的文件再由高级律师审阅,如果还有疑问则由高级律师与合伙人进行讨论,直到所有文件都被归类为可披露、受特免权保护与无关三种类型。而在此先例中看来是在这 7389 份电子邮件中,有一份本受到特免权保护的文件并没有被挑出来。这也就导致被交出给对方诉讼方检验的文件(经过排除受特免权保护与无关的部分后,还有 4891 份电子邮件)中,有这一份电子邮件看来是被错误交出给对方律师查阅的。这看来可能是由于初级律师的第一遍审阅未能发现这份电子文件的问题,而高级律师只是泛泛地审阅。

的律师的角度来看,但这在 Al Fayed v. Commissioner of Police for the Metropolis (2002) EWCA Civ 780 上诉庭先例中已经被否定。也因此看来如果是自我代理的情况下,由于一般人/外行(layman)不一定了解这些特免权的知识,会导致律师即使是明显错误交出文件也有很大可能要自己承担苦果,被法院拒绝作出衡平法救济了。这种情况不太会在商业案件中出现,笔者也就不再多作介绍。

3. 文件披露与交出的背景或情况。例如披露方如果是非常着急(如需要在限期内披露)时匆忙予以披露与交出大量的文件(但是其中混杂有一两份与律师之间的通讯),就很可能涉及明显错误:见 IBM Corp v. Phoenix International 先例。偏偏现在的现实是商业案件经常涉及大量文件的披露(尤其是电子文件),这种在文件包里混杂几份特免权文件(明显或不明显)的事故经常发生。但换一种情况,例如在被告以原告懈怠为由申请撤销诉讼(strike out for want of prosecution)时,原告披露的文件中涉及一些本受特免权保护的文件(如会是律师建议应该积极与对方和解谈判而不是继续推进诉讼等),此时就应是刻意披露而不是错误甚至明显错误了。有关这方面的近期先例可见 MMI Research Ltd v. Cellxion Ltd (2017) EWHC 2456 (Ch); Mohammed v. Ministry of Defence (2013) EWHC 4478 (QB); Rawlinson & Hunter Trustees SA (as Trustees of the Tchenguiz Family Trust) v. Director of the Serious Fruad Office (2014) EWCA Civ 1129 等先例。也因此可以看到,在是否有明显错误的问题上,法院需要根据每一个案件的不同事实行使裁量权,这也不可避免会带来一定的不肯定性。因此在一些国家或地区,例如在澳大利亚就有先例判一般情况下被错误披露的特免权文件都可以被要求退还与限制使用,没有必须是明显错误的要求:见 Australia in Expense Reduction Analysts Group Pty Ltd v. Armstrong Strategic Management and Marketing Pty Ltd (2013) HCA 46 先例。

6.3.3 CPR Rule 31.20 条文下的做法

英国法院现在的 CPR Rule 31.20 规定如下:"Where a party inadvertently allows a privileged document to be inspected, the party who has inspected the document may use it or its contents only with the permission of the court."

看来目前英国法院诉讼的做法,相比以前要作出错误披露的一方尽快或马上向法院申请衡平法救济,作出禁令阻止对方查阅与使用不小心披露的特免权文件有了变化。现在如果披露方通知了对方披露的特免权文件是不小心或疏忽导致,而对方查阅了该文件并想在持续的诉讼中使用,就需要向法院申请批文允许,而披露方就作为被申请人向法院提出反对。

CPR 并没有针对法院应该怎样决定是否批准申请人使用被披露的特免权文件作为支持自己案件的证据。笔者看来除了是在做法上稍有不同,以前先例定下来的原则,例如只在"欺诈"或"明显错误"的情况下法院才愿意作出救济等,并没有太大的改变:见 Breeze v. John Stacy & Sons Ltd (2000) CP Rep 77; Al Fayed v. Commissioner of Police for the Metropolis (2002) EWCA Civ 780 等先例。

在 Al-Fayed v Comr of Police of the Metropolis 先例中,案件涉及两份大律师意见被疏忽与无意识地披露。Clarke 大法官总结了法院在 CPR Rule 31.20 的权限,如下:

"i) A party giving inspection of documents must decide before doing so what privileged documents he wishes to allow the other party to see and what he does not.[53]

ii) Although the privilege is that of the client and not the solicitor, a party clothes his solicitor with ostensible authority (if not implied or express authority) to waive privilege in respect of relevant documents.[54]

iii) A solicitor considering documents made available by the other party to litigation owes no duty of care to that party and is in general entitled to assume that any privilege which might otherwise have been claimed for such documents has been waived.[55]

iv) In these circumstances, where a party has given inspection of documents, including privileged documents which he has allowed the other party to inspect by mistake, it will in general be too late for him to claim privilege in order to attempt to correct the mistake by obtaining injunctive relief.[56]

v) However, the court has jurisdiction to intervene to prevent the use of documents made available for inspection by mistake where justice requires, as for example in the case of inspection procured by fraud.[57]

vi) In the absence of fraud, all will depend upon the circumstances, but the court may grant an injunction if the documents have been made available for inspection as a result of an obvious mistake.[58]

vii) A mistake is likely to be held to be obvious and an injunction granted where the documents are received by a solicitor and: a) the solicitor appreciates that a mistake has been made before making some use of the documents; or b) it would be obvious to a reasonable solicitor in his position that a mistake has been made; and, in either case, there are no other circumstances which would make it unjust or inequitable to grant relief.[59]

viii) Where a solicitor gives detailed consideration to the question whether the documents

---

〔53〕 将文件交给对方当事人查阅的当事人,应当考虑清楚是否有特免权问题,以及是否要依赖或放弃特免权。

〔54〕 特免权属于客户而不是律师,但是代表诉讼当事人参与诉讼程序的律师会有表见授权(otensible authority),而可以对法律业务特免权作出弃权。

〔55〕 收到对方披露的文件的律师,对披露方并没有小心谨慎的义务(duty of care)。一般而言,可以假设即使被交出的文件本受特免权保护也已经被对方弃权(一般也就是律师代表客户将文件交出以供对方查阅)。

〔56〕 因此,如果一方当事人(通过代表律师)将文件交出给对方当事人查阅,一般来说再要申请禁令就已经太晚了。

〔57〕 但是对于当事人错误交出文件并被查阅,法院是有权在公平审理要求时(如涉及欺诈)介入并阻止对文件的使用的。

〔58〕 除了欺诈以外,法院还可以介入的是涉及明显错误的情况。

〔59〕 如果符合给予衡平法救济的一般原则,无论是查阅文件律师的实际主观看法上在查阅文件内容之前就发现有错误,还是从客观角度来看合理地应当发现有错误,都会被认定为是明显错误从而法院会作出救济。

have been made available for inspection by mistake and honestly concludes that they have not, that fact will be a relevant (and in many cases an important) pointer to the conclusion that it would not be obvious to the reasonable solicitor that a mistake had been made, but is not conclusive; the decision remains a matter for the court.[60]

ix) In both the cases identified in vii) a) and b) above there are many circumstances in which it may nevertheless be held to be inequitable or unjust to grant relief, but all will depend upon the particular circumstances.[61]

x) Since the court is exercising an equitable jurisdiction, there are no rigid rules.[62]"

另可介绍 Rawlinson & Hunter Trustees SA (as Trustee of the Tchenguiz Family Trust) v. Director of the Serious Fraud Office (2014) EWCA Civ 1129 先例,该先例涉及2008年"金融海啸"(financial tsunami)中一宗成为国际金融丑闻的事件,即作为冰岛三大银行之一的 Kaupthing 银行陷入金融危机并被冰岛政府接管。这导致冰岛这个小国发生严重经济困难,最后是需要向国际货币基金组织(International Monetary Fund, IMF)求救,在 IMF 伸出援手后才度过危机。在2008年之前有5年,冰岛的三大银行,特别是这一家 Kaupthing 银行几乎参与了每一宗伦敦的重大金融投资或投机活动,并同时以高息吸引存户。结果"金融海啸"来临,很多投资都出了问题。而在之后的调查中就发觉这些投资活动中很多都涉及欺诈与不当行为,这也最终导致 Kaupthing 银行的首席执行官(CEO)被冰岛政府起诉并被判5年监禁。这个英国先例是一个与上述事件相关的诉讼,原告是英国富商 Tchenguiz 家族的信托公司。背后的老板 Robert 与 Vincent Tchenguiz 和 Kaupthing 银行有紧密的业务关系,Vincent Tchenguiz 本人也是 Kaupthing 银行的一位董事。Kaupthing 银行的倒闭对英国显然影响很大,所以英国的严重欺诈调查署(Serious Fraud Office, SFO)介入这一事件。其中的一个行动就是通过搜查令(Search Orders)突袭原告的各处办公地点与住所,并把所有文件强制取走。文件之多是 SFO 雇佣100多位包括大律师、事务律师等的专业人士分工审阅这批文件,在一段时间后才能整理与厘清其中哪些是有关哪些是无关的。

在事后一连串的诉讼中,法院最终的司法复核(judicial review)结果是判 SFO 的搜查令不恰当,这导致原告对 SFO 提起诉讼要求赔偿这些搜查令对原告带来的经济以及名誉损失。在这个诉讼中,SFO 在披露的大量文件中错误混杂了四份可享有特免权的文件,其中三份涉及法律业务特免权,而另一份是涉及公共利益特免权(public interest privilege)。

在查阅这些文件后,原告决定要使用这些文件,并根据 CPR Rule 31.20 向法院申请批文,而 SFO 作为被告也就提出反对。一审的 Eder 大法官拒绝作出批文,并支持了

[60] 如果查阅文件的律师细致与全盘考虑了文件是否被错误披露的问题,并且坦诚地得出了并非是错误披露的结论,这会是一个影响法院考虑的因素,甚至很多时候是十分重要的因素。

[61] 这是指需要符合衡平法救济的一般原则。

[62] 这明确指出了法院实际上是在决定是否作出衡平法救济时,没有严格或硬性规定,也因此依赖于根据每个不同案件的事实行使裁量权。

SFO。但在上诉庭,这一审的判决被推翻。原因是上诉庭不认同这些文件的披露是明显错误,毕竟原告查阅这些文件的一般都是经验较少的初级律师。只要他/她们确认在查阅时并没有发觉这些文件是被告 SFO 明显错误披露,法院一般就不应该判这些文件是明显错误。

Moore-Bick 大法官说:

"In my view the finding of an obvious mistake cannot be sustained on the basis of the material before the court. Not all those who were employed by the VT parties (原告与检验/审阅文件的一方当事人) to inspect the documents were solicitors or barristers, and most if not all of them were quite junior. None the less, once it is accepted that the person who inspected a document did not realise that it had been disclosed by mistake, despite being a qualified lawyer, it is a strong thing for the judge to hold that the mistake was obvious. Those reviewing the documents were engaged on an enormous task, in the course of which they had been required to consider many thousands of documents, some of which were, or at any rate may arguably have been, privileged. The judge laid some emphasis on the letters to which I have referred, but the essence of his thinking seems to have been that it was obvious that the document had been disclosed by mistake because it was obvious that it was privileged.

That seems to me to confuse two things: whether the document was privileged and whether, even if privileged, it had obviously been disclosed by mistake. It is only if the court is satisfied of the latter that it will consider whether to prevent the use of the document in the litigation. No doubt in some cases the sensitive nature of the document will be enough to make it obvious that it has been disclosed by mistake, but often that will not be the case. Given the scale of the disclosure and the range of documents involved, I do not think that general assertions in correspondence that the SFO did not intend to waive privilege are sufficient to make it obvious that any document arguably privileged must have been disclosed by mistake. I would allow the appeal in relation to this document."

双方对三份文件中的其中一份到底制作的主要目的(dominant purpose)是否与诉讼并因此到底是否能享有诉讼特免权有争议。法院认为如果一份文件能否享有诉讼特免权仍有争议与不肯定,这些文件就很难说是对方律师能够一看就知道是明显错误下的披露了。

Longmore 大法官说到了澳大利亚的法律与英国不同,拒绝只在明显错误的情况下才作出救济。这就可以避免通过不必要与昂贵的诉讼才能确定到底是明显错误或一般错误。Longmore 大法官也说到这个"明显错误"的要求是上诉庭改不了,但将来为了简单处理这种常见的问题,将法律地位改为一旦享有特免权的文件被错误披露,无论是否是明显错误都命令退还给披露方并且不能使用文件的内容,就要留待最高院(Supreme Court)的判决了。

最后,在国际仲裁(即使是伦敦仲裁)的程序中,CPR Rule 31.20 是不适用。如果遇到同样的问题,恐怕还是要照以前的做法,即不小心披露的当事人需要马上向仲裁庭申请禁令,不允许对方当事人使用有关的特免权文件。

6.3.4 己方律师发觉对方错误交出受特免权保护文件后如何应对

现在商业案件中文件(纸质与电子文件)数量越来越多,类型也越来越多种多样。而整理披露文件的律师往往是经验少的初级律师或律师助理(paralegal),所以即使名义上是在高级律师或合伙人的监督下进行,也难免有错漏。再加上程序上的时间也经常非常紧迫,所以可以估计到一方当事人错误或疏忽将受特免权保护的文件交出的情况会时常发生。在收到对方错误披露的文件时,己方当事人与其代表律师就要小心处理。

在本章之6.1.2段介绍的Ablitt v. Mills & Reeve (The Times, 25 October 1995)先例中就可以看到法院会作出禁令强制更换律师。这对己方的代表律师固然不是好事,对己方当事人而言也不见得是好事。因此不要轻易像ISTIL Group Inc v. Zahoor (2003) 2 All ER 252先例中一样指示与要求律师仔细查阅对方错误交出的受特免权保护的文件(并希望在退还文件后也还可以有用处)。

一种做法或者说"正规"的做法可见BBGP v. Babcock (2010) EWHC 2176 (Ch)先例。此先例中在查阅文件(电子文件)时发觉有文件可能属于受特免权保护的文件(涉及对方律师提供给对方当事人的法律意见与有关文件),己方律师采取的做法可以节录如下:"[己方代表律师] (to whom the task had been entrusted, given the existence of disputes) soon discovered that on the … database was legal advice from [对方代表律师]. It was not immediately apparent whom [对方代表律师] were advising. [己方代表律师] therefore ceased their review and instructed Mr Bankim Thanki QC [63] to prepare an independent expert report on whether any documents were confidential or privileged. [己方代表律师] then canvassed his views with [对方代表律师], whose response was that they must assert all rights to claim privilege and/or confidentiality. As a result [己方代表律师] ceased their review, [己方/客户] did not demand to see the material, and a separate legal team … was instructed to inspect … database but to keep their knowledge behind an information barrier.[64] Obviously some material, such as correspondence passing between the parties or their solicitors, is open and available to all ('the open material'); but some is known only to [另一家被委任的律师事务所,刚刚提到的'separate legal team'] ('the closed material')."

也就是己方的代表律师在查阅对方披露的文件时一旦发觉有不妥文件,先马上停止、不继续查阅文件,并且告知客户让客户作出决定。客户看来也熟悉这套游戏规则,因此另行委任一家律师事务所查阅电子数据库中的文件,然后根据内容分类为公开文件与不公开文件,而不公开文件就是受特免权保护的文件。其中看来也会包括表面看来受特免权保护,但有嫌疑是涉及罪行原则(iniquity principle)[65]从而是例外、不会受到保护的文

〔63〕 这是一位印度裔的大律师,也是权威的《The Law of Privilege》一书的作者。

〔64〕 信息壁垒(information barrier),也被称为"长城"(Chinese Wall),可见笔者《合约的履行、弃权与禁反言》一书第三章之3.5.3段。

〔65〕 这方面课题请参见本书第十一章之1.2段。

件，另一家被委任的律师事务所会直接向客户提出，实际则留待己方律师将来选择是否需要提出质疑这些文件能否受特免权保护。

7. 诉讼中如何依赖法律业务特免权

在诉讼中，大原则是所有与争议有关的已经存在（existing）与新制作的文件都必须被披露出来。只有特别情况才可以免予披露，主要就是机密性被上升到特免权高度的文件。因此以特免权拒绝披露是一种特殊的做法，今天在民事诉讼规则（CPR）下依赖特免权拒绝披露也是一样。在较近期的 West London Pipeline & Storage Ltd v. Total UK Ltd (2008) EWHC 1729 (Comm)先例中，Beatson 大法官就说："A claim for privilege is an unusual claim in the sense that the party claiming privilege and that party's legal advisors are, subject to the power of the court to inspect the documents, the judges in their or their own client's cause. Because of this, the court must be particularly careful to consider how the claim for privilege is made out and affidavits should be as specific as possible without making disclosure of the very matters that the claim for privilege is designed to protect."

以上是说，一份文件能否享有法律业务特免权的保护，实际上是由诉讼方自己判断（当然法院也有可能查阅文件内容），这显然会涉及利益冲突的问题。虽然在英国法院诉讼会有英国律师作为法院的官员把关，但法院也需要特别关注诉讼方是怎样主张与解说他/她所声称可享有的特免权与作为证据的誓章中解释得是否清楚与明确。接下来会分别介绍主张特免权的程序（procedure）与最富争议的如何解释以及要解释得多清楚才能满足法院让有关诉讼方可享有特免权并拒绝披露。

7.1 享有特免权诉讼方需要主张权利

只要对方诉讼方要求披露有关文件，享有特免权的诉讼方就需要主张特免权以抗拒这个要求。这可以发生在已经在本书不同章节介绍的诉前披露（pre-action disclosure）或是审前披露（pre-trial disclosure）的任何程序，但最主要的程序显然是在诉讼程序中的相互交换（exchange）文件清单（list of documents）与披露并交出所有的有关文件（mutual disclosure of documents）让对方查阅（inspection）。

CPR 针对这程序的规定是在 Rule 31，部分有关主张特免权并拒绝交出给对方查阅的条文可节录如下。Rule 31.3 规定：

"(1) A party to whom a document has been disclosed has a right to inspect that document except where—...(b) the party disclosing the document has a right or duty to withhold inspection of it ..."

Rule 31.19 有关如何主张特免权并拒绝交出给对方查阅，说："(3) A person who wishes to claim that he has a right or a duty to withhold inspection of a document, or part of a document, must state in writing—(a) that he has a right or duty; and (b) the grounds on which he claims that right or duty. (4) The statement referred to in paragraph (3) must be made —(a) in the list in which the document is disclosed; or (b) if there is no list, to the person wishing to inspect the document. (5) A party may apply to the court to decide whether a claim made under paragraph (3) should be upheld."

另这 Rule 31 的操作指引(Practice Direction 31A)有关如何主张特免权部分说:

"Practice Direction 31A…

4.5 If the disclosing party wishes to claim that he has a right or duty to withhold a document, or part of a document, in his list of documents from inspection [see rule 31.19(3)], he must state in writing: (1) that he has such a right or duty, and (2) the grounds on which he claims that right or duty.

4.6 The statement referred to in paragraph 4.5 above should normally be included in the disclosure statement and must indicate the document, or part of a document, to which the claim relates."

7.2 主张特免权对文件的描述需解释得多清楚

通常的做法是列出一份主张享有特免权的文件名单或清单。这些文件往往会被归类(categorized)并对该类别(category)作出描述(descriptions),而不像其他不享有特免权的文件一样,通常需要被一份份单独列出与描述。Saville 大法官在 Ventouris v. Mountain (1990) 2 Lloyd's Rep 154 先例针对描述的作用说:"(文件描述的作用) is to identify the documents in respect of which privilege is claimed so that, assuming the identification to be true, it can be seen whether or not the claimed privilege attaches to such documents. It is not necessary to provide a description that enables the asserted identity to be tested or which reveals the contents, maker or particular provenance of the documents."

被归类为有关法律业务特免权(legal professional privilege)的文件通常会被泛泛描述为(例如)"客户与律师之间为了寻求法律意见进行的书信往来"(letters passing between the solicitor and the client for the purposes of seeking legal advice)。通常只是泛泛描述是因为讲得越多,就越容易暴露文件到底是什么内容,或让对方能估计到是什么意见与针对什么事情(如在哪一天向大律师寻求意见),而这些信息正是特免权所要保护的。另外,因为特免权文件数量众多,描述太多与太细会造成大量的时间浪费。

虽然有要求是对主张特免权文件的描述应该是充分或足够(sufficient),但怎样才算是充分或足够?

在 1999 年 CPR 适用前,在英国高院规则(Rules of Supreme Court,RSC)下一般就是这种泛泛描述的做法。例如在早期的 Westminister Airways Ltd v. Kuwait Oil Co Ltd (1951) 1 KB 134 先例中,对主张享有特免权的文件的描述是:"The plaintiff objects to produce the documents enumerated in Part 2 of the Schedule 1 on the ground that the same are privileged from production because: (a) as to documents number 1 therein, the same are confidential documents which came into existence for the purpose of the plaintiff seeking or obtaining legal advice; (b) as to documents numbered 2 therein, the same came into existence after the commencement of these proceedings for the purpose of collecting evidence to be used therein; (c)…"

另在 Derby v. Weldon (No. 7) (1990) 1 WLR 1156 先例中的描述是:"... confidential correspondence, both original and copies, memoranda of instructions, opinions and other documents and notes of meetings and telephone conversations between the first and second defendants, their solicitors and counsel and other legal advisers, or any of them, and drafts of the same for the purpose of obtaining legal advice."

当然也有对主张享有诉讼特免权的文件描述得十分细致并列明个别文件的先例,例如在 The "Sagheera" (1997) 1 Lloyd's Rep 160 先例的描述是:

"— crew statements(船员证言).

— expert reports(专家报告).

— documents embodying communications between the First Plaintiff and the Second Plaintiff and/or their respective agents which directly or indirectly reveal the dates, provenance, authorship or content of privileged material or information, or comment on the same; internal documents, notes or memoranda of either Plaintiff or their respective agents and/or respective agents which directly or indirectly reveal the dates, provenance, authorship, or content of privileged material or information, or comment on the same[第一原告(战争险互保协会)与第二原告(船东)之间的通讯等].[66]

— documents embodying communications between solicitors acting for the First Plaintiff and solicitors acting for the Second Plaintiff in relation to the drafting of the assignment(第一原告与第二原告之间的索赔权利转让).[67]

— documents relating to the presentation of the First Plaintiff's claim to its reinsurers which directly or indirectly reveal the dates, provenance, authorship, or content of privileged material or information, or comment on the same(第一原告与分保人之间的文件)."[68]

对方诉讼方由于看不到被主张享有特免权的有关文件,难以反驳,也只能根据描述来作出决定了。如果认为文件描述不足并提出质疑,而法官对此也认同,会下令要求另拟定一份更进一步与更好的清单(a further and better list)与/或一份誓章(affidavit / further and better affidavit)更详细描述与解释这些特免权文件。在 Alfred Crompton Amusement Machines Ltd v. Commissioners of Customs & Excise (No. 1) (1971) 2 All ER 843 先例中,说:"after very careful reading (to the claim to privilege), (the court felt) unable to be confident that it contains no description of documents which came into existence in circumstances which do not attract legal privilege."

7.3　CPR 是否带来主张与描述特免权文件做法上的改变

在 CPR 生效后,有说法是在操作指引(practice direction 31A)(上一小段有节录)要

---

〔66〕 这是联合特免权(joint privilege),文件会"泄露天机"。联合特免权的课题在本书第十一章之 4.1 段有详论。

〔67〕 这类转让(Assignment)索赔权利的文件被判是不享有诉讼特免权,必须披露。

〔68〕 这是共同利益特免权。

求把主张享有特免权的文件逐一做出识别(identification)与描述(description)。如果改变为这样的做法,就会大幅度增加"泄露天机"的危险,也会增加大量工作与相关费用,因为这种特免权文件会有很多。

但目前的权威书籍看来都认为没有做法上的改变,只是法院在 CPR 的操作指引下在特殊情况或个别案件下有权命令不同的做法。在 Charles Hollander QC 的《Documentary Evidence》(2018 年,第 13 版)一书之 15 - 07 段与 15 - 08 段中提到了近期的 Tchenguiz Imerman v. Imerman (2012) EWHC 4047 (Fam)与 Astex Therapeutics Limited v. Astrazeneca (2016) EWHC 2759 (Ch)等先例。这些先例显示了在 CPR 下法院可以要求主张特免权的当事人进一步描述与提供详情(具体是什么详情要根据不同的案情决定),让对方当事人可以决定是否质疑,但绝对不能影响当事人可能享有的特免权。

《Documentary Evidence》(2018 年,第 13 版)一书之 15 - 07 段最后对目前的地位小结如下:

"It is suggested the position is as follows:

(a) Claims for privilege are invariably made in lists of documents in generic terms. That has always been the practice and nothing has changed;[69]

(b) The CPR requirement read literally provides for individual listing of privileged documents;[70]

(c) Recent cases have treated that as giving the court power, when justified on the particular facts of the case to require a further and more detailed listing or supporting witness statement which requires particulars of documents for which privilege is claimed;[71]

(d) Where such an order is made, different forms of order are possible, but nothing in the order must undermine the claim for privilege (by requiring the setting out of privileged details such as 'letter to client advising settlement');[72]

(e) It will always be implicit in the order that it is not intended to undermine the claim for privilege so it must be answered in such a way that does not undermine privilege, and to the extent that it cannot be complied with without undermining privilege, the party would be

---

[69] 一般主张特免权的做法都是在文件清单中泛泛地描述。这一直以来的做法并没有改变。

[70] 从 CPR 的文字上来看,是要求每一份主张特免权的文件都要像不享有特免权与被强制或自愿披露的文件一样,分开识别(identify)与描述(describe)。

[71] 近期先例解释这些条文与文字是让法院有权在特定的情况下,命令主张特免权的当事人重新提供一份更详尽的文件清单,或给一份证人证言说明有关的特定文件可享有特免权的详情(particulars)。

[72] 法院在作出这种命令时,可以有伸缩性地作出任何认为是适合的命令。但重要的是,这命令不能影响可能可以享有的特免权。因为法律业务特免权根据公共政策/利益是有关当事人的绝对与实体权利,法院是绝对不能干涉的。例如,不能要求当事人说明主张享有特免权的文件的部分内容,如说明某一份文件是"律师给客户主张庭外和解的信函"。这等于向对方当事人暴露了律师在该时间段曾经建议当事人主动向对方"示弱",或不想继续诉讼。这显然会令当事人在接下去的诉讼程序(包括开庭审理的前后)或庭外和解谈判中处于弱势地位。

entitled so to state by way of answer whilst complying with it so far as possible. "[73]

另在《Disclosure》(2017 年,第 5 版)一书之 6.16 段也说:

"It is not the usual practice to individually number every document covered by privilege, although in certain circumstances this may be the appropriate course, particularly where there is an issue as to whether privilege is being properly claimed.

The nature of the documents must be stated and, in the case of classes of documents, the class must be clearly defined so that it is possible to identify documents which fall within the class.

The ground of privilege and the documents giving rise to the claim for privilege must be clearly stated. In particular, the wording must not be so wide that it is impossible to be sure it contains no description of documents which came into existence in circumstances not attracting privilege. "

7.4 主张和质疑特免权的总结

不妨在本段节录 Beatson 大法官在 West London Pipeline & Storage Ltd v. Total UK Ltd (2008) EWHC 1729 (Comm)先例所说的对 CPR 下如何主张与质疑特免权的原则性总结,[74]这也被接下来的不少先例引用。Beatson 大法官说:

"It is possible to distil the following propositions from the authorities on challenges to claims to privilege:

(1) The burden is on the party claiming privilege to establish it[75] … A claim for privilege is an unusual claim in the sense that the party claiming privilege and that party's legal advisors are, subject to the power of the court to inspect the documents, the judges in their or their own client's cause. Because of this, the court must be particularly careful to consider how the claim for privilege is made out and affidavits should be as specific as possible without making disclosure of the very matters that the claim for privilege is designed to protect …

(2) An assertion of privilege and a statement of the purpose of the communication over which privilege is claimed in an affidavit are not determinative and are evidence of a fact which may require to be independently proved[76] …

---

[73] 除了法院对作出的命令要小心外,主张特免权的当事人的代表律师自己也要小心。首先,应该明白法院不能提前(prematurely)作出任何影响他/她的客户主张享有的特免权的命令。这样,如果法院真的是作出了这样的命令,有关当事人也不应该回答。可以只是按照命令提供不涉及文件内容的描述,并指出存在这方面的问题,所以不能进一步提供详情。相反,如果法院命令是没有,这种要求而是当事人自己提供内容,例如在较早的例子中说的"律师给客户主张庭外和解的信函",这就会带来麻烦,包括被视为弃权,甚至会带来附带弃权(collateral waiver)的争议。

[74] West London Pipeline & Storage Ltd v. Total UK Ltd (2008) EWHC 1729 (Comm)先例的总结也可见本书第十一章之 1.2.9.2.3 段。

[75] 首先是谁想要主张特免权保护文件并拒绝披露,就要承担证明文件享有特免权保护的责任。

[76] 一份主张特免权并说明这些文件目的的誓章(affidavit)并非结论性的证据,需要另外通过独立的证据证明。

(3) It is, however, difficult to go behind an affidavit of documents at an interlocutory stage of proceedings. The affidavit is conclusive unless it is reasonably certain from:〔77〕

(a) the statements of the party making it that he has erroneously represented or has misconceived the character of the documents in respect of which privilege is claimed〔78〕...

(b) the evidence of the person who or entity which directed the creation of the communications or documents over which privilege is claimed that the affidavit is incorrect〔79〕...

(c) the other evidence before the court that the affidavit is incorrect or incomplete on the material points〔80〕...

(4) Where the court is not satisfied on the basis of the affidavit and the other evidence before it that the right to withhold inspection is established, there are four options open to it〔81〕...

(a) It may conclude that the evidence does not establish a legal right to withhold inspection and order inspection〔82〕...

(b) It may order a further affidavit to deal with matters which the earlier affidavit does not cover or on which is it unsatisfactory;〔83〕...

(c) It may inspect the documents ... Inspection should be a solution of last resort, in part because of the danger of looking at documents out of context at the interlocutory stage. It should not be undertaken unless there is credible evidence that those claiming privilege have either misunderstood their duty, or are not to be trusted with the decision making, or there is no reasonably practical alternative.〔84〕

(d) At an interlocutory stage the court may, in certain circumstances, order cross-examination of a person who has sworn an affidavit ... However, the weight of authority is that cross-examination may not be ordered in the case of an affidavit of documents〔85〕..."

---

〔77〕 但在中间程序阶段也难以审查誓章中的内容真实性,因此除非是可以合理肯定存在以下情况,否则誓章内容会是结论性的。

〔78〕 陈述方错误陈述或错误理解有关文件的本质。

〔79〕 誓章中的内容存在错误。Bateson 大法官依赖了早期著名的 Frankenstein v. Gavin's House-to-House Cycle Cleaning and Insurance Co (1897) 2 QB 62 先例。该先例的案情涉及公司被股东/股民事后指控在招股书(prospectus)中有欺诈性误述,并向公司与公司董事起诉。公司董事对原告要求披露的部分文件主张特免权并作出了誓章作为证据。上诉庭判这是结论性,而且从这些文件的描述中看不出被告对有关文件性质的描述有误导或误解。

〔80〕 有其他证据证明誓章的部分关键内容不正确或者不完整。

〔81〕 如果法院根据誓章中的内容与其他证据仍是不满意主张特免权的当事人有权拒绝披露,有四种做法可供选择。

〔82〕 认定有关证据(包括誓章)是不足以满足有权拒绝披露的举证责任,下令披露并让对方查阅文件。

〔83〕 可以要求主张特免权的一方当事人针对法院不满或有疑点的地方再作出一个进一步的誓章。

〔84〕 法院也可以选择自己查阅文件(inspection by court),但这是最后的救济手段,不能轻易进行。主要是在中间程序中,法院在对案情不了解与没有处理过其他有关案件的证据的情况下判断对特免权有争议的文件,容易断章取义。所以除非有可信的证据显示主张特免权的当事人有误解或是作出的决定不可信,或是没有其他合理可行的解决办法,否则法院不应该这样做。

〔85〕 法院也可以下令作出誓章的人士接受交叉盘问,但有不少先例的说法看来是认为不可以这样做。

8. 英国特免权法律的国际性问题

8.1 特免权法律的适用法

特免权(privilege)的问题本身不是一个诉因(cause of action),所以不涉及管辖权(jurisdiction)的问题。特免权的适用法只是法律冲突(conflict of law)的问题,而在这一方面英国法院在上百年前已经明确了应该使用法院地法(*lex fori*)。在 Lawrence v. Campbell (1859) 4 Drew 485 先例中,案情涉及在决定一位住在伦敦的苏格兰律师与他的苏格兰客户之间的通讯是否可享有特免权的问题时,是适用英国还是苏格兰的特免权的法律。Sir K-T Kindersley 大法官说:"A question has been raised as to whether the privilege in the present case is an English or Scotch privilege; but sitting in an English Court, I can only apply the English rule as to privilege, and I think the English rule as to privilege applies ..."

这个法律地位在后来的 Duncan, Re (1968) P 306 先例与 Bourns Inc v. Raychem Corp (1999) 3 All ER 154 上诉庭先例被确认。在后者的上诉庭先例中,Aldous 大法官说:"The fact that under foreign law the document is not privileged or that the privilege that existed is deemed to have been waived is irrelevant. The crucial consideration is whether the document and its information remain confidential in the sense that it is not properly available for use. If it is, then privilege in this country can be claimed and that claim, if properly made, will be enforced."

有说法是这个判法是因为特免权的问题一贯被视为证据的问题,所以在英国诉讼中就是要按照英国法院的证据法与程序:见 L v. United Kingdom (2000) FLR 322 先例。但由于现在已经把法律业务特免权(legal profession privilege)视为一个绝对(absolute)与实体(substantive)的权利[见 R v. Derby Magistrates (1996) AC 487 贵族院先例],所以有说法是这一方面需要重新考虑。

这在 The RBS Rights Issue Litigation, Re (2016) EWHC 3161 (Ch)先例中被 Hildyard 大法官所拒绝。他提到了另外两个支持特免权的法律是根据法院地法(英国法)的原因。一个原因是法律业务特免权也属于公共政策(public policy),这是指英国的公共政策,显然是要英国法院而不可能是任由外国法院来严格执行。另一个原因是世界上不同国家对特免权的法律非常混乱与不同,所以英国法院要适用(如根据最密切联系[86]的说法)外国的特免权法律在审理时会带来困难。

8.2 外国法律可享有特免权而英国不承认的情况

Hildyard 大法官在 The RBS Rights Issue Litigation, Re (2016) EWHC 3161 (Ch)先例也提到了法院有裁量权(discretion)允许一份根据相关的外国法律可享有特免权(但英国不承认)的文件不在英国诉讼中披露。需要考虑的是,外国律师在产生与制作这份文件时,根据他/她自己所了解的法律是可享有特免权,但后来在英国法院诉讼就被强制披

[86] 这方面也可见本书第十章之 6.5.5 段。

露,会带来失去了合法预期(legitimate expectation)的不公平,说:“Where what is relied on is a particular and proven legitimate expectation under foreign law (that documents will not be disclosable) the hurdle is higher, as I think, it is primarily on public policy grounds that the court has applied its own law in preference. But I do not think it inconceivable that, in a special case, the general public policy will yield to the particular private right albeit under another law.”

估计这种英国法院承认与适用外国特免权的情况应该不多。(1)Hildyard 大法官自己说,特免权只会适用在特殊的案件(in a special case)。(2)在笔者看来,英国的特免权法律在世界各国中应该算是相对宽松与配合实际了。外国法律下可享有特免权但在英国不能享有的情况,虽然肯定是有,但也不会太多。

外国法律下可享有特免权但在英国不能享有的情况可以有争议的英国 Three Rivers DC v. Bank of England (No. 5) (2003) QB 1556 上诉庭先例为例。该先例判法律意见特免权只局限在客户(client)与律师之间的通讯(communication)及其内容(content),不包括客户只是为了提供给律师让他/她考虑并作出更全面与有针对性的法律意见所收集的证据。另外,该先例也给了谁是“公司客户”(corporate client)一个非常狭窄的定义。

但这不是澳大利亚的法律地位。澳大利亚没有跟从英国这个谁是“公司客户的测试”(corporate client test),而重视有关的一份文件被制作(即使是由第三方制作)的主要目的(dominant purpose)是什么。澳大利亚认为按照这个“目的测试”(purpose test)就已经足够避免特免权变得太广泛与被滥用:见 Pratt Holdings Pty Ltd v. Commissioner of Taxation (2004) FCAFC 122 先例。在澳大利亚的《Evidence Act 1995》之 Section 117 也说明“公司客户”包括所有的雇员(an employee or agent of a client)。另是 Section 118 也规定:“**Legal advice** -Evidence is not to be adduced if, on objection by a client, the court finds that adducing the evidence would result in disclosure of: (a) a confidential communication made between the client and a lawyer, or (b) a confidential communication made between 2 or more lawyers acting for the client, or (c) the contents of a confidential document (whether delivered or not) prepared by the client, lawyer or another person, for the dominant purpose of the lawyer, or one or more of the lawyers, providing legal advice to the client.”

只从上述这个简单的例子就可以想到会有高度机密(highly confidential)与敏感(sensitive)的文件在澳大利亚被产生与制作,也在本土的法律下享有特免权。但之后被卷进了一个英国诉讼时,就可能失去这个重要的权利。这样如果想要求英国法院承认与适用这个澳大利亚的法律地位,就需要说服英国法院接受这是一个特殊的案件。

8.3　伦敦仲裁

伦敦仲裁的程序法是《Arbitration Act 1996》,其中 Section 34(2)(d)说明是由仲裁庭来决定哪些文件是要作出披露:“whether any and if so which documents or classes of documents should be disclosed between and produced by the parties and at what stage...”由于特免权法律的适用法是仲裁地法律,所以伦敦仲裁也要适用英国的特免权法律。而法律业务

特免权是属于公共政策,〔87〕这表示虽然仲裁法的有关条文看来是给了仲裁庭很大的自由度与权力去决定是否披露一份有关文件或同一类别的数份文件,但这个权力必须尊重英国法律。而一旦涉及公共政策,仲裁庭是不存在可以选择遵守或漠视的裁量权。换言之,仲裁庭是不能在一个伦敦仲裁中命令其中一方当事人披露本来可以在英国法下享有法律业务特免权的文件。

至于一份文件在外国的法律可享有特免权但英国法律并不承认的情况,仲裁庭会有裁量权。估计仲裁庭对这个裁量权的行使会比英国法院更有弹性,不需要局限在特殊的案件,特别是在双方都同意在有关的仲裁中适用《IBA Rules on the Taking of Evidence in International Arbitration》(2010)(以下简称《IBA 证据规则》)的情况下。《IBA 证据规则》之 Article 9 规定:

"... 2. The Arbitral Tribunal shall, at the request of a Party or on its own motion, **exclude from evidence or production any Document, statement, oral testimony or inspection** for any of the following reasons: (a) lack of sufficient relevance to the case or materiality to its outcome; (**b**) **legal impediment or privilege under the legal or ethical rules determined by the Arbitral Tribunal to be applicable**; (c) unreasonable burden to produce the requested evidence; (d) loss or destruction of the Document that has been shown with reasonable likelihood to have occurred; (e) grounds of commercial or technical confidentiality that the Arbitral Tribunal determines to be compelling; (f) grounds of special political or institutional sensitivity (including evidence that has been classified as secret by a government or a public international institution) that the Arbitral Tribunal determines to be compelling; or (g) considerations of procedural economy, proportionality, fairness or equality of the Parties that the Arbitral Tribunal determines to be compelling.

3. **In considering issues of legal impediment or privilege under Article 9.2(b)**, and insofar as permitted by any mandatory legal or ethical rules that are determined by it to be applicable, the Arbitral Tribunal may take into account: (a) any need to protect the confidentiality of a Document created or statement or oral communication made in connection with and for the purpose of providing or obtaining legal advice; (b) any need to protect the confidentiality of a Document created or statement or oral communication made in connection with and for the purpose of settlement negotiations; (**c**) **the expectations of the Parties and their advisors at the time the legal impediment or privilege is said to have arisen**; (d) any possible waiver of any applicable legal impediment or privilege by virtue of consent, earlier disclosure, affirmative use of the Document, statement, oral communication or advice contained therein, or otherwise; and (e) the need to maintain fairness and equality as between the Parties, particularly if they are subject to different legal or ethical rules."

上述节录中加黑的文字显示了在《IBA 证据规则》适用的情况下,仲裁庭可以充分考

〔87〕 见 Ventouris v. Mountain (1991) 1 Lloyd's Rep 441 等先例。

虑与尊重双方当事人在产生与制作文件时的合法预期。也表示在较早前举的例子,在澳大利亚制作了一份高度机密与敏感的文件,当时有关的澳大利亚当事人与律师的预期是不管后来会卷进怎样的诉讼或仲裁都可享有特免权。如果之后被卷入了英国法院诉讼,还是要说服法官这是一个特殊的案件。但在伦敦仲裁,看来这份文件的机密性与特免权是可以受到仲裁庭的尊重与保护的。

8.4 外国法律意见在英国法院诉讼的地位

英国法院经常面对国际性的商业诉讼,所以经常会碰到外国律师的法律意见。这外国法律意见会是早前帮助客户作出商业决定,也会是涉及诉讼(不论是其他外国的诉讼或是同一个在英国法院的诉讼)。这些书信往来所制作的文件在英国法下,如果是涉及英国律师毫无疑问可享有特免权。但看来即使是外国律师,也同样可享有特免权。[88] 这在 Duncan, Re (1968) P 306 先例中,Ormrod 大法官说:"the basis of the privilege is just as apt to cover foreign legal advisers as English lawyers, provided only that the relationship of lawyer and client subsists between them ... The nationality of the foreign lawyer is as irrelevant as his address or this purpose ... I, therefore, hold that all the documents which are communications passing between the plaintiff and his foreign legal advisers are privileged, whether or not proceedings in this or any other court were contemplated when they came in."

另在近期的 R (on the application of Prudential plc) v. Special Commissioner of Income Tax (2013) UKSC 1 最高院先例中,也重申了这个法律地位并解释这个规则是为了公平合理(fairness)、国际友好(comity)与方便(convenience)。Neuberger 勋爵说:"I referred in para 45 above to four cases where it was held that LAP applied where the advice was tendered by foreign lawyers. In none of those cases does it appear that there was any significant analysis as to why and to what extent LAP was to be accorded where it was a foreign lawyer who had given the advice. It is none the less understandable why LAP was so extended: the extension was, I suspect, based on fairness, comity and convenience. While that extension does rather undermine much of the principled justification for LAP being confined to cases where the advice is given by professional lawyers, it is consistent with the argument that the court should restrict LAP to its currently understood bounds for reasons of practicality and certainty."

换言之,中国律师如果提供给中国客户一个有关业务的法律意见或协助中国客户在一个诉讼(如相关的一个中国法院诉讼)中制作文件,虽然中国法律下没有所谓的法律意见或诉讼特免权的说法,但这些文件在英国法院或伦敦仲裁中都不需要也不会被强制披露。

Ormrod 大法官在 Duncan, Re 先例也明确了无论外国律师所涉及的诉讼是在外国法院的其他相关案件还是同一个英国法院案件,都可享有特免权:"[the documents were] prepared in connection with proposed or actual litigation in a foreign court or courts they are

---

〔88〕 另也可见本书第九章之 3.2.2 段的介绍。

just as entitled to privilege in the present action as if they had been prepared for it. ”另也可见 Minnesota Mining & Manufacturing Co v. Rennicks（UK）Ltd（1991）FSR 97（美国法院）；Societe Francaise Hoechst v. Allied Colloids Ltd（1992）FSR 66（法国法院）等先例。

当然，如果一份高度机密的文件已经在外国法院被公开，也表示这份文件失去了机密性（confidentiality），也就会导致这一份文件在英国法院失去了特免权。

8.5　英国特免权文件在外国法院不被承认和被不当使用

英国特免权文件在外国法院不被承认和被不当使用，这种情况是因为国与国之间的特免权法律存在差异。本来外国法院根据自己的特免权法律决定哪些文件需要披露，哪些文件可以依赖特免权，而如果在英国法院可以享有特免权的文件，正常情况下是不会披露给对方当事人的，所以即使是另外在外国法院进行相关的法律行动，也不存在一份没有披露的特免权文件会被对方在外国法院不当使用的问题。

英国法院在程序（procedure）或证据规则（rule of evidence）方面，即使认为外国法院的做法不当，也通常不愿意作出跨境（extra-territorial）的救济措施。毕竟外国法院在这些方面都会有不同看法或做法，应当尊重。正如 Chadwick 大法官在 Prudential Insurance Company of America v. Prudential Assurance Company Ltd（2003）EWCA Civ 1154 先例中所说："it is difficult to see why a rule of evidence based on public policy should be given extra-territorial effect〔89〕... arrogant to seek to impose on the conduct of litigation in other jurisdictions a rule which is based on our perception of where the greater public interest lies. "〔90〕

但涉及合约法方面，只要有关协议受英国法院管辖与条文按照英国法解释，英国法院在认为是外国法院不当介入的情况下，会愿意作出跨境的救济措施。一个典型的例子就是英国法院为了保护伦敦仲裁（london arbitration），多年来作出了大量间接针对外国法院阻止继续诉讼程序的止诉禁令（anti-suit Injunction）。理由就是被告违反双方约定的伦敦仲裁协议，另去外国法院提起诉讼。

特免权也会有涉及合约（明示或默示）例外的情况，这就是在英国法律的限定弃权（limited waiver）〔91〕下作出的披露。有效的限定弃权是要向对方当事人声明保留特免权与要求保持机密，而对方也明示（express）或默示（implied）接受了这个限定弃权与披露。这样如果对方把这一份获取到的特免权文件使用在外国法院（该外国法院并不承认限定弃权的说法），这可被英国法院认为是违反了限定弃权的约定并会作出禁令以阻止对方在外国法院不当使用这一份文件。这种例子可见本章之 2. 1. 1. 1. 2 段所介绍的 Bourns

〔89〕　这是指无损害特免权是属于证据法的范畴，不能在诉讼中披露双方谈判的文件，也是从鼓励争议双方和解谈判的英国公共政策的角度考虑。

〔90〕　此处涉及两个公共政策/利益：一是鼓励争议双方和解谈判，二是全面与坦率披露所有的有关文件，让法院掌握全部事实证据以便作出公正的判决。而英国所做出的平衡是鼓励和解谈判有更高的公共利益，所以带来无损害特免权。但其他国家不一定是这一平衡，英国不应该强加自己的想法在其他国家的法院。

〔91〕　见本章之 2.1 段。

Inc v. Raychem Corp (1999) 3 All ER 154 先例。[92]

另一种情况也是同一原则,即双方当事人和解谈判的文件。如果双方进行谈判而且未达成合意,双方都应该知道与默示同意根据无损害特免权/规则(without prejudice privilege/rule),这些谈判文件是不能在没有双方都同意弃权的情况下向法院(或仲裁庭)披露。在 Instance v. Denny Bros Printing Ltd (2000) FSR 869 先例中,涉及专利权(patent rights)争议。双方在英国的诉讼中通过 CEDR 调解最终达成和解并签订了协议书。调解协议(mediation agreement)标准机密条文可节录如下:

"Every person involved in the mediation will keep confidential and not use for any collateral or ulterior purpose all information, (whether given orally, in writing or otherwise), produced for, or arising in relation to, the mediation including the settlement agreement (if any) arising out of it, except insofar as it is necessary to implement and enforce any such settlement agreement.

All documents (which includes anything upon which evidence is recorded, including tapes and computer discs) or other information produced for, or arising in relation to, the mediation will be privileged and not be admissible as evidence or discoverable in any litigation or arbitration connected with the dispute except any documents or other information which would in any event have been admissible or discoverable in any such litigation or arbitration."

双方达成的和解协议(settlement agreement)中也有一条机密条文:"Subject only to the provisions of 8.2 and 8.3 below the parties hereto shall not disclose or comment on the terms of this agreement nor any matters relating to or arising from the High Court Action and counterclaim or the PCC Action and without prior written consent of the other party save for the purposes of enforcing this agreement and save that if either of the parties is under an obligation to disclose this agreement or the information the subject of this clause in any legal proceedings or pursuant to any duty owed by any of the parties or their professional advisers then such disclosure shall not constitute a breach of this clause by the said party."

双方在达成和解后又产生争议,这导致原告通过它在美国的一家附属公司向被告提起专利权争议的诉讼。看来,被告想在美国法院程序中披露这些谈判的文件,这是违反了双方调解协议以及和解协议的规定,Lloyd 大法官就作出了一个禁令,阻止被告在美国法院使用这些文件与资料。

另在 Prudential Insurance Company of America v. Prudential Assurance Company Ltd 上诉庭先例中,涉及两家上百年历史的著名保险与金融服务公司,一家是在美国的 Prudential Insurance Company of America(以下简称 PI,中文名是保德信),另一家是在英国的 Prudential Assurance Company Ltd(以下简称 PA,中文名是保诚)。这两家同名公司早在

---

[92] 该先例涉及核算费用时披露部分可享有特免权的文件,这可以说是在限定弃权下自愿披露[毕竟披露特免权文件的胜诉方通常可以"选择"(election)是否披露以证明合理工作与合理费用],也可以说是被半强制披露。

1974 年就同意了一个安排,内容是 PI 在欧洲与英联邦国家的业务不用这个"Prudential"名字或商标,而 PA 在美国的业务不用这个同样名字,之后的 20 多年双方相安无事。但后来双方对这个 1974 年的安排到底是否有法律效力有了争议,PA 在英国法院启动了诉讼。诉讼期间,PI 向英国法院申请禁令阻止 PA 在中国台湾地区与新西兰的商标注册程序中使用一些文件。PI 也向英国法院申请一个宣示判决(declaration),判两家公司在 1974 年到 1996 年的一些和解谈判文件因为有无损害特免权保护机密,所以不能向第三方披露,除非双方都同意弃权。

一审法院拒绝了 PI 的申请,原因包括:有关的书信往来的抬头并没有明示标注"无损害";有关的文件也不是针对当时双方之间的争议(existing dispute),而更像是针对预防将来两家公司在行政上的问题而达成的协议,这不属于无损害特免权的范畴;也不涉及任何公共政策的考虑。

PI 另一个理由是根据合约法的说法,但由于太晚在开庭时才提出,所以一审法院没有处理。一审法院的判决针对这一点,说:"… It appears to me that the claim for (PI) must be put on the basis of a contract governed by English law in order to entitle the court in England to intervene in relation to evidence tendered to a foreign court in respect of a matter within its exclusive jurisdiction. If it is so advanced then it is a substantive claim not an incidental application in the current action. This is not a purely procedural objection. The claim based on contract was not advanced until the hearing before me. …"

合约法的说法就是双方的和解谈判是双方有一个默示协议(implied agreement)不把谈判的书信往来与其内容在现有(current)与将来(future)的诉讼中披露。简而言之,双方的和解谈判根据公共政策不能在法院披露的最早的说法是在 Hoghton v. Hoghton (1852) 15 Beav 278 先例。这看来是神圣不可侵犯(sacred)的说法在后来就有了改变。在 Calderbank v. Calderbank (1976) Fam 93 与 Cutts v. Head (1984) Ch 290 先例中,[93] 就需要做出例外,所以公共政策的说法在这种情况下就不能完全站得住脚。这就有了说法是双方和解谈判文件与内容不能向法院作出披露也根据双方在谈判时达成的默示协议,即如果不能达成合意,不会向法院披露而影响法院。在 Cutts v Head 先例中,Oliver 大法官说:"… I think, be summarised conveniently in three propositions. (1) The protection from disclosure of without prejudice negotiations rests in part upon public policy and in part upon convention (i. e. an express or implied agreement that the negotiations shall be so protected). …"

在 Muller v. Linsley & Mortimer (1996) PNLR 74 先例中,也确认了这个说法。本书第十三章之 2 段针对这个课题有详细介绍,此处不再重复。

---

〔93〕 这两个先例在国际仲裁中很有名,就是被告可以在和解谈判中给索赔的原告一个愿意赔付的要约(offer 或 calderbank offer)。如果原告不接受而最后在仲裁结果出来后,发觉被判胜诉的金额比早前要约的金额低,原告就被视为败诉方而不是胜诉方,需要承担拒绝要约之后所有的诉讼费用。但这样也免不了把这个谈判中做出的要约披露给仲裁庭,这也等于是无损害特免权的例外(exception)情况。

回到 Prudential Insurance Company of America v. Prudential Assurance Company Ltd 先例,也就是 PI 申请禁令阻止 PA 在中国台湾地区与新西兰使用和披露双方谈判的无损害特免权文件,Chadwick 大法官认为根据英国的公共政策不能作出这种跨境的禁令,原因是英国在权衡后认为鼓励双方和解谈判是更重要的公共政策不一定在其他国家和地区被认同,说:"The question in those cases is whether the English court, by ordering a person not to make use of 'without prejudice' material in foreign proceedings, should seek to impose on the conduct of the foreign proceedings a restraint which is justified only by its own perception of what public policy requires. In my view it is plain that that question must receive the answer 'No'. ... But it would be insular not to recognise that courts in other jurisdictions might think—or might be required by legislation to accept—that a different balance should be struck; and arrogant to seek to impose on the conduct of litigation in other jurisdictions a rule which is based on our own perception of where the greater public interest lies."

接下来 Chadwick 大法官也解释了什么才算是双方达成默示协议[94](不披露文件与内容),说:"It is said ...that an implied contract '... is one imposed by law on the parties when they have not themselves consciously addressed the issues it governs'; that 'The implied contract is the law's objective assessment of what they are deemed to have intended, as derived from the surrounding circumstances'; and that 'The true question is whether the circumstances in which the letters were written objectively require such an agreement to be implied.' None of those propositions are in doubt."

最后 Chadwick 大法官认为这个先例中双方没有默示协议同意双方都不允许在任何时间点、在世界上任何地方使用与披露这些谈判的文件与内容,说:"I find it impossible to say that, when the chairman and chief executive officer of Prudential USA and the chief general manager of Prudential UK met in early March 1974 to exchange views 'on a wide range of subjects' and 'with a view to removing the prospect of any future disputation between us' as to 'the areas in which each of our companies would be free to use the name Prudential', they must be taken to have done so on the basis that neither company would be entitled to refer to those discussions in any litigation anywhere in the world at any time in the future. Had that been their intention I would have expected them to say so—at the meeting and in the careful and detailed letters which they wrote immediately following that meeting and in the subsequent months. Further, I would have expected the in-house lawyers to say so, at the earliest opportunity. And, if that was not the basis upon which discussions took place in early March 1974, I find it impossible to identify some subsequent point at which the position changed. In my view the Vice-Chancellor(一审大法官) was plainly correct to treat as a matter of significance, in the context of a supposed agreement, the fact that 'at no stage over a period in excess of 20 years did the senior management or legal advisers of either company see fit to add

---

[94] 这方面可参见笔者的《合约的解释:规则与应用》一书第七章之 11 段。

[the] caption [“without prejudice”]’.”

9. 国际仲裁中的做法

即使是国际仲裁中,也并非由于并不受制于法院诉讼程序,就可以不用考虑特免权(privilege)的问题,不用了解这方面的知识。毕竟,特免权不仅是程序问题还是实体问题,而且是关于公共政策/利益。在英国法院诉讼中所发生的问题,如一方错误把特免权文件披露给了对方,同样会在国际仲裁中出现。仲裁庭或仲裁机构总要面对并找出一个好的与公平的解决办法,这往往要参考甚至依照有丰富国际商贸诉讼经验的英国法院的做法。

除此之外,还有其他方面的原因。一方面是今天国际仲裁的参与律师大都是英美法背景,这也就导致了参与仲裁的律师更熟悉与更愿意采用或靠近英美法院做法的程序。也正由于大量英美法背景律师的参与,他们在提供各类法律服务(包括在国际仲裁中提供法律服务)时都会受制于各自执业所在地的律师协会的职业守则。这些职业守则中多数也都有针对特免权问题的有关规定,包括如果发现对方当事人交出的文件可能受特免权保护时,应当如何处理。[95]而如果律师不跟从这些职业守则的规定,就会面临包括撤销执业资格等各种纪律处分。另一方面是一般而言对于仲裁庭来说,也有越来越多的趋势是赋予仲裁庭更大的权力在这方面作出各种命令,包括针对当事人的律师作出有关职业操守的命令与惩罚。

Internatinal Law Association’s Committee on International Commercial Arbitration 就曾经作出调查报告,指出在今天仲裁庭变得看来要承担类似于法院一样主持公平正义的义务,应有广泛的“内在固有权力”(inherent power)作出各种命令推动仲裁进行,以及有义务确保对双方公平的仲裁程序。

例如,在 Hrvatska Elektroprivreda v. Republic of Slovenia (ICSID Case No. ARB/05/24)投资仲裁案件中,2008 年 5 月 5 日即将开庭前,被告在 2008 年 4 月 25 日通知仲裁庭将会有伦敦的 Essex Court Chambers 的 David Mildon QC 出庭律师/大律师作为代表参加开庭。但仲裁庭的首席 David Williams QC 也属于同一间出庭律师办公室(chambers),因此原告对可能涉及的利益冲突(conflict of interest)表示严重的忧虑(也同时申请披露等各项措施)。而仲裁庭指出有内在固有权力决定这样的程序问题,[96]从而认定了被告新委任的大律师出庭不合适与不恰当,不允许他参与仲裁程序。类似的还可见 The Rompetrol Group v. Romania (ICSID Case No. ARB/06/3)投资仲裁案件。原告委任的律师退休,而替换的律师曾经与一位仲裁庭成员在同一个律师事务所工作,因此也导致了

---

〔95〕 英国有英格兰事务律师协会的《Guide to Professional Conduct of Solicitors》对此问题进行的专门指引,见本章之 6.1.1 段。还可见 English and American Insurance Company v. Herbert Smith (1988) FSR 232 先例等。

〔96〕 当然 ICSID Convention 中有 Article 44 赋予仲裁庭一般权力决定任何程序问题(any question of procedure)。

类似问题。仲裁庭同样是行使权力,[97]但结合案情决定是没有必要排除替换律师参与仲裁程序。

从这两个投资仲裁案件中可以看到,以前当事人有权选择自己心仪与信任的代表律师仲裁在当事人自治(party autonomy)的说法下被认为是非常重要或基本性的大原则,但是在今天来看这也会被否定。虽然这两个案件针对的是利益冲突的问题,但是打开这个缺口继续发展,例如本章之6.1.2段介绍的由于一方的代表律师查阅了受特免权保护的高度敏感的文件而被禁止参与仲裁程序,也是可以预见到的情况。

当然依赖仲裁中仲裁庭的"内在固有权力"是很不肯定的做法。毕竟内在固有权力在行使过程中仲裁庭需要考虑多方面问题,例如不能与仲裁适用的法律或程序有冲突,要确保权力的行使不会影响仲裁裁决书在将来可能被执行地的执行等。更重要的是只有在必要(necessary)时才能行使这项权力,而这种情况会是罕有。

而今天也已有一些仲裁规则中通过明示条文(express term)与/或默示条文(implied term)引入了仲裁庭针对当事人律师的权力。例如,2014年版本的《英国伦敦国际仲裁院仲裁规则》(LCIA Rules)中就明示赋予仲裁庭针对当事人如何委任律师作出规定的条文。仲裁庭有义务适用一套公平(fair)、不偏私(impartially)对待双方当事人的合适程序,避免不必要的延误与费用,提供公平、有效率与快捷的解决争议的方式。为了履行这些义务,Article 18.6就赋予仲裁庭一般权力可以作出有必要的命令。这就默示包括各类针对律师的权力。而且LCIA Rules中还有两个明示针对律师的条文。Article 18.3[98]规定在仲裁庭组成之后,当事人如果要委任(无论是更换或者是增加)新律师需要先获得仲裁庭的同意。而Article 18.4[99]则规定对于当事人任何更改代理律师、增加代理律师的要求,仲裁庭如果认为这会影响仲裁庭组成或最后裁决书的有效性(如由于律师与仲裁员存在利益冲突等),可以不予允许。而仲裁庭需要考虑与平衡的内容包括当事人有权选择代表自己律师的一般规则、仲裁已经进行到了什么阶段、变更委任律师会对仲裁庭成员产生的影响、时间与金钱上的代价等。

---

〔97〕 此案件中,当事人双方都同意ICSID Convention与ICSID Arbitration Rules中没有明示或默示条文允许挑战对方当事人委任的律师,原告是参考Hrvatska Elektroprivreda v. Republic of Slovenia案件指出仲裁庭有内在固有权力。

〔98〕 "18.3 Following the Arbitral Tribunal's formation, any intended change or addition by a party to its legal representatives shall be notified promptly in writing to all other parties, the Arbitral Tribunal and the Registrar; and any such intended change or addition shall only take effect in the arbitration subject to the approval of the Arbitral Tribunal."

〔99〕 "18.4 The Arbitral Tribunal may withhold approval of any intended change or addition to a party's legal representatives where such change or addition could compromise the composition of the Arbitral Tribunal or the finality of any award (on the grounds of possible conflict or other like impediment). In deciding whether to grant or withhold such approval, the Arbitral Tribunal shall have regard to the circumstances, including: the general principle that a party may be represented by a legal representative chosen by that party, the stage which the arbitration has reached, the efficiency resulting from maintaining the composition of the Arbitral Tribunal (as constituted throughout the arbitration) and any likely wasted costs or loss of time resulting from such change or addition."

《IBA Guidelines on Party Representation in International Arbitration》中也列举了一系列当事人的代表律师不得做出的不当行为,包括不得陈述虚假事实、不得提供虚假证据、不得故意隐瞒证据、不得单方面与仲裁庭通讯等。而一旦认定当事人律师存在不当行为,仲裁庭也有采取行动的权力。节录有关的Guideline 26 如下:"If the Arbitral Tribunal, after giving the Parties notice and a reasonable opportunity to be heard, finds that a Party Representative has committed Misconduct, the Arbitral Tribunal, as appropriate, may: (a) admonish the Party Representative;[100] (b) draw appropriate inferences in assessing the evidence relied upon, or the legal arguments advanced by, the Party Representative;[101] (c) consider the Party Representative's Misconduct in apportioning the costs of the arbitration, indicating, if appropriate, how and in what amount the Party Representative's Misconduct leads the Tribunal to a different apportionment of costs;[102] (d) take any other appropriate measure in order to preserve the fairness and integrity of the proceedings."[103]

类似 LCIA Rules,在 Guideline 5 与 Guideline 6 中明确规定在仲裁庭产生后,如果新律师与仲裁庭成员有利益冲突应当拒绝接受委托,而仲裁庭则有权力不允许新律师继续参与仲裁程序。有关条文也可以节录如下:

"5. Once the Arbitral Tribunal has been constituted, a person should not accept representation of a Party in the arbitration when a relationship exists between the person and an Arbitrator that would create a conflict of interest, unless none of the Parties objects after proper disclosure.

6. The Arbitral Tribunal may, in case of breach of Guideline 5, take measures appropriate to safeguard the integrity of the proceedings, including the exclusion of the new Party Representative from participating in all or part of the arbitral proceedings."

当然 LCIA Rules 与《IBA Guidelines on Party Representation in International Arbitration》这样通过明示条文与/或默示条文赋予仲裁庭针对律师的权力,都需要双方当事人的同意才能够适用。但看来今后类似情况会越来越多,笔者估计会被国际仲裁接受的原因是:(1)在今天这样不同背景律师参与国际仲裁越来越频繁的现状下,越来越需要一套一致职业操守的准则来约束与控制所有参与国际仲裁的律师,在标准上也要求一致性。而目前看来英美法中这方面的做法更容易被大多数所接受,这从《IBA Guidelines on Party

---

〔100〕 给予当事人代表律师以严重警告。

〔101〕 对当事人代表律师提供的证据或提出的说法作出不利推断(adverse Inference)。

〔102〕 在考虑费用问题时,要将当事人代表律师的不当行为纳入考虑。

〔103〕 这是一般性的赋予仲裁庭权力,也显示这个列表并非穷尽,仲裁庭需要根据每个案件的具体案情行使裁量权。

Representation in International Arbitration》受到英美法的明显影响就可见一斑。[104] 再说,英国法院在争议解决(特别是商贸活动)方面有悠长的历史、丰富的经验与知识,几百年不断完善与配合现实作出改变,广受国际商业社会欢迎。相对而言,国际仲裁的历史短得多,没理由不参考与吸取英国法院好的经验与做法。(2)也可以想到虽然今天大多数仲裁机构的仲裁规则与做法都没有在这方面给予明确规定,但看来在今后规定会越来越细致的情况下(包括延伸到针对特免权问题),也是为了解决现实的实际问题,有向《IBA Guidelines on Party Representation in International Arbitration》做法靠拢的可能。包括今后类似规定也可能会被其他仲裁机构(HKIAC、SIAC、ICC 等)添加在仲裁规则中,并不断地细化。(3)国际上也有人呼吁在联合国《示范法》与《示范规则》中也增加相应的规定。而一旦《示范法》作出了改变,就会影响相关立法的国家与地区的法律。(4)在今天国际仲裁中有大量英美法背景律师与仲裁员参与的前提下,看来会更容易偏向英国法院的做法。类似的,仲裁庭在作出决定时,也显然会受到《IBA Guidelines on Party Representation in International Arbitration》以及将来进一步细化做法的影响。

对中国公司与企业以及对中国律师而言,“走出去”就会大量接触国际仲裁,对这套做法与知识需要了解与掌握。在这套国际规则不断演变与发展的情况下,在熟悉与掌握的基础上才会有国际上的“话事权”。

10. 涉及严格规管的国家及地区特免权法律地位的异同

10.1 简介

普通法(common law)国家或地区对特免权说法与其对公司的重要性基本上都认同。

这些年来,主要的普通法国家与地区以及国际商业活动中心如英国、美国、澳大利亚、新西兰、加拿大、新加坡、中国香港特区等,都在面对公司特免权(corporate privilege)特别是在可允许保护机密的范围(scope 或 boundaries)方面作出了改变。这个平衡不好掌握,尤其是这几十年来国际商业环境有了巨大变化(全球化、大量跨国公司的崛起、国家规管、电子通讯的发达等)并对特免权带来新的挑战,是没有以前的同样经验与先例可以参考的。这表示普通法国家之间也需要在遇到问题时,尽量相互参考其他普通法国家或地区是怎样的说法。这表示在今天的环境下甚至在将来很长一段时间内,针对特免权的法律只会越来越复杂与不肯定。

不只是政府与法院,公司特免权的问题对公司来说也很头疼。毕竟任何一家有规模

[104] IBA 规则虽然是由大陆法系律师与英美法系律师共同拟定的,但从 IBA 广受欢迎的其他规则也可以看到其受英美法的影响更大。例如,在《IBA Rules on the Taking of Evidence in International Arbitration》中,更明显地可以看到受到英美法做法的影响。所以在 2018 年年底大陆法系律师试图推出另一套针对大陆法系的证据规则《The Prague Rules》,将来这套规则在国际仲裁中的被接受性如何不确定,但笔者对此持怀疑态度。

的公司都有太多的事情与特免权(代表能否保护与保证机密)有密切关系。例如公司对公司内部发生的大小事情往往要进行内部调查(internal investigation),有关是否合规(compliance)与规管机构打交道,针对公司改组(restructure)、上市(IPO)、合并收购(merger & acquisition)、税务等重大事项咨询律师法律意见,公司与股东或前董事的争议,雇佣争议等。可以说,公司如果知道无法保护隐私,最好是在内部发生了事情但不会马上暴露时,什么内部调查都不做,不制作与留下任何文件,否则调查出来的真相只会是为他人(规管机构、政府当局或是有敌意的第三方)作嫁衣,并可能置公司于死地。索性什么都不做,等到事情暴露出来,让规管机构或政府当局再进行调查就会困难很多,也失去时机,但这反而对公司有利。但如果这是普遍想法,肯定对公司管治(company governance)与整个社会都很不利。

对本国与外国公司严格与多方面规管(regulatory)的西方主要国家在法律业务特免权(legal professional privilege)的法律地位有很多雷同之处,特别是在本质上属于同样基因/血缘的民族以及同是普通法法律文化背景的“五眼国家”:英国、美国、加拿大、澳大利亚与新西兰。例如,大家的诉讼都是对抗制(adversarial),都认同特免权说法并且有悠久历史。在特免权法律方面也有很多相同的地方,如法律意见提供者(legal adviser)也包括公司法务/律师(corporate lawyer/ counsel)并享有法律业务特免权。欧盟国家也在严格推广规管并且无可避免地会涉及特免权的问题,虽然欧盟的国家都不是普通法系,在特免权方面的法律也没有悠久的历史。这些西方国家(即使都是普通法国家)之间在特免权的法律地位还是有不同的地方,而这些不同在有些情况下会非常关键。

由于上述西方国家的严格规管已经开始严重影响与打击中国“走出去”的公司,所以在本段会简单介绍主要西方国家(包括英国、美国、加拿大、澳大利亚与欧盟国家)特免权法律地位的异同。

10.1.1　英国

在对公司的规管法律方面,英国法律的重要性会影响很多其他国家(特别是普通法系的国家)。英国法律的重要性也体现在影响中国“走出去”的公司。因为今天伦敦仍是世界上最重要的金融、银行、航运、保险与再保险、商品买卖与国际贸易的中心,所以很多中国“走出去”的公司(银行、航运公司、保险公司等)无可避免地要选择伦敦开分行或做交易,这就表示会受到英国法院的管辖。另外与特免权有密切关系的是,伦敦也仍是国际商事争议解决(主要是通过仲裁或法院诉讼)的中心。

本书重点就是介绍英国法,在本书不同章节已经对法律业务特免权有了详细探讨,所以不需要重复。只会挑选个别的主题稍作介绍,然后与其他严格规管的国家及地区做简单比较。

10.1.2　美国

美国宪法(US Constitution)对法律业务/律师—客户特免权(legal or attorney-client Privilege)没有明示的保障,所以即使有违反(但不违反其他宪法的条文如第四、第五与第六修正案),也不是一个宪法问题(constitutional issue):Fisher v. US, 425 US 391 (1976)先例。

有关法律业务特免权的法律在美国只是通过案例法,在联邦(federal)的层次就是通过联邦上诉庭与美国最高院。联邦法院不必理会美国其他个别州(states)对特免权法律的判法,也无可避免有个别发展。这也导致美国法律在涉及特免权方面的问题时,都可以找到相互起冲突与有矛盾的案例。

美国法院普遍在决定是否给予或承认特免权时,很重视社会利益(social benefit)。这显然是受到美国最高院的Upjohn Co v. United States, 449 US 383 (1981)先例的影响,其中针对特免权的目的的部分判决可节录如下:"[The privilege's] purpose is to encourage full and frank communications between attorneys and their clients and thereby promote broader public interests in the observance of law and administration of justice. The privilege recognizes that sound legal advice or advocacy serves public ends and that such advice or advocacy depends upon the lawyer being fully informed by the client."

10.1.3　澳大利亚

法律业务特免权在澳大利亚有《Evidence Act 1995》(另称为"Uniform Evidence Legislation")的立法针对。联邦与各州的相应立法是超越了澳大利亚的普通法/案例法,虽然在针对特免权的方面没有本质不同。立法只针对法院的程序,虽然也被延伸到包括诉前披露(pre-trial disclosure),但针对非法院程序的披露(如面对规管机构),有关特免权的法律还是普通法地位。

澳大利亚和英国与其他普通法国家一样,法律业务特免权被视为基本人权之一,可让所有人士(自然人或法人)享有。

10.2　特免权的先决条件和范围

10.2.1　英国

英国法律把法律业务特免权区分为两大类:一类是法律意见特免权(legal advice privilege),另一类是诉讼特免权(litigation privilege)。

法律意见特免权只是局限在法律意见提供者/律师与其客户或当事人之间的通讯与其内容(communication)。该通讯制作与产生的文件的机密性(confidentiality)受到特免权的保护。这种保护是绝对性(absolute)、实质性(substantive)与永久性(once privilege, always privilege)的。这表示法院、仲裁庭、政府机构、规管机构、公安/警察等任何其他第三方都不能要求与强制披露,也不能因此对享有特免权的人士作出不利推断(adverse inference)。根据英国的人权法《Human Rights Act 1998》与欧洲人权法院(European Court of Human Rights)的判法,法律业务特免权属于《欧洲人权公约》之Article 6有关公平审理(fair trial)与Article 8有关个人隐私(privacy)的一部分,是基本人权。

诉讼特免权相比保护机密性的范围要广泛得多。它是保护律师或客户自己与第三方(包括任何人士如公司雇员、代理人或所有商业上的有关人士)之间的通讯与其内容,只要制作文件的主要目的(dominant purpose)是针对诉讼或可能/可预期的诉讼(litigation in contemplation)作准备。在法律上保护的程度与法律意见特免权是相同的。

由于保护范围的不同,在进行与规管最有密切关系的公司内部调查时,就要非常谨慎。因为法律意见特免权保护不了太多为此目的而产生与制作的文件(即使是律师必须接触第三方调查清楚事实后才能作出法律意见)，只有诉讼特免权才能保护内部调查所制作的大量文件与其内容。而由于内部调查通常总会或多或少地发现公司内部问题(如有雇员涉及贪污受贿或违规行为)，这可能会带来严重的后果(无论是民事或刑事方面或是被规管机构作出惩罚)，所以保护内部调查文件[不论是与雇员或是其他第三方的会谈(interview)记录、调查报告等]的机密性至关重要。

本书第十章之7段有专门针对与建议了公司如何应对这个严重的问题，以增加依赖特免权保护机密性的可能性。

10.2.2　美国

针对美国法律业务/律师—客户特免权的一个简短纲要可节录 United States v. United Shoe Machinery Corp, 89 F Supp 357 (D Mass 1950)先例所说，如下："The privilege applies only if (1) the asserted holder of the privilege is or sought to become a client; (2) the person to whom the communication was made (a) is a member of the bar of a court, or his subordinate and (b) in connection with this communication is acting as a lawyer; (3) the communication relates to a fact of which the attorney was informed (a) by his client (b) without the presence of strangers (c) for the purpose of securing primarily either (i) an opinion on law or (ii) legal services or (iii) assistance in some legal proceeding, and not (d) for the purpose of committing a crime or tort; and (4) the privilege has been (a) claimedand (b) not waived by the client."

美国法律下没有诉讼特免权的说法或区分，但承认律师的"工作成果"的机密性与特免权(work product privilege)。工作成果特免权在《联邦民事诉讼程序规则》(Federal Rules of Civil Procedure)之 Rule 26(b)(3)是规定如下："[文件证据与物证/实体证据] prepared in anticipation of litigation or for trial [can be obtained only] upon a showing that the party seeking discovery has substantial need for the materials in the preparation of the party's case and that the party is unable, without undue hardship, to obtain the substantial equivalent of the materials by other means."

该工作成果特免权是延伸与保护了律师为了预期可能的诉讼(anticipation of litigation)做出准备与第三方的通信往来。

律师—客户特免权与工作成果特免权加起来能够保护律师与客户之间的口头或书面通讯(oral or written communications made in confidence)的机密，也可以保护为了预期可能发生的诉讼做准备而产生与制作的文件与物证/实体证据，特别是这些文件与物证/实体证据显示了律师是花了心思与动脑筋(reflecting an attorney's thought processes)所准备的。这看来与本书第十一章之3段介绍的英国法下的 Lyell v. Kennedy 例外的"选择"(selection)有类似之处。

10.2.3　澳大利亚

澳大利亚与英国特免权法律最不同之处就是在 Pratt Holdings Pty Ltd v. Commissioner of Taxation (2004) FCAFC 122 先例中，法律意见特免权被延伸到可以保护与第三方的通讯，只要这通讯的主要目的是取得法律意见。这就表示为了取得更好与更全面的法律意见，客户可以与第三方通讯以取得更多的事实真相并把信息交给律师考虑与取得法律意见。也就是说,在这一点上澳大利亚的法律意见特免权与诉讼特免权没有多大区别,这与英国很不一样。《Evidence Act 1995》立法也在 Section 118(c)作出了同样的修改:

"**Legal Advice**…(c) the contents of a confidential document (whether delivered or not) prepared by the client, lawyer or another person; for the dominant purpose of the lawyer, or one or more of the lawyers, providing legal advice to the client."

另在 Section 119 规定:"**Litigation** Evidence is not to be adduced if, on objection by a client, the court finds that adducing the evidence would result in disclosure of: (a) a confidential communication between the client and another person, or between a lawyer acting for the client and another person, that was made; or (b) the contents of a confidential document (whether delivered or not) that was prepared; for the dominant purpose of the client being provided with professional legal services relating to an Australian or overseas proceeding (including the proceeding before the court), or an anticipated or pending Australian or overseas proceeding, in which the client is or may be, or was or might have been, a party."

澳大利亚的普通法与立法主要针对的是制作文件的目的,如果是为了取得法律意见或是为诉讼做准备,就可以满足这个"目的测试"(purpose test)。但如果不是为了法律目的,只是把这份文件发送给律师,并不会带来特免权,即使这份文件发给律师参阅也是为了取得法律意见。

由于现在有越来越多的文件与通讯,为了控制特免权的范围,澳大利亚很重视每一份文件的主要目的是否为取得法律意见或为诉讼做准备。

10.3 谁是"客户"(client)

一贯的法律(trite law)是"客户"(client)对已经存在的事实(existing facts)(如针对公司过去的营运、管治、人事、经济状况所制作的文件)[105]不享有特免权,任何有敌意的第三方都可以通过法院强制作出披露。所以大原则是法律意见特免权只能局限在客户与律师之间的通讯。否则,已经存在的事实本来是毫无疑问不享有特免权,但一旦为了获取法律意见提供给了律师,就变成可享有特免权就说不通了。这也令已经存在的文件中显示发生的违规或不当行为变成永远不会暴露,也无法合法作出调查。美国针对律师—客户特免权也有同样的说法,可节录美国最高院在 Upjohn Co v. United States, 449 US 383 (1981)先例中所说如下:"The client cannot be compelled to answer the question, 'What did you say or write to the attorney?' but may not refuse to disclose any relevant fact within his knowledge merely because he incorporated a statement of such fact into his communication to his attorney."

这表示必须区分(distinction)客户与律师之间的通讯哪些是属于客户的知识(knowledge)与哪些只是双方的通讯,前者需要披露并可以强制披露,后者才可享有特免权。

经常有情况是公司客户为了获取一个有实际用途与更完整的法律意见,需要把所有

---

[105] 这个课题在本书第十一章之1.1段已经有介绍。

发生的有关事实真相全盘告诉律师，让律师考虑后再作出法律意见。但公司的高管（特别是大公司）往往不会知道事实真相，因为很多事实发生在较低层次的雇员。这就表示高管需要进行内部调查后，才能要求律师作出法律意见。这内部调查往往需要高管或公司律师与有关的雇员会面（interview）并录取口供（statement），公司或有关雇员可能有文件，但估计大部分只是雇员本人的口头证言。这些文件或信息（information）是要被强制披露的。

这就带来了“客户”定义的重要性，因为如果公司客户的定义是可以包括董事、高管或是任何层次的雇员的，而客户与律师之间的通讯可享有法律意见特免权，就可以让每一个知道事实真相的有关雇员直接（directly）与委任的律师通讯，而不是经过公司的高管。现实中让所有通讯都可享有特免权，就是难免造成上述所讲的不理想的情况，即一件事故的事实真相可以永远被隐瞒。

所以法律有必要对“客户”的定义作出局限。对“公司客户”比较合理的定义是包括公司的所有董事会成员与高管，但在很多不同情况与不同公司架构下仍会带来争议。例如，集团公司的经理可算是高管，其他分公司或部门经理又如何？或是高管只局限在董事会成员加上与外部律师有密切联系的法务部经理与副经理？

显然，对“客户”作出十分狭窄的定义是局限公司特免权的有效办法。现在国际上一个大问题是英美等国家在这方面的法律近年来都有不同的说法，定义宽窄都不一样。这令商业人士与涉及国际业务的公司无所适从，因为竞争法的规管或专利争议等经常会涉及多国与跨境。接下来会作简单介绍。

10.3.1　英国

这问题在本书第九章之3.1段有详论。英国著名的 Three Rivers DC v. Bank of England (No.5) (2003) QB 1556 上诉庭先例的案情是英格兰银行成立的名为“Bingham Inquiry Unit”（BIU）工作小组，专门应对 Bingham 大法官负责的有关 1991 年英格兰银行对英国境内银行业的从业机构 BCCI（国际商业信贷银行）严重亏损、资不抵债而倒闭事件有否监管失职的独立询问（independent inquiry）。

其间，BIU 工作小组在内部调查中制作了不少英格兰银行的雇员或前雇员所提供的有关事实背景与信息的文件，并交出给委任的外部律师 Freshfields 以获取法律意见。这在后来的诉讼被作为敌对方的原告要求披露。上诉庭判英格兰银行作为一个公司客户只是局限在 BIU 工作小组的几位成员，但不包括其他的英格兰银行成千上万雇员或前雇员，他们提供的文件与信息并不享有法律意见特免权。这是给“客户”一个非常狭窄的定义，对公司保密很不利。

在本书第九章之 3.3.3 段也介绍了美国［Upjohn Co v. United States, 449 US 383 (1981) 美国最高院先例］、澳大利亚［Pratt Holdings Pty Ltd v. Commissioner of Taxation (2004) FCAFC 122 先例］、中国香港特区［CITIC Pacific Limited v. Secretary for Justice and Commissioner of Police (2016) 1 HKC 157 上诉庭先例］与新加坡［Skandanavia Enskilda Banken AB (Publ), Singapore Branch v. Asia Pacific Breweries (Singapore) Pte Ltd and others (2007) 2 SLR 367 先例］的不同地位，这些普通法国家与地区对“公司客户”的

定义都比英国要广泛。

10.3.2 美国

美国也是与英国一样,认同对律师—客户特免权而言,不是所有的公司雇员都可以作为"公司客户"的一部分,与律师的通讯可依赖特免权保护与保证机密。直到1980年,不同州的法院一般都跟从联邦法院 Hogan v. Zletz, 43 FRD 308, (ND Okla 1967); Congoleum Industries Inc v. GAF Corp 49 FRD 82 (ED Pa 1969) 等先例所说的特免权只限制在公司客户的控制小组(control group)。只有这个控制小组的成员才可以主张(assert)或放弃(waive)公司客户的特免权。这个控制小组显然是公司管理层,通常就是上层的高管与董事会成员,不会包括较低层次或并非管理层的雇员:见《The New Wigmore: A Treatise on Evidence》(2010年版);C Wright 与 K Graham 的《Federal Practice and Procedure》之 Vol. 24(2007年,第2版)。

但美国最高院的 Upjohn Co v. United States, 449 US 383 (1981)先例认为公司客户不止局限在较早前联邦法院所说的公司客户的控制小组成员。但最高法院并没有进一步明确到底包括公司法人的哪些人士或甚至是所有雇员?只可以说美国针对"客户"的定义要比英国广泛。

在这个最高院的判决后,有部分美国的州法院仍是以"控制小组"作为是否是"公司客户"的测试,但也有其他的州法院采用所谓的"有关主题测试"(subject matter test)。该测试是 Warren Burger 首席大法官在 Upjohn Co v. United States 先例所建议,其中考虑的因素不只是某位员工是否有公司授权[这是"代理人测试"(agency test)],而是看该员工知道的信息是否有关他/她本人对公司会有法律后果(无论是否有利)的行为。这与代理人测试主要的不同就是大部分员工只知道有关的信息,但并非是他/她本人做出过对公司会有法律后果的行为,只能算是一般的证人(mere witness),会被排除在"公司客户"的定义外,他们给律师的信息不会享有特免权。

10.3.3 澳大利亚

澳大利亚的 Pratt Holdings Pty Ltd v. Commissioner of Taxation (2004) FCAFC 122 先例的案情是有关一家公司在第三方的要求下制作一份文件,而该文件的主要目的就是交给公司委任的律师以获取法律意见。有关的争议就是这一份文件能否享有法律意见特免权?法院认为即使是与第三方的通讯,也没有理由肯定不能享有特免权。关键还是看该通讯的主要目的,而不是计较通讯有关方的身份(identities)。

这样澳大利亚在这方面的法律地位就偏离了英国 Three Rivers DC v. Bank of England (No. 5) (2003) QB 1556 上诉庭先例的法律地位。英国是所谓的"client test",也就是根据客户是谁的测试,只有包括在"客户"定义内才可享有法律意见特免权。但澳大利亚是采用了"主要目的测试"(dominant purpose test),而英国这个测试只是用在诉讼特免权。

澳大利亚在 Pratt Holdings Pty Ltd v. Commissioner of Taxation 联邦法院先例后,也修改了立法。《Evidence Act 1995》之 Section 118 针对"法律意见"说:"**Legal advice** Evidence is not to be adduced if, on objection by a client, the court finds that adducing the evidence would result in disclosure of：(a) a confidential communication made between the client and a lawyer；or (b) … or (c) **the contents of a confidential document (whether delivered or not) prepared by the client**, lawyer **or another person；for the dominant purpose of the lawyer, or one or more of the lawyers, providing legal advice to the client.**"(加黑部分是笔者的强调)

10.3.4　加拿大

加拿大有关证据法的重要书籍 Bryant、Fuerst 与 Lederman 的《The Law of Evidence in Canada》(2009 年,第 3 版)之 14.108 - 14.109 段说针对"客户"的定义,加拿大法院是根据"代理人说法"(agency theory)。在这个说法下,任何公司授权指定的雇员都可以为了获取法律意见直接把有关事实背景的信息或资料给委任的律师,他们之间的通讯享有特免权。一些较近期的加拿大先例也是按照这个说法决定能否享有特免权:见 Copthorne Holdings Ltd v. Canada (2005) 4 CTC 2085；PSC Industrial Services Canada Inc v. Thunder Bay (City)(2006) OJ No. 917 等先例。

的确,公司所有的雇员都可算是公司代理人,他们所知道有关公司的信息都来自公司,所以他们在授权下把这些公司信息/资料提供给律师,被视为公司的一部分也说得通。在这个非常广泛与宽松的解释下,加拿大在法律意见特免权方面对"公司客户"的定义就对公司十分有利。美国在 20 世纪 50 年代(当时的商业环境、公司规模等都与今天不能相提并论)也曾经有过先例适用一个类似的名为"广泛代理人测试"(broad agency test):见 United States v. United Shoe Machinery Corp, 89 F Supp 357 (D Mass 1950)先例。

10.4　限定弃权(limited waiver)

10.4.1　英国

英国承认与支持限定弃权在本章之 2.1 段与 2.2 段有详论,不再重复。

10.4.2　美国

美国看来不接受限定弃权的说法,认为允许享有特免权的诉讼方作出选择性(针对目的或对象)披露是允许他/她玩手段。这方面可见哥伦比亚地区(District of Columbia,以下简称 DC)法院的 Permain Corp v. United States, 665 F2d 1214 (DC Cir 1981)先例的判决:"Unlike the Eighth Circuit [decided in favour of limited waiver to regulatory body in Diversified Industries, Inc v. Meredith, 572 F2d 596 (8th Cir 1977)[106]] … Voluntary cooperation with governmental investigations may be a laudable activity, but it is hard to understand how such conduct improves the attorney-client relationship. If the client feels the need to keep his communications with his attorney confidential, he is free to do so under the traditional rule by consistently asserting the privilege. Even when the discovery request comes from a 'friendly agency'."

---

〔106〕 美国第八巡回法院的另一个 Diversified Industries Inc v. Meredith, 572 F2d 596 (8th Cir 1977)先例认同把特免权文件披露给规管机构是作出限定弃权。但 Permain Corp v. United States, 665 F2d 1214 (DC Cir 1981)先例不同意这个判法。

这与美国对特免权文件的机密性(confidentiality)十分重视与严格也有关。一旦特免权文件被披露(自愿或强制),即使只披露给有限的对象与发生在其他国家法院也会导致在美国对特免权的丧失。所以有建议是在其他国家法院披露特免权文件应明示规定保留特免权,特别是在美国法院。

另一个可能防止在美国丧失特免权的做法类似 Bourns Inc v. Raychem Corp (1999) 3 All ER 154 先例在英国法院申请禁令(injunction),阻止在英国法院有条件(无论是针对特定目的或对象)披露的特免权文件被使用在美国法院,这可见本章之 2.1.1.1.2 段。

10.4.3 澳大利亚

在本章之 2.1.4 段有简单介绍过,澳大利亚的普通法/案例法对限定弃权的法律地位曾经是不肯定。但在 Mann v. Carnell (1999) HCA 66 先例后,可以说限定弃权已经被承认,但重要的是做出限定弃权的言行不要显示与希望保护机密有不一致(inconsistent)。例如,在 Cadbury Schweppes v. Amcor Ltd (2008) FCA 88 先例中,披露方明知道特免权文件在披露后就没有办法控制该文件的流传,仍然作出披露,这就被视为与限定弃权不一致的行为。

至于澳大利亚的《Evidence Act 1995》立法在限定弃权是有不同规定,这可节录立法之 Section 122(5)有关在哪些情况下披露特免权文件但不构成弃权的规定,如下:"**Loss of client legal privilege** …(5) A client or party is not taken to have acted in a way inconsistent with the client or party objecting to the presenting of the evidence only because— (a) the substance of the evidence has been disclosed— (i) in the course of making a confidential communication or preparing a confidential document; or (ii) as a result of duress or deception; or (iii) under compulsion of law; or (iv) if the client or party is a body established by, or a person holding an office under, an Australian law—to the Minister, or the Minister of the Commonwealth, the State or Territory, administering the law, or part of the law, under which the body is established or the office is held; or (b) of a disclosure by a client to someone else if the disclosure is about a matter in relation to which the same lawyer is providing, or is to provide, professional legal services to both the client and the other person; or (c) of a disclosure to a person with whom the client or party had, at the time of the disclosure, a common interest relating to the proceeding or an anticipated or pending Australian or overseas proceeding."

10.4.4 加拿大

加拿大没有一个限定弃权的说法,但有先例的判法看来在做法上与英国差不多。例如 Maximum Ventures Inc v. DeGraaf (2007) BCJ No. 2235; General Accident Assurance Co v. Chrusz (1999) OJ No. 1107; Barrick Gold Corp v. Goldcorp Inc (2011) OJ No. 3530 等先例判把特免权文件披露给共同利益(common interest)[107]的人士不构成对所有第三方的弃权。另在 Pritchard v. Ontario (Human Rights Commission) (2004) 1 SCR 809

---

[107] 共同利益的课题可参见本书第十一章之 4.3 段。

先例中，判披露给规管机构让规管机构完成任务也不构成对所有第三方的弃权。加拿大与其他普通法国家，特别是英国在其他方面的弃权争议（如不小心披露）是根据每个案件的不同情况公平合理地作出决定。

10.5　专家证人的披露

简言之，专家证人是一位有专业知识的证人在诉讼中帮助法官（在仲裁中就是仲裁员）掌握有关的专业知识，以更好了解双方所争议的事实。今天不少商业诉讼（或仲裁）在认定责任与计算损失时，都会涉及某方面甚至多方面的专业性争议，所以经常有专家证人。

虽然双方当事人委任的专家证人是由当事人自己支付费用，但法律要求他们“效忠”的对象不是当事人，而是审理的法官（或仲裁员）。换言之，专家证人不能偏袒委任他的当事人，而是需要独立与公正帮助法官（或仲裁员）掌握这方面的专业知识以利于正确了解有关事实。

近年来，英美等国家的法院有很多改革以增加透明度与防止当事人专家证人的潜在偏见（帮客户说有利的话），其中主要是剥夺部分有关机密文件的诉讼特免权以及要求专家证人做出更多的披露。美国在这方面走得最远，英国相对比较温和，而澳大利亚则是在两个国家之间。

10.5.1　英国

民事诉讼规则（CPR）Rule 35 与 PD 35 主要的要求就是专家证人在他/她的专家报告中必须把当事人对他/她的作出委任与指示（instructions）（包括口头的）全面披露。这指示包括当事人代表律师转发给他/她的所有文件与资料（可通过附录列出）。这样，就可以看到作为客户的当事人与代表律师的指示是否有导向性或片面性。如果有合理怀疑这些指示并不完整或不准确，法院会允许对专家证人交叉盘问（cross-examination）。

当事人在多位同一专业的专家中挑选一位对自己最有利的专家出庭作证（expert shopping）已经有悠长历史的做法。英国法院对这种做法有保留，但在 CPR 也没有特别针对。近期有先例判如果一方当事人需要中途更换专家证人并需要向法院取得批准，法院就可以作出交换的条件，要求该当事人先把原来的专家证人所制作的报告或草稿披露给对方当事人/诉讼方查阅：Beck v. Ministry of Defence (2003) EWCA Civ 104；Vasiliou v. Hajigeorgiou (2005) EWCA Civ 236 等先例。

当事人要更换专家证人的可能原因之一就是原来的专家证人在全面考虑了事实证据与作出调研后，最后决定的专业意见与报告并不是该当事人原先想得这么有利。这导致当事人为了提高胜诉机会，需要马上更换另一位专家证人。法院在这种情况下要求该当事人披露原来专家证人的报告或草稿，就可以暴露这个原因，而新换的专家证人将来在开庭审理时也会面对对方律师严厉的交叉盘问，比如专家报告中每一点与原来专家意见不同的原因以及为什么认为原来专家是错的，而他/她的观点会是正确的。

但在更近期的 Bowman v. Thomson (2019) EWHC 269 (QB) 先例中，显示了如果不涉及法院的裁量权（discretion），例如双方当事人同意更换专家，不需要法院批准，则法院不可以主动提出这样的条件，不应该也不愿意侵犯与剥夺该当事人的诉讼特免权，要求披露原来专家的报告或草稿。

10.5.2 美国

在美国《联邦民事诉讼程序规则》(Federal Rule of Civil Procedure)之 Rule 26(b)(4)针对了专家的披露。

涉及专业性与技术性的民事/商事诉讼,双方当事人会一早就已经委任了外部专家,这种顾问专家(consultant expert)会与律师一起工作,为客户出谋献策。这种情况下,所有该专家的通讯以及报告等的机密性都可受到工作成果特免权的保护。

但如果该专家要出庭作证变为专家证人,他/她与客户及代表律师的通讯就不再享有特免权,对方当事人可要求披露: Pioneer Hi-Bred Intern, Re, 238 F3d 1370 (Fed Cir 2001)先例。

专家证人较早前作出的专家意见草稿(不论有多少稿)也可以被要求披露,有说法是代表律师有法律与职业道德上的责任保证以前专家意见的草稿不会被毁灭。

如果是公司雇员(即使是高管)作为专家证人,也是一被指定,他/她就失去了特免权的保护——不论是律师—客户特免权还是工作成果特免权。但这弃权不延伸到其他方面,如根本就与专家报告无关的事项。

10.5.3 澳大利亚

澳大利亚也有对专家证人各种的披露要求。例如,在新南威尔士州的《Uniform Civil Procedure Rules 2005 (NSW)》之 Rule 31.22 要求专家证人披露收费,如是否为"不成功、不收费"(contingency basis),或是在诉讼有了结果后才支付费用(deferred payment)。也有法院指引(practice direction)要求专家证人披露与委任的客户有没有利益冲突或关系。

但在 Australian Securities and Investments Commission v. Southcorp Ltd (2003) FCA 804 先例中,判是专家证人与代表律师的通讯可以享有诉讼特免权,不能要求披露。

10.6 欧盟国家

欧盟有多达 28 个成员国,英国没有脱离欧盟(Brexit)之前也是其中一个成员。显然,这些国家本身对法律业务特免权都有不同的法律地位。个别国家成员在自己的国家法院会适用本国的一套特免权法律,不理会其他欧盟国家的法律地位。大陆法系(Civil Law)的国家一般都没有一套比较完整与全面的法律业务特免权的法律。但是针对规管,为了让公司可以放心与律师咨询以及商讨对策以对抗规管机构,大陆法系的国家也需要与承认特免权的法律并且迅速发展。

欧盟自己也有一套时间尚短并且也是仍在发展(evolving)的法律业务特免权(EU legal profession privilege)的规则,主要是适用在欧盟竞争法(EU competition law)。也可估计欧盟委员会(European Commission)[108]在执行欧洲法律进行其他方面的调查时,如关

---

[108] 欧盟委员会代表了整个欧盟的利益,总部设在比利时的布鲁塞尔。委员会的主要职责是:(1)提出立法,然后由共同立法者,欧洲议会和欧盟理事会通过;(2)确定每年在委员会工作方案中概述的行动目标和优先事项,并努力实现这些目标和优先事项;(3)管理和实施欧盟政策和预算;(4)代表欧盟与其他国家谈判贸易协定。与本书有关的是欧盟委员会在有需要时,会与欧洲法院一起执行欧洲法律。

系公司合并、反倾销、国家补贴等方面的调查，也会适用这一套欧盟法律业务特免权。在这种特定的情况下，欧盟委员会作为欧盟的执行机构，是不理会个别成员国家不同的特免权法律，而会适用欧盟的特免权法律。

这特免权背后的原因跟普通法国家根本上是一致的，就是让涉嫌违反欧盟竞争法公司与被欧盟委员会调查的公司可以找律师咨询并帮助它们抗辩或应对，而不会担心这咨询在将来有的诉讼中被强制披露或被作为证据使用。例如，欧盟委员会在个别成员国家的竞争法当局（national competition authorities）的相互协助下进行违反竞争法的调查，有关的公司就可以在突袭检查（dawn raid）或被欧盟委员会要求披露文件时，可以依赖特免权抗拒或/与拒绝披露。

欧盟的法律业务特免权在欧洲法院的一个名为 AM & S Europe v. Commission of the European Communities（1983）QB 878 的标志性案例中判是一个基本权利，也是被指控违反竞争法的被告的抗辩权利（right of defence）的一部分。

欧盟法律业务特免权保护机密的文件是：（1）律师为了客户或当事人向欧盟委员会抗辩的利益而制作的文件与书信往来。该制作文件的律师必须是欧盟国家与欧洲经济区〔109〕合资格与在执业的律师，但并不包括公司律师（即使该公司律师拥有欧盟国家的律师资格）。（2）为转告外部与欧盟合资格律师所提供的有关法律意见而制作的公司内部文件（internal documents），如给董事会参阅。（3）制作目的是寻求外部与欧盟合资格律师的法律意见的准备文件（preparatory documents），即使这些文件并没有转发给外部律师。显然，外部律师要理解有关事实背景、本质以及范围，才能够提供负责任的法律意见。这些准备的文件会比较严格与局限性针对，也是公司的举证责任说明这些准备文件的制作只有一个目的（sole purpose），就是去寻求法律意见。

对特免权的弃权在欧盟的法律业务特免权法律下也是允许，只要是客户或当事人自己相信对欧盟委员会作出“友好”（friendly）的披露是对自己有利。限定弃权，也就是向欧盟委员会披露特免权文件的同时说明对其他第三方仍是保留特免权也是允许。笔者也听说过美国律师建议客户在自愿交出给欧盟委员会的特免权文件中明示规定保留在美国可享有的律师—客户特免权与工作成果特免权。

10.6.1　欧盟法律的简单总结

可对欧盟法律简单总结如下：

1. 欧盟的法律业务特免权只是承认欧盟与欧洲经济区的合资格律师可以享有，而且不能是公司内部律师。原因是公司律师太接近公司，也没有办法排除公司对他们的影响，所以不能作出一个独立的法律意见。该欧盟的法律地位与欧盟大部分成员国并不一样，最明显的就是英国，但也包括很多其他国家，如比利时、丹麦、德国、希腊、荷兰、挪威、西班牙、葡萄牙等。但同样也有不承认公司律师是可以享有特免权的欧盟国家，主要是法国、意大利、瑞典、卢森堡与瑞士等。

〔109〕　欧洲经济区（EEA）于 1994 年 1 月 1 日生效，旨在让欧洲自由贸易联盟的成员国无须加入欧盟，也能参与欧洲的单一市场。

2. 只承认欧盟与欧洲经济区的合资格律师也受到外国律师(如美国律师)的批评,认为这是保护主义(protectionism),纯粹是为了支持欧洲律师。这法律地位显然跟英国就很不一样,英国是承认所有国家的合资格律师所制作的法律意见文件是受到特免权保护的。英国的"保护主义"已经到了另一个层次,因为其对全球法律业务有垄断性优势,就反过来鼓吹开放市场与公平竞争,免得英国律师被其他国家或地区拒之门外。如果有一天英国(与美国)的法律业务垄断受到全面与真正的威胁,情况就会变得不一样。

3. 特免权保护的范围十分狭窄,只是局限在欧盟律师与客户之间的通讯,而且唯一目的必须是针对欧盟委员会的调查抗辩。这相比英美的特免权法律就狭窄得多了。例如美国的律师—客户特免权就包括所有机密的口头与文书通讯。另是,律师工作成果特免权包括所有为了准备可能会发生的诉讼而制作的文件。至于英国的法律意见特免权,更是不必与诉讼或可能的诉讼有关,往往只是为了公司业务或公司管治的决定而提供的法律意见就已足够享有特免权。

4. 适用特免权的时间段在欧盟的法律业务特免权也比较短,在欧盟委员会开始对某公司进行调查(investigation)与开始了行政措施(administration procedure)后制作的文件才可能享有特免权。

5. 在欧盟的成员国之间,有一个针对违反竞争法的合作网络(european competition network)。由于成员国之间有不同的特免权法律,有些相对严格或有些相对宽松,所以就会带来另一类问题。即成员国之间的负责竞争法单位可以通过另一欧盟成员国的对口单位取得他们想要的特免权文件,而这些文件根据本国更严格保护机密的法律是取不到的。

10.6.2 对中国跨国公司增加特免权保障的做法的建议

可粗略总结对在欧洲有业务的中国跨国公司可考虑以增加特免权的保障的做法:

1. 公司内部的机密(confidential)与敏感(sensitive)的文件与其内容(如一些中国或美国律师的法律意见)小心处理,不要转发给在欧盟国家的分公司成员。因为这些文件在欧盟国家无法再主张特免权。如果必须要与欧洲分公司的某同事分享这些文件的内容,可以通过其他办法,例如召回中国开会,并且在开完会后不要让他/她带走这些机密与敏感文件。

2. 一旦出了欧盟委员会插手的事故,就马上委任外部的欧盟与欧洲经济区合资格的律师,以保证接下来制作的文件(如所有的通讯)有机会可享有特免权。而机密与敏感的内部文件,如果是在欧盟国家以外制作(如在中国)要转发给欧洲分公司的同事(如法务部),就要先发给委任的合资格的外部律师,再由他/她转发。

3. 在欧洲分公司制作的机密与敏感文件,例如自己针对欧盟委员会正在调查的事件另作的内部调查所产生与制作的文件,可以考虑尽早运送到其他地方。例如让中国的总公司保存,自己也不留下副本。

4. 在公司的架构方面,将法务部设立在欧盟哪个国家也需要考虑。显然不同的欧盟成员国,在特免权的法律地位上有很大差别,一个明显的例子就是英国与很多欧洲大陆法国家的差别。即使不考虑其他问题,只是针对保护公司机密与敏感的资料与文件而言,应该是一处有相对更广泛、肯定与严格的特免权法律的地点以保证对机密文件的保护。然后习惯性把机密与敏感文件集中由这个“地利”的法务部处理与存档。

5. 因为今天的公司经常会产生与制作大量的机密与敏感的电子文件与数据,甚至随着时间的逝去就被遗忘,所以现在规管部门突袭检查(dawn raid)的第一目标往往是公司自己存放电子数据的中央服务器(central server)中的文件与数据、公司管理人员的电脑与其他电子存储设备。而直到这时公司才发觉一些不利文件的存在并严重伤害了公司的利益。但公司自己存放电子数据的中央服务器其实无须与公司管理部门与/或法务部在一起,因此完全可以另外设立在《关于从国外调取民事或商事证据的海牙公约》(Hague Convention on the Taking of Evidence Abroad in Civil or Commercial Matters),简称《海牙取证公约》)的非签约国。

10.6.3　中国跨国公司在作出任何内部和外部调查时的注意事项

另可总结中国跨国公司(特别是欧洲有业务的公司)在作出任何内部(internal)与外部(external)调查时应注意的地方,以提高文件可享有特免权保护的概率:

1. 如果审查并估计可能会发现较严重问题,应尽量不用公司内部雇员,而是委托外部专业人士。而在委托外部专业人士时,在委托协议中明示说明他/她是在欧盟或欧洲经济区合资格的外部律师的监督下工作。事实上也照这样的安排制作文件,包括按照这样的理念书写与编辑报告(特别是最后报告),将其作为外部律师给客户意见的一部分。

2. 在所有这些文件表面注明是为了客户要求的法律意见(如果委托了外部律师就可以说是律师要求)下做出准备的,另加上“机密文件”的字样。这些文件与其他公司商业文件分开存放,最好是存放在公司的法务部,并新开一个标明是“特免权文件——用于向外部律师咨询”(legally privileged—documents used for consultation with external lawyer)的档案。如果为了向外部律师咨询必须将一些之前已经存在的敏感文件组织起来并复印,并且复印的文件必须在公司保存,那么与外部律师的有关讨论都应该以摘要(brief note)方式记录,包括涉及的外部律师的姓名、讨论的日期与主题概要。之后将这份摘要与每份被讨论到的文件放在同一个档案中。

3. 尽量避免这些机密文件在公司内流传,除非是给一些高管或雇员,因为他们需要对文件内容作出考虑与决定怎样行动。

4. 公司律师不要在外部律师的文件上加上批注或建议,或自己另写一份大纲。

5. 公司法务部要系统性与紧密地跟进有主要业务的欧洲国家/地区对特免权法律地位的发展与改变,并为公司的文件管理(documents management)做出相应的对策。

最后,中国律师事务所也在“走出去”,也有部分中国律师事务所有雄心变为跨国所,笔者的一个建议就是如果客户群中有欧洲业务,就要考虑雇用欧盟或欧洲经济区的合资格律师。将来涉及跨境(cross-border)尤其是有关规管的法律意见要提供给客户时,为了确保有关文件在欧盟可享有特免权,可以加上与/或通过该律师(即使只是名义上)作出。部分中国律师事务所中已经获得英国执业资格的律师在英国脱欧后,可以考虑获得包括爱尔兰在内的其他欧盟或欧洲经济区的执业资格,以保证自己的法律意见可以享有特免权。

第十三章　无损害规则与自证其罪特免权

1. 无损害特免权/规则 (without prejudice privilege/rule)

无损害特免权(without prejudice privilege)简单而言指的是在双方当事人之间为了解决争议、有关和解的谈判内容(无论是口头还是书面通讯),在诉讼中不能被作为证据采纳(inadmissible)。其本质是证据规则,因此会被作为程序问题看待,即适用法院地法(*lex fori*)进行判断。

1.1　无损害特免权和法律业务特免权的区别

虽然也被称为"特免权",但无损害特免权与本书较早章节中介绍的法律业务特免权(legal professional privilege)存在不少不同之处,也正因此,无损害特免权在今天也常常被称为无损害规则(without prejudice rule)。很重要的一点区别就是法律业务特免权是实体性权利(见本书第九章之2.2段),而无损害"特免权"只是证据规则的一种,效果只是双方当事人之间有关无损害(和解谈判)的文件不能被作为证据采纳。法律业务特免权是绝对性权利(见本书第九章之2.3段),但无损害规则是需要在个案中与其他公共政策/利益(public policy/interests)作出权衡(balance)的。

在 Rush & Tompkins Ltd v. Greater London Council (1989) AC 1280 贵族院先例中,Griffiths 勋爵说:"It is questionable whether the 'without prejudice' doctrine is part of the law of privilege at all; rather it is a rule of evidence. **The 'without prejudice' rule is a rule governing the admissibility of evidence** and is founded upon the public policy of encouraging litigants to settle their differences rather than litigate them to a finish... **the rule is not absolute** and resort may be had to the 'without prejudice' material for a variety of reasons when the justice of the case requires it."(加黑部分是笔者的强调)

因此无损害规则比法律业务特免权有更多的例外(exceptions),法院可以在根据每个不同案件的案情作出权衡后,认定是否属于不应适用无损害规则的例外情况。Walker 大法官在 Unilever Plc v. The Procter & Gamble Co (2000) 1 WLR 2436 先例中说:"there are numerous occasions on which ... the without prejudice rule does not prevent the admission into evidence of what one or both of the parties said or wrote."接着 Walker 大法官举了8种常见的例外,将在本章之4.2段分别介绍。但这不表示只有这8种例外情况,而且将来根据不同的案情,还会出现新的例外情况。

另在较近期的 Ofulue v. Bossert (2009) UKHL 16 贵族院先例中,Scott 勋爵也提到其他的例外说:"In Matthews & Malek's Disclosure, 3rd ed (2007), paras 11.127 –

11.132, the authors deal with the extent of the without prejudice evidential rule and, at para 11.129, are listed a number of situations where without prejudice communications have been admitted into evidence in subsequent litigation for other purposes. These include: constituting an act of bankruptcy [In re Daintrey; Ex p Holt (1893) 2 QB 116], a severance of a joint tenancy [McDowell v. Hirschfield Lieson & Rumney (1992) 2 FLR 126], a trigger for a rent review clause [Norwich Union Life Insurance Society v. Tony Waller Ltd (1984) 270 EG 42, disapproved on another point in South Shropshire District Council v. Amos (1986) 1 WLR 1271], seeing whether the negotiations give rise to an estoppel [Hodgkinson & Corby Ltd v. Wards Mobility Services Ltd (1997) FSR 178] and for the purpose of explaining delay when resisting a laches defence or a strike out for want of prosecution application. All these examples, and the others referred to at para 11.128, have in common that the purpose of admitting the without prejudice communication into evidence was not to assist in establishing the case of the party in question on any of the disputed issues that the without prejudice communications had been attempting to settle. The purpose, independent of the issues in dispute, was to establish some independent fact."

1.2 规管程序中的无损害规则

在过往先例中,所有有关无损害规则的先例都是在民事诉讼(civil litigation)中。这会带来的疑问就是在近年来越来越多的规管(regulatory)程序中,由于结果可能带来民事也可能涉及刑事诉讼,是否有同样的无损害规则保护呢?这问题在近期的 Property Alliance Group Ltd v. Royal Bank of Scotland Plc (2015) EWHC 1557 (Ch)先例中被考虑。

此先例发生的背景是操纵伦敦银行同业拆借利率(London Interbank Offered Rate, LIBOR)案件爆发之后,英国与美国的调查机构展开了大量针对各大银行的调查,令巴克莱银行、瑞银等遭受巨额罚款。而英国苏格兰皇家银行(RBS)也由于在 2006 年到 2010 年参与操纵 LIBOR 受到美国有关机构与英国当时的金融规管局(FSA,在今天已经被 FCA 取代)调查。RBS 在调查早期就与 FSA 等达成和解协议,被罚款 8.75 亿英镑。

而此先例中,则是原告(Property Alliance Group Ltd)开始对 RBS 的民事诉讼,指称自己与 RBS 签订利率掉期/利率互换(interest rate swap)协议时,RBS 对 LIBOR 的情况存在误述(misrepresentation)。也因此在诉讼中要求披露 RBS 曾经与 FSA 进行和解谈判的文件。而针对和解谈判受到无损害规则保护的问题,原告想要区分一般民事诉讼与可能涉及刑事问题的规管程序(如 FSA 对 RBS 的规管调查),指出这两者在做法上是有所不同的。Birss 大法官判在涉及 FSA/FCA 的规管程序中,无损害规则也会适用。不妨节录部分判词如下:"In my judgment **a firm the subject of an FCA investigation has the right to withhold inspection of communications which were part of genuine settlement discussions between that firm and the FCA.** That right applies before the FCA, the Upper Tribunal and in civil litigation with a third party. Application of that right before the FCA and the Upper Tribunal is presumably only likely to matter if settlement is not reached. Application of that right in civil litigation may arise whether or not settlement was reached... The right arises by analogy with the without prejudice rule and it is convenient to use that expression to refer to it but it is not identical with the normal rule in civil litigation. The right does not prevent the FCA from acting on information received in those discussions, for example by following up new issues which come to light.”(加黑部分是笔者的强调)

换句话说,在规管程序中,一般而言都可以参照无损害规则的保护。对于被调查人而言,不论是否与规管机构达成和解协议,在事后面对第三方在民事诉讼中的披露申请时都可以拒绝披露与提供。这与无损害规则下,面对第三方披露申请时可以拒绝披露是一致的。这包括第三方申请“第三方披露令”(norwich pharmacal order)要求规管机构披露文件时,被调查人也可以介入阻止规管机构披露。公司在被有关规管机构调查后,往往就会有相关的第三方觉得有利可图,针对性地开始民事诉讼。在这种情况下依赖此先例中的判法,是有效对抗第三方披露申请的理由。

而此先例还涉及规管程序中此类权利与无损害规则的一个不同之处。在无损害规则下,对和解谈判文件的弃权(waiver)必须是所有参与谈判的当事人共同作出。但在此先例中,RBS 依赖 FSA/FCA 的最后通知(final notice,其中写明了 FSA/FCA 作出的决定),指称最后通知里并没有提到自己操纵某特定 LIBOR,而自己实际也没有不正当的操纵。但原告(这是对和解谈判而言的第三方)指称 RBS 与 FSA/FCA 在和解谈判里是已经谈妥了该特定 LIBOR 的问题,因此才在最后通知中没有写明。看来是由于 RBS 自己将最后通知提交给法院作为自己的重要证据(这会是属于弃权的行为),为了了解该最后通知的事实背景,Birss 大法官才认定有关和解谈判的文件是需要被披露的,这就不同于民事诉讼程序中无损害规则下要弃权必须当事人共同作出。换句话说是被调查人在面对第三方要求披露时,可以作出单方面弃权。[1]

1.3 调解和无损害规则

今天调解(mediation)制度已经有了一段时间的发展,不少争议的解决会通过调解进行。也常见有的争议解决条文中将一定时间的调解作为诉讼(法院诉讼或仲裁)前的先决条件。

在一般的调解条文中,都会明示所有与调解有关、在调解中涉及的文件与内容都有机

---

〔1〕 在无损害规则下,一方当事人要披露和解谈判文件给第三方的时候,和解谈判的对方当事人是可以介入与拒绝的。因此此先例中,Birss 大法官对规管程序中的规管机构与无损害和解谈判的对方当事人作出了区分:“The right cannot be maintained in civil proceedings if the basis on which a Final Notice was decided is itself in issue in the proceedings. In such a case the content of the settlement discussions will be admissible evidence. If the basis of such a decision is in issue then the FCA has no ground on which to object…The FCA is not in the same position as a counterparty to without prejudice negotiations in civil litigation. The FCA could not object to a firm relying on a Final Notice and putting the basis on which it was produced in issue. In such a case I do not see how the FCA could claim the right to prevent inspection when the firm had taken that course.”但这也是可以理解的,毕竟在规管程序中,规管机构与被调查人本就是不平等的主体,而这项拒绝披露与提供文件的权利看来对被调查人而言才是更为重要的,即使是单方面可以弃权也是由被调查人而非规管机构弃权。

密性。[2] 但是在本书第九章之1段已经讨论过,文件仅仅有机密性是无法保护文件免于披露的。而在今天,公共政策下也是鼓励当事人之间通过各种方式解决争议的,其中就包括调解。欧洲议会(European Parliament)在2008年通过了针对调解的Directive 2008/52/EC,对国际跨境(cross-border)的争议调解作出了指引。[3]

在英国法下还可见CPR Rule 1.4下以积极案件管理(active case management)的方式对待诉讼,这就包括"encouraging the parties to use an alternative dispute resolution procedure if the court considers that appropriate and facilitating the use of such procedure"。CPR Rule 26.4还提到在当事人通过替代争议解决方式(ADR)对争议进行和解时,还可以要求法院中止(stay)诉讼程序。[4]

也因此法院在不少先例中都确认了对调解中的内容都会给予类似于无损害规则一样的保护。例如在Aird v. Prime Meridian Ltd (2006) EWCA Civ 1866先例中,上诉庭指出:"... with some exceptions not relevant to this appeal ...what goes on in the course of mediation is privileged, so that it cannot be referred to or relied on in subsequent court proceedings if the mediation is unsuccessful."在Reed Executive Plc v. Reed Business Information Ltd (2004) EWCA Civ 887上诉庭先例中也提到说:"Indeed sometimes the line between a third party assisted ADR and party-to-party negotiations may be fuzzy. Just because there is a mediator is no reason for the parties not to talk to each other if that is found to be helpful at some point in the process."[5]类似的也可见Hall v. Pertemps Group Ltd (2005) ADR LR 11/01等先例。今天则在Brown v. Rice (2007) EWHC 625 (Ch)先例中有了非常著名的说法,即调解是有协助的无损害谈判(assisted without prejudice negotiation)。[6]

今天虽然有了欧洲议会的Directive 2008/52/EC,而且看来调解的有关从业人员都在积极地主张将调解与无损害规则区分开、单独作为一种特别的特免权看待。但是在没有进一步先例作出不同判法时,仍然应当将调解谈判视为和解谈判的一种。

调解谈判与和解谈判的一个重大不同,就是调解谈判中会涉及当事人以外的第三方:

---

[2] 法院会对调解谈判中的机密内容予以保护,在BSB v. Virgin Media Communications (2008) EWCA Civ 612上诉庭先例中,涉及当事人A与B的和解谈判中,A的代表律师知悉了一些B的消息,之后在B与C的诉讼中,法院就禁止A的代表律师再代表当事人C参与诉讼以保护和解谈判中的信息。

[3] 英国法下相应有了《Cross-Border Mediation (EU Directive) Regulations 2011》立法以及对CPR Part 78下作出了相应修改。

[4] 在Halsey v. Milton Keynes General NHS Trust (2004) EWCA Civ 576先例中,Dyson大法官说:"The term alternative dispute resolution is defined in the Glossary to the CPR as a collective description of methods of resolving disputes otherwise than through the normal trial process; In practice, however, references to ADR are usually understood as being references to some form of mediation by a third party."

[5] 此先例涉及的是在费用问题上,是否可以指称对方不合理地拒绝调解请求从而要求对方承担费用。上诉庭根据无损害规则在费用问题上的判法作出判决,如果调解谈判没有类似写明"save as to costs"的做法(这就变成了"Calderbank Offer"的做法,见本章之4.2.7段),是不能被披露、提交与采纳作为实质性争议的证据。

[6] 此先例中,法院也不接受调解有单独类别的特免权。Stuart Isaacs QC大法官说:"It may be in the future that the existence of a distinct mediation privilege will require to be considered by either the legislature or the courts but that is not something which arises for decision now."

调解员(mediator),以协助双方达成和解。在 Farm Assist Limited v. The Secretary of State for the Environment Food and Rural Affairs (No. 2) (2009) BLR 399 先例中,涉及的问题是在调解中达成的和解协议是否涉及经济胁迫(economic duress)从而无效。由于当事人双方都对无损害规则作出弃权,法院判调解/和解谈判已经不再受限于无损害规则,因此可以要求调解员向法院提供证据了。[7] 而如果是只有一方当事人愿意弃权,在笔者看来就会属于没有对无损害规则作出弃权的情况,也就不能要求调解员提供证据了。

2. 无损害规则的理据:公共政策/利益和共识/合约默示

无损害规则的理据主要是来自于两个方面:共识(convention)/合约默示(implied Agreement)与公共政策/利益(public policy/interest)。Muller v. Linsley & Mortimer (1996) PNLR 74 上诉庭先例中就有明确说法:"**Firstly, the public policy** of encouraging parties to negotiate and settle their disputes out of court and, **secondly, an implied agreement** arising out of what is commonly understood to be the consequences of offering or agreeing to negotiate without prejudice. In some cases both of these justifications are present; in others, only one or the other."(加黑部分是笔者的强调)

较近期的 Avonwick Holdings v. Webinvest (2014) EWCA Civ 1436 上诉庭先例等中也有同样的判法:"The first rests on public policy and that policy is to encourage people to settle their differences... the other basis for the rule is contractual..."

无损害特免权的这两种理据是相辅相成,互为补充的。一般情况下,实际上是这两种理据会同时存在。但需要作出区分的原因是在有些情况中只会有其中一种理据。例如如果涉及的是第三方要依赖当事人之间的和解谈判内容,由于当事人与第三方不存在共识/合约的问题,因此单纯是在公共政策下受到无损害规则的保护:见 Rush & Tompkins Ltd v. Greater London Council (1989) AC 1280 先例。又如针对诉讼费用程序而言,当事人在过去对实质责任的和解谈判并没有公共利益予以保护,只有共识/合约默示:见 Cutts v. Head (1984) Ch 290 先例。

2.1 理据之一:鼓励与保护和解的公共政策/利益

就诉讼而言,最后的判决或裁决并不肯定,在复杂案件中判决或裁决对于个别事实认定存在问题或者错判是时有发生的事情。很多时候,即使有在这些细枝末节上的错判也不会影响胜负大局。但是败诉方肯定不是这样想,十有八九不服气。

---

〔7〕 此先例中的调解协议中虽然约定在当事人之间的诉讼中不能要求调解员对于任何与争议有关(in relation to the dispute)的内容作证,但是 Ramsey 大法官判此先例中并不针对调解中的争议,而实际上是第二个争议:有关调解中达成的和解协议是否涉及经济胁迫。看来在此先例后,不少调解协议的条文也要相应作出调整,才能给予调解员以足够的保护了。但是从另一方面来看,调解员被双方委任帮助调解,如果双方都同意,看来一般情况下也没有理由拒绝向法院提供证据。

有水平的称职律师(competent lawyer)绝不会向客户保证100%胜诉。即使是要给出胜诉概率,也会留下后路,例如说是八成胜算。反正即使案件败诉,也可以推在二成的负面风险(downside risk)上,看来没什么不妥。所以精明的当事人如果有庭外和解的机会是应当积极争取的。能够庭外和解有不少好处:(1)避免了担忧负面风险的问题;(2)庭外和解得越早,省下的诉讼费用越多,例如如果在开庭前和解就能省下昂贵的开庭费用;(3)相对得出判决或裁决,诉讼方如果可以通过“友好”协商和解,互相之间的关系可以不弄得太僵;(4)诉讼方如果还需要向第三方交代,成功达成和解会相对较容易说得过去。

今天的公共政策是鼓励庭外和解的,为了能够达成科学与有诚意的和解协议,双方当事人需要在和解中坦率地透露自己的困难、底线、作出对一些事实的承认等。因此为了让诉讼方可以安心谈判,不会由于和解谈判中的话语以及让步等言行使对诉讼造成损害(prejudice),需要对这些言行作出保护,避免在持续下去的诉讼中被诉讼对方利用。和解谈判中的言行会造成损害的情况有很多,例如是谁牵头要求谈判或作出和解要约(settlement offer),在第三方看来就可能被认为有示弱或心虚之嫌。又如是对于八成胜算的案件,却在和解谈判中愿意接受较低的金额,这也可能影响第三方(法官或仲裁员)。而更重要与关键的是对事实的承认,〔8〕例如承认自己有疏忽[在刑事案件还会有控辩交易(plea bargain)中被告承认犯罪],毕竟在第三方(法官或仲裁员)看来在当事人曾经对事实作出承认后,除非有好的理由解释为何当时的承认是有问题的(这很不容易),否则很难改变这承认所造成的影响。

又例如被告承认的确欠下一定金额或应承担部分责任,但没有钱马上偿还。或直言自己胜算不大,但警告原告并不要以为胜券在握,要小心审理的法官或仲裁员是“外行人”,判决结果其实难以预料,还不如按一定比例庭外和解。又或者是被告警告,即使是原告胜诉,在将来的时间自己的财产流失会使原告也无法执行,因此不如现在接受一个较低金额的和解要约。显然,这些文件如果让法官或仲裁员看到,就会是严重的损害。

笔者不久前的一个仲裁案件中,涉及一家德国总公司全资拥有的亚洲分公司与中国公司的合约,德方在违约/毁约(repudiatory breach)后与中方达成原则上的和解协议,约定向中方赔偿特定金额,但是需要先由德国总公司批准。中方很小心地通过秘密录音全程记录了和解谈判过程,其中德方的代表也承认了错误以及承诺会说服总公司作出特定金额的赔偿等。然而之后德国总公司没有予以批准,甚至辞退了亚洲分公司进行谈判的负责人。这导致中方与德方开始仲裁,中方就将这些录音等文件披露出来给仲裁庭,甚至想要让德方进行谈判的负责人前来作证。由于德方的弃权,所以没有成功以无损害规则阻止披露。可以想到这些文件(秘密录音)就对仲裁庭的认定与裁决有重大影响。

可以肯定的是,在谈判与在诉讼中,无论是做法还是心态都不一样。在做法上,虽然诉讼中谈判也会有律师参与或指导,但是很多情况是当事人自己谈判,此时当事人的言行会比较放松与不小心。在心态上,要谈判的话必须坦率、开诚布公,在互相抱有强烈敌意与对抗态度时是难以达成和解的。但诉讼恰恰不能开诚布公,例如自己的战略与底线,往

---

〔8〕 这个课题可见本章之8段。

往是寸土不让,根本不会轻易作出承认以严防任何损害。因此在谈判与在诉讼中的言行有根本性的不同。笔者见过无数次当事人在漫长的和谈中有言行被对方当事人挑出来与在后续诉讼中依赖与利用的情况。这也是为什么国际上做法是避免仲裁员参与调解等程序,毕竟在双方坦率的和解谈判中作为调解员(mediator)与在仲裁中作为仲裁员(arbitrator)时听取的"事实"与当事人的说法完全不同,例如在本章之4.2.4.1段介绍的Savings & Investment Bank Ltd v. Fincken (2004) 1 WLR 667上诉庭先例中就可以见到在坦率的和解谈判中与诉讼中说法会有很大出入。

这也是为什么在过往无数先例中建立了无损害规则的说法以保护机密。这样一来可以让双方当事人坦率地进行谈判。无损害规则背后的公共政策可见Cutts v. Head (1984) Ch 290上诉庭先例中,Oliver大法官的说法如下:"It is that parties should be encouraged so far as possible to settle their disputes without resort to litigation and should not be discouraged by the knowledge that anything that is said in the course of such negotiations (and that includes, of course, as much the failure to reply to an offer as an actual reply) may be used to their prejudice in the course of the proceedings. They should... be encouraged **fully and frankly to put their cards on the table**... The public policy justification, in truth, essentially rests on **the desirability of preventing statements or offers made in the course of negotiations for settlement being brought before the court of trial as admissions on the question of liability.**"(加黑部分是笔者的强调)

另在Rush & Tompkins Ltd v. Greater London Council (1989) AC 1280贵族院先例中,Bridge勋爵说:"The 'without prejudice' rule is a rule governing the admissibility of evidence and is founded upon the public policy of encouraging litigants to settle their differences rather than litigate them to a finish...The rule applies to exclude all negotiations genuinely aimed at settlement whether oral or in writing from being given in evidence. A competent solicitor will always head any negotiating correspondence 'without prejudice' to make clear beyond doubt that in the event of the negotiations being unsuccessful they are not to be referred to at the subsequent trial..."

2.2 理据之二:共识/合约默示保护和解谈判

共识/合约默示保护和解谈判最明显的情况就是双方在谈判文件中写明了"无损害"(without prejudice),无损害的定义可见Lindley大法官在古老的Walker v. Wilsher (1889) 23 QBD 335先例中说:"What is the meaning of the words 'without prejudice'? I think they mean without prejudice to the position of the writer of the letter if the terms he proposes are not accepted. If the terms proposed in the letter are accepted a complete contract is established, and the letter, although written without prejudice, operates to alter the old state of things and to establish a new one."

另在Cutts v. Head (1984) Ch 290上诉庭先例,Fox大法官说:"... to achieve a compromise one of them has to make an offer. He might be apprehensive that his offer might be used against him if the negotiations failed. So he would make his offer without prejudice to his position if the offer was refused. But that was unfair to the other party. It was one-sided. So it was necessary to extend the ‘without prejudice’ umbrella to cover both parties.”

而即使没有写明,从双方谈判的背景也可以默示无损害规则适用。正如 Walker 大法官在 Unilever Plc v. The Procter & Gamble Co（2000）1 WLR 2436 先例中说:“the express or implied agreement of the parties themselves that communications in the course of negotiations should not be admissible in evidence.”在诉讼费用问题上,Cutts v. Head 上诉庭先例明确指出无损害规则是基于共识/合约默示与公共政策/利益两个理据。其中公共政策方面是鼓励与保护当事人之间解决争议的和解谈判,而对有关诉讼费用问题的明示保留并不会对实际争议的和解有负面影响,反而是对和解的达成有帮助。而 Calderbank Offer 有关诉讼费用,此时主争议的责任与赔偿金额已经被决定,所以公共政策/利益理据不再适用。但这时共识/合约默示的理据仍然存在,因为一个共识/双方达成的协议不会自动终止。所以如果一方诉讼方希望在决定诉讼费用的分摊时可以披露有关文件,即使对方反对也会被法院采纳,就必须写明“without prejudice save as to costs”等措辞/文字,以明示(express)超越共识/合约的默示地位。

当事人之间的和解谈判未必能够在严格意义上称为有合约或协议将来不得披露与依赖。毕竟要达成合约或协议有诸多条件,例如双方必须要有订约意图(intention to contract)等。也因此在不少先例中都说这是共识(convention)下的默示。例如 Cutts v. Head 上诉庭先例就说:“As regards the conventional basis (i. e., agreement) that depends upon what, by implication, is to be attributed to the words ‘without prejudice.’”

但近年也有一些先例完全采用了合约默示的方式看待“无损害”的措辞/文字。例如,在 Somatra v. SRT（2000）2 Lloyd’s Rep 673 上诉庭先例中,Clarke 大法官的描述:“an agreement by each party not to rely on anything said or written by the other party in the course of without prejudice communications in order to advance the first party’s case on the merits.”在此先例中,Clarke 大法官接着说,在合约默示的看法下,如果一方当事人披露了无损害文件(在此先例中是为了申请冻结令),会是违约/毁约行为(repudiation),对方当事人有权要求履行合约(不允许对方依赖文件)。或者对方在权衡利弊之后,可以选择接受(accept)违约/毁约,使得无损害文件不再受到保护,双方都可以全面依赖本受无损害规则保护的文件。在 Pearson Education Ltd v. Prentice Hall India Private Ltd（2005）EWHC 636（QB)先例中,Crane 大法官说这是否属于合约默示,应该像解释合约一样,从客观的角度进行看待。[9]

类似的也可见后来的 Williams v. Hull（2009）EWHC 2844（Ch)先例中 Arnold 大法官的说法。《Phipson on Evidence》(2018 年,第 19 版)一书看来也是支持了 Crane 大法官的看法,在 24－16 段说:“It is submitted that the approach of Crane J is correct. Although there is no complete analogy with principles of contractual construction, because the without prejudice principle can apply where there is no implied contract between the parties, the party

[9] 有关合约解释的问题,见笔者的《合约的解释:规则与应用》一书第六章之 8 段。

receiving the document must be able to determine whether a document is without prejudice without knowledge of the inner workings of the mind of the writer. The question whether a document is without prejudice must surely be determined objectively, in the same way as construing a contract."

但双方当事人的和解谈判的机密性只是靠共识/合约默示的理据也往往不足够,会需要公共政策/利益的支持。例如直到对方回应当事人第一封要求和解的文件(opening shot)前,显然双方没有任何共识/合约。在 Standrin v. Yenton Minster Homes Ltd (The Times, 22 July 1991)先例中,Lloyd 大法官说:"... the opening shot of negotiations may well be the subject of privilege where, for example, a person puts forward a claim and in the same breath offers to take something less in settlement... Where the opening shot is an assertion of a person's claim and nothing more than that, then prima facie it is not protected."

3. 无损害规则的前提:为了解决争议的和解谈判

在前文中已经介绍了,无损害规则(without prejudice rule)背后的公共政策/利益是为了鼓励和解与保护的是当事人之间有关和解谈判的内容。在 Bradford & Bingley v. Rashid (2006) UKHL 37 先例中,Mance 勋爵指出无损害规则适用的关键在于争议的存在以及通讯的内容是为了试图和解:"The existence of a dispute and of an attempt to compromise it are at the heart of the rule whereby evidence may be excluded (or disclosure of material precluded) as 'without prejudice'."

3.1 前提之一:争议

无损害规则的公共政策/利益,目的是鼓励与保护当事人可以自由地进行和解谈判。因此,显然可以想到的是在当事人之间必须真正存在争议(dispute),才有无损害规则的适用问题。这个条件应是理所当然的,没有争议怎会有和解?可见 Avonwick Holdings v. Webinvest (2014) EWCA Civ 1436 上诉庭先例中所说:"However, in order for that head of public policy to be engaged there must be a dispute."另在 Unilever Plc v. The Procter & Gamble Co (2000) 1 WLR 2436 先例中,Walker 大法官说:"the uncontroversial point that 'without prejudice' is not a label which can be used indiscriminately so as to immunise an act from its normal legal consequences, where there is no genuine dispute or negotiation."

Mance 勋爵在 Bradford & Bingley v. Rashid (2006) UKHL 37 先例中说,必须在法律上真正有争议可以让双方相互妥协达成和解:"The rule does not of course depend upon disputants already being engaged in litigation. But there must as a matter of law be a real dispute capable of settlement in the sense of compromise (rather than in the sense of simple payment or satisfaction)."

例如,如果涉及一笔债务(debt),如判决债务(judgment debt),债务人也明确承认债务的金额,只是提出自己无力即刻清偿或需要分期清偿。这就与 Bradford & Bingley v. Rashid 先例情况类似,会是没有一个真正的争议(genuine/real dispute),针对这笔债务也无须相互妥协。但情况稍有变化,即使同样涉及债务,但债务人对欠下的金额多少存在争议(如买方欠下货价但对交付货物的数量有争议)或是有对冲(set-off)的争议(如买方对货物质量有争议),就会属于存在真正的争议了。相比之下,如果涉及的不是债务而是损失,就存在更大的不确定性,也更容易被接受为双方存在真正的争议。[10]

另在仲裁中也有涉及"争议"如何定义的问题。因为对于一般针对合约将来如果有了争议如何解决的仲裁协议(arbitration agreement)来说,必须有争议才能开始仲裁,否则开始的仲裁实际上是"空"的。过去的《Arbitration Act 1975》针对可以不中止法院程序的例外是:"agreement is null and void, inoperative and incapable of being performed **or that there is not in fact any dispute between the parties with regard to the matter agreed to be referred**, shall make an order staying the proceedings"(加黑部分是笔者的强调)也因此有部分案件的原告以与被告没有真正的争议为由向英国法院申请一个可以很快作出的简易判决(summary judgment),[11] 从而避开需要耗费时间与更多费用才能作出裁决书(Arbitration Award)的仲裁:见 The "Fuohsan Maru" (1978) 1 Lloyd's Rep 24;The "Cleon" (1983) 1 Lloyd's Rep 586 等先例。

但是在《Arbitration Act 1996》之 Section 9(4)已经排除了这个例外,有关条文变成:"On an application under this section the court shall grant a stay unless satisfied that the arbitration is null and void, inoperative, or incapable of being performed."

之后 The "Halki" (1998) 1 Lloyd's Rep 49 先例对什么是争议作出了很宽松的解释,认为只要是没有承认责任或者是没有作出支付,就是有"争议"可以提交仲裁:"that 'dispute' as to a matter which was to be referred to arbitration under an arbitration agreement included any claim which **the other party refused to admit or did not pay** whether or not there was any answer to the claim in fact or in law.... "(加黑部分是笔者的强调)较近期的还可见 Amec Civil Engineering Ltd v. Secretary of State for Transport (2005) EWCA Civ 291 上诉庭先例等。[12]

也正因如此,在仲裁法下(根据 The "Halki"先例的判法)与无损害规则中对于"争议"是否存在一致的解释与定义并不是太清楚,因为在两方面的案例中针对这个问题看来并没有交叉引用(cross-reference)。在笔者看来,在现在鼓励和解与鼓励仲裁的公共政策下,两者都应该对什么是"争议"有宽松解释。

而"争议"的时间方面,也不必要已经开始诉讼,只要是当事人之间想得到或应该可以想得到,一旦和解不成功就可能会开始诉讼:见 Framlington Group Ltd v. Barnetson (2007) EWCA Civ 502 先例。

在近期的 BE v. DE (2014) EWHC 2318 (Fam)先例中,Bodey 大法官说:"Whilst

---

[10] 关于债务与损失的区别,可见笔者《损失赔偿与救济》一书第十一章。

[11] 这个课题可见本书第六章之 4.3 段。

[12] 有关仲裁中对于"争议"如何判断的问题,可见笔者的《仲裁法——从 1996 年英国仲裁法到国际商务仲裁》(2006 年)一书第一章之 1.28 段。

this clearly does not require the existence of legal proceedings, it must surely mean a reasonably cohate and definable issue or series of issues, not just a number of reciprocal differences or grievances which might not prove soluble with reflection and discussion."这个说法也在之后的 Sang Kook Suh v. Mace (UK) Ltd (2016) EWCA Civ 4 上诉庭先例中得到认可。

在 Framlington Group Ltd v. Barnetson 先例中,Auld 大法官对背后的原因进行了很清晰的解释,不妨节录如下:"If the privilege were confined to settlement communications once litigation had been threatened or shortly before it is begun, there would be an incentive on both sides to escalate their dispute with threats of litigation and/or to move quickly to it, before they could safely start talking sensibly to each other. That would be a slippery slope to mutual hardening of positions and commencement of litigation - hardly the encouragement to settle their disputes without resort to litigation that Oliver LJ had in mind in Cutts v Head...the claim to privilege cannot, in my view, turn on purely temporal considerations. The critical feature of proximity for this purpose, it seems to me, is one of the subject matter of the dispute rather than how long before the threat, or start, of litigation it was aired in negotiations between the parties. Would they have respectively lowered their guards at that time and in the circumstances if they had not thought or hoped or contemplated that, by doing so, they could avoid the need to go to court over the very same dispute? On that approach, which I would commend, **the crucial consideration would be whether in the course of negotiations the parties contemplated or might reasonably have contemplated litigation if they could not agree**. Confining the operation of the rule, as the judge did, to negotiations of a dispute in the course of, or after threat of litigation on it, or by reference to some time limit set close before litigation, does not, with respect, fully serve the public policy interest underlying it of discouraging recourse to litigation and encouraging genuine attempts to settle whenever made."(加黑部分是笔者的强调)

Auld 大法官认为,如果将无损害规则限制在已经威胁将要开始诉讼或是诉讼开始后的和解谈判,则对于双方当事人而言就可能倾向于一出问题就要威胁开始诉讼或是尽快推进诉讼,这显然不利于当事人互相之间进行理智与坦率谈判以达成和解。而且这样一来,当事人之间就会非常快速地进入诉讼压力之下的对抗(adversarial)态势,双方会已经有了代表律师,也已经花了一部分费用。这与 Cutts v. Head (1984) Ch 290 先例中提到的鼓励与促进避免诉讼的和解谈判是背道而驰的。这也是为什么要放宽"争议"的时间点。在现实中,有时双方试图对争议进行和解谈判但不成功。而原告并没有启动法院诉讼或仲裁,在几年后才警觉到 6 年索赔时效即将届满,这才启动法院诉讼或仲裁。但这不影响在几年前的和解谈判受无损害规则保护的地位。这保护可能很重要,例如多年前谈判时由于没有律师协助,说了很多对自己利益有重大损害的话。判断是否适用无损害规则要看谈判是否与诉讼是同一主题的争议,而不是谈判距离威胁或实际开始诉讼的时间有多长;在当时当事人是否由于还不用担心诉讼的问题因此可以多放下一些戒心,最后达到避免通过诉讼解决同一个争议的目的。在这样的看法下,关键就在于在谈判时,当事人是否预见到或应当合理预见到一旦无法达成和解就会有诉讼，而且这会是宽松的解释。

3.2　前提之二：为了解决争议作出妥协或让步

早在 Chocoladefabriken Lindt & Sprungli v. Nestle Co（1978）RPC 287 先例中就提出，如何判断的关键在于是否尝试为了解决争议作出妥协或让步（there is an attempt to compromise actual or impending litigation）。

Mance 勋爵在 Bradford & Bingley v. Rashid（2006）UKHL 37 先例中说："The existence of a dispute and of **an attempt to compromise** it are at the heart of the rule whereby evidence may be excluded."（加黑部分是笔者的强调）

3.2.1　有效和解协议的要件

所以，如果只是提出分期付款或只清偿没有争议的债务中的部分不属于让步或妥协，这只是属于债务人向债权人"哀求"宽限。毕竟要达成任何有效的协议（包括和解协议）都需要约因/对价（considerations），如果只是债务人单方面有好处，就谈不上达成和解协议，也就不说是为了解决争议的和解谈判。这方面也可参考笔者《合约的履行、弃权与禁反言》一书第四章之 12.1 段。

不是为了解决争议的"和解谈判"的例子有很多，例如，在 Daintrey, Re（1893）2 QB 116 先例中，有一封标注了无损害的信件，在内容中承认无法清偿债务，就被债权人依赖向法院申请债务人破产清算。[13] 被法院判这份信件并非为了解决争议的和解所作出，因此不受无损害规则保护。也可见 Buckinghamshire County Council v. Moran（1990）Ch 623 先例中，一封写有无损害措辞/文字的信件，被法院认定是为了重申权力（assert rights）与威胁提起诉讼，并非为了解决争议的"和解谈判"，也因此不适用无损害规则。还例如在 Standrin v. Yenton Minster Homes Ltd（The Times, 22 July 1991）先例中，被保险人根据保单要求保险人理赔申请中写明无损害，但由于这与和解谈判无关而不会受到无损害规则保护。

3.2.2　客观解释双方的谈判是否有达成有效和解协议的目的

在过去有先例的附带意见（*obiter*）指出，在看文件是否尝试为了解决争议作出妥协或让步并受到无损害规则保护时，当事人的主观想法（subjective view）也可以被考虑：见 South Shropshire DC v. Amos（1986）1 WLR 1271；Schering Corp v. Cipla Ltd and Neolab Ltd（2004）EWHC 2587（Ch）等先例。

但是在 Pearson Education Ltd v. Perntice Hall India Private Ltd（2005）EWHC 636（QB）先例中，Crane 大法官说这基于合约默示的理据，应该像合约解释（construction of contract）一样，不用理会文件制作人的主观想法，而是要根据有关文件的措辞/文字、事实背景（factual background）与语境（context），客观（objective）解释该文件表达的意图。[14]

---

〔13〕 这种承认（admission）是不明智与危险的，因为会由于不涉及对责任或金额的和解谈判导致文件不受到无损害规则保护。这样一来，债权人就可以依赖债务人的这封信件作为证据申请破产清算外，还会有许多对债务人不利甚至会置之于死地的事，例如申请全球冻结令（Worldwide Freezing Order）等。

〔14〕 有关合约解释的问题，见笔者的《合约的解释：规则与应用》一书第六章之 §8 段。

类似的也可见后来的 Williams v. Hull (2009) EWHC 2844 (Ch)先例中 Arnold 大法官的说法。在更近期的 Best Buy Co v. Worldwide Sales Corporation (2011) EWCA Civ 618 上诉庭先例中,Neuberger 勋爵也说:"In my view, in so far as such question turns on the meaning of any particular passage in the September letter(有争议是否受到无损害规则保护的文件), it is to be answered by reference to what a reasonable person, in the position of the recipient of the letter, with its knowledge of all the relevant circumstances as at the date the letter was written, would have understood the writer of the passage to have intended, when read in the context of the letter as a whole."

《Phipson on Evidence》(2018 年,第 19 版)一书中看来也是支持了 Crane 大法官的看法,在 24-16 段说:"It is submitted that the approach of Crane J is correct. Although there is no complete analogy with principles of contractual construction, because the without prejudice principle can apply where there is no implied contract between the parties, the party receiving the document must be able to determine whether a document is without prejudice without knowledge of the inner workings of the mind of the writer. The question whether a document is without prejudice must surely be determined objectively, in the same way as construing a contract."

3.2.3 客观解释双方谈判目的的 Sang Kook Suh v. Mace 先例

不妨以较近期的 Sang Kook Suh v. Mace (UK) Ltd (2016) EWCA Civ 4 上诉庭先例作为例来介绍如何在客观上看待是否属于解决争议的和解谈判。案件的背景是,一对刚刚分居的夫妻从房东手中租赁了一家店铺经营寿司店,租期为从 1999 年开始的 20 年,但房东在 2010 年更换了门锁以及要取回店铺。因此夫妻作为共同原告起诉作为被告的房东,以违约等为由要求赔偿,但没有委任律师,而是自我代理(litigants in person)。原告中的妻子与被告的律师曾经进行过会谈,而事后指称在会议上妻子承认有应付未付、欠下的租金,而原告则希望依赖无损害规则保护有关的会议记录不被采纳作为证据。

房东的一个关键理由就是有关会谈并不是为了解决争议的和解谈判。妻子则是给出了几十页的文件,解释自己找对方当事人律师的原因是房东有雇员与自己常去的教会的管事(steward)是好朋友,而前述雇员在交谈中曾经透露原告在这个官司中是必输无疑的(管事也是热心,想要在教友之间提供协助)。管事反复建议妻子了解有关详情以保护自己(毕竟已经与丈夫分居),还提供了被告律师的联络资料给妻子。对于自己与对方律师会面的目的,妻子向法院作证说:"I went to Ms Jackson (被告律师) because I was advised that I should speak to her to find out about the case whether it was true that we were going to lose for certain. I did not think that it would affect my case just to speak to the other solicitor. Also the Steward (教会管事) kept telling me that [Ms Jackson] could help me so thought that was the case. I just wanted information. When I met [Ms Jackson], she asked me what the purpose of my visit was. I told her that I wanted to know the present situation of the proceedings and whether it was true that there was 100% certainty that I would lose ..."

看来在实际的会议上,双方的心态本就不一样,妻子可能确实是为了求证自己一方是否真的毫无胜诉希望,并想知道自己(不包括分居的丈夫)有没有从中脱身的可能。但被告的律师看来是很明确与有技巧地就关键性问题发问,也确实获得了不少关键性的回答[包括一些原告在诉讼(文书请求与/或证人证言等)中对事实陈述不一致的地方等]。这些承认(admission)十分重要,会是证明房东取回店铺合理合法不存在违约等的完美证据。但是否会适用无损害规则的关键在于会谈中是否满足为了和解谈判的前提(双方满足有真正争议这个前提不是问题),如果适用无损害规则的话,房东就不能依赖与披露这些关键证据。房东提出的说法是在会谈中实际上没有任何“谈判”,自己根本谈不上有什么和解或让步的意图。

上诉庭的 Beatson 大法官说在自我代理、没有委任律师而是由当事人自己参与诉讼时,与对方当事人的讨论到底是否有和解的目的是更难判断的:“Where litigants in person are concerned, it may sometimes, as in this case, be more difficult to determine objectively whether the discussions in question were negotiations genuinely aimed at settlement.”这也是可以想到的,毕竟缺乏有关法律知识与能力的当事人要求与对方律师会面,很有可能双方其实并没有共同的主观目标或意图,导致即使是在客观上来看双方到底做了什么也是困难重重。

在此先例中,Beatson 大法官判妻子前去与对方律师会谈,在客观上来看是有和解意图的,不妨节录部分说理如下:“But I am influenced here by asking what else could it be said the discussions were about? Mrs Suh told Ms Jackson that she wanted to know what was happening with the case and how it was progressing, but Ms Jackson proceeded immediately to ask her a number of pointed questions. Mrs Suh had not gone along to see Ms Jackson to answer her questions. Mrs Suh's first unprompted comment was to say that ‘she no longer wanted any part in these proceedings’. I cannot help but think that that must have been obvious to any outside observer from the beginning. Mrs Suh was not there to obtain legal advice. Ms Jackson was at pains to point out repeatedly that she could not provide any. **The discussions must be regarded objectively and in the round. The only sensible purpose for such a meeting must have been to seek some kind of solution to the litigation for Mrs Suh. That is what a settlement is, and what both parties here must objectively be regarded as having genuinely been seeking.**”(加黑部分是笔者的强调)

这案件的情况看来是典型的外行人乱来,结果上当并陷入严重不利境地的情况。即使事后再委任有水平的称职律师也未必能够补救。

3.2.4 谈判目的不是达成有效和解协议的 Bradford & Bingley v. Rashid 先例

在 Bradford & Bingley v. Rashid (2006) UKHL 37 先例中,贵族院的多数还对谈判目的是否是达成和解协议进行了考虑。案件的案情涉及两封信件(这两封信件都没有写明“无损害”的措辞/文字):(1)被告在第一封(9 月)信件中承认经济不好,要求延期还款,可以节录大致内容如下:“Please find attached Mr. Rashid's financial statement, which clearly indicates that at present, he is not in a position to repay the outstanding balance, owed to you. However, my client requests that once his financial situation is stable he will start to repay. This could be in year 2003/04. Please could you take the above into consideration and re-assess this matter and of course, his financial situation. Please do not hesitate to contact Mr. Rashid if you require further clarification regarding this matter."[15](2)被告在第二封(10月)信件说可以从亲友处先借钱,并希望以这部分还款算作清偿债务,可以节录大致内容如下:"Thank you for your letter dated 2nd October 2001. I have informed my client Mr Rashid of the contents of your letter. He is willing to pay approximately £ 500. 00 towards the outstanding amount as a final settlement. He is only able to afford this amount by borrowing from friends and family. I am enclosing documentary evidence required by you. I look forward to hearing from you shortly."

在一审和上诉庭的审理中,都宽松地解释了什么是对争议的"和解谈判",判这两封信件都适用无损害规则。一审中的 Hawkesworth QC 大法官说:"What was in issue was enforcement, and it seems to me there is equally a public policy issue in encouraging the parties to reach agreement as to the repayment of a debt as there is in encouraging them to agree as to the existence of a debt."而上诉庭[(2005) EWCA Civ 1080]也是同意了这样的看法,认可前述两封信件都针对了当事人之间的和解谈判,因此适用无损害规则不得被采纳作为证据。但是这看法在贵族院被推翻。

贵族院的 Brown 勋爵明确否定了一审和上诉庭对于这两封信件属于和解谈判的说法。Brown 勋爵指出这两封信件中对责任或债务完全承认,只是讨论如何还款的问题。而这并非是 Rush & Tompkins Ltd v. Greater London Council (1989) AC 1280 先例或 Chocoladefabriken Lindt & Sprungli v. Nestle Co (1978) RPC 287 先例中所说的"为了和解的谈判"。不妨节录 Brown 勋爵的说法如下:"If the without prejudice rule is to apply not merely to attempts to resolve a dispute over the existence or extent of a liability but also to discussions as to how an admitted liability is to be paid, that would seem to me a very substantial enlargement of its scope... In my opinion the without prejudice rule has no application to **apparently open communications**, such as those here, **designed only to discuss the repayment of an admitted liability rather than to negotiate and compromise a disputed liability. ... No 'statements or offers' were made here with a view to settling a dispute.** Since the debt was admitted, there was no dispute. As Mr Fenwick QC(原告的代表大律师) aptly put it in argument, Mr Rashid was simply asking for a **concession; he was not giving one.**"(加黑部分是笔者的强调)

值得注意的是,在上述说法中看来 Brown 大法官认为此先例中的债务人没有给出和解谈判中的要约(offer)、建议(suggestion)或让步(concessions),反而只是在表面看来公

〔15〕 在贵族院的审理中,原告对这份信件的回信也被披露,内容是:"Our client is not willing to hold this matter without payment. Our client requires Mr Rashid's proposals for repayment. Should your client be in a position to raise a lump sum payment in full and final settlement, our client is willing to consider writing off a substantial amount of this debt."

开的信件中要求债权人通融，也因此并不属于和解谈判了。这个说法也被其他贵族院的大法官们所支持。也可以节录 Mance 勋爵所说：“Here, the respondent, Mr Rashid, was not offering any concession. On the contrary, he was seeking one in respect of an undisputed debt. Neither an offer of payment nor actual payment of a smaller sum in purported discharge of a larger admitted indebtedness has the effect in law of discharging that indebtedness... But, even if Mr Rashid had been offering a lesser sum on a basis which could, if accepted, have precluded the appellant bank from pursuing the admitted larger debt... there would have still have been no relevant dispute about his indebtedness, and the ‘without prejudice’ rule would still have had no application.”

总结而言，单纯承认(pure admission)经济有困难，或者是单纯向对方哀求通融与让步都是不明智与危险的做法。原因之一是这种承认或哀求没有用，今天的国际商业环境中不存在同情心的问题。原因之二是法律已经明确目的不是达成法律承认的有效和解协议，即双方需要相互妥协与宽限作为约因/对价，就不会受到无损害规则保护。这一来这种承认或哀求只会被对方利用，采取对自己不利的行动(如申请简易判决、冻结令或破产)。因此如果要对延期付款、以少量金额付款等问题(包括坦诚自己经济状况不好等)进行谈判，就要同时说明质疑债务金额与/或责任应否承担、损失金额等。但这也取决于债务的性质，例如判决债务(judgment debt)就没有质疑的空间。

3.2.5 笔者的伦敦仲裁案件

最后一个例子是笔者(作为仲裁员)近年的一个伦敦国际仲裁案件，双方的买卖合约中有一条文明示规定卖方向买方付运一批货物后，收取货价的先决条件(pre-condition)是在付运后 30 天内发出一份索求函(demand letter)，说明付运货物数量、质量符合合约要求、货物价格等详情。在买方的抗辩书(statements of defence)中对这个卖方指称的事实的反驳是“不承认”(not admit)，这就表示卖方需要证明它已经满足了这个先决条件。[16]事实上，卖方也的确在期限内作出与发出给买方这份文件，但在抬头写明是“无损害”。这样一来，买方拒付货价的一个重要理由是该份文件不应被仲裁庭采纳(inadmissible)。但如果文件不被采纳，也就等于卖方没有证据证明它满足了向买方作出索求函的买卖合约的先决条件。

笔者在内的仲裁庭认为这“无损害”的标签(label)与文件的内容与买卖双方之间有真正的争议并无关系，与让步和妥协以达成和解协议更无关系。所以无损害规则不适用，文件与争议有关，需要披露而且被仲裁庭采纳。

仲裁庭认为卖方写明“无损害”的客观与合理看来的原因/意图是为了保留权利(pre-

〔16〕 本书第七章之 6.1 段提到要在文书请求中对对方指称的事实作出回应与反驳，一般是“承认”、“不承认”或“否认”。在这个仲裁案件中，如果买方承认，则卖方就根本无须证明发出了索求函，因为再也不是一个争议的事实。如果买方否认，就必须要讲出否认的原因，例如买方从来没有收到过这个索求函或在超过 30 天后在某一天才收到，并提供证据。但买方这样做很危险，因为是瞎说。尤其在法院递交文书请求时还要签署真实声明(statement of truth)，这等于是一个向法院作出的宣誓。仲裁庭虽然没有这么严厉，但明知道有索求函是否可被采纳这个技术性争议，还否认收到过索求函非常不明智的。

serve rights)。例如,如果卖方将来发觉计算错误(如被发货人后来告知付运与交出给买方的货物数量少算了),这一份作出并支付的索求函就不会被视为卖方对后来追加不足货价的禁反言。

3.3 文件写明"无损害"(without prejudice)

本章之2段已经介绍过,无损害规则的两个理据是公共政策/利益(public policy/interest)与双方当事人的共识/合约默示(convention or implied agreement)。无损害规则主要是为了鼓励与保护当事人之间为了解决争议而自由进行和解谈判。

很多时候文件都会在抬头或内容中写明"无损害",但这是否就表示该文件就一定不能被法院采纳为证据?简单的答案是"不是",这有两方面的原因:(1)虽然明示(express)确实可以超越默示条文,但也很明确有一个前提是明示条文不能违反公共政策/利益。所以,如果文件的内容不涉及真正的争议与和解谈判,即不存在鼓励与保护当事人之间的和解谈判和披露所有有关文件以公平审理(fair trial)与找出事实真相这两个公共政策/利益的权衡,则即使双方当事人在文件上明示"无损害"甚至更进一步写明"不可被采纳为证据",也不能超越公共政策:见 Stax Claimants v. Bank of Nova Scotia Channel Islands Ltd (2007) EWHC 1153 (Ch)先例。也可见 Shepherd Construction Ltd v. Berners (BVI) Ltd (2010) EWHC 763 (TCC)先例中所说:"In my judgment, the label is meaningless, because these communications were not negotiations. These were not matters on which the parties were hoping to reach agreement in order, in some way, to compromise outstanding claims."〔17〕(2)"无损害"是一个常被没有法律背景的人士在各种情况下使用的词组,其中很多情况与对一个真正的争议妥协与和解毫无关系,在制作写明"无损害"的文件时双方不存在任何争议。

滥用"无损害"的情况主要是两种:第一种情况是 Mance 勋爵在 Bradford & Bingley v. Rashid (2006) UKHL 37 先例中说的文件制作者只是不假思索与多余地写明"无损害",根本不理会这个词原本应该用在什么情况(the phrase is used unthinkingly or superfluously, in which case it falls simply to be ignored)。第二种情况是文件制作者不希望文件将来被对方用来针对自己,影响己方的权利。例如担心自己曾经的让步或宽限(此时通常还没有争议,所以与和解谈判完全无关)的言行会构成弃权与/或禁反言(waiver and/or estoppels),〔18〕就在做出言行前说明接下去的言行是在无损自己权利的前提下做出(without prejudice to my rights)。如发生货损后,为断定事故原因或损失多少,货方、船方及背后保险人都会参与现场的共同检验。为了明确立场,大家还会明言这是基于"无损害"的基础,即船方没有承认对货损负责,保险人也没有答应一定赔付等。这方面课题可见笔者的《合约的履行、弃权与禁反言》一书第四章之6.5.1段。

而除了上述两种主要情况,还有其他的例子。例如法院不影响实体权利的撤销法律

---

〔17〕 这是过往比较一致的判法,也因此在本章之3.4段对于 Avonwick Holdings v. Webinvest (2014) EWCA Civ 1436 上诉庭先例中 Lewison 大法官的说法有所质疑。

〔18〕 这个复杂与重要的课题可见笔者的《合约的履行、弃权与禁反言》一书。

行动(dismissal without prejudice),这表示法院撤销法律行动(无论是申请、起诉或上诉)时没有对案件实质争议作出任何决定。当诉讼方再次开始法律行动时,对方诉讼方不得以一事不再审(*res judicata*)[19]作为抗拒。

另一个较少有的例子是误以为"无损害"可以保证机密,就在文件中说一些涉嫌非法的话,但这显然是错误的理解。Mance 勋爵在 Bradford & Bingley v. Rashid 先例中说无损害规则严格只适用在合法的情况(strictly confined to the area of its legitimate utility in the facilitation of the settlement of disputes)。毕竟,即使是绝对性权利的法律业务特免权,也有罪行原则(iniquity principle)[20]的例外。

还会有一些采用 WP 的缩写但完全指代的是其他意义的各种情况。例如 The "Zenovia" (2009) 2 Lloyd's Rep 139 先例中,期租合约下当事人的一封信件中说:"approximate notice of redelivery for the MV Zenovia at DLOSP 1 sp China on about 04 Nov 2007 basis agw, **wp**, wog, uce ..."(加黑部分是笔者的强调)当事人采用了"WP"的缩写,仲裁庭认定这是写明"Without Prejudice",但是在法院被驳回,Tomlinson 大法官说:"I must confess to surprise that the arbitrators should have regarded the acronym 'wp' as meaning in this context 'without prejudice'. Drawing on my own experience I would have regarded it as likely to have been intended to mean, in this context, 'weather permitting'."

写明"无损害"也有重要的好处,主要是在表面上来看明示表达了适用无损害规则,可以不被披露以及不被采纳:见 Williams v. Hull (2009) EWHC 2844 (Ch)先例。[21] 笔者作为仲裁员时如果看到了在抬头标注"无损害"的文件,会立即停止阅读并向双方当事人澄清。只有在双方当事人确认仲裁员可以阅读时,才会继续阅读。而如果文件内容是有关和解谈判,但没有在抬头或文件显著位置标注"无损害",很可能仲裁员在阅读文件后才发现内容适用无损害规则。虽然仲裁员会保证将受无损害规则保护的内容"抛诸脑后",但仍会令当事人不安心。这本来就不应该发生,这也是为什么法院以前有存款入法院(payment into court)与仲裁有秘密提议 sealed offer、calderbank offer 的做法。

另一个重要好处是在法院或仲裁庭实质进行考量时,如果写明无损害,看来也能证明这些对话是为了和解谈判。特别是在模棱两可的情况下,写明会对判断是否受无损害规则保护有影响。

在 Bradford & Bingley v. Rashid 贵族院先例中,就显然看到 Brown 勋爵、Mance 勋爵以及 Walker 勋爵在判有关文件不受到无损害规则保护的理由中,受到了有关信件并没有

---

[19] 参见笔者的《合约的履行、弃权与禁反言》一书第九章。

[20] 罪行原则可见本书第十一章之 1.2 段。

[21] 此先例中 Arnold 大法官认为,如果一封信件写明了无损害的措辞/文字,就有可反驳的推定(rebuttable presumption),认为有关通讯是无损害和解谈判的一部分,而要提出反驳,就必须有明确证据证明这个写明的措辞/文字是有其他用途:"I think it is correct to say that, if a letter is expressly stated to be 'without prejudice', that gives rise to a rebuttable presumption that the communication is a without prejudice communication within the meaning of the rule unless it is clear that the expression has been used with some other meaning or purpose."

写明无损害措辞/文字的影响。不妨节录 Mance 勋爵的说法如下:"Even where there is a dispute, not every offer of compromise is necessarily intended to be without prejudice, and the express use of the phrase not only puts the matter beyond doubt in a situation where there is an offer to compromise an existing dispute, but is also capable of throwing some light on the answer to the objective question whether such a situation existed. But its use is by no means conclusive. Neither a dispute nor a concession or offer to compromise can be conjured out of mere words."

以上判词是说即使有争议存在的情况下,也并非所有当事人作出的和解要约都希望适用无损害规则。在有争议的情况下写明无损害显然是想要有关和解要约适用无损害规则。同时对于是否存在"争议"有疑问时,从客观上看待时如果当事人写明无损害看来也会有影响。但需要注意写明了什么措辞/文字只是影响的因素之一,无论是否存在"争议"还是是否属于和解谈判的问题,都不能只是仅仅根据写了什么措辞/文字来判断。

3.4 写明"无损害"是否仍需要争议存在的疑问

但是近年来的先例明确区分了两个理据后,如果当事人是通过共识/合约默示,甚至是明示(express)想要对某些文件适用无损害规则时,是否就可以无须有真正的争议存在呢? 毕竟,这个问题涉及订约自由(freedom of contract)的大原则。

在 Bradford & Bingley v. Rashid (2006) UKHL 37 贵族院先例中,案情虽然不是涉及这个问题,但是 Brown 勋爵与 Mance 勋爵对这个问题发表了不同的看法。Brown 勋爵认为,即使文件与鼓励通过和解解决争议的公共政策无关,当事人也可以通过写明"无损害"的措辞/文字,让不想披露的文件享有无损害规则的保护。但 Mance 勋爵认为,不能将有争议的前提下写明"无损害"与无争议时写明"无损害"的情况等同。当事人不能通过写明"无损害"就任意地扩大无损害规则保护的范围。不妨节录部分 Mance 勋爵的判词如下:"In the light of this analysis, it is wrong to assimilate the express use or effect of the phrase 'without prejudice' in a context where there is no dispute or attempt to compromise a dispute with the significance of the 'without prejudice' rule which applies, or of the 'privilege' which exists, where there is an attempt to compromise a dispute. I am unable therefore to agree with my noble and learned friend Lord Brown's statement in paragraph 63 that 'generally speaking' communications marked 'without prejudice' will 'attract the privilege even without the public policy justification of encouraging parties to negotiate and settle their disputes out of court'. **It is not open to a party or parties to extend at will the reach of the 'without prejudice' rule or of the 'privilege' it affords as regards admissibility or disclosure.**"(加黑部分是笔者的强调)

Avonwick Holdings v. Webinvest (2014) EWCA Civ 1436 上诉庭先例看来是首次直接针对这问题的先例。原告的代表大律师(Steven Berry QC)就争辩双方虽然可以将无损害规则保护的范围延伸或缩减(如在诉讼费用程序中通过明示条文缩小无损害规则保护的范围:见本章之4.2.7段),但仍然需要有存在争议的大前提,然而并没有提出什么先例来支持这个说法。此先例的案情简单而言是被告(Webinvest)从原告(Avonwick)处借贷资金,再对第三方作出投资。被告的借贷由其背后的自然人(Shlosberg 先生)担保。由于被告未能偿还贷款,原告于 2014 年 4 月 3 日发出英国《Insolvency Act 1986》下的法定要求偿债书(statutory demands),这就意味着如果被告再未能清偿债务,原告就要向法院申请强制被告破产清算。在发出法定要求偿债书的同时,原告还发出了写明"Without Prejudice & Subject to Contract"〔22〕的电邮(以及附带的信件),要约以一些条件(如提供额外保障,在特定日期前必须还款多少等)作为前提换取允许延长还款期限。在 4 月,被告与 Shlosberg 先生一直都配合与愿意和解,被告的代表律师也已经回复基本认为原告的提议是可行的,并让原告的律师开始草拟具体的条文。但是在 5 月 30 日,Shlosberg 先生态度有了改变并首次提出原借贷合约附带了口头协议,约定只有在被告从第三方处收到投资款项后才会偿还对原告的借贷款项。一审对事实的认定(finding of facts)是直到 5 月 30 日 Shlosberg 先生提出附带口头协议的说法前,在当事人之间就责任与金额问题上并无争议。

这也就带来了问题,因为既然在 5 月 30 日以前,双方当事人在责任与金额方面都不存在争议,讨论的不过是如何还款的问题,则双方当事人在 4 月的和解谈判内容是否会受到无损害规则的保护呢?原告就提出在通讯中写明了"无损害"的措辞/文字,因此当事人是通过合约的方式将无损害规则适用在这些通讯中。这个观点得到了一审与上诉庭的认可。不妨节录上诉庭的 Lewison 大法官所说如下:"The other basis for the rule is contractual, that is **by contract the parties may extend the usual ambit of the without prejudice rule**... Mr Berry(原告,即申请披露一方的代表大律师)submitted that although the parties could by agreement extend the ambit of a without prejudice rule, they could only do so in circumstances in which there was a dispute either existing or imminent.〔23〕If that is the case, then it seems to me to be hard to see what it adds to the public policy justification.〔24〕**Freedom of contract is a basic principle of English law.** If A and B agree for valuable consideration that their communications will not be used in civil proceedings in court, I find it difficult to see why, as a matter of principle, the court should not uphold their agreement.〔25〕Confidentiality clauses are the stuff of commercial life. Moreover, it is often open to two parties by agreement to immunise their acts from what would otherwise be their legal consequences.〔26〕A non-reliance clause in a contract would immunise what would otherwise be a

〔22〕在后续诉讼中双方都同意当时不存在争议,因此写明"无损害"是双方律师的"错误"。如果就通讯内容本身而言,是不会适用无损害规则的。

〔23〕原告/申请披露方的代表大律师提出,只有在已经存在争议的情况下,当事人才可以通过合约的方式扩大无损害规则保护的范围。

〔24〕在 Lewison 大法官看来,如果这个说法正确,看来实际上并没有通过订约自由扩大无损害规则在公共政策/利益的理据下保护的范围。

〔25〕订约自由是英国法下重要的大原则。如果 A 与 B 基于重要的考虑,决定约定特定的通讯/文件不得在法院民事诉讼中使用,从理论上来看这个约定没理由不被法院所支持。

〔26〕机密性条文(confidentiality clause)是商业合约的重要组成部分。在民事诉讼中,当事人也完全可以自由约定自己的某些行为不带来法律后果。

misrepresentation and an entire agreement clause would immunise what would otherwise be a collateral warranty.[27] This must however be done by agreement. One person cannot unilaterally impose a rule on another."(加黑部分是笔者的强调)

Lewison 大法官还提到当事人之间还会由于合约性禁反言(contractual estoppel)导致有的证据不能被提交给法院,例如是结论性证据条文(conclusive evidence clause)等,这可见笔者的《合约的履行、弃权与禁反言》一书第八章。但是在此先例中,Lewison 大法官根据证据判双方当事人之间并没有在有关的书信往来中达成真正的约定。此外,在本章上一段已经提到"无损害"的措辞/文字会有很多不同用途,而此先例的书信往来中写明的"无损害"也被判并非针对无损害规则。

在《Phipson on Evidence》(2018 年,第 19 版)一书之 24 – 15 段对此先例有所评论,并指出法院的态度应该是非常小心的。可以节录如下:"Whilst no doubt the parties could reach an express agreement that correspondence not be referred to in court, **it is suggested that the court must take great care before implying such an agreement**. In without prejudice communications, the court distinguishes circumstances where there is no relevant assumption or agreement between the parties (the public policy ground) from circumstances where the public policy element of the principle is buttressed by the deemed or implied agreement or assumption of the parties (the contractual ground). **But there is no actual contract between the parties: imposing the implied contract on parties who have not actually made a contract itself involves an element of public policy, such public policy justification being absent if there is no dispute between the parties so as to bring the principle into play.**"(加黑部分是笔者的强调)

《Phipson on Evidence》一书看来是说即使是基于共识/合约默示的无损害,实际上也是有公共政策的因素在内的。也因此要想能够说服法院在没有争议的前提下,仍然默示当事人之间有共识/合约默示无损害规则适用是非常困难的。

看来 Avonwick Holdings v. Webinvest 上诉庭先例仍然留有疑问。而该案件很急,需要在周五即刻作出决定,因为下周一就要对实质问题开庭审理。也因此虽然是上诉庭判决,但包括 Lewison 大法官的上诉庭可能没有机会进行更详细的考虑,双方的代表大律师也可能没有时间给出更多的陈述与争辩。在 Avonwick Holdings v. Webinvest 上诉庭先例中,Lewison 大法官将这种情况与机密性条文、完整合约条文、无依赖条文与结论性证据条文相提并论,并认为当事人完全可以通过订约自由改变法律地位。笔者也完全同意在订约自由下,合约中常有做法是可以明示约定限制当事人行为的法律后果。但无损害规则是与公共政策/利益也是与英国法院的做法息息相关的。在诉讼中,所有与争议有关

〔27〕 完整合约条文(entire agreement clause)、没有依赖条文/无依赖条文(non-reliance clause)的本意都是订约双方局限合约的解释只限于合约内的明示条文,排除其他的附带保证(collateral warranty)或是误述(misrepresentation)的争议等。有关完整合约条文与无依赖条文的问题,可见笔者《合约的解释:规则与应用》一书第十三章之 2 段。

的文件都要被披露以保证公平审理是重要的公共政策，而无损害规则或特免权是在权衡之下超越了这一公共政策，使文件无须披露与不被采纳，这与法律业务特免权（legal professional privilege）的道理是一样的。公共政策是不能在订约自由下被双方约定排除的，就像是法院诉讼中不能约定排除一部分 CPR（如公开开庭审理）的适用。因此如果在没有争议的前提下，只是书信往来中写明无损害，则订约自由充其量是将有关文件提升到机密性（confidential）文件的地位。一旦出现诉讼而且争议与这些文件有关，笔者认为法院仍然可以强制披露并采纳文件作为证据。

这方面最后可节录 Dickson Stores Group v. Thames Television（1993）1 All ER 349 先例中 Dixon 大法官所说："The **mere fact of heading a letter 'without privilege'** is not in the least decisive as to whether or not the letter is in fact privileged. The privilege exists in order to encourage bona fide attempts to negotiate a settlement of an action and **if the letter is not written to initiate or continue such a bona fide attempt to effect a settlement it will not be protected by privilege.** But, conversely, if it is written in the course of such a bona fide attempt, it will be covered by privilege, and the absence of any heading or reference in the letter to show it is written without prejudice will not be fatal."（加黑部分是笔者的强调）

3.5　小结

最后还可以节录《Phipson on Evidence》（2018 年，第 19 版）一书之 24－19 段对此问题的看法与建议："If one, looks at the cases, it will be seen that the use of the words 'without prejudice', or the lack thereof, is hugely important in the court's determination of the issue. The correct position is, it is suggested, as follows：(a) The starting point is to determine whether the 'without prejudice' principle is engaged at all：is the communication in the course of bona fide negotiations with a view to settlement of a dispute, or have the parties otherwise implied agreed that their correspondence should be inadmissible in court proceedings between them. (b) If so, the court will expect to treat communications marked 'without prejudice' as being inadmissible in subsequent court proceedings between the parties. (c) If there is doubt as to whether the without prejudice principle is engaged, the use of the words may assist the court in determining whether there is an attempt to settle an existing dispute. (d) However, even if the words 'without prejudice' were not used, the without prejudice principle will still apply if the circumstances judged objectively were such that it can be assumed to have been intended that the communications in question, being made with a view to settlement, be not admitted in evidence."

4. 无损害规则的例外

在本章前文中已经提到，无损害规则与法律特免权不一样，并不是绝对权利。因此在涉及与其他的公共政策/利益产生冲突时，就需要进行权衡（balance）。而在一些先例中，实际上已经建立了一些明确可以作为无损害规则的例外情况（exceptions to the rule），这将在本段进行进一步介绍。

4.1　公共政策的权衡:保护和解谈判的公共政策/利益虽然不会轻易让步但并不肯定

在本书第九章之2.3.3段已经介绍过今天有关对文件机密的保护需要结合《欧洲人权公约》(ECHR)以及英国《Human Rights Act 1998》立法,毕竟《Human Rights Act 1998》下赋予的权利会属于立法权利,与普通法下赋予的法律业务特免权或是无损害规则保护需要一并看待。近年来也有先例谈到这方面问题。例如在Prudential Assurance Company Ltd v. Prudential Insurance Company of America (2002) EWHC 2809 (Ch)先例中就说到人权法下,言论与通讯自由是受到其他权利局限的,这就包括无损害规则的保护,而在ECHR或《Human Rights Act 1998》下,这些公共利益之间是需要进行权衡的,说:"Article 10[这是指ECHR之Article 10,针对是言论自由权利等,在英国《Human Rights Act 1998》中则可见Section 12(4)等] confers on everyone the right to freedom of expression, including the right 'to receive and impart information and ideas without interference by public authority and regardless of frontiers'. But that right is subject to such restrictions as are prescribed by law and are necessary in a democratic society for the protection of rights of others. Prima facie, therefore, the right is engaged by the 'without prejudice' rule but justified by the public interests which underlie it. But what this part of the case does emphasise is **the need to apply the 'without prejudice' rule with restraint and only in cases to which the public interests underlying the rule are plainly applicable.**"(加黑部分是笔者的强调)

这看法也在之后的Wilkinson v. West Coast Capital (2005) EWHC 1606先例中得到跟从。在笔者看来这也就意味着共识/合约的默示作为无损害规则的理据之一仍然是有必要的,毕竟在ECHR下,公共政策的保护会由于需要与其他公共政策进行权衡而趋于不肯定与不稳定。尤其是对于无损害规则来说,需要对抗的公共政策,或者说是存在直接矛盾的就是在今天尽量披露文件以达到公平审理(fair trial)与找出事实真相。在Rush & Tompkins Ltd v. Greater London Council (1989) AC 1280贵族院先例中,Griffiths勋爵说:"I believe that the question has to be looked at more broadly and resolved by balancing two different public interests namely the public interest in promoting settlements and the public interest in full discovery between parties to litigation."

在R v. K (2010) QB 343上诉庭先例中,就涉及有关无损害规则背后的公共政策/利益的权衡问题。此先例的背景是夫妻双方离婚,就财产分割问题丈夫作出了财产的信息披露,同时双方也进行了试图和解谈判的无损害会议(without prejudice meeting)。在会议上看来丈夫的一些回答显示出他可能存在逃税漏税的问题。结果有线人(informer)把有关信息告诉了税务部门,因此导致丈夫被以税务欺诈(tax fraud/tax evasion)起诉。争议之一就是有关无损害会议中的内容是否可以被依赖作为证据控告丈夫。上诉庭的判法是在这种情况下,持有(由线人所提供)证据的是第三方(税务部门),也因此只是与公共政策/利益的无损害规则有关,与共识/合约下的默示无关。在与此先例中调查犯罪与严惩逃税漏税背后的公共利益相比,无损害规则的保护显然是需要作出让步的:"... that since the Crown was a third party to the negotiations between the defendant and his wife, the use as evidence against him of the defendant's admissions under the 'without prejudice' rule could not depend on the express or implied agreement of the parties but had to depend entirely on considerations of public policy; **that there was a strong public interest in the investigation and prosecution of crime which was sufficient to outweigh the public interest in the settlement of disputes.**"[28]（加黑部分是笔者的强调）

但这并不意味着无损害规则的公共政策/利益会轻易让步，在 Savings & Investment Bank Ltd v. Fincken (2004) 1 WLR 667 先例中，Rix 大法官就说："That, after all, is what the without prejudice rule is all about, to encourage parties to speak frankly to one another in aid of reaching a settlement: and the public interest in that rule is very great and not to be sacrificed save in truly exceptional and needy circumstances."

还可见近期的 Ofulue v. Bossert (2009) UKHL 16 最高院先例中 Hope 勋爵所说："The essence of [无损害规则] lies in the nature of the protection that is given to parties when they are attempting to negotiate a compromise. It is the ability to speak freely that indicates where the limits of the rule should lie. Far from being mechanistic, the rule is generous in its application. It recognises that unseen dangers may lurk behind things said or written during this period, and it removes the inhibiting effect that this may have in the interests of promoting attempts to achieve a settlement. **It is not to be defeated by other considerations of public policy which may emerge later**..."（加黑部分是笔者的强调）

毕竟一旦规则有了太多例外情况，规则本身就名存实亡了。但法院为了在不同案情的案件中尽量做到公平合理，又要做到让其他所有同类案件都能有肯定的分水岭，因此不容易作出不同公共政策/利益之间权衡。

4.2　Unilever Plc v The Procter & Gamble Co 上诉庭先例提到的八种例外

无损害规则或特免权的例外情况的权威先例是 Unilever Plc v. The Procter & Gamble Co (2000) 1 WLR 2436 上诉庭先例。在此先例中，宝洁公司（Procter & Gamble）指称联合利华（Unilever）旗下某产品（persil performance tablets）侵犯了自己享有的专利权。之后双方高层在 1998 年进行会晤商讨有关事宜，看来是在会议上宝洁公司威胁要开始针对联合利华的诉讼。之后联合利华以之为由，在英国法院作为原告提起诉讼。[29] 而宝洁的一项重要抗辩就是该会议中所有的谈判内容都受到无损害特免权保护，不得被作为证据依赖。而如果这个说法被得到支持，显然联合利华在英国法院提起的诉讼就会由于毫无证据而被提前申请撤销了。

---

〔28〕 当然由于这是刑事案件，因此法院在《Police and Criminal Evidence Act 1984》之 Section 78 下有裁量权决定在公平的考虑下是否要采纳这些证据，这与一般民事案件会存在一定不同。另外这也看出无损害规则与法律业务特免权在保护程度上的巨大区别，这可见在本书第九章之 2.3.1 段介绍的 R v. Derby Magistrates (1996) AC 487 贵族院先例。

〔29〕 根据《Patents Act 1977》之 Section 70，可以将被威胁起诉专利侵权（threat of infringement proceedings）作为诉因（cause of action）先向法院申请要求宣告该威胁没有充分理由支持，禁止被告继续作出该威胁，以及要求被告赔偿因该威胁而已经蒙受的损失等。

而在此先例中的一个问题是,即使是本可以受到无损害特免权保护的内容,是否会由于与其他公共利益产生冲突,导致无损害规则需要让步?对此问题,Walker 大法官对过往无损害规则例外(exceptions to the without prejudice rule)的先例进行了小结,这在今天常被作为权威说法引用,并在较近期的 Ofulue v. Bossert (2009) UKHL 16 贵族院先例与 Oceanbulk Shipping & Trading SA v. TMT Asia Limited (2010) UKSC 44 最高院先例等中得到确认。

4.2.1 例外之一:用来证明和解释已经达成的和解协议

在 Unilever Plc v. The Procter & Gamble Co (2000) 1 WLR 2436 上诉庭先例中,Walker 大法官说:"(1)… when the issue is **whether without prejudice communications have resulted in a concluded compromise agreement**, those communications are admissible."

在针对双方的谈判是否已经达成妥协或和解协议时,较早前和解谈判的内容是可以被依赖作为证据的。否则就无法证明是否存在一个有效协议的要件,如约因/对价(considerations)、订约意图(intention to contract)等。同样的,和解协议与其他协议/合约一样,即使合约双方不否认已达成协议,但对于合约的条文如何解释产生争议,又如指称合约条文没有正确记录双方谈判所达成的共识而需要变更(rectification),则和解谈判的文件是允许被采纳作为证据:见 Tomlin v. Standard Telephones & Cables Ltd (1969) 1 WLR 1378 先例。近期的先例则可见 Gnitrow Ltd v. Cape Plc (2000) 1 WLR 2327 与 Admiral Management Services v. Para-Protect Europe (2002) FSR 914 等先例。

需要注意的是,和解协议是不受到无损害规则保护的,也因此如果和解谈判成功,在和解协议上也无须在抬头写上"无损害"(without prejudice)的措辞/文字。这也完全可以理解,因为首先是既然已经达成和解协议,也就不存在要让当事人之间可以自由地谈判(包括认错或其他承认与让步)以达成和解的公共政策/利益的问题。而在和解协议达成后,债务人仍然拖欠不履行付款义务[30]也不少见。此时如果和解协议也不得被采纳作为证据的话,债权人岂不是无处申冤。

当然值得注意的是,在其他情况下,即使已经达成了和解协议,和解谈判的内容面对第三方或其他有关同一个争议的诉讼(或者有多位被告,原告只是与其中一个被告谈判并达成和解协议)仍然可能受到无损害规则的保护,这方面可见本章之 7 段的详细介绍。

4.2.2 例外之二:以误述、欺诈或不当影响为由要求撤销达成的协议

在 Unilever Plc v. The Procter & Gamble Co (2000) 1 WLR 2436 上诉庭先例中,Walker 大法官提到的第二点例外是:"(2) Evidence of the negotiations is also admissible to show that an agreement apparently concluded between the parties during the negotiations should be set aside on the ground of misrepresentation, fraud or undue influence."

如果想要之后以误述(misrepresentation)、欺诈(fraud)或不当影响(undue Influence)为由要求撤销在和解谈判过程中达成的协议,也可以依赖谈判内容作为证据,见 Underwood v. Cox (1912) 4 DLR 66 先例。这也并无特别,因为所有的合约如果是因为这些理

[30] 今天的和解协议的内容可以很复杂,也经常涉及分期付款。

由达成,都会面临同样的后果。而为了证明合约是因为这些理由达成,就必须要看谈判中的文件与信息。

4.2.3　例外之三:和解谈判中的禁反言

在 Unilever Plc v. The Procter & Gamble Co (2000) 1 WLR 2436 上诉庭先例中, Walker 大法官提到的第三点例外是:"(3) Even if there is no concluded compromise, a clear statement which is made by one party to negotiations and on which the other party is intended to act and does in fact act may be admissible as giving rise to an estoppel."

即使没有达成和解协议,但一方当事人指称对方在谈判中曾经作出明确的陈述,而自己依赖该陈述蒙受损害,这会构成陈述性禁反言(estoppel by representation)等:见笔者的《合约的履行、弃权与禁反言》一书第五章。在这种情况下,就可以依赖谈判协议的有关内容作为证据证明禁反言:见 Hodgkinson & Corby Ltd v. Wards Mobility Services Ltd (1997) FSR 178 先例。在笔者看来,只是有关会构成禁反言的言行与陈述部分可以被采纳作为证据,而其他部分仍然会受到无损害规则保护。

4.2.4　例外之四:显然不正当

在 Unilever Plc v. The Procter & Gamble Co (2000) 1 WLR 2436 上诉庭先例中,Walker 大法官提到的第四点例外是:"(4) Apart from any concluded contract or estoppel, one party may be allowed to give evidence of what the other said or wrote in without prejudice negotiations **if the exclusion of the evidence would act as a cloak for perjury, blackmail or other 'unambiguous impropriety'** ... But this court has, in Forster v. Friedland and Fazil-Alizadeh v. Nikbin (unreported), 25 February 1993... warned that the exception should be applied only **in the clearest cases of abuse of a privileged occasion**."(加黑部分是笔者的强调)

如果涉嫌了伪证(perjury)、敲诈勒索(blackmail)或其他显然不正当行为(unambiguous impropriety)时,不能用无损害特免权来作为"挡箭牌"。但正如上一段节录中加黑的部分所说,只有在最清楚的案件中才会有例外情况,这也防止这个例外被滥用。而这方面的先例的案件相对较多与较复杂。原因是在和解谈判中双方经常有虚张声势与威胁的言行,虚张声势会与较早前与文书请求/书面陈述(pleadings/statements of case)或向法院作出的誓章(affidavits)中的内容有矛盾,而过分威胁就会接近敲诈勒索,所以必须在每一个案件中根据案情具体分析。

早期的先例可见 Greenwood v. Fitts (1961) DLR (2d) 260 先例中,被告在谈判中就威胁原告放弃诉讼,否则就会提供伪证、贿赂或威胁他人提供伪证等,这被法院认定可以被采纳作为证据。又如是在 Hawick Jersey International Limited v. Caplan (The Times, 11 March 1988)先例中,原告在谈判中承认自己的索赔其实毫无依据,被告就说:"You are not going to force my hand by blackmailing me."原告回应:"But I have got to..."这也被法院认定可以采纳作为证据。

"显然不正当"的说法来自 Forster v. Friedland (unreported, 10 November 1992)上诉庭先例,此先例中 Hoffmann 大法官说 Greenwood v. Fitts 先例以及 Hawick Jersey International Limited v. Caplan 先例中的情况都是将无损害规则用作遮盖敲诈勒索的"幌子"(as a cloak for blackmail),并指出只有在极端的显然不公正时才有此例外:"These are clear cases of improper threats, but the value of the without prejudice rule would be seriously impaired if its protection could be removed from anything less than unambiguous impropriety."类似情况也可见 Independent Research Services v. Catterall (1993) ICR 1 先例等。

又如在 Fazil-Alizadeh v. Nikbin (unreported, 25 February 1993)上诉庭先例中,当事人对一幢房产的权益(beneficial interest)产生争议。双方当事人进行了无损害谈判,而谈判内容被秘密录音。被告后来想依赖在谈判中的两方面内容:一方面是原告在诉讼中指称自己有全部的房产权益,但是在谈判中承认曾经将部分产权转让给第三方并收到了相应的付款;另一方面则是在谈判中看来原告的说法显示曾经篡改过文件。但这些都被法院认为并不足以构成显然不正当与构成无损害规则的例外。类似的还可见近期的 Merrill Lynch, Pierce Fenner & Smith Inc v. Raffa (The Times, 14 June 2002)等先例。

还如较近期的 Boreh v. Republic of Djibouti (2015) EWHC 769 (Comm)先例,[31]此先例中和解谈判中 Boreh 先生受到对方(吉布提共和国,这是一个主权国家)威胁要求接受很高金额的和解要求,否则将在全世界各地开展针对与影响 Boreh 先生与其家人的民事以及刑事诉讼,要让 Boreh 先生与其家人的生活无比艰难等。这也被 Flaux 大法官判这些文件都属于显然不正当的例外情况而可以被采纳作为证据。

但是什么时候才能达到显然不正当的例外的"分水岭"毕竟是模糊的,是否能够达到这个标准,仍然要根据个案的事实进行判断,也与审理法官的感受有关。而近年来的趋势是在这方面对待伪证或敲诈勒索的态度稍有不同,但这仍然是要结合案件具体情况的不同进行判断。

4.2.4.1 显然不正当的行为涉及伪证

在 Savings & Investment Bank Ltd v. Fincken (2004) 1 WLR 667 上诉庭先例[32]中,作为原告的银行(Savings & Investment Bank Ltd, SIB)向被告(Fincken 先生)追讨1900万英镑债务。SIB 也申请将 Fincken 先生破产,在破产程序中,Fincken 先生作出一份对自己经济能力的誓章(affidavit of means)。之后双方就债务问题达成和解协议,其中 Fincken 先生保证自己所有 5000 英镑以上的资产都已经在经济能力誓章中作出了披露。然而看

---

[31] 此先例中,Boreh 先生是吉布提共和国(Republic of Djibouti)的商人,2003 年到 2008 年担任 Djibouti Ports and Free Zone Authority 的董事会主席,之后离开吉布提。在 2010 年被吉布提上诉庭宣判参与恐怖活动罪名以及判处 15 年有期徒刑,也将 Boreh 先生列在恐怖主义的黑名单上。英国法院的程序则开始于 2012 年 10 月,包括吉布提共和国在内的多个主体起诉 Boreh 先生,指称其在位期间利用职位为自己牟利等。吉布提共和国也成功申请到冻结令,冻结了 Boreh 先生的资产。在此先例中争议的问题是,Boreh 先生指称在吉布提共和国的冻结令申请中,吉布提共和国的律师(Gibson, Dunn & Crutcher LLP 的 Peter Gray 先生)故意(deliberately)或不顾后果地(recklessly)误导(misled)了法院。

[32] Savings & Investment Bank Ltd v. Fincken 先例的判法也被中国香港特区的 Crane World Asia PTE Limited v. Hontrade Engineering Limited (CACV 137/2016)先例所跟从。Crane World Asia PTE Limited v. Hontrade Engineering Limited 先例中涉及的是和解谈判中要求对方不得在将来的有关诉讼中出庭作证(这甚至会是涉嫌企图妨碍司法公正),中国香港特区上诉庭虽然认可这会属于显然不正当,但是指出这只是非常极端与依赖此案件事实所作出的例外。

来 Fincken 先生没有按约定偿还债务，在后续的无损害谈判中，Fincken 还承认了自己隐名通过第三方持有了一家公司的股份。因此，SIB 即以 Fincken 违反和解协议为由提起诉讼。显然 SIB 想要依赖在和解谈判中 Fincken 作出的承认作为证据，理由就是此承认使 Fincken 先生作出的经济能力誓章涉嫌向破产法院提交了伪证的问题。而 Fincken 先生对此指控没有提交任何反驳的证据。

一审大法官判这会属于本段所介绍的显然不正当的例外，但在上诉庭被 Rix 大法官改判。在指称伪证这种情况中，如果一方当事人指出在和解谈判中对方作出了对真正事实的承认（admission of true fact），但这与他在诉讼中（如文书请求/书面陈述、誓章或证人证言中）曾经声称的事实不符。之后和解谈判不成功，在后来的开庭审理中，他仍会坚持自己在诉讼中曾经声称的"事实"。如果只要是和解谈判与诉讼声称事实不一致就可以依赖要证明存在"伪证"为由要求披露和解谈判内容，而无须考虑这样做是否真的算是"显然"不正当，无损害规则的保护就等于在这种情况下完全失效了。这显然是太过分了，毕竟这会是时常发生的情况，也正是无损害规则要保护的公共政策/利益。也就是鼓励当事人坦率与开诚布公地进行谈判，无须担心和解谈判中与诉讼程序中采取不一致的态度与说法会被对方利用对自己不利，这也正是此先例中的情况。只有在无损害规则被滥用时，才涉及显然不正当的例外。此先例的说法也在 Bradford & Bingley v. Rashid（2006）UKHL 37 贵族院先例中得到认可。Rix 大法官对背后原理的解释可以节录如下："… although cases of **unambiguous impropriety were an exception to the general rule that without prejudice communications were inadmissible in evidence, that exception was not to be applied too readily** in view of the public interest in encouraging parties to speak frankly to one another in aid of reaching a settlement… antagonistic to treating an admission in without prejudice negotiations as tantamount to an impropriety **unless the privilege is itself abused… It is not the mere inconsistency between an admission and a pleaded case or a stated position, with the mere possibility that such a case or position, if persisted in, may lead to perjury, that loses the admitting party the protection of the privilege…** It is the fact that the privilege itself that is abused that does so. **It is not an abuse of privilege to tell the truth**, even where the truth is contrary to one's case. That, after all, is what the without prejudice rule is all about, to encourage parties to speak frankly to one another in aid of reaching a settlement: and the public interest in that rule is very great and not to be sacrificed save in truly exceptional and needy circumstances."（加黑部分是笔者的强调）

在《Phipson on Evidence》（2018 年，第 19 版）一书之 24－34 段也指出，当事人如果是指称对方在和解谈判中作出的承认或陈述与对方公开作出的陈述存在重大不同，除非是极端情况，否则法院一般而言不太愿意以涉及伪证为由允许采纳无损害规则保护的文件："Rix LJ recognized that it may be wrong to refuse to admit evidence of an admission of perjury merely in consequence of an assertion that it may have been made in a without prejudice meeting. But Fincken shows that were a party claim a significant inconsistency between what a party says in without prejudice meeting and what he says openly, the court will be very reluctant to open up the without prejudice negotiations on grounds that they are being used as cloak for perjury."

4.2.4.2 显然不正当的行为涉及敲诈勒索

但对于敲诈勒索来看态度就有所不同,这在近期的 Ferster v. Ferster (2016) EWCA Civ 717 上诉庭先例中作出了区分。此先例中涉及的是家族(Ferster 家族)企业的纠纷,Stuart 与 Warren 控制了公司并起诉家族兄弟 Jonathan 违背其作为股东的诚信/勤勉忠实义务(fiduciary duty)。并成功申请到了针对 Jonathan 的冻结令与附带资产披露令。[33] 而 Jonathan 另行针对 Stuart 与 Warren 提起《Company Act 2006》之 Section 994 下的不公平损害(unfair prejudice)诉讼,指称 Stuart 与 Warren 在前一个诉讼目的是逼迫 Jonathan 以更高的价格购买公司股份。

Stuart 与 Warren 之后发出一封写明为无损害(without prejudice)的信件。[34] 在这份信件中,Stuart 与 Warren 指称自己了解了 Jonathan 有严重的不法行为(Jonathan 有其他在冻结令附带披露命令下没有作出披露的银行账号,这等于欺骗法院,是严重的刑事犯罪),以此要挟更高的价格出售公司股份(We have increased our offer because we have be-

---

〔33〕 有关冻结令与附带的资产披露令的问题,请见本书第三章。

〔34〕 信件原文可以节录如下:"(1) We withdraw our existing offer to sell the shares of Warren and Stuart for the sum of (遮盖部分). (2) We make a revised offer to sell the shares of Warren and Stuart to Jonathan for the aggregate sum of (遮盖部分). The revised offer is made subject to contract and without prejudice as part of a global compromise incorporating all the parties to the proceedings and the petition. The sale price is to be settled on completion in cash and also by the transfer to Warren and Stuart by Jonathan at market value of his share in any assets which the three brothers own (sic) jointly. Any settlements will contain amongst other provisions, confidentiality provisions. (3) Jonathan knows the extent of his wrongdoings and our client believes that Jonathan is in very serious trouble which will also have serious implications for Jonathan's partner (Jonathan Seeds) by reason of Jonathan's actions. (4) It is for Jonathan to assess the reasonableness of the offer we are making. Jonathan ought to realise that the offer is beneficial to him and Jonathan Seeds and HSF should take is instructions. (5) The claimant has information that Jonathan does not only hold bank accounts in England (as per his affirmation) and various additional offshore accounts are held by him or on his behalf (and/or now Jonathan Seeds). (6) It is clearly in everyone's (and particularly Jonathan's) interest to wrap this up speedily and quietly. If it is not settled within 48 hours there is a real risk that such a settlement may no longer be possible-the concern being that others will become aware of it. (7) Mr Watts is expected to take his client's instructions as a matter of urgency as a settlement will obviate the need of further steps such as committal proceedings being issued. (8) If this offer is not accepted the company also proposes to accept third party funding. The amount of the company's claim will be amended and the amount required by Warren and Stuart for the purchase of their shares will be considerably higher than (遮盖部分) (by at least another £ 3m) in light of the third party funder's share of sums recovered. Jonathan will also face the repercussions detailed below. (9) If Jonathan has misled HSF and sworn false evidence Alan Watts will be aware that Jonathan will face charges of perjury, perverting the course of justice and contempt of court and is likely to be imprisoned. If Jonathan Seeds is implicated he will likewise be investigated and/or charged. (10) In the above circumstances, Jonathan's credibility and reputation will be destroyed barring him out of the online gaming business in the future. He will also have no prospect of succeeding in this case. (11) Furthermore and hypothetically, if a substantial judgment is entered against Jonathan and it is not satisfied by assets in Jonathan's own name, we will pursue third parties, such as Jonathan Seeds, as regards claims against them where Jonathan has sought to put assets out of the reach of his creditors."

come aware of further wrongdoings by Jonathan),并要求在48小时内作出回应,否则一旦曝光,Jonathan及其家人就要面对伪证、妨碍司法公正、藐视法庭等严重后果。Jonathan就想要将这份信件内容在不公平损害的第二个诉讼程序中依赖作为证据。一审判这封信件属于显然不正当,Stuart与Warren提出上诉。但是上诉庭仍然作出了同样判法。

上诉庭的Floyd大法官指出相比于不实陈述,作出不当威胁更容易被认为是显然不正当:"... it may be easier to show that there is unambiguous impropriety where there is an improper threat than where there is simply an unambiguous admission of the truth."接着,Floyd大法官判关键还是看作出的威胁是否毫无疑问地超出了一般商业诉讼中和解谈判所允许的范围,而无须完全满足敲诈勒索的所有条件:[35]"what is involved here is an evaluation of whether the threats **unambiguously exceeded what was 'permissible in settlement of hard fought commercial litigation'**.[36]... It is not necessary for the threats to fall within any formal definition of blackmail for them to be regarded as unambiguously improper."

而在此先例中,Floyd大法官认为威胁是毫无疑问地超出了一般商业和解谈判所允许的程度,而应属于显然不正当。原因包括:(1)在民事诉讼中提出刑事威胁(藐视法院等可能涉及刑事处罚:见本书第三章之1.9段等)是不恰当的;(2)威胁还涉及Jonathan的家人;(3)威胁中涉及在非常短的时间不接受就要公之于众,这对Jonathan来说是过分的压迫;(4)这些威胁的目的是即刻抬升股价;(5)而实际上Jonathan本身的错误行为与股价并不存在商业上的联系。

很显然,在这样的判法下就需要结合每一个案件中的具体案件进行判断。对于实际进行谈判的人士来说,非常重要的是要结合商业现实,而且要小心地对待。在Ferster v. Ferster上诉庭先例中,这份被认为属于显然不正当的信件,实际上经过了四位事务律师(solicitor)以及两位出庭律师(barrister)的审阅,而且还是经过著名调解员(mediator)阅读后转发,但看来都觉得这封信件不存在问题。毕竟在这类激烈对抗性(adversary)的和解谈判中,也难免有一定程度的"威胁"说如果不接受我方条件,会造成的不良后果。

正如在近年还有Holyoake v. Candy (2016) EWHC 2119 (Ch)先例中就判在激烈的诉讼对抗中,有一些"威胁"的讲话存在是完全正常的,并不就因此构成明显不正当。此先例涉及的是原告(Holyoake先生)向被告(英国著名的奢侈地产开发商Candy兄弟)索赔超过1.32亿英镑的案件。Holyoake先生与Candy兄弟原本在大学就已经认识,在2011年Holyoake先生准备购买一处伦敦有悠久历史的建筑物(Grosvenor Gardens House)并予以重新开发时,就想要与已经非常有名的Candy兄弟合作进行开发。为了房地产项目,Holyoake先生向多家公司进行了融资与借贷。但是事后指称受到Candy兄弟的威胁、恐吓及不当影响等,不得不与一家Candy兄弟控制的公司(CPC Group Limited)签订了非常不利、有理智商业人士都不可能签订的借贷合约,最后导致无力还款以及不得不将还未来得及开发的建筑物转手卖出,并蒙受巨额损失。

---

[35] 敲诈勒索(blackmail)在刑事犯罪中有明确的定义与条件。

[36] 这是引用了Boreh v. Republic of Djibouti (2015) EWHC 769 (Comm)先例中Flaux大法官的说法。

Holyoake 先生指称 Candy 兄弟及其他被告的行为构成不法阴谋/合谋(tortious, unlawful means conspiracy),还涉及欺诈性误述(fraudulent misrepresentation)、胁迫(duress)、恐吓(intimidation)、不当影响(undue influence)、以正当手段/程序掩盖的勒索(Extortion Under Cover of Due Process)等诉因。被告则是完全否认存在这些事实,反而指称这些额外的借贷是由于 Holyoake 先生起初对自己的经济状况夸大与说谎,而事后不得不与自己控制的 CPC Group Limited 公司等签订不利的借贷合约。因此双方对事实的指称完全互相排斥与对立,开始了非常激烈的诉讼(在本书第十一章之 1.2.4.3 段介绍过,在另案中还涉及以私家侦探调查、监听对方等)。

在此先例中涉及的问题就是,双方在 2016 年一次明示无损害的会议上,Candy 兄弟指称 Holyoake 先生发出威胁,并在之后一次电话交流中也再次作出威胁(但法院并没有在报道的案例中向公众披露威胁的具体内容),构成了显然不正当,因此有关内容应该可以被依赖作为证据。Hodge QC 大法官看来是认可了 Ferster v. Ferster 上诉庭先例的判法,但指出在激烈的商业谈判中,威胁并不少见,而且时常是谈判手段与技巧的一种:"I bear firmly in mind that the unambiguous impropriety exception to the without prejudice rule should be applied only in the clearest case of abuse of a privileged occasion. I have to undertake a qualitative evaluation of whether any threats have been proved which unambiguously exceeded what was permissible in the attempted settlement of hard-fought commercial litigation… **In the context of hard-fought commercial negotiations in which the gloves were quite clearly off on both sides, I do not regard that threat as amounting to the abuse of a privileged occasion. I regard it as no more than the sort of negotiating tactic that the defendants would expect the claimants to employ.**"(加黑部分是笔者的强调)

但 Hodge QC 大法官对此先例与 Ferster v. Ferster 先例的案情作出区分,判此先例并不存在明确无误地超出一般商业和解谈判程度。虽然判决被指称威胁的具体内容在判词中没有公开,但 Holyoake 先生是在会议与电话中作出口头威胁这个事实是明确的。

《Phipson on Evidence》(2018 年,第 19 版)之 24-35 段提到此先例说:"One reason for distinguishing Ferster was that the communication was not in writing: it is likely to be easier to persuade the court that the blackmail threat was improper where it is set out clearly in an email rather than as part of a conversation."

这也是可以理解的,毕竟口头谈判的内容最理想的当然是完整的录音、录像记录,但很多时候若没有这些记录,就要依赖当事人口头作证或者是电话记录等。由于对于明显不正当需要的是明确无误的证明,因此这些谈话中的具体内容(如具体到说的哪句话、哪几个字、说话的轻重等)相对而言肯定是更不容易证明与确定的,在证明力度上是比不上书面文件的。

4.2.4.3 对显然不正当的小结

显然不正当也不仅仅是伪证或敲诈勒索的情况。例如在 Dora v. Simper (The Times, 26 May 1999)上诉庭先例中,被告在和解谈判中说,如果原告胜诉自己就要把所有资产转移到英国法院管辖权控制不到的地方,让原告即使胜诉也没有用,因此乖乖地接受和解才是上策。这在一审与上诉庭就对是否属于显然不正当的判法有所不同。但过往先例中虽然可以结合原则与判法,更重要的仍然是根据个案的情况进行阐述与判断。

总结而言,在今天看来依赖明显不正当采纳和解谈判内容作为证据的情况是很多的。但一般而言明显不正当是需要非常明确的证据才能够达到证明标准,也因此书面的电邮、传真往往比口头谈判要容易被认定属于明显不正当。对于和解谈判中对事实的承认与陈述与公开诉讼程序的承认与陈述不同时,除非是极端情况,否则一般法院不会接受属于明显不正当。但对于威胁对方而言,在激烈的商业诉讼中的和解谈判非常常见,但如果超出了一般商业谈判的程度,就会被认定为明显不正当了,有关的判断方法在 Ferster v. Ferster（2016）EWCA Civ 717 先例中 Floyd 大法官列举的几方面也可以作为参考。

4.2.5　例外之五:对抗以懈怠为由撤销原告诉讼请求的申请

在 Unilever Plc v. The Procter & Gamble Co（2000）1 WLR 2436 上诉庭先例中,Walker 大法官提到的第五点例外是:"(5) Evidence of negotiations may be given (for instance, on an application to strike out proceedings for want of prosecution) in order to explain delay or apparent acquiescence. Lindley L. J. in Walker v. Wilsher, 23 Q. B. D. 335, 338 noted this exception but regarded it as limited to 'the fact that such letters have been written and the dates at which they were written.' But, occasionally, fuller evidence is needed in order to give the court a fair picture of the rights and wrongs of the delay."

一般情况中,和解谈判的内容很多都是与实质争议的事实与法律认定应该是无关的。例如,一方当事人提出的具体的和解金额,这毕竟完全是当事人自己的商业考量,或者是综合了一系列的案件给出的和解要约,而不仅仅是针对这一争议。也因此很多时候不涉及和解谈判内容要被依赖作为证据的问题。

以懈怠为由撤销诉讼请求(strike out for want of prosecution),这在本书第六章之4段简单提到。这是指原告在起诉后不推进诉讼程序,这会对被告很不公平,因为拖延太久会有多方面的不利影响,例如证据的流失、证人的记忆逐渐模糊,又或者拖延太久导致被告如果败诉可以要求补偿的另一家公司已经倒闭等。为了避免这种情况发生,英国法院允许被告在涉及原告有不正常与不可原谅延误时,向法院申请撤销索赔。有时原告虽然确实没有推进诉讼,但背后其实是在与被告进行断断续续的和解谈判,只不过还未能成功谈妥。这时候面对以懈怠为由撤销诉讼请求的申请时,法院就有必要根据双方在这段延误期间的行为进行判断。例如2年前,原告的确曾经发送过一封写明无损害的电邮要求和解,被告即刻就予以拒绝。这2年的延误就可能归咎在原告了。但如果是过去2年时间里当事人之间十分积极地有大量书信往来,为了和解谈判已经进行过数次会晤等,此时在这2年时间中原告不推进诉讼程序是完全合理的,毕竟暂时不推进诉讼可以节省费用,也不会将被告逼上退无可退的地步,对和解谈判造成不利影响。这方面先例除了刚刚提到的 Walker v. Wilsher（1889）23 QBD 335 先例外,还可见 Family Housing Association (Manchester) v. Michael Hyde and Partners（1993）1 WLR 354 先例等。

4.2.6　例外之六:Muller v. Linsley & Mortimer 先例中与争议无关的内容

在 Unilever Plc v. The Procter & Gamble Co（2000）1 WLR 2436 上诉庭先例中,

Walker 大法官提到的第 6 点例外是:“(6) In Muller's case (which was a decision on discovery, not admissibility) one of the issues between the claimant and the defendants, his former solicitors, was whether the claimant had acted reasonably to mitigate his loss in his conduct and conclusion of negotiations for the compromise of proceedings brought by him against a software company and its other shareholders. Hoffmann L. J. treated that issue as one unconnected with the truth or falsity of anything stated in the negotiations, and as therefore falling outside the principle of public policy protecting without prejudice communications ...”

而 Walker 大法官提到的 Muller v. Linsley & Mortimer (1996) PNLR 74 上诉庭先例的基本案情会在本章之7.3 段有所介绍。虽然其中有关无损害规则背后的公共政策/利益保护的只是和解谈判中有损害利益的承认(admission against interest)的说法在今天已经不完全正确:见 Avonwick Holdings v. Webinvest (2014) EWCA Civ 1436 上诉庭先例与 Ofulue v. Bossert 贵族院先例,这方面问题也可见本章之 8 段的介绍。

但在该先例中,Hoffmann 大法官还提到说和解谈判内容被用来证明的目的不同时可能会有不同后果,未必适用无损害规则的保护。这在后续先例中看来并没有被明确否定。

例如,在 Rush & Tompkins Ltd v. Greater London Council (1989) AC 1280 贵族院先例中,Griffiths 勋爵就提到有古老的 Waldridge v. Kennison (1794) 1 Esp 143 先例。此先例中一封无损害的信件被法院作为证据采纳用来作为笔迹鉴定之用,这也就与信件中的内容实际上完全无关。Griffiths 勋爵指出这个古老先例的判法应被视为特殊情况,而不是对无损害规则的改变:“an exceptional case [which] should not be allowed to whittle down the protection given to the parties to speak freely about all issues in the litigation both factual and legal when seeking compromise and, for the purpose of establishing a basis of compromise, admitting certain facts.”这种极端情况下,依赖文件的目的实际上与文件内容无关,更不用说不会对实质争议的利益有损害。就像是将文件作为物证而非文书证据看待。此时看来也不应受到无损害规则的影响。

类似的说法也可见 Ofulue v. Bossert (2009) UKHL 16 贵族院先例中 Neuberger 勋爵所说:“Quite apart from this, it appears to me that, save perhaps where **it is wholly unconnected with the issues between the parties to the proceedings**, a statement in without prejudice negotiations should not be admissible in evidence, other than in exceptional circumstances such as those mentioned in the Unilever case [2000] 1 WLR 2436... I leave open the question of whether, and if so to what extent, a statement made in without prejudice negotiations would be admissible if it were ‘in no way connected’ with the issues in the case the subject of the negotiations. That point was mentioned by Lord Griffiths in the Rush & Tompkins case [1989] AC 1280, 1300, where he referred to Waldridge v Kennison (1794) 1 Esp 143, in which a without prejudice letter was admitted solely as evidence of the writer's handwriting. That was a factor wholly extraneous to the contents of the letter.”

4.2.7 例外之七:对费用的明示条文

在 Unilever Plc v. The Procter & Gamble Co (2000) 1 WLR 2436 上诉庭先例中,

Walker 大法官提到的第七点例外是:"(7) The exception (or apparent exception) for an offer expressly made 'without prejudice except as to costs' was clearly recognised by this court in Cutts v. Head, and by the House of Lords in Rush & Tompkins Ltd. v. Greater London Council [1989] A. C. 1280, as based on an express or implied agreement between the parties. It stands apart from the principle of public policy [a point emphasised by the importance which the new Civil Procedure Rules, Part 44.3(4), attach to the conduct of the parties in deciding questions of costs]. **There seems to be no reason in principle why parties to without prejudice negotiations should not expressly or impliedly agree to vary the application of the public policy rule in other respects, either by extending or by limiting its reach**..."(加黑部分是笔者的强调)

在费用问题上,公共政策并不保护和解谈判文件免予披露,无损害规则或特免权实际上是基于共识/合约的默示的理据。也因此如果有明示条文约定在诉讼或律师费用的问题上不适用无损害规则,完全可以超越默示地位。这已经在本章之2.2段与本书第十二章之8.5段进行介绍,不在此重复。在今天的争议解决(dispute resolution)中,诉讼或律师费用因为金额庞大,已经成为一个非常重要的问题了。英国法院的诉讼以及在国际仲裁中,在费用分配上一般遵循败诉方支付胜诉方诉讼费用(costs follow the event)的大原则。胜诉方也无须全胜,只要在金额上部分胜诉(partial success)就已经算是胜诉方。但是这方面也会有例外,其中非常重要也是比较常见的就是当事人曾经作出和解谈判以及败诉方曾经作出费用保护的和解要约(settlement offer)的情况:见笔者的《仲裁法——从开庭审理到裁决书的作出与执行》(2010年)一书第一章之5.3.3.3.6段。

在今天不少的情况中,如果责任与赔偿金额的和解谈判能够谈得拢,也会对已经产生了的诉讼费用问题一并作出和解。例如双方各自承担自己的费用,又或者是约定一方(和解中让步的一方)承担对方一定金额的费用等。但是如果谈判没能达成合意,潜在的败诉方(被告)就要考虑如何保护自己可能面对的昂贵费用了。很简单的理由就是如果当事人能够达成和解,则很显然地会节约大量的后续诉讼费用,但如果是原告不合理地拒绝达成和解,不接受被告作出的和解要约,特别是后来的判决中原告虽然胜诉,但获得判决的金额要低于被拒绝的要约金额。后续的诉讼费用看来再要被告承担就不合理了。因为严格地说,由于判决金额低于要约金额,因此从拒绝的那一天开始,真正败诉的一方是没有接受和解要约的原告。笔者的《仲裁法——从开庭审理到裁决书的作出与执行》(2010年)一书第一章之5.3.3.3.6段也给了一个简单的例子。

但是被告此时面临的严重问题就是,无法向法院或仲裁庭解释为何自己应该在诉讼费用分配上得到优待,因为和解谈判的内容受到无损害规则的保护,除非双方当事人一致同意否则是无法弃权的。早在 Walker v. Wilsher (1889) 23 QBD 335 上诉庭先例中,就判一份无损害的和解谈判,即使是在诉讼费用问题上也被保护不得被依赖为证据。这个判法在今天仍然有效:见 Reed Executive Plc v. Reed Business Information Ltd (2004) EWCA Civ 887 上诉庭先例。

也正因如此,当事人开始采用其他的做法。例如,CPR 以前存款进法院(payment into

court)以及仲裁的秘密提议(sealed offer)等。在著名的家事案件 Calderbank v. Calderbank (1976) Fam 93 上诉庭先例中,在无损害的要约中有“without prejudice except as to costs”的措辞/文字,被贵族院判可以使得无损害谈判的内容在后续的诉讼费用问题中或分摊上被采纳作为证据。

这也就带来了问题,即当事人之间虽然可以自由地对权利义务作出约定,但是一旦涉及公共政策/利益,并不任由当事人选,大原则是在这方面没有订约自由。而无损害规则是否由于 Calderbank v. Calderbank 等先例的判法而使得可以任由当事人自由约定呢?这问题在 Cutts v. Head (1984) Ch 290 上诉庭先例中成为一项争议焦点。上诉庭明确指出无损害规则是基于合约默示[37]和公共政策/利益[38]两个理据。而针对公共政策这方面来看保护当事人之间解决争议的和解谈判,而对有关诉讼费用问题的明示保留并不会对实际争议的和解有负面影响,反而是对和解的达成有帮助的。不妨节录 Oliver 大法官的判词如下:“Walker v. Wilsher, 23 Q. B. D. 335, there is no doubt, proceeds upon a policy consideration, namely that the compromise of disputes should be facilitated. Now, an offer of compromise in the Calderbank form is not, so far as the substantive issues in the action are concerned, an inhibition upon compromise. Down to judgment, the proposal for compromise cannot be referred to. The matter only arises upon the question of costs after the issues have been decided. As to that, **I am not convinced that the reservation as to costs would inhibit a reasonable compromise**. **If a party is exposed to a risk as to costs if a reasonable offer is refused**, **he is more rather than less likely to accept the terms and put an end to the litigation. On the other hand**, **if he can refuse reasonable offers with no additional risk as to costs**, **it is more rather than less likely to encourage mere stubborn resistance.** Furthermore, the existing practice, both under the Rules of Court and other procedures, are difficult to reconcile with the existence of any public policy objection to the Calderbank type of offer. ... In the circumstances, I do not think that we would be justified in rejecting Calderbank offers on grounds of public policy. In principle, **they are more likely to fulfil than to frustrate the public policy of facilitating compromises.**”(加黑部分是笔者的强调)

从此先例也可以看到,和解谈判文件的诉讼费用问题(费用问题一般在责任与赔偿金额等实质争议判决后)能够被披露出来才是符合公共政策/利益的。但是这如何解释 Walker v. Wilsher 等先例的判法呢?Oliver 大法官的解释是,这些先例中无损害规则是基于“无损害”的措辞/文字而产生的共识,而不是根据公共政策/利益。在对共识/合约解释时,仅是“无损害”的措辞/文字不会被解释为可以排除无损害规则在费用程序上适用。但由于公共政策/利益不适用诉讼费用问题,因此如果明示表达了无损害规则不适用于费用方面(加上了 save as to costs),解释起来是完全有效的:“As regards the convention-

[37] 这是当事人参与和解谈判时可以推断的意图。有关合约默示条文与地位,可见笔者《合约的解释:规则与应用》一书第七章。

[38] 公共政策/利益鼓励当事人通过和解谈判解决争议或避免诉讼。

al basis (i. e., agreement) that depends upon what, by implication, is to be attributed to the words 'without prejudice.' In the end, I think that the question of what meaning is given to the words 'without prejudice' is a matter of interpretation which is capable of variation according to usage in the profession. It seems to me that, no issue of public policy being involved, it would be wrong to say that the words were given a meaning in which is immutable ever after, bearing in mind that the precise question with which we are concerned in this case did not arise in Walker v. Wilsher, 23 Q. B. D. 335, and the court did not deal with it. I think that the wide body of practice which undoubtedly exists must be treated as indicating that the meaning to be given to the words is altered if the offer contains the reservation relating to the use of the offer in relation to costs."

换句话说,如果仍然只是无损害的措辞/文字的话(或甚至是没有此措辞文字,但仍有合约默示),对合约的解释而言只显示了双方的订约意图是任何时间都不能把这些文件披露出来的。但如果有明示条文约定如 Calderbank v. Calderbank 先例中发展出的"Calderbank Offer"做法中费用分摊方面例外(except 或 save as to costs)的措辞/文字,明确地显示双方(特别是写上措辞/文字的一方)的订约意图是可以在费用处理时披露有关文件,就完全可以。只说这些文件如果用在其他的用途,例如针对第三方就不一样,可见本章之 7 段。

这个做法在今天已经十分普遍。CPR Rule 36.16(1)还明确立法明示所有的"Part 36 Offer"[39]都可以在诉讼费用问题中被依赖作为证据:"A Part 36 offer will be treated as 'without prejudice except as to costs'."

也正是由于以上这些原因,一般说法是无损害规则或特免权是基于共识/合约默示以及公共政策/利益这两个方面的理据,在考虑无损害规则是否适用时也要将这两方面分开进行讨论。不妨以《Phipson on Evidence》(2018 年,第 19 版)一书之 24-13 段所说作为小结:"It has been said that it cannot be explained purely on public policy either, as there is no public policy basis in refusing to let the judge see without prejudice material on issues of costs. **It is relevant to have in mind the two different juridical bases as the circumstances in which without prejudice correspondence may be admissible may depend on which ground is engaged.**"(加黑部分是笔者的强调)

4.2.8　例外之八:婚姻调解

在 Unilever Plc v. The Procter & Gamble Co (2000) 1 WLR 2436 上诉庭先例中,Walker 大法官提到的第八点例外是:"(8) In matrimonial cases there has developed what is now a distinct privilege extending to communications received in confidence with a view to

---

[39] 这是索赔的原告向被告提出的要约。例如原告索赔 1000 万美元,可向被告建议和解,只要被告愿意支付 800 万美元的赔偿,就可以达成和解协议。但被告不接受,只愿意赔偿很少或是根本不赔。最后判决是原告胜诉的金额高于要约中的 800 万美元,法院就会在诉讼费用与利息方面提高以惩罚被告没有接受和解要约或见好就收。

matrimonial conciliation."

在英国法下,婚姻调解案件中为了调解而产生的文件也会受到无损害规则或特免权保护。这虽然与无损害规则中保护和解谈判的内容是类似的,而且背后的原理也有类似之处,但有明确先例判在婚姻调解类型的案件中,此类特免权是单独类型的特免权。在 D, Re (1993) Fam 231 先例中,Bingham 勋爵说:"It is not… fruitful to debate the relationship of this privilege with the more familiar head of 'without prejudice' privilege. That its underlying rationale is similar, and that it developed by way of analogy with 'without prejudice' privilege, seem clear. But both Lord Hailsham … and Lord Simon … in D. v. National Society for the Prevention of Cruelty to Children (1978) AC 171… regarded it as having developed into a new category of privilege based on the public interest in the stability of marriage. We respectfully agree, and we can see no reason why rules which have developed in relation to 'without prejudice' privilege should necessarily apply to the other."也因此在婚姻调解案件中,无损害规则或特免权的先例不适用,而采用其自己的一套规则。

4.3 近期先例中的其他例外

除了 Unilever Plc v. The Procter & Gamble Co (2000) 1 WLR 2436 上诉庭先例中提到的这些例外,还会有其他情况。毕竟在两种公共政策/利益发生冲突时,只要不涉及绝对性权利,都需要进行权衡(balance),但看来只有在极端情况下才会排除无损害规则的适用。

笔者的看法是,在涉及是否可以适用与依赖无损害规则时,首先需要根据事实背景判断与认定有关文件是否本身会受到保护。只有在本身受到保护的情况下,才再进一步需要考虑会否要通过与其他公共政策/利益的权衡来排除适用、变成例外情况,这也正是 Bradford & Bingley v. Rashid (2006) UKHL 37 贵族院先例中多数判决的看法与做法。

特免权规则还有其他的例外,如中间程序单方面(*ex parte*)/无通知(without notice)申请时要在誓章中作出全面与坦率的披露:见 The "Giovanna" (1999) 1 Lloyd's Rep 867;Somatra v. SRT (2000) 2 Lloyd's Rep 673;Pearson Education Ltd v. Perntice Hall India Private Ltd (2005) EWHC 636 (QB);Linsen International v. Humpuss Sea Transport (2010) EWHC 303 (Comm)等先例。另也可见本书第三章之 1.7.1 段。

毕竟除非在过往已有较高级法院的判例对有关的特定公共政策/利益并作出过权衡,否则要通过权衡来说是否存在例外比较困难也不肯定。Neuberger 勋爵在 Ofulue v. Bossert (2009) UKHL 16 贵族院先例警告说:"… it is open to your Lordships to create further exceptions to the rule … However it would be inappropriate, for reasons of legal and practical certainty."

不妨在以下介绍几个近期先例的例外。

4.3.1 Oceanbulk Shipping and Trading v. TMT Asia Ltd 最高院先例

Oceanbulk Shipping & Trading SA v. TMT Asia Limited (2010) UKSC 44 最高院先例

中提到了合约变更(rectification)、[40]对和解协议的解释是否可以依赖和解谈判内容以显示和解协议的文书记录没有正确反映双方在和解谈判中达成的真正协议的问题。也是由最高院对这方面的公共政策/利益作出了权衡。

在此先例中,案情是 TMT 与 Oceanbulk 签订了一批针对好望角型船舶(capesize bulk carrier)在 2008 年 5 月到 12 月的远期运费协议(Forward Freight Agreement, FFA)。[41]实际达成的效果是双方对将来的运费涨跌作出押宝(bet),TMT 看好运费市场,而 Oceanbulk 则对运费市场看跌。双方约定在 2008 年 5 月到 12 月,将市场价格与合约价格进行对赌,如果存在差价,就要互相向对方补足。

然而 2008 年运费市场急速下跌,在 2008 年 5 月初最高点时,该类船舶的运费在 20 万美元/天,到了 2008 年年底只有 3000 美元/天了。因此 TMT 在这批合约中蒙受巨大损失。2008 年 5 月底,TMT 应向 Oceanbulk 支付超过 40 万美元,而且由于运费市场仍然会继续下跌,TMT 还需要持续地支付越来越多的差价。一旦 TMT 未能按时向 Oceanbulk 支付,这批 FFA 因 TMT 的违约/毁约而终止,TMT 应当支付 Oceanbulk 接近 400 万美元的议定赔偿。因此在 2008 年 5 月后,TMT 开始与 Oceanbulk 进行明示为无损害的和解谈判,双方派出代表以及委任了律师进行了多轮书面和口头谈判,并在 2008 年 6 月 20 日成功达成和解协议(settlement agreement)。之后双方对和解协议中的部分条文产生争议,因此就和解谈判中的内容是否可以被依赖作为证据以解释和解协议的条文开始诉讼。

针对合约变更的问题,双方都认可是可以依赖和解谈判内容的。贵族院也认可了这样的看法,Clarke 勋爵说:“Although it is not included in that list, it is not in dispute between the parties that another of the exceptions to the rule is rectification. A party to without prejudice negotiations can rely upon anything said in the course of them in order to show that a settlement agreement should be rectified... In my opinion the parties correctly recognised such an exception because it is scarcely distinguishable from the first exception. No sensible line can be drawn between admitting without prejudice communications in order to resolve the issue of whether they have resulted in a concluded compromise agreement and admitting them in order to resolve the issue of what that agreement was. This can be seen most clearly where the alleged agreement is oral but, in my opinion, must equally apply where the agreement is partly oral and partly in writing and where the agreement is wholly in writing but the issue is

---

〔40〕 有关合约变更的问题,请见笔者《合约的解释:规则与应用》一书第三章之 13.1 段。

〔41〕 远期运费协议,本是货方与船东提前针对特定的船舶类型与航线,约定将来时间的运费。显然将来如果市场价格低于合约价格,则货方就要承担运费下跌的风险并依照较高的合约价格支付运费。而如果市场价格高于合约价格,则运费仍然是以较低的合约价格计算。在今天 FFA 也被广泛作为衍生品交易的一种,不少公司即使没有货源也没有船舶,也参与 FFA 买卖,实际上是把运费(freight)/远期运费像商品一样进行“买卖”,利用 FFA 合约进行套期保值/对冲(hedging),甚至是在这个“零和游戏”中对赌获取大量利润(也可能是蒙受大量损失)。例如在签订 FFA 之后,运费市场高涨,就转手 FFA 获取利润。Nobu Su 先生控制的 TMT 就是非常著名的参与 FFA 交易的公司,在 2006 年年底时,就曾“偏执地”看好运费市场,大量收购 FFA 并在很短时间内获取数十亿美元利润。当然运费市场也会急速下跌,例如在 2008 年年底“金融海啸”,Nobu Su 先生就因此蒙受巨大亏损濒临破产。

whether it reflects the common understanding of the parties."

对于合约解释,根据 R (on the application of Westminster City Council) v. National Asylum Support Service (2002) UKHL 38 贵族院先例与 Chartbrook Ltd v. Persimmon Homes Ltd (2009) UKHL 38 贵族院先例等的判法,在对合约解释时,非常重要的是在了解了所有有关语境(context)或事实背景(factual matrix)的前提下,客观合理的人士(法官或仲裁员)对合约条文会怎样理解。这课题在笔者《合约的解释:规则与应用》一书特别是第六章中有详论。

在本章之4.2.1段也已经介绍过,在 Unilever Plc v. The Procter & Gamble Co (2000) 1 WLR 2436 上诉庭先例中总结的第一类例外就是在看达成有效和解协议时,是否可以依赖和解谈判内容作为证据。这看来与合约的解释在本质上是一致的。Oceanbulk Shipping and Trading v. TMT Asia Ltd 先例中的贵族院也指出对和解协议进行解释时,可以依赖和解谈判内容。而根据双方和解谈判看和解协议是否正确记录了双方真正同意的内容也是同样道理。不妨节录 Clarke 勋爵的说法如下:"The parties entering into such negotiations would surely expect the agreement to mean the same in both cases. I would not accept the submission that to hold that the process of interpretation should be the same in both cases would be to offend against the principle underlying the without prejudice rule. The underlying principle, whether based in public policy or contract, is to encourage parties to speak frankly and thus to promote settlement. As I see it, the application in both cases of the same principle, namely to admit evidence of objective facts, albeit based on what was said in the course of negotiations, is likely to engender settlement and not the reverse. I would accept the submission made on behalf of TMT that, **if a party to negotiations knows that, in the event of a dispute about what a settlement contract means, objective facts which emerge during negotiations will be admitted in order to assist the court to interpret the agreement in accordance with the parties' true intentions, settlement is likely to be encouraged not discouraged**. Moreover this approach is the only way in which the modern principles of construction of contracts can properly be respected."

4.3.2　Alan Ramsay Sales & Marketing Ltd v. Typhoo Tea Ltd 先例

在更近期还有 Alan Ramsay Sales & Marketing Ltd v. Typhoo Tea Ltd (2016) EWHC 486 (Comm)先例。此先例中的原告是一家商业经纪公司,代理一些厂商的产品销售。被告是英国著名的泰丰(Typhoon)茶的生产者,也是原告代理的厂商之一。争议起因是原告与被告之间的代理合约约定需要提前12个月通知才能单方面终止代理合约。在2013年3月18日与26日,被告分别发送过写明是"无损害"的电邮,想要在2013年5月终止代理,但时间间隔并不足12个月,因此这言行被原告指称构成了违约/毁约(repudiatory breach),并在3月28日发送电邮接受(accept)此违约/毁约与终止代理合约。[42] 被告则指称自己3月18日和26日的电邮是无损害谈判的一部分,不得被采纳作为构成违

〔42〕 这类问题可见笔者《合约的履行、弃权与禁反言》一书第一章之7段。

约/毁约的证据。这样一来,反而是原告3月28日的电邮才是行为构成的违约/毁约。因此3月18日和26日的电邮是否可以依赖无损害规则而不被采纳作为被告违约/毁约的证据就成了此先例中的焦点问题。

显然在笔者看来,问题关键在于3月18日和26日电邮是否属于和解谈判的一部分,如果通过对事实认定确实属于和解谈判的内容,然后才涉及是否有公共政策/利益可以排除无损害规则适用的问题。此先例中,Flaux大法官是认定了这些电邮属于和解谈判,因此可以受到无损害规则的保护。一旦不能依赖这些文件,就会没有任何证据指称被告有违约/毁约的言行了。

Flaux大法官也考虑了是否有公共政策/利益使得为了证明存在违约/毁约可以作为例外,并作出了否定的判决。其中一个重要原因就是在权衡之后,认为证明被告违约/毁约在先的背后并没有超越无损害规则的公共政策/利益。这个先例在本质上与在本章之3.2.5段介绍的笔者的伦敦仲裁十分类似。

5. 希望文件可以被采纳作为证据的做法

有时双方当事人之间的讨论或谈判虽然是为了解决争议的和解,但一方当事人是不想其有关文件受到无损害规则保护,从而不得在后续程序中被采纳作为证据的。一个很好的例子是多层争议解决条文(multi-tier dispute resolution clause)的情况,例如在当事人之间的合约中,管辖权条文(或仲裁条文)约定了开始诉讼前双方必须先进行友好谈判。这时候尝试和解谈判的文件就不会希望适用无损害规则,因为将来如果这些文件不能被采纳作为证据,就无法证明自己已经满足了合约约定的先决条件(pre-condition)。

在本章之4.2.7段也已经介绍了在费用问题上,当事人会写明"without prejudice except(or save) as to costs",例如"calderbank offer":见Calderbank v. Calderbank (1976) Fam 93上诉庭先例。在该先例之前很长一段时间,海事/商事仲裁就经常采用秘密提议(sealed offer)的做法。由于秘密提议本质上是寻求和解的要约,因此会受到无损害规则的保护,将来无法交给仲裁庭考虑,所以要写明将来这个和解要约在诉讼费用的问题上会被出示给仲裁庭考虑,如在著名的Tramountana v. Atlantic (1978) 1 Lloyd's Rep先例中,采用的措辞/文字是:"… we are instructed to place on record that Charterer have offered the sum of $6,000 in full and final settlement of all Owner's claims in this Arbitration. In the circumstances, if this matter proceed, **we shall hand a sealed copy of this letter to the Arbitrator when he comes to consider the question of costs**…"(加黑部分是笔者的强调)

在著名的《Commercial Arbitration》(1989年,第2版)一书第397页中说:"The offer may be made 'without prejudice', in which case it should not be mentioned to the arbitrator until after he has made his award on the merits. But if it is to be referred to as affecting the arbitrator's discretion on costs, **it must contain an express reservation of the right to do so**…"(加黑部分是笔者的强调)这也是为什么有人说秘密提议是一个公开提议(open offer)。

在近期还可见 Prudential Insurance Company of America v. Prudential Assurance Company Ltd (2003) EWCA Civ 1154 上诉庭先例。此先例中涉及著名的美国保德信集团[Prudential (USA)]与英国保诚集团[Prudential(UK)]之间的纠纷。这两家实际上各自属于不同的保险公司,各自都经营了超过一百年的时间,广泛地提供保险、金融等服务。显而易见的是,美国保德信主要在美国经营业务,而英国保诚则主要是在英国与欧洲一些国家经营。早在 1974 年,美国保德信与英国保诚就签订协议,英国保诚不会在美国使用"Prudential"的名称或商标,而美国保德信也不会在欧洲以及英联邦国家使用"Prudential"的名称或商标。但是近年这两家集团开始产生商标权(trademark)争议。英国保诚想要披露在 1974 年以及之后双方之间通讯的大量文件,但被美国保德信拒绝,理由就是在当时协议签订过程中以及之后的讨论都是为了对将来可能的争议作出的和解。上诉庭的 Chadwick 大法官认定 1974 年协议达成的谈判中,当事人并没有想要这些谈判内容不被披露的想法:"I find it **impossible to say that**, when the chairman and chief executive officer of Prudential USA and the chief general manager of Prudential UK met in early March 1974 to exchange views 'on a wide range of subjects' and 'with a view to removing the prospect of any future disputation between us' as to 'the areas in which each of our companies would be free to use the name Prudential', **they must be taken to have done so on the basis that neither company would be entitled to refer to those discussions in any litigation anywhere in the world at any time in the future**. Had that been their intention I would have expected them to say so — at the meeting and in the careful and detailed letters which they wrote immediately following that meeting and in the subsequent months. Further, I would have expected the in-house lawyers to say so, at the earliest opportunity."(加黑部分是笔者的强调)

在当事人希望文件在将来披露时,就显然不应该在文件中明示无损害。有时更为了避免被认定存在共识/合约默示,明示写明该文件公开(open),不适用无损害规则。例如在 Cheddar Valley Engineering v. Chaddlewood Homes (1992) 4 All ER 942 先例中,被告就指称与原告曾经在庭外进行电话和解谈判,而在电话开始时自己就口头说明了谈话内容是公开的。但原告不承认曾经听到说公开的说法。双方之后来往的文书中也没有提及任何公开的问题。最后法院认定并没有明示公开,电话谈判内容仍然受到无损害规则保护,不得被采纳作为证据。

作为比对还可见 Dickson Stores Group v. Thames Television (1993) 1 All ER 349 先例,此先例中被告的律师与原告律师就和解谈判的信件中没有写明无损害,反而还有一封写明了公开,而且在信件的内容中也反映了同样的意愿,所以 Drake 大法官认定不适用无损害规则。

这就带来了另一个问题:如果在和解谈判中,对方在电邮中或在电话中明确是公开,但己方并不希望公开,应该如何处理呢?简单的答案就是要坚持对方撤回,不然自己根本不在这一系列的谈话中继续。否则就要时刻谨记此系列的对话都可能事后公开,只对自己不介意公开的事项进行对话,甚至需要律师参与对自己发出的每一封信件都仔细审核。

6. 对无损害规则的弃权

在本章前文中已经提到,无损害规则下的弃权(waiver)需要参与和解谈判的双方当事人共同作出才行。[43] 这也是过往先例一贯的判法,一方当事人是不能单独将文件交出给法院依赖作为证据的:见 Walker v. Wilsher (1889) 23 QBD 335 上诉庭先例等。在笔者看来,无损害规则的弃权与联合特免权(joint privilege)[44]的弃权有类似之处,即同样都由多名当事人享有,要弃权需要所有人的同意,而不能单方面作出弃权。

挑选樱桃规则(cherry picking rule)与 附带弃权(collateral waiver)[45]的说法看来在无损害规则的弃权中也会适用。例如 Somatra v. SRT (2000) 2 Lloyd's Rep 673 上诉庭先例就涉及这个问题。此先例案情是船东(Somatra)指称前律师(Sinclair Roche Temperley, SRT)有职业疏忽(professional negligence)并索赔超过 1000 万美元的损失,而 SRT 则反索赔欠下的律师费用。为了解决双方之间的争议,船东与 SRT 分别派出代表在沙特吉达(Jeddah)开始和解谈判,[46]但无法达成和解。

SRT 之后成功单方面申请到了针对船东的冻结令(Freezing Orders),在申请过程中为了满足全面与坦率披露(full and frank disclosure)的义务,SRT 提到了和解谈判中的内容、还在誓章中附上了两封有关的电邮。之后在针对 SRT 有否职业疏忽的实质争议的诉讼中,船东就想要将和解谈判中的其他没有在冻结令申请中被披露的内容(主要是 SRT 口头承认有疏忽)呈上作为证据。理由就是 SRT 在冻结令申请中首先依赖了部分受无损害规则保护的和解谈判内容,因此已经属于对无损害规则的弃权。所以其余内容也要一并披露,以防止对方"挑选樱桃"。一审判 SRT 这样做并没有弃权,但上诉庭的 Clarke 大法官反对了这样的看法,船东可以依赖这些文件。

针对无损害规则,Clarke 大法官的分析是首先针对背后的公共政策/利益,不会允许一方当事人在诉讼中依赖这些内容,而另一方当事人就无法依赖:"My conclusion as a matter of principle and policy is that where, in support of its case on the merits of an action, a party deploys material which would not be admissible because it forms part of without prejudice communications the other party is entitled to refer to the contents of those same communications in order to advance its own case on the merits. It does not seem to me to be just to allow the first party to obtain an advantage by relying on the without prejudice material in one

〔43〕 要注意在规管程序中的和解谈判,可能涉及被调查方个人导致弃权的情况:见本章之 1.2 段。

〔44〕 关于联合特免权,可见本书第十一章之 4 段。

〔45〕 挑选樱桃规则与附带弃权,可见本书第十二章之 4 段。

〔46〕 但 SRT 不知道的是,船东对和解谈判的全过程(以及额外的一些电话谈话)暗中进行了录音和录像。也因此在此先例中所有的和解谈判内容都有了详尽的报告。船东这样的做法可能涉嫌不道德,法官也指出这样的做法是"unattractive",但是在本书第五章之 2.2.2 段已经有介绍,在民事诉讼中即使取证手法存在问题也不是文件是否会被采纳的决定性因素,也因此在此先例中上诉庭需要考虑是否存在对无损害规则的弃权,从而使得其他本受无损害规则保护的内容可以被采纳。

part of the litigation, as here on an application for Mareva relief, where the merits are relevant, and to rely upon the without prejudice nature of the communications when the other party wished to rely upon, say, an admission made in the same without prejudice discussions at the trial, where the merits are of course also relevant."

而针对无损害规则背后的共识/合约默示,Clarke 大法官指出 SRT 在冻结令申请中将无损害规则保护的文件披露与依赖作为证据,可以看作是违约/毁约(repudiatory breach)行为,船东在之后可以选择合约继续、要继续以无损害规则保护文件(此时可以向法院要求撤销冻结令),或者船东可以选择接受违约/毁约从而使得合约终止,双方都不受限于无损害规则。不妨也节录 Clarke 大法官说法如下:"The same conclusion is reached if the matter is viewed as one of implied contract between the parties. The implied contract has been variously stated in the cases. … as being an agreement that communications in the course of the parties' negotiations should not be admissible in evidence if, despite the negotiations, a contested hearing ensues. Put another way, it can I think be said to be an agreement by each party not to rely upon anything said or written by the other party in the course of without prejudice communications in order to advance the first party's case on the merits… The position can perhaps be analysed in this way. **The use of the without prejudice material** which was made by or on behalf of Sinclairs in support of the application for a Mareva injunction **was a repudiatory breach of the agreement that the material would not be admissible and/or that they would not rely upon it in order to advance their case on the merits**. In accordance with ordinary contractual principles **Somatra was entitled to affirm the contract and hold Sinclairs to its terms or to accept the repudiatory breach as bringing the contract to an end leaving it free to adduce the contents of the conversations in evidence**. Somatra either has or is entitled to take the latter course and to put the contents (or such parts as are relevant to the issues on the merits) before the judge at the trial."(加黑部分是笔者的强调)

而更重要的是,Clarke 大法官认为 Great Atlantic Insurance Co v. Home Insurance Co (1981) 2 Lloyd's Rep 138 先例等有关挑选樱桃规则的先例虽然针对都是对法律业务特免权的弃权,但是背后的原理在对无损害规则保护文件的适用上是相通的。在此先例中,这也是 Clarke 大法官判法的重要原因:"I recognise that in those cases(Great Atlantic Insurance Co. v. Home Insurance Co 先例等)the court was considering waiver of privilege and not the use of without prejudice communications, but I do not think that the principle can be any different in such a case. Fairness requires that where a party deploys privileged or without prejudice material as part of its case at a trial the other party should be entitled, in the one case, to see the whole of the privileged document and, in the other case, to rely upon the other without prejudice material which came into existence as part of the same without prejudice process. The question here is whether the same is true where the without prejudice material is deployed, not at the trial, but at an interlocutory application… As I see it, however, the matter cannot be analysed in wholly contractual terms because of the element of public policy recognised in the cases. The essential point in a case like the present case is, in my judgment, that it would be unjust to allow one party to deploy the material for its benefit on the merits in one part of the litigation without allowing the other to do so too in another."

在笔者看来,这带来一个很大的危险是单方面申请中间命令(主要是冻结令)时一定要全面与坦率的披露,这必然要求申请方披露部分和解谈判中的有关内容。根据 Goff 勋爵 The "Kanchenjunga"(1990)1 Lloyd's Rep 391 贵族院先例,合约法下真正弃权(true waiver)的前提条件是弃权方知道自己的权利与有关事实,并且自愿作出选择。[47] 而如果申请方为了单方面申请中间命令不得不作出披露,这是否算申请方弃权是有争议的。看来在 Somatra v. SRT 上诉庭先例后,这方面的法律将来还会有发展的。

最后值得一提的是,由于无损害规则并非是绝对性权利,而保护和解谈判的大原则是建立无损害规则的主要原因,因此在对个别案件的判断中,非常强调"公平"(just)。Clarke 大法官的判词中也说到关键点在于,如果允许一方当事人(SRT 在申请冻结令时)依赖这些文件而另一方当事人不可以依赖(在案件审理中船东不得依赖)是非常不公平的做法。也因此在法院判决中,显然法官有不少裁量权的范围。例如在 Sang Kook Suh v. Mace(UK)Ltd(2016)EWCA Civ 4 上诉庭先例中涉及自我代理(litigant in person)的情况(有关案件背景可见本章之3.2.3段)时,上诉庭就对自我代理的人士比较宽松对待,上诉庭的 Beatson 大法官说:"... the issue of waiver in the circumstances of this case requires an objective evaluation of the tenants'(此先例中自我代理的人士)conduct, in the context of the purpose of the without prejudice privilege. **That evaluation should be aimed at determining whether it would be unjust**, in the light of the tenants' conduct, for them to argue that the admissions made in the interviews were privileged from production to the court at the trial. This, I think, requires detailed attention to the precise course of relevant events."(加黑部分是笔者的强调)

7. 无损害规则是否适用在第三方

一直以来,对无损害规则是否适用的争议都集中在谈判双方,而在 Rush & Tompkins Ltd v. Greater London Council(1989)AC 1280 贵族院先例之前,少有针对第三方的披露。本章前文已经提过,无损害规则有两方面的理据。第一个是鼓励与保护当事人和解谈判的公共政策/利益,但如果无论谈判是否成功,披露给第三方都不会对谈判双方的诉讼结果造成影响,那就很难理解公共政策/利益的理据会令无损害规则适用。毕竟大家都接受即使是谈判的双方达成和解,和解协议(settlement agreement)本身也不享有无损害

〔47〕 见笔者的《合约的履行、弃权与禁反言》一书第三章之3.4.1段。

"特免权"。[48] 见 Tomlin v. Standard Telephones & Cables Ltd (1969) 1 WLR 1378 先例。而在 Rush & Tompkins Ltd v. Greater London Council 贵族院先例,上诉庭认为一旦双方达成和解协议,就不再有公共政策继续保护双方的和解谈判的机密,说:"the privilege afforded by the correspondence between Rusk and Tompkins and the GLC marked 'without prejudice' came to an end when that correspondence came to fruition in the compromise agreement; it would then have been disclosable as between the GLC and Rush & Tompkins, had it been relevant to any issue that might still have been outstanding between them, although it is difficult to think of any issue between those parties to which it might have been relevant."

因为达成和解协议后,将来仍然可能需要强制执行,例如一方当事人没有按照和解协议条文作出支付。还会有和解协议条文是否有效,谈判过程中是否存在误述(misrepresentation)等争议的存在。这样一来,就必须披露和解谈判内容才能让法院(或仲裁庭)作出认定与判决。和解协议达成后,也会替代了原来的实质争议,因此曾经作出的承认(无论是对责任或是争议事实)不再有影响而需要无损害规则的保护。

而第二个共识/合约默示的理据,由于本质上是合约关系(contractual),无法约束谈判双方外的第三方,也不能用来支持对无损害规则适用。所以无损害规则是否适用在第三方存在很大疑问。

7.1　申请披露原享有无损害规则保护文件的第三方的类别

申请披露的第三方一般可分为三类:

1. 涉及第三方诉讼的实质争议与和解谈判无关或是虽然有关但谈判内容对涉及第三方的诉讼结果完全没有影响,显然就无论如何不会被法院允许披露。但这是因为文件在 CPR 的标准披露下完全没有关联性(relevance),也不涉及无损害规则。这种情况极少发生,所以以下不会进一步讨论。

2. 涉及第三方的持续诉讼(continued litigation)的实质争议与较早达成的和解协议有关,但关系不大。例如原告起诉多名被告在合约下的不同责任,诉讼期间只与其中一位被告达成和解,但与其他被告的诉讼继续推进。虽然和解谈判的内容与对其他被告的索赔关系不大,但是也可能透露出原告的诉讼策略、底线等。正如 Bridge 勋爵在 Rush & Tompkins Ltd v. Greater London Council (1989) AC 1280 先例中说:"If the party who obtains discovery of the 'without prejudice' correspondence can make no use of it at trial it can be of only very limited value to him. It may give some insight into his opponent's general approach to the issues in the case but in most cases this is likely to be of marginal significance and will probably be revealed to him in direct negotiations in any event."

这种情况实际上经常发生,因为与一个被告达成和解协议通常需要各让一步,所以原告能够取回的只是部分损失的赔偿,而需要继续诉其他被告才能取回所有的损失。至于

---

〔48〕 所以法院诉讼中有 Tomlin Order 的做法以保护和解协议的机密性,有关内容可见本书第四章之 1.7.6 段。

为什么与一位被告而不是所有被告达成和解,这会有千奇百怪的理由。例如和解的被告是大客户,为了维持双方的商业关系,原告愿意多退一步;或是和解的被告经济状况不佳,如果不尽早和解,很可能破产;或是其他被告态度过于强硬,根本不愿意和解谈判;减少诉讼费用与时间,等等。总之这可能完全由当事人自己的商业决定,而与争议本身的事实与法律认定关系不大。正如在 Gnitrow Ltd v. Cape Plc (2000) 1 WLR 2327 上诉庭先例中 Pill 大法官所说:"The settlement may have been reached for commercial reasons, such as the saving of costs, and with the intention of achieving a global settlement covering all cases without the need for detailed analysis of the merits of each particular case ... The agreement may not accurately reflect the view even of its parties with respect to a particular case."

3. 涉及第三方的另一个有关联诉讼(connected litigation)的实质争议与和解谈判十分有关。例如前一个诉讼中的当事人在达成和解后向第三方要求补偿(indemnity)或分摊(contribution)〔49〕责任。在这种情况下,第三方就会十分关心和解谈判的内容,主要是和解协议的赔偿金额是否合理(reasonable settlement)〔50〕或该要求补偿或分摊责任的当事人是否会被过度赔偿(over-compensation)或双重赔偿(double indemnity)。虽然该要求补偿或分摊责任的当事人证明损失(proof of damages)的有举证责任,所以必须披露已经达成的和解协议。但第三方一般不会认为仅仅一份和解协议就已经足够。

7.2　涉及第三方的持续诉讼

涉及在持续诉讼中,第三方能否申请披露和解谈判文件的第一个先例是 Rush & Tompkins Ltd v. Greater London Council (1989) AC 1280 贵族院先例。在此先例中,Greater London Council(GLC)委任承包商(Rush & Tompkins)从事一处房地产的建造工程,而承包商转委任了分包商(carey contractors)从事一部分工作。之后建造工程产生争议,分包商向承包商索赔,承包商即同时要求 GLC 补偿,但 GLC 不认可第三方的索赔。于是,承包商将 GLC 列为第一被告(其中一项索赔请求是要求法院宣告 GLC 应当对承包商需要对分包商作出的赔偿予以补偿),将分包商列为第二被告(对有关损失金额提出质疑)。这是英国法院的一种常有做法,即把所有与争议有关的人士都加入诉讼(joinder),尽可能一次合并审理。这种做法除了省钱与省时间之外,也防止分开审理带来不同判决结果。在这个先例中,如果法院判承包商对分包商(第二被告)的损失索赔与金额的质疑不成功(或只有部分成功),则法院在同一判决中也会相应地判 GLC 向承包商(第一被告)补偿这笔金额。承包商与 GLC 达成在承包合同下的总和解协议(global settlement),以 120 万英镑作为建造工程下所有争议的和解,之后所有承包商与分包商之间的争议都与 GLC 无关。承包商也因此不再继续对 GLC 进行诉讼。

但承包商对分包商(第二被告)的诉讼仍然继续,承包商披露了自己与 GLC 达成和

---

〔49〕 根据《Civil Liability (Contribution) Act 1978》立法,关于这个课题可见笔者《提单与其他付运单证》一书第五章之 17.2.9.4 段与《损失赔偿与救济》一书第四章之 4.3.3 段。

〔50〕 例如,在 Muller v. Linsley & Mortimer (1996) PNLR 74 上诉庭先例中,第三方要求披露较早的和解谈判文件,以满足和解是减损的合理做法(settlement was a reasonable attempt to mitigate the loss)的举证责任。

解的事实以及和解协议的内容。但是和解协议中的 120 万英镑只是一笔总价(lump sum),没有有关的计算细节,这笔总价也包括建造工程下的多项争议,不仅仅是分包商索赔、被转嫁给 GLC 要求补偿的部分。实际上分包商的索赔超过 15 万英镑,而承包商坚持损失不超过 10 万英镑。这样分包商很自然地想要知道 GLC 在和解协议中给出的 120 万英镑中有多少金额是属于向承包商补偿自己索赔的部分(如核算出了 15 万英镑或 10 万英镑的金额,或是更高或更低的金额),因此要求披露和解谈判中对这笔损失是如何核算的(计算得出 120 万英镑的总和解金额是经过对每一损失进行核算后的科学的、能被双方接受的和解金额),希望用来证明承包商自己也认可这笔损失不仅是 10 万英镑。

按理说承包商与 GLC 达成的和解协议中的金额无论高或低,都不影响分包商与承包商之间的法律责任与应赔偿的金额。因此即使 GLC 向承包商和解支付的金额超过 15 万英镑,分包商能够索赔的也是满足其他损失计算的法律要求(如合理预见、因果关系、减损等)的真正损失,而不会提高到 GLC 给出的金额。但在现实来看,如果知道了 GLC 已经支付或补偿了 16 万英镑给承包商,会对审理法官有影响,从而使得承包商抗辩损失不超过 10 万英镑有困难。

在此先例中,承包商认可确实有此类文件的存在,但是主张无损害规则拒绝披露。首先是针对这个问题,一审法院判是保护机密,不命令披露。上诉庭推翻了一审法院的判决,判由于原告已经和 GLC 达成和解协议,因此和解谈判的内容已经不再受到保护了,毕竟既然谈判双方之间都不再适用无损害规则,就更不会针对第三方。

但这又被贵族院否定,贵族院判无损害规则保护和解谈判内容在之后的持续诉讼与有关联诉讼中都不被采纳为证据。Griffiths 勋爵说,此先例中的建造工程合约(以及其他类似情况)中,尤其是大型的建造工程合约中,针对同一个事项会涉及非常多的当事人(多名原告与被告)。但如果这些和解谈判内容面对其他当事人不受到无损害规则保护、需要担忧自己的让步会给其他当事人的诉讼带来不利影响,从而不愿意只与一方当事人达成和解协议,这是违背了无损害规则背后的公共政策大原则的。因此 Griffith 勋爵的判法是无损害规则保护文件在之后针对与第三方同一主题的诉讼中,和解谈判即使成功,也不会被采纳作为证据:"I have come to the conclusion that the wiser course is to protect without prejudice communications between parties to litigation from production to other parties in the same litigation… I would therefore hold that as **a general rule the 'without prejudice' rule renders inadmissible in any subsequent litigation connected with the same subject matter** proof of any admissions made in a genuine attempt to reach a settlement."(加黑部分是笔者的强调)

因此在此先例中,即使其中承包商有对分包商损失的承认或其他不利影响,承包商与 GLC 之间和解谈判的内容也不得在此先例中被采纳作为证据。

7.3 涉及第三方的关联诉讼

已经提到前一个诉讼中的当事人在达成和解后向第三方要求补偿或分摊责任的有关联诉讼中,第三方会十分关心和解协议的赔偿金额是否合理或该要求补偿或分摊责任的当事人是否会被过度赔偿或双重赔偿。

在 Muller v. Linsley & Mortimer（1996）PNLR 74 上诉庭先例中，原告在 1985 年时是赛捷软件公司（Sagesoft）的股东与董事，由于当时与其他股东不和，因此担心其他股东想要通过董事会决议赶走自己，而后果就是根据公司章程在被赶走时要向其他股东出售公司股份。原告委任律师（此先例中的被告）后，根据被告的建议，准备提前把股份转让给自己妻子。但原告转让股份的申请被董事会拒绝，而且董事会之后就决议解除原告职务与要求原告根据公司章程转让股份给其他股东，并经过审计师审计定价 3 万英镑。这就导致原告与其他股东产生争议并开始诉讼，在 1989 年原告与其他股东成功达成和解，原告收到 5 万英镑以及价值 200 万英镑的股份作为赔偿（在 1989 年时，原告原本持有的股份估价可能要超过 400 万英镑了）。之后原告将矛头转向了被告，指称被告的建议操之过急，属于职业疏忽（professional negligence）。律师提出的抗辩之一就是原告在与公司的和解中没有合理减损（mitigation），因此要看 1989 年和解谈判文件的内容。

上诉庭判这些文件属于可采纳的证据，Hoffmann 大法官根据的理由是无损害规则只保护有损害利益的承认（admission against interest）的说法，而这个说法是很富有争议性的，也已经被后来的 Ofulue v. Bossert（2009）UKHL 16 贵族院先例推翻：见本章之 8 段的介绍。这样一来，在 Rush & Tompkins Ltd v. Greater London Council（1989）AC 1280 贵族院先例中，在和解双方达成和解协议后或有关该争议的诉讼完结后，公共政策保护和解谈判内容的无损害规则在和解双方当事人之间就不再适用，但在对抗有关的第三方时仍然适用：见本章之 7.2 段。但这也不令人满意，毕竟与第三方会有关联诉讼，尤其是会涉及过度赔偿或双重赔偿的情况，这也正是 Muller v. Linsley and Mortimer 先例中所发生的情况。

这个地位之后在 Gnitrow Ltd v. Cape Plc（2000）1 WLR 2327 上诉庭先例中找到了出路。此先例的背景是大量英国退休工人由于在工作期间曾经接触石棉（asbestos）而中毒并患上间皮瘤（mesothelioma），会在长达 40 年的潜伏期后病发并很快会死亡，从而导致了大量诉讼。此先例中的原告 Gnitrow 通过保险公司与工人达成了和解，之后再根据《Civil Liability（Contribution）Act 1978》立法向作为独立承包商的 Cape 要求分摊。Cape 则要求 Gnitrow 披露其保险公司与另一家独立承包商 Newalls 关于分摊的和解协议。但 Gnitrow 以无损害规则拒绝。上诉庭判因为 Gnitrow 只是要求分摊损失，所以不能获得比它对雇员赔偿更多的赔偿。而只有披露了 Gnitrow 与 Newalls 的和解协议中 Newalls 分摊的比例，才能防止这一点。另外 Cape 也必须知道 Newalls 分摊的比例才能作出现实的 Part 36 Offer，与 Gnitrow 达成和解或保护自己的诉讼费用。所以 Gnitrow 应该向 Cape 披露与 Newalls 的和解协议中有关 Newalls 分摊的比例的部分。而对于法官来说当他在决定 Cape 应分摊的比例时，只应该看有关的证据，而不应该受到其他诉讼和解协议的影响（这也是无损害规则背后公共政策要保护文件的目的）。所以上诉庭判直到法院作出关于 Cape 应分摊的比例的决定前，都不应向法官披露和解协议的内容。而在法院作出决定之后，如果有必要，可以向法官披露有关的和解协议以保证 Gnitrow 不会被过度赔偿。

8. 公共政策/利益从保护有损害利益的承认到更广泛的解释

这个课题与和解谈判文件的内容有关。和解谈判的文件会明示写明“无损害”或根据和解谈判的性质被默示是“无损害”,从而受到无损害规则的保护。但如果仔细看这些文件的内容,会发现其中部分内容属于对有损害利益的承认(admissions against interests)(主要是让步与愿意承认自己疏忽或有错等)。这部分内容必须被保护,否则诉讼方就不会在谈判过程中作出这些承认。因为这些对事实的部分承认如果并没有在文书请求、誓章或其他公开书信往来中作出,但对方在谈判不成功时可以把“部分承认”披露给法院或仲裁庭,就显然会对该诉讼方不利。双方在谈判中每一句话都可能有律师的帮助仔细推敲,如果这种“部分承认”不受到保护,就显然不利于双方的和解。

但其中大部分内容与有损害利益的承认无关,例如主张自己的案件、虚张声势、诱导对方妥协、威胁(如说自己经济状况不好可能破产,威胁对方妥协,但又不属于敲诈勒索或其他明确无误的不当行为)等。最大的问题是和解谈判中,常在试图达成和解的语境下对事实作出承认。例如,在 Bradford & Bingley v. Rashid (2006) UKHL 37 贵族院先例中,双方和解谈判时,债务人向债权人给出要约,愿意以部分还款作为债务的清偿,但双方没有达成一致。债权人就想要将债务人在和解谈判中对债务的承认披露出来,因为这是确认债务(acknowledge of debt)申请延长债务索赔的立法时效的依据。

对事实和对责任的承认是有不同的,如果是当事人承认了事实,是会被作为证据依赖与使用的。例如在一起车祸中,肇事司机向对方受伤行人或到场的警察承认自己疏忽驾驶,在事后诉讼中,受伤行人作为原告几乎肯定会依赖这个对疏忽的承认作为证据。所以针对第三方责任保险(liability insurance)的保单都会写明受保人不得私下承认责任,要承认也是将来代表律师在权衡利弊之后作出。

但这种对事实的承认与无损害规则的保护看来就会有冲突了。因为双方和解谈判时需要坦白、开诚布公,也难免有对重要事实的承认。则对于和解谈判中谈到的对事实的承认,是否可以“断章取义”的披露出来呢?

如果要把和解谈判的内容拆分开来,将承认事实拆分出来,就会很麻烦、昂贵,实际做起来很困难(虽然这也并不一定做不到)。正如在 Ofulue v. Bossert (2009) UKHL 16 贵族院先例中,Rodger 勋爵说:“... in would be technically possible to say that the exclusion rule should not apply to statements in correspondence or negotiations which were to be treated not as admissions but as ‘acknowledgements’.”

但问题就是 Hoffmann 勋爵在 Muller v. Linsley & Mortimer 上诉庭先例与 Bradford & Bingley v. Rashid (2006) UKHL 37 贵族院先例中给出了一个很狭窄的看法,也就是只有真正有损害的承认部分才可以受无损害规则保护,而是对事实的承认要区分开来与可以采纳作为证据。Bradford & Bingley Plc v. Rashid 贵族院先例中,Hoffmann 勋爵的看法虽然最后与其他四位大法官判决相同，但其他大法官并非根据他给出的这个理由作出判决，而是根据有关的文件没有明示写明“无损害”，并且内容也不属于对一个争议的谈判和解。因此，Hoffmann 勋爵这狭窄的看法带来不肯定。之后这个狭窄的看法也在一些先例中被跟从：见 Dora v. Simper (The Times, 26 May 1999) 先例，Murrell v. Healy (2001) 4 All ER 345 上诉庭先例等。但也有先例不接受这狭窄的看法，认为会带来实践上的困难，也违背了无损害规则背后的大原则，这就是著名的 Unilever Plc v. The Procter & Gamble Co (2000) 1 WLR 2436 上诉庭先例，Walker 大法官说：“… the ‘without prejudice’ communications in question consist not of letters or other written documents but of wide-ranging unscripted discussions during a meeting which may have lasted several hours. At a meeting of that sort the discussions between the parties’ representatives may contain a mixture of admissions and half-admissions against a party’s interest, more or less confident assertions of a party’s case, offers, counter-offers, and statements (which might be characterised as threats or as thinking aloud) about future plans and possibilities. … Partial disclosure of the minutes of such a meeting may be … a concept as implausible as the curate’s egg (which was good in parts)… **to dissect out identifiable admissions and withhold protection from the rest of without prejudice communications (except for a special reason) would not only create huge practical difficulties but would be contrary to the underlying objective of giving protection to the parties**, in the words of Lord Griffiths in the Rush & Tompkins case:[51] … ‘to speak freely about all issues in the litigation both factual and legal when seeking compromise and, for the purpose of establishing a basis of compromise, admitting certain facts.’ Parties cannot speak freely at a without prejudice meeting if they must constantly monitor every sentence, with lawyers or patent agents sitting at their shoulders as minders.”（加黑部分是笔者的强调）

也因此《Phipson on Evidence》（2018 年，第 19 版）一书之 24 – 24 段对此先例中这方面给予好评：“In Unilever Plc v. Procter & Gamble Robert Walker LJ did provide some comfort to practitioners unsettled by the uncertainty provided by the Muller decision.”

在 Unilever Plc v. The Procter & Gamble Co 上诉庭先例的影响下，一些后续先例说法也有所改变，例如 Somatra v. SRT (2000) 2 Lloyd’s Rep 673 上诉庭先例中 Clarke 大法官就说虽然公共政策/利益保护的只是承认，但对于承认（admission）要作广义（broad）的解释，也足以包括和解谈判中讨论的所有内容。类似看法也可见 Wilkinson v. West Coast Capital (2005) EWHC 1606 先例。

但要否定 Hoffmann 勋爵激进的判法，还是需要在贵族院或最高院才能作出。在 Ofulue v. Bossert (2009) UKHL 16 贵族院先例中，原告是一幢英国物业的注册所有权人，但自己已经前往国外居住。并无租约的被告（父女二人）在 1981 年时搬入物业居住。在 1983 年业主知悉了被告居住在物业内的事实，之后在 1989 年 6 月开始诉讼主张自己

---

[51] Rush & Tompkins Ltd v. Greater London Council (1989) AC 1280 贵族院先例。

的产权。1992 年 1 月,被告发出一封写明无损害(without prejudice)的信件给原告要约(offer)愿意收购物业。原告没有接受要约,但也并没有继续推进诉讼,导致在 2000 年时该诉讼被中止(stay),继而在 2002 年时[在最高院判决中没提及中止原因,由于原告懈怠诉讼(want of prosecution)]被法院撤销(strike out)。[52] 2003 年时被告中的父亲已经去世,而原告再次提起新诉讼,被告则提出根据逆权侵占/时效占有(adverse possession),自己已经成为真正业主,原告对于该物业的权利索赔时效已经届满。针对这个问题,原告则想要依赖被告在 1992 年发出的信件,指称在该信件中被告认可了物业的产权属于原告,属于对产权的确认(acknowledgement),打断了逆权侵占/时效占有中时间的计算。因此,这个先例中的焦点问题之一就是这些信件是否可以受到无损害规则的保护,从而被依赖作为证据打断时间的计算。按理说这份信件明确标注了无损害的措辞/文字,是在诉讼开始后为了和解的用途应受无损害规则保护是不存在问题的。但是原告提出的说法是,需要被采纳作为证据的部分是用来证明被告对原告是物业产权人这个事实的承认。

贵族院判这些文件是受到无损害规则保护,不得被采纳作为证据的。贵族院的 Neuberger 勋爵指出,Hoffmann 勋爵激进的说法过于隐晦(subtle)且不利于实践:"… Despite the very great respect I have for any view expressed by Lord Hoffmann, and the intellectual attraction of the distinction which he draws, **I am inclined to think that it is a distinction which is too subtle to apply in practice** … Over and above this, even if the distinction is valid in principle, in any event, I do not consider that it would assist Mrs Ofulue in the present context: **the distinction between an acknowledgement and an admission is not one which can be satisfactorily drawn**, in my opinion, at least in the context of identifying exceptions to the without prejudice rule… To invoke a statement in without prejudice negotiations as an acknowledgement seems to me to be as inconsistent with the protection afforded to such negotiations, and the policy behind it, as invoking such a statement as an admission of the truth of what is stated."(加黑部分是笔者的强调)

根据这个贵族院先例判法,公共政策/利益下的无损害规则不仅仅限于保护有损害利益的承认了。Avonwick Holdings v. Webinvest (2014) EWCA Civ 1436 先例中也有类似的问题(此先例的详细背景可见笔者《合约的履行、弃权与禁反言》一书第十章之 12.3.4 段,也可见本书第十一章之 1.3 段的简单介绍),上诉庭明确认为 Hoffmann 勋爵的说法已经在 Ofulue v. Bossert 贵族院先例中被否定了:"The general rule however is still that stated in Rush & Tompkins Ltd v Greater London Council & Another [1989] AP 1280, namely that without prejudice negotiations once privileged remain privileged even after settlement. Moreover, Hoffman LJ's reasoning in Muller which distinguished between an admission and other statements was disapproved by The House of Lords in Ofulue (See Lord Neuberger… with whom the other Lords agreed)…"

另外,也可见 Oceanbulk Shipping & Trading SA v. TMT Asia Limited (2010) UKSC 44

[52] 有关撤销索赔或抗辩的问题,见本书第六章之 4 段。

最高院先例中,Clarke 大法官明确指出无损害规则与过去相比更广泛(broader),不仅仅只限于对和解谈判中承认的保护:"... the rule is not limited to admissions but now extends much more widely to the content of discussions such as occurred in this case... The without prejudice rule is thus now very much wider than it was historically."

在更近期的 Sang Kook Suh v. Mace (UK) Ltd (2016) EWCA Civ 4 上诉庭先例中,Vos 大法官说在 Ofulue v. Bossert 贵族院先例后,法院要更广泛与更宽松地解释无损害规则到底保护什么文件,而不能将内容切割开来看待:"That is what a settlement is, and what both parties here must objectively be regarded as having genuinely been seeking. There is no justification for salami slicing the interviews into parts that were open and parts and that with prejudice."

因此今天的英国法下,只要是真正为了和解谈判产生的通讯(无论是会谈内容、书信往来还是律师的记录),都受到无损害规则的保护。也不用再区分部分属于或不属于有损害的承认。但如果一份文件不属于和解谈判通讯的一部分,则其中承认的事实等就不会受到保护,会被法院采纳作为证据。

9. 国际仲裁中的无损害规则

英国《Arbitration Act 1996》之 Section 34 赋予仲裁庭决定是否对证据予以采纳(admissible)的权力,除非仲裁双方当事人有其他约定:"Procedural and evidential matters. (1) **It shall be for the tribunal to decide all** procedural and **evidential matters**, subject to the right of the parties to agree any matter. (2) Procedural and evidential matters include— ... (f) **whether to apply strict rules of evidence** (or any other rules) **as to the admissibility**, relevance or weight of any material (oral, written or other) sought to be tendered on any matters of fact or opinion, and the time, manner and form in which such material should be exchanged and presented..."(加黑部分是笔者的强调)

在中国香港《Arbitration Ordinance》(Cap 609)之 Section 47[引入联合国示范法(UNCITRAL Model Law)之 Article 19]也赋予仲裁庭类似的权力,条文可以节录如下:"(3) When conducting arbitral proceedings, an arbitral tribunal is **not bound by the rules of evidence** and may receive any evidence that it considers relevant to the arbitral proceedings, but it must give the weight that it considers appropriate to the evidence adduced in the arbitral proceedings."(加黑部分是笔者的强调)

从上述条文以及结合国际仲裁中的实践来看,仲裁庭(特别是商业背景的仲裁员)一般不特别理会有关证据是否可被采纳的问题(如传闻证据也一贯被采纳)。对仲裁庭而言,重点还是在证据的重量(weight)或强弱上。这样一来,由于无损害规则只是证据规则(见本章之1段),严格来说在国际仲裁中并不一定要理会。事实上,也有一些国家并不存在无损害规则的说法(如据笔者所知,中国法下就没有无损害规则的说法),更不会有英国法下如此多具体做法与细节。

但是在国际仲裁中,不少参与的仲裁员与代表律师都是普通法/英国法背景,再加上无损害规则涉及公共政策/利益(鼓励与保护当事人通过和解谈判解决争议),除非国际仲裁中不鼓励当事人和解谈判,否则也没有理由不适用同样的道理对和解谈判内容进行保护。因此可以总结说,根据笔者的国际仲裁经验,在出现有关的争议时,无损害规则在大部分的国际仲裁中[不论仲裁地点(arbitration seat)或者约定的适用法(proper/governing law)]都被仲裁庭考虑与适用。

10. 自证其罪特免权(self-incrimination privilege)

10.1 自证其罪特免权的来源

自证其罪特免权早在1568年就已经出现,是为了应对严苛的"星室法庭"(Star Chamber)[53]程序发展出来的做法。在现代的Memory Corp v. Sidhu (No. 2) (2000) Ch 645先例中,Arden大法官对自证其罪特免权的来源这样进行阐述:"The privilege against self-incrimination is well established in our law. There are many citations from reported cases which emphasise the importance of the principle: see for example Bishopsgate Investment Management Ltd. v. Maxwell (1993) Ch. 1, where Dillon L. J. said: 'The privilege against self-incrimination is so deeply entrenched in our law that any decision to curtail it or make it not available is essentially a political decision, and a matter for Parliament.' **It was a principle which the courts of common law developed (it is said) in response to the practices of the court of Star Chamber.**"(加黑部分是笔者的强调)

在更近期的Beghal v. DPP (2016) AC 88最高院先例中,Hughes勋爵也说:"The privilege against self-incrimination is firmly established judge-made law dating from the sixteenth century abolition of the **Star Chamber**... It entitles any person to refuse to answer questions or to yield up documents or objects if to do so would carry a real or appreciable risk of its use in the prosecution of that person or his spouse."(加黑部分是笔者的强调)

英国普通法下发展起来的自证其罪特免权,本质也就是美国宪法(US Constitution)中保持沉默的权利(the right to remain silent)。这项权利在英国民事诉讼中也已经有立法作出规定:见《Civil Evidence Act 1968》之Section 14。[54] 在Rio Tinto Zinc v. Westinghouse Electric (1978) AC 547贵族院先例中就说:"So far as it relates to offenses and pen-

---

[53] 星室法庭是英国国王亨利七世在1487年成立的法院,被认为是英国历史上最重要的专制机器,在今天代表了中世纪即抓即判(swift justice)、滥用司法的做法,也是漠视人权做法的代表。

[54] 例如Section 14(1)规定:"(1) The right of a person in any legal proceedings other than criminal proceedings to refuse to answer any question or produce any document or thing if to do so would tend to expose that person to proceedings for an offence or for the recovery of a penalty— (a) shall apply only as regards criminal offences under the law of any part of the United Kingdom and penalties provided for by such law; and (b) shall include a like right to refuse to answer any question or produce any document or thing if to do so would tend to expose the (spouse or civil partner) of that person to proceedings for any such criminal offence or for the recovery of any such penalty."

alties provided for by the law of the United Kingdom this provision（section 14）is a declaratory of the common law."

《欧洲人权公约》(ECHR)之 Article 6(1)〔55〕也被认为包括自证其罪特免权,检控机关不得依赖以威逼胁迫嫌疑人方式所获得的证据对付或指控该嫌疑人。在 JB v. Switzerland（2001）ECHR 320 先例中,就判 ECHR 之 Article 6(1)下是默示包括自证其罪特免权的,可以节录部分判词如下:"Although not specifically mentioned in Article 6 of the Convention, the right to remain silent and the privilege against self-incrimination are generally recognized international standards which lie at the heart of the notion of a fair procedure under Article 6(1). The right not to incriminate oneself in particular presupposes that the authorities seek to prove their case without resorting to evidence obtained through methods of coercion or oppression in defiance of the will of the 'person charged'."

关键就是任何可能导致受到刑事检控/起诉(criminal prosecution)、刑罚(penalty)、罚没(forfeiture)可能性或增加风险的问题或披露要求,都不能强迫要求回答〔56〕或提供文件证据。

但是与法律业务特免权(legal professional privilege)绝对性权利的地位不同,自证其罪特免权并不是绝对性权利。在 Brown v. Stott（2003）1 AC 681 枢密院先例中,Bingham 勋爵就说:"limited qualification of these rights is acceptable if reasonably directed by national authorities towards a clear and proper public objective and if representing no greater qualification that the situation calls for."

这个说法稍后在 R v. Mushtaq（2005）1 WLR 1513 贵族院先例中被确认,Rodger 勋爵所说可以节录如下:"It is well known that among the rights implied into article 6（1）（ECHR）is a right against self-incrimination. It is equally well established that this implied right may be modified or restricted to serve a legitimate aim in the public interest..."

事实上,英国已经通过很多立法对自证其罪特免权在民事案件中的适用给出例外(exceptions)情况,这在本章稍后段落中进行介绍。

最后可以一提的是,在今天全球一体化(globalization)的大环境中,如果可能在出现如果回答被询问或盘问的问题会在外国法律下被检控犯罪或为该检控提供证据(但是在英国法下并非犯罪)的情况,此时是否可以依赖自证其罪特免权拒绝回答?毕竟全球不同国家的刑法会有很大差别,有些在英国并非犯罪的行为可能在其他国家是犯罪。对这

---

〔55〕不妨节录 Article 6(1)如下:"In the determination of his civil rights and obligations or of any criminal charge against him, everyone is entitled to a fair and public hearing within a reasonable time by an independent and impartial tribunal established by law. Judgment shall be pronounced publicly but the press and public may be excluded from all or part of the trial in the interests of morals, public order or national security in a democratic society, where the interests of juveniles or the protection of the private life of the parties so require, or to the extent strictly necessary in the opinion of the court in special circumstances where publicity would prejudice the interests of justice."

〔56〕例如,在本书第七章之 10.1 段介绍的要求信息(information request)、交叉盘问/反盘问(cross-examination)与本书第三章之 2 段介绍的资产披露令(Assets Disclosure Order)等民事诉讼会涉及的程序。

问题的回答可节录《The Law of Privilege》(2018 年,第 3 版)一书之 8.53 段,即是否享有特免权取决于法官的裁量权："The law is not settled as to whether, at the trial itself, the court has a discretion to excuse a witness from giving self-incriminating evidence in respect of offences under foreign law. There is first instance authority to support the proposition that in a civil action the court does not have a discretion to permit a witness giving evidence at the trial to refuse to disclose relevant and admissible facts which are not covered by any recognized privilege. Against that, the Privy Council has said that it would be a reproach to any legal system if it were the case that, since the privilege does not apply to prosecution under foreign law, the witness must always answer a relevant question in the domestic proceedings, regardless of the nature of the crime under the foreign law and regardless of the likely practical consequences for the witness under that law. The Privy Council said that one would expect that a trial judge would have a measure of discretion but deferred for another occasion the question of whether the court had such a discretion under its inherent power to conduct its process in a fair and reasonable manner."

10.2　对民事案件中自证其罪特免权的批评

在刑事案件中,自证其罪特免权的重要作用与地位是毫无异议的。但在民事诉讼中,一般的案件(如常见的商业合约解释或损失计算等争议)表面看来与刑事犯罪无关,也就应该不涉及自证其罪特免权的问题。但考虑到商业欺诈与犯罪(包括在今天严格规管制度下的犯罪)也是越来越多,因此即使是民事案件也经常会涉及自证其罪特免权的问题。

自证其罪特免权今天在民事案件(包括商业案件)中的适用受到不少批评,理由之一就是认为自证其罪特免权背后的原因在今天的民事案件中站不住脚。这尤其是在不少涉及不诚实行为(如欺诈、收受贿赂/秘密佣金等)的商业案件中,如果允许被告主张自证其罪特免权拒绝披露一些重要与针对性的文件,例如被告的银行月结单、全球资产的信息与流动情况等[这些文件会能够帮助追踪(trace)实际应属于原告的资产或"赃款"的去向,找出被告到底如何处置了这些以不法手段骗取、获得的资产],对于受害方来说就很不公平了。

这方面的权威先例是 Istel (AT & T) Ltd v. Tully (1993) AC 45 贵族院先例,在此先例中 Templeman 勋爵说:"... in my opinion, the privilege can only be justified on two grounds, **first** that it discourages the ill-treatment of a suspect and **secondly** that it discourages the production of dubious confessions.[57] ... It is difficult to see any reason why in civil proceedings the privilege against self-incrimination should be exercisable so as to enable a litigant to refuse relevant and even vital documents which are in his possession or power and which

〔57〕 存在自证其罪特免权的理由只有两个:一是不鼓励对嫌疑人的不公平对待,通常见到就是用各种方法逼迫嫌疑人认罪;二是不鼓励把一些非常值得怀疑的认罪书(不像是嫌疑人的真话,而是胁迫之下作出)作为定罪(刑事)证据。与这两个理由一致的,也有说法是自证其罪特免权是保护自然人的个人尊严(dignity),自然人可以在自愿的情况下认罪,但不应该在被威逼胁迫、失去尊严的情况下认罪求饶。

speak for themselves.[58] ... I regard the privilege against self-incrimination exercisable in civil proceedings as an archaic and unjustifiable survival from the past ...Events have shown that none of the rights to silence can guarantee freedom from ill-treatment of a suspect or prevent the production of dubious confessions[59] ... Parliament has recognised in a piecemeal fashion that the privilege against self-incrimination is profoundly unsatisfactory when no question of ill-treatment or dubious confessions is involved."[60]

也可见 Griffiths 勋爵所说:"My Lords, the privilege against self-incrimination is in need of radical reappraisal. It is however deeply embedded in English law and can only be removed or moderated by Parliament. As the speeches of your Lordships show Parliament has in recent years made many inroads into the privilege in a number of statutes. In civil actions ... the privilege can be claimed to thwart the claims of victims of fraud.[61] I can for myself see no argument in favour of the privilege against producing a document the contents of which may go to show that the [holder] has committed a criminal offence.[62] The contents of the document will speak for itself and there is no risk of the false confession[63] which underlies the privilege against having to answer questions that may incriminated the speaker."

另一方面,自证其罪特免权在现代社会的做法也被批评有自相矛盾的地方。例如不能强制要求被告/嫌疑人回答有刑事后果的直接(direct)或诱导性(leading)问题,但可以强制要求被告/嫌疑人接受检验(如呼吸测试、血液测试、尿液测试、DNA 测试等),而这些检验结果也同样可能会带来刑事后果。正如 Brown v. Stott (2003) 1 AC 681 枢密院先例[64]中 Bingham 勋爵所说:"it is not easy to see why a requirement to answer a question is objectionable and a requirement to undergo a breach test is not."

10.3　英国议会在立法中给出的例外

在 Istel (AT & T) Ltd v. Tully (1993) AC 45 贵族院先例中,Griffiths 勋爵就提到由于自证其罪特免权的原则已经长期建立、根植于普通法之中,因此法院无法或不愿意对这

---

[58] 但这些存在的理由很难看到与在民事诉讼中要求嫌疑人交出一些他/她所拥有的可以找出争议的事实真相的重要文件有关系。在 Templeman 勋爵看来,自证其罪特免权在民事诉讼早已经过时,也没有理由让这说法持续下去。

[59] 现实中,自证其罪特免权的"沉默权利"没法保证嫌疑人不受到不公平对待或可以防止一些值得怀疑的认罪书出现,这方面主要是靠纪律良好的警察。

[60] 英国议院实际上在近年来通过大量的立法剥夺或修改这一自证其罪的特免权,但做法上只是针对个别议题。所以在没有针对性立法的情况下,这一特免权还是在普通法与《Civil Evidence Act 1968》下适用。

[61] Griffiths 勋爵重复说已有很多立法不允许以自证其罪特免权妨碍欺诈案件中的受害人追回财产或金钱。

[62] Griffiths 勋爵是看不出有合理原因说这份文件披露出来会证明披露方触犯刑法。笔者认为这也不是绝对,只不过这种情况比较少。有更大的可能是披露的文件如银行月结单,会允许进一步调查并找到犯罪证据。

[63] 已经存在的文件(existing document)的内容也与一份有怀疑的认罪书也无关系。

[64] 这是有关醉驾的交通事故以及《Road Traffic Act 1988》立法的先例。此先例中,警察要求被告告知在发生交通意外的时候是谁驾驶的汽车,但被告想要依赖自证其罪特免权拒绝回答。

个大原则进行基本性的改动或废除。这种基本性的改动需要由代表民意的议会在全面考虑后,通过立法的方式来排除。

而英国议会也确实通过立法对自证其罪特免权给出了不少例外的情况。其中对民事诉讼而言,对涉及不诚实(dishonest)行为的商业活动而言,尤其重要与关系紧密的是对英国可能被指控串谋欺诈或盗窃的例外:见 Sociedade Nacionale de Combustiveis de Angola UEE v. Lundqvist (1991) 2 QB 310 先例。在此先例中,Beldam 大法官就说:

"For the plaintiffs a further point was taken that since the substance of the case against the first and fourth defendants amounted to a conspiracy to steal or to obtain by deception under the Theft Acts, the first and fourth defendants could be required to give the information requested notwithstanding that to do so might incriminate them. The plaintiffs relied on section 31 of the Theft Act 1968 and on the decision of this court in Khan v. Khan [1982] 1 W. L. R. 513. That case is clearly distinguishable upon its facts...

In the present case the most likely charges would either be a charge of conspiracy to defraud at common law or a charge of conspiracy under section 1 of the Criminal Law Act 1977. In neither case would the first and fourth defendants be deprived of the right to claim privilege by the terms of section 31(1) of the Theft Act 1968. The risk to the defendants would not be a risk of incrimination of an offence under the Theft Act 1968.

A provision depriving a person of such a fundamental right as the right to claim privilege against self-incrimination is undoubtedly to be strictly construed. It is clear from other similar provisions, for example section 72 of the Supreme Court Act 1981,[65] section

---

〔65〕 可以节录该立法条文如下:"Withdrawal of privilege against incrimination of self or spouse in certain proceedings: (1) In any proceedings to which this subsection applies a person shall not be excused, by reason that to do so would tend to expose that person, or his or her spouse, to proceedings for a related offence or for the recovery of a related penalty— (a) from answering any question put to that person in the first-mentioned proceedings; or (b) from complying with any order made in those proceedings. (2) Subsection (1) applies to the following civil proceedings in the High Court, namely— (a) proceedings for infringement of rights pertaining to any intellectual property or for passing off; (b) proceedings brought to obtain disclosure of information relating to any infringement of such rights or to any passing off; and (c) proceedings brought to prevent any apprehended infringement of such rights or any apprehended passing off. (3) Subject to subsection (4), no statement or admission made by a person— (a) in answering a question put to him in any proceedings to which subsection (1) applies; or (b) in complying with any order made in any such proceedings, shall, in proceedings for any related offence or for the recovery of any related penalty, be admissible in evidence against that person or (unless they married after the making of the statement or admission) against the spouse of that person. (4) Nothing in subsection (3) shall render any statement or admission made by a person as there mentioned inadmissible in evidence against that person in proceedings for perjury or contempt of court..."

434(5) of the Companies Act 1985,[66] **section 2 of the Criminal Justice Act** 1987 and, more recently, section 98 of the Children Act 1989 that **when on grounds of public policy Parliament decides that the public importance of certain inquiries overrides the private right to claim privilege against incrimination**, it does so in clear and unequivocal terms confined to the particular circumstances in each case."(加黑部分是笔者的强调)

《The Law of Privilege》(2018 年,第3 版)一书之8.63－8.67 段介绍了目前英国法下有关自证其罪特免权的立法现状:

1.明示确认适用[67]的立法包括:《Medicines Act 1968》之 Section 114(4);《Weights and Measures Act 1985》之 Section 81(3);《Consumer Protection Act 1987》之 Section 47(2);《Child Support Act 1991》之 Section 15(7);《Social Security Administration Act 1992》之 Section 109B(5);《Police Act 1996》之 Schedule 4A Paragraph 6A(8);《Data Protection Act 1998》之 Schedule 7 Paragraph 11;《Police Reform Act 2002》之 Schedule 3 Paragraph 19ZA(2);《Pensions Act 2004》之 Section 72(1)(B);《Legal Services Act 2007》之 Section 198(10);《Cluster Munitions (Prohibitions) Act 2010》之 Section 20(6);《Presumption of Death Act 2013》之 Section 12(4);《Consumer Rights Act 2015》之 Section 36(4)。

2.也有先例判立法默示排除自证其罪特免权的适用。如《Environment Protection Act 1990》之 Section 71:见 Ex p Green (2002) 2 AC 412 贵族院先例;《Statistics of Trade Act 1947》之 Section 10;《Attachment of Earning Act 1971》之 Section 14(1);《Police and Criminal Evidence Act 1984》之 Section 9;《Terrorism Act 2000》之 Schedule 7 Paragraph 2。

3.明示不允许依赖自证其罪特免权,但不允许披露信息事后被用在刑事诉讼中。例如《Theft Act 1968》之 Section 31 规定:"A person shall not be excused, by reason that to do so may incriminate that person… of an offence under this Act—(a) from answering any question put to that person in proceedings for the recovery or administration of any property, for the execution of any trust or for an account of any property or dealings with property; or (b)

[66] 简单而言,此条文是在《Company Act 1985》下,英国商务部(Department of Trade and Industry, DTI)可以为了公共利益(expedient in the public interest)指派调查员(inspector)前往受英国管辖的公司或企业内部调查取证。DTI 这样做的权力是十分广泛的,见 Senator Hanseatische, Re (1997) 1 WLR 515 先例。检察员也有权力要求公司或企业的雇员或其他人士提供证言,见《Companies Act 1985》之 Section 434(1)(2)。虽然立法条文中并没有写清楚该雇员或其他人士的证言如果涉及自证其罪怎么处理、能否拒绝回答。但这被视为会超越自证其罪特免权,雇员或其他人士不能拒绝回答:London United Investments Plc, Re (1992) Ch 578; Bank of England v. Riley (1992) Ch 475; R v. Seelig (Roger Hugh) (1992) 1 WLR 148 等先例。欧洲人权法院先例中则指出,如果回答之后被依赖与使用在针对雇员或其他人士的刑事检控,是违反 ECHR 之 Article 6:见 Saunders v. United Kingdom (1996) 23 EHRR 313(此先例还会在本章稍后进行介绍)与 IJL, GMR and AKP v. United Kingdom (2001) 33 EHRR 225 等。

[67] 在中国香港,近期有 AA & EA v. The Securities and Futures Commission (HCAL 41/2016)先例判香港的《Securities and Futures Ordinance》(Cap 571)之 Section 181 下也可以依赖自证其罪特免权拒绝回答 SFC(Securities and Futures Commission,证券及期货事务监察委员会)的提供信息要求(此立法中没有明示,但法院判属于立法中可以拒绝的合理理由)。

from complying with any order made in any such proceedings; but no statement or admission made by a person in answering a question put or complying with an order made as aforesaid shall, in proceedings for an offence under this Act, be admissible in evidence against that person…"

英国的严重欺诈调查署(Serious Fraud Office,SFO)负责调查怀疑严重或复杂的欺诈事件,其中多数案件是在英国管辖内的英国或跨国公司。立法授权给 SFO 负责人的调查权力是广泛、强大的,可以通知要求被调查对象回答问题、提供信息等。可以节录 Section 2(2)与(3)如下:"(2) The Director may by notice in writing require the person whose affairs are to be investigated ('the person under investigation') or any other person whom he has reason to believe has relevant information to [answer questions or otherwise furnish information with respect to any matter relevant to the investigation at a specified place and either at a specified time or forthwith]. (3) The Director may by notice in writing require the person under investigation or any other person to produce at [such place as may be specified in the notice and either forthwith or at such time as may be so specified,] any specified documents which appear to the Director to relate to any matter relevant to the investigation or any documents of a specified [description] which appear to him so to relate…"

Section 2(13)还说明没有合理理由不配合 SFO 会是刑事犯罪。Section 2(14)还说明不顾后果(reckless)地向 SFO 提供虚假或有误导性的陈述也属于刑事犯罪。

因此被调查人士不能主张自证其罪特免权[68]拒绝配合 SFO(拒绝回答问题、提供信息):见 R v. Director of the Serious Fraud Office, Ex p. Smith (1993) AC 1 先例。即使被调查人士回答可能自证其罪,立法之 Section 2(8)[69]也规定这些回答与信息不能被依赖作为证据用在针对被调查人士的刑事检控中,也可见《Youth Justice and Criminal Evidence Act 1999》之 Schedule 3。

这些立法还包括:《Explosive Substance Act 1883》之 Section 6;《Criminal Damage Act 1971》之 Section 9;《Employment Agencies Act 1973》之 Section 9;《Health and Safety at Work Act 1974》之 Section 20;《Senior Courts Act 1981》之 Section 72;《Representation of the People Act 1983》之 Section 141;《Companies Act 1985》之 Sections 434 与 447;《Building Societies Act 1986》之 Section 57;《Companies Act 1989》之 Section 83;《Children Act 1989》之 Sections 48、50 与 67;《Trade Union and Labour Relations (Consolidation) Act 1992》之 Sections 37A 与 37B;《Competition Act 1998》之 Section 30A;《Financial Services and Markets Act 2000》之 Section 174;《Terrorism Act 2000》之 Schedule 5 Paragraph 13 与 Schedule 6 Paragraph 9;《Land Registration Act 2002》之 Section 125;《Proceeds of Crime Act 2002》之 Section 6 Para-

---

[68] 但被调查人士仍可享有法律业务特免权(legal professional privilege)的保护:见立法之 Section 2(9)。

[69] Section 2(8):"A statement by a person in response to a requirement imposed by virtue of this section may only be used in evidence against him— (a) on a prosecution for an offence under subsection (14) below; or (b) on a prosecution for some other offence where in giving evidence he makes a statement inconsistent with it."

graph 2;《Nationality, Immigration and Asylum Act 2002》之 Section 139;《Companies (Audit, Investigations and Community Enterprise) Act 2004》之 Schedule 7 Paragraph 3;《Pensions Act 2004》之 Section 310;《Fraud Act 2006》之 Section 13。

但是在这些立法针对的例外以外,自证其罪特免权仍然是需要被考虑的问题。对于法院(即使是最高院也一样)来说,没有立法针对的情况下不会不遵循这历史悠久的大原则。因此除非已经通过立法废除,否则普通法下与根据《Civil Evidence Act 1968》的自证其罪特免权原则仍然继续适用。

10.4　规管程序与民事诉讼中的自证其罪特免权适用

在规管程序中,公司面对规管机构(regulatory body)的询问或者是对文件、信息的披露要求,在普通法与《欧洲人权公约》(ECHR)以及英国的《Human Rights Act 1998》下,都可以依赖自证其罪特免权作为拒绝配合的理由。但这就会给规管带来严重障碍,因为规管机构为了履行规管职责需要进行调查,而这些调查往往是从零(ground zero)开始。例如一家公司倒闭,但有可信的投诉指称该公司涉嫌欺诈等不法行为、有账目不清等问题,如果搜查或取得的公司账目(books)与其他文件是不完整的或者根本不存在这些文件,只能向该公司的员工(往往是董事、高管)询问,并且要"打破砂锅问到底",员工也必须诚实与提供正确的全面回答。这就必须禁止、防止员工动辄主张自证其罪特免权。这大原则是普通法下通过法院改不了或者不愿意改,只能通过立法。这些立法也不会违反 ECHR 或《Human Rights Act 1998》,因为公约本身并没有在 Article 6 明示会保证自证其罪特免权,正如 Bingham 勋爵在 Brown v. Stott (2003) 1 AC 681 枢密院先例中所说:"... like the Convention, contains no express guarantee of a privilege against self-incrimination. Thus the right we have to consider in this case is an implied right. While it cannot be doubted that such a right must be implied, there is no treaty provision which expressly governs the effect or extent of what is to be implied."

在 R v. Saunders (Ernest) (1996) 1 Cr App R 463 先例中,在《Companies Act 1985》之 Section 434 下调查员(inspectors)询问 Saunders 先生,但 Saunders 先生的回答之后被依赖作为证据向 Saunders 先生提起刑事检控。欧洲人权法院(ECtHR)判这个做法违反了 ECHR,侵犯了 Article 6 下 Saunders 先生本可以享有的人权。这带来了英国一连串对立法的修改,规定在调查中通过强制方式获取的回答(如认罪书)不能在后来的刑事诉讼中被依赖与使用[除非只针对在调查中作出虚假或误导性的回答所带来的"伪证罪"(perjury)的犯罪]。这些立法修改已经在本章较早段落中有所介绍。

在今天的国际商业环境中,不诚实行为的案件越来越多。与规管无关的民事诉讼,只要涉及强制披露特定文件(specific disclosure)或要求信息(information request)或开庭中的交叉盘问/反盘问(cross-examination),都会遇到主张自证其罪特免权的可能。

在被告呈上抗辩书(statement of defence)时,就不存在自证其罪特免权的问题,毕竟此时不存在"强迫"。被告可以不抗辩甚至不出席庭审,最多也只是缺席审判而已。因此在抗辩书中附上的文件材料,可以被认为是即使有特免权保护,也已经被弃权(waive)了。《The Law of Privilege》(2018 年,第 3 版)一书之 8.39 段针对这问题说:"the privilege ‘in any civil proceedings’ is against being ‘compelled’ to answer questions or produce documents... there was no compulsion on a civil defendant to put in a defense (rather than allowing judgment to in default) or to plead anything which provided information to the claimant (rather than simply putting the claimant to proof of the allegations which he makes...” 这也可见 V v. C (2001) EWCA Civ 1509 上诉庭先例。

对于搜查令(Search Orders)、资产披露令(Assets Disclosure Orders)(尤其是附属于冻结令的资产披露令)或者其他强制性的法院命令而言,自证其罪特免权也会很有关联了。这类命令越来越频繁与常见,以及各类商业不法行为层出不穷,很多时候会碰到适用自证其罪特免权的情况。

而另一个普通法原则,也就是当事人不能从自己的不诚实行为或错误行为中不当获利,[70]不会影响当事人可以依赖自证其罪特免权这个大原则:见 Bishopsgate Investment Management Ltd v. Maxwell (1993) Ch 1 先例与 Memory Corp v. Sidhu (No. 2) (2000) Ch 645 先例等。

自证其罪特免权只适用于如果披露方要提供文件,会暴露他/她违反当地法律的情况。比如,英国的《Civil Evidence Act 1968》之 section 14 表明这只适用于大不列颠及北爱尔兰联合王国(United Kingdom)的法律,不包括其他国家或地区的法律:“14. (1) The right of a person in any legal proceedings other than criminal proceedings to refuse to answer any question or release any document or sign if to do so would intend to expose that person for proceedings for an offence or for the recovery of a penalty:—(a) shall apply only as regards criminal offences under the law of any part of the United Kingdom and penalties provided for by such law ...”

在中国香港的《证据条例》(第 8 章)的第 65 条也有类似的规定:“**65. Privilege against incrimination of self or spouse** (1) The right of a person in any legal proceedings other than criminal proceedings to refuse to answer any question or produce any document or thing if to do so would tend to expose that person to proceedings for an offence or for the recovery of a penalty— (a) shall apply only as regards criminal offences under the law of Hong Kong and penalties provided for by such law...”

所以,自证其罪特免权一般只适用于当地法律。如果这是针对法庭案件就问题不大。英国法院一般会用英国法,也比较关心在不要影响当事人违反英国刑事法的情况下的基本人权保障。但在针对国际仲裁的情况下,这会带来奇怪情形。比如,在一宗适用英国法的香港仲裁,披露方是否需要证明违反英国刑法才能得到自证其罪特免权,而纯是违反中国香港法律是否不足够?

但就算自证其罪特免权的适用在法规中并不明确,如果上述提到的仲裁的情况或在法院诉讼中违反外国法律的情况,法官及仲裁员都有裁量权(discretion)可以决定是否不命令披露有关文件。法官及仲裁员不是必须要按照《Civil Evidence Act 1968》或《证据条

[70] 有关这方面问题,可见笔者的《合约的解释:规则与应用一书》第四章之 10 段。

例》等法律拒绝披露，可以决定是否需要披露：见 Arab Monetary Fund v. Hashim (No. 8) (1989) 3 All ER 466 等先例。笔者（杨大明律师）就处理过类似的案件，涉及是否违反另一国的反倾销法律（anti dumping），不能自动拒绝披露，但要作出特别申请。

10.5　谁可以依赖自证其罪特免权

只有涉及犯罪的个人才可以依赖自证其罪特免权，这可见 The King of the Two Sicilies v. Willcox (1859) 1 Sim (NS) 301 先例中 Cranworth 勋爵所说："The privilege is confined to penal consequences likely to be occasioned to the party himself ... but there is no privilege against disclosing matter within the knowledge of the party, merely because it might subject other persons to punishment."

10.5.1　能否依赖第三方的自证其罪特免权

因此如果被法院或当局根据立法询问有关第三方的信息时，即使这会是证明第三方犯罪的证据，也不能以第三方（除非第三方是配偶）的自证其罪特免权拒绝回答（如因为第三方是好朋友或者效忠的对象）：见 British Steel Corporation v. Granada Television (1981) AC 1096 先例。

10.5.2　公司董事、高管和雇员能否依赖公司的自证其罪特免权

如果是一间公司在面对询问或者是披露要求时，即使有关信息可能涉及个别董事的犯罪，公司也是无法主张自证其罪特免权拒绝的。在 Sociedade Nacionale de Combustiveis de Angola UEE v. Lundqvist (1991) 2 QB 310 先例中，Beldam 大法官就说："The privilege claimed is a privilege against self-incrimination and does not in my judgment extend in the case of a company to incrimination of its office holders... In swearing an affidavit on behalf of the company, the first defendant（有关的董事）would be entitled as deponent to claim, as any witness can claim, the right not to answer on grounds of self-incrimination.[71]"

在英国法下，[72]公司也可以依赖自证其罪特免权，这也被视为对商业的宽待：见 Triplex Safety Glass Co Ltd v. Lancegauge Safety Glass (1939) 2 KB 395 先例。类似的还可见 Phelby v. Paier (2003) 2 HKLRD 323 中国香港先例。在 Triplex Safety Glass Co Ltd v. Lancegauge Safety Glass 先例中就说："It is true that a company cannot suffer all the pains to which a real person is subject. It can, however, in certain cases be convicted and punished, with grave consequences to its reputation and its members, and we see no ground for depriving a juristic person of those safeguards which the law of England accords even to the to the least deserving of natural persons..."

显然作为法人的公司，在面对刑事检控时可能需要面对罚金（penalty）与罚没（forfeiture），这就已经是足够严重的后果了。因此公司也可以依赖自证其罪特免权，但问题是

---

〔71〕　当然如果是可能涉及犯罪的董事被要求代表公司作出宣誓/誓词或者接受盘问，该名董事仍然是可以以自己的名义依赖自证其罪特免权。

〔72〕　在澳大利亚的地位有所不同：见 Environment Protection Authority v. Caltex Refining Co Ltd (1993) 178 CLR 477；Trade Practices Commission v. Abbco Ince Works Pty Ltd (1994) 123 ALR 603 先例等。

自证其罪特免权的大原则只是由个人拥有,而公司的自证其罪特免权是否能够延伸让雇员(包括董事、高管与一般雇员)依赖呢? 如果不能延伸,公司的特免权很大程度上是失去意义的,毕竟一旦有关雇员本人不涉嫌犯罪,只是对公司的行为知情,在被要求提供证据(口头或文件)时无法拒绝。例如可以传召(summons)公司的会计部雇员前去法院提供有关公司逃税的证据。

Rio Tinto Zinc v. Westinghouse Electric (1978) AC 547 贵族院先例正是涉及这个复杂的问题。有9个证人(Rio Tino Zinc 的前董事或雇员)提供口头证据可能会为公司的犯罪提供信息。此先例中的争议并不需要在这方面作出决定,但对这个问题贵族院的大法官们各自有不同的看法,可见这个问题是很有争议性的。其中 Diplock 勋爵给的意见是非常强烈反对公司的自证其罪特免权延伸到保护董事、高管或雇员,Diplock 勋爵甚至认为这会是变成法院在创立过去法律中从没出现的新特免权类别:"At common law, as declared in section 14(1) of the Civil Evidence Act 1968, the privilege against self-incrimination was restricted to the incrimination of the person claiming it and not anyone else. There is no trace in the decided cases that it is of wider application; no text book old or modern suggests the contrary. It is not for your Lordships to manufacture for the purposes of this instant case a new privilege hitherto unknown to the law."

但 Fraser 勋爵则说这在逻辑上是说得通的(much logical force),但需要更仔细地进行考虑。Wilberforce 勋爵与 Dilhorne 勋爵则说这种争论是新颖与有趣的,值得在后续案件或者由法律委员会(law commission)进行讨论。Dilhorne 勋爵也提到如果公司的自证其罪特免权不能延伸,公司的这项权利也就失去意义与无价值。公司作为法人只是来自法律的虚构(legal fiction),公司无法真正犯错、自辩或者自证其罪。一切的行为与话语都要通过自然人的董事、高管与其他雇员。因此公司的自证其罪特免权如果不能延伸到这些自然人,就没有价值了。可以想到唯一或少数仍然会适用的情况,是公司作为被告时,一位自然人被派遣代表公司出庭与接受盘问,被问到会涉及公司可能犯罪时,可以合法拒绝回答。

在较近期的 Kensington International Ltd v. Republic of Congo (2007) EWHC 1632 (Comm)先例中,Gross 大法官说对于这问题目前还没有约束性先例,但不少权威书籍都支持延伸公司的自证其罪特免权到董事、高管、雇员与代理人,毕竟这些人士对公司而言并不是真正的外人或第三方:"This is an Issue of no little interest and upon which there is no binding authority. ... It should be noted that ... enjoys support from textbooks in this area: see, Hollander, Documentary Evidence (9th ed.) at para. 17-16; Phipson on Evidence (16th ed.), at para. 24-50 and Matthews and Malek, Disclosure (2000), at para. 9.101. These writers all support — in principle — a claim to privilege advanced by such directors, servants or agents on the ground that otherwise the company's privilege would be defeated. While recognising that the privilege against self-incrimination is a privilege only for the benefit of the party concerned and not for others, Matthews and Malek say this: 'Just as the employees are agents for knowing the information, and thus not true third parties, so too they should be their employer's agents for the purpose of claiming privilege.'"

笔者可以结合此先例中Gross大法官的说法对目前英国法律地位谈以下几点：

1. 除非有很好的政策上原因需要延伸公司的自证其罪特免权（而在目前并没有这样的原因），看来是不会这样做的。毕竟这会给目前需要大力监督与调查公司不诚实行为的规管机构（如SFO）带来很大困难。例如公司的雇员或前雇员面对调查会统一口径："我主张公司的自证其罪特免权拒绝回答。"Gross大法官同意Diplock勋爵的说法，也就是强烈反对这种延伸的做法。《The Law of Privilege》（2018年，第3版）一书之8.14段也持相同观点，可以节录如下："The provisional inclination of Gross J that at least outside the context of company which is the alter ego of the individual, **an employee who is not entitled to the privilege in his own right should not be entitled to withhold information on the ground that it would incriminate the company which employed him is, with respect, right**. An important part of the rationale for the privilege, as considered below, is a respect for human dignity. In that regard, it is generous of English law to accord the privilege to a corporation at all and the policy justification for extending the privilege to enable its agents who withhold information which would impact on the effectiveness of civil remedies designed to redress fraud would have to be very strong indeed, which it is not."（加黑部分是笔者的强调）

2. 如果自证其罪特免权对公司以及公司的董事、高管或雇员而言是共存（co-existent），也就是公司涉及的犯罪本就是个别董事、高管或雇员本人也有涉及与受牵连，回答问题、提供信息除了对公司不利，对自己也是自证其罪，则就也可以拒绝回答。

3. 对于小公司，如一人公司（one-man company），如果有犯罪行为也就唯一股东的行为，根本没有其他雇员等第三方。公司只是该唯一股东的"分身"（*alter ego*），唯一股东与一人公司的自证其罪特免权一般是共存的，唯一股东可以合法拒绝回答法院或有关当局（如规管机构）的调查与询问。

10.6 对自证其罪特免权的小结

在Den Norske Bank ASA v. Antonatos（1999）QB 271先例中，Waller大法官提到了Accident Insurance Mutual Holdings Ltd v. McFadden（1993）31 NSWLR 412澳大利亚先例，而在该澳大利亚先例中，Kirby大法官对普通法下自证其罪特免权的大原则有很好的总结，不妨节录作为最后的小结如下：

"…（2）The basis of the privilege against self-incrimination was explained long ago by Lord Eldon L. C. in Paxton v. Douglas（1812）19 Ves. Jun. 225…: 'In no stage of the proceedings in this court can a party be compelled to answer any question, accusing himself, or any one in a series of questions, that has a tendency to that effect: the rule in these cases being, that he is at liberty to protect himself against answering, not only the direct question, whether he did what was illegal, but also every question, fairly appearing to be put with the view of drawing from him an answer containing nothing to affect him, except as it is one link in a chain of proof that is to affect him[73] ... I have looked into all the cases; and I find the distinctions between questions, supposed to have a tendency to criminate, and questions, to which it is supposed answers may be given, as having no connection with the other questions, so very nice, that I can only say, the strong inclination of my mind is to protect the party against answering any question, not only that has a direct tendency to incriminate him, but that forms one step towards it' ...

(4) A mere statement by a witness that the answer may tend to incriminate that witness is not sufficient to found the claim for privilege against self-incrimination. The court must be satisfied that there is reasonable ground and that the objection is taken bona fide:[74] Jackson v. Gamble [1983] 1 V. R. 552... The test is sometimes expressed as to whether there is a 'real and appreciable risk of criminal proceedings... being taken against' the witness: see Rank Film Distributors Ltd. v. Video Information Centre [1982] A. C. 380 ... A remote or slight possibility of legal peril to a witness may not, in a particular case, be sufficient to invoke the privilege and to sustain a refusal to answer a question:[75] see Reg. v. Boyes (1861) 1 B. & S. 310. In some circumstances, a person will lose the privilege if pardoned (as was the case in Reg. v. Boyes) or if earlier dealt with by law upon the subject said to give rise to the apprehension of jeopardy. If criminal proceedings have been concluded (either by acquittal or by conviction and sentence) a person can stand in no further jeopardy of punishment upon the precise matters already dealt with;[76]

(5) Where a question arises as to whether the claimed privilege is not claimed bona fide or whether the danger apprehended is without substance, it is clear law that great latitude

---

[73] 此处是重复了自证其罪特免权的基础,作为嫌疑人的被告除了不必问答直接有关自证其罪的问题(如是问"你有没有犯法"),而且任何虽然表面看来与被告无关但会属于被告是否犯罪的证据链中一环的问题,都可以拒绝回答。在警察盘问的时候也是如此,不能问直接(direct)或者是诱导性(leading)的问题,只能问开放性(open)问题,否则会被法院认为有关证据不可采纳(inadmissible)。

[74] Kirby大法官说,面对任何往前推进一步可以证明被告犯罪的问题是不应该提出的,法院要小心给予保护,只要对自证其罪特免权的依赖是合情合理以及真实善意的,法院就应允许被告拒绝回答。

[75] 遥远(remote)或只有极小可能性(slight possibility)有法律风险,不足以让作为证人的被告拒绝回答。

[76] 如果有关的犯罪行为已经被宽恕/赦免(pardon)或已经接受过刑事审判(无论是被判无罪或者是被定罪入刑),针对该犯罪行为的自证其罪特免权就不再适用了。这也是为什么如果某事故既涉及刑事检控(criminal prosecution)也涉及民事索赔时,通常是先刑后民,因为在后来的民事诉讼中,被告就再也不能主张自证其罪特免权拒绝提供证据或接受盘问。否则仍然可以主张自证其罪特免权拒绝提供证据或拒绝回答问题,法院不能对这种表面看来属于不合作态度的被告作出不利推断(adverse inference)。多年前美国橄榄球明星辛普森杀妻案就是一个典型的例子。但这也不一定,例如原告对被告的指称与案件已有足够满足民事诉讼中平衡的可能性(balance of probability)的证据,而被告又不愿意弃权而无法提出抗辩,此时原告就可以以更快与简单地获得胜诉缺席判决(default judgment)或简易判决(summary judgment)。V v. C (2001) EWCA Civ 1509 先例就是典型的例子,此先例中被告(C先生)被原告(C先生的前雇主)起诉,指称被告在职期间违反诚信义务、侵吞公款。被告正在被SFO刑事调查,因此为了避免自证其罪,无法在这个民事诉讼中作出实质性抗辩,导致原告很快获得了8000万英镑的简易判决。

should be allowed to [the witness] in judging for himself the effect of any particular question;[77] see Reg. v. Boyes ... Thus, in Reg. v. Boyes, although a Crown pardon exempted the accused from the further jeopardy of criminal punishment, he stood liable to the risk of impeachment by the House of Commons because the offence alleged concerned bribery at an election for Members of Parliament. The court accepted the submission. But it held that since the witness did not run the slightest risk of impeachment and was in no real danger from the evidence he was called upon to give, the pardon took away the privilege: see also Sorby v. Commonwealth of Australia (1983) 152 C. L. R. 281... A reason for extending the 'great latitude' referred to is that it will sometimes be more apparent to the witness than to the court how a particular line of questioning may open up the risk of further, future or different incrimination. The witness may perceive the manner in which an answer might open up to investigation indirect or derivative evidentiary material thereby exposing the person to a collateral risk of criminal or like proceedings not perhaps apparent to the questioner;

(6) The foregoing considerations will be reasons for caution in deriving a conclusion that the claim of the privilege against self-incrimination is not made bona fide. There is authority to suggest that a want of subjective bona fides in invoking the privilege will remove the privilege;[78] see, e. g., Ex parte Reynolds; In re Reynolds (1882) Ch. D. 294... Reg. v. Justices of Armagh (1883) 18 Ir. L. T. 2... BTR Engineering (Australia) Ltd. (formerly Borg-Warner Australia Ltd.) v. Patterson (1990) 20 N. S. W. L. R. 724... However, in my respectful view this is a dubious principle. What is in issue, ultimately, is not the subjective fears of the witness claiming the privilege but the objective tendency of the question to expose that witness to the risk of criminal prosecution. One witness may not perceive such a risk. Unless the judicial officer presiding intervenes, the question will be answered and the privilege

---

〔77〕 如果存在被告到底是否有实质根据或理由、是否善意主张自证其罪特免权的争议，法院应该给作为证人的被告很大的空间，让被告自己判断对方的问题是否会带来自证其罪的危险。一方面是证人是否善意是很难判断的，另一方面是证人熟悉案情，更知道回答一个问题以及后续一连串的问题是否可能有刑事不良后果。但对法官而言，根据所提问的一句话不容易作出判断，例如，一句简单提问"你出门之后去哪里？"或"你是否对该家公司有控制权？"

〔78〕 在 Reynolds, Re (1882) 20 ChD 294 先例中，Jessel 大法官就说到，仅凭借被告/证人自己"确信"(belief)回答问题会带来不利、刑事不良后果未必是足够的，毕竟证人想法难测，而且对于证人来说，自己的确信也未必就是正确的："if you allowed the witness merely on his own statement of his belief that an answer to the question would tend to criminate him (for that is all, he is only bound to believe that) to refuse to answer, it would enable a friendly witness, who wished to assist one of the parties, to escape examination altogether, and to refuse to give his evidence. That would be an evil so great as far to overbear, as a question of public policy, the danger, if it is to be treated as a danger, of occasionally assisting to convict a guilty man out of his own mouth. Perhaps our law has gone even too far in the direction of protecting a witness from the chance of convicting himself. But without at all impugning the policy of the law, there must certainly be a larger policy which requires that a witness should answer when the Judge thinks that he is objecting to answer, not bona fide with the view of claiming privilege to protect himself, but in order to prevent other parties from getting that testimony which is necessary for the purposes of justice."

lost. One witness may have multiple motives and even mala fides.〔79〕 But if the question is such in fact as to expose him or her to the risk of future prosecution, it is the duty of the judicial officer to uphold the privilege.〔80〕 It will be easier and more reliable to assess the reasonableness of the apprehension than the genuineness of the sentiment. A court can quite readily speculate upon and judge the possible use of demanded oral testimony. The devil himself knoweth not the mind of man [or woman];〔81〕

(7) It is for the presiding judicial officer to determine whether the objection taken is good and whether there are reasonable grounds for the belief on the part of the witness that he or she is, or may be, in peril of future criminal or like proceedings if the answer is given. Just as the court must protect the privilege, it must also make sure that the rule is not abused; but applied only where its invocation is justified: see Triplex Safety Glass Co. Ltd. v. Lancecgaye Safety Glass (1934) Ltd. [1939] 2 K. B. 395… The proper procedure in a claim for privilege is to object to each question as it is asked: see Ex parte Reynolds, 20 Ch. D. 294; Brebner v. Perry [1961] S. A. S. R. 177… It is not proper to refuse to be sworn or to decline to answer any questions at all or to claim a global protection from the privilege. Such a refusal may amount to a contempt of court;〔82〕 see Smith v. The Queen (1991) 25 N. S. W. L. R. 1… Nevertheless, a point will be reached in questioning where it will be unnecessary to persist with an entire cross-examination which is clearly futile by reason of the invocation of the privilege against self-incrimination. To demand a tedious repetition of questions, rebuffed every time by a claim of privilege which is upheld, would be pointless〔83〕…"

从本段的介绍可以看出在民事诉讼中面对当事人或证人主张自证其罪特免权的困难。

〔79〕 在上一个脚注中也已经提到,证人完全可能有自己的不同想法,甚至是有恶意想法。

〔80〕 但是如果确实被告/证人回答可能自证其罪,这的确是公共政策/利益需要保护的目的,司法官员也是有义务维持与保护证人的自证其罪特免权。

〔81〕 相对而言,由法院来衡量是否有自证其罪的合理可能性是更可靠的做法,仅凭证人自己是否有确信是难以令人安心的。

〔82〕 仅仅是对会自证其罪的内容可以拒绝回答,因此被告/证人不能以自证其罪特免权闭口不言,拒绝回答一切问题。证人也不能就此拒绝宣誓(sworn)。否则证人可能面临藐视法院的刑事后果。

〔83〕 但也会有情况是由于自证其罪特免权,导致盘问难以真正有效果。被告/证人虽然不能一概拒绝回答,然而也只会是反复依赖自证其罪特免权针对特定问题拒绝回答。

案例目录

图书在版编目(CIP)数据

证据法：国际规管与诉讼中的证据攻防／杨良宜，杨大明，杨大志著. -- 北京：法律出版社，2020(2025.5 重印)

ISBN 978 - 7 - 5197 - 4372 - 7

Ⅰ. ①证… Ⅱ. ①杨… ②杨… ③杨… Ⅲ. ①证据 - 法学 - 中国 Ⅳ. ①D925.013

中国版本图书馆 CIP 数据核字(2020)第 056011 号

证据法：国际规管与诉讼中的证据攻防
ZHENGJUFA：GUOJI GUIGUAN YU SUSONG ZHONG DE ZHENGJU GONGFANG

杨良宜　杨大明　杨大志 著

责任编辑 吴　昉
装帧设计 凌点工作室

出版发行 法律出版社
编辑统筹 法律教育出版分社
责任校对 郑怡萍
责任印制 刘晓伟
经　　销 新华书店

开本 720 毫米 × 960 毫米　1/16
印张 73.5　　**字数** 1640 千
版本 2020 年 4 月第 1 版
印次 2025 年 5 月第 3 次印刷
印刷 永清县金鑫印刷有限公司

地址：北京市丰台区莲花池西里 7 号(100073)
网址：www.lawpress.com.cn
投稿邮箱：info@lawpress.com.cn
举报盗版邮箱：jbwq@lawpress.com.cn

销售电话：010 - 83938349
客服电话：010 - 83938350
咨询电话：010 - 63939796

书号：ISBN 978 - 7 - 5197 - 4372 - 7　　**定价**：158.00 元

凡购买本社图书，如有印装错误，我社负责退换。电话：010 - 83938349